The Law of Reinsurance in England and Bermuda

THE LAW OF REINSURANCE IN ENGLAND AND BERMUDA

SIXTH EDITION

P.T. O'NEILL LL.B., Ph.D (Lond.)
Solicitor of the Senior Courts of England and Wales
Solicitor Advocate (Civil) 1994

FRANZISKA ARNOLD-DWYER LL.B., LL.M., Ph.D. (Lond.)
Solicitor of the Senior Courts of England and Wales
Associate Professor of Law at UCL

Sweet & Maxwell

First Edition 1998 by P.T. O'Neill and J.W. Woloniecki
Second Edition 2004 by P.T. O'Neill and J.W. Woloniecki
Third Edition 2010 by P.T. O'Neill and J.W. Woloniecki
Fourth Edition 2015 by P.T. O'Neill and J.W. Woloniecki
Fifth Edition 2019 by P.T. O'Neill and J.W. Woloniecki
Sixth edition 2024 by P.T. O'Neill and F. Arnold-Dwyer

Published in 2024 by Thomson Reuters, trading as Sweet & Maxwell. Thomson Reuters is registered in England & Wales, Company No.1679046. Registered Office and address for service: 5 Canada Square, Canary Wharf, London, E14 5AQ.

For further information on our products and services, visit *http://www.sweetandmaxwell.co.uk*.

Computerset by Sweet & Maxwell.
Printed and bound by CPI Group (UK) Ltd, Croydon, CR0 4YY.
A CIP catalogue record for this book is available from the British Library.

ISBN (print): 978-0-414-12108-9

ISBN (e-book): 978-0-414-12111-9

ISBN (print and ebook): 978-0-414-12110-2

Thomson Reuters, the Thomson Reuters logo and Sweet & Maxwell ® are trademarks of Thomson Reuters.

Crown copyright material is reproduced with the permission of the Controller of HMSO and the King's Printer for Scotland.

All rights reserved. No part of this publication may be reproduced, or transmitted in any form, or by any means, or stored in any retrieval system of any nature, without prior written permission, except for permitted fair dealing under the Copyright, Designs and Patents Act 1988, or in accordance with the terms of a licence issued by the Copyright Licensing Agency in respect of photocopying and/or reprographic reproduction. Application for permission for other use of copyright material, including permission to reproduce extracts in other published works, should be made to the publishers. Full acknowledgement of the author, publisher and source must be given.

© 2024 F. Arnold-Dwyer

Additional Authors

Chapter 8

Amera Dooley
L.L.B (Essex) L.L.M. (Lond.)
Solicitor of the Senior Courts of England and Wales
And
Yow Cheng Li
LL.B. (Lond.)
Solicitor of the Senior Courts of England and Wales

Chapters 12-14

Tim Jenns
B.A. / L.L.B. (Auck), B.C.L. (Oxon)
Barrister, of Lincoln's Inn, Member of 7 King's Bench Walk

Chapter 15

Andrew Tromans
M.A. (Cantab.), M.Sc. (Oxon.)
Solicitor of the Senior Courts of England and Wales
And
Neil Horner
B.A. (Cantab.), LL.M. (Cantab.), LL.M. (Chicago)
Solicitor of the Senior Courts of England and Wales, Member of the Bar of the State of New York,
Barrister and Attorney of the Supreme Court of Bermuda

Chapters 16, 17, 18

Jeanette Best
LL.B.
Solicitor of the Senior Courts of England and Wales
And
Kehinde A. L. George LL.B. (Lond.)
Solicitor of the Senior Courts of England and Wales
Barrister and Attorney of the Supreme Court of Bermuda

Additional Authors

Chapter 4

Amon Dooley
LL.B.(Hons), Q.F.S.M. (Lond.)
Solicitor of the Senior Courts of Ireland and Wales

And

York Zucker
LL.B. (Lond.)
Solicitor of the Senior Court of England and Wales

Chapters 12-14

P. n. Jones
B.A., VI.LL.M.(Arts), P.C.L. (Oxon.)
Barrister of Lincoln's Inn, Member of 7 King's Bench Walk

Chapter 15

Andrew Truman
M.A. (Cantab.), M.Sc. (Oxon.)
Solicitor of the Senior Courts of England and Wales

And

Neil Horner
B.A. (Canada), H.D.M. (Colomb.), LL.M. (Chicago)
Solicitor of the Senior Courts of England and Wales, Member of the Bar of the State of New York,
Barrister and Attorney of the Supreme Court of Bermuda

Chapters 16, 17, 18

Jeanette Best
LL.B.
Solicitor of the Senior Courts of England and Wales

And

Jimini A. E. George, LL.B. (Lond.)
Solicitor of the Senior Courts of Ireland and Wales
Barrister and Attorney of the Supreme Court of Bermuda

Dedication

To the memory of Brenda Holzman-Dill
1956-1997
Non omnis moriar

In memoriam Jan Woloniecki

As many of our readers will know, in January of, 2021, Jan Woloniecki left this stage to join the Heavenly choir. We record our deep condolences to his wife Christiane, and his colleagues at ASW.

Jan was born in 1959 in Bradford, England, and decades later prided himself on being the only Polish Yorkshireman at the Bermuda Bar. He obtained his first law degree in 1982 at University College, London, a success overshadowed by his greater success in meeting Christiane that year and persuading her to marry him. He was called to the Bar in 1983, gained a Class I with his Cambridge Master's degree in 1984, and qualified as a Barrister and Attorney in Bermuda in 1991. To recite all his other professional achievements would crowd out the important things, but they include a Fellowship of the Chartered Institute of Arbitrators, and arbitrating for ARIAS UK and US. Bermuda has long been a centre for insurance and reinsurance. Jan was one of the cadre of Bermudan lawyers who made it also a centre for dispute resolution in those fields. He appeared annually in Euromoney's guide to the best lawyers in the world in insurance and reinsurance.

Jan was the architect of "The Law of Reinsurance", and it is still very much his work, in structure, content, and style. All of us who worked with him felt privileged to be on the team. Jan was determined to produce a scholarly and practical work, which would be written so well that it could pass as literature. Speaking with all the objectivity we don't have, we think he succeeded, right from the first edition (which won the BILA prize, so we are not alone in our thinking).

It is easy to say that Jan was larger than life, but we prefer to say that he was full of life. It has been said that the best way to thank God for life is to seize it with both hands and live it to the full. Jan said thank you every day. In his work he was a brilliant jurist and a skilled advocate. In his leisure, he was a joyous companion, a gourmet, and a passionate devotee of cricket and opera, on both of which topics he was an expert.

We are very grateful to Jan's colleagues at ASW for so willingly taking up Jan's commitment to the book. We will do our best to honour our departed friend by continuing this work as he would wish.

P.T. O'Neill

Acknowledgements

Grateful acknowledgment is made to the following authors and publishers for permission to quote from their works:

- Bernstein P., *Against the Gods: The Remarkable Story of Risk* (John Wiley & Sons Ltd, 1996). Reprinted by kind permission of John Wiley & Sons, Inc.
- Gibb D.E.W., *Lloyd's of London: A Study in Individualism* (Lloyd's of London Press, 1957). Reproduced by kind permission of Informa UK Ltd.
- Hodgson G., *Lloyd's of London: A Reputation at Risk* (2nd ed., Penguin, 1986). Copyright Godfrey Hodgson 1986. Reprinted by permission of PFD on behalf of Godfrey Hodgson.
- Kiln R., *Reinsurance Underwriting* (1st & 2nd eds, Lloyd's of London Press Ltd, 1989, 1996). Reproduced by kind permission of Informa UK Ltd.
- Kiln R. and Kiln S., *Reinsurance in Practice* (3rd & 4th eds, Witherby & Co Ltd, 1991, 2001).
- Steinherr A., *Derivatives: The Wild Beast of Finance* (John Wiley & Sons Ltd, 1998). Reprinted by kind permission of John Wiley & Sons Limited.
- Extracts from *Lloyd's Law Reports and Lloyd's Law Reports: Insurance and Reinsurance*. Reproduced by kind permission of Informa UK Ltd.

Acknowledgements

Grateful acknowledgement is made to the following authors and publishers for permission to quote from their work:

Reeve, J.T., *Agencies in Canada: The Road to be Sole*, © Reeve, J.T. (John Wiley & Sons, Inc., 1986). Reprinted by kind permission of John Wiley & Sons.

Gibb, E.T.W., *The Art of London: A Study in Architecture*, Lloyd's of London Press, 1987). Reproduced by kind permission of Insurance UK Ltd. Hodgson, G., *Lloyd's of London: A Reasonable Man's Verdict*, 2nd ed., Penguin, 1986). Copyright Godfrey D. Higson 1984, 6, printed by permission of PFD on behalf of Godfrey Hodgson.

Kiln, R., *Reinsurance Underwriting* (1st & 2nd eds), Lloyd's of London Press Ltd 1986, 1991). Reproduced by kind permission of Informa UK Ltd.

Kiln, R. and Kiln, S., *Reinsurance in Practice* (3rd & 4th eds, Witherby & Co Ltd 1991, 2001).

Steinhart, A., *Chartwater: The Wild Ride of Finance* (John Wiley & Sons Ltd, 1998). Reprinted by kind permission of John Wiley & Sons Limited.

Extracts from Lloyd's *Box Reports*, *Coffee Reports*, *Loss Reports*, *Insurance and Reinsurance*, Reproduced by kind permission of Informa UK Ltd.

Foreword to Sixth Edition

Insurance and reinsurance have always been with us, at least since Phoenician times. Despite worldwide competition, the London and Bermuda markets between them probably still account for over 50% of the net premium earned from reinsurance. Many reinsurance contracts placed in other markets are governed by English law or provide for disputes to be decided in Court or arbitration in London or Bermuda. The sums involved in these disputes are often large and the disputes, whether about jurisdiction or liability, complex. It was Jan Woloneicki's inspiration to produce a textbook devoted exclusively to the law of reinsurance in England and Bermuda. The first edition of "The Law of Reinsurance in England and Bermuda" that he and Terry O'Neill produced in 1998 was a trail-blazer and a brilliant success. Lawyers needed it and it was accurate, clear and accessible.

Now, 25 year later, the sixth edition arrives. In one major respect the new edition is lacking; Jan, a personal friend, died too young and we are left without his immense learning, wit and energy. But Franziska Arnold-Dwyer has accepted the challenge of stepping into his place. This new edition deals comprehensively with the myriad aspects of reinsurance law and practice in England and Bermuda. It explains for the tyro and the expert alike and provides guidance on every legal aspect from the birth of a reinsurance contract to its demise, whether by termination, repudiation, insolvency or otherwise.

Since the last edition new legal and regulatory challenges, especially for the UK based reinsurance market, have been brought about by "Brexit". The UK authorities have not always been adroit in dealing with the resulting challenges and opportunities. This new edition grapples with the problems and suggests solutions.

The sixth edition of what is now O'Neill and Arnold-Dwyer on Reinsurance Law in England and Bermuda is indispensable to all those who need to understand the legal framework of reinsurance. I salute Jan's pioneering work and commend this new edition by Terry, Franziska and their team.

Sir Richard Aikens
Brick Court Chambers

Foreword to First Edition

The authors of this book tell us that the concept of marine insurance was known to the ancient world and that reinsurance was in use in Europe from the fourteenth century. Reinsurance of particular risks and "books of business" by syndicates at Lloyd's and by London insurance companies has certainly been widely practised since the statutory prohibition on reinsurance was abolished by the Stamp Act 1864. Despite this, until very recently, litigation in England concerning reinsurance was a comparative rarity. In Bermuda it was unknown. But the last 25 years have seen an explosion of reinsurance litigation in England. The rapid expansion of a galaxy of cases on reinsurance law has been the consequence. In Bermuda during the 1970s and 1980s there was a huge growth in the offshore insurance industry. In particular the concept of a "captive" insurance or reinsurance company has been developed there. This has inevitably brought to Bermuda a further captive industry, in the form of reinsurance litigation and arbitration.

The most important consequence of all this activity has been that Judges, lawyers (as advisers and commentators), clients and legislators have had to grapple, on a greater scale than ever before, with a problem as old as law and commerce themselves: how to marry commercial practice with legal analysis. Often the modern practice of reinsurance does not fit easily into pre-existing legal concepts of English law, such as "offer and acceptance" or "the duty of the utmost good faith" or canons of construction of contractual wording. There have even been sharp divergences of judicial opinion on the nature of reinsurance itself.

It is in order to consider these vexing problems that Terry O'Neill and Jan Woloniecki have written this book. They have brought to bear their considerable talents and experience as (respectively) a solicitor and barrister handling English and Bermudian reinsurance litigation. *The Law of Reinsurance* identifies and analyses the topics on which anyone concerned with the subject will need guidance, whether it is an issue on the substantive law or on the practice of reinsurance litigation or arbitration. Recognising that both London and Bermuda are now important centres of reinsurance dispute resolution, the authors have deliberately considered questions from the standpoint of both English and Bermudian law—and the two do not always produce the same results. Where the statutes or the cases have no answer to a problem the authors have suggested one; and where they think the court's analysis is questionable they have not hesitated to say so.

Ultimately the law of reinsurance is concerned with giving effect to the wording of contracts that the parties have agreed, sometimes to the surprise of their advisers! Lewis Carroll's *Alice Through The Looking Glass*, although a favourite source for English Judges since 1942 when considering the meaning of words, does not always give the best help. In future reinsurance practitioners, whether commercial or legal, will have the far greater benefit resulting from the enormous industry of Terry O'Neill and Jan Woloniecki in the form of *The Law of Reinsurance*. I am sure that the book will serve us well.

Richard Aikens Q.C.
Brick Court Chambers
15/19 Devereux Court
London WC2R 3JJ

Preface

The five years since our last edition of *The Law of Reinsurance in England and Bermuda* have been characterised by three events ("event" loosely used; no aggregation intended), each one of them cataclysmic in relation to the 6th edition of our book although in different ways: Brexit, the Covid-19 pandemic, and the death of our dear friend and colleague Jan Woloniecki.

Jan's passing in January 2021 was mourned by many people in the reinsurance world and has been a tragic loss for his wife Christiane, his colleagues at ASW, and for our community of contributing authors. Jan was the original architect of the book and joint editor and author (together with Dr Terry O'Neill) of all subsequent editions. He was a brilliant lawyer and his encyclopedic knowledge of reinsurance law, wide-ranging expertise, and sharp wit were sorely missed when preparing the 6th edition. I am grateful to Terry for postponing his retirement and supporting me in my new role as editor with his wisdom, kindness, and industriousness. Terry speaks for all of us with his poignant tribute to Jan which has been included in the preceding pages.

More than four years after the UK officially let the European Union, Brexit continues to be divisive as its consequences are crystallising. Reforms to the financial services regulatory framework have been a major part of the UK's post-Brexit agenda. The aim of the reforms is to make UK financial regulation more flexible and proportionate to drive growth and competitiveness in the financial services sector. EU-derived laws (retained, and now assimilated, EU law) are being replaced or assimilated into UK law. Following a review of the Solvency II regime, reforms to the re/insurance regulatory framework are now being implemented in relation to risk margins and matching adjustments, and anticipated in relation to various aspects of the calculation of capital requirements, and streamlined reporting and lowering the regulatory burden for new market entrants. Chapter 15 and Ch.8 in relation to ILS, provide an overview of the emerging post-Brexit regulatory landscape, and Ch.18 explain the amendments made to the existing insolvency arrangements for insurers and the proposed Insurer Resolution Regime. Following Brexit, the UK is now treated as a "third country" for the purposes of the EU Solvency II framework, and UK-based insurers and reinsurers have lost their passporting right. The EU has not yet accorded the UK's solvency and prudential regime "equivalence" status. In contrast, Bermuda has had EU equivalence status since 2015, giving Bermuda reinsurers another competitive edge. Proposals to update aspects of the Bermuda insolvency regime, some of which have been under consideration for many years, may soon come to fruition. It remains to be seen whether the UK reinsurance market can regain, and whether the UK ILS market can build, market share as result of the reforms.

Brexit has also left its mark on reinsurance litigation: as set out in Chs 12 and 13 respectively, English courts will interpret the UK versions of the Rome Convention and the Rome I Regulation in accordance with their own rules of construction, and English jurisdiction issues will be governed by the 2005 Hague Convention (as applicable) and the common law, for proceedings instituted from 2021 onwards. Unrelated to Brexit, but nevertheless momentous, is the Arbitration Bill which, if enacted, will modernise the law on arbitration in the UK, clarify the law governing arbitration agreements (the default rule will be the law of the seat), strengthen the courts' supporting powers, and facilitate quicker dispute resolution (discussed in Ch.14).

The Covid-19 pandemic has seemingly irreversibly changed office attendance and business meetings. Reduced appetite for face-to-face interaction together with advances in technology are transforming how reinsurance business is placed, contracts are administered, and claims are paid. Chapter 3 describes Lloyd's ambitious digitisation plans and examines how they will change existing market practices which, in turn, may have an effect on legal analysis. The unprecedented business closures on government orders during the pandemic resulted in thousands of business interruption insurance claims which, in turn, have given rise to litigation and an emerging body of insurance and reinsurance case law with fresh judicial perspectives on construction, causation and aggregation. Chapters 4 and 5 track the decisions to date, and we expect more Covid case law—as well as reinsurance litigation arising from geopolitical conflicts—in the next few years. In a market that favours arbitrations (with confidential awards), the Covid cases offer insights into market practice and present a rare opportunity for judicial development of insurance and reinsurance law principles.

As the UK Insurance Act 2015 has become embedded into legal practice, wordings and claims management, we see "soft law" developments in the shape of standard clauses, in regulatory communications, and perhaps most ambitiously in the Principles of Reinsurance Contract Law ("PRICL"). The PRICL aim to provide the international reinsurance markets with uniform transnational rules on reinsurance contract law which can either be chosen as governing law of a reinsurance contract (where such a choice of law is effective) or be incorporated as terms of a reinsurance contract. Rather than seeing the PRICL as a rival system to English and Bermudian reinsurance law, or dismissing them as irrelevant, we embrace PRICL as a comparator and an emerging soft law source. Throughout Pts I and II of the 6th edition, you will find references to PRICL, comparing specific PRICL provisions to equivalent principles in English law.

With the 6th edition we celebrate The Law of Reinsurance's Silver Jubilee— and there is much to celebrate: the book was the first comprehensive textbook on English and Bermudian reinsurance law and has become an established source of reference for reinsurance lawyers and market practitioners alike. It has been cited by the courts and in academic works. We were the first re/insurance textbook that integrated the provisions of the Insurance Act 2015 into the treatment of pre-contractual risk presentation, good faith and breach of warranties, rather than considering the Act in a separate chapter. We are now leading the way by adding a discussion of ESG disclosure and regulatory issues to Ch.15 and by including a detailed description of the digitised placement and claims processes in Ch.3. With age also comes middle-age spread and we have therefore embarked upon a tidy-up exercise to remove text that no longer has any practical relevance and have rearranged some sections to make legal principles more easily discoverable.

I would like to thank the team of contributing authors who with their expertise have brought the 6th edition up-to-date with legal developments and ensured that the book remains a compendium of excellence. Terry (Dr Terry O'Neill) has added his magic touch to Part II and has supported me in a co-editorial and advisory role. I am grateful to Cheng Li Yow, a partner in the Financial Institutions practice of Clifford Chance, and her colleague Amera Dooley, for giving Ch.8 state-of-the-art relevance. For the 6th edition, Tim Jenns, barrister at 7 King's Bench Walk and alumnus of Clifford Chance, joined the team and I am indebted to him for his fantastic job updating Part IV. Andrew Tromans, an alumnus of Clifford Chance and now a partner with Willkie Farr & Gallagher LLP, and Neil Horner, Head of Corporate at ASW, have done wonders to address the ever-evolving regulatory landscape in England and in Bermuda for Ch.15. Andrew deserves praise for taking on the daunting task of summarizing succinctly the complex post-Brexit regulatory development. Jeannette Best, Senior Associate in the Restructuring and Insolvency group at Clifford Chance, and Kehinde George, Head of Insolvency and Restructuring at ASW, kindly reviewed and updated Chs 16–18. I would like to thank Rod Attride-Stirling, Head of Dispute Resolution at ASW, for contributing to and coordinating the Bermuda law updates. I would also like to thank my research assistant Carlos Esteban Ospina Lara for his help, and the editorial staff at Sweet & Maxwell for their professionalism and efficiency.

The law of England and Bermuda is stated as at 28 February 2024 unless otherwise indicated.

Franziska Arnold-Dwyer

TABLE OF CONTENTS

Additional Authors	v
Dedication	vii
Tribute	ix
Acknowledgements	xi
Foreword to Sixth Edition	xiii
Foreword to First Edition	xv
Preface	xvii
Table of Cases	li
Table of Statutes	cxxiii
Table of Bermuda Statutes	cxxxiii
Table of Statutory Instruments	cxxxvii
Table of Bermuda Statutory Instruments	cxli
Table of European Secondary Legislation	cxliii
Table of International Conventions	cxlvii

PART I THE NATURE OF REINSURANCE TRANSACTIONS

1. NATURE, TERMINOLOGY AND DEFINITION OF REINSURANCE
    1. Insurance 1-001
        Prudential v IRC 1-003
    2. Nature and Purpose of Reinsurance 1-004
        Functional descriptions—problems of definition 1-004
        Abuse of reinsurance and fraud 1-007
    3. Outline of Reinsurance Terminology 1-012
        Terminology and categorisation 1-012
        Basic concepts 1-013
            Reinsureds, reinsurers and retrocessionaires 1-013
            Proportional 1-015
            Non-proportional 1-016
            Facultative 1-017
        Reinsurance treaties 1-018
            Treaty 1-018
            Quota share 1-019
            Surplus 1-020
            Facultative obligatory reinsurance 1-021
            Excess of loss 1-022
            Stop loss 1-023
            Aggregate excess of loss 1-024
        Financial reinsurance 1-026
        Reinsurance intermediaries 1-027
        Losses: Kinds of Insurance Policies 1-029
            Losses occurring, and claims made 1-030
            Risks attaching during 1-031
        Claims Paid, Outstandings, Incurred but not Reported (IBNR) .. 1-032
    4. Sources of Reinsurance Law 1-033
        English law 1-033
            Overview of English legal system 1-033
            Market practice and reinsurance arbitrations 1-034

CONTENTS

Sources of law	1-035
Bermuda law	1-036
Overview of Bermudian legal system and the sources of Bermuda law	1-036
Summary of principal differences between English and Bermuda law	1-038
Soft reinsurance law	1-042
5. Legal Definition of Reinsurance	1-043
Historical definitions	1-043
Reinsurance for the 21st Century	1-045
Wasa v Lexington	1-050
Substitution of Reinsurer	1-051
Anomalous Contracts	1-052
"Insurance" in the Lugano Convention	1-053
The FCA Glossary and the Solvency II Directive	1-054
PRICL	1-055
Working hypothesis	1-056

2. INTRODUCTION TO THE REINSURANCE MARKET

1. Reinsurance in Historical Perpective	2-001
Origins and early development	2-001
Eighteenth century marine underwriting and the Marine Insurance Act of 1745	2-004
The nineteenth and early twentieth centuries	2-006
The globalisation of reinsurance	2-008
2. Lloyd's and the London Market	2-011
The operation of Lloyd's	2-011
History	2-011
"Names" and corporate members of Lloyd's	2-012
Global underwriting	2-013
The Central Fund	2-014
Underwriting agencies: Managing agents and Members' agents	2-015
The active underwriter	2-016
Brokers	2-017
The administrative machinery	2-018
The operation of the company market	2-020
Overview	2-020
IUA	2-021
Man vs machine	2-022
Electronic placing of risks	2-022
3. Captives and the Bermuda Market	2-024
Captives and the development of Bermuda's reinsurance industry	2-024
Financial reinsurers	2-026
4. Future Trends	2-027

PART II GENERAL PRINCIPLES OF REINSURANCE CONTRACT LAW

3. FORMATION OF THE REINSURANCE CONTRACT

1. London Market Practice	3-001
General course of business	3-001

CONTENTS

xxiii

Introduction	3-001
The slip	3-003
The process for issuing the policy	3-004
2. General Contractual Principles	3-005
Offer and acceptance	3-005
Initialling/scratching the slip	3-005
No signed slip—contract concluded via exchange of emails	3-007
Slip/risk not fully subscribed	3-008
Slip oversubscribed: Signing down	3-009
The "Zephyr": The facts	3-010
"The Zephyr": Legal issues (Hobhouse J)	3-013
Reinsurers v insurers	3-014
Reinsurers v broker	3-015
The contract argument	3-016
The tort argument	3-017
The "Zephyr": Legal issues (Court of Appeal)	3-018
Does a signing indication give rise to a contractual obligation?	3-019
Does a signing indication give rise to a duty in tort?	3-020
Consideration	3-021
Intention to create legal relations	3-022
A comedy of errors: Abrahams v Med Re	3-023
Agreements binding in honour	3-025
Mistake and fraud	3-026
Formality and timing of formation	3-028
Oral agreements	3-028
Line slips, off slips and binders	3-029
Variation and additional terms	3-031
Endorsements	3-031
Quota share treaties	3-032
Changes to the slip by later underwriters	3-034
Best Terms and Conditions Clauses	3-037
Same terms as original	3-038
Implied terms	3-039
Terms incorporated from PRICL	3-040
Termination of the contract	3-044
Termination by agreement ("NCAD")	3-044
Provisional notice of cancellation	3-045
Failure to pay premium and premium review clauses	3-046
Expiry of contract	3-048
Termination following breach	3-049
3. The Reinsurance Slip and the Leading Underwriter	3-050
London market practice revisited	3-050
"Quote" slip	3-050
Promised line	3-051
Legal effect of a slip	3-052
Overview	3-052
Relationship between slip and policy, and between subsequent policy documents	3-053
Reinsurance preceding insurance	3-055
Terms of the policy issued after the slip	3-058

CONTENTS

	The leading underwriter and the following market	3-059
	Overview	3-059
	The leader's duty to the following market—underwriting the original slip (not an endorsement/alteration)—no leading underwriter/GUA provision	3-060
	Representations to the leader not repeated to followers	3-063
	GUA and leading underwriter provisions on the slip	3-066
	The General Underwriters Agreement	3-067
	Specific leading underwriter clauses	3-068
	Leader's authority to agree wording	3-071
	Reinsured and reinsurer	3-074
	The leader and claims	3-075
	Why be a leading underwriter?	3-079
	Follower acting independently of leader	3-080
	Lloyd's Claims Scheme and SCAP	3-081
4.	Bermuda Market Practice	3-083
	General course of reinsurance business	3-083
	Overview	3-083
	Contract certainty in Bermuda	3-084
	Underwriting submissions	3-085
	Terms and conditions	3-086
	Issuing the policy	3-087
	Not pure reinsurers	3-088
	Intermediaries and the motivation to protect tax neutrality	3-089
	The Bermuda Form	3-090

4. **THE RELATIONSHIP BETWEEN THE REINSURANCE CONTRACT AND ORIGINAL INSURANCE CONTRACTS**

1.	Prologue	4-001
2.	Reinsurance upon the Same Terms as the Original Insurance	4-003
	Introduction	4-003
	The nature of reinsurance revisited	4-003
	"Subject to the same terms and conditions as original"	4-004
	Criteria of incorporation	4-005
	Follow the leader	4-006
	Time limits and notice provisions	4-007
	Proposal forms	4-009
	Errors and omissions clauses and co-insurance clauses	4-010
	Arbitration and jurisdiction clauses	4-011
	Overview	4-011
	Arbitration clauses	4-012
	Jurisdiction clauses	4-014
	Differing or missing forum selection clauses	4-015
	Choice of law clauses	4-016
	Vesta v Butcher: Hobhouse J and the Court of Appeal	4-017
	Vesta v Butcher: House of Lords	4-020
	Groupama Navigation v Catatumbo	4-022
	Wasa v Lexington: House of Lords	4-023
	Choice of law under the Rome regimes	4-030
	Incorporation of unusual or onerous terms	4-031
	Incorporation of IA 2015 default rules and opt-outs	4-032
	Incorporation of terms and subsequent amendments	4-033

CONTENTS

	Manipulation of language	4-036
3.	Non-proportional Reinsurance	4-041
	Relationship between proportional and non-proportional contracts	4-041
	Differences between non-proportional reinsurance and underlying insurance	4-046
	Relationship between different layers of non-proportional (re)insurance	4-051
4.	The Interpretation of Reinsurance Contracts	4-052
	General principles of contractual construction	4-052
	Contextualism and literalism	4-053
	Reinsurance contracts and their commercial context	4-059
	The commercial context: "Superhulls"	4-059
	The commercial context: "Film Finance" litigation	4-060
	The commercial context: Wasa v Lexington and Teal Assurance v WR Berkley	4-061
	The commercial context: Munich Re v Ascot and ABN Amro v RSA	4-063
	Interpretation rules and tools	4-065
	Intention of the parties—parol evidence	4-065
	Headings and deleted words	4-067
	Contra proferentem	4-070
	Ordinary meaning	4-074
	Technical meaning	4-077
	Ambiguous meaning	4-078
	Unreasonable meaning	4-081
	Business common sense	4-083
	Admissibility of expert evidence	4-084
	Clauses in the slip "wording to be agreed"	4-087
	Presumptions peculiar to reinsurance	4-088
	Back-to-back coverage?	4-088
	Payment of underlying loss	4-092
5.	Implied Terms	4-093
	General principles	4-093
	Terms implied by the courts	4-094
	Implied terms and good faith	4-096
	Facultative obligatory reinsurance—general implied terms	4-099
	Not writing against reinsurance	4-100
	Duty of honesty	4-102
	Provision of documents and information	4-103
	No follow the settlements—reinsurer bound by judgments against the reinsured?	4-104
	Claims co-operation—reinsurer not to act unreasonably in withholding approvals	4-105
	Claims co-operation—payment of legal costs	4-106
	Implied obligation to consult the reinsurer	4-108
	Jurisdiction	4-109
	Termination of contract—refund of premium?	4-110
	Implied terms by custom and usage	4-111

CONTENTS

5. THE REINSURER'S OBLIGATION TO PAY CLAIMS
    1. Introduction to Claims 5-001
        Setting the scene 5-001
        Outline of claims process in the absence of express claims settlement provisions 5-003
    2. Follow the Fortunes/Follow the Settlements Clauses 5-004
        Follow the settlements clauses in historical perspective 5-004
            Introduction 5-004
            "Pay as may be paid thereon" 5-005
            Follow the settlements"/"Follow the fortunes" 5-008
            The Hill v Mercantile & General loss settlement clauses 5-010
            Implied follow the settlements 5-011
        The ICA v Scor and Hill v Mercantile & General cases 5-015
            ICA v Scor: The facts 5-015
            ICA v Scor: Leggatt J 5-017
            ICA v Scor: The Court of Appeal 5-018
            Hill v Mercantile & General: The facts 5-020
            Hill v Mercantile & General: Rix J and the Court of Appeal 5-021
            Hill v Mercantile & General: The House of Lords 5-022
            The periods of cover 5-023
            The nature of the payment by Kuwait insurers/the London market and of Hill's claim on his reinsurers (M&G) 5-024
            The "follow the settlements" clause between Hill and M&G 5-025
        The first limb in ICA v Scor: Within the scope of the reinsurance agreement 5-027
            Hiscox v Outhwaite (No.3) 5-028
            Assicurazioni Generali SpA v CGU International Insurance Plc 5-029
            Wasa v Lexington 5-031
        The second limb in ICA v Scor: Bona fide and business-like settlements 5-033
        The burden of proof 5-034
            No "follow the settlements" clause—the reinsured's burden to prove loss 5-034
            Burden of proof where there is a qualified loss settlement clause 5-035
            Effect of "follow the settlements" clause on burden of proof 5-037
            Satisfying the burden of proof under Hill v Mercantile & General loss settlement clauses 5-038
            Burden of proof where judgment has been entered against the reinsured 5-040
    3. Claims Co-operation Clauses and Coverage Litigation 5-043
        Claims co-operation provisions 5-043
            Claims co-operation: The common law 5-043
            Reinsurer's rights under claims co-operation provisions 5-044
            What is expected of the reinsured: Notification obligations 5-045
            Claims handling and investigation 5-046
            Relationship between follow the settlements and claims

	co-operation	5-049
	Challenging proven liability of the reinsured	5-051
	Remedies for breach of claims provisions	5-052
	Declaratory judgments and costs of coverage litigation	5-055
	Declaration as to coverage under the reinsurance	5-055
	Defence costs arising in litigation between the reinsured and the insured	5-056
	Declaratory judgment costs	5-058
	Ineffective clauses: Reinsurers divided among themselves	5-060
	Ex gratia payments, commutations and settlements by captives	5-061
	Meaning of "ex gratia"	5-061
	Mixed ex gratia and settlement payments	5-064
	Commutations	5-068
	Captives	5-070
	Exceptional contracts: Toomey v Eagle Star	5-073
	Treaty reinsurance	5-075
	Overview	5-075
	No follow the settlements/fortunes provision	5-076
	Fraudulent claims	5-077
4.	The Nature and Extent of the Reinsurer's Liability	5-078
	Introduction	5-078
	Timing of cause of action against the reinsurer	5-079
	Introduction	5-079
	Payment of the underlying loss by the reinsured	5-080
	The earlier authorities.	5-080
	Charter Re v Fagan: Mance J and the Court of Appeal	5-082
	Charter Re v Fagan: the House of Lords.	5-084
	Actually paid" v "shall in fact have paid"	5-085
	Simultaneous payments	5-086
	Payment of settlement funds into an escrow account	5-087
	Temporal basis of reinsurance coverage: Losses occurring and risks attaching	5-088
	Fundamental concepts	5-088
	Losses occurring during	5-089
	Risks attaching during	5-090
	"Risks attaching during" (RAD) outwards and "losses occurring during" (LOD) inwards mismatch	5-091
	"Claims made" underlying insurance policy	5-092
	What is a claim?	5-093
	Occurrence first reported" wordings (the "Bermuda Form")	5-094
	Allocation of settlements	5-096
	Allocation over different underwriting years	5-097
	Apportionment over different underwriting years in the "Fairchild enclave" (mesothelioma claims)	5-101
	Apportionment among different layers	5-109
	Loss aggregation	5-112
	Background	5-112
	Loss aggregation: negligent acts and omissions	5-114
	Loss aggregation: financial mis-selling	5-119
	Loss aggregation: war and terrorism	5-122
	Loss aggregation: Covid-19 cases	5-129

	Are there any rules for determining aggregation issues?	5-132
	Aggregation under the PRICL	5-133
	Aggregation clauses in direct insurance and reinsurance	5-134
	Axa Re v Field: Court of Appeal.	5-135
	Axa Re v Field: the House of Lords.	5-136
	Aggregate extension clauses	5-140
	Sole judge clauses	5-141
	Hours clauses	5-142
	Mistake of law: Kleinwort Benson Ltd v Lincoln City Council .	5-143
	Late payment of claims	5-144
	The orthodox position	5-144
	Section 13A of the IA 2015	5-145
	Application to reinsurance	5-148
5.	The Reinsurer's Rights against the Reinsured	5-149
	Payment of premium	5-149
	Inspection of records	5-151
	Subrogation and contribution	5-155
	Subrogation in facultative reinsurance	5-156
	Subrogation in treaty reinsurance	5-162
	Voluntary payments and other recoveries from third parties	5-163
	Contribution	5-164

6. THE REINSURED'S OBLIGATIONS

1.	Introduction	6-001
2.	The Legal Landscape	6-002
	Utmost good faith	6-003
	Warranties	6-004
	The reform process, CIDRA 2012 and IA 2015	6-005
3.	The Duty of Fair Presentation	6-006
	Terminology and structure	6-006
	Historical perspective	6-007
	The MIA 1906 and the IA 2015	6-008
	Whose duty?	6-012
	Disclosure/presentation of the risk to whom?	6-015
	What is a fair presentation?	6-016
	Disclosure	6-017
	The manner of presentation	6-019
	Misrepresentation	6-020
	Misrepresentation v non-disclosure	6-021
	Continuing representation	6-022
	When is a representation a misrepresentation?	6-024
	Materiality	6-027
	Circumstance	6-028
	The prudent (re)insurer	6-029
	The influence on the prudent insurer's judgement	6-030
	Evidential burden on materiality	6-031
	Examples of materiality	6-032
	Loss experience and reserving	6-033
	Opinion, expectation and belief	6-034
	Retention of risk	6-035
	Retention of risk: Effect of excess of loss reinsurance	6-037

CONTENTS

Level of brokerage	6-039
Nature of the risks ceded	6-040
Invalidity of retrocession cover	6-042
Moral hazard and the fraud or incompetence of agents	6-043
Moral hazard, suspicions and rumour	6-046
Inducement	6-050
(Re)insured's knowledge	6-051
Actual knowledge	6-053
Confidential information exception:	6-055
Deemed knowledge	6-056
Exceptions to the duty of disclosure	6-059
Circumstances diminishing the risk	6-060
Circumstances already known, deemed to be known or presumed to be known by the insurer	6-061
The (re)insurer's knowledge under s.18(3)(b)	6-062
The (re)insurer's knowledge under s.5	6-065
Actual knowledge.	6-066
Deemed knowledge.	6-067
Presumed knowledge.	6-068
Circumstances as to which information is waived by the insurer	6-069
Express waiver (category 1).	6-070
Implied waiver based on questions asked (category 2).	6-079
Implied waiver based on summary presentation (category 3).	6-080
Circumstances covered by warranty	6-082
Other exceptions	6-083
Remedies for breach of the duty of fair presentation	6-084
Avoidance	6-084
Inducement and qualifying breaches	6-087
Inducement under the MIA 1906 ss.18–20 and the common law,	6-088
Evidential burden.	6-089
Remedies for deliberate and reckless qualifying breaches	6-092
Deliberate qualifying breaches.	6-093
Reckless qualifying breaches.	6-094
Remedies for deliberate or reckless qualifying breaches.	6-095
Remedies of non-deliberate/non-reckless qualifying breaches	6-096
Definitions.	6-096
Remedies for non-deliberate and non-reckless qualifying breaches.	6-097
Inducement and evidential burden.	6-099
Remedies for a qualifying breach on variation	6-101
Affirmation and estoppel	6-102
Affirmation	6-102
Knowledge of the right to avoid.	6-103
Unequivocal communication.	6-105
Exercise of inconsistent rights	6-106
Timing and delay	6-107
Waiver and Estoppel	6-108
Waiver	6-108

CONTENTS

Estoppel	6-109
Material non-disclosure under Bermuda law	6-111
4. The Principle of Utmost Good Faith	6-113
Historical context and structure	6-113
The (re)insured's continuing duty of utmost good faith	6-116
The juridical basis and the remedy of avoidance	6-116
The "Star Sea"	6-116
The "Mercandian Continent"	6-119
The "DC Merwestone"	6-123
The IA 2015 s.14	6-125
Examples of the (re)insured's continuing duty of utmost good faith	6-127
Making fraudulent claims	6-127
Consequences of making a fraudulent claim pre-IA 2015	6-128
Consequences of making a fraudulent claim under the IA 2015	6-129
What constitutes a fraudulent claim?	6-131
Deliberately procured or invented losses:	6-132
Exaggerated claims:	6-133
Fraudulent devices:	6-134
Allocation of claims in good faith?	6-139
Other breaches of the continuing duty of utmost good faith	6-140
Variations to the risk/renewals	6-141
"Held covered" clauses	6-142
Insurer having right of cancellation	6-143
Information requests and situations where good faith may be implied	6-145
Litigation	6-146
Change of risk/subject matter of the insurance	6-147
The (re)insurer's duty of utmost good faith	6-148
Pre-contractual duty of (re)insurer	6-148
Continuing duty of (re)insurer	6-151
5. Promissory Warranties	6-154
Classification and construction	6-154
Introduction—what is a "warranty"?	6-154
Identifying promissory warranties	6-155
General approach to construction	6-158
Types of warranties	6-160
Warranty as to existing/continuing state of affairs	6-160
Effect of full reinsurance clause: Vesta v Butcher; Toomey v Vitalicio	6-162
Effect of the full reinsurance clause upon the risks covered	6-164
Illustrations from decided cases	6-166
Effect of breach of a promissory warranty	6-167
Pre-IA 2015 position and Bermuda law	6-168
The IA 2015, Part 3	6-172
IA 2015 s.9 (and CIDRA 2012 s.6).	6-173
IA 2015 s.10.	6-174
Losses before the breach of warranty	6-175
Losses after a breach of warranty has been remedied	6-176

CONTENTS

Breach of warranty and IA 2015 s.11.	6-180
Excuses for breach of a promissory warranty	6-181
Waiver	6-182
Waiver and automatic discharge from liability	6-182
Waiver and suspension from liability	6-184
Express waiver of remedy for breach of warranty	6-185
De minimis breaches?	6-186
Application to reinsurance and reinsurance issues	6-187
General contractual principles	6-187
Reinsurance issues	6-188
6. Reinsurance Conditions and Other Terms	6-191
Introduction	6-191
IA 2015 s.11	6-194
The text and the purpose of s.11	6-194
Terms to which s.11 applies	6-195
The effect of s.11 on risk mitigation terms	6-197
Examples of reinsurance clauses	6-200
Description of underlying risk	6-200
Denial of access to records	6-202
Late notice of claims and claims co-operation	6-205
Remedies for breach of contract under the PRICL	6-210
Premium provisions	6-211
Waiver of breach of condition	6-213
Contracting out provisions	6-214
Contracting out under the IA 2015	6-215
Contracting out under the CIDRA 2012	6-218

7. SOME LEGAL ASPECTS OF PARTICULAR TYPES OF REINSURANCE CONTRACT

1. Marine Reinsurance	7-001
Applicability of the Marine Insurance Act 1906	7-001
General principles of marine insurance law	7-002
Perils of the sea and proximate cause of loss	7-003
Abandonment and the relationship between insurance and reinsurance	7-004
Abandonment, compromise, and the principle of indemnity	7-005
2. Proportional Reinsurance	7-007
Facultative non-marine reinsurance	7-007
The full reinsurance clause	7-007
Facultative obligatory reinsurance	7-008
Quota share treaties	7-009
Excess of loss treaties	7-010
At what point is the reinsurer bound to treaty risks?	7-011
3. Non-Proportional Reinsurance	7-013
Excess of loss contracts	7-013
Historical perspective	7-013
Definition of attachment point and the problem of aggregation	7-014
The aggregate extension clause	7-017
Denby v Marchant: Aggregate Extension Clause	7-021
Yasuda Fire and Marine v Lloyd's Syndicates: Aggregate	

		Extension Clause	7-022
		Claims Series Clause	7-024
		The Ultimate Net Loss Clause	7-025
		Reinsurance in layers	7-028
		Stop-loss contracts	7-029
		Interlocking clauses	7-030
	Mesothelioma claims and Reinsurances		7-031

8. FINANCIAL REINSURANCE AND ALTERNATIVE RISK TRANSFER
   1. Nature, History and Definition of Financial Reinsurance 8-001
      Introduction 8-001
         Financial nature of the reinsurer's obligations 8-001
      Financial reinsurance defined 8-003
         Terminology 8-003
         Financial institutions 8-004
         United Kingdom: Regulatory definition 8-005
      Solvency II 8-007
         Overview 8-007
         Pillar 1 (Capital and Reserves) 8-008
         Solvency II definitions 8-009
         Market understanding 8-012
         IFRS 17 and the Characterisation of Insurance Contracts ... 8-014
         Transparency in financial reinsurance: Two case studies 8-015
      Financial reinsurance in historical perspective 8-016
         Rollovers 8-017
         Tonners 8-018
         The object of rollovers and tonners 8-019
         Time and distance policies 8-020
      Finite risks 8-021
         Retrospective contracts 8-022
         Prospective contracts 8-023
         Industry loss warranties 8-024
         Value-in-force ("VIF") policies 8-025
   2. The Legal Consequences of Financial Reinsurance 8-027
      The narrow definition 8-027
      The wider definition 8-028
      United Kingdom: The Financial Services and Markets Act 2000 8-031
         Long-term business 8-031
         Reinsurance loans 8-032
         Investment 8-033
         The business of insurance: INSPRU 1.5.13 and Solvency II 8-034
         Investment: An "operation directly arising" from insurance or "related" to reinsurance? 8-035
         The valuation of investments: Derivatives 8-036
         Insurance and investment 8-038
         The Bermuda Insurance Act 1978 8-040
         Statutory definition of "insurance business"—need for insurable interest/risk transfer? 8-040
         Designated investment contracts 8-041
         Private Act companies 8-042

CONTENTS

3. Alternative Risk Transfer 8-045
   A short history of ART 8-045
   Banks and the reinsurance market 8-047
       Longevity and mortality reinsurance and transformers 8-049
   Reinsurance futures and derivatives 8-050
   Insurance linked securities 8-051
       Catastrophe bonds 8-052
       Collateralised reinsurance 8-053
       UK Insurance Linked Securities framework 8-054
       UK ILS "green channel" 8-055
   Securitisation 8-056
   Banks as insurers/reinsurers and UK Regulation 8-057
       Financial crisis 8-062
   The future of financial reinsurance and Alternative Risk Transfer 8-064

PART III REINSURANCE INTERMEDIARIES AND THE LAW OF AGENCY

9. THE LEGAL NATURE AND DUTIES OF INTERMEDIARIES
   1. Outline of the Law of Agency 9-001
      The concept of agency and the scope of the agent's authority 9-001
          Introduction 9-001
          Insurance agency 9-002
      Basic agency principles 9-003
          Actual v ostensible authority 9-004
          Liability of agent to third party: Breach of Warranty of authority 9-006
          The undisclosed principal 9-007
          Ratification by principal 9-008
      Duties of an agent 9-009
          Unjust enrichment; compound interest 9-010
      Sub-agents 9-011
   2. The Broker/Intermediary as Agent of the Reinsured 9-013
      Agent or intermediary? 9-013
      The Agent of whom? 9-014
      Placing cover 9-019
          The general rule 9-019
          Fronting and the broker's role 9-021
      Payment of premium and collection of claims 9-023
          General principles 9-023
          The broker's title to sue 9-024
          Bermuda: Insurance Act 1978 s.29 9-026
          Brokers' cancellation clause 9-027
      The broker's commission 9-028
          Market practice 9-028
          Overriding commission 9-029
          Disclosure of commission to the principal, the reinsured ... 9-030
          Net equivalent and grossing up 9-032
          Contingent Commissions—Volume Commissions—Market Services Agreements 9-033
          M&D premium, Re-instatement premium, and brokerage .. 9-035
          Premium on a subscription slip 9-036

CONTENTS

3.	The Imputation/Attribution of Knowledge	9-037
	Introduction	9-037
	The common law: Blackburn Low v Vigors	9-038
	The common law: Re Hampshire Land, Fraud of agents	9-041
	The common law: Re Hampshire Land, Incompetence of agents	9-046
	The common law: extension of the Hampshire Land rule	9-048
	The common law: retraction of the Hampshire Land rule-Stone & Rolls v Moore Stephens	9-050
	The common law: further retraction, Jetivia v Bilta	9-053
	The Insurance Act 2015	9-054
	What the (re)insured and (re)insurer 'know' on presentation of a risk	9-054
	What the reinsured and relevant individuals "ought to know"	9-055
4.	Legal Duties of Intermediaries	9-057
	Utmost good faith and the broker/intermediary	9-057
	Avoiding of conflicts of interest	9-059
	English law and London market practice	9-059
	Bermuda law and market practice	9-060
	Duty of care to the reinsured	9-061
	Basic contractual duty—placing cover	9-061
	Continuing duty —advising client on matters affecting coverage	9-062
	Scope of duty/measure of damages: Aneco v Johnson & Higgins	9-067
	ABN Amro Bank N.V. v Royal & Sun Alliance Insurance plc	9-067
	Defences—waiver, estoppel, ratification and contributory negligence	9-068
	Duty of care in tort—continuing duty	9-071
	Continuing duty—collection of claims and preservation of documents	9-075
	Duty in selection of market—adequacy of reinsurance security	9-079
	General duty to advise	9-082
	Duty to the reinsurer and third parties	9-083
	Duty to reinsurer	9-083
	Duty to third parties	9-084
	Sub-brokers	9-087
5.	Regulation of Intermediaries	9-089
	United Kingdom	9-089
	Introduction	9-089
	The Insurance Distribution Directive and Regulation	9-090
	Lloyd's brokers	9-091
	Bermuda	9-092

10. BINDING AUTHORITIES, UNDERWRITING AGENTS AND POOLS

1.	Underwriting Agents and Binding Authorities	10-001
	Introduction	10-001
	Binders and MGAs	10-002
	Legal nature of underwriting/managing agents	10-003

Authorisation 10-003
Underwriting agency agreements—authority of agent 10-004
Acceptance of risks—agent or principal? 10-007
Captive managers 10-009
Knowledge of underwriting agents 10-010
Termination of agency—run-off 10-011
Does the former principal have the right to inspect the former agent's records or demand their delivery up? 10-013
Accounting between principal and agent 10-018
Fiduciary duty on termination of the agency 10-019
Open covers and binders 10-020
Open covers distinguished from binders 10-020
Cover holders and underwriting agents 10-022
Abuse of binding authorities—liabilities of principal and agent 10-023
Abuse of binding authorities—personal liability of individuals in the coverholder 10-025
Abuse of binding authorities—liability of regulators 10-026
Abuse of binding authorities—liability of intermediaries ... 10-027
Binders and the duty of utmost good faith 10-029
2. Pools and Fronting 10-030
The authority of the underwriting agent and fronting 10-030
The legal liability of pool members 10-033
Illegality and pools 10-034
Insolvency and pools 10-035
The ACC Pool—a case study 10-035
Agreements to assume liabilities 10-036
Recovery from pool reinsurers and net accounting 10-039
3. Agency Issues at Lloyd's 10-040
Lloyd's managing agents 10-040
Duty of care—concurrent duties in contract and tort 10-040
Standard of care—the reasonable underwriter 10-041
The LMX spiral 10-044
The sting in the tail 10-046
Damages 10-047
Lloyd's members' agents 10-049
Duty of care 10-049
Breach of duty 10-051
Damages 10-053
Lloyd's brokers 10-054
Modern Lloyd's 10-055

11. REINSURANCE INTERMEDIARIES' (BROKERS') ACCOUNTS—THEORY, PRACTICE AND LAW
    1. Theoretical Perspective 11-001
    Introduction 11-001
    Premium 11-002
    General principles 11-002
    (1) Broker not liable for premium. 11-003
    (2) Broker as a trustee. 11-007
    Lloyd's brokers 11-008
    All brokers of insurance business 11-009

	Brokers of reinsurance business	11-010
	Underwriting agents	11-011
	Delinking	11-012
	Duty to pay commission/brokerage	11-013
	Duty to pay sub-broker	11-015
	What is commission/brokerage paid for?	11-016
	Termination of agency and commission	11-017
	Insolvency and the broker's commission	11-020
	Cancelled/avoided policies and return of premium	11-021
	Broker suing for his commission	11-023
	Broker deprived of opportunity to earn commission	11-024
	Set-Off	11-027
	Terms of Business Agreements	11-028
	Fixed fees	11-029
	The broker's lien	11-030
	Claims	11-034
2.	Market Practice	11-037
	General course of business in London	11-037
	Broker's duties on receiving claims and return premiums for his principal	11-037
	Brokers' net accounting	11-038
	Central accounting systems and insolvency	11-041
	Insolvency of the broker's client: Payment of premium	11-043
	The consequences of Pacific & General v Hazell	11-045
	The broker and claims moneys: Debtor or trustee?	11-046
	Payment documentation	11-047
	Electronic marketplaces and digitalized processes	11-051
	Authorisation and regulation	11-052
	The making of the contract	11-053
	Premium and claims	11-054
	The Bermuda Market	11-055
3.	Legal Problems of Funding and Set-Off	11-056
	The perils of funding	11-056
	The nature of funding	11-056
	The broker's rights against the reinsured	11-059
	The broker as risk bearer: IGI v Kirkland Timms	11-060
	Set-off where all parties involved are solvent	11-064
	Set-off distinguished from counterclaim	11-064
	Legal set-off	11-065
	Equitable set-off	11-065
	Set-off and reinsurance transactions	11-067
	Set-off and brokers	11-069
	Contractual set-off	11-070
	Set-off and insolvency	11-071
	Insolvency Rules	11-071
	Bankruptcy Act 1914 s.31	11-073
	The mutuality rule and (Re)insurance	11-074
	Illustrations from decided cases	11-076

CONTENTS

PART IV REINSURANCE DISPUTES AND THE CONFLICT OF LAWS

12. CHOICE OF LAW IN REINSURANCE TRANSACTIONS
    1. The Law Governing Reinsurance Agreements 12-001
        Introduction 12-001
            Overview—the concept of proper law 12-001
        Choice of law rules 12-004
        The common law 12-005
            General principles 12-005
            Express choice 12-006
            Implied choice 12-007
            Imputed choice 12-010
            Application to reinsurance 12-011
        The Rome I Regulation 12-016
            Historical introduction: The 1980 Rome Convention—
                overview of the Rome I Regulation 12-016
            The Rome Convention and Regulation post Brexit 12-017
            Express/implied choice (art.3) 12-018
            Applicable law in the absence of choice (art.4) 12-020
            Specific rules 12-020
            General default rule 12-021
            Overriding proviso 12-022
            Fall-back rule 12-023
            Habitual residence 12-024
            Characteristic performance 12-025
            Application to reinsurance 12-026
        The Rome II Regulation 12-034
    2. Reinsurance Intermediaries and the Conflict of Laws 12-035
        The making of the contract 12-035
        The law governing the agency relationship 12-036
            Common law 12-036
            The Regulation 12-037

13. REINSURANCE LITIGATION
    1. Introduction 13-001
        Overview 13-001
            The growth of reinsurance disputes 13-001
            Strategic issues 13-002
        England: The Civil Procedure Rules 13-003
            Overview of the CPR/Commercial Court practice 13-003
            Case management 13-004
            Alternative dispute resolution 13-005
        Overview of the Bermuda RSC 13-006
            Principal differences between English and Bermuda
                practice 13-007
    2. Jurisdiction and Enforcement of Foreign Judgments 13-008
        Introduction and overview 13-008
            Introduction 13-008
            Overview of English jurisdictional rules 13-009
            Overview of Bermuda jurisdictional rules 13-010
            Overview of English rules on enforcement of foreign
                judgments 13-011

CONTENTS

       Overview of Bermuda rules on enforcement of foreign
          judgments 13-012
2A. Jurisdiction 13-013
    England: Jurisdiction under the Regulation/Conventions 13-013
       The European Conventions and the Council Regulation 13-013
       The basic rule under the Regulation and the general
          exceptions 13-014
       The scope of the Regulation—arbitration clauses 13-015
       The concept of "domicile" 13-020
       The special rules for "insurance contracts" 13-021
    Actions against insurer/insured domiciled/not domiciled in a
       contracting state 13-022
       Action against insurer domiciled in a contracting state. 13-022
       Action against insurer not domiciled in a contracting
          state. 13-023
       Action against insured (policyholder) domiciled in a
          contracting state. 13-024
       Action against insured (policyholder) not domiciled in a
          contracting state. 13-025
    Reinsurance Disputes: The general rules on Jurisdiction 13-026
    Contract 13-027
    Branch or agency 13-032
    Co-defendants, counterclaims, third parties 13-033
    Tort 13-034
    Jurisdiction clauses 13-035
    Lis alibi pendens and forum non conveniens 13-036
    England: Jurisdiction post-Brexit 13-038
       The 2005 Hague Convention 13-039
       Application to insurance/reinsurance 13-040
    England: Jurisdiction in cases outside the
       Regulation/Conventions 13-041
       Service of proceedings out of the jurisdiction/CPR Pt
          6—Practice Direction 6B 13-041
       Contract. 13-042
       Tort. 13-043
       Necessary/proper party. 13-044
       Judicial discretion/forum non conveniens 13-045
       Application of The "Spiliada" in reinsurance disputes 13-046
       Forum shopping and (negative) declarations 13-052
       Jurisdiction clauses—US service of suit clauses 13-054
    Bermuda: Jurisdiction 13-057
       Service of proceedings/RSC 1985 Order 11 13-057
       Contract. 13-058
       Tort. 13-061
       Necessary and proper parties. 13-062
       Enforcement of judgments/arbitral awards. 13-063
       Application of The "Spiliada" in Bermuda 13-064
       The External Companies (Jurisdiction in Actions) Act
          1885 13-066
    Injunctions restraining foreign proceedings ("anti-suit"
       injunctions) 13-067
       The effect of the Regulation on anti-suit injunctions 13-067

CONTENTS

General principles relating to anti-suit injunctions	13-068
Application of anti-suit injunction principles to insurance/reinsurance disputes	13-069
Misapplication of anti-suit injunction principles to insurance/reinsurance disputes	13-072
Anti-suit injunctions in Bermuda	13-076
2B. Enforcement	13-077
England: Enforcement in Regulation/Convention cases	13-077
Enforcement in cases outside the Regulation/Conventions	13-078
Common law	13-078
Judgments and Administration of Justice Act 1920/Foreign Judgments (Reciprocal Enforcement) Act 1933/ Hague Convention on Choice of Court Agreements 2005/ Hague Convention on the Recognition and Enforcement of Foreign Judgments in Civil or Commercial Matters 2019	13-081
Bermuda: Enforcement of judgments	13-083
Common law	13-083
The Judgments (Reciprocal Enforcement) Act 1958	13-086
3. Miscellaneous Procedural Issues	13-087
Parties	13-087
England: CPR Pt 20	13-087
Bermuda: Third-party proceedings, RSC Ord.16	13-088
Proceedings involving Lloyd's underwriters	13-091
Subrogation and assignment	13-092
Declaratory actions and locus standi	13-093
Summary judgment	13-096
England: CPR Pt 24	13-096
Bermuda: RSC Ord.14	13-099
Defences to Summary Judgment applications	13-100
Disclosure/discovery	13-103
England: Disclosure, CPR Pt 31	13-103
Bermuda: Discovery, RSC Ord.24	13-104
Specific Disclosure/Discovery	13-105
Privilege and common interest	13-106
Evidence	13-108
England: The Civil Evidence Act 1995	13-108
Bermuda: The Evidence Act 1905	13-109
Interest	13-110
England	13-110
Bermuda	13-112
4. Limitation of Actions	13-113
England: Introduction and summary of the Limitation Act 1980	13-113
Basic concepts—overview of legislation	13-113
Contract	13-114
Additional time limit for actions for damages for late payment of insurance claims	13-115
Tort	13-116
Trusts/equity	13-118
When does time run under a contract of indemnity?	13-119
Introduction	13-119

Authorities supporting the non-simultaneous view 13-120
Authorities supporting the simultaneous view 13-123
The (re)insurer denying liability 13-124
Treaty reinsurance 13-125
Late submission of accounts 13-126
Later accounts taking up earlier accounts 13-127
Practical consequences 13-128
Time limits and the CPR/RSC 13-130
Issue, service and renewal of claim forms/writs 13-130
Amendment—new claims/new parties 13-131
Pleading limitation as a defence 13-132
Extension and exclusion of limitation periods 13-133
Acknowledgments and part payments 13-133
Fraud, concealment and mistake 13-134
Limitation and the right to a remedy for unfair presentation 13-135
Foreign limitation periods 13-136
The general rule: Applying the foreign period 13-136
The exceptions: Disapplying the foreign period 13-137
Foreign judgments based on limitation 13-138
Bermuda: The Limitation Act 1984 13-139

14. REINSURANCE ARBITRATION
   1. Outline of English Arbitration Law and Practice 14-001
      Overview of English legislation 14-001
         Historical introduction 14-001
         The Arbitration Act 1996 14-003
         The Arbitration Bill 2023 14-005
      The arbitration agreement 14-006
         Agreement in writing 14-006
         Separability of arbitration agreement 14-007
         Enforcing Agreement to arbitrate—stay of legal
            proceedings 14-009
         Arbitration proceedings and winding up 14-010
         Inconsistency between Arbitration agreements and US
            service of suit clauses / Jurisdiction agreements 14-011
         Vexatious behaviour 14-012
      Arbitrators—appointment, powers and judicial intervention 14-013
         Appointment and removal 14-013
         Duty of Disclosure by Arbitrators 14-014
         Common law test of "apparent bias" 14-015
         Practical difficulties of applying the "apparent bias" test
            (1): Halliburton v Chubb 14-016
         Multiple appointments: Halliburton v Chubb, Guidant v
            Swiss Re 14-017
         Criticism of Halliburton v Chubb 14-018
         Practical difficulties of applying the "apparent bias" test
            (2): Almazeedi v Pennerl Pakistan Reinsurance
            Company Limited v Equitas Limited 14-019
         Summary 14-020
         Immunity of Arbitrators - the Arbitration Bill 2023 14-021
         Qualifications 14-022
         Chairman and Umpire 14-023

Commencement of arbitration proceedings	14-024
Powers of arbitral tribunal	14-025
Judicial intervention during the course of the reference	14-026
Extension of time-limits	14-027
Challenging jurisdiction of the arbitral tribunal – ss.32 and 67 of the 1996 Act	14-028
Practice and procedure	14-029
General duty of the tribunal	14-029
Procedural and evidential matters	14-030
The arbitration award and issue estoppel	14-031
Making the award	14-031
Correction of an award	14-032
Issue estoppel/collateral estoppel	14-033
Review by the court	14-035
Overview	14-035
Serious irregularity	14-036
Appeal on a point of law	14-038
Application to reinsurance: CGU v AstraZeneca	14-039
Security for costs and for sums due under the Award	14-040
Anti-suit injunctions and English arbitrations	14-041
Proceedings in breach of agreement to arbitrate in EU Member State—effect of the Regulation	14-041
Recast Brussels Regulation	14-042
Post-Brexit	14-042
Proceedings in breach of agreement to arbitrate in non-EU Member State	14-043
2. Outline of Bermuda Arbitration Law and the UNCITRAL Model Law	14-044
Overview of Bermudian legislation	14-044
Historical introduction	14-044
Which Act applies?	14-045
The Arbitration Act 1986	14-046
The Bermuda International Conciliation and Arbitration Act 1993	14-049
Outline of the UNCITRAL Model Law on International Commercial Arbitration	14-051
Introduction	14-051
Application of the Model Law	14-052
The seat of the arbitration	14-054
The arbitration agreement	14-055
Enforcing the Arbitration Agreement, I: Anti-suit injunctions	14-056
Enforcing the Arbitration Agreement II: Stay of legal proceedings	14-057
Separability of arbitration agreement/challenges to jurisdiction of arbitrators	14-058
Powers of Supreme Court and Court of Appeal, Bermuda	14-062
The conduct of the arbitral proceedings	14-063
Appointment of Arbitrators	14-064
Challenge to arbitrators	14-067
The arbitration award and review by the court	14-070
3. Special Problems Relating to Reinsurance Arbitration	14-072

Suitability of arbitration as a means of resolving reinsurance
  disputes 14-072
   Introduction 14-072
   Speed v delay 14-073
   Cheapness v expense 14-074
   Privacy v publicity 14-075
   Finality v uncertainty 14-076
   Potential advantages of arbitration 14-077
   Technical expertise 14-078
   Procedural flexibility 14-079
   Substantive flexibility 14-080
   Enforceability of award 14-081
   Potential advantages of litigation 14-082
   Summary judgment 14-083
   Joinder of parties/consolidation of proceedings 14-084
   Procedural certainty 14-085
   Substantive certainty 14-086
   Enforceability of judgments 14-087
   Allocation of costs 14-088
  Confidentiality and reinsurance arbitration 14-089
   England 14-089
   Bermuda 14-092
   Limits of confidentiality—the developing law 14-094
   The interests of justice 14-095
  Reinsurance "disputes" and summary judgment 14-096
   "Disputes" and "differences": English law prior to the
    1996 Act 14-096
   The Arbitration Act 1996 s.9 14-097
   Bermudian authorities 14-098
   Disputes and the right to inspect records 14-099
  Standard arbitration agreements and procedural rules 14-100
   Ad hoc v institutional arbitration 14-100
   The ARIAS (UK) Arbitration Rules 14-101
    (1) Commencement of arbitration proceedings 14-102
    (2) Appointment of the arbitral tribunal 14-103
    (3) Arbitral procedure 14-104
    (4) Jurisdiction of the arbitral tribunal 14-105
    (5) Arbitration award 14-106
    (6) Confidentiality 14-107
  "Honourable engagement" clauses and the power of arbitrators
   to depart from law 14-108
  Mediation and other forms of alternative dispute resolution 14-114
   ADR 14-114
   Mediation/conciliation 14-115
   Expert determination 14-118
 4. Arbitration and the Conflict of Laws 14-119
  Choice of law 14-119
   Introduction 14-119
   England: The Arbitration Act 1996 14-120
   Bermuda: The Model Law 14-121
   Bermuda: The Arbitration Act 1986 14-122
  The law of the contract, the law of the arbitration, and the curial

law 14-123
Enforcement of foreign awards—general principles 14-125
    Introduction and overview 14-125
    The 1958 New York Convention 14-126
    Common law 14-128
Enforcement of foreign awards in Bermuda 14-130
    Jurisdiction of the Bermuda Court in relation to arbitrations whose seat is outside Bermuda 14-130
    Recognition and enforcement of foreign arbitral awards 14-131

PART V REINSURANCE REGULATION AND INSOLVENCY

15. SOLVENCY, REGULATION, AND PROTECTION OF THE REINSURED'S SECURITY

1. Regulation in the United Kingdom and Bermuda 15-001
   Introduction and overview 15-001
       The purpose of regulation 15-001
       International regulation 15-011
       Regulation in the EEA 15-013
       Regulation in the United Kingdom 15-014
       Solvency II 15-019
       Proposed reforms to Solvency II 15-021
       Regulation in Bermuda 15-022
2. Regulation of Reinsurers in the United Kingdom 15-023
   Historical perspective 15-023
   Application of insurance company legislation to reinsurers 15-024
   SPVs, ISPVs and PCCs 15-029
   Requirement for authorisation 15-033
       Introduction 15-033
       Consequences of carrying out unauthorised reinsurance business 15-034
       Carrying on reinsurance business in the United Kingdom .. 15-037
       Effecting and carrying out contracts of insurance 15-038
       By way of a business 15-040
       In the United Kingdom 15-041
       Winding-up petitions 15-046
       Application for authorisation 15-048
       Overseas reinsurers in the United Kingdom 15-049
       United Kingdom reinsurers outside the United Kingdom ... 15-055
       Financial regulation 15-056
       Internal systems and controls 15-060
       Restriction of business to reinsurance 15-061
       Conduct of business regulation 15-062
   Self-regulation of Lloyd's 15-064
   ESG Requirements 15-067
3. The Regulation of Insurance Companies in Bermuda 15-076
   Introduction and overview 15-076
   The Bermuda regulatory model 15-078
       Scope of insurance regulation in Bermuda—some key principles 15-079
       The registration principle and the multi-class licensing system 15-081

CONTENTS

Class 1	15-082
Class 2	15-082
Class 3	15-082
Class 3A	15-082
Class 3B	15-082
Class 4	15-082
Class A	15-083
Class B	15-083
Class C	15-083
Class D	15-083
Class E	15-083
SPI Structures	15-085
The Insurance Regulatory Sandbox	15-086
The licensing process in Bermuda	15-087
Ongoing Regulatory requirements applicable to Bermuda Insurers	15-088
Capital and Surplus Requirements	15-089
Restrictions on dividends and return of capital	15-095
Reporting requirements and regulation of key service providers	15-096
Additional filing of GAAP financials for commercial insurers	15-097
Key service providers, duties and BMA regulation	15-098
The Head Office Requirement and the Economic Substance Act 2018	15-101
Corporate Governance and the Insurance Code of Conduct	15-102
Regulatory Oversight by the BMA over the Bermuda insurance market	15-104
Group Supervision Rules	15-109
Group supervisory powers	15-110
Consequences of carrying on unauthorised business	15-115
Cyber Risk – The Insurance Sector Cyber Risk Management Code of Conduct, Cyber Events and BMA Cyber Underwriting Report and management of climate change risk	15-116
Cyber Risk Code of Conduct	15-116
Insurance Act amendments for Cyber Events	15-117
BMA Cyber Underwriting Report – Guidance for(Re)insurers re Cyber Risk	15-118
Management of Climate Change for Commercial Insurers	15-119
4. Letters of Credit and Other Forms of Security	15-120
Letters of credit and guarantees	15-120
Letters of credit	15-120
Guarantees and indemnities	15-123
"Cut through" clauses, assignments and trusts	15-124
"Cut through" clauses/endorsements and privity	15-124
Assignment by way of security	15-128
Trust arrangements	15-129
Netting provisions	15-130
5. Assessment of Reinsurer Solvency and Pre-emptive Action	15-132
Practical aspects of solvency assessment	15-132
Prospective insolvency of the reinsurer: The reinsured's	

options 15-133

16. REINSURANCE RUN-OFFS AND THE PROSPECT OF INSOLVENCY
  1. Some Legal Problems of Reinsurance Run-Off 16-001
     Introduction 16-001
     Commutations and the duty of utmost good faith 16-003
     Avoidance of transactions 16-004
        Historical perspective 16-004
        Transactions at an undervalue and preferences 16-005
        Relevant time. 16-005
        Transactions at an undervalue. 16-006
        Preferences. 16-008
        Application to reinsurance 16-009
        New Cap Re 16-010
        Transactions defrauding creditors 16-016
        The anti-deprivation principle 16-018
     Bermudian legislation 16-019
     Changing domicile 16-021
        The EMLICO saga 16-021
        Moving the administration of the run-off 16-023
  2. Liability of Directors, Officers and Advisors 16-024
     Common law duties of directors 16-024
     Statutory codification of directors' duties 16-026
     Further statutory duties and remedies 16-027
        Fraudulent trading 16-027
        Wrongful trading 16-028
        Shadow directors 16-030
     Auditors and actuaries 16-031
        Auditors: The duty of care 16-031
        Auditors: The standard of care 16-032
        Actuaries 16-034
        Underwriting agents and managers 16-035
     Liability of directors and officers in Bermuda 16-036
        Liability of directors before 24 June 1996 16-036
        Liability of directors after 24 June 1996 16-038
     Liability of auditors in Bermuda 16-039
        Officers and auditors 16-039
        Statutory limitation of auditors' liability 16-040
  3. Liability of Shareholders/Members 16-041
     Limited liability companies 16-041
     Mutual companies under Bermuda law 16-042
     Segregated account companies under Bermuda law 16-044
        Introduction: "Rent-a-captive" arrangements/segregated
          account structures and cellular model 2.0, incorporated
          segregated accounts 16-044
        The Segregated Accounts Companies Act
          2000—overview 16-045
        A test case on the SAC Act 16-046
        Nature of segregated accounts 16-048
        Key provisions—definitions 16-049
        Issue 1 16-049
        Issue 2 16-049

	Issue 3 16-049
	Further key provisions—the "firewall" concept 16-050
	Limited recourse liability 16-051
	The nature of an account owner's interest in a segregated account 16-052
	Limitation of creditor enforcement rights 16-053
	Order of priority on insolvency 16-054
	Receivership of SAC companies—"just and equitable" 16-055
	Winding-up of SAC companies and application of assets ... 16-057
	Incorporated segregated accounts companies 16-059
	Protected Cell Companies under UK Law 16-060

17. INSOLVENCY PROCEDURES I: OVERVIEW, WINDING-UP AND INTERNATIONAL RECOGNITION

 1. Introduction 17-001
  Overview of insolvency procedures 17-001
   Problems unique to insolvent insurance/reinsurance companies 17-001
   Applicability of the Insolvency Act 1986 to insurance/ reinsurance companies— the Financial Services and Markets Act 2000 17-002
   Appointment of provisional liquidators and schemes of arrangement 17-003
   Write down of contracts 17-004
  Insolvency procedures in Bermuda 17-005
  Summary of liquidation practice and procedure 17-006
   Modes of winding-up 17-006
   Liquidators and liquidation committee: Appointment and powers 17-007
   Effect of winding-up on insurance/reinsurance contracts and proof of claims 17-009
 2. Winding-up Petitions 17-011
  Jurisdiction to wind-up companies 17-011
   The English High Court 17-011
   EEA Insurers and reinsurance companies 17-012
   Other foreign companies 17-013
   The Supreme Court of Bermuda 17-014
  Presentation of the petition 17-015
   The grounds for winding-up: Inability to pay debts 17-015
   Disputed debts in Bermuda 17-017
   Disputes as to quantum only 17-020
   Proving inability of an insurer to pay debts in Bermuda 17-021
   Locus standi of petitioner: Creditors/contingent creditors .. 17-022
   Directors' petitions in Bermuda: "The Emmadart point" 17-023
   Policyholder's petitions in Bermuda: Insurance Act 1978 s.34 17-024
  Hearing of the petition 17-026
   Powers of the court 17-026
   Abuse of process 17-027
   Public interest petitions 17-028
 3. Some Legal Problems of Reinsurance Liquidations 17-029
  Security and set-off 17-029

Valuation of claims and collection from reinsurers 17-031
    Introduction and overview 17-031
    Valuation of "general" policies under the Insurers (Winding-Up) Rules 2001 17-034
    What type of liquidations do the IWUR 2001 apply to? 17-039
    When has an "amount/liability ... fallen due for payment"? 17-040
    What kind of liabilities are likely to fall under para. 2? 17-044
    What kind of liabilities are likely to fall under para. 3? 17-048
    When is a policy "expressed to run from one definite date to another"? 17-049
    Valuation of long-term policies under the Insurers (Winding-Up) Rules 2001 17-051
    Valuation of a reinsured's claim on a reinsurer in liquidation 17-052
    Actuarial valuation of claims under Bermuda law 17-054
Priority of distribution 17-058
    The Insurers (Reorganisation and Winding-Up) Regulations 2004 17-058
    Implications for reinsureds and other unsecured creditors of UK insurers 17-060
    Assets of the company 17-061
    Interpretation of S.36(A) of the Bermuda Insurance Act 1978 17-062
4. International Recognition and Judicial Co-Operation 17-064
    Introduction and overview 17-064
    Judicial co-operation in England I: The s.426 regime 17-066
    Overview—Insolvency Act 1986 s.426 17-066
    Letters of request under s.426 from Bermudian courts 17-067
    Turnover of insurance company assets under s.426—the HIH case 17-070
    Judicial co-operation in England III: The Cross-Border Insolvency Regulations 2006 17-071
    Scope 17-071
    Example of application 17-072
    The limits of judicial co-operation—enforcement of default judgments made in foreign insolvency proceedings and the rules of private international law 17-073
    Judicial co-operation in England; The EU 17-074
    The Recast EUIR 17-075
    Solvency II 17-076
    Insurers (Reorganisation and Winding-Up) Regulations 2004 17-077
    Judicial co-operation in Bermuda 17-078
    Issuing letters of request by the Bermuda court 17-078
    Judicial co-operation at common law in Bermuda 17-079

18. INSOLVENCY PROCEDURES II: ADMINISTRATION, SCHEMES OF ARRANGEMENT, RESTRUCTURING PLANS, WRITE-DOWN ORDERS AND TRANSFERS OF BUSINESS
1. Introduction 18-001
Administration procedure for insurance/reinsurance

companies 18-001
   Overview 18-001
   Administration procedure for insurance/reinsurance
      companies 18-002
   Costs of administration and the handling of claims 18-003
Schemes of Arrangement and Restructuring Plans under Pts 26
   and 26A of the Companies Act 2006 18-004
   Outline of statutory provisions in respect of Part 26 18-004
   Outline of statutory provisions in respect of Part 26A (and
      the differences with Part 26) 18-005
   Jurisdiction of the English court 18-006
   Summary of the procedure 18-007
   The Practice Statement (Companies: Schemes of
      Arrangement under Part 26 and Part 26A of the
      Companies Act 2006) 18-009
   International recognition 18-010
   Classes of creditors—overview 18-011
   Application of Sovereign Life v Dodd to reinsurance I:
      Osiris, Anglo American and Hawk 18-013
   Application of Sovereign Life v Dodd to reinsurance II:
      Case law post-Hawk up to BAIC 18-017
   Application of Sovereign Life v Dodd to reinsurance III:
      Case law post BAIC—NRG Victory, Re Sovereign
      Marine (WFUM Scheme) 18-019
   The discretion of the court 18-022
   Discretion and solvent schemes 18-023
   Discretion to sanction restructuring plans: cross-class cram
      down 18-024
   Schemes—the Regulators 18-025
   The PRA 18-026
   The FCA 18-027
   Discretion -the view of the Regulator in respect of Solvent
      schemes 18-028
Schemes of arrangement in Bermuda under s.99 of the
   Companies Act 1981 18-029
   Overview 18-029
   Sanctioning schemes in Bermuda—discretion 18-030
   Classes of creditors and shareholders in Bermuda 18-032
   The Scheme Creditors were not properly regarded as
      creditors of the Scheme Companies. 18-034
   Third Party Releases 18-035
   Fees 18-036
   Schemes and the Winding-Up Rules 18-037
   Shareholder Schemes—hostile takeovers 18-038
Write down of contracts and transfer of business under the
   FSMA 2000 18-039
   Write down of contracts - FSMA 2000 s.377A 18-039
   Insurance Business Transfers: FSMA 2000 Pt VII 18-040
   Court of Appeal consideration of the Part VII Transfers 18-044
   Exercise of discretion under Pt VII of FSMA 18-045
   Effect of Pt VII transfers 18-048
   Insurance Business Transfers – Bermuda – Insurance Act

1978 Section 25 18-049
Recovery Plan Rules for Commercial (Re)insurers - Bermuda .. 18-052
    Application of the Recovery Planning Rules 18-053
    Scope and Requirement of a Recovery Plan 18-054
Other forms of corporate reorganisation 18-056
2. Types of Scheme 18-059
    Introduction and overview 18-059
        Advantages of schemes over liquidation 18-059
        Types of scheme and typical provisions 18-060
        Determination and payment of claims (including provisions relating to set-off and currency conversion) .. 18-061
        Provisions relating to scheme administrators. 18-062
        Provisions relating to directors and shareholders. 18-063
        Provisions relating to the creditors' committee. 18-064
        Provisions relating to meetings of creditors. 18-065
        Resolution of disputed claims. 18-066
        Schemes within liquidation 18-067
    Cut-off schemes 18-068
    Solvent cut-off schemes 18-069
    Reserving schemes 18-070
    Hybrid schemes 18-071
    Legal issues in schemes 18-072
        Brokers/intermediaries 18-073
        Reinsurers 18-074
        Underwriting agents/pool managers 18-075
3. Proposals for Reform 18-076
    Bermuda 18-076
    UK- The Proposed Insurer Resolution Regime 18-078
        The Statutory Resolution Objectives 18-079
        Scope and Resolution Conditions 18-080
        Stabilisation Options 18-081
        Transfer to a Private Sector Purchaser: 18-081
        Bridge Institution: 18-081
        Bail-In: 18-081
        Temporary Public Ownership: 18-081
        Additional tools 18-082
        Balance Sheet Management Vehicle: 18-082
        Insurer Administration Procedure: 18-082
        No Creditor Worse Off Safeguard 18-083
        Pre-Resolution Planning 18-084
        Resolvability Assessments: 18-084
        RRPs – Resolution Plans: 18-084
        Ancillary Matters and Pre-Resolution Valuation 18-085

Index 1391

TABLE OF CASES

A v B [2011] EWHC 2345 (Comm); [2011] 2 Lloyd's Rep. 591; [2011] 9 WLUK 347;
  [2011] Arb. L.R. 43; (2011) 161 N.L.J. 1291 QBD (Comm)............ 14-015, 14-020, 14-067
A v B [2017] EWHC 3417 (Comm); [2018] Bus. L.R. 778; [2017] 12 WLUK 651; [2018]
  1 C.L.C. 1 QBD (Comm) 14-024
A v C [2020] EWCA Civ 409; [2020] 1 W.L.R. 3504; [2020] 4 All E.R. 874; [2020] 2 All
  E.R. (Comm) 631; [2020] Bus. L.R. 1852; [2020] 1 Lloyd's Rep. 341; [2020] 3 WLUK
  269; [2020] 1 C.L.C. 537; *Times*, May 26, 2020 CA (Civ Div) 14-026
Re a Company (No.EC 31586) [2010] Bda LR 77 17-015
Re A Company [1992] 1 Re. L.R. 288 .... 6-202, 13-101, 17-020
A De Bloos SPRL v Bouyer SA (C-14/76) EU:C:1976:134; [1976] E.C.R. 1497; [1976] 10
  WLUK 16; [1977] 1 C.M.L.R. 60 ECJ 13-031
AA Mutual Insurance Co Ltd v Bradstock Blunt & Crawley [1996] L.R.L.R. 161; [1993] 2
  WLUK 393 QBD 11-036, 11-040, 11-041
AB flyLAL-Lithuanian Airlines v Starptautiska Lidosta "Riga" VAS (C-27/17)
  EU:C:2018:533; [2019] 1 W.L.R. 669; [2018] 7 WLUK 71; [2018] I.L.Pr. 32 ECJ (2nd
  Chamber) 13-032
Abaidildinov v Amin [2020] EWHC 2192 (Ch); [2020] 1 W.L.R. 5120; [2020] 8 WLUK
  62 Ch D 13-098
ABC Insurance Company v XYZ Insurance Company [2006] Bda L.R. 8 14-093
ABN AMRO Bank NV v Royal and Sun Alliance Insurance Plc [2021] EWCA Civ 1789;
  [2022] 1 W.L.R. 1773; [2022] 2 All E.R. (Comm) 665; [2021] 12 WLUK 26; [2022] 1
  C.L.C. 116; [2022] Lloyd's Rep. I.R. 201 CA (Civ Div) . 3-067, 4-052, 4-064, 4-066, 4-113, 5-032,
           6-017, 6-063, 6-077, 6-089, 6-104, 6-105, 6-106, 6-110, 6-152, 6-153, 9-066, 9-067
Abrahams v Mediterranean Insurance and Reinsurance Co [1991] 1 Lloyd's Rep. 216;
  [1990] 10 WLUK 347 CA (Civ Div) 3-023, 3-024, 4-053, 4-084
Absalom v TCRU Ltd (formerly Monument Insurance Brokers Ltd) [2005] EWCA Civ
  1586; [2006] 1 All E.R. (Comm) 375; [2006] 2 Lloyd's Rep. 129; [2005] 12 WLUK 569;
  [2006] 1 C.L.C. 648 CA (Civ Div) 9-028, 11-013, 11-026
Abu Dhabi Commercial Bank PJSC v Algosaibi Trading Services Ltd [2014] Bda LR 85 ... 17-015
Abuja International Hotels Ltd v Meridien SAS [2012] EWHC 87 (Comm); [2012] 1
  Lloyd's Rep. 461; [2012] 1 WLUK 574 QBD (Comm) 14-004
AC Ward & Son Ltd v Catlin (Five) Ltd [2009] EWHC 3122 (Comm); [2010] 2 All E.R.
  (Comm) 683; [2009] 12 WLUK 97; [2010] Lloyd's Rep. I.R. 695 QBD (Comm) 4-070
ACE Bermuda Insurance Ltd v Continental Casualty Company [2007] Bda L.R. 38 14-056
ACE Bermuda Insurance Ltd v Ford Motor Company [2016] Bda LR 1 14-093
ACE Bermuda Insurance Ltd v Pedersen [2005] Bda L.R. 44 .... 13-059, 14-056, 17-079
Ace Capital Ltd v CMS Energy Corp [2008] EWHC 1843 (Comm); [2008] 7 WLUK 917;
  [2008] 2 C.L.C. 318; [2009] Lloyd's Rep. I.R. 414 QBD (Comm) 13-056, 14-011, 14-043
Ace European Group Ltd v Chartis Insurance UK Ltd (formerly AIG (UK) Ltd and AIG
  Europe (UK) Ltd) [2013] EWCA Civ 224; [2013] 3 WLUK 638; [2013] Lloyd's Rep.
  I.R. 485 CA (Civ Div) 5-063, 7-003
Acute Property Developments Ltd v Apostolou [2013] EWHC 200 (Ch); [2013] 2 WLUK
  462; [2013] Bus. L.R. D22 Ch D 9-004
Adactive Media Inc v Ingrouille [2021] EWCA Civ 313; [2022] 1 Lloyd's Rep. 235; [2021]
  3 WLUK 59; [2021] 1 C.L.C. 494 CA (Civ Div) 14-011
Adams v Cape Industries Plc [1990] Ch. 433; [1990] 2 W.L.R. 657; [1991] 1 All E.R. 929;
  [1989] 7 WLUK 355; [1990] B.C.C. 786; [1990] B.C.L.C. 479 CA (Civ Div) 13-079, 13-080
Adams v Lindsell 106 E.R. 250; (1818) 1 B. & Ald. 681; [1818] 6 WLUK 27 KB 11-053
Addlesee v Dentons Europe LLP [2019] EWCA Civ 1600; [2020] Ch. 243; [2019] 3 W.L.R.
  1255; [2020] 1 All E.R. 124; [2019] 10 WLUK 10; [2020] 1 B.C.L.C. 15; [2020] Lloyd's
  Rep. F.C. 1; [2020] P.N.L.R. 4; *Times*, January 7, 2019 CA (Civ Div) 13-106
Adler 18-005
ADM Asia-Pacific Trading PTE Ltd v PT Budi Semesta Satria [2016] EWHC 1427
  (Comm); [2016] 6 WLUK 477 QBD (Comm) 14-043
Aectra Refining & Marketing Inc v Exmar NV (The New Vanguard and The Pacifica)
  [1994] 1 W.L.R. 1634; [1995] 1 All E.R. 641; [1995] 1 Lloyd's Rep. 191; [1994] 7
  WLUK 285; *Times*, August 15, 1994; *Independent*, August 22, 1994 CA (Civ Div) 11-065
Aegis Blaze, The [1986] 1 Lloyd's Rep. 203; [1985] 10 WLUK 275; (1986) 130 S.J. 15;

TABLE OF CASES

Times, November 2, 1985 CA (Civ Div)... 13-106
Aegis Electrical and Gas International Services Co Ltd v Continental Casualty Co [2007] EWHC 1762 (Comm); [2007] 7 WLUK 732; [2008] Lloyd's Rep. I.R. 17 QBD (Comm) ... 4-067, 5-032, 5-062
Aeolus v CS ILS SICAV-SIF et al [2022] SC (Bda) 30 Com 8-024
Aeolus Re Ltd v CS ILS SICA v-SIF and ors 2022 SC 32 8-024
Aercap Ireland Ltd v AIG Europe SA [2023] EWHC 96 (Comm); [2023] 1 W.L.R. 2448; [2023] 1 WLUK 263 KBD (Comm Ct) 13-091
AES Ust-Kamenogorsk Hydropower Plant LLP v Ust-Kamenogorsk Hydropower Plant JSC, sub nom. Ust-Kamenogorsk Hydropower Plant JSC v AES Ust-Kamenogorsk Hydropower Plant LLP [2013] UKSC 35; [2013] 1 W.L.R. 1889; [2014] 1 All E.R. 335; [2014] 1 All E.R. (Comm) 1; [2013] Bus. L.R. 1357; [2013] 2 Lloyd's Rep. 281; [2013] 6 WLUK 282; [2013] 1 C.L.C. 1069 SC 13-015, 13-070, 14-043
Aetna Reinsurance Co (UK) Ltd v Central Reinsurance Corp Ltd [1996] L.R.L.R. 165; [1995] 6 WLUK 349 QBD 13-102
Africa Finance Corp v Aiteo Eastern E&P Co Ltd [2022] EWHC 768 (Comm); [2022] 3 WLUK 529; [2022] 1 C.L.C. 877 QBD (Comm)................................... 13-068
Agapitos v Agnew (The Aegeon) (No.1) [2002] EWCA Civ 247; [2003] Q.B. 556; [2002] 3 W.L.R. 616; [2002] 1 All E.R. (Comm) 714; [2002] 2 Lloyd's Rep. 42; [2002] 3 WLUK 129; [2002] C.L.C. 886; [2002] Lloyd's Rep. I.R. 573; (2002) 99(16) L.S.G. 38; (2002) 146 S.J.L.B. 66 CA (Civ Div).. 6-128, 6-131
Agbara v Shell Petroleum Development Co of Nigeria Ltd [2019] EWHC 3340 (QB); [2019] 12 WLUK 63 QBD 13-078, 13-081
Agnew v Lansforsakringsbolagens AB [2001] 1 A.C. 223; [2000] 2 W.L.R. 497; [2000] 1 All E.R. 737; [2000] 1 All E.R. (Comm) 321; [2000] 2 WLUK 676; [2000] C.L.C. 848; [2001] I.L.Pr. 25; [2000] Lloyd's Rep. I.R. 317; (2000) 97(9) L.S.G. 39; (2000) 144 S.J.L.B. 109; *Times*, February 23, 2000 HL................. 1-053, 13-028, 13-030, 13-053
AGPS Bondco Plc, Re, sub nom. Strategic Value Capital Solutions Master Fund LP v AGPS Bondco Plc [2024] EWCA Civ 24; [2024] Bus. L.R. 745; [2024] 1 WLUK 227; [2024] B.C.C. 302 CA (Civ Div)............................... 18-005, 18-012, 18-024
Re Agrenco Limited [2014] Bda LR 94 17-019
Agrinational v Erieview Insurance Co Bermuda Civil Appeal No.6 [1995] Bda L.R. 17 4-053
Agrinational Ltd et al v Erieview Insurance Co Ltd [1995] Bda L.R. 17 . 4-046, 4-049, 4-088, 7-016
Agrinational Ltd et al v v Erieview Insurance Co Ltd [1995] Bda L.R. 17 4-049
Agrokor DD, Re [2017] EWHC 2791 (Ch); [2018] Bus. L.R. 64; [2017] 11 WLUK 209; [2018] B.C.C. 18; [2018] 2 B.C.L.C. 75; [2018] I.L.Pr. 20; [2018] B.P.I.R. 1 Ch D (Companies Ct)... 17-072
AI Scheme Ltd, Re [2015] EWHC 1233 (Ch); [2015] 4 WLUK 50 Ch D (Companies Ct) .. 18-034
AIC Ltd v ITS Testing Services (UK) Ltd (The Kriti Palm) [2006] EWCA Civ 1601; [2007] 1 All E.R. (Comm) 667; [2007] 1 Lloyd's Rep. 555; [2006] 11 WLUK 669; [2007] 2 C.L.C. 223; *Times*, December 21, 2006 CA (Civ Div)........................... 6-149
AIG Europe (Ireland) Ltd v Faraday Capital Ltd [2007] EWCA Civ 1208; [2008] 2 All E.R. (Comm) 362; [2007] 11 WLUK 562; [2007] 2 C.L.C. 844; [2008] Lloyd's Rep. I.R. 454 CA (Civ Div) 5-045, 5-067
AIG Europe Ltd v OC320301 LLP, sub nom. AIG Europe Ltd v Woodman [2017] UKSC 18; [2017] 1 W.L.R. 1168; [2018] 1 All E.R. 936; [2018] 1 All E.R. (Comm) 1097; [2017] 3 WLUK 541; [2017] 1 C.L.C. 668; [2017] Lloyd's Rep. I.R. 209; [2017] P.N.L.R. 22; *Times*, March 28, 2017 SC........................ 4-073, 5-112, 5-117, 5-132
AIG Europe SA v QBE International Insurance Ltd [2001] 2 All E.R. (Comm) 622; [2001] 2 Lloyd's Rep. 268; [2001] 5 WLUK 96; [2001] C.L.C. 1259; [2002] Lloyd's Rep. I.R. 22; *Times*, June 22, 2001 QBD (Comm)...................................... 4-004, 4-014
AIG Europe SA (formerly AIG Europe Ltd) v John Wood Group Plc; joined case(s) Chubb European Group SE v John Wood Group Plc [2022] EWCA Civ 781; [2023] 1 All E.R. (Comm) 381; [2022] 6 WLUK 63; [2022] 2 C.L.C. 124; [2022] Lloyd's Rep. I.R. 561 CA (Civ Div) 3-054, 4-015, 12-019, 13-035, 13-068, 13-071
AIG Europe (UK) Ltd v Ethniki, sub nom. AIG Europe (UK) Ltd v Anonymous Greek Co of General Insurances; Anonymous Greek Co of General Insurances v AIG Europe (UK) Ltd [2000] 2 All E.R. 566; [2000] 1 All E.R. (Comm) 65; [1999] 11 WLUK 894; [2000] C.L.C. 446; [2000] I.L.Pr. 426; [2000] Lloyd's Rep. I.R. 343 CA (Civ Div)......... 4-004, 4-014
Aiken v Stewart Wrightson Members Agency Ltd [1996] 2 Lloyd's Rep. 577; [1996] 7 WLUK 287; [1997] 6 Re. L.R. 79 CA (Civ Div).................................. 13-114
Aioi Nissay Dowa Insurance Co Ltd (formerly Chiyoda Fire and Marine Insurance Co Ltd) v Heraldglen Ltd [2013] EWHC 154 (Comm); [2013] 2 All E.R. (Comm) 231; [2013] 2

TABLE OF CASES

WLUK 238; [2013] 1 C.L.C. 440; [2013] Lloyd's Rep. I.R. 281 QBD (Comm) 5-126, 5-127, 7-015

Airbus Industrie GIE v Patel [1999] 1 A.C. 119; [1998] 2 W.L.R. 686; [1998] 2 All E.R. 257; [1998] 1 Lloyd's Rep. 631; [1998] 4 WLUK 49; [1998] C.L.C. 702; [1999] I.L.Pr. 238; (1998) 95(18) L.S.G. 32; (1998) 148 N.L.J. 551; (1998) 142 S.J.L.B. 139; *Times*, April 6, 1998 HL..13-068

Airbus SAS v Generali Italia SpA [2019] EWCA Civ 805; [2019] 4 All E.R. 745; [2020] 1 All E.R. (Comm) 191; [2019] Bus. L.R. 2997; [2019] 2 Lloyd's Rep. 59; [2019] 5 WLUK 176; [2019] 1 C.L.C. 903 CA (Civ Div) 13-017, 13-035

Aizkir Navigation Inc v Al Wathba National Insurance Co PSC [2011] EWHC 3840 (Comm); [2011] 11 WLUK 414 QBD (Comm) 5-019

Ajayi v Ebury Partners Ltd [2020] EWHC 166 (Comm); [2020] 1 WLUK 342 QBD (Comm)..14-089

A.K. Bakri & Sons Ltd. v Bakri [2017] SC(Bda) 40 .... 14-009, 14-057

AK Investment CJSC v Kyrgyz Mobil Tel Ltd; joined case(s) Altimo Holdings and Investment Ltd v Kyrgyz Mobil Tel Ltd; CP-Credit Prive SA v Kyrgyz Mobil Tel Ltd; Fellowes International Holdings Ltd v Kyrgyz Mobil Tel Ltd [2011] UKPC 7; [2012] 1 W.L.R. 1804; [2011] 4 All E.R. 1027; [2012] 1 All E.R. (Comm) 319; [2011] 3 WLUK 371; [2011] 1 C.L.C. 205 PC (IoM) 13-057, 13-062

Alba Life Ltd, Re [2006] EWHC 3507 (Ch); [2006] 12 WLUK 183 Ch D 18-046

Albon (t/a NA Carriage Co) v Naza Motor Trading Sdn Bhd [2007] EWHC 665 (Ch); [2007] 2 All E.R. 1075; [2007] 2 All E.R. (Comm) 513; [2007] 2 Lloyd's Rep. 1; [2007] 3 WLUK 772 Ch D 14-008, 14-009

Albon (t/a NA Carriage Co) v Naza Motor Trading Sdn Bhd [2007] EWCA Civ 1124; [2008] 1 All E.R. (Comm) 351; [2008] 1 Lloyd's Rep. 1; [2007] 11 WLUK 93; [2007] 2 C.L.C. 782 CA (Civ Div) 14-009

Aldcroft v International Cotton Association Ltd [2017] EWHC 642 (Comm); [2018] Q.B. 725; [2018] 2 W.L.R. 793; [2018] 1 All E.R. (Comm) 721; [2017] 1 Lloyd's Rep. 635; [2017] 3 WLUK 760; [2017] 1 C.L.C. 678; (2018) 34 Const. L.J. 661 QBD (Comm) 14-018

Alexander Brothers Ltd (Hong Kong SAR) v Alstom Transport SA [2020] EWHC 1584 (Comm); [2020] Bus. L.R. 2197; [2021] 1 Lloyd's Rep. 79; [2020] 6 WLUK 225; [2020] 2 C.L.C. 191 QBD (Comm) 14-007, 14-127

Alfred C Toepfer v Continental Grain Co [1974] 1 Lloyd's Rep. 11; [1973] 6 WLUK 89; (1973) 117 S.J. 649 CA (Civ Div) 13-127

Alfred Crompton Amusement Machines Ltd v Customs and Excise Commissioners (No.2) [1974] A.C. 405; [1972] 1 W.L.R. 833; [1973] 3 W.L.R. 268; [1973] 2 All E.R. 1169; [1973] 7 WLUK 23; (1973) 117 S.J. 602 HL.. 13-106

Alfred McAlpine Plc v BAI (Run-Off) Ltd [2000] 1 All E.R. (Comm) 545; [2000] 1 Lloyd's Rep. 437; [2000] 2 WLUK 449; [2000] C.L.C. 812; (2001) 3 T.C.L.R. 5; 69 Con. L.R. 87; [2000] Lloyd's Rep. I.R. 352 CA (Civ Div)............ 3-049, 5-053, 6-119, 6-143, 6-191, 6-208

Ali v Dinc [2022] EWCA Civ 34; [2022] 1 WLUK 206 CA (Civ Div) 11-007

Ali Shipping Corp v Shipyard Trogir [1999] 1 W.L.R. 314; [1998] 2 All E.R. 136; [1998] 1 Lloyd's Rep. 643; [1997] 12 WLUK 454; [1998] C.L.C. 566; *Independent*, January 26, 1998 CA (Civ Div) 14-089, 14-093

Alipour v Ary, sub nom. Alipour v UOC Corp (No.1); Company (No.002180 of 1986), Re; UOC Corp (No.1), Re [1997] 1 W.L.R. 534; [1996] 12 WLUK 360; [1997] B.C.C. 377; [1997] 1 B.C.L.C. 557; *Times*, December 18, 1996 CA (Civ Div) 17-015, 17-017

All Scheme Ltd, Re [2021] EWHC 1401 (Ch); [2021] 5 WLUK 329 Ch D . 18-004, 18-027, 18-028

Allen v Robles [1969] 1 W.L.R. 1193; [1969] 3 All E.R. 154; [1969] 2 Lloyd's Rep. 61; [1969] 5 WLUK 62; (1969) 113 S.J. 484 CA (Civ Div).. 6-107

Allianz Insurance Co Egypt v Aigaion Insurance Co SA [2008] EWCA Civ 1455; [2009] 2 All E.R. (Comm) 745; [2008] 12 WLUK 642; [2008] 2 C.L.C. 1013; [2009] Lloyd's Rep. I.R. 533; *Times*, January 20, 2009 CA (Civ Div)........................... 3-007, 3-058, 4-087

Allianz Insurance Plc (formerly Cornhill Insurance Plc) v Tonicstar Ltd, sub nom. Tonicstar Ltd v Allianz Insurance Plc (formerly Cornhill Insurance Plc) [2018] EWCA Civ 434; [2018] 2 All E.R. (Comm) 1080; [2018] Bus. L.R. 2347; [2018] 1 Lloyd's Rep. 389; [2018] 3 WLUK 281; [2018] 1 C.L.C. 445; [2018] Lloyd's Rep. I.R. 221 CA (Civ Div) ... 13-003, 14-022

Allianz SpA (formerly Riunione Adriatica di Sicurta SpA) v West Tankers Inc (C-185/07), sub nom. West Tankers Inc v Allianz SpA (formerly Riunione Adriatica di Sicurta SpA) (C-185/07) EU:C:2009:69; [2009] 1 A.C. 1138; [2009] 3 W.L.R. 696; [2009] 1 All E.R. (Comm) 435; [2009] 1 Lloyd's Rep. 413; [2009] E.C.R. I-663; [2009] 2 WLUK 197; [2009] 1 C.L.C. 96; [2009] All E.R. (EC) 491; [2009] C.E.C. 619; [2009] I.L.Pr. 20;

2009 A.M.C. 2847; *Times*, February 13, 2009 ECJ (Grand Chamber) 13-017, 13-037, 14-041, 14-042, 14-043
Allianz Via Assurance v Marchant 12 December 1996 7-009
Almazeedi v Penner [2018] UKPC 3; [2018] 2 WLUK 600 PC (CI) 14-018, 14-019, 14-020, 14-067
Alpha Prime Fund Ltd v Primeo Fund Ltd [2011] Bda LR 51 17-019
Ambassador Insurance Co (in liquidation) v Kempe and Hamilton [1996] Bda L.R. 1 18-067
AMEC Capital Projects Ltd v Whitefriars City Estates Ltd [2004] EWCA Civ 1418; [2005] 1 All E.R. 723; [2004] 10 WLUK 796; [2005] B.L.R. 1; 96 Con. L.R. 142; (2005) 21 Const. L.J. 249; (2004) 154 N.L.J. 1690; (2004) 148 S.J.L.B. 1285; *Times*, November 8, 2004 CA (Civ Div) 14-017
Re Amedex Insurance Company (Bermuda) Ltd ("Amedex") [2022] Bda LR 64 18-049
American Airlines Inc v Hope, sub nom. Banque Sabbag SAL v Hope [1974] 2 Lloyd's Rep. 301; [1974] 5 WLUK 66 HL 3-003, 9-019
American Centennial Insurance Co v Insco Ltd [1996] L.R.L.R. 407; [1996] 7 WLUK 505; [1997] 6 Re. L.R. 138 QBD (Comm) 5-118, 7-023, 14-112
American International Marine Agency of New York Inc v Dandridge [2005] EWHC 829 (Comm); [2005] 2 All E.R. (Comm) 496; [2005] 5 WLUK 86; [2005] 1 C.L.C. 1102; [2005] Lloyd's Rep. I.R. 643 QBD (Comm) 3-074, 4-005, 4-006
American International Specialty Lines Insurance Co v Abbott Laboratories [2002] EWHC 2714 (Comm); [2003] 1 Lloyd's Rep. 267; [2002] 11 WLUK 822; [2004] Lloyd's Rep. I.R. 815 QBD (Comm) 4-013
American Motorists Insurance Co (AMICO) v Cellstar Corp [2003] EWCA Civ 206; [2003] 3 WLUK 31; [2003] 2 C.L.C. 599; [2003] I.L.Pr. 22; [2003] Lloyd's Rep. I.R. 295; (2003) 100(18) L.S.G. 35; *Times*, April 1, 2003 CA (Civ Div) 12-004
Amin Rasheed Shipping Corp v Kuwait Insurance Co (The Al Wahab) [1984] A.C. 50; [1983] 3 W.L.R. 241; [1983] 2 All E.R. 884; [1983] 2 Lloyd's Rep. 365; [1983] 7 WLUK 77; (1983) 127 S.J. 492 HL 12-003, 12-005, 12-007, 12-010, 12-018, 12-035
Amlin Corporate Member Ltd v Oriental Assurance Corp [2012] EWCA Civ 1341; [2013] 1 All E.R. (Comm) 495; [2012] 10 WLUK 479; [2012] 2 C.L.C. 895; [2013] Lloyd's Rep. I.R. 131; (2012) 162 N.L.J. 1376 CA (Civ Div) 5-055
Amlin Corporate Member Ltd v Oriental Assurance Corp [2014] EWCA Civ 1135; [2014] 2 Lloyd's Rep. 561; [2014] 8 WLUK 91; [2014] 2 C.L.C. 436; [2014] Lloyd's Rep. I.R. 645; (2014) 158(33) S.J.L.B. 41 CA (Civ Div) 5-055, 16-012
Anangel Atlas Compania Naviera SA v Ishikawajima-Harima Heavy Industries Co (No.1) [1990] 1 Lloyd's Rep. 167; [1989] 8 WLUK 8 QBD (Comm) 9-028
Anderson v Bank of British Columbia (1876) 2 Ch. D. 644; [1876] 3 WLUK 105 CA 13-106
Andree v Fletcher 100 E.R. 87; (1787) 2 Term Rep. 161; [1787] 11 WLUK 44 KB 15-023
Aneco Reinsurance Underwriting Ltd (In Liquidation) v Johnson & Higgins Ltd, sub nom. Aneco Reinsurance Underwriting Ltd v Johnson & Higgins Ltd [2001] UKHL 51; [2001] 2 All E.R. (Comm) 929; [2002] 1 Lloyd's Rep. 157; [2001] 10 WLUK 510; [2002] C.L.C. 181; [2002] Lloyd's Rep. I.R. 91; [2002] P.N.L.R. 8 HL. 1-015, 1-020, 1-021, 3-062, 3-064, 6-015, 6-017, 6-040, 7-009, 9-016, 9-067, 14-084, 17-068
Anglo African Merchants Ltd v Bayley; joined case(s) Exmouth Clothing Co Ltd v Bayley [1970] 1 Q.B. 311; [1969] 2 W.L.R. 686; [1969] 2 All E.R. 421; [1969] 1 Lloyd's Rep. 268; [1969] 2 WLUK 87; (1969) 113 S.J. 281 QBD (Comm) 9-015, 9-016, 9-059
Anglo American Insurance Co Ltd, Re [2000] 4 WLUK 367; [2001] 1 B.C.L.C. 755 Ch D (Companies Ct) 18-014, 18-067, 18-070
Anns v Merton LBC, sub nom. Anns v Walcroft Property Co Ltd [1978] A.C. 728; [1977] 2 W.L.R. 1024; [1977] 2 All E.R. 492; [1977] 5 WLUK 94; 75 L.G.R. 555; (1977) 243 E.G. 523; (1988) 4 Const. L.J. 100; [1977] J.P.L. 514; [1987] 84 L.S.G. 319; (1987) 137 N.L.J. 794; (1977) 121 S.J. 377 HL 9-085
Ansari v New India Assurance Ltd [2009] EWCA Civ 93; [2009] 2 All E.R. (Comm) 926; [2009] 2 WLUK 486; [2009] Lloyd's Rep. I.R. 562 CA (Civ Div) 6-147
Antaios Compania Naviera SA v Salen Rederierna AB (The Antaios) [1985] A.C. 191; [1984] 3 W.L.R. 592; [1984] 3 All E.R. 229; [1984] 2 Lloyd's Rep. 235; [1984] 7 WLUK 286; (1984) 81 L.S.G. 2776; (1984) 128 S.J. 564 HL 4-054, 4-081
Aon Plc, Re [2020] EWHC 1003 (Ch); [2020] 3 WLUK 578 Ch D 18-022
AON UK Ltd v Lamia Corp Srl, sub nom. Tokio Marine Kiln Syndicates Ltd v Bisa Seguros y Reaseguros [2022] EWHC 3323 (Comm); [2022] 12 WLUK 332; [2023] Lloyd's Rep. I.R. 527 KBD (Comm Ct) 13-071
APAL v ANECO 1991 16-023
Apcoa Parking Holdings GmbH, Re; joined case(s) Apcoa Parking Austria GmbH, Re;

TABLE OF CASES

Apcoa Parking Belgium NV, Re; Apcoa Parking Holding Danmark APS, Re; Apcoa
  Parking Holdings (UK) Ltd, Re; Europark Holdings AS, Re [2014] EWHC 3849 (Ch);
  [2015] 4 All E.R. 572; [2016] 1 All E.R. (Comm) 30; [2015] Bus. L.R. 374; [2014] 11
  WLUK 551; [2015] B.C.C. 142; [2015] 2 B.C.L.C. 659 Ch D (Companies Ct) 18-022
Re APP China Group Ltd [2003] Bda L.R. 50 .... 18-030, 18-031, 18-035
Apvodedo NV v Collins [2008] EWHC 775 (Ch); [2008] 4 WLUK 449 Ch D 13-098
Aqua Leisure International Ltd v Benchmark Leisure Ltd [2020] EWHC 3511 (TCC);
  [2020] 12 WLUK 385; [2021] B.L.R. 150 QBD (TCC)................................. 13-098
Arab Bank Plc v Zurich Insurance Co; joined case(s) Banque Bruxelles Lambert SA v
  Zurich Insurance Co [1999] 1 Lloyd's Rep. 262; [1998] 6 WLUK 273; [1998] C.L.C.
  1351 QBD (Comm)..4-045
Arab Monetary Fund v Hashim [1996] 1 Lloyd's Rep. 589; [1996] 2 WLUK 27 CA (Civ
  Div)...9-028
Arabian American Insurance Company (Bahrain) EC v Al Amana Insurance Reinsurance
  Co Ltd [1994] Bda L.R. 27 .... 13-057, 13-064, 13-085
Arash Shipping Enterprises Co Ltd v Groupama Transport [2011] EWCA Civ 620; [2011]
  2 Lloyd's Rep. 607; [2011] 5 WLUK 682; [2011] 1 C.L.C. 984; [2012] Lloyd's Rep. I.R.
  40 CA (Civ Div)..3-008
ARB International Ltd v Baillie [2013] EWHC 2060 (Comm); [2013] 7 WLUK 389; [2013]
  2 C.L.C. 255; [2014] Lloyd's Rep. I.R. 10 QBD (Comm).......................... 11-019
Arbuthnott v Fagan; joined case(s) Deeny v Gooda Walker Ltd [1996] L.R.L.R. 135; [1993]
  7 WLUK 400; [1995] C.L.C. 1396; *Independent*, October 1, 1993 CA (Civ Div)......... 4-078
Arbuthnott v Feltrim Underwriting Agencies Ltd [1995] 3 WLUK 166; [1995] C.L.C. 437
  QBD (Comm).. 10-043
Arbuthnott v Feltrim Underwriting Agencies Ltd (In Liquidation) [1995] 8 WLUK 42;
  [1995] C.L.C. 1550 QBD (Comm) 10-043, 10-047
Arch Insurance (UK) Ltd v McCullough [2021] EWHC 2798 (Comm); [2021] 9 WLUK
  136; [2022] Lloyd's Rep. I.R. 137 QBD (Comm)............................... 5-045, 6-205
Arenson v Casson Beckman Rutley & Co, sub nom. Arenson v Arenson [1977] A.C. 405;
  [1975] 3 W.L.R. 815; [1975] 3 All E.R. 901; [1976] 1 Lloyd's Rep. 179; [1975] 11
  WLUK 42; (1975) 119 S.J. 810 HL 14-118
Argo Systems FZE v Liberty Insurance Pte Ltd, sub nom. Liberty Insurance Pte Ltd v Argo
  Systems FZE [2011] EWCA Civ 1572; [2012] 2 All E.R. (Comm) 126; [2012] 1 Lloyd's
  Rep. 129; [2011] 12 WLUK 472; [2012] 1 C.L.C. 81; [2012] Lloyd's Rep. I.R. 67 CA
  (Civ Div)... 6-085, 6-105, 6-108, 6-183
Argos Pereira Espana SL v Athenian Marine Ltd [2021] EWHC 554 (Comm); [2022] 1 All
  E.R. (Comm) 345; [2021] Bus. L.R. 866; [2021] 2 Lloyd's Rep. 387; [2021] 3 WLUK
  135; [2021] 1 C.L.C. 552 QBD (Comm) 13-035
Argus Insurance Co Ltd [2008] Bda L.R. 26 .... 6-111, 6-112
ARIG Ins. Co v SASA Ass Riass S.p.a. (1977) folio No. 1764 (10 February 1998) 4-014
Armagas Ltd v Mundogas SA (The Ocean Frost) [1986] A.C. 717; [1986] 2 W.L.R. 1063;
  [1986] 2 All E.R. 385; [1986] 2 Lloyd's Rep. 109; [1986] 5 WLUK 208; (1986) 2 B.C.C.
  99197; (1986) 83 L.S.G. 2002; (1986) 130 S.J. 430 HL 9-004, 9-005, 10-023
Armstead v Royal and Sun Alliance Insurance Co Ltd [2024] UKSC 6; [2024] 2 W.L.R.
  632; [2024] 3 All E.R. 263; [2024] 2 WLUK 182; [2024] R.T.R. 19 SC................. 10-016
Arnold v Britton [2015] UKSC 36; [2015] A.C. 1619; [2015] 2 W.L.R. 1593; [2016] 1 All
  E.R. 1; [2015] 6 WLUK 320; [2015] H.L.R. 31; [2015] 2 P. & C.R. 14; [2015] L. & T.R.
  25; [2015] C.I.L.L. 3689 SC 4-052, 4-056, 4-057, 4-062, 4-074, 4-080, 4-081, 6-158, 6-160
Arrowhead Capital Finance Ltd (In Liquidation) v KPMG LLP [2012] EWHC 1801
  (Comm); [2012] S.T.C. 2503; [2012] 7 WLUK 10; [2012] P.N.L.R. 30; [2012] S.T.I.
  2218 QBD (Comm).. 3-061, 16-031
Arsanovia Ltd v Cruz City 1 Mauritius Holdings; joined case(s) Cruz City 1 Mauritius
  Holdings v Arsanovia Ltd; Cruz City 1 Mauritius Holdings v Unitech Ltd [2012] EWHC
  3702 (Comm); [2013] 2 All E.R. (Comm) 1; [2013] 1 Lloyd's Rep. 235; [2012] 12
  WLUK 719; [2013] 1 C.L.C. 1040 QBD (Comm)...................................... 14-004
Arts & Antiques Ltd v Richards [2013] EWHC 3361 (Comm); [2013] 11 WLUK 76; [2014]
  Lloyd's Rep. I.R. 219; [2014] P.N.L.R. 10 QBD (Comm)........................... 14-034
Aspen Insurance UK Ltd v Pectel Ltd [2008] EWHC 2804 (Comm); [2009] 2 All E.R.
  (Comm) 873; [2008] 11 WLUK 433; [2009] Lloyd's Rep. I.R. 440 QBD (Comm) ... 3-049, 4-070,
  5-053, 6-209
Aspen Underwriting Ltd v Credit Europe Bank NV; joined case(s) Aspen Underwriting Ltd
  v Kairos Shipping Ltd; Credit Europe Bank NV v Aspen Underwriting Ltd [2020] UKSC
  11; [2021] A.C. 493; [2020] 2 W.L.R. 919; [2020] 3 All E.R. 907; [2020] 1 Lloyd's Rep.

520; [2020] 3 WLUK 449; [2020] 1 C.L.C. 887; [2020] I.L.Pr. 25; [2020] Lloyd's Rep.
I.R. 274; *Times*, April 21, 2020 SC 13-021, 13-029
AssetCo Plc v Grant Thornton UK LLP [2020] EWCA Civ 1151; [2021] 3 All E.R. 517;
[2021] Bus. L.R. 142; [2020] 8 WLUK 227; [2021] 2 B.C.L.C. 227; [2021] P.N.L.R. 1
CA (Civ Div)... 9-067
Assicurazioni Generali de Trieste v Empress Assurance Corp Ltd [1907] 2 K.B. 814; [1907]
7 WLUK 49 KBD... 5-156
Assicurazioni Generali SpA v Arab Insurance Group (BSC) [2002] EWCA Civ 1642;
[2003] 1 W.L.R. 577; [2003] 1 All E.R. (Comm) 140; [2002] 11 WLUK 363; [2003] 2
C.L.C. 242; [2003] Lloyd's Rep. I.R. 131; (2003) 100(3) L.S.G. 34; *Times*, November
29, 2002 CA (Civ Div) 6-008, 6-033, 6-035, 6-089
Assicurazioni Generali SpA v CGU International Insurance Plc [2004] EWCA Civ 429;
[2004] 2 All E.R. (Comm) 114; [2004] 4 WLUK 143; [2004] 2 C.L.C. 122; [2004]
Lloyd's Rep. I.R. 457; (2004) 148 S.J.L.B. 475 CA (Civ Div) . . 5-004, 5-010, 5-027, 5-028, 5-029,
5-030, 5-031, 5-033, 5-038, 5-039, 5-061, 13-096, 13-097
Assicurazioni Generali SpA v Ege Sigorta AS [2001] 7 WLUK 793; [2002] Lloyd's Rep.
I.R. 480 QBD (Comm) 4-004, 4-014
Assitalia le Assicurazioni d'Italia SpA v Overseas Union Assurance Ltd [1995] L.R.L.R.
76 QBD (Comm)... 13-137
Associated British Ports v Ferryways NV [2009] EWCA Civ 189; [2009] 1 Lloyd's Rep.
595; [2009] 3 WLUK 470; [2009] 1 C.L.C. 350 CA (Civ Div) 15-047, 15-123
Associated Electric & Gas Insurance Services Ltd v European Reinsurance Co of Zurich
[2003] UKPC 11; [2003] 1 W.L.R. 1041; [2003] 1 All E.R. (Comm) 253; [2003] 1
WLUK 646; [2003] 2 C.L.C. 340; (2003) 100(11) L.S.G. 31; (2003) 147 S.J.L.B. 148;
Times, January 30, 2003 PC (Ber) 14-089, 14-092, 14-093
Associated Provincial Picture Houses Ltd v Wednesbury Corp [1948] 1 K.B. 223; [1947] 2
All E.R. 680; (1947) 63 T.L.R. 623; [1947] 11 WLUK 26; (1948) 112 J.P. 55; 45 L.G.R.
635; [1948] L.J.R. 190; (1947) 177 L.T. 641; (1948) 92 S.J. 26 CA 4-097, 4-098, 5-050, 6-153
Aston Risk Management Ltd v Jones [2023] EWHC 1380 (Ch); [2023] 5 WLUK 597 Ch D
(Manchester)... 16-030
Astra SA Insurance and Reinsurance Co v Sphere Drake Insurance Ltd (formerly Sphere
Drake Insurance Plc, Sphere Insurance Plc and Odyssey Re (London) Ltd) [2000] 2
Lloyd's Rep. 550; [2000] 5 WLUK 445 QBD (Comm)................................ 14-009
Astra SA Insurance and Reinsurance Co v Yasuda Fire and Marine Insurance Co of Europe
Ltd [1999] 2 WLUK 341; [1999] C.L.C. 950 QBD (Comm)....................... 14-009
Astrazeneca Insurance Co Ltd v XL Insurance (Bermuda) Ltd [2013] EWCA Civ 1660;
[2014] 2 All E.R. (Comm) 55; [2013] 12 WLUK 818; [2013] 2 C.L.C. 1029; [2014]
Lloyd's Rep. I.R. 509 CA (Civ Div) 5-067, 5-094, 5-095
Asty Maritime Co Ltd v Rocco Guiseppe & Figli SNC (The Astyanax) [1985] 2 Lloyd's
Rep. 109; [1985] 5 WLUK 32 CA (Civ Div)... 9-007
AT&T Corp v Saudi Cable Co [2000] 2 All E.R. (Comm) 625; [2000] 2 Lloyd's Rep. 127;
[2000] 5 WLUK 374; [2000] C.L.C. 1309; [2000] B.L.R. 293; *Times*, May 23, 2000 CA
(Civ Div)... 14-015
Athena Capital Fund SICAV-FIS SCA v Secretariat of State for the Holy See [2022] EWCA
Civ 1051; [2022] 1 W.L.R. 4570; [2022] 7 WLUK 358 CA (Civ Div) 13-071
Athene Holding Ltd v Siddiqui [2018] SC (Bda) 52 Civ (28 June 2018) 13-057
Atlantic Computer Systems Plc, Re [1992] Ch. 505; [1992] 2 W.L.R. 367; [1992] 1 All
E.R. 476; [1990] 7 WLUK 308; [1990] B.C.C. 859; [1991] B.C.L.C. 606; *Financial
Times*, August 1, 1990 CA (Civ Div) 18-001
Atlantic Underwriting Agencies Ltd and David Gale (Underwriting) Ltd v Compania di
Assicurazione di Milano SpA [1979] 2 Lloyd's Rep. 240; [1978] 11 WLUK 195 QBD
(Comm).. 12-036, 12-037
Atlas Shipping Agency (UK) Ltd v Suisse Atlantique Societe d'Armement Maritime SA
(The Gulf Grain and The El Amaan) [1995] 2 Lloyd's Rep. 188; [1995] 4 WLUK 59;
[1995] C.L.C. 633; [1995] I.L.Pr. 600; *Times*, May 4, 1995 QBD (Comm)............. 11-023
Attorney General v Forsikringsaktieselskabet National, sub nom. Forsikringsaktieselskabet
National v Attorney General [1925] A.C. 639; (1925) 22 Ll. L. Rep. 4; [1925] 4 WLUK
56 HL 1-045, 1-048, 1-049, 15-023
Attorney General of Belize v Belize Telecom Ltd [2009] UKPC 10; [2009] 1 W.L.R. 1988;
[2009] 2 All E.R. 1127; [2009] 2 All E.R. (Comm) 1; [2009] Bus. L.R. 1316; [2009] 3
WLUK 455; [2009] B.C.C. 433; [2009] 2 B.C.L.C. 148 PC (Bze) 4-002
Attorney General of Hong Kong v Reid [1994] 1 A.C. 324; [1993] 3 W.L.R. 1143; [1994] 1
All E.R. 1; [1993] 11 WLUK 13; (1993) 143 N.L.J. 1569; (1993) 137 S.J.L.B. 251;

[1993] N.P.C. 144; *Times*, November 12, 1993; *Independent*, November 24, 1993 PC (NZ) 9-009
Attrill v Dresdner Kleinwort Ltd [2012] EWHC 1468 (QB); [2012] 5 WLUK 908 QBD 13-111
Augustus Barnett & Son Ltd, Re [1985] 11 WLUK 252; (1986) 2 B.C.C. 98904; [1986] P.C.C. 167; *Times*, December 7, 1985 Ch D (Companies Ct) 16-027
Re Augustus Barnett & Son Ltd [1986] B.C.L.C. 170 .... 16-037, 16-041
Australia & New Zealand Bank Ltd v Colonial & Eagle Wharves Ltd [1960] 2 Lloyd's Rep. 241; [1960] 10 WLUK 102 QBD (Comm) 5-093, 6-056
Australian Widows Fund Life Assurance Society Ltd v National Mutual Life Association of Australasia Ltd [1914] A.C. 634; [1914] 4 WLUK 41 PC (Aus) 4-009
Avangardco Investments Public Ltd, Re [2015] 9 WLUK 480 Ch D (Companies Ct) 18-036
Aviva International Insurance Ltd, Re [2011] EWHC 1901 (Ch); [2011] 6 WLUK 778 Ch D (Companies Ct) 18-047
Avonwick Holdings Ltd v Webinvest Ltd [2014] EWCA Civ 1436; [2014] 10 WLUK 567 CA (Civ Div) 14-090, 14-095
Axa Corporate Solutions Assurance SA v Weir Services Australia Pty Ltd [2016] EWHC 904 (Comm); [2016] 4 WLUK 451; [2016] Lloyd's Rep. I.R. 578 QBD (Comm) 13-070
AXA Corporate Solutions SA v National Westminster Bank Plc [2010] EWHC 1915 (Comm); [2010] 7 WLUK 854; [2010] 2 C.L.C. 149; [2011] Lloyd's Rep. I.R. 438 QBD (Comm) 3-054, 4-087
AXA Equity & Law Life Assurance Society Plc, Re; joined case(s) Axa Sun Life Plc, Re [2001] 1 All E.R. (Comm) 1010; [2001] 1 WLUK 170; [2001] 2 B.C.L.C. 447; (2001) 98(10) L.S.G. 43; (2001) 145 S.J.L.B. 51; *Times*, January 31, 2001 Ch D .. 18-043, 18-045, 18-049
AXA General Insurance Ltd v Gottlieb, sub nom. Gottleib v Axa General Insurance Ltd [2005] EWCA Civ 112; [2005] 1 All E.R. (Comm) 445; [2005] 2 WLUK 271; [2005] 1 C.L.C. 62; [2005] Lloyd's Rep. I.R. 369; [2005] N.P.C. 20; *Times*, March 3, 2005 CA (Civ Div) 6-128
AXA Insurance Ltd (formerly Winterthur Swiss Insurance Co) v Akther & Darby Solicitors [2009] EWCA Civ 1166; [2010] 1 W.L.R. 1662; [2009] 11 WLUK 255; [2009] 2 C.L.C. 793; 127 Con. L.R. 50; [2010] Lloyd's Rep. I.R. 393; [2010] Lloyd's Rep. P.N. 187; [2010] P.N.L.R. 10; (2009) 106(45) L.S.G. 16; (2009) 159 N.L.J. 1629; [2009] N.P.C. 129; *Times*, December 15, 2009 CA (Civ Div) 13-114, 13-117
AXA Re v Ace Global Markets Ltd [2006] EWHC 216 (Comm); [2006] 1 WLUK 404; [2006] Lloyd's Rep. I.R. 683 QBD (Comm) 4-015
AXA Reinsurance (UK) Ltd v Field [1996] 1 W.L.R. 1026; [1996] 3 All E.R. 517; [1996] 2 Lloyd's Rep. 233; [1996] 6 WLUK 254; [1996] C.L.C. 1169; [1996] 5 Re. L.R. 184; (1996) 93(33) L.S.G. 24; (1996) 146 N.L.J. 1093; (1996) 140 S.J.L.B. 155; *Times*, July 2, 1996 HL ... 1-024, 4-046, 4-047, 4-077, 4-088, 4-091, 5-010, 5-014, 5-112, 5-118, 5-128, 5-134, 5-135, 5-136, 5-137, 5-139, 5-141, 5-143, 7-015, 7-018, 7-019, 12-013
AXA SA v Genworth Financial International Holdings Inc [2018] EWHC 2898 (Comm); [2018] 11 WLUK 16 QBD (Comm) 13-087
AXA Sun Life Services Plc v Campbell Martin Ltd; joined case(s) AXA Sun Life Services Plc v Harry Bennett & Associates Ltd; AXA Sun Life Services Plc v Ideal Financial Planning Ltd; AXA Sun Life Services Plc v Kymin Mortgage Services Ltd [2011] EWCA Civ 133; [2012] Bus. L.R. 203; [2011] 2 Lloyd's Rep. 1; [2011] 2 WLUK 620; [2011] 1 C.L.C. 312; 138 Con. L.R. 104 CA (Civ Div) 10-018
Axa Versicherung AG v Arab Insurance Group (BSC) [2017] EWCA Civ 96; [2017] 1 All E.R. (Comm) 929; [2017] 2 WLUK 716; [2017] Lloyd's Rep. I.R. 216 CA (Civ Div) 6-009, 6-033, 6-089, 6-100
Axel Johnson Petroleum AB v MG Mineral Group [1992] 1 W.L.R. 270; [1992] 2 All E.R. 163; [1991] 5 WLUK 309; (1991) 135 S.J.L.B. 60 CA (Civ Div) 11-065
Axis Corporate Capital UK II Ltd v ABSA Group Ltd [2021] EWHC 225 (Comm); [2021] 2 WLUK 143; [2021] Lloyd's Rep. I.R. 195 QBD (Comm) 15-124
Axis Corporate Capital UK II Ltd v Absa Group Ltd [2021] EWHC 861 (Comm); [2021] 4 WLUK 38; [2021] Lloyd's Rep. I.R. 267 QBD (Comm) 4-109, 13-013, 13-071
Axis Corporate Capital UK II Ltd v ABSA Group Ltd [2022] EWHC 1870 (Comm); [2022] 6 WLUK 514 QBD (Comm) 13-071
Axis Specialty Europe SE v Discovery Land Co LLC [2024] EWCA Civ 7; [2024] 1 WLUK 108; [2024] P.N.L.R. 16 CA (Civ Div) 5-117
B v A (Arbitration: Chosen Law); joined case(s) A v B [2010] EWHC 1626 (Comm); [2010] 2 Lloyd's Rep. 681; [2010] 7 WLUK 14; [2010] 2 C.L.C. 1; 132 Con. L.R. 73; [2011] Bus. L.R. D113 QBD (Comm) 14-037

TABLE OF CASES

B v J [2020] EWHC 1373 (Ch); [2021] 1 All E.R. (Comm) 465; [2020] 5 WLUK 415 Ch D 14-015
Baghlaf Al Zafer Factory Co BR for Industry Ltd v Pakistan National Shipping Co (No.2) [2000] 1 Lloyd's Rep. 1; [1999] 3 WLUK 371; [2000] I.L.Pr. 82 CA (Civ Div)............ 5-123
Baines v Dixon Coles & Gill (A Firm), sub nom. Guide Dogs for the Blind Association v Box; joined case(s) Scholefield's Estate, Re [2021] EWCA Civ 1211; [2022] 2 All E.R. 1032; [2022] 1 All E.R. (Comm) 1167; [2021] 8 WLUK 36; [2021] 2 C.L.C. 621; [2021] Lloyd's Rep. I.R. 410; [2022] P.N.L.R. 5 CA (Civ Div)....................... 13-094, 13-095
Baines v Dixon Coles and Gill (A Firm); joined case(s) Guide Dogs for the Blind Association v Box [2021] EWCA Civ 1097; [2022] Ch. 195; [2022] 2 W.L.R. 16; [2022] 2 All E.R. 1019; [2022] 1 All E.R. (Comm) 1155; [2021] 7 WLUK 305; [2022] P.N.L.R. 4; [2021] W.T.L.R. 1247; *Times*, September 13, 2021 CA (Civ Div)..................... 13-094
Baker v Black Sea & Baltic General Insurance Co Ltd, sub nom. Black Sea & Baltic General Insurance Co Ltd v Baker [1998] 1 W.L.R. 974; [1998] 2 All E.R. 833; [1998] 5 WLUK 312; [1998] C.L.C. 820; [1998] Lloyd's Rep. I.R. 327; (1998) 95(23) L.S.G. 26; (1998) 148 N.L.J. 782; (1998) 142 S.J.L.B. 171; *Times*, May 21, 1998 HL.... 3-052, 4-066, 4-084, 4-106, 4-107, 4-111, 4-112, 4-114, 5-057, 5-064, 5-068, 5-090, 6-202, 7-006, 7-012, 11-001, 13-101, 13-111, 13-120, 13-123
Baker v Black Sea and Baltic General Insurance Co Ltd (1994) 3 Re LR 33 5-037
Balabel v Air India [1988] Ch. 317; [1988] 2 W.L.R. 1036; [1988] 2 All E.R. 246; [1988] 3 WLUK 205; [1988] E.G. 38 (C.S.); (1988) 138 N.L.J. Rep. 85; (1988) 132 S.J. 699 CA (Civ Div)... 13-106
Balfour v Beaumont; joined case(s) Balfour v Judges; Balfour v Turegum Insurance Co Ltd [1984] 1 Lloyd's Rep. 272; [1983] 12 WLUK 44; (1984) 81 L.S.G. 197 CA (Civ Div) 3-029, 5-089, 5-090
Balsamo v Medici [1984] 1 W.L.R. 951; [1984] 2 All E.R. 304; [1983] 10 WLUK 159; (1984) 81 L.S.G. 2700; (1984) 128 S.J. 500 Ch D.................................. 9-011
Banca Carige SpA Cassa di Risparmio di Genova e Imperia v Banco Nacional de Cuba, sub nom. Banco Nacional de Cuba, Re [2001] 1 W.L.R. 2039; [2001] 3 All E.R. 923; [2001] 2 Lloyd's Rep. 147; [2001] 4 WLUK 282; [2001] Lloyd's Rep. Bank. 203; [2001] 2 B.C.L.C. 407; [2001] B.P.I.R. 407; (2001) 98(23) L.S.G. 40; (2001) 145 S.J.L.B. 124; *Times*, May 18, 2001 Ch D (Companies Ct).. 13-041
Banco de Portugal v Waddell, sub nom. Hooper, Re (1880) 5 App. Cas. 161; [1880] 3 WLUK 68 HL.. 17-029
Banco Nacional de Cuba v Cosmos Trading Corp [1999] 11 WLUK 245; [2000] B.C.C. 910; [2000] 1 B.C.L.C. 813 CA (Civ Div)... 17-013
Banco Santander Totta SA v Companhia de Carris de Ferro de Lisboa SA [2016] EWCA Civ 1267; [2017] 1 W.L.R. 1323; [2017] 3 All E.R. 838; [2017] 2 All E.R. (Comm) 551; [2017] 1 Lloyd's Rep. 113; [2016] 12 WLUK 306; [2016] 2 C.L.C. 980; *Times*, January 16, 2017 CA (Civ Div)... 12-022
Bank Leumi le Israel BM v British National Insurance Co Ltd [1988] 1 Lloyd's Rep. 71; [1987] 10 WLUK 78 QBD (Comm).. 3-064, 6-015
Bank of Australasia v Palmer [1897] A.C. 540; [1897] 7 WLUK 127 PC (Aus) 4-065
Bank of Baroda v Vysya Bank Ltd [1994] 2 Lloyd's Rep. 87; [1993] 12 WLUK 145; [1994] 3 Bank. L.R. 216; [1994] C.L.C. 41 QBD (Comm) 12-022, 12-027
Bank of Credit and Commerce International SA (In Liquidation) (No.3), Re [1992] 7 WLUK 256; [1992] B.C.C. 715; [1993] B.C.L.C. 1490 CA (Civ Div) 18-067
Bank of Credit and Commerce International SA (In Liquidation) (No.9), Re, sub nom. Mahfouz v Morris; Morris v Mahfouz; joined case(s) Bank of Credit and Commerce International SA (Overseas), Re [1994] 1 W.L.R. 708; [1994] 3 All E.R. 764; [1993] 11 WLUK 240; [1994] 2 B.C.L.C. 664; [1994] I.L.Pr. 300; *Times*, November 30, 1993 CA (Civ Div)... 17-066
Bank of Credit and Commerce International SA (In Liquidation) (No.11), Re [1997] Ch. 213; [1997] 2 W.L.R. 172; [1996] 4 All E.R. 796; [1996] 8 WLUK 25; [1996] B.C.C. 980; [1997] 1 B.C.L.C. 80; *Times*, October 8, 1996 Ch D 11-071
Bank of Nova Scotia v Hellenic Mutual War Risk Association (Bermuda) Ltd (The Good Luck) [1992] 1 A.C. 233; [1991] 2 W.L.R. 1279; [1991] 3 All E.R. 1; [1991] 2 Lloyd's Rep. 191; [1991] 5 WLUK 173; (1991) 141 N.L.J. 779; *Times*, May 17, 1991; *Independent*, May 31, 1991; *Financial Times*, May 21, 1991 HL.. 6-157, 6-168, 6-169, 6-170, 6-182, 6-183, 6-185, 6-187
Bank of Nova Scotia v Hellenic Mutual War Risks Association (Bermuda) Ltd (The Good Luck) (Disclosure) [1992] 2 Lloyd's Rep. 540 (Note); [1988] 10 WLUK 197 QBD (Comm).. 13-106

TABLE OF CASES

Bankers & Shippers Insurance Co v Liverpool Marine & General Insurance Co Ltd (1926)
   24 Ll. L. Rep. 85; [1926] 1 WLUK 107 HL.. 14-128
Bannatyne v D&C MacIver [1906] 1 K.B. 103; [1905] 11 WLUK 86 CA 11-059
Banque Bruxelles Lambert SA v Eagle Star Insurance Co Ltd; joined case(s) BNP
   Mortgages Ltd v Goadsby & Harding Ltd; BNP Mortgages Ltd v Key Surveyors
   Nationwide Ltd; Mortgage Express Ltd v Bowerman & Partners (No.2); Nykredit
   Mortgage Bank Plc v Edward Erdman Group Ltd; United Bank of Kuwait Plc v
   Prudential Property Services Ltd [1997] A.C. 191; [1996] 3 W.L.R. 87; [1996] 3 All E.R.
   365; [1996] 6 WLUK 227; [1996] 5 Bank. L.R. 211; [1996] C.L.C. 1179; 80 B.L.R. 1;
   50 Con. L.R. 153; [1996] P.N.L.R. 455; [1996] 2 E.G.L.R. 93; [1996] 27 E.G. 125;
   [1996] E.G. 107 (C.S.); (1996) 93(32) L.S.G. 33; (1996) 146 N.L.J. 956; (1996) 140
   S.J.L.B. 156; [1996] N.P.C. 100; *Times*, June 24, 1996; *Independent*, July 2, 1996 HL 5-162,
                                                                                          9-067, 11-058
Banque Bruxelles Lambert SA v John D Wood Commercial Ltd [1996] 3 WLUK 334;
   [1996] P.N.L.R. 380; (1996) 72 P. & C.R. D20 CA (Civ Div)..................................11-058
Banque Financiere de la Cite SA (formerly Banque Keyser Ullmann SA) v Westgate Insur-
   ance Co (formerly Hodge General & Mercantile Co Ltd), sub nom. Banque Keyser Ul-
   lmann SA v Skandia (UK) Insurance Co; Skandia (UK) Insurance Co v Chemical Bank;
   Skandia (UK) Insurance Co v Credit Lyonnais Bank Nederland NV [1991] 2 A.C. 249;
   [1990] 3 W.L.R. 364; [1990] 2 All E.R. 947; [1990] 2 Lloyd's Rep. 377; [1990] 7 WLUK
   244; (1990) 87(35) L.S.G. 36; (1990) 140 N.L.J. 1074; (1990) 134 S.J. 1265 HL 4-096, 6-014,
                                 6-045, 6-076, 6-085, 6-116, 6-125, 6-148, 6-149, 9-038, 9-057, 9-072, 9-073, 10-016
Barber v Fletcher 99 E.R. 197; (1779) 1 Doug. K.B. 305; [1779] 11 WLUK 31 KB 3-063
Barber v Imperio Reinsurance Company UK Ltd 15 July 1993 6-105
Barclay Pharmaceuticals Ltd v Waypharm LP [2012] EWHC 306 (Comm); [2012] 2
   WLUK 794; (2012) 109(26) L.S.G. 19 QBD (Comm)..9-051
Barclays Bank Ltd v Quistclose Investments Ltd, sub nom. Quistclose Investments Ltd v
   Rolls Razor Ltd (In Voluntary Liquidation) [1970] A.C. 567; [1968] 3 W.L.R. 1097;
   [1968] 3 All E.R. 651; [1968] 10 WLUK 100; (1968) 112 S.J. 903 HL............. 9-053, 11-007
Barclays Bank Plc v Grant Thornton UK LLP [2015] EWHC 320 (Comm); [2015] 2 WLUK
   602; [2015] 2 B.C.L.C. 537; [2015] 1 C.L.C. 180 QBD (Comm) 16-031
Barclays Bank Plc v Homan, sub nom. Maxwell Communications Corp Plc (No.2), Re
   [1992] 10 WLUK 111; [1992] B.C.C. 757; [1993] B.C.L.C. 680; *Times*, October 13,
   1992; *Independent*, November 5, 1992 CA (Civ Div)...................................13-068, 17-079
Barker v Corus UK Ltd, sub nom. Barker v Saint Gobain Pipelines Plc; joined case(s) Mur-
   ray (Deceased) v British Shipbuilders (Hydrodynamics) Ltd; Patterson (Deceased) v
   Smiths Dock Ltd [2006] UKHL 20; [2006] 2 A.C. 572; [2006] 2 W.L.R. 1027; [2006] 3
   All E.R. 785; [2006] 5 WLUK 75; [2006] I.C.R. 809; [2006] P.I.Q.R. P26; (2006) 89
   B.M.L.R. 1; (2006) 103(20) L.S.G. 27; (2006) 156 N.L.J. 796; (2006) 150 S.J.L.B. 606;
   [2006] N.P.C. 50; *Times*, May 4, 2006 HL 5-101, 7-031
Barlee Marine Corp v Trevor Rex Mountain (The Leegas) [1987] 1 Lloyd's Rep. 471;
   [1987] 1 WLUK 1010 QBD (Comm)..................................3-068, 3-069, 3-070, 3-071, 3-077
Barrett Bros (Taxis) Ltd v Davies, sub nom. Lickiss v Milestone Motor Policies at Lloyds
   [1966] 1 W.L.R. 1334; [1966] 2 All E.R. 972; [1966] 2 Lloyd's Rep. 1; [1966] 5 WLUK
   45; (1966) 110 S.J. 600 CA..6-207
Bartlett v Pentland 109 E.R. 632; (1830) 10 B. & C. 760; [1830] 5 WLUK 39 KB ... 11-034, 11-041
BAS-Serco v The Government of Bermuda 5 June 2018 14-047
BAS-Serco v The Government of Bermuda Civ. App. No.4 5 June 2018 14-047
Bashir v Ali [2011] EWCA Civ 707; [2011] 6 WLUK 410; [2011] 2 P. & C.R. 12 CA (Civ
   Div)..4-059
Bate v Aviva Insurance UK Ltd [2014] EWCA Civ 334; [2014] 3 WLUK 594; [2014]
   Lloyd's Rep. I.R. 527 CA (Civ Div)..6-131
Bates v Hewitt (1866-67) L.R. 2 Q.B. 595; [1867] 6 WLUK 57 QB 6-113
Bates v Post Office Ltd (No.3: Common Issues) [2019] EWHC 606 (QB); [2019] 3 WLUK
   260 QBD 3-043, 4-098, 6-126
Bates v Robert Barrow Ltd; joined case(s) Ansell v Robert Barrow Ltd [1995] 1 Lloyd's
   Rep. 680; [1994] 12 WLUK 84; [1995] C.L.C. 207; *Times*, February 9, 1995 QBD
   (Comm) 1-023, 3-025, 9-082, 10-034, 10-037
Bay Hotel and Resort Ltd v Cavalier Construction Co Ltd [2001] UKPC 34; [2001] 7
   WLUK 385 PC (TCI) 14-054
BB Energy (Gulf) DMCC v Al Amoudi [2018] EWHC 2595 (Comm); [2018] 10 WLUK
   94 QBD (Comm).. 13-037
Beals v Saldanha [2003] SCR 416 13-079

TABLE OF CASES

Bean v Stupart 99 E.R. 9; (1778) 1 Doug. K.B. 11; [1778] 1 WLUK 10 KB 6-004
Beattie Child & Co Ltd v Globe & Rutgers Fire Insurance Co (No.1); joined case(s) Beattie, Child & Co Ltd v Canada National Fire Insurance Co Ltd (1926) 25 Ll. L. Rep. 87; [1926] 5 WLUK 36 HL... 11-018
Beazley Underwriting Ltd v Al Ahleia Insurance Co [2013] EWHC 677 (Comm); [2013] 3 WLUK 730; [2013] Lloyd's Rep. I.R. 561 QBD (Comm)............................ 5-044
Beazley Underwriting Ltd v Travelers Companies Inc [2011] EWHC 1520 (Comm); [2012] 1 All E.R. (Comm) 1241; [2011] 6 WLUK 381; [2012] Lloyd's Rep. I.R. 78; (2011) 108(27) L.S.G. 25 QBD (Comm)...................................... 3-006, 5-116, 5-118
Beck Helicopters Ltd v Edward Lumley & Sons (1990) 6 A.N.Z. Insurance Cases 60-995 ... 9-079
Beck Helicopters Ltd v Edward Lumley & Sons (1990) 6 A.N.Z. Insurance Cases 60-995.. 9-079
Beckhuson & Gibbs v Hamblet [1901] 2 K.B. 73; [1901] 4 WLUK 22 CA 4-112
Bedford Insurance Co Ltd v Instituto de Resseguros do Brasil [1985] Q.B. 966; [1984] 3 W.L.R. 726; [1984] 3 All E.R. 766; [1984] 1 Lloyd's Rep. 210; [1983] 11 WLUK 114; [1985] Fin. L.R. 49; (1985) 82 L.S.G. 37; (1984) 134 N.L.J. 34; (1984) 128 S.J. 701 QBD (Comm)... 15-038, 15-040, 15-046
Bell v Lever Brothers Ltd, sub nom. Lever Bros Ltd v Bell [1932] A.C. 161; [1931] 12 WLUK 30 HL.. 3-026, 6-003, 10-029
Bell v Lothiansure Ltd 1993 S.L.T. 421; [1991] 2 WLUK 11 IH (2 Div) 9-081
Bellmare Holdings Ltd v Wells [2019] EWHC 2193 (Ch); [2019] 10 WLUK 101; [2020] I.L.Pr. 39 Ch D... 13-034
Bellway Homes Ltd v Beazer Homes Ltd [2011] EWCA Civ 15; [2011] 1 WLUK 268; [2011] N.P.C. 6 CA (Civ Div).. 4-062
Belmont Finance Corp Ltd v Williams Furniture Ltd [1979] Ch. 250; [1978] 3 W.L.R. 712; [1979] 1 All E.R. 118; [1977] 2 WLUK 147; (1978) 122 S.J. 743 CA (Civ Div)...... 9-043, 9-053
Belmont Park Investments Pty Ltd v BNY Corporate Trustee Services Ltd, sub nom. Perpetual Trustee Co Ltd v BNY Corporate Trustee Services Ltd; joined case(s) Butters v BBC Worldwide Ltd [2011] UKSC 38; [2012] 1 A.C. 383; [2011] 3 W.L.R. 521; [2012] 1 All E.R. 505; [2011] Bus. L.R. 1266; [2011] 7 WLUK 795; [2011] B.C.C. 734; [2012] 1 B.C.L.C. 163; [2011] B.P.I.R. 1223; *Times*, August 15, 2011 SC.................. 16-018
Belvedere Insurance Co Ltd (In liquidation) v Caliban Holdings Ltd [2001] Bda L.R. 2 15-095
Belvedere Insurance Company Ltd v C.S.C. Assurance Ltd 23 March 1982 .... 14-044, 14-057
Belvedere Underwriting Agency Ltd v GTE Reinsurance Co Ltd 7 July 1998 14-065
Benfield Holdings Ltd v Elliott Richardson [2007] EWHC 171 (QB); [2007] 2 WLUK 521 QBD 13-068
Benjamin v KPMG Bermuda and KPMG Barbados [2007] Bda L.R. 22 .... 16-031, 16-040
Bennett (t/a Soho Pizzeria) v Axa Insurance Plc [2003] EWHC 86 (Comm); [2003] 1 WLUK 678; [2004] Lloyd's Rep. I.R. 615 QBD (Comm)........................... 6-186
Bentinck v Fenn, sub nom. Cape Breton Co, Re (1887) 12 App. Cas. 652; [1887] 7 WLUK 10 HL... 16-025
Beresford v Royal Insurance Co Ltd [1938] A.C. 586; [1938] 2 All E.R. 602; [1938] 5 WLUK 20 HL.. 6-127
Berkshire Assets (West London) Ltd v AXA Insurance UK Plc [2021] EWHC 2689 (Comm); [2021] 10 WLUK 182; [2022] Lloyd's Rep. I.R. 275 QBD (Comm). 6-049, 6-089, 6-099, 6-100
Berliner Bank AG v Karageorgis 23 May 1997 13-086
Berliner Industriebank AG v Jost [1971] 2 Q.B. 463; [1971] 3 W.L.R. 61; [1971] 2 All E.R. 1513; [1971] 4 WLUK 19; (1971) 115 S.J. 505 CA (Civ Div)......................... 13-114
Berriman v Rose Thomson Young (Underwriting) Ltd [1996] L.R.L.R. 426; [1996] 3 WLUK 268; [1996] C.L.C. 1283; [1996] 5 Re. L.R. 121 QBD (Comm) ... 10-043, 10-045, 10-047
BF&M Ltd v The Bermuda Fire & Marine Insurance Co Ltd (in liquidation) [1995] Bda L.R. 29 16-019
Bhopal v Sphere Drake Insurance Plc [2000] 11 WLUK 932; [2002] Lloyd's Rep. I.R. 413 CA (Civ Div).. 6-104
Bilta (UK) Ltd (In Liquidation) v Nazir, sub nom. Jetivia SA v Bilta (UK) Ltd (In Liquidation) [2015] UKSC 23; [2016] A.C. 1; [2015] 2 W.L.R. 1168; [2015] 2 All E.R. 1083; [2015] 2 All E.R. (Comm) 281; [2015] 2 Lloyd's Rep. 61; [2015] 4 WLUK 410; [2015] B.C.C. 343; [2015] 1 B.C.L.C. 443; [2015] B.V.C. 20 SC...... 9-043, 9-052, 9-053, 9-056
Biscoe v Milner [2021] EWHC 763 (Ch); [2021] 3 WLUK 530; [2022] 1 B.C.L.C. 368 Ch D 16-007, 16-027
Bishopsgate Contracting Solutions Ltd v O'Sullivan [2021] EWHC 2103 (QB); [2021] 7 WLUK 544 QBD 16-030

TABLE OF CASES

Black Clawson International Ltd v Papierwerke Waldhof-Aschaffenburg AG [1981] 2
  Lloyd's Rep. 446; [1981] 3 WLUK 9; [1981] Com. L.R. 61 QBD (Comm) 14-009
Black King Shipping Corp v Massie (The Litsion Pride) [1985] 1 Lloyd's Rep. 437; [1984]
  12 WLUK 46; (1984) 134 N.L.J. 887 QBD (Comm) 6-084, 6-117, 6-120
Blackburn Low & Co v Haslam (1888) 21 Q.B.D. 144; [1888] 6 WLUK 11 QBD 9-038, 9-039
Blackburn Low & Co v Vigors (1887) 12 App. Cas. 531; [1887] 8 WLUK 26 HL ... 9-037, 9-038,
  9-039, 9-040, 9-042, 9-046, 9-050, 9-053, 9-057, 10-010, 10-034
Blu-Sky Solutions Ltd v Be Caring Ltd [2021] EWHC 2619 (Comm); [2022] 2 All E.R.
  (Comm) 254; [2021] 9 WLUK 326 QBD (Comm) 4-031
Bluebon Ltd v Ageas (UK) Ltd (formerly Fortis Insurance Ltd) [2017] EWHC 3301
  (Comm); [2017] 12 WLUK 418; [2017] 2 C.L.C. 890; [2018] Lloyd's Rep. I.R. 503
  QBD (Comm).. 6-156, 6-158, 6-166
BNP Paribas SA v Trattamento Rifiuti Metropolitani SpA [2020] EWHC 2436 (Comm);
  [2020] 9 WLUK 115 QBD (Comm).. 13-052
BNY AIS v Stewardship [2008] Bda L.R. 67 17-019
BNY AIS Nominees Ltd v New Stream Capital Fund Ltd [2009] S.C. (Bda) 178 16-046
BNY AIS Nominees Ltd v Stewardship Credit Arbitrage Fund Ltd [2008] Bda L.R. 67 17-018
Boardman v Sill 170 E.R. 1003; (1809) 1 Camp. 411; [1809] 1 WLUK 2 Assizes 11-003
Boden v Hussey [1988] 1 Lloyd's Rep. 423; [1988] 1 WLUK 901; [1988] 1 F.T.L.R. 372
  CA (Civ Div).. 5-062
Bolam v Friern Hospital Management Committee [1957] 1 W.L.R. 582; [1957] 2 All E.R.
  118; [1957] 2 WLUK 94; [1955-95] P.N.L.R. 7; (1957) 101 S.J. 357 QBD 16-032
Bols Distilleries BV (t/a Bols Royal Distilleries) v Superior Yacht Services Ltd [2006]
  UKPC 45; [2007] 1 W.L.R. 12; [2007] 1 All E.R. (Comm) 461; [2007] 1 Lloyd's Rep.
  683; [2006] 10 WLUK 313; [2007] 1 C.L.C. 308; [2007] I.L.Pr. 46 PC (Gib) 13-035
Bolton MBC v Municipal Mutual Insurance Ltd [2006] EWCA Civ 50; [2006] 1 W.L.R.
  1492; [2006] 2 WLUK 111; [2006] 1 C.L.C. 242; [2007] Lloyd's Rep. I.R. 173; (2006)
  103(9) L.S.G. 31; (2006) 150 S.J.L.B. 226; Times, February 9, 2006; Independent, February 9, 2006 CA (Civ Div) 5-103
Bonner v Cox, sub nom. Bonner v Cox Dedicated Corporate Member Ltd [2005] EWCA
  Civ 1512; [2006] 1 All E.R. (Comm) 565; [2006] 2 Lloyd's Rep. 152; [2005] 12 WLUK
  254; [2006] 1 C.L.C. 126; [2006] Lloyd's Rep. I.R. 385 CA (Civ Div) . 1-015, 1-016, 1-021, 3-006,
  3-050, 3-074, 4-096, 4-099, 4-100, 4-101, 4-102, 5-009, 7-010
Booker v Bell [1989] 1 Lloyd's Rep. 516; [1988] 11 WLUK 77; Financial Times,
  November 16, 1988 QBD... 13-065
Bosma v Larsen [1966] 1 Lloyd's Rep. 22; [1965] 11 WLUK 40 QBD (Comm) 13-123
Boss Group Ltd v Boss France SA [1997] 1 W.L.R. 351; [1996] 4 All E.R. 970; [1996]
  L.R.L.R. 403; [1996] 4 WLUK 42; [1996] C.L.C. 1419; [1996] I.L.Pr. 544; (1996) 146
  N.L.J. 918; Times, April 15, 1996 CA (Civ Div)................................. 13-018, 13-028
Bott v SCRAP 1982 .... 9-030, 9-092, 10-009, 10-033
Bott v Scrap Bermuda Civ App No.5 1986 9-074
Bott v SCRAP Bermuda Civ. App. No.5 1986 .... 9-016, 9-040
Bott v SCRAP Bermuda Civ. App. No. 5 1986 9-028
Bott v SCRAP Bermuda Civ. Jur. 1982 .... 9-030, 10-021
Bott v Southern California Recyclers 1982 9-060
Bott & Associates Ltd v Southern California Recyclers & Processors Assurance Ltd 1982 ... 9-060
Bott & Assocs v Southern California Recyclers & Processors Assurance Ltd (SCRAP)
  Bermuda Civ. App. No.5 1986 10-009
Bott & Assocs Ltd v Southern California Recyclers & Processors Assurance Ltd 1986 9-060
Bott & Assocs v Southern California Recyclers & Processors Assurance Ltd
  (SCRAP) 1986 10-009
BP Plc v AON Ltd (No.2) [2006] EWHC 424 (Comm); [2006] 1 All E.R. (Comm) 789;
  [2006] 3 WLUK 345; [2006] 1 C.L.C. 881; [2006] Lloyd's Rep. I.R. 577; (2006) 103(14)
  L.S.G. 31 QBD (Comm) 9-011, 9-087, 9-088
Bradley v Eagle Star Insurance Co Ltd [1989] A.C. 957; [1989] 2 W.L.R. 568; [1989] 1 All
  E.R. 961; [1989] 1 Lloyd's Rep. 465; [1989] 3 WLUK 29; [1989] B.C.L.C 469; [1989]
  I.C.R. 301; [1989] Fin. L.R. 253; (1989) 86(17) L.S.G. 38; (1989) 86(3) L.S.G. 43;
  (1989) 139 N.L.J. 330; (1989) 133 S.J. 359; Times, March 3, 1989; Independent, March
  3, 1989; Guardian, March 7, 1989; Daily Telegraph, March 10, 1989 HL.... 5-067, 9-085, 17-040
Braganza v BP Shipping Ltd [2015] UKSC 17; [2015] 1 W.L.R. 1661; [2015] 4 All E.R.
  639; [2015] 2 Lloyd's Rep. 240; [2015] 3 WLUK 513; [2015] I.C.R. 449; [2015] I.R.L.R.
  487; [2015] Pens. L.R. 431; Times, April 6, 2015 SC.... 4-096, 4-097, 4-098, 4-101, 4-102, 5-047,
  5-048, 5-141, 5-148, 6-124, 6-126, 6-153, 6-209, 7-016

TABLE OF CASES

Bramelid v Sweden (8588/79); joined case(s) Malmstrom v Sweden (8589/79) [1982] 10
   WLUK 80; (1983) 5 E.H.R.R. 249; (1983) 5 E.H.R.R. CD278 Eur Comm HR 18-023
Bramelid and Malmstörm (1982) 29 D.R. 64 18-023
Bremer Vulkan Schiffbau und Maschinenfabrik v South India Shipping Corp Ltd, sub nom.
   Bremer Vulcan Schiffbau und Maschinenfabrik v South India Shipping Corp; joined
   case(s) Gregg v Raytheon [1981] A.C. 909; [1981] 2 W.L.R. 141; [1981] 1 All E.R. 289;
   [1981] 1 Lloyd's Rep. 253; [1981] 1 WLUK 649; [1981] Com. L.R. 19; [1981] E.C.C.
   151; (1981) 125 S.J. 114 HL.. 14-001
Bresco Electrical Services Ltd (In Liquidation) v Michael J Lonsdale (Electrical) Ltd, sub
   nom. Lonsdale (Electrical) Ltd v Bresco Electrical Services Ltd; Primus Build Ltd v
   Cannon Corporate Ltd; joined case(s) Cannon Corporate Ltd v Primus Build Ltd [2020]
   UKSC 25; [2021] 1 All E.R. 697; [2021] 1 All E.R. (Comm) 661; [2020] Bus. L.R. 1140;
   [2020] 6 WLUK 202; [2020] B.C.C. 906; [2020] 2 B.C.L.C. 147; [2020] B.L.R. 497;
   190 Con. L.R. 1; [2020] B.P.I.R. 1078; *Times*, July 2, 2020 SC...................... 14-010
Brewer v Iqbal [2019] EWHC 182 (Ch); [2019] 2 WLUK 127; [2019] B.C.C. 746; [2019]
   1 B.C.L.C. 487; [2019] B.P.I.R. 529; [2019] P.N.L.R. 15 Ch D 3-061, 10-040
Brice v JH Wackerbarth (Australasia) Pty Ltd [1974] 2 Lloyd's Rep. 274; [1974] 5 WLUK
   44 CA (Civ Div) 10-022
Bridges & Salmon Ltd v Owner of The Swan (The Swan); joined case(s) Marine Diesel
   Service (Grimsby) Ltd v Owner of The Swan [1968] 1 Lloyd's Rep. 5; [1967] 10 WLUK
   83; (1968) 118 N.L.J. 182 PDAD 9-006
Bright Future Software Ltd, Re, sub nom. Manolete Partners Plc v Ellis [2020] EWHC
   1674 (Ch); [2020] 6 WLUK 392; [2021] 2 B.C.L.C. 536 Ch D....................... 16-029
Brinds Ltd v Offshore Oil NL [1985] 12 WLUK 192; (1986) 2 B.C.C. 98916 PC (Aus) 17-015
Brinkibon v Stahag Stahl und Stahlwarenhandels GmbH, sub nom. Brinkibon Ltd v Stahag
   Stahl und Stahlwarenhandelsgesellschaft mbH [1983] 2 A.C. 34; [1982] 2 W.L.R. 264;
   [1982] 1 All E.R. 293; [1982] 1 Lloyd's Rep. 217; [1982] 1 WLUK 725; [1982] Com.
   L.R. 72; [1982] E.C.C. 322; (1982) 126 S.J. 116 HL................................. 11-053
Bristol & West Building Society v Mothew (t/a Stapley & Co), sub nom. Mothew v Bristol
   & West Building Society [1998] Ch. 1; [1997] 2 W.L.R. 436; [1996] 4 All E.R. 698;
   [1996] 7 WLUK 396; [1997] P.N.L.R. 11; (1998) 75 P. & C.R. 241; [1996] E.G. 136
   (C.S.); (1996) 146 N.L.J. 1273; (1996) 140 S.J.L.B. 206; [1996] N.P.C. 126; *Times*,
   August 2, 1996 CA (Civ Div)... 10-019
British American Insurance (Kenya) Ltd v Matelec SAL [2013] EWHC 3278 (Comm);
   [2013] 10 WLUK 899; [2014] Lloyd's Rep. I.R. 287 QBD (Comm) 14-011
British Arab Commercial Bank Plc v Bank of Communications [2011] EWHC 281
   (Comm); [2011] 1 Lloyd's Rep. 664; [2011] 2 WLUK 609 QBD (Comm) 12-022, 12-026
British Aviation Insurance Co Ltd, Re [2005] EWHC 1621 (Ch); [2005] 7 WLUK 623;
   [2006] B.C.C. 14; [2006] 1 B.C.L.C. 665; [2010] Lloyd's Rep. I.R. 254 Ch D
   (Companies Ct) 18-018, 18-019, 18-020, 18-023, 18-032, 18-069
British Citizens Assurance Co v L Woolland & Co (1921) 8 Ll. L. Rep. 89; [1921] 6 WLUK
   31 KBD 9-062, 9-071
British Dominions General Insurance Co Ltd v Duder [1915] 2 K.B. 394; [1915] 3 WLUK
   82 CA . 1-045, 1-047, 1-048, 1-050, 5-011, 5-034, 5-036, 5-068, 7-005, 7-006, 7-025, 7-026, 7-029,
                                                                                    13-089
British Eagle International Airlines Ltd v Compagnie Nationale Air France [1975] 1 W.L.R.
   758; [1975] 2 All E.R. 390; [1975] 2 Lloyd's Rep. 43; [1975] 4 WLUK 28; (1975) 119
   S.J. 368 HL... 11-042, 11-071, 11-074, 15-124, 15-131
British Equitable Bond and Mortgage Corp Ltd, Re [1910] 1 Ch. 574; [1910] 2 WLUK 55
   Ch D... 17-024, 17-025
British General Insurance Co Ltd v Mountain (1919) 1 Ll. L. Rep. 605; [1919] 12 WLUK
   160 HL 4-008, 6-205, 6-207
British Waterways v Royal & Sun Alliance Insurance Plc [2012] EWHC 460 (Comm);
   [2012] 3 WLUK 212; [2012] Lloyd's Rep. I.R. 562 QBD (Comm) 4-070
Britton v Royal Insurance Co 176 E.R. 843; (1866) 4 F. & F. 905; [1866] 1 WLUK 68
   Assizes... 6-113, 6-127
Brookmann Home Ltd (In Liquidation), Re, sub nom. Green v Johnson [2021] EWHC
   2610 (Ch); [2021] 9 WLUK 330; [2022] B.C.C. 122; [2022] 1 P. & C.R. DG6 Ch D....... 11-007
Brotherton v Aseguradora Colseguros SA, sub nom. Brotherton v La Previsora SA
   Compania de Seguros [2003] EWCA Civ 705; [2003] 2 All E.R. (Comm) 298; [2003] 5
   WLUK 636; [2003] 2 C.L.C. 629; [2003] Lloyd's Rep. I.R. 746; (2003) 147 S.J.L.B.
   658 CA (Civ Div) 6-031, 6-046, 6-049, 6-085, 6-151
Brotherton v Aseguradora Colseguros SA [2003] EWHC 1741 (Comm); [2003] 7 WLUK

430; [2003] Lloyd's Rep. I.R. 762 QBD (Comm)........ 3-064, 6-015, 6-046, 6-048, 6-049, 6-063
Brown v Arnold [1996] 3 WLUK 114 CC (Watford) 4-108
Brown v GIO Insurance Ltd [1998] 2 WLUK 120; [1998] C.L.C. 650; [1998] Lloyd's Rep.
 I.R. 201; (1998) 95(9) L.S.G. 29; *Times*, February 18, 1998 CA (Civ Div).... 5-099, 5-141, 5-143,
 7-016, 7-028
Brown v Hussain [1996] 1 Lloyd's Rep. 627; [1995] 6 WLUK 338; *Times*, December 15,
 1995 CA (Civ Div) 6-161, 6-166
Brown v KMR Services Ltd (formerly HG Poland (Agencies) Ltd); joined case(s) Sword
 Daniels v Pitel [1995] 4 All E.R. 598; [1995] 2 Lloyd's Rep. 513; [1995] 7 WLUK 153;
 [1995] C.L.C. 1418; [1995] 4 Re. L.R. 241; *Times*, July 26, 1995; *Independent*,
 September 13, 1995 CA (Civ Div) 2-011, 10-042, 10-049, 10-050, 10-051, 10-052, 10-053
Brownsville Holdings Ltd v Adamjee Insurance Co Ltd (The Milasan) [2000] 2 All E.R.
 (Comm) 803; [2000] 2 Lloyd's Rep. 458; [2000] 7 WLUK 855 QBD (Comm) 6-183
Bryanston Finance Ltd v De Vries [1976] Ch. 63; [1976] 2 W.L.R. 41; [1976] 1 All E.R.
 25; [1975] 7 WLUK 118; (1975) 119 S.J. 709 CA (Civ Div)...................................... 17-015
BT v Seguros Catalana Occidente (C-708/20) EU:C:2021:986; [2022] 1 W.L.R. 1887;
 [2021] 12 WLUK 129; [2022] C.E.C. 929; [2022] I.L.Pr. 7 ECJ (8th Chamber) 13-024
BTI 2014 LLC v Sequana SA [2022] UKSC 25; [2024] A.C. 211; [2022] 3 W.L.R. 709;
 [2023] 2 All E.R. 303; [2022] Bus. L.R. 920; [2022] 10 WLUK 7; [2023] B.C.C. 32;
 [2023] 1 B.C.L.C. 1 SC.. 16-026
BTR Plc (Leave to Appeal), Re [1999] 2 WLUK 351; [2000] 1 B.C.L.C. 740 CA (Civ Div) . 18-032
Buccament Bay Ltd, Re; joined case(s) Harlequin Property (SVG) Ltd, Re [2014] EWHC
 4776 (Ch); [2014] 10 WLUK 65; [2015] 1 B.C.L.C. 646; [2015] I.L.Pr. 45 Ch D
 (Companies Ct).. 17-013
Buchanan v Rucker 103 E.R. 546; (1808) 9 East 192; [1808] 1 WLUK 27 KB 13-078, 13-079
Burford, Re, sub nom. Burford v Clifford [1932] 2 Ch. 122; [1932] 5 WLUK 10 CA 13-088,
 13-089
Burgess v Lejonvarn, sub nom. Lejonvarn v Burgess [2017] EWCA Civ 254; [2017] 4
 WLUK 185; [2017] B.L.R. 277; [2017] T.C.L.R. 5; 171 Con. L.R. 118; [2017] P.N.L.R.
 25 CA (Civ Div) 9-001
Burnand v Rodocanachi Sons & Co (1882) 7 App. Cas. 333; [1882] 7 WLUK 32 HL 5-163
Burridge v MPH Soccer Management Ltd, sub nom. Harrison v Burridge [2011] EWCA
 Civ 835; [2011] 7 WLUK 569 CA (Civ Div).. 16-030
Buttes Gas & Oil Co v Hammer (No.3); joined case(s) Occidental Petroleum Corp v Buttes
 Gas & Oil Co (No.2) [1982] A.C. 888; [1981] 3 W.L.R. 787; [1981] 3 All E.R. 616;
 [1981] 10 WLUK 333; [1981] Com. L.R. 257; (1981) 125 S.J. 776; *Times*, October 31,
 1981 HL... 13-078, 13-106
C v D [2007] EWCA Civ 1282; [2008] 1 All E.R. (Comm) 1001; [2008] Bus. L.R. 843;
 [2008] 1 Lloyd's Rep. 239; [2007] 12 WLUK 51; [2008] C.P. Rep. 11; [2007] 2 C.L.C.
 930; 116 Con. L.R. 230; *Times*, January 16, 2008 CA (Civ Div) .. 13-067, 14-004, 14-043, 14-054,
 14-056, 14-124
Cadogan v Kennett 98 E.R. 1171; (1776) 2 Cowp. 432; [1776] 5 WLUK 4 KB 16-019
Re CAI Master Allocation Fund Ltd [2011] SC (Bda) 45 16-057
Calcraft v Guest [1898] 1 Q.B. 759; [1898] 3 WLUK 56 CA 13-106
Calico Printers Association Ltd v Barclays Bank Ltd (1931) 39 Ll. L. Rep. 51; [1931] 1
 WLUK 82 CA... 9-011
Callaghan (t/a Stage 3 Discotheque) v Thompson [1999] 11 WLUK 105; [2000] C.L.C.
 360; [2000] Lloyd's Rep. I.R. 125 QBD (Comm).. 6-104, 6-107
Callander v Oelrichs 132 E.R. 1026; (1838) 5 Bing. N.C. 58; [1838] 1 WLUK 27 CCP 9-061
Cambridge Gas Transport Corp v Official Committee of Unsecured Creditors of Navigator
 Holdings Plc, sub nom. Cambridge Gas Transportation Corp v Official Committee of
 Unsecured Creditors of Navigator Holdings Plc [2006] UKPC 26; [2007] 1 A.C. 508;
 [2006] 3 W.L.R. 689; [2006] 3 All E.R. 829; [2006] 2 All E.R. (Comm) 695; [2006] 5
 WLUK 423; [2006] B.C.C. 962; [2007] 2 B.C.L.C. 141 PC (IoM) 16-010, 17-073, 17-079
Canada Square Operations Ltd v Potter, sub nom. Potter v Canada Square Operations Ltd
 [2023] UKSC 41; [2023] 3 W.L.R. 963; [2024] 1 All E.R. 843; [2024] 2 All E.R. (Comm)
 203; [2023] 11 WLUK 175; [2024] E.C.C. 1; *Times*, January 8, 2024 SC................. 6-092
Canada Steamship Lines Ltd v King, The [1952] A.C. 192; [1952] 1 All E.R. 305; [1952] 1
 Lloyd's Rep. 1; [1952] 1 T.L.R. 261; [1952] 1 WLUK 480; (1952) 96 S.J. 72 PC (Can) 6-073,
 6-075, 6-078
Canelhas Comercio Importacao e Exportacao Ltd v Wooldridge, sub nom. Wooldridge v
 Canelhas Comercio Importacao e Exportacao Ltda [2004] EWCA Civ 984; [2005] 1 All
 E.R. (Comm) 43; [2004] 7 WLUK 717; [2004] 2 C.L.C. 469; [2004] Lloyd's Rep. I.R.

TABLE OF CASES

915; (2004) 148 S.J.L.B. 943 CA (Civ Div)..4-077
Canevale Management Ltd v Pearman [2001] Bda L.R. 20 14-057
Cantieri Navali Riuniti SpA v Omne Justitia NV (The Stolt Marmaro) [1985] 2 Lloyd's
  Rep. 428; [1985] 5 WLUK 242 CA (Civ Div)..13-027
Caparo Industries Plc v Dickman [1990] 2 A.C. 605; [1990] 2 W.L.R. 358; [1990] 1 All
  E.R. 568; [1990] 2 WLUK 128; [1990] B.C.C. 164; [1990] B.C.L.C. 273; [1990] E.C.C.
  313; [1955-95] P.N.L.R. 523; (1990) 87(12) L.S.G. 42; (1990) 140 N.L.J. 248; (1990)
  134 S.J. 494; *Times*, February 12, 1990; *Independent*, February 16, 1990; *Financial
  Times*, February 13, 1990; *Guardian*, February 15, 1990; *Daily Telegraph*, February 15,
  1990 HL... 3-061, 9-085, 10-027, 10-040, 16-031, 16-041
Cape Plc, Re [2006] EWHC 1316 (Ch); [2006] 3 All E.R. 1222; [2007] Bus. L.R. 109;
  [2006] 6 WLUK 94; [2007] 2 B.C.L.C. 546; *Times*, July 5, 2006 Ch D (Companies Ct) 18-004
Capital Annuities Ltd, Re [1979] 1 W.L.R. 170; [1978] 3 All E.R. 704; [1978] 3 WLUK
  101; (1978) 122 S.J. 315 Ch D 18-039
Capital Home Loans Ltd v Hewitt & Gilpin Solicitors Ltd [2016] NICA 45; [2016] 11
  WLUK 549; [2017] P.N.L.R. 12 CA (NI)..9-062
Capital Security Ltd. v Woodruff [2018] Bda LR 46 6-112
Capital Trust Investments Ltd v Radio Design TJ AB, sub nom. Capital Trusts Investments
  Ltd v Radio Design TJ AB [2002] EWCA Civ 135; [2002] 2 All E.R. 159; [2002] 1 All
  E.R. (Comm) 514; [2002] 2 WLUK 400; [2002] C.L.C. 787; *Independent*, February 21,
  2002 CA (Civ Div)..14-009
Caratti v Hillman [1974] W.A.R. 92 18-067
Card Protection Plan Ltd, Re [2013] EWHC 3288 (Ch); [2013] 10 WLUK 202 Ch D
  (Companies Ct)..18-034
Carlill v Carbolic Smoke Ball Co [1893] 1 Q.B. 256; [1892] 12 WLUK 16 CA 3-033, 3-056,
                                                                                                            8-040
Carreras Rothmans Ltd v Freeman Mathews Treasure Ltd (In Liquidation) [1985] Ch. 207;
  [1984] 3 W.L.R. 1016; [1985] 1 All E.R. 155; [1984] 5 WLUK 287; (1984) 1 B.C.C.
  99210; [1985] P.C.C. 222; (1984) 81 L.S.G. 2375; (1984) 128 S.J. 614 Ch D......11-072, 17-030
Carter v Boehm 97 E.R. 1162; (1766) 3 Burr. 1905; [1766] 1 WLUK 29 KB ..6-003, 6-006, 6-007,
                                       6-014, 6-042, 6-060, 6-061, 6-068, 6-069, 6-113, 6-148, 8-031
Cartledge v E Jopling & Sons Ltd [1963] A.C. 758; [1963] 2 W.L.R. 210; [1963] 1 All E.R.
  341; [1963] 1 Lloyd's Rep. 1; [1963] 1 WLUK 921; (1963) 107 S.J. 73 HL 13-116
Carvill America Inc v Camperdown UK Ltd; joined case(s) Carvill America Inc v XL
  Speciality Insurance Co Ltd [2005] EWCA Civ 645; [2005] 2 Lloyd's Rep. 457; [2005]
  5 WLUK 704; [2005] 1 C.L.C. 845; [2006] Lloyd's Rep. I.R. 1 CA (Civ Div) 1-027, 9-028,
                                                                                                  11-013, 13-044
Carvill America Inc v Camperdown UK Ltd [2005] EWHC 2268 (Comm); [2005] 9 WLUK
  263 QBD (Comm)...11-016
Castellain v Preston (1883) 11 Q.B.D. 380; [1883] 3 WLUK 48 CA 5-156, 5-163
Castle Insurance Co v Hong Kong Islands Shipping Co (The Potoi Chau) [1984] A.C. 226;
  [1983] 3 W.L.R. 524; [1983] 3 All E.R. 706; [1983] 2 Lloyd's Rep. 376; [1983] 7 WLUK
  241; (1983) 127 S.J. 616 PC (HK)...13-123
Catalyst Investment Group Ltd v Lewinsohn; joined case(s) ARM Asset-Backed Securities
  SA v Lewinsohn [2009] EWHC 1964 (Ch); [2010] Ch. 218; [2010] 2 W.L.R. 839; [2010]
  1 All E.R. (Comm) 751; [2010] Bus. L.R. 350; [2009] 7 WLUK 895 Ch D 13-022
Catlin Syndicate v Weyerhaeuser Co [2018] EWHC 3609 (Comm); [2018] 12 WLUK 446;
  [2019] Lloyd's Rep. I.R. 427 QBD (Comm) 4-011
Catlin Syndicate Ltd v Adams Land & Cattle Co [2006] EWHC 2065 (Comm); [2006] 7
  WLUK 580; [2006] 2 C.L.C. 425; [2007] Lloyd's Rep. I.R. 96 QBD (Comm)......12-002, 13-056
Catlin Syndicate Ltd v Amec Foster Wheeler USA Corp [2020] EWHC 2530 (Comm);
  [2020] 9 WLUK 291; [2021] 2 C.L.C. 15; [2021] Lloyd's Rep. I.R. 207 QBD (Comm) 13-070
Cat.SA v Priosma Ltd [2019] SC Bda 56 14-127
Caudle v Sharp; joined case(s) Grove v Sharp [1995] L.R.L.R. 433; [1995] 4 WLUK 162;
  [1995] C.L.C. 642; [1995] 4 Re. L.R. 389 CA (Civ Div) .1-024, 5-002, 5-076, 5-114, 5-115, 5-116,
                                                5-122, 5-125, 5-127, 5-131, 5-134, 5-135, 5-156, 7-014
Cavalier Insurance Co Ltd, Re [1989] 2 Lloyd's Rep. 430; [1989] 5 WLUK 287; *Times*,
  May 31, 1989 Ch D..1-012, 15-023
Cavanagh v Secretary of State for Work and Pensions [2016] EWHC 1136 (QB); [2016] 5
  WLUK 302; [2016] I.C.R. 826; [2016] I.R.L.R. 591 QBD 9-028
Cavell USA Inc v Seaton Insurance Co [2009] EWCA Civ 1363; [2009] 12 WLUK 501;
  [2009] 2 C.L.C. 991; [2010] Lloyd's Rep. F.C. 197; [2010] Lloyd's Rep. I.R. 445; *Times*,
  January 12, 2010 CA (Civ Div) 6-021

TABLE OF CASES

CDE v NOP [2021] EWCA Civ 1908; [2022] 4 W.L.R. 6; [2022] 2 All E.R. (Comm) 691; [2021] 12 WLUK 194; [2022] 1 C.L.C. 146; [2022] B.L.R. 108 CA (Civ Div) 14-089, 14-094

Cehave NV v Bremer Handels GmbH (The Hansa Nord), sub nom. Cehave NV v Bremer Handelgesellschaft mbH (The Hansa Nord) [1976] Q.B. 44; [1975] 3 W.L.R. 447; [1975] 3 All E.R. 739; [1975] 2 Lloyd's Rep. 445; [1975] 7 WLUK 84; (1975) 119 S.J. 678 CA (Civ Div) 6-002

Central Insurance Co Ltd v Seacalf Shipping Corp (The Aiolos) [1983] 2 Lloyd's Rep. 25; [1983] 2 WLUK 169 CA (Civ Div) 5-155

Central Trust Co v Rafuse (1986) 31 D.L.R. (4th) 481 Sup Ct (Can) 10-040

Centre Reinsurance International Co v Curzon Insurance Ltd; joined case(s) Centre Reinsurance International Co v Freakley; Freakley v Centre Reinsurance International Co [2006] UKHL 45; [2006] 1 W.L.R. 2863; [2006] 4 All E.R. 1153; [2006] 2 All E.R. (Comm) 943; [2007] Bus. L.R. 284; [2006] 10 WLUK 307; [2006] B.C.C. 971; [2007] 1 B.C.L.C. 85; [2006] B.P.I.R. 1405; [2007] Lloyd's Rep. I.R. 32; (2006) 103(41) L.S.G. 35; (2006) 156 N.L.J. 1613; (2006) 150 S.J.L.B. 1395; *Times*, October 16, 2006 HL 18-003

Century Insurance Co of Canada v Case Existological Laboratories Ltd (The Bamcell II), sub nom. Case Existological Laboratories v Century Insurance Co of Canada [1986] 2 Lloyd's Rep. 524; [1983] 9 WLUK 122 Sup Ct (Can) 6-166

Cetelem SA v Roust Holdings Ltd [2005] EWCA Civ 618; [2005] 1 W.L.R. 3555; [2005] 4 All E.R. 52; [2005] 2 All E.R. (Comm) 203; [2005] 2 Lloyd's Rep. 494; [2005] 5 WLUK 579; [2005] 1 C.L.C. 821; *Times*, June 13, 2005 CA (Civ Div) 14-009

CGU International Insurance Plc v AstraZeneca Insurance Co Ltd [2005] EWHC 2755 (Comm); [2005] 12 WLUK 22; [2006] 1 C.L.C. 162; [2006] Lloyd's Rep. I.R. 409 QBD (Comm) 1-016, 1-049, 5-003, 5-008, 5-009, 5-011, 5-014, 5-064, 12-013, 14-039

CGU International Insurance Plc v AstraZeneca Insurance Co Ltd (Permission to Appeal), sub nom. AstraZeneca Insurance Co Ltd v CGU International Insurance Plc (Permission to Appeal) [2006] EWCA Civ 1340; [2007] 1 All E.R. (Comm) 501; [2007] 1 Lloyd's Rep. 162; [2007] 1 Lloyd's Rep. 142; [2006] 10 WLUK 425; [2007] C.P. Rep. 4; [2006] 2 C.L.C. 441; [2006] H.R.L.R. 43; *Times*, November 3, 2006; *Independent*, October 24, 2006 CA (Civ Div) 14-039

Chandler v Cape Plc [2012] EWCA Civ 525; [2012] 1 W.L.R. 3111; [2012] 3 All E.R. 640; [2012] 4 WLUK 528; [2012] I.C.R. 1293; [2012] P.I.Q.R. P17 CA (Civ Div) 16-041

Chandris v Argo Insurance Co Ltd [1963] 2 Lloyd's Rep. 65; [1963] 7 WLUK 30; (1963) 107 S.J. 575 QBD (Comm) 13-123, 17-040

Channel Tunnel Group Ltd v Balfour Beatty Construction Ltd; joined case(s) France Manche SA v Balfour Beatty Construction Ltd [1993] A.C. 334; [1993] 2 W.L.R. 262; [1993] 1 All E.R. 664; [1993] 1 Lloyd's Rep. 291; [1993] 1 WLUK 847; 61 B.L.R. 1; 32 Con. L.R. 1; [1993] I.L.Pr. 607; (1993) 137 S.J.L.B. 36; [1993] N.P.C. 8; *Times*, January 25, 1993 HL 14-009, 14-054, 14-096, 14-123

Chantiers de L'Atlantique SA v Gaztransport & Technigaz SAS [2011] EWHC 3383 (Comm); [2011] 12 WLUK 692 QBD (Comm) 14-036

Chantrey Martin & Co v Martin [1953] 2 Q.B. 286; [1953] 3 W.L.R. 459; [1953] 2 All E.R. 691; [1953] 7 WLUK 59; 46 R. & I.T. 516; 38 A.L.R.2d 663; (1953) 97 S.J. 539 CA 10-014

Charge Card Services Ltd (No.2), Re [1989] Ch. 497; [1988] 3 W.L.R. 764; [1988] 3 All E.R. 702; [1988] 7 WLUK 26; (1988) 4 B.C.C. 524; [1988] B.C.L.C. 711; [1988] P.C.C. 390; [1988] Fin. L.R. 308; (1989) 8 Tr. L.R. 86; (1988) 85(42) L.S.G. 46; (1988) 138 N.L.J. Rep. 201; (1988) 132 S.J. 1458; *Times*, July 7, 1988; *Independent*, July 6, 1988; *Financial Times*, July 8, 1988; *Guardian*, July 7, 1988; *Daily Telegraph*, July 7, 1988 CA (Civ Div) 11-031, 11-072, 17-030

Charles Taylor Adjusting Ltd v Starlight Shipping Co (C-590/21) EU:C:2023:633; [2023] 4 W.L.R. 68; [2023] 9 WLUK 54; [2024] C.E.C. 79; [2023] I.L.Pr. 37 ECJ (3rd Chamber) ... 14-042

Charman v Guardian Royal Exchange Assurance [1992] 2 Lloyd's Rep. 607; [1991] 7 WLUK 31 QBD (Comm) ... 4-039, 4-084, 4-103, 4-108, 5-033, 5-037, 5-043, 5-044, 5-062, 5-151, 6-202

Charman v New Cap Reinsurance Corp Ltd; joined case(s) Charman v Gordian Runoff Ltd; Gordian Runoff Ltd (formerly GIO Insurance Ltd) v HIH Casualty & Gen; New Cap Reinsurance Corp Ltd v HIH Casualty & General Insurance Ltd [2003] EWCA Civ 1372; [2004] 1 All E.R. (Comm) 114; [2003] 10 WLUK 397; [2004] Lloyd's Rep. I.R. 373 CA (Civ Div) 3-047

Charman v WOC Offshore BV [1993] 2 Lloyd's Rep. 551; [1993] 7 WLUK 363 CA (Civ Div) 13-025, 13-065

Chartbrook Ltd v Persimmon Homes Ltd [2009] UKHL 38; [2009] 1 A.C. 1101; [2009] 3 W.L.R. 267; [2009] 4 All E.R. 677; [2010] 1 All E.R. (Comm) 365; [2009] Bus. L.R.

TABLE OF CASES

1200; [2009] 7 WLUK 9; [2009] B.L.R. 551; 125 Con. L.R. 1; [2010] 1 P. & C.R. 9; [2009] 3 E.G.L.R. 119; [2009] C.I.L.L. 2729; [2009] 27 E.G. 91 (C.S.); (2009) 153(26) S.J.L.B. 27; [2009] N.P.C. 87; [2009] N.P.C. 86; *Times*, July 2, 2009 HL 3-026, 4-052, 4-056, 4-065, 6-158
Charter Reinsurance Co Ltd (In Liquidation) v Fagan [1997] A.C. 313; [1996] 2 W.L.R. 726; [1996] 3 All E.R. 46; [1996] 2 Lloyd's Rep. 113; [1996] 5 WLUK 345; [1996] C.L.C. 977; [1996] 5 Re. L.R. 411; (1996) 140 S.J.L.B. 148; *Times*, May 24, 1996; *Independent*, June 21, 1996 HL ... 1-048, 1-049, 2-007, 4-074, 4-075, 4-078, 4-080, 4-081, 4-082, 4-084, 4-085, 4-092, 5-002, 5-006, 5-007, 5-011, 5-050, 5-064, 5-079, 5-082, 5-083, 5-084, 5-085, 5-086, 5-110, 7-005, 7-013, 7-025, 7-026, 7-027, 7-028, 8-002, 11-018, 13-120, 13-123, 15-131, 16-012, 17-031, 17-040, 17-045, 17-046, 17-052, 17-056, 18-068
Chartered Institute of Arbitrators v B [2019] EWHC 460 (Comm); [2020] Bus. L.R. 285; [2019] 1 Lloyd's Rep. 617; [2019] 3 WLUK 121; [2019] 1 C.L.C. 349 QBD (Comm) 14-089
Cherney v Deripaska, sub nom. Deripaska v Cherney [2009] EWCA Civ 849; [2010] 2 All E.R. (Comm) 456; [2009] 7 WLUK 858; [2009] C.P. Rep. 48; [2009] 2 C.L.C. 408; (2009) 159 N.L.J. 1138; *Times*, October 13, 2009 CA (Civ Div) 13-049, 13-053
Cherry Ltd v Allied Insurance Brokers Ltd [1978] 1 Lloyd's Rep. 274; [1977] 5 WLUK 55 QBD 9-071
Children's Ark Partnerships Ltd v Kajima Construction Europe (UK) Ltd [2023] EWCA Civ 292; [2023] 3 WLUK 279; [2023] B.L.R. 271; 207 Con. L.R. 10 CA (Civ Div) 14-117
China Traders Insurance Co Ltd v Royal Exchange Assurance Corp [1898] 2 Q.B. 187; [1898] 5 WLUK 56 CA 5-007
Chippendale v Holt (1895) 1 Com. Cas. 197 ..... 5-006, 5-007, 5-011, 5-026, 5-062, 5-076, 5-151
Re Chorley [1994] Bda L.R. 28 14-071
Christensen v Holderness School 15 April 1982 13-083
Christian Mutual v ACE [2002] Bda L.R. 1 14-062
Christian Mutual Life Insurance Co v ACE Bermuda Insurance Ltd [2002] Bda L.R. 1 .... 14-059, 14-060, 14-062
Chudley v Clydesdale Bank Plc (t/a Yorkshire Bank) [2018] EWCA Civ 2594; [2018] 10 WLUK 767 CA (Civ Div).. 9-011
Churchill v Merthyr Tydfil CBC [2023] EWCA Civ 1416; [2023] 11 WLUK 492; [2024] Costs L.R. 249; [2024] Env. L.R. 25; [2024] 1 F.C.R. 699; [2024] H.L.R. 8 CA (Civ Div) .. 13-005
Cia de Seguros Imperio v Heath (REBX) Ltd (formerly CE Heath & Co (America) Ltd), sub nom. Companhia de Seguros Imperio v Heath (REBX) Ltd [2001] 1 W.L.R. 112; [2000] 2 All E.R. (Comm) 787; [2000] 7 WLUK 600; [2000] C.L.C. 1543; [2001] Lloyd's Rep. I.R. 109; [2000] Lloyd's Rep. P.N. 795; (2000-01) 3 I.T.E.L.R. 134; *Times*, September 26, 2000; *Independent*, October 23, 2000 CA (Civ Div)............... 10-031, 13-134
Cica Life Ltd BM 2023 SC 54 18-051
Cigna Life Insurance Co of Europe SA NV v Intercaser SA de Seguros y Reaseguros [2002] 1 All E.R. (Comm) 235; [2001] 5 WLUK 171; [2001] C.L.C. 1356; [2001] Lloyd's Rep. I.R. 821 QBD (Comm) 4-004, 4-013
CILFIT Srl v Ministero della Sanita (283/81), sub nom. CILFIT Srl v Ministro della Sanita (283/81) EU:C:1982:335; [1982] E.C.R. 3415; [1982] 10 WLUK 48; [1983] 1 C.M.L.R. 472 ECJ.. 13-029
Citadel Insurance Co v Atlantic Union Insurance Co SA [1982] 2 Lloyd's Rep. 543; [1982] 7 WLUK 200; [1982] Com. L.R. 213; [1984] E.C.C. 191 CA (Civ Div).... 4-090, 10-020, 12-014, 12-027, 12-035, 13-027, 13-059, 13-060
Citigroup Global Markets Ltd v Amatra Leveraged Feeder Holdings Ltd [2012] EWHC 1331 (Comm); [2012] 5 WLUK 575; [2012] 2 C.L.C. 279 QBD (Comm) 14-009
City Commercial Interiors Ltd v Michaels [2018] 6 WLUK 217 EAT 6-195
City Equitable Fire Insurance Co Ltd, Re [1925] Ch. 407; [1924] All E.R. Rep. 485; [1924] 7 WLUK 41 CA.. 16-024, 16-025, 16-033, 16-036, 16-037, 16-038
City Equitable Fire Insurance Co Ltd, Re, sub nom. City Equitable Fire Insurance Co Ltd v Liverpool and London Globe I [1930] 2 Ch. 293; [1930] 6 WLUK 34 CA 11-076, 17-030
City Index v Leslie [1992] Q.B. 98; [1991] 3 W.L.R. 207; [1991] 3 All E.R. 180; [1991] 3 WLUK 203; [1991] B.C.L.C. 643; (1991) 141 N.L.J. 419; *Times*, March 21, 1991; *Independent*, April 5, 1991; *Financial Times*, March 19, 1991 CA (Civ Div).............. 8-040
City Life Assurance Co Ltd, Re, sub nom. Grandfield's Case, Re [1926] Ch. 191; [1925] All E.R. Rep. 453; [1925] 10 WLUK 39 CA................................. 11-072, 11-076
Claude R Ogden & Co Pty v Reliance Fire Sprinkler Co Pty [1975] 1 Lloyd's Rep. 52; [1973] 10 WLUK 37 Sup Ct (ACT) (Sgl judge) 9-074
Claxton Engineering Services Ltd v TXM Olaj-Es Gazkutato Kft [2011] EWHC 345 (Comm); [2011] 2 All E.R. (Comm) 128; [2011] 1 Lloyd's Rep. 510; [2011] 2 WLUK

TABLE OF CASES

54; [2012] 1 C.L.C. 326; [2011] Arb. L.R. 1 QBD (Comm).................... 14-009, 14-012
Cleadon Trust Ltd, Re [1939] Ch. 286; [1938] 4 All E.R. 518; [1938] 11 WLUK 61 CA 11-059
Clearlake Shipping Pte Ltd v Xiang Da Marine Pte Ltd [2019] EWHC 2284 (Comm);
    [2020] 1 All E.R. (Comm) 61; [2019] 8 WLUK 195 QBD (Comm) 13-068
Cleaver v Delta American Reinsurance Co (In Liquidation) [2001] UKPC 6; [2001] 2 A.C.
    328; [2001] 2 W.L.R. 1202; [2001] 2 WLUK 17; [2001] 1 B.C.L.C. 482; [2001] B.P.I.R.
    438; [2002] Lloyd's Rep. I.R. 167; (2001) 145 S.J.L.B. 85 PC (CI) . 5-069, 17-029, 17-032, 17-047
Clover Clayton & Co Ltd v Hessler & Co [1925] 1 K.B. 1; (1924) 18 Ll. L. Rep. 293;
    [1924] 3 WLUK 36 CA... 13-088, 13-089
CMA CGM SA v Beteiligungs KG MS Northern Pioneer Schiffahrtsgesellschaft mbH &
    Co [2002] EWCA Civ 1878; [2003] 1 W.L.R. 1015; [2003] 3 All E.R. 330; [2003] 1 All
    E.R. (Comm) 204; [2003] 1 Lloyd's Rep. 212; [2002] 12 WLUK 530; [2003] 1 C.L.C.
    141; (2003) 100(9) L.S.G. 28; *Times*, December 31, 2002 CA (Civ Div) 14-038
CNA International Reinsurance Co Ltd v Companhia de Seguros Tranquilidade SA [1998]
    9 WLUK 168; [1999] C.L.C. 140; [1999] Lloyd's Rep. I.R. 289 QBD.. 4-036, 4-037, 4-038, 4-039
Codere Finance 2 (UK) Ltd, Re [2020] EWHC 2441 (Ch); [2020] 9 WLUK 129; [2021] 2
    B.C.L.C. 396 Ch D 18-036
Codere Finance (UK) Ltd, Re [2015] EWHC 3778 (Ch); [2015] 12 WLUK 612 Ch D
    (Companies Ct).. 17-014
Cofely Ltd v Bingham [2016] EWHC 240 (Comm); [2016] 2 All E.R. (Comm) 129; [2016]
    2 WLUK 457; [2016] B.L.R. 187; 164 Con. L.R. 39; [2016] C.I.L.L. 3801 QBD (Comm) .. 14-020
Colbourne Insurance Company, Re [2017] EWHC 2134 (Ch); [2017] 7 WLUK 416 Ch D .. 18-047
Re Colin Williams (Insurance) Pty Ltd (In Liquidation) and The Companies Act [1975] 1
    N.S.W.L.R. 130... 11-020, 11-022, 11-076
Re Colin Williams [1975] 1 N.S.W.L.R. 130 .... 11-020, 11-022
Colonial Insurance Co Ltd v Majors and Baisden [2008] Bda L.R. 13 .... 6-111, 6-112
Combe v Combe, sub nom. Coombe v Coombe [1951] 2 K.B. 215; [1951] 1 All E.R. 767;
    [1951] 1 T.L.R. 811; [1951] 3 WLUK 19; (1951) 95 S.J. 317 CA........................ 3-031
Combined Insurance Co of America, Re [2012] EWHC 632 (Ch); [2012] 3 WLUK 503;
    [2012] Lloyd's Rep. I.R. 714 Ch D (Companies Ct) 18-047
Comdel Commodities Ltd v Siporex Trade SA (No.2) [1991] 1 A.C. 148; [1990] 3 W.L.R.
    1; [1990] 2 All E.R. 552; [1990] 2 Lloyd's Rep. 207; [1990] 6 WLUK 49; (1990) 140
    N.L.J. 890; (1990) 134 S.J. 1124; *Times*, June 8, 1990; *Independent*, June 13, 1990;
    Financial Times, June 12, 1990 HL.. 14-027, 14-076
Commerce & Industry Insurance Co (Canada) v Lloyd's Underwriters, sub nom. Viking
    Insurance Co v Rossdale [2002] 1 W.L.R. 1323; [2002] 2 All E.R. (Comm) 204; [2002]
    1 Lloyd's Rep. 219; [2001] 8 WLUK 14; [2002] C.L.C. 26 QBD (Comm) 14-026
Commercial Union Assurance Co Ltd v Niger Co Ltd; joined case(s) Niger Co Ltd v Guard-
    ian Assurance Co Ltd (1922) 13 Ll. L. Rep. 75; [1922] 11 WLUK 14 HL 6-117
Commercial Union Assurance Co Plc v NRG Victory Reinsurance Ltd; joined case(s)
    Skandia International Insurance Corp v NRG Victory Reinsurance Ltd [1998] 2 All E.R.
    434; [1998] 2 Lloyd's Rep. 600; [1998] 3 WLUK 296; [1998] C.L.C. 920; [1998] Lloyd's
    Rep. I.R. 439; *Times*, March 19, 1998 CA (Civ Div) 1-048, 4-104, 5-011, 5-031, 5-034, 5-035,
                                                                5-036, 5-040, 5-041, 5-064
Commercial Union Assurance Co Plc v Simat Helliesen & Eichner Inc [1998] 10 WLUK
    512; [2000] I.L.Pr. 239; [2001] Lloyd's Rep. I.R. 172 QBD (Comm).................... 13-069
Commercial Union Assurance Co Plc v Sun Alliance Insurance Group Plc; joined case(s)
    Commercial Union Assurance Co Plc v Guardian Royal Exchange Plc [1992] 1 Lloyd's
    Rep. 475; [1991] 6 WLUK 205 QBD (Comm) 3-044
Commercial Union Life Assurance Co Ltd, Re; joined case(s) AVIVA Life & Pensions UK
    Ltd, Re; CGNU Life Assurance Ltd, Re; Norwich Union Life (RBS) Ltd, Re [2009]
    EWHC 2521 (Ch); [2009] 10 WLUK 445 Ch D 18-045
Commerzbank Aktiengesellschaft v Liquimar Tankers Management Inc; joined case(s)
    Commerzbank Aktiengesellschaft v Pauline Shipping Ltd [2017] EWHC 161 (Comm);
    [2017] 1 W.L.R. 3497; [2017] 2 All E.R. (Comm) 829; [2017] 1 Lloyd's Rep. 273;
    [2017] 2 WLUK 108; [2017] 1 C.L.C. 136 QBD (Comm) 13-036
Commodity Solution Services Ltd v First Scottish Searching Services Ltd [2019] SAC
    (Civ) 4; 2019 S.C. (S.A.C.) 41; 2019 S.L.T. (Sh Ct) 63; [2019] 2 WLUK 35; [2019]
    P.N.L.R. 13; 2019 G.W.D. 5-65 SAC... 9-085
Compagnia Tirrena Di Assicurazioni SpA v Grand Union Insurance Co Ltd [1991] 2
    Lloyd's Rep. 143; [1990] 11 WLUK 271 QBD (Comm).............................. 11-010
Compagnie Europeene de Cereals SA v Tradax Export SA [1986] 2 Lloyd's Rep. 301;
    [1986] 3 WLUK 248 QBD (Comm)... 14-012

TABLE OF CASES

Compagnie Financiere et Commerciale du Pacifique v Peruvian Guano Co (1882) 11 Q.B.D. 55; [1882] 12 WLUK 68 CA. 13-103, 13-104
Compagnie Generale Transatlantique v Thomas Law & Co (The Bourgogne) [1899] A.C. 431; [1899] 6 WLUK 54 HL 13-079
Compagnie Tunisienne de Navigation SA v Compagnie d'Armement Maritime SA, sub nom. Compagnie d'Armement Maritime SA v Compagnie Tunisienne de Navigation SA [1971] A.C. 572; [1970] 3 W.L.R. 389; [1970] 3 All E.R. 71; [1970] 2 Lloyd's Rep. 99; [1970] 7 WLUK 61; (1970) (1970) 114 S.J. 618 HL 12-001, 12-007
Compania Colombiana de Seguros v Pacific Steam Navigation Co (The Colombiana); joined case(s) Empressa de Telefona de Bogota v Pacific Steam Navigation Co (The Colombiana) [1965] 1 Q.B. 101; [1964] 2 W.L.R. 484; [1964] 1 All E.R. 216; [1963] 2 Lloyd's Rep. 479; [1963] 11 WLUK 61; (1964) 108 S.J. 75 QBD (Comm) 5-155
Compania Merabello San Nicholas SA, Re [1973] Ch. 75; [1972] 3 W.L.R. 471; [1972] 3 All E.R. 448; [1972] 2 Lloyd's Rep. 268; [1972] 3 WLUK 78; (1972) 116 S.J. 631 Ch D . . . 17-013
Company Ex p. ND Pritchard, Re, sub nom. Company (No.008725 of 1991 and No.008727 of 1991), Re [1992] 1 WLUK 59; [1992] B.C.L.C 633; *Financial Times*, November 22, 1991 Ch D 14-099, 17-015, 17-016
Company (No.000359 of 1987), Re, sub nom. International Westminster Bank v Okeanos Maritime Corp [1988] Ch. 210; [1987] 3 W.L.R. 339; [1987] 3 All E.R. 137; [1987] 2 WLUK 256; (1987) 3 B.C.C. 160; [1987] B.C.L.C. 450; [1988] P.C.C. 64; (1987) 84 L.S.G. 1811; (1987) 131 S.J. 938 Ch D (Companies Ct) 17-013
Company (No.007816 of 1994), Re; joined case(s) Company (No.007818 of 1994), Re; Company (No.007819 of 1994), Re; Company (No.007820 of 1994), Re; Company (No.007821 of 1994), Re; Company (No.007822 of 1994), Re [1995] 7 WLUK 383; [1995] 2 B.C.L.C. 539; *Times*, October 13, 1995 Ch D 15-043
Company (No.007923 of 1994) (No.2), Re [1995] 2 WLUK 431; [1995] B.C.C. 641; [1995] 1 B.C.L.C. 594 Ch D. 15-046
Company (No.007923 of 1994), Re; joined case(s) Company (No.007924 of 1994), Re [1995] 1 W.L.R. 953; [1995] 1 WLUK 377; [1995] B.C.C. 634; [1995] 1 B.C.L.C. 440; (1995) 92(8) L.S.G. 39; *Times*, February 2, 1995 CA (Civ Div) 17-028
Company (No.013734 of 1991), Re [1992] 2 Lloyd's Rep. 415; [1992] 4 WLUK 275; [1993] B.C.L.C. 59; *Times*, May 8, 1992; *Financial Times*, June 3, 1992 Ch D 5-069, 5-081, 17-001, 17-031, 17-032, 17-045, 17-055, 17-056, 17-057
Company X v Company Y 17 July 2000 14-022
Compound Photonics Group Ltd, Re, sub nom. Compound Photonics UK Ltd, Re; Faulkner v Vollin Holdings Ltd [2022] EWCA Civ 1371; [2022] 10 WLUK 299 CA (Civ Div) 6-126
Con-Stan Industries v Norwich Winterthur (1986) 64 A.L.R. 481 .... 9-026, 11-003, 11-041
Consolidated Contractors International Company SAL v Masri [2011] UKPC 29; [2011] 8 WLUK 95 PC (Ber) 13-086
Consolidated Press Holdings Ltd v Royal Insurance (Global) Pty Ltd (1996) 9 ANZ Insurance Cases 61-319. 4-020
Container Transport International Inc v Oceanus Mutual Underwriting Association (Bermuda) Ltd (No.1) [1984] 1 Lloyd's Rep. 476; [1984] 1 WLUK 1073 CA (Civ Div) 6-017, 6-018, 6-033, 6-104, 6-107
Continental Assurance Co of London Plc (In Liquidation) (No.3), Re, sub nom. Hughes v Hogg Insurance Brokers Ltd [1998] 12 WLUK 417; [2000] B.C.C. 65; [1999] 1 B.C.L.C 751; (1999) 96(6) L.S.G. 32; *Times*, January 14, 1999 Ch D (Companies Ct) 17-010, 17-036, 17-039, 17-049, 17-050
Continental Casualty Co v Certain Underwriters at Lloyd's London 2004 U.S. Dist. Lexis 4060 (S.D.N.Y.) 4-045
Continental Pacific Shipping Ltd v Deemand Shipping Co Ltd (The Lendoudis Evangelos II) [1997] 1 Lloyd's Rep. 404; [1996] 11 WLUK 223; [1997] C.L.C. 432; *Independent*, December 16, 1996 QBD (Comm). 6-160
Conway v Prince Eze [2019] EWCA Civ 88; [2019] 2 WLUK 34 CA (Civ Div) 9-018, 10-002
Copenhagen Reinsurance Co (UK) Ltd, Re, sub nom. Marlon Insurance Co Ltd, Re [2016] EWHC 944 (Ch); [2016] Bus. L.R. 741; [2016] 4 WLUK 690; [2016] Lloyd's Rep. I.R. 683 Ch D 18-047, 18-051
Cordoba Shipping Co v National State Bank, Elizabeth, New Jersey (The Albaforth) [1984] 2 Lloyd's Rep. 91; [1984] 3 WLUK 265; (1984) 81 L.S.G. 1360 CA (Civ Div). 13-053
Cork and Youghal Railway Co, Re (1868-69) L.R. 4 Ch. App. 748; [1869] 8 WLUK 5 CA in Chancery. 11-059
Cornhill Insurance Plc v Improvement Services Ltd [1986] 1 W.L.R. 114; [1985] 7 WLUK 261; (1986) 2 B.C.C. 98942; [1986] P.C.C. 204 Ch D. 17-015

TABLE OF CASES

Cory v Patton (1873-74) L.R. 9 Q.B. 577; [1874] 7 WLUK 22 QB 6-117
Countrywide Assured Group Plc v Marshall [2002] EWHC 2082 (Comm); [2003] 1 All
 E.R. (Comm) 237; [2002] 10 WLUK 345; [2003] Lloyd's Rep. I.R. 195; [2003] Lloyd's
 Rep. P.N. 1; [2002] Pens. L.R. 537; (2002) 99(44) L.S.G. 32 QBD (Comm)......... 5-118, 5-120
Cox v Bankside Members Agency Ltd [1995] 2 Lloyd's Rep. 437; [1995] 5 WLUK 197;
 [1995] C.L.C. 671; *Times*, May 16, 1995; *Independent*, June 9, 1995 CA (Civ Div) .. 3-049, 5-087,
   5-134, 5-137, 5-141, 5-143, 6-151
Cox v Ergo Versicherung AG (formerly Victoria), sub nom. Cox (Deceased), Re [2014]
 UKSC 22; [2014] A.C. 1379; [2014] 2 W.L.R. 948; [2014] 2 All E.R. 926; [2014] 4
 WLUK 112; [2014] 1 C.L.C. 430; [2014] R.T.R. 20; *Times*, April 14, 2014 SC 14-041
Coys of Kensington Automobiles Ltd v Pugliese [2011] EWHC 655 (QB); [2011] 2 All
 E.R. (Comm) 664; [2011] 3 WLUK 658 QBD..................................... 13-035
Crane v Hannover Ruckversicherungs AG [2008] EWHC 3165 (Comm); [2008] 12 WLUK
 660; [2010] Lloyd's Rep. I.R. 93 QBD (Comm)....................... 6-033, 6-090, 10-021
Crawford v Hisling (1802) 4 Esq. 209 11-065
Credit Lyonnais v New Hampshire Insurance Co Ltd [1997] 2 Lloyd's Rep. 1; [1997] 3
 WLUK 237; [1997] C.L.C. 909; [1997] 2 C.M.L.R. 610 CA (Civ Div) 12-004
Credit Suisse Financial Products v Societe Generale d'Enterprises [1996] 7 WLUK 72;
 [1996] 5 Bank. L.R. 220; [1997] C.L.C. 168; [1997] I.L.Pr. 165 CA (Civ Div) 4-014
Credit Suisse Life (Bermuda) Limited v Bidzina Ivanishvili et al [2023] CA (Bda) 13 16-051
Crema v Cenkos Securities Plc [2010] EWCA Civ 1444; [2011] 1 W.L.R. 2066; [2011] 2
 All E.R. (Comm) 676; [2011] Bus. L.R. 943; [2010] 12 WLUK 568; [2010] 2 C.L.C.
 963; [2011] C.I.L.L. 2980 CA (Civ Div) 11-015
Crockwell v Haley [1993] Bda L.R. 7 .... 1-036, 1-037
Crown House Engineering v Amec Projects [1990] 1 WLUK 437; 48 B.L.R. 32; (1990) 6
 Const. L.J. 141 CA (Civ Div)... 13-099
Crown Prosecution Service v Aquila Advisory Ltd [2021] UKSC 49; [2021] 1 W.L.R.
 5666; [2022] 2 All E.R. 864; [2021] 11 WLUK 17; [2022] B.C.C. 137; [2022] 1 B.C.L.C.
 1; 24 I.T.E.L.R. 978; *Times*, December 6, 2021 SC................................. 9-009
Crum & Forster Insurance Co (Bermuda) Ltd v Covent Insurance Co [1991] Bda L.R. 80 .. 14-098
CT Bowring Reinsurance Ltd v Baxter (M Vatan and M Ceyhan) [1987] 2 Lloyd's Rep.
 416; [1987] 3 WLUK 216; [1987] 1 F.T.L.R. 7; [1987] Fin. L.R. 220 QBD (Comm)........ 9-025
CTN Cash and Carry Ltd v General Accident Fire and Life Assurance Corp [1989] 1
 Lloyd's Rep. 299; [1988] 5 WLUK 83 QBD...................................... 6-166
Cuckow v AXA Insurance UK Plc [2023] EWHC 701 (KB); [2023] 3 WLUK 672 KBD 6-205
Cuflet Chartering v Carousel Shipping Co Ltd [2001] 1 All E.R. (Comm) 398; [2001] 1
 Lloyd's Rep. 707; [2000] 12 WLUK 658 QBD (Comm)............................. 14-036
Cultural Foundation (t/a American School of Dubai) v Beazley Furlonge Ltd [2018] EWHC
 1083 (Comm); [2018] Bus. L.R. 2174; [2018] 5 WLUK 122; [2019] Lloyd's Rep. I.R.
 12 QBD (Comm)....................................... 5-045, 5-100, 5-143, 6-213
Cunliffe-Owen v Teather & Greenwood; joined case(s) Cunliffe Owen v LA Seligmann &
 Co; Cunliffe Owen v Schaverien Habermann, Simon & Co [1967] 1 W.L.R. 1421; [1967]
 3 All E.R. 561; [1967] 6 WLUK 13; (1967) 111 S.J. 866 Ch D 4-111
Custom Made Commercial Ltd v Stawa Metallbau GmbH (C288/92) EU:C:1994:268;
 [1994] E.C.R. I-2913; [1994] 6 WLUK 341; [1994] I.L.Pr. 516 ECJ 13-031
CVG Siderurgicia del Orinoco SA v London Steamship Owners Mutual Insurance Associa-
 tion Ltd (The Vainqueur Jose) [1979] 1 Lloyd's Rep. 557; [1978] 11 WLUK 131 QBD
 (Comm).. 6-207
Cyona Distributors, Re [1967] Ch. 889; [1967] 2 W.L.R. 369; [1967] 1 All E.R. 281; [1966]
 11 WLUK 127; (1966) 110 S.J. 943 CA... 16-027
Czarnikow Ltd v Roth Schmidt & Co [1922] 2 K.B. 478; (1922) 12 Ll. L. Rep. 195; [1922]
 7 WLUK 20 CA.. 14-001, 14-110
D v P CA 5-060
D&D Wines International Ltd (In Liquidation), Re, sub nom. Angove Pty Ltd v Bailey;
 Bailey v Angove's Pty Ltd [2016] UKSC 47; [2016] 1 W.L.R. 3179; [2017] 1 All E.R.
 773; [2017] 1 All E.R. (Comm) 583; [2016] 2 Lloyd's Rep. 409; [2016] 7 WLUK 719;
 [2016] B.C.C. 594; [2017] 1 B.C.L.C. 1; [2016] 2 C.L.C. 228; [2016] E.C.C. 28; [2016]
 B.P.I.R. 1361; [2016] W.T.L.R. 1309; [2017] 1 P. & C.R. DG2 SC..................... 9-009
Daiichi Chuo Kisen Kaisha v Chubb Seguros Brasil SA (formerly Ace Seguradora SA)
 [2020] EWHC 1223 (Comm); [2020] 2 Lloyd's Rep. 137; [2020] 5 WLUK 231 QBD
 (Comm)... 13-068
Dalby v India and London Life Assurance Co 139 E.R. 465; (1854) 15 C.B. 365; [1854] 12
 WLUK 6 CCP... 1-001

TABLE OF CASES

Dalglish v Jarvie 42 E.R. 89; (1850) 2 H. & Tw. 437; (1850) 14 Jur. 945; (1850) 2 Mac. & G. 231; [1850] 6 WLUK 128; (1850) 20 L.J. Ch. 475; (1850) 15 L.T. O.S. 341 Ct of Chancery 6-113
Dallah Real Estate & Tourism Holding Co v Pakistan, sub nom. Dallah Real Estate & Tourism Holding Co v Ministry of Religious Affairs [2010] UKSC 46; [2011] 1 A.C. 763; [2010] 3 W.L.R. 1472; [2011] 1 All E.R. 485; [2011] 1 All E.R. (Comm) 383; [2011] Bus. L.R. 158; [2010] 2 Lloyd's Rep. 691; [2010] 11 WLUK 95; [2010] 2 C.L.C. 793; 133 Con. L.R. 1; (2010) 160 N.L.J. 1569; *Times*, November 5, 2010 SC 14-028
Dallhold Estates (UK) Pty Ltd, Re [1992] 2 WLUK 280; [1992] B.C.C. 394; [1992] B.C.L.C. 621; [1992] E.G. 18 (C.S.) Ch D (Companies Ct) 17-066
Dane v Mortgage Insurance Corp Ltd [1894] 1 Q.B. 54; [1893] 11 WLUK 104 CA 1-047
Daniels v LLoyds Bank Plc [2018] EWHC 660 (Comm); [2018] 3 WLUK 651; [2018] I.R.L.R. 813 QBD (Comm) 13-098
Davies v Eli Lilly & Co [1987] 1 W.L.R. 428; [1987] 1 All E.R. 801; [1987] 1 WLUK 936; [1987] E.C.C. 340; (1987) 84 L.S.G. 826; (1987) 131 S.J. 360 CA (Civ Div) 13-001
DDT Trucks of North America Ltd v DDT Holdings Ltd [2007] EWHC 1542 (Comm); [2007] 2 Lloyd's Rep. 213; [2007] 6 WLUK 736 QBD (Comm) 14-036
De Hahn v Hartley 99 E.R. 1130; (1786) 1 Term Rep. 343; [1786] 6 WLUK 40 KB . . 6-004, 6-170, 6-177, 6-194
De Maurier (Jewels) Ltd v Bastion Insurance Co and Coronet Insurance Co Ltd [1967] 2 Lloyd's Rep. 550; [1967] 10 WLUK 29; (1967) 117 N.L.J. 1112 QBD (Comm) 6-164
Deeny v Gooda Walker Ltd [1984] 1 W.L.R. 426 16-032
Deeny v Gooda Walker Ltd; joined case(s) Albert v Gooda Walker Ltd; Brownrigg v Gooda Walker Ltd [1996] 1 W.L.R. 426; [1996] 1 All E.R. 933; [1996] L.R.L.R. 109; [1996] S.T.C. 299; [1996] 3 WLUK 85; [1996] 5 Re. L.R. 43; (1996) 93(15) L.S.G. 32; (1996) 146 N.L.J. 369; (1996) 140 S.J.L.B. 92; *Times*, March 8, 1996 HL.................... 10-047
Deeny v Gooda Walker Ltd [1996] L.R.L.R. 183; [1994] 10 WLUK 24; [1994] C.L.C. 1224; *Times*, October 7, 1994; *Independent*, October 5, 1994 QBD . . 8-002, 9-083, 10-042, 10-043, 10-044, 10-045, 10-047
Deeny v Gooda Walker Ltd [1995] 1 W.L.R. 1206; [1995] 4 All E.R. 289; [1996] L.R.L.R. 176; [1995] 4 WLUK 67; [1995] C.L.C. 623; [1995] 4 Re. L.R. 117; *Times*, May 5, 1995 QBD (Comm) 10-054
Deeny v Walker; joined case(s) Deeny v Littlejohn & Co [1996] L.R.L.R. 276; [1995] 12 WLUK 39 QBD (Comm) 9-019
Deeny v Wrightson 5 December 1995 9-083
Delos Shipholding SA v Allianz Global Corporate and Specialty SE [2024] EWHC 719 (Comm); [2024] 3 WLUK 433 KBD (Comm Ct)..................... 6-049, 6-054, 6-057, 6-100
Delver, Assignee of Bunn v Barnes 127 E.R. 748; (1807) 1 Taunt. 48; [1807] 11 WLUK 41 CCP.. 1-043, 1-047, 3-028, 15-023
Denby v English & Scottish Maritime Insurance Co Ltd, sub nom. Denby v MJ Marchant; joined case(s) Yasuda Fire & Marine Insurance Co of Europe Ltd v Lloyd's Underwriting Syndicate No.229 [1998] 3 WLUK 96; [1998] C.L.C. 870; [1998] Lloyd's Rep. I.R. 343; *Times*, March 16, 1998 CA (Civ Div) 3-029, 3-030, 4-078, 5-140, 7-017, 7-020
Dennis v AJ White & Co [1917] A.C. 479; [1917] 6 WLUK 29 HL 6-062
Denso Manufacturing UK Ltd v Great Lakes Reinsurance (UK) Plc, sub nom. Mploy Group Ltd v Denso Manufacturing UK Ltd [2017] EWHC 391 (Comm); [2018] 4 W.L.R. 93; [2017] 3 WLUK 97; [2017] Lloyd's Rep. I.R. 240 QBD (Comm) 5-053
Department of Trade and Industry v St Christopher Motorists Association Ltd [1974] 1 W.L.R. 99; [1974] 1 All E.R. 395; [1974] 1 Lloyd's Rep. 17; [1973] 10 WLUK 61; (1973) 117 S.J. 873 Ch D 1-002, 15-047
Dering v Earl of Winchelsea 29 E.R. 1184; (1787) 1 Cox Eq. Cas. 318; [1787] 2 WLUK 20 Ct of Chancery 5-164
Derry v Peek, sub nom. Peek v Derry (1889) 14 App. Cas. 337; (1889) 5 T.L.R. 625; [1889] 7 WLUK 3 HL.. 6-131, 6-149
Despins v Ho Wan Kwok, sub nom. Ho Wan Kwok, Re [2023] EWHC 74 (Ch); [2023] 1 WLUK 199; [2023] B.P.I.R. 664 Ch D.. 17-073
Deutsche Bank AG v Highland Crusader Offshore Partners LP, sub nom. Highland Crusader Offshore Partners LP v Deutsche Bank AG [2009] EWCA Civ 725; [2010] 1 W.L.R. 1023; [2009] 2 All E.R. (Comm) 987; [2010] Bus. L.R. 515; [2009] 2 Lloyd's Rep. 617; [2009] 7 WLUK 331; [2009] C.P. Rep. 45; [2009] 2 C.L.C. 45; *Times*, October 15, 2009 CA (Civ Div) 13-065, 13-068
Deutsche Bank AG v RusChemAlliance LLC [2023] EWCA Civ 1144; [2024] 1 All E.R. (Comm) 1090; [2023] Bus. L.R. 1660; [2023] 2 Lloyd's Rep. 600; [2023] 10 WLUK 83;

… [2023] B.L.R. 653 CA (Civ Div).. 14-004, 14-008
Deutsche Schachtbau- und Tiefbohrgesellschaft mbH v Ras Al-Khaimah National Oil Co, sub nom. DST v Rakoil; joined case(s) Deutsche Schachtbau- und Tiefbohrgesellschaft mbH v Ras Al-Khaimah National Oil Co (Garnishee Proceedings); Deutsche Schachtbau- und Tiefbohrgesellschaft mbH v Shell International Petroleum Co Ltd (Nos.1 and 2) [1990] 1 A.C. 295; [1988] 3 W.L.R. 230; [1988] 2 All E.R. 833; [1988] 2 Lloyd's Rep. 293; [1988] 6 WLUK 236; (1988) 85(28) L.S.G. 45; *Times*, June 25, 1988; *Independent*, June 24, 1988; *Financial Times*, June 28, 1988 HL 14-108, 14-129
Deutsche Trustee Co Ltd v Bangkok Land (Cayman Islands) Ltd [2019] EWHC 657 (Comm); [2019] 3 WLUK 384 QBD (Comm)....................................... 13-114
DG Finance Ltd v Scott [1995] 6 WLUK 166; [1999] Lloyd's Rep. I.R. 387 CA (Civ Div) . 13-093
DHL Project and Chartering Ltd v Gemini Ocean Shipping Co Ltd [2022] EWCA Civ 1555; [2023] 3 All E.R. 580; [2023] 2 All E.R. (Comm) 287; [2023] Bus. L.R. 584; [2023] 1 Lloyd's Rep. 245; [2022] 11 WLUK 294; [2022] 2 C.L.C. 870; 205 Con. L.R. 25 CA (Civ Div)... 14-008
Dickson v Devitt (1916) 86 L.J. K.B. 315 .... 9-061, 9-062, 9-068, 9-069, 9-082
Digital Satellite Warranty Cover Ltd, Re, sub nom. Digital Satellite Warranty Cover Ltd v Financial Services Authority; Freeman (t/a Satellite Services) v Financial Services Authority; joined case(s) Freeman (t/a Satellite Services), Re; Nationwide Digital Satellite Warranty Services Ltd, Re [2013] UKSC 7; [2013] 1 W.L.R. 605; [2013] 2 All E.R. 202; [2013] 1 All E.R. (Comm) 625; [2013] Bus. L.R. 292; [2013] 2 WLUK 352; [2013] 1 C.L.C. 378; [2013] Lloyd's Rep. I.R. 236; (2013) 163 N.L.J. 207 SC 15-039
Direct Line Insurance Plc v Churchill Insurance Co Ltd [2011] EWHC 1667 (Ch); [2011] 6 WLUK 247 Ch D (Companies Ct) 18-047, 18-051
Direct Line Insurance Plc v Financial Services Authority [2011] EWHC 1482 (Ch); [2011] 5 WLUK 879 Ch D (Companies Ct).. 18-047
Discover Re v PEG Re [2006] Bda L.R. 88 17-025
Discover Reinsurance Co v P.E.G. Reinsurance Co Ltd [2007] Bda L.R. 20 14-057
Discover Reinsurance Co v PEG Reinsurance Co Ltd [2007] Bda L.R. 20 .... 17-018, 17-019
Dobson v General Accident Fire and Life Assurance Corp [1990] 1 Q.B. 274; [1989] 3 W.L.R. 1066; [1989] 3 All E.R. 927; [1989] 2 Lloyd's Rep. 549; [1989] 7 WLUK 368; [1990] Crim. L.R. 271; (1989) 86(40) L.S.G. 43; (1989) 133 S.J. 1445 CA (Civ Div)....... 4-077
Doheny v New India Assurance Co Ltd [2004] EWCA Civ 1705; [2005] 1 All E.R. (Comm) 382; [2004] 12 WLUK 425; [2005] Lloyd's Rep. I.R. 251 CA (Civ Div).................. 6-079
Dole Dried Fruit & Nut Co v Trustin Kerwood Ltd [1990] 2 Lloyd's Rep. 309; [1990] 5 WLUK 183; *Times*, June 1, 1990; *Independent*, May 22, 1990 CA (Civ Div)............. 11-066
Dollar Land Holdings Plc, Re [1992] 11 WLUK 126; [1993] B.C.C. 823; [1994] 1 B.C.L.C. 404 Ch D (Companies Ct)... 17-022
Dollfus Mieg et Compagnie v CDW International Ltd; joined case(s) LBJ Regents Ltd v Dollfus Mieg et Compagnie [2003] 3 WLUK 446; [2004] I.L.Pr. 12; *Times*, April 19, 2003 QBD (Comm).. 13-022
Dolling-Baker v Merrett [1990] 1 W.L.R. 1205; [1991] 2 All E.R. 890; [1990] 3 WLUK 279; (1990) 134 S.J. 806 CA (Civ Div)............................. 13-105, 14-089, 14-090
Domicrest Ltd v Swiss Bank Corp [1999] Q.B. 548; [1999] 2 W.L.R. 364; [1998] 3 All E.R. 577; [1999] 1 Lloyd's Rep. 80; [1998] 7 WLUK 109; [1998] C.L.C. 1451; [1999] I.L.Pr. 146; *Times*, July 16, 1998; *Independent*, July 20, 1998 QBD.................. 13-034
Re Dominion Petroleum Ltd [2012] Bda LR 8 .... 18-030, 18-032
Donaldson v Donaldson 69 E.R. 303; (1854) Kay 711; [1854] 8 WLUK 28 Ct of Chancery . 15-128
Doncaster Pharmaceuticals Group Ltd v Bolton Pharmaceuticals Co 100 Ltd [2007] FSR 63.. 13-098
Donohue v Armco Inc [2001] UKHL 64; [2002] 1 All E.R. 749; [2002] 1 All E.R. (Comm) 97; [2002] 1 Lloyd's Rep. 425; [2001] 12 WLUK 383; [2002] C.L.C. 440 HL 13-051, 13-054, 13-068
Doosan Babcock Ltd v Comercializadora de Equipos y Materiales Mabe Lda (formerly Mabe Chile Lda) [2013] EWHC 3010 (TCC); [2014] 1 Lloyd's Rep. 464; [2013] 10 WLUK 345 QBD (TCC)... 14-026
Dorman Long & Co Ltd, Re; joined case(s) South Durham Steel & Iron Co Ltd, Re [1934] Ch. 635; [1933] 11 WLUK 63 Ch D.. 18-004
Dornoch Ltd v Mauritius Union Assurance Co Ltd [2006] EWCA Civ 389; [2006] 2 All E.R. (Comm) 385; [2006] 2 Lloyd's Rep. 475; [2006] 4 WLUK 233; [2006] 1 C.L.C. 714; [2006] Lloyd's Rep. I.R. 786 CA (Civ Div) 4-014, 12-026, 12-032, 12-033, 13-050
Dornoch Ltd v Westminster International BV [2009] EWHC 889 (Admlty); [2009] 2 All E.R. (Comm) 399; [2009] 2 Lloyd's Rep. 191; [2009] 4 WLUK 533; [2009] 1 C.L.C.

TABLE OF CASES

645; [2009] Lloyd's Rep. I.R. 573 QBD (Admlty)..... 7-005
Double K Oil Products 1996 Ltd v Neste Oil Oyj [2009] EWHC 3380 (Comm); [2010] 1 Lloyd's Rep. 141; [2009] 12 WLUK 632; (2010) 160 N.L.J. 68 QBD (Comm)..... 14-036
Douglas Ex p. Wilson, Re (1871-72) L.R. 7 Ch. App. 490; [1872] 4 WLUK 13 CA in Chancery..... 17-029
Dovey v Cory, sub nom. National Bank of Wales Ltd, Re [1901] A.C. 477; [1901] 7 WLUK 98 HL..... 16-037
DR Insurance Co v Seguros America Banamex; joined case(s) DR Insurance Co v Imperio Compahnia de Seguros [1993] 1 Lloyd's Rep. 120; [1992] 7 WLUK 64 QBD (Comm).... 15-026, 15-042, 17-051
Drake Insurance Plc (In Provisional Liquidation) v Provident Insurance Plc [2003] EWCA Civ 1834; [2004] Q.B. 601; [2004] 2 W.L.R. 530; [2004] 2 All E.R. (Comm) 65; [2004] 1 Lloyd's Rep. 268; [2003] 12 WLUK 482; [2004] 1 C.L.C. 574; [2004] R.T.R. 19; [2004] Lloyd's Rep. I.R. 277 CA (Civ Div) 4-097, 6-005, 6-048, 6-085, 6-089, 6-124, 6-151, 6-171
DSV Silo und Verwaltungsgesellschaft mbH v Owners of the Sennar (The Sennar) (No.2) [1985] 1 W.L.R. 490; [1985] 2 All E.R. 104; [1985] 1 Lloyd's Rep. 521; [1985] 3 WLUK 197; (1985) 82 L.S.G. 1863; (1985) 135 N.L.J. 316; (1985) 129 S.J. 248 HL..... 14-127
DTEK Energy BV, Re; joined case(s) DTEK Finance Plc, Re [2021] EWHC 1456 (Ch); [2021] 5 WLUK 418; [2022] 1 B.C.L.C. 247 Ch D..... 18-036
Dubai Islamic Bank PJSC v PSI Energy Holding Co BSC [2011] EWHC 1019 (Comm); [2011] 4 WLUK 514; [2011] 1 C.L.C. 595 QBD (Comm)..... 13-054
Dumez France SA v Hessische Landesbank (220/88) EU:C:1990:8; [1990] E.C.R. I-49; [1990] 1 WLUK 518; [1990] I.L.Pr. 299 ECJ (6th Chamber)..... 13-034
Duncan (Deceased), Re, sub nom. Garfield v Fay [1968] P. 306; [1968] 2 W.L.R. 1479; [1968] 2 All E.R. 395; [1968] 3 WLUK 70; (1968) 112 S.J. 254 PDAD..... 13-106
Dunlop Haywards (DHL) Ltd (formerly Dunlop Heywood Lorenz Ltd) (In Liquidation) v Barbon Insurance Group Ltd (formerly Erinaceous Insurance Services Ltd (formerly Hanover Park Commercial Ltd)) [2009] EWHC 2900 (Comm); [2009] 11 WLUK 445; [2010] Lloyd's Rep. I.R. 149 QBD (Comm)..... 9-066
Dunlop Pneumatic Tyre Co Ltd v Selfridge & Co Ltd [1915] A.C. 847; [1915] 4 WLUK 19 HL..... 15-124
Dunnett v Railtrack Plc [2002] EWCA Civ 303; [2002] 1 W.L.R. 2434; [2002] 2 All E.R. 850; [2002] 2 WLUK 604; [2002] C.P. Rep. 35; [2002] C.P.L.R. 309; (2002) 99(16) L.S.G. 37; Times, April 3, 2002 CA (Civ Div)..... 13-005
Durham v BAI (Run Off) Ltd, sub nom. Akzo Nobel UK Ltd v Excess Insurance Co Ltd; Edwards v Excess Insurance Co Ltd; Fleming v Independent Insurance Co Ltd; Municipal Mutual Insurance Ltd v Zurich Insurance Co; Thomas Bates & Son Ltd v BAI (Run Off) Ltd [2012] UKSC 14; [2012] 1 W.L.R. 867; [2012] 3 All E.R. 1161; [2012] 2 All E.R. (Comm) 1187; [2012] 3 WLUK 895; [2012] I.C.R. 574; [2012] Lloyd's Rep. I.R. 371; [2012] P.I.Q.R. P14; (2012) 125 B.M.L.R. 37; (2012) 162 N.L.J. 502; (2012) 156(13) S.J.L.B. 31 SC 5-103, 7-031, 12-013, 12-026, 16-041, 17-040
DW Moore v Ferrier [1988] 1 W.L.R. 267; [1988] 1 All E.R. 400; [1987] 7 WLUK 325; (1988) 132 S.J. 227 CA (Civ Div)..... 13-116
E. Green & Son Ltd v G. Tughan & Co (1913) 30 T.L.R. 64 9-032
E-Star Shipping and Trading Co Ltd v Delta Corp Shipping Ltd [2022] EWHC 3165 (Comm); [2023] 1 Lloyd's Rep. 595; [2022] 11 WLUK 513 KBD (Comm Ct)..... 14-008
Eagle Star v National Westminster (1985) 58 A.L.R. 165..... 9-079
Eagle Star Insurance Co Ltd v Cresswell, sub nom. Eagle Star Insurance Co Ltd v JN Cresswell [2004] EWCA Civ 602; [2004] 2 All E.R. (Comm) 244; [2004] 5 WLUK 283; [2004] 1 C.L.C. 926; [2004] Lloyd's Rep. I.R. 537; (2004) 148 S.J.L.B. 632 CA (Civ Div)..... 5-052, 6-192, 6-205, 6-209
Eagle Star Insurance Co Ltd v Games Video Co (GVC) SA (The Game Boy) [2004] EWHC 15 (Comm); [2004] 1 All E.R. (Comm) 560; [2004] 1 Lloyd's Rep. 238; [2004] 1 WLUK 209; [2004] Lloyd's Rep. I.R. 867 QBD (Comm)..... 6-161
Eagle Star Insurance Co Ltd v National Westminster Finance Australia Ltd (1985) 58 A.L.R. 165..... 6-103, 9-061
Eagle Star Insurance Co Ltd v Spratt [1971] 2 Lloyd's Rep. 116; [1971] 7 WLUK 23 CA (Civ Div)..... 2-019, 3-004, 3-071, 5-060, 10-023
Eagle Star Insurance Co Ltd v Yuval Insurance Co [1978] 1 Lloyd's Rep. 357; [1977] 7 WLUK 17 CA (Civ Div)..... 10-030, 14-001, 14-002, 14-009, 14-044, 14-109
Eagle Star Insurance Co Ltd, Re [2006] EWHC 1850 (Ch); [2006] 6 WLUK 740; [2007] 1 B.C.L.C. 21 Ch D (Companies Ct)..... 18-046

TABLE OF CASES

Eagle Star Life Assurance Co Ltd v Griggs [1998] 1 Lloyd's Rep. 256; [1997] 10 WLUK
161; *Independent*, October 20, 1997 CA (Civ Div) 11-022
Easy Rent a Car Ltd v Easygroup Ltd [2019] EWCA Civ 477; [2019] 1 W.L.R. 4630;
[2019] 4 All E.R. 1087; [2020] 1 All E.R. (Comm) 14; [2019] 3 WLUK 327; [2019]
I.L.Pr. 13; [2019] F.S.R. 24 CA (Civ Div) 13-036
Easyair Ltd (t/a Openair) v Opal Telecom Ltd, sub nom. Easy Air Ltd (t/a Openair) v Opal
Telecom Ltd [2009] EWHC 339 (Ch); [2009] 3 WLUK 2 Ch D (Manchester) 13-098
Easybiz Investments v Sinograin (The Biz) [2010] EWHC 2565 (Comm); [2011] 1 Lloyd's
Rep. 688; [2010] 9 WLUK 86 QBD (Comm) 14-024
Ebbvale Ltd v Hosking [2013] UKPC 1; [2013] 1 WLUK 646; [2013] 2 B.C.L.C. 204;
[2013] B.P.I.R. 219 PC (Bah) 17-015
Ebury Partners Belgium SA/NV v Technical Touch BV [2022] EWHC 2927 (Comm);
[2023] 2 All E.R. (Comm) 314; [2023] 1 Lloyd's Rep. 575; [2022] 11 WLUK 241 KBD
(Comm Ct) 12-019, 13-067, 14-042
Eckersley v Binnie [1988] 2 WLUK 177; 18 Con. L.R. 1; [1955-95] P.N.L.R. 348 CA (Civ
Div) 16-034
Ecobank Transnational Inc v Tanoh [2015] EWCA Civ 1309; [2016] 1 W.L.R. 2231; [2016]
1 Lloyd's Rep. 360; [2015] 12 WLUK 609; [2016] 1 C.L.C. 65 CA (Civ Div) 13-068
Economic v La Assicurazioni d'Italia November 1996 7-009
Economic v La Assucurazioni d'Italia November 1996 .... 7-008, 7-010
Economides v Commercial Union Assurance Co Plc [1998] Q.B. 587; [1997] 3 W.L.R.
1066; [1997] 3 All E.R. 636; [1997] 5 WLUK 408; [1997] C.L.C. 1169; [1998] Lloyd's
Rep. I.R. 9; *Times*, June 27, 1997 CA (Civ Div) 6-026, 6-034, 6-052, 6-056, 6-111
ED&F Man Capital Markets Ltd v Straits (Singapore) Pte Ltd [2019] EWCA Civ 2073;
[2020] 2 All E.R. (Comm) 551; [2020] 2 Lloyd's Rep. 14; [2019] 11 WLUK 387 CA
(Civ Div) 13-045, 13-049
ED&F Man Liquid Products Ltd v Patel [2003] EWCA Civ 472; [2003] 4 WLUK 130;
[2003] C.P. Rep. 51; [2003] C.P.L.R. 384; (2003) 100(24) L.S.G. 37; (2003) 147 S.J.L.B.
416; *Times*, April 18, 2003 CA (Civ Div) 13-098
ED&F Man (Sugar) Ltd v Haryanto (No.2) [1991] 1 Lloyd's Rep. 429; [1990] 12 WLUK
302; [1991] I.L.Pr. 393; *Financial Times*, January 23, 1991 CA (Civ Div) 13-069
Eddystone Marine Insurance Co Ex p. Western Insurance Co, Re [1892] 2 Ch. 423; [1892]
2 WLUK 92 Ch D 4-004, 5-080, 5-081, 7-026, 7-027, 13-120, 17-057
Edgar, Assignees of Carden, a Bankrupt v Fowler 102 E.R. 582; (1803) 3 East 222; [1803]
1 WLUK 82 KB 11-003
Edstrom Industries Inc v Companion Life Insurance Co 07-2156 7th Cir. 2008 1-023
Edwards v Slater & Gordon UK Ltd [2021] 9 WLUK 147 Sen Cts Costs Office 8-034
Effer SpA v Kantner (C38/81) EU:C:1982:79; [1982] E.C.R. 825; [1982] 3 WLUK 52;
[1984] 2 C.M.L.R. 667 ECJ (1st Chamber) 13-028
Egon Oldendorff v Libera Corp (No.1) [1995] 2 Lloyd's Rep. 64; [1995] 1 WLUK 278;
[1996] C.L.C. 482 QBD (Comm) 12-019
Egon Oldendorff v Libera Corp (No.2) [1996] 1 Lloyd's Rep. 380; [1995] 11 WLUK 229;
[1996] C.L.C. 482; *Independent*, December 18, 1995 QBD (Comm) 12-019
EI du Pont de Nemours & Co v Agnew [1987] 2 Lloyd's Rep. 585; [1987] 7 WLUK 221;
[1987] 2 F.T.L.R. 487; [1987] F.S.R. 376 CA (Civ Div) 13-045, 13-048, 13-049, 13-069
EI du Pont de Nemours & Co v Agnew [1988] 2 Lloyd's Rep. 240; [1988] 3 WLUK 290;
[1990] E.C.C. 9; [1988] 2 F.T.L.R. 39 CA (Civ Div) 13-049, 13-069
Eide UK Ltd v Lowndes Lambert Group Ltd [1999] Q.B. 199; [1998] 3 W.L.R. 643; [1998]
1 All E.R. 946; [1998] 1 Lloyd's Rep. 389; [1997] 12 WLUK 272; [1998] C.L.C. 266;
(1998) 95(4) L.S.G. 34; (1998) 148 N.L.J. 86; *Times*, December 29, 1997 CA (Civ Div) ... 11-031,
11-032, 11-033
El Nasharty v J Sainsbury Plc [2007] EWHC 2618 (Comm); [2008] 1 Lloyd's Rep. 360;
[2007] 11 WLUK 292 QBD (Comm) 14-008
Re Electric Mutual Liability Insurance Co [2007] Bda L.R. 5 16-022
Elektrim SA v Vivendi Universal SA [2007] EWHC 11 (Comm); [2007] 2 All E.R. (Comm)
365; [2007] 1 Lloyd's Rep. 693; [2007] 1 WLUK 363; [2007] 1 C.L.C. 16; [2007] Bus.
L.R. D69 QBD (Comm) 14-036
Elektrim SA v Vivendi Universal SA [2007] EWHC 571 (Comm); [2007] 2 Lloyd's Rep.
8; [2007] 3 WLUK 512; [2007] 1 C.L.C. 227 QBD (Comm) 14-009, 14-012
Elgood v Harris [1896] 2 Q.B. 491; [1896] 6 WLUK 104 QBD 11-076
Ellefsen v Ellefsen 22 October 1993 13-083
Ellerine Bros Pty Ltd v Klinger [1982] 1 W.L.R. 1375; [1982] 2 All E.R. 737; [1982] 3
WLUK 267; (1982) 79 L.S.G. 987; (1982) 126 S.J. 592 CA (Civ Div) 14-096

TABLE OF CASES

Elliott v Hattens Solicitors [2021] EWCA Civ 720; [2022] 1 All E.R. 635; [2021] 5 WLUK 185; [2021] P.N.L.R. 25 CA (Civ Div) 13-117
Ellis Mechanical Services Ltd v Wates Construction Ltd [1978] 1 Lloyd's Rep. 33 (Note); [1976] 1 WLUK 760; 2 B.L.R. 57; (1976) 120 S.J. 167 CA (Civ Div) 14-098
Eloc Electro-Optieck and Communicatie BV, Re [1982] Ch. 43; [1981] 3 W.L.R. 176; [1981] 2 All E.R. 1111; [1981] 3 WLUK 84; [1981] I.C.R. 732; (1981) 125 S.J. 412 Ch D 17-013
Emirates Trading Agency LLC v Prime Mineral Exports Private Ltd [2014] EWHC 2104 (Comm); [2015] 1 W.L.R. 1145; [2014] 2 Lloyd's Rep. 457; [2014] 7 WLUK 34; [2014] 2 C.L.C. 1; (2014) 164(7615) N.L.J. 19 QBD (Comm) 14-117
Emmadart Ltd, Re [1979] Ch. 540; [1979] 2 W.L.R. 868; [1979] 1 All E.R. 599; [1978] 12 WLUK 34; (1979) 123 S.J. 15 Ch D 17-023
Empress Assurance Co Ltd v Bowring (1905) 11 Com. Cas. 107 .... 9-019, 10-027
Endurance Corporate Capital Ltd v Sartex Quilts and Textiles Ltd, sub nom. Sartex Quilts & Textiles Ltd v Endurance Corporate Capital Ltd [2020] EWCA Civ 308; [2020] 2 All E.R. (Comm) 1050; [2020] Bus. L.R. 1729; [2020] 3 WLUK 39; [2020] 1 C.L.C. 374; [2020] B.L.R. 379; [2020] Lloyd's Rep. I.R. 397 CA (Civ Div) 2-006
Re Energy XXI Ltd [2016] SC (Bda) 79 17-079
English & American Insurance Co Ltd v Axa Re SA [2007] EWCA Civ 1178; [2007] 10 WLUK 28 CA (Civ Div) 13-097, 13-127
English & American Insurance Co Ltd, Re [1993] 12 WLUK 14; [1994] 1 B.C.L.C. 649 Ch D 17-003
English and Scottish Joint Cooperative Wholesale Society Ltd v Assam Agricultural Income Tax Commissioner [1948] A.C. 405; [1948] 2 All E.R. 395; [1948] 4 WLUK 58; [1948] T.R. 309; [1948] L.J.R. 1896 PC (Ind) 16-042
English Scottish and Australian Chartered Bank, Re [1893] 3 Ch. 385; [1893] 7 WLUK 52 CA 18-022, 18-030
Enka Insaat Ve Sanayi AS v OOO Insurance Company Chubb [2020] UKSC 38; [2020] 1 W.L.R. 4117; [2021] 2 All E.R. 1; [2021] 2 All E.R. (Comm) 225; [2020] Bus. L.R. 2242; [2020] 2 Lloyd's Rep. 449; [2020] 10 WLUK 70; [2020] 2 C.L.C. 604; 193 Con. L.R. 87 SC 6-077, 12-003, 12-005, 12-007, 12-011, 12-016, 12-019, 12-022, 12-037, 13-068, 13-075, 14-004, 14-005, 14-008, 14-041, 14-043, 14-054, 14-123, 14-124
Enterprise Oil Ltd v Strand Insurance Co Ltd [2006] EWHC 58 (Comm); [2006] 1 Lloyd's Rep. 500; [2006] 1 WLUK 514; [2006] 1 C.L.C. 33; [2007] Lloyd's Rep. I.R. 186 QBD (Comm) 5-036, 5-064, 5-065, 5-066, 5-094
Environment Agency (formerly National Rivers Authority) v Empress Car Co (Abertillery) Ltd, sub nom. Empress Car Co (Abertillery) Ltd v National Rivers Authority [1999] 2 A.C. 22; [1998] 2 W.L.R. 350; [1998] 1 All E.R. 481; [1998] 2 WLUK 116; [1998] Env. L.R. 396; [1988] E.H.L.R. 3; [1998] E.G. 16 (C.S.); (1998) 95(8) L.S.G. 32; (1998) 148 N.L.J. 206; (1998) 142 S.J.L.B. 69; [1998] N.P.C. 16; Times, February 9, 1998 HL 5-125
Equitable Life Assurance Society v Hyman [2002] 1 A.C. 408; [2000] 3 W.L.R. 529; [2000] 3 All E.R. 961; [2000] 7 WLUK 607; [2001] Lloyd's Rep. I.R. 99; [2000] O.P.L.R. 101; [2000] Pens. L.R. 249; (2000) 144 S.J.L.B. 239; Times, July 21, 2000; Independent, October 30, 2000 HL 4-002, 4-093, 4-094, 18-017, 18-023
Equitable Life Assurance Society (No.2), Re [2002] EWHC 140 (Ch); [2002] 2 WLUK 249; [2002] B.C.C. 319; [2002] 2 B.C.L.C. 510 Ch D (Companies Ct) 18-017, 18-023
Equitable Life Assurance Society, Re [2007] EWHC 229 (Ch); [2007] 2 WLUK 332 Ch D . 18-045
Equitas Insurance Ltd v Municipal Mutual Insurance Ltd [2018] EWCA Civ 991; [2018] 5 WLUK 106; [2018] Lloyd's Rep. I.R. 377 CA (Civ Div) 6-124, 7-031
Equitas Insurance Ltd v Municipal Mutual Insurance Ltd [2019] EWCA Civ 718; [2020] Q.B. 418; [2019] 3 W.L.R. 613; [2020] 1 All E.R. 16; [2019] 2 All E.R. (Comm) 843; [2019] 4 WLUK 283; [2019] Lloyd's Rep. I.R. 359 CA (Civ Div)..... 4-028, 4-095, 4-096, 4-097, 4-101, 4-102, 4-105, 5-096, 5-106, 5-107, 5-108, 5-148, 5-164, 6-124, 6-125, 6-126, 6-139, 7-031
Equitas Ltd v Allstate Insurance Co [2008] EWHC 1671 (Comm); [2009] 1 All E.R. (Comm) 1137; [2008] 7 WLUK 549; [2009] Lloyd's Rep. I.R. 227 QBD (Comm) ... 4-041, 4-045, 13-035
Equitas Ltd v Horace Holman & Co Ltd [2007] EWHC 903 (Comm); [2007] 4 WLUK 516; [2007] Lloyd's Rep. I.R. 567 QBD (Comm) 1-027, 9-078, 10-014, 11-037
Equitas Ltd v R&Q Reinsurance Co (UK) Ltd; joined case(s) Equitas Ltd v ACE European Group Ltd [2009] EWHC 2787 (Comm); [2010] 2 All E.R. (Comm) 855; [2009] 11 WLUK 217; [2009] 2 C.L.C. 706; [2010] Lloyd's Rep. I.R. 600 QBD (Comm) 5-002, 5-038, 5-039, 5-067, 5-069, 8-062, 17-032

TABLE OF CASES

Equitas Ltd v Sande Investments Ltd [2021] EWHC 631 (Comm); [2021] 3 WLUK 607;
  [2021] Lloyd's Rep. I.R. 553 QBD (Comm) 9-010, 10-014, 11-037
Equitas Ltd v Walsham Brothers & Co Ltd [2013] EWHC 3264 (Comm); [2013] 10 WLUK
  886; [2014] Lloyd's Rep. I.R. 398; [2014] P.N.L.R. 8; [2014] Bus. L.R. D7 QBD
  (Comm) 5-147, 9-009, 9-010, 9-071, 10-014, 11-001, 11-016, 11-037, 13-110, 16-031
Equitas Ltd v Wave City Shipping Co Ltd [2005] EWHC 923 (Comm); [2005] 2 All E.R.
  (Comm) 301; [2005] 5 WLUK 336; [2006] Lloyd's Rep. I.R. 577 QBD (Comm) 13-028
Equitix ESI CHP (Sheff) Ltd v Veolia Energy and Utility Services UK Plc [2019] EWHC
  593 (TCC); [2019] 3 WLUK 730; 183 Con. L.R. 129; (2019) 35 Const. L.J. 524 QBD
  (TCC) 14-022
Equity & Provident Ltd, Re [2002] EWHC 186 (Ch); [2002] 2 WLUK 453; [2002] 2
  B.C.L.C. 78; *Daily Telegraph*, June 13, 2002 Ch D 15-047, 17-028
ERC Frankona Reinsurance v American National Insurance Co [2005] EWHC 1381
  (Comm); [2005] 7 WLUK 143; [2006] Lloyd's Rep. I.R. 157 QBD (Comm) . . 3-050, 6-043, 6-056
Erich Gasser GmbH v MISAT Srl (C-116/02) EU:C:2003:657; [2005] Q.B. 1; [2004] 3
  W.L.R. 1070; [2005] 1 All E.R. (Comm) 538; [2004] 1 Lloyd's Rep. 222; [2003] E.C.R.
  I-14693; [2003] 12 WLUK 236; [2005] All E.R. (EC) 517; [2004] I.L.Pr. 7; *Times*,
  December 12, 2003 ECJ 13-036
Essex CC v UBB Waste (Essex) Ltd [2020] EWHC 1581 (TCC); [2020] 6 WLUK 245; 191
  Con. L.R. 77 QBD (TCC) 4-098, 6-126
Etablissement Biret et Cie SA v Yukeiteru Kaiun KK & Nissui Shipping Corp (The Sun
  Happiness) [1984] 1 Lloyd's Rep. 381; [1984] 1 WLUK 1100 QBD (Comm) 9-006
Etablissements Somafer SA v Saar-Ferngas AG (33/78), sub nom. Ets Somafer SA v Saar-
  Ferngas AG (33/78) EU:C:1978:205; [1978] E.C.R. 2183; [1978] 11 WLUK 153; [1979]
  1 C.M.L.R. 490 ECJ 13-032
Etihad Airways PJSC v Flother [2020] EWCA Civ 1707; [2022] Q.B. 303; [2021] 2 W.L.R.
  939; [2021] 2 All E.R. (Comm) 1249; [2020] 12 WLUK 312; [2021] 1 C.L.C. 73 CA
  (Civ Div) 4-014, 13-036, 13-039
Ets. Salotti etc. v RUWA etc. (Case 24/76) [1976] ECR 183 4-014
Euler Hermes SA (NV) v Mackays Stores Group Ltd [2022] EWHC 1918 (Comm); [2022]
  7 WLUK 341 QBD (Comm) 10-018
Eurocom v Siemens Plc [2014] EWHC 3710 (TCC); [2014] 11 WLUK 203; [2015]
  B.L.R. 1; 157 Con. L.R. 120; [2015] C.I.L.L. 3593 QBD (TCC) 14-015
EuroEco Fuels (Poland) Ltd v Szczecin and Swinoujscie Seaports Authority SA [2019]
  EWCA Civ 1932; [2019] 4 W.L.R. 156; [2020] 3 All E.R. 233; [2020] 2 All E.R. (Comm)
  291; [2019] 11 WLUK 117; [2020] I.L.Pr. 18; [2020] E.M.L.R. 9 CA (Civ Div) 13-036
Eurokey Recycling Ltd v Giles Insurance Brokers Ltd [2014] EWHC 2989 (Comm); [2015]
  2 All E.R. (Comm) 55; [2014] 9 WLUK 348; [2014] 2 C.L.C. 401; [2015] E.C.C. 34;
  [2015] Lloyd's Rep. I.R. 225; [2015] P.N.L.R. 5 QBD (Comm) 9-066
Europ Assistance Insurance Ltd v Temple Legal Protection Ltd [2007] EWHC 1785
  (Comm); [2007] 7 WLUK 730; [2008] Lloyd's Rep. I.R. 216 QBD (Comm) 10-012, 10-015
European International Reinsurance Co Ltd v Curzon Insurance Ltd [2003] EWCA Civ
  1074; [2003] 7 WLUK 594; [2003] Lloyd's Rep. I.R. 793; (2003) 100(36) L.S.G. 43;
  (2003) 147 S.J.L.B. 906; *Times*, August 21, 2003 CA (Civ Div) 9-085, 13-087
Excalibur Ventures LLC v Texas Keystone Inc [2011] EWHC 1624 (Comm); [2012] 1 All
  E.R. (Comm) 933; [2011] 2 Lloyd's Rep. 289; [2011] 6 WLUK 670; [2011] 2 C.L.C.
  338; 138 Con. L.R. 132; [2011] Arb. L.R. 27; (2011) 108(28) L.S.G. 19 QBD (Comm) 14-009
Excess Insurance Co Ltd v Allendale Mutual Insurance Co [1995] 3 WLUK 112; [2001]
  Lloyd's Rep. I.R. 524 CA (Civ Div) 13-055, 13-056
Excess Insurance Co Ltd v Astra SA Insurance & Reinsurance Co [1996] L.R.L.R. 380;
  [1996] 7 WLUK 48; [1997] C.L.C. 160; [1997] I.L.Pr. 252; [1996] 5 Re. L.R. 471 CA
  (Civ Div) 13-050
Excess Insurance Co Ltd v Mander [1997] 2 Lloyd's Rep. 119; [1995] L.R.L.R. 358; [1995]
  5 WLUK 81; [1995] C.L.C. 838 QBD (Comm) 4-004, 4-013
Excess Insurance Co Ltd v Mathews (1925) 23 Ll. L. Rep. 71; [1925] 11 WLUK 3 KBD 5-008
F&G Sykes (Wessex) Ltd v Fine Fare Ltd [1967] 1 Lloyd's Rep. 53; [1966] 11 WLUK 61
  CA 14-096
F Ltd v M Ltd [2009] EWHC 275 (TCC); [2009] 2 All E.R. (Comm) 519; [2009] 1 Lloyd's
  Rep. 537; [2009] 2 WLUK 268; [2009] C.I.L.L. 2681 QBD (TCC). 14-036, 14-037
Faichney v Vantis HR Ltd, sub nom. Aquila Advisory Ltd v Faichney [2021] UKSC 49;
  [2021] 1 W.L.R. 5666; [2022] 2 All E.R. 864; [2021] 11 WLUK 17; [2022] B.C.C. 137;
  [2022] 1 B.C.L.C. 1; 24 I.T.E.L.R. 978; *Times*, December 6, 2021 SC 9-053
Fairchild v Glenhaven Funeral Services Ltd (t/a GH Dovener & Son); joined case(s)

TABLE OF CASES

Babcock International Ltd v National Grid Co Plc; Dyson v Leeds City Council (No.2); Fox v Spousal (Midlands) Ltd; Matthews v Associated Portland Cement Manufacturers (1978) Ltd; Matthews v British Uralite Plc; Pendleton v Stone & Webster Engineering Ltd [2002] UKHL 22; [2003] 1 A.C. 32; [2002] 3 W.L.R. 89; [2002] 3 All E.R. 305; [2002] 6 WLUK 367; [2002] I.C.R. 798; [2002] I.R.L.R. 533; [2002] P.I.Q.R. P28; [2002] Lloyd's Rep. Med. 361; (2002) 67 B.M.L.R. 90; (2002) 152 N.L.J. 998; *Times*, June 21, 2002; *Independent*, June 25, 2002; *Daily Telegraph*, June 27, 2002 HL..... 4-095, 4-096, 4-097, 5-101, 5-107, 5-164, 6-139, 7-031

Fairpark Estates Ltd v Heals Property Developments Ltd [2022] EWHC 496 (Ch); [2022] 1 W.L.R. 3931; [2023] 1 All E.R. (Comm) 250; [2023] 1 Lloyd's Rep. 359; [2021] 8 WLUK 355 Ch D 14-009

FamilyMart China Holding Co Ltd v Ting Chuan (Cayman Islands) Holding Corp [2023] UKPC 33; [2024] 1 All E.R. (Comm) 697; [2024] Bus. L.R. 190; [2023] 2 Lloyd's Rep. 529; [2023] 9 WLUK 183 PC (CI) 14-009, 14-097

Faraday Capital Ltd v Copenhagen Reinsurance Co Ltd [2006] EWHC 1474 (Comm); [2006] 5 WLUK 113; [2007] Lloyd's Rep. I.R. 23 QBD (Comm) 5-061

Faraday Reinsurance Co Ltd v Howden North America Inc [2012] EWCA Civ 980; [2012] 7 WLUK 676; [2012] 2 C.L.C. 956; [2012] Lloyd's Rep. I.R. 631 CA (Civ Div) ... 4-002, 12-002, 12-004, 12-008

Farr v Motor Traders Mutual Insurance Society Ltd [1920] 3 K.B. 669; [1920] 6 WLUK 78 CA.. 6-166

Farrell v Federated Employers Insurance Association Ltd [1970] 1 W.L.R. 1400; [1970] 3 All E.R. 632; [1970] 2 Lloyd's Rep. 170; [1970] 7 WLUK 130; (1970) 114 S.J. 719 CA (Civ Div).. 6-207

Fastfit Station Ltd (In Liquidation), Re, sub nom. Bonney v Barker [2023] EWHC 496 (Ch); [2023] 3 WLUK 181; [2023] B.C.C. 663; [2023] 2 B.C.L.C. 157; [2024] B.P.I.R. 431 Ch D.. 16-015

Fearns (t/a Autopaint International) v Anglo-Dutch Paint & Chemical Co Ltd [2010] EWHC 2366 (Ch); [2011] 1 W.L.R. 366; [2011] Bus. L.R. 579; [2010] 9 WLUK 399; (2010) 154(37) S.J.L.B. 29 Ch D 11-064

Feasey v Sun Life Assurance Co of Canada; joined case(s) Steamship Mutual Underwriting Association (Bermuda) Ltd v Feasey [2003] EWCA Civ 885; [2003] 2 All E.R. (Comm) 587; [2003] 6 WLUK 666; [2004] 1 C.L.C. 237; [2003] Lloyd's Rep. I.R. 637; (2003) 100(34) L.S.G. 30; (2003) 147 S.J.L.B. 813; *Times*, July 12, 2003 CA (Civ Div) 1-056, 8-001, 8-002, 8-029, 8-031

Federal Commerce & Navigation Co Ltd v Molena Alpha Inc (The Nanfri); joined case(s) Federal Commerce & Navigation Co Ltd v Molena Beta Inc (The Benfri); Federal Commerce & Navigation Co Ltd v Molena Gamma Inc (The Lorfri) [1979] A.C. 757; [1978] 3 W.L.R. 991; [1979] 1 All E.R. 307; [1979] 1 Lloyd's Rep. 201; [1978] 11 WLUK 166; (1978) 122 S.J. 843; *Times*, November 29, 1978 HL 11-064, 11-065, 11-066

Federal-Mogul Asbestos Personal Injury Trust v Federal-Mogul Ltd (formerly T&N Plc) [2014] EWHC 2002 (Comm); [2014] 6 WLUK 816; [2014] Lloyd's Rep. I.R. 671 QBD (Comm) 5-048, 13-087

Feise v Parkinson 128 E.R. 482; (1812) 4 Taunt. 640; [1812] 11 WLUK 52 CCP 6-112

Fenton Insurance Co v Gothaer Versicherungsbank VVaG [1991] 1 Lloyd's Rep. 172; [1990] 6 WLUK 221; *Times*, July 4, 1990 QBD (Comm) 3-049, 5-149, 7-011, 11-001, 11-048, 11-049

Fern Computer Consultancy Ltd v Intergraph Cadworx & Analysis Solutions Inc [2014] EWHC 2908 (Ch); [2014] Bus. L.R. 1397; [2015] 1 Lloyd's Rep. 1; [2014] 8 WLUK 417; [2014] 2 C.L.C. 326 Ch D 13-041

Ferrexpo AG v Gilson Investments Ltd [2012] EWHC 721 (Comm); [2012] 1 Lloyd's Rep. 588; [2012] 4 WLUK 41; [2012] 1 C.L.C. 645 QBD (Comm) 13-037

FFSB Ltd (formerly Fortis Fund Services (Bahamas) Ltd) v Seward & Kissel LLP [2007] UKPC 16; [2007] 3 WLUK 322 PC (Bah).. 9-074

FHR European Ventures LLP v Cedar Capital Partners LLC, sub nom. FHR European Ventures LLP v Mankarious [2014] UKSC 45; [2015] A.C. 250; [2014] 3 W.L.R. 535; [2014] 4 All E.R. 79; [2014] 2 All E.R. (Comm) 425; [2014] 2 Lloyd's Rep. 471; [2014] 7 WLUK 608; [2014] 2 B.C.L.C. 145; [2014] Lloyd's Rep. F.C. 617; [2014] 3 E.G.L.R. 119; [2014] W.T.L.R. 1135; 10 A.L.R. Int'l 635; [2015] 1 P. & C.R. DG1 SC . 9-009, 9-011, 9-018, 10-015

Fidelity Advisor Series VIII v APP China Group Ltd [2007] Bda L.R. 35 18-030

Fidelity Advisors Series VIII v APP China Group Ltd [2007] Bda L.R. 35 18-031

Fidelity Life Assurance Ltd 23 July 1976 18-039

TABLE OF CASES

Fidelity Life Assurance Ltd, Re 23 July 1976 18-039
Fidelity Management SA v Myriad International Holdings BV [2005] EWHC 1193
  (Comm); [2005] 2 All E.R. (Comm) 312; [2005] 2 Lloyd's Rep. 508; [2005] 6 WLUK
  143 QBD (Comm).. 14-038
Figre Ltd v Mander [1998] 2 WLUK 568; [1999] Lloyd's Rep. I.R. 193 QBD (Comm) 3-021,
  3-046, 3-049, 6-211, 7-011
Filatona Trading Ltd v Navigator Equities Ltd; joined case(s) Danilina v Chernukhin [2020]
  EWCA Civ 109; [2020] 2 All E.R. (Comm) 851; [2020] 1 Lloyd's Rep. 418; [2020] 2
  WLUK 24; [2020] 1 C.L.C. 285 CA (Civ Div) 12-021
Financial Conduct Authority v Arch Insurance (UK) Ltd; joined case(s) Arch Insurance
  (UK) Ltd v Financial Conduct Authority; Argenta Syndicate Management Ltd v
  Financial Conduct Authority; Hiscox Action Group v Arch Insurance (UK) Ltd; Hiscox
  Insurance Co Ltd v Financial Conduct Authority; MS Amlin Underwriting Ltd v
  Financial Conduct Authority; QBE UK Ltd v Financial Conduct Authority; Royal & Sun
  Alliance Insurance Plc v Financial Conduct Authority [2021] UKSC 1; [2021] A.C. 649;
  [2021] 2 W.L.R. 123; [2021] 3 All E.R. 1077; [2021] 2 All E.R. (Comm) 779; [2021] 1
  WLUK 101; [2021] Lloyd's Rep. I.R. 63; [2022] 2 P. & C.R. 1; *Times*, February 8, 2021
  SC 2-027, 4-052, 4-058, 4-072, 5-129, 5-132, 7-003
Financial Conduct Authority v Avacade Ltd [2020] EWHC 3941 (Ch); [2020] 7 WLUK
  220 Ch D 14-015
Finlay v Mexican Investment Corp [1897] 1 Q.B. 517; [1896] 11 WLUK 103 QBD 1-047
Finnish Marine Insurance Co Ltd v Protective National Insurance Co [1990] 1 Q.B. 1078;
  [1990] 2 W.L.R. 914; [1989] 2 All E.R. 929; [1989] 2 Lloyd's Rep. 99; [1989] 1 WLUK
  575 QBD (Comm).. 13-042, 13-058, 13-059, 14-056
Fiona Trust & Holding Corp v Privalov, sub nom. Premium Nafta Products Ltd v Fili Shipping
  Co Ltd [2007] UKHL 40; [2007] 4 All E.R. 951; [2007] 2 All E.R. (Comm) 1053;
  [2007] Bus. L.R. 1719; [2008] 1 Lloyd's Rep. 254; [2007] 10 WLUK 415; [2007] 2
  C.L.C. 553; 114 Con. L.R. 69; [2007] C.I.L.L. 2528; (2007) 104(42) L.S.G. 34; (2007)
  151 S.J.L.B. 1364; *Times*, October 25, 2007 HL 14-008
Fiona Trust & Holding Corp v Privalov [2013] EWCA Civ 275; [2013] 3 WLUK 664 CA
  (Civ Div)... 9-018
Fiona Trust & Holding Corp v Privalov; joined case(s) Fiona Trust & Holding Corp v
  Skarga; Intrigue Shipping Inc v H Clarkson & Co Ltd; Nikitin v H Clarkson & Co Ltd;
  Southbank Navigation Ltd v H Clarkson & Co Ltd [2011] EWHC 715 (Comm); [2011] 3
  WLUK 745 QBD (Comm) 9-018
Fiona Trust & Holding Corp v Privalov [2015] EWHC 527 (Comm); [2015] 3 WLUK 122
  QBD (Comm) 14-008
Fireman's Fund Insurance Co Ltd v Western Australian Insurance Co Ltd (1927) 28 Ll. L.
  Rep. 243; [1927] 7 WLUK 2 KBD... 5-061
Firma C-Trade SA v Newcastle Protection and Indemnity Association (The Fanti); joined
  case(s) Socony Mobil Oil Co Inc v West of England Shipowners Mutual Insurance Association
  (London) Ltd (The Padre Island) (No.2) [1991] 2 A.C. 1; [1990] 3 W.L.R. 78;
  [1990] 2 All E.R. 705; [1990] 2 Lloyd's Rep. 191; [1990] 6 WLUK 153; [1990] B.C.L.C.
  625; 1991 A.M.C. 607; (1990) 134 S.J. 833 HL.. 5-085
Fisher v Smith (1878) 4 App. Cas. 1; [1878] 11 WLUK 62 HL 11-033
Fisher v Unione Italiana de Riassicurazione SPA [1998] 2 WLUK 388; [1998] C.L.C. 682
  QBD.. 13-031
Fitzherbert v Mather 99 E.R. 944; (1785) 1 Term Rep. 12; [1785] 1 WLUK 40 KB 9-039
Flowers v Centro Medico & Berkley Espana (t/a Hospital Clinica Benidorm) [2021] EWHC
  2437 (QB); [2021] 8 WLUK 234; [2021] I.L.Pr. 37 QBD..................................... 13-021
FM Capital Partners Ltd v Marino [2020] EWCA Civ 245; [2021] Q.B. 1; [2020] 3 W.L.R.
  109; [2020] 2 WLUK 331; [2020] 1 C.L.C. 319; *Times*, May 5, 2020 CA (Civ Div) 10-004
FNCB Ltd (formerly First National Commercial Bank Plc) v Barnet Devanney (Harrow)
  Ltd (formerly Barnet Devanney & Co Ltd), sub nom. FNCB Ltd v Barnet Devanney &
  Co Ltd [1999] 2 All E.R. (Comm) 233; [1999] 6 WLUK 471; [1999] Lloyd's Rep. I.R.
  459; [1999] Lloyd's Rep. P.N. 908; [2000] P.N.L.R. 248; (1999) 96(28) L.S.G. 28; *Times*,
  September 28, 1999; *Independent*, July 19, 1999 CA (Civ Div) 9-066
Focus Insurance Co Ltd (In Liquidation) v Hardy [1992] Bda L.R. 25 .... 16-036, 17-067
Focus Insurance Co Ltd, Re [1996] 3 WLUK 155; [1996] B.C.C. 659; [1997] 1 B.C.L.C.
  219; *Times*, May 6, 1996 Ch D... 16-037, 17-067, 17-068
Fonderie Officine Meccaniche Tacconi SpA v Heinrich Wagner Sinto Maschienenfabrik
  GmbH (C-334/00) (17 September 2002) 13-029
Fonderie Officine Meccaniche Tacconi SpA v Heinrich Wagner Sinto Maschinenfabrik

lxxviii   TABLE OF CASES

GmbH 17 September 2002 13-029
Fonderie Officine Meccaniche Tacconi SpA v Heinrich Wagner Sinto Maschinenfabrik
  GmbH (C-334/00) 17 September 2002 13-029
Forney v Dominion Insurance Co [1969] 1 W.L.R. 928; [1969] 3 All E.R. 831; [1969] 1
  Lloyd's Rep. 502; [1969] 3 WLUK 109; (1969) 113 S.J. 326 QBD (Comm) 5-116
Forsikringsaktieselskapet Vesta v Butcher [1989] A.C. 852; [1989] 2 W.L.R. 290; [1989] 1
  All E.R. 402; [1989] 1 Lloyd's Rep. 331; [1989] 1 WLUK 757; [1989] Fin. L.R. 223;
  (1989) 133 S.J. 184 HL 1-012, 1-049, 4-001, 4-002, 4-004, 4-007, 4-017, 4-018, 4-019, 4-020,
         4-021, 4-022, 4-023, 4-024, 4-026, 4-027, 4-028, 4-032, 4-037, 4-039, 4-053, 4-061, 4-088,
         4-091, 4-108, 5-002, 5-040, 5-055, 5-058, 6-005, 6-160, 6-162, 6-170, 6-171, 6-217, 7-004,
                 7-007, 8-001, 9-069, 9-070, 9-071, 9-072, 12-013, 12-030, 12-031
Forster v Outred & Co [1982] 1 W.L.R. 86; [1982] 2 All E.R. 753; [1981] 3 WLUK 67;
  (1981) 125 S.J. 309 CA (Civ Div) 13-116
Re Founding Partners Global Fund Ltd [2011] Bda LR 22 17-079
Four Seasons Holdings Inc v Brownlie, sub nom. Brownlie v Four Seasons Holdings Inc
  [2017] UKSC 80; [2018] 1 W.L.R. 192; [2018] 2 All E.R. 91; [2017] 12 WLUK 478;
  [2018] 2 C.L.C. 121 SC 13-043
FR Lurssen Werft GmbH & Co KG v Halle, sub nom. Halle v FR Lurssen Werft GmbH &
  Co KG [2010] EWCA Civ 587; [2011] 1 Lloyd's Rep. 265; [2010] 4 WLUK 395 CA
  (Civ Div) 12-008
Fraser Shipping Ltd v Colton [1997] 1 Lloyd's Rep. 586; [1996] 10 WLUK 148 QBD
  (Comm) 6-060
Frederick v Positive Solutions (Financial Services) Ltd [2018] EWCA Civ 431; [2018] 3
  WLUK 275 CA (Civ Div) 9-004
Freeman & Lockyer v Buckhurst Park Properties (Mangal) Ltd [1964] 2 Q.B. 480; [1964]
  2 W.L.R. 618; [1964] 1 All E.R. 630; [1964] 1 WLUK 911; (1964) 108 S.J. 96 CA 9-004
Friends Provident Life & Pensions Ltd v Sirius International Insurance Corp [2005] EWCA
  Civ 601; [2005] 2 All E.R. (Comm) 145; [2005] 2 Lloyd's Rep. 517; [2005] 5 WLUK
  541; [2005] 1 C.L.C. 794; [2006] Lloyd's Rep. I.R. 45; Times, June 8, 2005 CA (Civ
  Div) 3-049, 4-094, 5-053, 6-157, 6-191, 6-208, 6-209
Friends Provident Linked Life Assurance Ltd, Re, sub nom. Friends Provident Life Office,
  Re [1999] 2 All E.R. (Comm) 437; [1999] 7 WLUK 369; [2000] 2 B.C.L.C. 203; Times,
  July 26, 1999 CA (Civ Div) 18-043
FS Cairo (Nile Plaza) LLC v Lady Brownlie, sub nom. Brownlie v FS Cairo (Nile Plaza)
  LLC [2021] UKSC 45; [2022] A.C. 995; [2021] 3 W.L.R. 1011; [2022] 3 All E.R. 207;
  [2022] 2 All E.R. (Comm) 1; [2022] 2 Lloyd's Rep. 127; [2021] 10 WLUK 231; [2022]
  1 C.L.C. 204; Times, November 8, 2021 SC 12-003, 13-043
FSHC Group Holdings Ltd v GLAS Trust Corp Ltd [2019] EWCA Civ 1361; [2020] Ch.
  365; [2020] 2 W.L.R. 429; [2020] 1 All E.R. 505; [2020] 1 All E.R. (Comm) 719; [2019]
  7 WLUK 545; [2019] 2 C.L.C. 137; 187 Con. L.R. 1 CA (Civ Div) 3-026
Fuji Finance Inc v Aetna Life Insurance Co Ltd [1997] Ch. 173; [1996] 3 W.L.R. 871;
  [1996] 4 All E.R. 608; [1996] L.R.L.R. 365; [1996] 7 WLUK 81; [1997] C.L.C. 141;
  Times, July 15, 1996 CA (Civ Div) 8-034
Fulham Football Club (1987) Ltd v Richards [2011] EWCA Civ 855; [2012] Ch. 333;
  [2012] 2 W.L.R. 1008; [2012] 1 All E.R. 414; [2012] 1 All E.R. (Comm) 1148; [2012]
  Bus. L.R. 606; [2011] 7 WLUK 630; [2011] B.C.C. 910; [2012] 1 B.C.L.C. 335; [2012]
  1 C.L.C. 850; [2011] Arb. L.R. 22 CA (Civ Div) 14-097
Fung Sang Trading Ltd v Kai Sui Sea Products and Food Co Ltd [1992] 1 H.K.L.R. 40 14-060
G v G (Decision on Recusal) [2021] EWHC 3600 (Fam); [2021] 12 WLUK 516; [2022] 2
  F.C.R. 115 Fam Div 14-015
G v R [2024] EWCA Civ 64; [2024] 2 WLUK 20 CA (Civ Div) 14-008
Gabriel v Little; joined case(s) BPE Solicitors v Gabriel; Gabriel v Little (t/a High Tech
  Design & Build Ltd); Hughes-Holland v BPE Solicitors [2017] UKSC 21; [2018] A.C.
  599; [2017] 2 W.L.R. 1029; [2017] 3 All E.R. 969; [2017] 3 WLUK 531; 171 Con. L.R.
  46; [2017] P.N.L.R. 23 SC 10-016
Galloway v Guardian Royal Exchange (UK) Ltd [1997] 10 WLUK 257; [1999] Lloyd's
  Rep. I.R. 209 CA (Civ Div) 6-131, 6-133
Gammie v Abbey Legal Protection [2011] 12 WLUK 469; [2012] Lloyd's Rep. I.R. 322;
  2012 G.W.D. 4-72 Sh Ct (Grampian) (Banff) 10-007
Gan Insurance Co Ltd v Tai Ping Insurance Co Ltd; joined case(s) Royal Reinsurance Co
  Ltd v Central Insurance Co Ltd [1999] 2 All E.R. (Comm) 54; [1999] 5 WLUK 483;
  [1999] C.L.C. 1270; [1999] I.L.Pr. 729; [1999] Lloyd's Rep. I.R. 472; Independent, June
  30, 1999 CA (Civ Div) 4-004, 6-162, 12-029, 12-030, 12-031

TABLE OF CASES

Gan Insurance Co Ltd v Tai Ping Insurance Co Ltd [2001] EWCA Civ 1047; [2001] 2 All
 E.R. (Comm) 299; [2001] 7 WLUK 28; [2001] C.L.C. 1103; [2001] Lloyd's Rep. I.R.
 667 CA (Civ Div) . . . 4-057, 4-082, 4-096, 4-105, 5-046, 5-047, 5-050, 5-060, 5-079, 6-082, 6-151
Gan Insurance Co Ltd v Tai Ping Insurance Co Ltd [2002] EWCA Civ 248; [2002] 3 WLUK
 1; [2002] C.L.C. 870; [2002] Lloyd's Rep. I.R. 612 CA (Civ Div). 5-033, 5-046, 5-060
Gan Insurance Co Ltd v Tai Ping Insurance Co Ltd (Preliminary Issues) [2001] EWCA Civ
 1047; [2001] 2 All E.R. (Comm) 299; [2001] 7 WLUK 28; [2001] C.L.C. 1103; [2001]
 Lloyd's Rep. I.R. 667 CA (Civ Div). 6-082
Gard Marine and Energy Ltd v Tunnicliffe, sub nom. Gard Marine and Energy Ltd v Glacier
 Reinsurance AG [2010] EWCA Civ 1052; [2011] 2 All E.R. (Comm) 208; [2011] Bus.
 L.R. 839; [2010] 10 WLUK 103; [2010] 2 C.L.C. 430; [2011] I.L.Pr. 10; [2011] Lloyd's
 Rep. I.R. 489 CA (Civ Div) 12-004, 12-031, 13-027
Gard Marine and Energy Ltd v Tunnicliffe [2011] EWHC 1658 (Comm); [2011] 6 WLUK
 740; [2012] Lloyd's Rep. I.R. 1 QBD (Comm) 4-077
Garnat Trading & Shipping (Singapore) Pte Ltd v Baominh Insurance Corp [2011] EWCA
 Civ 773; [2012] 1 All E.R. (Comm) 790; [2011] 2 Lloyd's Rep. 492; [2011] 7 WLUK
 104; [2011] Lloyd's Rep. I.R. 667 CA (Civ Div). 6-082
Gate v Sun Alliance Insurance Ltd [1995] L.R.L.R. 385 HC (NZ) 14-055
Gawler v Raettig [2007] EWCA Civ 1560; [2007] 12 WLUK 16 CA (Civ Div) 13-095
Gazprom OAO (C-536/13), sub nom. Proceedings concerning Gazprom OAO (C-536/13)
 EU:C:2015:316; [2015] 1 W.L.R. 4937; [2015] 2 All E.R. (Comm) 1023; [2015] 1
 Lloyd's Rep. 610; [2015] 5 WLUK 309; [2015] All E.R. (EC) 711; [2015] C.E.C. 1185;
 [2015] I.L.Pr. 31 ECJ (Grand Chamber). 14-042
GDE LLC (formerly Anglia Autoflow North America LLC) v Anglia Autoflow Ltd [2020]
 EWHC 105 (Comm); [2020] 1 W.L.R. 2381; [2020] 1 WLUK 348; [2020] 1 C.L.C. 222
 QBD (Comm). 12-009
GE Reinsurance Corp (formerly Kemper Reinsurance Co) v New Hampshire Insurance
 Co; joined case(s) GE Reinsurance Corp v Willis Ltd [2003] EWHC 302 (Comm); [2003]
 2 WLUK 893; [2004] Lloyd's Rep. I.R. 404 QBD (Comm) 4-099
Gedge v Royal Exchange Assurance Corp [1900] 2 Q.B. 214; [1900] 4 WLUK 27 QBD
 (Comm). 3-025
General Accident Fire & Life Assurance Corp Ltd v Campbell (1925) 21 Ll. L. Rep. 151;
 [1925] 2 WLUK 58 KBD 6-024, 6-107
General Accident Fire & Life Assurance Corp Ltd v JH Minet & Co Ltd (1942) 74 Ll. L.
 Rep. 1; [1942] 10 WLUK 18 CA 9-068, 9-069
General Accident Fire & Life Assurance Corp Ltd v Tanter (The Zephyr) [1985] 2 Lloyd's
 Rep. 529; [1985] 7 WLUK 300; *Financial Times*, July 30, 1985 CA (Civ Div) 1-012, 1-047,
  2-017, 3-008, 3-009, 3-010, 3-011, 3-012, 3-013, 3-018, 3-019, 3-020, 3-050, 3-051, 3-052,
  3-055, 3-056, 3-059, 3-060, 3-063, 4-084, 4-088, 5-164, 6-015, 9-001, 9-019, 9-020, 9-022,
   9-061, 9-072, 9-083, 10-027
General Insurance Co Ltd of Trieste v Miller (1896) 2 Com. Cas. 379 10-033
General Reinsurance Corp v Forsakringsaktiebolaget Fennia Patria [1983] Q.B. 856; [1983]
 3 W.L.R. 318; [1983] 2 Lloyd's Rep. 287; [1983] 5 WLUK 148; (1983) 127 S.J. 389 CA
 (Civ Div). 3-005, 3-008, 3-009, 3-031, 3-034, 3-035, 3-052, 4-084, 4-111, 5-149, 6-015, 11-021
General Star International Indemnity Ltd v Stirling Cooke Brown Reinsurance Brokers Ltd
 [2003] EWHC 3 (Comm); [2003] 1 WLUK 278; [2003] I.L.Pr. 19; [2003] Lloyd's Rep.
 I.R. 719 QBD (Comm). 13-072
Generali Italia SpA v Pelagic Fisheries Corp [2020] EWHC 1228 (Comm); [2020] 1 W.L.R.
 4211; [2021] 1 All E.R. (Comm) 683; [2020] 5 WLUK 229; [2020] 1 C.L.C. 910; [2020]
 Lloyd's Rep. I.R. 466 QBD (Comm) 12-031, 13-036
Genesis Housing Association Ltd v Liberty Syndicate Management Ltd [2013] EWCA Civ
 1173; [2013] Bus. L.R. 1399; [2013] 10 WLUK 175; [2013] 2 C.L.C. 444; [2013] B.L.R.
 565; 151 Con. L.R. 81; [2014] Lloyd's Rep. I.R. 318; [2013] C.I.L.L. 3417; [2013] 42
 E.G. 124 (C.S.) CA (Civ Div). 6-004
Genforsikrings Aktieselskabet (Skandinavia Reinsurance Co of Copenhagen) v Da Costa
 [1911] 1 K.B. 137; [1910] 10 WLUK 41 KBD 7-001
George Hunt Cranes Ltd v Scottish Boiler & General Insurance Co Ltd [2001] EWCA Civ
 1964; [2002] 1 All E.R. (Comm) 366; [2001] 12 WLUK 11; [2003] 1 C.L.C. 1; [2002]
 Lloyd's Rep. I.R. 178; (2003) 147 S.J.L.B. 60 CA (Civ Div) 4-070, 6-157, 6-209
George on High Ltd v Alan Boswell Insurance Brokers Ltd [2023] EWHC 1963 (Comm);
 [2023] 7 WLUK 460 KBD 6-067
Gerard v Penswick 36 E.R. 494; (1818) 1 Swans. 533; [1818] 4 WLUK 59 Ct of Chancery . . . 5-153
Gerling Konzern Speziale Kreditversicherung AG v Amministrazione del Tesoro dello

TABLE OF CASES

Stato (201/82) EU:C:1983:217; [1983] E.C.R. 2503; [1983] 7 WLUK 129; [1984] 3 C.M.L.R. 638 ECJ (3rd Chamber) 13-021
GFH Capital Ltd v Haigh [2020] EWHC 1269 (Comm); [2020] 5 WLUK 258 QBD (Comm) 13-078, 13-080, 13-098
Giedo van der Garde BV v Force India Formula One Team Ltd (formerly Spyker F1 Team Ltd (England)) [2010] EWHC 2373 (QB); [2010] 9 WLUK 416 QBD................. 3-054
Gladstone v King 105 E.R. 13; (1813) 1 M. & S. 35; [1813] 1 WLUK 50 KB 9-039
Glasgow Assurance Corp v Symondson & Co [1911] 1 WLUK 33; (1911) 16 Com. Cas. 109................ 1-010, 1-021, 2-007, 9-019, 9-057, 9-083, 10-020, 10-021, 10-027, 10-041
Glencore International AG v Metro Trading International Inc, sub nom. Glencore International AG v Exter Shipping Ltd [2002] EWCA Civ 528; [2002] 2 All E.R. (Comm) 1; [2002] 4 WLUK 298; [2002] C.L.C. 1090 CA (Civ Div) 13-074
Glenn v Watson [2018] EWHC 2016 (Ch); [2018] 7 WLUK 750 Ch D 10-004
Glenrinnes Farms Ltd v ACAL Underwriting Ltd, sub nom. ACAL Underwriting Ltd, Re [2012] EWHC 4336 (Ch); [2012] 7 WLUK 970 Ch D............................ 17-061
Glicksman v Lancashire & General Assurance Co Ltd [1927] A.C. 139; (1926) 26 Ll. L. Rep. 69; [1926] 11 WLUK 12 HL... 6-005, 6-171
Global Process Systems Inc v Syarikat Takaful Malaysia Bhd (The Cendor Mopu), sub nom. Syarikat Takaful Malaysia Bhd v Global Process Systems Inc [2011] UKSC 5; [2011] 1 All E.R. 869; [2012] 1 All E.R. (Comm) 111; [2011] Bus. L.R. 537; [2011] 1 Lloyd's Rep. 560; [2011] 2 WLUK 1; [2011] 1 C.L.C. 1; [2011] Lloyd's Rep. I.R. 302; 2011 A.M.C. 305; *Times*, February 9, 2011 SC 6-004
Global Tankers Inc v Amercoat Europe [1975] 1 Lloyd's Rep. 666; [1975] 2 WLUK 24 QBD 3-031
Godard v Gray (1870-71) L.R. 6 Q.B. 139; [1870] 12 WLUK 36 QB 13-078
Goddart v Garrett 23 E.R. 774; (1692) 2 Vern. 269; [1692] 6 WLUK 4 Ct of Chancery 1-003
Gold Medal Insurance Co v Hopewell International Insurance Ltd November 16, 1992 .... 4-104, 5-041, 5-042
Golden Ocean Group Ltd v Salgaocar Mining Industries Pvt Ltd [2012] EWCA Civ 265; [2012] 1 W.L.R. 3674; [2012] 3 All E.R. 842; [2012] 2 All E.R. (Comm) 978; [2012] 1 Lloyd's Rep. 542; [2012] 3 WLUK 313; [2012] 1 C.L.C. 497; [2012] C.I.L.L. 3161; (2012) 162 N.L.J. 425 CA (Civ Div) 12-004
Goldsmith v Sperrings Ltd; joined case(s) Goldsmith v Various Distributors [1977] 1 W.L.R. 478; [1977] 2 All E.R. 566; [1977] 2 WLUK 187; (1977) 121 S.J. 304 CA (Civ Div)... 17-027
Goldtrail Travel Ltd (In Liquidation) v Aydin, sub nom. Goldtrail Travel Ltd (In Liquidation) v Onur Air Tasimacilik AS [2017] UKSC 57; [2017] 1 W.L.R. 3014; [2018] 1 All E.R. 721; [2017] 8 WLUK 24; [2017] 2 B.C.L.C. 425 SC............................ 9-050
Goodlife Foods Ltd v Hall Fire Protection Ltd [2018] EWCA Civ 1371; [2018] 6 WLUK 314; [2018] B.L.R. 491; 178 Con. L.R. 1; [2018] C.T.L.C. 265 CA (Civ Div) 4-031
Gorringe v Irwell India Rubber and Gutta Percha Works (1886) 34 Ch. D. 128; [1886] 11 WLUK 44 CA.. 15-128
Goshawk Dedicated Ltd v Tyser & Co Ltd [2006] EWCA Civ 54; [2006] 1 All E.R. (Comm) 501; [2006] 1 Lloyd's Rep. 566; [2006] 2 WLUK 120; [2006] 1 C.L.C. 198; [2007] Lloyd's Rep. I.R. 224; *Times*, April 4, 2006; *Independent*, February 16, 2006 CA (Civ Div)........................ 1-027, 3-019, 4-103, 4-115, 5-075, 5-151, 9-077, 10-016, 11-016
Gottex [2009] S.C. (Bda) 178 .... 16-046, 16-047, 16-049, 16-050, 16-056, 16-058
Goulstone v Royal Insurance Co. 175 E.R. 725; (1858) 1 F. & F. 276; [1858] 1 WLUK 39 Assizes 6-127
Gouriet v Union of Post Office Workers, sub nom. Attorney General v Gouriet [1978] A.C. 435; [1977] 3 W.L.R. 300; [1977] 3 All E.R. 70; [1977] 7 WLUK 167; (1977) 121 S.J. 543 HL.. 13-093, 13-094
Gowar v Hales, sub nom. Gower v Hales [1928] 1 K.B. 191; (1927) 28 Ll. L. Rep. 1; [1927] 4 WLUK 30 CA 13-088
Grace v Leslie & Godwin Financial Services Ltd [1995] L.R.L.R. 472; [1995] 4 WLUK 329; [1995] C.L.C. 801; *Times*, May 16, 1995; *Independent*, June 12, 1995 QBD (Comm) .. 1-027, 9-069, 9-071, 9-075, 9-079, 11-001, 11-016, 11-046
Grainger v Hill 132 E.R. 769; (1838) 4 Bing. N.C. 212; [1838] 1 WLUK 410 QB 17-027
Grand Union Insurance Company Limited v Evans-Lombe Ashton & Company Limited [1989] 7 WLUK 189 CA (Civ Div) 11-005, 11-036, 11-039, 11-040, 11-069, 11-074
Grant v Downs [1977] 1 W.L.R. 184; 135 C.L.R. 674; (1977) 51 A.L.J.R. 198 HC (Aus) ... 13-106
Gray Construction Ltd v Harley Haddow LLP [2012] CSOH 92; 2012 S.L.T. 1035; [2012] 5 WLUK 587; 2012 G.W.D. 19-377 OH 14-095

TABLE OF CASES

Great Atlantic Insurance Co v Home Insurance Co, sub nom. Great Atlantic Insurance Co v American Foreign Insurance Association; Great Atlantic Insurance Co v CE Heath & Co (International); Great Atlantic Insurance Co v Frank Elger & Co [1981] 1 W.L.R. 529; [1981] 2 All E.R. 485; [1981] 2 Lloyd's Rep. 138; [1981] 1 WLUK 690; (1981) 125 S.J. 203 CA (Civ Div) 9-008, 10-004, 10-023, 10-024

Great Peace Shipping Ltd v Tsavliris Salvage (International) Ltd [2002] EWCA Civ 1407; [2003] Q.B. 679; [2002] 3 W.L.R. 1617; [2002] 4 All E.R. 689; [2002] 2 All E.R. (Comm) 999; [2002] 2 Lloyd's Rep. 653; [2002] 10 WLUK 335; [2003] 2 C.L.C. 16; (2002) 99(43) L.S.G. 34; (2002) 152 N.L.J. 1616; [2002] N.P.C. 127; *Times*, October 17, 2002; *Independent*, October 22, 2002 CA (Civ Div) 3-026

Great Western Insurance Co v Cunliffe (1873-74) L.R. 9 Ch. App. 525; [1874] 4 WLUK 32 CA in Chancery 9-031, 9-032

Re Great Western Insurance Co SA July 1996 11-062

Greener Solutions Ltd v Revenue and Customs Commissioners, sub nom. Revenue and Customs Commissioners v Greener Solutions Ltd [2012] UKUT 18 (TCC); [2012] S.T.C. 1056; [2012] 1 WLUK 262; [2012] Lloyd's Rep. F.C. 235; [2012] B.V.C. 1551 UT (Tax) ... 9-050

Greenhill v Federal Insurance Co Ltd [1927] 1 K.B. 65; (1926) 24 Ll. L. Rep. 383; [1926] 3 WLUK 92 CA 6-017, 6-033, 6-112

Greggs Plc v Zurich Insurance Plc [2022] EWHC 2545 (Comm); [2022] 10 WLUK 165 KBD (Comm Ct) 2-027, 5-131

Gregor Homes Ltd v Emlick 2012 S.L.T. (Sh Ct) 5; [2011] 1 WLUK 50; 2011 G.W.D. 8-193 Sh Ct (Lothian) (Edinburgh) 9-004

Griffin v Weatherby (1867-68) L.R. 3 Q.B. 753; [1868] 6 WLUK 121 QB 11-063

Ground Gilbey Ltd v Jardine Lloyd Thompson UK Ltd [2011] EWHC 124 (Comm); [2011] 2 WLUK 115; [2012] Lloyd's Rep. I.R. 12; [2011] P.N.L.R. 15 QBD (Comm) 9-063

Group Josi Re Co SA v Walbrook Insurance Co Ltd, sub nom. Group Josi Re (formerly Group Josi Reassurance SA) v Walbrook Insurance Co Ltd; joined case(s) Deutsche Ruckversicherung AG v Walbrook Insurance Co Ltd [1996] 1 W.L.R. 1152; [1996] 1 All E.R. 791; [1996] 1 Lloyd's Rep. 345; [1995] 10 WLUK 2; [1995] C.L.C. 1532; [1996] 5 Re. L.R. 91 CA (Civ Div) 6-043, 6-055, 9-048, 10-007, 10-037, 15-120, 15-121

Group of Policyholders v China Taiping Insurance (UK) Co Ltd dated 10 September 2021 ... 4-058

Groupama Navigation et Transports v Catatumbo CA Seguros [2000] 2 All E.R. (Comm) 193; [2000] 2 Lloyd's Rep. 350; [2000] 7 WLUK 541; [2000] C.L.C. 1534; [2001] Lloyd's Rep. I.R. 141 CA (Civ Div) 4-001, 4-002, 4-022, 4-023, 4-024, 4-026, 4-027, 4-028, 4-089, 4-091, 5-040, 12-013

Grundy (Teddington) Ltd v Fulton [1983] 1 Lloyd's Rep. 16; [1982] 7 WLUK 202 CA (Civ Div) 4-077

GSO Credit v Barclays Bank Plc [2016] EWHC 146 (Comm); [2017] 1 All E.R. (Comm) 421; [2016] 1 WLUK 611 QBD (Comm) 3-007

GTE Reinsurance Co Ltd v Belvedere Underwriting Agents Ltd 6 March 1988 11-065

Gtflix Tv v DR (C-251/20) EU:C:2021:1036; [2021] 12 WLUK 434; [2022] C.E.C. 1067; [2022] I.L.Pr. 10 ECJ (Grand Chamber) 13-034

Guangzhou Dockyards Co Ltd (formerly Guangzhou CSSC-OCEANLINE-GSW Marine Engineering Co Ltd) v ENE Aegiali I [2010] EWHC 2826 (Comm); [2011] 2 All E.R. (Comm) 595; [2011] 1 Lloyd's Rep. 30; [2010] 11 WLUK 151; [2010] 2 C.L.C. 870; 133 Con. L.R. 139; (2010) 160 N.L.J. 1568 QBD (Comm) 14-038

Guidant LLC v Swiss Re International SE [2016] EWHC 1201 (Comm); [2016] 4 WLUK 695; [2016] 1 C.L.C. 767 QBD (Comm) 14-017, 14-018, 14-020

Guide Dogs for the Blind Association v Box [2020] EWHC 1948 (Ch); [2020] 7 WLUK 329; [2021] Lloyd's Rep. I.R. 51; [2020] P.N.L.R. 28 Ch D 13-094, 13-095

Gulf International Bank BSC v Aldwood [2019] EWHC 1666 (QB); [2020] 1 All E.R. (Comm) 334; [2019] 6 WLUK 498 QBD 13-037

Re Gulf Pacific Shipping Ltd [2016] SGHC 287 17-079

Gunn v Diaz [2017] EWHC 157 (QB); [2017] 2 All E.R. (Comm) 129; [2017] 1 Lloyd's Rep. 165; [2017] 2 WLUK 123; [2017] R.T.R. 24; [2017] Lloyd's Rep. I.R. 139 QBD 13-044

Gurney v Grimmer (1932) 44 Ll. L. Rep. 189; [1932] 11 WLUK 72 CA 1-010, 4-042, 4-074, 4-088, 5-005, 5-007, 5-008, 5-011, 5-050, 5-141, 13-127

H v L [2020] UKSC 48; [2021] A.C. 1083; [2020] 3 W.L.R. 1474; [2021] 2 All E.R. 1175; [2021] 1 Lloyd's Rep. 1; [2020] 11 WLUK 403; [2020] 2 C.L.C. 710; [2021] B.L.R. 1; 193 Con. L.R. 1; [2021] Lloyd's Rep. I.R. 1 SC 14-016, 14-018, 14-020

Habas Sinai Ve Tibbi Gazlar Isthisal Endustri AS v Sometal SAL [2010] EWHC 29 (Comm); [2010] 1 All E.R. (Comm) 1143; [2010] Bus. L.R. 880; [2010] 1 Lloyd's Rep.

661; [2010] 1 WLUK 263; [2012] 1 C.L.C. 448; (2010) 160 N.L.J. 145 QBD (Comm) 4-005, 4-011
Hadley v Baxendale 156 E.R. 145; (1854) 9 Ex. 341; [1854] 2 WLUK 132 Ex Ct 5-147
Halki Shipping Corp v Sopex Oils Ltd [1998] 1 W.L.R. 726; [1998] 2 All E.R. 23; [1998] 1 Lloyd's Rep. 465; [1997] 12 WLUK 449; [1998] 142 S.J.L.B. 44; [1998] N.P.C. 4; *Times*, January 19, 1998; *Independent*, January 12, 1998 CA (Civ Div).... 14-097
Halliburton Co v Chubb Bermuda Insurance Ltd [2020] UKSC 48; [2021] A.C. 1083; [2020] 3 W.L.R. 1474; [2021] 2 All E.R. 1175; [2021] 1 Lloyd's Rep. 1; [2020] 11 WLUK 403; [2020] 2 C.L.C. 710; [2021] B.L.R. 1; 193 Con. L.R. 1; [2021] Lloyd's Rep. I.R. 1 SC...................... 14-014, 14-016, 14-017, 14-018, 14-019, 14-020, 14-067
Halliburton Co v Chubb Bermuda Insurance Ltd (formerly Ace Bermuda Insurance Ltd) [2020] UKSC 48; [2021] A.C. 1083; [2020] 3 W.L.R. 1474; [2021] 2 All E.R. 1175; [2021] 1 Lloyd's Rep. 1; [2020] 11 WLUK 403; [2020] 2 C.L.C. 710; [2021] B.L.R. 1; 193 Con. L.R. 1; [2021] Lloyd's Rep. I.R. 1 SC...................... 14-014, 14-020, 14-089
Halpern v Halpern [2007] EWCA Civ 291; [2008] Q.B. 195; [2007] 3 W.L.R. 849; [2007] 3 All E.R. 478; [2007] 2 All E.R. (Comm) 330; [2007] 2 Lloyd's Rep. 56; [2007] 4 WLUK 35; [2007] 1 C.L.C. 527; *Times*, May 14, 2007 CA (Civ Div).............. 1-042, 3-040
Halsey v Milton Keynes General NHS Trust; joined case(s) Steel v Joy [2004] EWCA Civ 576; [2004] 1 W.L.R. 3002; [2004] 4 All E.R. 920; [2004] 5 WLUK 215; [2004] C.P. Rep. 34; [2004] 3 Costs L.R. 393; (2005) 81 B.M.L.R. 108; (2004) 101(22) L.S.G. 31; (2004) 154 N.L.J. 769; (2004) 148 S.J.L.B. 629; *Times*, May 27, 2004; *Independent*, May 21, 2004 CA (Civ Div)... 13-005
Halvanon Insurance Co Ltd v Companhia de Seguros do Estado de Sao Paulo [1995] L.R.L.R. 303 CA (Civ Div)... 13-121, 13-123
Hamlyn & Co v Talisker Distillery, sub nom. Talisker Distillery v Hamlyn & Co [1894] A.C. 202; (1894) 21 R. (H.L.) 21; (1894) 2 S.L.T. 12; [1894] 5 WLUK 31 HL (SC)....... 12-007
Hampshire Land Co (No.1), Re [1894] 2 Ch. 632; [1894] 5 WLUK 40 Ch D 10-033
Hampshire Land Co (No.2), Re [1896] 2 Ch. 743; [1896] 7 WLUK 39 Ch D .. 6-042, 9-037, 9-041, 9-042, 9-043, 9-044, 9-045, 9-046, 9-048, 9-049, 9-050, 9-051, 9-053, 9-056
Hanak v Green [1958] 2 Q.B. 9; [1958] 2 W.L.R. 755; [1958] 2 All E.R. 141; [1957] 11 WLUK 76; 1 B.L.R. 1; (1958) 102 S.J. 329 CA.................................... 11-064
Handelswekerij GJ Bier BV v Mines de Potasse d'Alsace SA (21/76) EU:C:1976:166; [1978] Q.B. 708; [1977] 3 W.L.R. 479; [1976] E.C.R. 1735; [1976] 11 WLUK 196; [1977] 1 C.M.L.R. 284; (1977) 121 S.J. 677; *Times*, December 6, 1976 ECJ 13-022, 13-034
Harb v Aziz [2016] EWCA Civ 556; [2016] 6 WLUK 393; [2016] 3 F.C.R. 194; [2016] Fam. Law 1083 CA (Civ Div)... 14-020
Harbour Assurance Co (UK) Ltd v Kansa General International Insurance Co Ltd [1993] Q.B. 701; [1993] 3 W.L.R. 42; [1993] 3 All E.R. 897; [1993] 1 Lloyd's Rep. 455; [1993] 1 WLUK 964; *Times*, March 1, 1993 CA (Civ Div)............. 14-007, 14-008, 14-058, 14-131
Hardy v Fothergill, sub nom. Morgan v Hardy (1888) 13 App. Cas. 351; [1888] 6 WLUK 34 HL 17-054
Harlequin Property (SVG) Ltd v Wilkins Kennedy (A Firm) [2016] EWHC 3188 (TCC); [2017] 4 W.L.R. 30; [2016] 12 WLUK 263; 170 Con. L.R. 86 QBD (TCC)........ 9-009, 10-009
Harman v Crilly [1943] K.B. 168; [1943] 1 All E.R. 140; (1942) 74 Ll. L. Rep. 141; [1942] 12 WLUK 25 CA 13-088
Re Harrington International Insurance Ltd [2008] Bda L.R. 64 .... 18-020, 18-032
Harrington Motor Co Ltd Ex p. Chaplin, Re, sub nom. Chaplin v Harrington Motor Co Ltd (in Liquidation) [1928] Ch. 105; (1927-28) 29 Ll. L. Rep. 102; [1927] 11 WLUK 29; 59 A.L.R. 1111 CA 9-085
Harris v Society of Lloyd's; joined case(s) Adams v Society of Lloyd's [2008] EWHC 1433 (Comm); [2008] 7 WLUK 7; [2009] Lloyd's Rep. I.R. 119 QBD (Comm) 18-043
Harrods (Buenos Aires) Ltd, Re [1992] Ch. 72; [1991] 3 W.L.R. 397; [1991] 4 All E.R. 348; [1991] 3 WLUK 183; [1991] B.C.C. 249; [1992] I.L.Pr. 453; *Times*, March 25, 1991; *Financial Times*, March 26, 1991 CA (Civ Div) 13-041, 13-069, 17-013
Hassneh Insurance Co of Israel v Stuart J Mew [1993] 2 Lloyd's Rep. 243; [1992] 12 WLUK 411 QBD (Comm)... 14-084, 14-089, 14-090
Hawk Insurance Co Ltd, Re [2001] EWCA Civ 241; [2001] 2 WLUK 701; [2002] B.C.C. 300; [2001] 2 B.C.L.C. 480 CA (Civ Div) 17-036, 18-007, 18-009, 18-011, 18-015, 18-016, 18-017, 18-018, 18-022, 18-023, 18-032, 18-066
Hayter v Nelson & Home Insurance Co [1990] 2 Lloyd's Rep. 265; [1990] 3 WLUK 291; 23 Con. L.R. 88; *Times*, March 29, 1990; *Independent*, April 30, 1990; *Financial Times*, March 28, 1990 QBD (Comm)...... 5-008, 5-012, 5-014, 5-040, 13-089, 13-102, 14-096, 14-097, 14-098

TABLE OF CASES

Hazel (for Lloyd's Syndicate 260) v Whitlam, sub nom. Whitlam v Lloyds Syndicate 260 (t/a KGM Motor Policies at Lloyds) [2004] EWCA Civ 1600; [2004] 12 WLUK 38; [2005] Lloyd's Rep. I.R. 168 CA (Civ Div) 6-021
Hazell v Hammersmith and Fulham LBC [1992] 2 A.C. 1; [1991] 2 W.L.R. 372; [1991] 1 All E.R. 545; [1991] 1 WLUK 792; 89 L.G.R. 271; (1991) 3 Admin. L.R. 549; [1991] R.V.R. 28; (1991) 155 J.P.N. 527; (1991) 155 L.G. Rev. 527; (1991) 88(8) L.S.G. 36; (1991) 141 N.L.J. 127; *Times*, January 25, 1991; *Independent*, January 25, 1991; *Financial Times*, January 29, 1991; *Guardian*, January 25, 1991; *Daily Telegraph*, February 4, 1991 HL 8-037
HCS (North East) Ltd v Tahir [2022] EWHC 2407 (Comm); [2022] 7 WLUK 736 QBD (Comm) 11-072
Heath Lambert Ltd v Sociedad de Corretaje de Seguros [2004] EWCA Civ 792; [2004] 1 W.L.R. 2820; [2005] 1 All E.R. 225; [2004] 2 All E.R. (Comm) 656; [2005] 1 Lloyd's Rep. 597; [2004] 6 WLUK 501; [2005] 2 C.L.C. 366; [2004] Lloyd's Rep. I.R. 905; (2004) 101(28) L.S.G. 34; (2004) 148 S.J.L.B. 793; *Times*, July 2, 2004 CA (Civ Div) 3-021, 6-211, 9-011, 11-004, 13-133
Heath Lambert Ltd v Sociedad de Corretaje de Seguros [2006] EWHC 1345 (Comm); [2006] 2 All E.R. (Comm) 543; [2006] 2 Lloyd's Rep. 551; [2006] 6 WLUK 142; [2006] Lloyd's Rep. I.R. 797 QBD (Comm) 11-033
Hedley Byrne & Co Ltd v Heller & Partners Ltd [1964] A.C. 465; [1963] 3 W.L.R. 101; [1963] 2 All E.R. 575; [1963] 1 Lloyd's Rep. 485; [1963] 5 WLUK 95; (1963) 107 S.J. 454 HL 3-020, 3-061, 9-011, 9-071, 9-079, 10-027, 10-029, 10-040, 16-031
Helice Leasing SAS v PT Garuda Indonesia (Persero) TbK [2021] EWHC 99 (Comm); [2021] 1 Lloyd's Rep. 395; [2021] 1 WLUK 174; [2021] 1 C.L.C. 330 QBD (Comm) 14-097
Hellenic Steel Co v Svolamar Shipping Co Ltd (The Komninos S) [1991] 1 Lloyd's Rep. 370; [1990] 12 WLUK 295; *Financial Times*, January 16, 1991 CA (Civ Div). 13-137
Helow v Advocate General for Scotland, sub nom. Helow v Secretary of State for the Home Department [2008] UKHL 62; [2008] 1 W.L.R. 2416; [2009] 2 All E.R. 1031; 2009 S.C. (H.L.) 1; 2008 S.L.T. 967; 2008 S.C.L.R. 830; [2008] 10 WLUK 559; (2008) 152(41) S.J.L.B. 29; 2008 G.W.D. 35-520; *Times*, November 5, 2008 HL (SC) 14-020
Hema UK I Ltd, Re [2020] EWHC 2219 (Ch); [2020] 7 WLUK 451 Ch D 18-036
Henderson v Jaouen [2002] EWCA Civ 75; [2002] 1 W.L.R. 2971; [2002] 2 All E.R. 705; [2002] 2 WLUK 3; [2002] C.L.C. 708; [2002] R.T.R. 28; [2002] I.L.Pr. 32; (2002) 99(12) L.S.G. 32; *Times*, March 7, 2002; *Independent*, February 8, 2002 CA (Civ Div) 13-022
Henderson v Merrett Syndicates Ltd (No.1), sub nom. Arbuthnott v Fagan; Gooda Walker Ltd v Deeny; McLarnon Deeney v Gooda Walker Ltd; joined case(s) Deeny v Gooda Walker Ltd (Duty of Care); Feltrim Underwriting Agencies Ltd v Arbuthnott; Hallam-Eames v Merrett Syndicates Ltd; Hughes v Merrett Syndicates Ltd [1995] 2 A.C. 145; [1994] 3 W.L.R. 761; [1994] 3 All E.R. 506; [1994] 2 Lloyd's Rep. 468; [1994] 7 WLUK 299; [1994] C.L.C. 918; (1994) 144 N.L.J. 1204; *Times*, July 26, 1994; *Independent*, August 3, 1994 HL . 3-019, 3-020, 3-061, 9-009, 9-011, 9-071, 9-073, 9-074, 9-085, 9-086, 10-028, 10-040, 10-041, 10-045, 10-049, 10-055, 11-037, 16-031
Henderson v Merrett Syndicates Ltd (No.2) [1997] L.R.L.R. 265; [1995] 10 WLUK 407; [1996] 5 Re. L.R. 279; [1996] P.N.L.R. 32 QBD (Comm) 10-042, 10-043, 10-046, 10-048, 16-031, 16-032, 16-033
Henderson and Jones Ltd v Ross [2023] EWHC 1585 (Ch); [2023] 6 WLUK 388; [2023] Costs L.R. 947 Ch D 13-111
Heneghan v Manchester Dry Docks Ltd [2016] EWCA Civ 86; [2016] 1 W.L.R. 2036; [2016] 2 WLUK 376; [2016] I.C.R. 671; *Times*, April 1, 2016 CA (Civ Div) 5-101
Henry v Geoprosco International Ltd, sub nom. Henry v Geopresco International Ltd [1976] Q.B. 726; [1975] 3 W.L.R. 620; [1975] 2 All E.R. 702; [1975] 2 Lloyd's Rep. 148; [1975] 3 WLUK 56; (1975) 119 S.J. 423 CA (Civ Div). 13-080, 13-085
Heyman v Darwins Ltd [1942] A.C. 356; [1942] 1 All E.R. 337; (1942) 72 Ll. L. Rep. 65; [1942] 2 WLUK 19 HL 13-058, 14-007
Hibu Group Ltd, Re; joined case(s) YH Ltd, Re [2016] EWHC 1921 (Ch); [2016] 7 WLUK 632 Ch D (Companies Ct). 18-006
Highland Crusader Fund II Ltd, Re [2011] Bda L.R. 49 18-031
Highlands Insurance Co v Continental Insurance Co [1987] 1 Lloyd's Rep. 109 (Note); [1986] 4 WLUK 181; *Times*, May 6, 1986 QBD (Comm). 4-010, 6-025, 6-026, 6-034, 6-070, 6-085, 6-149, 7-011, 9-022
HIH Casualty & General Insurance Ltd v Axa Corporate Solutions (formerly Axa Reassurance SA); joined case(s) HIH Casualty & General Insurance Ltd v New Hampshire Insurance Co [2002] EWCA Civ 1253; [2002] 2 All E.R. (Comm) 1053; [2002] 7 WLUK

683; [2003] Lloyd's Rep. I.R. 1 CA (Civ Div) 6-109, 6-182, 6-183
HIH Casualty & General Insurance Ltd v Chase Manhattan Bank; joined case(s) Chase
   Manhattan Bank v HIH Casualty & General Insurance Ltd [2003] UKHL 6; [2003] 1 All
   E.R. (Comm) 349; [2003] 2 Lloyd's Rep. 61; [2003] 2 WLUK 654; [2003] 1 C.L.C. 358;
   [2003] Lloyd's Rep. I.R. 230; (2003) 147 S.J.L.B. 264 HL..... 6-003, 6-021, 6-071, 6-072, 6-073,
                                                6-074, 6-075, 6-077, 6-078, 6-085, 6-149, 6-170
HIH Casualty & General Insurance Ltd v JLT Risk Solutions Ltd (formerly Lloyd
   Thompson Ltd) [2007] EWCA Civ 710; [2007] 2 All E.R. (Comm) 1106; [2008] Bus.
   L.R. 180; [2007] 2 Lloyd's Rep. 278; [2007] 7 WLUK 345; [2007] 2 C.L.C. 62; [2007]
   Lloyd's Rep. I.R. 717; [2008] P.N.L.R. 3; (2007) 104(30) L.S.G. 35 CA (Civ Div)... 9-062, 9-063,
                                                                                      9-064
HIH Casualty & General Insurance Ltd v New Hampshire Insurance Co [2001] EWCA Civ
   735; [2001] 2 All E.R. (Comm) 39; [2001] 2 Lloyd's Rep. 161; [2001] 5 WLUK 524;
   [2001] C.L.C. 1480; [2001] Lloyd's Rep. I.R. 596 CA (Civ Div)...... 1-052, 3-054, 4-004, 4-005,
      4-006, 4-014, 4-016, 4-031, 4-032, 4-033, 4-040, 4-060, 4-066, 4-090, 4-091, 6-063, 6-071,
                             6-073, 6-075, 6-076, 6-077, 6-109, 6-158, 6-165, 6-170, 6-185, 6-200, 6-217
HIH Casualty & General Insurance Ltd, Re, sub nom. McGrath v Riddell; McMahon v
   McGrath; joined case(s) FAI General Insurance Co Ltd, Re; FAI Insurances Ltd, Re;
   World Marine & General Insurances Pty Ltd, Re [2008] UKHL 21; [2008] 1 W.L.R. 852;
   [2008] 3 All E.R. 869; [2008] Bus. L.R. 905; [2008] 4 WLUK 230; [2008] B.C.C. 349;
   [2012] 2 B.C.L.C. 655; [2008] B.P.I.R. 581; [2008] Lloyd's Rep. I.R. 756; (2008)
   105(16) L.S.G. 26; (2008) 152(16) S.J.L.B. 30; Times, April 11, 2008 HL 16-010, 17-070
Hill v Citadel Insurance Co Ltd [1997] L.R.L.R. 167; [1996] 12 WLUK 52; [1997] C.L.C.
   579 CA (Civ Div)... 6-026, 6-033, 6-034
Hill v Mercantile & General Reinsurance Co Plc; joined case(s) Berry v Mercantile &
   General Reinsurance Co Plc [1996] 1 W.L.R. 1239; [1996] 3 All E.R. 865; [1996]
   L.R.L.R. 341; [1996] 7 WLUK 394; [1996] C.L.C. 1247; [1996] 5 Re. L.R. 461; (1996)
   93(35) L.S.G. 32; (1996) 146 N.L.J. 1313; (1996) 140 S.J.L.B. 192; Times, August 15,
   1996 HL..... 3-078, 5-002, 5-010, 5-014, 5-019, 5-020, 5-021, 5-023, 5-026, 5-027, 5-031, 5-034,
                                                 5-038, 5-041, 5-079, 5-097, 5-122, 5-143, 5-148, 7-016
Hiscox v Outhwaite (No.1) [1992] 1 A.C. 562; [1991] 3 W.L.R. 297; [1991] 3 All E.R. 641;
   [1991] 2 Lloyd's Rep. 435; [1991] 7 WLUK 305; Times, July 29, 1991; Independent,
   July 31, 1991; Financial Times, July 31, 1991 HL 14-031, 14-053, 14-126
Hiscox v Outhwaite (No.3) [1991] 2 Lloyd's Rep. 524; [1991] 5 WLUK 293 QBD (Comm)   . 5-010,
             5-019, 5-028, 5-030, 5-039, 5-062, 5-068, 5-074, 5-075, 5-076, 5-114, 5-137, 17-044
Hiscox Underwriting Ltd v Dickson Manchester & Co Ltd [2004] EWHC 479 (Comm);
   [2004] 1 All E.R. (Comm) 753; [2004] 2 Lloyd's Rep. 438; [2004] 3 WLUK 143 QBD
   (Comm) 10-015, 10-017
HMV UK Ltd v Propinvest Friar LP [2011] EWCA Civ 1708; [2012] 1 Lloyd's Rep. 416;
   [2011] 11 WLUK 257; [2013] Bus. L.R. D5 CA (Civ Div).......................... 14-038
Hobbins v Royal Skandia Life Assurance Ltd [2013] Lloyd's Rep. I.R. 42 CFI (HK) 9-031
Holt v Holley and Steer Solicitors [2020] EWCA Civ 851; [2020] 1 W.L.R. 4638; [2020] 7
   WLUK 45; [2021] 1 F.L.R. 246; [2020] 3 F.C.R. 632; [2020] P.N.L.R. 26 CA (Civ Div).... 13-117
Home & Colonial Insurance Co Ltd, Re [1930] 1 Ch. 102; (1929) 34 Ll. L. Rep. 463;
   [1929] 7 WLUK 106 Ch D 7-001, 13-127
Home & Overseas Insurance Co v Mentor Insurance Co (UK) [1990] 1 W.L.R. 153; [1989]
   3 All E.R. 74; [1989] 1 Lloyd's Rep. 473; [1988] 12 WLUK 106; (1989) 86(7) L.S.G.
   36; (1989) 133 S.J. 44 CA (Civ Div).................... 4-092, 5-081, 14-110, 14-112, 17-057
Home Insurance Co v ME Rutty Underwriting Agency Ltd [1996] L.R.L.R. 415; [1996] 7
   WLUK 271 QBD (Comm) 10-015
Home Insurance Co and St Paul Fire and Marine Insurance Co v Administratia Asigurarilor
   de Stat [1983] 2 Lloyd's Rep. 674; [1983] 7 WLUK 318 QBD (Comm)........... 3-025, 14-108
Home Insurance Co of New York v Victoria Montreal Fire Insurance Co [1907] A.C. 59;
   [1906] 11 WLUK 6 PC (Can).. 4-004, 4-005, 4-007, 4-021
Home Insurance Co, Re [2005] EWHC 2485 (Ch); [2005] 11 WLUK 317; [2006] B.C.C.
   164; [2006] 2 B.C.L.C. 476 Ch D (Companies Ct)............................ 17-060, 18-074
Honeywell International Middle East Ltd v Meydan Group LLC [2014] EWHC 1344
   (TCC); [2014] 2 Lloyd's Rep. 133; [2014] 4 WLUK 826; [2014] B.L.R. 401; 154 Con.
   L.R. 113; [2014] Bus. L.R. D13 QBD (TCC).. 14-127
Hong Kong Borneo Services Co v Pilcher [1992] 2 Lloyd's Rep. 593; [1992] 5 WLUK 216
   QBD (Comm) 12-030, 13-120
Hongkong Fir Shipping Co Ltd v Kawasaki Kisen Kaisha Ltd (The Hongkong Fir) [1962]
   2 Q.B. 26; [1962] 2 W.L.R. 474; [1962] 1 All E.R. 474; [1961] 2 Lloyd's Rep. 478;

TABLE OF CASES

[1961] 12 WLUK 95; (1961) 106 S.J. 35 CA 6-191, 6-207
Hopewell International Insurance Ltd Hopewell International Insurance Ltd v Gold Medal
  Insurance Co Supreme Court of Bermuda Re [2001] Bda L.R. 32 18-069
Horbury Building Systems Ltd v Hampden Insurance NV [2004] EWCA Civ 418; [2004] 4
  WLUK 174; [2004] 2 C.L.C. 453; [2004] B.L.R. 431; [2007] Lloyd's Rep. I.R. 237;
  (2004) 148 S.J.L.B. 477 CA (Civ Div) 5-067
Horwood v Millar's Timber & Trading Co Ltd [1917] 1 K.B. 305; [1916] 11 WLUK 82 CA
  15-128
Howard v Pickford Tool Co [1951] 1 K.B. 417; [1950] 11 WLUK 78; (1951) 95 S.J. 44;
  (1951) 95 S.J. 553 CA. 3-049
Howmet Ltd v Economy Devices Ltd [2016] EWCA Civ 847; [2016] 8 WLUK 378; [2016]
  B.L.R. 555; 168 Con. L.R. 27 CA (Civ Div) 9-053
Hughes v Hannover Ruckversicherungs AG [1997] 1 WLUK 395; [1997] B.C.C. 921;
  [1997] 1 B.C.L.C. 497; [1999] B.P.I.R. 224; [1997] 6 Re. L.R. 96; *Times*, March 6, 1997
  CA (Civ Div). 17-068
Hume v AA Mutual International Insurance Co Ltd [1996] L.R.L.R. 19; [1995] 2 WLUK
  112 QBD 14-096, 14-097
Huntington v Imagine Group Holdings Ltd [2008] EWCA Civ 159; [2008] 2 WLUK 40
  CA (Civ Div) 1-026, 8-021
Hurrell v Bullard 176 E.R. 200; (1863) 3 F. & F. 445; [1863] 1 WLUK 43 Assizes 9-079
Hurstanger Ltd v Wilson [2007] EWCA Civ 299; [2007] 1 W.L.R. 2351; [2007] 4 All E.R.
  1118; [2007] 2 All E.R. (Comm) 1037; [2008] Bus. L.R. 216; [2007] 4 WLUK 83; [2007]
  C.T.L.C. 59; (2007) 104(16) L.S.G. 23; (2007) 157 N.L.J. 555; (2007) 151 S.J.L.B. 467;
  [2007] N.P.C. 41; *Times*, May 11, 2007 CA (Civ Div). 14-127
Hydrodan (Corby) Ltd (In Liquidation), Re, sub nom. Hydrodam (Corby) Ltd (In Liquida-
  tion), Re [1993] 12 WLUK 265; [1994] B.C.C. 161; [1994] 2 B.C.L.C. 180; *Times*,
  February 19, 1994 Ch D 16-030
Icarom (formerly Insurance Corp of Ireland) v Peek Puckle International [1992] 2 Lloyd's
  Rep. 600; [1992] 2 WLUK 88 QBD (Comm) 9-062
ICI Chemicals & Polymers Ltd v TTE Training Ltd [2007] EWCA Civ 725; [2007] 6
  WLUK 243 CA (Civ Div). 13-098
Idemia France SAS v Decatur Europe Ltd [2019] EWHC 946 (Comm); [2019] 2 All E.R.
  (Comm) 1020; [2019] 4 WLUK 242 QBD (Comm). 13-035, 13-045
IGI v Kirkland Timms 5 December 1985 .... 9-006, 9-087, 10-020, 10-023, 10-028, 11-047, 11-056,
  11-063
IGI Insurance v Kirkland Timms 5 December 1985 .... 11-036, 11-060
IGI Insurance Co v Kirkland Timms Ltd 5 December 1985 9-011
IGI Insurance Co Ltd v Kirkland Timms Ltd 5 December 1985 .... 9-016, 10-008, 11-006, 11-036
IGI Insurance Co Ltd v Kirkland Timms Ltd Constitution Insurance Company of Canada v
  Kirkland Timms 5 December 1985. 11-060
Imageview Management Ltd v Jack [2009] EWCA Civ 63; [2009] 2 All E.R. 666; [2009] 1
  All E.R. (Comm) 921; [2009] Bus. L.R. 1034; [2009] 1 Lloyd's Rep. 436; [2009] 2
  WLUK 374; [2009] 1 B.C.L.C. 724; *Times*, March 24, 2009 CA (Civ Div) 9-018
Immerzeel v Santam Ltd [2005] 12 WLUK 132; [2007] Lloyd's Rep. I.R. 106 Sup Ct (SA) .. 5-100
Impact Funding Solutions Ltd v Barrington Support Services Ltd (formerly Lawyers At
  Work Ltd), sub nom. Impact Funding Solutions Ltd v AIG Europe Insurance Ltd
  (formerly Chartis Insurance UK) Ltd) [2016] UKSC 57; [2017] A.C. 73; [2016] 3 W.L.R.
  1422; [2017] 4 All E.R. 169; [2017] 2 All E.R. (Comm) 863; [2016] Bus. L.R. 1158;
  [2016] 10 WLUK 597; [2016] 6 Costs L.O. 903; [2017] Lloyd's Rep. I.R. 60; *Times*,
  November 7, 2016 SC. 4-070, 4-071
Imperial Fire Ins. Co. of London v Home Ins. Co. of New Orleans 68 F. 698, 703 (5th Cir.
  1895). 4-010
In re Industrial Equity (Pacific) Ltd [1991] 2 HKLR 614 18-032
In re Refco Inc 5 October 2007 16-058
In the Matter of an application by Kemper Reinsurance Company for Judicial Review 17
  December 1996. 16-021
In the Matter of Aneco Reinsurance (Underwriting) Ltd [1991] Bda L.R. 41 17-025
In the matter of Bristol Fund Limited [2008] CILR 317 16-038
In the Matter of Caliban Holdings Ltd Belvedere Insurance Co Ltd (In Liquidation) v
  Caliban Holdings Ltd Supreme Court of Bermuda Companies (Winding-Up) No.80 26
  March 1999. 17-017
In the Matter of Celestial Nutrifoods Ltd (In Liquidation) 1 February 2017 17-080
In the Matter of Chesapeake Insurance Co Ltd (No.006367 of 1991) [1991] Bda L.R. 42 ... 6-202,

TABLE OF CASES

	7-008, 17-013, 17-017, 17-020, 17-024, 17-025
In the matter of Chorley Co Ltd (In Liquidation) [1994] Bda L.R. 28	12-006
In the Matter of Dickson Group Holdings Ltd (in Hong Kong liquidation) [2008] Bda L.R. 34.	17-079
In the Matter of Electric Mutual Liability Insurance Co Ltd, Companies (winding-up) [1996] Bda L.R. 62	16-021, 17-027
In the Matter of First Virginia Reinsurance Ltd [2003] Bda L.R. 47	17-023
In the Matter of ICO Global Communications (Holdings) Ltd [1999] Bda L.R. 69	17-079
In the matter of Kingboard Copper Foil Holdings Ltd [2015] SC Comm (Bda) 76	13-109
In the matter of Northstar Financial Services (Bermuda) Ltd [2023] SC (Bda) 57	16-049, 16-051, 16-058
In the Matter of PB Life and Annuity Co.,, Ltd 2023 SC 2	17-063
In the Matter Seadrill Ltd [2018] Bda LR 39	17-079
In the Supreme Court of Bermuda (Companies Winding-up) 2011 No.23 1 February 2017	17-080
Ing Re (UK) Ltd v R&V Versicherung AG [2006] EWHC 1544 (Comm); [2006] 2 All E.R. (Comm) 870; [2006] 6 WLUK 702; [2007] 1 B.C.L.C. 108; [2006] Lloyd's Rep. I.R. 653 QBD (Comm).	10-005
Injazat Technology Capital Ltd v Najafi [2012] EWHC 4171 (Comm); [2012] 11 WLUK 725 QBD (Comm).	14-012
Re Inkerman Grazing Pty Ltd [1972] A.C.L.R. 102	17-023
Inland Revenue Commissioners v Ayrshire Employers Mutual Insurance Association Ltd, sub nom. Ayrshire Employers Mutual Insurance Association Ltd v Inland Revenue Commissioners [1946] 1 All E.R. 637; (1946) 79 Ll. L. Rep. 307; 1946 S.C. (H.L.) 1; 1946 S.L.T. 235; [1946] 3 WLUK 55; 27 T.C. 331 HL	16-042
Innovia Films Ltd v Frito-Lay North America Inc [2012] EWHC 790 (Pat); [2012] 3 WLUK 1015; [2012] R.P.C. 24 Ch D (Patents Ct)	12-003
Ins. Co. of the State of Pa. v Equitas Ins. Ltd 2023	4-028
Insurance Co v Lloyd's Syndicate [1995] 1 Lloyd's Rep. 272; [1994] 10 WLUK 292; [1994] C.L.C. 1303; [1995] 4 Re. L.R. 37; *Times*, November 11, 1994; *Independent*, November 8, 1994 QBD (Comm)	3-075, 5-060, 14-037, 14-075, 14-084, 14-090
Insurance Co of Africa v Scor (UK) Reinsurance Co Ltd [1985] 1 Lloyd's Rep. 312; [1984] 11 WLUK 195 CA (Civ Div)	4-017, 4-104, 4-106, 4-107, 5-002, 5-005, 5-007, 5-013, 5-014, 5-015, 5-018, 5-021, 5-026, 5-027, 5-029, 5-031, 5-032, 5-033, 5-037, 5-039, 5-040, 5-042, 5-044, 5-049, 5-050, 5-051, 5-055, 5-056, 5-057, 5-058, 5-060, 5-077, 5-156, 5-162, 6-205, 9-057
Insurance Co of the State of Pennsylvania v Equitas Insurance Ltd [2013] EWHC 3713 (Comm); [2013] 11 WLUK 827; [2014] Lloyd's Rep. I.R. 195 QBD (Comm)	1-016, 18-043, 18-046
Insurance Co of the State of Pennsylvania v Grand Union Insurance Co [1990] 1 Lloyd's Rep. 208; [1989] 6 WLUK 157 CA (HK)	1-016, 3-052, 3-057, 4-053, 4-077, 4-084, 5-037, 5-047
Insurance Corp of Ireland v Strombus International Insurance Co Ltd [1985] 2 Lloyd's Rep. 138; [1985] 5 WLUK 68 CA (Civ Div)	5-071, 5-072, 10-009, 13-058, 13-069
Insurance Corp of the Channel Islands v Royal Hotel Ltd [1997] 7 WLUK 617; [1998] Lloyd's Rep. I.R. 151 QBD (Comm).	3-064, 6-043, 6-104
Insurance Corp of the Channel Islands Ltd v McHugh [1997] L.R.L.R. 94; [1996] 7 WLUK 103 QBD (Comm).	6-104, 6-151
Integrated Medical Solutions Ltd, Re [2011] 10 WLUK 830; [2012] B.C.C. 215 Ch D (Companies Ct)	16-010, 17-066
Intercontinental Natural Resources Ltd v Dill 5 July 1982	16-036, 16-037
Interfoto Picture Library Ltd v Stiletto Visual Programmes Ltd [1989] Q.B. 433; [1988] 2 W.L.R. 615; [1988] 1 All E.R. 348; [1987] 11 WLUK 154; (1988) 7 Tr. L.R. 187; (1988) 85(9) L.S.G. 45; (1987) 137 N.L.J. 1159; (1988) 132 S.J. 460 CA (Civ Div)	4-031
International Commercial Bank v Insurance Corporation of Ireland and Meadows Indemnity Co Ltd 31 July 1992	1-052
International Commercial Bank Plc v Insurance Corporation of Ireland Plc [1989] I.L.R.M. 788.	13-089, 13-093
International Energy Group Ltd v Zurich Insurance Plc UK, sub nom. Zurich Insurance Plc UK v International Energy Group Ltd [2015] UKSC 33; [2016] A.C. 509; [2015] 2 W.L.R. 1471; [2015] 4 All E.R. 813; [2016] 1 All E.R. (Comm) 114; [2015] 5 WLUK 536; [2015] Lloyd's Rep. I.R. 598 SC	4-095, 5-101, 5-104, 5-105, 5-106, 5-107, 5-108, 5-164, 6-139, 7-031
International Lottery Management Ltd v Dumas [2001] 7 WLUK 723; [2002] Lloyd's Rep. I.R. 237 QBD	6-015

TABLE OF CASES

International Management Group (UK) Ltd v Simmonds, sub nom. International Management Group (UK) Ltd v Simmons [2003] EWHC 177 (Comm); [2003] 2 WLUK 464; [2004] Lloyd's Rep. I.R. 247 QBD (Comm).. 3-064, 6-015
International Risk Management v Elwood Insurance Ltd [1993] Bda L.R. 48 .... 5-070, 5-072, 13-062, 13-066, 13-076, 13-079
Interprods Ltd v De La Rue International Ltd [2014] EWHC 68 (Comm); [2014] 1 Lloyd's Rep. 540; [2014] 1 WLUK 616 QBD (Comm) 14-008
Inversiones Manria SA v Sphere Drake Insurance Co, Malvern Insurance Co and Niagara Fire Insurance Co (The Dora) [1989] 1 Lloyd's Rep. 69; [1988] 6 WLUK 136 QBD (Comm)... 6-046
Investors Compensation Scheme Ltd v West Bromwich Building Society; joined case(s) Alford v West Bromwich Building Society; Armitage v West Bromwich Building Society; Investors Compensation Scheme Ltd v Hopkin & Sons [1998] 1 W.L.R. 896; [1998] 1 All E.R. 98; [1997] 6 WLUK 340; [1998] 1 B.C.L.C. 531; [1997] C.L.C. 1243; [1997] P.N.L.R. 541; (1997) 147 N.L.J. 989; *Times*, June 24, 1997 HL . 4-054, 4-065, 4-066, 4-069, 4-075, 4-076, 4-078, 4-080
Involnert Management Inc v Aprilgrange Ltd [2015] EWHC 2225 (Comm); [2016] 1 All E.R. (Comm) 913; [2015] 2 Lloyd's Rep. 289; [2015] 8 WLUK 116; [2015] 2 C.L.C. 307; [2015] Lloyd's Rep. I.R. 661 QBD (Comm) 9-011
Ionides v Pacific Fire & Marine Insurance Co (1871-72) L.R. 7 Q.B. 517; [1872] 5 WLUK 31 Ex Chamber 3-054
Ionides v Pender (1873-74) L.R. 9 Q.B. 531; [1874] 5 WLUK 87 QB .. 3-064, 6-008, 6-029, 6-088
IPC Mutual Holdings Ltd v Friedberg [2004] Bda L.R. 27 17-017
IPCom GmbH & Co KG v Lenovo Technology (United Kingdom) Ltd [2019] EWHC 3030 (Pat); [2019] 11 WLUK 385; [2020] F.S.R. 20 Ch D (Patents Ct).................................. 13-068
IRB Brasil Resseguros SA v CX Reinsurance Co Ltd [2010] EWHC 974 (Comm); [2010] 5 WLUK 150; [2010] Lloyd's Rep. I.R. 560 QBD (Comm) .. 5-038, 5-067, 5-068, 14-038, 14-039, 17-032
Iron Trades Mutual v Compania de Seguros Imperio [1991] 1 Re. L.R. 213 HC 5-150, 6-036, 6-102, 6-107, 6-141, 6-143, 13-102
Iron Trades Mutual Insurance Co Ltd v JK Buckenham Ltd [1990] 1 All E.R. 808; [1989] 2 Lloyd's Rep. 85; [1989] 2 WLUK 328 QBD (Comm) 13-114, 13-117
Ironshore Insurance Ltd et al v M.F. Global Assigned Assets LLP [2017] SC (Bda) 6 Com .. 14-056
Islamic Arab Insurance Co v Saudi Egyptian American Reinsurance Co [1987] 1 Lloyd's Rep. 315; [1987] 1 WLUK 903; [1987] E.C.C. 434 CA (Civ Div) 13-046
Itochu Corp v Johann MK Blumenthal GmbH & Co KG [2012] EWCA Civ 996; [2013] 1 All E.R. (Comm) 504; [2012] 2 Lloyd's Rep. 437; [2012] 7 WLUK 766; [2012] 2 C.L.C. 864; *Times*, September 27, 2012 CA (Civ Div) 14-013
Ivanishvili v Credit Suisse Life (Bermuda) Ltd [2022] S.C. (Bda) 56 .... 16-047, 16-051
JA Chapman & Co Ltd (In Liquidation) v Kadirga Denizcilik ve Ticaret AS [1998] 3 WLUK 139; [1998] C.L.C. 860; [1998] Lloyd's Rep. I.R. 377; *Times*, March 19, 1998 CA (Civ Div) 6-211, 11-004
Jaglom v Excess Insurance Co Ltd [1972] 2 Q.B. 250; [1971] 3 W.L.R. 594; [1972] 1 All E.R. 267; [1971] 2 Lloyd's Rep. 171; [1971] 5 WLUK 104; (1971) 115 S.J. 639 QBD (Comm) 3-005, 3-034
Jakob Handte & Co GmbH v Traitements Mecano-Chimiques des Surfaces SA (TMCS) (C-26/91) EU:C:1992:268; [1992] E.C.R. I-3967; [1992] 6 WLUK 258; [1993] I.L.Pr. 5; *Times*, August 19, 1992; *Financial Times*, June 23, 1992 ECJ.................................. 13-028
James v CGU Insurance Plc [2001] 10 WLUK 447; [2002] Lloyd's Rep. I.R. 206 QBD (Comm)... 6-084
James Nelson & Sons Ltd v Nelson Line (Liverpool) Ltd (No.1) [1906] 2 K.B. 217; [1906] 6 WLUK 21 CA 13-092
James-Bowen v Commissioner of Police of the Metropolis [2018] UKSC 40; [2018] 1 W.L.R. 4021; [2018] 4 All E.R. 1007; [2018] 7 WLUK 579; [2018] I.C.R. 1353; [2018] I.R.L.R. 954 SC... 13-098
Jaura v Ahmed [2002] EWCA Civ 210; [2002] 2 WLUK 512; *Times*, March 18, 2002 CA (Civ Div).. 13-111
JD Wetherspoon Plc v Van De Berg & Co Ltd [2007] EWHC 1044 (Ch); [2007] 5 WLUK 127; [2007] P.N.L.R. 28 Ch D 13-122
Jessel Trust, Re [1985] 1 WLUK 285; [1985] B.C.L.C. 119 18-004
Joel v Law Union & Crown Insurance Co [1908] 2 K.B. 863; [1908] 7 WLUK 147 CA 6-171
John A Pike (Butchers) Ltd v Independent Insurance Co Ltd [1997] 11 WLUK 374; [1998] Lloyd's Rep. I.R. 410 CA (Civ Div)... 13-117

TABLE OF CASES

John Doyle Construction Ltd (In Liquidation) v Erith Contractors Ltd [2021] EWCA Civ 1452; [2022] 2 All E.R. (Comm) 379; [2021] Bus. L.R. 1837; [2021] 10 WLUK 62; [2021] 2 C.L.C. 739; [2021] B.L.R. 717; 199 Con. L.R. 30 CA (Civ Div) 11-071
John Innes Foundation v Vertiv Infrastructure Ltd (formerly Emerson Network Power Ltd) [2020] EWHC 19 (TCC); [2020] 1 WLUK 407; [2020] B.L.R. 206; [2020] T.C.L.R. 3; 188 Con. L.R. 77; [2020] P.N.L.R. 13 QBD (TCC) 3-061
John Wheelton, Lys Seagar and Charles Lane v Edward Brydges Hardisty, Jacob Bell and Walter Barker 120 E.R. 86; (1857) 8 El. & Bl. 232; [1857] 1 WLUK 94 QB 6-158
John Youngs Insurance Services Ltd v Aviva Insurance Service UK Ltd [2011] EWHC 1515 (TCC); [2012] 1 All E.R. (Comm) 1045; [2011] 6 WLUK 222 QBD (TCC)... 9-009, 10-009, 10-011, 10-013, 10-019
Johnston v Salvage Assn (1888) 19 Q.B.D. 458 13-088
Joint Stock Asset Management Co Ingosstrakh-Investments v BNP Paribas SA [2012] EWCA Civ 644; [2012] 1 Lloyd's Rep. 649; [2012] 5 WLUK 706; [2012] 2 C.L.C. 312 CA (Civ Div)... 14-009
Jones v Birch Bros Ltd (Licenses & General Insurance Co) [1933] 2 K.B. 597; (1933) 46 Ll. L. Rep. 277; [1933] 7 WLUK 22 CA 13-088
Jones v Environcom Ltd, sub nom. Woodbrook v Environcom Ltd [2011] EWCA Civ 1152; [2011] 10 WLUK 350; [2012] Lloyd's Rep. I.R. 277; [2012] P.N.L.R. 5 CA (Civ Div)... 9-064
Jones v Zurich Insurance Plc [2021] EWHC 1320 (Comm); [2021] 5 WLUK 202; [2022] Lloyd's Rep. I.R. 219 QBD (Comm) 6-092
Jones (Inspector of Taxes) v South West Lancashire Coal Owners Association Ltd [1927] A.C. 827; (1927) 28 Ll. L. Rep. 259; [1927] 7 WLUK 25 HL......................... 16-042
Jordan Grand Prix Ltd v Baltic Insurance Group, sub nom. Baltic Insurance Group v Jordan Grand Prix Ltd; joined case(s) Baltic Insurance Group v Quay Financial Software [1999] 2 A.C. 127; [1999] 1 W.L.R. 134; [1999] 2 W.L.R. 134; [1999] 1 All E.R. 289; [1998] 12 WLUK 331; [1999] C.L.C. 527; [1999] Lloyd's Rep. I.R. 93; Times, December 17, 1998 HL... 13-021, 13-022
JSC Commercial Bank Privatbank v Kolomoisky, sub nom. PJSC Commercial Bank Privatbank v Kolomoisky [2019] EWCA Civ 1708; [2020] Ch. 783; [2020] 2 W.L.R. 993; [2020] 2 All E.R. 319; [2020] 1 All E.R. (Comm) 555; [2020] 2 Lloyd's Rep. 269; [2019] 10 WLUK 184; [2019] 2 C.L.C. 591 CA (Civ Div) 13-033, 13-036
Judd v Merrett [1997] L.R.L.R. 21; [1996] 4 WLUK 169 CA (Civ Div) 5-162
Jupiter Asset Management v The Asset Management Group [2005] Bda L.R. 1 13-112
K v MNX, sub nom. Meadows v Khan [2021] UKSC 21; [2022] A.C. 852; [2021] 3 W.L.R. 147; [2021] 4 All E.R. 65; [2021] 6 WLUK 253; [2021] P.I.Q.R. Q3; [2021] Med. L.R. 523; (2021) 181 B.M.L.R. 1; Times, June 29, 2021 SC 10-016
K/S Merc-Scandia XXXXII v Lloyd's Underwriters (The Mercandian Continent), sub nom. K/S Merc-Scandia XXXXII v Underwriters of Lloyd's Policy 25T 105487 (The Mercandian Continent) [2001] EWCA Civ 1275; [2001] 2 Lloyd's Rep. 563; [2001] 7 WLUK 850; [2001] C.L.C. 1836; [2001] Lloyd's Rep. I.R. 802; Times, September 3, 2001 CA (Civ Div) .. 6-084, 6-119, 6-120, 6-121, 6-122, 6-124, 6-125, 6-127, 6-140, 6-141, 6-142, 6-143, 6-146, 6-149, 6-151, 6-191
Kabab-Ji SAL (Lebanon) v Kout Food Group (Kuwait) [2021] UKSC 48; [2022] 2 All E.R. 911; [2022] 1 All E.R. (Comm) 773; [2021] Bus. L.R. 1717; [2022] 1 Lloyd's Rep. 24; [2021] 10 WLUK 344; [2022] 1 C.L.C. 275 SC 14-008
Kaefer Aislamientos SA de CV v AMS Drilling Mexico SA de CV [2019] EWCA Civ 10; [2019] 1 W.L.R. 3514; [2019] 3 All E.R. 979; [2019] 2 All E.R. (Comm) 315; [2019] 2 Lloyd's Rep. 128; [2019] 1 WLUK 113; [2019] 1 C.L.C. 143 CA (Civ Div) 13-045
Kanoria v Guinness [2006] EWCA Civ 222; [2006] 2 All E.R. (Comm) 413; [2006] 1 Lloyd's Rep. 701; [2006] 2 WLUK 493; Times, February 28, 2006 CA (Civ Div)......... 14-127
Kansa v Herald and Northwestern [1994] Bda L.R. 38 .... 4-044, 15-127
Kansa General Insurance Co Ltd v Herald Insurance Co Ltd [1994] Bda L.R. 38 .... 4-041, 4-042, 4-084, 6-044
Katz v Oldham [2015] 7 WLUK 855; [2016] B.P.I.R. 83 Ch D 15-131
Kausar v Eagle Star Insurance Co Ltd, sub nom. Eagle Star Insurance Co Ltd v Kausar [1996] 6 WLUK 252; [1997] C.L.C. 129; [2000] Lloyd's Rep. I.R. 154; [1996] 5 Re. L.R. 191; (1996) 140 S.J.L.B. 150; Times, July 15, 1996 CA (Civ Div) . 6-005, 6-086, 6-147, 6-171
Kay v Commissioner of Police of the Metropolis, sub nom. Commissioner of Police of the Metropolis v Kay; R. (on the application of Kay) v Commissioner of Police of the Metropolis [2008] UKHL 69; [2008] 1 W.L.R. 2723; [2009] 2 All E.R. 935; [2008] 11 WLUK 671; [2009] R.T.R. 16; [2009] H.R.L.R. 10; (2008) 105(47) L.S.G. 19; (2008)

TABLE OF CASES

152(46) S.J.L.B. 31; *Times*, November 27, 2008 HL 13-095
Kazakhstan v Istil Group Inc, sub nom. Kazakhstan v Istil Group Ltd [2007] EWCA Civ
  471; [2008] 1 All E.R. (Comm) 88; [2008] Bus. L.R. 878; [2007] 2 Lloyd's Rep. 548;
  [2007] 4 WLUK 412 CA (Civ Div) 14-039
Kazakstan Wool Processors (Europe) Ltd v Nederlandsche Credietverzekering Maatschap-
  pij NV [2000] 1 All E.R. (Comm) 708; [2000] 2 WLUK 407; [2000] C.L.C. 822; [2000]
  Lloyd's Rep. I.R. 371 CA (Civ Div) 6-157
Kazeminy v Siddiqi [2012] EWCA Civ 416; [2012] 4 WLUK 4 CA (Civ Div) 4-078
KCA Deutag UK Finance Plc, Re [2020] EWHC 2779 (Ch); [2020] 10 WLUK 474 Ch D . . 18-036
Kelly v Cooper [1993] A.C. 205; [1992] 3 W.L.R. 936; [1992] 10 WLUK 236; [1994] 1
  B.C.L.C. 395; [1992] E.G. 119 (C.S.); (1992) 136 S.J.L.B. 303; [1992] N.P.C. 134;
  Times, November 5, 1992 PC (Ber) 9-009, 9-017, 9-028, 9-059, 10-009
Kelly v Fraser [2012] UKPC 25; [2013] 1 A.C. 450; [2012] 3 W.L.R. 1008; [2013] 1 All
  E.R. (Comm) 296; [2012] 7 WLUK 402; [2012] I.C.R. 1408; [2012] Pens. L.R. 405 PC
  (Jam) 9-004
Kempe v Ambassador Insurance Co (In Liquidation), sub nom. Mentor Assurance Ltd, Re
  [1998] 1 W.L.R. 271; [1997] 11 WLUK 329; [1998] B.C.C. 311; [1998] 1 B.C.L.C. 234;
  (1998) 142 S.J.L.B. 28; *Times*, January 3, 1998 PC (Ber) 18-022, 18-037, 18-067
Kempe and Arnold v Ocean Drilling and Exploration Co 1989 16-041
Ken Randall Associates Ltd v MMI Companies Inc [1997] L.R.L.R. 648; [1997] 2 WLUK
  205; [1998] Lloyd's Rep. I.R. 243 QBD (Comm) 18-056
Kessler v Hill [2005] Bda L.R. 55 14-045
Khakshouri v Jimenez [2017] EWHC 3392 (QB); [2017] 12 WLUK 578 QBD 3-064
King v Brandywine Reinsurance Co (UK) Ltd (formerly Cigna RE Co (UK) Ltd) [2005]
  EWCA Civ 235; [2005] 2 All E.R. (Comm) 1; [2005] 1 Lloyd's Rep. 655; [2005] 3
  WLUK 389; [2005] 1 C.L.C. 283; [2005] Env. L.R. 33; [2005] Lloyd's Rep. I.R. 509 CA
  (Civ Div) 5-036, 5-064
King v Victoria Insurance Co Ltd [1896] A.C. 250; [1896] 3 WLUK 106 PC (Aus) 5-161
Re Kingate Global Fund Ltd (In Liquidation) [2010] Bda LR 57 . . . . 17-014, 17-079
Re Kingate Management Ltd [2012] Bda LR 14 17-014
Kingscroft Insurance Co v HS Weavers (Underwriting) Agencies [1993] 1 Lloyd's Rep.
  187; [1992] 7 WLUK 154; *Times*, August 21, 1992 Ch D 10-004, 11-011
Kingscroft Insurance Co Ltd v Nissan Fire & Marine Insurance Co Ltd (No.1) [1996] 11
  WLUK 76; [1999] Lloyd's Rep. I.R. 371 CA (Civ Div) 9-048
Kingscroft Insurance Co Ltd v Nissan Fire & Marine Insurance Co Ltd (No.2) [2000] 1 All
  E.R. (Comm) 272; [1999] 7 WLUK 651; [1999] C.L.C. 1875; [1999] Lloyd's Rep. I.R.
  603 QBD (Comm) . . 3-032, 3-033, 3-045, 4-043, 4-080, 4-086, 4-099, 6-022, 6-037, 6-144, 9-016,
  9-029, 10-033, 10-034
Kingscroft Insurance Co Ltd, Re [1993] 12 WLUK 282; [1994] B.C.C. 343; [1994] 1
  B.C.L.C. 80 Ch D (Companies Ct) 17-024, 17-026
Kingston Cotton Mill Co (No.2), Re [1896] 2 Ch. 279; [1896] 5 WLUK 65 CA 16-033
Kingston Park House Ltd v Granton Commercial Industrial Properties Ltd, sub nom.
  Granton Commercial Industrial Properties Ltd v Kingston Park House Ltd [2022] CSIH
  59; 2023 S.C. 82; 2023 S.L.T. 312; [2022] 12 WLUK 456; 2023 G.W.D. 2-29 IH (1 Div) . . 17-013
Kirkaldy & Sons Ltd v Walker [1999] 1 All E.R. (Comm.) 334; [1999] 2 WLUK 145;
  [1999] C.L.C. 722; [1999] Lloyd's Rep. I.R. 410 QBD (Comm) 6-183
Kitcatt v MMS UK Holdings Ltd [2017] EWHC 786 (Comm); [2017] 4 WLUK 220; [2017]
  2 B.C.L.C. 352 QBD (Comm) 13-111
Kittel v Belgium (C-439/04); joined case(s) Belgium v Recolta Recycling SPRL (C-440/04)
  EU:C:2006:446; [2008] S.T.C. 1537; [2006] E.C.R. I-6161; [2006] 7 WLUK 151; [2008]
  B.T.C. 5439; [2008] B.V.C. 559; [2006] S.T.I. 1851 ECJ (3rd Chamber) 9-053
Kleinwort Benson Ltd v Barbrak Ltd (The Myrto); joined case(s) Kleinwort Benson Ltd v
  Chemical Importation and Distribution State Enterprises; Kleinwort Benson Ltd v
  Choithram & Sons (London); Kleinwort Benson Ltd v Shell Markets [1987] A.C. 597;
  [1987] 2 W.L.R. 1053; [1987] 2 All E.R. 289; [1987] 2 Lloyd's Rep. 1; [1987] 4 WLUK
  86; [1987] 1 F.T.L.R. 43; (1987) 84 L.S.G. 1651; (1987) 137 N.L.J. 388; (1987) 131 S.J.
  594 HL 13-130
Kleinwort Benson Ltd v Glasgow City Council (No.2) [1999] 1 A.C. 153; [1997] 3 W.L.R.
  923; [1997] 4 All E.R. 641; [1997] 10 WLUK 579; [1998] Lloyd's Rep. Bank. 10; [1997]
  C.L.C. 1609; [1998] I.L.Pr. 350; (1997) 9 Admin. L.R. 721; (1997) 94(44) L.S.G. 36;
  (1997) 147 N.L.J. 1617; (1997) 141 S.J.L.B. 237; *Times*, October 31, 1997 HL 13-028, 13-029
Kleinwort Benson Ltd v Lincoln City Council; joined case(s) Kleinwort Benson Ltd v
  Birmingham City Council; Kleinwort Benson Ltd v Kensington and Chelsea RLBC;

TABLE OF CASES

Kleinwort Benson Ltd v Southwark LBC [1999] 2 A.C. 349; [1998] 3 W.L.R. 1095; [1998] 4 All E.R. 513; [1998] 10 WLUK 554; [1998] Lloyd's Rep. Bank. 387; [1999] C.L.C. 332; (1999) 1 L.G.L.R. 148; (1999) 11 Admin. L.R. 130; [1998] R.V.R. 315; (1998) 148 N.L.J. 1674; (1998) 142 S.J.L.B. 279; [1998] N.P.C. 145; *Times*, October 30, 1998; *Independent*, November 4, 1998 HL...5-141, 5-143
Kler Knitwear Ltd v Lombard General Insurance Co Ltd [1999] 9 WLUK 269; [2000] Lloyd's Rep. I.R. 47 QBD 6-171
Knight v Warren [2010] Bda LR 27 13-109
Kolassa v Barclays Bank Plc (C-375/13) EU:C:2015:37; [2016] 1 All E.R. (Comm) 733; [2015] 1 WLUK 615; [2015] C.E.C. 753; [2015] I.L.Pr. 14 ECJ (4th Chamber) 13-034
Koninklijke Philips NV v Xiaomi Inc [2021] EWHC 2170 (Pat); [2021] 7 WLUK 767 Ch D (Patents Ct) 13-037, 13-071
Konkola Copper Mines Plc v Coromin Ltd [2006] EWCA Civ 5; [2006] 1 All E.R. (Comm) 437; [2006] 1 Lloyd's Rep. 410; [2006] 1 WLUK 263; [2006] 1 C.L.C. 1; [2006] I.L.Pr. 46; [2007] Lloyd's Rep. I.R. 247; (2006) 103(6) L.S.G. 34 CA (Civ Div)........... 13-037, 13-087
Konkola Copper Mines Plc v U&M Mining Zambia Ltd [2014] EWHC 2146 (Comm); [2014] 2 Lloyd's Rep. 507; [2014] 7 WLUK 55; [2015] 1 C.L.C. 314 QBD (Comm) 14-040
Korea National Insurance Co v Allianz Global Corporate & Specialty AG [2008] EWCA Civ 1355; [2008] 12 WLUK 40; [2008] 2 C.L.C. 837; [2009] Lloyd's Rep. I.R. 480; [2009] Bus. L.R. D59; *Times*, December 22, 2008 CA (Civ Div) 13-078
Korea National Insurance Corp v Allianz Global Corporate & Specialty AG (formerly Allianz Marine & Aviation Versicherungs AG) [2007] EWCA Civ 1066; [2007] 10 WLUK 766; [2007] 2 C.L.C. 748; [2008] Lloyd's Rep. I.R. 413 CA (Civ Div)........... 13-078, 13-097
Kosmar Villa Holidays Plc v Trustees of Syndicate 1243 [2008] EWCA Civ 147; [2008] 2 All E.R. (Comm) 14; [2008] Bus. L.R. 931; [2008] 2 WLUK 762; [2008] 1 C.L.C. 307; [2008] Lloyd's Rep. I.R. 489; (2008) 105(11) L.S.G. 24; *Times*, March 11, 2008 CA (Civ Div)... 6-183, 6-187, 6-213
Kronhofer v Maier (C168/02) EU:C:2004:364; [2004] 2 All E.R. (Comm) 759; [2005] 1 Lloyd's Rep. 284; [2004] E.C.R. I-6009; [2004] 6 WLUK 159; [2004] All E.R. (EC) 939; [2004] I.L.Pr. 27 ECJ (2nd Chamber).. 13-034
Kurz v Stella Musical Veranstaltungs GmbH [1992] Ch. 196; [1991] 3 W.L.R. 1046; [1992] 1 All E.R. 630; [1991] 7 WLUK 360; [1992] I.L.Pr. 261; *Times*, October 4, 1991 Ch D 13-035
Kuwait Airways Corp v Kuwait Insurance Co (No.3) [2000] 1 All E.R. (Comm) 972; [2000] 4 WLUK 609; [2001] C.P. Rep. 60; [2000] Lloyd's Rep. I.R. 678 QBD (Comm) 13-110
Kuwait Airways Corp v Kuwait Insurance Co SAK (No.1) [1999] 1 All E.R. (Comm.) 481; [1999] 1 Lloyd's Rep. 803; [1999] 3 WLUK 217; [1999] C.L.C. 934 HL...... 4-077, 5-020, 5-021, 5-024, 5-116, 5-122, 5-123, 5-124, 5-126, 5-127, 7-015, 7-016
Kuwait Asia Bank EC v National Mutual Life Nominees Ltd [1991] 1 A.C. 187; [1990] 3 W.L.R. 297; [1990] 3 All E.R. 404; [1990] 2 Lloyd's Rep. 95; [1990] 5 WLUK 265; [1990] B.C.C. 567; [1990] B.C.L.C. 868 PC (NZ)..................................... 16-024
Kuwait Oil Tanker Co SAK v Al-Bader (No.2) [1997] 1 W.L.R. 1410; [1997] 2 All E.R. 855; [1997] 3 WLUK 533; (1997) 141 S.J.L.B. 140; *Times*, April 1, 1997 CA (Civ Div).... 13-062
Kwok v UBS AG (London Branch); joined case(s) Kwok v UBS AG (London Branch) [2023] EWCA Civ 222; [2023] 1 W.L.R. 1984; [2023] 3 All E.R. 380; [2023] 2 All E.R. (Comm) 379; [2023] 3 WLUK 2; [2023] I.L.Pr. 18 CA (Civ Div)...................... 13-032
Kwok Ho Wan v UBS AG (London Branch) [2023] EWCA Civ 222; [2023] 1 W.L.R. 1984; [2023] 3 All E.R. 380; [2023] 2 All E.R. (Comm) 379; [2023] 3 WLUK 2; [2023] I.L.Pr. 18 CA (Civ Div).. 13-032
L French & Co Ltd v Leeston Shipping Co Ltd [1922] 1 A.C. 451; (1922) 10 Ll. L. Rep. 448; [1922] 3 WLUK 63 HL.. 11-025
L Schuler AG v Wickman Machine Tool Sales Ltd, sub nom. Wickman Machine Tool Sales Ltd v L Schuler AG [1974] A.C. 235; [1973] 2 W.L.R. 683; [1973] 2 All E.R. 39; [1973] 2 Lloyd's Rep. 53; [1973] 4 WLUK 21; (1973) 117 S.J. 340 HL 4-081
La Economia Commerciale & Co v National General Insurance Co Ltd (1923) 14 Ll. L. Rep. 379; [1923] 2 WLUK 103 KBD... 7-009, 7-011
La Economia Commerciale Compagnia di Seguros v National General Insurance Co Ltd (In Liquidation) (1922) 11 Ll. L. Rep. 121; [1922] 5 WLUK 75 KBD 7-009
Re LAEP Investments Ltd [2014] Bda LR 35 17-019
Laker Airways Inc v FLS Aerospace Ltd [2000] 1 W.L.R. 113; [1999] 2 Lloyd's Rep. 45; [1999] 4 WLUK 151; [1999] C.L.C. 1124; *Times*, May 21, 1999; *Independent*, May 24, 1999 QBD (Comm).. 14-013, 14-015
Laker Vent Engineering Ltd v Templeton Insurance Co Ltd [2009] EWCA Civ 62; [2009] 2 All E.R. (Comm) 755; [2009] 2 WLUK 276; [2009] Lloyd's Rep. I.R. 704 CA (Civ Div).... 6-090

TABLE OF CASES

L'Alsacienne Premiere Societe Alsacienne et Lorraine d'Assurances Contre L'Incendie les Accidents et les Risques Divers v Unistorebrand International Insurance AS [1995] L.R.L.R. 333 QBD (Comm) 1-051, 6-021, 6-081, 6-113, 10-029, 10-037, 10-038
Lambert v Cooperative Insurance Society Ltd [1975] 2 Lloyd's Rep. 485; [1975] 1 WLUK 679 CA (Civ Div) 6-005, 6-171
Langer v Transport & Earthmoving 11 April 1983 13-083
Lark v Outhwaite [1991] 2 Lloyd's Rep. 132; [1990] 11 WLUK 428 QBD (Comm) 3-031
Law Car and General Insurance Corp (No.2), Re, sub nom. JJ King & Sons (Ltd) Case (No.2), Re; Old Silkstone Collieries (Ltd) Case (No.2), Re [1913] 2 Ch. 103; [1913] 5 WLUK 19 CA... 17-010
Law Guarantee Trust & Accident Society Ltd, Re, sub nom. Liverpool Mortgage Insurance Co's Case [1914] 2 Ch. 617; [1914] 6 WLUK 83 CA 1-047, 1-052, 5-081, 7-026, 7-027
Lawlor v Sandvik Mining and Construction Mobile Crushers and Screens Ltd [2013] EWCA Civ 365; [2013] 2 Lloyd's Rep. 98; [2013] 4 WLUK 450; [2013] 1 C.L.C. 868 CA (Civ Div)... 12-009, 12-026
Laycock v Pickles 122 E.R. 546; (1863) 4 B. & S. 397; [1863] 1 WLUK 44 KB 13-127
Lecta Paper UK Ltd, Re [2019] EWHC 3615 (Ch); [2019] 12 WLUK 506 Ch D 18-036
Ledra Fisheries Ltd v Turner [2003] EWHC 1049 (Ch); [2003] 4 WLUK 455 Ch D 14-009
Lee v IAG New Zealand Ltd [2017] NZHC 2626; [2018] Lloyd's Rep. I.R. 345 HC (NZ) .. 13-119
Lee v Jones 144 E.R. 194; (1864) 17 C.B. N.S. 482; [1864] 1 WLUK 116 CCP 10-029
Lefevre v White [1990] 1 Lloyd's Rep. 569; [1989] 10 WLUK 312; *Times*, November 1, 1989 QBD... 13-124
Lehman Brothers International (Europe) (In Administration), Re [2009] EWCA Civ 1161; [2010] Bus. L.R. 489; [2009] 11 WLUK 122; [2010] B.C.C. 272; [2010] 1 B.C.L.C. 496; *Times*, November 12, 2009 CA (Civ Div) 18-034, 18-035, 18-051
Lejonvarn v Burgess, sub nom. Burgess v Lejonvarn [2020] EWCA Civ 114; [2020] 4 W.L.R. 43; [2020] 4 All E.R. 461; [2020] 2 WLUK 39; [2020] B.L.R. 187; [2020] Costs L.R. 45 CA (Civ Div)... 9-001
Lek v Mathews (1927-28) 29 Ll. L. Rep. 141; [1927] 11 WLUK 76 HL 6-131
Lenihan v LSF Consolidated Golf Holdings [2007] Bda L.R. 49 14-057
Lenkor Energy Trading DMCC v Puri [2021] EWCA Civ 770; [2021] 2 Lloyd's Rep. 542; [2021] 5 WLUK 292; [2022] 2 C.L.C. 173 CA (Civ Div) 13-078
Les Affreteurs Reunis SA v Leopold Walford (London) Ltd, sub nom. Leopold Walford (LONDON) Ltd v Les Affreteurs Reunis SA [1919] A.C. 801; [1919] 5 WLUK 26 HL 11-023, 15-124
Lesotho Highlands Development Authority v Impregilo SpA [2005] UKHL 43; [2006] 1 A.C. 221; [2005] 3 W.L.R. 129; [2005] 3 All E.R. 789; [2005] 2 All E.R. (Comm) 265; [2005] 2 Lloyd's Rep. 310; [2005] 6 WLUK 756; [2005] 2 C.L.C. 1; [2005] B.L.R. 351; 101 Con. L.R. 1; [2005] 27 E.G. 220 (C.S.); (2005) 155 N.L.J. 1046; *Times*, July 6, 2005 HL 14-003, 14-036
Letang v Cooper [1965] 1 Q.B. 232; [1964] 3 W.L.R. 573; [1964] 2 All E.R. 929; [1964] 2 Lloyd's Rep. 339; [1964] 6 WLUK 74; (1964) 108 S.J. 519 CA..................... 13-113
Levy v Baillies 131 E.R. 135; (1831) 7 Bing. 349; [1831] 1 WLUK 504 CCP 6-127
Lexi Holdings Plc (In Administration) v Luqman [2009] EWCA Civ 117; [2009] 2 WLUK 709; [2009] B.C.C. 716; [2009] 2 B.C.L.C. 1 CA (Civ Div) 16-007
Lexington v AGF 4-001
Lexington Insurance Co v Multinacional de Seguros SA [2008] EWHC 1170 (Comm); [2009] 1 All E.R. (Comm) 35; [2008] 5 WLUK 588; [2009] Lloyd's Rep. I.R. 1 QBD (Comm)... 6-187, 6-213
Liberian Insurance Agency Inc v Mosse [1977] 2 Lloyd's Rep. 560; [1977] 3 WLUK 191 QBD... 5-015, 6-107
Libyan Arab Foreign Bank v Bankers Trust Co [1989] Q.B. 728; [1989] 3 W.L.R. 314; [1989] 3 All E.R. 252; [1988] 1 Lloyd's Rep. 259; [1987] 9 WLUK 4; [1987] 2 F.T.L.R. 509; (1989) 133 S.J. 568 QBD (Comm).................................... 11-054
Libyan Arab Foreign Bank v Manufacturers Hanover Trust (No.1) [1988] 2 Lloyd's Rep. 494; [1988] 7 WLUK 329; *Financial Times*, August 2, 1988 QBD (Comm)............. 11-054
Libyan Investment Authority v Credit Suisse International [2021] EWHC 2684 (Comm); [2021] 12 WLUK 69 QBD (Comm).. 13-134
Limit No.2 Ltd v Axa Versicherung AG (formerly Albingia Versicherung AG) [2008] EWCA Civ 1231; [2008] 11 WLUK 254; [2008] 2 C.L.C. 673; [2009] Lloyd's Rep. I.R. 396; [2009] Bus. L.R. D41 CA (Civ Div) 5-090, 6-022, 6-023, 6-024, 6-034, 6-141
Limit (No.3) Ltd v PDV Insurance Co Ltd [2005] EWCA Civ 383; [2005] 2 All E.R. (Comm) 347; [2005] 4 WLUK 141; [2005] 1 C.L.C. 515; [2005] Lloyd's Rep. I.R. 552;

TABLE OF CASES

Times, April 14, 2005 CA (Civ Div) 13-053
Lincoln National Life Insurance Co v Sun Life Assurance Co of Canada, sub nom. Sun
  Life Assurance Co of Canada v Lincoln National Life Insurance Co [2004] EWCA Civ
  1660; [2006] 1 All E.R. (Comm) 675; [2005] 1 Lloyd's Rep. 606; [2004] 12 WLUK 334;
  [2005] 2 C.L.C. 664 CA (Civ Div) 14-033, 14-034
Linden Gardens Trust Ltd v Lenesta Sludge Disposal Ltd; joined case(s) St Martins
  Property Corp Ltd v Sir Robert McAlpine & Sons [1994] 1 A.C. 85; [1993] 3 W.L.R.
  408; [1993] 3 All E.R. 417; [1993] 7 WLUK 264; 63 B.L.R. 1; 36 Con. L.R. 1; [1993]
  E.G. 139 (C.S.); (1993) 143 N.L.J. 1152; (1993) 137 S.J.L.B. 183; *Times*, July 23, 1993;
  Independent, July 30, 1993 HL 11-058, 15-128
Lisa S.A. v Leamington Reinsurance Co Ltd and Avicola Villalobos S.A. [2008] Bda. L.R.
  32. 1-057
Lishman v Northern Maritime Insurance Co (1874-75) L.R. 10 C.P. 179; [1875] 2 WLUK
  11 Ex Chamber 6-117, 6-141, 6-143
Lister & Co v Stubbs (1890) 45 Ch. D. 1; [1890] 5 WLUK 12 CA 9-009
LIV Bridging Finance Ltd v EAD Solicitors LLP (In Administration) [2020] EWHC 1590
  (Ch); [2020] 6 WLUK 251; [2020] P.N.L.R. 24 Ch D 10-019
Liversidge v Anderson [1942] A.C. 206; [1941] 3 All E.R. 338; [1941] 11 WLUK 1 HL 4-074
LLC Agroneftprodukt v Ameropa AG, sub nom. LLC Agroneftprodukt v Ameropa AG
  [2021] EWHC 3474 (Comm); [2022] 1 Lloyd's Rep. 388; [2021] 12 WLUK 280 QBD
  (Comm) 14-024
Lloyd's v Harper (1880) 16 Ch. D. 290; [1880] 11 WLUK 46 CA 9-025
Lloyd's Syndicate v X [2011] EWHC 2487 (Comm); [2012] 1 Lloyd's Rep. 123; [2011] 10
  WLUK 7; [2011] Arb. L.R. 48 QBD (Comm) 7-030, 14-094
Lloyds TSB General Insurance Holdings Ltd v Lloyds Bank Group Insurance Co Ltd;
  joined case(s) Abbey National Plc v Lee [2003] UKHL 48; [2003] 4 All E.R. 43; [2003]
  2 All E.R. (Comm) 665; [2003] 7 WLUK 968; [2004] 1 C.L.C. 116; [2003] Lloyd's Rep.
  I.R. 623; [2003] Pens. L.R. 315; (2003) 153 N.L.J. 1270; (2003) 147 S.J.L.B. 935 HL...... 5-119,
  5-132, 7-014, 7-015, 7-024
Locabail (UK) Ltd v Bayfield Properties Ltd; joined case(s) Locabail (UK) Ltd v Waldorf
  Investment Corp; R. v Bristol Betting and Gaming Licensing Committee Ex p.
  O'Callaghan; Timmins v Gormley; Williams v Inspector of Taxes [2000] Q.B. 451;
  [2000] 2 W.L.R. 870; [2000] 1 All E.R. 65; [1999] 11 WLUK 526; [2000] I.R.L.R. 96;
  [2000] H.R.L.R. 290; [2000] U.K.H.R.R. 300; 7 B.H.R.C. 583; (1999) 149 N.L.J. 1793;
  [1999] N.P.C. 143; *Times*, November 19, 1999; *Independent*, November 23, 1999 CA
  (Civ Div) 14-015, 14-020
L'Office Cherifien des Phosphates Unitramp SA v Yamashita-Shinnihon Steamship Co Ltd
  (The Boucraa) [1994] 1 A.C. 486; [1994] 2 W.L.R. 39; [1994] 1 All E.R. 20; [1994] 1
  Lloyd's Rep. 251; [1993] 12 WLUK 237; (1994) 138 S.J.L.B. 19; *Times*, December 20,
  1993; *Independent*, January 19, 1994 HL 14-047
Lomax v Lomax [2019] EWCA Civ 1467; [2019] 1 W.L.R. 6527; [2019] 8 WLUK 18;
  [2019] Costs L.R. 1431; [2020] W.T.L.R. 191 CA (Civ Div) 13-005
Lombard North Central Plc v GATX Corp [2012] EWHC 1067 (Comm); [2012] 2 All E.R.
  (Comm) 1119; [2013] Bus. L.R. 68; [2012] 1 Lloyd's Rep. 662; [2012] 4 WLUK 531;
  [2012] 1 C.L.C. 884 QBD (Comm) 14-009, 14-097
London & Quadrant Housing Trust v Stokes [2022] EWHC 1120 (QB); [2022] 3 WLUK
  358 QBD 10-005
London and General Bank (No.2), Re [1895] 2 Ch. 673; [1895] 8 WLUK 12 CA 16-033
London Chatham & Dover Railway Co v South Eastern Railway Co [1893] A.C. 429;
  [1893] 7 WLUK 137 HL 13-110
London County Commercial Reinsurance Office Ltd, Re [1922] 2 Ch. 67; (1922) 10 Ll. L.
  Rep. 370; [1922] 2 WLUK 109 Ch D 5-011, 5-034
London County Commercial Reinsurance Office Ltd, Re (1925) 23 Ll. L. Rep. 206; [1925]
  11 WLUK 112 Ch D 17-003, 18-061
London General Insurance Co Ltd v General Marine Underwriters Association Ltd [1921]
  1 K.B. 104; (1920) 4 Ll. L. Rep. 382; [1920] 7 WLUK 219 CA 6-056, 6-063
London Guarantie Co v Fearnley (1880) 5 App. Cas. 911; [1880] 7 WLUK 69 HL (UK-Irl) .. 6-209
London Life Association, Re [1989] 2 WLUK 259; *Independent*, February 27, 1989 Ch D ... 18-049
London Marine Insurance Association, Re, sub nom. Andrews' and Alexander's Case
  (1869) L.R. 8 Eq. 176; [1869] 4 WLUK 49 Ct of Chancery 5-089
London Oil and Gas Ltd (In Liquidation), Re, sub nom. O'Connell v LPE Support Ltd (In
  Compulsory Liquidation) [2022] EWHC 1672 (Ch); [2022] 7 WLUK 47; [2023] 1
  B.C.L.C. 382 Ch D 10-004

TABLE OF CASES

London Steam-ship Owners' Mutual Insurance Association Ltd v Spain, sub nom. London Steamship Owners' Mutual Insurance Association Ltd v Spain [2015] EWCA Civ 333; [2015] 2 Lloyd's Rep. 33; [2015] 4 WLUK 39; [2015] C.P. Rep. 31; [2015] 1 C.L.C. 596 CA (Civ Div) 14-001, 14-041

London Steam-Ship Owners' Mutual Insurance Association Ltd v Spain; joined case(s) London Steam-Ship Owners' Mutual Insurance Association Ltd v France [2021] EWCA Civ 1589; [2022] 1 W.L.R. 3434; [2022] 3 All E.R. 970; [2022] 2 All E.R. (Comm) 569; [2022] 1 Lloyd's Rep. 539; [2021] 11 WLUK 28; [2022] 1 C.L.C. 1; [2022] I.L.Pr. 45 CA (Civ Div) 13-019, 13-021, 14-001

Lorand Shipping Ltd v Davof Trading (Africa) BV [2014] EWHC 3521 (Comm); [2015] 2 All E.R. (Comm) 940; [2015] 1 Lloyd's Rep. 67; [2014] 10 WLUK 920; [2016] 1 C.L.C. 601 QBD (Comm). 14-036

Lord Napier and Ettrick v RF Kershaw Ltd; joined case(s) Lord Napier and Ettrick v Hunter [1993] A.C. 713; [1993] 2 W.L.R. 42; [1993] 1 All E.R. 385; [1993] 1 Lloyd's Rep. 197; [1992] 12 WLUK 172; (1993) 137 S.J.L.B. 44; Times, December 16, 1992; Independent, December 11, 1992 HL 1-023, 5-155, 5-156, 5-157, 5-158, 5-159, 5-160, 5-161, 5-162, 5-164

Lord Napier and Ettrick v RF Kershaw Ltd, sub nom. Society of Lloyd's v Robinson; joined case(s) Society of Lloyd's v Woodard [1999] 1 W.L.R. 756; [1999] 1 All E.R. (Comm.) 545; [1999] 3 WLUK 453; [1999] C.L.C. 987; [1999] Lloyd's Rep. I.R. 329; (1999) 96(22) L.S.G. 34; (1999) 143 S.J.L.B. 150; Times, March 29, 1999 HL 1-023, 4-079

Lower Rhine and Wurtemberg Insurance Association v Sedgwick [1899] 1 Q.B. 179; [1898] 11 WLUK 111 CA 4-033, 4-035

Lucena v Craufurd 127 E.R. 630; (1806) 2 Bos. & P. N.R. 269; [1806] 1 WLUK 3 CCP 8-028, 8-029, 8-037, 8-040

Ludgate Insurance Co Ltd v Citibank NA [1998] 1 WLUK 397; [1998] Lloyd's Rep. I.R. 221 CA (Civ Div) 15-121

Lumbermans Mutual Casualty Co v Bovis Lend Lease Ltd (Preliminary Issues), sub nom. Lumbermens Mutual Casualty Co v Bovis Lend Lease Ltd (Preliminary Issues) [2004] EWHC 2197 (Comm); [2005] 2 All E.R. (Comm) 669; [2005] 1 Lloyd's Rep. 494; [2004] 10 WLUK 67; [2005] 2 C.L.C. 617; [2005] B.L.R. 47; 98 Con. L.R. 21; [2005] Lloyd's Rep. I.R. 74; [2004] 42 E.G. 160 (C.S.) QBD (Comm) 5-064, 5-065, 5-066, 5-067, 5-068

LV Finance Group Ltd v IPOC International Growth Fund Ltd [2006] Bda L.R. 67 14-131

Lynch v Dalzell 2 E.R. 292; (1729) 4 Bro. P.C. 431; [1729] 1 WLUK 6 KB 1-003

Macaura v Northern Assurance Co Ltd [1925] A.C. 619; [1925] 4 WLUK 13 HL 15-026

Maccaferri Ltd v Zurich Insurance Plc, sub nom. Zurich Insurance Plc v Maccaferri Ltd [2016] EWCA Civ 1302; [2018] 1 All E.R. (Comm) 112; [2017] 1 WLUK 93; [2017] Lloyd's Rep. I.R. 200 CA (Civ Div) 5-045, 5-053

Mackenzie v Whitworth (1875) 1 Ex. D. 36; [1875] 12 WLUK 47 CA 1-044

Mackersy v Ramsays 8 E.R. 628; (1843) 9 Cl. & F. 818; [1843] 1 WLUK 24 HL 9-087

Macmillan v AW Knott Becker Scott Ltd; joined case(s) Abrahams v Macmillan [1990] 1 Lloyd's Rep. 98; [1989] 5 WLUK 241 QBD (Comm) 9-071, 9-085

Macquarie Global Infrastructure Funds 2 Sarl (In Liquidation) v Rodino Gonzalez [2020] EWHC 2123 (Comm); [2020] 7 WLUK 387 QBD (Comm) 14-008

MacShannon v Rockware Glass Ltd; joined case(s) Fyfe v Redpath Dorman Long Ltd; Jardine v British Steel Corp; Paterson v Stone Manganese Marine Ltd [1978] A.C. 795; [1978] 2 W.L.R. 362; [1978] 1 All E.R. 625; [1978] 1 WLUK 844; (1978) 122 S.J. 81 HL 13-001

MAD Atelier International BV v Manes [2020] EWHC 1014 (Comm); [2020] Q.B. 971; [2020] 3 W.L.R. 631; [2020] 4 WLUK 277 QBD (Comm) 13-037, 13-071

Madeiros v Island Construction Services [2016] Bda. LR 130 9-074

Maersk AS v Mercuria Energy Trading SA [2021] EWHC 2856 (Comm); [2022] 2 Lloyd's Rep. 95; [2021] 10 WLUK 109 QBD (Comm). 13-068, 14-008

Magnier (t/a Coolmoor Castlehyde & Associated Stud Farms) v Road Transport & General Insurance Co Ltd 21 June 1989 13-068

Maharaj v Prime Minister of Trinidad & Tobago [2016] UKPC 37; [2016] 12 WLUK 466 PC (Trin) 4-077

Malicorp Ltd v Egypt [2015] EWHC 361 (Comm); [2015] 1 Lloyd's Rep. 423; [2015] 2 WLUK 638 QBD (Comm) 14-007, 14-127

Maman (t/a Fine Watches and Jewellery) v Certain Lloyd's Underwriters subscribing to Policy Number DCAL/08208 [2016] EWHC 1327 (QB); [2016] 5 WLUK 650 QBD 2-006

Manchester Building Society v Grant Thornton UK LLP [2021] UKSC 20; [2022] A.C. 783; [2021] 3 W.L.R. 81; [2021] 4 All E.R. 1; [2022] 1 All E.R. (Comm) 409; [2021] 6

TABLE OF CASES

WLUK 246; [2021] 2 C.L.C. 106; [2021] P.N.L.R. 23; *Times*, June 30, 2021 SC 9-061, 9-067, 10-016

Manchester City Football Club Ltd v Football Association Premier League Ltd [2021] EWCA Civ 1110; [2021] 1 W.L.R. 5513; [2022] 1 All E.R. (Comm) 995; [2022] 1 Lloyd's Rep. 429; [2021] 7 WLUK 304; [2022] 2 C.L.C. 185 CA (Civ Div) 14-075

Mander v Commercial Union Assurance Co Plc; joined case(s) Mander v Gyngell Dobinson Gregory Co Ltd; Mander v Prudential Assurance Co Ltd [1998] 1 WLUK 311; [1998] Lloyd's Rep. I.R. 93 QBD (Comm)... 3-068, 3-069, 10-020

Manifest Shipping Co Ltd v Uni-Polaris Insurance Co Ltd (The Star Sea), sub nom. Manifest Shipping Co Ltd v Uni-Polaris Shipping Co Ltd (The Star Sea) [2001] UKHL 1; [2003] 1 A.C. 469; [2001] 2 W.L.R. 170; [2001] 1 All E.R. 743; [2001] 1 All E.R. (Comm) 193; [2001] 1 Lloyd's Rep. 389; [2001] 1 WLUK 389; [2001] C.L.C. 608; [2001] Lloyd's Rep. I.R. 247; *Times*, January 23, 2001 HL 4-097, 6-003, 6-006, 6-007, 6-053, 6-084, 6-086, 6-113, 6-116, 6-117, 6-118, 6-119, 6-120, 6-121, 6-123, 6-124, 6-125, 6-127, 6-128, 6-141, 6-143, 6-146, 6-149

Manley Management Inc v Everest Capital [1992] Bda L.R. 22 .... 14-065, 14-066

Mann v Goldstein [1968] 1 W.L.R. 1091; [1968] 2 All E.R. 769; [1967] 11 WLUK 64; (1968) 112 S.J. 439 Ch D 17-015

Mann v Lexington Insurance Co [2001] 1 All E.R. (Comm) 28; [2001] 1 Lloyd's Rep. 1; [2000] 10 WLUK 290; [2000] C.L.C. 1409; [2001] Lloyd's Rep. I.R. 179; *Times*, November 29, 2000; *Daily Telegraph*, October 24, 2000 CA (Civ Div)............. 5-116, 7-015

Mann Group Plc, Re; joined case(s) Mann Strategic Holdings Plc, Re [2012] EWHC 4089 (Ch); [2012] 11 WLUK 87 Ch D 18-011

Mannai Investment Co Ltd v Eagle Star Life Assurance Co Ltd [1997] A.C. 749; [1997] 2 W.L.R. 945; [1997] 3 All E.R. 352; [1997] 5 WLUK 402; [1997] C.L.C. 1124; [1997] 1 E.G.L.R. 57; [1997] 24 E.G. 122; [1997] 25 E.G. 138; (1997) 16 Tr. L.R. 432; [1997] E.G. 82 (C.S.); (1997) 94(30) L.S.G. 30; (1997) 147 N.L.J. 846; (1997) 141 S.J.L.B. 130; [1997] N.P.C. 81; *Times*, May 26, 1997 HL 3-007, 4-054, 4-059, 4-075, 4-080

Marasca Comercio de Cereais Ltda v Bunge International Commerce Ltd [2021] EWHC 359 (Comm); [2021] 1 WLUK 371 QBD (Comm) 14-009

Marathon Asset Management LLP v Seddon [2017] EWHC 300 (Comm); [2017] 2 WLUK 594; [2017] 2 C.L.C. 182; [2017] I.C.R. 791; [2017] I.R.L.R. 503; [2017] F.S.R. 36 QBD (Comm) 10-019

Marc Rich & Co AG v Portman, sub nom. Glencore International AG v Portman [1997] 1 Lloyd's Rep. 225; [1996] 12 WLUK 284 CA (Civ Div) . . 4-004, 6-017, 6-018, 6-029, 6-033, 6-063, 6-081, 6-100, 10-004, 13-103

Marc Rich & Co AG v Societa Italiana Impianti pA (The Atlantic Emperor) (No.1) EU:C:1991:319; [1992] 1 Lloyd's Rep. 342; [1991] E.C.R. I-3855; [1991] 7 WLUK 341; [1991] I.L.Pr. 524; *Times*, September 20, 1991; *Financial Times*, October 16, 1991 ECJ 13-015

Marc Rich & Co AG v Societa Italiana Impianti SpA (C-190/89) EU:C:1991:319; [1992] 1 Lloyd's Rep. 342; [1991] E.C.R. I-3855; [1991] 7 WLUK 341; [1991] I.L.Pr. 524; *Times*, September 20, 1991; *Financial Times*, October 16, 1991 ECJ 13-015, 13-019

Marinari v Lloyds Bank Plc (C-364/93) EU:C:1995:289; [1996] Q.B. 217; [1996] 2 W.L.R. 159; [1995] E.C.R. I-2719; [1995] 9 WLUK 113; [1996] 5 Bank. L.R. 84; [1996] All E.R. (E.C.) 84; [1996] C.E.C. 14; [1995] I.L.Pr. 737; *Times*, October 19, 1995 ECJ 13-034

Maritime Insurance Co Ltd v Assecuranz-Union von 1865 (1935) 52 Ll. L. Rep. 16; [1935] 5 WLUK 1 KBD... 3-025, 7-001, 12-007, 12-011

Maritime Transport Overseas GmbH v Unitramp SA (The Antaios); joined case(s) Salen Dry Cargo AB v Salen Rederierna AB; Salen Dry Cargo AB v Unitramp; Salen Rederierna AB v Antaios Compania Naviera SA; Salen Rederierna AB v Salen Dry Cargo AB; Unitramp SA Maritime Transport Overseas GmbH; Unitramp v Salen Dry Cargo AB [1981] 2 Lloyd's Rep. 284; [1981] 4 WLUK 158; [1981] Com. L.R. 160 QBD (Comm)... 14-088

Re Markel CATCo Reinsurance Fund Ltd [2022] SC (Bda) 12 18-033

Markel International Insurance Co Ltd v La Republica Compania Argentina de Seguros Generales SA [2004] EWHC 1826 (Comm); [2004] 7 WLUK 722; [2005] Lloyd's Rep. I.R. 90 QBD (Comm)... 6-039, 6-043, 13-050, 13-053

Markel International Insurance Co Ltd v Surety Guarantee Consultants Ltd; joined case(s) QBE Insurance (Europe) Ltd v Higgins; QBE Insurance (Europe) Ltd v Surety Guarantee Consultants Ltd [2009] EWCA Civ 790; [2009] 7 WLUK 626 CA (Civ Div)................ 10-025

Marks & Spencer Plc v BNP Paribas Securities Services Trust Co (Jersey) Ltd [2015] UKSC 72; [2016] A.C. 742; [2015] 3 W.L.R. 1843; [2016] 4 All E.R. 441; [2015] 12

TABLE OF CASES

WLUK 67; 163 Con. L.R. 1; [2016] 1 P. & C.R. 13; [2016] L. & T.R. 8; [2016] C.I.L.L.
3779; *Times*, December 12, 2015 SC 4-002, 4-093, 4-094, 4-110, 5-011, 5-041
Marsden v Reid 102 E.R. 716; (1803) 3 East 572; [1803] 5 WLUK 40 KB 4-074
Marten v Steamship Owners Underwriting Association Ltd (1902) 7 Com. Cas. 195 5-007
Martin Peters Bauunternehmung GmbH v Zuid Nederlandse Aannemers Vereniging
 (C34/82) EU:C:1983:87; [1983] E.C.R. 987; [1983] 3 WLUK 216; [1984] 2 C.M.L.R.
 605 ECJ 13-031
Mary Gale, Executrix of John Ware v Lewis 115 E.R. 1455; (1846) 9 Q.B. 730; [1846] 11
 WLUK 127 QB 9-016
Masefield AG v Amlin Corporate Member Ltd [2011] EWCA Civ 24; [2011] 1 W.L.R.
 2012; [2011] 3 All E.R. 554; [2011] 2 All E.R. (Comm) 764; [2011] Bus. L.R. 1082;
 [2011] 1 Lloyd's Rep. 630; [2011] 1 WLUK 459; [2011] 1 C.L.C. 97; [2011] Lloyd's
 Rep. I.R. 338; 2011 A.M.C. 1447; (2011) 108(6) L.S.G. 18 CA (Civ Div) 5-020
Mason v Sainsbury 99 E.R. 538; (1782) 3 Doug. K.B. 61; [1782] 4 WLUK 3 KB 5-161
Masri v Consolidated Contractors International Co SAL [2011] EWHC 1780 (Comm);
 [2011] 7 WLUK 364; (2011) 108(30) L.S.G. 25 QBD (Comm) 13-037
Massey v Heynes & Co (1888) 21 Q.B.D. 330; [1888] 7 WLUK 27 CA 13-044
Matter of Aneco Reinsurance (Underwriting) Ltd [1991] Bda L.R. 41 17-024
Matveieff v Crossfield (1903) 8 Com. Cas.120 .... 11-034, 11-041
Mayhew v King, sub nom. Folgate London Market Ltd (formerly Towergate Stafford
 Knight Co Ltd) v Chaucer Insurance Plc; joined case(s) Chaucer Insurance Plc v
 Towergate Stafford Knight Co Ltd (t/a Folgate London Market Ltd) [2011] EWCA Civ
 328; [2011] Bus. L.R. 1327; [2011] 3 WLUK 957; [2011] B.C.C. 675; [2012] 1 B.C.L.C.
 550; [2011] B.P.I.R. 1001; [2011] Lloyd's Rep. I.R. 623; *Times*, April 13, 2011 CA (Civ
 Div) 11-042, 16-018
Maynard v West Midlands RHA, sub nom. Maynard v West Midlands AHA [1984] 1
 W.L.R. 634; [1985] 1 All E.R. 635; [1983] 5 WLUK 33; (1984) 81 L.S.G. 1926; (1983)
 133 N.L.J. 641; (1984) 128 S.J. 317; *Times*, May 9, 1983 HL 16-032
MB Group Plc, Re [1989] 4 WLUK 172; (1989) 5 B.C.C. 684; [1989] B.C.L.C. 672 Ch D
 (Companies Ct) 18-004
MC Bacon Ltd (No.1), Re, sub nom. Company (No.005009 of 1987) (No.1), Re [1989] 11
 WLUK 409; [1990] B.C.C. 78; [1990] B.C.L.C. 324; *Times*, December 1, 1989 Ch D
 (Companies Ct) 16-007, 16-009
McCormick v National Motor and Accident Insurance Union Ltd (1934) 49 Ll. L. Rep.
 361; [1934] 7 WLUK 30 CA 6-104, 6-107
Mcgowin Lumber & Export Co Inc v Pacific Marine Insurance Co (1922) 12 Ll. L. Rep.
 496; [1922] 7 WLUK 205 KBD 11-034, 11-035, 11-041
Mckillen v Misland (Cyprus) Investments Ltd, sub nom. McKillen v Barclay [2012] EWHC
 521 (Ch); [2012] 3 WLUK 124 Ch D (Companies Ct) 16-030
McMahon v AGF Holdings (UK) Ltd; joined case(s) National Employers Mutual General
 Insurance Association Ltd v AGF Holdings (UK) Ltd [1997] L.R.L.R. 159; [1996] 11
 WLUK 150; [1997] 2 B.C.L.C. 191 Ch D (Companies Ct) . 1-011, 15-124, 15-127, 16-013, 16-014,
  16-015, 17-031, 17-060, 18-074
McNeil v Law Union & Rock Insurance Co Ltd (1925) 23 Ll. L. Rep. 314; [1925] 12
 WLUK 72 KBD 9-028
McRae v Commonwealth Disposals Commission [1952] 1 WLUK 234; 84 C.L.R. 377 3-026
MDIS Ltd (formerly McDonnell Information Systems Ltd) v Swinbank, sub nom. McDon-
 nell Information Systems Ltd v Swinbank [1999] 2 All E.R. (Comm) 722; [1999] 7
 WLUK 374; [1999] C.L.C. 1800 CA (Civ Div) 5-067
Meadows Indemnity Co Ltd v Insurance Corp of Ireland Plc, sub nom. Meadows Indemnity
 Co Ltd v International Commercial Bank Plc [1989] 2 Lloyd's Rep. 298; [1989] 5
 WLUK 190; *Times*, May 23, 1989 CA (Civ Div) 5-055, 13-089, 13-093, 13-095
Media-Saturn Holding GmbH v Toshiba Information Systems UK Ltd; joined case(s)
 Media-Saturn Holding GmbH v Panasonic Marketing Europe GmbH [2019] EWHC
 1095 (Ch); [2019] 5 WLUK 24; [2019] 5 C.M.L.R. 7 Ch D 16-030
Medical Defence Union Ltd v Department of Trade [1980] Ch. 82; [1979] 2 W.L.R. 686;
 [1979] 2 All E.R. 421; [1979] 1 Lloyd's Rep. 499; [1978] 12 WLUK 176; [1979] E.C.C.
 101; (1979) 123 S.J. 338 Ch D 1-002
Medsted Associates Ltd v Canaccord Genuity Wealth (International) Ltd [2019] EWCA
 Civ 83; [2019] 1 W.L.R. 4481; [2019] 2 All E.R. 959; [2019] 2 All E.R. (Comm) 486;
 [2019] 2 WLUK 28; [2019] 1 C.L.C. 253; [2019] C.T.L.C. 181 CA (Civ Div) 9-030, 10-002
Medsted Associates Ltd v Canaccord Genuity Wealth (International) Ltd [2020] EWHC
 2952 (Comm); [2020] 11 WLUK 53 QBD (Comm) 9-030

TABLE OF CASES

Melford Capital Partners (Holdings) LLP v Wingfield Digby [2021] EWHC 872 (Ch); [2021] 4 WLUK 126 Ch D...13-054, 13-056, 14-011
Menelaou v Bank of Cyprus Plc, sub nom. Bank of Cyprus UK Ltd v Menelaou; Menelaou v Bank of Cyprus UK Ltd [2015] UKSC 66; [2016] A.C. 176; [2015] 3 W.L.R. 1334; [2016] 2 All E.R. 913; [2016] 2 All E.R. (Comm) 259; [2015] 2 Lloyd's Rep. 585; [2015] 11 WLUK 82; [2016] 1 B.C.L.C. 335 SC...5-155
Merrett v Capitol Indemnity Corp [1991] 1 Lloyd's Rep. 169; [1990] 10 WLUK 99 QBD (Comm)...5-163, 9-025, 11-057, 11-058, 11-059
Merrill Lynch v Commune di Verona [2012] EWHC 1407 (Comm); [2012] 5 WLUK 631 QBD (Comm)...13-093
Messier Dowty Ltd v Sabena SA [2000] 1 W.L.R. 2040; [2001] 1 All E.R. 275; [2000] 1 All E.R. (Comm) 833; [2000] 1 Lloyd's Rep. 428; [2000] 2 WLUK 777; [2000] C.P. Rep. 72; [2000] C.L.C. 889; [2001] I.L.Pr. 5; (2000) 97(10) L.S.G. 36; (2000) 144 S.J.L.B. 124; *Times*, March 14, 2000; *Independent*, February 29, 2000 CA (Civ Div)......13-052
Metrovacesa SA, Re [2011] EWHC 1014 (Ch); [2011] 3 WLUK 918 Ch D (Companies Ct) 18-006
MG Scaffolding (Oxford) Ltd v Palmloch Ltd [2019] EWHC 1787 (TCC); [2019] 7 WLUK 211; 185 Con. L.R. 210 QBD (TCC)...14-024
MH Smith Ltd (Plant Hire) v DL Mainwaring (t/a Inshore) [1986] 2 Lloyd's Rep. 244; [1986] 6 WLUK 46; (1986) 2 B.C.C. 99262; *Times*, June 10, 1986 CA (Civ Div).......13-092
Mi-Space (UK) Ltd v Lend Lease Construction (EMEA) Ltd [2013] EWHC 2001 (TCC); [2013] 7 WLUK 462; [2013] B.L.R. 600; [2013] C.I.L.L. 3405 QBD (TCC)............14-104
Michael Wilson & Partners Ltd v Emmott, sub nom. Emmott v Michael Wilson & Partners Ltd [2008] EWCA Civ 184; [2008] 2 All E.R. (Comm) 193; [2008] Bus. L.R. 1361; [2008] 1 Lloyd's Rep. 616; [2008] 3 WLUK 245; [2008] C.P. Rep. 26; [2008] B.L.R. 515 CA (Civ Div)...14-089, 14-093, 14-094, 14-095
Michael Wilson and Partners Ltd v Emmott, sub nom. Emmott v Michael Wilson & Partners Ltd [2018] EWCA Civ 51; [2018] 2 All E.R. (Comm) 737; [2018] 1 Lloyd's Rep. 299; [2018] 1 WLUK 527; [2018] 1 C.L.C. 77 CA (Civ Div)...14-089
Michael Wilson and Partners Ltd v Emmott, sub nom. Emmott v Michael Wilson & Partners Ltd [2019] EWCA Civ 219; [2019] 4 W.L.R. 53; [2019] 4 All E.R. 1054; [2019] 2 All E.R. (Comm) 761; [2019] 2 WLUK 374; [2019] 1 C.L.C. 303 CA (Civ Div)............14-089
Midland Bank Plc v Laker Airways Ltd, sub nom. Midland Bank Plc and Clydesdale Bank Plc v Laker Airways Ltd, Morris and Laker Airways (International) Ltd [1986] Q.B. 689; [1986] 2 W.L.R. 707; [1986] 1 All E.R. 526; [1985] 7 WLUK 339; [1986] E.C.C. 329; (1985) 129 S.J. 670; *Financial Times*, June 14, 1985 CA (Civ Div).................13-076
Midland Bank Trust Co Ltd v Hett Stubbs & Kemp [1979] Ch. 384; [1978] 3 W.L.R. 167; [1978] 3 All E.R. 571; [1977] 11 WLUK 138; [1955-95] P.N.L.R. 95; (1977) 121 S.J. 830; *Times*, December 2, 1977 Ch D...10-040, 13-114
Midland Coal Coke & Iron Co, Re, sub nom. Craig's Claim, Re [1895] 1 Ch. 267; [1894] 12 WLUK 26 CA...18-034
Milan Vukelic v FSA...8-015
Miles Smith Broking Ltd v Barclays Bank Plc [2017] EWHC 3338 (Ch); [2017] 12 WLUK 425 Ch D...11-007
Miller, Gibb & Co, Re [1957] 1 W.L.R. 703; [1957] 2 All E.R. 266; [1957] 1 Lloyd's Rep. 258; [1957] 3 WLUK 81; (1957) 101 S.J. 392 Ch D...5-160
Mills and Reeve Trust Corp Ltd v Martin [2023] EWHC 654 (Ch); [2023] 5 WLUK 358 Ch D...13-005
Minister of Finance (Inc) v International Petroleum Investment Co [2019] EWCA Civ 2080; [2020] 2 All E.R. (Comm) 269; [2020] Bus. L.R. 45; [2020] 1 Lloyd's Rep. 93; [2019] 11 WLUK 393; [2019] 2 C.L.C. 923 CA (Civ Div).................14-009, 14-012
Minister of Works and Engineering v Village Hotels of Bermuda Ltd [1996] Bda L.R. 11 ..14-058
Ministry of Health v Simpson, sub nom. Diplock's Estate, Re; joined case(s) Diplock v Wintle; Simpson v Lilburn [1951] A.C. 251; [1950] 2 All E.R. 1137; 66 T.L.R. (Pt. 2) 1015; [1950] 11 WLUK 68; (1950) 94 S.J. 777 HL...13-114
Minster Assets Plc, Re [1984] 11 WLUK 27; (1985) 1 B.C.C. 99299; [1985] B.C.L.C. 200; [1985] P.C.C. 105; (1985) 82 L.S.G. 277; *Times*, November 12, 1984 Ch D.................18-004
Minster Investments Ltd v Hyundai Precision & Industry Co Ltd [1988] 2 Lloyd's Rep. 621; [1988] 1 WLUK 850; *Times*, January 26, 1988; *Independent*, February 23, 1988 QBD (Comm)...13-034
Minter v Priest [1930] A.C. 558; [1930] 3 WLUK 49 HL...13-106
Mishcon de Reya LLP v RJI (Middle East) Ltd [2020] EWHC 1670 (QB); [2020] 6 WLUK 390 QBD...13-098

TABLE OF CASES

Mitsubishi Electric UK Ltd v Royal London Insurance (UK) Ltd [1994] 2 Lloyd's Rep.
  249; [1994] 3 WLUK 419; [1994] C.L.C. 367; 74 B.L.R. 87 CA (Civ Div) 5-116
Monde Petroleum SA v Westernzagros Ltd [2015] EWHC 67 (Comm); [2015] 1 Lloyd's
  Rep. 330; [2015] 1 WLUK 463; [2015] 1 C.L.C. 49; [2015] Bus. L.R. D11 QBD (Comm) .. 14-011
Montpelier Reinsurance Ltd v Manufacturers Property & Casualty Ltd [2008] Bda L.R. 24 ....
  14-065, 14-066
Mopani Copper Mines Plc v Millennium Underwriting Ltd [2008] EWHC 1331 (Comm);
  [2008] 2 All E.R. (Comm) 976; [2008] 6 WLUK 352; [2008] 1 C.L.C. 992; [2009]
  Lloyd's Rep. I.R. 158; [2008] Bus. L.R. D121 QBD (Comm) 4-068, 4-069
Moran v Lloyd's, sub nom. Moran v Lloyds [1983] Q.B. 542; [1983] 2 W.L.R. 672; [1983]
  2 All E.R. 200; [1983] 1 Lloyd's Rep. 472; [1983] 3 WLUK 19; [1983] Com. L.R. 132
  CA (Civ Div)... 8-018
Morley, Administrator of John Cumberlege, Deceased v Inglis 132 E.R. 711; (1837) 4
  Bing. N.C. 58; [1837] 11 WLUK 58 CCP 11-065
Morphitis v Bernasconi, sub nom. Morphites v Bernasconi [2003] EWCA Civ 289; [2003]
  Ch. 552; [2003] 2 W.L.R. 1521; [2003] 3 WLUK 97; [2003] B.C.C. 540; [2003] 2
  B.C.L.C. 53; [2003] B.P.I.R. 973; (2003) 100(19) L.S.G. 30; (2003) 147 S.J.L.B. 300;
  Times, March 12, 2003 CA (Civ Div)... 16-027
Morris v Murjani [1996] 1 W.L.R. 848; [1996] 2 All E.R. 384; [1995] 12 WLUK 370;
  [1996] B.P.I.R. 458; Times, December 27, 1995; Independent, January 29, 1996 CA (Civ
  Div)... 16-017
Moss v Kingston-Upon-Thames RLBC [2022] 1 WLUK 515 FTT (GRC) 5-067
Mostyn House Estate Management Co Ltd v Youde [2022] EWCA Civ 929; [2022] 7
  WLUK 26; [2024] 1 P. & C.R. 5 CA (Civ Div) 12-013
Motor Oil Hellas (Corinth) Refineries SA v Shipping Corp of India (The Kanchenjunga)
  [1990] 1 Lloyd's Rep. 391; [1990] 2 WLUK 229; Times, February 19, 1990 HL...... 6-103, 6-104,
  6-108, 6-109, 6-183
Motortrak Ltd v FCA Australia PTY Ltd [2018] EWHC 1464 (Comm); [2018] 6 WLUK
  134 QBD (Comm)... 9-008, 10-004
Mott Macdonald Ltd v Trant Engineering Ltd [2021] EWHC 754 (TCC); [2021] 3 WLUK
  544; [2021] B.L.R. 440; 195 Con. L.R. 74 QBD (TCC) 10-014
Moulin Global Eyecare Trading Ltd v The Commissioner of Inland Revenue [2014]
  HKCFA 22 9-052
Moundreas & Co SA v Navimpex Centrala Navala [1985] 2 Lloyd's Rep. 515; [1985] 4
  WLUK 49 QBD (Comm).. 11-024, 11-025
Mousavi-Khalkali v Abrishamchi [2020] EWCA Civ 1493; [2020] 11 WLUK 114; [2020]
  Costs L.R. 2065 CA (Civ Div) 13-049, 13-053
Mozambique v Privinvest Shipbuilding SAL (Holding) [2023] UKSC 32; [2024] 1 All E.R.
  763; [2024] 1 All E.R. (Comm) 735; [2023] Bus. L.R. 1359; [2023] 2 Lloyd's Rep. 564;
  [2023] 9 WLUK 181; [2023] B.L.R. 585 SC 14-009, 14-097
MS Fashions Ltd v Bank of Credit and Commerce International SA (In Liquidation), sub
  nom. MS Fashions Ltd v Bank of Credit and Commerce International SA (No.2); joined
  case(s) High Street Services v Bank of Credit and Commerce International; Impexbond
  v Bank of Credit and Commerce International [1993] Ch. 425; [1993] 3 W.L.R. 220;
  [1993] 3 All E.R. 769; [1993] 3 WLUK 392; [1993] B.C.C. 360; [1993] B.C.L.C. 1200;
  (1993) 137 S.J.L.B. 132; Times, March 26, 1993; Independent, April 6, 1993 CA (Civ
  Div).. 11-071
MSC Mediterranean Shipping Co SA v Stolt Tank Containers BV [2022] EWHC 835
  (Admlty); [2022] 2 Lloyd's Rep. 341; [2022] 4 WLUK 123 QBD (Admlty) 14-033
Muck Truck UK Ltd v Helps t/a Paul Helps Muck Truck Sales [2013] EWCA Civ 938 CA
  (Civ Div)... 9-043
Muhl v Ardra 16 May 1997 13-083
Muhl v Ardra Insurance Co Ltd [1997] 5 WLUK 321; [1997] 6 Re. L.R. 206 Sup Ct (Ber) . 13-076,
  13-078, 13-083, 13-085
Mulsanne Insurance Co Ltd v Marshmallow Financial Services Ltd [2022] EWHC 276
  (Ch); [2022] 2 WLUK 154 Ch D 10-011, 10-015, 10-017
Multi Guarantee Co Ltd (No.3), Re [1987] 1 WLUK 735; [1987] B.C.L.C. 257; Financial
  Times, June 24, 1986 CA (Civ Div) 11-007
Munchener Ruckversicherungs-Gesellschaft AG (t/a Munich Reinsurance Co) v Commonwealth Insurance Co [2004] EWHC 914 (Comm); [2004] 4 WLUK 476; [2004] 2
  C.L.C. 665; [2005] Lloyd's Rep. I.R. 99 QBD (Comm)....................... 12-031, 13-050
Mundy v Brown [2011] EWHC 377 (Ch); [2011] 2 WLUK 663; [2011] B.P.I.R. 1056 Ch D
  (Manchester).. 16-007

TABLE OF CASES

Munib Masri v Consolidated Contractors International Company SAL [2009] Bda L.R. 12 . 13-086
Munich Re Capital Ltd v Ascot Corporate Name Ltd [2019] EWHC 2768 (Comm); [2019]
   10 WLUK 392; [2020] B.L.R. 140; [2020] Lloyd's Rep. I.R. 115 QBD (Comm) 2-009, 4-034,
                                                                                       4-052, 4-063, 4-091
Municipal Mutual Insurance Ltd v Hills (Inspector of Taxes) [1932] All E.R. Rep. 979;
   (1932) 42 Ll. L. Rep. 173; (1932) 48 T.L.R. 301; [1932] 3 WLUK 42; 16 T.C. 430;
   (1932) 147 L.T. 62 HL 16-042
Municipal Mutual Insurance Ltd v Sea Insurance Co Ltd [1998] 3 WLUK 537; [1998]
   C.L.C. 957; [1998] Lloyd's Rep. I.R. 421 CA (Civ Div) . 4-004, 4-008, 5-010, 5-058, 5-068, 5-089,
                                                                  5-097, 5-098, 5-099, 5-102, 5-113, 5-116, 7-014, 12-030
Municipio de Mariana v BHP Group (UK) Ltd (formerly BHP Group Plc) [2022] EWCA
   Civ 951; [2022] 1 W.L.R. 4691; [2023] 1 All E.R. 611; [2022] 7 WLUK 75; *Times*,
   October 27, 2022 CA (Civ Div). 13-014, 13-036, 13-037
Murphy 9-085
Murray v Scottish Automobile & General Insurance Co Ltd 1929 S.C. 48; 1929 S.L.T. 114;
   [1928] 11 WLUK 31 IH (1 Div). 6-179
Mutual and Federal Ins Co Municipality v Oudtshoorn 1985 (1) SA 419 6-113
Mutual Energy Ltd v Starr Underwriting Agents Ltd [2016] EWHC 590 (TCC); [2016] 3
   WLUK 686; [2016] 1 C.L.C. 832; [2016] B.L.R. 312; 165 Con. L.R. 220; [2016] Lloyd's
   Rep. I.R. 550 QBD (TCC) 6-077
Mutual Holdings (Bermuda) Ltd v American Patriot Agency Inc. and Hendricks [2004]
   Bda LR 11 . . . . 13-008, 13-058
Mutual Reinsurance Co Ltd v Peat Marwick Mitchell & Co, sub nom. Mutual Reinsurance
   Co Ltd v KPMG Peat Marwick [1997] 1 Lloyd's Rep. 253; [1996] 10 WLUK 153; [1996]
   B.C.C. 1010; [1997] 1 B.C.L.C. 1; [1997] P.N.L.R. 75; *Times*, October 15, 1996 CA (Civ
   Div) 16-038, 16-039
MV Yorke Motors v Edwards [1982] 1 W.L.R. 444; [1982] 1 All E.R. 1024; [1982] 3
   WLUK 299; (1982) 126 S.J. 245 HL 13-084
Names at Lloyd's, Re; joined case(s) Equitas Insurance Ltd (formerly Speyford Ltd), Re
   [2009] EWHC 1595 (Ch); [2009] 7 WLUK 152; [2010] Lloyd's Rep. I.R. 69 Ch D
   (Companies Ct) 18-043, 18-046
National Bank of Abu Dhabi PJSC v BP Oil International Ltd [2018] EWCA Civ 14; [2018]
   1 WLUK 203 CA (Civ Div) 15-128
National Bank of Sharjah v Dellborg [1997] 7 WLUK 892 CA (Civ Div) 4-080
National Benefit Assurance Co Ltd Ex p. English Insurance Co Ltd, Re, sub nom. National
   Benefit Assurance Co Ltd, Re [1929] A.C. 114; (1928) 31 Ll. L. Rep. 321; [1928] 7
   WLUK 70 HL 3-025, 7-001
National Benefit Assurance Co Ltd, Re (No.1) [1924] 2 Ch. 339; [1924] 6 WLUK 56 Ch D . . . .
                                                                                                            11-072, 11-076
National Company for Co-operative Insurance v St Paul Reinsurance Co Ltd [1998] 4
   WLUK 589 QBD 11-064
National Insurance & Guarantee Corp v Imperio Reinsurance Co (UK) Ltd [1997] 9 WLUK
   260; [1999] Lloyd's Rep. I.R. 249 QBD (Comm). 9-008, 9-070, 10-023
National Iranian Oil Co v Crescent Petroleum Co International Ltd [2016] EWHC 510
   (Comm); [2016] 2 Lloyd's Rep. 146; [2016] 3 WLUK 172; [2016] 1 C.L.C. 508; [2017]
   Lloyd's Rep. F.C. 53 QBD (Comm). 14-127
National Iranian Oil Co v Crescent Petroleum Co International Ltd [2016] EWHC 1900
   (Comm); [2017] 1 All E.R. (Comm) 566; [2016] 7 WLUK 420 QBD (Comm) 14-036
National Iranian Oil Company v Ashland Overseas Trading Limited 20th July, 1988 13-064,
                                                                                                                       13-065
National Mortgage and Agency Co of New Zealand Ltd v Gosselin (1922) 38 T.L.R. 832 . . 13-060
Nautica Marine Ltd v Trafigura Trading LLC [2020] EWHC 1986 (Comm); [2021] 1 All
   E.R. (Comm) 1157; [2021] 2 Lloyd's Rep. 165; [2020] 7 WLUK 407; [2021] 1 C.L.C.
   362 QBD (Comm). 3-006
Naviera Amazonica Peruana SA v Compania Internacional de Seguros de Peru [1988] 1
   Lloyd's Rep. 116; [1987] 11 WLUK 110; [1988] 1 F.T.L.R. 100 CA (Civ Div). . . . 14-045, 14-054,
                                                                                                             14-123
Navig8 Inc v South Vigour Shipping Inc [2015] EWHC 32 (Comm); [2016] 2 All E.R.
   (Comm) 159; [2015] 1 Lloyd's Rep. 436; [2015] 1 WLUK 228 QBD (Comm) 9-006
Navigators Insurance Co Ltd v Atlasnavios-Navegacao Lda (formerly Bnavios-Navegacao
   Lda), sub nom. Atlasnavios-Navegacao Lda v Navigators Insurance Co Ltd [2018]
   UKSC 26; [2019] A.C. 136; [2018] 2 W.L.R. 1671; [2018] 4 All E.R. 589; [2018] 2 All
   E.R. (Comm) 671; [2018] 2 Lloyd's Rep. 1; [2018] 5 WLUK 403; [2018] 1 C.L.C. 960;

TABLE OF CASES

[2018] Lloyd's Rep. I.R. 448; *Times*, May 31, 2018 SC 4-077
Nederlandse Reassurantie Groep Holding NV v Bacon & Woodrow (No.3) [1997] L.R.L.R.
   678; [1996] 8 WLUK 10 QBD (Comm) 16-034, 16-035
Nelson v Empress Assurance Corp Ltd [1905] 2 K.B. 281; [1905] 5 WLUK 75 CA . . 1-005, 5-011,
   5-013, 5-014, 13-087, 13-088, 13-089, 13-090
Nelson & Co, Re [1905] 1 Ch. 551; [1905] 2 WLUK 36 Ch D 18-039
Netherlands v Ruffer (814/79) EU:C:1980:291; [1980] E.C.R. 3807; [1980] 12 WLUK
   159; [1981] 3 C.M.L.R. 293 ECJ 13-034
New Cap Reinsurance Corp (Bermuda) Ltd v Dorinco Reinsurance Co [2003] Bda L.R. 43 . 17-078
New Cap Reinsurance Corp Ltd (In Liquidation) v Grant, sub nom. New Cap Reinsurance
   Corp Ltd (In Liquidation), Re [2012] UKSC 46; [2013] 1 A.C. 236; [2012] 3 W.L.R.
   1019; [2013] 1 All E.R. 521; [2013] 1 All E.R. (Comm) 513; [2013] Bus. L.R. 1; [2012]
   2 Lloyd's Rep. 615; [2012] 10 WLUK 740; [2013] B.C.C. 1; [2012] 2 B.C.L.C. 682;
   [2012] B.P.I.R. 1204; *Times*, November 9, 2012 SC......................... 16-010, 16-017
New Hampshire Insurance Co Ltd v Grand Union Insurance Co Ltd and Mercantile Mutual
   Holdings Ltd [1996] L.R.L.R. 102; [1995] 4 WLUK 78 CA (HK)................. 6-035, 6-044
New Hampshire Insurance Co Ltd v MGN Ltd; joined case(s) Maxwell Communication
   Corp Plc (In Administration) v New Hampshire Insurance Co Ltd [1997] L.R.L.R. 24;
   [1996] 9 WLUK 23; [1996] C.L.C. 1692 CA (Civ Div)........................ 3-054, 6-143
New Hampshire Insurance Co Ltd v Philips Electronics North America Corp (No.1) [1997]
   5 WLUK 323; [1998] C.L.C. 1062; [1998] I.L.Pr. 256; [1999] Lloyd's Rep. I.R. 58 CA
   (Civ Div).. 13-052
New Hampshire Insurance Co Ltd v Strabag Bau AG [1992] 1 Lloyd's Rep. 361; [1991] 11
   WLUK 165; [1992] I.L.Pr. 478; *Times*, November 26, 1991; *Financial Times*, November
   26, 1991 CA (Civ Div).. 13-032
New Skies Satellite BV v FG Hemisphere Associates LLC 1 December 2005 ..... 13-063, 14-130,
   14-131
New York Life Insurance Co v Styles (1889) 14 App. Cas. 381; [1889] 7 WLUK 2 HL 16-042
New Zealand Shipping Co Ltd v AM Satterthwaite & Co Ltd (The Eurymedon), sub nom.
   AM Satterthwaite & Co Ltd v New Zealand Shipping Co Ltd [1975] A.C. 154; [1974] 2
   W.L.R. 865; [1974] 1 All E.R. 1015; [1974] 1 Lloyd's Rep. 534; [1974] 2 WLUK 102;
   (1974) 118 S.J. 387 PC (NZ).. 3-033, 9-006
N.F.L. Insurance Ltd (In Liquidation), by David E.W. Lines and Peter C.B. Mitchell, Joint
   Liquidators v B & B Holdings Inc 874 F. Supp. 606 .... 16-042, 16-043
Nicholas Mark Cooke v Comp Indemnity Reinsurance Co Ltd [2001] Bda L.R. 15 14-069
Niger Co Ltd v Guardian Assurance Co (Costs), sub nom. Niger Co v Guardian Assurance
   (1921) 9 Ll. L. Rep. 45; [1921] 10 WLUK 24 CA.................................. 6-143
Nigeria v Process and Industrial Developments Ltd [2023] EWHC 2638 (Comm); [2023]
   10 WLUK 245 KBD (Comm Ct) 14-036, 14-095
Nimer v United Al Saqer Group LLC [2021] EWHC 50 (QB); [2021] 1 WLUK 123 QBD .. 13-049
Nisshin Shipping Co Ltd v Cleaves & Co Ltd [2003] EWHC 2602 (Comm); [2004] 1 All
   E.R. (Comm) 481; [2004] 1 Lloyd's Rep. 38; [2003] 11 WLUK 206; [2003] 2 C.L.C.
   1097; (2003) 153 N.L.J. 1705 QBD (Comm) 9-028, 15-124
Njegos, The [1936] P. 90; (1935) 53 Ll. L. Rep. 286; [1935] 12 WLUK 32 PDAD 12-013
NN2 Newco Ltd, Re; joined case(s) Politus BV, Re [2019] EWHC 1917 (Ch); [2019] 7
   WLUK 350 Ch D 18-036
Noble Assurance Co v Gerling-Konzern General Insurance Co [2007] EWHC 253 (Comm);
   [2007] 2 WLUK 564; [2007] 1 C.L.C. 85; [2008] Lloyd's Rep. I.R. 1 QBD (Comm) 14-124
Noble Group Ltd, Re [2018] EWHC 3092 (Ch); [2018] 11 WLUK 207; [2019] B.C.C. 349;
   [2019] 2 B.C.L.C. 548 Ch D 18-034, 18-036
Nokia Corp v HTC Corp [2012] EWHC 3199 (Pat); [2012] 11 WLUK 253 Ch D (Patents
   Ct).. 14-009
Nomihold Securities Inc v Mobile Telesystems Finance SA [2012] EWHC 130 (Comm);
   [2012] Bus. L.R. 1289; [2012] 1 Lloyd's Rep. 442; [2012] 2 WLUK 98; [2012] 1 C.L.C.
   339 QBD (Comm).. 14-012
Nori Holding Ltd v Public Joint-Stock Co Bank Otkritie Financial Corp [2018] EWHC
   1343 (Comm); [2018] 2 All E.R. (Comm) 1009; [2019] Bus. L.R. 146; [2018] 2 Lloyd's
   Rep. 80; [2018] 6 WLUK 54; [2018] 2 C.L.C. 9; [2018] B.P.I.R. 1402 QBD (Comm)....... 14-042
Normid Housing Association Ltd v Ralphs & Mansell (Third Party Rights: Mareva
   Injunction), sub nom. Normid Housing Association Ltd v John S Mansell; Normid Housing
   Association Ltd v R John Ralphs; joined case(s) Normid Housing Association Ltd v
   Assicurazioni Generali SpA [1989] 1 Lloyd's Rep. 265; [1988] 7 WLUK 37; 21 Con.
   L.R. 98; [1988] E.G. 108 (C.S.); *Times*, November 15, 1988 CA (Civ Div) 16-017

TABLE OF CASES

Norske Atlas Insurance Co Ltd v London General Insurance Co Ltd (1927) 28 Ll. L. Rep. 104; [1927] 5 WLUK 43 KBD... 12-012, 14-125, 14-128
North & South Insurance Corp Ltd, Re (1933) 47 Ll. L. Rep. 356; [1933] 12 WLUK 42 Ch D 15-001, 17-003, 17-025, 17-026, 17-028
North & South Trust Co v Berkeley, sub nom. Berkeley v North & South Trust Co [1971] 1 W.L.R. 470; [1971] 1 All E.R. 980; [1970] 2 Lloyd's Rep. 467; [1970] 12 WLUK 33; (1970) 115 S.J. 244 QBD (Comm) 9-015, 9-016, 9-017, 9-018, 9-059
North Atlantic Insurance Co Ltd v Bishopsgate Insurance Ltd [1998] 1 Lloyd's Rep. 459; [1997] 7 WLUK 498 QBD (Comm) 13-120, 13-121, 13-129
North Atlantic Insurance Co Ltd v Nationwide General Insurance Co Ltd [2004] EWCA Civ 423; [2004] 2 All E.R. (Comm) 351; [2004] 4 WLUK 113; [2004] 1 C.L.C. 1131; [2004] Lloyd's Rep. I.R. 466; (2004) 148 S.J.L.B. 508 CA (Civ Div)...... 4-042, 10-033, 10-039, 11-074, 15-124, 15-131
North British Fishing Boat Insurance Co Ltd v Starr (1922) 13 Ll. L. Rep. 206; [1922] 11 WLUK 57 KBD.. 6-033, 6-063
North Shore Ventures Ltd v Anstead Holdings Inc [2011] EWCA Civ 230; [2012] Ch. 31; [2011] 3 W.L.R. 628; [2011] 2 All E.R. (Comm) 1024; [2011] Bus. L.R. 1036; [2011] 2 Lloyd's Rep. 45; [2011] 3 WLUK 313; [2011] B.L.R. 757 CA (Civ Div)............... 10-029
North Star Shipping Ltd v Sphere Drake Insurance Plc [2006] EWCA Civ 378; [2006] 2 All E.R. (Comm) 65; [2006] 2 Lloyd's Rep. 183; [2006] 4 WLUK 224; [2006] 1 C.L.C. 606; [2006] Lloyd's Rep. I.R. 519 CA (Civ Div) 6-031, 6-047, 6-049
Northern Counties of England Fire Insurance Co, Re, sub nom. Macfarlane's Claim, Re (1880) 17 Ch. D. 337; [1880] 12 WLUK 40 Ch D............... 11-075, 17-010, 17-042, 17-050
Northumbria Healthcare NHS Foundation Trust v Lendlease Construction (Europe) Ltd [2022] EWHC 1266 (TCC); [2022] 5 WLUK 302 QBD (TCC) 13-106
Norwich Union Fire Insurance Co v Colonial Mutual Fire Insurance Co Ltd, sub nom. Norwich Union Fire Insurance Society Ltd v Colonial Mutual Fire Ins [1922] 2 K.B. 461; (1922) 12 Ll. L. Rep. 215; [1922] 7 WLUK 5 KBD............................ 4-033, 4-035
Norwich Union Insurance Ltd v Meisels [2006] EWHC 2811 (QB); [2007] 1 All E.R. (Comm) 1138; [2006] 11 WLUK 201; [2007] Lloyd's Rep. I.R. 69 QBD........... 6-029, 6-049
Norwich Union Linked Life Assurance Ltd, Re [2004] EWHC 2802 (Ch); [2004] 12 WLUK 21; [2005] B.C.C. 586 Ch D (Companies Ct)..................................... 18-046
Novoship (UK) Ltd v Mikhaylyuk; joined case(s) Novoship (UK) Ltd v Nikitin [2014] EWCA Civ 908; [2015] Q.B. 499; [2015] 2 W.L.R. 526; [2014] 7 WLUK 196; [2014] W.T.L.R. 1521; (2014) 158(28) S.J.L.B. 37 CA (Civ Div)................................ 10-004
NRG Victory Reinsurance Ltd, Re [1995] 1 W.L.R. 239; [1995] 1 All E.R. 533; [1994] 7 WLUK 328; [1995] 4 Re. L.R. 214; *Times*, November 8, 1994 Ch D.................. 15-026
NRG Victory Reinsurance Ltd, Re [2006] EWHC 679 (Ch) Ch D 18-019, 18-032
NWA v FSY [2021] EWHC 2666 (Comm); [2021] Bus. L.R. 1788; [2022] 1 Lloyd's Rep. 629; [2021] 10 WLUK 83; [2021] 2 C.L.C. 779 QBD (Comm) 14-117
O Co v M Co [1996] 2 Lloyd's Rep. 347; [1994] 10 WLUK 116 QBD (Comm) 13-105
OAO "CT-Mobile" v IPOC International Growth Fund Ltd [2006] Bda L.R. 69 .... 13-001, 14-056
Ocean Finance & Mortgages Ltd v Oval Insurance Broking Ltd [2016] EWHC 160 (Comm); [2016] 2 WLUK 67; [2016] Lloyd's Rep. I.R. 319 QBD (Comm)............... 9-066
O'Connell v Arthur Andersen LLP (In re AlphaStar Ins. Group, Ltd.) 383 B.R. 231 16-038
Odyssey Re (London) Ltd (formerly Sphere Drake Insurance Plc) v OIC Run Off Ltd (formerly Orion Insurance Co Plc) [2000] 3 WLUK 342; [2001] Lloyd's Rep. I.R. 1; (2000) 97(13) L.S.G. 42; (2000) 150 N.L.J. 430; (2000) 144 S.J.L.B. 142; *Times*, March 17, 2000; *Independent*, March 22, 2000 CA (Civ Div)......................... 3-025, 10-036
Office Depot International BV v Holdham SA [2019] EWHC 2115 (Ch); [2019] 4 W.L.R. 120; [2020] 1 All E.R. (Comm) 772; [2019] 7 WLUK 623 Ch D 13-036
Official Receiver v Zwirn, sub nom. Windows West Ltd, Re [2001] 7 WLUK 638; [2002] B.C.C. 760 Ch D (Companies Ct).. 17-001
O'Kane v Jones (The Martin P) [2003] EWHC 3470 (Comm); [2004] 1 Lloyd's Rep. 389; [2003] 7 WLUK 910; [2005] Lloyd's Rep. I.R. 174 QBD (Comm)................. 6-079, 6-089
Old Silkstone Collieries, Re [1954] Ch. 169; [1954] 2 W.L.R. 77; [1954] 1 All E.R. 68; [1953] 12 WLUK 6; (1954) 98 S.J. 27 CA.. 18-004
Omega Proteins Ltd v Aspen Insurance UK Ltd [2010] EWHC 2280 (Comm); [2011] 1 All E.R. (Comm) 313; [2010] 9 WLUK 191; [2010] 2 C.L.C. 370; [2011] Lloyd's Rep. I.R. 183; (2010) 107(37) L.S.G. 17; (2010) 160 N.L.J. 1260 QBD (Comm) 5-067
OneBeacon America Insurance Co v Peter C.B. Mitchell as Joint Liquidators of Electric Mutual Liability Insurance Co [2006] Bda L.R. 41 16-022
Re Opes Prime Stockbroking Ltd [2009] FCA 813 18-035

TABLE OF CASES

Orakpo v Barclays Insurance Services Co Ltd [1995] L.R.L.R. 443; [1994] 3 WLUK 404; [1994] C.L.C. 373 CA (Civ Div).. 6-128, 6-133
Orion Compania Espanola de Seguros v Belfort Maatschappij voor Algemene Verzekgringeen [1962] 2 Lloyd's Rep. 257; [1962] 10 WLUK 119 QBD (Comm) 14-109
Orion Insurance Co Plc v Sphere Drake Insurance Plc [1992] 1 Lloyd's Rep. 239; [1991] 8 WLUK 16 CA (Civ Div) 3-022, 3-025, 10-036
Osiris Insurance Ltd, Re [1998] 11 WLUK 260; [1999] 1 B.C.L.C. 182 Ch D (Companies Ct)... 18-013, 18-022, 18-069
Osman v J Ralph Moss Ltd [1970] 1 Lloyd's Rep. 313; [1970] 2 WLUK 26 CA (Civ Div) .. 9-071, 9-080
Overseas Commodities Ltd v Style [1958] 1 Lloyd's Rep. 546; [1958] 5 WLUK 79 QBD (Comm).. 6-186
Overseas Union Insurance v Incorporated General Insurance [1992] 1 Lloyd's Rep. 439; [1991] 11 WLUK 317; *Times*, December 11, 1991; *Financial Times*, December 4, 1991 CA (Civ Div).. 12-015, 13-059
Overseas Union Insurance Ltd v Home and Overseas Insurance Co Ltd [2002] 4 S.L.R. 104 . 5-069
Overseas Union Insurance Ltd v New Hampshire Insurance Co, sub nom. Deutsche Ruck UK Reinsurance Co Ltd v New Hampshire Insurance Co; Pine Top Insurance Co Ltd v New Hampshire Insurance Co [1992] 1 Lloyd's Rep. 218; [1988] 9 WLUK 35; [1991] I.L.Pr. 510; *Times*, September 27, 1988 QBD 13-036
Owners of Cargo Lately Laden on Board the Siskina v Distos Compania Naviera SA; joined case(s) Ibrahim Shanker Co v Distos Compania Naviera SA [1979] A.C. 210; [1977] 3 W.L.R. 818; [1977] 3 All E.R. 803; [1978] 1 Lloyd's Rep 1; [1977] 10 WLUK 159; [1978] 1 C.M.L.R. 190 HL.. 14-130
Owners of Cargo Lately Laden on Board the Tatry v Owners of the Maciej Rataj EU:C:1994:400; [1999] Q.B. 515; [1999] 2 W.L.R. 181; [1995] 1 Lloyd's Rep. 302; [1994] E.C.R. I-5439; [1994] 12 WLUK 72; [1995] C.L.C. 275; [1995] All E.R. (E.C.) 229; [1995] I.L.Pr. 81; *Times*, December 28, 1994; *Financial Times*, December 13, 1994 ECJ 13-036
Owners of the Atlantic Star v Owners of the Bona Spes (The Atlantic Star and The Bona Spes) [1974] A.C. 436; [1973] 2 W.L.R. 795; [1973] 2 All E.R. 175; [1973] 2 Lloyd's Rep. 197; [1973] 4 WLUK 45; (1973) 117 S.J. 371 HL.. 13-001
Owusu v Jackson (t/a Villa Holidays Bal Inn Villas) (C-281/02) EU:C:2005:120; [2005] Q.B. 801; [2005] 2 W.L.R. 942; [2005] 2 All E.R. (Comm) 577; [2005] 1 Lloyd's Rep. 452; [2005] E.C.R. I-1383; [2005] 3 WLUK 73; [2005] 1 C.L.C. 246; [2005] I.L.Pr. 25; *Times*, March 9, 2005 ECJ.................................... 13-014, 13-035, 13-037, 13-069, 17-013
P&P Property Ltd v Owen White & Catlin LLP, sub nom. Dreamvar (UK) Ltd v Mary Monson Solicitors Ltd; joined case(s) Dreamvar (UK) Ltd v Mischon de Reya [2018] EWCA Civ 1082; [2019] Ch. 273; [2018] 3 W.L.R. 1244; [2018] 4 All E.R. 277; [2018] Bus. L.R. 1668; [2018] 5 WLUK 248; [2018] Lloyd's Rep. F.C. 445; [2018] P.N.L.R. 29; [2019] 1 P. & C.R. 1 CA (Civ Div)... 10-023
Pablo Star Ltd v Emirates Integrated Telecommunications Co PJSC (t/a Du) [2009] EWCA Civ 1044; [2009] 10 WLUK 363 CA (Civ Div)... 12-021
Pacific & General Insurance Co Ltd v Hazell; joined case(s) Pacific & General Insurance Co Ltd v Home & Overseas Insurance Co Ltd [1997] L.R.L.R. 65; [1996] 10 WLUK 261; [1997] B.C.C. 400; [1997] 6 Re. L.R. 157 QBD (Comm)....... 3-049, 9-028, 11-003, 11-022, 11-043, 11-044, 11-045, 11-047
Pacific & General Insurance Co Ltd (In Liquidation) v Baltica Insurance Co (UK) Ltd [1996] L.R.L.R. 8; [1995] 11 WLUK 42 QBD (Comm) 5-151, 6-207, 13-101, 13-102
PA(GI) Ltd v GICL 2013 Ltd [2015] EWHC 1556 (Ch); [2015] 6 WLUK 176; [2016] Lloyd's Rep. I.R. 125 Ch D (Companies Ct).. 18-048
Paice v Harding (t/a MJ Harding Contractors) [2015] EWHC 661 (TCC); [2015] 2 All E.R. (Comm) 1118; [2015] 3 WLUK 269; [2015] B.L.R. 345; 163 Con. L.R. 274; [2015] C.I.L.L. 3668 QBD (TCC) 14-020
Pakistan International Airline Corp v Times Travel (UK) Ltd, sub nom. Times Travel (UK) Ltd v Pakistan International Airline Corp [2021] UKSC 40; [2023] A.C. 101; [2021] 3 W.L.R. 727; [2022] 2 All E.R. 815; [2022] 1 All E.R. (Comm) 361; [2021] 2 Lloyd's Rep. 234; [2021] 8 WLUK 128; [2021] 2 C.L.C. 660; 197 Con. L.R. 53; *Times*, September 20, 2021 SC.. 4-098, 10-029
Pakistan Reinsurance Co Ltd v Equitas Ltd [2018] EWHC 3136 (QB) 14-018, 14-019, 14-020
Palladian Partners LP v Argentina [2024] EWCA Civ 139; [2024] 2 WLUK 310 CA (Civ Div)... 13-111
Palmdale Insurance (In Liquidation), Re [1982] V.R. 921 Sup Ct (Vic) 11-020, 11-027

TABLE OF CASES

Re Palmdale Insurance Ltd (No.2) [1983] 2 V.R. 430 .... 11-020, 11-074
Pan Atlantic Group v Hassneh Insurance Co of Israel Ltd [1992] 2 Lloyd's Rep. 120;
  [1991] 10 WLUK 273; *Financial Times*, November 8, 1991 CA (Civ Div)........ 14-022, 14-065
Pan Atlantic Insurance Co Ltd v Pine Top Insurance Co Ltd [1995] 1 A.C. 501; [1994] 3
  W.L.R. 677; [1994] 3 All E.R. 581; [1994] 2 Lloyd's Rep. 427; [1994] 7 WLUK 300;
  [1994] C.L.C. 868; (1994) 91(36) L.S.G. 36; (1994) 144 N.L.J. 1203; (1994) 138 S.J.L.B.
  182; *Times*, July 27, 1994; *Independent*, August 4, 1994 HL.... 3-064, 6-008, 6-017, 6-018, 6-021,
      6-029, 6-030, 6-033, 6-039, 6-050, 6-070, 6-071, 6-085, 6-088, 6-089, 6-102, 6-107, 6-111,
      6-112, 6-113, 6-121, 13-103
Pan Atlantic Insurance Co Ltd v Pine Top Insurance Co Ltd [1989] 1 Lloyd's Rep. 568;
  [1988] 12 WLUK 171 CA (Civ Div) 4-042, 10-033, 10-034, 10-039
Pan Atlantic Insurance Co Ltd, Re [2003] EWHC 1969 (Ch); [2003] 7 WLUK 607; [2003]
  B.C.C. 847; [2003] 2 B.C.L.C. 678 Ch D (Companies Ct).................... 18-023, 18-066
Pan Ocean Co Ltd v China-Base Group Co Ltd (formerly China-Base Ningbo Foreign
  Trade Co Ltd) [2019] EWHC 982 (Comm); [2019] 2 Lloyd's Rep. 335; [2019] 4 WLUK
  290; [2019] 1 C.L.C. 699 QBD (Comm) 13-080
Pan Oceanic Chartering Inc v UNIPEC UK Co Ltd [2016] EWHC 2774 (Comm); [2017] 2
  All E.R. (Comm) 196; [2016] 11 WLUK 316 QBD (Comm) 15-124
Pantheon International Advisors Ltd v Co-Diagnostics Inc [2023] EWHC 1984 (KB);
  [2023] 7 WLUK 514 KBD 13-041, 13-045
Pantiles Investments Ltd (In Liquidation), Re, sub nom. Pantiles Investments Ltd (In
  Liquidation) v Winckler [2019] EWHC 1298 (Ch); [2019] 5 WLUK 399; [2019] B.C.C.
  1003; [2019] 2 B.C.L.C. 295 Ch D... 16-027
Parr's Bank v Albert Mines Syndicate (1900) 5 Com. Cas.116 1-047
Partenreederei M/S Heidberg v Grosvenor Grain & Feed Co Ltd (The Heidberg) (No.2)
  [1994] 2 Lloyd's Rep. 287; [1994] 3 WLUK 299 QBD (Comm)................ 13-016, 13-077
Pathfinder Strategic Credit LP v Empire Capital Resources Pte Ltd [2019] SGCA 29 18-035
Patley Wood Farm LLP v Brake [2014] EWHC 4499 (Ch); [2014] 12 WLUK 750 Ch D ... 14-026
Patrick and Lyon Ltd, Re [1933] Ch. 786; [1933] 3 WLUK 25 Ch D 16-027
Patton and Cook v The Bank of Bermuda Limited [2011] Bda. LR 34 9-074
Paul Smith Ltd v H&S International Holding Inc [1991] 2 Lloyd's Rep. 127; [1991] 2
  WLUK 211 QBD (Comm) 14-011
Pawson v Watson 98 E.R. 1361; (1778) 2 Cowp. 785; [1778] 5 WLUK 8 KB 3-063
PB Life and Annuity Company, Ltd 2023 SC 2 17-063
PBS Energo AS v Bester Generacion UK Ltd [2020] EWCA Civ 404; [2020] 4 All E.R.
  1101; [2021] 1 All E.R. (Comm) 19; [2020] Bus. L.R. 1626; [2020] 3 WLUK 253; [2020]
  1 C.L.C. 522; [2020] B.L.R. 355; 191 Con. L.R. 121 CA (Civ Div).................... 14-015
PCW Syndicates v PCW Reinsurers [1996] 1 W.L.R. 1136; [1996] 1 All E.R. 774; [1996] 1
  Lloyd's Rep. 241; [1995] 7 WLUK 387; [1995] C.L.C. 1517; [1995] 4 Re. L.R. 373;
  Times, October 10, 1995; *Independent*, September 8, 1995 CA (Civ Div)..... 6-008, 6-043, 6-053,
      9-045, 9-046
Pearl Assurance (Unit Linked Pensions) Ltd, Re, sub nom. London Life Linked Assurances
  Ltd, Re; NPI Ltd, Re; Pearl Assurance (Unit Funds) Ltd, Re [2006] EWHC 2291 (Ch);
  [2006] 9 WLUK 194; (2006) 103(38) L.S.G. 33; (2006) 150 S.J.L.B. 1250; [2007] Bus.
  L.R. D10 Ch D (Companies Ct) 18-004, 18-046
Pegasus Management Holdings SCA v Ernst & Young [2012] EWHC 738 (Ch); [2012] 3
  WLUK 740; [2012] 2 B.C.L.C. 734; [2012] P.N.L.R. 24; [2012] S.T.I. 1387 Ch D .. 11-057, 11-058
Peiris v Daniels [2015] SC (Bda) 13 16-038
Pepper (Inspector of Taxes) v Hart, sub nom. Pepper v Hart [1993] A.C. 593; [1992] 3
  W.L.R. 1032; [1993] 1 All E.R. 42; [1992] S.T.C. 898; [1992] 11 WLUK 389; [1993]
  I.C.R. 291; [1993] I.R.L.R. 33; [1993] R.V.R. 127; (1993) 143 N.L.J. 17; [1992] N.P.C.
  154; *Times*, November 30, 1992; *Independent*, November 26, 1992 HL.................. 17-063
Perella Weinberg Partners UK LLP v Codere SA [2016] EWHC 1182 (Comm); [2016] 5
  WLUK 367 QBD (Comm) 13-036
Perform Content Services Ltd v Ness Global Services Ltd, sub nom. Ness Global Services
  Ltd v Perform Content Services Ltd [2021] EWCA Civ 981; [2021] 1 W.L.R. 4146;
  [2022] 2 All E.R. 887; [2022] 1 All E.R. (Comm) 323; [2021] 6 WLUK 447; [2021] 2
  C.L.C. 383; [2021] B.L.R. 485; [2021] I.L.Pr. 34 CA (Civ Div)....................... 13-035
Persimmon Homes Ltd v Ove Arup and Partners Ltd [2017] EWCA Civ 373; [2017] 5
  WLUK 580; [2017] 2 C.L.C. 28; [2017] B.L.R. 417; 172 Con. L.R. 1; [2017] P.N.L.R.
  29; [2017] C.I.L.L. 4005 CA (Civ Div) 4-070
Pescatore v Valentino [2021] EWHC 1953 (Ch); [2021] 7 WLUK 178; [2021] W.T.L.R.
  917 Ch D... 13-067

TABLE OF CASES

Re Petition of the Board of Directors of Hopewell International Insurance Ltd, as Scheme Administrators of Hopewell International Insurance Ltd, 238 B.R. 25 238 B.R. 25 (1999) US Bankruptcy Ct S.D.N.Y 18-013
Petition of the Board of Directors of Hopewell International Insurance Ltd, as Scheme Administrators of Hopewell International Insurance Ltd, Re 238 B.R. 25 (1999) US Bankruptcy Ct S.D.N.Y.. 18-066, 18-069
Petroleo Brasileiro SA v Mellitus Shipping Inc (The Baltic Flame) [2001] EWCA Civ 418; [2001] 1 All E.R. (Comm) 993; [2001] 2 Lloyd's Rep. 203; [2001] 3 WLUK 816; [2001] C.L.C. 1151; *Times*, April 5, 2001 CA (Civ Div)....................................... 13-044
Peyman v Lanjani [1985] Ch. 457; [1985] 2 W.L.R. 154; [1984] 3 All E.R. 703; [1984] 4 WLUK 106; (1984) 48 P. & C.R. 398; (1985) 82 L.S.G. 43; (1984) 128 S.J. 853 CA (Civ Div)... 6-104
Philip Alexander Securities & Futures Ltd v Bamberger, sub nom. Phillip Alexander Securities & Futures Ltd v Bamberger; joined case(s) Philip Alexander Securities & Futures Ltd v Gilhaus [1996] 7 WLUK 237; [1996] C.L.C. 1757; [1997] Eu. L.R. 63; [1997] I.L.Pr. 73; *Times*, July 22, 1996 CA (Civ Div)... 13-016
Phillips (ABW) and Stratton (Albert) v Dorintal Insurance Ltd [1987] 1 Lloyd's Rep. 482; [1986] 12 WLUK 147 QBD (Comm)............................. 3-052, 3-057, 4-066, 4-077
Phillips (Liquidator of AJ Bekhor & Co) v Brewin Dolphin Bell Lawrie Ltd (formerly Brewin Dolphin & Co Ltd) [2001] UKHL 2; [2001] 1 W.L.R. 143; [2001] 1 All E.R. 673; [2001] 1 WLUK 385; [2001] B.C.C. 864; [2001] 1 B.C.L.C. 145; [2001] B.P.I.R. 119; (2001) 98(12) L.S.G. 43; (2001) 145 S.J.L.B. 32; *Times*, January 23, 2001 HL....... 16-007
Philpott v Lycee Francais Charles de Gaulle School, sub nom. Joint Liquidators of WGL Realisations 2010 Ltd v Lycee Francais Charles de Gaulle School; Orton v Lycee Francais Charles de Gaulle School [2015] EWHC 1065 (Ch); [2016] 1 All E.R. (Comm) 1; [2015] 3 WLUK 197; [2015] B.L.R. 495; [2015] T.C.L.R. 4; [2016] B.P.I.R. 448 Ch D (Birmingham) 14-010
Phoenix & London Assurance Ltd, Re [2009] EWHC 3502 (Ch); [2009] 12 WLUK 759 Ch D (Companies Ct).. 15-026, 15-046, 18-069
Phoenix General Insurance Co of Greece SA v Halvanon Insurance Co Ltd, sub nom. Phoenix General Insurance Co of Greece SA v Administratia Asigurarilor de Stat [1988] Q.B. 216; [1987] 2 W.L.R. 512; [1987] 2 All E.R. 152; [1986] 2 Lloyd's Rep. 552; [1986] 10 WLUK 71; [1987] Fin. L.R. 48; (1987) 84 L.S.G. 1055; (1987) 131 S.J. 257; *Financial Times*, October 15, 1986 CA (Civ Div). 1-021, 3-025, 4-099, 4-100, 4-101, 4-108, 5-075, 5-151, 6-035, 6-036, 6-143, 6-207, 7-008, 7-009, 7-010, 8-034, 10-020, 10-021, 13-123
Phoenix Life Assurance Ltd, Re; joined case(s) Phoenix Life Ltd, Re; Standard Life Assurance Ltd, Re; Standard Life Pension Funds Ltd, Re [2023] EWHC 2612 (Ch); [2023] 10 WLUK 203 Ch D... 18-045, 18-046
Photo Production Ltd v Securicor Transport Ltd [1980] A.C. 827; [1980] 2 W.L.R. 283; [1980] 1 All E.R. 556; [1980] 1 Lloyd's Rep. 545; [1980] 2 WLUK 146; (1980) 124 S.J. 147 HL... 4-071, 10-014
Piermay Shipping Co SA v Chester (The Michael) [1979] 2 Lloyd's Rep. 1; [1979] 3 WLUK 208 CA (Civ Div)... 6-120
Pine Top Insurance Co v Unione Italiana Anglo Saxon Reinsurance Co [1987] 1 Lloyd's Rep. 476; [1986] 12 WLUK 195 QBD (Comm) 4-004, 4-005, 4-012, 4-013, 12-030, 14-055
Pioneer Concrete (UK) Ltd v National Employers Mutual General Insurance Association Ltd [1985] 2 All E.R. 395; [1985] 1 Lloyd's Rep. 274; [1984] 12 WLUK 47; [1985] Fin. L.R. 251 QBD (Comm).. 6-205, 6-207
Pioneer Shipping Ltd v BTP Tioxide Ltd (The Nema) (No.2), sub nom. BTP Tioxide Ltd v Pioneer Shipping Ltd; joined case(s) BTP Tioxide Ltd v Armada Marine SA [1982] A.C. 724; [1981] 3 W.L.R. 292; [1981] 2 All E.R. 1030; [1981] 2 Lloyd's Rep. 239; [1981] 7 WLUK 184; [1981] Com. L.R. 197; (1981) 125 S.J. 542 HL................... 14-038, 14-047
Pirelli General Cable Works Ltd v Oscar Faber & Partners [1983] 2 A.C. 1; [1983] 2 W.L.R. 6; [1983] 1 All E.R. 65; [1982] 12 WLUK 82; (1983) 265 E.G. 979; *Times*, December 11, 1982 HL.. 13-116
Pitts v Hunt [1991] 1 Q.B. 24; [1990] 3 W.L.R. 542; [1990] 3 All E.R. 344; [1990] 4 WLUK 48; [1990] R.T.R. 290; (1990) 134 S.J. 834; *Times*, April 13, 1990; *Independent*, May 11, 1990 CA (Civ Div) 9-041
PJSC National Bank Trust v Mints [2021] EWHC 692 (Comm); [2021] 3 WLUK 374 QBD (Comm).. 13-049
PJSC Tatneft v Bogolyubov [2020] EWHC 2437 (Comm); [2021] 1 W.L.R. 403; [2021] 2 All E.R. 224; [2021] 2 All E.R. (Comm) 450; [2020] 9 WLUK 119 QBD (Comm)........ 13-106
Playboy Club London Ltd v Banca Nazionale del Lavoro SpA, sub nom. Banca Nazionale

del Lavoro SpA v Playboy Club London Ltd [2018] UKSC 43; [2018] 1 W.L.R. 4041; [2019] 2 All E.R. 478; [2019] 1 All E.R. (Comm) 693; [2018] 7 WLUK 619; 179 Con. L.R. 17; [2018] P.N.L.R. 35; [2018] L.L.R. 657 SC. 10-033
Plevin v Paragon Personal Finance Ltd; joined case(s) Conlon v Black Horse Ltd [2014] UKSC 61; [2014] 1 W.L.R. 4222; [2015] 1 All E.R. 625; [2015] 1 All E.R. (Comm) 1007; [2014] Bus. L.R. 1257; [2014] 11 WLUK 332; [2015] E.C.C. 2; [2015] Lloyd's Rep. I.R. 247 SC.. 6-039
Poland v Julien Praet et Cie SA, sub nom. Julien Praet et Cie SA v Poland [1961] 1 Lloyd's Rep. 187; [1961] 2 WLUK 126 CA 10-022
Porter v Magill, sub nom. Magill v Porter; Magill v Weeks; joined case(s) England v Magill; Hartley v Magill; Phillips v Magill; Weeks v Magill [2001] UKHL 67; [2002] 2 A.C. 357; [2002] 2 W.L.R. 37; [2002] 1 All E.R. 465; [2001] 12 WLUK 382; [2002] H.R.L.R. 16; [2002] H.L.R. 16; [2002] B.L.G.R. 51; (2001) 151 N.L.J. 1886; [2001] N.P.C. 184; Times, December 14, 2001; Independent, February 4, 2002; Daily Telegraph, December 20, 2001 HL... 14-015, 14-020
Portsmouth City Football Club Ltd (In Liquidation), Re, sub nom. Neumans LLP v Andronikou [2013] EWCA Civ 916; [2014] 1 All E.R. 12; [2013] Bus. L.R. 1152; [2013] 7 WLUK 772; [2013] C.P. Rep. 45; [2013] B.C.C. 741; [2014] 1 B.C.L.C. 1; [2013] 6 Costs L.O. 934 CA (Civ Div) 18-003
Post Office v Norwich Union Fire Insurance Society Ltd [1967] 2 Q.B. 363; [1967] 2 W.L.R. 709; [1967] 1 All E.R. 577; [1967] 1 Lloyd's Rep. 216; [1967] 1 WLUK 732; (1967) 111 S.J. 71 CA (Civ Div) 5-066, 5-067, 9-085
Powell v Evan Jones & Co [1905] 1 K.B. 11; [1904] 11 WLUK 48 CA 9-011
Power, Assignees of Fulton v Butcher and J. D. Capet 109 E.R. 472; (1829) 10 B. & C. 329; [1829] 1 WLUK 235 KB 11-003
Practice Statement (Ch D: Schemes of Arrangements with Creditors) [2002] 1 W.L.R. 1345; [2002] 3 All E.R. 96; [2002] 4 WLUK 171; [2002] B.C.C. 355; (2002) 146 S.J.L.B. 99 Ch D... 18-009
Practice Statement (Commercial Cases: Alternative Dispute Resolution) (No.2), sub nom. Practice Note (Comm Ct: Alternative Dispute Resolution) [1996] 1 W.L.R. 1024; [1996] 3 All E.R. 383; [1996] 6 WLUK 61; [1996] C.L.C. 1042; (1996) 93(23) L.S.G. 36 QBD ... 14-114
Pratt v Aigaion Insurance Co SA (The Resolute), sub nom. Resolute, The [2008] EWCA Civ 1314; [2009] 2 All E.R. (Comm) 387; [2009] 1 Lloyd's Rep. 225; [2008] 11 WLUK 724; [2008] 2 C.L.C. 756; [2009] Lloyd's Rep. I.R. 149; Times, December 3, 2008 CA (Civ Div) 4-070, 6-166
Premier Cruises Ltd v DLA Piper Rus Ltd [2021] EWHC 151 (Comm); [2021] 1 Lloyd's Rep. 511; [2021] 2 WLUK 97 QBD (Comm)................................. 13-035, 14-009
Premier Oil Plc v Fund III Investment 1 (Cayman) Ltd [2020] CSOH 39; [2020] 4 WLUK 282; 2020 G.W.D. 15-216 OH 18-004
Prenn v Simmonds [1971] 1 W.L.R. 1381; [1971] 3 All E.R. 237; [1971] 7 WLUK 91; (1971) 115 S.J. 654 HL... 4-054
Prentis Donegan & Partners Ltd v Leeds & Leeds Co Inc [1998] 2 Lloyd's Rep. 326; [1998] 5 WLUK 52; [1998] C.L.C. 1132 QBD (Comm).............. 9-011, 9-087, 11-005
President of India v La Pintada Compania Navigacion SA (The La Pintada) [1985] A.C. 104; [1984] 3 W.L.R. 10; [1984] 2 All E.R. 773; [1984] 2 Lloyd's Rep. 9; [1984] 5 WLUK 271; [1984] C.I.L.L. 110; (1984) 81 L.S.G. 1999; (1984) 128 S.J. 414 HL 13-110
Presidential Insurance Co Ltd v Resha St. Hill [2012] UKPC 33; [2012] 8 WLUK 186 PC (Trin)... 17-063
PricewaterhouseCoopers v Saad Investments Co Ltd [2014] UKPC 35; [2014] 1 W.L.R. 4482; [2014] 11 WLUK 238; [2015] B.C.C. 53; [2014] 2 B.C.L.C. 583; Times, December 16, 2014 PC (Ber)...................................... 17-014, 17-079, 18-077
Prifti v Musini Sociedad Anonima de Seguros y Reaseguros [2003] EWHC 2796 (Admin); [2003] 11 WLUK 574; [2004] 1 C.L.C. 517; [2004] Lloyd's Rep. I.R. 528 QBD (Admin) .. 13-030
Prifti v Musini Sociedad Anonima de Seguros y Reaseguros [2005] EWHC 832 (Comm); [2005] 5 WLUK 143; [2006] Lloyd's Rep. I.R. 221 QBD (Comm) 4-014
Princess Cruise Lines v Matthews [2011] SC (BDA) 51 14-066
Produce Marketing Consortium (In Liquidation) Ltd, Re (No.2) [1989] 3 WLUK 315; (1989) 5 B.C.C. 569; [1989] B.C.L.C. 520; Times, April 7, 1989; Independent, April 14, 1989; Independent, April 3, 1989; Financial Times, April 14, 1989 Ch D (Companies Ct) .. 16-029
Professional Services Insurance Co Ltd v Gerling Konzern Versicherungs Aktiengesellschaft [2003] Bda L.R. 55.. 14-045, 14-061
Profilati Italia Srl v Painewebber Inc [2001] 1 All E.R. (Comm) 1065; [2001] 1 Lloyd's Rep. 715; [2001] 1 WLUK 462; [2001] C.L.C. 672 QBD (Comm)..................... 14-036

TABLE OF CASES

Property Insurance Co Ltd v National Protector Insurance Co Ltd (1913) 108 L.T. 104 4-031
Proudfoot v Montefiore (1866-67) L.R. 2 Q.B. 511; [1867] 6 WLUK 70 QB 9-039
Provident Insurance Plc v Financial Services Authority [2012] EWHC 1860 (Ch); [2012] 5
    WLUK 441 Ch D 18-047
Provincial Insurance Co Ltd v Crowder (1927) 27 Ll. L. Rep. 28; [1927] 1 WLUK 57 KBD ......
    11-022, 11-034, 11-035, 11-038, 11-041
Provincial Insurance Co Ltd v Morgan & Foxon, sub nom. Morgan & Foxon v Provincial
    Insurance Co Ltd; Morgan and Provincial Insurance Co Ltd, Re [1933] A.C. 240; (1932)
    44 Ll. L. Rep. 275; [1932] 12 WLUK 21 HL 6-005, 6-171
Provincial Insurance Co of Canada v Leduc (1874-75) L.R. 6 P.C. 224; [1874] 6 WLUK 98
    PC (Can) 9-024
Prudential Annuities Ltd, Re, sub nom. Prudential Assurance Co Ltd, Re [2014] EWHC
    4770 (Ch); [2014] 11 WLUK 352 Ch D (Companies Ct) 18-004
Prudential Assurance Co Ltd, Re; joined case(s) Rothesay Life Plc, Re [2020] EWCA Civ
    1626; [2021] 2 All E.R. (Comm) 1051; [2021] Bus. L.R. 259; [2020] 12 WLUK 15;
    [2021] Lloyd's Rep. I.R. 623 CA (Civ Div) 18-043, 18-044
Prudential Insurance Co v Inland Revenue Commissioners [1904] 2 K.B. 658; [1904] 6
    WLUK 110 KBD 1-002, 1-003, 1-026, 8-014, 15-047
Pryke v Gibbs Hartley Cooper Ltd; joined case(s) Excess Insurance Co Ltd v Gibbs Hartley
    Cooper Ltd [1991] 1 Lloyd's Rep. 602; [1990] 10 WLUK 1 QBD (Comm) ... 6-113, 9-019, 9-028,
    9-070, 9-083, 10-023, 10-027, 10-029, 11-001, 11-023, 11-062
PT Buana Samudra Pratama v Maritime Mutual Insurance Association (NZ) Ltd, sub nom.
    PT Buana Samudra Pratama v Marine Mutual Insurance Association (NZ) Ltd [2011]
    EWHC 2413 (Comm); [2012] 1 All E.R. (Comm) 581; [2011] 2 Lloyd's Rep. 655; [2011]
    9 WLUK 643; [2011] 2 C.L.C. 722; [2012] Lloyd's Rep. I.R. 52 QBD (Comm) 3-068, 3-076,
    3-078
Public Institution for Social Security v Al Rajaan [2022] EWCA Civ 29; [2022] 1 W.L.R.
    4193; [2022] 4 All E.R. 723; [2022] 2 All E.R. (Comm) 893; [2022] 1 WLUK 266;
    [2022] 1 C.L.C. 468 CA (Civ Div) 13-035
Public Joint Stock Co ("Rosgosstrakh") v Starr Syndicate Ltd [2020] EWHC 1557 (Comm);
    [2020] 6 WLUK 218 QBD (Comm) 13-078, 13-098
Public Joint-Stock Co Commercial Bank Privatbank, Re [2015] EWHC 3186 (Ch); [2015]
    10 WLUK 660 Ch D (Companies Ct).. 18-036
Punjab National Bank v De Boinville [1992] 1 W.L.R. 1138; [1992] 3 All E.R. 104; [1992]
    1 Lloyd's Rep. 7; [1991] 5 WLUK 216; [1992] E.C.C. 348; (1991) 141 N.L.J. 85; *Times*,
    June 4, 1991; *Financial Times*, June 5, 1991 CA (Civ Div) 3-054, 9-071, 9-084, 9-085, 9-086
Qatar v Banque Havilland SA [2021] EWHC 2172 (Comm); [2021] 7 WLUK 517 QBD
    (Comm)... 13-106
QBE Europe SA/NV v Generali Espana de Seguros y Reaseguros [2022] EWHC 2062
    (Comm); [2022] 2 Lloyd's Rep. 481; [2022] 7 WLUK 477; [2022] 2 C.L.C. 389; [2023]
    Lloyd's Rep. I.R. 192 QBD (Comm)............................. 13-067, 13-068, 14-042
Qingdao Ocean Shipping Co v Grace Shipping Establishment Transatlantic Schiffahrtskon-
    tor GmbH (The Xing Su Hai) [1995] 2 Lloyd's Rep. 15; [1995] 2 WLUK 364 QBD
    (Comm)... 13-016
Quadra Commodities SA v XL Insurance Co SE [2023] EWCA Civ 432; [2023] 2 All E.R.
    (Comm) 909; [2024] Bus. L.R. 435; [2023] 4 WLUK 174; [2023] 1 C.L.C. 560; [2023]
    Lloyd's Rep. I.R. 455 CA (Civ Div)... 5-146
Quantum Advisory Ltd v Quantum Actuarial LLP [2023] EWCA Civ 12; [2023] 1 WLUK
    186 CA (Civ Div) 4-098, 6-126
R. v Bow Street Metropolitan Stipendiary Magistrate Ex p. Pinochet Ugarte (No.2), sub
    nom. Pinochet Ugarte (No.2), Re; R. v Bartle Ex p. Pinochet Ugarte (No.2); R. v Evans
    Ex p. Pinochet Ugarte (No.2) [2000] 1 A.C. 119; [1999] 2 W.L.R. 272; [1999] 1 All E.R.
    577; [1999] 1 WLUK 487; 6 B.H.R.C. 1; (1999) 11 Admin. L.R. 57; (1999) 96(6) L.S.G.
    33; (1999) 149 N.L.J. 88; *Times*, January 18, 1999; *Independent*, January 19, 1999 HL 14-015,
    14-018
R. v Gough (Robert) [1993] A.C. 646; [1993] 2 W.L.R. 883; [1993] 2 All E.R. 724; [1993]
    5 WLUK 194; (1993) 97 Cr. App. R. 188; (1993) 157 J.P. 612; [1993] Crim. L.R. 886;
    (1993) 157 J.P.N. 394; (1993) 143 N.L.J. 775; (1993) 137 S.J.L.B. 168; *Times*, May 24,
    1993; *Independent*, May 26, 1993; *Guardian*, May 22, 1993 HL 14-015, 14-020, 14-067
R. v International Trustee for the Protection of Bondholders AG, sub nom. International
    Trustee for the Protection of Bondholders AG v King, The [1937] A.C. 500; [1937] 2 All
    E.R. 164; (1937) 57 Ll. L. Rep. 145; [1937] 3 WLUK 31 HL........................... 12-006
R. v Wilson (Rupert) [1997] 1 W.L.R. 1247; [1997] 1 All E.R. 119; [1996] 7 WLUK 415;

(1996) 93(35) L.S.G. 33; (1996) 140 S.J.L.B. 202; *Times*, August 14, 1996 CA (Crim Div) 15-038, 15-039
R&Q Insurance (Malta) Ltd v Continental Insurance Co [2017] EWHC 3666 (Comm); [2017] 12 WLUK 206 QBD (Comm)... 10-032
R. (on the application of Jet2.com Ltd) v Civil Aviation Authority [2020] EWCA Civ 35; [2020] Q.B. 1027; [2020] 2 W.L.R. 1215; [2020] 4 All E.R. 374; [2020] 1 WLUK 208; *Times*, March 20, 2020 CA (Civ Div)... 13-106
R. (on the application of Kaur) v Institute of Legal Executives Appeal Tribunal, sub nom. R. (on the application of Kaur) v ILEX Appeal Tribunal [2011] EWCA Civ 1168; [2012] 1 All E.R. 1435; [2011] 10 WLUK 512; [2012] 1 Costs L.O. 23; [2011] E.L.R. 614; (2011) 108(45) L.S.G. 20; (2011) 155(40) S.J.L.B. 31; [2011] N.P.C. 106; [2012] P.T.S.R. D1 CA (Civ Div)... 14-015
R+V Versicherung AG v Risk Insurance & Reinsurance Solutions SA [2005] EWHC 2586 (Comm); [2005] 11 WLUK 532 QBD (Comm) 10-005, 10-025
R+V Versicherung AG v Robertson & Co SA [2016] EWHC 1243 (QB); [2016] 4 W.L.R. 106; [2017] 2 All E.R. 676; [2017] 1 All E.R. (Comm) 995; [2016] 5 WLUK 658; [2016] Lloyd's Rep. I.R. 612 QBD (Merc)... 4-004, 4-014
Radisson Hotels ApS Danmark v Hayat Otel Isletmeciligi Turizm Yatirim Ve Ticaret Anonim Sirketi [2023] EWHC 1223 (Comm); [2023] 5 WLUK 298 KBD (Comm Ct)..... 14-075
Rainy Sky SA v Kookmin Bank, sub nom. Kookmin Bank v Rainy Sky SA [2011] UKSC 50; [2011] 1 W.L.R. 2900; [2012] 1 All E.R. 1137; [2012] 1 All E.R. (Comm) 1; [2012] Bus. L.R. 313; [2012] 1 Lloyd's Rep. 34; [2011] 11 WLUK 37; [2011] 2 C.L.C. 923; [2012] B.L.R. 132; 138 Con. L.R. 1; [2011] C.I.L.L. 3105; *Times*, November 18, 2011 SC 4-052, 4-055, 4-057, 4-069, 4-071, 4-078, 4-083, 6-158
Ramsook v Crossley [2018] UKPC 9; [2018] 4 WLUK 561; [2018] R.T.R. 29; [2018] Lloyd's Rep. I.R. 471 PC (Trin) 5-048
Randgold Resources Ltd v Santam Ltd [2018] EWHC 2493 (Comm); [2018] 10 WLUK 804; [2019] Lloyd's Rep. I.R. 467 QBD (Comm)........................... 1-014, 4-052, 15-124
RAV Bahamas Ltd v Therapy Beach Club Inc [2021] UKPC 8; [2021] A.C. 907; [2021] 2 W.L.R. 1369; [2022] 1 All E.R. 610; [2021] 2 All E.R. (Comm) 1159; [2021] 2 Lloyd's Rep. 188; [2021] 4 WLUK 136; [2021] 1 C.L.C. 905; 196 Con. L.R. 1; *Times*, April 29, 2021 PC (Bah).. 14-036
Raydon Underwriting Management Co Ltd v North American Fidelity & Guarantee [1994] Bda L.R. 65 .... 14-057, 14-098
Raydon Underwriting Management Co Ltd v Stockholm Re (Bermuda) Ltd (In Liquidation) [1998] Bda L.R. 73 14-067
Razcom CI v Barry Callebaut Sourcing AG [2010] EWHC 2598 (QB); [2010] 9 WLUK 214 QBD... 10-004
RBRG Trading (UK) Ltd v Sinocore International Co Ltd, sub nom. Sinocore International Co Ltd v RBRG Trading (UK) Ltd [2018] EWCA Civ 838; [2019] 1 All E.R. (Comm) 810; [2018] 2 Lloyd's Rep. 133; [2018] 4 WLUK 368; [2018] 1 C.L.C. 874 CA (Civ Div).. 14-127
Real Estate Development Co, Re [1991] 1 WLUK 541; [1991] B.C.L.C. 210 Ch D 17-013
Reardon Smith Line Ltd v Hansen-Tangen (The Diana Prosperity); joined case(s) Hansen-Tangen v Sanko Steamship Co Ltd [1976] 1 W.L.R. 989; [1976] 3 All E.R. 570; [1976] 2 Lloyd's Rep. 621; [1976] 10 WLUK 27; (1976) 120 S.J. 719 HL 4-053, 4-054, 4-065
Reichhold Norway ASA v Goldman Sachs International [2000] 1 W.L.R. 173; [2000] 2 All E.R. 679; [1999] 2 All E.R. (Comm) 174; [1999] 2 Lloyd's Rep. 567; [1999] 6 WLUK 418; [2000] C.L.C. 11; *Times*, July 20, 1999 CA (Civ Div)........................... 13-071
Reichhold Norway Asa and Reichhold Chemicals Inc v Goldman Sachs International (a Firm) [1999] EWCA Civ 70628 17-080
Reid v Buckinghamshire Healthcare NHS Trust [2015] 10 WLUK 752 Sen Cts Costs Office 13-005
Reid v Cupper [1915] 2 K.B. 147; [1914] 12 WLUK 14 CA 11-064
Reliance Mutual Insurance Society Ltd, Re [2018] EWHC 820 (Ch); [2018] 3 WLUK 369 Ch D 18-047
Remington v Remington Bda Civ. App. 1/1977 30 November 1977 1-037
Rendall v Combined Insurance Co of America [2005] EWHC 678 (Comm); [2005] 4 WLUK 454; [2005] 1 C.L.C. 565; [2006] Lloyd's Rep. I.R. 732 QBD (Comm)....... 6-026, 6-034
RG Securities (No.2) Ltd v Allianz Global Corporate and Specialty CE [2020] EWHC 1646 (TCC); [2020] 6 WLUK 369; 191 Con. L.R. 1 QBD (TCC).................... 13-134
Rhesa Shipping Co SA v Edmunds (The Popi M); joined case(s) Rhesa Shipping Co SA v Fenton Insurance Co Ltd [1985] 1 W.L.R. 948; [1985] 2 All E.R. 712; [1985] 2 Lloyd's

Rep. 1; [1985] 5 WLUK 156; (1985) 82 L.S.G. 2995; (1985) 129 S.J. 503 HL 7-003
Riaz v Ashwood Solicitors LLP [2018] 3 WLUK 627 Sen Cts Costs Office 10-011, 10-019
River Thames Insurance Co v Al Ahleia Insurance Co, SAK [1973] 1 Lloyd's Rep. 2;
 [1972] 10 WLUK 81 CA (Civ Div). 5-009, 11-068
Riverrock Securities Ltd v International Bank of St Petersburg (Joint Stock Co) [2020]
 EWHC 2483 (Comm); [2021] 2 All E.R. (Comm) 1121; [2020] 2 Lloyd's Rep. 591;
 [2020] 9 WLUK 278; [2020] 2 C.L.C. 547 QBD (Comm) 14-042
RJ v HB [2018] EWHC 2833 (Comm); [2019] Bus. L.R. 175; [2018] 2 Lloyd's Rep. 613;
 [2018] 10 WLUK 418; [2018] 2 C.L.C. 772 QBD (Comm). 14-020, 14-036
RMCA Reinsurance Ltd, Re [1993] 10 WLUK 150; [1994] B.C.C. 378 Ch D (Companies
 Ct) 18-010, 18-017
Roadworks (1952) Ltd v Charman [1994] 2 Lloyd's Rep. 99; [1993] 3 WLUK 382 QBD
 (Comm) 3-068, 3-069, 3-070, 3-076
Roar Marine Ltd v Bimeh Iran Insurance Co (The Daylam) [1998] 1 Lloyd's Rep. 423;
 [1997] 11 WLUK 457 QBD (Comm) 3-068, 3-070, 3-071, 3-072, 3-076, 3-079
Roberts v Anglo-Saxon Insurance Association Ltd (1927) 27 Ll. L. Rep. 313; [1927] 3
 WLUK 28 CA. 6-166
Roberts v Frohlich [2011] EWHC 257 (Ch); [2011] 2 WLUK 667; [2012] B.C.C. 407;
 [2011] 2 B.C.L.C. 625 Ch D. 16-029
Roberts v Plaisted [1989] 2 Lloyd's Rep. 341; [1989] 7 WLUK 76; *Times*, July 19, 1989
 CA (Civ Div). 9-040
Robinson v PE Jones (Contractors) Ltd [2011] EWCA Civ 9; [2012] Q.B. 44; [2011] 3
 W.L.R. 815; [2011] 1 WLUK 232; [2011] B.L.R. 206; 134 Con. L.R. 26; [2011] 1
 E.G.L.R. 111; (2011) 27 Const. L.J. 145; [2011] C.I.L.L. 2972; [2011] 4 E.G. 100 (C.S.);
 Times, February 21, 2011 CA (Civ Div) 3-020, 16-031
Rock Advertising Ltd v MWB Business Exchange Centres Ltd, sub nom. MWB Business
 Exchange Centres Ltd v Rock Advertising Ltd [2018] UKSC 24; [2019] A.C. 119; [2018]
 2 W.L.R. 1603; [2018] 4 All E.R. 21; [2018] 2 All E.R. (Comm) 961; [2018] 5 WLUK
 292; [2018] 1 C.L.C. 946; [2018] B.L.R. 479; 179 Con. L.R. 1; [2018] C.I.L.L. 4145;
 [2018] 2 P. & C.R. DG17; *Times*, May 22, 2018 SC 3-031
Rodenstock GmbH, Re [2011] EWHC 1104 (Ch); [2011] Bus. L.R. 1245; [2011] 5 WLUK
 136; [2012] B.C.C. 459; [2011] I.L.Pr. 34 Ch D (Companies Ct). 18-010, 18-017
Rolls-Royce Plc v Unite the Union [2009] EWCA Civ 387; [2010] 1 W.L.R. 318; [2009] 5
 WLUK 293; [2010] I.C.R. 1; [2009] I.R.L.R. 576; (2009) 106(21) L.S.G. 15; (2009)
 153(20) S.J.L.B. 38; *Times*, May 27, 2009 CA (Civ Div). 13-094, 13-095
Ross v Caunters [1980] Ch. 297; [1979] 3 W.L.R. 605; [1979] 3 All E.R. 580; [1979] 6
 WLUK 111 Ch D 9-084
Royal & Sun Alliance Insurance Plc v Dornoch Ltd, sub nom. Dornoch Ltd v Royal & Sun
 Alliance Insurance Plc [2005] EWCA Civ 238; [2005] 1 All E.R. (Comm) 590; [2005] 3
 WLUK 394; [2005] 1 C.L.C. 466; [2005] Lloyd's Rep. I.R. 544 CA (Civ Div) 4-083, 5-045
Royal & Sun Alliance Insurance Plc v Rolls-Royce Plc; joined case(s) AXA Corp Solutions
 Assurance SA (UK Branch) v Rolls-Royce Plc; Ace European Group Ltd v Rolls-Royce
 Plc [2010] EWHC 1869 (Comm); [2010] 7 WLUK 581; [2010] 2 C.L.C. 84; [2010]
 Lloyd's Rep. I.R. 637 QBD (Comm) 13-050
Royal & Sun Alliance Insurance PLC v Textainer Group Holdings Ltd [2024] EWCA Civ
 547; [2024] 5 WLUK 310 CA (Civ Div) 5-158
Royal and Sun Alliance Insurance Plc v Textainer Group Holdings Ltd [2021] EWHC 2102
 (Comm); [2021] 1 W.L.R. 4683; [2022] 2 All E.R. (Comm) 319; [2021] 7 WLUK 414
 QBD (Comm) 13-091
Royal Bank of Scotland Plc v Highland Financial Partners LP [2013] EWCA Civ 328;
 [2013] 4 WLUK 227; [2013] 1 C.L.C. 596 CA (Civ Div) 13-035
Royal Boskalis Westminster NV v Mountain [1999] Q.B. 674; [1998] 2 W.L.R. 538; [1997]
 2 All E.R. 929; [1997] L.R.L.R. 523; [1997] 2 WLUK 548; [1997] C.L.C. 816 CA (Civ
 Div) 6-119, 6-121
Royal Brompton Hospital NHS Trust v Hammond (No.5) [2001] EWCA Civ 550; [2001] 4
 WLUK 337; [2001] B.L.R. 297; [2001] Lloyd's Rep. P.N. 526; (2001) 98(23) L.S.G. 39;
 (2001) 145 S.J.L.B. 118; *Times*, May 11, 2001 CA (Civ Div) 13-098
Royal Exchange Assurance Corp v Sjoforsakrings AB Vega, sub nom. Royal Exchange Assurance Corp v Sjorforsakrings Aktiebolaget Vega [1902] 2 K.B. 384; [1902] 7 WLUK
 10 CA. 7-001, 12-011
Royal London Mutual Insurance Society Ltd, Re [2022] EWHC 1673 (Ch); [2022] 6
 WLUK 650; [2023] 2 B.C.L.C. 260 Ch D 18-011
Royal London Mutual Insurance Society Ltd, Re, sub nom. Royal London Mutual Insur-

ance Society Ltd v Included Planholders (as Defined in the Scheme) [2018] EWHC 3803 (Ch); [2018] 11 WLUK 165 Ch D (Companies Ct) 18-069
Rozanes v Bowen (1928) 32 Ll. L. Rep. 98; [1928] 11 WLUK 40 CA 9-019
RQP v ZYX, sub nom. ZYX v RQP [2022] EWHC 2949 (Comm); [2023] 1 Lloyd's Rep. 212; [2022] 11 WLUK 271; [2022] 2 C.L.C. 842 KBD (Comm Ct) 11-065
RSA Insurance Plc v Assicurazioni Generali SpA [2018] EWHC 1237 (QB); [2019] 1 All E.R. (Comm) 115; [2018] 5 WLUK 279; [2019] Lloyd's Rep. I.R. 264 QBD .. 5-079, 5-106, 5-147
Rubin v Eurofinance SA; joined case(s) New Cap Reinsurance Corp Ltd (In Liquidation) v Grant [2012] UKSC 46; [2013] 1 A.C. 236; [2012] 3 W.L.R. 1019; [2013] 1 All E.R. 521; [2013] 1 All E.R. (Comm) 513; [2013] Bus. L.R. 1; [2012] 2 Lloyd's Rep. 615; [2012] 10 WLUK 740; [2013] B.C.C. 1; [2012] 2 B.C.L.C. 682; [2012] B.P.I.R. 1204; *Times*, November 9, 2012 SC 16-010, 17-066, 17-073, 17-079
Rusant Ltd v Traxys Far East Ltd [2013] EWHC 4083 (Comm); [2013] 6 WLUK 840 Ch D (Companies Ct) 14-010
Rushbond Plc v JS Design Partnership LLP [2021] EWCA Civ 1889; [2021] 12 WLUK 170; [2022] B.L.R. 93; [2022] P.N.L.R. 9 CA (Civ Div) 3-061
Russian Aircraft Operator Policy Claims (Jurisdiction Applications), Re, sub nom. Zephyrus Capital Aviation Partners 1D Ltd v Fedelis Underwriting Ltd [2024] EWHC 734 (Comm); [2024] 4 W.L.R. 47; [2024] 3 WLUK 479 KBD (Comm Ct) .. 5-128, 13-051, 15-125
Russian Lloyd, Re; joined case(s) Moscow Fire Insurance Co, Re (1926) 25 Ll. L. Rep. 277; [1926] 6 WLUK 101 Ch D 17-013
Russo Chinese Bank v Li Yau Sam [1910] A.C. 174; [1909] 12 WLUK 3 PC (HK) 9-004
Ryan v HSBC UK Bank Plc [2023] EWHC 90 (Ch); [2023] 1 WLUK 198 Ch D 14-015
S v T [2017] Bda LR 138 14-066
S (A Minor) (Contact: Grandparents), Re [1995] 7 WLUK 20; [1996] 1 F.L.R. 158; [1996] 3 F.C.R. 30; [1996] Fam. Law 76 CA (Civ Div) 17-067
S&W Berisford Plc v New Hampshire Insurance Co Ltd, sub nom. NGI International Precious Metals v New Hampshire Insurance Co [1990] 2 Q.B. 631; [1990] 3 W.L.R. 688; [1990] 2 All E.R. 321; [1990] 1 Lloyd's Rep. 454; [1989] 11 WLUK 347; [1990] I.L.Pr. 118 QBD (Comm). 13-022
Sabbagh v Khoury [2019] EWCA Civ 1219; [2020] 1 All E.R. (Comm) 485; [2020] Bus. L.R. 724; [2019] 2 Lloyd's Rep. 178; [2019] 7 WLUK 197; [2019] 2 C.L.C. 82 CA (Civ Div) 13-068, 14-009
Saddlers Company v Badcock 26 E.R. 733 1-003
Safeway Stores Ltd v Twigger [2010] EWCA Civ 1472; [2011] 2 All E.R. 841; [2011] Bus. L.R. 1629; [2011] 1 Lloyd's Rep. 462; [2010] 12 WLUK 741; [2011] 1 C.L.C. 80; [2011] U.K.C.L.R. 339 CA (Civ Div) 9-051
Saif Ali v Sydney Mitchell & Co [1980] A.C. 198; [1978] 3 W.L.R. 849; [1978] 3 All E.R. 1033; [1978] 11 WLUK 10; [1955-95] P.N.L.R. 151; (1978) 122 S.J. 761 HL 16-032
Saipem SpA v Dredging VO2 BV (The Volvox Hollandia) (No.1); joined case(s) Saipem SpA v Geosite Surveys Ltd [1988] 2 Lloyd's Rep. 361; [1988] 5 WLUK 251; [1989] E.C.C. 16; *Independent*, June 6, 1988; *Financial Times*, June 14, 1988 CA (Civ Div) 13-052, 13-065
Salford Estates (No.2) Ltd v Altomart Ltd [2014] EWCA Civ 1575; [2015] Ch. 589; [2015] 3 W.L.R. 491; [2014] 12 WLUK 258; [2015] B.C.C. 306; [2015] B.P.I.R. 399 CA (Civ Div) 14-010
Salomon v Salomon & Co Ltd, sub nom. Broderip v Salomon; joined case(s) Salomon & Co Ltd v Salomon [1897] A.C. 22; [1896] 11 WLUK 76 HL 16-046
Samcrete Egypt Engineers & Contractors SAE v Land Rover Exports Ltd [2001] EWCA Civ 2019; [2001] 12 WLUK 708; [2002] C.L.C. 533 CA (Civ Div) 12-021
Sampoerna Strategic Holdings Ltd v Huawei Tech Investments Co Ltd & Huawei International Pte Ltd [2014] CA (Bda) 2 14-071
San Evans Maritime Inc v Aigaion Insurance Co SA [2014] EWHC 163 (Comm); [2014] 2 Lloyd's Rep. 265; [2014] 2 WLUK 30; [2014] 1 C.L.C. 883; [2014] Lloyd's Rep. I.R. 462 QBD (Comm) 3-069, 5-060, 10-020
Sanders Bros v Maclean & Co (1883) 11 Q.B.D. 327; [1883] 4 WLUK 58 CA 1-010
Sandham (t/a Premier Metal Leeds) v Revenue and Customs Commissioners [2020] UKUT 193 (TCC); [2020] S.T.C. 1682; [2020] 6 WLUK 265; [2020] B.V.C. 536 UT (Tax) . 9-053, 10-010
Santel Ltd v IPOC International Growth Fund Ltd [2006] Bda LR 95 13-076
Sarginson Brothers v Keith Moulton & Co Ltd (1942) 73 Ll. L. Rep. 104; [1942] 3 WLUK 31 Assizes (Birmingham) 9-082
Savoy Hotel Ltd, Re [1981] Ch. 351; [1981] 3 W.L.R. 441; [1981] 3 All E.R. 646; [1981] 4 WLUK 162; (1981) 125 S.J. 585 Ch D 18-038

TABLE OF CASES

Saxon Weald Homes Ltd v Chadwick [2011] EWCA Civ 1202; [2011] 10 WLUK 728; [2012] H.L.R. 8; [2011] 44 E.G. 107 (C.S.); [2011] N.P.C. 109; [2012] 1 P. & C.R. DG6 CA (Civ Div)..4-059

Scher v Policyholders Protection Board (No.1); joined case(s) Ackman v Policyholders Protection Board (No.1); Royal Insurance (UK) Ltd v Ackman; Royal Insurance (UK) Ltd v Scher [1993] 3 W.L.R. 357; [1993] 3 All E.R. 384; [1993] 2 Lloyd's Rep. 533; [1993] 7 WLUK 174; (1993) 143 N.L.J. 1064; (1993) 137 S.J.L.B. 179; Times, July 16, 1993; Independent, July 16, 1993 HL.... 17-036, 17-040, 17-041, 17-042, 17-043, 17-045, 17-052

Scher v Policyholders Protection Board (No.2); joined case(s) Ackman v Policyholders Protection Board (No.2) [1994] 2 A.C. 57; [1993] 3 W.L.R. 1030; [1993] 4 All E.R. 840; [1994] 1 Lloyd's Rep. 121; [1993] 11 WLUK 269; Times, November 23, 1993 HL........15-040

Schiffahrtsgesellschaft Detlev von Appen GmbH v Voest Alpine Intertrading GmbH (The Jay Bola); joined case(s) Schiffahrtsgesellschaft Detlev von Appen GmbH v Wiener Allianz Versicherungs AG [1997] 2 Lloyd's Rep. 279; [1997] 4 WLUK 222; [1997] C.L.C. 993 CA (Civ Div)..13-068

Schmitt v Deichmann, sub nom. Phoenix Kapitaldienst GmbH, Re [2012] EWHC 62 (Ch); [2013] Ch. 61; [2012] 3 W.L.R. 681; [2012] 2 All E.R. 1217; [2012] 1 WLUK 418; [2012] B.C.C. 561; [2014] 1 B.C.L.C. 663; [2012] I.L.Pr. 18; [2012] B.P.I.R. 392; (2012) 162 N.L.J. 214; Times, January 31, 2012 Ch D...17-066

Schwensen v Ellinger, Heath, Western & Co (1949-50) 83 Ll. L. Rep. 79; [1949] 10 WLUK 82 KBD...9-011, 9-087, 9-088

Sciortino v Beaumont [2021] EWCA Civ 786; [2021] Ch. 365; [2021] 3 W.L.R. 343; [2021] 5 WLUK 327; [2021] P.N.L.R. 21; Times, June 17, 2021 CA (Civ Div)...................13-117

SCOR SE v Barclays Bank Plc [2020] EWHC 133 (Comm); [2020] 1 WLUK 301; [2020] 1 C.L.C. 193 QBD (Comm)..13-036

Scotbeef Ltd v D&S Storage Ltd (In Liquidation) [2024] EWHC 341 (TCC); [2024] 2 WLUK 258 Ch D (Leeds)...6-173, 6-216

Scott v Avery 10 E.R. 1121; (1856) 5 H.L. Cas. 811; [1856] 7 WLUK 53 HL 14-009, 14-117

Scott v Copenhagen Reinsurance Co (UK) Ltd [2003] EWCA Civ 688; [2003] 2 All E.R. (Comm) 190; [2003] 5 WLUK 510; [2003] 2 C.L.C. 431; [2003] Lloyd's Rep. I.R. 696; (2003) 147 S.J.L.B. 697 CA (Civ Div).............5-022, 5-124, 5-125, 5-127, 5-131, 7-014, 7-015

Scott v Irving 109 E.R. 912; (1830) 1 B. & Ad. 605; [1830] 11 WLUK 113 KB 11-034

Scottish Eagle, Re [2005] EWHC 2683 (Ch); [2005] 10 WLUK 839 Ch D (Companies Ct) .18-019

Scottish Lion Insurance Co Ltd v Goodrich Corp, sub nom. Scottish Lion Insurance Co Ltd, Petitioner [2011] CSIH 18; 2011 S.C. 534; 2011 S.L.T. 733; [2011] 3 WLUK 261; [2013] B.C.C. 127; 2011 G.W.D. 12-272; Times, March 30, 2011 IH (Ex Div) 18-006

Scottish Lion Insurance Co Ltd, Petitioner, sub nom. Scottish Lion Insurance Co Ltd v First Goodrich Corp [2010] CSIH 6; 2010 S.C. 349; 2010 S.L.T. 459; 2010 S.C.L.R. 167; [2010] 1 WLUK 603; [2010] B.C.C. 650; 2010 G.W.D. 7-117 IH (1 Div) 18-006, 18-069

Scottish Lion Insurance Co Ltd, Petitioner [2012] CSOH 5; [2012] 1 WLUK 175; 2012 G.W.D. 13-245 OH..18-006

Scottish Metropolitan Assurance Co Ltd v Groom (1924) 20 Ll. L. Rep. 44; [1924] 10 WLUK 54 CA..4-106

Scottish Power UK Plc v BP Exploration Operating Co Ltd [2016] EWCA Civ 1043; [2016] 11 WLUK 27 CA (Civ Div)..5-053

Scottish Widows Fund and Life Assurance Society v BGC International (formerly Cantor Fitzgerald International) [2012] EWCA Civ 607; [2012] 5 WLUK 253; 142 Con. L.R. 27 CA (Civ Div)..4-066

Sea Assets Ltd v PT Garuda Indonesia (No.2) [2001] 6 WLUK 583 Ch D 18-017

Sea Insurance Co v Rossia Insurance Co (1924) 20 Ll. L. Rep. 308; [1924] 12 WLUK 83 CA..14-129

Seaconsar (Far East) Ltd v Bank Markazi Jomhouri Islami Iran (Service Outside Jurisdiction) [1994] 1 A.C. 438; [1993] 3 W.L.R. 756; [1993] 4 All E.R. 456; [1994] 1 Lloyd's Rep. 1; [1993] 10 WLUK 135; [1994] I.L.Pr. 678; (1993) 143 N.L.J. 1479; (1993) 137 S.J.L.B. 239; Times, October 15, 1993; Independent, October 20, 1993 HL 13-045, 13-057

Seaton v Burnand, sub nom. Seaton v Heath [1900] A.C. 135; [1900] 2 WLUK 109 HL 15-047

Secretary of State for Justice v Topland Group Plc; joined case(s) Secretary of State for Justice v LSM Professional Ltd (t/a LSM Partners) [2011] EWHC 983 (QB); [2011] 4 WLUK 490 QBD...9-015, 9-018, 9-028

Secretary of State for the Home Department v Raytheon Systems Ltd [2015] EWHC 311 (TCC); [2015] Bus. L.R. 626; [2015] 1 Lloyd's Rep. 493; [2015] 2 WLUK 557; [2015] 1 C.L.C. 466; 159 Con. L.R. 168; [2015] C.I.L.L. 3633 QBD (TCC) 14-036

TABLE OF CASES

Secretary of State for Trade and Industry v Great Western Assurance Co SA; joined case(s) Company (No.007816 of 1994), Re; Company (No.007818 of 1994), Re; Company (No.007819 of 1994), Re; Company (No.007820 of 1994), Re; Company (No.007821 of 1994), Re; Company (No.007822 of 1994), Re; D&L Underwriting Agencies Ltd; Secretary of State for Trade and Industry v Loxley House (London) L [1996] 7 WLUK 534; [1997] 2 B.C.L.C. 685; [1999] Lloyd's Rep. I.R. 377; [1997] 6 Re. L.R. 197 CA (Civ Div) 15-043, 15-046

Sedgwick Tomenson Inc v PT Reasuransi Uman Indonesia [1990] 2 Lloyd's Rep. 334; [1990] 2 WLUK 34 QBD (Comm)........................... 9-006, 10-020, 10-023, 10-030

Sehayek v Amtrust Europe Ltd [2021] EWHC 495 (TCC); [2021] 3 WLUK 75; 195 Con. L.R. 271; [2022] Lloyd's Rep. I.R. 616 QBD (TCC) 5-032, 6-152

Selkrig v Davis (1814) 2 Rose 291 17-029

Sempra Metals Ltd (formerly Metallgesellschaft Ltd) v Inland Revenue Commissioners [2007] UKHL 34; [2008] 1 A.C. 561; [2007] 3 W.L.R. 354; [2007] 4 All E.R. 657; [2008] Bus. L.R. 49; [2007] S.T.C. 1559; [2007] 7 WLUK 507; [2008] Eu. L.R. 1; [2007] B.T.C. 509; [2007] S.T.I. 1865; (2007) 104(31) L.S.G. 25; (2007) 157 N.L.J. 1082; (2007) 151 S.J.L.B. 985; *Times*, July 25, 2007 HL 11-037, 13-110

Senior Taxi Aereo Executivo LTDA v Agusta Westland SpA [2020] EWHC 1348 (Comm); [2021] Q.B. 164; [2020] 3 W.L.R. 977; [2021] 2 All E.R. (Comm) 38; [2020] 5 WLUK 483; [2020] 2 C.L.C. 25 QBD (Comm) 13-033

Seniority Shipping Corp SA v City Seed Crushing Industries Ltd [2019] EWHC 3541 (Comm); [2021] 1 Lloyd's Rep. 169; [2019] 12 WLUK 621; [2021] 2 C.L.C. 1 QBD (Comm)... 12-019

Sentinel Securities Plc, Re [1996] 1 W.L.R. 316; [1995] 11 WLUK 283 Ch D 1-012, 15-047, 15-123

Shagang South-Asia (Hong Kong) Trading Co Ltd v Daewoo Logistics [2015] EWHC 194 (Comm); [2015] 1 All E.R. (Comm) 545; [2015] 1 Lloyd's Rep. 504; [2015] 2 WLUK 122; [2015] 1 C.L.C. 126; 158 Con. L.R. 213 QBD (Comm) 14-119

Shamil Bank of Bahrain EC v Beximco Pharmaceuticals Ltd, sub nom. Beximco Pharmaceuticals Ltd v Shamil Bank of Bahrain EC [2004] EWCA Civ 19; [2004] 1 W.L.R. 1784; [2004] 4 All E.R. 1072; [2004] 2 All E.R. (Comm) 312; [2004] 2 Lloyd's Rep. 1; [2004] 1 WLUK 565; [2004] 1 C.L.C. 216; (2004) 101(8) L.S.G. 29; *Times*, February 3, 2004 CA (Civ Div)... 1-042, 3-040

Shashoua v Sharma [2009] EWHC 957 (Comm); [2009] 2 All E.R. (Comm) 477; [2009] 2 Lloyd's Rep. 376; [2009] 5 WLUK 124; [2009] 1 C.L.C. 716 QBD (Comm) 14-054, 14-123, 14-124

Sheldon v RHM Outhwaite (Underwriting Agencies) Ltd [1996] A.C. 102; [1995] 2 W.L.R. 570; [1995] 2 All E.R. 558; [1995] 2 Lloyd's Rep. 197; [1995] 5 WLUK 67; [1995] C.L.C. 655; [1995] 4 Re. L.R. 168; (1995) 92(22) L.S.G. 41; (1995) 145 N.L.J. 687; (1995) 139 S.J.L.B. 119; *Times*, May 5, 1995; *Independent*, May 9, 1995 HL . 5-076, 5-114, 5-115, 13-134

Shell Egypt West Manzala GmbH v Dana Gas Egypt Ltd (formerly Centurion Petroleum Corp) [2009] EWHC 2097 (Comm); [2010] 2 All E.R. (Comm) 442; [2010] 1 Lloyd's Rep. 109; [2009] 8 WLUK 80; [2009] 2 C.L.C. 481; 127 Con. L.R. 27; [2009] C.I.L.L. 2773; [2010] Bus. L.R. D53 QBD (Comm) 14-038

Shenzhen Senior Technology Material Co Ltd v Celgard LLC, sub nom. Celgard LLC v Shenzhen Senior Technology Material Co Ltd [2020] EWCA Civ 1293; [2020] 10 WLUK 73; [2021] F.S.R. 1 CA (Civ Div) 13-045

Sierra Fishing Co v Farran [2015] EWHC 140 (Comm); [2015] 1 All E.R. (Comm) 560; [2015] 1 Lloyd's Rep. 514; [2015] 1 WLUK 729 QBD (Comm) 14-015, 14-020

Sierra Leone v SL Mining Ltd; joined case(s) SL Mining Ltd v Sierra Leone [2021] EWHC 286 (Comm); [2021] Bus. L.R. 704; [2022] 2 Lloyd's Rep. 458; [2021] 2 WLUK 210; [2021] 1 C.L.C. 178; 194 Con. L.R. 162 QBD (Comm).......................... 14-008, 14-117

Sim v Robinow (1892) 19 R. 665; [1892] 3 WLUK 63 IH (1 Div) 13-065

Simmonds v Gammell, sub nom. Lloyd's Syndicate 102 for 2001 Year of Account, Re; Lloyd's Syndicate 994 for 2001 Year of Account, Re [2016] EWHC 2515 (Comm); [2016] 2 Lloyd's Rep. 631; [2016] 10 WLUK 322; [2016] 2 C.L.C. 676; [2016] Lloyd's Rep. I.R. 693 QBD (Comm) 5-127, 5-131, 7-024

Simner v New India Assurance Co Ltd [1995] L.R.L.R. 240; [1994] 6 WLUK 333; *Times*, July 21, 1994 QBD 1-018, 6-056, 6-107, 9-039, 9-040, 10-010, 10-022

Simpson & Co v Thomson; joined case(s) Simpson & Co v Burrell (1877) 3 App. Cas. 279; (1877) 5 R. (H.L.) 40; [1877] 12 WLUK 55 HL (SC) 5-161

Singularis Holdings Ltd v PricewaterhouseCoopers [2014] UKPC 36; [2015] A.C. 1675;

TABLE OF CASES

[2015] 2 W.L.R. 971; [2014] 11 WLUK 239; [2015] B.C.C. 66; [2014] 2 B.C.L.C. 597; (2014) 158(44) S.J.L.B. 37 PC (Ber) 17-066, 17-073, 17-079, 17-080
Singularis Holdings Ltd (In Liquidation) v Daiwa Capital Markets Europe Ltd [2019] UKSC 50; [2020] A.C. 1189; [2019] 3 W.L.R. 997; [2020] 1 All E.R. 383; [2020] 1 All E.R. (Comm) 1; [2019] Bus. L.R. 3086; [2020] 1 Lloyd's Rep. 47; [2019] 10 WLUK 424; [2020] B.C.C. 89; [2020] 2 B.C.L.C. 392; [2019] 2 C.L.C. 743; [2020] Lloyd's Rep. F.C. 54; [2020] P.N.L.R. 5; *Times*, December 19, 2019 SC 9-053, 18-076, 18-077
Sino Channel Asia Ltd v Dana Shipping and Trading Pte Singapore [2017] EWCA Civ 1703; [2018] 1 All E.R. (Comm) 1046; [2018] Bus. L.R. 532; [2018] 1 Lloyd's Rep. 17; [2017] 11 WLUK 28; [2017] 2 C.L.C. 685 CA (Civ Div) 9-004, 14-024
Siqueira v Noronha [1934] A.C. 332; [1934] All E.R. Rep. 78; [1934] 2 WLUK 14; [1934] 2 W.W.R. 117 PC (EA) 11-070, 13-127
Sirius International Insurance Co (Publ) v FAI General Insurance Ltd, sub nom. Sirius International Insurance Corp Ltd v FAI General Insurance Co Ltd [2004] UKHL 54; [2004] 1 W.L.R. 3251; [2005] 1 All E.R. 191; [2005] 1 All E.R. (Comm) 117; [2005] 1 Lloyd's Rep. 461; [2004] 12 WLUK 68; [2005] 1 C.L.C. 451; [2005] Lloyd's Rep. I.R. 294; (2004) 101(48) L.S.G. 25; (2004) 148 S.J.L.B. 1435; *Times*, December 3, 2004 HL ... 15-120, 15-122
Sirius International Insurance Corp v Oriental Assurance Corp [1999] 1 All E.R. (Comm.) 699; [1999] 3 WLUK 575; [1999] Lloyd's Rep. I.R. 343 QBD (Comm) 3-064, 3-065, 6-015, 6-017, 6-025, 6-026, 6-160
Skandia International Insurance Co v Al Amana Insurance & Reinsurance Co Ltd [1995] 4 Re. L.R. 63 Sup Ct (Ber) 4-013, 5-072, 14-006, 14-098
Skandia International Insurance Co v Al Amana Insurance and Reinsurance Co Ltd [1994] Bda L.R. 30 .... 13-064, 14-056, 14-059, 14-060, 14-062
Skymist Holdings Ltd v Grandlane Developments Ltd [2019] EWHC 1834 (Comm); [2019] 7 WLUK 200 QBD (Comm) 13-106
Smith v Eric S Bush (A Firm); joined case(s) Harris v Wyre Forest DC [1990] 1 A.C. 831; [1989] 2 W.L.R. 790; [1989] 2 All E.R. 514; [1989] 4 WLUK 214; (1989) 21 H.L.R. 424; 87 L.G.R. 685; [1955-95] P.N.L.R. 467; [1989] 17 E.G. 68; [1989] 18 E.G. 99; (1990) 9 Tr. L.R. 1; (1989) 153 L.G. Rev. 984; (1989) 139 N.L.J. 576; (1989) 133 S.J. 597 HL 9-085, 10-027, 10-040
Smith Kline & French Laboratories Ltd v Bloch (Interlocutory Injunction) [1983] 1 W.L.R. 730; [1983] 2 All E.R. 72; [1982] 5 WLUK 88; [1984] E.C.C. 103; (1983) 80 L.S.G. 3083; (1983) 127 S.J. 410; *Times*, May 17, 1982 CA (Civ Div) 13-067
Societe Anonyme d'Intermediaries Luxembourgeois (SAIL) v Farex Gie [1995] L.R.L.R. 116; [1994] 7 WLUK 283; [1994] C.L.C. 1094 CA (Civ Div) .. 3-050, 3-056, 5-075, 6-035, 6-036, 6-042, 6-081, 6-113, 8-027, 9-020, 9-021, 9-022, 9-025, 9-044, 9-083, 13-101
Societe Commerciale de Reassurance v Eras International Ltd (formerly Eras (UK)), sub nom. Eras EIL Actions, Re [1992] 2 All E.R. 82 (Note); [1992] 1 Lloyd's Rep. 570; [1991] 11 WLUK 279; *Times*, November 28, 1991; *Independent*, January 27, 1992; *Financial Times*, November 29, 1991 CA (Civ Div) 13-034, 13-062
Societe Commerciale de Reassurance v Eras International Ltd (No.2), sub nom. Eras EIL Actions (No.2), Re [1995] 2 All E.R. 278; [1995] 1 Lloyd's Rep. 64; [1993] 12 WLUK 266 QBD (Comm) 13-069
Societe Nationale Industrielle Aerospatiale (SNIA) v Lee Kui Jak [1987] A.C. 871; [1987] 3 W.L.R. 59; [1987] 3 All E.R. 510; [1987] 5 WLUK 109; (1987) 84 L.S.G. 2048 PC (Bru) 13-068
Society of Lloyd's v Leighs; joined case(s) Society of Lloyd's v Lyon; Society of Lloyd's v Wilkinson [1997] 7 WLUK 701; [1997] C.L.C. 1398; [1997] 6 Re. L.R. 289; *Times*, August 11, 1997; *Independent*, October 6, 1997 CA (Civ Div) 10-012
Society of Lloyd's v Fraser and ors 31 July 1998 10-018
Society of Lloyd's v Woodward 24 May 1996 4-079
Sojuzneffetexfort v Joc Oil Ltd [1989] Bda L.R. 11 .... 14-058, 14-059
Soleymani v Nifty Gateway LLC [2022] EWCA Civ 1297; [2023] 1 W.L.R. 436; [2023] 2 All E.R. 569; [2023] 1 All E.R. (Comm) 935; [2023] Bus. L.R. 145; [2022] 2 Lloyd's Rep. 570; [2022] 10 WLUK 14; [2022] 2 C.L.C. 579 CA (Civ Div) 13-019
Sompo Japan Insurance Inc v Transfercom Ltd [2007] EWHC 146 (Ch); [2007] 1 WLUK 687 Ch D (Companies Ct) 18-046
Sompo Japan Insurance Inc, Re; joined case(s) Transfercom Ltd, Re [2011] EWHC 260 (Ch); [2011] 2 WLUK 519 Ch D (Companies Ct) 18-046
Sotheby's v Mark Weiss Ltd; joined case(s) Fairlight Art Ventures LLP v Sotheby's [2020] EWCA Civ 1570; [2020] 11 WLUK 302 CA (Civ Div) 11-005

TABLE OF CASES

Soujuznefteexport v Joc Oil Ltd [1989] Bda L.R. 11 14-131
South Australia Asset Management Corp v York Montague Ltd; joined case(s) Nykredit Mortgage Bank Plc v Edward Erdman Group Ltd; United Bank of Kuwait Plc v Prudential Property Services Ltd [1997] A.C. 191; [1996] 3 W.L.R. 87; [1996] 3 All E.R. 365; [1996] 6 WLUK 227; [1996] 5 Bank. L.R. 211; [1996] C.L.C. 1179; 80 B.L.R. 1; 50 Con. L.R. 153; [1996] P.N.L.R. 455; [1996] 2 E.G.L.R. 93; [1996] 27 E.G. 125; [1996] E.G. 107 (C.S.); (1996) 93(32) L.S.G. 33; (1996) 146 N.L.J. 956; (1996) 140 S.J.L.B. 156; [1996] N.P.C. 100; *Times*, June 24, 1996; *Independent*, July 2, 1996 HL. 4-094, 9-067
South British Insurance Co v Mediterranean Insurance & Reinsurance Co [1986] 2 Lloyd's Rep. 247; [1986] 6 WLUK 26 CA (Civ Div) 13-104
South Carolina Insurance Co v Assurantie Maatshappij De Zeven Provincien NV; joined case(s) South Carolina Insurance Co v Al Ahlia Insurance Co; South Carolina Insurance Co v Arabian Seas Insurance Co; South Carolina Insurance Co v Cambridge Reinsurance Co Ltd [1987] A.C. 24; [1986] 3 W.L.R. 398; [1986] 3 All E.R. 487; [1986] 2 Lloyd's Rep. 317; [1986] 7 WLUK 270; [1987] E.C.C. 1; (1986) 83 L.S.G. 2659; (1986) 136 N.L.J. 751; (1986) 130 S.J. 634 HL. 13-068
Sova Capital Ltd, Re [2023] EWHC 2690 (Ch); [2023] 10 WLUK 378 Ch D 11-072
Sovereign Life Assurance Co (In Liquidation) v Dodd [1892] 2 Q.B. 573; [1892] 7 WLUK 18 CA 11-076, 18-011, 18-012, 18-013, 18-015, 18-017, 18-019
Sovereign Marine & General Insurance Co Ltd v Opposing Creditors [2007] EWHC 1781 (Ch); [2007] 7 WLUK 392 Ch D 18-020
Sovereign Marine & General Insurance Co Ltd, Re [2007] EWHC 1331 (Ch); [2007] 5 WLUK 396 Ch D 18-020
Sovereign Marine & General Insurance Co Ltd, Re [2006] EWHC 1335 (Ch); [2006] 6 WLUK 136; [2006] B.C.C. 774; [2007] 1 B.C.L.C. 228 Ch D (Companies Ct) 18-006, 18-020, 18-032, 18-069
Specialised Vessel Services Ltd v MOP Marine Nigeria Ltd [2021] EWHC 333 (Comm); [2021] 2 Lloyd's Rep. 354; [2021] 2 WLUK 256; [2021] 2 C.L.C. 72 QBD (Comm) 13-068
Specialty Magnetics Ltd v Agilent Technologies LDA UK Ltd [2020] EWHC 2193 (Comm); [2020] 6 WLUK 398 QBD (Comm) 10-014
Sphere Drake Insurance Ltd v Euro International Underwriting Ltd (Part I) [2003] EWHC 1636 (Comm); [2003] 7 WLUK 209; [2003] Lloyd's Rep. I.R. 525; *Times*, August 11, 2003 QBD (Comm) . 1-008, 1-009, 1-010, 2-005, 3-083, 4-100, 4-113, 5-001, 5-091, 6-041, 6-044, 6-045, 6-141, 10-004
Sphere Drake Insurance Plc v Basler Versicherungs Gesellschaft; joined case(s) Orion Insurance Co Plc v Basler Versicherungs Gesellschaft [1997] 4 WLUK 427; [1998] Lloyd's Rep. I.R. 35 QBD (Comm) 3-025, 10-036
Sphere Drake Insurance Plc v Denby [1995] L.R.L.R. 1 CA (Civ Div) 3-028
Spiliada Maritime Corp v Cansulex Ltd [1987] A.C. 460; [1986] 3 W.L.R. 972; [1986] 3 All E.R. 843; [1987] 1 Lloyd's Rep. 1; [1986] 11 WLUK 189; [1987] E.C.C. 168; [1987] 1 F.T.L.R. 103; (1987) 84 L.S.G. 113; (1986) 136 N.L.J. 1137; (1986) 130 S.J. 925; *Financial Times*, November 25, 1986 HL. 13-045, 13-047, 13-048, 13-049, 13-057, 13-064, 13-065, 13-068
Spire Healthcare Ltd v Royal & Sun Alliance Insurance Plc [2018] EWCA Civ 317; [2019] 1 All E.R. (Comm) 294; [2018] 3 WLUK 41; [2018] 1 C.L.C. 327; [2018] Lloyd's Rep. I.R. 425 CA (Civ Div). 9-065
Spire Healthcare Ltd v Royal and Sun Alliance Insurance Ltd [2022] EWCA Civ 17; [2022] Bus. L.R. 170; [2022] 1 WLUK 96; [2022] 1 C.L.C. 457; [2022] Lloyd's Rep. I.R. 130; [2022] P.N.L.R. 15 CA (Civ Div). 5-118, 5-119, 5-131
Sports Direct International Plc v Financial Reporting Council, sub nom. Financial Reporting Council V Sports Direct International Plc [2020] EWCA Civ 177; [2021] Ch. 457; [2020] 2 W.L.R. 1256; [2020] 4 All E.R. 552; [2020] 2 All E.R. (Comm) 1027; [2020] 2 WLUK 196; [2021] Lloyd's Rep. F.C. 181; *Times*, May 6, 2020 CA (Civ Div) 13-106
Springwell Navigation Corp v JP Morgan Chase Bank (formerly Chase Manhattan Bank) [2010] EWCA Civ 1221; [2010] 11 WLUK 17; [2010] 2 C.L.C. 705 CA (Civ Div). 9-011
Sprung v Royal Insurance (UK) Ltd [1996] 6 WLUK 173; [1997] C.L.C. 70; [1999] Lloyd's Rep. I.R. 111 CA (Civ Div). 1-003, 5-079, 5-089, 5-144, 5-145
SRB Civil Engineering UK Ltd v Ramboll UK Ltd [2022] CSOH 93; 2023 S.L.T. 423; [2022] 12 WLUK 300; [2023] P.N.L.R. 11; 2023 G.W.D. 2-22 OH 11-057
St Paul Fire & Marine Insurance Co (UK) Ltd v McConnell Dowell Constructors Ltd, sub nom. St Paul Fire & Marine Insurance Co (UK) Ltd v McDonnell Dowell Constructors Ltd [1996] 1 All E.R. 96; [1995] 2 Lloyd's Rep. 116; [1995] 5 WLUK 34; [1995] C.L.C. 818; 74 B.L.R. 112; 45 Con. L.R. 89; [1995] 4 Re. L.R. 293 CA (Civ Div) 6-060

TABLE OF CASES

Standard Life Assurance Ltd v Ace European Group, sub nom. Ace European Group v Standard Life Assurance Ltd [2012] EWCA Civ 1713; [2013] 1 All E.R. (Comm) 1371; [2012] 12 WLUK 539; [2013] 1 C.L.C. 255; [2013] Lloyd's Rep. I.R. 415 CA (Civ Div) 7-024
Standard Life Assurance Ltd v Oak Dedicated Ltd [2008] EWHC 222 (Comm); [2008] 2 All E.R. (Comm) 916; [2008] 2 WLUK 314; [2008] 1 C.L.C. 59; [2008] Lloyd's Rep. I.R. 552; [2008] P.N.L.R. 26 QBD (Comm) 5-119, 5-121, 9-065, 9-066, 18-048
Stanford International Bank Ltd (In Receivership), Re, sub nom. Janvey v Wastell; Serious Fraud Office v Wastell; Stanford International Bank Ltd v Director of the Serious Fraud Office [2010] EWCA Civ 137; [2011] Ch. 33; [2010] 3 W.L.R. 941; [2010] Bus. L.R. 1270; [2010] 2 WLUK 712; [2011] B.C.C. 211; [2010] Lloyd's Rep. F.C. 357; [2010] B.P.I.R. 679 CA (Civ Div)..17-064, 17-072
Stansfield Group Pte Ltd v Consumers' Association of Singapore [2011] SGHC 122; [2011] 5 WLUK 467; [2012] Lloyd's Rep. I.R. 258 HC (Sing) 6-151
Star Excess Liability Insurance Co Ltd v General Reinsurance Corp [2007] Bda L.R. 34 ... 14-054, 14-056
Starlight Shipping Co v Allianz Marine & Aviation Versicherungs AG, sub nom. Brit UW Ltd v Imperial Marine Co; Brit UW Ltd v Starlight Shipping Co; joined case(s) Alexandros T, The [2014] EWCA Civ 1010; [2014] 2 Lloyd's Rep. 544; [2014] 7 WLUK 746; [2014] 2 C.L.C. 492; [2015] Lloyd's Rep. I.R. 49 CA (Civ Div)................. 14-041
Starr Excess Liability Insurance Co Ltd v General Reinsurance Corp [2007] Bda L.R. 34 .. 13-073
State Government Insurance Office v Brisbane Stevedoring Pty Ltd (1969) 123 C.L.R. 228 .. 5-161
Stavrinides v Bank of Cyprus Public Co Ltd [2019] EWHC 1328 (Ch); [2019] 5 WLUK 446 Ch D...9-004
Steamship Mutual Underwriting Association (Bermuda) Ltd v Sulpicio Lines Inc [2008] EWHC 914 (Comm); [2008] 2 Lloyd's Rep. 269; [2008] 4 WLUK 120 QBD (Comm)..... 14-043
Steel v NRAM Ltd (formerly NRAM Plc) [2018] UKSC 13; [2018] 1 W.L.R. 1190; [2018] 3 All E.R. 81; 2018 S.C. (U.K.S.C.) 141; 2018 S.L.T. 835; 2019 S.C.L.R. 379; [2018] 2 WLUK 666; [2018] P.N.L.R. 21; 2018 G.W.D. 24-311; *Times*, March 6, 2018 SC (SC) 9-085
Stellar Shipping Co LLC v Hudson Shipping Lines [2010] EWHC 2985 (Comm); [2010] 11 WLUK 459; [2012] 1 C.L.C. 476 QBD (Comm)..........................4-013, 14-008
Stewart v Aberdein 150 E.R. 1406; (1838) 4 M. & W. 211; [1838] 1 WLUK 189 Ex Ct 11-034
Stewart v Oriental Fire & Marine Insurance Co Ltd [1985] Q.B. 988; [1984] 3 W.L.R. 741; [1984] 3 All E.R. 777; [1984] 2 Lloyd's Rep. 109; [1984] 4 WLUK 166; (1984) 1 B.C.C. 99127; [1984] E.C.C. 564; [1985] Fin. L.R. 64; (1984) 81 L.S.G. 1915; (1984) 134 N.L.J. 584; (1984) 128 S.J. 645 QBD (Comm) 15-038, 15-041, 15-046
Stockton v Mason [1978] 2 Lloyd's Rep. 430; [1978] 6 WLUK 126; [1979] R.T.R. 130 CA (Civ Div)...9-019
Stocznia Gdanska SA v Latreefers Inc, sub nom. Latreefers Inc, Re; joined case(s) Stocznia Gdanska SA v Latvian Shipping Co (Abuse of Process) [2000] 2 WLUK 326; [2000] C.P.L.R. 65; [2001] B.C.C. 174; [2001] 2 B.C.L.C. 116; [2001] C.L.C. 1267; *Times*, March 15, 2000; *Independent*, February 15, 2000 CA (Civ Div)............................ 17-013
Stolos Compania SA v Ajax Insurance Co Ltd [1981] 1 Lloyd's Rep. 9; [1980] 10 WLUK 23; [1980] Com. L.R. 4 CA (Civ Div)........................ 11-034, 11-036, 11-039, 13-027
Stone & Rolls Ltd (In Liquidation) v Moore Stephens (A Firm), sub nom. Moore Stephens (A Firm) v Stone & Rolls Ltd (In Liquidation) [2009] UKHL 39; [2009] 1 A.C. 1391; [2009] 3 W.L.R. 455; [2009] 4 All E.R. 431; [2010] 1 All E.R. (Comm) 125; [2009] Bus. L.R. 1356; [2009] 2 Lloyd's Rep. 537; [2009] 7 WLUK 801; [2009] 2 B.C.L.C. 563; [2009] 2 C.L.C. 121; [2009] Lloyd's Rep. F.C. 557; [2009] B.P.I.R. 1191; [2009] P.N.L.R. 36; (2009) 159 N.L.J. 1218; (2009) 153(31) S.J.L.B. 28; *Times*, August 11, 2009 HL 9-041, 9-042, 9-043, 9-050, 9-052, 9-053
Stonebridge Underwriting Ltd v Ontario Municipal Insurance Exchange [2010] EWHC 2279 (Comm); [2010] 9 WLUK 174; [2010] 2 C.L.C. 349; [2011] Lloyd's Rep. I.R. 171; (2010) 107(37) L.S.G. 15 QBD (Comm)............................. 12-013, 12-026, 13-050
Stonegate Pub Co Ltd v MS Amlin Corporate Member Ltd [2022] EWHC 2548 (Comm); [2023] 1 All E.R. (Comm) 981; [2023] Bus. L.R. 28; [2022] 10 WLUK 159; [2023] Lloyd's Rep. I.R. 672 KBD (Comm Ct)......... 2-027, 5-130, 5-131, 5-132, 5-141, 5-163, 9-025
Stones v Financial Conduct Authority [2019] EWHC 3345 (Ch); [2019] 12 WLUK 67; [2020] 1 P. & C.R. DG16 Ch D 11-007
Strategic Technologies Pte Ltd v Procurement Bureau of the Republic of China Ministry of National Defence [2020] EWCA Civ 1604; [2021] Q.B. 999; [2021] 2 W.L.R. 448; [2021] 4 All E.R. 189; [2020] 11 WLUK 433; [2021] 1 C.L.C. 1 CA (Civ Div)........... 13-081
Street v Royal Exchange Assurance [1914] 1 WLUK 24; (1914) 19 Com. Cas. 339 4-088

TABLE OF CASES

Stripes US Holdings Inc, Re [2018] EWHC 2912 (Ch); [2018] 10 WLUK 591 Ch D
(Companies Ct)..18-036
Strive Shipping Corp v Hellenic Mutual War Risks Association (Bermuda) Ltd (The Grecia
Express) [2002] EWHC 203 (Comm); [2002] 2 All E.R. (Comm) 213; [2002] 2 Lloyd's
Rep. 88; [2002] 3 WLUK 719; [2003] 1 C.L.C. 401; [2002] Lloyd's Rep. I.R. 669 QBD
(Comm)...6-151
Strong v S Allison & Co Ltd; joined case(s) Strong v British General Insurance Co Ltd
(1926) 25 Ll. L. Rep. 504; [1926] 7 WLUK 144 KBD 9-071
Stronghold Insurance Co Ltd, Re [2018] EWHC 2909 (Ch); [2018] 10 WLUK 482; [2019]
2 B.C.L.C. 11 Ch D..18-021, 18-027
Sugar Hut Group Ltd v Great Lakes Reinsurance (UK) Plc [2010] EWHC 2636 (Comm);
[2010] 10 WLUK 568; [2011] Lloyd's Rep. I.R. 198 QBD (Comm)... 6-156, 6-158, 6-165, 6-171,
6-186
Sulamerica Cia Nacional de Seguros SA v Enesa Engenharia SA, sub nom. Sul America
Cia Nacional de Seguros SA v Enesa Engenharia SA [2012] EWCA Civ 638; [2013] 1
W.L.R. 102; [2012] 2 All E.R. (Comm) 795; [2012] 1 Lloyd's Rep. 671; [2012] 5 WLUK
495; [2012] 2 C.L.C. 216; [2012] Lloyd's Rep. I.R. 405; Times, August 24, 2012 CA
(Civ Div) 13-067, 13-075, 14-004, 14-043, 14-124
Sumitomo Bank Ltd v Banque Bruxelles Lambert SA [1997] 1 Lloyd's Rep. 487; [1996]
10 WLUK 15; [1996] E.G. 150 (C.S.); Independent, November 11, 1996 QBD (Comm) 3-079,
6-022
Summers v Fairclough Homes Ltd, sub nom. Fairclough Homes Ltd v Summers [2012]
UKSC 26; [2012] 1 W.L.R. 2004; [2012] 4 All E.R. 317; [2012] 6 WLUK 657; [2012] 4
Costs L.R. 760; [2013] Lloyd's Rep. I.R. 159; (2012) 162 N.L.J. 910; (2012) 156(26)
S.J.L.B. 31; Times, July 18, 2012 SC......................................6-138
Sun Life Assurance Co of Canada v CX Reinsurance Co Ltd (formerly CNA Reinsurance
Co Ltd) [2003] EWCA Civ 283; [2003] 3 WLUK 117; [2004] Lloyd's Rep. I.R. 58 CA
(Civ Div) 3-028, 14-009
Sunbird Business Services Ltd, Re [2020] EWHC 2493 (Ch); [2021] 2 All E.R. (Comm)
1019; [2020] Bus. L.R. 2371; [2020] 9 WLUK 214; [2021] 1 B.C.L.C. 605 Ch D.........18-004
Suncorp Insurance and Finance v Milano Assicurazioni SpA [1993] 2 Lloyd's Rep. 225;
[1993] 3 WLUK 10 QBD (Comm) 9-008, 10-004, 10-023, 10-024, 10-030, 10-033
Super Chem Products Ltd v American Life & General Insurance Co Ltd [2004] UKPC 2;
[2004] 2 All E.R. 358; [2004] 1 All E.R. (Comm) 713; [2004] 1 WLUK 74; [2004] 1
C.L.C. 1041; [2004] Lloyd's Rep. I.R. 446; (2004) 148 S.J.L.B. 113; Times, January 28,
2004 PC (Trin)...6-108, 6-109
Surrey CC v Suez Recycling and Recovery Surrey Ltd [2021] EWHC 2015 (TCC); [2021]
7 WLUK 207; [2021] B.L.R. 625; 198 Con. L.R. 47 QBD (TCC) 14-011
Surrey Heath BC v Robb [2020] EWHC 1952 (QB); [2020] 7 WLUK 320 QBD 14-015
Susan Gallinger, Arizona Director of Insurance as Receiver of Great Global Assurance Co
v North Star Hospital Mutual Assurance Ltd 64 F. 3d 422......................16-042, 16-043
Sutcliffe v Thackrah [1974] A.C. 727; [1974] 2 W.L.R. 295; [1974] 1 All E.R. 859; [1974]
1 Lloyd's Rep. 318; [1974] 2 WLUK 51; (1974) 118 S.J. 148 HL 14-118
Svenska Handelsbanken v Sun Alliance and London Insurance Plc (No.1) [1995] 2 Lloyd's
Rep. 84; [1995] 1 WLUK 358 QBD (Comm) 13-107
Sveriges Angfartygs Assurans Forening (The Swedish Club) v Connect Shipping Inc, sub
nom. Connect Shipping Inc v Sveriges Angfartygs Assurans Forening (The Swedish
Club) [2019] UKSC 29; [2019] 4 All E.R. 885; [2019] 2 All E.R. (Comm) 627; [2019]
Bus. L.R. 1584; [2019] 2 Lloyd's Rep. 78; [2019] 6 WLUK 126; [2019] 1 C.L.C. 964;
[2019] Lloyd's Rep. I.R. 415; Times, July 10, 2019 SC..........................13-123
Swain v Hillman [2001] 1 All E.R. 91; [1999] 10 WLUK 703; [2001] C.P. Rep. 16; [1999]
C.P.L.R. 779; [2000] P.I.Q.R. P51; Times, November 4, 1999; Independent, November
10, 1999 CA (Civ Div) 13-096, 13-098
Sweeney v Voluntary Health Insurance Board of Ireland [2021] IESC 58; [2021] 9 WLUK
518; [2022] P.N.L.R. 2 Sup Ct (Irl)..14-094
Sweeting v Pearce 142 E.R. 210; (1861) 9 C.B. N.S. 534; [1861] 1 WLUK 185 CCP 11-034
Swiss Reinsurance Co v United India Insurance Co Ltd [2005] EWHC 237 (Comm); [2005]
2 All E.R. (Comm) 367; [2005] 2 WLUK 604; [2005] 1 C.L.C. 203; [2005] Lloyd's Rep.
I.R. 341 QBD (Comm)......................................2-009, 4-110, 6-147
Syncreon Group BV, Re [2019] EWHC 2068 (Ch); [2019] 7 WLUK 531 Ch D 18-036
Syndicate 1242 at Lloyd's v Morgan Read & Sharman Ltd, sub nom. Travel Insurance
Litigation, Re [2001] 8 WLUK 36; [2002] C.L.C. 41; [2003] Lloyd's Rep. I.R. 412 QBD
(Comm)...9-009

TABLE OF CASES

Synergy Agri Holdings Ltd v Agform Ltd [2020] EWHC 343 (Ch); [2020] 1 WLUK 456 Ch D 17-015
Synergy Health (UK) Ltd v CGU Insurance Plc (t/a Norwich Union) [2010] EWHC 2583 (Comm); [2010] 10 WLUK 420; [2011] Lloyd's Rep. I.R. 500 QBD (Comm) 6-031, 6-079
T&N Ltd, Re [2005] EWHC 2870 (Ch); [2006] 1 W.L.R. 1728; [2006] 3 All E.R. 697; [2005] 12 WLUK 442; [2006] 2 B.C.L.C. 374; [2006] B.P.I.R. 532 Ch D (Companies Ct) 18-034
Taberna Europe CDO II Plc v Selskabet af 1 September 2008 A/S (formerly Roskilde Bank A/S) (In Bankruptcy), sub nom. Taberna Europe CDO II Plc v Selskabet AF1 [2016] EWCA Civ 1262; [2017] Q.B. 633; [2017] 2 W.L.R. 803; [2017] 3 All E.R. 1046; [2017] 2 All E.R. (Comm) 605; [2016] 12 WLUK 210; [2017] 1 B.C.L.C. 319; [2016] 2 C.L.C. 874; *Times*, February 1, 2017 CA (Civ Div).. 10-028
Tai Hing Cotton Mill Ltd v Liu Chong Hing Bank Ltd (No.1) [1986] A.C. 80; [1985] 3 W.L.R. 317; [1985] 2 All E.R. 947; [1985] 2 Lloyd's Rep. 313; [1985] 7 WLUK 45; [1986] F.L.R. 14; (1985) 82 L.S.G. 2995; (1985) 135 N.L.J. 680; (1985) 129 S.J. 503 PC (HK)... 9-072, 9-073, 9-074
Talbot Underwriting Ltd v Nausch Hogan & Murray Inc (The Jascon 5) [2006] EWCA Civ 889; [2006] 2 All E.R. (Comm) 751; [2006] 2 Lloyd's Rep. 195; [2006] 6 WLUK 755; [2006] 1 C.L.C. 1138; [2006] Lloyd's Rep. I.R. 531 CA (Civ Div).................... 9-066
Tambrook Jersey Ltd, Re, sub nom. HSBC Bank Plc v Tambrook Jersey Ltd [2013] EWCA Civ 576; [2014] Ch. 252; [2014] 2 W.L.R. 71; [2013] 3 All E.R. 850; [2013] 5 WLUK 583; [2013] B.C.C. 472; [2013] 2 B.C.L.C. 186; [2013] B.P.I.R. 484; *Times*, July 2, 2013 CA (Civ Div).. 17-066
Tate & Sons v Hyslop (1885) 15 Q.B.D. 368; [1885] 6 WLUK 30 CA 6-042
Taylor v Anderton, sub nom. Taylor v Chief Constable of Greater Manchester [1995] 1 W.L.R. 447; [1995] 2 All E.R. 420; [1995] 1 WLUK 335; (1995) 92(11) L.S.G. 37; (1995) 139 S.J.L.B. 66; *Times*, January 19, 1995; *Independent*, February 28, 1995 CA (Civ Div)... 13-105
Taylor v Lawrence [2001] EWCA Civ 119; [2001] 1 WLUK 585 CA (Civ Div) 14-015
Taylor v Walker [1958] 1 Lloyd's Rep. 490; [1958] 5 WLUK 31 QBD 9-028
Taylor's Industrial Flooring Ltd v M&H Plant Hire (Manchester), sub nom. Taylor's Industrial Flooring Ltd, Re [1989] 10 WLUK 346; [1990] B.C.C. 44; [1990] B.C.L.C. 216 CA (Civ Div).. 17-015
TDG Plc, Re [2008] EWHC 2334 (Ch); [2008] 9 WLUK 459; [2009] 1 B.C.L.C. 445 Ch D . 18-022
Teal Assurance Co Ltd v WR Berkley Insurance (Europe) Ltd, sub nom. WR Berkley Insurance (Europe) Ltd v Teal Assurance Co Ltd [2017] EWCA Civ 25; [2017] 1 WLUK 463; [2017] 1 C.L.C. 19; [2017] Lloyd's Rep. I.R. 259 CA (Civ Div) 5-069, 5-087, 7-028
Teal Assurance Co Ltd v WR Berkley Insurance (Europe) Ltd [2013] UKSC 57; [2013] 4 All E.R. 643; [2013] 2 All E.R. (Comm) 1009; [2013] Bus. L.R. 1091; [2013] 7 WLUK 1057; [2013] 2 C.L.C. 390; [2014] Lloyd's Rep. I.R. 56 SC.... 5-051, 4-062, 4-078, 4-083, 5-070, 5-079, 5-096, 5-109, 5-110, 7-028, 13-122, 16-012, 17-040
Ted Baker Plc v Axa Insurance UK Plc [2017] EWCA Civ 4097; [2017] 8 WLUK 144; [2017] Lloyd's Rep. I.R. 682 CA (Civ Div) 6-152, 6-203
Ted Baker Plc v AXA Insurance UK Plc [2012] EWHC 1406 (Comm); [2013] 1 All E.R. (Comm) 129; [2012] 5 WLUK 767; [2013] Lloyd's Rep. I.R. 174; (2012) 109(28) L.S.G. 21 QBD (Comm)... 4-069
Tektrol Ltd (formerly Atto Power Controls Ltd) v International Insurance Co of Hanover Ltd [2005] EWCA Civ 845; [2006] 1 All E.R. (Comm) 780; [2005] 2 Lloyd's Rep. 701; [2005] 7 WLUK 616; [2005] 2 C.L.C. 339; [2006] Lloyd's Rep. I.R. 38 CA (Civ Div)...... 4-071
Telnic Ltd, Re, sub nom. Telnic Ltd v Knipp Medien Und Kommunikation GmbH [2020] EWHC 2075 (Ch); [2021] 2 All E.R. (Comm) 328; [2020] 7 WLUK 438; [2020] B.P.I.R. 1517 Ch D.. 14-010
Temple Legal Protection Ltd v QBE Insurance (Europe) Ltd [2009] EWCA Civ 453; [2010] 1 All E.R. (Comm) 703; [2009] 4 WLUK 151; [2009] 1 C.L.C. 553; [2009] Lloyd's Rep. I.R. 544; (2009) 153(14) S.J.L.B. 27 CA (Civ Div) 10-012, 10-022
Tensor Endowment Ltd v New Stream Capital Fund Ltd [2010] SC (Bda) 31 13-112
Terre Neuve Sarl v Yewdale Ltd [2020] EWHC 772 (Comm); [2020] 3 WLUK 444 QBD (Comm) 13-033, 13-035
TFL Management Ltd v Lloyds TSB Bank Plc; joined case(s) TFL Management Services Ltd v Lloyds Bank Plc (formerly Lloyds TSB Bank Plc) [2013] EWCA Civ 1415; [2014] 1 W.L.R. 2006; [2013] 11 WLUK 402; [2013] 2 C.L.C. 810 CA (Civ Div) 13-098
The Bermuda Fire & Marine Insurance Co Ltd (In Liquidation) v BF&M Ltd 24 July 1996 . 16-037
The Bermuda Monetary Authority v The South of England Protection and Indemnity As-

sociation (Bermuda) Ltd [2011] Bda LR 69. 17-028
The National Fire and Marine Insurance Company of New Zealand v The Australian
  Mercantile Union Insurance Company (1887) 6 N.Z.L.R. 144 . . . . 4-039, 4-108, 5-043
The World-Wide Marine and Fire Insurance Co [1995] 1 H.K.C. 313 5-113
Thomas v Triodos Bank NV [2017] EWHC 314 (QB); [2017] 3 WLUK 75; [2018] 1
  B.C.L.C. 530; [2017] 1 C.L.C. 536 QBD (Merc). 9-085
Thompson v Adams (1889) 23 Q.B.D. 361; [1889] 6 WLUK 49 QBD 3-021, 6-211
Thomson v Weems (1884) 9 App. Cas. 671; (1884) 11 R. (H.L.) 48; [1884] 8 WLUK 3 HL
  (SC). 6-004, 6-164, 6-170, 6-187
Thor Navigation Inc v Ingosstrakh Insurance Co Ltd [2005] EWHC 19 (Comm); [2005] 1
  Lloyd's Rep. 547; [2005] 1 WLUK 140; [2005] 1 C.L.C. 12; [2005] Lloyd's Rep. I.R.
  490 QBD (Comm). 4-086
Three Rivers DC v Bank of England [2001] UKHL 16; [2003] 2 A.C. 1; [2001] 2 All E.R.
  513; [2001] 3 WLUK 627; [2001] Lloyd's Rep. Bank. 125; (2001) 3 L.G.L.R. 36; *Times*,
  March 23, 2001 HL 13-096, 13-098
Three Rivers DC v Bank of England [2004] UKHL 48; [2005] 1 A.C. 610; [2004] 3 W.L.R.
  1274; [2005] 4 All E.R. 948; [2004] 11 WLUK 298; (2004) 101(46) L.S.G. 34; (2004)
  154 N.L.J. 1727; (2004) 148 S.J.L.B. 1369; *Times*, November 12, 2004; *Independent*,
  November 16, 2004 HL 13-106
Thyssen Canada Ltd v Mariana Maritime SA [2005] EWHC 219 (Comm); [2005] 1 Lloyd's
  Rep. 640; [2005] 2 WLUK 568 QBD (Comm) 14-036
Tibor-Trans Fuvarozo es Kereskedelmi Kft v DAF Trucks NV (C-451/18) EU:C:2019:635;
  [2020] 1 W.L.R. 1477; [2020] 1 All E.R. (Comm) 219; [2019] 7 WLUK 456; [2019] 5
  C.M.L.R. 15; [2019] I.L.Pr. 33 ECJ (6th Chamber) 13-034
Times Trading Corp v National Bank of Fujairah (Dubai Branch) [2020] EWHC 1078
  (Comm); [2020] Bus. L.R. 1752; [2020] 2 Lloyd's Rep. 317; [2020] 5 WLUK 8; [2020]
  1 C.L.C. 790 QBD (Comm) 13-068
Re Titan Petrochemicals Group Limited [2014] Bda LR 90 18-034
Tokio Marine Europe Insurance Ltd v Novae Corporate Underwriting Ltd [2013] EWHC
  3362 (Comm); [2015] 1 All E.R. (Comm) 168; [2013] 11 WLUK 123; [2013] 2 C.L.C.
  769; [2014] Lloyd's Rep. I.R. 490 QBD (Comm) 4-048, 4-091, 5-039, 5-128, 5-138, 5-142
Tokio Marine Europe Insurance Ltd v Novae Corporate Underwriting Ltd [2014] EWHC
  2105 (Comm); [2014] 7 WLUK 53; [2014] Lloyd's Rep. I.R. 638 QBD (Comm) 5-033, 5-138,
                                                                                                                5-139
Tonicstar Ltd (t/a Lloyds Syndicate 1861) v American Home Assurance Co [2004] EWHC
  1234 (Comm); [2004] 5 WLUK 619; [2012] 1 C.L.C. 271; [2005] Lloyd's Rep. I.R. 32
  QBD (Comm). 12-026, 12-031, 13-073
Toomey v Banco Vitalicio de Espana SA de Seguros y Reaseguros [2004] EWCA Civ 622;
  [2004] 5 WLUK 339; [2004] 1 C.L.C. 965; [2005] Lloyd's Rep. I.R. 423; (2004) 148
  S.J.L.B. 633 CA (Civ Div) 6-040, 6-162, 6-163, 6-165, 6-187, 6-200, 6-201
Toomey v Eagle Star Insurance Co Ltd (No.1) [1994] 1 Lloyd's Rep. 516; [1994] 1 WLUK
  559 CA (Civ Div) . . . 1-004, 1-012, 1-023, 1-045, 1-046, 1-047, 1-048, 1-049, 4-066, 5-011, 5-058,
                            5-064, 5-073, 5-074, 5-076, 7-006, 7-029, 8-002, 8-029, 13-123
Toomey v Eagle Star Insurance Co Ltd (No.2) [1995] 2 Lloyd's Rep. 88; [1994] 4 WLUK
  125; [1995] 4 Re. L.R. 314 QBD (Comm) 6-071
Touche Ross & Co v Baker (Colin) [1992] 2 Lloyd's Rep. 207; [1992] 7 WLUK 262;
  (1992) 89(28) L.S.G. 31; (1992) 136 S.J.L.B. 190; *Times*, June 22, 1992; *Independent*,
  June 24, 1992; *Financial Times*, June 24, 1992 HL 3-008, 3-029, 3-048, 5-092
Tournier v National Provincial and Union Bank of England [1924] 1 K.B. 461; [1923] 12
  WLUK 61 CA 14-094
Tradax Internacional SA v Cerrahogullari TAS [1981] 3 All E.R. 344; [1981] 2 Lloyd's
  Rep. 169; [1981] 2 WLUK 280; [1981] Com. L.R. 144 QBD (Comm). 14-096
Trade Indemnity Plc v Forsakringsaktiebolaget Njord [1995] 1 All E.R. 796; [1995]
  L.R.L.R. 367; [1994] 7 WLUK 88; *Times*, August 4, 1994 QBD (Comm) 13-028
Trading & General Investment Corp SA v Gault Armstrong & Kemble Ltd (The Okeanis)
  [1986] 1 Lloyd's Rep. 195; [1985] 7 WLUK 281 QBD (Comm) 9-011, 9-016, 9-087, 11-034,
                                                                                   11-036, 11-037, 11-047, 11-070
Traill v Baring 46 E.R. 941; (1864) 4 De G.J. & S. 318; [1864] 3 WLUK 48 Ct of Chancery . . . . . .
                                                                                                       6-022, 6-036
Trans Pacific Insurance Co (Australia) Ltd v Grand Union Insurance Co Ltd (1989) 18
  N.S.W.L.R. 675. 6-208
Transcontinental Underwriting Agency v Grand Union Insurance Co [1987] 2 Lloyd's Rep.
  409; [1987] 3 WLUK 353; [1987] 2 F.T.L.R. 35 QBD (Comm) 9-006, 9-024, 9-025, 10-007,

TABLE OF CASES

10-008, 10-033, 11-006, 18-075
Transit Casualty Co (In Receivership) v Policyholders Protection Board [1992] 2 Lloyd's
Rep. 358 (Note); [1991] 5 WLUK 158; *Times*, May 24, 1991 Ch D 17-010, 17-036, 17-037,
17-048, 17-049, 17-050, 18-016
Transition Feeds LLP (formerly Advanced Liquid Feeds LLP) v Itochu Europe Plc, sub
nom. Advanced Liquid Feeds LLP v Itochu Europe Plc [2013] EWHC 3629 (Comm);
[2013] 11 WLUK 420; [2013] 2 C.L.C. 920 QBD (Comm). 14-036
Transthene Packaging Co Ltd v Royal Insurance (UK) Ltd [1996] L.R.L.R. 32; [1995] 4
WLUK 224 QBD 6-160
Travelers Casualty & Surety Co of Europe Ltd v Customs and Excise Commissioners
[2005] 5 WLUK 144; [2006] Lloyd's Rep. I.R. 63; [2005] V. & D.R. 230 V&DTr
(London) 1-047
Travelers Casualty & Surety Co of Europe Ltd v Sun Life Assurance Co of Canada (UK)
Ltd [2004] EWHC 1704 (Comm); [2004] 7 WLUK 498; [2004] I.L.Pr. 50; [2004]
Lloyd's Rep. I.R. 846 QBD (Comm) 13-045
Travelers Insurance Co Ltd v Armstrong [2021] EWCA Civ 978; [2022] 1 All E.R. (Comm)
1366; [2021] 6 WLUK 449; [2021] Lloyd's Rep. I.R. 454 CA (Civ Div) 13-106
Travelers Insurance Co Ltd v Countrywide Surveyors Ltd [2010] EWHC 2455 (TCC);
[2011] 1 All E.R. (Comm) 631; [2010] 9 WLUK 64; [2011] Lloyd's Rep. I.R. 213;
[2010] C.I.L.L. 2947 QBD (TCC) 14-104
Travelodge Hotels Ltd v Prime Aesthetics Ltd [2020] EWHC 1217 (Ch); [2020] 5 WLUK
455 Ch D 17-015
Trinidad Lake Asphalt Operating Co Ltd v Commissioners of Income Tax for Trinidad and
Tobago [1945] A.C. 1; [1945] 1 All E.R. 9; [1944] 10 WLUK 16 PC (Trin) 11-036, 11-038
Trinity Insurance Co Ltd v Overseas Union Insurance Ltd [1996] L.R.L.R. 156; [1994] 6
WLUK 108 QBD 13-102, 14-096, 14-098, 14-099
Trinity Insurance Co Ltd v Singapore Aviation & General Insurance 17 December 1991 9-019
Trix, Re, sub nom. Ewart Holdings, Re [1970] 1 W.L.R. 1421; [1970] 3 All E.R. 397;
[1970] 7 WLUK 110; (1970) 114 S.J. 768 Ch D 18-067
Trollope & Colls Ltd v Haydon [1977] 1 Lloyd's Rep. 244; [1976] 5 WLUK 64 CA (Civ
Div) 5-093
Tryg Baltica International (UK) Ltd v Boston Compania de Seguros SA [2004] EWHC
1186 (Comm); [2004] 5 WLUK 691; [2005] Lloyd's Rep. I.R. 40 QBD (Comm) . . 12-031, 13-050,
13-053
Trygg Hansa Insurance Co Ltd v Equitas Ltd, sub nom. Equitas Ltd v Trygg Hansa Insurance
Co Ltd [1998] 2 Lloyd's Rep. 439; [1997] 12 WLUK 126; [1998] C.L.C. 979 QBD
(Comm) 4-004, 4-013
Tudor Jones v Crowley Colosso Ltd [1996] 2 Lloyd's Rep. 619; [1996] 4 WLUK 232 QBD
(Comm) 9-069
Turner v Grovit (C-159/02) [2004] 1 Lloyd's Rep. 216; [2004] E.C.R. I-3565; [2003] 11
WLUK 561 AGO 13-037, 13-067
Tweeds Garages, Re [1962] Ch. 406; [1962] 2 W.L.R. 38; [1962] 1 All E.R. 121; [1961] 11
WLUK 108; (1961) 105 S.J. 1085 Ch D 17-015, 17-017
Tyser v Shipowners Syndicate (Reassured) [1896] 1 Q.B. 135; [1895] 12 WLUK 12 QBD . . 10-033
Tyson International Co Ltd v GIC Re, India, Corporate Member Ltd [2024] EWHC 236
(Comm); [2024] 2 WLUK 81 KBD (Comm Ct) 3-054, 14-009, 14-011, 14-043
Tyson International Co Ltd v Partner Reinsurance Europe SE [2024] EWCA Civ 363;
[2024] 4 WLUK 137 CA (Civ Div) 3-054, 14-009, 14-011, 14-043
UBAF Ltd v European American Banking Corp (The Pacific Colocotronis) [1984] Q.B.
713; [1984] 2 W.L.R. 508; [1984] 2 All E.R. 226; [1984] 1 Lloyd's Rep. 258; [1983] 12
WLUK 101; (1984) 81 L.S.G. 429; (1984) 128 S.J. 243 CA (Civ Div) 13-116
UBS Fund Services (Cayman) Ltd and Tensor Endowment Fund Ltd v New Stream Capital
Fund Ltd [2009] S.C. (Bda) 63 16-056
UDL Argos Engineering & Heavy Industries, Re [2001] 4 H.K. CFAR 358 . . . . 18-017, 18-022
UDL Argos Engineering & Heavy Industries, Re [2001] 4 H.K. CFAR 358 18-017
UK Acorn Finance Ltd v Markel (UK) Ltd [2020] EWHC 922 (Comm); [2020] 4 WLUK
184; [2020] 1 C.L.C. 632; [2020] Lloyd's Rep. I.R. 356 QBD (Comm) 4-097, 4-098, 5-050,
6-126, 6-153, 6-173, 6-183
Ulusoy Denizilik AS v Cofco Global Harvest (Zhangjiagang) Trading Co Ltd [2020]
EWHC 3645 (Comm); [2021] 1 Lloyd's Rep. 177; [2020] 8 WLUK 362 QBD (Comm) 12-019
Underwriting Members of Lloyd's Syndicate 980 for 1999, 2000, 2001, 2002, 2003, 2004
and 2005 v Sinco SA [2008] EWHC 1842 (Comm); [2009] 1 All E.R. (Comm) 272;
[2008] 7 WLUK 891; [2008] 2 C.L.C. 187; [2008] I.L.Pr. 49; [2009] Lloyd's Rep. I.R.

TABLE OF CASES

365 QBD (Comm)... 13-037
Unigard Sec Ins Co Inc v North River Ins Co 4 F3d 1049 1054 (2d Cir 1993) 6-126
Union International Insurance Co Ltd v Jubilee Insurance Co Ltd [1991] 1 W.L.R. 415; [1991] 1 All E.R. 740; [1991] 2 Lloyd's Rep. 89; [1990] 12 WLUK 9; [1994] I.L.Pr. 188; *Times*, December 7, 1990 QBD (Comm).. 13-060
Union of India v McDonnell Douglas Corp [1993] 2 Lloyd's Rep. 48; [1992] 12 WLUK 408 QBD (Comm)... 14-054
Unipolsai Assicurazioni SpA v Covea Insurance Plc; joined case(s) Markel International Insurance Co Ltd v General Reinsurance AG [2024] EWHC 253 (Comm); [2024] Bus. L.R. 664; [2024] 2 WLUK 120 KBD (Comm Ct). 2-027, 4-066, 4-077, 4-083, 5-112, 5-130, 5-131, 5-142, 14-038
Universal General Insurance Co (UGIC) v Group Josi Reinsurance Co SA (C-412/98), sub nom. Group Josi Reinsurance Co SA v Compagnie d'Assurances Universal General Insurance Co (UGIC) (C-412/98) EU:C:2000:399; [2001] Q.B. 68; [2000] 3 W.L.R. 1625; [2000] 2 All E.R. (Comm) 467; [2000] E.C.R. I-5925; [2000] 7 WLUK 382; [2001] C.L.C. 893; [2000] All E.R. (EC) 653; [2000] C.E.C. 462; [2000] I.L.Pr. 549; [2001] Lloyd's Rep. I.R. 483; *Times*, August 9, 2000 ECJ (6th Chamber)..................... 13-026
Universo Insurance Co of Milan v Merchants Marine Insurance Co Ltd [1897] 2 Q.B. 93; [1897] 5 WLUK 67 CA... 11-003
Unum Life Insurance Co of America v Israel Phoenix Assurance Co Ltd [2001] 7 WLUK 428; [2002] Lloyd's Rep. I.R. 374 CA (Civ Div) 3-069, 3-071, 3-073
Unwired Planet International Ltd v Huawei Technologies (UK) Co Ltd; joined case(s) Conversant Wireless Licensing SARL v Huawei Technologies (UK) Co Ltd; Huawei Technologies Co Ltd v Conversant Wireless Licensing SARL; ZTE Corp v Conversant Wireless Licensing SARL [2020] UKSC 37; [2021] 1 All E.R. 1141; [2021] 1 All E.R. (Comm) 885; [2020] Bus. L.R. 2422; [2020] 8 WLUK 201; [2021] 4 C.M.L.R. 3; [2021] E.C.C. 17; [2020] R.P.C. 21; *Times*, October 16, 2020 SC.......................... 13-045
URS Corp Ltd v BDW Trading Ltd, sub nom. BDW Trading Ltd v URS Corp Ltd [2023] EWCA Civ 772; [2024] 2 W.L.R. 181; [2024] 2 All E.R. 118; [2023] 7 WLUK 18; [2023] B.L.R. 437; 209 Con. L.R. 24; [2023] P.N.L.R. 28 CA (Civ Div) 13-117
Utilicorp United Inc v Renfro [1994] Bda L.R. 79 13-057
Uzielli & Co v Boston Marine Insurance Co (1884) 15 Q.B.D. 11; [1884] 11 WLUK 27 CA . 1-045, 1-047, 5-006, 5-155, 7-004, 7-005, 7-006
Vale SA v Steinmetz [2021] EWCA Civ 1087; [2021] 2 Lloyd's Rep. 601; [2021] 7 WLUK 197; [2021] 2 C.L.C. 508 CA (Civ Div)... 14-033
Validus Holdings Ltd v IPC Holdings Ltd [2009] Bda L.R. 30 18-038
Van der Merwe v IIG Capital LLC, sub nom. IIG Capital LLC v Van der Merwe [2008] EWCA Civ 542; [2008] 2 All E.R. (Comm) 1173; [2008] 2 Lloyd's Rep. 187; [2008] 5 WLUK 518; *Times*, June 25, 2008 CA (Civ Div)....................................... 10-018
Van Gansewinkel Groep BV, Re [2015] EWHC 2151 (Ch); [2015] Bus. L.R. 1046; [2015] 7 WLUK 730; [2016] B.C.C. 172; [2016] 2 B.C.L.C. 138 Ch D........................ 18-006
Various Eateries Trading Ltd (formerly Strada Trading Ltd) v Allianz Insurance Plc [2024] EWCA Civ 10; [2024] 2 All E.R. (Comm) 414; [2024] Bus. L.R. 810; [2024] 1 WLUK 109 CA (Civ Div)... 2-027, 5-131, 5-142
Vedanta Resources Plc v Lungowe, sub nom. Lungowe v Vedanta Resources Plc [2019] UKSC 20; [2020] A.C. 1045; [2019] 2 W.L.R. 1051; [2019] 3 All E.R. 1013; [2019] 2 All E.R. (Comm) 559; [2019] 2 Lloyd's Rep. 399; [2019] 4 WLUK 148; [2019] B.C.C. 520; [2019] 1 C.L.C. 619; [2019] B.L.R. 327; [2019] Env. L.R. 32 SC.... 13-014, 13-037, 13-044, 13-045, 13-049
Vehicle & General Insurance Co v Elmbridge Insurances [1973] 1 Lloyd's Rep. 325; [1973] 3 WLUK 79 MCLC 11-006, 11-020, 11-076
Velos Group Ltd v Harbour Insurance Services Ltd [1997] 2 Lloyd's Rep. 461; [1997] 3 WLUK 526 CC (Central London)............................ 9-028, 9-087, 11-022, 11-023
Ventouris v Mountain (The Italia Express) (No.1) [1991] 1 W.L.R. 607; [1991] 3 All E.R. 472; [1991] 1 Lloyd's Rep. 441; [1991] 2 WLUK 117; (1991) 141 N.L.J. 237; *Times*, February 18, 1991; *Financial Times*, February 15, 1991 CA (Civ Div)................ 13-105
Ventouris v Mountain (The Italia Express) (No.2) [1992] 1 W.L.R. 887; [1992] 3 All E.R. 414; [1992] 2 Lloyd's Rep. 216; [1991] 12 WLUK 267; *Financial Times*, January 14, 1992 CA (Civ Div) 13-108
Ventouris v Mountain (The Italia Express) (No.3) [1992] 2 Lloyd's Rep. 281; [1992] 2 WLUK 55; *Financial Times*, February 12, 1992 QBD (Comm). 1-003, 2-006, 5-079, 5-144, 13-119
Verein fur Konsumenteninformation v Volkswagen AG (C-343/19) EU:C:2020:534; [2021]

TABLE OF CASES

1 W.L.R. 40; [2020] 7 WLUK 110; [2021] C.E.C. 486; [2020] I.L.Pr. 30 ECJ (1st Chamber).. 13-034
Versicherungs und Transport A/G Daugava v Henderson; joined case(s) Versicherungs und Transport A/G Daugava v Campbell (1934) 49 Ll. L. Rep. 252; [1934] 6 WLUK 24 CA 1-016, 5-050, 5-064, 5-079, 5-081, 7-025, 13-120, 13-122, 13-123
Versloot Dredging BV v HDI Gerling Industrie Versicherung AG [2016] UKSC 45; [2017] A.C. 1; [2016] 3 W.L.R. 543; [2016] 4 All E.R. 907; [2016] 2 All E.R. (Comm) 955; [2016] 2 Lloyd's Rep. 198; [2016] 7 WLUK 512; [2016] 2 C.L.C. 177; [2016] Lloyd's Rep. I.R. 468; *Times*, August 9, 2016 SC . . 4-097, 5-077, 6-123, 6-124, 6-128, 6-131, 6-132, 6-133, 6-134, 6-135, 6-136, 6-137, 6-146
Vesttoo 16-058
Victorygame Ltd v Ahuja Investments Ltd [2021] EWCA Civ 993; [2021] 7 WLUK 16 CA (Civ Div).. 13-106
Virgin Atlantic Airways Ltd v Premium Aircraft Interiors UK Ltd, sub nom. Virgin Atlantic Airways Ltd v Zodiac Seats UK Ltd (formerly Contour Aerospace Ltd) [2013] UKSC 46; [2014] A.C. 160; [2013] 3 W.L.R. 299; [2013] 4 All E.R. 715; [2013] 7 WLUK 89; [2013] R.P.C. 29 SC 16-010
Viscount of the Royal Court of Jersey v Shelton [1986] 1 W.L.R. 985; [1986] 5 WLUK 5; (1986) 2 B.C.C. 99134; [1986] P.C.C. 461; (1986) 83 L.S.G. 1719; (1986) 130 S.J. 504 PC (Jer)... 16-038
Vita Food Products Inc v Unus Shipping Co Ltd (In Liquidation) [1939] A.C. 277; [1939] 1 All E.R. 513; (1939) 63 Ll. L. Rep. 21; [1939] 1 WLUK 74 PC (Can) 12-006
Vitol Bahrain EC v Nasdec General Trading LLC [2013] EWHC 3359 (Comm); [2013] 11 WLUK 3 QBD (Comm)... 13-069
Vitol SA v Norelf Ltd (The Santa Clara) [1996] A.C. 800; [1996] 3 W.L.R. 105; [1996] 3 All E.R. 193; [1996] 2 Lloyd's Rep. 225; [1996] 6 WLUK 250; [1996] C.L.C. 1159; (1996) 15 Tr. L.R. 347; (1996) 93(26) L.S.G. 19; (1996) 146 N.L.J. 957; (1996) 140 S.J.L.B. 147; *Times*, July 1, 1996; *Independent*, June 28, 1996 HL 3-049
Vrinera Marine Co Ltd v Eastern Rich Operations Inc (The Vakis T) [2004] EWHC 1752 (Comm); [2004] 2 Lloyd's Rep. 465; [2004] 7 WLUK 589; [2004] 2 C.L.C. 1148 QBD (Comm) 14-088
VTB Capital Plc v Nutritek International Corp [2013] UKSC 5; [2013] 2 A.C. 337; [2013] 2 W.L.R. 398; [2013] 1 All E.R. 1296; [2013] 1 All E.R. (Comm) 1009; [2013] 1 Lloyd's Rep. 466; [2013] 2 WLUK 159; [2013] B.C.C. 514; [2013] 1 B.C.L.C. 179; [2013] 1 C.L.C. 153 SC... 13-045
VTB Commodities Trading DAC v JSC Antipinsky Refinery [2019] EWHC 3292 (Comm); [2020] 1 Lloyd's Rep. 332; [2019] 12 WLUK 75 QBD (Comm) 14-043
Wace v Pan Atlantic Group Inc [1981] 2 Lloyd's Rep. 339; [1981] 4 WLUK 146 QBD (Comm) 3-052
Walker v Rostron 152 E.R. 174; (1842) 9 M. & W. 411; [1842] 1 WLUK 249 Ex Ct 11-063
Walker & Knight v Donne Mileham & Haddock (A firm) [1976] 1 WLUK 687; *Times*, November 9, 1976 CA (Civ Div) 13-088
Wallace Smith Trust Co Ltd (In Liquidation) v Deloitte Haskins & Sells [1997] 1 W.L.R. 257; [1996] 4 All E.R. 403; [1996] 7 WLUK 163; [1997] B.C.C. 29; *Times*, July 12, 1996 CA (Civ Div) 13-104, 13-105
Walton Insurance v Deutsche Ruck (UK) Reinsurance Co [1990] 11 WLUK 413; *Times*, November 28, 1990 CA (Civ Div)... 9-006, 9-083
Walton Insurance Ltd v Agrichem Ltd 25 July 1988 .... 13-102, 14-098, 14-099
Walton Insurance Ltd (In Liquidation), Re [2009] Bda L.R. 23 .... 18-037, 18-067
Warmstrey v Dominam Tanfield 21 E.R. 498; (1629) Rep. Ch. 29; [1629] 1 WLUK 115 Ct of Chancery.. 15-128
Wasa International Insurance Co Ltd v Lexington Insurance Co; joined case(s) AGF Insurance Ltd v Lexington Insurance Co; Lexington Insurance Co Ltd v Wasa International Insurance Co Ltd; Lexington Insurance Co v AGF Insurance Ltd [2009] UKHL 40; [2010] 1 A.C. 180; [2009] 3 W.L.R. 575; [2009] 4 All E.R. 909; [2010] 2 All E.R. (Comm) 324; [2009] Bus. L.R. 1452; [2009] 2 Lloyd's Rep. 508; [2009] 7 WLUK 794; [2009] 2 C.L.C. 320; [2009] Lloyd's Rep. I.R. 675; [2010] Env. L.R. D1; *Times*, August 14, 2009 HL. . 1-023, 1-048, 1-050, 1-055, 1-057, 4-001, 4-004, 4-005, 4-016, 4-023, 4-024, 4-027, 4-028, 4-030, 4-039, 4-050, 4-061, 4-090, 4-091, 4-104, 4-107, 5-002, 5-007, 5-011, 5-014, 5-021, 5-031, 5-040, 5-042, 5-055, 5-064, 5-074, 5-076, 5-079, 5-088, 5-089, 5-102, 5-137, 6-188, 6-195, 6-217, 7-007, 8-062, 12-001, 12-013, 13-001, 13-122, 13-128
WASA International (UK) Insurance Co Ltd v WASA International Insurance Co Ltd (Sweden) [2002] EWHC 2698 (Ch); [2003] 1 All E.R. (Comm) 696; [2002] 12 WLUK

TABLE OF CASES

223; [2003] 1 B.C.L.C. 668; (2003) 100(9) L.S.G. 27; *Times*, December 31, 2002 Ch D.... 18-041
Waugh v British Railways Board [1980] A.C. 521; [1979] 3 W.L.R. 150; [1979] 2 All E.R.
   1169; [1979] 7 WLUK 118; [1979] I.R.L.R. 364; (1979) 123 S.J. 506 HL 13-106
Weavering Capital (UK) Ltd (In Liquidation) v Dabhia, sub nom. Weavering Capital (UK)
   Ltd (In Liquidation) v Peterson [2013] EWCA Civ 71; [2013] 2 WLUK 436; [2015]
   B.C.C. 741 CA (Civ Div) 16-027
Weavering Macro Fixed Income Fund Ltd (In liquidation) v Peterson 12 February 2015 ... 16-038
Wedgwood Coal & Iron Co, Re (1877) 6 Ch. D. 627; [1877] 8 WLUK 12 Ch D 18-030
Weissfisch v Julius [2006] EWCA Civ 218; [2006] 2 All E.R. (Comm) 504; [2006] 1
   Lloyd's Rep. 716; [2006] 3 WLUK 243; [2006] 1 C.L.C. 424; *Independent*, March 10,
   2006 CA (Civ Div) 14-009
Welsh Brick Industries Ltd, Re [1946] 2 All E.R. 197; [1946] 1 WLUK 38 CA 17-017
West Tankers Inc v Allianz SpA (formerly Riunione Adriatica Sicurta) [2012] EWHC 854
   (Comm); [2012] 2 All E.R. (Comm) 395; [2012] 2 Lloyd's Rep. 103; [2012] 4 WLUK
   147; [2012] 1 C.L.C. 762 QBD (Comm) 13-017
West Tankers Inc v Allianz SpA (The Front Comor) [2012] EWCA Civ 27; [2012] 2 All
   E.R. (Comm) 113; [2012] Bus. L.R. 1701; [2012] 1 Lloyd's Rep. 398; [2012] 1 WLUK
   479; [2012] C.P. Rep. 19; [2012] 1 C.L.C. 312; 140 Con. L.R. 45; [2012] I.L.Pr. 19;
   (2012) 109(6) L.S.G. 21 CA (Civ Div) 13-017
West Tankers Inc v RAS Riunione Adriatica di Sicurta SpA (The Front Comor) [2007]
   UKHL 4; [2007] 1 All E.R. (Comm) 794; [2007] 1 Lloyd's Rep. 391; [2007] 2 WLUK
   528; [2007] I.L.Pr. 20; 2 A.L.R. Int'l 641; (2007) 23 Const. L.J. 458; (2007) 104(10)
   L.S.G. 30; (2007) 151 S.J.L.B. 294 HL 13-017, 13-077, 14-041
West Wake Price & Co v Ching [1957] 1 W.L.R. 45; [1956] 3 All E.R. 821; [1956] 2 Lloyd's
   Rep. 618; [1956] 11 WLUK 62; (1957) 101 S.J. 64 QBD 5-093
Westacre Investments Inc v Jugoimport SDPR Holding Co Ltd [2000] Q.B. 288; [1999] 3
   W.L.R. 811; [1999] 3 All E.R. 864; [1999] 1 All E.R. (Comm) 865; [1999] 2 Lloyd's
   Rep. 65; [1999] 5 WLUK 139; [1999] C.L.C. 1176; [1999] B.L.R. 279; *Times*, May 25,
   1999; *Independent*, May 25, 1999 CA (Civ Div) 14-007, 14-036
Western Assurance Co of Toronto v Poole [1903] 1 K.B. 376; [1903] 1 WLUK 43 KBD 5-007,
   5-008
Western Trading Ltd v Great Lakes Reinsurance (UK) Plc, sub nom. Great Lakes Reinsurance (UK) SE v Western Trading Ltd [2016] EWCA Civ 1003; [2016] 10 WLUK 198;
   [2016] 2 C.L.C. 478; [2016] Lloyd's Rep. I.R. 643 CA (Civ Div) 2-006
WH Holding Ltd v E20 Stadium LLP [2018] EWCA Civ 2652; [2018] 11 WLUK 511 CA
   (Civ Div) 13-106
Wheeler v Le Marchant (1881) 17 Ch. D. 675; [1881] 4 WLUK 15 CA 13-106
White v Conyers Dill & Pearman 1993 9-074
White v Turnbull Martin [1898] 1 WLUK 3; (1898) 3 Com. Cas. 183 11-023
Whiteley Insurance Consultants (A Firm), Re [2008] EWHC 1782 (Ch); [2009] Bus. L.R.
   418; [2008] 7 WLUK 789; [2009] Lloyd's Rep. I.R. 212 Ch D (Companies Ct) 1-012, 15-039,
   17-038
Wight v Eckhardt Marine GmbH, sub nom. Wight v Eckhardt GmbH [2003] UKPC 37;
   [2004] 1 A.C. 147; [2003] 3 W.L.R. 414; [2003] 5 WLUK 395; [2003] B.C.C. 702;
   [2004] 2 B.C.L.C. 539; *Times*, June 6, 2003 PC (CI) 17-010
William McIlroy Swindon Ltd v Quinn Insurance Ltd; joined case(s) Rannach Investments
   Ltd v Quinn Insurance Ltd [2011] EWCA Civ 825; [2012] 1 All E.R. (Comm) 241;
   [2011] 7 WLUK 485; [2011] B.L.R. 579; [2011] Lloyd's Rep. I.R. 697; [2011] Arb. L.R.
   41 CA (Civ Div) 5-045, 5-113
Williams v Baltic Insurance Association of London Ltd [1924] 2 K.B. 282; (1924) 19 Ll. L.
   Rep. 126; [1924] 5 WLUK 89 KBD 8-040
Williams v Bermuda Hospitals Board [2016] UKPC 4; [2016] A.C. 888; [2016] 2 W.L.R.
   774; [2016] 1 WLUK 449; [2016] Med. L.R. 65; (2016) 150 B.M.L.R. 1; *Times*, March
   8, 2016 PC (Ber) 5-101
Wilson v Avec Audio-Visual Equipment [1974] 1 Lloyd's Rep. 81; [1973] 5 WLUK 105
   CA (Civ Div) 11-003
Wilson, Assignees of Fletcher v Creighton 99 E.R. 576; (1782) 3 Doug. K.B. 132; [1782]
   11 WLUK 2 KB 11-074, 11-076
Windsor Life Assurance Co Ltd, Re [2007] EWHC 3429 (Ch); [2007] 12 WLUK 376 Ch D .....
   18-045
Winnetka Trading Corp v Julius Baer International Ltd [2008] EWHC 3146 (Ch); [2009] 2
   All E.R. (Comm) 735; [2009] Bus. L.R. 1006; [2008] 11 WLUK 710 Ch D 13-037
Winter v Hockley Mint Ltd, sub nom. Hockley Mint Ltd v Ramsden [2018] EWCA Civ

TABLE OF CASES

2480; [2019] 1 W.L.R. 1617; [2019] 2 All E.R. 1054; [2018] 11 WLUK 208 CA (Civ Div) 9-004
Winton v Rosenthal [2013] EWHC 502 (Ch); [2013] 3 WLUK 342 Ch D 10-007
WISE Underwriting Agency Ltd v Grupo Nacional Provincial SA [2004] EWCA Civ 962; [2004] 2 All E.R. (Comm) 613; [2004] 2 Lloyd's Rep. 483; [2004] 7 WLUK 539; [2004] 2 C.L.C. 1098; [2004] Lloyd's Rep. I.R. 764; (2004) 148 S.J.L.B. 913 CA (Civ Div) . 6-017, 6-018, 6-040, 6-106
WM Morrison Supermarkets Plc v Various Claimants [2020] UKSC 12; [2020] A.C. 989; [2020] 2 W.L.R. 941; [2020] 4 All E.R. 1; [2021] 1 All E.R. (Comm) 189; [2020] 3 WLUK 454; [2020] I.C.R. 874; [2020] I.R.L.R. 472; [2020] E.M.L.R. 19; 2020 Rep. L.R. 80; *Times*, April 7, 2020 SC 10-023
Wood v Capita Insurance Services Ltd, sub nom. Wood v Capita Insurance Services Ltd [2017] UKSC 24; [2017] A.C. 1173; [2017] 2 W.L.R. 1095; [2017] 4 All E.R. 615; [2018] 1 All E.R. (Comm) 51; [2017] 3 WLUK 724; 171 Con. L.R. 1; [2017] C.I.L.L. 3971; *Times*, April 7, 2017 SC 4-052, 4-056, 4-057, 4-058, 4-062, 4-066, 4-074, 4-080, 4-081, 4-083, 6-158
Woodar Investment Development Ltd v Wimpey Construction UK Ltd [1980] 1 W.L.R. 277; [1980] 1 All E.R. 571; [1980] 2 WLUK 157; (1980) 124 S.J. 184 HL 9-025
Woodland v Swimming Teachers Association, sub nom. Woodland v Essex CC [2013] UKSC 66; [2014] A.C. 537; [2013] 3 W.L.R. 1227; [2014] 1 All E.R. 482; [2013] 10 WLUK 735; [2014] E.L.R. 67; (2013) 16 C.C.L. Rep. 532; [2014] P.I.Q.R. P6; (2013) 163(7582) N.L.J. 15; (2013) 157(41) S.J.L.B. 39; *Times*, November 1, 2013 SC 3-061
Woolcott v Excess Insurance Co Ltd and Miles, Smith Anderson & Game Ltd (No.1) [1979] 1 Lloyd's Rep. 231; [1978] 7 WLUK 162 CA (Civ Div) 9-083
Wooldridge v Torridge DC [2011] EWHC 1238 (QB); [2011] 3 WLUK 924 QBD 3-061
World Challenge Expeditions Ltd v Zurich Insurance Plc [2023] EWHC 1696 (Comm); [2024] 1 All E.R. (Comm) 786; [2023] Bus. L.R. 1731; [2023] 7 WLUK 71 KBD (Comm Ct) 4-113, 5-032, 6-110, 6-152
Wright v Atlas Wright (Europe) Ltd, sub nom. Atlas Wright (Europe) Ltd v Wright [1999] 1 WLUK 736; [1999] B.C.C. 163; [1999] 2 B.C.L.C. 301; (1999) 96(8) L.S.G. 29; *Times*, February 3, 1999 CA (Civ Div) 5-086
WT Lamb & Sons v Goring Brick Co Ltd [1932] 1 K.B. 710; [1931] 12 WLUK 39 CA 9-087
Wurttembergische AG Versicherungs Beteiligungsgesellschaft v Home Insurance Co (No.1) [1997] L.R.L.R. 86; [1996] 6 WLUK 137; [1996] 5 Re. L.R. 192 QBD (Comm) 5-076, 9-010, 10-015, 10-038
Wurttembergische AG Versicherungs Beteiligungsgesellschaft v Home Insurance Co (No.2) [1999] 1 All E.R. (Comm.) 535; [1999] 3 WLUK 133; [1999] Lloyd's Rep. I.R. 397; *Independent*, March 22, 1999 CA (Civ Div) 9-010
Wyatt v Crate [2012] CSOH 197; 2013 S.C.L.R. 323; [2012] 12 WLUK 830; [2013] P.N.L.R. 16; 2013 G.W.D. 3-89 OH 10-004
Wynniatt-Husey v RJ Bromley (Underwriting Agencies) Plc [1996] L.R.L.R. 310; [1996] 4 WLUK 126 QBD (Comm) 10-043, 10-045
X v Y; joined case(s) Y v X [2013] EWHC 1104 (Comm); [2013] 2 Lloyd's Rep. 230; [2013] 5 WLUK 137 QBD (Comm). 14-040
Xenos v Wickham (1867) L.R. 2 H.L. 296; [1867] 7 WLUK 47 HL 9-027
XL Insurance Co SE v Little [2019] EWHC 1284 (Comm); [2019] 5 WLUK 113 QBD (Comm) 13-015, 13-070, 14-043
XL Specialty v Carvill America 2007 .... 11-013, 11-014, 11-017, 11-019
Y v S [2015] EWHC 612 (Comm); [2015] 2 All E.R. (Comm) 85; [2015] 1 Lloyd's Rep. 703; [2015] 3 WLUK 402; [2015] 1 C.L.C. 341 QBD (Comm) 14-037
Yasuda Fire & Marine Insurance Co of Europe Ltd v Lloyd's Underwriting Syndicate No.229 [1998] 3 WLUK 96; [1998] C.L.C. 870; [1998] Lloyd's Rep. I.R. 343; *Times*, March 16, 1998 CA (Civ Div). 7-017, 7-020
Yasuda Fire & Marine Insurance Co of Europe Ltd v Orion Marine Insurance Underwriting Agency Ltd [1995] Q.B. 174; [1995] 2 W.L.R. 49; [1995] 3 All E.R. 211; [1995] 1 Lloyd's Rep. 525; [1994] 9 WLUK 125; [1994] C.L.C. 1212; [1995] 4 Re. L.R. 217; *Times*, October 27, 1994 QBD (Comm) 5-152, 5-153, 10-011, 10-013, 10-014
Yorkshire Insurance Co Ltd v Nisbet Shipping Co Ltd [1962] 2 Q.B. 330; [1961] 2 W.L.R. 1043; [1961] 2 All E.R. 487; [1961] 1 Lloyd's Rep. 479; [1961] 4 WLUK 17; (1961) 105 S.J. 367 QBD (Comm) 5-155, 5-160
Yorkshire Tannery and Boot Manufactory Ltd v Eglinton Chemical Co Ltd (1884) 54 LJ ... 13-062
Yorkshire Water Services Ltd v Sun Alliance and London Insurance Plc [1997] 2 Lloyd's Rep. 21; [1996] 7 WLUK 350; [1997] C.L.C. 213; (1996) 93(34) L.S.G. 34; (1996) 140

S.J.L.B. 193; [1997] Env. L.R. D4; *Times*, August 20, 1996 CA (Civ Div) 5-058
Youell v Bland Welch & Co Ltd (No.1) [1992] 2 Lloyd's Rep. 127; [1992] 2 WLUK 267
 CA (Civ Div) . 3-053, 3-054, 3-071, 4-053, 4-059, 4-060, 4-065, 4-066, 4-070, 4-074, 4-088, 5-089,
 6-102, 7-007
Youell v Bland Welch & Co Ltd (No.2) [1990] 2 Lloyd's Rep. 431; [1990] 4 WLUK 79
 QBD (Comm) 9-062, 9-068, 9-069, 9-070, 9-071, 9-072, 9-082, 9-083
Youell v La Reunion Aerienne [2009] EWCA Civ 175; [2009] 2 All E.R. (Comm) 1071;
 [2009] Bus. L.R. 1504; [2009] 1 Lloyd's Rep. 586; [2009] 3 WLUK 252; [2009] C.P.
 Rep. 28; [2009] 1 C.L.C. 336; *Times*, March 27, 2009 CA (Civ Div) 13-015, 13-018, 13-029,
 13-030, 14-009, 14-041
Young v GNI Fund Management (Bermuda) Ltd [2001] Bda L.R. 70 13-086
Young v Merchants Marine Insurance Co Ltd [1932] 2 K.B. 705; (1932) 43 Ll. L. Rep.
 277; [1932] 6 WLUK 37 CA 5-156
Young v Royal and Sun Alliance Insurance Plc [2020] CSIH 25; 2020 S.C. 467; 2020
 S.L.T. 597; [2020] 5 WLUK 242; [2020] Lloyd's Rep. I.R. 388; 2020 G.W.D. 17-248 IH
 (1 Div) 6-045, 6-079, 6-080
Re Z-Obee Holdings Ltd [2017] SC (Bda) 16 Com 17-079
Zayo Group International Ltd v Ainger [2017] EWHC 2542 (Comm); [2017] 10 WLUK
 335 QBD (Comm). 14-024
Zeller v British Caymanian Insurance Co Ltd [2008] UKPC 4; [2008] 1 WLUK 154; [2008]
 Lloyd's Rep. I.R. 545 PC (CI) 6-111
Zermalt Holdings SA v Nu-Life Upholstery Repairs Ltd [1985] 5 WLUK 258; [1985] 2
 E.G.L.R. 14; (1985) 275 E.G. 1134 QBD (Comm) 14-038
Zurich General Accident & Liability Insurance Co Ltd v Morrison [1942] 2 K.B. 53; (1942)
 72 Ll. L. Rep. 167; [1942] 3 WLUK 44 CA. 6-171
Zurich Insurance Co Plc v Hayward [2011] EWCA Civ 641; [2011] 5 WLUK 829; [2011]
 C.P. Rep. 39 CA (Civ Div) 3-027
Zurich Insurance Plc v Niramax Group Ltd [2021] EWCA Civ 590; [2021] 4 WLUK 215;
 [2021] 1 C.L.C. 935; [2022] Lloyd's Rep. I.R. 56 CA (Civ Div). 6-089

TABLE OF STATUTES

1677	Statute of Frauds (c.3)	15-123
1720	Bubble Act (c.1)	2-004
1745	Marine Insurance Act (c.37)	1-004, 1-043, 2-005, 8-046, 15-023
	s.4	15-023
1774	Life Assurance Act (c.48)	1-056
	s.1	8-031
	s.2	3-028
1845	Gaming Act (c.109)	
	s.18	8-029
1862	Companies Act (c.89)	17-010, 17-025
1864	Stamp Act (c.90)	15-023
1869	Bankruptcy Act, (c.71)	
	Pt II s.31	17-010, 17-054
	s.39	11-073
1870	Life Assurance Companies Act (c.61)	15-023, 17-025
	s.21	17-025
1871	Albert Life Assurance Company Arbitration Act (c.31)	17-037
1871	Lloyd's Act (c.21)	2-007, 2-011, 9-025
1872	Life Assurance Companies Act (c.41)	17-036, 17-037
1883	Bankruptcy Act (c.52)	
	Pt III s.38	11-073
1889	Arbitration Act (c.49)	14-001, 14-044
1891	Stamp Act (c.39)	3-025, 7-001, 12-011
	Pt II s.93	7-001, 12-011
1896	Insolvency Act (c.45)	
	Sch.B1 para.111	17-066
1906	Marine Insurance Act (c.41)	1-002, 1-032, 1-035, 1-039, 4-093, 6-001, 6-005, 6-006, 6-008, 6-013, 6-015, 6-019, 6-024, 6-026, 6-027, 6-029, 6-030, 6-056, 6-057, 6-073, 6-076, 6-084, 6-088, 6-111, 6-113, 6-121, 6-146, 6-168, 6-169, 6-170, 6-174, 6-185, 6-214, 7-001, 9-025, 9-037, 9-041, 9-057, 11-030, 11-031
	s.1	1-002, 7-001, 8-001
	s.3	6-019, 6-069
	(1)	6-125
	s.4	3-025, 8-038, 9-054, 9-055
	(1)	1-008
	s.5	1-002, 8-038
	(1)	1-002
	(2)	1-002
	s.8	6-050
	s.9	1-002, 1-046, 1-047, **7-001**
	(1)	1-002, 1-023, 1-044
	(2)	1-014
	s.14	7-001
	(1)	6-125
	s.17	6-003, 6-006, 6-014, 6-084, 6-088, 6-113, 6-116, 6-117, 6-118, 6-119, 6-120, 6-121, 6-122, 6-124, 6-125, 6-127, 6-128, 6-146, 6-148, 6-150, 6-151
	ss.17–20	6-008, 6-085, 6-088, 6-113
	s.18	6-006, 6-008, 6-009, 6-012, 6-015, 6-021, 6-057, 7-001, 9-037, 9-038, 9-041, 9-045, 9-046, 9-048
	(1)	6-017, 6-051, 6-052, 6-055, 6-056, 6-084
	(2)	6-001, 6-018, 6-027, 6-030, 6-042
	(3)	6-059, 6-062
	(a)–(c)	6-001
	(b)	6-018, 6-061, 6-062, 6-063, 6-064, 6-065, 6-068
	(c)	6-018, 6-059, 6-069
	(d)	6-035, 6-059, 6-082
	(5)	6-028
	ss.18–20	6-006, 6-009, 6-050, 6-092, 6-097
	s.19	6-008, 6-012, 6-052, 6-054, 6-056, 6-057, 6-078, 6-083, 7-001, 9-037, 9-038, 9-041, 9-045, 9-046, 9-054, 9-057
	(1)(a)	6-055
	(b)	6-083
	s.20	6-006, 6-008, 6-009, 6-015, 6-020, 6-059, 6-088, 7-001
	(1)	6-084
	(2)	6-018, 6-027, 6-030
	(3)	6-026, 6-034
	(4)	6-024
	(5)	6-026, 6-034
	(6)	6-022
	s.22	3-028
	s.23	3-028
	s.27(2)	7-025
	(3)	7-025, 8-001
	(4)	6-214
	s.28	8-001
	s.29(3)	6-214
	(4)	6-214
	s.31	1-002
	s.32	5-164
	s.33	6-001, 6-004, 6-082, 6-155, 6-174, 7-001
	(3)	6-168, 6-169, 6-170, 6-171, 6-182, 6-184, 6-186, 6-187, 6-206
	s.34	6-174, 6-181
	(1)	6-181
	(2)	6-171, 6-181
	(3)	6-168, 6-181, 6-183
	s.35	6-155
	(1)	**6-155**
	(2)	**6-155**
	s.39	4-026, 4-093, 6-053
	(5)	6-116, 6-118
	s.41	4-093
	s.45	6-147
	(2)	6-214
	ss.52–54	1-002

TABLE OF STATUTES

1906 Marine Insurance Act—*cont.*
    s.53 .... 6-214, 9-025, 10-008, 11-005,
        11-006, 11-020, 11-027, 11-039,
        11-045
      (1) .. 9-028, 11-003, 11-004, 11-022,
        11-030, 11-067, 11-069
      (2) 11-030, 11-031, 11-032
    s.54 .... 9-026, 11-003
    s.55 6-214
      (1) 6-175
    s.62(1) 7-004
      (9) 7-001, 7-004
    s.63 5-155
    s.78 5-058
    s.79(2) 5-161
    s.80 .... 5-106, 5-164
    s.84(3)(a) 6-084
    Sch.1 6-050
1907 Companies Act (c.50)
    s.28 17-025
1908 Companies (Consolidation) Act (c.69)
    16-025
1909 Assurance Companies Act (c.49)
    .... 11-076, 17-037
1911 Lloyd's Act (c.lxii) 2-007
1914 Bankruptcy Act (c.59) ... 17-030, 17-054
    Pt II s.31 ..... 11-072, 11-073, 17-030
    s.44 .... 16-004, 16-009
1920 Administration of Justice Act (c.81)
    .... 13-012, 13-081, 13-086
1924 Arbitration Clauses (Protocol) Act (c.39)
    14-044
1925 Law of Property Act (c.20)
    Pt IV s.136 15-128
    Pt IX s.172 .... 16-004, 16-019
1930 Third Parties (Rights against Insurers) Act
    (c.25) 5-045, 5-143, 6-119, 9-081,
        9-085, 13-094, 16-017
    s.1 5-143
1933 Assurance Companies (Winding up) Act
    (c.9) 17-028
1933 Foreign Judgments (Reciprocal
    Enforcement) Act (c.13) 13-012,
        13-081, 13-086, 16-010, 17-073
    Pt I 16-010
    s.4(1)(a)(ii) 16-010
    s.6 16-010
    Pt II s.8 16-010
    s.11(1) 16-010
1939 War Risks Insurance Act (c.57)
    9-082
1945 Law Reform (Contributory Negligence)
    Act (c.28) 9-068, 9-069
1948 Companies Act (c.38) 1-040, 17-005
    Pt IV s.206 .... 18-029, 18-038
    s.207 18-029
    Pt V Ch.ii s.222 ...... 17-014, 17-015
    s.225 17-026
    s.246(3) 17-054
    Ch.iii s.283 17-006
    Ch.v s.316 17-054
    s.317 17-054

    Pt Ia s.320 16-004
    s.332 16-027
    Pt IX s.399(1) 17-014
1950 Arbitration Act (c.27) ... 14-001, 14-038,
        14-044, 14-047, 14-072
    Pt I s.1 14-046
    s.2 14-046
    s.3 14-046
    s.4 .... 5-081, 14-009
      (1) 14-046
      (2) 14-046
    s.5 14-046
    s.6 14-046
    s.7 14-046
    s.8 14-046
    s.9 14-046
    s.11 14-046
    s.12 14-046
    s.13 14-046
    s.13A 14-046, 14-047
    s.14 14-046
    s.17 14-046
    s.18 14-046
    s.19 14-046
    s.20 14-046
    s.22 14-046
    s.23 .... 14-013, 14-046
    s.24 14-046
    s.25 14-046
    s.26 14-046
    s.27 .... 14-027, 14-046
    s.28 14-046
    s.29 14-046
    s.30 14-046
    s.31 14-046
    Pt II 14-125
1958 Finance Act (c.56) 7-001
1958 Insurance Companies Act (c.72)
    s.2 15-023
1959 Finance Act (c.58) 12-011
1967 Misrepresentation Act (c.7) . 6-071, 6-076,
        6-085, 6-097, 6-149
    s.2(1) 6-074, 6-077
    (2) 6-085, 6-097
1967 Companies Act (c.81) 15-023
1968 Theft Act (c.60)
    s.7 4-077
1968 Civil Evidence Act (c.64) . 13-108, 13-109
1970 Administration of Justice Act (c.31)
    14-046
1971 Carriage of Goods by Sea Act (c.19)
    12-006
1972 European Communities Act (c.68)
    1-035
1974 Insurance Companies Act (c.49)
    ...... 3-025, 10-034, 12-015, 15-024
1974 Rehabilitation of Offenders Act (c.53)
    6-083
1975 Arbitration Act (c.3) 14-001, 14-044,
        14-096, 14-097, 14-126, 14-131
    s.1 ... 13-089, 14-009, 14-096, 14-097

TABLE OF STATUTES

1975 Policyholders Protection Act (c.75)
.... 9-081, 17-041, 17-043, 17-045
    s.8 17-045
    (2) 17-041
1977 Insurance Brokers (Registration) Act (c.46)
.... 9-013
1977 Unfair Contract Terms Act (c.50)
.... 12-006
    Pt I s.3 10-028
1979 Arbitration Act (c.42) ... 14-001, 14-044,
        14-047, 14-072, 14-112, 14-126
    s.1 .... 14-038, 14-046, 14-126
    (4) 14-047
    s.2 14-046
    s.3 14-046
    s.5 14-046
1979 Sale of Goods Act (c.54)
    Pt II ss.10–15B 6-003
1980 Limitation Act (c.58) 5-079, 13-113,
        13-118, 13-131, 13-133, 13-139
    Pt I s.2 .... 13-116, 13-118
    s.4A 13-118
    s.5 .... 13-114, 13-118
    s.5A 5-079, 5-147, 13-115
        (1) **13-115**
        (2) **13-115**
    s.6 13-114
    s.7 13-118
    s.8 .... 13-114, 13-118
    s.9 .... 13-118, 13-135
    s.14A 11-037
    s.14B 11-037
    s.21 13-118
    s.24 13-118
    Pt II 13-113
    s.29 13-133
    ss.29–31 13-133
    s.30 13-133
    s.31 13-133
    s.32 13-134
        (1) 13-134
            (b) 13-134
        (2) 13-134
    s.33 13-131
    Pt III s.35 13-131
        (3) 13-131
    s.36(1) 13-118
        (2) 13-118
1981 Insurance Companies Act (c.31)
.... 15-024
1981 Senior Courts Act (c.54) .. 10-015, 13-110
    Pt II Ch.2 s.35A 13-110
    s.37 ..... 10-015, 14-009, 14-012,
                      14-043
1981 Companies Act (c.62) ... 14-048, 15-087,
        16-019, 16-021, 16-025, 16-056,
        16-059, 17-005, 17-006, 17-008,
        17-014, 17-018, 17-069, 17-079,
            18-035, 18-050, 18-077
    Pt I s.2 16-036
    s.4(1) 17-014
    Pt III s.55 15-128
    s.62 17-015

    Pt V s.97 .... **16-036**, 16-038
        (1) 16-036, 16-037, 16-038
        (2) 16-036, 16-037
    s.98 .... 16-036, 16-037
        (2) 16-038
    s.99 .... 17-005, 17-079, 18-034,
                      18-051
    s.111 16-059
1982 Lloyd's Act (c.14) 10-026, 15-064
    s.14 10-026
1982 Civil Jurisdiction and Judgments Act (c.27)
.... 13-039
    Pt IV s.33 .... 13-080, 13-085
    Pt V s.41 13-020
    Sch.4 13-029
1982 Supply of Goods and Services Act (c.29)
.... 11-037
1982 Insurance Companies Act (c.50)
..... 3-025, 8-034, 8-038, 8-057, 8-058,
       8-059, 8-060, 15-016, 15-024,
      15-026, 15-037, 15-038, 15-064,
        17-034, 18-039, 18-043
    Pt I s.2 .... 8-034, 15-038
        (1) 8-057
        (4) 8-057, 8-060
    s.3 8-057
    Pt II 15-064
    s.15(4) 15-064
    s.16(1) 8-034
    s.51 18-071
    s.53 .... 17-005, 17-024
    s.58 .... 17-005, 18-039
    Pt IV s.83 15-064
    s.84 15-064
    Pt V s.95 .... 8-057, 8-058
    Sch.1 8-058
    Sch.2C 18-043
    Sch.3A 12-004
1984 Foreign Limitation Periods Act (c.16)
.... 13-113, 13-136, 13-137
    s.1 .... 13-136, 13-137
        (1) 13-136
        (2) 13-136
        (3) 13-137
        (4) 13-136
    s.1ZA 13-136
    s.1B 13-136
    s.2(1) 13-137
        (2) 13-137
    s.3 13-138
    s.4(1) 13-136
        (3) 13-137
1985 Companies Act (c.6) 15-031, 16-004,
                   18-007, 18-023
    Pt XIII 18-004
    s.425 ...... 17-003, 17-005, 17-026,
        18-001, 18-004, 18-017, 18-022,
            18-023, 18-029, 18-067
    s.426 18-029
    Pt XIIIA s.429 18-023
    Pt XX Ch.V s.615 ..... 16-004, 16-009
    s.630 16-027
    Pt XXI s.666 17-013

TABLE OF STATUTES

1985 Companies Act—cont.
    Pt XXIII 13-066
    Pt XXVI s.735 17-066
1985 Insolvency Act (c.65) 16-004, 18-001
1986 Latent Damage Act (c.37) 13-113,
        13-139
1986 Insolvency Act (c.45) ... 11-073, 16-004,
        16-005, 16-009, 16-016, 17-002,
        17-006, 17-007, 17-028, 17-029,
        17-067, 17-068, 17-073, 18-001,
        18-002, 18-006, 18-007, 18-062,
        18-076
    Pt II 18-001, 18-002
    s.8 17-066
    s.8(3) 18-001
    s.19(4) 18-003
    (5) 18-003
    Pt IV Ch.I s.73 17-006
    Ch.II s.89 17-006
    s.90 17-006
    Ch.III s.91 17-007
    Ch.IV s.100 17-007
    s.101 17-008
    Ch.VI s.117(1) 17-011
    (2) 17-011
    (7) 17-012
    s.122 .... 17-014, 17-015
    s.123 .... 16-005, 17-028, 18-039
        (1)(a) 17-015, 17-020
        (b) 17-015
        (e) 17-015
        (2) 17-015
    s.124(1) 17-022, 17-023
    s.124A 15-046, 17-028
    s.125 17-026
    s.130(2) 17-069
    s.136(1) 17-007
    s.139 17-007
    Ch.VII s.168(3) 17-054
    Ch.VIII s.176A 17-059
    Ch.X s.212 16-025
    s.213 16-027
    s.214 .... 16-007, 16-029
        (1) 16-028
        (2)(b) 16-028
        (3) 16-028
    Pt V s.221 .... 17-013, 17-028, 18-006
    Pt VI s.232 16-005
    s.236 17-026
    s.237 16-019
    s.238 ...... 16-005, 16-014, 16-016,
        16-019, 17-078
        (3) 16-006
        (4) 16-006, 16-007
        (5) 16-006, 16-015
    s.239 ...... 16-005, 16-009, 16-011,
        16-014, 16-016, 17-078
        (3) 16-008
        (4) 16-008
        (5) 16-008, 16-009, 16-011
        (7) 16-011
    s.240 16-009
        (1) 16-005

        (2) 16-005
        (3) 16-005
    Pt VII s.249 16-005
    s.251 ...... 16-005, 16-030, 17-066
    Pt XIII s.390 17-007
    s.390A 17-007
    Pt XV s.411 17-034
    Pt XVI s.423 .. 16-016, 16-017, 16-019
        (1) 16-016
        (3) 16-016
        (5) 16-016
    Pt XVII s.426 . 16-010, 17-064, 17-065,
        17-066, 17-067, 17-068, 17-070,
        17-073, 17-078, 17-079, 18-076,
        18-077
        (4) 17-066
        (5) 17-066
        (11) 17-066
    Pt XVIII s.435 16-005
        (6) 16-005
    Sch.B1 .... 18-001, 18-002
        Pt 1 para.3 18-001
        (1) 18-002
        Pt 3 para.14 ...... 16-005, 18-002
        Pt 4 para.22 ...... 16-005, 18-002
    Sch.1 18-002
1986 Building Societies Act (c.53) 15-016
1986 Financial Services Act (c.60) 10-034
    Pt II s.132 ..... 8-034, 10-034, 15-034
1986 Public Order Act (c.64) 4-077
    Pt I s.10 4-077
1988 Road Traffic Act (c.52)
    Pt VI s.151 13-088
    s.152 13-088
1990 Contracts (Applicable Law) Act (c.36)
    .... 12-016, 12-017
    Sch.1 .... 12-016, 12-017
    Sch.2 12-016
    Sch.3 12-016
1993 Finance Act (c.34)
    Pt II Ch.III s.171(2) 10-047
1995 Civil Evidence Act (c.38) . 13-108, 13-109
    s.2(3) 13-108
1995 Private International Law (Miscellaneous
    Provisions) Act (c.42) 12-034
1996 Health Service Commissioners
    (Amendment) Act (c.5)
    s.15 13-065
1996 Arbitration Act (c.23) 3-090, 4-011,
        4-013, 10-017, 14-001, 14-002,
        14-003, 14-004, 14-005, 14-006,
        14-009, 14-012, 14-014, 14-018,
        14-020, 14-023, 14-025, 14-030,
        14-033, 14-035, 14-045, 14-046,
        14-051, 14-063, 14-073, 14-076,
        14-094, 14-097, 14-100, 14-110,
        14-111, 14-119, 14-120
    Pt I 14-003, 14-004, 14-006
    s.1 .... 14-003, 14-004
        (b) 14-097
    ss.1–84 14-003
    s.2 14-004
    s.3 14-004

TABLE OF STATUTES

1996 Arbitration Act—*cont.*
 s.4(1) 14-004
 s.5(1) 14-006
  (2) 14-006
  (3) 14-006
  (4) 14-006
 s.6 14-008
  (1) 14-006
  (2) 4-013, 14-006
 s.6A 14-124
 s.7 .... 14-007, 14-008, 14-059
 s.9 .. 3-054, 13-018, 14-008, 14-009,
   14-010, 14-012, 14-096, 14-097
  (1) 14-009, 14-097
  (2) 14-009
  (4) 14-009, 14-097
  (5) 14-009
  (6) 14-009
 s.12 ...... 14-024, 14-026, 14-027,
         14-076
  (3) 14-027
  (6) 14-027
 ss.12–14 14-024
 s.13 14-024
 s.14 14-024
 s.15(1) 14-013
  (3) 14-013
 s.16 14-013
 s.17 14-013
 s.18 14-013
 s.20 14-023
  (3) 14-023
  (4) 14-023
 s.21 .... 14-023, 14-072
  (3) 14-023
 s.22 14-023
 s.23 14-013
 s.23A 14-014, 14-020
 s.24 ...... 14-013, 14-014, 14-015,
   14-020, 14-021, 14-026, 14-036
  (1) 14-013
  (a) 14-013, 14-014, 14-015
 s.25 14-021
 s.27 14-027
 s.29 14-021
  (1) 14-021
 s.30 .... 14-025, 14-028
 s.31(1) 14-028
 s.32 .... 14-026, 14-028
  (2) 14-028, 14-029
  (6) 14-028
 s.33 ...... 14-015, 14-020, 14-029,
         14-036
  (1) 14-029
 s.34(2) 14-030
  (3) 14-030
 s.35 14-084
 s.37 14-025
 s.38(3) 14-025
  (4) 14-025
  (5) 14-025
 s.39 14-025
 s.39A 14-025
 s.41 14-025
  (3) 14-025
  (4) 14-025
  (5) 14-025
  (6) 14-025
  (7) 14-025
 s.41A 14-025
 s.42 .... 14-025, 14-026
 s.43 14-026
 s.44 .... 10-017, 14-025, 14-026
  (3) 14-026
 s.45 14-026
 s.46 14-037
  (1) 1-042
  (a) 14-121
  (b) 14-109, 14-120
  (3) 14-120, 14-121
 s.48 14-025
 s.49(3) 14-025
 s.50 14-026
 s.52 14-031
 s.53 .... 14-031, 14-126
 s.56(1) 14-031
  (2) 14-031
 s.57 14-035
  (1) 14-032
  (3) 14-032
  (6) 14-032
 s.61 14-025
 s.67 .... 14-005, 14-009, 14-028,
   14-035, 14-036, 14-041, 14-117
 s.68 .... 14-009, 14-015, 14-020,
   14-035, 14-036, 14-037, 14-038,
        14-075, 14-076
  (2) 14-036
  (a) 14-036
  (b) 14-036, 14-037
  (d) 14-036
  (g) 14-036
  (3) 14-037
 s.69 . 5-126, 14-035, 14-038, 14-039,
         14-076
  (1) 14-038
  (3) 14-038
  (c)(i) 14-038
  (8) 14-039
 s.70 14-035
  (7) 14-040
 s.72 14-041
 s.73 14-036
 s.84 14-003
 Pt II 14-003
 ss.85–87 14-003
 ss.85–98 14-003
 Pt III 14-003, 14-126
 ss.99–104 14-003
 s.100(1) 14-126
 s.102 .... 14-126, 14-127
 s.103 14-127
  (3) 14-007
 Pt IV 14-003
 ss.105–110 14-003
 Sch.1 14-004

TABLE OF STATUTES

1997 Building Societies Act (c.32) 15-016	(3) 18-043, 18-044, 18-046
1998 Competition Act (c.41) 3-037, 9-051	s.112 ...... 18-041, 18-042, 18-047
Pt I Ch.I 3-037	(1) 18-042
s.2 3-037	(d) 18-047
s.9 3-037	(2A) 18-042
1998 Human Rights Act (c.42) . 18-023, 18-079	(2B) 18-042
1999 Contracts (Rights of Third Parties) Act	s.112A 18-042
(c.31) 1-005, 1-027, 4-044, 9-027,	(1) 18-042
9-028, 11-023, 15-124	Pt IXA 15-036, 15-061
s.1 .... 9-028, 15-124, 15-125	Ch.1 15-015
(1) 11-001, 15-124	Ch.2 s.138E 8-034
(b) 15-124	Pt XII ss.178–185 18-056
(2) 1-027, 15-124	Pt XIX 2-015, 17-071
(3) 4-044	s.315 15-065
(4) 15-124	Pt XXIV 15-008, 17-002
s.2 9-028	s.359 18-002
2000 Financial Services and Markets Act (c.8)	s.367 17-028
.... 1-002, 1-012, 1-032, 1-035, 2-021,	(3) 17-028
5-002, 6-005, 8-027, 8-031, 8-034,	s.376 .... 17-009, 17-051
8-035, 8-038, 8-040, 8-057, 8-059,	s.377 .... 17-005, 18-039
9-079, 10-034, 11-052, 15-001,	s.377A 17-004, 18-038, 18-039
15-007, 15-014, 15-015, 15-016,	s.377B 18-039
15-018, 15-024, 15-036, 15-037,	s.379 17-034
15-039, 15-040, 15-063, 17-034,	Pt XXVII s.400 15-034
17-041, 17-051, 17-052, 18-001,	Pt XXIX 1-002
18-045, 18-046, 18-081, 18-082	s.418 15-055
Pt I ss.1–8 15-001	s.424 1-002
s.2(2) 15-001	(3) 12-004
ss.3–6 15-001	Sch.1 1-002
s.4 15-001	Sch.2 .... 1-002, 8-057
s.5 15-001	Pt II para.20 8-057
Pt IA Ch.1 ss.1A–1E 18-027	Sch.2A Pt VII 18-051
ss.1B–1E 15-001	Sch.10 para.1(1) 18-043
Ch.2 s.2B 15-001, 18-026	Sch.12 18-046
s.2C 15-001, 18-026	2002 Enterprise Act (c.40)
Pt II s.19 .... 8-038, 8-057, 15-033,	Pt 10 s.248 18-001
15-034, 15-040	2004 Civil Partnership Act (c.33) 16-005
s.20 .... 8-038, 15-036	2005 Constitutional Reform Act (c.4)
s.22 .... 1-002, 8-057, 15-040	.... 1-033, 10-015
s.23 .... 8-038, 15-034	Pt 3 s.59 13-110
(2) 15-034	2005 Gambling Act (c.19) 8-029
s.24 15-034	Pt 1 s.3 8-029
(2) 15-034	s.6 8-029
s.26 15-034	s.9 8-029
s.27(1A) 15-035	s.14 8-029
s.28 .... 10-034, 15-034, 15-036	s.15 8-029
Pt IV 17-071, 2-015	Pt 17 s.334 8-029
Pt IVA . 2-015, 15-033, 15-036, 15-048,	s.335 8-029
15-049	2006 Compensation Act (c.29) ... 5-101, 5-104,
s.55B 15-048	7-031
Pt VII . 1-005, 15-066, 18-004, 18-028,	2006 Companies Act (c.46) 15-031, 16-026
18-041, 18-042, 18-043, 18-044,	Pt 1 s.1 17-066
18-048, 18-071, 18-081	Pt 3 Ch.2 s.26 17-060
s.105 18-040	Pt 10 Ch.2 s.170 16-026
(2) 18-047	(5) 16-026
(3) 15-024	ss.170–177 16-026
(4) 18-040	s.171 16-026
s.107 18-041	s.172 16-026
s.108 .... 18-040, 18-041	(3) 16-026
s.110 18-044	s.173 16-026
s.111 ...... 18-041, 18-043, 18-045,	s.174 16-026
18-046	s.175 16-026
(2) 18-004	s.176 16-026

2006 Companies Act—*cont.*	
s.177	16-026
s.178	16-026
(1)	**16-026**
(2)	**16-026**
Ch.7 s.232	16-025
s.233	16-025
Pt 15 Ch.4A s.414C	15-075
Pt 16 Ch.6 s.532	16-025
Pt 25 Ch.1 s.860(1)	15-128
s.861(5)	15-128
s.870(1)	15-128
s.874(1)–(3)	15-128
Pt 26	17-003, 17-026, 17-060, 18-001, 18-004, 18-005, 18-006, 18-007, 18-009, 18-010, 18-011, 18-012, 18-024, 18-025, 18-026, 18-067, 18-069
s.895	17-005
(2)	18-006
s.897	18-004, 18-029
s.899	17-005, 18-004, 18-006, 18-017, 18-022, 18-029
(1)	18-005
Pt 26A	17-003, 18-005, 18-006, 18-009, 18-011, 18-012, 18-024, 18-025
s.901A	18-005
(4)	18-006
s.901C(4)	18-005
s.901F	18-005, 18-022
(1)	18-005
s.901G	18-005, 18-024
Pt 28 Ch.3 s.979	18-023
s.980	18-023
Pt 30 s.994	14-097
2010 Third Parties (Rights against Insurers) Act (c.10)	6-173, 9-085, 13-094, 16-017
s.1(3)	13-094
2010 Equality Act (c.15)	6-083
2010 Bribery Act (c.23)	9-033
2010 Financial Services Act (c.28)	15-001
2012 Consumer Insurance (Disclosure and Representations) Act (c.6)	1-032, 5-002, 6-003, 6-004, 6-005, 6-009, 6-011, 6-079, 6-086, 6-092, 6-100, 6-190, 6-218
s.1	6-005
s.2	6-005
(1)	6-003
(2)	6-005, 6-011, 6-020, 6-096
(4)	6-011, 6-057
s.3(1)	6-011
(2)	6-011
(3)	6-011
(4)	6-011
(5)	6-011
s.4	6-086
(1)(a)	6-087
(b)	6-087
s.5	6-096
(1)	6-096
(3)	6-096
s.6	6-004, 6-011
(2)	6-173
s.10	4-032
(1)	6-218
Sch.1 Pt 1 para.5	6-098
para.6	6-098
para.9	6-097
2012 Financial Services Act (c.21)	1-035, 8-059, 10-034, 15-001, 15-061
Pt 2 s.11	2-015
s.40	15-065
2013 Crime and Courts Act (c.22)	10-015
2015 Insurance Act (c.4)	1-032, 1-035, 1-039, 2-027, 3-062, 3-073, 3-081, 4-004, 4-032, 5-002, 5-054, 5-077, 5-145, 5-149, 6-001, 6-003, 6-004, 6-005, 6-006, 6-009, 6-012, 6-013, 6-018, 6-019, 6-020, 6-021, 6-024, 6-027, 6-029, 6-030, 6-031, 6-032, 6-049, 6-050, 6-051, 6-052, 6-054, 6-056, 6-057, 6-059, 6-063, 6-065, 6-066, 6-067, 6-073, 6-078, 6-079, 6-082, 6-083, 6-086, 6-087, 6-089, 6-091, 6-092, 6-093, 6-094, 6-095, 6-097, 6-100, 6-102, 6-105, 6-111, 6-112, 6-113, 6-114, 6-115, 6-123, 6-124, 6-125, 6-126, 6-128, 6-129, 6-131, 6-142, 6-151, 6-154, 6-155, 6-156, 6-157, 6-161, 6-171, 6-174, 6-176, 6-180, 6-181, 6-183, 6-184, 6-185, 6-187, 6-190, 6-191, 6-195, 6-201, 6-203, 6-205, 6-212, 6-214, 6-215, 6-216, 6-217, 7-001, 8-027, 8-031, 9-007, 9-037, 9-038, 9-040, 9-041, 9-044, 9-045, 9-053, 9-054, 9-055, 9-056, 9-057, 9-085, 10-010, 11-021, 13-111, 13-119
Pt 1	6-001
s.1	1-002, 6-012
Pt 2	6-001, 6-005, 6-009, 6-011, 6-101, 6-141, 6-215
s.2	6-005
(2)	6-101, 6-141
s.3	6-003, 6-005, 6-010
(1)	6-005, 6-009, 6-014, 6-015, 6-150, 10-010, 13-135
(2)	6-006
(3)	6-009, 6-016, 6-034
(b)	6-017, 6-018, 6-019, 6-059
(c)	6-010, 6-020, 6-021, 6-024, 6-026, 6-034, 6-059
(4)	6-009, 6-010, 6-016, 6-017, 6-018, 6-019, 6-021, 6-059, 6-081
(a)	6-017, 6-018, 6-026, 6-051, 6-093
(b)	6-003, 6-017, 6-018, 6-019, 6-036, 6-059, 6-069, 6-080
(5)	6-059, 6-065
(a)–(c)	6-003
(a)–(e)	6-001
(b)	6-066
(b)–(d)	6-061

TABLE OF STATUTES

2015 Insurance Act—*cont.*
- (d) 6-068
- (e) . 6-059, 6-069, 6-078, 6-079, 6-080
- ss.3–5 6-026
- s.4 ..... 6-026, 6-051, 6-052, 6-058, 6-093, 9-041
  - (1) 6-026
  - (2) 6-066, 6-078
    - (b) 6-055, 9-056
  - (3) ... 6-054, 6-078, 9-040, 9-044, 9-054, 9-056, 9-057
    - (b) 6-013, 6-055, 10-010
  - (4) 6-055, 9-044, 9-054
    - (b) 5-154
  - (5) 6-055
    - (b) 6-005, 9-044
  - (6) ... 6-025, 6-054, 6-057, 6-067
  - (7) 6-057
  - (8)(b) 6-054
    - (c) 6-054
- ss.4–6 6-052
- s.5 .... 6-003, 6-061, 6-086, 10-010
  - (1) ... 6-065, 6-066, 6-067, 9-056
  - (2) 6-067, 6-068
    - (a) 6-067
    - (b) 6-067
  - (3) 6-057, 6-068
    - (a) 6-068
    - (b) 6-029, 6-068
- ss.5–6 6-065
- s.6 ..... 6-005, 6-026, 6-051, 6-061, 6-165
  - (1) ... 6-052, 6-058, 6-065, 6-067
  - (2) ... 6-054, 6-057, 6-066, 6-067, 9-045, 9-053, 9-056
- s.7(1) 6-019
  - (2) 6-028
  - (3) ... 6-001, 6-024, 6-027, 6-049
  - (4) 6-032
    - (c) 6-029
  - (5) 6-024
  - (6) 6-022
- s.8 ..... 3-064, 3-081, 6-078, 6-086, 6-089, 6-096, 6-099, 6-100, 6-125, 13-103, 13-135
  - (1) 6-060, 6-087, 6-089
  - (5) 6-092
- Pts 2–4 6-190
- Pts 2–5 10-010
- Pt 3 ...... 6-001, 6-004, 6-005, 6-115, 6-172, 6-215
- s.9 ..... 2-027, 3-042, 4-009, 6-004, 6-005, 6-082, 6-173, 6-215
  - (2) 6-173
- ss.9–11 ...... 4-018, 4-070, 6-172
- s.10 .... 2-027, 3-046, 4-018, 5-149, 6-005, 6-082, 6-154, 6-159, 6-166, 6-174, 6-177, 6-179, 6-180, 6-185, 6-187, 6-188, 6-189, 6-201, 6-204, 6-205, 6-206, 6-212
  - (1) 5-054, 6-156, 6-174
  - (2) ... 5-054, 6-156, 6-159, 6-161,

6-166, 6-174, 6-175, 6-180, 6-184, 6-188, 6-206
- (3) 6-181
  - (c) 6-184
- (4) 6-175, 6-181, 6-184
  - (a) 5-054, 6-175
  - (b) 5-054, 6-176, 6-206
- (4)–(6) 6-174
- (5) 6-176
  - (a) . 5-054, 6-161, 6-177, 6-178, 6-206, 6-212
  - (b) 6-161, 6-179
- (6)(a) 6-177
- (7) 6-174, 6-186
  - (a) 6-168
- ss.10–14 6-005
- s.11 .... 2-027, 5-054, 6-005, 6-082, 6-101, 6-154, 6-159, 6-166, 6-179, 6-180, 6-184, 6-185, 6-187, 6-189, 6-194, 6-195, 6-196, 6-199, 6-201, 6-203, 6-204, 6-205
  - (1) ... 6-180, 6-181, 6-189, 6-193, **6-194**, 6-195, 6-197, 6-199, 6-201, 6-203
  - (2) ... 6-180, 6-181, 6-184, 6-189, **6-194**, 6-197, 6-198, 6-201
  - (3) ... 6-180, 6-184, **6-194**, 6-195, 6-197
  - (4) 6-180, **6-194**
- Pt 4 ...... 6-001, 6-005, 6-006, 6-130, 6-180, 6-215
- s.12 .... 3-027, 6-114, 6-125, 6-126, 6-129, 6-130, 6-138
  - (1) **6-129**
    - (a) 5-077
    - (b) 5-077
    - (c) 5-077
  - (2) **6-129**
  - (3) **6-129**
- ss.12–13 6-005
- s.13 6-130
- Pt 4A s.13A 2-027, 4-093, 5-048, 5-079, 5-145, 5-146, 5-147, 5-148, 6-005, 6-215, 13-110
  - (1) 5-145, 5-147, 6-125
  - (2) 5-145, 5-148
  - (3) 5-145, 5-146
  - (4) 5-145, 5-146, 5-148
    - (b) 5-145
  - (5) ... 5-147, 6-114, 6-125, 6-126, 6-153
- Pt 5 .... 6-001, 6-004, 6-082, 6-191
- s.14 .... 4-096, 6-005, 6-086, 6-124, 6-125
  - (1) ... 1-003, 4-098, 4-102, 6-125, 6-150
  - (3) 6-014, 6-113, 6-150
    - (a) 6-125
- s.15 .... 6-005, 6-173, 6-215
- s.16 .... 2-027, 5-148, 6-078, 6-100, 6-138, 6-159, 6-167, 6-185, 6-216
  - (1) 6-005, 6-173, 6-215
  - (2) 6-005, 6-215, 6-216

TABLE OF STATUTES

2015	Insurance Act—*cont.*
	(3) 6-216
	(4) 5-148
	s.16A 5-145, 6-005, 6-215
	(2) 5-148, 6-005
	s.17 .... 2-027, 5-148, 6-005, 6-078, 6-100, 6-138, 6-159, 6-167, 6-185, 6-189, 6-199, 6-215, 6-216
	(2) 6-216
	(3) 6-216
	(4) 6-216
	(5) 6-216
	s.18 6-069
	Pt 6 .... 6-001, 6-187
	s.20 6-024
	Pt 7 s.21(2) 6-009, 6-078
	(3) 6-009
	s.22(2) 6-172
	(4) 10-010
	Sch.1 ..... 3-064, 3-081, 4-004, 6-023, 6-078, 6-086, 6-101, 6-106, 6-110, 6-114, 6-125, 6-126, 6-217, 13-103
	Pt 1 para.2 .... 6-093, 6-095
	paras 4–6 ... 3-081, 6-099, 6-100, 6-097
	para.5 ...... 4-004, 6-100, 6-110
	para.6 ...... 6-100, 6-110, 11-022
	Pt 2 .... 6-101, 6-141
	para.8 6-101
	para.9(2) 6-101
	(3)(a) 6-101
	(b) 6-101
	para.10(2) 6-101
	(3)(a) 6-101
	(b) 6-101
2015	Consumer Rights Act (c.15)
	Pt 1 Ch.2 6-003
	ss.19–24 6-003
	Ch.4 6-003
	ss.49–52 6-003
2016	Riot Compensation Act (c.8)
	s.3 5-105
	s.10 4-077
2016	Enterprise Act (c.12) 6-005
	Pt 5 5-145
2018	European Union (Withdrawal) Act (c.16) 1-035, 8-039, 12-034, 15-015
	s.1B(7) 12-017
	s.2(1) 1-035
	s.6(2) 12-017, 13-013
	(3) 12-017, 12-034, 13-013
	(4) 12-017, 12-034, 13-013
	(7) 12-017, 12-034
	s.20(1) 17-074
2020	European Union (Withdrawal Agreement) Act (c.1) 12-017, 13-013, 15-015, 17-074, 17-075
	Pt 1 s.2 12-017
	Pt 5 s.39(1) 12-017
	Sch.5 Pt 1 para.1(1) 12-017
2020	Corporate Insolvency and Governance Act (c.12) 17-014
	s.7 18-005
	Sch.9 18-005
2020	Private International Law (Implementation of Agreements) Act (c.24) 13-011
	Sch.5 Pt 2 para.7 13-039
2021	Financial Services Act (c.22) 15-054
	2023 Retained EU Law (Revocation and Reform) Act (c.28) 15-008, 17-075
	Sch.1 17-075
	Pt 1 17-075
	Pt 2 17-075
2023	Financial Services and Markets Act (c.29) 1-035, 10-001, 10-003, 15-001, 15-007, 15-008, 15-015, 15-020, 15-053, 16-060, 17-074, 17-077, 18-038
	Pt 1 Ch.1 s.1 17-002
	(1) 16-060
	Ch.2 s.13 15-008
	s.18 15-008
	Ch.3 s.25 15-008
	s.27 15-008
	s.30 15-008
	Sch.1 . 10-001, 10-003, 17-002, 17-005, 17-058
	Pt 2 .... 12-016, 16-060

TABLE OF BERMUDA STATUTES

1876 Bankruptcy Act 1876 17-068	s.4A(2) 15-084
s.29 17-054	(3) 15-084
1885 External Companies (Jurisdiction in Actions) Act 1885 . . 13-010, 13-066, 17-014	s.4EG 15-085
	s.4EH 15-085
	s.6A 15-090
s.1 13-066	s.6D 15-093
(1) 13-066	s.7 15-090
(2) 13-066	s.8 15-098
(3) 13-066	s.8A 15-098
1905 Evidence Act 1905 ...... 13-108, 13-109	s.8C 15-101
1905 Supreme Court Act 1905 1-036	s.9(1) 9-094
s.15 .... 1-036, 15-123	s.10 9-095
s.19(d) 15-128	s.11 9-095
1908 Companies (Consolidation) Act 1908	s.12 9-095
s.215 16-025	s.13(2) 9-095
1911 Appeals Act 1911	s.15 17-028
s.2(a) 1-036	s.15A 15-096, 15-103
(c) 1-036	s.16(4) 15-099
1924 Arbitration Act 1924 14-044	(6) 15-099
1958 Judgments (Reciprocal Enforcement) Act 1958 ...... 13-012, 13-063, 13-086	s.17 .... 15-096, 17-028
	s.17A 15-097
	s.19 15-079
s.3 13-086	s.19(1) 8-044
s.4(1) 13-086	(2) 8-044
s.6 13-086	s.24(5A) 15-094
1965 Workmens' Compensation Act 1965 16-038	(5B) 15-094
	s.25 .... 18-049, 18-050, 18-051
1967 Constitution Act 1967	(3) 18-051
s.15 17-025	s.26 18-049
s.698 17-025	s.27A—27G 15-109
1969 Monetary Authority Act 1969 15-104	s.27B(3) 15-109
1975 Betting Act 1975 8-041	s.29 .... 9-026, 11-003
1975 Interest and Credit Charges (Regulation) Act 1975	s.30D 15-105
	s.30E 15-105
s.4 13-112	s.30F 15-105
s.9 13-112	s.30H 15-105
s.10 13-112	s.30J 15-105
1976 Arbitration (Foreign Awards) Act 1976 .... 14-044, 14-057, 14-131	s.30JA 15-085, 15-106
	(1) 15-106
s.2 14-044	s.30JB 15-106
1978 Insurance Act 1978 . 1-040, 8-027, 8-039, 8-040, 8-044, 8-050, 9-094, 15-022, 15-077, 15-079—15-082, 15-085, 15-087—15-090, 15-094, 15-096, 15-099, 15-103, 15-105, 15-107–15-109, 15-115, 15-117, 16-043, 16-059, 17-005, 17-028, 18-050	s.30JE 15-117
	s.30JE(1) 15-117
	s.30JEA(4) 15-117
	s.31A 15-091
	s.31AA 15-091
	s.31AB 15-091
	s.31AC 15-091
	s.31AD 15-091
Pt II 15-081	s.31B 15-095
Pt III 15-096	s.31C 15-085, 15-095
Pt IVA 15-109, 15-111	s.32 15-107
s.1 ..... 1-004, 8-040, 9-094, 15-079	s.33 .... 17-015, 17-021
(1) 9-026, 9-094, 17-063	(1) 17-021
s.2 15-045	(2) 17-021
s.2C 15-104	(5) 17-021
s.3 .... 15-079, 15-081	s.34 .... 17-005, 17-024, 17-025
s.4 .... 15-081, 15-085	s.35(1) 17-028

1978 Insurance Act 1978—cont.
    (3) 17-028
    s.36 .... 17-025, 17-063
        (1) 17-005
        (11) 17-005, 17-063
    s.36A **17-062**, 17-063
    s.39 .... 17-005, 18-039
    s.40(1) 17-005
    s.42 9-095
        (1)(a) 9-095
        (b) 9-095
    s.46 15-115
    s.51 18-051
    s.57A 8-041, 8-050
        (1) 8-041
        (2) 8-041
        (3) 8-041
        (4) 8-041
        (5) 8-041
        (6) 8-041
1978 Administration of Justice (Prerogative Writs) Act 1978 16-021
1978 Bermuda Insurance Act 1978
    (5) 8-041
1980 Insurance Accounts 1980 17-063
1981 Companies Act 1981 (BCA 1981)
    .... 14-048, 15-087, 16-019, 16-021, 16-025, 16-040, 16-056, 16-059, 17-005, 17-006, 17-008, 17-014, 17-018, 17-079, 18-050, 18-077
    Pt VII 18-035, 18-051
    Pt XII 16-042, 16-043
    s.2 16-036
        (1) 16-040
    s.4(1) 17-014
    s.55 15-128
    s.62 17-015
    s.62A 17-015
    s.90(3A) 16-040
    s.97 .... 16-036, 16-038
        (1) 16-036, 16-037, 16-038
        (2) 16-036, 16-037
    s.98 .... 16-036, 16-037
        (2) 16-038
    s.98A 16-038
    s.98B 16-040
        (1) 16-040
        (2) 16-040
    s.99 .. 17-005, 17-079, 18-010, 18-029, 18-034, 18-038, 18-051, 18-069
    s.100 18-029
    s.111 16-059
    s.132C 16-021
    s.134 17-014
    s.152(1) 16-042
        (2) 16-042
    s.153(1) 16-042
        (2) 16-042
    s.154(1) 16-042
        (2) 16-042
    s.157 17-006
    s.161 .... 17-014, 17-015, 17-028
    s.162 17-028

    (a) 17-015
    (b) 17-015
    (c) 17-015
    s.163 17-024
        (1) 17-023, 17-025
    s.164(1) 17-026
    s.167(4) 17-069
    s.170(2) 17-007
    s.171 17-007
    s.176(3) 17-054, 17-057
    s.181 .... 17-007, 17-008
    s.195 17-079
    s.199A 18-077
    s.206 17-006
        (4) 17-006
    s.208(2) 17-007
    s.217 17-007
    s.225 16-057
    s.234 17-054
    s.235 .... 11-073, 17-054
    s.237 17-078
    s.247 16-038
        (1) 16-038
1983 Conveyancing Act 1983
    ss.36A—36G 16-019
    s.36A 16-019, 16-020
    s.36B 16-019
    s.36C(3) 16-019
    s.37 16-019
1984 Limitation Act 1984 13-139
    s.10 13-139
1984 English Act 1984 13-139
1986 Arbitration Act 1986 .... 13-007, 14-044—14-049, 14-053, 14-061, 14-066, 14-067, 14-119
    Pt III 14-045
    ss.2—7 14-046
    s.8 .... 14-046, 14-096, 14-098
    s.9 .... 14-046, 14-047, 14-083
    ss.10—13 14-046
    s.15 .... 14-046, 14-065
    s.16 14-046
    s.17 14-046
    s.18 .... 14-046, 14-048, 14-122
    s.19 .... 14-046, 14-048
    ss.20—25 14-046
    s.26 .... 14-045, 14-046
    s.27 14-046
    s.28 14-046
    s.29 14-046
        (2) 14-047
        (3) 14-047
        (4) 14-047
        (5) 14-045
    s.30 14-046
    s.31 .... 14-046, 14-048
        (8) 14-048
    ss.32—34 14-046
    s.35 .... 14-046, 14-067
    ss.36—43 14-046
1986 USA Bermuda Tax Convention Act 1986
    3-089

TABLE OF BERMUDA STATUTES

1987 Companies Act 1987
    s.130 13-065
1989 Bankruptcy Act 1989 17-054
    s.37 11-073
    s.47 16-018
    s.144 17-079
1990 Charge and Security (Special Provisions) Act 1990
    s.2 11-031
1991 Fraudulent Dispositions Act 1991
    16-019
1993 International Conciliation and Arbitration Act 1993 .. 13-007, 14-044, 14-045, 14-049, 14-051, 14-052, 14-054, 14-067, 14-075, 14-084, 14-119, 14-121, 17-064
    Pt I 14-049
    Pt II 14-049, 14-115
    Pt III 14-049
    Pt IV 14-050, 14-126
    s.1 14-049
    s.2 .... 14-049, 14-126
    ss.3—20 14-049
    s.3 14-114
    s.5 14-115
    s.6 14-115
    s.10 14-116
    ss.21—39 14-049
    s.23 14-049
    s.24 14-049
    s.25 14-049
      (a) 14-060, 14-062, 14-064
      (b) 14-062, 14-070
    s.26 14-049
    s.27 .... 14-049, 14-071
    s.28 14-050
    s.29 .... 14-045, 14-050, 14-052
    s.30 14-050
    s.31 14-050
    s.32 14-050
    s.33 14-050
    s.34 14-050
    s.35 .... 14-050, 14-062
      (2) 14-068
      (3) 14-069
      (5) 14-069
    s.37 14-050
    s.38 14-052
    ss.40—45 14-049
    s.40 14-131
      (1) 13-063, 14-131
    s.41 14-126
    s.42 14-127
      (3) 14-127
    ss.46—52 14-049
    s.46 14-049
    s.47 14-049
    Sch.1 .... 14-049, 14-115
    Sch.2 14-049
      Pt IV 14-049
    Sch.3 14-049
      Pt V 14-049

1994 Conveyancing Amendment Act 1994
    16-019
1996 Companies Amendment Act 1996
    .... 13-065, 16-036, 16-038, 16-040
    s.15 13-065
1996 Private Act 1996 .... 8-042, 8-044
1997 Arrow Reinsurance Company, Limited Act 1997 8-042
    s.2(1)(f) 8-043
    (p) 8-043
    (s) 8-042
    s.4(1) 8-044
2000 Segregated Accounts Companies Act 2000
    ... 15-085, 16-045, 16-047—16-049, 16-051, 16-053—16-059
    Pt IV 16-055
    s.2(1) 16-049
    s.11 16-049
      (1) 16-049
      (2) 12-006, 16-049
      (5) 16-049
    s.16 16-058
    s.17 16-050
      (1) 16-048
      (2) 16-050, 16-052
        (a) 16-052
      (2A)(a) 16-051
      (b) 16-051
      (5) 16-051
      (e) 16-051
      (7) 16-054, 16-057
      (8) 16-050, 16-051
    s.17B(1)(a) 16-050, 16-053
      (b) 16-053
      (c) 16-053
    s.18 16-050
      (1) 16-050, 16-052
      (7) 16-048
      (8) 16-048
      (10) 16-046, 16-050
      (11) 16-052, 16-056
      (12) 16-046, 16-052
      (16) 16-049, 16-052, 16-058
        (a) 16-049
    s.19 16-056
      (1) 16-055, 16-056
      (3) 16-056
      (b) 16-056
    s.24(1) 16-057
    s.25(1) 16-057
      (2) 16-057
      (3) 16-057
2006 Investment Funds Act 2006 16-057
2008 Insurance Amendment Act 2008
    .... 15-096, 15-099
2014 Casino Gaming Act 2014 8-040
2016 Contracts (Rights of Third Parties) Act 2016 15-126
    s.3(1) 15-126
    s.4 15-126
      (1) 15-126
    s.9 15-126

2018 Economic Substance Act 2018 ... 15-101	s.18(4)(a) 16-059
2018 Insurance Amendment (No.2) Act 2018 17-063	(b) 16-059
	s.21 16-059
2019 Incorporated Segregated Accounts Companies Act 2019 ...... 15-085, 16-049, 16-059	s.22 16-059
	s.50 16-059
	s.53 16-059
s.2 16-059	s.54 16-059
s.3 16-059	s.59 16-059
(1)(a) 16-059	s.60 16-059
s.4 16-059	2020 Insurance Amendment Act 2020 15-117
s.8(2)(b) 16-059	
s.9(1) 16-059	2023 Corporate Income Tax Act 2023 (CIT) 3-089
s.18(1)(b) 16-059	

TABLE OF STATUTORY INSTRUMENTS

1949 Companies (Winding-up) Rules (SI 1949/330) 17-005, 17-010
1956 Judgments Extension Order (SI 1956/5)
. . . . 13-086
1965 Rules of the Supreme Court (Revision) (SI 1965/1776) . . . 13-007, 13-010, 13-044, 13-045, 13-046, 13-047, 13-057, 13-059, 13-060, 13-062, 13-063, 13-066, 13-084, 13-088, 13-103, 13-130, 14-083, 14-096, 14-097
   Ord.11 . . . . 13-009, 13-089
   r.1(1) 12-014, 12-036
      (c) 13-048, 13-062
      (d) 13-048, 13-058, 13-059, 14-056
      (f) 12-007, 13-059, 13-061, 14-056
      (g) 13-060
      (j) 13-062
      (m) 13-063
      (o) 13-059, 14-056
   (2)(b) 13-041
   Ord.14 13-096
   Ord.14A 5-141
   Ord.16 r.1(1) 13-090
      (a) 13-088
      (c) 13-062, 13-090
   r.8 10-037
   Ord.24 13-103
   Ord.38 Pt I r.2A 13-007
   Ord.72 13-007
   Ord.73 r.7(1) 13-063
1983 Insurance (Lloyd's) Regulations (SI 1983/224) 15-064
1985 Insurance Companies (Winding-Up) Rules (SI 1985/95) . . 17-005, 17-007, 17-010, 17-034, 17-036, 17-037, 17-039, 17-041, 17-049, 17-050, 17-054, 18-016
   r.6 . . . . 17-037, 17-043, 17-049
   Sch.1 . . . . 17-037, 17-041, 17-043
      para.2(1) 17-041
      (2)(a) 17-049, 17-050
      (b) 17-041, 17-048, 17-049
1986 Banking Act 1979 (Exempt Transactions) (Amendment) Regulations (SI 1986/769) 15-016
1986 Insolvency Rules (SI 1986/1925)
. . . . 17-037, 18-015
   Pt 4 (9) r.4.86 . . 17-036, 17-054, 18-016
      (1) 18-015
      r.4.88 17-029
      r.4.90 18-067
1986 Co-operation of Insolvency Courts (Designation of Relevant Countries and Territories) Order (SI 1986/2123)
. . . . 17-066

1989 Insolvency (Northern Ireland) Order (SI 1989/2405)
   Pt V Ch.VI art.103 18-039
1994 Insurance Companies (Accounts and Statements) (Amendment) Regulations (SI 1994/1515) 15-024
1994 Insurance Companies Regulations (SI 1994/1516) 15-024
1994 Insurance Companies (Third Insurance Directives) Regulations (SI 1994/1696)
. . . . 15-024
1994 Reciprocal Enforcement of Foreign Judgments (Australia) Order (SI 1994/1901) 16-010
1996 Co-operation of Insolvency Courts (Designation of Relevant Countries) Order (SI 1996/253) 17-066
1996 Insurance Companies (Accounts and Statements) Regulations (SI 1996/943)
. . . . 15-024
1996 Insurance (Lloyd's) Regulations (SI 1996/3011) 15-064
1996 Arbitration Act 1996 (Commencement No.1) Order (SI 1996/3146) . . . 14-003
   Sch.2 14-003
1998 Co-operation of Insolvency Courts (Designation of Relevant Country) Order (SI 1998/2766) 17-066
1998 Civil Procedure Rules (SI 1998/3132)
. 5-152, 6-146, 13-003, 13-006, 13-007, 13-043, 13-073, 13-087, 13-130, 14-104
   Pt 1 r.1.1 . . . . 13-003, 13-098
      (1) 13-003
   r.1.3 13-003
   r.1.4 13-004
   Pt 3 13-003
   r.3.1(2)(f) 13-071
      (m) 13-005
   r.3.4(2) 6-138
   Pt 6 13-007
   (III) r.6.20(3) 13-044
      (5) 12-032
      (7) 13-059
   r.6.21(2A) 13-044
   (IV) r.6.33 . . . . 13-009, 13-036
      (2) 13-036, 13-054
      (b)(v) 13-041
      (2B)(a) 13-009, 13-041
      (b) . . . 13-009, 13-036, 13-041, 13-042, 13-054
      (3) 13-041
   r.6.35 13-036
   r.6.36 . . . 12-007, 12-014, 12-032, 13-009, 13-041, 13-045, 13-056
   r.6.37(3) 13-044
   Pt 7 r.7.2 . . . . 13-013, 13-077
   r.7.5 13-130

1998 Civil Procedure Rules—cont.
    r.7.6 13-130
    r.7.7 13-130
    Pt 16 r.16.6 11-065
    Pt 17 r.17.4 13-131
    Pt 19 r.19.2 13-091
      (I)r.19.2(2)(a) 13-044
      r.19.6 13-091
      (II)r.19.6 13-091
    Pt 20 .... 13-044, 13-087
      r.20.2(1)(b) 13-087
      r.20.9(2) 13-087
    Pt 24 .. 13-078, 13-096, 14-083, 14-096
      r.24.2(a) 13-098
      r.24.3 13-096
    Pt 26 13-003
    Pt 27 13-003
    Pt 28 13-003
    Pt 29 13-003
    Pt 31 .... 5-152, 13-103, 14-085
      r.31.5(1)(b) 13-103
      r.31.6 13-103
      r.31.7(1) 13-103
        (2) 13-103
    Pt 36 13-003
    Pt 39 r.39.2 14-094
      (3) 14-094
    Pt 62 (I)r.62.2 14-094
      r.62.10 14-094
      (III)r.62.18(9) 14-037
    Pt 74 13-081
      (I)r.74.3 13-081
      r.74.4A 13-077
      r.74.10 13-081
2001 Financial Services and Markets Act 2000 (Regulated Activities) Order (SI 2001/544) . 1-002, 1-047, 8-031, 8-058, 15-025, 15-033, 15-038, 15-039
    Pt I (a) **8-058**
      (b) **8-058**
    art.3 15-033
      (1) 8-058
    Pt II (III)art.10 .... 1-002, 15-033
      (XII)art.53 1-002
    Sch.1 .... 8-058, 15-025
      Pt I 8-031, 8-059
      para.18 8-001
      Pt II 8-031
    Sch.2 12-020
2001 Financial Services and Markets Act 2000 (Carrying on Regulated Activities by Way of Business) Order (SI 2001/1177) 15-040
2001 Financial Services and Markets Act 2000 (Variation of Threshold Conditions) Order (SI 2001/2507) 15-050
2001 Financial Services and Markets Act 2000 (Insolvency) (Definition of "Insurer") Order (SI 2001/2634)
    art.2 18-002
2001 Financial Services and Markets Act 2000 (Law Applicable to Contracts of Insurance) Regulations (SI 2001/2635) 12-004
2001 Financial Services and Markets Act 2000 (Transitional Provisions) (Authorised Persons etc.) Order (SI 2001/2636)
    Pt II (I)art.11 8-059
2001 Financial Services and Markets Act 2000 (Control of Business Transfers) (Requirements on Applicants) Regulations (SI 2001/3625) ... 18-004, 18-041
2001 Insurers (Winding Up) Rules (SI 2001/3635) ... 17-002, 17-005, 17-010, 17-034, 17-036, 17-038, 17-039, 17-040, 17-044, 17-051, 17-052, 17-054, 17-056, 17-057, 18-059, 18-068
    r.2(1) 17-039
    r.6 ... 17-009, 17-034, 17-038, 17-043, 17-044, 17-048, 17-052
    r.7 17-051
    r.8 17-051
    Sch.1 . 17-009, 17-010, 17-034, 17-038, 17-043, 17-044, 17-052
      para.1 ..... 17-034, 17-035, 17-041, 17-042
        (1) 17-034, 17-038, 17-041, 17-042
        (2) 17-034
      para.2 ..... 17-010, 17-035, 17-041, 17-048
        (1) 17-035, 17-038
        (a) 17-010, 17-038
        (b) 17-010, 17-034, 17-038
        (2) 17-053
      para.3 ..... 17-035, 17-038, 17-041, 17-048, 17-049, 17-050
        (2)(a) 17-038, 17-042, 17-050
          (i) 17-009
          (b) 17-038, 17-050
    Schs 2–5 17-051
2001 Financial Services and Markets Act 2000 (Consequential Amendments and Repeals) Order (SI 2001/3649) 1-012
2001 Financial Services and Markets Act 2000 (Miscellaneous Provisions) Order (SI 2001/3650)
    Pt II art.6 8-059
2001 Civil Jurisdiction and Judgments Order (SI 2001/3929)
    Sch.1 para.9 13-020
2002 Financial Services and Markets Act 2000 (Administration Orders Relating to Insurers) Order (SI 2002/1242) 17-002, 18-001, 18-002
2003 Insurers (Reorganisation and Winding Up) Regulations (SI 2003/1102) ... 17-074, 17-076
2003 Financial Services and Markets Act 2000 (Regulated Activities) (Amendment) (No. 2) Order (SI 2003/1476) 15-040

TABLE OF STATUTORY INSTRUMENTS

2004 Insurers (Reorganisation and Winding Up) Regulations (SI 2004/353) 17-002, 17-005, 17-012, 17-058, 17-060, 17-074, 17-076, 17-077, 18-015, 18-017, 18-021
 Pt I reg.2 17-071
 Pt II reg.4 17-012
 Pt IV 17-002
 reg.21 .... 17-059, 17-060
2005 Financial Services and Markets Act 2000 (Carrying on Regulated Activities by Way of Business) (Amendment) Order (SI 2005/922) 15-040
2006 Cross-Border Insolvency Regulations (SI 2006/1030) ... 17-064, 17-071, 17-072, 17-073
 Sch.1 .... 17-071, 17-072
2007 Financial Services and Markets Act 2000 (Reinsurance Directive) Regulations (SI 2007/3255) 18-004
2008 Large and Medium-sized Companies and Groups (Accounts and Reports) Regulations (SI 2008/410) 15-075
2008 Financial Services and Markets Act 2000 (Control of Business Transfers) (Requirements on Applicants) (Amendment) Regulations (SI 2008/1467) 18-004, 18-041
2008 Financial Services and Markets Act 2000 (Amendments to Part 7) Regulations (SI 2008/1468) 18-042
2008 Legislative Reform (Lloyd's) Order (SI 2008/3001) 10-026
2009 Financial Services and Markets Act 2000 (Law Applicable to Contracts of Insurance) Regulations (SI 2009/3075) 12-016
2009 Civil Jurisdiction and Judgments Regulations (SI 2009/3131) ... 13-013
2010 Financial Services and Markets Act 2000 (Administration Orders Relating to Insurers) Order (SI 2010/3023) 17-002, 18-001, 18-002
2012 Offender Management Act 2007 (Establishment of Probation Trusts) (Amendment) Order (SI 2012/1215) 17-013
2013 Companies Act 2006 (Amendment of Part 25) Regulations (SI 2013/600) 15-128
2014 High Court and County Court Jurisdiction (Amendment) Order (SI 2014/821) 1-033
2015 Solvency 2 Regulations (SI 2015/575) 15-015
2015 Civil Jurisdiction and Judgments (Hague Convention on Choice of Court Agreements 2005) Regulations (SI 2015/1644) 13-011, 13-039
2016 Insolvency (England and Wales) Rules (SI 2016/1024) 7-025, 11-073, 16-004, 17-002, 17-029, 17-038, 18-015
 Pt 14 (2)r.14.14(1) 18-015
 r.14.19 17-029
 r.14.24 17-030
 r.14.25 .... 11-071, 17-030
 (1) **11-071**
 (2) **11-071**
 (3) **11-071**
 (4) **11-071**
 (5) **11-071**
 (6) **11-071**
 (7) **11-071**
 (8) **11-071**
 (3)r.14.44 11-071
 Pt 17 (1)r.17.1 17-008
2017 Risk Transformation Regulations (SI 2017/1212) 8-054, 15-031, 16-060
 Pt 4 (8)reg.83 15-032
2017 Risk Transformation (Tax) Regulations (SI 2017/1271) 8-054, 15-031, 15-032
2018 Insurance Distribution (Regulated Activities and Miscellaneous Amendments) Order (SI 2018/546) 2-017, 10-003
2018 Financial Regulators' Powers (Technical Standards etc.) (Amendment etc.) (EU Exit) Regulations (SI 2018/1115) 15-015
2019 Credit Institutions and Insurance Undertakings Reorganisation and Winding Up (Amendment) (EU Exit) Regulations (SI 2019/38) 17-012, 17-071, 17-077
 Pt 2 17-077
2019 Insolvency (Amendment) (EU Exit) Regulations (SI 2019/146) 17-012, 17-075
2019 Solvency 2 and Insurance (Amendment, etc.) (EU Exit) Regulations (SI 2019/407) 10-001, 15-015
2019 Civil Jurisdiction and Judgments (Amendment) (EU Exit) Regulations (SI 2019/479)
 Pt 2 reg.18(3)(a) 13-036
 reg.26 13-077
 reg.39 13-020
 Pt 3 reg.75(5) 13-020
 Pt 4 reg.82 13-013
 Pt 5 reg.89 .... 13-013, 13-077
 Pt 6 reg.92 .... 13-013, 13-077
 reg.93(2) 13-013
 reg.93A 13-013
2019 Law Applicable to Contractual Obligations and Non-Contractual Obligations (Amendment etc.) (EU Exit) Regulations (SI 2019/834)
 .... 1-042, 3-040, 4-030, 12-004
 Pt 2 reg.3 12-016
 (4)(b) 12-017, 12-034
 (9)(f) 12-016
 reg.4 12-034
 Pt 3 reg.7 12-016
 Pt 4 reg.10 12-017
 reg.11 12-034

2019 Insolvency (Amendment) (EU Exit) (No. 2) Regulations (SI 2019/1459) 17-075
2020 Insolvency (Amendment) (EU Exit) Regulations (SI 2020/647) 17-075
2020 Reciprocal Enforcement of Foreign Judgments (Norway) (Amendment) (England and Wales and Northern Ireland) Order (SI 2020/1338) 13-013
2020 Civil, Criminal and Family Justice (Amendment) (EU Exit) Regulations (SI 2020/1493) 13-077
    reg.5 .... 13-013, 13-077
    (2)(f) 13-013
    (g) 13-077
    (h) 13-013
    (4) 13-013
    reg.9(2)(b) 13-036
    (i) 13-077
2020 Jurisdiction, Judgments and Applicable Law (Amendment) (EU Exit) Regulations (SI 2020/1574)
    reg.6(4) 12-017
    (5) 12-034

TABLE OF BERMUDA STATUTORY INSTRUMENTS

1956 Judgments Extension Order 1956 (SR&O 5/1956) 13-086
1982 Companies Winding-Up Rules 1982 (BR 50/1982) ... 17-005, 17-007, 17-010, 18-067, 18-077
1985 Rules of Supreme Court 1985 (GN 470/1985) .. 13-006, 13-007, 14-047, 14-130
   ord.1
      r.1A 13-007
   ord.6 r.8 13-130
   ord.11 .... 13-007, 13-009, 13-010, 13-053, 13-060, 13-062, 13-063, 13-066, 14-130, 14-131
      r.1 13-059
         (1)(c) 13-062
         (d) 13-058, 13-059, 14-056
         (f) 13-059, 13-061, 14-056
         (g) 13-060
         (j) 13-062
         (m) 13-063, 14-130
         (o) 13-059, 14-056
      r.2 13-060
   ord.14 .... 13-096, 13-099, 13-101, 14-083, 14-096
      r.1(1) 13-099
      r.3(1) 13-099
      r.4 13-099
   ord.16 .... 13-062, 13-088
      r.1(1) 13-088, 13-090
         (a) 13-088
         (b) 13-088, 13-089
         (c) 13-062, 13-088, 13-089, 13-090
   ord.18 16-037
   ord.24 .... 13-103, 13-104
      r.2(1) 13-104
         (5) 13-105
      r.7 13-105
   ord.38
      r.2A 13-007
   ord.62 13-007
   ord.72 .... 13-007, 17-018
   ord.73 .... 13-007, 13-063
      r.7(1) 13-063
2005 Rules of Supreme Court Amendment Rules 2005 (BR 55/2005) ... 13-007
2008 Insurance (Prudential Standards) (Class 4 and Class 3B Solvency Requirement) Amendment Rules 2008 (BR 83/2008) 15-090
2011 Insurance (Group Supervision) Rules 2011 (BR 76/2011) 15-114
2012 Insurance (Eligible Capital) Rules 2012 (BR 62/2012) 15-089
2015 Insurance (Prudential Standards) (Class 3A Solvency Requirement) Amendment Rules 2015 (BR 55/2015) 15-090
2018 Economic Substance Regulations 2018 (BR 154/2018) 15-101
2024 Insurance (Prudential Standards) (Recovery Plan) Rules 2024 (BR 41/2024) ... 18-052, 18-054, 18-077

TABLE OF EUROPEAN SECONDARY LEGISLATION

1964 Directive 64/225 on the abolition of restrictions on freedom of establishment and freedom to provide services in respect of reinsurance and retrocession J[1964] OJ L056[878] 15-013
1973 Directive 73/239 on the taking-up and pursuit of the business of direct insurance other than life assurance J[1973] OJ L228[3] ... 8-008, 8-021, 8-024, 15-013
    art.6 15-029
    art.8 8-033
    Directive 73/739 15-061
    art.8 15-061
1988 Directive 88/357 on provisions to facilitate the effective exercise of freedom to provide services J[1988] OJ L172[1] 12-004
    Directive 88/857 15-013
1992 Directive 92/49 on direct insurance other than life assurance J[1992] OJ L228[1] 15-013
    art.21 15-066
2000 Regulation 1346/2000 on insolvency proceedings J[2000] OJ L160[1] 17-073, 18-010
2001 Directive 2001/17 on the reorganisation and winding-up of insurance undertakings J[2001] OJ L110[28] 17-073
    Regulation 44/2001 on jurisdiction and the recognition and enforcement of judgments in civil and commercial matters J[2001] OJ L012[1]
    .... 13-009, 13-013, 13-017, 13-135, 14-042, 18-010
    art.25 .... 13-009, 13-054, 13-071
    (1) 13-071
2002 Directive 2002/83 on life assurance J[2002] OJ L345[1] 15-013
    art.4 15-029
    Directive 2002/92 on insurance mediation J[2002] OJ L009[3] ... 2-017, 9-060, 9-091, 9-092
    art.2(3) 9-091
    art.17.1 9-060
    art.17.3 9-060
    art.18 9-060
    art.19 9-060
2004 Directive 2004/39 12-020
    art.4(1) 12-020
    EU Decision 2004/6/EC J[2004] OJ L003[30] 15-011
2005 Directive 2005/68 on reinsurance J[2005]
    OJ L323[1] ... 5-074, 8-010, 15-003, 15-011, 15-013, 15-016, 15-026, 15-027, 15-029, 15-031, 15-033, 15-058
    art.2(1)(q) 15-027
    art.3 15-029
    art.22 15-026
    art.30a 8-010
    art.34(5) 15-029
    art.46 15-029
2007 Regulation 864/2007 12-034
    art.12(1) 12-034
2008 Regulation 593/2008 on the law applicable to contractual obligations (Rome I) J[2008] OJ L177[6]
    ...... 1-038, 4-030, 12-004, 12-016
    art.1(1)(d)(i) 12-029
    (ii) 12-029
    (iii) 12-029
    (2)(g) 12-037
    art.3 ... 4-030, 12-016, 12-033, 12-037, 12-038
    (1) 12-018, 12-019
    (2) 12-019
    art.4 12-019
    (1) 12-020, 12-038
    (a) 12-020
    (b) 12-020, 12-025, 12-038
    (2) . 12-016, 12-020, 12-021, 12-022
    (3) 12-022, 12-033
    (4) 12-023, 12-038
    art.7 12-016
    (1) 12-016
    art.9 12-019
    art.19 12-024
    art.21 12-019
    Recital (20) 12-022, 12-033
2009 Directive 2009/138 . 1-002, 1-004, 1-023, 1-035, 1-054, 5-002, 8-007, 8-008, 8-009, 8-010, 8-011, 8-012, 8-013, 8-021, 8-023, 8-024, 8-033, 8-034, 8-035, 8-053, 8-060, 13-024, 15-003, 15-004, 15-008, 15-009, 15-010, 15-011, 15-013, 15-015, 15-016, 15-018, 15-019, 15-020, 15-021, 15-022, 15-025, 15-026, 15-028, 15-029, 15-031, 15-032, 15-048, 15-056, 15-057, 15-058, 15-059, 15-060, 15-061, 15-063, 15-064, 15-065, 15-068, 15-072, 15-076, 15-077, 15-088, 15-093, 15-103, 17-073, 18-021
    Annex I 15-025, 15-026
    Annex II 15-025, 15-026
    art.13(7) 1-012, 1-054, 5-002

2009 Directive 2009/138—cont.
  (36) 8-053
  art.18(1)(b) 8-033
  art.41 15-059
  art.45 .... 15-021, 15-059
  art.51 15-021
  art.104 8-008
  art.132 .... 8-034, 15-058
  art.172 ...... 2-027, 15-011, 15-077
  art.174 15-055
  art.210 .... 8-010, 15-028
    (1) 8-011
    (3) 8-009, 15-028
  art.211 15-029
  art.227 .... 2-027, 15-077
  art.260 .... 2-027, 15-077
  s.4(1) 15-057
    (2) 15-057
    (3) 15-057
  s.5 15-057
  Regulation 593/2009 ...... 1-042, 3-040
2010 Regulation 267/2010 3-037
  Regulation 1094/2010 on the European Insurance and Occupational Pensions Authority J[2010] OJ L331[48]
  15-011
2012 Regulation 236/2012 on short selling and credit default swaps J[2012] OJ L086[1] 8-038
  art.13 8-038
  art.14 8-038
  Recital (2) 8-038
  Recital (21) 8-038
  Regulation 1215/2012 on jurisdiction and the recognition and enforcement of judgments in civil and commercial matters J[2012] OJ L351[1]
    .... 13-009, 13-039, 13-040, 13-081, 14-042
  art 13-029
  art.1.1 13-015
  art.1.2(d) 13-015
  art.1(1) 13-039
    (2)(d) 13-019
  art.2 .... 13-015, 13-039, 13-040
  art.3 13-039
  art.4 .... 13-014, 13-031, 13-037
    (1) 13-015, 13-037
    (2) 13-014
  art.5(1) 13-013, 13-029, 13-030
    (3) 13-028
  art.6 13-039
    (1) 13-023, 13-025
  art.7 .... 13-026, 13-029
    (1) . 13-018, 13-027, 13-028, 13-029, 13-030, 13-031
    (2) 13-028, 13-034
    (5) 13-032
  art.8(1) 13-033
    (2) 13-033, 13-081
    (3) 13-022, 13-033, 13-081
  art.9 13-081
  art.10 .... 13-021, 13-025

  art.11 13-081
    (1)(a) 13-022
    (b) 13-022
    (c) 13-022, 13-033
    (2) 13-022, 13-023
  art.12 13-022
  art.13(1) 13-022
    (3) 13-024
  art.14 .... 13-022, 13-081
    (1) 13-024
    (2) 13-022, 13-024
  art.15 13-022
    (1) 13-024
    (3) 13-024
    (4) 13-025
    (5) 13-024, 13-025
  art.16 .... 13-024, 13-025, 13-039
  art.21 13-040
  art.23 .... 4-045, 13-035, 13-036
    (1) 13-035
    (2) 13-035
  art.24 13-036
  art.25 ... 4-014, 4-045, 13-035, 13-036
    (1) 13-035
  art.26 13-039
  art.27 .... 13-017, 13-036, 13-037
  art.28 13-037
  art.29 .... 13-018, 13-036, 13-037
  art.30 .... 13-036, 13-037
  art.31(2) 13-036
  art.36 13-077
  art.39 13-077
  art.41 13-015
  art.42 13-077
  art.45.1 13-077
  art.54 13-077
  art.62 13-020
  ciii 13-077
  Recital (12) ... 13-015, 13-016, 13-017
  Recital (22) 13-036
  s.2 13-026
    art.7 13-014
  s.3 .... 13-021, 13-077
    art.10 .... 13-014, 13-021
  s.4 13-077
    art.17 13-014
  s.5 13-077
    art.20 13-014
  s.6 13-077
    art.24 13-014
  s.7art.25 13-014
  art.26 13-014
2013 Directive 2013/34 15-075
2014 Directive 2014/51 on the powers of the EIOPA and the ESMA J[2014] OJ L153[1] 15-003
2015 Regulation 35/2015 .... 8-009, 8-034, 15-003, 15-015
  art.208(2) 8-011
  art.318 8-053
  Regulation 462/2015 8-053
  Regulation 848/2015 .... 17-012, 17-073, 17-074

2015	Regulation 848/2015—*cont.*
	art.3 17-012
	Regulation 2015/848 on insolvency proceedings J[2015] OJ L141[19] 18-010
2016	Decision 2016/309 ...... 15-011, 15-077
	Decision 2016/310 15-011
	Directive 2016/97 .. 1-035, 2-017, 9-001, 9-009, 9-031
	art.2.1(1) 9-013
	(2) 9-001, 9-013
	(3) 9-001
	(5) 9-013
	(8) 9-001
	art.2(3) 1-027
	art.3 11-018
	art.8 11-018
	art.17(1) 6-114, 9-009
	art.19 9-009
	(1) 9-031
	art.21 9-002
	art.25(1) 9-002
	(2) 9-002
	art.39a 9-002
	art.53 9-002
	art.64 9-002
	civart.10(6) 11-009
2017	Regulation 353/2017 15-011
2023	Regulation 1346/2023 15-009
	art.2(2)(b) 15-009
	Regulation 1347/2023 15-009
	art.3 15-009
	art.4 15-009
	art.5 15-009
	art.6 15-009
	art.7 15-009

TABLE OF INTERNATIONAL CONVENTIONS

1927 Geneva Convention on the Execution of Foreign Arbitral Awards 14-003, 14-125
1950 European Convention on Human Rights 14-039, 18-023
    art.1 18-023
    art.6 .... 14-039, 18-023
1958 Convention on the Recognition and Enforcement of Foreign Arbitral Awards 13-015, 13-016, 13-017
New York Convention on the Recognition and Enforcement of Foreign Arbitral Awards 13-063, 14-001, 14-003, 14-009, 14-042, 14-044, 14-049, 14-050, 14-065, 14-081, 14-097, 14-125, 14-126, 14-127, 14-129, 14-130, 14-131
    art.3 14-057
1968 Brussels Convention on jurisdiction and enforcement of judgments .. 13-013, 13-027, 13-035, 13-043, 13-067
    art.2 13-037
    art.5(1) 13-027, 13-031
    art.8 13-022
    art.11 13-022
    art.17 4-014
    art.7 13-021
1980 Convention on the Law Applicable to Contractual Obligations 1-042
Rome Convention on the law applicable to contractual obligations 3-040, 4-030, 12-004, 12-009, 12-016, 12-017, 12-019, 12-026, 12-027, 12-032
    art.1(2) 12-016
    (f) 12-037
    (3) 12-016
    (4) 12-016
    art.3 ... 4-030, 12-016, 12-029, 12-030, 12-032, 12-033
    (1) 12-009
    art.4 .. 12-016, 12-026, 12-029, 12-032, 12-033
    (1)(b) 12-026
    (2) 12-022, 12-029
    (3) 12-020
    (4) 12-020
    (5) 12-022, 12-026, 12-029
    art.5 12-016
    art.6 12-016
    art.17 12-016
UNCITRAL Model Law on International Commercial Arbitration 4-013
    art.7(2) 4-013
1985 UNCITRAL Model Law on International Commercial Arbitration 14-002, 14-003, 14-004, 14-013, 14-038,

14-044, 14-045, 14-048, 14-049, 14-050, 14-051, 14-053, 14-054, 14-057, 14-058, 14-059, 14-061, 14-062, 14-063, 14-065, 14-066, 14-068, 14-071, 14-072, 14-073, 14-076, 14-084, 14-092, 14-096, 14-100, 14-119, 14-120, 14-122, 14-123, 14-125, 14-129, 17-063
art.1 .... 14-045, 14-122, 14-125
    (1) 14-052
    (2) 14-045
    (3) 14-052
    (a) 14-053
    (b) 14-053
    (ii) 14-053
    (c) 14-053
art.5.4 14-014
art.6 14-060
art.7 .... 14-006, 14-055
    (6) 14-006
art.8 .. 14-009, 14-057, 14-059, 14-098
art.9 14-062
art.10 14-064
    (2) 14-064
art.11 14-064
    (3) 14-062, 14-064
    (a) 14-064
    (4) 14-062, 14-064, 14-066
    (b) 14-066
    (5) 14-064, 14-065, 14-066
art.12 .... 14-013, 14-062, 14-067
    (1) 14-014, 14-067
    (2) 14-067
    (3) 14-067
art.13(3) 14-062
art.14 .... 14-013, 14-062
art.16 .... 14-028, 14-056, 14-059
    (1) 14-007, 14-058, 14-059
    (2) 14-060
    (3) . 14-028, 14-060, 14-061, 14-062
art.18 14-068
art.19(1) 14-068
    (2) 14-068
art.20 14-068
    (1) 14-054
    (2) 14-054
art.23 14-069
art.24(1) 14-069
    (3) 14-069
art.25 14-069
art.26 14-069
    (2) 14-069
art.27 14-069
art.28 14-121
    (1) 14-120, 14-121
    (2) 14-120, 14-121, 14-122
    (3) 14-121

1985 UNCITRAL Model Law on International Commercial Arbitration—cont.
    (4) 14-121
    art.29 14-070
    art.30 14-070
    art.31 14-070
        (3) 14-126
    art.34 14-062
        (2) 14-062, 14-071
            (a)(1) 14-059
            (i) 14-071
            (iii) 14-071
            (iv) 14-071
        (b)(i) 14-071
            (ii) 14-049, 14-071
        (ii) 14-071
        (iii) 14-065
        (4) 14-071
    art.35 14-125
    art.36 14-125
        (1)(b)(ii) 14-049, 14-071
    artv(1)(d) 14-065
    cviii 14-050, 14-125
United Nations Commission on International Trade Law Model Law on International Commercial Arbitration 1-039
1988 Lugano Convention on Jurisdiction and the Enforcement of Judgments in Civil and Commercial Matters
.... 4-014
    art.23 4-014
1997 UNCITRAL Model law on Cross-Border Insolvency .. 17-063, 17-070, 17-071
    art.1(1)(a) 17-070
        (2) 17-070
    art.2(g) 17-071
        (i) 17-071
        (j) 17-071
    art.11(a) 17-071
    art.16.3 17-071
    art.17(1) 17-071
2005 Hague Convention on Choice of Court Agreements 13-009, 13-038, 13-039, 13-040, 13-041
    art.3 4-014
2007 Lugano Convention 13-013, 14-087
    art.17 13-035
    s.3 .... 1-053, 13-028
2019 Hague Convention of 2019 on the Recognition and Enforcement of Foreign Judgments in Civil and Commercial Matters 13-082

PART I THE NATURE OF REINSURANCE TRANSACTIONS

CHAPTER 1

Nature, Terminology and Definition of Reinsurance

TABLE OF CONTENTS

1. Insurance 1-001
2. Nature and Purpose of Reinsurance 1-004
3. Outline of Reinsurance Terminology 1-012
4. Sources of Reinsurance Law 1-033
5. Legal Definition of Reinsurance 1-043

""Reinsurance" means either of the following: (a) the activity consisting in accepting risks ceded by an insurance undertaking or […] by another reinsurance undertaking; or (b) in the case of the association of underwriters known as Lloyd's, the activity consisting in accepting risks, ceded by any member of Lloyd's, by an insurance or reinsurance undertaking other than the association of underwriters known as Lloyd's"[1]

"By reinsurers accepting a portion of Company X's exposure, the company is able to obtain statutory relief and write more business than it would without reinsurance. Further, the rating agencies, recognizing the spread of risk, will allow Company X to increase exposure without a downgrade. In fact, Company X is not restricted to domestic reinsurers. The vast network of brokers and other distribution channels are able to introduce Company X to overseas reinsurers, spreading the risk globally. Company X's expected losses are lowered. Consumers are able to benefit from the lower premium."[2]

1. INSURANCE

The English language is an unpredictable and untameable beast. No matter how we wrestle with it to mean just one thing, it, and the lawyers who ride the beast, will have it mean something else too. Some words have the prefix "re" and we expect "re" to mean "again". Thus re-do, re-edit, re-live, recommence. But there are so many words that begin with "re" where it is not really a prefix, or, where whatever the word beginning with "re" may once have meant (without the "re"), that meaning has gone or is different, such as repeat, relief, regain, resolve, reproduce, recollection. There is no "peat" to repeat and yet it means "to do again". "Lief" is an old English word meaning "gladly" and "relief" has some import of being happy, if not again at least after being unhappy; "regain" means more to recover something once possessed even if it was previously in one's possession all the time,

1-001

---

[1] Directive 2009/138/EC of the European Parliament and of the Council of 25 November 2009 on the taking-up and pursuit of the business of Insurance and Reinsurance (Solvency II) (recast) ("Solvency II Directive"), art.13(7).
[2] Bermuda Monetary Authority, *Consultation Paper on Finite Reinsurance* (6 April 2007), para.17.

rather than to recover something previously gained. Recollection and reproduction however do not mean to collect again, or to produce again. Which is a long preparation for this comment: We cannot assume that if we can accurately define "insurance" we will then be able to add the prefix "re" and say it is simply doing insurance again.[3] Most immediately, reinsurance is not a going back to, repeating, something gone before; it is a going forward. And it can go forward in a number of directions, on a number of occasions, in whole or in part, and for a number of reasons. To race ahead of ourselves, where insurance is the insurer agreeing to carry the financial pain suffered by the insured following loss due to a chance event, reinsurance is, in part or whole relieving the insurer of the financial exposure he has accepted.

Whilst we pound the obvious, let us introduce this thought also: insurance is there because it needs to be. Individuals and businesses do not have, or if they do have, cannot set aside, funds that would be required to be able to cope financially with all the things that *may* happen, but may not. So they insure, and the insurer puts that money by.[4] The insurer is able to absorb the risk more efficiently: (1) as result of the law of large numbers; (2) because it can diversify its portfolio with different risks (different assets, time horizons, locations, insured perils); (3) because it can pool and invest the premium income; and (4) because it can on-transfer risk to reinsurers. Whilst insurance can fulfil a useful social function of collectivizing risk,[5] there are many instances of where insurance has been "mis-sold" to people who do not need it, do not want it, or cannot use it in their specific circumstances.[6]

1-002 With those notes by way of introduction, we shall look at how "insurance" is defined. Over a century after its first edition, MacGillivray[7] still opens Ch.1 with "A satisfactory definition of 'contract of insurance' is elusive". The late Malcolm Clarke's Law of Insurance Contracts[8] opens Ch.1 with "The English courts know an elephant when they see one, so too a contract of insurance". The English courts have tended to shy away from an all-embracing definition that could turn out to be too reductive.[9]. This is not a promising start to any thought of adding "re" in front of the definition and saying it means "do it again".

Insurance legislation and regulation is also of limited help in defining "insurance". The Marine Insurance Act 1906 ("MIA 1906") s.1 defines "marine insurance" as a "contract whereby the insurer undertakes to indemnify the assured

---

[3] But a full facultative reinsurance may look like that—see 1-017 below. And in the days when reinsurance was illegal in England (see Ch.2, 2-005 and Ch.15, 15-010 below) "counter insurance" was accepted by the courts. In *Dalby v India and London Life Assurance Co* (1854) 15 Common Bench Reports 365, an insurance company that had agreed to pay the insured £3,000 on the death of the Duke of Cambridge then limited its financial exposure to £2,000 by insuring the life of the Duke for £1,000 with another insurance company.
[4] This is the science, or art, or sorcery, of reserving. See Ch.15, 15-057 to 15-058 below.
[5] F. Ewald (trs J-M Dautrey and CF Stifler), "Risk in Contemporary Society" (2000) 6 Conn Ins LJ 365.
[6] In recent history, over 16 million claims for redress were made in relation to the mis-selling of payment protection insurance (FCA November 2015—CP15/39 Rules and guidance on payment protection insurance complaints, para.1.5). Other insurance policies that are prone to be mis-sold include extended warranty insurance and mobile phone insurance (Financial Ombudsman, "How we handle complaints about insurance" *https://www.financial-ombudsman.org.uk/consumers/complaints-can-help/insurance*).
[7] *MacGillivray on Insurance Law*, 15th edn (London: Sweet & Maxwell 2022) at 1-001.
[8] Now M Hemsworth, *The Law of Insurance Contracts* (Service Issue No.58, March 2024, Informa).
[9] See e.g. *Department of Trade and Industry v St Christopher Motorists Association Ltd* [1974] 1 W.L.R. 99; [1974] 1 Lloyd's Rep. 17 at 106 per Templeman J; and *Medical Defence Union Ltd v Department of Trade* [1980] Ch. 82; [1979] 2 W.L.R. 686 at 90 per Megarry VC.

in manner and to the extent thereby agreed, against marine losses ...". Section 9 of the MIA 1906 is headed "Re-insurance" and s.9(1) states that "the insurer under a contract of marine insurance has an insurable interest in his risk and may re-insure in respect of it". Section 5(1) says that every person who is interested in a marine adventure, has an insurable interest, which leaves as key the question what is an interest? Section 5(2) is a little too open ended for those looking for certainty. It says:

> "In particular a person is interested in a marine adventure when he stands in any legal or equitable relation to the adventure or to any insurable property at risk therein, in consequence of which he may benefit ... or may be prejudiced ... or may incur liability in respect thereof."

Except with regard to sections that can only apply to ships and their cargos, the MIA 1906 sets out principles applicable to non-marine insurance also, so if we take out the references to "marine" in ss.1 and 5, we can distill a definition of insurance as *the insurer undertaking to indemnify the assured against losses where the assured has a legal or equitable interest in the subject-matter insured*. The insurer can re-insure the risk he has accepted. One may infer from s.31 and ss.52–54 of the MIA 1906 that payment of premium is part of the arrangement but it is not part of the definition.

The Insurance Act 2015 ("IA 2015") s.1 tells us what a "consumer contract" is: "a contract of insurance between—

(a) an individual who enters into the contract wholly or mainly for purposes unrelated to the individual's trade, business or profession, and
(b) a person who carries on the business of insurance and who becomes a party to the contract by way of that business ...",

but, manifestly, it assumes what an "insurance contract" is, and focuses only on what makes such a contract a "consumer" contract.

The Financial Services and Markets Act 2000 ("FSMA 2000"), in the "Interpretation" Pt XXIX, s.424 tells us that in the Act reference to contracts of insurance and to reinsurance[10] are to be read with s.22 and Sch.2. Schedule 2 lists regulated activities, including: Curiously, though headed "Regulated Activities", Sch.2 states that the:

> "20. Rights under a contract of insurance."

Plainly, rights under a contract of insurance are not an *activity*.

What is in fact regulated by the Prudential Regulation Authority ("PRA") and the Financial Conduct Authority ("FCA") are "specified activities" under the Financial Services and Markets Act 2000 (Regulated Activities) Order 2001 ("RAO"). Article 10 of the RAO provides that "Effecting and carrying out contracts of insurance" and "Carrying out a contract of insurance as principal" are such specified activities. "Advising a person" on a contract of insurance is a specified activity under art.53. Contracts of insurance are listed in Sch.1. There are 18 kinds of general (non-life) insurance and nine kinds of long-term (life) listed but without any further definition or explanation what a contract of insurance is.

The FCA Handbook Perimeter Guidance Manual (PERG) s.6 provides guidance on what the FCA regards as insurance for regulatory purposes. The FCA's

---

[10] And to long term insurance and general insurance, but that distinction does not matter for our purposes here. Note "contracts of insurance" but just "reinsurance". But we are not aware of any arguments that there is a class of reinsurance that is not contractual in origin.

starting point is the common law, primarily a stamp duty case decided in 1904—*Prudential Insurance Co v Inland Revenue Commissioners*—discussed at 1-003, but will interpret and apply the common law in the context of and in a way that is consistent with the purpose of FSMA 2000 as expressed in the FCA's statutory objectives.[11] In determining whether a contract is a contract of insurance, the FCA will follow a certain principles and consider a number of factors, including:

- The form of the contract is relevant but not decisive of whether a contract is a contract of insurance. However, a contract is more likely to be regarded as a contract of insurance if the contract is described as insurance and contains terms that are consistent with its classification as a contract of insurance.[12]
- The contract must be characterised as a whole and not according to its "dominant purpose" or the relative weight of its "insurance content".[13]
- Contracts under which the provider has an absolute discretion as to whether any benefit is provided on the occurrence of the uncertain event, are not contracts of insurance.[14]
- The "assumption of risk" by the provider is an important descriptive feature of all contracts of insurance.[15]

A contract is more likely to be regarded as a contract of insurance if the amount payable by the recipient under the contract is calculated by reference to either or both of the probability of occurrence or likely severity of the uncertain event, but is less likely to be regarded as a contract of insurance if it requires the provider to assume a speculative risk (i.e. a risk carrying the possibility of either profit or loss) rather than a pure risk (i.e. a risk of loss only).[16] We are not impressed that neither the PRA nor the FCA provide a definition for "contract of insurance" and the FCA relies on the *Prudential* case (see 1-003) as the primary source of an understanding of what an insurance contract is. The Solvency II Directive also fails to provide a definition for "insurance"[17] (although it does contain a definition of "reinsurance"—see 1-054).

Where the law requires that parties doing business as insurers be authorised and be subject to heavy regulation, where rules apply to contracts of insurance that do not apply to other contracts—for example the duty of fair presentation—we do not think it appropriate that there should be such unwillingness to define what it is that the law actually applies to. Fortunately, English judges, starting with Channell J, have provided a description that works reasonably well in most contexts. It may be that one cannot "define" an elephant, but if you are sending someone out to find one, you ought to be able to *describe* it well enough and in such detail that your emissary does not come back with a giraffe or an anteater.

Prudential v IRC

1-003   The argument of the IRC in the *Prudential* case was that the documented agreement was not a contract of insurance because the primary objective was to pay a

---

[11] FCA Handbook PERG 6.5.1 and 6.5.3.
[12] FCA Handbook PERG 6.5.4(1) and 6.6.8(3).
[13] FCA Handbook PERG 6.5.4(3).
[14] FCA Handbook PERG 6.6.1.
[15] FCA Handbook PERG 6.6.2.
[16] FCA Handbook PERG 6.6.8(1) and (2).
[17] Directive 2009/138/EC of the European Parliament and of the Council of 25 November 2009 on the taking-up and pursuit of the business of Insurance and Reinsurance (Solvency II) (Recast).

fixed sum on age 65 and the promise to pay a lesser sum on earlier death was "incidental".[18] Nonetheless, Channell J faced succinctly and clearly what he said was the only issue—whether the contract before him was a contract of insurance.[19] Channell J was faced with a purported statutory definition (in the Stamp Act itself) which was not a definition and which "[did] not throw much light on the matter".[20] He determined that there are three requirements:

- "It must be a contract whereby for some consideration, usually but not necessarily for periodical payments called premiums, you secure to yourself some benefit, usually but not necessarily, the payment of a sum of money on the happening of some event."
- "[T]he event should be one that involves some amount of uncertainty." (The uncertainty as to whether the event will happen, or if it is one which must happen, uncertainty as to when it will happen.)
- "[T]he insurance must be against something." (The meaning of this is not self-evident but from the immediately following sentences, he means that the event must adversely impact the insured.)

Channell J then added a statutory requirement—of insurable interest. It is correct that in life insurance the requirement for insurable interest is statutory. In general insurance, the requirement existed at common law.[21] Channell J said that insurable interest was "essential to the idea of a contract of insurance". For the judge it seems that this is wrapped up in the expression "adverse to the interest" because he summed up:

"A contract of insurance, then, must be a contract for the payment of a sum of money, or for some corresponding benefit such as the rebuilding of a house or the repair of a ship, to become due on the happening of an event, which event must have some amount of uncertainty about it and must be of a character more or less adverse to the interest of the person effecting the insurance."

There's important stuff that is not in Channell J's short definition, such as the principle of utmost good faith[22] and the principle of indemnity—they were not in issue in the case—but it contains the essence of the insurer bearing the financial consequence of loss to the insured by reason of an uncertain event adverse to the insured.

Before we leave Channell J, we acknowledge his appreciation that a contract of insurance may look like, even be, something else also. Here a covenant,[23] but more commonly a contract of indemnity, a guarantee, a warranty. Reinsurance contracts have that chameleon character also.[24] One must "look at the contract as a whole".[25] And we acknowledge his assertion that:

---

[18] The question of whether there is a genuine "transfer of risk" is very much a modern day question. See Ch.8 below. The IRC was prophetic in taking that argument.
[19] *Prudential Insurance Co v Inland Revenue Commissioners* [1904] 2 K.B. 658 at 663.
[20] "Every writing whereby any contract of insurance is made or agreed to be made or is evidenced …".
[21] *Goddart v Garrett* (1692) 23 ER 774; *Lynch v Dalziel* (1729) 4 Bro PC 431; *Saddlers Company v Badcock* (1743) 2 Atk 554.
[22] Note the IA 2015 s.14(1) abolishes any rule of law that permits a party to avoid a contract of insurance for failure to observe utmost good faith but does not discard the principle itself.
[23] *Prudential Insurance Co v Inland Revenue Commissioners* [1904] 2 K.B. 658 at 662.
[24] See Ch.8 below.
[25] *Prudential Insurance Co v Inland Revenue Commissioners* [1904] 2 K.B. 658 at 665.

"Where you insure a ship or a house you cannot insure that the ship shall not be lost or the house burnt, but what you do insure is that a sum of money shall be paid upon the happening of an uncertain event."[26]

In the *Italia Express*,[27] Hirst J noted the argument of the defendant that "the primary obligation of the underwriter is to prevent the occurrence of the loss", an argument which he effectively accepted. Later cases took the same approach.[28] It follows that the default position is that the insurer is in breach of contract when the loss occurs and the policyholder is immediately able to claim damages from the insurer. In Ch.5, 5-079, we will consider the nature of the (re)insurer's obligation to hold the (re)insured harmless and its implications further.

2. NATURE AND PURPOSE OF REINSURANCE

Functional descriptions—problems of definition

1-004   Some descriptions of reinsurance do suggest that it is a way of "insuring again". Reinsurance has been described simply as "insuring insurers".[29] Hobhouse LJ said:

"[The] word 'reinsurance' can be used very loosely. Often it is used to describe any contract which is placed by or for the benefit of an insurer."[30]

More colourful descriptions include "insurers taking in each other's dirty washing" and "insurance between consenting adults".[31] Cynicism regarding reinsurance is not a modern phenomenon. Writing towards the end of the eighteenth century, at a time when reinsurance contracts were prohibited in England by statute,[32] Park J said:

"Re-assurance, as understood by the law of England, may be said to be a contract which the first insurer enters into, in order to relieve himself from those risks which he has incautiously undertaken, by throwing them upon other underwriters, who are called re-assurers."[33]

The function and purpose of reinsurance may be readily understood. The insurer lays off part, or all, of the risks it has underwritten to a reinsurer. The reinsurer agrees, within the limits of the reinsurance agreement, to indemnify the insurer in respect of obligations that it incurs or accepts in providing insurance to his policyholders. Despite the Solvency II Directive's definition of "reinsurance", which the UK lawmakers have not adopted expressly, believing, we suspect, that it is unnecessary, an English legal definition remains problematic. It has been observed that "the English authorities do not provide a satisfactory definition of reinsurance, and the evolution of reinsurance in its various forms has made it dif-

---

[26] *Prudential Insurance Co v Inland Revenue Commissioners* [1904] 2 K.B. 658 at 663.
[27] *Ventouris v Mountain* [1992] 2 Lloyd's Rep. 281 at 286.
[28] *Sprung v Royal Insurance* [1999] 1 Lloyd's Rep. I.R. 111.
[29] Robert Kiln and Stephen Kiln, *Reinsurance in Practice*, 4th edn (Witherby & Co Ltd, 2001), p.1.
[30] *Toomey v Eagle Star Insurance Co Ltd* [1994] 1 Lloyd's Rep. 516 at 522.
[31] The latter is cited by Barlow, Lyde & Gilbert, *Reinsurance Practice and the Law* (London: Informa, 2009), para.1-1. We believe Trevor Jones first used the expression.
[32] The Marine Insurance Act 1745, see Ch.2 below.
[33] *A System of the Law of Marine Insurances*, 8th edn (Professional Books, 1842 reprinted 1987), p.595.

ficult to achieve a comprehensive definition".[34] In Bermuda there is a statutory definition of "insurance business", which includes "reinsurance business",[35] which, as yet, has not been judicially considered.[36] Further pursuit of a definition of "contract of reinsurance" will be postponed to end of this Chapter until the various types of reinsurance agreements have been discussed. We would like to be able to say categorically that there can be no *re-insurance* if there is no *insurance*. In our view that *should* be true and arguably *is* true but it requires a little explanation.[37]

The laying off of risk by means of reinsurance traditionally serves three basic purposes. First, reinsurance can increase the capacity of the insurer to accept risk. The insurer may be enabled to take on larger individual risks, or a large number of smaller risks, or a combination of both. Responsible insurers accept that there is a correlation between the amount of premium received and the amount of claims that may have to be paid, and that the extent of the risk of claims should bear some correlation with the capital base of the insurer.[38] (Re)insurers keep technical provisions to cover their expected future insurance or reinsurance contractual liabilities. Insurance regulators impose solvency capital requirements as an additional buffer, but these requirements can be reduced if certain risk mitigation techniques—such as reinsurance—are in place.[39] Reinsurance increases the capital base of the insurer by allowing it to rely, to the extent of his reinsurance, on the capital base of the reinsurer. Secondly, reinsurance provides financial protection to the insurer, and thus promotes financial stability, by ameliorating the adverse consequences of an accumulation of losses or of single catastrophic losses, because these will, at least in part, be absorbed by reinsurers. Thirdly, reinsurance can strengthen the solvency of an insurer from the point of view of any regulations under which the insurer must operate which provide for a minimum "solvency margin", generally expressed as a ratio of net premium income over capital and free reserves.

1-005

If reinsurance were not available to an insurer, it would be effectively unable to accept risks, where the aggregation of claims could exhaust its capital base. In consequence, unless the insurer's capital was very large, it would be unable to offer the extent of insurance which customers might wish to purchase. Reinsurance is therefore essential both to the conduct of the primary insurance industry and to the financial well-being of the customers of that industry. Reinsurance is a global business requiring substantial capital.

We should explain what we mean by "laying off" a risk. Just as the insurer agrees to indemnify the *insured* in accordance with the policy terms, so the reinsurer agrees to indemnify the *insurer* in accordance with the policy terms. In the typical situation the reinsurer accepts no obligation to the insured.[40] There is an obvious consequence of this fact in terms of credit exposure and capital requirements, and there are some qualifications to that broad statement.

If the reinsurer itself is not financially sound and is unable to meet the liabilities

---

[34] *MacGillivray on Insurance Law*, 14th edn (London: Sweet & Maxwell, 2018), para.35–1.
[35] Insurance Act 1978 s.1 provides as follows: "'insurance business' means the business of effecting and carrying out contracts—(a) protecting persons against loss or liability to loss in respect of risks to which such persons may be exposed; or (b) to pay a sum of money or render money's worth upon the happening of an event, and includes re-insurance business."
[36] We discuss the above Bermudian statutory definition of insurance/reinsurance, in the context of "financial" reinsurance, see Ch.8 below. In this chapter we discuss the concept of reinsurance at common law.
[37] See *Toomey v Eagle Star* [1994] 1 Lloyd's Rep. 516.
[38] Their regulator will insist on this in any event. See Ch.15 below.
[39] See Ch.15, and PRA Rulebook Solvency II Firms, Solvency Capital Requirement—General Provisions r.3.5.
[40] *Nelson v Empress Assurance Corp Ltd* (1905) 10 Com. Cas. 237. See Ch.5, 5-013.

he has accepted from the insurer, then the insurer will have to meet those liabilities out of his own capital base, which, if the reason for the reinsurance is that the insurer's capital base is too small, will result in an urgent need for new capital, or insolvency, on the part of the insurer. It is important therefore that an insurer reinsures with stable and well capitalised reinsurers.[41] Especially in long tail business[42] (where claims may come in over many years) it will be important to judge the reinsurer's solvency far into the future and if the insurer wishes to take credit for the capital of the reinsurer to the extent of the reinsurance arrangements, he must persuade his auditors and his regulators that the reinsurer is "good for the money". The credit risk of a reinsurer is a matter which the PRA expressly requires to be factored in to the calculation of the solvency capital requirement for an insurer.[43]

The "qualifications to the broad statement"—that the insured and the reinsurer are not linked by any legal obligations inter se, relate to "cut-through clauses", and the Contracts (Rights of Third Parties) Act 1999. Cut-through clauses,[44] properly drafted, give the insured a right, in certain circumstances, to claim directly on the reinsurer. This may happen where there is "fronting".[45] The 1999 Act enables a person not a party to a contract to enforce obligations owed to it accepted by a party to the contract. Were it the case that a reinsurer agreed with the insurer to be directly liable to the insured, the insured may be able to enforce such obligation.[46]

1-006 While *insurance* is sometimes described as the *transfer* of risk, *reinsurance* involves not only risk transfer, but also the *spreading or sharing* of risks over a wider capital base. Some risk will generally be retained by the insurer[47] and the risk that is transferred (or spread) will generally be spread across a number of reinsurers who may then themselves be reinsured by other reinsurers with a very large capital base.[48]

However, some companies are not *either* an insurer *or* a reinsurer but offer both insurance and reinsurance, and many insurance groups contain insurance and reinsurance businesses. Insurers offering also reinsurance may give themselves an opportunity to accept risks which would not be offered to them directly. They may consider that the underwriter of the risks they reinsure writes profitable business. They may be trying to have a "balanced book"—that is to say, they increase the prospect that across the entirety of their underwriting they will generate more premium than is necessary to meet claims. They may have long-standing business relationships with reinsurers which cause them to accept some risks on the basis of "reciprocity". Particularly in the case of a quota share reinsurance, the reinsurer can underwrite a line of business that it does not have the skill to write directly and without investing in the personnel and systems that would involve underwriting such business directly. And it is quicker and cheaper to exit the line if it wishes.

---

[41] See Ch.2, 2-009 below, where the largest of these are identified.
[42] Long tail business is damage occurring policies written where claims arise many years, perhaps decades, after the insuring period has come to an end because it takes that long for the damage/loss to become apparent.
[43] PRA Rulebook Solvency II Firms, Solvency Capital Requirement—General Provisions r.3.5, and see Ch.15, 15-057 below.
[44] See Ch.15, 15-124 and 15-125 below.
[45] See 1-014 below.
[46] There can be a statutory transfer of an insurer's obligation to an insured to another insurer pursuant to Pt VII of the Financial Services and Markets Act 2000 but we know of no instance where such a transfer has been approved that moved the liabilities to a reinsurer.
[47] Called, sensibly, a retention.
[48] The formation, in Bermuda, of such "reinsurers of last resort" is described in Ch.2 below.

Abuse of reinsurance and fraud

The illegitimate use of purported reinsurance transactions that are sometimes effected to evade taxation and foreign exchange control, manipulate accounts, and to provide a convenient mechanism for the fraudulent transfer of funds, has been the subject of official scrutiny. Reinsurance fraud typically involves passing money that purports to be "premium" to a purported "reinsurer". The purported "reinsurer" is not in a position to meet its liabilities with respect to the risks it accepts, or was never intending to meet those liabilities. It is there to receive, on behalf of the creator of the scheme, the monies passed over as premium. Once in the reinsurer, particularly if it is overseas, as it will be if the scheme is a fraud, the money can be extracted by the fraudsters. If the fraudsters control the insurer and the reinsurer, the fraud may never be revealed.[49] In 1990, a sub-committee of the United States House of Representatives in its report on insurance company insolvencies[50] stated:

"Reinsurance abuse has been a key factor in every insolvency studied ... The level of reinsurance has been excessive, the quality has been poor, and controls on reinsurers have been minimal or non-existent. Conflicts of interest in arranging reinsurance have been fairly common, and reinsurance problems seem to grow geometrically with the number of reinsurers involved."

In the same year, Inspectors appointed by the Secretary of State for Trade have criticised "the misuse of so-called reinsurance ... for private benefit–plunder at the expense of [others] ..."[51]

In the 2000s, well-known players in the reinsurance market were investigated, and some were charged and fined, in relation to finite reinsurance products that were used for false accounting of loss reserves.[52] We suspect that the moment we tell ourselves that is all in the past, similar practices will emerge.

It is not necessarily the case that the insurer and reinsurer should be in league with each other for reinsurance to be abused, or to be used as a means of fraud. Claims may arise many years after the reinsurance contract has been entered into and premium paid. The reinsurer who intends, from the outset, to accept premiums and not pay claims, may thus operate for many years, and receive a great quantity of premium, before claims of any magnitude come through, at which point the reinsurer can fade away, his assets having been in the meantime siphoned off, or more simply, paid to the owners and managers in salaries, dividends and bonuses.

Reinsurance is also susceptible to abuse by "churning". The so-called Sphere Drake[53] trial was concerned with such reinsurance. The projected loss ratios[54] of the

1-007

1-008

---

[49] In the case of the PCW syndicates at Lloyd's in the 1970s, the active underwriter, Peter Cameron-Webb, and others did exactly that but were found out when the underwriting was loss-making and there was insufficient money to pay claims.
[50] *Failed Promises* (Washington: US Government Printing Office, 1990).
[51] *Interim Report of Sir Robert Gatehouse and Ian Watt FCA of the DTI Investigation into Alexander Howden Holdings Plc (formerly Alexander Howden Group plc)*, dated 30 December 1985 (HMSO, 1990); see also: *Report of Stewart Boyd QC and Peter DuBuisson FCA of the DTI Investigation into Minet Holdings plc and W.M.D. Underwriting Agencies Ltd* (HMSO, 1990); *Report of Angus Gilroy FCA and William Gage QC of the DTI Investigation into London United Investments Plc and CR Driver & Co Ltd (In Liquidation)* (HMSO, 1993).
[52] See e.g. FSA Final Notice to General Reinsurance UK Limited dated 21 November 2006. For the United States, see US Securities and Exchange Commission Litigation Release No.21384/20 January 2010. Gen Re was charged with assisting AIG to falsify financial results by "sham" reinsurance transactions.
[53] *Sphere Drake Insurance Ltd, Odyssey Re v Euro International Underwriting Ltd* [2003] Lloyd's Rep. I.R. 525(*Sphere Drake v EIU*)

personal accident business being reinsured, reinsured again, and reinsured again and again were unknown and considered unimportant (at the time) because the losses were going to pass on to someone else. The process involved taking in business at a premium and shifting it out again at a lower premium retaining some of the premium and none of the losses. The Judge (Thomas J, as he then was) described the nature of the business as follows:

> "They were therefore writing this business on the basis that they would make a 'turn' and not assessing the risk and the premium in the manner of conventional insurance, some called it 'arbitrage' or 'net underwriting'. It would more accurately be described as deliberately accepting business known to produce losses in excess of the premium charged on the backs of reinsurers who would be expected to pay the losses for even less premium."[55]

Some of the individuals involved in this exercise have acknowledged this to be the case and asserted that if the two parties to any transaction both entered into it on that understanding, it is just a business deal. However, in the view of Thomas J:

> "The market was one in which no rational and honest person would participate (either by committing his capital or by writing a line on a reinsurance of the business) if he properly understood the market and proper disclosure had been made ..."[56]

In the 1990s certain reinsurers in the personal accident business traded in risk as a commodity. It was called "the PA spiral" and was a re-working of the theme from the "LMX spiral" of the previous decade. We consider the trading of reinsurance as a financial speculation runs a grave risk of being pathological.[57] As Thomas J observed in the *Sphere Drake* case:

> "It was plainly a market that was unsustainable and would end, as it has, in disaster ... The market was, in my view, rightly characterised, as one of the defendants' experts accepted as 'pass the parcel' or 'Russian roulette by proxy'."[58]

The LMX spiral was reported on by the Gooda Walker loss review committee in 1992.[59] The committee found no evidence of impropriety of a dishonest nature:

> "[T]he Committee wishes to state that the nature of the spiral market in the late 1980s meant that the working relationships between a limited number of brokers and underwriters appeared so close as to raise, in the minds of some observers, the presumption of collusion or conspiracy in the placing and acceptance of spiral business. No evidence was discovered in the course of this review to support any such presumption."[60]

---

[54] The loss ratio is the percentage of premium that the total value of claims represents. So, low is good, high is bad, and, taking into account expenses of the business and brokerage, any ratio over 70% means no profit.
[55] *Sphere Drake v EIU* [2003] Lloyd's Rep. I.R. 525 at 530.
[56] *Sphere Drake v EIU* [2003] Lloyd's Rep. I.R. 525 at 530.
[57] Indeed, financial speculations that pose as contracts of (re)insurance, are not merely at risk of being re-characterised as bets or wagers, they also run the risk of being void under the MIA 1906 s.4(1) or its common law equivalents.
[58] *Sphere Drake v EIU* [2003] Lloyd's Rep. I.R. 525 at 530.
[59] A committee set up to review how the losses afflicting the Gooda Walker syndicate at Lloyd's had come about. LMX stands for London Market eXcess (of loss reinsurance).
[60] Report, p.(iv).

NATURE AND PURPOSE OF REINSURANCE

Typically, in excess of loss reinsurance[61] a reinsured will agree with its reinsurer to pass to the reinsurer all sums claimed on any one loss excess of one retention. Once an insurer or a reinsurer has exhausted its retention on a loss, all further sums claimed in respect of that loss, even if under different contracts of reinsurance, will be passed on to excess of loss reinsurers. The LMX spiral was created by a small number of reinsurers writing London Market Excess business in layers passing a loss out to other reinsurers at one level and receiving the same loss back at a higher level and passing it out again and so on. The Gooda Walker syndicate suffered because it ran out of excess of loss reinsurance protection to which it could pass the losses as they climbed higher and higher and therefore suffered the losses. It was left holding the parcel.

Arbitrage is the process of constructing a reinsurance programme in such a way that, provided his reinsurers keep paying claims, the insurer (equally it could be reinsurer) cannot lose money because he has reinsured his entire exposure at a lower cost than the premiums he has received to accept that exposure in the first instance. This may be the simple device of a 100 per cent quota share where insurer retains an overriding commission or "overrider", or by more sophisticated reinsurance programmes. One cannot say that arbitrage is wrong, or that arbitrage is not wrong, in relation to reinsurance. It depends.[62]

1-009

Suppose that an insurer, having assessed the risk being offered, takes the view that the risk will lose money in the year in question but that rates will harden in subsequent years and if he secures the business now, it will show a profit in future years. Suppose that the insurer writes the risk expecting that because of his reinsurance arrangements it will in any event make money "on a net line basis" because it has obtained reinsurance which will absorb all the losses, without using all the premium he has received. Suppose that the reinsurer understands this but prefers to keep the relationship, even if it will cost the reinsurer short term. Each has a commercial rationale for his actions and each acts in good faith towards the other.

Pathological reinsurance arrangements arise from the ease with which reinsurance can be abused and the danger of it abusing the player even when it thinks he knows what he is doing. These "arbitrage reinsurances" are transactions that are identifiable as reinsurance contracts, pass risk for premium and involve reinsurance companies. If this is done on multiple level, the pathology becomes spiral. Bell has noted that the problem with reinsurance spirals is the "Spiral Risk": the additional risk created by the spiral itself.[63] If these transactions are binding on the parties to them, we have to explain why, and if not binding, why not. If there is no pre-contractual duty of fair presentation, the reason for that must be explained in legal terms. If there are to be circumstances in which the reinsurer can dispute liability even though he made the contracts with his eyes open, the principles which permit this have to be identified. The judgment of Thomas J (as he then was) in the *Sphere Drake* case provides a lot of help with these explanations. We will discuss it in depth in Ch.6 below.

1-010

---

[61] The reinsured pays each loss suffered by the insurer but only if and to the extent that it exceeds a certain fixed figure (and generally only up to another fixed figure).

[62] "[A]rbitrage against reinsurance markets can be a valuable strategy, particularly if backed by modern financial instruments to manage the credit risk": Jardine Lloyd Thompson, *Insurance Market Overview*, December 2003. "No syndicate should pursue an aggressive arbitrage strategy (e.g. building business using inadequate pricing on the back of reinsurance)": Lloyd's Chairman's Strategy Group, *Consultation Paper*, October 2003. Neither of these suggest that the market sees arbitrage through the eyes of Thomas J in the *Sphere Drake v EIU* case, although the learned judge was no doubt responding, robustly, to the case before him.

[63] C Bell, "Reinsurance Spirals and the Law", 2016 BILA Journal.

14 NATURE, TERMINOLOGY AND DEFINITION OF REINSURANCE

We remain mindful of what Scrutton LJ called[64] the "admirable passage" of Lord Bowen,[65] which "cannot be quoted too often by or to commercial lawyers"[66]:

> "Anyone who attempts to follow and understand the law merchant will soon find himself lost if he begins by assuming that merchants conduct their business on the basis of attempting to insure themselves against fraudulent dealing. The contrary is the case. Credit, not distrust, is the basis of commercial dealings; mercantile genius consists principally in knowing whom to trust and with whom to deal, and commercial intercourse and communication is no more based on the supposition of fraud than it is on the supposition of forgery."

1-011 Nonetheless, the reasons why reinsurance is so open to abuse are instructive. The insurer chooses its reinsurer, and the outward payment of premium is, or ought to be, the first cash transaction that occurs and may precede any payment of claims by years or even decades. The insurer may therefore have to take a very long term view of the ability of his reinsurer to pay. In genuine reinsurance of any magnitude, the insurer will always take steps to ensure that the reinsurer can meet his potential liabilities. The insurer will check the financial standing or "rating" of the reinsurer, will check the effectiveness and strictness of the regulatory regime under which the reinsurer operates, will check the reinsurer's auditors to see if they are reputable, will use a reputable broker who employs a "security committee" which monitors the probity of reinsurers, and may insist upon a claims reserve or some form of security such as a letter of credit.[67] When it comes to making claims, the insurer has to investigate and accept liability for claims made on it, and then calculate what claims may properly be made on its reinsurer in consequence, and communicate them to the reinsurer. However, the making of reinsurance claims is wholly within the control of the insurer (in the sense that if no claim is made the reinsurer will never have to pay)[68] and thus the passing of premium to the reinsurer, where the reinsurer is never called upon to pay claims, is, as we have seen in 1-007 above, a simple way for the unscrupulous reinsurer to extract money from the insurer by what appears in the books of both to be a legitimate process. It is for this reason that some regulatory regimes concentrate in detail on what reinsurances an insurer has effected, and why auditors have a responsibility to check reinsurances, reinsurance wordings and reinsurance recoveries. A failure by an insurer to pay its insureds' claims is likely to come to light quickly because the policyholder will loudly complain. The failure of the insurer to collect from its reinsurers will come to light only if the auditors and regulators are vigilant. To identify "illegitimate" reinsurance it is therefore important to examine the commercial justification for the transaction, and whether the transaction entered into is likely to achieve that purpose.[69]

A well-known and well-respected Lloyd's underwriter, later arbitrator and expert, Robert Kiln remarked:

> "Unless the reinsurance operation is conducted by people of honesty and integrity there

---

[64] *Gurney v Grimmer* (1932) 44 Ll.L.R. 189 at 193 (a reinsurance case, see Ch.5 below).
[65] *Sanders Bros v Maclean & Co* (1882-83) 11 Q.B.D. 327.
[66] He had himself previously referred to it in *Glasgow Assurance Corp v Symondson* (1911) 16 Com. Cas. 109 at 110 (another reinsurance case).
[67] See Ch.15 below.
[68] Even when the reinsurer wants the reinsured to claim under the reinsurance contract and even if the reinsured could do so, the reinsurer cannot require a claim to be made. See *McMahon v A.G.F.* [1997] L.R.L.R. 159 (see Ch.17 below).
[69] In 2004 Gen Re UK was fined £1.75 million for assisting Cologne Re to move money to obtain tax advantages for an Irish subsidiary by means of illegitimate reinsurances. That was their sole purpose.

is no point in going any further. Reinsurance depends on trust and untrustworthy people should not be a part of it."[70]

3. OUTLINE OF REINSURANCE TERMINOLOGY

Terminology and categorisation

The language of reinsurance has been the subject of judicial criticism.[71] The descriptive account of basic reinsurance terminology that follows is believed to reflect correct London and Bermuda market usage. The legal analysis of reinsurance transactions is necessarily predicated upon the courts' understanding of their commercial object.

1-012

> "Where ... there is a clear intent to create legal relationships and the transaction or transactions are clearly of a commercial character, English law is perfectly ready to recognise the contractual relations that parties' actions so clearly intend and will not frustrate them on account of some difficulty of analysis."[72]

Certain types of reinsurance transaction, notably "financial reinsurance" have so far escaped close attention in the courts,[73] although they have attracted criticism from the regulator.[74] It should not be assumed that merely because market professionals describe a particular form of contract as "reinsurance", it will be so regarded as a matter of law,[75] or indeed by regulation.[76] Neither is it to be assumed that because parties do not call their contracts insurance or reinsurance, they are not so.[77] In England the distinction between insurance and reinsurance has regulatory and fiscal consequences. The FCA Insurance Conduct of Business Sourcebook does not

---

[70] *Reinsurance in Practice*, 4th edn (Witherby & Co Ltd, 2001), p.351.
[71] See e.g. *Forsikringsaktieselskapet Vesta v Butcher* [1989] 1 Lloyd's Rep. 331 at 335 per Lord Templeman: "In deciding this appeal I decline to follow Counsel down the trail of insurance jargon in a reinsurance policy ... littered with language which is ungrammatical and contradictory."
[72] *The "Zephyr"* [1984] 1 Lloyd's Rep. 58 at 72 per Hobhouse J.
[73] Before their collapse in 2000/2001 both HIH Insurance of Australia and Equitable Life in England hid their parlous financial state by entering into large financial reinsurance transactions which appeared to show that the reinsurances provided whatever capital was perceived to be lacking in the company. But when the companies obtained these reinsurances, they also provided side letters from the company to the reinsurers, undertaking to keep the reinsurer whole, thus negativing any real transfer of risk.
[74] In the context of using finite reinsurance to manipulate financial results—see e.g. FSA Final Notice to General Reinsurance UK Limited dated 21 November 2006. For the United States, see US Securities and Exchange Commission Litigation Release No.21384/20 January 2010. Gen Re was charged with assisting AIG to falsify financial results by "sham" reinsurance transactions.
[75] See *Toomey v Eagle Star Insurance Co Ltd* [1994] 1 Lloyd's Rep. 516 (discussed below). See also *Re Whiteley Insurance Consultants* [2008] EWHC 1782 (Ch) where "insurance" issued by someone with no authorisation of any nature under the FSMA 2000 was nonetheless insurance. Where reinsurance is effected on a "swing-rated" premium—a premium which increases as losses increase, the potential obligation to pay the "swing", the additional premium payable by the reinsured, over and above the minimum and deposit, can itself be "reinsured" although in truth, since it is the first occasion that this obligation is underwritten, it is more logically insurance. The same would apply to RPP cover, reinstatement premium protection cover. Whilst the potential liability to pay further premium is being underwritten for the first time, it is treated as a reinsurance, and in fact, *is plainly* reinsurance by reference to the definition in the Solvency II Directive art.13(7).
[76] FCA Handbook PERG 6.5.4(1) and see 1-002 above.
[77] See *Re Cavalier Insurance Co* [1989] 2 Lloyd's Rep. 430 and *Re Sentinel Securities Plc* [1996] 1 W.L.R. 316. Credit Derivatives, financial instruments which have the paying party making payment when certain reference obligations by certain reference entities default, are carefully structured so as not to be confused with credit insurance policies. See Ch.8 below.

apply to reinsurance.[78] Tax is payable on insurance premiums, but not on reinsurance premiums.[79] Also, as we shall see,[80] policyholders under contracts of direct insurance have priority in the liquidation of an insurer over creditors under reinsurance contracts (and other unsecured creditors).

Basic concepts

Reinsureds, reinsurers and retrocessionaires

1-013   The original or direct insurer who reinsures with a reinsurer is known as the "reinsured" or "reassured". The reinsured under a proportional reinsurance treaty (a term which will be explained shortly) is frequently described as the "cedant" or "ceding company". Reinsurers may also need to lay off risks by themselves reinsuring with others, whereupon, in respect of that reinsurance, such a reinsurer is the reinsured. Contracts of "re-reinsurance" can be called "retrocessions"[81] but often the same word, "reinsurance" is used again. The "re-reinsured" can be called the "retrocedant" and the "re-reinsurer" can be called the "retrocessionaire". Further reinsurances effected by retrocessionaires (i.e. "re-re-reinsurance") are generally described simply as retrocessions or retrocessions of retrocessions. A reinsurer may be described as accepting "inwards business", where it is the reinsurer, and ceding "outwards business", i.e. retrocession, where it is the reinsured. The various contracting parties to reinsurance transactions may be represented schematically thus.

---

[78] FCA Handbook Insurance Conduct of Business Sourcebook PERG 1.1.2.
[79] Financial Services and Markets Act 2000 (Consequential Amendments and Repeals) Order 2001 (SI 2001/3649).
[80] See Ch.17 below.
[81] There was a time—as referred to in Kiln's 3rd edition of *Reinsurance in Practice* (1991, see p.406 thereof, cited in the 1st edition of this work) when purists spoke of proportional reinsurance as retrocession, whilst reinsurance of non-proportional reinsurance was called retrosurance. But now all is called retrocession. Kiln's 4th edition now defines "Retrosurance" as "Archaic word for excess of loss retrocession; use retrocession instead".

OUTLINE OF REINSURANCE TERMINOLOGY

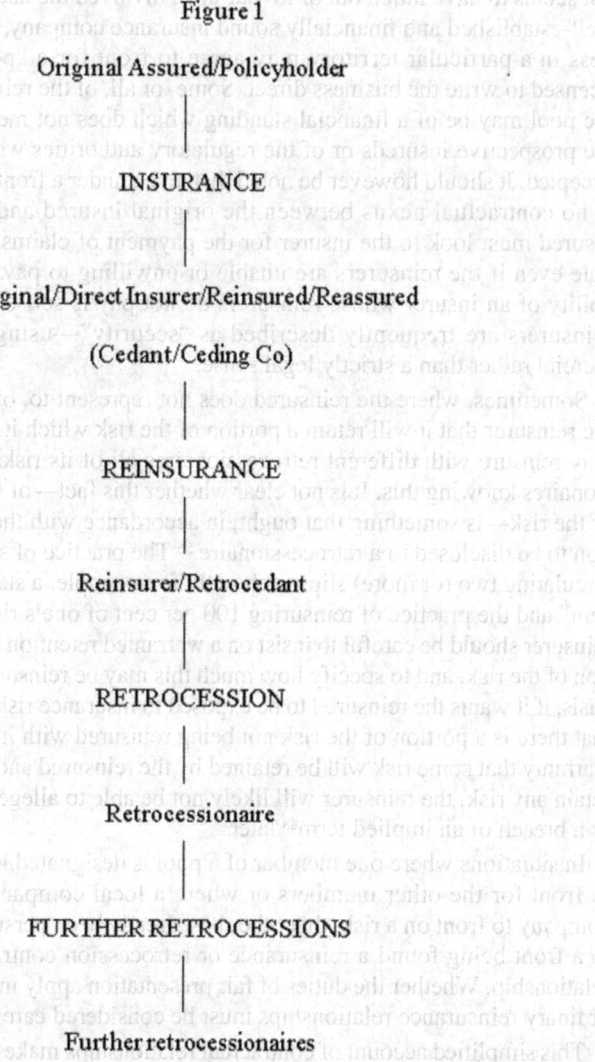

Figure 1

Original Assured/Policyholder
|
INSURANCE
|
Original/Direct Insurer/Reinsured/Reassured
(Cedant/Ceding Co)
|
REINSURANCE
|
Reinsurer/Retrocedant
|
RETROCESSION
|
Retrocessionaire
|
FURTHER RETROCESSIONS
|
Further retrocessionaires

A reinsurer may reinsure 100 per cent of the risk taken by the insurer when issuing a policy. If this arrangement is the considered intention of the insurer and reinsurer, it may be "fronting". It will be fronting if the reinsurer is essentially writing the risks as direct insurer but through the insurer because the reinsurer cannot, for whatever reason, take it as direct business. For example, the reinsurer may be a captive insurance company[82] that is not licensed to write the risks of the parent in the country where the parent operates. The "front" is nonetheless the party liable to the insureds.[83] The ceding reinsurer, or "fronting company", under such an arrangement, receives an overriding commission or "overrider" calculated as a percentage of a premium. Another fronting arrangement that used to be common,

1-014

---

[82] See Ch.2, Pt 3 below.
[83] See Ch.10, Pt 2 below.

but seems to have fallen out of favour now, involved the use of "pools".[84] A single, well-established and financially sound insurance company, licensed to write business in a particular territory may agree to front for a "pool" of reinsurers not licensed to write the business direct. Some, or all, of the reinsurers participating in the pool may be of a financial standing which does not meet the requirements of the prospective insureds or of the regulatory authorities where the risks are to be accepted. It should however be noted that, even under a fronting arrangement, there is no contractual nexus between the original insured and the reinsurers.[85] The insured must look to the insurer for the payment of claims, who remains fully liable even if the reinsurers are unable or unwilling to pay. The financial vulnerability of an insurer whose reinsurers do not pay is self-evident. For this reason reinsurers are frequently described as "security"—using that word in a commercial rather than a strictly legal sense.

Sometimes, where the reinsured does not represent to, or expressly agree with, the reinsurer that it will retain a portion of the risk which it cedes (its retention), it may reinsure with different retrocessionaires all of its risks without the retrocessionaires knowing this. It is not clear whether this fact—of reinsuring 100 per cent of the risk—is something that ought, in accordance with the duty of fair presentation to be disclosed to a retrocessionaire.[86] The practice of splitting reinsurance by circulating two (or more) slips each with, for example, a statement "hereon 50 per cent" and the practice of reinsuring 100 per cent of one's risk is so common that a reinsurer should be careful to insist on a warranted retention of a percentage proportion of the risk, and to specify how much this may be reinsured on an excess of loss basis, if it wants the reinsured to be exposed to insurance risk.[87] If a reinsurer knows that there is a portion of the risk not being reinsured with it and does not require a warranty that some risk will be retained by the reinsured and the reinsured does not retain any risk, the reinsurer will likely not be able to allege an unfair presentation or a breach of an implied term[88] later.

In situations where one member of a pool is designated by the pool underwriter to front for the other members or where a local company is asked by another company to front on a risk, that other has already been persuaded to accept subject to a front being found a reinsurance or retrocession contract will document this relationship. Whether the duties of fair presentation apply in the same way as in the ordinary reinsurance relationships must be considered carefully.[89]

This simplified account of contractual relationships makes no mention of the role of reinsurance intermediaries or brokers, to which reference is made below.

There are two basic ways of classifying reinsurance, namely proportional and non-proportional; and two basic methods of effecting reinsurance, namely facultative and other.

---

[84] See Ch.10, Pt 2 below.
[85] MIA 1906 s.9(2): "Unless the policy otherwise provides, the original assured has no right or interest in respect of such reinsurance." It would not be unusual for fronting policies to provide for "cut-through" to the reinsurer—a means whereby the policyholder does have a direct right to recover from the reinsurer (subject to the limitations identified at Ch.15 below) as was the case in *Randgold Resources Ltd v Santam Ltd* [2018] EWHC 2493 (Comm); [2019] Lloyd's Rep. I.R. 467.
[86] See Ch.6, 6-035 to 6-038 below. The dispersal of risk to reinsurers may take place over time and may not be intended from the outset, when the first reinsurance is purchased.
[87] The market calls this having "skin in the game".
[88] See Ch.6, 6-035–6-038 and Ch.4, 4-099.
[89] See Ch.10, 10-033 below.

Proportional

Proportional insurance involves a sharing of premium and losses.[90] In proportional reinsurance, the most common type of which is quota share reinsurance,[91] the reinsurer or reinsurers accept a specified percentage of the risk and receive the same percentage of the gross premium or "gross/net premium" as it is quaintly called—the premium to the reinsured net of commission paid by it to the intermediaries who route, or place, the insurance to, or with, it. The fortunes of the reinsured and the reinsurer, on the business written should, proportionately, be the same.[92] But not quite. The intermediary who acts for the reinsured in finding the reinsurer will take a commission from the premium passing and the reinsured itself will also take a commission, called an overrider, from that premium. Thus, the reinsurer is receiving a smaller premium in relation to the piece of the risk it is carrying. As we have noted above, the percentage of risk retained by the insurer is described as its retention. As has also been noted above, an insurer may reinsure 100 per cent of the risk, and his retention may be nothing.[93]

1-015

Non-proportional

Reinsurance may also be non-proportional, that is to say the reinsurer receives a slice or layer of the risk written by the reinsured and the premium will be calculated not (only) as a proportion of the reinsured's premium equivalent to the proportion of the risk the reinsurer assumes, but (also) by reference to what part of the risk he assumes. If the reinsurer is reinsuring the "first loss" it may have a high percentage of the premium. If it is reinsuring only where the loss exceeds a high figure, it may receive a low percentage.[94] Under the most common form of non-proportional facultative reinsurance, the reinsured reinsures on an excess of loss basis, retaining 100 per cent of the risk up to a specified maximum sum and recovering from its reinsurer an agreed percentage of any losses that exceed that sum. This basic distinction between the two classifications of reinsurance has been described as follows:

1-016

> "Reinsurance may take at least two forms. A reinsurer may write a percentage of the whole risk up to 100 per cent; described during this case as 'vertical reinsurance' [i.e. proportional]. Alternatively, or additionally, a reinsurer may take a percentage up to 100 per cent of a layer of risk involved. Layered reinsurance (referred to as 'horizontal reinsurance' [i.e. non-proportional]) relates to losses up to a certain limit. This may be the first loss or primary layer. Sometimes layered reinsurance involves higher layers between specified limits ..."[95]

In non-proportional business the fortunes of the reinsured and reinsurer on the

---

[90] *Bonner v Cox* [2005] EWCA Civ 1512; [2006] 2 Lloyd's Rep. 152 at [87] per Waller LJ.
[91] See 1-019 below.
[92] They may yet have different results overall because of their other reinsurance arrangements—see below.
[93] On the definition of "proportional contracts" see generally: *Aneco Reinsurance Underwriting Ltd v Johnson Higgins Ltd* [1998] 1 Lloyd's Rep. 565 at 590–591 per Cresswell J (and below). The case proceeded to the Court of Appeal and to the House of Lords: [2002] 1 Lloyd's Rep. 157.
[94] Suppose that the Insurance Company insures John against loss up to a limit of £100. The company may reinsure out any loss it has to pay from zero to 50. That would be a "first loss" reinsurance. If the company reinsures out any loss it has to pay from 50 to 100 that would be "excess of loss"—losses to the extent they exceed 50 but only up to 100 are paid by the reinsurer.
[95] *Insurance Company of the State of Pennsylvania v Grand Union Insurance Company* [1990] 1 Lloyd's Rep. 208 at 218 per Hunter JA.

risk written will not be the same:

> "The commercial interests of the [reinsured] and of the reinsurers do not, relevantly, overlap. They are not partners in a joint venture; each has their own separate commercial interests which will probably conflict: one profits at the expense of another. There is no sense in which the one undertakes to act for the other when deciding what business should be written to the Cover and no assumption of responsibility for the commercial fortune of the other. The [reinsured] make these decisions based upon their own self interest."[96]

For example, if a reinsurer reinsures a loss or losses which exceed 100 and there are 10 losses all below that figure, the reinsured will pay them all and the reinsurer will pay none (assuming there is no provision in the reinsurance contract enabling the reinsured to aggregate losses).[97] In *The Insurance Company of Pennsylvania v Equitas Insurance Co Ltd*[98] the court considered two excess of loss contracts, the first of which was $5 million excess of $0 million. The effect was that even though the reinsurance was excess of loss, the excess of loss reinsurer paid all the losses. We think this is the first reported case with the "excess" point set at zero. We hazard that it was fronting and the reinsurer was not licensed to write the risk directly, and for some reason, a 100 per cent proportional reinsurance was not acceptable. Perhaps there was an obligatory treaty that the business would have had to be ceded to if it had been classified as proportional.

Facultative

1-017   A facultative reinsurance contract is a contractual arrangement under which, as a general rule, a single risk insured by the insurer is reinsured with one or more reinsurers. It would be simpler for the purpose of trying to categorise reinsurance if one could say that facultative reinsurance is always a reinsurance of a single risk, whether that reinsurance is proportional or non-proportional. But whilst that is generally so, it is not always the case. There may well be something described as a "facultative treaty" under which the reinsurer agrees to reinsure individual risks on the agreed basis and there may be facultative obligatory treaties ("fac./oblig.") under which the reinsurer agrees to accept such risks as the insurer chooses to pass on to it.[99]

---

[96] *Bonner v Cox* [2004] EWHC 2963 (Comm); [2005] Lloyd's Rep. I.R. 569 at [255] per Morrison J, cited with approval by Waller LJ in *Bonner v Cox* [2005] EWCA Civ 1512 at [87].
[97] Again one needs to be cautious about too absolute a dichotomy between proportional reinsurance, where the reinsurer and the reinsured are said to bear the premium and the risk proportionately, and non-proportional reinsurance, where premium required and the loss experience of the two may be very different. The overrider retained by the reinsured; different arrangements of excess of loss coverage by reinsured and reinsurer; a deductible/excess point above which losses are shared proportionately; all can have a marked effect on the profitability of business for reinsured and reinsurer even in proportional business. See 1-015 to 1-017 and 1-019 below. See also *CGU International Insurance plc v Astrazeneca Insurance Co Ltd* [2005] EWHC 2755 (Comm) at [95]: "A reinsurer is not liable to pay the reinsured until the amount of the reinsured's liability has been ascertained by judgment, award or settlement." (*Versicherungs und Transport A/G Daugava v Henderson* (1934) 49 Ll. L. Rep 252 at 254 per Scrutton LJ).
[98] *The Insurance Company of Pennsylvania v Equitas Insurance Co Ltd* [2013] EWHC 3713 (Comm).
[99] See further below. This text used to assert that there *will* be fac/oblig treaties but they seem to have fallen out of favour. That should not surprise—see 1-021 below.

Reinsurance treaties

Treaty

A distinction should be drawn between "facultative" and "treaty" reinsurance; the ceding of a single risk and the ceding of many risks. Unfortunately, those who work in reinsurance do not bind themselves by precise definitions. The word "treaty" is often used instead of "contract" and connotes nothing more than "agreement". If a reinsurance is described as facultative, it will certainly mean the individual underlying risk is clearly identifiable in the contract and may well be a single risk, whilst if the reinsurance is described as treaty it is likely to be of a number of risks, identified generically by reference to a type of insurance cover or "book of business". A book of business is either the entirety of the underwriting of an insurer or reinsurer over a given period, or the entirety of the underwriting of a particular class of business, for example marine cargo. A reinsurance treaty is therefore, generally, a single contractual arrangement under which many risks are to be reinsured by one or more reinsurers. Treaties are categorised as either proportional or non-proportional. Under a proportional treaty, an insurer agrees to cede, and a reinsurer or reinsurers agree(s) to accept a proportional share of all risks which come within the defined limits of the treaty. This is the explanation for the previously mentioned description of the insurer under such an arrangement as the "cedant" or "ceding company". Under a non-proportional treaty, a reinsurer or reinsurers agree(s) to pay all losses which exceed a specified limit in respect of the risks covered by the treaty; or less frequently "first losses" up to a specified limit. One important difference in practice between facultative reinsurance and treaty reinsurance is that in facultative reinsurance the underlying risk *has been written* (or is written contemporaneously with the reinsurance); in treaty reinsurance the object is to put the reinsurance in place to cover all risks within the class reinsured that the reinsured *will write* over the agreed period. If a reinsurer comes onto the treaty after the period of cover has begun,[100] there will be a warranty by the reinsured of no known and reported losses[101]; or such losses as have occurred will be excluded; or the premium paid will reflect the anticipated cost of those losses to the reinsurer. Where we use "treaty" we are referring to a reinsurance contract where insurance/reinsurance contracts written by the cedant will be reinsured automatically by the reinsurer in accordance with the treaty. As we shall see, a definition of reinsurance appropriate for the present day is a little handicapped by definitions of reinsurance put forward when treaty business was non-existent or had no profile in jurisprudence.

1-018

Quota share

There are two main subdivisions of proportional reinsurance treaties, namely quota share and surplus (facultative obligatory treaties are described separately below). As indicated in the description of proportional reinsurance, 1-015 above, quota share treaty is a form of agreement under which the insurer or ceding company is required to cede, and the reinsurer is required to accept, a fixed proportion of each and every risk accepted by the ceding company which comes within

1-019

---

[100] Which may happen if the business to be reinsured is not attractive to reinsurers and finding willing reinsurers takes longer than anticipated.

[101] As to which, care needs to be exercised. In *Simner v New India Assurance Co Ltd* [1995] L.R.L.R. 240 it was decided that "known" means "known to the reinsured", which means "reported to the reinsured". There may well be losses that the reinsured does not know of. That is why the reinsurer should seek a warranty of no known or reported losses *to whomever known or reported*.

the scope of the treaty. Thus the reinsurer shares in the fortunes of the ceding company, receiving a proportion of the premium (less commission payable to the broker and also the "overrider" to the cedant) which is calculated as a percentage of the risks ceded, and is required to pay the same percentage of losses (although the treaty may limit the maximum payable in respect of any one risk).

Under a quota share treaty, it is common for the ceding company to be required to keep the uninsured percentage or retention for its own account and not to reinsure it with another reinsurer (a "warranted" retention). There may be issues as to whether the retention must be wholly unreinsured, or merely not reinsured on a proportional basis. In theory, particularly if there is a warranted retention, the fortunes of the insurer in relation to the business ceded to the quota share reinsurers should be mirrored by those reinsurers in their respective shares. If the quota share is "fac./oblig." (see 1-021) this may well not be so. It may also not be so because the reinsurer receives proportionally less premium for the risk he accepts (the erosion of premium by commission and overrider). Major differences in the fortunes of an insurer and reinsurer of a quota share can also arise if they have different excess of loss protections. A prudent quota share reinsurer will want the treaty to require the insurer to advise the reinsurer if the insurer proposes to buy excess of loss coverage, and, if the reinsurer wishes to buy the like coverage, the insurer should be required to buy the same for the reinsurer. The excess of loss coverage obtained in this manner is called "common account".[102]

We understand that there is a kind of hybrid quota share contract in the market that is a variation on the standard model. The reinsured pays the agreed percentage of premium written in the relevant period to the reinsurer and the reinsurer pays, not the same percentage of losses on those risks generating the premium but of the losses being paid by the reinsured in the same relevant period. In a long term, multi-year relationship with a steady book of business this may be fine. For a single year, the fortunes of the reinsured and reinsurer could be quite skewed. It is attractive to the reinsured because losses to the reinsurance develop quicker.

Surplus

1-020   Like a number of terms used in insurance law, "surplus" has a different meaning in the United States, where a "surplus line" is a risk which the domestic market cannot, or will not, accept and is placed, subject to the regulatory requirements of particular states, with companies described as "surplus line insurers". A "surplus treaty", as that expression is generally understood in English usage, is a form of agreement whereby the ceding company cedes, or sometimes is required to cede, and the reinsurer is required to accept, the surplus liability over the maximum amount of risk which the ceding company has set for itself in its internal underwriting strategy (its retention). The retention is expressed as a fixed maximum sum (rather than a percentage retention as in a quota share), referred to as a retained line. The surplus treaty will provide for a maximum limit or size of line, which the reinsurer is bound to accept in respect of any one risk. Under a surplus treaty, the retention is a maximum figure and not a minimum percentage; the ceding company may retain a smaller amount than the line. In the case of both "fac./oblig."[103] and surplus business, the reinsurer leaves considerable discretion with the reinsured as

---

[102] See Ch.4 below.
[103] See 1-021.

to what business is ceded, and how much. Thus, there is always the risk of the reinsured being selective to the detriment of the reinsurer.[104]

Facultative obligatory reinsurance

A facultative obligatory treaty (commonly abbreviated as "fac/oblig") is a form of agreement under which the ceding company has an option to cede (but is not bound to do so), whereas the reinsurer is bound to accept, an agreed share of any risk in fact ceded (and has no option to refuse) within the scope of the treaty. As under a quota share treaty, in facultative obligatory reinsurance the reinsurer receives a share of the original premium in proportion to the risk assumed. In this type of reinsurance, the arrangement is "facultative" in the sense that it is individual risks that are being transferred; but the word "facultative" in this context also denotes that the insurer may cede the risk but is not obliged to do so. "Obligatory" refers to the obligation of the reinsurer; the reinsurer is obliged to accept such risks as the insurer chooses to cede.[105] This raises the question of whether the insurer will choose to retain risks which he perceives to be good, and cede those he perceives to be bad, and perhaps underwrite risks with that in mind.[106] As Lord Steyn said in *Aneco Reinsurance Underwriting Ltd (In Liquidation) v Johnson & Higgins Ltd*, "fac/oblig treaties are plainly open to abuse."[107] Questions then arise as to whether the insurer owes any duty to the reinsurer not to "cherry pick" the risks and cede only those which he considers unattractive.[108]

1-021

Excess of loss

The most common form of non-proportional reinsurance treaty is the excess of loss treaty. This is a form of agreement under which the reinsurer agrees to pay the reinsured all losses which exceed a certain specified limit in respect of any one risk, or any one event, up to a specified maximum. The very high layers of excess of loss are commonly termed "catastrophe cover". Excess of loss reinsurance is generally obtained in layers (hence the description of it as "horizontal" reinsurance). For

1-022

---

[104] In *Aneco Reinsurance Underwriting Ltd v Johnson & Higgins Ltd* [1998] 1 Lloyd's Rep. 565 at 590, Cresswell J adopted the following definitions on the basis of what "the experts all agreed ... would be generally understood by marine underwriters and brokers in the London market ..." to constitute "proportional reinsurance": (a) "Quota Share Treaty" reinsurance—the reinsured is obliged to cede, and the reinsurer is obliged to accept, a fixed proportion of all business protected by such "Quota Share". Premiums and claims are paid in exactly the same proportion, except that the reinsurer will pay brokerage to the intermediary and may offer the reinsured an overriding commission. (b) "Surplus Treaty" reinsurance—differs from "Quota Share", in that the reinsured only cedes the business where his proportion exceeds a certain monetary amount. Thereafter, a "Surplus Treaty" operates in exactly the same way as a "Quota Share Treaty". (c) "Facultative/Obligatory Treaty" reinsurance—the reinsured may select either those risks he wants to cede, or what proportion of his participation in each risk he wishes to cede, or a combination of the two. This is the "facultative" element. The reinsurer is obliged to accept these cessions and this is the "obligatory" element. Premiums and claims are thereafter dealt with in precisely the same manner as in "Quota Share" and "Surplus" Treaties and for this reason, this type of Treaty may fairly be described as a form of "Proportional Reinsurance".

[105] See Lord Steyn in *Aneco Reinsurance Underwriting Ltd v Johnson & Higgins Ltd* [2002] 1 Lloyd's Rep. 157 at 183, [25].

[106] See the remarks of Scrutton LJ in *Glasgow Assurance Corp v Symondsen & Co* (1911) 16 Com. Cas. 109; Ch.10 below.

[107] *Aneco Reinsurance Underwriting Ltd (In Liquidation) v Johnson & Higgins Ltd* [2001] UKHL 51; [2002] 1 Lloyd's Rep. 157 at [26].

[108] See: *Phoenix General Insurance Co of Greece SA v Halvanon* [1985] 2 Lloyd's Rep. 599 at 613 per Hobhouse J *Aneco Reinsurance Ltd (In Liquidation) v Johnson & Higgins Ltd* [2001] UKHL 51; and *Bonner v Cox* [2005] EWCA Civ 1512.

example, $50,000 excess $25,000; $125,000 excess $75,000; $10,000,000 excess $5,000,000; and so on. Although the band of "cover" generally widens as one goes up the layers, the premium may well decrease, because it is the expectation of the underwriter that the higher layers are less likely to be required to respond to claims ("be hit").[109] A layer of excess of loss reinsurance which the underwriter expects to be hit, and for which he accordingly charges a relatively high premium, is called a "working layer". A layer of excess of loss reinsurance which will only be hit by unexpectedly large disasters is called a "catastrophe layer". Premium on excess of loss contracts, particularly if the layer is narrow, is sometimes described as "rate on line". It is calculated as a percentage of the exposure on the layer. Thus if the layer is 50 over 100, and the premium is 25, the rate on line would be 50 per cent. Calculating premium at a rate on line suggests that the underlying business is volatile and there is a chance of the layer going "clean" (no claims) but also a high chance of it "burning"—the entire exposure being paid. These layers can be affected by the slightest change in the cedant's underwriting pattern—the limits and layers of risk that he writes—and great care is needed in reinsuring in this manner.

Stop loss

1-023 Stop loss reinsurance (sometimes called "excess of loss ratio"), is a form of agreement under which the reinsurer accepts full liability once losses in the aggregate exceed a specified amount, in respect of a given class or book of business, usually expressed as a percentage loss ratio (claims/premium × 100), and, if the reinsurer is wise, up to a limit of liability (again expressed as a percentage loss ratio). The "stop loss policies" purchased by Lloyd's syndicates[110] are slightly different. Lloyd's stop loss policies are generally written on an excess of loss rather than a ratio basis. Since they protect the syndicate in respect of its underwriting at Lloyd's, it is submitted that notwithstanding the doubts expressed by Hobhouse LJ in *Toomey v Eagle Star*,[111] we suggest that they are particular form of reinsurance, and treated as such in the market. It is clear that, in a stop loss policy, the Name is reinsuring in respect of his underwriting risk. However, one looks at it, the liabilities of the "reinsurer" are dependent on the liabilities of the "reinsured". Although in *Napier & Ettrick v R.F. Kershaw Ltd*,[112] the contracts are always described as "stop loss insurance", the question of whether it was insurance or reinsurance did not arise. The MIA 1906 s.9(1) provides that the insurer under a contract of marine insurance has an insurable interest in the risk and may reinsure in respect of it.[113] Stop loss is reinsurance within the definition in the Solvency II Directive. In *Bates v Robert Barrow Ltd*,[114] the case proceeded on the basis that stop-loss contracts were reinsurance. In *Society of Lloyd's v Robinson* Lord Steyn said: "Stop loss insurance cover is a form of reinsurance which reinsures aggregate losses of an insured's underwriting in a given year and indemnifies him in respect of losses in excess of a certain limit."[115] Similarly, in *Wasa v Lexington*,[116] Lord Mance indicated the stop loss policies were simply a different kind of reinsur-

---

[109] See, however, the phenomena of the LMX and PA spirals at 1-008 above.
[110] See Ch.2, s.2 below.
[111] *Toomey v Eagle Star* [1994] 1 Lloyd's Rep. 516 at 524 (discussed at 1-045).
[112] *Napier & Ettrick v R.F. Kershaw Ltd* [1993] 1 Lloyd's Rep. 197.
[113] See Ch.7 below.
[114] *Bates v Robert Barrow Ltd* [1995] 1 Lloyd's Rep. 680; [1995] C.L.C. 207 (a case concerning illegality of stop-loss contracts).
[115] *Society of Lloyd's v Robinson* [1999] Lloyd's Rep. I.R. 329 at 334. But one has always to look at the context. In *Edstrom Industries Inc v Companion Life Insurance Co* 07-2156, 7th Cir., 2008, Edstrom provided a group health plan to its employees but had a "stop loss" cover from Companion

ance when he said: "As noted in Toomey, a stop-loss or similar policy taken out by an insurer is not a reinsurance in this sense and operates as a whole account protection on a different basis."

Aggregate excess of loss

An aggregate excess of loss treaty is similar to stop-loss. However the limits of the reinsurer's liability are defined not by percentage loss ratios, but by reference to actual losses expressed as sums of money. Aggregate excess of loss policies, protect the reinsured against an accumulation of losses arising from the same occurrence, event or circumstance. The aggregate excess of loss contract typically measures liability by reference to any "one event" or "occurrence". The question of what constitutes one event or occurrence may not be easy to answer.[117] Such contracts also frequently contain a clause of Byzantine complexity known as the "aggregate extension clause", which will be described and discussed below.[118]

1-024

The following diagram illustrates the types and categories of reinsurance.

1-025

Figure 2

Reinsurance			
Proportional		Non-Proportional	
Facultative	Other	Facultative	Other
Quota Share Surplus Fac./Oblig.	Excess of loss	Excess of loss Stop Loss Aggregate Excess of Loss	

Financial reinsurance

"Financial reinsurance" is a generic term used to describe a variety of transactions designed to confer a future financial benefit upon the reinsured in consideration for the present payment of a sum of money (necessarily described as premium) but which are designed to enhance the financial performance of the "reinsured" (the contracts are often designed to ensure that one way or another he will get his money back) rather than to protect against defined liabilities he has incurred by writing risks. They may not possess the necessary ingredient of assumption of risk by the reinsurer that characterises insurance/reinsurance (in any event, by the laws of England).[119] The use of "roll over policies", "time and distance" and other so-called "finite risk" contracts gives rise to regulatory and legal problems which will

1-026

Life above $65,000 per claim. Companion sought to increase a deductible for one claim based on new information at the time of the claim which was not disclosed initially—as the policy gave it power to do. Edstrom argued that the policy was *insurance* and the non disclosure innocent, and accordingly under Wisconsin law the insurer had to deal with the claim on the basis there was no new information. The first instance judge agreed with Companion, that the stop loss was *reinsurance* (sitting on top of self insurance). The appeal court disagreed. We believe the English court would go the way of the appeal court. But then this "stop loss" was really a primary cover over a $65,000 per claim deductible.

[116] *Wasa International Insurance Co Ltd v Lexington Insurance Co* [2009] UKHL 40 at [33].
[117] See *Caudle v Sharp* [1995] L.R.L.R. 433; and *AXA Re v Field* [1996] 1 Lloyd's Rep. 26; Ch.5 below.
[118] See Ch.7 below.
[119] See 1-003 above, the discussion of *Prudential v IRC* where the IRC argued that the contract was not

26 NATURE, TERMINOLOGY AND DEFINITION OF REINSURANCE

be discussed below.[120] It is arguable that certain of these arrangements are not reinsurance contracts at all, but some form of banking transaction. Any legal definition of reinsurance contracts must take into account those "financial reinsurance" contracts which are genuine "reinsurance".[121]

Reinsurance intermediaries

1-027   The broker is the ubiquitous and, perhaps, indispensable middleman of the reinsurance market. Reinsurance brokers or intermediaries[122] arrange for the placing of reinsurance contracts between parties who frequently communicate only through the broker or brokers, and thereafter the broker administers the transmission of premium and almost certainly the processing and collection of claims. As a matter of practice it is even more common in reinsurance than in direct insurance that the broker performs this function. It enables the broker to keep in regular contact with the parties and a broker is generally not averse to insurance monies passing through his account.[123] Many reinsurance treaties contain an "intermediary clause" where both parties agree upon the functions which the broker is to perform, and the capacity in which he holds money as it passes through his hands. There is a peculiar aspect to this in English law, because of the doctrine of privity of contract. Even where the reinsured and reinsurer agree that the broker shall act as intermediary, the broker, not being a party to that contract, is not, by reason of the intermediary clause alone, obliged or entitled to act as such. We consider that the Contracts (Rights of Third Parties) Act 1999 does not affect the position. It is doubtful whether the reinsured and reinsurer intended to benefit the broker by agreeing the "intermediary clause" (s.1(2)) and the "right" which the broker obtains under this clause—to be the intermediary—is also an obligation—to pass on communications and money, and the Act does not impose obligations on third parties. Given that the intermediary clause imposes burdens or grants benefits, depending on the broker's situation at any time, we consider that for that reason also the Act would have no role to play here.

Often the consideration for the reinsurance broker's services, namely the commission or "brokerage", is deducted by the broker from the gross premium paid to it by the insured, which is to be paid on to the reinsurer.[124] It is not uncommon for several brokers or intermediaries to be involved in a single reinsurance transaction (Figure 3). There is an issue as to whether by common law or custom and practice, in placing the reinsurance contract, the broker undertakes also the obliga-

---

insurance because there was no real transfer of risk. The FCA Handbook PERG 6.6.2 states that the "'assumption of risk' by the provider is an important descriptive feature of all contracts of insurance."

[120] See Ch.8 below; see also, *Huntington v Imagine Group Holdings Ltd* [2007] EWHC 1603 (Comm) at [203]–[304] (which was upheld on appeal: *Huntington v Imagine Group Holdings Ltd* [2008] EWCA Civ 159).

[121] There have been suggestions that three companies which collapsed in the early 2000s were able to extend their apparent financially sound lives by "financial reinsurance" which provided illusory protection: Equitable Life Assurance and the Independent Insurance Company in England and HIH in Australia.

[122] "Insurance intermediary" is the expression used by the EU in the Insurance Distribution Directive (art.2(3)) for any natural or legal person, other than an insurer or reinsurer or their employees, who, for remuneration, takes up or pursues the activity of insurance and reinsurance distribution.

[123] See Ch.11 below.

[124] Commission is often a percentage of the premium—although fixed fee broking is becoming more common, in which case it may be paid separately from the premium.

tion to continue to act as intermediary in the processing of premiums and claims and documentary administration.[125]

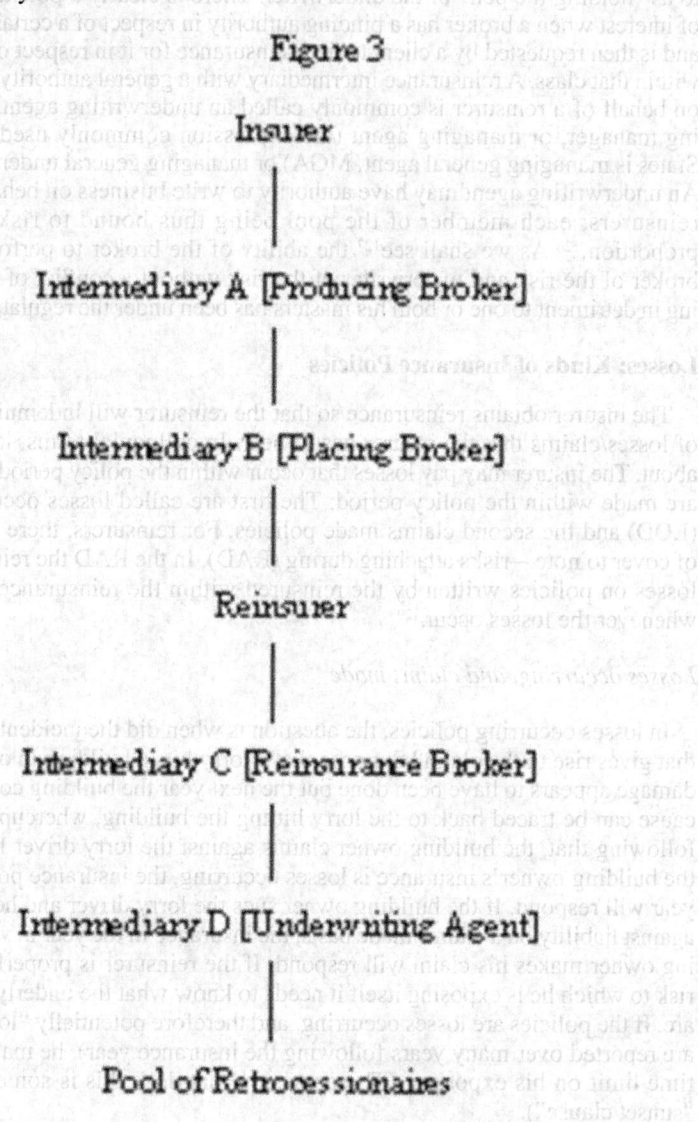

Figure 3

A broker may be given a binding authority or "binder" to bind a reinsurer to risks,

---

[125] See Ch.11, s.11-016 below: in *Grace v Leslie & Godwin Financial Services Ltd* [1995] L.R.L.R. 472 a broker was held liable for breach of duty in failing to keep records of who his clients' reinsurers were, thus rendering it impossible for the client to claim on reinsurance 30 years after the date of placing the contracts. A similar claim concerning poor record keeping for claims and premium administration as well as placing files was advanced in *Equitas Ltd v Horace Holman & Co Ltd* [2007] EWHC 903. Note also the Court of Appeal decision of *Tyser v Goshawk* [2006] EWCA Civ 54 which identified an implied contractual term permitting London market underwriters to require placing information held by brokers to be shown to underwriters. For discussion on the scope of the reinsurance broker's services in consideration for brokerage, see *Carvill America Incorporated v Camperdown UK Ltd* [2005] EWCA Civ 645.

without first seeking the reinsurer's approval. In such cases the broker is referred to as "holding the pen" of the underwriter. There is clearly a potential for conflict of interest when a broker has a binding authority in respect of a certain class of risk, and is then requested by a client to find reinsurance for it in respect of risks that fall within that class. A reinsurance intermediary with a general authority to accept risks on behalf of a reinsurer is commonly called an underwriting agent, or underwriting manager, or managing agent (the expression commonly used in the United States is managing general agent, MGA) or managing general underwriter (MGU). An underwriting agent may have authority to write business on behalf of a pool of reinsurers, each member of the pool being thus bound to risks in his fixed proportion.[126] As we shall see[127] the ability of the broker to perform the role of broker of the risk and underwriter of the risk without a conflict of interest resulting in detriment to one or both his masters has been under the regulator's scrutiny.[128]

Losses: Kinds of Insurance Policies

1-029   The insurer obtains reinsurance so that the reinsurer will indemnify it in respect of losses/claims that the insurer has to bear. In colloquial terms, it's what it's all about. The insurer may pay losses that occur within the policy period, or claims that are made within the policy period. The first are called losses occurring policies (LOD) and the second claims made policies. For reinsurers, there is a third class of cover to note—risks attaching during (RAD). In the RAD the reinsurer will pay losses on policies written by the reinsured within the reinsurance policy period whenever the losses occur.[129]

Losses occurring, and claims made

1-030   In losses occurring policies, the question is when did the incident/damage occur that gives rise to the claim? Suppose that a lorry hits a building in one year and no damage appears to have been done but the next year the building collapses and the cause can be traced back to the lorry hitting the building, whereupon, in the year following that, the building owner claims against the lorry driver for damages. If the building owner's insurance is losses occurring, the insurance policy of the first year will respond. If the building owner sues the lorry driver and he has insurance against liability on a claims made basis, the insurance in the year in which the building owner makes his claim will respond. If the reinsurer is properly to assess the risk to which he is exposing itself it needs to know what the underlying insurances are. If the policies are losses occurring, and therefore potentially "long tail" (losses are reported over many years following the insurance year), he may want to put a time limit on his exposure. (The provision that does this is sometimes called a "sunset clause").

If the policy is claims made, one needs to know whether what has to happen in the insuring year is that a claim is made on the policyholder or a claim is made on the insurer. Knowledge of the former is likely to reach the reinsurer later and leave it exposed for longer.

In situations such as a building project, where insurance is obtained for the period of the project, clearly losses occurring cover is the only suitable cover. Otherwise claims may arise after the insurance has expired (because, for example of latent

---

[126] See Ch.10 below.
[127] See Ch.9 below.
[128] See Ch.9 below.
[129] See Ch.5, 5-089–5-092 below.

damage as per the lorry scenario above) for which the parties to the project are unprotected.

The reinsurer has to understand these distinctions. It cannot properly determine the adequacy of the premium on offer if it does not understand the exposure he is being asked to assume.

Risks attaching during

If a reinsurer agrees to cover losses/claims on risks attaching during a policy period, he exposes itself to liability for losses/claims up to twelve months or more beyond the policy period. Commonly the reinsurer will negative the difference between losses occurring and claims made policies by agreeing with the reinsured to pay its share, losses excess of whatever, on claims made on the reinsured within the policy period—whether the claims arise from losses occurring policies or from claims made policies. With RAD cover, the reinsured may write a 12-month risk on day 364 of a 365-day cover period. The reinsurer is thereby exposed to losses on that contract—which "attached" within the policy period—for another 12 months.

1-031

Claims Paid, Outstandings, Incurred but not Reported (IBNR)

Some claims are reported to the insurer, made, and paid. They are paid claims, or "paids" as the insurer may call them. Some are reported and made, but not paid. They are outstanding (in the richness of the English language this is the "still to be attended to" meaning, not the "excellent" meaning), which means that they have not yet been paid, and indeed may not yet have been settled, i.e. agreed. These are known by insurers as "outstandings" These two together are "incurred claims" or "incurreds". There are, finally, IBNR, incurred but not reported, claims. These are of two kinds. The first kind is claims that have occurred but have not yet been reported to the insurer or which it is anticipated will occur before the expiry of policies currently in force in relation to incidents that have already occurred but have not yet come to light and therefore not reported either, so genuinely *incurred* but not reported. The second are those that the insurer expects to occur on unexpired policies before the expiry date, so not strictly incurred but expected to be incurred. Some commentators seem to include only the first kind of IBNR as IBNR, which in terms of the pure meaning of words is understandable but the objective in calculating outstandings and IBNR is so that the insurer can set the right reserves, put aside sufficient funds to meet anticipated liabilities on exposure already committed to. In that context, ignoring the potential for further claims inherent in unexpired policies makes no sense. Practically we do not see the industry moving to a four line system, paids, outstandings, IBNR[130] and UANR (unincurred and not reported). But if one is going to recognise the potential for claims on unexpired periods of policies written, one must also recognise the premium that will be earned in that period.

1-032

---

[130] Within IBNR may be some allowance for the amount payable on "outstandings" having to increase according to some commentators.

30 NATURE, TERMINOLOGY AND DEFINITION OF REINSURANCE

4. SOURCES OF REINSURANCE LAW

English law[131]

Overview of English legal system

1-033   The High Court and the Court of Appeal (together with the Crown Court) make up the Senior Courts of England and Wales.[132] The High Court is the court of first instance in civil matters in relation to complex contractual claims and claims for money where the sum in dispute is in excess of £100,000.[133] The High Court comprises three divisions: the Chancery Division, the King's Bench Division and the Family Division. The Commercial Court, which is an administrative sub-division of the King's Bench Division, tries most reinsurance disputes that are the subject of litigation in England. Appeals lie from the High Court to the Court of Appeal and from the Court of Appeal to the Supreme Court (with permission from either the Court of Appeal or the Supreme Court). The Supreme Court is housed outside of Parliament and is the successor of the judicial House of Lords.

Market practice and reinsurance arbitrations

1-034   Many reinsurance contracts contain provisions requiring disputes to be determined by arbitration. We discuss arbitration in Ch.14 and note that many arbitration clauses require the arbitrators to be market men and provide that the arbitrators are not bound by strict rules of law. The practice in the case of arbitrations conducted under the rules of ARIAS UK is to have two party-appointed arbitrators and a chairman or umpire who is either a retired judge or a Queen's Counsel. Arbitrations are held in private and (unless there is an appeal) arbitration awards are usually confidential.[134] It is regrettable that awards written by eminent judges and Queen's Counsel, which deal with important questions of principle, are not made available for publication.[135]

Sources of law

1-035   English reinsurance law is primarily case-law based. The IA 2015 applies to non-consumer insurance contracts, some of its provisions apply to consumer insurance contracts, but there is only one express reference to reinsurance. However, it is understood that all provisions of the IA 2015 that apply to non-consumer insurance also apply to reinsurance contracts. MIA 1906 applies to marine reinsurance contracts and many of its general provisions have been held to be declaratory of the

---

[131] English law is the law of England and Wales. There is no concept of "British law" or "UK law" although such expressions are sometimes found in American cases and commentaries. Scotland and Northern Ireland are separate jurisdictions with their own courts. There is, however, one UK Supreme Court that hears appeals from all the appellate courts in the United Kingdom. Insurance legislation, such as MIA 1906, the Consumer Insurance (Disclosure and Representations) Act 2012 and the IA 2015, and the Financial Services and Markets 2000 (and instruments made under it) also apply to all constituent parts of the UK.
[132] Following the Constitutional Reform Act 2005. The name used to be "Supreme Court" but the same statute gave that name to the previously named House of Lords.
[133] High Court and County Court Jurisdiction (Amendment) Order 2014 (SI 2014/821).
[134] See further, Ch.14 below. Although the results of important arbitrations are generally known to those in the market interested in the outcome within days (if not hours) of the award being published.
[135] Note that in Ch.5, 5-123 below, one of the key authorities on what constitutes "one event" (out of which claims may arise) is the Dawson's Field arbitration.

non-marine (re)insurance law. There is a large body of case law which interprets the provisions of MIA 1906 and their common law equivalent principles. In relation to risk presentation, conditions and warranties, and fraudulent claims, the case law relating to reinsurance contracts that precede the IA 2015 must now be read more cautiously in light of the changes introduced by the IA 2015. There is a rather slowly growing body of case law that interprets the provisions of the IA 2015 but there are no reported reinsurance decisions yet that touch upon the IA 2015.

The Financial Services and Markets Acts of 2000, 2012 and 2023 and the two regulatory agencies set up by that legislation, the Prudential Regulation Authority (PRA) and the Financial Conduct Authority (FCA), and the rules and guidance that these two bodies issue, govern the regulation of (re)insurance companies and (re)insurance brokers. See Ch.15 below.

Much of the law governing the regulation of insurance and reinsurance in the UK and the supervision of UK insurance and reinsurance companies d derives from the European Union. The insurance regulatory framework in the UK has been shaped by EU Directives, most recently the Solvency II Directive and the Insurance Distribution Directive,[136] both of which were transposed into national law, as well as EU Regulations which were directly applicable in the UK until Brexit. From the end of the Brexit Transition Period on 31 December 2020:

- primary legislation and secondary legislation which implemented EU Directives under a UK enabling Act other than the ECA 1972 remain in force;
- secondary legislation implemented under the authority of the ECA 1972 (which itself has been repealed) would have been rendered legally invalid but is retained as part of UK law under the European Union (Withdrawal) Act 2018;[137]
- EU Regulations and EU Decisions are no longer directly applicable unless incorporated into UK law under the European Union (Withdrawal) Act 2018;[138] and
- decisions of the Court of Justice of the European Union are no longer binding upon the UK courts.

The process of incorporating previously directly effective EU law into UK law is frequently referred to as "onshoring", and EU-derived law that has been implemented or on shored into UK law is referred to as "retained EU law" or "REUL" in UK Government communications. It is important to note that REUL is the EU law that was in force on 31 December 2020. Subsequent amendments to the underlying EU law and new EU legislative acts that came into force after 31 December 2020 are not part of REUL. REUL therefore represents a snapshot of EU-derived law as extant on that date. The UK Government has embarked on a programme of reviewing all REUL with a view to deciding for each piece whether to retain it in UK law, amend it to suit UK circumstances better, or to remove it from the statute book. Financial regulation, including (re)insurance regulation, is one of the key areas for reform to make UK financial regulation more flexible and proportionate and to drive growth and competitiveness in the financial services sector.[139] To date, there are three major elements in the Brexit reform package relevant to reinsurance companies: (1) the Financial Services and Markets Act 2023

---

[136] Directive 2016/97 of the European Parliament and of the Council of 20 January 2016 on insurance distribution (recast).

[137] European Union (Withdrawal) Act 2018 s.2(1). All UK legislation can be found on: *https://www.legislation.gov.uk/*.

[138] European Union (Withdrawal) Act 2018 s.2(1).

[139] HM Treasury, "Financial Services Future Regulatory Framework Review: Proposals for Reform"

("FSMA 2023"); (2) the Insurer Resolution Regime; and (3) the Solvency II Reforms. They will be discussed in Pt V.

Bermuda law

Overview of Bermudian legal system and the sources of Bermuda law

1-036   Bermuda is a self-governing dependant territory of the United Kingdom. The court of first instance in civil matters, where the sum in dispute is in excess of BD$25,000, is the Supreme Court of Bermuda. In 2006, a Commercial Court (an administrative sub-division of the Supreme Court of Bermuda) was established, in which specialist Commercial Judges sit.[140] The Court of Appeal for Bermuda, comprising three judges who sit in periodic sessions, hears appeals from the Supreme Court. Appeals lie as of right to the Judicial Committee of the Privy Council in London from any final judgment of the Court of Appeal for Bermuda where the sum in dispute is BD$12,000[141] or more, and:

> "at the discretion of the Court [of Appeal for Bermuda], from any other judgment of the Court, whether final or interlocutory, if in the opinion of the Court, the question involved in the appeal is one which, by reason of its great general or public importance, or otherwise, ought to be submitted to Her Majesty in Council for decision."[142]

Section 15 of the Supreme Court Act 1905 states:

> "Subject to the provisions of any Acts which have been passed in any way altering, amending or modifying the same, and of this Act, the common law, the doctrines of equity and the Acts of the Parliament of England of general description which were in force in England at the date when these Islands were settled [11 July 1612] shall be, and are hereby declared to be, in force within Bermuda."

Bermuda Courts are not bound by decisions of the English Courts, including the House of Lords and the UK Supreme Court:

> "It should be emphasised that although Bermuda is technically not an independent country and retains colonial linkages, the hierarchy of its courts is no more subordinate to courts in England than are the courts of independent countries which maintain the Judicial Committee of the Privy Council as the final appellate tribunal."

Nonetheless Bermuda Courts recognise:

> "the practical experience and legal scholarship of the Appellate Committee of the House of Lords are such as to sustain a generally admirable reputation for soundness. The consequence is that views which they propound are usually reasoned and persuasive and easy to adopt quite apart from any dictate of precedents."[143]

1-037   Bermuda Courts will therefore generally regard declarations of the common law by the House of Lords, and now the UK Supreme Court, as binding, although:

> "there remain areas in which there can be room for disagreement—often arising from conflicting views as to the purpose served by a rule—though necessarily formulated in

---

CP 548, November 2021, 2-4. (*https://assets.publishing.service.gov.uk/government/uploads/system/uploads/attachment_data/file/1032075/FRF_Review_Consultation_2021_-_Final_.pdf*).
[140] See further, Ch.13 below.
[141] Appeals Act 1911 s.2(a).
[142] Appeals Act 1911 s.2(c).
[143] *Crockwell v Haley* [1993] Bda L.R. 7; Bda. Civ. App. 23/1992, 29 June 1993 per Georges JA.

the language of conceptual analysis and of an examination of the practical consequences flowing from the choice of a particular alternative. Not many disputes will fall within this range. Generally then it can be said that the Courts of Bermuda will accept as binding decisions of the House of Lords in common law matters. Where, however, a problem does fall within this range and the Courts are satisfied that the social conditions of Bermuda make inappropriate the particular path of development chosen by the House of Lords against the background of British conditions, then the Courts of Bermuda must be at liberty to map their own particular path making clear their reasons for so doing."[144]

Bermuda Courts also regard decisions of the English Court of Appeal as highly persuasive:

"whilst recognising that, apart from the Privy Council, the English courts are not normally part of the judicial hierarchy in an overseas territory, I have little doubt that this and any other court similarly placed would pay great respect to the English Court of Appeal's construction of a statute and seek to benefit from the guidance thus provided. In the absence of cogent reasons to the contrary the tendency would, I think, almost certainly be to follow the English decision, particularly in matters where English law or practice is applicable ..."[145]

Thus the Bermuda courts regularly cite and follow English authorities in their decisions and as a general rule it is reasonable to assume that Bermuda common law in relation to the interpretation of reinsurance contracts is identical to English law. However, there are some important differences between Bermuda law and English law, which we summarise below.

Summary of principal differences between English and Bermuda law

Bermuda's civil procedure follows the version of the English White Book in force in 1979, with certain amendments (effective 1 January 2006, updated most recently in 2018) which adopt certain of the English procedural rules as at 1999.[146]   **1-038**

Save in the case of the United Kingdom and certain Commonwealth jurisdictions (where reciprocal arrangements apply under statute) the common law rules on enforcement of judgments apply.[147]

The Rome I Regulation never extended to Bermuda and therefore the common law rules on choice of law apply.[148]

Bermuda has adopted the UNCITRAL Model Law on International Commercial Arbitration, which applies to international commercial arbitrations held in Bermuda (unless the parties opt out) in which case the domestic arbitration statute derived from the pre-1996 English legislation.[149]   **1-039**

Neither the MIA 1906 nor the IA 2015 apply in Bermuda. However, to the extent that the MIA 1906 and the IA 2015 are declaratory of the common law and apply to all contracts of insurance and reinsurance (both marine and non-marine) the relevant provisions are likely to be applied as part of Bermuda common law.[150]

The (Bermuda) Insurance Act 1978 contains a definition of insurance (which includes reinsurance) which, at least arguably, does not require there to be an insur-   **1-040**

---

[144] *Crockwell v Haley* [1993] Bda L.R. 7; Civ. App. 23/1992, 29 June 1993 per Georges JA.
[145] *Remington v Remington* Bda Civ. App. 1/1977 30 November 1977 per Hogan P.
[146] See Ch.13 below.
[147] See Ch.13 below.
[148] See Ch.12 below.
[149] See Ch.14 below.
[150] See Ch.6 below.

able interest.¹⁵¹ Moreover, the 1978 Act permits companies to enter into "designated investment contracts", which are expressly not contracts of insurance or wagering contracts, that do not require there to be an insurable interest.¹⁵² A number of Bermuda companies are incorporated by Private Acts which contain provisions that enable the company to deem a transaction to be insurance or not insurance.¹⁵³

Bermudian legislation on winding up and reorganisation of companies is derived from the provisions of the UK Companies Act 1948.¹⁵⁴ Thus the principle of pari passu distribution continues to apply to the winding-up of (re)insurance companies in Bermuda and the claims of all unsecured creditors (insurance creditors, reinsurance creditors and others) rank equally for distribution.

Bermudian legislation permits the creation of Mutual Companies and Segregated Account Companies, the winding up of which is subject to special rules.¹⁵⁵

1-041 Bermudian legislation validates the creation of security by a creditor in favour of a debtor over a debt due or to become due to that debtor.¹⁵⁶

Bermuda has not adopted UK legislation on director liability or disqualification. The concept of "wrongful trading" is unknown to Bermuda law. Moreover, Bermuda companies are permitted to adopt byelaws which exonerate directors and officers from all liability save in cases of fraud and dishonesty.¹⁵⁷ Thus, as we note below,¹⁵⁸ directors of Bermuda companies may be incompetent, lazy and stupid, but must not be dishonest.¹⁵⁹

Soft reinsurance law

1-042 Our readers should be made aware of a soft law development that has potentially far-reaching implications on reinsurance contract wordings and reinsurance law principles: the Principles of Reinsurance Contract Law (PRICL) 2019 ("PRICL").¹⁶⁰ The purpose of PRICL is to provide reinsurance markets with uniform rules on reinsurance contract law which can either be chosen as governing law of a reinsurance contract (where such a choice of law is effective), or be incorporated as terms of a reinsurance contract.¹⁶¹ PRICL consists of the principles, commentary on the principles, and illustrations (hypothetical case law examples). Currently, PRICL covers general provisions on the application of PRICL, duties of the reinsurer and the reinsured, remedies, loss allocation and loss aggregation. Further chapters on back-to-back cover, retention and the policy period are under preparation at the time of writing. PRICL is soft law in the sense that it is not a body of national law, it is not mandatory, and it is an "opt-in" regime rather than a set of rules that applies automatically unless the parties contract out.

---

[151] See Ch.8 below. In 2018, the Law Commissions of England and Scotland put forward proposals for an Insurable Interest Bill pursuant to which an insurable interest would remain a requirement for a valid contract of life related (re)insurance. This Bill has not yet been introduced into Parliament.
[152] See Ch.8 below.
[153] See Ch.8 below.
[154] See Chs 17 and 18 below.
[155] See Chs 17 and 18 below.
[156] See Ch.11 below.
[157] See Ch.16 below.
[158] See Ch.16 below.
[159] Nonetheless we believe that the standard of corporate governance in Bermuda companies generally is no worse than in the UK and US.
[160] PRICL is being developed by an international research group, led by Prof Helmut Heiss from the University of Zurich and Prof Manfred Wandt from the Goethe University Frankfurt, in co-operation with UNIDROIT. For further information, see: *https://www.ius.uzh.ch/en/research/pricl.html*.
[161] PRICL, art.1.1.1.

In the short term, we expect that PRICL will be used as a set of rules on a "pick and mix" basis: the parties may agree to incorporate individual PRICL provisions as terms of their contract. We anticipate that PRICL might over time serve as a baseline in negotiations as to what is fair and reasonable, and eventually may become a set of rules that is incorporated wholesale into reinsurance contracts. PRICL has already been referenced in a Norwegian reinsurance arbitration in relation to the construction of an aggregation provision.[162] Whether PRICL could become a plausible alternative to English law or Bermudian law as governing law of reinsurance contracts depends, inter alia, on whether the applicable arbitration rules and applicable choice of law rules recognise the parties' choice of a non-national law system as governing law.[163]

5. LEGAL DEFINITION OF REINSURANCE

Historical definitions

We have considered above, at 1-002, the lack of a clear definition of "insurance" and the unwillingness of the UK legislator and regulator to provide one. This will always make the task of defining reinsurance more difficult. The classic historical definition of reinsurance is also to be found in case-law, in *Delver v Barnes*, a decision of Lord Mansfield, who said of a transaction:

1-043

> "This contract, although it much resembles, yet does not fully amount to a reassurance, which consists of a new assurance, effected by a new policy, on the same risk which was before insured, in order to indemnify the underwriters from their previous subscription and both policies are in existence at the same time."[164]

The issue in *Delver v Barnes* was whether the transaction in question[165] constituted a contract of reinsurance, which, at that time, was rendered unlawful by statue.[166] The following essential elements of a contract of reinsurance appear from Lord Mansfield's definition:

(1) a contract of reinsurance is a contract of insurance;
(2) it is a separate contract distinct from the original contract of insurance;
(3) it is a contract of indemnity in respect of "the same risk" as the original contract of insurance;

---

[162] See: https://www.thommessen.no/en/news/aggregation-of-covid-related-claims-in-reinsurance.
[163] In *Shamil Bank of Bahrain EC v Beximco Pharmaceuticals Ltd* [2004] EWCA Civ 19; [2004] 1 W.L.R. 1784, the Court of Appeal held that a choice of the principles of Sharia law was not a choice of law of a country for the purposes of the Rome Convention. The same conclusion was reached in *Halpern v Halpern* [2007] EWCA Civ 291; [2008] Q.B. 195, where the issue was whether a compromise agreement to settle disputes in an arbitration could be governed by Jewish law (Halacha). The Rome Convention was superseded by the Regulation (EC) No 593/2009 (the Rome I Regulation) in relation to contracts entered into from 17 December 2009. The Law Applicable to Contractual Obligations and Non-Contractual Obligations (Amendment etc.) (EU Exit) Regulations (SI 2019/834) have on shored the Rome I Regulations as REUL so that it continues to operate as domestic law. The UK Arbitration Act 1996 s.46(1) and the ARIAS UK Rules, r.16.13 require the arbitral tribunal to decide the dispute in accordance with the law chosen by the parties. There is a risk that an arbitration panel with the seat of the arbitration in England may not recognise non-state law as a governing law. UNCITRAL Arbitration Rules 2013 (as amended in 2021) art.35(1) permit the parties to designate rules of law to be applicable to the substance of the dispute—this has been taken to mean that parties can choose non-state rules.
[164] *Delver, Assignee of Bunn v Barnes* (1807) 1 Taunt 48.
[165] The agreement by one underwriter to transfer a line to another underwriter.
[166] The Marine Insurance Act 1745 (see Ch.2 below).

(4) both contracts are in existence at the same time.

It may be noted that although the distinct nature of the contract of reinsurance from the original contract of insurance is not in doubt, all the other elements of Lord Mansfield's definition have been overtaken by subsequent developments and would not be considered essential now. It is not easy to see treaty reinsurance simply as insurance, or simply as an insurance in respect of the same risk as an original contract. The original contracts may not be known to the reinsurer, and retrospective reinsurance, which is not uncommon, is almost certainly of risks on expired contracts and focuses on loss ratios and loss projections.

1-044 Nineteenth century cases, which are concerned with facultative marine reinsurance contracts,[167] offer little assistance in trying to define reinsurance in the present day.[168] One may discern from s.9(1) of the MIA 1906[169] that the draftsman regarded reinsurance as the (re)insurance of the risk which the insurer is exposed to in writing the underlying risk. This was clearly the case in *Mackenzie v Whitworth*.[170] The reinsurer (as he subsequently discovered he was) took issue with the fact that his reinsurance contract was not so described. The jury and, on appeal, the Court of Exchequer found that it was immaterial. The case concerned facultative reinsurance of marine cargo. That is easy to understand in facultative reinsurance.

Reinsurance for the 21st Century

1-045 As noted in 1-001 to 1-003 above, none of the English statutes on (re)insurance defines insurance or reinsurance. Twentieth century judicial dicta on the nature of reinsurance were comprehensively reviewed by Hobhouse LJ in *Toomey v Eagle Star Insurance Co Ltd*[171] The case concerned the construction of a contract, under which Eagle Star, as "Reinsurer", undertook:

> "... to pay and make good all claims, returns, reinsurance premiums and other outgoings payable by the Reinsured on and after [1 January 1973] in respect of the 1965 Underwriting Account and all previous years reinsured therein, formerly conducted at Lloyd's by syndicates (Bureau Numbers) 130/131/640 ..."

A preliminary issue of construction was tried before Judge Anthony Diamond QC—sitting as a Deputy Judge of the High Court.[172]

On appeal, Eagle Star argued that the contract was a reinsurance contract, under which they were only liable to pay in respect of those claims that the reinsured was legally liable to pay.[173] Hobhouse LJ said:

> "The argument of Eagle Star ... sought to equate reinsurance with liability insurance. This is not and never has been correct. Liability insurance is a species of original insurance

---

[167] Non-marine reinsurance and the excess of loss treaty—as will be seen in Ch.2—are relatively modern inventions.
[168] See e.g. the discussion of the "re-insurance clause" in McArthur, *The Contract of Marine Insurance*, 2nd edn (Stevens, 1890), pp.332–337. McArthur states that "A contract of re-insurance is entirely distinct from the contract expressed by the original policy ..." but does not offer a definition of reinsurance contract.
[169] Referred to below.
[170] *Mackenzie v Whitworth* (1875) 1 Ex. D. 36.
[171] *Toomey v Eagle Star Insurance Co Ltd* [1994] 1 Lloyd's Rep. 516. Nonetheless he omitted at least one important dictum, of Scrutton J, which we cite below.
[172] See Ch.5 below.
[173] The obligation of the reinsurer to pay the claims and settlements of the reinsured is discussed at length in Ch.5 below.

whereby an assured insures the risk of his becoming liable to others. A reinsurance contract is, properly defined as something different."[174]

Hobhouse LJ then cited the following dicta:

"A contract of insurance and a contract of reinsurance are independent of each other. But a contract of reinsurance is a contract which insures the thing originally insured, namely, the ship. The reinsurer [reinsured] has an insurable interest in the ship by virtue of his original contract of insurance. The thing insured, however, is the ship, and not the interest of the reinsurer [reinsured] in the ship by reason of his contract of insurance upon the ship."[175]

"Now it is old law that by a contract of reinsurance the reinsuring party insures the original insuring party against the original loss, the insurable interest of the original insuring party being constituted by its policy given to the original assured."[176]

Hobhouse LJ referred to s.9 of the MIA 1906[177] and continued: 1-046

"The fact that the insurance is a reinsurance means that the extent of the reinsured's insurable interest has to be identified by reference to the terms of the original policy and that the reinsured must therefore give to the reinsurer the benefit of any protection which the reinsured is entitled to enjoy or may have obtained under the original policy ... *reinsurance is the insurance of an insurable interest in the subject matter of an original insurance and ... the principles of subrogation apply*."[178] [Emphasis added]

Applying this definition of reinsurance, Hobhouse LJ concluded:

"The contract in this case although described as a reinsurance is not in my judgment correctly so described. It is a contract which relates not to individual risks but to the totality of the relevant accounts. The analogy drawn by the plaintiffs is appropriate: it is in effect a 100 per cent stop-loss policy. Its subject matter is the insurance to close the 1965 accounts. The operative words of the agreement—'... the Reinsurer hereby undertakes to pay and make good all claims, returns, reinsurance premiums and other outgoings ...' are comprehensive. They relate to the financial consequences of the account and the comprehensive character of the agreement is further underlined by the provision that Eagle Star shall have the benefit of 'all premiums, salvages, refunds, reinsurance recoveries, and the like'. The wording is inconsistent with treating the agreement as a reinsurance contract properly so described or as a mere liability insurance."[179]

Thus, Hobhouse LJ was unhappy to call a stop-loss policy a reinsurance contract and did not call it an insurance contract. He seems almost to wish to treat stop-loss policies as a separate type of indemnity contract, neither insurance, nor reinsurance. We refer to the discussion in 1-023.

It is interesting to note that, sitting in the Court of Appeal in *Re Law Guarantee* 1-047

---

[174] *Toomey v Eagle Star* [1994] 1 Lloyd's Rep. 516 at 522.
[175] *British Dominions General Insurance Company v Duder* [1915] 2 K.B. 394 at 400 per Buckley LJ. It has become standard now for the word "reinsurer" to apply only to the party providing reinsurance protection and "reinsured" to apply to the party paying premium for such protection. In earlier times it seems that the "reinsurer" was the person who obtained reinsurance for itself. In 1915 this word "reinsurer" would have been understood to mean what we now call the "reinsured". Compare the dictum of Brett MR in *Uzielli v Boston Marine Insurance Co* (1884) 15 Q.B.D. 11, cited in Ch.7 below.
[176] *Forsikringsaktieselskapet National of Copenhagen v Attorney General* [1925] A.C. 639 at 642 per Viscount Cave LC.
[177] "The insurer under a contract of marine insurance has an insurable interest in his risk, and may reinsure in respect of it."
[178] *Toomey v Eagle Star* [1994] 1 Lloyd's Rep. 516 at 522.
[179] *Toomey v Eagle Star* [1994] 1 Lloyd's Rep. 516 at 524.

Trust & Accident Society Ltd, Liverpool Mortgage Insurance Company's case,[180] Scrutton J, when considering whether a particular contract was one of guarantee or insurance, said:

> "... it is clear that under the document, whatever it is, the society ran a risk of being called upon to pay if Sands, Wilson & Co did not, or of incurring a loss if the realised securities did not cover the principal sum due under the debentures. This risk of having to pay, or risk of loss, was intended to be covered by the agreement entered into with the insurance company. And it seems to me clear that[181]... this contract is a contract of insurance. Probably *as an insurance against loss by a liability to pay money in certain events it may correctly be described as a contract of reinsurance.*"[182] [Emphasis added]

The emphasised words may equally be employed as a description of a stop-loss contract.

Similar considerations guided the VAT Tribunal in *Travelers Casualty & Surety Co of Europe Ltd v Custom and Excise Commissioners*[183] in 2006. By way of introduction, we remind ourselves that Insurance Premium Tax, IPT is paid on insurance premiums but not reinsurance premiums. Customs & Excise sought to impose IPT on premium for the reinsurance of surety bonds issued by Travelers and other insurers. Customs & Excise argued that the surety bonds were guarantees, not insurance, and therefore the protection granted by the "reinsurance" was in fact "insurance". The Tribunal concluded that:

> "... the words 'contract of reinsurance' [not a taxable contract] which are technical words do cover the issue by reinsurers of contracts of insurance covering risks accepted by insurance companies in respect of the issue of surety bonds."

Apparently this book was cited by Customs & Excise in support of their argument that issuing surety bonds by insurance companies was not insurance. In fact our view is that if statute classifies something as the regulated activity of insurance,[184] it is. The existence in the insurance contract of a premium referable to a risk was key to whether there could be a contract of reinsurance; a passing of risk by one insurer to another, re, insurer. Hobhouse LJ's definition of reinsurance contracts, as contracts under which an insurer proceeds to insure the insurable interest in the subject matter of an original insurance, differs little from Lord Mansfield's definition in *Delver v Barnes*.[185] The definition is clearly apt to cover a contract of facultative marine reinsurance—which is the kind of contract the Court of Appeal were concerned with in *British Dominions v Duder*—where the risk being transferred is clearly identifiable and the reinsurance may plausibly be identified with the subject matter of the original insurance.[186] However, as Hobhouse J (as he then was)

---

[180] *Re Law Guarantee Trust & Accident Society Ltd* [1914] 2 Ch. 617, not cited by Hobhouse LJ.
[181] Citing *Dane v Mortgage Insurance Corporation* [1894] 1 Q.B. 54; *Finlay v Mexican Investment Corporation* [1897] 1 Q.B. 517; *Parr's Bank v Albert Mines Syndicate* (1900) 5 Com. Cas.116.
[182] *Re Law Guarantee Trust & Accident Society Ltd* [1914] 2 Ch. 617 at 647.
[183] Reported as *Travelers Casualty & Surety Co of Europe Ltd v Customs and Excise Commissioners* [2006] Lloyd's Rep. I.R. 63.
[184] See the Financial Services and Markets Act 2000 (Regulated Activities) Order 2001 (SI 2001/544) Sch.1 Pt 1 para.15.
[185] See above.
[186] It is interesting to compare the *British Dominions v Duder* case with an older decision of the Court of Appeal, *Uzielli & Co v Boston Marine Insurance Co* (1884) 15 Q.B.D. 11 (discussed in Ch.7 below) in which Brett MR said of a contract of marine retrocession: "... the question [that arises is], what in this case is the subject-matter of the insurance. It is a reinsurance policy effected by reinsurers; but after all it is a policy on the ship. What was the interest of ... the reinsurers, in the

recognised in *The "Zephyr"*[187] a binding contract for the provision of reinsurance may come into existence before a policy of original insurance is issued. It is not clear what purpose is served by the Court of Appeal narrowing the definition of reinsurance contract "properly so described" to exclude contracts which are generally regarded in the reinsurance market as being reinsurance.[188] Neither is it immediately obvious why facultative marine reinsurance contracts of the kind contemplated by s.9 of the MIA 1906 should constitute the paradigm for all reinsurance contracts.

In *Charter Re-insurance Co Ltd v Fagan*, Lord Hoffmann said that a contract of reinsurance:

1-048

"... is not an insurance of the primary insurer's potential liability or disbursement. It is an independent contract between reinsured and reinsurer in which the subject-matter of the insurance is the same as that of the primary insurance, that is to say, the risk to the ship or goods or whatever might be insured. The difference lies in the nature of the insurable interest, which in the case of the primary insurer, arises from his liability under the original policy."[189]

However, Lord Mustill (with whom the rest of their Lordships agreed) was not prepared:

"... to discuss the question, perhaps not yet finally resolved, whether there can be cases where a contract of reinsurance is an insurance of the reinsurer's liability under the inward policy or whether it is always an insurance on the original subject-matter, the liability of the reinsured serving merely to give him an insurable interest."[190]

Accordingly, he left the point open, noting that it "may be important in the context of regulation ...".[191]

The Court of Appeal in *Commercial Union Assurance Company Plc v NRG Victory Reinsurance Ltd*,[192] having reviewed the authorities on the definition of reinsurance discussed above,[193] were presented with an opportunity to resolve the question whether a reinsurance contract reinsured the underlying risk or the liability of the reinsured. Counsel for the appellant reinsurers had argued that in the court below Clarke J[194] had:

"misunderstood the nature of reinsurance and ... by adopting the approach he did, he dealt with the matter essentially as a reinsurance of the insurers' liability and not a reinsurance of the original risk, i.e. losses in respect of which it was necessary for the plaintiffs to

---

ship? They were not owners, and therefore they had none as owners. But they have an insurable interest of some kind, and that insurable interest is the loss which they might or would suffer under the policy, upon which they themselves were liable."

[187] Discussed in Ch.3 below—see also the dictum of Hobhouse J in [1984] 1 Lloyd's Rep. 58 at 72.
[188] It is submitted below (Ch.5, 5-073 and 5-074 below) that the question of construction in *Toomey v Eagle Star* could have been resolved without reference to the definition of reinsurance.
[189] *Charter Re-insurance Co Ltd v Fagan* [1997] A.C. 313 at 392E, citing *British Dominions v Duder* [1915] 2 K.B. 394.
[190] *Charter Re-insurance* [1997] A.C. 313 at 385B.
[191] The point has, finally, been authoritatively determined by the House of Lords in *Wasa v Lexington* [2009] UKHL 40, see below.
[192] *Commercial Union Assurance Company Plc v NRG Victory Reinsurance Ltd* [1998] Lloyd's Rep. I.R. 439 (reported as *Skandia International Corp v NRG Victory* but it remains known as *Commercial Union v N.R.G.*); see Ch.5 below.
[193] *Toomey*[1994] 1 Lloyd's Rep. 516 at 522; *British Dominions v Duder* [1915] 2 K.B. 394 at 400; *Forsikringsaktieselskapet National of Copenhagen* [1925] A.C. 639 at 642; *Charter Reinsurance*[1997] A.C. 313.
[194] *Commercial Union Assurance v NRG* [1998] 1 Lloyd's Rep. 80.

prove that they were losses for which they were liable under the terms of the original policy, as opposed to losses sustained by the plaintiffs in respect of business allocated to the plaintiffs' Drilling Rig Account."[195]

Potter LJ did not find it:

"necessary on this appeal further to consider the general question whether, or where the line should be drawn between reinsurance 'properly' or 'narrowly' so-called and 'mere' liability insurance effected by a reinsurer."[196]

However, Potter LJ did say the following:

"The broad purpose of reinsurance, if only as a corollary of its conventional definition, is for the reinsured to be covered (within the limits stated in the reinsurance) in respect, and to the extent, of his liability under the original policy, pursuant to which the original insured is entitled to recover from him."[197]

He emphasised that the contract of reinsurance was separate from the contract of insurance, but was prepared to imply into the contract of reinsurance a term that the reinsurer was bound by a finding of liability against the reinsured by a court of competent jurisdiction.[198]

1-049 In *CGU International Insurance Plc v AstraZeneca Insurance Co Ltd*[199] Cresswell J was of the view that reinsurance was definitely not a form of liability insurance. He stated the following general principles regarding the nature of reinsurance contracts:

"Reinsurance is prima facie a contract of indemnity, under which the reinsurer indemnifies the reinsured against the whole or against a specified amount or proportion of the risk which the reinsured has insured. (*Vesta v Butcher* [1989] AC 852, 908F, Lord Lowry).

It is not correct to equate reinsurance with liability insurance. Liability insurance is a species of original insurance whereby an assured insures the risk of it becoming liable to others. A reinsurance contract is, properly defined, something different. By a contract of reinsurance the reinsurer insures the reinsured against the original loss, the insurable interest of the reinsured being constituted by its policy given to the original assured (*Toomey v Eagle Star Reinsurance Co Ltd* [1994] 1 Lloyd's Rep 516, Hobhouse LJ at 522 where he cited *Forsikringsaktieselskabet National of Copenhagen v Attorney General* [1925] AC 639 at p.642, Viscount Cave LC).

Reinsurance is the insurance of an insurable interest in the subject matter of an original insurance and the principles of subrogation apply. (*Toomey* supra at 523).

A contract of reinsurance is not an insurance of the primary insurer's potential liability. It is an independent contract between reinsured and reinsurer in which the subject matter of the insurance is the same as that of the primary insurance, being the risk insured. The difference lies in the nature of the insurable interest, which in the case of the reinsured, arises from his liability under the original policy. (Lord Hoffmann in *Charter Reinsurance Co Ltd v Fagan* [1997] AC 313, 392E)."[200]

---

[195] *Commercial Union Assurance v NRG* [1998] Lloyd's Rep. I.R. 439 per Potter LJ at 447.
[196] *Commercial Union Assurance v NRG* [1998] Lloyd's Rep. I.R. 439 at 457. See Ch.5 below.
[197] *Commercial Union Assurance v NRG* [1998] Lloyd's Rep. I.R. 439 at 459.
[198] *Commercial Union Assurance v NRG* [1998] Lloyd's Rep. I.R. 439 at 459–460. We suggest below (Ch.5) that the implication of such a term is not justified.
[199] *CGU International Insurance Plc v AstraZeneca Insurance Co Ltd* [2005] EWHC 2755 (Comm).
[200] *CGU International Insurance Plc* [2005] EWHC 2755 (Comm) at [92]–[94].

Wasa v Lexington

1-050 Notwithstanding the many authorities that describe reinsurance (certainly when facultative) as a further insurance of the underlying risk, in *Wasa v Lexington*[201] in the Court of Appeal Sedley LJ called this received wisdom a "fiction", its provenance dating back to an era of prohibition (of reinsurance) and was emphatic that reinsurance covered "the insurer's own potential liability" as if the matter was closed. He cited the second edition of this book but we think for the history of the prohibition of reinsurance rather than as support for the proposition that reinsurance is a form of liability insurance. Longmore LJ, who gave the main judgment in *Wasa*, appears to have accepted the original subject matter thesis[202] but said that whether the reinsurance was of the original subject matter or the insurer's liability was not determinative of the question before the court as to the reinsurers' obligations to indemnify the insurer. The House of Lords in *Wasa v Lexington* reversed the Court of Appeal and emphatically affirmed that reinsurance is a further insurance of the subject matter of the insurance contract—on the terms of the reinsurance contract.[203] We consider *Wasa v Lexington* ends the debate on whether facultative reinsurance is a new reinsurance of the original subject matter or a form of liability insurance. It is consistent with our analysis in 1-001 above that reinsurance is not a repeat of what has gone before but a going forward from what has gone before. Lord Phillips said:

> "2. Essentially the result of this appeal is dictated by the agreed fact that the reinsurance contract that is the subject of the appeal is governed by English law and by the well established principle, not challenged in this case, that under English law a contract of reinsurance in relation to property is a contract under which the reinsurers insure the property that is the subject of the primary insurance; it is not simply a contract under which the reinsurers agree to indemnify the insurers in relation to any liability that they may incur under the primary insurance – *British Dominions General Insurance Co Ltd v Duder* [1915] 2 K.B. 394 at p.400."

The key here is that it in a facultative reinsurance, certainly on property, the reinsurance is not a promise to indemnify the reinsured for what he pays, but to indemnify it for its insured loss in respect of the property.

Substitution of Reinsurer In *GMA v Storebrand and Kansa*,[204] Rix J considered **1-051** the effect of an agreement under which liabilities arising under reinsurance contracts written on behalf of Dovre by an underwriting agent, Accolade, were assumed by Kansa, who in turn indemnified Storebrand (who had previously assumed the liabilities of Dovre) against any liability which Storebrand may have had towards third parties because of its prior assumption of the liabilities of Dovre. It was common ground that the contract between Storebrand and Kansa contained in the agreement was not one of reinsurance. However, it was argued by Kansa that the indemnity in cl.1(c) of the agreement given by Kansa to Storebrand in respect of any liability that Storebrand had to cedants of Dovre, was an indemnity against an insurance liability, and therefore should be regarded as a contract of reinsurance. Rix J said:

> "I have held that Kansa's indemnity in favour of Storebrand covers any liability

---

[201] *Wasa v Lexington* [2008] EWCA Civ 150 at [49].
[202] *Wasa v Lexington* [2008] EWCA Civ 150 at [34].
[203] See further Ch.4 below.
[204] *GMA v Storebrand and Kansa* [1995] L.R.L.R. 333.

Storebrand may have to third party cedants. Does that turn the indemnity into a contract of reinsurance? In my judgment no. In the first place, despite [counsel's] 'bundle of contracts' thesis, I do not think that the agreement can be picked apart into separate strands for the purpose of categorising individual elements, in effect single clauses, within it as contracts of a particular nature. The agreement must be construed as a whole, and either it is to be regarded as a whole as a contract of reinsurance, or such a characterisation is inappropriate. Moreover, it will be recalled that Storebrand was acting in this context under a power of attorney from Dovre and Dovre was still the only reinsurer with whom cedants had, as it seems to me, a direct contractual link. As for Dovre, it had its own reinsurances, as part of the reinsurance provisions made by Accolade on behalf of the Accolade pool. If Kansa was reinsuring anyone, it would be reinsuring Dovre, albeit for Storebrand's benefit. But Kansa was not reinsuring Dovre (any more than it was reinsuring Storebrand) nor has there been any suggestion ... that it was. The agreement is in truth a complex transaction, the intentions and effect of which was, without creating a novation between individual cedants and Kansa, to put Kansa in a position where it stood security in place of Dovre for Dovre's share of the Accolade pool's liabilities. Kansa's potential liability, therefore, was to be measured in terms of a (re)insurer's liability; but that is not to say that Storebrand and Kansa entered into a contract of reinsurance under which Kansa reinsured Storebrand, or anyone."[205]

It will be noted that, in reaching his conclusion that the indemnity provisions of cl.1(c) of the agreement did not create a contract of reinsurance between Kansa and Storebrand, Rix J avoided defining what a contract of reinsurance was. He also left open what the nature of Storebrand's liability to cedants of Dovre was. The plaintiffs in the action were the assignees of one such cedant, but the proceedings before Rix J were solely between Storebrand and Kansa, to determine whether Kansa had any liability to Storebrand under the indemnity.[206]

1-052 **Anomalous Contracts** The nature of reinsurance was considered, briefly and somewhat elliptically, by the Irish Supreme Court in *International Commercial Bank v Insurance Corporation of Ireland and Meadows Indemnity Co Ltd*.[207] The Plaintiffs, "ICB", sued the Defendants, "ICI", under a contract described as a "Credit Guarantee Insurance Agreement". The contract provided that ICI would indemnify ICB in the event that there was a default on a loan of SwF 11.5 million made to a company called Amaxa SA. The loan was purportedly secured by shares in another company, Kazantais SA, which owned a luxury hotel in Corfu. It was agreed that ICB would hold the shares to the account of ICI. Amaxa SA defaulted on the loan and the security proved to be unenforceable under Greek law. ICI had joined its reinsurer, Meadows, as a third party to the action.[208] The trial judge[209] held that the contract between ICB and ICI was not a contract of insurance, but a contract of guarantee. He further held that the contract between ICI and Meadows was, nonetheless, a contract of "reinsurance". Meadows argued that it was not liable under the contract of "reinsurance" with ICI for two reasons: first, that it had been induced to enter into the contract of "reinsurance" by a material misrepresentation, namely that the risk was secured; secondly, that it was a term of the contract of "reinsurance" that there was valid security. The trial judge said:

"Both of these submissions have considerable substance in them, but I prefer to ap-

---

[205] *GMA v Storebrand* [1995] L.R.L.R. 333 at 348.
[206] See Ch.10 below.
[207] *International Commercial Bank v Insurance Corporation of Ireland and Meadows Indemnity Co Ltd* (Unreported) 31 July 1992 (Finlay CJ, McCarthy and O'Flaherty JJ), sub nom. *Hong Kong and Shanghai Banking Corp v Icarom Plc and Meadows Indemnity Co Ltd*.
[208] See Ch.13, 13-089 below.
[209] Blayney J.

proach the issue in a slightly different way. It seems to me that the answer to the question of whether Meadows is bound by the contract of re-insurance is to be found by examining the nature of that contract. What did Meadows agree to re-insure? What was the risk being accepted by ICI for which Meadows undertook ultimate liability? It seems to me that the risk was the failure of Amaxa to repay the loan, such risk, or rather the possible loss arising from it, being secured by the entire equity of Kazantais ... both ICI and Meadows knew that the risk being undertaken by ICI was to be secured. And it was this risk, a secured risk, that Meadows agreed to re-insure. It did not agree to re-insure a risk for which there was no security, and since it now turns out that there was no security for the risk, Meadows' agreement to re-insure is inoperative.

The proceedings having been settled as between ICB and ICI, on appeal, ICI argued that the contractual arrangements between ICB, ICI and Meadows were intended to be back-to-back, and that if the contract between ICB and ICI was one of guarantee, the contract between ICI and Meadows was necessarily a contract of counter-indemnity or counter-guarantee. Giving the judgment of the court, McCarthy J said:

"This may be so, but it does not advance the ICI case against Meadows any further. It overlooks the reality—whether one calls it a guarantee or a re-insurance contract, the reality was that Meadows would pay in respect of a loss for which ICI were liable under the agreement with ICB, if, and only if, the risk—default by Amaxa—was secured in the manner contemplated, by the shares in Kazantais. In terms, Meadows agreed to re-insure what it believed to be a risk undertaken under a contract of insurance. It was not a contract of insurance but one of guarantee and certain legal consequences flowed from that. The trial judge is correct in saying that, in terms, Meadows agreed to re-insure but did not agree to re-insure a risk for which there was no security; the reality, of course, was that Meadows agreed to insure ICI in respect of a loss that might be sustained under what in fact was in respect of a secured risk under that contract. The risk was not secured, therefore, there was nothing upon which the contract of insurance could operate—'Meadows agreement to re-insure was inoperative."[210]

Was the contract between Meadows and ICI one of guarantee, insurance or reinsurance? The view of the Irish Supreme Court was that however one characterised the contract, the result was the same. But McCarthy J appears to have concluded that although the parties may have thought they were entering into a contract of reinsurance, and described it as such, "in reality" the transaction was insurance, because the underlying contract was a contract of guarantee and not an insurance contract.[211]

"Insurance" in the Lugano Convention   In *Agnew v Lansforsakringsbolagens*[212] the question before the House of Lords was whether reinsurance was insurance for the purposes of s.3 of the Lugano Convention in determining the appropriate jurisdiction for a dispute between the Agnew syndicate at Lloyd's (the insured) and Lansforsakringsbolagens (the reinsurer). The House of Lords held that the clear purpose of s.3 was to protect a weaker party and a reinsured was not a weaker party than a reinsurer, therefore the section did not apply to reinsurance. Lords Cooke,

1-053

---

[210] The same argument could explain the decision in *HIH Casualty & General Insurance Ltd v New Hampshire Insurance Co* [2001] Lloyd's Rep. I.R. 596, where the reinsurer agreed to reinsure pecuniary loss arising after six films were made but the six films were never made. The reinsurer was not liable. The reasoning of the court was that there was a warranty that six films would be made and the warranty was breached.
[211] Compare In *Re Law Guarantee Trust & Accident Society Ltd, Liverpool Mortgage Insurance Company's case* [1914] 2 Ch. 617, especially at 647 per Scrutton J (cited above).
[212] *Agnew*[2000] Lloyd's Rep. I.R. 317.

Nicholls and Woolf said simply that s.3 properly construed does not apply to reinsurance. Lord Hope set out a wholly orthodox comparison of insurance and reinsurance.[213] As did Lord Millet in his first approach to the subject, observing that "Reinsurance is merely a species of insurance".[214] But Lord Millet went on to say the following:

> "[W]hile both employ the same insurance mechanism, insurance and reinsurance are conceptually different and serve different purposes. All insurance is about managing risk. Direct insurance protects the insured against extraordinary risks outside the ordinary course of events whether in his private life or in his business dealings. Reinsurance is concerned with the management of risks which it is the ordinary business of both parties to underwrite. It is essentially a professional hedging operation by which, by the only means known to the law, the insurer assigns all or part of his insurance liabilities to the reinsurer."[215]

Perhaps this is best treated as obiter with no particular significance. Insurance is certainly not only for extraordinary risks. It is used daily to protect against the most ordinary of events. Reinsurance is not always concerned with management of risk. It may have other motivations and, given the separation of the insurance and reinsurance contracts, "assignment" seems not the most appropriate word for the contract of reinsurance.

On 8 April 2020, the UK Government applied for the UK to rejoin the Lugano Convention as an independent contracting state. Whilst Norway, Switzerland and Iceland have consented to the UK's accession, the EU communicated in June 2021 that it "was not in a position to give its consent to invite the United Kingdom to accede to the Lugano Convention."[216] At the time of writing, the UK's application remains pending.

1-054 **The FCA Glossary and the Solvency II Directive** The FCA Handbook Glossary defines a "contract of reinsurance" as "a contract of insurance covering all or part of a risk to which a person is exposed under a contract of insurance." Given the absence of a definition of "contract of insurance" which has already been noted above, this definition is of limited assistance but it does highlights that under a contract of reinsurance a risk transfer is taking place, and that there must be insurance (that is at least anticipated) for there to be reinsurance.

The Solvency II Directive art.13(7) defines reinsurance as follows:

> ""reinsurance" means either of the following:
>
> (a) the activity consisting in accepting risks ceded by an insurance undertaking or third-country insurance undertaking, or by another reinsurance undertaking or third-country reinsurance undertaking; or
>
> (b) in the case of the association of underwriters known as Lloyd's, the activity consisting in accepting risks, ceded by any member of Lloyd's, by an insurance or reinsurance undertaking other than the association of underwriters known as Lloyd's",

however, the definition was never implemented into any UK primary legislation and

---

[213] *Agnew* [2000] Lloyd's Rep. I.R. 317 at 330–331.
[214] *Agnew* [2000] Lloyd's Rep. I.R. 317 at 338.
[215] *Agnew* [2000] Lloyd's Rep. I.R. 317 at 339.
[216] This was following on from the recommendation of the European Commission to the European Parliament and the Council on the application of the United Kingdom of Great Britain and Northern Ireland to accede to the Lugano Convention (COM/2021/222, dated 4 May 2021).

secondary legislation and therefore has no application as REUL or otherwise in the UK. The Solvency II Directive definition for "reinsurance" focusses on the acceptance of risk by a reinsurer of risk ceded by an insurer or another reinsurer. Whilst not a model of clarity, this definition highlights three elements of a contract of reinsurance: (1) the risk transfer from a (re)insurer to a reinsurer ("risk ceded"); (2) a transaction ("accepting risk"); and (3) more implicitly, that reinsurance presuppose insurance (already in place or to come into existence).

PRICL PRICL defines a "contract of reinsurance" as: 1-055

"a contract under which one party, the reinsurer, in consideration of a premium, promises another party, the reinsured, cover against the risk of exposure to insurance or reinsurance claims."[217]

The PRICL definition focusses on the notions of premium and coverage for (a part or portion of) the reinsured's liabilities to its insureds or reinsureds. This definition is more in line with the indemnity view of reinsurance—namely that reinsurance is a contract to indemnify the reinsured in relation to its exposure to pay claims under the underlying (re)insurance contract. Whilst this analysis is likely to be a close reflection of the commercial expectations (at least in the expectations of the reinsured), the House of Lord's in *Wasa* have preferred the further insurance analysis—i.e. that the contract of reinsurance is an independent contract, under which the subject matter reinsured is the original subject matter, whilst the exposure to claims serves as the basis for the reinsured's insurable interest.[218] The indemnity view philosophy evident in the PRICL definition of a "contract of reinsurance" also permeates other PRICL provisions.

Working hypothesis

After Kiln described reinsurance as "insuring reinsurers", he added that reinsurance is: 1-056

(1) The business of insuring an insurance company or Underwriter against suffering too great a loss from their insurance operations; and
(2) Allowing an insurance company or Underwriter to lay off or pass on part of their liability to another insurer.

Both of these descriptions envisage some risk will be retained by the reinsured; part of the liability of the reinsured will be retained. To that extent, we have to say that this is an aspirational definition.

Feasey v Sun Life[219] is a case where "insuring insurance companies" was found not to be reinsurance. In that case the insurer, a mutual insurance society, insured owners of offshore oil rigs against, inter alia, liability to third parties for injuries suffered whilst engaged on the vessel. The mutual insurer obtained insurance on the lives of third parties on a fixed benefit basis, with itself, the mutual, as the insured beneficiary of the insurance thus obtained. The court did not query that this was insurance. Had the court insisted that it was reinsurance rather than insurance, it

---

[217] PRICL art.1.2.1(1).
[218] *Wasa International Insurance Co Ltd v Lexington Insurance Co* [2008] EWCA Civ 150 at [33] per Mance LJ.
[219] *Feasey v Sun Life Assurance Co of Canada* [2003] EWCA Civ 885; [2003] Lloyd's Rep. I.R. 637.

might have insisted on an indemnity basis of payment by the "insurer" to the mutual, rather than fixed benefits.[220]

1-057 As an alternative to a narrow legal definition, the following working hypothesis[221] is proposed which we believe takes account of treaty as well as facultative reinsurance:

(1) A reinsurance contract is a transaction involving the transfer of risk acquired through providing insurance to another or others and the reinsurance contract is governed by the legal principle of uberrima fides.

(2) The transferor (the reinsured) transfers risk to one or more transferees (the reinsurer/s) in consideration for the payment of money (the reinsurance premium).

(3) The risk which the reinsured transfers may arise either: (a) under a contract or contracts of insurance, or a contract or contracts of reinsurance, which contracts the reinsured has entered into before the making of the reinsurance contract; or (b) following the making of the reinsurance contract, under future contracts of insurance or reinsurance, which are in the contemplation of the parties at the time the reinsurance contract is made.

(4) The reinsurance contract under which the risk is transferred is separate and distinct from the insurance or reinsurance contract or contracts under which the reinsured has assumed the risk.

(5) The reinsurer may assume 100 per cent of the risk which the reinsured has assumed, or will in the future assume, under a contract or contracts of insurance or reinsurance.

(6) The nature and extent of the obligation of the reinsurer to pay money to the reinsured is defined solely by the terms of the particular reinsurance contract.

(7) There will frequently be elements of reinsurance which go beyond acceptance of the reinsured's "insurable interest" in the underlying subject-matter.[222]

These characters are consistent with the findings of the House of Lords in *Wasa v Lexington*.

---

[220] In fairness to the court, neither party argued that it was reinsurance. One argued that it was legitimate life insurance, the other that it was illegal under the Life Insurance Act 1774.

[221] Our working hypothesis was cited with approval by Kawaley J in *Lisa S.A. v Leamington Reinsurance Co Ltd and Avicola Villalobos S.A.* [2008] Bda. L.R. 32 at [79], a case in which the Bermuda Commercial Court found, on the highly unusual facts, that certain reinsurance contracts entered into by a Bermuda captive reinsurer, the ultimate beneficial owners of which were members of a wealthy Guatemalan family, were not genuine reinsurance, as there had been no real or effective transfer of risk under the policies of insurance issued by the Guatemalan fronting company to insureds engaged in the business of transporting live chickens.

[222] E.g. the reinsurer may agree to meet the reinsured's legal costs of actions brought by it or the policyholder to determine rights under the original insurance, or agree to indemnify for ex gratia payments by the reinsured.

CHAPTER 2

Introduction to the Reinsurance Market

TABLE OF CONTENTS

1. Reinsurance in Historical Perpective 2-001
2. Lloyd's and the London Market 2-011
3. Captives and the Bermuda Market 2-024
4. Future Trends.. 2-027

"Never forget that reinsurance is not a friendly pool of nice friendly fish. It is an unfriendly sea full of sharks and piranhas and Portuguese Men of War and a few other nationalities too!"—Robert Kiln[1]

1. REINSURANCE IN HISTORICAL PERPECTIVE

Origins and early development

Risk and insurance have been an ever-present feature of mercantile life, and a form of marine insurance appears to have been practiced in classical antiquity.[2] It is in the city states of Northern Italy in the fourteenth and fifteenth centuries, where many modern commercial practices were first developed (such as the Letter of Credit and double-entry bookkeeping), that we find the first Common Era evidence of reinsurance transactions. Iris Origo's account of the life of Francesco Datini, a fourteenth-century Tuscan merchant, suggests that attitudes to the assumption of risk, and the behaviour of some insurers, have changed little in the past six hundred years:

2-001

> "It was Francesco's custom … to insure his merchandise, even though some of his correspondents considered this an unnecessary expense. 'It is not our intention to insure these five galleys for even a groat', wrote Bindo Piaciti from Venice in 1401, for we think we would be casting away the money spent on it, for the passage is a safe one.' But when Datini's partner in Genoa once failed to insure some goods bound for Barcelona, he drew upon himself a sharp reproof, even though the ship had already safely arrived.
> 'With regard to your saying that the ship has reached Barcelona safely, you were no prophet, and if some harm had come to her, you would have regretted sending without insurance. For you have our orders never to send any merchandise of ours without insurance, and let this be said to you once and for all.'
> It appears, however, that insurance monies were not always easy to collect, for on one occasion, when Datini had goods worth 3,000 florins on a galley sailing from Venice to Catalonia, he wrote to his wife that, if it went down, he would lose at least 500 florins.

---

[1] R. Kiln, *Reinsurance Underwriting*, 2nd edn (London: Lloyd's of London Press Ltd, 1996), p.38.
[2] M.I. Finley, *The Ancient Economy* (London: Penguin Books 1992), p.23.

'For when they insure, it is sweet to them to take the monies; but when disaster comes, it is otherwise and each man draws his rump back and strives not to pay.'"[3]

2-002 In common with other merchants, Datini not only insured his own goods, but also acted as insurer of other people's risks. A note book dated 1384 has survived, which records some of these policies. Cargoes of wood and cloth were insured on voyages between Mediterranean ports at rates which varied from 3.5 per cent to 5 per cent. For insuring a cargo of malmsey aboard a Genoese ship from Cadiz to Sluys and Southampton, Datini charged a premium of 8 per cent. Datini appears to have been a successful underwriter—each entry in the 1384 note book ends with the words "Arrived safely".

One may infer from the higher premium charged, that a voyage up the stormy coast from Cadiz to Sluys was regarded as a relatively risky undertaking. The first *reinsurance* transaction of which documentary evidence exists[4] concerns another voyage from Genoa to Sluys via Cadiz. Guiliano Grillo had insured the goods of Giovanni Sacco, and employed a broker, Bartolomeo Lomellino, to reinsure the risk for the portion of the voyage from Cadiz to Sluys with Goffredo di Benavia and Martino Martuffo. The contract[5] provides as follows:

"12th of July, 1370.

We, Goffredo di Benavia and Martino Martuffo, citizens of Genoa, hereby confirm to you, Bartholomeo Lomellino, citizen of Genoa and Sori, that we have purchased, taken over and received from you so much of your goods and products–and have therefore waived ... (and we therefore undertake and promise) to give and pay, within the next six months, starting as of this day, one hundred and twenty-five pounds in Genoese currency, this being for each of us sixty-two pounds and ten solidi in Genoese currency ... etc. We hereby duly make the express reservation that if such cargo of any goods and commodities, for which risk Guiliano Grillo has assumed an obligation to Giovanni Sacco in accordance with a document made out by a notary public, and which has been laden on a vessel belonging to Bartholomeo Vermede Banlo or another in his stead, does arrive and is unloaded safely and without damage in the port of Sluys in Flanders, the present document shall be null and void and without legal effect.

It shall be agreed that this risk is to commence when the named ship enters port in Cadiz for the first time.

[Marginal note: Direct course to Sluys; cargo may be taken on board anywhere.] We shall not assume any obligation for any and all duties and payments to be made to anybody in Cadiz.

The named Bartholomeo confirms that this document represents a debt owed to Guiliano Grillo.

Made and executed as above."

2-003 The contract does not indicate the premium. Gerathewohl states that:

"... such failure to mention the premium was typical of insurance contracts effected before notaries in Genoa up to the second half of the 15th century, and is most probably attributable to the canonical rule against usury ..."[6]

Thus it appears that, from the very beginning, some reinsurance transactions were

---

[3] I. Origo, *The Merchant of Prato* (London: Penguin Books, 1963), pp.138–139. Republished 2017 in Penguin Classics.
[4] Gerathewohl, *Reinsurance Principles and Practice* (Verlag Versicherungswirtschaft e.v., 1982; reprint of German original: Beck Verlag 2018), Vol.II, pp.649–651.
[5] In translation from the original Latin: Gerathewohl, *Reinsurance Principles and Practice* (1982), p.1067.
[6] Gerathewohl, *Reinsurance Principles and Practice* (1982), p.651.

designed to avoid inconvenient regulations. All the early reinsurance transactions of which documentary evidence exists appear to have been facultative marine reinsurances. Merchants in the City of London, like their Italian counterparts, both obtained insurance from, and provided insurance to, their fellow merchants. The first known insurance dispute in England was before the Admiralty Court in 1547. The preamble to England's first piece of insurance legislation, the Statute of 1601,[7] records:

> "And whereas it has been tyme out of mynde and usage amongst merchants, both of this realm and of forraine nacyons, when they make any great adventure (speciallie into remote parts) to give some consideracion of money to other persons (which commonlie are in no small number) to have from them assurance made of their goods, merchandizes, ships and things adventured ... which course of dealinge is commonlie termed a policie of assurance; by means of which policie of assurance it cometh to pass, upon the losse or perishinge of any shippe there followeth not the undoing of any man, but the losse lighteth rather easilie upon many, than heavilie upon few ..."

From the outset in England it seems co-insurance and co-reinsurance was the norm, whilst the history of insurance and reinsurance in the United States developed with single company insurers and reinsurers. For a fuller account of the early history of reinsurance, the reader is referred to Ch.24 of Gerathewohl,[8] and the sources cited there.

Eighteenth century marine underwriting and the Marine Insurance Act of 1745

Edward Lloyd probably opened his Coffee House in 1678, although the first documentary reference to "Lloyd's" appears in an advertisement placed in the "London Gazette" for 18–21 February 1688. Samuel Pepys was a frequent visitor to coffee houses, and himself dabbled in underwriting, but alas his diary contains no evidence that he visited the early Lloyd's. The following entry in Pepys' diary[9] records what must have been a common practice:

2-004

> "Called at the coffee-house and there hear by great accident that a letter has come that our ship is safe come to Newcastle. With this news I went like an asse presently to Alderman Backwell and told him of it ... Now what an opportunity had I to have concealed this and seemed to have made an insurance and got £100 with least trouble and danger in the whole world. This troubles me to think that I should be so oversoon."

The bursting of the South Sea Bubble[10] lead to the passing of the so-called Bubble Act in 1720[11] which, amongst other things, created a monopoly in the writing of marine insurance by two companies established by Royal Charter: The Royal Exchange Assurance and the London Assurance. No other companies or partnerships were permitted to underwrite marine risks. However, the Bubble Act did not

---

[7] Statute of 1601 (43 Eliz. 1, c.12): "An Act concerning matters of Assurances amongst merchants." It appointed a Commission to hear insurance claims in an informal manner but the Commission was rarely used.
[8] Gerathewohl, *Reinsurance Principles and Practice* (1982).
[9] Quoted by D.E.W. Gibb, *Lloyd's of London—A Study in Individualism* (London: Lloyd's of London Press, 1992), p.20.
[10] An early example of the securitisation of government debt which resulted in large scale bankruptcies, suicides, the resignation of cabinet ministers and disorder in the streets.
[11] South Sea Company Act (Bubble Act) 1720 (7 Geo. 1, St. 1, cc.1, 2).

2-005

prohibit individual underwriting, and the companies preferred to write fire and life risks, thus leaving the field of marine underwriting to individuals.

The practice of marine underwriting in the eighteenth century was in many respects indistinguishable from gambling. The merchant frequently only insured his ship when it was overdue—without disclosing this to the underwriter, and sometimes the reverse happened – an underwriter would reinsure an overdue ship with someone, who might be less scrupulous than Pepys and accept a premium even though he knew ship had in fact arrived and there could be no loss. The broker might be careless in his selection of underwriters, or even, on occasion, subscribe wholly fictitious names. A further perceived abuse was the practice of underwriters underwriting direct risks and reinsuring them at a premium lower than the original premium.[12] In 1745, an Act of Parliament entitled "An act to regulate insurance on ships belonging to subjects of Great Britain and on merchandises or effects laden thereon" was passed.[13] Section 4 of this Marine Insurance Act 1745 provided, as follows:

> "… That it shall not be lawful to make Reassurance, unless the Assurer shall be insolvent, become a bankrupt or die; in either of which cases such Assurer his Executors, Administrators or Assigns may make Reassurance to the amount of the sum before by him assured provided it shall be expressed in the policy to be a Reassurance."

The Act of 1745 did not, however, eliminate gambling. In 1769 a group of professional underwriters, dissatisfied with the rogues and gamblers in their midst, set up a New Lloyd's in Pope's Head Alley. In 1771, 79 underwriters and brokers each subscribed £100 for the removal to larger premises and the first Committee of Lloyd's was elected. The "Society of Lloyd's" acquired its first constitution in 1811, in the form of a trust deed signed by subscribers.[14]

The legal prohibition on reinsurance lasted in England until 1864.[15] The non-availability of reinsurance capacity—together with the Bubble Act monopoly[16]—meant that any increased demand for marine insurance could only be met by the individual underwriters at Lloyd's. Thus Lloyd's prospered during the Napoleonic wars, so much so that a parliamentary committee was established to investigate allegations of profiteering.[17] A broker appearing before the committee in 1810 justified his commission as follows:

> "The labour, the agitation of mind, the perpetual vexation, is not to be described. I would rather begin the world again and pursue any other line. It is painful to a degree; we can hardly ever satisfy our principal. If men got their 20 or 30,000 a year the trouble is not too great for the compensation they receive."[18]

---

[12] So arbitrage, to which Thomas J reacted so adversely in *Sphere Drake v EIU* [2003] Lloyd's Rep. I.R. 525 (see Ch.1, 1-008 above), was known and practiced, and disapproved of, in the eighteenth century.
[13] 19 Geo. 2, c.37.
[14] For an account of the early development of Lloyd's see D.E.W. Gibb, *Lloyd's of London—A Study in Individualism* (Macmillan & Co, 1992).
[15] For an account of the history of the regulation of insurance (and reinsurance) business, see Ch.15 below.
[16] Which lasted until 1824.
[17] Gibb, *Lloyd's of London* (1992), p.50.
[18] Gibb, *Lloyd's of London* (1992), p.54.

The nineteenth and early twentieth centuries

Two important aspects of the development of the reinsurance market in the nineteenth century should be noted: first, the formation of independent reinsurance companies in continental Europe; secondly, the growth of non-marine reinsurance at Lloyd's.

2-006

Industrialisation and urban expansion during the nineteenth century led to a growing demand for non-marine insurance, particularly fire insurance. In order to protect the buildings they insured the insurance companies would have their own fire brigades. It can be seen how such a practice—of the insurer taking it upon itself to prevent, or limit, loss to its policyholders—might engender the concept described in the *Italia Express*[19] of the insurer having an obligation to prevent loss to the policyholder and being immediately in breach of duty if a loss occurred.

The earliest known reinsurance *treaty* was a reciprocal fire treaty, between La Nationale Compagnie d'Assurance of Paris and Compagnie des Proprietaires Reunis of Brussels, which dates from 1821.[20] A number of German companies formed subsidiaries to write fire reinsurance.[21] The first truly independent reinsurance company, the Kölnische Rückversicherungs-Gesellschaft ("Cologne Re"), was founded by a group of bankers and merchants in Cologne on 3 March 1843. For various reasons Cologne Re actually started business on 1 July 1852. The Schweizerische Rückversicherungs-Gesellschaft ("Swiss Re") was founded in Zurich in 1863 by Kreditanstalt, Helvetia and Basler Handelsbank. The Münchener Rückversicherungs-Gesellschaft ("Munich Re") was founded in Munich in 1880.[22]

The first professional reinsurance company incorporated in England was the Reinsurance Company Ltd, in 1867. This company was wound up after only four years. The 1870s and 1880s saw the formation and failure of numerous insurance and reinsurance companies in England. By 1913 the German reinsurers wrote 67 per cent of the premium income from reinsurance transactions in the world, of which Munich Re wrote 36 per cent.[23]

Two factors were significant in the growth of Lloyd's in the nineteenth century. The first was the introduction of the syndicate.[24] Early syndicates were small, with one active underwriter writing business for no more than half a dozen Names (members of the syndicate), all of whom were personally known to him. Indeed, by the end of the nineteenth century average syndicate membership were still only just in double figures.[25] However, this gave Lloyd's a considerable increase in capacity. The second important innovation was the move into non-marine underwriting, where Lloyd's proved to have a competitive edge over the more conservative companies. Cuthbert Heath was responsible for the development of the substantial Lloyd's non-marine market. Heath invented entirely new forms of insur-

2-007

---

[19] *Ventouris v Mountain (The Italia Express) (no.3)* [1992] 2 Lloyd's Rep. IR 281. Followed *Maman v Certain Lloyd's Underwriters* [2016] EWHC (QB) 37. See Ch.1, 1-003 above. And see *Great Lakes Reinsurance (UK) SE v Western Trading Ltd* [2016] EWCA (Civ) 1003 and *Jet2.com Ltd. v Civil Aviation Authority* [2020] EWCA (Civ) 308 on the duty of full indemnity.

[20] G. Booth and L. Ponting, *One Hundred & Fifty Years of Reinsurance* (Reactions supplement), June 1996.

[21] Gerathewohl, *Reinsurance Principles and Practice* (1982), pp.689–690.

[22] For a more detailed account of the history of these companies, see Gerathewohl, *Reinsurance Principles and Practice* (1982), pp.691–699; see also the "fairy story" related by Kiln, *Reinsurance in Practice*, 4th edn (Witherby & Co Ltd, 2001), pp.15–16.

[23] G. Booth and L. Ponting, *One Hundred & Fifty Years of Reinsurance*.

[24] The syndicate structure is discussed below, 2-011 to 2-012.

[25] See *Glasgow Assurance Co v Symondson* (1911) 16 Com. Cas. 109, in Ch.10 below.

ance cover, such as jewellers' block policies and burglary policies, as well as the excess of loss reinsurance treaty.[26] It was Heath who in 1893 wrote the first reinsurance policy on American risks (for an English company doing business in the United States), and it was Heath who in 1906 enormously enhanced the reputation of Lloyd's in the United States, by seeing to it that all claims arising out of the San Francisco earthquake made under Lloyd's policies were promptly met.

The Lloyd's Act 1871 provided for the incorporation of (to quote the words of its long title) "... the members of the Establishment or Society formerly held at Lloyd's Coffee-House in the Royal Exchange in the City of London ...". The Act of 1871 stated as the first object of the Society to be "The carrying on of the business of marine insurance by members of the Society ...". The Lloyd's Act 1911, by contrast, stated as the first object of the Society, "The carrying on by members of the Society of the business of insurance of every description including guarantee business ...".

The globalisation of reinsurance

2-008   The Munich Re and the Swiss Re are today the world's largest reinsurance companies.[27] Lloyd's, despite its disastrous losses in the 1980s,[28] remains along with the London company market a significant provider of reinsurance capacity. The United States and Japan, while having significant domestic insurance and reinsurance capacity, look to London, Europe, and increasingly to Bermuda, for coverage in respect of catastrophe risks, such as earthquakes.

Bermuda has a "strong and symbiotic" relationship with Lloyd's. Looking only at the members of the Association of Bermuda Insurers and Reinsurers ("ABIR"), these Bermuda companies provide some 44% of capacity to the Lloyds market. Additionally, they contribute 32% of reinsurance capacity to the UK government-backed terrorism reinsurer, Pool Re.[29]

One or more of the increasing number of increasingly large catastrophes; fraud; poor underwriting and management, can cause companies to rail, and they do. Reinsurance insolvencies, restructurings. and run-offs are an important feature of today's market, and the concluding three chapters of this work are concerned with their legal aspects.

2-009   There have been fewer players in the reinsurance market since the 1990s, and they are bigger. The figures on the right of the table below are those for gross life and non-life reinsurance premiums written for 2022 (in US$ millions).[30]

Company	2022
Munich Reinsurance Company	$51,331
Swiss Re Ltd	$39,749
Hannover Rück S.E.	$35,528
Canada Life Re	$23,414
Berkshire Hathaway	$22,147

[26] See *Charter Re v Fagan* [1997] A.C. 313 per Lord Mustill, for an account of the origins of excess of loss reinsurance; and Ch.7 below.
[27] *https://www.reinsurancene.ws/top-50-reinsurance-groups/*.
[28] To which we refer below, 2-012.
[29] *https://www.insuranceday.com/ID1147840/Bermudas-international-standing-clearer-than-ever-ABIRs-Huff*.
[30] *https://www.reinsurancene.ws/top-50-reinsurance-groups/*.

Company	2022
Scor	$21,068
Lloyd's	$18,533
China Re	$16,865
Reinsurance Group of America	$13,052
Everest Re Group Ltd	$9,316

Whilst *Munich Re* had temporarily lost its pole position to *Swiss Re*, it has now regained it. Lloyd's has slipped to seventh place. China Re entered the Top 10 only a few years ago and has consolidated its spot there.

Bermuda re-insurers make up about 36% of the global reinsurance market based on property/casualty net premiums earned, according to the most recent report of credit rating agency AM Best (2018 AM Best). Further, according to S&P Global Rankings,[31] the following Bermuda reinsurance companies place in the top 20 group as follows:

- Everest Group Ltd. #9
- PartnerRe Ltd. #10
- Renaissance Re Holdings Ltd. #11
- Arch Capital Group Ltd. #16
- Ascot Group Ltd. #20

In addition, the Forbes Global 2000 (2023 Edition) places the following Bermuda Insurance companies in the top 10 for insurance:

- AXA Group #4
- Chubb #9

Not all Bermudian insurance and reinsurance companies are members of ABIR and the life and long-term insurance and reinsurance companies have their own representative association, namely the Bermuda International Long Term Insurers and Reinsurers (BILTIR).

Bermuda's life reinsurance sector has grown very significantly. As a result of this growth the Bermuda Monetary Authority has added further regulatory rigour to the long-term sector, in line with the rest of the market. As at year-end 2022, firms had written gross written premiums of US$134.0 billion for the year and net written premiums of US$96.6 billion. Firms held total assets of US$1,089.5 billion at year-end 2022 against total liabilities of US$974.3 billion. In the July 2023 Consultation Paper (CP2), i.e., the second consultation paper on regulatory enhancements, the BMA outlined a number of minimum expectations that companies exposed to liquidity risk should meet as part of a robust liquidity risk management programme. These included governance requirements, having cash sources and needs register as well as a liquidity buffer and applying scenario and stress testing, as well as requirements around reporting and monitoring. The BMA will therefore have close and ongoing supervision of liquidity as a risk area with a view to ensure long-term companies are embedding liquidity risk management in their day-to-day and strategic decisions (e.g., investment) as part of enhancing balance sheet resilience.[32]

In the UK and in Bermuda, reinsurance companies must be licensed (authorised)

---

[31] https://www.spglobal.com/ratings/en/research/articles/230905-s-p-global-ratings-top-40-global-reinsurers-and-reinsurers-by-country-2023-12841726.

[32] Bermuda Long-term Insurance Market Analysis and Stress Testing Report. BMA Jan 2024 https://www.bma.bm/pdfview/8782.

by the relevant regulators to carry on reinsurance business, and hold sufficient regulatory capital.[33] In the UK, the price of entry for a new reinsurer applying for authorisation is over £3 million by way of the minimum capital requirements,[34] plus substantial fees payable to the regulators,[35] plus evidence of funds that will cover the solvency capital requirements as and when the reinsurer starts writing business.[36] A minimum of US$100 million is the price of entry to the new exclusive club of reinsurers in Bermuda that have a Class 4 licence.[37] The significant capital requirements imposed on new market entrants and on reinsurers as an ongoing regulatory requirement reflects that reinsurance plays a fundamental role in financial stability, since it is an essential element in ensuring the financial soundness and the stability of direct insurance markets as well as the financial system as a whole. The global financial crisis that opened up in 2008 had demonstrated that in addition to the requirement that the capital base be substantial, the capital base must also be stable and conservatively invested if the company is to ride severe economic downturns in other sectors of the economy in which reinsurance companies invest. Some companies have also learned, the hard way, that when it becomes difficult to balance the books, entering into arrangements that appear to be reinsurance providing necessary security for future anticipated losses, but where the security is in fact a mirage, or a sham, is not a solution. Such measures contributed to imperilling AIG in the United States, and to the downfall of HIH in Australia and Equitable Life and the Independent in England.

2-010 As the magnitude and frequency of natural catastrophe claims, cyber risks and product liability claims are increasing world-wide, one may reasonably expect the trend of concentration of capital in fewer and larger companies to continue. In addition, as in the field of catastrophe reinsurance, we have seen the emergence of catastrophe bonds over the last 30 years where exposure to risk is passed to a special purpose vehicle which issues bonds or other securities to investors in the capital markets (see Ch.8 below). Increasingly, we see restricting capacity at insurance and reinsurance level in relation to specific climate change related natural catastrophe claims.[38] Lloyd's—as discussed below—has undergone a radical restructuring. We have referred above to the role of brokers in the globalisation of the reinsurance market, and the trend towards large transnational broking companies is also likely to continue.

---

[33] See Ch.15.
[34] PRA Rulebook, SII Fims, Minimum Capital Requirements r.3.2.3 (which still gives the minimum capital requirements floor in Euros—as 3,600,000 Euro).
[35] PRA and the FCA Regulatory Transaction fees for applications for new authorisations are payable in accordance with PRA Rulebook and FCA Fees and levies.
[36] See Ch.15 and also see; Bank of England, "New firm authorisation". (*https://www.bankofengland.co.uk/prudential-regulation/authorisations/new-firm-authorisation*).
[37] See further, Ch.15 below.
[38] For example, several insurers have pulled out from offering or are restricting cover for home and property insurance products in California in 2023 due to the wildfire risk. See e.g. Steve Evans, "State Farm stops writing California property, cites exposure & reinsurance challenges" (Reinsurance News, 29 May 2023).

2. LLOYD'S AND THE LONDON MARKET

The operation of Lloyd's

History

The Society of Lloyd's, incorporated in 1871 by a private Act of Parliament,[39] does not, as a corporate entity, provide insurance cover. Lloyd's is a market place, located in Lime Street, London, where insurance and reinsurance cover is bought and sold. "Lloyd's" is typically used as a generic term to describe the Lloyd's underwriters and Lloyd's brokers who do business there. Underwriting is done by "syndicates" whose underwriters sit at desks, "boxes" on open-plan floors to whom business (opportunities to underwrite risks) is brought by brokers.

In *Brown v KMR Services Ltd*, Hobhouse LJ emphasised the diversity of syndicates and the wide-ranging nature of reinsurance business transacted at Lloyd's. He said:

2-011

> "The Lloyd's insurance market covers a very wide range of business and many different types of syndicate. There are identified main sectors of the market as, for example, marine, non-marine and aviation. But the syndicates within each of these sectors may not confine their underwriting to that sector and the syndicates themselves may underwrite very different types of business and have different specialisations. Direct business, as the term implies, involves underwriting the primary risk through a policy issued to the merchant or commercial operator who is liable to suffer the actual loss. But the market includes a wide range of indirect or reinsurance business. Much of this is of extreme technicality and complexity and may be written in a large number of different ways. These include the straight reinsurance of part of the original risk, the reinsurance of the risk in excess of a certain level, the cession by one underwriter to another of a proportion of his business and the cession of losses on a whole account over a certain level. There are very many variants and elaborations of these types of reinsurance business and, as will be appreciated from this summary, they may include the reinsurance of reinsurance risks."[40]

"Names" and corporate members of Lloyd's

Lloyd's began, and continued until 1994, with individuals, called "Names" becoming members of Syndicates at Lloyd's the "active underwriter" of which would underwrite policies on behalf of the members of the syndicate, each for his own percentage of the total liability of all members of the syndicate. A Name had unlimited liability—to his "last cuff link" (or her last earring as it transpired). At the end of the 1980s and early 1990s very heavy losses fell on some syndicates causing severe anguish to many members. Most left Lloyd's. The year 1994 saw the first year of trading of corporate membership of Lloyd's and thus corporate capital. Corporate capital has transformed Lloyd's. These "corporates" are special purpose companies that become corporate members of syndicates and provide capital that up to 1993 could only be provided by individual Names. There are about fifty syndicate groups operating about one hundred syndicates and most belong to insurance groups rather than entities or groups that operate exclusively in the Lloyd's market. Most syndicates consist of a single corporate member. Individual members, people, not corporate, will eventually disappear as no new individual members are admitted.

2-012

---

[39] Lloyd's Act 1871 (34 Vict. c.21).
[40] *Brown v KMR Services Ltd* [1995] 2 Lloyd's Rep. 513 at 545.

Global underwriting

2-013 Since its earliest days, mainly no doubt because it offered marine insurance, Lloyd's has served a global market. It had offices and agents all over the world and insurance brokers all over the world fed business, particularly reinsurance business into Lloyd's through "wholesale" Lloyd's brokers. A significant change took place on the cusp of the new millennium. In 1999 Lloyd's opened in Singapore for underwriting business and now has a physical global presence on all continents (except Antarctica). In 2018, Lloyd's set up Lloyd's Insurance Company S.A. in Belgium—a fully operational, capitalised insurance company authorised and regulated by the National Bank of Belgium and passported into all EU member states—to continue to service policyholders and business partners in the EU following Brexit.[41]

The Central Fund

2-014 One key element in the Lloyd's structure is the Central Fund. Each syndicate contributes a small percentage of premium (currently 0.35 per cent) to the Fund which Lloyd's is able to use to pay claims on business written within Lloyd's that any syndicate, by reason of insolvency, cannot pay. The fund is currently close to £2.8 billion.

Underwriting agencies: Managing agents and Members' agents

2-015 Underwriting agents employ the active underwriters who run the business of the syndicate. The members' agents were responsible for recruiting new Names as members, handling their admission to Lloyd's membership and placing them on syndicates. No new individuals are being recruited.

Agents received remuneration from syndicates who they represent through a fixed salary and a profit commission payable on underwriting profits and on the investment income performance of syndicate funds. Agents are authorised under FSMA 2000 Pt 4A.[42] Lloyd's itself is regulated under the FSMA 2000 Pt XIX and is also authorised under Pt 4A of the Act. Lloyd's requires "minimum standards" (which rather undersells them because the standards are high) to be met by syndicates and reports to the regulator on syndicates' regulatory compliance.[43]

The active underwriter

2-016 The Underwriting Agent employs the active underwriters and their teams. These are the people who take the decisions to inure and on what terms. They will do so in accordance with Lloyd's requirements, the syndicate underwriting plan, which will have passed scrutiny from the Lloyd's Council,[44] and the syndicate underwriting guidelines, which themselves have to conform with Lloyd's underwriting guidelines. The Managing Agent that engages him will also recognise as an important duty to comply with all regulatory requirements and the demands of

---

[41] See: Lloyd's, "Our base in the heart of Europe" (*https://lloydseurope.com/about/*).
[42] The change from Pt IV to Pt 4A was effected by s.11 of the Financial Services Act 2012. It was necessitated by the replacement of the FSA by the PRA and the FCA.
[43] Se Ch.15, 15-064 and also see Lloyd's, "Requirements and standards" (*https://www.lloyds.com/conducting-business/requirements-and-standards*).
[44] In June 2019 the Franchise Board, which had previously supervised syndicates, was combined with the Lloyd's Council, which was itself overhauled at the same time. The general view is that a single supervisory body is welcome.

Lloyd's. The underwriter and the managing agent cannot serve the members of their syndicate if they transgress seriously enough to be barred from underwriting.

Brokers

In 2005 brokers, insurance intermediaries, became regulated by the FSA (the predecessor of the PRA and the FCA), in accordance with the EU Insurance Mediation Directive.[45] Since then, additional layers of regulations were imposed on insurance intermediaries through the Insurance Distribution Directive which was implemented in the UK with the Insurance Distribution (Regulated Activities and Miscellaneous Amendments) Order 2018 and changes to the FCA Handbook. Prior to the regulation of insurance intermediaries there was good reason why Lloyd's, jealous of its standing, should regulate broker access to its underwriters. It did so by allowing only "Lloyd's Brokers" to access the underwriters, and any non-Lloyd's broker had to access Lloyd's through a Lloyd's broker. Brokers become Lloyd's brokers by becoming registered after having satisfied the Lloyd's minimum standards for admission as a Lloyd's broker.[46] There are 380 Lloyd's registered brokers. There is arguably no need for Lloyd's to have its own registration process in addition to the regulatory processes and supervision by the FCA, but to be able to call oneself a Lloyd's broker is regarded by brokers as a brand advantage as it gives direct access to the Lloyd's global marketplace

2-017

The London market is essentially a subscription market.[47] Typically, the broker will offer the slip in the first instance to an underwriter who specialises in the particular risk and is known as a market leader. Once the broker has persuaded a "leading underwriter" to commit his line, that is to say the percentage of the risk which he is prepared to accept on behalf of the members of his syndicate, the broker will then offer the slip around the appropriate market ("the following market") until he has secured sufficient lines. The uninitiated might imagine that a broker will stop broking the slip once he has secured sufficient lines to make up 100 per cent of the risk. In fact, it is quite common practice for a broker to secure an over subscription to a slip, and it is then necessary to "sign down" each line written by the underwriters pro rata so that the total signed lines of the various underwriters amount to 100 per cent. An underwriter who does not wish to have his line "signed down" will write "to stand" next to his scratch.[48]

A colourful account of the interaction between broker and underwriter is given by Robert Kiln[49]:

"I give here the verbatim report of the origin of the 'Aunt and Uncle clause' (A.A.U.CI.).
Dialogue between leading Treaty Lloyd's underwriter and an aggressive broker attempting to place a Treaty with a hopelessly unfavourable past record:
Broker:
'I am sure that you will be interested in this attractive Treaty which comes from the right stable and should become a very desirable piece of business.'
Underwriter:
'(Looking at the slip) 'Show me the figures.'

---

[45] See Ch.9 below. The governing Directive is now The Insurance Distribution Directive 2016.
[46] See Lloyd's, "How to become a Lloyd's registered broker" (*https://www.lloyds.com/join-lloyds-market/broker*).
[47] See Ch.3.
[48] See *The "Zephyr"* [1984] 1 Lloyd's Rep. 58; [1985] 2 Lloyd's Rep. 529 CA, discussed in Ch.3 below.
[49] R. Kiln, *Reinsurance in Practice*, 4th edn (Witherby & Co Ltd, 2001).

Broker:

'I should not take too much notice of the figures: statistics can be most misleading. After all, you are being asked to underwrite the future, not the past.'

Underwriter:

'(Looking at the figures) 'But the past looks disastrous.'

Broker:

'Yes, but they can easily be explained. The losses were mainly incurred on classes of business they no longer underwrite. If we reflect the figures on the present classes of business, very different results would be made manifest.'

Underwriter:

'But, if their judgement was wrong then it could be wrong again?'

Broker:

'Oh, no, they have sacked the old underwriter. If the present underwriter was writing then, far better results would be shown.'

Underwriter:

'Can you show me some figures applying to the present classes?'

Broker:

'(diffidently) 'Yes; I am sure that you will find these interesting.'

Underwriter:

'(Examining new figures) 'But these figures do not reflect any profit.'

Broker:

'Ah, but let me enlighten you. Since then, the rates on these classes have been increased and if these classes of business had been written at the present level of rating there would show up a much more improved experience.'

Underwriter:

'(Wearily handing back the slip) 'And, undoubtedly, if your aunt had balls she would be your uncle.'"

As discussed more fully in Ch.3, the placement process at Lloyd's is undergoing significant changes to digitalise the placing of risk, record keeping and premium settlement.

The administrative machinery

2-018 One could reasonably expect in a high value commercial agreement that the terms of the contract would be agreed and finalised before the agreement came into force and a copy of it would be available to the parties. Until 2006 that was not the case for insurance contracts in the London insurance market. Slips, with the main terms of the insurance, perhaps only in short form or by their title, would be signed by the underwriter before the risk incepted but full policy wordings might take weeks or months to appear. If a loss occurred before the wording appeared there would often be disagreement about what the wording should have been, the underwriter favouring a wording that would exclude the loss, the insured favouring a wording that would plainly cover it.

The original "system" for signing policies at Lloyd's, which continued in being until the early years of the twentieth century, has been described in the following terms:

"A broker's senior clerk placing a risk showed it to underwriters on a slip of paper, which contained all the essential details and was initialled by perhaps 50 different underwriters acting for 50 to 100 different syndicates. When he had placed the risk and taken the slip back to the office the senior clerk had finished with it and passed it over to the firm's Policy Department, which transcribed the details on to a stamped policy, to serve as a legal document that would carry the names of all the underwriters concerned in the risk. The unsigned policy, together with the slip, was handed over to a junior clerk whose job it was to collect the appropriate signatures at the different underwriters' boxes, take the partially signed policies back to the broker's office every evening, and bring them back again to the Room, day after day, until signatures were completed—harassing, thankless and sometimes heartbreaking tasks.

The fun started at the point of the policy reaching the Room for signature. The actual signing was done by the junior clerks of underwriters and their method was to take the policies as the brokers' junior clerks left them, bang rubber stamps on them, scribble a few words in ink, make the necessary notes of what they had done in the syndicates' books, and finally hurl the policies into a wire basket for the brokers' boys to collect them in due course. Somewhere in the course of this hurried business they were supposed to check the wording of the policies, but more often than not the check was no more than a lick and a polish. It was a crude way of doing important business, but so long as the clerk had to sign on 50 or 60 policies a day the method may have worked—not well but not intolerably badly. As business grew, however, and the more active syndicates were signing not 50 but 300 or 400 policies a day it became chaotic. The brokers' clerks (surely the most unhappy lads since the days of boy chimney sweeps) swarmed and struggled round the signing boxes, searching for their policies in the wire baskets, grabbing them when found and carrying them along to other boxes until the process of signing was complete—a process that on a large policy might not be completed for weeks. Then the policy left the room for good, made its last journey to the broker's office, and was there dispatched to the assured who had been awaiting it perhaps for weeks—sometimes even for months.

The delay was bad but the condition of the document itself was often worse. Passed from hand to hand in one loose scrum after another, opened hurriedly by 50 different filing clerks all working at top speed, thumped and hammered by a 100 different rubber stamps, thumbed and turned over by numberless broker's clerks as they dug their own policies out of the muddle in the wire basket, it would sometimes emerge from its ordeal dirty, torn, and ragged, as a shirt from the worst of England's post-war laundries. Occasionally its state was so bad that it had to be destroyed and another document signed in its place, but too often it was sent into the stream of the world's commerce bedraggled and disreputable—a sorry advertisement for the greatest marine insurance market in the world."[50]

In 1916, a number of brokers organised a centralised bureau for the signing of policies. This was taken over by the corporation of Lloyd's and became mandatory in 1924, and became known as the Lloyd's Policy Signing Office L.P.S.O. in 1927. The L.P.S.O. (which was still known inside Lloyd's as "the Bureau") performed three vital functions for the market:

(1) The checking of slips and issuing of policies in accordance with the terms thereof[51];
(2) Operating a system of central accounting[52]; and

2-019

---

[50] D.E.W. Gibb, *Lloyd's of London—a Study in Individualism* (Macmillan & Co, 1992), p.247.
[51] See *Eagle Star Insurance Co Ltd v Spratt* [1971] 2 Lloyd's Rep. 116. Lord Denning M R and Phillimore and Megaw LJJ on appeal from Brandon J at [1971] 1 Lloyd's Rep. 295: the signature of a Lloyd's underwriter to a slip concludes a contract between the insured and that underwriter; the signature/stamp of the Lloyd's signing office concludes a contract between the insured and any Lloyd's underwriter on whose behalf the Lloyd's signing office purports to act. See Ch.3, 3-004 below.
[52] See Ch.11 below.

(3) The provision of information and monitoring for regulatory purposes.[53]

However, none of these activities occurred with any speed or uniformity—and Lloyd's was not unique in this. There were similar delays in the company market. In the wake of insurance and reinsurance litigation in connection with the terrorist attacks on the World Trade Center in New York in 2001 (when it was found that some of the insurance cover had only been documented in rather minimalist slips), the then regulator—the Financial Conduct Authority—gave the insurance industry an ultimatum to address this poor practice by 2006, or the regulator would step in with regulation. Under pressure, the Lloyd's market and the companies market developed contract certainty standards and standardized documentation to achieve greater contract certainty. The latest incarnations of contract certainty are the 2018 "Contract Certainty Code of Practice" and the "Market Reform Contract v3". Insurance and reinsurance policies now have to be documented promptly after entering into the contract (which means within 30 days for reinsurance contracts).[54]

One of the big drives in the modernisation of Lloyd's and the non Lloyd's market, the International Underwriting Association, has been to lower costs, improve efficiency and reduce errors and omissions that could result in costly disputes. In 2000 Lloyd's and the IUA joined with Xchanging[55] in a joint venture to streamline processing of premiums and claims into one. Thus the LPSO and the IUA equivalent, the LPC, handed over their operations to Xchanging. Xchanging morphed into Xchanging Ins-sure Services (XIS) and Xchanging Claims Services (XCS) responsible for Lloyd's electronic processing of premium and claims respectively. The latest and most significant operational initiative is Lloyd's Blueprint Two—a strategy to digitalise the Lloyd's market place to make it better, faster, and cheaper (see 2-022 below).

The operation of the company market

Overview

2-020   Like Lloyd's, the company market has gone through significant changes since the first edition of this work was published.

IUA

2-021   The International Underwriting Association of London (the "IUA") is the world's largest representative organisation for insurance and reinsurance companies and its members have a premium income roughly equal to that of Lloyd's. The IUA occupies the London Underwriting Centre in Mincing Lane. It has its own rules and disciplines but has no self-regulating powers under the FSMA 2000. Nearly every insurance and reinsurance company that does business in the London market is a member of the IUA. The IUA used to have its own policy and premium processing centre, the LPC, but has teamed up with Lloyd's and Xchanging to form one such centre for the Lloyd's and IUA market. This makes a substantial difference in cases where slips are signed in both markets. As of July 2022, the IUA had 80 ordinary members (eight of whom were Associates) and eight Affiliates.[56] The IUA entered into, and extended, a joint venture agreement with Lloyd's and DXC

---

[53] See Ch.15 below.
[54] 2018 Contract Certainty Code of Practice, B1 Explanation.
[55] Now owned by CSC, part of the DXC group.
[56] IUA Annual Review 2021/22.

Technology (who are also the owner of Xchanging) pursuant to which DXC will work with Lloyd's, the IUA, and all market associations and participants to transition London market companies to new digital platforms under the Blueprint Two initiative (see Ch.3), bringing significant improvements in speed and efficiency.[57]

Man vs machine

Electronic placing of risks

2-022 Digitalising the placing of risks and the payment of premium and claims has been the holy grail of many in the insurance market, but as with the Arthurian legend, not all people in the market seek it and not all want it to be found. Yet, one of the lasting effects the Covid-19 pandemic is that even in the "people business" of insurance, many now prefer not to deal in person, a preference that seems to be stronger on Mondays and Fridays. On a recent visit to Lloyd's on a Monday, we found "the Room" quiet and many boxes empty but were told that it does get busy from Tuesdays to Thursdays.

2-023 Lloyd's digitalization strategy is set out in its 2021 Blueprint Two paper (which was preceded by the Blueprint One strategy paper issued in 2019). The aim is to "create the most advanced insurance marketplace in the world" underpinned by digital channels that enable advanced data collection and management. The intention is that the customer should have an "end-to-end journey", whilst operating at substantially lower costs (savings have been predicted to be several £100 millions), with these objectives:

- An intuitive, straight-through process for placing and binding risk: enabling growth through global reach and easier access to new products and services;
- The ability to identify a valid claim on notification: enabling claims to be tracked throughout their lifecycle, resulting in a much faster settlement time and improved customer experience;
- A right first-time mentality: radically reducing lead-times and errors, driving cost benefits for everybody in the value chain;
- A first class, digital marketplace: data-driven and digitally enabled.[58]

Electronic placing has had a troubled history which has ended, at least for now, with Policy Placing Platform, PPL, on which Lloyd's wishes to be written. The target Lloyd's has set itself is that 90% of risks should be on the platform.

The "Adoption Guide" for Blueprint Two requires that in Phase 1 all market participants at Lloyd's (underwriters and brokers) start onboarding, training staff for, and using the new digital processing platform with portals to help process premium accounting and settlement ("IPOS") and claims workflow and settlement ("ICOS") from 1 July 2024 to continue trading in the market. In Phase 2 (originally planned for September 2024 but delay is now likely), the complete set of digital services will be provided, enabling data-first interactions between brokers and re/insurers that supports risk, premium and claims agreements from Lloyd's, the company and global market.[59]

Yet, Lloyd's, the IUA, the companies and the brokers which form the London

---

[57] See: DXC Technology, Lloyd's and IUA Extend Contract to Support Transformation of London Insurance Market, press release dated 26 May 2022 (*https://dxc.com/us/en/about-us/newsroom/press-releases/05262022*).
[58] Lloyd's Blueprint Two: The Future of Lloyd's (2020) p.7.
[59] Lloyd's Blueprint Two—Phase one digital services: Adoption Guide (1 September 2023; *https://www.velonetic.co.uk/blueprint-two/adoption-guide*).

market remain geographically very close to each other and the brokers, the intermediaries, who are very much the glue in this market, not infrequently favour occasional personal, face-to-face communication. Even with electronic placing and a paperless market, we expect market people, young and old, striding from one underwriting centre to the next and from one underwriter's desk to another, to remain a fairly common sight in Lime Street and its environs (at least mid-week). They may carry a laptop computer rather than a paper file, and some of the documents may be exchanged and stored electronically, but the human contact will be less easily binned than the paper.

In contrast, electronic trading systems remain non-centralised and bespoke for Bermuda market participants.[60] Further to its efforts to promote innovation in the insurance and wider financial services industry, the BMA launched an insurance regulatory sandbox and an innovation hub in 2019. Through these pathways, industry participants, such as companies looking to set up electronic trading systems, can test new technologies or business models in a controlled environment prior to seeking a full licence.[61]

3. CAPTIVES AND THE BERMUDA MARKET

Captives and the development of Bermuda's reinsurance industry

2-024   Bermuda is the oldest self-governing colony of the United Kingdom. It is politically stable, with a legal system founded on the English common law, and an ultimate right of appeal to the Privy Council.[62] The Bermuda dollar currency has been at par with the US dollar since 1972.

As of the end of 2023, there were 1,196 insurers registered with the Bermuda Monetary Authority ("BMA"), which included:

- Captive insurers other than those at (4) below: 611 licences. These insurers fall into one of Classes 1–3 in the BMA's licensing terminology. A captive is an insurer created by a non-insurer parent company or companies, to insure its/their own risks.
- Commercial insurers which do not underwrite direct excess liability or property catastrophe reinsurance risk (Class 3A and 3B): 146 licences.
- Large commercial insurers which do underwrite direct excess liability or property catastrophe reinsurance risk (Class 4): 43 licences.
- Captive insurers which write only long-term business (Classes A and B): 21.
- Long-term insurers (Classes C–E): 148.
- Special purpose insurers: 178.
- Collateralized insurers: 7.

---

[60] CSC's (then Xchanging's) October 2007 Memorandum of Understanding to partner with RI3K in building an end-to-end processing platform for Bermuda's (re)insurance market has not progressed. The announcement, in 2010, that plans to pursue a Bermuda insurance exchange have been put on hold pending the outcome of efforts for a Lloyd's competitor exchange in New York will no doubt delay such efforts further.

[61] A list of the businesses currently in progress and those that have graduated to full licencing are available at: *https://www.bma.bm/insurance-innovation*.

[62] See Ch.13 below.

- Innovative insurers: 1.[63]

Captives may be either single-parent captives,[64] or association captivities.[65] In addition, companies offering "rent-a-captive" facilities exist. The captive will generally not have any employees of its own, and day-to-day management will be contracted out to a management company (there are presently some 70 active captive managers in Bermuda).

There are typically two ways in which the captive provides insurance cover to its parent. The first way is to issue the policy directly to the parent. The second way, which is more common, is to have a commercial insurance company issue the policy, and for the captive to reinsure the fronting company 100 per cent. In either case, the limited capital base of the captive[66] means that it will need to reinsure a substantial proportion of the risks that it assumes. A number of reinsurance companies have recently been formed in Bermuda specifically to reinsure captives. However, the notable recent growth in the reinsurance capacity of the Bermuda market has not been driven by the needs of captives.

2-025

Financial reinsurers

A number of companies which provide financial reinsurance or "finite risks" products[67] are domiciled in Bermuda. The market dates back to the 1970s when companies providing "roll over" policies for Lloyd's syndicates were formed. We discuss the nature of financial reinsurance and "alternative risk transfer" (ART) in Ch.8 below

2-026

4. FUTURE TRENDS

With the UK IA 2015 now well-embedded, the reinsurance industry has taken a pragmatic approach to the reforms concerning the remedies for breach of the duty of fair presentation, breach of warranties and other risk mitigation terms, and in relation to fraudulent claims. Except for specific provisions of the IA 2015,[68] the new regime represents a default regime from which the parties to a reinsurance contract can contract out subject to the transparency requirements.[69] We are not aware of wide-spread contracting out. There is a slowly emerging body of case law at insurance level that elaborates on the proportionate remedies regime for breaches of the duty of fair presentation, but we are yet to see decisions on the interaction of ss.10 and 11 of the IA 2015. The few cases that have been decided on points under the IA 2015 have not tested its limits. It will also be interesting to see whether the digitalised placement process envisaged in Lloyd's Blueprint Two will have an

2-027

---

[63] The system of classes is explained in Ch.15 below. Class 1 insurers are traditional single parent captives with a minimum capital and surplus of $120,000. Class 4 companies are property/casualty companies with a minimum capital and surplus of $100 million.
[64] The single parent is typically a large corporation with various subsidiary/affiliated companies in need of insurance cover.
[65] The members of the association/shareholders of the captive will be in a common line of business requiring insurance cover—examples range from equipment rental yard owners in Southern California to American Football teams participating in the NFL.
[66] In Bermuda this may be as low as $120,000, see Ch.15 below.
[67] We discuss the nature of financial reinsurance and "alternative risk transfer" (ART) in Ch.8 below.
[68] For example, parties to a reinsurance contract cannot contract out from s.9 and deliberate or reckless breaches by the reinsurer of the term implied by s.13A of the IA 2015.
[69] See ss.16 and 17 of the IA 2015, and see Ch.6.

impact on the market practices surrounding the discharge of the duty of fair presentation.

Reforms to the financial services regulatory framework have been a major part of the UK's post-Brexit agenda. The aim of the reforms is to make UK financial regulation more flexible and proportionate to drive growth and competitiveness in the financial services sector, so that the financial sector can create jobs, support businesses, and enable economic growth across the UK, as well as delivering good outcomes for consumers.[70] The details of the reforms as they apply to reinsurers and reinsurance activities is discussed in Ch.15 and, suffice to say here, that we expect certain aspects of reinsurance regulation, including financial reporting and group and branch supervision, to become simpler and more flexible. At the same time, UK and EU-based reinsurers may already be subject and or will become subject to an increasing sustainability-related and environmental disclosure burden.

In its 2023 Autumn Statement, the UK's HM Treasury announced that the government "will consult on the design of a new framework for encouraging the establishment and growth of captive insurance companies in the UK",[71] in order to support the growth of the UK's financial services sector and catch up with captive market rivals in Bermuda and other offshore jurisdictions.

Another current regulatory issue is whether the emerging reformed UK insurance regulatory system will be given "equivalent status" by the EU. Following Brexit, the UK is no longer an EU Member State and is now treated as a "third country" for the purposes of the EU Solvency II framework. To avoid unnecessary duplication of regulation, the European Commission may determine that a third country's solvency regime is "equivalent" if that third country's relevant solvency provisions are of equal or higher standards and comparable in scope to the EU Solvency II framework in one or more of three areas: reinsurance, solvency calculation, group supervision.[72] Any such determination is unlikely to be made before the EU has clarity on the extent to which the UK's solvency and prudential regulatory regime may diverge from its own evolving regime. In contrast, the UK has determined that: (1) the solvency regime of each EEA State that applies to certain reinsurance activities; (2) the solo prudential regime of each EEA State; and (3) the groups prudential regime of each EEA State, are equivalent to those laid down in the relevant UK law.[73]

In the old days, from the end of the second world war to the beginning of the new millennium, the industry saw itself, in simple terms, as going through a repeating cycle of soft (low rates for premium) and hard (high rates for premium) markets. A large catastrophe, or a number of large catastrophes, would result in a greater urgency to buy such insurance and in insurers and reinsurers raising prices to recoup their losses on the recent catastrophes. The market would thus "harden"—it was harder to get insurance, harder to get cheap insurance, harder to get wide coverage on the insurance one purchased. A period of low claims experience and no catastrophes would result in brokers demanding cuts in premium rates and wider coverage, and underwriters giving way to those demands. The market would "soften". The cycle of hard and soft markets is still running but some risks are

---

[70] HM Treasury, "Financial Services Future Regulatory Framework Review: Proposals for Reform" CP 548, November 2021, 2-4. (*https://assets.publishing.service.gov.uk/government/uploads/system/uploads/attachment_data/file/1032075/FRF_Review_Consultation_2021_-_Final_.pdf*).

[71] Reported in: Reinsurance News. "UK government to consult on new captive insurance regulations" (*https://www.reinsurancene.ws/uk-government-to-consult-on-new-captive-insurance-regulations/*).

[72] Solvency II Directive arts 172, 227 and 260 respectively.

[73] The Solvency 2 Regulation Equivalence Directions 2020.

becoming increasingly difficult to insure and reinsure. Most notably, some climate-related natural catastrophe risks are becoming unaffordable or even fully uninsurable as result of their increasing frequency and severity. For example, Australia's Climate Council has found that "one in 25 Australian properties will be effectively uninsurable by 2030, due to rising risks of extreme weather and climate change".[74] In California, some homeowners can no longer buy any property insurance covering for wildfires, whilst others can no longer afford to buy insurance because of spiralling premium prices.[75] A significant factor in the unaffordability or unavailability of insurance to policyholders is the limited capacity and appetite for such risks in the reinsurance market. A significant proportion of natural catastrophe risk is already transferred via cat bonds and other non-traditional reinsurance structure into the capital markets and to other types of investors, and parametric triggers and pre-determined pay-outs are used as devices to manage (re)insurance exposures. We expect these trends to continue. In addition, we understand from communications from regulators and industry reports that re/insurers have been developing a range of tools and modelling methodologies, such as stress-testing and scenario analyses—to enable them to assess and quantify more accurately their risk exposure (including climate-related natural catastrophe risks).

Although the Covid-19 pandemic was finally declared over in May 2023, it has a continuing effect on the re/insurance market. In terms of conducting business, it has already been noted that the pandemic may have accelerated the digitalisation of the Lloyd's and company markets. Reinsurers will have seen significant increases in claims from life policies, credit cover, travel, event cancellation and business interruption cover. For the extended business interruption cover (covering losses from non-physical damage), the Supreme Court's ruling in *Financial Conduct Authority v Arch Insurance (UK) Ltd v Hiscox Action Group*[76] on the interpretation of coverage and exclusion clauses, as well as expanding the causation test, will be reflected in more business interruption claims for which insurers seek indemnification under their reinsurance arrangements. One area of conflict, or at least, disagreement, for reinsurers is whether claims that have a Covid-19 connection can be aggregated or not, and to what extent an aggregation clause in a reinsurance contract should be construed consistently with a (non-identical) aggregation clause in the underlying insurance contract.[77] There are already a number of cases that consider aggregation issues at the insurance level.[78] Reinsurance cases arising from Covid-19 business interruption risks are only just coming through the court system.[79]

In addition to climate change related risks, there are emerging risks associated with ever increasingly sophisticated cyber-crime and cyber-attacks, the use and abuse of artificial intelligence, natural resource management and geo-economic

---

[74] Climate Council, "One In 25 Australian Homes Uninsurable by 2030: Climate Council Launches Cutting Edge Digital Climate-Risk Map" (Press Release 3 May 2022) (*https://www.climatecouncil.org.au/resources/australian-homes-uninsurable-2030-climate-risk-map/*).

[75] Mary Williams Walsh, "How wildfires are making some California homes uninsurable" (*The New York Times*, 20 November 2018).

[76] *Financial Conduct Authority v Arch Insurance (UK) Ltd v Hiscox Action Group* [2021] UKSC 1.

[77] See Chs 4 and 5.

[78] *Greggs Plc v Zurich Insurance Plc* [2022] EWHC 2545 (Comm) (appeal outstanding); *Stonegate Pub Co Ltd v MS Amlin Corporate Member Ltd* [2022] EWHC 2548 (Comm); [2023] Bus. L.R. 28 (appeal outstanding); *Various Eateries Trading Ltd (formerly Strada Trading Ltd) v Allianz Insurance Plc* [2022] EWHC 2549 (Comm) (appeal outstanding).

[79] *Unipolsai Assicurazioni SpA v Covea Insurance Plc* [2024] EWHC 253 (Comm); [2024] Bus. L.R. 664.

conflicts (to name just a few). These will give rise to new reinsurance business opportunities as well as challenges.

PART II GENERAL PRINCIPLES OF REINSURANCE CONTRACT LAW

PART 1 GENERAL PRINCIPLES OF CHINESE RANGE CONTRACT LAW

CHAPTER 3

Formation of the Reinsurance Contract

TABLE OF CONTENTS

1.	London Market Practice	3-001
2.	General Contractual Principles	3-005
3.	The Reinsurance Slip and the Leading Underwriter	3-050
4.	Bermuda Market Practice	3-083

"Understanding of the contractual procedures of the insurance market does not come easily to those who are unfamiliar with it, and indeed, the hearing of the present appeal induces me to believe that even amongst those very much more experienced than I there remains room for a considerable degree of uncertainty."—Oliver LJ[1]

1. LONDON MARKET PRACTICE

General course of business

Introduction

A contract of reinsurance is made when the insurer and reinsurer have reached agreement as to the terms of the reinsurance and intend to create legal relations. The insurer or more often the insurer's agent, the broker, presents the risk to the reinsurer on proposed terms and, having reviewed the risk, the reinsurer will: agree to those terms; counter-propose different terms; or, decline the risk. If the parties reach agreement on the terms, including the premium, they are bound by the contract. The document in which the contract of reinsurance is embodied is called a reinsurance policy, although, as we will discuss below,[2] there are other types of documents that may constitute the written contract or evidence of the contract that is concluded.

3-001

However, the London market has a number of practices that do not sit easily with the classic "offer and acceptance" model of contracts. The three most obvious are: brokers are nearly always involved in obtaining (re)insurance; "scratching a slip" is a wide-spread practice of entering into a contract of (re)insurance, and; large risks will be insured by a number of co-(re)insurers, making the London market what is known as a subscription market. The practice of a number of reinsurers being on the same risk led to identification of one of those, generally the first to underwrite the risk, as the "leader" or "leading underwriter" who sometimes has special rights or responsibilities—such as to agree changes to the terms or receive notices from the (re)insured on behalf of all underwriters. In addition, the London market is

3-002

---

[1] *General Reinsurance Corp v Forsikringsaktiebolaget Fennia Patria* [1983] 2 Lloyd's Rep. 287 at 296.
[2] See 3-029 and 3-052 below.

The slip

3-003   For centuries, the practice of the London market has been for brokers to present a proposal for insurance or reinsurance to underwriters at Lloyd's and in the company market, by putting before the underwriters a "slip".[3] The slip identifies the insured/reinsured and gives brief details of the risk and the terms of the cover. At contract formation stage, the slip serves a triple purpose as: (i) a proposal form providing the re/insurer with information about the risk; (ii) a living document recording the negotiated position between the broker on behalf of the re/insured and re/insurers; and (iii) eventually, a record of the agreement as between the re/insured and re/insurers. Traditionally, slips[4] were often worded in an abbreviated form of market jargon that frequently only referred to specific types of clauses by their abbreviation, name or reference number. As result of the contract certainty drive to improve the documentation of re/insurance contracts,[5] the London Market produced a London market standard slip, the Market Reform Contract (the "MRC"; now in its third version as MRC v3), with a standardised structure to assist clarity and completeness. The MRC is different from the usual slip as it must specify the terms of the policy, either by stating them expressly or by incorporating them by reference to standard forms. The latest version, MCR v3, consists of six sections, three of which are concerned with arrangements as between the re/insured and its re/insurers (A-C), and three sections which are concerned with the administration of the contract (D-F):

- Section A RISK DETAILS: Details of the risk involved, such as (re)insured, type, coverage, conditions, etc.
- Section B INFORMATION: Details of any information provided to (re)insurers to support the assessment of the risk at the time of placement.
- Section C SECURITY DETAILS: This includes (Re)insurers' Liability, Order Hereon, Basis of Written Lines, Basis of Signed Lines, Signing Provisions, and (Re)Insurers Participation details. These indicate each (re)insurer's share of the risk and their reference(s).
- Section D SUBSCRIPTION AGREEMENT: This establishes the rules to be followed for processing and administration of post-placement amendments and transactions.
- Section E FISCAL AND REGULATORY: The fiscal and regulatory information specific to the (Re)insurers involved in the risk.
- Section F BROKER REMUNERATION & DEDUCTIONS: Information relating to brokerage, fees, and deductions from premium.[6]

---

[3]   As explained below, this "presentation" will very soon have to be by electronic means in Lloyd's.
[4]   Which have been described judicially as "laconic documents" and "ungrammatical".
[5]   See Ch.2, 2-018 and 2-019.
[6]   Market Reform Contract (Open Market) Implementation Guide Version 3.0 (29 March 2023; available from: *https://lmg.london/document/2023-03-29-mrc-om-guidance-v3-0/*).

Underwriters subscribe to the slip by indicating a percentage of the total risk which they are prepared to cover (their "line"), initialling (or "scratching") the slip and affixing the appropriate stamp (identifying the underwriters who are taking the risk). The role of the broker in this transaction and that of the leading underwriter,[7] was summarised by Lord Diplock as follows:

> "Contracts of insurance are placed at Lloyd's by a broker acting exclusively as agent for the assured. It is he who prepares the slip in which he indicates in the customary 'shorthand' the cover that the assured requires. He takes the slip in the first instance to an underwriter whom he has selected to deal with as leading underwriter, i.e. one who has a reputation in the market as an expert in the kind of cover required and whose lead is likely to be followed by other insurers in the market. If it is the first contract of insurance covering that risk in which a particular underwriter has acted as leading underwriter it is treated as an original insurance. The broker and the leading underwriter go through the slip together. They agree on any amendments to the broker's draft and fix the premium. When agreement has been reached, the leading underwriter initials the slip for his proportion of the cover and the broker then takes the initialled slip round the market to other insurers who initial it for such proportion of the cover as each is willing to accept. For practical purposes all the negotiations about the terms of the insurance and the rate of premium are carried on between the broker and the leading underwriter alone. Where, as is often the case, the slip gives the assured options to cover ... additional risks during the period of cover, it does so on terms to be agreed with the leading underwriter."[8]

Traditionally, the presentation of the risk by the broker to different underwriters has been a face-to-face and largely manual process with paper documentation. This is still a prevalent way of doing business, but there are now alternatives reflecting different shades of electronic dealings. For example, market participants from anywhere in the world can now connect through the Lloyd's Virtual Room (a portal that contains directories and enables "online chats" and online meetings).[9] The Virtual Room may be the starting point for connecting and initial discussions of the risk and terms of coverage. For several years now, there have been electronic placement platforms that allow for risks to be offered and accepted electronically—without the need of a paper slip and a stamp.

Lloyd's Blueprint Two seeks to consolidate various electronic placement platforms and processes by making them interoperable. A broker can send information about the risk to be placed to an accredited electronic placing platform[10] which will create a "Core Data Record" (CDR) from which a digital version of the MCR can be built. From the placement platform, quote requests can be made, and the MCR document can be managed and edited during the negotiation process with different re/insurers. The evolving MCR will be visible in real time to all parties. Alternatively, the broker can submit an electronic version of the finalised and agreed version of the MCR so that CDR information can be extracted from the MCR to be sent to a new processing platform for premium and accounting purposes.[11] Submitting the MCR through the Lloyd's Digital Gateway means that it will be stored in an electronic Documentary Repository and that the digital processing

---

[7] See 3-059 to 3-082 below.
[8] *American Airlines Inc v Hope* [1974] 2 Lloyd's Rep. 301.
[9] Lloyd's Blueprint Two: the Future of Lloyd's (2020), p.45.
[10] Accredited placing platforms include PPL, NextGen and Whitespace.
[11] See Lloyd's Blueprint Two: the Future of Lloyd's (2020), Ch.4; Lloyd's Blueprint Two—Phase one digital services: Adoption Guide (1 September 2023); *https://www.velonetic.co.uk/blueprint-two/adoption-guide*); and Lloyd's Blueprint Two Working Session: June (19 June 2023; slides available from *https://www.velonetic.co.uk/blueprint-two/news/blueprint-two-working-session-june*).

The process for issuing the policy

3-004 The Lloyd's market and the company market (the IUA) used to have their own separate policy issuing departments, the LPSO (Lloyd's Policy Signing Office) and the LPC (London Processing Centre) respectively, but with the blurring of the boundaries between the two markets and the drive for efficiency, these two departments have been replaced by one centre, "Xchanging". Xchanging is owned by DXC Technology. DXC Technology, Lloyd's and IUA have entered into an agreement pursuant to which DXC will work with Lloyd's, the IUA, and all market associations and participants to transition London market companies to new digital platforms and capabilities under the Blueprint Two initiative.[12] In relation to issuing a policy, the digitalised process envisages that a broker creates a submission and issues quote requests, and re/insurers can subscribe to the risk, through an electronic placement platform. As noted above, the agreement is documented in an electronic version of the MRC stored in a Documentary Repository which is interoperable with the placing and processing platforms. Once the MRC has been signed (also done electronically), the broker or the reinsured can submit the MRC, any additional documents and premium information for processing though a new processing platform. Data from the documents is captured and validated for the CDR and a SND (Signing Number and Date) is issued.[13] A policy will be entered as "bound" on the system. Premium invoicing, accounting and settlement will be automated processes—drawing on the CDR—via the premium accounting and settlement (IPOS) portal. All electronic documents and account movements will be trackable in real time to the placing broker, the re/insured and the subscribing re/insurer.[14]

In *Eagle Star Insurance Co Ltd v Spratt*,[15] the Court of Appeal[16] held that the LPSO had both actual and ostensible authority conferred upon it by the market to stamp and issue policies and any addenda. An underwriter was, in that case, held to be bound by an addendum to a reinsurance treaty, even though he had previously expressed his reservations to the placing broker when shown the draft addendum, once the addendum had been processed by the LPSO. Phillimore LJ said:

> "It would be a most serious thing if public confidence in a Lloyd's policy were to be undermined in any way ... when underwriters set up this policy signing office they entrusted to it the task of signing policies which will bind them, leaving it to the members of that office to carry out any necessary check and test before they issue the policy. Once the policy is issued it is binding just as much as if each individual underwriter had signed

---

[12] See: DXC Technology, Lloyd's and IUA Extend Contract to Support Transformation of London Insurance Market, press release dated 26 May 2022 (*https://dxc.com/us/en/about-us/newsroom/press-releases/05262022*).
[13] Lloyd's Blueprint Two—Phase one digital services: Adoption Guide (1 September 2023; *https://www.velonetic.co.uk/blueprint-two/adoption-guide*).
[14] Lloyd's Blueprint Two—Phase one digital services: Adoption Guide (1 September 2023; *https://www.velonetic.co.uk/blueprint-two/adoption-guide*) and Lloyd's in partnership with Velonetic, Blueprint Two—Placing Risk (*https://www.velonetic.co.uk/blueprint-two/placing-risk*).
[15] *Eagle Star Insurance Co Ltd v Spratt* [1971] 2 Lloyd's Rep. 116.
[16] Lord Denning MR, Phillimore and Megaw LJJ.

it himself. I suppose it must happen ... that the office makes a mistake from time to time ... if this is so, it makes no difference: the underwriters are bound ..."[17]

There is no reason to believe that a different view would be taken in relation to the present policy signing office. As for the electronic platforms, they may be operated by a third party but they would do so on behalf of Lloyd's and the IUA. The Document Depository and CRD are intended to give accurate and real time information: in relation to the CDR, Lloyd's say that this "is the one irrefutable version of the truth."[18] It remains to be seen whether this means that the contractual documents stored in Documentary Repository form the entire agreement between the parties (see discussion in 3-031).

2. GENERAL CONTRACTUAL PRINCIPLES

Offer and acceptance

Initialling/scratching the slip

At first sight, nothing could be more straightforward than offer and acceptance in the context of making a contract of reinsurance. Yet, the issue of who made the offer when a broker presented a slip to an underwriter was the subject of diverging judicial views[19] until the decision of the Court of Appeal in the *Fennia Patria* case.[20] The long held view of the market was that a binding contract of insurance is made at the point when an underwriter initials a slip. In *Fennia Patria*, Staughton J (as he then was) accepted the market's view and so did the Court of Appeal; Kerr LJ said:

3-005

> "I am in no doubt that Mr Justice Staughton was right in the present case in concluding ... that the orthodox understanding of the position is correct, viz. the presentation of the slip by the broker constitutes the offer, and the writing of each line constitutes an acceptance of this offer by the underwriter pro tanto. The evidence in the present case clearly shows that in the insurance market this is the intention of both parties to the transaction, and the legal analysis must accord with their intention. Where an underwriter varies the terms of the slip with the consent of the broker before writing his line, this would accordingly constitute a counter-offer which is accepted by the broker on behalf of his client."[21]

Thus market practice and the law is that the presenting of the slip is the offer by the prospective reinsured, through his agent, the broker, and the initialling of it by the underwriter, the acceptance of the offer by the reinsurer. However, Kerr LJ says that where the underwriter alters the slip, the situation immediately reverses and the reinsured, through his broker, then accepts (or does not accept) the reinsurer's offer. It may not matter, with the broker and reinsurer sitting together, who offers and who accepts if a contract is concluded. Whether the underwriter altering the slip means that he is now making an offer to the reinsured, depends on a number of factors. If it is a quotation slip (see below), then the slip with his changes is likely to be a counter offer, even if he initials it, as he probably will. The quotation slip may state

---

[17] *Eagle Star* [1971] 2 Lloyd's Rep. 116 at 128.
[18] Lloyd's Blueprint Two: the Future of Lloyd's (2020), p.18.
[19] For example in *Jaglom v Excess Insurance Co Ltd* [1972] 2 Q.B. 250 Donaldson J (as he then was) expressed the view that the underwriter is making an offer from scratching the slip.
[20] *Fennia Patria* [1983] 2 Lloyd's Rep. 287.
[21] *Fennia Patria* [1983] 2 Lloyd's Rep. 287 at 290–291.

the number of days his counter-offer is open for acceptance. The broker is likely to take the offered terms back to his client for approval or otherwise. If the slip is the final slip, an underwriter would not ordinarily write on the slip unless he had agreed something with the broker, who may or may not think he needs the authority of his client before that agreement. In this latter circumstance, we understand the market would say that a contract had been struck on the underwriter signing the slip in its altered state.

We expect that electronic placement will not change the fundamental market understanding that in most factual scenarios presenting the MRC constitutes an offer by the prospective reinsured which can be accepted by a reinsurer upon subscribing to the risk by "signing". At this stage it is less clear to the authors—who have not had sight of the placement platform—which "click", notification or other electronic process step represent the offer and acceptance. We understand from market sources that re/insurers who wish to use an electronic placement platform at Lloyd's are required to sign an "interchange agreement" which sets out what constitutes the offer, and what constitutes the acceptance, when using the platform. The interchange agreement's provisions on defining offer and acceptance in relation to electronic placement seek in as far as possible to mirror the offer and acceptance analysis applied to paper, ink and stamp contract formation.

3-006   The reinsurer may amend the slip to make his acceptance conditional upon requirements that have to be fulfilled before the reinsurers are on risk. In *Bonner v Cox*[22] a slip was scratched "subject re-referencing and new stamp with effect from 1 January 1999". Morison J regarded these as administrative formalities and not qualifications of acceptance. The effect of scratching a slip conditionally (with "subjectivities") was also considered by Christopher Clarke J in *Beazley Underwriting Ltd v Travelers Companies Inc.*[23] He said:

> "184.   If the scratching of the slip with subjectivities is a qualification of the acceptance, the answer is, in my view, tolerably clear. The scratched slip is a counter offer which may be revoked at any time prior to its acceptance. Further the duty of disclosure continues until the contract is made, so that a known loss before then would have to be declared. If there is a conditional contract it becomes unconditional on the fulfilment of the condition. But difficult questions might arise if, for instance, what is required is a signed and dated proposal form. Presumably the contents must be satisfactory to the underwriter. But if so, can he rely solely on the fact that the proposal form refers or should refer to the post inception loss?
>
> 185.   If the correct analysis is that there is a conditional contract, there could be expected to be some limit to the time within which the subjectivities are to be satisfied. The usual implication when a period of time is unspecified is that the thing must be done within a reasonable time. That would leave the assured in a somewhat precarious position since whether or not the underwriter could become on risk (by the satisfaction of the subjectivities) would depend on what was held to be a reasonable time. If the subjectivities create a qualified acceptance the position is clear cut. There is no contract until the subjectivities are removed."

This is a salutary lesson on the importance of clarity. If the underwriter adds subjectivities to the slip, there is no contract of (re)insurance until the (re)assured accepts the new terms. If the exchange between underwriter and (re)insured results in a conditional contract—where the inception of the contract is conditional on the condition being satisfied—the (re)assured risks failing to satisfy the conditions in

---

[22]   *Bonner v Cox* [2005] Lloyd's Rep I.R. 569; [2004] EWHC 2963 (Comm); aff'd [2005] EWCA Civ 1512.
[23]   *Beazley Underwriting Ltd v Travelers Companies Inc* [2011] EWHC 1520 (Comm).

a reasonable time and seeing the offer of (re)insurance expire. If the contract resulting from the acceptance of the underwriter's terms by the (re)insured is that there is immediate cover but subject to subjectivities, the period for satisfying them is usually limited in time—cover is in place but if the subjectivity is not met within a stated period, the cover ceases to exist back to inception. Our understanding of the market is that, in this situation, if there is a loss within the period for satisfaction of the subjectivity, it is likely to have to be paid because there is no breach of the subjectivity at that point.

The recent case *Nautica Marine Ltd v Trafigura Trading LLC (The Leonidas)*[24] was concerned with whether a charterparty had been concluded or whether a pre-condition remained to be satisfied before it was binding. At para.52 Foxton J said:

"Whilst each case will depend on its own individual facts and commercial context, it is clear that a "subject" is more likely to be classified as a pre-condition rather than a performance condition if the fulfilment of the subject involves the exercise of a personal or commercial judgement by one of the putative parties contracting (for example as to whether that party is satisfied with the outcome of a survey......)

Here, the distinction is between a concluded contract which the parties will have to perform when something happens (for example, a licence is granted) and an accord which needs a pre-condition to be satisfied before it becomes binding. The insurance kind of "subject" that one sees in insurance contracts–for example flammable waste will be removed from the warehouse within ten days)–where the insurance may begin immediately but will cease after ten days if the flammable waste is still in the warehouse, seems to be a third kind of subject."

As for "subjectivities" in electronically placed contracts, we would expect to see any subjectivities to be recorded in the electronic MCR. It will depend upon the nature of the subjectivity whether or not the satisfaction of the conditionality it introduces can be ascertained and validated via any of the electronic systems involved (i.e. payment of premium, submission of other documents) or whether it needs to be acknowledged and verified by one of the parties. However, the same principles would apply in construing whether the subjectivity is a counter-offer, a condition precedent to the formation of the contract, or a condition precedent to the inception of the risk under a formed contract.

No signed slip—contract concluded via exchange of emails

Rix LJ summarised the facts of *Allianz Insurance Co Egypt v Aigaion Insurance SA* as follows:

3-007

"Towards the end of negotiations for a contract of marine reinsurance, conducted entirely by email via a broker between offices in different countries, the reinsurer asks the reinsured's broker to 'forward slip soonest for our agreement'. The broker does so, but unfortunately omits from the slip a vital clause, a class warranty, which had previously been stipulated by the reinsurer and agreed between the parties. The reinsurer, presumably failing to note the omission, responds 'Cover is bound with effect from 31.03.05 as we had quoted, i.e. 1.33% H&M and 0.4% IV for our 30% line'. Those rates had already been agreed and were set out in the slip itself. The line of 30% had also been already agreed. The question has arisen, however, following a casualty, as to whether the reinsurer's final message was agreeing to cover with or without the class warranty clause. The reinsured says that it does not matter, and that either way there is a contract: but also that its primary case is that the contract included the missing clause. The reinsurer, however, submits that these exchanges did not result in a contract: because the offer was

---

[24] *Nautica Marine Ltd v Trafigura Trading LLC (The Leonidas)* [2020] EWHC 1986.

on the basis that the clause was not there, and the would-be (but unsuccessful) acceptance was on the basis previously quoted which had of course included the clause in question."[25]

Rix LJ continued: "Was there a contract or not? That is the question."[26] His lordship added:

"Short as the point is, it is not easy. On the one hand, there is much in the circumstances of the exchanges ending on 2 April 2005 to suggest that the parties had concluded their agreement. It is not merely that they thought they had, but that is what they were saying to one another. If that was so, then it would seem that they could only have done so on the basis of the slip put before Aigaion. That, however, was not Allianz's primary case, which was that the IACS warranty had to be read into the slip. Could that really be so?"[27]

Rix LJ concluded as follows:

"In my judgment, it is impossible to read the IACS warranty into the slip offer. [Counsel for Allianz] did not rely on *Mannai Investment Co Ltd v. Eagle Star Life Insurance Co Ltd* [1997] AC 749 to support his submission that the slip offer would have been read by a reasonable offeree as including the IACS warranty. It seems to me that in any event it could not be so read. The slip was intended to be the definitive reference point, at any rate pending the issue of any policy document, of the terms of the parties' contract. If Aigaion by its reply agreed to those terms by its email response, it was as if it had appended its signature to it (which is how a slip is normally dealt with. Here of course the parties were in separate countries and could not act by face to face presentation and signature—or initialling or stamp—of the slip). If Aigaion had simply signed or initialled the slip, it could not argue, without a plea of rectification, that the contract included the IACS warranty ... The question then comes down to how Aigaion's reply email is to be interpreted. I have finally concluded that ... the mutual indicia of finality about the email exchange are so strong that it would be wrong to interpret them as ending in a mere offer and counter-offer. The reasonable reader of these exchanges would conclude that Aigaion was agreeing to the terms set out in the slip, on the basis that that was what Aigaion had itself quoted."[28]

Slip/risk not fully subscribed

3-008   A slip or a risk may remain incomplete because there is an insufficient number of reinsurers willing to write large enough lines for 100 per cent of the offered risk to be taken up or because something happens which results in the reinsured changing his mind or in the risk being unplaceable thereafter (e.g. a large loss to the proposed subject-matter). In the *Fennia Patria* case,[29] whilst an endorsement changing the layer of cover was being broked to, and signed by, General Re, a loss occurred which Fennia Patria realised would allow it to recover more from its reinsurers if the endorsement were not agreed. General Re insisted that a new contract, on the revised terms had been concluded between itself and Fennia Patria before the loss. Fennia Patria argued that whilst the reinsurer was bound at the time of initialling the slip, the reinsured was free to withdraw from this contract at any time up to the time 100 per cent of the offered risk had been taken up. The Court of Appeal held that when a reinsurer signs a slip, both parties are bound to their contract

---

[25] *Allianz Insurance Co Egypt v Aigaion Insurance SA* [2008] EWCA Civ 1455 at [1].
[26] *Allianz* [2008] EWCA Civ 1455 at [1].
[27] *Allianz* [2008] EWCA Civ 1455 at [32].
[28] *Allianz* [2008] EWCA Civ 1455 at [33]. *Mannai* was followed in *GSO Credit v Barclays Bank Plc* [2016] EWHC 146 (Comm).
[29] *Fennia Patria* [1983] 2 Lloyd's Rep. 287.

at that point. Fennia Patria argued strongly that there was a binding custom of the London Market that a reinsured could withdraw from a contract at any time up to completion of the slip. The Court of Appeal said that no such custom, or term implied by law, was proved.

Kerr LJ said:

"However, with great respect, in my view no option or right of rescission of any kind, whether by custom or implication of law, has been established in the present case ... I cannot begin to accept that any of this evidence [of the experts] goes anywhere near to establish a binding custom entitling an insured or reinsured as of right and at his unfettered option to cancel the contract resulting from the writing of a line which—as everyone agreed—is immediately binding on the underwriter."[30]

So the reinsurer and the reinsured are bound when the slip is signed, irrespective of whether other reinsurers sign or do not sign. Accordingly, each subscription to the slip gives rise to a separate binding contract and all of the separate contracts together represent a "bundle of contracts".[31] Of course the slip could give the reinsured (or reinsurer) the option to withdraw by such words as "subject to slip signing 100%". In practice, as the Court recognised in *Fennia Patria*, underwriters may allow the reinsured to withdraw, and not stand on their legal rights, as indeed one underwriter did in *Fennia Patria*.[32] The "bundle of separate contracts" theory also comes into play where a reinsured wishes to cancel during the course of the period of cover or where a reinsurer exercises an option, rights or remedies and, as we discuss below, it is for that reason that in many cases the leading underwriter is authorized to make specified decisions in respect of all contracts.[33]

Slip oversubscribed: Signing down

Whilst it rejected the argued custom of a reinsured being able to withdraw before completion of a slip, the Court of Appeal did accept that there was a custom that a reinsured could unilaterally reduce the line of a reinsurer where the total percentage of signed lines exceeds 100—the practice of "signing down". Kerr LJ said:

3-009

"It may often happen, when all the subscriptions on the slip are added up, that these will be found to total more than 100 per cent; indeed, the broker may not discourage excessive subscriptions ... Provided that this over-subscription does not occur to an unreasonable extent, it is accepted by the subscribers to the slip, albeit perhaps reluctantly, that upon the ultimate 'closing'—which they may not receive for weeks or even months after they have written their line—this may fall to be written down proportionately to some extent, so that the total subscription does not exceed 100 per cent. The judge dealt with this ...

---

[30] *Fennia Patria* [1983] 2 Lloyd's Rep. 287 at 294–295.
[31] *The "Zephyr"* [1984] 1 Lloyd's Rep. 58 at 66, 69–70, 72.
[32] "Underwriters who have subscribed a slip may not ordinarily in practice stand on their strict rights, but will, as a matter of grace, permit cancellation": *Fennia Patria* [1983] 2 Lloyd's Rep. 287 at 295. In *Touche Ross & Co v Baker* [1992] 2 Lloyd's Rep. 207, Baker, the active underwriter of a Lloyd's syndicate declined to renew cover for the plaintiff and the plaintiff claimed a discovery period. Baker maintained that a discovery period could only be sought if it was sought against all underwriters, and obviously it was not claimed against those that had renewed. The judge at first instance and the Court of Appeal said that the discovery period could be claimed against any or all of the underwriters. In *Arash Shipping Enterprises Co Ltd v Groupama Transport* [2011] EWCA Civ 620 the court declared that Groupama, one insurer on a risk, should not have been sued as a representative defendant. Each underwriter on the slip was entitled to take its own position on the issue in question. The London Market thinks this is unattractive to customers. There is a Single Claims Agreement in the London Market, allowing one insurer on a subscription slip, the leader, to agree claims up to £250,000 on behalf of all underwriters.
[33] See Pt 3 of this chapter, 3-059 to 3-082 below.

as a recognized and binding practice of the market and this was fully accepted on the present appeal."[34]

I ... proceed, as did Mr Justice Staughton ... on the basis that each line written on a slip gives rise to a binding contract pro tanto between the underwriter and the insured or reinsured for whom the broker is acting when he presents the slip. The underwriter is therefore bound by this line, subject only to the contingency that it may fall to be written down on 'closing' to some extent if the slip turns out to have been over-subscribed."[35]

A reinsurer can prevent his line being signed down by writing "To stand" next to his initialling of the slip.[36] Blueprint Two is seeking to reverse the existing custom: the default position is that each re/insurer's line is "to stand"—the placement platform will not allow placements in excess of 100%. The processing platform will remove lines that take the placement over 100% and notify the relevant re/insurers. Further to Blueprint Two, brokers who wish to create a signing down scenario for a particular placement must expressly elect to do so by designating the risk "to be signed down" and this will be formally recorded as part of the placement process. The signing down process must be completed either upon inception of the policy or within 28 days from when the first re/insurer signed, whichever is soonest.[37]

The "Zephyr": The facts

3-010   The practice of "signing down" was considered at length in *The "Zephyr"*. The dispute arose out of the efforts of a broker, one Reginald Baxter (described by Hobhouse J as "a somewhat flamboyant character"), to arrange insurance and reinsurance cover for a ship called *The Zephyr*. Baxter went round the market with two slips: one slip for all risks insurance of the vessel ("the all risks slip"), which he broked to insurers ("the all risks underwriters"), the other slip for reinsurance of the total loss element of the all risks slip ("the total loss slip") which he broked to reinsurers ("the total loss underwriters"). Mr Baxter proceeded in this way because he believed that the insurers he approached to write the all risks slip would more readily do so if they had reinsurance where the vessel was a total loss. Hobhouse J gave a lucid account of Baxter's progress and described the nature of signing down, as follows:

"When an underwriter writes his line on a slip he has to define the size of the risk he is accepting. The most usual way in which to do this is to write a percentage, say 10 per cent, 25 per cent, 5 per cent, 2 per cent and so on. This will usually be a percentage of the risk being offered ...

Where, as for the all risks slip the shipowners' order is for 100 per cent of the insurance, when the broker has got written lines which total 100 per cent that would suffice to complete the cover which has been ordered. If the broker then goes on and collects more lines on the slip he will get a slip which is over subscribed. The degree of over subscription can on occasions be very heavy. There are various reasons for this seemingly gratuitous practice[38] ... but it was one of Mr Baxter's broking gimmicks to get his slips heavily oversubscribed. This was well known in the marine market. Thus the all risks slip collected lines totalling 282.5 per cent and the written lines therefore fell to be reduced to about 35 per cent of their written level to make the final 100 per cent which was all the

---

[34] It should be noted that in the new age of Contract Certainty (see 3-002 above) "closing" should not be weeks or months after writing a line, but days.
[35] *Fennia Patria* [1983] 2 Lloyd's Rep. 287 at 290, 291.
[36] *The "Zephyr"* [1984] 1 Lloyd's Rep. 58 at 69.
[37] Lloyd's Blueprint Two: the Future of Lloyd's (2020), Ch.4, p.43.
[38] See 3-011 below.

shipowner required.[39] This reduction of the written line is called 'signing down' because the final reduced line is the one which appears on the policy which is signed by the LPSO [Lloyd's Policy Signing Office] or the ILU [Institute of London Underwriters] and is-sued to the assured. Similarly the final line is called the 'signed line' ... It will be understood that an underwriter needs to have some idea at the time of writing a line what it will actually sign for. Therefore it is common practice for underwriters to keep records not only of the ultimate signing notified to them at the closing but also of the anticipated signing as at the time of writing their line. Most of the underwriters involved in the present case kept such a record. At the early stages of the circulation of a slip the prediction of the final signing is a mixture of discovering the broker's intentions regarding over subscription and an assessment of his ability to carry them out. At the later stages it reduces to a mere matter of adding up the lines already on the slip. In either case it is common practice to ask the broker what the signing will be using words such as; 'What will it sign?' The broker will ordinarily reply: 'It will sign ...'; and he will then give a percentage being the percentage to which he intends and expects the lines on the slip to sign down. If it is expected to be subscribed for 250 per cent he will say, 'It will sign 40 per cent'. There are, of course, very many variants on the actual conversations that take place and very often the broker will volunteer the information without being asked. When the broker gives such a percentage to an underwriter it is called in the market a 'signing indication'."[40]

Later, the rationale of signing down was explained:

3-011

"Over subscription of a slip is accepted by the market. It involves a broker in more work—he has to visit more underwriters than he need. But brokers regard it as an advantage. First, it enables a broker to show his business to more underwriters. Second, it gives the slip a better appearance because in anticipation of the over subscription and consequent signing down underwriters write larger lines. These larger lines, especially in the earlier stages of the slip, make it easier to broke. Large lines encourage other large lines. Thirdly, these consequences enable the broker to reach 100 per cent sooner and therefore, if he is short of time, to obtain the necessary cover for his clients sooner even though he will be continuing to place the slip thereafter. It is a tolerated though questionable practice for the broker to confirm the cover to his client when he has got 100 per cent notwithstanding that a signing indication has been given. This was in fact what the brokers did in the present case ... Fourthly, larger written lines also have the advantage that if a broker's client wishes to increase the insured values or to add further vessels to the slip then it is apparently easier to do so if the slip has been over-subscribed ... Over subscription does thus have a recognized place in market practice. It has advantages for the broker. The evidence was that the market considers that some of these advantages work for the benefit of the client as well. It also appeared from the evidence that one of the facts which contributed to Mr Baxter's undoubted skill in broking poor quality risks was his practice of heavily over subscribing his slips.

Over subscription can be unpopular with underwriters since it may cause them to have less of a desirable risk than they intended. It is recognised in the market that the entitlement of a broker to over-subscribe and sign down an underwriter's line can be negatived by the underwriter putting after his written percentage line on the slip words such as 'to stand'."[41]

When *The Zephyr* was abandoned in heavy weather and became a constructive total loss, the all risks underwriters (the primary insurers) paid out swiftly. They made no complaint that the all risks slip signed down even more than the signing indications of 40 per cent which they had been given. The three total loss underwrit-

3-012

---

[39] "Required" is an odd word. 100% is all that can legitimately be insured. More, and the indemnity principle would be breached.
[40] *The "Zephyr"* [1984] 1 Lloyd's Rep. 58 at 63–64.
[41] *The "Zephyr"* [1984] 1 Lloyd's Rep. 58 at 68–69.

ers (the reinsurers) to whom Baxter had broked the total loss slip, were far from happy. They all alleged that Baxter had given them signing indications of one-third. At the time *The Zephyr* was lost, the total loss slip was over-subscribed by only 13 per cent and only signed down to 88.48 per cent (not 33 per cent). There was no suggestion by the total loss underwriters of bad faith on the part of Baxter in giving the signing indication. Their complaint was that Baxter had not done his best to see that it was achieved. In evidence, he accepted that he could readily have obtained further signatures on the total loss slip in the market but for the two days immediately preceding the loss of *The Zephyr*, he was engaged in other work which he regarded as more pressing. The legal issues which arose are discussed below.

Hobhouse J explained the circumstances in which the extent of an underwriter's final liability is determined, and the practice of closing, as follows:

> "How long the broker continues to show the slip to underwriters is solely under the broker's control. There is no overt act to mark the end of this stage. The next stages are similarly under the control of the broker. He has to prepare a signing slip. This is a retyped slip bearing all the terms of the slip and a list of the subscribing underwriters with their signed down percentages. This document is shown to the leading underwriter and must be initialled by him. It is the leader's responsibility to check that the signing slip is in accordance with the original slip ... [there follows a description of how the policy documentation is then prepared] ...
>
> The other thing the broker does is to prepare the closing documents. This is essentially an accounting exercise to credit the underwriter with the premium to which he is entitled on the policy as signed. The document contains the relevant calculations for that underwriter and is sent to him. In the ordinary course this is the first information of the actual signing which a following underwriter gets (unless he has been sent a signing list). The closings ought to be prepared and sent out within a period of between one and three months, but this by no means always occurs. I was told of cases where the underwriter did not learn of the signing until very close to the expiry of the year of cover ...[42] Of course if a loss occurs, the underwriter either because of the calculations in the document which notifies him of the casualty or claim, or independently, will then promptly learn of the amount of his signed line."[43]

The accounting functions of the broker, once the contract is made, are discussed below.[44]

"The Zephyr": Legal issues (Hobhouse J)

3-013 The legal issues in *"The Zephyr"*, at first instance, may be summarised as follows.

3-014 **Reinsurers v insurers** The reinsurers argued that they were not liable under the all risks slip for more than one-third of their written lines, by reason of the conduct of the broker, for the following alternative reasons:

(1) in the circumstances of the case, the broker was the agent of the reinsurers as opposed to the insurers, therefore the signing indication was a limitation of his authority to commit the reinsurers to the risk;

(2) the signing indication was part of the complete reinsurance contract;

(3) even if the entire reinsurance contract was contained in the slip, and on the basis that the broker was the agent of the reinsured, the signing indication gave rise to a promissory estoppel.

---

[42] With "Contract Certainty", this will no longer occur.
[43] *The "Zephyr"* [1984] 1 Lloyd's Rep. 58 at 68.
[44] See Ch.11 below.

GENERAL CONTRACTUAL PRINCIPLES

Hobhouse J rejected all the above contentions. The general and well-established rule that the broker is the agent for the party seeking insurance[45] applied. The reinsurance contract was the slip, the whole slip and nothing but the slip (there was no policy wording). The doctrine of estoppel did not apply. Accordingly, it was held by Hobhouse J that the total loss slip was binding on the reinsurers notwithstanding the signing indication. This part of his decision was not challenged before the Court of Appeal.

Reinsurers v broker The reinsurers' alternative argument, in the event of being fully liable to the insurers, was that the broker was liable to indemnify them in respect of the additional liability arising from the slip not having signed down to the extent which had been indicated. The reinsurers claimed against the broker on two alternative grounds: 3-015

(1) The broker had entered into a collateral contract with the reinsurers—the signing indication either was an offer by the broker to take reasonable care ("use his best endeavours") to ensure that the slip signed down to one-third; or, alternatively, was a simple warranty that the slip would sign down to one-third, this having been accepted by each reinsurer signing the slip, which act also provided the consideration for the broker's promise—accordingly the broker was liable for breach of contract.
(2) The broker owed a duty to the reinsurers imposed by the common law to take reasonable care to ensure that the signing indication was complied with—accordingly the broker was liable for the tort of negligence.

The contract argument Hobhouse J accepted that a collateral contract between the broker and each total loss underwriter was perfectly possible in principle; however, on the facts as he found them he denied that such a contract had been entered into. His conclusion was based on his finding that the actual words spoken by Baxter to the first two total loss underwriters were, "It will sign one-third" (which could reasonably be understood to mean, "It will sign one-third or less") were expressed by way of an expectation or belief, and not as a fact that could amount to a warranty or promise. 3-016

The tort argument Having rejected the idea of collateral contract, Hobhouse J went on to hold that the broker was nevertheless liable to all three total loss underwriters in tort for failing to exercise reasonable care/use his best endeavours (as Mustill LJ observed in the Court of Appeal, the judge appeared to regard the two formulae as identical). Baxter had expressly given a signing indication to the first two total loss underwriters. As for the third total loss underwriter, Ian Posgate,[46] the judge concluded that although he had not been given an express signing indication, he had nevertheless relied upon the fact that Baxter had given a signing indication to the other total loss underwriters. 3-017

The "Zephyr": Legal issues (Court of Appeal)

There were only two parties to the appeal from the Judgment of Hobhouse J: the brokers and one of the underwriters, Posgate. Mustill LJ (as he then was) summarised the sole issue of law for decision as being the judge's conclusion on the essential facts as he found them: 3-018

---

[45] See further Ch.9, 9-014 below.
[46] A legendary underwriter at Lloyd's, who earned the nickname "Goldfinger" in the market for his underwriting instinct.

"... that there was a representation implicit in the presentation of the slip by Mr Baxter to Mr Posgate upon which Mr Posgate relied, to the knowledge of Mr Baxter, and that this was sufficient to found a duty, not in contract, but in tort."[47]

Mustill LJ concluded that, even assuming that Hobhouse J had been correct in holding that the brokers owed a duty of care to the other total loss underwriters, they did not owe any such duty to Posgate because he had not been given a signing indication, and accordingly reversed this part of the decision of Hobhouse J In so doing he also criticised (obiter) the judge's reasoning in relation to the broker's liability to the other total loss underwriters; in short, where Hobhouse J had held there to be no collateral contract but instead a duty in tort, Mustill LJ would have held the converse, i.e. there was a collateral contract but no duty of care.

Does a signing indication give rise to a contractual obligation?

3-019   Mustill LJ's views on the collateral contract issue were:

"Juristic labels aside, it seems to me clear that this was a promise to do something: that something being the exertion of efforts towards the obtaining of sufficient subscriptions to sign the slip down to the stated percentage. The legal format in which such a promise could most readily be identified as enforceable is that of a contract. The facts can be expressed in terms of a bargain whereby the broker made the promise implicit in the signing, in return for the reinsurer's subscription of the slip, whereby the broker could earn his remuneration. This bargain would satisfy the formal requirements of a contract collateral to the primary contracts between the reinsurers and the all risks underwriters. The learned judge recognized this possibility ... He nevertheless held that there was no contract. His reasons were as follows. It would be impractical to construe a signing indication as a warranty about what the slip would sign. The only alternative would be to construe it as an undertaking to use best endeavours, and this would not be legitimate since the words used did not mention best endeavours. Accordingly, there was no promise capable of enforcement in contract.

With due respect, I cannot adopt this reasoning. As the foundation for his decision that the brokers were liable in tort, the learned judge quoted and accepted evidence from the market to the effect that the signing indication implied the acceptance of a responsibility to use best endeavours to procure the signing down by the date of inception. The words, 'It will sign down to one-third' are thus to be translated as, 'I believe that it will sign down to one-third and will do my best to see that it does so'. If this is right—and the correctness of the judge's finding on the market interpretation of the signing indication was not challenged on this appeal—I can for my part see no reason why the indication should not form part of a contractual bargain. Thus, although on the facts as found by the learned judge I would have reached the same conclusion as he did on the liability of the brokers to the Tanter and Moller syndicates, I would have arrived there by a different route."[48]

It appears that Mustill LJ reached this conclusion because, as we shall see, he believed that a promise to "use best endeavours" could not give rise to a duty in tort. We suggest that, in the light of subsequent House of Lords authority,[49] this is not correct. However, his judgment also suggests that if the signing indication provides a reasonably certain estimate the broker may be liable for breach of collateral contract. The notion of the broker making a contract with the underwriter arises

---

[47] *The "Zephyr"* [1985] 2 Lloyd's Rep. 529 at 536.
[48] *The "Zephyr"* [1985] 2 Lloyd's Rep. 529 at 537.
[49] *Henderson v Merrett Syndicates Ltd* [1995] 2 A.C. 145.

again in the context of his brokerage/commission[50] and the provisions of placing documents to the (re)insurer.[51]

Does a signing indication give rise to a duty in tort?

Mustill LJ considered[52] that, as a matter of principle, a promise to use "best endeavours" to do something cannot give rise to any liability for failing to use "best endeavours" in the absence of a contractual relationship between the parties. English law does not recognise a right of action for a gratuitous promise. He accepted that if the signing indication were a representation of present fact, relied on by an underwriter to his detriment, then a liability in tort could arise under the principle in *Hedley Byrne & Co Ltd v Heller & Partners Ltd*.[53] Following *Henderson v Merrett Syndicates Ltd*[54] it appears that the Hedley Byrne principle is not confined to negligent misstatements; instead, the test is whether the broker has voluntarily assumed a responsibility towards the underwriter. It is possible that a broker who gives an express signing indication to an underwriter does assume a responsibility, and therefore is under a duty to take reasonable care to ensure that the slip signs down to the extent indicated.[55] But where the underwriter simply signs a line, in the belief that the slip will sign down, the element of assumption of responsibility is not present and the broker would appear to owe no duty to underwriters generally, even though he knows they are putting down larger lines in the expectation of the slip signing down.[56] Under Blueprint Two, where a broker has to opt-in for the electronic placement platform to accept lines above a 100% subscription, the case for a duty of care is weakened or even non-existent: underwriters will be on "alert" that a risk placed "to be signed down" may be signed down.

3-020

Consideration

The premium is the consideration paid by the reinsured in return for the reinsurer's promise to indemnify the reinsured for claims covered by the reinsurance contract. It is usual for the premium to be calculated by reference to the percentage or layer of the underlying risk that is transferred to the reinsurer. Premium payments are often made through the broker who deducts a commission.[57] Unless the parties agree otherwise, the premium is payable as soon as the risk attaches.[58] However, again subject to the terms of the reinsurance contract, a reinsurance contract may incept regardless of whether the premium has actually been

3-021

---

[50] See Ch.11, 11-013 below.
[51] See Ch.9, 9-077 to 9-079 below. *Goshawk Dedicated Ltd v Tyser & Co Ltd* [2006] EWCA Civ 54; [2006] 1 Lloyd's Rep 566 at [57]–[58], [64]–[66].
[52] *The "Zephyr"* [1985] 2 Lloyd's Rep. 529 at 538.
[53] *Hedley Byrne & Co Ltd v Heller & Partners Ltd* [1964] A.C. 465.
[54] *Henderson v Merrett Syndicates Ltd* [1995] 2 A.C. 145, and see Ch.10 below.
[55] *Robinson v PE Jones (Contractors) Ltd* [2011] EWCA Civ 9 is an instructive case on concurrent duties. A latent defect emerged 12 years after a house was built. A claim in contract by the owner against the builder was thus time-barred. The owner sued the builder in tort (the tort not being complete until damage was suffered). The court acknowledged that concurrent duties could exist but in this instance the rights of the owner were expressly limited to contractual rights and that was not an unreasonable contract term.
[56] Compare the analysis below relating to the position of a leading underwriter and those who follow.
[57] See Ch.11, 11-013 below.
[58] *Heath Lambert Ltd v Sociedad de Corretaje de Seguros* [2004] Lloyd's Rep I.R. 905.

paid[59] and the reinsurer is not entitled to terminate unless the reinsured's failure to pay premium amounts to a repudiatory breach of contract.[60] We refer to Ch.9 and Ch.11 below for further discussion of the obligation to pay premium.

Intention to create legal relations

3-022 The English courts presume that parties to a commercial agreement—such as a reinsurance contract—do intend to create legal relations. The parties' intent to create legal relations is an essential ingredient in forming a valid and binding contract. The presumption of such an intent can be rebutted, but as can be seen from *Orion Insurance Co Plc v Sphere Drake Insurance Plc*[61] (discussed in 3-025 below), this requires robust evidence.

A comedy of errors: Abrahams v Med Re

3-023 *Abrahams v Mediterranean Insurance and Reinsurance Co Ltd*, Hobhouse J (as he then was) was an action brought by the reinsured, Lloyd's Syndicate 420, in respect of reinsurance cover broked through F.E. Wright. The dispute concerned two contracts of reinsurance: the first was evidenced by a slip dated 31 December 1981 ("the TLO slip"); the second alleged contract (an excess of loss, or "XL" contract) was contained in a document dated 18 February 1982. The origin of the alleged XL contract is quite remarkable. In February 1982, a junior employee of the brokers collected from Syndicate 420's box a note book which both the broker and the reinsurer believed contained declarations by the reinsured as to the risks ceded pursuant to the TLO slip. However, at p.35 of the note book the underwriter of Syndicate 420 (one Marsh) had inserted the following words, which were apparently intended to extend the cover available under the TLO slip:

> "References as declared.
> Further noted and agreed accept Aviation and Marine XL business on the basis of 70% xs 30% on each contract at 27.5% on ONP Aviation and 25% of ONP for Marine all other terms and conditions as orig.
> Monthly Bordereaux.
> Max Line $100,000 Average $50,000."

3-024 Med Re's underwriter, a Mr Zagalai, proceeded to initial all the declarations in the note book presented to him by the broker, and of course initialled the words appearing at p.35 without bothering to read them. The first instance judge, Hobhouse J, held that no extension of cover under the TLO slip had thereby been effected, on the basis either that the document presented at p.35 of the note book could not objectively be regarded as a contractual offer, or alternatively, that any contract purportedly entered into by initialling p.35 could be avoided by reason of the brokers' "innocent" misrepresentation that what Mr Zagalai was given were simply declarations under the existing cover. However, after the parties had directed their minds to the existence of the initialled document, there followed a series of meetings, culminating in an agreement of February 1983, which the learned judge concluded *did* give rise to a valid XL contract on the terms set out above.

The Court of Appeal held that there was never any binding p.35 XL contract—

---

[59] *Thompson v Adams* (1889) 23 QBD 361; but note that premium warranties and conditions precedent may make inception of the (re)insurance conditional upon payment of premium.
[60] *Figre Ltd v Mander* [1999] Lloyd's Rep. I.R. 193.
[61] *Orion Insurance Co Plc v Sphere Drake Insurance Plc* [1990] 1 Lloyd's Rep. 465, see Ch.10 below; aff'd [1992] 1 Lloyd's Rep. 239.

either at the time of initialling p.35 nor in the February 1983 meeting—thus reversing Hobhouse J on the latter point. Parker LJ said of the February 1983 "agreement":

"On the face of the document [i.e. p.35] it has nothing whatever to do with any excess of loss contracts. On its face it deals only with the TLO reinsurance.... It is clear ... that neither the syndicate, nor F.E. Wright, nor Med Re can have had any contractual intent at the time p.35 was presented and initialled. When the February 1983 agreement was made Med Re did, it is true, know that the syndicate considered that it had contractual effect. This arose from a meeting in December 1982. However ... Med Re had no cause to raise any question or dispute upon it and had not done so. Neither party had thus any cause to refer to it or include it in the February agreement. I can therefore see no basis for concluding that the agreement, which does not refer either directly or indirectly to it, must be construed so as to constitute an agreement that Med Re should be bound by it."[62]

Instances where there is so much confusion and uncertainty over the intention to enter into a contract must surely be rare. The general rule, that an underwriter initialling a slip is thereby bound, is unaffected by *Abrahams v Med Re*.

Agreements binding in honour

It is *possible* for commercial men to enter, deliberately, into an agreement relating to liabilities arising under insurance contracts which is binding in honour only. In *Orion Insurance Co Plc v Sphere Drake Insurance Plc*[63] Hirst J found that the parties had entered into a "good will agreement" to set a maximum on the amount Sphere Drake, as reinsurer, should pay Orion in respect of future claims. When future claims exceeded that maximum amount, Orion were, according to Hirst J, entitled to recover them because the "good will" agreement was not legally binding. For a court to reach such a conclusion is unusual; and, as Hirst J said, the party asserting that there was no intention to create legal relations bears a heavy burden of proof. Hirst J's decision was eventually corrected. Having lost to Orion, Sphere Drake sought to recover from its own reinsurers, Balser, what it owed Orion—and failed again. In *Sphere Drake v Balser*[64] Moore-Bick J found that the agreement between Orion and Sphere Drake was not a goodwill agreement, but a binding agreement and that the witness whom Hirst J had believed, was not telling the truth.[65] Sphere Drake (renamed Odyssey Re (London) Ltd) thereupon renewed its attack on Orion (renamed OIC Run-off Ltd)—seeking to set aside the Hirst J judgment—and lost again at first instance before Langley J. Finally, in the Court of Appeal,[66] on appeal against the decision of Langley J, Odyssey Re/Sphere Drake won. The judgment of Hirst J in the original *Orion v Sphere Drake* case was set aside on the grounds of perjury of a key Orion witness on the issue of the alleged "goodwill" agreement. One may conclude, not only that sometimes persistence pays, but also that "goodwill" agreements are difficult to establish in the context of commercial relations.

Nonetheless, there may be instances where the parties enter into an agreement which they know is unenforceable in a court of law, for example because it is illegal, but which they expect each will honour as a "gentlemen's agreement". An

3-025

---

[62] *Abrahams v Med Re* [1991] 1 Lloyd's Rep. 216 at 238–239.
[63] *Orion Insurance Co Plc v Sphere Drake Insurance Plc* [1990] 1 Lloyd's Rep. 465, see Ch.10 below; aff'd [1992] 1 Lloyd's Rep. 239.
[64] *Sphere Drake Insurance Plc v Basler Versicherungs-Gesellschaft* [1998] Lloyd's Rep. I.R. 35.
[65] *Sphere Drake Insurance Plc v Basler Versicherungs-Gesellschaft* [1998] Lloyd's Rep. I.R. 35 at 65.
[66] *Odyssey Re (London) Ltd v OIC Run-Off Ltd* [2001] Lloyd's Rep. I.R. 1.

obvious example is "ppi" (policy proof of interest) policies which are, pursuant to s.4 of the Marine Insurance Act 1906, void. Of course if one party behaves in an ungentlemanly fashion by taking the unenforceability point, the court has no alternative but to hold that the agreement is not binding.[67]

In *Home Insurance Co v Administratia Asigurarilor De Stat*,[68] where a quota share treaty contained an arbitration clause providing that it "... shall be interpreted as an honourable engagement rather than as a legal obligation ....", Parker J held that this did not mean that the contract was binding in honour only.[69]

Mistake and fraud

3-026　　The law of contract does not generally intervene if both parties are mistaken about some aspect of the agreement.[70] In the leading case of *Bell v Lever Brothers Ltd* the majority of the House of Lords decided that only mistakes that are common to both parties and concern "something which both must necessarily have accepted in their minds as an essential and integral element of the subject matter" can vitiate the contract.[71] However, where one party took on the risk to guarantee the existence of a certain state of facts, for example by giving a warranty, that party cannot seek to vitiate the contract on the grounds of mistake.[72]

3-027　　In contrast, if one party misrepresents a fact to another and the other is induced by that misrepresentation to enter into a contract of reinsurance, the innocent party may be able to avoid the contract. Reference is made to Ch.6 below for a discussion of misrepresentation and non-disclosure (failure to make a fair presentation). The effect of pre-contractual misrepresentations must be distinguished from consequences of fraudulent misrepresentations by the reinsured at the claims payment or settlement stage. In the latter scenario, the reinsurer may be entitled to the remedies set out in s.12 of the Insurance Act 2015.[73] In *Zurich Insurance Co PLC v Colin Richard Hayward*[74] insurers, who settled a personal injury claim when they *suspected* a fraud by the claimant, were held entitled to set aside the settlement when they later discovered *proof* of the fraud. The Supreme Court held that when

---

[67] See also the cases concerning reinsurance contracts which were unauthorised under the Insurance Companies Acts 1974–1982. Note in particular the observations of Kerr LJ in *Phoenix v Halvanon of Greece* [1985] 2 Lloyd's Rep. 599, and Gatehouse J in *Bates v Barrow* [1995] 1 Lloyd's Rep. 680 and the earlier cases concerning reinsurance contracts which deliberately contravened the Stamp Act 1891, see Ch.7 below, especially the remarks of Lord Atkin in *English Insurance Co Ltd v National Benefit Insurance Co Ltd* [1929] A.C. 114, and of Goddard J in *Maritime Insurance Co Ltd v Assecuranz-Union von 1865* (1935) 52 Ll.L.R. 16; and compare *Gedge v Royal Exchange Assurance Corporation* [1904] 2 Q.B. 214, where the court took the point that the insurance was ppi. even though the insurer did not.

[68] *Home Insurance Co v Administratia Asigurarilor De Stat* [1983] 2 Lloyd's Rep. 674.

[69] See Ch.14, 14-108 below.

[70] For a full account on the law of mistake reference is made to *Chitty on Contracts*, 35th edn (Sweet & Maxwell, 2023), Ch.6.

[71] *Bell v Lever Brothers Ltd* [1932] AC 161 at 235 per Lord Thankerton. This definition of common mistake was used (unattributed) in *FSHC Group Holdings Ltd v GLAS Trust Corp Ltd* [2019] EWCA (Civ) 1361. The Court said that where rectification was sought because of a common mistake and there was an earlier document showing what the mistake was, the test was objective, but, and contrary to what Lord Hoffmann said in *Chartbrook Ltd v Persimmon Homes Ltd* [2009] UKHL 38, where one was looking at the minds and intentions of the parties to establish common mistake, the test was necessarily subjective.

[72] *McRae v Commonwealth Disposals Commission* (1952) 84 CLR 377; *Great Peace Shipping Ltd v Tsavliris Salvage (International) Ltd* [2002] EWCA Civ 1407; [2003] Q.B. 679 at [75] per Lord Philips.

[73] See Ch.6, 6-129.

[74] *Zurich Insurance Co Plc v Hayward* [2011] EWCA Civ 641.

GENERAL CONTRACTUAL PRINCIPLES 87

seeking to set aside a settlement on the basis of fraudulent misrepresentation insurers did not have to prove that they settled because they believed that the misrepresentations (in this instance statement made by the claimant about the extent of his injuries) were true; they merely had to show that they had been influenced by those misrepresentations. Lord Clark said:

"[44] As I said earlier, it cannot fairly be said the Zurich had full knowledge of the facts here. It follows that it is not necessary to express a final view on the question whether it always follows from the fact that the representee knows that the representation is false, that he cannot succeed. As explained earlier, questions of inducement and causation are questions of fact. It seems to me that there may be circumstances in which a representee may know that the representations is false but nevertheless may be held to reply upon the misrepresentation as a matter of fact."

Formality and timing of formation

Oral agreements

Outside the sphere of marine insurance[75] and life insurance,[76] there is no common law requirement that a reinsurance policy must be embodied in a written policy. However, cases upholding oral contracts of reinsurance, or even considering the question are rare and are not in keeping with contract certainty. In *Sphere Drake Insurance Plc v Denby*[77] it was found that a binding oral agreement for the provision of stop loss reinsurance had not been entered into. In principle, subject to proof of the intention of the parties, an unequivocal oral promise to sign a slip on particular terms would constitute a valid and legally enforceable contract.[78] Such arrangements are not completely without precedent at Lloyd's, as a 1912 Memorandum in the archives of Bowring records:

3-028

"A cable was received in our office at 5:30 p.m. requesting us to place what was in those days a large line of reinsurance on The Titanic against total loss at 'best possible'. A young broker was dispatched to Lloyd's to see whether anything could be done. After searching the Room, the Captain's Room and elsewhere with no result, he met on the stairway of the old Lloyd's in the Royal Exchange, Mr John Povah, a well-respected leader in the overdue market. On being offered the risk he remarked, 'The rate at the moment is 25 guineas per cent, but if you want me to write so large an amount as that, I must have 30 guineas.' Having an order at 'best possible' this offer was accepted and Mr Povah said, 'Bring the slip round to me tomorrow and I will put it down—I am in a hurry now'. By the next morning there was no doubt about the total loss of The Titanic; there was likewise no doubt in anyone's mind that the verbal acceptance was binding."[79]

In *Sun Life Assurance of Canada v CNA Re Ltd*[80] both parties accepted, as did the court, that the agreement of Sun Life to reinsure CNA had been concluded orally. In the London Market this agreement would now be subject to contract

---

[75] MIA 1906 ss.22 and 23.
[76] The Life Assurance Act 1774 s.2 requires that insertion in the life insurance policy of the name or names of the person or persons interested therein, or for whose use, benefit, or on whose account such policy is so made.
[77] *Sphere Drake Insurance Plc v Denby* [1995] L.R.L.R. 1. See also *Delver, Assignee of Bunn v Barnes* (1807) 1 Taunt. 48, where an oral agreement to transfer a line from one underwriter to another was upheld.
[78] See, however, MIA 1906 s.22 which states that a contract of marine insurance is inadmissible in evidence unless embodied in a marine policy.
[79] Cited by Godfrey Hodgson, Lloyd's of London—A Reputation at Risk (Penguin Books, 1984), p.136.
[80] *Sun Life Assurance of Canada v CNA Re Ltd* [2003] EWCA Civ 283; [2004] Lloyd's Rep. I.R. 58.

certainty which requires, amongst other matters, that written or electronic evidence of the cover agreed upon is made available within 30 days of inception. With the roll-out of Blueprint Two, information about the risk to be placed can be submitted to an accredited electronic placing platform which will create a "Core Data Record" (CDR) from which a digital version of the MCR can be built. The "bound" version of the MCR will then be stored in an electronic Documentary Repository.[81]

Line slips, off slips and binders

3-029 A line slip creates an open cover facility. The nature of a line slip was described by Webster J in *Balfour v Beaumont* as follows:

"A line slip is an authority (known in the London market as a facility) given in writing by a number of underwriters which enables the leading underwriter (or underwriters) to agree to proposals for insurance of risks within a prescribed class on behalf of all underwriters subscribing to the line slip provided that the proposed insurance is within the scope of the terms of the authority."[82]

The above description was cited with approval by the Court of Appeal in *Denby v English Scottish Maritime Insurance Co Ltd*.[83] Hobhouse LJ described the making of the contract of insurance between the plaintiff reinsureds and the original insureds as coming about as a result of two stages. He said:

"The first stage was the acceptance of participating in a line slip and the second was the acceptance of the relevant risk by the leading underwriter by his signing a facultative slip, known in this context as an 'off slip'."

Hobhouse LJ referred to the terms of the line slip in question[84] and said:

"It is a document which confers the qualified authority upon the leading underwriter to enter into contracts of insurance which bind those who have participated in the line slip. The line slip also makes provision for the documents which are to come into existence and contemplates that the broker will present risks to the leading underwriter by the way of 'declarations'. This expression is apparently the one commonly used in the market and is doubtless derived by analogy from making declarations under an open cover."[85]

3-030 He continued, as follows:

"Similarly, the expression 'off slip' is also used in the market to describe a proposal of insurance by a broker to the leading underwriter where there already exists a line slip authorising the leading underwriter, if he should choose to do so, to accept that risk on behalf of the other participants. The line slip imposes no obligation whatsoever upon the broker to present any risks to the leading underwriter nor does it impose any liability

---

[81] See Lloyd's Blueprint Two—Phase one digital services: Adoption Guide (1 September 2023; *https://www.velonetic.co.uk/blueprint-two/adoption-guide*); and Lloyd's Blueprint Two Working Session: June (19 June 2023; slides available from *https://www.velonetic.co.uk/blueprint-two/news/blueprint-two-working-session-june*).
[82] *Balfour v Beaumont* [1982] 2 Lloyd's Rep. 493 at 494; see also: [1984] 1 Lloyd's Rep. 272 CA at 273 per Sir John Donaldson MR and *Touche Ross v Baker* [1992] 2 Lloyd's Rep. 207 at 210 per Lord Mustill.
[83] *Denby v English Scottish Maritime Insurance Co Ltd* [1998] Lloyd's Rep. I.R. 343.
[84] "This line slip authorises the leading underwriter (RAJ Syndicate 799) to bind insurances emanating from J.H. Minet and Co Ltd in respect of accountants and attorneys, or lawyers or counsellors at law or solicitors and professional firms and/or as agreed by the leading underwriter only (excluding however medical malpractice risks written as such) which shall be binding upon all other underwriters hereon following the agreement of the leading underwriter."
[85] *Denby v English Scottish Maritime* [1998] Lloyd's Rep. I.R. 343 at 354.

whatsoever upon the leading underwriter to accept any such risk. It is difficult to see how the line slip can constitute any form of legal contract or that it imposes any legally enforceable obligation upon any participant not thereafter to withdraw (for the future) the authority which he has given to the leading underwriter."[86]

The line slip itself is a facility for re/insurance that creates no obligation on the re/insured to offer any risk, and no obligation of the re/insurer to accept any risk offered under the line slip. A contract of re/insurance is only formed as and when an individual risk is declared (with an off slip) and that risk is accepted (by signing the off slip). In *Denby v English Scottish Maritime Insurance Co Ltd*, the Court of Appeal held that the following underwriters on line slips are bound to each risk when the leader on the lineslip accepts each individual risk in the manner provided for in the lineslip, not at the time of signing the line slip itself.[87]

In contrast, a binder or binding authority is agreement between a number of re/insurer and a coverholder (who could be a broker or another underwriter) under which the re/insurers delegates their authority to enter into a contract or contracts of re/insurance within prescribed parameters.

The time of the formation of the contract of reinsurance has an impact on up to which point in time to duty of pre-contractual disclosure subsists. We examine this further in Ch.6 below.

Variation and additional terms

Endorsements

Contracts, once concluded, can be varied by mutual agreement. (We have seen above how a contract can be varied unilaterally through signing down.) The document pursuant to which a reinsurer agrees amendments to the slip or policy is generally called an endorsement. The London Market now uses a standard form document, the Market Reform Contract Endorsement, to record variations. It is not unusual for an endorsement (or even a number of endorsements) to be negotiated and agreed at the same time as the original slip and generally this is because the endorsement records a non-standard addition to, or reduction of, coverage and one or both of the parties wish the fact to be recorded separately.[88] With the introduction Blueprint Two, any endorsements should be submitted to be stored in the electronic Documentary Repository. It is not clear to what extent the contractual documents held in the Documentary Repository and the information in the CDR will represent the "entire agreement" between the parties, so that a reinsured or reinsurer would be prevented from asserting that their agreement contains other terms, or has been endorsed with additional terms, that are not documented in the Documentary Repository and are not part of the CDR. This point arises as Lloyd's has stated that the CDR "is the one irrefutable version of the truth."[89] Would the parties by virtue of agreeing to use the platform also agree between themselves that the documents placed there constitute their entire agreement? Would they agree that (a stronger version of) the parol evidence rules applies? It seems inequitable that a party should be permitted to go back on its promise simply because the promise has

3-031

---

[86] *Denby v English Scottish Maritime* [1998] Lloyd's Rep. I.R. 343 at 356.
[87] *Denby v English & Scottish Maritime Insurance Co Ltd* [1998] C.L.C. 870; [1998] Lloyd's Rep. I.R. 343.
[88] It is not uncommon to find that coverage is given by endorsement for a peril that is excluded in the slip itself. In this way the premium for the cover in the standard slip and the further premium for the further risk being covered can more easily be calculated.
[89] Lloyd's Blueprint Two: the Future of Lloyd's (2020), p.18.

not been entered into the Blueprint Two system. We would envisage that there could be estoppel-based arguments against such a defence.[90] We also consider that the Blueprint Two system cannot preclude terms implied by law since it is only representing an electronic record of the written (and submitted) terms.

The parties could seek to create greater clarity by expressly addressing this point in the MRC and any endorsements—either by providing that the contractual documents in the Documentary Repository constitute the entire agreement, or that contractual obligations pursuant to the MRC are enforceable irrespective of whether the documents evidencing such obligations have been submitted to the Blueprint Two system.

In *Lark v Outhwaite*, the question was whether an exchange of letters between the broker and the underwriter constituted a binding agreement varying the treaty. Hirst J said:

> "The principles are elementary and very well established. The acceptance must correspond with the offer and must be clear and unqualified, and will fail to take effect if it attempts to vary the terms of the offer or to add new terms."[91]

Hirst J applied the following objective test:

> "... whether or not a reasonable person in the position of the recipient would regard the response as introducing a new term into the bargain, and not as a clean acceptance of the offer."[92]

He concluded that a reasonable person would construe the underwriter's letter as a counter-offer, and accordingly there was no agreement.

Fennia Patria[93] is a case concerning an endorsement to amend the level of excess of loss cover granted under the original slip.

In *MWB Business Exchange Centres v Rock Advertising*[94] the Supreme Court said that in the face of a "NOM" (No Oral Modification) clause, an oral agreement to vary the payment terms under a contract (which the first instance judge decided as a fact had been made) was ineffective. We doubt that so absolute a rule will remain absolute. We envisage a NOM clause in a policy covering named vessels and a broker telephoning or emailing the insurer to add a new vessel and the vessel suffering a casualty before the broker has obtained a signature on an endorsement—we expect the vessel would be covered.

Quota share treaties

3-032   One of the issues which arose in *Kingscroft Insurance Co Ltd v Nissan Fire & Marine Insurance Co Ltd (No.2)*,[95] was the contractual effect of two facility quota share treaties under which the claimant Weavers stamp companies were reinsured by the defendant (Nissan). The treaties had been signed in 1976. Nissan contended that because six of the claimants had not been members of the Weavers pool in 1976

---

[90] Promissory estoppel cannot act as cause of action (*Combe v Combe* [1951] 2 K.B. 215; [1951] 1 T.L.R. 811), but could potentially be used to enforce a claim based upon a cause of action in contract to defeat a defence of the other party (see: R Halson, "The Offensive Limits of Promissory Estoppel" [1999] LMCLQ 257).
[91] *Lark v Outhwaite* [1991] 2 Lloyd's Rep. 132 at 139.
[92] See *Global Tankers Inc v Amercoat Europe NV* [1975] 1 Lloyd's Rep. 666 at 671 per Kerr J.
[93] *Fennia Patria* [1983] 2 Lloyd's Rep. 287. See 3-008 to 3-009 above.
[94] *MWB Business Exchange Centres v Rock Advertising* [2018] UKSC 24.
[95] *Kingscroft Insurance Co Ltd v Nissan Fire & Marine Insurance Co Ltd (No.2)* [1999] Lloyd's Rep. I.R. 603.

(indeed five of them had not then been incorporated) they never became insured parties to the treaties of reinsurance signed in that year. Moore-Bick J said:

> "It is obvious that only companies who were members of the pool at the time could have been parties to the treaties at the outset, but the treaties were intended to be continuous over a period of some years and it therefore becomes necessary to consider how, if at all, the parties intended to accommodate any changes in the composition of the pool which might occur during the life of each treaty. One of the interesting and unusual features of these treaties is that apart from Walbrook Insurance Company the parties are not identified otherwise than by the description 'companies underwritten by Weavers'. The placing information laid some emphasis on the standing and reputation of Weavers in the London market and there is no doubt that the attraction for potential reinsurers was the opportunity to share in what was seen as highly profitable business written by a market leader."[96]

The learned judge referred to the evidence of the Nissan underwriter that it was his understanding that the composition of an underwriting pool could be expected to change over the course of time. This was confirmed by the evidence of three experts in reinsurance underwriting. Moore-Bick J continued:

> "Taken together these factors all point clearly to the conclusion that the parties to the agreement intended that if there were changes in the composition of the pool during the currency of the treaties the new members should become reinsureds as soon as Weavers began to underwrite on their behalf. Any other conclusion would significantly undermine the commercial purpose of the treaties which depended for their efficacy on treating the Weavers pool for these purposes as a single commercial entity. If a change in the identity of the reinsured was subject to agreement between the parties, so that Weavers could decline to add a new member of the pool to the treaty or the reinsurers could decline to accept it, the whole commercial structure of the treaties, under which the pool ceded a fixed proportion of the risks which it wrote, could be severely damaged. In my view the failure to include in the treaties as originally signed any statement of the names or number of the original reinsureds lends further support to the conclusion that it must have been the intention of the parties that changes should occur without the need for any additional formalities. If it was immaterial to the reinsurers at the outset how many companies were members of the pool or who they were, it is difficult to see how the number or identity of any new members could have been of interest either."[97]

Adopting a pragmatic commercial approach, the learned judge adopted the concluded that in signing the treaty, Nissan had made a standing offer to any company which became a pool member to enter into contractual relations upon the terms of the treaty. The offer was capable of acceptance by a company becoming a pool member and communication of the acceptance to Nissan was not necessary. Moore-Bick J said:

3-033

> "I am satisfied that there was consensus upon a mutual bargain and I think that the transaction to which the parties intended to give effect can be analysed in a satisfactory way. In my view, both as a matter of business common sense and as a matter of law, the treaty is to be construed as containing an offer on the part of the reinsurers to any new member of the pool to enter into contractual relations on the terms of the treaty. Weavers as pool manager and signatory for the original reinsureds could be expected to bring that offer to the attention of any new member of the pool and should be understood as having been authorised by the reinsurers to do so. Moreover, the offer must be construed as one to contract on the terms of the treaty as a whole because it was essential to ensure that any

---

[96] *Kingscroft Insurance* [1999] Lloyd's Rep. I.R. 603 at 619.
[97] *Kingscroft Insurance* [1999] Lloyd's Rep. I.R. 603 at 619.

new member became fully bound in all respects. Anything short of that would not have been sufficient to give effect to the intention of the parties or to give business efficacy to the transaction. Indeed, since viewed from the perspective of the reinsurers the agreement to cede a full 50% of risks written by the pool lay at the heart of each of the treaties, it is difficult to see how the other parties could insist on their continuing in effect if new members of the pool did not become parties. In my judgment the offer was intended to be capable of acceptance without communication simply by a company's becoming a member of the pool and accepting risks falling within the scope of the treaty. Communication of acceptance was waived by the reinsurers as it was by the defendant in the *Carlill* case,[98] since the identity of the reinsured was immaterial, there was simply no need for it.

[Counsel for Nissan] sought to place particular reliance on the fact that many of the claimants had not been incorporated by the time the treaty was made. Although, as I have acknowledged, that may present difficulties for an analysis which depends on agency, I do not regard that as an insuperable objection. In *The 'Eurymedon'*[99] as Lord Wilberforce pointed out, the precise identity of the stevedore was unknown when the bill of lading was issued. If, as he appears to have accepted, the 'open offer' analysis to be found in *Carlill v Carbolic Smoke Ball Co* could equally well be adopted, I can see no reason in principle why the result should have been different if the company had been incorporated after the bill of lading had been issued and before the ship reached the port of discharge since the promise or offer contained in the bill of lading was necessarily communicated to the stevedore before the goods were discharged. In *Carlill*'s case the promise in question was made to all the world and was made continuously for as long as the posters continued to be displayed; anyone who read the poster and acted upon it became entitled to claim under the contract if the stipulated events occurred. In the same way here, the offer contained in the treaties was continuous while the treaties remained in force and was therefore capable of being communicated to any new member of the pool when it started accepting risks ... .

For these reasons I consider that as soon as a new member of the pool began to accept risks falling within the terms of the treaty the contract became mutually binding as between itself and the reinsurers. From that point on the new member became bound to cede, and Nissan became bound to accept, the due proportion of all relevant risks in accordance with the treaty's terms. It follows that in my judgment all the claimants became parties to the treaties and are entitled to sue and be sued on them."[100]

Changes to the slip by later underwriters

3-034 It is plainly possible to agree different terms with different reinsurers of the same risk. In *Jaglom v Excess Insurance Co Ltd* Mr Justice Donaldson noted:

"During this process [the slip going round the market] the slip was amended, but by whom and when and by what stages is wrapped in mystery."[101]

And:

"The extent to which an amendment by any underwriter involves the broker in a duty to re-submit the slip to an underwriter who has previously taken a line without the amendment is a matter to be determined in accordance with the practice of the market, *but all underwriters are to be deemed to have offered to accept the risk for their respective positions on the terms of the slip in its formally amended form, whether or not they know of subsequent amendments. Market practice and discipline can be relied upon to protect their interests.*" [Emphasis added]

---

[98] *Carlill v Carbolic Smoke Ball Co* [1893] 1 Q.B. 256.
[99] *New Zealand Shipping Co Ltd v A.M. Satterthwaite & Co Ltd (The "Eurymedon")* [1975] A.C. 154.
[100] *Kingscroft Insurance* [1999] Lloyd's Rep. I.R. 603 at 620–621.
[101] *Jaglom v Excess* [1971] 2 Lloyd's Rep. 171 at 174.

The latter part of this statement (italicised) is no longer good law following *Fennia Patria*.[102] But in relation to the former, Kerr LJ, in *Fennia Patria*, said that in *Jaglom*:

"... both parties proceeded on the basis of the terms of the slip in its finally amended form irrespective of the chronology of the amendments in relation to the lines as they were written. No issue appears to have been raised as to the status of each line in relation to the slip as it then stood and there was no argument or evidence as to what the contractual position in this regard was considered to be, either by custom or by implication."[103]

Nonetheless, and consistent with the *Fennia Patria* case, we consider that each underwriter is bound to the terms of the slip as they are when his signature is placed on the document—that being the time of completion of the contract with that underwriter. Our understanding of the practice (but not custom) of the market is that a broker will be strongly resistant to any underwriter after the first, the leader, making any amendments to the slip, and justifiably so, since it is unlikely that a broker would have authority from his client to agree reinsurance with different reinsurers on different terms. If the broker does agree to a later reinsurer writing the risk on different terms, he is unlikely to go back to earlier underwriters for them to agree the revised terms if they are more onerous or restrictive (indeed it could be a breach of duty to his client to do so, being not in his client's interest). Reinsurers contracting on different terms could lead to conflicting duties owed by the reinsured and could entail different outcomes on claims payments.

3-035

Further questions may arise if there is a leading underwriter on the slip and other underwriters (followers) change the terms of the slip, but there is a provision in the slip for the leading underwriter to agree policy wording and when he does so, he eliminates those changes made on the slip by the followers. (We deal with this issue in 3-071 below.)

3-036

Best Terms and Conditions Clauses

In order to avoid the issues that can arise where different reinsurers contract on different terms, reinsurers may insist on what is termed a "Best Terms and Conditions Clause" (or "BTC") pursuant to which all underwriters on a slip should be deemed to have contracted on the best terms negotiated by any one underwriter. The provision is therefore like a "most favoured nation clause" in a settlement agreement, where one of a number of claimants, if he settles early, extracts an agreement that the paying party will pay him more if he settles with later claimants on better terms. Where there are multiple reinsurers on the same risk, one might expect the reinsured to be better served by all reinsurers agreeing the same terms (other than premium) because claims would be easier to manage. Indeed, it would not be possible to negotiate with one reinsurer (a lead) or a committee of reinsurers, if the reinsurers had all agreed to reinsure on different terms. From the perspective of the reinsurers, if they have all agreed cover on the same terms, they may be more disposed to allow one of their number to investigate and agree claims on their behalf. Another issue arises where reinsurers take the view that the broker will have difficulty to place the proffered risk. The more difficult the broker finds it as time goes on, the more willing s/he will be to offer higher premium and or terms that benefit reinsurers. Logically this will leave all reinsurers hanging back, waiting for others to sign up, the slip to be incomplete, and the broker becoming desperate so

3-037

---

[102] *Fennia Patria* [1983] 2 Lloyd's Rep. 287.
[103] *Fennia Patria* [1983] 2 Lloyd's Rep. 287 at 290.

that better terms will be offered. A BTC helps the broker and his client overcome that difficulty because the broker can say to the early signers, "Don't worry; if I am forced to give late signers better rates, you'll get them too".

However, BTCs could be seen as a restrictive agreement or practice in contravention of competition law since their effect could be "a de facto alignment of premiums and other conditions" in the process of negotiating the contract.[104] In the UK, the Competition Act 1998 prohibits agreements between undertakings, decisions by associations of undertakings or concerted practices which may affect trade within the United Kingdom, and have as their object or effect the prevention, restriction or distortion of competition within the United Kingdom.[105] Similar concerns arise under art.101 of the Treaty on the Functioning of the European Union,[106] and its EU member state counter-parts. Until 31 March 2017, the European Insurance Block Exemption Regulation exempted certain restrictive practices in the insurance industry from competition law, but this exemption has now lapsed and since then, normal competition law rules have applied to re/insurance contracts. Whilst there are de minimis exceptions where the market impact of the arrangement is too small to have an appreciable effect on competition,[107] inherently anticompetitive conduct—such as pricefixing and the exchange of highly sensitive information—will never be regarded as insignificant in competition law terms and is thus likely be viewed as unlawful.[108] Following concerns raised by the European Commission in relation to BTCs and the lack of opportunity for the following market to compete on premium,[109] BIBA (the British Insurance Broker Association) published high level principles for brokers placing a risk with multiple insurers which were subsequently adopted by BIPAR (European Federation of Insurance Intermediaries). They include Principle 4:

> "In the case of a placement of a risk with a lead insurer and following insurers on the same terms and conditions, the previously agreed premiums of the lead insurer and any following insurers will not be aligned upwards should an additional follower require a higher premium to complete the risk placement. Indeed, the intermediary should not accept any condition whereby an insurer seeks to reserve to itself the right to increase the premium charged in such circumstances."[110]

Reinsurers may therefore rightly be concerned at how much information shar-

---

[104] Following a formal Business Insurance Sector Inquiry, the European Commission published a report in 2007 raising the question whether the practice of the subscription/co-insurance market to use BTC clauses might be anti-competitive. The Commission had found evidence of BTC clauses in some slips and "a de facto alignment of premiums and other conditions" in the process of negotiating a slip.

[105] Competition Act 1998 s.2.

[106] Article 101 of TFEU is similarly structured to the UK Ch.1 prohibition and the exemption conditions in s.9 of the Competition Act 1998. Insurance Block Exemption Regulation 267/2010 which applied to: (1) joint compilations, tables and studies; and (2) co-(re)insurance pools, expired on 31 March 2017.

[107] European Commission, "Guidelines on the applicability of Article 101 of the Treaty on the Functioning of the European Union to horizontal co-operation agreements:" 2011 (2011/C 11/01) para.44.

[108] Lloyd's "Competition Law Guidance" (May 2021, *https://www.lmalloyds.com/LMA/LMA_Competition_Guidelines/LMA/Legal/Competition_Law_Guidance__PDF_.aspx?hkey=71a363dd-e3ef-4191-bf98-531c10c3cf7e*).

[109] European Commission, "Competition Policy – Insurance" (*https://competition-policy.ec.europa.eu/sectors/financial-services/insurance_en#:~:text=In%202005%20the%20Commission%20launched%20a%20sector%20inquiry,reinsurance%20as%20well%20as%20insurance%20and%20reinsurance%20intermediation*).

[110] BIPAR, "BIPAR high level principles for placement of a risk with multiple insurers" 2008 (*https://d10ou7l0uhgg4f.cloudfront.net/Uploads/BIPARHighLevelPrinciples.pdf*).

ing and discussion can take place between them and brokers may feel inhibited about telling one reinsurer about another's approach to the risk and the terms. In our view it is in the interest of an insured or a reinsured that each of the underwriters on his cover agrees the same terms and his agent, the broker, may seek to achieve this for his benefit. Brokers, insurers and policyholders need to be alert to see that the way they conduct their business in the subscription market is actually conducive to competition rather than a barrier to it. The subscription market gives companies that can only offer smaller lines an opportunity to provide cover where otherwise they could not, and the broker market increases the likelihood of their being offered the opportunity to insure where otherwise they might not be. For the reasons set out above, a BTC can facilitate the placement of business and, as we will explain below, a BTC is a key condition to an efficient claims handling process in the subscription. We are aware that even in the subscription market brokers obtain quotes on diverging terms as result of the BIPAR principles referred to above: if premium cannot be adjusted upwards, terms can be adjusted (downwards). Although it is apprehensible why an underwriter would wish to use terms it is familiar with and which may have undergone internal approval processes, this could create complex coverage issues if there is a loss and render the Lloyd's Claims Scheme (discussed in 3-081) and other leading underwriter arrangements largely redundant. Quote requests placed on electronic placement platforms will be on proposed terms that are visible to all relevant underwriters. The electronic MRC will be negotiated (and edited accordingly) in real time and be transparent to all concerned. We consider that this will reduce further the possibility of divergent terms between different subscribing re/insurers, or at least make the existence of diverging terms more visible, and potentially render a BTC superfluous.

Same terms as original

Frequently, reinsurance slips seek to incorporate by reference the terms of the underlying insurance policy by using language such as "subject to the same terms and conditions as original". In Ch.4 below we consider the criteria which need to be met for a term from the insurance contract to be incorporated into the reinsurance contract. **3-038**

Implied terms

Additional contractual terms can also come into existence by implication. Terms may be implied into reinsurance contracts from three sources: by statute, by custom and usage, and by the courts. Implied terms will be considered further in Ch.4, Pt 5. **3-039**

Terms incorporated from PRICL

As noted in Ch.1, PRICL—the Principles of Reinsurance Contract Law (PRICL) 2019—consists of the principles, commentary on the principles, and illustrations. The principles serve alternative functions: (1) as rules that can be adopted as governing law (where such a choice of law is effective); or (2) as terms that can be incorporated into a reinsurance contract.[111] We are doubtful that choosing PRICL as governing law of a reinsurance contract would be treated as an effective choice of law by the English courts. This is because the PRICL are not a body of law of a **3-040**

---

[111] PRICL, art.1.1.1.

country. In *Shamil Bank of Bahrain EC v Beximco Pharmaceuticals Ltd*,[112] the Court of Appeal held that a choice of the principles of Sharia law was not a choice of law of a country for the purposes of the Rome Convention. The same conclusion was reached in *Halpern v Halpern*[113] where the issue was whether a compromise agreement to settle disputes in an arbitration could be governed by Jewish law (Halacha).[114] A choice by the parties would therefore merely represent an incorporation of the PRICL provisions into their reinsurance contract. It is, however, possible that an arbitral tribunal would accept the adoption of PRICL as governing law.[115]

3-041 Effective incorporation of the PRICL under English law would require the party who wishes to incorporate the PRICL to give notice of them to the other party and to take reasonable steps to bring the PRICL to the attention of the other party. For example, if the reinsured wants to use the PRICL, the broker would need to alert potential reinsurers that the reinsurance contract is going to be on PRICL terms and should present them with a copy of the PRICL as part of the pre-contractual presentation. For the reasons explained in 3-034 and 3-035 above, we would anticipate that in the subscription market all subscribing reinsurers would need to be on board with the incorporation of PRICL.

3-042 Moreover, the reinsurance contract must either contain an incorporation clause that provides for the incorporation of the PRICL, or copy-paste the PRICL provisions in the reinsurance contract wording. Where the PRICL provisions are incorporated by reference, we would expect the English courts to consider the incorporation criteria established in relation to the incorporation of terms from the underlying insurance policy (discussed in Ch.4, 4-005) mutatis mutandis. In particular, a PRICL provision that would be inconsistent with any of the express terms in the reinsurance contract would not be incorporated.[116] Furthermore, any overriding mandatory rules under English law—i.e. those from which the parties cannot contract out (such as s.9 of the Insurance Act 2015) —would prevail over any inconsistent PRICL provisions.[117]

3-043 It should be noted that where the parties incorporate the PRICL provisions into their reinsurance contract, they may also indirectly incorporate the UNIDROIT Principles of International Commercial Contracts 2016 ("PICC"): PRICL, art.1.1.2 operates to nominate PICC as a "gap filler" where the PRICL provisions do not address a specific issue. We think this is an incorporation by reference to a body of rules that is itself referenced in the reinsurance contract and should therefore be brought to the specific attention of the other party or parties by the party wishing to use the PRICL provisions. In *Bates v Post Office Ltd (No.3: Common Issues)*,[118] it was held an unusual term that was "buried within a document" that Mr Bates was told to read did not constitute adequate notice. Where PICC is effectively incorporated, we consider that PICC could only operate as a tertiary "gap filler", to the extent that the express terms of the reinsurance contract as construed in accordance with the principles of contractual interpretation (see Ch.4, Pt. 4) and the

---

[112] [2004] EWCA Civ 19; [2004] 1 W.L.R. 1784, and PRICL art.1.1.3.
[113] [2007] EWCA Civ 291; [2008] Q.B. 195.
[114] The Rome Convention was superseded by the Regulation (EC) No 593/2009 (the Rome I Regulation) in relation to contracts entered into from 17 December 2009. The Law Applicable to Contractual Obligations and Non-Contractual Obligations (Amendment etc.) (EU Exit) Regulations (SI 2019/834) have onshored the Rome I Regulations as REUL so that it continues to operate as domestic law.
[115] See Ch.1, 1-042.
[116] This outcome is also envisaged by PRICL, art.1.1.3: "The parties may exclude the application of or derogate from or vary the effect of any of the provisions of the PRICL."
[117] PRICL, art.1.1.5.
[118] [2019] EWHC 606 (QB).

PRICL provisions do not address the issues in question. PICC is a body of non-binding general contract law rules for international commercial contracts for which the paradigm is an "ordinary exchange contract" (such as a contract for the sale of goods).[119] The PICC provisions use contractual terms and concepts with which the parties to a reinsurance contract may not be familiar. The PICC rules may not be a suitable fall-back option to fill gaps and the parties may therefore wish to consider incorporating the PRICL provisions but disapplying PRICL, art.1.1.2.

Termination of the contract

Termination by agreement ("NCAD")

A reinsurance contract will generally expressly provide either that it is in effect for a period of time (frequently 12 months) or that it is continuous, subject to cancellation upon notice. In *Commercial Union Assurance Co Plc v Sun Alliance Insurance Group Plc*[120] Steyn J (as he then was) considered the meaning of the phrase "with 120 days NCAD" in a reinsurance slip. It was common ground that "NCAD" stood for Notice of Cancellation at Anniversary Date, and that NCAD, when read alone, meant that the contract automatically terminated after 12 months, unless the reinsurer agreed to withdraw the notice of cancellation or to renew the contract. Steyn J held that the additional words "with 120 days NCAD", "signified that the contract was automatically renewed if the prescribed notice of cancellation was not given".

3-044

Provisional notice of cancellation

In *Kingscroft Insurance Co Ltd v Nissan Fire & Marine Insurance Co Ltd (No.2)*,[121] Moore-Bick J considered the effect of a reinsurer giving "NCAD" and "provisional" notice of cancellation. He said:

3-045

"It is quite common in the case of a reinsurance treaty which is expressed to be continuous subject to notice of cancellation on either side for an underwriter to write or stamp on the slip at the time he scratches on it the letters 'NCAD' meaning Notice of Cancellation at Anniversary Date. He does that in order to ensure that he retains the right to consider the performance of the contract before committing himself to a further year. NCAD is not strictly speaking a provisional notice of cancellation at all since it is unequivocal in its terms, but when put on the original slip it is generally regarded as being intended to fulfil the same purpose and would normally result in the underwriter's being sent the statistics towards the end of the year as an invitation to renew the contract in the light of them. It is equally common for a reinsurer to give what is described as a 'provisional' notice of cancellation during the course of the year. That is generally understood as a notice of cancellation coupled with an invitation from the underwriter to submit statistics by way of a request to continue for another year. Nissan purported to give provisional notice of cancellation under the FQS treaties on a number of occasions, but of course the treaties themselves made no provision for that. [Counsel for the reinsured] submitted that there can in fact be no half-way house under these treaties: either a notice of cancellation is effective, or it is ineffective. If it is ineffective, it can be ignored and the treaty will continue into another year; if it is effective, it brings the contract to an end at the anniversary date unless the parties agree otherwise. The reinsurer, he submitted, can-

---

[119] PICC, Preamble para.2.
[120] *Commercial Union Assurance Co Plc v Sun Alliance Insurance Group Plc* [1992] 1 Lloyd's Rep. 475.
[121] *Kingscroft Insurance Co Ltd v Nissan Fire & Marine Insurance Co Ltd (No.2)* [1999] Lloyd's Rep. I.R. 603.

not by describing his notice of cancellation as 'provisional' reserve to himself the unilateral right to withdraw it so as to enable the contract to continue in force.

In the absence of a market custom (for which neither side contended) the effect of a provisional notice to cancel must ultimately depend upon the true construction of the contract. In my view [counsel's] submission is correct, and indeed in the end that was more or less common ground. The treaties provide that they may be terminated by notice of cancellation, whether given by the reinsurer or the reinsured, and so any communication which on a fair interpretation is intended to be such a notice will have that effect. In my view when a reinsurer gives provisional notice of cancellation he is normally making it clear that he is not willing to allow the treaty to continue in accordance with its terms. The fact that he is also indicating that he may be willing to renew if he considers the statistics satisfactory cannot detract from that; properly understood, that amounts to no more than an invitation to treat. I do not think that any other construction would enable these treaties to work properly. The reinsurers were obliged to give at least 120 days' notice of cancellation which would give the reinsured time to make alternative arrangements. If the reinsurer retained the right to withdraw a provisional notice of cancellation at any time, it would put the reinsured in an impossible position. All those who were asked were of the view that once such a notice had been given it was up to the reinsured to decide whether to invite the reinsurer to renew the contract."[122]

Thus, provisional notice is not committing the parties either way—it merely constitutes an indication of a willingness to look at renewal information if the reinsured wishes to provide it.

Failure to pay premium and premium review clauses

3-046 Subject to any express provisions in the policy, the reinsurer is not entitled to terminate the reinsurance contract for the reinsured's failure to pay premium unless such failure amounts to a repudiatory breach of contract. In *Figre Ltd v Mander*,[123] Cresswell J said such a repudiatory breach may arise if the contract was expressed to have been of the essence, or where the contract expressly required strict compliance with a payment obligation, or where one party had been guilty of undue delay in the face of notice having been given by the other party. If the payment of premium is subject to a warranty, failure to pay the premium by the stipulated deadline would constitute a breach of warranty giving rise to the consequences set out in s.10 of the Insurance Act 2015 (also see Ch.6, 6-174).

3-047 In *Charman v New Cap Re* the Court of Appeal, considered the effect of a premium review clause in a reinsurance contract: "The judge described the clause as 'hopelessly badly drafted', and no one has disagreed with that on appeal."[124] The Court of Appeal concluded that the clause had not, in fact, been validly invoked. It was therefore not necessary to decide whether valid invocation of the clause amounted to a cancellation of the contract or at any rate operated to cause its lapsing as at the year end. Nonetheless, Rix LJ indicated that in his view failure to agree on a new premium did not have the effect of bringing the contract to an end.

---

[122] *Kingscroft v Nissan (No.2)* [1999] Lloyd's Rep. I.R. 603 at 636.
[123] *Figre Ltd v Mander* [1999] Lloyd's Rep. I.R. 193.
[124] *Charman v New Cap Re* [2003] EWCA Civ 1372 per Rix LJ. The clause provided as follows: "The reinsurer reserves the right to increase the Annual Premium at any Anniversary Date during the Term on a pro rata basis, if prior to the Termination Date, there is a material change in the normal underwriting guidelines, classes of business, volume of business or proportion of business, as described in the submission and or any extraordinary claims developments. Material change to be deemed to be substantial and as mutually agreed."

Expiry of contract

Unless the contract is written on a "claims made" basis[125] the fact that the period has expired does not prevent a reinsured presenting claims after the date of its expiry, provided the losses themselves arose during the period that the reinsurer was "on risk". The contract is said to be "open" and, as we shall see, claims may continue to be presented long after the contractual period has expired. In a claims made policy the insured may be entitled to pay additional premium for a "discovery period", a period after termination of cover in which he is entitled to notify claims from matters arising before termination but not previously notified.[126]

3-048

Termination following breach

We discuss below[127] rights of avoidance and other remedies for failure to make a fair presentation, and suspension of liability for breach of warranty. Applying general contractual principles, if one party is in repudiatory breach, the other is entitled to treat the contract as terminated. Whether or not a breach of an innominate term amounts to a repudiatory breach depends upon how serious it is: *Friends Provident v Sirius*.[128]

3-049

Friends Provident v Sirius was referred to in *Aspen Ltd v Pectel Ltd*.[129] This concerned a notice of claim provision. Teare J said:

"58. I begin by noting two general points. The first is that made by Phillips J., quoting MacGillivray and Parkington on *Insurance Law*, in *Cox v Bankside* [1995] 2 Lloyd's Rep. 437 at p.453:

'It is not always easy to decide whether Clauses requiring notice of a claim are conditions precedent to the liability of the insurer under the policy, or merely terms of the policy for breach of which the insurer's only remedy is to claim damages for the extra expense flowing from the insured's failure to give notice within the proper time. Little more can be said than that it is a matter of construing the policy as a whole.'

59. The second is that made by Colman J. in *Alfred McAlpine v BAI* [1998] 2 Lloyd's Rep.694 at p.700 that the effect of non-compliance with a notification clause can sometimes have little impact on the insurer. "These considerations point against a mutual intention that insurers should have a complete defence to any claim where there has been any breach of the notification clause however trivial in effect.""

The Judge found that a condition precedent to liability was indeed a condition precedent, not a condition sounding in damages, and this is generally the case with notice provisions. Teare J remarked that: "A condition requiring 'immediate notice' cannot be construed as requiring 'notice, whenever given'" and it is hard to argue with that.

In *Fenton Insurance Co v Gothaer Versicherungsbank VVaG*,[130] the defendant reinsurers alleged that the plaintiff reinsured had never paid any premium for the three years of the treaty. Accordingly, they said the contract had been "abandoned" or otherwise terminated. Potter J found[131] that on the balance of probabilities, no premium had ever been paid. However, he rejected the defendants' arguments both

---

[125] See Ch.5, 5-092.
[126] See *Touche Ross v Baker* [1992] 2 Lloyd's Rep. 207.
[127] See Ch.6, 6-084 to 6-101 below.
[128] *Friends Provident Life & Pensions Ltd v Sirius International Insurance Corp* [2005] EWCA Civ 601.
[129] *Aspen Ltd v Pectel Ltd* [2008] EWHC 2804.
[130] *Fenton Insurance Co v Gothaer Versicherungsbank VVaG* [1991] 1 Lloyd's Rep. 172.
[131] See further, Ch.11, 11-048 below.

as to abandonment—which he said was based on implausible analogy from cases concerned with marine insurance—and as to repudiatory breach. He said:

> "In cases concerned with insurance where accounts are rendered and paid through the medium of brokers and/or underwriting agents and delays in payment are not infrequent, it seems to me that one could rarely, if ever, infer a repudiatory intention under a treaty of this kind by reason of non-payment of balances simpliciter (by way of distinction from a failure persisted in despite receipt of demands and/or protests)."[132]

He added that even if the conduct of the reinsured/its agents could be regarded as repudiatory at any stage, unless and until accepted by the reinsurer as bringing the contract to an end, such a repudiatory breach was a "thing writ in water".[133]

In *Figre Ltd v Mander*[134] Cresswell J also concluded that there had been no repudiatory breach where the failure to pay premium for over a year had been the result of administrative error and mistake on the part of the reinsured. In *Pacific & General Insurance Co Ltd v Hazell*[135] the insured expressly said that he would not pay premium. This was held to be repudiatory and the termination of the contract ab initio by the reinsurer was held to be acceptance of that.

3. THE REINSURANCE SLIP AND THE LEADING UNDERWRITER

London market practice revisited

"Quote" slip

3-050 "Prima facie, an insurer in the London market is committed to a risk when he scratches (signs) a slip (which is now in the form of the MRC). Of course, this is not the case if he makes it clear that he does not intend to be bound by his scratch."[136] Sometimes a broker is not looking for cover when he visits the underwriter; he may be looking to see if he could get cover and on what terms, so that he may report back to his client. The broker will prepare a draft or "'quote' slip".[137] The underwriter will give an indication by writing a pencilled line. There is no contract, although in practice an underwriter will grant the cover he has indicated if later requested to do so, unless circumstances have changed. It is at the

---

[132] *Fenton Insurance* [1991] 1 Lloyd's Rep. 172 at 180.
[133] *Howard v Pickford Tool* [1951] 1 K.B. 417 at 421; see also *Vitol SA v Norelf Ltd* [1996] A.C. 800; reversing the Court of Appeal decision at [1996] Q.B. 108.
[134] *Figre Ltd v Mander* [1999] Lloyd's Rep. I.R. 193.
[135] *Pacific & General Insurance Co Ltd v Hazell* [1997] L.R.L.R. 65, and see Ch.11, 11-041 below.
[136] *ERC Frankona Reinsurance v American National Insurance Co* [2005] EWHC 1381 (Comm) at [74] per Andrew Smith J. The question arose whether by adding "TBE" after his scratch indicated that the underwriter did not intend to be bound. The learned judge accepted (at [75]) expert evidence that: "the initials 'TBE', standing for 'to be entered', in themselves connote only that the underwriter does not have his records readily available to mark up his entry. Sometimes the letters are used when the underwriter is quoting for a risk rather than committing himself to it, but then it is standard and accepted practice to add further words on the slip to indicate this. Again, the initials are sometimes used when an underwriter commits himself subject to conditions, but again he indicates this on the slip ... the initials, without more, do not indicate that the underwriter is withholding his commitment to the risk."
[137] We feel compelled to use the market term "quote slip" in preference to the grammatically correct "quotation slip"—a term used by Hobhouse J in *The "Zephyr"*—although we do so in quotation marks *not* "quotes". A "quote slip" was also called a "mock slip" in *SAIL v Farex* [1995] L.R.L.R. 116.

point of initialling the slip that the underwriter comes on risk for his line. At first instance in *The "Zephyr"*, Hobhouse J (as he then was) said: "At the outset [the broker] may get quotations. Quotations can be given on a quotation slip or on separate pieces of paper".[138] The broker may indeed get a number of quotations (or "quotes" as they are termed in the market) before his client decides which one to accept. However, merely signing or scratching in pencil does not automatically make the signed line a "pencilled line" in the sense of not binding the underwriter.[139] The Blueprint Two electronic placement and processing platforms should leave no room for doubt as to which submission is a quote request and what is a firm order.

Promised line

In *The "Zephyr"*, Hobhouse J described the promised line in this way: 3-051

"[The broker] likes to present to the following underwriters a slip which contains high percentages, presenting an impression of confidence. Therefore, small lines are relegated to the back of the slip or put on a separate piece of paper as 'promised lines' ... A promised line is, by the practice of the market, of the same effect as if it was written on the slip itself. It gives both parties the right to have that promised line written on the slip."

Hobhouse J then went on:

"It appeared from the evidence of Mr Dooley [one of the Underwriters approached by the broker] that there may be a grey area between quotations and promised lines in that he visualised that it was possible to give a promised line that was binding on the underwriter but which did not commit the broker to taking a line from the underwriter."

It is our understanding that promised lines are given in other situations than where the broker does not want a small line on the slip early in his broking. We understand them to be given, as Mr Dooley indicated, where the broker wants a commitment from the underwriter but, for example, also wants time to consult with his client and a signature directly on the slip can be that commitment. A promised line does not have to appear on a separate piece of paper from the slip itself. An example of where it appears on the slip is where the reinsurer promises a line before the insurance is written by the reinsured (see 3-055 below).

Legal effect of a slip

Overview

In *Insurance Company of the State of Pennsylvania v Grand Union Insurance Co*, Hunter JA set out the following legal principles applicable to reinsurance slips: 3-052

"First, it is accepted that a slip constitutes a binding contract when subscribed, subject only to the market practice of signing down: *General Reinsurance Corporation v Forsakringsaktiebolaget Fennia Patria* [1983] 2 Lloyd's Rep. 287. Secondly, the whole contract is to be found in the slip and only in the slip. The slip stands alone, or as Mr Hamilton put it, it is free standing. This point is made in many cases, particularly *The Zephyr* [1984] 1 Lloyd's Rep. 58 at 69. Third, the contract must be certain. It cannot depend on or be made subject to some unknown or future event like the size of the future reinsurance order, or,

---

[138] *General Accident Fire and Life Assurance Corp v Tanter* [1984] 1 Lloyd's Rep. 58 at 67.
[139] *Bonner v Cox* [2005] Lloyd's Rep. I.R. 569; [2004] EWHC 2963 (Comm) at [90]–[94] (aff'd [2005] EWCA Civ 1512). The learned judge said (at [93]): "... the argument that as the scratch was in pencil it was only an indication and not an offer has no support from the experts and indeed is contrary to market practice."

what comes down to the same thing, the size of the risk later accepted. This emerges from *Phillips v Dorintal Insurance Ltd* [1987] 1 Lloyd's Rep. 482 ... The fourth accepted principle is that it is the almost invariable market practice for slips to be written as a percentage of 100 per cent of a risk stated on the slip within the limits so described. This is reflected in the decision of Mr Justice Mocatta in *Wace v Pan Atlantic Group Inc.* [1981] 2 Lloyd's Rep. 339 at 349."[140]

The *Fennia Patria* case and the practice of signing down, have been discussed above. The slip "stands alone" where there is no subsequent policy or wording. A broker's cover note is not, generally speaking, a binding contractual document because the broker is the agent of the reinsured and is simply reporting to his reinsured.[141] However, a cover note is prima facie evidence of the existence of a contract, and in *Baker v Black Sea*,[142] where the original slip (which had been subscribed in 1957) could not be found, the cover note was admitted as the best available evidence of the terms of the contract. The relationship between the slip and the policy is considered below. The proposition that the reinsurance contract "must be certain" and "cannot depend on some unknown future event" is subject to an important qualification. Reinsurance contracts may be written before an underlying insurance contract has been concluded, although the extent of the reinsurer's obligation must nevertheless be certain. The practice of placing reinsurance in anticipation of writing the underlying insurance was examined in *The "Zephyr"* and will be discussed below, as will *Phillips v Dorintal*.[143]

Relationship between slip and policy, and between subsequent policy documents

3-053   As discussed above, a scratched slip may constitute a binding contract but a formal policy wording containing all the terms and conditions of the reinsurance contract may be produced subsequently. In the era of Contract Certainty, the majority of London market contracts should be documented in the MRC format (which serves as a slip and the full policy wording at the same time). The practice of using a slip should have all but disappeared.

The previous market practice of using a slip for the risk presentation and placement process, followed by a full policy wording, gave rise to issues about their hierarchy where the full policy wording included terms which were not contained in the slip or which were inconsistent with the terms on the slip. Some additional terms in the policy wording were explicable on the basis that the slip "customarily sets out a shorthand version of the contract of insurance, in terms which may be neither clear nor complete"[144] so that the policy wording simply added additional detail and boilerplate terms. At one time it was thought to be reasonably well settled that, where a policy or "wording" is agreed, this replaces the contract contained in the slip. For example, in *Youell v Bland Welch & Co Ltd* (the "Superhulls" case) Phillips J stated:

> "If differences between the wording of the slip and that of the formal contract which is embodied in the policy give rise to the possibility that the natural meaning of the slip differs from that of the policy, the natural assumption is and should be that the wording of

---

[140] *Insurance Company of the State of Pennsylvania v Grand Union Insurance Co* [1990] 1 Lloyd's Rep. 208 (Hong Kong Court of Appeal) at 220–221.
[141] The position may be different where the broker has a binding authority.
[142] *Baker v Black Sea* [1995] L.R.L.R. 261.
[143] *Philips v Dorintal Insurance Ltd* [1987] 1 Lloyd's Rep. 482.
[144] *Youell v Bland Welch Co Ltd* [1990] 2 Lloyd's Rep. 423.

the policy has been designed the better to reflect the agreement between the parties. To refer to the slip as an aid to construction of the policy runs counter to one of the objects of replacing the slip with the policy."[145]

Accordingly, the slip would have been of no assistance as an aid to construction of the policy wording, save in actions for rectification where the policy mistakenly included a term not included in or inconsistent with the slip.[146]

HIH Casualty & General Insurance Ltd v New Hampshire Insurance Co[147] used a more nuanced, approach: whether the policy superseded the slip depended on the facts and the inent of parties. In the *HIH* case (one of the "film finance" cases), at first instance, David Steel J pointed out that the slip was titled "slip policy" and contemplated "wording" to be agreed, but the wording was clearly not complete in itself and had to be understood against the slip.[148] He concluded:

3-054

"I prefer the view that the underlying policy [this was a dispute between insurer and reinsurers] is contained in the slip policy, subject to the terms and conditions contained in the policy wording dated 22 August. I am fortified in this view by the terms of the cover notes issued by the brokers ..."[149]

On this point, Steel J's decision was confirmed by the Court of Appeal.[150] Rix LJ said that:

"There is nothing in these citations[151] which bind this court to rule that where a prior contract has been followed by a further contract, or where in an insurance context a slip contract has been followed by a policy, there is a rule of law which makes it inadmissible to consider the terms of the prior contract or that the parole evidence rule has the same effect. This is because all passages in prior cases in this court are only obiter dicta."[152]

In *Axa Corporate Solutions SA v National Westminster Bank Plc*[153] the effectiveness and scope of the reference in the slip to "Terrorism exclusion (wording to be agreed)" was questioned at first instance in circumstances where no policy wording had been so agreed. Hamblen J confirmed that the words could form an effective agreement to exclude terrorism in the absence of an agreed wording:

"[T]he words 'Terrorism exclusion' are words of substance and content on their own— they do not require the inclusion of some clause which has not been identified; rather, they state and identify that which is excluded from cover."

---

[145] *Youell v Bland Welch* [1990] 2 Lloyd's Rep. 423 at 429. The Court of Appeal affirmed the decision of Phillips J—*Youell v Bland Welch* [1992] 2 Lloyd's Rep. 127.
[146] *Youell v Bland Welch* [1992] 2 Lloyd's Rep. 127 at 134 per Staughton LJ, and at 141 per Beldam LJ. *Youell* is discussed further in Ch.4, 4-055 below.
[147] *HIH Casualty & General Insurance Ltd v New Hampshire Insurance Co* [2001] Lloyd's Rep. I.R. 596.
[148] *HIH v New Hampshire* [2001] Lloyd's Rep. I.R. 224 at 231, [20].
[149] *HIH v New Hampshire* [2001] Lloyd's Rep. I.R. 224 at 232, [22].
[150] *HIH v New Hampshire* [2001] Lloyd's Rep. I.R. 596.
[151] From *Youell v Bland Welch* [1990] 2 Lloyd's Rep. 423; *Ionides v The Pacific Fire & Marine Insurance Co* (1871) L.R. 6 Q.B. 674; *Punjab National Bank v De Boinville* [1992] 1 Lloyd's Rep. 7; *New Hampshire v MGN* [1997] L.R.L.R. 24.
[152] *HIH v New Hampshire* [2001] Lloyd's Rep. I.R. 596 at 619, [81]. However, if a written agreement follows an oral non-binding agreement, the oral non-binding agreement would not be admissible as evidence to construe the written agreement: *Giedo van der Garde BV v Force India Formula One Team Ltd (formerly Spyker F1 Team Ltd (England))* [2010] EWHC 2373. We may take it that if a slip or policy wording follows a non-binding indication, the terms of the non-binding indication would not be readily admissible as an aid to construe the later binding wording.
[153] *Axa Corporate Solutions SA v National Westminster Bank Plc* [2010] EWHC 1915 (Comm).

The Judge continued:

"The fact that the parties then contemplated a fuller expression of the same exclusion in a wording subsequently to be agreed could not and does not undermine the fact that the exclusion was cast in terms which are capable of both interpretation and application. It is a common feature of the London market that parties contemplate a fuller wording to follow the slip or short-form statement of their agreed terms."

Hamblen J refused to construe the exclusion in the abstract as referring only to an act of terrorism affecting a particular property. A separate application to the court would be required as to how the clause applied to agreed or assumed facts. With the advance of the MRC, the debate on the effect of a subsequently issued policy wording should become an increasingly theoretical one. The MRC is prepared up-front, and when the underwriters scratch the MRC document this should be taken as the documentary embodiment of the reinsurance contract. Jacobs J in *AIG Europe SA v John Wood Group PLC*[154] agreed with Professor Merkin's view that:

"The effect [of the MRC], therefore, is that all of the documents are prepared up-front, and when the underwriters scratch the documents the contract is in its entire form."[155]

We suggest that regarding the MRC as the "entire agreement" is a justified where the MRC incorporates an "entire agreement clause" that is limited to the MRC document itself. In practice, the MRC is unlikely to be the sole document and will inevitably be supplemented by endorsements, certificates, schedules and subsequent contractual documents, as is illustrated by two recent cases producing different outcomes: *Tyson International Co Ltd v Partner Reinsurance Europe SE*[156] and *Tyson International Co Ltd v Gic Re, India, Corporate Member Ltd*.[157]

In *Tyson v Parter Re*, the parties had executed two reinsurance contracts in respect of the same policy, eight days apart, with different choice of law and exclusive jurisdiction clauses. The first reinsurance contract was in the form of the MRC and was governed by English law and giving jurisdiction to the English courts. The second reinsurance contract—on the same risk—was executed in the "MURA form"[158] and was subject to New York arbitration. The defendant reinsurer applied for a stay under the Arbitration Act 1996 s.9 of the claimant reinsured's English claim, and the claimant cross-applied for an anti-arbitration injunction to restrain the defendant's pursuit of New York arbitration proceedings. Stephen Houseman KC (sitting as a Judge of the High Court) granted the Defendant's application, and dismissed the claimant's application. The judge said:

"32. Having received full argument on this substantive issue, I am satisfied as a matter of English law that the English jurisdiction clause and English choice of law in the MRC was or were replaced by the New York arbitration agreement (clause 13) and New York choice of law (clause 17) in the MURA. The latter contract was expressly contemplated by the parties through their brokers at the time of execution of the former contract. The MURA was proffered for consideration and agreement, and separately signed and agreed on both sides. It describes itself and defines

---

[154] *AIG Europe SA (formerly AIG Europe Ltd) v John Wood Group PLC* [2021] EWHC 2567 (Comm); [2022] Lloyd's Rep. I.R. 485 at [49]–[51].
[155] Robert Merkin, *Colinvaux's Law of Insurance* (13th edn, Sweet & Maxwell, 2022), 1-067–1-069.
[156] *Tyson International Co Ltd v Partner Reinsurance Europe SE* [2023] EWHC 3243 (Comm) (appeal outstanding); also see Ch.14, 14-009 on the arbitration points.
[157] *Tyson International Co Ltd v GIC Re, India, Corporate Member Ltd* [2024] EWHC 236 (Comm), also see Ch.14, 14-009.
[158] MURA standing for Market Uniform Reinsurance Agreement a form widely known and used in the US market.

> itself as an 'Agreement'. It contains all the operative terms to be a contract of reinsurance, albeit one governed by New York law.
>
> 37. ... the contracting parties concluded a new legally binding contract of reinsurance on the terms of the MURA ...
>
> 40. The argument of commercial absurdity, as with the primary argument of inherent improbability, is no more than an appeal to empirical normality. I reject an analysis based on empiricism or normativism. What these contracting parties objectively agree is to be found in what they did and said, albeit viewed in the context of what is normal in their market."

Although the judge indicated that the parties' approach to documentation could be considered "unusual", the judge found that the parties had chosen to "swap out" fundamental terms of a concluded contract by another contract within eight days. If anything was left out in the second contract, a claim for rectification could arise in future, but that would be an issue for New York arbitration.[159] Even though the first contract (the MRC) contained "change of contract" wording, according to the judge, that was not sufficient to contra-indicate the parties' intention to replace the English jurisdiction clause in the first contract with the New York arbitration clause in the second by executing the second contract (MURA). The parties had entered into a further contract which was not an attempt to change the first one according to its own terms. Contracting parties were sovereign as to the terms and duration of their own bargain.[160]

The reinsured appealed. The Court of Appeal agreed with the judge that the MRC was varied or superseded by the MURA. Males LJ said that this was the objective intention of the parties as evidenced by a number of facts: (1) from the outset of their negotiations, the parties contemplated what were described as "reinsurance certificates and the updated policy form"—this was a reference to the MURA. (2) The parties were, or must be taken to have been, familiar with the nature and terms of the MURA, a widely used form of reinsurance contract in the US market, and would have known that the MURA was a contract governed by New York law and subject to New York arbitration. (3) The reinsured signed and stamped the MURA on every page, and returned it to the broker; the obvious inference being that the reinsured agree the terms of the document and accepted it for what it purported to be, namely the contract of reinsurance. (4) The MURA contained an entire agreement clause, with which the parties must be taken to have been familiar, and which stated expressly that the MURA "shall supersede all contemporaneous or prior agreements and understandings, both written and oral, between the Parties with respect to the subject matter hereof". (5) In contrast to the preceding policy year, there was no endorsement making clear that the MURA was subject to the MRC. That must have been a deliberate change, and not an accidental oversight, reflecting the contractual status of the MURA and the recognition that any dispute would be determined in New York.[161] The contract variation mechanism in the subscription agreement was not applicable between the reinsured and the reinsurer where there was no following market.[162]

Tyson v GIC Re involved a different reinsurer on the same risk as *Tyson v Partner Re*, and a very similar placement involving the agreement of an MRC (with English

---

[159] *Tyson International Co Ltd v Partner Reinsurance Europe SE* [2023] EWHC 3243 (Comm) at [41]–[44].

[160] *Tyson International Co Ltd v Partner Reinsurance Europe SE* [2023] EWHC 3243 (Comm) at [45]–[49].

[161] *Tyson International Co Ltd v Partner Reinsurance Europe SE* [2024] EWCA Civ 363 (Comm) at [45]–[50].

[162] *Tyson International Co Ltd v Partner Reinsurance Europe SE* [2023] EWHC 3243 (Comm) at [62].

law and jurisdiction) followed several days later by a Certificate in the MURA form (with New York law and arbitration), the Certificate contained a "hierarchy clause" which provided that the Certificate "… shall supersede all contemporaneous or prior agreements and understandings, both written and oral, between the Parties with respect to the subject matter hereof", subject to that the "… RI slip [the MRC] to take precedence over reinsurance certificate in case of confusion".[163] The judge, Christopher Hancock KC, found that on the true construction of the hierarchy clause, the jurisdiction provisions of the earlier (MRC) agreement took precedence over the arbitration provisions of the later (MURA) agreement.[164] The words "take precedence over" informed the meaning of the word "confusion", and indicated that the earlier agreement was to take precedence over the later one in case of inconsistency. The judge preferred Tyson's submissions:

> "66. It is obvious, said TICL [Tyson], that where there are inconsistent forum selection clauses, there is in every sense of the word 'confusion', and thus the parties clearly agreed that the exclusive jurisdiction clauses in the Slip Policies/MRCs were to prevail. This is simply the effect of the ordinary and natural meaning of the hierarchy clause …
>
> 68. The Slip Policy/MRC is the standard form of placing insurance and reinsurance in the London market. It is therefore commercially sensible for parties placing insurance and reinsurance in the London market to seek to ensure that, notwithstanding that subsequent documents may be agreed and issued between the parties, that the MRC would nonetheless govern.
>
> 69. The choice of law provisions, TICL contended, also supported its case. The Slip Policy/MRC is governed by English law. The Facultative Certificate contains a choice of New York law. The parties are unlikely to be taken to have intended that two laws apply to their dispute simultaneously. That would be a commercially absurd outcome. Rather the parties likely intended for only a single law to apply to their dispute, and hence it was necessary to provide for a mechanism to identify the applicable law. The Hierarchy Clause provides the answer to this issue. There would be obvious ' confusion ' as to whether any term of the Reinsurance was governed by New York law or English law, and accordingly the Hierarchy Clause acts to provide that the Slip Policy/MRC (and English law) prevails."

The different outcomes in the two *Tyson* cases can be explained on the ground that the second contract in *Tyson v GIC Re* had a "hierarchy clause", whereas the second contract in *Tyson v Partner Re* did not. The broader point illustrated by these two cases is that the dominance of the MRC does not by itself render it the entire embodiment of the reinsurance contract and does not rule out "inconsistency" disputes.

Reinsurance preceding insurance

3-055 Sometimes a broker solicits underwriters for reinsurance before he solicits underwriters for the insurance; before, therefore, there is a contract of insurance to reinsure. Of course this occurs all the time in treaty reinsurance, where the cedant wants the reinsurance in place before he feels able to write insurance, but in facultative contracts it is not the norm. In *The "Zephyr"*, Mustill LJ (as he then was) explained how it may arise:

> "When a primary insurer is deciding whether or not to take a line on a particular risk, and

---

[163] *Tyson International Co Ltd v GIC Re, India, Corporate Member Ltd* [2024] EWHC 236 (Comm) at [48].
[164] *Tyson International Co Ltd v GIC Re, India, Corporate Member Ltd* [2024] EWHC 236 (Comm) at [105]–[107].

if so in what amount, he may decide to participate only if he can obtain reinsurance. In such a case, the broker will have a better prospect of persuading the underwriter to participate in the primary insurance if he is able to offer him reinsurance at the same time. Accordingly, a practice has developed whereby a broker instructed to obtain a primary cover will, on his own initiative, approach potential reinsurers to obtain from them in advance a binding promise to provide reinsurance for whatever person may subsequently write a line on the primary cover and desire to reinsure the whole or part of that line. The reinsurer conveys this promise by initialling a percentage line on a slip, which identifies the subject-matter, the nature of the risk and the value. The slip does not, however, identify the reassured and could not do so: for at the stage when the potential reinsurer is approached, it is not known whether the primary insurance will ever be written at all, and if so by whom; or whether any insurer who does desire to reinsure will be willing to do so with the reinsurer whom the broker has approached, and on the terms which he has offered. With this promise 'at large' in his pocket, the broker can offer to an underwriter a package consisting of opportunity to take a line on the primary cover, and at the same time to place an order for reinsurance."[165]

This practice was followed by the broker, Mr Baxter, who obtained an initialling of the total loss slip (the reinsurance slip) from the leading total loss underwriter before he had started broking the all risks slip (the primary insurance slip). Two points arose before Hobhouse J[166]:

(1) How could the leading total loss underwriter (and those who followed him) be bound by a contract of reinsurance purportedly entered into before any contract of primary insurance?
(2) In placing the primary insurance, the broker was unquestionably acting as agent for the shipowners. In seeking reinsurance, how could he be said to be the agent of the primary insurers before their identity had been ascertained and orders for reinsurance had been placed?

Hobhouse J upheld the market's view that a contract of reinsurance came into existence once the broker accepted an order for reinsurance from a primary insurer that complied with the terms of the reinsurance slip. A strict legal analysis of the transaction suggests that it is the reinsurer who makes the offer of reinsurance, which is accepted by the act of the primary insurer coming within the class of persons to whom that offer is addressed, in ordering reinsurance after he has initialled the insurance slip. Thus, the contract of reinsurance is entered into after the contract of insurance. Hobhouse J asserted that no apparent difficulties in analysis should stand in the way of giving effect to the commercial intention of the parties to the transaction. The general requirement that an offeree must communicate his acceptance of the offer to the offeror can be waived, and this appeared to be such a case.[167] While there could be no contract of reinsurance before a contract of insurance was entered into Hobhouse J expressed the view (obiter) that a contract *for the provision of reinsurance* came into existence between the broker and the underwriter who initialled the reinsurance slip. He said:

3-056

"There was some evidence to support the existence of such a contract. The practice of the market that once he had initialled the total loss slip [the leading total loss underwriter] was bound by it and could not unilaterally resile from it and the implicit understanding that Mr Baxter was thereafter precluded from seeking to circulate any other ... total loss slip

---

[165] *The "Zephyr"* [1985] 2 Lloyd's Rep. 529 at 532.
[166] They did not have to be considered by the Court of Appeal.
[167] See *The "Zephyr"* [1984] 1 Lloyd's Rep. 58 at 71–72; cf. *Carlill v Carbolic Smoke Ball Co* [1893] 1 Q.B. 256.

[relating to the same vessel] on the market disclosed an element of mutuality which could support the existence of a contract at that stage ..."[168]

If there is no such implied contract, then an underwriter would be free to withdraw his offer of reinsurance at any time before the broker receives an order for reinsurance. This point may someday have to be decided. Compare the arrangement in *SAIL v Farex*[169] where a line slip was held not to be a binding contract for reinsurance—each declaration was a separate offer which the reinsurer was, in principle, free to accept or reject.

As mentioned above, one of the arguments raised by the reinsurer was that in the circumstances where the broker sought offers of reinsurance before broking the insurance slip, he was acting as agent for the reinsurer, and accordingly any signing indication was an express limitation of his authority and he simply did not have the contractual capacity to bind the reinsurer for more than one-third of their written lines. Hobhouse J swept this aside by applying the general rule that a broker is the agent of the party seeking insurance.[170] At the time he solicited offers for reinsurance and gave the signing indication, the broker was acting as principal. The broker became an agent of the insurers once he placed the primary insurance with them (as agent for the ship owners) and the insurers requested reinsurance. This analysis was adopted by Evans, J and approved by the Court of Appeal in *SAIL v Farex*.[171]

3-057 Where seeking reinsurance precedes the seeking of insurance, the extent of the reinsurer's obligation must—subject to the possibility of signing down—be certain. As Hunter JA said in *ICSP v Grand Union*:

> "It cannot depend on or be made subject to some unknown or future event like the size of the future reinsurance order, or, what comes down to the same thing, the size of the risk later accepted."[172]

Terms of the policy issued after the slip

3-058 Of course if there is one reinsurer and one reinsured, they can negotiate any terms of the policy that they choose but they may not agree, and there may be problems. Before Contract Certainty, general conditions on the slip might say "arbitration clause" or "inspection clause" or "letter of credit clause", and the question would arise as to what the parties would do if they never agreed. The same problem could arise if there are a number of reinsurers but all have agreed to be bound by wording agreed by the leader and the leader and the cedant cannot agree.

In *Allianz Insurance Co Egypt v Aigaion Insurance Co SA*,[173] the slip did not contain a class warranty that the reinsurer had expressly stipulated and that had been previously agreed in negotiations between the parties. The policy later put forward referred to the warranty, and one of the issues in dispute between the parties was whether the contract had been concluded with or without the warranty. The Court of Appeal held that the slip was intended to be the definitive reference point, at any rate pending the issue of any policy document, of the terms of the parties' contract, and the warranty was not mentioned in it. It followed that there was a contract between the parties, but it was a contract that did not include the warranty. Rix LJ

---

[168] *The "Zephyr"* [1984] 1 Lloyd's Rep. 58 at 80.
[169] *SAIL v Farex* [1995] L.R.L.R. 116.
[170] See generally Ch.9, 9-014 below.
[171] *SAIL v Farex* [1995] L.R.L.R. 116, and Ch.9, 9-045.
[172] *Insurance Company of the State of Pennsylvania v Grand Union* [1990] 1 Lloyd's Rep. 208 at 221, citing *Phillips v Dorintal* [1987] 1 Lloyd's Rep. 482.
[173] [2008] EWCA Civ 1455; [2008] 2 C.L.C. 1013.

said that when the reinsurer sent an email stating "Cover is bound with effect from 31.3.05", the accepted the terms of the draft slip:

> "It was impossible for cover to be so bound if Aigaion (the reinsurer) were in fact making a counter-offer. In my judgment therefore, upon a true construction of Mr Tzimas's e-mail of 2 April 2005, Aigaion was agreeing with the terms set out on the proffered slip, and in ignorance of the fact that the slip represented any difference from the terms quoted and previously agreed. It follows that there was a contract, but one which did not include the IACS warranty."[174]

We also refer to the discussion in 3-053 and 3-054 on the relationship between the slip and the policy wording.

The leading underwriter and the following market

Overview

The London insurance market is a subscription market where the risk being reinsured is frequently taken in various proportions by a number of reinsurers. Each reinsurer enters into a separate contract with the reinsured.[175] If there is more than one underwriter, it is possible that their terms may differ and that each may exercise his contractual rights and remedies in different ways. As a consequence, the reinsured may have inconsistent or even conflicting obligations. In order to ensure that underwriters act together if there is more than one underwriter, taking a syndicate at Lloyd's or any pool or underwriting agent's stamp as one underwriter for this purpose, there will almost certainly be a leader (or more than one leader)—a leading underwriter whose decisions on specified matters the other subscribing underwriters will follow. We say "almost certainly", because it would be possible for a broker to prepare a number of slips and take a clean slip with no other underwriter's scratch on it to each underwriter and negotiate separately with each, but as a matter of practicality, this is not done. However, there may very well be a Lloyd's slip/lead and a company slip/lead, if the risk goes to both markets. Legal issues between the leading underwriter, the following market and the insured/reinsured tend to arise in three situations:

3-059

(1) The writing of an original slip (which may or may not contain a provision for subsequent amendments or wordings to be dealt with by a leading underwriter only).
(2) The agreement of the leading underwriter to amendments or wordings where there is a leading underwriter provision or a reference to a market agreement on the original slip.
(3) The settlement of a claim by a leading underwriter where there is a provision on the slip by which the following market is bound by the leader's claim settlement.

All three situations involve the lead underwriter and London market practice.[176] Before considering these situations in turn, it should be noted that market practice on wordings is now addressed in a standard General Underwriters Agreement ("GUA") produced by the London Market Group, and in relation to claims by the

---

[174] *Allianz Insurance Co Egypt v Aigaion Insurance Co SA* [2008] EWCA Civ 1455; [2008] 2 C.L.C. 1013 at [36].
[175] *The "Zephyr"* [1984] 1 Lloyd's Rep. 58.
[176] On the topic of Leaders and the following market, see J. Burling, H. Ashenden and J. Castle, "Leaders, Followers and Layers" (2012) *British Insurance Law Association Journal* 18.

standard Lloyd's Claims Scheme and the Single Claims Agreement Party ("SCAP"). The GUA standardises the relationships of the subscribers to a risk among themselves and with the leading underwriter in relation to post placement amendments. It has schedules which allow it to be used for different classes of business. The Lloyd's Claims Scheme and SCAP have the same purpose: to provide for the delegation of sole claims handling responsibility for in-scope claims to the leader by the following (re)insurers that have subscribed to the arrangements, but the Lloyd's Claims Scheme does so under a Lloyd's bylaw whereas SCAP is a contractual arrangement.

The use of the MRC, the use of the GUA and a lesser extent SCAP, the presence of companies within the Lloyd's building and the fact that the two policy issuing departments of Lloyd's and the IUA have combined in Xchanging, suggests that the practice of having a separate Lloyd's lead and a company market lead on a slip will die out.

The leader's duty to the following market—underwriting the original slip (not an endorsement/alteration)—no leading underwriter/GUA provision

3-060   A leader knows that once he has signed or scratched a slip for less than 100 per cent and agreed a premium or rate, others will almost certainly sign after him. Hobhouse J (as he then was) in *The "Zephyr"*, said what the market generally acknowledges:

> "When following underwriters come to write the slip they will do so at least in part in reliance on the leader's judgment in agreeing to the terms and rate on the slip."[177]

The question arises whether, in these circumstances, the leader owes any duty to the followers in his consideration and rating of the risk. One legal obstacle to such a proposition is that there are no followers at the time the leader takes his decision to write this original slip, so that there is no one identified to whom the leading underwriter can owe a duty. This argument is technical and on the basis of *The "Zephyr"* would probably not succeed. In *The "Zephyr"* it was observed that all risks underwriters, not yet identified, could be responsible for what the broker said to total loss reinsurers who were approached before the all risks underwriters so that they (the all risks underwriters) could be offered the all risks cover with the benefit of total loss reinsurance already in place.[178]

3-061   Even if the original slip contains a "leading underwriter provision", whether by incorporation of the GUA or some other form, that provision clearly does not operate until the followers have signed the original slip; the provision that the followers shall be bound by the agreement of the leader, applies to subsequent amendments or endorsements to the slip, or wordings agreed. It is clear that there is no contract between the leader and the followers in the original underwriting of the slip out of which any duty of the leader to the followers could arise, but the question remains whether the leader nonetheless owes a duty of care in tort to the followers in considering the risk. He can foresee that if he writes a risk, other underwriters may follow him because they trust his judgement. If the leader writes the risk negligently and others follow him, can they recover from the leader if they suffer loss? In *Caparo Industries Plc v Dickman*[179] it was held that it is not reasonable for auditors' statements in a company's financial statements to result in them owing du-

---

[177] *The "Zephyr"* [1984] 1 Lloyd's Rep. 58 at 67.
[178] *The "Zephyr"* [1984] 1 Lloyd's Rep. 58 at 88.
[179] *Caparo Industries Plc v Dickman* [1990] 2 A.C. 605. *Caparo* is followed regularly in a variety of

ties to persons other than shareholders, except in particular circumstances, even though auditors know that others may read their reports and rely on them. Thus, the fact that the leading underwriter can reasonably foresee that others of a defined class (other underwriters) may decide to write the risk based wholly or in part on their view of the leader's ability is not of itself sufficient to found a duty on the leader to the following market.

It appears from the House of Lords decision in *Henderson v Merrett Syndicates Ltd*,[180] that the *Hedley Byrne*[181] principle is not confined to negligent misstatements, and that a duty of care may be imposed, regardless of the fact that the loss sustained is purely economic, where one person voluntarily assumes a responsibility to another. But unless, by the very act of agreeing to lead an original slip a leader assumes a duty to all followers, it is difficult to see how he assumes it in any other way. It is the broker, not the leader, who approaches the followers, and the broker makes that approach on behalf of the proposed (re)insured.

Neither would it be fair or reasonable to seek to impose on the leader a duty to prospective followers. The leader's reason for agreeing to underwrite a risk may not be that he considers the business will be profitable. He may be offered two slips, one which he likes and wants to write, another which he does not; he may be offered them as a package. He may only write a risk because he has full reinsurance protection.[182] The followers should know that there may be a number of reasons why a leader has signed a slip other than that he considers the risk to be a good one, and they can make a judgement on the same placing information as is available to the leader. They are free to decide whether to write the risk or not and they have the broker before them to make any inquiries they wish.[183]

Nonetheless, the fact is that brokers choose leaders because they want, and expect, that followers will be influenced in their decision to underwrite by the presence of an expert, trusted, leader at the top of the slip. We do not endorse the idea that an underwriter approached to be a leader should agree to act as such if he thinks that the risk is inherently bad, but has reasons other than strictly underwriting reasons for being willing to write it. Whilst we have difficulty finding a basis on which a leader could be liable to the followers in signing the original slip, if he took a large line on the basis that the broker offered him individually full reinsurance protection—with the consequence that though he appeared to be taking a large slice of the risk, he was in fact taking none—we could foresee that the broker who then took the slip to followers, or the broker's client, might be liable to the followers for misrepresentation or a breach of the duty of fair presentation if the leader's outward reinsurance position was not disclosed. The non-disclosure might make the implicit

3-062

---

circumstances. See two recent examples, *Wooldridge v Torridge DC* [2011] EWHC 1238; *Woodland v Essex County Council* [2013] UKSC 66. In *Arrowhead Capital Finance Ltd (In Liquidation) v KPMG LLP* [2012] EWHC 1801 (Comm) the claimant had made a loan to a client having seen, and relied on, a due diligence exercise on VAT that the borrower had obtained from K earlier and for a different purpose. The borrower's VAT claims were unsuccessful and the loan was not repaid. The claimants sought damages from K. K had the claim struck out. K owed the claimant no duty of care. Applied in *Brewer v Iqbal* [2019] EWHC 182 (Ch), followed *John Innes Foundation v Vertov Infrastructure* [2020] EWHC 19 (TCC). In *Rushbond v JS Design Partnership LLP* [2020] EWHC 1982 (TCC) the principle that in general it is not possible to establish a common law duty of care when the defendant's actions constituted omissions, not negligent acts, was recognised.

[180] *Henderson v Merrett* [1995] 2 A.C. 145 (discussed in Ch.10, 10-046 below).
[181] *Hedley Byrne & Co Ltd v Heller & Partners Ltd* [1964] A.C. 465.
[182] Which raises questions of what duty is owed to reinsurers. See the discussion of arbitrage, Ch.1, 1-009 above.
[183] And see 3-074 below where an underwriter was found to owe no duty of care to an excess of loss treaty reinsurer.

statement that the leader has taken a large slice of the risk, false.[184] Perhaps, if the leader and the broker were "in league" in this arrangement, in extreme cases we could foresee that the court might find the leader himself liable for negligent misstatement or even conspiracy.

Paradoxically, but not inconsistently, as we discuss in 3-064 below, there is a respectable argument that if: (a) there has been a misrepresentation to the leader which induces him to write the slip and he is entitled to a remedy because of it; and, (b) that representation is not made to the follower but the follower decides to write a line because he trusts the leader's judgement, the follower nonetheless also has a remedy against the (re)insured.[185]

Representations to the leader not repeated to followers

3-063   Suppose that the broker or cedant makes representations to the leading underwriter which induce him to reinsure, but the representations are not made to the followers, they basing their decision to underwrite in whole or in part on the leader's judgement. At one time the law seemed reasonably certain—Arnould stated a general proposition of law that:

> "Where there are several underwriters to the same slip or policy, a representation of a material fact to the underwriter whose name stands first extends to all the rest, so that each, when it proves false, may avail himself of the defence."[186]

This follows a string of eighteenth and nineteenth century authorities, the most picturesque of which is probably *Pawson v Watson*, where Lord Mansfield said:

> "... if a man is a knave with respect to the first underwriter, and makes a false representation to him in a point that is material; as where having notice of a ship being lost, he says she is safe; that shall affect the policy with regard to all the subsequent underwriters who are presumed to follow the first."[187]

Lest it be thought that the principle was limited to fraud, one should perhaps cite also the shorter and simpler statement of Lord Mansfield one year later in *Barber v Fletcher*:

> "It has certainly been determined, in a variety of cases, that a representation to the first underwriter extends to the others."[188]

If that is right, the follower would have a remedy, not against the leader, but against the insured and not in circumstances where the leader was negligent, but where he had been misled by the insured.

The "modern" view is said to be different: "a broker is not to be liable for a statement other than to a person to whom the statement was intended to be confined".[189] Mustill LJ in *The "Zephyr"*, said:

---

[184] As for telling a half-truth or suppressing some of the information so as to render what has been disclosed misleading, see Ch.6, 6-021.

[185] So found by Cresswell J in *Aneco Reinsurance Underwriting Ltd v Johnson & Higgins* [1998] 1 Lloyd's Rep. 565; [2002] 1 Lloyd's Rep. 157. After the Insurance Act 2015 comes into force the remedy will not automatically be avoidance.

[186] See *Arnould's Marine Insurance and Average*, 19th edn (Sweet & Maxwell, 2018), para.17–148. The Editors add: "Those propositions insofar as they ever represented the law, no longer do so."

[187] *Pawson v Watson* (1778) 2 Cowp. 785 at 789.

[188] *Barber v Fletcher* (1779) 1 Dougl. 305 at 306.

[189] *Merkin's Insurance Contract Law* (Issue 31, Kluwer Publishing, 1996), para.5.2-14.

"I doubt whether this rule [that a misrepresentation to a leader is a misrepresentation to followers also] is still good law, if indeed it ever was."[190]

Mustill LJ went on to say that even if a misrepresentation were made to the leader and even if he, the leader, were then to communicate it to the followers, it would still not be a misrepresentation to the followers made by or on behalf of the insured and would not be actionable by the followers against the insured.

In *Aneco v Johnson & Higgins*,[191] at first instance, the ceding reinsured, having failed in arbitration to recover from his reinsurers, was suing his broker for damages for breach of duty. Cresswell J noted[192] that the arbitrators had found that there was a non-disclosure to the following market of the fact that the treaty had been (mis)represented to the leader as quota share when it was fac./oblig. and therefore, the following market was entitled to avoid for non-disclosure. The arbitrators said "we are not suggesting that the misrepresentations made [to the leader] are to be treated as having also been made to the following underwriters".[193] Cresswell J added his own thought that the conclusion "could also be based on an implied representation by the broker to each of the following underwriters that the risk had been fairly broked to the leaders on the slips which was untrue, but which induced the following underwriters to subscribe to the risk".[194] We prefer the explanation of the judge to that of the arbitrators whose reasoning was subsequently adopted in *International Management Group (UK) Ltd v Simmonds*.[195] A failure to disclose to any underwriter on the slip the true nature of the risk, whether or not he was the leader, would cause concern to the other underwriters and potentially be a material non-disclosure. In *Brotherton v Aseguradora Colseguros SA (No.3)*: "The overwhelming evidence was that the following market wrote the risk partly on the basis that there had been a fair presentation to the lead underwriter."[196]

3-064

In our view it is not appropriate to assert that by a fiction of law a misrepresentation to the leader is somehow deemed to have been made to the followers also, but we consider that it is fair to assert that in practice, expressly or impliedly, the broker may say to the followers, "I made a fair presentation to the leader". If there is no fair presentation to the leader, because of a misrepresentation or non-disclosure, then the (different) representation to the follower is also untrue.[197] In addition, it is arguable that a cedant, or broker, who is making a fraudulent misrepresentation to the leader raises questions as to his integrity and could in itself constitute a disclosable moral hazard.[198] If it were not the law that the insured impliedly represents to the followers that he has made a fair presentation to the leader, an enthusiastic broker might go too far in making the risk attractive to the leader, and get a 5 per

---

[190] *The "Zephyr"* [1985] 2 Lloyd's Rep. 539.
[191] *Aneco v Johnson & Higgins* [1998] 1 Lloyd's Rep. 565; [2000] Lloyd's Rep. I.R. 12 (CA); [2002] Lloyd's Rep. I.R. 91 (HL).
[192] *Aneco v Johnson & Higgins* [1998] 1 Lloyd's Rep. 565 at 595; [2002] 1 Lloyd's Rep. 157 (HL).
[193] *Aneco* [1998] 1 Lloyd's Rep. 565 at 596.
[194] *Aneco* [1998] 1 Lloyd's Rep. 565 at 596.
[195] *International Management Group (UK) Ltd v Simmonds* [2003] EWHC 177 (Comm); [2004] Lloyd's Rep. I.R. 247 at [150]–[151].
[196] *Brotherton v Aseguradora Colseguros SA (No.3)* [2003] Lloyd's Rep. 762, at 779 (per Morison J) see Ch.6, 6-015 below; see also the contrary decision of Longmore J in *Sirius v Oriental* [1999] Lloyd's Rep. I.R. 343.
[197] See *Bank Leumi v British National Insurance Co Ltd* [1988] 1 Lloyd's Rep. 71 at 77 per Saville J (as he then was); *Aneco* [1998] 1 Lloyd's Rep. 565.
[198] The ambit of the duty of disclosure may extend to moral hazards—see e.g. *Ionides v Pender* (1873-74) L.R. 9 Q.B. 531; *Pan Atlantic Insurance Co Ltd v Pine Top Insurance Co Ltd* [1995] 1 A.C. 501; [1994] 3 W.L.R. 677; [1994] 3 All E.R. 581; [1994] 2 Lloyd's Rep. 427; *Insurance Corp of the Channel Islands v Royal Hotel Ltd* [1998] Lloyd's Rep. I.R. 151. Applied *Darius Khakshouri v (1)*

cent line. He may then have to say nothing to the 95 per cent following market other than show them the slip and information on it, but without making the misrepresentation which he made to the leader, because the followers, as Hobhouse J notes above, will rely on the leader's judgement. It would be an odd result if the leader had a remedy for breach of the duty of fair presentation, but the followers had no such remedy despite their reliance on a belief that the leader would have made his judgement after a fair presentation to him. The decision in *Pan Atlantic v Pine Top*[199] makes it clear that only followers who did rely on the implied representation that a fair representation had been made to the leader would be able to raise an argument that they could avoid (or now—under the IA 2015, Sch.1—have a remedy other than avoidance). The larger the risk, the greater the level of indemnity sought, the more complex the risk is likely to be, the smaller the lines will be, the greater the number of underwriters. The longer the fair presentation is likely to take, the less would the broker want to go through the same detailed presentation to each of the underwriters, and the more he will wish the followers to accept that the leader has exercised his judgement after a fair presentation. In such circumstances, it is reasonable for the court to find that the broker impliedly represents that that is what has occurred. If that representation is not true, then it is not unreasonable for the follower to have a remedy. However, this line of reasoning can give rise to further issues as result of the proportionate remedies regime introduced by the IA 2015 s.8 and Sch.1: for breaches of the duty of fair presentation that are not deliberate or reckless, each following underwriter's remedy (if any) would depend on how it would have acted if a fair presentation had been made on the point of the fairness of the risk presentation to the leader. As we shall see in Ch.6, 6-097 and 6-098, the remedy might be avoidance, a proportionate reduction in the claims payable, or different terms (such as subscribing to a smaller share). Different followers could end up with different remedies.

3-065 An example of followers not having had represented to them that a fair presentation was made to the leader in *Sirius International Insurance Corp v Oriental Assurance Corp*.[200] The leader was shown a fax making representations about fire appliances at an insured warehouse. Two followers were found not to have been shown that fax. The leader was held entitled to avoid (the misrepresentation being untrue), but the followers were not. From the judgment it seems that the followers did not argue that it had been represented to them by implication that a fair presentation had been made to the leader. They argued only that they had seen the relevant fax and the judge found against them on the facts.

The same issues do not arise with non-disclosure (as opposed to misrepresentation) because if there is non-disclosure, it is likely to affect each underwriter in the same way, regardless of whether he is a leader or follower. If the risk presentation is fully document-based and all of the relevant documents are shared as a hard copy file or electronically to all subscribing underwriters, there would be no room for an argument that the leader had received a different risk presentation to the following underwriters.

Anthony Jimenez (2) Kevin Cash [2017] EWHC 3392 (QB). *Kavreli Group Ltd v Aviva Insurance Ltd* [2019] 4 WLUK 585.
[199] *Pan Atlantic v Pine Top* [1995] 1 A.C. 501.
[200] *Sirius International Insurance Corp v Oriental Assurance Corp* [1999] 1 All E.R. (Comm) 699.

GUA and leading underwriter provisions on the slip

Underwriting is not always a one-off process. After a slip is signed, there may be full policy wording to be agreed,[201] there may be other people to add as insureds, or other property to attach to the risk. Endorsements to a slip are common. Where the subsequent "underwriting" is off a line slip, everything other than the basic terms stated on the line slip will be for later agreement, not the least the attachment of each risk declared under it. It is common market practice for the subscribing underwriters to nominate a "leading underwriter" who has authority to agree full wording, attachments, declarations and endorsements. However, just because the leading underwriter has been the re/insurer responsible for negotiating the initial terms on a re/insurance contract that is then subscribed to by following underwriters, does not automatically confer rights or obligations to agree MRC changes or claims on behalf of the following underwriters, unless expressly provided for, for example under the application of a GUA or SCAP.

3-066

The leading underwriter provision is designed to allow the broker to return only to the leader(s) to have certain matters agreed, thereby binding the followers as well. This is particularly true in reinsurance in the context of treaty wording. The provision saves the broker time and effort and streamlines the process. Generally, therefore, the slip will contain leading underwriter provisions. There are two types of such provisions:

(1) market agreements; and
(2) specific clauses.

The General Underwriters Agreement

So far as market agreements are concerned, the GUA, to which reference has already been made in 3-059 above, is the London market standard basis for agreeing the leading underwriter's delegated authority to bind the following market in relation post placement alterations.[202] The GUA is designed to deal with alterations to existing slips rather than agreeing wordings following a slip (as to which see 3-071 below). That the GUA is applicable between the underwriters on the slip is signified by the slip referring to it although any underwriter can state on the slip that he does not agree to be bound (art.1.3). Unlike the old market agreements, which expressly said that they formed no part of the agreement between the underwriters and the insured or reinsured, the GUA expressly states (art.9.1) that it grants no additional rights to any third party other than the insured/reinsured. We consider that the actual authority of the leader conferred by the GUA should be known to the reassured because his agent, the broker, will have the slip which should indicate whether contract changes are effected on the basis of the GUA. The GUA provides for three methods in which an alteration to the slip may take place:

3-067

(1) with the agreement of the leader only;
(2) with the agreement of the leader and certain other underwriters (known as the Agreement Parties);

---

[201] We think that contract certainty would still allow for a leader and follower to sign a slip with wording to be agreed by just the leader but the agreement from the leader would have to be before the date the contract came into force, which would mean that the signatories on the slip were effectively subject to that occurring.
[202] See: *https://lmg.london/wp-content/uploads/2019/07/General-Underwriters-Agreement-version-2.0-February-2014.pdf*.

(3) with the agreement of all underwriters.[203]

The underwriters whose agreement is requested in addition to the leader are, at least in this respect, co-leading because the intent is that the followers should be bound only where the leader and the other named "leaders" agree. If a following underwriter insists on agreeing to all changes before he is bound, his failure to agree will not prevent the other followers being bound. There may be amendments requiring all three types of agreement on the same slip, and the schedules, to the LMP slip are drafted with that possibility in mind.

ABN AMRO v Royal Sun Alliance[204] concerned a claim for non-physical loss on a marine cargo policy. One issue involved the leader's authority under the GUA. In the policy year prior to the year of the loss, a GUA attached to the policy. The broker brought an endorsement to the leader, which the leader agreed. The following market argued that the leader had not signed on the GUA stamp—and therefore clearly had not signed in the "slip leader only" box—and thus had not bound the following market to the endorsement. The learned judge agreed. Jacobs J said:

> "... Where an endorsement contains the GUA box, and where that box is then initialled by the underwriter, it will be apparent that the underwriter is intending to implement the GUA terms and hence the authority which has been conferred upon him. The way in which the underwriter is exercising that authority will be clear from the way that he fills in the GUA box. Clause 4.2 of the GUA makes this clear. It provides that the "Slip Leader (and Agreement Parties if appropriate) shall then initial in the appropriate Box the level of authorisation required".
>
> ... The problem in the present case is that [the broker] did not include the GUA Box on the July endorsement. [The broker] did not suggest in his evidence that there was any discussion as to whether Mr. Beattie was being asked to agree the terms, or was in fact agreeing them, on behalf of the following market. Mr. Beattie did no more than sign and apply RSA's stamp, which was what he was being asked to do. There is nothing to which [the broker] could point which indicated, whether objectively or subjectively, an intention on Mr. Beattie's part to sign the July endorsement on behalf of the following market.
>
> ... [An] intention on the part of Mr. Beattie to contract on behalf of the following market ... cannot in my view be found by relying on the obligation on the Slip Leader in Clause 4.1 of the GUA in circumstances where there had been no discussion between broker and underwriter as to whether RSA was acting only on its own behalf or on behalf of the following market."[205]

Specific leading underwriter clauses

3-068 In contrast to standard form market agreements such as the GUA, underwriters may subscribe to specific leading underwriter clauses. Leading underwriter clauses come in different forms. Some oblige the following underwriter to follow the lead underwriter in relation to a large number of matters including amendments to the terms of the policy, surveys and settlement of claims[206] and others are more limited in scope.[207] The question arises whether, in these situations, the leader owes any duty to the followers in agreeing endorsements to the slip or settlements which will then be binding on the following market. At this stage all the followers will be

---

[203] GUA, art.3, Sch. Pt 1–3.
[204] *ABN AMRO v Royal Sun Alliance* [2021] EWHC 442 (Comm), appealed and reversed on different issues: *ABN AMRO Bank NV v Royal Sun Alliance Insurance Plc* [2021] EWCA Civ 1789; [2022] 1 W.L.R. 1773.
[205] Ibid, [443]-[446] per Jacobs J
[206] *Roar Marine v Bimeh Iran Insurance Co.* [1998] 1 Lloyd's Reports 423.
[207] *Roadworks (1952) Ltd v JR Charman* [1994] 2 Lloyd's Reports 99 (alterations of rates); *PT Buana Samudra Pratama v Maritime Mutual Insurance Assn (NZ) Ltd (The "Buana Dua")* [2011] 2 Lloyd's

identified and there is no problem of their being unknown as there is at the time of the leader writing the original slip. (Rather, the followers should be identified, but in reality it is possible that broker A is still filling in the bottom end of the slip while broker B is agreeing changes or endorsements with the leader.) Since the subject-matter and terms of leading underwriter clauses may differ the manner in which they are intended to work must depend, ultimately, upon the construction of the provision in question.

Barlee Marine Corporation v Trevor Rex Mountain (The "Leegas")[208] and *Roadworks (1952) Ltd v JR Charman*,[209] both concerned specific clauses with leading underwriter provisions:

> "Any amendments additions deletions including new and or managed and or chartered notice of assignment ratings and alterations of any description to be agreed by Leading Underwriter and to be binding on all others hereon."[210]

> "All alterations additions deletions extensions agreements rates and changes in conditions to be agreed by the leading Lloyd's Underwriter ... only. Such agreement to be binding on all Underwriters subscribing hereto."[211]

The first question is, as to how the followers become bound by what the leader agrees, whether the leader agrees endorsements as agent of the followers or whether the followers have contracted with the insured to be bound by what the leader agrees, without appointing the leader as agent. *The "Leegas"* is not very illuminating at this point. The Mountain syndicate (a follower) said that it was not bound by the leader's agreement to amend the terms of the original slip by extending the period of insurance on a vessel. Hirst J (as he then was) found, on the construction of the clause, that the syndicate clearly was bound, but in doing so, he said:

3-069

> "Underlying the whole relationship between the leading underwriter and the following underwriters, furthermore, is the former's manifest duty of care."[212]

In *Roadworks v Charman* the leading underwriter had waived a contingent condition and the question arose whether such waiver was binding on the followers. Judge Kershaw QC said[213] that a leading underwriter clause constitutes a contract between the leading and following underwriters and the insured so that any amendments agreed by the leading underwriter would bind the followers:

> "Any alterations additions deletions extensions agreements rates and changes in conditions to be agreed by the Leading Underwriter were binding upon each following underwriter by virtue of the terms of the contract between the insured and each underwriter."[214]

The basis for binding the followers was that the leading underwriter had acted as agent of the followers:

> "[The slip] is not a contract between the leading underwriter and the following underwrit-

---

Rep. 655; (claims handling and settlement); *Mander v Commercial Union Assurance Co Plc* [1998] Lloyd's Rep. I.R. 93 (acceptance of declaration under open cover).
[208] *Barlee Marine Corp v Trevor Rex Mountain (The "Leegas")* [1987] 1 Lloyd's Rep. 471.
[209] *Roadworks (1952) Ltd v JR Charman* [1994] 2 Lloyd's Rep. 99.
[210] *"The Leegas"* [1987] 1 Lloyd's Rep. 471.
[211] *Roadworks v Charman* [1994] 2 Lloyd's Rep. 99, cited above.
[212] *The "Leegas"* [1987] 1 Lloyd's Rep. 471 at 475.
[213] A Circuit Judge sitting as a Deputy High Court Judge on Commercial Court business.
[214] *Roadworks v Charman* [1994] 2 Lloyd's Rep. 99 at 103 and see *Mander v Commercial Union Assurance Co Plc* [1998] Lloyd's Rep. I.R. 93 at 143 per Rix J.

ers, though its terms evidence the terms of a contract of agency (between the leader and the followers)."[215]

(Suggesting that in some unspecified manner, but not by reason of the slip, the followers contract with the leader to appoint him as their agent.) It was not necessary for the judge to find that the leader waived the condition as agent of the followers and it is not clear where the appointment of agency of the leader to which the judge refers is to be found if it is not on the slip. It was not in the market agreements in this instance, the learned judge said as much (because they were not incorporated). It was sufficient for his decision for the judge to have found that the followers had agreed with the insured to be bound by alterations agreed by the leader. In contrast, in *Mander v Commercial Union Assurance Co Plc*[216] it was held that a leading underwriter under an open cover was not the agent of the following market merely by reason of a leading underwriter clause; the followers simply agreed to be bound by a declaration falling within the scope of the cover and agreed by the leading underwriter. The question whether the leader binds the followers on the basis of agency or whether the follower were bound merely by the leader making a decision on their behalf was expressly left open by Mance LJ in *Unum Life Insurance Co. of America v Israel Phoenix Assurance Co Ltd*,[217] although he commented that the agency approach was "certainly thoroughly arguable".

In *San Evans Maritime Inc v Aigaion Insurance Co SA*[218] there was a leading underwriter clause relating to claims further to which Aigaion agreed to the following:

> "Agreed to follow London's Catlin and Brit Syndicate [the leading underwriters] in claims excluding ex-gratia payments." [The "Follow Clause".]

Teare J said that the operation of the clause did not depend upon Catlin and Brit acting as agents of Aigaion so as to bind Aigaion to the settlement and it did not authorize Catlin and Brit to act on behalf of Aigaion. He acknowledged that there was authority for the agency analysis but it did not apply to the operation of this provision. The agreement was between Aigaion and the insured, not between Aigaion and Catlin and Brit.

> "In my judgment this Follow Clause is reasonably to be understood as meaning that Aigaion agreed with the Assured to follow any settlement made by Catlin and Brit in respect of an insurance claim arising from a casualty affecting *St.Efrem*. The suggestion that the Follow Clause merely authorises Catlin and Brit to act on Aigaion's behalf when settling a claim seems to me to ignore, and add to, the simple words of the Follow Clause. Effect can be given to the clause by construing it as an agreement between Aigaion and the Assured to follow a settlement by Catlin and Brit. Giving effect to the clause in that way is consistent, in my judgment, with the simple language of the clause. Introducing the concept of agency when there is no agreement between Aigaion and Catlin and Brit unnecessarily complicates the operation of the clause."[219]

Accordingly, even though Catlin and Brit had purported to act only on their own behalf when settling the claim, such a settlement was still binding on Aigaion:

> "It is suggested that it would be unreasonable and uncommercial to construe the Follow

---

[215] *Roadworks v Charman* [1994] 2 Lloyd's Rep. 99 at 106.
[216] *Mander v Commercial Union Assurance Co Plc* [1998] Lloyd's Rep. I.R. 93.
[217] *Unum Life Insurance Co of America v Israel Phoenix Assurance Co Ltd* [2002] Lloyd's Rep. I.R. 374.
[218] *San Evans Maritime Inc v Aigaion Insurance Co SA* [2014] EWHC 163 (Comm).
[219] *San Evans Maritime Inc v Aigaion Insurance Co SA* [2014] EWHC 163 (Comm) at [16].

Clause as requiring Aigaion to follow a settlement which the parties to the settlement agreement have agreed will not be binding upon Aigaion. But if Aigaion has itself agreed to follow any settlement by Catlin and Brit, save for an ex gratia payment, it matters not (as between the Assured and Aigaion) that Catlin and Brit have purported to act only on their own behalf when settling the claim. The obvious purpose of the Follow Clause in simplifying claims settlement and reducing the costs thereof would be frustrated if the clause did not apply whenever an underwriter, fearing that he might be held to owe a fiduciary duty or a duty of care to the following underwriter, made clear that when settling a claim he was doing so only on his own behalf."[220]

The leader could be appointed agent by the terms of the slip if that is what the parties wished to achieve. It is not uncommon for a contract which is primarily an agreement between A on the one part and B, C, D and E on the other to contain some provisions which are only agreements between B, C, D and E. Syndicated loan agreements contain an agreement between the banks and the borrower and agreements between the banks themselves and the banks and the agent bank. Thus there is no reason in principle why a slip should not contain agreements between insured and underwriters, and between underwriters themselves. The question then arises (though it did not arise in *Roadworks v Charman*) whether the leader owes any duties to the followers in agreeing alterations or endorsements to the original slip. Judge Kershaw QC said:

3-070

> "Whether ... the leading underwriter was ... in breach of a duty of care (whether a duty created by an implied term of a contact of agency between the leader and the following underwriters or a duty existing independently of contract) to the following underwriters ... is not an issue in this action."[221]

This seems to suggest that the judge thought a duty of care did exist but his mind was more directed to whether it was breached in this instance. This, taken with the statement of Hirst J in *The "Leegas"*,[222] provides support for the following proposition.

The leader who signs a slip with a leading underwriter provision in it will be well aware that his subsequent actions in agreeing alterations will affect the followers, and the followers sign the slip relying on the leader to act with due care and skill in their interests as well as his own when considering such alterations, in circumstances where the followers do not have the opportunity (as they do when signing the original slip) to make their own decisions. Thus it seems that it would be reasonable in all the circumstances for the leader to owe a duty of care to the followers when he agrees alterations which he knows will bind the followers.[223]

Leader's authority to agree wording

Where, regardless of Contract Certainty requirements, the reinsurance slip states "Wording t.b.a. L/U" two questions arise: (i) are there any restrictions on what the

3-071

---

[220] *San Evans Maritime Inc v Aigaion Insurance Co SA* [2014] EWHC 163 (Comm) at [47].
[221] *Roadworks v Charman* [1994] Lloyd's Rep. 99 at 106.
[222] *The "Leegas"* [1987] Lloyd's Rep. 471 at 475, cited above.
[223] Compare *Roar Marine Ltd v Bimeh Iran Insurance Co Ltd* [1998] 1 Lloyd's Rep. 423, below, where Mance J said that the leading underwriter clause imposed a duty of care upon the leader in respect of claims settlements. The Lloyd's Claim Scheme 2010 (updated 30 September 2011) provides a limit of £2 million on the liability of the leader to all followers in claims handling, any one claim, and £10 million aggregate any one year. At the end of 2020, and in response to the Covid-19 pandemic, Lloyd's revised the claims scheme, doubling the value of claims in all classes that should be treated as "standard" claims (to be dealt with by the leader alone), and giving the lead underwriter more authority in respect of "complex" claims.

leading underwriter can agree to on behalf of the followers?; and (ii) if there are, and the leader exceeds those restrictions, can the cedant nonetheless hold the reinsurers to the wording? It may be that the leader's authority to agree wording is restricted to agreeing full wording for clauses or phrases which appear in short form, or only as titles, on the slip. It may be that the authority extends to that and to additional standard or administrative clauses.[224] It may be that the leader's authority is unlimited, including even, agreeing clauses which conflict with the slip. In *Youell v Bland Welch*[225] Philips J concluded that: "An insurance slip customarily sets out a shorthand version of the contract of insurance in terms which may be neither clear nor complete." This suggests "filling out" the contract terms is acceptable but gives no support for changing terms on the slip or expanding terms beyond what is necessary to "complete" the contract wording. Nonetheless, as we have seen with *Eagle Star Insurance Co v Spratt*,[226] the Court of Appeal found an underwriter bound by a policy endorsement issued by the LPSO irrespective of whether in fact he had authorised its insurance on his behalf. In *The "Leegas"*,[227] the leader agreed to extend the period of cover and the number of voyages covered by insurance. Hirst J held the followers bound, but he said:

> "Quite plainly, the general scope of the policy is governed by the 'Type' clause with which it begins, so that any notion that it could be converted into, say an aviation policy, is fanciful in the extreme. Equally fanciful is the notion that the following underwriters could be saddled willy nilly with indefinite extensions without their knowledge, since they would continue to receive their premium and could, in any event, have recourse if they wished, to the termination clause. Underlying the whole relationship between the leading underwriter and the following underwriters, furthermore, is the former's manifest duty of care."[228]

Thus Hirst J thought the authority of the leader was circumscribed by the slip and if he exceeded his authority but nonetheless bound the followers, they could claim for breach of duty of care. In *Roar Marine v Bimeh Iran*,[229] the followers agreed "to follow [the leader] ... but excluding ex gratia and without prejudice settlement ... in respect of claims". The leader settled a claim which the follower thought was not covered by a peril insured against. He had to pay the insured when the leader agreed the claim. Mance J (as he then was) said:

> "Following underwriters accept both the advantages and any risks of the leading underwriters' handling of settlements and of other matters affecting them. This is reinforced by the presence of two express exceptions to the relevant duty to follow, namely ex gratia and without prejudice settlements. There is no basis for further qualifying the operation of the 'follow the leader' clause as between the following market and the insured ..."[230]

3-072   The follower in *Roar v Bimeh Iran* had argued that he was only bound to follow the leader if the leader acted in a proper and business-like manner in settling the

---

[224] In *Unum v Israel Phoenix* [2002] Lloyd's Rep. I.R. 374 (see 3-073 above) one has to assume that the slip did not contain the shorthand "arbitration clause" provision or there would have been nothing to argue about, but the Court of Appeal appeared to favour the argument that a leading underwriter had authority in principle agree an arbitration clause if he was given authority to agree wording.
[225] *Youell v Bland Welch* [1990] 2 Lloyd's Rep. 423 at 429.
[226] *Eagle Star Insurance Co v Spratt* [1971] 2 Lloyd's Rep. 116.
[227] *Barlee Marine Corp v Trevor Rex Mountain* [1987] 1 Lloyd's Rep. 471 at 475.
[228] *The "Leegas"* [1987] Lloyd's Rep. 471 at 475.
[229] *Roar Marine Ltd v Bimeh Iran* [1998] 1 Lloyd's Rep. 423.
[230] *Roar Marine Ltd v Bimeh Iran* [1998] 1 Lloyd's Rep. 423 at 430.

claims—in the same way as reinsurer who has agreed to follow the settlements of the cedant can decline to so if the cedant has settled a claim other than in a proper and business-like manner.[231] Mance J said that the situations were not analogous. The insured receives agreement *from all underwriters through the leader*. Mance J, as with Hirst J, was firm both that the follower must follow and that there are restrictions on this obligation deriving from the wording of the contract itself. The leader has wide actual authority but not to do anything he wishes. Since the actual authority of the leader (if he is agent of the followers) or the acts of the leader by which the followers have agreed to be bound (if there is no agency of the leader) are stated on the slip and known to the insured, through his agent, the broker, it is difficult to see how the leader could have wider, or any, ostensible authority, or how the follower could be bound in wider terms than the slip provides for. If that is right, then the leader would incur no liability to followers for agreeing wording which goes beyond the slip because the wording would not bind the followers. If the broker is uncertain whether the leader's agreement will bind the followers, he should obtain their consent. If he does not, at some time in the future, should the followers show that the leader's agreement did not bind them, the broker himself may have a liability. Where the leader did bind the followers because he was acting within his authority, but was negligent, the followers would have a claim for damages for breach of Hirst J's "manifest duty of care", which Mance J supported.[232]

Similarly, in *Unum Life Insurance v Israel Phoenix Assurance Co Ltd*[233] the Court of Appeal doubted Unum's argument that, by analogy from the incorporation of arbitration clauses principles, a leader could not agree an arbitration clause in the wording. The Court of Appeal said that the leading underwriter clause had the effect of binding the followers, including the leader's decision to agree an arbitration clause. However, the case also raises an interesting point on timing: a leading underwriter clause contained in a slip becomes part of the contract between the underwriters and the (re)insured. Accordingly, if the contract is terminated by one of the following underwriters, the leading underwriter clause itself must be treated as terminated, and that following underwriter cannot be bound by terms agreed subsequently by the leading underwriter. It should be noted, however, that the remedy of avoidance may not be available to any underwriter if the leader/claims handler has "affirmed" the contract as agent of all subscribing underwriters by exercising rights under the policy or negotiating a claim without reserving the underwriter's position.[234]

3-073

Reinsured and reinsurer

Bonner v Cox[235] makes it plain that whatever duty of care the leader may owe the follower, the relationship of the reinsured with the excess of loss reinsurer is not synonymous. Brokers operated an open cover for a group of insurers and also obtained reinsurance. It was admitted the cover was negligently written—it had an aggregate deductible but no limit, which encouraged the writing of anything that produced premium. Nonetheless it was held that there was no duty of care to reinsurers. If there is no duty of care to underwriters, albeit reinsurers, who are

3-074

---

[231] See Ch.5 below.
[232] *Roar Marine Ltd v Bimeh Iran* [1998] 1 Lloyd's Rep. 423 at 430.
[233] *Unum Life Insurance v Israel Phoenix Assurance Co Ltd* [2002] Lloyd's Rep. I.R. 374.
[234] Now that the Insurance Act 2015 provides a menu of possible remedies, the question arises whether "affirmation" extinguishes all of them, or only the remedy of avoidance. See Ch.6 below.
[235] *Bonner v Cox* [2005] EWCA Civ 1512.

already on risk, it is unlikely that a leader would be found to have a duty of care to underwriters who were not yet on risk when he puts his signature on a slip.

In *American International Marine Agency v Dandridge*[236] there was a follow the leader clause in the direct insurance and the reinsurance was declared to be on the same terms and conditions as the underlying. The reinsured argued that the leader underwriter clause was incorporated into the reinsurance and compelled the reinsurers to accept changes in the underlying cover, which he had agreed but reinsurers had not. The court did not agree. The leader clause operated between insurers only. The reinsurers were discharged from liability when the original insured breached a classification warranty, not bound to continue because the reinsured waived the breach.[237]

The leader and claims

3-075　A leading underwriter's authority in respect of claims will read something like:

"Claims to be agreed by Lloyd's and Leading Company and as such to be binding on all underwriters",,"

or

"All underwriters subscribing hereto to follow all claims settlements (including ex gratia) approved by two leading Lloyd's Underwriters hereto plus LUCRO [now Xchanging] to be binding on all underwriters."

The principle of "each for his own" means that each follower can plough his own furrow on claims, absent any claims settlement authority being given to the leader by express agreement, SCAP or the Lloyd's Claims Scheme, or where the claim falls outside the SCAP or the Lloyd's Claims Scheme. This can lead to complex coverage issues and wasteful multiple dispute resolution processes. We are aware of recent trends in the subscription markets that subscribers contract on different terms which can exacerbate these issues, render claims leader arrangements ineffective, and lead to differing outcomes as between subscribers. What can happen in those circumstances was illustrated by *Insurance Company v Lloyd's Syndicate*.[238] This was an arbitration on a reinsurance dispute. The leading syndicate claimed that it was not liable to pay because it was entitled to avoid. The reinsured arbitrated against the leader only and won. The leader obtained an injunction against the reinsured showing the award to the following market. The judge said that the award was not a necessary element in establishing the reinsured's claim against the followers. It is clear that the fact that the leader was liable was not enough to make the followers liable.

The terms of the clauses requiring followers to follow the settlements of the leader are very similar to clauses in reinsurance contracts requiring the reinsurer to follow the settlements of the reinsured.

3-076　The same issues arise in relation to a claims settlement provision as were considered by Judge Kershaw QC in *Roadworks v Charman* in relation to alterations to the original slip: is the clause merely an agreement between the followers and the insured where they undertake to abide by the decision of the leader, or is it additionally "evidence" of an off the slip agency between the leader and the followers? Whether there is an "agency" is not critical if in any event the leader owes

---

[236] *American International Marine Agency v Dandridge* [2005] EWHC 829 (Comm).
[237] See Ch.4, 4-006 below.
[238] *Insurance Company v Lloyd's Syndicate* [1995] 1 Lloyd's Rep. 272.

a duty of care in tort to the followers and again, by accepting the clause on the slip, it is not unreasonable to assert that the leader does owe such a duty. However, if the leader agrees a claim outside the terms of the claims settlement clause, for example ex gratia, if that is not covered, the followers would simply not be bound to follow.[239] The leader would have no authority and the broker would know that. It is easy to see the possibility of dispute here, however. The follower may say that a loss clearly falls outside the terms of cover and therefore the leader's agreement to settle does not bind him. He may then end up claiming that either he is not liable, or, that if he is, the leader is liable to him for breach of the duty of care and skill in agreeing the claim.

The effect of a claims settlement by leading underwriters was considered in *Roar Marine Ltd v Bimeh Iran*[240] and in *PT Buana Samudra Pratama v Maritime Mutual Insurance Assn (NZ) Ltd*.[241] In *Roar Marine Ltd*, the defendants had written 30 per cent of the hull and machinery insurance policy on the plaintiff's vessel, the "Daylam". The remaining 70 per cent had been placed with four markets, Lloyd's and London Market companies having written 33.5 per cent of 70 per cent. The leading underwriter clause provided as follows:

"It is agreed with or without previous notice to follow leading British Underwriters in regard to agreements, alterations, extensions, additions, endorsements and cancellations and attaching and expiring dates, and also in regard to all decisions, surveys, the providing of bail and settlements in respect of claims and returns, but excluding ex gratia and without prejudice settlements."

It was accepted that "leading British Underwriter" meant the lead Lloyd's underwriter, Syndicate 724. A claim was made following an engine breakdown, which the loss adjuster attributed to an insured peril, namely the negligence of the crew. The claim was settled by the leader and paid by the remainder of the following market with the exception of the defendants, who maintained that the cause of the loss was wear and tear which was not covered under the policy. The plaintiff insured sought summary judgment against the defendants. The defendants raised two arguments:

(1) that as a matter of construction of the leading underwriter clause and/or by reason of market practice the defendant was not obliged to pay a claim falling outside the perils insured;
(2) that there was to be implied into the follow the leading underwriter clause a "proper and business like" proviso of the type implied into "follow the settlements" clauses in reinsurance contracts.[242]

Mance J (as he then was) rejected both these arguments and granted the plaintiffs summary judgment. He said that the meaning of the leading underwriter clause was clear. The defendants were bound to follow the leader's decision unless the settlement was ex gratia or without prejudice. Mance J referred to, "the obvious commercial purpose of the clause in simplifying administration and claims settlement", which he regarded as the relevant "matrix" or background against which it was to be construed. He was not persuaded by the defendants' affidavit evidence as to what they alleged to be market practice. This did not establish a legally bind-

3-077

---

[239] An argument that the claim was settled by the leader in circumstances where no cover was provided was rejected by Mance J in *Roar Marine Ltd v Bimeh Iran* [1998] 1 Lloyd's Rep. 423.
[240] *Roar Marine Ltd v Bimeh Iran* [1998] 1 Lloyd's Rep. 423.
[241] *PT Buana Samudra Pratama v Maritime Mutual Insurance Assn (NZ) Ltd (The "Buana Dua")* [2011] EWHC 2413 (Comm).
[242] See Ch.5, Pt 2 below.

ing custom that leading underwriter clauses only bound the followers in the case of claims which were properly payable. In rejecting the proposition that the follower was only obliged to pay the reinsured, pursuant to a follow the leader claims settlement clause, where the leader had acted in a proper and business-like manner when agreeing the claim, Mance J distinguished the relationship of leader and followers from that of reinsured and reinsurer. In the present case there was a mutuality of interest between the insurers, whereas in the reinsurance context the reinsured is seeking to rely upon his own conduct when seeking indemnification from his reinsurer.

Mance J went on to examine the conduct of the leading underwriter and concluded that Syndicate 724 had, in fact, behaved in a proper and professional manner in settling the claim. He concluded by saying that in the event the leading underwriter did not settle a claim properly, the follower was bound to pay the claim but would have a remedy against the leader. He considered that *The "Leegas"* supported the view that the leading underwriter owed a duty of care to the following market. It should be noted at this point that the Lloyd's Claims Scheme (Combined) Pt II, to which further reference is made at 3-081 below, expressly requires the leader to act with reasonable care when determining a claim.

3-078 In *PT Buana Samudra Pratama v Maritime Mutual Insurance Association (NZ) Ltd*[243] a tug was insured by three insurers, the defendant (MMI), and two others, Aegis and Axa. Axa was the leader. The followers agreed: "To follow Axa in respect of all decisions, surveys and settlements regarding claims within the terms of the policy unless these settlements are to be made on an ex gratia or without prejudice basis". This was a summary judgment application by the insured against the follower for his share of a constructive total loss claim, the leader having agreed—and paid—the claim (not on an ex gratia or without prejudice basis). The first thing to note is that Teare J refused summary judgment, accepting that MMI had an arguable case that the claimant had made a fraudulent misrepresentation in pursuing the claim. That defence was not defeated by the leader having paid. MMI also argued that the insured had been in breach of a warranty at the time of the loss and MMI was not therefore obliged to pay. MMI argued that it was only obliged to follow the leader "regarding claims within the terms of the policy" (exactly the argument that had succeeded in *Hill v Mercantile* when the reinsured sought to bind the reinsurer to decisions the reinsured had taken in respect of a claim: See Ch.5, 5-020 to 5-026 below) and this claim was not such because of the breach of warranty. Teare J said that this argument would "limit its [the follow settlement clause's] ambit to an obligation to follow as to the quantum [our emphasis] of claims within the terms of the policy but not as to whether or not the claim in question was within the terms of the policy" and he would not accept that this was its intent. He said:

"The following considerations have led me to prefer the Claimant's construction of the clause:

(i) The wording of the clause refers to *all* settlements which suggests that there are no exceptions to those settlements which must be followed, save for those expressly stated, namely, settlements on an ex gratia or without prejudice basis.

(ii) The wording of the clause refers to "all decisions, surveys and settlements", which suggests that the whole process of claims investigation and settlement by the leader, Axa, is to be followed. That process will necessarily include both issues of liability and of quantum.

(iii) In that context the words "regarding claims within the terms of the policy" would, in my judgment, reasonably be understood as encompassing decisions or settlements as to whether claims were within the terms of the policy.

---

[243] *PT Buana Samudra Pratama* [2011] EWHC 2413 (Comm).

(iv) To impose a limited obligation to follow settlements only as to quantum would, in my judgment, require much clearer language than that found in the clause in this case. A settlement will necessarily include consideration both of issues of liability and of quantum. To allow the following underwriters to dispute issues as to liability (but not quantum) might well give rise to difficulty where issues both of liability and quantum have been considered by the lead underwriter in reaching a settlement and would mean that the costs of investigation and assessment of a claim (which would include issues both of liability and of quantum) might be incurred by the following underwriters in addition to such investigation and assessment by the lead underwriter. This seems to me an unlikely intention to ascribe to underwriters aware of the commercial purpose of "follow" clauses. If such had been the intention of the underwriters I would have expected much clearer language than that used in this case."[244]

We consider the judge's reasoning to be sound.

Why be a leading underwriter?

The leading underwriter is normally the first subscriber to the slip but he is not required to have, or selected on the basis of taking, the largest share in the risk.[245] The leader receives no additional premium for the responsibility of agreeing wording or endorsements or claims, although he clearly has greater responsibilities and may need a larger staff to cope with them and he incurs at least the threat of liability to his followers if he is negligent. One has to assume that the leader balances against this the benefits of being shown the risks first, so that he gets a wider choice of good business and a greater opportunity to influence terms and conditions and rates. Perhaps he also gets the personal satisfaction of being a leader. An agent bank on a syndicated loan usually gets a front-end fee for being an agent. Perhaps leading underwriters will seek something similar. If it were to become the practice that the insured paid a fee to the leader, and then sought to recoup this fee from the followers, or if the leader were to require a fee directly from the followers, it increases the possibility of the leader owing a duty of care to the followers even in writing the original slip. If the leader knows that followers rely on his judgement and is receiving remuneration from them, albeit indirectly, the courts may be more open to accepting that the benefit of receiving a fee carries with it the burden of a duty of care.[246]

3-079

Follower acting independently of leader

An underwriter needs always to consider, before signing a slip where he hands over claims settling authority to a leader (or Lloyd's), whether any reinsurance/retrocession protection he may have requires, expressly or impliedly:

(1) that he handles the claim himself;
(2) that reinsurers have claims control;
(3) that there be claims co-operation.

3-080

---

[244] *PT Buana Samudra Pratama* [2011] EWHC 2413 (Comm) at [26].
[245] *Roar Marine Ltd v Bimeh Iran* [1998] 1 Lloyd's Rep. 423 at 426.
[246] See *The Sumitomo Bank Ltd v Banque Bruxelles Lambert SA* [1997] 1 Lloyd's Rep. 487.

If the reinsurance contracts do require any of the above, the follower should be cautious about signing a slip with a leading underwriter claims provision without speaking first to his reinsurers.[247]

An underwriter will also want to consider whether the claims settlement provision limits his ability to avoid or commute his liability on the contract as a whole. It is doubtful whether the leading underwriter claims handling provision does affect this. If his agreement to follow the leader is only with the assured, then the follower can avoid the policy without the claims settlement clause being operative, and of course he and the assured can both agree to commute. Even if the claims settlement clause evidences an agency relationship with the leader which does in fact exist, the follower can terminate the agency by withdrawing the leader's authority.

Lloyd's Claims Scheme and SCAP

3-081 The Lloyd's Claims Scheme has been in place since 1998 (with some subsequent amendments) and is designed to streamline the claims agreement process for claims with multiple Lloyd's syndicates on risk, where they are managed by different managing agents, by ensuring that each claim is determined on behalf of all the participating syndicates on the (re)insurance by either a single Lloyd's lead managing agent or, for more complex claims, jointly by a Lloyd's lead and second Lloyd's lead.[248] The current scheme is the 2023 Lloyd's Claims Lead Arrangements.[249] The Claims Scheme applies to all claims made on re/insurance policies underwritten by two or more Lloyd's syndicates whether in the open market or under a binding authority, but excludes claims on policies written by Lloyd's Europe and Lloyd's China. It does not apply to non-Lloyd's subscribers and specified risks (term life and satellite risks). Claims are divided into standard claims and complex claims. Standard claims are determined by a single Lloyd's leading underwriter, whereas complex claims may merit the involvement of two underwriters determining the claim. The thresholds for complex claims are £5 million for non-proportional treaty reinsurance, £2 million for first party insurance (including facultative reinsurance and binding authorities), and £1 million for third party (including facultative reinsurance and binding authorities). Regardless of the financial value of a claim, a claim is also regarded as complex if there are actual or pending dispute resolution processes, the claim is for extra contractual damages or excess of policy limits claims, or involves regulatory breaches or investigations.[250] The leading underwriter can apply to Lloyd's for dispensation from compliance with any part of the Claims Scheme.[251]

In determining a claim on behalf of the following underwriters, the leading underwriter must exercise the reasonable care of a reasonably competent managing agent,[252] but the Claims Scheme also imposes an express limitation on the liability of the leader to the followers in respect of any mishandling of the claims. In respect of any single claim(s) the limit of liability is £2 million (£5 million from 2024) and an aggregate limit of £10 million in respect of all claims made in one

---

[247] See further the discussion of claims control provisions in Chs 5 Pt 3 and 6 Pt 6 below.
[248] Underwriting Byelaw para.12.
[249] Lloyd's Claims Lead Arrangements (https://www.lloyds.com/resources-and-services/claims-for-market-participants/lloyds-claims-lead-arrangements).
[250] Lloyd's Guidance on the Claims Lead Arrangements, para.2 (*https://www.lloyds.com/resources-and-services/claims-for-market-participants/lloyds-claims-lead-arrangements*).
[251] Guidance para.1.10-1.11.
[252] Claims Scheme paras 5 and 7.

calendar year.²⁵³ The duties of the leader include to keep the followers informed and the follower has a right to request information.²⁵⁴ The leader has the sole responsibility for appointing professional advisers to assist with handling the claim.²⁵⁵ In any disagreement as to how to determine a complex claim between the leader and the second claims leader, the two leaders must confer and use their best endeavours to resolve any differences and proceed with agreed next steps.²⁵⁶ For disagreements between the leader and followers, such disagreement should be discuss and be sought to resolved informally.²⁵⁷ If any disagreement cannot be resolved, a market meeting is convened to which all subscribing Lloyd's underwriters are invited and prescribed procedures are to be followed.²⁵⁸ Under the Blueprint Two digital claims processing platform ICOS (see 3-082 below), the leader will become responsible for pushing the buttons for certain claims related processes.

How does the Claims Scheme operate on a breach of the duty of fair presentation by the reinsured where the breach may not affect all subscribing underwriters, and different underwriters may be entitled to different remedies under the Insurance Act 2015?²⁵⁹ Claims "determination" under the Claims Scheme means all claims handling activities necessary in order to: (i) accept or deny a claim, in whole or in part; (ii) agree any amount payable; and (iii) resolve finally any open matter by agreement or, if necessary, dispute resolution proceedings. Prima facie, a following underwriter would be bound by the leading underwriter's determination that a claim is payable. If the leader determines to decline the claim for breach of the duty of fair presentation, and the breach is deliberate or reckless, all subscribing underwriters will be entitled to the remedy of avoidance. It is unclear, however, what would happen in instance of a non-deliberate and non-reckless breach: if the leader "determines" the remedy (avoidance, proportionate reduction of the claim or varied terms)²⁶⁰ to be applicable to all subscribing underwriters, the re/insured's position would be disadvantaged because the subscribing underwriters would be effectively relieved from their burden of prove to show that, but for the breach, they would not have entered into the contract at all, or would have done so for a higher premium or on different terms.²⁶¹ The Claims Scheme makes no provisions for opt-outs by the following underwriters. Paragraph 28 of the Claims Scheme—providing for the referral to all subscribing underwriters in relation to "ex gratia settlement, commutation or rescission of a re/insurance, other than in accordance with the terms of that re/insurance" —is at best ambiguous as to whether it would apply in this context.

In this context, we should also mention the Single Claims Agreement Party ("SCAP") which is a contractual arrangement (through the incorporation of a LMA model clause) and which provides for the delegation of sole claims handling responsibility for in-scope claims to the slip leader by the following (re)insurers (regardless of whether they are from Lloyd's market or not) that have subscribed

3-082

---

²⁵³ Claims Scheme para.28.
²⁵⁴ Claims Scheme paras 18 and 19.
²⁵⁵ Claims Scheme para.11-15.
²⁵⁶ Claims Scheme para.20.
²⁵⁷ Guidance para.3.45.
²⁵⁸ Claims Scheme paras 21 and 22.
²⁵⁹ Different outcomes may arise because a misrepresentation may not have been repeated to the following market (see 3-063–3-065 above), and because of the "inducement" requirements for a qualifying breach (see Ch.6, 6-087).
²⁶⁰ Insurance Act 2015 s.8 and Sch.1; and see Ch.6, 6-097–6-100.
²⁶¹ Insurance Act 2015 s.8 and Sch.1, paras 4–6.

to the arrangements.[262] SCAP is intended to further effective claims settlements in the subscription market and preclude disagreement between, or different approaches by, subscribers. However, in the reinsurance context, SCAP is likely to have a limited impact as it does not apply to:

(1) Situations where the total claim under the contract is £250,000 or more;
(2) Proportional reinsurance;
(3) contracts where the lead underwriter is not UK-authorised or a Lloyd's member;
(4) complex claims;
(5) claims that have gone into some form of dispute resolution procedure.[263]

Conceivably, SCAP could apply to a reinsurance claim that relates to a slice smaller than £250,000 in an excess of loss reinsurance contract and that is not "complex" as defined in SCAP. SCAP and the Lloyd's Claims Scheme are mutually exclusive: the Lloyd's Claims Scheme does not apply where SCAP has been agreed and as long as the claim meets the SCAP conditions. Where a claim being handled under SCAP is reassigned out of SCAP then the Lloyd's Claims Scheme may become applicable.

Electronic claims processing through the Electronic Claims File and CLASS platforms is already a feature of the London market landscape. The existing platforms are in the process of being replaced by a single digital processing platform for claims "ICOS" (International Claims Orchestration Service). ICOS enables automated validation of claim submissions against policy information derived from the CDR. Brokers will be able to notify a claim by directly connecting into ICOS. ICOS will instantly match the claim to the relevant policy and automatically retrieve policy details from the CDR. The platform will automatically carry out basic validation and coverage checks (e.g. that the relevant location and peril are covered), but no claim will be denied by reason of automatic checks only without reference to a claims handler to review any automated decisions. Assuming the claim passes the initial checks, ICOS will then triage and route the claim according to set criteria including the class of business, perils, claims size and claims characteristics. The routing engine will pass the claim tasks into an intelligent workflow system, accessible to all relevant parties, with which actions can be created, assigned and tracked (e.g. to lead underwriter). Broker and re/insurer will have the ability to view queries and interact with each other to resolve queries in parallel rather than sequentially, reducing delays in query management. Market participants will be able to negotiate, collaborate on settlement documentation, and agree or deny claims centrally through ICOS and using the electronic messaging system. If a claim is likely to be paid, the broker will create the accounting instructions by sending an EBOT Technical Account (TA) and Financial Account ("FA") to ICOS. Once the FA is approved by the leading underwriters or relevant underwriters, ICOS will create the settlement instructions, which are sent to the requested payment provider. Where central settlement is used, the ICOS will send the payment instruction to the Settlement and Trust Fund Office (for the Lloyd's market) or RBS (for the company market) for onward payment. Where direct settlement is used, ICOS will send the payment instruction to the payment provider for faster payment (circa two hours) direct to the nominated payee (e.g. customer, expert, etc). The payment status will be viewable on ICOS. By automating processes and giving access to collaborative

---

[262] See *http://www.londonmarketgroup.co.uk/scap*.
[263] See Model Clause LMA9150.

processes and real time information, it is hoped that the length of the claims process and costs can be reduced, errors can be avoided, whilst transparency is enhanced.[264]

It seems to us that there is an unspoken premise to the Blueprint Two platforms, the Lloyd's Claims Scheme and SCAP that policies are always obtained after an appropriate fair presentation, claims are only made when they fall squarely within the terms of the policy, are supported by all the appropriate evidence and are only for the correct amount, and all parties involved always reach consensus on everything—a scenario which, in our experience is frequently aspirational. Although the Blueprint Two electronic claims journey is designed to reduce human errors, we do not know yet how machine faults, cyber viruses, and human errors in operating the databases and submitting information the Digital Gateway are going to be stopped or reversed. We are concerned that an invalid claim could be incorrectly routed and lead to an automated coverage decision from which it will be difficult to withdraw. But for straightforward claims as match the template and where the technology works flawlessly, the implementation of Blueprint Two should make Lloyd's an even more attractive market in which to obtain insurance coverage.

4. BERMUDA MARKET PRACTICE

General course of reinsurance business[265]

Overview

In the second edition, we noted that before the collapse of the Weavers agency (1990). Bermuda reinsurers participated on London lineslips and even on US produced lineslips.[266] Examples of Bermudian based underwriting agents co-subscribing to reinsurances in the mid/late 1990s were described at length in the decision of *Sphere Drake Insurance Ltd v Euro International Underwriting Ltd*.[267] However, Bermuda has not operated a widespread subscription market or insurance exchange[268] along the lines of the London market which, as described earlier in this chapter, remains very much along the lines of the old traditions of Lloyd's where the slip is the vehicle by which business is done. Plans to create a Bermuda insurance exchange (and with it, a subscription market) were put on hold in early 2010. Furthermore, unlike London, there is comparatively little intra-market reinsurance of and amongst its participants. Whether the mere existence of an exchange would encourage such activity is doubtful.

Bermuda evolved a "mixed" system whereby some business was written on a

3-083

---

[264] See Lloyd's Blueprint Two: the Future of Lloyd's (2020), Ch.7; Lloyd's Blueprint Two—Phase one digital services: Adoption Guide (1 September 2023);
https://www.velonetic.co.uk/blueprint-two/adoption-guide); and Blueprint Two—Detailed Steps—Paying claims in the open market
(https://www.velonetic.co.uk/blueprint-two/paying-claims-open-market-detailed-steps-expanded).

[265] Other more exotic products sold in the Bermuda market—such as Industry Loss Warranties, insurance linked securities (such as catastrophe bonds), reinsurance side-cars—are discussed in Ch.8 below.

[266] A modern example of a Bermuda based facility is the 2009 the Bowring Marsh Excess, or BMEx, which was developed to provide an excess liability facility with up to $100 million in syndicated capacity for all industry classes. BMEx participants included initially Endurance Specialty Insurance Ltd, Max Bermuda and Chubb Atlantic Indemnity.

[267] *Sphere Drake Insurance Ltd v Euro International Underwriting Ltd* [2003] EWHC 1636 (Comm).

[268] A more recent term—now used on the other side of the Atlantic, and in mid-Atlantic—for the same thing.

subscription basis, but a majority of reinsurance was written either 100% of an entire risk or a 100% horizontal layer of a portion of the risk. Such horizontal layering differed from the vertical sharing of a risk which is more typical in Lloyd's[269] and these layers traditionally were "thicker" than those offered by markets which had less capacity than Bermuda. However, changes in the market caused changes in the way the market operates and the insurance and reinsurance products it is approached to sell. With fewer capacity carriers capable of or desiring to write the 100% lines of very large risks noted above and with understandable concerns over long term survival of individual carriers generally, policyholders and brokers have preferred to spread the risk both vertically and horizontally, amongst a number of participants. Subscriptions of 100% remain but are now more rater and what we see are now comparatively narrower horizontal layers than before, and often beneath the highest layer catastrophe layers. The practice of Bermudian carriers insisting on co-writing quota share reinsurances on their own respective policy terms and conditions, even on a single quota share risk, remains common along with the problems of doing so.[270]

Contract certainty in Bermuda

3-084 There exists a self-imposed contract certainty code of practice between members of the Association of Bermuda Insurers and Reinsurers ("ABIR"). The code was adopted in 2008 in conjunction with the Bermuda Insurance and Reinsurance Brokers Association, and in consultation with the Bermuda Monetary Authority, and binds its members to specific contract completion practices. In 2022, contract certainty was reported by ABIR's members with a 96.53% compliance target insurance contracts and 99.75% for reinsurance contracts.

Underwriting submissions

3-085 Until the Global Financial Crisis of 2007–2009, because of the relatively large capacity of carriers and the fact that they often have significant net line retentions, larger lines were generally written in Bermuda. The practical consequences of carriers writing larger lines are three-fold: a more detailed underwriting process; more attention being paid to the policy terms and conditions at the outset together with underwriters commonly insisting on their own terms and conditions (particularly during a hard market); and faster policy issuance. As noted in Ch.2 above, Bermuda does not have a centralised issuing (or claims) bureau.

Rather than brief details being summarised on the slip, as is the common practice in London, Bermuda insurers and reinsurers are more likely to require a full underwriting submission (which will be thoroughly reviewed) as well as an underwriting meeting to discuss the risk.

In the example given above, in the London market the underwriter taking the largest line would probably be a leader—to whom a more detailed presentation would probably be given than to the followers—whereas in the Bermuda market

---

[269] In the simple example we gave in the second edition, the subject risk is an excess of loss reinsurance for $50 million excess of $10 million. In the Bermuda market, this might be split amongst two carriers with the first taking the full 25M xs 10M layer and the second carrier writing the 25M xs 35M layer. In the London market, by comparison, this might be split amongst six carriers with the following participations: 30%, 25%, 15%, 10%, 10% and 10% of the full 50M xs 10M.

[270] Equal Terms' clauses found within the quota share policies seek to ensure that the given policy has not provided broader coverage than any other policy, the limiting provisions of which (e.g. exclusion clauses) are intended to apply and be incorporated.

it is unusual for there to be a formally identified leader. A consequence of this is that the common problem in the London market (which we have referred to above and discuss further below)[271] of followers relying upon there having been a full and fair presentation of the risk to the leader and the issue of whether a misrepresentation or non-disclosure to the leader is a misrepresentation or non-disclosure to the followers, is unlikely to arise in Bermuda. Having said this, the modern trend, even in the Bermuda market, is to write smaller lines vertically and horizontally.

Terms and conditions

In the example given above,[272] where two Bermuda reinsurers might share the 50M xs 10M excess of loss cover by writing horizontal layers, or in a situation where a Bermuda carrier participates in a program with other international reinsurers, it is very possible that each of the participants will want to write on their own standard terms and conditions. So, in the past, while there is an advantage in using the bigger capacity players to fill out a program quickly, there is the possible disadvantage of having different policy terms applying in different layers. This typically would not happen in a London market program where the terms and conditions are set by the leader and followed by all other participants. **3-086**

To avoid a confusing situation which could encourage coverage gaps between primary and excess layers where different general liability excess insurance carriers insist and incorporate their own terms and conditions for each excess layer, Brokers have directed efforts on producing a single policy excess follow form contract. These efforts culminated in October 2008 with the creation by Aon Corp. of the "Bermuda Shorts Form", which is aimed at providing greater contract certainty, clarity and consistency among carriers and incorporates provisions for Bermuda-specific issues, such as the market's preference for London or Bermuda arbitration, New York governing law and specific punitive damages endorsements.

Issuing the policy

Once an underwriter has reviewed the submission, and is satisfied with responses to questions and or requests for further information, reinsurance placements are completed relatively quickly when an order is given. There is not the delay involved in getting a number of different carriers to complete a slip or obtaining followed market support for pricing or changes in terms. Thus it is not uncommon in the Bermuda market for an underwriter to sign or initial a very short form of contractual document or "binder" (frequently worded even more tersely than a London market slip) confirming that cover has been bound and for a policy wording to be issued shortly thereafter. We think it is safe to say that generally, as a market, the Bermuda market is at least as efficient, and sometimes more efficient, than either the London or US markets in its ability to actually issue policy documentation on a timely basis. However, with the increasingly global outreach of Bermuda carriers it will be interesting to see if this remains the case. **3-087**

Not pure reinsurers

Many of Bermuda's major players are providers of both insurance and reinsurance, albeit through separate subsidiaries. Often whether the insurance or reinsurance vehicle is utilised is simply a matter of the best way to get a deal done. For **3-088**

---

[271] See Ch.6 below.
[272] See 3-083 above.

example, a major US insured who has the requirement for significant levels of excess liability insurance may decide, after a $100 million layer has been quoted, to have that offer structured as a reinsurance of their captive rather than as a direct insurance. The motivation may be something as simple as a reduction in federal excise tax from 4 per cent on insurance to 1 per cent on reinsurance. Because many Bermuda insurers have the capacity to do both, it is just a matter of which subsidiary's paper the deal is to be completed on.

Intermediaries and the motivation to protect tax neutrality

3-089   The governments of Bermuda and the United States signed a convention in the mid-1980s relating to the taxation of insurance enterprises.[273] While a detailed discussion of its provisions is beyond the scope of this work we note that it was from this convention that Bermuda imposed a tax neutral regime on premium income and business profits derived from Bermuda based insurance operations and it is that treaty and also internal Federal US tax codes which raised debate and encouraged forceful education as to the value of the Bermuda market to the United States economy. As you would expect from tax lawyers, bringing an insurance enterprise within the scope of the tax neutral regime is subject to complicated provisos, including as to the degree of beneficial ownership of the Bermuda (re)insurance company, the permanence of its establishment in Bermuda and the substantive use of the premium income derived on the island.

In order to avoid any argument that they are doing business in the United States (and thus subject themselves to US Federal income taxes) some Bermuda insurers/reinsurers insist that all business be placed through a Bermuda incorporated broker and policies be issued in Bermuda (all direct insurance must be placed on the island via a Bermuda broker, reinsurance placements however are not necessarily held to the same strict rules of US taxation). Thus, the intermediary landscape is a mixture of Bermuda brokers, international brokers and companies themselves directly effecting the placement of reinsurance on the island.

The tax position in Bermuda will change substantially on 1 January 2025, following the passing of the Corporate Income Tax Act 2023. This will see the introduction of a corporate income tax ("CIT") to apply to Bermuda businesses that are part of Multinational Enterprise Groups ("MNEs") with annual revenue of €750 million or more. This follows from the OECD initiative to introduce a mandatory global corporate income tax. Pillar Two of that initiative introduces a global minimum effective rate tax for multinational groups. Whilst the Bermuda CIT is similar to the Global Anti-Base Erosion Model and Rules and its related Commentary and Administrative Guidance, those rules are not imported into the Bermuda Act and related regulations and guidance unless expressly stated. There is still a substantial amount of work currently being done on CIT (rules, regulations and so forth) and it may be the current date for implementation of this may be over-ambitious. A detailed discussion of CIT is beyond the scope of this work.

The Bermuda Form

3-090   A specific type of policy form for liability insurance—unique to the Bermuda market—was developed for ACE Insurance Company Ltd in the late 1980s. A variant of the so-called "Bermuda Form" was adopted by XL. The Bermuda Form is a

---

[273] Bermuda legislation which gave the convention force of law is the "USA-Bermuda Tax Convention Act 1986".

hybrid of claims made and occurrence policies, providing cover on an occurrence first reported basis. A distinctive feature of the Bermuda Form is that it is governed by the substantive law of New York (subject to certain modifications[274]) and provides for arbitration of disputes in London under English procedural law (the Arbitration Act 1996).[275] While a detailed discussion of its provisions is beyond the scope of this work, we note below[276] some difficulties which can arise if the Bermuda Form is incorporated by reference into a reinsurance contract.

---

[274] New York law amendments in early 2009 concerning the need to prove prejudice before declining late notified claims could, we have seen, be argued to apply to late notifications under the Bermuda Form if the policy was actually issued out of or delivered in New York (see January 2009 amendments to New York Insurance Law ss.2601 and 3420 and to the Civil Procedure Law and Rules s.3001). In any event, for the reasons given in 3-089 above, Bermuda carriers are most careful to avoid doing business in the United States.

[275] See Ch.14 below. Although, we have seen an increasing number of variants on the "Bermuda Form" which, while retaining a choice of modified New York law, provide for arbitration in Bermuda.

[276] See Ch.5, 5-094 below.

CHAPTER 4

The Relationship Between the Reinsurance Contract and Original Insurance Contracts

TABLE OF CONTENTS

1. Prologue 4-001
2. Reinsurance upon the Same Terms as the Original Insurance . 4-003
3. Non-proportional Reinsurance 4-041
4. The Interpretation of Reinsurance Contracts 4-052
5. Implied Terms 4-093

"My Lords, it is common place for an insurer to wish to lay off in the reinsurance market part of the risk he has accepted on a policy of insurance. This litigation arises out of that everyday situation in the insurance market. I find it disturbing that the underlying document, form J1, used in the Lloyd's market to effect reinsurance should be framed in terms which are inelegant and ungrammatical to quote Lord Templeman and, in my view, obscure. I also regret that so little thought was apparently given to the difference between a primary insurance contract and a reinsurance contract at the time the reinsurance was placed at Lloyd's."—Lord Griffiths[1]

"I wish also to record my concurrence in the views expressed by my noble and learned friend Lord Griffiths regarding the relationship normally to be found between contracts of insurance and contracts of reinsurance. I entirely agree with him as to the desirability of the Lloyd's standard form being redrafted in grammatical, intelligible and unambiguous language. The only people who can expect to profit from the obscurities of the present form J1 are the lawyers."—Lord Bridge[2]

1. PROLOGUE

We can illustrate one of the core issues with which this chapter is concerned with the facts of *Wasa v Lexington*,[3] one of the most important decisions for reinsurers to date in this millennium. The fundamental issue is how far will judges in England go to interpret reinsurance contracts so that the reinsurer has to pay the insurer if the insurer has had to pay the insured? Two earlier cases, *Forsikringsaktieselskapet Vesta v Butcher*[4] and *Groupama v Catatumbo*,[5] suggested that the answer was "as

4-001

---

[1] *Forsikringsaktieselskapet Vesta v Butcher* [1989] 1 Lloyd's Rep. 331 at 335.
[2] *Vesta v Butcher* [1989] 1 Lloyd's Rep. 331 at 333.
[3] *Wasa v Lexington* [2009] UKHL 40.
[4] *Vesta v Butcher* [1989] A.C. 852.
[5] *Groupama v Catatumbo* [2000] 2 Lloyd's Rep 350.

far as necessary to achieve that". *Wasa v Lexington*[6] makes it clear that there are limits beyond which English judges will not go.

In 1977, Lexington, a United States insurance company provided property damage insurance to Alcoa, the Aluminium Company of America, on a loss/damage occurring basis. The insurance was for 36 months, and thus ceased in 1980. Over a decade later, in the early 1990s, the United States Environmental Protection Agency ("EPA") required Alcoa to clean up sites that it had been contaminating over the course of about 50 years—thus including the three years 1977–1980 in which Lexington had provided insurance. Alcoa claimed, inter alia, against Lexington, for the costs of the clean up required by the EPA. A jury found that there was damage to the Alcoa sites in the years that Lexington provided insurance. Despite the fact that the sites had been continuously contaminated since 1945, the Supreme Court of Washington State determined that according to the governing law, which it determined to be the law of Pennsylvania, Alcoa could recover from Lexington all the cost of remediation, for all damage to a site, provided that some of the damage to the property occurred whilst Lexington was an insurer (the three years 1977–1980).

At the time of insuring Alcoa (1977), Lexington had obtained facultative proportional reinsurance from a number of reinsurers, including Wasa and AGF, European reinsurers writing in the London market, and, having been found liable to Alcoa, Lexington in turn sought recovery from its reinsurers. It was common ground that English law governed the contract of reinsurance (and the court in the United States had found that the law of Pennsylvania governed the insurance). The reinsurance was by way of a slip contract, since no policy wording was ever issued, and plainly the reinsurance, like the insurance, was occurrence based, not claims made. The cover ran for 36 months, again like the insurance. The slip provided for form J1 or NMA 1779 [Non Marine Insurance], but, there being no wording other than the slip, no choice was made as to which full wording should apply. J1 provided:

> "Being a reinsurance and warranted same gross rate, terms and conditions as and to follow the settlements of [the reinsured]."

4-002 NMA 1779 provided:

> "… to pay or to make good to the Reinsured all such Loss as aforesaid as may happen to the subject matter of this Reinsurance, or any part thereof, during the continuance of this Policy."

There was also a reference to a full reinsurance clause, though again, since no wording was produced, it was not set out in full. The standard form then in the market was a fuller version of J1.

Lexington sought an indemnity from its reinsurers but Wasa and AGF declined to pay, arguing that their contract was governed by English law and under English law they had agreed to reinsure physical loss or damage occurring in the three years of their cover, not the 50 years for which Lexington had been found liable under its insurance of Alcoa.[7]

Lexington's case was that the insurance and reinsurance were back to back and

---

[6] Billed as *Lexington v AGF* in the House of Lords.
[7] In *Faraday Reinsurance Co Ltd v Howden North America Inc* [2012] EWCA Civ 980 Howden had potential asbestos related liabilities stretching over many years. Faraday had provided excess of loss insurance for just three of those years. Faraday sought declaratory relief in the English court that

Wasa and AGF had to follow the settlements; that is, pay if Lexington had to pay. At first instance Wasa and AGF were successful. In the Court of Appeal Lexington was successful. In the House of Lords Wasa and AGF were successful. The Court of Appeal said that the same, or equivalent, wording in the insurance and reinsurance contracts should generally be construed in the same way. They relied on *Vesta v Butcher*[8] and *Groupama v Catatumbo*.[9] The key words that fell to be construed the same way in both contracts were "on property ... from the 1st day of July 1977 to the 1st day of July 1980 ..." [insurance] and on "all property ... and/or as original" [reinsurance]. For the English Court of Appeal, the Supreme Court of Washington having construed that language, reinsurers were bound by it. The House of Lords decided that on its proper construction under English law, the reinsurance did not reinsure Lexington for damage falling outside the three-year period. They did not overrule, or disagree with, the earlier cases of *Vesta v Butcher* and *Groupama v Catatumbo*[10]; they distinguished them. The key finding was that the language concerning reinsurance coverage should be construed in accordance with English Law and not (as in *Vesta v Butcher*) by reference to the foreign law governing the insurance contract. We consider their lordships' reasons below.

This Chapter considers three interrelated topics: the incorporation of terms from the underlying insurance contract into the reinsurance contract, the interpretation of reinsurance contracts, and implied terms in the reinsurance contract. All three topics are concerned with establishing what the terms of the reinsurance contract are and what they mean. Incorporated terms and the contractual interpretation are connected because:

- the identification of those terms from the underlying insurance contract which are suitable for incorporation in the reinsurance contract is based on an analysis of what is germane to and consistent with the reinsurance contract;
- the fact that the parties to the reinsurance contract agreed to incorporate the terms of the underlying insurance contract into the reinsurance contract may be indicative of their intention to create co-extensive cover which is relevant to a purposive approach to the construction of the reinsurance contract; and
- those terms from underlying insurance contract which are incorporated into the reinsurance contract must be construed as part of the reinsurance contract as a whole.

The processes for contractual interpretation and the implication of terms overlap since both are designed to ascertain the meaning and the scope of the contract and have regard to overlapping factors. Lord Hoffmann, in *Attorney General of Belize v Belize Telecom Ltd*, considered that "the implication of a term is an exercise in the construction of the instrument as a whole",[11] whereas in *Equitable Life Assurance Society v Hyman*, Lord Steyn said that it was:

"... necessary to distinguish between the processes of interpretation and implication. The purpose of interpretation is to assign to the language of the text the most appropriate meaning which the words can legitimately bear ... implied terms operate as ad hoc gap fill-

---

their liability was limited by reference to the policy periods. Howden challenged the jurisdiction of the English court but Faraday successfully resisted that challenge.

[8] *Vesta v Butcher* [1989] A.C. 852.
[9] *Groupama v Catatumbo* [2000] 2 Lloyd's Rep 350.
[10] *Vesta v Butcher* [1989] Lloyd's Rep. 331; *Groupama v Catatumbo* [2001] Lloyd's Rep. I.R. 141.
[11] [2009] UKPC 10; [2009] 1 W.L.R. 1988 at [19].

ers", yet "[t]he process is one of construction of the agreement as a whole in its commercial setting".[12]

In *Marks & Spencer Plc v BNP Paribas Securities Services Trust Co (Jersey) Ltd*, the Supreme Court commented that implication and construction are different processes governed by different rules: one must ascertain the meaning of the express terms first before considering the appropriateness of implying a term,[13] yet the contract cannot be construed as a whole unless and until all terms (express and implied) are ascertained. The incorporation of terms and the implication of terms are connected since the incorporation of terms could preclude or precipitate the need for implying a term. Whilst we deal with incorporation (Pt 2), construction (Pt 4) and implication (Pt 5) in different parts of this chapter, it will become clear to the reader that these topics cannot be treated completely separately and require iterative consideration.

2. REINSURANCE UPON THE SAME TERMS AS THE ORIGINAL INSURANCE

Introduction

The nature of reinsurance revisited

4-003   The relationship between reinsurance contracts and original insurance contracts is one of the central issues in the law of reinsurance. We have seen in Ch.1 how the courts have varied in describing reinsurance as (re)insurance of the original risks underwritten by the insurer, and describing reinsurance as insurance of the liabilities incurred by the insurer in writing his insurance risks. In this chapter we consider the general question of the relationship between underlying insurance contracts and reinsurance contracts and the different approach of the courts depending on whether the reinsurance contract is proportional or non-proportional, facultative or treaty. We also discuss the interpretation of insurance contracts and consider whether there is a presumption made by the courts that reinsurance coverage is back to back with insurance coverage. Specific aspects of the relationship between reinsurance and underlying insurance are considered in Chs 5 and 6. In particular in Ch.5 we consider how "follow the settlements" and similar clauses affect the reinsurer, where his reassured settles a claim or is found liable for the claim by a court or in arbitration.

"Subject to the same terms and conditions as original"

4-004   A time-honoured phrase frequently appears on slips placing proportional reinsurance: "subject to the same terms and conditions as original ...". This is sometimes abbreviated to "as original". The so-called "full reinsurance clause"[14] in the Lloyd's J1 form, of which the House of Lords were so uncomplimentary in *Vesta v Butcher*[15] and which appeared, see 4-001 above, in the *Wasa v Lexington* case, provides as follows:

---

[12] *Equitable Life Assurance Society v Hyman* [2002] 1 A.C. 408; [2000] 3 W.L.R. 529 at 459.
[13] *Marks & Spencer Plc v BNP Paribas Securities Services Trust Co (Jersey) Ltd* [2015] UKSC 72; [2016] A.C. 742 at [25]–[31] per Lord Neuberger, and see s.4-094 below.
[14] See further Ch.7, 7-007 to 7-010 below.
[15] *Vesta v Butcher* [1989] 1 Lloyd's Rep. 331, discussed below.

"Being a reinsurance of and warranted same gross rate, terms and conditions as and to follow the settlements of the company ..."

In years gone by, the phrase read, "... subject to the same terms and conditions as the original policy and to pay as may be paid thereon". The "pay as may be paid thereon" clause was apparently intended to mean that the contract of reinsurance was "back-to-back" or co-extensive in cover with the original insurance, the terms of the original insurance being incorporated in the reinsurance contract, and that therefore the reinsurers were liable to pay to the full extent that their reinsured was liable to pay.[16] The historical reason for this form of market shorthand has been said to be the following:

"Its object is obvious. The original policies may have been effected at various places, may not perhaps be at hand or cannot be copied in, so the incorporation of the terms of the original policy is effected by putting in this form, which is the common form in use at Lloyd's for the purpose."[17]

One pauses to observe that if this reasoning is correct, the reinsurer may be writing the reinsurance "blind". He may be agreeing to be bound by terms of which he is unaware.[18]

The modern versions of a term seeking to creating reinsurance coverage terms that match the insurance cover include "all terms and conditions as original" and sometimes simply "as original". In the U.S., the typical formulation is "follow the form". As we shall see, the statement that the reinsurance is "subject to the same terms and conditions as original", which at first glance looks so easy a way of making the insurance and reinsurance back to back, can easily not achieve that objective. Equally problematic is the situation where the reinsurance contract is merely an endorsed version of the original insurance policy.[19] First, there are many terms of the original insurance which the reinsurance logically cannot be subject to even with the substitution of the word "insured" by "reinsured" and "insurer" by "reinsurer".[20] Examples of clauses in underlying insurance contracts which the courts have held not to have been incorporated into the reinsurance cover include: time limits[21] and notice provisions,[22] jurisdiction[23] and arbitration clauses,[24] and choice of law clauses.[25] Secondly, the incorporation of all terms into the reinsurance may give the reinsurer all the defences based on policy wording which the insurer has against the

---

[16] Judicial interpretation of the words "pay as may be paid thereon", which resulted in the adoption of the "follow the settlements" form of wording, is discussed below in Ch.5, 5-004 to 5-009 below.

[17] *Re Eddystone Marine Insurance Co* [1892] 2 Ch. 423 at 425 per Joseph Walton QC, arguendo.

[18] Subject of course to the duty of the reinsured to disclose unusual terms, see *HIH v New Hampshire* [2001] Lloyd's Rep. I.R. 596; *Marc Rich & Co v Portman* [1997] 1 Lloyd's Rep. 225 (discussed below, and see Ch.6, 6-063 below).

[19] As was the case in *Home Insurance Co of New York v Victoria-Montreal Fire Insurance Co* [1907] A.C. 59 (discussed below).

[20] Perhaps the best example of an inappropriate clause in an original policy as a candidate for incorporation into a reinsurance contract, was the "stock control" clause considered by Lord Griffiths in *Vesta v Butcher* [1989] 1 Lloyd's Rep. 331, which provided as follows: "In the event of a claim under this policy, underwriters reserve the right to replace the stock lost, for which the claim is made, with similar stock of a like species." Lord Griffiths drily remarked (at 337): "Is it seriously to be supposed that it was the intention of the parties that London underwriters [the reinsurers] were to have the option of discharging their liability to Vesta [the reinsured] by delivering a load of live fish to them?"

[21] *Home Insurance Co of New York v Victoria-Montreal Fire Insurance Co* [1907] A.C. 59 (discussed below).

[22] *Municipal Mutual Insurance Ltd v Sea Insurance Co Ltd* [1996] L.R.L.R. 265 (discussed below).

[23] *AIG Europe (UK) Ltd v The Ethniki* [2000] Lloyd's Rep. I.R. 343]; *AIG Europe SA v QBE International Insurance Ltd* [2002] Lloyd's Rep. I.R. 22; *Assicurazione Generali SpA v Ege Sigorta*

insured—even if the insured did not exercise them or failed in an attempt to do so.[26] Thirdly, the original insurance contract may itself be incomplete at the time the reinsurance contract is concluded.[27] Fourthly, where "as original" incorporation language is used in a retrocession context, the question arises whether this refers to the primary insurance or the reinsurance.[28]

Fifthly, the underlying insurance contract may be subject to a later variation of terms, and it needs to be determined whether the variation travels across to the reinsurance contract, or whether the reinsurance contract remains on the terms as originally incorporated at the time of the conclusion of the contract, or whether the variation of the underlying contract has the effect of discharging the reinsurer from its liability. Suppose that the reinsurer never asked to see the wording of the original contract and was nevertheless content to agree to terms "subject to the same terms and conditions" as the underlying insurance contract. It is pertinent to ask why the reinsurer should be able to assert that the reinsurance is discharged, or to seek different terms for the reinsurance also if the underlying insurance contract is changed. Sixthly, further to the IA 2015 Sch.1 upon a non-deliberate/non-reckless breach of the duty of fair presentation by the underlying insured. Suppose that sometime after the underlying insurance contract has been concluded, the insurer argues that he did not receive a fair presentation and a court agrees, and pursuant to the IA 2015. Schedule 1 para.5 amends the wording of the insurance contract ab initio. Is the reinsurer bound by those changes having agreed to terms "as original" at the time of concluding the reinsurance contract? *Wasa v Lexington*, discussed in 4-001 above and 4-019 below, contains the answer. There the reinsurer did not know what the governing law of the underlying insurance was *and could not have known even if he had tried because it was uncertain at the time*; therefore the reinsurer could not have agreed to receive all claims on the underlying contract that were valid by the governing law of that underlying contract. A reinsurer of a direct insurance which is later altered by a court under the IA 2015 regime or the CIDRA 2012 scheme could not have known what that altered contract would be at the time of concluding the contract of reinsurance because it is at the time of concluding a contract that the terms must be identified and identifiable. A gold plated follow the settlements clause would be necessary to hold a reinsurer to liability for a loss that may arise on a contract the terms of which are only known later.

Criteria of incorporation

4-005 Terms from the underlying insurance contract can be incorporated into the reinsurance contract by copy-pasting the wording into the reinsurance contract document. However, the usual market practice is to incorporate "by reference". There are numerous examples of commercial transactions in which parties to contracts use general words of incorporation by reference to another contract. As Christopher Clarke J has observed:

AS [2002] Lloyd's Rep. I.R. 480; but *NB R&V Versicherung AG v Robertson & Co* [2016] EWHC 1243 (QB) (discussed below).

[24] *Pine Top Insurance Co Ltd v Unione Italiana Anglo Saxon Insurance Co Ltd* [1987] 1 Lloyd's Rep. 476; *Excess Insurance v Mander* [1995] L.R.L.R. 358; *Trygg Hansa Insurance Co Ltd v Equitas* [1998] 2 Lloyd's Rep. 439, discussed below.

[25] *Gan Insurance Co Ltd v Tai Ping Insurance Co Ltd* [1999] Lloyd's Rep. I.R. 472.

[26] See *HIH v New Hampshire* [2001] 2 Lloyd's Rep. 161; [2001] Lloyd's Rep. I.R. 596.

[27] See e.g. *Cigna Life Insurance Co of Europe SA-NV v Intercaser SA de Seguros y Reaseguros* [2002] 1 All E.R. (Comm) 235; [2001] C.L.C. 1356; [2001] Lloyd's Rep. I.R. 821.

[28] In *Pine Top Insurance Co v Unione Italiana Anglo Saxon Reinsurance Co* [1987] 1 Lloyd's Rep. 476 Gatehouse J held that the "as original" clause in the retrocession slip referred to the provisions of the insurance policy. See 4-011 below.

"The authorities recognise a distinction in approach between cases in which the parties incorporate the terms of a contract between two other parties or between one of them and a third party and those in which they incorporate standard terms."[29]

Reinsurance contracts most commonly fall into the category of contracts in which two parties (reinsurer and reinsured) incorporate terms by reference to a contract between one of them (reinsured) and a third party (original insured). If a set of terms is to be incorporated into the reinsurance contract, it is important that those terms are properly identifiable. For example, if a retrocession contract uses "as original" incorporation terms, it must be clear whether the terms to be incorporated are those of the underlying insurance contract or the reinsurance contract.[30]

In *HIH v New Hampshire*[31] Rix LJ refers to a number of well-known criteria for whether clauses should be transported into the reinsurance contract if it is "subject to all terms, clauses and conditions as original", which criteria are listed by Steel J in the first instance judgment. The term is likely to travel if:

(1) it is germane to the reinsurance (not merely collateral, adds Rix LJ);
(2) it makes sense subject to permissible "manipulation" in the context of the reinsurance;
(3) it is consistent with the express terms of the reinsurance; and
(4) it is apposite for inclusion in the reinsurance.

Thus, even where incorporation language such as "*all* terms and conditions as original" [emphasis added], it is accepted that not each and every clause of the underlying insurance contract will be incorporated into the reinsurance contract. Instead, the courts will consider whether individual terms are suitable for incorporation. This is assessed by reference to the above of criteria, and as a matter of construction of the reinsurance contract and the surrounding circumstances.[32] A term suitable for incorporation must be, inter alia, germane to the reinsurance contract. In *HIH*, Rix LJ indicated the a "germane term" is central to the definition of the risk, or is material to the nature and scope of the risk.[33] It is, however, not safe to reduce the answer to the question, "what terms travel?" to "those concerned with coverage", although there may eventually be sufficient case law to be able to discern that this is the determinative principle running through the cases so far as proportional reinsurance is concerned.[34] PRICL is taking the position that, subject to overriding express terms in the reinsurance contract, a term from the underlying insurance contract travels if it is material to the scope or the extent of cover. PRICL also provides a non-exhaustive list of examples, namely terms that:

- relate to the insured perils and risks;

---

[29] *Habas Sinai Ve Tibbi Gazlar Isthisal Endustri A.S. v Sometal S.A.L.* [2010] EWHC 29 (Comm) at [12]. See also at [13] (cited below).
[30] See e.g. *Pine Top Insurance Co v Unione Italiana Anglo Saxon Reinsurance Co* [1987] 1 Lloyd's Rep. 476, discussed in 4-011.
[31] *HIH Casualty & General Insurance Ltd v New Hampshire Insurance Co* [2001] EWCA Civ 735; [2001] 2 Lloyd's Rep. 161 at [162].
[32] *Wasa International Insurance Co Ltd v Lexington Insurance Co* [2009] UKHL 40; [2010] 1 A.C. 180.
[33] *HIH Casulaty & General Insurance Ltd v New Hampshire Insurance Co* [2001] EWCA Civ 735 at [163].
[34] *Wasa International Insurance Co Ltd v Lexington Insurance Co* [2009] UKHL 40 is consistent with this generalisation. When a reinsurer is offered a facultative cover, he will be concerned about extent of coverage and limits and retentions. When he is offered a treaty, he will be concerned about the class of business (coverage again) estimated premium and limits and retention. All these are to do with the extent of exposure. The reinsurer may never see, indeed, in the case of treaty business, is unlikely to see, the underlying wording. When he agrees "as original" he does so in that context.

- are exclusions or exceptions to the insured risk;
- provide for geographical or temporal limits to the risk;
- provide for limits of liability or deductibles;
- are aggregation provisions.[35]

To what extent the language of an incorporated term can be manipulated to suit the contractual structure and language of the reinsurance contract is discussed in 4-036–4-040 below. A term from the underlying insurance contract will not be incorporated into the reinsurance contract if doing so would create an inconsistency with any of its express terms. Some of the cases discussed below—such as *American International Marine Agency of New York Inc v Dandridge*[36] and *Home Insurance Co of New York v Victoria Montreal Fire Insurance Co*[37]—illustrate this point. Whilst this criterion is easy to apply to directly contradictory express provisions, it can give rise to disputes where the reinsurance contract can be construed so as to circumvent inconsistencies (see 4-024–4-029). Whether a term is "apposite" is a question that overlaps with the "germane" test but reinforces that a term must make sense in the reinsurance contract having regards to its commercial purpose.

Follow the leader

4-006 In *American International Marine Agency of New York Inc v Dandridge*[38] the Deputy Judge (Mr Richard Siberry QC) held that the words "... subject to same terms and conditions and against the same perils as in the original policy or policies ..." in a contract of Total Loss Only reinsurance covering a particular vessel were not sufficiently wide to incorporate a widely worded follow the leader clause[39] into a binder which modified the terms of the original French Market slip and which post-dated the making of the reinsurance contract. He went on to hold, in the alternative, that the clause:

> "... does not satisfy any of the four criteria [of incorporation in *HIH v New Hampshire*] ... Whatever the correct legal analysis of the effect of a follow the leader clause in a contract of insurance ... such a clause concerns the relationship between the following market and the insured. The leading underwriter and the following market generally have mutual interests, but the same is not true of the leading underwriter and the following market on the one hand, and reinsurers on the other. The present case provides a good illustration of this: the reduction in insured value agreed by Axa, presumably because it was thought to be in, or at least not contrary to, the interests of Insurers, would, if it had bound Reinsurers who had insured on TLO terms, have been potentially very prejudicial to their interests. This also illustrates why it is inherently unlikely that Reinsurers would have agreed, with respect to variations, to give their underwriting pen to Axa, with whom they had no contractual or other relationship .... Moreover this follow the leader clause clearly does not make sense in the context of the Reinsurance in unmanipulated form: Axa were not the leaders, let alone the 'French Market Leaders, of the Reinsurance, and it was obviously not the intention of the parties to the Reinsurance that Reinsurer should follow Axa

---

[35] PRICL art.6.1.1(2).
[36] *American International Marine Agency of New York Inc v Dandridge* [2005] EWHC 829 (Comm); [2005] Lloyd's Rep. I.R. 643 and see 4-006.
[37] *Home Insurance Co of New York v Victoria Montreal Fire Insurance Co* [1907] A.C. 59 and see 4-007.
[38] *American International Marine Agency of New York Inc v Dandridge* [2005] EWHC 829 (Comm); [2005] Lloyd's Rep. I.R. 643.
[39] "Following French Market Leaders (Axa Global Risks) in all respects, including rates and claims but excluding 'ex gratia'." For a discussion of "follow the leader" clauses, see Ch.3, 3-071–3-079 above.

in respect of rates, whether in respect of the original insured values or of any alteration thereto—Reinsurers (or at least the leading Reinsurers) made up their own minds as to the appropriate rates for the TLO cover they wrote."[40]

The learned Deputy Judge was, in our view, plainly right. A provision in an insurance policy that relates to the relationship between the co-insurers, rather than the relationship between the insurer and the insured, is not concerned with the terms on which insurance is granted to the policyholder.

Time limits and notice provisions

In *Home Insurance Co of New York v Victoria-Montreal Fire Insurance Co*[41] Western Assurance Company of Canada had issued a fire policy to the Canadian Pacific Railway, which it had reinsured 20 per cent with Home. Home had then retroceded a proportion of this liability to Victoria-Montreal Fire. The contracts of reinsurance and retrocession were in identical form. A standard printed form of fire insurance policy then in use in the United States was amended by inserting "re-" before the word "insure" in the policy and attaching a typewritten slip or rider headed:

4-007

"Attached to and forming part of Policy No. 16,186. W. Morgan. RE-INSURANCE. HOME INSURANCE COMPANY OF NEW YORK"

Thus the retrocession contract appeared to consist of the terms of the original policy of direct fire insurance, which appeared to have little relevance to reinsurance. One clause of the fire policy provided as follows:

"No suit or action on this policy for the recovery of any claim shall be sustainable in any court of law or equity until after full compliance by the insured with all the foregoing requirements nor unless commenced within twelve months next after the fire."

Home commenced an action against Victoria-Montreal Fire (by then in liquidation) more than 12 months after the fire. Although the liquidator did not seek to argue that Home was obliged to comply with "all the foregoing requirements" of the fire policy, it was argued that the 12-month time bar was incorporated into the retrocession contract. The lower courts found in favour of Home; the Supreme Court of Canada upheld the liquidator of Victoria-Montreal Fire. On appeal to the Privy Council it was held, reversing the Supreme Court of Canada, that Home's right to claim under the retrocession contract was not subject to the 12-month time bar in the original fire policy.

Lord Macnaghten said:

"It is no doubt possible to read the sentence prescribing suits and actions, divorced from its immediate context, into the contract of reinsurance. But it will be observed that the typewritten slip is complete in itself. It contains all that is required for a reinsurance contract. If the sentence in question be read into it, the printed form upon which the slip is engrafted will after all add nothing to the rest of the agreement but one unreasonable condition. The rest of the printed form is foreign to the purposes of a reinsurance contract, inconsistent with the special terms contained in the slip, and in some places in direct conflict with its provisions. It is difficult to suppose that the contract of reinsurance was engrafted on an ordinary printed form of policy for any purpose beyond indicating the

---

[40] *American International Marine Agency of New York v Dandridge* [2005] EWHC 829 (Comm) at [48], [49].
[41] *Home Insurance Co of New York v Victoria-Montreal Fire Insurance Co* [1907] A.C. 59.

origin of the direct liability on which the indirect liability, the subject of the reinsurance, would depend, and setting forth the conditions attached to it. In the result their Lordships have come to the conclusion that according to the true construction of this instrument, so awkwardly patched and so carelessly put together, the condition in question is not to be regarded as applying to the contract of reinsurance. To hold otherwise would, in their opinion, be to adhere to the letter of the law without paying due attention to the spirit and intention of the contract."[42]

4-008 In *Municipal Mutual Insurance Ltd v Sea Insurance Co Ltd*[43] excess of loss reinsurance slips provided "Conditions as Underlying …". The underlying third party liability policy contained a provision that the insured ("Sunderland") give immediate notice in writing of any claim, and the insurer ("Municipal") was entitled to "the absolute conduct and control" of claims. Waller J said:

"It seems to me clear that the conditions as underlying does not necessarily mean that one must write into the terms of the reinsurance all the underlying terms adapting them to the reinsurance. Even the insuring clause cannot in fact be adapted in that way … a notice provision and a provision enabling control of proceedings to be taken would be difficult to work unless it continues to apply to a notice given by Sunderland and to proceedings taken against Sunderland. In relation to a claim for £5 million, who, if the reinsurers are right, would have the right to take over the proceedings? Municipal have an interest in the first £500,000; the first layer of reinsurers have an interest in the next £250,000, and the second layer have an interest in the remaining £1,500,000."[44]

Waller J asked, rhetorically: "To whom would Municipal have to give notice and who would take over the proceedings?"[45] Waller J held that the notice provision was not incorporated into the reinsurance contract,[46] and that the reinsurer's defence based on its alleged breach, failed.

Proposal forms

4-009 In *Australian Widows Fund Life Assurance Society Ltd v National Mutual Life Association of Australia Ltd*,[47] the Privy Council assumed that a statement contained in the proposal for a reinsurance contract that it was on the same terms and conditions as the original policy was effective to incorporate the clause on the proposal for reinsurance into the contract of reinsurance and thus to incorporate the terms of the original policy into the reinsurance contract. The clause read as follows:

"It is hereby understood that in accepting the risk under this reinsurance the Australian Widows' Fund Life Assurance Society, Limited, [the reinsurer] does so on the same terms and conditions as those on which the National Mutual Life Association of Australia, Limited, [the reinsured] have granted a policy by whom, in the event of claim, the settlement will be made."

But, it was said that, since:

---

[42] *Home Insurance* [1907] A.C. 59 at 63-65, approved by Lord Griffiths in *Vesta v Butcher* [1989] 1 Lloyd's Rep. 331 at 338 (see below).
[43] *Municipal Mutual v Sea* [1996] L.R.L.R. 265.
[44] *Municipal Mutual v Sea* [1996] L.R.L.R. 265 at 275.
[45] *Municipal Mutual v Sea* [1996] L.R.L.R. 265 at 275. We submit in Ch.5, 5-049–5-050 below, that where there is a conflict between claims control clauses expressly incorporated into more than one applicable reinsurance contract, the reinsured should give notice to everyone affected by the underlying claim and, if there is a difference of opinion among reinsurers as to how the claim is handled, it remains under the control of the reinsured.
[46] Compare *British General Insurance Co Ltd v Mountain* (1919) 1 Ll.L.Rep. 605.
[47] *Australian Widows Fund Life Assurance Society Ltd v National Mutual Association of Australia Ltd* [1914] A.C. 634.

"... the expressed terms of the policy of reinsurance are, in almost every respect, different from the terms of the original policy ... that clause would almost necessarily be construed as if it were prefaced with the words 'except as herein otherwise provided."

The Privy Council concluded that "... it is enough to say that the incorporation in the policy of the clause in question cannot be allowed to contradict the express provision of the policy".[48] In the event, the reinsurance contract provided that the written proposal of the original insured was the basis of the policy. Statements in the proposal were untrue. The reinsurer was not obliged to pay the insurer because the reinsurance contract expressly provided that he did not have to do so if the original insured's proposal was false. It overrode, so far as necessary, the clause in the proposal for reinsurance. Whilst specific representations can still be incorporated into the reinsurance contract via the proposal form, it should be noted that so-called 'basis of contract' clauses which seek to incorporate any pre-contractual representations as warranty into the contract are now rendered inoperative pursuant to s.9 of the IA 2015.[49]

Errors and omissions clauses and co-insurance clauses

In *Highlands Insurance Co V Continental Insurance Co*,[50] the retrocedant relied on an errors and omissions clause that it alleged had been incorporated in the retrocession pursuant to a full reinsurance clause. Steyn J concluded that the language of the errors and omissions clause (which applied inter alia to a misdescription of the risk by the original insurer) was not apt to allow its incorporation in the contract reinsurance. He did not elaborate further on whether the main reason for not incorporating the errors and omissions clause were that it would be required an impermissible manipulation of the language of the clause, or whether the clause was inapposite for inclusion, or a combination of both, since he held that the clause—even if incorporated—would not have applied to a precontractual material misrepresentation.

4-010

There is US case law to the effect that co-insurance provisions in the underlying policy cannot be incorporated by general words of reference since such provisions serve a specific purposes and are based on a different understanding in underlying insurance.[51] We consider that an English court would reach the same conclusion since a co-insurance clause as found in the underlying insurance contract would have no application in the reinsurance contract, it is likely to require impermissible changes to its language to make it work in a reinsurance context, and it may well be inconsistent with express terms of the reinsurance contract.

Arbitration and jurisdiction clauses

Overview

The numerous authorities concerning the incorporation by reference of arbitration and jurisdiction clauses in contracts (including reinsurance contracts) by general words of reference were reviewed by Christopher Clarke J in *Habas Sina*

4-011

---

[48] *Australian Widows Fund [1914] A.C. 634* at 642.
[49] See Ch.6, 6-173 below.
[50] [1987] 1 Lloyd's Rep. 109 (Note) at 117 per Steyn J.
[51] See, e.g. *Imperial Fire Ins. Co. of London v. Home Ins. Co. of New Orleans* 68 F. 698, 703 (5th Cir. 1895) (applying federal common law).

Ve Tibbi Gazlar Isthisal Endustri A.S. v Sometal S.A.L.,[52] who noted that, "most attempts at incorporation by reference of an arbitration (or jurisdiction) clause are likely to fall within one of the following categories (in which the terms referred to include an arbitration/jurisdiction clause):

(1) *A and B make a contract in which they incorporate standard terms.*

These may be the standard terms of one party set out on the back of an offer letter or an order, or contained in some other document to which reference is made; or terms embodied in the rules of an organisation of which A or B or both are members; or they may be terms standard in a particular trade or industry.

(2) *A and B make a contract incorporating terms previously agreed between A and B in another contract or contracts to which they were both parties.*

(3) *A and B make a contract incorporating terms agreed between A (or B) and C.*

Common examples are a bill of lading incorporating the terms of a charter to which A is a party; reinsurance contracts incorporating the terms of an underlying insurance; excess insurance contracts incorporating the terms of the primary layer of insurance; and building or engineering sub contracts incorporating the terms of a main contract or sub-sub contracts incorporating the terms of a sub contract.

(4) *A and B make a contract incorporating terms agreed between C and D.*

Bills of lading, reinsurance and insurance contracts and building contracts may fall into this category.

English courts have consistently held that general words of incorporation ("same terms and conditions as original") are insufficient to incorporate clauses which select a forum for the resolution of disputes (whether by arbitration of by a court) under an insurance/reinsurance contract into the reinsurance/retrocession contract. The reason for this is that forum selection clauses are not relevant to the performance of the contract of reinsurance and generally take effect as self-contained ancillary agreements. In contrast, the courts have held that forum selection clauses can be incorporated if they are expressly referenced. In *Catlin Syndicate v Weyerhaeuser Co*,[53] an excess of loss reinsurance policy contained a "same terms as original" clause which provided alongside the side heading "Choice of Law and Jurisdiction":

> "NMA 1998 Service of Suit Clause (USA) (amended), as attached. As per Lead Underlying Policy."

The "Lead Underlying Policy" provided for "any dispute, controversy or claim arising out of or relating to" the policy to be determined in London under the Arbitra-

---

[52] *Habas Sina Ve Tibbi Gazlar Isthisal Endustri A.S. v Sometal S.A.L.* [2010] EWHC 29 (Comm). The question in the *Sometal* case was whether a contract for the delivery of scrap metal contained a London arbitration clause. The one page contract at issue provided: "All the rest will be the same as our previous contracts". The court considered 14 previous contracts between the parties, 11 of which contained an express London arbitration clause (the remaining three contracts provided that "The rest will be agreed mutually", or "The rest will be as per previous contracts", or "All the rest will be the same as our previous contracts"). The reinsurance cases discussed in the section were distinguished by Christopher Clarke J, who concluded that the parties had intended to incorporate a London arbitration clause.

[53] [2018] EWHC 3609 (Comm); [2019] Lloyd's Rep. I.R. 427.

tion Act 1996. Judge Robin Knowles held that the parties to the reinsurance contract were bound to submit their dispute to arbitration.

Arbitration clauses

In *Pine Top Insurance Co Ltd v Unione Italiana Anglo Saxon Reinsurance Co Ltd*[54] Home and Overseas issued holiday travel insurance policies, and reinsured certain risks under those policies with Unione Italiana under an excess of loss reinsurance contract contained in a slip. The slip provided, inter alia, as follows: 4-012

"*All terms, clauses and conditions as original.* To pay as paid thereon, but subject nevertheless to the terms, clauses and conditions of this reinsurance. It is understood and agreed that all premiums due on this policy shall be paid by underwriters herein by special settlement and any losses recoverable hereunder shall be collected by special settlement."[55] [Emphasis added]

Most of the "terms, clauses and conditions" of the original policies were inappropriate in a contract of reinsurance. The original policies all contained an arbitration clause. The reinsurance contract had its own, different, arbitration clause. Unione Italiana retroceded its liability to Pine Top and other retrocessionaires under a retrocession contract contained in slip which included a virtually identical "General Conditions" clause to that in the reinsurance contract.

Pine Top failed to pay under the retrocession contract. Unione Italiana purported to appoint an arbitrator pursuant to Clause 15—the arbitration clause in the reinsurance contract. Pine Top argued the arbitrator had no jurisdiction.

Gatehouse J held that "as original" in the retrocession slip was a reference to those provisions in the original travel policies relating to the period, geographical limits and nature of the risk, which were intended by the parties to the retrocession to be identical to the risk assumed by the primary insurer. The arbitration clause in the reinsurance contract was therefore not incorporated in the retrocession contract. In the alternative, Gatehouse J relied upon the line of authority relating to the incorporation of arbitration clauses in charter parties into bills of lading, holding that express words of incorporation were required to make the arbitration clause in the reinsurance contract a term of the retrocession contract. 4-013

A similar conclusion was reached by Colman J in *Excess Insurance Co Ltd v Mander*,[56] where the reinsurance wording containing the arbitration clause was agreed after the making of the retrocession contract.

The *Pine Top* and *Excess v Mander* cases were decided before the enactment of the Arbitration Act 1996.[57] In *Trygg Hansa Insurance Co Ltd v Equitas*[58] it was unsuccessfully argued that s.6(2) of the Arbitration Act 1996, which was derived from art.7(2) of the UNCITRAL Model Law, entitled the court to disregard the earlier authorities and apply more liberal criteria of incorporation of arbitration clauses by reference. *Excess Insurance v Mander* and *Trygg Hansa v Equitas* were followed in *Cigna Life Insurance Co of Europe v Intercaser SA de Seguros*[59] and

---

[54] *Pine Top Insurance Co Ltd v Unione Italiana Anglo Saxon Reinsurance Co Ltd* [1987] 1 Lloyd's Rep. 476.
[55] *Pine Top Insurance* [1987] 1 Lloyd's Rep. 476 at 478.
[56] *Excess Insurance Co Ltd v Mander* [1995] L.R.L.R. 358.
[57] See Ch.14, 14-003 below.
[58] *Trygg Hansa Insurance Co Ltd v Equitas* [1998] 2 Lloyd's Rep. 439.
[59] *Cigna Life Insurance Co of Europe v Intercaser SA de Seguros* [2001] Lloyd's Rep I.R. 821.

American International v Abbott Laboratories.[60] We suggest that English authorities may well not be followed in Bermuda, where the Model law applies.[61]

Jurisdiction clauses

4-014 In *AIG Europe (UK) Ltd v Ethniki*[62] the slip policy provided "Conditions: wording as original", and the underlying policy contained a "condition" conferring jurisdiction on the Greek courts. Evans LJ, referring to the cases on incorporation of arbitration clauses from charterparties, said that:

> "[T]he circumstances in which charterparty provisions are stated to be incorporated in a bill of lading are special and possibly unique, and they cannot give rise to any rule of construction which should apply whenever one contract incorporates the terms of another. The present case, even if it was typical of reinsurance contracts, has features which are relied upon by both parties and which could not arise in the bill of lading/charterparty context."[63]

Evans LJ concluded as follows:

> "39. Nevertheless, there is one feature which the two situations have in common. In both, the parties intend that the subject matter of the two contracts shall be the same. In the bill of lading, that the terms etc. of carriage shall be those already agreed in the charterparty. In a reinsurance contract, that what may be called the scope of the insurance is identical with that in the underlying policy, particularly when the reinsurance includes a 'pay as may be paid' provision, as here. In my judgment, this is a good and sufficient reason for asking, in both contexts, what is essentially the same question: did the parties to the contract in which the general words of incorporation appear intend that their contract should include the particular term from the other contract referred to?
>
> 40. In my judgment, the judge was correct to answer this question in the negative as regards the jurisdiction clause in the present case. In the original insurance, the clause does nothing to define the risk, and if regard is had to its terms, they are wholly inappropriate to disputes arising between insurers and reinsurers under the reinsurance contract (as distinct from disputes under the original insurance, which could be binding on reinsurers notwithstanding that they were decided by the Greek courts).
>
> 41. Like the judge, I have considered this issue on the basis that the construction of the reinsurance contract is governed by its proper law, English law. It would perhaps be more correct to interpret and apply Article 17[64] in accordance with community law, as was done by this Court in *Credit Suisse Financial Products v Soc. Generale d'Enterprises* [1997] C.L.C. 168 (where the parties agreed on this approach: see 170G) and as was held by Tuckey J. in *ARIG Ins. Co v SASA Ass Riass S.p.a.* (1977) folio No. 1764 (10 February 1998). But the result, in my judgment, is the same. The governing European authority is *Ets. Salotti etc. v RUWA*

---

[60] *American International v Abbott Laboratories* [2004] Lloyd's Rep I.R. 815 (a case concerning a direct policy of liability insurance—held there was no incorporation by reference from the first layer into the excess layer). In *Stellar Shipping Co LLC v Hudson Shipping Lines* [2010] EWHC 2985 a company endorsed a freight contract, which contained an arbitration clause, as guarantor. It was held the guarantor had thereby agreed to the arbitration of any dispute on the guarantee. On occasion facultative reinsurance is provided by the reinsurer endorsing the direct insurance contract. It will be interesting to see whether *Stellar Shipping* would be followed in such circumstances.

[61] Compare the *Al Amana* case [1995] 4 Re. L.R. 63 (Supreme Court of Bermuda). *Stellar Shipping Co LLC v Hudson Shipping Lines* [2010] EWHC 2985.

[62] *AIG Europe (UK) Ltd v Ethniki (The Ethniki)* [2000] Lloyd's Rep. I.R. 343.

[63] *The Ethniki* [2000] Lloyd's Rep. I.R. 343 at 351.

[64] A reference to art.17 of the Brussels Convention, which was the nearly-identically worded predecessor to art.25 of the Brussels Regulation (Recast).

etc. (Case 24/76) [1976] ECR 183 which requires 'clear and precise demonstration' in the reinsurance contract that the jurisdiction clause relied on was in fact the subject of a consensus between the parties. That test is not satisfied here."[65]

Similarly, it was held in *AIG Europe SA v QBE International Insurance Ltd*[66] and *Assicurazione Generali SpA v Ege Sigorta AS*[67] that general words of incorporation ("as original") in reinsurance slips, signed in London and governed by English law, did not signify the intention of the parties to incorporate jurisdiction clauses from the underlying insurance contracts.

In *Dornoch Ltd v Mauritius Union Assurance Co Ltd*[68] one of the conditions of a slip policy of excess reinsurance was that it was to follow "all terms and conditions of the primary policy together with riders and amendments applicable thereto covering the identical subject matter and risk". The primary policy referred to was a primary policy of insurance which contained a Mauritian jurisdiction clause. The Court of Appeal upheld the decision of Aikens J (as he then was) that the Mauritian jurisdiction clause was not incorporated into the excess reinsurance. The Court of Appeal held that although the primary reinsurance and excess reinsurance contracts were closely connected they were not a complete match,[69] and that as a matter of construction the general words of incorporation related to the "subject matter" and "risk" and not the jurisdiction clause in the primary reinsurance policy.

In *R+V Versicherung AG v Robertson & Co SA*,[70] on an application to set aside service, the court held that there was a "good arguable case" that an exclusive jurisdiction clause contained in a "Master Agreement" applied to the contract for loss adjusting services made between the claimant insurer, R&V, and the loss adjuster defendant, Robertson. The Master Agreement had been entered into by another insurance company, AIG, and Robertson. R&V and AIG had instructed Robertson jointly. Robertson argued that as vis-à-vis R&V the jurisdiction agreement had not been in, or evidenced in, writing as required by art.23 of the Lugano Convention (similar to art.25 of the Brussels Regulation). Judge Waksman QC said:

"(3) While the Master Agreement is not Robertson's standard terms, it is none the less a set of terms dealing with precisely the subject matter of the dealings between R&V and Robertson, namely the latter's instruction of it as a loss adjuster. The set of terms may have been as between Robertson and a third party but (a) the third party was here working alongside R&V to instruct Robertson and (b) the Master Agreement cannot be seen as an agreement essentially about something else; *compare* the charterparty as against the bill of lading or *the original contract of insurance as against the contract of reinsurance*.

(4) The very fact of a joint instruction commercially supports the notion of instructions on the same terms…"[71] (emphasis added).

The judge found that there was a good arguable case that R&V, Robertson and AIG had agreed that they would all proceed upon the basis of the Master Agreement and, accordingly, the jurisdiction agreement satisfied art.23. In our view, *R+V Versicherung* can be distinguished—as the judge did—from the "as original" reinsurance scenario as the on the facts, the former was a tripartite agreement, whereas the reinsurance contract and the underlying insurance contract are separate agreements.

---

[65] *The Ethniki* [2000] Lloyd's Rep. I.R. 343.
[66] *AIG Europe SA v QBE International Insurance Ltd* [2002] Lloyd's Rep. I.R. 22.
[67] *Assicurazioni Generali SpA v Ege Sigorta AS* [2002] Lloyd's Rep. I.R. 480.
[68] *Dornoch Ltd v Mauritius Union Assurance Co Ltd* [2006] 2 Lloyd's Rep. 475.
[69] See the discussion of *Dornoch v Mauritius* Union in Ch.12, 12-025 below.
[70] [2016] EWHC 1243 (QB); [2016] 4 WLR 106.
[71] [2016] EWHC 1243 (QB); [2016] 4 WLR 106 at [36], [37].

In relation to reinsurance contract disputes where proceedings were commenced before the end of the Brexit transition period (11pm on 31 December 2020), art.25 of the Brussels Regulation[72] remains relevant.[73] Where art.25 applies—namely where the jurisdiction clause provides for the jurisdiction of a court of an EU member state—the jurisdiction clause incorporated by reference to the underlying insurance must be clearly identified and referenced in order to demonstrate the parties' consensus on jurisdiction and comply with the requirements for the formal validity of such clauses. In *AIG v Ethniki*[74] the "as original" wording of the reinsurance did not have the effect of incorporating the jurisdiction clause from the underlying insurance. The "as original" wording related to terms relevant to the scope of the cover and the parties did not intend the general words of incorporation to include the jurisdiction clause. Moreover, the attempted incorporation by reference was not a "clear and precise demonstration" of a consensus between the parties as required by art.17 of the Lugano Convention (the predecessor of art.25 of the Brussels Regulation (Recast)). In *Prifti v Musini Sociedad Anonima de Seguros y Reaseguros*[75] the reinsured sought an order that the English court had no jurisdiction over the reinsurance claim since the reinsurance contract contained a jurisdiction agreement in favour of the Spanish court. Andrew Smith J noted that, in principle, art.25 recognised the incorporation of jurisdiction agreements by reference, provided that the terms to be incorporated were clearly identified and had available to the parties when they entered into the contract. However, on the facts, the reinsurance contract did not expressly refer to the jurisdiction clause in the underlying insurance, and the clause was not germane to the subject matter of the contract but ancillary to it. He also rejected the argument that the wording "warranted subject to the same terms and conditions ... as ... the Reassured" created a warranty that ancillary terms, such as the jurisdiction clause, would be incorporated into the reinsurance.[76]

Following the expiry of the Brexit transition period, the rules governing jurisdiction and jurisdiction clauses in all cross-border disputes are derived from the domestic law of each UK jurisdiction.[77] The English courts will consider whether a jurisdiction clause has been incorporated as a matter of common law by reference to the *HIH v New Hampshire*[78] tests and the principles of contractual construction.[79] In relation to 'exclusive choice of court agreements' within the scope of the 2005 Hague Convention, the Convention rules continue to apply. Art.3 of the Hague Convention requires such agreements to be made in writing or "by any other

---

[72] Council Regulation (EC) No.1215/2012 on jurisdiction and the recognition and enforcement of judgments in civil and commercial matters (recast). Article 25(1) requires, inter alia, that any agreement conferring jurisdiction: (i) is made in writing or evidenced in writing; or (ii) is in a form which accords with practices which the parties have established between themselves; or (iii) in international trade or commerce, is in a form which accords with a usage of which the parties are or ought to have been aware and which in such trade or commerce is widely known to, and regularly observed by, parties to contracts of the type involved in the particular trade or commerce concerned.
[73] UK–EU Withdrawal Agreement arts 67 and 69.
[74] *AIG Europe (UK) Ltd v Ethniki (The Ethniki)* [2000] Lloyd's Rep. I.R. 343.
[75] *Prifti v Musini Sociedad Anonima de Seguros y Reaseguros* [2003] EWHC 2796 (Admin); [2004] Lloyd's Rep. I.R. 528.
[76] *Prifti v Musini Sociedad Anonima de Seguros y Reaseguros* [2003] EWHC 2796 (Admin); [2004] Lloyd's Rep. I.R. 528 at [15]-[18].
[77] See Part IV, Chapters 12 and 13.
[78] *HIH v New Hampshire* [2001] 2 Lloyd's Rep. 161; [2001] Lloyd's Rep. I.R. 596 at 632. See para.4-005 above.
[79] See *Dornoch Ltd v Mauritius Union Assurance Co Ltd* [2006] 2 Lloyd's Rep. 475 and *Assicurazioni Generali SpA v Ege Sigorta AS* [2002] Lloyd's Rep. I.R. 480 above; and more generally Chapter 4, Section 4.

means of communication which renders information accessible so as to be usable for subsequent reference". Arguably, "rendering information accessible" is a more lenient test for incorporation by reference than the test under art.17 of the Lugano Convention and art.25 of the Brussels Regulation (Recast) (which was interpreted as requiring "clear and precise demonstration" of the incorporation of the jurisdiction clause into the contract). It should also be noted that in *Etihad Airways PJSC v Flöther*,[80] the Court of Appeal observed (while not deciding the point) that an asymmetric jurisdiction clause may not be an exclusive choice of court agreement for the purposes of art.3 in the 2005 Hague Convention. If no valid choice of jurisdiction is made as recognised by the Hague Convention, the English courts would fall back to determining jurisdiction in accordance with the Civil Procedures Rules on service out of the jurisdiction[81] and the common law principles on forum (non) conveniens.[82] On 8 April 2020, the UK Government applied for the UK to rejoin the Lugano Convention as an independent contracting state. Whilst Norway, Switzerland and Iceland have consented to the UK's accession, the EU communicated in June 2021 that it "was not in a position to give its consent to invite the United Kingdom to accede to the Lugano Convention."[83] Since then, there has been little further news and the UK's application remains pending.

Differing or missing forum selection clauses

In *Axa v Ace Global Markets*[84] the reinsurance contract was contained in a reinsurance slip which expressly stated that the contract would be subject to English law and jurisdiction. It also provided that the contract's wording was to be as per the Joint Excess Loss Committee excess loss clauses dated 1 January 1990 which included an arbitration clause. The reinsurer sought a declaration that the slip did not incorporate the arbitration clause into the contract because that would be inconsistent with the jurisdiction clause. Gloster J (as she then was) noted that if there had been an irreconcilable conflict between the jurisdiction clause and the arbitration clause the jurisdiction clause would prevail because it had been specifically agreed in the reinsurance slip whereas the arbitration clause was incorporated by reference to a standard market wording. However, on the facts of the case, Gloster J held that there was no conflict between the two clauses and that they could be read together in such a way as to avoid both conflict and surplusage. The contract, when properly construed, demonstrated that the parties did not treat arbitration and court as mutually exclusive. The reference to English jurisdiction operated in parallel with the arbitration provisions by fixing the supervisory court of the arbitration, that was to say, the curial law or the law governing the arbitration in relation to matters arising in the course of the arbitration, and it further fixed the appropriate court for proceedings after arbitration.

4-015

AIG Europe SA (formerly AIG Europe Ltd) v John Wood Group Plc[85] is not a reinsurance case but concerned a "tower" of insurance contracts with a primary liability policy and excess layer liability policies. The excess policies in question contained a primary policy jurisdiction clause ("PPJC") which provided for disputes

---

[80] *Etihad Airways PJSC v Flöther* [2020] EWCA Civ 1707.
[81] Civil Procedure Rules PD 6B.
[82] See Ch.13.
[83] This was following on from the recommendation of the European Commission to the European Parliament and the Council on the application of the United Kingdom of Great Britain and Northern Ireland to accede to the Lugano Convention (COM/2021/222, dated 4 May 2021).
[84] *Axa v Ace Global Markets Ltd* [2006] EWHC 216 (Comm).
[85] [2022] EWCA Civ 781; [2022] 2 C.L.C. 124.

to be subject to the same law and jurisdiction as the primary policy. The primary policy itself did not contain any choice of law or jurisdiction clause. The excess policies also contained in a later section of their wordings a clause that provided for exclusive English law and jurisdiction. The insured started proceedings in Canada seeking defence cover. The excess of loss insurers obtained an anti-suit injunction on the basis of the exclusive jurisdiction clause, against which the insured appealed. The Court of Appeal dismissed the appeal. The PPJC in the excess policies had only incorporated the jurisdiction and governing law from the primary policy to the extent that they had been agreed by the parties to the primary policy. In the absence of any clause determining the jurisdiction and governing law under the primary policy, the PPJC had no application, and the exclusive jurisdiction and governing law clause in the general part of the excess policies' terms and conditions prevailed.[86]

Choice of law clauses

4-016 Most reinsurance contracts have an express choice of law clause. For reinsurance contracts that are written on the Market Reform Contract ("MRC") form the default is English law. Frequently, underlying insurance contracts have a different governing law to the law chosen by the parties to the reinsurance contract. In those circumstances, on the criteria for incorporation set out by Rix LJ in *HIH v New Hampshire*,[87] an incorporation of the choice of law clause from the underlying contract into the reinsurance contract would fail on the grounds that choice of law clause in the underlying insurance contract is inconsistent with the choice of law clause of the reinsurance contract. Even if the underlying insurance contract has no choice law clause it will have an applicable law as determined by the relevant rules of private international law. That applicable law may be different to the governing law of the reinsurance contract, but cannot override the agreed choice of the parties to the reinsurance contract.[88] In the following sections, we examine how the courts have approached the question to what extent a reinsurance contract that incorporates the terms of the underlying insurance contract but is governed by a law that is different to the applicable law of the underlying insurance contract should be construed so as to give the same effect to its terms as if it were governed by the applicable law of the underlying insurance contract.

Vesta v Butcher: Hobhouse J and the Court of Appeal

4-017 *Forskringsaktielskapet Vesta v Butcher*[89] was viewed at first instance as posing a classic problem in the conflict of laws: determining the law governing a reinsurance contract where the parties have neglected to provide for one and reconciling the difficulties that arise where the original contract of insurance is subject to a different governing law from that of the contract of reinsurance.

The problem of choice of law in reinsurance transactions is discussed elsewhere.[90] The various judges hearing *Vesta v Butcher* not only had differing views on the solution to the choice of law problem, but also appeared to disagree as to whether the case posed a choice of law problem at all. The judgments will be analysed here and the choice of law aspects of the decision revisited.

---

[86] At [51]–[58] per Males LJ.
[87] *HIH v New Hampshire* [2001] EWCA Civ 735 at [162].
[88] *Wasa International Insurance Co Ltd v Lexington Insurance Co* [2009] UKHL 40 and see 4-001 and 4-002 above for the facts of the case.
[89] *Vesta v Butcher* [1989] 1 Lloyd's Rep. 331.
[90] See Ch.12 below.

REINSURANCE ON THE SAME TERMS AS THE ORIGINAL

Vesta v Butcher concerned a fish farm located in a Norwegian fjord. The fish farm was wrecked by a storm. It was insured with the plaintiff Norwegian insurance company, which reinsured 90 per cent of the risk with Lloyd's underwriters. The reinsurance policy was on the J1 form providing that the contract of reinsurance was on the same terms and conditions as the original contract of insurance and there was a claims control clause which, following *Scor*,[91] emasculated the "follow the settlements" provision. Both policies contained the wording: "It is warranted that ... a 24-hour watch be kept over the site". The evidence was that a 24-hour watch was not kept, and there was no watch at the time of the storm. However, even if someone had been on watch, nothing could have been done to prevent the loss.

The original contract of insurance was clearly governed by Norwegian law. It contained an express provision that "failure to comply with any of the warranties outlined hereunder will render this policy null and void", however, Norwegian law prohibited reliance on this clause. Under Norwegian law, breach of the 24-hour watch warranty did not provide the insurer with a defence unless it could be proved that the breach had caused the loss. The reinsurance contract was governed by English law which, at that time, discharged an insurer/reinsurer from liability upon a breach of warranty.[92]

4-018

Hobhouse J was faced with a dilemma:

"Where a contract such as the present provides that its terms and conditions are to be the same as those of another contract and where its clear commercial purpose is to provide a corresponding cover to that provided by the other contract, then, unless some other powerful consideration is to intervene, the conclusion must be that there is an intention that both contracts are to be governed by the same law. However, there remains something surprising and improbable about the conclusion the Lloyd's slip and the Lloyd's policy are governed by anything other than English law ..."

Hobhouse J adopted a novel approach. While noting that "it is the almost invariable rule that there is only a single proper law of a contract which governs all aspects of the contract ...",[93] here there was an express provision that the terms and conditions of the reinsurance contract and those of the original insurance be the same and the reinsurance was manifestly to be back-to-back with the original insurance. Thus the learned judge inferred that the intention of the parties was that the legal effect of the clauses which defined and limited the scope of the cover should be the same in the reinsurance and in the original insurance. Since the original insurance was governed by Norwegian law, Hobhouse J concluded:

"I therefore hold as a matter of English law that the proper law of the reinsurance contract is English law subject to the construction and effect of the clauses of the [brokers'] wording being determined in accordance with Norwegian law in the same manner as they are as part of the contract of original insurance."[94]

He added as an alternative:

"If I had not decided that this hybrid and admittedly somewhat unorthodox conclusion was

---

[91] *Insurance Co of Africa v Scor (UK) Reinsurance Co Ltd* [1985] 1 Lloyd's Rep. 312; discussed in Ch.5, 5-015 to 5-019 below.
[92] The law has changed now: see ss.9-11 of the IA 2015. Pursuant to s.10 any rule of law that a breach of warranty (express or implied) in a contract of insurance results in the discharge of the insurer's liability under the contract is abolished, and instead liability is merely suspended whilst the warranty is breached. See Ch.6, Pt 5 below.
[93] *Vesta v Butcher* [1986] 2 Lloyd's Rep. 179 at 193.
[94] *Vesta v Butcher* [1986] 2 Lloyd's Rep. 179 at 194.

open to me, I would have been compelled to the conclusion that the whole contract should be governed by Norwegian law, because any other conclusion would be contrary to the manifest intention of the parties to provide [the plaintiffs] with reinsurance cover in respect of a contract of original insurance on the same terms governed by Norwegian law."

4-019 The decision of Hobhouse J was unanimously upheld on appeal.[95] O'Connor and Neill LJ approved the judge's primary solution. Neill LJ regarded the view that the whole contract was governed by Norwegian law as "quite unrealistic". He stated:

> "[A]s a matter of construction of the reinsurance contract and by seeking to ascertain the presumed intention of the parties, the watch clause has to be given the same effect as it is given in the underlying insurance contract. In the context of the present case, this solution is to my mind the only one which makes commercial sense."[96]

Sir Roger Ormrod, while agreeing with the result, preferred to use an implied term in the reinsurance contract:

> "... to the effect that breach of warranty will only avoid, or permit underwriters to repudiate, the policy if breach of the same warranty would permit the reinsured to avoid the original policy with their clients."[97]

Vesta v Butcher: House of Lords

4-020 The reinsurers' appeal to the House of Lords was equally unsuccessful. The comments of Lord Griffiths and Lord Bridge regarding the reinsurance wording have been noted above. Lord Templeman said:

> "By the reinsurance policy, the underwriters promised that if Vesta became liable for a loss under the insurance policy, then the underwriters would make good 90% of the loss. Vesta became liable for a loss under the insurance policy and the underwriters must perform and observe their promise in the reinsurance policy. The provision incorporated in the reinsurance policy that upon a breach of warranty the reinsurance policy shall become null and void is identical with the provision in the insurance policy that upon a breach of warranty the insurance policy shall become null and void. In my opinion, in the absence of any express declaration to the contrary in the reinsurance policy, a warranty must produce the same effect in each policy ... In deciding this appeal, I decline to follow Counsel down the trail of insurance jargon in a reinsurance policy and incorporated documents littered with language which is ungrammatical and contradictory."[98] (emphasis added)

4-021 Lord Griffiths highlighted the inadequacies of drafting the reinsurance wording. He doubted—although that was the basis upon which the litigation had been conducted "... that on its true construction form J1 does make the terms of the original policy of insurance terms of the policy of reinsurance ..." and said that he was "reluctant to read these contractual documents as making the terms of the contract of insurance terms of the contract of reinsurance".[99] Lord Griffiths cited

---

[95] *Vesta v Butcher* [1988] 1 Lloyd's Rep. 19.
[96] *Vesta v Butcher* [1988] 1 Lloyd's Rep. 19 at 32-33.
[97] *Vesta v Butcher* [1988] 1 Lloyd's Rep. 19 at 35.
[98] *Vesta v Butcher* [1989] 1 Lloyd's Rep. 331 at 334-335. The prize for the most biting attack on policy language nonetheless goes to Bainton J in *Consolidated Press Holdings Ltd v Royal Insurance (Global) Pty Ltd* (1996) 9 ANZ Insurance Cases 61-319 in holding for the defendant insurers on the construction of the clause concerning limits, he said at 76-536: "This policy is written in English, or more correctly I think, using English words." The decision was reversed on appeal. See (1997) 9 ANZ Insurance Cases 61-351 at 76-892.
[99] *Vesta v Butcher* [1989] 1 Lloyd's Rep. 331 at 336, 337.

with approval Lord Macnaghten's speech in *Home v Victoria-Montreal Fire*[100] and said:

> "The opinion expressed in the first paragraph of this passage accords closely with my own approach to the case ... it provides a simple answer to the problem posed by this case. Vesta did place the insurance on the terms they disclosed to the reinsurers and thus fulfilled the warranty in form J1. The policy took effect in Norway on Norwegian fish stocks and therefore the risks covered by the policy fell to be judged by Norwegian law. Reinsurers had agreed to indemnify against the risks covered by the policy and therefore are liable to indemnify Vesta for 90 per cent of the claim which was, under Norwegian law, a risk covered by the policy."[101] (emphasis added)

And Lord Lowry said:

> "In the present case there is an express provision for the terms and conditions of the reinsurance contract and those of the original insurance to be the same and the reinsurance is manifestly to be back to back with the original insurance. When one takes into account that the parties clearly must contemplate that the original insurance is governed by Norwegian law, I infer as a matter of English law that *the parties intended the construction and effect of the clauses of the [wording] should be governed by Norwegian law* ... The parties have on the true ascertainment of their contractual intention chosen that that part of the contract shall be governed by Norwegian, not English, law."[102] (emphasis added)

Groupama Navigation v Catatumbo

Forsikringsaktieselskapet Vesta v Butcher was followed in *Groupama*. In *Groupama*, the (marine) insurance contract was governed by Venezuelan law and reinsurance contract by English law. There was a class warranty in the insurance and also, separately, a class warranty in the reinsurance. Additionally, the reinsurance provided "all terms clauses, conditions, warranties ... as original". Two insured vessels were damaged, but they were not, and never had been, in class. Reinsurers sought a declaration that they were discharged from liability because of the breach of the class warranty. The Court of Appeal held that the warranty in the insurance did apply to the reinsurance—through the "as original" provision as well as the provision in the reinsurance applying—and had the same effect as the underlying (and even though there was a class warranty in the reinsurance anyway). Since Venezuelan law provided that an insurer was liable for a loss even if there was a breach of warranty unless the loss resulted from the breach, the insurer could not escape and the reinsurance slip warranties and the imported warranties had to be read the same way, so the reinsurers could not escape either.

It is evident from the judgments that the judges considered that there was no reason to distinguish *Forsikringsaktieselskapet Vesta v Butcher* and they were bound by it. It is also clear however that they were happy to be bound by it. Tuckey LJ said that in a proportionate reinsurance:

4-022

> "... there is a presumption that, in the absence of clear words to the contrary, the scope and nature of the cover afforded is the same as the cover afforded by the insurance."[103]

Mance LJ said:

---

[100] *Home v Victoria-Montreal Fire* [1907] A.C. 59; see 4-007.
[101] *Vesta v Butcher* [1989] 1 Lloyd's Rep. 331 at 338.
[102] *Forsikringsaktieselskapet Vesta v Butcher* [1989] A.C. 852; [1989] 2 W.L.R. 290 at 903.
[103] *Groupama Navigation et Transports v Catatumbo CA Seguros* [2000] 2 Lloyd's Rep. 350; [2001] Lloyd's Rep. I.R. 141 at 145.

"The reinsurance is however a contract which in terms relates to and must be read in conjunction with the terms of the original insurance. The two contracts were clearly intended to be back to back."[104]

Wasa v Lexington: House of Lords

4-023   In the House of Lords in *Wasa v Lexington*, Lord Phillips said:

"[U]nder English Law a contract of reinsurance in relation to property is a contract under which the reinsurers insure the property that is the subject of the primary insurance; it is not simply a contract under which the reinsurers have agreed to indemnify the insurers in relation to any liability that they may incur under the primary insurance."

He said that "[t]he vital issue" was:

"Did the parties to the reinsurance implicitly agree that whatever law might be applicable to interpretation of the primary cover, and whatever result this might produce, would apply equally to the reinsurance?"

Framing the question in that way contrasts with the Lord Templeman's formulation of the question for their Lordships in *Vesta v Butcher*:

"... whether the reinsurance policy, upon its true construction, insured 90 per cent of the liability of Vesta under the insurance policy or 90 per cent of the liability which would have been incurred by Vesta if the insurance policy had been governed by English law."[105]

We begin our examination of the judgments of the House of Lords in *Vesta v Butcher*, and in *Wasa v Lexington* with these two citations to highlight the different approaches taken by the judges when we look at *Vesta v Butcher* and *Groupama v Catatumbo*—even though Lord Mance in the *Wasa* case was Mance LJ in the Groupama case. The cases concerned facultative proportional reinsurance where the insurance contract was governed by a law other than English and the reinsurance contract was governed by English law. In both cases, the reinsurer would only be liable if the reinsurance contract was construed by English law in the same way as the insurance contract had been by the relevant foreign court. Yet, *Wasa* had a different outcome.

4-024   In the second paragraph of his opinion in the House of Lords in *Wasa v Lexington*, Lord Phillips sets the tone for a departure from the Court of Appeal in the *Groupama* case and from the House of Lords in *Vesta v Butcher*. He said that in property reinsurance (both *Vesta v Butcher* and *Groupama v Catatumbo* were property reinsurance cases) the reinsurance is not one of indemnity against incurred liability. This contrasts with *Vesta v Butcher* where Lord Templeman said that the London market was insuring 90 per cent of Vesta's liability on three occasions—see above. Lord Phillips in *Wasa* asked: "Did the parties to the reinsurance implicitly agree that whatever law might be applied to the interpretation of the primary cover and whatever result this might produce would apply equally to the reinsurance?" He added: "An affirmative answer to this question would, effectively, treat the contract of reinsurance as one to indemnify the primary insurer in respect of any liability sustained under the primary cover." Which is pretty much the treatment Lord Templeman thought was right in *Vesta v Butcher*. The House of Lords in the *Wasa* case alighted upon something in the *Vesta* and *Groupama* cases that one would not have appreciated as significant in reading those two cases,

---

[104] *Groupama Navigation et Transports v Catatumbo CA Seguros* [2001] Lloyd's Rep. I.R. 141 at 146.
[105] *Vesta v Butcher* [1989] A.C. 852 at 891.

namely, it was evident at the time of entering into the reinsurance contracts what law would apply to the underlying insurance contracts. Lord Mance said in *Wasa*:

> "In both *Vesta* and *Catatumbo* it was possible at the time when the insurance and reinsurance were placed to identify the foreign law which would govern the reinsurance. The parties entering into the English law reinsurance could be taken to have had access to what Lord Lowry in Vesta described as a foreign 'legal dictionary' to interpret the language of the reinsurance."[106]

In *Wasa v Lexington*, after a careful analysis of the way the case brought by Alcoa had developed in the United States and how the governing law had been established, Lord Mance concluded that it could not have been predicted at the time of the reinsurance contract that Pennsylvania law would be found to govern the underlying insurance contract and:

> "There was no identifiable legal dictionary (formal or informal), still less a Pennsylvanian legal dictionary, which can be derived from the interaction or operation of the terms of the insurance and reinsurance and which could lead to any different interpretation of the reinsurance wording."

Lord Mance repeated that the two contracts, insurance and reinsurance, were separate and there was no basis to find that the reinsurer had agreed that his reinsurance would cover any liability which might subsequently be held to arise under whatever law might later be said to be applicable. He thus found that the contracts were not back-to-back. It being accepted that under English law the reinsurance did not cover the liabilities for which Lexington was found to be liable, Wasa (and the other reinsurer in contention, AGF) did not have to pay. Lord Mance set out a number of propositions that he considered were "as such largely undisputed" (Nos 4 and 5 have no general application):

> "1. Reinsurance is a contract separate from the insurance contract and the subject matter of the reinsurance is the original subject-matter.
> 2. Absent special terms the insurer must prove his liability under the insurance and his entitlement under the reinsurance.
> 3. A follow the settlements clause requires a reinsurer to follow settlements of claims fairly reflecting liability under the original insurance.
> 4. English law would not produce the same result as did the Washington court applying the law of Pennsylvania.
> 5. English law should read the language of the reinsurance in the sense given it by the Washington court. [Thus rejecting the alternative proposition that the purpose of the reinsurance was to cover on a difference in conditions basis and therefore it was to cover all of Lexington's risk.]
> 6. Under English law a contract has a meaning at the time it is entered into.
> 7. The reinsurance has a clear English law meaning. There was here no identifiable legal dictionary (formal or informal), still less a Pennsylvanian legal dictionary, which could be derived from the interaction or operation of the terms of the insurance and reinsurance and which could lead to any different interpretation of the reinsurance wording. The reinsurance is an independent contract, with its own terms which fall to be construed under English law, and there was no basis for interpreting it as covering any liability which might subsequently be held to arise under the insurance in any State whose law might, after disputes had arisen under it and other separate insurances, be applied by reference to factors extraneous to the particular

---

[106] *Wasa v Lexington* [2009] UKHL 40 at [44].

insurance to which alone the reinsurance related It follows that there is no basis for construing the two contracts as back to back in the present situation."[107]

4-025 Although seemingly more sympathetic to a back-to-back construction of the reinsurance contract,[108] Lord Collins arrived at the same conclusion:

"... (6) There was not in 1977, when the insurance contract and the reinsurance contract were concluded, any identifiable system of law applicable to the insurance contract which could have provided a basis for construing the contract of reinsurance in a manner different from its ordinary meaning in the London insurance market. (7) The effect of the decision of the Supreme Court of Washington is to impose liability on Lexington under the contract of insurance for loss and damage which occurred both before and after (as well as during) the policy period in the reinsurance contract. (8) It is common ground that under English law an insurer (or reinsurer) would not be liable for losses occurring before and after the policy period. (9) Although normally any loss within the coverage of the insurance will be within the coverage of the reinsurance, there is no rule of construction, and no rule of law, that a reinsurer must respond to every valid claim under the insurance irrespective of the terms of the reinsurance. (10) The reinsurance contract cannot reasonably be construed to mean that it would respond to any liability which 'any court of competent jurisdiction within the United States' (the phrase in the service of suit clause) would impose on Lexington irrespective of the period of cover in the reinsurance contract."[109]

4-026 Lord Mance has correctly discerned that we would approve this decision of the House of Lords (we infer this from what he says in [37] of his Opinion).[110] Of course in the final analysis the obligations on the reinsurer are determined by construing the words of the reinsurance contract against the applicable law—as the judges in the three cases say, but it does not assist in predicting what will be the outcome of any particular case. There were express words in the *Vesta* reinsurance wording that failure to comply with the warranties would render the contract null and void, and for *Groupama* there were the express words of s.39 of the Marine Insurance Act 1906, implying a warranty of seaworthiness of a vessel. And yet the courts found in favour of the reinsured because there was no express statement that the English law construction of the warranties should prevail in the reinsurance. If, at the time of agreeing the wording of these two reinsurance contracts the reinsurer had requested wording to the effect that "English law should govern and the laws of any other country shall not apply", the second part of that requirement would, we suggest, have been seen to be pedantic.

Lord Templeman said in *Vesta v Butcher*:

"The effect of a warranty in a reinsurance policy is governed by the effect of the warranty in the insurance policy because the reinsurance policy is a contract by which the underwriters [agree] to indemnify Vesta against liability under the insurance policy. The reinsurance policy could have provided expressly that the warranties were to have different effects in the two policies. The reinsurance policy could have limited the liability of the underwriters by providing that a breach of warranty by Vesta would absolve the

---

[107] At [34]–[47].
[108] At [55] Lord Collins says: " ... the starting point is that normally reinsurance of that kind is back-to-back with the insurance, and that the reinsurer and the original insurer enter into a bargain that if the insurer is liable under the insurance contract, the reinsurer will be liable to pay the proportion which it has agreed to reinsure. In the usual case, any loss within the coverage of the insurance will be within the coverage of the reinsurance."
[109] At [58].
[110] We were surprised to be cited by Sedley LJ in the Court of Appeal in support of the proposition that reinsurance was not of the original subject matter but of liability.

underwriters even if an identical breach of warranty by the fish farmer did not absolve Vesta. Any such limitation would, however, have been inconsistent with the concept of reinsurance…"[111]

There was no wording in the reinsurance slip between Lexington and Wasa that "All risks of physical loss or damage … as original" was to have a different effect in the reinsurance policy than the insurance policy but that was the finding of the House of Lords. It was a finding based on the fact that the law by which the judge in the United States found Lexington liable was not known and could not have been predicted when the reinsurance contract was entered into in 1977 and therefore cannot have been implicitly agreed to by the reinsurer as the law to determine the extent of his liability. Lexington's argument was that the reinsurer agreed that the scope of coverage for the reinsurance contract should be determined by whatever law was found to be applicable to the insurance contract, but the judges did not accept that the reinsurance contract could be construed as the reinsurer agreeing to be bound by a law to be determined later. The House of Lords did not accept that.

4-027

The *Wasa v Lexington* case has, in our view, not necessarily produced certainty. If the law of the underlying insurance contract is known or predictable at the time of the reinsurance, then whether or not the reinsurer knows its effect, the back-to-back nature of the reinsurance will direct the court to apply *Vesta v Butcher* unless the reinsurance contract expressly says that every provision of it is to be construed in accordance with English law and not, in any circumstances, any other law and particularly not the law governing the underlying insurance contract. Only if the law of the underlying insurance is not ascertainable at the time of the reinsurance will *Wasa v Lexington* apply. We can see no logical basis for making such a distinction. In our view, a finding that in a back-to-back, follow the fortunes, reinsurance contract the reinsurer *implicitly* agrees that the effect of a warranty in his reinsurance contract should be that which it would have under Norwegian law, when there is an express provision in a contract governed by English law that if a warranty is breached the contract shall be null and void (*Vesta v Butcher*) coupled with English law on the effect of breach of warranty, is counter-intuitive. If such a result was, truly, the intention of the parties it could easily have been achieved by making the reinsurance contract expressly subject to Norwegian law. In our view an argument that in the same kind of reinsurance contract a London marine underwriter entering into a contract of marine reinsurance of hulls, governed by English law implicitly agrees to not rely on a most important warranty—that of seaworthiness—where Venezuelan law did not permit the insurer to do so (*Groupama v Catatumbo*), is equally counter-intuitive and for the same reason. In these two cases the judges found in favour of the reinsured by expressly construing an express wording in a manner contradictory to the governing law of the contract. In *Wasa* no such direct contradiction was involved. The court was asked to require Wasa to indemnify Lexington for what it had to pay as physical damage under its policy.

Curiously, the English law on this point was recently considered by the Second Circuit United States Court of Appeals in *Ins. Co. of the State of Pa. v. Equitas Ins. Ltd*.[112] In *Equitas*, the underlying insurance contract provided liability cover and was governed by the laws of Hawaii. Hawaiian law applies the "all sums" doctrine to environmental pollution liability: the insurer is joint and severally liable to indemnify up to its policy limits for all the damage regardless of whether the pollution occurred during the policy period as long as some of it occurred while the

4-028

---

[111] *Vesta v Butcher* [1989] A.C. 852 at 892.
[112] 20-3559-cv (2nd Cir., 2023).

policy was in effect. This is so on the basis that the insuring clause provides that the insurer is liable to indemnify for "all sums" for which the insured is itself liable. The reinsurance contract contained a full reinsurance clause and was governed by English law. One of the reinsurer's arguments was that they were not liable to indemnify for liabilities outside the reinsurance policy period. On appeal from the district court, the Second Circuit Court of Appeal was asked to determine whether under English law the reinsurance contract should be construed as co-extensive with the underlying policy including in relation to liabilities outside the reinsurance contract period. The court considered both *Vesta v Butcher* and *Wasa*. Lynch J concluded that the *Equitas* fact pattern fell into the *Vesta v Butcher* category because the governing law—and therefore the legal dictionary—was known at the time of the reinsurance contract was concluded since the underlying insurance contract contained an express choice-of-law clause directing the application of Hawaiian law (which, as was conceded by the reinsurer, follows the "all sums" rule in environmental actions involving continuous and indivisible injuries).

The decision could be criticised on the grounds that the reinsurance contract contained an express term—the policy period from October 1986 to October 1971—which, as the reinsurer argued—should have overridden the "all sums" allocation of liability. Lynch J concluded that English law would have recognised the apportioning of liabilities on an "all sums" basis, and that, accordingly, English law would construe the reinsurance policy as co-extensive with the underlying insurance policy regardless of the re-insurance policy period. However, his reasoning on this point was based on an incomplete assessment of English law: whilst English law does recognise the apportioning of liabilities on an "all sums" basis in relation to a specific group of cases (namely, mesothelioma cases), in *Equitas Insurance Ltd v Municipal Mutual Insurance Ltd*,[113] the English Court of Appeal held that the "all sums" allocation of mesothelioma claims did not extend to the reinsurance level and instead, at reinsurance level, the reinsurance policy period was determinative of which liabilities were indemnifiable.[114] It is therefore by no means clear whether an English court would have construed the express policy period term subject to the "all sums" liability rule, and this also goes to show that this area lacks certainty.

We consider that the House of Lords were correct, as a matter of English legal principle, in *Wasa v Lexington*. If the reinsurance contract is governed by a law other than the law of the insurance contract, it should be construed in accordance with that law as a separate contract, as the House of Lords firmly state that it is. But if *Wasa v Lexington* is right, *Vesta v Butcher* and *Groupama v Catatumbo* are, in our view, a fortiori, wrong. Fundamentally the difference was not that in *Vesta v Butcher* and *Groupama v Catatumbo*, the reinsurer could see what the law governing the insurance contract was a time of writing the reinsurance contract whereas in *Wasa v Lexington* he could not, but that in the first two cases the court stated a philosophy that reinsurance is indemnifying the reinsured against his liability, and in the second the court stated a philosophy that the reinsurer agrees to indemnify the reinsured for his interest in the original subject-matter of the insurance in accordance with the terms of the reinsurance. In other words, the courts are not speaking with a clear and uniform voice as to the circumstances in which the fact that the parties to the reinsurance agreed to contract on terms "as original" shows a shared intention of the parties that the reinsurance contract should create back-to-back cover with the underlying insurance contract. Here we can see how the analysis of incorporation of terms intersects with the construction of a reinsurance

---

[113] [2019] EWCA Civ 718; [2020] Q.B. 418.
[114] Also see Ch.5, 5-107 and 5-108.

contract. We will return to this question in relation to non-proportional reinsurance contracts in 4-046–4-048, and in relation to proportional reinsurance in 4-087–4-091.

It remains to be seen what a Bermuda Court will make of these English decisions.

4-029

Choice of law under the Rome regimes

It should be noted that the reinsurance contract in *Wasa v Lexington* was concluded prior to the inception of the Rome Convention[115] and the Rome I Regulation.[116] For any reinsurance contracts before the English courts with a cross-border element and concluded: (a) after 31 March 1991 and on or before 17 December 2009 the Rome Convention applies; (b) after 17 December 2009 and on or before the end of the Brexit transition period (11pm on 31 December 2020), Rome I Regulation applies; and (c) after the end of the Brexit transition period the Law Applicable to Contractual Obligations and Non-Contractual Obligations (Amendment etc.) (EU Exit) Regulations (SI 2019/834) apply. The Law Applicable to Contractual Obligations and Non-Contractual Obligations (Amendment etc.) (EU Exit) Regulations has the effect of operating as 'domestic' (English) law the provisions of the Rome I Regulation (and the Rome II Regulation for non-contractual obligations).

4-030

For any of those reinsurance contracts the question whether a choice of law clause from the underlying insurance has been incorporated into the reinsurance contract must now be considered in accordance with the Rome Convention or the Rome Regulation. Under art.3 of the Rome Convention a choice of law must be:

"… expressed or demonstrated with reasonable certainty by the terms of the contract or the circumstances of the case."

And further to art.3 of the Rome I Regulation a choice of law must be made:

"… expressly or clearly demonstrated by the terms of the contract or the circumstances of the case."

It appears that the test in the Rome I Regulation ("clearly demonstrated") is stricter than under the Rome Convention ("demonstrated with reasonable certainty"). Given the express term providing for English law as governing law in the reinsurance contract, it would not have been arguable under either test that the law of Pennsylvania had been chosen by the parties to the reinsurance contract in *Wasa v Lexington*.[117]

Incorporation of unusual or onerous terms

It is a well-established principle of common law that, even if one party signing a contract knows that standard conditions are provided by another party to the contract, a condition which is particularly unusual or onerous is not be incorporated into the contract unless it has fairly and reasonably been brought to their attention.[118]

4-031

---

[115] Convention 80/934/ECC on the law applicable to contractual obligations opened for signature in Rome on 19 June 1980 ("Rome Convention").
[116] Regulation (EC) No.593/2008 of the European Parliament and of the Council of 17 June 2008 on the law applicable to contractual obligations ("Rome I").
[117] See Ch.12 below for consideration of the applicable law in reinsurance contracts.
[118] *Interfoto Picture Library Ltd v Stiletto Visual Programmes Ltd* [1989] Q.B. 433; [1988] 2 W.L.R. 615; and more recently: *Goodlife Foods Ltd v Hall Fire Protection Ltd* [2018] EWCA Civ 1371;

In *HIH Casualty & General Insurance Ltd v New Hampshire Insurance Co*,[119] the reinsured had expressly waived its rights to rely on a breach of the duty of disclosure by the insured and one of the issues that arose was whether this waiver had been incorporated into the reinsurance contract further to an "as original" clause. At the trial of preliminary issues[120] David Steel J, relying on *Interfoto Picture Library Ltd v Stiletto Visual Programmes Ltd*,[121] held that the test for incorporation of unusual terms was whether the term was so unusual or uncommon that it would be unfair in all the circumstances to hold the party to it but, based on the expert evidence, he found that the waiver clause was "in no sense unique" in the underlying class of insurance (financial guarantee insurance) and it was fair to regard it as incorporated.[122] He also said that a fair representation of the risk would arguably involve adequate notice of the waiver clause in the underlying insurance.[123] The Court of Appeal doubted whether the *Interfoto* test was suitable to determine the issue of the incorporation of an unusual term.[124] However, obiter, Rix LJ (giving the leading judgment) agreed with Steel J that the issue could not be divorced from the question of whether there had been a fair representation of the risk.[125] He further commented that the "as original" clause in the reinsurance contract, together with the invitation to consult the information held on the brokers' file, collectively placed on the reinsurers the burden of showing that the waiver clause was not incorporated, or that the proposal was unfairly presented. The decision of Scrutton J (as he then was) in *Property Insurance Co Ltd v National Protector Insurance Co Ltd*[126] was not cited by the Court of Appeal.[127] Scrutton J said:

> "I do not want to draw any hard-and-fast line. (I do not think it is possible to draw such a line) as to what an underwriter offering a reinsurance risk on the same terms and conditions as the original policy must disclose. It must depend a great deal on the nature of the risk ... I think it is quite clear that the policy may be for such an extraordinary risk ... that there may be clauses in the original policy which an underwriter offering ought to disclose because they are so out of the usual that a reinsuring underwriter would not expect them."[128]

In our opinion, the Court of Appeal was right to doubt whether a separate test for the incorporation of unusual terms (in addition to the general test for incorporation as set out in 4-005 above) was appropriate and to consider this matter in the context of a fair presentation of the risk. The reinsured can protect itself by making available to the reinsurer a copy of the underlying insurance and by drawing attention to any unusual terms. Thus, the reinsurer will then be on notice and can take

---

[2018] B.L.R. 491; *Blu-Sky Solutions Ltd v Be Caring Ltd* [2021] EWHC 2619 (Comm); [2022] 2 All E.R. (Comm) 254.
[119] *HIH Casualty & General Insurance Ltd v New Hampshire Insurance Co* [2001] EWCA Civ 735.
[120] *HIH Casualty and General Insurance Ltd v New Hampshire Insurance Co Ltd* [2001] 1 Lloyd's Rep. 378.
[121] *Interfoto Picture Library Ltd. v Stiletto Visual Programmes Ltd* [1989] Q.B. 433.
[122] *HIH v New Hampshire* [2001] 1 Lloyd's Rep. 378 at [49]-[51].
[123] *HIH v New Hampshire* [2001] 1 Lloyd's Rep. 378 at [47].
[124] *HIH v New Hampshire* [2001] EWCA Civ 735 at [208]-[214].
[125] *HIH v New Hampshire* [2001] EWCA Civ 735 at [209].
[126] *Property Insurance Co Ltd v National Protector Insurance Co Ltd* (1913) 108 L.T. 104.
[127] Although the case is referred to, in passing, by Steel J at first instance; *HIH v New Hampshire* [2001] 1 Lloyd's Rep 735 at [47].
[128] *Property Insurance Co Ltd v National Protector Insurance Co Ltd* (1913) 108 L.T. 104 at 106. Scrutton J found that the term in the underlying policy was unusual and, had it not been for the fact that (as he also found in *HIH*) the reinsurers had waived the duty of disclosure, ought to have been disclosed. See Ch.6, Pt 3 below.

a view on whether or not to accept any usual terms for incorporation into the reinsurance contract in advance of the contract being concluded.

Incorporation of IA 2015 default rules and opt-outs

The IA 2015 which applies to non-consumer insurance contracts (including reinsurance contracts) has introduced amongst other matters, a more balanced duty of fair presentation and a new regime for breaches of warranty. These provisions are discussed in Ch.6 below. An important aspect of the IA 2015 is that some (but not all) of the provisions create a "default regime" from which the parties are permitted to contract out.[129] A reinsurer who considers contracting on incorporated terms would be well-advised to check whether the underlying contract of insurance runs under the default regime or not for at least two reasons: (1) it has an impact on its own terms under the contract of reinsurance; and (2) it may affect the underwriting assessment of the risk given that the default regime under the IA 2105 seeks to re-balance the pre-contractual duty of fair presentation and to limit the circumstances in which an insurer can decline liability for a claim.

4-032

If the underlying reinsured has contracted out from some or all of the default provisions in respect of the underlying contract of insurance, the question may arise to what extent specific contracting out terms can be regarded as incorporated in the contract of reinsurance if the latter is written and an "all terms, clauses and conditions as original" basis. In our view, this would be a matter of construction in accordance with the criteria for incorporation set out in 4-005 above.[130]

Where the underlying contract of insurance operates under the default regime but the reinsurance contract contains express terms contracting out from the default regime, we would expect that the specific contracting out terms in the reinsurance contract override any inconsistent term in the underlying policy since terms from the underlying policy that are inconsistent with the express terms of the reinsurance contracts will not be incorporated.[131]

Where the contract of insurance operates under the IA 2015 default regime but the reinsurance contract contains terms contracting out from the default regime, or vice versa, the insurer will be confronted with a mismatch in the applicable regimes in its inward and outward contracts. This may give rise to *Vesta v Butcher*-style[132] problems where the reinsurance contract incorporates the terms of the underlying contract of insurance but, as a result of the different legal regimes applicable, a breach of the same warranty may have different consequences under the insurance contract and the contract of reinsurance. Whilst the House of Lords in *Vesta v Butcher* decided that, in the absence of any express statement to the contrary in the reinsurance policy, a warranty must produce the same effect in both the insurance policy and the reinsurance policy, this decision was set against the background of a foreign law applicable to the contract of insurance. In contrast, in the situation described above the reinsured would be caught in the middle between two different regimes applicable under English law. In compliance with the transparency requirements, one would expect there to be an express term in the reinsurance contract contracting out from specific aspects of the IA 2015 default regime, so that

---

[129] The parties are not permitted to contract out in a consumer insurance contract: Consumer Insurance (Disclosure and Representations) Act 2012 s.10. See further Ch.6, 6-214 to 6-216 below.
[130] See 4-005 above and see Rix LJ in *HIH Casualty & General Insurance Ltd v New Hampshire Insurance Co* [2001] EWCA Civ 735.
[131] See 4-005 above; *HIH v Hampshire* [2001] 2 Lloyd's Rep 161.
[132] *Vesta v Butcher* [1989] AC 852. See 4-017–4-020 above.

Incorporation of terms and subsequent amendments

4-033 Where a reinsurance contract incorporates the terms of the underlying insurance contract on account of an 'as original' clause in the reinsurance contract, the question might arise whether the 'as original' clause extends to subsequent amendments to the underlying insurance contract, or whether the terms incorporated are those that were applicable and in existence at the time of incorporation. In *The Lower Rhine and Wurtemberg Insurance Association v Sedgwick*,[133] a reinsurer had provided cover on an "Subject to same terms as Original Policy" basis, but subsequently the underlying marine insurance policies expired and were replaced with two others during the reinsurance policy period. The reinsurer paid a claim but when it found out that the loss had occurred after the original underlying policies had expired, it sought to recover the claims payment. The Court of Appeal held that the "Original Policy" referred to in the reinsurance policy were the policies in existence at the time the reinsurance contract was entered into. Smith LJ said that the effect of the words "Subject to same terms as Original Policy" was that the liability of the reinsurer did not extend to losses which might be incurred by the reinsured under a policy not containing the same terms, conditions, and clauses as the original policies. Thus, he indicated that losses under a new policy replacing the original underlying policy on identical terms might be covered but, on the facts of the case, the replacement policies had extended the reinsurer's liability in material ways by (a higher agreed value of the underlying risk–a ship). Referring to the decision in *The Lower Rhine and Wurtemberg Insurance Association v Sedgwick*, in *Norwich Union Fire Insurance Society Limited v Colonial Mutual Fire Insurance Company Limited*,[134] McCardie J decided that the reinsurer was not liable at all where the underlying policy had been substantially amended without the consent of the reinsurer. In *HIH v New Hampshire*,[135] the reinsurance policy contained an express warranty requiring the reinsurers' consent "to all amendments and alterations to the terms, clauses and conditions of the Original Policy". The cases have not explicitly addressed the effect of an immaterial amendment, or an amendment that is severable, in the underlying insurance policy: it is arguable that such an amendment should have no effect on the reinsurance contract so that it remains in place on the original terms.

4-034 In *Munich Re Capital Limited v Ascot Corporate Name Limited*, the reinsurance contract was a facultative excess of loss policy. By that policy, the reinsurer, Ascot, reinsured Munich Re in respect of the latter's exposure under an underlying construction all risk policy between Munich Re (and others) and Chevron Corporation and its (many) project partners and contractors in respect of two construction projects, including Project Bigfoot in the Gulf of Mexico. The reinsurance policy contained a "Same terms, clauses and conditions as original" incorporation clause. When Munich Re were informed of delays in completing Project Bigfoot with the project period, they agreed to extent the policy period of the underlying insurance policy but failed to (seek to) extend correspondingly the period of the reinsurance contract at the same time. Following construction losses

---

[133] *The Lower Rhine and Wurtemberg Insurance Association v Sedgwick* The Lower Rhine and Würtemberg Insurance Association v Sedgwick [1899] 1 Q.B. 179.
[134] *Norwich Union Fire Insurance Society Limited v Colonial Mutual Fire Insurance Company Limited* [1922] 2 K.B. 461.
[135] *HIH v New Hampshire* [2001] EWCA Civ 735 at [162].

that occurred in the extension period, Munich Re paid Chevron some US$26 million in respect of its portion of liability on claims. Munich Re then sought an indemnity from Ascot but Ascot declined.

Munich Re, initially argued that, when the policy period in the underlying insurance contract had been extended, the reinsurance policy period had been extended "automatically". Realising that this argument was bound to fail in light of the decisions in *The Lower Rhine and Wurtemberg Insurance Association v Sedgwick*[136] and *Norwich Union Fire Insurance Society Limited v Colonial Mutual Fire Insurance Company Limited*,[137] Munich Re then sought to argue that the losses fell to be considered under clause 21 ("Maintenance") of the underlying policy which provided for cover during the "maintenance period" for the 12 months following the expiry of the project period and that, being on the "same terms ... as original", the Maintenance clause had been incorporated into the reinsurance policy. The court accepted that cl.21 had been incorporated into the reinsurance policy but rejected Munich Re's argument that it applied in the circumstances. Having considered the authorities on policy contractual construction,[138] Carr J said:

4-035

> "50. On a purely literal reading of Clause 21, Munich Re's construction must be correct ... However, despite Mr Kealey's elegant submissions, I am not persuaded that Munich Re's construction is correct.
>
> 51. Clause 21 falls to be construed in circumstances not (objectively) envisaged at the time that the parties entered into the Reinsurance Policy. As the structure and express wording of the Reinsurance Policy indicate, it was always (objectively) contemplated that the two policy periods would mirror each other at all times ...
>
> 55. It is a question of contractual interpretation in changed factual circumstances. The task of the court is to decide, in the light of the agreement that the parties made, what they must have been taken to have intended in relation to the events which have arisen which they did not contemplate, namely an extension to the Project Period in the Insurance Policy but no corresponding extension to the Project Period in the Reinsurance Policy.
>
> 56. As to assessing the parties' objective intentions at the time of Reinsurance Policy, the commercial context is important ...
>
> 57. At a general level, the reasonable person in the parties' position would have intended the definition of the Project Period to coincide with the estimated completion of the construction phase of the project ...
>
> 69. ... on a proper construction of the Reinsurance Policy, upon the expiry of the Project Period (meaning the period of time defined under the heading "Project Period"), limited cover would continue over the completed project for a period of 12 months. Contrary to the expectations of the parties at inception, however, the project was not in the event completed on the expiry of the Project Period (on 30 September 2014). That being the case, there was no project to be covered during the "maintenance period(s)"."

Thus, the reinsured could not rely on this alternative route to obtain reinsurance cover in relation to the subsequent extension of the underlying cover.

Manipulation of language

In *CNA International Reinsurance Co Ltd v Companhia De Seguros Tranquilidade SA*,[139] the defendants ("Tranquilidade") were Portuguese insurers who had

4-036

---

[136] *The Lower Rhine and Wurtemberg Insurance Association v Sedgwick* [1899] 1 Q.B. 179.
[137] *Norwich Union Fire Insurance Society Limited v Colonial Mutual Fire Insurance Company Limited* [1922] 2 K.B. 461.
[138] See Section 4 below.
[139] *CNA International Reinsurance Co Ltd v Companhia De Seguros Tranquilidade SA* [1999] Lloyd's Rep. I.R. 289.

reinsured 90 per cent of the risk of cancellation of a concert with the plaintiff reinsurers in the London market. The original policy incorporated the Lloyd's Contingency Policy and the Lloyd's standard non-appearance wording.

If the wording of the reinsurance was the same as the wording of the insurance, then certain obligations would fall on the reinsured, Tranquilidade, towards CNA that Tranquilidade argued should fall only on its insured. The reinsurance contract was contained in a slip which provided, in its material part, as follows:

TYPE:
CONTINGENCY (ABANDONMENT, POSTPONEMENT OR CANCELLATION OF EVENTS) INSURANCE
FORM:
GC(J) NMA 2540 GC(NA) NMA 2396 Lloyd's Contingency Policy (No proposal form) Agree sign t.o.r. irrespective of claims
REASSURED:
Companhia De Seguros Tranquilidade (RETENTION 10.00%)
ASSURED:
Fundacao Das Desco Bertas
Centro Culturel De Beleuie
Praca Do Imperio
1400 Lisboa
PORTUGAL.
INSURED:
Placido Domingo and Orchestra
PERIOD:
From 4 August 1994 to 2 September 1994
INTEREST:
This policy to indemnify the Assured for their net ascertained loss of costs, expenses &/or commitments &/or net profit (as defined) sustained or incurred should the concert, concerts, acts, tour be cancelled &/or rescheduled &/or abandoned &/or curtailed during the period as declared as a result of any cause whatsoever beyond the Insured/Assured's control, including acts of terrorism or the threat thereof
SUM INSURED:
£936,000.00
CONDITIONS:
As per Lloyd's Contingency Policy but subject to: It is a condition of this insurance that all itinerary changes must be notified to and accepted by Insurers.

Exclusion (a)(v) of Form GC(NA) "any condition not common to both sexes" is deleted and replaced by "pregnancy, childbirth or pre-menstrual tension or any problems relating thereto".

Exclusion (e) & (f) of Form GC(NA) "adverse weather in respect of outdoor performances" is deleted and of no effect.

Agree include adverse weather where such weather:

(i) makes the staging of the scheduled event impossible or
(ii) is deemed by either Local Authorities or event organisers to present a danger to those attending if the event were to proceed.

In the event of No Claims or Losses at the expiry of this policy, Insurers agree to allow a 15% No Claims Bonus.

4-037 Clarke J was called upon to decide a number of preliminary issues, including what were the terms of the reinsurance contract, and in particular, whether Lloyd's policy wordings GC(J) 1 NMA2540 and GC(NA) NMA2396 were incorporated into the reinsurance contract and, if so, to what extent and effect? In *Vesta v Butcher*, the reinsured benefitted from the warranty in the reinsurance being read as if it was governed by the law governing the warranty in the insurance. In *CNA v Tranquilidade*, however, if the wording of the reinsurance was the same as the wording of the insurance, then certain obligations would fall on the reinsured, Tranquilidade, towards CNA that Tranquilidade argued should fall only on its insured.

Counsel for Tranquilidade submitted that the Lloyd's wordings were standard forms developed for contracts of original insurance and not for contracts of reinsurance. They were inappropriate to be treated as setting out the terms of the reinsurance contract. Clarke J held as follows:

"There may be cases in which it would be right so to hold, but, in my judgment, this is not such a case ... one would expect to find words of reinsurance somewhere in the agreed terms. If [counsel's] submissions are accepted there are no words of reinsurance because the Lloyd's wordings are not incorporated as terms of the reinsurance and there are no reinsuring words on the slip because the only candidates are the words following 'INTEREST', which he says state only Tranquilidade's insurable interest. In my judgment, there is no reason not to hold that the Lloyd's wordings were not incorporated as terms of the reinsurance contract.[140] The slip expressly provides that the form of the policy was to be the stated edition of the Lloyd's Contingency Policy with the non-appearance wording attached. That means that if a policy were issued it would be on those terms, which include insuring words as set out above. *Whatever the position in the Vesta case, I do not think that it makes sense to hold here that the wordings were not to be treated as terms of the reinsurance, although some manipulation may be required and, indeed, some of the terms may have no application. That will often be the case in circumstances of this kind* ... In short I accept ... that all the terms should be treated as terms of the reinsurance, but that each term must then be considered in order to see whether it is applicable in the context of the reinsurance contract set out on the slip. Thus in general the references in the wordings to 'the Underwriters' are references to the reinsurers and the references to 'the Assured' are references to the reassured, namely Tranquilidade. In the slip, 'reassured', 'assured' and 'insured' are defined. The words following 'INTEREST', as I see it, are intended to describe Tranquilidade's insurable interest. There is no need to construe them as the reinsuring words because those are set out in the standard wordings which are terms of the reinsurance policy."[141] [Emphasis added]

The learned judge reached his conclusion by construing the slip as a whole "in its factual matrix or surrounding circumstances" (which included the evidence of a broker with considerable experience in the contingency insurance market, who Tranquilidade had called as an expert witness). He justified the "manipulation" of the underlying policy wording to fit the reinsurance contract as follows:

4-038

"*This is facultative reinsurance. The subject matter of the reinsurance is not the liability of Tranquilidade to FDD, but the non-appearance of Placido Domingo and the cancellation of the concert by reason of an insured peril, which is the same as the basic subject matter of the original insurance.* I accept [counsel for the reinsurers] submission that the relevance of the insurance between FDD and Tranquilidade is that it provides Tranquilidade with an insurable interest and that it identifies the amount of Tranquilidade's loss, which depends upon their liability under the original insurance ...In these circumstances I do not see any real difficulty in using the Lloyd's wordings as part of the

---

[140] "... there is *no* reason *not* to hold that the Lloyd's wordings were *not* incorporated as terms of the reinsurance contract" seems to us to contain one too many negatives given the judge's conclusions. We believe he means "there is no reason not to hold that the Lloyd's wordings were incorporated", i.e. there is reason to hold that the Lloyd's wordings *were* incorporated.

[141] *CNA International Reinsurance Co Ltd v Companhia de Seguros, Tranquilidade JA* [1999] Lloyd's Rep. I.R. 289 at 300.

terms of the reinsurance, even if it would be preferable (as both Lord Bridge and Lord Griffiths pointed out in Vesta) to have standard reinsurance wordings.

In short this was essentially a fronting arrangement in which the terms of the reinsurance were agreed first including the reinsuring terms set out in the standard wordings, which are in my judgment adaptable for this purpose even though they were originally drafted in the context of insurance and not reinsurance. It makes sense for both Tranquilidade and the original insured to be bound by the same terms. For example one would expect to see both reinsuring words and claims procedure clauses in the form referred to in the slip. As I understood his evidence, given the lack of experience of Tranquilidade in matters of this kind and given the fact that the reinsurers were taking 90 per cent of the risk, Mr Hine [Tranquilidade's expert witness] would have expected the reinsurers to have control of any claim on the underlying insurance. There are different ways in which that could have been achieved as a matter of contract, but as I see it, the way in which it was achieved here was through the claims procedure clause in the standard NMA 2540 wording ..."[142] [Emphasis added]

Clarke J concluded that NMA 2540 was incorporated and effective notwithstanding the fact that the policy form said it was complete only when a schedule was included and no Schedule was included. The effect of incorporation of NMA 2540 into the reinsurance contract was that that Tranquilidade was required to satisfy the conditions precedent (expressed to be obligations of the original insured) to make diligent inquiries and to declare that the information supplied was true and complete and resulted from diligent inquiries. Clarke J held that the diligence required of Tranquilidade was not necessarily the same as that required of the promoters under the same condition in the original insurance, since Tranquilidade was the insurer/reinsured and not the original insured. The claims procedure required the original insured (Tranquilidade under the reinsurance contract) to give notice to the names designated in the Schedule. Since there was no schedule, that requirement was ineffective and had no application.

4-039 Effectively, where in *Vesta v Butcher*, the House of Lords had construed a warranty in each of the insurance and reinsurance contracts the same way, in *CNA v Tranquilidade*, Clarke J read the reinsurance contract as containing the insurance contract wording. The approach to contractual construction of Clarke J in *CNA International Reinsurance Co Ltd v Companhia De Seguros Tranquilidade SA* is, in our view, open to question. Why is the case distinguishable from *Vesta v Butcher*?[143] In *Vesta v Butcher* the reinsurance contract was a 90 per cent facultative reinsurance in which the slip expressly provided that the reinsurance was to be on the same terms as the original insurance. Clarke J's reasoning appears to proceed as follows: the reinsurance contract must have some terms; the subject matter of the reinsurance contract is the risk under the original insurance contract; therefore (subject to some necessary manipulation) the terms of the reinsurance contract incorporate the terms of the original insurance contract. This analysis is closer to *Wasa v Lexington* than to *Vesta v Butcher*. In *Vesta v Butcher*, Lord Templeman[144] regarded the reinsurance contract as a promise by the reinsurers to pay 90 per cent of the loss in the event that the reinsured became liable to pay. If one views the reinsurance contract in the *Tranquilidade* case in the same way, then the contract is complete. There is no need for "reinsuring words" (the intention of the parties—as described by Lord Templeman—is to be inferred from the slip) and no need

---

[142] *CNA International Reinsurance Co Ltd. v Companhia de Seguros, Tranquilidade JA* [1999] Lloyd's Rep. I.R. 289 at 299–300.
[143] *Vesta v Butcher* [1989] 1 Lloyd's Rep. 331 (discussed above).
[144] *Vesta v Butcher* [1989] 1 Lloyd's Rep. 331 at 334 (see below).

to search for the "subject matter" of the reinsurance.¹⁴⁵ If any additional terms are necessary to give the contract business efficacy, they will be implied by law; alternatively, terms may be implied by market custom and usage.¹⁴⁶ Claims notification and control provisions are obviously desirable from the point of view of the reinsurer. However, as we note below, there is no implied obligation on the reinsured to consult with his reinsurer before settling a claim.¹⁴⁷

In *HIH Casualty and General Insurance Ltd v New Hampshire Insurance Co*¹⁴⁸ **4-040**
Clarke J's concept of manipulation to fit was approved both at first instance and on appeal. The reinsurance was "subject to all terms and conditions as original". Banks lent money for the finance of films, to be repaid from the earnings on such films. Law Debenture, as trustee for the banks, was insured by HIH against the risk of the earnings being insufficient to repay the loans. On the earnings being insufficient and a claim being made, HIH paid the loss and claimed on its quota share reinsurers. The reinsurers asserted, inter alia, that it was warranted to HIH by the insured, and to the reinsurers by HIH, that six films would be made. Six films not having been made, HIH should have paid and reinsurers were not obliged to. Reinsurers were successful. One clause, cl.8 in the insurance contract, was a provision pursuant to which the insurer waived defences and rights to challenge the insurance granted. There was an issue between the insurer and reinsurer as to whether this clause was incorporated into the reinsurance (which has already been considered in 4-031 above). A further issue arose as to whether, if the clause had been incorporated, it bound the reinsurer to the insurer, in the same way as the insurer was bound to the insured or a clause which remains as it was—applying to the insurer, but part of the reinsurance contract. Rix LJ, giving the leading judgment, held that cl.8 had not been incorporated into the reinsurance contracts in manipulated form, as a clause operating between reinsurer and reinsured independently of the original insurance, but should properly be regarded as incorporated in its *un*manipulated form.¹⁴⁹ The incorporated clause had the effect that the reinsurer could not rely on the fact that the reinsured would have had a good defence to the claim by its underlying insured in the absence of cl.8 in the underlying policy. However, Rix LJ also said that, where there was a non-disclosure or misrepresentation at each level of the placement (i.e. insurance and reinsurance), the effect of cl.8's incorporation into the reinsurance contract would be to bind reinsurers to pay as otherwise a defence intended to be waived back to back at both levels could be relied upon at the reinsurance level in circumstances where the primary remedy was intended to lie under the collateral contract.¹⁵⁰

---

[145] We refer again to the discussion of the nature of reinsurance in Ch.1 above.
[146] See H. Detlef Lührsen, "Some Observations on the Facultative Reinsurance Contract" (1998) Int. I.L.R. 194. Lührsen points out that, "Most facultative reinsurance policies, certificates or slips, from the reinsurance point of view, are ... often examples of incomplete if not imperfect contractual documentation".
[147] See *The National Fire and Marine Insurance Company of New Zealand v The Australian Mercantile Union Insurance Company* (1887) 6 N.Z.L.R. 144; *Charman v Guardian Royal Exchange Assurance Plc* [1992] 2 Lloyd's Rep. 607 at 614 per Webster J.
[148] *HIH v New Hampshire* [2001] EWCA Civ 735; [2001] 2 Lloyd's Rep. 161.
[149] *HIH v New Hampshire* [2001] EWCA Civ 735 at [216].
[150] *HIH v New Hampshire* [2001] EWCA Civ 735 at [217]-[221].

3. NON-PROPORTIONAL REINSURANCE

Relationship between proportional and non-proportional contracts

4-041 A non-proportional (or "horizontal") reinsurance contract is frequently superimposed over a proportional (or "vertical") reinsurance contract. For example, a captive insurance company may write, either directly or indirectly, as the 100 per cent reinsurer of a fronting company—the risks of its parent. The captive may retain 1 per cent of the risks and cede 99 per cent to reinsurers under a quota share treaty. In addition, the captive may, if it retains a significant proportion of risk, purchase excess of loss reinsurance, placed in one or more layers.

An insurer who cedes risks to quota share reinsurers may wish to purchase excess of loss reinsurance "for the common account". The common account excess of loss reinsurers typically agree to reinsure the captive "and/or" its quota share reinsurers (see Figure 4 below).

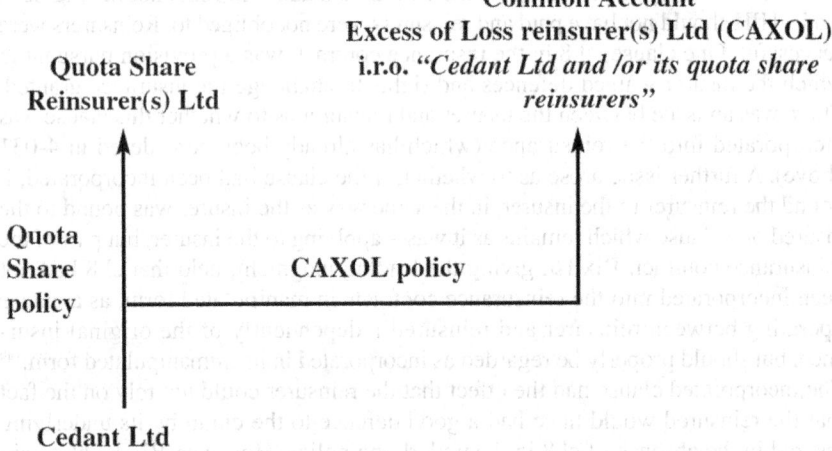

Common account excess of loss contracts were referred to in *Equitas Ltd v Allstate Insurance Co*[151] as "CAXOL" contracts, which, ugly as it sounds, is a useful shorthand and we propose to adopt it.

The quota share treaty and the excess of loss reinsurances are separate contracts giving rise to distinct obligations. The problems to which an arrangement of this kind may give rise are illustrated by *Kansa General Insurance Co Ltd v Herald Insurance Co Ltd*.[152] Ground J (as he then was) summarised the facts and legal issues, as follows:

> "The first defendant ('Herald') is a captive insurer, established by the California Rental Yards Association to insure its members. It is not licensed to write insurance business directly in California, and so used a fronting company in the normal way. The second defendant ('Northwestern') is the fronting company. The plaintiffs are reinsurers. During the years 1981 to 1985, the plaintiffs, through their agent in Bermuda, reinsured a substantial part of the risk accepted by the defendants. The defendants have made substantial claims on the plaintiffs arising from those years, which the plaintiffs have not met.

---

[151] *Equitas Ltd v Allstate Insurance Co* [2008] EWHC 1671 (Comm).
[152] *Kansa General Insurance Co Ltd v Herald Insurance Co Ltd* [1994] Bda L.R. 38, Supreme Court of Bermuda, Civil Jurisdiction, 1992 No.211, 25 February 1994.

The plaintiffs, by their statement of claim (which may well be regarded as a pre-emptive strike) seek to avoid the policies of reinsurance on various grounds ... The plaintiffs maintain that the structure of the relevant reinsurance arrangements was that Herald reinsured Northwestern, and the plaintiffs reinsured Herald. Thus their primary contention is that, if they avoid the contracts with Herald, that is the end of the matter and they have no separate, direct liability to Northwestern. The primary contention of Northwestern is that the plaintiffs reinsured them directly, and they therefore have a claim against them independent of Herald's claim, which is not vitiated by any of the matters alleged against Herald.

This point turns on the construction of the reinsurance slips, each of which defines the reinsured as 'Herald Insurance Company Ltd (Herald) a Bermuda company *and/or* North Western National Insurance Company' [my emphasis]. Northwestern, supported by Herald, says that the use of 'and/or' indicates that this was a composite contract under which the plaintiffs are severally liable to each of the defendants. However, the defendants have also sought to put before me expert evidence as to the practice of the reinsurance market in this respect, and have pointed me to authority to justify its admissibility in the construction of the contract. The tenor of this evidence is that it makes eminent practical and commercial sense for both defendants to be directly reinsured. The defendants also point to certain pre-contractual telexes in support of their position. The plaintiffs, on the other hand, say that they reinsured Herald alone and had no direct liability to Northwestern. They say that it is the normal practice of the industry for there to be a chain of reinsurance contracts, with each party only liable to the one above it, that this case fits within that paradigm, and that there are aspects of the contracts themselves which support their contention."

Ground J held that the plaintiffs' position was not unarguable "as the answer may depend upon disputed matters of fact, such as the payment of premiums and ascertainment of what the industry practice is". Accordingly, he refused Northwestern's application for summary judgment on its counterclaim. At trial[153] he held that Northwestern had a direct contractual claim against the first plaintiff, Kansa General, as reinsurer.[154] The use of "and/or" has been judicially considered in other contexts involving reinsurance, and held to be both conjunctive, "and" and disjunctive "or".[155] It will, of course, be a matter of construction, having regard to the commercial context of the particular reinsurance contract, whether the intention of the parties is to create joint or several contractual obligations. In the example given above, of excess of loss reinsurance for a common account, where the slip provides "Reinsured: Captive Co. and/or its Quota Share reinsurers", it is likely to be the case that the intention was to create a composite reinsurance contract.[156] Thus it may be open to the captive to call upon its quota share reinsurers to pay the claim, leaving them to collect from the excess of loss reinsurers. Alternatively, again depending upon the contractual wording, it may be open to the captive to call on the excess of loss reinsurers in respect of 100 per cent of the risk written (and ignore the fact of the risk being quota shared), but in the event that one or more excess of loss reinsurers has a defence to liability or becomes insolvent, the captive is entitled to pursue the quota share reinsurers for what it cannot recover from the excess of loss

4-042

---

[153] *Kansa v Herald,* Unreported, 26 January 1995.
[154] The second plaintiff, Kansa International (Bermuda), had discontinued its action shortly before trial.
[155] See e.g. *Gurney v Grimmer* (1932) 44 Ll.L.Rep. 189 at 194, "compromised and/or arranged"—where Scrutton LJ said: "... I am quite aware of the habit of some business people and some lawyers of sprinkling 'and/ors' as if from a pepper pot all over their documents without any clear idea of what they mean by them, but simply because they think it looks business-like; but there is really a clear understanding of what the words 'and/or', mean."
[156] See e.g. *Pan Atlantic Insurance Co Ltd and Republic Insurance Co Ltd v Pine Top Insurance Co Ltd* [1988] 2 Lloyd's Rep. 505; [1989] 1 Lloyd's Rep. 568 (CA); *North Atlantic Insurance Co Ltd v Nationwide General Insurance Co Ltd* [2003] EWHC 449 (Comm).

reinsurers. The captive is not bound by its election to pursue recovery from one before resorting to the other, but, of course, the captive cannot recover twice over in respect of the same loss. If the captive successfully pursues recoveries from its excess of loss reinsurers in respect of the 100 per cent of the risk written, the quota share reinsurers would have a right of subrogation if they had already paid the captive, unless, as would be likely, the recoveries were taken account of in the ultimate net loss clause.

4-043 In *Kingscroft Insurance Co Ltd v Nissan Fire & Marine Insurance Co Ltd (No.2)*,[157] the claimants were members of an underwriting pool managed by "Weavers". The pool consisted of companies which accepted inward business in their own name ("stamp companies") and other companies which were not able or did not wish to act as stamp companies and participated by reinsuring the stamp companies under whole account quota share reinsurance. Weavers ceded a proportion of the pool's excess of loss reinsurance business to the defendant Japanese insurance company ("Nissan") as reinsurer under two facility quota share treaties. The question before Moore-Bick J was whether describing the reinsured as "companies underwritten for by Weavers" encompassed quota share reinsurers of companies on the Weavers stamp. He held that non-stamp quota share reinsurers of Weavers were within the expression and thus were reinsured by Nissan. The facility quota share treaties contained an offer on the part of Nissan to any new pool member to enter into contractual relations on the terms of the treaties. That offer was capable of acceptance by a company becoming a member of the pool and communication of acceptance was waived by Nissan as immaterial. It did not matter that some of the claimant companies were not incorporated when the treaties were made. All the claimants were accordingly entitled to sue on the treaties.

4-044 Three fundamental questions, regarding the operation of CAXOL arrangements from the point of view of contractual principle, remain unanswered, viz.:

(1) *Are quota share (QS) reinsurers of the cedant parties to the CAXOL policy?* If the QS reinsurers are not parties then under Bermuda law (cf. *Kansa v Herald and Northwestern*) they cannot sue the CAXOL underwriters as contract parties. However, since 2016 when Bermuda adopted the Contracts (Rights of Third Parties) Act 2016, it may now be possible to for third parties to enforce benefits (see below and Ch.15 para.15-089).

(2) *If the QS reinsurers are parties then is their interest joint or composite?* If the QS reinsurers are parties then they can sue CAXOL to recover common account collections:
  (a) if their interest is joint then QS reinsurers may, as a matter of principle, sue in their own name and recover 100 per cent of what is due under the CAXOL policy but must account to the cedant for its share
  (b) if their interest in composite then QS reinsurers may only recover their respective shares under the CAXOL policy.

(3) *If the QS reinsurers are not parties, does Contracts (Rights of Third Parties) Act 1999 allow them a right of action under the CAXOL policy?* The Contracts Rights (Rights of Third Parties Act) 1999 applies only where the CAXOL policy is governed by English law. The fact that a particular QS reinsurer is not specifically named in the CAXOL is not likely to prove an obstacle.[158] There is now an equivalent statute in Bermuda: the Contracts (Rights of Third Parties) Act 2016. Note, however, the Bermuda version

---

[157] *Kingscroft Insurance Co Ltd v Nissan Fire & Marine Insurance Co Ltd (No.2)* [1999] Lloyd's Rep. I.R. 603.

[158] Section 1(3) of the Contracts (Rights of Third Parties) Act 1999 states as follows: "The third party

requires (s.4(1)) the third party to expressly identified by the contract which means that the QS insurers would need to be either named or be identifiable as members of a class or answering a particular description.

The above questions all relate to the issue of who is entitled to sue under a CAXOL policy. Equally important, particularly in circumstances where the cedant is insolvent, or on the brink of insolvency, is the question whether (in the absence of a specific provision to the contrary) QS reinsurers are entitled to insist that the cedant bills them net of CAXOL recoverables? The liquidator of an insolvent cedant will no doubt the take the position that: (a) he is entitled to bill his QS reinsurers for the amounts due under the treaty without references to any recoveries he may make under the CAXOL policy; and (b) any recoveries made by him from CAXOL underwriters form part of the cedant's estate, so that—to the extent QS reinsurers have any claim to such recoveries—they will have to prove as unsecured creditors in any liquidation/scheme.

Suppose the cedant remains solvent but the CAXOL underwriters go into liquidation, or, worse still, avoid the policy against the cedant. In the event of avoidance by CAXOL underwriters, if the QS reinsurers have a composite interest, then the CAXOL policy will remain in force in respect of their interest,[159] whereas if it is a joint interest the policy will have been avoided against all parties jointly interested. We can envisage QS reinsurers seeking to avoid liability to a cedant, in whole or in part, in a case in which the CAXOL protections, which they were promised at the time the signed the QS treaty, are not available.

4-045

An illustration of the legal problems to which CAXOL arrangements give rise is provided by the facts of *Equitas v Allstate*.[160] Between 1977 and 1984 various Lloyd's syndicates, subsequently reinsured by Equitas, had written QS reinsurance, reinsuring Highlands Insurance Company ("Highlands"), a Texas company. The QS contracts required Highlands to provide common account protections as follows:

> "... The Reinsured shall maintain, for the common account of the Reinsured and the Quota Share Reinsurer, Excess of Loss Reinsurances aggregating $9,750,000 in excess of $250,000 each occurrence each claim made, or in the aggregate where applicable, each subject of insurance, each original Insured."

Allstate was one of the reinsurers under the CAXOL policies, which provided as follows:

> "... this Reinsurance is effected for common account of the Reinsured and their Quota Share Treaty Reinsurers and, therefore, applies to that part of the original policies which the Reinsured retains for their own account together with their Quota Share Treaty Reinsurers."

Equitas, which had taken over the administration of all business written by Lloyd's syndicates in 1992 and prior years, entered into a series of commutation agreements with reinsurers of syndicates. In 2004 there was a commutation agreement with Allstate which included all *"currently known and unknown"* reinsurances, but did not expressly refer to the CAXOL policies relating to Highlands. In 2006 Highlands (which was in receivership) billed Allstate for 100 per cent of what

---

must be expressly identified in the contract by name, as a member of a class or as answering to a particular descriptions but need not be in existence when the contract is entered into."

[159] *Arab Bank Plc v Zurich Insurance Co* [1999] 1 Lloyd's Rep. 262.
[160] *Equitas v Allstate* [2009] Lloyd's Rep I.R. 227.

was due under the CAXOL policy, without giving credit for the share that was due to the Lloyd's syndicates. Allstate refused to pay the Lloyd's/Equitas share, arguing that its liability to do so had been extinguished by the commutation. In early 2007 Highlands commenced arbitration against Allstate in Texas. Subsequently, Equitas brought proceedings in England against Allstate (relying upon an exclusive jurisdiction clause in the commutation agreement) seeking a declaration that the CAXOL policies, which were the subject matter of the Texas arbitration between Highlands and Allstate had not been commuted when Allstate concluded its commutation agreement with Lloyd's. The judge refused Allstate's application to stay the English proceedings.[161]

Differences between non-proportional reinsurance and underlying insurance

4-046

We have already discussed whether the incorporation of the terms of the underlying insurance contract is indicative of the parties' intention that the reinsurance cover should be back-to-back with the cover provided by the underlying insurance contract in relation to proportional reinsurance, and noted that the courts have not been consistent—we will return to this issue in relation to proportional reinsurance in 4-088 to 4-091 below. In contrast, as regards non-proportional reinsurance, we have a clear statement from the UK House of Lords and the Bermudian courts that there is no presumption that a non-proportional reinsurance is back-to-back with the underlying insurance or a preceding proportional reinsurance.[162] In *AXA Reinsurance (UK) Ltd v Field*, Lord Mustill said:

> "... where a reinsurer writes an excess of loss treaty for a layer of the whole account (or the whole of a stipulated account) of the reinsured, I see no reason to assume that aggregation clauses in one are intended to have the same effect as aggregation clauses in the other. The insurances are not in any real sense back-to-back. Thus, for example, a direct insurer may issue many policies on terms as to deductible and limit of liability which he can fix according to his knowledge of the policy holders and of the likely size and incidence of the kinds of casualties which are insured. The financial outcome of these policies will depend on other factors besides the total monetary amount of the valid claims made. Thus, if many of the policy holders make a large number of small claims, comparatively few of them will exceed the deductible, and the underwriter's gross exposure will be small. At the other extreme, if the claims are large but few, most of them will be cut off by the upper limit, and again the exposure may be quite small. But if there are many claims of medium size, the underwriter may find himself carrying them all in full. If when writing his policies, he foresees that this could happen, he will consider limiting his liability under an individual policy by reference to aggregate claims made during the policy year, as well as by the size of each individual claim. Or, again, if the likelihood is that even when there are numerous losses, a group or groups of them will share a more or less distant common origin, it may be prudent to impose not only a limit per claim but also a limit per group. These matters form an element in determining not only the premium charged but also the amount and the nature of the reinsurance which it is prudent for the direct insurer to carry.
>
> The strategy of the underwriter who takes a line on a layer of an excess of loss treaty

---

[161] Beatson J's decision is concerned with art.23 (now art.25) of the Brussels Regulation (see Ch.13 below). For evidence of London Market practice relating to the entitlement of quota share reinsurers to CAXOL recoveries and the views of a US District Court on the legal position, see *Continental Casualty Co v Certain Underwriters at Lloyd's London* 2004 U.S. Dist. Lexis 4060 (S.D.N.Y.).

[162] *AXA Reinsurance (UK) Ltd v Field* [1996] 1 W.L.R. 1026; [1996] 2 Lloyd's Rep. 233 at 238–240; and *Agrinational Ltd, et al v Erieview Insurance Co Ltd* [1995] Bda L.R. 17 Bermuda Civil Appeal No.6 of 1995, 27 June 1995 per Huggins JA.

is not necessarily the same. He cannot rate the individual policy holders and individual risks directly, and must take a much broader view. For him, the relationship between the inward and outward policies is essential to profitability. Not only the limits for each loss, but the aggregation of losses, both causally and in other ways, and the numbers and circumstances of permitted reinstatements, make all the difference. It is, I believe, plain that the elements of the prudent underwriter's judgment when writing policies of this kind need not be at all the same as if he were writing the underlying business direct."[163]

Under a facultative excess of loss reinsurance contract, a layer, or slice, of specified risks is ceded to the reinsurer. The reinsurance slip may, of course, seek to incorporate terms of the underlying insurance by referring to specific terms defining coverage or by using general words of incorporation, considered above. But, in the absence of general words of incorporation, the slip must stand alone and contains the terms of the reinsurance contract. In *AXA Re v Field* Lord Goff said:

4-047

"If the syndicate had wished to secure identical measures of loss for its inward and outward contract it could have taken the obvious course of using the same words in each."[164]

Whilst there is no presumption of back-to-back coverage in facultative excess of loss reinsurance, the (preliminary issues) decision by Hamblen J in *Tokio Marine Europe Insurance Ltd v Novae Corporate Underwriting Ltd*[165] stands as an example that courts may still seek to construe such a contract in a way that avoids a "radical mismatch" of coverage with the underlying (re)insurance. In *Tokio Marine v Novae, Tokio* had reinsured Ace in respect of property damage / business interruption insurance for Tesco under a global master policy and various local policies. Tokio in turn retroceded part of the risk to Novae under an excess of loss retrocession contract which contained a full reinsurance clause and a follow the settlements clause as follows:

4-048

"This Contract is subject in all respects (excluding the rate and/or premium hereon and subject always to the Limits Reinsured hereon and except as otherwise provided herein) to the same terms, clauses and conditions as original and without prejudice to the generality of the foregoing, Reinsurers agree to follow all settlements (excluding without prejudice and ex-gratia payments) made by original Insurers arising out of and in connection with the original insurance and to bear their proportion of any expenses incurred whether legal or otherwise in the investigation and defence of any claim hereunder in addition to limits hereunder."

Following claims in respect of flood damage in Thailand, Novae disputed that the retrocession reinsured Tokio in respect of its liability to Ace under the local policies as well as the master policy. Hamblen J rejected Novae's limited construction of the retrocession agreement and held that it did cover claims arising from the local policies for three reasons:

"46. If Novae's construction were correct it would lead to a radical mismatch between the cover provided under the Reinsurance and the cover provided under the Retrocession. It would not simply be a question of the cover not being back to back; the coverage provided would be fundamentally different. There is no obvious reason why the parties should have intended that the cover provided by the

---

[163] *AXA Reinsurance (UK) Ltd v Field* [1996] 2 Lloyd's Rep. 233 at 238-239; also discussed in Ch.5, para.5-134 below.
[164] *AXA Re v Field* [1996] 2 Lloyd's Rep. 233 at 240.
[165] *Tokio Marine Europe Insurance Ltd v Novae Corporate Underwriting Ltd* [2013] EWHC 3362 (Comm).

Retrocession should be so very different from the cover provided by the Reinsurance. It makes little commercial sense for [Tokio] to have purchased reinsurance only in respect of exposure arising to it under the Master Policy and not the same exposure arising under local policies: whether the claims are treated as arising under the local policies or Master Policy makes no difference to [Tokio].

47. Further, Novae's construction would render the cover provided by the Retrocession unlikely to be called upon in respect of losses outside the UK. It was a term of the Master Policy that a local policy must be issued in every jurisdiction (except the UK) covering the property and interests located in that jurisdiction if such cover is obtainable in that jurisdiction (General Condition 6). The Master Policy acts as excess/difference in conditions cover on top of the local policies (General Condition 7). The limit of cover under the original insurance (i.e. the Master Policy and local policies combined) and the Reinsurance is £100 million any one Occurrence. The Retrocession provides cover in respect of £25m xs £53m any one Occurrence. On Novae's case, the Retrocession would only respond if there were a loss to the Reinsurance that fell in the range £53m—£78m but which was made up purely of losses under the Master Policy. Given that the maximum amount of any loss to the Reinsurance is £100m, it is difficult to conceive of any claim under the Master Policy from a jurisdiction outside the UK that will not have generated a significant loss to a local policy. This means that there is little prospect of any loss to the Reinsurance on property or interests outside the UK that exceeds £53m composed purely of losses under the Master Policy. The Retrocession would therefore effectively be restricted in its application to losses on property or interests in the UK, a commercially unlikely result for a Retrocession purportedly providing worldwide coverage.

48. Finally, if it really had been intended to restrict the Retrocession coverage in this way so that it was fundamentally different to that provided under the Reinsurance one would expect that to be clearly spelt out, both in the Retrocession and in the presentation materials—it is not."

We consider that *Tokio Marine v Novae* is a decision limited to its facts and that the "radical mismatch" test put forward by Hamblen J does not sit well with Lord Mustill's statement that there is no presumption of back-to-back coverage in non-proportional reinsurance.

4-049 In *Agrinational v Erieview*,[166] the tersely worded slip posed an interesting problem of construction for the Bermuda courts. The slip evidenced a non-proportional retrocession contract, between the defendant reinsurer, Erieview, and the plaintiff retrocessionaires. Erieview was a captive, whose parent, M.A. Hanna Company, had been insured under a primary policy by Reliance Insurance Company (Reliance). Erieview reinsured Reliance 100 per cent under a fronting reinsurance contract, and then retroceded part of the risks, on an excess of loss basis, to the plaintiff retrocessionaires, which were all captives participating in a retrocession pool, known as the Risk Exchange. The slip, or "Reinsurance Certificate", provided as follows:

DECLARATIONS—FACULTATIVE REINSURANCE CERTIFICATE NUMBER 2025

1. CEDING COMPANY AND ADDRESS: ERIEVIEW INSURANCE COMPANY LIMITED
2. ORIGINAL INSURED: M.A. HANNA COMPANY
3. ORIGINAL POLICY NUMBER: N/A
4. TERM OF COVERAGE: JUNE 1, 1989 THRU MAY 31, 1990
5. COVERAGE: GENERAL LIABILITY AND PRODUCTS LIABILITY

---

[166] *Agrinational v Erieview* Bermuda Civil Appeal No.6 of 1995, 27 June 1995 [1995] Bda L.R. 17.

6. CEDING COMPANY'S LIMITS OF LIABILITY: $1,000,000 OCC/ AGGX; $1,000,000 OCC/NO AGG
7. RISK EXCHANGE LIMITS/SHARE OF LIABILITY: $1,000,000 OCC/ AGGX; $1,000,000 OCC/NO AGG (BEING 100%)
8. PREMIUM AND PAYMENT TERMS: $235,000 PAYABLE ANNUALLY IN ADVANCE
9. CEDING COMMISSION: NIL
10. SPECIAL POLICY CONDITIONS AND ENDORSEMENTS: N/A

The retrocessionaires contended that the reinsurance certificate, together with certain standard conditions applicable to all risks ceded on the Risk Exchange ("the conditions"), constituted the entire retrocession contract. The material part of the conditions provided as follows:

> "1. EXCHANGE LIABILITY. The ... participating reinsurers ... whose names are set out as a part of this Facultative Reinsurance Certificate undertake the liability each to the extent of the amount underwritten respectively and bind themselves each company for itself only and not the one for another and in respect only of the due proportion of each company to the ceding company ... in accordance with the terms, conditions, and limit(s) of the policy reinsured thereunder with respect to those terms and/or conditions as may be inconsistent with the terms of this certificate."

The expression "N/A", used twice with "Reinsurance Certificate", meant "not applicable". Accordingly, the expression "Original Policy Number: N/A" meant that the coverage under the reinsurance certificate was not intended to be back-to-back with the original policy. The reinsurance certificate and the conditions stood alone and defined the scope of coverage. The reinsurance certificate covered the general liability and product liability risks of M.A. Hanna Company within the specified limits.

The preliminary issue of construction concerned the meaning of "M.A. Hanna Company". The original policy, and the fronting reinsurance contract, covered M.A. Hanna Company and/or its subsidiary or affiliated companies. The retrocessionaires contended that a loss sustained by a subsidiary of M.A. Hanna Company was not covered under the reinsurance certificate. Justice of Appeal Huggins, giving the judgment of the Court of Appeal for Bermuda, said:

4-050

> "Had a reference to M. A. Hanna Company been included in paragraph 5 of the Certificate ('coverage') this argument would have had considerable force: the words in that paragraph 'general liability and products liability' were clearly intended to limit the secondary reinsurance, for the primary reinsurance had expressly included Workers' Compensation, Employer's Liability and, in Texas, Auto Liability as well as Comprehensive General Liability, so it is clear that the two reinsurance policies were never intended to be back-to-back. However, one cannot ignore the fact that the reference to M.A. Hanna Company appears in paragraph 2 and not in paragraph 5. We have seen that there is an inconsistency between the certificate and the terms of the primary reinsurance policy, but the naming of the 'original insured' does not create such an inconsistency ... [it] is clear that the reference to the 'original insured' was not intended to limit the risks covered, those being particularised in Condition 1. The intention of naming M.A. Hanna Company in paragraph 2 was at the most to assist in identifying the 'policy reinsured hereunder' referred to in the conditions."

Sed quaere why the identification of the original insured should be in para.5 as it is dealing with coverage? The limits of liability set out in para.7 of the certificate are also part of the reinsurance "coverage". Is not a retrocessionaire reading the certificate who has, in this instance and many instances, never seen the original policies, entitled to believe that the risks which it is covering are those which originate from the original insured identified in para.2 of the certificate? Even on the view that reinsurance is the reinsurer (re)insuring the same risks as the insurer has insured,[167] it can only be to the extent that the insurer seeks reinsurance for those risks.

Relationship between different layers of non-proportional (re)insurance

4-051   The relationship between different layers of non-proportional (re)insurance inter se and to the primary insurance was considered by the Supreme Court in *Teal Assurance Co Ltd v WR Berkley Insurance (Europe) Ltd*.[168] The case is discussed in Ch.5 below.

4. THE INTERPRETATION OF REINSURANCE CONTRACTS

General principles of contractual construction

4-052   Reinsurance contracts are subject to the same general principles of construction as other commercial agreements.[169] The core principle is that an insurance or reinsurance policy, like any other contract, must be interpreted objectively by asking what a reasonable person, with all the background knowledge which would reasonably have been available to the parties when they entered into the contract, would have understood the language of the contract to mean.[170] The courts are not concerned with the subjective intentions and motivations of the parties."[171] The meaning of the contract has to be assessed in the light of (i) the natural and ordinary meaning of the term in question, (ii) any other relevant provisions of the contract, (iii) the overall purpose of the term in question and the contract, (iv) the facts and circumstances known or assumed by the parties at the time that the document was executed, and (v) commercial common sense, but (vi) disregarding subjective evidence of any party's intentions.[172] Although the courts have given different weight to these factors veering between literalism (natural and ordinary meaning of the words) on one end of the spectrum, and contextualism (factual matrix and commercial common sense) on the other, they have also said that these are not rival approaches but that construction is "unitary exercise" which involves "an iterative process by which each suggested interpretation is checked against the provisions

---

[167] *Wasa v Lexington* [2009] UKHL 40; [2010] 1 A.C. 180; see further 4-001 above.
[168] *Teal Assurance Co Ltd v WR Berkley Insurance (Europe) Ltd* [2013] UKSC 57; [2014] Lloyd's Rep. I.R. 56.
[169] See most recently: *Randgold Resources Ltd v Santam Ltd* [2018] EWHC 2493 (Comm), [2019] Lloyd's Rep. I.R. 467, [33] per Hancock QC (sitting as a Deputy High Court Judge) and *Munich Re Capital Limited v Ascot Corporate Name Limited* [2019] EWHC 2768 (Comm), [43] per Carr J.
[170] *Financial Conduct Authority v Arch Insurance (UK) Ltd* [2021] UKSC 1; [2021] A.C. 649 at [47] per Lord Hamblen and Lord Leggatt JJSC (with whom Lord Reed PSC agreed).
[171] *Financial Conduct Authority v Arch Insurance (UK) Ltd* [2021] UKSC 1; *Chartbrook Ltd v Persimmon Homes Ltd* [2009] UKHL 38, [2009] 1 AC 1101, [14] per Hoffmann LJ.
[172] *Arnold v Britton* [2015] UKSC 36, [15] per Neuberger JSC. In *ABN Amro Bank N.V. v Royal & Sun Alliance Insurance plc* [2021] EWHC 442 (Comm), the court reprimanded the parties for including inadmissible evidence of subjective intention in their argument on contractual construction–see [208] per Jacobs J.

of the contract and its commercial consequences are investigated".[173] Yet, the extent to which literalism and contextualism are used as tools has varied over the years and depends on the circumstances of a particular agreement and, as some might argue, the instincts of individual judges

Contextualism and literalism

In *Reardon Smith Line Ltd v Hansen-Tangen*,[174] Lord Wilberforce enunciated a number of general principles which have been repeatedly cited with approval and relied upon in the context of reinsurance[175]:

4-053

"(1) No contracts are made in a vacuum: there is always a setting in which they have to be placed. The matter of what is legitimate to have regard to is usually described as 'the surrounding circumstances' but this phrase is imprecise: it can be illustrated but hardly defined. In a commercial contract it is certainly right that the Court should know the commercial purpose of the contract and this in turn presupposes knowledge of the genesis of the transaction, the background, the context, the market in which the parties are operating.

(2) When one speaks of the intention of the parties to the contract, one is speaking objectively—the parties cannot themselves give direct evidence of what their intention was—and what must be ascertained is what is to be taken as the intention which reasonable people would have had if placed in the situation of the parties. Similarly when one is speaking of aim, or object, or commercial purpose, one is speaking objectively of what reasonable persons would have in mind in the situation of the parties.

(3) [W]hat the Court must do must be to place itself in thought in the same factual matrix as that in which the parties were ... in the search for the relevant background, there may be facts, which form part of the circumstances in which the parties contract in which one, or both, may take no particular interest ... but that will not prevent those facts from being an objective setting in which the contract is to be construed."[176]

The above principles are frequently easier to state than to apply in practice. In *Youell v Bland Welch*, Staughton LJ said:

"As Lord Wilberforce said in *Reardon Smith Line Ltd v Hansen-Tangen* [above] ... the phrase 'surrounding circumstances' is imprecise. But so to some extent is 'matrix' if I may say so, although it is a picturesque metaphor. It may well be that no greater precision is possible. The notion is what the parties had in mind, and the Court is entitled to know what was going on around them at the time when they were making the contract. This applies to circumstances which were known to both parties and to what each might reasonably have expected the other to know."[177]

---

[173] *Rainy Sky SA v Kookmin Bank* [2011] UKSC 50, [21] per Clarke JSC; *Wood v Capita Insurance Services Ltd* [2017] UKSC 24, [2017] A.C. 1173, [12] per Hodges JSC.
[174] *Reardon Smith Line Ltd v Hansen-Tangen* [1976] 2 Lloyd's Rep. 621 at 624–626.
[175] See e.g. *Vesta v Butcher* [1989] 1 Lloyd's Rep. 331 at 345–346 per Lord Lowry; *ICSP v Grand Union* [1990] 1 Lloyd's Rep. 208; *Abrahams v Med Re* [1991] 2 Lloyd's Rep. 216; *Youell v Bland Welch & Co Ltd* [1992] 2 Lloyd's Rep. 127; *Agrinational v Erieview Insurance Co, Bermuda Civil Appeal No.6 of 1995, 27 June 1995* [1995] Bda L.R. 17.
[176] *Reardon Smith v Hansen-Tangen* [1976] 2 Lloyd's Rep. 621 at 624–626.
[177] *Youell v Bland Welch* [1992] 2 Lloyd's Rep. 127 at 133.

4-054 In *Investors Compensation Scheme Ltd v West Bromwich Building Society*,[178] Lord Hoffmann, in a speech with which the majority of their lordships agreed,[179] restated the principles governing the construction of commercial documents.[180] Lord Hoffmann said that the speeches of Lord Wilberforce in *Prenn v Simmonds*[181] and *Reardon Smith v Hansen-Tangen*[182] had resulted in a fundamental change in the law, which was "not always sufficiently appreciated",[183] his Lordship continued:

> "The result has been, subject to one important exception, to associate the way in which such documents are interpreted by judges to the common sense principles by which any serious utterance would be interpreted in ordinary life. Almost all the old intellectual baggage of 'legal' interpretation has been discarded. The principles may be summarised as follows:
>
> (1) Interpretation is the ascertainment of the meaning which the document would convey to a reasonable person having all the background knowledge which would reasonably have been available to the parties in the situation in which they were at the time of the contract.
>
> (2) The background was famously referred to by Lord Wilberforce as the 'matrix of fact' but this phrase is, if anything, an understated description of what the background may include. Subject to the requirement that it should have been reasonably available to the parties and to the exception to be mentioned next, it includes absolutely anything which would have affected the way in which the language of the document would have been understood by a reasonable man.
>
> (3) The law excludes from the admissible background the previous negotiations of the parties and their declarations of subjective intent. They are admissible only in an action for rectification. The law makes this distinction for reasons of practical policy and, in this respect only, legal interpretation differs from the way we would interpret utterances in ordinary life. The boundaries of this exception are in some respects unclear. But this is not the occasion on which to explore them.
>
> (4) The meaning which a document (or any other utterance) would convey to a reasonable man is not the same thing as the meaning of its words. The meaning of words is a matter of dictionaries and grammars; the meaning of the document is what the parties using those words against the relevant background would reasonably have understood them to mean. The background may not merely enable the reasonable man to choose between the possible meanings of words which are ambiguous but even (as occasionally happens in ordinary life) to conclude that the parties must, for whatever reason, have used the wrong words or syntax.[184]

---

[178] *Investors Compensation Scheme Ltd v West Bromwich Building Society* [1998] 1 All E.R. 98.
[179] Lords Goff, Hope and Clyde; Lord Lloyd dissenting.
[180] The case is concerned with the interpretation of a claim form produced by the Investors Compensation Scheme.
[181] *Prenn v Simmonds* [1971] 1 W.L.R. 1381.
[182] *Reardon Smith v Hansen-Tangen* [1976] 2 Lloyd's Rep. 621; and see above.
[183] *Investors Corporation v West Bromwich BS* [1998] 1 All E.R. 98 at 113.
[184] Citing *Mannai Investments Co Ltd v Eagle Star Life Assurance Co Ltd* [1997] A.C. 749 in which Lord Hoffmann said at 774: "It is a matter of constant experience that people can convey their meaning unambiguously although they have used the wrong words. We start with an assumption that people will use words and grammar in a conventional way but quite often it becomes obvious that, for one reason or another, they are not doing so and we adjust our interpretation of what they are saying accordingly. We do so in order to make sense of their utterance: so that the different parts of the sentence fit together in a coherent way and also to enable the sentence to fit the background of facts which plays an indispensable part in the way we interpret what anyone is saying. No one, for example, has any difficulty in understanding Mrs Malaprop. When she says, 'she is as obstinate as an allegory on the banks of the Nile', we reject the conventional or literal meaning of allegory as making nonsense of the sentence and substitute 'alligator' by using our background knowledge of the things likely to be found on the banks of the Nile and choosing one which sounds rather like 'allegory'. ... Mrs Malaprop's problem was an imperfect understanding of the conventional mean-

(5) The 'rule' that words should be given their 'natural and ordinary meaning' reflects the common sense proposition that we do not easily accept that people have made linguistic mistakes, particularly in formal documents. On the other hand, if one would nevertheless conclude from the background that something must have gone wrong with the language, the law does not require judges to attribute to the parties an intention which they plainly could not have had."[185]

Lord Hoffmann's restatement has not been the last attempt at striking a balance between contextualism and literalism. In *Rainy Sky SA v Kookmin Bank*[186] the Supreme Court considered how to construct a commercial contract containing a clause capable of two arguable meanings. The buyers under shipbuilding contracts had entered into a guarantee bond contract with the bank. The shipbuilder became insolvent before completing the works and the buyers sought a refund of the instalments already paid to the shipbuilders from the bank under the bonds. The bank argued that the bonds did not cover the repayment of the instalments in the case of insolvency. There were two possible interpretations of the bonds. The Supreme Court said that, if there were two possible constructions, the court was entitled to prefer the construction which was consistent with business common sense and to reject the other. It added that it was quite possible that neither meaning would flout common sense, and, in such cases, it was appropriate to adopt the more, rather than the less, commercial construction. In the circumstances, of the two arguable constructions of the bonds, the buyers' construction was to be preferred because it was consistent with the commercial purpose of the bonds in a way in which the bank's construction was not.[187]

4-055

The Supreme Court decisions in *Arnold v Britton*[188] and *Wood v Capita Insurance Services Ltd*[189] suggest that the judicial pendulum has swung back towards literalism and legal certainty.[190] There are limits to the extent to which "commercial common sense" and "the surrounding circumstances" can be taken into account when interpreting contractual terms. In the Supreme Court's decision of *Arnold v Britton*, Lord Neuberger (with whom Lord Sumption and Lord Hughes agreed) emphasised a number of factors applicable to the construction of contracts:

4-056

"17. First, the reliance placed in some cases on commercial common sense and surrounding circumstances (e.g. in *Chartbrook* [2009] A.C. 1101, [16]–[26]) should not be invoked to undervalue the importance of the language of the provision which is to be construed. The exercise of interpreting a provision involves identifying what the parties meant through the eyes of a reasonable reader, and, save perhaps in a very unusual case, that meaning is most obviously to be gleaned from the language of the provision. Unlike commercial common sense and the sur-

---

ings of English words. But the reason for the mistake does not really matter. We use the same process of adjustment when people have made mistakes about names or descriptions or days or times because they have forgotten or become mixed up. If one meets an acquaintance and he says 'And how is Mary?' it may be obvious that he is referring to one's wife, even if she is in fact called Jane. One may even, to avoid embarrassment, answer 'very well, thank you' without drawing attention to his mistake. The message has been unambiguously received and understood."

[185] *Investors Corp v West Bromwich BS* [1998] 1 All E.R. 98 at 114–115, citing Lord Diplock in *Antaios Compania Naviera SA v Salen Rederiern AB* [1985] A.C. 191 at 201: "… if detailed semantic and syntactical analysis of words in a commercial context is going to lead to a conclusion that flouts business common sense, it must be made to yield to business common sense."
[186] *Rainy Sky SA v Kookmin Bank* [2011] UKSC 50.
[187] *Rainy Sky SA v Kookmin Bank* [2011] UKSC 50 at [21], [29], [30], [40]–[41], [43] and [45].
[188] [2015] UKSC 36; [2015] A.C. 1619.
[189] [2017] UKSC 24; [2017] A.C. 1173.
[190] Although note that Lord Hodge in *Wood v Capita Insurance Services Ltd* [2017] UKSC 24 (at [8]–[9]) denied that there has been a recalibration of the principles of construction.

rounding circumstances, the parties have control over the language they use in a contract. And, again save perhaps in a very unusual case, the parties must have been specifically focussing on the issue covered by the provision when agreeing the wording of that provision.

18. Secondly, when it comes to considering the centrally relevant words to be interpreted, I accept that the less clear they are, or, to put it another way, the worse their drafting, the more ready the court can properly be to depart from their natural meaning. That is simply the obverse of the sensible proposition that the clearer the natural meaning the more difficult it is to justify departing from it. However, that does not justify the court embarking on an exercise of searching for, let alone constructing, drafting infelicities in order to facilitate a departure from the natural meaning. If there is a specific error in the drafting, it may often have no relevance to the issue of interpretation which the court has to resolve.

19. The third point I should mention is that commercial common sense is not to be invoked retrospectively. The mere fact that a contractual arrangement, if interpreted according to its natural language, has worked out badly, or even disastrously, for one of the parties is not a reason for departing from the natural language. Commercial common sense is only relevant to the extent of how matters would or could have been perceived by the parties, or by reasonable people in the position of the parties, as at the date that the contract was made ...

20. Fourthly, while commercial common sense is a very important factor to take into account when interpreting a contract, a court should be very slow to reject the natural meaning of a provision as correct simply because it appears to be a very imprudent term for one of the parties to have agreed, even ignoring the benefit of wisdom of hindsight. The purpose of interpretation is to identify what the parties have agreed, not what the court thinks that they should have agreed. Experience shows that it is by no means unknown for people to enter into arrangements which are ill-advised, even ignoring the benefit of wisdom of hindsight, and it is not the function of a court when interpreting an agreement to relieve a party from the consequences of his imprudence or poor advice. Accordingly, when interpreting a contract a judge should avoid re-writing it in an attempt to assist an unwise party or to penalise an astute party.

21. The fifth point concerns the facts known to the parties. When interpreting a contractual provision, one can only take into account facts or circumstances which existed at the time that the contract was made, and which were known or reasonably available to both parties. Given that a contract is a bilateral, or synalagmatic, arrangement involving both parties, it cannot be right, when interpreting a contractual provision, to take into account a fact or circumstance known only to one of the parties.

22. Sixthly, in some cases, an event subsequently occurs which was plainly not intended or contemplated by the parties, judging from the language of their contract. In such a case, if it is clear what the parties would have intended, the court will give effect to that intention. ..."

For Lord Neuberger, the clearer the natural meaning of the language of the contractual provision, the more difficult it is to justify departing from that language—even if it appears that the provision is a very imprudent or ill-advised term for one of the parties to have agreed.[191]

4-057 In *Wood v Capita Insurance Services Ltd*,[192] the Supreme Court had yet another opportunity to develop the principles of construction. Lord Hodge, giving the leading opinion, said:

"11. ... Interpretation is, as Lord Clarke JSC stated in the *Rainy Sky* case (para.21), a unitary exercise; where there are rival meanings, the court can give weight to the

---

[191] *Arnold v Britton* [2015] UKSC 36 at [18], [20].
[192] *Wood v Capita Insurance Services Ltd* [2017] UKSC 24, [2017] A.C. 1173, per Hodges JSC

implications of rival constructions by reaching a view as to which construction is more consistent with business common sense. But, in striking a balance between the indications given by the language and the implications of the competing constructions the court must consider the quality of drafting of the clause (the *Rainy Sky* case, para.26, citing Mance LJ in *Gan Insurance Co Ltd v Tai Ping Insurance Co Ltd (No 2)* [2001] 2 All ER (Comm) 299, paras 13, 16); and it must also be alive to the possibility that one side may have agreed to something which with hindsight did not serve his interest: the *Arnold* case, paras 20, 77. Similarly, the court must not lose sight of the possibility that a provision may be a negotiated compromise or that the negotiators were not able to agree more precise terms.

12. This unitary exercise involves an iterative process by which each suggested interpretation is checked against the provisions of the contract and its commercial consequences are investigated ... To my mind once one has read the language in dispute and the relevant parts of the contract that provide its context, it does not matter whether the more detailed analysis commences with the factual background and the implications of rival constructions or a close examination of the relevant language in the contract, so long as the court balances the indications given by each.

13. Textualism and contextualism are not conflicting paradigms in a battle for exclusive occupation of the field of contractual interpretation. Rather, the lawyer and the judge, when interpreting any contract, can use them as tools to ascertain the objective meaning of the language which the parties have chosen to express their agreement. The extent to which each tool will assist the court in its task will vary according to the circumstances of the particular agreement or agreements. *Some agreements may be successfully interpreted principally by textual analysis, for example because of their sophistication and complexity and because they have been negotiated and prepared with the assistance of skilled professionals. The correct interpretation of other contracts may be achieved by a greater emphasis on the factual matrix,* for example because of their informality, brevity or the absence of skilled professional assistance. But negotiators of complex formal contracts may often not achieve a logical and coherent text because of, for example, the conflicting aims of the parties, failures of communication, differing drafting practices, or deadlines which require the parties to compromise in order to reach agreement. There may often therefore be provisions in a detailed professionally drawn contract which lack clarity and the lawyer or judge in interpreting such provisions may be particularly helped by considering the factual matrix and the purpose of similar provisions in contracts of the same type." (emphasis added)

We consider that Lord Hodge's point at para.13 has left the door open—at least a crack—that reinsurance contracts may still be amenable to contextual construction given the general brevity of reinsurance treaties and policies, the prevalence of incorporation of terms by reference, market practice and the frequent absence of detailed legal advice on the drafting of reinsurance policies.[193]

Contract interpretation was re-visited by the Supreme Court in grounds in *Financial Conduct Authority v Arch Insurance (UK) Ltd*.[194] In what has become known as the FCA test case, the Supreme Court considered the interpretation of key coverage clauses, exclusions, and the contractual causation wordings of business interruption policies in the context of Covid-19 related claims. The Supreme Court confirmed the unitary approach combining textualism and contextualism, but the way in which it was applied to the contested clauses in the business interruption

4-058

---

[193] See Ch.4, Pt 2 and also see Ch.3.
[194] [2021] UKSC 1.

policies indicates that the 'textualism' v 'contextualism'[195] debate is not over yet. Giving more weight to one or the other in the interpretation process can produce different outcomes:

1. In relation to the 'Disease clause', the Supreme Court attached greater weight to the natural meaning of the words "occurrence of Notifiable Disease" than the contextual meaning contended for by the FCA (and accepted by the court below).[196]
2. In relation to the 'Pollution exclusion', the Supreme Court rejected the natural meaning of the clause contended for by RSA (one of the insurers) that losses due to "epidemic and disease" would be excluded from cover, in favour of a contextual analysis of that clause within the policy wording and the purpose of policy which meant that it could not have been intended to remove a substantial part of the business interruption cover.[197]
3. In relation to the 'Prevention of access' and 'Hybrid' clauses, the Supreme Court preferred the natural meaning of the words "restriction imposed" which did not require the restriction to have the force of law, to the more limited contextual meaning (argued for by the insurers and accepted by the court below) which would have required a restriction imposed by a public authority to be legally binding and enforceable.[198]
4. Also in relation to the 'Prevention of access' and 'Hybrid' clauses, in contrast to the court below, the Supreme Court attached greater weight to a contextual interpretation of "inability to use the insured premises" and "prevention of access" so that coverage would extend to partial inability to use and partial prevention of access respectively.[199]
5. In relation to the 'Trends clause', the Supreme Court gave greater weight to the contextual approach to interpretation, focussing on the purpose of the clause as quantifying loss, rather than delineating the scope of cover. Thus the language of the clause calling for a counterfactual enquiry into what the financial results would have been "had ... [the insured peril] not occurred" was to be read as "had the insured peril and circumstances arising out of the same underlying or originating cause not occurred".[200]
6. In relation to the contractual causation language, the Supreme Court held that a policy could respond to a loss if there are multiple causes which act in combination to bring about the loss but where the occurrence of an individual insured loss is neither necessary nor sufficient to bring about the loss by itself.[201]

Thus, within the same contract, the Supreme Court weighted textualism and contextualism differently in relation to different clauses and there is a clear theme that all contested clauses—except for the Disease clause—were interpreted in favour of coverage and thus to the benefit the policyholders. In the FCA test case there is a noticeable interpretational shift from the perspective of a 'reasonable neutral person' to a 'reasonable person in the guise of the reasonable

---

[195] [47] per Lord Hamblen and Lord Leggatt JJSC, and see *Wood v Capita Insurance Services Ltd* [2017] UKSC 24, [12] Lord Hodges JSC cited above in para.5-055.
[196] [66]-[71], [74].
[197] [77]-[78].
[198] [116], [121].
[199] [137], [151].
[200] [260]-[268], [287].
[201] [175] and [192].

policyholder'.[202] The FCA, in its 'Dear CEO Letter' dated 22 January 2021, suggested that the interpretational approach taken by the Supreme Court might have wider implications for the interpretation of other types of policies and their response to perils outside the scope of the FCA Test case.[203] To the extent English law governed reinsurance contracts incorporate the terms and conditions of underlying English law governed business interruption insurance, it may well be that the constructional approaches to the underlying insurance policies has a reflexive effect on the construction of their reinsurance contracts.[204] This does not, however, mean that the courts will now interpret reinsurance contracts from the perspective of the reinsured. In the FCA test case, the Supreme Court expressly placed reliance on that the policyholders were small and medium sized entities ("SMEs") purchasing standard business interruption insurance, on less than comprehensible wordings, for relatively low financial limits.[205] The disparity in bargaining power and sophistication is unlikely to be relevant in the reinsurance context. In the FCA test case, Lord Hamblen and Lord Leggatt also reiterated that they would not rewrite the contract for the parties,[206] and Lord Briggs warned that hindsight cannot be part of the process of interpretation.[207] What the FCA test case and a recent arbitration award[208] do show, in our opinion, is that whilst textualism and contextualism are both part of an "iterative process" the outcome of a coverage dispute is dependent on how much weight is attached to contextual factors and policy language in any given scenario.

Reinsurance contracts and their commercial context

The commercial context: "Superhulls"

Youell v Bland Welch[209] (the "Superhulls" case)—which will serve to illustrate the problems of interpretation to which reinsurance contracts give rise—concerned builder's risks/associated risks insurance policies relating to three very large liquefied gas carrying vessels (the so-called "Superhulls") under construction in the United States. The plaintiffs had insured the vessels and entered into a reinsurance contract which provided, inter alia:

4-059

> "The reinsured shall cede to the reinsurers and the reinsurers shall accept by way of reinsurance of the reinsured their proportion of the reinsured's liability in respect of risks *attaching for periods as original (up to but not exceeding 48 months)* ... in respect of vessels ... whilst under construction ... and until handed over to and accepted by the owners."
> [Emphasis added]

The plaintiffs sought to recover under the reinsurance contracts, losses in excess of US$300 million, for which they were liable under the original policies. The issue of construction arose with respect to the phrase "... for periods as original (up

---

[202] See eg. [121] and [127] which refer to the understanding of the relevant clauses by a "reasonable policyholder".
[203] FCA, 'Dear CEO Letter' dated 22 January 2021, p.5. (*https://www.fca.org.uk/publication/correspondence/dear-ceo-letter-business-interruption-insurance-january-2021.pdf*).
[204] See Section 2 above.
[205] [77], [206].
[206] [65].
[207] [316].
[208] Award in the matter of *Group of Policyholders v China Taiping Insurance (UK) Co Ltd*, dated 10 September 2021 (*https://7kbw.co.uk/gavin-kealey-qc-and-sushma-ananda-secure-victory-for-insurers-in-latest-covid-bi-dispute/*).
[209] *Youell v Bland Welch* [1990] 2 Lloyd's Rep. 423; aff'd [1992] 2 Lloyd's Rep. 127.

to but not exceeding 48 months)". The plaintiffs contended that the phrase qualified the words "risks attaching" which immediately preceded it. Thus, where a hull was insured under an original builder's risks policy for a period of cover not exceeding 48 months, it was ceded under the reinsurance policy. Thereafter the period of cover was as "original" and so if the original policy extended the period of cover beyond 48 months, the risk remained covered under the reinsurance contract. The phrase "up to but not exceeding 48 months" qualified "periods as original". Thus, reinsurance coverage was not necessarily limited in time because, provided the original period was 48 months or less, reinsurers remained bound if the period was thereafter extended. The defendant reinsurers argued that "but not exceeding 48 months" meant that in no circumstances could they be responsible for losses once the period of 48 months had expired, and if a loss occurred after 48 months, even though the insurers may have extended the period of cover under the original policies, it was no longer covered under the reinsurance contract. The court found in favour of the reinsurer's offered construction.

As noted above[210] Phillips J refused to have regard to the slip as an aid to construction of the policy. Phillips J said:

> "Because the writing of the slip was part of the factual matrix out of which the policy evolved, Mr Mance argued that Lord Wilberforce's principles entitled one to look at the slip in order to attempt to resolve any areas of doubt that arose on the wording of the policy ... I do not consider Mr Mance's submission to be sound in law. The drafting of the slip formed no part of the relevant matrix in this case. That matrix was the background to the commercial adventure that formed the subject matter of the contract, not the mechanism by which the parties set about negotiating and reaching agreement."[211]

One may doubt, in the light of Staughton LJ's comments,[212] whether searching for the "matrix" of a reinsurance contract is a fruitful exercise. The question for the court is really one of the admissibility of extrinsic evidence; that is to say, evidence other than the contractual document itself.[213] As discussed in Ch.3, 3-054 above, more recently, the courts have had regard to the slip in order to identify the applicable terms of reinsurance agreements.

The commercial context: "Film Finance" litigation

4-060   Any proposition that there is a principle of law that when a slip is followed by wording, no further regard should be had to the slip, was denied by the Court of Appeal (and the first instance judge) in *HIH v New Hampshire* Rix LJ pointed out that

---

[210] See Ch.3, 3-053 above.
[211] *Youell v Bland Welch* [1990] 2 Lloyd's Rep. 423 at 428.
[212] See above.
[213] The limits on what a court is prepared to do in considering whether the "wrong words" have been used (see (4) in 4-054 to 4-055 above) are illustrated by *Saxon Weald Homes Ltd v Chadwick* [2011] EWCA Civ 1202. C was a tenant of Saxon on a probationary tenancy. Saxon's case was that C was not a model tenant and they wanted him to vacate. Nonetheless, at the end of the probationary period Saxon mistakenly sent C a letter saying that the probationary period was concluded and C was now an assured tenant. Saxon then sought possession asserting, relying on *Mannai Investments* [1997] A.C. 749, that C ought to have realized that Saxon's letter was a mistake. The court found that there was no inherent ambiguity in the letter itself. The mistake was not in the words but in the fact that the letter was sent. We may gather from this that if a party to a reinsurance contract mistakenly sends a notice unambiguously renewing, or cancelling, a continuous contract, that notice will stand, albeit that the sending of it was a mistake. Likewise in *Bashir v Ali* [2011] EWCA Civ 707, when a house was sold subject to two leases, the ground floor shop and a first floor flat, the Court of Appeal said that it was impossible to construe the sale as not including a flat also at ground level.

in the two authorities which were said to support this proposition, it was agreed by the parties that the wording was intended to supersede the slips.[214] Rix LJ said:

> "It is unnecessary to decide this issue of whether the slip policy was superseded by the policy wording, but I did not think it was. First the slip was called a 'slip policy'. That immediately calls into question the basic presumption that a slip is intended to be superseded by a policy. [He then points out that the 'wording' had some obvious omissions if it was to stand alone] ... It would appear therefore that the policy wording is incomplete and that it would be preferable to regard the policy wording as containing the 'conditions' to be incorporated into the slip policy."[215]

As to *Youell v Bland Welch*, Rix LJ said this:

> "In principle it would seem to me that it is always admissible to look at a prior contract as part of the matrix surrounding circumstances of a later contract. I do not see how the parol evidence rule can exclude prior contracts, as distract from mere negotiations. The difficulty, of course, is that where the later contract is intended to supersede the prior contract, it may in the generality of cases, simply be useless to try to construe the later contract by reference to the earlier one ... a cautious and sceptical approach to finding any assistance in the earlier contract seems to me to be a sound principle. What I doubt, however, is that such a principle can be elevated into a conclusive rule of law."[216]

The commercial context: Wasa v Lexington and Teal Assurance v WR Berkley

In *Wasa v Lexington* the House of Lords acknowledged that, generally speaking, in proportional reinsurance the parties' intention and expectation would be for the insurance and reinsurance to be back-to-back. Lord Collins noted that:

4-061

> "... [t]hose commercial intentions and expectations should not be frustrated by allowing reinsurers to take uncommercial and technical points based on the difference between the effect given to terms in the insurance and the reinsurance under their respective governing laws."[217]

However, the commercial context must be based on the background and the surrounding circumstances within the parties' knowledge at the time the contract was concluded.[218] On the facts of *Wasa v Lexington*, at the time of the conclusion of the insurance contract and the reinsurance contract, there was no identifiable system of law applicable to the insurance contract which could have provided a basis for construing the contract of reinsurance in a manner that would have incorporated the governing law of the insurance contract.[219] In other words, there was no "commercial context" to justify a deviation from the ordinary meaning of the reinsurance in the London insurance market.

The notion of "commercial context" was revisited by the Court of Appeal and the Supreme Court in *Teal Assurance Co Ltd v WR Berkley Insurance (Europe) Ltd*.[220] Both courts said that the construction of the excess of loss policies contended for by Teal (a captive insurer) that it could present its losses to its reinsurance

4-062

---

[214] *HIH v New Hampshire* [2001] EWCA Civ 735 at [81].
[215] *HIH v New Hampshire* [2001] EWCA Civ 735 at [95].
[216] *HIH v New Hampshire* [2001] EWCA Civ 735 at [83].
[217] *Wasa International Insurance Co Ltd v Lexington Insurance Co* [2009] UKHL 40 at [55]–[56] per Lord Collins, citing *Vesta v Butcher* [1989] A.C. 852.
[218] *Wasa International Insurance Co Ltd v Lexington Insurance Co* [2009] UKHL 40 at [45] per Lord Mance.
[219] *Wasa International Insurance Co Ltd v Lexington Insurance Co* [2009] UKHL 40 at [58], [107]–[108].
[220] *Teal Assurance Co Ltd v WR Berkley Insurance (Europe) Ltd* [2013] UKSC 57; [2014] Lloyd's Rep.

programme in whatever order it chose would not lead to a commercially sensible result. Lord Mance giving the leading opinion in the Supreme Court said the construction advocated by Teal "produces the unfamiliar phenomenon of an insurer seeking to maximise its own insurance liabilities" and "cannot in the present context readily be reconciled with the basic philosophy that insurance covers risks lying outside an insured's own deliberate control".[221] Accordingly, he agreed (obiter) with the Court of Appeal that Teal's construction would not produce a commercially sensible outcome and that, therefore, the reinsurers' construction which was consistent with business common sense ought to be preferred.[222] *Teal* should now be read with the more cautious approach to "commercial context" in *Arnold v Britton*[223] and *Wood v Capita Insurance Services Ltd*[224] in mind: as Lord Neuberger noted in *Arnold v Britton*, the mere fact that a contractual arrangement, if interpreted according to its natural language, has worked out badly, or even disastrously, for one of the parties is not a reason for departing from the natural language. A court should be very slow to reject the natural meaning of a provision as correct simply because it appears to be a very imprudent term for one of the parties to have agreed, even ignoring the benefit of wisdom of hindsight. The commercial context, including business common sense, is only relevant to the extent of how matters would or could have been perceived by the parties as at the date that the contract was made.[225]

The commercial context: Munich Re v Ascot and ABN Amro v RSA

4-063   In *Munich Re Capital Ltd v Ascot Corporate Name Ltd*,[226] the court emphasized that the commercial context remains an important tool for the construction of reinsurance contracts where the circumstances which actually exist at the time when the contract falls to be construed are not circumstances which the parties foresaw at the time. In this case—the facts of which have been discussed in 4-034 above—the reinsured, Munich Re, sought to argue that the losses fell to be considered under cl.21 ("Maintenance") of the underlying policy which provided for cover during the "maintenance period" for the 12 months following the expiry of the project period which had been incorporated into the reinsurance contract. Carr J acknowledged that on a purely literal reading of cl.21 Munich Re's losses would be covered but she did not accept this purely literal construction and, instead, examined the commercial context to ascertain the parties' objective intentions. On the facts of the case, this entailed ascertaining, in the light of the agreement that the parties made, what they must have been taken to have intended in relation to the events which have arisen which they did not contemplate, namely an extension to the "Project Period" in the underlying policy but no corresponding extension to the "Project Period" in the reinsurance contract.[227] She concluded:

"69. ... on a proper construction of the Reinsurance Policy, upon the expiry of the Project Period (meaning the period of time defined under the heading 'Project Period'), limited cover would continue over the completed project for a period of

---

I.R. 56; *Bellway Homes Ltd v Beazer Homes Ltd* [2011] EWCA Civ 15. See also discussion in 4-083 above.
[221] *Teal Assurance v Berkley* [2013] UKSC 57; [2014] Lloyd's Rep. I.R. 56 at [30].
[222] *Teal Assurance v Berkley* [2013] UKSC 57; [2014] Lloyd's Rep. I.R. 56 at [31].
[223] *Arnold v Britton* [2015] UKSC 36; and see 4-056 above.
[224] *Wood v Capita Insurance Services Ltd* [2017] UKSC 24; and see para 4-055 above.
[225] *Arnold v Britton* [2015] UKSC 36 at [19] and [20].
[226] *Munich Re Capital Ltd v Ascot Corporate Name Ltd* [2019] EWHC 2768 (Comm); [2020] B.L.R. 140 at [43]–[45] per Carr J.
[227] *Munich Re Capital Ltd v Ascot Corporate Name Ltd* [2019] EWHC 2768 (Comm) at [50]–[57] per Carr J.

12 months. Contrary to the expectations of the parties at inception, however, the project was not in the event completed on the expiry of the Project Period (on 30 September 2014). That being the case, there was no project to be covered during the "maintenance period(s)".

In *ABN AMRO Bank NV v Royal and Sun Alliance Insurance Plc*,[228] the court considered in detail the factual matrix, such as the relevant market in which the parties were operating (the London marine insurance market) and the market conditions at the time of the contract (a "soft market"), and the commercial purpose of the contract against which a non-standard transaction premium clause ("TPC") in a marine cargo insurance contract fell to be construed. Nevertheless, the first instance court concluded that these factors were not enough to depart from the clear ordinary language of the clause which extended the coverage to non-physical loss.[229] The Court of Appeal agreed with the judge on that point:

4-064

"As the judge acknowledged, elements of the factual matrix pointed against a literal interpretation of the TPC. He said at [195] that ABN Amro accepted that marine cargo insurance was normally a different class of business from credit risk insurance, and that this was an important part of the factual matrix. The problem for the Appellant Underwriters was, as the judge also said, that add-ons to standard physical loss and damage cover were common in the market, and there was no reason why such an add-on could not give protection for financial default. In considering the policy context at [232], the judge said that the clauses in the Policy relating to physical loss and damage provided a firm foundation for the principle, illustrated by Engelhart, that the starting point was that the Policy covered physical loss and damage to the cargo, unless there were clear words which provided wider cover. At [221], the judge said in terms that clear words would be needed for there to be such extended cover in the light of the factual matrix.

The question before us is whether the words of the TPC were clear as the judge held. ... The TPC says expressly that 'Underwriters ... agree that, in respect of any Transaction, it is hereby confirmed that the Insured is covered under this contract for the Transaction Premium that the Insured would otherwise have received and/or earned in the absence of a Default on the part of the Insured's client'. These are words of coverage, not simply of a basis of valuation or measure of indemnity. Moreover, the references in the definitions included in the TPC to the Subject Matter Insured are apt, since the losses envisaged by the TPC all arise from a failure by ABN Amro's clients to repurchase the insured goods in accordance with the agreed transactions."[230]

ABN Amro is also an example of that the courts will not "rewrite" the contract for the parties just because it has turned out to be a bad bargain for one of them. In *ABN AMRO*, the insurers had not read carefully the bespoke policy wording and had failed to consider the effect of a coverage extension clause. The court did not accept the insurers' argument that this clause should not be given its literal meaning because marine cargo insurers would not usually agree to provide trade credit coverage.[231]

---

[228] *ABN AMRO Bank NV v Royal and Sun Alliance Insurance Plc* [2021] EWHC 442 (Comm); [2021] Lloyd's Rep. I.R. 467 at [209]–[221] and [232]–[244] per Jacobs J.
[229] *ABN AMRO Bank NV v Royal and Sun Alliance Insurance Plc* [2021] EWHC 442 (Comm) at [285]–[294] per Jacobs J.
[230] *ABN AMRO Bank NV v Royal and Sun Alliance Insurance Plc* [2021] EWCA Civ 1789; [2022] 1 W.L.R. 1773 at [69]–[70] per Sir Geoffrey Vos MR.
[231] *ABN AMRO Bank NV v Royal and Sun Alliance Insurance Plc* [2021] EWHC 442 (Comm) at [206]–[231]; [280]–[295] per Jacobs J.

Interpretation rules and tools

Intention of the parties—parol evidence

4-065 The "intention of the parties" to a reinsurance contract must be determined objectively by reference to the words they have used.[232] In *Youell* Phillips J affirmed the parol evidence rule which precludes evidence of pre-contractual negotiations being admitted. Phillips J said:

> "The reason that Mr Mance wished me to look at the slip was not so that I could inform myself of relevant background, but because he hoped that, by considering somewhat different words used by the parties in an earlier version of the contract, I would deduce the agreement reached as being that for which he contended and construe the policy so as to reproduce that agreement. This approach to construction is one which has its attractions and which in some cases might result in the Court construing an unclear written agreement so as to give effect to the intentions of the parties where it might not otherwise do so. But if prior written agreements or drafts were admitted in evidence as an aid to construction the result would be that the Courts would often be called upon to consider a profusion of documents in cases where there was an issue as to the true construction of the final version of the contract. The English Court has set its face against such a practice. It has done so by adopting the so-called parol evidence rule."[233]

Phillips J cited *Bank of Australia v Palmer*[234] and approved the following statement[235] of the "parol evidence" rule:

> "Its operation is not confined to oral evidence: it has been taken to exclude extrinsic matter in writing such as drafts, preliminary agreements, and letters of negotiation. The rule has been justified on the ground that it upholds the value of written proof, effectuates the finality intended by the parties in recording their contract in written form and eliminates, 'great inconvenience and trouble in litigation in many instances'."

In the Court of Appeal, Staughton LJ said that it "... [was] now ... somewhat old fashioned to approach such a problem armed with the parol evidence rule ..."[236] He cited Lord Wilberforce in *Reardon Smith v Hansen-Tangen*[237] as exemplifying the modern approach. But as we have seen, Staughton LJ accepted the inherent imprecision in Lord Wilberforce's approach and confessed[238] that: "Having considered the various aids to construction that were relied on, I find that they are of little help ... So I am left with the language of the contract." Beldam LJ agreed with Phillips J's invocation of the parol evidence rule[239] and referred to the Law Commission's Report on the Law of Contract—the Parol Evidence Rule.[240] Fox LJ agreed with Staughton and Beldam LJJ. The parol evidence rule, although not referred to by that name, was reaffirmed by Lord Hoffmann in the third of his propositions set out

---

[232] See Lord Wilberforce's second proposition in *Reardon Smith v Hansen-Tangen* [1976] 2 Lloyd's Rep. 621, cited above.
[233] *Youell v Bland Welch* [1990] 2 Lloyd's Rep. 423 at 428.
[234] *Bank of Australia v Palmer* [1897] A.C. 540 at 545.
[235] *Chitty on Contracts*, 26th edn (Sweet & Maxwell, 1989), para.046 (now 32nd edn (Sweet & Maxwell, 2015)).
[236] *Youell v Bland Welch* [1992] 2 Lloyd's Rep. 127 at 133.
[237] *Reardon Smith v Hansen-Tangen* [1976] 2 Lloyd's Rep. 621.
[238] *Youell v Bland Welch* [1992] 2 Lloyd's Rep. 127 at 134.
[239] *Youell v Bland Welch* [1992] 2 Lloyd's Rep. 127 at 140–141.
[240] *Law Commission*, Cmnd No.9700 (1986).

above,[241] emphasising that "in this respect ... legal interpretation differs from the way we would interpret utterances in ordinary life".[242]

In *HIH v New Hampshire*, Rix LJ also found that the parol evidence rule did not prevent reference to the earlier slip contract when considering the later policy wording.[243]

4-066

Thus, courts may take a more or less liberal view of the admissibility of extrinsic material to construe a reinsurance contract against its commercial background, oral evidence as to the parties' actual intention remains strictly inadmissible unless it comes within one of the recognised exceptions of the parol evidence rule, for example where rectification of the written contract is sought on the grounds that as written it does not represent what the parties actually agreed.[244] However, the practice has arisen in the Commercial Court—under the guise of giving evidence of "the surrounding circumstances, the matrix, the genesis and aim"[245]—not only of calling expert witnesses[246] but also of permitting the underwriters and brokers involved in making the contract to give evidence.[247] Judges may hear this evidence, summarise it in their judgments, and then say that, of course, they are bound to disregard it. It is doubtful whether anything is achieved by this practice, save for the prolongation of trials.[248] *Scottish Widows Fund and Life Assurance Society v BGC International*[249] is a helpful reminder of why pre-contractual negotiations are an unsafe guide to the meaning of a contract—they are the negotiating stance at the time they are made, not an indication of the agreement concluded later. Arden LJ said:

"However this does not necessarily mean that the pre–contractual negotiations should be accepted as evidence even as to the general object of the transaction. Statements made in the course of negotiations are often no more than statements of a negotiating stance at that point in time, thus shedding more heat than light on issues as to interpretation of the final deal."

Similarly, in *Wood v Capita Insurance Services Ltd*, Lord Hodge said: "the court must not lose sight of the possibility that a provision may be a negotiated compromise or that the negotiators were not able to agree more precise terms."[250] The position may be different in arbitration hearings, where the arbitration clause may relieve the arbitrators from following judicial formalities and strict rules of evidence.[251] The practice of arbitrators appointed from among the reinsurance market—regardless of whether the arbitration clause formally entitles them to do so—has been to ignore purely semantic arguments and to focus on the supposed intention of the parties—to be gleaned from evidence given by the makers of the contract or derived from the arbitrators' own experience. A "Humpty Dumpty" ap-

---

[241] *ICS v West Bromwich Building Society* [1998] 1 All E.R. 98 at 114.
[242] The continuing existence of the parole evidence rule in English law was confirmed by the House of Lords in *Chartbrook Ltd v Persimmon Homes Ltd* [2009] UKHL 38; [2009] 1 A.C. 1101.
[243] *HIH v New Hampshire* [2001] Lloyd's Rep. I.R. 596 at 619, [81].
[244] See *ICS v West Bromwich BS* [1998] 1 All E.R. 98 per Lord Hoffmann (above) who drops a hint that the House of Lords may someday revisit the boundaries of the parol evidence rule; *Youell* [1992] 2 Lloyd's Rep. 127 at 141 per Beldam LJ; and generally, Clarke, *The Law of Insurance Contracts*, 6th edn (Lloyd's of London Press Ltd, 2009), para.14-2.
[245] *Youell v Bland Welch* [1992] 2 Lloyd's Rep. 127 at 133 per Staughton LJ.
[246] As to which, see below.
[247] See e.g. *Phillips v Dorintal* [1987] 1 Lloyd's Rep. 482 at 484; *Toomey v Eagle Star* [1993] 1 Lloyd's Rep. 429 at 434.
[248] See *Baker v Black Sea* [1996] L.R.L.R. 353 at 356 per Staughton LJ (below).
[249] *Scottish Widows Fund and Life Assurance Society v BGC International* [2012] EWCA Civ 607.
[250] *Wood v Capita Insurance Services Ltd* [2017] UKSC 24, [11].
[251] As to the effect of such clauses, see Ch.14, 14-108–14-113 below.

proach to construction[252] may be what the parties had in mind or the inevitable consequence of vague contractual language. In *Youell v Bland Welch*, Staughton LJ remarked:

> "[I]t is scarcely a novelty to find a lack of precise detail in a reinsurance contract, or that the parties have left some problem to be resolved by goodwill, good sense or (if necessary) some other means of dispute resolution if it arose."[253]

ABN AMRO Bank NV v Royal and Sun Alliance Insurance Plc demonstrates the evidential difficulties that can arise if pre-contractual documents and witness evidence on negotiating the contract is provided to the court on different issues (in *ABN AMRO*, on non-disclosure and misrepresentation), whilst they are inadmissible evidence for the purposes of construction. Can the court "unsee" what it has seen? Jacob J reprimanded the parties for including inadmissible evidence of subjective intention in their argument on contractual construction and failing to comply with the Commercial Court Guide, para.C1.3(h) which requires a party who wishes to contend that there is a relevant factual matrix to the construction of a document to set out specifically in its statement of case each feature of the matrix which is alleged to be of relevance.[254]

In *Unipolsai Assicurazioni SpA v Covea Insurance Plc*,[255] Foxton J accepted that:

> "... the history of a particular market wording, and the events which led to its introduction and modification, do form part of the admissible factual matrix, at least where the contract was entered into by market participants and the materials are reasonably available to the parties (whether they chose to avail themselves of them or not)",[256]

however, in the circumstances of the case he found that materials from two textbooks,[257] tracing the development of catastrophe insurance cover and chronicling the origins of clause LPO 98 (Hours Clause) going back to the 1960s, were chronologically and textually too removed from the reinsurance wordings in question to serve as reliable evidence for the factual matrix.[258]

Headings and deleted words

4-067 Headings can be a help in interpretation: in *Aegis Electrical and Gas International Services Co Ltd v Continental Casualty Co*,[259] the reinsurer sought to decline coverage for losses in respect of a cracked boiler on the basis that the loss fell within the exclusion of loss or damage from explosion and therefore did not arise from "Accident" as defined in the additional conditions of the reinsurance policy. The court was asked whether the reinsurance cover was restricted to losses from "Accident" as defined in respect of property within the definition of "Object" in the additional conditions. Andrew Smith J considered the heading of the additional conditions and used it as an aid to interpretation. He held that the additional conditions

---

[252] See 4-074 below.
[253] *Youell v Bland Welch* [1992] 2 Lloyd's Rep. 127 at 133.
[254] *ABN AMRO Bank NV v Royal and Sun Alliance Insurance Plc* [2021] EWHC 442 (Comm) at [208] per Jacobs J.
[255] *Unipolsai Assicurazioni SpA v Covea Insurance Plc* [2024] EWHC 253 (Comm); [2024] Bus. L.R. 664.
[256] At [44].
[257] Butler & Merkin's Reinsurance Law (2022, Looseleaf) and RJ Kiln, Reinsurance in Practice (4th, 2001).
[258] *Unipolsai Assicurazioni SpA v Covea Insurance Plc* [2024] EWHC 253 (Comm) at [56].
[259] [2007] EWHC 1762 (Comm); [2008] Lloyd's Rep. I.R. 17.

were headed "Boiler & Machinery Coverage Defined". If the reinsured's argument were accepted, the additional conditions would not define the extent of the cover relating to boilers and machinery in any natural sense. They would merely modify two relatively minor terms of the cover. The reinsurer's interpretation was to be preferred since it gave a role to the additional conditions that could naturally be regarded as a definition of coverage.[260]

In *Mopani Copper Mines Plc v Millennium Underwriting Ltd*,[261] the question for Clarke J was whether reinsurance provided by a slip included operational risk cover. Clarke J found that it did not. Mopani were building a smelting plant in Zambia. They insured with a Zambian insurance company, which in turn reinsured with Millennium. There was a memorandum of understanding that the reinsurers would make any claims payment direct to the insured, and thus it was Mopani who brought these proceedings when a claim arose that reinsurers declined to pay. The slip was varied a number of times, with additions and deletions. There were two references to operational risk, one in describing the type of policy and one in a condition. Late in the process of agreeing the wording the words in the condition referring to operational risk ("and cover extends to include Operational All Risks for completed phrases of the project up") were struck through by the reinsurer. When Mopani claimed for an operational risk loss the underwriter declined to pay. The underwriter successfully argued that the judge could look at the crossed through words to construe the policy as not intending to cover operational risk. The judge set out his understanding of the principles:

4-068

"It is common ground (i) that in construing the contract the Court must look at the circumstances surrounding its making in order to see what was the objective that the parties had in view; (ii) that a prior *agreement* is at least admissible as a guide to construction; and (iii) that the following are inadmissible (a) the content of prior negotiations; (b) communications between the insured and its broker which were not communicated to the reinsurers and (c) the subjective views of the parties as to what they thought they had achieved."

Clarke J made it clear that he was able to conclude that the reinsurance cover granted did not include operational risk without reference to the deleted words and then he added:

"Reference to the deleted words does however fortify the conclusion that I have reached without them. For the reasons set out below, I regard it as open to the court in this particular case, to look at the deletion which the parties agreed upon as indicating, when taken with the emails, what the parties did not agree upon and why."[262]

The learned judge then had a separate section of his judgment where he considered what recourse he may have to deleted words. Citing more than 15 cases on the topic, he concluded:

"The tenor of the authorities appears to be that in general such recourse [to deleted words] is illegitimate, save that (a) deleted words in a printed form may resolve the ambiguity of a neighbouring paragraph that remains, and (b) the deletion of words in a contractual document may be taken into account, for what (if anything) it is worth, if the fact of dele-

---

[260] *Aegis Electrical and Gas International Services Co Ltd v Continental Casualty Co* [2007] EWHC 1762 (Comm) at [59].
[261] *Mopani Copper Mines Plc v Millennium Underwriting Ltd* [2008] EWHC 1331 (Comm).
[262] *Mopani Copper Mines Plc v Millennium Underwriting Ltd* [2008] EWHC 1331 (Comm) at [86].

tion shows what it is that the parties agreed they did not agree and there is ambiguity in the words that remain."²⁶³

4-069 The limitations of the *Mopani Copper* case are apparent from *Ted Baker Plc v Axa Insurance UK Plc*.²⁶⁴ Stock was stolen from the claimant by one of its employees and two third parties. The policy wording contained a theft clause covering theft by violent means and then a theft extension clause that covered for theft by nonviolent means. There was a separate section of the policy wording which, had it been selected, (it was not) would have provided cover for "direct loss of money or property belonging to the Insured or for which the Insured is legally responsible as a direct result of any act of fraud or dishonesty committed by an Employee..." (fidelity cover). Insurers argued that the theft by the employee was a "fidelity" loss and that "fidelity" cover had not been selected. Applying the principles in *ICS v West Bromwich* (see 4-054 above), Eder J found that the theft extension unambiguously gave cover for the thefts that occurred and it was not permissible to take into account in construing the theft extension that the fidelity section had not been selected for cover. Eder J said:

> "71.F. This is not a situation governed by *Rainy Sky v Kookmin Bank* [2011] 1 WLR 2900²⁶⁵ in that there simply are not two (or any) competing constructions of the words used, there is only their plain meaning. None of defendants' witnesses were able to point to any other contender as to what the relevant words mean, save by reference to (non-existent) exclusions elsewhere in the policy. In all the circumstances there is undoubtedly cover under the 'direct' theft section of the Policy and the wording should be given its plain meaning, namely that theft means theft, including theft by employees as this is not otherwise excluded ...
>
> 84. I respectfully agree with the views expressed by Christopher Clarke J in *Mopani*. On that basis and given my view that the effect of A05/F08 is clear and there is no relevant ambiguity, I do not consider that it is permissible to take into account the non-selection of the TES as an aid to construction of these endorsements in the Theft section of the policy. But, even if I am wrong, I am not persuaded that the fact of non-selection of the TES is of assistance to the defendants. In my view, the difficulty is that the TES covers loss of both property and money and is subject to stringent terms and conditions. If Ted Baker (or indeed any would–be insured) wanted cover in respect of loss of property only by employee theft, they could not have simply selected the TES without significant amendment. Further, if they did not want to be subject to the stringent conditions in the TES standard wording, significant further amendments would have been required. Of course, it is possible that the TES could have been selected suitably amended. However, despite the raft of evidence in this context from the defendants' witnesses including Mr Coates, I do not consider that it is a simple question of whether the TES might or might not have been selected. Nor do I consider that the mere fact of non-selection of the TES necessarily leads to the conclusion that the theft extension endorsement A05/F08 was not objectively intended to provide cover for employee theft. In my view, the correct approach is to read the wording of A05/F08 fairly as it stands. Adopting that approach, I do not consider that the fact of non-selection of the TES requires or even sug-

---

²⁶³ *Mopani Copper Mines Plc v Millennium Underwriting Ltd* [2008] EWHC 1331 (Comm) at [120].
²⁶⁴ *Ted Baker Plc v Axa Insurance UK Plc* [2012] EWHC 1406 (Comm).
²⁶⁵ In *Rainy Sky SA v Kookmin Bank*(also at [2011] UKSC 50) the question was whether the expression "all such sums ... due ... under the contract" required a guarantor, K, to pay to the claimant instalments that were to be repaid after a work-out or only sums repayable under one specific clause of the contract (to which the word "such" could be said to refer). The Supreme Court re-stated the law established by precedent: "it is in essence that, where a term of a contract is open to more than one interpretation, it is generally appropriate to adopt the interpretation which is most consistent with business common sense.").

gests that such wording should be read as, in effect, excluding employee theft. As submitted by Mr Cogley QC, it seems to me that such an exercise would involve reading words into that theft extension endorsement which are not there. Of course, a specific exclusion could have been incorporated; but it was not. In my judgment, there is no basis for implying such an exclusion.

85. For these reasons, it is my conclusion that as a matter of construction of the wording of the policy, there is cover for employee theft under the Theft section."

The judge went on to find that none of the principles set out in the *ICS v West Bromwich* case operated to give a different answer.[266]

Contra proferentem

In *Youell*, Staughton LJ said: 4-070

"There are two well established rules of construction, although one is perhaps more often relied on with success than the other—the first is that, in case of doubt, wording in a contract is to be construed against the party who seeks to rely on it in order to diminish or exclude his basic obligations, or any common law duty which arises from contract. The second is that, again in case of doubt, wording is to be construed against the party who proposed it for inclusion in the contract: it was up to him to make it clear ... I am not wholly sure which of these rules is meant by the Latin *maxim verba chartarum fortius accipiunter contra proferentem*."[267]

Staughton LJ noted that:

"In the vast majority of cases the two rules will lead to the same result, for people do not usually propose wording which favours the other party rather than themselves. But here it is possible that the two rules point in different directions."

The reason for this was that the words "up to but not exceeding 48 months", whichever way they were interpreted, limited the primary obligation of the reinsurers. On the other hand, it was alleged that these words were included at the request of the insurers (or their brokers) and therefore should be construed against them. This presented a difficulty as, following the ruling of Phillips J on the preliminary issue of construction, a trial took place of the insurers' claim for negligence against the brokers[268]; "But the reinsurers were at that stage no longer participating in the trial; they had gone on their way rejoicing, with a decision in their favour on the first part".[269] As the reinsurers had not put forward evidence on the point or cross-examined witnesses at the eventual trial, Staughton LJ decided to ignore the evidence as to who put forward the disputed wording.

There has been a trend in the construction of insurance contracts that any ambiguity in the terms of a policy must be construed against the insurer, in particular where the clause to be construed is a warranty or condition precedent.[270] This trend may stop now that the IA 2015 ss.9–11 soften the consequences of the breach of certain policy terms.[271] In *British Waterways v Royal & Sun Alliance Insurance Plc*[272] Burton J said that a court may have a different approach to the expression "arising

---

[266] *Rainy Sky SA v Kookmin Bank* [2011] UKSC 50; [2011] 1 WLR 2900 at [87].
[267] *Youell* [1992] 2 Lloyd's Rep. 127 at 134.
[268] As to which, see Ch.9, 9-063 below.
[269] *Youell* [1992] 2 Lloyd's Rep. 127 at 134 per Staughton LJ.
[270] *George Hunt Cranes Ltd v Scottish Boiler and General Insurance Co Ltd* [2001] EWCA Civ 1964; *Aspen Insurance UK ltd v Pectel Ltd* [2008] EWHC 2804 (Comm); *Pratt v Aigaion Insurance Co SA* [2008] EWCA Civ 1314; *AC Ward & Son Ltd v Catlin (Five) Ltd* [2009] EWHC 3122 (Comm).
[271] See Ch.6, Pts 5 and 6.

out of" depending on whether it is in the context of providing cover or of excluding cover. The words could be construed more narrowly when contained within an exclusion. Two hedge cutters died when a tractor with an attached cutting device collapsed into a British Waterways canal. There was an exclusion in the British Waterways cover for liability arising out of use of the vehicle as a tool (in this case as a hedge-cutter). The judge found that the loss arose out of the vehicle being driven too close to a vulnerable part of the bank of the canal, not because it was being used to cut hedges—a narrow construction of the words of exclusion. There was therefore coverage. On the other hand, there is a more limited role for the contra proferentem rule in commercial contracts negotiated between parties of equal expertise and bargaining power. In those cases the rule only has any application, if there is any ambiguity or uncertainty in the clause.[273]

4-071 The modern approach to construing ambiguous language is for the courts to prefer the construction which is consistent with business common sense and to reject the other.[274] In *Impact Funding Solutions Limited (Respondent) v AIG Europe Insurance Ltd (formerly known as Chartis Insurance (UK) Ltd)*,[275] the Supreme Court had to consider the interpretation of an exclusion in a solicitors' professional indemnity insurance policy. Lord Hodge (with whom Lord Mance, Lord Sumption and Lord Toulson agreed) made the following observations about interpretation contra proferentem:

"6. ... As I see no ambiguity in the way that the Policy defined its cover and as the exclusion clause reflected what The Law Society of England and Wales as the regulator of the solicitors' profession had authorised as a limitation of professional indemnity cover, I see no role in this case for the doctrine of interpretation contra proferentem. ...

7. The extent of AIG's liability is a matter of contract and is ascertained by reading together the statement of cover and the exclusions in the Policy. An exclusion clause must be read in the context of the contract of insurance as a whole. It must be construed in a manner which is consistent with and not repugnant to the purpose of the insurance contract. There may be circumstances in which in order to achieve that end, the court may construe the exclusions in an insurance contract narrowly. The judgment of Carnwath LJ in *Tektrol Ltd (formerly Atto Power Controls Ltd) v International Insurance Co of Hanover Ltd* [2006] 1 All ER (Comm) 780, to which counsel for Impact referred, is an example of that approach. But the general doctrine, to which counsel also referred, that exemption clauses should be construed narrowly, has no application to the relevant exclusion in this Policy. An exemption clause, to which that doctrine applies, excludes or limits a legal liability which arises by operation of law, such as liability for negligence or liability in contract arising by implication of law: *Photo Production Ltd v Securicor Transport Ltd* [1980] AC 827, 850 per Lord Diplock. The relevant exclusion clause in this Policy is not of that nature. *The extent of the cover in the Policy is therefore ascertained by construction of all its relevant terms without recourse to a doctrine relating to exemption clauses.*" (emphasis added)

Lord Toulson said at [35]:

"The fact that a provision in a contract is expressed as an exception does not necessarily mean that it should be approached with a pre-disposition to construe it narrowly. Like any other provision in a contract, words of exception or exemption must be read in the context of the contract as a whole and with due regard for its purpose. As a matter of general principle, it is well established that that if one party, otherwise liable, wishes to exclude

---

[272] *British Waterways v Royal & Sun Alliance Insurance Plc* [2012] EWHC 460.
[273] *Persimmon Homs Ltd v Ove Arup & Partners Ltd* [2017] EWCA 373; *Impact Funding Solutions Ltd v. Barrington Services Ltd* [2017] AC 73.
[274] *Rainy Sky SA v Kookmin Bank* [2011] UKSC 50–see [4-055] above.
[275] [2016] UKSC 57, [2017] AC 73.

or limit his liability to the other party, he must do so in clear words; and that the contract should be given the meaning it would convey to a reasonable person having all the background knowledge which is reasonably available to the person or class of persons to whom the document is addressed. (See, among many authorities, *Dairy Containers Ltd v Tasman Orient Line CV* [2005] 1 W.L.R. 215, para.12, per Lord Bingham.) This applies not only where the words of exception remove a remedy for breach, but where they seek to prevent a liability from arising by removing, through a subsidiary provision, part of the benefit which it appears to have been the purpose of the contract to provide. The vice of a clause of that kind is that it can have a propensity to mislead, unless its language is sufficiently plain. All that said, words of exception may be simply a way of delineating the scope of the primary obligation."

After considering *Impact Funding Solutions*,[276] Peter MacDonald Eggers QC sitting as Deputy High Court Judge in *Crowden v QBE Insurance (Europe) Ltd*,[277] synthesized the contra proferentem rule with the courts' approach to construing ambiguous language as follows:

"65. In my judgment, applying this approach, the Court must adopt an approach to the interpretation of insurance exclusions which is sensitive to their purpose and place in the insurance contract. The Court should not adopt principles of construction which are appropriate to exemption clauses i.e. provisions which are designed to relieve a party otherwise liable for breach of contract or in tort of that liability to the interpretation of insurance exclusions, because insurance exclusions are designed to define the scope of cover which the insurance policy is intended to afford. To this end, the Court should not automatically apply a contra proferentem approach to construction. That said, there may be occasions, where there is a genuine ambiguity in the meaning of the provision, and the effect of one of those constructions is to exclude all or most of the insurance cover which was intended to be provided. In that event, the Court would be entitled to opt for the narrower construction. This result may be achieved not only by the applicable of the contra proferentem approach, but also the approach adopted by Lord Clarke, JSC in *Rainy Sky SA v Kookmin Bank* [2011] UKSC 50; [2011] 1 W.L.R. 2900, that in the case of ambiguity, the Court may opt for the more commercially sensible construction, at paragraph 21: "If there are two possible constructions, the court is entitled to prefer the construction which is consistent with business common sense and to reject the other". That said, as Lord Clarke, JSC also said, at paragraph 23 of his judgment: "Where the parties have used unambiguous language, the court must apply it". This would, however, be subject to considerations of absurdity or where something plainly has gone wrong with the language of the contract."

This statement was cited with approval in the first instance decision in *Financial Conduct Authority v Arch Insurance (UK) Ltd*.[278] However, when the case went to the Supreme Court, there was a hint of contra proferentem in what Lords Hamblen and Leggatt said in relation to the contamination and pollution exclusion in a business interruption policy:

"77. ... In any event, the overriding question is how the words of the contract would be understood by a reasonable person. In the case of an insurance policy of the present kind, sold principally to SMEs [small and medium sized enterprises], the person to whom the document should be taken to be addressed is not a pedantic lawyer who will subject the entire policy wording to a minute textual analysis ... It is an ordinary policyholder who, on entering into the contract, is taken to have read through the policy conscientiously in order to understand what cover they were getting.

4-072

---

[276] ibid.
[277] [2017] EWHC 2597 (Comm); [2018] Lloyd's Rep IR 83.
[278] [2020] EWHC 2448 (Comm), [74] per Flaux LJ and Butcher J.

RSA 3 policy wording would understand the general exclusion of contamination or pollution and kindred risks on that page to be removing a substantial part of the cover for business interruption loss that was ostensibly conferred on p 38 is as unreasonable as it is unrealistic. The reasonable reader would naturally assume that, if the intention had been to put a further substantive limit on the risk of business interruption specifically insured by the extension for infectious diseases in addition to the geographical and temporal limits stated in the extension itself, this would have been done transparently as part of the wording of the extension and not buried away in the middle of a general exclusion of contamination and pollution risks at the back of the policy ..."[279]

4-073 Aggregation clauses are a good example of clauses where the contra proferentem rule may be difficult to apply. Depending on the limit of indemnity, the number and size of possible individual losses, and the size of the deductible, an insured may want to argue one loss occurrence, so as to pay only one retention, or a number of losses, or loss occurrences, because treating the losses as one would take most of his financial loss out above the overall limit of indemnity. In *AIG Europe Ltd v Woodman*, Lord Toulson expressed this point and concluded that the contra proferentem rule did not apply:

> "Aggregation clauses have been a long-standing feature of professional indemnity policies, and there have been many variants. Because such clauses have the capacity in some cases to operate in favour of the insurer (by capping the total sum insured), and in other cases to operate in favour of the insured (by capping the amount of the deductible per claim), they are not to be approached with a predisposition towards either a broad or a narrow interpretation."[280]

Ordinary meaning

4-074 It is perhaps an oddity of the insurance market that, even in the present day, many insurance and reinsurance contracts are drafted without resort to lawyers.[281] It is almost inconceivable that, for example, a banking document would be drafted by anyone other than lawyers. The shipping and construction industries adopt lengthy standard form contracts which have been the subject of microscopic legal analysis. Yet insurers, reinsurers and brokers frequently draft their own contractual wording.[282] Phillips J observed, in *Youell*:

> "In the context of contracts of insurance the Courts have been particularly ready to depart from a literal meaning of the words used in order to produce a result that makes commercial sense.[283] I suspect that this is due, in part to a tendency on the part of underwriters to use language which is far from clear and in part to a disinclination on the part of the Courts to allow them to take advantage of ill-drafted clauses."[284]

---

[279] [2021] UKSC 1 at [76]–[77] per Lord Hamblen and Lord Leggatt JJSC.
[280] *AIG Europe Ltd v Woodman* [2017] 1 WLR 1168, [14].
[281] See *Marsden v Reid* (1803) 3 East 572 per Lawrence J, cited below at the beginning of Ch.7 below.
[282] "It might be said, or I might be tempted to say, that I wish underwriters would express themselves clearly. I am afraid if I said so they would say: 'Will you kindly draft the clause for us', which I decline to do": *Gurney v Grimmer* (1932) 44 Ll.L.Rep. 189 at 195 per Scrutton LJ.
[283] Citing *MacGillivray & Parkington on Insurance Law*, 8th edn (Sweet & Maxwell, 1988), paras 1077-1080 (now 14th edn (Sweet & Maxwell, 2018).
[284] *Youell v Bland Welch* [1990] 2 Lloyd's Rep. 423 at 427.

Yet there must be limits beyond which the meaning of the words used cannot be stretched.[285] The Supreme Court in *Arnold v Britton*[286] and *Wood v Capita Insurance Services Ltd*[287] has rightly cautioned against the judicial temptation to rewrite contracts with hindsight in order to relieve one of the parties from bad bargain.[277] The point is well-made by Clarke:

> 'When I use a word', Humpty Dumpty said in a scornful tone, 'it means just what I choose it to mean—neither more nor less'. This is not the rule of construction that governs insurance contracts. The presumption is that words are to be given their ordinary meaning, whether that is what the insurer had in mind or not ...'[288]

In *Arnold v Britton*, Lord Neuberger commented:

> "The exercise of interpreting a provision involves identifying what the parties meant through the eyes of a reasonable reader, and, save perhaps in a very unusual case, that meaning is most obviously to be gleaned from the language of the provision ... the parties have control over the language they use in a contract."[289]

In *Charter Re v Fagan* Lord Mustill said:

> "I believe that most expressions do have a natural meaning, in the sense of their primary meaning in ordinary speech. Certainly, there are occasions where direct recourse to such a meaning is inappropriate. Thus, the word may come from a specialist vocabulary and have no significance in ordinary speech. Or it may have one meaning in common speech and another in a specialist vocabulary; and the context may show that the author of the document in which it appears intended it to be understood in the latter sense. Subject to this, however, the enquiry will start, and usually finish, by asking what is the ordinary meaning of the words used."[290]

Lord Hoffmann, however, was somewhat sceptical about "ordinary meaning". He said:

4-075

> "I think that in some cases the notion of words having a natural meaning is not a very helpful one. Because the meaning of words is so sensitive to syntax and context, the natural meaning of words in one sentence may be quite unnatural in another. Thus a statement that words have a particular natural meaning may mean no more than that in many contexts they will have that meaning. In other contexts their meaning will be different but no less natural."[291]

Subsequently, in *ICS v West Bromwich BS*[292] Lord Hoffmann appears to have had less difficulty with the concept of "natural meaning". In that case, when he took is-

---

[285] T. S. Eliot, "Burnt Norton" in *Four Quartets, The Complete Poems and Plays of T.S. Elliot* (Faber and Faber, 1969), p.175: "... words strain ... crack and sometimes break under the burden ... under the tension, slip, slide, perish ... decay with imprecision, will not stay in place, will not stay still ...".
[286] *Arnold v Britton* [2015] UKSC 36; and see para 4-056 above.
[287] *Wood v Capita Insurance Services Ltd* [2017] UKSC 24; and see para 4-057 above.
[288] M Hemsworth, *The Law of Insurance Contracts* (Service Issue No.58, March 2024), para.15-2; see also Lord Mustill's Chairman's address to the Association of Average Adjusters: "Humpty Dumpty and Risk-Management" (May 1997), in which his lordship reminds us that Humpty Dumpty owes his place in English jurisprudence to Lord Atkin's dissenting speech in *Liversidge v Anderson* [1942] A.C. 206.
[289] *Arnold v Britton* [2015] UKSC 36 at [17].
[290] *Charter Re v Fagan* [1997] A.C. 313 at 384, with whom Lords Goff, Griffiths and Browne-Wilkinson agreed.
[291] *Charter Re v Fagan* [1997] A.C. 313 at 391.
[292] *ICS v West Bromwich BS* [1998] 1 All E.R. 98 and see above.

sue with the trial judge for saying that he was "doing violence" to the natural meaning of the words. Lord Hoffmann said:

> "This is an over-energetic way to describe the process of interpretation. Many people, including politicians, celebrities and Mrs Malaprop,[293] mangle meanings and syntax but nevertheless communicate tolerably clearly what they are using the words to mean. If anyone is doing violence to natural meanings, it is they rather than their listeners."[294]

Nonetheless, as appears from a later passage in his speech, to which we refer below, Lord Hoffmann did not find the concept of "natural and ordinary meaning" helpful in the case before him.

4-076   A celebrated example among those who do violence to natural meanings is Humpty Dumpty. He has generally been so regarded by leading commercial judges, from Lord Atkin to Lord Mustill.[295] The conversation between Humpty Dumpty and Alice[296] continues with Alice protesting that words surely cannot mean so many different things. Humpty Dumpty replies, "The question is, which is to be master—that's all". Humpty Dumpty's question will receive its answer below, following a consideration of the use of expert evidence as an aid to construction of reinsurance contracts. In the meantime, it is worth noting that Humpty Dumpty has, at long last, found a judicial champion in Lord Hoffmann. In *ICS v West Bromwich*[297] Lord Hoffmann said, with reference to the decision of the Court of Appeal:

> "Lord Justice Leggatt said that his construction was 'the natural and ordinary meaning of the words used'. I do not think the concept of natural and ordinary meaning is very helpful when, on any view, the words have not been used in a natural and ordinary way. In a case like this, the Court is inevitably engaged in choosing between competing unnatural meanings. Secondly, Lord Justice Leggatt said that the judge's construction was not an 'available meaning' of the words. If this means that judges cannot, short of rectification, decide that the parties have made mistakes of meaning or syntax, I respectfully think he is wrong. The proposition is not, I would suggest, borne out by his citation from *Alice Through the Looking Glass*. Alice and Humpty Dumpty were agreed, that the word 'glory' did not mean 'a nice knock-down argument'. Anyone with a dictionary could see that, Humpty Dumpty's point was that a nice knock-down argument was what he meant by using the word 'glory'. He very fairly acknowledged that Alice as a reasonable young woman, could not have realised this until he told her, but once he told her, or if, without being expressly told, she could have inferred it from the background, she would have had no difficulty in understanding what he meant."

We suggest that if Alice was able to infer anything from Humpty Dumpty's conversation,[298] it was that Humpty Dumpty was speaking nonsense. Perhaps it is because he shares Lord Hoffmann's suspicion of the "natural meaning" of words that Humpty Dumpty has found favour:

---

[293] See *Mannai Investments Co Ltd v Eagle Star Life Assurance Co Ltd* [1997] A.C. 749 at 774 per Lord Hoffmann; and see above.
[294] *ICS v West Bromwich BS* [1998] 1 All E.R. 98 at 115.
[295] See Lord Mustill, "*Humpty Dumpty and risk-management*" (May 1997), referred to above, fn.281.
[296] Lewis Carroll, *Through The Looking Glass: The Illustrated Lewis Carroll* (Jupiter Books, 1978), p.168.
[297] *ICS v West Bromwich BS* [1998] 1 All E.R. 98 at 116.
[298] Lewis Carroll twice informs us that she was much too puzzled to reply.

"They've a temper some of them—particularly verbs, they're the proudest—adjectives you can do anything with, but not verbs—however, I can manage the whole lot of them! Impenetrability! That's what I say."[299]

Technical meaning

In *Unipolsai Assicurazioni SpA v Covea Insurance Plc*,[300] Foxton J considered both the natural dictionary meaning of the word "catastrophe", and technical meanings deriving from the relevant clause's historical and contractual context. He recognised that in reinsurance a purely "ordinary meaning" may be elusive and become technicalised by its commercial and contractual context. Policy wordings may use legal, trade usage or market terms whose technical meaning may not correspond to their ordinary or common meaning. In such cases the courts will seek to ascertain whether the parties intended to use the word or phrase in its technical sense. The definition of the term "riot" contained in the Public Order Act 1986 has been adopted in the context of (political risk) insurance.[301] The courts' view on whether the term "theft" attracts a technical meaning has not been consistent.[302] In the reinsurance context, the terms "as original", "pay as paid" and "follow the settlements" have become terms of art with reasonably settled meanings.[303]

In *Gard Marine and Energy Ltd v Tunnicliffe*,[304] the claimant insurer sought an indemnity from the defendant Lloyd's reinsurer under an energy facultative reinsurance policy. The sum insured clause in the reinsurance policy provided: "To pay up to Original Package Policy limits/amounts/sums insured excess of USD250 million (100%) any one occurrence of losses to the original placement." As the underlying insured had less than a 100 per cent interest in the insured property, the insurer contended that the excess point in the reinsurance had to be "scaled" down to reflect the lower interest. The insurer argued that to be the effect of the notation "(100%)" in the sum insured clause. Scaling down the deductible had the effect of increasing the amount due from the reinsurer and, unsurprisingly, the reinsurer disputed the meaning of the sum insured clause arguing that it simply meant the insured's interest in the original lost asset. David Steel J accepted the expert evidence that the notation "(100%)" in regard to an excess or limit had a recognised and established technical meaning in the market writing direct insurance of offshore energy risks and facultative reinsurance. It meant that the limit or excess scaled to reflect the assured's interest in the relevant assets. Thus the correct interpretation of the reinsurance policy was that of the insurer: the excess point in the sum insured clause was based on the total insured value of the original lost asset.[305]

In *Insurance Co of the State of Pennsylvania v Grand Union Insurance Co*,[306] Justice of Appeal Hunter said[307] "… that it is the almost invariable market practice for slips to be written as a percentage of 100 per cent of a risk stated on the slip

4-077

---

[299] Lewis Carroll, Through the Looking Glass (1978), p.168.
[300] *Unipolsai Assicurazioni SpA v Covea Insurance Plc* [2024] EWHC 253 (Comm), Section D.
[301] See s.10 of the Public Order Act 1986 (now s.10 of the Riot Compensation Act 2016).
[302] Definition of theft from s.7 of the Theft Act 1968 in: *Grundy (Teddington) Ltd v Fulton* [1981] 2 Lloyd's Rep 666 (aff'd [1983] 1 Lloyd's Rep. 16); *Dobson v General Accident Fire and Life Assurance Corp.* [1989] 3 All ER 927 (mentioned by *Maharaj v Prime Minister of Trinidad and Tobago*). Contra: *Wooldridge v Canelhas Comercio Importacao e Exportacao Ltd* [2004] EWCA Civ 984.
[303] See Pt 2 of this chapter, and Ch.5, 5-005 to 5-007 and 5-019 below.
[304] *Gard Marine and Energy Ltd v Tunnicliffe* [2011] EWHC 1658 (Comm); [2012] Lloyd's Rep. I.R. 1.
[305] *Gard Marine* [2011] EWHC 1658 (Comm); [2012] Lloyd's Rep. I.R. 1 at [38]–[39], [50]–[53].
[306] *Insurance Co of the State of Pennsylvania v Grand Union Insurance Co* [1990] 1 Lloyd's Rep. 208.
[307] *Insurance Co of the State of Pennsylvania v Grand Union Insurance Co* [1990] 1 Lloyd's Rep. 208 at 221.

within the limits so described". Thus, where a slip, which related to an excess of loss reinsurance of a contractor's all risks policy, provided limits of FF7.5 million each and every loss excess FF100,000 each and every loss, if the reinsurer subscribed a line of 33%, he was reinsuring 33% (up to FF7.5 million for each and every loss) of 100% of the limits not 33% (up to FF7.5 million) of the reinsured's line. This must be so, because the size of the reinsured's line on the underlying insurance contract may well not be known at the time the reinsurance is placed.[308] The technical meaning of the percentage is that it is applied to the risk written, not the reinsured's line.

There are ordinary words which over time have hardened into technical meanings in (re)insurance law. For example, the word "occurrence" has a widely recognised meaning in insurance law as "something which happens at a particular time, at a particular place, in a particular way".[309] In *Navigators Insurance Co Ltd v Atlasnavios-Navegacao Lda (formerly Bnavios-Navegacao Lda)*,[310] the Supreme Court upheld a technical meaning of the phrase "any person acting maliciously" as used in the Institute War and Strikes Clauses, cl.1.5. Smugglers, unknown to the ship's owner or crew, had strapped drugs to its hull. When the drugs were discovered, the ship was seized and detained by the Venezuelan authorities. Lord Mance said that the smugglers had not acted maliciously vis-à-vis the ship's owner. To understand the concept of "any person acting maliciously" it was necessary to look how it would have been understood in 1983, when the clauses were drafted.[311] It required that a person acted in a way which involved an element of spite or ill-will in relation to the property insured or at least to other property or a person, and consequential loss of, or damage to, the insured vessel or cargo. In the instant case, foreseeable though the ship's detention had been if the smuggling attempt were discovered, the smugglers could not have had any such state of mind. They had, on the contrary, been intent on avoiding detection.[312]

Ambiguous meaning

4-078 We believe that in most cases it is possible to arrive at an interpretation which is "neither uncompromisingly literal nor unswervingly purposive", as Sir Thomas Bingham MR (as he then was) put it in *Arbuthnot v Feltrim; Deeney v Gooda Walker Ltd*, in a passage which summarises the orthodox approach of the English courts to construction:

"Courts will never construe words in a vacuum. To a greater or lesser extent, depending on the subject matter, they will wish to be informed of what may variously be described as the context, the background, the factual matrix or the mischief. To seek to construe any instrument in ignorance or disregard of the circumstances which give rise to it or the situation in which it is expected to take effect is in my view pedantic, sterile and productive of error. But that is not to say that an initial judgement of what an instrument was or should reasonably have been intended to achieve should be permitted to override the clear language of the instrument, since what an author says is usually the surest guide to what

---

[308] See also *Phillips (ABW) and Stratton (Albert) v Dorintal Insurance Ltd* [1987] 1 Lloyd's Rep. 482.
[309] *Axa Reinsurance (UK) plc v Field* [1996] 1 W.L.R. 1026, 1035 per Mustill LJ; *Kuwait Airways Corpn v Kuwait Insurance Co SAK* [1996] 1 Lloyd's Rep 664, 683-686 per Rix J and also see Chapter 5 below.
[310] *Navigators Insurance Co Ltd v Atlasnavios-Navegacao Lda (formerly Bnavios-Navegacao Lda)* [2018] UKSC 26; [2018] 2 Lloyd's Rep. 1.
[311] *Navigators Insurance Co Ltd v Atlasnavios-Navegacao Lda (formerly Bnavios-Navegacao Lda)* [2018] UKSC 26; [2018] 2 Lloyd's Rep. 1 at [15].
[312] *Navigators Insurance Co Ltd v Atlasnavios-Navegacao Lda (formerly Bnavios-Navegacao Lda)* [2018] UKSC 26; [2018] 2 Lloyd's Rep. 1 at [22].

he means. *To my mind construction is a composite exercise, neither uncompromisingly literal nor unswervingly purposive: the instrument must speak for itself, but it must do so in situ and not be transported to the laboratory for microscopic analysis.*"[313] [Emphasis added]

This passage was adopted by Mance J in *Charter Re v Fagan*, whose reasoning was approved by the House of Lords.[314]

However, there will be situations in which judges are faced with ambiguous words which are reasonably capable of bearing more than one "meaning". Each party will argue the meaning for which it contends is the "natural meaning". In such cases judges may feel obliged to resort to the kind of "microscopic analysis" which Lord Bingham has deprecated in order to justify what they consider to be the "true meaning" of ambiguous words. To this extent, we respectfully share Lord Hoffmann's view that "in some cases the notion of words having a natural meaning is not a very helpful one".[315] We are not advocating judicial deconstructionism in every case involving a question of contractual interpretation, but, once it is recognised that words used in a commercial context may be ambiguous, it is also important to recognise that, in resolving disputes which are said to be about the meaning of words, the courts are not engaged in an abstract semantic exercise.[316] In reinsurance cases the courts will generally be faced with a choice between rival meanings that either extend coverage or limit coverage. In *Charter Re v Fagan* the interpretation of the ultimate net loss clause by the House of Lords in favour of the reinsured/liquidator has far-reaching financial consequences for the reinsurance market. Similarly, the Supreme Court's construction of the excess of loss programme in *Teal Assurance Co Ltd v WR Berkley Insurance (Europe) Ltd*[317] had significant financial consequences for the captive insurer. In *Denby v English and Scottish Maritime Insurance Co Ltd*.[318] the Court of Appeal interpreted the aggregate extension clause in favour of the reinsurers. In reaching their conclusions the courts are well aware of the consequences of their decisions. But, unless a particular interpretation produces an unreasonable result or an outcome that does not make commercial sense,[319] the financial effect of the interpretation determined by the court to be the "true meaning" does not generally form part of what are expressed to be the court's reasons for reaching its decision. We note below[320] a tendency on the part of the appellate courts to favour reinsureds, although we also note the tide may now be turning in favour of reinsurers. In *Rainy Sky SA v Kookmin Bank*, Lord Clarke, noting that the language used by the parties will often have more than one potential meaning, suggested that "[i]f there are two possible construc-

---

[313] *Arbuthnot v Feltrim; Deeney v Gooda Walker Ltd* [1996] L.R.L.R. 135 at 139.
[314] Which included Lords Goff, Mustill and Hoffmann, see Ch.5 below.
[315] *ICS v West Bromwich BS* [1998] 1 All E.R. 98 at 116.
[316] Consider, for example, the common expression on slips "Limit: $X each and every loss and in all". We (we who are in any way engaged in insurance and reinsurance) know that is capable of the construction "Limit $X each loss, no matter how many losses, plus in addition $X". We (engaged in insurance and reinsurance) know that it means "Limit $X, whether exhausted by one claim in at least that amount or a number of claims totalling that amount".
[317] *Teal Assurance Co Ltd v WR Berkley Insurance (Europe) Ltd* [2013] UKSC 57; [2014] Lloyd's Rep. I.R. 56.
[318] *Denby v English and Scottish Maritime Insurance Co Ltd* [1998] Lloyd's Rep. I.R. 343; also see Ch.5, 5-140 below.
[319] *Teal Assurance Co Ltd v WR Berkley Insurance (Europe) Ltd* [2013] UKSC 57.
[320] See Ch.5, 5-002 below.

tions, the court is entitled to prefer the construction which is consistent with business common sense and to reject the other."[321]

We note an admission of judicial realism in a statement by Moore-Bick LJ at the end of his judgment in *Kazeminy v Siddiqi*[322] where he refers to *Investors Compensation Scheme Ltd v West Bromwich Building Society (No.1)*[323] and *Arbuthnott v Fagan*,[324] and then says:

> "the question whether the clause was intended to have the effect of extinguishing in Mr. Kazeminy's hands rights obtained from third parties inevitably elicits a response that is largely intuitive, but which is for that reason no less sound, being based on the nature of the agreement and the context in which it was made. That, I think, is what lies at the root of the judge's decision, which in my view was correct."

This was a question of whether a settlement agreement settled claims that K acquired from a third party after he had settled with S. The judge held that it did not. We consumers of judicial wisdom quite often feel that an initial "intuitive" response of a judge is then wrapped in the language of reason and precedent.

4-079 In *Society of Lloyd's v Robinson*,[325] the issue was whether the words "all premiums and other moneys whatsoever ... now belonging or payable or hereafter at any time belonging or becoming payable to the Name in connection with the Underwriting" in cl.2(a)(i) of the Lloyd's Premium Trust Deed ("PTD") were wide enough to cover moneys recovered by Names in litigation against their agents. Counsel for the Name argued that the words "monies ... becoming payable to the Name in connection with the Underwriting" were too vague to cover damages for negligent underwriting. Counsel relied on the use of these words in other clauses of the PTD. The House of Lords reversed the decision of the trial judge[326] and the Court of Appeal.[327] Lord Steyn although he expressly disavowed "a theory of creative interpretation" considered that the interpretation put forward on behalf of the Name, "makes too much of the niceties of the language employed". He said:

> "*Loyalty to the text of a commercial contract, instrument, or document read in its contextual setting is the paramount principle of interpretation. But in the process of interpreting the meaning of the language of a commercial document the court ought generally to favour a commercially sensible construction.* The reason for this approach is that a commercial construction is likely to give effect to the intention of the parties. Words ought therefore to be interpreted in the way in which a reasonable commercial person would construe them. And the reasonable commercial person can safely be assumed to be unimpressed with technical interpretations and undue emphasis on niceties of language. It is such a commercial view of clause 2(a)(i) which has led me to conclude that the Napier case was wrongly decided." [Emphasis added]

4-080 In *Kingscroft v Nissan*,[328] Moore-Bick J reviewed the authorities on the principles of interpretation of commercial contracts, and considered the impact of the speeches

---

[321] *Rainy Sky SA v Kookmin Bank* [2011] UKSC 50, [21].
[322] *Kazeminy v Siddiqi* [2012] EWCA Civ 416.
[323] *Investors Compensation Scheme Ltd v West Bromwich Building Society (No.1)* [1998] 1 All E.R. 98.
[324] *Arbuthnott v Fagan* [1996] L.R.L.R. 135.
[325] *Society of Lloyd's v Robinson* [1999] 1 W.L.R. 756 HL (Lords Browne-Wilkinson, Woolf MR, Steyn, Hope and Hutton).
[326] Saville J (as he then was).
[327] Nourse, Hobhouse and Pill LJJ [1997] L.R.L.R. 1 (sub nom. *Napier & Ettrick v Kershaw, Society of Lloyd's v Woodward*).
[328] *Kingscroft v Nissan* [1999] Lloyd's Rep. I.R. 603.

of Lord Hoffmann in *ICS v West Bromwich BS*[329] and *Mannai v Eagle Star*.[330] He said:

"More recently, however, there have been reminders that the court should not be too ready to accept the suggestion that the language chosen by the parties was not intended to bear its natural and ordinary meaning, or in Lord Hoffmann's terms, that the parties made a linguistic mistake. In particular, in *National Bank of Sharjah v Dellborg (Court of Appeal* unreported, July 9, 1997) Saville and Judge L.JJ., while accepting that the principles summarised by Lord Hoffmann represented the law, expressed concern that the surrounding circumstances should be permitted to alter the meaning of words which on their face have an unambiguous and sensible meaning as a matter of ordinary language."

Moore-Bick J rejected the submission of counsel for the defendant reinsurers that:

"the comments of Lord Hoffmann in *ICS v West Bromwich* must be understood in the context of the construction of a document which was poorly drafted and uncertain in its meaning."

He concluded as follows:

"... as the Court of Appeal recognised in *National Bank of Sharjah v Dellborg*, Lord Hoffmann was setting out to summarise the principles by which the court should approach the construction of contractual documents in general and was not confining his remarks to cases where ambiguities or uncertainties are apparent from the document itself. Indeed, it is not difficult to envisage a case in which an understanding of the background to the contract would enable one to see clearly that an expression which appeared on the face of it to mean one thing was in fact intended to mean something rather different. That may be because the parties are using a word in some private and unusual sense, but the principle is not limited to such cases. I am unable to accept, therefore, that the court can only take account of the background in cases where the contract itself gives rise to doubts about its meaning. Having said that, I recognise that the common sense assumption that people have not made linguistic mistakes and thus intend that the words they have used should be given their natural and ordinary meaning deserves to be given great weight: see per Lord Mustill in *Charter Reinsurance Co Ltd v Fagan* [1997] A.C. 313 at page 384. *It follows that the clearer the language the less easily should the court be persuaded that the parties intended it to bear something other than its natural meaning. I think it important to recognise that it is still possible for parties to a contract to make a mistake in recording their intentions, for which the doctrine of rectification provides a remedy, and that it is no part of the court's function to improve the parties' bargain under the guise of construction. There are, therefore, limits beyond which the court cannot go in manipulating the language of the contract*: see per Lord Mustill in *Charter Reinsurance Co. Ltd v Fagan* at page 388. With these considerations in mind I turn to the background to these particular treaties." [emphasis added]

Although not cited, Moore-Bick J's comments emphasised in italics have found subsequent acceptance in *Arnold v Britton*[331] and *Wood v Capita Insurance Services Ltd*.[332]

---

[329] *ICS v West Bromwich BS* [1998] 1 All E.R. 98, above.
[330] *Mannai v Eagle Star* [1997] A.C. 749.
[331] *Arnold v Britton* [2015] UKSC 36; and see para.4-056 above.
[332] *Wood v Capita Insurance Services Ltd* [2017] UKSC 24; and see para.4-057 above.

Unreasonable meaning

4-081 It is clear from *Arnold v Britton*[333] and *Wood v Capita Insurance Services Ltd*[334] that the courts do not easily accept that commercial agreements contain linguistic mistakes or drafting errors. Moreover, as Lord Hodge pointed out alluding to Tolstoy "every ill-drafted contract is ill-drafted "in its own way.""[335]

In his dissenting judgment in *Charter Re v Fagan*, Staughton LJ asked rhetorically:

> "To what extent should one depart from the plain meaning of words in a contract in order to avoid a result which is unreasonable, or even absurd? Who is to be the judge of reasonableness? And on what material is it to be decided?"[336]

Staughton LJ accepted that, "it may be appropriate to consider whether the literal meaning of the words leads to a result that is unreasonable or even absurd". He cited, as the "classical exposition of that doctrine", Lord Reid's dictum in *L. Schuler AG v Wickman Machine Tool Sales Ltd*:

> "The fact that a particular construction leads to a very unreasonable result must be a relevant consideration. The more unreasonable the result the more unlikely it is that the parties can have intended it, and if they do intend it the more necessary it is that they shall make their intention abundantly clear."[337]

Staughton LJ said:

> "That short passage comprehends almost everything that needs to be said on this topic. It shows (1) that there is in general, and apart from consumer protection legislation, no law against people making unreasonable contracts if they wish; (2) whether they have done so is to be decided by ascertaining their intention (which of course has to be found in the language they used read in the light of the surrounding circumstances); and (3) it is a matter of degree in two respects—the more unreasonable the result, the clearer the language needed."[338]

Simon Brown LJ, who with Nourse LJ formed the majority of the Court of Appeal in *Charter Re v Fagan*, said:

> "Plain it is that the contractual words used may, whatever their context, be so abundantly clear that however unreasonable the result, they must be given that clear meaning. Failing that, however, then as I understood what Lord Reid said in *L. Schuler AG v Wickman Tools Machine Sales Ltd.* [1974] A.C. 235 at 251, the more unreasonable the result of a given construction, the readier should the court be to adopt some less obvious construction of the words: 'detailed semantic and syntactical analysis ... must be made to yield to business commonsense', as Lord Diplock put it in *Antaios Co. Nav SA v Salen Rederierna AB* [1985] A.C. 191 at 201."[339]

4-082 In the House of Lords, which unanimously approved the decision of the majority of the Court of Appeal, Lord Mustill said that the words of Lord Reid "reflect not only a method of construing contracts but also the common experience of how language is understood". Lord Mustill nevertheless added:

---

[333] *Arnold v Britton* [2015] UKSC 36; and see para 4-055 above.
[334] *Wood v Capita Insurance Services Ltd* [2017] UKSC 24; and see para 4-055 above.
[335] *Arnold v Britton* [2015] UKSC 36, [108].
[336] *Charter Re v Fagan* [1997] A.C. 313 at 358, and see Ch.5 below.
[337] *L. Schuler AG v Wickman Machine Tool Sales Ltd* [1974] A.C. 235 at 251.
[338] *Charter Re v Fagan* [1997] A.C. 313 at 355.
[339] *Charter Re v Fagan* [1997] A.C. 313 at 368–369.

"This practical rule of thumb (if I may so describe it without disrespect) must however have its limits. There comes a point at which the court should remind itself that the task is to discover what the parties meant from what they have said, and that to force upon the words a meaning which they cannot fairly bear is to substitute for the bargain actually made one which the court believes could better have been made. This is an illegitimate role for a court. Particularly in the field of commerce where the parties need to know what they must do and what they can insist on not doing ... In the end ... the parties must be held to their bargain."[340]

As *Charter Re v Fagan* illustrates, judges may have divergent views as to what is a "reasonable construction" in a particular commercial context. Lord Mustill said that:

"[I]f I had adhered to my first impression that the expression 'actually paid' could possess, even in the context of the policy, only the meaning which it has in ordinary speech, I would have wished to consider very carefully whether the opinion expressed in the dissenting judgment of Lord Justice Staughton, austere as it might seem, ought to be preferred ..."[341]

Staughton LJ pointed out[342] that the question whether a particular construction is reasonable, is a question of law which the judge, not market experts, must decide.

In *Gan Insurance Co Ltd v Tai Ping Insurance Co Ltd (Nos 2 & 3)*[343] Mance LJ found that the clause to be construed was ungrammatical and had no natural meaning. He said:

"In these circumstances, it is especially important to undertake the exercise on which the judge declined to embark, that is to consider the implications of each interpretation. In my opinion, a court when construing any document should always have an eye to the consequences of a particular construction, even if they often only serve as a check on an obvious meaning or a restraint upon adoption of a conceivable but unbusinesslike meaning. In intermediate situations, as Professor Guest wisely observes in *Chitty on Contracts* 28th edition Vol 1, para.12-049, a 'balance has to be struck' through the exercise of sound judicial discretion."[344]

Business common sense

As noted above, "commercial /business common sense" as a construction aid as a lesser role to play in commercial agreements that have been negotiated and drafted by, or with the assistance of, professionals.[345] In *Rainy Sky SA v Kookmin Bank*[346] the Supreme Court stated that, as regards commercial contracts, where a term of a contract is open to more than one interpretation, it is generally appropriate to adopt the interpretation which is most consistent with business common sense. The notion of "commercial sense" in a (re)insurance context was considered by the Court of Appeal in *Teal Assurance Co Ltd v WR Berkley Insurance (Europe) Ltd*.[347] A US engineering group, Black and Veatch Corp ("BV"), had taken out professional indemnity insurance for the primary layer with Lexington and for the excess of loss

4-083

---

[340] *Charter Re v Fagan* [1997] A.C. 313 at 388.
[341] *Charter Re v Fagan* [1997] A.C. 313 at 388.
[342] See 4-085 below.
[343] *Gan Insurance Co Ltd v Tai Ping Insurance Co Ltd (No 2)* [2001] Lloyd's Rep. I.R. 667, discussed in Ch.5, 5-046 below.
[344] *Gan v Tai Ping* [2001] Lloyd's Rep. I.R. 667 at 685.
[345] *Wood v Capita Insurance Services Ltd* [2017] UKSC 24, [13].
[346] *Rainy Sky SA v Kookmin Bank* [2011] UKSC 50.
[347] *Teal Assurance Co Ltd v WR Berkley Insurance (Europe) Ltd* [2011] EWCA Civ 1570; [2012] Lloyd's Rep. I.R. 315, also see discussion in 4-053 and 4-058.

with its captive, Teal. The insurance contract with Teal was an excess of loss policy organised in three successive layers (the "PI tower") and, in addition, a top layer (a "top and drop" policy) which excluded claims from the US and Canada. Both the PI tower and the top and drop layer were reinsured. A dispute arose between Teal and the reinsurers of the top and drop layer (WR Berkley and Aspen) as to whether BV and/or Teal were entitled to choose which claims to meet from the primary and/or lower excess of loss layers, so as to ensure that those remaining for the top and drop layer were not US or Canadian claims (and thus maximizing its reinsurance recoveries). Teal placed heavy reliance on the wording of clause 1 contained in each of the PI tower layers and in the top and drop layer:

> "1. Liability to pay under this Policy shall not attach unless and until the Underwriters of the Underlying Policy/ies shall have paid or have admitted liability or have been held liable to pay, the full amount of their indemnity inclusive of costs and expenses."

Teal argued that the effect of this wording was that liability under the PI tower layers and the top and drop layer would necessarily depend upon the order in which Teal chose to settle insurance claims. Both the trial judge[348] and the Court of Appeal held that Teal could not do this and the Supreme Court[349] unanimously dismissed Teal's appeal. Longmore LJ giving the leading judgment in the Court of Appeal said:

> "The fact is that the construction of the policies of insurance, for which Mr Butcher [counsel for Teal] contends, does not lead to a sensible commercial result, while the reinsurers' construction (that the policies are exhausted in an orderly manner depending on the time when liability is established against Black and Veatch) does produce a commercially sensible outcome. In these circumstances, however much one may feel that Mr Butcher's construction is one possible construction, there is no doubt that the policies can bear the construction for which Mr Edelman QC contends on behalf of reinsurers. In these circumstances it is the more sensible commercial construction which is to be preferred, see *Rainy Sky S.A. v Kookmin* ..."[350]

Lord Mance giving the leading opinion in the Supreme Court agreed (obiter) with the Court of Appeal that Teal's construction would not produce a commercially sensible outcome and that, therefore, the reinsurers' construction which was consistent with business common sense ought to be preferred.[351] He noted that the construction advocated by Teal "produces the unfamiliar phenomenon of an insurer seeking to maximise its own insurance liabilities" and "cannot in the present context readily be reconciled with the basic philosophy that insurance covers risks lying outside an insured's own deliberate control".[352]

Royal & Sun Alliance v Dornoch[353] provides an illustration of the difficulties the courts face in construing inapposite clauses. The original insurance policy was written on a claims made basis and required the insured to give notice of any "claim" made against them "as soon as reasonably practicable". The claims control clause in the reinsurance contract made it a condition precedent to liability that notice of

---

[348] *Teal Assurance v Berkley* [2011] EWHC 91 (Comm).
[349] *Teal Assurance v Berkley* [2013] UKSC 57.
[350] *Rainy Sky SA v Kookmin Bank* [2011] 1 WLR 2900 at [21]–[30] per Lord Clarke of Stone-cum-Ebony.
[351] *Teal Assurance v Berkley* [2013] UKSC 57 at [31].
[352] *Teal Assurance v Berkley* [2013] UKSC 57 at [30].
[353] *Royal & Sun Alliance v Dornoch* [2005] Lloyd's Rep. I.R. 544, discussed further in Ch.5, 5-045 below.

any "loss" be given to reinsurers within 72 hours. The reinsurers argued that "loss" meant "alleged" loss, in effect reading "loss" as the equivalent of "claim", since the reinsured may be unlikely to "know" of any actual loss until the loss had been ascertained, which would be long after the reinsurers would wish to be aware of the event which might give rise to their liability. Counsel for the reinsurers had urged the Court of Appeal to escape the prison-gates of literalism and embrace the concept of "business common sense". Longmore LJ said:

> "Attractive as that proposition is in general, there are dangers in judges deciding what the parties must have meant when they have not said what they meant for themselves. This is particularly dangerous when the parties have selected from the shelf or the precedent book a clause which turns out to be unsuitable for its purpose. The danger is then intensified if it is only one part of such a clause which is to be construed with 'business common sense'. If the parties had addressed their mind to the question which clause out of a number of standard terms they would have used for the particular requirement which they had in mind it is by no means obvious that they would have selected a form which was as draconian as the one unwisely but in fact chosen. It may very well be necessary for reinsurers to be informed within 72 hours if a fire has recently taken place or a cargo is rotting on the quayside. The sooner an adjuster or surveyor arrives, the more likely it is that he will discover the true nature of the loss. But if one is selecting a clause which will give reinsurers a degree of control over a claim for financial loss in respect of legal liability (incurred, for example, as a result of purchasing shares) the urgent need for notifying a loss within 72 hours is by no means obvious and still less is it obvious that any delay in their reinsurers will fail altogether ... It does not, therefore, seem to me to be any part of the court's function to go out of its way to give a purposive or business common sense construction to one part of a clause in favour of one party and thus enable that party to seek to take advantage of another part of the clause which has draconian consequences for the other party. If the parties had decided to choose an appropriate form of clause suitable for the reinsurance of a reinsured's liability rather than his property, they might very well have chosen a clause with a longer notice period than 72 hours or at least a clause which did not make 72 hours' notice a condition precedent to any liability on reinsurers' part."[354]

Business common sense was also invoked in *Unipolsai Assicurazioni SpA v Covea Insurance Plc*.[355] The reinsurers argued that only individual losses within the time span of the "hours clause" fell to be indemnified under the contract of reinsurance and should be calculated on a day-by-day basis. Foxton J rejected that argument for a number of reasons, including on the ground that such a construction would produce uncommercial consequences, such as repeated calculations rather than a quantification of loss over a period of time by comparing it to an equivalent period of time prior to the occurrence of the insured peril.

Admissibility of expert evidence

As we have noted above, it has become the common practice in reinsurance disputes for each side to call expert evidence to support its position on any doubtful point of contractual interpretation. There appear to be two principal justifications for the admission of such evidence. First, where a custom or usage peculiar

4-084

---

[354] *Royal & Sun Alliance v Dornoch* [2005] Lloyd's Rep. I.R. 544 at 549–550, [16] and [18].
[355] *Unipolsai Assicurazioni SpA v Covea Insurance Plc* [2024] EWHC 253 (Comm), Sections E3 and E4.

to the reinsurance market is alleged—then such evidence is generally admissible.[356] Secondly, as part of the search for Lord Wilberforce's elusive "matrix", expert witnesses are called to paint the background against which the contract is to be construed. For example in *Baker v Black Sea*, Potter J (as he then was) admitted expert evidence as to the classification of insurance business and the practice of insurers in Lloyd's and the United States in order to construe the meaning of the phrase "fire and casualty":

> "... not as evidence of any definitive meaning to be applied ... under an asserted custom or usage of the market, but as evidence of the context and practice against which the phrase must be construed in the contract before the Court on the basis of the inferred common intention of the parties."[357]

The extent to which the admission of expert evidence for this latter purpose is either necessary or desirable is open to question. In the Court of Appeal, Staughton LJ said:

> "Before the Judge there was expert evidence directed at issues where there was alleged to be a relevant customary meaning and at other issues where there was not. It appears now to be common to call evidence of market practice, which must greatly add to the cost and length of legal proceedings. It would be in the public interest that the circumstances in which such evidence is helpful, relevant and admissible, should be authoritatively defined."[358]

The judges of the English and Bermuda Commercial Courts, both on the bench and while practising at the bar, may be supposed to have acquired considerable background knowledge of how the reinsurance market operates. The forensic value of much of this so-called expert evidence may be dubious. However, a failure to produce an expert to back one's position may lead a court to infer that the position being taken is commercially unmeritorious.[359] Some judges have expressed a reluctance to rule on points of law in the absence of evidence of market practice.[360] However useful judges may find the view of the market, and wish to take comfort from the fact that their interpretation of a contract accords with market practice, they should never allow the expert witness to usurp the judicial function. In *Abrahams v Med Re*, Parker LJ sounded the following warning note:

> "I turn now to the rating ... much evidence was directed to this point. The courts are, however, not concerned to construe contracts in order to make them accord with what the court considers would be a commercially fair bargain, still less to found [a decision] upon what other underwriters however experienced and expert, would or would not have accepted in a particular case."[361]

4-085 Ultimately, questions of contractual interpretation are questions of law, and to answer Humpty Dumpty's question, in a court of law the judge is master. As Staughton LJ stated in *Charter Re v Fagan*:

> "There was no direct evidence that on the reinsurers' construction the contracts were

---

[356] See e.g. *Fennia Patria* [1983] 2 Lloyd's Rep. 287 and *The "Zephyr"* [1984] 1 Lloyd's Rep. 58; and Ch.3, 3-005 above.
[357] *Baker v Black Sea* [1995] L.R.L.R. 261 at 269.
[358] *Baker v Black Sea* [1996] L.R.L.R. 353 at 356; see also the observations of Staughton LJ in *Charter Re v Fagan*, cited below.
[359] See e.g. *ICSP v Grand Union* [1990] 1 Lloyd's Rep. 208.
[360] See e.g. *Kansa v Herald, Supreme Court of Bermuda, Civil Jurisdiction* 1992 No.211, 25 February 1994 (above); *Charman* [1992] 2 Lloyd's Rep. 60 (below).
[361] *Abrahams v Med Re* [1991] 1 Lloyd's Rep. 216 at 237.

unreasonable. Whether such evidence would be admissible or not—we must bear well in mind that the undue proliferation of expert evidence is a major cause of the present high cost of litigation—I very much doubt whether it would be helpful. Witnesses can explain the background, context, surrounding circumstances or matrix. As we have no such evidence or very little, this is not the case to embark on consideration of what would qualify under that head ... But once it is available, two conflicting opinions on whether the contract is unreasonable on one construction are of little value. Even though it be a question of fact, the judge can as well make up his own mind."[362]

Of course, judges differ in their opinions. In the English and Bermudian legal systems, in the final analysis, words mean what the majority of the UK Supreme Court, or as the case may be the Privy Council, chose them to mean, no more and no less.

Where the arbitrators are the masters, they will (if they are reinsurance market men) have firm views on what is and is not commercially sensible, and may well consider that expert evidence is unnecessary.[363] It should not be supposed, however, that "arbitrators-as-experts" will necessarily be more sympathetic to reinsurers who have made an improvident bargain.[364]

In *Kingscroft v Nissan*,[365] Moore-Bick J fired a shot across the bows of a well-known Lloyd's underwriter who gave evidence as an expert witness. He said:

4-086

"Much of Mr Outhwaite's report in relation to the issue of retention was taken up with expressing his opinion on what a reasonable underwriter would or would not understand the wording of these particular treaties to mean. I did not find that particularly helpful. *Parties and expert witnesses alike should bear in mind that questions of construction, especially those which concern the construction of the contract on which the claim is based, are for the court. Expert evidence is often of great assistance in relation to such issues, but it is neither helpful nor appropriate for an expert witness simply to give his own opinion on what the words mean or how a reasonable market man would understand them.* An expert witness can, and indeed should, inform the court of any aspects of the commercial background which have a bearing on the construction of the contract and explain their relevance. In carrying out that task it is sometimes difficult for him to avoid giving his own opinion on the question of construction, but if he does so, at least the court is then in a position to evaluate it by reference to his evidence of the market background as well as that of other witnesses." [Emphasis added]

In *Thor Navigation Inc v Ingosstrakh Insurance Co*[366] the claimant argued that a marine policy stating that the "sum insured" was US$1.5 million rendered the policy a valued policy and the constructive total loss of the ship entitled him to that sum. Two experts (one, again, Richard Outhwaite, this time earning the approval of the judge) gave evidence that "it was the invariable practice in the English marine insurance market for hulls and machinery to be insured on a valued basis". They also, however, gave evidence that on those "invariable" occasions the word "valued" was used, and that the term "sum insured" was "universally recognised as denoting a maximum amount of insurers' liability". Faced with a conflict between an invariable practice and a universal practice, Gloster J decided for the universal practice (rightly in our view) and decided that the policy was not a valued policy.

---

[362] *Charter Re v Fagan* [1997] A.C. 313 at 361–362.
[363] See further in Ch.14 below.
[364] See e.g. the views of Robert Kiln—expressing cynicism born of experience—quoted in Ch.2, 2-017 above.
[365] *Kingscroft v Nissan* [1999] Lloyd's Rep. I.R. 603.
[366] *Thor Navigation Inc v Ingosstrakh Insurance Co* [2005] EWHC 19 (Comm).

This illustrates that in the right case, in the right circumstances, expert evidence has a place in assisting the judge on construction.

Clauses in the slip "wording to be agreed"

4-087   The first thing to note about wording to be agreed, or "tba" as it is frequently abbreviated, is that following Contract Certainty (see Ch.2, 2-019 above) problems arising from wording such as this appearing on the slip should be infrequent. But they can still occur. In *Axa Corporate Solutions SA v National Westminster Bank Plc*[367] the slip provided "Terrorism exclusion (wording to be agreed)". There was an issue of fact over whether the insured had agreed that provision in the slip, which need not concern us here. (The insured *had* agreed the provision). The question for this chapter is whether, given that no wording was ever agreed, there was in fact a terrorism exclusion. Hamblen J held that the exclusion operated. The words were clear and did not require elaboration. The contemplation of a fuller wording did not undermine the fact that the exclusion was in terms that could be construed and applied. It is not uncommon for slip wording to contemplate fuller wording in the policy and for such fuller wording to then not appear. The approach of the courts is to seek to give meaning to such short form agreements. The wording "tba" scenario is different from the situation where the issued slip or policy is erroneously missing a term previously agreed. In *Allianz Insurance Co Egypt v Aigaion Insurance Co SA*,[368] where the reinsurer agreed cover "as quoted" in a slip that mistakenly did not contain a previously agreed class warranty, the Court of Appeal held that reinsurers were bound to the wording as signed and that they should have framed the case as a plea for rectification.

Presumptions peculiar to reinsurance

Back-to-back coverage?

4-088   Is there a presumption of co-extensive coverage under a reinsurance contract? That is to say, is it the presumed intention of the parties that everything that is covered under the original insurance is to be covered under the reinsurance? If there is such a presumption, it is arguable that reinsurance contracts should be construed to provide back-to-back coverage. It has already been noted in 4-047 that, as regards non-proportional reinsurance, there is no presumption that a non-proportional secondary reinsurance is back-to-back with a preceding proportional reinsurance.[369] In *AXA Reinsurance (UK) Ltd v Field*, Lord Mustill explained that there is no such presumption since in non-proportional reinsurance, the interests and strategies in relation to writing risk and claims of the reinsured and a reinsurer with a horizontal slice of the risk are not necessarily aligned.[370]

In contrast, one may suppose that in the case of proportional reinsurance contracts and in particular where the terms of the underlying insurance contract are incorporated on an "all terms and conditions as original" basis, back-to-back cover

---

[367] *Axa Corporate Solutions SA v National Westminster Bank Plc* [2010] EWHC 1915.
[368] *Allianz Insurance Co Egypt v Aigaion Insurance Co SA* [2008] EWCA Civ 1455; [2009] Lloyd's Rep. I.R. 533.
[369] *AXA Reinsurance (UK) Ltd v Field* [1996] 2 Lloyd's Rep. 233 at 238–240; and *Agrinational Ltd, et al v Erieview Insurance Co Ltd* [1995] Bda L.R. 17 Bermuda Civil Appeal No.6 of 1995, 27 June 1995 per Huggins JA.
[370] *AXA Reinsurance (UK) Ltd v Field* [1996] 2 Lloyd's Rep. 233 at 238–239.

will frequently be the intent.[371] In *Vesta v Butcher*[372] the House of Lords appear to have assumed that all reinsurance contracts were, by their very nature, presumed to be back-to-back with the original insurance contract. Lord Griffiths said:

> "In the ordinary course of business reinsurance is referred to as 'back-to-back' with the insurance, which means that the reinsurer agrees that if the insurer is liable under the policy the reinsurer will accept liability to pay whatever percentage of the claim he has agreed to reinsure. A reinsurer could of course, make a special contract with an insurer and agree only to reinsure some of the risks covered by the policy of insurance, leaving the insurer to bear the full costs of the other risks. Such a contract would I believe be wholly exceptional, a departure from the normal understanding of the back-to-back nature of reinsurance and would require to be spelt out in clear terms. I doubt if there is any market for such a reinsurance."[373]

Lord Griffiths' view of the operation of the reinsurance market—that a reinsurer offered a risk has only two options: (1) to accept or reject a risk; and (2) if the risk is accepted, how big a percentage to write—is, with respect, too simplistic. See, for example *The "Zephyr"*[374] where "all risks" and "total loss" were separately insured/reinsured. Likewise, in *Street v Royal Exchange Assurance*,[375] the reinsurance policy was confined to a claim in respect of a constructive total loss, and it was there contended that the claim which was compromised was not the claim in respect of that loss, but an alternative claim in respect of a partial loss only.[376] Although in *Vesta v Butcher* it was clearly the intention that the reinsurance be back-to-back with the original insurance, *Youell* illustrates that reinsurers may insert conditions limiting the scope of reinsurance coverage.

4-089 In *Groupama Navigation et Transports v Catatumbo CA Seguros* (discussed in 4-022 above), Tuckey LJ said that in a proportionate reinsurance:

> "... there is a presumption that, in the absence of clear words to the contrary, the scope and nature of the cover afforded is the same as the cover afforded by the insurance."[377]

And Mance LJ said:

> "The reinsurance is however a contract which in terms relates to and must be read in conjunction with the terms of the original insurance. The two contracts were clearly intended to be back to back."[378]

4-090 In *HIH v New Hampshire*, the presumption of back-to-back coverage in proportional reinsurance was watered down to a "rebuttable presumption". The reinsurance contract in that case was not only proportional reinsurance, but asserted to be a fronting arrangement (albeit the "front" has a substantial retention and participated in the risk). Rix LJ was considering whether Clause 8 intended to strip the insurer of defences to a claim, passed into the reinsurance contract. He said:

> "165. I start with the assumption, and I stress the word assumption, that the insurance and reinsurance contracts were intended to be back to back and that, as the judge said, the set-up was akin to a fronting arrangement. Those matters are in dispute,

---

[371] *AXA Re v Field* [1996] 2 Lloyd's Rep. 233 at 238 per Lord Mustill, and Ch.5, 5-072 and 5-107 below.
[372] *Vesta v Butcher* [1989] 1 Lloyd's Rep. 331, and see above.
[373] *Vesta v Butcher* [1989] 1 Lloyd's Rep. 331 at 336.
[374] *The "Zephyr"* [1984] 1 Lloyd's Rep. 58; [1985] 2 Lloyd's Rep. 529, CA, and discussed in Ch.3, 3-010 to 3-021 above.
[375] *Street v Royal Exchange Assurance* (1914) 19 Com. Cas. 339.
[376] *Gurney v Grimmer* (1932) 44 Ll.L.Rep. 189 at 196 per Lawrence LJ.
[377] *Groupama Navigation et Transports v Catatumbo CA Seguros* [2001] Lloyd's Rep. I.R. 141 at 145.
[378] *Groupama Navigation et Transports v Catatumbo CA Seguros* [2001] Lloyd's Rep. I.R. 141 at 146.

and the extent of inferences that may be derived from them are likewise in dispute. Indeed the reinsurers criticise the judge for starting from the premise of a presumption that the insurances were intended to be back to back.

166. I wish to be cautious, which is why I use the word assumption. I wish to be cautious because of the combination of circumstances that there has been no agreement or agreed assumptions as to the facts of the placement of these insurances, no investigation of them, and yet there is a dispute about such matters. What is a court to do in such a situation? Since the preliminary issues are there to be answered, I think the court must try to do so, if it can do so without potential injustice or the likelihood or error. In such circumstances I do not think it is unfair or likely to turn out to be in error to assume that the insurances were intended to be back to back or that the set-up was akin to a fronting arrangement. I have in mind both the facts stated earlier on in this judgment, and the general principle that in the context of facultative reinsurance, as here, there is a presumption, aided by general words of incorporation such as those found in this case, that the parties intended at least the scope of the cover to be back to back, so that risk falling within one will fall within the other. If a subsequent investigation of the facts shows that a different conclusion is required, then I acknowledge that nothing said here should pre-empt findings of fact yet to be made, or any necessary inferences of construction to be made on the basis of those facts. In the meantime, I must proceed as best I can.

167. As for the general presumption of back to back reinsurance, I would refer to what Kerr L.J. said in *Citadel Insurance Co v Atlantic Union Insurance co SA* [1982] 2 Lloyd's Rep. 543 at 546: 'The conditions of the cover were described as "as original" with certain qualifications. This is usual and means no more than the terms of the reinsurance cover are to be the same as those of the original i.e. reinsured, policies.'"

Rix LJ then went on to cite the passage from Lord Griffiths cited above. That back-to-back coverage is not a foregone conclusion was also made clear by the House of Lords in *Wasa v Lexington*.[379] Lord Collins stated:

> "In principle the relevant terms in a proportional facultative reinsurance—and in particular those relating to the risk—should be construed so as to be consistent with the terms of the insurance contract on the basis that the normal commercial intention is that they should be back-to-back."[380]

However, there is neither a rule of law nor a rule of construction that ensures back-to-back coverage in facultative proportional reinsurance:

> "Where the insurance contract and the reinsurance contract are governed by different laws, it remains a question of construction of each contract under its applicable law as to what risk is assumed, and there is no special rule of the conflict of laws which governs the consequences of any inconsistency ... Although normally any loss within the coverage of the insurance will be within the coverage of the reinsurance, there is no rule of construction, and no rule of law, that a reinsurer must respond to every valid claim under the insurance irrespective of the terms of the reinsurance."

4-091 *Wasa v Lexington* shows that no presumption of back-to-back coverage applies if, at the time of the contract, no clear meaning can be given to the relevant words/ clause of the underlying insurance contract. It may be that there is a mindset, if not a presumption, that at least in facultative proportional reinsurance (possibly all proportional reinsurance), back-to-back coverage was intended. In contrast, with

---

[379] *Wasa International Insurance Co Ltd v Lexington Insurance Co* [2009] UKHL 40; and see 4-019 above.
[380] *Wasa International Insurance Co Ltd v Lexington Insurance Co* [2009] UKHL 40 at [58].

non-proportional reinsurance there is no presumption of back-to-back cover, as we saw above, in the speech of Lord Mustill in *AXA v Field*. Yet, there are examples where, on the facts, the objective intention of the parties to excess of loss reinsurance policies, which incorporated the terms of the underlying contracts, has been found to be that that the reinsurance contract should "mirror"[381] or not be "fundamentally different" to, or not "radically mismatch", to the underlying cover.[382]

We say above that transporting terms into the reinsurance from the insurance may assist the insurer in requiring the reinsurer to indemnify him, as it did in *Vesta* and in *Groupama*, but it may achieve a different result also. As is illustrated by *HIH v New Hampshire*, the incorporation of warranties, exclusions, and limits on cover, from the insurance into the reinsurance policy allows the reinsurer to rely on them to the disadvantage of the reinsured. It is as well to remember that when people are standing back-to-back, they are facing in opposite directions and the reinsurer may have a different motive for wishing reinsurance to be expressly "as original".

Payment of underlying loss

It will be presumed—in the absence of clear words to the contrary—that it is not a condition precedent to the liability of a reinsurer that the reinsured has actually paid the underlying loss.[383] The justification for such a presumption has been said to be that otherwise, in the event of the reinsured becoming insolvent and not being in a position to pay any claims, the reinsurer, having received premiums, will "go scot-free".[384]

4-092

5. IMPLIED TERMS

General principles

We are considering the implication of terms after the construction of the reinsurance contract since it is only after the initial process of construing the express terms of the contract—and their (in)completeness—that the issue of an implied term to fill any gap in the express wording arises.[385] Further, as Lord Neuberger said in *Marks & Spencer Plc v BNP Paribas Securities Services Trust Co (Jersey) Ltd*, "it is a cardinal rule that no term can be implied into a contract if contradicts an express term."[386] However, we repeat what we said at the outset of this chapter that the construction of reinsurance contract and the implication of terms are interconnected and iterative processes.

Terms may be implied by statute, by the courts and by custom. Terms implied by statute are implied as a matter of law by setting out default terms for defined categories of contracts. The parties' ability to contract out from such statutory

4-093

---

[381] *Munich Re Capital Ltd v Ascot Corporate Name Ltd* [2019] EWHC 2768 (Comm) at [51] per Carr J.
[382] *Tokio Marine Europe Insurance Ltd v Novae Corporate Underwriting Ltd* [2013] EWHC 3362 (Comm); [2013] 2 C.L.C. 769 at [46] per Hamblen J.
[383] See *Charter Re v Fagan* [1997] A.C. 313, discussed in Ch.5, 5-088 to 5-090 below.
[384] *Home & Overseas v Mentor* [1989] 1 Lloyd's Rep. 473 at 480 per Hirst J.
[385] *Marks & Spencer Plc v BNP Paribas Securities Services Trust Co (Jersey) Ltd* [2015] UKSC 72 at [28] per Lord Neuberger; and also see *Equitable Life Assurance Society v Hyman* [2002] 1 A.C. 408 at 459 per lord Steyn.
[386] [2015] UKSC 72.

implied term may be limited where the purpose of the implied term is to protect a more vulnerable party. For insurance and reinsurance contracts, the most prominent example is the implied term pursuant to IA 2015 s.13A that if the re/insured makes a claim under the contract, the re/insurer must pay any sums due in respect of the claim within a reasonable time. This implied term will be considered further in Ch.5, 5-145–5-147. The MIA 1906, in so far as it applies to reinsurances of marine risks,[387] implies into the contract warranties by the reinsured as to the seaworthiness of the vessel and the lawful nature of the voyage.[388]

In general contract law, terms implied by the courts are customarily divided into two sub-categories: terms implied in fact and terms implied in law. A term implied in fact is a term specific to the particular contract in question to give that contract the effect which the courts consider to be the unexpressed intention of the parties. As will be discussed below, the test for implication of terms in fact is stringent by reference to necessity to give "business efficacy" to the contract in question. In contrast, terms implied in law lay are of more general application to a specified class of contracts. Here the test for implication is one of "necessity" that appears to be more fluid taking into account what is a reasonably necessary between parties in that class of contracts. Contract scholars and judges have noted that the distinction between terms implied by the courts as a matter of fact or in law can be slim or become blurred where the class of contracts is specialist or narrow, and the difference between the "business efficacy" test and the "necessity" test can be one of degree.[389] In our view, the line has become blurred in relation to reinsurance contracts. Whilst it remains to be the position that terms implied in fact must be considered on a case-by-case basis against the background of a specific contract, the instances where terms have been implied into reinsurance contracts can be grouped by reference to specific types of clauses and the courts are not always clear whether a term is implied in fact or in law. For these reasons, we will be considering terms implied by the courts in fact and in law together in 4-94–4-110.

Terms implied from custom and usage constitute a separate category: the term derives from the custom of a particular industry or market, although the courts will be called upon to determine whether such a custom exists. We discuss terms implied from custom and usage in 4-111 to 4-115 below.

Terms implied by the courts

4-094   In *Marks & Spencer Plc v BNP Paribas Securities Services Trust Co (Jersey) Ltd*,[390] the Supreme Court was asked to consider the implication of a term into a lease agreement that a tenant would be entitled to a refund of rent paid quarterly in advance if it exercised a break clause. Lord Neuberger concluded that this was a case on the implication of a term in fact and took the opportunity to review the authorities on terms implied in fact. He distilled the following principles:

1. A term would not be implied unless it was necessary to give business efficacy to the contract and/or on the basis of the obviousness test.
2. The business efficacy and obviousness tests were alternative tests, but it would be rare for one but not the other to be satisfied.
3. The business efficacy test was only satisfied if, without the term, the contract would lack commercial or practical coherence.

---

[387] See Ch.7 below.
[388] See Marine Insurance Act 1906 ss.39 and 41, respectively.
[389] For a discussion, see e.g. Mindy Chen-Wishart, "Contract Law" (7th edn, OUP, 2022) s.10.6.2.4 and Ewan McKendrick, "Contract Law – Text, Cases, Materials" (10th edn, OUP, 2022) s.10.4.
[390] [2015] UKSC 72.

4. The obviousness test would only be satisfied when the implied term was so obvious that it went without saying.
5. A term would not be implied if it was inconsistent with an express term.
6. The implication of a term was not dependent on proof of an actual intention of the parties, but on what notional reasonable people in the parties' position would have agreed.
7. The question was to be assessed at the time the contract was made.
8. The test was one of necessity, not reasonableness. The fairness or equity of a suggested implied term was not a sufficient precondition for its inclusion.
9. The factors to be taken into account on an issue of construction, namely the words used in the contract, the surrounding circumstances known to both parties at the time of the contract, commercial common sense, and the reasonable reader or reasonable parties, are also taken into account on an issue of implication.[391]

In *Equitable Life Assurance Society v Hyman*, Lord Steyn said that it was, "necessary to distinguish between the processes of interpretation and implication. The purpose of interpretation is to assign to the language of the text the most appropriate meaning which the words can legitimately bear ... implied terms operate as ad hoc gap fillers".[392] Having cited the above-quoted passage of Lord Wright, Lord Steyn continued as follows:

"It is only an individualised term of the second kind which can arguably arise in the present case. Such a term may be imputed to parties: it is not critically dependent on proof of an actual intention of the parties. The process 'is one of construction of the agreement as a whole in its commercial setting': *Banque Bruxelles Lambert SA v Eagle Star Insurance Co Ltd* [1997] A.C. 191, 212e, per Lord Hoffmann. This principle is sparingly and cautiously used and may never be employed to imply a term in conflict with the express terms of the text. The legal test for the implication of such a term is a standard of strict necessity."[393]

The reference to "strict necessity" in *Equitable Life Assurance Society v Hyman* should now be read as "business necessity" (which is a lesser standard than "absolute necessity"), but the jurisprudential distinction between the process of contractual construction and the implication of terms has been confirmed in the Supreme Court's decision in *Marks & Spencer*.[394] Mere "reasonableness" is not a test for implying a term. In *Friends Provident Life & Pensions Ltd v Sirius International Insurance Corp*,[395] Mance LJ rejected the implication of a condition precedent to a claim on the basis that it might or would have been reasonable for the parties to agree such a provision, and this position has been reiterated by Lord Neuberger in *Marks & Spencer*.[396]

The Court of Appeal's decision in *Equitas Insurance Ltd v Municipal Mutual*

4-095

---

[391] *Marks & Spencer Plc v BNP Paribas Securities Services Trust Co (Jersey) Ltd* [2015] UKSC 72 at [15]–[27] per Lord Neuberger (PSC).
[392] *Equitable Life Assurance Society v Hyman* [2002] 1 A.C. 408 at 459.
[393] *Equitable Life Assurance Society v Hyman* [2002] 1 A.C. 408 at 459.
[394] *Marks & Spencer Plc v BNP Paribas Securities Services Trust Co (Jersey) Ltd* [2015] UKSC 72; [2016] A.C. 742 at [24]–[25] per Neuberger JSC.
[395] *Friends Provident Life & Pensions Ltd v Sirius International Insurance Corp* [2005] EWCA Civ 601; [2005] 2 Lloyd's Rep. 517 at [32].
[396] See above: *Marks & Spencer Plc v BNP Paribas Securities Services Trust Co (Jersey) Ltd* [2015] UKSC 72; [2016] A.C. 742 at [21] per Neuberger JSC.

Insurance Ltd,[397] provides a reinsurance example of both the court's willingness to imply a term if it is necessary to give business efficacy to the reinsurance contract in question and the court's refusal to imply a term where the term to be implied would be in conflict with an express term. In *Equitas Insurance Ltd*, the reinsured, Municipal, had had settled mesothelioma claims made under its employers' liability policies. Under a special rule of causation known as the "*Fairchild*[398] enclave" applying to mesothelioma claims, an employer who had tortiously exposed an employee to asbestos was liable for the whole of the damage caused by asbestos, irrespective of the fact that the employee had also been exposed to asbestos by other prior or subsequent employers. The employers settled the claims accordingly. Consequently, Municipal settled claims from employer insureds on the basis that each insurance policy gave 100% cover where it provided cover for at least some of the period of alleged exposure and the underlying claim could be proved, there being no apportionment to individual policies or years. Where possible, Municipal then sought a contribution from other insurers under the *Fairchild* principle. Initially, Municipal had presented reinsurance claims to the reinsurer, Equitas, on the basis of a "time on risk" allocation, so that each loss was divided pro rata between the years of reinsurance in which the employees had been exposed to asbestos, but later on Municipal changed its method of presentation—to a method that has become known as "spiking claims"—so that each whole claim was presented to one single policy year of its choice in accordance with rules applying at insurance level.

The Court of Appeal determined that the practice of "spiking" (although permissible at the underlying primary insurance level)[399] should not be perpetuated at the reinsurance level. The court did so on the basis of an implied term to the effect that a reinsured's right to present its reinsurance claim had to be exercised in a manner which was not arbitrary, irrational or capricious. In that context, rationality required that reinsurance claims be presented by reference to each year's contribution to the risk, reflecting the extent to which exposure to asbestos in that year contributed to the risk which arose during periods covered by Municipal's policies of the victim contracting mesothelioma as a result of the insured employer's wrongdoing. Leggatt LJ said:

> "[162] ... the justification for implying this term is that the implication is necessary to prevent the insurer's power to allocate its loss among policy years from being abused. The power to 'spike' a loss to a particular year is not one for which the reinsured can reasonably be said to have bargained since it was not within the reasonable contemplation of the parties when the reinsurance contracts were made that the reinsured might be able to choose the year to which a loss will attach. Nor was it within the reasonable contemplation of the parties that the reinsured might be able to claim under a policy providing one year of cover loss that results from risks that arose in other policy years. Both these possibilities are inconsistent with the essential nature and purpose of the parties' agreement. In these circumstances good faith requires that the reinsured should not exploit this power which it was not intended to have for its own commercial advantage but should exercise it in a way which is as consistent as possible with the assumption of risk for which the reinsurance premium was paid."

"Spiking" was inconsistent with the parties' presumed intentions and reasonable expectations at the time of concluding the contract and was contrary to the

---

[397] *Equitas Insurance Ltd v Municipal Mutual Insurance Ltd* [2019] EWCA Civ 718.
[398] *Fairchild v Glenhaven Funeral Services Ltd (t/a GH Dovener & Son)* [2002] UKHL 22; [2003] 1 A.C. 32.
[399] *International Energy Group Ltd v Zurich Insurance Plc UK* [2015] UKSC 33; [2016] A.C. 509.

underlying statistical reality that employees' critical exposures would not all have occurred in the same year. Whilst Leggatt LJ referred to the "necessity" of implying that term, the emphasis in his and Males LJ's judgments was on identifying the scope of the implied term by reference to the presumed intentions and reasonable expectations of the parties at the time when the contracts were concluded: the implication of the term achieved an outcome which was as close as possible to what the parties could be taken as having intended if they had foreseen the development of the *Fairchild* jurisprudence.[400]

In contrast, the Court of Appeal in *Equitas Insurance Ltd* declined to imply a term to the effect that the reinsured's ultimate net loss must be formulated by reference to the contribution to risk made in the period of each reinsurance (i.e. on a time on risk basis) since such an implied term would ran contrary to the proper construction of the reinsurance contract which provided for reinsurance claims to be presented on the basis that the reinsured's ultimate net loss under the underlying contract was for 100% (and not apportioned) liability.[401]

Implied terms and good faith

The conduct of the reinsured and the reinsurer towards each other is governed by the general principle of utmost good faith which applies to all insurance contracts.[402] However, the duty of utmost good faith is extra-contractual, that is, it is not an implied term.[403] Its post-contractual application is limited and it is uncertain which remedies are available for its breach post-IA 2015 s.14.[404] In *Gan Insurance Co Ltd v Tai Ping Insurance Co Ltd*, a case concerning a facultative proportional reinsurance contract that contained a claims co-operation clause, the Court of Appeal held that a reinsurer's right to withhold its approval to a settlement between the reinsured its insured was not unqualified but must be exercised in good faith. Lord Mance did not formulate the good faith requirement as part of the extra-contractual duty of utmost good faith or an implied term, but rather an "implied limitation" on the exercise of an express contractual discretion.[405] Lord Mance said:

4-096

"The qualification that I have identified does not arise from any principles or considerations special to the law of insurance. It arises from the nature and purpose of the relevant contractual provisions."[406]

In *Equitas Insurance Ltd v Municipal Mutual Insurance Ltd*,[407] the Court of Appeal rejected the argument that the duty of utmost good faith has a role to play in preventing the reinsured from spiking claims. Instead, the Court of Appeal cited the Supreme Court in *Braganza v BP Shipping Ltd*:[408]

"[18] ...The courts have therefore sought to ensure that such contractual powers [in

---

[400] At [114] per Males LJ and [151] per Leggatt LJ.
[401] At [98]–[100] per Males LJ.
[402] Discussed in Ch.6, Pt 3 below.
[403] See the *Gemstones case, Banque Keyser Ullmann SA v Skandia (UK) Insurance Co* [1991] 2 A.C. 249; [1990] 3 W.L.R. 364, and Ch.6, 6-146–6-147 below.
[404] See Ch.6, 6-125.
[405] *Gan Insurance Co Ltd v Tai Ping Insurance Co Ltd* [2001] EWCA Civ 1047; [2001] C.L.C. 1103 at [62] and [67] per Mance LJ.
[406] *Gan Insurance Co Ltd v Tai Ping Insurance Co Ltd* [2001] EWCA Civ 1047 at [68].
[407] *Equitas Insurance Ltd v Municipal Mutual Insurance Ltd* [2019] EWCA Civ 718.
[408] *Braganza v BP Shipping Ltd* [2015] UKSC 17; [2015] 1 W.L.R. 1661 at [18] per Baroness Hale DPSC.

which one party to the contract is given the power to exercise a discretion] are not abused. They have done so by implying a term as to the manner in which such powers may be exercised, a term which may vary according to the terms of the contract and the context in which the decision-making power is given."

Thus, there are two general propositions: (1) that contractual discretionary powers must not be abused, and (2) that the exercise of discretionary powers is circumscribed by an implied term that they must not be exercised in an arbitrary, irrational, or capricious, manner. In *Equitas v Municipal Mutual*, the Court of Appeal derived a specific implied term in the reinsurance context, namely that the reinsured's right to present its reinsurance claims must not present them in an arbitrary, irrational or capricious manner.[409] In *Equitas Insurance Ltd v Municipal Mutual*, rationality required that the reinsurance claims are presented by reference to each year's contribution to the risk and are not spiked by allocating them to a particular policy year of the reinsured's choice.[410] The Court of Appeal in *Equitas Insurance Ltd v Municipal Mutual* was careful to limit the implied good faith term to the mesothelioma claims context within the *Fairchild* enclave, but given that it derives from the general *Braganza* implied term to act rationally when exercising contractual discretion, there is no obvious bar to its application to other contractual rights under a reinsurance contracts where one of the parties has a choice as to how that right is to be exercised. Older reinsurance cases, such as *Gan Insurance v Tai Ping Insurance*[411] and *Bonner v Cox*,[412] now need to be re-considered through a *Braganza* lens as to whether a contractual discretion was at stake giving rise to an implied term that that discretion be exercised in good faith.

4-097 The *Braganza* implied term analysis was applied in *UK Acorn Finance Limited v Markel (UK) Limited*[413] in relation to an insurer's power to decide whether a non-disclosure had been innocent for the purposes of an unintentional non-disclosure (UND) clause in professional indemnity insurance policies issued to a surveyor's firm, Pelling J held that it was necessary to imply a term that the insurer would not exercise its decision-making powers under the UND clause arbitrarily, capriciously or irrationally, and that by wrongly taking into account immaterial considerations and ignoring material ones in their decision, this implied term had been breached. Pelling J did not relate the implied term to the duty of good faith but defined the scope of the duty in terms of *Wednesbury*[414] unreasonableness:

> "[64] ...This requirement imports two elements–namely (i) a requirement that the defendant will not take into account matters that it ought not to take into account and will take into account only matters that it ought to take into account; and (ii) a requirement that it does not come to a conclusion that no reasonable decision maker could ever have come to ..."[415]

We submit that an implied good faith-based term is, arguably, not easy to reconcile with the wider duty of good faith which arises as a matter of law, and which continues to apply to both parties during the term of the contract. Where is the boundary between the post-contractual duty of good faith arising at law and a

---

[409] *Equitas Insurance Ltd v Municipal Mutual Insurance Ltd* [2019] EWCA Civ 718; [2020] Q.B. 418 at [114] per Males LJ. Also see 4-095 above.
[410] *Equitas Insurance Ltd v Municipal Mutual Insurance Ltd* [2019] EWCA Civ 718.
[411] *Gan Insurance Co Ltd v Tai Ping Insurance Co Ltd* [2001] EWCA Civ 1047; see 4-096 and 5-046.
[412] *Bonner v Cox* [2005] EWCA Civ 1512; [2006] 2 Lloyd's Rep. 152; see 4-100 to 4-102.
[413] *UK Acorn Finance Ltd v Markel (UK) Ltd* [2020] EWHC 922 (Comm); [2020] 1 C.L.C. 632.
[414] *Associated Provincial Picture Houses Ltd v Wednesbury Corp* [1948] 1 K.B. 223; (1947) 63 T.L.R. 623.
[415] *UK Acorn Finance Ltd v Markel (UK) Ltd* [2020] EWHC 922 (Comm) at [64] per Pelling J.

contractual (implied) term to exercise a discretion in good faith and in a manner which is not arbitrary, irrational or capricious? In *Equitas Insurance Ltd v Municipal Mutual*, Males LJ declined to rely on the reinsurer's argument that spiking claims was contrary to the duty of good faith, preferring the implied term route. It seems that Males LJ's reasoning was at least partly influenced by that the only remedy available for breaches of the duty of good faith available in respect of (re)insurance contracts made before 12 August 2016 (pre-IA 2015; the reinsurance contract in *Equitas* and insurance contract in *UK Acord Finance* were entered into in before 12 August 2016) was avoidance, and partly that the argument had not been fully pleaded:

> "[104] I agree with the judge-arbitrator that the post-contractual duty of good faith in insurance contracts, which in any event gives rise to a remedy of avoidance of the contract rather than a constraint on the exercise of prima facie contractual rights, has been confined by cases such as *The Star Sea* and *Versloot Dredging BV* and that it has no part to play in the current context. It is true that Rix LJ may have left the door open, or at least ajar, to further development of the doctrine of good faith so as to equate it to 'a concept of proportionality implicit in fair dealing' (see *Drake Insurance Plc v Provident Insurance Plc* [2003] EWCA Civ 1834, [2004] QB 601 [89]). However although this latter case was referred to in the parties' written submissions, it was not the subject of oral argument, nor were there any submissions addressed to us as to how the doctrine should be developed. It seems to me that it would be difficult to confine any such development within the *Fairchild* enclave and that if such a development is to be made, it should be in another case."[416]

In a similar vein, Pelling J in *UK Acorn Finance Limited v Markel (UK) Limited*[417] mentioned "good faith" most fleetingly and preferred to frame the requirements of the implied term by reference to *Wednesbury* unreasonableness. Now that the remedy of avoidance for breaches of good faith has been abolished in relation to (re)insurance contracts entered on or after 12 August 2016 (by IA 2015 s.14(1)), will the courts step back from the dichotomy between the post-contractual duty of good faith arising at law and a contractual (implied) term to exercise a discretion in good faith? We argue in Ch.6, 6-125 below that the IA 2015 s.14(1) does not rule out other remedies, and that without the constraint of the remedy of avoidance, courts may be more open to developing the post-contractual duty of good faith. On the other hand, the emerging *Braganza* jurisprudence allows for context-specific implied terms and is not special to (re)insurance contract law. We submit that the wider duty of good faith has a role to play in considering whether it is necessary to imply a term that requires a party to exercise a contractual discretion in good faith and in a manner which is not arbitrary, irrational or capricious. In (re)insurance contracts that "necessity" might arise because (re)insurance contracts are contracts based on good faith and accordingly, the implied term might be required to give such a contract business efficacy.

4-098

Whilst the application of the post-contractual duty of good faith and the remedies for its breach in (re)insurance contracts have been reined in, the courts have developed the concept of "good faith" in non-insurance contracts not only with the *Braganza* implied term but also in respect of "relational contracts". In *Bates v Post*

---

[416] *Equitas Insurance Ltd v Municipal Mutual Insurance Ltd* [2019] EWCA Civ 718; [2020] Q.B. 418 at [104] per Males LJ.
[417] *UK Acorn Finance Ltd v Markel (UK) Ltd* [2020] EWHC 922 (Comm).

Office,[418] the court said that an obligation of good faith is implied into relation contracts, meaning that parties had to refrain from conduct which in the relevant context would be regarded as commercially unacceptable by reasonable and honest people. A "relational contract" is a contract which does not have any express terms preventing the duty of good faith being implied, and has all or most of the following characteristics: (a) a long-term contract, with a mutual intention of a long-term relationship; (b) an intention for the parties' roles to be performed with integrity and fidelity to their bargain; (c) a commitment for the parties to collaborate in performing the contract; (d) the spirits and objectives of the venture being incapable of exhaustive expression in a written contract; (e) the parties reposing trust and confidence in one another, but of a different kind to that involved in fiduciary relationships; (f) a high degree of communication, co-operation and predictable performance based on mutual trust and confidence, and expectations of loyalty; (g) a degree of significant investment by one or both parties; and (h) exclusivity of the relationship.[419] Based on these characteristics it is certainly arguable that reinsurance contracts—especially multi-year quota share reinsurance treaties where there is strong alignment of interests—are relational contracts. If they are, this could give rise to a triple layer of "good faith obligations": the general duty of good faith applicable to insurance contracts arising at law, a *Braganza* -style implied term that a specific contractual discretion must be exercised in good faith, and the *Bates v Post Office* implied term of acting in good faith in the parties' commercial dealings generally. However, even if the contract in question is a relational contract, any implied term of good faith can only apply to the way in which the parties act within the terms of the contract; the implied term of good faith cannot create additional substantive obligations.[420] In the recent case of *Quantum Advisory Ltd v Quantum Actuarial LLP*,[421] the Court of Appeal clarified that were a term of good faith is implied into a relational contract, it would apply to the way in which the parties acted within the confines of what the agreement provided for; it cannot add any substantive obligations to the contract.

In *Times Travel (UK) Ltd v Pakistan International Airline Corp*,[422] the Supreme Court said that English law did not recognise a general principle of good faith at the point of contracting, but did not comment on good faith in the performance of contracts, in general contract law. The PRICL art.2.1.2 recognise that the parties to the reinsurance contract owe each other a reciprocal duty of utmost good faith—meaning honesty, transparency and fair dealings—that applies at the precontractual stage and throughout the duration of the contract. We think this area is in need of rationalization which should be achievable without the constraints of the remedy of avoidance on the duty of good faith.

Facultative obligatory reinsurance—general implied terms

4-099 In *Phoenix General Insurance Co of Greece SA v Halvanon Insurance Co Ltd*,[423] the reinsurer had pleaded that the following term should be implied into the facultative obligatory treaty:

---

[418] *Bates v Post Office Ltd (No.3: Common Issues)* [2019] EWHC 606 (QB).
[419] *Bates v Post Office Ltd (No.3: Common Issues)* [2019] EWHC 606 (QB) at [725] per Fraser J; also see: *Essex CC v UBB Waste (Essex) Ltd* [2020] EWHC 1581 (TCC); 191 Con. L.R. 77.
[420] *Quantum Advisory Ltd v Quantum Actuarial LLP* [2023] EWCA Civ 12 at [46]–[48] per Lady Justice Falk. NB: Permission to Appeal has been given.
[421] *Quantum Advisory Ltd v Quantum Actuarial LLP* [2023] EWCA Civ 12—NB: this is not a re/insurance case.
[422] [2021] UKSC 40; [2023] A.C. 101 at [3] and [26] per Lord Hodge (DPSC).
[423] *Phoenix General Insurance Co of Greece SA v Halvanon Insurance Co Ltd* [1985] 2 Lloyd's Rep. 599; [1985] Fin. L.R. 368, and see Ch.7, 7-008–7-010 below.

"... that the plaintiffs [the reinsured] would conduct their business in accordance with the ordinary practice of the market and exercise due care and skill in the conduct of all business carried on under the ... contracts or alternatively that the plaintiffs would act as prudent reinsureds for this purpose. Those duties require the plaintiffs inter alia to: (a) keep full and proper records and accounts of all risks accepted or premiums received and receivable and all claims made or notified; (b) investigate all claims and confirm that they fell within the terms of the contract and were properly payable before accepting them; (c) properly investigate risks offered to them before acceptance and closings relating thereto subsequently; (d) keep full and proper accurate accounts showing at all times the amounts due and payable by the plaintiffs to the defendants and by the defendants to the plaintiffs under the contracts; (e) ensure that all amounts owing to them were collected promptly when due and entered forthwith in their accounts, and all balances owing to the defendants were likewise paid promptly when due; (f) obtain, file or otherwise keep in a proper manner, all accounting claims and other documents and records and make these available on request to the defendants."[424]

Hobhouse J said that the implication of this term or terms had not been controversial before him and held that the facultative/obligatory nature of the transaction which imposed no restriction on the reinsured's right to choose whether to cede or not to cede without giving the reinsurer any equivalent right did necessitate that the reinsured should accept the obligation to conduct the business involved in the cession prudently, reasonably carefully and in accordance with the ordinary practice of the market.[425] However, as discussed below,[426] the Court of Appeal in *Bonner v Cox*[427] cast doubt on whether *Phoenix v Halvanon* was correctly decided.

In contrast to the implied term to conduct business in a business-like manner in *Phoenix v Halvanon*, Hobhouse J was not prepared to imply a specific term requiring the reinsured to retain any part of the risk ceded to the reinsurer under a facultative obligatory reinsurance contract. He held:

"The evidence ... has not satisfied me that there is any such situation in the market. In some areas there may be a greater or lesser expectation of retention. But on the evidence ... retention is and has to be the subject matter of specific agreement ... as a matter of reinsurance law there is no inconsistency between the idea of reinsurance and a nil retention."[428]

The courts have also rejected an implied term to keep a retention in relation to quota share treaties[429] and facultative proportional reinsurance.[430] In contrast, some jurisdictions such as Germany, regard a retention as a fundamental characteristic of reinsurance[431] and a trade custom.[432] The PRICL do not contain any default rule

---

[424] *Phoenix General Insurance Co of Greece SA v Halvanon Insurance Co Ltd* [1985] 2 Lloyd's Rep. 599 at 613.
[425] *Phoenix General Insurance Co of Greece SA v Halvanon Insurance Co Ltd* [1985] 2 Lloyd's Rep. 599.
[426] See 4-101.
[427] *Bonner v Cox* [2005] EWCA Civ 1512.
[428] *Phoenix General Insurance Co of Greece SA v Halvanon Insurance Co Ltd* [1985] 2 Lloyd's Rep. 599 at 611. See further the discussion of retention and the duty to disclose material facts in Ch.6, Pt 2 below.
[429] *Kingscroft Insurance Co Ltd v Nissan Fire & Marine Insurance Co Ltd (No.2)* [1999] C.L.C. 1875; [1999] Lloyd's Rep. I.R. 603.
[430] *GE Reinsurance Corp (formerly Kemper Reinsurance Co) v New Hampshire Insurance Co* [2003] EWHC 302 (Comm); [2004] Lloyd's Rep. I.R. 404.
[431] Pisani in Schwintowski/Brömmelmeyer/Ebers (eds) "Praxiskommentar zum Versicherungsvertragsgesetz" (4th edn, 2021, Verlag Versicherungswirtschaft) § 209 VVG Rn. 3.

that a tension must be kept but, in the event that the parties have agreed that the reinsured must keep a retention, it sets out the consequences for breach.[433]

Not writing against reinsurance

4-100   We have discussed above[434] the *Sphere Drake* case[435] and the phenomenon of reinsurance as arbitrage. In *Bonner v Cox*,[436] the issue arose whether a term was to be implied into a contract of non-proportional reinsurance that the reinsured will exercise reasonable skill and care in writing the inwards business and will not simply rely upon his reinsurance to protect him from losses. Morison J observed that proportional and non-proportional reinsurance were fundamentally different in form. He said:

> "The commercial interests of the Cover Underwriters and of the reinsurers do not, relevantly, overlap. They are not partners in a joint venture; each has their own separate commercial interests which will probably conflict: one profits at the expense of another. There is no sense in which the one undertakes to act for the other when deciding what business should be written to the Cover and no assumption of responsibility for the commercial fortune of the other. The Cover Underwriters make these decisions based on their own self-interest."[437]

Morison J held that there was no duty of care owed by the Cover holders to the reinsurers under a non-proportional contract. However, he was prepared to imply a term into the contract:

> "... to the effect that a policy is only declared to the Cover if it has been the subject of an underwriting judgment made by the lead underwriter."

He said that there was also room for another implied term:

> "[T]hat the policies to be accepted to the Cover will be those which in the ordinary course of business the lead underwriter would write, taking account of the reinsurance."

The Court of Appeal[438] affirmed the decision of Morison J that Cover holders owed no duty of care to their excess of loss reinsurers. They agreed that there was a fundamental distinction between proportional and non-proportional reinsurance. However, the Court of Appeal emphatically rejected as unnecessary and uncertain the other implied terms proposed by the learned judge and in so doing cast doubt on the correctness of Hobhouse J's decision in *Phoenix v Halvanon*. Waller LJ said:

> "We think that the Reinsurance was not subject to any of the implied terms contended for. We should reach the same conclusion in respect of any non-proportional reinsurance. We do not have to decide whether the same applies to proportional reinsurance. We understand *Phoenix v Halvanon* to be a case of proportional reinsurance; *Economic* certainly was. It is therefore unnecessary to overrule these two cases."[439]

---

[432] Klimke in "Prölss/Martin Versicherungsvertragsgesetz: VVG" (31 edn, 2021, Beck Verlag) § 209 VVG, Rn. 13c.
[433] PRICL art.6.2.1.
[434] See Ch.1, 1-008–1-010 above.
[435] *Sphere Drake Insurance Ltd v Euro International Underwriting Ltd (Part I)* [2003] EWHC 1636 (Comm); [2003] Lloyd's Rep I.R. 525.
[436] *Bonner v Cox* [2004] EWHC 2963 (Comm); [2005] Lloyd's Rep. I.R. 569.
[437] *Bonner v Cox* [2004] EWHC 2963 (Comm) at [255].
[438] *Bonner v Cox* [2005] EWCA Civ 1512 per Waller, Tuckey, Moses LJJ.
[439] *Bonner v Cox* [2005] EWCA Civ 1512 at [111].

There has been a debate[440] about whether the *Phoenix v Halvanon* principle **4-101**
extended beyond fac./oblig. contracts to quota share contracts. The decision of the
Court of Appeal in *Bonner v Cox* raises the question of whether *Phoenix v Halvanon*
will be upheld in a case involving proportional contracts. The *Braganza*[441] implied
term that contractual discretion must not be abused—and the *Equitas Insurance Ltd
v Municipal Mutual Insurance Ltd* application in the reinsurance context—
provide fresh support for the argument that a reinsured must write inward business in a manner which is not arbitrary, irrational or capricious. In that context,
rationality may require that the inward business is based on sound underwriting
judgment. A reinsured who exercises no underwriting judgment whatsoever is not
just acting irrationally but also dishonestly. In *Bonner v Cox*, Waller LJ said:

> "'Dishonesty', 'wilful misconduct' or 'recklessness' might provide a basis on which a
> reinsurer could refuse to accept a risk, for example, if the underwriter exercises no
> underwriting judgment at all in accepting a risk, not caring whether it was good or bad,
> or deliberately took a risk knowing of a loss which would only fall on his reinsurers, or
> took a bribe to write the risk, a remedy might well be available. But if this is to be so we
> would think it likely to be on a proper construction of the policy such a risk would not
> be covered at all.'[442]

Duty of honesty

In *Bonner v Cox*, Morison J concluded his discussion of implied terms with the **4-102**
following obiter dictum:

> "Finally, where there is a continuing commercial relationship between the parties, as here,
> I can see good reasons why there should be an implied term that in their dealings neither
> would be dishonest towards the other. There is no fiduciary relationship but a duty of
> honesty reflects, I think, what would have been an obvious point to the bystander, that 'of
> course the parties must deal honestly with one another' ..."[443]

The Court of Appeal did not pass comment on this further suggested implied
term. In our view, what would have been obvious to a bystander in the London
market is that the parties must conduct themselves in their dealings with each other
throughout the course of the contract with the utmost good faith. Acting dishonestly
in the performance of contractual rights and duties is likely to be seen as 'abusive'.
We consider that, following the abolition of the remedy of avoidance for breaches
of the wider duty of good faith,[444] the courts will be more explicit to reference the
Braganza implied term that contractual powers must not be abused to the duty of
good faith applicable to the parties in (re)insurance contracts. In *Equitas Insurance Ltd v Municipal Mutual Insurance Ltd*,[445] the Court of Appeal implied a good
faith-based term that the reinsured must present its reinsurance claims in a manner
which is not arbitrary, irrational or capricious.

---

[440] See Ch.7, 7-009 below. The equivalent passage from the first edition was cited by the Court of Appeal: *Bonner v Cox* [2005] EWCA Civ 1512 at [94] (iv).
[441] *Braganza v BP Shipping Ltd* [2015] UKSC 17; [2015] 1 W.L.R. 1661; see 4-034 above.
[442] *Bonner v Cox* [2005] EWCA Civ 1512 at [112].
[443] *Bonner v Cox* [2004] EWHC 2963 (Comm) at [255].
[444] IA 2015 s.14(1).
[445] *Equitas Insurance Ltd v Municipal Mutual Insurance Ltd* [2019] EWCA Civ 718, and see Ch.6, 6-138 below.

Provision of documents and information

4-103 In *Charman v Guardian Royal Exchange Assurance*, Webster J was asked to consider:

> "... whether there is an implied term entitling the reinsurer to obtain documents and information from the reassured to enable him to reasonably satisfy himself that the claim which the reassured seeks to recover pursuant to the 'follow settlements' clause[446] falls within the terms of the reinsurance policy and has been paid or settled in compliance with the business-like obligation."[447]

Webster J was reluctant to decide the point in the absence of any evidence of reinsurance market practice. However, he concluded:

> "I will assume, and am to be taken as having decided if necessary, that in the absence of a claims cooperation clause or any clause to the same sort of effect (which is not present in this case) a reinsurer has a right to require the reassured to provide him with information and documents showing, but not necessarily in detail, the claim that was made, how the claim was dealt with (for instance whether by the appointment of loss adjusters, or in-house, or by both means), and (if by the appointment of loss adjusters) who they were, sight of all their reports, and the answers to any relevant questions the answers to which might reasonably enable the reinsurer to contend that the loss adjusters had not adjusted or that the reassured had not settled the claim in a business-like way, but not extending to answers to questions necessary to enable the reinsurer to satisfy himself that the claim in question has been adjusted and settled in a business-like way ..."[448]

In *Goshawk Dedicated Ltd v Tyser & Co Ltd*,[449] Goshawk successfully argued before the Court of Appeal that there was an implied term between Lloyd's syndicates and those they reinsured that syndicates could inspect placing and claims documents previously shown to the syndicates but of which they did not take copies and premium and accounting documents necessary for the operation of the contract.[450] The Court of Appeal accepted such an implied term on the basis of necessity for business efficacy, but rejected an implied term by custom (for which the first instance judge had not found sufficient evidence).[451] Whilst there is now Court of Appeal authority for an implied term allowing a reinsurer access to accounting documents, we expect reinsurance contracts to continue to contain express provision for the reinsurer to audit the books of the reinsured. Such an express provision is likely to have wider effect than the implied term. Moreover, we expect that the electronic Documentary Repository that is part of the Blueprint Two initiative[452] and other electronic document solutions will make reinsurers less reliant on access to paper documents kept by the reinsureds and their brokers, and therefore a term relation to the provision of documents may not meet the "necessity for business efficacy" test for implication going forward. An incorporation of the PRICL into the reinsurance contract would make an implied term largely redundant: pursuant to art.2.3.2 the parties are required to cooperate regarding documentation of any agreement and, pursuant to art.2.3.3 the reinsurer has the right to inspect the records

---

[446] As to which see Ch.5, Pt 2 below.
[447] *Charman v Guardian Royal Exchange Assurance* [1992] 2 Lloyd's Rep. 607 at 609.
[448] *Charman v Guardian Royal Exchange Assurance* [1992] 2 Lloyd's Rep. 607 at 614.
[449] *Goshawk Dedicated Ltd v Tyser & Co Ltd* [2006] EWCA Civ 54; [2006] 1Lloyd's Rep. 566.
[450] The extent of the reinsurer's right to require the reinsured to provide information is discussed further in Ch.5, 5-152. The additional contractual obligation to provide such documents—on the syndicates' broker—will be discussed in Ch.9.
[451] See 4-115 below.
[452] See Ch.3, 3-003.

of the reinsured concerning the insured relationship subject to giving reasonable advance notice.

No follow the settlements—reinsurer bound by judgments against the reinsured?

In *Commercial Union Assurance Co Plc v NRG Victory Reinsurance Ltd*,[453] Potter LJ said, obiter dicta, that in the absence of a contrary or special provision, a term should be implied in every reinsurance contract to the effect that the reinsurer agrees to be bound by any finding of liability against a reinsured by a foreign court provided that:

(1) it was a court of competent jurisdiction in the eyes of the English court;
(2) the foreign judgment was not in breach of an exclusive jurisdiction or arbitration clause;
(3) the reinsured took all proper defences and there was no possibility of appeal;
(4) the foreign judgment was not manifestly perverse.

4-104

We submit below[454] that the implication of such a term does not satisfy the test of necessity for a term implied in law, and is inconsistent with earlier authority.[455] The implication of such a term has subsequently been doubted by Lord Mance in *Wasa v Lexington*:

"I note only that there was no suggestion in the Scor case [1985] 1 Lloyd's Rep 312, where there was such a judgment, that this judgment could be binding in the absence of a follow the settlements clause; and that the basis for such a contractual implication has been questioned by a powerfully constituted Bermudian arbitration panel in an interim award dated 12 December 2000 in *Gold Medal Insurance Co v Hopewell International Insurance Ltd*, as well as by specialist writers: O'Neill & Woloniecki, The Law of Reinsurance in England and Bermuda, 2nd ed (2004)."[456]

Further, we do not think the position changes if, instead of a finding by a foreign Court, the finding is by an arbitration tribunal or an English Court. In practice, the reinsurer is not bound by findings of fact in a decision to which he was not a party. The PRICL, in art.2.4.3 contain a default rule that, to the extent a loss is covered by the contract of reinsurance, the reinsurer must follow the settlements of the reinsured if the losses are arguably within the cover of the underlying insurance contract and follow the fortunes of the reinsured.

Claims co-operation—reinsurer not to act unreasonably in withholding approvals

In *Gan Insurance Co Ltd v Tai Ping Insurance Co Ltd*,[457] the relevant part of the claims co-operation clause provided as follows: "... it is a condition precedent to any liability under this Policy that ... (c) No settlement and/or compromise shall be made and liability admitted without the prior approval of Reinsurers." The Court of Appeal held that there was no basis for implying a term that the reinsurer would

4-105

---

[453] *Commercial Union Assurance Co Plc v NRG Victory Reinsurance Ltd* [1998] 2 Lloyd's Rep. 600; [1998] C.L.C. 920.
[454] See Ch.5, 5-011–5-014 and 5-041–5-042 below (where we also note that Potter LJ's dictum has not been followed by an arbitration tribunal applying Bermuda law).
[455] *Insurance Co of Africa v Scor (UK) Reinsurance Co Ltd* [1985] 1 Lloyd's Rep. 312, see Ch.5, 5-015–5-019 below.
[456] *Wasa International Insurance Co Ltd v Lexington Insurance Co* [2009] UKHL 40 at [37].
[457] *Gan Insurance Co Ltd v Tai Ping Insurance Co Ltd* [2001] EWCA Civ 1047 (3 July 2001); see further in Ch.5, 5-046 below.

not withhold approval save on "reasonable grounds". In the view of the majority of the Court of Appeal,[458] the only limitation placed on the reinsurer's contractual right to withhold approval was that it must be exercised in good faith and that approval must not be withheld arbitrarily. Mance LJ emphasised that this constraint did not arise from the duty of good faith, but from the nature and purpose of the claims co-operation clause:

> "68. Contrary to Mr Edelman's submission, this conclusion does not involve an inadmissible extension of the duty of good faith in insurance law or of the consequences of breach of any such duty. The qualification that I have identified does not arise from any principles or considerations special to the law of insurance. It arises from the nature and purpose of the relevant contractual provisions."

This passage was cited with approval in *Equitas Insurance Ltd v Municipal Mutual Insurance Ltd*,[459] and we refer to the discussion above.

Claims co-operation—payment of legal costs

4-106   In *Insurance Company of Africa v Scor (UK) Ltd*, it was contended by the reinsured that:

> "It was an implied term of the reinsurance contract [that] the reinsurers would indemnify the Plaintiff [the reinsured] against costs expenses and liabilities incurred by the Plaintiff at the request and/or instigation of the reinsurers and/or by virtue of decisions of the Reinsurers in relation to settlement of claims made on the Plaintiff [by the insured] …"[460]

The majority of the Court of Appeal[461] rejected such a term, and Fox LJ said:

> "In the course of the argument in this Court a variant of the implied term as pleaded was put forward. This was to the effect that if the reinsurers withheld approval of a settlement which the insurer would otherwise have made and as a result the insurer suffer loss which he would not otherwise have suffered, the reinsurers would indemnify him against such loss. The question is whether such a term is necessary, in a business sense, to give efficacy to the contract. I do not feel able to conclude that it is. The reinsurers are entitled, under the terms of the contract, to withhold their approval to a settlement. It is not necessary in order to give business efficacy to the contract to imply the suggested provision for indemnity. The contract can work effectively without it. And I see no reason to suppose, looking at the matter objectively, that the reinsurers would have agreed to the inclusion of such a term when the contract was negotiated bearing in mind that it might (and in the present circumstances would) increase their liability substantially beyond the $3,500,000 indemnity which it was the purpose of the reinsurance to provide. If the suggested term is implied there is really no limit to the extent of the liability which the reinsurers could incur."[462]

In *Scottish Metropolitan Assurance Co Ltd v Groom*,[463] the Court of Appeal held that a "sue and labour" clause in a marine reinsurance contract did not extend to the legal costs of the reinsured's successful defence of a claim under the policy, and that no term would be implied in the reinsurance contract requiring the reinsurer

---

[458] Mance and Lathan LJJ, Sir Christopher Staughton disagreed on this point.
[459] *Equitas Insurance Ltd v Municipal Mutual Insurance Ltd* [2019] EWCA Civ 718; [2020] Q.B. 418 at [109] per Males LJ.
[460] *Insurance Co of Africa v Scor (UK) Reinsurance Co Ltd* [1985] 1 Lloyd's Rep. 312 at 334, discussed in Ch.5, 5-015–5-019 below.
[461] Goff and Fox LJJ.
[462] *Insurance Co of Africa v Scor (UK) Reinsurance Co Ltd* [1985] 1 Lloyd's Rep. 312 at 334–335.
[463] *Scottish Metropolitan Assurance Co Ltd v Groom* (1924) 20 Ll. L. Rep. 44.

to pay defence costs. This decision was followed by the Court of Appeal in *Baker v Black Sea and Baltic General Insurance Co Ltd*.[464] The House of Lords[465] agreed with the Court of Appeal, on this point. Lord Lloyd said:

> "Although the authorities are not perhaps compelling, the weight of the authorities is certainly consistent with the view that the syndicate cannot succeed in these proceedings by virtue of a term implied by law."[466]

However, the House of Lords returned the case to the Commercial Court for the hearing of further evidence on the question of whether there was an established market custom or usage with regard to the payment of legal costs.[467] The case was then settled. In the first instance decision of *WASA v Lexington*, the issue of claiming defence costs from reinsurers was revisited with the additional arguments seeking to distinguish the above House of Lords decision (but which were made in vain):

4-107

> "54. Mr Lockey submitted that the essential structure of a proportional facultative reinsurance contract is that the subscribing reinsurers share in the fortunes of the reassured and that losses are borne between the reassured and the reinsurer in their respective proportions. He accepted, as he must, that the House of Lords in *Baker v Black Sea & Baltic* [1988] 1 WLR 974 rejected the implication of a term permitting recovery of defence costs under a quota-share reinsurance; but argued that there were significant differences in the present case. First, Wasa and AGF were, in substance if not in form, co-insurers of Lexington. Secondly, there was no overriding commission in the Reinsurance Contract from which Lexington could meet the defence costs. Thirdly, the effect of implying the term would not, as it did in the *Scor* case, take the reinsurer's liability beyond its contractual maximum as expressed in the reinsurance wording since there is no such maximum in the present contract. Finally, Mr Lockey submitted that there would be no injustice to Wasa or to AGF if a term were implied such as to enable Lexington to recover the defence costs, provided that Wasa and AGF remained liable for no more than their respective percentages of the US $20,000,000 per occurrence limit."

In my judgment there is a formidable objection to Mr Lockey's argument: it is contrary to all authority. In *Baker v Black Sea & Baltic General Insurance Co Ltd* [1998] 1 W.L.R. 974, the House of Lords held that, in the absence of either express provision or a universal market practice in the relevant market, reinsurance contracts do not provide cover for expenses incurred by the reinsured in defending claims. The House unanimously rejected a submission that a term requiring the reimbursement of expenses should be implied into proportional reinsurances. The reasons were set out in the speech of Lord Lloyd of Berwick at pp.979-982 (adopting the judgment of Millett L.J. in the Court of Appeal at [1996] 1 Lloyd's Reinsurance Law Rep. 353, at 362-3). In the present case, the Reinsurance Contract contains no express provision for the coverage of expenses; and Lexington has not attempted to prove a universal practice in the London market in 1977. Furthermore, the reinsurance is a facultative, non-proportional reinsurance. None of the partnership-like qualities of proportional reinsurance, which had been relied upon by the reinsured in *Baker v Black Sea* in support of the argument for an implied term, apply to the present case. In the circumstances, the reasons for rejecting the exist-

---

[464] *Baker v Black Sea & Baltic General Insurance Co Ltd* [1996] L.R.L.R. 353; [1996] 5 Re. L.R. 202, and see Ch.5, 5-057 below.
[465] Lords Browne-Wilkinson, Woolf, Lloyd, Hoffmann and Hutton in *Baker v Black Sea & Baltic General Insurance Co Ltd* [1998] 1 W.L.R. 974; [1998] Lloyd's Rep. I.R. 327.
[466] *Baker v Black Sea & Baltic General Insurance Co Ltd* [1998] Lloyd's Rep. I.R. 327 at 339.
[467] See 4-115 below.

ence of an implied term apply to the present case with increased logical force.[468]"
We make three general observations:

1. Now that the issue of whether defence costs can be recovered from the reinsurer, where there is no express wording stating that they may be, has been addressed by the House of Lords, wordings should be amended to deal expressly with the point.
2. Where treaties are continuous subject to termination on notice, if it is apparent from the treatment of claims submitted to the reinsurer that the claims are for claims paid and defence costs and there has been a pattern of payment (or indeed non-payment) we would expect the party so benefitted to argue variation by conduct or estoppel by convention and forego any need to prove a custom.[469]
3. A cedant who proposes to claim defence costs from his reinsurer would be wise to look first at the presentation made to the reinsurer at inception. If he both proves that he is entitled as a matter of custom to recover defence costs and has failed to give any disclosure of what they were in previous years, he may find that he has only given his reinsurer grounds for challenging the contract on the basis that the presentation was unfair in making no reference to the legal expenses that the insurer was expected to bear. In our view, a failure of the reinsured to give any figures for the defence costs in the years for which he gives his claims history, is evidence that neither he nor his reinsurer intended that there should be coverage for such costs, and this is part of the factual matrix which would assist the court in deciding the case.

Implied obligation to consult the reinsurer

4-108 In *The National Fire and Marine Insurance Company of New Zealand v The Australian Mercantile Union Insurance Company*,[470] Richmond J held that (absent a claims co-operation clause) there was no obligation on the reinsured to consult with his reinsurer before settling a claim[471] but, although the plaintiff reinsured was successful, the learned judge did not award him his costs. He considered the failure to consult an "impropriety"[472] and said that the litigation would have been avoided if consultation had taken place.[473] Richmond J also foreshadowed later decisions in the English courts. He held that there was no obligation on the reinsured to have a retention or to tell the reinsurer that he retained no risk[474] and that the reinsurer could not exercise the right in the underlying contract to reinstate the damaged property, the subject of the underlying insurance.[475]

---

[468] *Wasa International Insurance Co Ltd v Lexington Insurance Co* [2007] EWHC 896 (Comm); [2007] 1 C.L.C. 570 at [54]–[55] per Simon J.
[469] See 4-113 below.
[470] *The National Fire and Marine Insurance Company of New Zealand v The Australian Mercantile Union Insurance Company* (1887) 6 N.Z.L.R. 144.
[471] Compare *Charman v Guardian Royal Exchange Assurance* [1992] 2 Lloyd's Rep. 607 at 614 per Webster J; Ch.5, 5-037 below.
[472] On which he held a "strong opinion".
[473] In *Brown v Arnold*, Current Law, November 1996, para.64, Wick J refused to award costs to a plaintiff because there was no letter before action and no warning of proceedings to enable the defendant's insurers to deal with the claim. He said that the proceedings were an abuse of process.
[474] See *Phoenix General Insurance Co of Greece SA v Halvanon Insurance Co Ltd* [1985] 2 Lloyd's Rep. 599.
[475] See *Vesta v Butcher* [1989] 1 Lloyd's Rep. 331.

Jurisdiction

In *Axis Corporate Capital UK II Ltd v Absa Group Ltd*,[476] the court considered whether the jurisdiction clauses in different layers of non-proportional reinsurance should be made subject to an implied term to ensure consistency.

4-109

In that case, the reinsurance programme was structured as follows: a primary layer reinsurance ("primary layer"), three excess layers ("excess layers"), and an aggregate retention reinsurance ("ARR") in relation to the retention of the first ZAR 30 million of each claim. The primary layer contained a jurisdiction clause which on its literal reading provided for the non-exclusive jurisdiction of the courts of England and Wales, whilst the excess layers and the ARR contained exclusive jurisdiction clauses providing for exclusive jurisdiction of the courts of England and Wales. As the reinsured had commenced proceedings in South Africa, the reinsurers applied for an anti-suit injunction in the English courts. One of the arguments put forward on behalf of the primary layer reinsurer was that the primary layer jurisdiction clause should be read subject to an implied term that where a claim engaged the excess layers and/or the ARR, the parties were obliged to submit to the exclusive jurisdiction of the English courts. The judge held that no such term could be implied as it was not necessary to give the primary layer business efficacy. Just because it would have been more convenient for all layers to be litigated in the same jurisdiction was not enough to satisfy the business efficacy test. Moreover, the proposed implied term—in its formulation as proviso to the existing jurisdiction clause—was unworkable and could itself give rise uncommercial outcomes (e.g. where a very small amount of the first excess layer is engaged and yet the whole claim would need to be litigated in England).

Termination of contract—refund of premium?

In *Swiss Reinsurance Co v United India Insurance Co Ltd*,[477] a reinsurance of a contractors all risks policy terminated when the contractors walked off the site. Morison J held that the premium had been fully earned and there was no basis for implying a term allowing for the refund of part of the premium. He said:

4-110

"In my judgment, the case for the implication of such a term is hopeless. There is no need to imply such a term; it does not necessarily lead to a just result; the parties have entered into a contract with a requirement for payment of a minimum premium. Had the officious bystander been present he would not say 'of course', to the suggestion; at best he might say 'it all depends.'"[478]

Although not a reinsurance case, in *Marks & Spencer Plc v BNP Paribas Securities Services Trust Co (Jersey) Ltd*,[479] the leading decision on the implication of terms, the Supreme Court rejected an implied term that a tenant would be entitled to a refund of rent paid quarterly in advance if it terminated the lease. The Supreme Court was clear that a term should not be implied into a detailed commercial contract merely because it appeared fair or because the parties would have agreed it if it had been suggested to them.

---

[476] *Axis Corporate Capital UK II Ltd v Absa Group Ltd* [2021] EWHC 861 (Comm); [2021] Lloyd's Rep. I.R. 267.
[477] *Swiss Reinsurance Co v United India Insurance Co Ltd* [2005] EWHC 237 (Comm); [2005] Lloyd's Rep I.R. 341.
[478] *Swiss Reinsurance Co v United India Insurance Co Ltd* [2005] Lloyd's Rep I.R. 341 at [43].
[479] [2015] UKSC 72.

Implied terms by custom and usage

4-111 A term may be implied by custom or usage. To be implied a term must be notorious (although it need not necessarily be known to all contracting parties), certain, lawful, and reasonable, and not conflict with any express term of the contract.[480]

In the *Fennia Patria* case, Kerr LJ reviewed the evidence of the five witnesses who were called to give an opinion on whether there was a custom or usage, and concluded that:

> "[none] of this evidence goes anywhere near to establish a binding custom entitling an insured or reinsured, as of right and at his unfettered option, to cancel the contract resulting from the writing of a line which—as everyone agreed—is immediately binding on the underwriter."[481]

Slade LJ agreed, saying:

> "There is ... the world of difference between a course of conduct that is frequently, or even habitually, followed in a particular commercial community as a matter of grace and a course which is habitually followed because it is considered that the parties have a legally binding right to demand it. As Ungoed-Thomas J. pointed out in *Cunliffe-Owen v Teather & Greenwood* [1967] 1 WLR 1421 at 1438, '*What is necessary is that for a practice to be a recognised usage it should be established as a practice having binding effect*'."[482] [Emphasis added]

In *Baker v Black Sea & Baltic General Insurance Company Ltd*,[483] the House of Lords[484] reviewed the evidence given at trial, which both the judge[485] and the Court of Appeal[486] had concluded did not establish a custom or usage that reinsurers should pay a proportion of the reinsured's legal expenses incurred in resisting claims brought by the original insured. In the Court of Appeal, Millett LJ (as he then was) had said:

> "The judge rejected the [plaintiff Syndicate's] submission [relating to custom or usage] on the ground that it was not supported by the evidence. This did not extend beyond testimony that reinsurers usually pay a proportion of the legal costs and expenses of the reinsured. The judge was not satisfied that a universal practice to this effect was established. In any case, as he pointed out, it was possible that reinsurers usually paid because there was usually an express provision in the treaty requiring them to do so. I think this conclusion was inevitable. What was needed was evidence of a universal and acknowledged practice of the market for reinsurers to pay such costs whether this is expressly provided for in the treaty or not; or (to put it another way) that it is well understood by underwriters that if it is not intended that the indemnity should extend to the legal costs and expenses of the reinsured, these need be expressly excluded."[487]

4-112 Lord Lloyd said that the test applied by the Court of Appeal was "entirely correct" but that he disagreed with Millett LJ's view of the evidence. We find Lord Lloyd's observations on the evidence somewhat surprising. The trial judge was

---

[480] *Cunliffe-Owen v Teather & Greenwood* [19767] 1 W.L.R. 1421; (1967) 111 S.J. 866.
[481] *General Reisnurance Corp v Forsakringsaktiebolaget Fennia Patria* [1983] Q.B. 856; [1983] 3 W.L.R. 318 at 873.
[482] *General Reisnurance Corp v Forsakringsaktiebolaget Fennia Patria* [1983] Q.B. 856 at 874.
[483] *Baker v Black Sea & Baltic General Insurance Co Ltd* [1998] Lloyd's Rep. I.R. 327.
[484] Lords Browne-Wilkinson, Woolf, Lloyd, Hoffmann and Hutton.
[485] *Baker v Black Sea & Baltic General Insurance Co Ltd* [1995] L.R.L.R. 261 (Potter J).
[486] *Baker v Black Sea & Baltic General Insurance Co Ltd* [1996] L.R.L.R. 353 (Staughton, Millett and Otton LJJ).
[487] *Baker v Black Sea & Baltic General Insurance Co Ltd* [1996] L.R.L.R. 353 at 362.

presented with "scanty material"[488] and, in our view, was entitled to conclude that no custom had been proved. The plaintiff's expert said in his report that, "Under a pro-rata reinsurance it is customary that these expenses are shared on a pro-rata basis." The defendant's expert said in chief that it was "common for defence costs to be apportioned proportionate to the interests of the parties involved", but added that this was not universal. The pleadings were amended at a late stage to allege a market custom or usage. The plaintiff's expert was not cross-examined as to what he meant by "customary"[489] and there were no examples given of the alleged custom.

However, Lord Lloyd's remarks must be understood in the context of the application made before the House of Lords by counsel instructed on behalf of Equitas for the admission of fresh evidence. Equitas had been granted leave to intervene in the proceedings in view of its considerable financial interest in the outcome.[490] Lord Lloyd noted that it was open to the House of Lords to let the decision of the Court of Appeal stand and leave it to Equitas to establish the alleged custom by fresh evidence in other proceedings. "For the failure to establish a trade practice in one set of proceedings does not prejudice other parties in subsequent proceedings."[491] He was persuaded by:

"... the overriding importance of establishing on adequate evidence for the market as a whole, whether the alleged trade practice or usage exists or not. The sooner this is done the better."[492]

The House of Lords granted the application of Equitas and remitted the case to the Commercial Court for further argument on the issue of custom, after hearing additional evidence.[493] However, the case settled.

Short of evidence to establish an implied term by custom and usage, a reinsured may be able to argue that the reinsurer is estopped from denying that defence costs are payable if the reinsured can point to an established previous course of dealings between the parties that shows the defence costs were paid in the past. To establish an estoppel by convention, the reinsured would need to show that: (1) there had been a common assumption that defence costs would be covered by the reinsurer, or that the reinsured made an assumption as the coverage of defence costs and the reinsurer acquiesced in that assumption; and (2) that the reinsured relied to its detriment on that common assumption (e.g. by incurring costs defending a claim from an underlying insured).[494] In *World Challenge Expeditions Ltd v Zurich Insurance Plc*,[495] the court held that a travel insurer was estopped from denying coverage for a travel agent in respect of customer refunds after trips were cancelled, although such refunds were not covered under the policy. Dias J found a common assump-

4-113

---

[488] Lord Lloyd's own expression *Baker v Black Sea & Baltic General Insurance Co Ltd* [1998] Lloyd's Rep. I.R. 327 at 341.
[489] As Lord Lloyd himself admitted in *Baker v Black Sea & Baltic General Insurance Co Ltd* [1998] Lloyd's Rep. I.R. 327 at 341: "He may have been using the word "customary" in a loose sense. But as there was no cross-examination we cannot tell."
[490] "The amount to be spent by Equitas in defending asbestosis and pollution claims in a single year is estimated at $100 million": *Baker v Black Sea & Baltic General Insurance Co Ltd* [1998] Lloyd's Rep. I.R. 327 at 336.
[491] *Baker v Black Sea & Baltic General Insurance Co Ltd* [1998] Lloyd's Rep. I.R. 327 at 341 per Lord Lloyd, citing *Beckhuson & Gibbs v Hamblet* [1901] 2 K.B. 73.
[492] *Baker v Black Sea & Baltic General Insurance Co Ltd* [1998] Lloyd's Rep. I.R. 327 at 341 per Lord Lloyd.
[493] The case was settled shortly before trial.
[494] *ABN AMRO Bank NV v Royal and Sun Alliance Insurance Plc* [2021] EWCA Civ 1789.
[495] [2023] EWHC 1696 (Comm); [2023] Bus. L.R. 1731.

tion that such refunds would be covered as the insurer had agreed some 139 claims under earlier policies and both the insured and the insurer's handlers had subjectively believed and understood that the insured was covered for its customer refunds. The insured could show detrimental reliance since, based on the common (but erroneous) assumption that customer refunds were covered, it had not cancelled bookings at the start of the Covid lockdown in March 2020, but only towards the end of April 2020. The delay had deprived the insured of a real chance of exploring and potentially taking advantage of other options to preserve customer goodwill. Instead, there was only a loss of goodwill and alienation of customers which was capable of adversely impacting the claimant's business over and above any effects of the pandemic itself.

4-114 In his concluding remarks in *Baker v Black Sea & Baltic General Insurance Co Ltd*[496] Lord Lloyd commended an article by William Hoffman.[497] The following "key points" made by Hoffman are worthy of note:

- "Generally, the party asserting the existence of a reinsurance usage must prove, as a matter of fact, that the underlying practice or usage is *prevailing* in the market. Since practices and usages vary from market to market, it will be the practice or usage *prevailing in the relevant market* that matters. Thus, the issue of whether a practice or usage prevails in the relevant market cannot be resolved by reference to evidence of the practices and usages of a different market." [Original emphasis]
- The burden of proof that a practice or usage satisfies the legal requirements for establishing a reinsurance usage is on the party asserting the existence of the usage.
- It is fairly common for a court to find that evidence of a practice or usage affects an express term, e.g. corrects a drafting error, clarifies an ambiguity, or defines a technical term. It is rare, however, for a court to find a disputed practice to be so widespread and prevailing in a particular market that it may fairly be held that the practice supplies an implied term in contracts silent on the point in question.
- The facts that tend to show that a reinsurance usage exists will be those facts pertinent to a specific practice or usage of underwriters and companies in the relevant reinsurance market. The best evidence thereof will be personal knowledge of numerous specific transactions in which the asserted practice or usage was followed, modified, rejected, or ignored. The court may give little weight to, or disregard entirely, the testimony of an expert who strays into unfounded opinion testimony or who makes purely conclusory statements or who offers an opinion on the law.
- The fact or non-opinion testimony of one expert witness, if controverted by other evidence, will generally be insufficient to prove reinsurance usage. Inversely, multiple witnesses who give fact testimony otherwise relevant and credible but whose views of the matter diverge too widely to support a finding that the practice is prevailing in the relevant market will tend to defeat the effort to establish usage.
- Statements about "reinsurance custom" in prior court decisions are generally of a factual nature (even if located in the court's conclusions of law). These dicta are generally non-binding in later cases and can be cited as controlling law only if the usage has been proved so often as to become

---

[496] *Baker v Black Sea & Baltic General Insurance Co Ltd* [1998] Lloyd's Rep. I.R. 327 at 342.
[497] William Hoffman, "On the use and abuse of custom and usage in reinsurance contracts" (1998) *Lloyd's Maritime and Commercial Law Quarterly* 43.

adopted into the common law or if it satisfies the requirements for judicial notice.

In *Goshawk Dedicated Ltd v Tyser & Co Ltd*, the first instance court added another indicator for reinsurance usages, namely that there has been a unsuccessful challenge of the usage.[498] In *Goshawk Dedicated*, the reinsurer had argued that there was a binding market custom at Lloyd's to the effect that underwriters were entitled to obtain placement documents (which were shown to them at the time of placement but of which no copies had been retained) from their reinsured's Lloyd's brokers. Christopher Clarke J (as he then was) elaborated on the meaning of the "certain, notorious and reasonable" test referred to in 4-111 above:

4-115

"A term may be implied in a contract if it is '*certain, notorious and reasonable*' ... In other words, the term has to be sufficiently clear, invariable and well known that those who practice, or seek to practice, in the relevant market must be taken to know that it is implicit in the contracts that they make; and it must not be so lacking in reason that effect should not be given to it. If these three conditions are satisfied it may be that the term can arise by way of a freestanding contract. But it is not sufficient to show that, as a matter of practice, those concerned have often, or habitually, acted conformably to the term asserted. A typical way of proving the existence of a custom is to show that its existence had once been challenged but, when the challenge occurred, the application of the custom was confirmed. But this is not the only way of doing so since, were that so, a term, which, apart from the disputing litigant, everyone recognised, would fail to be treated as a customary obligation if no one, apart from him had ever questioned its applicability."[499]

He declined to find a term implied by custom and usage which entitled the reinsurer to the placement documents on a number of grounds: there had been no evidence of an unsuccessful challenge of the custom; the expert evidence presented was inconsistent with the existence of the custom relied upon; it would have been unreasonable to impose a custom that would have brought the broker into a conflict of interest vis-à-vis his reinsured client; and the provisions of brokers' codes of practice then applicable and the terms of the standard form Terms of Business Agreement could not be reconciled with a settled custom. Clarke J's decision that the Lloyd's brokers were not obliged to provide the documents was reversed by the Court of Appeal, which found that there was an *implied term* in the contract between the Lloyd's insurer and the policyholder that the policyholder would allow the insurer to inspect placing and claims documents in the possession of the policyholder's brokers which the insurer had seen but not retained copies of. However, the Court of Appeal accepted Clarke J's finding—which was not subject to the appeal—that the evidence fell "considerably short of establishing a custom, as opposed to a common or habitual practice".[500]

---

[498] *Goshawk Dedicated Ltd v Tyser & Co Ltd* [2005] EWHC 461 (Comm); [2005] Lloyd's Rep. I.R. 379.
[499] *Goshawk Dedicated Ltd v Tyser & Co Ltd* [2005] EWHC 461 (Comm) at [37].
[500] *Goshawk Dedicated Ltd v Tyser & Co Ltd* [2006] EWCA Civ 54 at [18]–[19].

CHAPTER 5

The Reinsurer's Obligation to Pay Claims

TABLE OF CONTENTS

1.	Introduction to Claims	5-001
2.	Follow the Fortunes/Follow the Settlements Clauses	5-004
3.	Claims Co-operation Clauses and Coverage Litigation	5-043
4.	The Nature and Extent of the Reinsurer's Liability	5-078
5.	The Reinsurer's Rights against the Reinsured	5-149

"Devious:

'... in your policy ... in your policy ... here we are. It states quite clearly that no claim you make will be paid.'

Vicar:

'Oh dear.'

Devious:

'You see, you unfortunately plumped for our "Neverpay" policy, which, you know if you never claim is very worthwhile ... but you had to claim, and, well, there it is.'

Vicar:

'Oh dear, oh dear.'"—Monty Python's Flying Circus: Just the Words.[1]

1. INTRODUCTION TO CLAIMS

Setting the scene

This chapter is concerned with the obligation of the reinsurer to indemnify the reinsured for losses which fall within the terms of the contract of reinsurance. As part of the underwriting process at the time the reinsurance is placed a reinsurer would, or should, have evaluated the risk to be reinsured, to determine the likelihood and magnitude of any pay-outs under the contract of reinsurance. However, (re)insurers have been criticised for practising "underwriting at claims stage"—a modus operandi of some (re)insurers which entails little or no analysis of the risk at placement followed by a quest for, and reliance on, alleged inadequacies in the placement information once a claim has been made, in order to mount a defence.[2] We have already discussed the purposes of reinsurance in Ch.1, and we suggest that it is wise for a reinsurer always to ask himself: why is this reinsurance being placed?

5-001

---

[1] "The Insurance Sketch" in *Seventeen* (Mandarin Paperbacks, 1990).
[2] Law Commission and the Scottish Law Commission, *"Insurance Contract Law: The Business Insured's Duty of Disclosure and the Law of Warranties"* (Law Com No 353/Scot Law Com No 238; 2012), Ch.4.

Moreover, as we will discuss in Ch.6,[3] a reinsurer who is put on notice of circumstances material to the risk is expected to follow up with questions as part of the pre-contractual risk presentation process. In any one of a number of circumstances, the answer may cause the reinsurer to consider whether the reinsured will be as astute as the reinsurer would wish, to ensure that he pays only the correct amount, in the correct circumstances, to the insured he has contracted to indemnify. For example, the reinsured may be a captive of the policyholder, or the reinsured may be a local or domestic insurer fulfilling a local or domestic need, or the reinsured may be 100 per cent reinsured. As the *Sphere Drake* case[4] illustrates, the reinsured may be arbitraging and not examining or contesting losses, because they flow straight through to his reinsurer and examining or contesting the losses only adds to the reinsured's expenses. In proportional reinsurance, even in the best scenario, the reinsured is likely to have an overrider which he retains, and the reinsurance broker will take his commission, so that the reinsurer is likely to be less well remunerated, in proportion to the risk that he is assuming, than his reinsured. If the reinsurer is a first loss reinsurer, the reinsured may be less dedicated to critically examining small claims. If the reinsurer is an excess of loss reinsurer, the reinsured may lose interest if a claim is clearly going into the excess layers. If a reinsured is insolvent, the agreement of claims by a liquidator of the reinsured (claims which are not then paid) has the agreeable consequence for the reinsured's creditors[5] that the reinsured has claims against its reinsurers (which are then paid by the reinsurers). Thus, there are many reasons why a reinsurer may not be satisfied that he should pay the reinsured simply because the latter has paid, or has accepted liability to pay, his insured.

The reinsured, of course, sees things differently. Whatever his motivation for writing the original business, he has done so, and provided that he has made a fair presentation of the original risk to his reinsurer, if the latter has agreed to indemnify him in respect of the payment obligations assumed under the reinsurance contract and has received a premium, the reinsured is entitled to pass on to the reinsurer the losses in respect of which he has sought to be indemnified.

5-002 Part of the explanation for these different perspectives lies in the question of how reinsurance is to be classified, exemplified by the fact that there is no definition of "reinsurance" in the Financial Services and Markets Act 2000 ("FSMA") (or, for that matter, of "insurance").[6] Whilst the Solvency II Directive does provide a definition of reinsurance,[7] it is not of much assistance for its classification because it defines reinsurance in simple terms as the cession of risk from an insurer to a reinsurer. As noted above,[8] judges and commentators have wavered between the view that the reinsurer is in some way (re)insuring the underlying risk or risks accepted by the reinsured, the view now accepted by the House of Lords in *Wasa v Lexington*,[9] and the view that the reinsurer is agreeing to indemnify the reinsured for his financial loss in accepting risks in the first place. The former espouses the philosophy that the reinsurer should, absent an agreement to be bound by what the

---

[3] See Ch.6, 6-017 below.
[4] *Sphere Drake Insurance Ltd, Odyssey Re v Euro International Underwriting Ltd and others* [2003] Lloyd's Rep. I.R. 525. See Ch.1, 1-008 above.
[5] Who may appoint the liquidator. See Ch.17 below.
[6] See Ch.1, 1-001 to 1-003 above.
[7] Directive 2009/138/EC of the European Parliament and of the Council of 25 November 2009 on the taking-up and pursuit of the business of Insurance and Reinsurance (Solvency II) (Recast) art.13(7), and see Ch.1, 1-054.
[8] See Ch.1, 1-045–1-050 above.
[9] *Wasa v Lexington Insurance Co* [2009] UKHL 40.

reinsured does under his contract with the insured, be able to consider the claim afresh under his contract with the reinsured. The latter view suggests that if the reinsured has a liability, he should also have an indemnity—the view clearly espoused by the House of Lords in *Vesta v Butcher*[10] and the Court of Appeal in *Wasa v Lexington*—where the reinsurance is agreed to be "back to back". As a matter of pure contract law, the reinsured has made two bargains and each should be considered, on its terms, separately. But insurance law is not pure contract law. The insurer has been a protected species under English law.[11] Until recently, an insurer could[12] avoid a contract for innocent non-disclosure against the original insured, but as against the reinsurer, the leading cases[13] have mostly fallen in the reinsured's favour.[14] Just as the bona fide purchaser for value was once described as "Equity's darling" and guarantors are said[15] to be "the darlings of the Court", they have a rival for the court's affection. This affection is most clearly demonstrated in the courts' approach to "follow the settlements" clauses which we discuss in Pt 2 of this chapter. We consider below the conditions that must be satisfied for reinsures to be liable to the reinsured. In this context we will address the extent to which the reinsurer is bound to "follow the fortunes" (or rather the misfortunes) of the reinsured, i.e. the extent to which the reinsurer's ability to deny liability to pay is limited by a finding of liability against the reinsured, or the reinsured's compromise of a claim against him.

Part 3 of this chapter examines to what extent the reinsurer may influence or control the claims settlement process and a number of the coverage issues that may arise. In Pt 4 of this chapter we then consider the question of when the reinsurer's liability arises, in particular what act or event triggers that liability in specific contractual situations (e.g. aggregate excess of loss reinsurance). We also consider the questions of what remedies, if any, there are for late payments of claims and when the reinsurer's liability is triggered in the context of limitation of actions. Part 5 of this chapter deals with the reinsurer's rights against the reinsured; not the general rights for avoiding the contract or denying a claim,[16] or the specific rights which may arise under the terms of the contract, but rather those general rights inherent in the contract of reinsurance: the right to premium, to inspect records, and to be subrogated.

---

[10] *Forsikringsaktieselskapet Vesta v Butcher* [1989] A.C. 852; [1989] 1 Lloyd's Rep. 331.
[11] See Ch.6, 6-002 to 6-004 below.
[12] The remedies regime for breaches of the duty of fair presentation under the Insurance Act 2015 (for non-consumer insurance) and the remedies regime for breaches of the duty to take reasonable care not to make misrepresentations under the Consumer (Disclosure and Misrepresentation) Act 2012 (for consumer insurance) have changed significantly—both introduce a proportionate remedies regime in relation to non-deliberate /non-reckless breaches. See Ch.6, Pt 3.
[13] *Equitas Ltd v R & Q Reinsurance Co (UK) Ltd* [2009] EWHC 2787 (Comm); *Hill v Mercantile & General* [1996] L.R.L.R. 341; *Wasa v Lexington* (fn.8 above) are exceptions.
[14] See below *Charter Re v Fagan*, *Forsikringsaktieskapet Vesta v Butcher*, *Caudle v Sharp*, and *Insurance Company of Africa v Scor*. Whilst *Wasa v Lexington* is clearly a reversal of fortune for the reinsured, given the narrow basis of the finding—that the governing law of the insurance contract could not have been apparent to the reinsurer at the time of conclusion of the reinsurance contract—the reversal may not have a wide impact.
[15] P. Wood, *Comparative Law of Security and Guarantees*, 2nd edn (Sweet & Maxwell, 2007), p.313, para.24-1.
[16] Which form the subject-matter of the next chapter.

Outline of claims process in the absence of express claims settlement provisions

5-003   Before embarking upon a detailed consideration of the legal issues arising in connection with reinsurance claims, it might be helpful to outline briefly the different stages of the claims process in facultative reinsurance (and assuming a single claim) and in the absence of express provisions in the reinsurance contract dealing with claims. The reinsured will become aware of an actual or potential claim under the underlying contract of insurance upon notice being given by the insured. The reinsured is not required to notify the reinsurer of any potential or actual claims made against the reinsured and the reinsurer has no rights to control the manner in which the reinsured handles the claim. Subject to any express provisions to the contrary, the right of the reinsured to seek payment in respect of its losses arises as and when a loss within the scope of the contract of reinsurance is ascertained as against the reinsured. Usually, losses are ascertained by establishing and quantifying the reinsured's legal liability to pay the insured under the underlying insurance policy by judgment, arbitration award or, provided actually liability can be established, settlement. In order to recover under a contract of reinsurance, and absent express provision to the contrary, the reinsured has to prove that the loss falls under both the underlying insurance contract and the reinsurance contract. In *CGU International Insurance Plc v AstraZeneca Insurance Co Ltd* Cresswell J said:

> "The following general principles apply. A reinsurer is not liable to pay the reinsured until the amount of the reinsured's liability has been ascertained by judgment, award or settlement. The fact that the reinsured has paid under the policy reinsured does not enable the reinsured to substantiate its claims against the reinsurer. Subject to any provision to the contrary in the reinsurance policy the reinsured, in order to recover from the reinsurer, must prove the loss in the same manner as the original insured must have proved it against the reinsured, and reinsurer can raise all defences which were open to the reinsured against the original assured. Where a reinsured seeks to recover under a policy of reinsurance, the reinsurer cannot be held liable unless the loss falls within the cover of the policy reinsured and within the cover created by the reinsurance. Where the reinsurance incorporates the terms of the underlying, the coverage terms of the underlying insurance are treated as incorporated in a contract which is expressly governed by English law. That incorporation took place at the outset, and the coverage terms bore, from the outset, the meaning attached to them applying English rules of construction."[17]

Again, subject to the terms of the reinsurance, payment by the reinsurer to the reinsured is not conditional upon actual payment by the reinsured to the insured and not conditional upon the payment of reinsurance premium. In some types of reinsurance, the reinsurer may have rights of subrogation against any recoveries the reinsured makes, or rights of recovery the reinsured has, under its subrogation rights vis-à-vis the insured.

---

[17] *CGU International Insurance Plc v AstraZeneca Insurance Co Ltd* [2005] EWHC 2755 (Comm); [2006] Lloyd's Rep. I.R. 409 at [126]. The Commercial Court's decision was appealed (unsuccessfully) but on appeal the "follow the fortunes" clause was not considered.

2. FOLLOW THE FORTUNES/FOLLOW THE SETTLEMENTS CLAUSES

Follow the settlements clauses in historical perspective

Introduction

We should clarify by way of introduction that the concept of "follow the settlements" is a different concept from that of insurance and reinsurance contracts being "back to back". The consideration of whether the insurance and reinsurance contracts are back-to-back looks at what the parties agreed at the time of the reinsurance contract. The consideration of whether the settlement by the insurer is one that the reinsurer should follow—if the reinsurer is obliged to follow the settlements—looks, of course, at the wording agreed at inception, but also at the loss to the insured and how it has been dealt with by the insurer. Even though a single clause in a reinsurance contract the "full reinsurance clause" - may bring in both concepts—"subject to the same terms and conditions as original ... and to follow the settlements ..." the distinction between them should be kept in mind.[18] It is also helpful to bear in mind that "follow the settlements" is a concept that comes into play in facultative reinsurance. It is not that questions do not arise in treaty reinsurance about whether losses that the insurer has paid in settlement—by agreement or following judgment—are payable by the reinsurer; it is that those questions are generally not answered by reference to "follow the settlements" language but by questions of scope of coverage and of what obligations the reinsured has to exercise care and skill in his management of the portfolio of risks that are being reinsured. We discuss below the concept of "follow the fortunes" (as opposed to settlements) in connection with treaty reinsurance.

5-004

"Pay as may be paid thereon"

The "pay as may be paid thereon" wording is the historical predecessor of the "follow the settlements" clause but continues to be used as a stand-alone clause or in combination with the "follow the settlements" clause. The expression "pay as may be paid thereon" has been considered in two contexts, one concerning when the reinsurer is obliged to part with his money and the other concerning the extent to which these words compel the reinsurer to follow the contractual fortunes of the reinsured or, in other words, the extent to which the reinsurer has agreed, by these words, to be bound by the actions of, or findings against, the reinsured in respect of liability or quantum of a claim on the reinsured.

5-005

The intended purpose, and the common understanding of insurers in the late nineteenth century, of the expression "to pay as may be paid thereon" was that it bound the reinsurer "to pay without further inquiry any claim honestly paid by the [original] insurer".[19] Accordingly, with the "pay as paid" wording the reinsured was said to be able to recover under the reinsurance if he settled the claim under the

---

[18] See the judgment of Mr Gavin Kealey QC sitting as a Deputy Judge in *Assicurazioni Generali SPA v CGU International Insurance Plc* [2003] EWHC 1073 (Comm).

[19] As stated by Stephenson LJ in *Insurance Company of Africa v Scor (UK) Reinsurance Co Ltd* [1985] 1 Lloyd's Rep. 312 at 319.

underlying insurance in good faith and proved the reinsurance coverage of it.[20] In *Gurney v Grimmer* Scrutton LJ explained the rationale of the clause:

> "Underwriters who, as my brother Greer has said, may be original insurers today and reinsurers tomorrow, did not see anything startling in the idea that if the original insurer genuinely settled a genuine claim the reinsurer might be bound to follow it, and they invented a form 'to pay as may be paid thereon' which some of them at any rate thought would have the effect of binding the reinsurer to follow the settlements of the original underwriter."[21]

5-006 Whilst the "pay as paid" clause goes further back than *Chippendale v Holt*,[22] at least as far as 1884,[23] *Chippendale v Holt* is regarded as the leading authority. The case concerned a preliminary issue only, and was in fact between a reinsurer and a retrocessionaire. The reinsurer sought to argue that all he had to show to recover from his retrocessionaire was that he had honestly paid the reinsured. Mathew J said that this was not enough; the reinsurer/retrocedant had to show that the loss was covered by the (original) policy. Proof of payment by the reinsured is not, of itself, a sufficient (or, as *Charter Re v Fagan*[24] has determined, a necessary) basis for a claim on a reinsurer, however honest the payment. It could, for example be an ex gratia payment. Mathew J said that the contention of the reinsured required the clause to be read "to pay such amount as the [reinsured] might choose to pay whether liable or not".[25] He added: "This seems to me altogether unreasonable. Such a contract would be a wager, not a reinsurance."[26] It is to be noted that "liable or not" came to be incorporated in many later "follow the settlements" clauses—perhaps in an attempt to achieve what Mathew J disapproved of.

5-007 *Chippendale v Holt* was followed by *China Traders Insurance Co Ltd v Royal Exchange Assurance Corp*[27] and then two decisions of Bigham J, *Marten v Steamship Owners Underwriting Association Ltd* and *Western Assurance Co of Toronto v Poole*.[28] In the *Western Assurance* case, Bigham J said that the effect of the words "to pay as may be paid thereon" was as follows:

> "The reinsurer, when called upon to perform his promise, is entitled to require the reassured first to show that a loss of the kind reinsured has in fact happened; and, secondly, that the reassured had taken all proper and business-like steps to have the amount of it fairly and carefully ascertained. That is all. He must then pay ... Nor is he [the reinsurer] entitled to rip up the settlement between the ship owner and the original underwriter except on the basis that it is dishonest or arrived at carelessly. *So long as liability exists*, the mere fact of some honest mistake having occurred in fixing the exact amount of it will afford no excuse for not paying. He has promised 'to pay as may be paid thereon'."[29] [Emphasis added]

---

[20] McArthur on *The Contract of Marine Insurance*, 2nd edn (Stevens, 1890), p.333.
[21] *Gurney v Grimmer* (1932) 44 Ll. L.Rep. 189 at 193.
[22] *Chippendale v Holt* (1895) 1 Com. Cas. 197.
[23] *Uzielli & Co v The Boston Marine Insurance Co* (1884) 15 Q.B.D. 11, and see Ch.7, 7-004 below.
[24] *Charter Re v Fagan* [1997] AC 313.
[25] *Chippendale v Holt* (1895) 1 Com. Cas. 197 at 199.
[26] *Chippendale v Holt* (1895) 1 Com. Cas. 197 at 199.
[27] *China Traders Insurance Co Ltd v Royal Exchange Assurance Corp* [1898] 2 Q.B. 187.
[28] *Marten v Steamship Owners Underwriting Association Ltd* (1902) 7 Com. Cas. 195; and *Western Assurance Co of Toronto v Poole* [1903] 1 K.B. 376.
[29] *Western Assurance v Poole* [1903] 1 K.B. 376 at 386.

However, about 40 years later, Mathew J's decision in *Chippendale v Holt* was somewhat reinterpreted by the Court of Appeal in *Gurney v Grimmer*.[30] With apparent disapproval of Mathew J's decision on the meaning of the "pay as paid" clause, Scrutton and Greer LJJ purported to follow *Chippendale v Holt* but, in their judgments, the effect of the clause mutated into the following:

"Mr Joseph Walton and Messrs Waltons, who have been associated with marine insurance as long as I remember, endeavoured to argue [in *Chippendale v Holt*], with my humble assistance, that 'to pay as may be paid thereon' did mean 'to follow genuine settlements' ... and Mr Justice Mathew took the view that those words did not have that meaning ..."[31]

"I find that in 1895 there had been for a long time a clause in existence which contained the words "to pay as may be paid thereon," and the enlightened opinion of many professional men engaged in insurance had been that that protected the insurer in the event of them in fact honestly paying the claim. It was possible of course, to take the other view which Mr. Justice Mathew took in the case of *Chippendale v Holt* ..."[32]

According the Scrutton LJ, the intention of the underwriters that the "pay as paid" wording was meant to mean "to follow genuine settlements"[33] had been thwarted by the decision of Mathew J in *Chippendale v Holt*.[34] Scrutton LJ's "spin" on the interpretation of the words "pay as may be paid thereon" was taken at face value in subsequent cases[35] and over the years it seems that *Chippendale v Holt* has come to be authority for the proposition that the "pay as paid" wording does not preclude the reinsurers from insisting upon proper proof that the underlying claim falls within the terms of the underlying policy and adds nothing to the position at law.[36] We consider that that Mathew J did not in fact emasculate the "pay as paid" wording completely. He said that "pay as paid" assumed that the reinsured's liability had been proved or admitted.[37] The fact that Mathew J acknowledged that a reinsurer might be bound by an admission of liability indicates that he did give some meaning to the "pay as paid" clause. There is no indication that the reinsured in *Chippendale v Holt* ultimately failed to make a recovery; there is an indication that at the preliminary issue stage the plaintiff reinsured tried to produce no evidence of the loss or how it fell within the original policy and sought to rely solely on the fact that he had paid a claim. Nevertheless, there comes a point in time where "the principle as established in" whatever case it may be, would remain embodied in the common law even if it were subsequently proved that the case established no such principle. This appears to be what happened with the judicial interpretation of "pay as may be paid thereon".

---

[30] *Gurney v Grimmer* (1932) 44 Ll. L. Rep. 189.
[31] Scrutton LJ in *Gurney v Grimmer* (1932) 44 Ll. L. Rep. 189 at 193.
[32] Greer LJ in *Gurney v Grimmer* (1932) 44 Ll. L. Rep. 189 at 198.
[33] It is to be noted that Scrutton LJ's expression for what was originally sought to be achieved by the "pay as paid" wording, came to replace "pay as paid" in the next attempt to achieve the elusive objective.
[34] *Chippendale v Holt* (1895) 1 Com. Cas. 197.
[35] See e.g. *Insurance Company of Africa v Scor (UK) Reinsurance Co Ltd* [1985] 1 Lloyd's Rep. 312 at 319; *Charter Reinsurance Co Ltd (In Liquidation) v Fagan* [1997] A.C. 313 at 398; *Wasa v Lexington* [2010] 1 AC 180 at [35].
[36] Gürses, Ö, *Reinsuring Clauses* (Lloyd's of London Press, 2010), para.6.27.
[37] *Chippendale v Holt* (1895) 1 Com. Cas. 197 at 200.

Follow the settlements"/"Follow the fortunes"

5-008   Accordingly, the words "to pay as may be paid thereon" carried the authoritative meaning given to them by Scrutton LJ, namely that they did not require a reinsurer to follow the settlements unless the liability of the reinsured under the underlying policy was proved. Scrutton LJ said: "What the House of Lords might do is a matter for the House of Lords, and I cannot speak for them."[38] Underwriters were not inclined to wait for their Lordships to pronounce upon the matter, and adopted a new formulation: "to pay as may be paid thereon and to follow the settlements". This expression was considered (obiter) by Branson J in *Excess Insurance Co v Matthews*.[39] He appears to have ignored the first part of Bigham J's dicta in the *Western Assurance* case[40] (see 5-007 above) and accepted the statement that "so long as liability exists, the mere fact of some mistake having occurred in fixing the exact amount is no excuse for not paying" was the ratio of the case and meant that if the insurer/reinsured compromised with his insured where there was an issue on liability, as opposed to quantum, the reinsurer could insist on liability being proved. Branson J said that the additional words "and to follow their settlements" did however oblige a reinsurer to pay when there had been a compromise of liability by the insurer/reinsured, and clearly saw this as an advance on the previous law.

The expression "follow the fortunes", which appears to have originated as a literal translation of the phrase "suivre la fortune" in nineteenth-century reinsurance treaties,[41] is sometimes used as an alternative, or in addition to, "follow the settlements", especially in the United States. In the US, the follow the fortunes concept entails that the reinsurer shall be bound by developments beyond the reinsured's control, such as changes in domestic law or currency fluctuations.[42] It is doubtful whether the words "follow the fortunes" add anything to the reinsurer's obligations in other clauses in the contract under English law, which may expressly provide for payment of loss settlements by the reinsurer. In *Hayter v Nelson*,[43] the action was between a reinsurer and a retrocessionaire as to whether there was a dispute that should be arbitrated. Saville J (as he then was) said:

> "[T]here is no authority on the meaning of a 'follow the fortunes' clause of this or indeed any other kind, though the use of such clauses is commonplace in the business of reinsurance and retrocession ... it is clear from the text book writers that there is or appears to be very considerable uncertainty (not to say confusion) as to what is intended to be meant and agreed by the use of the phrase 'follow the fortunes' ..."[44]

According to W.C. Hoffmann:

> "At first, the phrase 'follow the fortune' ... was inserted, apparently as a supplementary provision generalising on the more specific principle reflected in the errors and omissions clause. This additional language provided simply that the reinsurer was obliged to 'follow the fortune' of the reinsured in connection with any technical errors and omissions.

---

[38] *Gurney v Grimmer* (1932) 44 Ll. L. Rep. 189 at 193.
[39] *Excess Insurance Co v Mathews* (1925) 23 Ll. L.Rep. 71.
[40] *Western Assurance v Poole* [1903] 1 K.B. 376.
[41] See W.C. Hoffmann, "Common Law of Reinsurance Loss Settlement Clauses: A Comparative Analysis of the Judicial Rule Enforcing the Reinsurer's Contractual Obligation to Indemnify the Reinsured for Settlements" (1994) *Lloyd's Maritime and Commercial Law Quarterly* 47.
[42] PRICL, Commentary C6-C10 to art.2.4.3 (Prof Jeff Stempel as rapporteur).
[43] *Hayter v Nelson* [1990] 2 Lloyd's Rep. 265.
[44] *Hayter v Nelson* [1990] 2 Lloyd's Rep. 265 at 272.

Thus, in its earliest form, 'follow the fortune' was not at all linked to settlement actions taken by the cedent after a loss occurs."[45] [Emphasis added]

In *CGU International Insurance Plc v AstraZeneca Insurance Co Ltd*[46] Cresswell J considered the following wording contained in a reinsurance slip:

"The Reinsurer agrees to follow in all respects the fortunes of the Reinsured. Reinsurers hereunder will, however, have the right to and shall be given the opportunity to associate with the Reinsured in the defence and control of any claim, suit or proceedings relative to any loss where the claim or suit involves or appears relatively likely to involve Reinsurers hereunder."

The title of this clause had originally been "Follow the fortunes" but had been crossed out and replaced with "Assistance and Co-operation" by the leading underwriter. It was common ground between the parties that a "follow the fortunes" clause was different from a "follow the settlements" clause and it seems that both parties accepted that the former carried a lesser obligation.[47] Cresswell J confirmed that, under English law, a "follow the fortunes" clause did not equate with a "follow the settlements" clause and did not have the same effect. Accordingly, he treated the contract of reinsurance as if there was no "follow the settlements" clause.[48] Thus, without actually deciding on the effect of the "follow the fortunes" clause, Cresswell J indicated that the reinsured, in order to recover from the reinsurer, would have to prove the loss in the same manner as the original insured must have proved it against the reinsured, and the reinsurer would be able raise all defences which were open to the reinsured against the original assured, regardless of the "follow the fortunes" clause.[49]

It may be that "follow the fortunes" retains its original character as a concept more for treaty reinsurance. In *River Thames Insurance Co Ltd v Al Ahleia Insurance Co Ltd*,[50] Lord Denning MR described the contract as "a follow the fortunes treaty". He referred to a:

"... significant phrase running through the treaty ... the true intention of these presents being that the 'Reinsurers' shall follow the fortunes of the 'Reinsured' ..."

The contract provided for payment by the reinsurers within six months of their confirming the accounts, which they were to do within one month of the accounts being rendered by the reinsured. The reinsurers did confirm the accounts but then did not pay and the reinsured obtained summary judgment. The concept of following the underwriting fortunes of the reinsured is plainly different from being bound by his settlements after a loss occurs. We suggest that, having regard to the distinct historical origins of the clauses, "follow the settlements" now bears a reasonably

5-009

---

[45] W.C. Hoffmann, "Common Law of Reinsurance Loss Settlement Clauses: A Comparative Analysis of the Judicial Rule Enforcing the Reinsurer's Contractual Obligation to Indemnify the Reinsured for Settlements" (1994) *Lloyd's Maritime and Commercial Law Quarterly* 47 at 53.
[46] *CGU International Insurance Plc v AstraZeneca Insurance Co Ltd* [2005] EWHC 2755 (Comm); [2006] Lloyd's Rep. I.R. 409. The Commercial Court's decision was appealed (unsuccessfully) but on appeal the "follow the fortunes" clause was not considered.
[47] *CGU International Insurance Plc v AstraZeneca Insurance Co Ltd* [2005] EWHC 2755 (Comm). See para.41, No.15 and 129.
[48] *CGU International Insurance Plc v AstraZeneca Insurance Co Ltd* [2005] EWHC 2755 (Comm) at [125].
[49] *CGU International Insurance Plc v AstraZeneca Insurance Co Ltd* [2005] EWHC 2755 (Comm) at [126], [129]–[130].
[50] *River Thames Insurance Co Ltd v Al Ahleia Insurance Co Ltd* [1973] 1 Lloyd's Rep. 2.

clear meaning as a result of the *Scor* and *Hill v Mercantile & General* decisions, which are discussed in 5-015 to 5-026 below. "Follow the fortunes" does not yet appear to be a term of art, as a matter of English reinsurance law, but is related more to the obligations of the reinsurer in treaty reinsurance.[51]

PRICL contains a provision in art.2.4.3 that combines "follow the settlements" with "follow the fortunes": to the extent a loss is covered by the contract of reinsurance, the reinsurer must do both—follow the settlements and the fortunes of the reinsured. The distinction drawn between both concepts in PRICL is that the "follow the settlements" concept provides that the reinsurer is obliged to accept the settlements made by the reinsured in respect of losses "arguably within the cover of the primary insurance", whereas the "follow the fortunes" concept provides that the reinsurer is to be bound by developments beyond the reinsured's control.[52]

The Hill v Mercantile & General loss settlement clauses

5-010   In *Hill v Mercantile & General*, Lord Mustill encapsulated the whole subject matter of Pt 1 of this chapter in a few words. He said:

> "There are only two rules, both obvious. First, that the reinsurer cannot be held liable unless the loss falls within the cover of the policy reinsured and within the cover created by the reinsurance. Second, that the parties are free to agree on ways of proving whether these requirements are satisfied. Beyond this, all the problems come from the efforts of those in the market to strike a workable balance between conflicting practical demands and then to express the balance in words."[53]

Every reinsurance contract may be expected to contain some provision defining the extent of the obligation of the reinsurer to pay losses which the reinsured is held legally liable to pay and loss settlements. As will have been apparent from the discussion above, three quite distinct questions arise when the reinsured asks the reinsurer to pay a loss:

(1) Is there in fact a loss?
(2) Is the loss covered as a matter of (a) fact and (b) law under the original insurance contract?
(3) Is the loss covered as a matter of (a) fact and (b) law under the reinsurance contract?

If the answer to questions (1) and (2) is in the negative, question (3) never arises. The "follow the settlements" clause seeks to address question (2) and, as we shall see, the effect of such a clause is to restrict the ability of a reinsurer to argue (or re-argue), that he is not liable to pay a settlement which the reinsured has made on the grounds that the reinsured was not, as a matter of fact or law, liable to the

---

[51] It appears from *CGU International Plc v Astrazeneca Insurance Co Ltd* [2005] EWHC 2755 (Comm) (see 5-008 above) that, whatever effect English courts ultimately give to "follow the fortunes" clauses, they are not synonymous with "follow the settlements". For a comparative analysis, see W.C. Hoffman, "Common Law of Reinsurance Loss Settlement Clauses: A Comparative Analysis of the Judicial Rule Enforcing the Reinsurer's Contractual Obligation to Indemnify the Reinsured for Settlements" (1994) *Lloyd's Maritime and Commercial Law Quarterly* 47. In *Bonner v Cox* [2005] EWCA 1512 Waller LJ said at [89]: "Other than in facultative reinsurance a reinsurer does not usually exercise any underwriting judgment as to the particular risks which he reinsures and that is so with both proportional and non-proportional reinsurance. The assessment a reinsurer makes at the outset relates to the skill which he believes his reinsured has. He will expect to *follow the fortunes* of that reinsured." [Emphasis added]
[52] PRICL Commentary C2 to art.2.4.3.
[53] *Hill v Mercantile & General Reinsurance Co Ltd* [1996] L.R.L.R. 341 at 350.

original insured or liable in the amount settled. We consider[54] that a "follow the settlements" clause has no direct bearing on question (3).[55]

Implied follow the settlements

It appears from the commercial history of the "follow the settlements" clause and the line of authorities from *Chippendale v Holt* to *Gurney v Grimmer*,[56] to *CGU International Insurance Plc v AstraZeneca Insurance Co Ltd*[57] to *Wasa International Insurance Co Ltd v Lexington Insurance Co*[58] that if these, or very similar words, do not appear in a reinsurance contract, then evidence of a loss settlement (even if it is of a payment made after the reinsured's liability to the original insured has been proved in a trial or arbitration) does not prevent a reinsurer from disputing his liability, and that even if the reinsured has acted in good faith, the burden is on him to prove that the loss was covered both in fact and in law under the insurance contract and the reinsurance contract.[59] A practical illustration is provided by the facts of *British Dominions General Insurance Co Ltd v Duder*[60] where the plaintiff insurer, having compromised the claim of the original insured, was obliged to sue his reinsurer and prove that he would have been liable under the original insurance contract.[61] Such a result follows from the principle of indemnity[62] and, as we noted above, is the logical consequence of the fact that reinsurance is a separate contract from that between the reinsured and the original insured[63] (which is a reason why Hobhouse LJ, in *Toomey v Eagle Star Insurance Co Ltd*[64] regarded the contract in question as not being a contract of reinsurance). We can see no reason for implying a "follow the settlements" clause on the basis of business efficacy or necessity[65] if the parties to the contract have not chosen to provide for one. Reinsurance contracts are perfectly workable without such a clause. There may be very good commercial reasons why such a clause has been deliberately omitted, and why the reinsurer wishes to put the reinsured to strict proof that the loss which he is being asked to pay is covered under the original insurance contract (we gave a number of examples of such situations at the start of this chapter). It may nonethe-

5-011

---

[54] See *Hiscox v Outhwaite (No.3)* [1991] 2 Lloyd's Rep. 524 at 530 per Evans J; *Assicurazioni Generali Spa v CGU International Insurance Plc* [2003] Lloyd's Rep. I.R. 725.
[55] But, see *AXA Re v Field* [1996] 1 Lloyd's Rep. 26 at 29 per Staughton LJ, at 30 per Simon Brown LJ; *Municipal Mutual Insurance Ltd v Sea Insurance Co Ltd* [1996] L.R.L.R. 265, below.
[56] Which were again referred to with apparent approval by Lord Hoffmann in *Charter Re v Fagan* [1997] A.C. 313 at 393.
[57] *CGU International Insurance Plc v AstraZeneca Insurance Co Ltd* [2005] EWHC 2755 (Comm); [2006] Lloyd's Rep. I.R. 409. The Commercial Court's decision was appealed (unsuccessfully) but on appeal the "follow the fortunes" clause was not considered.
[58] [2009] UKHL 40; [2010] 1 A.C. 180 at [37].
[59] Also see discussion on an implied term that the reinsurer is bound by judgments against the reinsured in Ch.4, 4-104 and see Ch.5, 5-041–5-042 below.
[60] *British Dominions General Insurance Co Ltd v Duder* [1915] 2 K.B. 394, and see further in Ch.7, 7-006 below.
[61] Pickford LJ said at 404: "... the question does not often arise, because the reinsurers generally join in the compromise; but in this case they decided to try to escape liability altogether."
[62] See further below In *Re London County Commercial Reinsurance Ltd* [1922] 2 Ch. 67 at 80 per P.O. Lawrence J.
[63] See *Nelson v Empress Assurance Corp Ltd* (1905) 10 Com. Cas. 237; [1905] 2 K.B. 281 at 240 per Mathew LJ (below) if the reinsurer is not a party to the proceedings between the original insured and the reinsurer/reinsured, there is no issue estoppel vis-à-vis the reinsurer. See also *Wasa v Lexington* [2009] UKHL 40.
[64] *Toomey v Eagle Star Insurance Co Ltd* [1993] 1 Lloyd's Rep. 429, and discussed below.
[65] In *Marks & Spencer Plc v BNP Paribas Securities Services Trust Co (Jersey) Ltd* [2015] UKSC 72; [2016] A.C. 742, the Supreme Court affirmed that the test for the implication of terms into contract in fact is based upon necessity, not reasonableness. Also see Ch.4, 4-104.

less be the case that if liability and the quantum of that liability have been independently determined by a judge or arbitrator as between the reinsured and the original insured, then even though that determination is not res judicata as between the reinsured and the reinsurer, the reinsurer will have difficulty in persuading the tribunal before which he argues his case to depart from the finding of the earlier tribunal.[66]

5-012   In *Hayter v Nelson*,[67] there was no "follow the settlements" clause in the retrocession contract. There was however a "follow the fortunes" clause. The reinsurers had been obliged to pay their reinsured under an arbitration award and by a judgment, and claimed an indemnity from the retrocessionaires. Saville J (as he then was) held that there was a "dispute" as to the retrocessionaires' liability which should be referred to arbitration. Saville J said:

> "Just as a surety is not bound (in the absence of agreement) by a judgment or award obtained by a creditor against a principal debtor, it seems to me that a retrocessionaire (again in the absence of agreement) is not bound by a judgment or award against the reinsured …"[68]

5-013   This appears to have been held also by the Court of Appeal in the *Scor* case[69] where there was a "follow the settlements" clause in the reinsurance contract but it was held not to be binding upon the reinsurer. The Court of Appeal did not say "well, nonetheless, there is a judgment against the reinsured therefore the reinsurer must pay". The Court of Appeal reconsidered the matter; it found as a fact that the reinsured was liable to the original insured and then found that the reinsurer was liable to the reinsured under the reinsurance contract.

In *Nelson v Empress Assurance Corporation Ltd*,[70] the Court of Appeal[71] set aside third party proceedings against a facultative reinsurer brought by the reinsured who was the defendant to an action by the original insured on the underlying policy. The reinsurance contract contained the "pay as may be paid wording" discussed above but no argument was based on it. Mathew LJ[72] said:

> "The cases certainly establish that the two contracts of insurance and reinsurance are independent of each other … further, a policy of reinsurance is a policy on an interest in the subject matter of the insurance, that interest being different from that protected by the original policy and acquired by the fact that the assured is the underwriter under the original policy. That is the position of things indicated by the contract of reinsurance. Then there are the general provisions to pay, as the original underwriter is bound to pay. But that does not enable the original underwriter to make up his own mind as to what he is bound to pay. *He may pay or not pay just as he likes, but in establishing his claim under the policy of reinsurance he must proceed as if there was not the other contract; that is, in a case like this, he must show a loss of the subject matter of the insurance by some of the perils indicated.*"[73] [Emphasis added]

5-014   It appears from *ICA v Scor* (and *Hayter v Nelson*) that, in the absence of an ef-

---

[66] See *Commercial Union Assurance Company Plc v NRG Victory Reinsurance Ltd* [1998] 2 Lloyd's Rep. 600. There was a settlement following legal advice that the reinsured would be found liable, the reinsurer was not bound to the settlement.
[67] *Hayter v Nelson* [1990] 2 Lloyd's Rep. 265.
[68] *Hayter v Nelson* [1990] 2 Lloyd's Rep. 265 at 271.
[69] *Insurance Company of Africa v Scor (UK) Reinsurance Co Ltd* [1985] 1 Lloyd's Rep. 312.
[70] *Nelson v Empress Assurance Corporation Ltd* (1905) 10 Com. Cas. 237 at 240; [1905] 2 K.B. 281 contains what appears to be an edited version of the judgment.
[71] Mathew and Cozens-Hardy LJJ; Scrutton KC appeared on behalf of the successful third party.
[72] With whom Cozens-Hardy LJ agreed.
[73] *Nelson v Empress Assurance* (1905) 10 Com. Cas. 237; this passage has been edited in the Kings Bench Law Reports version ([1905] 2 K.B. 281).

fective "follow the settlements" clause, the above-emphasised passage still represents the position at common law. Mathew LJ concluded as follows:

"[I]t is said we ought to roll up the policy of reinsurance and treat it as a mere contract of indemnity. It is exceedingly difficult to do it, having regard to the character of the instrument. If it could be done, the consequences indicated in the course of the argument would appear to follow. The original underwriter could say to the underwriter on his policy of reinsurance: You have agreed to indemnify me against this claim. I do not want to fight. If you will not pay, I will fight it at your expense, and go against you for the costs subsequently. Who ever heard of treating a policy of reinsurance in that way? The two contracts stand independently of each other, and I can see great inconvenience that may arise from endeavouring to make an underwriter on a policy of reinsurance a third party in respect of some part of that which is the subject matter of the original action."[74]

His reasoning was that "the point on which there is a common liability may not be discussed in the original action". Mathew LJ's views on the independent nature of the reinsurance contract are consistent with the approach of Lord Mustill in *AXA Re v Field* and *Hill v Mercantile & General*[75] and of Creswell J in *CGU International Insurance Plc v AstraZeneca Insurance Co Ltd*.[76] And after the brief heresy of the Court of Appeal in *Wasa v Lexington*, the House of Lords has confirmed that approach very clearly when considering back-to-back contracts also.[77]

The ICA v Scor and Hill v Mercantile & General cases

ICA v Scor: The facts

The facts of *Insurance Company of Africa v Scor (UK) Reinsurance Co Ltd*[78] are worth setting out at length, as they illustrate a common dilemma for the reinsured when faced with a claim which there may be grounds for resisting. A certain Mr Ali,[79] through his company Africa Trading Co (Liberia) Ltd (ATC), had leased from the Liberian Government a warehouse in Water Street, Monrovia.[80] The building and its contents were insured (for US$500,000 and US$3 million respectively) with the Insurance Company of Africa (ICA), which in turn reinsured 98.6 per cent of the risk. Scor was the leading reinsurer. A fire destroyed the warehouse on 7 February 1982. Apparently, there was at the time only one loss adjuster resident in Liberia, an Englishman called Boris Koval,[81] who concluded that ATC had not deliberately started the fire and accepted as accurate the stock figures claimed by ATC. Mr Koval's findings were accepted by a second loss adjuster sent by ICA's parent company, the Insurance Company of North America.

Meanwhile, Scor had received in London three anonymous letters alleging arson

5-015

---

[74] *Nelson v Empress Assurance* (1905) 10 Com. Cas. 237 at 240–241; again this passage has been edited in the Kings Bench Law Reports version ([1905] 2 K.B. 281).
[75] *Hill v Mercantile & General Reinsurance Co Plc* [1996] L.R.L.R. 341; and see paras 5-020 to 5-025 below.
[76] *CGU International Insurance Plc v AstraZeneca Insurance Co Ltd* [2005] EWHC 2755 (Comm); [2006] Lloyd's Rep. I.R. 409.
[77] *Wasa v Lexington* [2009] UKHL 40.
[78] *ICA v Scor* [1985] 1 Lloyd's Rep. 312; [1983] 1 Lloyd's Rep. 541.
[79] Described in the course of allegations made in anonymous letters as "a feared man".
[80] "[A] building called the Old Customs building. It was so called not because of its antiquity but because it formerly fulfilled that function": *ICA v Scor* [1983] 1 Lloyd's Rep. 541 at 542 per Leggatt J.
[81] "... Mr Koval was not very well qualified. But he was a man conscious of his own deficiencies and I am quite satisfied that he is honest": *ICA v Scor* [1983] 1 Lloyd's Rep. 541 at 551 per Leggatt J.

and fraud on the part of Mr Ali, who it was said had bribed a senior Liberian army officer, the local claims representative of ICA, and the loss adjuster Mr Koval. Scor sent their own investigators to Monrovia, two ex-policemen who received no co-operation from ICA's representatives, but as Leggatt J observed: "… the approach of those representatives to the Plaintiffs so lacked finesse as to make the result unsurprising …" The judge put their predicament thus: "The Plaintiffs' representatives may have seen themselves in the role of oysters whilst the investigators were playing the Walrus and the Carpenter."[82]

5-016 Having avoided the unhappy fate of the oysters, ICA were nevertheless sued by ATC in the Liberian courts. Scor did not at the time disclose the basis for alleging fraud, and ICA was held liable for the full amount claimed under the policy (US$3,500,000), "general damages", i.e. punitive damages for delaying in settling the claim (US$600,000), and costs (US$58,000). ICA sought to recover its loss under the reinsurance policy. Two clauses are relevant:

(1) The "follow the settlements" clause—

> "Being a Reinsurance of and warranted same … terms and conditions as and to follow the settlements of the Insurance Company of Africa …"

(2) The "claims co-operation" clause—

> "It is a condition precedent to liability under this Insurance that all claims be notified immediately to the Underwriters subscribing to this Policy and the Reassured hereby undertake in arriving at the settlement of any claim, that they will co-operate with the Reassured Underwriters and that no settlement shall be made without the approval of the Underwriters subscribing to this Policy."

ICA v Scor: Leggatt J

5-017 Leggatt J (as he then was) held as follows:

---

[82] *ICA v Scor* [1983] 1 Lloyd's Rep. 541 at 546. For those unfamiliar with Lewis Carroll's poem, a short extract will suffice:

> "'A loaf of bread,' the Walrus said,
> 'Is what we chiefly need:
> Pepper and vinegar besides
> Are very good indeed—
> Now if you're ready Oysters dear,
> we can begin to feed.'
> 'But not on us!' the Oysters cried,
> Turning a little blue …
> 'I weep for you,' the Walrus said:
> 'I deeply sympathize.'
> With sobs and tears he sorted out
> Those of the largest size,
> Holding his pocket-handkerchief
> Before his streaming eyes.
> 'O Oysters,' said the Carpenter,
> 'You've had a pleasant run!
> Shall we be trotting home again?'
> But answer came there none—
> And this was scarcely odd, because
> They'd eaten every one."

Lewis Carroll, *Through the Looking Glass: The Illustrated Lewis Carroll* (Jupiter Books, 1978).
It should be mentioned that this cast, Ali, Koval and the ex-policemen, had appeared in an earlier drama, see *Liberian Insurance Agency Inc v Mosse* [1977] 2 Lloyd's Rep. 560.

(1) On the evidence before him, Scor had failed to prove any fraud by ATC/Mr Ali, or any collusion on the part of ICA's representatives in Liberia.
(2) The claims co-operation clause was in two distinct parts:
    (a) ICA would co-operate with Scor; and
    (b) ICA would not make any settlement without Scor's approval.

    Failure to co-operate was not a condition precedent to recovery from reinsurers, and even if ICA had breached their undertaking under (a), it had not been proved that Scor had thereby suffered any loss.
(3) Under the "follow the settlements" clause Scor was bound by any compromise reached by ICA, whether of liability or amount, unless Scor could prove that ICA had acted dishonestly or had failed to take all proper and business-like steps to ascertain fairly and carefully the amount of the loss.
(4) There was no reason to treat the "claims co-operation" clause as impairing the efficacy of the "follow the settlements" clause. Although ICA was bound to co-operate with Scor in arriving at the settlement of any claim, Scor was bound by the settlement once made unless it could be impugned under (3).
(5) On the facts, Scor had failed to show lack of good faith or collusion by ICA, which had acted in a proper and business-like manner to ascertain the loss fairly and carefully. Accordingly, Scor was liable for its reinsured share of the US$3,500,000 claim.
(6) Where under a "claims co-operation" clause the reinsurer exercised his contractual right to withhold approval of a settlement between the reinsured and his assured with the result that the reinsured was obliged to resist the claim against him, it could not have been the intention of the parties that the reinsured was to bear the cost of so doing. Accordingly, it was an implied term of the policy that where Scor refused to approve a bona fide settlement, reinsurers would indemnity ICA in respect of any expense occasioned by defending the claim.

ICA v Scor: The Court of Appeal

On appeal, Scor persuaded the writers of the anonymous letters to reveal their identity[83] and make their allegations on affidavit. The Court of Appeal unanimously rejected Scor's application for a new trial and refused to interfere with Leggatt J's findings of fact. The Court of Appeal was also unanimous in upholding the learned judge's decision that Scor was liable under the reinsurance policy for the claim paid by ICA to ATC, although the majority[84] did so for different reasons from those of Leggatt J and the same majority held[85] that Scor was not liable for either the punitive damages awarded by the Liberian Court against ICA or the legal costs of defending the Liberian proceedings. The court found for the reinsured because loss and coverage was proved, not because of the follow the settlements clause. Nonetheless the follow clause, and its relationship with the claims control clause were carefully considered by the Court of Appeal. See 5-049 below.

Robert Goff LJ examined the origins and history of the "follow the settlements" clause and concluded that the purpose of the form of words used was to get round the generally accepted understanding of the courts' previous construction of

5-018

---

[83] *ICA v Scor* [1985] 1 Lloyd's Rep. 312; they were brokers working for a rival of ICA's who had now left Liberia for good.
[84] Robert Goff LJ (as he then was) with whom Fox LJ agreed.
[85] Stephenson LJ dissenting.

"pay as may be paid thereon".[86] The intention was clearly to bind reinsurers to the settlements reached and to prevent them from disputing that the insurers were liable under the policy to the original assured. Robert Goff LJ concluded[87] as follows:

> "In my judgment, the effect of a clause binding reinsurers to follow settlements of the insurers, is that the reinsurers agree to indemnify insurers in the event that they settle a claim by their assured, i.e. when they dispose of a claim, whether by reason of admission or compromise, *provided that the claim so recognised by them falls within the risks covered by the policy of reinsurance as a matter of law, and provided also that in settling the claim the insurers have acted honestly and have taken all proper and business-like steps in making the settlement* ... In particular, I do not read the clause as inhibiting reinsurers from contesting that the claim settled by insurers does not, as a matter of law, fall within the risks of covered by the reinsurance policy; but ..., I do consider that the clause presupposes that reinsurers are entitled to rely not merely on the honesty, but also on the professionalism of insurers, and so is susceptible of an implication that the insurers must have acted both honestly and in a proper and business-like manner ... Furthermore, in my judgment, if insurers have so settled a claim, acting honestly and in a proper and business-like manner, then the fact that reinsurers may thereafter be able to prove that the claim of the assured was fraudulent does not of itself entitle reinsurers not to follow the settlement, as they have contracted to do; and they must have recourse to their rights of subrogation, arising upon the payment of the claim under the policy of reinsurance, in order to seek to rescind the settlement with the assured and to recover the money paid by the insurers under that settlement." [Emphasis added]

5-019 Thus under a "follow the settlements" clause, where the insurers/reinsureds can establish that: (1) the claim falls as a matter of law within the risks covered by the reinsurance policy (the "first limb"); (2) they acted in good faith and without fraud or collusion and "in a proper and business-like manner" with respect to investigating and settling the claim (as to both liability and quantum) (the "second limb"); the reinsurers are bound by any settlement and they may not re-litigate the question whether or not the insurers were in fact liable to the original insured.[88] The judge's use of the word "settlement" when considering the impact of the follow the settlements clause (the reference to "disposing of a claim by admission or compromise") suggests that he was viewing the word in a narrow legal context rather than an insurance context (i.e. "pay").[89] That leaves in the air the question whether the follow clause operates where there is judgment, not compromise/settlement. Even though Goff LJ used the language of compromise, we consider that a fortiori where there is a follow the settlements clause the reinsurer would have to follow if a reinsured acted in a careful and business-like manner in defending a claim falling within the reinsurance, and lost.

It would be naive to conclude that the question whether the insurer was liable to the insured cannot now be raised by the reinsurer where there is "follow the settle-

---

[86] See 5-005 to 5-007 above.
[87] *ICA v Scor* [1985] 1 Lloyd's Rep. 312 at 330.
[88] But see the way this was expressed in *Hiscox v Outhwaite (No.3)* [1991] 2 Lloyd's Rep. 524 at 530 per Evans J, and below.
[89] See *Hill v Mercantile & General* [1995] L.R.L.R. 160 at 187 per Hirst LJ, cited without any apparent disapproval by Lord Mustill in the House of Lords. In *Aizkir Navigation Inc v Al Wathba National Insurance Co PSC* [2011] EWHC 3940 (Comm) a clause provided that claims "be settled in accordance with English Law and practice and shall be so settled in Abu Dhabi (UAE)". Judge Mackie QC said that the word "settlement" could mean settlement of a dispute, not just settlement of a claim, and the courts of the UAE had jurisdiction. It seems to us clear that in the context "settled" meant "paid". (But the result was, in our view, plainly right. The insured was Egyptian, the insurer and the broker from the UAE. Permission given by the English court to serve proceedings out of the jurisdiction was set aside.)

ments" language. If there is no evidence of a "loss", if it is patent that the insurer had no liability under the original insurance contract, then either he was careless and unbusiness-like in making the settlement, or he would be paying on an ex gratia basis, which, we submit below,[90] would not be binding on the reinsurer in the absence of express ex gratia language. To this extent, defending a claim (in a careful manner) with judgment going against the reinsured may still provide a benefit to the reinsured. The question of burden of proof and the effect of the claims co-operation clause are examined further below.[91]

Hill v Mercantile & General: The facts

The above propositions were further considered in *Hill v Mercantile & General Reinsurance Co Ltd*,[92] a case concerning retrocession contracts between excess of loss reinsurers in the LMX market. The plaintiffs, Lloyd's Syndicates and London Market companies, wrote excess of loss reinsurances of "intermediate" reinsurers of primary insurers/reinsurers which covered 15 aircraft owned by the Kuwait Airways Corporation (KAC) and one aircraft belonging to British Airways (BA) ("the inward reinsurances"). The inward reinsurances were then reinsured by the defendants under excess of loss reinsurances ("the outward reinsurances"). The losses arose following the invasion of Kuwait by Iraq in 1990. On various days in August/September 1990 the 15 KAC aircraft were removed from Kuwait.[93] Seven aircraft were subsequently destroyed, in Iraq, during the "Desert Storm" offensive in January/February 1991, and eight were recovered. The BA aircraft was destroyed at Kuwait airport in February 1991. Claims were made under the primary insurance/reinsurance which were passed on to inward reinsurers and they, in turn, sought to pass them on to the outward reinsurers.

The relevant clause in the outward reinsurance contracts provided as follows:

> "All loss settlements by the Reassured including compromise settlements and the establishment of funds for the settlement of losses shall be binding upon the Reinsurers, providing such settlements are within the terms and conditions of the original policies and/or contracts (or as provided for in the Extra Contractual Obligations clause hereof) and within the terms and conditions of this Reinsurance."

The periods of cover of the various contracts of insurance and reinsurance are set out in the diagram on the following page.

Hill v Mercantile & General: Rix J and the Court of Appeal

Rix J refused the plaintiffs' application for summary judgment and gave the defendants unconditional leave to defend on the basis that they had raised arguable defences as to reinsurance coverage. The defendants argued, inter alia, that relevant excess limits in the outward reinsurance had not been exceeded—a point which turned on whether the losses arose out of one or more "events"—and that on

5-020

5-021

---

[90] See 5-061–5-063 below.
[91] See 5-034 to 5-042 and 5-049 to 5-050 below.
[92] *Hill v Mercantile & General* [1995] L.R.L.R. 160; [1996] L.R.L.R. 341, HL.
[93] See *Kuwait Airways Corp v Kuwait Insurance Co SAK (No.1)* [1996] 1 Lloyd's Rep. 664 [Mentioned by FCA v Arch Insurance]; and below. In *Masefield AG v Amlin Corporate Member Ltd* [2011] EWCA Civ 24, Rix LJ said, in reference to when an actual total loss occurs: "I think I was therefore wrong to suggest in *KAC v KIC* that the mere intention to exercise dominion over seized property constitutes an ATL [actual total loss]. It is a point of interest. It does not affect the principles set out here."

one view the losses fell outside the period of reinsurance coverage.[94]

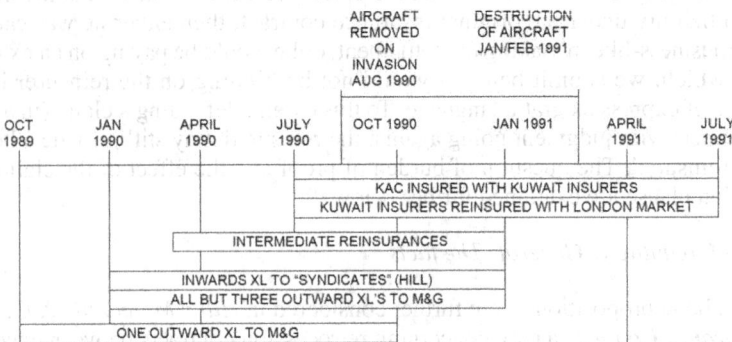

The Court of Appeal,[95] reversing Rix J, granted the plaintiffs summary judgment on liability. Hirst LJ noted that the proper interpretation of what the Court of Appeal said about the "follow the settlements" clause in the *Scor* case had been the subject of "profound disagreement" between opposing counsel and set out the conflicting theories as follows.

> "Mr Kentridge[96] submits that applying the clear words of the majority (Robert Goff and Fox LJJ), the clause binds reinsurers to follow the settlement provided the claim on its face falls within the risk covered by the policy of reinsurance as a matter of law, and provided also of course that the insurers have acted honestly and in a business-like manner."[97]

At the outset of his argument Mr Thomas[98] sought to draw a distinction between the present excess of loss reinsurance policy and the facultative policy at issue in the *Scor* case. In any event, at the very least, he submitted, the *Scor* case entitles the reinsurers to take any question of law (or mixed fact and law), affecting their obligation to pay, though at the high water mark of his argument he went even further and submitted that even questions of pure fact were open to dispute by the reinsurer

Hirst LJ concluded:

> "... that, on its proper interpretation Scor's case delimits the ability of the reinsurer to raise points of law within the very narrow confines submitted by Mr Kentridge; a fortiori, the reinsurer is not entitled to reopen issues of fact, *as is manifestly demonstrated by the Court of Appeal's refusal to allow the reinsurers to rely on the owners' alleged fraud.*"[99] [Emphasis added]

The emphasised passage is, with respect, incorrect. The Court of Appeal in *Scor* did reopen issues of fact (because in that case the "follow the settlements" clause

---

[94] In *Kuwait Airways* [1996] 1 Lloyd's Rep. 664, the same judge, Rix J, found that there was one event, one loss, and it occurred in August 1990, in respect of all Kuwaiti aircraft and spares. The period of coverage and when the loss(es) occurred was also an important issue in *Wasa v Lexington* [2009] UKHL 40. Aggregation is considered further In Pt 4 of this chapter below.
[95] *Hill v Mercantile & General* [1995] L.R.L.R. 160.
[96] Counsel for the plaintiffs.
[97] *Hill v Mercantile & General* [1995] L.R.L.R. 160 at 185–186.
[98] As he then was, counsel for the defendants.
[99] *Hill v Mercantile & General* [1995] L.R.L.R. 160 at 186.

was ineffective) and found that there was no fraud on which the reinsurers could rely.

Hill v Mercantile & General: The House of Lords

Lord Mustill delivered a speech with which the remainder of the House[100] concurred. His Lordship found:

5-022

(1) that there was an issue whether the payments made by the original insurers (for these purposes, Hill's reinsureds) were "settlements";
(2) that on the wording of the particular follow the settlement clause (between Hill and M&G), it was far from clear that M&G were bound to pay even though Hill had paid.

The judgment of Rix J was reinstated; the appeal from the Court of Appeal was allowed. Summary judgment was not available to Hill. The matter was left to be tried.[101]

Lord Mustill considered three matters to be of significance:

(1) the difference in periods of the various chains of insurance and reinsurance;
(2) the nature of the payment to the original insured, KAC, and the effect of that on the payment by Hill to his reinsureds (the "intermediate reinsurers"); and
(3) the construction of the particular follow the settlements clause between Hill and M&G.

The periods of cover Lord Mustill described these as "of cardinal importance".[102] If the date of the loss or losses was August 1990, all the policies were current. If the date of the loss or losses was January/February 1991, whilst two of the "outwards" contracts were current, the loss would stop with the London Market reinsurers of the Kuwait insurers or, more likely, fall on insurers of later years, because the intermediate XLs and the inwards XLs in issue in this case would have terminated. This is relevant to Lord Mustill's view of the "follow the settlements" clause in issue (that between Hill and M&G) considered below.

5-023

The nature of the payment by Kuwait insurers/the London market and of Hill's claim on his reinsurers (M&G) KAC made a claim in respect of each of the 15 relevant aircraft (and spares) under paragraph (e) of the policy wording (confiscation, detention, etc.). The London Market, controlling the Kuwait insurers' settlement of claims, paid the limit of indemnity for one event for a loss under paragraph (a) of the wording (war). This was accepted on account.[103] All the intermediate claims and inward reinsurance claims up to Hill were apparently paid on the basis that there was one event which occurred in August 1990. Lord Mustill was intrigued how this had so readily been accepted especially given that KAC's claim had been paid on a basis which KAC disputed. He was told that the intermediate and inward reinsurance payments were provisional and therefore there was, in his view, an issue as to whether they constituted a "loss settlement by the Reinsured" (i.e. Hill) for the purposes of the follow the settlements clause in Hill's reinsurance with M&G.

5-024

---

[100] The Lord Chancellor, Lord Mackay, Lords Goff, Slynn and Hoffmann.
[101] For further proceedings between excess of loss reinsurers see: *Scott v Copenhagen Reinsurance Co (UK) Ltd* [2002] Lloyd's Rep. I.R. 775; [2003] EWCA Civ 688 (discussed below).
[102] *Hill v Mercantile & General* [1996] L.R.L.R. 341 at 344.
[103] Rix J subsequently found this to be the correct basis of payment: *KAC v KIC* [1996] 1 Lloyd's Rep. 664.

5-025 **The "follow the settlements" clause between Hill and M&G** Lord Mustill said that this broke down into three provisions:

(1) loss settlements, including compromise settlements were binding on the reinsurer;
(2) provided they were within the terms of the original policies (i.e. Hill's policies with the intermediate insurers); and
(3) provided they were within the terms of the reinsurance (of Hill with M&G).

As to (1), Lord Mustill said there was an issue to be tried: see above.

As to (2), Lord Mustill said that this was wholly undetermined, unsurprisingly because of the nature of the payment and Hill's claim on his reinsurers above and because there was a dispute between KAC and the London Market, which was reinsured by the intermediate reinsurers, as to when the loss(es) occurred. M&G had told Hill that they thought the loss(es) was/were outside the period of their cover.

5-026 As to (3), Lord Mustill said that the period of cover granted by M&G was a term of the reinsurance and since on one view the loss or losses would fall wholly outside that period in all but one of the outward reinsurances, there was clearly an issue. He said that the two provisions (2) and (3) did not emasculate the "follow the settlements" language. The "follow the settlements" clause had to be read as a whole. Lord Mustill's view of the "follow the settlements" clause is the most significant difference between the Court of Appeal judgment and that of the House of Lords. Lord Mustill devoted a considerable part of his speech to the tension between a reinsured's wish to bind his reinsurer by how he, the reinsured, responds to claims on him and the reinsurer's concern that he should be liable to respond only within the terms of the risk as presented to him. He said:

> "These tensions have revealed themselves for a century in successive reformulations of the clause. They can also be seen in the strenuous efforts by the courts to maintain some continuity of principle, by applying prior decisions given on one form of clause in one state of facts to another form of clause in a different state of facts. I find this process unfruitful, as shown by the attempts to transfer the reasoning of the *Scor* case to the present dispute ... The clause in question [in *Scor*] was in the simplest form; it was part of a first-tier reinsurance apparently on identical terms to the direct cover; and the dispute arose from an allegation that the local judgment satisfied by the direct insurer was wrong in fact. The present case is different in every respect, and I cannot see how the decision in the *Scor* case, or the reasons given for it, can have any decisive bearing on the issues before the House. I prefer to read the Follow the Settlements clause, see what it says, and apply what it says to the special facts of the present dispute."[104]

Lord Mustill's speech, based closely as it is on the facts and the construction of the particular follow the settlements language, does not state any broadly applicable principle of law. The decision of the House of Lords may nonetheless have a significant impact on the way reinsureds conduct their business in the future. Essentially Lord Mustill goes right back to *Chippendale v Holt*,[105] which he cites, though not for this purpose; he says that it is not enough for a reinsured to have paid/accepted liability to pay and then seek reimbursement from his reinsurers. The reinsured has to recognise a claim under his policy, deem it capable of coverage, compromise it properly and then prove that it falls within the terms of his reinsurance.

---

[104] *Hill v Mercantile & General* [1996] L.R.L.R. 341 at 350.
[105] *Chippendale v Holt* (1895) Com. Cas.197; and see above.

The first limb in ICA v Scor:[106] Within the scope of the reinsurance agreement

According to *Scor*, the effect of a clause binding reinsurers to follow settlements of the reinsured is that the reinsurer agrees to indemnify the reinsured in the event that the reinsured settles any claim by their assured, i.e. when the reinsured disposes, or binds itself to dispose, of a claim, whether by reason of admission or compromise, provided: (i) that the claim as so recognised falls within the risks covered by the policy of reinsurance as a matter of law; and (ii) that in settling the claim the reinsured has acted honestly and has taken all proper and business-like steps in reaching the settlement.[107] Thus, under the first limb what the reinsured must show is not that the original claim falls within the cover created by the reinsurance but rather that the claim so recognised by the reinsured falls within the risks covered by the policy of reinsurance as a matter of law.[108] The first limb test raises the question to what extent the reinsurer can raise coverage issues and defences under the reinsurance contract where the insurance and reinsurance contracts are fully back-to-back and the reinsurance contract incorporates the terms of the insurance contracts under a full reinsurance clause. It has been argued[109] that this would undermine the efficacy of the follow the settlements clause, its whole purpose being the avoidance of investigating the same issue twice where the two contracts are identical and the reinsured and the reinsurer share the risk and the premium.[110] Whilst the purpose of follow the settlements clauses is to avoid re-litigating the same points to the reinsured's disadvantage, as indicated above at 5-001, considered from the reinsurer's perspective, there is an "impulse acting in the opposite direction"[111] which is that reinsurer seeks to ensure that the integrity of his bargain is not eroded by an agreement over which he has no control. It is therefore not surprising that the courts have sought to strike a balance between those two competing objectives in considering the effect of follow the settlements clauses. As discussed in Pt 3 of this chapter, reinsurers can also protect themselves by exercising rights under claims co-operation clauses which allow them, to varying degrees, to influence the loss settlement process.

5-027

Hiscox v Outhwaite (No.3)

In *Hiscox v Outhwaite (No.3)*,[112] the Hiscox Syndicate was exposed to the risk of numerous asbestosis claims, and sought to protect itself by entering a treaty of reinsurance with the Outhwaite Syndicate under which Outhwaite undertook to honour all loss settlements made by Hiscox "whether by way of compromise, ex gratia, or otherwise". Because of the enormous number of claims, several asbestos producers and their insurers, including Hiscox, entered the Wellington Agreement, under which all claims were handled and to which the insurers contributed rateably in accordance with a market share formula irrespective of whether the relevant insured asbestos producer had been named a defendant and could have been legally held liable to the claimant in the underlying litigation. Hiscox claimed

5-028

---

[106] See para.5-015 above.
[107] Robert Goff LJ in *Insurance Co of Africa v Scor (UK) Reinsurance Co Ltd* [1985] 1 Lloyd's Rep 312 at 330.
[108] *Assicurazioni Generali SpA v CGU International Insurance Plc* [2003] EWHC 1073 (Comm) at [36] per Gavin Kealey QC; decisions affirmed by the Court of Appeal [2004] EWCA Civ 429.
[109] See Ö Gürses, *Reinsuring Clauses* (Lloyd's of London Press, 2010), para.6.40.
[110] *Hill v Mercantile & General Reinsurance Co Plc* [1996] L.R.L.R. 341 per Lord Mustill.
[111] *Hill v Mercantile & General Reinsurance Co Plc* [1996] L.R.L.R. 341 per Lord Mustill.
[112] *Hiscox v Outhwaite (No.3)* [1991] 2 Lloyd's Rep. 524.

under its reinsurance but Outhwaite refused to pay. The dispute went to arbitration and the arbitrator, Mr R.A. MacCrindle QC, upheld Outhwaite's refusal. Hiscox appealed. Evans J (as he then was), upholding the award of the arbitrator, held as follows:

> "... the reinsurer is always entitled to raise issues as to the scope of the reinsurance contract, and where the risks are co-extensive with those of the underlying insurance he is not precluded from raising such issues, even when there is a 'follow the settlement' term of the reinsurance contract. Ultimately, this is the only sure protection which the reinsurer has against being called upon to indemnify the reinsured against payments which were not legally due from him to the original insured, however reasonable and business-like the payments may have been. But this is subject to one proviso ... *The reinsurer may well be bound to follow the insurer's settlement of a claim which arguably, as a matter of law, is within the scope of the original insurance, regardless of whether the Court might hold, if the issue was fully argued before it, that as a matter of law the claim would have failed* ..."[113] [Emphasis added]

The disputed payments by Hiscox under the Wellington Agreement were in respect of non-insured claims not within the scope of the contract of reinsurance. They did not become insured claims, and therefore reinsured, claims merely because the Syndicate agreed to treat them as if they were. However, from the above quotation it is also to be noted that Evans J acknowledged that a reinsurer may be bound to follow the insurer's settlement of a claim which, arguably, is within the scope of the original insurance as a matter of law. This formulation was adopted by the Court of Appeal in *Assicurazioni Generali SpA v CGU International Insurance Plc*.[114]

Assicurazioni Generali SpA v CGU International Insurance Plc

5-029 In *Assicurazioni Generali v CGU* the reinsurance contract provided that CGU reinsured Generali on the:

> "... same terms ... as the original policy ... and is to pay as may be paid thereon to follow without question the settlements of the Reassured except ex-gratia and/or without prejudice."

Generali sought summary judgment that CGU was liable under the reinsurance. Although summary judgment was not given on the facts (pending full evidence in relation to whether or not the settlements paid under the contract of insurance were made on an ex gratia basis), both the High Court and the Court of Appeal considered the application of the first limb of the *Scor* proviso. At first instance[115] the deputy judge (Mr Gavin Kealey QC) noted the significant distinction between having to prove that an original loss falls within the cover provided by a contract of insurance and also within the cover provided by a contract of reinsurance, and having to prove that a claim that has been recognised by the insurers as falling within the cover provided by a contract of insurance also falls within the cover provided by a contract of reinsurance. He said:

> "In the former, one is examining what in fact happened and whether, on the basis of what actually happened, the insurers are liable to indemnify the assured under the contract of insurance and the reinsurers are liable to indemnify the insurers under the contract of

---

[113] *Hiscox v Outhwaite (No.3)* [1991] 2 Lloyd's Rep. 524 at 530–531.
[114] *Assicurazioni Generali SpA v CGU International Insurance Plc* [2004] EWCA Civ 429.
[115] *Assicurazioni Generali Spa v CGU International Insurance Plc* [2003] Lloyd's Rep. I.R. 725.

reinsurance, according to their respective terms. In the latter, one is examining the claim recognised by the insurers by their settlement of it by admission or compromise and whether on that basis the claim falls within the reinsurance cover as a matter of law ... When one is examining the claim recognised by the insurers when they settle it by admission or compromise, one is examining the real basis on which the claim has been settled. That may not equate with what the assured might have claimed to have happened and to fall within the contract of insurance, nor with what the insurers might advertise as the basis of the settlement, although these might be important starting points and considerations in ascertaining the real basis. If it were otherwise, the rights and obligations of the insurers and reinsurers might be dependent on how an assured decided to formulate its claim possibly in deliberate disregard of the real ascertainable and even ascertained facts and the law, or on how an insurer decided how to frame the terms of settlement in equivalent disregard of those same facts and principles of law ... In examining the real basis on which a claim has been settled, one is looking to identify the factual and legal ingredients of the claim embodied and thus recognised in the settlement. Each case will, of course, depend on its individual circumstances. It is unlikely that all those ingredients will be explicit on the face of the settlement. The settlement and the circumstances in which it came to be made, including communications between assured and insurers and investigations internal to the insurers, may well have to be examined. Thus, the identification of the loss, the circumstances in which it came to occur, the causes of it, whether and how particular terms of the contract of insurance which could impact upon its recoverability were considered, might all be matters relevant to the identification of the real basis on which the claim was settled; and thus to ascertaining whether the claim recognised by the insurers, when by admission or compromise they came to settle it, falls within the reinsurance as a matter of law."

The learned deputy judge went on to point out that:

"Since a contract of insurance and a contract of reinsurance are two separate independent bargains ... unless the contract of reinsurance provides otherwise, it should always be the case that the reinsurers who have agreed to follow the settlements of their insurers are nevertheless entitled to require the insurers to prove that the claim that they have recognised by their settlement of it falls within the risks covered by the contract of reinsurance as a matter of law ... In principle, the facts that a contract of insurance and a contract of reinsurance may be back to back and subject to identical terms and conditions, and that the reinsurers have agreed to follow the settlements of their insurers, do not mean that what may be described as a proper and business-like settlement by the insurers of a claim made against them by their assured under the insurance dictates that the insurers are entitled to an indemnity from their reinsurers. The claim made by the assured and recognised by the insurers by their settlement of it under the insurance may have been settled on a basis which, even if valid, did not fall within the risks insured against as a matter of law. In this instance, it would necessarily follow that the claim recognised by the insurers by their settlement of it was one which, by definition, fell outside the risks covered by the contract of reinsurance as a matter of law."

He gave the example of back-to-back contracts of insurance and reinsurance containing identical exclusion clauses or warranties relating to the subject-matter of the insurance:

5-030

"The assured may make a claim which, because of the existence of warranties or exclusion clauses in the contract of insurance (replicated by incorporation into the contract of reinsurance), fell outside the scope of the insurance contract. However, the assured's claim is advanced and maintained on the basis that the insurers have waived reliance on those clauses and thereupon, acting honestly and after taking all proper and business-like steps, the insurers settle. The basis on which the claim was settled in this example would not be a liability (admitted or compromised) upon the terms and conditions of the contract of insurance: it would be because the insurers had deprived themselves of the ability to rely on those terms and conditions in order to show that the risk fell outside the scope of the insurance as a matter of law. The existence of a follow the settlements clause in the contract of reinsurance would not, in those circumstances, of itself entitle the insurers to recover an indemnity from their reinsurers: the insurers would be still required, but would be unable, to show that the settled claim fell within the risks reinsured. Put another way, the insurers' settlement of the claim in this example and the presence of a follow the settlements clause in the contract of reinsurance should not disentitle the reinsurers from relying upon the warranties and exclusion clauses in their own contract of reinsurance in order validly to demonstrate that the claim so recognised by the insurers did not fall within the risks covered by the contract of reinsurance as a matter of law."

The Court of Appeal upheld the judgment.[116] Tuckey LJ, who gave the judgment of the Court of Appeal, rejected Generali's argument that if contracts were back-to-back, all the insurer had to show was that he had used proper and businesslike steps in settling the claim. Tuckey LJ called this "a bold submission"—because it removes the requirement that the insurer prove that the loss is covered by the reinsurance unless there are coverage issues unique to the reinsurance.[117] Citing with approval the passage from Evans J's judgment in *Hiscox v Outhwaite*[118] cited in 5-028 above Tuckey LJ concluded:

"The proviso to which Evans J refers is that reinsurers are bound by reasonable compromises on liability and quantum between the insurers and their assured under the terms of the original policy. That, as I have already said, is well established: the insurer does not have to prove that if the original claim was fully argued it would in fact have succeeded. No investigation as to whether it was arguably within the terms of the original policy is required. But what Evans J says about the reinsurance is clear. Like the judge, I agree with what he says."[119]

Wasa v Lexington

5-031   In *Wasa v Lexington*,[120] the reinsurance slip contained the following term:

"Being a reinsurance of and warranted same gross rate, terms and conditions as and to follow the settlements of the company and that said company retains during the currency of this policy at least ... on the identical subject matter and risk and in identically the same proportion on each separate part thereof, but in the event of the retained line being less than as above, underwriters' lines to be proportionately reduced."

We have already considered the House of Lord's decision in the context of the incorporation of terms from the contract of insurance into the contract of reinsurance.[121] The House of Lords held that at the time the contracts of insurance and reinsurance had been entered into there had been no identifiable system of law applicable to the insurance contract which could have provided a basis for construing the contract of reinsurance in a manner different from its ordinary meaning in the London insurance market. Accordingly, the reinsurer was entitled to rely upon an English law construction of the reinsurance contract with the result that losses falling within the policy period of the insurance contract would be outside the specified policy period of the reinsurance contract. Lord Mance approved the High Court's and the Court of Appeal's decisions in *Assicurazioni Generali SpA v CGU International Insurance Plc* but distinguished *Wasa v Lexington* on the basis of the

---

[116] *Assicurazioni Generali v CGU* [2004] EWCA Civ 429.
[117] Perhaps unlikely if the contracts are back-to-back.
[118] *Hiscox v Outhwaite (No.3)* [1991] 2 Lloyd's Rep. 524 at 530–531.
[119] *Assicurazioni Generali v CGU* [2004] EWCA Civ 429 at [17].
[120] *Wasa v Lexington* [2009] UKHL 40.
[121] See Ch.4, 4-019 to 4-025 above.

application of different applicable laws:

> "In *Assicurazioni Generali SpA v CGU International Insurance plc Gavin Kealey* QC, sitting as a deputy High Court judge, and the Court of Appeal considered how the principle in the *Scor case* [1985] 1 Lloyd's Rep 312 might apply when the relevant terms of the insurance and reinsurance are identical. They considered whether and how the second proviso applied to an insurer who, acting honestly and taking all proper and businesslike steps, settled an insurance claim under insurance terms which were identical to those of the reinsurance. They concluded that the insurer remained obliged to show that the basis on which the claim had been settled was "one which fell within the terms of the reinsurance as a matter of law or arguably did so": per Tuckey LJ, para.18. The last three words must be read in the context of that case, where the insurance and reinsurance incorporated materially identical terms with materially identical effect (and the issue was whether and on what basis the facts fell within such terms). It is less obvious that they could apply in a case like the present where, if reinsurers are right, the like terms in the insurance and reinsurance have different effects due to the application of different governing laws."[122]

Similarly, Lord Collins noted that the follow the settlements clause did not assist the reinsured because, as construed under English law, the losses were not covered under the terms of the reinsurance:

> "The case for Lexington is not assisted by those authorities which decide that the reinsurer cannot go behind a determination of the reinsured's liability under the contract of insurance to the original insured, whether it is by way of settlement under a follow settlements clause or by the decision of a court of competent jurisdiction: *Insurance Co of Africa v Scor (UK) Reinsurance Co Ltd* [1985] 1 Lloyd's Rep 312, 330, per Robert Goff LJ; *Commercial Union Assurance Co v NRG Victory Reinsurance Ltd* [1998] 2 Lloyd's Rep 600, 610-611, per Potter LJ. The reason is that a reinsurer will only be bound to follow its reinsured's settlement and indemnify the reinsured provided that the claim recognised by them falls within the risks covered by the policy of reinsurance as a matter of law: *Insurance Co of Africa v Scor (UK) Reinsurance Co Ltd* [1985] 1 Lloyd's Rep 312, 330, per Robert Goff LJ. This is because the reinsurer cannot be held liable unless the loss falls within the cover created by the reinsurance: *Hill v Mercantile and General Reinsurance Co plc* [1996] 1 WLR 1239, 1251, per Lord Mustill. Consequently, the question remains the same: what is the effect of the policy period in the reinsurance?"[123]

Accordingly, the position emerging from these cases is that, if the contracts of insurance and reinsurance are back-to-back, the first limb of the *Scor* test[124] is satisfied if the basis on which the insured's claim has been settled is one that "arguably" falls within the terms of the reinsurance as a matter of law. This proposition is subject to the *Wasa* exception that, if the insurance contract has no ascertainable applicable law at the time of the contract, the reinsurer is not prevented from relying on a different construction of the reinsurance contract in accordance with the law applicable to the reinsurance contract. The PRICL take a more nuanced approach with two interpretational rules that apply where terms have been incorporated on an "as original" basis:

1. in any dispute as to the construction of the reinsurance contract, where the reinsured has settled a claim by its insured in a manner which is binding on the reinsurer under a follow the settlements clause or otherwise, the reinsurer may not take any defence based upon the interpretation of such an equivalent term that has been incorporated into the reinsurance contract; and

---

[122] *Wasa v Lexington* [2009] UKHL 40 at [36].
[123] *Wasa v Lexington* [2009] UKHL 40 at [112].
[124] See 5-019 above.

2. the interpretation of a term in the contract of insurance as determined in judicial or arbitration proceedings in relation to that contract is deemed to be the interpretation to be applied to the equivalent term that has been incorporated into the reinsurance contract.[125]

5-032 Plainly, if the reinsurance agreement is on terms different from the contract of insurance, for example covering a different period of cover or containing additional limitations on the subject matter or geographical coverage, the fact that the claim falls within the terms of the contract of insurance is not sufficient to entitle the reinsured to treat the claim as also falling within the terms of the reinsurance because the reinsurer has the right to rely upon limitation and defences in the reinsurance wording. In *Aegis Electrical and Gas International Services Co Ltd v Continental Casualty Co*[126] The reinsured sought to recover from the reinsurer in respect of two settled claims arising from incidents at an oil refinery on the island of Aruba. The slip contained the following clause: "To follow the terms, clauses, conditions, exceptions and settlements of the original policy wording as far as applicable hereto". The slip also contained additional conditions not matched in the insurance contract, which were effective to restrict the cover provided by the reinsurance. Obiter dicta, Andrew Smith J dealt with the effect of the follow the settlements clause. He distinguished Aegis from cases dealing with back-to-back reinsurance:

"[93] In the *Scor* case, the reinsurers did not reassure only some of the risks covered by the direct insurance but all of them: in that sense at least, the insurance and the reinsurance were fully back to back. By agreeing to the follow the settlements provision, the reinsurers agreed that if the reassured settled a claim by their insured, they (the reinsurers) would not dispute the settlement provided it was made honestly and in a proper and business-like manner. Subject to the proviso, the reinsurers agreed not to challenge such a settlement directly and therefore implicitly agreed not to challenge it indirectly either: that is to say, not to challenge the factual basis for it under the guise that, while not questioning whether the claim fell within the direct cover, they did not accept that it fell within the reinsurance cover and required the reassured to prove that it did. Since the covers were back to back, it followed that the reinsurers could question whether the loss was within the reinsurance cover consistently with their obligation to follow settlements only by raising legal arguments.

[94] The Syndicate [the reinsured] seek to apply this reasoning here although the reinsurers reinsured only some of the risks that fell within the original cover and in that sense the insurance cover and the reinsurance cover are not back to back. Consequently it does not follow from the fact that a loss falls within the original cover that it falls within the reinsurance cover or would do so subject only to legal questions about what the reinsurance covers, and for the reinsurers to question whether a loss settled by the reassured under the direct cover falls as a matter of fact within the reinsurance cover does not necessarily challenge the insurers' decision to pay or to compromise the claim, and so to recognise it to that extent as one that falls within the direct insurance cover."[127]

He concluded that, had it come for decision, he would have rejected the reinsured's argument that the follow the settlements clause in the reinsurance prevented the reinsurer from disputing the factual basis on which the reinsured had

---

[125] PRICL art.6.1.3.
[126] *Aegis Electrical and Gas International Services Co Ltd v Continental Casualty Co* [2007] EWHC 1762 (Comm).
[127] *Aegis Electrical and Gas International Services Co Ltd v Continental Casualty Co* [2007] EWHC 1762 (Comm) at [93]–[94].

settled the claims as the reinsurer was entitled to rely upon the reinsurance wording which was different from the terms of the contract of insurance and cannot be held liable unless the loss falls within the terms of the reinsurance contract.[128]

Complex coverage issues under the first limb could arise in scenarios where the insurance and reinsurance terms are fully back-to-back but where the reinsured as insurer is estopped from denying coverage vis-à-vis a policyholder under the underlying insurance contract. There has been a recent batch of cases,[129] where estoppel by convention was argued at the insurance level on the basis that the policyholder and the insurer shared an assumed state of facts or law or one party had made an assumption as to the state of facts or law and the other party acquiesced in that assumption. An estoppel applicable to the dealings between the insurer and the policyholder has no relevance to the contract of reinsurance: the elements of: (i) common or acquiesced assumption; and (ii) reliance would need to be separately proved in relation to the conduct of the parties to the reinsurance contract.

The second limb in ICA v Scor:[130] Bona fide and business-like settlements

As we have seen, the second limb in *Scor* requires that in settling the claim the reinsured has acted honestly and has taken all proper and business-like steps in reaching the settlement.[131] It has been held that, to do so, the reinsured must take all reasonable steps to ascertain both the legal and factual position with regard to the claim and to investigate any possible defences.[132] Acting in a bona fide and business-like manner may entail making appropriate investigations and taking or acting on (local) legal advice.[133] If the amount of the claim is in dispute, the reinsured may be required to appoint a competent loss adjuster, supervise his conduct of the investigation and critically consider and apply the loss adjuster's findings.[134] Moreover, any settlement entered into between the reinsured and the insured must be motivated by the merits of the claim and not any extraneous considerations, such as the preservation of an ongoing relationship between the reinsured and the insured.[135] However, the courts also recognize that there comes a point when nothing additional is to be gained from further investigation. In *Tokio Marine Europe Insurance Ltd v Novae Corporate Underwriting Ltd*[136] Field J dismissed summarily the reinsurer's defence that the reinsured had failed to act properly or in a business-like manner by failing to further investigate the coverage afforded by the relevant underlying policy and by not delving more deeply into the causation of the original loss before concluding the settlement:

5-033

"Novae's [the reinsurer] defence that ACE [the reinsured], in failing to take these steps,

---

[128] *Aegis Electrical and Gas International Services Co Ltd v Continental Casualty Co* [2007] EWHC 1762 (Comm) at [101]–[104].
[129] *ABN AMRO Bank NV v Royal and Sun Alliance Insurance Plc* [2021] EWCA Civ 1789; [2022] 1 W.L.R. 1773; *World Challenge Expeditions Ltd v Zurich Insurance Plc* [2023] EWHC 1696 (Comm); [2023] Bus. L.R. 1731; and *Sehayek v Amtrust Europe Ltd* [2021] EWHC 495 (TCC); [2022] Lloyd's Rep. I.R. 616.
[130] See 5-015 above.
[131] Robert Goff LJ in *Insurance Co of Africa v Scor (UK) Reinsurance Co Ltd* [1985] 1 Lloyd's Rep 312 at 330.
[132] *Charman v Guardian Royal Exchange Assurance* [1992] 2 Lloyd's Rep 607.
[133] *Gan Insurance Co Ltd v Tai Ping Insurance Co Ltd (No 3)* [2002] EWCA Civ 248; [2002] C.L.C. 870; [2002] Lloyd's Rep. I.R. 612.
[134] *Charman v Guardian Royal Exchange Assurance* [1992] 2 Lloyd's Rep 607.
[135] *Gan Insurance Co Ltd v Tai Ping Insurance Co Ltd (No 3)* [2002] EWCA Civ 248; [2002] C.L.C. 870; [2002] Lloyd's Rep. I.R. 612.
[136] *Tokio Marine Europe Insurance Ltd v Novae Corporate Underwriting Ltd* [2014] EWHC 2105 (Comm); [2014] Lloyd's Rep. I.R. 638.

failed to act properly or in a business-like manner has no prospect of success. Given: (i) Tesco's offer to settle for £80 million net on 14 February 2012; and (ii) VRS's projected final figure for the adjusted loss of between £90 million and £100 million, ACE were clearly, in my opinion, entitled to conclude (as the evidence shows they did) that there was nothing additional to be gained by further investigation into coverage under the Local Policy or by disputing Freshfields' opinion on the meaning and effect of the definition of 'Occurrence'."[137]

Difficult questions can arise if a reinsured settles a claim because he considers that overall, taking into account the future legal costs (unrecoverable from reinsurers) and possible punitive damages (perhaps also unrecoverable from reinsurers) it is commercially prudent to do so. In other words, the reinsured has settled, or settled at a particular amount, by reference to the risks relating to his unreinsured exposure, rather than by reference to his perception of risk on the coverage and quantum issues alone. We consider that the reinsured does not owe his reinsurers such a high duty that he must sacrifice his own interests to those of his reinsurers. The test of business-like conduct must, in our submission, be viewed objectively from the point of view of the prudent unreinsured. Thus, in *Tokio Marine Europe Insurance Ltd v Novae Corporate Underwriting Ltd*,[138] the court held that were a settlement was in line with the projected losses, the reinsurer could not contest the settlement on the grounds of that the reinsured had failed to act in a proper and business-like manner because he had not pursued further investigation in the underlying claim. Field J said:

"... [the reinsureds] were clearly, in my opinion, entitled to conclude (as the evidence shows they did) that there was nothing additional to be gained by further investigation into coverage under the Local Policy or by disputing Freshfields' opinion on the meaning and effect of the definition of "Occurrence"."[139]

"Follow the settlements" clauses containing additional wording such as "whether liable or not"[140] or "without question"[141] do not relieve the reinsured of the obligation to act bona fide and in a business-like manner, but the burden of proof that a settlement was not bona fide and business-like will be on the reinsurer.[142]

The commentary to PRICL art.2.4.3 endorses the "proper and business-like" settlements test. The reinsurer is required to follow the settlements of the reinsured if the losses are arguably within the cover of the primary insurance contract. What is "arguably" covered are:

"... settlement[s] of claims made by the reinsured [that are] not collusive, fraudulent, deceptive, grossly negligent or reckless, clearly outside of coverage, or beyond the amount of limits set forth in the agreement. In determining what constitutes an unreasonable settlement, due regard should be given to the risks faced by the reinsured if it does not settle, including bad faith suits by policyholders, investigation and punishment by regulators, the risk of worse outcomes at trial, and increased disputing costs. If it cannot be said with positive assurance that after consideration of these factors, no reasonable person would support the amounts paid in settlement, the settlement should generally be considered sufficiently reasonable in amount and terms. In other words, in settling the

---

[137] *Tokio Marine* [2014] EWHC 2105 (Comm); [2014] Lloyd's Rep. I.R. 638 at [32].
[138] [2014] EWHC 2105 (Comm); [2014] Lloyd's Rep. I.R. 638.
[139] *Tokio Marine Europe Insurance Ltd v Novae Corporate Underwriting Ltd* [2014 EWHC 2105 (Comm) at [32].
[140] *Charman v Guardian Royal Exchange Assurance* [1992] 2 Lloyd's Rep 607.
[141] *Assicurazioni Generali SpA v CGU International Insurance Plc* [2004] EWCA Civ 429.
[142] *Charman v Guardian Royal Exchange Assurance* [1992] 2 Lloyd's Rep 607; *Gan Insurance Co Ltd v Tai Ping Insurance Co Ltd (No 3)* [2002] EWCA Civ 248.

claim, the reinsured must have acted honestly and have taken all proper and businesslike steps."[143]

The burden of proof

No "follow the settlements" clause—the reinsured's burden to prove loss

As we have seen in Ch.4, there is no presumption that reinsurance coverage is back-to-back with underlying coverage, especially where the reinsurance is non-proportional. As a matter of general principle and on the authorities[144]—in the absence of an effective "follow the settlements" provision—the reinsured must prove his claim as a matter of fact and demonstrate that in law the risk is covered under both the underlying insurance contract and under the reinsurance contract. In *Re London County Commercial Reinsurance Office Ltd*, P.O. Lawrence J said:

5-034

"The fact that the policies are reinsurance policies and that the reassured have paid under the policies which they have issued does not in my judgment operate to enable them to substantiate their claims against the company. It is well settled that (subject to any provision to the contrary in the reinsurance policy) the reassured, in order to recover from their underwriters, must prove the loss in the same manner as the original assured must have proved it against them, and the reinsurers can raise all the defences which were open to the reinsured against the original assured. This is equally true whether the reassured had or had not paid their assured ..."[145]

Burden of proof where there is a qualified loss settlement clause

The dispute in *Commercial Union v NRG Victory* concerned a settlement which the reinsured had entered into in anticipation of losing at trial before a Texas jury. The excess of loss reinsurance contracts were on the XL Market Standard Form ("JELC"). The reinsuring clause required the reinsurer:

5-035

"... to indemnify the re-assured in settlement of its net loss ... under business accepted by the re-assured as fully described in Section C of the schedule ..."

The reinsuring clause provided:

"It is a condition precedent to liability under the contract that settlement by the re-assured shall be in accordance with the terms and conditions of the original policies or contracts."

In addition, some of the reinsurance contracts contained the following loss settlement clause:

"All loss settlements by the Re-assured including compromise settlements and the establishment of funds and the settlement of losses shall be binding upon the Re-insurers, *providing such settlements are within the terms and conditions of the original policies and/or contracts ... and within the terms and conditions of this Re-assurance ...*" [Emphasis added]

The plaintiff reinsureds had issued a General Corporate Excess Insurance Policy

---

[143] PRICL Commentary to art.2.4.3, C4.
[144] *British Dominions General Insurance Co Ltd v Duder* [1915] 2 K.B. 394, *Commercial Union v NRG* [1998] 2 Lloyd's Rep. 600. And see the first of Lord Mustill's two rules in *Hill v Mercantile & General*, at 5-025 above.
[145] *Re London County Commercial Reinsurance Office Ltd* [1922] 2 Ch. 67 at 80.

("the GCE Policy") to Exxon Corporation ("Exxon"). Following the spillage of oil by the tanker "Exxon Valdez", Exxon, who were both the owners of the cargo and the parent company of the tanker owners (Exxon Shipping Company), made claims under the GCE Policy. Exxon sued its insurers in the Texas State Courts claiming the clean-up costs arising out of the spillage which it asserted were covered under ss.1 and 3 of the GCE Policy. In addition, Exxon claimed punitive damages in respect of alleged breaches of the Texas Insurance Code. Exxon brought summary judgment proceedings in respect of the s.1 claim which the insurers/reinsureds agreed to settle, despite having arguable coverage defences, for US$300 million ("the first settlement"). The s.3 claim proceeded to trial in Texas. The jury found in favour of Exxon and awarded US$250 million. The insurers appealed the Texas judgment but subsequently compromised the proceedings ("the second settlement").

The plaintiffs brought an action against the defendant reinsurers in respect of the first settlement. Clarke J granted the plaintiffs summary judgment.[146] He was satisfied that the uncontradicted affidavit evidence of the plaintiffs' Texas lawyer, Mr Reasoner, established that, had the plaintiffs not entered into the first settlement with Exxon, they would probably have been found liable in respect of the Section 1 claim by a Texas jury (the same jury that found the insurers/plaintiffs liable in respect of the s.3 claim). He said that:

> "[A] judgment in favour of the insured, while arguably wrong as a matter of construction of the policy from the viewpoint of an English lawyer, would be readily understandable, and ... arguably right."[147]

5-036 The Court of Appeal disagreed with Clarke J's view of the evidence. Potter LJ said:

> "The statement by Mr Reasoner that in his opinion, based on his experience at the Section 3A trial, it was probable that underwriters would have lost the trial under Section 1, seems to me to be objectionable on a number of grounds. First, it was not said to be based on the principles of law or construction properly to be applied. Second, it was, in truth, no more than a prediction of human behaviour based on the jury's consideration of different matters in the Section 3A trial. Third, it ignored the fact that it was the decision of the Plaintiffs to settle the Section 1 claim which prevented the jury having the opportunity to consider provisions of Section 1 and Section 3 together, so that, even assuming they were inclined to give judgment on a broad basis rather that one of strict legal principle, they would have had the opportunity to apply their minds as to whether it was right to give judgment under Section 1 as well as Section 3, in the light of the overall scheme of the insurance and the clear provision in Article IV, para. 3 of Section 1."

The reinsurers were given leave to defend. The question of law as to the reinsureds' liability under s.1 of the GCE Policy would have had to be tried, had the case not settled after the Court of Appeal's decision.[148] The reinsured who has not agreed a "follow the settlements" clause with his reinsurer faces a dilemma if

---

[146] *Commercial Union v NRG Victory* [1998] 1 Lloyd's Rep. 80.
[147] *Commercial Union v NRG Victory* [1998] 1 Lloyd's Rep. 80 at 88.
[148] The question was ultimately tried as between reinsurers and retrocessionaires in *King v Brandywine Reinsurance Co* [2005] Lloyd's Rep. I.R. 509. The Court of Appeal held that the clean-up costs were not covered under the policy as a matter of New York law. See also *Enterprise Oil Ltd v Strand Insurance Co Ltd* [2006] EWHC 58 (Comm) where the insured settled a case pending in Texas following a mock jury trial in which there had been a "verdict" in favour of the plaintiff. In an action brought in the Commercial Court against its (captive) liability insurer, the insured argued that it was sufficient to show what heads of damage the judge *could* have legitimately left to the Texas jury and the range of sums they could have legitimately awarded, such that those decisions could not have been overturned on appeal. Aikens J applied *Commercial Union v NRG Victory* which, he said (at

the reinsurer does not accept that a claim is covered under the underlying contract. He may well be better off not settling and instead going to trial with the insured,[149] losing and then arguing that the result is either binding upon the reinsurer or, in our view, very strong evidence of the reinsured's liability to his reinsurer. If the reinsured settles, then he faces the difficulty of proving that the claim which he has settled is covered under the underlying contract. This has been the law since the decision of the Court of Appeal in *British Dominions General Insurance Co Ltd v Duder*.[150] The decision in *Commercial Union v NRG* makes clear that it is not good enough for the reinsured to say, in the absence of a "follow the settlements" clause, that the settlement he entered into was reasonable or even that his lawyer advised him that he would probably lose at trial. The reinsured must prove that the claim was covered as a matter of both fact and law. The reinsured's difficulties increase if, say, he has cover up to US$300 million, a claim against him for US$600 million and an opportunity to settle at US$300 million. Does he settle and hope to recover from his reinsurer or defend and risk the claim for US$600 million succeeding, half of which he has no reinsurance for?

Effect of "follow the settlements" clause on burden of proof

However, it is clear that a "follow the settlements" clause shifts the burden of proof. In *Charman v Guardian Royal Exchange Assurance Plc*[151] the reinsurer argued that the reinsured bore the burden of proving that its loss adjusters had investigated the loss properly and with due care. The plaintiff, Lloyd's Syndicate 480, had entered into a facultative reinsurance contract with the defendant. The slip provided as follows:

5-037

"Subject to the same terms, conditions, definitions, warranties as ... the original policy and to follow ... in so far as applicable including loss settlements, liable or not liable."

The plaintiff had settled losses amounting to approximately US$99.5 million arising out of Hurricane Hugo. Webster J gave summary judgment in respect of the plaintiff's claim against the defendant reinsurer. In so doing he considered four points of law, which had not been considered in the *Scor* case:

(1) Whether the words "liable or not liable" relieved the reinsured of the obliga-

---

[80]), established the following principles: "(i) when an English court has to consider whether one party is liable to another under a contract and that matter has been decided by a foreign court, then the English court should accept the decision of a foreign court as to relevant liability ... subject to exceptions ... (ii) In cases where the foreign court has not actually determined the matter, then the English court has to decided what the foreign court's decision would have been, following the applicable law and any relevant rules of construction. (iii) It is for the English court to determine, by evidence, the applicable law. (iv) The presumption of the English court should be that a foreign court would arrive at a decision according to law, whether the decision is by a judge's ruling or a jury's verdict. (v) Extraneous reasons for saying that a jury would arrive at a particular verdict are irrelevant, at least when such a verdict would be contrary to the applicable law."

Aikens J concluded as follows (at [82]): "It follows ... that I will consider the evidence of [the expert witnesses] on the substantive and procedural law of Texas, but I will not consider any of their evidence on what a jury would be likely to find or could have found on particular topics. I have to decide what the outcome of the case would have been, applying Texas law and procedure to the facts as I find them and acting as both judge and jury."

[149] Of course he may face the prospect of paying costs, which may be irrecoverable from the reinsurer or, in the United States, costs may be awarded as damages for his "bad faith" in resisting the insured's claim and the reinsured is also exposed to punitive damages.

[150] *British Dominions General Insurance Co Ltd v Duder* [1915] 2 K.B. 394, the facts of which are discussed in Ch.7, 7-005 and 7-006 below.

[151] *Charman v GRE* [1992] 2 Lloyd's Rep. 607.

tion to take all proper and business-like steps to have the amount of the loss fairly and carefully ascertained (what Webster J called the "business-like obligation"). It was argued that the words "liable or not liable" qualified the "business-like obligation" and that reinsured could pass on to his reinsurer a claim against him which he had settled in an unbusiness-like fashion or "on the nod". Webster J felt it unnecessary to decide the point, because there was no evidence to suggest that the reinsureds had no belief that they were not arguably liable to the original insured. He assumed[152] that the words "liable or not liable" made no material difference to the effect of a "follow the settlements" clause.

(2) Whether a reinsured had discharged his business-like obligation simply by appointing a reputable loss adjuster. Webster J held[153] that reinsureds "... are to be identified with the conduct of their loss adjusters and any other agents they employ for the purpose of making the settlement ..." Thus, the reinsured was under an obligation to appoint a loss adjuster in a business-like way, and the loss adjuster was obliged to adjust the claim in a business-like way, and the reinsured was obliged to settle the claim in a business-like way.[154]

(3) Whether under the "follow the settlements" clause the reinsured has to prove that he has acted in a business-like way, or the reinsurer has to prove that the reinsured has not. Webster J held[155] as follows:

"... the essential element of the follow the settlements clause is that the reinsurer puts his trust in the reassured; but a requirement that the reassured should have to prove that that trust is justified is quite inconsistent with the existence of any such trust at all ... In my view, the relevant (i.e. evidentiary) effect of the construction of the clause in *Scor* is that, prima facie, the reassured is entitled to require the reinsurer to pay his claim upon him, upon proof that the reinsured has paid his original insured and upon proof that his claim against his reinsurer falls within the reinsurance policy."

The question whether it is a condition precedent to the liability of the reinsurer for the reinsured to have paid (as opposed to being liable to pay) the insured, is discussed below. Webster J concluded:

"In other words ... there is a presumption that the reassured is entitled to call upon the reinsurer to follow his settlement, so that if an issue arises either as to good faith or as to the fact that the settlement was made in a business-like fashion, the burden must lie on the reinsurer. I therefore agree ... with the judgment of Justice of Appeal Hunter in the Hong Kong Court of Appeal in *Insurance Co. of the State of Pennsylvania v Grand Union Insurance Co and Lowndes Lambert Construction Ltd* [1990] 1 Lloyd's Rep. 208 at 223–224."[156]

---

[152] *Charman v GRE* [1992] 2 Lloyd's Rep. 607 at 612 (obiter).
[153] *Charman v GRE* [1992] 2 Lloyd's Rep. 607 at 612.
[154] In *Baker v Black Sea and Baltic General Insurance Co Ltd* (1994) 3 Re LR 33, at 53 Potter J (as he then was) said: "In relation to the test of whether the reinsured has acted in a business-like way, he is to be identified with the conduct of his loss adjusters and any other agents employed for the purpose of making the settlement. Thus, he must not only select and appoint his loss adjusters and/or lawyers charged with the effecting of the settlement in a business-like manner, but *he is answerable for a failure on their part to act with good faith or in a business-like manner.*" [Emphasis added].
[155] *Charman* [1992] 2 Lloyd's Rep. 607 at 613.
[156] *Charman* [1992] 2 Lloyd's Rep. 607 at 612. The text says, "the reinsured is entitled to call upon the reinsured" but that is plainly wrong.

Thus, according to Webster J the reinsurer puts his faith in the reinsured that he has discharged his obligations; proof of payment of the claim is prima facie evidence that the reinsured has done so. What must the reinsurer show to rebut the presumption? Is it enough for the reinsurer to say "I accept that the reinsured has paid the policyholder, but when I did an audit I found not a single piece of paper saying why"?

(4) The fourth point which Webster J considered—the existence of an implied term requiring a reinsured to provide the reinsurer with information regarding claims settlements—is discussed above.[157]

Satisfying the burden of proof under Hill v Mercantile & General loss settlement clauses

We observed in previous editions that *Hill v Mercantile & General* "should encourage reinsureds to be professional and careful". Yet, as subsequent cases illustrate, the issues of proof and allocation of loss which arose in that case continue to cause problems for the London market. Commercial arbitrators and judges have recognised the need for a pragmatic approach to evidence, when an excess of loss reinsurer insists on putting his reinsured to proof in respect of settlements that have been generally accepted by the market.

Equitas v R&Q[158] concerned losses from the Exxon Valdez oil spillage in 1989 and the loss of aircraft and parts belonging to Kuwait Airlines and British Airways during the 1990 Iraqi invasion. In both instances many losses had been paid by direct insurers and some reinsurers on a basis that, when challenged in later proceedings by other underwriters, was found to be incorrect. Those who had paid the claims on the wrong basis found it impossible, when claiming on the retrocessional excess of loss contracts at issue in this case, to go back to the start and calculate the sum that would be claimable on their reinsurances had claims been paid on the correct basis from day one. What they could do, and did do, was apply actuarial models which would prove on the balance of probabilities what would have been payable on the correct basis. Gross J was satisfied that the actuarial analysis did prove, on the balance of probabilities, that the losses claimed on the retrocessions were payable and found in favour the claimant reinsured. He stated the test that had to be satisfied, with respect to the standard of proof, as follows:

"*Hill v Mercantile* essentially stands as authority for the proposition that the Settlements Clause requires the insurer/reinsured to satisfy both provisos ... or, in other words, to satisfy Lord Mustill's 'first rule'. The burden is on the insurer/reinsurer to do so, to a standard of a balance of probabilities. This issue is one of law, so that if the insurer/reinsurer fails to satisfy either or both provisos ... the reinsurer/retrocessionaire will not be liable."[159]

This approach was followed by Burton J, in *IRB Brasil Resseguros SA v CX Reinsurance Co Ltd*, who said:

"So far as the first proviso is concerned, taking together the Generali[160] case and Hill and Equitas, that must mean that the proof on the balance of probabilities is that the original

5-038

---

[157] Ch.4, 4-103 above.
[158] *Equitas v R&Q* [2009] EWHC 2787 (Comm).
[159] *Equitas v R&Q* [2009] EWHC 2787 (Comm) at [65].
[160] *Assicurazioni v CGU* [2003] Lloyd's Rep. I.R. 725 (discussed above).

claim, i.e. the arguable claim as accepted (by compromise), fell with the terms of the insurance ..."[161]

Burton J had given leave to appeal "with some expressed reluctance"[162] from an award of three market arbitrators[163] who had awarded US$665,055.51 in favour of the reinsured, in respect of a total of US$1.6 million, which had been claimed, under 25 excess of loss reinsurance contracts covering casualty business during the period 1976 to 1983. The six cases which were challenged on appeal all related to settlements of US liability insurance claims arising out of, respectively, silicone breast implants, blood contaminated with HIV, asbestos, and environmental pollution. He concluded that:

> "notwithstanding ... occasional infelicities in the wording of the Award, the Arbitrators' reasoning is clear and in my judgment unchallengeable in law ..."[164]

5-039 It should be noted that *Equitas v R&Q and IRB Brasil Resseguros SA v CX Reinsurance Company Ltd* did not contain unqualified versions of the standard follow the settlements clause. The scope of the clause was more limited—a so-called "loss settlements" clause. These are usually found in non-proportional reinsurance treaties. The standard of proof for unqualified *Scor*-style follow the settlements clauses was considered by Hamblen J in *Tokio Marine Europe Insurance Ltd v Novae Corporate Underwriting Ltd.*[165] In a trial on preliminary issues, he reluctantly confirmed that the standard of proof by reference to which the reinsured had to show that its claim fell within the retrocession was "arguability" but he nevertheless queried why a lesser standard of proof than the usual balance of probabilities should govern the application of the first limb of the *Scor* test. He felt bound by the dicta of Tuckey LJ in *Assicurazioni Generali SpA v CGU International Insurance Plc*:[166]

> "... in principle it is difficult to see why a lesser standard of proof than the usual civil standard should govern the application of the first *Scor* proviso to the reinsurance. However, I am bound by the decision of the Court of Appeal in *Generali* and I consider that paragraph 18 of the judgment is the ratio of that case. That paragraph states in terms (twice) that the test of arguability relates to the reinsurance. Moreover, that this was deliberate is borne out by paragraph 17. In that paragraph Tuckey LJ states that "no investigation as to whether it was arguably within the terms of the original policy is required—yet that is what Novae [the retrocedant] submits is the effect of the judgment. He then states that "what Evans J states [in *Hiscox v Outhwaite*[167]] about the reinsurance is clear" thereby emphasising that the issue of whether the claim is arguably within the policy relates to the reinsurance rather than the original insurance. Whilst I do not agree with that analysis of what Evans J was saying, that is the Court of Appeal's analysis of it and I am bound by the decision to which that leads, as reflected in paragraph 18 of the Court of Appeal judgment.

---

[161] *IRB Brasil Resseguros SA v CX Reinsurance Co Ltd* [2010] EWHC 974 (Comm) at [13](iii).
[162] *IRB Brasil v CX* [2010] EWHC 974 (Comm) at [1].
[163] Simon Twigden, William Bower and Richard Outhwaite.
[164] *IRB Brasil v CX* [2010] EWHC 974 (Comm) at [47].
[165] *Tokio Marine Europe Insurance Ltd v Novae Corporate Underwriting Ltd* [2013] EWHC 3362 (Comm).
[166] *Assicurazioni Generali v CGU* [2004] EWCA Civ 429.
[167] *Hiscox v Outhwaite (No.3)* [1991] 2 Lloyd's Rep. 524.

For all these reasons the answer to preliminary issue 4 is that the standard of proof to which TMEI [the retrocessionaire] has to show that the claim so recognised by ACE [the insurer] falls within the Retrocession as a matter of law is arguability."[168]

PRICL, in contrast, adheres to the position that the reinsurer is obliged to follow the settlements of the reinsured (as would be the case if PRICL art.2.4.3 applies) provided the losses are arguably within the cover of the underlying insurance contract—i.e. the standard of proof in relation to coverage under the underlying insurance over is "arguability", whereas the standard of proof in relation to coverage under the reinsurance contract remains "on the balance of probabilities".

Burden of proof where judgment has been entered against the reinsured

In *Vesta v Butcher*[169] and *Groupama v Catatumbo*,[170] the courts decided that though the reinsurance was governed by English law and the insurance was governed by, in the one case, Norwegian law, and in the other, Venezuelan law, the parties had agreed, within their English law reinsurance contract, that the effect of a breach of warranty by the reinsured, should nonetheless be governed by the foreign law governing the insurance. In *Wasa v Lexington* the House of Lords declined to hold that the meaning of physical loss or damage to property in the reinsurance should be determined by the foreign law governing the insurance, despite this being a facultative reinsurance with a full reinsurance clause. Clearly, differing governing laws can considerably weaken the effects of follow the settlements language, if not emasculate it entirely.[171] If the parties wish "follow the settlements" language to have maximum effect, they must ensure that the insurance and reinsurance are governed by the same law.

5-040

Where there is no "follow the settlements" clause, the reinsurer, who is not a party to the underlying judgment is not bound by the result as a matter of res judicata.[172] On the basis that the reinsurer is covering the subject matter of the original insurance, and not the liability of the reinsured towards the original insured, then the fact that the liability of the reinsured has been independently determined and that he has to pay the insured theoretically makes no difference to the reinsured's position under the contract of reinsurance. He still has to prove that he was liable to the insured, and it is open to a different tribunal to hold that there was no liability under the original contract of insurance. This appears to have been accepted by the Court of Appeal in *Scor*, who nevertheless concluded, on the facts, that the claim made by the original insured was valid and not fraudulent. We have already noted that, as a practical matter, the courts may be reluctant to allow reinsurers to reopen issues of fact or law which have already been objectively determined, even where they are not precluded from so doing by the "follow the settlements" clause but that is the reinsurer's right where there is no follow the settlements clause.

Dicta in the Court of Appeal go further. It has been suggested that the reinsurer may be bound by a decision against the reinsured in proceedings to which the reinsurer is not a party. In *Commercial Union Assurance Co Plc v NRG Victory*

---

[168] *Tokio Marine Europe Insurance Ltd v Novae Corporate Underwriting Ltd* [2013] EWHC 3362 (Comm), at [97]–[98].
[169] *Vesta v Butcher* [1989] 1 Lloyd's Rep. 331, and discussed in Ch.4, 4-017 to 4-021 above.
[170] *Groupama Navigation et Transports v Catatumbo CA Seguros* [2001] Lloyd's Rep. I.R. 141.
[171] See *Wasa v Lexington* [2009] UKHL 40, see Ch.4, 4-023 to 4-028 above.
[172] See *Hayter v Nelson* [1990] 2 Lloyd's Rep. 265 at 271 per Saville J, and see above.

Reinsurance Ltd Potter LJ said:

> "[I]t would be quite impracticable, productive of endless dispute, and against the presumed intention of the contract of reinsurance (absent contrary or special provision of a kind which does not exist in this case) for an English court trying a dispute concerning the reinsurers' liability not to treat the judgment of a foreign court as to the reinsured's original liability as decisive and binding, save within the most circumscribed limits."[173]

5-041   He held those limits[174] to be as follows:

(1) That the foreign court should in the eyes of the English court be a court of competent jurisdiction.
(2) That the judgment should not have been obtained in the foreign court in breach of an exclusive jurisdiction clause or other clause by which the original insured was contractually excluded from proceeding in that court.
(3) That the reinsured took all proper defences.
(4) That the judgment was not manifestly perverse.

Potter LJ justified this position by implying into the reinsurance contract a term, as follows:

> "[A]bsent any provision to contrary effect, the insurer will treat the decision of a foreign court of competent jurisdiction as to the liability of the reinsured to his original insured as binding, subject only to reversal on appeal and the limits which I have mentioned."

There are several difficulties with implying such term. It is not immediately obvious why it is necessary to give the contract business efficacy or why the term should be implied because it is "so obvious as to go without saying".,[175] As Lord Mustill pointed out in *Hill v Mercantile & General*[176] the parties to a reinsurance contract are free to agree on ways of proving whether a loss is covered under the underlying contract. It is open to the parties to include a "follow the settlements" or any other form of loss settlements clause. If the parties choose not to incorporate a "follow the settlements" clause[177] then, we suggest they have expressed an intention contrary to Potter LJ's putative implied term. One imagines an officious bystander saying to the parties (who, ex hypothesi, have not agreed upon a "follow the settlements" clause): "of course you both agree that the reinsurer will be bound by a judgment against the reinsured subject to these limits". The parties are unlikely to respond: "yes, of course, you are quite right". The reinsurer may say that he agrees to no such thing. He will only pay a claim under the reinsurance contract which the reinsured proves is covered under the underlying contract and the reinsurance contract, and he is not bound by the outcome of proceedings to which he is not a party. The reinsured may object that the limits proposed by the officious bystander are both vague[178] and unhelpful. If he is hauled before an American court exercising long arm jurisdiction which refuses to enforce a forum selection clause and

---

[173] *Commercial Union Assurance Co Plc v NRG Victory Reinsurance Ltd* [1998] 2 Lloyd's Rep. 600; [1998] 2 All E.R. 434.
[174] Which Potter LJ adopted from the judgment of Clarke J ([1998] 1 Lloyd's Rep. 80), whose decision the Court of Appeal reversed.
[175] See *Marks & Spencer Plc v BNP Paribas Securities Services Trust Co (Jersey) Ltd* [2015] UKSC 72; [2016] A.C. 742 [see ch4].
[176] See 5-021 to 5-026 above.
[177] As we point out above, at 5-001, there may be good commercial reasons why the reinsurer is not willing to follow the settlements of the reinsured and requires the reinsured to prove that a loss was covered under the underlying contract.
[178] Potter LJ recognised this, but said that it was, "not necessary or desirable … to explore the situations in which a plea of perversity might successfully be raised in respect of the decision of a foreign

renders, from the point of view of an English commercial lawyer, a perverse decision, the reinsured must nonetheless pay. The reinsured wants the reinsurer to pay if he is required to pay.

There is a further difficulty. The implication of a term along the lines suggested by Potter LJ is plainly inconsistent with the approach of the Court of Appeal in the *Scor* case, where it was held that in the absence of an effective "follow the settlements" clause, the reinsurer was not bound by the decision of the Liberian Court that there was a genuine loss, and the reinsured had to prove that the loss was covered under the insurance policy.[179] The better view, we suggest, is that:

5-042

"... the decision of a foreign court can be no more than evidence of ... liability [under the underlying contract] which ultimately falls to be decided by the court deciding the dispute as to the liability of the reinsurer to the reinsured ... [it being accepted that] in many cases the foreign decision is likely to be treated as conclusive evidence of liability ..."[180]

---

court", as the issue did not arise in the case. In the *Gold Medal v Hopewell* arbitration, held in Bermuda under a reinsurance contract governed by Bermudian law, the arbitrators (who were three English QCs: Adrian Hamilton, Kenneth Rokison and Stewart Boyd) expressed "considerable doubts" as to the correctness of Potter LJ's dictum as a matter of English law and declined to imply any term as a matter of Bermuda law that a foreign judgment finding a reinsured captive insurance company liable was binding upon the reinsurer in the absence of a "follow the settlements" clause. The interim awards are in the public domain as a result of proceedings commenced by the claimant in the United States. The tribunal said in its first interim award (12 December 2000): "We can see great difficulty in the proposition that it is appropriate for such an implication to be made in every reinsurance contract whether, for example, quota share or facultative. Furthermore, Potter L.J. was addressing the point in the abstract, as no judgment had in fact been obtained, in respect of which to formulate limits. Any implied term should be capable of being formulated with certainty, and we can see considerable room for argument as to the precise scope of the four 'limits' which he stated. For example, under limit (3), what are 'proper' defences? Does one have to enquire whether or not they would, or might, have succeeded? Once 'taken', how far do they have to have been pursued? Under limit (4), why should it be necessary to go as far as to establish perversity on the part of the Tribunal? Why should it not be enough to show that the judgment was wrong or plainly wrong? Potter L.J. is clearly correct in attaching importance to a judgment in the proof of loss under the primary insurance. But that importance will vary with circumstances. A full hearing at arm's length on the merits, will produce a judgment of great importance. The position may be very different if for example the facts were not fully investigated."

[179] In the *Gold Medal v Hopewell* arbitration referred to above the tribunal gave Potter LJ's obiter dictum a narrow reading. The tribunal said in its first interim award: "It is our view that it would be a mistake to read the judgment of Potter L.J. as going further than his express words, which were no doubt carefully chosen. It must be emphasised that the dictum arose in a passage in which the Court was considering the question of the liability of the reinsured to Exxon, and not the liability of the reinsurers to the reinsured. At the bottom of the right hand column on page 610 Potter L.J. referred to the judgment of the foreign court as being decisive and binding (subject to the stated limits) 'as to reinsured's liability.' Significantly, he did not go on to say '... and hence the reinsurer's liability to the reinsured'. Precisely the same point may be made in relation to the last sentence of the first full paragraph on page 611, when Potter L.J. defined the implied term as being one to the effect that the insurer (meaning the reinsurer) will treat the decision of a foreign court of competent jurisdiction 'as to the liability of the reinsured to his original insured' ... as binding, subject to these limits. If the implication were to go further, so as to render the decision of the foreign court, subject to the listed limits, binding as between the insurer/reinsured and the reinsurer ... we consider that it would not accord with the principles discussed in the earlier authorities, particularly *Scor*."

[180] The submission of counsel for the reinsurers, summarised by Potter LJ. See also Lord Mance in the House of Lords in *Wasa v Lexington* [2009] UKHL 40 at [37], where his lordship refers to the *Gold Medal v Hopewell* arbitration, and cites this section of the book with apparent approval.

3. CLAIMS CO-OPERATION CLAUSES AND COVERAGE LITIGATION

Claims co-operation provisions

Claims co-operation: The common law

5-043　　In the absence of a claims co-operation clause, reinsurers "... are not entitled at all to be actually involved in or consulted about the steps taken to settle the claim or the amount at which it should be settled".[181] Nevertheless, even where there is no claims co-operation clause, or specific contractual obligation to notify a reinsurer of losses, the reinsurer is still entitled to information and documents, and answers to questions, showing how the claim was made and dealt with, sufficient to allow the reinsurer to contend that it was not dealt with in a business-like manner but not to satisfy himself as if he was the direct insurer.[182] It is always prudent, in any event, to advise the reinsurer and to keep the reinsurer advised during the course of negotiations to settle the claim.[183] Where any large loss is involved—especially if there is an arguable legal issue as to coverage—it is also prudent to canvass the views of reinsurers. Even if they have no contractual right to be consulted, they cannot afterwards be heard to complain that they were kept in the dark as to circumstances surrounding the settlement or otherwise plausibly argue that the settlement was not concluded in good faith if their views are acted upon.

Reinsurer's rights under claims co-operation provisions

5-044　　Claims provisions in the reinsurance contract give the reinsurer the right to be involved in the investigation and settlement by the reinsured of any claims under the contract of insurance. There are many variations of such provisions but in the London Market they can largely be divided into claims co-operation clauses and claims control clauses. The latter type tend to give the reinsurer more extensive rights to influence and control the defence and settlement of any claims under the underlying insurance contract, whereas the former give more limited rights of involvement to the reinsurer and the reinsured retains overall control of the loss settlement process. Frequently, either type requires the reinsured to give notice of (potential) claims to the reinsurer. For example, in *Scor*[184] the claims cooperation clauses read as follows:

> "It is a condition precedent to liability under this insurance that all claims be notified immediately to the Underwriters subscribing to this policy and the reassured hereby undertake in arriving at the settlement of any claim, that they will co-operate with the Reassured Underwriters and that no settlement shall be made without the approval of the Underwriters subscribing to this Policy."

---

[181] *Charman v Guardian Royal Exchange Assurance Plc* [1992] 2 Lloyd's Rep. 607 at 614 per Webster J.
[182] *Charman* [1992] Lloyd's Rep. 607 at 614—a fine distinction.
[183] Compare *The National Fire and Marine Insurance Co of New Zealand v The Australian Mercantile Union Insurance Co* (1887) 6 N.Z.L.R. 144; see Ch.4, 4-108 above.
[184] *Scor* [1985] 1 Lloyd's Rep. 312.

CLAIMS CO-OPERATION CLAUSES & COVERAGE LITIGATION

In contrast, a form of claims control clause was in issue in the case of *Beazley Underwriting Ltd v Al Ahleia Insurance Co*[185]:

"Notwithstanding anything contained in the Reinsurance Agreement and/or the Original Policy Wording to the contrary, it is a condition precedent to any liability under this Reinsurance that:

a) the Reinsured shall upon knowledge of any loss or losses which may give rise to a claim under this Policy, advise the Reinsurers thereof as soon as reasonably practicable;

b) The Reinsured shall furnish the Reinsurers with all information available respecting such loss or losses and the Reinsurers shall have the right to appoint adjusters, assessors, surveyors or other experts and to control all negotiations, adjustments, and settlements in connection with such loss or losses.

c) No settlement and/or compromise shall be made and no liability admitted without the prior approval of Reinsurers.

In the event of a claim under the Original Policy Wording Reinsurers hereon agree that settlement shall take place at the same time as settlement or advance of funds under the said Original Policy Wording."

Reference is made to Ch.6, 5-052 to 5-054 and 6-205 to 6-209 below for a discussion of the nature of claims co-operation provisions as their characterisation as conditions precedent to liability or as an innominate term is relevant to the consequences of a breach.

Not all reinsurance contracts contain contractual provisions that impose limits and controls on how the reinsured handles its claims. In the absence of an express claims co-operation or claims control clause, none will be implied.[186] However, if the reinsured has not investigated the underlying claims before accepting them, it may be difficult to prove to the reinsurer that they fell within the scope of the underlying contract of insurance or, where there is a follow the settlements clause, the reinsurer may be able to displace the presumption that the reinsured has settled the underlying claims in a bona fide and business-like manner.[187] The PRICL do not confer any claims co-operation rights on the reinsurer and instead impose a duty on the reinsured to give "adequate and timely notice of claims ... and of circumstances that pose a significant chance of resulting in reinsurance coverage".[188] In addition, the reinsured is under a duty to act reasonably and prudently when addressing claims by its insureds that may result in claims for reinsurance coverage.[189]

What is expected of the reinsured: Notification obligations

The specific notification requirements will depend on the wording of the notification provision which will vary between facultative and treaty reinsurance, and proportional and non-proportional reinsurance. For example, in facultative proportional reinsurance, the notification clause will usually impose a time limit (either expressed as number of days or as "immediate notice" or "notice within a reasonable period of time") for reporting losses and potential claims under the reinsurance. In excess of loss reinsurance, the reinsured may be a under notification obligation even if the loss in question is unlikely to break in the reinsurer's

5-045

---

[185] *Beazley Underwriting Ltd v Al Ahleia Insurance Co* [2013] EWHC 677 (Comm).
[186] See Ch.4, 4-105.
[187] See *Charman v Guardian Royal Exchange Assurance* [1992] 2 Lloyd's Rep. 607, and 4-037 above.
[188] PRICL art.2.4.1.
[189] PRICL art.2.4.2.

layers. It is common that in treaty reinsurance the reinsured is required to notify outstanding and paid claims in arrears for a specified reporting period. In *Royal & Sun Alliance v Dornoch Ltd*,[190] the claims control clause made it a condition precedent to liability under the policy that:

> "The reinsured shall upon knowledge of any loss or losses which may give rise to claim under this policy, advised the Underwriters thereof by cable within 72 hours."

The Court of Appeal upheld the trial judge's[191] construction of the clause as requiring three elements: (i) there had to be an actual loss; (ii) the loss had to be a loss that may give rise to a claim on the reinsurance; (iii) the reinsured had to have actual knowledge of the loss. Longmore observed that there was a complete mismatch between the original insurance, a directors' and officers' liability policy written on a claims made basis and requiring the notification of "claims", and the claims control clause in the reinsurance, which depended upon "knowledge" of a "loss" on the part of the reinsured. The reinsured had been given notice of litigation in the United States against directors of the its insured, the [Coca-Cola] Company, and informed its reinsurers more than 72 hours after it had received that notice. The Court of Appeal held that there was no breach of the clause. Longmore LJ said:

> "Once one has concluded that loss means 'actual' loss rather than 'alleged' or 'claimed' loss it must follow that RSA cannot have had any knowledge of any loss ... The question whether the claimants [in the US litigation] have suffered any loss is still in dispute ... a person cannot know something is A when A is a fact which is contentious but is as yet undetermined."[192]

In *AIG v Faraday*[193] very similar facts to those in *RSA v Dornoch* arose again. Again, Longmore LJ was on the bench. Jonathan Sumption QC, who had represented the successful reinsured in *RSA v Dornoch*, this time represented the reinsurer in *AIG v Faraday*, and was again successful. This time, "upon knowledge of any loss or losses which may give rise to a claim" (the same wording as in *RSA v Dornoch*) the reinsured was to advise the reinsurers as soon as reasonably practical and in any event within 30 days. (In *RSA v Dornoch* the reinsured had only three days.) In *RSA v Dornoch* the Court of Appeal emphasised that there was no loss (and therefore no trigger of the duty to notify) until judgment against the relevant directors. Shareholders had claimed against directors for changes in the price of Coca-Cola shares where information that led to those changes was alleged to have been withheld by directors. The Court of Appeal said that the change in share price could have been for a number of reasons and was not clearly a result of any default by directors. Therefore, the loss was not known until judgment. In the AIG case, the insured company, Smartforce, had announced an intention to restate its accounts and the price of the company's shares immediately dropped in response. The Court of Appeal held that that sudden drop was a loss that should have been notified. It should have been reported to reinsurers but it was not and thus the reinsurers were not liable because compliance with the notice provision was a condition precedent to liability.

---

[190] *Royal & Sun Alliance v Dornoch Ltd* [2005] Lloyd's Rep. I.R. 544.
[191] Aikens J.
[192] *RSA v Dornoch* [2005] Lloyd's Rep. I.R. 544 at 550, [22].
[193] *AIG (Europe) Ireland Ltd v Faraday Capital Ltd* [2007] EWCA Civ 1208.

In *Zurich Insurance PLC v Maccaferri Ltd*,[194] the claims condition in an employer's liability insurance required that "The Insured shall give notice in writing to the Insurer as soon as possible after the occurrence of any event likely to give rise to a claim with full particulars thereof." The Court of Appeal said:

"The question therefore is whether, when the event occurred (an occasion not limited to the exact moment) it was likely to give rise to a claim. That will depend on whether in the light of the actual knowledge that the insured then possessed a reasonable person in his position would have thought that *it is at least 50% likely* that a claim would be made."[195] (emphasis added)

Moreover, the Court of Appeal said that the claims condition in Zurich required the insured to notify an event likely to give rise to a claim as determined by reference to the position immediately after it occurred. The clause could not be construed as imposing an obligation to carry out a rolling assessment as to whether a past event was likely to give rise to a claim.[196] When assessing when a notice requirement for "circumstances that might give rise a claim" is triggered, the courts will apply an objective test considering whether a reasonable person with the knowledge of the insured would have realised that the risk of a claim was not fanciful but was realistic.[197]

Understanding the key distinctions between *RSA v Dornoch*, *AIG v Faraday* and *Zurich Insurance PLC v Maccaferri Ltd* and trying to conduct one's insurance business by reference to them is not the lesson the take away from these two cases. The lesson to take away is to give notice to the reinsurer as early as possible of anything one becomes aware of that may involve the reinsurer. The market will not believe that the parties in the Dornoch case really intended that the reinsurer should have no duty to inform his reinsurer about the Coca-Cola litigation until judgment was given.[198]

The PRICL art.2.4.1 requires the reinsured to give the reinsurer adequate and timely notice of claims subject to the contract of reinsurance and of circumstances that pose a significant chance of resulting in reinsurance coverage. According to the Commentary, the notice provision is triggered once the reinsured knows there is a substantial probability that it will be seeking reinsurance payments in connection with a particular policy, treaty, claim, or risk.[199]

In addition, any notification must contain enough information for the reinsurer to make an initial assessment as to the likelihood of claim under the reinsurance policy. In the liability insurance context where notification clauses frequently require the notification of "circumstances likely to give rise to a claim", the court

---

[194] *Zurich Insurance PLC v Maccaferri Ltd* [2016] EWCA Civ 1302.
[195] *Zurich Insurance PLC v Maccaferri Ltd* [2016] EWCA Civ 1302 at [34] per Christopher Clarke LJ.
[196] *Zurich Insurance PLC v Maccaferri Ltd* [2016] EWCA Civ 1302 at [32]–[33] per Christopher Clarke LJ.
[197] *Arch Insurance (UK) Ltd v McCullough* [2021] EWHC 2798 (Comm); [2022] Lloyd's Rep. I.R. 137.
[198] In *William McIlroy Swindon Ltd v Quinn Insurance Ltd* [2011] EWCA Civ 825, Quinn told its insured, a builder, that the insured was in breach of policy conditions and Quinn would provide no cover for a fire which it was being alleged that builder had caused. Almost a year later Swindon obtained judgment against the builder and pursued Quinn under the Third Party (Rights against Insurers) Act 1930. Quinn said that any claim was deemed abandoned because the policy provided that arbitration had not been commenced within nine months of a "claim" and the latest that could have been was when it, Quinn, rejected liability. The court narrowly construed the word "claim". The insured did not have a "claim" until liability and quantum had been ascertained—that is after judgment against the insured.
[199] PRICL Commentary C2 to art.2.4.1.

in *The Cultural Foundation (doing business as American School of Dubai) v Beazley Furlonge Limited* said that it is not enough to make a very broad 'hornet's nest' type notifications, and that a notification of circumstances was valid only to the extent that the circumstances identified, however broad or narrow, were such that a reasonable person would think them likely to give rise to a claim.[200] The content and level of detail required will depend on the wording of the notification clause against the background of the type of (re)insurance and the underlying subject-matter. Applying *The Cultural Foundation (doing business as American School of Dubai) v Beazley Furlonge Limited* reasoning to reinsurance, notifying losses "which may give rise to a claim under the reinsurance" should entail providing enough information to enable a reasonable person to take a view on whether a claim is likely.

Claims handling and investigation

5-046 In *Gan Insurance v Tai Ping Insurance (No.3)*[201] the reinsurance contract contained the following claims co-operation clause ("CCC"):

> "Notwithstanding anything contained in the Reinsurance Agreement and/or Policy wording it is a condition precedent to any liability under this Policy that:
>
> (a) The Reinsured shall, upon knowledge of any circumstances which may give rise to a claim against them, advise the Reinsurers immediately and in any event not later than 30 days.
>
> (b) The Reinsured shall co-operate with Reinsurers and/or their Appointed Representatives subscribing to this Policy in the investigation and assessment of any loss and/or circumstances giving rise to a loss.
>
> (c) No settlement and/or compromise shall be made and liability admitted without the prior approval of Reinsurers ..."

The original insured made a claim arising out of a fire at a factory in Taiwan. The insurer/reinsured, Tai Ping, asserted that it was entitled to avoid for misrepresentation. The insured issued proceedings which were settled in July 1997. The reinsurer, Gan, alleged that Tai Ping failed to co-operate "in the investigation and assessment of any loss and/or circumstances giving rise to a loss" as required by para.(b) of the CCC and failed to act in a proper and business-like manner in agreeing the settlement.

Gan appealed against the decision of Andrew Smith J[202] granting summary judgment in favour of Tai Ping. There were two issues before the Court of Appeal: first, whether Gan had a real prospect of showing breach by Tai Ping of para.(b) of the CCC; secondly, whether Gan had a real prospect of showing that Tai Ping failed to act in a business-like manner.

5-047 The Court of Appeal allowed the appeal, in part. With respect to the first issue they upheld the finding of the trial judge that, on the facts, there was no breach of the CCC. Mance LJ made the following observations regarding the construction of para.(b) of the CCC:

> "35. Mr Edelman for Gan submits that the judge's interpretation of paragraph (b) does not give full weight to all the words used—'investigation' as well as 'assess-

---

[200] *The Cultural Foundation (doing business as American School of Dubai) v Beazley Furlonge Limited* [2018] EWHC 1083 (Comm), [159] per Andrew Henshaw QC (sitting as a Judge of the High Court).
[201] *Gan Insurance v Tai Ping Insurance (No.3)* [2002] Lloyd's Rep. I.R. 612.
[202] *Gan v Tai Ping (No.2)* [2001] Lloyd's Rep. I.R. 667.

ment' of both 'any loss' and any 'circumstances giving rise to a loss'. In essence, the full width of the concept of 'investigation ... of any loss' should not be restricted by the fact that the draughtsmen took care to make express reference to the investigation of causation ('circumstances giving rise to a loss'). Investigation of any loss should be read as wide enough to cover investigation of all matters relevant to a claim. The difficulty remains, on this submission that, so read, the further reference to investigation of causation does seem essentially superfluous. However, it is fair to say that superfluity is by no means unknown in reinsurance and other commercial contracts.

36. The clause must have been intended to bear some relationship to the ordinary course of claims handling and investigation. We also see force in Mr Edelman's submission that some light on its scope is likely to be thrown by its association with paragraph (c). One obvious purpose of the obligation to co-operate under paragraph (b) is to put reinsurers in a position where they can make a sensible judgment regarding any proposal made to settle or compromise or admit liability under paragraph (c) ...

37. The clause must at least extend to the determination of the nature, scope and amount of any loss and whether it fell within the policy cover. The ordinary course of claims handling would include considering not merely the nature, scope and quantum of any loss, and the application of the policy cover to such a loss, but also whether the loss involved any breach of any policy term or warranty. Although a breach of warranty has, conceptually, the effect of determining the whole insurance as from the breach, as distinct from providing simply a defence, it would seem to us quite unrealistic to treat investigation of a potential breach of warranty directly related to the loss as outside the scope of 'investigation ... of any loss'. (A potential breach of warranty unrelated to the particular loss may well be a different matter, under the terms of paragraph (b).) ..."

With respect to the second issue, it was held that the burden was on Gan to plead and prove a failure by Tai Ping to act in a proper and business-like manner in settling the claim.[203] Gan alleged that Tai Ping went beyond any justifiable level of settlement, did not take and/or act on certain legal advice and allowed extraneous factors to influence it to settled with the insured. The Court of Appeal concluded that, in the light of the way Gan put its case, summary judgment on this issue was inappropriate and the allegations merited investigation at trial.

In *Gan Insurance Co. Ltd. v Tai Ping Insurance Co. Ltd (No.2)*[204], the Court of Appeal considered the question how a reinsurer must exercise its contractual discretion in handling claims. In relation to the CCC sub-cl.(c), the court held that the right to withhold approval was not unqualified but the only limitations were that it be exercised in good faith, after consideration of the claim as a whole and by reference to the facts giving rise to the particular claim. The limitation on exercising contractual discretion has now been formulated to be more widely applicable in *Braganza v BP Shipping Ltd* where the Supreme Court said that a contract party who exercises contractual discretion must not act in an arbitrary, irrational or capricious manner in doing so.[205]

The question how a reinsurer must exercise its discretion in handling claims was considered by the Commercial Court in the (pre- *Braganza*) case of *Federal-*

---

[203] Following *Insurance Co of the State of Pennsylvania v Grand Union Insurance Co* [1990] 1 Lloyd's Rep. 208.
[204] *Gan Insurance Co. Ltd. v Tai Ping Insurance Co. Ltd (No.2)* [2001] EWCA Civ 1047; [2001] 2 All E.R. (Comm) 299; [67]-[70] per Mance LJ (as he then was) and also see 5-050 below.
[205] *Braganza v BP Shipping Ltd* [2015] UKSC 17, [2015] 1 W.L.R. 1661, [18] per Baroness Hale DPSC; see Chapter 4, para. [4-096].

Mogul Asbestos Personal Injury Trust v Federal-Mogul Ltd (formerly T&N Plc).[206] The case had a rather unusual fact pattern in that the reinsurers were instructing and directing a captive insurer as to the handling and settlement of underlying asbestos claims under an asbestos liability policy. The underlying policy in conjunction with the reinsurance policy imposed the following obligation on reinsurers:

> "[Reinsurers] shall have full, exclusive and absolute authority, discretion and control, which shall be exercised in a business-like manner in the spirit of good faith and fair dealing, having regard to the legitimate interests of the parties to this Policy and of the reinsurers thereof, with respect to the administration, defence and disposition (including but not limited to settlement) of all Asbestos Claims …"

One of the issues was whether the reinsurers were exercising their authority in a business-like manner by requiring the Federal Mogul Trust to pursue claims in the US tort system. Eder J acknowledged that the reinsurers' discretion to settle claim was not absolute, but was qualified by the words "exercised in a business-like manner in the spirit of good faith and fair dealing, having regard to the legitimate interests of the parties …".[207] However, there was not just one way of acting in a business-like manner but a whole range of decisions that would meet the objective test as to what is "business-like". It was not "unbusiness-like" for the reinsurers to refuse to accept the claims settlement procedure promulgated by an asbestos claimants' trust as the contractual yardstick for claims handling and to take defences available to them at law.[208] As regards "in the spirit of good faith and fair dealings" this phrase required reinsurers to act honestly and conscionably vis-à-vis other parties to the contract.[209] As for having regard to the legitimate interest of the other parties to the policy, the reinsurers were not required to have regard to the underlying asbestos claimants (not being party to the policy) and, having taken notice of the legitimate interests of the underlying insured and the reinsured, it was for the reinsurers to decide what weight they would ascribe to their interests, as long as they were not acting irrationally.[210]

In *Ramsook v Crossley (Trinidad and Tobago)*,[211] the Privy Council was asked to decide whether an insurer of a motor policy was authorized to enter an appearance on the insured's behalf admitting liability for a road traffic accident. The policy provided in cl.15 that the insurer "… shall be entitled if it so desires to take over and conduct in the insured's name the defence or settlement of any claim for indemnity or damages or otherwise, and shall have full discretion in the conduct of any proceedings and in the settlement of any claim, and the insured shall give all such information and assistance as the company may require." The Privy Council held that as a matter of construction the insurer was entitled under cl.15 to take over and conduct the defence and settlement of that claim, to retain an attorney on the insured's behalf, and to have full discretion in its settlement. However, Lord Mance commented on cl.15:

> "A clause like clause 15 is not carte blanche to insurers to conduct proceedings in their own interests, without regard to reality or to their insured's account of events or to the fact that here the claim was likely severely to affect Mrs Crossley as well as TATIL [the

---

[206] *Federal-Mogul Asbestos Personal Injury Trust v Federal-Mogul Ltd (formerly T&N Plc)* [2014] EWHC 2002 (Comm).
[207] *Federal-Mogul* [2014] EWHC 2002 (Comm) at [118].
[208] *Federal-Mogul* [2014] EWHC 2002 (Comm) at [119], [120] and [127].
[209] *Federal-Mogul* [2014] EWHC 2002 (Comm) at [119], [120].
[210] *Federal-Mogul* [2014] EWHC 2002 (Comm) at [119], [120].
[211] *Ramsook v Crossley* [2018] UKPC 9, [2018] 4 WLUK 561.

insurer] ... Mrs Crossley has from the outset sought to excuse herself from fault in relation to the accident. Mr Gosine and TATIL ought at least to have ascertained and considered her position, with a view to deciding whether it was appropriate simply to admit liability on her behalf. They ought also to have kept her informed about the continuing progress of proceedings, which would severely expose her financially. However, bearing in mind TATIL's and Mr Gosine's actual and apparent authority deriving from clause 15, any complaint which Mrs Crossley has on this score is a matter between her and TATIL and/or Mr Gosine. It cannot affect Mr Ramsook's position, as a claimant pursuing proceedings unsuspecting of any such breach of duty."[212] Whilst *Ramsook* is an insurance case (and not concerned with English law), Lord Mance's warning that that the insurer cannot simply disregard the insured's legitimate interest in the proceedings and any settlement are analogous to the situation in *Federal-Mogul Asbestos Personal Injury Trust v Federal-Mogul Ltd (formerly T&N Plc)*. We consider that Eder J's limitations on the reinsurer's discretion in *Federal-Mogul Asbestos Personal Injury Trust v Federal-Mogul Ltd (formerly T&N Plc)* are largely consistent with the *Braganza* implied term but query whether the party exercising the discretion must go as far as considering the other party/ies legitimate interests, provided the exercise of the discretion is not arbitrary, irrational or capricious. As regards the reinsurer's obligations to pay a claim, we also submit that this is governed by the IA 2015, s.13A (see below).

Relationship between follow the settlements and claims co-operation

The majority of the Court of Appeal in *Scor* were not inclined to follow Leggatt J in brushing aside the "claims co-operation" clause as being subordinate to and having no effect upon the "follow the settlements" clause. Robert Goff LJ[213] considered that: 5-049

"[T]here is ... an inconsistency between (1) a follow settlements clause, the underlying philosophy of which is that reinsurers trust insurers to make settlements of claims, and (2) an undertaking in a claims co-operation clause, the underlying philosophy of which is that settlements shall not be made without the approval of reinsurers."[214]

We consider that it is entirely sensible that a reinsurer who is bound to follow the settlements of the reinsured should wish to have the power to dictate the terms of such settlements, and accordingly there is no logical inconsistency between the "follow the settlements" and the "claims co-operation" clauses in the *Scor* case, and we submit that on this point Leggatt J expressed the better view. If the reinsurer elects to control the claim, he clearly ought to follow the settlements if they fall within the reinsurance. Where there is a follow the settlements clause and the reinsurer elects, having the power to control the claim, not to do so, he ought not to thereafter turn his back on the reinsured, provided that the reinsured has acted in a business-like manner and the reinsurance covers. The claims co-operation clause justifies a construction of the follow the settlements clause against the reinsurer. The difficulty is that in *Scor*, the co-operation clause expressly said that the reinsurer should only be bound by settlements of which he approved. Robert Goff LJ concluded:

"In my judgment the undertaking by the insurers not to make a settlement without the approval of reinsurers must have been intended to circumscribe the power of insurers to

---

[212] *Ramsook v Crossley* [2018] UKPC 9, [2018] 4 WLUK 561, [27] per Lord Mance.
[213] With whom Fox LJ agreed.
[214] *Scor* [1985] 1 Lloyd's Rep. 312 at 331.

make settlements binding upon reinsurers, so that reinsurers would only be bound to follow a settlement when it had received their approval. In other words, the follow settlements clause must be construed in its context in the policy, containing as it does a claims co-operation clause in this form, as only requiring reinsurers to follow settlements which are authorised by the policy, i.e., those which have received their approval, though presumably reinsurers can, if they wish, waive that requirement. This effectively emasculates the follow settlements clause; but it is nevertheless, in my judgment, what the parties to a policy in this form have agreed."[215]

5-050 On the above basis, if the reinsurer does not approve a settlement, the contract is construed thereafter as if there was no follow the settlements clause. It may be that the Court of Appeal's decision is restricted to circumstances where the reinsurer wishes to exercise control but the reinsured refuses to permit him to do so; in those circumstances, it would not be right for the reinsurer to be bound by the follow the settlements clause. But it would require a less than literal construction of the claims control clause. The majority of the Court of Appeal in *Scor* concluded on the facts that ICA was entitled to recover in respect of the claim, albeit not under the "follow the settlements" clause, by reason of ICA having proved their liability under the policy, and *Scor* having failed to establish fraud by ATC. It will be recalled that in *Gurney v Grimmer*,[216] having come to the view that the expression "to pay as may be paid thereon" left the reinsurer free to argue that the reinsured had no liability to the insured, even if the reinsured had compromised the question of liability in a good faith and business-like way, Scrutton LJ said that only the House of Lords could change the law. It is ironic that in *Scor* the Court of Appeal should have confirmed that such an argument is not open to a reinsurer where "follow the settlements" language is used rather than "pay as paid" and then emasculated the words if a claims co-operation clause in the *Scor* form exists in the same wording. We are back where Scrutton LJ left us, waiting for the House of Lords to speak.

We set out the claims co-operation clause used in *Gan Insurance v Tai Ping Insurance*[217] in 5-046 above. The Court of Appeal[218] held the condition precedent had the effect that if there was a breach of the clause the reinsured could not recover under the reinsurance contract even if the reinsured proved that it was liable to its assured, as a matter of fact and law, under the original insurance contract. The Court of Appeal reversed the finding of the judge (Longmore J) at a trial of preliminary issues that, as a matter of construction, there was a breach of sub-para (c) only if there was a settlement of a claim which included an admission of liability. Mance LJ said that:

"[A]ny consideration of the implications of the rival constructions leads, in my judgment, both immediately and inevitably to the conclusion that the interpretation for which Tai Ping contends and which the judge adopted cannot have been intended or understood. There is no commercial sense in a clause having the meaning and effect for which Tai Ping contends. There is no sensible basis on which either party can have meant it to have, or thought that it had, such a meaning. This is not a matter of speculation, but in my judgment one of obvious business common sense in a reinsurance context."[219]

The Court of Appeal also reversed the finding of the judge that a term was to be implied that the reinsurer would not unreasonably withhold its approval to a settlement. Mance LJ said that the claims control clause had the following effect:

---

[215] *Scor* [1985] 1 Lloyd's Rep. 312 at 331.
[216] *Gurney v Grimmer* (1932) 44 Ll.L.Rep. 189; and see above.
[217] *Gan v Tai Ping (No.2)* [2001] EWCA Civ 1047.
[218] Mance LJ, Latham LJ, Sir Christopher Staughton.
[219] *Gan v Tai Ping (No.2)* [2001] EWCA Civ 1047 at [17].

"The current state of authority in this court appears to me to indicate that ascertainment of liability is a pre-condition to the accrual of insurers' rights against reinsurers—in whichever of the alternative ways, identified by Lord Mustill [*in Charter Re v Fagan*], liability is relevant: see e.g. *Versicherungs und Transport A.G. Daugava v Henderson* (1934) 49 Ll.L.Rep.252, 253–4, per Scrutton and Maugham L.JJ., a fire reinsurance case (which I cited on this point in *Charter Reinsurance Co. Ltd. v Fagan* at pp.333C and 341H–342A). A proposition that insurers' rights against reinsurers (or presumably reinsurers' rights against retrocessionaires under a retrocession) arise at the earlier stage of any original loss would also create very great potential difficulties, in the operation of reinsurances and retrocessions and in matters of limitation. It follows, under the present Claims Co-operation Clause, that … the only way in which insurers could ascertain their liability to their original insured, if reinsurers do not approve a settlement/compromise, is by allowing themselves to be sued to judgment.

This represents a more stringent regime than that existing both in *Scor* (UK) and at common law in the absence of any 'follow the settlements' clause. Both under the reinsurance in *Scor* (UK) and at common law, insurers could, if they wished to take the risk, still settle, despite the lack of approval. This was not a breach of any condition precedent to reinsurance liability generally. It merely deprived insurers of the benefit of the 'follow the settlements' provision present in the reinsurance in *Scor* (UK). Having thus crystallised their exposure by the settlement, insurers could still go on to prove that it related to liability that had actually existed apart from the settlement. Here, under the more stringent modern Claims Co-operation Clause, that is not possible."[220]

Mance LJ concluded as follows:

"[T]he right to withhold approval was, here, Gan's, and no-one else's. It is a right to be exercised in good faith after consideration of and on the basis of the facts giving rise to the particular claim, and not with reference to considerations wholly extraneous to the subject-matter of the particular reinsurance or arbitrarily. It is to be exercised by considering the claim as a whole. The court cannot substitute its own view of the reasonableness of a reinsurer's decision to withhold approval under sub-clause (c)."[221]

If the court cannot substitute its own view of the reasonableness of the reinsurer's decision to decline consent to settlement (presumably for the view of the reinsurer himself), how is the obligation on the reinsurer that Mance LJ identifies—an obligation to consider whether to approve the settlement that the insurer proposes on the basis of the facts—to be policed? Can the reinsurer not simply refuse to consent to settle because he prefers, (or perhaps his reinsurers prefer) the certainty of a judgment? The post-Braganza case law is beginning to develop the scope of the implied term to exercise contractual discretion in a manner that is not arbitrary, irrational or capricious in terms of *Wednesbury*[222] unreasonableness. In UK Acorn Finance Limited v Markel (UK) Limited[223] in (see Chapter 4, para.4-036), Pelling J said about the implied term:

"[64] …This requirement imports two elements – namely (i) a requirement that the defendant will not take into account matters that it ought not to take into account and will take into account only matters that it ought to take into account; and (ii) a requirement

---

[220] *Gan v Tai Ping (No.2)* [2001] EWCA Civ 1047 at [41]–[42].
[221] *Gan v Tai Ping (No.2)* [2001] EWCA Civ 1047 at [76]. Latham LJ agreed with Mance LJ on the imposition of this limitation; Sir Christopher Staughton, however, did not: "I am tempted to elaborate my concern about the efforts to rewrite the contract by way of an implied term … if I may respectfully say so, in the judgment of Mance LJ in this appeal. But no useful purpose would be served by my doing so": at [97]).
[222] *Associated Provincial Picture Houses Limited v Wednesbury Corporation* [1948 1 KB 223.
[223] *UK Acorn Finance Limited v Markel (UK) Limited* [2020] EWHC 922 (Comm).

that it does not come to a conclusion that no reasonable decision maker could ever have come to ..."[224]

We understand the concept of the "prudent re/insurer" who is a reasonable and competent hypothetical decision-maker when accepting a risk,[225] but we do not yet know how the standard of a reasonable decision-maker would be applied to a reinsurer during the claims process. We suggest that reinsurers should be guided by the overarching principle of good faith[226] and document their (relevant) reasons for withholding consent to any settlements.

Challenging proven liability of the reinsured

5-051   Another issue that may arise where there is "follow the settlements" and claims co-operation language is as to whether, if the reinsured is sued to judgment or award, it is open to the reinsurer to argue that the follow the settlements clause was inoperative. The point was foreshadowed in the judgment of Robert Goff LJ in *Scor*, but did not arise directly, as reinsurers relied upon allegations of collusion and breach of the claims control clause. Robert Goff LJ (see the passage cited above) appears to have left open an argument for the reinsurers, faced with the judgment of the Liberian Court to say to ICA:

> "[Y]ou may have acted in a business-like way and in good faith in conducting your defence, but even though you have been found liable, the Liberian Court plainly got it wrong."

This is not a question of the reinsured settling (in the sense of "compromising") a claim where liability is questionable and disputed, but a reinsured being adjudged liable where he has vigorously contested liability and perhaps agrees with the reinsurer that the judgment is plainly wrong.

In our view, such an argument would emasculate the "follow the settlements" clause, and unless the reinsurer can show that the reinsured did not conduct the defence in a business-like manner or declined to follow the direction of the reinsurer under the claims control clause to settle at a lower figure, the reinsurer should, by reason of the follow the settlements language, suffer the same (mis)fortune as the reinsured and be bound by the result, even if a later court is persuaded that the earlier judgment is plainly wrong. The PRICL anticipates this situation by coupling the follow the settlements provision with a follow the fortunes provision.[227] The "follow the fortunes" provision—as understood in the PRICL—would prevent the reinsurer from challenging coverage under the underlying insurance contract where a court judgment has been given or an arbitration award has been, provided the reinsured defended the claim in good faith and a business-like manner.[228]

Remedies for breach of claims provisions

5-052   If the reinsured does not comply with any of its obligations under a claims co-operation or claims control clause he will be in breach of contract. The conse-

---

[224] *UK Acorn Finance Limited v Markel (UK) Limited* [2020] EWHC 922 (Comm), [64] per Pelling J.
[225] See Ch.6, 6-029.
[226] See Ch.6 Pt 3.
[227] PRICL art.2.4.3.
[228] PRICL Commentary C6 to art.2.4.3.

quences of such breach depend upon the nature of the relevant claims provisions.[229] Claims control or claims co-operation clauses are often drafted as condition precedent to the reinsurer's liability by using clear language showing the parties' intent that the clause is to have such an effect. In *Eagle Star Insurance Co Ltd v Cresswell*[230] a preliminary issue arose as to the construction of a claims co-operation clause which read as follows:

"The company [the reinsured] agree

(a) To notify all claims or occurrences likely to involve the Underwriters [Lloyd's Syndicates] within 7 days from the time that such claims or occurrences become known to them.

(b) The Underwriters hereon shall control the negotiations and settlements of any claims under this Policy. In this event the Underwriters hereon will not be liable to pay any claim not controlled as set out above."

Morison J, describing the reinsurance wording as a "dog's breakfast", decided that compliance by the reinsured with subclause (b) of the claims co-operation clause was not a condition precedent to liability on the part of the reinsurers to indemnify the reinsured under the reinsurance for two reasons: (1) the words "in the event" in subclause (b) contemplated that the reinsurers would not take control of all claims and this construction was reinforced by other provisions of the policy; and (2) the claims co-operation clause did not clearly spell out that it should take effect as a condition precedent.[231] However, this conclusion was reversed on appeal. Longmore LJ said:

"The question then arises whether it is a condition precedent to reinsurers' liability that the opportunity to control negotiations or settlements should be afforded to them. The answer to this question is 'Yes', because the clause says in terms that in the event of there being negotiations or settlements reinsurers will not be liable to pay any claim not controlled by them. The judge was able to avoid this conclusion by (inter alia) pointing out the clause did not use the term 'condition precedent' as such, whereas the deleted clause did use that term. As to that, it is not essential that the very words 'condition precedent' be used to achieve the result that reinsurers will not be liable unless a certain event happens. Other words can be used, if they are clear. Other words have been used which, in my view, are clear."[232]

Rix LJ construed the clause as an exclusion which had the effect of excluding the reinsurers' liability to pay claims upon breach of the reinsured's obligation.[233] Chadwick LJ simply rejected Morison J's view that the claims co-operation clause was not a condition precedent to liability without elaborating on the nature of the clause.[234]

The courts have considered the nature of claims notification clauses and there seems to be no standard approach to their construction as this is a fact-sensitive exercise. In *Friends Provident Life & Pensions Ltd v Sirius International Insurance Corp* the Court of Appeal held that the claims notification clause in an excess of loss policy should not be construed as an implied condition precedent to liability for claims. Mance LJ (as he then was) said:

5-053

---

[229] See Ch.6, 6-154 to 6-159 below.
[230] *Eagle Star Insurance Co Ltd v Cresswell* [2004] EWCA Civ 602.
[231] *Eagle Star Insurance Co Ltd v Cresswell* [2003] EWHC 2224 (Comm) at [22]–[23].
[232] *Eagle Star Insurance Co Ltd v Cresswell* [2004] EWCA Civ 602 at [19]–[20].
[233] *Eagle Star Insurance Co Ltd v Cresswell* [2004] EWCA Civ 602 at [41], [55].
[234] *Eagle Star Insurance Co Ltd v Cresswell* [2004] EWCA Civ 602 at [70].

"I cannot accept that compliance with clause 5 [the claims notification clause] can or should be construed as an implied condition precedent to excess insurers' liability for any claim, loss or circumstances to which such non-compliance relates. The excess wording is, we are told and as its title (AWGS Excess Wording) suggests, a standard market wording. It is used by and between professionals in the market, who are or should be taken to be well aware of the various possibilities open to insurers. They are able, if they need to, to take advice to make such wordings either more or less stringent. Very probably, such a wording, either in its drafting or in its use, reflects a general appreciation, on the part of the market professionals using it, of what will be acceptable and/or attractive to each other. Where the wording intends to introduce a condition precedent, it shows itself well capable of doing so expressly: see the language of clause 1 and in my view clause 2 as well as clause 4 and the second sentence of clause 7. Finally, I observe that there is a difference between a provision requiring notice as soon as possible to primary insurers of circumstances which may give rise to a claim, which means that the primary insurers will have the opportunity to investigate and handle the matter, and a provision like clause 5 which looks to a potentially different stage when excess insurers have to be involved. It follows that I agree with the judge in so far as he held that clause 5 was not a condition precedent."[235]

Following the heresy of Waller LJ *Alfred McAlpine Plc v BAI (Run-Off) Ltd*,[236] the majority of the Court of Appeal (Waller LJ, unsurprisingly, dissenting) also clarified what the consequences of a breach of an innominate term are. Mance LJ said:

"For my part, I am prepared to proceed on the basis that clause 5 may be regarded as an innominate term, although I agree with Waller LJ in BAI that it is not easy to conceive of a breach of such an ancillary term in an insurance like the present as going to the root of the whole contract ... A claims notification clause like clause 5 is an ancillary provision. Breach of such a provision is capable of sounding in damages. But I am unable as a matter of construction or implication to find in clause 5 any provision that insurers will be free of liability in the event of a serious breach and/or a breach with serious consequences. Even if one assumes that it might or would have been reasonable for the parties to agree such a provision, reasonableness is not the test for implying a term. Nor do I see any basis for creating a new rule of construction or law which would impose such a provision on these parties. Representing opposite sides of the market with opposing interests on the point, they must, as I have said, be taken to be fully aware of the possibilities of agreeing whatever they could, acceptably to each and in accordance with any other constraints (practical or legal, as to which I say nothing), negotiate. For my part, I do not think that it is obvious that the broking and underwriting sides of the market would regard even as reasonable a provision such as suggested in BAI, and I do not see any reason why the court should impose it on them. A test of 'serious breach' and/or 'serious consequences' might have some drastic and unfair consequences. Suppose a year's delay, in consequence of which insurers lost the opportunity to make or (e.g. because of insolvency) to recover a reinsurance claim or a subrogation claim worth £50,000. That would be a breach serious in nature and consequences. But suppose the insurance claim was itself for £1 million or £100,000 or even £75,000. Why should insurers have the right to reject the whole claim?

---

[235] *Friends Provident Life & Pensions Ltd v Sirius International Insurance Corp* [2005] EWCA Civ 601 at [28]. And see *Scottish Power UK Plc v BP Exploration Operating Co* [2016] EWCA Civ 1043. The Court of Appeal decided that whilst rights under the general law were not presumed to have been given up by a contract providing specific remedies, in the instant case, where the contract provided for what was to happen on the failure to supply gas, there could not, additionally, be a general right to damages for failure to deliver.

[236] *Alfred McAlpine Plc v BAI (Run-Off) Ltd* [2000] Lloyd's Rep. I.R. 352. Waller LJ classified a claims notification clause as an innominate term and said, obiter, that even if there was no condition precedent language, a breach of a notice clause, (if serious and/or having serious consequences), might entitle an insurer to reject t the claim or repudiating the whole contract.

Further, if the test in BAI is applied, insurers must prove serious consequences, as well as a serious breach. If they can prove serious consequences, then these will often be capable of quantification, in one way or another, even if only as losses of a chance or opportunity, and can be set off against the claim."[237]

In contrast, in *Aspen Insurance UK Ltd v Pectel Ltd*,[238] Teare J found that a condition in an insurance policy requiring immediate written notice of any occurrence which might give rise to an indemnity, in combination with a further condition that the insurers' liability was conditional on the observance of the terms and conditions of the insurance, was a condition precedent to liability under the policy. In *Denso Manufacturing UK Ltd v Great Lakes Reinsurance (UK) plc*,[239] the question arose whether claims and information provisions should be construed as conditions precedent to liability in the context of after the event (ATE) insurance. The judge held that the claims co-operation was a condition precedent to liability and had been breached. She said:

"... in the light of the wording and context of this ATE policy the terms relied on are capable of being conditions precedent. Conditions 7, 9 and 11 are apt to be conditions precedent in circumstances where insurers are exposed to the risk of adverse costs as the central plank of their liability. In this context, particularly in relation to mitigating the costs risk at the centre of the insurance it is also very important that the insured assist by providing all relevant documents. The Policy cannot work without the input of the insured because the insurer is not a party to the litigation, and is entirely reliant on the insured co-operating with it and giving it information. Once the litigation is over there are still important steps to be taken in minimising the quantum of recovery, which the assured may feel little incentive to do once the case is lost without such firm requirements."[240]

In *Maccaferri Ltd v Zurich Insurance Plc*, the Court of Appeal held that a claims notification term was not a condition precedent to liability as the consequences of its breach had not been spelt out sufficiently clearly.[241] If there has been a breach of claims provisions drafted as condition precedent to liability it is also important to consider whether the breach has been waived by the reinsurer so that the reinsurer is no longer entitled to rely upon it. This will be discussed in Chapter 6, Section 5.

In this context, it should also be noted that Insurance Act 2015 (IA 2015)—which came into force on 12 August 2016—contains provisions which change the law relating to the breach of warranties and other contractual terms in contracts of (re)insurance. Under s.10(1) of the IA 2015 the default position is no longer that upon a breach of warranty the reinsurer is automatically discharged from liability. It is unlikely that claims notification, co-operation and claims control clauses in reinsurance contracts are drafted as warranties. A breach of such a warranty will not affect any losses that preceded the breach,[242] and would therefore not apply to any claim in relation to which a claims provision has been breached. As regards subsequent losses, the reinsurer's liability is suspended whilst the claims provision is in breach and before it has been remedied.[243] Breaches of deadlines

5-054

---

[237] *Friends Provident Life & Pensions Ltd v Sirius International Insurance Corp* [2005] EWCA Civ 601 at [29], [32].
[238] *Aspen Insurance UK Ltd v Pectel Ltd* [2008] EWHC 2804 (Comm).
[239] *Denso Manufacturing UK Ltd v Great Lakes Reinsurance (UK) Plc* [2017] EWHC 391 (Comm).
[240] *Denso Manufacturing UK Ltd v Great Lakes Reinsurance (UK) Plc* [2017] EWHC 391 (Comm) at [40].
[241] *Maccaferri Ltd v Zurich Insurance Plc* [2016] EWCA Civ 1302, at (40) per Christopher Clarke LJ.
[242] IA 2015 s.10(4)(a).
[243] IA 2015 s.10(2) and (4)(b).

prescribed by the claims warranty may be taken to be remedied in accordance with s.10(5)(a). Claims control or claims co-operation clauses, whether they are drafted as warranties, conditions precedent or other types of terms, are unlikely to fall within the scope of s.11 of the IA 2015 as compliance with them would not tend to reduce the risk of a particular kind, at a particular location or particular time. We discuss these provisions in more detail in Ch.6, Pts 5 and 6.

Declaratory judgments and costs of coverage litigation

Declaration as to coverage under the reinsurance

5-055   Can the reinsurer seek a declaration as to the coverage under the reinsurance even before the reinsured's liability to its own insured has been ascertained? Can he seek declaratory relief even if contract of reinsurance contains a follow the settlements clause? In *Amlin Corporate Member Ltd v Oriental Assurance Corp*[244] the six London Market reinsurers sought a declaration that the departure of a vessel, the Princess of the Stars, from Manila bound for the island of Cebu on 20 June 2008 constituted a breach of the "typhoon warranty" contained in a reinsurance contract with the reinsured. The reinsurance contract contained a follow the settlements clause. The reinsured sought a stay arguing that the reinsurer was not entitled to such a declaration on the basis that it was premature, pending the outcome of the proceedings in the Philippine court as to the liability of the reinsured to the underlying insured. Andrew Smith J declined to grant a stay. The reinsured was equally unsuccessful in the Court of Appeal. Longmore, giving the leading judgment, said that reinsurance did not constitute any general exception to the normal rule that, for a stay to be justified, there must be "rare and compelling circumstances".[245] As it was alleged by the reinsurers that there had been a breach of the typhoon warranty in the reinsurance the follow the settlements clause was of no application:

> "It is, however, important to point out that, in the light of *Insurance Co of Africa v Scor* [1985] 1 Ll Rep 312, the 'follow settlements' provision is of no application if the loss does not fall within the terms of the reinsurance. That is, of course, alleged to be the position in this case in which reinsurers say that, if there has been a breach of the typhoon warranty, they are not liable, quite apart from any settlement or indeed of any decision of a court of the Philippines made on a different basis.
>
> I do not myself think that reinsurance constitutes any general exception to the normal rule. Mr ter Haar [counsel for the reinsured] was able to cite general dicta from distinguished judges in cases of high authority to the effect that a contract of proportional reinsurance is intended to be back to back with the relevant contract of insurance and the importance in that context of the 'follow settlements' provision. Examples of such dicta are to be found in *Vesta v Butcher* [1989] AC 852, at 892 per Lord Templeman and at 895 per Lord Griffiths and *Wasa v Lexington* [2009] 2 CLC 320; [2010] 1 AC 180; at para.35 per Lord Mance and para.55 per Lord Collins of Mapesbury. But those dicta, powerful as they are, do not (to my mind) negate or relevantly impinge on the more general principle espoused by Lord Bingham that any stay of an action properly brought in England should only be granted in rare and compelling circumstances."[246]

---

[244] *Amlin Corporate Member Ltd v Oriental Assurance Corp* [2012] EWCA Civ 1341; [2013] Lloyd's Rep IR 131.
[245] *Amlin v Oriental* [2012] EWCA Civ 1341; [2013] Lloyd's Rep IR 131 at [19], [21].
[246] *Amlin v Oriental* [2012] EWCA Civ 1341; [2013] Lloyd's Rep IR 131 at [20]–[21].

It is to be noted that Rimer and Tomlinson LLJ concurred but with "little enthusiasm"[247] on account of the apparent unfairness of the reinsured being placed in a position in which it would have to assert in England the precise opposite of what its real case was in the Philippine court (in agreement with reinsurers) that the vessel had set sail in breach of the typhoon warranty. Back in the Commercial Court the declaration sought by the reinsurers was granted[248] and that decision was confirmed by the Court of Appeal.[249]

In contrast, a reinsurer is not entitled to seek a declaration of non-liability of the insurer under the underlying contract of insurance as the court's jurisdiction is restricted to granting declarations in respect of existing or future disputes between the parties in the litigation before it.[250]

Defence costs arising in litigation between the reinsured and the insured

In the view of the majority in *Scor*, ICA could not recover the costs of unsuccessfully defending the Liberian action or the "general[251] damages" awarded by the Liberian court. Robert Goff LJ, although expressing sympathy for ICA's predicament, said:

5-056

> "[I]n the absence of any request by the reinsurers to the insurers to take any particular course of action, they have not agreed to any such indemnity. They are simply saying that they are not prepared in the circumstances to give their approval, and the effect of this is that the insurers cannot rely on the follow settlements clause. *The insurers have therefore to decide what to do in the circumstances. In effect, they have got to prove a liability under the policy with the assured, in respect of which the reinsurers have agreed to indemnify them.* They can attempt to prove this without going to the expense of defending the claim by the assured in legal proceedings; or they may feel it more prudent to defend the claim, on the basis that they may defeat it or, if they do not, they will be in a better position to establish their claim against reinsurers. They will be in a very difficult position ..."[252] [Emphasis added]

The majority of the Court of Appeal in *Scor* thus held that, unless a claims co-operation or some other clause expressly provides that reinsurers are liable for the costs of defending coverage litigation between the reinsured and the original insured, they are under no obligation to pay those costs. Stephenson LJ[253] was prepared to construe the word "settlements" in the "follow the settlements" clause to mean:

> "... all sums reasonably paid in the normal course of disposing of the assured's claim and that admittedly shorthand phrase can be expanded to cover the demands and costs awarded in the Liberian proceedings."

Stephenson LJ observed[254] that "Reinsurers have generally to follow the fortunes of insurers to what may be hazardous and unwelcome lengths".

---

[247] *Amlin v Oriental* [2012] EWCA Civ 1341; [2013] Lloyd's Rep IR 131 at [29], [31].
[248] *Amlin Corporate Member Ltd v Oriental Assurance Corp* [2013] EWHC 2380 (Comm); [2013] Lloyd's Rep 523.
[249] *Amlin Corporate Member Ltd v Oriental Assurance Corp* [2014] EWCA Civ 1135; [2014] 2 Lloyd's Rep 561.
[250] *Meadows Indemnity Co Ltd v Insurance Corp of Ireland* [1989] 2 Lloyd's Rep. 298.
[251] i.e. punitive.
[252] *ICA v Scor* [1985] 1 Lloyd's Rep. 312 at 332.
[253] Dissenting, *ICA v Scor* [1985] 1 Lloyd's Rep. 312 at 323–324.
[254] *ICA v Scor* [1985] 1 Lloyd's Rep. 312 at 326.

5-057 The question whether defence costs are recoverable from reinsurers was settled by the House of Lords in *Baker v Black Sea & Baltic General Insurance Co Ltd*.[255] The claimant reinsured, Lloyd's Syndicate 947, relied on a clause which provided that the defendant reinsurer "follow the settlements and agreements" of the syndicate in seeking to recover two categories of legal and investigation costs: (1) costs incurred by the original insured and claimed from the syndicate under the underlying insurance contracts; (2) legal costs incurred by the syndicate in investigating, settling and defending claims. At first instance, Potter J (as he then was) held[256] that, with respect to (1), in any case where the question whether or not the costs of the original insured were covered by the terms of the underlying policy was open to reasonable dispute, and a payment had been made by the syndicate in bona fide settlement of such a dispute, then the reinsurer would be bound to pay, following *IRC v Scor*.

However, with respect to (2), while Potter J accepted that the additional words "and agreements" seemed intended to go wider than the usual "follow the settlements" clause—applying the ejusdem generis principle of construction—it was limited to agreements with the insured—and did not extend to include agreements that the Syndicate had reached with third parties, e.g. with leading underwriters to contribute to defence costs. The Court of Appeal upheld the decision of Potter J.[257] The House of Lords, noting that there were authorities both in favour of and against the recoverability of defence costs, concluded that there was no basis for implying a term to the effect that the Syndicate's costs of investigating, settling or defending claims were recoverable as being necessary to give the contract business efficacy or to comply with the presumed intention of the parties. Lord Lloyd said:

> "The starting point of the argument has already been mentioned. This being a proportional reinsurance it does not make sense for the syndicate to bear the whole of the cost of defending claims. Since Black Sea receive half the premium in respect of risks ceded under the reinsurance, they ought to bear half the losses, including the cost of reducing losses by defending or settling claims, from which the reinsurers benefit. That argument would indeed be a strong one if proportional reinsurance were in the nature of a partnership. But this has never been the law. It might also have been a strong argument if the profits on the business ceded to Black Sea were to be shared equally. But they were not. For the syndicate was entitled to 20 per cent. commission on profits before any distribution … It may well be that the parties intended the cost of defending claims to come out of the 20 per cent profit commission, or the five per cent overrider, or both. In the absence of any information as to how these provisions worked in practice, your Lordships do not have the material on which to say that a term is to be implied by law. As Mr Boyd conceded in reply, we simply do not know enough to decide."[258]

The House of Lords agreed with the Court of Appeal that a term to the effect that the Syndicate's costs of investigating, settling or defending claims were recoverable could be implied on the basis of trade usage and practice but disagreed with the Court of Appeal on the point that there was no evidence of such usage and practice. Accordingly, the House of Lords gave permission for fresh evidence on the point to be admitted in a further hearing in the Commercial Court, but the Syndicate did not pursue this point. As a result of these authorities, it has now become a practice to include an express provision covering defence costs if the par-

---

[255] *Baker v Black Sea & Baltic General Insurance* [1998] Lloyd's Rep. I.R. 327.
[256] *Baker v Black Sea* [1995] L.R.L.R. 261 at 280–281.
[257] *Baker v Black Sea* [1996] L.R.L.R. 353.
[258] *Baker v Black Sea & Baltic General Insurance Co Ltd* [1998] 1 W.L.R. 974 at 979.

ties wish to provide for it. Accordingly, in our view, it would now be difficult to argue for an implied term on the basis of market practice.

Declaratory judgment costs

In the United States, it has become commonplace for insurers to initiate pre-emptive coverage actions for negative declarations that there is no liability to the insured (referred to as declaratory judgments or "DJs"). In light of the above authorities, it is doubtful whether the costs of such DJ actions are legally recoverable from reinsurers in the absence of an express provision in the reinsurance contract. Even though some reinsurers may elect to contribute to DJ costs, there does not appear to be a binding custom in the London market. With due regard to Hobhouse LJ's warning,[259] it is noteworthy that in *Yorkshire Water Services Ltd v Sun Alliance and London Insurance Plc*[260] the claimant failed to recover under a liability policy for the cost of flood alleviation on its own land which prevented flood water reaching the land of third parties, thus ensuring no third party claims. The Court of Appeal considered that the implication of a term to that effect would create a new area of liability for which no premium had been charged and, if that had been the intention, the parties should have included an express term in the policy.[261] Not being able to recover for DJ costs is also consistent with the view traditionally taken in marine insurance law that the insured cannot recover mitigation expenses unless a sue and labour clauses provides for indemnification by the insurer for such expenses properly and reasonably incurred.[262]

5-058

It is important to distinguish DJ costs which arise from litigation between the reinsured and the original insured, and legal costs which the reinsured may be liable to pay to the insured under the original insurance policy. For example, in *Municipal Mutual Insurance Ltd v Sea Insurance Co Ltd*,[263] the reinsured had issued a third party liability policy. The original insured was sued by a third party and had defended the action. The reinsured had appointed the solicitors and barristers who handled the defence. The third party had succeeded, and the reinsured was held to be entitled to recover from the reinsurers the costs of determining the claim in addition to the damages which had been awarded, on the basis that the reinsured was liable under the original insurance contract to pay for the defence of the claim, and the reinsurance contract covered whatever the reinsured was liable to pay under the insurance contract.

In *Vesta v Butcher* Lord Lowry observed that:

> "[T]he parties devoted considerable time at every stage of these proceedings to arguing about the effect of the follow settlements clause and the claims control clause. I have not found in those clauses any real help for either side, but ought to mention them …"[264]

---

[259] In *Toomey v Eagle Star* [1994] 1 Lloyd's Rep. 516 at 522, and Ch.1, 1-044 above (a warning that reinsurance should not be equated with liability insurance).
[260] *Yorkshire Water Services Ltd v Sun Alliance and London Insurance Plc* [1997] C.L.C. 213.
[261] *Yorkshire Water Services Ltd v Sun Alliance and London Insurance Plc* [1997] C.L.C. 213 at 227–228 per Stuart Smith LJ.
[262] See Marine Insurance Act 1906 s.78 and the discussion in Jonathan Gilman, KC; Mark Templeman, KC; Claire Blanchard, KC; Philippa Hopkins, KC; Neil Hart; David Walsh, *"Arnould: Law of Marine Insurance and Average"* (20th edn, Sweet & Maxwell, 2021) paras 25-36 and 25-37.
[263] *Municipal Mutual Insurance Ltd v Sea Insurance Co Ltd* [1996] L.R.L.R. 265; and see below.
[264] *Vesta v Butcher* [1989] 1 Lloyd's Rep. 331 at 348 (discussed in Ch.4, 4-015 to 4-018 above).

Lord Lowry cited, with approval, the passage from Robert Goff LJ in *Scor*[265] in which he concluded that the claims co-operation clause emasculated the follow the settlements clause. Lord Lowry concluded:

> "The insurer, if he settles a claim without the reinsurer's consent must prove his liability by showing (1) that he was liable and (2) that the amount paid was correct (I am not for present purposes concerned with compromise settlements). The reinsurer must then pay up unless he has a good defence ... Let me give an example. If the failure of the insured here to keep a 24-hour watch had been a cause of the loss, Vesta, having waived the obligation, would still be liable to the insured for the proper amount of the claim, but the underwriters, not having waived it, would have had a good defence against Vesta."[266]

5-059   In the example postulated by Lord Lowry, the reason why the reinsurer is not required to pay (assuming the "follow the settlements" clause is nullified, or "emasculated", by the reinsured's non-adherence to the claims co-operation clause) is either that the reinsured was not liable to the insured under the terms of the policy, or that the terms of the reinsurance contract were, in the event, different from the terms of the underlying insurance (the 24-hour watch warranty not having been waived by the reinsurer). There would arguably be a good defence even if there were an effective follow the settlements clause, either because the reinsurer could argue that waiving the warranty was an unbusiness-like step, or because the reinsurer could deny cover under the reinsurance contract—where the warranty had not been waived.

In some instances, it is not a question of whether the reinsurer has to reimburse the reinsured for defence costs. Some clauses entitle reinsurers to be put on notice and to have the option to "associate themselves" with the defence of the claim, or take over the defence at their own expense. If the option is taken up, reinsurers would, of course, have to pay the defence costs directly. It would not be a case of "following" the reinsured's payment of them.

Ineffective clauses: Reinsurers divided among themselves

5-060   The operation of the claims control/co-operation clause if there is more than one reinsurer and a difference in opinion among the reinsurers is unclear. If there is a clause which expressly provides that the following market shall be bound to follow the leader in claims settlements, the leading reinsurer will be allowed to conduct the defence of the claim, if he so wishes, and the following market will be bound if he does so,[267] although, if the defence is not conducted in a business-like way, the followers may have a remedy against the leader.[268] However, in the absence of a requirement to follow the leader we submit that the leading reinsurer has no implied authority to bind the following market with respect to the conduct of the claim. The possibility of diverging views among reinsurers was recognised by the Court of Appeal in *Gan Insurance v Tai Ping Insurance*. Mance LJ said:

> "The possibility that disagreement may arise as to the merits of a proposed settlement, compromise or admission is inherent in sub-clause (c). If an insurer places a 100% reinsurance, with a claims co-operation clause in present form, he accepts the risk that his reinsurer may, when evaluating the claim, reach a different conclusion to his own on the subject of settlement or compromise. If he places only a 50% reinsurance, with such a

---

[265] Set out above.
[266] *Vesta v Butcher* [1989] 1 Lloyd's Rep. 331 at 348.
[267] See e.g. *San Evans Maritime Inc v Aigaion Insurance Co SA* [2014] EWHC 163 (Comm).
[268] See Ch.3, 3-078 above.

clause, he accepts the risk that his reinsurer may insist on its own view of the merits of a proposed settlement. If he places ten reinsurances, each for 10%, and fails to insist on a leading underwriter clause, whereby all reinsurers must follow a leader, he risks, at least in theory, being presented with up to ten different views as to what would constitute a reasonable settlement, and all of them may be reasonable. The situation in this respect differs only in degree from that where reinsurances are entered into on differing terms, for example one with a claims control and another with no more than a claims co-operation clause. There is an inherent risk of conflict, which cannot be resolved by requiring one or the other reinsurer to forego the rights granted to it. Further, in the absence of appropriate mechanisms, like a leading underwriter clause in all reinsurances, for ensuring unanimity of view, problems are just as, if not more, likely to arise from the holding of different but still reasonable views, as opposed to wholly unreasonable views."[269]

In *Insurance Company v Lloyd's Syndicate*[270] the reinsured arbitrated against the leading reinsurer and won. The followers were not bound to follow. Indeed, the leading reinsurer obtained an injunction restraining the reinsured from showing the award against him to the followers. The market may decide to adopt the course favoured by the leading reinsurer—but we are not aware of any custom to that effect. On occasions, after a loss has occurred, brokers arrange for an ad hoc committee of insurers/reinsurers to be set up, and its authority to settle on behalf of the market is arranged by a specific endorsement to that effect.[271] If there is no agreement between reinsurers to follow the leader, or the leader and other reinsurers disagree on the course the reinsured should follow, then the claims control clause is difficult to operate. The reinsured in these circumstances is not bound to follow any of the conflicting courses suggested by its reinsurers and must act prudently and in a business-like manner. However, if the clause is in the *ICA v Scor* form[272] and the reinsured does settle with the approval of some of his reinsurers, it seems that those reinsurers would then be bound to follow the settlements (assuming such a clause was in the contract) even if the non-approving reinsurers were not so bound. Where, as in the case of a clause such as that in *Gan v Tai Ping*, approval of the settlement is a condition precedent to liability, the reinsured may have no choice but to allow the claim against him to proceed to judgment.

Reference is made to the 2023 Lloyd's Claims Lead Arrangements and the Single Claims Agreement Party—discussed in Ch.3 3-081 and 3-082 respectively—which are designed to streamline the claims agreement process for claims with multiple underwriters.

Ex gratia payments, commutations and settlements by captives

Meaning of "ex gratia"

As we have seen, it is not open to a reinsurer, under a "follow the settlements" clause, to argue that the insurer/reinsured was in fact not liable to the insured, in a case where the insurer/reinsured, acting in good faith and in a proper and business-like manner, has concluded that on the facts and as a matter of law there is a claim arguably within the scope of the policy, and the insurer/reinsured has settled or

5-061

---

[269] *Gan v Tai Ping (No.2)* [2001] EWCA Civ 1047 at [75].
[270] *Insurance Company v Lloyd's Syndicate* [1995] 1 Lloyd's Rep. 272, [Applied by *D v P CA*].
[271] See *Eagle Star Insurance Co Ltd v Spratt* [1971] 2 Lloyd's Rep. 116. Within Lloyd's the Claims Scheme does provide that the settlement by the leader binds the followers. See Ch.3, 3-075 to 3-078 and 3-081 above. That such an express provision exists indicates that Lloyd's does not consider that there is such a custom.
[272] See para.5-016 above.

compromised such a claim. Even in a case where it can subsequently be established that the original insured has made a fraudulent claim, provided the insurer/reinsured was not acting in collusion, the reinsurer is bound. The difficulty arises where, on a particular set of facts, the insurer/reinsured comes to the conclusion that he has a good defence (such as breach of the duty of fair presentation or breach of condition) but nevertheless decides, for perfectly proper commercial reasons of its own, and not because it perceives a risk of being found liable, to settle a claim even though there is no liability to indemnify. In such a case, the payment is not within the risks covered by the reinsurance policy; it is an ex gratia payment and no matter how honest or professional the insurer/reinsured may have been in making such a payment, he cannot recover from his reinsurer. Thus, in *Fireman's Fund v Western Australia*[273] Bateson J held that a defence of unseaworthiness, which had not been taken by the insurer nor waived by the reinsurer, entitled the reinsurer to refuse payment of the insurer's/reinsured's claim. He found as a fact that the insurer had failed to act in a business-like manner in investigating the claim and was unaware that a defence of unseaworthiness was available to him. But the decision would, we submit, have been the same if the insurer had knowingly waived the defence. An insurer may be under considerable commercial pressure to settle claims and, if he wishes to recover from his reinsurers, he should take care in the investigation and payment of claims, especially where he has a small retention.

Where an insurer compromises a claim, he may, in order not to set a precedent with his insured or the brokers, say that the payment is ex gratia. This would not, vis-à-vis his reinsurers, prevent him from arguing that there was a genuine risk of liability,[274] but a true ex gratia payment will only be recoverable from reinsurers if they have agreed to follow his settlements, including ex gratia settlements. Reinsureds sometimes persuade reinsurers to accept wording in the reinsurance contracts which binds the reinsurers to follow ex gratia payments also.

In *Faraday Capital Ltd v Copenhagen Reinsurance Co Ltd*,[275] Faraday entered into a settlement with its insured "without admission of liability" and sought to recover from its reinsurer, Copenhagen. There was a provision for follow the settlements but without prejudice and ex gratia settlements were excluded. Aikens J found that the reinsurer was not obliged to follow the settlement. "Without admission of liability" was equivalent to without prejudice for this purpose. He did draw a distinction between without prejudice and ex gratia payments:

> "... in my view a "without prejudice" settlement is made where there is no admission of the existence of any liability by the underwriter under the terms and conditions of the original policy to indemnify the assured. An 'Ex Gratia' settlement is one that is made where there is a payment of money by the insurer to the assured where there was no liability under the policy to indemnify the assured."[276]

5-062   In *Boden v Hussey*,[277] the relevant part of the reinsurance contract provided as follows:

> "[T]he reinsurers shall follow the settlements of, and shall pay as may be paid by, the reinsured, liable or not liable."

---

[273] *Fireman's Fund v Western Australia* (1927) 28 Ll.L. Rep. 243.
[274] See *Assicurazioni Generali v CGU* [2003] Lloyd's Rep. L.R. 725 per G. Kealey QC, deputy judge.
[275] *Faraday Capital Ltd v Copenhagen Reinsurance Co Ltd* [2006] EWHC 1474 (Comm).
[276] *Faraday* [2006] EWHC 1474 (Comm) at [46].
[277] *Boden v Hussey* [1988] 1 Lloyd's Rep. 84.

The reinsured, Boden (himself a reinsurer) had paid in respect of the loss of an Air India jumbo jet which had exploded in 1985, under a 50/50 clause which provided that hull and war risk insurers would pay half the loss each if there was a difference between them as to which policy should respond to the loss. The reinsurer (retrocessionaire), Hussey, asserted that the payment by the reinsured was a loan or a payment which was subject to being reversed. The judge found that the reinsurer was liable because the liability was triggered by the reinsured's payment. He did not construe the words "liable or not liable". It seems likely that these words were added in support of the "follow the settlements" language, rather than to bring in ex gratia payment.[278] A reinsured who wishes to do so would be wise to make it plain, by adding the words "including ex gratia" to the loss settlements clause. How far an ex gratia clause can be stretched is unclear—such a clause existed in the contract at issue in *Hiscox v Outhwaite (No.3)*,[279] but apparently was not considered by the judge to be of any assistance to the reinsured in respect of payments under the Wellington Agreement.[280] In practice, ex gratia clauses rarely give rise to major issues between reinsured and reinsurers. Few insureds go to their insurers and say, "I have suffered a loss; it is not covered; please make a gift to me". They generally assert some legal justification for a claim. An insurer may well "settle" such a claim without admission of liability, rather than expressly classifying it as ex gratia.

In *Aegis v Continental Casualty*[281] the claimant claimed an indemnity, for two losses it had paid, from the reinsurer under a facultative reinsurance containing "follow the settlements" language. Nonetheless, the reinsurer's underwriter added her own conditions when she underwrote the reinsurance and the judge, Andrew Smith J said that insofar as they differed from the terms of the underlying, that limited the obligation to follow the settlements. In respect of one of the claims, the reinsurer argued that it was caused by an explosion and loss by explosion was excluded from the reinsurance. The reinsured argued that there was no explosion but even if there was, the reinsured settled the claim on the basis that the cause of the loss was not explosion and the reinsurer had to follow the settlements. The judge did not accept that. The insurance and reinsurance were, in this case, not back-to-back, and the authorities made it clear that a claim had to fall within the reinsurance; falling within, or arguably falling within, the insurance was not enough.

Ace European Group Ltd v Chartis Insurance UK Ltd[282] illustrates what may happen where two insurers protect an insured and each insurance contains a 50/50 clause providing that if it is unclear which policy should respond, each will pay half the loss and after they have made their 50/50 payments, the cause of the loss becomes clear. Following cracking in boilers that had been shipped and installed, the "all risks" (installation) insurer paid the insured and sought recovery from transit insurers arguing that the damage occurred during transit. Transit insurers argued that damage to machinery could have occurred by "wind excitation" after transit. The judge found that all of the damage was clearly caused by transit. If the "all risks" insurers, having paid, had sought an indemnity from their reinsurers instead of the transit insurers, the reinsurers would have argued, no doubt, that the payment by

5-063

---

[278] See *Charman v Guardian Royal Exchange* [1992] 2 Lloyd's Rep. 607 at 612 per Webster J, and below; and *Chippendale v Holt* (1895) 1 Com. Cas.197 per Mathew J, above.
[279] *Hiscox v Outhwaite (No.3)* [1991] 2 Lloyd's Rep. 524.
[280] See 5-028 above.
[281] *Aegis Electrical and Gas International Services Co Ltd v Continental Casualty Co* [2007] EWHC 1762 (Comm).
[282] *Ace European Group Ltd v Chartis Insurance UK Ltd* [2012] EWHC 1245.

the all risks insurer was voluntary and not under the policy and the 50/50 clause should not have applied because the cause of the loss was clear.

Mixed ex gratia and settlement payments

5-064   In *Lumbermens Mutual Casualty Co v Bovis Lend Lease Ltd*,[283] Colman J considered the effect of a global settlement which the defendant, a building contractor who was insured under a construction, engineering and design professional liability policy, had made with the employer, a developer, compromising various claims that had been made under a building contract. The contractor sought payment of outstanding sums for the works totalling some £37 million and was met with a counterclaim for mismanagement and defective works totalling some £100 million. Some of the claims made against the contractor were within the scope of coverage and some arguably not. The settlement agreement between the employer and the contractor that resulted in a payment to the contractor of £15 million contained no explanation for how the figure was arrived at, and included variations of the building contract and indemnities from each party to the other. Colman J decided a number of preliminary issues of legal principle regarding the ascertainment of liability for the purposes of obtaining an indemnity under a liability policy and considered various authorities relating to reinsurance contracts.[284] Colman J held as follows:

(1) For a loss to have been ascertained: (i) there had to have occurred an eventuality which had rendered the insured liable to a third party; (ii) the eventuality and the consequent liability had to be within the scope of the cover provided by the policy; and (iii) it had to be established that such liability has caused loss to the insured in an amount within the scope of the contractual indemnity. If these requirements were not satisfied the insured had no cause of action.

(2) In a contract of liability insurance, the concept of ascertainment had two distinct facets: (i) It provided the essential link between the insured eventuality which had created the insured liability on the one hand and the actual loss sustained by the assured. The actual loss was determined by the judgment or arbitral award against the insured or the settlement agreement

---

[283] *Lumbermans Mutual Casualty Co v Bovis Lend Lease Ltd (Preliminary Issues)* [2004] EWHC 2197 (Comm); [2005] Lloyd's Rep. I.R. 74.

[284] *Versicherungs und Transport A/G Daugava v Henderson* (1934) 49 Ll. L. Rep. 252; *Baker v Black Sea & Baltic General Insurance Co Ltd* [1996] L.R.L.R. 353; [1996] 5 Re. L.R. 202; *King v Brandywine Reinsurance Co (UK) Ltd (formerly Cigna RE Co (UK) Ltd)* [2004] EWHC 1033 (Comm); [2004] 2 Lloyd's Rep. 670 (a decision of Colman J subsequently affirmed on appeal: [2005] Lloyd's Rep. I.R. 509); *Commercial Union Assurance Co Plc v NRG Victory Reinsurance Ltd* [1998] 2 Lloyd's Rep. 600; [1998] C.L.C. 920. Aikens J observed in *Enterprise Oil Ltd v Strand Insurance Co Ltd* [2006] EWHC 58 (Comm); [2006] 1 Lloyd's Rep. 500 at [163], care must be used in drawing analogies between reinsurance cases and liability insurance, "because there is a long-running and as yet unresolved dispute as to whether a contract of reinsurance can ever be an insurance of the reinsured's liability under the underlying policy" (citing *Toomey v Eagle Star Insurance Co Ltd (No.1)* [1994] 1 Lloyd's Rep. 516 [see Ch.4] at 522 per Hobhouse LJ); *Charter Reinsurance Co Ltd (In Liquidation) v Fagan* [1997] A.C. 313; [1996] 2 W.L.R. 726 at 385 per Lord Mustill—but see, *CGU International Insurance Plc v AstraZeneca Insurance Co Ltd* [2005] EWHC 2755 (Comm); [2006] 1 C.L.C. 162 where Cresswell J took the view that in *Charter Re v Fagan*, Lord Hoffmann had authoritatively resolved the question in favour of reinsurance not being a form of liability insurance; and see now *Wasa International Insurance Co Ltd v Lexington Insurance Co* [2009] UKHL 40; [2010] 1 A.C. 180 confirming that reinsurance is not another form of liability insurance.

that imposed on the assured an obligation. (ii) It was a source of evidence of the existence and extent of an insured liability. A judgment or an arbitral award that the assured was liable in a given amount of damages was normally conclusive evidence as to liability and quantum. However, a settlement of a claim by a third party had a different effect: it evidenced the amount which the assured had agreed to pay to discharge the claim in respect of the assured's liability but it was not conclusive evidence as between the assured and insurer either as to whether there was in truth liability or, if so, what the true amount of that liability was. Thus, an assured who relied on a settlement as a means of ascertainment, had to prove by extrinsic evidence that he was in truth under a liability insured by the policy and secondly that what he paid by way of settlement was reasonable having regard to the amount of damages that he would have to pay if the matter had gone to trial.

(3) There appeared to be no authority to suggest that if a settlement agreement had been entered into but it did not specifically identify the cost to the assured of discharging the insured liability, extrinsic evidence could be adduced to supply an ascertainment of that cost and therefore of the relevant loss. This is hardly surprising, for that proposition would be inconsistent with the contractual requirement for ascertainment of loss. In the same way as a judgment which went no further than a declaration of liability to the other party could not amount to a valid ascertainment of loss caused by such liability, so a settlement agreement deficient in the identification of the loss suffered specifically by reference to the insured liability could not amount to a valid ascertainment of the amount of that liability. No cause of action for an indemnity would arise and no amount of extrinsic evidence would cause it to do so. Consequently, the fact that a court could go behind the terms of the settlement agreement to investigate whether there was in truth liability to the third party and, if so, for what amount of damages the assured would be liable, did not lead to the conclusion that the court can cure the deficiency in the ascertainment of loss by hearing evidence which went behind that which is expressed by the settlement agreement.

(4) A global settlement agreement of the nature of that in the present case did not satisfy the requirement of ascertainment of loss under the liability insurance policies in question. It did not impose on the assured any identifiable loss in respect of any identifiable insured eventuality. It merely identified the overall price paid by the assured as consideration for a contract which conferred on the assured various different benefits including the dropping by the contractor of all claims in respect of the project.

Colman J's analysis was extensively criticised (obiter) by Aikens J in *Enterprise Oil Ltd v Strand Insurance Co Ltd*.[285] Strand was Enterprise Oil's captive, and it was Strand's reinsurers who were disputing the claim. By reason of its participation in a joint venture, Enterprise had to contribute to a judgment obtained against one of the other joint venturers in the English court. Proceedings were then commenced against a number of defendants, including Enterprise, in the Texas court for tortious interference with contract. A settlement of the Texas proceedings was reached which involved Enterprise in paying US$20 million plus. Enterprise sought an indemnity from Strand but the reinsurers, on Strand's behalf, argued, inter alia, *Lumbermans*. To start at the end, Strand/the reinsurers persuaded the judge that on

5-065

---

[285] *Enterprise Oil Ltd v Strand Insurance Co Ltd* [2006] EWHC 58 (Comm); [2006] 1 Lloyd's Rep. 500.

its proper construction the policy responded to actual liability, not alleged liability, and that actually, as a matter of fact, there was no tortious interference with contract by Enterprise. That disposed of the case, but the judge went on to make other findings "because they were fully argued". But these additional points are obiter. Twenty-five paragraphs of Aikens J's judgment deal with Lumbermens. Both counsel in *Enterprise Oil v Strand* described the conclusion in *Lumbermans* as "very controversial". Aikens J began by pointing out that:

> "It is very well-established that a contract insuring against the legal liability of the insured is a contract of indemnity. Therefore the right to indemnity arises only when the insured has suffered a loss that is covered by one of the perils insured. The question is: what does the insured have to establish to prove that loss and so be indemnified under the policy and how can he do it?"[286]

Colman J had said in *Lumbermans* that:

> "If that [settlement] agreement does not specifically identify the cost to the assured of discharge of the claim or claims said to be within the scope of the cover, the ascertainment of the relevant loss to the assured cannot be supplied by extrinsic evidence, whether of objective or subjective evaluation."

5-066   Aikens J did not agree with this. He considered that the principal cases relied upon by Colman J[287] did not establish the proposition that in order to recover the insured must show an amount of its loss to be claimed under an insured peril covered by the liability policy has been "specifically ascertained" in the wording of a judgment, award, or settlement.

Aikens J gave two further reasons for declining to follow *Lumbermens*. First, it was always open to an insurer—who will generally not be a party to a judgment, award or settlement—to challenge whether the insured's right to indemnity had been established as a matter of fact and law. He concluded:

> "Therefore, on principle ... it is open to an insured to assert and prove, by extrinsic evidence, that it is liable to a third party for a particular sum under a settlement that has been made and that the particular sum represents a loss covered by an insured peril under the liability policy. Equally, if an insured had made a settlement which purported to identify a particular sum as representing the quantum of liability for a particular type of loss that equated to an insured peril under the liability policy, the insurer would be free to challenge the insured's liability to the third party, the quantum of the liability and whether the particular liability identified in the settlement did, in fact, constitute a loss covered by an insured peril under the policy."[288]

Secondly, Colman J's conclusion, if it were right, would lead to great commercial inconvenience and to artificial statements in judgments, awards and settlement agreements. Aikens J noted that:

> "[P]arties to settlements may, for very good commercial reasons, not wish to identify the particular sums that are attributable to particular heads of claim or alleged type of loss. To insist that they do so by saying that it is a pre-condition of an insured recovering under its liability policy is likely to discourage the settlement of disputes and create more litigation to no advantage."[289]

We are not persuaded that Colman J went so far as to say that if a settlement

---

[286] *Enterprise Oil Ltd v Strand Insurance Co Ltd* [2006] EWHC 58 (Comm) at [164].
[287] *Post Office v Norwich Union Fire Insurance Society Ltd* [1967] 2 Q.B. 363; [1967] 2 W.L.R. 709.
[288] *Enterprise Oil Ltd v Strand Insurance Co Ltd* [2006] EWHC 58 (Comm) at [171].
[289] *Enterprise Oil Ltd v Strand Insurance Co Ltd* [2006] EWHC 58 (Comm) at [172].

agreement was entered into and the amount claimed under a liability policy could not be ascertained from that agreement, no other method of proving to the insurer that an insured liability had been incurred and discharged and in what amount was open to the insured. He could be saying, and we think, probably was saying, that a settlement agreement that made no reference to the liability or the quantum of it was of no assistance in that process. The whole process of establishing the liability and the amount has to start from scratch. We can see that in order to prove that the liability, or any part of it, has been satisfied by payment, the insured will have a difficulty if there is a global settlement of various claims going both ways only some of which are insured, which is the situation that Colman J faced. We consider that both judgments are salutary reminders to policyholders to consider carefully the fact that if the insurer is not an active participant in any settlement, at some point he is going to need convincing that his policy is engaged and in what amount.

In *AIG v Faraday*,[290] Morison J said of *Lumbermens*: "It cannot, I think, apply to a reinsurance case where there is a follow the settlements clause." If he means that a settlement of the *Lumbermens* kind cannot be a bar to recovery, we agree, but it will not help with the "follow the settlements" clause either. The settlement that has to be followed is one of a claim under the policy. The problem in *Lumbermens* was that it was an unknown quantity. In *Equitas v R&Q*,[291] the claimant reinsureds could not prove their loss by reference to the payments they had made to their own reinsureds because they had been calculated on the wrong basis. As we see,[292] this did not bar the claimant reinsureds from recovery from their reinsurers. They proved their loss on the balance of probabilities by a different process entirely—actuarial modelling. Enterprise Oil was cited with approval by the Court of Appeal in *AstraZeneca Insurance Co Ltd v XL Insurance (Bermuda) Ltd*.[293] Christopher Clarke LJ also cited with approval the following passage from his decision as a first instance judge in *Omega Proteins v Aspen Insurance UK Ltd*:[294]

5-067

"1. The insured must establish that it has suffered a loss which is covered by one of the perils insured against: *West Wake; Post Office v Norwich Union* [1967] 2 QB 363; *Bradley v Eagle Star Insurance Co Ltd* [1989] AC 957; *Horbury Building systems Ltd v Hampden Insurance NV* [2004] 2 CLC 453, 464;
2. That may be done by showing a judgment or an arbitration award against the insured or an agreement to pay;
3. The loss must be within the scope of the cover provided by the policy;
4. As a matter of practicality, the judgment, award or agreement may settle the question as to whether the loss is covered by the policy because the insurers will accept it as showing a basis of liability which is within the scope of the cover;
5. But neither the judgment nor the agreement are determinative of whether or not the loss is covered by the policy (assuming that the insurer is not a party to either and that there is no agreement by the insurer not to be bound);
6. It is, therefore, open to the insurers to dispute that the insured was in fact liable, or that it was liable on the basis specified in the judgment; or to show that the true basis of his liability fell within an exception;
7. Thus, an insured against whom a claim is made in negligence, which is the subject of a judgment, may find that his insurer seeks to show that in reality the claim was for fraud or for something else which was not covered, or excluded by the policy:

---

[290] *AIG Europe (Ireland) Ltd v Faraday Capital Ltd* [2007] EWCA Civ 1208; [2007] 2 C.L.C. 844.
[291] *Equitas Ltd v R&Q Reinsurance Co (UK) Ltd* [2009] EWHC 2787 (Comm); [2009] 2 C.L.C. 706.
[292] See para.5-038 above and 5-069 below. See also *IRB Brasil Resseguros SA v CX Reinsurance Co Ltd* [2010] EWHC 974 (Comm); [2010] Lloyd's Rep. I.R. 560, discussed at 5-038 above.
[293] *Astrazeneca Insurance Co Ltd v XL Insurance (Bermuda) Ltd* [2013] EWCA Civ 1660; [2013] 2 C.L.C. 1029 (discussed at 5-114 below).
[294] *Omega Proteins Ltd v Aspen Insurance UK Ltd* [2010] EWCH 2280 (Comm); [2010] 2 C.L.C. 370.

MDIS Ltd v Swinbank [[1999] 2 All E.R. (Comm) 722]; [Mentioned by *Kingston Upon Thames RLBC v Moss CA*;

8. Similarly, an insured who is held liable in fraud (which the policy does not cover) may be able to establish, in a dispute with his insurers, that, whatever the judge found, he was not in fact fraudulent, but only negligent and that he was entitled to cover under the policy on that account."[295]

Commutations

5-068 Under commutation agreements[296] an insurer/reinsurer will typically obtain a release from the insured/reinsured in respect of all present and future liability, whether known or unknown at the date of the commutation in consideration for a single payment. The recovery from reinsurers/retrocessionaires in respect of such a commutation payment may be problematic. To the extent that the commutation represents a bona fide compromise of known claims for which there is arguably coverage under the insurance/reinsurance contracts which are the subject of the commutation, in principle reinsurers/retrocessionaires will be bound.[297] However, commutations may not apportion the amount payable between particular claims made or between claims made and claims outstanding, or between claims outstanding and claims which are incurred but not reported ("IBNR"). There may also be a practical difficulty in apportioning the amount in a commutation over several underwriting years. But where there has in fact been such an apportionment by agreement between the reinsured and the original insured, the reinsurers arguably may be bound, by virtue of a "follow the settlements" clause[298] to accept the claims and outstanding claims as settled, although we suggest[299] the better view is that reinsurers are entitled to dispute such an apportionment.[300]

In *Hiscox v Outhwaite (No.3)* Evans J said:

"So far as future claims are concerned ... I cannot see any objection in law to the original insurer discharging future as well as existing liabilities towards a group of claimants, *provided there is sufficient identification of a group to which they belong or will belong* ... Even so, any insurer proposing to enter into such arrangements would be well advised to obtain his reinsurers' consent before doing so, and thereby obtain a variation of the reinsurance contract."[301] [Emphasis added]

In particular, where a commutation is agreed in respect of IBNR (however commercially sensible it may be to obtain, for the payment of a relatively small sum, a release from unknown but potentially substantial future liabilities) reinsurers/retrocessionaires may be entitled to stand upon their strict contractual rights and deny liability in respect of any part of it because it does not represent claims. IBNR is no more than an estimate of liability in respect of claims which may arise in the future (which ex hypothesi have not been made upon the reinsured), generally discounted to present day value. It may not represent a "claim" in any sense. The whole commutation may have been driven by the reinsured rather than the original insured. If reinsurance is on an aggregate excess of loss basis, and the consequence of the commutation is that the reinsured parts with a sum of money in one period

---

[295] *Astrazeneca Insurance Co Ltd v XL Insurance (Bermuda) Ltd* [2013] EWCA Civ 1660 at [23].
[296] See Ch.16, 16-003 below.
[297] See *British Dominions Insurance Co Ltd v Duder* [1915] 2 K.B. 394, as explained in *Baker v Black Sea* [1995] L.R.L.R. 261 at 282.
[298] See *Municipal Mutual v Sea Insurance* [1996] L.R.L.R. 265, and above.
[299] See above.
[300] See *IRB Brasil Resseguros SA v CX Reinsurance Co Ltd* [2010] EWHC 974 (Comm).
[301] *Hiscox v Outhwaite (No.3)* [1991] 2 Lloyd's Rep. 524 at 532.

(because effectively estimated future "claims" are brought back into the commutation), the aggregate excess of loss reinsurer is entitled to object to his coverage being impacted by such a commutation. Since reinsurance is against risk of loss, not a certainty as a result of a deliberate act by the (re)insured, the reinsurer would be most unlikely to be found liable in such circumstances in respect, at least, of any element in the commutation representing claims outside of the period of coverage even if a court were to be persuaded by an argument that IBNR could be described as "claims". And if the amount for IBNR is not differentiated, or cannot be differentiated, the difficulty that is illustrated by the *Lumbermens*[302] case—of the settlement agreement offering no assistance at all in proving the insurer's loss or the amount of it—may arise when trying to claim for paid or outstanding losses which have been settled by the commutation. This is illustrated by a case in the Singapore High Court.

In *Overseas Union Insurance ("OUI") v Home*[303] the Singapore High Court took a very purist approach to the recovery of commutations from reinsurers. In 1995 OUI commuted 10 contracts of reinsurance with its cedent, the Warrilow Syndicate at Lloyd's. OUI then claimed from Home, its reinsurer, based on a modelling of how losses would fall had they in fact occurred. Home was found not liable. The judge said that commutations were not recoverable under a clause saying that "all loss settlements made by the Reinsured, including compromise settlements, shall be unconditionally binding upon Reinsurers". (A "follow the settlements" clause.)

5-069

The Court also found that commutations were not recoverable on any other basis either. Woo Bih Li J was clear that "if it [the reinsured] had wished to bind the retrocessionaire by such an agreement [a commutation] it should have provided for such an eventuality in the first place". The judge in Overseas Union made a point of noting that the reinsured had commuted with his cedent without any consultation with, or notice to, his reinsurer. We still hesitate to predict the outcome of a reinsurance arbitration where the reinsurer is told by his reinsured that a commutation is to be done which clearly is for the benefit of reinsured and reinsurer—it might for example be as a compromise settlement of a dispute where the reinsured claims the right to avoid against his underlying cedent. Three market men sitting as arbitrators may take a view on what is right in the market that differs from that of the learned judge in OUI.

Following the Court of Appeal's decision in *WR Berkley Insurance (Europe) Ltd v Teal Assurance Co Ltd*,[304] it is clear that simply (1) entering into a compromise agreement pursuant to which funds for future claims are paid into an escrow account, or (2) making a payment for such purposes into an escrow account, does not give rise to an insured loss and a corresponding obligation to indemnify as (1) and (2) do not in themselves give rise to an ascertainable liability and ascertainable (re)insured loss.

Reinsureds may seek to rely upon *Equitas Ltd v R&Q Reinsurance Co (UK) Ltd*[305] as authority for the proposition that losses can be proved by actuarial calculations, as must necessarily be the case with the valuation of IBNR for the purposes of a commutation. We see two obstacles: first, an actuarially projected IBNR is likely to fall outside the wording of a standard policy's loss settlement clause; second, *Equitas v R&Q* was concerned with reported losses, the value of which

---

[302] *Lumbermens Mutual Casualty Co v Bovis Lend Lease Ltd* [2005] Lloyd's Rep. I.R. 74, and see para.5-070 above.
[303] *Overseas Union Insurance Ltd v Home and Overseas Insurance Co Ltd* [2002] 4 S.L.R. 104.
[304] *Teal Assurance Co Ltd v WR Berkley Insurance (Europe) Ltd* [2017] EWCA Civ 25; and see 5-070, 5-087 and 5-109 below.
[305] *Equitas Ltd v R&Q Reinsurance Co (UK) Ltd* [2009] EWHC 2787 (Comm). See 5-038 above.

could therefore be proved on the balance of probabilities, not unknown or future losses.

Where an insurer/reinsurer is in liquidation and the liquidator makes an estimate of the insurer's/reinsurer's liabilities to a particular creditor (in effect imposing a compulsory commutation under applicable insolvency law), recovery from reinsurers/retrocessionaires of the insolvent company may also be problematic.[306]

Captives

5-070   The position of captive insurance companies faced with a large claim from their parent company may give rise to difficulties. Particular care should be taken to ensure that the captive enters into any settlement at arm's length from its parent. A large corporation which has set up a captive in a tax-neutral domicile should realise that where a loss exceeds the captive's retention, the captive must behave in an independent, and possibly an adversarial, manner towards its parent. The parent companies of captives:

> "[Cannot] complain if their creature is neither as complaisant nor as compliant as they could wish. It is they who have chosen this way of doing business, and had they instead chosen to deal directly with an independent insurance company ... they [would] have anticipated a robust adjustment process."[307]

In *Teal Assurance Co Ltd v WR Berkley Insurance (Europe) Ltd*,[308] the Supreme Court refused to allow Teal, a captive reinsured, to adjust the priority of claims against other layers in order to maximize its own recoveries. Lord Mance noted the (potential) collusion:

> "... [T]he degree of adjustment of the order of claims which Teal maintains it can achieve, for the benefit of its associate BV [the underlying insured], is more remarkable, and only arises as a possibility because Teal is BV's insurance captive and is party to BV's programme of layered insurance coverage. It suits Teal in the present case to claim that BV or it itself can adjust the order in which claims impact the different programme layers, in order to assist Teal's associate B V. This produces the unfamiliar phenomenon of an insurer seeking to maximise its own insurance liabilities. Teal can afford to try to do this on the back of its reinsurance in respect of the top and drop layer by the respondents. Had Teal been an independent rather than captive insurer and determined to avoid as much liability to BV as possible, BV would no doubt vigorously have objected to the legitimacy of Teal as its excess layer insurer under the PI tower policies adjusting the order of payment of claims ascertained as against B V, with the aim of ensuring that it was only US and Canadian claims that reached the top and drop policy. Its objection would in my view have been well-founded. The freedom of choice which Mr Butcher advocates on behalf of Teal and in the interests of BV cannot in the present context readily be reconciled with the basic philosophy that insurance covers risks lying outside an insured's own deliberate control."[309]

5-071   A captive may have to defend proceedings commenced by its parent. The captive must not only receive independent legal advice, but also be seen by its reinsurers to be conducting its defence in a manner which is not collusive and does not prejudice the rights of its reinsurers.

---

[306] See *Re Company (No.013734 of 1991)* [1992] 2 Lloyd's Rep. 415; and *Cleaver v Delta Reinsurance Co (In Liquidation)* [2002] Lloyd's Rep. I.R. 167; discussed in Ch.17, 17-029 below.
[307] *International Risk Management Group Ltd v Elwood Insurance Ltd*, Supreme Court of Bermuda, Civil Jurisdiction 1993 Nos 103 and 245, 29 September 1993 per Ground J.
[308] *Teal Assurance Co Ltd v WR Berkley Insurance (Europe) Ltd* [2013] UKSC 57.
[309] *Teal Assurance Co Ltd v WR Berkley Insurance (Europe) Ltd* [2013] UKSC 57 at [30].

An illustration is provided by *Insurance Corp of Ireland v Strombus International Insurance Co Ltd*[310] Strombus was a captive insurance company incorporated in Bermuda, and of its six directors, four were officers of its parent, Kaiser Aluminium, and were resident in California (one of the directors was Kaiser's risk manager). The insured, "Valco", was a subsidiary of Kaiser, incorporated in Ghana, but managed from California. Valco sued Strombus in the California courts, and Strombus, while denying the claim, brought third-party proceedings against its brokers and its reinsurers (ICI and Lloyd's Syndicates). The reinsurers obtained leave to serve English proceedings upon Strombus in Bermuda, seeking a declaration that they were not liable under the reinsurance contract. Webster J had refused to set aside service. While he was:

"... unable to find on the balance of probabilities and on the material before [him] that the California proceedings are collusive ... [he was] quite satisfied that the plaintiffs genuinely believe that they may be at some disadvantage in those California proceedings."

He emphasised that he was "not ... disparaging in any sense the California legal system" but held that he was entitled, in the exercise of his discretion, to take account of the reinsurers' genuine belief. He also pointed out that:

"Strombus have submitted to the jurisdiction of the California Court, but it is not by any means entirely clear that they were obliged to do so, although they may have been."[311]

The Court of Appeal set aside service of the English proceedings on the basis that California was the appropriate forum for the action. Mustill LJ (as he then was) said[312] that although one might reasonably infer that Strombus, Valco and Kaiser had acted "in concert" to bring proceedings in California, nevertheless:

"... we can see nothing discreditable in the conduct of Strombus. True, they exercised their rights under the Californian procedural rules in order to promote their own advantage, in a manner which was inconvenient and unwelcome to reinsurers. But there was nothing morally objectionable in this, and it seems to us that the concerted nature of the American proceedings, if it is concerted, is of no weight unless the reinsurers can go on to show that the two companies may continue to act in concert and that they may do so in such a manner which is not only disadvantageous to the reinsurers, but which is calculated to produce positive injustice ..."

Would the result have been different if ICI had sought an injunction against Strombus from the Bermuda Court? In *International Risk Management Group Limited v Elwood Insurance Ltd*[313] Ground J granted an injunction restraining a captive domiciled in Bermuda from issuing proceedings in Texas against its Bermuda managers on the grounds that it would be unconscionable to do so. It may be thought that where a captive is established in an offshore jurisdiction, its reinsurers are reasonably entitled to expect that it will not voluntarily submit to the courts of its parent's jurisdiction. A captive which willingly submits to a jurisdiction which is chosen by its parent/insured—and launches third-party proceedings against its reinsurers—rather than insisting (if it can) that it be sued in the jurisdiction where its parent chose to incorporate it, may be said not to be acting in good faith towards its reinsurers, and a fortiori not to be defending the claim against it in a reasonable

5-072

---

[310] *Insurance Corp of Ireland v Strombus International Insurance Co Ltd* [1985] 2 Lloyd's Rep. 138.
[311] *ICI v Strombus* [1985] 2 Lloyd's Rep. 138 at 143 per Mustill LJ.
[312] *ICI v Strombus* [1985] 2 Lloyd's Rep. 138 at 145.
[313] *International Risk v Elwood Supreme Court of Bermuda, Civil Jurisdiction* 1993 Nos 103 and 245, 29 September 1993; [1993] Bda L.R. 48.

and business-like manner. Even if reinsurers cannot restrain such conduct by injunction, it appears at least arguable, notwithstanding *ICI v Strombus*, that reinsurers would not be obliged to follow the fortunes of the captive in these circumstances—which is no doubt one reason why Strombus issued third-party proceedings against its reinsurers.[314] In *Skandia International Insurance Co v Al Amana Insurance & Reinsurance Co Ltd*,[315] Meerabux J granted an injunction restraining a Bermuda captive, which had been joined in proceedings in Kuwait by its Kuwaiti parent, from pursuing third-party proceedings against its reinsurers in Kuwait. However, the basis of the injunction was that the third-party proceedings were brought in breach of an arbitration clause.[316]

On the other hand, where the captive, properly mindful of its own position and not wishing to fall between two stools by litigating with its insured/parent in one jurisdiction and its reinsurers in another, submits to the jurisdiction chosen by its parent because it can then join the reinsurers by third-party proceedings, it seems apparent from *ICI v Strombus* that this would not be bad faith on the part of the captive, nor unbusiness-like. Indeed for a captive with a small capital base, which required payment from its reinsurers in order to meet a claim, it would be very business-like to ensure that the reinsurers were bound by an adverse judgment against the captive. The duty of good faith is not so onerous that a reinsured has to sacrifice his own interests to benefit his reinsurers. There is an important difference between the reinsured/captive favouring the interests of the insured/parent over the interests of the reinsurers and favouring *his own* interests over those of the reinsurers.

Exceptional contracts: Toomey v Eagle Star

5-073　　The contract in *Toomey v Eagle Star*[317] provides an exception to the general rule that, absent a follow the settlements clause, the reinsured must prove that he was liable under the original policy in order to recover from his reinsurer. The contract provided that the "Reinsurer" undertook:

"to *pay* ... all claims returns, reinsurance premiums and other outgoings ... *payable* by the Reinsured ... in respect of the 1965 Underwriting Account ..." [Emphasis added]

The deputy judge, Judge Diamond QC, held that, as a matter of construction:

"... [T]he liability of Eagle Star is to reimburse Syndicate 640 in respect of all claims, returns, reinsurance premiums, expenses and outgoings (excluding office expenses) which have been paid or settled honestly on or after Jan. 1, 1973 and which are attributable to its 1965 year of account or to any previous year reinsured therein ... *there is no burden on the syndicates to prove that they were under an antecedent legal liability to pay the claims under the original policies of insurance* and further ... it constitutes no defence to Eagle Star to establish that the syndicates were not liable to pay such claims ..."[318] [Emphasis added]

On the meaning of the word "payable", the deputy judge held that "payable" did not "... necessarily import the notion that the claims must be legally payable under

---

[314] There was no "follow the settlements" or arbitration clause in the reinsurance: *ICI v Strombus* [1985] 2 Lloyd's Rep. 138 at 141 per Mustill LJ.
[315] *Skandia International Insurance Co v Al Amana Insurance & Reinsurance Co Ltd* [1995] 4 Re. L.R. 63, Supreme Court of Bermuda.
[316] See further in Ch.14, 14-056–14-059 below.
[317] *Toomey v Eagle Star* [1993] 1 Lloyd's Rep. 429.
[318] *Toomey v Eagle Star* [1993] 1 Lloyd's Rep. 429 at 441.

an antecedent obligation derived from the original policies".[319] The deputy judge distinguished two kinds of reinsurance contract:

"[T]here are two possible kinds of loss against which an insurer may desire to obtain reinsurance; the first is against the legal liability which the insurer may incur in connection with policies of insurance issued to his assured; the second is against loss (in the sense of the excess of payments over receipts) incurred by him in good faith in connection with claims made in respect of policies or in respect of particular classes of business or of the whole of his insurance business. *It may make a considerable difference to the measure of indemnity recoverable by the insurer whether the policy is of the former or the latter type.* In the former case the measure of indemnity, subject to any express provision in the policy, will be the amount paid or payable by the insurer to the original assured in respect of the insurer's legal liability ... *in the latter case the measure of indemnity can be expected to be related to the loss in fact incurred by the insurer regardless of whether the insurer was liable to pay at least an equivalent sum to the original assured.*"[320] [Emphasis added]

It will be recalled that the Court of Appeal, although affirming the decision of the deputy judge,[321] concluded that only contracts of the first type were reinsurance contracts, but two developments in reinsurance philosophy have occurred that cast doubt on the view of the Court of Appeal, and the statement by HH Judge Diamond QC as general propositions—although HH Judge Diamond QC's statement was appropriate for the facts of the case in question. First, *Wasa v Lexington*[322] has re-emphasised that reinsurance is not insurance of the insurer's liability but reinsurance of the same subject-matter as the insurance for the insurer's interest in that subject-matter. Secondly, the European Union Reinsurance Directive (2005/68/EC) has defined reinsurance as the activity consisting in accepting risks ceded by an insurance undertaking or by another reinsurance undertaking.

5-074

As a matter of principle, the distinction between the obligation to indemnify for whatever expenditure is incurred and the obligation to reinsure the insurer in respect of the subject-matter of the risk should be perfectly clear. The question then becomes one of construction, which may of course be far from easy. In *Toomey v Eagle Star* it was reasonably clear, on the evidence, that the parties did intend the contract to operate so as to preclude Eagle Star from challenging the accounts presented in good faith by Syndicate 640.[323] But what if Syndicate 640 had, long after signing the 1973 reinsurance contract, subscribed to the Wellington Agreement?[324] It could be argued that such an arrangement was commercially advantageous to Eagle Star, because making payments in cases where there plainly was no legal liability was cheaper, in the long run, than paying for coverage litigation in the United States courts, and therefore the run-off was being conducted in good faith. The fact that the reinsurance contract in *Hiscox v Outhwaite (No.3)* was excess of loss and did not refer to "all other outgoings" may, perhaps, be a material distinction. It is possible that the contract between Eagle Star and Syndicate 640 was neither insurance, nor reinsurance, but rather a special type of contract of indemnity which does not fall easily into any normal category, and the court was left to construe it only on its terms (with, as we have already noted, the assistance of the parties' evidence as to their intention).

---

[319] *Toomey v Eagle Star* [1993] 1 Lloyd's Rep. 429 at 437.
[320] *Toomey v Eagle Star* [1993] 1 Lloyd's Rep. 429 at 438.
[321] *Toomey v Eagle Star* [1994] 1 Lloyd's Rep. 516. See Ch.1, 1-044 above.
[322] *Wasa v Lexington* [2009] UKHL 40.
[323] Notwithstanding the parol evidence rule—see Ch.4, 4-065 above—such evidence appears to have been admitted.
[324] See *Hiscox v Outhwaite (No.3)* [1991] 2 Lloyd's Rep. 524, and above.

Treaty reinsurance

Overview

5-075 With the exception of *Hiscox v Outhwaite (No.3)*, the cases relating to "follow the settlements" referred to above all concerned facultative reinsurance. A careful treaty reinsurer will ensure that the treaty provides for rights of inspection and audit of underwriting, accounting and claims records. It would be pointless to have that right if the reinsurer did not also have the right to contend, following the review, that risks fell outside the reinsurance, that the accounting was incorrect or that claims had been paid that should not have been, either in the amount settled or at all. In our view, since the right of inspection and audit is in support of the right of challenge, the right of challenge exists even without the right of inspection. The question then arises whether, in a reinsurance treaty, there is an implied right of inspection. Hobhouse J in *Phoenix of Greece v Halvanon*[325] thought that a duty to allow inspection would be implied as a matter of good faith but Lord Hoffman's view in *SAIL v Farex*[326] was that there was no implied right. More recently the Court of Appeal has found that there is a right implied into the contract between the insured and the insurer (and a similar right implied in a contract between the insurer and the insured's broker) to permit inspection and copying of placing information, claims information and accounting information. In *Goshawk v Tyser*[327] Goshawk was trying to obtain documents from its policyholders and their brokers concerning Viatical business that it had insured. Some clients agreed to documents being handed over; some declined or did not reply. The Court of Appeal found there was a contractual duty on the insured and its broker to provide the documents to the Lloyd's market and therefore the broker could provide the documents to the insurer. We see no reason in principle why the position should be different in reinsurance. We think it likely that the decision in *Goshawk v Tyser*, though decided in relation to a Lloyd's syndicate, would be extended to the company market also. Nonetheless, the overwhelmingly sensible course is to provide both for the rights of inspection, audit and copying and for the right to challenge any risk reinsured on the basis that it falls outside the class of business agreed to be reinsured and to challenge any loss settlement on the basis it should not have been made, whether at all or in the amount settled.

No follow the settlements/fortunes provision

5-076 Suppose there is a quota share reinsurance with no follow the settlements/follow the fortunes language (assuming for the sake of argument those two expressions to be identical in a treaty) and no right of inspection or audit. Suppose the reinsurer sought to argue that he was entitled to examine the reinsured's records to see if there was liability on every loss paid on the book of business he reinsured (assume there is no issue on the risks written being within the class reinsured), would the court permit it? The question appears, from the point of view of principle, to depend on whether a contract of reinsurance is a (re)insurance of the underlying risks (as Hobhouse LJ said in *Toomey v Eagle Star*) and in that, *Wasa v Lexington*, though concerned with facultative reinsurance, is helpful to the reinsurer, or an obligation to indemnify for a financial liability incurred. We consider that the present state of reinsurance philosophy is to allow a challenge to losses where there

---

[325] *Phoenix of Greece v Halvanon* [1985] 2 Lloyd's 599 at 614.
[326] *SAIL v Farex* [1995] L.R.L.R. 116 at 151.
[327] *Goshawk v Tyser* [2006] EWCA Civ 54.

is no follow the settlements/fortunes language. In the light of the case law we have discussed above, *Toomey v Eagle Star* is exceptional in not requiring that the reinsured's payment be within the terms of the underlying contracts and settled reasonably. There would be no point in permitting the reinsurer to inspect records if he could take no point on what he found as a result of his inspection. Perhaps run-off contracts of the kind are unlikely ever to be written again in the London market,[328] and *Toomey v Eagle Star* will remain an exceptional case. Aspects of the decision remain difficult to reconcile with a line of earlier authorities from *Chippendale v Holt*[329] to *Hiscox v Outhwaite (No.3)*.[330]

In *Württembergische AG v Home Insurance Company*[331] it was found (in a number of decisions at first instance and Court of Appeal level) that Home had both agreed to reinsure Württembergische (W) and agreed to deal directly with the insurer (the M.E. Rutty underwriting pool) so that W was exonerated from any responsibility to do so. The original pooling agreement provided for surviving solvent members of the pool to take up the shares of insolvent members. The Court of Appeal held, affirming the decision of the judge, that the agreement between Home and W covered only losses arising out of risks written by M.E. Rutty between 1964 and 1967. W's liability to pay the share of insolvent pool members arose from the original pooling agreement not from the policies written by M.E. Rutty. The Court of Appeal reached this conclusion despite an earlier finding that to all intents and purposes Home had succeeded to W's place in the pool.

Fraudulent claims

We refer to the discussion of fraudulent claims in Ch.6, 6-126 to 6-137. In *Scor*, the Court of Appeal held that the effect of a clause binding reinsurers to follow settlements of the reinsured, is that the reinsurers agree to indemnify reinsured in the event that they settle a claim by their insured even if the underlying claims subsequently turns out to be fraudulent provided the reinsured acted bona fide and in a business-like manner. Robert Goff LJ said:

5-077

"Furthermore, in my judgment, if insurers have so settled a claim, acting honestly and in a proper and business-like manner, then the fact that reinsurers may thereafter be able to prove that the claim of the assured was fraudulent does not of itself entitle reinsurers not to follow the settlement, as they have contracted to do; and they must have recourse to their rights of subrogation, arising upon the payment of the claim under the policy of reinsurance, in order to seek to rescind the settlement with the assured and to recover the money paid by the insurers under that settlement."[332]

If, upon the discovery of a fraudulent claim, the reinsured can recover from the insured any sums paid in respect of the claim,[333] such recoveries may be relevant to the reinsurer's subrogation rights.[334] In contrast, if there is no follow the settlements clause, we consider that the reinsurer would be entitled to decline liability if the underlying claim is fraudulent for the following reasons. First, if the underly-

---

[328] Following *Stockwell v RHM Outhwaite (Underwriting Agents) Ltd*—referred to at 5-097 below in the discussion of *Caudle v Sharp* [1995] L.R.L.R. 433. *Stockwell* settled before judgment was given and therefore no case reference is available.
[329] *Chippendale v Holt* (1895) 1 Com Cas 197.
[330] *Hiscox v Outhwaite (No.3)* [1991] 2 Lloyd's Rep. 524.
[331] *Wurttembergische AG v Home Insurance Company* Württembergische AG v Home Insurance Company [1997] L.R.L.R. 86; and [1999] 1 All E.R. 535 (CA). See also Ch.10, 10-038 below.
[332] *Scor* [1985] 1 Lloyd's Rep. 312 at 330.
[333] See IA 2015 s.12(1)(b).
[334] See 5-155 to 5-163 below.

ing insured has procured or invented the loss, the loss will neither fall within the terms of the underlying insurance nor the terms of the contract of reinsurance. Secondly, in respect of all fraudulent claims, even if they are simply exaggerated and contain a genuine element, the insurer is not liable to pay that claim and may by notice to the insured treat the contract as having been terminated with effect from the time of the fraudulent act.[335] Accordingly, there should be no liability in respect of such a claim under the reinsurance.

Under the IA 2015, pre-existing claims remain unaffected which was a point that was unclear under the pre-IA 2015 common law.[336] It should also be noted that following the Supreme Court restated the fraudulent claims rule in *The DC Merwestone*,[337] holding that it did not apply to a collateral lie used to embellish a justified claim which the true facts, once admitted or ascertained, showed to be immaterial to the validity of the claim and to the insured's right to recover.[338]

4. THE NATURE AND EXTENT OF THE REINSURER'S LIABILITY

Introduction

5-078 Even if there are no issues about either the reinsured's liability for losses under the underlying insurance contract, or whether those losses are covered under the reinsurance contract, there remain issues of considerable complexity which can still arise. The question of when the reinsurer becomes liable to pay (the first point in time at which the reinsured could properly sue him for his money) has an impact on cash flow and, importantly also, on limitation of actions. The reinsured may, in settling (or considering whether to settle) a claim under the underlying insurance contract, be faced with the problem of apportioning that loss among different underwriting years, and possibly different reinsurers within different layers. The reinsured will want to maximise his recovery from reinsurers; whilst a reinsurer may not wish to see its layer engaged. If the reinsurer's liability is limited in amount by reference to one event or occurrence, or a series of events or occurrences arising from the same cause, what this means may be a matter of dispute between the parties, particularly if the reinsured's liability is limited in amount by similar, but not identical, language in the underlying insurance contract. These are the issues considered in this Pt 4: The nature and extent of the reinsurer's liability.

Timing of cause of action against the reinsurer

Introduction

5-079 In *Gan Insurance Co Ltd v Tai Ping Insurance Co Ltd (No.2)*, Lord Mance (when he was still a Lord Justice in the Court of Appeal) noted:

"A proposition that insurers' rights against reinsurers (or presumably reinsurers' rights against retrocessionaires under a retrocession) arise at the earlier stage of any original loss

---

[335] IA 2015 s.12(1)(a) and (c).
[336] See Ch 6, 6-129.
[337] *The DC Merwestone* [2016] UKSC 45; and see Ch 6, 6-134 to 6-138.
[338] The Law Commission and the Scottish Law Commission, *Insurance Contract Law: Business Disclosure, Warranties, Insurer's Remedies for Fraudulent Claims, and Late Payment* (CP 353, July 2014), para.22.17.

would also create very great potential difficulties, in the operation of reinsurances and retrocessions and in matters of limitation."[339]

The point in time when the reinsured's right to be indemnified arises may be of significance, for example for limitation purposes or in a situation where the reinsured has become insolvent. There are three potential points in time when the reinsurer may become liable: (1) on the occurrence of the insured peril and loss under the policy of insurance; (2) upon the underlying liability of the reinsured being ascertained by judgment, arbitration award or binding settlement; or (3) upon the payment of the underlying loss by the reinsured. Traditionally, the courts have adopted the second option, i.e. the underlying loss must have been ascertained but recovery under a reinsurance contract is not dependent upon the reinsured actually having paid up.[340] More recently, this principle has been re-affirmed by the Supreme Court in *Teal Assurance Co Ltd v WR Berkley Insurance (Europe) Ltd*.[341] However, in light of the House of Lord's pronouncement on the nature of reinsurance in *Wasa v Lexington*,[342] it could be queried whether this analysis stands up to scrutiny. As will be recalled, Lord Mance stated that "the subject-matter reinsured is the original subject-matter" and that "the insurable interest which entitles the insurer to reinsure in respect of that subject matter is the insurer's exposure under the original insurance".[343] We know from *Ventouris v Mountain (The Italia Express)*[344] that the insurer's primary obligation is to hold the insured harmless against loss caused by an insured peril. Where the subject-matter of the insurance is property, the insurer is in breach of this primary obligation at the moment that insured property is lost or damaged. If, as Lord Mance indicated in *Wasa v Lexington*, the subject-matter of the reinsurance contract is property if the underlying insurance insures property, could it not be argued that, by analogy, the reinsurer's liability should arise at the earlier stage of the original loss? We consider that such an analogy should fail. First, there is no case law suggesting that the reinsurer's obligation is to "hold harmless" or to prevent the loss—the reinsurer's obligation is to indemnify its reinsured where the loss falls within the terms of the contract of reinsurance and the terms of the underlying contract of insurance.[345] Secondly, the principle of indemnity would prevent a reinsured recovering under the contract of reinsurance unless and until the reinsured has become at least liable to pay a claim under the underlying contract of insurance. It does not make sense to speak of the reinsurer's liability arising at the stage of the original loss as the insured may never make a claim and, even if he does, the amount of the claim needs to be ascertained or ascertainable. Thirdly, to say that the reinsurer's liability arises at the stage of the original loss is equivalent to saying that the reinsured's cause of action accrues from that time which, in turn, would fix the start date of the six-year limitation period. It would be rather absurd if the limitation period for the reinsured's cause of action against the reinsurer were to start running before its own liability under the underlying contract of insurance has been ascertained. If proceedings or settlement negotiations in respect of the underlying

---

[339] *Gan Insurance Co Ltd v Tai Ping Insurance Co Ltd (No.2)* [2001] EWCA Civ 1047 at [41].
[340] *Charter Re v Fagan* [1997] A.C. 313; [1996] 2 Lloyd's Rep. 113; *Versicherungs und Transport AG Daugava v Henderson* (1934) 49 Ll L Rep 252 at 253–254 per Scrutton and Maugham LJJ; *Gan v Tai Ping (No.2)* [2001] EWCA Civ 1047.
[341] *Teal Assurance Co Ltd v WR Berkley Insurance (Europe) Ltd* [2013] UKSC 57.
[342] *Gan v Tai Ping (No.2)* [2001] EWCA Civ 1047, and see 5-050 above.
[343] *Gan v Tai Ping (No.2)* [2001] EWCA Civ 1047 at [33].
[344] *Ventouris v Mountain (The Italia Express)* [1992] 2 Lloyd's Rep 281; see also *Sprung v Royal Insurance (UK) Ltd* [1997] C.L.C. 70.
[345] *Hill v Mercantile & General Reinsurance Co Plc* [1996] L.R.L.R. 341.

claim are protracted, the reinsured could be forced to start proceedings against the reinsurer to protect its position under the Limitation Act 1980. In such proceedings, the reinsured would be placed in the tactically unenviable position of having to assert against the reinsurer the opposite of its case against the underlying insured. Fourthly, to say that the subject-matter of the reinsurance is the same as in the underlying contract of insurance does not necessarily lead to the conclusion that the reinsurer's liability arises at the time of the original loss. The subject-matter of the reinsurance and the timing of liability are different concepts and have been treated as such by the courts. Fifthly, the *Italia Express* analysis of the insurer's obligations and its practical effects have been the subject of severe criticism by the Law Commission.[346]

The IA 2015 s.13A now makes it an implied term of the contract of insurance that the insurer to pay any claims within reasonable time.[347] The statutory implied term deals with the practical consequences of the "hold harmless" theory of the insurer's primary obligation but leaves unaffected the characterisation of an insurance claim as a claim for damages (and not debt).[348] An action in respect of breach of the implied term may not be brought after the expiration of one year from the date on which the insurer has paid all the sums due,[349] and there is no cause of action until the implied term has been breached—i.e. after the "reasonable time" within which the insurer can investigate and assess the claim has expired. We consider that it would not make sense for the reinsurer's liability to arise at the time of the original loss as it would mean it would arise before the reasonable time for the reinsured to pay had elapsed.

The third option, i.e. that liability is contingent upon the payment of the underlying loss by the reinsured, can be made the subject of an express provision in a reinsurance contract and the effect of such clauses is considered in the following sections.

Payment of the underlying loss by the reinsured

5-080 **The earlier authorities.** The question of when the reinsurer has to pay was first considered in the context of construing the reinsurance contract in *Re Eddystone Marine Insurance Co Ex p. Western Insurance Co*,[350] where both the reinsurer and the reinsured were in liquidation and a marine reinsurance policy was expressed to be "... subject to the same terms and conditions as the original policy, *and to pay as may be paid thereon*" (emphasis added). Stirling J said:

> "The words 'to pay as may be paid thereon' do not stand in strict grammatical connection with those which immediately precede; but the effect of them is to impose an obligation as to payment on the reinsurers. The contention on behalf of the official liquidator comes to this—that those words make payment by the reinsured a condition precedent to payment by the reinsurer. Now, a main object of reinsurance is to relieve the reinsured from a portion of the risk previously undertaken by him; and the result of giving effect to the liquidator's contention would be that, before the reinsured obtains the benefit of his

---

[346] See The Law Commission and The Scottish Law Commission, *Insurance Contract Law: Post Contract Duties and Other Issues* (Law Com. CP No. 201, December 2011); The Law Commission and The Scottish Law Commission, Insurance Contract Law, *Business Disclosure; Warranties; Insurer's Remedies for Fraudulent Claims; and Late Payment* (Law Com. No. 353, July 2014), Ch.25 and also see 5-144 to 5-145 below.
[347] See 5-145 to 5-147 below.
[348] Recently reaffirmed in *RSA Insurance Plc v Assicurazoni Generali SpA* [2018] EWHC 1237.
[349] Limitation Act 1980 s.5A.
[350] *Eddystone Marine Insurance Co Ex p. Western Insurance Co, Re* [1892] 2 Ch. 423.

THE NATURE AND EXTENT OF THE REINSURER'S LIABILITY 311

reinsurance, he must himself have paid on the original insurance, even though bankruptcy might be the result.

I think that this could not be intended, and that such a construction ought not to be put on the language of the policy unless it is clearly called for. In my opinion, the words do not clearly require to be so construed. They would be satisfied if they were held to amount simply to this—that the payment to be made on the reinsurance policy is to be regulated by that to be made on the original policy of insurance."[351]

Effectively, Stirling J regarded the words "pay as may be paid thereon" as delimiting the amount to be paid, not the time of payment. *Re Eddystone Marine* was approved by the Court of Appeal in *Re Law Guarantee Trust and Accident Society Ltd*,[352] and subsequently cited by Scrutton LJ in *Versicherungs and Transport A/G Daugava v Henderson*,[353] as authority for the proposition that:

5-081

"If the reassured is ... *liable* [to the assured by reason of his insurance policy], and the *amount of his liability is ascertained*, he can recover against the reinsurer though he has not paid the assured, *for he is liable for an ascertained amount* and the reinsurer must indemnify him." [Emphasis added]

In *Home and Overseas Insurance Co Ltd v Mentor Insurance Co (UK) Ltd*,[354] the plaintiff was the reinsurer of the defendant, which was in liquidation. The plaintiff brought an action for a declaration that it was not liable to the defendant under certain excess of loss reinsurance contracts. Although the contracts contained an arbitration clause, the plaintiff applied for summary judgment. Hirst J (as he then was) and the Court of Appeal granted an application by the defendant for a stay of proceedings under s.4 of the Arbitration Act 1950.

The excess of loss reinsurance contracts covered losses in excess of the "ultimate net loss" over a specified sum, up to a limit. "Ultimate net loss" ("UNL") was defined as:

"[T]he sum *actually paid* by the reassured in settlement of losses or liability". [Emphasis added]

The plaintiff argued that, as a matter of construction, the actual payment of losses by the reinsured was a condition precedent to liability. Hirst J said:

"I consider it both unjust and discordant with commercial good sense that, by reason of the accident of a reinsured becoming insolvent, the reinsurer (who has accepted premiums) should go scot-free from liability under the reinsurance policy in respect of claims for which the reinsurers would unquestionably have been liable had the reinsured remained solvent. It is of no concern to the reinsurers that any claims paid will be distributed among the general body of creditors rather than paid pound for pound to the underlying assureds; and in any event those assureds, as members of the general body of creditors, will at least receive the appropriate dividend."[355]

The Court of Appeal expressed no views on the question of construction, other than to say that it was "... a serious, difficult and important one which deserves mature consideration",[356] and that the issue should properly be left to the arbitrators.

---

[351] *Re Eddystone Marine* [1892] 2 Ch. 423 at 427.
[352] *Law Guarantee Trust and Accident Society Ltd, Re* [1914] 2 Ch. 617.
[353] *Versicherungs and Transport A/G Daugava v Henderson* (1934) 49 Ll.L.Rep. 252 at 254.
[354] *Home and Overseas Insurance Co Ltd v Mentor Insurance Co (UK) Ltd* [1989] 1 Lloyd's Rep. 473.
[355] *Home and Overseas v Mentor* [1989] 1 Lloyd's Rep. 473 at 480.
[356] *Home and Overseas v Mentor* [1989] 1 Lloyd's Rep. 473 at 485 per Parker LJ.

312   THE REINSURER'S OBLIGATION TO PAY CLAIMS

The UNL clause was further considered, in passing, *in Re A Company (No. 0013734 of 1991).*[357]

5-082 **Charter Re v Fagan: Mance J and the Court of Appeal**   The above authorities were reviewed by Mance J in *Charter Reinsurance Company Ltd v Fagan.*[358] The plaintiff reinsured, Charter Re, was insolvent. The defendant reinsurers were Lloyd's Syndicates Nos 540 and 542. The case concerned three excess of loss reinsurance contracts, written on a "losses occurring" basis, each of which contained a standard form of UNL clause. The parties waived arbitration clauses and each sought summary judgment on the question whether the UNL clause did or did not make actual payment of a claim by the reinsured a condition precedent to liability on the part of the reinsurer. The reinsurers relied upon the liability clause in two of the three contracts which contained phrases with temporal connotations: "shall only be liable if and when" and "shall thereupon become liable". Mance J held that:

> "[T]he focus of the [liability] clause is not on timing but on the scope and limits of the financial responsibility accepted on an excess of loss basis under the contracts. The equivalent clause in the third contract ... has no phrases with any temporal connotations at all."[359]

Mance J concluded that the object of the UNL clause was to measure the loss or ultimate liability of the reinsurers. The phrase "actually paid" was not sufficient to impose a time for payment or a condition precedent of payment. Mance J said:

> "The word 'actually' is emphatic. Taking a definition from the Oxford English Dictionary (Compact Edition) cited by the Syndicates, it means 'in act or fact, as opposed to possibly, potentially, theoretically, ideally; really, in reality'. But it remains to identify what it is that is intended to be emphasised and why. If references to sums paid are otherwise made in the reinsurances to ensure that the payment to be made by the reinsurer is regulated by that to be made on the original policy, the word 'actually' may simply be employed to make this more emphatically clear. This would be consistent with the main thrust of the Ultimate Net Loss Clause, that is the measurement (interim and final) of the recovery available under the reinsurance. It can be objected that the word 'actually' was on that basis unnecessary, but this is an argument with limited force in the context of a reinsurance clause which shows anxiety to deal with every aspect of the measurement of recovery in detail. The fact that timing is dealt with in this way by a proviso or qualification in the third sentence of the clause appears to me to be at least consistent with the possibility that the earlier part of the clause may not have been directed to matters of timing at all."[360]

5-083   The Court of Appeal[361] upheld the decision of Mance J. However, the forceful dissenting judgment from Staughton LJ should be noted. He said that the liability clause was clearly expressed to be a condition precedent to payment.[362] He rejected the argument that UNL clause was concerned solely with the amount as opposed to the timing of the payment and said that the combined effect of the liability clause and the UNL clause was "perfectly clear". Staughton LJ concluded as follows:

> "This dispute is about the meaning of two words, 'actually paid'. There must come a time when efforts to bend meaning (or, as I would say, reverse it) have to stop. The literal mean-

---

[357] *A Company (No.0013734 of 1991), Re* [1992] 2 Lloyd's Rep. 415, and see Ch.17, 17-056 below.
[358] *Charter Reinsurance Company Ltd v Patrick Feltrim Fagan* [1997] A.C. 313, heard 28 June 1995.
[359] *Charter Reinsurance Company Ltd v Patrick Feltrim Fagan* [1997] A.C. 313 at 334.
[360] *Charter Reinsurance Company Ltd v Patrick Feltrim Fagan* [1997] A.C. 313 at 336.
[361] Simon Brown and Nourse LJJ, Staughton LJ dissenting.
[362] *Charter Re v Fagan* [1997] A.C. 313 at 357.

ing of the words in the contracts requires that the insurers shall have paid before the reinsurers are liable. To the extent, if at all, that this produces a result which is unreasonable, it is not so unreasonable that it requires us to depart from the plain meaning of the words. Indeed I doubt whether it is unreasonable at all. Mance J. held that the object of reinsurance is to spread the load. So indeed it is. But it does not follow that any term in a reinsurance contract which results in anything other than an equal division of the loss is to be disregarded. The load is to be spread upon and subject to the terms of the contract."[363]

Charter Re v Fagan: the House of Lords. The House of Lords[364] unanimously dismissed the reinsurer's appeal and endorsed the reasoning of Mance J. Lord Mustill, who gave the leading speech,[365] confessed that he had initially thought that the words "actually paid", given their ordinary meaning, required payment by the reinsured as a condition precedent to liability on the part of the reinsurers. However, construing those words in the context of the excess of loss contracts, Lord Mustill concluded as follows:

5-084

> "In this context "actually" means 'in the event when finally ascertained', and "paid" means 'exposed to liability as a result of the loss insured under clause 1'. These are far from the ordinary meanings of the words, and they may be far from the meanings which they would have had in other policies and particularly in first-tier policies of reinsurance. But we are called upon to interpret them in a very specialised form of reinsurance, and I am now satisfied that, as Mance J expressed it in his judgment at first instance, the words in question did not have the purpose of introducing a temporal pre-condition to recovery in the form of disbursement or other satisfaction of the precise net commitment between Charter and its reinsured, but were there 'for the purpose of measurement'."[366]

Lord Hoffmann, in a concurring speech, paid tribute to the judgment of Mance J, with which he was in full agreement. Lord Hoffmann emphasised that the meaning of "actually paid" depended critically upon the context in which those words were used. He said:

> "Take, for example, the word 'pay'. In many contexts, it will mean that money has changed hands, usually in discharge of some liability. In other contexts, it will mean only that a liability was incurred, without necessarily having been discharged. A wife comes home with a new dress and her husband says, 'What did you pay for it?' She would not be understanding his question in its natural meaning if she answered, 'Nothing, because the shop gave me 30 days credit'. It is perfectly clear from the context that the husband wanted to know the amount of the liability which she incurred, whether or not that liability has been discharged ... One speaks of something being 'actually' the case to point a contrast; perhaps with what appears to be the case, or with what might be the case, or with what is deemed to be the case. The effect of the word therefore depends upon the nature of the distinction which the speaker is wanting to make ... To revert to my domestic example, if the wife had answered, 'Well, the dress was marked £300, but they were having a sale' and the husband asked, 'So what did you actually pay?', she would again be giving the question an unnatural meaning if she answered, 'I have not paid anything yet.' It is obvious that the contrast which the husband wishes to draw is between the price as marked and the lower price which was charged. He is still not concerned with whether the liability has been discharged. This is not a loose use of language. In the context of the rest of the conversation, it is the natural meaning."[367]

---

[363] *Charter Re v Fagan* [1997] A.C. 313 at 368.
[364] Lords Goff, Griffiths, Browne-Wilkinson, Mustill and Hoffmann.
[365] With which Lords Goff, Griffiths and Browne-Wilkinson agreed.
[366] *Charter Re v Fagan* [1997] A.C. 313 at 386.
[367] *Charter Re v Fagan* [1997] A.C. 313 at 391–392.

"Actually paid" v "shall in fact have paid"

5-085 *Charter Re v Fagan* should be contrasted with *Firma C-Trade SA v Newcastle P&I Association Ltd (The Fanti),*[368] where the relevant P&I Club rules provided that the Club was required to indemnify its insured/member when the insured/member "shall have become liable to pay and shall in fact have paid". The House of Lords held that "shall in fact have paid" imposed a condition precedent—namely payment by the insured/member—to the liability of the insurer.

> "There are certainly forms of reinsurance in which it may be commercially appropriate to make discharge of his liability by the reinsured a condition of the liability of the reinsurer. It may be, as in cases of mutual insurance, that the reinsurer has an interest in making certain that the reinsured maintains sufficient liquid assets to meet his liabilities. Or it may be a protection against fraudulent claims".[369]

It is clearly quite possible—despite the disinclination of the courts to reach such a conclusion—to draft a provision which leaves no doubt that a reinsured must have paid a claim before the reinsurer has any liability. The formula "shall in fact have paid" as opposed to "actually paid" coupled with the words "it shall be a condition precedent to the liability of the reinsurer under this contract that ..." should be effective.[370]

Simultaneous payments

5-086 Some reinsurance contracts provide for "simultaneous payments"; that is, for the reinsurer to pay at the same time as the reinsured pays the policyholder. Realistically these provisions can only exist in facultative reinsurance. It may well be that at the time they were conceived they were intended to be for the benefit of the reinsured, to require the reinsurer to pay at the same time as the reinsured so that the reinsured did not have to carry the cost of the payment until he was indemnified. Given the decision in *Charter Re v Fagan*, it may transpire that they operate in favour of the reinsurer—he can assert that he has no obligation to pay except simultaneously with payment by the reinsured. There must be a possibility that the courts would find that if the clause was solely for the benefit of the reinsured, he could waive it.[371] But, in our view, the clause provides benefits to both parties. It will be interesting to see if the courts can construe the simultaneous payments clause in such a way that payments do not have to be simultaneous. Perhaps the Supreme Court will find that when the apocryphal wife (from the example in *Charter Re v Fagan*) says that she cooked the dinner, made the beds and bathed the children "simultaneously" she really means that she did them in sequence. Or perhaps the Supreme Court would this time arrive at this conclusion with a less sexist illustration?

---

[368] *Firma C-Trade SA v Newcastle P&I Association Ltd (The Fanti)* [1991] 2 A.C. 1.
[369] *Charter Re v Fagan* [1997] A.C. 313 at 394 per Lord Hoffmann.
[370] Although, as we note in Ch.17, 17-046 below, the response of LIRMA to the decision in *Charter Re v Fagan* has been to recommend the adoption of a new standard form of insolvency clause, "G86", which makes clear that actual payment is not a condition precedent to liability.
[371] See *Wright v Atlas Wright (Europe) Ltd* [1999] 2 B.C.L.C. 301.

Payment of settlement funds into an escrow account

In *Teal Assurance Co Ltd v WR Berkley Insurance (Europe) Ltd*,[372] a US engineering group, Black and Veatch Corp ("BV"), had taken out professional indemnity insurance for the primary layer with Lexington and for the excess of loss with its captive, Teal. The insurance contract with Teal was an excess of loss policy organised in three successive layers (the "PI tower") and, in addition, a top layer (a "top and drop" policy) which excluded claims from the US and Canada. Both the PI tower and the top and drop layer were reinsured. One of the preliminary issues that were litigated was the question whether, for the purposes of establishing liability in respect of a claim under the insurance programme, BV had suffered a loss when (a) it paid funds into an escrow account pursuant to a settlement deed with a third party ("ASPCL"); or (b) when ASPCL drew down those funds.[373] The precise date of ascertaining liability was relevant to the priority of that claim within the PI tower and the "top and drop" policy structure and, ultimately, to reinsurers' liability. Eder J decided that, on the facts of the case, a liability was not established and ascertained until money was drawn down from the escrow account. He gave a number of reasons: first, an agreement to pay money into the escrow account was not an agreement to pay damages to ASCPL— "damages" were payable only as ASCPL became entitled to draw down funds in accordance with the terms of the settlement agreement between BV and ASCPL. BV's payment into the escrow account was not a payment by way of "damages" since at this stage no payment had been made to ASCPL.[374] Secondly, on the facts, there was no risk that funding the escrow account would render BV insolvent unless it could be indemnified by Teal at that point in time. In that respect, a settlement agreement voluntarily entered into was different from a court order compelling payment.[375] Thus, there were no policy reasons why BV should be indemnified "for the payment into escrow which it chose to agree to, rather than the draw-downs from the escrow account".[376] Thirdly, the funds in the escrow account remained BV's funds, although Eder J noted that this point alone would have been unlikely to determine the issue.[377]

The reinsurers (WR Berkley and Aspen) appealed but the appeal was dismissed.[378] The Court of Appeal held that that simply: (1) entering into a compromise agreement pursuant to which funds for future claims are paid into an escrow account; or (2) making a payment for such purposes into an escrow account, did not give rise to an insured loss and a corresponding obligation to indemnify. Making a payment into an escrow account is merely a mechanism to secure funding for potential subsequent claims up to the amount paid in. Tomlinson LJ said:

"... the settlement did not require BVC [the paying party] to part with its money. The set-

5-087

---

[372] Also see discussion of other aspects of this case in 5-070 and 5-010.
[373] *Teal Assurance Co Ltd v WR Berkley Insurance (Europe) Ltd* [2015] EWHC 1000 (Comm); [2015] 1 C.L.C. 925. Also see Ch.7, 7-028 below.
[374] *Teal Assurance Co Ltd v WR Berkley Insurance (Europe) Ltd* [2015] EWHC 1000 (Comm) at [41] and [43].
[375] In *Cox v Bankside Members Agency Ltd* [1995] C.L.C. 180, Phillips J held that a court order to make an interim payment to a third party was sufficient to establish and ascertain liability for the purposes of insurance coverage, even if the interim payment was "provisional". Affirmed by the Court of Appeal [1995] 2 Lloyd's Rep. 437.
[376] *Teal Assurance Co Ltd v WR Berkley Insurance (Europe) Ltd* [2015] EWHC 1000 (Comm) at [44].
[377] *Teal Assurance Co Ltd v WR Berkley Insurance (Europe) Ltd* [2015] EWHC 1000 (Comm) at [45].
[378] *WR Berkley Insurance (Europe) Ltd v Teal Assurance Co Ltd* [2017] EWCA Civ 25; [2017] 1 C.L.C. 19.

tlement set up a procedure pursuant to which BVC was to deposit funds in escrow to be held by the Escrow Agent as agent for ASPCL and BVGL to secure funds for the payment to ASPCL in accordance with the payment provisions and requirements set out in the Payment Deed. This deposit was a sum from which there might be subsequent payments which would represent sums payable as compensatory damages, but it was not such a payment itself ... putting money aside which can then be used for the purpose of making compensatory payments is not paying damages pursuant to a legal obligation. There was therefore no loss to the insured. The sum deposited in escrow was the maximum extent of BVC's as yet unascertained liability, in contradistinction I might add, as did the judge, to an interim payment order which is a determination by the court of the likely minimum extent of the defendant's ultimate liability. There was no ascertainment of the insured's liability, whether as to its minimum or as to its entirety, and thus no ascertained loss."[379]

Temporal basis of reinsurance coverage: Losses occurring and risks attaching

Fundamental concepts

5-088   In the preceding sections we discussed the point in time when the reinsured's right to be indemnified arises—the liability attachment point—which, unless the policy wording provides otherwise, is the point in time when the underlying liability of the reinsured is ascertained by judgment, arbitration award or binding settlement. In contrast, when we talk about losses and risks that fall within the temporal scope of the reinsurance policy, we consider whether the loss or risk can be allocated to the reinsurance policy period. It has been said, of the "period" clause in a reinsurance contract that it is the "temporal limit to the cover and does not provide cover outside that period".[380] This is not a completely accurate statement, for a reinsurer may be exposed to liability long after the period of cover has expired in respect of risks which attached during the period of cover. Such reinsurance is said to be "long tail" in nature. In theory, a whole account reinsurance policy which incepts on 1 October for a period of 30 seconds could reinsure and remain exposed to all losses arising on the reinsured's book of business as it stood at the moment of inception—which could mean for the reinsurer decades of loss exposure from a moment's reinsurance. The basis of coverage—whether reinsurance is a "losses occurring" or "risks attaching" basis—is therefore fundamental to understanding the extent of exposure to which the reinsurer has bargained to reinsure. It is thus a key issue for the underwriter when determining premium levels (and perhaps relevant to brokerage, if the broker is expected to provide claims services for many years on long tail business).

Losses occurring during

5-089   Where coverage is provided on a "losses occurring" basis this means that the reinsurance contract responds to losses suffered by the reinsured, if such losses occurred during the period of the reinsurance contract. In order to recover, the reinsured must be able to demonstrate that the loss so occurred in the period in ques-

---

[379] *WR Berkley Insurance (Europe) Ltd v Teal Assurance Co Ltd* [2017] EWCA Civ 25 at [9].
[380] *Wasa International Insurance Co Ltd v Lexington Insurance Co* [2007] EWHC 896 (Comm); [2007] 1 C.L.C. 570 at [36] per Simon J. [see Ch.4]

tion and in accordance with any defined terms of "loss" or "occurrence" as relevant.[381] In *Balfour v Beaumont*,[382] Donaldson MR said:

> "There are two well-known bases of reinsurance. One is the 'losses occurring' basis, and the other is the 'risks attaching' basis. Where, as here, the reinsurance is on a losses occurring basis the reinsurer is undertaking to indemnify the reassured in respect of all losses occurring during the specified period of reinsurance, but unless the contrary is expressly provided, it is quite irrelevant when original policy came into effect or when its term expired. The only question is whether the loss occurred during the period of the reinsurance."[383]

In *Wasa v Lexington*, Lord Mance was faced with the question of whether a reinsurance contract written on a "losses occurring during" basis should respond to a US Court liability decision which would expose reinsurers to losses occurring outside the reinsurance policy's period. He contrasted the "losses occurring during" and "risks attaching during" bases as follows:

> "[I]t is fundamental that such a reinsurance will respond in the one case to losses occurring during the reinsurance period, in the other to losses occurring during the period of policies attaching during the reinsurance period. To treat excess of loss policies as covering losses through contamination occurring during any period, so long as some of the contamination occurred or existed during the reinsurance period, would be to change completely their nature and effect."[384]

For most classes of business, it is unlikely to be controversial when the loss occurs. The insurer's obligation to indemnify arises as soon as the insured has sustained a loss from a peril insured against during the policy period.[385] For property policies this will usually be the date when the insured peril caused the physical loss. For liability policies, it is usually the date of the incident or breach that gives rise to the insured's liability but the policy wording itself can impose alternative or additional triggers. As the mesothelioma litigation shows, there can be considerable scope for argument as to what constitute a loss and the point of time it arises when there is temporal gap between the initial exposure to the insured peril and the eventual manifestation of the loss.[386]

The PRICL art.4.2(2) pinpoints the occurrence of a loss under the reinsurance contract to the point in time when the obligation of the reinsured arises. This is to be determined pursuant to the terms and conditions of the underlying insurance contract and the law applicable thereto. This provision could potentially override the effect of *Wasa v Lexington*[387] by explicitly fixing the losses occurring point under the reinsurance contract to the point in time when the reinsured's obligation to indemnify arises under the underlying insurance contract. If the law applicable to the insurance contract determines that the reinsured qua insurer became liable to indemnify its insured at a point of time during the reinsurance policy period but

---

[381] Hobhouse LJ. In *Municipal Mutual Insurance Ltd v Sea Insurance Co Ltd* [1998] C.L.C. 957; [1998] Lloyd's Rep. I.R. 421 referred to the need on the part of the reinsured to prove that "there has been physical loss or damage which has occurred in the year covered by the relevant contract of reinsurance".

[382] *Balfour v Beaumont* [1984] 1 Lloyd's Rep. 272 at 274.

[383] The passage is similar to that of Staughton LJ's in *Youell v Bland Welch & Co Ltd (No.1)* [1992] 2 Lloyd's Rep. 127 at 131. For an early example of a "losses occurring during" insurance policy, see *Re London Marine Insurance Association* (1869) L.R. 8 Eq. 176.

[384] *Wasa International Insurance Co Ltd v Lexington Insurance Co* [2009] UKHL 40 at [41].

[385] *Sprung v Royal Insurance (UK) Ltd* [1997] C.L.C. 70; [1999] Lloyd's Rep. I.R. 111.

[386] See 5-101–5-107.

[387] *Wasa International Insurance Co Ltd v Lexington Insurance Co* [2009] UKHL 40.

extending to losses outside the reinsurance policy period those losses would then also be considered as having occurred during the reinsurance policy period.

Risks attaching during

5-090   A reinsurance contract providing cover in a "risk attaching during" basis covers losses suffered by the reinsured regardless of whether or not the losses materialise during the policy period as long as the underlying risk attached during the reinsurance policy period. What counts as "attached" depends on whether under the reinsurance contract in question it is sufficient for the reinsured to write the risk, or whether the risk needs to be declared.[388] The "risks attaching during" basis is found in treaty reinsurance where underlying risks are intended to attach to the overlying "risks attaching during" reinsurance and any inwards losses arising under the attaching policies are potentially covered as outwards reinsurance losses. This basis of reinsurance provides coverage for losses occurring after the reinsurance period has itself expired subject to the proviso that the losses arise on risks which attached during the treaty period. In *Balfour v Beaumont*,[389] Donaldson MR said:

> "... On the other hand, a reinsurance of risks attaching to particular policies would necessarily be co-extensive in time with the original policies, unless it was expressly provided that losses occurring after a particular date were to be excluded."

Therefore, if a risk is written by the reinsured's underwriter after the expiry of the overlying risks attaching treaty reinsurance, the treaty will not respond to any losses arising. The key to determining whether the "risks attaching during" treaty responds is whether the relevant underlying risk was underwritten during the period of the treaty.

Limit No.2 Ltd v Axa Versicherung AG[390] gives guidance as to how a risks attaching treaty operates. The Court of Appeal held that a risk is ceded to and attaches irrevocably to a fac/oblig reinsurance the moment that the reinsured's decision to cede it is documented in its own internal records. Actual communication to confirm the cession to the reinsurer (e.g. by way of a contractual quarterly risk bordereaux reporting), was not determinative of actual conclusive cession to the overlying treaty and so if the quarterly reporting was not complied with, the risk would remain and not detach from the treaty. If risk bordereaux are rendered late, in breach of the contract's reporting requirements, and after the "risks attaching during" policy has expired, then the reinsurer's remedy is to sue the cedent for any loss or damage resulting from such a breach[391]—and not to deny any risk attachments. The decision in *Limit No.2* is consistent with the market practice described in the first instance decision in *Baker v Black Sea*.[392] For automatic obligatory treaties, where a reinsured has agreed to cede and the reinsurer agreed to reinsure, it seems logical that the decision alone to write applicable business for cession to the overlying treaty would be sufficient for the risk to attach irrevocably, without the need for a

---

[388] See *Limit No.2 Ltd v Axa Versicherung AG (formerly Albingia Versicherung AG)* [2008] EWCA Civ 1231; [2008] 2 C.L.C. 673, discussed below in this section.
[389] *Balfour v Beaumont* [1984] 1 Lloyd's Rep. 272 at 274.
[390] *Limit No.2 Ltd v Axa Versicherung AG (formerly Albingia Versicherung AG)* [2008] EWCA Civ 1231.
[391] In most cases, however, there will be no loss caused from late reporting.
[392] *Baker v Black Sea & Baltic General Insurance Co Ltd* [1996] L.R.L.R. 353 at 174 per Potter J: "... an unequivocal act of cession takes place at the moment when the underwriter, by writing a line to which he attaches his syndicate scratch with an appropriate underwriting reference, indicates his intention to cede a percentage of that line to the reinsurer such cession becoming binding at the moment of contractual completion of the slip."

THE NATURE AND EXTENT OF THE REINSURER'S LIABILITY 319

conscious decision taken by the reinsurance technicians (or their IT systems) to allocate the policy to the relevant outwards treaty.

The PRICL art.4.3 provides that a "risks attaching during" clause brings within the policy period any obligation of the reinsured arising as a consequence of the materialization of a peril insured against under the underlying insurance contract incepting or being renewed during the reinsurance period.

"Risks attaching during" (RAD) outwards and "losses occurring during" (LOD) inwards mismatch

There is the inevitable danger for the reinsured in selling insurance responding to losses occurring on risks attaching basis whilst having purchased reinsurance which responds only on a losses occurring basis: there may be a gap in cover. Losses will likely arise on the inwards attaching risks which will eventually fall outside the period of the outwards losses occurring policy (unless the reinsured is able to constantly renew its reinsurance cover until inwards claims dry up). In those circumstances, the insurer will have no reinsurance for part of its assumed book of business. Thomas J (as he then was) described in the *Sphere Drake* trial how the brokers, who had taken a prominent role assisting the underwriter in accepting and ceding business, were at fault for such a mismatch:

5-091

> "I am sure that Mr Brown and Mr Butler fully appreciated the risks to [Sphere Drake] of granting RAD cover but only having outwards reinsurance on an LOD basis; they must have appreciated that no honest agent would expose his principal to such obvious risk for such a purpose. Mr Butler's evidence was that LMX contracts were generally written on an LOD basis and that it was normal for underwriters to write inwards business on an RAD basis and place their reinsurance on an LOD basis. I do not accept that evidence. I have already referred to the evidence of Mr Greig and Mr Jackson. I am sure that it was obvious folly to write gross loss making business with such a major mismatch in the reinsurance in the then market; but even if that evidence was correct, it was obvious to Mr Brown and Mr Butler and they must have fully appreciated that the writing of a significant number of gross loss making contracts on an RAD basis whilst only having reinsurance on an LOD basis would inevitably expose [Sphere Drake] to the massive financial risks I have described."[393]

"Claims made" underlying insurance policy

Liability insurance—in particular professional indemnity insurance—is frequently written on a "claims made" basis, that is to say "... the insurers' liabilities [are defined] by reference, not to the occurrence of negligent acts or omissions within the period of cover but to the making of claims against the assured during that period ...".[394] Excess of loss reinsurers may reinsure direct claims made policies on an occurrence basis (the occurrence for the purpose of the reinsurance being the claim on the reinsured). Where the direct policy remains on a "losses occurring" basis, it is possible for reinsurers to reinsure it on a "claims made" basis,[395] but we can see that the more exacting requirements of Solvency II may make such reinsurance unattractive to the insurer. Suppose that an insurer provides insurance

5-092

---

[393] *Sphere Drake v Euro International* [2003] EWHC 1636 (Comm); [2003] Lloyd's Rep. I.R. 525 at [1246], subpara.(xiii) of Pt 1. [see Ch.4].

[394] *Touche Ross & Co v Baker (Colin)* [1992] 2 Lloyd's Rep. 207; (1992) 89(28) L.S.G. 31 at 208 per Lord Mustill.

[395] "The claims-made basis here being the date when the first advice of a claim is made by the reassured to the excess reinsurer": Kiln, *Reinsurance in Practice*, 4th edn (Witherby & Co Ltd, 2001), p.229.

320   THE REINSURER'S OBLIGATION TO PAY CLAIMS

in year one on a loss occurring basis and obtains claims made reinsurance on such insurance for that same year. The insurer knows that losses may be notified in year two and thereafter on the losses occurring risks at that time written in year one, but at that time, his reinsurance being on a claim made basis, he will not have reinsurance in place for years two and in the following years, and depending on his loss experience, he may not be able to obtain it. He may therefore be required to show capital to cover that exposure entirely from within his own resources. Although reinsurance written on a "claims made" basis is less common than direct insurance written on a "claims made" basis, the question of whether one or more "claims" have arisen may be relevant for the purpose of determining whether the attachment point in an excess of loss contract has been triggered, or for the purpose of giving notice to the excess of loss reinsurer. We refer to 5-091 above for a discussion of similar issue in relation to risks attaching during covers being reinsured on a "losses occurring during basis".

What is a claim?

5-093   The meaning of "claim" was considered by Devlin J (as he then was) in *West Wake Price & Co v Ching*. He said:

"I think that the primary meaning of the word 'claim'—whether used in a popular sense or in a strict legal sense—is such as to attach it to the object that is claimed; it is not the same thing as the cause of action by which the claim may be supported or as the grounds on which it may be based. In the Oxford Dictionary 'claim' is defined as, first, 'A demand for something as due; an assertion of a right to something'; secondly, 'Right of claiming; right or title (to something or to have, be, or do something); also or, upon the person, etc. that the thing is claimed from).' All the examples given under these two heads are examples of claims made to an object or upon a person. Under the verb to 'claim' it is observed that it is 'often loosely used (esp. in U.S.) for: contend, maintain, assert.' I do not doubt that the word is frequently used in this looser meaning of 'contention' or that it is often used by lawyers as if it meant the same thing as a cause of action."[396]

In *Australia & New Zealand Bank Ltd v Colonial & Eagle Wharves Ltd*, the words "each and every claim" were considered by McNair J, who said:

"I have come to the conclusion that, in this clause, 'claim' means the occurrence of a state of facts which justifies a claim on underwriters."[397]

Cairns LJ subsequently observed that:

"If McNair J.'s definition of claims is accepted (and I do not accept it) then ... it means that the matter does not depend on how the claims are formulated ... It depends on whether the facts give rise to one claim or more."[398]

Occurrence first reported" wordings (the "Bermuda Form")

5-094   We have referred above[399] to the "Bermuda Form". This is a form of liability insurance policy developed specifically for the Bermuda market, which is a hybrid between an occurrence policy and a claims-made policy. The policy covers occurrences that take place during the policy period and are reported during the period

---

[396] *West Wake Price & Co v Ching* [1956] 2 Lloyd's Rep. 618 at 627–628.
[397] *Australia & New Zealand Bank Ltd v Colonial & Eagle Wharves Ltd* [1960] 2 Lloyd's Rep. 241 at 255.
[398] *Trollope & Colls Ltd v Haydon* [1977] 1 Lloyd's Rep. 244.
[399] See Ch.3, 3-090 above.

of cover. The policy differs from a claims-made policy in that it envisages a continuous period of cover, renewable annually, from an inception date until such time as the insured ceases to pay premium. The essential feature of the "occurrence first reported" trigger of coverage is that the insured is required to aggregate by giving notice of an "integrated occurrence", which, "is attributable directly or indirectly or allegedly to the same actual or alleged event, condition, cause, defect, hazard and/or failure to warn ...". Once an integrated occurrence is notified to the insurer the insured can only recover in respect of the policy year in which the notification is given. In this respect the policy is similar to a claims-made policy. Disputes under a Bermuda Form Policy are typically resolved by arbitration either in London or Bermuda under New York law subject to some modifications and exceptions.[400] It is a principle of New York law that under a liability insurance policy which provides that an insurer has a duty to defend a claim of which he is notified, where that insurer declines to defend the claim, he is bound by a good faith and reasonable settlement or a judgment against the insured.[401] It is important to appreciate that this rule of New York law is different from the position under English law where to recover from its liability insurer the insured must prove that it was under an actual legal liability to the third party whose claim it has settled.[402]

We have seen difficulties arise when an insurance contract written on the Bermuda form containing the standard arbitration and New York choice of law provisions is then reinsured under a contract of reinsurance which is expressed to be "as original". The notification provisions of the original insurance contract cannot be easily transposed to the reinsurance contract, especially if different reinsurers are on risk in different years. For example, suppose that the insured notifies an occurrence likely to give rise to a claim to its insurer in year one and no claim is made until year three. No notification is given to reinsurer A in year one because the insurer/reinsured reasonably believes that there will be no claim under the reinsurance contract in year one. The insurer/reinsured gives notice of an occurrence to a new reinsurer, B, in year three, on the basis that that is the first year in which it had reason to believe that there was an occurrence likely to give rise to a claim under the reinsurance contract. Can the insurer trigger coverage under the reinsurance contract with B (which incepted in year three) on the basis of an occurrence which was first reported under the insurance contract in year one by first reporting an occurrence under the reinsurance contract (the claim by the insured) in year three?

In *Astrazeneca Insurance Co Ltd v XL Insurance (Bermuda) Ltd*,[403] the Claimant ("AZICO"), which was a captive of the pharmaceutical company AstraZeneca entered into a reinsurance contract which was governed by English law, contained no follow the settlements clause and was written on an "occurrence first reported" form which was in effectively identical terms to the insurance contract issued by AZICO. AstraZeneca, with the approval of AZICO, settled a series of claims by plaintiffs in the United States and Canada relating to an antipsychotic drug,

5-095

---

[400] On choice of law under the Bermuda Form and the effect of the modifications, see Jacobs, Masters and Stanley, *Liability Insurance in International Arbitration: The Bermuda Form*, 2nd edn (Hart Publishing 2011), pp.26-58; Scorey, Geddes and Harris, *The Bermuda Form: Interpretation and Dispute Resolution of Excess Liability Insurance* 2nd edn (Oxford University Press, 2018), pp.19-78.
[401] See *Astrazeneca Insurance Co Ltd v XL Insurance (Bermuda) Ltd* [2013] EWCA Civ 1660 at [25] and the New York cases there cited.
[402] *Astrazeneca Insurance Co Ltd v XL Insurance (Bermuda) Ltd* [2013] EWCA Civ 1660 at [4] per Christopher Clarke LJ, approving *Enterprise Oil Ltd v Strand Insurance Co Ltd* [2006] EWHC 58 (Comm); [2007] Lloyd's Rep. I.R. 186.
[403] *Astrazeneca Insurance Co Ltd v XL Insurance (Bermuda) Ltd* [2013] EWCA Civ 1660.

Seroquel. The individual claim settlements were relatively modest, amounting to an average of US$20,000 per plaintiff. AZICO sought to recover from its two reinsurers US$63 million paid in respect of settlements and US$768 million in "Defense Costs". The reinsurance contract provided for arbitration in London, but this was waived by agreement of the parties and two preliminary issues were submitted to the Commercial Court for decision: first, whether in order to recover from reinsurers it was sufficient for AZICO to show that the settlements were in respect of an arguable legal liability of AstraZeneca, which it was common ground was the case[404]; secondly, whether there was any liability for "Defense Costs" in circumstances where the insurance contract did not impose a duty to defend on AZICO and only one claim proceeded to judgment and in respect of that claim liability was not established. The Court of Appeal agreed with the trial judge (Flaux J) that as a matter of English law, which governed both the insurance and the reinsurance contract, AZICO could only recover an indemnity for the settlement if it could establish on the balance of probabilities, and assuming a correct application of the law governing the claim in question to the evidence properly analysed, that it was liable. Similarly, "Defense Costs" were only recoverable where it was established that AstraZeneca was liable for the claim in question.

Allocation of settlements

5-096   The reinsured may, in settling (or considering whether to settle) a loss, be faced with the problem of apportioning that loss among different underwriting years, and possibly different reinsurers within different layers. The reinsured will want to maximise its recovery from reinsurers and might consider a strategic allocation to achieve this, whilst a reinsurer will not want to see its layer or policy year engaged. Where the reinsured has a loss that could be allocated to different underwriting years, or trigger different layers, the guiding principle is that the reinsured must not manipulate in bad faith the allocation and order of its claims under its reinsurances.[405]

Allocation over different underwriting years

5-097   As we noted above, in LOD policies, losses must be allocated to the policy which covers a policy period during which the loss occurred as a matter of fact. In *Municipal Mutual Insurance Ltd v Sea Insurance Co Ltd*,[406] the defendant reinsurers had reinsured the plaintiff reinsured, MMI, on an excess of loss basis for the years 1986/87, 1987/88 and 1988/89 in different proportions for each year. MMI was the sole insurer of the original insured, the Port of Sunderland, for all three years. The period of cover ran for 12 months from 24 June. The original insured had been sued successfully for damages—in the sum of £1,765,000 plus interest and costs—caused by vandalism owing to the insured's lack of supervision, and MMI had indemnified its insured under a third-party liability policy. The trial judge in the case against the insured found that "the huge bulk of the damage must in all prob-

---

[404] As Christopher Clarke LJ put it in [2013] EWCA Civ 1660 at [5]: "The settlements approved by AZICO were commercial settlements in the sense that they represented a settlement of modest amounts per claim which reflected the risks of litigation. They were not reached on the footing that they represented a reasonable amount in respect of what was an actual liability."

[405] *Equitas Insurance Ltd v Municipal Mutual Insurance Ltd* [2019] EWCA Civ 718; [2020] Q.B. 418; and *Teal Assurance Co Ltd v WR Berkley Insurance (Europe) Ltd* [2013] UKSC 57; [2013] Bus. L.R. 1091.

[406] *Municipal Mutual Insurance Ltd v Sea Insurance Co Ltd* [1996] L.R.L.R. 265; [1996] C.L.C. 1515 CA.

ability have occurred between March 1987 and September 1988".[407] Having indemnified the Port of Sunderland, MMI sought to recover from its reinsurers on all three years. Waller J held, following Hirst LJ in *Hill v Mercantile & General*, that the reinsured's payment in satisfaction of the judgment against his insurer was a "settlement" which was binding upon the defendant reinsurers. The difficulty which the plaintiff reinsured faced was establishing how much of this "settlement" was covered under each of the reinsurance contracts. The following diagram makes the problem clear.

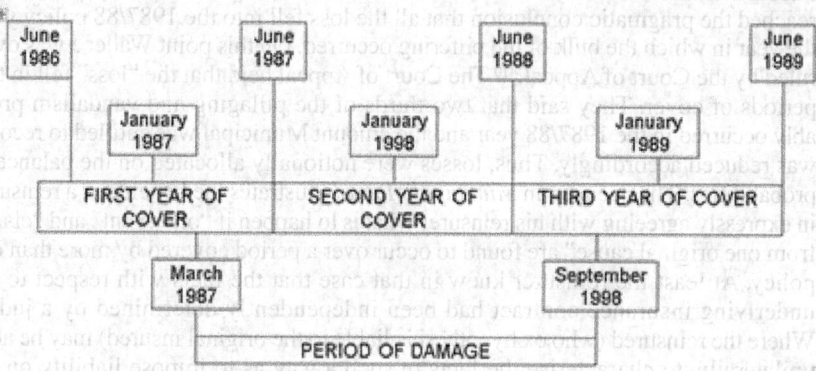

Different excess limits were applicable to the policy periods: 1986/87, 2.5 million excess £500,000 (first layer), £2 million excess £3 million excess (second layer); 1987/88 and 1988/89, £3.5 million excess £1.5 million (one layer only). Waller J said:

"[I]n the context of the reinsurance, the starting point for any potential liability has to be to consider whether the relevant event giving rise to an obligation to indemnify has occurred within the relevant period covered by the reinsurance contract under which liability is claimed."[408]

This is perfectly correct, as is the following statement by the judge:

"The policies which I have to consider are different policies for different years. There is no room for implying terms as between the years, or as I see it, for applying some form of equitable apportioning as between years before establishing whether under an individual policy some liability arises."[409]

First, Waller J held that the settlement by the reinsured of the claims made upon it by its insured, as one claim arising out of a single event, namely a failure to exercise supervision (as opposed to numerous acts of vandalism), was binding upon the reinsurer. Secondly, he held that, if, in the settlement with the insured, the reinsured had apportioned the settlement to a particular year, the reinsurer would be bound by that apportionment, provided such apportionment was done in a good faith and a business-like manner, but:

"I cannot accept that a settlement or payment which is consistent with no attribution to any particular year, can be treated as binding on reinsurers by virtue of some action taken *after settlement*." [Emphasis added]

5-098

---

[407] *Municipal Mutual Insurance Ltd v Sea Insurance Co Ltd* [1996] L.R.L.R. 265 at 268.
[408] *Municipal Mutual Insurance Ltd v Sea Insurance Co Ltd* [1996] L.R.L.R. 265 at 270.
[409] *Municipal Mutual Insurance Ltd v Sea Insurance Co Ltd* [1996] L.R.L.R. 265 at 272.

5-099 He therefore concluded that as regards apportionment, there was no settlement binding on reinsurers by virtue of the decision of the trial judge in the action by the original insured against the reinsured, and "the question of whether proper business-like steps were taken does not arise".

Having held there was no binding apportionment, Waller J was then required to determine which of the reinsurance policies responded to a loss which, the trial judge, had held occurred over an 18-month period and straddled three policy years, but which Waller J nonetheless found arose out of one event, a lack of supervision. Faced with the difficulty of the "one event" straddling three policy periods, he reached the pragmatic conclusion that all the loss fell into the 1987/88 policy year, the year in which the bulk of the pilfering occurred. On this point Waller J was overruled by the Court of Appeal.[410] The Court of Appeal held that the "loss" fell in two periods of cover. They said that two-thirds of the pillaging and vandalism probably occurred in the 1987/88 year and the amount Municipal was entitled to recover was reduced accordingly. Thus, losses were notionally allocated on the balance of probabilities. The decision in *Municipal Mutual* illustrates the benefit for a reinsured in expressly agreeing with his reinsurer what is to happen if "one event" and "claims from one original cause" are found to occur over a period covered by more than one policy. At least the reinsurer knew in that case that the facts with respect to the underlying insurance contract had been independently determined by a judge. Where the reinsured (who ex hypothesi is liable to the original insured) may be able, unilaterally, to characterise the facts in such a way as to impose liability on the reinsurer, the reinsurer may be forgiven for doubting the reinsured's objectivity.[411]

5-100 In RAD policies, the risk attachment point must fall into the policy period. What happens if there are overlapping policies? In *Cultural Foundation (t/a American School of Dubai) v Beazley Furlonge Ltd*,[412] the judge commented obiter dicta in the context of architects' professional indemnity insurance, that, in principle, provided two subsequent policies are engaged and all notification obligations were complied with, an insured did have the right to choose between different policy periods and under which policy to claim "because that was the bargain struck by the parties."[413] The insured had notified the same claim as a "circumstance" giving rise to a claim under Policy 1, and as "claim" under Policy 2 covering the subsequent year. Policy 1 provided that:

> "... Circumstance notified to them during the Period of this Policy and which subsequently gives rise to a claim after expiry of this Policy shall be deemed to be a claim first made during the Period of this Policy."

Judge Henshaw QC said:

> "It is not strictly necessary for me to resolve this particular point because I have not come to the conclusion that any part of the ASD claim was notified under both Notification 923 and Notification 953. However, it seems to me that the reasoning of the Supreme Court of South Africa in *Immerzeel*[414] is, with respect, coherent and correct at least as regards the situation that arose there. In the absence of an exclusion of previously notified

---

[410] *Municipal Mutual Insurance Ltd v Sea Insurance Co Ltd* [1998] C.L.C. 957; [1998] Lloyd's Rep. I.R. 421.
[411] See *Brown v GIO Insurance Ltd* [1998] C.L.C. 650; [1998] Lloyd's Rep. I.R. 201.
[412] *Cultural Foundation (t/a American School of Dubai) v Beazley Furlonge Ltd* [2018] EWHC 1083 (Comm); [2018] Bus. L.R. 2174.
[413] *Cultural Foundation (t/a American School of Dubai) v Beazley Furlonge Ltd* [2018] EWHC 1083 (Comm) at [15] and [170] referring to the decision of Supreme Court of Appeal of South Africa in *Immerzeel v Santam Ltd* [2007] Lloyd's Rep. I.R. 106.
[414] *Immerzeel v Santam Ltd* [2007] Lloyd's Rep. I.R. 106.

circumstances, and provided of course that proper disclosure is made, there is no sufficient reason why an insured should not place cover on a claims made basis for a later year and rely on such cover if claims are then made during that later year.

By extension of the same reasoning, the insured is also entitled to notify circumstances to a subsequent insurer under a claims extension provision like clause 3.2(b) in the present case, provided also that such notification has been given on a timely basis. As the court indicated in *Immerzeel*, the notification in the earlier year is not to be regarded for the purposes of the later policy as deeming the claim to have been made in the earlier year."[415]

However, the judge acknowledged that this was not a clear-cut case and proceeded to note:

"I would accept that there is a cogent contrary view to the effect that the insured is given only a one-off option to notify circumstances during a particular policy period, following which any resulting claim is to be deemed to have been first made during that policy period: rather than an option to make successive notifications in different policy periods resulting in overlapping cover."[416]

Apportionment over different underwriting years in the "Fairchild enclave" (mesothelioma claims)

At employer level: In *Fairchild v Glenhaven Funeral Services Ltd*,[417] the facts accepted were that mesothelioma could be caused by a single asbestos fibre and once contracted, was not aggravated by further exposure to asbestos. But the state of medical knowledge made it impossible to know, over the period of exposure, at what time the one single fibre entered the lung. The court had either to find that no person who had exposed the victim to asbestos was responsible for the injury to the victim, on the basis his liability could not be proved on the balance of probabilities against any particular defendant, or be creative. The House of Lords was creative; if a defendant exposed the injured person to asbestos, he was in breach of duty and should be found liable for the consequent injury. For the court, that all of the only parties who could have caused the injury should be released because none of them could be found, on the balance of probabilities, to have caused the injury, was illogical. But that all of them should be found to be liable was equally illogical, but the result is more attractive.[418] Proof, on a balance of probabilities, that the wrongdoing of each employer had materially increased the risk to the employee that he might contract the disease was to be taken as proof that each employer had materially contributed to it. They were jointly and severally liable. This became

5-101

---

[415] *Cultural Foundation (t/a American School of Dubai) v Beazley Furlonge Ltd* [2018] EWHC 1083 (Comm) at [169] and [170].
[416] *Cultural Foundation (t/a American School of Dubai) v Beazley Furlonge Ltd* [2018] EWHC 1083 (Comm) at [170].
[417] *Fairchild v Glenhaven Funeral Services Ltd (t/a GH Dovener & Son)* [2002] UKHL 22; [2003] 1 A.C. 32. In *Williams v Bermuda Hospitals Board* [2016] UKPC 4; [2016] A.C. 888, the Privy Council decided that for an action on the part of the defendant to make a "material contribution" to the injury it was not necessary to show that the defendant's negligence more than likely caused the injury; it was only necessary to show that the actions more than likely made a material contribution to the injury. And the actions of the defendants could be sequential; they did not have to be contemporaneous. *Heneghan v Manchester Dry Docks Ltd* [2016] EWCA Civ 86; [2016] 1 W.L.R. 2036 applied the principles in Fairchild to successive exposure to asbestos causing lung cancer.
[418] In *Barker v Corus UK Ltd* [2006] UKHL 20; [2006] 2 A.C. 572, the House of Lords concluded that someone liable for exposing the claimant to risk of mesothelioma should only be liable to the extent of his share of the risk created. The Compensation Act 2006 reversed that and made each tortfeasor jointly liable with the others. *Barker v Corus* is still good law in Guernsey, which is not subject to the Compensation Act 2006: *Zurich Insurance Plc UK v International Energy Group Ltd* [2015] UKSC 33; [2016] A.C. 509.

subsequently known as the "special rule" in *Fairchild* or the "Fairchild enclave", and has been further developed by the Compensation Act 2006.

5-102 At insurance level: Once the court has made a determination of the liability of a defendant employer, the employer will make a claim on his employers' liability insurer. If the insurance is on a claims-made basis, the fact that the date of the actual injury is unknown does not cause a problem—unless there is a retro date[419] in the insurance policy and it is invoked by the insurer. If the insurance is losses occurring or there is a relevant retro date in the policy, the date that injury in fact occurred is relevant. If the insured exposed the injured person to risk for 10 years, the court may find the insured liable and not determine in which of those years the loss falls—because it cannot. Ultimately, how much the insured has to pay may depend on the financial strength of other potentially paying parties—other defendants who are found jointly liable. How does this loss impact on the insured's insurers who may have insured him in one or more of those 10 years?[420] Here we have a factual problem similar to that considered in the *Municipal Mutual* case, but one not capable of resolution by a careful investigation of the facts. The facts are known but they do not help. The victim has mesothelioma, the insured has been found liable but the date of injury is not ascertained; if there are a number of insurers over the 10-year period the insurer who should pay cannot be identified because the year in which mesothelioma was contracted cannot be identified. The year which should respond (there may be different coverages, deductibles, limits, in different years) will not be known. But, suppose that the relevant insurers come to an agreement about how to divide the liability, or suppose that, despite the difficulties of analysis, a court does find an insurer liable to indemnify in some ascertained amount.

5-103 The question when employers' liability policies are triggered in respect of mesothelioma claims at the level of the direct insurer for employers' liability insurance was considered by the Supreme Court in *Durham v BAI (Run Off) Ltd*.[421] The court said that in employers' liability insurance the liability of insurers on losses occurring policies for the mesothelioma bodily injury from asbestos exposure arises at the time of the exposure because that is a time when bodily injury was caused. The majority, in considering the effect of the special rule in Fairchild on employers' liability insurance, held that where separate acts could each independently have been sufficient to give rise to mesothelioma, as a matter of legal policy the courts could accept a weaker causal relationship for the imposition of responsibility. Lord Mance said:

> "For this purpose, the law accepts a weak or broad causal link. The link is to exposure which may but cannot be shown on the ordinary balance of probabilities to have played a role in the actual occurrence of the disease. But for the purposes of the policies the negligent exposure of an employee to asbestos can properly be described as having a sufficient causal link or being sufficiently causally connected with subsequently arising mesothelioma for the policies to respond. The concept of a disease being 'caused' during the policy period must be interpreted sufficiently flexibly to embrace the role assigned to exposure by the rule in Fairchild and Barker."[422]

Lord Phillips dissented: He saw reason for holding an employer liable for add-

---

[419] A retro-date in a claims-made policy provides that the policy covers all claims provided that they arise from an incident occurring after a certain date in the past, and not those arising from incidents before that date.

[420] We know from *Wasa v Lexington* (see Ch.4, 4-019 above) that the court will be reluctant to find the insurer liable for loss falling outside the period of cover provided by the insurer.

[421] *Durham v BAI (Run Off) Ltd* [2012] UKSC 14; [2012] 1 W.L.R. 867.

[422] *Durham v BAI (Run Off) Ltd* [2012] UKSC 14 at [74].

ing to the risk of the employee contracting mesothelioma, but such a decision involved no legal fiction as to when mesothelioma was in fact contracted. However:

> "It would be judicial law-making of a different dimension to create a legal fiction as to the policy years in which cases of mesothelioma were initiated in order to render liable insurers who could not otherwise be shown to be liable."[423]

For Lord Phillips there was no reason to depart from the position established in *Bolton MBC v Municipal Mutual Insurance Ltd*[424] for public liability policies—that the insurance policy that should respond to the injury was that policy in force when the injury manifested itself. Despite the differences in outcome, both decisions make findings that result in identifiable insurers being rendered liable. They have then to look to their reinsurance wordings to see if they can recover indemnities for what they may have to pay. In that case—how does the insurer claim on his reinsurer where the underlying insurance and the reinsurance are not claims made? Does the same pragmatism which drives the court to favour the injured party drive it to find a way of favouring the reinsured? If there are 10 years of insurance in issue with different reinsurers and retentions each year, what can a court or arbitration tribunal do? (Bearing in mind that if each reinsurance contract has an arbitration clause, there will be no "one forum" in which to resolve everything). We do not see how anyone reinsurer could be picked out to pay in such circumstances. These problems are of such a nature that only claims made policies with no relevant retro dates can really respond in these situations.

In *International Energy Group Ltd v Zurich Insurance Plc UK*,[425] the Supreme Court was asked to consider in a Guernsey case the question how liability for mesothelioma claims should be apportioned as between insurers that had insured in successive cover periods. The Supreme Court said obiter dicta that in England (where the Compensation Act 2006 applies) an employer's liability insurer was liable to indemnify an employer in full, but had rights to contribution from co-insurers and, in respect of any period where there was no insurer, from the employer as a self-insurer. 5-104

Lord Mance identified a number of problems that would occur if an insured could select a coverage year or period of his or her choice: 5-105

> "... the anomalies are self-evident. (a) It is contrary to principle for insurance to operate on a basis which allows an insured to select the period and policy to which a loss attaches. This is elementary. If insureds could select against insurers in this way, the risks undertaken by insurers would be entirely unpredictable. (b) It is anomalous for a liability insurance underwritten for a premium covering losses arising from risks created during its particular period to cover losses about which all that can be said is that they arise from risks extending over a much longer period, in respect of which no premium has, or could have, been assessed or received by the insurer. (c) An insured is able to ignore long periods in respect of which he himself has chosen not to insure, or has not kept any record of any insurance which he may have taken out, or has chosen to entrust his insurance to an insurer who has become insolvent. (d) An insured has no incentive to take out or maintain continuous insurance cover. On the contrary, it is sufficient to take out one year's cover, or even to arrange to be held covered for only one day, during whatever happens subsequently to prove to have been the overall exposure period—whether this is done at

---

[423] *Durham v BAI (Run Off) Ltd* [2012] UKSC 14 at [135].
[424] *Bolton MBC v Municipal Mutual Insurance Ltd* [2006] EWCA Civ 50; [2006] 1 W.L.R. 1492.
[425] *International Energy Group Ltd v Zurich Insurance Plc UK* [2015] UKSC 33; [2016] A.C. 509.

the very start of the overall exposure period, or later after many decades of exposure, perhaps due to a sudden appreciation of the virtues of insurance under the special rule."[426]"

We consider that these "anomalies" would apply mutatis mutandis if a reinsured could pick a particular coverage year under its outward reinsurance arrangements. However, in mesothelioma cases, because of the evidential uncertainties, under s.3 of the Compensation Act 2016 (which applies in England), a person contracting mesothelioma, after being exposed to significant quantities of asbestos dust originating from different sources over the same or different periods, can sue any person who was (negligently or in breach of duty) responsible for any such source of exposure, although unable to show which exposure in probability actually led or contributed to the disease. The majority of the Supreme Court (Lord Neuberger of Abbotsbury PSC, Lord Sumption and Lord Reed JJSC dissenting) concluded that it must follow that an insurer, whether for the whole or part of the period for which the insured employer has negligently exposed the victim to asbestos, is on the face of it liable for the victim's full loss. It would then be open to that insurer to pursue rights to contribution from co-insurers and, in respect of any period where there was no insurer, from the employer as a self-insurer:

> "In my view, the law has existing tools which can be adapted to meet this unique situation. The concepts of co-insurance and self-insurance are both at hand. Co-insurance is relevant in so far as the insured has other insurance to which it could also have resorted on the basis that it had also exposed the victim during the period of that insurance. Self-insurance is relevant, because an insured who has not (i) taken out or (ii) kept records of or (iii) been able to recover under such other insurance must be regarded as being its own insurer in respect of the period in question for which it has no cover. A sensible overall result is only achieved if an insurer held liable under a policy like the Midland policy is able to have recourse for an appropriate proportion of its liability to any co-insurers and to the insured as a self-insurer in respect of periods of exposure of the victim by the insured for which the insurer has not covered the insured."[427]

5-106 It is noteworthy that, once the insurer has paid in full, the Supreme Court envisages proportionate contributions calculated by reference to the respective periods of cover (or self-insurance).[428] This is to be contrasted with the normal presumption in relation to over-insurance by double insurance for the same loss that insurers contribute proportionately by reference to their liability for such loss.[429]

In contrast, Lord Sumption (giving the leading dissenting opinion) opined that the insurance contract should be construed so that the insurer's liability for the loss is limited to the proportion of the policy years in which it provided cover relative to the whole period during which the employer wrongfully exposed the employee to the asbestos fibres: the insured "must still show that the occurrence fell within the chronological limits of the policy".[430] The majority's approach that an employers' liability insurer was liable to indemnify an employer in full but could seek contributions from other insurers covering parts of the exposure period and taking

---

[426] *International Energy Group Ltd v Zurich Insurance Plc UK* [2015] UKSC 33; [2016] A.C. 509 at [43].
[427] *International Energy Group Ltd v Zurich Insurance Plc UK* [2015] UKSC 33; [2016] A.C. 509 at [52] per Lord Mance.
[428] *International Energy Group Ltd v Zurich Insurance Plc UK* [2015] UKSC 33; [2016] A.C. 509 at [53] and [63] per Lord Mance and at [107]–[110] per Lord Hodge (with whom Mance, Clarke and Carnwarth JJSC agreed).
[429] See Marine Insurance Act 1906 s.80.
[430] *International Energy Group Ltd v Zurich Insurance Plc UK* [2015] UKSC 33; [2016] A.C. 509 at [113] and [156] per Lord Sumption.

into account the differing lengths of exposure was applied in *RSA Insurance Plc v Assicurazoni Generali SpA*.[431]

At reinsurance level: What does this mean for reinsurers? Prior to the decision in *Equitas Insurance Ltd v Municipal Mutual Insurance Ltd*,[432] it was not clear whether the *Fairchild* enclave would extend to reinsurance, so that the normal principles of allocation would be disapplied in relation to mesothelioma claims. The facts of the case are set out in Ch.4, 4-095. The Court of Appeal held that the *Fairchild* enclave did not extend to reinsurance. Males LJ said:

5-107

> "90. There is no doubt that the *Fairchild* decision together with the Compensation Act 2006 and the cases which have applied these principles have created significant anomalies in the law. That jurisprudence, intended as it was to ensure a remedy for victims of negligent exposure to asbestos, has extended into liability insurance and (now) reinsurance in ways which seem unlikely to have been intended or predicted.
>
> 91. I would accept that, once the courts can be confident that the objective of ensuring victim protection has been achieved, it is desirable that the anomalies should be corrected and that the law should return to the fundamental principles of the common law. Put shortly, once unorthodoxy has served its purpose, we should revert to orthodoxy. That does not preclude development of the law to meet new challenges, but does serve the interests of business where certainty and predictability are paramount if commercial entities including the reinsurance market are to conduct business and settle claims when they arise as efficiently as possible. It serves also the interests of those who ultimately have to pay the premiums if unpredictable liabilities to which in reality insurers and reinsurers never agreed are confined as closely as is possible consistent with the policy that victims should be compensated.
>
> 92. The result of the jurisprudence so far, culminating in *IEG*, is that a victim of mesothelioma as a result of negligent exposure to asbestos is assured of a remedy. That will be either a solvent employer or a solvent insurer or, in cases where the insurer is insolvent, a statutory or industry compensation scheme. While the anomalies described by Lord Mance in IEG served a purpose at the insurance level, *it is unnecessary to perpetuate them at the reinsurance level*.[433]"

The Court of Appeal said that policy reason for allowing the insured to recover its full loss from any solvent insurer within the Fairchild enclave does not exist at the reinsurance level. Leggatt LJ said:

> "[168] ... It has not been—and could not realistically be—suggested that, unless the insurer is allowed to recover its entire loss from those reinsurers who provided cover for any one year during the relevant period, there is a significant risk that the employee-victim will not be fully compensated. Accordingly, and in my view most importantly, the policy reason which justified the approach taken by the majority in *IEG* does not apply at the reinsurance level."

The Court of Appeal held that, as a matter of construction of the reinsurance contract in question, the reinsured, Municipal, was not entitled to "spike" their outward claims—i.e. the present each outward claim on a 100% basis (i.e. not prorated) to any reinsurance year of its choice on the basis that its inward claims were settled on an unallocated basis by which each and every relevant policy year was

5-108

---

[431] *RSA Insurance Plc v Assicurazoni Generali SpA* [2018] EWHC 1237 (QB); [2019] Lloyd's Rep. I.R. 264. [mentioned by *Equitas Insurance Ltd v Municipal Mutual Insurance Ltd* CA].
[432] *Equitas Insurance Ltd v Municipal Mutual Insurance Ltd* [2019] EWCA Civ 718; [2020] Q.B. 418.
[433] *Equitas Insurance Ltd v Municipal Mutual Insurance Ltd* [2019] EWCA Civ 718 at [90]–[92] per Males LJ.

100% liable.[434] Although "spiking" had been approved in *International Energy Group Ltd v Zurich Insurance Plc UK*,[435] the Court of Appeal put a stop to spiking at reinsurance level by implying term into the reinsurance contract to the effect that a Municipal's right to present its outward claims had to be exercised in a manner which was not arbitrary, irrational or capricious. In that context, rationality required that reinsurance claims be presented by reference to each year's contribution to the risk, reflecting the extent to which exposure to asbestos in that year contributed to the risk which arose during periods covered by Municipal's policies of the victim contracting mesothelioma as a result of the insured employer's wrongdoing.[436] The Court of Appeal added that, if there is no such implied term, the "spiked" reinsurer would be entitled to recoup contributions from reinsurers from other relevant years on a time on risk pro-rated basis. These contributions would be calculated on a "top down / ground up" basis which means that higher layer spiked reinsurers should acquire rights of contribution to be "made good" first from the bottom layer reinsurers of the non-spiked years.[437]

Apportionment among different layers

5-109 The reinsured may have taken out non-proportional reinsurance in relation to a risk or class of risk so that different layers are reinsured with different reinsurers. Moreover, different exclusions may apply different layers so that the order in which the reinsured pays its claims may impact upon the availability/exhaustion of its reinsurance cover. In *Teal Assurance Co Ltd v WR Berkley Insurance (Europe) Ltd*,[438] the Supreme Court considered to what extent a (re)insured was entitled to present its loss to its (re)inurers in whatever order it chooses so as to maximize its recoveries. A US engineering group, Black and Veatch Corp ("BV"), had taken out professional indemnity insurance for the primary layer with Lexington and for the excess of loss with its captive, Teal. The insurance contract with Teal was an excess of loss policy organised in three successive layers (the "PI tower") and, in addition, a top layer (a "top and drop" policy) which excluded claims from the US and Canada. Both the PI tower and the top and drop layer were reinsured. A dispute arose between Teal and the reinsurers of the top and drop layer (WR Berkley and Aspen) as to whether BV and/or Teal were entitled to choose which claims to meet from the primary and/or lower excess of loss layers, so as to ensure that those remaining for the top and drop layer were not US or Canadian claims (and thus maximizing its reinsurance recoveries). Teal placed heavy reliance on the wording of cl.1 contained in each of the PI tower layers and in the top and drop layer:

> "1. Liability to pay under this Policy shall not attach unless and until the Underwriters of the Underlying Policy/ies shall have paid or have admitted liability or have been held liable to pay, the full amount of their indemnity inclusive of costs and expenses."

Teal argued that the effect of this wording was that liability under the PI tower layers and the top and drop layer would necessarily depend upon the order in which

---

[434] *Equitas Insurance Ltd v Municipal Mutual Insurance Ltd* [2019] EWCA Civ 718 at [101] per Males LJ.
[435] *International Energy Group Ltd v Zurich Insurance Plc UK* [2015] UKSC 33; [2016] A.C. 509.
[436] *Equitas Insurance Ltd v Municipal Mutual Insurance Ltd* [2019] EWCA Civ 718; [2020] Q.B. 418 at [114] per Males LJ; and see Ch.4, para.4-036.
[437] *Equitas Insurance Ltd v Municipal Mutual Insurance Ltd* [2019] EWCA Civ 718; [2020] Q.B. 418 at [123]] per Males LJ.
[438] *Teal Assurance Co Ltd v WR Berkley Insurance (Europe) Ltd* [2013] UKSC 57.

Teal chose to settle insurance claims. The question was tried as a preliminary issue. Both the trial judge[439] and the Court of Appeal[440] held that Teal could not do this and the Supreme Court unanimously dismissed Teal's appeal. Lord Mance, giving the leading opinion, explained how the layers operated:

> "... as and when expenses or third party liability are incurred and ascertained, they are to be taken into account against the Lexington policy. First, the self-insured retention and deductible must be used up, and then the policy will respond up to its limit. Once that limit is used up, the next layer is engaged, and so on up the PI tower of excess layer policies until the top and drop policy itself is engaged. Taking the set of clauses LSW055, this is what would be expected from in particular clause 6 of the PI tower policies (clause 7 of the top and drop policy), which provides that each excess layer policy, including the top and drop policy, is subject to the same terms, exclusions, conditions and definitions as the primary Lexington policy ..."[441]

The Supreme Court confirmed that an insurer's liability does not arise until the liability of the insured to a third party is ascertained by agreement, judgment or award. Only then has the insured a claim under the insurance, which exhausted the insurance either entirely or pro tanto.[442] The policy served the purpose of meeting each ascertained loss when and in the order in which it occurred.[443] Clause 1 of the PI tower policies and the top and drop policy did not assist Teal: references to liabilities being "paid" did not mean monetary disbursements but, in accordance with *Charter Reinsurance Co Ltd v Fagan*,[444] should be understood as being used only as a measure of liability incurred. Lord Mance commented:

5-110

> "The freedom of choice which Mr Butcher advocates on behalf of Teal and in the interests of BV cannot in the present context readily be reconciled with the basic philosophy that insurance covers risks lying outside an insured's own deliberate control."[445]

The Supreme Court nevertheless conceded that there was some room for manipulation on the part of the (re)insured by delaying paying its claims and choosing to make a disbursement in respect of different, later ascertained expenses or liability.[446] In light of the Supreme Court's decision on that preliminary issue, Teal revised its case and the parties returned to court on a further preliminary issue discussed in 5-087.

The PRICL in art.2.4.2 contains a general rule that the reinsured must act reasonably and prudently when addressing claims by its insureds that may result in claims for reinsurance coverage. Whilst this rule seemingly only deals with the handling of inward claims, the commentary to that rule suggests that it also extends to the allocation of outward claims:

5-111

> "Reasonable allocation of claims requires the reinsured to allocate claims to particular policies or time periods according to an objective principle apt for the claims in question. As a practical matter, reinsureds will often be aware that particular allocation decisions may affect reinsurance coverage. If a reinsured selects one of two or more allocation

---

[439] *Teal Assurance Co Ltd v WR Berkley Insurance (Europe) Ltd* [2011] EWHC 91 (Comm); [2011] Lloyd's Rep. I.R. 285.
[440] *Teal Assurance Co Ltd v WR Berkley Insurance (Europe) Ltd* [2011] EWCA Civ 1570; [2012] Lloyd's Rep. I.R. 315.
[441] *Teal Assurance Co Ltd v WR Berkley Insurance (Europe) Ltd* [2013] UKSC 57 at [23].
[442] *Teal Assurance Co Ltd v WR Berkley Insurance (Europe) Ltd* [2013] UKSC 57 at [13], [14], [17].
[443] *Teal Assurance Co Ltd v WR Berkley Insurance (Europe) Ltd* [2013] UKSC 57 at [19].
[444] *Charter Reinsurance Co Ltd (In Liquidation) v Fagan* [1997] A.C. 313.
[445] *Teal Assurance Co Ltd v WR Berkley Insurance (Europe) Ltd* [2013] UKSC 57 at [30].
[446] *Teal Assurance Co Ltd v WR Berkley Insurance (Europe) Ltd* [2013] UKSC 57 at [22].

methods that increases available reinsurance, this does not, standing alone, violate the reinsured's duties or constitute improper claims processing. However, if the allocation method chosen is not colorable or is shown to have been chosen primarily to maximize reinsurance, the reinsured is in breach of its duties to the reinsurer."[447]

We do not think that the reference to "chosen primarily to maximize reinsurance" is helpful as, in our opinion, the reinsured is entitled to choose an allocation method that is advantageous to its recovery provided that the presentation of its outward claims is exercised in a manner that is rational, and not arbitrary or capricious.

Loss aggregation

Background

5-112   The extent of the reinsurer's liability may be circumscribed by express aggregation wording in the policy. An aggregation clause seeks to treat two or more losses that are linked by some unifying factor as a single claim. How losses are aggregated has a direct impact on the reinsurance policy's limits and deductibles. For example, the combination of two losses under the aggregation clause may work in the reinsured's favour if it means that the claim breaks through the deductible and triggers the reinsurer's liability. On the other hand, the aggregation of losses can operate to the advantage of the reinsurer if there is a limit of liability for each claim in excess of which the reinsurer is not liable. In *AIG Europe Ltd v Woodman*, the Supreme Court noted:

> "Because such clauses have the capacity in some cases to operate in favour of the insurer (by capping the total sum insured), and in other cases to operate in favour of the insured (by capping the amount deductible per claim), they are not to be approached with a predisposition towards either a broad or a narrow interpretation."[448]

Thus, it may not always be clear at the inception of the policy which party will be benefiting from the aggregation wording that has been agreed and it is therefore not surprising that the construction of aggregation clauses is frequently giving rise to disputes. Different aggregation clauses use different formulations, such as "single/one event", "single/one occurrence" and "one originating cause". These different formulations have in common that they seek to aggregate losses on the basis that they rely on causative unifying factors, although the strength of the causal link between those factors and the loss depends on the wording used. Broadly speaking, clauses that aggregate losses from one event or one occurrence require a closer causal connection than clauses that aggregate losses from one originating or original cause or one source. In *Axa Re v Field*,[449] The House of Lords considered the difference between a "one event" and 'one originating cause' aggregation clause. Lord Mustill concluded:

> 'In my opinion these expressions are not at all the same ... In ordinary speech, an event is something which happens at a particular time, at a particular place, in a particular way ... A cause is to my mind something altogether less constricted. It can be continuing state of affairs; it can be the absence of something happening. Equally, the word 'originating' was in my view consciously chosen to open up the widest possible search for a unifying

---

[447] PRICL Commentary C9 to art.2.4.2.
[448] *AIG Europe Ltd v Woodman* [2017] UKSC 18 at [14] per Lord Toulson; and see 5-100 below.
[449] *AXA Reinsurance (UK) Ltd v Field* [1996] 1 W.L.R. 1026; [1996] 2 Lloyd's Rep. 233 per Lord Mackay LC, Lords Goff, Mustill, Slynn and Hoffmann.

factor in the history of the losses which it is sought to aggregate. In my mind the one expression has a much wider connotation than the other.'[450]

Recently, in *Unipolsai Assicurazioni SpA v Covea Insurance Plc*, the court considered the meaning of "catastrophe" in the context of a clause that defined "Loss Occurrence" as all individual losses arising out of one catastrophe.[451] Foxton J distinguished a "catastrophe" from an "event" or "occurrence": whilst an "occurrence" or "event", and must ordinarily satisfy the "unities" of time, place and way (see above), a "catastrophe" is something more fluid that has no "precise temporal delineation" but is something more coherent and readily identifiable than a mere "cause of loss" or "state of affairs". A catastrophe does not require physical damage and does not need to be sudden in onset, short in duration or be violent. However, a catastrophe must be capable of directly causing individual loss representing an adverse change on a significant scale.[452]

The understanding of "loss" in relation to loss aggregation is the loss in relation to the underlying insured subject-matter.[453] It is therefore a different point in time compared to the point in time when the reinsured's right to be indemnified arises (namely upon the underlying liability of the reinsured being ascertained by judgment, arbitration award or binding settlement),[454] and a different understanding of "loss" compared to the notion of "loss" as understood in relation to the allocation of reinsurance claims.[455]

Aggregation wordings do not always aggregate "losses"; in liability insurance the aggregation clauses are frequently drafted to aggregate "claims" as "one claim". In *Municipal Mutual v Sea Insurance*, Waller J observed that:

5-113

> '[T]he question whether claims are separate or single must depend on the facts of the particular case and ... on the words of the policy with which one is dealing.'[456]

What the word "claim" means may differ considerably depending on the context. In *William McIlroy Swindon Ltd v Quinn Insurance Ltd*,[457] the Court of Appeal said that it might also depend on the kind of policy in question. For a third-party liability policy, the essence of a claim was a request for an indemnity from the insurer, the liability for, and the quantum of, the third-party claim, having been ascertained. In this case the decision had the effect that the policyholder's claim for indemnity from his insurer was not time-barred. In the Hong Kong case *The World-Wide Marine and Fire Insurance Co*, Lord Lloyd, who gave the opinion of the Judicial Committee of the Privy Council,[458] said that the underlying facts were determinative of what "one claim" is, not the formulation of the claim by the third party.

---

[450] *AXA Reinsurance (UK) Ltd v Field* [1996] 2 Lloyd's Rep. 233 at 239.
[451] *Unipolsai Assicurazioni SpA v Covea Insurance Plc* [2024] EWHC 253 (Comm); [2024] Bus. L.R. 664 at [104].
[452] *Unipolsai Assicurazioni SpA v Covea Insurance Plc* [2024] EWHC 253 (Comm).
[453] *Unipolsai Assicurazioni SpA v Covea Insurance Plc* [2024] EWHC 253 (Comm) at [126].
[454] See 5-079.
[455] See 5-096–5-111.
[456] *Municipal Mutual Insurance Ltd v Sea Insurance Co Ltd* [1996] L.R.L.R. 265.
[457] *William McIlroy Swindon Ltd v Quinn Insurance Ltd* [2011] EWCA Civ 825; [2011] B.L.R. 579.
[458] Lords Goff, Griffiths, Lloyd and Hope, and Sir Christopher Slade.

Loss aggregation: negligent acts and omissions

5-114 Excess of loss reinsurance contracts typically cover the reinsured against losses up to a stated limit in excess of a stated excess point.[459] For example, the extent of reinsurance coverage may be expressed as "$50 million excess of $25 million", and such coverage is then expressed to be in respect of a single "occurrence" or "loss" (e.g. total loss of a vessel) or any one "occurrence" or "loss". The slip may contain no definition of what constitutes an "occurrence" or "loss". Alternatively, a more or less elaborate definition may be attempted. In *Caudle v Sharp*[460] coverage was provided in respect of "each and every loss", which was defined as follows:

> "[E]ach and every loss and/or occurrence and/or catastrophe and/or disaster and/or calamity and/or series of losses and/or occurrences and/or catastrophes and/or disasters and/or calamities arising out of one event."

The reinsured, Lloyd's Syndicate 839 (the Sharp Syndicate), had been one of the E&O insurers that had provided professional liability insurance to the Lloyd's underwriting members' agents, which were defendants in the case of *Stockwell v RHM Outhwaite (Underwriting Agencies) Ltd ("the Outhwaite action")*.[461] Mr Outhwaite, the active underwriter of Lloyd's Syndicates 317 and 661, had written 32 run-off reinsurance contracts for the syndicate under which all underwriting liabilities of other Lloyd's Syndicates had been reinsured. The Outhwaite Syndicates became liable, without limit, for all losses for which the reinsured syndicates were liable, falling due after a certain date (typically, 1 January 1982).[462] The underwriting years of account of the reinsured Lloyd's syndicates, and of necessity therefore, the run-off reinsurance contracts, gave rise to enormous losses—largely due to vast numbers of claims relating to asbestos and environmental pollution—which, because of the reinsurance contract, had to be borne by the Names on the 1982 year of account of the Outhwaite Syndicates.

The *Outhwaite* action was commenced in 1989 by a large number of Names on the Outhwaite Syndicates, claiming damages for negligence against the managing agent of the Outhwaite Syndicates, and their respective Lloyd's members' agents, who had placed Names on those syndicates. The action was settled after 16 weeks of trial—the Names accepted £116 million from the various defendants—who in turn looked to their E&O insurers. The Sharp Syndicate, one of the E&O insurers, having paid its proportion of the settlement, looked to its excess of loss reinsurers, including Lloyd's Syndicates 760 and 780, the Caudle Syndicates.

5-115 One of the issues in the dispute was whether the Sharp Syndicate's entire contribution to the settlement of the *Outhwaite* action—the amount paid to the managing agents together with the amount paid to the members' agents—constituted one loss for the purposes of its reinsurance contract with the Caudle syndicate: with the consequence that the excess point was exceeded, and a claim on reinsurers could be made.

The excess of loss reinsurance contracts provided for arbitration of disputes, and an arbitration duly took place. The arbitrators made an award in favour of the Sharp Syndicates, which was upheld on appeal by Clarke J. The arbitrators held that the payments made in respect of the "Outhwaite settlement" constituted a "series of

---

[459] See further, Ch.7, Pt 3 below.
[460] *Caudle v Sharp* [1995] L.R.L.R., 433, CA.
[461] The *Outhwaite* action settled part heard. See paras 5-028 and 5-075 above.
[462] See e.g. the contract at issue in *Hiscox v Outhwaite (No.3)* [1995] 2 Lloyd's Rep. 524, and 5-077 above.

THE NATURE AND EXTENT OF THE REINSURER'S LIABILITY 335

losses ... arising out of one event". The arbitrators noted that under a professional indemnity insurance contract, losses could arise from negligent omissions to act as well as positive acts of commission. Thus, the "event" which gave rise to a loss, the negligent act or omission in Mr Outhwaite's case, was his failure to investigate the asbestos problem which gave rise to the losses (referred to as Mr Outhwaite's "blind spot"), rather than any other event, such as the writing of each individual run-off reinsurance contract. Clarke J agreed that a continuing state of affairs—Mr Outhwaite's failure to appreciate or investigate the asbestos problem—constituted one event out of which all the losses arose.[463]

The Court of Appeal reversed the decision of Clarke J and set aside the award of the arbitrators. Evans LJ said that there were "three requirements of a relevant event":

(1) "a common factor which can properly be described as an event ...";
(2) "which satisfied the test of causation ..."; and
(3) "which was not too remote for the purposes of the clause".[464]

Evans LJ asked whether Mr Outhwaite's so-called "blind spot", namely his "failure to conduct the necessary research and investigation into the basic underlying problem of asbestos", can properly be described as an "event". He said:

5-116

"If so, it was a happening, so far as relevant for this purpose, without beginning and without end. It was an omission on his part and therefore capable of constituting negligence, but it did not become a negligent omission until Mr Outhwaite underwrote a relevant policy of insurance ... That was a negligent act and a relevant occurrence, but it 'arose out of' his decision to underwrite the insurance rather than his previous failure to inform himself of what he should have known ..."[465]

Accordingly, Evans LJ concluded that:

"... Mr Outhwaite's 'blind spot' ... does not fall within the natural and ordinary meaning of the word 'event' except by reference to each and every occasion when he entered into an insurance contract, which given his lack of knowledge, it was negligent for him to do so ... There were 32 separate occasions when Mr Outhwaite's 'failure' manifested itself and his ignorance gave rise to an occurrence of negligence, whether an act or omission, which itself gave rise to claim and a loss under the original policy. But the continuing failure cannot ... properly be regarded in isolation as a single event for the purpose of the clause."[466]

Caudle v Sharp may be contrasted with the earlier decision of the Court of Appeal in *Mitsubishi Electric UK Ltd v Royal London Insurance (UK) Ltd*,[467] where the installation of 94 defective toilet modules in one building was held to constitute one loss for the purposes of a builders' insurance policy, which provided for a deductible ("The first £250,000 of each and every loss in respect of any component part which is defective ...") and with the decision of Rix J in the *Kuwait Airways*

---

[463] The finding that Mr Outhwaite failed to investigate something is in itself curious. The case was not of course concerned with the Outhwaite Syndicate's liability to the syndicates it reinsured, but in principle, if there was an "asbestos problem", Mr Outhwaite should not have had to investigate it; it should have been disclosed to him. Did he waive the information? Was it a matter of common notoriety of which he should have been aware? Was a "fair presentation" made and he failed to inquire further?
[464] *Caudle v Sharp* [1995] L.R.L.R. 433 at 438.
[465] *Caudle v Sharp* [1995] L.R.L.R. 433 at 439.
[466] *Caudle v Sharp* [1995] L.R.L.R. 433 at 439.
[467] *Mitsubishi Electric UK Ltd v Royal London Insurance (UK) Ltd* [1994] 2 Lloyd's Rep. 249.

case.[468] See *also Forney v Dominion Insurance Co Ltd*,[469] where two negligent omissions on the part of a solicitor's clerk to issue writs within the limitation period on behalf of two clients, in respect of the same accident, were held to constitute "claims arising out of the same occurrence"; and *Municipal Mutual v Sea Insurance*,[470] where acts of vandalism occurring over an 18-month period were regarded as one event, arising out of lack of supervision. In the *Municipal Mutual* case, no supervening action by, or decision of, the insured occurred during the period over which the lack of supervision and the pilfering took place. Quaere what would have been the position if the insured had several sites and employed a security officer, who had negligently taken the view that placing a notice at the entrance to each site stating "please keep out" was adequate security. The existence of several sites was the main factor militating against aggregation in *Mann v Lexington Insurance*.[471] In Mann the Court of Appeal held that the riots which were centrally orchestrated by the Indonesian government, and in which 22 Indonesian supermarkets were damaged, did not constitute "one occurrence" because the rioting did not take place at one particular location and the supermarkets were damaged over a period of time. In *Beazley Underwriting Ltd v Travelers Companies Inc*,[472] Clarke J considered to what extent repeated negligent broker placements (failure to advise on effective aggregation wording) constituted a "continuing series of related events, occurrences or matters". He concluded that several repeated series of events, each of which constituted a separate indemnified claim in relation to separate insurances, did not constitute a continuing series of related events where the insurance wording had changed and a different set of brokers had started to advise.

5-117   In *AIG Europe Ltd v Woodman*,[473] the Supreme Court considered the circumstances in which claims under solicitors' professional indemnity insurance could be aggregated. Investors in two projects to develop holiday resorts in Turkey and Morocco respectively brought proceedings against solicitors who had devised the mechanism intended to give the investors security over the development land. The complaint against the solicitors was that they had negligently released funds without adequate security. The aggregation clause in the professional indemnity policy provided that claims could be aggregated if they arose from "similar acts or omissions in a series of related matters or transactions". The first instance judge said that the acts of negligence should not be aggregated because they were not dependent on each other; he considered inter-dependence was necessary for aggregation. The Court of Appeal said that the test for aggregation, on this wording, was a narrow test and the judge was correct about that, but the relationship that had to be established was an "intrinsic" one, not requiring inter-dependence. The UK Supreme Court rejected the Court of Appeal's interpretation of the aggregation clause requiring the transactions to have an intrinsic relationship with each other. Lord Toulson (giving the leading opinion) noted that, applying the aggregation clause, the starting point must be to identify the matters or transactions, and then look for any connecting factors to determine whether the mattes or transactions were related.[474] For him, the aggregation clause "is to be judged, not by looking at the transactions exclusively from the viewpoint of one party or another party, but

---

[468] *Kuwait Airways* [1996] 1 Lloyd's Rep. 664; and discussed below.
[469] *Forney v Dominion Insurance Co Ltd* [1969] 1 Lloyd's Rep. 502.
[470] *Municipal Mutual v Sea Insurance* [1996] L.R.L.R. 265; and above.
[471] *Mann v Lexington Insurance* [2001] Lloyd's Rep. I.R. 179.
[472] *Beazley Underwriting Ltd v Travelers Companies Inc* [2011] EWHC 1520 (Comm).
[473] *AIG Europe Ltd v Woodman* [2017] UKSC 18 (also known as *AIG Europe Ltd v OC320301 LLP*).
[474] *AIG Europe Ltd v Woodman* [2017] UKSC 18 at [23] and [27].

objectively taking the transactions in the round."⁴⁷⁵ Moreover, "striking similarities" in the transactions are not enough:

> "Although the development companies were related, being members of the Midas group, and the legal structure of the development projects was similar, the development projects were separate and unconnected. They related to different sites, and the different groups of investors were protected by different deeds of trust over different assets. Accordingly, on the facts as they currently appear, the insurers have no right to aggregate the claims of the Peninsula Village investors with those of the Marrakech investors."⁴⁷⁶

On the facts presented (the parties did not address the court fully on the facts), the Supreme Court held that the Turkey investment claim and the Morocco investment claim were not "a series of related matters or transactions".

Applying *AIG Europe Ltd v Woodman*, the Court of Appeal in *Axis Specialty Europe SE v Discovery Land Co LLC*⁴⁷⁷ said that high a level similarities, ignoring the substantive differences, between matters and transaction was not enough for aggregation. In this case, a dishonest solicitor had: (1) misappropriated monies which the clients had transferred for a specific purpose and should have been applied only for that purpose; and (2) had wrongfully released loan monies from a client account. These were different claims which could not be aggregated.

In *Spire Healthcare Ltd v Royal & Sun Alliance Insurance plc*,⁴⁷⁸ the aggregation issue arose from separate acts of wrongdoing by the same person. Proceedings were brought against Spire Healthcare in relation to a consultant breast surgeon 'P' (who worked in one of their hospitals) by two groups of P's former patients. The first group comprised patients on whom P had negligently performed sub-total mastectomies, exposing them to a recurrence of breast cancer. The second group comprised patients who had undergone unnecessary surgery, including mastectomy, after P had dishonestly misrepresented test results and exaggerated the risk of cancer. The insurance policy provided for the aggregation of "all claims during any Period of Insurance consequent on or attributable to one source or original cause". The first instance court held the two groups of patient claims were not attributable to the same source or original cause even though only one individual 'P' was involved. In the first group, P had been merely negligent and there had been no financial gain to P, whereas in the second group, there was misconduct of P for financial gain. Judge Pelling QC reasoned that, given the different fact patterns and P's different motivations in relation to each group, there was a different source and originating cause for each of the groups of cases and, accordingly, they could not be aggregated.

5-118

The Court of Appeal disagreed and reversed the first instance decision. Andrews LJ said:

> "[21] Aggregation clauses like this one, which refer to claims or occurrences 'consequent on or attributable to one source or original cause', use a traditional and well-known formula to achieve the widest possible effect …
>
> [23] It is well established that in this context there is no distinction to be drawn between an 'originating cause' and an 'original cause'. As Morison J put it in *Countrywide Assured Group plc v Marshall* [2002] EWHC 2082 (Comm) ; [2003] Ll Rep IR 195 at [15]:

---

⁴⁷⁵ *AIG Europe Ltd v Woodman* [2017] UKSC 18 at [25].
⁴⁷⁶ *AIG Europe Ltd v Woodman* [2017] UKSC 18 at [27] per Lord Toulson.
⁴⁷⁷ [2024] EWCA Civ 7; [2024] P.N.L.R. 16.
⁴⁷⁸ *Spire Healthcare Ltd v Royal and Sun Alliance Insurance Ltd* [2022] EWCA Civ 17; [2022] Bus. L.R. 170 reversing the first instance decision [2020] EWHC 3299 (Comm), (appeal to the Supreme Court outstanding).

338　THE REINSURER'S OBLIGATION TO PAY CLAIMS

> 'The word event, occurrence or claim describes what has happened; the word 'cause' describes why something has happened. The words 'one source or original cause' are, as Hobhouse LJ said, 'wide'. It is, I think, the force of the word 'original' or 'originating' in the *Axa Reinsurance* case, that entitles one to see if there is a unifying factor in the history of the claims with which the claimants were faced.'
>
> [24] 'Original cause' in this context does not mean 'proximate cause', but instead connotes what Christopher Clarke J described as a 'considerably looser causal connection': *Beazley Underwriting Ltd v Travelers Companies Inc* [2011] EWHC 1520 (Comm) at [27] . It follows that the 'original cause' need not be the sole cause of the insured's liability. However, as Moore-Bick J observed in *American Centennial Insurance Co v INSCO Ltd* [1996] LRLR 407 at 414 , it is still necessary for there to be some causative link between the originating cause and the loss, and there must also be some limit to the degree of remoteness that is acceptable. As Mr Shapiro QC, for Spire, put it, not every 'but for' cause is sufficient to amount to an 'original cause'. In searching for the unifying factor, one must not go back so far in the causal chain that one enters the realm of remote or coincidental causes which provide no meaningful explanation for what has happened ...
>
> [27] The Judge should have asked himself whether there was a unifying factor in the history of the claims with which Spire was faced, and for which it was liable. Had he taken the same approach as Morison J did in the *Countrywide* case and asked whether there was such a factor behind the whole problem, he would have identified that there was, namely, a single individual, a 'rogue consultant' who habitually acted in breach of his duties to his patients. All the patients' claims were based on Mr Paterson's improper, indeed, dishonest, conduct. That conduct, in all cases, involved operating on the patients without their informed consent and with disregard for their welfare. However, instead of looking for a unifying factor, the Judge concentrated on identifying differences between the patients' claims falling within Group 1 and Group 2, and embarked upon an unnecessary and inappropriate analysis of Mr Paterson's motivation for his conduct."

Accordingly, the Court of Appeal held that the claims could be aggregated into one claim as there was "one source or original cause", namely the misconduct of the surgeon.

Loss aggregation: financial mis-selling

5-119　It is a common feature of professional liability insurance policies to have a, substantial, deductible in respect of "each and every claim".[479] Typically, such policies will also contain language permitting the insured to aggregate claims which arise from a common cause. The difficulties of construction to which such aggregation clauses give rise are illustrated by a series of cases arising out of the misselling of pensions and endowment policies by various UK financial institutions. While these cases are concerned with direct insurance, they are of interest to reinsurers, not least of all because when a policyholder wishes to aggregate a large number of, relatively small, claims from its customers (which individually are far below the deductible in the policy) and presents these as one "claim" to its insurer, the insurer may well seek to pass that claim on to its reinsurer(s).

In *Lloyds TSB General Insurance Holdings Ltd v Lloyds Bank Group Insurance*

---

[479] But see also *Standard Life Assurance Ltd v Oak Dedicated Ltd* [2008] EWHC 222 (Comm); [2008] Lloyd's Rep. I.R. 552 Applied by *Spire Healthcare v RSA Insurance* CA; ("each and every claim and/or claimant", discussed below).

Co Ltd,[480] the claimants had paid over £125 million in compensation to customers in arising out of the failure of salesmen ("consultants") to give the "best advice" (as required under the LAUTRO rules) relating to the purchase of personal pension plans. There were approximately 22,000 claims, none of which amounted to more than £35,000. The liability policies had a £1 million deductible "each and every claim". The aggregation provisions stated as follows: "If a series of third party claims shall result from any single act or omission (or related series of acts or omissions) then, irrespective of the total number of claims, all such third party claims shall be considered a single third party claim for the purposes of the application of the Deductible." The Court of Appeal[481] (upholding the decision of the Commercial Court on a preliminary issue of construction) held that acts or omissions could be "related" and could form a "series" if they had a single underlying cause or common origin. On the assumed facts the claims had the same underlying cause, namely the failure of the various assureds to ensure that salesmen ("consultants") complied with the LAUTRO rules. The House of Lords[482] reversed the Court of Appeal. Lord Hoffmann said that the result of the Court of Appeal's construction was paradoxical. It meant that the parties having started by choosing a very narrow unifying factor (not "any underlying cause" or common origin) then by adding words in parentheses, "produced a clause in which the unifying factor is as broad as one could possibly wish ... this construction is allowing the tail to wag the dog". Lord Hoffmann added:

"When one speaks of events being 'related' or forming a 'series', the nature of the unifying factor or factors which makes them related or a series must be expressed or implied by the sentence in which the words are used. It may sometimes be necessary to imply a unifying factor from the general context. But the express language may make such an implication unnecessary or impermissible. In the present case, the only unifying factor which the clause itself provides for describing the acts or omissions in the parenthesis as 'related' and a 'series' is that they 'result' in a series of third party claims. In other words, the unifying element is a common causal relationship. But that common causal relationship is, so to speak, downstream of the acts and omissions within the parenthesis. They must have resulted in each of the claims. This obviously does not mean that it is enough that one act should have resulted in one claim and another act in another claim. That provides no common causal relationship. It can only mean that the acts or events form a related series if they together resulted in each of the claims. In this way, the parenthesis plays a proper subordinate role of covering the case in which liability under each of the aggregated claims cannot be attributed to a single act or omission but can be attributed to the same acts or omissions acting in combination."

Lord Hobhouse reached a similar conclusion. He said:

"[T]here are no words of equivalent strength to those found in the AXA and Municipal cases—'attributable to'—'a single source'—'originating cause'. The argument of the assureds has to be built upon the inclusion of the phrase 'related series'. But this does not have the same force or create such a strong or wide connecting factor. One is still left with the necessity to look at the acts or omissions of the individual 'consultants' which gave rise to the financial loss suffered by the third party and ask whether they were a related series of acts and omissions. In my opinion they were not."

---

[480] *Lloyds TSB General Insurance Holdings Ltd v Lloyds Bank Group Insurance Co Ltd* [2003] UKHL 48; [2003] Lloyd's Rep. I.R. 623.
[481] *Lloyds TSB General Insurance Holdings Ltd v Lloyds Bank Group Insurance Co Ltd* [2001] EWCA Civ 1643; [2002] Lloyd's Rep. I.R. 113 per Potter, Hale, Longmore LJJ.
[482] *Lloyds TSB General Insurance Holdings Ltd v Lloyds Bank Group Insurance Co Ltd* [2003] UKHL 48; [2003] Lloyd's Rep. I.R. 623.

5-120   *Countrywide Assured Group Plc v Marshall*[483] was another pensions mis-selling case. The Commercial Court was asked to determine as a preliminary issue whether the mis-selling claims were "one claim" under the claimant's professional indemnity policy, cl.5 of which provided:

> "ANY CLAIM' or 'ANY LOSS' shall mean one occurrence or occurrences of a series consequent upon or attributable to one source or original cause."

The schedule to the policy provided as follows:

> "Limit of indemnity £1,000,000 'each and every claim'
> £125,000 each and every claim inclusive of costs and expenses in respect of the Financial Services Division.
> Subject to an overall aggregate excess of £1,000,000 inclusive of costs and expenses which in turn is excess of £5,000 each and every claim which amount shall contribute to the erosion of the aggregate excess referred to above.
> Once the aggregate excess has been eroded the following excesses will apply ...
> £5,000 each and every claim in respect of all other claims
> NB: In respect of claims arising out of pension transfer activities the excess is to apply to each and every claimant."

Morison J said:

> "As a matter of principle I can see no reason why the Court should not give effect to express words in a contract of insurance if the effect of them is to require the insured to bear a series of excesses in relation to claims in respect of which the Insurer is entitled to aggregation for limit of indemnity purposes. Given the commercial background to the contract, that is a result which makes sense."[484]

He held, in favour of the defendant insurers, that there was one claim:

> "In this case the claims might properly all be described as occurrences of mis-selling of pensions. On the assumed facts the claims are sufficiently related to form part of a series; and that would be so, I think, whether or not they were attributable to one source or original cause."[485]

5-121   In *Standard Life Assurance Ltd v Oak Dedicated Ltd*,[486] the insured claimant, Standard Life, alleged that there had been a systemic failure within the company with respect to the sale of endowment policies, which was alleged to be the originating cause of over 97,000 losses, with the average claims payment to investors being less than £10,000. The Financial Institutions Claims Made Comprehensive Insurance Policy issued by the defendant Lloyd's syndicate contained a £25 million deductible, "each and every claim and/or claimant". Notwithstanding a definition of "claim" which permitted aggregating of claims from one originating cause,[487] Tomlinson J construed the words "and/or" in the deductible to mean "and". Thus,

---

[483] *Countrywide Assured Group Plc v Marshall* [2002] EWHC 2082 (Comm); [2003] Lloyd's Rep. I.R. 195.
[484] *Countrywide Assured Group Plc v Marshall* [2002] EWHC 2082 (Comm); [2003] Lloyd's Rep. I.R. 195 at 200.
[485] *Countrywide Assured Group Plc v Marshall* [2002] EWHC 2082 (Comm); [2003] Lloyd's Rep. I.R. 195 at 200.
[486] *Standard Life Assurance Ltd v Oak Dedicated Ltd* [2008] EWHC 222 (Comm).
[487] ""Claim" shall mean each Claim or series of Claims (whether by one or more than one Claimant) arising from or in connection with or attributable to any one act, error, omission or originating cause or source or dishonesty of any one person or group of persons acting together and any such series of Claims shall be deemed to be one Claim for all purposes under this Policy."

there was a per claimant excess of £25 million and Standard Life failed to recover from its insurer. However, Standard Life's alternative claim in negligence against its broker succeeded.[488]

Loss aggregation: war and terrorism

In the *Kuwait Airways* case,[489] the insured, Kuwait Airways Corporation ("KAC"), had war risks cover with a US$300 million limit in respect of any one occurrence for ground risks. On 2 August 1990, Iraqi armed forces invaded Kuwait, overran the airport and seized 15 aircraft belonging to KAC. It was alleged by KAC that the aircraft were removed in the following order: 2 August, four executive jets and one Boeing 727; 3 August, one airbus; 4–6 August, five airbuses; 8 August, one airbus and two Boeing 767s; between 21 August and 20 September, one airbus. Substantial looting of aircraft spares also took place between 2 and 9 August. The defendant insurers paid $300 million which was accepted by KAC on a without prejudice basis. KAC argued that the loss of each aircraft was a separate occurrence.[490]

5-122

Rix J (as he then was), having heard extensive evidence,[491] concluded, after a long and detailed analysis of the facts, as follows:

"In my judgment the occurrence is the successful invasion of Kuwait incorporating the capture of the airport and with it KAC's aircraft on the ground; at its narrowest it is the capture of the KAC fleet at Kuwait airport. On either view, it seems to me, those matters are appropriately described as one occurrence."[492]

Rix J said that "the particular context of the issue in *Caudle v Sharp* makes that decision of limited value to me in the present case".[493] He formulated a test which equates an occurrence with an event, and said:

"An 'occurrence' (which is not materially different from an event or happening, unless perchance the contractual context requires some distinction to be made) is not the same as a loss, for one occurrence may embrace a plurality of losses. Nevertheless, the losses' circumstances must be scrutinised to see whether they involve such a degree of unity as to justify their being described as, or as arising out of, one occurrence. The matter must be scrutinised from the point of view of an informed observer placed in the position of the insured. I would suggest that ... the scrutiny must be performed on the basis of the true facts as at that time and not simply on the facts as they may have appeared at the time ... *In assessing the degree of unity, regard may be had to such factors as cause, locality and time and the intentions of the human agents. An occurrence is not the same thing as a peril, but in considering the viewpoint or focus of the scrutineer one may properly have regard to the context of the perils insured against.*"[494] [Emphasis added]

Rix J quoted extensively from, and approved, an award of Sir Michael Kerr in the Dawson's Field arbitration (29 March 1972). Four aircraft were hijacked by the PFLP in 1970. The hijackings were part of a plan to procure the release of terrorist prisoners. One aircraft was destroyed at Cairo and the other three at Dawson's field. The explosions at Dawson's field all took place within some five minutes. The

5-123

---

[488] See Ch.9, 9-067 below.
[489] *Kuwait Airways (No.1)* [1996] 1 Lloyd's Rep. 664.
[490] For the proceedings between the LMX reinsurers, see *Hill v Mercantile & General* [1996] L.R.L.R. 341, at 5-010 and 5-020 above.
[491] Including expert evidence on the motives of Saddam Hussein.
[492] *Kuwait Airways (No.1)* [1996] Lloyd's Rep. 664 at 689.
[493] *Kuwait Airways (No.1)* [1996] Lloyd's Rep. 664 at 684.
[494] *Kuwait Airways (No.1)* [1996] Lloyd's Rep. 664 at 686.

arbitration arose under an excess of loss reinsurance contract containing an excess loss clause which spoke of ultimate net loss sustained in respect of "each and every loss ... and/or occurrence and/or series of occurrences arising out of one event". The question was whether the loss of the aircraft arose out of one event.

Sir Michael Kerr observed, "how difficult and dangerous it is to attempt to define a 'loss' in the context of insurance". He concluded, in the context of a policy insuring more than one aircraft, that the destruction of three aircraft constituted three separate losses. He then went on to say:

> "I turn next to 'occurrence'. As a word this is more or less interchangeable with 'event'. Both denote something which happens, a happening. The reasons why these two words are used in the clauses in this way are no doubt stylistic or traditional or both and no one suggested that anything turned on any difference that there might be between 'occurrence' and 'event' ... *Whether or not something which produces a plurality of loss or damage can properly be described as one occurrence ... depends on the position and viewpoint of the observer and involves the question of the degree of unity in relation to cause, locality, time, and, if initiated by human action, the circumstances and purposes of the persons responsible* ... . The destruction of the aircraft arose from the decision to detonate the explosive charges in them ... If three aircraft become total losses because [of] a decision or order to blow them up together, is carried out, why is the carrying out of the decision or order not one event?"[495] [Emphasis added]

Various other points of law decided by Rix J were argued on appeal before the Court of Appeal[496] and the House of Lords.[497] However, his analysis of "occurrence" and "event" and his conclusion that the losses of all the KAC aircraft and spares arose out of a single "occurrence", namely the invasion of Kuwait, was not challenged.[498]

5-124 In *Scott v The Copenhagen Reinsurance Co (UK) Ltd*[499] there was a dispute between excess of loss reinsurers over whether the losses of the 15 KAC aircraft and one aircraft belonging to BA could be aggregated as, "a series of losses arising from one event". Langley J followed Rix J's analysis in *Kuwait Airways* and that of Sir Michael Kerr in the *Dawson's Field* award. He said that "occurrence" and "event" were usually synonymous. Langley J made the following findings of fact:

(i) The assets of KAC, both aircraft and aircraft spares, at Kuwait International Airport, were a specific target of the Iraqi invasion, and Iraq intended both to capture them and treat them as acquired from the moment the airport was captured. In fact it did so.

(ii) Thereafter, the removal of assets to Iraq was, to use Rix J's word, "logistics". It required pilots and air and ground crew and in the case of

---

[495] *Kuwait Airways (No.1)* [1996] Lloyd's Rep. 644 at 685-686, cited by Rix J. See also: Weird Services Australia Pty Ltd AXA Corporate Solutions [2018] EWCA 100 for a discussion of the meaning of "occurrence" in a liability policy. The policy covered legal liability to pay compensation for damage to property, caused by an "occurrence" which happened during the policy period. The majority of the Court of Appeal of New South Wales (Barrett AJA, Meagher JA) held that the insured could not recover, as compensation for damages, a sum which it was obliged to pay the other party under a cap and collar agreement that had been entered into prior to an arbitration.
[496] *Kuwait Airways* [1997] 2 Lloyd's Rep. 687.
[497] *Kuwait Airways* [1999] 1 Lloyd's Rep. 803.
[498] The analysis of Rix J (adopting Sir Michael Kerr's approach in *Dawson's Field*) was also applied by the Court of Appeal in *Mann v Lexington Insurance Co* [2001] 1 Lloyd's Rep. 1.
[499] *Scott (for and on the behalf of all underwriting Members of Syndicates 401 and 857 at Lloyd's) v The Copenhagen Reinsurance Co (UK) Ltd* [2003] EWCA Civ 688, affirmed [2002] Lloyd's Rep. I.R. 775.

(iii) the spares also road transportation. It was carried out as speedily as logistics allowed.
(iii) Once the airport had been captured all KAC's assets there were effectively lost to KAC with no real prospect of recovery.
(iv) The BA aircraft was in no sense a target of the invasion nor did it become one later in any relevant acquisitive or retributive sense. It was in common parlance "stranded" when the invasion occurred. I think that had the question been asked on 2 August "is the aircraft lost?" the answer would have been "I don't know. Wait and see".[500]
(v) At no time did Iraq form any significant policy intention towards the BA aircraft. It remained at Kuwait throughout the following months including the first weeks of Operation Desert Storm.
(vi) The factual situation is reflected in the Insurance documents. The KAC claim was made almost at once. The BA claim was formally pursued only after Operation Desert Storm had begun.

Langley J concluded as follows. It was clear to an informed observer from the facts and evidence surrounding the invasion of Kuwait that the KAC aircraft and spares had been lost on Iraq's invasion and capture of Kuwait airport. The invasion had been economically motivated to acquire Kuwaiti assets including those in the present case. The invasion was a single event. On the application of an analytical unity test the loss of KAC aircraft and spares was a single event. There had been unity of time, unity of intent (to capture the aircraft and to deprive KAC of them), and unity of cause (the invasion). The BA aircraft had not however been lost as a result of the invasion and capture of Kuwait airport. There was no evidence to support any formed intention on the part of Iraq to deprive BA of the aircraft. Unity of time had therefore been lacking as there had been an element of "wait and see" somewhat similar to a ransom. The unity of cause had also been lacking as the eventual loss of the aircraft had been caused by either its destruction or the inevitability of war between Britain and Iraq. Neither the aircraft's destruction nor the inevitability (on the historical facts) of war had occurred or existed at the time of the invasion of Kuwait airport. For those reasons the loss of the BA aircraft could not be aggregated with the loss of the KAC aircraft and spares.

The Court of Appeal upheld the decision of Langley J. Rix LJ rejected the submission of counsel for the appellants that the causal link expressed by the words "arising out of" was a weak one, and therefore there was nothing that occurred after the initial invasion and capture of Kuwait airport that outweighed their significance for the purpose of causation. He said:

5-125

"[T]here is nothing in the authorities to support that submission as a matter of principle. On the contrary, it seems to me that in Dawson's Field, and again in *Caudle v Sharp* a significant causal relationship was, albeit implicitly, imposed. In those cases Mr Kerr and this court found the relevant event (or occurrence) in the nearer events, rather than in the more distant. In the latter case, the concept of remoteness was expressly adverted to. I accept that in Dawson's Field the choice was obscured by the fact that the hijackings could not be regarded as a single event, and for that reason could not even be a candidate. Nevertheless, it seems to me ultimately to be inherent in the concept of aggregation ('aris-

---

[500] In the *Dawson's Field* award Sir Michael Kerr had said: "Wait and see is therefore to some extent always an essential ingredient of a claim for a total loss in circumstances involving deprivation of possession, unless (perhaps) there is a deprivation within the terms of specifically enumerated perils such as capture or one can infer from the circumstances that there was a clear intention at the time of the dispossession permanently to deprive the owner of possession and ownership. This is quite different from a ransom situation such as in the present case."

ing out of one event') that a significant causal link is required. In this connection I would refer to Lord Hoffmann's substantial contribution in recent years to an understanding of what lies behind the courts' intuitive judgments on issues of causation: see, for instance, *Empress Car Co (Abertillery) Ltd v National River Authority* [1999] 2 A.C. 22 at 29–35. Lord Hoffmann emphasises that it is not possible to give an informed answer to a question of causation when attributing responsibility under some rule without knowing the purpose and scope of the rule. In the present context, the purpose and scope of the rule has to be found in the concept of aggregation inherent in wording such as 'arising out of one event'. A plurality of losses is to be regarded as a single aggregated loss if they can be sufficiently linked to a single unifying event by being causally connected with it. The aggregating function of such a clause is antagonistic to a weak or loose causal relationship between losses and the required unifying single event. This is the more easily seen by acknowledging that, once a merely weak causal connection is required, there is in principle no limit to the theoretical possibility of tracing back to the causes of causes. The question therefore in my judgment becomes: Is there one event which should be regarded as the cause of these losses so as to make it appropriate to regard these losses as constituting for the purposes of aggregation under this policy one loss? [68]"

Rix LJ concluded:

"If that question is asked in the present case, it seems to me difficult intuitively to say that the loss of the BA aircraft arose from the same event as the loss of the KAC fleet, so as to require the aggregation of those losses, when their respective losses arose in different circumstances and at different times and for different reasons, as explained in the detailed findings of the trial judge. [Counsel for the appellants] submitted that Langley J.'s intuitive judgment differed from that of the market, which promptly regarded the BA aircraft and KAC fleet as all part of one loss. However, the market did not have the benefit of the detailed factual examination conducted at the trial and of the assistance of the expert witnesses. That detailed factual examination involved, whether intuitively or analytically, a consideration of those aspects of the matter which are referred to as the 'unities'."[501]

5-126   In *Aioi Nissan Dowa Insurance Co Ltd (formerly Chiyoda Fire and Marine Insurance Co Ltd) v Heraldglen Ltd*[502] the appellant reinsurers Aioi appealed under s.69 of the Arbitration Act 1996 against an arbitrators' award deciding that losses sustained by the respondent reinsured arising out of the 9/11 attacks on the Twin Towers of the World Trade Center in New York City were caused by two separate occurrences arising out of separate events. Four aircraft had been hijacked by terrorists on 11 September 2001. One had been flown into each of the Twin Towers, one was flown into the Pentagon and one had crashed in Pennsylvania en route to Washington DC. Claims on "inward" reinsurance contracts issued by the reinsured were settled on the basis that the attacks on each of the Twin Towers were separate events. Aioi had written retrocession excess of loss reinsurance in favour of the reinsured and the wording defined "each and every loss" as meaning "each and every loss or accident or occurrence or series thereof arising out of one event". Aioi contended that for the purpose of applying the policy limits and deductibles in the outward reinsurance the losses sustained by the reinsured on the inward reinsurance contracts were caused by one or more occurrences or series of occurrences "arising out of one event". That contention led to an arbitration. With the parties' agreement, the arbitrators relied for their findings of primary fact on the relevant findings in the Final Report of the National Commission on Terrorist Attacks upon

---

[501] *Scott v Copenhagen Reinsurance Co (UK) Ltd* [2003] EWCA Civ 688, at [69].
[502] *Aioi Nissay Dowa Insurance Co Ltd (formerly Chiyoda Fire and Marine Insurance Co Ltd) v Heraldglen Ltd* [2013] EWHC 154 (Comm).

the United States. The tribunal, applying the 'unities' test deriving from Michael Kerr QC's award in the Dawson's Field Arbitration and the decision of Rix J in *Kuwait Airways Corp v Kuwait Insurance Co SAK*,[503] concluded that the losses arising on the inward reinsurances caused by the attacks on the World Trade Center arose out of two events and not one.

Field J dismissed the appeal, holding that the tribunal had been entitled to conclude that the losses arose out of two events:

"In my judgment, the tribunal accurately summarised the law relating to the unities and proceeded fairly and properly to undertake the exercise in judgment that that analysis involves. They were entitled in my view to find that there were two separate causes for the insured losses because there were two successful hijackings of two aircraft. It was also open to the tribunal to find in paragraph 75 that there was no basis for concluding that there was 'any factor amounting to an event of sufficient causative relevance to override the conclusion that two separate hijackings caused separate loss and damage'. The tribunal was also entitled to find for the reasons they gave that there was no sufficient unity of time or location for the losses to have arisen out of one event, notwithstanding that the Twin Towers were part of an overall complex and notwithstanding the relative closeness in time between the commencement of each flight and the subsequent crashes. The towers were separate buildings; they did not stand or fall together. As for the time factor, it was justifiable for the tribunal to take account of the whole period of time from check-in and passenger scrutiny to the collapse of each of the towers because the tribunal were dealing with airline and/or security company liabilities in respect of the hijacks. It is also the case that on board the two aircraft the timing of the personal injuries or deaths on Flight AA11 was independent of the timing of events on Flight UA175 and vice versa; and the timing of the collision into the North Tower (with subsequent fatalities and collapse) was likewise independent of the timing of the collision into the South Tower (and its subsequent fatalities and collapse). And even when viewed in terms of the time of impact: (a) the time at which Flight UA175 struck the South Tower was not related to the time at which Flight AA11 struck the North Tower; and vice versa; (b) the timing of the deaths of people on Flight AA11 or in the North Tower was not related to the timing of the collision of Flight UA175 with the South Tower or the deaths of the people in the Flight UA175 aircraft or the South Tower; and vice versa; and (c) the time of the collapse of the North Tower was not related to the time at which Flight UA175 struck the South Tower or the South Tower collapsed. The tribunal were well aware of the claimant's contentions as to the significance of the fact that the hijackings and subsequent deliberate crashes into the Twin Towers were acts committed in the implementation of a terrorist plot against the World Trade Center. Notwithstanding those contentions, the tribunal reached the decision on aggregation that it did—a decision that was open to it on the evidence applying the unities approach they adopted."[504]

Aioi was the first case before the English courts considering the aggregation of the World Trade Center losses and, whilst other policies may be using different aggregating formulae, this decision confirmed the view taken by the majority of the London market.

A derivative World Trade Center aggregation issue arose for consideration in *Simmonds v Gammell*[505] Following the attack on the World Trade Center in 2001, the Port of New York ("P") was subject to around 10,000 respiratory claims from those involved in the rescue and recovery operations, debris removal, and evidence gathering at and around the site. The insurer/reinsured had participated in an excess liability insurance programme insuring P and had accepted P's claims. The reinsured

5-127

---

[503] *Kuwait Airways Corp v Kuwait Insurance Co SAK (No.1)* [1996] 1 Lloyd's Rep 664.
[504] *Aioi Nissan Dowa Insurance Co Ltd (formerly Chiyoda Fire and Marine Insurance Co Ltd) v Heraldglen Ltd* [2013] EWHC 154 (Comm) at [37]-[39].
[505] *Simmonds v Gammell* [2016] EWHC 2515.

claimed under outward its reinsurance contract which it had taken out in respect of its liability under the liability programme. An aggregation clause in the reinsurance contract provided that "'Loss' under this contract means loss … arising from one event". The reinsurer disputed that the loss arose from one event. The court dismissed the appeal against an arbitration award made in favour of the reinsured. Citing the three requirements of a relevant "event" when construing a "series of losses and/or occurrences arising out of one event" in *Caudle v Sharp*,[506] the "unities" guidelines in *Kuwait Airways*[507] and the test in *Scott v Copenhagen Reinsurance*,[508] Sir Jeremy Cooke J held that there was a sufficiently significant causal link between the attacks on the World Trade Center in 2001 and the respiratory claims brought in the period following the attack by the rescue workers at the site. While the attacks might not qualify as the proximate cause of the respiratory claims, there was a clear causal link between the claims and the attacks for the purposes of the aggregation clause in the reinsurance contract as "losses arising from one event". We do not consider the finding in *Simmonds v Gammell*, which concerned a third liability policy, to be inconsistent with the result in *Aioi Nissan Dowa v Heraldgen*[509] that the loss of the twin towers constituted separate events from the point of view of property catastrophe excess of loss reinsurance.

5-128 We are aware of a number of ongoing aviation insurance claims in connection with the Russia-Ukraine conflict. Reuters reported that aircraft leasing firms are suing dozens of insurers for around $8 billion in actions in the Irish, English and US courts over the loss of hundreds of aircraft grounded in Russia since the invasion of Ukraine.[510] In the recent jurisdiction application in *Zephyrus Capital Aviation Partners 1D Ltd v Fedelis Underwriting Ltd*,[511] the judge noted in the background facts that originally up to 306 aircraft together with 40 engines, and now (after some settlements) up to 208 aircraft together with 31 engines are stranded in Russia as result of the conflict. The sums claimed under the insurances in the *Zephyrus* proceedings are around US$9.7 billion. These and similar aircraft claims raise substantive coverage issues as to whether and when a loss occurred, whether the loss was caused by an insured peril (and which one), the applicability of exclusions relating to war and sanctions, and whether reinsurance cut-through clauses are enforceable under the relevant applicable law. Where insured aircraft owners/lessors or lessees were deprived of more than one aircraft, this is likely to give rise aggregation issues at insurance level. Eventually, aggregation issues may percolate into the reinsurance level where there is scope for additional disputes if the aggregation clauses in the direct insurance and the reinsurance contract are not identical.[512]

---

[506] *Caudle v Sharp* [1995] L.R.L.R. 433, and see para.5-097 above.
[507] *Kuwait Airways Corp v Kuwait Insurance Co SAK (No 1)* [1996] 1 Lloyd's Rep 664, and see para.5-101 above.
[508] *Scott (for and on the behalf of all underwriting Members of Syndicates 401 and 857 at Lloyd's) v The Copenhagen Reinsurance Co (UK) Ltd* [2003] EWCA Civ 688; and see para.5-103 above.
[509] *Aioi Nissan Dowa Insurance Co Ltd (formerly Chiyoda Fire and Marine Insurance Co Ltd) v Heraldglen Ltd* [2013] EWHC 154 (Comm), discussed at para.5-105 above.
[510] See Reuters. "Aircraft lessors sue insurers for $8 billion over trapped Russian planes" 14 December 2022 (https://www.reuters.com/business/aerospace-defense/aircraft-lessors-sue-insurers-65-billion-over-trapped-russian-planes-2022-11-21/#:~:text=Aircraft%20leasing%20firms%20are%20suing%20dozens%20of%20insurers,stuck%20in%20Russia%20since%20Moscow%27s%20invasion%20of%20Ukraine.).
[511] *Zephyrus Capital Aviation Partners 1D Ltd v Fedelis Underwriting Ltd* [2024] EWHC 734 (Comm); [2024] 4 W.L.R. 47 also known as *Russian Aircraft Operator Policy Claims (Jurisdiction Applications), Re*; and see Ch.13, 13-047 and Ch.15, 15-125.
[512] See *AXA Reinsurance (UK) Ltd v Field* [1996] 1 W.L.R. 1026; [1996] 2 Lloyd's Rep. 233 and *Tokio*

THE NATURE AND EXTENT OF THE REINSURER'S LIABILITY 347

Loss aggregation: Covid-19 cases

In the FCA Test case (*FCA v Arch*),[513] the High Court and then the Supreme Court were asked to decide on the coverage of claims under business interruption policies in respect of losses suffered as consequence of the Covid-19 pandemic and the UK Government measures in response. The Supreme Court held that, on the proper interpretation of the disease clauses, each case of illness sustained by an individual resulting from Covid-19 was a separate "occurrence" of a notifiable disease:

5-129

> "69. A disease that spreads is not something that occurs at a particular time and place and in a particular way: it occurs at a multiplicity of different times and places and may occur in different ways involving differing symptoms of greater or less severity. Nor for that matter could an 'outbreak' of disease be regarded as one occurrence, unless the individual cases of disease described as an 'outbreak' have a sufficient degree of unity in relation to time, locality and cause."[514]

Accordingly, the disease clauses, each of which contained a geographical restriction, provided cover for business interruption losses caused by any cases of illness resulting from Covid-19 that occurred at or within a specified radius of the insured premises, but did not provide cover for business interruption losses caused by cases of illness resulting from Covid-19 that occurred outside that area. The Supreme Court's comments on the meaning of "occurrence" in relation to "disease" and "disease outbreak" did arise in an aggregation context. In our last Supplement we expected Covid-19 aggregation cases to follow and predicted that aggregation disputes would center on identifying an "event", "occurrence" or "cause" within the Government's response to the pandemic. These cases are now going through the courts.

In *Stonegate Pub Co Ltd v MS Amlin Corporate Member Ltd*,[515] the court had to determine, inter alia, whether the business interruption losses of the owner/operator (Stongate) of 760 pubs, bars, restaurants and other hospitality venues in connection with the Covid pandemic could be aggregated under their property and business interruption policy with Amlin. The policy provided cover for business interruption loss resulting from: (1) notifiable diseases discovered at an insured location or occurring within the vicinity of an insured location during the period of insurance (cl.2.3(viii)); (2) enforced closure of an insured location by any governmental authority or agency for health reasons (extension to cl.2.3(viii)); and (3) prevention of access, including as result of the actions or advice of governmental authority or agency in the vicinity of the insured locations (cl.2.3(vii)). There was a limit of liability in respect of loss resulting from notifiable diseases of £2.5 million for any one single business interruption loss (SBIL), and in respect of loss resulting from prevention of access of £1 million for any one SBIL. SBIL was defined as "all business interruption loss arising from, attributable to or in connection with a single occurrence".

5-130

Amlin argued that, having already paid the claimant £2.5 million, they had no further liability because all business interruption loss arose from, was attributable to, or was in connection with, a single occurrence and was to be aggregated as a SBIL subject to the £2.5 million limit of liability. Butcher J held that the Govern-

---

Marine Europe Insurance Ltd v Novae Corporate Underwriting Ltd [2013] EWHC 3362 (Comm); [2013] 2 C.L.C. 769.
[513] *Financial Conduct Authority v Arch Insurance (UK) Ltd* [2021] UKSC 1; [2021] A.C. 649.
[514] *Financial Conduct Authority v Arch Insurance (UK) Ltd* [2021] UKSC 1 at [69] per Hamblen and Lord Leggatt JJSC.
[515] [2022] EWHC 2548 (Comm); [2023] Bus. L.R. 28.

ment instruction given to all pubs, bars and restaurants to close on 20 March 2020 and not to reopen the next day was a single occurrence. He reasoned as follows:

- When interpreting an aggregation clause, the relevant perspective was that of an informed observer in the insured's position.
- That question should be answered as at the earliest time after the commencement of loss at which a reasonable person in the insured's position would seek to decide whether there was one relevant occurrence, which would depend on the circumstances, including the nature of the losses, of the putative occurrence and of the insurance. In the case of a business interruption insurance, one of whose primary functions was to provide the insured with funds during the interruption, that time would generally be a relatively short period after loss started to be sustained. In the instant case, it would have been in March/April 2020.
- The knowledge which the informed observer was to be treated as having for the purposes of a business interruption insurance was all the knowledge which a reasonable person in the position of the insured would have had as at the date when the judgment as to whether there was an aggregating occurrence was to be made.
- The limits of liability were on the amounts recoverable in respect of the losses to the claimant's business as a whole, and in the absence of any words to that effect, could not be read as applying per premises.
- As a matter of ordinary language, the words "in connection with" were wide linking words. A reasonable policyholder would understand them to denote that only a relatively loose link was required, and thus that a wide range of losses might potentially fall to be aggregated as being at least "connected with" an occurrence. The words used did not require that the occurrence be the proximate, sole, or main cause of the losses, and could embrace indirect causation.
- A reasonable observer would not identify any one case of the disease in the vicinity as being a single occurrence for the purposes of the SBIL definition. The initial transfer of the virus to humans was too remote to count as a relevant occurrence, and the initial outbreak more generally could not be said to have been a single occurrence at all.
- The point at which a pandemic had become inevitable in the UK was not an occurrence in itself.
- There was no general rule that the taking of a decision could not be an occurrence. The decision taken by the government on 16 March 2020 that the public should be advised to avoid pubs, restaurants and clubs was an occurrence. There was a sufficient causal link between such occurrence and the claimant's alleged losses to satisfy any causal requirement implicit in the SBIL definition. The measures announced between 16 and 26 March 2020 leading up to the first national lockdown were not a single occurrence but a number of occurrences in quick succession. The instruction given to all pubs, bars and restaurants to close on 20 March and not to reopen the next day was a single occurrence.[516]

It is noteworthy that Butcher J adopts the "reasonable policyholder" concept for contractual interpretation from the FCA Test case—which is that insurance contracts must be interpreted objectively by asking what a reasonable policyholder would

---

[516] At [98]–[99], [113], [116], [185]–[186] and [189], per Butcher J.

have understood by it.⁵¹⁷ We query whether this concept is transferable to the reinsurance context where the parties' technical knowledge is more equally distributed.⁵¹⁸ It is also noteworthy that Butcher J fixes the point of time when the hypothetical reasonable policyholder would make his or her assessment of whether multiple losses constitute one occurrence: without knowledge of the factual circumstances of the nature of the actual losses, this assessment cannot be made at the time of entering into the contract. It may also not be possible to make this assessment immediately at the moment that a loss begins to be sustained. Butcher J therefore suggested that the relevant point is the earliest time after the commencement of loss at which a reasonable person in the position of the insured would seek to decide whether there was one relevant occurrence. When that would be would depend on the circumstances, including the nature of the losses, of the putative occurrence and of the insurance.

In *Greggs Plc v Zurich Insurance Plc*,⁵¹⁹ Butcher J considered the aggregation of Covid-19 related business interruption losses in a hearing on preliminary issues. The insured, Greggs—a UK food retailer with over 2,000 shops in the UK, had business interruption insurance with Zurich. Like the Amlin policy in *Stonegate*, the Zurich policy contained a limit of liability in respect of loss resulting from notifiable diseases of £2.5 million for any one single business interruption loss (SBIL), and in respect of loss resulting from prevention of access of £1 million for any one SBIL. SBIL was defined as "all business interruption loss arising from, attributable to or in connection with a single occurrence." Butcher J applied his reasoning in *Stonegate* holding that:

5-131

"[79] The informed observer, in the position of a policyholder such as Greggs, would regard the adoption of governmental measures which significantly affected whether, when and to what extent its shops could open as being occurrences. They met the 'unities' test, and they can without any misuse or even imprecision of ordinary language be described as 'occurrences'. They would be known to the informed observer in the position of the policyholder, who of course had to know of the legal position as to whether it was permissible to open shops, and under what conditions. The informed observer would readily identify them as relevant occurrences, because of their capacity for causing losses."

Given that this was a preliminary issue hearing, Butcher J did not proceed to determine what losses, if any, are related to which particular government measures but noted that such measures were not too remote from Greggs' losses to be relevant as "single occurrences" for the purposes of the SBIL definition.⁵²⁰ For both cases, *Stonegate* and *Greggs*, appeals to the Court of Appeal are outstanding at the time of writing.

Butcher J heard a preliminary issues application in a third case—*Various Eateries Trading Ltd (formerly Strada Trading Ltd) v Allianz Insurance Plc*⁵²¹—where he found that under a SIBL clause similar to the one in *Greggs* there was a "single occurrence" in the adoption of the governmental measures advising the public to avoid pubs, restaurants and clubs. He rejected the insurer's argument that the "occurrence" were the initial human infection/s in Wuhan. The judge also rejected the argument put forward by the insured (a restaurant chain) that claims should be ag-

---

⁵¹⁷ See discussion in Ch.4, 4-058.
⁵¹⁸ Also see: *Unipolsai Assicurazioni SpA v Covea Insurance Plc* [2024] EWHC 253 (Comm) at [40] per Foxton J.
⁵¹⁹ *Greggs Plc v Zurich Insurance Plc* [2022] EWHC 2545 (Comm) (appeal outstanding).
⁵²⁰ *Greggs Plc v Zurich Insurance Plc* [2022] EWHC 2545 (Comm) at [80].
⁵²¹ *Various Eateries Trading Ltd (formerly Strada Trading Ltd) v Allianz Insurance Plc* [2022] EWHC 2549 (Comm).

gregated on a per premises basis. The insurer appealed on the "occurrence" point, and the insured cross-appealed on the per premises approach. The Court of Appeal dismissed both appeals. Males LJ considered the required strength of the causal connection between the business interruption loss and the single occurrence by reference to the decisions in *Caudle v Sharp*,[522] *Scott v Copenhagen*,[523] *Simmonds v Gammel*[524] and *Spire Healthcare v Royal & Sun Alliance*.[525] Whether an occurrence is too remote for losses to "arise from or in connection with" it depends on the true construction of the aggregation clause in question.[526] The application of the remoteness principle therefore depends on the nature and strength (or weakness) of the causal link which the aggregation clause requires.[527] Remoteness is ultimately a "legal tool" which may be employed in a variety of circumstances (e.g. where there is only one candidate for a unifying event or several candidates) but the causal link should not be equated with the proximate or effective cause test.[528] The analysis calls for an exercise of judgment which is to some extent intuitive, but which also requires analysis of all the relevant circumstances of the case, including the nature of the causal link required by the aggregation clause, a consideration of the unities test, and an awareness of contingencies which may or may not occur after the happening of the event.[529] Significantly, an appellate court should not interfere with the trial judge's evaluation of the circumstances unless the conclusion reached is plainly wrong in the sense that it was not reasonably open to the trial judge or that the judgment discloses some error of principle.[530] The Court of Appeal held that the judge had not erred when determining that the initial human infections in China constituted a single occurrence which was too remote in time and place from the insured's losses to justify the limited liability claimed by the insurer.[531] The judge had also been entitled to reject the insured's "per premises" argument. The language of the definition of a single business interruption loss contained nothing to suggest that aggregation was intended to operate on such a basis. Contrarily, it was capable of applying where a single occurrence affected multiple locations.[532] Significantly, both Butcher J and the Court of Appeal said that even if business interruption losses from business closure extend beyond the period of insurance they will be covered as long as the initial "covered event" triggering the closure fell within the period of insurance.[533] In the context of Covid-cases, we also refer to *Unipolsai As-*

---

[522] *Caudle v Sharp* [1995] L.R.L.R. 433; [1995] C.L.C. 642; see 5-114–5-116.

[523] *Scott v Copenhagen Reinsurance Co (UK) Ltd* [2003] EWCA Civ 688; [2003] 2 C.L.C. 431; affirmed [2002] Lloyd's Rep. I.R. 775; see 5-124–5-125.

[524] *Simmonds v Gammell* [2016] EWHC 2515 (Comm); [2016] 2 Lloyd's Rep. 631; see 5-127.

[525] *Spire Healthcare Ltd v Royal and Sun Alliance Insurance Ltd* [2022] EWCA Civ 17; [2022] Bus. L.R. 170 reversing the first instance decision [2020] EWHC 3299 (Comm) (appeal to the Supreme Court outstanding); see 5-118.

[526] *Various Eateries Trading Ltd (formerly Strada Trading Ltd) v Allianz Insurance Plc* [2024] EWCA Civ 10; [2024] Bus. L.R. 810 at [53] per Males LJ.

[527] *Various Eateries Trading Ltd (formerly Strada Trading Ltd) v Allianz Insurance Plc* [2024] EWCA Civ 10 at [54].

[528] *Various Eateries Trading Ltd (formerly Strada Trading Ltd) v Allianz Insurance Plc* [2024] EWCA Civ 10 at [55].

[529] *Various Eateries Trading Ltd (formerly Strada Trading Ltd) v Allianz Insurance Plc* [2024] EWCA Civ 10 at [56].

[530] *Various Eateries Trading Ltd (formerly Strada Trading Ltd) v Allianz Insurance Plc* [2024] EWCA Civ 10 at [57].

[531] *Various Eateries Trading Ltd (formerly Strada Trading Ltd) v Allianz Insurance Plc* [2024] EWCA Civ 10 at [60]–[67].

[532] *Various Eateries Trading Ltd (formerly Strada Trading Ltd) v Allianz Insurance Plc* [2024] EWCA Civ 10 at [74]–[81].

[533] *Various Eateries Trading Ltd (formerly Strada Trading Ltd) v Allianz Insurance Plc* [2024] EWCA

sicurazioni SpA v Covea Insurance Plc,⁵³⁴ discussion at 5-112 and 5-142, which is a reinsurance case that differentiate a "catastrophe" from an "event" or "occurrence" and considers the operation of an hours clause in the reinsurance context.

We expect to see more reinsurance litigation and arbitrations on Covid-19 aggregation issues (not limited to business interruption insurance) in the next few years. Whether aggregation is of benefit to either party will depend on the facts of the claims (number and size) as well as the structure of the reinsurance policy in question. In addition, each reinsured and each reinsurer will also wish to consider its entire reinsurance programme before it takes a view on the effect of wordings and the relevant facts. A reinsurer may take a position on one reinsurance contract that benefits it in that particular dispute but may raise difficulties if it is also reinsured under a retrocession contract with the same or similar aggregation wording,⁶⁰² or if the argument would rebound on that reinsurer in other disputes with other cedants or in respect of the reinsurers of other layers.⁶⁰³

Are there any rules for determining aggregation issues?

The case law on aggregation has produced an embarrassment of jurisprudential riches. A much-respected counsel once observed to the authors that there is in reality no law; once the facts become apparent, the answer is obvious. That may be, of course, because the judge, who decides what is fact and which facts to recite, does so conscious of the legal consequence. It is common for the facts to appear to support the conclusion in a judgment since that is why they are chosen and recited. Similarly, the parties to the reinsurance contract are likely to at least consider the most beneficial financial outcome in aggregation terms and then shape their arguments accordingly. Whilst hindsight may play a (sub)conscious role, there is clear principle of construction—which also applies to aggregation clauses—that contractual terms must be interpreted objectively by asking what a reasonable person, with all the background knowledge which would reasonably have been available to the parties *when they entered into the contract*, would have understood the language of the contract to mean.⁵³⁵ It is also understood from *Stonegate* that the reasonable policyholder would make an aggregation assessment at the earliest time after the commencement of loss.

5-132

Distilling any rules from the aggregation case law is also complicated by the fact that aggregation wordings come in many variations, and even where the same language is used, individual words or phrases may not carry the same meaning in different clauses of different policies.⁵³⁶ Determining whether losses or claims can be aggregated is therefore an acutely fact sensitive exercise. Having said that, there are some themes and principles that can be distilled from the preceding case law:

- As aggregation clauses have the capacity in some cases to operate in favour of the insurer (by capping the total sum insured), and in other cases to operate in favour of the insured (by capping the amount deductible per claim), they are not to be approached with a predisposition towards either a broad or a narrow interpretation. However, more recently the courts have said that,

---

⁵³³ Civ 10 at [92]–[93] and *Various Eateries Trading Ltd (formerly Strada Trading Ltd) v Allianz Insurance Plc* [2022] EWHC 2549 (Comm) at [67]–[69].
⁵³⁴ *Unipolsai Assicurazioni SpA v Covea Insurance Plc* [2024] EWHC 253 (Comm).
⁵³⁵ *Financial Conduct Authority v Arch Insurance (UK) Ltd* [2021] UKSC 1 at [47] per Lord Hamblen and Lord Leggatt JJSC (with whom Lord Reed PSC agreed) and see Ch.4, 4-052.
⁵³⁶ *Lloyds TSB General Insurance Holdings Ltd v Lloyds Bank Group Insurance Co Ltd* [2003] Lloyd's Rep. I.R. 623 at [27] per Longmore LJ, cited with approval by Lord Toulson in *AIG Europe Ltd v Woodman* [2017] UKSC 18; [2017] 1 W.L.R. 1168.

- in the insurance context, aggregation clauses are to be interpreted from the perspective of an informed observer in the insured's position.
- Broadly speaking, clauses that aggregate losses from one event or one occurrence require a closer causal connection than clauses that aggregate losses from one originating or original cause or one source. The courts have considered that the term "occurrence" is virtually or entirely synonymous with "event". The terms "cause" and "source" are treated as if they had the same meaning.
- Event or occurrence-based aggregation wordings seek to establish a causal relationship between the event or occurrence and the loss. The strength of that causal connection depends on the linking words used, but the most common variations such as "arising from" or "resulting from" have been held not to require proximate causation.
- The causal link for event or occurrence-based aggregation can be established by reference to the "unities test" which examines the degree of unity in relation to time, locality and, if initiated by human action, the circumstances and purposes of the persons responsible.
- A state of affairs or a continuing process does not constitute an event or occurrence, but could be a cause or source.
- Cause or source-based aggregation wordings make it possible to look further back, and to look at wider circumstances, in the chain of causation for a unifying factor. However, although an originating cause can be of a remote kind, there is still a limit to the degree of remoteness that is acceptable. It would defeat the purpose of aggregation clauses to regard "Original Sin" as the common cause of all loss.

These themes and principles are of limited precedent value where the aggregation wording can be distinguished from those used in previous cases. The "strength" of the causation link remains unclear and is difficult to apply in novel circumstances. The unities test for event/occurrence based aggregation has been criticized for that it does not establish a causal link to an underlying event or occurrence at all—rather it shows that separate losses are correlated by spatial and temporal proximity, and may be the product of related human action.[537] As for cause/source-based aggregation, there is little clarity on just how remote the causal connection between the "cause" and the losses can be. Reference is also made to the discussion of attachment points in Ch.7, 7-014–7-016.

Aggregation under the PRICL

5-133   PRICL seeks to tackle aggregation in reinsurance contracts by reformulating the causational links between losses and events or causes. PRICL also introduce the idea that the aggregation of liability insurance losses warrants separate treatment to aggregation of first party losses:

PRICL aggregation	Reinsurance of first party insurance losses	Reinsurance of liability insurance
Event-based aggregation	All losses that occur as a direct consequence of the same materialisation of a peril reinsured against are considered as aris-	All losses that occur as a direct consequence of the same act, omission or fact giving rise or allegedly giving rise to the pri-

---

[537] Oliver D. William, *Reinsurance and the Law of Aggregation* (Routledge, 2021) s.4.27.

PRICL aggregation	Reinsurance of first party insurance losses	Reinsurance of liability insurance
	ing out of one event (Art.5.2(1))	mary insured's liability are considered as arising out of one event (Art.5.2(2))
Cause-based aggregation	All losses that occur as the direct consequence of one or multiple events within the meaning of art.5.2(1) are considered as arising out of one common cause if it was reasonably foreseeable that a cause of this kind could give rise to such an event (Art.5.3(1))	All losses that occur as the direct consequence of one or multiple events within the meaning of art.5.2(2) are considered as arising out of one common cause if it was reasonably foreseeable that a cause of this kind could give rise to such an event (Art.5.3(2))

Event-based aggregation is thus determined by reference to the underlying insured peril (or acts or omissions triggering liability) and the losses that have arisen as a direct consequence from the materialization of the occurrence of that peril (or acts or omissions triggering liability). The cause-based aggregation provisions operate to aggregate losses from a series of events if they were all the reasonably foreseeable consequence from the same cause. The PRICL provisions would introduce much needed clarification as to which aspects need to be causally connected and by providing causation tests ("direct consequence" for event-based aggregation, and a combination of "direct consequence" and "reasonably foreseeable" for cause-based aggregation). The PRICL shift the enquiry from what is an "event" to examining what the materialization of the reinsured peril is—a question that needs to be answered in any event to establish coverage. The PRICL aggregation provisions have already been referenced in a Norwegian reinsurance arbitration where one of the issues was the construction of an aggregation provision in a reinsurance contract.[538] We are interested to see the market's reaction to the provisions: if they are welcomed, a PRCIL aggregation provisions could be adopted as an aggregation clause even if the parties are not yet ready to incorporate the full PRICL.

One difficulty we foresee is that adopting the PRICL aggregation provisions—which by definition are specific to reinsurance—create a situation where the aggregation wordings in the underlying insurance contract and the aggregation mechanism in the reinsurance contract differ. This could lead to "aggregation gaps" in coverage if the aggregation language in the underlying contract of insurance is wider than the aggregation clause in the reinsurance/retrocession agreement. We have already discussed in Ch.4 whether and in what circumstances a term in the reinsurance agreement should be interpreted consistently with an equivalent term in the underlying insurance contract. In the following sections we consider cases where the aggregation wordings in the insurance and reinsurance contracts were not back-to-back.

Aggregation clauses in direct insurance and reinsurance

In *AXA Re v Field*, the defendant Lloyd's Syndicate was one of the primary E&O underwriters that was liable to pay claims made by agents in respect of negligent

5-134

---

[538] See: https://www.thommessen.no/en/news/aggregation-of-covid-related-claims-in-reinsurance.

underwriting of hundreds of LMX contracts.[539] The Syndicate in turn called upon its reinsurer, the plaintiff, to pay under an excess of loss contract which contained a "one event" clause identical to that in *Caudle v Sharp*. The Syndicate contended that "series of events or occurrences attributable to one originating cause" in the primary E&O contract had the same meaning as "series of ... occurrences ... arising out of one event" in the XL reinsurance contract, and that under the "follow the settlements" clause which existed in the reinsurance contract, the reinsurer was bound to accept that the losses had arisen out of three events.

Phillips J noted that "event" and "cause" had different dictionary definitions—each word described a particular attribute of a phenomenon; a phenomenon may have both attributes, i.e. be both an event and a cause. The question was therefore whether "having regard to the wording of each clause, and to the wider context in which each clause is used, the 'cause' and the 'event' will necessarily refer to the same phenomenon". Phillips J considered the test of causation enunciated by Evans LJ in *Caudle v Sharp*,[540] and noted that he did not attempt to define the degree of remoteness, or lack of it, necessary to satisfy the test of causation. Phillips J concluded that the same test of causation was to be applied to both originating cause clauses and one event clauses. He decided that the decision in *Axa v Field* on the number of losses was determined by the findings in *Cox v Bankside*—ergo there were three losses.

Axa Re v Field: Court of Appeal.

5-135   The Court of Appeal in *AXA Re v Field*[541] upheld the decision of Phillips J. It considered, amongst other matters, whether the meaning of "each and every loss" in the excess of loss reinsurance contract was necessarily the same as that in the underlying liability insurance contracts.

Staughton LJ concluded that the threefold test for an event enunciated by Evans LJ in *Caudle v Sharp*[542] equally applied to the "originating cause" clause in the reinsurance contract for the purposes of aggregation:

> "The same can be said, in this context, of an 'originating cause'. It must be an event, a common factor for all the claims in question, which satisfies the text of causation and is not too remote for the purposes of the clause."[543]

The Court of Appeal said that there was no relevant difference between the two wordings set out in 5-102 above and thus there were three losses.

Axa Re v Field: the House of Lords.

5-136   The House of Lords,[544] reversing Phillips J and the Court of Appeal, concluded that "originating cause" and "event" bore different meanings. Lord Mustill (with

---

[539] The defendant's liability was based on Phillip J's ruling in *Cox v Bankside Members Agency Ltd* [1995] 2 Lloyd's Rep 437 [Mentioned by Spire Healthcare Ltd v RSA (Appeal Outstanding)] that the negligent underwriting by three underwriters of hundreds of LMX contracts constituted three "originating causes" of loss rather than hundreds.
[540] See 5-114 above.
[541] *AXA Re v Field* [1996] 1 Lloyd's Rep. 26, Staughton, Simon Brown and Nourse LJJ.
[542] See above.
[543] *AXA Re v Field* [1996] 1 Lloyd's Rep. 26 at 30.
[544] *AXA Re v Field* [1996] 2 Lloyd's Rep. 233 per Lord Mackay LC, Lords Goff, Mustill, Slynn and Hoffmann.

whose speech the remainder of their Lordships agreed) identified "three themes"[545] in the reasoning of the Court of Appeal, the importance of which, he said, extended beyond the particular dispute:

(1) An assumption that where a direct insurer takes out reinsurance, and where both policies contain provisions enabling the amount of losses to be added together, the parties are likely to have intended them to have the same effect.
(2) That limiting terms in reinsurance contracts should not readily be found to operate more stringently than those in the underlying policy.
(3) That the parties to the contract did not have in mind a philosopher's meaning of "cause".

As to (1), Lord Mustill saw no reason, especially in excess of loss reinsurance, why either party, but in particular the reinsurer, would always wish for the reinsurance to be back-to-back with the underlying insurance. With regard to (2), again Lord Mustill could see no reason why it should be assumed that the insurance and reinsurance contracts were intended to be a back-to-back, and in any event, what might be a "stringent" or unfavourable construction from the point of view of the reinsured may depend on the pattern of his losses. As to (3), Lord Mustill agreed, but said that one did not have to be a philosopher to intend different words to mean different things.

Lord Mustill concluded as follows:

5-137

"... I come to the question in suit, which is exceedingly short. As framed it turns simply on a comparison between the clauses. Once one has set on one side the preconceptions with which I have ventured to disagree, the answer seems to me straight-forward. The contrast is between 'originating' coupled with 'cause' in [*Cox v Bankside*], and 'event' in the present case. In my opinion these expressions are not at all the same ... *In ordinary speech, an event is something which happens at a particular time, at a particular place, in a particular way.* I believe that this is how the Court of Appeal understood the word. A cause is to my mind something altogether less constricted. It can be continuing state of affairs; it can be the absence of something happening. Equally, the word 'originating' was in my view consciously chosen to open up the widest possible search for a unifying factor in the history of the losses which it is sought to aggregate. In my mind the one expression has a much wider connotation than the other."[546]

His Lordship made the obvious (but no less forceful for that) point that if the reinsured had wanted to:

"... secure identical measures of loss for its inward and outwards contracts, it could have negotiated with the reinsurers to that end, and taken the obvious course of using the same words in each."[547]

As we stated at the outset of this chapter, two distinct questions can arise between the reinsured and the reinsurer. First, what does the reinsured have to prove in respect of his liability to the original insured under the original reinsurance contract? Secondly, is the reinsurer liable under the reinsurance contract? The "follow the settlements" clause, properly construed, is concerned with only the first question. In *AXA Re v Field*, the underlying factual questions and their impact on the underlying insurance had been determined objectively by a judge. These could not be challenged by the reinsurers. However, the House of Lords, in *AXA Re v Field*, has made clear that when determining issues relating to the underlying insurance, a judge is

---

[545] *AXA Re v Field* [1996] 2 Lloyd's Rep. 233 at 238–239.
[546] *AXA Re v Field* [1996] 2 Lloyd's Rep. 233 at 239.
[547] *AXA Re v Field* [1996] 2 Lloyd's Rep. 233 at 240.

not construing the terms of the reinsurance contract. Lord Mustill said:

> "[W]here a reinsurer writes an excess of loss treaty for a layer of the whole account (or the whole stipulated account) of the reinsured I see no reason to assume that aggregation clauses in one are intended to have the same effect as aggregation clauses in the other. The insurances are not in any real sense back to back."[548]

He then went on to find (see above) that what might be regarded as arising out of one "event" was not the same as what might be regarded as arising out of one "originating cause", the "event" being more restrictive than the "originating cause".

Unless it is clear that the reinsurance contract is back-to-back with the underlying contract,[549] so that a business-like decision on liability by the reinsured binds the reinsurer under the "follow the settlements" clause, the second question referred to above, whether the reinsurer is liable on the reinsurance contract remains at large, even where there is a "follow the settlements" clause.[550]

5-138 In *Tokio Marine Europe Insurance Ltd v Novae Corporate Underwriting Ltd*,[551] the preliminary issues before Hamblen J were: (1) whether "loss occurrence" wording in the retrocession had or should be given same meaning as "occurrence" in master policy; and (2) whether the retrocessionaire was bound by insurer's/reinsurer's determination as to construction and application of aggregation provisions in master policy. The underlying "master policy" had a limit and deductible on a "per occurrence" basis, whilst excess of loss retrocession agreement between Tokio as cedant and Novae as retrocessionaire was subject to a limit of £25 million each and every "loss occurrence". The excess of loss retrocession agreement contained a follow the settlements clause which required Novae to follow the settlements of the original insurer (Ace). In relation to the first issue, Hamblen J rejected the retrocessionaire's argument that the aggregation wording in the retrocession had a different and more restrictive meaning:

> "46. If Novae's construction were correct it would lead to a radical mismatch between the cover provided under the Reinsurance and the cover provided under the Retrocession. It would not simply be a question of the cover not being back to back; the coverage provided would be fundamentally different. There is no obvious reason why the parties should have intended that the cover provided by the Retrocession should be so very different from the cover provided by the Reinsurance. It makes little commercial sense for [Tokio] to have purchased reinsurance only in respect of exposure arising to it under the Master Policy and not the same exposure arising under local policies: whether the claims are treated as arising under the local policies or Master Policy makes no difference to [Tokio].
>
> 47. Further, Novae's construction would render the cover provided by the Retrocession unlikely to be called upon in respect of losses outside the UK. It was a term of the Master Policy that a local policy must be issued in every jurisdiction (except the UK) covering the property and interests located in that jurisdiction if such cover is obtainable in that jurisdiction (General Condition 6). The Master Policy acts as excess/difference in conditions cover on top of the local policies (General Condition 7). The limit of cover under the original insurance (i.e. the Master Policy and local policies combined) and the Reinsurance is £100 million any one

---

[548] *AXA Reinsurance (UK) Ltd v Field* [1996] 1 W.L.R. 1026; [1996] 2 Lloyd's Rep. 233 at 238. Lord Mustill was distinguishing excess of loss from proportional reinsurance at this point.
[549] See Ch.4, Pt 2 above.
[550] See *Hiscox v Outhwaite (No.3)* [1991] 2 Lloyd's Rep. 524, 5-077 below [check after rewrite]. *Wasa International Insurance Co Ltd v Lexington Insurance Co* [2009] UKHL 40.
[551] *Tokio Marine Europe Insurance Ltd v Novae Corporate Underwriting Ltd* [2013] EWHC 3362 (Comm) (Hamblen J); *Tokio Marine Europe Insurance Ltd v Novae Corporate Underwriting Ltd* [2014] EWHC 2105 (Comm) (Field J). Facts discussed in Ch.4, 4-048.

Occurrence. The Retrocession provides cover in respect of £25m xs £53m any one Occurrence. On Novae's case, the Retrocession would only respond if there were a loss to the Reinsurance that fell in the range £53m—£78m but which was made up purely of losses under the Master Policy. Given that the maximum amount of any loss to the Reinsurance is £100m, it is difficult to conceive of any claim under the Master Policy from a jurisdiction outside the UK that will not have generated a significant loss to a local policy. This means that there is little prospect of any loss to the Reinsurance on property or interests outside the UK that exceeds £53m composed purely of losses under the Master Policy. The Retrocession would therefore effectively be restricted in its application to losses on property or interests in the UK, a commercially unlikely result for a Retrocession purportedly providing worldwide coverage.

48. Finally, if it really had been intended to restrict the Retrocession coverage in this way so that it was fundamentally different to that provided under the Reinsurance one would expect that to be clearly spelt out, both in the Retrocession and in the presentation materials—it is not."

On the second issue, Hamblen J held that Novae was bound by Ace's determination on aggregation of claims assuming that Ace had acted in an honest, proper, and business-like manner in concluding the original settlement. Novae had to follow the settlements of TMEI in accordance with the follow the settlements clause in the retrocession He noted that the reinsured's and the retrocedant's interests in relation to aggregation were aligned:

"I accept that the fact that this is non-proportional excess of loss Retrocession means that Novae's interests will not always be the same as those of TMEI or ACE. In many cases, however, their interests are likely to be similar. In relation to the issue of aggregation in this case, for example, it was in the interests of the insurer/reinsurer under each contract under which it was insuring/reinsuring for the claim to be made up of a number of Occurrences, albeit that Novae's interests are more affected by that issue."[552]

In the second reported match between the parties Field J gave summary judgment against Novae, rejecting summarily Novae's argument that Ace did not act in a business-like manner.[553] As regards the decision on the first issue, we consider that *Tokio Marine v Novae* is a decision limited to its facts and that the "radical mismatch" test put forward by Hamblen J is inconsistent with the clear statement in *AXA Re v Field* that there is no presumption of back-to-back coverage in non-proportional reinsurance. The PRICL commentary goes further stating that:

5-139

"There is no presumption that aggregation clauses in reinsurance contracts are to be interpreted in compliance with the primary insurance policies' aggregation clauses. In fact, aggregation clauses in non-proportional reinsurance contracts merit an autonomous interpretation under the PRICL."[554]

Aggregate extension clauses

If the reinsurance or retrocession contract does not contain any follow the settlements wording, problems can arise if the aggregation language in the underlying contract of insurance is wider than the aggregation clause in the reinsurance/

5-140

---

[552] *Tokio Marine Europe Insurance Ltd v Novae Corporate Underwriting Ltd* [2013] EWHC 3362 (Comm) (Hamblen J); *Tokio Marine Europe Insurance Ltd v Novae Corporate Underwriting Ltd* [2014] EWHC 2105 (Comm) (Field J) at [108].
[553] *Tokio Marine Europe Insurance Ltd v Novae Corporate Underwriting Ltd* [2014] EWHC 2105 (Comm).
[554] PRICL Commentary C36 to art.5.1.

retrocession agreement. For example, excess of loss reinsurance agreements typically provide reinsurance for each loss or occurrence in an amount in excess of a specified retention per loss or occurrence (which is usually set relatively high) up to a specified limit per loss or occurrence. In contrast, the underlying insurance may provide cover on an aggregate basis designed to deal with a higher frequency/lower severity of losses. Accordingly, there could be a coverage discrepancy because the amount of each loss or occurrence is generally not high enough to exceed the retention of the excess of loss treaty. An aggregate extension clause is designed to extend the aggregate cover of the underlying policy into the excess of loss treaty. Instead of subjecting each individual loss or occurrence to a separate retention and limit, it allows the aggregation of losses or occurrences when the underlying cover is written on an aggregate basis. In *Denby v English and Scottish Maritime Insurance Co Ltd*,[555] the excess of loss reinsurance contract contained the following aggregate extension clause:

> "As regards liability incurred by the reinsured for losses on risks covering on an aggregate basis, this agreement shall protect the reinsured excess of the amounts as provided for herein in the aggregate any one such aggregate loss up to the limit of indemnity as provided for herein in all any one such aggregate loss."

The Court of Appeal held that the aggregate extension clause did not come into operation in on the facts as the underlying contract of insurance were not written on an aggregate basis.[556] Aggregate extension clauses in excess of loss reinsurance contracts are discussed further in Ch.7, 7-017–7-020.

Sole judge clauses

5-141 In *Brown v GIO Insurance Ltd*,[557] the Plaintiffs (Syndicate 702) were E & O insurers of the Gooda Walker and Feltrim agencies. The defendants had entered into excess of loss reinsurance contracts with the plaintiffs which provided for limits in respect of "each and every loss and/or series of losses arising out of one event". The plaintiffs originally presented claims under the excess of loss contracts on the basis of Phillips J's decision in *Cox v Bankside* and *AXA Re v Field*,[558] contending that in respect of Gooda Walker there were three originating causes which were equivalent to three events (and by analogy, two events in the case of Feltrim). Following the decision of the House of Lords in *AXA Re v Field*,[559] the plaintiffs relied on clauses in the excess of loss contracts which provided as follows:

> "The Reassured's definition of each and every loss and/or event shall be final and binding on the Reinsurer hereon.
> The Reassured shall be the sole judge as to what constitutes each and every loss and/or event."

The Plaintiffs argued that as a matter of construction[560] of the above clauses they were entitled to make claims upon the reinsurers on the basis of their determination of the number of events prior to the decision in *AXA Re v Field*.

Morison J held that the clauses entitled a reinsured to make a unilateral

---

[555] *Denby v English & Scottish Maritime Insurance Co Ltd* [1998] C.L.C. 870; [1998] Lloyd's Rep. I.R. 343, and see Ch.7, 7-017 below.
[556] On the aggregate extension clause see Ch.7, 7-017–7-023 below.
[557] *Brown v GIO Insurance Ltd* [1998] Lloyd's Rep. I.R. 201.
[558] See above.
[559] *AXA Re v Field* [1996] 2 Lloyd's Rep. 233, and see above.
[560] They sought summary judgment on a point of law under RSC Ord.14A.

determination as to what constituted an event provided that it was bona fide and reasonable. The plaintiff's determination had been reasonable in the light of the decision of Phillips J and was therefore binding on the defendant reinsurers, even though the subsequent decision of the House of Lords showed it to be "wrong". The learned judge considered that the clauses made good commercial sense.[561] We consider that any 'sole judge' clauses in reinsurance contracts must now be considered in *light Braganza v BP Shipping Ltd* where the Supreme Court said that a contract party who exercises contractual discretion must not act in an arbitrary, irrational or capricious manner in doing so.[562] The sole judge—whether it is the reinsured or the reinsurer—should therefore still carry out a documented aggregation analysis (at the earliest time possible after the commencement of loss, according to *Stonegate Pub Co Ltd v MS Amlin Corporate Member Ltd*[563]). However, if there is a choice between two or more rational interpretations, we submit that the sole judge party should be permitted to choose the option that produces the most favourable aggregation outcome for that party. We would argue that doing so must have been the whole point of negotiating and agreeing a "sole judge" clause.

Hours clauses

A series of losses can also be aggregated by reference to a specific time window. It is common to use so-called hours clauses in property catastrophe reinsurance or terrorism reinsurance. Hours clauses provide that multiple individual losses resulting from a specified type of catastrophe will be aggregated if they fall within a specified time window of a specified number of hours. The applicable hourly limit depends on the underlying peril envisaged and the type and number of losses expected. The catastrophic event can be a natural or man-made disaster. For example, Lloyd's form NMA 1055 provides:

5-142

> "It is hereby agreed that all loss of or damage to property occurring during any one period of forty-eight consecutive hours during the currency hereof, directly caused by earthquake shock, shall be deemed to have been caused by a single earthquake and therefore to constitute one loss for the purposes of this Policy. The reinsured shall select the time from which any such period shall commence, but no two such selected periods shall overlap."

Hours clauses appear to be a workable solution in the case of reinsurance of property against named natural perils, but, it is difficult to draft an hours clause which accommodates such diverse human loss-causative agents as negligent professionals, war-mongering dictators, and government restrictions on businesses in the face Covid-19. In *Unipolsai Assicurazioni SpA v Covea Insurance Plc*,[564] the court was asked to review the arbitration awards on points of law concerning the construction of hour clauses in two Covid-related business interruption reinsurance disputes. The hour clause stated:

> "1) The term 'Loss Occurrence' shall mean all individual losses arising out of and directly occasioned by one catastrophe.

---

[561] The Court of Appeal upheld the judgment of Morrison J. One is again reminded of the dictum of Scrutton LJ (see *Gurney v Grimmer* (1932) 44 Ll.L.Rep. 189, at 5-005 above: "... it is not ... usual that A will agree to pay B an amount fixed by B, but it is a perfectly possible business transaction." Quaere whether the decision is correct in the light of *Kleinwort Benson Ltd v Lincoln City Council* [1999] 2 A.C. 349 (discussed in 5-130 above).
[562] *Braganza v BP Shipping Ltd* [2015] UKSC 17, [2015] 1 W.L.R. 1661, [18] per Baroness Hale DPSC; see Chapter 4, 4-096.
[563] [2022] EWHC 2548 (Comm); see 5-130 above for the facts of the case.
[564] *Unipolsai Assicurazioni SpA v Covea Insurance Plc* [2024] EWHC 253 (Comm).

2) The duration and extent of any 'Loss Occurrence' so defined shall be limited to:

...

vii) 168 consecutive hours for any Loss Occurrence of whatsoever nature which does not include individual loss or losses from any of the insured perils mentioned in any of the paragraphs (i), (ii), (iii) or (v) above."

One of the arbitration panels had decided that the effect of the hours clause was that the reinsurance only responded to payments in respect of business interruption losses as result of the closure of the insured's premises during a 168-hour period. The court had to construe whether the hours clause is concerned with the duration of the "catastrophe", or the duration of the "individual losses". Foxton J said that the individual loss occurs when the insured peril strikes so that the original insured loses the ability to use the premises (whether through damage to other property or premises or a closure order). The 168-hour period was concerned with the duration of the catastrophe that caused the individual losses, not the individual losses themselves.[565] By analogy to ruling at first instance and Court of Appeal level in *Various Eateries Trading Ltd (formerly Strada Trading Ltd) v Allianz Insurance Plc* that even if business interruption losses from business closure extend beyond the period of insurance they will be covered as long as the initial 'covered event' triggering the closure fell within the period of insurance,[566] Foxton J said that it was sufficient for an individual loss to occur during the 168-hour period even if the business interruption impact continued until after the end of the period.[567]

Although hours clauses are intended to clarify aggregation mechanisms for the parties, they have been criticized for that they frequently fail to clarify the causal connection between the catastrophic event and the losses, and that interaction between the insured perils and the nominated catastrophic event can introduce additional uncertainty.[568] In reinsurance contracts, care must be taken that any hours clause that is included is consistent with any other aggregation wording used. In *Tokio Marine Europe Insurance Ltd v Novae Corporate Underwriting Ltd*,[569] there was an inconsistency between an event-based hours clause and a cause-based aggregation clause. The question which would take priority did not need to be decided in light of Hamblen J's conclusion on the two other issues discussed in 5-138 and 5-139 above.

Mistake of law: Kleinwort Benson Ltd v Lincoln City Council

5-143   In *Kleinwort Benson Ltd v Lincoln City Council*[570] the House of Lords reversed the then accepted position that the courts could not provide a remedy for a mistake of law. The House of Lords held, by a majority,[571] that where money had been paid under a view of the law later proved to be erroneous, the money was paid over under a mistake of law since the payer believed when he made payment that he was bound to do so. If subsequently it was found (on the law held to be applicable at the date

---

[565] *Unipolsai Assicurazioni SpA v Covea Insurance Plc* [2024] EWHC 253 (Comm) at [148].
[566] *Various Eateries Trading Ltd (formerly Strada Trading Ltd) v Allianz Insurance Plc* [2022] EWHC 2549 (Comm) at [67]–[69] and *Various Eateries Trading Ltd (formerly Strada Trading Ltd) v Allianz Insurance Plc* [2024] EWCA Civ 10 at [92]–[93]; and see 5-131.
[567] *Unipolsai Assicurazioni SpA v Covea Insurance Plc* [2024] EWHC 253 (Comm), s.E4. The case is being appealed and the court of Appeal's judgment is expected in July 2024.
[568] Oliver D. William, *Reinsurance and the Law of Aggregation* (Routledge, 2021) ss.4.99–4.101.
[569] *Tokio Marine Europe Insurance Ltd v Novae Corporate Underwriting Ltd* [2013] EWHC 3362 (Comm) (Hamblen J); Facts discussed in Ch.4, 4-048.
[570] *Kleinwort Benson Ltd v Lincoln City Council* [1999] 2 A.C. 349.
[571] Lords Goff, Hoffmann and Hope (Lords Browne-Wilkinson and Lloyd dissenting).

THE NATURE AND EXTENT OF THE REINSURER'S LIABILITY 361

of payment) that he was not bound to do so then he was entitled to recover the amount paid. Lord Goff said that the law as declared by a judge is the law applicable not only at the date of his decision, but, also applicable retrospectively at the date of the events which are the subject of the case before him and of the events of other similar cases which may thereafter come before the courts even though the events in question occurred before the judge's decision. Lord Goff concluded as follows:

"Of course, I recognise that the law of restitution must embody specific defences which are concerned to protect the stability of closed transactions. The defence of change of position is one such defence; the defences of compromise, and settlement of an honest claim (the scope of which is a matter of debate), are others. It is possible that others may be developed from judicial decisions in the future. But the proposed 'settled understanding of the law' defence is not, overtly, such a defence. It is based on the theory that a payment made on that basis is not made under a mistake at all."[572]

As we have seen the House of Lords has reversed the Court of Appeal on the construction of the "originating cause" wording[573] and the loss settlements clause[574] in general use in the London market. Lord Goff's view of the effect of subsequent judicial decisions suggests that *Brown v GIO Insurance Ltd*[575] may have been wrongly decided. Suppose there had been no clause providing that the reinsured's definition of "each and every loss and/or event" was binding, but that the parties in *Brown v GIO Insurance Ltd* had instead entered into a settlement on the basis of their common understanding that the decisions of Philips J's decisions in *Cox v Bankside* and *AXA Re v Field* were correct. As a result of *Kleinwort Benson Ltd v Lincoln City Council*, it now appears to be open to argument that, following the decision of the House of Lords in *AXA Re v Field*, the moneys paid under the settlement are recoverable as they were paid under a mistake of law. In *Kleinwort Benson Ltd v Lincoln City* Council Lord Goff expressly recognised the existence of restitutionary defences, in particular the "settlement of an honest claim", adding parenthetically, "the scope of which is a matter of debate". Another important restitutionary defence is change of position.[576] Where a large claim is presented to reinsurers who settle it and in turn collect from retrocessionaires, who may in turn collect from other retrocessionaires, the courts may be reluctant to unwind a whole chain of settlements and prefer to "protect the stability of closed transactions" (to use Lord Goff's words). Indeed, whilst a number of reported cases have followed the *Kleinwort Benson* decision, most are concerned with taxation, there has not been a flood of them, and none have related to reinsurance.

In *Cultural Foundation (t/a American School of Dubai) v Beazley Furlonge Ltd*,[577] one of the issues to be decided on a preliminary basis was whether the primary layer insurer could recover from a third party claimant under the Third Parties (Rights against Insurers) Act 1930 any defence costs already paid that had exceed its pro rata share. The judge held that the overpaid defence costs could be recovered on two bases:

---

[572] *Kleinwort Benson v Lincoln City Council* [1999] 2 A.C. 349.
[573] *AXA Re v Field* [1996] 2 Lloyd's Rep. 233 (see 5-109 above).
[574] *Hill v Mercantile & General* [1996] L.R.L.R. 341 (see 5-020 to 5-025 above).
[575] *Brown v GIO Insurance Ltd* [1998] Lloyd's Rep. I.R. 201 (see 5-141 above).
[576] See C. Mitchell, P. Mitchell and S. Watterson, Goff & Jones: *The Law of Unjust Enrichment*, 9th edn, (Sweet & Maxwell 2016), Pt 6, Ch.27.
[577] The *Cultural Foundation (doing business as American School of Dubai) v Beazley Furlonge Limited* [2018] EWHC 1083 (Comm).

(1) In circumstances where both the primary layer insurer and the insured should have appreciated at the outset that the primary layer insurer was undertaking only a limited costs exposure, and that a claim might exceed the limit of indemnity, it was obvious that any excess should be recoverable from the insured rather than the limit on the primary layer insurer's costs liability being ineffective. There was an implied term that the primary layer insurer should be able to recover against its own insured,[578]

(2) Alternatively, the primary layer insurer would have had a claim in restitution on the basis of unjust enrichment. It was clear that s.1 of the 1930 Act transferred to any given third party claimant only such rights against the insurer as pertained to that insolvent insured's liability to the claimant. The 1930 Act was not intended to give the third party claimant greater rights against the insurer than those enjoyed by the insured. The Act could not lead to the insurer being deprived of a defence, such as equitable set-off, that it would have had but for the transfer. Although it was argued by the third party claimant, on the facts there was no change in its position in such a way as to make it unjust for the primary layer insurer to recover the overpaid defence costs in restitution.[579]

Late payment of claims

The orthodox position

5-144   In contracts of direct indemnity insurance, the insurer undertakes to hold the insured harmless against loss caused by an insured peril. Unlike the typical position in contingency insurance, contracts of indemnity insurance are not contracts whereby the insurer agrees to pay a specified sum of money in specified circumstances. The characterisation of the undertaking to hold the insured harmless against loss as the insurer's primary obligation has three important consequences:

(1) the insured's cause of action against the insurer arises at the time the insured suffers an insured loss;
(2) the insurer's payment of an indemnity is characterised as 'damages' for failing to hold the insured harmless; and
(3) if the insurer refuses or fails to pay the indemnity as required under the contract, the insurer will not be liable to the insured for any damages at common law over and above the amount of the indemnity because there is a rule of law that the courts cannot award damages for the late payment of damages.[580]

Sprung v Royal Insurance (UK) Ltd[581] serves as an illustration of the effect of (2) and (3) above. The claimant was the proprietor of a small animal waste products business. In April 1986 the premises were vandalised and the machinery was wrecked by vandals and thieves. The claimant had insurance with Royal Insurance which provided for indemnity against the cost of making good sudden and unforeseen damage to the plant which necessitated immediate repair or replacement before it could resume working. Royal Insurance initially denied liability for

---

[578] Ibid, [365] per Andrew Henshaw QC (sitting as a Judge of the High Court).
[579] Ibid. [367]-[380] per Andrew Henshaw QC (sitting as a Judge of the High Court).
[580] *Ventouris v Mountain (The Italia Express) (No.2)* [1992] 2 Lloyd's Rep 281; *Sprung v Royal Insurance UK Ltd* [1999] Lloyd's Rep. I.R. 111.
[581] *Sprung v Royal Insurance UK Ltd* [1999] Lloyd's Rep. I.R. 111.

a major part of the damage and did not make a payment under the policy until three and a half years later. In the meantime, the claimant was unable to continue the business and lost the opportunity to sell it. The claimant sought damages from Royal Insurance for £75,000 loss caused by its refusal to indemnify him and to pay him his loss or damage. Although the Court of Appeal felt sympathetic to the claimant's plight, it held that the claimant was not entitled to such damages. The liability of insurers under a policy of insurance arose when the loss occurred and was a liability to pay money for that loss. The essential nature of the liability was to pay the sum of money as damages. A failure to pay under a policy was thus a failure to pay damages, and an assured had no cause of action for damages for non-payment of damages. In such circumstances a claimant would be compensated by the award of interest on the damages eventually assessed by the court.

Section 13A of the IA 2015

The Law Commission criticised this analysis which equates the indemnity payment with a payment of damages.[582] In its view the idea that the insurer's primary obligation is to prevent loss is a fiction which ignores the commercial reality; it is unfair and unjust to insureds leaving him without any effective remedy if the insurer procrastinates with paying a valid claim. At the same time, the law appears to reward inefficient claims settling practices by insurers.[583] The Law Commission proposed that an insurance contract should contain an implied term obliging the insurer to pay within a reasonable time. Such a provision did not find its way into the IA 2015 when it was first passed but was included by subsequent amendment: Pt 5 of the Enterprise Act 2016 amends the IA 2015 by way of inclusion of ss.13A and 16A which came into effect on 4 May 2017. Section 13A(1) of the IA 2015 now implies a statutory term into every insurance contract (including reinsurance contracts) that the insurer will pay a claim within a reasonable time. A reasonable time includes time to investigate and assess a claim and will depend on all the relevant circumstances of the claim.[584] Examples of the relevant circumstances which may be taken into account in determining what would constitute payment of a valid claim within a reasonable time include: (a) the type of insurance, (b) the size and complexity of the claim, (c) compliance with any relevant statutory or regulatory rules or guidance, (d) factors outside the insurer's control, and (e) the conduct of the insurer in handling the claim.[585] If the insurer shows that there were reasonable grounds for disputing the claim (whether as to the amount of any sum payable, or as to whether anything at all is payable), he is not in breach of the implied term merely by failing to pay the claim.[586]

5-145

---

[582] See Law Commission and Scottish Law Commission, *Insurance Contract Law: Post Contract Duties and Other Issues* (Law Com. CP No. 201, December 2011), Pts 2 and 4; Law Commission and Scottish Law Commission, *Insurance Contract Law: Business Disclosure; Warranties; Insurer's Remedies for Fraudulent Claims; and Late Payment* (Law Com. No. 353, July 2014), Ch.26.
[583] See Law Commission and Scottish Law Commission, *Insurance Contract Law: Post Contract Duties and Other Issues* (Law Com. CP No. 201, December 2011), Pts 2 and 4; Law Commission and Scottish Law Commission, *Insurance Contract Law: Business Disclosure; Warranties; Insurer's Remedies for Fraudulent Claims; and Late Payment* (Law Com. No. 353, July 2014), Ch.26. For a less emotionally charged criticism of the rule in *Sprung v Royal Insurance* see Campbell, "The nature of an insurer's obligation" [2000] LMCLQ 42.
[584] IA 2015 ss.13A(2) and (3).
[585] IA 2015 ss.13A(3) and (4)(b).
[586] IA 2015 s.13A(4).

5-146 *Quadra Commodities SA v XL Insurance Co SE*[587] is the first reported case in which s.13A was considered by the courts. A company, Quadra, brought a claim against its insurers for grain cargo losses after falling victim to a fraud in Ukraine, and for s.13A damages for the insurers' alleged failure to pay the claim within a reasonable time. Butcher J said:

> "[141] The issue of what was a reasonable time in which the present claim should have been paid, without yet considering the Defendants' case that there were reasonable grounds for disputing the claim, is not an easy one to decide. No expert or detailed comparative evidence was adduced. The fact that, in some respects, the Defendants' actual conduct of the claims handling can be said to have been too slow or lethargic, does not itself answer the question of what was a reasonable time.
>
> [142] Looking at the non-exhaustive list of factors referred to in s. 13A(3):
>
> (a) The type of insurance was marine cargo, and thus property insurance. As the Explanatory Notes themselves state, property claims usually take less time to value than, for example, business interruption claims. On the other hand, the cover applied to transport and storage operations of different types and involving or potentially involving many different countries and locations, and claims under such a cover could involve very various factual patterns and differing difficulties of investigation.
>
> (b) The size of the claim was substantial, but not exceptional in the context of marine cargo insurance. As to complexity, this claim was certainly complicated by its location. The parties differed as to whether, otherwise, there was any complexity. Quadra contended, in effect, that once it had supplied the relevant contracts, Warehouse Receipts and inspection reports, and it was apparent that no or very few goods would be released to it from the Elevators, there was no complexity. The Defendants contended that that was based on an overly simplistic view of how the Policy worked, and that the claim had necessitated a fuller investigation of what had transpired in relation to the Agroinvestgroup Fraud and at the Elevators. Clearly this dispute overlaps with what needs to be considered for the purposes of s. 13A(4). On any view, however, I consider that the origins of the claim in the Agroinvestgroup Fraud, the uncertainty as to what had happened at the Elevators, the destruction of documents, and the existence of legal proceedings and recovery efforts in Ukraine were significant complicating factors, as was the fact that Quadra elected during the course of the investigation to opt for English rather than French law.
>
> (c) It was not suggested that any statutory or regulatory rules or guidance were relevant.
>
> (d) There were a number of factors outside the insurers' control which meant that this was a claim which would take some time to investigate. These, again, included the destruction and unavailability of evidence as to what had happened at the Elevators, and the fact that legal proceedings were commenced in Ukraine in 2019 and that it took some time to see what the results of these would be.
>
> [143] My conclusion, given the nature and complicating circumstances of this claim, as far as possible keeping separate the question of whether there were reasonable grounds for disputing the claim, is that a reasonable time was not more than about a year from the Notice of Loss. By this I mean that that would have been a reasonable time for insurers properly to have investigated and evaluated the claim and to have paid it, assuming that the investigation had indicated no reasonable grounds for disputing it or part of it."

---

[587] [2022] EWHC 431 (Comm); [2022] 2 Lloyd's Rep. 541; appealed unsuccessfully on different grounds in *Quadra Commodities SA v XL Insurance Co SE* [2023] EWCA Civ 432; [2024] Bus. L.R. 435 (and currently being appealed to the Supreme Court).

Butcher J held that there was no breach of the s.13A implied term. In our view, this first judicial interpretation of s.13A is a reasonable one as it clearly recognizes the practicalities of investigating complex claims in a challenging jurisdiction, as well as the insurer's entitlement to pursue reasonable defences (which it must be able to do in order to be able to claim under its reinsurance).

Section 13A(5) provides that remedies for breach of this implied term will be in addition to the sums due and interest on those sums. It does not restate or re-characterise the nature of the obligation to indemnify. In the case of *RSA Insurance Plc v Assicurazoni Generall SpA* (contract of reinsurance entered pre- IA 2015, litigated post-IA 2015)[588] the court adhered to the traditional analysis that that a claim for an indemnity under a (re)insurance contract was a claim for unliquidated damages and not debt. If that analysis is retained for claims under (re)insurance contracts to which s.13A of the IA 2015 applies, the "damages" available under s.13A(5) are not "damages on damages" but are damages for a separate breach of contract, namely the breach of the statutory term implied by s.13A(1). If the remedy for such a breach of contract is damages, we assume that the courts would apply the usual limitations to liability, such as the doctrines of remoteness and mitigation. Under the rule(s) in *Hadley v Baxendale*,[589] the liability for damages of the party in breach of contract is limited to losses arising naturally, or as may reasonably be supposed to have been in the contemplation of both parties at the time of the contract. It remains to be seen how the courts will apply the remoteness test and in particular whether they will seek to bring the damages for late payment within the first or the second limb of *Hadley v Baxendale*. We consider the second limb is more appropriate given the consequential nature of any loss that would arise as result of the late payment of a claim. There is a long-stop limitation date for s.13A actions which is at the expiration of one year from the date on which the insurer has paid the relevant claim.[590]

5-147

We also note the decision in *Equitas v Walsham Bros*.[591] Equitas, as successor to syndicates who both placed and received business through Walsham Bros, the brokers, successfully deployed the law of restitution to earn compound interest on debts from the brokers that were outstanding over many years.

Application to reinsurance

How does a statutory obligation to pay valid claims within a reasonable time apply to contracts of reinsurance? There is now a requirement on reinsurers to pay valid claims "within reasonable time" which is in addition to the reinsurer's obligation to indemnify its reinsured where the loss falls within the terms of the contract of reinsurance and the terms of the underlying contract of insurance.[592] We have already noted above the non-exhaustive list of factors that may need to be taken into account in assessing what is reasonable. Moreover, the reinsurer may be able to avail himself of the defence under s.13A(4) that he had reasonable grounds for disputing the claim (whether as to the amount of any sum payable, or as to whether anything at all is payable). We submit that for complex reinsurance structures there would be a host of other factors that may influence the speed at which claims can be settled, including but not limited to whether or not there is an international dimension (location of risk and/or governing law), whether the contract of reinsur-

5-148

---

[588] *RSA Insurance Plc v Assicurazoni Generall SpA* [2018] EWHC 1237 (QB).
[589] (1854) 9 Ex. 341.
[590] Limitation Act 1980 s.5A.
[591] *Equitas v Walsham Bros & Co Ltd* [2013] EWHC 3264(comm).
[592] *Hill v Mercantile & General Reinsurance Co Plc* [1996] L.R.L.R. 341; and see 5-020 to 5-026 above.

ance contains an as original incorporation clause, a follow the settlements clause, a claims co-operation or claims control clause, whether or not the leading underwriter has authority and is entitled to agree and settle a claim, and whether or not there are conditions precedent to payment. In particular as regards conditions precedent to payment, such as e.g. making payment by the reinsured of the underlying claim a condition precedent to the reinsurer's indemnity, consideration should also be given to whether such conditions precedent could constitute an invalid attempt to contract out as envisaged under s.16A(2) or (4) of the IA 2015. We would argue that it should not, as the concept of "reasonable time" ought to be construed against the backdrop of what the parties agreed. If the parties to the reinsurance contract agreed on certain conditions precedent to payment, then any postponement of payment until the conditions precedent had been fulfilled or complied with should not be regarded as delay. We also consider that a reinsurer can address any (alleged) 'late payment breach' by entering into a settlement agreement (to which s.13A and the contracting out restrictions in ss.16 and 17 of the IA 2015 do not apply).

The impact of s.13A of the IA 2015 may be thought to be slight in reinsurance, but more and more, particularly with applicable solvency capital requirements, capital is crucial to the ability of a (re)insurer to continue underwriting. A reinsurer who declines a valid claim—because of its own capital frailty perhaps—might cause significant additional capital costs to the reinsured, who has to find other resources to fill the hole left by the unpaid reinsurance claims. The reinsured may well wish to recover that additional expense along with its reinsurance claim. It has to be seen whether the usual contractual remoteness rules apply. An obligation to pay valid claims within a reasonable time may also have an indirect effect on contracts of reinsurance as it is likely to change, and has already changed, claims settling practices at the level of the underlying insurance and at the level of the reinsurance contract. To avoid being in breach of the obligation, there could be a lot more pressure on insurers to pay relatively quickly. Whilst s.13A(2) of the IA 2015 allows the insurer time for investigating and assessing the claim, it will be harder and riskier for insurers to raise more speculative defences and challenges to claims. As result, insurers may be more vulnerable to challenges by reinsurers as to whether a claim settled fell within the scope of the contract of insurance. We suggest that, where a reinsured relies on a follow the settlements clause, the requirement that the reinsured must act in a proper and business-like manner should be considered in the light of that obligation.

However, it may be the reinsurer who causes the late payment of a valid claim under the underlying insurance by exercising its rights under a claims control clause in a way that causes the delay in the settlement of the underlying claim. If there is a s.13A damages award against the reinsured/insurer, does it have recourse against the reinsurer? Section 13A does not assist the reinsured as its complaint is not a breach of the s.13A implied term in the reinsurance contract, but the exercise of an express contractual discretion.[593] As we noted in Ch.4, a contractual discretion may be subject to an implied term: (1) that contractual discretionary powers must not be abused; and (2) that the exercise of discretionary powers is circumscribed by an implied term that they must not be exercised in an arbitrary, irrational, or capri-

---

[593] Also see: R. Merkin and K Noussia, "Reinsurance under the Insurance Act 2015" 134 (2021) *BILA Journal* 3, at 25.

cious, manner.⁵⁹⁴ A breach of that implied term may attract a remedy in damages on the usual expectation measure and contractual remoteness rules.

5. THE REINSURER'S RIGHTS AGAINST THE REINSURED

Payment of premium

From the reinsurer's perspective, the payment of premium is the principal object of the reinsurance transaction.⁵⁹⁵ The reinsurer is bound once the contract is concluded and on risk from the date of inception of risk, and, in the absence of an express provision in the contract, the payment of premium by the reinsured is not a condition precedent to liability of the reinsurer. Nor does the failure to pay premium, even over an extended period of time, amount to abandonment of the contract or otherwise estop the reinsured from presenting claims,⁵⁹⁶ although the position is different if the reinsured positively asserts that he will not pay the premium. We have seen some reinsurers respond to the difficulty of showing that non-payment of premium amounts to repudiation of the contract by giving notice purporting to make time of payment of the essence of the contract. We can see how this may assist in facultative reinsurance or in treaty where there is an identifiable sum due, such as for a deposit premium. In other circumstances proving that anything is due for which a notice can be given may be difficult. In the event of non-payment of premium, unless the contract provides for a right of cancellation, the reinsurer's most likely remedy is to sue the reinsured, and a right of set-off will exist if a claim is made before the premium has been paid. Some contracts contain "premium payment warranties" which permit cancellation of cover if premium is not paid within a stated time. Under the IA 2015, a breach of a premium warranty has to be considered under s.10, and in particular whether the breach remains unremedied at the time of a loss.⁵⁹⁷

5-149

Likewise, it is not open to a reinsured to change his mind and unilaterally cancel the contract on the grounds that he no longer requires reinsurance cover.⁵⁹⁸ In such a case the reinsurer may agree to cancel the contract, upon payment of the appropriate premium for "time on risk", but the reinsurer is under no legal obligation to do so. Furthermore, the reinsured is obliged to pay the reinsurance premium regardless of whether or not he receives any premium from the original insured.

As has been noted above,⁵⁹⁹ in the case of a proportional reinsurance contract, the premium due is a percentage of the premium due under the original insurance contract or contracts. In a non-proportional reinsurance contract, the premium may be fixed or it may be (e.g. in aggregate excess of loss or stop loss covers) a function of gross written premium. The insurer/reinsured will frequently not know how much premium he is going to receive from the original insured, and it is common

5-150

---

⁵⁹⁴ *Braganza v BP Shipping Ltd* [2015] UKSC 17; [2015] 1 W.L.R. 1661 at [18] per Baroness Hale DPSC; *Equitas Insurance Ltd v Municipal Mutual Insurance Ltd* [2019] EWCA Civ 718; [2020] Q.B. 418 at [114] per Males LJ. And see 4-096–4-099.

⁵⁹⁵ We are reminded of the observation that an underwriter agrees to be bound, when he feels that the perfume of the premium overwhelms the odour of the risk.

⁵⁹⁶ See *Fenton Insurance Co Ltd v Gothaer Versicherungsbank AG* [1991] 1 Lloyd's Rep. 172; and Ch.11, 11-048 to 11-050 below.

⁵⁹⁷ See Ch 6, 6-211 below.

⁵⁹⁸ See *General Reinsurance Corp v Forsikringsaktiebologet Fennia Patria* [1983] 2 Lloyd's Rep. 287 and Ch.3, 3-005 to 3-006 above.

⁵⁹⁹ See Ch.1, 1-015 above.

for slips to indicate the estimated premium income ("e.p.i."). The slip may also provide for payment of a "minimum" or "deposit" or "minimum and deposit" premium to the reinsurer. An indication of e.p.i. does not of itself give rise to a contractual obligation on the reinsured to pay the amount of the e.p.i., but if the actual premium is significantly different it may be evidence of a breach of the duty of fair presentation when the e.p.i. was given, providing grounds to avoid the contract, or other proportionate remedies. The difficulty with proving that an e.p.i. is a misrepresentation is that it is an estimate and, if honestly made, is not a misrepresentation even though it may be substantially inaccurate.[600] It would be wise for a reinsurer to provide that he was not to be liable on risks written, or that terms should be renegotiated, once the actual premium reached or exceeded the estimate. The reinsurance contract will usually provide for an accounting mechanism, for example quarterly accounts submitted by the brokers.[601]

Inspection of records

5-151   Reinsurance contracts will usually provide that the reinsurer has a right to inspect the records of the reinsured.[602] In the absence of an express provision, a right of the reinsurer that such records be made reasonably available will be implied into the contract.[603] Pursuant to the PRICL art.2.3.2, the parties would be required to cooperate regarding documentation of any agreement and, pursuant to art.2.3.3, the reinsurer would have the right to inspect the records of the reinsured concerning the insured relationship subject to giving reasonable advance notice. We expect that the electronic Documentary Repository to be introduced with Lloyd's Blueprint Two will improve the parties' access to contractual and administrative documents.[604]

The fact that there is an implied right to inspect such records—and that provided the assertion of that right is not made purely to avoid imminent summary judgment and accordingly seen to be not made in good faith, means that the courts have been prepared to enforce that right before determining issues of liability and quantum.[605] This further supports the proposition that, even in the case of treaty reinsurance the reinsurer is entitled to know more than the fact that the reinsured asserts that there is a liability to pay before he, the reinsurer, should pay. The reinsurer is entitled to inspect the reinsured's records and check that the reinsured has in fact paid or settled liabilities within the terms accepted by the reinsurer and has not given money away. This is so even where there is a "follow the settlements" clause.[606] The treaty reinsurer will typically receive quarterly accounts via the brokers, which will often state little more than the balance due to or from the reinsured. Even if all parties concerned have acted with the utmost good faith, the reinsurer is nonetheless entitled to be reasonably satisfied that no significant accounting errors have occurred. An inspection provision is the reinsurer's protec-

---

[600] See *Iron Trades Mutual Insurance Co Ltd v Cia de Seguros Imperio* [1991] 1 Re. L.R. 213.
[601] See generally Ch.11 below, for a discussion of brokers' accounting practice in the London market.
[602] See Ch.6, 6-202–6-204 below.
[603] See Ch.4, 4-103; *Goshawk Dedicated Ltd v Tyser & Co Ltd* [2006] EWCA Civ 54. See also *Phoenix v Halvanon* [1985] 2 Lloyd's Rep. 599 at 613; *Charman v Guardian Royal Exchange Assurance Plc* [1992] 2 Lloyd's Rep. 607, and Ch.4, 4-039 above.
[604] See Ch.3, 3-003 and 3-004.
[605] See *Pacific & General Insurance Co Ltd (In Liquidation) v Baltica Insurance Co (UK) Ltd* [1996] L.R.L.R. 8, and Ch.6, 6-203 below.
[606] See *Charman* [1992] 2 Lloyd's Rep. 607.

tion against what could otherwise be a unilateral assertion on the part of the reinsured that the reinsurer must pay the amount stated to be due.[607]

Precisely how far the reinsurer can go in the absence of an express contractual provision defining the scope of inspection rights is unclear. It appears that a reinsurer is entitled to something more than mere accounting information, but perhaps something less than would now be available under standard disclosure pursuant to CPR Pt 31.[608]

5-152

What constitutes reasonable access to records may also give rise to friction between the reinsured and representatives of the reinsurer sent to inspect records. The reinsurer may be faced with objections that giving his representatives unrestricted access to all potentially relevant records is impractical or unduly onerous, or may involve the reinsurer incidentally having access to the other information to which he is not entitled. The practical difficulties involved were considered in *The Yasuda Fire & Marine Insurance Company of Europe Ltd v Orion Marine Insurance Underwriting Agency Ltd*.[609] The case concerned various underwriting agency agreements. The plaintiffs participated in certain reinsurance pools, which were managed by the defendants and were in run-off. Each of the agreements expressly provided for inspection of records, as follows:

> "4.2 ORION will maintain or arrange to be maintained all necessary books accounts records and other usual documentation appertaining to the marine insurance business transacted by it under the terms hereof. All such books accounts, records and other usual documentation shall be the property of ORION and the duly authorised representative of YASUDA (EUROPE) including its accountants shall be entitled to inspect the same at any reasonable time following a written request so to do and to make extracts and copies of any entries therein relating to the underwriting conducted hereunder on behalf of YASUDA (EUROPE)."

Over a period of 10 months the plaintiffs' representatives carried out a detailed inspection of the agency records, which involved a review of 16,000 risk files and the taking of over 77,000 copies. The dispute arose over the extent of the plaintiffs' right of access to information recorded on the defendants' computer. Colman J said:

5-153

> "Clause 4.2 provides that all the books, accounts and records and other usual documentation relating to the agent's transactions on behalf of the principal maintained by the defendants was to be available for inspection by the plaintiffs. That, on its proper construction, clearly includes all computer material. The problem created by the fact that the defendants have kept records, in particular their computer records, on a composite basis, including information not only about the plaintiffs' participation but also about the defendants' own participation, as well as the participation of other pool members, and that disclosure to the plaintiffs of those would involve disclosure of irrelevant and to some extent confidential information, is one which has been created by the defendants' own methods of administration of the agency. If they are to perform their obligations to provide inspection of all such records as are relevant, but object to disclosure of that which is irrelevant, it is for them to find some means either of concealing the irrelevant: see *Gerard v Penswick* (1818) 1 Swan[s] 533, or of extracting that which is relevant from the mass of their material. If such means cannot be devised with sufficient expedition, the plaintiffs will have to see the irrelevant material in so far as it is inseparable from the relevant. The

---

[607] *Pacific & General Insurance Co Ltd (In Liquidation) v Baltica Insurance Co (UK) Ltd* [1996] L.R.L.R. 8 at 12 per Rix J—a reflection very similar to that of the maligned Matthew J in *Chippendale v Holt* (1895) 1 Com. Cas.197 at 199 (above).
[608] Civil Procedure Rules 1998 (SI 1998/3132). See Ch.13 below.
[609] *The Yasuda Fire & Marine Insurance Company of Europe Ltd v Orion Marine Insurance Underwriting Agency Ltd* [1995] 1 Lloyd's Rep. 525.

computer database is, in my view, part of the records and, subject to what I have said about concealment of irrelevant material, ought to be made available for inspection. It is not open to the defendants to rely on the inseparability of irrelevant material as a basis for declining to permit inspection, extraction and copying of relevant material."[610]

Colman J ordered specific performance of the inspection clause. *Yasuda Fire & Marine v Orion* is a case involving an underwriting agent rather than a reinsured. However, the inspection clause considered by Colman J is similar to inspection clauses in reinsurance contracts, and such clauses should be given a similar broad effect. The extent to which a failure to permit an inspection of records may entitle a reinsurer to refuse payment of a claim is considered below.[611]

5-154 There may be more limited parameters as to what a reinsured's agent can be required to make available for inspection for the purposes of the reinsured's pre-contractual risk presentation as a consequence of s.4(4)(b) of the IA 2015 which makes an exception for the purposes of disclosure (via the "knowledge of the insured") in respect of confidential information acquired by the (re)insured's agent through business relationships with unconnected third parties.[612] Accordingly, if a request for inspection of the placing documentation is made, such documentation would not include any such confidential information.

Subrogation and contribution

5-155 The equitable principle of subrogation applies to all contracts of indemnity, the most common example of which is the contract of insurance.[613] In *Napier & Ettrick v R F Kershaw Ltd*, Lord Templeman described the principle of subrogation as follows:

> "[W]hen an insured person suffers a loss he will be entitled to the insurance money and may also be entitled to sue for damages anyone responsible for the loss. For example, if a house is insured for £100,000 against fire and is damaged by fire to an extent exceeding £100,000, the insurance company will pay £100,000. If the fire has been caused by a negligent builder or other tortious wrongdoer, the insured person will sue the wrongdoer for damages. If the house has been damaged to the extent of £160,000, the insured person will receive damages from the wrongdoer of £160,000. At that stage, the insured person will have made a profit since he will have collected a total of £260,000 from the insurance company and the wrongdoer. A policy of insurance is, however, a contract of indemnity and by the doctrine of subrogation the insured person must pay back to the insurer the sum of £100,000. The insured person will then have made neither a loss nor a profit."[614]

In addition to the right to receive recoveries which the insured may receive from third parties in diminution of the loss insured, the insurer is also entitled to bring proceedings in the name of the insured against any third party who may be liable to the insured in respect of the loss which the insurer has indemnified. Subrogation should be distinguished from assignment and abandonment respectively.

---

[610] *Yasuda Fire & Marine v Orion* [1995] 1 Lloyd's Rep. 525 at 527. We commend the judge's ingenuity in referring to an 1818 report to in granting access to computer data.
[611] See Ch.6, 6-202–6-204 below.
[612] See further Ch.6, 6-055 below.
[613] See generally C. Mitchell and S. Watterson, *The Law of Subrogation* (OUP, 2007); S.R. Derham, *Subrogation in Insurance Law* (The Law Book Company, 1985); M. Clarke, *The Law of Insurance Contracts*, (Informa, last update 1 May 2018), Ch.31; *McGillivray on Insurance Law*, 14th edn (Sweet & Maxwell, 2018), Ch.24. Also see *Bank of Cyprus v Menelaou* [2015] UKSC 66; [2015] 2 Lloyd's Rep. 585 where the application of the doctrine of unjust enrichment to the doctrine of subrogation was explained in respect of an unpaid vendor's lien.
[614] *Napier & Ettrick v R F Kershaw Ltd* [1993] 1 Lloyd's Rep. 197 at 199.

Assignment requires a positive act by the insured. The right of subrogation arises automatically upon payment of the claim. Where there has been an assignment of rights to the insurer, the insurer sues in his own name,[615] and is entitled to keep whatever he recovers, whereas in the case of a subrogated claim, the insurer sues in the name of the insured[616] and must account to the insured in the event that he receives more than the amount of the indemnity.[617] Thus, in the example given by Lord Templeman, if the insurer had paid a claim of £100,000 and then sued the tortfeasor and recovered £160,000, he would be obliged to give the insured £60,000 (less the expenses of pursuing the claim).

Abandonment is a doctrine of marine insurance law, which has been codified by s.63 of the Marine Insurance 1906. The application of the principle of abandonment to marine reinsurance contracts is discussed below.[618]

Subrogation in facultative reinsurance

5-156 It is clear that the principle of subrogation applies to facultative reinsurance contracts. In the *ICA v Scor* case, Robert Goff LJ said[619] that although the reinsurers were required, under a follow the settlements clause, to pay a claim which the insurers had settled honestly and in good faith, they were entitled to exercise a right of subrogation against the original insured and bring proceedings to set aside the settlement on the grounds of fraud. In treaty reinsurance the reinsurer indemnifies the ultimate net loss after all apposite recoveries, whether from third parties or from reinsurances that respond in priority to the one in question. If the reinsured fails to make proper recoveries, it will then be a question of whether his failure is a breach of an express or implied duty to his reinsurers.

An illustration of a recovery by facultative reinsurers following a fraudulent claim is *Assicurazioni Generali De Trieste v Empress Assurance Co Ltd*.[620] The plaintiff reinsurers had reinsured 50 per cent of the defendant insurer's liability under a marine open cover. The insurer/reinsured paid a claim in respect of the loss of two ships, of which the reinsurers paid their proportion. The insurer/reinsured brought an action against the brokers, and recovered damages in the amount of the claim, on the grounds that an employee of the brokers had fraudulently misrepresented to the insurer that the ships in question came within the scope of the open cover. Pickford J (as he then was) held, applying the principles of subrogation laid down by the Court of Appeal in *Castellain v Preston*,[621] that the reinsurers were entitled to recover the amount of the claim that had been paid by them to the insurer/reinsured, less "the costs" reasonably and properly incurred in pursuing the claim against the brokers. The facultative reinsurer only has a right of subrogation in respect of those recoveries made by the reinsured which as a matter of law relate to the risks that are covered under the reinsurance contract. Thus, in *Young v Merchants' Marine Insurance Co*,[622] the plaintiff reinsurers (Lloyd's underwriters) who had reinsured only the risk of total and/or constructive total loss of a ship, were not entitled to recover from the defendant reinsured a sum that he had recovered in respect of third party liabilities.

---

[615] See generally *Compania Colombiana de Seguros v Pacific Steam Navigation Co* [1963] 2 Lloyd's Rep. 479; [1965] 1 Q.B. 101.
[616] See *Central Insurance Co v Seacalf Shipping Corp* [1983] 2 Lloyd's Rep. 25.
[617] See *Yorkshire Insurance Co v Nisbet Shipping Co* [1961] 1 Lloyd's Rep. 479; [1962] 2 Q.B. 330.
[618] See Ch.7, 7-004 below and *Uzielli & Co v The Boston Marine Insurance Co* (1884) 15 Q.B.D. 11.
[619] *Scor* [1985] 1 Lloyd's Rep. 312 at 312, and cited above.
[620] *Assicurazioni Generali De Trieste v Empress Assurance Co Ltd* [1907] 2 K.B. 814.
[621] *Castellain v Preston* (1883) 11 Q.B.D. 380.
[622] *Young v Merchants' Marine Insurance Co* [1932] 2 K.B. 705.

The apportionment of recoveries as between the reinsurer and reinsured should—in the case of proportional facultative reinsurance—be a simple matter of arithmetic. The position of excess of loss insurers/reinsurers was considered in *Napier & Ettrick v Kershaw*,[623] where:

> "... the persons insured [were] 246 members of the Outhwaite Syndicate 317/661 of Lloyd's ('the Names'). The 'wrongdoer' was the managing agent of the syndicate ('Outhwaite') who was alleged to have negligently written large numbers of policies on behalf of the Names involving asbestosis claims without adequate reinsurance cover.[624] The insurers/reinsurers were the appellants ('the stop-loss insurers')."[625]

Although described by the House of Lords as "insurers", it is submitted that stop-loss insurance is a form of reinsurance.[626] As Lord Templeman makes clear, each Name is an insurer, and what he takes out is a policy covering his liability as an insurer.[627] Under the stop-loss policies, the "insurers" agreed to:

> "Indemnify the Assured for the amount by which the Assured's overall ascertained nett underwriting loss as hereinafter defined for the Underwriting Year(s) of Account shown in the Schedule exceeds the amount stated as 'Excess' in the Schedule ... The Underwriters' liability hereunder shall not exceed the amount stated as 'Limit' in the Schedule."

5-157 "Overall ascertained net underwriting loss" was defined to mean:

> "(a) such sums with which the Assured shall be debited by any of his/her Underwriting Agents in respect of his/her Underwriting results being the disclosed loss as per the Underwriting Accounts as at the end of each separate Underwriting Year of Account"
>
> "less"
>
> (b) such sums as the Assured shall be credited from any of his/her Underwriting results as shown in the account as at the end of the 36th month of each separate Underwriting Year of Account."

Lord Templeman set out the issues as follows:

> "For purposes of illustration, the arguments in the Courts below and in this House assume that for the 1982 year of account a particular hypothetical Name suffered a nett underwriting loss of £160,000, that the excess was £25,000, and that the limit was £100,000. On these figures the stop loss insurers paid to the Name £100,000 being the fixed amount of the limit (£100,000) which exceeded the excess (£25,000). The Names together with other Names sued Outhwaite for damages for negligence and breach of duty in respect of, inter alia, the 1982 year of account. Those proceedings were compromised on payment by Outhwaite of £116 million to ... Richards Butler as solicitors for the plaintiffs in the action. For the purposes of the illustration it is assumed that included in the sum of £116 million Richards Butler hold £130,000 attributable to the overall ascertained nett loss of £160,000 suffered by the hypothetical Name for the 1982 year of account.
>
> On these assumptions two problems arise, first how much is payable to the stop loss insurers by way of subrogation? Secondly are the stop loss insurers entitled to be paid the

---

[623] *Napier & Ettrick v Kershaw* [1993] 1 Lloyd's Rep. 197.
[624] See *Caudle v Sharp* [1995] L.R.L.R. 433; and 5-597 above.
[625] *Napier & Ettrick v Kershaw* [1993] 1 Lloyd's Rep. 197 at 199 per Lord Templeman.
[626] See Ch.1, 1-023 above.
[627] *Napier & Ettrick v Kershaw* [1993] 1 Lloyd's Rep. 197 at 199.

amounts found due to them by way of subrogation out the damages now held by Richards Butler."[628]

Saville J held: (1) that the hypothetical Name was entitled to be fully indemnified for his hypothetical loss of £160,000 and was required to pay the amount in excess of such indemnity to the stop-loss insurers ("He received £100,000 from the stop-loss insurers. He will receive £130,000 from Outhwaite. He will keep £60,000 and pay £70,000 to the stop-loss insurers. In the result the Name will have fully recouped his loss of £160,000. This analysis however ignores the fact that the Name agreed to bear the first £25,000 excess of any loss"[629]); and (2) the stop-loss insurers had no equitable proprietary interest in the £116 million held by Richards Butler, who were accordingly not liable to account for it to the stop-loss insurers as constructive trustees. The Court of Appeal[630] disagreed with (1) and held that since under the stop-loss policies there was an excess of £25,000 borne by each Name, the recovery should be applied from the top down. However, the Court of Appeal agreed with (2), and held that the stop-loss insurers had merely a common law claim for debt or money had and received, not a proprietary or trust claim against the £116 million held by Richards Butler. The Names and the stop-loss insurers respectively appealed and cross-appealed to the House of Lords.

The House of Lords[631] unanimously dismissed the Names' appeal—agreeing with the Court of Appeal on issue (1), but allowing the stop-loss insurers' cross-appeal in relation to issue (2). On the first issue, the application of the recoveries, Lord Templeman's analysis is worth setting out at length, he said:

5-158

"The problem must, in my opinion, be solved by assuming that the Name insured the first £25,000 of any loss and also insured the excess over £125,000 as well as insuring the £100,000 payable under the policy with the stop loss insurers. There would then be three insurance policies as follows: (1) A policy for the payment of the first £25,000 of any loss. (2) A policy for payment of the next £100,000 of any loss. (3) A policy for payment of any loss in excess of £125,000.

When the Name suffered a loss of £160,000 the Name received £25,000 under the first policy, £100,000 under the second policy and £35,000 under the third policy. The damages payable by Outhwaite were £130,000. The third insurer is entitled to be the first to be subrogated because he only agreed to pay if the first two insurances did not cover the total loss; accordingly the third insurer must be paid £35,000. The second insurer is entitled to be the second to be subrogated because he only agreed to pay if the first instance cover proved insufficient; accordingly, the second insurer must be paid £95,000. The sum of £35,000 payable by way of subrogation of the third insurer and the sum of £95,000 payable by way of subrogation to the second insurer exhausts the damages of £130,000 received by the Name from Outhwaite. There is nothing left to recoup to the second insurer the balance of £5,000 out of the £100,000 he paid under his policy. There is nothing left by way of subrogation for the first insurer in respect of the first £25,000 which he agreed to bear. Under the stop loss insurance the Name agreed to bear the first £25,000 loss and any loss in excess of £125,000. In my opinion the Name is not entitled to be in a better position than he would have been in if he had taken out the three insurances I have mentioned. The Name in fact acts as his own insurer for the first £25,000 loss and acts as his own insurer for any loss in excess of £125,000. So the Name must pay £95,000 to the stop loss insurers just as he would have been liable to pay £95,000 to the second insurer if he had taken out three policies. In the result, out of the loss of £160,000, the Name will have borne the first of the loss of £160,000, the Name will have borne the first £agreed

---

[628] *Napier & Ettrick v Kershaw* [1993] 1 Lloyd's Rep. 197 at 199.
[629] *Napier & Ettrick v Kershaw* [1993] 1 Lloyd's Rep. 197 at 199 per Lord Templeman.
[630] Dillon, Staughton and Nolan LJJ.
[631] Lords Templeman, Goff, Browne-Wilkinson, Jauncey and Slynn.

with the stop loss insurers that he would bear that loss. The stop loss insurers having paid £100,000 under the policy will receive back £95,000 by way of subrogation ... In my opinion an insured is not entitled to be indemnified against a loss which he has agreed to bear. I agree therefore with the Court of Appeal that the Name must bear the loss to the extent of the excess, namely £25,000."[632]

Lord Jauncey said:

"When an insured loss is diminished by a recovery from a third party, whether before or after any indemnification has been made, the ultimate loss is simply the initial loss minus the recovery and it is that sum to which the provisions of the policy of assurance apply including any provision as to an excess."[633]

The top-down principle adopted by the House of lords in *Napier* was recently applied in *Royal & Sun Alliance Insurance PLC v Textainer Group Holdings Ltd*.[634] Insurers who had paid out under excess of loss policies, were not entitled to a proportionate share of relevant recoveries subsequently made by the insured shipping container leasing business, even in situations where there were multiple losses of different items of property at different times and recoveries had been made in respect of specific items. The insurers had argued that there was a fundamental distinction between the case of a single or unitary loss (such as the net underwriting loss at 36 months in *Napier*) and the case of multiple losses (in *Textainer*: loss of containers) at different times where recoveries in respect of those specific items should be allocated to the insurer who had indemnified against their loss. This argument was rejected by the Court of Appeal as "overly formalistic and largely theoretical approach to the allocation of individual losses and the notional connection of recoveries to those losses". We consider that the judge and Court of Appeal were right that, as a matter of principle, this does not seem an appropriate way in which recoveries in relation to an excess of loss policy such as the present should be dealt with since the cover is not for specific losses but for aggregate losses that trigger a specific layer. However, we think that there would be a strong case for distinguishing the *Napier* top-down principle where the recovery is for a specific loss covered by the primary layer and some or all of the excess layers do not cover the type of loss in question.

5-159 On the second issue, the proprietary claim in respect of the recoveries, Lord Templeman analysed the nature of the right of subrogation as follows:

"When the hypothetical Name suffered a loss of £160,000 as a result of the negligence of Outhwaite, the stop loss insurers were bound to pay and did pay £100,000 under the policy. The stop loss insurers immediately became entitled to be subrogated to the right of the Name to sue and recover damages in an action against Outhwaite, albeit that the amount payable to the stop loss insurers by way of subrogation could not be quantified until the action had been concluded and the damages paid. Nevertheless, in my opinion the stop loss reinsurers had an interest in the right of action possessed by the Name against Outhwaite. That action, if brought by the Name, could be an action for the benefit of the Name and for the benefit of the stop loss insurers."[635]

Lord Templeman pointed out that the courts recognise the interests of the insurer in the right of action of the insured in two ways. First, the insurer is entitled to claim back any recovery made by the insured. Secondly, as noted above, if the insured

---

[632] *Napier & Ettrick v Kershaw* [1993] 1 Lloyd's Rep. 197 at 199–200.
[633] *Napier & Ettrick v Kershaw* [1993] 1 Lloyd's Rep. 197 at 212.
[634] *Royal & Sun Alliance Insurance PLC v Textainer Group Holdings Ltd* [2024] EWCA Civ 547.
[635] *Napier & Ettrick v Kershaw* [1993] 1 Lloyd's Rep. 197 at 201.

THE REINSURER'S RIGHTS AGAINST THE REINSURED

elects not to pursue the wrongdoer, the insurer is entitled to bring an action against the wrongdoer in the insured's name. Having reviewed the old cases at some length, Lord Goff conclude that the insured holds the benefit recovered subject to an equitable lien in favour of the insurer in respect if its share:

> "I can discern no inconsistency between the equitable proprietary right recognised by Courts of Equity in these cases and the personal rights and obligations embodied in the contract of insurance itself. ... I am very content that the equitable proprietary right of the insurer should be classified as a lien ...Indeed, a lien is the more appropriate form of proprietary right in circumstances where, as here, its function is to protect the interest of the insurer in an asset only to the extent that its retention by the assured will have the effect that he is more than indemnified under the policy of insurance."[636]

The result was that the £116 million held by Richards Butler was subject to an equitable charge, even though it included moneys held on behalf of other Names. The stop-loss insurers were granted injunctions against Richards Butler making any payment to the Names of the moneys which were subject to the equitable charge.

The decision in *Lord Napier v Ettrick* on that the insurer holds an equitable lien over recoveries has far-reaching consequences, as Lord Goff noted. It requires an express recognition of a proprietary interest in subrogation recoveries which puts the insurer/reinsurer in the position of a preferred creditor in the event of the insolvency of the insured/reinsured. The House of Lords approved *Re Miller, Gibb & Co Ltd (In Liquidation)*,[637] a case in which the Export Credits Guarantee Department ("ECGD") had insured 90 per cent of any loss which the company might suffer as the result of exporting goods to Brazil, in the event that local currency regulations prevented the purchaser from paying the purchase price. A payment by sterling draft was made to the seller's correspondent bank in Brazil. The Brazilian regulations prevented remittance of the money to England. The ECGD paid 90 per cent of the purchase price under the policy. The company was subsequently wound up and thereafter received payment in full from Brazil. Wynn-Parry J held that the ECGD was entitled to receive the money—which was an identifiable fund—in priority to the company's other creditors. The case could properly have been confined to its facts, which were such as to justify the imposition of a constructive trust. The inclination of the House of Lords to follow, in preference to a decision (albeit at first instance) of Lord Diplock,[638] a line of eighteenth century marine insurance cases, the application of which to modern commercial contracts may be open to question, is certainly explicable on the basis that the conduct of certain Names[639] towards their stop-loss insurers was, in the view of their Lordships, morally objectionable. As Lord Templeman put it:

5-160

> "When I asked why the Names were defending these present proceedings, your Lordships were blandly informed that the Names wished to benefit their 'cash flow' by making use of all the damages payable by Outhwaite and deferring recoupment until each stop loss insurer was able to obtain a judgment against each Name for money had and received."[640]

The legal explanation of the House of Lords' decision, however, has to lie in the nature of subrogation. It seems that settlement of his liability by the insurer, at least

5-161

---

[636] *Lord Napier and Ettrick v RF Kershaw Ltd* [1993] A.C. 713; [1993] 1 Lloyd's Rep. 197 at 208–209.
[637] *Miller, Gibb & Co Ltd (In Liquidation), Re* [1957] 1 W.L.R. 703.
[638] *Yorkshire Insurance Co Ltd v Nisbet Shipping Co Ltd* [1961] 1 Lloyd's Rep. 479; [1962] 2 Q.B. 330.
[639] Not, it should be emphasised, the representative plaintiff.
[640] *Napier & Ettrick v Kershaw* [1993] 1 Lloyd's Rep. 197 at 204.

if it is in full under the terms of the insurance contract, automatically passes to the insurer the insured's rights against third parties[641]; the insurer must positively waive the rights if he does not choose to exercise them. Absent that waiver, if the insured pursues those rights, he does so for the benefit of the insurer to the extent of the insurer's share, not simply as his agent. In those circumstances, the money which the insured collects, referable to those subrogated rights, is never his because the rights, ex hypothesi, belong to the insurer. Curiously the question of whether a partial payment of a claim (a compromise payment because liability or quantum is, or both are, disputed) gives the insurer/reinsurer subrogated rights to the extent of the payment is unclear. The authorities[642] all refer to payment of the full liability under the insurance as giving rise to the right of subrogation. Full payment also gives a right of subrogation even if the payment is ex gratia.[643] One may deduce from this, that partial payment gives no right of subrogation at all. However, none of the cited authority goes quite so far as to say that. For example, Clarke says: "The rule is that he [the insurer] must have paid all sums due under the contract of insurance before he can exercise the right of subrogation",[644] but he does not go on to say "and payment of less than all sums due does not give a right of subrogation" and s.79(2) of the Marine Insurance Act 1906 states that the insurer will be subrogated "in so far as the assured has been indemnified". The better view may be that an insurer may be subrogated in respect of any loss which it indemnifies under a contract of insurance to the extent of that indemnity and provided that the insured has first claim to a portion of the recoveries equivalent to the amount of the indemnity payable but not paid by the insurer. One thing is clear: if the insurer and reinsurer settle a claim by the payment/receipt of less than the contract provides for, it is prudent to expressly agree what is to happen to any purported rights of subrogation.

Subrogation in treaty reinsurance

5-162   The application of subrogation to treaty reinsurance is more difficult. In the case of a proportional treaty, where there is a recovery made in respect of a particular loss by the reinsured, it may be possible to account to each of the quota share reinsurers for their respective shares. A treaty may provide that the proportional reinsurer's liability is only for a share of the net loss to the reinsured, after taking into account salvage and recoveries. Although it is doubtful whether subrogation recoveries will be kept by the reinsured in a segregated account, if the reinsured becomes insolvent before a recovery is made, then it appears from *Napier & Ettrick v Kershaw* that the moneys must go to the reinsurers and are not available for distribution to the general body of creditors. If this point is never litigated, it will be because many proportional treaties are operated on a net account basis. The third party recoveries would then be a debt, not held in trust. In the case of an excess of loss treaty, it is difficult to see how subrogation can apply. The UNL clause again will typically provide for recoveries to be taken into account in the calculation of

---

[641] *Napier & Ettrick v Kershaw* [1993] 1 Lloyd's Rep. 197 at 212 per Lord Jauncey; *State Government Insurance Office v Brisbane Stevedoring Pty Ltd* (1969) 123 C.L.R. 228.
[642] Clarke, *The Law of Insurance Contracts*, (Informa, last update 1 May 2018), paras 17-4D2, para.31–3B; and the cases *Mason v Sainsbury* (1782) 3 Doug. K.B. 61; *Simpson v Thomson* (1877) 3 A.C. 279; *Napier & Ettrick v Kershaw* [1993] 1 Lloyd's Rep. 197.
[643] *King v Victoria Insurance Co Ltd* [1896] A.C. 250.
[644] Clarke, *The Law of Insurance Contracts*, (Informa, last update 1 May 2018).

the ultimate net loss. In *Judd v Merrett*[645] one of the defences accepted by the court as arguable was that the plaintiff had failed to pursue other recoveries so as to reduce the ultimate net loss claimed from the defendant. There are difficulties between reinsurers inter se (where there are more than one), if some wish to exercise rights of subrogation and some do not. It seems clear that those who wish to pursue subrogated recoveries must be free to do so, and, suing with the causes of action of the reinsured/insured, may recover 100 per cent of the loss. It is not clear whether they hold any surplus for their co-reinsurers who were unwilling to take the risk of litigation or for the reinsured/insured, but if the right of subrogation passes by operation of law, on payment, it must be for the co-reinsurers. A more likely result is that the defendant would successfully argue that each reinsurer is only subrogated to the extent of his proportion of the risk, and then only pay the proportion due to the reinsurers who actually sue.[646]

It is not clear whether a reinsurer can be subrogated to the subrogated rights of the reinsured and take an action in the name of the original insured against a third party tortfeasor in the event that neither the insured nor the insurer/reinsured are willing to do so, but there is no reason in principle why not, at least in facultative reinsurance.[647] The better view in treaty reinsurance, we suggest, is that the reinsured is under a general obligation to act in a reasonable and business-like manner. If the reinsured unreasonably fails to pursue recoveries, the reinsurer may have grounds for denying all or part of the claim.

Voluntary payments and other recoveries from third parties

In *Merrett v Capitol Indemnity Corp*,[648] a broker made an ex gratia payment to a reinsured to cover part of the reinsured loss. As found by the arbitrators: (a) the broker made the payment to retain the goodwill of the reinsured; and (b) it expected to be reimbursed by the reinsurer. The arbitrators' award was appealed. Steyn J said:

5-163

> "The point is a short one. The payment by the brokers was a gift, albeit a gift made for commercial rather than purely disinterested purposes. The contracts of reinsurance are contracts of indemnity. The question is, therefore, whether the payment diminishes the loss. Not every gift to an assured by a broker diminishes his loss. It is a question of fact in each case whether a gift has or has not been paid in diminution of the loss, and if it is established that the payment was intended solely for the benefit of the assured, it has not been paid in diminution of the loss. In that event it must be disregarded in assessing the assured's recoverable loss. These propositions re in my judgment firmly established by *Arthur Charles Burnand v Rodocanachi* (1882) 7 App Cas at p 333."[649]

In *Stonegate Pub Co Ltd v MS Amlin Corporate Member Ltd*,[650] the court had to determine whether payments received by Stonegate from the government under the Coronavirus Job Retention Scheme and any business rates relief received by Stonegate could be taken into account when calculating the business interruption losses claimed from its insurers. Butcher J reviewed the case law from which he derived three principles:

> "(1) If a third party has made a payment which has eliminated or reduced the loss to

---

[645] *Judd v Merrett* [1997] L.R.L.R. 21.
[646] In *Banque Bruxelles Lambert v Eagle Star* [1995] 2 All E.R. 769; Phillips J (as he then was) did not allow BBL, the arranger of a loan facility, to recover more than its own loss from negligent valuers. The other banks in the syndicate had to sue separately.
[647] See *ICA v Scor* [1985] 1 Lloyd's Rep. 312 at 320 per Robert Goff LJ.
[648] *Merrett v Capitol Indemnity Corp* [1991] 1 Lloyd's Rep. 169.
[649] *Merrett v Capitol Indemnity Corp* [1991] 1 Lloyd's Rep. 169 at p.48.
[650] [2022] EWHC 2548 (Comm); see 5-130 above for the facts of the case.

the insured against which it had insurance, then, subject to the exception below, the insurers are entitled to the benefit of that payment, either in reducing any payment that they might have to make under the policy or, if they have already paid, by claiming the amount from the insured.

(2) This will not be the case, however, if it can be established that the third party, in making the payment, intended to benefit only the insured to the exclusion of the insurers. That might be established if, for example, the third party acted from benevolence towards the insured, as in the case of the brother in Bowen LJ's example in *Castellain v Preston* (1883) 11 QB D 380; *95 or if that had been expressly stipulated by the third party; or if the third party had paid the money to retain the insured's goodwill and expected to be paid an equivalent amount by the insured's insurer.

(3) In assessing the intentions of the third party payor it does not matter whether that payor gave any thought to the position of insurers. A payment can still diminish the loss even if no such thought is given."[651]

On the facts, Butcher J held that payments made under the government scheme had been made for the purpose of reducing, and had in fact reduced, business interruption losses. Accordingly, the insurer was subrogated to the payments as a matter of the general law (as well as under a "savings clause" in the policy).

Contribution

5-164   An insurer is entitled to a contribution from another insurer who has insured the same risk of loss, in respect of any loss which the first insurer has indemnified. There must be 'double insurance: two or more policies are effected on the same adventure and the same interest.[652] Provided there are two or more reinsurance policies on the same risk, the equitable right of contribution can also apply at reinsurance level. In contrast, the equitable doctrine of contribution does not apply where the risk is reinsured in layers by different reinsurers, since the layers represent different risks. Where a number of reinsurers each subscribe to a percentage share of the same risk, each of the individual reinsurance making up the 'bundle of contracts' will be drafted on the basis that the reinsurer is only liable to indemnify for is share,[653] so gain there is no overlap of risk which is a prerequisite for seeking a contribution from another reinsurer.

A "more relaxed view" on what constitutes double insurance was adopted by Lord Mance JSC in *International Energy Group Ltd v Zurich Insurance plc*[654] in the context of mesothelioma claims (see above at paras [5-067]-[5-068]): an insurer who had meet the whole of the employer's liability to the employee, was then entitled to proportionate contributions from other insurers which had given liability cover to the employer in other periods and, in respect of any period in respect of which there was no insurer from which a contribution could be obtained, from the employer itself. Strictly speaking, the equitable doctrine of contribution would not apply to insurers of successive periods of insurance as there is no overlap of risk. However, Lord Mance said:

"60. Contribution is, ultimately, a principle based on "natural justice", as Lord Mansfield said in Godin's case 1 Burr 490, cited in para.26 above. A similar justification was given by Lord Chief Baron Eyre in *Dering v Earl of Winchelsea*

---

[651] *Stonegate Pub Co Ltd v MS Amlin Corporate Member Ltd* [2022] EWHC 2548 (Comm) at [284].
[652] Marine Insurance Act 1906, ss.32 and 80.
[653] *General Accident Fire & Life Assurance Corp Ltd v Tanter (The Zephyr)* [1985] 2 Lloyd's Rep. 529, and see Chapter 3, Section 2.
[654] *International Energy Group Ltd v Zurich Insurance plc* [2015] UKSC 33, [2016] A.C. 509.

(1787) 1 Cox Eq 318, *548 321, for recognising a right of contribution between sureties who had each accepted "distinct and separate obligations" and were not therefore in any contractual relationship with each other:

"If we take a view of the cases both in law and equity, we shall find that contribution is bottomed and fixed on general principles of justice, and does not spring from contract; though contract may qualify it ... in equali jure the law requires equality; one shall not bear the burthen in ease of the rest, and the law is grounded in great equity."

61. A similar approach is not out of place in a context where the law has developed new liabilities to redress perceived injustice. Consistently with this, Charles Mitchell, in The Law of Contribution and Reimbursement (2003) notes, para.4.14, that "The categories of claimant by whom contribution can be claimed at common law or in equity are not closed ..." Mitchell cites in this connection, inter alia, Burke v LFOT Pty Ltd 209 CLR 282. Meagher, Gummow and Lehane in Equity, Doctrines and Remedies, 4th ed (2002), para.10-020, also note the influence on the principles governing contribution of the equitable maxim that "equality is equity" and the doctrine of marshalling, whereby: "as between several interested parties it should not rest with the creditor by his selection of remedies open to him to determine where ultimately the burden was to fall ...

63. In my view, the principles recognised and applied in *Fairchild* [2003] 1 AC 32 and "Trigger" [2012] 1 WLR 867 *do require a broad equitable approach to be taken to contribution*, to meet the unique anomalies to which they give rise. I note that this solution is also advocated by Professors Merkin and Steele in their recent study on Insurance and the Law of Obligations (2013), p 378. If a broad equitable approach is taken in the present unique circumstances, then it should no doubt also be possible in the *549 present context to overcome the normal presumption with double insurance that loss should be shared equally. *Contribution between insurers covering liability on the basis of exposure should take account of differing lengths of insured exposure.* Conventional rules need to be adapted to meet unconventional problems arising from the principles recognised and applied in Fairchild and "Trigger"."

Accordingly, Zurich (the insurer in the *IEG* case[655]) had to identify the employer for the whole period of mesothelioma exposure, and then seek contributions from other insurers who had cover part of that period on a pro-rated time basis. The application of this approach on the reinsurance level within the Fairchild enclave was considered obiter dicta by the Court of Appeal in *Equitas Insurance Ltd v Municipal Mutual Insurance Ltd*.[656] Males LJ adopted the "more relaxed view" on contribution put forward by Lord Mance in *IEG*, so that the 'spiked' reinsurer (i.e. a reinsurer who had indemnified the reinsured on a 100% basis) would be entitled to recoup contributions from reinsurers from other relevant years on a time on risk pro-rated basis.[657]

The parties in *Equitas* also disagreed as to the method of seeking contributions and applying funds recouped. By analogy to the related doctrine of subrogation, and the top-down principle applied in *Napier & Ettrick v Kershaw*,[658] Males LJ adopted the "top down/ground up" method which – if applied – would mean that Equitas as the spiked reinsurer would acquire a right of contribution to be 'made good' by the non-spiked reinsurers, starting with the bottom layer reinsurers, from the non-spiked years. With this method, the reinsured, Municipal, will have to bear its retention for each year, and the higher layers of reinsurance in each year will not be hit until the relevant retention and lower layers have been exhausted.

---

[655] *International Energy Group Ltd v Zurich Insurance plc* [2015] UKSC 33, [2016] A.C. 509.
[656] *Equitas Insurance Ltd v Municipal Mutual Insurance Ltd* [2019] EWCA Civ 718, [2020] Q.B. 418.
[657] Ibid. at [124] per Males LJ.
[658] *Napier & Ettrick v Kershaw* [1993] 1 Lloyd's Rep. 197 and see above.

It should be recalled that the Court of Appeal's comments in *Equitas* on contribution and recoupment were made obiter dicta; the ratio of the case being that the reinsured's ability to spike claims was restricted by an implied term to exercise that contractual discretion in a manner that is not arbitrary, irrational or capricious.[659]

---

[659] *Equitas Insurance Ltd v Municipal Mutual Insurance Ltd* [2019] EWCA Civ 718, [2020] Q.B. 418, and see Ch.4, 4-095.

CHAPTER 6

The Reinsured's Obligations

TABLE OF CONTENTS

1. Introduction 6-001
2. The Legal Landscape 6-002
3. The Duty of Fair Presentation 6-006
4. The Principle of Utmost Good Faith 6-113
5. Promissory Warranties 6-154
6. Reinsurance Conditions and Other Terms 6-191

"For when they insure, it is sweet to them to take the monies; but when disaster comes, it is otherwise and each man draws his rump back and strives not to pay."—Franceso Datini[1]

"An underwriter at Lloyd's
Who wants to be 'one of the boys',
Will scratch without thought
Any risk that he's brought,
But when there's a loss, he avoids."—Anon[2]

1. INTRODUCTION

In previous editions, this chapter considered the general grounds upon which a party to a (re)insurance contract may deny liability. We have recast this chapter to examine the pre-contractual, contractual and common law duties of the reinsured, their discharge and the reinsurer's remedies arising upon their breach. This shift in focus has been shaped by the reforms pursuant to the UK Insurance Act 2015 ("IA 2015") following which avoidance of the contract of reinsurance, or discharge from liability thereunder, are no longer "one size fits all" and 'all or nothing' remedies available to the (re)insurer. This chapter is structured around the centre pieces of the IA 2015, namely the duty of fair presentation, warranties and other terms, and the (re)insurer's remedies in relation to fraudulent claims. It is not concerned with specific contractual provisions of particular contracts (although the discussion of "warranties" and "other terms" deals with the nature and effect of such provisions).

The IA 2015 has been in force since 12 August 2016 and therefore now represents "current law". Its provisions are applicable to re/insurance contracts governed by English law entered into, or renewed, on or after that date unless the parties have contracted out. Whilst there have now been several renewal seasons since 2016, there are very few court decisions that raise issues relating to the provisions of the

6-001

---

[1] Fourteenth-century Tuscan merchant: Origo, *The Merchant of Prato* (Penguin, 1963), p.139.
[2] Twentieth-century London solicitor.

IA 2015.³ None of the reported decisions concerns reinsurance contracts. The few decisions that touch directly on breach of the duty of fair presentation and breach of terms issues do not test the limits of the IA 2015. The majority of insurers and reinsurers with re/insurance contracts governed by English law will have adjusted their policy wordings either to explicitly acknowledge and accommodate the IA 2015, and/or to contract out from some of its provisions to the extent permissible. IA 2015 issues may well be the subject of reinsurance arbitrations leading to confidential arbitration awards. There are good reasons for confidentiality as far as the parties to the arbitration are concerned but it is a matter of regret to for reinsurance law practitioners and scholars who cannot benefit from the arbitral tribunal's reasoning.

The "old law" (i.e. the law that applied before the IA 2015 came into force) remains relevant for a number of reasons:

1. The IA 2015 is not a complete code of insurance contract law and has not wholly replaced the body of the pre-existing (re)insurance contract law. For example, provisions relating to the nature of insurance warranties contained in the Marine Insurance Act 1906 ("MIA 1906"), s.33 continue to apply. Similarly, the common law on the construction and interpretation of (re)insurance contracts, and on what constitutes a fraudulent claim, remains unchanged by the IA 2015.
2. The IA 2015 makes use of principles, and incorporates terminology, from the MIA 1906 and the existing case law. That body of case law will be relevant as guidance to the interpretation of the provisions of the IA 2015. For example, the exceptions to the duty of fair presentation under the IA 2015 s.3(5)(a)–(e) are similar to the exceptions to the old duty of disclosure under the MIA 1906 s.18(3)(a)–(c), and the concept of "materiality" appears to be the same under the IA 2015 s.7(3) and the MIA 1906 s.18(2). Given the scarcity of IA 2015 cases, for the time being, the courts will continue to refer to decisions under the old law, either as an interpretation aid for the provisions of the IA 2015, or to distinguish them from the new law to justify a different outcome in a post- IA 2015 scenario.
3. More generally, as noted by the US Supreme Court judge and scholar Mr Justice Holmes "[t]he history of what the law has been is necessary to the knowledge of what the law is."⁴
4. The old law in its entirety remains applicable to multi-year reinsurance contracts entered before 12 August 2016 and where the parties have chosen (aspects of) the old law to govern their contract even if entered on or after that date and provided they have validly contracted out from the provisions of the IA 2015. As reinsurance disputes can take a long time to crystallise, and to be determined in a dispute resolution process, it is to be expected that questions and issues on the old law will still keep reinsurance lawyers busy for a few years to come.
5. The old common law on the duty of utmost good faith remains the law of Bermuda.

It is for these reasons, that we have retained an edited down, but still relatively full, discussion of the old law. We present an integrated examination of the provisions of the IA 2015 alongside the established legal principles which remain

---

3 A case search with the search term "Insurance Act 2015" carried out on 28 February 2024 produced 30 results, only a minority of which concerned post-IA 2016 insurance contracts.
4 Oliver Wendell Holmes Jr, *The Common Law* (Macmillan & Co, 1882), p.37.

relevant the application and understanding of the IA 2015. This chapter is divided into six parts: this introduction (Pt 1), a summary of the legal landscape (Pt 2), the duty of fair presentation (Pt 3), the principle of utmost good faith (including the reinsured's duties in respect of claims) (Pt 4), warranties (Pt 5), and reinsurance conditions and other terms (Pt 6).

2. THE LEGAL LANDSCAPE

Before considering the current legal landscape, it is appropriate to reflect on the fact that reinsurance contract law is a sub-set of general contract law to which many of the general principles of contract law apply in the same way they apply to other contracts for goods and services. The courts have said that it is "desirable that the same legal principles should apply to the law of contract as a whole and that different legal principles should not apply to different branches of that law".[5] Yet, at the same time, contracts of (re)insurance stand apart as contracts of utmost good faith and with a classification of contractual terms and remedies for their breach which are divergent from general contract law principles.

Utmost good faith

The most significant aspect of good faith is that the parties have a positive duty of disclosure at the time of entering a contract of reinsurance. Whilst Lord Mansfield in *Carter v Boehm*[6]—the root judgment on the duty of pre-contractual disclosure—envisaged that a duty of good faith should apply to the contracting parties in all types of contracts, it never prevailed as a general contractual principle.[7] Instead, the starting position in contracts for the sale of goods or services is the principle of "caveat emptor", that is to say that the seller is not required to volunteer information, whereas in (re)insurance contracts the duty of good faith hardened into a doctrine of *utmost* good faith.[8]

The jurisprudential justifications for the characterisation of (re)insurance contracts as contracts of utmost good faith are said to be the prevention of fraud on the (re)insurer, and the information asymmetry between the (re)insured (who is said to know everything about the risk) and the (re)insurer (who is assumed to know little or nothing about the risk). Whilst the justifications plausibly explain the rationales for a duty of pre-contractual disclosure, it is not obvious at first glance why contracts of (re)insurance should take such a privileged position as against other types of contracts in relation to which that duty does not apply. Why should a naïve first time buyer of a car buying from a sophisticated car dealer not benefit from disclosure of important details of the car prior to committing to a purchase? The law on the sale of goods acknowledges that a buyer of goods is exposed to fraud and faulty goods but the route the law has taken to protect a buyer is not via a pre-contractual duty to share information but to leave it to the parties to agree express terms as to nature and quality of the goods, and give the buyer rights and

6-002

6-003

---

[5] *Cehave N. v. v Bremer Handelsgesellschaft M.B.H. (The Hansa Nord)* [1976] 1 QB 44, 71, per Roskill LJ (CA).
[6] (1766) 3 Burr. 1905; and see para 6-007 below.
[7] *Bell v Lever Brothers* [1932] A.C. 161 at 227 per Lord Atkin; *Manifest Shipping Co Ltd v Uni-Polaris Insurance Co Ltd (The Star Sea)* [2001] UKHL 1, at [45]] per Lord Hobhouse; and see para 6-008 below. Note however that 'good faith' in general contract law is now making a come-back - see Chapter 6, Section 3.
[8] *Bell v Lever Brothers* [1932] A.C. 161 at 227 per Lord Atkin; MIA 1906 s.17.

remedies that are implied into the contract of sale by statute.[9] Therefore, the purchaser of unsatisfactory goods has a remedy for breach of contract in respect of the non-performance or mal-performance of a contractual term. The remedy may be damages, or in the case of a repudiatory breach of a condition, termination of the contract. In the case of consumer contracts there are also specific statutory remedies, such as the return, replacement or repair of unsatisfactory goods.[10] In the absence of an applicable term as to the qualities of the goods, however, the buyer has no remedy and the law assumes that the buyer and seller deal 'at arm's length' and that each party is seeking to make the best bargain they can. Therefore the seller is not required to voluntarily share information that could lead to a lower purchase price.

Although the precise origins of the doctrine of utmost good faith in insurance contract law are not clear,[11] the doctrine took hold at a time when the courts and Parliament shaped insurance contract law principles to protect a nascent insurance industry (given its role in commercial and maritime ventures and as a source of tax revenue) against exploitation and fraud by insureds, and to differentiate contracts of insurance from wagers.[12] Historically, in the large majority of cases there would have been an inequality of information on placement to the disadvantage of the underwriter. The risk placement process (as described in Ch.3 above) has not lent itself to "at arm's length" pre-contractual dealings in the course of which the underwriter could have carried out a thorough due diligence on the risk to be (re)insured. London market practices, such as the presentation of the risk by a broker, placement in a subscription market, the relative speed and informality of placements and the comparatively brief documentation, have had a symbiotic relationship with the pre-contractual duty to disclose material information. The manner in which the market operates compels the underwriter to make a decision upon limited information and frequently under pressure of time. Without a duty on the proposer to volunteer information, these market practices would not work (as efficiently). Whilst some underwriters and brokers may take the view that reinsurance transactions are entered into between consenting adults, and that the governing principle should be caveat emptor, the commercial justification for the courts imposing a higher standard of conduct with respect to the making of insurance contracts remains as valid as it was in Lord Mansfield's day. The Law Commissions acknowledged that a pre-contractual information flow from the proposer to the insurer "is important to the successful operation of the UK insurance market."[13] Conversely, the existence of a pre-contractual duty of disclosure would have helped to shape, and entrench, some of these market practices and may have hindered the evolution of other approaches, such as the pre-contractual due diligence reviews carried out by buyers and lenders in M&A and banking transactions.

---

[9] Consumer Rights Act 2015 ch.2; Sale of Goods Act 1979 ss.10–15B.

[10] Consumer Rights Act 2015 ss.19–24. In respect of the provision of services, see Consumer Rights Act 2015 ch.4. Professor Merkin suggests that the Consumer Rights Act 2015 ss.49–52 imply obligations into a consumer contract for services which "may have the effect of replicating the duty of utmost good faith." (see R Merkin, *Colinvaux's Law of Insurance* 13th edn (Sweet & Maxwell, 2022), para.6-066.

[11] H. Bennett, "Mapping the doctrine of utmost good faith in insurance contract law" [1999] LMCLQ 165.

[12] HM Treasury, *Explanatory Notes to Insurance Act 2015*, para.6. This note is available on http://www.legislation.gov.uk/ukpga/2015/4/notes/data.pdf; also see P. Rawlings, "Bubbles, Taxes, and Interests: Another History of Insurance Law 1720–1825" (2016) *Oxford Journal of Legal Studies* 799.

[13] The Law Commission and The Scottish Law Commission, *Insurance Contract Law: Business Disclosure; Warranties; Insurer's Remedies for Fraudulent Claims; and Late Payment* (Law Com. No.353, July 2014), paras 3.2 and 5.1.

The courts have recognised that the disparity of knowledge that is said to justify a pre-contractual duty of the proposer to volunteer information does not realistically apply in certain classes of business and certain types of insurance.[14] Commercial judges and distinguished market practitioners have all commented on the prevailing commercial morality, or rather the lack thereof, in the reinsurance market. Moreover, with the growing role of electronic data and insurers' capabilities to access, store and analyse such data, insurers and reinsurers may have vast institutionally held "knowledge" that overlaps with, or even exceeds in some areas, the relevant knowledge of an individual prospective insured. This is one of the reasons why the Law Commissions recommended to re-balance the pre-contractual duty of disclosure to reflect that both parties need to co-operate in the pre-contractual exchange of information.[15] As regards non-consumer insurance contracts, including reinsurance contracts, a pre-contractual duty to volunteer information has been retained under the IA 2015, but the new legislation also recognises that (re)insurers must utilise their own knowledge,[16] and ask follow-up questions.[17] In contrast, for consumer insureds there has been a rapprochement to the position under the general contract law as following to the Consumer Insurance (Disclosure and Representations) Act 2012 ("CIDRA 2012") consumer insureds need no longer volunteer information.[18] It also remains to be seen whether the introduction of electronic placing platforms—as envisaged by Lloyd's[19] will result in a pre-contractual repositioning as between insurers and reinsurers inter se.

Warranties

Under the general contract law, contractual terms are classified into (1) conditions (fundamental terms) upon breach of which the innocent party is entitled to terminate the contract and sue for damages, (2) warranties (subsidiary terms) upon breach of which the innocent party may only sue for damages, and (3) innominate terms where the remedy for breach is dependent upon the consequences of the breach. This classification and terminology does not apply (straightforwardly) to contracts of (re)insurance. The type of term that has been ubiquitous (and notorious) in (re)insurance contracts is the warranty but warranties in (re)insurance contracts assumed a very different role and developed a different remedies regime than their general contract law namesakes. As we shall discuss in more detail in Pt 5, an insurance warranty is a promissory term by which the (re)insured undertakes that some particular thing shall or shall not be done, or that some condition shall be fulfilled, or whereby he affirms or negatives the existence of a particular state of facts. The (re)insurer's remedy for breach of warranty by the (re)insured is not damages. Under the old law,[20] upon a breach of warranty the (re)insurer was automatically discharged from liability under the (re)insurance contract as from the time of the breach, regardless of whether or not the breach had been slight, immate-

6-004

---

[14] E.g. *HIH Casualty & General Insurance Ltd v Chase Manhattan Bank* [2003] 1 C.L.C. 358 at [86] per Lord Hobhouse.
[15] The Law Commission and The Scottish Law Commission, *Insurance Contract Law: Business Disclosure; Warranties; Insurer's Remedies for Fraudulent Claims; and Late Payment* (Law Com. No.353, July 2014), para.5.3.
[16] IA 2015 s.3, in particular ss.3(4)(b), (5)(a)–(c) and 5. See further 6-065.
[17] IA 2015 s.3(4)(b).
[18] CIDRA 2012 s.2(1). Note however that the remedies regime for misrepresentations in relation to consumer insurance contracts remains different to the remedies available for misrepresentations that induced other types of contracts.
[19] See Ch.3, ss.3-003 and 3-004.
[20] MIA 1906 s.33 and see further 6-168–6-171.

rial or remedied. In *Global Process Systems Inc v Syarikat Takaful Malaysia Berhad*, Lord Mance suggested that the "sometimes unfairly stringent principles governing insurance warranties were themselves the product of the Victorian view of causation", namely to regard the proximate cause as the last cause in time:

> "If the only relevant cause is the last cause in time, then a prior breach of a simple contractual obligation regarding fitness could have been regarded as irrelevant. Hence, the development of the concept of a warranty which, if broken, automatically discharged from liability for loss or damage, irrespective of how such loss or damage was in law to be regarded as caused."[21]

Insurance warranties preceded the reign of Queen Victoria and were well-established features of insurance contracts in the age of Lord Mansfield.[22] Their special status in insurance contracts is attributable to their origins as "condition[s] on which the contract is founded".[23] They were a means of binding the insured contractually to the nature and level of the risk which the insurer agreed to underwrite at the outset, and releasing the insurer from his undertaking to indemnify where facts bearing upon the risk had changed after the conclusion of the contract.[24] Yet, soon insurers discovered that warranties were also a convenient device for replicating statements made by the insured in the pre-contractual presentation of the risk, so that upon breach of such a warranty the insurer would be relieved of the burden of proving the materiality (to either risk or loss) of such statements. Using a so-called 'basis of the contract' clause warranting the truth of pre-contractual representations, insurers could (until the CIDRA 2012 and the IA 2015 came into force)[25] transform wholesale all pre-contractual representation in the proposal form into warranties. The courts condoned this practice as giving expression to the parties' freedom of contract to determine as material to the existence of the contract a particular state of facts or circumstances,[26] and enforced them until they were abolished by the CIDRA 2012 s.6 and the IA 2015 s.9 respectively.[27]

Even following the reforms of the law on insurance warranties in Pt 3 of the IA 2015, they remain different in nature to warranties in other types of contracts, and upon breach continue to attract a different remedies regime not based on damages. This is so as damages would not compensate an insurer adequately to put him into the position he would have been in had the insured complied with the warranty. Money could not ordinarily fix the non-fulfilment of promises, or the non-existence of a state of facts, which were a pre-requisite to the insurer accepting the risk.

---

[21] *Global Process Systems Inc & Anor v Syarikat Takaful Malaysia Berhad (The Cendor Mopu)* [2011] UKSC 5 at [56] per Lord Mance.
[22] *De Hahn v Hartley* (1786) 1 TR 343. See further J. Oldham, *English Common Law in the Age of Mansfield* (The University of North Carolina Press, 2004), pp.132–138.
[23] *Bean v Stupart* (1778) 1 Doug 11 at 14 per Lord Mansfield.
[24] *Thomson v Weems* (1884) 9 App Cas 671 at 684 per Lord Blackburn.
[25] CIDRA 2012 s.6 and IA 2015 s.9; and see 6-173 below.
[26] *Thomson v Weems* (1884) 9 App. Cas. 671. Giving effect to a basis of the contract clause Lord Blackburn noted (at 683–684): "It is competent to the contracting parties, if both agree to it and sufficiently express their intention so to agree, to make the actual existence of anything a condition precedent to the inception of any contract; and if they do so the non-existence of that thing is a good defence. And it is not of any importance whether the existence of that thing was or was not material; the parties would not have made it a part of the contract if they had not thought it material, and they have a right to determine for themselves what they shall deem material."
[27] For a decision enforcing a basis clauses only a few years before the IA 2015 came into force see: *Genesis Housing Association Ltd v Liberty Syndicate Management Ltd* [2013] EWCA Civ 1173.

The reform process, CIDRA 2012 and IA 2015

6-005
There had been several attempts to reform the English insurance contract law throughout the second half of the 20th century.[28] The early pursuit of reform was driven by a realisation that the core principles of insurance and reinsurance law had developed in a marine and trade context and that those commercial law principles did not translate easily into a growing consumer insurance market. However, those earlier proposals failed at least partly because of insurance industry resistance. The insurance industry's answer to imbalances in the law was to self-regulation.[29] There has also been a notable reluctance from the courts to develop the common law as the MIA 1906 codified the law relating to marine insurance and many of its provisions were held to be applicable to non-marine insurance. It has been pointed out that, in comparison, US courts have been much more willing to intervene in insurance contracts because in the US welfare and social security are seen as matters to be arranged through private insurance and as such there has been much greater "public interest" in developing balanced insurance contract law principles.[30] Another significant development that initially helped to forestall reform in relation to consumer insureds was the establishment by insurers of the Insurance Ombudsman Bureau in 1979 whose remit it was to determine complaints from consumers in accordance with "good industry practice". Following the Financial Services and Markets Act 2000 ("FSMA 2000"), it was subsumed in the Financial Ombudsman Service in 2001 which has the power to determine consumer complaints with reference to what is "fair and reasonable". The establishment of the Financial Ombudsman Scheme helped mitigating the harshness of the duty of disclosure and the consequences of breaches of warranties in relation to those consumer insureds that pursued a complaint under the Scheme but its operation also caused legal uncertainty and consternation amongst (re)insurers. Self-regulation (taking the shape of self-restraint on the part of insurers not to insist on their strict legal rights) vis-à-vis consumer insureds, led to the adoption of market practices surrounding the duty of disclosure that were developing ahead of the black letter law.

Towards the end of the last millennium, the realisation by many stakeholders[31] and insurance market participants, as well as the courts[32] and academic commentators,[33] that English insurance law required some degree of modernisation, had gained momentum. Whilst reforms were most pressing in relation to consumer

---

[28] For a brief history of the reform proposals and attempts see J. Lowry and P. Rawlings, "That wicked rule, that evil doctrine ... Reforming the Law on Disclosure in Insurance Contracts" (2012) 75(6) MLR 1099.

[29] See *The Statement of Insurance Practice (Long Term) and The Statement of Insurance Practice (General) 1977*, updated in 1986.

[30] R. Hasson, "The Special Nature of the Insurance Contract: A Comparison of American and English Law of Insurance" (1984) 47 MLR 505.

[31] J. Birds, *Insurance Law Reform: the consumer case for review of insurance law* (National Consumer Council, May 1997); British Insurance Law Association, *Insurance Contract Law Reform—Recommendations to the Law Commissions* (2002); Airmic, *Non-disclosure of Material Facts and Information in Business Insurance—a Guide* (June 2011).

[32] E.g. see *Lambert v Co-operative Insurance Society Ltd* [1975] 2 Lloyd's Rep 486 at 491 CA; *Kausar v Eagle Star Insurance Co* [1997] CLC 129 at 132 CA; *Drake Insurance Plc (In Provisional Liquidation) v Provident Insurance Plc* [2003] EWCA Civ 1834 at [88]; *Provincial Insurance Co Ltd v Morgan & Foxon* [1933] A.C. 240; (1932) 44 Ll. L. Rep. 275; *Glicksman v Lancashire & General Assurance Co Ltd* [1927] A.C. 139; (1926) 26 Ll. L. Rep. 69; *Vesta v Butcher* [1989] A.C. 852; [1989] 1 Lloyd's Rep. 331.

[33] R.A. Hasson, "The Doctrine of Uberrima Fides in Insurance Law—a Critical Evaluation" (1969) 32 MLR 615; J. Lowry and P. Rawlings, "That wicked rule, that evil doctrine ... Reforming the Law on Disclosure in Insurance Contracts" (2012) 75(6) MLR 1099; R.A. Hasson, "The Basis of Contract

insurance, there was also recognition that reforms should not be limited to consumer insurance. In 2002 the British Insurance Law Association ("BILA") publishes a report prepared by a sub-committee (including academics, brokers, insurers, lawyers, loss adjusters, a self-regulatory body and trade associations) which concluded that there is a need for reform.[34] This provided the final impetus for The Law Commission's and The Scottish Law Commission's decision to review the insurance contract law. In 2006, the Law Commission of England and Wales and the Scottish Law Commission (together, "The Law Commissions") commenced a review of English and Scottish insurance law. Two areas in particular—the law relating to (1) the (re)insured's duty of disclosure and its duty to refrain from misrepresentation before and at the time of the contract and (2) breaches of warranty—had been described as harsh to the (re)insured and as providing the (re)insurer with opportunities to decline liability in circumstances where breaches by the (re)insured may be unconnected to the loss and/or immaterial to the risk. The law, as codified in the MIA 1906, had become out-of-date and had "failed to keep pace with developments in other areas of commercial contract and consumer law, and with insurance law in other jurisdictions."[35] The Law Commissions embarked on a very thorough consultation process with insurers, consumer associations, industry associations and other stakeholders, including the publication of ten Issues Papers (1–10) on specific topics, three Consultation Papers (CP 182, CP 201 and CP 204), that culminated in two Reports (Law Com. No. 319 and Law Com. No.353) with recommendations for legislative reforms.[36] These recommendations were implemented by Parliament in the CIDRA 2012, and in the IA 2015, as amended by the Enterprise Act 2016. The CIDRA came into force on 6 April 2013, the IA 2015 on 12 August 2016, and the Enterprise Act 2016 amendments to the IA 2015 on 4 May 2017. For reinsurance purposes, the IA 2015 is the most significant piece of legislation.

The architecture of the reforming legislation is as follows: the CIDRA 2012 applies exclusively to consumer insurance contracts. It replaces the duty of pre-contractual disclosure with a duty on consumer insureds to take reasonable care not to make misrepresentations to the insurer (s.2), and it renders basis of the contracts clauses in consumer insurance contracts ineffective (s.6). The IA 2015 replaces the duty of pre-contractual disclosure with a duty on non-consumer insureds to make to the insurer a fair presentation of the risk (Pt 2), and it renders basis of the contracts clauses in non-consumer insurance contracts ineffective (s.9). The IA 2015 also contains provisions that apply to both consumer and non-consumer insurance contracts: ss.10 and 11 make changes to the consequences that arise upon a breach of warranty and a breach of term where such breach is not relevant to the insured loss. In addition, ss.12–13 of the IA 2015 restates the remedies regime applicable to fraudulent claims, and s.14 excludes "avoidance" as a remedy for breaches of good faith. The Enterprise Act 2016 amended the IA 2015 by inserting a new s.13A which provides for an implied term in every contracts of insurance (whether consumer or non-consumer) that the insurer must pay valid claims within a reasonable time. Although ss.10–14 apply to all contracts of insurance, there is a significant difference between consumer and non-consumer insurance contracts in that the parties to a consumer insurance contract cannot validly contract out from

---

Clause in Insurance Law" (1971) 34 MLR 29; M. Clarke, "Insurance warranties: the absolute end?" [2007] LMCLQ 474.

[34] British Insurance Law Association, Insurance Contract Law Reform (September 2002).
[35] HM Treasury, *Explanatory Notes to Insurance Act 2015*, para.7.
[36] All of the Law Commissions' Reports, Consultation Papers and Issues Papers are available online at *https://www.lawcom.gov.uk/project/insurance-contract-law/*.

any of those provisions if to do so would put the consumer in a worse position as respects any of the matters provided therein.[37] In contrast, in relation to non-consumer insurance contracts the IA 2015 establishes a "default regime": the parties to a non-consumer insurance contract are generally permitted to contract out,[38] subject to compliance with the 'transparency provisions' in s.17 of the IA 2015.

As is apparent form the foregoing paragraph, one major innovation of the reforms was to introduce a separate consumer insurance contract law. English insurance law is now bifurcated into consumer insurance law and commercial insurance law as regards the provision of information before the contract is concluded.[39] Moreover, the parties to a consumer insurance contract cannot validly contract out from any of the provisions in Pts 3 or 4 of the IA 2015 if to do so would put the consumer in a worse position as respects any of the matters provided those Parts. A consumer insurance contract is defined in s.1 of the CIDRA 2012 as an insurance contract between an individual and an insurer where the insurance is wholly or mainly unrelated to the individual's business. A non-consumer insurance contract is defined by exception—not a consumer insurance contract.

Dealings between insurers and reinsurers and reinsurers and retrocessionaires clearly fall into the non-consumer insurance contract category. Non-consumer insurance contracts include contracts of reinsurance. Whilst the IA 2015 does not expressly state to be applicable to contracts of reinsurance,[40] it is clear from the Law Commissions' final report[41] and commentary[42] that it is intended that IA 2015 applies to contracts of reinsurance. The focus of this Chapter will be on the law relating to non-consumer insurance contracts as contained in the IA 2015—also referred to as "business insurance law" or "commercial insurance law" in the post- IA 2015 literature. However, the knock on effects of the consumer law reforms should not be underestimated. Since consumer insurance is fed into the reinsurance market by facultative, or more likely, treaty, reinsurance, it will impact on reinsurers eventually. As we shall see, the limited pre-contractual disclosure and representation duties of consumer insureds under the CIDRA 2012 s.2(2) can pose challenges for insurers who in their capacity as prospective reinsureds must give a potentially wider presentation of the risk to their reinsurers pursuant to the IA 2015 s.3(1).[43] The CIDRA will also impact on reinsurers in that more claims by consumers will be successful, because the insurer has fewer or, or reduced impact, remedies. Moreover, the ability to contract-out from certain provisions of IA 2015 in relation to reinsurance contracts, and the prohibition on doing so in relation to consumer insurance contracts, could give rise to (unintended) mis-matched coverage as between underlying consumer insurance contracts and their reinsurance contracts.[44]

There is one last outstanding piece to the Law Commissions' insurance contract law reform project: the doctrine of insurable interest. The Law Commissions have identified a number of issues with the current law on insurable interest, including its complexity and uncertainty, and have put forward proposals for a "Draft Insur-

---

[37] IA 2015 s.15. Also see s.16A.
[38] IA 2015 s.16(2) but note the exceptions in ss.16(1) and 16A(2) See also 6-014–6-017.
[39] CIDRA 2012 s.2 (consumer insurance) and IA 2015 s.3 (non-consumer insurance).
[40] The IA 2015 contains one express reference to reinsurance in s.4(5)(b).
[41] The Law Commission and The Scottish Law Commission, *Insurance Contract Law: Business Disclosure; Warranties; Insurer's Remedies for Fraudulent Claims; and Late Payment* (Law Com. No.353, July 2014).
[42] *Government's Response to Targeted Consultation on the Insurance Contracts Bill* (July 2014).
[43] See further 6-057 below.
[44] See further 6-214–6-217 below.

able Interest Bill" which would widen and clarify the ambit of the doctrine of insurable interest in relation to life-related insurance.[45] It is now unlikely that there is appetite to introduce a bill into Parliament.

3. THE DUTY OF FAIR PRESENTATION

Terminology and structure

6-006
This Part is primarily concerned with the prospective reinsured's duty to provide information about the risk to be reinsured to the reinsurer before a contract of reinsurance is entered into. Under the IA 2015 this duty is known as "the duty of fair presentation".[46] Before the IA 2015 came into force, the pre-contractual duties that arose under the MIA 1906 ss.18 and 20 were known as "the duty of disclosure" and "the duty not to make misrepresentations" respectively. Accordingly, we will use the term "duty of fair presentation" to denote the duty under the new law (IA 2015), and the terms "duty of disclosure" and "duty not to make misrepresentations" as short hand for the (re)insured's duties under ss.18 and 20 of the MIA 1906. Where we do not discuss the duty of disclosure or the duty of fair presentation specifically, we refer generically to "pre-contractual information duties" denoting the proposer's pre-contractual duty to provide information about the risk.

Historically and jurisprudentially, the duty of disclosure was said to be one (and the most significant) aspect of the principle of utmost good faith.[47] This analysis goes back to the case of *Carter v Boehm*,[48] in which Lord Mansfield extrapolated a duty of disclosure from a generally applicable principle of good faith:

"The governing principle is applicable to all contracts and dealings. Good faith forbids either party by concealing what he privately knows, to draw the other into a bargain, from his ignorance of that fact, and his believing the contrary."[49]

This analysis is also reflected in the section of the MIA 1906 which is titled "Disclosure and Representations" and contains s.17 ("Insurance is uberrimae fidei"), followed by ss.18–20 (concerned with disclosure by the assured and the agent, and pre-contractual representations). In insurance law textbooks and previous editions of this book it has therefore been customary to consider the principle of utmost good faith first before moving on to the duty of disclosure. The IA 2015 takes a different approach: it separates the duty of fair presentation from the principle of utmost good faith in terms of location within the Act, but also at a theoretical level, by introducing a separate remedies regime for breaches of the duty of fair presentation, whilst abolishing the remedy of avoidance for failure to observe the utmost good faith. Whilst acknowledging the origins of the duty of fair presentation (via its predecessor the duty of disclosure) in the principle of utmost good faith, we have decided to break with convention and take our lead from the IA 2015, deal-

---

[45] Law Commission and the Scottish Law Commission, Draft Insurable Interest Bill (June 2018).
[46] IA 2015 s.3(2).
[47] *Manifest Shipping Co Ltd v Uni-Polaris Insurance Co Ltd (The Star Sea)* [2001] UKHL 1 at [41]–[57] per Lord Hobhouse; H Bennett, Mapping the doctrine of utmost good faith in insurance contract law [1999] LMCLQ 165.
[48] *Carter v Boehm* (1766) 3 Burr. 1905.
[49] *Carter v Boehm* (1766) 3 Burr. 1905 at 1909. As noted above, the principle of utmost good faith did not survive as a principle applicable to all types of contracts.

ing with the duty of fair presentation first, followed by an analysis of the principle of utmost good faith (or what remains of it) in Pt 4.

Historical perspective

The starting point in the development of the pre-contractual information duties in English common law is the case of *Carter v Boehm*.[50] An insurance policy was taken out for the period 16 October 1759 to 16 October 1760, for the benefit of George Carter, Governor of Fort Marlborough, which was on the Island of Sumatra and operated by the East India Company. The policy covered the property loss that would occur if the fort was taken by a foreign enemy. During the period of cover, the fort was attacked and taken by the French. The underwriter denied liability on the grounds that the insured had failed to disclose the following facts: that the fort was weakly defended; that if attacked by another European power, the fort was bound to fall; that the insured knew there was a danger of the fort being attacked. Lord Mansfield set out the following principles of law:

6-007

"The special facts, upon which the contingent chance is to be computed, lie most commonly in the knowledge of the insured only: the under-writer trusts to his representation, and proceeds upon confidence that he does not keep back any circumstance in his knowledge, to mislead the under-writer into a belief that the circumstance does not exist and to induce him to estimate the risque, as if it did not exist.

The keeping back of such circumstance is a fraud, and therefore the policy is void. Although the suppression should happen through mistake, without any fraudulent intention; yet still the under-writer is deceived, and the policy is void; because the risque run is really different from the risque understood and intended to be run, at the time of the agreement.

The policy would equally be void, against the under-writer, if he concealed; as, if he insured a ship on her voyage, which he privately knew to be arrived: and an action would lie to recover the premium.

The governing principle is applicable to all contracts and dealings. Good faith forbids either party by concealing what he privately knows, to draw the other into a bargain, from his ignorance of that fact, and his believing the contrary."[51]

Lord Mansfield then formulated the test of what the insured must disclose, as follows:

"There are many matters, as to which the insured may be innocently silent—he need not mention what the under-writer knows ... an under-writer cannot insist that the policy is void, because the insured did not tell him what he actually knew; what way soever he came to the knowledge. The insured need not mention what the underwriter ought to know; what he takes upon himself the knowledge of; or what he waives being informed of ...

The under-writer needs not be told what lessens the risque agreed and understood to be run by the express terms of the policy ...

The reason of the rule which obliges parties to disclose, is to prevent fraud, and to encourage good faith. It is adapted to such facts as vary the nature of the contract; which one privately knows, and the other is ignorant of, and has no reason to suspect.

The question therefore must always be 'whether there was, under all the circumstances

---

[50] *Carter v Boehm* (1766) 3 Burr. 1905.
[51] *Carter v Boehm* (1766) 3 Burr. 1905 at 1909. Lord Mansfield says that non-disclosure makes the policy void. It is clear nonetheless that the policy is voidable at the option of the party misled: "It was ... not actual fraud as known to the common law but a form of mistake of which the other party was not allowed to take advantage" per Lord Hobhouse in *The "Star Sea"* [2001] 1 Lloyd's Rep. 389 at 398.

at the time the policy was under-written, a fair representation; or a concealment; fraudulent, if designed; or, though not designed, varying materially the object of the policy, and changing the risque understood to be run." [Emphasis added]

On the facts, Lord Mansfield held that the plea of non-disclosure of the weak defences of the fort, where the insured property was situated, failed.

The MIA 1906 and the IA 2015

6-008 The common law, as developed in nineteenth century cases,[52] was codified in the Marine Insurance Act 1906 ("MIA 1906"). In *Pan Atlantic v Pine Top* (a case concerned with non-marine reinsurance) Lord Mustill observed that:

"... [I]t has been accepted in argument, and is indeed laid down in several authorities that the [MIA] embodies a partial codification of the common law."[53]

Section 18 of the MIA 1906 provided as follows:

"(1) Subject to the provisions of this section, the assured must disclose to the insurer, before the contract is concluded, every material circumstance which is known to the assured and the assured is deemed to know every circumstance which, in the ordinary course of business, ought to be known by him. If the assured fails to make such disclosure, the insurer may avoid the contract."

Section 19 of the MIA 1906 added an independent duty of disclosure applicable to an agent effecting (re)insurance:

"(1) Subject to the provisions of the preceding section as to the circumstances which need not be disclosed, where an insurance is effected for the assured by an agent, the agent must disclose to the insurer–
(a) every material circumstance which is known to himself, and an agent to insure is deemed to know every circumstance which, in the ordinary course of business, ought to be known by, or to have been communicated to, him; and
(b) every material circumstance which the assured is bound to disclose, unless it come to his knowledge too late to communicate it to the agent."

Section 20 of the MIA 1906 dealt with misrepresentations:

"(1) Every material representation made by the assured or his agent to the insurer during the negotiations for the contract, and before the contract is concluded, must be true. If it be untrue the insurer may avoid the contract."

The provisions in the MIA 1906 ss.17–20 were held to be declaratory of the common law as applicable to non-marine insurance contracts,[54] and have been applied to non-marine reinsurance contracts.[55]

6-009 Further to the IA 2015 s.21(2) and (3), ss.18–20 of the MIA 1906 have been omitted from the statute book and any rule of law to the same effect (i.e. the equivalent common law) has been abolished. In relation to non-consumer insurance, they have been replaced with Pt 2 of the IA 2015 (and for consumer insurance they were superseded by the CIDRA 2012). Accordingly, in relation to contracts of reinsur-

---

[52] See especially, *Ionides v Pender* (1874) L.R. 9 Q.B. 531. For a discussion of the historical development of the common law prior to the enactment of the MIA 1906, see Lord Mustill's speech in *Pan Atlantic v Pine Top* [1994] 2 Lloyd's Rep. 427 at 432–453.
[53] *Pan Atlantic v Pine Top* [1994] 2 Lloyd's Rep. 427 at 432.
[54] *Pan Atlantic v Pine Top* [1994] 2 Lloyd's Rep. 427 at 432.
[55] E.g. *Assicurazioni Generali SpA v Arab Insurance Group (BSC)* [2002] EWCA Civ 1642 at [52]–[54] per Clark LJ; *PCW Syndicate v PCW Reinsurers* [1996] 1 Lloyd's Rep 241 at 257, 258–59.

ance governed by English law and entered into on or after 12 August 2016, the duty of fair presentation replaces the duty of disclosure and the duty not to make misrepresentations. The pre-contractual information duties in relation to contracts entered before that date continue to be considered under the old law.[56]

The duty of fair presentation arises under s.3(1) of the IA 2015, and the scope of the duty is set out in ss.3(3) and (4) of the IA 2015:

(1) Before a contract of insurance is entered into, the insured must make to the insurer a fair presentation of the risk.

(3) A fair presentation of the risk is one—
   (a) which makes the disclosure required by subsection (4),
   (b) which makes that disclosure in a manner which would be reasonably clear and accessible to a prudent insurer, and
   (c) in which every material representation as to a matter of fact is substantially correct, and every material representation as to a matter of expectation or belief is made in good faith.

(4) The disclosure required is as follows, except as provided in subsection (5)—
   (a) disclosure of every material circumstance which the insured knows or ought to know, or
   (b) failing that, disclosure which gives the insurer sufficient information to put a prudent insurer on notice that it needs to make further enquiries for the purpose of revealing those material circumstances.

Pursuant to the IA 2015 s.3, there are no longer separate duties relating to disclosure and misrepresentations, and the agent to insure has no longer a separate duty of disclosure. There is now a single duty of fair presentation owed by the proposer which can be discharged by giving the disclosures specified in s.3(4). Refraining from misrepresentation has become wrapped up in the duty of fair presentation as a criterion of the fairness of the presentation of the risk under the IA 2015 s.3(3)(c). 6-010

Part 2 of the IA 2015 does not apply to consumer insurance and therefore consumer insureds do not have a duty of fair presentation. The applicable law is in the CIDRA 2012 which is premised on the expectation that in consumer insurance the insurer will ask for all the information he needs to underwrite the insurance. Thus in complete contrast to the law for non-consumer contracts, which focuses on non-disclosure, the law for consumer contracts focuses on representations—which are expected to be made in answering the insurer's questions. Pursuant to s.2(2) and (4) of the CIDRA 2012, the consumer insured's duty of disclosure is replaced with a duty to take reasonable care not to make misrepresentations to the insurer (the "s.2(2) duty"). Thus, the focus shifts onto the insurer to obtain information by asking direct questions. The scope of the s.2(2) duty is to be determined "in the light of all the relevant circumstances".[57] This is followed by a non-exhaustive list of factors that may be taken into account, including the type of insurance and target market, any marketing materials produced by the insurer, the clarity and type of questions asked by the insurer, and, where the insured failed to respond to a question on renewal or variation, whether the insurer followed up.[58] The standard of care is an objective one, that of a reasonable consumer, but taking into account subjec- 6-011

---

[56] See e.g. *Axa Versicherung AG v Arab Insurance Group* [2017] EWCA Civ 96 which concerned treaty reinsurance dating back to the 1990. The court applied ss.18 and 20 of MIA 1906, although it is noteworthy that the Court of Appeal used the "fair presentation of the risk" language from the IA 2015.
[57] See CIDRA 2012 s.3(1).
[58] See CIDRA 2012 s.3(2).

tive criteria if the insurer was aware or should have known of any particular characteristics of the actual insured.[59] However, a lack of care is presumed in respect of any dishonest misrepresentations.[60] Insurers can no longer seek to incorporate any pre-contractual representations as warranty into the contract via a basis of contract clause or otherwise.[61]

Whose duty?

6-012   Under the MIA 1906 ss.18 and 19 a duty of disclosure was owed by the prospective (re)insured, and separately by the prospective insured's agent effecting the (re)insurance. The duty of fair presentation is owed by the insured to the insurer. At pre-contract stage, the "insured" is the party who would be the insured if the contract were entered into (IA 2015 s.1).

If one party enters into a contract of (re)insurance on behalf of another third party, or in the case of multiple insureds, the question may arise which one of the parties must provide a fair presentation of the risk. The duty of fair presentation is owed by each "insured", but not by beneficiaries of the (re)insurance who are not parties to the contract. The Law Commissions specifically noted that they would not be recommending any change in law in relation to identifying an insured as a matter of construction of the contract,[62] and the Explanatory Notes to the IA 2015 state that "[w]ho is 'the insured' in such cases is, and will continue to be, a determined by reference to the particular contract."[63]

6-013   Although the agent to insure (placing broker) no longer owns an independent duty of disclosure, such an agent's knowledge remains relevant to the insured's risk presentation, as a (re)insured's knowledge of material circumstances for the purposes of the duty of fair presentation includes what is known by an individual "responsible for the insured's insurance."[64] We refer to Ch.9 in relation to the broker's/agent's role under the MIA 1906 and the IA 2015.

6-014   The duty of fair presentation is not reciprocal—i.e. the insurer is not under a duty of fair presentation pursuant to the IA 2015 s.3(1). In contrast, the duty of utmost good faith is reciprocal: this is clear from the wording of s.17 of the MIA 1906 (the part that survives the deletions pursuant to the IA 2015 s.14(3)) and from Lord Mansfield's judgment in *Carter v Boehm* as quoted in 6-007 above.[65] Thus, in the *Gemstone* litigation, the House of Lords and the Court of Appeal confirmed that the insurer owed a duty of disclosure deriving from the principle of utmost good faith.[66] The modern unilateral version of the duty of fair presentation reflects that the re/insurer's pre-contractual disclosure duties have now become a matter of insurance regulation. Insurers and insurance distributors dealing with policyholders have extensive information duties pursuant to the rules and guidance in the FCA

---

[59] See CIDRA 2012 s.3(3) and (4).
[60] See CIDRA 2012 s.3(5).
[61] See CIDRA 2012 s.6.
[62] The Law Commission and The Scottish Law Commission, *Insurance Contract Law: Business Disclosure; Warranties; Insurer's Remedies for Fraudulent Claims; and Late Payment* (Law Com. No. 353, July 2014), para.7.18.
[63] HM Treasury, *Explanatory Notes to Insurance Act 2015*, para.42.
[64] IA 2015 s.4(3)(b) and see Ch.9.
[65] *Carter v Boehm* (1766) 3 Burr. 1905 at 1909. See also 6-146 to 6-150 below.
[66] *Banque Keyser Ullmann SA v Skandia (U.K) Insurance Co Ltd; sub nom. Banque Financière de la Cité SA v. Westgate Insurance Co. Ltd)* [1991] 2 A.C. 249 (HL); [1990] 1 Q.B. 665 (CA).

Handbook Insurance Conduct of Business Sourcebook ("ICOBS"). However, ICOBS does not apply to reinsurers.[67]

Disclosure/presentation of the risk to whom?

The insured must make a fair presentation of the risk to the insurer with whom it is to enter into a contract of insurance (IA 2015 s.3(1)). Under the MIA 1906, the duty of disclosure and the duty not to make misrepresentation were owed to the insurer during the negotiation of the contract and before the contract was concluded (ss.18 and 20). How does this work in the subscription market? The starting point is that, on the "bundle of contracts" analysis in *Fennia Patria*[68] and *The Zephyr*,[69] each subscribing reinsurer is entitled to a fair presentation of the risk. A breach of the duty of fair presentation vis-à-vis one underwriter does not automatically constitute a breach of the duty to the others. In *Sirius International Insurance Corp v Oriental Assurance Corp*,[70] the leader was shown a fax making representations about fire appliances at an insured warehouse. Two followers were found not to have been shown that fax. The leader was held entitled to avoid (the misrepresentation being untrue), but the followers were not, as no misrepresentation had been made to them.

6-015

The decision in *Sirius* is inconsistent with older authorities which suggest that a misrepresentation to the leading underwriter extends to the following market, even if it is not repeated to the followers.[71] It is also inconsistent with the decision in *Aneco Reinsurance Underwriting Ltd v Johnson & Higgins* where Cresswell J commented that there could be an implied representation by the broker to each of the following underwriters that the risk had been fairly broked to the leaders on the slips which was untrue, but which induced the following underwriters to subscribe to the risk.[72] However, in the *Aneco* case Cresswell J was careful to confine his decision to the facts.[73] In *Sirius v Oriental* it appears that the plaintiffs' case at trial was put on the basis that the followers did in fact receive the same material misrepresentation regarding the existence of hydrants as the leader (which the judge rejected on the evidence). There does not appear to have been any evidence from the followers (as there was in the *Aneco* case) that they were entitled to rely upon the risk having been "properly broked" to the leader.[74] In *Brotherton v Asseguradora Colseguros SA (No.3)*, Morison J said:

> "It is self-evident that when each underwriter in the following market placed his scratch on the slip to complete it, they made their own underwriting judgment. But the evidence shows, entirely as one would expect, that it was material to the following market that the leader, Mr. Satterford, who was known and respected as a leader of this type of risk in this type of market, had accepted the risk for his own syndicate ... The overwhelming evidence was that the following market wrote the risk partly on the basis that there had been a fair presentation to the lead underwriter. This is commercially sensible and, I would have

---

[67] ICOBS 1 Annex 1 Application (see ICOBS 1.1.2 R).
[68] *General Reinsurance Corp v Forsakringsaktiebolaget Fennia Patria* [1983] Q.B. 856; and see Ch.3, 3-005.
[69] *General Accident Fire & Life Assurance Corp Ltd v Tanter (The Zephyr)* [1985] 2 Lloyd's Rep. 529; and see Ch.3, 3-010 to 3-019 above.
[70] [1999] Lloyd's Rep. I.R. 343.
[71] See Ch.3, 3-063 above.
[72] *Aneco Reinsurance Underwriting Ltd v Johnson & Higgins* [1998] 1 Lloyd's Rep. 565 at 596.
[73] *Aneco v Johnson & Higgins* [1998] 1 Lloyd's Rep. 565 at 596: "There was considerable evidence as to the practices of the Lloyd's marine market in late 1988–early 1989. Any finding in this case is by reference to the evidence in this case (and not intended to lay down any general rule)."
[74] See *Aneco v Johnson & Higgins* [1998] 1 Lloyd's Rep. 565 at 596-597.

thought, obvious. If Mr. Satterford's participation was voidable because of non-disclosure then that was a material fact which should have been, but was not disclosed to the following market."[75]

Morison J noted that this conclusion was consistent with the decisions in *Aneco* and two other recent cases,[76] and that although *Sirius v Oriental* "went the other way ... the point does not seem to have been fully argued".[77] In our view it is fair to assert that in practice, expressly or impliedly, the broker may say to the followers, "I made a fair presentation to the leader". If there is no fair presentation to the leader, because of a misrepresentation, then the (different) representation to the follower is also untrue.[78] It would be an odd result if the leader could avoid for the misrepresentation made to him and the followers remained bound to the risk despite their reliance on a belief that the leader would have made his judgement after a fair presentation to him.

A material fact which is not disclosed to the leader will either not be disclosed to the followers, in which case they will have the same remedy as the leader; or, despite the fact not having been disclosed to the leader, it *will* be disclosed to the followers. This last situation is unlikely, but the disclosure of a material fact to a follower, but not to the leader, does not necessarily close out the ability of the follower to argue that the representation that the leader received was not a fair presentation.

What is a fair presentation?

6-016　　A fair presentation of the risk is one that complies with the three requirements set out in s.3(3) of the IA 2015, namely one (1) which makes the disclosure required by s.3(4) of the IA 2015; (2) which makes that disclosure in a manner which would be reasonably clear and accessible to a prudent insurer, and (3) in which every material representation as to a matter of fact is substantially correct, and every material representation as to a matter of expectation or belief is made in good faith.

Disclosure

6-017　　A failure to speak about a matter of which the (re)insured has, or ought to have, knowledge which is of sufficient significance to affect a prudent underwriter's judgment, is called a non-disclosure.

Section 3(4) of the IA 2015 explains the disclosure requirements under the duty of fair presentation are (a) the disclosure of every material circumstances the (re)insured knows or ought to know, or failing that, (b) disclosure that gives the (re)insurer sufficient information to put a prudent insurer on notice that it needs to make further enquiries for the purpose of revealing those material circumstances. Section 3(4)(a) of the IA 2015 effectively replicates the duty of disclosure in s.18(1) of the MIA 1906. Section 3(4)(b) of the IA 2015 goes beyond how the duty of disclosure under s.18(1) of the MIA 1906 could be discharged: s.3(4)(b)

---

[75] *Brotherton v Asseguradora Colseguros SA (No.3)* [2003] Lloyd's Rep. I.R. 762 at 779.
[76] *International Lottery Management Ltd v Dumas* [2002] Lloyd's Rep. I.R. 237 at [74]–[77]; *International Management Group (UK) Ltd v Simmonds* [2001] EWHC 177 (Comm) at [150]–[152]. Morison J observed that, "this line of authority has not received the approbation of the Court of Appeal". Again, the old authorities (referred to in Ch.3, 3-063 to 3-065) do not appear to have been cited.
[77] *Brotherton v Asseguradora Colseguros SA (No.3)* [2003] Lloyd's Rep. I.R. 762 at 780.
[78] See *Bank Leumi v British National Insurance Co Ltd* [1988] 1 Lloyd's Rep. 71 at 77 per Saville J (as he then was); *Aneco v Johnson & Higgins* [1998] 1 Lloyd's Rep. 565.

contemplates a situation where, if the proposed (re)insured fails to disclose material circumstances, nonetheless the (re)insurer may be bound, because the proposed (re)insured does something less, which still constitutes a fair presentation because it would put a prudent (re)insurer on enquiry. Requiring the (re)insurer to take a more pro-active role is a reminder of that the duty of fair presentation derives from the duty of utmost good faith which is a reciprocal duty.[79]

A pertinent question here is whether the proposed (re)insured can deliberately opt for (b) and simply give sufficient information to put the prudent insurer on notice of the need to do more to find material circumstances, in the hope perhaps, that he does not. Is the proposer making a fair presentation if he never tries to give full disclosure? Has there been a failing to give the required disclosure if there has been no attempt to do so? Our instinctive answer to both those questions is No. The Law Commissions suggested that s.3(4)(a) is the primary duty, and that the overarching duty of good faith should prevent a (re)insured from intentionally limiting his disclosure merely satisfying s.3(4)(b).[80] We too consider that it would be a brave, even foolhardy, proposed (re)insured who argued in court, when his disclosure was challenged, "I accept I did not make disclosure of every material circumstance which I knew or ought to have known; what I set out to do, and, in my submission, did do, was provide sufficient information that a prudent insurer would have been on notice that he needed to make further enquiries; but this insurer did not make those enquiries". One response of a judge to such an approach could be to say that as a matter of fact the proposed insured had failed to satisfy test s.3(4)(b), but if he was sufficiently forthright the judge might instead, or also, say that (b) was only a fall-back position; the duty of the proposed insured was to aim for (a); that there could be no "failing" to achieve (a) if one only aimed for (b); that there could be no fair presentation without a striving to achieve (a). Another weakness of a risk presentation that merely aims to fulfil the test in s.3(4)(b) is that it might be too obscure and cryptic to meet the "reasonably clear and accessible" test in s.3(3)(b) of the IA 2015.[81]

However, we anticipate that the argument that even if the disclosure of the reinsured fails the full disclosure test of s.3(4)(a), it nonetheless passes the sufficient information to put a prudent insurer on notice test of s.3(4)(b) to be deployed more by a reinsured than an insured, and more by a treaty reinsured than a facultative reinsured, as has been evident in case law since *CTI v Oceanus*[82] and *WISE Underwriting Agency Ltd v Grupo Nacional Provincial SA*[83] (see 6-018 below). The wider the area of information of potential relevance to a reinsurer may be, the more probable it is that the reinsurer will argue that the reinsured stopped his disclosure at one level of detail and he should have descended one or two levels lower. That would not be significantly different from the position before the statute except that now that the fair presentation concept has statutory force, and that the burden of proof that the disclosure requirement under s.3(4)(b) has not been discharged on to the insurer, we expect it to be deployed pretty much as a matter of course and, "if, which is denied/not admitted disclosure was not made in compliance with s.3(4)(a), then it was made in compliance with s.3(4)(b)" to become standard pleading.

---

[79] See 6-014 above and 6-148–6-152 below.
[80] The Law Commission and The Scottish Law Commission, *Insurance Contract Law: Business Disclosure; Warranties; Insurer's Remedies for Fraudulent Claims; and Late Payment* (Law Com. No.353, July 2014), paras 7.39–7.40.
[81] See para 6-019 below.
[82] *CTI v Oceanus* [1984] 1 Lloyd's Rep. 476.
[83] *WISE Underwriting Agency Ltd v Grupo Nacional Provincial SA* [2004] EWCA Civ 962.

In *ABN Amro Bank N.V. v Royal & Sun Alliance Insurance plc*,[84] the court commented that an insurer presented with a policy wording that contained an unusual and complex clause (in this case a 'Premium Transaction Clause' extended the cargo cover to credit risk cover) had been provided with the information that would have prompted a prudent insurer to make further enquiries. Jacobs J said:

> "[599] ... the insurers received information which, taken on its own or in conjunction with other information known to them or presumed to be known, would naturally prompt a reasonably careful insurer to make further inquiries. Here, underwriters were presented with what was, on the evidence, an unusual clause. It was not only unusual, but it was lengthy. It did not involve a minor tweak to standard wording, which might perhaps go unnoticed. The clause used concepts, in particular "Default" on a number of occasions, which are unfamiliar in the context of ordinary cargo insurance. It does seem to me that the language of the clause as a whole, and in particular the references to Default, was sufficient to disclose its purpose. But even if that were wrong, a reasonably careful underwriter presented with a lengthy and unfamiliar clause of this kind, would be prompted to make further enquiries if interested in the insured's purpose or intention or understanding in relation to the clause."

This is a recent decision but the insurance contract concerned pre-dated the IA 2015, and therefore s.3(4)(b) was not referred to, but it suggests that, had the contract been concluded post-IA 2015, the issue would have been considered under s.3(4)(b).

If a broker advises a (re)insured on what should be disclosed, a broker (mindful of his own liability for negligent advice) might (continue to) err on the side of full disclosure.[85] Although an underwriter may appear to be satisfied with a summary presentation, and a judge is ultimately persuaded that the presentation of the risk was fair, and an Appellate Court upholds the judge's conclusion, the broker's client is unlikely to be impressed by the fact that it requires protracted litigation to vindicate a smart piece of broking. The line between smart (but fair) broking and a breach of the duty of fair presentation may be difficult to draw. The manner in which the market operates compels the underwriter to make a decision upon limited information and frequently under pressure of time. The prudent underwriter will, however, always ask questions—and this has been a common view in the market even before the introduction of s.3(4)(b) of the IA 2015.[86] It is part of the art of broking to persuade the underwriter to accept less-than-attractive risks.[87]

As we have seen, the general practice in the London market is for the broker to attend personally upon the underwriter with the placing information. It may subsequently be disputed what information the broker had available when attending the underwriter, or what the underwriter saw or did not see. In the past,

---

[84] *ABN AMRO Bank NV v Royal and Sun Alliance Insurance Plc* [2021] EWHC 442 (Comm); [2021] Lloyd's Rep. I.R. 467. The case was appealed on different grounds ([2021] EWCA Civ 1789).

[85] Which would have been the standard approach following *Pan Atlantic v Pine Top* [1994] 2 Lloyd's Rep. 427.

[86] See Kiln, *Reinsurance Underwriting*, 2nd edn (Lloyd's of London Press, 1996), p.38: "Innocence is no excuse! Never underwrite something you do not fully understand. Never agree to initial something you do not understand. Never worry about asking questions, never worry about being considered ignorant or foolish. Much better to admit your ignorance before accepting the business. In most cases, everyone else will be ignorant too." But see also Scrutton LJ in *Greenhill v Federal Insurance Co Ltd* [1927] 1 K.B. 65 at 85: "I have always understood the proper line that an underwriter should take, except in matters that he is bound to know, is absolutely to abstain from asking any questions and leave the assured to fulfil his duty of good faith, and to make full disclosure of all material facts, without being asked", cited by Leggatt LJ in the Court of Appeal in *Marc Rich v Portman* [1997] 1 Lloyd's Rep. 225, and below.

[87] See Kiln's satire on the origin of the "Aunt & Uncle Clause", quoted above in Ch.2, 2-017.

underwriters did not tend to retain copies of documents which they were shown. Whatever is in the documents, the placing is overlaid with the broker's oral presentation, and it may well be that what the broker says has the greatest impact on the underwriter, even though it is subsequently forgotten or disputed.[88] We consider that electronic placement platforms and electronic documentary repositories (as envisaged by Blueprint Two)[89] will lead to greater evidential weight being given to documents provided as part of the risk presentation and posted on the electronic systems over unrecorded oral presentations.

Although s.3(4)(b) is "new" in the context of how disclosure can be made, it builds upon case law preceding the IA 2015. In *CTI v Oceanus*, Kerr LJ said:

6-018

"The principle is that if a certain fact is material, for the purposes of ss.18(2) and 20(2) so that a failure to draw the underwriter's attention to it distorts the fairness of the broker's presentation of the risk, then it is not sufficient that this fact could have been extracted by the underwriter from material to which he had access or which was cursorily shown to him. On the other hand, if the disclosed facts give a fair presentation of the risk, then the underwriter must enquire if he wishes to have more information."[90]

Kerr LJ also said: "Provided that the presentation of the material facts in summarised form is done fairly, there is no need for more."[91] Once this threshold has been reached[92] the reinsured's duty of disclosure is fulfilled, and the onus shifts to the reinsurer to ask for more information if he wishes.[93] One view is that the reinsurer is not, in these circumstances, waiving disclosure; he is simply not asking for further information which he might find useful; a fair presentation sufficient to satisfy the duty of disclosure of material to the hypothetical prudent reinsurer has been made. Another view is that the "further information" which questions would elicit has been waived. Kerr LJ takes the first view[94]; the second view, that waiver can be inferred from the mere failure of the reinsurer to ask further questions was considered in *WISE (Underwriting Agency) Ltd v Grupo Nacional Provincial SA*.[95] Waiver of information by the (re)insurer constituted an exception to the duty of disclosure under s.18(3)(c).

Under the old case law, the key pre-requisite to this type of implied waiver arising was that the (re)insured gave a fair presentation in the first place which lends support to our view expressed in 6-017 above, that deliberately not aiming for disclosure under the test in s.3(4)(a) in reliance on the test in s.3(4)(b) of the IA 2015 may not be sufficient. In *Marc Rich v Portman*, failure to enquire into loss experience did not constitute a waiver of the obligation to disclose that the insured's loss

---

[88] For example, in *Aneco v Johnson & Higgins Ltd* [1998] 1 Lloyd's Rep. 565, where the trial took place some eight and a half years after the placing of the reinsurance, most of the underwriters had no recollection of writing the risk. Cresswell J said (at 567): "It is highly desirable that means be found of recording (in a form which precludes later dispute) what was said between broker and underwriters at the time of presentation of the risk." In *Sirius v Oriental* [1999] Lloyd's Rep. I.R. 343, Longmore J said (at 354): "It is always difficult for an insurer or a reinsurer to discharge the necessary burden of proof when he relies on an alleged oral misrepresentation which does not find its way on to the slip, or a relevant indorsement or a scratched contemporary document. It is right that that should be so, since an insurer or reinsurer can readily request (or even require) that any statement on which he has relied should be put into writing and initialled by him."
[89] See Ch.3, 3-003 and 3-004.
[90] *CTI v Oceanus* [1984] 1 Lloyd's Rep. 476 at 497.
[91] *CTI v Oceanus* [1984] 1 Lloyd's Rep. 476 at 496.
[92] *Pan Atlantic Insurance Co Ltd v Pine Top Insurance Co Ltd* [1994] 2 Lloyd's Rep. 427, discussed at 6-030 below, illustrates the difficulty in ascertaining when it is.
[93] *CTI v Oceanus* [1984] 1 Lloyd's Rep. 476 at 496.
[94] *CTI v Oceanus* [1984] 1 Lloyd's Rep. 476 at 497, and below.
[95] *WISE (Underwriting Agency) Ltd v Grupo Nacional Provincial SA* [2004] EWCA Civ 962.

experience was exceptionally high. Leggatt LJ said:

> "An insurer cannot waive a class of information he does not know exists. That requires a fair representation of the risk. It is obvious that a presentation cannot be fair if unusual facts are not disclosed. The insurer is entitled to assume the fairness of the presentation. Without it he cannot sensibly be said to refrain from asking questions. He must be on notice of the existence of the information before he can be said to waive it."[96]

In *WISE Underwriting Agency Ltd v Grupo Nacional Provincial SA*[97] the reinsurer sought to avoid the reinsurance contract because of the reinsured's non-disclosure of material information about the contents of the consignment including Rolex watches. The slip presentation, prepared in Spanish, had referred to Rolex watches, but, by mistake, the English translation referred to clocks. The reinsured contended that (1) given the reference to clocks in the English translation, the reinsurer should have been put on notice that watches were being shipped, and that the reinsurer had accordingly waived the obligation to disclose that fact, and (2) the reinsurer had affirmed the reinsurance contract by giving notice of cancellation after it became aware of the undisclosed facts. The judge's decision in favour of the reinsurer was appealed. The Court of Appeal allowed the appeal but was divided in its reasoning: Longmore and Peter Gibson LLJ rejected the reinsured's waiver argument. Rix LJ dissented, accepting the waiver argument. Peter Gibson and Rix LLJ held that the reinsurer had affirmed the contract with Longmore LJ dissenting on this issue. We consider the Court of Appeal's reasoning on affirmation in 6-106 below. In relation to waiver, Longmore LJ (with whim Peter Gibson LJ agreed) approved a two-limbed test: (1) whether there had been a fair presentation of the risk; and (2) whether the insurer was put on enquiry by the disclosure of facts which would raise in the mind of the reasonable insurer at least the suspicion that there were other circumstances which would, or might, vitiate the presentation:

> "It is these passages that are the foundation of paragraph 17-83 in MacGillivray which is in these terms:
>
> 'The assured must perform his duty of disclosure properly by making a fair presentation of the risk proposed for insurance. If the insurers thereby receive information from the assured or his agent which, taken on its own or in conjunction with other facts known or presumed to be known to them or which they are presumed to know, would naturally prompt a reasonably careful insurer to make further inquiries, then, if they omit to make the appropriate check or inquiry, assuming it can be made simply, they will be held to have waived disclosure of the material fact which that inquiry would necessarily have revealed.'
>
> This presupposes a test which is perhaps closer to constructive notice than Kerr LJ and Hobhouse J would approve but is a fair summary of the law as laid down by Parker and Stephenson LJJ[98] and, being the view of the majority, binds this court. It is no doubt sufficient if the actual underwriter actually waives; but waiver will also be established by proving that a prudent underwriter would by enquiry have elicited the fact said now to be material."[99]

Applying the test to the facts of the case, he concluded:

> "I see no reason to interfere with the judge's conclusion that if Mr Bennett had been informed that high value brand name watches were going to be shipped from Miami to

---

[96] *Marc Rich & Co AG v Portman* [1997] 1 Lloyd's Rep. 225 at 234.
[97] *WISE Underwriting Agency Ltd v Grupo Nacional Provincial SA* [2004] EWCA Civ 962.
[98] In *CTI v Oceanus* [1984] 1 Lloyd's Rep. 476.
[99] *WISE Underwriting Agency Ltd v Grupo Nacional Provincial SA* [2004] EWCA Civ 962 at [110].

Cancun he would not have agreed to the insurance. This is a pure finding of fact, after the judge saw the witness not all of whose evidence he accepted. This court should not reverse that finding without the best of reasons. The consequence of this finding is that Mr Bennett did not, in his capacity as the actual underwriter, in fact waive the disclosure of the relevant information. A decision that s. 18(3)(c) of the 1906 Act applied would then have to be based purely on the basis that, because a prudent insurer would have asked the appropriate question and so discovered the relevant information, the actual insurer must be presumed to have done so. We are, of course, bound by the majority of this court in *CTI v Oceanus* to accept that this is possible but it is a considerable gloss upon the statute. It must be a question whether, one day, the views of Kerr LJ and Hobhouse J may prevail."

In contrast, Rix LJ dissenting on this point, said that the reinsurer had waived the information:

"Ultimately, it seems, the question is: Has the insurer been put fairly on inquiry about the existence of other material facts, which such inquiry would necessarily have revealed? The test has to be applied by reference to a reasonably careful insurer rather than the actual insurer, and not merely by reference to what such an insurer is told in the assured's actual presentation but also by reference to what he knows or ought to know, i.e. his section 18(3)(b) knowledge. The reasonably careful underwriter is neither a detective on the one hand nor lacking in common-sense on the other hand. Mere possibilities will not put him on inquiry, and very little if anything can make up for non-disclosure of the unusual or special. Overriding all, however, is the notion of fairness, and that applies mutually to both parties, even if the presentation starts with the would-be assured."[100]

Rix LJ seems to suggest that the questions of whether a fair presentation has been made and whether there has been a waiver cannot be fully compartmentalised. The IA 2015 has sided with Rix LJ but added a "fairness" requirement which also has regard to the clarity and accessibility of the information provided to the reinsurer (s.3(3)(b)). As discussed in 6-019 below, a disclosure given by way of summary disclosure which is too cryptic or oblique is unlikely to qualify as "fair".

The PRICL art.2.2.1 frames the scope of the pre-contractual disclosure duties of the reinsured as encompassing "all information of which [the reinsured] is or reasonably ought to be aware and which is material to the risks to be assumed by the reinsurer."[101] The commentary adds that the reinsurer has a duty of enquiry "where [the disclosed] information would be viewed as obviously incomplete or unclear to a reasonable reinsurer."[102] If the reinsurer does not follow up with further enquiries, the reinsured is deemed to have complied with its disclosure duties. We consider that, broadly, art.2.2.1 is aligned to s.3(4) of the IA 2015.

The manner of presentation

Section 7(1) of the IA 2015 clarifies that a fair presentation need not be contained in only one document or oral presentation. Section 3(3)(b) requires that the disclosures made in accordance with s.3(4) of the IA 2015 are made that in a manner which would be reasonably clear and accessible to a prudent insurer. This requirement is an innovation of the IA 2015 which had no equivalent under the MIA 1906. It addresses the form and process of the presentation, not its contents. The test of what is reasonably clear and accessible manner of presentation is an on objective one—tested by reference to prudent (re)insurer. At one end of the spectrum, this requirement should prevent any risk presentation that is too brief or

6-019

---

[100] *WISE Underwriting Agency Ltd v Grupo Nacional Provincial SA* [2004] EWCA Civ 962 at [64].
[101] PRICL art.2.2.1.
[102] PRICL Commentary C19 to art.2.2.1.

too cryptic, therefore counter-balancing the expectation that (re)insurers should make further questions if presented with information that would put a prudent insurer on notice to make further enquiries.[103]

At the other end of the spectrum, s.3(3)(b) is intended to deal with "data-dumping"—a practice that involves (re)insurers being presented with "an overwhelming amount of undigested information",[104] so that material circumstances might be buried and overlooked. This is particularly relevant in the context of "electronic broking"[105] where there is little or no personal attendance by the broker on the underwriter, and all information is provided electronically and kept on disk or in a cloud. Whilst electronic disclosure should reduce the scope any factual disputes about whether or not a circumstances has been disclosed, it may lead to data-duping and can be unsatisfactory from the underwriter's perspective since s/he is to review all the information without having any pointers where to look for the information that is material for the underwriting assessment. The Law Commissions commented that if a large volume of information is presented there is a "need to structure, index and signpost the information."[106] There is therefore a clear-cut continuing role for brokers—even where disclosure is largely dealt with electronically—in ensuring that the risk presentation is structured in a clear and accessible manner, including summaries where the there is a high volume of documents. It presents also an opportunity for brokers to add value in persuading underwriter to see the positive aspects of a risk rather than the negative.

Insurers planning to reinsure may need to consider whether any information they were presented with by their insureds can be used in the same form for their own risk presentation to their reinsurers, or whether that information needs to be re-organised to make their risk presentation in a matter that is clear and accessible for reinsurance purposes. For example, in treaty reinsurance, it may not be enough to simply pass on any documents received from all underlying insureds and instead it might be necessary to reorganise that information and sign-post specific matters in a way that makes it easy for reinsurers to navigate, and to also provide an overview highlighting crucial information.

Misrepresentation

6-020 The third requirement for a fair presentation of the risk is that every material representation as to a matter of fact is substantially correct, and every material representation as to a matter of expectation or belief is made in good faith (IA 2015 s.3(3)(c)). The disclosures made by the (re)insured will often take the form of a representation. Under the MIA 1906 s.20 there was a separate duty not to make misrepresentations. Under the IA 2015, this duty has been subsumed as a fairness requirement into the duty of fair presentation. As noted above, consumer insureds only have a duty to take reasonable care not to make misrepresentations.[107]

6-021 **Misrepresentation v non-disclosure** The distinction between non-disclosures and misrepresentations remains relevant to contracts of (re)insurance governed by the pre- IA 2015 law (i.e. contracts entered into before 12 August 2016) and by the

---

[103] IA 2015 s.3(4)(b); and see 6-016 above.
[104] HM Treasury, *Explanatory Notes to Insurance Act 2015*, para.46.
[105] See Ch.11, 11-051 to 11-054 below.
[106] The Law Commission and The Scottish Law Commission, *Insurance Contract Law: Business Disclosure; Warranties; Insurer's Remedies for Fraudulent Claims; and Late Payment* (Law Com. No.353, July 2014), para.7.43.
[107] CIDRA 2012 s.2(2).

common law of Bermuda. Under the old law, a misrepresentation is actionable by a (re)insurer, if the (re)insured made a material presentation of fact, or expectation or belief, which was false, and which induced the (re)insurer to enter into the contract on the terms agreed. In contrast to the duty of disclosure under s.18 of the MIA 1906, the knowledge of the (re)insured is irrelevant to the duty of misrepresentation—there is no requirement that the (re)insured knew or ought to have known that the representation was untrue.

It is sometimes difficult to draw the line between a misrepresentation and a non-disclosure. The distinction can be "imperceptible".[108] As a misrepresentation requires a positive statement, an omission to speak does not usually constitute a misrepresentation but can do so in certain circumstances where there is a duty to speak.[109] A statement may be a misrepresentation because what is said is misleading in the light of what is not said: *supressio veri est suggestio falsi* (i.e. there is a duty to speak because not to do so falsifies what has been said).[110] As the duty of disclosure and the duty not to make misrepresentations have now been absorbed into a unitary duty of fair presentation under the IA 2015, the distinction between non-disclosure and misrepresentation will be of little practical relevance, although there remains a theoretical difference as "disclosure" relates to how the duty of fair presentation is to be discharged (IA 2015 s.3(4)), whereas the truth of a representation goes to its fairness (IA 2015 s.3(3)(c)).

Continuing representation A representation which is true when it is made might become untrue after it has been made and before the contract is concluded. In such cases, the representation will become a misrepresentation if the original representation was a continuing one - unless it is withdrawn or corrected before the contract is concluded.[111] In the reinsurance context, the question as to whether a representation is a continuing one most frequently arises in relation to the reinsured's (intention to adhere to certain) underwriting practices.

6-022

In *Kingscroft Insurance Co Ltd v Nissan Fire & Marine Insurance Co Ltd (No.2)*,[112] the defendant reinsurer contended that the draft treaty wording, which formed the basis of the offer of reinsurance, contained a representation that the stamp companies (who alone constituted the reinsured) intended to retain 50 per cent of the risks for their own account unreinsured, whether by excess of loss reinsurance or by quota share reinsurance of any kind including whole account quota share insurance within the Weavers pool. Moore-Bick J (as he then was) said that:

"[I]t is well settled that a statement of present intention amounts to a statement of fact, but insofar as Nissan relies for its representation on what it says is the true construction of Article I, its argument breaks down at this point since I am unable to accept that it has the meaning which Nissan seeks to ascribe to it."

However, he went on to consider the questions of principle raised by this part of

---

[108] *Pan Atlantic v Pine Top* [1994] 2 Lloyd's Rep. 427 at 452 per Lord Mustill.
[109] See *HIH Casualty and General Insurance Ltd v Chase Manhattan Bank* [2001] 1 Lloyd's Rep. I.R. 703 at 718 per Rix LJ, cited above; see also *Cavell USA Inc v Seaton Insurance Company* [2008] EWHC 3043 (Comm).
[110] See the passage from the judgment of Rix J in *GMA v Storebrand* [1995] L.R.L.R. 333; *Hazel (for Lloyd's Syndicate 260) v Whitlam* [2004] EWCA Civ 1600; [2005] Lloyd's Rep. I.R. 168.
[111] MIA 1906 s.20(6) and IA 2015 s.7(6); *Traill v Baring* (1864) 4 De G J & S 318; *Limit No.2 Ltd v Axa Versicherung AG (formerly Albingia Versicherung AG)* [2008] EWCA Civ 1231; [2009] Lloyd's Rep. I.R. 396 at [22]–[28] per Longmore LJ (But there was no continuing misrepresentation on the facts).
[112] *Kingscroft Insurance Co Ltd v Nissan Fire & Marine Insurance Co Ltd (No.2)* [1999] Lloyd's Rep. I.R. 603.

Nissan's case ("in case the matter should go further"). Moore-Bick J went on to say:

> "The proposition that the offer of reinsurance contained a representation as to the intention and ability of the reinsured to perform the contract may not be entirely novel, but is one which I think deserves to be examined with a little care. Whether a representation has been made in any given case depends on an objective assessment of what was said or done by the person who is said to have made it and the likely effect of that on the person to whom the representation is said to have been made: see *Sumitomo Bank Ltd v Banque Bruxelles Lambert SA* [1997] 1 Lloyd's Rep. 487, 515 per Langley J. *Each case will, therefore, depend on its own facts, but there is nothing particularly unusual about the proposal in this case. Accordingly, if Nissan is right, it is difficult to escape from the conclusion that when a person proposes terms of contract to another he normally makes a representation about his intention and ability to perform.*"[113] [Emphasis added]

Having reviewed the authorities, Moore-Bick J concluded as follows:

> "In my view this argument raises two rather different questions. The first is whether by offering to contract on certain terms a person normally makes any representation about the particular subject matter of those terms. In my judgment he does not. He offers to become bound to certain obligations, but is not normally to be understood at the same time to be making statements about the subject matter of those obligations ... The position would no doubt be different where the offer included terms which were intended to stand as representations in the contract as ultimately concluded, for example, statements of the kind which sometimes form part of the preamble to a formal contract. Whether any particular term is a term of obligation or representation will be a matter of construction in each case. A rather different question is whether simply by offering to contract on certain terms a person by implication represents that he intends to perform any contract made on those terms and believes that he is, or will be, able to do so. In principle I think he does. That, after all, is the basis on which he expects the offeree to judge his offer. However, it is important to understand exactly what representation the offeror is making. In most cases it is unlikely that he will be saying any more than that he intends to perform the obligations which, *as he understands it*, a contract in those terms would impose on him. He is unlikely to be saying that he intends to perform the contract in accordance with its true construction whatever that may in due course be held to be. The distinction is well illustrated in the present case in which the parties have put forward substantially different interpretations of the contract wording. In practice, therefore, the representation is likely in most cases to come down to no more than one of honesty in entering into the bargain.

> In the present case I have little doubt that Article I of the draft wording contains a term of obligation only and does not contain any representation as such about the pool's reinsurance arrangements. [Counsel for Nissan] submitted that the amount of the reinsured's retention is a matter of great importance to a reinsurer, so much so that if it were not volunteered by the broker he would ask about it himself. That I accept, but I do not think it follows that a term in the proposed treaty wording dealing with the reinsured's retention is to be understood as containing a representation. In my view it merely defines the obligation which the reinsured is prepared to accept. The fact that the reinsured is willing to agree to retain a certain proportion of the risk may well play a part in inducing the reinsurer to accept the contract as a whole, but that does not provide sufficient grounds for construing the offer as containing a specific representation about his existing reinsurance arrangements. If the reinsurer obtains a suitable undertaking in the contract there is nothing in the evidence to suggest that he would ordinarily expect the reinsured to make any additional statement in relation to retention. I would accept, on the other hand, that by offering to enter into a quota share reinsurance treaty on those terms the reinsured, through Weavers, represented that they intended to comply with the obligations which they

---

[113] *Kingscroft Insurance Co Ltd v Nissan Fire & Marine Insurance Co Ltd (No.2)* [1999] Lloyd's Rep. I.R. 603 at 627.

understood the treaties would impose on them. In fact, as I have held, their understanding of the effect of the treaties was correct, but even if it had been otherwise there was never any suggestion that the offer was not made in good faith. What the draft wording did not contain was a representation by the pool members that they did not intend to obtain excess of loss reinsurance in respect of the risks which they retained, or that retained risks would not be reinsured with WAQS reinsurers within the pool. For these reasons as well, therefore, this limb of Nissan's argument fails."[114] [Original emphasis]

6-023 In *Limit No.2 Ltd v Axa Versicherung AG (formerly Albingia Versicherung AG)*[115] the syndicates' brokers, NMB, attached a front cover to the draft slip and information sheet provided by the syndicates which stated that: "As a matter of principle they maintain high standards and would not normally write construction unless the original deductible were at least £500,000 and preferably £1,000,000." The Court of Appeal held that this statement of current intention or policy was a statement of fact, and not one of expectation or belief. However, the representation of intention made when the original reinsurance contract was entered into did not continue to be operative on renewal nineteen months later. Longmore LJ said:

"A representation of intention cannot last for ever; it only relates to the time when it is made; there must come a time when it is spent and, to my mind, that is well before the passage of 19 months. [the effect of doing so] would be to give the statement of intention in the present case an element of firmness and futurity it could never have been meant to have, given the fact that market conditions changed and anyway cannot be expected to be stable over a long period ... whatever the syndicates' intention as to deductibles was in July 1996 had become irrelevant by February 1998 and no statement as to the syndicates' 1998 intention was ever made."[116]

It appears that, in holding that the representation was not a continuing one, Longmore LJ was influenced by the consequences of a misrepresentation:

"It must also be remembered how powerful the remedy of avoidance is in the hands of an insurer or reinsurer. The entirety of a contract can be avoided for a wholly innocent misrepresentation provided it is material to the risk in the eyes of a prudent underwriter. If the contract is for 12 months (or, as here, 19 months) that is a very stark remedy. I do not, for my part, consider that a court should struggle to hold that everything said at inception is to be impliedly repeated on renewal."[117]

This is significant as with the wider range of remedies that are available in Sch.1 to the IA 2015 courts may feel more inclined to construe a representation as a continuing one (and see 6-022 below).

6-024 **When is a representation a misrepresentation?** The reinsured's obligations in respect of representations remain largely the same: (1) the MIA 1906 distinction between representations as to matters of fact, and representations as to matters of expectation or belief, has been absorbed into the IA 2015; and (2) as we shall discuss in 6-027 to 6-031 below, the test of materiality under s.7(3) of the IA 2015 remains the same as under the MIA 1906.

---

[114] *Kingscroft v Nissan (No.2)* [1999] Lloyd's Rep. I.R. 603 at 628–629.
[115] *Limit No.2 Ltd v Axa Versicherung AG (formerly Albingia Versicherung AG)* [2008] EWCA Civ 1231; [2009] Lloyd's Rep. I.R. 396.
[116] *Limit No.2 Ltd v Axa Versicherung AG (formerly Albingia Versicherung AG)* [2008] EWCA Civ 1231 at [26].
[117] *Limit No.2 Ltd v Axa Versicherung AG (formerly Albingia Versicherung AG)* [2008] EWCA Civ 1231 at [27].

	MIA 1906	**IA 2015**
Representation as to a matter of fact	A representation as to a matter of fact is true, if it be substantially correct, that is to say, if the difference between what is represented and what is actually correct would not be considered material by a prudent insurer (s.20(4)).	Every material representation as to a matter of fact must be substantially correct (s.3(3)(c)). A material representation is substantially correct if a prudent insurer would not consider the difference between what is represented and what is actually correct to be material (s.7(5)).
Representations as to a matter of expectation or belief	A representation as to a matter of expectation or belief is true if it be made in good faith (s.20(5)).	Every material representation as to a matter of expectation or belief must be made in good faith (s.3(3)(c)).

Thus, first, the representation must be construed as to its meaning to determine whether it is to be characterised as a "fact" or an "expectation or belief". This characterisation will determine which test applies.

If the representation is one as to a *matter of fact*, it must be "substantially correct" (MIA 1906 s.20(4) and IA 2015 s.3(3)(c)). The notion of "substantially correct" means that a prudent insurer would not consider the difference between what is represented and what is actually correct to be material (MIA 1906 s.20(4) and IA 2015 s.7(5)). Accordingly, the "correctness" of a presentation of fact is a flexible concept, depending on the materiality of the deviation from the truth. As noted in 6-022, statements of current intention or policy are a representation of fact as to that representor has that intention or policy.[118] A statement by a reinsured that outstanding claims were not "serious"—which may be thought to be a subjective value-judgement putting a reinsurer on inquiry—has been held to be a statement of fact, and not of belief, if in fact the outstanding claims were "serious".[119]

6-025 Information that originates from third parties, such as surveyors or brokers, and which is provided by to the (re)insurer for the purposes of the presentation of the risk is likely to be understood as a representation of fact, unless disclaimer language is used by the (re)insured, since "the reinsurer would not usually be aware of the reinsured's means of knowledge" and it "would be contrary to present understanding in the London market whereby reinsurers place reliance on a broker's presentation of "Information" as recording statements of fact."[120] In *Sirius International Insurance Corp v Oriental Insurance Corp*[121] the judge found that a document presented by the broker to the leading underwriter stating "we have been informed

---

[118] *Limit No.2 Ltd v Axa Versicherung AG (formerly Albingia Versicherung AG)* [2008] EWCA Civ 1231; [2009] Lloyd's Rep. I.R. 396.
[119] *General Accident, Fire & Life Assurance Co Ltd v Campbell* (1925) 21 Ll.L.R. 151.
[120] *Highlands Insurance Co v Continental Insurance Co* [1987] Lloyd's Rep 109 at 111–112 per Steyn J.
[121] *Sirius International Insurance Corp v Oriental Insurance Corp* [1999] Lloyd's Rep. I.R. 343.

that" a certain warehouse had fire hydrants was a representation of fact, not belief. He also found that the representation, that there were in fact hydrants, was false. Longmore J (as he then was) said:

> "All the reinsurer witnesses agreed that they appreciated that brokers or reinsureds would often pass on information the accuracy of which they could not know of their knowledge. The existence of appliances at the premises of the original insured would be an example of such information. That laid the ground for [counsel's] submission that no reasonable reinsurer could expect the reinsured or his broker to be making anything other than a statement of his information. It does not, however, follow that, because a reinsurer recognises the distinction between information within the knowledge of the reinsured and information which is outside his knowledge, the reinsured or his broker is not making representations as to the position."[122]

Longmore J referred to *Highlands Insurance Co v Continental Insurance Co*,[123] in which Steyn J (as he then was) held that a statement on a slip captioned "information" constituted a representation (in that case that a particular location had a sprinkler). Longmore J said, to construe "we have been informed" as an opinion would be contrary to market expectations:

> "Counsel conjured up a distressing picture of the reinsured having to verify for himself every piece of information he passes on to the reinsurer or being at risk of losing his reinsurance protection by reason of mistakes made by the original insured leading to mistaken information passed on in good faith. This he said is not what the market expects. [Counsel] is quite entitled to ask me not to follow the decision of Steyn J. since it is only a decision at first instance but I do not accept his submission. The traditional and effective way in which the reinsured gets his protection is that he himself receives his information from the assured; if that information is material but wrong the reinsurer can avoid against the reinsured and the reinsured can avoid against the original assured. In that way, parity is secured up and down the line."[124]

Similarly, in *Sirius v Oriental* the information was introduced with "we have been informed that ..." and still it was found to be a representation of fact.[125] We would not expect a reinsured who has run a short tail book of business for five years to be able to say "I believe the business is profitable" when his records showed the contrary and escape an avoidance plea by the reinsurer by arguing that it was his genuine belief because he never checked his records. We have an expectation that an arbitral tribunal would find it was really a representation of fact in the circumstances. (In any event, there may be a non-disclosure of something that the reinsured ought to know pursuant to IA 2015 s.4(6)—see 6-056 to 6-058 below). If appropriate disclaimer language, such as "Subject to checking ..." or "no representation as to the accuracy and completeness of information received from (third parties) is made", is used, the reinsured is only taken to represent that the information provided to the reinsurer corresponds to the information received from the third party.

If the representation is one as to a matter of expectation or belief, the representation must be made in good faith (MIA 1906 s.20(5) and IA 2015 s.3(3)(c)). This means that the expectation or belief must be held honestly. A representation of expectation is necessarily a representation as to the future. No matter how much research one may do, the expectation is a matter of judgement, and the expecta-

6-026

---

[122] *Sirius International Insurance Corp v Oriental Insurance Corp* [1999] Lloyd's Rep. I.R. 343 at 350.
[123] *Highlands Insurance Co v Continental Insurance Co* [1987] 1 Lloyd's Rep. 108.
[124] *Sirius v Oriental* [1999] Lloyd's Rep. I.R. 343 at 350.
[125] *Sirius v Oriental* [1999] Lloyd's Rep. I.R. 343.

tion may not be realised. A very common representation of expectation is estimated premium income. Also very commonly the expectation is undershot or overshot.

In contrast, a representation of belief may be of the past, present or future. We consider that an opinion is the equivalent to an expression of belief for these purposes. To the extent that the representation of belief is as to the past or the present, it is likely to be verifiable. In some circumstances it may be bizarre for the representor to state a belief that he has in no way verified by means readily at his disposal. Were the point open, we would suggest that the courts find that the representation of "expectation or belief" referred to in ss.20(3) and 20(5) of the MIA 1906, and s.3(3)(c) of the IA 2015, was a representation as to the future. That would enable the court to review the facts of a representation of belief as to a past or present state of affairs, to see whether in the circumstances in which it was made, it carried with it a representation that the representor had reasonable grounds for his belief.

However, whilst there is some dicta that at least in a professional context opinions must be held on reasonable grounds (via an implied representation),[126] post-*Economides v Commercial Union Assurance Co plc*,[127] the better view is that "good faith" only requires honesty, although an inference of bad faith may be drawn if there is no basis on which the opinion, expectation or belief could have been held. In *Economides*, insurers sought to avoid a consumer insurance contract for misrepresentation as to the value of the insured home contents (inter alia), and failed. The insured, an 18-year-old student, had stated in a proposal for insurance that to the best of his knowledge and belief he had accurately stated the value of the contents of his apartment. The Court of Appeal said that as long as a belief is honestly held, the basis of belief does not have to be an objectively reasonable one:

"[Counsel for the plaintiff] accepts, as inevitably he must, that the plaintiff had to have some basis for his statement of belief in this valuation; he could not simply make a blind guess: one cannot believe to be true that which one has not the least idea about. But, he submits, and this is the heart of the argument, the basis of belief does not have to be an objectively reasonable one ... he was under a duty of honesty, not a duty of care. In my judgment these submissions are well founded."[128]

Economides was applied by the Commercial Court in *Rendall v Combined Insurance Co of America*[129] a reinsurance case arising out of the destruction of the World Trade Center. Reinsurers sought to avoid a contract of reinsurance relating to business travel risks of AON employees. The reinsured had provided its own estimate of the likely number of days of business travel. The underwriting experts agreed that if historical data was not available travel days could be and often were estimated. Cresswell J analysed the position as follows:

"1. in an insurance context one cannot, consistently with section 20(5) of the MIA 1906, find in a representation of expectation or belief, an implied representation of that there are reasonable grounds for that belief. (Simon Brown LJ in *Economides*). Once statute deems an honest representation as to a matter of expectation or belief to be true, there is no scope for inquiry as to whether there were objectively reasonable grounds for that belief (Peter Gibson LJ in *Economides*).

---

[126] *Highlands Insurance Co v Continental Insurance Co* [1987] Lloyd's Rep 109, at 111-112 per Steyn J; *Hill v Citadel Insurance Co Ltd* [1995] L.R.L.R. 218 at 227 per Cresswell J, aff'd [1997] L.R.L.R. 167; *Sirius v Oriental* [1999] Lloyd's Rep. I.R. 343 at 350 per Longmore J.
[127] *Economides v Commercial Union Assurance Co plc* [1998] Q.B. 587.
[128] *Economides v Commercial Union Assurance Co plc* [1998] Q.B. 587 at 598 per Simon Brown LJ. Peter Gibson LJ concurring.
[129] *Rendall v Combined Insurance Co of America* [2005] EWHC 678 (Comm).

2. What may at first blush appear to be representation merely of expectation or belief can on analysis be seen in certain cases to be an assertion of a specific fact (Simon Brown LJ in *Economides*). In that event the case is governed by subsections (3) and (4) rather than subsection (5) of section 20. In this connection it is important to keep in mind by whom and in what circumstances the representation in question was made (see Peter Gibson LJ in *Economides*).
3. There must be some basis for a representation of expectation or belief before it can be said to be made in good faith (Simon Brown LJ in *Economides*).
4. In the present case the material words were:—

'The ... estimated travel data is ... Estimated days of travel for Class 1 is 160,000.'

5. It is not suggested by Reinsurers that there was no basis for the representation made."[130]

The learned judge concluded as follows:

"In my opinion the representation in question was as to a matter of expectation or belief made in good faith and deemed by section 20(5) to be true. There is no scope for inquiry as to whether there were objectively reasonable grounds for the expectation or belief."[131]

The reinsurers claim to avoid therefore failed.[132] For the reinsurer, the lesson is clear, however: beware of the reinsured who tells you its beliefs. Nevertheless, in both cases, *Economides* and *Rendall*, the court noted that the representation as to belief imports that one has "some basis" about its validity even if not "reasonable grounds" for the belief. Perhaps from this can grow some guidelines applicable at least in the professional context. Guidelines such as that a reinsured has no basis for a belief in something which is contrary to its experience and which it receives without question in a manner wholly contrary to its previous conduct or normal behaviour. Perhaps the court will say that blind acceptance is similar to blind guess.

Given that the Explanatory Notes state that the IA 2015 s.3(3)(c) "is based on" the MIA 1906,[133] and the Law Commissions did not envisage any changes to the law on representations as matters of expectation and belief,[134] it is reasonable to assume that the courts will be taking the same approach to interpreting "good faith" in relation to representations of expectations and beliefs. It remains to be seen whether the courts will refer to s.4 of the IA 2015—the 'Knowledge of the insured' provisions—to assess whether an opinion is held in good faith as the application of s.4 is limited to "what an insured knows or ought to know *for the purposes of section 3(4)(a)*" (emphasis added)—i.e. disclosure.[135] However, s.6—"Knowledge: general"—applies across all provisions of ss.3–5 (therefore, including s.3(3)(c)), so that actual and blind eye knowledge of matters will be relevant to determining whether an expectation or belief is held in "good faith".[136]

---

[130] *Rendall v Combined Insurance Co of America* [2005] EWHC 678 (Comm) at [103].
[131] *Rendall v Combined Insurance Co of America* [2005] EWHC 678 (Comm) at [103].
[132] However the reinsurers succeeded in obtaining a declaration that they were not liable on the grounds that the claim was not covered under the original policy as a matter of Illinois law.
[133] HM Treasury, *Explanatory Notes to Insurance Act 2015*, para.47.
[134] The Law Commission and The Scottish Law Commission, *Insurance Contract Law: Business Disclosure; Warranties; Insurer's Remedies for Fraudulent Claims; and Late Payment* (Law Com. No 353, July 2014), para.7.54.
[135] IA 2015 s.4(1).
[136] Similarly, D. Kendall and H. Wright, *Practical Guide to the Insurance Act 2015* (Informa, 2017), para.3.23.

Materiality

6-027 A key element of the duty of fair presentation, the duty of disclosure and the duty not to make misrepresentations is 'materiality': the (re)insured is required to disclose material circumstances and any material representations made must be true. The test for "materiality" under the MIA 1906 ss.18(2) and 20(2), and the IA 2015 s.7(3), are almost identical: a circumstance or presentation is material if it would influence the judgement of a prudent (re)insurer in determining whether to take the risk, and, if so, in fixing the premium (MIA 1906) or on what terms (IA 2015). The Law Commissions initially proposed,[137] but then rejected, a "reasonable insured" test for materiality but noted that "…it would be helpful for insurers and policyholders to work together to develop guidance and protocols over what a standard presentation of the risk should include."[138] We consider that "reasonable insured" test would be impracticable and inconsistent with the purpose of the risk presentation which is the provide re/insurers with the information they need for their underwriting assessment. PRICL too adopts a materiality test that is based on the "reasonable and prudent reinsurer's decision" as to whether to accept the risk and if so on what terms.[139] We will consider the different elements of the materiality test in turn.

Circumstance

6-028 The term "circumstance" includes any communication made to, or information received by, the insured (MIA 1906 s.18(5) and IA 2015 s.7(2)).

The prudent (re)insurer

6-029 The prudent (re)insurer/underwriter is not defined in the MIA 1906 or the IA 2015. The hypothetical prudent (re)insurer exercises his judgement "governed by the principles and calculations on which underwriter in practice acts."[140] In *Norwich Union Insurance Ltd v Meisels*, Tugendhat J said that:

> "The test of materiality is by reference to what would influence the judgment of a prudent insurer. This is an objective test, and the characteristics to be imputed to a prudent insurer are in substance a matter for the courts to decide. There is a room for a test of proportionality, having regard to the nature of the risk and the moral hazard under consideration."[141]

Thus, the hypothetical underwriter's 'prudence' is assessed by reference to the factual background, including the general underwriting practices in relation to the class and type of (re)insurance and the type of (re)insured concerned. This is reinforced by the IA 2015 s.7(4)(c) which indicates that "materiality" is closely connected to market practices in a particular field or class of (re)insurance. It is also echoed in the IA 2015 s.5(3)(b) that refers to "an insurer offering insurance of the class in question to insureds in the field of activity" as the yardstick for "presumed knowledge" (see 6-068).

---

[137] Law Commission and Scottish Law Commission, *Misrepresentation, Non-disclosure and Breach of Warranty by the Insured* (Law Com. CP No.182, July 2007), para.5.83.
[138] Law Commission and Scottish Law Commission, *Insurance Contract Law: The Business Insured's Duty of Disclosure and the Law of Warranties* (Law Com. CP No.204, June 2012), paras 7.74–7.75.
[139] PRICL art.2.2.1.
[140] *Ionides v Pender* (1874) LR 9 QB 531 at 539 per Blackburn J.
[141] [2006] EWHC 2811; [2007] Lloyd's Rep. I.R. 69 at [25].

In *Pan Atlantic Insurance Co Ltd v Pine Top Insurance Co Ltd*, one of the arguments made on behalf the reinsured was that the undisclosed information could not be regarded as material in circumstances where no prudent underwriter would have accepted the risk based on the information actually disclosed:

> "If the prudent underwriter would not have accepted the risk in any event, then any information could not have had any relevant effect on his judgment; still less could it be said that he would have reached a different decision if the additional information had been disclosed."[142]

The Court of Appeal acknowledged the logic of this point but rejected the argument:

> "The submission is logical but, if it is accepted, it would make a nonsense of the law. Good sense requires that an assumption should be made that the prudent underwriter had indeed accepted the risk on the terms set out on the slip, and then to consider the impact of the undisclosed information on the judgment of the prudent underwriter."[143]

The point, which Lord Lloyd described as "novel and teasing philosophical question",[144] did not fall for consideration when the case went before the House of Lords. The Court of Appeal's approach is correct in so far as it is the undisclosed or misrepresented information (and not the actual representations made) that must have an effect on the prudent underwriter's underwriting decision for the purposes of the materiality test (see 6-030 below). It concedes that the prudent underwriter, too, may make mistakes and may have been 'imprudent' in accepting the risk on the facts that have been disclosed. This was the conclusion reached by the judge, Longmore J (as he then was), in *Marc Rich & Co AG v Portman*.[145] We consider that the PRICL formulation of a "reasonable and prudent reinsurer" would produce the same outcome. The actual (re)insurer may, however, encounter problems taking the 'inducement' hurdle (see 6-087 to 6-088 below) if he accepted the risk based on the actual disclosure of some egregious circumstances whilst maintaining that he would not have entered the contract at all, or on different terms, had the concealed—perhaps much less alarming—information been disclosed.

The influence on the prudent insurer's judgement

Until the House of Lords' restatement of the law on materiality in *Pan Atlantic v Pine Top*[146] there was a debate whether "influence" meant having a decisive influence on an underwriter's decision or something less than that. In *Pan Atlantic v Pine Top* this question arose on the following facts: the plaintiff insurers had written a casualty account, which predominantly covered United States liability risks.[147] The defendants had reinsured the plaintiffs under excess of loss reinsurance treaties in the years 1980, 1981 and 1982. The defendants sought to avoid the 1982 treaty.

6-030

---

[142] *Pan Atlantic v Pine Top* [1995] 1 A.C. 501 (HL) at 508–509 per Counsel for the Plaintiff.
[143] *Pan Atlantic v Pine Top* [1993] 1 Lloyd's Rep. 496 (CoA) at 506 per Steyn LJ (as he then was).
[144] *Pan Atlantic v Pine Top* [1995] 1 A.C. 501 (HL) at 574.
[145] *Marc Rich & Co AG v Portman* [1996] 1 Lloyd's Rep. 430 (15 March 1995), where the decision of the House of Lords in *Pan Atlantic v Pine Top* was rendered after the conclusion of argument, but before judgment, and Longmore J agreed "somewhat reluctantly" to hear further evidence and argument on the question whether the underwriter had been induced to enter into the contract of insurance by reason of the non-disclosure in question.
[146] *Pan Atlantic v Pine Top* [1994] 2 Lloyd's Rep. 427.
[147] "The classes of business so insured were apparently classic long-tail business, i.e. involving liability risks where claims take a long time to be advised and settled": *Pan Atlantic v Pine Top* [1993] 1 Lloyd's Rep. 496 at 498 per Steyn LJ.

They complained of two material non-disclosures: first, that the plaintiffs' broker had failed to disclose to the defendant's underwriter the loss record for the years 1977–79 and had only disclosed the losses for 1980 and 1981; secondly, that the 1981 figures were inaccurate, as an additional US$230,000 of losses had not been disclosed. By a majority of three to two, the House of Lords held that a circumstance is material if it would have been taken into account even if the risk would neither have been rejected nor accepted on different terms. They provided two reasons. First, s.18(2) of the MIA 1906 does not require that the circumstance in question should have a decisive influence on the judgment of the prudent underwriter. Secondly, at the time when an assured is obliged to make full disclosure of all material facts (that is before the contract is concluded), it would be impossible and unrealistic for the assured to know whether a given fact or circumstance would have a decisive effect on the insurer. The majority said that the definition of "material" in ss.18(2) and 20(2) (which deals with misrepresentation) of the MIA 1906 should be given its natural and ordinary meaning. The duty of disclosure extends to all matters which would have been taken into account by an underwriter when assessing or "weighing up" the risk. This, we believe, is sensible. To have a two stage process which requires one first to ask whether a circumstance is material and secondly whether it would have had a decisive influence on the underwriter, is to make a distinction which is too fine. Judges would end up asking the second question to answer the first, and vice-versa. (Though the question whether the underwriter was influenced at all is still key to whether there is a remedy (see 6-087 below).

Lord Mustill referred to the language of s.18(2), "... influence the judgment of a prudent insurer in ... determining whether he will take the risk", and said:

> "To my mind, this expression clearly denotes an effect on the thought processes of the insurer in weighing up the risk, quite different from words which might have been used but were not, such as 'influencing the insurer to take the risk'."[148]

Lord Goff agreed that the words of s.18(2), "denote no more than an effect on the mind of the insurer in weighing up the risk".[149] The House of Lord's decision in *Pan Atlantic v Pine Top* also settled the question whether or not the non-disclosure or misrepresentation must have induced the actual underwriter to enter the contract on the relevant terms. This is considered further in 6-087 to 6-088.

The IA 2015 does not include any provisions further describing, or changing, the meaning of "influence" and, given that the existing test for materiality has been retained, it is reasonable to assume that post- IA 2015 an influence on the judgment of the prudent (re)insurer continues to mean no more that the circumstance in question would have been taken into account.

Evidential burden on materiality

6-031   The party pleading a breach of the duty of fair presentation (or the duty of disclosure and/or the duty not to make misrepresentations, if the contract was entered into before the IA 2015 came into force) has the burden of proof on materiality. Given that a reinsured is unlikely to plead its own breach, the burden of proof is therefore on the reinsurer, although the reinsured might want to adduce expert or documentary evidence strategically to show that the circumstances was not material. Materiality is to be tested at the time of placing the risk by reference

---

[148] *Pan Atlantic v Pine Top* [1994] 2 Lloyd's Rep. 427 at 440.
[149] *Pan Atlantic v Pine Top* [1994] 2 Lloyd's Rep. 427 at 431.

to the circumstances known to the (re)insured at that date.[150] Materiality, being a question of fact, is assessed by the courts often with the assistance of expert evidence but the courts may also reach their own view on materiality without the benefit of expert evidence.[151] Whilst expert evidence is not to be treated as conclusive and the courts are "the ultimate decision-makers" on the question of materiality,[152] judges will generally be reluctant to reject underwriter expert evidence and it takes a "robust judge" to reject underwriter evidence.[153]

Examples of materiality

As discussed above, the test of materiality is an objective one, to be applied by the judge in the light of expert evidence. The decision of one judge that, in the context of the particular circumstances and the evidence, a particular fact was or was not material, may have little, if any, precedential value in assisting another judge to reach a conclusion on different facts. The IA 2015 s.7(4) provides a list of examples:

6-032

"... of things which may be material circumstances ...—
(a) special or unusual facts relating to the risk,
(b) any particular concerns which led the insured to seek insurance cover for the risk,
(c) anything which those concerned with the class of insurance and field of activity in question would generally understand as being something that should be dealt with in a fair presentation of risks of the type in question."

It should be noted that this is a non-exhaustive ("examples") and indicative ("*may be material*") list—whether circumstances falling within these examples are in fact "material" will depend on the facts of each case. The examples are, according to the Law Commissions, derived from existing case law.[154] Category (c) clearly indicates that "materiality" is closely connected to market practices in a particular field or class of (re)insurance and, arguably, narrows down the "prudent (re)insurer" test to a hypothetical prudent (re)insurer who operates in "the class of insurance and field of activity in question."

The review of cases which follows illustrates some examples of material non-disclosure in the context of reinsurance contracts. Although these cases were decided under the "old law", we consider that they continue to be relevant examples of materiality under the IA 2015 given that the test for materiality remains the same, as well as continuing be of precedential value in Bermuda.

Loss experience and reserving

That every prudent reinsurer wishes to know as much as possible about the prior loss experience of the relevant insurance underwriting by a prospective reinsured is self-evident. The prudent underwriter will always ask questions about the loss his-

6-033

---

[150] *Brotherton v Aseguradora Colseguros SA (No.2)* [2003] EWCA Civ 705.
[151] *Brotherton v Aseguradora Colseguros SA (No.2)* [2003] EWCA Civ 705; and *Synergy Health (UK) Ltd v CGU Insurance Plc* [2010] EWHC 2583 (Comm).
[152] *Brotherton v Aseguradora Colseguros SA (No.2)* [2003] EWCA Civ 705.
[153] *North Star Shipping Ltd v Sphere Drake Insurance Plc* [2006] EWCA Civ 378 per Waller LJ at [19].
[154] The Law Commission and The Scottish Law Commission, *Insurance Contract Law: Business Disclosure; Warranties; Insurer's Remedies for Fraudulent Claims; and Late Payment* (Law Com. No.353, July 2014), paras 7.26–28.

tory presented to him by the broker.[155] The less-than-perfect actual underwriter, may waive the obligation to provide full information about losses,[156] or may not appreciate the significance of the information even if it is disclosed to him.[157] If the actual underwriter exists in an "intellectual stupor", how far must the broker go to wake him from his slumbers? The *Marc Rich* case is perhaps the high-watermark of judicial assistance to an un-inquisitive underwriter,[158] but one has to bear in mind that there was undoubtedly material non-disclosure. The real issue was inducement. The more blatant the non-disclosure, the more reluctant will the court be to find that there was no inducement. Even so, in *CTI v Oceanus*, Stephenson LJ said:

> "There are, of course, limits to the passivity of an underwriter, and an insured's broker is not required to 'spoon-feed' him, to assume he lacks skill or experience or to save him from a piece of bad underwriting. But there are also limits to what the underwriter, however skilled and experienced, is presumed to know or to ask for."[159]

As the facts of *CTI v Oceanus* illustrate, the degree of inaccuracy or incompleteness in loss history may be relatively slight, yet still be material. Any increase in losses on a particular account from one year to the next is potentially material in the sense of "affecting the mind of the prudent underwriter".[160]

In *Axa Versicherung AG v Arab Insurance Group (BSC)*, the reinsurer sought to avoid a marine energy construction risks "first loss treaty" covering the first $500,000 of losses attaching from January 1996 to June 1997 for non-disclosure of loss statistics for marine energy construction risks written during 1989–95. Citing *Marc Rich*, the first instance judge Males J found that that non-disclosure was material:

> "... past loss statistics relating to insurance written by a proposed reinsured will generally be material as affecting the judgment of a prudent reinsurer deciding whether to accept the offered risks or upon what terms to do so and must therefore be disclosed. Although statements to that effect are included in legal textbooks such as Arnould and Carter, the proposition is one of fact rather than law, materiality being a question of fact. It is nevertheless obvious common sense, at any rate as a general proposition. The prudent

---

[155] Compare Kiln, Reinsurance Underwriting but see *Greenhill v Federal Co Ltd* [1927] 1 K.B. 65 at 85 per Scrutton LJ, approved by the Court of Appeal in *Marc Rich v Portman* [1997] 1 Lloyd's Rep. 225, and above. See also: *Crane v Hannover Re* [2008] EWHC 3165 (Comm), where Walker J observed (at [151]): "Representations as to the use of actual loss histories, and about the existence of a prescribed methodology are of no use for decision-making purposes unless one knows how the loss histories will be used and what the prescribed methodology is." In *Crane v Hannover Re* the allegation that loss histories had been represented in a manner that was materially false, because they had been adjusted to remove losses in respect of business which was not being renewed, was rejected.
[156] See e.g. *Pan Atlantic v Pine Top* [1994] 2 Lloyd's Rep. 427.
[157] Compare *Marc Rich v Portman* [1997] 1 Lloyd's Rep. 225; see 6-018 above.
[158] As it was in the view of the majority of the Court of Appeal in *Assicurazioni Generali SpA v Arab Insurance Group* [2003] Lloyd's Rep. I.R. 131 (discussed below). Sir Christopher Staughton said at [187]: "In reaching [my] conclusion I have had regard to the classic speech of Lord Mustill in *Pan Atlantic Insurance Co Ltd v Pine Top Insurance Co* [1995] 1 A.C. 501 at p.549, and I hope that I have followed it. A misrepresentation or non-disclosure which did not make any difference, in the sense that the underwriter would have agreed to the same contract on the same terms if it had never been made, cannot be an inducement. Benjamin Franklin once wrote that for want of a nail a shoe was lost; for want of a shoe the horse was lost; and for want of a horse the rider was lost (Poor Richard's Almanac). But in my view, causation cannot in law exist when even the 'but for' test is not satisfied."
[159] *CTI v Oceanus* [1984] 1 Lloyd's Rep. 476 at 530.
[160] *North British Fishing Boat Insurance Co Ltd v Starr* (1922) 13 Ll.L.R. 206 at 210 per Rowlatt J, and see below; see also *Hill v Citadel Insurance Co Ltd* [1995] L.R.L.R. 218, aff'd [1997] L.R.L.R. 167.

prospective reinsurer will want to know what the reinsured's experience is of losses of the kind which it is being asked to reinsure and at least to take that experience into account in deciding whether to accept the offered risks or upon what terms to do so. If the experience is particularly bad, he will expect to be told."[161]

Males J accepted that "there is room for debate as to how far back any presentation of such records must extend." However, on the expert evidence heard he concluded:

"I have no doubt that past loss records of a prospective reinsured would influence the judgment of a prudent reinsurer in fixing the premium, or determining whether he will take the risk, and that this would be so (a) in the case of reinsurance of energy construction risks and (b) notwithstanding a change in underwriter and/or underwriting strategy on the part of the reinsured. The prudent underwriter considering whether or on what terms to reinsure such risks would wish to be told about such losses. It could then be explained to him, if appropriate, that such losses were not properly comparable with the risks that were likely to be ceded to him under the proposed reinsurance because the identity of the underwriter had changed or because a more conservative strategy had been or was going to be adopted and he could assess the weight to be given to that explanation for himself and decide what to do. But it would not be consistent with the duty of utmost good faith for the reinsured to conceal from the reinsurer the existence of poor or disastrous loss records on the grounds that the underwriter or the strategy had changed, even if that is true. To conclude otherwise would go a long way to deprive the reinsurer of the protection of a fair presentation to which it is entitled and which, in the case of reinsurance where the reinsurer makes no underwriting judgment other than as to the skill and judgment of his reinsured, is the only protection which he has."[162]

However, Males J found that the particular reinsurer had failed to establish "inducement". The decision was appealed but the Court of Appeal affirmed the judge's decision.[163]

Opinion, expectation and belief

As noted above, s.20(3) of the MIA 1906 declared, and now s.3(3)(c) of the IA 2015 restates, that a representation may be "as to a matter of fact" or "as to a matter of expectation or belief". The latter type of representation is "true" (MIA 1906 s.20(5)) or "fair" (IA 2015 s.3(3)) if it is made in good faith". An inference of bad faith may be drawn if there is no basis on which the opinion, expectation or belief could have been held.[164] Matters that are frequently expressed as expectation or belief, and may influence the judgement of a prudent insurer in determining whether and on what terms to take on the risk (bearing in mind that this is a question of fact),[165] are expected premium income and expected losses, and matters that have a bearing on future profits. However, the courts will be careful to identify any statements as representations as to matter of fact on their true construction even if they are expressed as matters of expectation or belief.[166]

6-034

---

[161] *Axa Versicherung AG v Arab Insurance Group (BSC)* [2015] EWHC 1939 (Comm) at [131].
[162] *Axa Versicherung AG v Arab Insurance Group (BSC)* [2015] EWHC 1939 (Comm) at [138].
[163] *Axa Versicherung AG v Arab Insurance Group (BSC)* [2017] EWCA Civ 96; [2017] 1 All E.R. (Comm) 929; [2017] Lloyd's Rep. I.R. 216.
[164] *Economides v Commercial Union* [1998] Lloyd's Rep. I.R. 9; *Rendall v Combined Insurance Co of America* [2005] EWHC 678 (Comm).
[165] See 6-031 above.
[166] *Highlands v Continental* [1987] 1 Lloyd's Rep. 109; *Hill v Citadel Insurance Co Ltd* [1995] L.R.L.R.

Retention of risk

6-035 As stated above[167] in *Phoenix General Insurance Co of Greece SA v Halvanon*, Hobhouse J (as he then was) held that there was no implied term requiring a reinsured to retain any part of the risk ceded to the reinsurer under a facultative obligatory reinsurance contract. He said that "there is no inconsistency between the idea of reinsurance and a nil retention".[168] Where there is no specific warranty[169] with respect to retention, it does not appear that the reinsured is under a positive duty to disclose whether he intends to retain any part of the risk for his own account.[170] Thus, it is for the prudent underwriter to inquire whether there is to be any retention of the risk by the reinsured, and if he thinks it sufficiently important, to require that there be some specified retention.[171]

In *SAIL v Farex*, Gatehouse J said "that the absence of any significant retention is a material matter".[172] The reason for this was stated, in the opinion of the defendants' expert witness, to be as follows:

> "The lack of any or any significant retention by a cedent is likely to be material to a proper assessment of a reinsurance submission. A reinsurance of a risk where the cedent has no direct financial interest in its profitability is likely to be less desirable than one where the cedent has such an interest. Reinsurers have to rely on their cedents to manage the business they reinsure with skill and diligence. This applies both to the competence with which the business is underwritten and the competence with which the claims are adjusted. In my experience the overwhelming majority of reinsurers prefer to have a financial community of interest with their cedents through the medium of a significant retention in the risk kept by both of the parties to the contract."[173]

But, as Gatehouse J pointed out, this immediately begs the question of waiver. He concluded that retention was a matter of such fundamental importance that:

> "The reinsurer must discover whether there is or is not a significant retention on each risk he is asked to accept ... If he makes no enquiry, he must be taken to have waived disclosure. That is the position in the present case."[174]

6-036 This finding was not challenged before the Court of Appeal and is, we submit, in accordance with commercial good sense. Suppose that a reinsured does cede only part of a risk, or a class of risks, which he accepts. If he has reinsured on a non-proportional basis, is he to be barred from reinsuring on a proportional basis? Is he to be barred from reinsuring that risk or those risks, on a facultative basis, but not from reinsuring a wider book of business, which encompasses those risks, under

---

aff'd [1997] L.R.L.R. 167; *Limit No.2 Ltd v Axa Versicherung AG* [2009] Lloyd's Rep. I.R. 396; and see 6-025 to 6-026 above.

[167] See Ch.4, 4-037 above.
[168] *Phoenix v Halvanon* [1985] 2 Lloyd's Rep 599 at 611.
[169] Where there is warranty requiring a retention, the insured would not need to make disclosure pursuant to s.18(3)(d) of the MIA 1906. See also 6-059 and 6-082 below.
[170] See *New Hampshire Insurance Co v Grand Union Insurance Co Ltd* [1996] L.R.L.R. 102, where the Hong Kong Court of Appeal held that an alleged failure to disclose a nil retention did not give rise to a triable issue for the purposes of summary judgment.
[171] If the amount of retention is of importance then it should be expressly warranted. In *Assicurazioni Generali SpA v Arab Insurance Group* [2002] Lloyd's Rep. I.R. 633 (aff'd [2003] Lloyd's Rep. I.R. 131) it was held that a statement in the slip as to the percentage of risk retained by the reinsured was a statement of fact (that was correct at the time) and not a continuing warranty.
[172] *SAIL v Farex* [1995] L.R.L.R. 116 at 137.
[173] *SAIL v Farex* [1995] L.R.L.R. 116 at 137.
[174] *SAIL v Farex* [1995] L.R.L.R. 116 at 138.

another treaty? Is he to be barred from obtaining aggregate excess of loss covers which may protect his retained risk? It is reasonable to say, as Hobhouse J said,[175] that a reinsurer is presumed to know that a reinsured may not retain any part of a risk, and if the reinsurer requires a warranty of retention, such a warranty will have to be drafted with some care, as the risks to which it applies may all be caught up in the reinsured's entire reinsurance programme. As we noted above, one aspect of the principle of waiver—being reasonably put on enquiry on the basis of information provided—is now a supplementary way of giving disclosure in accordance with the IA 2015 s.3(4)(b), but it does not dilute the duty to give a fair presentation of the risk. Gatehouse J also said:

"Unless he is told, or is entitled to assume what the position is from the previous course of dealing, it is up to the reinsurer to ask. This is no burden upon him: it needs only one question and he is entitled to assume the accuracy of the answer. If the first answer is not full enough, obviously the reinsurer will enquire further. It is up to him to decide whether, in the particular circumstances, a disclosed retention is 'significant'."[176]

However, if the reinsured actively represents to the reinsurer that he will retain part of the risk—in circumstances where the representation is not incorporated as a term of the contract, but which has the effect of inducing the reinsurer to enter into the contract—then the representation, if it is false, will entitle the reinsurer to avoid provided that it is material. Compare *Traill v Baring*[177]—representation that the reinsured would retain some of the risk, when in fact he retained none of the risk—held to be material; *Iron Trades v Companhia De Seguros*—representation that reinsured would retain 50 per cent of the risk, when in fact he retained only 40 per cent—held not to be material, as it "would not have affected the mind of a reasonable reinsurer one way or the other".[178]

Retention of risk: Effect of excess of loss reinsurance

In *Kingscroft v Nissan (No.2)*:

6-037

"... the most hotly debated issues in [the] trial revolved around the opening section of Article I of the treaties and in particular to words: 'The Reinsured will retain fifty per cent (50%) of not exceeding their ... per cent (... %) participation as herein defined for their own account.'"[179]

The defendant reinsurer (Nissan) sought to avoid two facility quota share treaties entered into with members of the Weavers pool on the grounds of misrepresentation and non-disclosure concerning the involvement of Weavers whole account quota share reinsurers and the existence of the pool's excess of loss reinsurance programme. In the alternative, Nissan contended that the reinsureds were in repudiatory breach of the treaties by failing to retain 50 per cent of the risks ceded to them. Moore-Bick J observed that:

"[I]t is important to have regard both to the nature of the treaties themselves and to the market background against which they were concluded."

---

[175] *Phoenix v Halvanon* [1985] 2 Lloyd's Rep. 599 at 611.
[176] *SAIL v Farex* [1995] L.R.L.R. 116 at 138.
[177] *Traill v Baring* (1864) De. G.J. & Sm. 318.
[178] *Iron Trades v Companhia De Seguros* [1991] 1 Re. L.R. 213 at 226 per Hobhouse J.
[179] *Kingscroft v Nissan (No.2)* [1999] Lloyd's Rep. I.R. 603 per Moore-Bick J.

He summarised the expert evidence as follows:

"It was common ground between the experts that an underwriter who is thinking of becoming a reinsurer under a quota share treaty invariably wants to know what proportion of the risks being ceded the reinsured intends to retain for his own account. He regards retention as of considerable importance because it provides a measure of the reinsured's confidence in the business he is writing and provides a continuing incentive to underwrite responsibly. The greater the retention, the greater the confidence the reinsurer can have in the quality of the business that will be ceded to him and if nothing is said about the retention he will ask about it. Because quota share reinsurance effectively involves transferring a share of the business, both premiums and claims, to the reinsurer, it reduces to a corresponding extent the reinsured's liability for each loss that occurs and so reduces his interest in each risk written. Non-proportional reinsurance, typically in the form of excess of loss reinsurance, is different in that the reinsured remains liable for all losses up to a certain amount and to that extent he retains a direct economic interest in each risk underwritten. The evidence of Dr. Lührsen, Mr Williams and Mr Outhwaite suggested that the way in which the market perceives these different types of contract reflects these fundamental differences: quota share reinsurance is seen by reinsureds as a means of increasing capacity and by reinsurers as a means of acquiring a share of the business written by another underwriter who has access to a particular market; excess of loss reinsurance is seen primarily as a way of managing an underwriting account. The latter view was reflected in Dr. Lührsen's comment that a ceding company which did not have excess of loss protection would earn less of his confidence than one which did.

... Mr Outhwaite did not differ greatly from Dr Lührsen or Mr Williams. He did, however, draw attention to the fact that quota share treaties often contain an express liberty to effect excess of loss reinsurance and he expressed the view that where it is intended that a retention may be reinsured that will invariably be reflected in the treaty wording. Mr Outhwaite has very great experience as an underwriter in the London market and it is right that he should draw attention to these matters. The fact that there is a recognised form of language which can be used when the parties wish to provide for a particular matter in their contracts is one aspect of the background of which the court must take account, but it is also apparent from his evidence and from the evidence of Mr Williams that various different forms of words are in use which do not all appear to bear the same meaning. Thus one may find use of expressions such as 'retention for the reinsured's own account', 'the reinsured's net retention', 'retention for the reinsured's net account', 'the reinsured is to retain net and un-reinsured', and no doubt others as well. In the present case Nissan did not seek to argue that there is any universal market practice in relation to the reinsurance of retentions or the effect of any particular form of wording. In the end, therefore, the question remains one of the construction of these particular treaties against the general market background. Moreover, as Mr Outhwaite himself acknowledged, the treaties in this case are unusual in a number of respects.

Although excess of loss reinsurance reduces the insurer's exposure to the risk of loss and may therefore be regarded in one sense as reducing the risk which he retains, all three experts accepted that it represents one of the means available to a prudent insurer to enable him to manage his business. In the present case the pool was retaining fifty per cent of the risks ceded under each of the FQS treaties, which in the case of the primary layer represented up to eighty per cent of its participation in the relevant policies. Given the nature and volume of risks being written by Weavers and the size of the lines, that represented a substantial underwriting commitment and Mr Outhwaite accepted that in the absence of any undertaking to the contrary he would expect a prudent insurer who was writing an account of that size to obtain excess of loss protection. Dr Lührsen regarded it as absolutely standard practice. In Mr Williams's view it went without saying; he had never known any underwriter writing this kind of business who did not purchase excess of loss protection. I have no doubt that any other insurer operating in this market at that time would have said exactly the same ... In view of Weavers' established position as the market leader for reinsuring United States umbrella and excess general liability policies, I find it difficult to believe that any insurer in the London market would not have known, or at least assumed, that it had an excess of loss reinsurance programme of some kind protecting its casualty accounts, including the umbrella and general third party liability risks which represented such an important part of its business. Dr. Lührsen said that it was the general expectation of reinsurers that a cedent of umbrella liability business would have excess of loss protection for that part of the business which he retained and that such cover would be assumed to exist in a case such as the present. That part of his evidence was not challenged and Mr Williams gave evidence to a similar effect. Mr Outhwaite did not deal with the point in quite the same way, but he did agree that it would be normal practice for an underwriter writing this sort of business to protect his account by excess of loss reinsurance, and perhaps imprudent not to do so."

Moore-Bick J went on to find that, in any event, Nissan's underwriter (a Mr Kuroki), was fully aware of Weavers' excess of loss reinsurance programme and, on the evidence, there was no inducement as Nissan would still have entered the facility quota share treaties even if it had been specifically told that the excess of loss contracts covered business which the reinsured was to retain. **6-038**

Level of brokerage

In *Markel International Insurance Co Ltd v La Republica Compania Argentina de Seguros*[180] the claimants were seeking a declaration that they were entitled to avoid a reinsurance contract in respect of medical malpractice risks for an association of Argentinian doctors. Among the misrepresentations and/or non-disclosures relied upon it was alleged that the reinsurance slips gave a misleading impression as to the true rate of premium that was being charged to the members of the association and the level of brokerage. David Steel J refused to set aside service of the proceedings outside of the jurisdiction on the basis that the pleadings disclosed a serious issue to be tried. With respect to the allegation of "premium skimming" he held as follows: **6-039**

> "[I]t is said that it is not arguable that the level of brokerage or commission is material to the risk. A short answer is that, against the background of underwriters pressing for information as to the level of subscription paid by members of the Association, it must be open to the claimants to adduce evidence the their rating of the risk would have been affected by information that members were willing to pay US$9 per month as against US $4.30 as originally quoted."

As Markel was merely an application to stay proceedings in the English courts, the Steel J did not consider in detail whether materiality must still be proved if there is a fraudulent misrepresentation. This is, incidentally, a currently unresolved issue. In *Pan Atlantic v Pine Top*, Lord Mustill noted obiter that whilst objective materiality need not be shown, inducement of the actual underwriter would still need to be made out:

> "... whereas if the representation inducing a contract was either fraudulent or a "warranty" of the contract its falsehood would invariably give a right to avoid an innocent misrepresentation inducing the contract would give the underwriter a right to avoid only if it was material. Proof of actual effect was not necessarily proof of materiality."[181]

---

[180] *Markel International Insurance Co Ltd v La Republica Compania Argentina de Seguros* [2005] Lloyd's Rep. I.R. 90.
[181] *Pan Atlantic Insurance Co Ltd v Pine Top Insurance Co Ltd* [1995] 1 A.C. 501 at 533; [1994] 2 Lloyd's Rep. 427.

In *Plevin v Paragon Finance*[182] the Supreme Court found that the relationship of Mrs Plevin with the defendant was unfair because over 70 per cent of the premium for her payment protection insurance was going as commission to the broker. It was disclosed in the judgment that the broker had already settled with Mrs Plevin when she sued for breach of fiduciary duty. We consider that a brokerage at that level is a matter material to an underwriter also.

Nature of the risks ceded

6-040   In *Aneco v Johnson & Higgins*[183] the plaintiff reinsured (Aneco) brought an action for negligence against the defendant broker following an arbitration with its excess of loss retrocessionaires which had resulted in an award that the retrocessionaires were entitled to avoid on the grounds of the broker's failure to disclose the fact that the underlying treaty was a "fac./oblig." and not a quota share treaty. Cresswell J agreed with the arbitrators[184] and cited the following passage in the award (with which Aneco's expert had agreed):

> "From the point of view of a reinsurer, fac/oblig treaties are generally regarded as less attractive than quota share treaties. One reason is the self-evident risk, usually described as the risk of 'anti-selection', that the reinsured may select for cession the more dangerous or less attractive risks, whether in terms of exposure or premium or both, and retain the best part of the business for himself. In extreme case, in market parlance, a reinsured may use fac/oblig as a 'chute' for business which he would not have taken, but for the knowledge that he can get rid of it to his reinsurer. Fac/obligs are therefore substantially more difficult to place than quota share treaties … a quota share is likely to provide a wider, generally safer, and therefore better, spread of reinsured business, both in terms of risk and of premium, than any form of fac/oblig. By reason of the discretion allowed to the reinsured in selecting the risks ceded, the danger of a fac/oblig is that the type of cessions made might be inferior in the perception of the reinsured."[185]

Cresswell J held, as to materiality, as follows:

> "1. The business contained in the Aneco account would be material to a prudent underwriter. As the only treaty that Aneco had formed the intention to write (or had written) at the time of the presentations was the Bullen treaty, this was material and should have been disclosed, along with the fact that it was a fac/oblig treaty with the inherent risk of anti-selection against reinsurers. What was relevant was what Mr. Bullen was entitled to do, namely select which risks he wanted to cede.
> 2. A prudent underwriter may not be content to protect the reinsured under the (one) underlying treaty (to date) because he may not agree with the underwriting philosophy being adopted by the reinsured.
> 3. Likewise, the description of the treaty itself is equally important because in the case of a quota share of an established excess of loss leading underwriter, the probability would be that the quota share would be protecting an account which was fairly well spread geographically. Because of the selection of business which could be ceded under a fac/oblig treaty, the fear would be that all the liability ceded would become a total loss in the event of a major catastrophe occurring. The spread of business across the excess of loss underwriter's book is highly material."[186]

---

[182] *Plevin v Paragon Personal Finance Ltd* [2014] UKSC 61.
[183] *Aneco v Johnson & Higgins* [1998] 1 Lloyd's Rep. 565. Cresswell J's decision was subsequently overturned by the Court of Appeal [2000] Lloyd's Rep. I.R. 12) on different grounds. The broker's appeal to the House of Lords was dismissed ([2001] UKHL 51).
[184] Sir Michael Kerr, Mr Hugh Thomson and Mr Peter Fryer.
[185] *Aneco v Johnson & Higgins* [1998] 1 Lloyd's Rep. 565 at 592.
[186] *Aneco v Johnson & Higgins* [1998] 1 Lloyd's Rep. 565 at 591–592. See also *Toomey v Banco*

In a facultative reinsurance placement the precise nature of property being insured may be material. In *WISE Underwriting v Grupo Nacional*[187] the original insured was a retailer of luxury goods in Cancun. Transit cover for shipments of goods was provided by a Mexican insurer and reinsured in London. Brokers had prepared two "Slip Presentations": one in Spanish and one in English. The English version included the following "Information" regarding the property being insured—"Clocks: US$1,000,000 US$200,000"—"Jewelry (gold, diamonds, stones, precious pearls and semiprecious ...) US$350,000"—"Clocks: less expensive piece: US$40. Most expensive piece US$18,000 and average cost US$1,500". The Spanish version (which was not shown to the London underwriter) disclosed that the "clocks" were in fact Rolex watches.[188] A claim was made following a theft of goods (including watches) and reinsurers asserted a right to avoid on the grounds of material non-disclosure. The reinsured argued that it was obvious from the context that "clocks" meant "watches" and it was clear from the values that high value brand names were being insured. Simon J rejected this argument, saying:

"The English language draws a clear distinction in meaning between the words 'clock' and 'watch' ... It is true that there were features of the Slip Presentation which suggested that the draftsman was not entirely familiar with the English language; but it is not in my view for the underwriter to guess that the subject of the insurance is something other than what it was stated to be."

Simon J also rejected the evidence of the reinsured's expert that the nature of the risk was apparent from the Slip Presentation (in particular the reference to high value jewellery). He agreed with the view of the reinsurer's expert that:

"[H]igh value watches are regarded as attractive targets for thieves and that Rolex watches are particularly attractive targets in view of the cachet that the brand name carries. They are portable, high value and relatively easily disposable goods. The failure to disclose the fact that such goods were being shipped deprived the prudent underwriter of information as to the true nature of the risk and the opportunity to consider whether to cover the risk and, if so, on what terms."

In *Sphere Drake v EIU*,[189] Sphere Drake brought proceedings against an underwriting agent, EIU, as well as the broker, Stirling Cooke Brown which had presented most of the 112 inwards contracts (35 programmes of business). Sphere Drake brought claims of material non-disclosure, fraudulent misrepresentation and breach of fiduciary against EIU (and raised allegations against SCB that it dishonestly assisted EIU's breach of fiduciary duties). The market for this US

6-041

Vitalicio de Espana SA de Seguros y Reaseguros [2004] 1 Lloyd's Rep. I.R. 354: Non-disclosure/misrepresentation to a reinsurer that the insurance was on a valued policy basis was material. Affirmed on appeal [2004] EWCA Civ 622.

[187] *WISE Underwriting v Grupo Nacional* [2004] 1 All E.R. (Comm) 495. The decision was reversed by the majority of the Court of Appeal ([2004] Lloyd's Rep. 764: Rix, Peter Gibson LJJ, Longmore LJ dissenting) on the grounds that the reinsurers had affirmed the contract by sending a notice of cancellation pursuant to the contract at a time when they knew of their right to avoid. However, the decision of Simon J with regard to materiality was not challenged on appeal.

[188] "It seems that in Spanish *Relojes* can mean either watches or clocks. The Interpreter in the action before me distinguished the meaning by using *reloj de pulsera* for 'watch' and *reloj de pared* for 'clock'. In the Spanish version what was intended by the word *Relojes* would have been resolved by the specific reference to 'Rolex' in Clause a.3). However, as already noted, that clause was omitted from the English version. In the English version the word 'clocks' was used throughout": per Simon J.

[189] *Sphere Drake v EIU* [2003] Lloyd's Rep. I.R. 525.

worker's compensation ("WC") business (which had carved out the United States "section B" employer's liability portion of WC insurance policies) consisted of numerous US and London based accident and health participants, several of which had themselves delegated underwriting authority to third parties including SCB affiliates in the US, Bermuda and London. This web had allowed SCB to contrive a comprehensive reinsurance market and construct tight spirals between the participants. The market traded in losses however, as insufficient premium had been charged at the direct level and SCB's brokerage and other agency commissions had diminished the remaining premium at the reinsurance level (and above). Fortuity of loss gave way to inevitability of loss on a gross underwriting basis but, net of reinsurance, it was possible for a market participant to turn a slight profit on most of the inwards contracts presented by SCB. So long as a participant had valid, subsisting and responsive reinsurance it was safe. But the market for losses ground to a halt when certain participants refused to pay and the illusory outwards reinsurance security bought through SCB was revealed. Thomas J said the following[190] about the materiality of gross loss making business and also spiral business:

> "8. There was obviously a duty to disclose to any reinsurer, the fact that the business to be reinsured with him was being written deliberately on the basis that the business would make a gross loss, with a loss ratio in some cases of many hundreds of per cent (or more than 1,000%); the reinsurer would be expected to pay for those losses but receive a premium that was far less than the premium that had been received by the reinsured. There also had to be specific disclosure of any business of this type that had a spiral content. That duty was generally sufficient to constrain the way in which the insurance market did its business.
> 9. It was also essential that any person committing his capital, whether as a Name on a syndicate at Lloyd's or as a company giving authority to an underwriting agent, was told of the nature of the business as it was so fundamentally different from conventional insurance and carried very high risks.
> 10. The market which traded in losses in this way was one in which no rational and honest person would participate (either by committing his capital or by writing a line on a reinsurance of the business) if he had understood the market and proper disclosure had been made:
>   i. The risks were enormous; for example, the business was opaque, losses of any size had to be anticipated; even a small participation of 5% of an account could expose the participant to huge losses.
>   ii. Losses were passed higher to successive tiers of reinsurance.
>   iii. Each time the losses were passed, the premium was diminished by the commission the brokers took and by the need to reinsure at a premium that enabled the reinsured to pay his retained losses.
>   iv. There were delays and severe cash flow implications.
>   v. There were risks of insurers avoiding or becoming insolvent and of the inability to renew the reinsurances once the reinsurers appreciated the losses.
>   vi. The market was obviously unsustainable."

Invalidity of retrocession cover

6-042 The facts of *SAIL v Farex*[191] are complex and are discussed elsewhere.[192] The case raised a novel ground for avoidance: the reinsurer argued that non-disclosure by the reinsured of the fact that the broker, who had placed both the reinsurance cover and (in order to induce the reinsurer to accept the risk) had also arranged retrocession

---

[190] From "Pt I" of the judgment.
[191] *SAIL v Farex* [1995] 1 L.R.L.R. 116.
[192] See Ch.9 below.

cover, had failed to place valid retrocession cover for the reinsurer, was a material non-disclosure allowing the reinsurer to avoid his reinsurance contract with his underlying reinsured. The Court of Appeal held that the reinsurer had failed to raise a triable issue and summary judgment against it should be ordered for two reasons. First, because in the view of the majority,[193] the invalidity of retrocession cover was not, as a matter of law, a material fact which the reinsured was required to disclose. Hoffmann LJ (as he then was) said:

"In my judgment the status of the retrocession agreement was not a 'material circumstance' in relation to the reinsurance contracts. Section 18(2) [of the MIA 1906] defines a material circumstance as one which would 'influence the judgment of a prudent insurer in fixing the premium, or determining whether he will take the risk'. These are wide words and *Tate v Hyslop* (1883) 15 Q.B.D. 368 shows that they go beyond matters which are material to the risk in the sense of the likelihood and extent of the loss. They can include the likelihood and extent of recovery under the insurer's rights of subrogation. Such rights do however affect the insurer's potential net loss *under the contract of insurance*. It would in my judgment be going further than any Court has gone before if we were to impose an obligation to disclose matters relevant only to the interest of the insurer under a different contract to which the insured is not a party. The duty of disclosure is founded upon the likelihood that matters affecting the insurer's likely liability under the contract (including arrangements which may affect rights of subrogation) will be within the peculiar knowledge of the insured: *Carter v Boehm* (1766) 3 Burr. 1905. But this cannot be said of the status of the insurer's reinsurance contracts. It would be pure coincidence for the insured or his agent to have any knowledge of these matters."[194] [Emphasis added]

Secondly, if the brokers did in fact know that the retrocession arrangements were invalid, they would have been acting fraudulently, and the fraud would have been on both principals, the reinsured and the reinsurer. In those circumstances, it was held unanimously that the knowledge of the brokers could not be imputed to the reinsured, applying the principle in *Re Hampshire Land Co*.[195]

Moral hazard and the fraud or incompetence of agents

The issue of "moral hazard"[196] has arisen in the context of reinsurance by reference to the question whether a reinsurer is entitled to avoid a contract of reinsurance by reason of non-disclosure on the part of reinsured's agent that he is defrauding his principal. Reference is made to Ch.9, Pt 3, as regards the attribution of the agent's knowledge to the reinsured in those circumstances. Whether any information that the agent should disclose on behalf of the reinsured, but (deliberately) fails to do so, is material is a question of fact determined by reference to the prudent insurer/underwriter test (see 6-029 to 6-031 above). A different question is whether the fact that the reinsured's agent is fraudulent and/or defrauding the (re)insured is itself material and should be disclosed.

Suppose that an insured has actual knowledge of the fact that his underwriting agent is in breach of his fiduciary duties—for example by taking a commission to

6-043

---

[193] Hoffmann and Saville LJJ.
[194] *SAIL v Farex* [1995] 1 L.R.L.R. 116 at 149.
[195] *Re Hampshire Land Co (No.2)* [1896] 2 Ch. 743; see further in Ch.9, 9-042 below.
[196] "As I understand that expression it means or includes the risk that a person will either deliberately bring about losses so that he may make a claim, or else invent fictitious losses": *PCW Syndicates v PCW Reinsurers* [1996] 1 Lloyd's Rep. 241 per Staughton LJ. For an interesting discussion of the concept of "moral hazard", see *Insurance Corporation of the Channel Islands v The Royal Hotel Ltd* [1998] Lloyd's Rep. I.R. 151 at 156–158 per Mance J.

which he is not entitled. Provided that the reinsurer is receiving the premium to which he is entitled, why should the reinsurer care that the agent of the reinsured is defrauding his principal? It may, perhaps, be argued that a principal who turns a blind eye to his agent's fraud may himself be considered more likely to make a false or inflated claim, or that a reinsurer is naturally and properly concerned that the broker who acts as an intermediary throughout the operation of the contract is himself honest. This must be particularly so in the case of a reinsurance treaty with an "intermediary clause" providing for all communications, accounting and payments to pass through the intermediary. The honesty of an intermediary handling the reinsurer's accounts is clearly a matter which the reinsurer would regard as important. Nonetheless, it appears to be an open question whether these considerations are material to the risk being accepted by the reinsurer. In *Deutsche Ruck v Walbrook* Deutsche Rück v Walbrook, Phillips J (as he then was) said:

> "Whether the fact that Driver, Weavers and Wilson were diverting overriding commission was a matter which the prudent reinsurer would view as probably tending to increase the risk is a question of fact which will have to be resolved at the trial. I would simply observe that the fact that overriding commission was being diverted does not, on the face of it, have an impact on the risks being reinsured."[197]

The answer may depend on how narrowly judges construe the meaning of "the risk", to which Phillips J referred. If the insurer is insuring a property account, the insurer's reinsurance broker is not going to have any influence over the underwriting of the risks, or the incidents of loss, but if the broker has a dishonest propensity for stealing premium or misstating losses, he could affect the likelihood of the reinsurer suffering a financial loss. Arguably however, he has not "increased the risk in question".[198] The point about "moral hazard" in the context of direct insurance, is that a dishonest insured has potentially a direct impact on the risks being insured.

6-044 The converse situation, where the reinsured knows that the reinsurer's underwriting agent is acting in breach of his fiduciary duties to his principal, was canvassed before the Hong Kong Court of Appeal in *New Hampshire Insurance Co v Grand Union Insurance Co Ltd*.[199] It was argued that the reinsured's broker must have known that the reinsurer's underwriting agent was acting in breach of duty to his

---

[197] *Deutsche Ruck v Walbrook* Deutsche Rück v Walbrook [1995] 1 Lloyd's Rep. 153 at 164.
[198] *Deutsche Ruck v Walbrook* Deutsche Rück v Walbrook does not appear to have been cited in *Markel International Insurance Co Ltd v La Republica Compania Argentina de Seguros* [2005] Lloyd's Rep. I.R. 90 where David Steel J rejected the submission that, as a matter of law, the dishonest conduct of a broker in relation to placement of an insurance contract some years before was not a material fact that should have been disclosed to reinsurers. He said (at [25]): "The question whether or not that is something which a prudent underwriter would want to know is a matter for expert evidence relating to underwriting in the London market. I see no reason to conclude that the proposition is unarguable. Indeed, as a matter of common sense, a dishonest broker, anxious to place a risk and earn his commission, may perhaps more readily misrepresent facts or suppress information." In *ERC Frankona Reinsurance v American National Insurance Company* [2005] EWHC 1381, a Mr. Drobny, the President and COO of an MGA which administered business that was the subject of a quota share reinsurance written by the claimants, had been convicted of securities fraud and had also been charged with conversion of $43,000 that he had held as an escrow account as an attorney. Counsel for the defendants *had* cited Phillips J's observations in *Deutsche Ruck v Walbrook* Deutsche Rück v Walbrook and argued that the conviction was not material to the writing of the quota shares, having regard to its age, that it did not relate to the risks, or to insurance in any way. Andrew Smith J did "not accept that for those or any other reasons, a prudent insurer would not take Mr Drobny's conviction into account when assessing the risk and deciding whether to accept it". He also preferred the evidence of the claimant's experts that the charge of conversion of the escrow account was, in addition, a material fact that should have been disclosed to the underwriter.
[199] *New Hampshire v Grand Union* [1996] L.R.L.R. 102.

principal in agreeing to accept the reinsurance on the terms that he did, and that the broker had participated in the breach of duty. Counsel for the reinsurer argued that one would have to be "barking mad" to accept the risk in question. It was held that, on the facts, it could not possibly be inferred that the underwriting agent was in breach of his fiduciary duty to the reinsurer, let alone that the brokers had participated in the breach, and summary judgment was granted against the reinsurer. In Kansa v Herald & Northwestern[200] one of the points taken in opposition to summary judgment was that the reinsured must have known that the reinsurer's underwriting agent had accepted too low a premium for the risk. In that case unconditional leave to defend was granted without any comments upon the merits of such a defence.

At this point in the first edition we said:

"It seems that, in the absence of a conspiracy to defraud between the reinsured/broker and the underwriting agent, knowledge on the part of the reinsured/broker of a breach of fiduciary duty on the part of the reinsurer's agent does not give rise to grounds for avoidance."

At that time we were not able to cite authority. Now there is *Sphere Drake v EIU*.[201] Thomas J (as he then was) found that the underwriting agent, EIU, was in conspiracy with the broker to defraud the principal, Sphere Drake. The conspiracy was to pass losses to Sphere Drake for a wholly inadequate premium. The broker may now therefore be on the horns of a dilemma. If he is accused of non-disclosure that the business proffered was massively loss making and he asserts that he made full disclosure to the underwriting agent, he has then perhaps to explain how that was not a joint enterprise between him and the underwriting agent to enrich themselves with commissions at the expense of the principal.

The *"Gemstones"* case[202] is authority for the proposition that suspicions that an agent for one party in an insurance transaction (in that case the insured's broker) has been guilty of a breach of duty to his principal in a previous transaction is not necessarily material to the risk which is the subject matter of the insurance, and that there is, in general, no duty at common law requiring one negotiating party to disclose to the opposite party that the agent of the opposite party has committed a breach of duty to his principal.[203] However, the *Gemstones* case, although a decision of the House of Lords, may not be the last word on the subject. Lord Templeman was considering suspicions of misconduct in a prior (though related) transaction in the context of an alleged duty to disclose, breach of which, the judge at first instance had held, sounded in damages. If the reinsured sought to avoid the reinsurance contract because the reinsurer had clear knowledge of fraud on the reinsured in the transaction in question by the reinsured's agent, quaere whether Lord Templeman would have come to the view that there was no duty of disclosure. Lord Templeman made one important qualification:

6-045

---

[200] *Kansa v Herald & Northwestern* Supreme Court of Bermuda, Civil Jurisdiction 1992 No.211, 25 February 1994, and see Ch.4 above.
[201] *Sphere Drake v EIU* [2003] Lloyd's Rep. I.R. 525.
[202] *"Gemstones" known as Banque Financiere de la Cite SA (formerly Banque Keyser Ullmann SA v Westgate Insurance Co formerly Hodge General & Mercantile Co Ltd* [1991] 2 A.C. 249, discussed in 6-146 below.
[203] *Gemstones* [1991] 2 A.C. 249 at 274B–C per Lord Templeman.

"The party possessing the information must not himself become involved with any misconduct by the agent and the courts will naturally consider whether he is or has become involved."[204]

The courts may not be reluctant to find that a party who deals with another's agent in clear knowledge that the agent is defrauding his principal is "involved" in the agent's fraud.

The mere fact that a reinsured, or the reinsured's broker, may believe that a reinsurer's underwriting agent is acting imprudently in accepting a risk (after a fair presentation of it) cannot be a ground for the reinsurer to avoid. As stated above, the reinsured is only required to disclose material facts, not to give the reinsurer advice. The situation cannot be different where the reinsurer gives away his pen. He cannot complain if he engages an incompetent underwriting agent. However, as is plain from the *Sphere Drake* case, a note of caution is necessary for the broker where he believes that he has found a reinsurer to whom he can fairly present bad risks and still have them accepted. The reinsurer will have mounting claims and inadequate premium to meet them.[205] The broker may then find his client, the reinsured, questioning whether the broker placed the risk with good security.[206] A reinsurer who approaches his underwriting seriously is more likely to stay in business and pay his claims sensibly also.

A specific category of moral hazard is previous insolvency which can manifest itself as the previous insolvency of the insured, the bankruptcy of any of the insured's directors, or a director of the insured who had been a director of another insolvent company in the past. The moral hazard concern is that the insured is not prudently and competently managed. In one of the first reported cases concerning an insurance contract to which the IA 2015 applied, *Young v Royal and Sun Alliance Plc*,[207] the insurer sought to avoid the policy on the grounds that the insured had failed to disclose that he had been a director in four companies that had been placed in insolvent liquidation. The insured conceded that the undisclosed information was material, and the case proceeded on the issue of waiver (see para. 6-079 below). At reinsurance level, it is unlikely that there would be insolvency issues relating to a UK-based underlying insurer given the regulatory requirements and expectation in relation to "Senior Management Functions",[208] but the risk presentation made by the underlying insured to the underlying insurer may be part of the risk presentation made by the underlying insurer as reinsured to the reinsurer.[209]

Moral hazard, suspicions and rumour

6-046 Are unsubstantiated rumours concerning the integrity of the insured and false allegations of dishonesty, criminality or misconduct by the insured material circumstances for the purposes of the duty of disclosure/the duty of fair presentation? If every allegation must be disclosed, the insured may be placed in a situation where he must pay a higher premium or is refused cover. On the other hand, an insurer is entitled to a fair presentation of the risk which may extend to informa-

---

[204] *Gemstones* [1991] 2 A.C. 249 at 274B–C.
[205] The fate of e.g. the Grand Union Insurance Co Ltd.
[206] See Ch.9, 9-062 below.
[207] [2020] CSIH 25; [2020] Lloyd's Rep IR 388.
[208] See PRA Rulebook and FCA Handbook, PRA, "SS35/15 – Strengthening individual accountability in insurance" (June 2021), and Ch.15.
[209] See 6-025 above.

tion that "raises doubts about the risk" such as rumours or allegations of dishonesty or criminal conduct.[210]

In *Brotherton v Assegoradora Colseguros SA (No.3)*[211] reinsurers in London sought to avoid the reinsurance of a Colombian insurance of a state owned bank. The insurance covered, inter alia, fraudulent acts of bank employees. There were reports in the Colombian media of allegations of misconduct on the part of the chairman of the bank and other officers. It was held that the allegations should have been disclosed. Morison J found that while the lead underwriter was probably aware of the fact that the chairman had been suspended at the time the renewal was being placed the true reason for his suspension had not been disclosed and should have been. In an earlier Court of Appeal decision[212] it was held that the insurers were unable to rely upon any defence that the allegations were groundless. The Court of Appeal rejected the proposition that the test for the disclosure of unfounded allegations focuses on the need for actual prejudice to the insurer if such allegations were not to be disclosed and confirmed that materiality is to be tested at the time of placing the risk by reference to the circumstances known to the insured at that date.[213] Therefore, circumstances did not cease to be material because it could ultimately be shown that what was alleged was incorrect. Most significantly, the Court of Appeal rejected the insurer's argument that the reinsurers could be deprived of their right to avoid for material non-disclosure of allegations by the insurer demonstrating with hindsight at trial that the allegations were false. Mance LJ (as he then was) giving the leading judgment said that such a conclusion was neither supported by "principle nor sound policy",[214] the point of policy being that it would be undesirable to allow an insured to litigate the issue of the truth or falsity of the allegation.[215] The Court of Appeal expressed strong doubts about the proposition that the exercise of the right to avoid by the (re)insurer was subject to a requirement of good faith but did not rule out expressly that an insurer could be denied the remedy of avoidance where the insurer was aware that the undisclosed allegations were unfounded at the time of the purported avoidance.[216]

These points arose again in *North Star Shipping Ltd v Sphere Drake Insurance Plc (The North Star)*.[217] At the time the policy was entered into there were pending criminal fraud charges against the owners and managers of the insured and civil fraud claims against a parent company of the insured. The insured did not disclose any of these allegations to the insurer. After placing the contract and before the insurer sought to avoid the contract, the criminal charges were dismissed and the civil fraud claims were dropped. The Court of Appeal held that the allegations of fraud constituted a moral hazard and were material, even though they ultimately turned out to be untrue, as at the time of placing such allegations would have affected the mind of a prudent insurer. Waller LJ, who gave the leading judgment, concluded, with some regret, that there was no basis for the insured's argument that only allegations giving rise to moral hazard which were material to the actual risk insured had to be disclosed argument as the orthodox test applicable to materiality

6-047

---

[210] *Inversiones Manria SA v Sphere Drake Insurance Co Plc, Malvern Insurance Co Ltd and Niagara Fire Insurance Co (The Dora)* [1989] 1 Lloyd's Rep 69, 98.
[211] *Brotherton v Aseguradora Colseguros SA (No.3)* [2003] EWHC 1741 (Comm).
[212] *Brotherton v Aseguradora Colseguros SA (No.2)* [2003] EWCA Civ 705.
[213] *Brotherton (No.2)* [2003] EWCA Civ 705 at [18], [19], [23], [40].
[214] *Brotherton (No.2)* [2003] EWCA Civ 705 at [26], [29].
[215] *Brotherton (No.2)* [2003] EWCA Civ 705 at [31].
[216] *Brotherton (No.2)* [2003] EWCA Civ 705 at [23], [28], [34].
[217] *North Star Shipping Ltd v Sphere Drake Insurance Plc* [2006] EWCA Civ 378.

remains the "prudent underwriter test" which is not circumscribed by any notion of relevance of the disclosable circumstance to the risk insured. Waller LJ observed that unless, at the time of placing, there was very clear evidence that the allegation was unfounded the insurer was entitled to disclosure.[218] However, he conceded that "old allegations of dishonesty and allegations of not very serious dishonesty" may not be material.[219]

6-048 *Drake Insurance Plc v Provident Insurance Plc*[220] is a case which, although not directly on point factually, considers a number of issues which are relevant to the allegation scenarios. In *Drake* the defendant insurer had purported to avoid a policy of motor insurance for non-disclosure of a speeding conviction. The first instance judge found as a fact that if the speeding conviction had been disclosed at the time of placing, it would have also emerged that a separate "fault" accident on the insured's records should have been reclassified as "no fault".[221] On the insurer's point rating system used for the calculation of premium, the reclassification of that accident would have cancelled out the speeding conviction and would have resulted in a premium reduction. The Court of Appeal held that, because the two circumstances would have cancelled each other out, the insurer could not show that he would have charged a higher premium and, therefore, failed to discharge the burden of proof on inducement and was not entitled to avoid. Rix LJ, giving the leading majority judgment, considered obiter and "with caution" that materiality had to be assessed by reference to the true state of affairs underlying the risk "conclusively established" at the time of the contract, and not just on the basis of information actually provided to the insurer.[222] He pointed to the fact that in ordinary contract law, if a party rescinds for what appears to be a breach but later is proved not to be, he has wrongly rescinded, but not if he finds something on which he could have rescinded even though unaware of it at the time, and then said "If that is so generally, why should the insurer's right to avoid a contract of insurance not similarly depend on the true facts of the case?" The question contains its own answer. The duty to disclose, and now the duty of fair presentation, are duties to disclose material circumstances that are known or ought to have been known at the time the contract is concluded. At that point in time, the rumours or suspicions are what is known and are therefore the "true facts of the case". The later "true facts of the case", the facts which show the rumour to have been false, the suspicion to have been unfounded, stand separate from the facts of the rumour or suspicion at an earlier time; they do not erase the earlier facts. When the courts have to determine whether there has been a breach of the duty of disclosure/duty of fair presentation, they have to hypothesise about its effect on the hypothetical prudent underwriter as to materiality and on the actual underwriter as to inducement on the basis of the facts known at the time of placement,[223] *Brotherton* is an easier decision to digest because it does not require that dance of time to be performed. In our view the task of hypothesising on what would have happened had there been a fair presentation of the risk before concluding the contract is difficult enough without

---

[218] *North Star Shipping Ltd v Sphere Drake Insurance Plc* [2006] EWCA Civ 378 at [17], [35].
[219] *North Star Shipping Ltd v Sphere Drake Insurance Plc* [2006] EWCA Civ 378 at [19].
[220] *Drake Insurance Plc (In Provisional Liquidation) v Provident Insurance Plc* [2003] EWCA Civ 1834.
[221] *Drake Insurance Plc (In Provisional Liquidation) v Provident Insurance Plc* [2003] EWHC 109 (Comm) at [27].
[222] *Drake Insurance Plc (In Provisional Liquidation) v Provident Insurance Plc* [2003] EWCA Civ 1834; [2004] QB 601 at [69]–[77]. Pill LJ dissenting on this point, see [163].
[223] The cases do not indicate a double test for inducement as is set out for materiality.

additionally hypothesising about what would have happened if the "facts" as they then were, had been the "facts" as they later were.

A further contribution on the materiality of allegation, rumour and suspicions came from Tugendhat J in *Norwich Union Insurance Ltd v Meisels*.[224] He referred to a notion of proportionality when assessing the materiality of allegations, "having regard to the nature of the risk and the moral hazard under consideration". Therefore, allegations which are too old or insufficiently serious may not be material, regardless of exculpatory materials being available.[225] More recently, the court in *Berkshire Assets (West London) Ltd v AXA Insurance UK Plc*,[226] held that the insured company's failure to disclose the fact that one of its directors was the subject of criminal charges in Malaysia constituted a material circumstance for the purposes of the IA 2015 s.7(3) which should have been disclosed, notwithstanding the fact that the proceedings were subsequently discontinued. The charges were for strict liability regulatory offences, and not any offence involving dishonesty. Judge Lionel Persey QC reviewed the pre-IA 2015 authorities and accepted that criminal charges could constitute a material circumstance under the IA 2015 s.7(3). He also commented on the nature of the evidence that the court would consider in assessing materiality:

6-049

> "[40.] There was some debate between the parties as to the nature of the evidence that the Court was entitled to take into account when considering materiality. Mr Lawrence QC submitted on behalf of BAWL [the insured] that such evidence would include all of that evidence which was or would have been available to the assured at the time of placing the insurance. He relied upon Brotherton and more recent cases in support of this submission. Mr Christie QC submitted that there was no principle of law to this effect, and that one simply had to look at the charges and ask if they were material to be disclosed or not. He contended that the passage in Brotherton on which Mr Lawrence QC relied was quite a tentative observation. I accept Mr Lawrence QC's submission on this point - *the Court is entitled to take into account all of the evidence that was, or would have been, available to the assured at the time the insurance was placed.* In my judgment the passage at paragraph 22 of Mance LJ's judgment was intended to, and does, represent the law. It was the judgment of the Court and it has received direct or indirect support in two subsequent authorities, the *North Star Shipping* case (above) and *Norwich Union Insurance Ltd v Meisels* [2007] Lloyd's Rep IR 69 at §11." [Emphasis added]

The judge cited with approval a passage from MacGillivray that the risk of injustice of disclosing an unfounded allegation is outweighed by the imperative that the fair transfer of risk to an insurer must depend upon equality of information and by the undesirable consequences of requiring insurers to establish that an allegation was well-founded as a condition for a remedy.[227] In *Delos v Allianz*,[228] Mrs Justice Dias DBE said that for assessing the effect on the mind of a prudent underwriter once would also need to take into account any exculpatory information available at the time of placement.

---

[224] *Norwich Union Insurance Ltd v Meisels* [2006] EWHC 2811 (QB).
[225] *Norwich Union Insurance Ltd v Meisels* [2006] EWHC 2811 (QB) at [25].
[226] *Berkshire Assets (West London) Ltd v AXA Insurance UK Plc* [2021] EWHC 2689 (Comm); [2022] Lloyd's Rep. I.R. 275.
[227] *Berkshire Assets (West London) Ltd v AXA Insurance UK Plc* [2021] EWHC 2689 (Comm) at [37], quoting *McGillivray MacGillivray on Insurance Law* (14th ed.) §17-061.
[228] *Delos Shipholding SA v Allianz Global Corporate and Specialty SE* [2024] EWHC 719 (Comm).

Given that in *The North Star* Waller LJ observed that allegations that are old or of not very serious dishonesty may not be material,[229] and that in *Brotherton* Mance LJ excluded "loose or idle rumours" as not being material,[230] it could be said that the combined effect of *Brotherton*, *The North Star*, *Meisels* and *Berkshire Asset* is that there is a sliding scale of allegations which could be potentially material. A criminal charge the insured knows to be true is likely to require disclosure. Unfounded allegations which are merely loose rumours, trivial and old allegations, allegations that do not raise issues of dishonesty and allegations to which the insured would have had a cogent defence at the time of the contract may not be material. Somewhere in the middle are charges where at the time of placement it is not clear whether they raise issues of dishonesty and personal wrong-doing—there a prudent underwriter would err on the side of caution and may consider them material.

Inducement

6-050   Pre-IA 2015, this would have been the place to consider the subjective counterpart to the 'materiality' requirement—inducement. If objective materiality cannot be established, the question whether the actual underwriter has been induced becomes a non sequitur. If the materiality test can be satisfied, the question whether the non-disclosure or misrepresentation must have induced the actual underwriter to enter the contract on the relevant terms was answered unanimously by the House of Lords in *Pan Atlantic Pine Top*[231] as follows. If the misrepresentation or non-disclosure of a material fact or circumstance did not in fact induce the making of the actual contract, then the underwriter is not entitled to rely on it to avoid the contract. To reach this result, the House of Lords held that there was implied into ss.18–20 of the MIA 1906 a requirement that a material misrepresentation or non-disclosure will only entitle the insurer to avoid the policy if it induced the making of the contract. Pursuant to the IA 2015, ss.18–20 of the MIA 1906 are now omitted from the statute book and the 'inducement requirement' has been put on express statutory footing as part of the s.8/Sch.1 proportionate remedies regime. We will therefore consider 'inducement' in the section on remedies (see 6-087 to 6-099 below).

(Re)insured's knowledge

6-051   The disclosure required to make a fair presentation of the risk under the IA 2015 is of every material circumstances that the (re)insured knows our *ought to know* (IA 2015 s.3(4)(a)). Under the MIA 1906 s.18(1), the insured was bound to disclose what was *known, or deemed to be known*, to the (re)insured. Thus, under the old and the new law alike, the reinsured's knowledge is an essential element of the reinsured's pre-contractual information duties. It is also clear that the concept of "knowledge" in both provisions, s.3(4)(a) of the IA 2015 and s.18(1) of the MIA 1906, goes beyond actual knowledge. Having reviewed the law on the insured's knowledge, the Law Commissions recommended that the duty of fair presentation should continue to be based on what the insured "knows or ought to know" but that these words should be more clearly defined in respect of (1) the types of people

---

[229] *North Star Shipping Ltd v Sphere Drake Insurance Plc* [2006] EWCA Civ 378; [2006] 2 Lloyd's Rep 183 at [19].
[230] *Brotherton v Aseguradora Colseguros SA (No.2)* [2003] EWCA Civ 705 at [16].
[231] [1994] 2 Lloyd's Rep 427.

whose knowledge should be directly attributed to the insured, and (2) the meaning of "ought to know"/deemed knowledge in the (re)insurance context.[232] The IA 2018, in s.4 (Knowledge of insured) and s.6 (Knowledge general) seeks to address these issues.

The IA 2015 has also re-drawn the categories of knowledge. Under the MIA 1906 s.18(1), there were three categories of a (re)insured's knowledge: actual knowledge, deemed knowledge, and imputed knowledge. The IA 2015 s.4 has re-characterised knowledge of specified third parties that is imputed on the insured as a sub-set of actual knowledge. Blind eye knowledge—where the (re)insured or the (re)insurer deliberately closes his eyes to material information—was regarded as a sub-set of actual knowledge under the old law,[233] but appears to be a sub-set of deemed knowledge under the IA 2015 s.6(1). The new provisions in ss.4-6 of the IA 2015 replace the common law rules of imputation/attribution and s.19 of the MIA 1906 relating to the disclosure by an agent of the insured.

6-052

Actual knowledge

Inevitably, a reinsured will be a company or other corporate structure. What a company actually knows depends on the knowledge of individuals within the company that can be attributed in law. Under the old law, there was no straightforward test or formula for determining whose knowledge was relevant. In *The Star Sea*, the Court of Appeal held that attributable knowledge in the context of s.39 of the MIA 1906 could be determined by asking "who was involved in the decision making processes" in any given situation?,[234] also known as the "directing mind and will" test. In *PCW Syndicates v PCW Reinsurers*[235] Staughton LJ expressed the view that the test should simply be to look at facts "known to a director or employee at an appropriate level". The Law Commissions considered that there are considerable difficulties in applying this to modern corporate organisations, in which knowledge may be spread through hundreds, if not thousands, of employees or located in IT systems.[236] Yet, a (re)insured needs to be able to predict in advance and with some clarity whose knowledge will be relevant for information which must be included in its risk presentation.

6-053

The solution of the IA 2015 s.4(3) is to set out the individuals whose knowledge will be directly attributed to the insured where the insured is not an individual (such as a company). They are the insured's senior management and the person or people responsible for the insured's insurance. The term "senior management" is defined in s.4(8)(c) as meaning those individuals who play significant roles in the making of decisions about how the insured's activities are to be managed or organised. As yet, it is unclear how far down the senior management levels one must look for gathering risk information—a question that may be particularly pertinent in large

6-054

---

[232] The Law Commission and The Scottish Law Commission, *Insurance Contract Law: Business Disclosure; Warranties; Insurer's Remedies for Fraudulent Claims; and Late Payment* (Law Com. No.353, July 2014), para.8.5.
[233] *Economides v Commercial Union Assurance Co plc* [1997] 3 All ER 636, 648 (per Simon Brown LJ), 653 (per Peter Gibson LJ).
[234] *Manifest Shipping Co Ltd v Uni-Polaris Insurance Co Ltd (The Star Sea)* [1997] 6 Re. L.R. 175; the decision was appealed on different grounds to the House of Lords [2001] UKHL 1; [2003] 1 A.C. 469; [2001] Lloyd's Rep. I.R. 24.
[235] *PCW Syndicates v PCW Reinsurers* [1995] 4 Re. L.R. 373.
[236] The Law Commission and The Scottish Law Commission, *Insurance Contract Law: Business Disclosure; Warranties; Insurer's Remedies for Fraudulent Claims; and Late Payment* (Law Com. No.353, July 2014), para.8.33.

organisations and/or with management structures in several locations. The recent case *Delos v Allianz*[237] suggests that who belongs to senior management is not determined by reference to titles but must be assessed on the facts. In Delos, the only person with actual knowledge was a nominee director of a SPV company owning one ship. He was a mere vehicle for the execution of decisions made by the shipowner family (being the shareholders of the SPV) and he had no role in the making of decisions about how the activities of the SPV and its main asset—the ship—were to be managed, nor did he have any substantive involvement in anything to do with the insurance. Dias J held that the nominee director's knowledge was not relevant knowledge for the purpose of s.4(3) of the IA 2015.

A person "responsible for the insured's insurance" is defined in s.4(8)(b) as "an individual [who] participates on behalf of the insured in the process of procuring the insured's insurance" (whether as an employee or agent, or as an employee of the insured's agent, or in any other capacity). The Explanatory Notes to the IA 2015 say that "those categories of person are expected to be construed relatively narrowly, but are capable of being applied flexibly."[238] There is an exception in the IA 2015 s.6(2) which says that an agent's knowledge will not be imputed or attributed to the (re)insured, however, where the knowledge concerns that agent's own fraud upon its principal (the (re)insured).[239]

The intended effect of the phrase "knows only" in s.4(3) is that the common law on attribution of knowledge to the (re)insured is replaced by the terms of the IA 2015. For the old law on "imputed knowledge"—the attribution of knowledge of an "agent to know"—we refer to Ch.9, Pt 3 below. It is no longer the agent's duty to disclose (as it was under MIA 1906 s.19), nor will any material information known by an "agent to know" (who is neither senior management, nor responsible for the insured's insurance) be automatically imputed on the insured. Whilst a broker responsible for placing the reinsurance cover should be captured by s.4(3) being a person responsible for the reinsured's reinsurance, the knowledge of other agents who are not senior management and are not responsible for the reinsurance but have knowledge concerning the subject-matter of the (re)insurance is not regarded as the (imputed) actual knowledge of the reinsured. Whether any knowledge of material circumstances held by third parties outside the scope of the IA 2015 s.4(3) is treated as information known by the (re)insured is now considered as a matter of "deemed knowledge" ("ought to know") which is tested by reference to what should have been revealed by a reasonable search (IA 2015 s.4(6), see 6-056 below). Thus, if the (re)insured makes enquiries of an "agent to know" and that agent fails to pass on the relevant information, that information could be regarded as information that "should reasonably have been revealed" under the IA 2015 s.4(6).

6-055 **Confidential information exception:** Section 4(4) of the IA 2015 is a carve-out provision for confidential information to s.4(2)(b) and (3)(b). It sets out what an individual who is responsible for the insured's insurance, and who is an agent of the insured, or an employee of an agent (s.4(2)(b) and (3)(b)) is "not taken to know": for the purpose of obtaining the relevant insurance, such a person (the agent) is not taken to know information acquired through a business relationship with a person not connected with the contract of insurance if such information is

---

[237] *Delos Shipholding SA v Allianz Global Corporate and Specialty SE* [2024] EWHC 719 (Comm).
[238] HM Treasury, *Explanatory Notes to Insurance Act 2015*, para.55.
[239] But see discussion in Ch.9, Pt 3 below.

confidential (presumably to the party from whom it was acquired). So, for the information relevant to the risk to be not known by the principal just because it is known by the individual, there are three requirements:

1. the information is acquired through a business relationship with another party;
2. the other party from whom the information is received, is not connected to the contract of (re)insurance; and
3. the information is confidential.

For determining who is "connected" to the insurance (the exception to the confidentiality exception), one goes to s.4(5) of the IA 2015. A party is connected if (a) he is the insured, or covered by, the insurance, or (b) if the relevant insurance contract is reinsurance, persons connected with the direct insurance being reinsured. Accordingly, the confidential information exception does not affect the information flow from a broker that is placing both insurance and reinsurance cover for the same risk.

Under the MIA 1906 s.19(a) the agent to insure was deemed to know every material circumstance that in the ordinary course of business ought to have been known by, or communicated to, him, and it followed that there was a duty to disclose such circumstances regardless of the confidential nature of the information. In contrast, the knowledge of the "agent to know" was to be imputed to the insured only if the insured ought to have known this information in the ordinary course of business (MIA 1906 s.18(1)),[240] and information confidential to the business relationship between that agent and a third party is unlikely to have been captured by that test.

Deemed knowledge

The duty of fair presentation requires the (re)insured to disclose material circumstances that the insured does not actually know but that he ought to know. The old duty of disclosure also operated on what the (re)insured ought to know. PRICL too frames the reinsured's pre-contractual disclosure duty on information it "reasonably ought to be aware of".[241] This type of knowledge is referred to as "deemed" or "constructive" knowledge.

Deemed knowledge under the MIA 1906 s.18(1) comprised everything that the reinsured ought to know in the ordinary course of business, even though he may not have actual knowledge. In *London General Insurance Co Ltd v General Marine Underwriters Association Ltd*[242] the Court of Appeal held that the reinsured was deemed to have known of the casualty of the insured vessel in time to recall their instructions to their brokers to effect the reinsurance. They had no right to ignore the casualty slips notifying them of the casualty in a case where they were already on risk. By comparison, in *Simner v New India Assurance Co Ltd*,[243] where the reinsured was unaware of substantial losses in the underlying book of insurance and then placed stop loss reinsurance, Judge Diamond QC said that the courts do not readily deem an insured to have knowledge of information that he did not know on the basis that he ought to have known it:

"Mr Page [counsel for the reinsurer] was unable to cite any authority for the proposition

6-056

---

[240] *Group Josi Reinsurance Co Ltd v Walbrook Insurance Co Ltd* [1996] 1 Lloyd's Rep 345; and see Ch.9, 9-049.
[241] PRICL art.2.2.1.
[242] *London General Insurance Co Ltd v General Marine Underwriters Association Ltd* [1921] 1 K.B. 104; (1920) 4 Ll. L. Rep. 382.
[243] *Simner v New India Assurance Co Ltd* [1995] L.R.L.R. 240.

that a potential assured is under a duty to make enquiries or investigations as to facts outside his knowledge for the purpose of complying with his duty of disclosure. It is indeed difficult to see how, as a matter of principle, any such duty can arise. An assured is under no duty of care not to cause financial loss to the insurer. He is under no duty to advise the insurer whether or not to write the risk. The insurer is presumed to know his own business and to be capable of forming his own judgment as to the risk presented to him. The submission that an assured is under a duty to investigate matters outside his knowledge for the purpose of making a fair presentation to the insurer would, as it seems to me, conflict with some if not all of these elementary propositions."

It appears, but this was not a settled point, that the key question under the old law was whether the reinsured would have made enquiries or carried out searches in the ordinary course of *his* business, rather than by reference to the ordinary course of business as conducted by a hypothetical reasonable reinsured.[244]

There was an equivalent "in the ordinary course of business" deeming provision in relation to the agent to insure in s.19 of the MIA 1906 (see Ch.9, Pt 3). Under the MIA 1906 and the common law prior to the IA 2015, so-called "blind eye" or "Nelsonian" knowledge—where the reinsured or its agent to insure was not actually aware of a circumstance but the individual whose knowledge was attributable to the reinsured/agent to insure would have been aware had he not deliberately shut his eyes to it—constituted relevant knowledge for the duty of disclosure, although it appears to have been classified as 'actual knowledge' of the individual concerned.[245]

6-057   The IA 2015 s.4(6) represents a legislative attempt to clarify the scope of the (re)insured's deemed knowledge. It frames deemed knowledge in terms of "what should reasonably have been revealed by a reasonable search of information". Section 4(6) goes on to explain that a search can be conducted "by making enquiries or by any other means", and s.4(7) adds that the information to be searched for "includes information held within the insured's organisation or by any other person (such as the insured's agent or a person for whom cover is provided by the contract of insurance)."

Section 4(6) and (7) of the IA 2015 represent a significant change in the meaning of "deemed knowledge". The "in the ordinary course of business test" for deemed knowledge has been abolished with the deletion of ss.18 and 19 of the MIA 1906. Instead, the reinsured must carry out a reasonable search that extends to a significant group of third parties (see IA 2015 s.4(7)), by making enquiries or by any other means (IA 2015 s.4(6)). In a previous edition, the editors of MacGillivray commented that the requirement to carry out a reasonable search represents a supplemental duty in addition to the duty of fair presentation,[246] yet the Explanatory Notes to the IA 2015 state that s.4(6) of the IA 2015 largely codifies existing principles.[247] We consider that the requirement for a reasonable search extending to information held by third parties represents an extension of the notion of "deemed knowledge" under the MIA 1906. We also think that this is likely to be an area giv-

---

[244] *Australia & New Zealand Bank Ltd v Colonial & Eagle Wharves Ltd* [1960] 2 Lloyd's Rep 241 at 252 (per McNair J); *Simner v New India Assurance Co Ltd* [1995] L.R.L.R. 240 at 253–255; *ERC Frankona Reinsurance v American National Insurance Co* [2005] EWHC 1381 (Comm) [173]; and for a detailed discussion see P. M. Eggers and Sir S. Picken, *Good Faith and Insurance Contracts*, 4th edn (Sweet & Maxwell, 2018), paras 7.134–7.136.
[245] *Economides v Commercial Union Assurance Co plc* [1997] 3 All E.R. 636 at 648 (per Simon Brown LJ) and 653 (per Peter Gibson LJ).
[246] J. Birds, S. Milnes and B. Lynch, *MacGillivray on Insurance Law*, 15th edn (Sweet & Maxwell, 2018), para.20-037.
[247] HM Treasury, *Explanatory Notes to Insurance Act 2015*, para.56.

ing rise to disputes until case law has settled how to assess what information "should reasonably have been revealed", what constitutes a "reasonable search", and what is "information available to the insured". An insurer wishing to reinsure a risk should be alert to the requirement for a reasonable search under s.4(6) at the time of underwriting the underlying risk so that it can arrange of all the searches and make all the enquiries that it will be expected to do in its capacity of reinsured discharging its duty of fair presentation vis-à-vis its reinsurers. A reinsured with lax underwriting standards, or captives and fronting insurers who may not be more than a post box, may face difficulties demonstrating to its reinsurer that it has conducted a reasonable search for the purposes of making a fair presentation of the risk. Reinsureds that wish to reinsure books of consumer business in particular must make sure that their proposal forms include clear and comprehensive questions aimed at extracting all of the material information as the consumers are no longer under any duty to volunteer information.[248] If there is an obvious question a prudent insurer would have asked of the consumer insured in the ordinary course of business but did not do so, would the insurer/reinsured be taken to know the answer and, accordingly, could be in breach of its pre-contractual duty of disclosure to the reinsurer? It is conceivable that this line of argumentation may be used by reinsurers.[249]

The recent case of *Delos v Allianz*[250] highlights that it may not be necessary to carry out searches and enquiries especially for the risk presentation before placement or renewal—the insured is entitled to rely on information obtained as part of its ordinary business operations. In *Delos*, there were pending (but unfounded) criminal charges against the insured's nominee director. The insurers had conceded that the time for the insured to ask the nominee director whether there were any criminal proceedings against him would have been on his initial appointment with an annual check thereafter. The judge found that the nominee director was appointed on 16 August 2007 and the insurance was placed in June 2018. On that basis the charges, which were only brought in March 2018, would not have been revealed by any enquiry made in August 2017 and an enquiry in August 2018 would have been too late.[251]

The notion of information that "should reasonably have been revealed" must be read together with the IA 2015 s.6(2) which expressly excludes from a (re)insured's deemed knowledge, information which would have been withheld on account of being defrauded by his agent.[252] The Law Commissions stated that what constitutes a "reasonable search" will depend on the size, nature and complexity of the business, and the degree of thoroughness also depends on the size of the (re)insured.[253]

There is a second aspect to "deemed knowledge" under the IA 2015 s.6(1) which applies to (re)insureds and (re)insurers alike: "blind eye" or "Nelsonian" knowledge. For the purposes of the duty of fair presentation and the exceptions thereto (which includes exceptions relation the (re)insurer's knowledge: see 6-061 to 6-068 below), references to an individual's knowledge also include "matters which the individual suspected, and of which the individual would have had

6-058

---

[248] CIDRA 2012 s.2(4); and see 6-011 above.
[249] Also see s.5(3) of the IA 2015 defining the scope of an insurer's deemed knowledge.
[250] *Delos Shipholding SA v Allianz Global Corporate and Specialty SE* [2024] EWHC 719 (Comm).
[251] *Delos Shipholding SA v Allianz Global Corporate and Specialty SE* [2024] EWHC 719 (Comm) at [214].
[252] But see discussion in Ch.9, Pt 3 below.
[253] The Law Commission and The Scottish Law Commission, *Insurance Contract Law: Business Disclosure; Warranties; Insurer's Remedies for Fraudulent Claims; and Late Payment* (Law Com. No.353, July 2014), paras [8.83] and [8.84].

knowledge but for deliberately refraining from confirming them or enquiring about them." As mentioned above, this category of knowledge used to be classified as a sub-set of actual knowledge but s.6(1) indicates that "blind eye" knowledge is not actual knowledge ("an individual's knowledge include[s] not only actual knowledge").

PRICL does not have a dedicated "knowledge" rule but there is commentary on art.2.2.1 which relates to the reinsured's knowledge:

> "C16 In assessing knowledge, the reinsured is viewed as an entity. The entity must have actual or constructive knowledge of the information in question. In accordance with the applicable rules for representation of legal entities, it is deemed to have knowledge of what its relevant employees and agents know ...
>
> C17. The reinsured will be deemed to have knowledge of material information readily available to it and which it has reason to investigate when fulfilling the disclosure duty (constructive knowledge). Information stored, eg, in documents and computer systems of the reinsured shall be considered readily available."

There is an overlap with the provisions of the IA 2015 s.4 but, because the knowledge commentary is expressed more broadly, it could potentially extend to the knowledge of a greater circle of individuals (there is no limitation to the knowledge of individuals "responsible for the [re]insured's [re]insurance") and to a greater range of searchable information (everything on the reinsured's computer system).

We shall return to the concept of "knowledge" in the next section where we consider the knowledge of the (re)insurer in the context of the exceptions of the duty of fair presentation and the duty of disclosure.

Exceptions to the duty of disclosure

6-059   Section 3(5) of the IA 2015 and s.18(3) of the MIA 1906 set out a number of standard exceptions to the duty of fair presentation and the duty of disclosure respectively. The first point to note is that the s.3(5) and the s.18(3) are similar but not identical: s.18(3)(d) of the MIA 1906 (disclosure that is superfluous by reason of warranty) is not replicated in s.3(5) of the IA 2015. Moreover, the scope of the waiver exception in s.3(5)(e) of the IA 2015 is narrower than the scope of s.18(3)(c) of the MIA 1906 since the question whether the (re)insurer has been reasonably put on notice of the possible existence of further material facts is no longer considered as a matter of implied waiver, but has now become a fall-back test for making the required disclosure for the purpose of discharging the duty of fair presentation under the IA 2015 s.3(4)(b).[254] The second point to note is that the exceptions in s.18(3) of the MIA 1906 did not apply to the duty not to make misrepresentations. The Explanatory Notes to the IA 2015 make it clear that the exceptions apply to making the disclosures set out in s.3(4), but they do not apply to the requirement to make the disclosure in a clear and accessible manner in s.3(3)(b), nor to the requirement not to make misrepresentations in s.3(3)(c).[255] The exceptions will however be indirectly relevant to misrepresentations (whether under the IA 2015 s.3(3)(c), or under the MIA 1906 s.20) in relation to the questions of materiality and inducement. The third point to note is that the exceptions in s.3(5) of the IA 2015 and s.18(3) of the MIA 1906 are qualified by the words "in the absence of enquiry"—thus, if the insurer makes an enquiry as to any matter which would otherwise be excepted

---

[254] See Ch.6, 6-017 above and 6-080 below.
[255] HM Treasury, *Explanatory Notes to Insurance Act 2015*, para.48.

from the duty of disclosure the insured will be required to give disclosure on such matter. Any response to an inquiry is likely to be characterised as a representation. The fourth point to note is that the burden of proving that an exception applies is on the (re)insured.

The exceptions to disclosure are:

IA 2015 s.3(5)	MIA 1906 s.18(3)
... a circumstance if– (a) it diminishes the risk; (b) the insurer knows it; (c) the insurer ought to know it; (d) the insurer is presumed to know it; or (e) it is something as to which the insurer waives information.	(a) Any circumstance which diminishes the risk; (b) Any circumstance which is known or presumed to be known to the insurer. The insurer is presumed to know matters of common notoriety or knowledge, and matters which an insurer in the ordinary course of his business, as such, ought to know; (c) Any circumstance as to which information is waived by the insurer; and (d) Any circumstance which it is superfluous to disclose by reason of any express or implied warranty.

Circumstances diminishing the risk

In *Carter v Boehm*, Lord Mansfield said that the insured "need not disclose what lessens the risk agreed and understood to be run".[256] However, it should be noted that this exception is not to be equated with that the test of materiality which is only satisfied if the fact in question would have led the prudent underwriter to appreciate that the risk was greater than he would otherwise have supposed. In *St Paul Fire & Marine Insurance Co (UK) Ltd v McDonnell Dowell Constructors Ltd*,[257] the Court of Appeal rejected the argument that a circumstance is only material if it increases the risk. The insured argued that changing pilings from deep to platform shortened the build period and therefore reduced the risk. Evans LJ said:

6-060

"Now that inducement of the actual underwriter must also be proved, there is no reason why 'material' should be limited to factors which are seen as increasing the risk, and in my judgment there are good reasons for not doing so. First many factors may not be 'clear-cut' in this way; the risk may be increased in some respects but decreased in others. The present case provides an example of this, as will appear below. Secondly, the duty of disclosure operates both ways because the duty of good faith is reciprocal (per Lord Lloyd in Pan Atlantic at p. 902E; 555C), so the definition of 'material' is not concerned with the proposer of insurance alone."

In *Fraser Shipping v Colton*[258] the insured sought to argue that it was excepted from its duty to disclose a change in destination of its voyage because as a result

---

[256] *Carter v Boehm* (1776) 3 Burr. 1905.
[257] *St Paul Fire & Marine Insurance Co (UK) Ltd v McDonnell Dowell Constructors Ltd* [1995] 2 Lloyd's Rep. 116; [1995] 4 Re. L.R. 293.
[258] *Fraser Shipping v Colton* [1997] 1 Lloyd's Rep. 586.

of a shorter duration of the voyage the risk had decreased. This argument was rejected on the facts because the unsafe anchorage at the destination had, on the available evidence, increased the risk.

The "diminution of risk" exception is likely to require highly technical expert evidence. As the a defence run by a (re)insured that disclosure was not required because the circumstance in question diminished the risk is likely to overlap with a challenge on "inducement",[259] courts may prefer to focus on whether or not the (re)insurer in question was in fact induced to enter the (re)insurance contract on the terms agreed by reason of the non-disclosure.

Circumstances already known, deemed to be known or presumed to be known by the insurer

6-061 The exceptions relating to the (re)insurer's knowledge in the IA 2015 s.3(5)(b)–(d) and the MIA 1906 s.18(3)(b) derive from Lord Mansfield's decision in *Carter v Boehm*:

> "[T]here are many matters, as to which the insured may be innocently silent—he need not mention what the under-writer knows ... The insured need not mention what the under-writer ought to know ..."[260]

Whilst Mr Boehm was an individual acting as an underwriter, in today's (re)insurance market virtually all (re)insurers will be operating as or through incorporated entities. This raises questions of the attribution of knowledge to, and the scope of knowledge of, (re)insurers. Changes have been made to both aspects under the IA 2015 ss.5 and 6, compared to the MIA 1906 s.18(3)(b) and the common law position.

6-062 **The (re)insurer's knowledge under s.18(3)(b)** Section 18(3)(b) of the MIA 1906 provided that "in the absence of inquiry" the insured was not required to disclose:

> "Any circumstance which is known or presumed to be known to the insurer. The insurer is presumed to know matters of common notoriety or knowledge and matters which an insurer in the ordinary course of his business, as such, ought to know."

The subsection did not specify whose knowledge is to be "presumed to be known" to the insurer, and it was not clear from the subsection whether what the insurer, in the ordinary course of business, ought to know was intended to be a complete statement of what the insurer was presumed to know, or was merely an example. We consider that the second sentence of s.18(3)(b) of the MIA 1906 gives an indication of how the first should be construed, and that this is confirmed by the cases referred to below. The test of what is presumed to be known to the (re)insurer under s.18(3) of the MIA 1906 was an objective one. The court asks "should the insurer have known?" not "did the insured presume that the insurer knew?" nor "was the insured acting reasonably in presuming that the insurer knew?" As to the second sentence of the subsection, and whether it was a complete statement of what a (re)insurer is presumed to know or not, the position is less clear, but we suggest that, in addition to what a (re)insurer ought to know in the course of his business, the (re)insurer would also be presumed to know what any person ought to be

---

[259] IA 2015 s.8(1). See also Ch.6, 6-087 below.
[260] *Carter v Boehm* (1776) 3 Burr. 1905 at 1910; and see 6-007 above.

presumed to know. The test may well be similar to that determining the facts of which a judge may take "judicial notice", without proof.[261]

In *North British Fishing Boat Insurance Co Ltd v Starr*, Rowlatt J applied s.18(3)(b) of the MIA 1906 in the context of marine reinsurance as follows:

6-063

> "I must look at the underwriter in this case as a person doing the business of insuring ships and as necessarily conversant with the course of losses affecting particular classes of ships. What he is not bound to know in the ordinary course of his business are particular circumstances specially affecting ships or lines of ships, and specially affecting some limited number of ships ... I think that whether motor boats fishing round the coast of England as a whole are or are not suffering losses making a particular premium worthwhile taking is a matter which the underwriter ought to find out, or is supposed to know, because it is his business to know that class of thing, and, therefore, the assured is not bound to go into these matters or disclose these matters when he comes with his business."[262]

Thus, an underwriter is presumed to know not only the types of perils but also the general course of losses affecting the market in which he is writing. The underwriter is not presumed to know facts material to the particular risk—even if such facts are readily discoverable by him—unless those facts ought to have been discovered by him in the course of his business.

In *Marc Rich & Co. A.G. v Portman*,[263] the insured argued that the insurer must be taken to know as a matter of common knowledge that in relation to an existing risk which has been insured before there is likely to be a loss experience and therefore the previous (substantial) loss experience would fall in the exception under s.18(3)(b) of the MIA 1906. Longmore J (as he then was) rejected that argument:

> "If an assured has a substantial loss experience and makes no mention of this fact to an insurer who must be taken to know that there is or is likely to be a loss experience, has there been a fair presentation of the risk? In my judgment the answer is 'No' for the simple reason that, even if the insurer must be taken to be aware of the existence of a loss experience, he does not know how substantial that loss experience is. He is entitled to assume that there has been a fair presentation of the risk. A presentation which makes no reference to an existing loss experience can only be fair if the losses are modest or insignificant; a prudent underwriter will be entitled to assume that if losses exist, they are not such as to be worth mentioning. If the fact is that there is a history of substantial losses, there has not been a fair presentation. The fact that the insurer knows or is presumed to know that a loss experience exists says nothing about its size and, as I say, if nothing is disclosed about it to the insurer he is entitled to assume it is insignificant."[264]

In *London General Insurance Company v General Marine Underwriters Association*,[265] the defendants agreed to reinsure cargo aboard a vessel insured by the plaintiffs. At the time the reinsurance contract was made part of the cargo had been destroyed by fire, a fact then unknown to either of the parties. Notice of the loss had apparently been received from Lloyd's at the plaintiff's offices after the plaintiff's brokers had been instructed to place reinsurance but before the brokers had effected cover. The practice at the time was for Lloyd's to send periodic "casualty

---

[261] E.g. that the streets of London are full of traffic (*Dennis v A. J. White & Co* [1916] 2 K.B. 1 at 6) and that a boy riding a bicycle in them runs the risk of injury (*Dennis v A. J. White & Co* [1917] A.C. 479 at 492).
[262] *North British Fishing Boat Insurance Co Ltd v Starr* (1922) 13 Ll.L.R. 206 at 210.
[263] [1996] 1 Lloyd's Rep 430; affd [1997] 1 Lloyd's Rep 225.
[264] [1996] 1 Lloyd's Rep 430 at 443.
[265] *London General Insurance Company v General Marine Underwriters Association* [1921] 1 K.B. 104.

slips" to underwriters in the marine market. The Court of Appeal[266] upheld the finding of Bailhache J that the plaintiffs/reinsured ought to have known of the loss and communicated that clearly material fact to the brokers before the cover was placed. It was argued, unsuccessfully, that the defendant reinsurers should likewise have known of the loss in the course of their business, as they should also have read the casualty slip and therefore the plaintiffs were not required to communicate a fact which was presumed to be known to the defendants. The Court of Appeal held that at the time the defendant reinsurers received the casualty slip which contained the information concerning the loss, they had no interest in the vessel. The clerk who looked at the slips would not therefore have communicated the information to the underwriter, in the ordinary course of business, and there was no reason why the underwriter should have known the information. Lord Sterndale M.R. said that the correct principle to be applied was:

> "... that an insurer was not to be expected always to carry in his mind information which had no interest for him at the time that he got it."[267]

In *Brotherton v Aseguradora Colseguros SA (No.3)*[268] a Lloyd's reinsurance underwriter who specialised in writing fidelity policies for Latin American banks and travelled to Colombia two or three times a year to meet with the insureds was held not to be in the same position as a direct underwriter in Colombia and was not fixed with constructive knowledge of matters which the direct underwriter would be deemed to know in the ordinary course of business. Morison J said:

> "In a most general sense a London underwriter ought to know the market in which he is writing business. With modern methods of communication, he can be expected to know more things than 50 or more years ago. But he is based in Lime Street and not Colombia. In order to comply with the law, Colseguros were both formally, and in reality, the insurer, even if their underwriter played little or no part in assessing the risk. But that does not put Mr. Satterford in the position of a local insurer. He is being broked reinsurance at his box in London ... Mr. Satterford wrote business in relation to a large number of banks located widely in South America. It is fanciful to suggest that he is deemed to know everything a direct insurer would be deemed to know in relation to all the risks which were broked to him in the London market."[269]

In *ABN Amro Bank N.V. v Royal & Sun Alliance Insurance plc*,[270]—a post-IA 2015 decision but concerning a pre-IA 2015 contract of insurance—the court had been asked to decide, amongst other matters, whether the insured should have disclosed the existence of a "Transaction Premium Clause" (TPC) in the policy wording. The TPC extended the cargo insurance cover in question to give rise to a completely separate line of insurance, namely credit risk cover, thereby increasing considerably the insurer's potential exposure under the policy. The insurers had argued that they should have been told about the TPC–as it is an unusual policy term–and the purpose of the TPC should have explained to them. The effect of the evidence of the majority of the subscribing underwriters was that they had not read through the slip policy to which they subscribed.

Although the case was decided against the insurer on the grounds of "affirma-

---

[266] Lord Sterndale MR, Warren and Younger LJJ.
[267] *London General v General Marine* [1921] 1 K.B. 104 at 111.
[268] *Brotherton v Asseguradora Colseguros SA (No.3)* [2003] Lloyd's Rep. I.R. 762.
[269] *Brotherton (No.3)* [2003] Lloyd's Rep. I.R. 762 at 777.
[270] *ABN AMRO Bank NV v Royal and Sun Alliance Insurance Plc* [2021] EWHC 442 (Comm); Court of Appeal decision reversing some of the points decided by the Commercial Court [2021] EWCA Civ 1789.

tion" and appealed on a number of grounds (see para 6-104–6-106 below), the court took the opportunity to review the authorities on the MIA 1906, s.18(3)(b) exception to the duty of disclosure and opined obiter dicta that s.18(3)(b) applied, and that there was no exception to the exception in s.18(3)(b) requiring an insured to tell the insurers about an unusual policy term and/or to explain its purpose or effect. Jacobs J said:

> "597. Section 18 (3)(b) of the Marine provides that there is no duty to disclose circumstances which are known or presumed to be known to the insurer. The terms of the policy that the underwriter subscribes, by scratching the slip containing the policy terms there set out, are clearly either known or presumed to be known to the insurer. The question of what a particular clause means is ... a paradigm matter on which the underwriter can and should form his own view. The insured is not in my view required to offer his views as to the effect or meaning of the contractual terms proposed. To do so would require the insured to estimate the risk for the underwriter. To use the colloquial language used in some of the cases, the broker does not have an obligation to tell the underwriter how to do his job, or to conduct the underwriter's business for him. Nor, as Lord Esher said in *The Bedouin*, is the assured bound to tell the underwriter what the law is. This necessarily extends to telling the underwriter what a particular clause means."[271]

We consider that the same reasoning would apply, mutatis mutandis, to express unusual terms in a reinsurance contract: it would not fall within the reinsured's duty of fair presentation to draw the reinsurer's attention to unusual terms and explain their purpose and effect. Generally, underwriters should read the terms of the contract to which they put their names and they cannot expect the re/insureds or their brokers to explain the policy wording to them. In contrast, if the unusual term is contained in the underlying insurance policy and is sought to be relied upon as a term of the reinsurance contract via an incorporation of the terms of the underlying insurance contract into the reinsurance contract, there is a case to be made that the unusual term should have been specifically disclosed. This was acknowledged by Rix LJ in *HIH Casualty and General Insurance Ltd v New Hampshire Insurance Co*[272] noting that the question of whether an unusual term in the underlying insurance contract could be incorporated into the reinsurance contract could not be divorced from the question whether there had been a fair presentation of the risk. The factual evidence on the reinsurer's actual or deemed knowledge of the underlying terms would be highly relevant, but an 'unusual term' should be definition fall outside the 'presumed knowledge' category.

The Law Commissions criticised s.18(3)(b) for its archaic language and for not being sufficiently clear as to which individuals' knowledge is attributable to a (re)insurer, and what is meant by "in the ordinary course of business". They recommended that the law should recognise more explicitly that in the modern insurance market insurers have access to vast amounts of information held on computerised records and electronic files.[273]

The (re)insurer's knowledge under s.5 The IA 2015 redefines the categories of knowledge for the (re)insurer for the purposes of the s.3(5) exceptions to the duty of fair presentation. The categories are: actual knowledge, deemed knowledge, and

6-064

6-065

---
[271] *ABN Amro Bank N.V. v Royal & Sun Alliance Insurance plc* [2021] EWHC 442 (Comm), [597] per Jacobs J.
[272] *HIH Casualty and General Insurance Ltd v New Hampshire Insurance Co* [2001] EWCA 735, [209] per Rix LJ.
[273] The Law Commission and The Scottish Law Commission, *Insurance Contract Law: Business Disclosure; Warranties; Insurer's Remedies for Fraudulent Claims; and Late Payment* (Law Com. No.353, July 2014), paras [10.30]–[10.32].

presumed knowledge. Similarly to the knowledge of (re)insureds (see 6-056 to 6-058 above), the IA 2015 s.5(1) has re-characterised knowledge of specified third parties that is imputed on the insured as a sub-set of actual knowledge, whilst the knowledge of other specified third parties is categorised as "deemed knowledge". For (re)insureds and (re)insurers alike, blind eye knowledge (where the (re)insured or the (re)insurer deliberately closes his eyes to material information) was regarded as a sub-set of actual knowledge under the old law, but appears to be a sub-set of deemed knowledge under the IA 2015 s.6(1). The new provisions in ss.5-6 of the IA 2015 replace the common law rules of imputation/attribution and s.18(3)(b) of the MIA 1906 relating to the disclosure by an agent of the insured.

6-066 **Actual knowledge.** Section 5(1) of the IA 2015 specifies the individuals whose knowledge will be attributed to/imputed on the (re)insurer, thus being part of the (re)insurer's actual knowledge: individuals involved in the underwriting decision, whether they do so as the (re)insurer's employee or agent, as an employee of the insurer's agent or in any other capacity. It is important to note that actual knowledge is limited to *individuals involved in the underwriting process*—this formulation would rule out as actual knowledge any knowledge that is held elsewhere in re/insurer's organisation, such as in the claims handling department. In contrast, the PRICL commentary to art.2.2.1 relating to the reinsurer's knowledge refers employees and agents without any qualification that they must be involved in the underwriting process. If interpreted widely, in relation to large reinsurance companies and mixed (re)insurers, the combined knowledge of a wide group of employees and agents could significantly undermine the reinsured's duty of fair presentation.

The intended effect of the phrase "knows ... only" in s.5(1) of the IA 2015 (similarly to s.4(2): see 6-054 above) is that the common law on attribution of knowledge to a (re)insurer is replaced by the terms of the IA 2015 for the purposes of s.3(5)(b). There is an exception in the IA 2015 s.6(2) which says that an agent's knowledge will not be imputed or attributed to the (re)insurer, however, where the knowledge concerns that agent's own fraud upon its principal (the (re)insurer).[274]

6-067 **Deemed knowledge.** Section 5(2) of the IA 2015 sets out two types of knowledge a (re)insurer "ought to have": (a) an employee or agent of the insurer knows it, and ought reasonably to have passed on the relevant information to an individual involved in the underwriting decision; or (b) the relevant information is held by the (re)insurer and is readily available to an individual involved in the underwriting decision. Section 5(2)(a) is concerned with employees or agents who are not involved in the underwriting decision (otherwise s.5(1) would apply), but who should pass on what they know to the underwriting team. The Explanatory Notes to the IA 2015 state that the provision is intended to include "information held by the claims department or reports produced by surveyors or medical experts for the purpose of assessing the risk."[275] The 'fraud exception' in s.6(2) of the IA 2015 also applies to s.5(2)(a) agents.

Section 5(2)(b) (deemed knowledge of readily available information) stops short of requiring the (re)insurer to carry out a reasonable search of information available to him. The (re)insurer's deemed knowledge in this category is limited to "*readily* available information" which is *held by him*. This raises the question—which will be a question of fact—what kind of information is "readily available

---

[274] But see discussion in Ch 9, Pt 3 below.
[275] HM Treasury, *Explanatory Notes to Insurance Act 2015*, para.63.

to that those terms were "held by the (re)insurer and [were] readily available to an individual involved in the underwriting decision." Section 5(2)(b) should also be contrasted with the more extensive "deemed knowledge" of the (re)insured which places the (re)insured under a duty to carry out a reasonable search including making enquiries of third parties (see s.4(6) of the IA 2015 and see 6-057 above).

There is a third aspect to a (re)insurer's "deemed knowledge" under the IA 2015 s.6(1): "blind eye" or "Nelsonian" knowledge. For the purposes of the duty of fair presentation and the exceptions thereto, references to an individual's knowledge also include "matters which the individual suspected, and of which the individual would have had knowledge but for deliberately refraining from confirming them or enquiring about them." As mentioned above, this category of knowledge used to be classified as a sub-set of actual knowledge but s.6(1) indicates that 'blind eye' knowledge is not actual knowledge ("an individual's knowledge include[s] not only actual knowledge").

6-068 **Presumed knowledge.** A (re)insurer's presumed knowledge for the purposes of the exception in s.3(5)(d), is defined in s.5(3) of the IA 2015 as: (a) things which are common knowledge, and (b) things which an insurer offering insurance of the class in question to insureds in the field of activity in question would reasonably be expected to know in the ordinary course of business. The two categories of presumed knowledge are cumulative. The "common knowledge" test in s.5(3)(a) is intended to be a modernisation of the "matters of common notoriety or knowledge" test in s.18(3)(b) of the MIA 1906.[279] "Common knowledge" suggests something that is well-known to the general public. In *Carter v Boehm*, Lord Mansfield gave the following examples:

"He needs not to be told general topics of speculation: as for instance—The under-writer is bound to know every cause which may occasion natural perils; as, the difficulty of the voyage—the kind of seasons—the probability of lightning, hurricanes, earthquakes, &c. He is bound to know every cause which may occasion political perils; from the ruptures of States from war, and the various operations of it."[280]

The Law Commissions have said that the 'common knowledge' test for presumed knowledge "could be interpreted widely", and indicated that the advent of social media might contribute to information becoming common knowledge.[281] However, if it is accepted that information on the Internet is not information 'held by the insurer' for the purposes of deemed knowledge under s.5(2) of the IA 2015 (see 6-067above), we suggest that s.5(3)(a) should not be interpreted as importing an obligation to search the Internet through the backdoor.

The modernised "ordinary course of business" test in s.5(3)(b) contains an important limitation for reinsurers: reinsurers are not presumed to have a comprehensive understanding of the industry (field of activity) for which reinsurance is provided; instead their presumed knowledge is limited to matters relating to that industry they could be reasonably expected to know relevant to the class or type of insurance provided.[282] We consider that it would be arguable that a reinsurer's presumed knowledge of matters relating the industry in which the underlying risk is located should be less than the presumed knowledge of their

---

[279] HM Treasury, *Explanatory Notes to Insurance Act 2015*, para.67.
[280] *Carter v Boehm* (1776) 3 Burr. 1905, at 1910.
[281] The Law Commission and The Scottish Law Commission, *Insurance Contract Law: Business Disclosure; Warranties; Insurer's Remedies for Fraudulent Claims; and Late Payment* (Law Com. No.353, July 2014), para.[10.58].
[282] Also see HM Treasury, Explanatory Notes to Insurance Act 2015, para.67.

information" which is held by him. This raises the question—which will be a question of fact—what kind of information is "readily available". In *George on High Ltd v Alan Boswell Insurance Brokers Ltd*,[276] the court was asked whether information about the insured's identity held by the claims handler could be regarded as deemed knowledge of the insurer. There was no evidence that the insurer had any system under which information flowed from the claims handler to the underwriter. The underwriters only undertook a cursory review of information in relation to the claims history when assessing the risk on renewal. Simon Tinkler sitting as a Deputy High Court Judge summarised the law as follows:

"i) NIAC [the insurer] is a legal entity and not an individual, and thus its 'knowledge' will inevitably be an aggregation of matters known to individuals;

ii) NIAC as underwriter of the Policy should be held to know facts that are within the actual knowledge of the individuals underwriting the Policy;

iii) There may be other NIAC employees who have knowledge such that NIAC as a legal entity in its capacity as underwriter is treated as a matter of common law as having that knowledge;

iv) The underwriters at NIAC would be held under IA 2015, and for the purposes of assessing whether an insured had made a fair presentation, to know things that they 'ought to know';

v) McGillivray on Insurance Law indicates that matters that are known to claims' handlers are matters that 'ought to be known' to underwriters;

vi) Garwyn, as NIAC's claims' handlers, were people who were authorised and able to appreciate the significance of information provided to them – indeed their entire role was to assess the extent to which an underwriter was liable to pay out to an insured person under a policy;

vii) What the underwriters at NIAC are held to know is fact dependant;

viii) Generally, matters that NIAC's agents know in the course of their duties might be presumed to be known by NIAC; and

ix) Matters that can only be deduced by collating separate facts known by different people are less likely to be found to be known to the underwriters at NIAC than facts that are clear without such collation."[277]

The judge held that the insurer had deemed knowledge of the identity of the insured since that information was held in the claims records that were available to the underwriter, but they had failed to set up a system have claims information passed on to them. The judge noted that a matter requiring the aggregation of multiple facts known by different people might not necessarily be a matter deemed to have been known to the underwriter. Thus, this type of scattered information may not be "readily available".

It remains to be seen whether "readily available information" extends to information contained in the re/insurer's own databases, external databases to which it has a current subscription, or the Internet more generally. It has been said that information on the Internet is not "held" by a person having access to it,[278] but we consider that a more nuanced argument could be made in relation to information in databases the insurer has created and stored in "the cloud". Section 5(2)(b) may also be relevant to determining whether a fair presentation has been made in relation to the terms of an underlying insurance contract which have been incorporated into the reinsurance contract: were the terms made available to the reinsurer at the pre-contractual risk presentation stage? Even if the terms were identified by reference to specific standard clauses or standard wordings, this may not necessarily equate

---

[276] *George on High Ltd v Alan Boswell Insurance Brokers Ltd* [2023] EWHC 1963 (Comm).
[277] *George on High Ltd v Alan Boswell Insurance Brokers Ltd* [2023] EWHC 1963 (Comm) at [63].
[278] D. Kendall and H. Wright, *Practical Guide to the Insurance Act 2015* (Informa, 2017), para.4.41.

reinsureds; and that the presumed knowledge of industry matters of an aggregate excess of loss treaty reinsurer should be less than the presumed knowledge of such matters of a quota share reinsurer. The reason for this differentiation in the level presumed knowledge is the relative remoteness of a reinsurer from the industry/field of activity in which the risk is located, which increases where a reinsurer underwrites a top layer for a book of business which may include underlying risks from different industries or fields of activity.

However, reinsurers cannot escape liability by claiming to be new to or inexperienced in a particular class or field (naïve capacity) as the test in s.5(3)(b) is entirely objective, judged by reference what a hypothetical insurer in that class and industry in question could be reasonably expected to know. The term 'presumed knowledge' is therefore misleading to the extent that the presumption of knowledge cannot be rebutted. The objective standard in s.5(3)(b) stands in contrast to the deemed knowledge provision in s.5(2) which deem the (re)insurer with the knowledge of the individuals involved in the underwriting decision in question.

Circumstances as to which information is waived by the insurer

In *Carter v Boehm*,[283] Lord Mansfield said that there was no obligation to disclose to the underwriter "what he waives being informed of". This was codified in s.18(3)(c) of the MIA 1906 and continues to be an exception to the required disclosures under s.3(5)(e). However, as already noted in 6-018 above, the scope of the waiver exception has been narrowed in s.3(5)(e) of the IA 2015. A waiver of information may arise in a number of situations:

1. The (re)insurer has expressly stated that it does not require information from the (re)insured in relation to particular aspects of the risk to be (re)insured ("express waiver");
2. The (re)insurer has asked questions of the (re)insured about certain matters relating to the risk but has not asked any questions about other similar matters ("implied waiver based on questions asked"); and
3. Following disclosure of sufficient information by the (re)insured which would have put a prudent insurer on notice that it needs to make further enquiries for the purpose of revealing further material circumstances, the (re)insurer has failed to ask for such information ("implied waiver based on summary presentation").

6-069

Categories (1) and (2) are relatively uncontroversial, although the parties may dispute the precise scope of the waiver by reference to the construction of the express waiver wording (in category (1)) or the questions asked (in category (2)). They are examples of waiver situations under the MIA 1906 s.18(3)(c) and the IA 2015 s.3(5)(e). Category (3) would have fallen under the waiver exception in s.18(3)(c) but has now become a fall-back test for making the required disclosure for the purpose of discharging the duty of fair presentation under the IA 2015 s.3(4)(b) and is therefore no longer considered as a matter of implied waiver.[284] Category (1) is frequently combined with another type of express waiver which seeks to prevent the re/insurer to rely on and enforce its remedies in relation to breaches of the re/insured's pre-contractual information duties. We shall consider each category in turn.

Express waiver (category 1). Is it open to the parties to a reinsurance contract

6-070

---

[283] *Carter v Boehm* (1766) 3 Burr. 1905; and see 6-007 above.
[284] See 6-018 above.

to waive, by express agreement, the duty of utmost good faith in its entirety, or to vary it? This question originally came to be considered by the courts in the context of so-called "errors & omissions" clauses, which are not uncommon in reinsurance contracts.[285] In *Highlands v Continental*,[286] the original property insurance policy contained the following clause:

> "The insured hereunder is not to be prejudiced by an unintentional and/or inadvertent omission error incorrect valuation or incorrect description of the interest, risk or property, provided that notice is given to the Company as soon as practicable upon the discovery of any such error or omission."

The reinsurance contract was expressed to be on the same terms and conditions as the original policy. Steyn J (as he then was) said[287] that the language of the clause—which contemplated a misdescription of the risk by the original insurer—was "not apt to allow its incorporation in the contract [of] reinsurance". Even if it were to be incorporated, it was "quite inconceivable that it was intended to apply to a risk which was materially misrepresented".

6-071 In *Pan Atlantic v Pine Top*,[288] the reinsurance treaty contained an "errors & omissions" clause which provided as follows:

> "It is hereby declared and agreed that any inadvertent ... omissions ... made in connection with this Reinsurance shall not be held to relieve either of the parties hereto from any liability which would have attached to them hereunder if such ... omission ... had not been made, provided rectification be made upon discovery ..."

Steyn LJ (as he then was) accepted that "conceptually it is ... possible to draft a clause which excludes the other party's right to rescind for non-disclosure, *except in the case of fraud* ..."[289] (emphasis added), but held that the above clause was not intended to exclude the right of avoidance in cases of inadvertent omission.

In *Toomey v Eagle Star Insurance Co Ltd (No.2)*,[290] Colman J held that a clause which stated, "This contract is neither cancellable nor voidable by either party" did exclude the right to avoid for innocent misrepresentation but not for negligent non-disclosure/misrepresentation, and it did not exclude the reinsurer's right to seek damages for negligent misrepresentation under the Misrepresentation Act 1967.

> "He appears to have considered it axiomatic that non-disclosure and misrepresentation in the insurance context can be negligent as distinct from innocent."[291]

In the first edition of this work we stated that express "good faith" clauses, which

---

[285] For a discussion of their origin and purpose, see *Pan Atlantic v Pine Top* [1993] 1 Lloyd's Rep. 496 at 512 per Steyn LJ.
[286] *Highlands Insurance Co v Continental Insurance Co* [1987] 1 Lloyd's Rep. 109.
[287] *Highlands Insurance Co v Continental Insurance Co* [1987] 1 Lloyd's Rep. 109 at 117.
[288] *Pan Atlantic v Pine Top* [1993] 1 Lloyd's Rep. 496.
[289] *Pan Atlantic v Pine Top* [1993] 1 Lloyd's Rep. 496 at 502. See, however, *HIH Casualty & General Insurance Ltd v Chase Manhattan Bank Manhattan* [2001] EWCA Civ 1250; [2001] Lloyd's Rep. I.R. 703, CA; [2003] Lloyd's Rep. I.R. 230 HL (discussed below).
[290] *Toomey v Eagle Star Insurance Co Ltd (No.2)* [1995] 2 Lloyd's Rep. 88.
[291] Per Rix LJ in *HIH Casualty v New Hampshire* [2001] EWCA Civ 735 at [45]. In *HIH v New Hampshire* (discussed below), the Court of Appeal agreed with David Steel J that: "The obligations of good faith are ... unitary and absolute: the establishment of a negligent misstatement adds nothing: the very concept of a negligent non-disclosure is not easy to grasp" ([2001] 1 Lloyd's Rep. 378 at 388, [56]). David Steel J was following the views expressed by Aikens J in *HIH Casualty v Chase Manhattan* [2001] 1 Lloyd's Rep. 30 at 46, [43] on the "unitary and absolute" nature of the duty of utmost good faith. Quaere whether the decision of Colman J in *Toomey v Eagle Star Insurance Co Ltd (No.2)* remains good law.

provide that (re)insurers will not exercise the right to avoid (or, if the draftsman is wise, seek damages) for any misrepresentation/non-disclosure unless it was fraudulent, were more readily acceptable to (re)insurers some years ago than we believe to be the case at the present time. (Re)insurers who may have had unhappy experiences with such clauses will not now readily grant them. It appears from the film finance insurance litigation,[292] that there are certain markets where insurers are prepared to exclude the duty of disclosure. The generosity of insurers towards their insureds may come as an unwelcome surprise to reinsurers who find themselves contractually obliged to follow the form of the original insurance and/or follow the fortunes of the insurers/reinsureds.[293] We also observed that without the additional exclusion of the right to claim damages for misrepresentation, the denial of the right to avoid may have little practical effect. The film finance insurance cases illustrate the difficulties of drafting and interpretation of exclusion clauses.

In *HIH Casualty v Chase Manhattan*[294] the assured, Chase, lead a syndicate of banks lending money to finance the production of certain films. A condition of the financing was that the borrowers obtain financial contingency insurance for the benefit of Chase.

6-072

> "Since Chase's role was limited and the broking was done by Heath's, the policies contained a clause, the 'Truth of Statement' clause, whose purpose may be said, in general, to distance Chase from responsibility for the placing of the insurance. The issues [before the Court of Appeal were] all concerned with the extent to which that clause does or does not operate successfully to protect Chase from the complaints of misrepresentation and non-disclosure in the placing of the policies which the insurers have alleged against Heaths, as Chase's agent to insure."[295]

The particular questions of construction, which were dealt with as preliminary issues in *HIH Casualty v Chase Manhattan*, concerned the following provisions of the "Truth of Statement" clause:

> "5. Subject to the obligation of the Insured under 'General Conditions—Due Diligence Clause' after acceptance by the Lead Insurers of the Declaration with regard to the Film Production, the Insured ...
> 6. ... [the Insured] will not have any duty or obligation to make any representation, warranty or disclosure of any nature, express or implied (such duty and obligation being expressly waived by the insurers), and ...
> 7. ... [the Insured] ... shall have no liability of any nature to the insurers for any information provided by any other parties [... including, but not limited to, Heath North America & Special Risks Ltd (other than Section 1 of the Questionnaire)] ...
> 8. ... and any such information provided by or nondisclosure by other parties including, but not limited to, Heath North America & Special Risks Ltd (other than Section 1 of the Questionnaire) shall not be a ground or grounds for avoidance of the insurers' obligations under the Policy or the cancellation thereof."

The Court of Appeal upheld the findings of Aikens J[296] on three preliminary

6-073

---

[292] See *HIH Casualty v New Hampshire* [2001] 1 Lloyd's Rep. 378 (David Steel J), [2001] EWCA Civ 735 (CA: Peter Gibson, Mummery, Rix L.JJ.); *HIH Casualty v Chase Manhattan* [2001] 1 Lloyd's Rep. 30 (Aikens J); [2001] EWCA Civ 1250 (CA: Aldous, Rix L.JJ., Lloyd J).
[293] See *HIH Casualty v New Hampshire* [2001] EWCA Civ 735, which we refer to below. The problems posed by the attempted incorporation of a clause in the insurance contract which excludes the duty of good faith which would otherwise imposed be upon the insured into the reinsurance contract are discussed in Ch.3 (above).
[294] *HIH Casualty v Chase Manhattan* [2001] Lloyd's Rep. I.R. 703.
[295] *HIH Casualty v Chase Manhattan* [2001] Lloyd's Rep. I.R. 703 at 711 per Rix LJ.
[296] *HIH Casualty v Chase Manhattan* [2001] 1 Lloyd's Rep. 30.

points of principle:

(1) That because of the way the duties of the insured and the remedies for the insurer are provided by statute (then the MIA 1906, and now the IA 2015), the concept of "negligent" misrepresentation, and thus remedies for such misrepresentation are inappropriate in the insurance context.
(2) That, as a matter of principle, an insured could exclude liability for the fraud of its agent to insure—as opposed to its own fraud—however, the clearest possible words were necessary to achieve this.
(3) That the general rules of construction relating to clauses excluding liability for negligence, enunciated in the *Canada Steamship*[297] case, did not apply to insurance contracts.

The Court of Appeal allowed Chase's appeal in part and the following issues arose in the appeal to the House of Lords:

(1) Whether the insurers' waiver of Chase's duty to disclose had the effect of relieving Heaths also of its independent duty to disclose as agent.
(2) Whether the clause excluded Chase's liability for negligent and fraudulent as well as innocent misrepresentation by Heaths as agent.
(3) Whether the insurers could avoid for innocent, negligent or fraudulent non-disclosure by Heaths.

6-074

The House of Lords[298] held as follows:

(1) The insurers' waiver of Chase's duty to disclose in the "truth of statement" clause did not also relieve Heaths of its duty of disclosure as agent for which Chase could be liable as principal.
(2) The "truth of statement" clause excluded the right of avoidance by the insurers on the ground of innocent misrepresentation by Heaths. As the judge and Court of Appeal rightly held, there was nothing in the clause which denied or restricted the implied and apparent authority of Heaths as Chase's agent. However, in relation to liability for negligent misrepresentation by Heaths, the provision that Chase should have "no liability of any nature" was intended to and did exclude the liability of Chase for damages under s.2(1) of the Misrepresentation Act 1967 for any negligent misrepresentation by Heaths and also any right of the insurers to avoid the policy on that ground. The judge and Court of Appeal were right that liability for fraudulent misrepresentation was not excluded. It was not necessary to decide whether a party could by contractual words exclude the fraud of its agent in inducing the making of the contract, but if that could be done it would require clear and unmistakable terms and the general words in this clause were insufficient for that purpose.[299]
(3) Pursuant to phrase 7 of the "truth of statement clause" innocent or negligent non-disclosure by Heaths gave insurers no right to avoid. The deliberate withholding by the agent from the insurer of information which the agent knew or believed to be material to the risk, if done dishonestly or recklessly, could amount to fraudulent misrepresentation. If the insurers established non-disclosure of that kind, there was nothing in the "truth of

---

[297] *Canada Steamship Lines v The King* [1952] A.C. 192 and see 6-075 below. We discuss the general principles of construction in Ch.4, Pt 4. The principles of construction were further considered by the Court of Appeal in *HIH Casualty v New Hampshire* [2001] EWCA Civ 735.
[298] *HIH Casualty v Chase Manhattan* [2003] Lloyd's Rep. I.R. 230.
[299] Lord Scott of Foscote dissented on this point.

statement" clause which would deprive the insurers of their ordinary right to avoid the policy and recover damages from Chase and Heaths. Whether on the facts of this case the insurers could establish any deliberate and dishonest or reckless non-disclosure by Heaths which did not amount to a misrepresentation was doubtful. The answer to the preliminary issues was that the insurers would be entitled to avoid only on grounds of fraudulent misrepresentation or non-disclosure by Heaths as agent for Chase and would be entitled to damages from Chase only for fraudulent misrepresentation by Heaths as agent of Chase or fraudulent non-disclosure amounting to fraudulent misrepresentation.

Thus the insurers' appeal was allowed only on the Court of Appeal's narrow point relating to fraudulent non-disclosure not amounting to misrepresentation.

HIH, having lost against Chase, proceed to make a claim against reinsurers. *HIH Casualty v New Hampshire*[300] was concerned with several preliminary issues of construction of both insurance and reinsurance contracts. Clause 8 of the insurance policy provided at follows:

6-075

"*Disclosure and/or Waiver of Rights*
8.1 To the fullest extent permissible by applicable law, the Insurer hereby agrees that it will not seek to or be entitled to avoid or rescind this Policy or reject any claim hereunder or be entitled to seek any remedy or redress on the grounds of invalidity or unenforceability of any of its arrangements with Flashpoint Ltd. or any other person (or of any arrangements between Flashpoint Ltd. and the Purchaser) or non-disclosure or misrepresentation by any person or any other similar grounds. The Insurer irrevocably agrees not to assert and waives any and all defences and rights of set-off and/or counterclaim (including without limitation any such rights acquired by assignment or otherwise) which it may have against the Assured or which may be available so as to deny payment of any amount due hereunder in accordance with the express terms hereof."

The Court of Appeal considered, inter alia, the question whether cl.8.1 excluded negligent misrepresentation and non-disclosure. It approved Aikens J's analysis, in *HIH Casualty v Chase Manhattan*,[301] of the *Canada Steamship*[302] line of authority in the context of the right to avoid an insurance contract for non-disclosure. Aikens J said:

"The rules of construction set out by Lord Morton in the *Canada Steamship* case and subsequent cases concern clauses in contracts which purport either: (i) to exempt a party from the consequences (in damages) of the negligence of that party or its employees or agents; or (ii) to grant an indemnity to a party where loss has resulted from its negligence or that of its employees or agents. The basis for the three well known 'rules' of construction is that parties to a contract will not be presumed to wish to exclude liability for negligence of one party. Therefore there has to be express words of exclusion for negligence (r.1); or the words of the clause have to be wide enough to cover liability for negligence, (r.2); if so, the clause will only be effective to cover negligence if it is demonstrated that there is no other 'head of damage' (which is not fanciful or remote) which might by covered by the clause (r.3).

It seems to me that the second and third 'rules' of construction are intended to deal with cases where the exemption or indemnity clause wording has been deliberately drawn in a wide and general way. It is for that reason that its effect will appear equivocal and so the Court naturally asks: what did the parties actually intend to cover by these general words? I think that the *Canada Steamship* case rules of construction were not intended

---

[300] *HIH Casualty v New Hampshire* [2001] EWCA Civ 735; [2001] Lloyd's Rep. I.R. 596.
[301] *HIH Casualty v Chase Manhattan* [2001] 1 Lloyd's Rep. 30 at 46, [41]–[43].
[302] *Canada Steamship Lines v The King* [1952] A.C. 192 at 208 per Lord Morton.

to apply to a particular clause that is specifically directed at exempting liability for the breach of a particular type of absolute duty, where the breach can be established whether or not negligence (or fraud) is proved.

In contracts of insurance the duty of disclosure of material facts is unitary and absolute in the sense that there will be a breach even if the non-disclosure is only inadvertent. Generally neither negligence nor fraud need to be demonstrated to establish a breach. The same is true of the duty not to misrepresent material facts. Moreover, the consequence of the breach of the duty of utmost good faith is that the insurer has a right to avoid the contract of insurance, rather than damages. So, subject to the limitations concerning fraud discussed above, it seems to me that provided that a clause in a contract of insurance is clearly and specifically intended to cover the consequences of a breach of the duty of disclosure or the 'duty' not to misrepresent material facts, then the rules of construction in the *Canada Steamship* case would not be directly applicable to such a clause."[303]

6-076 Rix LJ, having cited the above passage, said:

"Moreover, at the time when the principles relating to avoidance for nondisclosure or misrepresentation were developing in insurance law, and at the time of the Marine Insurance Act, 1906, there was in any event no question of a cause of action sounding in damages. Breach of the duty of good faith gave rise to no cause of action in damages, only to a right to avoid, as has recently been affirmed in *Banque Keyser Ullmann SA v Skandia (UK) Insurance Co* [1991] 2 AC 249. Damages at common law for negligent misstatement causing merely financial loss had not yet arisen. The Misrepresentation Act 1967 had not yet been enacted. The only remedy lay in avoidance. Moreover, the duty of good faith, breach of which entitled avoidance but nothing else, was an absolute duty. It would not occur to anyone to seek to prove negligence. It ought to follow that it would not have occurred to the parties to an insurance contract to seek to exclude the right to avoid for negligence.

In such a context, where a clause such as clause 8 seeks to exclude the right 'to avoid or rescind this Policy … on the grounds of … non-disclosure or misrepresentation …', I do not see why those words should permit insurers to seek to prove negligence in nondisclosure or misrepresentation as the ground for a right to avoid for breach of the duty of good faith. Since the parties could not have had negligent breach of the duty of good faith in mind, it seems to me impossible to say that, in the absence of an express exclusion of negligence, the parties are to be thought of as not intending to embrace any negligent breach of the duty of good faith."[304]

6-077 Rix LJ went on to consider whether cl.8 excluded a claim for damages under s.2(1) of the Misrepresentation Act. He said:

"Such a claim … is not covered by the words from clause 8 quoted in the previous paragraph: but I do not see why it is not prima facie covered both by the additional words of exclusion in the first sentence—'any remedy or redress on the grounds of … misrepresentation … or any other similar grounds'—and by the language of the second sentence whereby 'any and all … rights of … counterclaim' are excluded. Moreover, since negligence is not a condition precedent of a right to claim under section 2(1), I do not see why it needs to be expressly or impliedly excluded. All a claimant under section 2(1) has to prove is a misrepresentation which induced his contract. It is then up to the defendant to prove the absence of negligence as a defence."[305]

Following *HIH Casualty v Chase Manhattan*,[306] the market adjusted waiver wordings accordingly so that the exclusion of the right of avoidance would be

---

[303] *HIH Casualty v Chase Manhattan* [2001] 1 Lloyd's Rep. 30 at 46, [41]–[43].
[304] *HIH Casualty v New Hampshire* [2001] EWCA Civ 735 at [135]–[136].
[305] *HIH Casualty v New Hampshire* [2001] EWCA Civ 735 at [137].
[306] [2003] Lloyd's Rep. I.R. 230.

limited to non-fraudulent non-disclosure. In *ABN Amro Bank N.V. v Royal & Sun Alliance Insurance plc*,[307] a cargo insurance policy contained the following non-avoidance clause (NAC):

"22. Non-Avoidance

a) *The Underwriters will not:* Seek to avoid or repudiate this contract for non-disclosure or misrepresentation other than fraudulent non-disclosure or fraudulent misrepresentation; or

...

c) Seek damages for or seek to reject a claim for loss on the grounds of:
  i. Non-disclosure or misrepresentation other than fraudulent non-disclosure or fraudulent misrepresentation; ...."

The insurers sought to argue that the presence of the NAC in the policy wording had not been disclosed and that this should have two consequences: (1) it would prevent reliance on the NAC itself since the non-disclosure related to the NAC itself and a party could not rely on its own breach of duty, and (2) the non-disclosure of the NAC would also render the contract of insurance void. Jacobs J rejected these arguments and held the NAC to be applicable:

"472. I accept the submissions of the Bank and Edge on this issue. The starting point is the principle that a person who signs a document knowing that it is intended to have legal effect is generally bound by its terms, whether he has actually read them or not. As Moore-Bick LJ said in one of the cases cited in *Higgins*, this is an important principle of English law which underpins the whole of commercial life: any erosion of it would have serious repercussions far beyond the business community.

473. In the present case, the insurers have expressly agreed, in writing, that they will not seek to avoid or repudiate this contract for non-disclosure or misrepresentation other than fraudulent non-disclosure or fraudulent misrepresentation. It is clear from various decisions cited to me (for example Toomey, *HIH v New Hampshire*, *HIH v Chase Manhattan* and *Mutual Energy v Starr*) that such clauses are effective in accordance with their terms ...

482. ... it is difficult to see why, if there is a suitably worded NAC, (i) innocent non-disclosures and misrepresentations of material facts which induced the contract are insufficient to enable the insurer to rely upon the ordinary rights of avoidance, but (ii) there is an exception to this principle if there is an innocent non-disclosure or misrepresentation concerning the NAC itself. One oddity of the insurers' argument is that the contract could be avoided in its entirety for an innocent non-disclosure or misrepresentation concerning only the NAC, even if the presentation of the risk was fair in all other respects.

483. ... the insurers' argument might be more powerful if the NAC could be regarded as a separable or severable clause akin to an arbitration agreement. If so, then it might be argued (perhaps as a matter of construction) that innocent non-disclosure or misrepresentation would invalidate the separable or collateral agreement; thereby leaving the way clear for innocent non-disclosure or misrepresentation to operate, in the usual way, as far as concerns the agreement as a whole. However, there is authority that non-avoidance clauses are not collateral or separable or akin to arbitration or jurisdiction clauses: see the judgment of Rix LJ (giving the judgment of the Court of Appeal) in *HIH v New Hampshire* at paragraph [182], and the judgment of Lord Hobhouse in *HIH v Chase Manhattan* at paragraph [98]. Furthermore, even where the separability principle applies (the classic case being an arbitration clause), it is wrong to regard the "separable" clause as a different and separate agreement from the rest of the contract: see *Enka Insaat Ve Sanayi AS v OOO Insurance Company Chubb* [2020] UKSC 38 at [41], [61]–[63] and [232].

---

[307] *ABN Amro Bank N.V. v Royal & Sun Alliance Insurance plc* [2021] EWHC 442 (Comm).

484. There is therefore no justification for regarding the NAC in the present case as subject to a special regime, whereby–contrary to the ordinary reading of the clause–innocent non-disclosure or misrepresentation is sufficient. I conclude that the effect of the NAC is that any avoidance case must be based on fraudulent non-disclosure or misrepresentation."

Jacob J's decision was appealed on several grounds, but not in relation to his conclusion that the NAC applied to non-fraudulent non-disclosure and misrepresentation.[308]

6-078 The case law relating to express waiver remains relevant to the interpretation of the waiver exception in s.3(5)(e) of the IA 2015. However, it could be argued that, under the IA 2015, a waivier along the lines of phrase (6) in the "truth of statement" clause in *HIH Casualty v Chase Manhattan*[309]—which had been construed to relieve the insured from its duty of disclosure but did not have the effect of relieving the insured's agent of its duty of disclosure as agent—would now be capable to cover disclosure of information regardless of whether such information is provided by the insured or its agent since the separate duty of disclosure of the agent to insure in s.19 of the MIA 1906 has been abolished and the knowledge of material facts held by an agent responsible for the insurance cover in question now simply forms part of the insured's knowledge.[310] It might also be possible to argue that the rules of constructions in *Canada Steamship*—which had been held to be of limited application in insurance contracts in *HIH Casualty v New Hampshire*[311]—are of greater relevance to waivers of the duty of fair presentation in relation to contracts of (re)insurance to which the IA 2015 applies because the remedies regime for breaches of the duty distinguishes between deliberate/reckless and non-deliberate/non-reckless breaches as well as permitting a variety of remedies in relation to the latter.[312]

Waivers that restrict the scope of the duty of fair presentation of a reinsured should not be captured by the contracting-out provisions in ss.16 and 17 of the IA 2015 since such a waiver would put the reinsured in a better (not worse) position with regard to its duty of fair presentation. Accordingly, an express waiver in respect of information required to be disclosed by the reinsured under its duty of fair presentation is not. However, if the waiver of information is combined with a modification of the remedies regime for a breach of the duty of fir presentation, the transparency requirements in s.17 of the IA 2015 may need to be complied with in order for such a variation from the default position under the IA 2015 to be effective (and, as discussed in para 6-074 above, subject to the parties cannot agree to contract out from the consequences of their own fraud[313]).

6-079 **Implied waiver based on questions asked (category 2).** Category 2 is mainly concerned with questions asked by the insurer in the proposal form. This type of waiver remains relevant under s.3(5)(e) of the IA 2015, and has been considered in one of the first post-IA 2015 cases: *Young v Royal and Sun Alliance Plc*,[314] Of course, in relation to consumer insurance contracts to which the CIDRA 2012 applies, there is no duty of disclosure upon the consumer assured which might be waived.

---

[308] *ABN AMRO Bank NV v Royal and Sun Alliance Insurance Plc* [2021] EWCA Civ 1789.
[309] [2003] Lloyd's Rep. I.R. 230.
[310] IA 2015 ss.4(2) and (3) and 21(2); and see 6-054 above.
[311] See 6-072 to 6-076 above.
[312] IA 2015 s.8 and Sch.1; and see 6-097 below.
[313] *HIH Casualty v Chase Manhattan* [2003] Lloyd's Rep. I.R. 230.
[314] [2020] CSIH 25; [2020] Lloyd's Rep IR 388.

THE DUTY OF FAIR PRESENTATION

In the pre-IA 2015 case of *Doheny v New India Assurance Co Ltd*[315] the proposal form sought a declaration on the following statement: "No director/partner in the business, or any Company in which any director/partner have had an interest, has been declared bankrupt, been the subject of bankruptcy proceedings or made any arrangement with creditors". When the insureds (husband and wife) made a claim, the insurer sought to deny liability on the basis that the insureds had failed to disclose that they had been directors of companies which had gone into liquidation. The insureds submitted that (1) the declaration only applied to individuals (who could be declared bankrupt or be the subject of bankruptcy proceedings), not to companies (which could be the subject of liquidation proceedings but could not, in legal terminology, be declared bankrupt or be the subject of bankruptcy proceedings); (2) if there was a material non-disclosure of the companies' insolvencies, the insurer, by asking specific questions about the solvency of the individual claimants, had waived disclosure of any information about the solvency of companies with which they had been connected. The insurer succeeded in declining liability on the basis that, on its true construction, the meaning of the declaration was clear, namely that the words "bankrupt" and "bankruptcy" were intended to apply equally to the individual insureds or any company in which they had had an interest and the declaration was warranted by a basis of contract clause. However, on appeal the Court of Appeal gave the following obiter dicta on the waiver argument:

> "17. There can be no doubt that, when a proposal form is submitted to the insured who answers the relevant questions, authority has laid down that an insurer as a result of asking certain questions may show that he is not interested in certain other matters and can, therefore, be said to have waived disclosure of them. The matter is variously put in the authorities but they are, in my view, accurately summarised in the passage of MacGillivray[316] part of which was relied on in 1983 by Woolf J in Hair's case and still reads as follows:—
>
>> '17-19 It is more likely, however, that the questions asked will limit the duty of disclosure, in that, if questions are asked on particular subjects and the answers to them are warranted, it may be inferred that the insurer has waived his right to information, either on the same matters but outside the scope of the questions, or on matters kindred to the subject matter of the questions. Thus, if an insurer asks, "How many accidents have you had in the last three years?" it may well be implied that he does not want to know of accidents before that time, though these would still be material. If it were asked whether any of the proposer's parents, brothers or sisters had died of consumption or been afflicted with insanity, it might well be inferred that the insurer had waived similar information concerning more remote relatives, so that he could not avoid the policy for non-disclosure of an aunt's death of consumption or an uncle's insanity. Whether or not such waiver is present depends on a true construction of the proposal form, the test being, would a reasonable man reading the proposal form be justified in thinking that the insurer had restricted his right to receive all material information, and consented to the omission of the particular information in issue?'
>
> 21. So I turn to the particular facts of our case. My somewhat tentative view is that, if (contrary to the view expressed above) the true construction of the declaration is that it only applies to insolvency of individuals despite the presence of the concept of a corporate entity in the very clause itself, the insurer has made it plain that he is not interested in insolvencies of the corporate vehicle through which the

---

[315] *Doheny v New India Assurance Co Ltd* [2004] EWCA Civ 1705.
[316] N. Legh-Jones, J. Bird and D. Owen, *MacGillivray on Insurance Law*, 10th edn (Sweet & Maxwell, 2003) at para.17–019 (now in its 15th edition).

insured is trading. I cannot be sure that I am not being over-influenced by (as I see it) the oddity of the construction of the declaration which is the necessary starting-point for the waiver inquiry. That is why my obiter conclusion has to be expressed in tentative terms."

This basis of implied waiver was also given the approval of the court in *O'Kane v Jones (The Martin P)*[317] and *Synergy Health (UK) Ltd v CGU Insurance Plc (t/a Norwich Union)*,[318] although in neither case was it necessary to decide on waiver on the facts.

Implied waiver based on the question asked under the IA 2015, s.3(5)(e) was recently considered by the Scottish Court of Session (Inner House) in *Young v Royal and Sun Alliance Plc*.[319] The Court of Session made it clear that this type of waiver depends on that a question has been asked, or an enquiry has been raised. It is more difficult to establish this kind of waiver if there is merely an unsolicited assertion of assumed facts by the insurer for which insurers have not requested confirmation, In *Young*, the insurer sought to avoid the policy on the grounds that the insured had failed to disclose that he had been a director in four companies that had been placed in insolvent liquidation. Both parties accepted that the undisclosed information was material, but the insured sought to argue that the insurer had impliedly waived disclosure of that information by virtue of an email sent by the insurer providing a quote for cover subject to the following statement:

> "Terms have been based on your presentation 13/02/17, our recent discussions and that adequate Risk Management features are in place i.e.
> ...
> Insured has never
> Been declared bankrupt or insolvent
> Had a liquidator appointed
> Been the subject of a county court judgement ..."

The insured argued that the email had raised a 'question' framed in narrow terms whereby the insurer had demonstrated that it was not concerned to know about the insured's wider experience of insolvency including the undisclosed information; and had it been so concerned, it should have made an inquiry. The Court of Session accepted that an insurer could impliedly waive an insured's duty to disclose certain information by virtue of the questions it asked. However, on the facts no such waiver had occurred: a reasonable reader of the insurer's email would not have understood it as containing an inquiry that was to be construed as an expression of limited concern about the insured's past experience of insolvency such as to exclude the undisclosed information from what was required to be disclosed for a fair presentation of the risk. Lord Brodie said:

> "41. It is clear that an insurer can impliedly waive an insured's duty to disclose certain information by virtue of the questions it asks. A usual way of asking questions is by means of a proposal form, and cases about proposal forms and statements about proposal forms feature in the authorities ...
> 42. The significance of a proposal form is that by directing the insured to provide material information by the means of answering specific questions the insurer has taken control over the process of communicating information between it and the proposer. It has chosen the matters as to which it wishes information by asking questions directed at that information and, by implication, the matters as to which it does

---

[317] *O'Kane v Jones (The Martin P)* [2003] EWHC 3470 (Comm) at [238]–[239].
[318] *Synergy Health (UK) Ltd v CGU Insurance Plc (t/a Norwich Union)* [2010] EWHC 2583 (Comm) at [164]–[179].
[319] [2020] CSIH 25; [2020] Lloyd's Rep IR 388.

not wish information, by not asking questions which are so directed. That is not to say that the only way in which an insurer can waive information is by using a proposal form ... However, where it is contended, as here, that the insurer impliedly waived its entitlement to disclosure of material information by reason of the terms in which parties communicated with each other, the expectation will be that there will be something in the nature of an enquiry by the insurer directing the insured to provide certain information but no other information. We took Mr Dunlop to accept that. He submitted that by including the text "Insured has never Been declared bankrupt or insolvent Had a liquidator appointed" the defender was inviting the pursuer to confirm the accuracy of that statement and by restricting itself to that question demonstrating that it was not concerned to know about the pursuer's wider experience of insolvency including the undisclosed information.

43. We do not consider that a reasonable reader of the email of 24 March 2017 would understand it in the way suggested by Mr Dunlop. Neither the generality of the email nor the wording relied on by the pursuer are couched in the form of an enquiry. The whole tenor of the email indicates that the defender has got beyond the stage of enquiry or looking for a more complete presentation of the risk. The email indicates that the defender considers that the presentation of the risk has been sufficient and that the defender has assessed and priced it, as the risk is further defined by the stated terms, conditions and limitations. For the pursuer to succeed with his plea of waiver he has to establish that the defender, which had an entitlement to disclosure of information which included the pursuer's more general experience of insolvency, is to be held to have (inadvertently, because the no inducement line of argument has been abandoned by the pursuer) waived that entitlement by confirming that there would be no cover in the event that the policy-holders had a direct experience of insolvency. We do not accept that contention. It is simply not a reasonable interpretation of the communications between the parties. The pursuer's brokers had made a presentation of the risk by means of the Market Presentation which they sent under cover of an email of 13 February 2017. That email requested that the defender "provide us with a quotation for the above prospect based on the information provided in the attached presentation". The defender responded with an offer to insure on a variety of terms and conditions. As Mr Barne submitted, that offer was capable of immediate acceptance. It is true that it was a conditional offer but it was not an enquiry. An element which was essential if the pursuer's argument was to get off the ground was absent."

Implied waiver based on summary presentation (category 3). Category 3 cases are concerned with factual scenarios where disclosures have been made and, on the basis of the information already disclosed, a prudent (re)insurer would be put on notice of other non-disclosed material circumstances. If the (re)insurer fails to make such reasonable inquiries that a prudent (re)insurer would have made, he may be taken to have waived information such inquiry would have revealed. This type of waiver has now been assimilated in s.3(4)(b) of the IA 2015, albeit not as 'waiver exception' to the duty of fair presentation but as an alternative (second-best) method of giving disclosure by way of summary presentation that provides sufficient information for a prudent insurer to be put on notice. We refer to the discussion in 6-017 above. At first instance in *Young v Royal and Sun Alliance Plc*,[320] the insured sought to advance a waiver argument on the basis that the insurer had been put on notice to make further enquiries, but the Scottish Court of Session (Outer House) accepted the insurer's argument that the being put on 'notice to make further enquiries' was an issue to be considered under s.3(4)(b) (scope of duty of fair presentation) of the IA 2015, and not s.3(5)(e)(waiver).

6-080

A related but different scenario arises where, regardless of being put on notice,

6-081

---

[320] *Young v Royal and Sun Alliance Plc* [2019] CSOH 32.

a (re)insurer has failed to asked a question which is so fundamental to the risk to be (re)insured that a hypothetical r(re)insurer would have raised the question. In *SAIL v Farex*, Gatehouse J posed the following question:

> "[W]hat is the position where a fact which is material judged by the objective test (absence of retention) is not disclosed by the assured or his broker, but is so important that the hypothetical prudent reinsurer would himself raise the question, even though the actual reinsurer did not?"[321]

He concluded[322] that in the context of a question of such fundamental importance as retention, the failure by the reinsurer to make an inquiry amounted to a waiver of any obligation to disclose what the retention was:

> "The reinsurer must discover whether there is or is not a significant retention on each risk he is asked to accept ... If he makes no enquiry, he must be taken to have waived disclosure. That is the position in the present case."[323]

For the reasons given above, we believe that the onus is on the reinsurer to make specific inquiry about retention. A reinsurer ought to know that a reinsured may or may not retain part of the risk. If he makes no inquiry, it is fair to assume that the extent of the retention, if any, is not material to him and that the non-disclosed facts did not induce him to enter into the reinsurance contract.

We consider that if the question posed by Gatehouse J were to be put in other contexts—where the hypothetical prudent underwriter would have asked but the actual underwriter did not—the logical result would be that, in many cases, the underwriter who does not ask questions is held to have waived his right to disclosure of all material facts. While, this may be the view of many in the reinsurance market, it does not reflect the principle of utmost good faith behind the duty of fair presentation, which requires disclosure even if the underwriter is silent. To infer waiver from a mere failure to ask a question—in circumstances where the hypothetical prudent underwriter would have asked one—is to undermine the principle of utmost good faith.[324] Section 3(4) is clear that (voluntary) disclosure must made of (a) every material circumstances which the insured knows or ought to know, or failing that, (b) sufficient information to put a prudent insurer on notice that it needs to make further enquiries for the purpose of revealing those material circumstances.

It is submitted that the better analysis of the waiver of information on retention of risk in *SAIL* is to look at it from the perspective of the insurer's presumed knowledge. A (re)insurer could reasonably be expected to know in the ordinary course of business that a (re)insured may or may not retain risk. It is on the basis of this presumed knowledge that the (re)insurer may be regarded as having waived further disclosure if he makes no inquiries on the subject.[325] Along the same lines Rix J (as he then was) commented obiter dicta in *L'Alsacienne Premiere Societe v Unistorebrand International Insurance A.S. and Kansa Reinsurance Co. Ltd.* that a reinsurer of "mixed bag of insurance contracts" could be presumed to know that the portfolio might contain insurance contracts of different natures and, if he makes no inquiries as to their nature prior to binding, he cannot subsequently avoid the

---

[321] *SAIL v Farex* [1995] L.R.L.R. 116 at 137.
[322] See 6-035 above.
[323] *SAIL v Farex* [1995] L.R.L.R. 116 at 138.
[324] See *Marc Rich & Co AG v Portman* [1997] 1 Lloyd's Rep. 225.
[325] In similar terms, see P.M. Eggers and Sir S. Picken, *Good Faith and Insurance Contracts*, 4th edn (Sweet & Maxwell, 2018), paras 8.75–8.78.

reinsurance contract for non-disclosure of the fact that some of the underlying contracts were run-off contracts.[326]

Circumstances covered by warranty

Pursuant to s.18(3)(d) of the MIA 1906, the reinsured did not need to disclose any circumstances which were superfluous to disclose by reason of any warranty in the reinsurance contract. The rationale behind this exception was that a breach of such a warranty at common law and under s.33 of the MIA 1906 was easier to prove, and afforded a (re)insurer with a more effective remedy (automatic discharge from liability from the time of the breach) compared to non-disclosure (requiring proof of the insured's knowledge and giving a remedy in avoidance). Declining liability on the grounds of breach of warranty used to be an easy route in particular where the (re)insurance contract contained a so-called "basis of the contract" clause which had the effect of warranting all pre-contractual statements to be true. Where reinsurance was obtained on the same terms and conditions as the underlying policy, these "basis of the contract" clause could have become incorporated into the reinsurance contract (subject to construction)[327] so that the reinsurer would have been discharged from liability under the reinsurance contract if one of the pre-contractual presentations was untrue.

6-082

A reinsurance example of the application of s.18(3)(d) can be found in *Gan Insurance Co Ltd v Tai Ping Insurance Co Ltd*.[328] The reinsurer sought determination of certain preliminary issues as to whether it was entitled to avoid a contract of reinsurance for misrepresentation or non-disclosure. It was alleged that the extent of fire precautions at a building which housed equipment for which the original insurance had been issued had been misrepresented or not fully disclosed. Longmore LJ held that the non-disclosure case failed because the subject of fire precautions was covered in a warranty and therefore the matter was excepted from the reinsured's disclosure obligations under s.18(3)(d) of the MIA 1906. In *Garnat Trading & Shipping (Singapore) Pte Ltd v Baominh Insurance Corp*[329] the judge said, obiter, that a circumstance could also be regarded as being excepted from disclosure if the parties had intended to incorporate a warranty on this matter but by oversight had failed to do so in the executed version of the policy. Being successful on s.18(3)(d) will, of course, be a pyrrhic victory if it turns out that the (re)insured is in breach of its obligations thereunder so that (re)insurer is discharged from liability.[330]

Notably, this exception no longer features in the IA 2015. As the consequences of a breach of warranty have been amended by ss.10 and 11 of the IA 2015,[331] there is no longer anything that is clearly "superfluous" to disclose because a warranty has been given in respect of a material circumstance. Moreover, pursuant to the IA 2015 s.9, blanket "basis of contract" clauses which seek to warrant the truth and accuracy of representations (thereby converting the representations into insurance warranties) are rendered inoperative.

---

[326] [1995] L.R.L.R. 333 at 349–350.
[327] See Ch.4, Pt 2 above.
[328] *Gan Insurance Co Ltd v Tai Ping Insurance Co Ltd (Preliminary Issues)* [2001] Lloyd's Rep. I.R. 291. This was a decision on preliminary issues which was subsequently appealed. The Court of Appeal reversed the first instance decision on the claims co-operation clause ([2001] EWCA Civ 1047; [2001] Lloyd's Rep. I.R. 667).
[329] *Garnat Trading & Shipping (Singapore) Pte Ltd v Baominh Insurance Corp* [2010] EWHC 2578 (Comm); [2011] 1 Lloyd's Rep. 589; [2011] Lloyd's Rep. I.R. 366.
[330] See Pt 5 below.
[331] See 6-172 to 6-180 below.

Other exceptions

6-083   Under the MIA 1906 s.19(b), where the reinsured used a broker, the reinsured and the broker could be excused from disclosing a material circumstance if it had come to the reinsured's knowledge too late to communicate it to the agent.[332] There is no equivalent provision in the IA 2015 and the IA 2015 "omits" s.19 of the MIA 1906. Accordingly, this exception is not available in respect of contracts of (re)insurance and variations concluded on or after 12 August 2016. There may be other exceptions to the duty of fair presentation based on statute (e.g. Rehabilitation of Offenders Act 1974 and Equality Act 2010).

Remedies for breach of the duty of fair presentation

Avoidance

6-084   Section 17 of the MIA 1906 provided that, "if the utmost good faith be not observed by either party, the contract may be avoided by the other party". In addition, ss.18(1) and 20(1) of the MIA 1906 provided for the remedy of avoidance, specifically for breaches of the duty of disclosure and the duty not to make misrepresentations respectively. The remedy of avoidance ab initio is available to the insurer/reinsurer at common law—in respect of insurance/reinsurance contracts which are not governed by the MIA 1906—in the case of any pre-contractual material misrepresentation or non-disclosure on the part of insured/reinsured. Avoidance means avoidance of the whole contract ab initio,[333] that is to place the parties retroactively in a position as if the contract had never existed. In practice, this meant that claims were not payable, and where claims had already been paid the proceeds had be returned. However, in cases of fraudulent non-disclosure and misrepresentation the premium was widely considered to be non-returnable.[334]

6-085   Notably, avoidance was also the sole remedy available to (re)insurers for breaches of the duties in ss.17–20 of the MIA 1906 and damages, or an adjustment of the premium, were not available in additional or alternative remedy.[335] An unsettled point under the old law was whether, in a case of innocent misrepresentation, the courts had the discretion to declare that the reinsurance contract subsisted, and awarded damages instead, if satisfied that it was equitable to do so, pursuant to s.2(2) of the Misrepresentation Act 1967. Steyn J (as he then was) in *Highlands Insurance Co v Continental Insurance Co*,[336] and Rix LJ in *HIH Casualty and General Insurance v Chase Manhattan Bank*[337] commented that awarding damages rather than avoidance under the Misrepresentation Act 1967 would rarely be appropriate in the case of (re)insurance contracts. In *Highlands Insurance Co v Continental Insurance Co*,[338] it was argued, unsuccessfully, that where there had been an innocent misrepresentation a court could, in its discretion, declare that the

---

[332] See s.19(b) of the MIA 1906 and Ch.9, 9-038 below.
[333] *The "Litsion Pride"* [1985] 1 Lloyd's Rep. 437 per Hirst J. *The "Star Sea"* and *The "Mercandian Continent"* (see above), although critical of "The Litsion Pride", both emphasise that avoidance under s.17 is avoidance ab initio. Partial avoidance may be arguable where the contract is structured as a bundle of contracts see *James v CGU* [2002] Lloyd's Rep IR 206.
[334] See MIA 1906 s.84(3)(a) and also see J. Birds, S. Milnes and B. Lynch, *MacGillivray on Insurance Law*, 14th edn (Sweet & Maxwell, 2018), para.17-30.
[335] *Banque Keyser Ullmann SA v Skandia (UK) Insurance Co Ltd* [1990] 1 Q.B. 665 at 778–781; [1991] 2 A.C. 249 at 280, 281; *Pan Atlantic v Pine Top* [1993] 1 Lloyd's Rep. 496 at 508 (per Nicholls VC).
[336] *Highlands v Continental* [1987] 1 Lloyd's Rep. 109.
[337] *HIH v Chase Manhattan* [2001] EWCA Civ 1250 at [116].
[338] *Highlands v Continental* [1987] 1 Lloyd's Rep. 109.

reinsurance contract subsisted if satisfied that it was equitable to do so, pursuant to s.2(2) of the Misrepresentation Act 1967. Steyn J (as he then was) said:

> "Where a contract of reinsurance has been validly avoided on the grounds of material misrepresentation, it is difficult to conceive of circumstances in which it would be equitable within the meaning of s. 2(2) to grant relief from such avoidance."[339]

In *HIH Casualty and General Insurance v Chase Manhattan Bank*, Rix LJ expressed his respectful agreement with Steyn J:

> "... that 'it is difficult to conceive' of circumstances in which there would be room for the application of section 2(2) in a case where an insurance contract had been validly avoided. If, on the other hand, there is no right to avoid, it is hard to think that there will be a right to rescind, and if there is no right to rescind there can be no remedy under section 2(2)."[340]

In contrast, Aikens LJ in *Argo Systems FZE v Liberty Insurance (The "Copa Casino")* expressly left this issue open.[341] In *Drake Insurance Plc (In Provisional Liquidation) v Provident Insurance Plc*,[342] Rix and Clarke LLJ both tentatively expressed the (obiter) view that, as a principle of fair dealing, the right of avoidance was fettered by the requirement to exercise it in good the exercise of the right to avoid by the (re)insurer was subject to a requirement of good faith.[343] In reinsurance arbitrations, arbitrators drawn from the reinsurance market may be inclined to impose their own view of commercial morality—regardless of the strict rule of law—and in the past may have been prepared to refuse to grant avoidance in a case involving an innocent and relatively minor, albeit material, non-disclosure/misrepresentation.

In light of the above, it is not surprising that the Law Commissions considered that avoidance was an inflexible, overly harsh and "all or nothing" remedy requiring reform.[344] The English courts too have expressed their dissatisfaction with the remedy of avoidance. In *Kausar v Eagle Star Insurance*[345] Staughton LJ commented:

6-086

> "Avoidance for non-disclosure is a drastic remedy. It enables the insurer to disclaim liability after, and not before, he has discovered that the risk turns out to be a bad one; it leaves the insured without the protection which he thought he had contracted and paid for. Of course there are occasions where a dishonest insured meets his just deserts if his insurance is avoided; and the insurer is justly relieved of liability. I do not say that non-disclosure operates only in cases of dishonesty. But I do consider that there Should be some restraint in the operation of the doctrine."

Similarly, in *The "Star Sea"*[346] the House of Lords considered that the duty of utmost good faith should remain confined because of the remedy of avoidance. Lord Hobhouse said:

> "I have in the course of this speech referred to some cases from other jurisdictions. It is a

---

[339] *Highlands v Continental* [1987] 1 Lloyd's Rep. 109 at 118.
[340] *HIH v Chase Manhattan* [2001] EWCA Civ 1250 at [116].
[341] [2011] EWCA Civ 1572 at [35].
[342] *Drake Insurance Plc (In Provisional Liquidation) v Provident Insurance Plc* [2003] EWCA Civ 1834; [2004] Lloyd's Rep. I.R. 277.
[343] *Brotherton v Aseguradora Colseguros SA (No.2)* [2003] EWCA Civ 705 at [23], [28], [34].
[344] The Law Commission and The Scottish Law Commission, *Insurance Contract Law: Business Disclosure; Warranties; Insurer's Remedies for Fraudulent Claims; and Late Payment* (Law Com. No.353, July 2014), paras 11.13–11.21.
[345] *Kausar v Eagle Star Insurance Co Ltd* [1996] 5 Re. L.R. 191.
[346] *The "Star Sea"* [2001] 1 Lloyd's Rep. 389.

striking feature of this branch of the law that other legal systems are increasingly discarding the more extreme features of the English law which allow an insurer to avoid liability on grounds which do not relate to the occurrence of the loss ... Such authorities show that suitable caution should be exercised in making any extensions to the existing law of non-disclosure and that the courts should be on their guard against the use of the principle of good faith to achieve results which are only questionably capable of being reconciled with the mutual character of the obligation to observe good faith."[347]

The solution adopted in the CDRA 2012 and the IA 2015 is the introduction of a proportionate remedies regime for breaches of the duty of consumer insureds to take reasonable care not to make a misrepresentation to the insurer (CIDRA 2012), and for non-breaches of the duty of fair presentation (IA 2015). Section 14 of the IA 2015 abolishes the general remedy of avoidance for breach of the duty of utmost good faith. In its place, the CIDRA 2012 (for consumer insurance) and the IA 2015 (for non-consumer insurance) provide for a range of remedies whose availability depends on (1) whether the breach was a breach qualifying for a remedy,[348] (2) whether the breach was "deliberate" or "reckless",[349] and (3) where the qualifying breach was not deliberate or reckless, on the (re)insurer's hypothetical course of action if there had been no breach. For the purposes of this section we will focus on the remedies regime under the IA 2015, although it is important to have some appreciation of the remedies regime under the CIDRA 2012 as in the reinsurance context the type of remedy available to the insurer/reinsured may be determinative of whether or not, and to what extent, it is liable to for claims under the underlying contract, which in turn is a pre-condition to the liability of the reinsurer under the reinsurance contract.[350]

Inducement and qualifying breaches

6-087   Section 8(1) of the IA 2015 provides that a (re) insurer has a remedy against the insured for a breach of the duty of fair presentation only if the (re)insurer shows that, but for the breach, the (re) insurer (a)would not have entered into the contract of insurance at all, or (b)would have done so only on different terms. A breach for which the (re)insurer has a remedy against the (re)insured is referred to in this IA 2015 as a "qualifying breach". In similar terms, under s.4(1)(b) of the CIDRA 2012, it is one of the pre-conditions to an insurer having a remedy against a consumer insured for a pre-contractual misrepresentation that the insurer can show that, without the misrepresentation, that insurer would not have entered into the contract at all, or would have done so only on different terms.[351]

6-088   **Inducement under the MIA 1906 ss.18–20 and the common law,**   The requirement for a "qualifying breach" reflects the old law on inducement as developed following the House of Lord's decision in *Pan Atlantic Insurance Co Ltd v Pine Top Insurance Co Ltd*.[352] A summary of the facts in provided in 6-030 above. In *Pan Atlantic* the House of Lords decided that, if the misrepresentation or non-disclosure of a material fact or circumstance did not in fact induce the making of the actual contract, then the underwriter is not entitled to rely on it to avoid the

---

[347] *The "Star Sea"* [2001] 1 Lloyd's Rep. 389 at 407.
[348] CIDRA 2012 s.4; IA 2015 s.8.
[349] CIDRA 2012 s.5 and Sch.1; IA 2015 s.8 and Sch.1.
[350] See Ch.5, paras 5-003 above.
[351] The other pre-condition is that the misrepresentation by the consumer insured was made in breach of its duty to take reasonable care: CIDRA 2012 s.4(1)(a).
[352] *Pan Atlantic v Pine Top* [1995] 1 A.C. 501.

THE DUTY OF FAIR PRESENTATION 461

contract. To reach this result, the House of Lords held that there was implied into the MIA 1906 a requirement that a material misrepresentation or non-disclosure will only entitle the insurer to avoid the policy if it induced the making of the contract. Having reviewed the origins of ss.17–20 of the MIA 1906 and the authorities, Lord Mustill said:

> "My Lords, in my judgment little or nothing can be gleaned from the 20th century cases to indicate a solution to the problem of causation. Before stating my own opinion on this problem there are two more points to be made. First, one suggested explanation for the absence from section 20 of any requirement that the misrepresentation shall have induced the contract is that any such requirement had been swept away 30 years before in *Ionides v. Pender*, L.R. 9 Q.B. 531. Consistently with the views already expressed I am unable to accept this, and I should add that even if the effect of *Ionides v. Pender* had been to make the influence on the hypothetical underwriter the benchmark of materiality I am unable to see why this should not have left behind such requirements of actual causation as had previously formed part of the common law. However, as I have said, although *Ionides v. Pender* was an important case it did not in my opinion have the effect contended for.
>
> Secondly, it has been suggested that the absence from the Act of any reference to causation stems from a disciplinary element in the law of marine insurance. The concept is that persons seeking insurance and their brokers cannot be relied upon to perform their duties spontaneously; that the criterion of whether or not the misrepresentation or non-disclosure induced the contract would make it too easy for the assured to say that the breach of duty made no difference; and that accordingly the law prescribes voidability as an automatic consequence of a breach by way of sanction for the enforcement of full and accurate disclosure. For my part, although I think it possible to detect traces of this doctrine in the earlier writings I can see nothing to support it in later sources; and I would unhesitatingly reject any suggestion that it should now be made part of the law. The existing rules, coupled with a presumption of inducement, are already stern enough, and to enable an underwriter to escape liability when he has suffered no harm would be positively unjust, and contrary to the spirit of mutual good faith recognised by section 17, the more so since non-disclosure will in a substantial proportion of cases be the result of an innocent mistake.
>
> For these reasons I conclude that there is to be implied in the Act of 1906 a qualification that a material misrepresentation will not entitle the underwriter to avoid the policy unless the misrepresentation induced the making of the contract, using 'induced' in the sense in which it is used in the general law of contract."[353]

Their Lordships thus synchronised the position under the MIA 1906 with common law relating to misrepresentation: "If the misrepresentation did not affect the misrepresentee's mind, because ... he was not induced by it ... he has no remedy."[354]

Evidential burden. Section 8(1) of the IA 2015 is clear that the burden of proof on inducement is on the(re)insurer: "... if the insurer shows ...". It is understood from the Explanatory Notes to the IA 2015 that the s.8 inducement test is based on the law on inducement as developed following the decision in *Pan Atlantic v Pine Top*,[355] and the principles and practices developed in on proving inducement in the case law since *Pan Atlantic* are therefore likely to remain relevant. In *Pan Atlantic*, Lord Mustill suggested that there is a presumption of inducement of the actual

6-089

---

[353] *Pan Atlantic v Pine Top* [1995] 1 A.C. 501 at 548–549 per Lord Mustill.
[354] *Chitty on Contracts*, 27th edn (Sweet & Maxwell, 1994), para.6-019.
[355] HM Treasury, *Explanatory Notes to Insurance Act 2015*, para.77 available online at http://www.legislation.gov.uk/ukpga/2015/4/notes/data.pdf [Accessed 14 February 2019].

underwriter once materiality has been shown,[356] but since then a practice has developed for the insurer seeking to establish non-disclosure or misrepresentation to call the underwriter concerned to give evidence on inducement unless there are good reasons not to call him. In *Assicurazioni Generali SpA v Arab Insurance Group (BSC)* the Clarke LJ summarised the position as follows:

> "In all the circumstances I would summarise the relevant principles of inducement in this context in this way:
>
> (i) In order to be entitled to avoid a contract of insurance or reinsurance, an insurer or reinsurer must prove on the balance of probabilities that he was induced to enter into the contract by a material non-disclosure or by a material misrepresentation.
>
> (ii) There is no presumption of law that an insurer or reinsurer is induced to enter in the contract by a material non-disclosure or misrepresentation.
>
> (iii) The facts may, however, be such that it is to be inferred that the particular insurer or reinsurer was so induced even in the absence from evidence from him.
>
> (iv) In order to prove inducement the insurer or reinsurer must show that the non-disclosure or misrepresentation was an effective cause of his entering into the contract on the terms on which he did. He must therefore show at least that, but for the relevant non-disclosure or misrepresentation, he would not have entered into the contract on those terms. On the other hand, he does not have to show that it was the sole effective cause of his doing so." [357]

As regard the final point (iv), in order for the non-disclosure or misrepresentation to be an effective cause of the insurer entering into the contract, it must be shown that the actual underwriter was induced to take a particular course of action to which he would not have agreed had he received full disclosure. This involves asking whether the underwriter would still have contracted, on the same terms, if the representation had not been made. This is not the same as asking what the underwriter would have done if told the truth.[358] For example, in *O'Kane v Jones*[359] Mr Richard Siberry QC, sitting as a Deputy High Court Judge, said evidence from the underwriter that he would have simply wanted to ask further questions had he been given full disclosure fell short of inducement. It is therefore necessary to some extent to speculate how the underwriter would have reacted if full disclosure had been made. In some cases, there may be documentary evidence which clearly shows that the underwriter would not have accepted the risk had it received a fair risk presentation. For example, in *Berkshire Assets (West London) Ltd v AXA Insurance UK Plc*,[360] there was an Axa Practice Notice which stated that if criminal charges were disclosed, the risk should be declined or referred to a senior committee.

---

[356] *Pan Atlantic v Pine Top* [1994] 2 Lloyd's Rep. 427 at 453.
[357] *Assicurazioni Generali SpA v Arab Insurance Group (BSC)* [2002] EWCA Civ 1642.
[358] *ABN Amro Bank N.V. v Royal & Sun Alliance Insurance plc* [2021] EWHC 442 (Comm), [659] per Jacobs J.
[359] *Chris O'Kane (for and on behalf of himself, Syndicate 2020 and all other Lloyd's Underwriters subscribing to Policy No. HD4057) v Jonathan Jones (for and on behalf of himself, Syndicate 329 and all other Lloyd's Underwriters subscribing to Policy No. AA111350T), Nanice Schiffahrts AG, ABC Maritime AG, Suisse Outremer Reederei* [2003] EWHC 3470 (Comm) at [235].
[360] *Berkshire Assets (West London) Ltd v AXA Insurance UK Plc* [2021] EWHC 2689 (Comm).

In *Drake Insurance Plc v Provident Insurance Plc*,[361] and *Zurich Insurance Plc v Niramax Group Ltd*[362] In *Drake*, the defendant insurer had purported to avoid a policy of motor insurance for non-disclosure of a speeding conviction. The first instance judge found as a fact that, if the speeding conviction had been disclosed at the time of placing, it would have also emerged that a separate "fault" accident on the insured's records should have been reclassified as "no fault".[363] On the insurer's point rating system used for the calculation of premium, the reclassification of that accident would have cancelled out the speeding conviction and would have resulted in a premium reduction. The Court of Appeal held that, because the two circumstances would have cancelled each other out, the insurer could not show that he would have charged a higher premium and, therefore, failed to discharge the burden of proof on inducement and was not entitled to avoid.

In *Zurich v Niramax*, the insured (N) had taken out policies with the insurer (Z) to cover its plant and machinery. N also had buildings insurance with another insurer (M), subject to risk requirements which N had to complete. Due to N's failure to comply with a number of risk requirements, M imposed special terms. When the plant and machinery policy between N and Z was renewed in December 2014 and extended in September 2015, N did not disclose to Z to those failures to comply under the separate insurance contract with M. The Court of Appeal upheld the lower court's decision that the insurer's case failed on 'inducement': on the evidence, Z's process for rating the risk for the purposes of calculating the insurance premium took no account of the M's attitude to risk in relation to buildings insurance with M. The non-disclosure of N's failure to comply with the special terms imposed by M could not therefore have been an efficient cause of the renewal being written on cheaper terms than would have occurred if disclosure had been made.[364]

Drake and *Zurich v Niramax* underline that even under the old law the courts were prepared to consider what the specific hypothetical reaction of the actual insurer might have been if disclosure had been made. It is also important to remember that where a breach of the duty of disclosure or the duty to give a fair presentation of the risk is alleged by a number of subscribing re/insurers, each re/insurer has to establish 'inducement'–i.e. each subscribing re/insurer would not show that the non-disclosure was an efficient cause of entering into the contract on those terms.[365] The end result may well be that some re/insurers can meet the evidential burden and accordingly have remedies, and others may not and remain bound by the terms of their contract.

It can be difficult to discharge the evidential burden for inducement at trial if the events surrounding the material non-disclosure or misrepresentation took place a long time ago so that that the underwriter in question has no or little recollection of the actual transaction. In *AXA Versicherung AG v ARAB Insurance Group (B.S.C.)* Males J found that, after the passage of 20 years, the reinsurer's recollection was "inevitably affected to some degree by hindsight" and he doubted that the reinsurer could express "a genuine and firm opinion that if he had known about such

---

[361] *Drake Insurance Plc (In Provisional Liquidation) v Provident Insurance Plc* [2003] EWHC Comm 109.
[362] *Zurich Insurance Plc v Niramax Group Ltd* [2021] EWCA Civ 590.
[363] *Drake Insurance Plc (In Provisional Liquidation) v Provident Insurance Plc* [2003] EWHC Comm 109.
[364] *Zurich Insurance Plc v Niramax Group Ltd* [2021] EWCA Civ 590, [38] per Popplewell LJ.
[365] See e.g. *ABN Amro Bank N.V. v Royal & Sun Alliance Insurance plc* [2021] EWHC 442 (Comm), Section F8 per Jacobs J.

[loss] records, he would never have written the business".³⁶⁶ He cautioned that "a healthy scepticism" is required to evaluate evidence in such circumstances and, foreshadowing the proportionate remedies regime introduced by the IA 2015, he also thought it relevant to have regard to "where on the wide spectrum of materiality the particular non-disclosure which is relied upon falls".³⁶⁷ He held that the misrepresentation of the reinsured's loss statistics was a material fact that should have been disclosed. However, even if the reinsured had disclosed this information, the reinsurer would still have entered into the reinsurance agreements since (a) there was insufficient evidence of what the reinsurer would have done if a fair presentation would have been made, and (b) if the loss statistic had been disclosed, the reinsured and the broker would have provided supplemental explanations as to why the loss records had been poor in the recent past. Accordingly, the reinsurer failed to prove they were induced by the reinsured's misrepresentation into the reinsurance contracts; they were therefore bound to those contracts. The Court of Appeal upheld the judge's findings on (the lack of) inducement in circumstances where there was "real doubt" as to what the underwriter would have done if he had been presented with the past loss records.³⁶⁸ In reaching that conclusion Clarke LJ relied on the following circumstances:

"(a) the onus of proof lay on Axa [the reinsurer];
(b) the question was what Mr Holzapfel [the underwriter] would have done in hypothetical circumstances 20 years earlier when he had no recollection of the actual broke;
(c) the judge had found unqualified statements of Mr Holzapfel not safe to rely on;
(d) Mr Holzapfel had agreed that if shown the 1991–1995 statistics he would have written the treaty on the same terms in the light of the explanation of underwriting strategy; and
(e) there were a number of considerations which indicated why he would want to write the risk—lack of inquiry about deductibles, interest in cash flow, keenness to support Arig [the reinsured]; different market conditions in 1988–9, previous writing of first loss risks including for a syndicate with a history of losses for 1991 and 1992."³⁶⁹

6-090 What is to be done when an underwriter leaves his employer on bad terms and refuses to give evidence? The Court of Appeal's decision in *Laker Vent Engineering Ltd v Templeton Insurance Company Ltd*³⁷⁰ indicates that an insurer will not be relieved from the burden proving inducement merely because it is in dispute with the individual underwriter who wrote the risk. HH Judge Hegarty, in the Mercantile Court at Liverpool, gave judgment against Templeton, a legal expenses insurer, amongst other things denying the insurer's claim to avoid a legal expenses insurance policy issued to Laker Vent. Templeton appealed certain findings of fact: (1) the non-disclosure on renewal of a likely dispute with a third party was not material; and (2) Templeton had failed to prove inducement. Templeton's underwriter, who had left the company, had refused to give evidence. A person described as the "underwriting clerk" also did not give evidence. Templeton relied on a witness statement from its General Counsel and expert evidence. The appeal was dismissed.

---

³⁶⁶ *AXA Versicherung AG v ARAB Insurance Group (B.S.C.)* [2015] EWHC 1939 (Comm) at [172].
³⁶⁷ *AXA Versicherung AG v ARAB Insurance Group (B.S.C.)* [2015] EWHC 1939 (Comm) at [172] at [121].
³⁶⁸ [2017] EWCA Civ 96.
³⁶⁹ [2017] EWCA Civ 96 at [126].
³⁷⁰ *Laker Vent Engineering Ltd v Templeton Insurance Company Ltd* [2009] EWCA Civ 62; [2009] Lloyd's Rep 704.

Aikens LJ said that there was no evidence of inducement and no basis upon which the Court of Appeal could interfere with the trial judge's findings of fact.

In *Ian Crane v Hannover Rückversicherungs-Aktiengesellschaft*[371] Syndicate 53 reinsured Hannover Re in respect of Hannover Re's reinsurance of Legion. The syndicate purported to avoid the Hannover Re retrocession following an audit of books and records, by a consulting firm, which revealed a number of inconsistencies with the original placement. The syndicate gave notice of avoidance without consultation with the active underwriter for the relevant years of account, Mr Crane, whose employment had been terminated when the syndicate went into run-off in 2000. By the time of the trial, Mr Crane had been persuaded to give evidence in support of the Syndicate's avoidance case but he was then unable to recall what of the placing information he had read and he could not recall relying on any particular representation that had been made. His efforts to reconstruct his thought processes were of no assistance to the Syndicate. Walker J agreed with Hannover Re that, "the alleged misrepresentations were too vague and imprecise to have been material".[372] He went out of his way to find that, even if he were wrong as to materiality, the Syndicate had also failed to prove inducement.

The lessons to be learned from these cases are painfully obvious. The courts will require an underwriter who is physically and mentally capable of giving evidence of inducement to do so. An insurer/reinsurer faced with a situation where it is likely to lose at trial because the underwriter refuses to give evidence has—unless he is prepared to pay the claim—two options: (a) make peace with the underwriter; or (b) serve him/her with a subpoena. In *Laker v Templeton*, the insurers could hardly have done worse at trial if they *had* called the underwriter pursuant to a subpoena. Attempts to re-engineer the underwriting process by working backwards from an inspection report (however competent and thorough) and expert evidence, as occurred in *Crane v Hannover Re*, are likely to backfire. An underwriter who has no actual recollection of writing the risk, and who cannot point to contemporaneous evidence of his underwriting methodology, will be unlikely to persuade a judge that he was induced to write the risk by the misrepresentation/non-disclosure unless it was blatant.

As will discuss in more detail in 6-099 below, under the IA 2015, the inducement of the actual underwriter will acquire an additional dimension on account of the new proportionate remedies regime: in addition to demonstrating that the (re)insurer was induced to enter into the contract on the terms agreed by reason of the non-disclosure or misrepresentation, in relation to non-deliberate/non-reckless breaches, the (re)insurer would also need to show what specific course of action he would have taken if a fair presentation of the risk had been given.

6-091

Remedies for deliberate and reckless qualifying breaches

Under ss.18-20 of the MIA 1906 and the common law, the remedy for breach of the duty of disclosure and for breach of the duty not to make misrepresentations is avoidance regardless of whether the breach was deliberate, reckless, negligent or innocent.[373] In contrast, under the CIDRA 2012 and the IA 2015 there are separate remedies regimes depending on whether the qualifying breach is deliberate or reckless on the one hand, or is neither deliberate or reckless on the other hand.

6-092

---

[371] *Ian Crane (as an underwriting member of Syndicate 53 for the 1998 year of account) v Hannover Rückversicherungs-Aktiengesellschaft* [2008] EWHC 3165 (Comm).
[372] *Ian Crane (as an underwriting member of Syndicate 53 for the 1998 year of account) v Hannover Rückversicherungs-Aktiengesellschaft* [2008] EWHC 3165 (Comm) at [51].
[373] See 6-084 to 6-086 above.

A qualifying breach is deliberate or reckless if the (re)insured knew that it was in breach of the duty of fair presentation, or did not care whether or not it was in breach of that duty.[374] Although the drafting of s.8(5) of the IA 2015 does not make it clear, we assume that "knowledge" goes with deliberate breaches, and "not caring" goes with reckless breaches. In *Canada Square Operations Ltd v Potter* (not an insurance case), the Supreme Court said that "deliberate" conduct is different from reckless conduct because the former involves knowledge and intent, whereas the latter does not.[375] The burden of proof that a qualifying breach was deliberate or reckless is on the (re)insurer. The Law Commissions have stated that it is not intended for the standard of proof to be "exceptionally high" or "unduly onerous" akin to fraud.[376] "Deliberate or reckless" conduct therefore includes, but does not require proof of, fraudulent behaviour. However, if an insurer seeks to allege that a breach of the duty of fair presentation has been deliberately or recklessly, this allegation must be distinctly pleaded. In *Jones v Zurich Insurance Plc*,[377] a consumer case in which the insured had misrepresented his claims history, the insurer had pleaded a breach of the duty to take reasonable care not to make misrepresentations by the insured but had not specifically alleged that the misrepresentation had been made deliberately or recklessly. Accordingly, the breach fell to be considered as a non-deliberate non-reckless breach for which the insurer had to jump an additional inducement hurdle by establishing that it would not have entered into the contract in order to obtain the remedy of avoidance (see 6-099).

6-093 **Deliberate qualifying breaches.** The Law Commissions have provided a number of examples they consider to involve deliberate breach of the duty of fair presentation. Their common feature is intentional bad faith behaviour:

"(1) intentionally refraining from disclosing a circumstance which the insured knows to be material;
(2) intentionally making a data dump or otherwise presenting risk in a particular way in order to conceal certain information (as in the case where a summary is very misleading); or
(3) intentionally lying about a material representation, either in the initial presentation or by knowingly giving a false response to an insurer enquiry."[378]

The Explanatory Notes to the IA 2015 elaborate that a (re)insured "will have acted deliberately if it knew that it did not make a fair presentation."[379] If the benchmark is the (re)insured's knowledge it is unclear how "knowledge" is determined. The "Knowledge of the insured" provisions in s.4 of the IA 2015 are limited to "what an insured knows or ought to know *for the purposes of section 3(4)(a)*" (emphasis added)—i.e. disclosure, and do not extend to the misrepresentations and the manner in which disclosure is given. Given the overlap the courts may apply s.4 by analogy. The alternative would be to revert to the common law test/s

---

[374] IA 2015 s.8(5).
[375] *Canada Square Operations Ltd v Potter* [2023] UKSC 41; [2023] 3 W.L.R. 963.
[376] The Law Commission and The Scottish Law Commission, *Insurance Contract Law: Business Disclosure; Warranties; Insurer's Remedies for Fraudulent Claims; and Late Payment* (Law Com. No.353, July 2014), paras 11.36 and 11.37.
[377] *Jones v Zurich Insurance Plc* [2021] EWHC 1320 (Comm); [2022] Lloyd's Rep. I.R. 219.
[378] The Law Commission and The Scottish Law Commission, *Insurance Contract Law: Business Disclosure; Warranties; Insurer's Remedies for Fraudulent Claims; and Late Payment* (Law Com. No.353, July 2014), para.11.43.
[379] HM Treasury, *Explanatory Notes to Insurance Act 2015*, para.80.

for "knowledge", in particular for "corporate knowledge".[380] However, deliberate or reckless behaviour of third parties that is not attributable to the (re)insured would not entitle the (re)insurer to the remedies under Sch.1 para.2 of the IA 2015.

Reckless qualifying breaches. The Explanatory Notes to the IA 2015 explain that a (re)insured "will have acted recklessly if it 'did not care' whether or not it was in breach of the duty" and that "this is intended to indicate a greater degree of culpability than acting 'carelessly'."[381] It will be a matter for the courts to pronounce on the level of culpability required for recklessness that is lower than intentional and deliberate behaviour but higher than carelessness. Even the criminal law which has well-established mens rea category of "recklessness" has struggled to strike a balance between subjective and objective notions of "recklessness".[382] The Law Commissions noted that "recklessness" may play a role in the data-dumping context.[383] We foresee that "reckless" breaches may also play a role in the reinsurance placement context where the reinsured, without any qualifications or disclaimers, simply passes on information received from the underlying insured or third parties that is obviously incomplete or inaccurate.

6-094

Remedies for deliberate or reckless qualifying breaches. Pursuant to Sch.1 para.2 of the IA 2015, if a qualifying breach was deliberate or reckless, the (re) insurer may avoid the contract and refuse all claims, and need not return any of the premiums paid. Although the IA 2015 is silent on this point, "avoidance" of the contract should also mean that any claims already paid must be returned to the (re)insurers. As under the old law, the remedy of avoidance is not automatic but follows on from an election made by the (re)insurer ("may avoid"): he can chose to avoid or affirm the contract. We consider affirmation and estoppel in 6-102 to 6-110 below.

6-095

Remedies of non-deliberate/non-reckless qualifying breaches

Definitions. Non-deliberate or non-reckless breaches that are not defined further in s.8 of the IA 2015: they are the residual category of qualifying breaches that are neither deliberate, nor reckless. This category should therefore include careless behaviour (short of recklessness) and innocent breaches. In contrast, the CIDRA 2012 s.5 distinguishes between (1) deliberate or reckless misrepresentations, (2) careless misrepresentations, and (3) implicitly, misrepresentations that are innocent or short of carelessness. Only qualifying misrepresentations in the first two categories qualify for a remedy, the reason being that the pre-contractual duty of consumer insureds is a duty to take reasonable care not to make a misrepresentation to the insurer.[384] A qualifying misrepresentation is careless if it is not deliberate or reckless.[385]

6-096

Remedies for non-deliberate and non-reckless qualifying breaches. The proportionate remedies regime applicable to non-deliberate and non-reckless breaches of the duty of fair presentation is one of the cornerstones of the insur-

6-097

---

[380] See 6-053 above.
[381] HM Treasury, *Explanatory Notes to Insurance Act 2015*, para.80.
[382] See *Halsbury's Laws of England*, Criminal Law, para.11.
[383] The Law Commission and The Scottish Law Commission, *Insurance Contract Law: Business Disclosure; Warranties; Insurer's Remedies for Fraudulent Claims; and Late Payment* (Law Com. No.353, July 2014), paras 11.44-11.46.
[384] CIDRA 2012 ss.2(2) and 5(1).
[385] CIDRA 2012 s.5(3).

ance contract law reforms specifically designed to address the much criticised harshness of the all-or-nothing remedy of avoidance for breaches of the pre-contractual information duties under ss.18-20 of the MIA 1906. If the breach of the duty of fair presentation was not deliberate or reckless, the remedy available is determined by what the (re)insurer would have done if there had been no qualifying breach as follows:

> "(4) If, in the absence of the qualifying breach, the insurer would not have entered into the contract on any terms, the insurer may avoid the contract and refuse all claims, but must in that event return the premiums paid.
> (5) If the insurer would have entered into the contract, but on different terms (other than terms relating to the premium), the contract is to be treated as if it had been entered into on those different terms if the insurer so requires.
> (6) In addition, if the insurer would have entered into the contract (whether the terms relating to matters other than the premium would have been the same or different), but would have charged a higher premium, the insurer may reduce proportionately the amount to be paid on a claim."[386]

Thus, the three types of remedy potentially available for qualifying breaches that are neither reckless or deliberate are avoidance with return of premium, variation of terms, and proportionate reduction of any claims by premium increase. The IA 2015 is silent on whether this list is exhaustive. There is no discretion to award a remedy that is different from those prescribed by the IA 2015, in the same way that the court has a discretion under the Misrepresentation Act 1967. We consider that it remains an unsettled point under the IA 2015 whether in a case of innocent misrepresentation, the courts have the discretion to declare that the reinsurance contract subsists, and award damages instead, if satisfied that it is equitable to do so, pursuant to s.2(2) of the Misrepresentation Act 1967.[387]

It should also be noted that there is no right or option on the part of the insurer to choose to demand the higher premium that the insurer would have charged if there had been a fair presentation of the risk (the remedy in para.6 is limited to a proportionate reduction of any claims payment). Moreover, there is no remedy to terminate the contract of (re)insurance which, notably, is one of the available remedies under the CIDRA 2012 Sch.1 para.9. The Law Commissions did not consider it necessary to provide a statutory remedy of termination for non-consumer insurance as many commercial insurance contracts contain cancellation provisions in any event.[388] Which one of the prescribed remedies is available depends solely on the hypothetical reaction of (re)insurer had the material circumstance been disclosed and/or not been misrepresented at the time the contract was entered into.

6-098 If the variation of terms remedy applies, the different or additional terms would be treated as applying from the time the contract was entered into. The effect on claims will depend on the nature and substance of the additional or varied term and we expect that (re)insurer would only wish to seek this remedy if it makes a difference to any claims under the contract. The Law Commissions identified the following principal types of terms that may be sought in this context:

> "(1) Exclusions: if a fair presentation had been made, the insurer might have excluded liability for certain types of loss. If so, the validity of a claim will depend upon whether it falls within the terms of the exclusion.

---

[386] IA 2015 Sch.1 Pt 1 paras 4-6(1).
[387] See 6-085 above.
[388] The Law Commission and The Scottish Law Commission, *Insurance Contract Law: Business Disclosure; Warranties; Insurer's Remedies for Fraudulent Claims; and Late Payment* (Law Com. No.353, July 2014), para.11.89.

(2) Warranties and other terms designed to reduce particular risks: knowing the full facts, an insurer might have required the insured to warrant that it would act in a certain way. If the insured's actions have put it in breach of that warranty, the insurer's liability will be suspended either entirely or in respect of the particular type of loss to which the warranty is relevant.
(3) Excesses: the insurer might have imposed an excess. The excess may cover the whole policy or particular types of loss. If the claim falls within the terms of the excess it will be reduced by the amount of the excess."[389]

Also according to the Law Commissions, where the (re)insurer would have entered into the contract on different terms and at a higher premium, the remedies in Sch.1 paras 5 and 6 apply cumulatively: the contract may be treated as if it included the additional terms from the outset, and any claims may be reduced in proportion to the increase in premium.[390] However, it would appear logically impossible to have an award of the remedy of avoidance, together with one of the remedies in paras 5 and 6 of Sch.1. If the contract of (re)insurance is avoided—i.e. treated as if it never existed—it cannot exist for the purposes of imposing different terms or a higher premium.

Inducement and evidential burden. The proportionate remedies regime for non-deliberate and non-reckless qualifying breaches ties the remedy to the (re)insurer's hypothetical reaction in the absence of a breach of the duty of fair presentation and thereby re-introduces a second stage 'inducement' test: having already shown that the (re)insurer would not have entered into the contract of insurance at all, or would have done so only on different terms in order to establish a qualifying breach under s.8 of the IA 2015, the (re)insurer must then show whether he would not have entered into the contract at all, or on different terms—and if so, on what terms, or would have charged a higher premium, in order to qualify for one of the specified remedies in Sch.1 paras 4-6 of the IA 2015. The burden of proof is on the (re)insurer.

6-099

To discharge the burden of proof on the second inducement hurdle, evidence from the actual underwriter and any person/s who participated on behalf of the (re)insurer in the decision whether to take the risk, and if so on what terms will be required. As highlighted in 6-090 above, such evidence may be difficult to obtain where the relevant individuals have left the employment of the (re)insurer and/or the events took place a long time ago. However, it is irrelevant to the "inducement" of the insurer in question that other insurers were still prepared to write the risk,[391] because "inducement" is a subjective test that considers what that insurer would have done but for the breach of the duty of fair presentation.

It should also be noted that for the remedies in paras 5 and 6 of Sch.1 of the IA 2015—variation of terms and proportionate reduction of any claims—it is not enough to repeat the evidence on inducement required to establish a qualifying breach,[392] one has also to present a positive case on what the reaction of the underwriter would have been with regard to the contract terms and the premium level if a fair presentation of the risk had been made. The "hypothetical reaction"

6-100

---

[389] The Law Commission and The Scottish Law Commission, *Insurance Contract Law: Business Disclosure; Warranties; Insurer's Remedies for Fraudulent Claims; and Late Payment* (Law Com. No.353, July 2014), para.11.67.

[390] The Law Commission and The Scottish Law Commission, *Insurance Contract Law: Business Disclosure; Warranties; Insurer's Remedies for Fraudulent Claims; and Late Payment* (Law Com. No.353, July 2014), para.11.73.

[391] *Berkshire Assets (West London) Ltd v AXA Insurance UK Plc* [2021] EWHC 2689 (Comm).

[392] See IA 2015 s.8; and see 6-087 to 6-091 above.

test for which remedy is available for a non-deliberate/non-reckless breach is wholly subjective, and not predicated upon prudent underwriter's reaction. We foresee a number of consequences:

(1) The hypothetical consideration of what the insurer would have done re-introduces a degree of "re-underwriting" at claims stage (one of the "issues" with the current law identified by the Law Commissions) and, given the number of potential remedies, it will be significantly more complex re-underwriting. Whether the insurer asserts that he would not have granted cover at all, or asserts that he would have granted cover but on different terms, may depend on the point in time at which the issue arises. If the policy period has expired and there is only one claim and the insurer asserts that he would not have written the risk, he has to hand back the premium, but if he asserts that he would have written the risk but would have required an exclusion which by chance would have caused the loss to fall outside the cover, he can keep the premium and not pay the claim.

(2) As we have seen from *AXA Versicherung AG v ARAB Insurance Group (B.S.C.)*[393] the enquire int the hypothetical reaction of the actual underwriter may lead to an enquiry into a chain of further ex hypothesi reactions: the under writer in question may have referred the matter to a superior, requests for additional information and explanations may have been made, and a fair explanation in response to a further information request may have satisfied the underwriter and may have convinced him that amended terms or a premium increase would not be necessary in the circumstances. Moreover, it is possible that the insurer would have been willing to contract on a number or combination of bases. The Law Commission noted that, the hypothetica reaction of the (re)insured is disregarded: it is irrelevant that, if the (re)insurer had offered (re)insurance on different terms, the (re)insured would have declined to enter into that contract and would have looked for cover elsewhere.[394] However, there is now emerging case law which suggests that counterfactuals are to be considered: in *Delos v Allianz*,[395] the judge commented that, once the insurer has sufficiently established on the evidence that it would only write the risk on certain terms, it should in principle be open to the insured likewise to prove that it could and would have complied with it: "in this counterfactual world, I do not see why sauce for the goose is not equally sauce for the gander".[396] In *Delos*, the term would have been to replace a nominee director and that could have, and would have, been done by the insured company. In *Berkshire Assets (West London) Ltd v AXA Insurance UK Plc*[397] the court would have been prepared to consider counterfactuals but on the facts found that it would not have made any difference to the insurer's decision to decline the risk.

(3) Given that the remedies tests are subjective, and not based on what a

---

[393] [2015] EWHC 1939 (Comm) at [151]-[153] per Males J, confirmed on appeal [2017] EWCA Civ 96.

[394] The Law Commission and The Scottish Law Commission, *Insurance Contract Law: Business Disclosure; Warranties; Insurer's Remedies for Fraudulent Claims; and Late Payment* (Law Com. No.353, July 2014), paras 11.79-11.81.

[395] *Delos Shipholding SA v Allianz Global Corporate and Specialty SE* [2024] EWHC 719 (Comm).

[396] *Delos Shipholding SA v Allianz Global Corporate and Specialty SE* [2024] EWHC 719 (Comm) at [255]–[259].

[397] *Berkshire Assets (West London) Ltd v AXA Insurance UK Plc* [2021] EWHC 2689 (Comm).

reasonable or prudent underwriter would have done, we would not expect expert evidence in this particular area.

(4) Where the insurer transacts a large volume of the class or type of insurance in question, it is possible that a court would call for evidence on previous dealings to corroborate what the insurer claims his reaction would have been.[398] For example, the entitlement to the remedy of variation of terms might be established by reference to documented underwriting guidelines and procedures the require the underwriter to impose specific terms in prescribed circumstances which also apply to the case in question. In many cases we doubt the guidelines would be detailed enough to make it clear what the underwriter would have done had he written in accordance with those guidelines. Reference to underwriting guidelines and previous practice is also unlikely to be helpful in a specialist area or with a bespoke policy.

(5) Where a number of re/insurers subscribe to the same risk, their underwriting approach to underwriting the risk if the risk had been presented fairly may differ. One re/insurer may not have accepted the risk at all, whereas another may have simply charged a higher premium. The risk of different outcomes could be addressed by contractual agreement that the leading underwriter's remedy upon a non-deliberate/non-reckless breach of the duty of fair presentation by the insured is applicable to all subscribers.[399] However, if such an agreement is solely among the subscribing insurers inter se it would not overcome the evidential burden of proving one of the three remedies (avoidance, variation of terms, proportionate reduction of claims) imposed by Sch.1, Pt 1, paras 4–6. Any variation from the statutory remedies regimes requires an agreement to contract out from it between the re/insured and the re/insurers and must comply with the IA 2015 ss.16 and 17.

(6) In instances of double-insurance where there is also a qualifying breach by the insured, the availability of the right of contribution may become dependent on which remedy applies to the insurer from whom a contribution is sought.[400]

(7) The type of remedy applicable to the insurer may affect the reinsurance arrangements in place. Depending on the type of reinsurance and the terms of the reinsurance contract, different terms under the insurance contract may affect the premium and the terms of the contract of reinsurance. Problems may arise if on the evidence the insurer and its reinsurer would have taken different approaches to underwriting if a fair presentation of the risk had been made. This is likely to be a fertile ground for disputes in the future. Reinsureds may wish to insist on provisions that harmonise the reinsurer's remedy with the remedy available to the reinsured upon breach

---

[398] The general approach under the old law was to consider inducement by reference to the actual risk, without the need to go into the detail of the insurer's underwriting policies and practice: see *Marc Rich v Portman Marc Rich & Co AG v Portman* [1996] 1 Lloyd's Rep. 430 (15 March 1995) per Longmore J.

[399] Also see the discussion on the Lloyd's Claims Scheme and the Single Claims Agreement Party (SCAP) in Ch.3, 3-081 and 3-082.

[400] In the Australian case *Ageas v Stoodley* 2018 WL 02024527, an insurer, A, sought to set aside a judgment obtained by issuer B that insurer B was entitled to void the policy on the grounds of reckless misrepresentation. A was unsuccessful and could therefore not seek a contribution from B.

of the duty of fair presentation by insured that also constitutes a breach of the reinsured's duty of fair presentation.

(8) Following a qualifying breach of the duty of fair presentation, the insurer's remedy may be a variation of terms. Manifestly these different terms are not the terms his reinsurer agreed to reinsure. We ask whether the reinsurer is thereby discharged for that reason. We see logic in the argument that the reinsurer is discharged, but the courts may be reluctant to make that finding, and the reinsurer may not want to pursue that argument if premium becomes returnable.

(9) The proportionate remedies regime introduce a high degree of uncertainty because of the variety of remedies and the subjectiveness and fact sensitivity of the applicable test. Outcomes will be difficult to predict given that each case will turn on its facts—or even hypothetical facts. For the same reason, it will be difficult to establish precedents on proportionate remedies.

(10) As regards proof of a claim, in the absence of a follow the settlements clause, a reinsured's proof that the loss is covered under the underlying contract of insurance may in future entail proof of the in/applicability of a particular remedy.

(11) In layered programmes—whether at insurance or reinsurance level—the remedy of variation of terms could conceivably impact on layers re/insured by other insurers (e.g. where the retention and or limit of liability would have been set at different points).

The Law Commissions accept that the proportionate remedies regime may be difficult to apply and may not be appropriate for all types of (re)insurance contracts.[401] Their answer to that charge is that the remedies regime operates on a default basis and, subject to the transparency requirements, can be contractually varied. This is, of course, no solution for reinsureds who provide cover to consumer insureds as the remedies regime for qualifying misrepresentations under the CIDRA 2012 is mandatory. PRICL broadly tracks the remedies regime of the IA 2015, with some notable differences: (1) PRICL distinguishes between fraudulent and non-fraudulent breaches of the pre-contractual duty of disclosure (whilst the IA 2015 divides between deliberate / reckless breaches, and non-deliberate non-reckless breaches); (2) PRICL allows for premium increases going forward; and (3) PRICL expressly acknowledges that the reinsurer may have a remedy in damages in addition to the proportionate remedies.[402]

Remedies for a qualifying breach on variation

6-101 Pursuant to s.2(2) of the IA 2015, Pt 2 of the Act including Sch.1, applies to in relation to variations of non-consumer insurance contracts in so far as changes in the risk relevant to the proposed variation are concerned. The remedies for a qualifying breach of the duty to make a fair presentation of changes in the risk relevant to the proposed variation are set out in Sch.1 Pt 2 to the IA 2015. If a qualifying breach was deliberate or reckless, the insurer (a) may by notice to the

---

[401] The Law Commission and The Scottish Law Commission, *Insurance Contract Law: Business Disclosure; Warranties; Insurer's Remedies for Fraudulent Claims; and Late Payment* (Law Com. No.353, July 2014), para.11.33.
[402] PRICL art.3.2.

insured treat the contract as having been terminated with effect from the time when the variation was made, and (b) need not return any of the premiums paid.[403]

If the qualifying breach in relation to a variation of contract was neither deliberate nor reckless, the remedies will depend on whether the total premium was increased, reduced or not changed as a result of the variation. If the insurer would not have agreed the variation on any terms, the insurer may treat the contract as if the variation was never made, but must in that event return any extra premium paid.[404] If the insurer would have agreed to the variation on different terms (other than terms relating to the premium), the variation is to be treated as if it had been entered into on those different terms if the insurer so requires.[405] If (in the case of an increased premium) the insurer would have increased the premium by more than it did, or (in the case of an unchanged premium) the insurer would have increased the premium, or (in the case of a reduced premium), the insurer would not have reduced the premium or would have reduced it by less, the insurer may proportionately reduce any claim recoverable under the original or varied contract.[406]

Affirmation and estoppel

Affirmation

Under the old law, the (re)insurer's right to avoid upon a breach of the duty of disclosure or the duty not to make misrepresentation could be lost by affirmation. In *Pan Atlantic v Pine Top*, Waller J (as he then was) described the concept of affirmation as follows:

6-102

"A defendant will have affirmed the contract if (i) with knowledge of the facts giving rise to a right of avoidance for misrepresentation or non-disclosure; and (ii) possibly with the knowledge of the right of avoidance itself, he acts in a way which is only consistent with an intention not to treat the contract as at an end. See *MacGillivray and Parkington*, paras 711–713 and *The Superhulls Case* [1990] 2 Lloyd's Rep. 423 at p.449 relying on The Kanchenjunga [1990] 1 Lloyd's Rep. 391 and *Iron Trades Mutual Insurance Co Ltd v Comphania de Seguros Imperio* [1991] 1 Re. L.R. 213 ... Invoking or asserting a contractual right is a clear example of electing not to treat the contract as at an end. *Iron Trades v Imperio* (Sup) exemplifies that."[407]

Although the IA 2015 is silent on affirmation, its provisions are not intended to be complete statement of insurance law and we consider that the concept of affirmation continues to apply in circumstances where the remedy for a qualifying breach is avoidance. The existing case law on affirmation will therefore be relevant. We also consider that 'affirmation' has no place in relation to the other remedies available—variation of terms and proportionate reduction of claims—as they do not affect the existence and continuation of the contract in full. However, the (re)insurer may elect to waive a qualifying breach and/or his entitlement to the remedies of variation of terms and/or proportionate reduction of claims by. Waiver and the doctrine of estoppel may be applicable to the remedies that are not avoidance.

Knowledge of the right to avoid. We consider that the requisite knowledge is

6-103

---

[403] IA 2015 Sch.1 Pt 2 para.8.
[404] IA 2015 Sch.1 Pt 2 paras 9(2) and 10(2).
[405] IA 2015 Sch.1 Pt 2 paras 9(3)(a) and 10(3)(a).
[406] IA 2015 Sch.1 Pt 2 paras 9(3)(b), 10(3)(b) and 11.
[407] *Pan Atlantic v Pine Top* [1992] 1 Lloyd's Rep. 101 at 106-107.

knowledge of the facts giving rise to the right of avoidance.[408] The right of avoidance itself is a matter of law, and therefore deemed to be known. Insurers/reinsurers who frequently exercise that right certainly know of it. In *Motor Oil Hellas (Corinth) Refineries SA v Shipping Corporation of India, The "Kanchenjunga"*,[409] Lord Goff referred to:

> "... [W]hen a state of affairs comes into existence in which one party becomes entitled, either under the terms of the contract or by the general law, to exercise a right, and he has to decide whether or not to do so. His decision, being a matter of choice for him, is called in law an election. Characteristically, this state of affairs arises where the other party has repudiated the contract or has otherwise committed a breach of the contract which entitles the innocent party to bring it to an end ... An analogous situation arises where the innocent party becomes entitled to rescind the contract, i.e. to wipe it out altogether, for example because the contract has been induced by a misrepresentation."[410]

6-104 Lord Goff concluded[411] that "election has generally to be an informed choice, made with knowledge of the facts giving rise to the right". In *CTI v Oceanus* Kerr LJ said:

> "Affirmation in the present context means that the underwriter elects to affirm the policy after he has acquired full knowledge of the material facts which would entitle him to avoid. *Having the means of knowledge, or having been put on enquiry, is not enough*: (see for example *McCormick v National Motor & Accident Insurance Union Ltd* (1934) 49 Ll.L. Rep. 361, in particular per Lord Justice Scrutton at p. 365)."[412] [Emphasis added]

In *ICCI v Royal Hotel*[413] "M", on behalf of a hotel, manufactured occupancy figures and insurers sought to avoid the policy. It was held by Mance J (as he then was) that, despite their decision not to affirm the contract, the insurers and their lawyers had done so. He summarised his findings in his previous judgment relating to the same subject matter[414] and said:

> "In summary the type of affirmation here in issue involves an informed choice (to treat the contract as continuing) made with knowledge of the facts giving rise to the right to avoid it. Provided that the party knows sufficient of the facts to know that he has that right it is unnecessary that he should know all the aspects or incidents of those facts. Although the point was left open in *"The Kanchenjunga"*, there is Court of Appeal authority in *Peyman v Lanjani* [1985] 1 Ch. 457 that *the party must generally also know he has that right*. The making of his choice must be communicated unequivocally to the other party before there can be a binding affirmation."[415] [Emphasis added]

It does therefore seem that the reinsurer must know both the facts that give him the right to avoid and that he has the right to avoid. This was recently stated to be the legal position by Jacobs J in *ABN Amro Bank N.V. v Royal & Sun Alliance Insurance plc*: the re/insurer must have both knowledge of the facts giving rise to the

---

[408] See *Eagle Star Insurance Co Ltd v National Westminster Finance Australia Ltd* (1985) 58 A.L.R. 165 at 174 per Lord Roskill—a decision of the Privy Council.
[409] *Motor Oil Hellas (Corinth) Refineries SA v Shipping Corporation of India, The "Kanchenjunga"* [1990] 1 Lloyd's Rep. 391.
[410] *The "Kanchenjunga"* [1990] 1 Lloyd's Rep. 391 at 398.
[411] *The "Kanchenjunga"* [1990] 1 Lloyd's Rep. 391 at 399.
[412] *CTI v Oceanus* [1984] 1 Lloyd's Rep. 476 at 498.
[413] *Insurance Corp of the Channel Islands v Royal Hotel Ltd* [1998] Lloyd's Rep. I.R. 151.
[414] *ICCI Ltd v McHugh and Royal Hotels Ltd* [1997] L.R.L.R. 94.
[415] *ICCI v Royal Hotel* [1998] Lloyd's Rep. I.R. 151 at 161.

entitlement to avoid, and knowledge of the legal right to do so.[416] What this means is really not that the right exists but that the reinsurer, as well as being aware of the undisclosed facts or the untruth of a representation, is also aware that it was material to the relevant risk at the time and that it was relied on by the relevant underwriter at the time.[417]

In *Callaghan v Thompson*[418] insurers avoided for non-disclosure of a conviction by an insured. Steel J made two observations: silence is at the least equivocal; and, it is not possible to communicate an election to affirm a policy to someone who is unaware that one has acquired knowledge of the facts giving the right to avoid.

Unequivocal communication. The (re)insurer's election to affirm must be communicated either by words or by conduct in clear and unequivocal terms. In *Argo Systems FZE v Liberty Insurance Pte Ltd*[419] (a case concerning the waiver a breach of warranty), the Court of Appeal said that "Without prejudice" language in a letter were a clear indication that the insurer and its lawyers were reserving the right to rely on the breach of warranty and therefore any representations indicating they would not rely on the breach, such as not raising the breach for seven years, must have been equivocal rather than unequivocal.

6-105

However, the effectiveness of 'reservation of rights' language as a protective shield against affirmation has been called into question in the decision of *ABN Amro Bank N.V. v Royal & Sun Alliance Insurance plc*.[420] In this case, a potential claim as notified in October 2016, in a letter dated August 2017 insurers declined liability with reservation of rights, in November 2017 the insured sent a detailed response to that letter, and the insurers responded reiterating their declinature of the claim and the preservation of rights. The insured commenced proceedings against the insurers in November 2018 and their pleadings contained details on their reliance on the Transaction Premium Clause for the extended coverage (see para [6---] above). The Defence served by the insurers in February 2019 did not take any point, or reserved rights to plead a defence, on avoidance for misrepresentation or non-disclosure. The avoidance case was only included into an amended Defence served in May 2020. The court held that the avoidance defence to liability under the policy was barred by affirmation. Jabobs J said:

> "541. I consider that the service of the defence, when viewed in the context of the surrounding circumstances, does demonstrate objectively and unequivocally that the insurers were making an informed choice; ie to affirm the policy which had been concluded. The background was that there had been prior correspondence in which reservations of the right to avoid had been intimated. However, when the defence was served, there was no such reservation let alone any plea of avoidance. Instead, reliance was placed upon the terms of the policy and a positive plea was advanced, by all underwriters, that if necessary the policy should be rectified. That plea

---

[416] *ABN AMRO Bank NV v Royal and Sun Alliance Insurance Plc* [2021] EWHC 442 (Comm) at [486]–[488] per Jacobs J. The case was appealed on different grounds ([2021] EWCA Civ 1789).
[417] See *Bhopal v Sphere Drake* [2002] Lloyd's Rep. I.R. 413 below.
[418] *Callaghan (t/a Stage 3 Discotheque) v Thompson* [2000] Lloyd's Rep. I.R. 125. The claimant had succeeded at first instance in his assertion that the insurer knew he had a conviction because the insurer's agent, a binder holder, knew. The Court of Appeal reversed the decision because the knowledge of the conviction came to the binder holder when pursuing a claim as agent of the insured, and not in his capacity as agent of the insurer. A classic example of the actual rule in Hampshire Land: if a person who is agent of two people acquires knowledge when acting for one of them, it is not, without more, the knowledge of the other principal.
[419] [2011] EWCA Civ 1572 at [44]-[47] per Aikens LJ.
[420] *ABN AMRO Bank NV v Royal and Sun Alliance Insurance Plc* [2021] EWHC 442 (Comm) s.F3 per Jacobs J. The case was appealed on different grounds ([2021] EWCA Civ 1789).

therefore sought to invoke the court's equitable jurisdiction to rectify the instrument which contained the parties' agreement. In my view, such a plea–unaccompanied by any plea of avoidance or reservation–can only be seen as a positive statement that the contract which the parties have made is binding, albeit that the document containing that contract requires rectification so as to conform with the parties' mutual expressed intentions ... a plea of rectification is necessarily affirmatory, since it positively avers that there is an enforceable agreement between the parties and seeks to have the documentary record of the contract rewritten.

542. That overall conclusion is in my view reinforced by the background, where the possibility of avoidance had been intimated, and the reliance placed upon the terms of the policy itself. Two other matters are also relevant in this connection. First, various paragraphs in the defence, as summarised above, asserted that matters had not been discussed or disclosed, but no case was made that this led to avoidance of the policy. Rather, these matters were prayed in aid principally in support of the insurers' case on construction. Secondly, the underwriters retained the substantial premium which had been paid, with no offer (until the 2020 amendments) to return it.

543. ... It is true that there had been widely-expressed reservation of rights in the pre-action correspondence, albeit no reservation between 8 June 2018 and the time when the defence was served in February 2019. Even though there had been prior reservations, the significant point in my view is that these were not repeated when the underwriters set out, in considerable detail, the case that they were actually advancing in response to the claim made in litigation, including a specific plea of rectification. The straightforward conclusion which would be drawn by a recipient of the defence is that the underwriters had decided to defend the case on the basis of the construction and rectification/ estoppel/ collateral contract arguments which featured in their defence and counterclaim. Each of those defences, and the counterclaim, is premised upon the continued existence of the contract between the parties. To adopt the words of Leggatt J in *Involnert* at [161], the insurers in their defence and counterclaim spoke or acted in a way which would reasonably be understood as consistent only with the insurer having made an informed choice to treat the contract as valid. The service of the defence in those terms was therefore an affirmatory act, and–as the brief decision of the Court of Appeal in *Barber v Imperio Reinsurance Company UK Ltd* (15 July 1993, unreported) indicates–it is incumbent on a party to reserve his position if he takes a step which would otherwise constitute affirmation, and if not he does so at the risk of being held to have affirmed."

If Jacobs J's decision on this point is correct, and this point was not negatively commented on or queried by the Court of Appeal,[421] it follows that an election to affirm a contract of insurance which could have been avoided is binding and irrevocable provided the affirmation is communicated in clear and unequivocal terms, whereas a reservation of rights even if communicated in clear and unequivocal terms has to be repeated at every step or is at risk of being superseded by a later affirmation by words or conduct. The different treatment of affirmation and a preservation of rights statement is that opting for an affirmation, the re/insurer is making an election between affirmation and avoidance, whereas a preservation of rights maintains the status quo. Following *ABN Amro*, insurers and reinsurers will be under pressure to include pleadings relating to 'avoidance' in their earliest statements of case, and to include reservation of rights language in correspondence at every stage. Under the IA 2015 where 'avoidance' is only one of the available remedies for non-deliberate / non-reckless breaches of the duty of fair presentation, the risk of inadvertent affirmation is even greater–e.g. by pleading one of other

---

[421] *ABN AMRO Bank NV v Royal and Sun Alliance Insurance Plc* [2021] EWCA Civ 1789.

remedies available in Schedule 1 Part 1–but, arguably, 'affirmation' would at least not preclude those other remedies from being available.

Exercise of inconsistent rights It will be recalled that in *WISE Underwriting Agency Ltd v Grupo Nacional Provincial SA*[422] the reinsured's main argument that the disclosure of the information that the cargo contained valuable watches had been waived was rejected by the majority of the Court of Appeal. Rix and Peter Gibson LL held (Longmore LJ dissenting) that the reinsurer had affirmed the policy because the reinsurer had given notice of cancellation in full knowledge of the facts giving rise of its right to avoid:

6-106

"I do not see, therefore, why, in circumstances where [the underwriter] was fully alive to his rights to avoid, he could not be said to have affirmed if he then gave a notice of cancellation. Moreover, since he did not mention avoidance to [the insured], I do not see why any mention of cancellation should have been qualified by reference to ultimate avoidance."[423]

Exercising a contractual right, such as giving notice, is inconsistent with an exercise the right to avoid. In *ABN Amro Bank N.V. v Royal & Sun Alliance Insurance plc*, the affirmation case was reinforced by that the underwriters retained the substantial premium which had been paid, with no offer (until the 2020 amendments to the insurer's Defence) to return it.[424] Would the pleading of a remedy other than avoidance (in addition to pleading for the remedy of avoidance) be regarded as "exercise of an inconsistent right"? Jurisprudentially, claiming a remedy is not the same as exercising a contractual right. At least initially, the re/insurer may wish to keep its options open as to which remedy to pursue, and even later on in the process it is not uncommon for parties to make alternative arguments in dispute resolution procedures. On the other hand, it could be argued that avoidance and a variation of terms are mutually inconsistent. Following *ABN AMRO*, it is important that a re/insurer is clear in its communications with the re/insured on which basis it conducts its defence to a claim and reserves its rights as regards avoidance. By pleading avoidance and another Sch.1 remedy in the alternative, the re/insurer is saying that, but for the breach, it would have refused to write the risk but, even if it had accepted the risk, it would have done so on different terms. This is, in our opinion, the opposite of an affirmation of the contract: the re/insurer elects "avoidance" of the contract to the extent that the remedy is available under the IA 2015 Sch.1. We do, however, foresee that a re/insurer that is pleading avoidance and another remedy in the alternative could run into evidential difficulties on "2nd stage inducement": it may be challenging to produce documentary and/or witness evidence that supports both hypothetical positions that, in the absence of the qualifying breach, the re/insurer would not have entered into the contract on any terms AND the re/insurer would have entered into the contract on different terms.

Timing and delay In *McCormick v National Motor*, Scrutton LJ also stated[425] that once he has knowledge of all the facts, the underwriter has a reasonable time to make up his mind whether or not to affirm the contract. In *Iron Trades v Comphania de Seguros* Hobhouse J (as he then was) said:

6-107

---

[422] *WISE Underwriting Agency Ltd v Grupo Nacional Provincial SA* [2004] EWCA Civ 962.
[423] *WISE Underwriting Agency Ltd v Grupo Nacional Provincial SA* [2004] EWCA Civ 962 at [92] per Rix LJ
[424] *ABN Amro Bank N.V. v Royal & Sun Alliance Insurance plc* [2021] EWHC 442 (Comm) [542] per Jacobs J.
[425] *McCormick v National Motor and Accident Insurance Union Ltd* (1934) 49 LL.L. Rep. 361.

"The insurer is under no obligation to elect to treat the contract as at an end within any particular length of time and accordingly more [sic] delay, without more, does not deprive him of his right to do so."[426]

Hobhouse J went on to say:

"Where the insurer simply delays in exercising his right after he has the relevant knowledge, he will lose his right if the delay is such as to evidence that the insurer had in truth decided to accept liability or has prejudiced the rights of the assured or caused third party rights to intervene".[427]

In *General Accident Fire & Life Assurance Corp Ltd v Campbell*,[428] where an underwriter had notice of a "suspicious circumstance *which did in fact raise his suspicions*" (Emphasis added), Branson J. held[429] that he knew at that date facts which would entitle him to repudiate liability on the policy. In *CTI v Oceanus*, Stephenson L.J. said of the material misrepresentations in that case: "A detective might have discovered them, but an underwriter is not a detective ..."[430] Whether an underwriter, having the requisite knowledge, "acts in a way which is only consistent with an intention not to treat the contract as at an end" may, as *Pan Atlantic v Pine Top* illustrates, require a very careful analysis by the judge of communications between the parties. In *Pan Atlantic v Pine Top*, having acquired the requisite knowledge at a meeting, it was held that the defendant reinsurers:

"... were entitled to take time to consider whether or not to avoid; delay of itself will not amount to affirmation at least until it can be said to evidence acceptance of liability ..."[431]

The plaintiff reinsured relied upon a letter, which was not marked "without prejudice", and which stated in its material part as follows:

"We regret our proposal, which is our final offer, is not acceptable. We are prepared, if necessary, to defend our position in particular as to 1982 on the basis of misrepresentation at inception. Nevertheless, we call upon you to allow us our right to inspect."

The defendants contended that the letter was written in the course of without prejudice negotiations, and was therefore effectively without prejudice and could not be looked at. Waller J said:

"In my view, that letter is not without prejudice but, even if it were, it seems to me that if a contractual right were being exercised, albeit during or at the end of a without prejudice meeting or at the end of without prejudice correspondence, it could still be relied on provided it fell within the requirement of being an act which was 'only consistent with an intention not to treat the contract as at an end'."[432]

Waller J concluded, however, that the assertion by the defendants that they intended to defend their position on the basis of misrepresentation at inception while calling upon the plaintiffs to allow inspection, was:

---

[426] *Iron Trades v Companhia De Seguros* [1991] 1 Re L.R. 213 at 225. See also the dicta of Waller J in *Pan Atlantic v Pine Top* [1992] 1 Lloyd's Rep. 101, cited below.
[427] *Iron Trades v Comphania De Seguros* [1991] 1 Re. L.R. 213 citing *Allen v Robles* [1969] 3 All E.R. 154; *Liberian Insurance Agency Inc. v Mosse* [1977] 2 Lloyd's Rep. 560.
[428] *General Accident Fire & Life Assurance Corp Ltd v Campbell* (1925) 21 Ll.L.R. 151.
[429] *General Accident v Campbell* (1925) 21 LL.L.R. 151 at 158.
[430] *CTI v Oceanus* [1984] 1 Lloyd's Rep. 476 at 529.
[431] *Pan Atlantic v Pine Top* [1992] 1 Lloyd's Rep. 101 at 107 per Waller J. And see *Callaghan v Thomson* [2000] Lloyd's Rep. I.R. 125 (above).
[432] *Pan Atlantic v Pine Top* [1992] 1 Lloyd's Rep. 101 at 107.

"... more consistent with a maintenance of a right of avoidance, and a request to allow inspection nevertheless, than a simple exercise of a contractual right."

His decision was affirmed on appeal. The facts of *Iron Trades v Comphania de Seguros*[433] should be contrasted. In that case the defendant reinsurers, in full knowledge of the facts upon which they subsequently relied as providing grounds for avoidance, invoked their contractual rights to inspect without any form of reservation of the right to avoid. Their conduct was held to be an unequivocal affirmation of the contract.

In *Simner v New India Assurance Co Ltd*,[434] the underwriter had signed an endorsement to the contract without the requisite knowledge which would give rise to the right to avoid, but became aware of the facts two months later. Judge Diamond QC said that once the underwriter:

"... had obtained such knowledge and had failed within a reasonable time to countermand the endorsement, he must be held to be making a continuing representation on behalf of [the reinsurer] that the information material to the reinsurance was as set out in the schedule and bordereaux and that, by doing so, he elected not to exercise the right to avoid the contract on the basis of such information."[435]

Waiver and Estoppel

Waiver An election to affirm a contract "once made is final; it is not dependent upon reliance on it by the other party".[436] "Election is ... applicable where a party has a right to choose between two things."[437] Now that there are a number of potentially applicable remedies to a qualifying breach that is neither deliberate nor reckless, an election can be made in relation to a qualifying breach:

(1) to affirm the contract if the remedy is avoidance (see 6-102 to 6-107 above), or

(2) to waive a qualifying breach which would entitle the (re)insurer to the remedies of variation of terms and/or proportionate reduction of a claim, or to waive his entitlement to those remedies.

6-108

A waiver in relation to remedies must not be confused with a waiver in relation to material information that should be disclosed by the (re)insured to discharge its pre-contractual duty of fair presentation.[438] An election to decline an available remedy can only take place once there has been a qualifying breach. The same requirements that apply to an election to affirm should apply mutatis mutandis to the election to waive another remedy available in respect of a qualifying breach of the duty of fair presentation:

(a) "[W]ith knowledge of the relevant facts [giving rise to the remedy] he has acted in a manner which is consistent only with his having chosen one of the two alternative and inconsistent courses then open to him" (i.e. to decline or exercise the available remedy)[439]; and

---

[433] *Iron Trades v Companhia De Seguros* [1991] 1 Re. L.R. 213.
[434] *Simner v New India Assurance Co Ltd* [1995] L.R.L.R. 240.
[435] *Simner v New India Assurance Co Ltd* [1995] L.R.L.R. 240 at 260.
[436] *The "Kanchenjunga"* [1990] 1 Lloyd's Rep. 391 at 399 per Lord Goff.
[437] *Super Chem Products Ltd v American Life Insurance Co Ltd* [2004] UKPC 2 at [21] per Lord Steyn—citing *"The Kanchenjunga"* [1990] 1 Lloyd's Rep. 391 at 398.
[438] See 6-069 above.
[439] *The "Kanchenjunga"* [1990] 1 Lloyd's Rep. 391 at 399 per Lord Goff.

(b) The election must be communicated—either by words or by conduct—in clear and unequivocal terms.[440]

6-109 **Estoppel** Equitable estoppel is different from an election and:

> "... requires an unequivocal representation by one party that he will not insist upon his legal rights against the other party, and such reliance by the representee as will render it inequitable for the representor to go back upon his representation. No question arises of any particular knowledge on the part of the representor, and the estoppel may be suspensory only."[441]

> "The concepts of waiver and estoppel have often been explained. Generally, waiver is of a unilateral character: it involves giving up something. Estoppel by representation is bilateral in character and focuses on the impact on the representee."[442]

In *HIH Casualty and General Insurance Ltd v Axa Corporate Solutions*[443] the claimant insurer (HIH) was in dispute with its quota share reinsurers (including Axa) in respect of pecuniary loss indemnity insurance written by HIH to cover loss by the financiers of two "slates" of films. HIH had paid its insured over $31 million in settlement of claims under the insurance but the reinsurers contended that HIH was not liable and that they were not liable under the reinsurance. One of the defences raised by the reinsurers was that both the insurance and reinsurance contained warranties as to the number of films which would be made: six in the "7.23" slate and ten in the "Rojak" slate. By the expiry of the policy periods only five and seven films respectively had been made. The Commercial Court decided as a preliminary issue[444] that the six film and ten film slate terms were terms of the insurance and reinsurance and were warranties and that accordingly HIH and its insured were in breach of warranty. That decision was affirmed by the Court of Appeal. The Court of Appeal also approved the judge's statement of the principles governing waiver by estoppel:

> "Waiver by estoppel or promissory estoppel, as it is more commonly described, involves a clear and unequivocal representation that the reinsurer (or insurer) will not stand on its right to treat the cover as having been discharged on which the insurer (or insured) has relied in circumstances in which it would be inequitable to allow the reinsurer (or insurer) to resile from its representation. In my judgment it is of the essence of this plea that the representation must go to the willingness of that the representor to forgo its rights. If all that appears to the representee is that the representor believes that the cover continues in place, without the slightest indication that the representor is aware that it could take the point that cover had been discharged (but was not going to take the point) there would be no inequity in permitting the representor to stand on its rights. Otherwise rights will be lost in total ignorance that they ever existed and, more to the point, the representee will be in a position to deny the representor those rights in circumstances in which it never had any inkling the representor was prepared to waive those rights. *It is of the essence of the doctrine of promissory estoppel that one side is reasonably seen by the other to be forgoing its rights.*"[445] [Emphasis added]

The Court of Appeal agreed with the judge's finding that estoppel required a clear

---

[440] *Argo Systems FZE v Liberty Insurance Pte Ltd* [2011] EWCA Civ 1572 at [44]-[47] per Aikens LJ.
[441] *The "Kanchenjunga"* [1990] 1 Lloyd's Rep. 391 at 399 per Lord Goff.
[442] *Super Chem v American Life Insurance* [2004] UKPC 2 at [21] per Lord Steyn.
[443] *HIH Casualty and General Insurance Ltd v Axa Corporate Solutions* [2003] Lloyd's Rep. I.R. 1.
[444] See *HIH Casualty and General Insurance Ltd v New Hampshire Insurance Co Ltd* [2001] 1 Lloyd's Rep. 378 (below).
[445] *HIH Casualty v Axa Corporate Solutions* [2002] Lloyd's Rep. I.R. 325 at 330–331 per Jules Sher QC.

and unequivocal representation by the insurer and that Axa's conduct did not amount to an unequivocal representation that it would not enforce its rights. Silence could only amount to a representation where there was a duty to speak. It was not enough, following The *"Kanchenjunga"* to show that Axa was aware of the relevant facts which constituted the breach of warranty. There was no evidence that HIH relied upon a representation by Axa that it would not enforce its right to treat the cover as discharged. The Court of Appeal rejected HIH's argument that Axa adopted a course of conduct which was inconsistent with its right to treat the cover as discharged in circumstances which suggested that it was content to abandon any rights which it might enjoy as a result of the reduction in the number of films. Axa's conduct was best characterised as silence or inactivity, not in the face of a claim but in the context of a continuing contractual relationship where it was not possible on the information available to say precisely when the breaches of warranty actually occurred. The fact that Axa called for risk management reports said nothing about its reaction to the information in those reports about the reduction in the number of films. Conduct from which it might be inferred that Axa thought it was still on risk did not of itself amount to a representation that it would not enforce a right or rights. Therefore the judge was right to conclude that Axa did not make a clear and unequivocal representation of the kind required to found the waiver alleged.

We consider that estoppel has a role to play in relation to the whole range of remedies available under Sch.1 to the IA 2015. If the (re)insurer, knowing that there has been an unfair presentation of the risk by the (re)insured, carries on charging the same premium and does not ask for a variation of terms there may come a point in time when he should be regarded as having represented that he would not enforce its rights to those remedies. Detrimental reliance on that representation by the (re)insured could perhaps be demonstrated if the reinsured—knowing that there had been a breach entitling the (re)insurer to a remedy- considered, but rejected, (re)insurance cover for the risk on better terms from another reinsurer and treated an existing claim under its reinsurance as covered in full.

6-110

It is unclear, however, how the courts would approach the question whether an affirmation of the contract following a non-deliberate/non-reckless qualifying breach precludes the (re)insurer from pursuing remedies other than avoidance. Arguably, unless the (re)insurer unequivocally represented that he would proceed with the contract on the same terms and the same premium, the remedies relating to a variation of terms and proportionate reduction of claims should still be available even if an election to affirm has been made. However, we foresee difficulties with proving "2nd stage inducement":[446] i.e. the argument that the (re)insurer was entitled to avoid because in the absence of the qualifying breach, the (re) insurer would not have entered into the contract on any terms, is inconsistent with the argument that the (re)insurer is entitled to a variation of terms and/or a proportionate reduction of any claims payments, because in the absence of the qualifying breach, the (re) insurer would have entered into the contract on different terms and/or charged a higher premium. Whilst "inducement" for either the remedy of avoidance, or the Sch.1 paras 5 and 6 remedies (variation of terms and proportionate reduction of claims) could be pleaded in the alternative, if it is successfully pleaded that the (re)insurer would not have entered the contract at all and is therefore entitled to avoid, he cannot then say that he would have insisted on amended terms or a higher premium.

We add for completeness' sake that estoppel arguments are not the preserve of the re/insured and are not limited to the fair presentation context. In *ABN AMRO*

---

[446] See 6-097 and 6-099 above.

Bank NV v Royal and Sun Alliance Insurance Plc,[447] the insurer (unsuccessfully) run an argument that an estoppel by convention would preclude the insured from relying on the policy terms, the TPC and the NAC (for facts of the case see 6-077 and 6-106 above). In *World Challenge Expeditions Ltd v Zurich Insurance Plc*,[448] the court held that a travel insurer was estopped from denying coverage for a travel agent in respect of customer refunds after trips were cancelled, although such refunds were not covered under the policy, because numerous claims had been paid under earlier identically worded policies with the same insurer.

Material non-disclosure under Bermuda law

6-111   Neither the MIA 1906 nor the IA 2015 extends to Bermuda. However, insofar as the MIA 1906 codifies the common law, the restatement of the common law by the House of Lords in *Pan Atlantic v Pine Top*[449] is highly persuasive authority in Bermuda and, as appears from the cases referred to below, it has been followed in the context of motor insurance. In addition, the Bermuda Courts are bound by Privy Council authority. In *Zeller v British Caymanian Insurance Co Ltd* (a case concerning a health insurance policy in which it was alleged the insured had not filled out the application form accurately) Lord Bingham referred to:

> "… two very well-settled principles of insurance law: that the duty to disclose all material facts (the rule of uberrima fides or utmost good faith) applies to all classes of insurance, and that the question in every case is whether the fact was disclosed was material to the risk, and not whether the insured, reasonably or otherwise, believed it to be so."[450]

However, the Privy Council held that as a matter of construction of the application form, the basis of the contract was that the statements made by the insured in the application form were true to the best of his knowledge and belief. The insured was therefore held not have been guilty of non-disclosure because he had answered the questions truthfully.[451]

There are reported decisions of the Supreme Court of Bermuda on misrepresentation/non-disclosure issues relating to private motor insurance policies.[452] In both cases the insurer was held to have been entitled to avoid on the basis of misrepresentations/failures to disclose by the insured of prior road traffic convictions. In *Colonial Insurance v Majors and Baisden*, Bell J (as he then was) set out the position:

> "… as I understand it, without reference to the authorities. That position is that an insurer who wishes to avoid a policy for breach of the duty of utmost good faith must prove two separate matters:
>
> i. the fact withheld or mis-stated was material; and
> ii. the insurer was induced by the insured's presentation to enter into the contract.
>
> While the test in relation to the former is objective that in relation to the latter is subjective."[453]

6-112   Materiality had been conceded in the *Colonial* case. The only question was

---

[447] *ABN AMRO Bank NV v Royal and Sun Alliance Insurance Plc* [2021] EWCA Civ 1789.
[448] [2023] EWHC 1696 (Comm); [2023] Bus. L.R. 1731.
[449] *Pan Atlantic v Pine Top* [1994] 2 Lloyd's Rep. 427.
[450] *Zeller v British Caymanian Insurance Co Ltd* [2008] UKPC 4 at [17].
[451] *Economides v Commercial Union* [1998] Lloyd's Rep. I.R. 9 (discussed below at 6-040) was applied.
[452] *Colonial Insurance Co Ltd v Majors and Baisden* [2008] Bda L.R. 13; *Argus Insurance Co Ltd* [2008] Bda L.R. 26.
[453] *Colonial Insurance v Majors and Baisden* [2008] Bda L.R. 13 at [16].

inducement. Bell J accepted the evidence of the underwriter that, if she had been informed of the insured's speeding convictions, the company's "automatic decline" policy" would have been applied. He added that, even if the insured had produced extraordinary mitigating circumstances to cause the insurer to re-think its "automatic decline" policy, he was absolutely satisfied on the evidence that the underwriter would have charged a significant additional premium. In *Argus* the proposal form allowed the insurer to avoid if:

"… the Proposer for a contract … knowingly misrepresents or fails to disclose in the proposal any material fact which is likely to influence Argus' acceptance and assessment of the Proposal …"

The proposal form had been filled out by the insured's wife who failed to disclose his speeding conviction. Bell J said:

"The declaration simply requires an acknowledgement form the proposer that the information given in the proposal form is true. The agent's position can be no better than the principal's in relation to the non-disclosure …"

A subsequent case relating to the insurance of racing cars in the United States, of *Capital Security Ltd. v Woodruff*[454] involved fraudulent misrepresentation where the policy in question expressly stated that coverage would not be available for vehicles exceeding a certain elapsed race time. Video evidence clearly showed that the defendant's vehicle exceeded the limit and, as the policy would not have been available had this been known, this was found to be a material representation, and the contract void ab initio. As there was evidence that the policy had been obtained through fraudulent misrepresentation, Subair Williams AJ was persuaded by the decision in *Feise v Parkinson*,[455] that if there has been fraud by the insured, the insurer is no longer required to return any premiums paid, which would have been required had the misrepresentation been negligent or innocent.

Given the almost universal use of arbitration clauses by the Bermuda market, a dispute relating to avoidance of a reinsurance contract is unlikely to find its way into the Bermuda Commercial Court. We have no doubt that if it were to do so, *Pan Atlantic v Pine Top* would be applied.[456] We also think that commercial arbitrators in Bermuda arbitrations are likely to apply the *Pan Atlantic v Pine Top* test, subject to one caveat. We have already referred to the practice of underwriters in Bermuda to require full underwriting submissions and to discuss the risk in detail at an underwriting meeting. It is common for detailed written questions to be submitted. Although there is English authority for the proposition that an underwriter is under no obligation to ask questions,[457] we can foresee arguments being made (by reference to evidence of Bermuda market practice) that an underwriter in Bermuda has waived any requirement to disclose information relating to any matter in respect of which no question was asked. For this reason, it is not uncommon to see standard form written questions to include a catch all provision (similar to what one might expect to see in a proposal form for consumer insurance) asking for disclosure of any and all material information known to the (re)insured which the (re)insurer may

---

[454] [2018] Bda LR 46 (it is noted that the defendant in the case did not appear and was not represented at the trial of the action).

[455] *Feise v Parkinson* 128 E.R. 482; (1812) 4 Taunt. 640.

[456] The doubts we expressed in earlier editions have been resolved by Bell J's restatement of the test (albeit without attribution to the House of Lords) in the *Colonial* case, as discussed in Pt 4 below. However, this will change when the IA 2015 comes into force.

[457] *Greenhill v Federal Co Ltd* [1927] 1 K.B. 65 at 85 per Scrutton LJ.

reasonably regard as material to the risk. Nonetheless, in a market such as Bermuda, where the practice is for detailed written questions to be submitted, an underwriter is likely to have a more difficult time persuading commercial arbitrators, of either materiality or inducement, with respect to an undisclosed fact which was not the subject of a specific question, than a judge applying the strict letter of the law.

4. THE PRINCIPLE OF UTMOST GOOD FAITH

Historical context and structure

6-113   In Pt 2 we looked at the reinsured's pre-contractual information duties which, in their previous incarnation of the duty of disclosure and the duty not to make misrepresentations, were regarded as (the most significant) aspects of the principle of utmost good faith.[458] This analysis goes back to the case of *Carter v Boehm*,[459] in which Lord Mansfield extrapolated a duty of disclosure from a generally applicable principle of good faith:

> The governing principle is applicable to all contracts and dealings. Good faith *forbids either party* by concealing what he privately knows, to draw the other into a bargain, from his ignorance of that fact, and his believing the contrary."[460] [Emphasis added]

Notably, Lord Mansfield speaks of "good faith" not "*utmost* good faith". It will also be noted that Lord Mansfield considered that the principle of good faith "is applicable to all contracts and dealings".[461] The development of the law in subsequent cases did not favour Lord Mansfield's broadly stated proposition,[462] and the principle of utmost good faith or uberrima fides, in general, is confined to contracts

---

[458] *Manifest Shipping Co Ltd v Uni-Polaris Insurance Co Ltd (The Star Sea)* [2001] UKHL 1 at [41]-[57] per Lord Hobhouse; H. Bennett, "Mapping the doctrine of utmost good faith in insurance contract law" [1999] LMCLQ 165.
[459] *Carter v Boehm* (1766) 3 Burr. 1905.
[460] *Carter v Boehm* (1766) 3 Burr. 1905 at 1909. As noted above, the principle of utmost good faith did not survive as a principle applicable to all types of contracts.
[461] *The "Star Sea"* [2001] 1 Lloyd's Rep. 389 at 398 per Lord Hobhouse: "It was probably the need to distinguish those transactions to which Lord Mansfield's principle still applied which led to the coining of the phrases 'utmost' good faith and 'uberrimae fidei', phrases not used by Lord Mansfield and which only seem to have become current in the 19th Century. Storey used the expression 'greatest good faith', Wharton 'the most abundant good faith'; a Scottish law dictionary (Traynor) used 'the most full and copious' good faith; some English judges referred to 'perfect' good faith (Willes J, *Britton v Royal Ins Co* (1866) 4 F&F 905) and Lord Cockburn C.J., to 'full and perfect faith' (*Bates v Hewitt* (1867) L.R. 2 Q.B. 595 at p.607). But 'utmost' became the most commonly used epithet and its place was assured by its use in the 1906 Act. The connotation appears to be the most extensive, rather than the 'greatest' good faith. The Latin phrase was likewise a later introduction. It has been suggested that its use may have been inspired by the use of similar language in Book IV of the Codex of Justinian (4.37.3) in relation to the contract of partnership. The best view seems to be that it had been unknown to Roman law and had no equivalent in Roman law: *Mutual and Federal Ins Co Municipality v Oudtshoorn* 1985 (1) SA 419 per Joubert JA at p.432. The first recorded use of the phrase in the law reports was by Lord Commissioner Rolfe (later Lord Cranworth L.C.) in *Dalglish v Jarvie* (1850) 2 Mac & G 231 at 243 in connection with the duty of disclosure to the court which arises when an ex parte application is made for an injunction; the phrase was however already current by that date as the judgment shows."
[462] *The "Star Sea"* [2001] 1 Lloyd's Rep. 389 at 399 per Lord Hobhouse: "Lord Mansfield's universal proposition did not survive. The commercial and mercantile law of England developed in a different direction preferring the benefits of simplicity and certainty which follow from requiring those engaging in commerce to look after their own interests."

of insurance and reinsurance.[463] Section 17 of the MIA 1906, which codified the common law and applies to all contracts of insurance and reinsurance, is entitled "Insurance is uberrimae fidei" and stated in its original form:

> "A contract of marine insurance is a contract based upon the utmost good faith, and, *if the utmost good faith is not observed by either party*, the contract may be avoided by the other party."[464] [Emphasis added]

As Lord Mansfield said, and as we have seen, s.17 of the MIA 1906 provides that the duty of utmost good faith is *reciprocal*, although instances where the reinsurer will be in breach of this duty are rare. Whilst the pre-contractual information duties of the reinsured come to an end once the contract is concluded, other aspects of the duty of utmost good faith continue to apply for the duration of the contract. As we shall see below, under the pre-IA 2015 law, it was generally accepted that there was a continuing or reviving duty of utmost good faith but its precise ambit, and the applicability of the remedy of avoidance post-inception, or indeed the availability of any other remedy, are unclear and somewhat controversial.

The IA 2015 takes a different approach: the principle of utmost good faith survives but it seems not as a distinct duty of conduct on both parties but as "an interpretative principle"[465] intended to guide the interpretation of more specific duties (such as the (re)insured's duty of fair presentation, the (re)insured's duty in respect of claims, and the (re)insurer's duty to pay claims within a reasonable time) imposed, or contemplated, by the IA 2015.[466] This approach is also reflected in the duty-specific remedy regimes—e.g. the proportionate remedies regime in Sch.1 to the IA 2015 for qualifying breaches of the duty of fair presentation, the remedies in s.12 of the IA 2015 in relation to fraudulent claims, and the remedies in s.13A(5) of the IA 2015—and the abolition of the remedy of avoidance in relation to the general duty of utmost good faith. Interestingly, the reciprocal duty of utmost good faith is now making a come-back in the guise of the Insurance Distribution Directive[467] which requires UK (EU)-authorised insurers that sell insurance directly to "always act honestly, fairly and professionally in accordance with the best interests of their customers."

6-114

Part 3 is divided into two sections: first, we will consider the (re)insured's continuing duty of utmost good faith pre- and under the IA 2015; and secondly, we will look at the reinsurer's duty of utmost good faith pre- and under the IA 2015.

6-115

---

[463] See e.g. *GMA v Storebrand and Kansa* [1995] L.R.L.R. 333—indemnity agreement in respect of liabilities arising under reinsurance contract held not to be a contract subject to the principle of utmost good faith—below, Ch.10; *SAIL v Farex* [1995] L.R.L.R. 116—line slip not a reinsurance contract—see Ch.3, 3-056 above, and Ch.9, 9-020 below; *Pryke v Gibbs Hartley Cooper Ltd* [1991] 1 Lloyd's Rep. 602—binding authority not an insurance contract nor a contract uberrimae fidei, Ch.10, 10-027 below.

[464] MIA 1906 ss.17-20 have been held declaratory of the common law as regards non-marine insurance—see *Pan Atlantic Insurance Co. Ltd. v Pine Top Insurance Co Ltd* [1995] 1 AC 501 (HL) 518 (Mustill LJ). Section 17 has now been amended by the IA 2015 s.14(3) so that "and, if the utmost good faith is not observed by either party, the contract may be avoided by the other party." has been omitted.

[465] HM Treasury, *Explanatory Notes to Insurance Act 2015*, para.116.

[466] The Law Commission and The Scottish Law Commission, *Insurance Contract Law: Business Disclosure; Warranties; Insurer's Remedies for Fraudulent Claims; and Late Payment* (Law Com. No.353, July 2014), para.30.23.

[467] Directive 2016/97/EU of the European Parliament and of the Council of 20 January 2016 on insurance distribution (recast) art.17(1). Also see Ch.15.

The (re)insured's continuing duty of utmost good faith

The juridical basis and the remedy of avoidance

6-116 **The "Star Sea"** In *Manifest Shipping Co Ltd v Uni-Polaris Insurance Co Ltd (The "Star Sea")*, Greek ship owners sued underwriters under a marine policy following the constructive total loss of their vessel as a result of a fire. Underwriters raised two defences. First, they relied on s.39(5) of the MIA 1906, which provides a defence to liability where, "with the privity of the assured, the ship is sent to sea in an unseaworthy state". The underwriters alleged that the owners had "blind-eye knowledge" of the unseaworthy condition of the vessel, namely the defectiveness of the funnel dampers (which meant that the engine room could not be sealed) and the fact that the CO_2 fire extinguishing system had been poorly maintained and was not working properly. Secondly, they relied on s.17 of the MIA 1906. The underwriters alleged that the owners were in breach of the duty of utmost good faith by failing to disclose the facts relating to an earlier fire aboard another vessel, "*Kastora*", at the time the underwriters' solicitors were investigating the "*Star Sea*" claim.

Tuckey J[468] found in favour of the underwriters on the unseaworthiness point, but found that the s.17 point failed both on the law and the facts. Both sides appealed. The Court of Appeal[469] reversed certain of Tuckey J's findings of fact on the unseaworthiness point, dismissed the underwriters' cross-appeal on the s.17 point, and entered judgment for the owners. The House of Lords[470] upheld the decision of the Court of Appeal.

Lord Hobhouse, who gave the leading speech in *The "Star Sea"*, noted that there was common ground between counsel with regard to the duty of utmost good faith in three respects. First, that the principle of utmost good faith is not confined to marine insurance, it is applicable to all forms of insurance and is mutual, as s.17 confirms by using the phrase "if the utmost good faith be not observed by either party". Secondly, that the utmost good faith is a principle of fair dealing which does not come to an end when the contract has been made. Thirdly that the decision of the Court of Appeal in the *Gemstones* case[471] is good law and that there is no remedy in damages for any want of good faith.

> "It follows from this that the principle relied upon by the defendants is not an implied term but is a principle of law which is sufficient to avoid the contract retrospectively."[472]

6-117 Lord Hobhouse proceeded to distinguish between a contractual obligation of good faith in the performance of a contract (the primary remedy for breach of which was damages) and the legal duty imposed by s.17. He said:

> "The right to avoid referred to in section 17 is different. It applies retrospectively. It enables the aggrieved party to rescind the contract ab initio. Thus he totally nullifies the contract. Everything done under the contract is liable to be undone. If any adjustment of the parties' financial positions is to take place, it is done under the law of restitution not under the law of contract. This is appropriate where the cause, the want of good faith, has preceded and been material to the making of the contract. But, where the want of good

---

[468] *The "Star Sea"* [1995] 1 Lloyd's Rep. 651.
[469] *The "Star Sea"* [1997] 1 Lloyd's Rep. 360.
[470] *The "Star Sea"* [2001] 1 Lloyd's Rep. 389.
[471] *Banque Keyser Ullmann SA v Skandia (UK) Insurance Co Ltd* [1990] 1 Q.B. 665.
[472] *The "Sea Star"* [2001] 1 Lloyd's Rep. 389 at 400, [49] per Lord Hobhouse.

faith first occurs later, it becomes anomalous and disproportionate that it should be so categorised and entitle the aggrieved party to such an outcome. But this will be the effect of accepting the defendants' argument. The result is effectively penal. Where a fully enforceable contract has been entered into insuring the assured, say, for a period of a year, the premium has been paid, a claim for a loss covered by the insurance has arisen and been paid, but later, towards the end of the period, the assured fails in some respect fully to discharge his duty of complete good faith, the insurer is able not only to treat himself as discharged from further liability but can also undo all that has perfectly properly gone before. This cannot be reconciled with principle. No principle of this breadth is supported by any authority whether before or after the Act. It would be possible to draft a contractual term which would have such an effect but it would be an improbable term for the parties to agree to and difficult if not impossible to justify as an implied term. The failure may well be wholly immaterial to anything that has gone before or will happen subsequently."[473]

Lord Hobhouse doubted the correctness of the decision of Hirst J in *The "Litsion Pride"*[474] Having considered the a number of authorities,[475] he said:

"These authorities show that there is a clear distinction to be made between the pre-contract duty of disclosure and any duty of disclosure which may exist after the contract has been made. It is not right to reason, as the defendants submitted that your Lordships should, from the existence of an extensive duty pre-contract positively to disclose all material facts to the conclusion that post-contract there is a similarly extensive obligation to disclose all facts which the insurer has an interest in knowing and which might affect his conduct. The courts have consistently set their face against allowing the assured's duty of good faith to be used by the insurer as an instrument for enabling the insurer himself to act in bad faith. An inevitable consequence in the post-contract situation is that the remedy of avoidance of the contract is in practical terms wholly one-sided. It is a remedy of value to the insurer and, if the defendants' argument is accepted, of disproportionate benefit to him; it enables him to escape retrospectively the liability to indemnify which he has previously and (on this hypothesis) validly undertaken. Save possibly for some types of reinsurance treaty, it is hard to think of circumstances where an assured will stand to benefit from the avoidance of the policy for something that has occurred after the contract has been entered into; the hypothesis of continuing dealings with each other will normally postulate some claim having been made by the assured under the policy."[476]

Lord Hobhouse concluded that:

6-118

"[F]or the defendants to succeed under this part of the case the defendants have to show that the claim was made fraudulently. They have failed to obtain a finding of fraud. It is not enough that until part of the way through the trial the owners (without fraudulent intent) failed to disclose to the defendants all the documents and information which the defendants would have wished to see in order to provide them with some, albeit inadequate, evidential support for their alleged defence under section 39(5). The defence under section 17 fails."[477]

---

[473] *The "Star Sea"* [2001] 1 Lloyd's Rep. 389 at 400, [50].
[474] *Black King Shipping Corp v Massie (The Litsion Pride)* [1985] 1 Lloyd's Rep. 437.
[475] *Lishman v Northern Maritime Insurance Co* (1875) L.R. 10 C.P. 179; *Cory v Patton* (1872) L.R. 7 Q.B. 304; *Niger Co v Guardian Assurance Co* (1922) 13 Ll. L. R. 75.
[476] *The "Star Sea"* [2001] 1 Lloyd's Rep. 389 at 401, [57].
[477] *The "Star Sea"* [2001] 1 Lloyd's Rep. 389 at 405–406, [72]. We discuss below Lord Hobhouse's observations on the nature and effect of a fraudulent claim.

6-119 **The "Mercandian Continent"** In *K/S Merc-Scandia XXXXII v Lloyd's Underwriters (The "Mercandian Continent")*[478] the claimants were the owners of a vessel which had been repaired in a Trinidadian shipyard in 1988. Repairs to the engine were negligently performed so that the engine exploded causing damage to the vessel and loss of use. The claimants made a claim against the shipyard. In 1989 the shipyard agreed to subject the dispute to English jurisdiction. The shipyard's liability insurers ("the underwriters") took over the defence of the claim and received advice (which subsequently turned out to be wrong) that the shipyard's statutory right to limit its liability was more favourable under the law of Trinidad. The underwriters' loss adjusters had advised that the claim would be covered by the policy. The claimants issued English proceedings. The underwriters challenged English jurisdiction on the basis of a 1 July 1988 letter from the shipyard/assured to the claimants which appeared to show that the 1989 jurisdiction agreement was made without authority. In 1993 it was discovered that the 1 July 1988 letter was a forgery and that the limitation regime was the same in Trinidad and England. The challenge to English jurisdiction was abandoned. The underwriters purported to avoid the insurance contract on the ground that the forged letter was a breach of the assured's duty of utmost good faith. The claimants obtained judgment against the shipyard. Liability was not contested. The shipyard went into insolvent liquidation and the claimants pursued the shipyard's liability insurance claim against the underwriters pursuant to the Third Parties (Rights Against Insurers) Act 1930. The underwriters relied on two defences: avoidance for breach of the duty of utmost good faith; alternatively, breach of one of the general conditions of the policy which required the assured to keep the insurers "fully advised" in the event of any occurrence which might result in a claim.

Aikens J,[479] following the decision of Rix J in *Royal Boskalis Westminster NV v Mountain*[480] and of the Court of Appeal in *The "Star Sea"*,[481] held that the post-contractual duty of good faith did not apply unless (a) the insurer was being invited to renew his "speculation" or "risque" or (b) the assured was prosecuting or pursuing a claim on the policy. The assured was under a duty not to present or pursue a fraudulent claim and any fraud had to be material to the insurer's ultimate liability on a claim on the policy. The forged letter had been produced by the ship repair yard to "assist" the solicitors appointed by underwriters on an interlocutory point concerning the defence of a third party's claim against the assured which was otherwise covered under the liability policy. The forged letter was legally irrelevant to the merits of the claim under the liability policy. On that basis, there being no fraud in relation to the presentation of the claim by the assured and no defence to the substantive claim, Aikens J held that the duty of utmost good faith did not operate and the insurers were not entitled to avoid under s.17 of the MIA 1906.

Aikens J also held that the condition requiring the assured to keep underwriters fully advised was an innominate term, with the result that in order to reject the claim for breach of that term, underwriters had to show that the consequences of the breach were serious[482] and they failed to do so. Accordingly, Aikens J gave judgment for the ship owners.

---

[478] *K/S Merc-Scandia XXXXII v Lloyd's Underwriters (The "Mercandian Continent")* [2001] EWCA Civ 1275; [2001] Lloyd's Rep. I.R. 802.
[479] *The "Mercandian Continent"* [2000] 2 Lloyd's Rep. 357.
[480] *Royal Boskalis Westminster NV v Mountain* [1997] L.R.L.R. 523.
[481] *The "Star Sea"* [1997] 1 Lloyd's Rep. 360.
[482] Following *Alfred McAlpine Plc v BAI (Run-Off) Ltd* [2000] 1 Lloyds Rep. 437.

On appeal the underwriters argued that Aikens J was wrong, as a matter of 6-120
principle, to have identified post-contract "good faith occasions" and to have held
that no such occasion arose on the facts of the case. The duty of utmost good faith
as expressed in s.17 of the MIA 1906 applied in general terms throughout the
contract and any breach of good faith, certainly any fraudulent conduct by the assured, entitled underwriters to avoid. Longmore LJ (who gave the judgment of the
Court of Appeal) said that in *The "Star Sea"* the House of Lords "held that culpable
non-disclosure was insufficient to attract the drastic consequence of avoidance
provided by section 17". He noted that the present case differed from *The "Star
Sea"* in two important respects. First, the contract was not a property insurance
contract but a liability insurance contract. Secondly, the conduct of the assured
about which the underwriters complained was fraudulent instead of merely
culpable.

Longmore LJ remarked that:

> "[T]he scope of good faith obligations, once the contract has been concluded has been a
> matter of controversy ... Insurers' enthusiasm for the doctrine appears to have begun in
> *Piermay Shipping v Chester (The "Michael")* [1979] 2 Lloyd's Rep. 1 and the doctrine
> of itself reached a high point in *Black King Shipping v Massie (The "Litsion Pride")*
> [1985] 1 Lloyd's Rep. 437, since when there has been something of a retreat."

The correct starting point, in his view, was to analyse the relevant contractual
provisions first.[483] He concluded that the contractual defence failed, approving the
decision of Aikens J, and went on to consider the "good faith defence". The
underwriters relied upon an "overarching principle of good faith" and a literal reading of the words of s.17 of the MIA 1906. Counsel for the underwriters submitted
that, following *The "Star Sea"*:

> "[T]he only application of section 17 post contract was to cases of dishonesty but that in
> such cases the full apparent rigour of section 17 should be applied."[484]

Longmore LJ reviewed the authorities on the post-contractual duty of good 6-121
faith[485] and, referring to Lord Hobhouse's approach to the law on fraudulent claims
in *The "Star Sea"*[486] as an "admonition" to be kept in mind when construing s.17,
said:

---

[483] "One can readily understand that in the more usual case of pre-contract lack of good faith, the contract subsequently made between the parties cannot be a satisfactory starting-point; where, however, a contract has been made, it is somewhat perverse to apply to it principles of good faith which are traditionally applicable mainly in pre-contract situations": *The "Mercandian Continent"* [2001] Lloyd's Rep. I.R. 802 at [9] per Longmore LJ.

[484] *The "Mercandian Continent"* [2001] Lloyd's Rep. I.R. 802 at [24] per Longmore LJ.

[485] He discussed these under eight headings, which we consider further below.

[486] "On ordinary contractual principles it would be expected that any question as to what are the parties' rights in relation to anything which has occurred since the contract was made would be answered by construing the contract in accordance with its terms, both express and implied by law ... But it is also possible for principles drawn from the general law to apply to an existing contract—on the better view, frustration is an example of this as is the principle that a party should not be allowed to take advantage of his own unlawful act. It is such a principle upon which the [insurers] rely in the present case. As I have previously stated there are contractual remedies for breach of contract and repudiation which act prospectively and upon which the [insurers] do not rely. The potential is also there for the parties, if they so choose, to provide by their contract for remedies or consequences which would act retrospectively. All this shows that the courts should be cautious before extending to contractual relations principles of law which the parties could have themselves have incorporated into their contract if they had so chosen. The courts should likewise be prepared to examine the application of any such principle to the particular class of situation to see to what extent its applica-

> "It is well recognised that, before a contract can be avoided for pre-contract non-disclosure or misrepresentation, the fact not disclosed or misrepresented must have been material for a prudent underwriter to know when he was assessing the risk and must have induced the actual underwriter to write the risk. The requirement of materiality is emphasised in all three of the following sections of the 1906 Act and the requirement of inducement is part of the general law which, though not adverted to specifically in the Act, is understood to apply to insurance law generally and marine insurance in particular, see *Pan-Atlantic v Pine Top Insurance* [1995] 1 A.C. 501. *In my judgment these requirements which must exist before an underwriter can avoid for lack of good faith pre-contract must also apply, making due allowance for the change of context, where an underwriter seeks to avoid for lack of good faith or fraud in relation to post-contractual matters. In particular the requirement of inducement which exists for pre-contract lack of good faith must exist in an appropriate form before an underwriter can avoid the entire contract for post-contract lack of good faith.* It is in this context that Lord Hobhouse's admonition is particularly relevant because, as he points out, the insurer already has his contractual remedies for breach of contract and repudiation. The insurer can treat the insured as being in repudiation of what will normally be an innominate term of the contract if there is a serious breach or there is a breach with serious consequences for the insurer. Avoidance ab initio is an even more extreme form of contractual termination than an acceptance of repudiatory conduct and, for the extreme remedy of avoidance to be available, there must, in my view, be at least the same quality of conduct as would justify the insurer in accepting the insured's conduct as a repudiation of the contract. It is only in this way that the requirement of inducement for pre-contract conduct resulting in avoidance can be made to tally with post-contract conduct said to entitle the insurer to avoid the contract. *It would not be just to the insured to enable the insurer to by-pass the rights and duties imposed on the parties by the contract in order to enable him to claim the disproportionate remedy of avoidance, with the result that he can avoid liability for all other claims under the policy as well as the instant claim, without requiring that the conduct relied on be as serious as conduct which would be viewed as repudiatory.* In this way the operation of section 17 post-contract has the appropriate symmetry to the operation of the section pre-contract."[487] [Emphasis added]

Longmore LJ did not consider it to be open to the court "to decide that s.17 of the Act has no application after the formation of the contract", or to limit its application to "(1) cases analogous to the pre-contract context and (2) fraudulent claims."[488] He said:

> "It seems to me that the solution to the problem must be found in the somewhat broader context of the appropriate remedy, as I have indicated in paragraph 26 above. Section 17 states that the remedy is the remedy of avoidance but does not lay down the situations in which avoidance is appropriate. *It is, in my judgment, only appropriate to invoke the remedy of avoidance in a post-contractual context in situations analogous to situations where the insurer has a right to terminate for breach.* For this purpose (A) the fraud must be material in the sense that the fraud would have an effect on underwriters' ultimate liability as Rix J. held in *Royal Boskalis* and (B) the gravity of the fraud or its consequences must be such as would enable the underwriters, if they wished to do so, to terminate for breach of contract. Often these considerations will amount to the same thing; a materially fraudulent breach of good faith, once the contract has been made, will usually entitle

---

tion would reflect principles of public policy or the over-riding needs of justice. Where the application of the proposed principle would simply serve the interests of one party and do so in a disproportionate fashion, it is right to question whether the principle has been correctly formulated or is being correctly applied and it is right to question whether the codifying statute from which the right contended for is said to be drawn is being correctly construed": *The "Star Sea"* [2001] Lloyd's Rep. 389 at 402, [61] per Lord Hobhouse.

[487] *The "Mercandian Continent"* [2001] Lloyd's Rep. I.R. 802 at [26].
[488] *The "Mercandian Continent"* [2001] Lloyd's Rep. I.R. 802 at [34].

the insurers to terminate the contract. Conversely, fraudulent conduct entitling insurers to bring the contract to an end could only be material fraud. *It is in this way that the law of post-contract good faith can be aligned with the insurers' contractual remedies. The right to avoid the contract with retrospective effect is, therefore, only exercisable in circumstances where the innocent party would, in any event, be entitled to terminate the contract for breach.*"[489] [Emphasis added]

Thus, Longmore LJ rejected the analysis of Aikens J that there are only some occasions when the requirement of good faith exists post-contract and concluded that the duty of utmost good faith imposed by s.17 is a continuing one. He added the following caveat:

6-122

"If, however, I am wrong about that and there are defined categories of good faith arising post-contract, I would conclude that the giving of information, pursuant to an express or implied obligation to do so in the contract of insurance, is an occasion when good faith should be exercised. Since, however, the giving of information is essentially an obligation stemming from contract, the remedy for the insured fraudulently misinforming the insurer must be commensurate with the insurer's remedies for breach of contract. The insurer will not, therefore, be able to avoid the contract of insurance with retrospective effect unless he can show that the fraud was relevant to his ultimate liability under the policy and was such as would entitle him to terminate the insurance contract."[490]

Longmore LJ considered that, "the fraud was not relevant, ultimately, or at all, to insurers' liability". While, he emphasised that he did not "condone or belittle the fraud perpetrated by the assured", he nonetheless concluded that the underwriters defence relying on s.17 failed and upheld the result arrived at by Aikens J. He said:

"[I]t would, in my judgment, be absurdly disproportionate that insurers should be entitled to avoid the insurance policy and thus be able to avoid a liability to their assured which they always had and to which there could never have been any defence, if the insured had not been so over-enthusiastic in trying to assist the insurers to defeat the shipowners' claim."[491]

The "DC Merwestone" In *Versloot Dredging BV v HDI Gerling Industrie Versicherung AG (the "DC Merwestone")*[492] the owners of a vessel made a claim under their marine insurance policy. The insurers argued that the claim had been forfeited since the claimants had deployed misrepresentations in its support. The Supreme Court held by a majority decision that a genuine claim supported by a 'collateral lie' that is found to be irrelevant to the recoverability of the claim is not forfeited. The decision concerns a pre-IA 2015 contract of insurance but was handed down when the IA 2015 had already been enacted and shortly before it came into force. The decision is discussed in more detail in 6-1133 to 6-137. For present purposes it should be noted that Lord Sumption said, and Lord Clarke agreed with Lord Sumption's statement, that:[493]

6-123

"It was settled from an early stage of the history of English insurance law that the duty of utmost good faith applied not only in the making of the contract but in the course of its performance."

---

[489] *The "Mercandian Continent"* [2001] Lloyd's Rep. I.R. 802 at [35]. We discuss Longmore LJ's "solution to the problem" below when we consider the question of remedies.
[490] *The "Mercandian Continent"* [2001] Lloyd's Rep. I.R. 802 at [40].
[491] *The "Mercandian Continent"* [2001] Lloyd's Rep. I.R. 802 at [43].
[492] [2016] UKSC 45 (Lord Mance dissenting).
[493] [2016] UKSC 45 at [8] per Lord Sumption and [45] per Lord Clarke.

Although there was no need to "pursue the elusive matter of definitive analysis of the content of the post-contract duty of good faith" in this case, Lord Hughes acknowledged that:

> "It has, however, been clear for many years, and is now indisputable following [*The Star Sea*], that although some duty of good faith continues post contract, it differs significantly from the pre-contract rule both as to the obligation which it imposes and as to the remedy for breach."[494]

Equitas Insurance Ltd v Municipal Mutual Insurance Ltd

6-124 We have already discussed the recent Court of Appeal decision in *Equitas Insurance Ltd v Municipal Mutual Insurance Ltd*[495] in Chapter 4. In this case, one of the issues before the court was whether the reinsured's right to allocate–or 'spike'–a whole claim to one single policy year of its choice in accordance with rules applying at insurance level within the Fairchild enclave was constrained by the reinsured's post-contractual duty of good faith. The Court of Appeal said the post-contractual duty of utmost good faith had no role to play in this context:

> "104. As to the former, it is sufficient to say that I agree with the judge-arbitrator that the post-contractual duty of good faith in insurance contracts, which in any event gives rise to a remedy of avoidance of the contract rather than a constraint on the exercise of prima facie contractual rights, has been confined by cases such as The Star Sea and Versloot Dredging BV and that it has no part to play in the current context. It is true that Rix LJ may have left the door open, or at least ajar, to further development of the doctrine of good faith so as to equate it to "a concept of proportionality implicit in fair dealing" (see *Drake Insurance Plc v Provident Insurance Plc* [2003] EWCA Civ 1834, [2004] QB 601 [89]). However although this latter case was referred to in the parties' written submissions, it was not the subject of oral argument, nor were there any submissions addressed to us as to how the doctrine should be developed. It seems to me that it would be difficult to confine any such development within the Fairchild enclave and that if such a development is to be made, it should be in another case."[496]

Instead, the Court of Appeal went down the route of a *Braganza*[497]-style implied term that the contractual discretion afforded to the reinsured in allocating claims within the Fairchild enclave had to be exercised in a manner that is not arbitrary, irrational or capricious manner. In this specific context, rationality required that the reinsurance claims were presented by reference to each year's contribution to the risk and are not spiked by allocating them to a particular policy year of the reinsured's choice.[498] From the quote set out above, it is clear that the Court of Appeal's caution in relation to the duty of utmost good faith arising at law was shaped by the unappealing consequences of its breach, namely that the remedy of avoidance would have been the mandated and the only remedy available under s.17 of the MIA 1906 before its amendment by s.14 of the IA 2015. But there is also an undertone of that neither counsel of the parties, nor the Court of Appeal, wished to engage with 'developing' the doctrine of good faith.

Thus, following *The Star Sea*, *The Mercandian Continent*, *The DC Merwestone* and *Equitas*, the pre-IA 2015 position can be broadly summarised as that (1) the

---

[494] [2016] UKSC 45 at [67] per Lord Hughes.
[495] *Equitas Insurance Ltd v Municipal Mutual Insurance Ltd* [2019] EWCA Civ 718, [2020] Q.B. 418.
[496] *Equitas Insurance Ltd v Municipal Mutual Insurance Ltd* [2019] EWCA Civ 718, [2020] Q.B. 418, [104] per Males LJ.
[497] *Braganza v BP Shipping Ltd* [2015] UKSC 17, [2015] 1 W.L.R. 1661, [18] per Baroness Hale DPSC.
[498] *Braganza v BP Shipping Ltd* [2015] UKSC 17 and see Ch.4, 4-095 and Ch.5, 5-108.

duty of utmost good faith arises at law, (2) post-inception, the duties of the parties are primarily governed by the terms of their contract, (3) there is a post-contract duty of utmost good faith that applies to both parties, (4) in contrast to the pre-contractual duties of utmost good faith (mainly represented by the duty of disclosure and the duty not to make misrepresentations), the post-contract duty is narrower in scope and is breached by fraudulent conduct by one of the parties, and (5) the courts have been reluctant to expand the post-contract duty because of the harshness of the sole remedy available: avoidance.

The IA 2015 s.14

As part of its insurance contract law reform project, the Law Commissions considered the residual role of the duty of utmost good faith and recommended that duty of good faith should remain as an over-arching general principle.[499] This recommendation has been incorporated in the IA 2015.

6-125

Pursuant to s.14 of the IA 2015 the principle of utmost good faith survives. This is implicit in s.14(1) which acknowledges the utmost good faith is to be observed by the parties, and s.14(3)(a) which makes changes to s.17 of the MIA 1906 but retains that part of s.17 which says that a "contract of marine insurance is a contract based upon the utmost good faith". However, s.14(1) has abolished any rule of law permitting a party to a contract of insurance to avoid the contract on the ground that the utmost good faith has not been observed by the other party. Whilst this was a necessary step to ensure that the remedies regimes for the qualifying breaches of the duty of fair presentation,[500] in relation to fraudulent claims,[501] and in relation to late payment of claims,[502] are not undermined, it leaves open the question whether breaches of the duty of utmost good faith outside the specific duties in s.3(1), in relation to the presentation of claims, and in s.13A(1) of the IA 2015 attract any remedy other than avoidance (which has been abolished). The Explanatory Notes indicate that the duty of utmost good faith is not a residual duty of conduct on both parties but survives as a mere "an interpretative principle."[503] The Law Commissions commented that as an interpretative principle its role would be to guide (1) the interpretation of more specific duties (such as the (re)insured's duty of fair presentation and duty in respect of the presentation of claims, and the (re)insurer's duty to pay claims within a reasonable time) imposed, or contemplated, by the IA 2015, and (2) the implication of terms requiring the parties to perform contractual duties and exercise contractual rights reasonably and in good faith.[504] The Law Commissions also said:

> "We do not envisage that the courts will readily regard the removal of avoidance as an opportunity to find that damages are payable for breach of good faith, having showed no such appetite in the past."

The courts' lack of appetite referred to is a reference to the Court of Appeal's

---

[499] The Law Commission and The Scottish Law Commission, *Insurance Contract Law: Business Disclosure; Warranties; Insurer's Remedies for Fraudulent Claims; and Late Payment* (Law Com. No.353, July 2014), para.30.61, Recommendation 50.
[500] IA 2015 s.8 and Sch.1.
[501] IA 2015 s.12.
[502] IA 2015 s.13A(5).
[503] HM Treasury, *Explanatory Notes to Insurance Act 2015*, para.116.
[504] The Law Commission and The Scottish Law Commission, *Insurance Contract Law: Business Disclosure; Warranties; Insurer's Remedies for Fraudulent Claims; and Late Payment* (Law Com. No.353, July 2014), paras 30.23 and 30.57.

decision in the *Gemstone* litigation,⁵⁰⁵ that a breach of the pre-formation duty of utmost good faith did not sound in damages, a view that was endorsed obiter by Lord Templeman in the House of Lords.⁵⁰⁶ However, we suggest that s.14 of the IA 2015 and the truncated version of s.17 of the MIA leave some room for judicial manoeuvre. The Court of Appeal's decision in the *Gemstone* case that there is no remedy in damages for want of good faith was based on that the wording of s.17 of the MIA 1906 prescribed avoidance as the only remedy available. This restriction has now been lifted with the abolition of the remedy of avoidance on the grounds of breaches of good faith.⁵⁰⁷ As we have seen from *The Star Sea*, *The Mercandian Continent* and *Equitas*, it was the perceived harshness of the sole remedy of avoidance that caused the courts' reluctance to develop the continuing duty of utmost good faith.

6-126 Moreover, there are now at least three parallel developments. First, the IA 2015 provides for a wider range of remedies in relation to a specific aspect of the duty of utmost good faith, such as the pre-contractual duty of fair presentation and its proportionate remedies regime for breach under Schedule 1 of the IA 2015; the remedies for fraudulent claims in s.12 of the IA 2015, and the (unspecified) remedies available for breach of the statutory implied term about timely payment of claims under s.13A(5) of the IA 2015.

Secondly, as discussed in Ch.4, 4-096–4-099, there is the emerging *Braganza*⁵⁰⁸-style implied term jurisprudence from general contract law that the contractual discretion afforded to a contract party must be exercised in a manner that is not arbitrary, irrational or capricious manner. The Braganza implied term analysis has already been applied in the insurance context in *UK Acorn Finance Limited v Markel (UK) Limited*⁵⁰⁹, and in the reinsurance context in *Equitas Insurance Ltd v Municipal Mutual Insurance Ltd*.⁵¹⁰ These two cases are examples that the courts are willing to be creative when it comes to remedies for a breach of such an implied term: in *Equitas* the reinsurer in a spiked year would have rights of contribution and recoupment from other reinsurers.⁵¹¹ In *UK Acorn Finance*, the court concluded that the implied term-that the insurer would not exercise its decision-making powers under the unintentional non-disclosure (UND) clause arbitrarily, capriciously or irrationally–had been breached when the insurer wrongly took into account immaterial considerations and ignored material ones in their decision, and that a different decision would have been made had the implied term been complied with. Pelling J invited submissions from counsel as to the form of the order that should follow from these conclusions.

The third development is that the courts have started to consider the concept of 'good faith' in non-insurance contracts that are "relational contracts". In *Bates v Post Office*,⁵¹² the court said that an obligation of good faith is implied into relation contracts, meaning that parties had to refrain from conduct which in the relevant context would be regarded as commercially unacceptable by reasonable

---

⁵⁰⁵ *Banque Keyser Ullmann SA v Skandia (U.K) Insurance Co Ltd; sub nom. Banque Financière de la Cité SA v Westgate Insurance Co. Ltd)* [1991] 2 A.C. 249 HL; [1990] 1 Q.B. 665 CA.
⁵⁰⁶ *Banque Keyser Ullmann SA v Skandia (U.K) Insurance Co Ltd; sub nom. Banque Financiere de la Cite SA v Westgate Insurance Co Ltd* [1990] 1 Q.B. 665 CA at 774-781 per Slade J; [1991] 2 A.C. 249 at 280 HL.
⁵⁰⁷ IA 2015 s.14(1).
⁵⁰⁸ *Braganza v BP Shipping Ltd* [2015] UKSC 17, [2015] 1 W.L.R. 1661, [18] per Baroness Hale DPSC.
⁵⁰⁹ *UK Acorn Finance Limited v Markel (UK) Limited* [2020] EWHC 922 (Comm).
⁵¹⁰ *Equitas Insurance Ltd v Municipal Mutual Insurance Ltd* [2019] EWCA Civ 718, [2020] Q.B. 418.
⁵¹¹ Ibid. [122]-[124] per Males LJ.
⁵¹² *Bates v Post Office Ltd (No.3: Common Issues)* [2019] EWHC 606 (QB), [2019] 3 WLUK 260.

and honest people. A "relational contract" is a contract which does not have any express terms preventing the duty of good faith being implied, and has all or most of the following characteristics: (a) a long-term contract, with a mutual intention of a long-term relationship; (b) an intention for the parties' roles to be performed with integrity and fidelity to their bargain; (c) a commitment for the parties to collaborate in performing the contract; (d) the spirits and objectives of the venture being incapable of exhaustive expression in a written contract; (e) the parties reposing trust and confidence in one another, but of a different kind to that involved in fiduciary relationships; (f) a high degree of communication, co-operation and predictable performance based on mutual trust and confidence, and expectations of loyalty; (g) a degree of significant investment by one or both parties; and (h) exclusivity of the relationship.[513] Based on these characteristics it is certainly arguable that reinsurance contracts–especially multi-year quota share reinsurance treaties where there is strong alignment of interests–are relational contracts. However, even if such an obligation of good faith might be implied, there is no special rule that allows a different approach to interpretation to be applied to relational contracts and the implied term cannot operate to expand the substantive obligations of the parties.[514]

The general duty of good faith applicable to insurance contracts arising at law, a *Braganza*-style implied term that a specific contractual discretion must be exercised in good faith, and the *Bates v Post Office* implied term of acting in good faith in the parties' commercial dealings taken together could give rise to three layers of "good faith" arguments. We think this area is a need for rationalization and we think that a more coherent approach is achievable without the constraints of the remedy of avoidance on the duty of good faith. We note that PRICL recognises a continuing duty of utmost good faith that applies to both parties during the operation of the reinsurance contract.[515] The PRICL notion of "utmost good faith" means honesty and transparency as well as fairly taking into account the interests of the other party,[516] but it is clear from the commentary that the ongoing duty of good faith is not burdensome and similar to the *Braganza* duty in scope (namely "reasonable conduct").[517] In principle, the available remedies for breach of the duty of utmost good faith under PRICL are performance of the duty (where possible and appropriate), damages and prospective termination.[518] PRICL justifies a more limited continuing duty of utmost good faith in reinsurance contracts as follows:

> "…reinsurers traditionally rely to a large extent on the risk evaluation and handling of claims by their reinsureds. They invest a high degree of trust in their contractual partners. This is well expressed in, eg *Unigard Sec Ins Co, Inc v North River Ins Co,* 4 F3d 1049 1054 (2d Cir 1993)(applying New York law): 'Historically, the reinsurance market has relied on a practice of utmost good faith to decrease monitoring costs and ex ante contracting costs. [R]einsurers cannot duplicate the costly but necessary efforts of the primary insurer in evaluating risks and handling claims. [...] They are protected, however, by a

---

[513] *Bates v Post Office Ltd (No.3: Common Issues)* [2019] EWHC 606 (QB), [2019] 3 WLUK 260, [725] per Fraser J; also see: *Essex CC v UBB Waste (Essex) Ltd* [2020] EWHC 1581 (TCC), [2020] 6 WLUK 245.
[514] *Quantum Advisory Ltd v Quantum Actuarial LLP* [2023] EWCA Civ 12—NB: this is not a re/insurance case.
[515] PRICL arts 2.1.1 and 2.1.2.
[516] PRICL art.2.1.2.
[517] PRICL Commentary C8, C13–C16 to art.2.1.2.
[518] PRICL art.3.1.

large area of common interest with ceding insurers and by the tradition of utmost good faith, particularly in the sharing of information.'"[519]

We suggest that it would be unwise for either party to suggest to a judge that it has no duty because breach of the duty is remedy-less. We also think that the post-contractual duty of good faith is an area that now requires some degree of rationalisation. Now that the doctrine of utmost good faith has been liberated from the constraints of the remedy of avoidance, the courts no longer have that excuse to shy away from considering good faith obligations in insurance and reinsurance contracts more holistically in alignment with general contract law developments,[520] and by reference to specific remedies.

Examples of the (re)insured's continuing duty of utmost good faith

Making fraudulent claims

6-127   In *The "Star Sea"* Lord Hobhouse noted that, "it is commonplace for insurance contracts to include a clause making express provision for when a fraudulent claim has been made".[521] He continued, as follows:

> "Where an insured is found to have made a fraudulent claim upon the insurers, the insurer is obviously not liable for the fraudulent claim. But often there will have been a lesser claim which could properly have been made and which the insured, when found out, seeks to recover. The law is that the insured who has made a fraudulent claim may not recover the claim which could have been honestly made. The principle is well established and has certainly existed since the early 19th Century ... This result is not dependent upon the inclusion in the contract of a term having that effect or the type of insurance; it is the consequence of a rule of law. Just as the law will not allow an insured to commit a crime and then use it as a basis for recovering an indemnity (*Beresford v Royal Insurance Co Ltd* [1937] 2 KB 197), so it will not allow an insured who has made a fraudulent claim to recover. The logic is simple. The fraudulent insured must not be allowed to think: if the fraud is successful, then I will gain; if it is unsuccessful, I will lose nothing."[522]

---

[519] PRICL Commentary C6 to art.2.1.2.
[520] But note that in *Compound Photonics Group Ltd, Re* [2022] EWCA Civ 1371 the Court of Appeal said in relation to express contractual good faith clauses, that a contractual clause requiring a party to act in good faith had to take its meaning from the context in which it was used. It was not appropriate to apply concepts and ideas from cases in other areas of law or commerce.
[521] *The "Star Sea"* [2001] 1 Lloyd's Rep. 389 at 402, [61]. See also *The "Mercandian Continent"* [2001] Lloyd's Rep. I.R. 802 at [22] per Longmore LJ: "The law about the making of fraudulent claims originally developed in fire insurance cases, see *Levy v Baillie* (1831) 7 Bing. 349; *Goulstone v Royal Insurance Co* (1858) 1 F. & F. 276; *Britton v Royal Insurance Co* (1866) 4 F. & F. 905. *The inclusion of some such clause as is now in Lloyd's J Form has always been common; the same principle will apply as a matter of law, even in the absence of an express term.* I have already observed that there is some debate whether the relevant principle of law is an example of the application of the good faith principle giving rise only to a right of avoidance or a separate development of law. There is no evidence that Sir Mackenzie Chalmers had this line of authority in fire insurance cases in mind when he drafted section 17 of his marine insurance code. The concept, would in any event, be alien in a field, such as marine insurance, where most, if not all, policies, were 'valued' policies" [Emphasis added]. Lloyd's "J Form" states: "If the assured shall make any claim knowing the same to be false and fraudulent, as regards amount or otherwise, the policy shall become void and all claims hereunder shall be forfeited."
[522] *The "Star Sea"* [2001] 1 Lloyd's Rep. 389 at 403, [62].

Consequences of making a fraudulent claim pre-IA 2015

It has been questioned whether the juridical basis for not allowing an insured presenting a fraudulent claim to recover is an aspect of the duty of utmost good faith or an independent common law rule of forfeiture. It appears that Lord Hobhouse in *The Star Sea* held the latter view. The basis of the rule is, or used to be, significant because it may impact on the remedies that are available. The argument went that, if fraudulent claims fall within the scope of the duty of utmost good faith, as was held by the majority in *Orakpo v Barclays Insurance Services Ltd*,[523] presenting a fraudulent claim would constitute a breach entitling the (re)insurer to avoid the whole contract ab initio. Thus, a prior valid claim which has been paid already may become repayable to the (re)insurer. In *Agapitos v Agnew*[524] (and subsequently in *AXA General Insurance Ltd v Gottlieb*[525]), Mance LJ (as he then was) expressed the (tentative) view that the common law rule governing the making of a fraudulent claim as falling outside the scope of the duty of utmost good faith and the penalty for making a fraudulent claim should be the forfeiture of prospective benefits from the time of the fraudulent claim (but not avoidance ab initio).

6-128

The Supreme Court in *The DC Merwestone*[526] did not characterise the fraudulent claims rule uniformly, although the question whether the remedy of avoidance is available did not arise on the facts. Lord Sumption, whilst ostensibly leaving the matter open, appeared to prefer an 'implied term analysis' so that the consequences of making a fraudulent claim would be in line with the remedy for a repudiatory breach of contract—i.e. rescission (prospective termination):

> "I am inclined to agree with the view expressed by Lord Hobhouse of Woodborough in The Star Sea (paras 50, 61–62) that once the contract is made, the content of the duty of good faith and the consequences of its breach must be accommodated within the general principles of the law of contract. On that view of the matter, the fraudulent claims rule must be regarded as a term implied or inferred by law, or at any rate an incident of the contract. The correct categorisation matters only because if it is a manifestation of the duty of utmost good faith, then the effect of section 17 of the Marine Insurance Act 1906 is that the whole contract is voidable ab initio upon a breach, and not just the fraudulent claim. If, on the other hand, one adheres to the contractual analysis, the right to avoid the contract for breach of the duty must depend on the principles governing the repudiation of contracts, and avoidance would operate prospectively only."[527]

Lord Hughes said that that the post contract duty of good faith "plainly includes the fraudulent claims rule" but also note that "the remedy for post-contract fraud in the making of the claim is loss of the claim, not avoidance of the whole policy."[528] However, he rejected the idea put forward by Lord Sumption that the fraudulent claims rule is based on an implied term:

> "The response of the common law to these truths [that the insured knows more about the claim than the insurer] was the development of the fraudulent claims rule. It is a rule of law, imposed by the courts whether or not the policy contains a clause to the same effect, although many do and more used to do in the early days of insurance when the rule was developing. It seems more realistic to acknowledge it as having achieved the status of a

---

[523] *Orakpo v Barclays Insurance Services Ltd* [1995] L.R.L.R. 443.
[524] *Agapitos v Agnew (the Aegeon) (No. 1)* [2002] EWCA Civ 247 at [21], [35], [45].
[525] *AXA General Insurance Ltd v Gottlieb* [2005] EWCA Civ 112.
[526] [2016] UKSC 45 at [1] per Lord Sumption.
[527] [2016] UKSC 45 at [8] per Lord Sumption.
[528] [2016] UKSC 45 at [67] per Lord Hughes.

rule of common law, grounded in sound policy, rather than depending on an implied term in the contract. Apart from any other reason, it seems far from clear that in every case such an implied term would meet the tests of obviousness or business necessity."[529]

Lord Mance did not revisit the characterisation of the fraudulent claims rule, although he suggested that he would reach "broadly the same conclusion on the appropriate policy and principles now as I expressed tentatively in 2002" (i.e. in *Agapitos v Agnew*[530]). In summary, the pre-IA 2015 position seems to be that (1) the (re)insurer is not liable to pay a fraudulent claim, (2) past valid claims are likely to stand, and (3) the (re)insurer may have a right to terminate the contract as from the date of the fraudulent claim.

Consequences of making a fraudulent claim under the IA 2015

6-129   The question what remedies are available to a (re)insurer when the (re)insured presents a fraudulent claim has now been statutorily settled in s.12 of the IA 2015:

"(1) If the insured makes a fraudulent claim under a contract of insurance—
   (a) the insurer is not liable to pay the claim,
   (b) the insurer may recover from the insured any sums paid by the insurer to the insured in respect of the claim, and
   (c) in addition, the insurer may by notice to the insured treat the contract as having been terminated with effect from the time of the fraudulent act.
(2) If the insurer does treat the contract as having been terminated—
   (a) it may refuse all liability to the insured under the contract in respect of a relevant event occurring after the time of the fraudulent act, and
   (b) it need not return any of the premiums paid under the contract.
(3) Treating a contract as having been terminated under this section does not affect the rights and obligations of the parties to the contract with respect to a relevant event occurring before the time of the fraudulent act."

Thus, the IA 2015 entitles the (re)insurer to decline the fraudulent claim but leaves prior valid claims intact. The (re)insurer also has the option to terminate the contract prospectively. Whether a reinsurer would be entitled to give directions to its reinsured to make an election for the termination of the underlying contract of insurance would depend on the terms of the reinsurance contract, in particular the ambit of any claims control clause.

6-130   Section 12 of the IA 2015 does not apply where a third party commits a fraud against the (re)insurer or the (re)insured, such as where a fraudulent claim is made against an insured, who seeks recovery from its insurer under a liability policy.[531] Pursuant to s.13 of the IA 2015, in group insurance, a fraudulent claim presented by one of the insureds does not affect any valid claims made by any of the other insureds—the s.12 remedies are only exercisable against the fraudulent insured. As the remedies in for fraudulent claims in s.12 of the IA 2015 represent a default regime from which parties are permitted to contract out, it should be possible for reinsurers to agree express terms that would allow the reinsurer to also recover claims made prior to the fraud and for the whole contract to be unwound. We consider that such a term would be useful in treaty reinsurance where the claims are numerous and are presented perhaps quarterly or more regularly on bordereaux

---

[529] [2016] UKSC 45 at [55] per Lord Hughes.
[530] *Agapitos v Agnew (The Aegeon) (No. 1)* [2002] EWCA Civ 247 at [21], [35], [45].
[531] HM Treasury, *Explanatory Notes to Insurance Act 2015*, para.98.

with scores or hundreds of entries. It could be burdensome to establish which claims pre- and post-date the fraud and to review past claims whether they were also tainted by fraud.

A case law search on "fraudulent claims" and "insurance" did not produce any results for cases that discuss the application of Pt 4 of the IA 2015. It could be that s.12 has settled the uncertainties of the common law in relation to the consequences of fraudulent claims so that there is no longer room for disputes that reach the courts. What the case law search results do reveal is that insurance fraud—especially in motor insurance for fake road traffic accidents—is as prevalent as ever and that, in addition to whichever remedies insurers may have against an insured who has made a fraudulent claim, the courts also impose criminal sentences for fraud and contempt of court on insurance fraudsters.

What constitutes a fraudulent claim?

The remedies will apply once fraud has been determined. The question what constitutes a fraudulent claims was deliberately left open by the IA 2015 and continues to be determined in accordance with common law principles.[532] A fraudulent claim is a claim made with a fraudulent misrepresentation or deceit. In *Derry v Peek*, the House of Lords defined "deceit" as knowingly making a statement to be acted upon by others which is false, or suspecting that the representation was untrue but nonetheless making the statement recklessly without knowing or caring whether the representation or statement was in fact true.[533] Being careless in making a false representation is not enough.[534] In *Lek v Mathews*, the House of Lords used similar language to describe a fraudulent insurance claim: "a claim is false not only if it is deliberately invented but also if it is made recklessly, not caring whether it is true or false but only seeking to succeed in the claim".[535] There is no separate requirement of reliance or inducement in respect of fraudulent claims: the presentation of a fraudulent claim is enough, regardless of whether or not the lie told had an effect on the (re)insurer.[536]

6-131

There are three types of situations where a claim may be considered fraudulent:

(1) the (re)insured may deliberately procure or invent a loss;
(2) there may be a genuine loss covered by the policy but the (re)insured lies to exaggerate the claim[537]; or
(3) the loss may be genuine but the (re)insured uses fraudulent devices (e.g. by lying about the circumstances of the loss) in order to attempt to induce the insurer to accept the claim.[538]

A related issue—but one which is not categorised as a fraudulent claim—is whether the reinsured is entitled to "spike" its outward claims to fall into a particular year of cover of the reinsured's choice. This point will therefore be considered separately in 6-138 below.

---

[532] HM Treasury, *Explanatory Notes to Insurance Act 2015*, para.98.
[533] (1889) 14 App. Cas. 337 at 360-362 per Lord Herschell.
[534] (1889) 14 App. Cas. 337 at 360-362 per Lord Herschell.
[535] (1927-28) 29 Ll. L. Rep. 141 at 163 per Viscount Sumner.
[536] *The DC Merwestone* [2016] UKSC 45, at [29] per Lord Sumption.
[537] E.g. *Galloway v Guardian Royal Exchange (UK) Ltd* [1999] Lloyd's Rep. I.R. 209.
[538] E.g. *Agapitos v Agnew* [2002] EWCA Civ 247; *Bate v Aviva Insurance UK Ltd* [2014] EWCA Civ 334.

6-132 **Deliberately procured or invented losses:** Where the whole claim has been fabricated, the fraudulent claim rule applies but as Lord Sumption pointed out in *The DC Merwestone*[539] "but would add nothing to the insurer's rights." He would not in any event be liable to pay the claim either on the grounds of "wilful misconduct" or that the insured has suffered no loss.

6-133 **Exaggerated claims:** There may be a genuine claim but the (re)insured has been dishonestly exaggerated the amount of the claim. According to Lord Sumption "[t]his is the paradigm case for the application of the [fraudulent claim] rule. The insurer is not liable, even for that part of the claim which was justified."[540] Nevertheless, there is some uncertainty as to the "magnitude" of the exaggeration to fall squarely within the fraudulent claim rule. It seems that in relation to exaggerated claims that nevertheless have a genuine element the courts will be prepared to apply de minimis considerations. For example, in *Galloway v Guardian Royal Exchange (UK) Ltd*[541] Lord Woolf MR said that the degree of exaggeration had to be "material" and Millett LJ spoke of "substantially fraudulent" claims but, notably, refused to define materiality in percentage terms as this would lead to the absurd result that a greater genuine loss would allow a greater fraudulent portion without penalty. In *Orakpo v Barclays Insurance Services Ltd*,[542] Lord Hoffman suggested that, in the absence of misrepresentation, fraud should not readily be inferred where the insured simply puts forward a "starting figure for negotiation":

> "One should naturally not readily infer fraud from the fact that the insured has made a doubtful or even exaggerated claim. In cases where nothing is misrepresented or concealed, and the loss adjuster is in as good a position to form a view of the validity or value of the claim as the insured, it will be a legitimate reason that the assured was merely putting forward a starting figure for negotiation."

In our view, an insured/reinsured who makes statements to his insurer/reinsurer recklessly—in the sense of being indifferent to their truth or falsehood—is not behaving honestly or with the utmost good faith. If the policy of the law is to discourage fraud on (re)insurers then the result, we submit, should be the same if the insured has dishonestly overstated the value of the claim by any amount. However, we do not think the commercial context requires the imposition of a duty of care on the part of an insured/reinsured to avoid negligence with respect to the presentation of claims. Insurers do not, as a general rule, rely upon information solely within the knowledge of the insured in determining whether or not to pay claims—in contrast to the underwriting decision where a high degree of reliance is placed upon the insured. Typically claims are investigated by loss adjusters, who are not expected to take at face value what the insured tells them. Reinsurers are entitled to inspect the claims files of their reinsureds to satisfy themselves that they are being asked to pay legitimate claims.

6-134 **Fraudulent devices:** In *The DC Merwestone*[543] the Supreme Court restated the fraudulent claims rule in relation to fraudulent devices. The vessel manager claimants presented a marine insurance claim to the defendant insurers in respect of damage to the engine of their vessel caused by ingress of water which had flooded the

---

[539] [2016] UKSC 45 at [1] per Lord Sumption.
[540] [2016] UKSC 45 at [1] per Lord Sumption.
[541] *Galloway v Guardian Royal Exchange (UK) Ltd* [1999] Lloyd's Rep. I.R. 209 at 213 per Lord Woolf MR, and 214 per Millet LJ.
[542] *Orakpo v Barclays Insurance Services Ltd* [1995] L.R.L.R. 443 at 451.
[543] [2016] UKSC 45.

engine room. When insurers investigated the claim, a representative of the claimants falsely pretended that the vessel master had told him that the crew had ignored a bilge alarm which had gone off some time before it had been noticed that anything was wrong. The insurers declined liability for the claim on the basis that the claimants had used a fraudulent device in its support.

At first instance, Popplewell J dismissed the claimants' claim for an indemnity under the policy, finding that the claimants had told a reckless untruth to insurers in order to assist their claim by minimising any fault attributable to themselves, and holding that, as a result, the otherwise valid claim was forfeited by reason of the claimants' use of a fraudulent device in its support.[544] The claimants appealed. However, the Court of Appeal dismissed the appeal and held that where an insured knowingly or recklessly made an untrue statement which was directly related to a claim which he honestly believed was good as to both liability and amount, with the intention of promoting his prospects of success in the claim, the whole claim was forfeited notwithstanding that it was otherwise valid.[545] Both the judge and the Court of Appeal followed an established body of case law to the effect that a claim is forfeited where the insured uses a fraudulent device in order to attempt to induce the insurer to pay the claim, even though the insured wold be entitled to recover in any event and the untruth is irrelevant to, or of limited materiality to, the recoverability of the claim.

The Supreme Court (Lord Mance dissenting) held that the fraudulent claims rule did not apply to a collateral lie used to embellish a justified claim which the true facts, once admitted or ascertained, showed to be immaterial to the validity of the claim and to the insured's right to recover. Lord Sumption distinguished valid claims supported by collateral lies from fraudulently exaggerated claims as follows:

6-135

> "The position is different where the insured is trying to obtain no more than the law regards as his entitlement and the lie is irrelevant to the existence or amount of that entitlement. In this case the lie is dishonest, but the claim is not. The immateriality of the lie to the claim makes it not just possible but appropriate to distinguish between them. I do not accept that a policy of deterrence justifies the application of the fraudulent claim rule in this situation. The law deprecates fraud in all circumstances, but the fraudulent claim rule is peculiar to contracts of insurance. It reflects, as I have pointed out, the law's traditional concern with the informational asymmetry of the contractual relationship, and the consequent vulnerability of insurers. It is therefore right to ask in a case of collateral lies uttered in support of a valid claim, against what should the insurer be protected by the application of the fraudulent claims rule? It would, as it seems to me, serve only to protect him from the obligation to pay, or to pay earlier, an indemnity for which he has been liable in law ever since the loss was suffered. It is not an answer to this to say, as Christopher Clarke LJ did in the Court of Appeal, that the insurer may have been "put off relevant inquiries or ... driven to irrelevant ones". Wasted effort of this kind is no part of the mischief against which the fraudulent claims rule is directed, and even if it were the avoidance of the claim would be a wholly disproportionate response. The rule, moreover, applies irrespective of whether or not the lie set a hare running in the insurer's claims department. Nor is it an answer to say, as the courts have often said of fraudulently inflated claims, that the insured should not be allowed a one-way bet: he makes an illegitimate gain if the lie persuades, and loses nothing if it does not. This observation, which is true of fraudulently inflated claims, cannot readily be transposed to a situation in which the claim is wholly justified. In that case, the insured gains nothing from the lie which he was not

---

[544] [2013] EWHC 1666 (Comm).
[545] [2014] EWCA Civ 1349.

entitled to have anyway. Conversely, the underwriter loses nothing if he meets a liability that he had anyway."[546]

He rejected the proposition that a fraudulent device or collateral lie could turn an otherwise valid claim into a fraudulent claim where the device or lie improves the insured's prospects in obtaining a (better or faster) settlement for two reasons: (1) as there is no requirement of inducement in respect of fraudulent claims, any kind of materiality test assessing the impact of the lie on a prudent insurer is irrelevant.[547] (2) Any kind of materiality test cannot operate at claims stage since the in respect of a valid claim the insurer has no discretion whether or not to pay it:

> "He has no discretion, because he is already bound. The only question properly before him is whether to acknowledge a liability that if it exists at all exists already, whether or not he realises it. Ultimately, his assessment is simply an attempt to predict what a court would decide. In that context, the only rational test of the materiality of a lie must be based on its relevance to a court which is in a position to find the relevant facts."[548]

6-136 Similarly, having reviewed the authorities, Lord Hughes concluded that the fraudulent claims rule does not apply to a collateral lie told in support of an otherwise valid claim.[549] He gave two main reasons: first, a collateral lie is not be "material" to the insurer's liability:

> "If the claim is good, he is legally obliged to pay it. A lie told in the making of the claim may well affect his handling of the claim, or the speed at which he pays it, or the inquiries which he calls for, but it can make no difference to his liability to pay. It may well be material (relevant) to his behaviour, but it is immaterial (irrelevant) to his liability."[550]

Secondly, accepting that the rationale of the fraudulent claims rule is to deter insureds from making fraudulent gains or profits,[551] Lord Hughes noted the difference between fraudulent claims 'proper' and fraudulent devices/collateral lies:

> "Likewise, the wish to deter the one-way bet can be applied to the collateral lie, as it can to fraudulent claims properly so called. But there is plainly a difference of quality between the insured who deals fraudulently with his insurer in an attempt to gain something to which he is not entitled, and the insured who dishonestly gilds the lily with a lie or falsified evidence, but stands thereby to obtain nothing more than was his legal due."[552]

Accordingly, he concluded that it would be disproportionate to apply the fraudulent claims rule to collateral lies:

> "It becomes necessary to ask whether the undoubtedly severe rule is required to meet the second category of case. Given the other consequences which are likely to be visited on the perpetrator of a collateral lie, the sanction of loss of the entire (but valid) claim is disproportionate. It is otherwise if the claim is wholly or partially false; in that event these other consequences are not a sufficient sanction. The extension of forfeiture to a purely collateral lie is not justified as part of a generally imposed legal rule irrespective of any

---

[546] [2016] UKSC 45 at [26].
[547] [2016] UKSC 45 at [33].
[548] [2016] UKSC 45 at [35].
[549] [2016] UKSC 45 at [85].
[550] [2016] UKSC 45 at [91].
[551] [2016] UKSC 45 at [94]-[95].
[552] [2016] UKSC 45 at [100].

expressly agreed term of the policy. It is simply too large a sledgehammer for the nut involved."[553]

Lord Mance dissented on the grounds that allowing claims that have been supported by fraudulent devices would distort the claims process,[554] disregards the special contractual relationship between insurers and insureds,[555] and might give the green light to claims for non-existent losses and exaggerated claims. Noting the interconnectedness of collateral lies with other types of fraudulent claims he said: **6-137**

> "[125] The fraudulent devices rule serves a similar role in encouraging integrity and deterring fraud in the claims process. It should not be forgotten that very frequently fraud in the claims process will be associated with (a) the fraudulent pursuit of a non-existent or bad claim or (b) the fraudulent exaggeration of a good claim. And, aside from cases in which either (a) or (b) is with the benefit of hindsight established, it will, or will almost always, be associated with (c) the pursuit of what the insured believes or fears to be at least a questionable claim
> ...
> [127] The fraudulent devices rule means that a fraudulent claimant cannot in cases (a) and (b) safely embellish his bad or exaggerated claim with fraudulent devices, and then, when any such device is discovered, hope to do better with the next device or the lies he will tell in court to pursue his bad or exaggerated claim. In case (c), it means that he cannot safely distort the claims process to his advantage and hope to prevent the insurer identifying, relying on or investigating the weakness which led to the insured telling the lie in the first place. In each of cases (a), (b) and (c), the use of a fraudulent device material to the insurance claim operates as a bar to its further pursuit, making further investigation into the underlying circumstances unnecessary and operating as a clear disincentive to lying. These are significant protective effects, which are entirely consistent with the underlying philosophy of insurance, mutual trust.
> [128] Abolishing the fraudulent devices rule means that claimants pursuing a bad, exaggerated or questionable claim can tell lies with virtual impunity. The same logic governs fraudulent devices as it does fraudulent claims generally ... In short, on the approach advanced by the majority, the fraudulent device will advance the insurance recovery if undiscovered, and quite possibly lead to the recovery of a bad or exaggerated claim, and it will have no effect on any insurance recovery to which the assured may be entitled, even if it is discovered. Either way, it will have distorted the claims process ... And, if the fraudulent device is discovered, it will have distorted the claims process by the time and cost involved in unveiling the fraud and attempting to ascertain its true implications ... And in many cases the lie will be undiscovered, the insurers will pay and it will never be investigated or known how far the claim was bad or exaggerated and how far any questions about it might have been answered adversely to the insured ... When the lie is told, it is, as I have pointed out, often told precisely because the insured does not really believe he has a good claim ..."

In our view, there is considerable force in Lord Mance's dissenting opinion: conceivably, collateral lies and fraudulent devices will be employed most frequently where the (re)insured considers that there is a weakness in his claim. Evidentially, it may not be clear-cut whether a fraudulent misrepresentation as to circumstances that could give rise to a defence to a claim on coverage grounds would fall into the "non-existent/exaggerated claims" category, or represent a "collateral lie"—it would depend on whether the potential defence would ultimately be successful in court. **6-138**

---

[553] [2016] UKSC 45 at [100].
[554] [2016] UKSC 45 at [128].
[555] [2016] UKSC 45 at [111] and [114].

We also note that collateral lies—even if they are not classified as giving rise to a fraudulent claim—may not go unpenalised. There could lead to criminal proceedings under the Fraud Act or for contempt of court, and a case or defence supported by fabricated evidence could be struck out by the court under its powers under the Civil Procedure Rules r.3.4(2) and under its inherent jurisdiction for abuse of process at any stage of the proceedings.[556] As the remedies for fraudulent claims in s.12 of the IA 2015 represent a default regime from which parties are permitted to contract out, it should be possible for reinsurers to extend the application of the remedies regime beyond fraudulent claim properly so called to include claims supported by fraudulent devices and collateral lies, provided the transparency requirements in ss.16 and 17 of the IA 2015 are complied with.

Allocation of claims in good faith?

6-139   The question whether a reinsured is entitled to "spike" or allocate each outward reinsurance claim to any particular coverage year of his choice arose in *Equitas Insurance Ltd v Municipal Mutual Insurance Ltd*.[557] The reinsured, Municipal, had had settled mesothelioma claims made under its employers' liability policies. Under a special rule of causation known as the " *Fairchild*[558] enclave" applying to mesothelioma claims, an employer who had tortiously exposed an employee to asbestos was liable for the whole of the damage caused, irrespective of whether the employee had also been exposed to asbestos by another employer. The employers settled the claims accordingly. Consequently, Municipal settled claims from employer insureds on the basis that each insurance policy gave 100% cover where it provided cover for at least some of the period of alleged exposure and the underlying claim could be proved, there being no apportionment to individual policies or years. Where possible, Municipal then sought a contribution from other insurers under the *Fairchild* principle. Initially, Municipal had presented reinsurance claims to the reinsurer, Equitas, on the basis of a "time on risk" allocation, so that each loss was divided pro rata between the years of reinsurance in which the employees had been exposed to asbestos, but later on Municipal changed its method of presentation—to a method that has become known as "spiking claims"—so that each whole claim was presented to one single policy year of its choice in accordance with rules applying at insurance level.

The Court of Appeal determined that the practice of "spiking" (although permissible at the underlying primary insurance level)[559] should not be perpetuated at the reinsurance level. The court did so on the basis of an implied term to the effect that a reinsured's right to present its reinsurance claim had to be exercised in a manner which was not arbitrary, irrational or capricious. In that context, rationality required that reinsurance claims be presented by reference to each year's contribution to the risk, reflecting the extent to which exposure to asbestos in that year contributed to the risk which arose during periods covered by Municipal's policies of the victim contracting mesothelioma as a result of the insured employer's wrongdoing. Given the implied term, there was no need to consider a wider continuing duty of good faith in this context.[560]

---

[556] *Summers v Fairclough Homes Ltd* [2012] UKSC 26; [2012] 1 W.L.R. 2004.
[557] *Equitas Insurance Ltd v Municipal Mutual Insurance Ltd* [2019] EWCA Civ 718; [2020] Q.B. 418.
[558] *Fairchild v Glenhaven Funeral Services Ltd (t/a GH Dovener & Son)* [2002] UKHL 22; [2003] 1 A.C. 32.
[559] *International Energy Group Ltd v Zurich Insurance Plc UK* [2015] UKSC 33; [2016] A.C. 509.
[560] See 6-124 above.

Other breaches of the continuing duty of utmost good faith

In *The "Mercandian Continent"* Longmore LJ discussed the "development of the law of post-contract good faith" under the following eight headings: (1) fraudulent claims; (2) variations to the risk; (3) renewals; (4) "held covered" clauses; (5) insurer having right of cancellation; (6) insurer asking for information during the policy; (7) other situations where good faith may be implied; (8) litigation. We have discussed fraudulent claims above and now turn to consider the other occasions upon which a duty of good faith may arise.

6-140

Variations to the risk/renewals

Longmore LJ said:

6-141

"A duty of good faith arises when the assured (or indeed the insurer) seeks to vary the contractual risk. The right of avoidance only applies to the variation not to the original risk, *Lishman v Northern Maritime Insurance Co* (1875) L.R. 10 C.P. 179 and *Iron Trades Mutual v Cie de Seguros* [1991] 1 Re. L.R. 213, 224 and *The Star Sea* para. 54. There is no authority for a proposition that a fraudulent misrepresentation leading to a variation will avoid the original contract as well as the variation."[561]

It is understood from s.2(2) of the IA 2015 that Pt 2 (the part relating to the duty of fair presentation in non-consumer insurance) applies to variation of contracts save that references to the risk are to be read as references to changes in the risk relevant to the proposed variation, and references to the contract of insurance are to be read as references to the variation. There is also a modified remedies regime for qualifying breaches in Sch.1 Pt 2. An agreed variation, which in the case of reinsurance contracts is typically accomplished by the parties initialling an endorsement to the contract,[562] is essentially a pre-contractual situation. An agreed variation to the risk that is being covered should be distinguished from the situation, which we discuss below,[563] where the risk (or the subject matter of the insurance) changes after the contract has been made. In such cases, for the reasons given below, the duty of utmost good faith does not arise.

In the case of a renewal, even if the contract is renewed on identical terms to the expiring contracts, the parties are making a new contract and the duty of utmost good faith obviously applies. As Longmore LJ said:

"A duty of good faith exists when the insured seeks to renew the contract of insurance. That is a prospective right and if it is not observed by each party, the other party can avoid the contract. It is never suggested that, although the breach takes place during the currency of the earlier contract, the earlier contract is avoided as well as the renewal."[564]

Similarly, an endorsement extending the duration of the risk attracts a fresh duty of disclosure.[565]

---

[561] *The "Mercandian Continent"* [2001] Lloyd's Rep. I.R. 802 at [22].
[562] For an account of how some brokers the London Market went about to securing agreement for endorsements over a liquid lunch, see *Sphere Drake* [2003] EWHC 1636 (QB) at [1744] ff per Thomas J.
[563] See 6-147 below.
[564] *"The Mercandian Continent"* [2001] Lloyd's Rep. I.R. 802 at [22]; see also *Limit No.2 v Axa* [2008] EWCA Civ 1231 (discussed above).
[565] *Limit No.2 Ltd v Axa Versicherung AG (formerly Albingia Versicherung AG)* [2008] EWCA Civ 1231; [2009] Lloyd's Rep. I.R. 396.

"Held covered" clauses

6-142 Longmore LJ said:

"The requirement that an insurer hold the insured covered in certain circumstances has been held to require the exercise of good faith by the insured. To the extent that the result is a variation of the contract, e.g. because an addition premium has to be assessed, these cases are examples of (2) above; to the extent that they are only an exercise by the insured of rights which he has under the original contract they are somewhat puzzling; but, although it is settled that good faith must be observed, it is never suggested that lack of good faith in relation to a matter held covered by the policy avoids the whole contract of insurance."[566]

The IA 2015 does not address held covered clauses, although the Law Commissions indicated that held covered clause situations are to be treated analogously to variations:

"The insurer will generally need to perform an underwriting decision in order to fix any additional premium due, so the duty of good faith attaches. The duty applies in its limited post-contractual form, requiring only information material to the new underwriting decision to be disclosed, if any."[567]

Insurer having right of cancellation

6-143 In *Iron Trades Mutual Insurance Co Ltd v Companhia De Seguros Imperio*,[568] the reinsurer had given provisional notice of cancellation of the treaty to the reinsured and contended that a further duty to disclose had thereby arisen. This contention was rejected by Hobhouse J (as he then was) who said:

"Where there is an addition to a contract, as where it is varied, there can be a further duty of disclosure but only to the extent that it is material to the variation being proposed. If the addition does not alter the contractual rights there will be no fact that it is material to disclose and the same will apply if a variation is favourable to the insurer. *It will only be when the insurer is being asked to take on some additional risk and/or needing to reassess the premium or terms of cover that disclosure of further facts could be material, and even then, the facts to be disclosed are only those which are material to what the insurer is being asked to do.* As pointed out in the cases cited [*Lishman v The Northern Maritime Insurance Company* (1875) L.R. 10 C.P. 179, and *Niger Company Ltd v The Guardian Assurance Company Ltd* (1921) 6 Ll.L.R. 239] any other conclusion would lead to an absurdity; the duty of the utmost good faith does not include giving the insurer an opportunity, after he has accepted the risk and become bound, to escape from his commitment."[569] [Emphasis added]

The *Iron Trades Mutual* case has now been cited with approval both by Lord Hobhouse in *The "Star Sea"* and by Longmore LJ in *The "Mercandian Continent"*. The emphasised passages set out above define the scope of the obligation on the part of the reinsured to disclose material facts following the conclusion of the contract. Experience in recent years suggests that insurers/reinsurers may be using the continuing duty of utmost good faith as a means of extracting whatever information they wish from the (re)insured, under threat of avoidance. When he negoti-

---

[566] Per Longmore LJ, *The "Mercandian Continent"* [2001] Lloyd's Rep. I.R. 802 at [22].
[567] The Law Commission and The Scottish Law Commission, *Insurance Contract Law: Business Disclosure; Warranties; Insurer's Remedies for Fraudulent Claims; and Late Payment* (Law Com. No.353, July 2014), para.30.39.
[568] *Iron Trades v Companhia De Seguros* [1991] 1 Re. L.R. 213.
[569] *Iron Trades v Companhia De Seguros* [1991] 1 Re. L.R. 213 at 224.

ates the reinsurance contract, the (re)insurer is able to negotiate for whatever disclosure he wishes to have during the life of the contract (for example, an obligation to disclose any circumstance which may give rise to a claim under the contract) and the (re)insured should not be in constant uncertainty as to his disclosure obligations, once he has struck a bargain with his (re)insurer after making a fair presentation. As Longmore LJ said:

> "If the insurer has a right to information by virtue of an express or an implied term, there may be a duty of good faith in the giving of such information. Typically such requirements will be in liability policies and reinsurance contracts (which are, of course, only one form of liability insurance), see e.g. *Phoenix General Insurance Co v Halvanon Insurance Co Ltd* [1985] 2 Lloyds Rep 599. It is not usually suggested that breach of any such term gives rise to a right to avoid the contract rather than a claim to damages. To the extent that *Alfred McAlpine v BAI Insurance* [2000] 1 Lloyds Rep. 437 accepts that giving of information attracts obligations of good faith, it does not support any concept of avoidance in the absence of prejudice to underwriters in connection with their ultimate liability for the claim."[570]

In *New Hampshire v MGN Ltd*,[571] it was held that the fact that the insurer had a right to cancel during the course of the policy did not involve an obligation on the insured to notify of every circumstance which might cause the insurer to exercise that right. With respect to the notice of provisional cancellation in the *Iron Trades Mutual* case, Hobhouse J concluded as follows:

> "The same principle and language apply to the argument that the assured comes under a fresh duty to make disclosure when the insurer gives a notice of cancellation under a continuing treaty. Such an act creates no new obligation whatever on the assured; he may be indifferent to whether the insurer continues; he may choose to say nothing and leave the insurer to make up his own mind, which the insurer may choose to do without obtaining any further information from the assured. The only duty of the assured would be not materially to misrepresent the facts in anything he did say to the insurer. In relation to a treaty, any allegation of such duties must be assessed taking into account also the express terms of the treaty which commonly, as here, include a right of the insurer to examine the records of the assured; he has a contractual right to obtain information."[572]

In *The "Mercandian Continent"* Longmore LJ, referring with approval to the above passage, said:

> "If there is no right in the insurer to be given information but he asks for information, no duty of good faith arises as such. The only duty of the insured will be not materially to misrepresent the facts in anything he does say to insurers. If he does make any such misrepresentation, the insurer will have ordinary common law remedies for any loss he has suffered."[573]

In *Kingscroft v Nissan (No.2)*,[574] Moore-Bick J, having discussed the effect of a provisional notice of cancellation, and having concluded that even if it was described as "provisional", the notice of cancellation could not be unilaterally withdrawn by the reinsurer but, "requires some further agreement between the parties if their existing relationship is to continue", went on to consider the effect of such further agreement on the duty of utmost good faith. Counsel on behalf of the

6-144

---

[570] *"The Mercandian Continent"* [2001] Lloyd's Rep. I.R. 802 at [22].
[571] *New Hampshire v MGN Ltd* [1997] L.R.L.R. 24.
[572] *Iron Trades v Companhia De Seguros* [1991] 1 Re. L.R. 213 at 224.
[573] *The "Mercandian Continent"* [2001] Lloyd's Rep. I.R. 802 at [22].
[574] *Kingscroft v Nissan (No.2)* [1999] Lloyd's Rep. I.R. 603.

claimant reinsureds (the Weavers stamp companies) sought to argue that a new contract came into existence on each occasion bringing with it a new duty to exercise utmost good faith, thereby limiting the effect of any misrepresentation or non-disclosure which might have given the reinsurer the right to avoid the original treaties. Counsel for the defendant reinsurer (Nissan) argued that the original contract remained in existence, so that any right to avoid on the grounds of misrepresentation or non-disclosure when the treaties were originally placed in 1976 remained unaffected. Moore-Bick J concluded as follows:

> "I do not think that the issue can be viewed in quite such simple terms. Giving provisional notice of cancellation meant that the contract would automatically terminate in the absence of some further agreement between the parties. By providing statistics for Nissan's consideration Weavers were, in effect, inviting it to continue on the same terms. It was not a case of a simple variation, but equally it was not a case of presenting a completely new risk. In my judgment the parties continued to owe each other a duty of the utmost good faith, but it was one which was conditioned by the existing relationship between them. Any misrepresentation or failure to make proper disclosure at the time when the treaties were originally offered to Nissan could still be presumed to have its effect on the mind of the underwriter, unless it had been overtaken by subsequent events. In Iron Trades Mutual v Companhia de Seguros Imperio [1991] 1 Re.L.R. 213 Hobhouse J. said that when an insurer gives notice of cancellation that of itself imposes no obligation at all on the insured beyond an obligation to avoid making any misrepresentation if he does choose to enter into discussions with the insurer, but in saying that he appears to have had in mind the possibility that the insured may simply wait for the reinsurer to approach him, if he wishes to do so, with a request to be allowed to withdraw the notice of cancellation and remain bound to the original contract. In the present case that did not happen because Weavers took the initiative by approaching Nissan seeking its agreement to continue for the following year. *In my view the question in each case must be whether the original misrepresentation or non-disclosure was one of the factors which induced the reinsurer to continue for another year.* If it did, I do not think it matters for these purposes which of the two competing analyses one adopts, though on the whole I prefer the view that the notices were withdrawn by agreement and the original contracts continued in existence."[575]
> [Emphasis added]

Information requests and situations where good faith may be implied

6-145 We discuss implied terms in Ch.4, Pt 5: 4-103 on the provision of documents, and 4-096–4-098 consider implied terms of good faith.

Litigation

6-146 In *The Star Sea*, Lord Hobhouse expressed the view that the mutual duty of utmost good faith no longer applies once the parties are engaged in hostile litigation before the courts:

> "... strongly of the view that once the parties are in litigation it is the procedural rules which govern the extent of the disclosure which should be given in litigation, not section 17 as such, though section 17 may influence the court in the exercise of its discretion."[576]

In *The "Mercandian Continent"* Longmore LJ said:

> "An important matter decided by *'The Star Sea'* is that the duty of good faith (whatever

---

[575] *Kingscroft v Nissan (No.2)* [1999] Lloyd's Rep. I.R. 603 at 637. The judge found that the Nissan underwriter was aware of the material facts in question at renewal and had waived any right to avoid.
[576] *The "Star Sea"* [2001] 1 Lloyd's Rep. 389 at 406, [76].

its precise context) is superseded, once the parties become engaged in litigation, by the rules of court contained in the Civil Procedure Rules. There had over the years arisen a view that the ancient rights of a marine insurer to obtain pre-defence discovery stemmed from the post-contract obligation of good faith, but failure to comply with an order for ship's papers never gave rise to a right to avoid the policy; so as Lord Hobhouse observed, in [60] of his speech, in relation to an insured's obligation to submit to an order for ship's papers: 'whatever it was, it was not the obligation referred to in section 17'."[577]

In relation to the fraudulent claims rule which derives from the duty of utmost good faith (see 6-126 above), the Supreme Court in the *DC Merwestone* was unanimous that the rule does not apply after the commencement of legal proceedings.[578]

Change of risk/subject matter of the insurance

An insured insures the subject matter of the insurance as of the date when the insurance is placed. The subject matter and the degree of risk or exposure of the subject matter to the perils insured against may change during the period of the insurance. In voyage policies, the vessel is insured for a particular voyage. If the voyage changes, the insurer is discharged from liability at the date of change.[579] The subject matter of the risk is different. The same principle would appear to apply to any other contract of insurance, although identifying the "subject matter of the insurance" may not always be so simple. This aspect of termination has not really been explored in the context of non-facultative reinsurance. If an insurer reinsures an aircraft hull account described truthfully, on a historical basis, but not warranted, as containing 10 per cent helicopter risks and in the period of cover in question the percentage of helicopter risks increases to 50 per cent, has there been a change of subject matter or degree of risk? We do not consider that this goes to any question of uberrima fides. If the subject matter of the insurance changes, the reinsured cannot, by promptly notifying the reinsurer in good faith, compel the reinsurer to take on the changed risk. On the other hand, and absent any provision in the policy to the contrary, if the risk of loss to the subject matter increases, the insurer/reinsurer remains bound to his bargain. That is why war risk insurances typically have provisions permitting insurers to cancel on very short notice: they wish to re-rate (or decline cover for) the risk depending on the severity of the situation which has arisen.

6-147

The difficulty of determining when there is simply an increase in risks which the insurer has agreed to accept, as opposed to a change in circumstances which take the risks outside the scope of the policy, is illustrated by *Kausar v Eagle Star Insurance Co Ltd*.[580] The policy contained an express "change of circumstances" clause allowing the insurer to come off risk should that occur. Saville LJ stated that, at common law:

---

[577] *The "Mercandian Continent"* [2001] Lloyd's Rep. I.R. 802 at [22] per Longmore LJ: "There is a certain irony about this conclusion. When Sir Mackenzie Chalmers published the second and last edition of his *Digest of the Law of the Marine Insurance* (1903), on which the Act as ultimately passed was to be based, he included what is now section 17 without any explanation of how (if at all) he envisaged any post-contract requirement of good faith would work in practice. When he published the 1st edition of his work The Marine Insurance Act 1906 (1907) he added a note in relation to post-contract good faith, instancing the order of the court for ship's papers as the example of the operation of post-contract good faith. Thus does the whirligig of time exercise its reversals."
[578] *The DC Merwestone* [2016] UKSC 45 at [36] per Lord Sumption, [47] per Lord Clarke, [67] per Lord Hughes, and more nuanced at [131] per Lord Mance.
[579] MIA 1906 s.45.
[580] *Kausar v Eagle Star Insurance Co Ltd* [1996] 5 Re. L.R. 191.

"... without the further agreement of the insurer, there would be no cover where the circumstances had so changed that it could properly be said by the insurers that the new situation was something which, on the true construction of the policy, they had not agreed to cover."

The "change of circumstances" was that, in respect of the insured shop premises, the main window had been broken and the tenant had threatened to damage the premises. The Court of Appeal, affirming the first instance judge, did not accept this as sufficient to release the reinsurer from liability. There is, however, a lot of scope, given the breadth of this statement by Saville LJ for reinsurers to argue that the subject matter of the risk is "something they had not agreed to cover" if the book of business reinsured changes to any substantial degree from that presented to them at the inception of the risk.

Kausar v Eagle Star was applied by the Commercial Court in *Swiss Reinsurance Co v United India Insurance Co Ltd* a case concerning the reinsurance of a contractors all risks policy. The contractors had not been paid and walked off the site. Morison J said that:

"[O]n a proper construction of the policy the new situation was not one which the reinsurers had agreed to cover ... Therefore on the basis of the wording of the policy and by virtue of the principle enunciated by Lord Justice Saville, Swiss Re were entitled to treat the policy as defunct as from 17 December 2001."[581]

In *Ansari v New India Assurance Ltd*[582] the Court of Appeal held that turning off an automatic sprinkler system permanently constituted a material change of the risk under a policy that had been agreed on the basis that the property in question was protected by an automatic sprinkler system. Accordingly, the material change clause had been triggered so as to bring into effect termination of the cover.

The (re)insurer's duty of utmost good faith

Pre-contractual duty of (re)insurer

6-148 At the time of entering into the reinsurance contract, the reinsurer owes the reinsured a duty of utmost good faith, as the duty under s.17 of the MIA 1906 is a mutual one. It is also clear from Lord Mansfield's judgment in *Carter v Boehm*[583] as quoted at 6-007 above that the (re)insurer owes a reciprocal duty of disclosure. In the *Gemstone* litigation, the House of Lords and the Court of Appeal confirmed that the insurer owed a duty of disclosure deriving from the principle of utmost good faith.[584] In *Gemstones* the claimant banks entered into a series of loan agreements with four companies owned or controlled by a Mr Ballestero. A total of 80 million Swiss francs was advanced for the purpose of developing property in Menorca, "appropriately named Shangri-La". The borrower provided security for the loans by way of a pledge of a parcel of gemstones which had been valued by purported valuers. The banks also obtained credit insurance policies placed in three layers by a London broker, a Mr Lee, on their behalf. When the companies defaulted on the loans "it was revealed that Shangri-La was a myth, that the gemstones were baubles

---

[581] *Swiss Reinsurance Co v United India Insurance Co Ltd* [2005] Lloyd's Rep. I.R. 341 at 352, [42].
[582] *Ansari v New India Assurance Ltd* [2009] EWCA Civ 93.
[583] *Carter v Boehm* (1766) 3 Burr. 1905 at 1909.
[584] *Banque Keyser Ullmann SA v Skandia (U.K) Insurance Co Ltd; sub nom. Banque Financière de la Cité SA v Westgate Insurance Co Ltd* [1991] 2 A.C. 249 (HL); [1990] 1 Q.B. 665 CA.

of little value and that Mr Ballestero ... [was] a common swindler".[585] The insurance policies each contained a fraud exemption clause, which defeated the banks' claims because the loss had been caused by the fraud of Mr Ballestero.

The banks claimed damages from the insurers on the basis of the failure of the leading underwriter, a Mr Dungate, to disclose to them the fact that the banks' broker, Mr Lee, had deceived them by falsely representing that insurance cover was complete, in order to induce them to advance the first of the loans to Mr Ballestero's companies. It was not established that Mr Lee had conspired with Mr Ballestero to defraud the banks. The trial judge found "... that Mr Lee misled the [plaintiffs] in relation to the insurance simply in order to ensure that the loan transactions, and the supporting insurance transactions, were completed" and that his motive was "to obtain for himself, and for his firm, substantial brokerage in very large transactions".[586] Steyn J held that "... if good faith and fair dealing has any meaning at all, it seems to me that there was a clear duty on Mr Dungate to place the relevant facts before the [plaintiffs]",[587] and awarded damages for breach of the duty of utmost good faith, and for negligence.

The Court of Appeal agreed with Steyn J that the insurers were owed a pre-contractual duty of disclosure and that the duty had been breached:

> "In our judgment, however, there is no doubt that the obligation to disclose material facts is a mutual one imposing reciprocal duties on insurer and insured. In the case of marine insurance contracts, section 17 in effect so provides. The occasions where disclosure by the insurer is required may in practice be rare since the circumstances material to the insurance will ordinarily be known only to the proposed insured. Nevertheless, such occasions may arise. The mutuality of the duty under the common law was recognised by Lord Mansfield himself in *Carter v. Boehm*."[588]

According to Slade LJ the test for materiality applicable to the insurer's duty must be adapted so that:

> "...due account must be taken of the rather different reasons for which the insured and the insurer require the protection of full disclosure. In our judgment, the duty falling upon the insurer must at least extend to disclosing all facts known to him which are material either to the nature of the risk sought to be covered or the recoverability of a claim under the policy which a prudent insured would take into account in deciding whether or not to place the risk for which he seeks cover with that insurer."[589]

However, the Court of Appeal reversed Steyn J's decision, holding that, as a matter of principle, avoidance was the only remedy available for breach of the duty of utmost good faith, and that no action for damages lay in respect of a breach of the duty of utmost good faith at inception. Of course, from the viewpoint of the insured, the remedy of avoidance was a virtually useless remedy since in choosing the remedy the insured would have deprived himself of the very thing he bargained for: insurance protection. There was no duty to speak at common law which gave rise to a cause of action for negligence.

The House of Lords[590] affirmed the decision of the Court of Appeal on different grounds. Their Lordships held: (1) that, on the facts, there was no duty upon Mr Dungate to disclose Mr Lee's misconduct as it was not material to the risk which

---

[585] *Gemstones* [1991] 2 A.C. 249 per Lord Templeman.
[586] *Gemstones* [1987] 1 Lloyd's Rep. 69 at 75 per Steyn J, as he then was.
[587] *Gemstones* [1987] 1 Lloyd's Rep. 69 at 95.
[588] *Gemstones* [1990] 1 Q.B. 665, at 770 per Slade LJ.
[589] *Gemstones* [1990] 1 Q.B. 665, at 772 per Slade LJ.
[590] *Gemstones* [1991] 2 A.C. 249 per Lords Bridge, Brandon, Templeman, Ackner and Jauncey.

was the subject matter of the credit insurance policies; and (2) that Mr Lee's misconduct was not the cause of the loss—the loss was the result of Mr Ballestero's fraud. The House of Lords disposed of the case without the need to consider the nature of the duty of utmost good faith, although Lord Templeman commented that he found the analysis given by the Court of Appeal "cogent":

> "In the circumstances it is not necessary to consider whether Hodge were under a duty to disclose the misconduct of Mr. Lee by reason of the obligation of an insurer to deal with the proposer of insurance with the utmost good faith. If Hodge were in breach of that duty no damage flowed from the breach for the reasons I have already given. But it may be helpful to observe that I agree with the Court of Appeal that a breach of the obligation does not sound in damages. The only remedy open to the insured is to rescind the policy and recover the premium. The authorities cited and the cogent reasons advanced by Slade L.J. are to be found in the report of the proceedings in the Court of Appeal ..."[591]

The *Gemstones* case established that no action for damages lay in respect of a breach of the duty of utmost good faith at inception. The only remedy for an insured, where the insurer is in breach of the duty of utmost good faith, is avoidance of the contract and an action for the return of the premium, a remedy of no great value to the insured if, as is likely, the breach of duty by the insurer is discovered when a claim arises. In the first edition of this work we criticised the approach of the Court of Appeal in *Gemstones*. It was (and remains) our view that it is entirely consistent with principle for there to be an implied term in the contract of insurance/reinsurance, imposing a duty of good faith upon both parties. Such an implied term would be an innominate term, the breach of which would entitle the innocent party to sue for damages—or in the case of a serious breach (for example the making of claim known to be false) to repudiate the contract. The implication of an innominate term would also be logically consistent with the approach of Longmore LJ in "*The Mercandian Continent*" who, as we have seen above, sought to "align" the law of post-contract good faith with the insurer's contractual remedies. Nonetheless, it is now clear following the endorsement of the Court of Appeal in *Gemstones* by Lord Hobhouse in *The "Star Sea"* that the common law has taken a different course. Damages are available, in the tort of deceit,[592] in the case of a fraudulent misrepresentation which induces a party to enter into the contract. Damages are also available under the Misrepresentation Act 1967, and at common law, for a negligent misrepresentation/misstatement, although as has been noted in 6-085 above, the courts have commented that awarding damages under the Misrepresentation Act 1967 would rarely be appropriate in the case of (re)insurance contracts.[593]

6-150 In contrast, as noted in 6-014 above, the duty of fair presentation is not reciprocal—i.e. the insurer is not under a duty of fair presentation pursuant to the IA 2015 s.3(1). Insurance regulation relating to the conduct of insurance business has assumed the role of policing the information and advice an insurer must provide to (prospective) customers pursuant to the rules and guidance in the FCA Handbook Insurance Conduct of Business Sourcebook ("ICOBS"). A new consumer duty introduced by the FCA in 2023 requires firms to act to deliver good outcomes for retail customers which entails, inter alia, acting in good faith towards retail

---

[591] *Gemstones* [1991] 2 A.C. 249 at 280 per Lord Templeman.
[592] *Derry v Peek* (1889) 14 App. Cas. 337; see also *AIC Ltd v ITS Testing Services (UK) Ltd ("The Kriti Palm")* [2006] EWCA Civ 1601.
[593] *Highlands v Continental* [1987] 1 Lloyd's Rep. 109; *HIH v Chase Manhattan* [2001] EWCA Civ 1250 at [116].

customers.[594] However, ICOBS and the consumer duty do not apply to reinsurers.[595] The duty of utmost good faith survives in a truncated version: s.17 of the MIA 1906 has been amended by s.14(1) and (3) of the IA 2015 with the effect that the remedy of avoidance for breaches of good faith is abolished. We have argued in 6-125 above that, now that s.17 of the MA 1906 is no longer prescriptive on the remedy of avoidance, the door might be open for the courts to consider other remedies. As noted in 6-126, PRICL imposes a mutual duty of utmost good faith that applies at the pre-contractual stage, during the contract and at termination, with a range of remedies available on breach.[596]

Continuing duty of (re)insurer

As for a continuing duty of good faith owed by (re)insurers, we noted above that in *Brotherton v Aseguradora Colseguros SA (No.2)*[597] the Court of Appeal commented in unfavourable terms on the reasoning in *The Grecia Express*[598] where Coleman J had held that it would be contrary to an insurer's obligation of utmost good faith to seek avoidance in the face of evidence that the undisclosed allegations were in fact unfounded and that it would be unconscionable for the court to permit the insurer to avoid. In *Brotherton*, Mance LJ doubted that the exercise of the right to avoid by the (re)insurer was subject to a requirement of good faith but the Court of Appeal did not rule out expressly that an insurer could be denied the remedy of avoidance where the insurer was aware that the undisclosed allegations were unfounded at the time of the purported avoidance.[599] In contrast, in *Drake Insurance Plc (In Provisional Liquidation) v Provident Insurance Plc*,[600] Rix and Clarke LLJ both tentatively expressed the (obiter) view that, as a principle of fair dealing, the right of avoidance is fettered by the requirement to exercise it in good faith.[601] In *Stansfield Group Pte Ltd v Consumers' Association of Singapore*,[602] hearing rumours of financial difficulty on the part of its insured, the insurer prevented the insured from making any further declarations under an open cover. The judge accepted that this was a breach of the duty to accept declarations but there was no breach of any duty of continuing good faith. When a reinsurer is exercising rights under a claims co-operation clause, the reinsurer is under a duty not to act in bad faith or arbitrarily but this duty does not arise under s.17 of the MIA 1906 but takes effect as an implied term.[603] However, in the past, the sole remedy of avoidance available for a breach of the duty of utmost good faith would have been of no assistance, if not counter-productive, to the reinsured.

There is no duty of utmost good faith upon the reinsurer to handle claims fairly and reasonably.[604] However, in *The Mercandian Continent*, Longmore LJ said obiter dicta that:

6-151

---

[594] FCA Handbook Principles of Business ("PRIN") PRIN 2.1.1R, Prin 12 and 2A.2.
[595] ICOBS 1 Annex 1 Application (see ICOBS 1.1.2 R), and PRIN 2A.1.
[596] PRICL arts 2.1.2 and 3.1.
[597] *Brotherton v Aseguradora Colseguros SA (No.2)* [2003] EWCA Civ 705.
[598] *Strive Shipping Corp v Hellenic Mutual War Risks Association (Bermuda) Ltd (The Grecia Express)* [2002] EWHC 203 (Comm).
[599] *Brotherton v Colseguros* [2003] EWCA Civ 705 at [23], [28], [34].
[600] *Drake Insurance Plc (In Provisional Liquidation) v Provident Insurance Plc* [2003] EWCA Civ 1834.
[601] *Drake Insurance Plc (In Provisional Liquidation) v Provident Insurance Plc* [2003] EWCA Civ 1834 at [87], [91] per Rix LJ, and at [144] per Clarke LJ.
[602] *Stansfield Group Pte Ltd v Consumers' Association of Singapore* [2011] SGHC 122.
[603] *Gan Insurance Co Ltd v Tai Ping Insurance Co Ltd (No.2)* [2001] EWCA Civ 1047.
[604] *Insurance Corp of the Channel Islands Ltd v McHugh* [1997] L.R.L.R. 94 at 136–138.

"[S]uch other situations may arise under liability policies, particularly if the insurers decide to take over the insured's defence to a claim. Interests of the insured and the insurers may not be the same but they will be required to act in good faith towards each other. If for example the limit of indemnity includes sums awarded by way of damages, interest and costs, insurers may be tempted to run up costs and exceed the policy limit to the detriment of the insured. The insured's protection lies in the duty which the law imposes on the insurer to exercise his power to conduct the defence in good faith. In such circumstances Sir Thomas Bingham M.R. could not 'for one instant accept ... [the] suggestion that a breach of this duty, by an insurer, once a policy is in force, gives the assured no right other than rescission', see *Cox v Bankside* [1995] 2 Lloyd's Rep. 437, 462."[605]

This is somewhat puzzling. We submit that the duty of good faith to which Sir Thomas Bingham MR refers is contractual and arises as a result of term necessarily implied into the contract of insurance that the discretion that the insurer has must not be exercised arbitrarily or in bad faith. Were it a duty of utmost good faith imposed by law then, under the old law pre-IA 2015, avoidance would have been the only remedy.

6-152 In *Ted Baker Plc v Axa Insurance UK Plc*, the Court of Appeal considered whether the insurer is under a post-contractual duty to speak.[606] This question arose on the contention of the insured that that it had been "hoodwinked" by the insurers because they had deliberately remained silent about the obligation to disclose the management accounts in accordance with a claims condition, whilst agreeing to "park" the provision of other categories of documents whilst they were taking instructions on the scope of the professional accountants clause in the policy. Sir Christopher Clarke, giving the leading judgment on this issue, said:

"[A]n insurer is, generally speaking, under no duty to warn an insured as to the need to comply with policy conditions. That was particularly so in the present case, where [the insured] was represented by Mrs Stone, an Executive Director of its insurance brokers. She was described by the judge as a highly-experienced broker, specialising as a claims advocate in pursuing large and difficult claims against insurers."[607]

However, on the particular facts, the insurers were under a duty to speak as a matter of estoppel by acquiescence since someone in the position of the insured would reasonably expect insurers to say if they required the management accounts even though the other documents requested had been parked, particularly if the failure to provide the management accounts was said to be fatal to the claim.[608] Not to say so was misleading. The first instance judge had not found any hoodwinking, but an estoppel did not require dishonesty, impropriety, or an intention to mislead.[609] Sir Christopher Clarke said:

"The authorities show that whether an estoppel arises is not wholly dependent on whether the person sought to be estopped has made some representation express or implied. It may arise if, in the light of the circumstances known to the parties, a reasonable person in the position of the person seeking to set up the estoppel [here the insured] would expect the other party (here the insurers) acting honestly and responsibly to take steps to make his

---

[605] *"The Mercandian Continent"* [2001] Lloyd's Rep. I.R. 802 at [22].
[606] [2017] EWCA Civ 4097; [2017] Lloyd's Rep. I.R. 682.
[607] [2017] EWCA Civ 4097; [2017] Lloyd's Rep. I.R. 682 at [79].
[608] [2017] EWCA Civ 4097; [2017] Lloyd's Rep. I.R. 682 at [84].
[609] [2017] EWCA Civ 4097; [2017] Lloyd's Rep. I.R. 682 at [88].

position plain. Such an estoppel is a form of estoppel by acquiescence arising out a failure to speak when under a duty to do so."[610]

Significantly, the Court of Appeal did not think that an estoppel of this nature was based, or dependent upon, the contract being one of utmost good faith and therefore, the scope of an insurer's post-contractual duty of utmost good faith did not fall to be considered.[611] Somewhat contradictory, however, the court noted that "the fact that the contract is of such a nature [i.e. a contract of utmost good faith] will, if it does anything, increase the likelihood of a party having a duty to speak."[612] By resorting to finding an "estoppel" the Court of Appeal did not need to consider what remedy would have been available to the insured for the insurer's breach of good faith. There has been a recent mini-revival of insurance estoppel cases with two recent insurance cases,[613] where estoppel by convention was argued on the basis that the policyholder and the insurer shared an assumed state of facts or law, or that the policyholder had made an assumption as to the state of facts or law and the insurer acquiesced in that assumption. In *ABN AMRO Bank NV v Royal and Sun Alliance Insurance Plc*,[614] it was the insurer who put forward an estoppel argument with limited success: the Court of Appeal held that there was an estoppel preventing the insured and the broker from asserting that the renewed policy wording contained the transaction premium clause (TPC), but a non-avoidance clause in the policy precluded the insurer from relying on the estoppel, with the effect that the TPC was part of the policy wording.

A clause similar to the *ABN AMRO Bank* non avoidance clause was considered in *UK Acorn Finance Limited v Markel (UK) Limited*.[615] The case was concerned with professional indemnity insurance policies issued to a surveyor's firm, where the insurer had the power to decide whether a non-disclosure had been innocent for the purposes of an unintentional non-disclosure (UND) clause:

6-153

"*Unintentional Non-Disclosure Clause*
(a) In the event of non-disclosure or misrepresentation of information to Us, We will waive Our rights to avoid this Insuring Clause provided that (i) You are able to establish to Our satisfaction that such non-disclosure or misrepresentation was innocent and free from any fraudulent conduct or intent to deceive …"

The court held that, whilst the wording of the UND clause placed the burden on the insured to establish that any misrepresentation of non-disclosure was innocent, it was necessary to imply a term to constrain the decision-making power conferred on the insurer in that respect, namely that the insurer would not exercise its decision-making powers under the UND clause arbitrarily, capriciously or irrationally. Having established that the UND clause conferred a decision-making power on the insurer, Pelling J said:

"63. It is against that background that it is necessary to consider further the decision of the Supreme Court in *Braganza* (ibid.) In my judgment, it is clear that there is to be implied into the agreement between these parties a term to the effect identi-

---

[610] [2017] EWCA Civ 4097; [2017] Lloyd's Rep. I.R. 682 at [82].
[611] [2017] EWCA Civ 4097; [2017] Lloyd's Rep. I.R. 682 at [89].
[612] [2017] EWCA Civ 4097; [2017] Lloyd's Rep. I.R. 682 at [89].
[613] *World Challenge Expeditions Ltd v Zurich Insurance Plc* [2023] EWHC 1696 (Comm) (estoppel successfully argued); and *Sehayek v Amtrust Europe Ltd* [2021] EWHC 495 (TCC); [2022] Lloyd's Rep. I.R. 616 (estoppel unsuccessfully argued).
[614] *ABN AMRO Bank NV v Royal and Sun Alliance Insurance Plc* [2021] EWCA Civ 1789; discussed in 6-063, 6-077 and 6-105.
[615] *UK Acorn Finance Limited v Markel (UK) Limited* [2020] EWHC 922 (Comm).

fied in that case. As Baroness Hale DPSC made clear, that case was concerned with the activity of a "... contractual decision maker ... "–see paragraph 17–and the nature of the contractual term being considered was one by which " ... one party to the contract is given the power to exercise a discretion, or to form an opinion as to relevant facts ..." ... I have set out above the relevant principles applicable to the implication of terms into a contract. Applying those principles, the implication of such a term plainly satisfies the necessity requirement since without such a term, it would be open to the defendant to make decisions that were arbitrary, capricious or irrational. As Lady Hale stated in *Braganza* (ibid.) at paragraph 18:

> "... the party who is charged with making decisions which affect the rights of both parties to the contract has a clear conflict of interest. That conflict is heightened where there is a significant imbalance of power between the contracting parties as there often will be in an employment contract. The courts have therefore sought to ensure that such contractual powers are not abused. They have done so by implying a term as to the manner in which such powers may be exercised, a term which may vary according to the terms of the contract and the context in which the decision-making power is given."

Neither party can be treated sensibly as having intended to permit the defendant to make decisions that were arbitrary, capricious or irrational. Thus it is necessary to imply a term in order to eliminate the possibility of such decision making since it is only by implying such a term that the UND Clause can be given business efficacy or because the necessity for the implication of such a term is so obvious that it goes without saying. There is no question of such an implied term contradicting the agreement of the parties. On the contrary it is giving effect to that which both are to be treated as having intended.

64. It is necessary next to set out what terms will be implied applying *Braganza* (ibid.). In my judgment that requires a term to be implied into the contract between the parties to the effect that the defendant will not exercise its decision making powers conferred by the UND Clause arbitrarily, capriciously or irrationally in the sense identified by the Court of Appeal in *Associated Provincial Picture Houses Limited v Wednesbury Corporation* [1948 1 KB 223. This requirement imports two elements–namely (i) a requirement that the defendant will not take into account matters that it ought not to take into account and will take into account only matters that it ought to take into account; and (ii) a requirement that it does not come to a conclusion that no reasonable decision maker could ever have come to ..."

On the evidence, the insurer had failed to approach the dishonesty issue with an open mind or bearing in mind that it was more probable that a misrepresentation had been made innocently or negligently rather than dishonestly, and that the insured's conduct was consistent with a belief that the objection to sub-prime lenders did not apply to commercial as opposed to residential lenders. The insurer's decision wrongly took into account immaterial considerations and ignored material ones. The court held that it was not possible to conclude that the outcome would have been the same had the dishonesty issue been approached correctly. Whilst the court in *UK Acorn Finance* chose to go down the *Braganza* implied term route and only mentioned 'good faith' in passing, the Braganza implied term itself is based on the concepts of good faith and fair dealings.[616] Moreover, *UK Acorn Finance* shows that in the re/insurance context, a *Braganza* term can be implied to circumscribe contractual discretion of either party. Whilst doctrinally the *Braganza* implied term is different to the post-contractual duty of good faith arising at law, its theoretical underpinning is connected to the concept of good faith which applies mutually as between contracting parties. In practice, the spectre of *Braganza*-

---

[616] *Braganza v BP Shipping Ltd* [2015] UKSC 17, [2015] 1 W.L.R. 1661, [20]-[28] per Baroness Hale DPSC reviewing the authorities.

style implied terms means that reinsurers must now consider carefully their reasons for taking a decision they are entitled to take under the terms of the reinsurance contract by reference to the context of the decision-making power, and-especially where the decision is detrimental to the interests of the rienusred–document their reasons.

As discussed in more detail in Ch.5, 5-145, since 4 May 2017, a (re)insurer can be held liable for damages (or be awarded another remedy) for late payment of claims pursuant to s.13A(5) of the IA 2015.

5. PROMISSORY WARRANTIES

Classification and construction

Introduction—what is a "warranty"?

The word "warranty" has acquired a number of different meanings under English law. As noted in 6-004, in the general contract law, the word is used to describe a contractual undertaking, breach of which gives rise to a claim for damages but does not give rise to a right to repudiate the contract. Warranties in (re)insurance contracts assumed a very different role and developed a different remedies regime than their general contract law namesakes. In marine insurance contracts the term, when used in its strict sense, means a promissory warranty given by the assured which, pre-IA 2015 if not met, had a draconian effect on the continued existence of the policy. But it is also used in clauses which are merely intended to delimit the risk covered without otherwise affecting the policy (e.g. "warranted free of capture and seizure"). We will consider first how to identify promissory warranties in insurance contracts and distinguish them from mere exclusions from cover and other contractual terms; secondly, what is the legal effect of breach of a promissory warranty pre-IA 2015, and pursuant to ss.10 and 11 of the IA 2015; and thirdly, the application of these contractual and statutory principles to reinsurance.

6-154

Identifying promissory warranties

The starting point is s.33 of the MIA 1906 which defines a warranty as:

6-155

"(1) ... a promissory warranty, that is to say a warranty by which the assured undertakes that some particular thing shall or shall not be done, or that some condition shall be fulfilled, or whereby he affirms or negatives the existence of a particular state of facts. ...

(3) A warranty, as above defined, is a condition which must be exactly complied with whether it be material to the risk or not."

Section 35 of the MIA 1906 also provides:

"(1) An express warranty may be in any form of words from which the intention to warrant is to be inferred.

(2) An express warranty must be included in, or written upon, the policy or must be contained in some document incorporated by reference into the policy ..."

The IA 2015 does not make any change to the definition of warranty[617] and the definitional parts of s.33 of the MIA 1906 remain in force. The warranty may

---

[617] HM Treasury, *Explanatory Notes to Insurance Act 2015*, para.86.

therefore be: (1) an undertaking to do or not to do something; or (2) a promise that a given fact or state of affairs exists or does not exist, or will exist, that must be exactly complied with, whether material to the risk or not. It is a term of the insurance contract, and it is therefore to be distinguished from statements made (or omitted) prior to the contract, which might give grounds for avoiding the policy on the basis of misrepresentation or non-disclosure but which do not amount to contractual provisions.

6-156 A promissory warranty must also be distinguished from clauses which, properly construed, merely serve to limit the extent of the cover provided. These are more accurately described as "exclusions" or "exceptions". The effect of non-compliance with such clauses will merely be that the insurer is not liable for losses occurring as a result of the event referred to. The distinction between an exception and a promissory warranty is not, however, always easy to draw and may be more difficult to draw following the IA 2015. For example, in the pre-IA 2015 case of *Sugar Hut Group Ltd v Great Lakes Reinsurance (UK) Plc*,[618] the insurance contract contained a number of terms described as warranties. One of the issues in dispute between the parties was whether the terms: (1) relating to the contact of the kitchen ducting with "combustible materials" (the "ducting obligation"); (2) concerning the inspection of the extraction ducts every six months by a specialist contractor (the "inspection obligation"); and (3) concerning the installation of a specific burglar alarm (the "burglar alarm obligation"), were "true insurance warranties", a breach of which would entitle the insurer to deny any liability under the policy. The judge held that, whilst the ducting obligation and the burglar alarm obligation were true warranties, the inspection obligation was simply a suspensive condition and that for the duration of its breach by the insured, cover was suspended. On the facts, the insured was still in breach of the inspection obligation when the loss occurred so that the suspensory nature of that term did not assist. Similarly, in *Bluebon Ltd v Ageas (UK) Ltd*,[619] an "electrical installation inspection warranty" was held to be a suspensive condition which suspended the insurer's liability during the five year period when the insured had failed to have an inspection.

Although the IA 2015 does not give a definition, and does not change the existing meaning, of promissory warranties, as we shall see, pursuant to s.10(1) and (2) of the IA 2015, a breach of warranty is now treated as having the same consequence as the breach of a suspensive condition. Arguably, s.10(1) and (2) only deal with the consequences upon breach of warranty—not with the characterisation of a contractual term—but inevitably the distinction between insurance warranties and suspensive conditions will become more difficult as it is no longer possible to identify insurance warranties by references to what consequences the parties envisaged upon the breach of the term in question.

6-157 A promissory warranty (which, as we shall see, was prior to the IA 2015 characterised by Lord Goff in *The "Good Luck"* as a kind of condition precedent) should be distinguished from a condition precedent:

"[I]n the different sense of something to be proved before a claim can be made; the intention is to reverse the normal onus proof, so that it is the insured who must prove that the warranty has been fulfilled, rather than the insurer who must prove that it has been broken."[620]

A condition precedent in this sense will, as a general rule, be in express terms.

---

[618] *Sugar Hut Group Ltd v Great Lakes Reinsurance (UK) Plc* [2010] EWHC 2636 (Comm) at [40]–[54].
[619] [2017] EWHC 3301 (Comm).
[620] Clarke, *The Law of Insurance Contracts*, 5th edn (Lloyd's of London Press, 2006), p.604.

The condition precedent may be in respect of liability under the entire policy (e.g. payment of premium), or in respect of liability to pay a particular claim (e.g. giving immediate notice of a loss).[621] Such conditions precedent are not warranties, and if not complied with, the (re)insurer's liability is not suspended, and does not discharge the (re)insurer from liability for all future claims (as a breach of warranty would have done under the pre-IA 2015 law)—rather the subsequent obligation does not arise if the preceding obligation has not been fulfilled. Nonetheless, and as with warranties, the use or absence of the label "condition precedent" is not determinative.[622]

Lastly, (re)insurance policies may also contain so-called innominate terms. The consequences of a breach of an innominate term depend on the seriousness of the breach: if the breach is so fundamental as to amount to a repudiatory breach, the whole contract will be discharged. For a breach that is not sufficiently serious to justify repudiation the remedy is damages. In respect of the breach of an innominate term, there is no intermediary remedy of partial repudiation allowing for the rejection of a claim.[623] In contrast to the wide variety of terms discussed in the case law and legislation, PRICL does not distinguish between different classes of terms and different types of breaches. Instead, the PRICL offer a range of remedies to contractual breaches and set out the circumstances in which they are available.[624]

General approach to construction

Whether a particular clause is to be construed as a promissory warranty, a condition precent, an exclusion, or an innominate term is to be decided by applying ordinary rules of construction applicable to the interpretation of all commercial contracts.[625] According to the Supreme Court in *Arnold v Britton*, this entails "[t]he exercise of interpreting a provision involves identifying what the parties meant through the eyes of a reasonable reader".[626] In commercial contracts, such as reinsurance contracts, the parties tend to have control over the contractual language and therefore in the courts will first and foremost consider the natural meaning of the language used before considering the commercial purpose and factual background. In *Wood v Capita Insurance Services Limited*, Lord Neuberger noted:

6-158

"It has long been accepted that this is not a literalist exercise focused solely on a parsing of the wording of the particular clause but that the court must consider the contract as a whole and, depending on the nature, formality and quality of drafting of the contract, give more or less weight to elements of the wider context in reaching its view as to that objective meaning ...

Textualism and contextualism are not conflicting paradigms in a battle for exclusive occupation of the field of contractual interpretation. Rather, the lawyer and the judge, when interpreting any contract, can use them as tools to ascertain the objective meaning of the language which the parties have chosen to express their agreement. The extent to which each tool will assist the court in its task will vary according to the circumstances of the particular agreement or agreements. Some agreements may be successfully

---

[621] See e.g. *Kazakhstan Wool Processors (Europe) Ltd v Nederlandsche Credietverzekering Maatschappij NV* [2000] Lloyd's Rep. I.R. 37.
[622] See e.g. *George Hunt Cranes Ltd v Scottish Boiler & General Insurance Co Ltd* [2001] EWCA Civ 1964.
[623] *Friends Provident Life & Pensions Ltd v Sirius International Insurance Corp* [2005] EWCA Civ 601.
[624] PRICL art.3.1.
[625] *Wood v Capita Insurance Services Limited* [2017] UKSC 24; *Arnold v Britton* [2015] UKSC 36; *Rainy Sky SA v Kookmin Bank* [2011] UKSC 50; *Chartbrook Ltd v Persimmon Homes Ltd* [2009] UKHL 38.
[626] *Arnold v Britton* [2015] UKSC 36 at [17] per Lord Neuberger, and see Ch.4, Pt 7.

interpreted principally by textual analysis, for example because of their sophistication and complexity and because they have been negotiated and prepared with the assistance of skilled professionals. The correct interpretation of other contracts may be achieved by a greater emphasis on the factual matrix, for example because of their informality, brevity or the absence of skilled professional assistance."[627]

The Market Reform Contract Implementation Guide recommends that any condition precedents and warranties should be captured under separate headings in the "Description" section of the Market reform Contract.[628] It is well established that although use of the word "warranty" may be indicative of the parties' intention, it is not decisive. Thus, the absence of the word "warrant" or "warranty" does not preclude the clause from being construed as a warranty.[629] Conversely, there are many cases where the courts have held that clauses which include the word "warrant" and/or "warranty" are in fact merely exceptions.[630] In *HIH Casualty & General Insurance Ltd v New Hampshire Insurance Co* Rix LJ identified three tests to assist with identifying warranties:

"In my judgment, once the six film term is established as a term of the insurance or reinsurance contract, the grounds for holding it to be a warranty are very strong. It is a question of construction, and the presence or absence of the word 'warranty' or 'warranted' is not conclusive. One test is whether it is a term which goes to the root of the transaction; a second, whether it is descriptive of or bears materially on the risk of loss; a third, whether damages would be an unsatisfactory or inadequate remedy."[631]

Thus, a term is more likely to be a warranty if it concerns a statement of fact which has a bearing on the risk or if the provision goes to the root of the contract.

In line with Rix LJ's third test, another relevant question used to be whether the parties intended that breach of the clause under consideration should have the effect of terminating the contract; or merely suspending cover temporarily; or excluding cover in respect of a particular category of loss. In general terms, a clause would not have been construed as a (true) warranty unless there were clear indications that it was the intention of the contracting parties that it should have the effect of discharging the (re)insurer's liability upon breach.[632] For example if the clause expressly stated that, if it is breached, cover will be terminated or the policy will become void, then that term would have been likely to be treated as a warranty, even if the breach was immaterial to the risk. Where the clause did not define the consequences of breach, the actual words used to describe its status would have been of only limited assistance.

6-159 The intended consequences of the breach of the term in question can no longer serve as a differentiator between warranties and suspensive conditions as the remedy for breach of warranty under s.10(2) of the IA 2015 is the suspension of the (re)insurer's liability whilst the warranty is in breach and the breach remains unremedied. Although the distinction is not significant to the remedy for breach (which is 'suspension of the (re)insurer's liability whilst the term is being in

---

[627] *Wood v Capita Insurance Services Limited* [2017] UKSC 24 at [10] and [13].
[628] Market Reform Contract Implementation Guide, p.59 (*https://lmg.london/document/2023-03-29-mrc-om-guidance-v3-0/*) and also see Ch.3, 3-003.
[629] *HIH Casualty v New Hampshire* [2001] EWCA Civ 735 at [101]; [2001] Lloyd's Rep. I.R. 596 at 622 per Rix LJ. See also *Bluebon Ltd v Ageas (UK) Ltd* [2017] EWHC 3301 (Comm).
[630] As in *Sugar Hut Group Ltd v Great Lakes Reinsurance (UK) Plc* [2010] EWHC 2636 (Comm) referred to above.
[631] *HIH Casualty & General Insurance Ltd v New Hampshire Insurance Co* [2001] EWCA Civ 735 at [101].
[632] *Wheelton v Hardisty* (1857) 8 El. & Bl. 232.

breached), it remains relevant to the application of ss.10 and 11 of the IA 2015: s.10 only applies to warranties whilst s.11 applies to terms, including warranties, that relate to a particular type of loss, or the risk of loss at a particular time or in a particular place. Subject to the contracting-out provisions in ss.16 and 17 of the IA 2015, it is still open to the parties of a reinsurance contract (being a non-consumer contract) to provide expressly in the reinsurance contract that the reinsurer's liability will be discharged upon a breach of a specific term, regardless of whether the breach has been remedied. Where, however, this is the case, it is usually of much less importance to classify the term as a warranty or otherwise in any event, since the purpose of doing so is usually to identify the consequences of breach and here the remedy of the reinsurer is already laid down in the policy.

Types of warranties

Warranty as to existing/continuing state of affairs

In order to determine whether a warranty has been breached, it may be necessary to determine whether it applies only at the time it was given, or is a promise also as to the future. In *Transthene Packaging Ltd v Royal Insurance (UK) Ltd*,[633] Judge Kershaw QC adopted[634] the analysis of the then current edition of MacGillivray[635] that a warranty could mean one of five things:

6-160

(1) a statement of intention;
(2) a warranty as to the present situation;
(3) a term delimiting the risk;
(4) a collateral stipulation; or
(5) a continuing warranty.

Bearing in mind that the word "warranty" may not even appear in the words of the policy which one is attempting to construe, determining whether those words apply only to the time when they are used, or also to the future, may not be easy. If one is construing the words of a slip, there may be greater difficulties. The words may only be a representation, or may not even amount to a representation. For example a slip may state: "the property is within one mile of a fire station". This may either be a representation of fact or a statement of the insured's belief. If these words appear beside a heading "Information NLOW" (i.e. not limit or warranty), then it would be difficult to argue that there was a warranty that the property was within one mile of a fire station. However, it is unclear whether the letters "NLOW" make it more or less likely that the statement which they qualify will be regarded by the court as a representation of fact as opposed to one of honest belief. Brokers seem to think that "NLOW" transforms any statement into one of honest belief only.[636] Take the above example, but using the word "warranted", a slip stating: "warranted the property is within one mile of a fire station". The first thing that the

---

[633] *Transthene v Royal Insurance* [1996] L.R.L.R. 32.
[634] *Transthene v Royal Insurance* [1996] L.R.L.R. 32 at 46.
[635] *MacGillivray & Parkington*, 8th edn (Sweet & Maxwell, 1988).
[636] *Continental Pacific Shipping Ltd v Deemand Shipping Co Ltd (The "Lendoudis Evangelos II")* [1997] 1 Lloyd's Rep. 404 (Comm Ct: Longmore J), a case concerned with the meaning of the words "without guarantee" in a charterparty suggests that the brokers' belief as to the meaning of NLOW will be upheld. See however, *Sirius v Oriental* [1999] Lloyd's Rep. I.R. 343 (another decision of Longmore J discussed above) where "information" in a slip was held to be a representation of fact.

court will do is to construe the ordinary and natural meaning of the words.[637] The word "is" would no doubt be regarded as significant. In its ordinary meaning it connotes a present state of affairs. If the fire station closes after the contract is made, is the insured to be deprived of cover, if he was unaware of plans for its closure at the time he gave the warranty?

Sometimes the wording of reinsurance slips may be too cryptic to enable one to discern whether a warranty applies to the present or the future. In *Vesta v Butcher*[638] the wording *"warranted* that a 24-hour watch be kept" (emphasis added), was accepted to be promissory. A provision that "the insured will maintain ... records" was held not to be a warranty at all. Suppose the slip relating to an aircraft hull reinsurance states "warranted no helicopters" in a context where the court is satisfied that these words do not provide for a limit or exclusion.[639] The court has to determine whether "warranted no helicopters" is a promise as to what was the nature of the risk in the past, or a promise as to the future. If the court accepts evidence of the aviation market's general unease about helicopter risks, then it is likely to hold the words to be a future warranty. But suppose the clause stated "warranted helicopters no more than 10 per cent of total account"?

6-161 Given the pre-IA 2015 draconian consequences of a breach of warranty, the courts were inclined, at least in non-marine insurance cases,[640] to construe terms imposing continuing obligations against being a continuing warranty. For example, in *Hussain v Brown*,[641] a proposal for fire insurance stated that an intruder alarm was installed at premises and "warranted" this statement to be true—the alarm was inoperative at the time of a fire. The Court of Appeal[642] held that it was not a continuing warranty and said to impose a continuing warranty, breach of which would lead to the automatic cancellation of cover, was a draconian measure and if underwriters required such protection then it should be stipulated in clear terms.

Now that pursuant to s.10(2) of the IA 2015 the (re)insurer's liability turns on whether or not the breach has been remedied, whether a warranty is one of a past or present state of affairs continues to be a pertinent question, as arguably, if that state of affairs is not true, the warranty is incapable of being remedied. For example, a warranty that the reinsured has had a premium income of £x in relation to a book of business to be reinsured as at a certain date, if untrue, cannot be remedied as it hard to see how the risk could be capable of later becoming essentially the same (IA 2015 s.10(5)(a)) or that the reinsured could cease to be in breach (IA 2015 s.10(5)(b)).[643] However, at present this remains an uncertain point which may be the subject of future judicial clarification.

---

[637] *Arnold v Britton* [2015] UKSC 36, [17] per Lord Neuberger; *Transthene v Royal Insurance* [1996] L.R.L.R. 32 per Kershaw J.
[638] *Vesta v Butcher* [1989] A.C. 852; and see Ch.4 above.
[639] For example, because they follow a provision expressly excluding crop dusters, private aircraft and training aircraft.
[640] For an example of construing a continuing obligation as a warranty see *Eagle Star Insurance Co Ltd v Games Video Co (GVC) SA (The Game Boy)* [2004] EWHC 15 (Comm); [2004] 1 Lloyd's Rep. 238; [2004] Lloyd's Rep. I.R. 867.
[641] *Hussain v Brown* [1996] 1 Lloyd's Rep. 627.
[642] Leggatt, Rose and Saville LJJ.
[643] Also see to the same effect: J. Gilman, R. Merkin et al, Arnould's Law of Marine Insurance and General Average, 19th edn (Sweet & Maxwell, 2018), para 19-29.

Effect of full reinsurance clause: Vesta v Butcher; Toomey v Vitalicio

In *Toomey v Vitalicio*[644] a facultative reinsurance slip stated that the original assured as Atletico de Madrid (a Spanish football club) and that the interest being reinsured was as follows:

"(A) This insurance to indemnify the assured for their net ascertained loss of contracted television rights arising directly as a consequence of the relegation of the assured from the 1st division of the Professional Spanish Football league.
Limit: pts 2,900,000,000
(B) To indemnify the assured in respect of the contracted bonuses to be paid to the squad in the event of obtaining the following classifications in different tournaments:
1. To win the Spanish Football League Limits
(1st division) pts 1,000,000,000
2. To win the Copa del Rey pts 500,000,000."

6-162

The reinsurers contended that the effect of the full reinsurance clause in the slip ("Being a reinsurance of and warranted same gross rate, terms and conditions as and to follow the settlements of the Reassured") was that the reinsured, Vitalicio, had warranted that it had agreed to indemnify the assured, Atletico de Madrid, against losses resulting from relegation up to a limit of 2.9 billion pesetas. They further contended that Vitalicio was in breach of warranty because under the original policy the reinsured had in fact agreed to insure a Spanish television company, Audiovisual, and that the original insurance was a valued policy for 2.9 billion pesetas. The reinsurers relied on the following passage from the speech of Lord Griffiths in *Vesta v Butcher*:

"For my part, I would be reluctant to read these contractual documents as making the terms of the contract of insurance terms of the contract of reinsurance. Although the wording is archaic and difficult to comprehend I understand the phrase 'warranted same gross rate terms and conditions' as a warranty given by the company, i.e. the insurer, that he has placed the risk on the same terms that he has disclosed to the reinsurers. This view is I think strongly supported by the fact that the policy is attached to the slip against the heading 'Infn' which is clearly an abbreviation of the word 'Information' and shows that at the time the slip is completed the policy terms are available to the reinsurer to show the nature of the risk that he is accepting. The warranty in the insurance is that the policy has been or will be written in those terms."[645]

Having first noted that the other members of the House of Lords had not indicated their agreement with this part of Lord Griffith's speech and that his dictum had been cited "uncritically" in a subsequent decision of the Court of Appeal,[646] Andrew Smith J said he found it:

"difficult to read the words of the full reinsurance clause themselves as expressing the meaning that Lord Griffiths suggests. It must be acknowledged that the clause has been frequently and justifiably criticised, and that it is ungrammatical and somewhat obscure. However, on no view does it refer to the terms of the original insurance being disclosed to the reinsurers ... even if a full reinsurance clause might sometimes import the warranty that Lord Griffiths suggests, I do not consider that it would do so in this case it is not clear to me that Lord Griffiths was intending his observations to apply to any case

---

[644] *Toomey of Syndicate 2021 v Banco Vitalicio De Espana Sa De Seguros Y Reaseguros* [2003] EWHC 1102 (Comm) (May 20, 2003) aff'd on appeal [2004] EWCA Civ 622 Also see Ch.6 6-196.
[645] *Vesta v Butcher* [1989] A.C. 852 at 896.
[646] *Gan Insurance v Tai Ping* [1999] Lloyd's Rep. I.R. 472 at 479 per Beldam LJ.

other than that before him. In the *Vesta* case, not only were the terms of the original insurance disclosed to the reinsurers, but it was stated on the slip that they were. Lord Griffiths attached importance to this. In this case, the terms of the original insurance were not even disclosed to the reinsurers."

6-163   Andrew Smith J therefore rejected the claimant's argument that the full reinsurance clause introduced a warranty by Vitalicio about the terms of the underlying insurance. However, he went on to uphold an alternative argument: that upon the proper interpretation of the slip, Vitalicio were to be regarded as undertaking that the original insurance was properly described in the statement of their interest, and in particular as undertaking that the insurance indemnified Atletico for their net ascertained loss in the event of relegation, subject to the limit of 2.9 billion pesetas; and that those undertakings were by way of warranties.

The reinsured appealed and the reinsurers cross-appealed with respect to the judge's ruling that the full reinsurance clause did not create a warranty. The Court of Appeal dismissed the reinsured's appeal and declined to express any view on the effect of the full reinsurance clause which Thomas LJ described as a "difficult issue".[647]

Effect of the full reinsurance clause upon the risks covered

6-164   In the absence of clear words indicating the parties' intent, it becomes necessary to look at the substance of the clause. In *Thomson v Weems*, Lord Blackburn stated:

> "In policies of marine insurance, I think it is well settled by authority that any statement of a fact bearing upon the risk introduced into the written policy is, by whatever words and in whatever place, to be construed as a warranty ..."[648]

This analysis is not however particularly helpful because, although it is true that a promissory warranty will usually involve a statement that has a bearing upon the risk, this is also true of an exclusion clause.

Greater assistance can be obtained from the judgment of Donaldson J (as he then was) in *De Maurier (Jewels) Ltd v Bastion Insurance Co Ltd*.[649] In that case, the court had to consider the status of a clause in a burglary policy which "warranted road vehicles ... fitted with locks and alarm system (approved by underwriters) and in operation". Donaldson J stated that, in the absence of an express provision as to the effect of breach, whether a particular clause was to be regarded as a warranty or an exclusion depended upon precisely how breach of that clause affected the risks otherwise covered by the policy. He decided that the clause in question was a term which, "delimits and is part of the description of the risk" (i.e. an exclusion) "and is not of a promissory character". He continued:

> "By a warranty of a promissory character I mean a warranty by the assured that a particular state of affairs will exist, breach of which destroys a substratum of the contract ... In the marine field 'warranted free from capture and seizure' is a warranty of the former character [i.e. an exclusion] leaving the contract effective in respect of loss by other perils. 'Warranted to sail on or before a particular date' is, however, of a promissory character ... The commercial reasoning behind this legal distinction is clear, namely, that breach of the former type of warranty does not affect the nature or extent of the risks falling outside

---

[647] *Toomey v Vitalicio* [2005] Lloyd's Rep. I.R. 423 at [49].
[648] *Thomson v Weems* (1884) 9 A.C. 671 at 684.
[649] *De Maurier (Jewels) Limited v Bastion Insurance Co Ltd* [1967] 2 Lloyd's Rep. 550.

the terms of the warranty; breach of a promissory warranty may, however, materially affect such risks."650

On this basis, whether or not a particular clause should be regarded as a warranty depends upon whether or not its breach affects the nature or extent of the risks "falling outside the terms of the warranty".

In *HIH Casualty v New Hampshire*651 it was a term of the underlying insurance (a contract of "pecuniary loss indemnity" in respect of the financing of a group of films), that "7.23 Productions will produce and make six made-for-TV films" (the "six film term"). The reinsurance slip policy stated "Interest: As Original Policy", and "Conditions: This Reinsurance is subject to all terms, clauses and conditions as original and to follow that placement in all respects". One of the issues before the Court of Appeal was whether the six film term was a warranty in the reinsurance contract. Rix LJ set out the three tests referred to in s.6—above and concluded:

6-165

"In the present case, the six film term would seem to answer all three tests. It is a fundamental term, for even if only one film were omitted, the revenues are likely to be immediately reduced. That will not matter if the revenues already exceed the sum insured, for in that case there can be no loss in any event. Where, however, the revenues fall below the sum insured, the loss of a single film may be the critical difference between a loss or no loss, and will in any event be likely to increase the loss. For the same reason the term bears materially on the risk. A cross-claim would be an unsatisfactory and inadequate remedy because it would never be possible to know how much the lost film would have contributed to revenues. The very fact that the making of the six films lies under the 'interest' line emphasises the importance of the term and its direct bearing on the risk."652

Rix LJ's three tests were applied by Andrew Smith J in *Toomey v Vitalicio*.653 It was held that a term in a reinsurance slip that the limit of indemnity under the original insurance contract (which covered inter alia the financial loss arising from the relegation of a Spanish football club) was 2.9 billion pesetas was a warranty. Having found on the evidence of Spanish law that the original insurance was a valued policy, Andrew Smith J concluded as follows:

"As I see it, therefore, essentially the question turns upon the importance to the risk of the fact that the exposure that was being insured was not an indemnity for loss that was in fact suffered subject to a limit of pts 2.9 bn, but the amount to be paid in the event of relegation was pre-determined. This, of course, goes not to the risk that there will be a loss, but to the amount to be paid to Atletico if there is. Nevertheless, it does, in Rix L.J.'s phrase, have a 'direct bearing on the risk' being undertaken by the reinsurers ... I consider, applying Rix L.J.'s first and second tests, its significance is such that the term was a warranty. As for the third test, while damages might be an adequate remedy if the reinsurers were able to demonstrate that Atletico's net ascertained loss was less than the amount of the settlement of the insurance claim and the measure of the difference, it is unrealistic, it seem to me, to expect them to do so, or to be in a position to do so. Damages would not be a satisfactory remedy."

The Court of Appeal agreed that the term was a warranty. Thomas LJ said:

"The underwriters had entered into the reinsurance without sight of the underlying policy;

---

650 *De Maurier (Jewels) Limited v Bastion Insurance Co Ltd* [1967] 2 Lloyd's Rep. 550 at 558–559.
651 *HIH Casualty v New Hampshire* [2001] EWCA Civ 735; [2001] Lloyd's Rep. I.R. 596.
652 *HIH Casualty v New Hampshire* [2001] EWCA Civ 735 at [101].
653 *Toomey v Vitalicio* [2003] EWHC 1102 (Comm) (20 May 2003)—the facts of which are discussed above. On appeal, [2004] EWCA Civ 622. This passage was also cited and applied by Burton J in *Sugar Hut Group Ltd v Great Lakes Reinsurance (UK) Plc* [2010] EWHC 2636 (Comm).

the term as to the description went to the root of the transaction and was descriptive of and bore materially on the risk. The reinsurers' obligation was to provide proportional reinsurance of the risk insured under the underlying policy by the insured. They were therefore entitled to treat the description of the underlying policy as a warranty."[654]

Illustrations from decided cases

6-166 The leading textbooks on insurance contain numerous examples of cases in which particular forms of words have (or have not) been held by the courts to amount to promissory warranties. A review of four particular cases may serve to illustrate the way in which the courts have approached the problem.

(1) *Case Existological Laboratories Ltd v Century Insurance Co of Canada (The "Bamcell II")*[655] involved a claim for loss under a policy which provided "warranted that a watchman is stationed on board" between stated hours. A watchman had not been so stationed but, since the casualty had not occurred during the hours referred to in the warranty, this was not causative of the loss. The insurers contended that this did not matter since there had been a breach of warranty and they were therefore entitled to terminate the policy. The Canadian courts held however that the parties:

"cannot have intended that if a watchman was late one night, or even missed a night, then the insurers should be discharged from liability for the remainder of the term of the policy."

They therefore decided that the term was a "suspensive condition", i.e. an exception.

(2) *CTN Cash & Carry Ltd v General Accident Fire & Life Assurance Corporation Plc*[656] involved an insurance policy covering commercial premises which included the following term:

"It is warranted that the secure cash kiosk shall be attended and locked at all times during business hours."

Macpherson J held that, although the clause was stated to be a warranty, it was in fact a "risk delimiting clause",[657] the effect of breach of which was simply to suspend cover temporarily until the breach was rectified.

(3) *Farr v Motor Traders Mutual Insurance Society Ltd*[658] involved a motor policy insuring two taxi cabs where the insured had made a statement in the proposal for the policy to the effect that "each cab was to be driven in one shift per 24 hours". While one of the cabs was being repaired, the other was driven in two shifts for a short time. Thereafter the two cabs reverted to being driven in one shift only. One of the cabs was subsequently involved in an accident and the insurers rejected the claim on the basis that there had

---

[654] *Toomey v Vitalicio* [2005] Lloyd's Rep. I.R. 423 at [46].
[655] *Case Existological Laboratories Ltd v Century Insurance Co of Canada (The "Bamcell II")* (1982) 133 D.L.R. 727.
[656] *CTN Cash & Carry Ltd v General Accident Fire & Life Assurance Corporation Plc* [1989] 1 Lloyd's Rep. 299.
[657] *CTN Cash & Carry v General Accident* [1989] 1 Lloyd's Rep. 299 at 302. See also *Pratt v Aigaion Insurance Company SA* [2008] EWCA Civ 1314 where the Court of Appeal construed a warranty in a marine insurance contract, providing "Owner and/or Owner's experience Skipper on board and in charge at all times" to similar effect.
[658] *Farr v Motor Traders Mutual Insurance Society Ltd* [1920] 3 K.B. 669.

been a breach of warranty and the insurance had therefore come to an end. This argument was rejected. Bankes LJ stated:

> "The question is whether we are to construe the question and answer, as the defendants contend, as a warranty, the effect of which would be that in August, when the cab was driven in two shifts per day, the policy came to an end; or whether we are to construe them ... as words descriptive of the risk, indicating that whilst the cab is driven in one shift per 24 hours the risk will be covered but that if in any one day of 24 hours the cab is driven in more than one shift, the risk will no longer be covered and will cease to attach until the owner resumes the practice of driving the cab in one shift only. In my opinion, having regard to the nature of the question, it is impossible to construe the answer thereto as a warranty."[659]

(4) *Bluebon Limited (In Liquidation) v Ageas (UK) Ltd*[660] involved the construction of a "electrical installation inspection warranty", namely whether it was a true promissory warranty, or a suspensive warranty/suspensive condition (in respect of all or some risks), or merely a term of the policy requiring compliance as a condition precedent to an insurer providing cover in respect of the risk or risk to which the stipulation relates. Although acknowledging that it was "strongly arguable" that the electrical installation warranty was a true warranty, Bryan J concluded that the term was a suspensive condition:

> "The proper construction of the Electrical Inspection Warranty therefore contemplates that if there has not been an inspection in the last 5 years it is to be undertaken immediately, with no cover until such inspection has taken place. Thus the envisaged consequence of an inspection not having taken place is not that the Policy be void ab initio (the consequence of a true warranty) but rather that there was an obligation to undertake an inspection immediately. This supports the conclusion that the Electrical Inspection Warranty is a suspensive condition, suspending cover under the Policy until complied with rather than a true warranty. The contrary construction would be that the requirement to undertake an inspection immediately is part of the true warranty so that if the electrical installation is not inspected immediately the Policy is void, and there can never be any cover (absent further contractual agreement or arguably affirmation)."[661]

In each of these four cases it can be argued that the risk insured against was only increased during the period of breach and that, once the warranted position had been, or would have been, restored, the insurers were, once again, insuring exactly that which they had agreed to cover.[662] As noted in 6-180 below, under s.10(2) of the IA 2015 the remedy for breach of warranty is the suspension of the (re)insurer's liability—making it the same remedy as for breach of a suspensive condition. Nevertheless, the distinction between true promissory warranties and suspensive conditions remains relevant to the application of ss.10 and 11 of the IA 2015: s.10 only applies to warranties whilst s.11 applies to terms, including warranties, that relate to a particular type of loss, or the risk of loss at a particular time or in a particular place. The consequences for a breach of warranty will be discussed in detail in the following section.

---

[659] *Farr v Motor Traders Mutual* [1920] 3 K.B. 669 at 674; see also *Roberts v Anglo Saxon Insurance* (1927) 27 Ll.L.R. 313, discussed above, in which a similar conclusion was reached.
[660] [2017] EWHC 3301 (Comm).
[661] [2017] EWHC 3301 (Comm) at [157].
[662] See also *Hussain v Brown* [1996] 1 Lloyd's Rep. 627, and above.

Effect of breach of a promissory warranty

6-167 The policy itself may expressly provide for the legal consequences of a breach of a specific term. In such a case, it is likely that its terms will prevail. In reinsurance contracts entered into on or after 12 August 2016 and governed by English law, such provisions will be subject to the transparency requirements in ss.16 and 17 of the IA 2015 (see 6-208).

Pre-IA 2015 position and Bermuda law

6-168 In the absence of such any provision providing for the legal consequences of a breach of warranty, s.33(3) of the MIA 1906—before it was deleted by s.10(7)(a) of the IA 2015—stated:

> "[I]f [the Warranty] be not so complied with, then, subject to any express provision in the policy, the insurer is discharged from liability as from the date of the breach of warranty, but without prejudice to any liability incurred by him before that date."

Notwithstanding this apparently clear wording, there was at one time considerable doubt as to whether a failure to comply with the warranty resulted in the automatic termination of the policy from the moment of breach or whether it merely gave the insurer an option to terminate. One reason for this doubt was that the MIA 1906 itself made it clear that a breach of warranty can be "waived" by the insurer (s.34(3)). This suggested that it was necessary to wait and see how the insurer proposed to react before assessing the effect of the breach of warranty on the policy, and this was felt to be inconsistent with the concept that the policy came to an automatic end as soon as the breach occurred. Another reason was that the MIA 1906 does not of course apply to non-marine insurance policies where, on the authorities, the "automatic" termination rule was thought not to apply.

In *The "Good Luck"*, Lord Goff said:

> "[I]f a promissory warranty is not complied with, the insurer is discharged from liability as from the date of the breach of warranty, for the simple reason that fulfilment of the warranty is a condition precedent to the liability of the insurer. This moreover reflects the fact that the rationale of warranties in insurance law is that the insurer only accepts the risk provided that the warranty is fulfilled. This is entirely understandable; and it follows that the immediate effect of a breach of a promissory warranty is to discharge the insurer from liability as from the date of the breach. In the case of conditions precedent, the word 'condition' is being used in its classical sense in English law, under which the coming into existence of (for example) an obligation, or the duty or further duty to perform an obligation, is dependent upon the fulfilment of the specified condition. Here, where we are concerned with a promissory warranty, i.e. a promissory condition precedent, contained in an existing contract of insurance, non-fulfilment of the condition does not prevent the contract from coming into existence. What it does ... is to discharge the insurer from liability as from the date of the breach. Certainly, it does not have the effect of avoiding the contract ab initio. Nor, strictly speaking, does it have the effect of bringing the contract to an end. It is possible that there may be obligations of the assured under the contract which will survive the discharge of the insurer from liability, as for example a continuing liability to pay a premium. Even if in the result no further obligations rest on either party, it is not correct to speak of the contract being avoided; and it is, strictly speaking, more accurate to keep to the carefully chosen words in section 33(3) of the Act, rather than to speak of the contract being brought to an end, though that may be the practical effect."[663]

6-169 The facts of *The "Good Luck"* were as follows. The vessel was insured with the

---

[663] *The "Good Luck"* [1992] 1 A.C. 233 at 262H–263C.

Hellenic Mutual War Risks Club and was mortgaged to the Bank of Nova Scotia. The insurance contract was assigned to the bank in the usual way, and the Club gave a letter of undertaking to the bank in which they promised to advise the bank if they should "cease to insure" the ship. The ship was sent by the owners to a prohibited area in the Arabian Gulf, in breach of a warranty in the Club's Rules. She was struck by an Iraqi missile and became a constructive total loss. The Club were aware of the breach of warranty but they did not tell the bank. The bank, believing that the ship was still insured with the Club, made further advances to the ship owners. In due course, the Club refused to pay the claim and the bank sued. They could not sue for the insurance proceeds since there had been a breach of a warranty in the policy and they could not, in this respect, be in a better position than the insured (the owner). They therefore based their claim on the letter of undertaking, contending that the Club had failed to give them prompt notice that they had "ceased to insure" the ship. One of the issues which the court therefore had to decide was whether the Club had indeed "ceased to insure" and, if so, whether this occurred (1) automatically at the time that the warranty was broken or (2) at the time when the Club (later on) took a formal decision not to pay the claim as a result of that breach. If (1) was correct, the Club had broken its contract with the bank. If (2) was correct, they had not. It was not in dispute (in view of the clear and express terms of the policy) that the clause in the policy relating to prohibited areas was properly to be regarded as a promissory warranty rather than a mere exception.

The Court of Appeal[664] held that, despite the wording of s.33(3) of the MIA 1906, breach of a warranty in a marine policy did not have the effect of automatically bringing the contract to an end. It merely entitled the insurer to treat the contract as at an end if he chose to do so. In reaching this conclusion, the court made extensive reference to the position relating to non-marine policies, the leading textbooks and the history and background to the MIA 1906 itself.

Despite these arguments, the decision was overturned by the House of Lords. Lord Goff relied upon the precise wording of s.33(3) of the MIA 1906 and held[665] that subject to any argument as to waiver, the effect of a breach of warranty was that the insurer automatically ceased to be under any future liability as soon as the breach of warranty took place. Lord Goff dealt with the argument that this result was inconsistent with the ability of an insurer to waive the breach in these terms:

> "When ... the insurer waives a breach of a promissory warranty, the effect is that, to the extent of the waiver, the insurer cannot rely upon the breach as having discharged him from liability. This is a very different thing from saying that discharge of the insurer from liability is dependent upon a decision by the insurer."[666]

It followed, therefore, that the vessel had, indeed, ceased to be insured, and, on that basis, the Club should have given notice of that fact to the bank.

Although the decision in "*The Good Luck*" has been criticised, the position as to the effect of a breach of warranty in a marine insurance policy was clear (if harsh) under s.33(3) of the MIA 1906. The courts also confirmed that the position was the same for non-marine insurance.[667] There were a number of consequences following on from the automatic discharge of the policy upon a breach of warranty as from the date of the breach (subject to the terms of the contract): the insurer did not come

6-170

---

[664] *The "Good Luck"* [1989] 2 Lloyd's Rep. 238.
[665] In the passage cited above.
[666] *The "Good Luck"* [1992] 1 A.C. 233 at 263E.
[667] See e.g. *HIH Casualty & General Insurance Ltd v Chase Manhattan Bank* [2003] UKHL 6; [2003] Lloyd's Rep. I.R. 230; *HIH Casualty & General Insurance Ltd v New Hampshire Insurance* [2001] EWCA Civ 735 at [122].

back on risk if the breach ceased or had been remedied.[668] The breach was not required to have any causative connection with any loss which was the subject of a claim.[669] Insurer remained liable for any losses incurred before the breach of warranty.[670] The premium was not returnable unless the warranty was breached prior to the commencement of the risk.[671]

As we have already noted the MIA 1906 does not apply in Bermuda. According to McArthur the position at common law (subsequently codified by the MIA 1906) was as follows: "An express warranty is a condition appearing upon the face of the policy, the literal fulfilment of which is essential to the contract."[672] The English case law on whether a particular clause is a warranty will be persuasive authority in a Bermuda court.

6-171   The criticisms of the pre-IA 2015 law on insurance warranties are well-rehearsed and the courts have expressed their dissatisfaction with it on a number of occasions, as well as attempting to moderate the harshness of the law.[673] The Law Commissions identified four areas which it considered "key problems" with the law on insurance warranties:

"(1)   Under s. 33(3) of the 1906 Act, a warranty 'must be exactly complied with, whether it be material to the risk or not'. This means that an insurer may refuse a claim for a trivial mistake which has no bearing on the risk.
(2)   Under s. 34(2), once a warranty has been broken, the policyholder cannot use the defence that the breach has been remedied. Thus in strict law, if a policyholder is late in checking the alarm, it is irrelevant if the alarm is subsequently checked and found to be working before the loss arises.
(3)   The breach of warranty discharges the insurer from all liability under the contract, not just for liability for the type of risk in question. Thus a failure to install the right sort of burglar alarm would discharge the insurer from paying a claim for fire damage.
(4)   A statement may be converted into a warranty using obscure words that most policyholders do not understand. If, for example, a policyholder signs a statement on the proposal form that the answers given are "the basis of the contract", this can have draconian consequences."[674]

The IA 2015, Part 3

6-172   Part 3 of the IA 2015 consists of ss.9–11. Part 3 applies only to contracts governed by English law and entered into, or varied, on or after 2 August 2016

---

[668] *De Hahn v Hartley* (1786) 1 TR 343.
[669] *De Hahn v Hartley* (1786) 1 TR 343 and *Vesta v Butcher* [1989] A.C. 852.
[670] *The "Good Luck"* [1992] 1 A.C. 233.
[671] *Thomson v Weems* (1884) 9 App Cas 671.
[672] McArthur, *The Contract of Marine Insurance*, 2nd edn (1890), p.36, citing *De Hahn v Hartley* (1786) 1 T.R. 343.
[673] *Joel v Law Union and Crown Insurance Co* [1908] 2 KB 863; [1927] AC 139; *Zurich General Accident & Liability Insurance Co v Morrison* [1942] 2 KB 53; *Lambert v Co-operative Insurance Society Ltd* [1975] 2 Lloyd's Rep 486 (CA) 491; *Kausar v Eagle Star Insurance Co* [1997] CLC 129 (CA) 132; *Drake Insurance Plc (In Provisional Liquidation) v Provident Insurance Plc* [2003] EWCA Civ 1834 at [88]; *Provincial Insurance Co Ltd v Morgan & Foxon* [1933] A.C. 240; (1932) 44 Ll. L. Rep. 275; *Glicksman v Lancashire & General Assurance Co Ltd* [1927] A.C. 139; (1926) 26 Ll. L. Rep. 69; *Vesta v Butcher* [1989] A.C. 852; [1989] 1 Lloyd's Rep. 331; *Kler Knitwear v Lombard General Insurance Co* [2000] Lloyd's Rep. I.R. 47; *Sugar Hut Group Ltd v Great Lakes Reinsurance (UK) plc* [2010] EWHC 2636 (Comm).
[674] The Law Commission, *Insurance Contract Law: The Business Insured's Duty of Disclosure and the Law of Warranties* (CP 204, June 2012), para.14.1. Also see The Law Commission and The Scottish Law Commission, *Insurance Contract Law: Business Disclosure; Warranties; Insurer's Remedies for Fraudulent Claims; and Late Payment* (Law Com. No.353, July 2014), para.12.4.

(s.22(2)). Sections 10 and 11 apply to consumer and non-consumer insurance, whilst s.9 only applies to non-consumer contracts as s.6 of the CIDRA 2012 already contains a cpnsumer equivalent.

IA 2015 s.9 (and CIDRA 2012 s.6). As noted above, under the old law, an insurer was able to add a declaration to an insurance proposal form or policy stating that the insured warrants the accuracy of all the answers given, or that such answers form the "basis of the contract". These so-called "basis of the contract" clauses had the effect of warranting all pre-contractual statements to be true. Accordingly, if one of the pre-contractual presentations turned out to be untrue the insurer was automatically discharged from liability under the policy. The effectiveness of such clauses in a non-consumer context under the old law was affirmed as recently as 2020 in *UK Acorn Finance Limited v Markel (UK) Limited*.[675]

6-173

In relation to consumer insurance, "basis of contract" clauses were abolished pursuant to s.6(2) of the CIDRA 2012. In relation to non-consumer insurance, "basis of contract" clauses were abolished pursuant to s.9(2) of the IA 2015. In particular, s.9(2) of the IA 2015 provides that a representation made by the insured in connection with a proposed contract is not capable of being converted into a warranty by means of any provision in the contract. This is provision is aimed at basis of contract clauses that have the effect of transforming pre-contractual representations into warranties wholesale by declaring the truth and accuracy of those representations to be the basis of the contract. The provision has been made mandatory so that even sophisticated parties are not afforded the opportunity to contract out from the prohibition.[676] The key phrase in s.9(2) is "not capable of being converted"—i.e. what is prohibited is a transformation of representations into warranties. There is no prohibition on incorporating into the contract express warranties as to the existence of facts. In their *Accompanying Notes to draft Insurance Contracts Bill* (March 2014), the Law Commissions state that insurers would not be prevented from including specific terms or making express agreements with the insured[677] and their July 2014 Report they state that an insurer would not be prevented form including a warranty that "mirrors" an answer given on the proposal form.[678]

In light of the Law Commission's comments, the recent decision on s.9 in *Scotbeef Ltd v D&S Storage Ltd (In Liquidation)*[679] seems surprising: this was a preliminary issue application to determine whether the insurer was required to indemnify the insured under a marine liability policy. The claim was brought by the insured's debtor under the Third Parties (Rights against Insurers) Act 2010 as the insured (a meat processing and storing company) had gone into insolvency. The insured had misrepresented to its insurer that it had incorporated the Food Storage and Distribution Federation's terms into its contracts with customers. The policy contained a term that "It is a condition precedent to the liability of Underwriters hereunder:- (i) that the Assured makes a full declaration of all current trading conditions at inception of the policy period". The court (Chancery Division in Leeds) held that this clause was a representation which, under s.9(2) of the IA 2015 could not be converted into a warranty and was therefore unenforceable. We think that this is an unduly wide interpretation of s.9, the purpose of which is to render basis of

---

[675] *UK Acorn Finance Limited v Markel (UK) Limited* [2020] EWHC 922 (Comm).
[676] IA 2015 ss.15 and 16(1).
[677] At para.2.13.
[678] The Law Commission and The Scottish Law Commission, *Insurance Contract Law: Business Disclosure; Warranties; Insurer's Remedies for Fraudulent Claims; and Late Payment* (Law Com. No.353, July 2014), para.16.12.
[679] *Scotbeef Ltd v D&S Storage Ltd (In Liquidation)* [2024] EWHC 341 (TCC).

the contract clauses—which warrants the truth of all pre-contractual representations in to—unenforceable. Section 9 should therefore not apply to where specific declarations are warranted.

6-174 **IA 2015 s.10.** As noted in 6-152 above, the IA 2015 the Act does not make any change to the definition of warranty and the definitional parts of s.33 of the MIA 1906 remain in force. Instead, s.10 makes changes to the remedies available upon breach of warranty to mitigate the harshness of the old regime. The three operative provisions are s.10(1) and (7) of the IA 2015 which abolish the existing common law rules and statutory provisions that provide for the remedy of automatic discharge of a (re)insurer's liability under the (re)insurance contract, and s.10(2) introduces a statutory remedy suspending the (re)insurer's liability whilst the warranty remains in breach:

> "(1) Any rule of law that breach of a warranty (express or implied) in a contract of insurance results in the discharge of the insurer's liability under the contract is abolished.
> (2) An insurer has no liability under a contract of insurance in respect of any loss occurring, or attributable to something happening, after a warranty (express or implied) in the contract has been breached but before the breach has been remedied. ...
> (7) In the Marine Insurance Act 1906—
>   (a) in section 33 (nature of warranty), in subsection (3), the second sentence is omitted,
>   (b) section 34 (when breach of warranty excused) is omitted."

Thus, according to s.10(2) of the IA 2015, one has to examine not only whether there has been a breach of warranty but also whether any claim falls within the period of suspension of the (re)insurer's liability. Subsections 10(4)–(6) elaborate on the temporal parameters and mechanics of the period of suspension:

> "(4) Subsection (2) does not affect the liability of the insurer in respect of losses occurring, or attributable to something happening—
>   (a) before the breach of warranty, or
>   (b) if the breach can be remedied, after it has been remedied.
> (5) For the purposes of this section, a breach of warranty is to be taken as remedied—
>   (a) in a case falling within subsection (6), if the risk to which the warranty relates later becomes essentially the same as that originally contemplated by the parties,
>   (b) in any other case, if the insured ceases to be in breach of the warranty.
> (6) A case falls within this subsection if—
>   (a) the warranty in question requires that by an ascertainable time something is to be done (or not done), or a condition is to be fulfilled, or something is (or is not) to be the case, and
>   (b) that requirement is not complied with."

6-175 **Losses before the breach of warranty** According to s.10(4)(a) of the IA 2015, the (re)insurer remains liable for any loss occurring, or attributable to something happening before the breach of warranty. In line with the old law (where liability was only discharged as from the time of the breach), in relation to losses proximately caused[680] by an insured peril before the breach of warranty, the (re)insurer cannot decline liability on the grounds of breach of warranty. However, s.10(4) of the IA 2015 appears to go further: liability also remains unaffected in

---

[680] MIA 1906 s.55(1) but note that the policy wording may provide for a differently worded causation test.

respect of loses that are "attributable to something happening" before the breach. In our view, the wording "attributable to" is wider than the proximate cause test for loss, so that (re)insurers could potentially remain liable for losses which are suffered during the period of suspension but which are the result of something predating the breach of warranty. On the other hand, it could be argued that in this scenario, if at the time of the loss materialising the breach of warranty has not been remedied, the (re)insurer is not liable. It has been noted that there is a potential conflict between s.10(2) and s.10(4)(a) and it remains unclear which provision would take precedence.[681] As the wording "attributable to" also occurs in relation to liability after a breach has been remedied (see 6-187 below), we expect that the courts will be called upon at some point to consider the interaction of s.10(2) and (4)(a) and to interpret what is essentially an alternative causation test which is determinative of liability in a breach of warranty scenario.

Losses after a breach of warranty has been remedied The novelty of the IA 2015's revised warranties remedies regime is that, pursuant to s.10(4)(b) of the IA 2015, the (re)insurer comes back on liability for any loss occurring, or attributable to something happening, after the breach of warranty has been remedied provided it can be remedied. The first point to note is the use of the "attributable to something happening" wording to which we have already referred to in paragraph 6-172 above in the context of pre-breach losses. Here the wording is used in relation to post-breach losses that do, however, have a causal connection to events that took place during the period of suspension. The Explanatory Notes to the IA 2015 state that that "[t]he 'attributable to something happening' wording is intended to cater for the situation in which loss arises as a result of an event which occurred during the period of suspension, but is not actually suffered until after the breach has been 'remedied'."[682] In this situation, the (re)insurer will not be liable for the loss.

6-176

A second point to note is that s.10(4)(b) expressly acknowledges that some breaches of warranty are incapable of being remedied. A breach may be irreversible for example where the confidentiality of certain information is warranted, a disclosure of that information in breach of confidentiality cannot be cured. We suggested in 6-157 above that it is at least arguable that if warranties of a past or present fact or state of affairs are not true at the time of the contract, they are is incapable of being remedied. However, at present this remains an uncertain point which may be the subject of future judicial clarification.

A third point to note is that s.10(5) of the IA 2015 sets out when a breach "is taken as remedied". Therefore, if s.10(5) applies, it is irrelevant whether the (re)insurer regards the breach of warranty as remedied or irreversible. Section 10(5) distinguishes between two types of warranties: (1) warranties that set a deadline for compliance ("time-specific warranties"); and (2) all other types of warranties ("general warranties").

A time-specific warranty is a warranty that "requires that by an ascertainable time something is to be done (or not done), or a condition is to be fulfilled, or something is (or is not) to be the case"[683]—in other words, there is a deadline to be met. A time-specific warranty is breached if the (re)insured fails to meet that deadline. Technically, a missed deadline could never be remedied if the time for compliance has passed. However, the IA 2015 s.10(5)(a) deems this type of breach as remedied if

6-177

---

[681] D. Kendall and H. Wright, *Practical Guide to the Insurance Act 2015* (Informa, 2017), para.6.15.
[682] HM Treasury, *Explanatory Notes to Insurance Act 2015*, para.89.
[683] IA 2015 s.10(6)(a).

the warranty is eventually complied with, albeit late, and the risk profile is restored—namely as and when "the risk to which the warranty relates later becomes essentially the same as that originally contemplated by the parties". The Law Commissions explained what is meant by "the risk … becomes essentially the same":

> "We think that the correct approach to take when considering whether a time-specific warranty has been remedied is to look at the purpose for which the warranty was inserted in the contract and ask whether that purpose has been frustrated or whether, due to the actions taken to remedy the breach of warranty, the purpose is still in substance fulfilled and the risk profile is restored to that which the insurer accepted."[684]

For the purposes of ascertaining whether a time-specific warranty has been remedied by late compliance, one must therefore identify what the risk is to which the warranty relates. Taking the facts of *De Hahn v Hartley*[685] but modifying the warranty "to sail from Liverpool with … 50 hands or upwards" into a time-specific warranty that requires compliance from the time of sailing, when the vessel sailed from Liverpool having then only 46 hands on board, the warranty had been breached and could not in the strict sense be remedied by going back in time to leave Liverpool with 50 hands. However, when the vessel picked up another six men in Anglesey six hours later, the risk to which the warranty related—namely undertaking a dangerous voyage with insufficient sailors—became essentially the same as that originally contemplated. Thus, if *De Hahn v Hartley* would be decided in accordance with s.10 of the IA 2015, the insurer's liability would have been suspended (or indeed the insurer would not have come on risk as the warranty was in breach from inception) during the six hours the vessel was short-handed but, when the additional men came aboard, risk was restored to the state in which the insurer was prepared to accept it, and the insurer's liability ought also to be restored for losses suffered after that point.[686]

6-178 In contrast, where the delay in complying with the warranty has irreversibly changed the risk and can longer become the same as originally contemplated by the parties, s.10(5)(a) does not apply and the breach would remain unremedied for the remainder of the term of the policy. Accordingly, the liability of the (re)insurer would remain suspended. An example put forward by the Law Commissions is an insured's failure to comply with a warranty that the wine must be stored horizontally in a cool cellar within one month of receipt. When the wine is correctly stored four months later, the corks are already compromised. The breach of warranty has not been remedied, as the spoilt wine is not "essentially the same" as that which the insurer agreed to insure, and accordingly the insurer would not be liable.[687]

However, there are also time-sensitive warranties, such as premium warranties, that do not relate to the risk at all but are concerned with the administration of the policy. If it is warranted that the premium is paid by a specific date, and the premium payment is made late, the common sense answer should be that the breach

---

[684] The Law Commission and The Scottish Law Commission, *Insurance Contract Law: Business Disclosure; Warranties; Insurer's Remedies for Fraudulent Claims; and Late Payment* (Law Com. No.353, July 2014), para.17.48.
[685] (1786) 1 Term Reports 343.
[686] This is an example and analysis put forward by the Law Commissions, see: The Law Commission and The Scottish Law Commission, *Insurance Contract Law: Business Disclosure; Warranties; Insurer's Remedies for Fraudulent Claims; and Late Payment* (Law Com. No.353, July 2014), para.17.45.
[687] The Law Commission and The Scottish Law Commission, *Insurance Contract Law: Business Disclosure; Warranties; Insurer's Remedies for Fraudulent Claims; and Late Payment* (Law Com. No.353, July 2014), para.17.46.

is remedied when the premium is paid but that answer does not necessarily sit easily with the requirement in s.10(5)(a) which deems a breach of a time-specific warranty to be remedied when the risk to which the warranty relates later becomes essentially the same as that originally contemplated by the parties.

According to s.10(5)(b) of the IA 2015, breaches of general warranties are remedied if the insured ceases to be in breach of the warranty. This is straightforward but there are a number of things to be borne in mind: first, as mentioned in 6-157, some breaches—possibly including breaches of warranties as to present and past facts and state of affairs given at inception—are incapable of being remedied. Even if the fact or state of affairs warranted to be true or to exist at inception becomes true later on, if it was not true at inception, the breach cannot be remedied. Breaches of warranty that have the effect of altering the risk irreversibly would also be incapable of being remedied.

Secondly, a breach of a continuing warranty may stay undetected until after a loss occurs and, at that point in time, it will be too late to remedy the breach. The (re)insurer would not be liable for that loss as it occurred whilst liability was suspended. Most policies are of 12 months duration and, once the insurer has issued the policy to the insured, the insurer banks the premium, and both the insurer and the insured go about their business without looking at the policy again unless and until a loss occurs. In this situation, any warranty given at inception that is not a time-specific promise to actively do something within a certain time, like pay premium, or get a survey done, is likely to have been unremedied at the time of loss, because a breach of it will likely have been unknown then and no one will have had cause to look at the policy since, except *after* the loss. The insurer will not be liable. In contrast to s.11 (discussed below), there is no requirement for the breach of warranty to be relevant to the loss that actually occurred by increasing the risk of that loss occurring in the circumstances in which it occurred.

Thirdly, there is an issue with repeated breaches over a period of time. The Law Commissions considered an example based on the facts of *Murray v Scottish Automobile and General Insurance Co*[688] where a motor policy contained conditions that it should apply "only to a car for private personal use," and that liability for loss or damage arising while the car was "let out for hire" was expressly excluded. The car was in fact mostly used in a private hiring business, and only rarely used by the insured for private personal purposes. The car was destroyed by fire when it was parked in its garage. Had the conditions been warranties, could the insured have argued that the insurer should be liable for the claim as at the precise point in time of the loss any previous breaches of the "no hire" warranty had ceased? The Law Commissions said that s.10 of the IA 2015 does not protect insureds who "play the system" and that in this scenario the breach of warranty was a continuing one and would not be remedied until the insured had ceased to use the car for commercial purposes entirely.[689] Whether the courts would adopt the continuing breach analysis in instances of frequent repeated breaches of the same kind remains to be seen. We consider that in this type of case, the parties might need to adduce evidence as to the insured's intention held just before the time of the breach as to his future conduct.

---

[688] 1929 S.C. 48.
[689] The Law Commission and The Scottish Law Commission, *Insurance Contract Law: Business Disclosure; Warranties; Insurer's Remedies for Fraudulent Claims; and Late Payment* (Law Com. No.353, July 2014), para.17.39.

6-180 **Breach of warranty and IA 2015 s.11.** Section 11 of the IA 2015 applies to a term of a contract of (re)insurance, other than a term defining the risk as a whole, if compliance with it would tend to reduce the risk of one or more of the following: (a) loss of a particular kind; (b)loss at a particular location; or (c) loss at a particular time.[690] These terms are also referred to as "risk mitigation terms". If a loss occurs, and a risk mitigation term has not been complied with, the (re)insurer may not rely on the non-compliance to exclude, limit or discharge its liability under the contract for the loss if the (re)insured can show that the non-compliance with that risk mitigation term could not have increased the risk of the loss which actually occurred in the circumstances in which it occurred.[691]

The individual components and the operation of s.11 will be discussed in detail in Pt 4 (see 6-190 below) as s.11 applies to all terms falling into the definition of risk mitigation terms. It will be noted that the application of s.11 will be limited to "risk mitigation" clauses in the reinsurance contract. In this section, we consider how a breach of a warranty which also qualifies as a risk mitigation term under s.11(1) is treated—i.e. the interaction of ss.10 and 11 of the IA 2015. Section 11(4) states that s.11 "may apply in addition to section 10", and the Explanatory Notes to the IA 2015 are very clear that s.11 applies to warranty as well as other terms.[692] All warranties will be caught by s.10, but only some by s.11, because not all warranties will be risk mitigation terms as defined by s.11(1). Let us consider a number of potential scenarios where a term (Clause A) is a promissory warranty and is a risk mitigation term which does not define the risk as a whole under s.11(1) under the reinsurance contract:

(1) A loss occurs whilst Clause A is in breach and the breach could have increased the risk of that loss: the reinsurer is not liable since the breach of Clause A is unremedied (s.10(2)) and the reinsured cannot discharge the burden of proof under s.11(3) so that the reinsurer can rely on the non-compliance with Clause A to decline liability (s.11(2) does not apply).

(2) A loss occurs after the breach of Clause A has been remedied but the breach could have increased the risk of that loss: if the loss is attributable to something happening whilst the Clause A was in breach, the reinsurer is liable under s.10(2) and is not precluded from relying on the breach to decline liability under s.11(2) as the breach of Clause A would have in fact increased the risk of loss. However, if the loss that actually occurred was not attributable in any way to the now remedied breach of Clause A, although the non-compliance with Clause A could have increased the risk in theory, the reinsurer is not liable since the breach of Clause A has been remedied.

(3) A loss occurs whilst Clause A is in breach and the breach could not have increased the risk of that loss: in this scenario the question arises whether s.10(2) (suspension of liability for an unremedied breach of warranty) takes precedence over s.11(2) (precluding the reinsurer for declining liability where the breach is not relevant the loss that actually occurred), or vice versa. The Law Commissions suggested that in this scenario, s.11(2) would prevail even though the breach of Clause A remains unremedied, so that the reinsurer could be liable:

---

[690] IA 2015 s.11(1).
[691] IA 2015 s.11(2) and (3).
[692] HM Treasury, *Explanatory Notes to Insurance Act 2015*, paras 92 and 94.

"Clause 10 is made subject to clause 11. Where a warranty does fall within 11(1), then the insurer's liability will be suspended under 10(2) only in respect of losses of the particular kind, or loss at the particular time or location."[693]

And by way of example, the Law Commissions said:

"Thus the breach of a warranty to install a burglar alarm would suspend liability for loss caused by an intruder but not for flood loss. Similarly, a failure to employ a night watchman would suspend the insurer's liability for losses at night but not for losses during the day."[694]

The central argument for this analysis is that the mischief which s.11 of the IA 2015 seeks to address is precisely that under the pre-IA 2015 law, the (re)insurer could escape liability for a claim on the grounds of breach of warranty even if the breach had no bearing, and could have had no effect, on the loss that actually occurred.[695] Moreover, there would be no point in making s.11(2) of the IA 2015 applicable to warranties that fall within s.11(1), if the suspension of liability provided for in s.10(2) overrides s.11(2).

In the Supplement to the previous edition we put forward an argument that the statutory language allows, or even mandates, that s.10(2) overrides s.11 so that the reinsurer's liability remains suspended whilst a breach of warranty remains unremedied even the breach in question could not have increased the risk of the loss that actually occurred. On a jurisprudential level, it makes the sanction for a breach of contract dependent upon an uncertain event outside the control of the parties (i.e. the occurrence of an insured loss). This seems arbitrary and capricious. Section 11(4) is said to apply "in addition", not "in preference" to s.10. The wording of s.10(2) is clear that the (re)insurer is not liable "after a warranty in the contract has been breached but before the breach has been remedied", and it is not made subject to s.11. A technical answer to this line of argument might be that s.11(2) does not detract from the suspension of liability under s.10(2) for breach of warranty; it merely says that this defence to a claim cannot be relied upon. In light of the mischief that s.11 is intended to address we believe that the courts are likely to interpret ss.10 and 11 in line with the Law Commissions' commentary, but we consider that there is some scope to rely on the lack of clarity in the statutory language to allow a (re)insurer to decline a claim under s.10(2) where s.11(2) applies.

(4) A loss occurs whilst Clause A is in breach and the breach could have increased the risk of that loss. In addition, there has also been a non-compliance with another term which falls into the ambit of s.11(1) ("Clause B"): the reinsurer is not liable on the grounds of the unremedied breach of Clause A. The fact that non-compliance with Clause B is captured by s.11

---

[693] The Law Commission and The Scottish Law Commission, *Insurance Contract Law: Business Disclosure; Warranties; Insurer's Remedies for Fraudulent Claims; and Late Payment* (Law Com. No.353, July 2014), para.18.45.

[694] The Law Commission and The Scottish Law Commission, *Insurance Contract Law: Business Disclosure; Warranties; Insurer's Remedies for Fraudulent Claims; and Late Payment* (Law Com. No.353, July 2014), para.15.9.

[695] See 6-178 above. Also see HM Treasury, Explanatory Notes to Insurance Act 2015, paras 15 and 92; The Law Commission and The Scottish Law Commission, *Insurance Contract Law: Business Disclosure; Warranties; Insurer's Remedies for Fraudulent Claims; and Late Payment* (Law Com. No.353, July 2014), Ch.14.

does not reinstate liability as the reinsurer can rely on the unremedied breach of Clause A.
(5) A loss occurs whilst Clause A is in breach and the breach could not have increased the risk of that loss. In addition, there has also been an unremedied breach of another warranty term which does not fall into the ambit of s.11(1) ("Clause C"): the reinsurer is not liable on the grounds of the unremedied breach of Clause C. The fact that non-compliance with Clause A is captured by s.11 does not reinstate liability as the reinsurer can rely on the unremedied breach of Clause C.

Excuses for breach of a promissory warranty

6-181   Pursuant to s.34(1) and (3) of the MIA 1906 a breach of warranty is/was excused when by reason of a change of circumstances, the warranty ceases to be applicable to the circumstances of the contract, or when compliance with the warranty is rendered unlawful by any subsequent law, or when the insurer waives the breach of warranty. However, according s.34(2) it was no defence to a breach of warranty to say that the breach had been remedied before the loss. Section 34 of the MIA 1906 has now been re-enacted in s.10(3) of the IA 2015, minus the proviso in s.34(2) that it is not a defence that the breach has been remedied:

"But subsection (2) [suspension of liability whilst breach of warranty is unremedied] does not apply if—
(a) because of a change of circumstances, the warranty ceases to be applicable to the circumstances of the contract,
(b) compliance with the warranty is rendered unlawful by any subsequent law, or
(c) the insurer waives the breach of warranty."

In addition, the IA 2015 s.10(4) and s.11(2) effectively introduce two new defences to arguments of the (re)insurer that it its entitled to decline a claim, namely that the breach of warranty has been remedied, and that the breach of a warranty that qualifies as a risk mitigation term under s.11(1) could not have increased the risk of the loss which actually occurred in the circumstances in which it occurred. The case law and legal principles relating to change of circumstances and unlawfulness will remain good law. The law on waiver of breach of warranty applies with some modification as what is being waived under the IA 2015 is the (re)insurer's entitlement to be suspended from liability, and no longer the automatic discharge of its liability.

Waiver

6-182   **Waiver and automatic discharge from liability**   As discussed in 6-165, in *The "Good Luck"* the House of Lords held that, in accordance with s.33(3) of the MIA 1906, the effect of a breach of warranty was that the insurer automatically ceased to be under any future liability as soon as the breach of warranty took place.[696] Lord Goff dealt with the argument that this result was inconsistent with the ability of an insurer to waive the breach in these terms:

"When ... the insurer waives a breach of a promissory warranty, the effect is that, to the extent of the waiver, the insurer cannot rely upon the breach as having discharged him

---

[696] [1992] 1 A.C. 233.

from liability. This is a very different thing from saying that discharge of the insurer from liability is dependent upon a decision by the insurer."[697]

If the insurer is discharged from liability automatically as from the date of the breach, without having to do more, waiver by election should not be available in cases of breach of warranty since the automatic discharge from liability leaves no scope for a choice between inconsistent remedies and the doctrine of waiver.[698]

Therefore, in order for the insured to show that its breach of warranty has cannot be relied upon by the reinsurer as result of the reinsurer's words or actions, the reinsured will have to prove that the insurer unequivocally represented by words or by conduct that he will not rely on the breach of warranty and that the insured relied on this presentation to his detriment or by changing his position. The latter is referred to as waiver by estoppel. For example, in *Argo Systems FZE v Liberty Insurance Pte Ltd*[699] Aikens LJ summarised the argument as follows:

6-183

"In the leading case of *Bank of Nova Scotia v Hellenic Mutual War Risk Association (Bermuda) Ltd (The Good Luck)* the House of Lords confirmed that when an assured has been in breach of a warranty in a policy of marine insurance then the breach automatically discharges the insurer from further liability under the policy. No other positive action, whether described as avoidance or acceptance of repudiation or otherwise, is needed to make that discharge of liability effective. Because the discharge of the insurer's liability under the policy takes place automatically upon the breach of warranty and no further positive action is needed to bring about the discharge, the insurer therefore does not need to 'elect' whether to terminate the contract or its liability under it, or continue with the contract in being. Thus, logically, when it is alleged that an insurer has 'waived' a breach of a warranty in a marine policy by an assured, this must mean that the insurer has waived the breach because the insurer is now estopped from relying upon it. So, where section 34(3) of the MIA 1906 states that 'a breach of warranty may be waived by the insurer', this must refer to that type of 'waiver' which is concerned with the forbearance from exercising a legal right. In this case the relevant legal right of the insurer is to declare: the assured has been in breach of the Hold Harmless Warranty, therefore I, the insurer, am discharged from all liability under the policy of insurance, except for any liabilities that existed before the breach of warranty was committed. This view of the type of 'waiver' referred to in section 34(3) of the MIA 1906 is shared by the learned editors of *Arnould's Law of Marine Insurance and Average*: see para 19–37. There are similarities and differences between the allied doctrines of 'waiver by election' and 'waiver by estoppel'. They were discussed by Lord Goff of Chieveley in *Motor Oil Hellas (Corinth) Refineries SA v Shipping Corp of India (The Kanchenjunga)*. Both doctrines require that the person who is alleged to have 'waived' the relevant contractual right has made an unequivocal representation, by words or conduct, that he does not, in future, intend to enforce that legal right which he has as against the other party to the contract. However, in the case of 'waiver by estoppel', which Lord Goff characterised as 'equitable estoppel', it also has to be demonstrated that the other party, ('the representee' in Lord Goff's phrase), relied upon that unequivocal representation in such a way that it would render it inequitable for the representor to go back on his representation."

The Court of Appeal accepted this to be the legal position (at the time—pre-IA 2015) and, accordingly, held that the fact that breach of warranty was not pleaded in related foreign proceedings and the fact that the breach of warranty point was not

---

[697] *The "Good Luck"* [1992] 1 A.C. 233 at 263E.
[698] *HIH Casualty & General Insurance Ltd v Axa Corporate Solutions (formerly Axa Reassurance SA) HIH Casualty & General Insurance Ltd v New Hampshire Insurance Co* [2002] EWCA Civ 1253, [7] per Tuckey LJ.
[699] *Argo Systems FZE v Liberty Insurance Pte Ltd* [2011] EWCA Civ 1572.

taken up for nearly seven years did not constitute a waiver by estoppel because the insurer's representation that it did not intend to enforce its strict legal rights based on a breach of the warranty was not unequivocal. In the absence of special circumstances, silence and inaction were, when objectively considered, equivocal and could not, of themselves, constitute an unequivocal representation as to whether a person would or would not rely on a particular legal right in the future.[700] Other authorities for the proposition that waiver by election has no application to breaches of warranty include *Kirkaldy & Sons Ltd v Walker*,[701] *Brownsville Holdings Ltd v Adamjee Insurance Co Ltd (The Milasan)*,[702] *HIH Casualty & General Insurance Ltd v Axa Corporate Solutions*,[703] and most recently, *UK Acorn Finance Limited v Markel (UK) Limited*.[704] By analogy, it has also been held that waiver by election is not applicable where a condition precedent to liability has not been complied with.[705]

There is also academic opinion that a waiver by election should still be available provided the insurer has full knowledge of the relevant facts,[706] but logically, an election between alternative rights is inconsistent with an automatic discharge from liability and, accordingly, a waiver in relation to breach of warranty should require more than a mere election. The best course of action for a reinsured who has breached a warranty, and assuming the full facts of the breach are known to the (re)insurer, may be to seek an express representation from the (re)insurer as to whether or not he will rely on the breach.

6-184 **Waiver and suspension from liability** Post-IA 2015, the question arises how a waiver is effected under s.11(3)(c) of the IA 2015. This would be an issue where the (re)insurer's liability has been suspended for an unremedied breach of warranty. Where the breach of warranty has been remedied prior to the loss, or the (re)insurer cannot decline liability pursuant to s.11(2) of the IA 2015, waiver does not technically arise but might still be pleaded (as an alternative case) especially if on the facts a waiver is easier to establish than that the breach is taken to be remedied in accordance with s.10(4), or that the breach could not have increased the risk of the loss which actually occurred in the circumstances in which it occurred in accordance with s.11(3) of the I 2015.

In the same way that s.33(3) of the MIA 1906 provided for an automatic discharge from liability upon breach of warranty, its replacement in s.10(2) of the IA 2015 provides for an automatic suspension of liability after a warranty has been breached but before the breach has been remedied. No election to suspend is required. Accordingly, the analysis in ss.6-182 and 6-183 should apply to waiver under s.10(3)(c) mutatis mutandis. We would add, that on an unremedied breach of warranty it is the liability of the (re)insurer that is suspended but the contract itself remains alive for all other purposes. Accordingly, we consider that the post-breach exercise of any contractual rights or obligations by the (re)insurer (other than

---

[700] *Argo Systems FZE v Liberty Insurance Pte Ltd* [2011] EWCA Civ 1572 at [43]–[52].
[701] *Kirkaldy & Sons Ltd v Walker* [1999] Lloyd's Rep. IR 410 at 422.
[702] *Brownsville Holdings Ltd v Adamjee Insurance Co Ltd (The Milasan)* [2000] 2 Lloyd's Rep 458 at 467.
[703] *HIH Casualty & General Insurance Ltd v Axa Corporate Solutions* [2002] Lloyd's Rep IR 325; aff'd [2002] EWCA Civ 1253; [2003] Lloyd's Rep IR 1.
[704] *UK Acorn Finance Limited v Markel (UK) Limited* [2020] EWHC 922 (Comm).
[705] *Kosmar Villa Holidays Plc v Trustees of Syndicate 1243* [2008] EWCA Civ 147; [2008] Lloyd's Rep. I.R. 489.
[706] See P. MacDonald Eggers and S. Picken, *Good Faith and Insurance Contracts*, 4th edn (Routledge, 2018), paras 17.19–17.49.

Express waiver of remedy for breach of warranty It is possible for the parties 6-185
to a reinsurance contract to agree expressly to waive, or vary, the consequences of
a breach of warranty that would arise as matter of law. As discussed in 6-214, the
MIA 1906 and the IA 2015 establish default regimes that allow the parties to make
different arrangements. Contracting out from ss. 10 and 11 of the IA 2015 is
restricted in relation to consumer insureds, and subject to the transparency requirements in relation to non-consumer insureds.[707] Moreover, the wording of the
contracting out language must be clear to cover the remedy that is (alleged) to be
waived. In *HIH Casualty v New Hampshire*[708] the Court of Appeal considered, inter
alia, as a preliminary issue whether 'clause 8' excluded or waived a breach of warranty defence to liability by the reinsurer. Clause 8 provided at follows:

paying a post-breach/unremedied breach claim) should not amount to a waiver.
Thus, the (re)insurer may and should continue to accept premium, especially as its
liability may be reinstated in relation to forthcoming losses once the breach has been
remedied.

"*Disclosure and/or Waiver of Rights*

8.1   To the fullest extent permissible by applicable law, the Insurer hereby agrees that it
will not seek to or be entitled to avoid or rescind this Policy or reject any claim
hereunder or be entitled to seek any remedy or redress on the grounds of invalidity
or unenforceability of any of its arrangements with Flashpoint Ltd. or any other
person (or of any arrangements between Flashpoint Ltd. and the Purchaser) or non-
disclosure or misrepresentation by any person or any other similar grounds. The
Insurer irrevocably agrees not to assert and waives any and all defences and rights
of set-off and/or counterclaim (including without limitation any such rights acquired
by assignment or otherwise) which it may have against the Assured or which may
be available so as to deny payment of any amount due hereunder in accordance with
the express terms hereof."

The Court of Appeal commented obiter dicta (the appeal was allowed on a narrow point relating to fraudulent non-disclosure not amounting to misrepresentation) that clause 8 on its true construction did not contained a defence to breaches
of warranty. Rix LJ said:

"118   ... Subject to its concluding words 'or any other similar grounds', the first
sentence's subject matter is (a) 'the invalidity or unenforceability of any of [the
insurer's] arrangements with Flashpoint Ltd' etc, and (b) 'non-disclosure or
misrepresentation'. Both those items of subject matter are extra contractual. The
first is dealing with arrangements collateral to the insurance contract, the second
is dealing with pre-contractual negotiations. Breaches of warranty, however, are
breaches of the contract of insurance itself. I would not therefore regard them as
constituting 'similar grounds'.
119   As for the opening phrase ('To the fullest extent permissible by applicable law'),
those words cannot be relied on to extend the scope of the first sentence, even if
they may be said to emphasise its width and to warn against any attempt at an
artificial narrowing of its scope. Essentially, however, they are words of saving,
not of extension.
120   As for the second sentence, if it had been intended to include a waiver of breach
of warranty, that could have been easily stated. As it is, the whole pressure of Mr
Flaux's submission has to be carried ultimately by the single word 'defences',
which it is said stands separately from the rest of the sentence. In my judgment,

---

[707] IA 2015 ss.16 and 17. See 6-214–6-217 below.
[708] *HIH Casualty v New Hampshire* [2001] EWCA Civ 735; [2001] Lloyd's Rep. I.R. 596.

however, it is much more natural to read that word as part of the overall phrase 'defences and rights of set-off and/or counterclaim'. It is natural to think of a set-off as a defence (even if it can also be thought of as a right), and a counterclaim as a right (even if it may also give rise to a defence). In my view the word 'defences' is primarily connected with 'set-off' and the word 'rights' is primarily connected with 'counterclaim'. In any event, it is plain that a set-off may give a defence, and that is sufficient to explain the language of the sentence.

121 Moreover, that explanation would be consistent with the closing language of the sentence—'so as to deny payment of any amount due hereunder in accordance with the express terms hereof'. If there was prima facie a good claim ('amount due hereunder' etc), a defence of set-off or a right of counterclaim might result in a valid denial of payment of a sum otherwise due. Where, however, a breach of warranty occurs before a loss within the cover, it is difficult to say that that breach provides a defence against an amount 'due hereunder in accordance with the express terms hereof'. It would be more natural to say that by reason of the breach of warranty there was nothing due, and that that was so precisely because of the contract's 'express terms'.

122 That is because it is well established that a breach of warranty produces an automatic discharge of a contract of insurance from the moment of breach: *Bank of Nova Scotia v Hellenic Mutual War Risks Association (Bermuda) Ltd ('The Good Luck')*."

De minimis breaches?

6-186 According to s.33(3) of the MIA 1906 a promissory "warranty, as above defined, is a condition which must be exactly complied with, whether it be material to the risk or not" (emphasis added). This part of s.33(3) of the IA 1906 survives the deletions made by s.10(7) of the IA 2015. In *Sugar Hut Group Ltd v Great Lakes Reinsurance (UK) Plc*[709] the insurance policy contained a warranty that the ducting in the kitchen would be "free from contact with combustible materials". There was such contact but the insured argued that the breach of the warranty should be treated as de minimis because the area of contact was comparatively small compared to the overall size of the ducting. Burton J doubted whether de minimis could apply in principle and held that it did not apply on the facts:

> "Mr Stuart-Smith [counsel for insurers] accepts that there are obiter references to the possibility of de minimis in the insurance field (see per McNair J in *Overseas Commodities Ltd v Style* [1958] 1 Lloyd's List Law Rep 546 at 557 and per Tomlinson J in *Bennett v AXA Insurance plc* [2004] Lloyd's Rep IR 615 at 620, but there is no decision which has in fact found the concept to apply so as to excuse a breach in this field. I am entirely satisfied that, even if the concept could be applicable, it does not apply where (a) there was more than miniscule contact, as even the 4cm of contact was accepted by the experts as capable of being the source of a serious fire and (b) all of the areas upon which the experts agreed were visible and accessible. It is noteworthy that the provision that there must be no contact with *combustible materials* is in fact more lenient than the requirement of the Loss Prevention Council, which requires a clearance of at least 150mm."

Application to reinsurance and reinsurance issues

General contractual principles

6-187 In *Thomson v Weems* Lord Blackburn, having considered the rules relating to the construction of warranties in marine policies, said that "on the balance of author-

---

[709] *Sugar Hut Group Ltd v Great Lakes Reinsurance (UK) Plc* [2010] EWHC 2636 (Comm); [2011] Lloyd's Rep. I.R. 198.

ity the general principles of insurance law apply to all insurances, whether marine, life or fire".⁷¹⁰ The decision in *The "Good Luck"* as to the effect of a breach of warranty has also been applied to warranties in reinsurance contracts.⁷¹¹ In any event, a contract of reinsurance relating to marine risks retains its identity as marine at least if it is facultative and also, we would suggest, if it is clearly a marine treaty, and thus the House of Lords' construction of s.33(3) will apply to contracts of reinsurance governed by English law entered into before 12 August 2016. The IA 2015, including ss.10 and 11, will apply to contracts of reinsurance entered into on or after 12 August 2016.

As noted above, the use of the word "warranty" in the description of a contractual provision is not decisive as to its meaning or effect, and difficult questions of construction may arise. Reinsurance contracts may set out a number of provisions which are described as "conditions" or "general conditions". It will be a matter of construction in each case whether a provision is a promissory warranty, an exclusion, a simple condition or a condition precedent.⁷¹² There are, however, provisions, peculiar to reinsurance contracts, which do not fall easily into the general principles applicable to direct insurance contracts. In particular, we consider in Part 6 below the effect of non-compliance with provisions describing the underlying risk, terms relating to inspection of records, claims notification and claims control.

Reinsurance issues

To establish whether the reinsurer's liability is suspended for breach of warranty, it may crucial to establish the time of the loss in order to determine whether the loss occurred after the breach but before the breach has been remedied. This raises the question when a loss occurs under a contract of reinsurance for the purposes of s.10 of the IA 2015. We have already discussed different notions of "loss" in relation to loss aggregation and in relation to the allocation of reinsurance claims.⁷¹³ From the House of Lord's decision in *Wasa International Insurance Co Ltd v Lexington Insurance Co*⁷¹⁴ it is understood that the reinsured does not reinsure its own liability but that the subject-matter of a contract of reinsurance is the original subject matter. On this 'further insurance' view of reinsurance, the "loss" under the reinsurance contract is the same as under the underlying insurance contract, namely the loss caused by an insured peril in relation to the insured subject-matter. Thus, in *Wasa* the loss in issue under the reinsurance contract was the environmental damage to property. If the contrary view—that reinsurance is insurance of the reinsured's liability—were to be taken, it would be arguable that a loss under the reinsurance contract does not occur unless and until the reinsured becomes liable to pay a claim under the underlying insurance contract (the "reinsurance loss"). There would then be a time-lag between the loss under the underlying insurance contract and the reinsurance loss of which the reinsured could take advantage by remedying the breach of a warranty in advance of the reinsurance loss. For example, if the reinsured has fallen behind in paying premium in breach of a premium warranty, he could pay the reinsurance premium once there has been a loss

6-188

---

⁷¹⁰ *Thomson v Weems* (1884) 9 A.C. 671 at 684.
⁷¹¹ See e.g. *Toomey v Banco Vitalicio de Espana SA de Seguros y Reaseguros* [2004] EWCA Civ 622; [2004] 1 C.L.C. 965; [2005] Lloyd's Rep. I.R. 423.
⁷¹² On waiver of conditions precedent, see generally: *Kosmar Villa Holidays plc v Trustees of Syndicate 1243* [2008] EWCA Civ 147; [2008] Lloyd's Rep. I.R. 489; *Lexington Insurance Co v Multinacional de Seguros SA* [2008] EWHC 1170 (Comm); [2009] Lloyd's Rep. I.R. 1.
⁷¹³ See Ch.5, 5-096 and 5-112.
⁷¹⁴ [2009] UKHL 40, at [33] per Lord Mance.

under the underlying insurance contract but before the reinsurance loss. To rely on a suspension of liability, the reinsurer would then have to argue that the reinsurance loss was "attributable to something happening"[715] before the breach of the premium warranty was remedied.

6-189 Successfully asserting that the reinsurer is not liable on the grounds of breach of warranty is likely to entail a series of very fact-sensitive questions and questions of construction. Reinsurers may not wish to leave it to chance whether or not they have a remedy for breach of warranty, given that no remedy may be available if the breach is taken to be remedied or if s.11(2) of the IA 2015 applies. As ss.10 and 11 create a default regime, subject to the transparency requirements in s.17 of the IA 2015,[716] the parties would be free to agree on different remedies for a breach of warranty, including the traditional remedy of discharge of the insurer's liability upon breach. In particular, we would consider it advisable to state expressly the consequences of a breach of time-sensitive warranties to avoid any disputes as to whether the breach has been remedied. In addition, reinsurers should also consider to state expressly the consequences of a breach of warranties that could be caught by s.11(1) of the IA 2015 to avoid any disputes as to whether or not the warranty is caught by s.11(1) and whether its breach could have increased the risk of the loss that occurred.

6-190 The weakening of the reinsured's position vis-à-vis its insureds further to the CIDRA 2012 (consumer insureds) and the IA 2015 Pts 2–4 may result in claims being more frequently successful. There are no publicly available statistics that compare the pre- and post CIDRA 2012/IA 2015 success rate of claims at primary insurance level. For a facultative reinsurance we suggest that reinsurers should cease any practice they may have had of just relying on a general description of the risk and not asking for the wording of the underlying contract/s. In relation to treaty reinsurance, reinsurers might consider including warranties in respect of the reinsured's underwriting practices and procedures, (an unremedied) breach of which will give the reinsurer a remedy.

6. REINSURANCE CONDITIONS AND OTHER TERMS

Introduction

6-191 In *The "Mercandian Continent"*, Longmore LJ described the familiar threefold classification of contractual terms, as follows:

> "Terms which are not conditions precedent to the insurance policy's liability under the contract *[i.e. insurance warranties pre-IA 2015]* are traditionally assigned to one of 3 categories in English law: (1) a term any breach of which, no matter how inconsequential, entitles the innocent party to bring the contact to an end and treat himself as discharged from all liability as from that time; (2) a term no breach of which entitles the innocent party to bring the contract to an end so that the innocent party only has a remedy in damages (such terms being known, confusingly in an insurance law context, as conditions and warranties respectively); and (3) innominate terms, in respect of which the consequence of the breach depends on the nature and gravity of the breach. If the breach is sufficiently serious or the consequences of the breach are so grave that the innocent party is seriously prejudiced, he can accept the breach as repudiatory and terminate the contract, see *Hong Kong Fir Shipping Co Ltd v Kawasaki Kisen Kaisha Ltd* [1962] 2 Q.B. 26 and

---

[715] IA 2015 s.10(2).
[716] See 6-214–6-217 below.

Chitty, *Contracts*, 28th edn Vol.1 paras 12-019 to 12-034. An analysis of this kind does not always protect underwriters since (1) a claim for damages may be difficult to quantify or (as in this case) not worth pursuing; and (2) treating the breach as repudiatory and bringing the contract to an end only operates prospectively and does not affect accrued rights. This second difficulty would not, however, have been a problem for underwriters in the present case since no rights accrued to the assured before their liability to the shipowners had been established. If, therefore, insurers had thought that the assured's fraudulent conduct had been seriously prejudicial to them, they could have brought the entire contract of insurance to an end; and since, the assured had at that stage no accrued rights against them, underwriters would, if they were entitled to terminate the contract, have had no liability under the contract."[717]

A fourth category of term put forward by the Court of Appeal in *Alfred McAlpine Plc v BAI (Run-Off) Ltd*,[718] namely a term the breach of which would entitle an insurer to reject a claim (but without repudiating the whole contract) was subsequently rejected by the Court of Appeal in *Friends Provident Life & Pensions Ltd v Sirius International Insurance Corp*.[719]

A fifth category specific to the (re)insurance contracts are insurance warranties which we discussed in detail in Pt 5 above. A sixth category which is also specific to (re)insurance contracts are exceptions or exclusion to cover which delimit the scope of the risk and the cover provided under the contract.

Determining the nature of a contractual provision is a question of construction of the term. The use of labels is indicative but not always conclusive. In *Eagle Star Insurance Co Ltd v Cresswell*,[720] a case concerning the construction of a claims cooperation clause in a reinsurance contract, the Court of Appeal held that the clause in question was a condition precedent to, or failing that an exclusion of, the reinsurer's liability even though the clause was not expressly stated to be a condition precedent. The Court of Appeal said that it was not essential that the words "condition precedent" be used.[721] The term used "strong words"—namely that the reinsurer 'will not be liable to pay any claim'—which were "if not the language of condition precedent, at any rate the language of exclusion."[722] Reference is also made to the discussion of differentiating warranties from other types of terms in 6-153 above.

6-192

The IA 2015, in s.11(1) now introduces a separate category of terms—terms not relevant to the loss—that cuts across the traditional classification. This category of terms and the consequences of non-compliance with those terms will be considered in the next section.

6-193

IA 2015 s.11

The text and the purpose of s.11

Section 11 of the IA 2015 provides:

6-194

---

[717] *The "Mercandian Continent"* [2001] EWCA Civ 1275 at [13]; [2001] Lloyd's Rep. I.R. 802 at 811.
[718] *Alfred McAlpine Plc v BAI (Run-Off) Ltd* [2000] 1 Lloyd's Rep. 437 discussed below.
[719] *Friends Provident Life & Pensions Ltd v Sirius International Insurance Corp* [2005] EWCA Civ 601; [2006] Lloyd's Rep. I.R. 45, see 6-133 below.
[720] [2004] 1 C.L.C. 926.
[721] [2004] 1 C.L.C. 926 at [20] per Longmore LJ and [41] per Rix LJ.
[722] [2004] 1 C.L.C. 926 at [41] per Rix LJ.

"Terms not relevant to the actual loss"

(1) This section applies to a term (express or implied) of a contract of insurance, other than a term defining the risk as a whole, if compliance with it would tend to reduce the risk of one or more of the following—
    (a) loss of a particular kind,
    (b) loss at a particular location,
    (c) loss at a particular time.

(2) If a loss occurs, and the term has not been complied with, the insurer may not rely on the non-compliance to exclude, limit or discharge its liability under the contract for the loss if the insured satisfies subsection (3).

(3) The insured satisfies this subsection if it shows that the non-compliance with the term could not have increased the risk of the loss which actually occurred in the circumstances in which it occurred.

(4) This section may apply in addition to section 10."

The purpose of s.11 of the IA 2015 is to prevent a (re)insurer from escaping liability on the grounds of breach of warranty or non-compliance with other types of terms unless the non-compliance could potentially have had some bearing on the risk of the loss which actually occurred.[723] The perceived harshness of the old law allowing an insurer to decline liability for a breach of warranty that was unconnected or irrelevant to the loss can be illustrated on the facts of *De Hahn v Hartley*:[724] the insured had been in breach of a warranty "to sail from Liverpool with … 50 hands or upwards" for the first leg of the voyage. Later on when more than 50 hands were on board the vessel was captured and lost. The initial breach of warranty had arguably no relevance to the loss by capture.

Terms to which s.11 applies

6-195
    The title of s.11 is "Terms not relevant to the actual loss" is only short-hand for the application of s.11 as set out in s.11(1). Section 11 applies to any term which relates to a particular type of loss or loss at a particular location or time (each a "risk mitigation term") unless the term defines the risk as a whole. Whether the term "tends to reduce the risk of the occurrence of a particular type of loss" is an objective assessment of the "purpose" of the provision and requires consideration of "what sorts of loss might be less likely to occur as a consequence of the term being complied with."[725] This will be a question of fact which may require expert evidence. The type of policy and the nature of the cover will be relevant. At the reinsurance level, the type and nature of both the insurance and the reinsurance cover will relevant. Where s.11(1) and (3) refer to the "risk", we consider that in the reinsurance context this must mean the risk in relation to the underlying subject-matter, rather than the risk of liability of the reinsurer under the reinsurance contract. This is so because the House of Lord's in *Wasa v Lexington* opted for the further insurance analysis—i.e. that the contract of reinsurance is an independent contract, under which the subject matter reinsured is the original subject matter—rather than the liability view of reinsurance.[726] In addition, as Prof Merkin has pointed out, the references in s.11(1) to losses of a particular kind and at a particular location do not

---

[723] HM Treasury, *Explanatory Notes to Insurance Act 2015*, para.92.
[724] (1786) 1 Term Reports 343.
[725] HM Treasury, *Explanatory Notes to Insurance Act 2015*, para.93.
[726] *Wasa International Insurance Co Ltd v Lexington Insurance Co* [2008] EWCA Civ 150; [2008] Bus. L.R. 1029 at [33] per Mance LJ, and see Ch.1, 1-050.

sit easily with financial loss.[727] Yet, this is a statutory interpretation point which has not yet been considered by the courts. Almost gleefully, the Law Commissions conceded that "[o]ur recommendations [on s.11] present contracting parties and courts with a new challenge."[728]

The historical background to s.11 was that a (re)insurer could rely on breaches of warranty that were irrelevant to the loss that had actually occurred. On the Law Commissions' recommendation, s.11 casts its net much wider applying to any term that is a risk mitigation term (and unless the term defines the risk as a whole). Extending s.11 to terms other than warranties is intended to prevent the re-casting of warranties as other types of terms to avoid the application of s.11. Therefore, it is clear that s.11 would apply to conditions precedent that are in the nature of risk mitigation terms. However, it is less clear whether s.11 would apply to exclusions and exceptions to cover. Arguably, exclusion clauses by their very nature define the risk as a whole (see 6-153 above). Moreover, the language of "[non-]compliance" in s.11 seems ill-suited to exclusions which frequently exclude risks over which the insured has no control: for example, an exclusion of cyber risks from a policy providing property cover does not call for the insured to comply, nor envisages his failure to comply. It has also been noted that, if s.11 applied to exclusions, s.11(3)—which requires the insured to show that the non-compliance with the exclusion could not have increased the risk of the loss which actually occurred in the circumstances in which it occurred—would effectively reverse the burden of proof applicable to exclusions clauses. The burden of proof that an exclusion applies is with the (re)insurer, but under s.11(3) it would be up the (re)insured to show that the exclusion had no relevance.[729] In *Aspen Insurance v Sangster & Annand Ltd*,[730] the Court considered a public liability insurance contract which contained an exclusion clause (clause 10) excluding the insurer's liability for any work involving the application of heat unless specified industry guidance procedures were followed. A hotel was damaged by fire after the insured's employees performed 'hot work' with a blowtorch on the roof of a hotel. There had been a non-compliance with some of the industry guidance procedures contrary to clause 10 but the insured argued that, if there had been a non-compliance with any of the procedures, it had no bearing on the loss that occurred in the circumstances. The court rejected this argument on the basis that under the pre-IA 2015 law no causative connection between the application of the exclusion clause and the loss was required. However, HHJ Waksman QC noted; "The position is now, of course, different after the introduction of the Insurance Act 2015", indicating that he would have applied s.11 of the IA 2015 to the exclusion clause had the insurance contract been one to which the IA 2015 applied.

Not all warranties, conditions precedent or similar terms are risk mitigation terms. Some terms define the risk as a whole (see 6-195 above) and some terms have no bearing on the risk at all, such as premium payment warranties and claims provisions. Such terms are not captured by s.11.

Section 11 does not apply to terms that define the risk as a whole. It is possible that a term is a risk mitigation term and that it defines the risk as a whole: in that

6-196

---

[727] R. Merkin and K. Noussia, "Reinsurance under the Insurance Act 2015" 134 (2021) BILA Journal 3, at 28.
[728] The Law Commission and The Scottish Law Commission, *Insurance Contract Law: Business Disclosure; Warranties; Insurer's Remedies for Fraudulent Claims; and Late Payment* (Law Com. No.353, July 2014), para.18.18.
[729] D. Kendall and H. Wright, *Practical Guide to the Insurance Act 2015* (Informa, 2017), para.7.22.
[730] *Aspen Insurance v Sangster & Annand Ltd* [2018] 6 WLUK 217.

case s.11 does not apply. For example, a term in a motor policy restricting the use of the insured vehicle to private and excluding commercial use is a term that reduces the risk of loss of a particular kind (losses relating to non-private use) but also defines the risk as whole.[731] The Law Commissions consider that s.11 would not apply to terms that "go to the heart of the risk profile which the insurer is willing to accept, so that any breach of such a provision should allow the insurer to avoid liability", such as a term which:

"(1) defines the age, identity, qualifications or experience of a driver of a vehicle, a pilot of an aircraft, or an operator of a chattel; or
(2) defines the geographical area in which a loss must occur if the insurer is to be liable to indemnify the insured; or
(3) excludes loss that occurs while a vehicle, aircraft or other chattel is being used for commercial purposes other than those permitted by the contract of insurance."[732]

Nevertheless, the Law Commissions were not prepared to provide a list of terms to which s.11 applies or does not apply, preferring to leave the applicability of s.11 to be determined by the courts.[733]

The effect of s.11 on risk mitigation terms

6-197 If a loss occurs and a term which falls into the scope of s.11(1) has not been complied with, the insurer cannot rely on that non-compliance to exclude, limit or discharge its liability for the loss,[734] provided the insured shows that the non-compliance could not have increased the risk of the loss which actually occurred in the circumstances in which it actually occurred.[735] This is a complicated way of saying that the(re)insurer cannot decline liability on the grounds of a breach of contract if the breach is irrelevant to the ultimate loss. The verbosity of s.11(2) and (3) is an effort of the draughtsman to link the breach of the term to the loss without making it a test of direct causality. A direct causal link between the breach of the term and the ultimate loss is not required.[736] Thus, if the non-compliance could have increased the risk of the loss that occurred in the circumstances in which it actually occurred, the (re)insurer will not be liable even if the non-compliance did not in fact cause the loss. The s.11(3) analysis is likely to entail difficult questions of fact and hypothetical facts. The Law Commissions explained:

"[W]hen assessing the result that compliance would tend to have, whether or not breach of the term actually contributed to the loss which has occurred is not relevant. It is sufficient that the term is relevant to the particular kind, time or place of loss. If that is the case, the insurer is not liable for the actual loss. The insurer therefore retains a broader remedy than it would have under a causation test."[737]

And by way of example:

"For example, a term which requires an insured to maintain a particular type of lock on a

---

[731] D. Kendall and H. Wright, *Practical Guide to the Insurance Act 2015* (Informa, 2017), para.18.6.
[732] D. Kendall and H. Wright, *Practical Guide to the Insurance Act 2015* (Informa, 2017), paras 18.33 and 18.34 citing the conclusions from the New Zealand Law Commission, "Some Insurance Law Problems" (1998) NZLC R46 28 and 29.
[733] D. Kendall and H. Wright, *Practical Guide to the Insurance Act 2015* (Informa, 2017), para.18.35.
[734] IA 2015 s.11(2).
[735] IA 2015 s.11(3).
[736] HM Treasury, *Explanatory Notes to Insurance Act 2015*, para.96.
[737] The Law Commission and The Scottish Law Commission, *Insurance Contract Law: Business Disclosure; Warranties; Insurer's Remedies for Fraudulent Claims; and Late Payment* (Law Com. No.353, July 2014), para.18.39.

door would tend, if complied with, to reduce the risk of break-in (and related events such as arson and vandalism). If the relevant lock was not fitted, the insurer's liability in respect of break-in would be suspended until this was remedied. We think the insurer would have no liability for loss resulting from break-in, even if the break-in was through a window rather than the relevant door so that the breach was effectively irrelevant to the loss."[738]

Section 11(2) uses the phrase "the insurer may not rely on the non-compliance", suggesting that s.11(2) does not negate the breach or non-compliance, but precludes the (re)insurer from exercising the specified remedies (exclusion, limitation or discharge of the (re)insurer's liability). The ultimate effect of a missing nexus between the non-compliance with the risk mitigation term and the actual loss as prescribed by s.11(3) is dependent upon the nature of the term (always provided the term falls within s.11(1):

(1) even if it is an unremedied breach of warranty, the (re)insurer's liability will not be suspended;[739]
(2) if it is a condition precedent to liability that has not been fulfilled, the (re)insurer's liability will attach, and
(3) If it is an exclusion clause, the (re)insurer's liability is not excluded.

Section 11(2) does not preclude the pursuit of remedies other than the exclusion, limitation or discharge of the (re)insurer's liability. In theory, the insurer could pursue an action in damages although he would need to show a loss, or perhaps ask for a higher premium if the insured has overall a higher risk profile on account of the non-compliance with the risk mitigation term.

In the reinsurance context, assuming that the "loss" under the reinsurance contract is the same as under the underlying insurance contract,[740] it is hard to conceive of any genuine risk mitigation terms in the reinsurance contract other than those that have been incorporated from the underlying insurance contract. If the risk mitigation term has been incorporated from the underlying insurance contract, the insurer/reinsured would not need to claim under its reinsurance if it can successfully decline liability vis-à-vis its insured on the grounds of non-compliance with that term. However, if the underlying insured invokes s.11(2), the insurer/reinsured would need to argue vis-à-vis its insured that non-compliance with that term could have increased the risk of the loss which actually occurred in the circumstances in which it occurred. In contrast, vis-à-vis the reinsurer, the insurer/reinsured would have to show that term could not have increased the risk of the actual loss. For the reinsured a robust follow-the-settlements clause is advisable to avoid inconsistent findings.

6-198

Section 11 of the IA 2015 creates a default regime and, subject to the transparency requirements in s.17 of the IA 2015, the parties to a reinsurance contract would be free to contract out of s.11. It remains to be seen whether the courts would accept as effective a general disapplication of s.11 across the whole reinsurance contract, or whether each term that might be caught by s.11(1) would need to expressly state that the consequence of non-compliance with a specific risk investigation is the exclusion, limitation or discharge of the reinsurer's liability (depending on the nature of term) regardless of whether non-compliance with that term could have increased the risk of any actual loss. As will be discussed in 6-216

6-199

---

[738] The Law Commission and The Scottish Law Commission, *Insurance Contract Law: Business Disclosure; Warranties; Insurer's Remedies for Fraudulent Claims; and Late Payment* (Law Com. No.353, July 2014), para.18.40.
[739] See 6-174–6-175 above.
[740] See 6-188 above.

below, the courts are likely to be more generous to find that the parties validly contracted out in the context of reinsurance.

Examples of reinsurance clauses

Description of underlying risk

6-200   We already referred to *Toomey (Syndicate 2021) v Banco Vitalicio De Espana SA de Seguros y Reaseguros*⁷⁴¹ in 6-162 above. The Spanish insurers insured Atletico Madrid, in respect of the economic loss that might arise from it being relegated from the first division of the Spanish football league. The club had been required to enter into that policy by a television company (Audiovisual) which had provided the club with advances against payments that would become due for television rights, but which would be repayable if the club was relegated from the first division. The insurer reinsured 32 per cent of the risk with a number of London market reinsurers. The reinsurance slip contained a full reinsurance clause stating: "Being a reinsurance of and warranted same gross rate, terms and conditions as and to follow the settlements of the Reassured." The club was relegated from the first division the end of the season and made a claim against the insurers. The insurers settled that claim for 2.7bn pesetas and made the payment to Audiovisual. The London market reinsurers declined liability under the reinsurance contract on the grounds of misrepresentation and breach of warranty. In relation to the latter, it was the reinsurers' case that: (1) the full reinsurance clause was a warranty to the effect that the underlying insurance was on identical terms to those disclosed to the reinsurers, namely that they were reinsuring the club's net ascertained loss of contracted television rights arising direct from relegation; and (2) the description of the underlying risk in the reinsurance contract was a warranty. The reinsurers further alleged that the insurer was in breach of either or both warranties discharging the reinsurers from liability under the contract of reinsurance. The trial judge construed the description of the risk as a warranty but declined to characterise the full reinsurance clause as such. The Court of Appeal reserved its view on the nature of the full reinsurance clause:

> "In view of the clear conclusion I have reached on the appeal, and because the issue only arose on the cross-appeal (which does not therefore arise), it is not necessary, in my view, to express any view on this difficult issue. In the circumstances and given the history of the clause, I wish to make it clear that I am expressing no view, one way or the other, on the construction of the clause nor on the opinion expressed by the Judge that the construction he adopted was in accord with the view of the market. These issues must remain for decision in a case in which they actually arise for decision."⁷⁴²

However, the Court of Appeal affirmed the judge's decision that the description of the risk was in the nature of a promissory warranty, applying the three tests set down by Rix LJ in *HIH Casualty v New Hampshire*.⁷⁴³ Thomas LJ said:

> "In the particular circumstances of this case, I have come to the view that the term was indeed a warranty. The underwriters had entered into the reinsurance without sight of the underlying policy; the term as to the description went to the root of the transaction and

---

⁷⁴¹ *Toomey (Syndicate 2021) v Banco Vitalicio De Espana SA de Seguros y Reaseguros* [2004] EWCA Civ 622; [2005] Lloyd's Rep. I.R. 423.
⁷⁴² *Toomey (Syndicate 2021) v Banco Vitalicio De Espana SA de Seguros y Reaseguros* [2004] EWCA Civ 622 at [49] per Thomas LJ.
⁷⁴³ *HIH Casualty v New Hampshire* [2001] EWCA Civ 735; [2001] Lloyd's Rep. I.R. 596.

was descriptive of and bore materially on the risk. The Reinsurers' obligation was to provide proportional reinsurance of the risk insured under the underlying policy by the Insured. They were therefore entitled to treat the description of the underlying policy as a warranty, as it provided the description of the risk they had agreed to reinsure. Furthermore, in the circumstances of this case, the fact that a breach discharges the entire reinsurance is not a draconian remedy, as the terms of the underlying contract were so important to what the Reinsurers thought that they were reinsuring. Those two considerations are in my view the decisive considerations. In addition, but I do not regard this as significant, it would have been clear to the parties that it might have been difficult to quantify damages for any breach as to the description of the underlying policy; that was because quantification would have involved an exercise in assessing the differences in liability or in the settlements which would have been had to have been made in contrasting the different approaches to these issues. There was therefore force in the argument that damages might not therefore have been a satisfactory remedy, but that, as I have said, is not a consideration I have taken into account."[744]

Given the Court of Appeal' stress on that its decision was based on the facts, in particular that the reinsurance was facultative and proportional and had been entered into by the reinsurers without sight of the underlying contract of insurance, it is in our opinion not a foregone conclusion that the description of the underlying risk in a contract of reinsurance would always be construed as a warranty.

If *Toomey* were to be decided under the IA 2015, the question whether the two terms in issue—the full reinsurance clause and the risk description clause—should be characterised as warranties should be considered in the same way. If construed as warranties, the consequences of their breach would be considered under s.10 of the IA 2015. Unless there had been a mid-term amendment to bring the terms of the reinsurance contract in line with what had been warranted, the breach/es of warranty would have been unremedied at the time of the loss and accordingly, the reinsurer's liability would have been suspended at the time of the loss. In addition, the two contractual terms would also need to be considered under s.11 of the IA 2015. The reinsurer could potentially argue that it should not be precluded from declining liability under s.11(2) because the full reinsurance clause and the risk description clause are not risk mitigation terms. Their very purpose is to describe the scope of the cover and they should therefore fall squarely within the exception in s.11(1) (i.e. terms defining the risk as a whole).

6-201

Denial of access to records

The reinsurer's right to inspect the records of the reinsured has been referred to above.[745] Where the reinsured claims monies allegedly due, and at the same time refuses to permit the reinsurer to inspect his records in order to verify the accuracy of his claim, the reinsurer may face the difficulty of being unable to raise any substantial defence because he has no knowledge of the facts underlying the claim made upon him. Although compliance with a provision (whether express or implied) relating to inspection is not a condition precedent to liability,[746] a denial of access to records may nevertheless entitle the reinsurer to dispute liability on "substantial grounds" for the purpose of defeating a winding-up petition.[747] It is, however, doubtful whether a reinsurer can avoid summary judgment merely by as-

6-202

---

[744] *Toomey v Banco Vitalicio de Espana SA de Seguros y Reaseguros* [2004] EWCA Civ 622 at [46] per Thomas LJ.
[745] See Ch.4, 4-103 and 5-151 above.
[746] See *Charman v Guardian Royal Exchange Assurance Plc* [1992] 2 Lloyd's Rep. 607; *Baker v Black Sea* [1995] L.R.L.R. 261 at 284 per Potter J.
[747] See *Re A Company Nos 008725/91 and 008727/91 Ex p. Pritchard* [1992] 1 Re. L.R. 288; *In the*

serting that if he were permitted to inspect the reinsured's records he might find a basis upon which to raise triable issues. This is because the reinsurer has a mere cross-claim against the reinsured for specific performance of his contractual right to inspect, or alternatively a claim for damages, which, in accordance with general principles, he could not raise as a defence to the reinsured's action. Judicial opinion has been divided on the point.[748]

6-203 In *Ted Baker Plc v Axa Insurance UK Plc*, the Court of Appeal considered a provision of documents term that was drafted as a condition precedent to recovery (the "CP") in a business interruption insurance policy which required certain accounting documents to be provided for the purposes of verifying the claim.[749] The policy also contained a "Professional Accountants Clause" (the "PAC") which stated that the insurer would pay the reasonable charges incurred by an insured's professional accountants for the provision of certain financial information. The insured argued, inter alia, that the CP to recovery had not been breached as the insurer had not paid for the requested accounting documents, including the management accounts, under the PAC. The Court of Appeal held that, although the management accounts fell in to the ambit of the PAC, the insured was in breach of the CP, as the PAC was not directed towards getting the insurers to pay for the production of accounts (whether management or profit and loss) which the company would in ordinary course produce, or the costs of copying accounts already in existence. However, as noted in 6-150 above, the CA also held that the insured a defence to the breach of the CP by reason of an estoppel by acquiescence. If the IA 2015 had applied to the contract of insurance in *Ted Baker*, it is unlikely that s.11 would have made any difference to the result as the CP is not a risk mitigating term within the scope of s.11(1).

6-204 If access to records is the subject of a warranty, then failing to give access according to the terms of that warranty would constitute a breach of that warranty. This is a breach that is likely to be relatively easy to remedy by giving access subsequently. Under the IA 2015, s.10 whether a reinsurer can decline liability for a claim would depend on whether the loss occurred during the period when his liability was suspended. Frequently, reinsurers only request an inspection of records once there has been a claim, in which case the loss would pre-date any breach of warranty and, accordingly, a reinsurer could not decline liability for the pre-breach loss. In our view, s.11 would not apply to an inspection of records clause as it is not a term which would tend to reduce the risk of loss of a particular kind, at a particular location, or at a particular time.

Late notice of claims and claims co-operation

6-205 Reinsurance contracts typically provide for the reinsured to give prompt notice of claims to the reinsurer. Such a notice provision may form part of a claims co-operation clause. In the *Scor* case[750] the claims co-operation clause stated that it was, "a condition precedent to liability under this Insurance that all claims be notified immediately to the Underwriters subscribing to this policy". Where strict compliance with such a clause is expressed to be a condition precedent to liability, then breach of the notice condition is sufficient to entitle the reinsurer to deny liability, and it is unnecessary for the reinsurer to show that any prejudice has resulted from

---

Matter of Chesapeake Insurance Co Ltd, Bermuda Civ. App. No.7 of 1991, 28 November 1991—discussed in Ch.17 below.
[748] See Ch.13 below.
[749] [2017] EWCA Civ 4097; [2017] Lloyd's Rep. I.R. 682.
[750] *Scor* [1985] 1 Lloyd's Rep. 312; and see Ch.5 above.

the lack of notice.⁷⁵¹ This is likely to remain the position in relation to post-IA 2015 reinsurance contracts, as s.10 only applies to warranties and not to conditions precedent. Claims provisions are unlikely to fall within the scope of s.11 of the IA 2015 as compliance with them would not tend to reduce the risk of a particular kind, at a particular location or time.

The authorities were reviewed further by Bingham J (as he then was) in *Pioneer Concrete (UK) Ltd v National Employers Mutual General Insurance Association Ltd*.⁷⁵² In *Pioneer Concrete* the policy expressly provided that "due observance and fulfilment of the terms conditions and endorsement of this policy" by the insured "shall be conditions precedent to any liability" of the insurer. Bingham J said:

> "On ordinary principles of contract, it would seem to me that the insurer could rely on this breach of condition whether the breach caused him prejudice or not and whether the refusal of payment in those circumstances was in general terms meritorious or unmeritorious."

He concluded:

> "I find no support in any later authority for the requirement of prejudice and, as a matter of general contractual principle, it appears to me that this cannot be required of an insurer before he relies on a breach of a condition precedent in the policy."⁷⁵³

In *Eagle Star Insurance Co Ltd v Cresswell*,⁷⁵⁴ a case concerning the construction of a claims co-operation clause in a reinsurance contract, the Court of Appeal said that it was not essential that the words 'condition precedent' be used if there is other language that is indicative that the reinsurer will not be liable to pay a claim if the reinsured does not comply with the claims co-operation clause. Some evidence that the courts approach to conditions precedent in relation to the provision of information and notice of claims has not changed as result of the IA 2015 are two recent decisions: in *Arch Insurance (UK) Ltd v McCullough*,⁷⁵⁵ a term in a public liability policy for an outdoor motorbike track which required the insured, "as a condition to any liability", to give written notice "as soon as reasonably practicable" of any circumstances that might give rise to a claim being made against him, was a condition precedent to the insurer's liability. The insured's delay of 11 months before notifying the insurer of a serious motorbike accident involving a child at the track was in breach of that condition. Similarly, in *Cuckow v AXA Insurance UK Plc*,⁷⁵⁶ policy terms that that required the provision of information by the insured, and which: (1) stated that if insured failed to comply it could lose any rights to recover under its policy; and (2) appeared under the heading "Conditions precedents", were to be construed as conditions precedent to liability.

If the claims provisions are expressed to be a warranty, a breach of those provisions would not affect the reinsurer's liability for any losses pre-dating the breach (and this is the reason why claims provisions are usually not warranties). This is the position under the old law (see 6-165 above) and the IA 2015 s.10. The loss in respect of which a claim has been made in breach of the claims warranty would necessarily have to precede the breach. Under the old law, upon breach of war-

---

⁷⁵¹ Compare *British General Insurance Co Ltd v Mountain* (1919) 1 Ll.L.R. 605.
⁷⁵² *Pioneer Concrete (UK) Ltd v National Employers Mutual General Insurance Association Ltd* [1985] 1 Lloyd's Rep. 274.
⁷⁵³ *Pioneer Concrete (UK) Ltd v National Employers Mutual General Insurance Association Ltd* [1985] 1 Lloyd's Rep. 274 at 281.
⁷⁵⁴ [2004] 1 C.L.C. 926.
⁷⁵⁵ *Arch Insurance (UK) Ltd v McCullough* [2021] EWHC 2798 (Comm); [2022] Lloyd's Rep. I.R. 137.
⁷⁵⁶ *Cuckow v AXA Insurance UK Plc* [2023] EWHC 701 (KB).

ranty, the reinsurer's liability would have been discharged as of the date of the breach so that there could have been no liability for subsequent losses.[757] As discussed above, under the IA 2015 s.10(2) and (4)(b), the reinsurer's liability is suspended whilst the warranty is in breach, but liability is reinstated once the breach has been remedied. Breaches of deadlines prescribed by the claims warranty may be taken to be remedied in accordance with s.10(5)(a). Other breaches such as failing to let the reinsurer control the negotiation and settlement of claims—may not be remediable so that the reinsurer's liability for post-breach losses would be suspended indefinitely.

6-207 Where the notice provision is not expressed to be a condition precedent or a warranty, the reinsurer must show that he has suffered prejudice as a result of the lack of notice. However, the degree of prejudice that is required before the reinsurer is entitled to deny liability is unclear. In *"The Vainqueur Jose"*,[758] Mocatta J considered P&I Club rules which permitted the Club, in their discretion, to reject a member's claim if late notice was given. Having considered the relevant authorities[759] he concluded it was "probably the law" that an exercise of contractual discretion to reject a claim was not justifiable unless some prejudice had been caused by the lack of notice. Mocatta J said:

> "[I]f prejudice is necessary to sustain a defence by an insurer against a claim ... relatively little prejudice has to be shown by the insurer in order for him to escape liability under the time clause."[760]

As Bingham J observed:

> "The obvious commercial purpose of the clause is to enable the insurer to perform his role as dominus litis and to investigate accidents and claims at the earliest possible opportunity ..."[761]

It is equally obvious that a notice and claims control provision is of considerable importance to the reinsurer.[762] In *Pacific & General Insurance Co Ltd v Baltica Insurance Co (UK) Ltd* Rix J (as he then was) said:

> "[E]ven if I assume without deciding that the notice provision is not a condition precedent, it seems to me that the essential structure of the clause is this: that albeit the reinsurer must pay a loss settlement upon provision of reasonable evidence of payment, nevertheless the notice and inspection provisions ... are given to the reinsurer as his protection against what could otherwise be a unilateral assertion on the part of the reinsured as to the former's obligation to indemnify."[763]

If a reinsurer is first given notice of a claim after the reinsured has agreed to pay it, or has been held liable to pay it in proceedings of which the reinsurer had no knowledge, so that the reinsurer has been deprived of his rights under a claims control or inspection clause, it is not necessary for the reinsurer, in order to avoid liability, to show that the final result would have been materially different if the

---

[757] MIA 1906, s.33(3); and see 6-164 and 6-165 above.
[758] *CVG Sidorurgicia del Orinoco SA v London Steamship Owners Mutual Insurance Association Ltd (The "Vainqueur Jose")* [1979] 1 Lloyd's Rep. 557.
[759] *Barrett Bros (Taxis) Ltd v Davies* [1966] 2 Lloyd's Rep. 1; *Farrell v Federated Employers Insurance Ltd* [1970] 2 Lloyd's Rep. 170.
[760] *"The Vainqueur Jose"* [1979] 1 Lloyd's Rep. 557 at 566.
[761] *Pioneer Concrete (UK) Ltd v National Employers Mutual General Insurance Association Ltd* [1985] 1 Lloyd's Rep. 274 at 278.
[762] See *British General Insurance Co Ltd v Mountain* (1919) 9 Ll.L.R. 605 at 607.
[763] *Pacific & General Insurance Co Ltd v Baltica Insurance Co (UK) Ltd* [1996] L.R.L.R. 8 at 12.

reinsurer had received timely notice. It will suffice for the reinsurer to show that the final result could have been materially different. A claims control or right of review provision will generally be an "innominate term"[764] in the same category as the implied terms relating to keeping full and proper records, investigating claims and making records available for inspection, considered by Hobhouse J In *Phoenix v Halvanon* Hobhouse J held that:

> "[T]he consequences of any breach for any particular cession or any individual claim or, indeed, for the contracts as a whole, must depend on the nature and gravity of the relevant breach or breaches."[765]

The above dictum was applied by Giles J in *Trans-Pacific Insurance Co (Australia) Ltd v Grand Union Insurance Co Ltd*, who said that: **6-208**

> "While recognising the importance to a reinsurer of obtaining co-operation from the reinsured ... there could be major or minor failures to co-operate, disagreement on what did or did not amount to co-operation, or breach which was readily rectified without any prejudice to the reinsurer."[766]

On the facts relating to the particular claim, Giles J held that the breach was not so substantial as to discharge the reinsurer's contractual obligation to pay the claim. *Trans-Pacific v Grand Union* was cited with approval by the Court of Appeal in *Alfred McAlpine Plc v BAI (Run-Off) Ltd*.[767] In the *McAlpine* case, which concerned a contractors' liability policy, the notification provision (cl.1(a) of the "Claims Conditions") stated as follows:

> "In the event of any occurrence which may give rise to a claim under this policy the insured shall as soon as possible give notice thereof to the Company in writing with full details ..."

Waller LJ said:

> "I do not myself think that the choice should necessarily lie between a construction which would involve condition 1(a) being a condition precedent, and condition 1(a) simply giving rise to a claim for damages. It seems to me that once a condition such as condition 1(a) is construed as something less than a condition precedent, it will still be important to ascertain precisely what its contractual effect is intended to be and what the effect of a breach of that term will be. For example, if no details of the incident in relation to which RCCL was making its claim were ever supplied, despite the insurers' requests for them, would BAI still be bound to pay, and simply be left with a remedy in damages for breach of the condition? Certainly if the consequences for BAI were that they had been seriously prejudiced, it seems to me unreasonable that that should be so. Accordingly it seems to me one should consider the possibility that a breach of condition 1(a) might in some circumstances be so serious as to give a right to reject the claim albeit it was not repudiatory in the sense of enabling BAI to accept a repudiation of the whole contract. The very fact that condition 1(a) is aimed at imposing obligations in relation to individual claims which BAI might be obliged to pay, ought logically to allow for the possibility of a 'repudiatory' breach leading simply to a rejection of a claim."[768]

However, the "partial repudiation" doctrine was short-lived. In *Friends Provident*

---

[764] See *Hong Kong Fir Shipping Co Ltd v Kawasaki Kisen Kaisha Ltd* [1962] 2 Q.B. 26.
[765] *Phoenix v Halvanon* [1985] 2 Lloyd's Rep. 599 at 614.
[766] *Trans-Pacific Insurance Co (Australia) Ltd v Grand Union Insurance Co Ltd* (1989) 18 N.S.W.L.R. 675 at 702D–E.
[767] *McAlpine v BAI* [2000] 1 Lloyd's Rep. 437.
[768] *McAlpine v BAI* [2000] 1 Lloyd's Rep. 437 at 443, [26].

Life & Pensions Ltd v Sirius International Insurance Corp[769] the Court of Appeal (Waller LJ dissenting) rejected the view expressed by Waller LJ in *BAI* that breach of an innominate term might entitle the insurer to decline a claim and held that these views were not binding on the court because they were obiter. Mance LJ concluded:

> "No authority was cited to us, apart from *BAI* and its successor cases, in which any court has suggested that a party to a contract may be relieved from a particular obligation under a composite contract such as the present, by reason of a serious breach with serious consequences relating to an ancillary obligation, absent some express or implied condition precedent or other provision to that effect. Either some conditional link can, as a matter of construction, be found between performance of the two obligations or it cannot. Where such a link cannot be found as a matter of contractual construction, I see no basis for a new doctrine of partial repudiatory breach to, in effect, introduce one. ... A claims notification clause like clause 5 is an ancillary provision. Breach of such a provision is capable of sounding in damages. But I am unable as a matter of construction or implication to find in clause 5 any provision that insurers will be free of liability in the event of a serious breach and/or a breach with serious consequences. Even if one assumes that it might or would have been reasonable for the parties to agree such a provision, reasonableness is not the test for implying a term. Nor do I see any basis for creating a new rule of construction or law which would impose such a provision on these parties. Representing opposite sides of the market with opposing interests on the point, they must, as I have said, be taken to be fully aware of the possibilities of agreeing whatever they could, acceptably to each other and in accordance with any other constraints (practical or legal, as to which I say nothing), negotiate. For my part, I do not think that it is obvious that the broking and underwriting sides of the market would regard even as reasonable a provision such as suggested in *BAI*, and I do not see any reason why the court should impose it on them. A test of 'serious breach' and/or 'serious consequences' might have some drastic and unfair consequences."[770]

6-209   In *Aspen Insurance UK Ltd v Pectel Ltd*[771] Teare J gave further guidance as to the court's approach taken in determining whether a procedural provision is a condition precedent. Pectel was a contractor specialising in the removal of asbestos from commercial and government property. In March 2004 it was engaged in works related to British Telecom's ("BT") deep tunnel facility in Manchester, acting as subcontractor to AMEC. A fire occurred, for which BT and AMEC blamed Pectel. Pectel had liability insurance with Aspen. Clause 4(a) of the conditions in the policy provided that the insured provide the broker with "immediate written notice with full particulars of any occurrence which may give rise to indemnity under this insurance". Furthermore, condition 13 of the policy stated that "the liability of Underwriters shall be conditional on the Assured paying in full the premium demanded and observing the terms and conditions of this insurance". Notice of the claim was not given until March 2007, following receipt by Pectel of a letter of claim dated 6 March 2007. In response, the insurers argued that: (i) Pectel had not complied with cl.4(a); and (ii) compliance with the clause was a condition precedent to liability. The claimant insurers won.

Teare J said:

> "It is well established that a general clause in an insurance policy purporting to make compliance with obligations in the policy a condition precedent to the underwriters being liable in respect of a claim can indeed have that effect; see *London Guarantee*

---

[769] *Friends Provident Life & Pensions Ltd v Sirius International Insurance Corp* [2005] EWCA Civ 601.
[770] *Friends Provident Life & Pensions Ltd v Sirius International Insurance Corp* [2005] EWCA Civ 601 at [32].
[771] *Aspen Insurance UK Ltd v Pectel Ltd* [2008] EWHC 2804 (Comm).

Company v Fearnley (1880) 5 Appeal Cases 911 at p.916 per Lord Blackburn and p.918 per Lord Watson. The effect of such a general clause is that which the clause would have if it had been set out at the commencement of each particular clause which imposes an obligation upon the assured. This is the "modern drafting technique" see *MacGillivray on Insurance Law* 10th.ed. paragraph 10-11. Whilst the words "condition precedent" are often used in such clauses, other words can have the same effect so long as the clause is apt to make that effect the clear intention of the parties; see *George Hunt Cranes v Scottish Boiler and General Insurance* [2002] Lloyd's Rep IR 178 at paragraph 11 per Potter LJ and *Eagle Star Insurance v Cresswell* [2004] Lloyd's Rep IR 537 at para.20 per Longmore LJ. What has to be found is a "conditional link" between the assured's obligation to give notice and the underwriters' obligation to pay the claim; see *Friends Provident v Sirius International* [2006] Lloyd's Rep IR 45 at para.31 per Mance LJ."

Teare J concluded as follows:

"[T]he parties intended there to be a conditional link between the assured's obligation to comply with condition 4(a) and the underwriters' obligation to pay the claim in question."

Whilst it is difficult and dangerous to generalise, it is probably fair to say that a failure to comply promptly with a notice clause which is not drafted as a condition precedent will have a more serious effect on an insurer than a reinsurer, and on a facultative reinsurer than a treaty reinsurer. Also, the greater the reinsurer's financial exposure, the more likely he is to complain if he has been deprived of the opportunity to handle the claim. However, following *Friends Provident*, the parties should not take any chances on relying on the seriousness of the breach or the seriousness of the consequences of a breach and, if they wish to make notice clauses conditions precedent to liability generally or to the payment of a claim they should include express provisions to that effect in their contract. Another (drafting) point of which parties should be reminded is that, where claims conditions are drafted so as to confer decision-making powers on one of the parties to exercise–e.g. 'the provisions of any documents at the reinsurer's request' or 'proof of loss to the reinsurer's satisfaction'- they may be subject to the *Braganza*[772]-style implied term to exercise contractual discretion in a manner that is not arbitrary, irrational or capricious (see Chapter 4, para.4-035).

Remedies for breach of contract under the PRICL

The PRICL offer a range of remedies to contractual breaches, namely specific performance, damages, and prospective termination of the contract.[773] It may be surprising to a common law lawyer or reinsurance professional that specific performance is the primary remedy for non-monetary obligations under reinsurance contracts. However, there are limits to the remedy's availability that should look familiar:

"(a)   performance is impossible in law or in fact;
(b)   performance or, where relevant, enforcement is unreasonably burdensome or expensive;
(c)   the party entitled to performance may reasonably obtain performance from another source;
(d)   performance is of an exclusively personal character; or

6-210

---

[772] *Braganza v BP Shipping Ltd* [2015] UKSC 17, [2015] 1 W.L.R. 1661.
[773] PRICL art.3.1.

(e) the party entitled to performance does not require performance within a reasonable time after it has, or ought to have, become aware of the non-performance."[774]

Nevertheless, the starting point as regards remedies is specific performance, with damages being an additional or second tier remedy. Conversely, the PRICL remedy in damages for breach of contract may look familiar, but the contractual measure for damages and the remoteness test under the RICL should be noted. The innocent party is entitled to:

"full compensation for harm sustained as a result of the non-performance. Such harm includes both any loss which it suffered and any gain of which it was deprived, taking into account any gain to the aggrieved party resulting from its avoidance of cost or harm.[775]

Such harm may be non-pecuniary and includes, for instance, physical suffering or emotional distress.[776]

Compensation is due only for harm, including future harm, that is established with a reasonable degree of certainty."[777]

Termination of the contract of reinsurance is available as remedy if the innocent party cannot reasonably be expected to uphold the contract.[778] This is a relatively high threshold to be met; the assumption is that both parties have an interest in upholding the contract despite the breach.[779] Therefore, the breach has to be "fundamental", factors to be taken into account being whether the breach "goes to the root of the contract", the breach substantially deprives the innocent party of the benefit to be received under the contract, the breach being intentional or reckless and undermining the innocent party's trust in the other party's future performance of the contract.[780] This is examined from an objective perspective of a reasonable person, and the subjective perspective of the innocent party.[781] Our concern with the PRICL remedies is that they are based on the UNIDROIT Principles of International Commercial Contracts (Ch.7) and may import a raft of civil law notions, commentary, guidance and perhaps even jurisprudence as to their availability that are not immediately apparent and understandable to common law trained lawyers. Whilst we consider that many PRICL provisions are sensible and reintegrate a greater sense of good faith into the reinsurance contract, we recommend caution with the remedies regime which appears to us (admittedly, untrained in civil law) as subscribing to a more literal version of pacta sunt servanda.

Premium provisions

6-211 The premium is the monetary consideration paid by the reinsured in return for the reinsurer's promise to indemnify the reinsured for claims covered by the reinsurance contract. Premium payments are frequently made through the broker. Unless the parties agree otherwise, the premium is payable as soon as the risk attaches.[782] However, again subject to the terms of the reinsurance contract, a reinsurance

---

[774] PRICL art.3.1(a) referencing Ch.7 s.2 of the UNIDROIT Principles of International Commercial Contracts (PICC).
[775] PRICL art.3.1(b) referencing Ch.7 s.2 of the UNIDROIT PICC (art.7.4.2(1)).
[776] PRICL art.3.1(b) referencing Ch.7 s.2 of the UNIDROIT PICC (art.7.4.2.(2)).
[777] PRICL art.3.1(b) referencing Ch.7 s.2 of the UNIDROIT PICC (Art.7.4.3(1)).
[778] PRICL art.3.1.2.
[779] PRICL Commentary C7 to art.3.1.
[780] PRICL Commentary C18 to art.3.1.
[781] PRICL Commentary C19 to art.3.1.
[782] *Heath Lambert Ltd v Sociedad de Corretaje de Seguros* [2004] Lloyd's Rep I.R. 905.

contract may incept regardless of whether the premium has actually been paid[783] and the reinsurer is not entitled to terminate unless the reinsured's failure to pay premium amounts to a repudiatory breach of contract.[784] The parties can agree to depart from this position by including a premium warranty into the reinsurance contract. A premium warranty would typically provide that the premium will be paid within a specified period of time. In *J A Chapman & Co Ltd v Kadirga Denizcilik ve Ticaret AS*,[785] the Court of Appeal held, inter alia, that upon a breach of the premium warranty for late payment of a premium instalment, the insurer's liability under the contract of insurance had been discharged but the subsequent premium instalments would still be payable by the insured since the instalments were merely parts of one single premium payable for the entire risk accepted by insurers under the policy.

Under the IA 2015, a breach of a premium warranty has to be considered under s.10, and in particular whether the breach remains unremedied at the time of a loss. If the breach in question is a missed deadline for the payment of the premium, the breach can be remedied "if the risk to which the warranty relates later becomes essentially the same as that originally contemplated by the parties" (IA 2015 s.10(5)(a)). It is not clear how s.10(5)(a) would be applied to a premium warranty as it does not relate to any risk insured under the policy. Yet, it could be 'remedied' by the subsequent (late) payment of the premium. The courts may say that the risk to which a premium warranty relates is the risk of the (re)insurer not receiving any consideration for the bargain, and that that risk will become essentially the same once the premium is paid albeit late. However, this would appear to be a somewhat strained interpretation of s.10(5)(a) as non-payment of premium is a commercial risk, not an insured risk.

6-212

Waiver of breach of condition

As in relation to waiver of breach of warranty, the courts have said that there is no scope for waiver by election for non-compliance with a condition and, instead, a re/insured seeking to rely on waiver must do so by establishing the elements of waiver by estoppel: (1) an unequivocal representation (by words or conduct) by the re/insurer that it will not rely on the non-compliance with the condition to deny liability, and (2) the re/insured's reliance on that representation to its detriment or by changing its position.[786] Waiver by estoppel might become an issue in relation to claims conditions drafted as conditions precedent to liability, where a notice has been given late, or documents have not been provided on time, yet the reinsurer has continued to consider the claim. In *Lexington Insurance Co v Multinacional de Seguros SA*,[787] the court held that the reinsurers had not waived the reinsured's breach of the condition precedent in the reinsurance contract to co-operate with the reinsurers by continuing to co-operate in the adjustment and settlement of a claim. Applying *Kosmar Villa Holidays plc v Trustees Of Syndicate 1243*,[788] Christopher Clarke J said:

6-213

"61. In the present case the doctrine of waiver by election is not, in my judgment,

---

[783] *Thompson v Adams* (1889) 23 QBD 361; but note the use of premium warranties and conditions which make inception conditional upon payment.
[784] *Figre Ltd v Mander* [1999] Lloyd's Rep. I.R. 193.
[785] *J A Chapman & Co Ltd v Kadirga Denizcilik ve Ticaret AS* [1998] Lloyd's Rep. I.R. 377.
[786] *Kosmar Villa Holidays plc v Trustees Of Syndicate 1243* [2008] EWCA Civ 147; *Lexington Insurance Co v Multinacional de Seguros SA* [2008] EWHC 1170 (Comm).
[787] *Lexington Insurance Co v Multinacional de Seguros SA* [2008] EWHC 1170 (Comm).
[788] *Kosmar Villa Holidays Plc v Trustees of Syndicate 1243* [2008] EWCA Civ 147.

> engaged. Reinsurers were not, in January 2000, presented with a choice between two mutually inconsistent rights. If they were right to contend that Multinacional [the reinsured] was in breach of a condition precedent, then they were automatically discharged from liability. If they were wrong, they were not. There was no choice to make.
>
> 62. It is true that Kosmar was a case where the insurers were said to have waived (by election) a past breach of the condition precedent, whereas in the present case, the reinsurers are said to have waived future performance, which is the equivalent of saying that reinsurers waived any future breach. That makes no difference. If, because of the automatic effect of the breach of a condition precedent, the original breach asserted gave rise to no obligation to choose between inconsistent rights, and, thus, to no duty to elect between them, it is impossible to see how any question arises of reinsurers having to elect between reliance on the original breach and any future breach of the clause. The assertion by the reinsurer that he has a defence to liability arising from breach of a condition precedent is not a choice by him between inconsistent remedies. It is simply an unproved assertion that he is not liable to the reinsured on that account. Nor is it an irrevocable decision. The reinsurer may change his mind about the defence he asserts (as insurers often do) and abandon it; or rely on a different one or none at all. As the Court held in Kosmar raising a defence, although it may involve a choice, is not a contractual election …
>
> 64. This and other formulations of the doctrine are premised upon the existence of facts which give rise in law to alternative rights. In the present case, Multinacional vigorously denies that as at January 2000 the facts were such as to discharge reinsurers from liability on account of a breach of condition precedent. In those circumstances it does not seem to me that Multinacional can justly claim that reinsurers had a choice to make. If they could, it would mean that Multinacional could eliminate reinsurers' reliance on alleged failure to comply with the clause in April 2002 on the grounds that reinsurers had elected to rely on a different failure occurring prior to January 2000; and then eliminate reinsurers' reliance on the alleged pre-January failure on the ground that there was no failure at all."

In *Kosmar Villa Holidays plc v Trustees Of Syndicate 1243*,[789] the Court of Appeal rejected the insured's argument that the insurer had waived a late notice of claim under a liability insurance policy by taking over the defence of the third party claim. As there had been no unequivocal acceptance of liability and the insurer had requested further information, there had been no waiver by estoppel. In *Cultural Foundation (doing business as American School of Dubai) v Beazley Furlonge Limited*,[790] the court considered obiter dicta whether, if the claims notification had been late (which the court found it had not been), the insurer was estopped from declining liability on the grounds of breach of the claims conditions. The court said that the facts were "finely balanced": the insurer had raised no objection to the initial notification, acquiesced in the allocation of an initial reserve of £50,000, and did not follow up on a question being asked about the timeliness of the notice. However, the insured could not show that it had placed any detrimental reliance on any understanding it might have derived from any communications by the insurer that it would regard the notice as valid. Therefore, had it been necessary to decide the point, the court would have that there had been no waiver by estoppel.

Contracting out provisions

6-214   The MIA 1906 (and the equivalent common law rules) and the IA 2015 (with some exception) create default regimes for the pre-contractual and contractual rights

---

[789] ibid.
[790] *The Cultural Foundation (doing business as American School of Dubai) v Beazley Furlonge Limited* [2018] EWHC 1083 (Comm), [331] per Andrew Henshaw QC (sitting as a Judge of the High Court).

and remedies of the reinsurer and the reinsured. This means that the parties to a reinsurance contract can agree to terms that would vary the statutory or common law fall-back position. An agreed departure from the default regime/s is acknowledged by the MIA 1906 in those provisions that apply "[s]ubject to any express provision" or "[u]nless the policy otherwise provides",[791] and has become known as "contracting out" under the IA 2015. As has been mentioned in various places in this Chapter, 'contracting out' may be useful in particular where the parties to a reinsurance contract to which the IA 2015 applies (i.e. made on or after 12 August 2016) wish to retain the pre-IA 2015 rules in relation to specific aspects of their contract (e.g. avoidance as remedy for any and all breaches of the duty of fair presentation). Brokers and reinsurers should keep their policy wordings under review and make changes in those areas where they do not wish the default regime to apply.

Contracting out under the IA 2015

For contracting out purposes, the IA 2015 distinguishes between four categories of terms: 6-215

(1) *Contracting out term in consumer contract:* it should be recalled that the IA 2015, except for Part 2 (The duty of fair presentation) and s.9, also applies to consumer insurance contracts. Section 15 of the IA 2015 renders ineffective any term in a consumer insurance contract, which would put the consumer in a worse position as respects any of the matters provided for in Pts 3 (Warranties and other terms) or 4 (Fraudulent claims) of the IA 2015 than the consumer would be in by virtue of the provisions of those Parts. Section 16A renders ineffective any term in a consumer insurance contract which would put the consumer in a worse position in respect of the insurer's duty to pay any sums due in respect of a claim within a reasonable time (IA 2015 s.13A) than the consumer would be in by virtue of the provisions of that s.13A.

(2) *Contracting out term in non-consumer contract relating to s.9:* s.9 of the IA abolishes 'basis of the contract' clauses (see 6-170 above). Section 16(1) renders in effective any term of a non-consumer insurance contract which would put the insured in a worse position as respects representations to which s.9 applies than the insured would be in by virtue of that section.

(3) *Contracting out term in non-consumer contract relating to s.13A:* s.13A of the IA 2015 introduced a statutory implied term of every contract of insurance that if the insured makes a claim under the contract, the insurer must pay any sums due in respect of the claim within a reasonable time[792]. Section 16A renders ineffective any term of a non-consumer insurance contract, which would put the insured in a worse position as respects deliberate or reckless breaches of the term implied by s.13A than the insured would be in by virtue of that section.

(4) *Contracting out term in non-consumer contract relating to Pt 2 (The duty of fair presentation), ss.10–11, Pt 4 (Fraudulent claims), and s.13A other than as respects deliberate or reckless breaches:* Section 16(2) renders ineffective any term of a non-consumer insurance contract which would put the insured in a worse position as respects any of the other matters provided for in Pt 2 ss.10–11, Pt 4 and s.13A (other than as respects deliberate or reck-

---

[791] See e.g. MIA 1906 ss. 27(4), 29(3) and (4), 45(2), 53, 55.
[792] See Ch.5, 5-145.

less breaches of the implied term about payment of claims) than the insured would be in by virtue of those provisions, *unless the requirements of s.17 have been satisfied* in relation to the term.

6-216 In relation to category 4, s.17 of the IA 2015 imposes transparency requirements as regards to terms which would put the insured in a worse position than they would be under the default regime (referred to as an "disadvantageous term").[793] The transparency requirements in relation to such disadvantageous terms are:

(1) The insurer must take sufficient steps to draw the disadvantageous term to the insured's attention before the contract is entered into or the variation agreed; and
(2) The disadvantageous term must be clear and unambiguous as to its effect.[794]

The legislative intent behind the transparency requirements is to discourage contracting out agreements imposed by insurer with greater negotiating power than the insured and for any opt-out to be an informed choice by both parties.[795] Although blanket or boiler plate opt out clauses are not expressly prohibited by the IA 2015, they are likely to be vulnerable to challenge on the grounds of lack of transparency in the context of many non-consumer insurance contracts. Further, it should be noted that the application of the transparency requirements is determined subjectively: the individual characteristics of the insured and the circumstances of the transaction are to be taken into account.[796] Clearly, this is aimed at giving more flexibility to sophisticated parties. The Law Commissions stated in relation to an example on the application of the transparency requirements that they do "not want to interfere unnecessarily" with the operation of the Lloyd's market.[797] However, subjectivity also introduces a greater degree of uncertainty as to whether insurers can rely on a term until it has been tested in court. Accordingly, we envisage that, if the parties to wish to contract out successfully, policies need to be drafted carefully and specific steps for bringing a disadvantageous term to the attention of the insured must be taken, in particular if the contract has not been individually negotiated and the insured is not advised on the terms by a broker. Sections 16 and 17 were applied in the recent case of *Scotbeef Ltd v D&S Storage Ltd (In Liquidation)*.[798] The judge held a term that imposed on the insured a duty on to take all reasonable steps to incorporate certain industry standard terms into existing contractual relationships as well as new relationships with customers had the effect of putting the insured "in a worse position, as it would be in breach if it had not taken all reasonable and practicable steps."[799] We think that the transparency requirements in s.17 of the IA 2015 do not apply to any term which imposes a duty on the insured, but only to those terms which would put the insured in a worse position as respects any of the matters provided for in the IA 2015—this is what s.16(2) of IA 2015 states.

In the reinsurance context, we envisage that the transparency requirements would be applied comparatively lightly. In our view, reinsureds could be expected to

---

[793] See IA 2015 ss.16(2) and 17.
[794] See IA 2015 s.17(2) and (3).
[795] The Law Commission and The Scottish Law Commission, *Insurance Contract Law: Business Disclosure; Warranties; Insurer's Remedies for Fraudulent Claims; and Late Payment* (Law Com. No.353, July 2014), paras 29.28 and 29.29.
[796] See IA 2015 s.17(4).
[797] The Law Commission and the Scottish Law Commission, *Accompanying Notes to draft Insurance Contracts Bill* (March 2014), para.4.45.
[798] *Scotbeef Ltd v D&S Storage Ltd (In Liquidation)* [2024] EWHC 341 (TCC). Also see s.6-173.
[799] *Scotbeef Ltd v D&S Storage Ltd (In Liquidation)* [2024] EWHC 341 (TCC) at [80].

understand the effect and consequences of contracting out provisions and the fact that an opt-out has been discussed and agreed should be sufficient for the purposes of drawing it to the reinsured's attention. In a reinsurance context, it may also be helpful to rely on s.17(5) of the IA 2015 which states that the insured's actual knowledge of the disadvantageous term overrides any failure to comply with the transparency requirements. A reinsured would have actually knowledge of any contracting out term by reading through the reinsurance policy wording. Finally, it should be noted that the transparency requirements do not apply settlement agreements.[800]

In particular where the contract of reinsurance is written back-to-back with the underlying contract of insurance and the terms of the insurance policy have been incorporated into the contract of reinsurance, reinsurers will need to be mindful to what extent, if at all, the underlying policy has adopted the default position of the IA 2015. As noted in Ch.4, 4-032 above, a reinsurer who considers contracting on incorporated terms would be well-advised to check whether the underlying contract of insurance runs under the default regime as this may impact on its own terms under the contract of reinsurance. If the underlying reinsured has contracted out from some or all of the default provisions in respect of the underlying contract of insurance, the question may arise to what extent specific contracting out terms can be regarded as incorporated in the contract of reinsurance if the latter is written and an "all terms, clauses and conditions as original" basis. Where the underlying contract of insurance operates under the default regime but the reinsurance contract contains express terms contracting out from the default regime, we would expect that the specific contracting out terms in the reinsurance contract override any inconsistent term in the underlying policy since terms from the underlying policy that are inconsistent with the express terms of the reinsurance contracts will not be incorporated.[801] An unintended mismatch in the applicable regimes (consumer, non-consumer, default, contracted out) in the inward and outward contracts may give rise to *Vesta v Butcher*[802]—style problems where the reinsurance contract incorporates the terms of the underlying contract of insurance but, as a result of the different legal regimes applicable, a breach of the same warranty may have different consequences under the insurance contract and the contract of reinsurance. Just like in *Wasa v Lexington*[803] that may have the result that the reinsured is liable to is insured but unable to recover under its reinsurance.

6-217

Reinsurers should also bear in mind that under the IA 2015 remedies regime for breaches of the duty of fair presentation by the insured, the insurer/reinsured's remedy depends on insurer/reinsured's hypothetical reaction if there had been no breach. This hypothetical reaction may be different to how the reinsurer would have reacted: for example, the insurer may still have accepted the risk but at a higher premium, but the reinsurer would not have underwritten the risk at all. If the reinsurance contract is written on a back-to-back basis and with a follow the settlements clause, the reinsured might advance an argument that the reinsurer is nevertheless liable if there is a claim. This situation would be even more complex where the insurance and reinsurance contracts are not (fully) back-to-back, or several reinsurers have participated in the risk. It might be helpful to opt out of Sch.1 to the IA 2015 and to agree expressly on the applicable remedy/ies available to the reinsurer if there has been a breach of the duty of fair presentation by the underlying insured which also constitutes a breach of the duty of fair presentation by the reinsured.

---

[800] See IA 2015 s.16(3).
[801] See Ch 4, 4-005 above; *HIH v Hampshire* [2001] 2 Lloyd's Rep 161.
[802] *Vesta v Butcher* [1989] A.C. 852; [1989] 1 Lloyd's Rep. 331; see Ch.4, 4-015 to 4-018 above.
[803] *Wasa v Lexington* [2009] UKHL 40; [2010] 1 A.C. 180; [2009] Lloyd's Rep. I.R. 675 and see Ch.4, 4-019 to 4-025 above.

6-218 **Contracting out under the CIDRA 2012** Section 10(1) of the CIDRA 2012 makes the provisions of the Act relating to the consumer insured's duty to take reasonable care not to make a misrepresentation to the insurer and the remedies for breaches of that duty mandatory by rendering ineffective any term "which would put the consumer in a worse position ... than the consumer would be in by virtue of the provisions of this Act". Although the CIDRA cannot, by definition, apply to contracts of reinsurance as neither party would be entering the contract as an individual for purposes unrelated to business, the contracting out prohibition in relation to consumer insurance contracts can impact on contracts of reinsurance as the underwriting process at insurance level will now always be reliant upon on information drawn from direct questions put to the consumer insured by the insurer. Reinsurers take effectively a greater risk on the insurer's underwriting assessment. Insurers as reinsureds may be fixed with deemed knowledge if they failed to ask an obvious question of the consumer insured and be in breach of their duty of fair presentation to their reinsurers. Reinsurers may seek to reduce the risk of inadequate information gathering by the reinsured by imposing tighter controls upon the reinsured's underwriting decisions, for example by seeking warranties as to the reinsured's underwriting process or by seeking exclusions of specific risk on which the reinsured has sought little or no information.

CHAPTER 7

Some Legal Aspects of Particular Types of Reinsurance Contract

TABLE OF CONTENTS

1. Marine Reinsurance 7-001
2. Proportional Reinsurance 7-007
3. Non-Proportional Reinsurance 7-013

"It is wonderful, considering how much property is at stake upon instruments of this description, that they should be drawn up with so much laxity as they are, and that those who are interested should not apply to some man whose habits of life and professional skill will enable him to adapt the words of the policy to the intention professed by the parties."—Lawrence J[1]

1. MARINE REINSURANCE

Applicability of the Marine Insurance Act 1906

The Insurance Act ("IA") 2015 changes the law on presentation of a risk. It declares that an insurance contract can no longer be avoided for breach of the duty of utmost good faith (s.14) and "omits" ss.18, 19 and 20 of the Marine Insurance Act 1906 ("MIA 1906"). The IA 2015 also truncates s.33 of the MIA 1906, changing the consequences for breach of warranty. Other than that, the MIA 1906 remains in force. We have seen[2] that the earliest recorded reinsurance transactions involved marine risks. The MIA 1906 codified the common law relating to marine insurance as it stood at the turn of the 20th century. It defines a contract of marine insurance as:

7-001

> "[A] contract whereby the insurer undertakes to indemnify the assured, in manner and to the extent thereby agreed, against marine losses, that is to say, the losses incident to marine adventure."[3]

There are only two references in the MIA 1906 to reinsurance. The first[4] is in s.9, which provides as follows:

---

[1] *Marsden v Reid* (1803) 3 East. 572 at 578–579. Compare *Kuwait Airways Corp v Kuwait Insurance Co* [1999] 1 Lloyd's Rep. 803 at 808 (col.2)–809 (col.1) per Lord Hobhouse (cited below).
[2] See Ch.2 above.
[3] MIA 1906 s.1.
[4] The second, s.62(9), is referred to below.

"**Reinsurance**

9.(1) The insurer under a contract of marine insurance has an insurable interest in his risk, and may re-insure in respect of it.

(2) Unless the policy otherwise provides, the original assured has no right or interest in respect of such re-insurance."

Chalmers' Marine Insurance Act 1906[5] states that the MIA 1906 "does not deal with treaties of reinsurance".[6] Certainly, it is a fair assumption that the draftsman of the MIA 1906[7] did not have treaty reinsurance in mind. All reinsurance transactions were prohibited in England until 1864[8] and the small number of reinsurance cases discussed in a leading marine insurance textbook published before the enactment of the MIA 1906[9] all concern facultative reinsurance or retrocession. Furthermore, the effect of certain provisions of the Stamp Act 1891 was to make marine quota share treaties and open covers illegal.[10] The relevant provisions were not repealed until the passing of the Finance Act 1958, although it appears that transactions in contravention of the legislation were not infrequently entered into.[11]

General principles of marine insurance law

7-002 We do not propose to discuss exhaustively the reported cases concerned with facultative marine reinsurance. Many of the early reported cases concerned with marine reinsurance contracts consider the effect of the "pay as paid" provision, which we have discussed above.[12] In these cases, the issue which typically arose was whether a particular loss was covered under the original insurance policy, and the cases are therefore more appropriately discussed in a specialised textbook

---

[5] D.F. Walsh, G. Blackwood, and S. Rainey, *Chalmers' Marine Insurance Act 1906*, 11th edn (Bloomsbury 2019).
[6] Ibid. p.16.
[7] Sir Mackenzie Chalmers.
[8] See Ch.2 above.
[9] McArthur, *The Contract of Marine Insurance*, 2nd edn (Stevens, 1890).
[10] Section 93(1) of the Stamp Act 1891 (now repealed) provided, "A contract for sea insurance ... shall not be valid unless the same is expressed in a policy of sea insurance"; s.93(3) provided, "A policy of sea insurance shall not be valid unless it specifies the particular risk or adventure, the names of the subscribers or underwriters, and the sum or sums insured, and is made for a period not exceeding twelve months". See *Royal Exchange Assurance Corp v Sjoforsakrings Aktiebolaget Vega* [1902] 2 K.B. 384; *Genforsikrings Aktieselskabet (Skandinavia Reinsurance Company of Copenhagen) v Da Costa* [1911] 1 K.B. 137.
[11] "[T]he result, as appears from the discussion before your Lordships, is that it is impossible to conduct this form of business, by which a company that engages in marine insurance tries to secure in advance that its risks shall be fairly distributed by re-insurance policies, by any contract which can be enforced in Courts of Law ... If it is the deliberate policy of the Exchequer that such business as this should go untaxed, then it seems to me that it would be right that the fiscal legislation should make that clear, so that parties might embark on business of this kind. On the other hand, if it is desirable, as it may well be desirable that the Exchequer should take its share by taxing this business, which goes on, as we all know, to a considerable extent, then it seems to me that it would be right that provision should be made by which the present rules relating to the taxing of marine reinsurance should be altered, so that it would be possible for persons who desire to engage in business of this kind—as I say, in my opinion legitimate business—to be entitled to come to the Courts if necessary to enforce their rights. At present they are outlaws moving outside the pale, and it is difficult to see why that should be the position": *Re National Benefit Assurance Co Ltd; Ex p. English Insurance Co Ltd* [1929] A.C. 114 at 126 per Lord Atkin. See also *Home and Colonial Insurance Co Ltd, Re* [1930] 1 Ch. 102; *Maritime Insurance Co Ltd v Assecuranz-Union Von 1865* (1935) 52 L.I.L.R. 16.
[12] See Ch.5, 5-005 above.

devoted to marine insurance law. The discussion below is confined to some general principles of marine insurance law which we believe to be of relevance in the context of reinsurance law generally.

Perils of the sea and proximate cause of loss

To recover under a policy of marine insurance, it is not sufficient for a shipowner to say to his insurer "the vessel sank; please pay". The insured bears the burden of proving that the proximate cause of his loss was an insured peril such as a "peril of the sea".[13] The practical difficulties faced by an insured when there is an unexplained sinking, are illustrated by the facts of *"The Popi M"*.[14] The vessel sank in calm seas and fair weather following the sudden entry of water through her port side. There were two competing theories as to the cause of the loss put forward at trial. The expert witness called on behalf of the defendant underwriters contended that the ship's plating suddenly gave way as a result of the action of the waves ("the wear and tear theory"). The expert witness called on behalf of the plaintiff shipowners contended that the only possible explanation was that she had been struck by a submerged submarine ("the submarine theory"). The trial judge[15] found both theories equally improbable, but felt compelled to choose between them, and held that the shipowners were entitled to recover under the policy. His decision was upheld by the Court of Appeal,[16] but reversed by the House of Lords.[17] Lord Brandon said:

7-003

> "Sir Arthur Conan Doyle in his book The Sign of Four describes his hero, Mr Sherlock Holmes, as saying to the latter's friend, Dr Watson, 'how often have I said to you that, when you have eliminated the impossible, whatever remains, however improbable, must be the truth?' It is, no doubt, on the basis of this well-known but unjudicial dictum, that Mr Justice Bingham decided to accept the shipowners' submarine theory, even though he regarded it, for seven cogent reasons, as extremely improbable ... In my opinion, Mr Justice Bingham adopted an erroneous approach to this case by regarding himself as compelled to choose between two theories, both of which he regarded as extremely improbable, or one of which he regarded as extremely improbable, and the other of which he regarded as virtually impossible. He should have borne in mind, and considered carefully in his judgment the third alternative which was open to him, namely, that the evidence left him in doubt as to the cause of the aperture in the ship's hull, and that, in these circumstances, the shipowners had failed to discharge the burden of proof which was on them."[18]

---

[13] The old form of Lloyd's SG policy enumerated the perils insured as follows: "Touching the adventures and perils which we the assurers are contented to bear do take upon us in this voyage: they are of the seas, men of war fire, enemies, pirates, rovers, thieves, jettisons, letters of mart and counter-mart, surprisals, takings at sea, restraints and detainments of all things, princes, and people of what nation, condition or quality so ever barratry of the master and mariners, and all other perils losses, and misfortunes, that have or shall come to the hurt, detriment, or damage of the said goods and merchandises, and ship, & C., or any part thereof." Now the expanded list of 'insured perils' can be found in standard clauses, such as the International Hull Clauses and the International Cargo Clauses.
[14] *Rhesa Shipping Co SA v Edmunds (The "Popi M")* [1985] 2 Lloyd's Rep. 1. Considered in *Ace European Group Ltd v Chartis Insurance UK Ltd* [2012] EWHC 1245.
[15] Bingham J, as he then was: *"The Popi M"* [1983] 2 Lloyd's Rep. 235.
[16] Sir John Donaldson MR, O'Connor and May LJJ. *The "Popi M"* [1984] 2 Lloyd's Rep. 555.
[17] Lords Fraser, Diplock, Roskill, Brandon and Templeman.
[18] *"The Popi M"* [1985] 2 Lloyd's Rep. 1 at 6.

"The Popi M" was considered in *Ace European Group Ltd v Chartis Insurance UK*[19] where the operation of a 50/50 clause was in issue. The clause provided that if damage was found in certain equipment after being installed and it was impossible to discover whether the damage had occurred before or after delivery, the insurers of the carriage and the insurers of the plant would share the loss. The court was able to find on the evidence that the damage occurred during transit and the 50/50 clause did not come into play. The court said that they 50/50 clause would apply in the *"The Popi M"* situation—that is where, even if one cause could be ruled out, still another cause would not be accepted as *the* cause if it alone was too improbable to pass the balance of probabilities test. In *Financial Conduct Authority v Arch Insurance (UK) Ltd*,[20] (the "FCA Test" case—a non-marine case on Covid-related business interruption claims), the Supreme Court held that the proximate cause test applicable in marine and non-marine insurance did not precluded an insured peril that in combination with many other similar uninsured events brought about a loss with a sufficient degree of inevitability from being regarded as a cause, indeed as a proximate cause, of the loss, even if the occurrence of the insured peril was neither necessary nor sufficient to bring about the loss by itself.

Abandonment and the relationship between insurance and reinsurance

7-004   In marine insurance a loss may be partial, or total. Total losses are either actual or constructive. An insured may abandon a vessel on the basis that the costs of salvage and repair exceed her value after the expense had been incurred. In such a case, the vessel is a constructive total loss. Section 62(1) of the MIA 1906 provides that where the insured elects to abandon the subject matter of the insurance he must give notice of abandonment to the insurer, otherwise the loss can only be treated as a partial loss. Section 62(9) states:

> "Where an insurer has re-insured his risk, no notice of abandonment need be given by him."

This provision codifies the law as stated in *Uzielli & Co v Boston Marine Insurance Co*.[21] The *Uzielli* case concerned a contract of marine retrocession. The plaintiffs were the agents of the French reinsurers of a ship which had been insured at Lloyd's. The limit of liability under both the original Lloyd's policy and the reinsurance contract was £1,500. The defendants were the retrocessionaires. The limit of liability under the retrocession contract[22] was £1,000. The ship ran aground and notice of abandonment was given by the owners to the Lloyd's underwriters. The Lloyd's underwriters disputed the validity of the notice, but settled the owners' claim for 88 per cent. The Lloyd's underwriters had, in the meantime, spent more money salvaging the ship than they had realised in selling her, so that their total loss was 112 per cent of limits. The plaintiffs (the French reinsurers) appear to have accepted that they were under a liability of 112 per cent to the Lloyd's

---

[19] *Ace European Group Ltd v Chartis Insurance UK Ltd* [2012] EWHC 1245.
[20] *Financial Conduct Authority v Arch Insurance (UK) Ltd* [2021] UKSC 1; [2021] A.C. 649.
[21] *Uzielli & Co v Boston Marine Insurance Co* (1884–85) L.R. 15 Q.B.D. 11.
[22] *Uzielli v Boston Marine* (1884–85) L.R.15 Q.B.D. 11 at 12: "... the policy was ... declared to be a reinsurance applying to policy or policies issued by the Compagnie L'Armement of Paris, subject to the same terms, clauses, and conditions, as the original policy or policies, and to pay as might be paid thereon, but to cover the risk of total loss only, and the policy contained an ordinary suing and labouring clause."

underwriters[23] and sued the defendant retrocessionaires under the retrocession contract. Mathew J awarded the plaintiffs £1,120. He held that there had been a constructive total loss and that although the original underwriters had expended more than 100 per cent in their efforts to save the vessel, the expenditure had been judiciously made and the plaintiffs were entitled to recover under the "sue and labour clause" which was incorporated in the retrocession contract. The Court of Appeal limited the retrocessionaires' liability to £1,000 on the basis that the French reinsurers were not entitled to recover for sue and labour—because they, the reinsurers, had not sued nor laboured and those who had sued and laboured had not done so as agents of the French reinsurers. In the course of argument, the defendants contended, inter alia, that they had received no notice of abandonment under the retrocession contract, so that the loss was to be regarded only as a partial loss. The Master of the Rolls, Sir William Brett,[24] observed: "There was nothing to abandon. A loss cannot be abandoned."[25] Giving the judgment of the Court of Appeal,[26] the Master of the Rolls asked himself "the question, what in this case is the subject matter of insurance"?[27] He said:

"[I]t[28] is a policy on the ship. What was the interest of the real plaintiffs, the reinsurers, in the ship? They were not owners, and therefore they had none as owners. But they have an insurable interest of some kind, and *that insurable interest is the loss which they might or would suffer under the policy*, upon which they themselves were liable."[29] [Emphasis added]

Abandonment, compromise, and the principle of indemnity

In *Charter Reinsurance Co Ltd (In Liquidation) v Fagan*, Lord Hoffmann said that "the *Uzielli* case caused a good deal of puzzlement in the market and among marine insurance lawyers".[30] It will be recalled that Mathew J had held the reinsurers were entitled to recover 112 per cent of the loss from their retrocessionaires. The Court of Appeal in *Uzielli* found that, as a matter of construction of the "sue and labour" clause, the plaintiff reinsurers were not the "factors or servants or assigns" of the original underwriters. Lord Hoffmann continued:

7-005

"One might have thought that the result would be that the plaintiffs could recover only the 88 per cent of the £1,000 for which the claim of the shipowner had been settled. That was what had been on the original insurance policy. Instead, however, the Court substituted a judgment in favour of the underwriters for £1,000."[31]

Lord Hoffmann appears to have regarded *Uzielli* as a departure from the principle of indemnity which, he said, was "fully reaffirmed" by the Court of Appeal in *Brit-*

---

[23] *Uzielli v Boston Marine* (1884–85) L.R. 15 Q.B.D. 11 at 13. It is not clear from the Law Report how much was in fact paid.
[24] As he then was—subsequently Lord Esher MR.
[25] *Uzielli v Boston Marine* (1884–85) L.R. 15 Q.B.D. 11 at 14. cf. Lord Griffiths' remark that the reinsurers in *Vesta v Butcher* [1989] A.C. 852 could not discharge their liability to the reinsured by delivering a load of live fish to them.
[26] Cotton and Lindley LJJ concurring.
[27] *Uzielli v Boston Marine* (1884–85) L.R. 15 Q.B.D. 11 at 16.
[28] It is plain in the context that "it" is the retrocession contract.
[29] *Uzielli v Boston Marine* (1884–85) L.R. 15 Q.B.D. 11 at 16–17.
[30] *Charter Reinsurance Co Ltd (In Liquidation) v Fagan* [1996] 2 Lloyd's Rep. 113 at 122, and see the references he cites.
[31] *Charter Re v Fagan* [1996] 2 Lloyd's Rep. 113 at 122.

ish *Dominions General Insurance v Duder*.³² In fact, it is hard to tell whether the principle of indemnity was breached. The Lloyd's insurers reinsured with the French reinsurer for £1,500 and the reinsurer then reinsured 443 steamers for a total value of £345,073. The vessel in question was reinsured within this arrangement for £1,000. The Lloyd's underwriters settled with the owner for 88 per cent of value, namely £11,000. The French reinsurers accepted liability to contribute to that payment and for sue and labour. The sum of £11,000 was probably all in respect of the settlement on the hull.³³ Lindley LJ said: "... the ship, as between the plaintiffs and the defendants, is insured at £1000."³⁴

7-006   In *British Dominions General Insurance Co Ltd v Duder*,³⁵ the plaintiffs were the original insurers of a ship, which they had insured for £1,500 against total and/or constructive total loss only. The plaintiffs had reinsured with the defendants for £1,500 against total and/or constructive total loss only. The ship was stranded, and her owners gave notice of abandonment to the plaintiffs. The plaintiffs refused to accept the notice, and they were sued by the owners. The action was compromised for 66 per cent of the loss. The plaintiffs then sued the defendants under the reinsurance contract. The defendants took the position that there had been no constructive total loss and that they were not bound by the compromise.³⁶ The trial judge³⁷ found as a fact that the ship was a total constructive loss, and awarded the plaintiffs £1,500. The Court of Appeal³⁸ held that the plaintiffs were only entitled to recover 66 per cent of the loss together with such further sum, in respect of the costs of obtaining the compromise³⁹ as was required to give them an indemnity. Buckley LJ said:

> "I regret to have to come to the conclusion that the defendants, who would have nothing to do with the compromise, are nevertheless entitled to the benefit of it. But it seems to me that as a matter of legal right the plaintiffs cannot, even in such a state of facts as this, make a profit out of the re-insurance."⁴⁰

We consider this to be both correct and entirely consistent with *Uzielli*. Buckley LJ said:

> "A contract of insurance and a contract of re-insurance are independent of each other. But a contract of re-insurance is contract which insures the thing originally insured, namely, the ship. The re-insurer⁴¹ has an insurable interest in the ship by virtue of his original

---

³² *British Dominions General Insurance v Duder* [1915] 2 K.B. 394 and below.
³³ This book is not the place to discuss *Dornoch v Westminster International* [2009] EWHC 889 (Admiralty) because it is a case about abandonment at the direct insurance level, but it raises some interesting issues where the hull insurance is provided by a number of co-insurers.
³⁴ *Uzielli v Boston Marine* (1884–85) L.R. 15 Q.B.D. 11 at 19.
³⁵ *British Dominions v Duder* [1915] 2 K.B. 394.
³⁶ The reinsurance contract did not contain the "pay as may be paid thereon" provision which was the ancestor of the modern "follow the settlements" clause—see Ch.5 above.
³⁷ Bailhache J in *British Dominions v Duder* [1914] 3 K.B. 835.
³⁸ *British Dominions v Duder* [1915] 2 K.B. 394, Buckley, Pickford and Bankes LJJ.
³⁹ *British Dominions v Duder* [1915] 2 K.B. 394 at 403 per Buckley LJ. In *Baker v Black Sea* [1996] L.R.L.R. at 359 per Staughton LJ said: "It does not appear that there was any argument about those costs; and if there was, it could be said that what was being awarded to the plaintiffs was the 100 *per cent*, payable by the reinsurers on a total loss to the extent that they had in fact disbursed that amount."
⁴⁰ *British Dominions v Duder* [1915] 2 K.B. 394 at 403.
⁴¹ In present day understanding this is the reinsured.

contract of insurance. The thing insured, however, is the ship, and not the interest of the re-insurer in the ship by reason of his contract of insurance upon the ship."[42]

Pickford LJ said:

"I do not think it very material whether it be put on the ground that the plaintiffs' liability was reduced by agreement, and that they, therefore, never became liable for more than 66 per cent, or on the ground that their legal liability was 100 per cent, but by virtue of an agreement with the shipowners they only paid 66 per cent, and that the re-insurers by subrogation became entitled to the benefit of that agreement."[43]

2. PROPORTIONAL REINSURANCE

Facultative non-marine reinsurance

The full reinsurance clause

Notwithstanding the criticism to which it was subjected by the House of Lords in *Vesta v Butcher*,[44] there is little sign of the "full reinsurance clause" falling out of favour with the London market. The words, "Being a reinsurance of and warranted same gross rate terms and conditions as and to follow the settlements of the Company", continue to appear on slips.[45] Kiln[46] regards these words as being, "An essential part of the facultative reinsurance policy ...". We have discussed[47] the legal difficulties to which the two brief and deceptively simple phrases, "same terms and conditions ..." and "follow the settlements ..." have given rise.

7-007

It is, we suggest, possible to translate the "full reinsurance clause" into a form of words, sufficiently brief to be included in a slip, and which gives an indication that it is the intention of the parties to provide back to back coverage.[48] For example:

"The reinsurer shall be liable under this contract to the extent that the reinsured is liable under the original insurance ..."

To these words may, if the reinsurer so chooses, be added a proviso to the effect that the reinsurer shall be bound: (1) by settlements entered into by the reinsured in good faith; and (2) by any adjudication by a court or tribunal of competent jurisdiction that the reinsured is liable to the original insured.

Facultative obligatory reinsurance

In *Phoenix General Insurance Co of Greece SA v Halvanon Insurance Co Ltd*,[49] it was common ground between the parties that under a facultative obligatory (fac/

7-008

---

[42] *British Dominions v Duder* [1915] 2 K.B. 394 at 400, a passage cited with approval by Hobhouse LJ in *Toomey v Eagle Star* [1994] 1 Lloyd's Rep. 516, see Ch.1, 1-023 above.
[43] *British Dominions v Duder* [1915] 2 K.B. 394 at 407.
[44] *Vesta v Butcher* [1989] 1 Lloyd's Rep. 331 (also [1989] A.C. 852) and see Ch.4 above.
[45] It was the pertinent clause in *Wasa v Lexington* [2009] UKHL 40. See Ch.4, 4-001 above.
[46] *Reinsurance in Practice*, 4th edn (Witherby & Co Ltd, 2001), p.12.
[47] See Chs 4 and 5 above.
[48] If that is what the parties intend, as *Youell v Bland* [1992] 2 Lloyd's Rep. 127 (see Ch.4 above) makes clear, that may not necessarily be the case even in a facultative proportional contract. Also see Chapter 4, paras 4-088 to 4-091.
[49] *Phoenix v Halvanon* [1985] 2 Lloyd's Rep. 599. There is also an unreported decision of *Economic*

oblig) reinsurance contract, the reinsured was under a general implied obligation to exercise due skill and care in the conduct of his business. Having heard expert evidence of market practice, Hobhouse J appeared to accept the following propositions, set out in the defendant's pleading:

> "It was a term of the ... contracts implied in the express terms ... so as to give the same commercial effect that [the reinsured] would conduct their business in accordance with the ordinary practice of the market and exercise due care and skill in the conduct of all business carried on under the ... contracts or alternatively that [the reinsureds] would act as prudent reinsureds for this purpose. Those duties require [the reinsureds], inter alia, to:
>
> (a) keep full and proper records and accounts of all risks accepted or premiums received and receivable and all claims made or notified;
> (b) investigate all claims and confirm that they fall within the terms of the contract and were properly payable before accepting them;
> (c) properly investigate risks offered to them before acceptance and closings relating thereto subsequently;
> (d) keep full and proper accurate accounts showing at all times the amounts due and payable by [the reinsureds] to [the reinsurer] and by [the reinsurer] to [the reinsureds] under the contracts;
> (e) ensure that all amounts owing to them were collected promptly when due and entered forthwith in their accounts, and all balances owing to [the reinsurer] were likewise paid promptly when due;
> (f) obtain, file or otherwise keep in a proper manner, all accounting claims and other documents and records and make these reasonably available to [the reinsurer]."[50]

Hobhouse J said:

> "The implication of this term or terms was not controversial before me. Both witnesses thought them appropriate. Even though the opinion of the witnesses as to what is appropriate and reasonable does not itself suffice to show that such terms should be implied, I am satisfied that such terms are necessary in the present transactions. The facultative/obligatory nature of the transaction which imposes no restriction on the reassured's right to choose whether to cede or not to cede, without giving the reinsurer thereunder any equivalent right, does necessitate that the reinsured should accept the obligation to conduct the business involved in the cession, prudently, reasonably, carefully and in accordance with the ordinary practice of the market."[51]

Quota share treaties

7-009   It is difficult to see why, following the reasoning of Hobhouse J in *Phoenix v Halvanon*, the terms set out above should not be implied into every quota share treaty.[52] Certainly a reinsured who expressly promised not to comply with such terms would find it difficult to obtain reinsurance. Subject to an "anti-dumping" rule founded upon an implied term in the form approved by Hobhouse J, it is an essential feature of reinsurance treaties that the reinsurer is bound to accept every risk ceded to the treaty which falls within the scope of business covered by the treaty.

---

  v La Assucurazioni d'Italia November 1996 that held an insurer liable to quota share reinsurers for imprudent underwriting through coverholders.
[50] *Phoenix v Halvanon* [1985] 2 Lloyd's Rep. 599 at 613, cited with approval by Justice of Appeal Georges in *In the Matter of Chesapeake Insurance Co Ltd, Bermuda Civ. App. No.7 of 1991, 28 November 1991*.
[51] *Phoenix v Halvanon* [1985] 2 Lloyd's Rep. 599 at 613. Also see Ch.4, 4-099.
[52] As it seems they were in *Economic v La Assicurazioni d'Italia*: fn.49 above.

The difference between fac/oblig and quota share is that in fac/oblig the reinsured can decide what to share.

> "With a fac/oblig treaty the reinsured has the right to select which risks he wishes to cede to that treaty and the reinsurer is obliged to accept those risks. This contrasts with a quota share treaty where the reinsured is obliged to cede, and the reinsurer obliged to accept, those risks covered by the quota share treaty."[53]

In "quota share" reinsurance, the "reinsured and reinsurers ... share the same risk and the same premium in the same agreed proportions".[54] Bailhache J is reported to have said in the course of argument, "It has always passed my comprehension how you can find anybody to make an agreement like this".[55] We have discussed above[56] the question of retention and why it is both commercially desirable, and legally essential, for the reinsurer to expressly provide in the treaty that the reinsured retain part of the risk for his own account. We have also discussed[57] a number of express provisions, designed to confer some protection on the reinsurer, which are commonly found in treaties: claims control/co-operation, claims notification, and provision of information, and inspection of records. Thus, it is apparent that even with quota share reinsurance, the existence of excess points and over-riders may result in a profitable result for the reinsured and a loss for the reinsurer if the reinsured looks to his own salvation rather than a mutually beneficial outcome.

Excess of loss treaties

However, in *Bonner v Cox*[58] which considered the question of whether a duty of care existed between a reinsured and his *excess of loss (non-proportional)* reinsurers in the underwriting of business, where the reinsured and the reinsurer will almost always have different loss experience, Court of Appeal did not favour the reinsurer. An open cover was granted to Aon, the insurance brokers, by reinsured Lloyd's syndicates, and the defendant, was a reinsurer of the syndicates that gave the open cover to Aon. The Court of Appeal found no implied duty in non-proportional reinsurance to underwrite prudently, no implied duty to accept only risks the reinsured would normally accept, nor even an implied term that risks would not be written recklessly. The way the court said "it is unnecessary to overrule" *Phoenix v Halvanon* and *Economia* (because they concerned proportional reinsurance) suggests that the judges had a mind to, just the same.

7-010

At what point is the reinsurer bound to treaty risks?

Treaties generally contain provisions relating to the submission of accounts, typically on a periodic basis,[59] and require the reinsurer to keep a register of each and

7-011

---

[53] *Aneco Reinsurance Underwriting Ltd v Johnson & Higgins Ltd* [1998] 1 Lloyd's Rep. 565 at 591 per Cresswell J.
[54] *Allianz Via Assurance v Marchant* Unreported, 12 December 1996 per Kershaw J.
[55] *La Economia Commerciale Compagnia Di Seguros v The National General Insurance Co Ltd (In Liquidation)* (1923) 14 Ll.L.Rep. 379 at 380. He had previously dismissed a claim by the plaintiff reinsurer to avoid the treaty on grounds of fraud: (1922) 11 Ll.L.Rep. 121. It had been alleged that a risk had been ceded to a fire treaty by the defendant after a fire had occurred.
[56] See Ch.1, 1-014 and Ch.4, 4-099 above.
[57] See Ch.5 above.
[58] *Bonner v Cox* [2005] EWCA Civ 1512. Also see discussion in Ch.4, 4-102.
[59] We discuss the accounting functions of intermediaries in Ch.11 below.

every risk ceded to the treaty. In *La Economia Commerciale v National General Insurance*, the treaty provided:

> "The ceding company shall enter all cessions in a register kept for that purpose, and when entered they shall become effective and binding. The ceding company will send to the guaranteeing company by post within seven days (Sundays and holidays excepted) after its head office shall become aware that it is on a risk, an advice note of the cession, and from time to time, and in any case within ten weeks after the last day of every quarter ... a bordereau in the form from time to time in use of the ceding company, giving the particulars therein referred to."[60]

Bailhache J accepted, albeit reluctantly,[61] that the effect of the above provision was that the reinsurer was bound once the reinsured/ceding company entered the risk in the cessions register. He concluded that the above clause, read in conjunction with an errors and omissions clause,[62] meant that reinsurer was bound even where the notice was not sent within seven days, provided the reinsured could show "that omission to send the notice was accidental and unintentional".[63]

7-012   Disputes may, and not infrequently do, arise because the reinsurance treaty fails to define sufficiently precisely the class or classes of business which are covered by the treaty and those which are excluded. To define "marine business", for example, as "business which is written as part of the ceding company's marine account" does not avoid the problem in the absence of a full and accurate disclosure by the reinsured as to what kind of business is in fact being written. In *Baker v Black Sea and Baltic General Insurance Co Ltd*[64]:

> "... the best evidence of the reinsurance contract concluded in April 1957 [was] a cover note issued by Swann & Everett Ltd. There was once a slip, but that [had] been lost. The cover note states, 'Wording to be agreed', but it does not appear that any more elaborate wording was agreed. We are therefore left with the terms which the cover note contained; after 39 years these are still treated as the contract ..."[65]

---

[60] *La Economia Commerciale v National General Insurance* (1923) 14 Ll.L.Rep. 379.
[61] See his remarks, cited above. The reinsurer, an Argentine company, was the plaintiff in the action, and its claim to avoid the treaty for fraud having failed (see above), the reinsurer did not appear at a hearing of the defendant reinsured's counterclaim.
[62] "The liability of the guaranteeing company in respect of cession shall not be affected by the accidental omission to give any advices which ought to have been given or by any unintentional or clerical omission, error, or slip, or other inadvertence in connection with the business, which, when discovered, shall, as far as possible, be rectified, and the consequent readjustments made ..."
[63] In *Highlands Insurance Co v Continental Insurance Co* [1987] 1 Lloyd's Rep. 109, and (Ch.6, 6-025 above) Steyn J held that an "errors and omissions" clause did not excuse the reinsured in respect of a misrepresentation in placing the reinsurance. It is debatable at the present day whether even if the reinsured (seemingly having the burden of proof) could not prove that his omission to give timely notice of a cession was "accidental and unintentional", he would be deprived of cover. The term requiring notice of the cession is likely to be an innominate term, damages are likely to be a sufficient remedy for breach of it and the reinsurer would have difficulty in most instances in proving that he had suffered any damage. In *Fenton Insurance Co Ltd v Gothaer Versicherungsbank VVaG* [1991] 1 Lloyd's Rep. 172 (Ch.11, 11–048 below) where treaty accounts were alleged not to have been received for several years and premium balances were found not to have been paid, Potter J nonetheless held that the reinsurer was liable to pay claims. See also *Figre v Mander and another* [1999] Lloyd's Rep I.R.193.
[64] *Baker v Black Sea* [1996] L.R.L.R. 353; aff'g [1995] L.R.L.R. 261.
[65] *Baker v Black Sea* [1996] L.R.L.R. 353 at 356 per Staughton, LJ, who went on to say: "[T]he task which has fallen on Mr Justice Potter and ourselves has been the interpretation of the sparse and obscure terms that are in the cover note, although at times it has seemed as if we were in fact writing a contract for the parties." We imagine that in some judicial Elysium the shade of Lawrence J (see the quotation at the head of this Chapter) continues to wonder at the insurance market.

One of the issues which arose was as to the meaning of "North American business" which the reinsurance contract was intended to cover. Staughton LJ said he thought "that currency [of the premium] alone was a sufficient test".[66] He continued:

"However, the evidence, the arguments and the decision of the Judge pointed to other criteria. So I must discard my own thoughts on the topic. The solution adopted by Mr Justice Potter was that United States or Canadian business—(1) came through a North American broker, or one specializing in North American business; (2) had as the primary insured a United States or Canadian corporation or group; (3) was such as the syndicate reasonably regarded as part of their North American business; (4) unless a reasonable underwriter could not reasonably regard it as United States or Canadian business ... point (4) was what the Judge called a proviso or exception. It may be somewhat pedantic to say so, but it seems to me that point (4) adds nothing. If the business is covered by point (3), it is hard to see how it would be excluded by point (4); if it is not covered by point (3), point (4) is immaterial."[67]

The reinsurers objected that such a definition was far too wide. If the subsidiaries of American corporations (which were the primary insured) were included in the scope of coverage, the fire and casualty risks which the contract covered might be anywhere in the world. For example, an aircraft owned by an American company but operated in Chile would be covered. The Court of Appeal upheld Potter J's interpretation.

3. NON-PROPORTIONAL REINSURANCE

Excess of loss contracts

Historical perspective

In *Charter Re v Fagan*,[68] Lord Mustill observed that:

7-013

"... in the long time-frame of the insurance industry, excess of loss reinsurance is comparatively modern, probably dating from transactions arranged by C.E. Heath in the United States in the last two decades of the 19th century. It was not until after the Baltimore fire [1904] that the need for an excess of loss non-proportionate cover written on a treaty basis became obvious."[69]

Kiln[70] states that the modern development of catastrophe excess of loss reinsurance flowed from the San Francisco earthquake of 1906. In 1991 Kiln wrote:

"It is interesting to note that where disagreements have arisen between contracting parties in the past, they have been settled normally by mutual agreement, with occasional resort to arbitration. Disputes or disagreements have very rarely been taken to the courts. This means that, unlike Marine insurance, there are very few legal or case interpretations of excess of loss contract reinsurance wordings. In some ways this is a disadvantage, though undoubtedly the trust between excess of loss reinsurers and their reassureds is still

---

[66] *Baker v Black Sea* [1996] L.R.L.R. 353 at 357.
[67] *Baker v Black Sea* [1996] L.R.L.R. 353 at 357.
[68] *Charter Re v Fagan* [1997] A.C. 313 (also [1996] 2 Lloyd's Rep. 113) and Ch.5 above.
[69] *Charter Re v Fagan* [1996] 2 Lloyd's Rep. 113 at 120.
[70] *Reinsurance in Practice*, 4th edn (Witherby & Co Ltd, 2001), p.165.

576 LEGAL ASPECTS OF PARTICULAR REINSURANCE CONTRACTS

very real today and I doubt whether we shall ever build up a case history of court interpretations."[71]

Kiln went on to describe the empirical development of the definition of "loss occurrence" in London market excess of loss wordings from the 1940s to the 1970s.[72] As Lord Mustill has pointed out:

> "[Excess of loss] cover ... would of course need to provide for a means of ascertaining the point at which the reinsurance (or its first layer) attached; equally important ... was that this determined the amount of the reinsured's retention, always a matter of prime importance when writing reinsurance."[73]

We have previously discussed[74] the case law, which Kiln did not foresee, and which has exposed the difficulties that are inherent in trying to define the extent of the reinsurer's liability by a formula which accumulates losses arising under the original insurance contract by reference to a common or originating cause. The problem is no longer an absence of judicial authority; there is now an embarrassment of jurisprudential riches.

Definition of attachment point and the problem of aggregation

7-014 In *Lloyds TSB General Insurance Holdings Ltd v Lloyds Bank Group Insurance Co Ltd*[75] Lord Hobhouse discussed the relationship between deductibles, limits and aggregation clauses in policies of liability insurance. However, what he said is applicable equally to reinsurance:

> "The ... policy deductible, is the provision which states the level up to which the assured must self-insure (or insure elsewhere) before he has a right to recovery under the relevant policy. This provision may be qualified by an aggregation clause which enables the assured to aggregate self-insured losses together so as to exceed in aggregate the deductible and give a right of recovery. Policies also normally contain clauses which limit the liability of the insurer under the policy and such clauses may provide a limit by reference to individual losses or claims but give the insurer the right to aggregate losses or claims so as to enable him to apply the limit to that aggregate. It will, therefore, be appreciated that aggregation clauses may favour the assured or the insurer and in some policies the same aggregation clause, because it qualifies both a deductible clause and a limit clause, may at times work in favour of the assured and at other times in favour of the insurer. Aggregation clauses thus require a construction which is not influenced by any need to protect the one party or the other. They must be construed in a balanced fashion giving effect to the words used."[76]

In *AXA Re v Field*, Staughton LJ said:

---

[71] *Reinsurance in Practice*, 4th edn (Witherby & Co Ltd, 2001), pp.157–158.
[72] *Reinsurance in Practice*, 4th edn (2001), pp.162–171.
[73] *Charter Re v Fagan* [1997] A.C. 313 at 390.
[74] See Ch.5 above.
[75] *Lloyds TSB General Insurance Holdings Ltd v Lloyds Bank Group Insurance Co Ltd* [2003] UKHL 48; [2003] 4 All E.R. 43.
[76] The cases which the House of Lords cited (*Caudle v Sharp* [1995] L.R.L.R. 433; *AXA Re v Field, Municipal Mutual v Sea Insurance* [1996] L.R.L.R. 265; [1998] Lloyd's Rep. I.R. 421 (CA)) all concerned aggregation clauses in reinsurance contracts. See also, *Scott v Copenhagen Re* [2002] Lloyd's Rep. I.R. 775 at 777, [2] per Langley J: "Aggregation is indeed a concept which while it may assist a reinsured to pierce the limits of an XL layer may also operate so as to exhaust a layer and so damage his interests."

"I do not believe that the parties to these contracts had in mind a philosopher's definition of an event, or of an originating cause, although they were perhaps aware of the difficulty of ascertaining the causes of things (*rerum cognoscere causas*). What they wished to do was to regulate the extent to which a disaster could cause an accumulation of losses, either for a primary insurer or for a reinsurer. To that end they used language which tended towards aggregation of losses rather than segregation—'one originating cause', 'calamities arising out of one event'."[77]

In the House of Lords, Lord Mustill agreed, up to a point, adding that "clauses in such contracts should not be interpreted in the manner of a philologist or a pedant".[78] The problem of causation is one which has stimulated much philosophical literature,[79] and the various definitions of "event", "occurrence", "originating cause", etc. we have discussed above[80] may lead one to suppose that judges are required to be philosophers and mind readers.[81] However, the linguistic analysis, which must be performed by the courts when construing reinsurance contracts, is not an intellectual parlour game played over an Oxford high table. Reinsurers, as Staughton LJ rightly reminds us, are not metaphysicians. Lord Mustill, even more importantly, reminds us that we should not "equate poor drafting with poor thinking" and that one should not:

"... start from an assumption that those who drew up these clauses were so indifferent to their meaning that whatever words were used the intention was in every case much the same."[82]

Nonetheless the distinctions which the courts have made are difficult for laymen, including reinsurers, to draw, from a practical point of view. Why is Mr Outhwaite's decision to write run-off contracts for other syndicates not the originating cause of the losses suffered by the Outhwaite Names, whereas the decision of each of three Gooda Walker underwriters to write LMX contracts constitutes a single event and not dozens? Why do the results that flowed from the attitude of Mr Outhwaite to underwriting not constitute results flowing from one event, but the losses resulting from Saddam Hussein's attitude towards Kuwait do? How are the underwriters to write their contracts in the future and achieve their objectives, when faced with unpredictable decisions of the courts? In the first edition we observed that, despite the elegance and clarity of Lord Mustill's speech in *AXA Re v Field*, the richness of the English language, having so many words with different shades of meaning—loss, claim, accident, event, occurrence, cause, incident, peril—with the added ingredients of proximity and causation suggest that there may be more disputes over aggregation. The Kuwait invasion cases (*Kuwait Airways*,[83] *Scott v Copenhagen Re*,[84] *Mann v Lexington Insurance*[85]) and the pensions mis-selling case (*Lloyds TSB Holdings Ltd v Lloyds Bank Group*), where five judges in the House of Lords, differed from four judges in the courts below (the Commercial Court and

7-015

---

[77] *Axa Re v Field* [1996] 1 Lloyd's Rep. 26 at 29.
[78] *Axa Re v Field* [1996] 2 Lloyd's Rep. 233 at 239.
[79] See generally H.L.A. Hart and T. Honore, *Causation in the Law*, 2nd edn (Oxford University Press, 1985); E. Sosa and M. Tooley (eds), *Oxford Readings in Philosophy: Causation* (Oxford University Press, 1993).
[80] See Ch.5 above.
[81] Lord Hoffmann's analysis of the aggregation clause in *Lloyds TSB General Holdings Ltd v Lloyds Bank Group* [2003] UKHL 48 at [25]–[27] (cited in Ch.5 above) exhibits both tendencies.
[82] *Axa Re v Field* [1996] 2 Lloyd's Rep. 233 at 239.
[83] *Kuwait Airways Corp v Kuwait Insurance Co* [1999] 1 Lloyd's Rep 803.
[84] *Scott v Copenhagen Reinsurance Co (UK) Ltd* [2003] EWCA Civ 688.
[85] *Mann v Lexington Insurance Co* [2001] Lloyd's Rep. I.R. 179.

Court of Appeal) over the meaning of the words, "relate" and "series", provides empirical support for our earlier suggestion. When *Kuwait Airways* reached the House of Lords, Lord Hobhouse (echoing sentiments expressed long ago by Lawrence J which we quote at the beginning of this chapter) said:

"The points which in my judgment your Lordships have to consider are all points of the construction of the insurance contract. They are mostly points upon which there has already been a difference of judicial opinion. They are all points which could easily have been avoided by the exercise of care in the preparation and drafting of the insurance contract. Very large sums of money are involved and it must be a matter of comment and concern that those involved on both sides of this transaction should have seen fit to set out their contractual intention in a way that is inadequately structured and expressed and so obviously capable of giving rise to dispute. Such disputes are unnecessary. They can be avoided, as has been repeatedly pointed out by those before whom such disputes come for determination, by the exercise of proper care in the drafting of the documents which create and define the relevant contractual obligations."[86]

It may be that Lord Hobhouse was too sanguine in thinking that the issues can always be avoided. In a case reported in 2013, *Aioi Nissay Dowa Insurance Co Ltd v Heraldglen Ltd*,[87] the reinsureds (as reinsurers of the insurers of the Twin Towers in New York) wished the airplane attack(s) on the Twin Towers in New York to be treated as one event for the purposes of their retrocessional reinsurance, and argued for it; but without success. The judge found that the arbitrators, who were first seized of this dispute, were clear and correct in their conclusion that there were two separate occurrences that did not arise out of one event. It would be quite difficult to produce wording providing for all losses resulting from a "co-ordinated plan" (as the judge described the preparation for the attack(s)) to be one occurrence but if parties wish multiple incidents not arising from the same event to be aggregated, it may be necessary.

7-016   Several possible approaches to the problem of defining the attachment point suggest themselves. The first is to try to avoid using the words "event" and "originating cause" altogether. The simplest form of an excess of loss contract provides that the reinsurer shall pay "excess of each and every loss". This phrase still appears on slips.[88] It has the benefit of simplicity, but is nonetheless pregnant with ambiguity.[89] We have seen that PRICL seeks to redefine an "event" as the materialisation of a peril reinsured against (for first party reinsurance) or the same act, omission or fact giving rise or allegedly giving rise to the primary insured's liability (for liability reinsurance).[90] We have also seen how hours clauses can define "loss occurrence" by reference to the length of time over which a particular form of peril "occurs",[91] and how a sole judge clause can provide for a simple and inexpensive way[92] to determine whether one event has occurred. We have seen that it is possible to draft

---

[86] *Kuwait Airways* [1999] 1 Lloyd's Rep. 803 at 808.
[87] *Aioi Nissay Dowa Insurance Co Ltd (formerly Chiyoda Fire and Marine Insurance Co Ltd) v Heraldglen Ltd* [2013] EWHC 154.
[88] See e.g. *Agrinational v Erieview*, Bermuda Civil Appeal No.6 of 1995, and Ch.4 above.
[89] It will be recalled that Sir Michael Kerr observed in his award in the *Dawson's Field* arbitration 29 March 1972, referred to in *Kuwait Airways* [1996] 1 Lloyd's Rep. 664 (see Ch.4 above) "how difficult and dangerous it is to define 'loss' in the context of insurance".
[90] See Ch.5, 5-133.
[91] See Ch.5, 5-142.
[92] I.e. one that does not require a lengthy arbitration followed by a journey through the courts finishing in the Supreme Court. See Ch.5, 5-141.

a contract providing that the question is to be determined solely by the reinsurer,[93] but this still leaves open the possibility of challenge on the grounds that the reinsurer's determination was arbitrary, irrational or made in a capricious manner.[94] A better approach is, we suggest, to provide for an independent third party to determine whether the circumstances of a particular loss constitute one event. If the contract provides that such a determination is to be both binding and made by the person in question "as expert and not as arbitrator",[95] the possibility of prolonged litigation over the decision is diminished.[96] The outcome—of the reinsured being unhappy when what he really wants is not aggregation where two or more losses arise from one event, but aggregation where losses, though arising from different events, all come about because they are part of a master plan—may not be different though. And it is possible that if the reinsured and reinsurer did agree wording to link losses from the same master plan, the first time it occurs the reinsured will be through the top of his excess covers and he is wishing for one event aggregation.

There is a third approach in some catastrophe excess of loss contracts which provides that coverage is triggered when a particular market index of loss is exceeded. Parametric reinsurance is discussed in Ch.8.

The aggregate extension clause

Another approach to the problem of aggregation of losses is the so-called "aggregate extension clause", which was developed by London market underwriters in response to a demand from reinsureds in the United States seeking coverage for products liability and professional indemnity risks.[97] According to Kiln, the intended effect of such a clause is to:

7-017

"... convert the excess of loss reinsurance protection from a per occurrence protection in respect of losses occurring during the reinsurance contract period where all losses relating to the one occurrence regardless of the number of policies and assureds involved can be aggregated together, to a per risk protection in the aggregate each original policy year."[98]

In *Denby v Marchant*[99] and *Yasuda Fire and Marine v Lloyd's Syndicates*,[100] two Commercial Court judges, Waller J and Cresswell J, arrived at differing interpretations of similarly worded aggregate extension clauses[101] in excess of loss reinsurance contracts. The Court of Appeal[102] heard appeals from both decisions together. The principal question of construction before the Court of Appeal was the meaning of the phrase "losses on risks covering on an aggregate basis" in the first paragraph of the clause. In each case the reinsureds had paid claims under account-

---

[93] *Brown v GIO Insurance Ltd* [1998] Lloyd's Rep. I.R. 201, and Ch.5 above.
[94] *Braganza v BP Shipping Ltd* [2015] UKSC 17; [2015] 1 W.L.R. 1661 at [18] per Baroness Hale DPSC; see Ch.4, para.4-097.
[95] See Ch.4 above.
[96] Although the expert may be exposed to liability if his determination is negligent, again see Ch.14, 14-115 below. Also, it will be recalled that it was the refusal of the companies market to accept the decisions of the Lloyd's Claims Office that gave rise to *Hill v Mercantile & General* [1996] L.R.L.R. 341.
[97] See Kiln, *Reinsurance in Practice*, 3rd edn (Witherby & Co Ltd, 1991), pp.243–267.
[98] *Reinsurance in Practice*, 3rd edn, p.256. See also *International Reinsurance: Asbestos Claims*, 14–15 March 1998 Conference Papers (Kluwer 1988).
[99] *Denby v Marchant* [1996] L.R.L.R. 301.
[100] *Yasuda Fire and Marine v Lloyd's Syndicates* [1998] Lloyd's Rep. I.R. 285.
[101] The two clauses are set out in 7-021 and 7-022 below.
[102] *Denby v Marchant* [1998] Lloyd's Rep. I.R. 343 per Hobhouse, Brooke and Chadwick LJJ.

ants' professional indemnity policies and sought to aggregate the amounts paid so as to recover from their excess of loss reinsurers. The reinsurers contended that the underlying policies, which provided coverage on an occurrence basis and contained "each and every loss" deductibles and limits, were not written on "aggregate basis" and were not "aggregate original policies" within the meaning of the aggregate extension clause.

Waller J said that the clause was "not elegantly worded",[103] but that the key was to appreciate that "covering on an aggregate basis" may not mean that losses must be aggregated to be recoverable, or must be aggregated for the purpose of calculating where recovery commences, and that the word "such" does not necessarily apply to the losses covered under the underlying policy. In Waller J's view the test was whether the policies in question provided indemnity up to an aggregate limit, and it was irrelevant whether they had deductibles or how those deductibles were calculated. Such a construction, he said,[104] made sense of the concept of "aggregate extension". Waller J concluded as follows:

> "The clause provides that in relation to losses incurred by the reinsured on professional indemnity policies (or liability policies) which have a limit fixed by reference to aggregated claims but which would not individually exceed the excess in the reinsurance policy, the reinsured shall be protected by aggregating the claims, and then paying one aggregate loss on such a policy insofar as the aggregate exceeds the excess provided for in the policy. That aggregation is then one loss for the purpose of recovery, and the limit becomes clear as does the point at which loss enters the next layer."[105]

Cresswell J in declining to follow Waller J, affirmed an award of arbitrators[106] who had disagreed with Waller J's understanding of the purpose of the clause and the concept of "aggregate extension". He cited a passage from the award which stated as follows:

> "[T]he effect of the Aggregate Extension Clause is not to 'extend' the cover provided by any underlying policy in the sense of widening such cover. Its effect is merely to 'extend' any aggregate cover provided by an underlying policy in the sense of incorporating this cover within the cover provided by the reinsurance to the extent that such aggregate cover would not otherwise be reinsured by it ...
>
> The purpose of the Aggregate Extension Clause can therefore be summarised by saying that it is designed to fill a potential gap by reinsuring aggregations of losses insured as such by the underlying policies which are not already reinsured under the Definition of 'Each and Every Loss' Clause in the excess of loss agreements and which, but for the Aggregate Extension Clause, would not be reinsured by them as such."

7-018   The arbitrators justified their position and the need for such cover by reference to the speech of Lord Mustill in *Axa Re v Field*, which they described as:

> "... redolent with the distinction between the insurance of losses on an aggregate basis and the insurance of individual losses without any provision for their aggregation."[107]

However, in our view,[108] Lord Mustill's speech does not provide an authoritative interpretation of the expression "covering on an aggregate basis". The excess

---

[103] *Denby v Marchant* [1996] L.R.L.R. 301 at 305.
[104] *Denby v Marchant* [1996] L.R.L.R. 301 at 305.
[105] *Denby v Marchant* [1996] L.R.L.R. 301 at 308.
[106] Sir Michael Kerr, Mr John Butler and V.V. Veeder QC.
[107] *Axa Re v Field* [1996] 2 Lloyd's Rep. 233, see Ch.5 above.
[108] A view which appears to have been shared by Hobhouse LJ in the Court of Appeal.

of loss reinsurance contracts he was considering did not contain an aggregate extension clause. The reason there was found to be a coverage "gap" in *Axa Re v Field* was that the clause providing for aggregation of losses in the underlying E&O Contracts[109] was considered by Lord Mustill to have a wider meaning than the corresponding clause in the excess of loss reinsurance contracts.[110] The obvious way to avoid such a "gap" is to use identically worded clauses in both the insurance and reinsurance contracts in order to make clear that back-to-back coverage is intended.[111] Although the Court of Appeal accepted that the aggregate extension clause could be employed for such a purpose,[112] it is surely something of a verbal sledgehammer being used to crack a semantic nut.

Cresswell J approved the following conclusion of the arbitrators:

"Returning to Yasuda's contention that wholly unrelated losses can be aggregated, we can see no warrant for this approach on any view of the possible meanings of 'aggregation' discussed above. The necessity of adding together claims and losses for the purpose of establishing whether an underlying policy's aggregate retention has been exceeded or whether its aggregate limit has been reached, cannot found by itself a contention that additions of individual claims and losses constitute 'risks covered on an aggregate basis' or 'aggregate' losses, policies or contracts, within the terms of the aggregate extension clause. Neither a deductible nor limit provides a 'basis' of cover, as referred to in the first paragraph of the aggregate extension clause. On the contrary, these terms indicate the monetary bands below and above the insured exposure in which there is no cover. The intervening band of cover, on the other hand is provided on the basis from individual claims with an individual deductible and an individual limit for each claim, without any cover on an aggregated basis."

In the Court of Appeal the Yasuda decision (Cresswell J) was upheld, the decision in Denby (Waller J) reversed. Hobhouse LJ considered that "there are two broad purposes of the aggregate extension clause, one more important than the other". In his view avoiding the difficulties that arose in *Axa Re v Field*[113] as a result of the mismatch of related loss clauses in inwards and outwards contracts "remains a potential use of the Clause",[114] but this was "subsidiary" to its main purpose, which was the following:

"... to provide effective reinsurance where the reinsured is covering aggregated losses exceeding certain limits. The classic example used to illustrate this is drawn from the products liability field and what are called 'Coca Cola losses'. A producer such as Coca Cola sells large numbers of articles each of which involves a small product liability risk, as for example from the bursting of a defective bottle. Statistically, in any given year there will be an anticipated number of claims which the producer has to pay. The producer is concerned not only that any one of these claims may substantially exceed the norm but also the number of claims that have to be paid in any given period may exceed the norm. Therefore, the producer may take out products liability insurance which covers him

7-019

---

[109] "[S]eries of events or occurrences attributable to one originating cause."
[110] "[S]eries of ... occurrences ... arising out of one event."
[111] We put the word "gap" in quotation marks because, as Lord Mustill points out in *Axa Re v Field* [1996] 2 Lloyd's Rep. 233, there is no presumption that an excess of loss reinsurance contract is to be construed as providing back to back coverage.
[112] Which Hobhouse LJ (see below) considered "subsidiary" to the clause's main purpose.
[113] *Axa Re v Field* [1996] 2 Lloyd's Rep. 233.
[114] Citing Golding, *The Law and Practice of Reinsurance*, 5th edn (Witherby & Co Ltd, 1987), pp.141–142, Hobhouse LJ noted in the concluding part of his judgment that "no point arises on related claims; but if they do, then the Axa problem of any mismatch between the definition of related claims in the original cover and in the reinsurance contracts is one which ... it is accepted can be accommodated and dealt with within the scope of the aggregate extension clause".

against the risk of having to pay out more than a certain sum in the aggregate in respect of such claims.[115]

This is a simple and uncontroversial example of an insurance covering the assured 'on an aggregate basis'. Similarly, it provides an uncontroversial illustration of the operation of the Aggregate Extension Clause in a reinsurance policy. Under the 'Cola' type of cover, once the aggregate excess has been reached, the original insurer becomes liable to pay every claim that comes in during the relevant period (possibly subject to an overall policy limit). The aggregate extension clause enables the original insurer to pass on those liabilities, in the aggregate, to the reinsurer. It carries through into the reinsurance policy the same principle of aggregation as exists in the original policy which has been written 'on an aggregate basis'."

Hobhouse LJ continued:

"The central question which therefore arises under the Aggregate Extension Clause is the proper understanding of the phrase 'losses on risks covering on an aggregate basis'. It is accepted ... that the losses referred to are losses suffered (paid) by the reinsured as a result of being liable to indemnify original assureds under the policies issued by the reinsured. Similarly, the risks are the risks underwritten by the reinsured upon the policies issued by the reinsured. Thus the application of the critical phrase is to the character (and terms) of the relevant policy or policies issued by the reinsured. Do these policies have the character of covering risks on an aggregate basis?"

Hobhouse LJ observed that, "The rival submissions of the parties contended for radically different answers to these questions". He concluded, as follows:

"[T]he question ... has to be considered in relation to the original policies issued by the reinsured all of which included terms imposing an each and every claim excess and limit. Thus, as part of the establishment of the original assured's right to recover from the reinsured, the original assured had to demonstrate that each individual claim exceeded the excess or 'retention' figure stipulated. If it did, the right of recovery of the original assured was then confined to the amount of the excess but was subject also to a per claim limit. It is thus an essential feature of the cover provided by the reinsured to those it was insuring that each claim satisfy an each and every loss criterion. Whatever else one may think, this is the antithesis of providing cover on an aggregate basis."

7-020 Accordingly, the Court of Appeal upheld the decision of Cresswell J in *Yasuda* and reversed the decision of Waller J in *Denby*. We refer to our earlier discussion of the principles of contractual interpretation.[116] The expression "risks covering on an aggregate basis" does not have an obvious or natural meaning. Nor is it obvious (with the greatest of respect to Hobhouse LJ and the *Yasuda* arbitrators) that a limit or deductible, cannot provide a "basis" of cover, although this may be regarded by some as "a nice knock down argument".[117] The ambiguous language of the aggregate extension clause provided the courts in the *Denby* and *Yasuda* cases with a choice between the reinsureds' interpretation (which extended coverage) and the reinsurers' interpretation (which restricted coverage). Waller J considered it, "difficult to contemplate a definition either which hardly ever applies, or which would seem rather illogically to rule out certain policies simply because they did not have

---

[115] Citing Barlow, Lyde and Gilbert, *Reinsurance Practice & the Law* (Lloyds of London Press, 1993).
[116] See Ch.4, Pt 4 above.
[117] Humpty Dumpty (see Ch.4 above) would have enjoyed construing the aggregate extension clause. Although the evidence of Kiln, *Reinsurance in Practice* indicates that Lewis Carroll was not its draftsman, the language of the clause must surely have been influenced by "Jabberwocky".

in them an excess calculated on an aggregate basis".[118] He also noted that accepting the reinsureds' submission "if a policy had an aggregate limit, it was that which made it a policy covering on an aggregate basis", had as its practical consequence "that there would be very few professional indemnity or liability policies to which the aggregate extension clause did not apply".[119] But to the extent subsequent case-law is an indication, the Court of Appeal's decision seems to have given the market sufficient guidance to go forward without further significant disputes.

Denby v Marchant: Aggregate Extension Clause

7-021 Aggregate extension clause (in respect of liability and professional indemnity business only):

(1) As regards to liability incurred by the Reinsured for losses on risks covering on an aggregate basis, this Agreement shall protect the Reinsured excess of the amounts as provided for herein in the aggregate any one such aggregate loss up to the limit of indemnity as provided for herein in all any one such aggregate loss.

(2) Notwithstanding that this Agreement is effected on a losses occurring during the period basis, all aggregate original policies coming within the scope of this Agreement shall be covered on a risks incepting during the period basis. Furthermore, where an original aggregate policy is issued for limits relevant to an overall period greater than 12 months with an inception date during the period of this Agreement then such original policy shall be covered hereunder for the whole of its period notwithstanding any annual resignature. Long-term policy periods with annual limits are to be treated as each annual period being a separate policy with the anniversary date being regarded as the inception date. It is understood and agreed that the inception date of each declaration or "signing off" a contract shall govern its date of attachment to this Agreement.

(3) It is understood and agreed that policies or contracts to which such aggregate risks attach, effected directly and/or by way of reinsurance in a series of "layers" (whether immediately excess of each other or otherwise) shall be deemed to be one aggregate risk for the purposes of this Agreement provided such policies and/or contracts have inception dates during the period of this Agreement. In the event of the Reinsured being involved in a loss from more than one policy and/or contract and such policies and/or contracts attach in different years, the terms of the Interlocking Clause as set out overleaf shall be applied provided that the expiry date of the "layers" as referred to above, are identical.

(4) Furthermore, in circumstances in which one event or occurrence or series of events or occurrences, originating from one cause, affects more than one policy or contract issued to different Assureds or Reinsured, then in such circumstances a series of policies or contracts so issued shall be deemed to constitute one aggregate risk for the purposes of this Agreement, provided that each original policy or contract has inception during the period of this Agreement. Nevertheless, in circumstances in which the policy or policies of more than one Assured are involved in an aggregation of losses, only that part of the aggregation concerned with and originating from the one cause

---

[118] *Denby v Marchant* [1996] L.R.L.R. 301 at 308.
[119] *Denby v Marchant* [1996] L.R.L.R. 301 at 308.

shall be construed as being covered by this Agreement. In respect of each and every loss etc. In the event of the Reinsured being involved in a loss from one cause as referred to above and such loss arises from more than one policy and/or contract and such policies and/or contract attach in different years, the terms of the Interlocking Clause as set out below shall be applied.

(5) Notwithstanding the foregoing the Reinsured as an alternative has the option to extract from an aggregate policy or policies the amount of the loss sustained by him arising from any one accident and/or series of accidents arising out of one event in order that such loss can be added to the Reinsured's losses from accidents or series of accidents arising from the same event on other policies provided that the loss occurs during the period of this Agreement.

(6) Notwithstanding anything contained herein to the contrary it is understood and agreed that Stop Loss Reinsurance issued to Lloyd's Underwriters and/or insurance and/or Reinsurance Companies are excluded from the protection of this Agreement.

Yasuda Fire and Marine v Lloyd's Syndicates: Aggregate Extension Clause

7-022 *Aggregate extension clause (applicable to liability business only):*

(1) As regards liability incurred by the Reinsured for losses on risks covering on an aggregate basis, if required by the Reinsured, this reinsurance shall protect the Reinsured excess of the amounts as provided for herein in the aggregate any one such aggregate loss up to the limit of indemnity as provided for herein in all any one such aggregate loss.

(2) Notwithstanding that this Coinsurance is effected on a "losses occurring during the period basis", all aggregate policies or contracts coming within the scope of this protection shall be covered on a "risks incepting during the period" basis. Furthermore, where an aggregate policy or contract is issued for limits relevant to an overall period greater than 12 months with an inception date during the period of this reinsurance then such policy or contract shall be covered hereunder for the whole of its period notwithstanding any annual resignature. Long-term policy periods with annual limits are to be treated as each annual period being a separate policy or contract with the anniversary date being regarded as the inception date. It is understood and agreed that the inception date of each declaration or "signing off" a contract shall govern its date of attachment to this reinsurance.

(3) It is understood and agreed that policies or contracts to which such aggregate risks attach, effected directly and/or by way of reinsurance, in a series of "layers" (whether immediately excess of each other or otherwise) shall be deemed to be one aggregate risk for the purpose of this reinsurance provided such policies and/or contracts have inception dates during the period of this reinsurance.

(4) Furthermore, in circumstances in which one event or occurrence or series of events or occurrences originating from one cause affects more than one policy or contract issued to different Insureds or Reinsured, then, in such circumstances, a series of policies or contracts so issued shall be deemed to constitute one aggregate risk for the purpose of this coinsurance, provided that each policy or contract has inception during the period of this reinsurance. Nevertheless, in circumstances in which the policy or policies of more than one insured are involved in an aggregation of losses, only that

part of the aggregation concerned with and originating from the one clause shall be considered as being covered by this Coinsurance in respect of each and every loss.

(5) Notwithstanding the foregoing the Reinsured, as an alternative have the option to extract from an aggregate policy or contract the amount of the loss sustained by them arising from any one accident and/or series of accidents arising out of one event in order that such loss can be added to the Reinsured's losses from accidents or series of accidents arising from the same event on other policies or contracts, provided that the loss occurs during the period of this reinsurance.

(6) Notwithstanding anything herein contained to the contrary, it is understood and agreed that Excess of Loss and/or Stop Loss Reinsurance written by the Reinsured on an aggregate basis issued in the name and for the account of a Lloyd's Syndicate or insurance or Reinsurance Company protecting their whole account or a section of their account, shall not be covered hereunder on an aggregate basis. The foregoing exclusion shall not apply to aggregate liability assumed by the Reinsured on an "each and every loss" contract containing an Aggregate Extension Clause subject to the exclusion contained in the Exclusion Clause of this reinsurance.

(7) For the purpose of paras 4 and 5 of this Clause, the amount of a loss from one accident or series of accidents arising out of one event or cause on an aggregate policy or contract shall be deemed to be that percentage of the aggregate loss to the Reinsured on the original policy or contract that the total loss from the particular accident bears to the total aggregate losses to the original Insured or Reinsured on the business protected.

In *American Centennial Insurance Co v INSCO Ltd*,[120] the relevant clauses (in an excess of loss retrocession contract) provided as follows:

7-023

"INSURING CLAUSE

1. No claim shall be made under this contract unless and until the Reinsured shall have first sustained by one occurrence, claim made, loss discovered, or in the aggregate, where applicable, an ultimate net loss in excess of $250,000. The Reinsurer then shall be liable for the amount of ultimate net loss in excess of $250,000, subject to a limit of liability to the Reinsurer of $250,000 each and every occurrence, claim made, loss discovered or in the aggregate, where applicable.

...

3. The liability of the Reinsurer hereunder shall, in all instances, follow the liability of the Reinsured for business the subject matter thereof."

"AGGREGATE EXTENSION CLAUSE

4. Furthermore, in circumstances in which one event or occurrence or series of events or occurrences originating from one cause affects more than one policy or contract issued to different insureds or reinsureds, then in such circumstances, a series of policies or contracts so issued shall be deemed to constitute one aggregate risk for the purpose of this reinsurance, provided that each policy or contract has incepted during the period of this reinsurance."

---

[120] *American Centennial Insurance Co v INSCO Ltd* [1996] L.R.L.R. 407.

The defendants, INSCO, were the reinsurers of North River Insurance Co ("North River"), which had issued a D&O policy to the US Farmers Savings and Loans Institution ("Farmers"). Farmers collapsed and claims were made against 14 directors and officers, which North River settled for a global sum of $60 million. North River presented a claim to its reinsurers, including INSCO, by dividing the settlement into 14 equal parts. INSCO had also issued a direct policy to the auditors of Farmers, against whom a claim had been made. INSCO claimed under its excess of loss contract with the plaintiffs, ACIC. An arbitration tribunal held that INSCO was entitled to aggregate the 14 claims presented to it by North River and the claims against the auditors under Art.VIII(4) on the basis that "… it is the loss suffered by [INSCO] which triggers a recovery under the Reinsurance Contracts. It was the collapse of Farmers which caused this loss and not the negligent acts",[121] (of the directors, officers, and auditors).

ACIC appealed to the Commercial Court. The court found in favour of ACIC and found the aggregation of the D&O claims with the Auditor claims wrong. The principal question of construction for the court was whether the collapse of Farmers was a single "event" within the meaning of the expression "one event or occurrence" in Art.VIII.4 which "affected" the policies issued by INSCO. Moore-Bick J held as follows:

"The fundamental purpose of art. VIII.4 is to allow aggregation where several different claims are made against the reinsured arising out of the same event. It is concerned, therefore, with a situation in which something has happened to cause the reinsured to incur liability under the underlying policies. In this context, the natural meaning of 'affects' is 'gives rise to a liability under' since it is only when an event has that effect that it affects a policy in a relevant way ... It follows that art. VIII.4 is only concerned with events or occurrences which give rise to a liability under underlying policies. INSCO's liability under both the Farmers' D & O policy and the auditors' E & O cover depended in each case on the acts and omissions of the persons concerned. These caused the collapse of Farmers, which followed some time later and precipitated claims against INSCO, but it was the acts or omissions of the directors, officers and auditors, not the subsequent collapse of Farmers, which rendered INSCO liable."[122]

Moore-Bick J noted that the arbitrators had accepted this argument was "logical" but nonetheless had rejected it.

Claims Series Clause

7-024
The Claims Series Clause appeared in the 1980s seemingly because the product liability market felt that the aggregate extension clause was not adequate for the situations in product liability claims where the ability to aggregate might be appropriate. It defines a "Claims Series Event" as a "series of claims arising from one specific common cause which is attributable to one design and/or specification …". There is still reference to a single "event" (the claims series event), *one* specific common cause, *one* design, etc. Multiple individual losses are aggregated if they form a series on account of a unifying cause or event. We can illustrate the issue by reference to the *Lloyds TSB V Lloyds Bank Group Insurance* case,[123] which is a case of direct insurance but helpful in looking at aggregation issues nonetheless. Twenty-two thousand people alleged pensions mis-selling by TSB. The individual

---

[121] *American Centennial v INSCO Ltd* [1996] L.R.L.R. 407 at 410.
[122] *American Centennial v INSCO Ltd* [1996] L.R.L.R. 407 at 413.
[123] *Lloyds TSB v Lloyds Bank Group Holdings* [2003] 1 Lloyd's Rep. I.R. 623 and see Ch.5, 5-119.

claims were for thousands of pounds only. The liability policy had a £1 million deductible each and every claim but claims could be aggregated if they arose from a single act or omission or a related series of acts or omissions. The House of Lords held that there was no single act or omission that resulted in all the mis-sellings and the mis-sellings were not in series, or related. They just all happened. We do not think that had a provision for aggregation of claims been replaced by wording like the Claims Series Clause, the outcome would have been any different. A clause that aggregates losses like those in the Lloyds Bank case has to provide for aggregation of loss that do not arise from one event or cause but are similar in kind and arise from similar causes even though not arising from a common or single cause or event and even though not related.

In *Standard Life Assurance Ltd v Ace European Ltd*[124] the aggregation clause provided that:

"All claims or series of claims (whether by one or more than one claimant) arising from or in connection with or attributable to any one act, error, omission or originating cause or source, or the dishonesty of any one person or group of persons acting together, shall be considered to be a single third party claim for the purposes of the application of the Deductible."

Eder J said:

"The phrase 'in connection with' is extremely broad and indicates that it is not even necessary to show a direct causal relationship between the claims and the state of affairs identified as their 'originating cause or source', and that some form of connection between the claims and the unifying factor is all that is required."[125]

In *Simmonds v Gammell*[126] the reinsurer was liable for "loss", defined as "loss, damage, liability or expense, or a series thereof arising from one event". The court held that claims deriving from the port of New York's liability for workmens' compensation from its employees and damages from respiratory diseases from a variety of others such as police and clean up workers, in the operation after the World Trade Centre Twin Towers attacks, could all be aggregated under that wording.

The Ultimate Net Loss Clause

The decision in *Charter Re v Fagan*[127] is not restricted to situations where the claiming reinsured is insolvent. It is a decision that in all circumstances where such or similar language is used, the reinsured may collect from his reinsurer before he has paid his policyholder. The House of Lords has held that the UNL Clause deals with quantum (how much the reinsurer should pay) not timing (when the reinsurer should pay). It should follow that if, for any reason, the net loss is ultimately less than that recovered from the reinsurer, there is an obligation on the reinsured to repay. To take a very simple example: if the reinsured has agreed his liability to his policyholder at 100 and, having collected from his reinsurer he reopens negotiations with his policyholder and cuts the liability to 90, the reinsured should repay 10 to his reinsurer, to get to what he has "actually paid", the ultimate net loss. If

7-025

---

[124] *Standard Life Assurance Ltd v Ace European Ltd* [2012] EWHC 104 (Comm) (aff'd [2012] EWCA Civ 1713).
[125] *Standard Life Assurance Ltd v Ace European Ltd* [2012] EWHC 104 (Comm) at [262].
[126] [2016] EWHC 2515. See Ch.5, 5-127.
[127] *Charter Re v Fagan* [1997] A.C. 313, and Ch.5, 5-02–5-084 above.

the reinsured were to go into liquidation before he repaid the 10, the reinsurer would prove in his liquidation for the 10. Could Fagan have proved in the liquidation of Charter Re for so much of his payment as was not "actually paid" in settlement of the losses or liability which he reinsured? Could any reinsurer prove in the reinsured's liquidation for the difference between the amount he paid to the liquidator and the dividend which the liquidator has actually paid to the insureds on policies in respect of which the insolvent reinsured has reinsurance with the reinsurer? We consider that the answer should be yes.[128] If a reinsurer could not prove in the liquidation for monies not used in settlement of liabilities which he has reinsured, then[129] in principle the same should apply in non-insolvency situations: the reinsured, once he has collected from the reinsurer could renegotiate lower payments to his policy holder and not account to his reinsurers for the difference—an exception to the principle of indemnity[130] which we consider would be wrong.

An insurance of property can specify an "agreed value" of the subject matter insured.[131] Absent fraud, the value fixed by the policy is conclusive of the value of the subject to be insured.[132] This "agreed value" may not equate to the real value of the subject matter; it may well exceed its real value. Where that is the case, the insurer is not indemnifying the insured for his loss, but paying more. The insured makes a profit. In reinsurance the reinsured is always only indemnified; he should recover no more than what he has paid. It appears that all reinsurance policies are unvalued.[133] The UNL Clause is designed to ensure that only a pound for pound indemnity is provided.

7-026 Suppose that an insurer has insured a vessel and his liability is established at 100 and he claims and receives from his facultative reinsurer 100. Suppose that the insurer then tells his insured that he is in financial difficulties and offers the insured 50, which the insured accepts. In our view, the principle of indemnity requires the reinsured to return 50 to the reinsurer, even if there is no UNL Clause. Suppose that the reinsured's liability is established at 100, he goes into liquidation and then claims 100 from his reinsurer. He will, following *Charter Re v Fagan*, recover 100 from his reinsurer and, because of his insolvency, pay a dividend (say of 50) to his insured. Do these two situations produce different results for the reinsurer? In the insolvency situation, unless the reinsurer can reclaim the 50 not used to pay the shipowner, he not only indemnifies the reinsured for his ultimate payment to the insured; he finances the liquidator (a circumstance which the mutuality principle of the Insolvency Rules seeks to avoid). One can envisage a situation where a reinsured holds many of his policy holders at bay and collects from many reinsurers on the basis of his "liabilities" and then enters into a composition with policyholders—an even closer similarity to liquidation. If the House of Lords decision in *Charter Re v Fagan* has the result that the liquidator can recover 100 per

---

[128] Could the reinsurer set-off, under the Insolvency (England and Wales) Rules 2016, his liability to the liquidator against his claim to recover what is not actually paid in respect of losses he reinsured as a mutual debt? The answer to this question appears to be no, there would be no set-off because the right to demand repayment arises, if, when, and to the extent that, the sums paid by the reinsurer are not used in settlement of reinsured losses or liability, which would be after the liquidation.

[129] Bearing in mind that, as noted above, *Charter Re v Fagan* [1997] A.C. 313 is not limited to its scope to insolvency situations.

[130] For the insurer to recover under a reinsurance contract more than an indemnity is "contrary to all principles of insurance indemnity": *Daugava v Henderson* (1934) 49 Ll.L. Rep. 252 at 253 per Scrutton LJ. See also *British Dominions v Duder* [1915] 2 K.B. 394, above.

[131] MIA 1906 s.27(2).

[132] MIA 1906 s.27(3).

[133] See *British Dominions Insurance Co Ltd v Duder* [1915] 2 K.B. 394.

cent from reinsurers and retain it, even that part which is not used in paying the claims reinsured, then in our view there is a strong argument that *Charter Re v Fagan* potentially deviates from a very fundamental principle of reinsurance—an indemnity for ultimately paid losses. The shareholders of the insurer may come away with a dividend on their investment earned, not from successful underwriting but from reinsurers who have overpaid.

Buckley LJ was alive to the problem in *British Dominions General Insurance Co Ltd v Duder* when he referred to:

"... cases such as *In Re Eddystone Marine Insurance Co*[134] and *Re Law Guarantee Trust and Accident Society*,[135] in which it would seem, until they are further considered, that the assured by way of re-insurance is recovering more than the amount he has to pay on the original insurance."[136]

He justifies the result in the case of an insolvent reinsured on the following basis:

"Notwithstanding the payment of a dividend, the liability to the full extent remains, and out of further assets, if any, it must in law be discharged. When the estate pays only 10 s. in the pound and recovers 20 s. in the pound, it is not recovering in excess of a sum for which it has compromised its liability. The liability is not compromised at less than 20 s. in the pound. The liability is still 20 s. in the pound, and the right to recover a like sum against the re-insuring underwriter is an asset of the estate, and its proceeds must go according to the law of bankruptcy or liquidation to all the creditors in administration."[137]

Once the final dividend is paid to creditors, and the company is dissolved, there is no liability. Buckley LJ oversimplifies *In Re Eddystone Marine*.[138] Stirling J considered whether the words "to pay as may be paid thereon" had the effect argued for by Fagan in *Charter Re v Fagan* in respect of the ultimate net loss clause. He held that the words were not to be taken as requiring payment by the reinsured as a condition precedent to a claim. In *Re Eddystone Marine* both companies were in liquidation. It is likely that whatever dividend the liquidator of the reinsured received from the liquidation of the reinsurer was shared between all the creditors of the reinsured company, but the principle of indemnity was not discussed. The principle of indemnity was discussed in *Re Law Guarantee Trust*.[139] A company issued debentures. A guarantee company guaranteed payment of the principal sum and interest. A mortgage insurance company then insured the guarantor for two-elevenths of the risk it undertook. The guarantee company went into liquidation and entered into a scheme of arrangement with the debenture holders as to what percentage they should receive. Neville J found the matter quite simple. The contract by the guarantor with the mortgage indemnity company was one for an indemnity and therefore the guarantor recovered only what it paid to the debenture holders. In the course of his judgment he said:

"[P]ayment is not a condition precedent to the right of action, but ... any amount recovered in excess of the amount required to indemnify must be held on behalf of the party contracting to give the indemnity."[140]

---

[134] *Re Eddystone Marine Insurance Co* [1892] 2 Ch. 423.
[135] *Re Law Guarantee Trust and Accident Society* [1914] 2 Ch. 617.
[136] *British Dominions v Duder* [1915] 2 K.B. 394 at 402–405. The facts are discussed below.
[137] *British Dominions v Duder* [1915] 2 K.B. 394 at 403.
[138] *Re Eddystone Marine* [1892] 2 Ch. 423.
[139] *Re Law Guarantee Trust* [1914] 2 Ch. 617.
[140] *Re Law Guarantee Trust* [1913] 2 Ch. 604 at 612.

7-027 In the Court of Appeal,[141] all three judges gave judgments. According to the headnote, the finding was that the contract between the guarantor and the mortgage indemnity company was one of insurance. What the insurer had to pay was what he had agreed to pay according to the formula which was set out in the contract. It was, in effect, a valued policy or in any event, a policy in which the value of the claim could be calculated. We have already seen that valued policies can exist, that in insurance one must have an insurable interest but the interest does not have to equate in value to the amount insured. Buckley LJ determined in short order, that since *Re Eddystone* established that payment by the reinsured was not a condition precedent to collection from a reinsurer, that was the end of the matter. He spent the rest of his judgment on the question of how the matter should be treated if it was, as Neville J thought, one of indemnity. Kennedy LJ seemed to appreciate[142] that *Re Eddystone* did not address the question of whether the reinsured should recover more than he was going to pay to his insured. He went on to say that how the reinsured spent the money is of no concern to the "party who, in fulfilment of his contract, has made the payment to him". The issue, of course, was whether there was a contractual obligation to pay if the reinsured's liabilities had not been met to the same extent and would not be met to that extent. Scrutton J, who was elevated to the Court of Appeal for this occasion, sets out the difficulties very well, but does not quite grasp the point:

> "For the society it was said that the whole object of re-insurance might be to save oneself from bankruptcy in case of claim, but that the contention of the insurance company involved that a person with no assets other than full re-insurance against his insurance liabilities would yet be driven into bankruptcy, and only recover from his re-insurers the nominal dividend his general assets could pay. Premiums on such re-insurances would have to be regulated not only by the solvency of the original principal debtor, but also by the solvency of the person whose risk was re-insured; the more insolvent the latter was the less the re-insurer would have to pay. And, it was said, how is what the re-insurer is to pay, that is the dividend, to be ascertained until you know his contribution? His contribution when made will increase the general dividend, and this increase will again increase his contribution. To this it was answered that the rule would be: find what dividend the general assets apart from claims on re-insurers would pay the general creditors apart from those whose claims were re-insured; collect this dividend from such re-insurer. It is perhaps sufficient to say there is no trace of this complicated rule in the policy, and it would not apply to cases where there were no general creditors whose claims were not re-insured. For instance, *for simplicity take a man who has only insured one risk of £1,000, and, having no assets, has re-insured his whole risk. He becomes insolvent, and a claim for a total loss accrues on his policy. Left to himself his dividend to his creditor will be nil, and on the argument of the insurance company the amount payable by his re-insurer will be nil. Yet in fact he should remain solvent, his re-insurer providing the funds to satisfy his only debt.*"[143] [Emphasis added]

In fact the man who has insured £1,000 and, having no assets, reinsures the whole risk, would, on the principle of indemnity and the ratio of *Charter Re v Fagan*,[144] recover £1,000 from his reinsurer. Provided that his insured was his only creditor, he would remain solvent. The example which Scrutton J gave would work the opposite way to that which he foresaw. What the reinsurer would object to, and rightly as a matter of law in our view, would be paying his £1,000 in circumstances where,

---

[141] *Re Law Guarantee Trust* [1914] 2 Ch. 617.
[142] *Re Law Guarantee Trust* [1914] 2 Ch. 617 at 639.
[143] *Re Law Guarantee Trust* [1914] 2 Ch. 617 at 646.
[144] *Charter Re v Fagan* [1997] A.C. 313.

because of the other debts of the reinsured, he paid £1,000 and the insured received only £100. The reinsurer is not guaranteeing the solvency of the reinsured; he is reinsuring a risk.

It is no argument to say that a reinsurer paying £1,000 to the liquidated company is only paying what he expected to pay. The reinsurer's response will be that he expected to pay the amount claimable under the reinsurance contract by reference to actual net payments made by the reinsured. It remains to be seen whether reinsurers in Fagan's position will seek to recover in the liquidation of the reinsured for that part of their payments which are not expended in satisfying the liabilities they reinsured, as foreseen by Neville J.

In treaty reinsurance, an insurer (or the insurer's liquidator) who is proposing to pay, or enter into agreements with policyholders to pay, less than is due under issued policies, will, appropriately advised, enter into commutation agreements with treaty reinsurers before paying the policyholders. The insurer will then, in principle, be able, when opening settlement negotiations, to present the reinsurers with the one hundred per cent figure of its liabilities, rather than the reduced figure eventually paid to the policyholders.

Reinsurance in layers

There are other issues in excess of loss reinsurance which already concern the market but have not yet concerned the English courts. We mention here two: the question of "drop down"; and the question of contribution from higher layers to a settlement at a level below its trigger point. Ordinarily, when insurance protection is obtained in layers, each layer's insurers are required to pay only if every layer below them has paid in full, been found liable, or admitted liability. With language of this nature a settlement or compromise by insurers on one layer will not bind insurers on a higher layer. It appears that a compromise at less than 100 per cent by even one insurer on one layer would mean that the "follow the fortunes" provision in the higher layer would not apply. If the maximum limit on a lower layer is exhausted, does the higher layer either "drop down" where the claim would otherwise not reach its level, or pay "its share" where the exhausted lower layer would pay but for being exhausted and the claim would otherwise reach the higher level? There is no reason why the court should do other than apply the wording of the clause. We would not expect the courts to follow some of the United States courts and contrive "drop down" where a lower layer is exhausted, or to require the higher layer to pay where the lower layer is not obliged to. In the latter case, given the efforts of the House of Lords in *Charter Re v Fagan*,[145] we could not be so sanguine as to say that the courts would not look for a way of holding a higher layer liable for a portion of a claim which would hit its layer if, the lower layer had not been exhausted, but we do consider that such a quest ought to fail on the ordinary wordings used. We have seen wording that the higher layer insurers will pay if "the indemnity provided under the Primary Policy and any underlying excess policy is to be paid in full". We can foresee the House of Lords straining over the difference between "is to be paid" and "is paid".

7-028

Where a claim would, if successful, go through a number of layers and is eventually settled or compromised below the level of a layer originally under threat, that layer will not be liable to meet any of the costs of such a satisfactory result absent a market agreement to that effect. Frequently market committees will be drawn from

---

[145] *Charter Re v Fagan* [1997] A.C. 313.

the layers at risk and it would be sensible for the committee to obtain agreement as to contributions to costs at the outset.

In *Teal Assurance Co Ltd v W R Berkley Insurance (Europe) Ltd*[146] the question of the order of claims was relevant to the liability of certain excess reinsurers. Teal was the captive insurer of an engineering group of companies. The group and Teal carried most of the losses (essentially liability claims) up to US$60 million in a tower of five layers (including some self insured retention) with top and drop provisions. Above that, and conditional on the lower layers being exhausted, sat another Teal layer of £10 million which covered only non US liabilities and which was reinsured with the defendants to these proceedings. In the relevant policy year the engineering group received four claims, two of non-US origin and two of US origin. One of the US claims (AEP) was estimated to be large enough to burn the USD layers of cover by itself. If Teal could succeed in establishing AEP was first in line for payment, the sterling cover—and consequently also, the reinsurers of the sterling cover—would be liable for the non-US claims. At first instance Andrew Smith J said at para.30(iii):

> "In the case of reinsurance, the right of the reinsured to an indemnity arises once his own liability to the original insured has been ascertained and quantified in legal proceedings by arbitration or by agreement. It does not (in the absence of contrary agreement) depend upon the reinsured paying the original insured."

He was then able to say that the US dollar AEP claim had not been ascertained and quantified and therefore could not have exhausted the lower layers. The Court of Appeal and the Supreme Court agreed. Lord Mance, giving the leading opinion, explained how the layers operated:

> "... as and when expenses or third party liability are incurred and ascertained, they are to be taken into account against the Lexington policy. First, the self-insured retention and deductible must be used up, and then the policy will respond up to its limit. Once that limit is used up, the next layer is engaged, and so on up the PI tower of excess layer policies until the top and drop policy itself is engaged. Taking the set of clauses LSW055, this is what would be expected from in particular clause 6 of the PI tower policies (clause 7 of the top and drop policy), which provides that each excess layer policy, including the top and drop policy, is subject to the same terms, exclusions, conditions and definitions as the primary Lexington policy ..."[147]

The policy served the purpose of meeting each ascertained loss when and in the order in which it occurred.[148] There was no wording in the relevant covers that directed a different conclusion.[149]

Teal v Berkeley came back before the court in 2015, this time before Eder J.[150] One of the non US claims was by the Emirate of Ajman. A settlement was reached in which Teal was to provide an Escrow Agent with a settlement sum which Ajman could then draw down on at times and in amounts set out subject to certain conditions. The question for the court was when the insured suffered loss for the purposes of claiming on its professional indemnity policy—which would determine

---

[146] *Teal Assurance Co Ltd v W R Berkley Insurance (Europe) Ltd* [2013] UKSC 57; also see Ch.5, 5-109 and 5-110.
[147] *Teal Assurance Co Ltd v WR Berkley Insurance (Europe) Ltd* [2013] UKSC 57; [2013] Bus. L.R. 1091 at [23].
[148] *Teal Assurance Co Ltd v WR Berkley Insurance (Europe) Ltd* [2013] UKSC 57 at [19].
[149] See Ch.5, 5-070 above.
[150] *Teal Assurance Co Ltd v WR Berkley Insurance Europe Ltd* [2015] EWHC 1000 (Comm).

when Teal's obligation to pay, and thus its right to claim on reinsurance, arose. Teal's argument, which if successful, would allow them to claim on the non US top and drop reinsurances, was that the loss was suffered when the money was paid *from* the escrow account, not when it was paid *into* the escrow account, and the judge so held: the *amount of liability was only ascertained* when a certificate was issued by Ajman to claim from the escrow account and the conditions to payment, which were required by the settlement agreement, had been satisfied. We do not challenge the logic of the argument. The Court of Appeal upheld the decision of Eder J. The Court of Appeal said that the payment into escrow was simply security, not money irrevocably paid away, and not a payment of damages.[151]

Especially where, as in Teal, there are higher layers that will respond to only some of the claims that lower layers will respond to, there is a potential for significant serendipity in whether the higher layers respond or not, which would necessarily impact on the value that could be attributed to them for Solvency II purposes. In *Brown v GIO Insurance Ltd*[152] (see Ch.5, 5-106 above) the reinsurance contract provided that "the Reassured's definition of each and every loss and/or event shall be final and binding on the reinsurance". It would be wise for the insured/reinsured to use similar language, a provision that the insured's/reinsured's decision as to the order of claims shall be binding on the insurer/reinsurer, in situations such as this, so that the value of the cover is embedded.

Stop-loss contracts

We have seen[153] that in *Toomey v Eagle Star*[154] Hobhouse LJ expressed doubts as to whether "stop-loss" contracts were to be regarded as reinsurance in the light of his definition.[155] Under a typical stop-loss contract, the liability of the reinsurer is triggered once the reinsured is liable to pay an aggregate loss in an amount which is expressed by a percentage loss ratio (claims/premium × 100). In Ch.8, in which we discuss "financial" reinsurance, we make the point that all reinsurance is financial in nature. It will become apparent from the discussion in Ch.8 that "stop-loss" or "aggregate excess of loss ratio" contracts may be described as "financial" reinsurance in the wide sense of the definition we develop, but they are nonetheless, in our view, "reinsurance".

7-029

Interlocking clauses

The court was called on to consider interlocking clauses in a case where the dispute was about something else, the question of confidentiality of information possessed by an expert witness. The parties and witnesses all retain anonymity in the law report: *Lloyd's Syndicate v X*.[156] The interlocking clause was:

7-030

"In the event of a loss occurring hereunder for any sum in excess of the Priority of this Contract involving two or more policies accepted by the Reinsured attaching to different periods of reinsurance, then such Priority shall be reduced to that percentage thereof which the Reinsured's settled loss(es) on such policy(ies) attaching to the period of this Contract

---

[151] *Teal Assurance Co Ltd v WR Berkley Insurance (Europe) Ltd* [2017] EWCA Civ 25.
[152] *Brown v GIO Insurance Ltd* [1998] 1 Lloyd's Rep I.R. 201.
[153] See Ch.1, 1-023 above.
[154] *Toomey v Eagle Star* [1994] 1 Lloyd's Rep. 516 at 524.
[155] Which is derived from dicta of Buckley LJ in *British Dominions v Duder* [1915] 2 K.B. 394, which we have criticised above.
[156] *Lloyd's Syndicate v X* [2011] EWHC 2487.

bears to the total of the Reinsured's settled losses arising out of all such policies contributing to the loss. The Indemnity shall likewise be computed in the same manner."

The question on the construction of the interlocking clause was whether the clause operates so as to apportion losses between different periods of reinsurance even if the reinsured had no reinsurance for the periods in question, or only if the reinsured had reinsurance for any relevant period. We note from the judgment of Teare J that the experts, Mr X and the equally anonymous Mr Z, agreed that the Interlocking Clause applied irrespective of whether the insured had reinsurance for the periods in question. The judge did not have to express a view on that and he did not. We think that as a matter of construction, and consistent with the purpose of the clause, the experts were correct.

Mesothelioma claims and Reinsurances

7-031

We refer to our discussion on allocation amongst different policy years within the *Fairchild* enclave in Ch.5, 5-101–5-108. *Fairchild v Glenhaven*[157] decided that a party (employer) who negligently exposed another party (employee) to risk of injury could be liable in damages for the injury itself because of *that* breach of duty (the exposure to risk) where it was impossible to know who, of a number of employers who had negligently exposed the employee to risk, was responsible for causing the injury itself when the employee suffered that injury. (It was believed that one particle of asbestos could cause mesothelioma but it could not be determined at what point in a person's exposure to asbestos the one particle that caused the mesothelioma lodged in the body.) If the exposure materially increased the risk of harm to the employee, the employer was liable for that harm.

Durham v BAI[158] determined that all insurers of an employer for the period of negligent exposure of the employee to risk were liable to indemnify the employer, not simply the insurer at the time the disease manifested.

Barker v Corus[159] decided that all the parties who were in breach of duty to the claimant by thus exposing him to risk, and materially contributed to the harm suffered, should bear the same proportion of liability for the damages due as the period of exposure bore to the entire period of exposure, but no more. Thus, the victim had to go to each employer and if any of them had gone out of business or could not pay, the victim did not recover that proportion of compensation. The common law was superseded by the Compensation Act 2006 which made each party (employer) responsible/liable in full severally but with a right of contribution against the other parties responsible, thus passing the misfortune of other parties not paying onto the solvent employers, rather than the injured party.

In *IGE v Zurich*[160] the Supreme Court decided that the Compensation Act did not apply to Guernsey. Obiter the judges said a lot more – about ninety pages of more. A majority of them said that an insurer who had to indemnify an insured for any payment that insured had to make to a mesothelioma victim should also (like the employer of the victim under the 2006 Act) be liable for the whole amount even if he only insured for a fraction of the period of the employer's exposure of the victim to asbestos, but should have a right of contribution from all other insurers of the employer during the period of the employer exposing the victim to asbestos. Dis-

---

[157] *Judith Fairchild v Glenhaven Funeral Services Ltd* [2002] UKHL 22.
[158] *Durham v BAI* [2012] UKSC 14.
[159] *Barker v Saint Gobain Pipelines PLC* [2006] UKHL 20.
[160] *International Energy Group Ltd v Zurich Insurance PLC UK (2015)* [2015] UKSC 33.

senting judges said that the insurers were only liable on the basis of the insurance contracts and the contracts did not provided for such liability.

Thus, to recap, within the so-called *Fairchild* enclave applicable to mesothelioma claims:

An Employer is liable to employee, in exposing employee to material risk of harm for the harm itself even though there is no evidence of the employer causing harm (Fairchild) but, if there are other employers (including self-employment) over the period of exposure, each is liable proportionately (Barker) (after the Compensation Act, each is liable jointly and severally).

All insurers of an employer who insured during the period of exposure are liable, not only the insurer at the time of manifestation of the disease (Durham) and (IGE obiter) and each insurer is liable jointly and severally to the employer.

Equitas Insurance Ltd v Municipal Mutual Insurance Ltd[161] takes the story into the relationship between the insurer of the employer and its reinsurers. Municipal Mutual, an insurer of employers, have been paying claims based on the fact that they had been insurers over a period when their insured exposed employees to material risk of suffering mesothelioma. We bear in mind that an employer is liable for all the damages payable by the insured employer because the Compensation Act 2006 says he is, and the employer must exercise rights of contribution against other liable employers/their insurers. On the basis the obiter in *IGE* is correct, the employer can then claim in full from any insurer who insured him during the period for which he is liable—if that period is 20 years and one insurer insured the employer for 19 years and one for one year, the employer can recover in full from the insurer for one year.

The Court of Appeal's decision in *Equitas Insurance Ltd v Municipal Mutual Insurance Ltd*[162] is authority for that the *Fairchild* enclave does not extend to reinsurance. The Court of Appeal held that the *Fairchild* enclave did not extend to reinsurance since the policy reasons for allowing the insured to recover its full loss from any solvent insurer within the *Fairchild* enclave does not exist at the reinsurance level. Although, as a matter of construction of the reinsurance contract in question, the reinsured, Municipal, was not entitled to "spike" their outward claims—i.e. to present each outward claim on a 100% basis (i.e. not pro-rated) to any reinsurance year of its choice on the basis that its inward claims were settled on an unallocated basis by which each and every relevant policy year was 100% liable. The Court of Appeal put a stop to spiking at reinsurance level by implying term into the reinsurance contract to the effect that a Municipal's right to present its outward claims had to be exercised in a manner which was not arbitrary, irrational or capricious. The decision is more fully discussed in Ch.4, 4-095 and Ch.5, 5-107 and 5-108.

We thus have now the following situation in mesothelioma cases:

An employer is fully liable for a mesothelioma injury where there is no evidence he caused it in circumstances where any number of other employers, and the employee himself, may have caused it.

An insurer is fully liable to indemnify the employer where there is no evidence the employer caused the mesothelioma injury (see above) and thus no evidence the insurer insured the employer at the relevant time, and where any number of other insurers insured the employer over the period of employment of the injured employee.

---

[161] *Equitas Insurance Ltd v Municipal Mutual Insurance Ltd* [2018] EWCA Civ 991.
[162] *Equitas Insurance Ltd v Municipal Mutual Insurance Ltd* [2019] EWCA Civ 718; [2020] Q.B. 418.

Any reinsurer of the insurer during the period the insurer insured the employer is liable (to the limits of the reinsurance contract) pro-rata by reference to each year's contribution to the risk, which would normally be measured by reference to time on risk.

Peter Cook once described myths as "the true story of things that didn't happen" (in the same soliloquy in which he lamented not having been a judge, because in his chosen line of work—being a miner—if he was too old or sick or stupid to do his job, he would be sacked). Judges (with help from Parliament) appear to have built a mythology from things that have not been proven to have happened, beginning with the rough justice of holding an employer fully liable for an injury that there is no proof he caused, because he might have caused it, to the rough *in* justice of making any insurer of the employer for any part of the period where there is no evidence the employer caused any injury (or that any loss fell within the period of insurance), fully liable to indemnify the employer. Yet, the Court of Appeal has said that this rough justice to the mesothelioma victim and their employers is not to be perpetuated at the reinsurance level. Whilst it would by no means be 'just' to allow the insurer to stack these claims in any way he wishes to maximise his recoveries from any reinsurer in the relevant period, it can leave the insurer who has paid out inward claims on a 100% basis exposed if it can only recover a pro rata share from its reinsurers and cannot recover a contribution from other insurers.

CHAPTER 8

Financial Reinsurance and Alternative Risk Transfer

TABLE OF CONTENTS

1. Nature, History and Definition of Financial Reinsurance .. 8-001
2. The Legal Consequences of Financial Reinsurance 8-027
3. Alternative Risk Transfer 8-045

"Time is the dominant factor in gambling. Risk and time are opposite sides of the same coin, for if there were no tomorrow there would be no risk. Time transforms risk, and the nature of risk is shaped by the time horizon: the future is the playing field."—Peter L. Bernstein[1]

"Are you kidding me? Did we take advantage? That's what we do, that's how the world works. When you ask, 'Did you take advantage?', I hear 'Do you make a living?', 'Do you breathe in and out?', 'Are you a man?' Yes, we took advantage. And the only difference between me and the people judging me is they weren't smart enough to do what we did."—Lucy Prebble[2]

1. NATURE, HISTORY AND DEFINITION OF FINANCIAL REINSURANCE

Introduction

Financial nature of the reinsurer's obligations

It will be recalled[3] that in *Vesta v Butcher*, Lord Griffiths was considering the extent to which the terms of the underlying insurance contract can form part of the reinsurance contract even where the reinsurance contract expressly incorporates them, and said[4]:

8-001

> "Is it seriously to be supposed that it was the intention of the parties that [the Reinsurers] were to have the option of discharging their liability to [the Reinsured] by delivering a load of live fish to them?"[5]

Lord Griffiths was making a point of general principle that whilst direct insurance may commonly give the insurer the option to replace lost property, or reinstate

---

[1] P. Bernstein, *Against the Gods: The Remarkable Story of Risk* (John Wiley & Sons Inc., 1996) p.15.
[2] L. Prebble, *Enron* (2009).
[3] See Ch.4 above.
[4] *Forsikringsaktieselskapet Vesta v Butcher* [1989] A.C. 852; [1989] 1 Lloyd's Rep. 331 at 337.
[5] An option the insurer (reinsured) had in the underlying contract.

damaged property, or provide assistance "in kind",[6] in reinsurance the obligation of the reinsurer is always to pay money to the reinsured. In that sense, and distinctively so, all reinsurance is "financial".

A contract of insurance is where "the insurer undertakes to indemnify the assured".[7] The indemnity may be against liability or loss but for several reasons, it may be greater or less than the liability or loss, and as has been noted above, it may be in kind rather than in cash. The indemnity will be less than the liability or loss if there is only partial insurance or, in the case of property, if the agreed value is less than the actual value. It may be that in a valued policy the subject matter is insured for more than its actual value at the time of loss. In such a policy, the value as fixed is paid regardless of the actual value, unless there is fraud.[8] We can see that technically a valued liability policy may be possible in particular circumstances, for example insurance against liability under a penalty clause in a contract, or a liability to pay on a bond, but general liability policies certainly have, by their nature, to be unvalued—which does not, of course, mean that they may not be subject to a limit of indemnity.[9] In *Feasey v Sun Life Assurance Co of Canada*[10] the insurer, which had a liability to employers to indemnify them (*up to* US$1 million) for any damages the employers paid to individuals injured on their premises, had a valued reinsurance policy with Feasey Syndicate 957 at Lloyd's, but the cover granted to the insurer by Feasey was described as life insurance of the injured individuals, paying a pre-agreed fixed sum to the insurer for injury and death, not the amount of the employer's liability.

8-002 The best that one can say of reinsurance is that it always responds to liability for payment (or expenditure) incurred by the reinsured.[11] We should explain why we have used the word "liability" and why we have not used the words "loss" or "claims". "Liability for payment" is used because, as *Charter Reinsurance Co Ltd (In Liquidation) v Fagan*[12] has demonstrated,[13] actual payment by the reinsured is not a precondition to the reinsurer's obligation to pay. We have not used the word "loss" because some "stop-loss" reinsurance[14] is written with the trigger point being less than 100 per cent of premium (so much less that even with the expenses of the reinsured taken into account, the reinsured is bound to make a profit—although even then, the reinsurer is responding to claims for which the reinsured is liable). We have not used the word "claims" because, as *Toomey v Eagle Star Insurance Co Ltd*[15] demonstrates, the only payments which a "reinsurer" may be called upon to make may relate to "returns, reinsurance premiums and other outgoings".[16] There may of course be more complex reinsurance structures than a stop-loss treaty triggered before claims reach 100 per cent of premium, which protect the reinsured against any overall loss, from 100 per cent quota share, with

---

[6] See Financial Services and Markets Act 2000 (Regulated Activities) Order 2001 (SI 2001/544) Sch.1 Pt I para.18: Contracts of General Insurance, class 18.
[7] MIA 1906 s.1.
[8] MIA 1906 s.27(3).
[9] MIA 1906 s.28.
[10] *Feasey v Sun Life Assurance Co of Canada* [2002] Lloyd's Rep. I.R. 807; [2003] Lloyd's Rep. I.R. 637.
[11] E.g. expenditure on buying live fish, see above.
[12] *Charter Reinsurance Co Ltd (In Liquidation) v Fagan* [1997] A.C. 313; [1996] 2 W.L.R. 726.
[13] See Ch.5 above.
[14] If it is reinsurance see Ch.1, 1-023, 1-044 above.
[15] *Toomey v Eagle Star Insurance Co Ltd (No.1)* [1994] 1 Lloyd's Rep. 516, see Ch.1, 1-044, 1-045 above.
[16] And in a reinsurance covering claims and defence costs, if a claim is defeated, the reinsurer will pay indemnity-only defence costs.

an overrider to a stack of excess of loss reinsurances with a minimal deductible where the premium paid to the reinsurers is less than the premium received for covering the underlying risks.[17]

Thus, the reinsurer pays in response to a reinsured's liability to pay. Further, the reinsurer's liability may be less than that of the reinsured (because of the limits of indemnity on the reinsurance) but will not be greater because his liability is measured by the liability of the reinsured. Indeed, subject to the position on insolvency,[18] and subject to protection being granted to an insurer by way of insurance of an interest different from that which the insurer insures, where the insurer's protection may be greater than his liability,[19] the payment by the reinsurer will, ultimately, equate to the net payment by the reinsured. We discuss below whether that is a necessary element of reinsurance and whether a "valued" reinsurance policy may be feasible. For the present it can be said that reinsurance is "financial" not only in that the reinsurer always makes a payment (of money) but also in that the payment will match the net reinsured liability of the reinsured.

What, then, is "financial reinsurance" as it is understood in the market, and why does it need to be addressed particularly?

Financial reinsurance defined

Terminology

We have remarked in Ch.1 on the lack of consistent usage of terminology of the reinsurance market. Financial reinsurance is no exception and the terms "finite risks", "reinsurance financing", "alternative risk transfer" and "non-traditional reinsurance" are often used, correctly or incorrectly, within the market as synonymous with "financial reinsurance".

8-003

In the market at the moment at least, financial reinsurance is generally considered to be a form of reinsurance the main purpose of which is as a tool of capital management with risk transfer being seen as a less important part of the transaction, although as we will see below, participants are careful to ensure that at least some risk does transfer to ensure the transaction remains characterised as reinsurance.

Financial institutions

Protection for financial institutions, when they expose themselves to credit risk, is a significant part of the field of financial reinsurance. There are some points to note.

8-004

Although protection for financial institutions is frequently referred to as financial reinsurance, one finds with financial "protections" from an insurance company that whether the protection is by way of insurance or by way of reinsurance is more a matter of the structure of the deal than of substance. If a financial institution wishes to transfer the risk of a loan default, it may, for example, insure with a local insurer

---

[17] In *Deeny v Gooda Walker Ltd* [1996] L.R.L.R. 183 at 196; [1994] C.L.C. 1224, Phillips J said: "Mr Jewell [an expert] said that in 1987, 1988 and 1989, when the market was terribly soft, it was 'highly possible' to devise a reinsurance programme which was completely comprehensive. He told me that in 1988 he had been able to buy reinsurance cover for his syndicate at a rate which enabled him to write business for his Names which did not expose them to risk but allowed them to make a profit from the premium differentials."

[18] See the discussion of the consequences of *Charter Re v Fagan* [1997] A.C. 313, and Ch.7, 7-025 to 7-027 above.

[19] See *Feasey v Sun Life* [2002] Lloyd's Rep. I.R. 807; [2003] Lloyd's Rep. I.R. 637 above.

which reinsures (or reinsures in part) with an overseas (e.g. Bermudian) reinsurer which is a captive of the financial institution, or, it may insure directly with its captive, which has reinsurance with the open market.

Secondly, there are many ways that a financial institution can transfer credit risk: selling it (substituting another institution for itself as lender); sub-participating the risk to other financial institutions; risk participating the risk to other institutions; obtaining a guarantee of the debt obligation; buying a credit derivative; obtaining non-payment/credit-risk insurance. Which of these the institution adopts is again more likely to be driven by price and availability, and the credit it can take for the transaction under its regulatory capital requirements, than by the nature of the mechanism. If all the mechanisms do transfer risk, a question may arise in the mind of the institution using these mechanisms and perhaps also in the mind of its regulator, whether the transfer of risk brings the transaction within the rules regulating insurance and reinsurance business. Banks value credit insurance for its ability to protect against non-payment risk and provide capital relief as a potential credit risk mitigation technique under Basel rules when the relevant criteria is met.

Sometimes insurance companies may deal in certain types of financial products where it is not immediately obvious whether they are (or believe that they are) making an investment or providing insurance protection. For example, an insurer may receive a "premium", a fee, in consideration of the insurer purchasing bonds the return on which will fluctuate depending on whether debts owed to the issuer of the bonds are honoured. Is this insurance or a variable return bond?

United Kingdom: Regulatory definition

8-005 For an investor, insurance companies—which carry with them the risks they write—are just avenues for investing capital in the hope or expectation of a return, like any other company. Investors can participate in reinsurance risk by investing in reinsurance companies. As we shall see below[20] investors can have more direct involvement in reinsurance risk through Insurance Linked Securities. As is said in 8-001 above, all reinsurance is "financial" from the point of view of the reinsured since it is intended that the reinsured is able, for payment of a premium, to protect his balance sheet by the reinsurance. In this way, reinsurance protects the investment of investors who have stakes in reinsurance companies. However, we are, in this part of the chapter, focusing on financial reinsurance as it is generally understood, as a tool of capital management. As we shall see, two themes develop. One is transparency—do the companies involved in the transaction properly describe it and record it in their financial statements. The other is risk transference—is there a genuine transfer of risk from the reinsured to the reinsurer such that the transaction qualifies as reinsurance?

In 2002, the FSA issued CP 144 on "A new regulatory approach to insurance firms' use of financial engineering". In summary, this indicated that properly constructed and presented financial engineering can be a valid method of strengthening a firm's solvency position where there is genuine and material transfer of risk to an unconnected counterparty. It identified financial reinsurance arrangements as a key area requiring reform within the broader context of "financial engineering". Specifically, the FSA noted that in the non-life sector, financial engineering primarily takes the form of financial reinsurance, while in the life sector it can involve also other ways of taking credit for future profits.

---

[20] See 8-050 below.

A composite definition of "financial engineering" (culled from two places in the *FSA Consultation Paper 144*) is: an umbrella term for certain types of arrangements, for example, financial reinsurance, implicit items and contingent loans, currently used by insurance firms for financing or regulatory reporting purposes, or both. The arrangements are used to improve, or sometimes to smooth (reduce the volatility of) its profits or to improve its balance sheet position.[21]

"Financial reinsurance" is defined both by the way it is used:

8-006

"[F]inancial reinsurance is used as an alternative to traditional reinsurance but more for capital management than protection purposes ... It is usually a combination of features which, taken as a whole, lead to the conclusion that a financial reinsurance agreement exists."

And by its characteristics. Characteristics of such contracts include:

- an element of profit-sharing;
- multi-year and multi-risk contracts;
- establishment of an experience account maintained by the reinsurer throughout the life of the contract; and
- often a limited amount of insurance risk is transferred to the reinsurer but enough for the arrangement to be considered reinsurance for accounting purposes.[22]

There is no doubt that the FSA considered financial reinsurance to be acceptable in principle and to be a genuine reinsurance transaction provided that the relevant criteria is met and that there is some transfer of risk. See also 8-011 8-011 below in relation to the definition of finite reinsurance.

Solvency II

Overview

Solvency II is a forward-looking risk-based capital regime that was implemented across the EEA from 1 January 2016. The directive is supplemented with a Delegated Act—an EU Regulation that is directly applicable in each EEA member state and has been onshored in the UK. The regime is also supported by directly applicable Technical Standards, and guidelines produced by the European Insurance and Occupational Pensions Authority ("EIOPA") which apply to member states on a "comply or explain" basis. The regime applies to most insurers and reinsurers with head offices in the EEA and, in this section, references to reinsurers will also apply to insurers and vice versa. As described at in Ch.15, since the UK's withdrawal from the EU, Solvency II has been "onshored" into the UK, such that it continues to apply to insurers and reinsurers with head offices in the UK subject to the impeding reforms that seek to make UK financial regulation more flexible and proportionate to drive growth and competitiveness in the financial services sector.

8-007

The Solvency II framework is broadly structured into three pillars: quantitative requirements (Pillar 1); qualitative requirements and supervisory review (Pillar 2); and transparency requirements (reporting and disclosure) (Pillar 3).

---

[21] FSA CP 144 para.3.11 (and Guidance Note P4).
[22] FSA CP 144, paras 3.8 and 3.9.

Pillar 1 (Capital and Reserves)

8-008 Pillar 1 aims to ensure that reinsurers are adequately capitalised with risk-based capital. Reserves are calculated generally with less prudence than was required under Solvency I, but capital requirements can then often be higher. Unlike Solvency I, Solvency II requires a reinsurer to assess the individual risks it is subject to on both sides of the balance sheet. It, therefore, contains specific risk modules, not only on underwriting risk but also on market and counterparty risk covering the risk of assets losing value as well as that of underwriting reserves needing to increase.

There are two capital requirements under Solvency II: the minimum capital requirement ("MCR") and the solvency capital requirement ("SCR"). SCR is the quantity of capital required to be held to protect against unexpected losses over the following year subject to a confidence level of 99.5%. MCR is set at a lower threshold—a confidence level of 85% but with a proportional band of the SCR. Reinsurers calculate their SCR using a standard formula, which is a standardised calculation set out in the Delegated Acts, or, subject to prior regulatory approval, a full or partial internal model which is tailored to the risk profile of the particular insurer. A list of insurers and reinsurers which have internal model approval should be published by the relevant regulator in each jurisdiction.

As stated above, Solvency II takes all balance sheet positions as well as all the risks an individual insurer or reinsurer is exposed to into account. It also explicitly recognises risk mitigating techniques, such as reinsurance. The Basic SCR is comprised of the following risk modules:

- Market risk—the risk of decrease in value or loss of assets.
- Health insurance risk.
- Life insurance risk.
- Non-life insurance risk.
- Counterparty default risk (Solvency II art.104).

Under the market risk module, Solvency II effectively applies capital charges to each asset on an insurer's balance sheet, thus making it more expensive in capital terms to invest in risky assets rather than limiting the type and amount of assets which can be counted in solvency calculations or prohibiting investment in certain assets (see 8-035 above). The exception is with securitisations where issuers are prohibited from investing unless certain conditions are met. Under the fifth Quantitative Impact Study for Solvency II ("QIS5")[23], almost two-thirds of life insurers' Basic SCR came from the market risk module followed by almost a quarter being from underwriting risk (mortality and longevity).[24]

Reinsurance can be an effective risk mitigant substituting counterparty risk for market and underwriting risk and dampening the volatility inherent in the market-based approach of Solvency II. As such, reinsurance has a potentially significant role to play in capital management under Solvency II. The provisions of Solvency II and the Brexit reforms are considered further in Ch.15.

---

[23] On 14 March 2011 EIOPA published the results of QIS5, which was conducted between August and November 2010 to assess the impact of Solvency II capital requirements on the European insurance industry.

[24] EIOPA, *Report on the fifth Quantitative Impact Study for Solvency II*, 14 March 2011, p.67.

NATURE, HISTORY & DEFINITION OF REINSURANCE

Solvency II definitions

The introduction of Solvency II[25] in the EU and the UK resulted in wide-reaching changes in the reinsurance sector. Solvency II is specifically relevant to our discussion in this chapter for two main reasons. First, the Solvency II Directive required that a definition of "finite reinsurance" be adopted in the UK for the first time, and provided specific regulations for this area of reinsurance; and secondly, the capital adequacy requirements of Solvency II resulted in changes to how insurers use alternative risk transfer.

8-009

The definition of finite reinsurance as set out in Solvency II Directive[26] is as follows:

> ""finite reinsurance" means reinsurance under which the explicit maximum loss potential, expressed as the maximum economic risk transferred, arising both from a significant underwriting risk and timing risk transfer, exceeds the premium over the lifetime of the contract by a limited but significant amount, together with at least one of the following features:
>
> (a) explicit and material consideration of the time value of money;
> (b) contractual provisions to moderate the balance of economic experience between the parties over time to achieve the target risk transfer." [27]

Under art.210 of the Solvency II Directive, Member States are required to incorporate the concept of finite reinsurance in their rules and therefore the PRA, in its transcription of Solvency II adopt the following definition for UK regulatory purposes:

8-010

> "[F]inite reinsurance means reinsurance:
>
> (1) under which the explicit maximum loss potential[28] arising from a significant transfer of both underwriting risk and timing risk exceeds the premium payable by the ceding undertaking over the duration of the contract by a limited but significant amount; and
> (2) which possesses at least one of the following characteristics:
>   (a) explicit and material consideration of the time value of money; and
>   (b) contractual provisions to moderate the balance of economic experience between the parties to the reinsurance over time to achieve the target risk transfer." [29]

This is the same definition as the Solvency II Directive[30] save for one phrase, which does not appear to be material. In previous editions of this book we discussed the Reinsurance Directive definition of finite reinsurance and noted that it raised more questions than it answers. What is meant by a "significant" transfer of underwriting/timing risk? Precisely how much is a "limited but significant

---

[25] References to Solvency II refer to the Solvency II Directive (Directive 2009/138/EC) and Delegated Regulation EU No. 2015/35.
[26] Solvency II art.210(3).
[27] Solvency II art.210(3).
[28] Explicit maximum loss potential means the maximum economic risk transferred by the ceding undertaking to the reinsurer under a contract of reinsurance PRA Rulebook: Solvency II Firms: Conditions Governing Business, 1.2 definition of "finite reinsurance".
[29] PRA Rulebook: Solvency II Firms: Conditions Governing Business, 1.2 definition of "finite reinsurance".
[30] Directive 2005/68/EC art.30A.

8-011 amount"? These questions were not addressed by Solvency II and it still remains to be seen how these provisions will be effected in practice.

Although some aspects of the definition of finite reinsurance remain ambiguous, what is clear from Solvency II is that the EU considers finite reinsurance a specific type of risk requiring further regulation. Solvency II sets out that Member States must ensure that "insurance and reinsurance undertakings which conclude finite reinsurance contracts or pursue finite reinsurance activities can properly identify, measure, monitor, manage, control and report the risks arising from those contracts or activities."[31] The PRA has set out this requirement in its rulebook—PRA Rulebook: Solvency II firms Conditions Governing Business, 8.1. Level 3 guidelines on this matter were not issued and until EIOPA and the PRA issues further guidelines around this area, it is not clear exactly what measures insurers and reinsurers will be expected to take to demonstrate that they satisfy the Solvency II requirement.[32]

As well as defining "finite reinsurance" Solvency II set out the effect of finite reinsurance on insurers' capital requirements. We discuss later in this chapter the legal consequences of financial reinsurance including whether there is a genuine transfer of risk. For capital purposes under Solvency II, that issue is somewhat moot since under Solvency II[33] recognition for capital purposes where insurers transfer underwriting risk using finite reinsurance is only to the extent that underwriting risk is transferred to the counterparty of the contract. Therefore, notwithstanding the definition of finite reinsurance, for capital recognition purposes at least, it is the transfer of underwriting risk that is key.

Market understanding

8-012 We consider that the market recognises more characteristics of financial reinsurance arrangements than does the PRA, and regards such transactions as, typically, including some of the following elements (compare the Solvency II description quoted above):

(1) often the absence of identifiable underlying risks, exposure to which is being reinsured;
(2) the primary objective of "protecting the balance sheet" of the reinsured; that is, looking at the accounts of the reinsured after he has met his liabilities and considering whether, for the particular accounting period, they need strengthening by a claim on the financial reinsurance;
(3) the absence of any, or any significant, risk being taken by the reinsurer, his exposure being limited to the amount he receives as premium plus investment income;
(4) a reinsurer in a tax neutral domicile, to assist in the growth of investment income;
(5) the reinsured in some way taking security over the reinsurer or his funds for the due performance of the payment obligations, whether it be by owning

---

[31] Solvency II Directive art.210(1).
[32] The EIOPA Work Programme 2014 indicated that EIOPA intended to issues guidelines on the monitoring, management and control of risks arising from finite reinsurance and the Mandate 2015 for the Internal Governance, Supervisory Review and Reporting committee of EIOPA showed that finite reinsurance guidelines were on EIOPA's agenda. EIOPA, however, is yet to issue Level 3 guidelines in this area.
[33] Article 208(2) of Commission Delegated Regulation (EU) 2015/35 of 10 October 2014 supplementing Solvency II.

the shares, being a member of the mutual, taking a letter of credit, or even retaining the funds and managing them on behalf of the reinsurer; and
(6) the time of a claim on the reinsurance is not determined by triggers in underlying insurance contracts but by the capital requirements of the reinsured and wording which requires payment of the claim on demand to the reinsured without further proof (similar to some letters of credit or guarantees).

We suggest that not all of these characteristics are essential to a definition of financial reinsurance. In its narrowest compass we use only (1), (3) and (6) above: financial reinsurance is a situation where the "reinsured" pays a sum of money, a "premium", to the reinsurer, and the reinsurer's liability to the reinsured, (a) will be no more than the premium plus investment income less a fee and (b) will be triggered by the capital requirements of the reinsured rather than by a specific fortuitous event. In its wider compass we define financial reinsurance using only (2) above as any "reinsurance contract" where the primary function of the contract is to protect the balance sheet of the reinsured and which will therefore respond to significant deteriorations in the balance sheet, whether caused by one or more major catastrophic events or an accumulation of underwriting losses and/or economic factors. Financial reinsurance with more modest ambitions will protect, not a whole balance sheet, but just one transaction, or one portfolio of financial exposure. Here, there may be a double trigger for a claim—an industry loss plus a loss to the reinsured. However, following the regulatory changes discussed above, we are seeing significant moves away from contracts with an absence of genuine risk transfer that are looking for a reinsurance characterisation.

The work which began with the collapse of companies such as HIH in Australia and Equitable Life in England, and which was continued by the then New York Attorney General, Mr Spitzer, in examining the true worth of finite reinsurance contracts, had impact across the world. However, as is described above, at 8-009 and 8-010, and in Ch.15, 15-027 below, Solvency II and the PRA in the UK have now defined finite reinsurance—transfer of risk but a limited indemnity over time.

8-013

To meet the objective that there be transparency of financial reinsurance arrangements, we expect that the PRA will continue to require specific disclosure of finite contracts where the credit sought to be taken from the contract is not commensurate with the true economic value taking into account the risk transferred, especially relevant since under Solvency II credit can only be taken in so far as and to the extent of any transfer of underwriting risk. There is nothing to be said in favour of a company's financial statements not telling the truth about its financial position, but "true economic value taking into account risk" is a difficult concept for any insurance and reinsurance company. Insurance and reinsurance are founded on the concept of indemnity, of filling a void created by loss. It is possible, by looking at the scope and limits of a standard reinsurance, to say what its *maximum* economic value might be, but the *true economic value* of a reinsurance contract may only be apparent when loss occurs. What is different about financial reinsurance being that if no claim is made on the reinsurance, there will almost certainly be a way in which a large part of the premium is returned to the insured. The difference between the policy paying claims and the policy going clean, is managed.

Another concept difficult to pin down is used to ensure that the transaction is properly classified as insurance or reinsurance: there must be a "significant" transfer of risk. One rule of thumb that arose out of the US Financial Accounting Standard

Board FAS 113[34] was the "10/10 rule" normally expressed as a 10 per cent probability of a 10 per cent loss to the reinsurer. That may be a suitable guide in financial reinsurance but there could be genuine insurance or reinsurance where the premium is the same as, or greater than, the potential recovery should a claim be made. From the reinsured's perspective, he may want to show in his accounts that his exposure is exactly matched by a potential recovery, even if he has to pay a 100 per cent premium to do it. A reinsured does not think in terms of transferring a percentage of the risk to which he is exposed; he thinks in terms of transferring 100 per cent of the risk that he does not want to retain. Generally, where contracts have been struck down as providing no real transfer of risk, the apparent transfer of risk has been negatived by a side letter. In effect, it is not the contract of reinsurance that is flawed but the manner to which it is put by the parties to it. This difficulty of defining "significant" is reflected in the reluctance of official bodies to provide an exact definition.

Although this case occurred before Solvency II's introduction, it is still in line with the Solvency II definition of finite reinsurance and this suggests a similar approach would still be taken by current regulators.

IFRS 17 and the Characterisation of Insurance Contracts

8-014 The introduction of International Financial Reporting Standard (IFRS) 17 marks a significant shift in insurance accounting requirements, replacing IFRS 4 for reporting periods starting 1 January 2023. While this more detailed approach promises enhanced transparency, it may also result in differences in the legal, regulatory and accounting characterisation of insurance contracts. The UK's legal and regulatory framework for identifying insurance contracts, anchored by the "Prudential" test,[35] remains unchanged. This test requires three key elements: a premium payment, an uncertain event with potential loss, and an insurable interest. The "Prudential" test (discussed in 1-003) does not set a minimum amount of risk transfer, although the regulatory framework considers the "assumption of risk" by the insurer to be an important descriptive feature of all contracts of insurance.[36] While IFRS 17 does not alter this test, it sets its own criteria and requires contracts to contain "significant insurance risk transfer" in order to be characterised as insurance contracts. This may mean that for certain types of structured reinsurance, there may be potential divergence between the treatment of the same contact from a legal, regulatory and accounting perspective.

While IFRS 17 offers improved transparency and comparability, its interplay with the existing UK legal and regulatory frameworks presents challenges for accurately classifying insurance contracts. Moving forward, Careful consideration of the legal/regulatory and accounting treatment of reinsurance contracts will be

---

[34] US Financial Accounting Standards Board, FAS 113 does not itself define "significant" but only sets out how to evaluate the significance of loss by "comparing the present value of all cash flows ... with the present value of the amounts paid or deemed to have been paid to the reinsurer".

[35] In the absence of a UK statutory definition, case law has provided a description of a number of the characteristics of insurance. The leading case, *Prudential Insurance Co v Inland Revenue Commissioners* [1904] 2 K.B. 658, treats as insurance any enforceable contract under which a "provider" undertakes: (1) in consideration of one or more payments; (2) to pay money or provide a corresponding benefit (including in some cases services to be paid for by the provider) to a "recipient"; and (3) in response to a defined event the occurrence of which is uncertain (either as to when it will occur or as to whether it will occur at all) and adverse to the interests of the recipient. This is a description rather than an all-embracing definition of insurance. It may not fit all insurance contracts, but it does serve to emphasise the point that if there is no contract there can be no insurance.

[36] FCA Handbook: The Perimeter Guidance Manual PERG 6.6.2G.

important to ensure Cedants and reinsurers obtain the treatment they require of the contracts they enter into avoid unintended consequences. This is crucial because effecting or carrying out an unauthorised insurance contract can be a criminal offense, and incorrectly formed contracts are voidable. This therefore, requires a nuanced understanding of both the accounting and legal and regulatory frameworks and their potential for divergence, particularly with complex financial instruments.

Transparency in financial reinsurance: Two case studies

The primary focus of the regulator has been to ensure that regulations are in place which require the insurance company to disclose to the regulator, policyholders and shareholders, what their financial reinsurance arrangements are. Guidance Note P4, para.23 states:

8-015

> "An insurer should ensure that financial engineering is properly reflected in its regulatory return. If necessary additional disclosures should be included to aid understanding of the types of arrangements involved and their effect."

In 2001 the then regulator, the FSA, issued a Press Notice[37] on Equitable Life. When the Treasury became aware in 1988, of Equitable's guaranteed annuity rate exposure, it required a significant reserve to be set up for this potential liability. Equitable then entered into a financial reinsurance agreement with Irish European Reinsurance Company ("IRECO") to relieve the strain on its regulatory balance sheet. In September 2001 the regulator learnt of a "letter of understanding" which had been provided to IRECO by Equitable when the reinsurance was put in place. The Press Notice is a little coy about what the letter said, but it is clear that the contract taken with the letter was not as valuable a benefit to Equitable as the regulator had first been led to believe. One may surmise that the letter had the effect, by some limitation of cover, or by a payback mechanism such as additional premium, of reducing the risk to IRECO which the financial reinsurance contract, read without the letter, appeared to transfer. There was no transparency. On the surmise we make, there was no risk transfer either.

At a 2009 Financial Services and Markets Tribunal hearing the FSA defined financial reinsurance and set out several issues with the relationship between financial reinsurance and regulation which are worth noting.[38] The tribunal was an appeal from Mr Vukelic against the FSA's decision to prohibit him from working in regulated financial services on the basis that he had lacked integrity or was dishonest when acting as chief executive of Gen Re (a Berkshire Hathaway company). Gen Re had entered into various "financial reinsurance" arrangements with cedants which, it was alleged, were not reinsurance transactions and were instead intended to misrepresent and overstate the relevant cedant's financial position. Mr Vukelic argued that the transactions he was involved with were legitimate financial reinsurance contracts contrary to the FSA's argument that there was no real transfer of risk and that the transactions were used to misrepresent financial accounts.

The FSA's statement of case defined financial reinsurance in the following terms:

> "Financial reinsurance is a specialist type of reinsurance. The essence of financial reinsurance is that the insurance risk transferred to the reinsurer is limited. Whilst insurance and

---

[37] FSA/PN/155/2001.
[38] FSMT Case 067 *Milan Vukelic v FSA*.

reinsurance are concerned with the pooling of premiums to pay claims, financial reinsurance is concerned with financing the payment of losses over a period of time."[39]

Mr Vukelic was declared not "fit and proper" as the products and transactions Gen Re entered into which the cedants had accounted for as financial reinsurance did not have the necessary transfer of risk and it was found that he knew this was the case and that the cedants were deliberately concealing aspects of the transactions to hoodwink their auditors.

The first point of note from this case study is that the regulator will look at transactions as a whole when deciding if the definition of financial reinsurance is met. The transactions in the *Vukelic* case each consisted of several legs which, when taken together, cancelled out any real transfer of insurance risk. We have seen in the market, given the bespoke and often complicated nature of many financial reinsurance transactions today, that transactions often consist of various legs and numerous documents. The *Vukelic* case reminds us that to be financial reinsurance, such transactions must not only contain individual elements that function as genuine reinsurance, but they must also be genuine financial reinsurance transactions when all the elements are considered together as a whole.[40]

The second point of note from this case study is that transparency with the regulators and any third parties regarding transactions that may or may not be financial reinsurance is of vital importance, and this is also relevant for approved individuals within reinsurers and not just for the reinsurer itself. The tribunal stated in the *Vukelic* case that:

> "Anyone who promotes financial products on the basis that a clear potential for abuse is not their problem because primary responsibility for disclosure to auditors, regulators or others rests with the client, is, as we see it, acting unethically and can expect appropriate regulatory sanctions."[41]

Financial reinsurance in historical perspective

8-016   Having considered what the market currently considers to be "financial reinsurance", it is worth stepping back into what traditionally, has been regarded as financial reinsurance and how the term has developed over time. Our starting point will be a discussion of financial reinsurance as it originally evolved in transactions peculiar to Lloyd's: "rollovers", "tonners" and "time and distance" policies and moving into the modern day, "industry loss warranties", "finite risk" policies and "value-in-force" policies.

Rollovers

8-017   Lloyd's syndicates used to operate as single year insurance businesses, and for individual members still do.[42] All premiums in respect of business written in one calendar year plus investment income were set against all liabilities arising on that

---

[39] FSMT Case 067 *Milan Vukelic v FSA*.
[40] FSMT Case 067 *Milan Vukelic v FSA*.
[41] FSMT Case 067 *Milan Vukelic v FSA*, para.123.
[42] Lloyd's say that syndicates "set up on anannual basis are technically annual ventures. In practice they usually operate from year to year"—The Lloyd's website *http://www.lloyds.com* at "What is Lloyd's?".

business.[43] Simply leaving the arrangement at that would mean that a Name on a Lloyd's syndicate would wait until all such liabilities had arisen and been provided for before any "profit" could be paid to a Name. This could be a long time into the future. Therefore, at the end of the third year (i.e. 24 months after the close of an "underwriting year") the underwriter of the syndicate would estimate all the outstanding liabilities of the syndicate and pay a premium to the next following underwriting year for that next year to assume the risks (the "reinsurance to close"). If money remained after paying that reinsurance to close premium, it could be paid as profit to the Names. Not producing a profit for Names on a syndicate could have a very serious negative impact on the business of the Lloyd's market and the managing agent of the syndicate in question. The Names would lose confidence in the agent. They would not join the syndicate, or they would leave it. The agent's business would be in jeopardy. Agents therefore always wished to show a profit—in good years and in bad. Some tried to "smooth" the results. In a good year paying all the profit to Names was, in their view, unnecessary and dangerous—paying a large profit raised expectations that were unlikely to be fulfilled. Some managing agents dealt with these problems by "reinsuring" with an insurance company (possibly owned by the managing agent) that was situated in a tax benign domicile and willing to assist. In the good years of the syndicate, a reasonable profit would be paid to Names. The balance of the underwriting profit would be paid as a premium to the reinsurer and could then be invested by the reinsurer with little or no tax paid on the income produced. The reinsurance contract was written in such a way that the reinsured Lloyd's syndicate (or rather the agent on its behalf) could call for any amount of money whenever it wished, up to the amount held by the reinsurer plus investment income less the management fee. If a good year followed a good year and no call on the fund was required, the money was simply "rolled over" to the following year; hence the name. In a year in which no profits were earned for the syndicate, the agent would call on his rollover fund to produce a reasonable profit. There were at least two problems with this arrangement. First, since the composition of the syndicates varied from year to year, what the agent was doing was using money earned for the Names in one year to pay it to Names on another year. This was in breach of duty to the Names who lost by the arrangement. It was generally not explained to them or at least not in such a way that they understood it. Secondly, the arrangement was not genuinely reinsurance, but investment. There was no peril insured against and the reinsured could claim at will. It was these aspects that caused the Revenue to begin to investigate rollovers in the 1980s, on the basis that the "premiums" to the reinsurer were not tax-exempt and Lloyd's eventually settled the Revenue's claims on all relevant Lloyd's syndicates for a figure of about £40 million. Rollovers were discontinued.

Tonners

In the 1970s (if not earlier) certain syndicates at Lloyd's were prepared, in exchange for a premium, to pay a sum certain to the insured if the total tonnage of vessels which became a total loss in a particular year exceeded a fixed number. Thus, they were called "tonners". The tonner concept was extended into the aviation market.[44] In some instances at least, these insurances were taken out by people who did not insure hulls, or at least not to the extent that they could ever suffer loss

8-018

---

[43] In fact, business for a year might be signed up in the last two or three months of the previous year but was treated as being for the later year.
[44] See *Moran v Lloyd's* [1983] 1 Lloyd's Rep. 51; [1982] Com. L.R. 258; aff'd [1983] Q.B. 542; [1983] 1 Lloyd's Rep. 472.

to the level of the guaranteed payment once the specified tonnage went down. Lloyd's banned these tonners. In insurance terms, there were issues of insurable interest and gambling:

> "... it is not suggested that either party to the so-called reinsurances had any interest at all. They were reinsurances only in name, for there were no risks to reinsure. It was gambling, pure and simple."[45]

If the "reinsured" had no interest in the vessels or aircraft which were lost, he was simply gambling on the amount of tonnage that would be lost in the given period.

> "The skill, if it can be called skill, consisted in knowing the number of aircraft of the particular type that had crashed in the previous three years or so, from which you guessed the number that would crash within the year in question."[46]

The object of rollovers and tonners

8-019   In each of the above scenarios is the germ of a sensible objective—the certainty of significant, known, sums of money being available to an insurer/reinsured from a reinsurer at critical times when the reinsured needs them. The Lloyd's syndicate, unlike the insurance company, could not hold reserves unallocated to expected losses and call on them as necessary, even though to do so is arguably a very wise precaution. An insurer who insures many vessels against total loss may be much comforted to know that if in any one year there is a catastrophic number of such losses, by which he is almost bound to be severely affected, a large sum of money will be immediately available to him and he will not have to wait to have claims made on him checked and adjusted, and perhaps aggregated, before he can claim.

Time and distance policies

8-020   Lloyd's syndicates also developed a slightly more sophisticated reinsurance in the same family as the rollover: the time and distance policy. Here the managing agent of a syndicate for a particular year would pay a premium to a reinsurer who could be called on to pay if losses arising from a particular peril or class of perils reached certain levels at particular times in the future. If they did not, there was generally a mechanism for the reinsured syndicate to be able to claim back at the final date such surplus sums as were not claimable as claims, under a profit commission arrangement which left the "reinsurer" with his management fee. Because of the "timing risk", the possibility of the obligation to pay arising before the premium invested had accumulated to be sufficient to pay the claim, this could be a genuine risk to the reinsurer, but this timing risk was frequently eliminated by other provisions, for example concerning limits or payment of additional premium. Such time and distance policies may also have failed the test of: "was there a real transfer of risk?"

Where, in the time and distance policy, there was a time lock on the ability to claim and the reinsured found that he needed funds before the date he could claim, he might borrow from a bank on the security of his policy.

Where the reinsurer in rollovers or time and distance policies was not wholly owned by the agent of the syndicate, the agent might require a letter of credit to be put in place by the reinsurer to ensure that the claim monies were secured to the

---

[45] *Moran v Lloyd's* [1983] 1 Lloyd's Rep. 51 at 54 per Lloyd J.
[46] *Moran v Lloyd's* [1983] 1 Lloyd's Rep. 51 at 54 per Lloyd J.

syndicate. If the reinsured borrowed on the security of the policy, he would also transfer the benefits of the letter of credit.

Finite risks

Financial reinsurers became prepared to take a finite risk, or a risk up to a limit, on the timing or amount of claims which might be made. The expression "finite risks" is now frequently used as an equivalent for or alternative to "financial reinsurance".[47] The distinction between finite risk underwriting and traditional reinsurance underwriting appears to be that the former focuses on the time value of money. The finite risks underwriter sets the limits and the premium in the expectation of earning sufficient investment income to pay for the losses before they fall due for payment. It is also an invariable feature of such contracts that the "reinsurer" is required to provide a letter of credit for the limit of his liability. The present day financial reinsurance market offers a variety of "products", which can be divided into two categories: retrospective contracts, which "reinsure" historical business, and prospective contracts, which "reinsure" future business.

8-021

Financial Reinsurance/Finite Risk Contracts	
Retrospective	*Prospective*
Time & Distance/Funded Covers	Financial Quota Share/Surplus Relief Relief
Loss Portfolio Transfer/Aggregate Stop Loss	Prospective Stop Loss/Prospective Aggregate Covers
Retrospective Stop Loss	
Expanding Limit Stop Loss	Spread Loss

Retrospective contracts

Time and distance policies are described at 8-019 above. As can be seen, the essence of any funded cover is that the policy limit is intended to be equal to the premium plus investment income (less the "reinsurer's" fee). The difference between a classic time and distance contract and other kinds of retrospective contract is the degree of risk, whether as to timing of loss payments or as to the occurrence of losses, which the "reinsurer" is prepared to assume. Typically, in a loss portfolio transfer the reinsured is carrying undiscounted reserves to pay for future losses. The reinsured pays a premium which is calculated by reference to the discounted value of the reserves and the limit of the contract is the amount of undiscounted reserves.

8-022

A retrospective stop-loss cover is a contract that provides for payment up to a limit in excess of the existing loss reserves in the event of deterioration in future losses. Provision may be made for an expanding limit, and payment of an additional premium, if the deterioration is worse than anticipated. If losses do not deteriorate or do not deteriorate as much as anticipated, such retrospective stop-

---

[47] "'*Finite risk insurance and reinsurance business*' is not a term of art in the sense that it has some generally accepted market meaning. It is a phrase of some elasticity" *Huntington v Imagine Group Holdings Ltd* [2007] EWHC 1603 (Comm) at [204] per Christopher Clarke J (aff'd [2008] EWCA Civ 159). See: [2007] EWHC 1603 (Comm) at [205]–[220] for various different usages of the term "finite risk". The Reinsurance Directive art.2 does define finite reinsurance, and in some detail. It requires a "significant" risk transfer.

loss contracts typically provided for the payment back to the reinsured of a "profit share" out of the investment income earned on the premium.

Solvency II may have increased the attractiveness of retrospective reinsurance, particularly for insurers in run-off. The main contributors to the SCR under Solvency II for most insurers in the Quantitative Impact Study 5 ("QIS5") were underwriting risk and market risk. In contrast to the position under Solvency I,[48] reinsurance cover is recognised to its full extent albeit that there will be some charge for counterparty risk. A retrospective reinsurance cover, covering either existing reserves or adverse developments in those reserves, will reduce the capital needing to be held against underwriting risk and against market risk for those assets transferred to the reinsurer as premium. Consequently, the risk margin will also be reduced since this is a function of the cost of capital needing to be held to cover the SCR. In other words, underwriting and market risk are converted to counterparty risk; and the capital charge for exposure to a highly rated reinsurer is relatively low—certainly compared to the charges for underwriting and market risk.

Prospective contracts

8-023   There are three kinds of so-called prospective contracts: financial quota share, stop-loss and spread-loss. In a financial quota share, the reinsured (frequently a life insurer) pays a percentage of its current premium to the reinsurer. The object of the transaction is to improve the reinsured's solvency margin, which is expressed as a ratio of the net written premium to shareholders' equity.[49] As we noted in Ch.1, one of the objectives of reinsurance is to enable primary insurers to write more business and receive more premium and the quota share treaty is a very common form of reinsurance transaction. The difference between a financial quota share and a quota share treaty of the kind discussed above[50] is that although the "reinsurer" receives an agreed percentage of the net premium he does not pay the equivalent percentage of claims. The limit is set by reference to the anticipated settlement of losses and the time value of the premium.

We have discussed stop-loss insurance previously.[51] A stop-loss policy is a form of excess of loss reinsurance under which the reinsurer agrees to pay, up to an agreed limit all losses in excess of a particular level (usually expressed as a percentage of earned premium income). Spread-loss contracts, as the name implies, are designed to spread losses over time. They are typically worded as excess of loss contracts, with a continuous period (subject to cancellation upon payment of a penalty). Provision is made for periodic payment of additional premium calculated by reference to loss experience so that losses paid by the "reinsurer" are paid back over time by the reinsured.

Industry loss warranties

8-024   Industry loss warranties ("ILWs") have been available probably since before the first edition, but in recent years seem to have experienced a resurgence. ILWs have some or all of the following characteristics: there is a double or triple trigger, a loss to the insured/reinsured and a market loss, or a couple of market losses, of an agreed

---

[48]   References to "Solvency I" are to Directive 73/239/EEC. Reinsurance is only recognised up to 50% of the solvency margin under the current rules.
[49]   Referred to in the United States as "surplus"—hence the alternative name for this kind of contract is surplus relief. And see also "Reinsurance Loans" below.
[50]   See Ch.1, 1-019 above for a description of quota share treaty.
[51]   See Ch.1, 1-023 above.

severity, a fixed sum payable on a claim being triggered and premium paid as a rate on line (being the amount of the gross premium compared to the maximum liability under the contract, expressed as a percentage). We understand that there is a perception in the market that ILW contracts have a lower rate on line than conventional excess of loss reinsurance, although this may not necessarily be the case. The loss suffered by the insurance industry as a whole is normally defined solely by way of reference to a figure that the parties expect will be published in the agreed and identified publication in respect of a relevant loss occurrence or event, to ascertain whether the Market Index Trigger has been reached in any particular case. A very commonly used publication for the Market Index Trigger is the Swiss Re's Sigma Report ("Natural catastrophes and man-made disasters") which is published annually at around the same time of year (spring) and is available online from Swiss Re. The Sigma Report provides estimates of large insured property losses throughout the world that occurred during the calendar year before its publication. Sometimes the sum payable is not fixed but is expressly indemnity-based. There is generally a specific provision that the insurer is to pay without reference to other reinsurances (although it is likely that there is no equivalent provision in any such other reinsurances). These ILWs are usually marketed as alternative catastrophe covers, but in fact there is generally no excess point and the loss to the insured is assumed. The pricing is by reference to models predicting the second/third trigger, the catastrophe loss(es), and it is because at least one catastrophe of the agreed magnitude has to occur that they are talked of as catastrophe covers. Where an insurer has a gap in his catastrophe cover and traditional reinsurance is not available, the ILW may fill a need. But there is basis risk, a risk that whatever loss befalls the reinsured will not be compensated by an ILW recovery because the two do not exactly match or because the Market Index Trigger does not occur. They may not attract much capital credit in a Solvency II environment, and for that reason, be too costly. We have seen more ILWs providing for some indemnity (rather than a fixed sum) since the last edition. That may be as a response to these issues.

Aeolus Re Ltd v CS ILS SICA v-SIF and ors[52] demonstrated the inherent risk when using freely available Report Publishers, such as Sigma, in ILW contracts. In that case, the publisher was NatCatSERVICE (NCS), part of Munich Re's publication activities. The claimant, Aeolus Re, had entered into seven Industry Loss Warranty swaps with the defendant, various funds managed by Credit Suisse Insurance Linked Strategies. The swaps provided for payment if there was a Trigger Event in a Covered Territory during the Risk Period, as reported by NCS.

A qualifying Trigger Event occurred in early September 2018, when Typhoon Jebi hit Japan. NCS published a press release in January 2019, estimating the loss for the catastrophe as US$9 billion, lower than the Trigger Amount under the swaps of US$12.5 billion. During the lifetime of the Swaps, NCS did not update this loss estimate. A condition in the contract allowed the parties to determine a successor Report Publisher if the nominated Calculation Agent determined that they had ceased to provide Loss Reports or materially changed their methodology. As NCS's loss estimate was prepared only four months after Typhoon Jebi, and NCS failed to publish its usual annual report, Aeolus Re. claimed that NCS had ceased to produce Loss Reports or at least materially changed its methodology, giving rise to a breach of contract.

The court found that as NCS does not commit to providing updates on its loss estimates and typically does not do so, and it continued to report loss estimates for

---

[52] *Aeolus v CS ILS SICAV-SIF et al* [2022] SC (Bda) 30 Com.

other catastrophes during this time, the lack of an updated estimate was not enough to indicate it had ceased to provide Loss Reports. In analyzing whether there had been a material change in methodology, Hargun CJ accepted that it was pivotal to look at the NCS's past practice of loss reporting. Expert evidence on this point suggested that there was no established methodology for periodic reporting by NCS, and generally it only provided one estimate for a certain event. Although it would sometimes update this figure, this was an unpredictable occurrence and NCS was under no contractual obligations to do so. Consequently, Aeolus Re.'s claim was dismissed.

Value-in-force ("VIF") policies

8-025 Value of in-force ("VIF") is the term often used to describe the economic value of future profits expected to emerge from a book of in-force business. There was a period under Solvency I when credit was given on the regulatory balance sheet for this value, but this was phased out.[53]

Consequently, several structures have been put in place to realise this value; to allow insurers to exchange an expectation of future cash flows for an upfront amount of capital which can be put to many different uses. The transaction can therefore transfer the risks inherent in the business which might have reduced the anticipated profit, reduce capital requirements and enhance liquidity.

VIF transactions can take several forms, including being structured: (a) as a contingent loan; (b) through an insurance-linked securities/ securitisation structure; or (c) as a reinsurance arrangement. The simplest structure is that of a contingent loan, where the insurer is provided with a capital sum that is then repaid as the surplus arises. Insurance Linked Securities (as described under 8-050 below) might involve a Special Purpose Vehicle ("SPV") receiving capital from investors purchasing bonds issued by it, which is then paid to an insurer or reinsurer under a risk transfer agreement. The returns on the bonds under an ILS structure can be paid as surplus arises on the book of business. Where the transaction is structured as a reinsurance, it is common for there to be a ceding commission paid (usually by a reinsurer but there may be structures where a bank provides the funding and a reinsurer covers the insurance risk) which represents all or part of the VIF of an insurance book with reinsurance provided to cover any payments that need to be made in respect of the insurance book. The reinsurer then receives the surplus that arises on the book of business and undertakes to pay any negative balances (i.e. where the claims are greater than the reserves held/premium received).

The early VIF transactions were generally structured through securitisations such as the £400m transaction Barclays executed in October 2003. Barclays used an SPV called Gracechurch Life to issue bonds backed by the life insurer's emerging surplus. There were then several large transactions (including, in particular, some with Spanish and Portuguese insurers where the bank parent needed to raise capital) structured as quota share reinsurance arrangements. These include the Abbey Life/Deutsche Bank transactions with the Spanish and Portuguese insurance companies of Santander in June 2012 and the SCOR Global Life transaction with Mediterráneo Vida, a Spanish insurance company owned by Banco Sabadell in March 2014.

8-026 Following the introduction of Solvency II, there has been a decline in VIF transactions possibly because future profits are already recognised as regulatory capital under Solvency II. In addition, whilst VIF is recognised (as future profits)

---

[53] Though, see 8-024 and 8-025 above, for the extent to which the value of future profits is recognised under Solvency II.

THE LEGAL CONSEQUENCES OF FINANCIAL REINSURANCE

in the Solvency II balance sheet, it is not the best quality of capital in that it is not easily fungible or transferable when needed. A VIF monetisation can transform this asset into a highly liquid form.

2. THE LEGAL CONSEQUENCES OF FINANCIAL REINSURANCE

The narrow definition

In our view, financial reinsurance in the narrow definition is not insurance or reinsurance, for three reasons. First, there is no transfer of risk from the reinsured to the reinsurer; secondly there is no subject matter of the reinsurance; and thirdly there is no trigger to payment other than a call on the reinsurer by the reinsured. This has several consequences in law:

(1) *Regulatory:* the reinsurer and the reinsured have both to consider whether the regimes under which they operate, and their corporate constitutions, permit them to enter into such contracts if they are not reinsurance. If the companies are not permitted to effect such transactions under the governing regulatory regime,[54] or their own constitutions, then the companies and their officers involved may lose their licences, be subject to penalties or other disciplinary measures, find the contracts unenforceable, and be the subject of actions by shareholders.

(2) *Duties:* if the contract is not insurance or reinsurance, the duty of fair presentation and the principle of utmost good faith may well not apply.[55]

(3) *Claims:* the reinsurer will not be able to measure his payment against any loss of the reinsured, only against the funds that he holds.

(4) *Retrocession:* if the reinsurer has retrocession arrangements, he may find his retrocessionaire questioning whether his liability has been engaged where the retrocedant pays under such financial reinsurance arrangements.

8-027

The wider definition

In our view, "catastrophe" reinsurance—that is reinsurance which responds to catastrophic liabilities incurred by the reinsured in underwriting risks and where the reinsurer's liability is not limited to the premium paid plus investment income—so that there is a transfer of risk—is reinsurance even if the primary objective is to "protect the balance sheet" of the reinsured. This is so because the reinsurance is against the consequences of an event or events causing loss. Indeed, we consider that provided the reinsured is genuinely exposed to the underlying risks, there is no lawful objection to these being "valued" reinsurance policies. We state above under "The object of rollovers and tonners" at 8-018 above that we can see a benefit to a reinsured in being able to claim a sum certain at an early stage after a catastrophe

8-028

---

[54] We discuss below the position under the UK Financial Services and Markets Act 2000 and the Bermuda Insurance Act 1978 respectively.

[55] The duty of fair presentation was introduced by the Insurance Act 2015. The duty of uberrima fides still applies but breach of this does not automatically give (re)insurers the right to avoid the contract. For further information see Ch.6. It was argued, unsuccessfully, in *SAIL v Farex* [1995] L.R.L.R. 116 that some contracts related to insurance, in this case the contract for a line slip, are so akin to insurance that insurance principles should apply nonetheless.

has occurred which he knows will impact him severely. It may be that this is the function of the ILWs.[56]

In catastrophe reinsurance of course, if there were layers of cover that paid in excess of a stated amount of an ultimate net loss suffered by the reinsured, the benefit of the excess recovery on the valued reinsurance would find its way back into the market.

However, "insurance" of the balance sheet is not of itself insurance, and thus reinsurance of that insurance would fail also. Not only must the subject matter of insurance be capable of being insured but there must be one or more perils against which it is insured. Taking first the question of what is capable of being insured, a hope for, or expectation of, value or profit (or of not making a loss) is not of itself an interest capable of being insured. *Lucena v Craufurd*[57] concerned insurance, effected by statutorily appointed Commissioners, on Dutch vessels which had been captured in the Far East and which, if they arrived safely in England, could be seized by the Commissioners—apparently for the benefit of such of the Dutch who were then allies of England in the war against France. The members of the House of Lords were unanimous that the Commissioners had no insurable interest in the vessels unless and until they arrived in England and became subject to their control under statute. Lord Eldon said:

> "[I]t is clear that the insured must have an interest, whatever we understand by that term. To distinguish that intermediate thing between a strict right, or a right derived under a contract, and a mere expectation or hope, which has been termed an insurable interest, it has been said in many cases to be that which amounts to a moral certainty. I have in vain endeavoured however to find a fit definition of that which is between a certainty and an expectation."[58]

8-029 He went on in considering an earlier case involving insurance of an expectation of a grant from the crown:

> "That expectation, though founded upon the highest probability, was not interest, and it was equally not interest, whatever might have been the chances in favour of the expectation."[59]

In our view the interest of the (re)insured in protecting his balance sheet is the type of expectation which, albeit an interest, is not an insurable interest. This, we believe, is why loss of profits insurance is always a loss of profits consequent on a particular insurable risk related to the property out of which the profits arise, for example a factory or goods on a vessel.

There is a view that other than in life and marine insurance, which have their own statutory rules about insurable interest, insurable interest is required for insurance contracts (and reinsurance contracts) generally because the absence of insurable interest necessarily made the contract one of gambling and in breach of s.18 of the Gaming Act 1845. That section is repealed by s.334 of the Gambling Act 2005, and it goes on in s.335 to expressly state that the fact that a contract "relates to gambling" shall not prevent its enforcement. According to s.3 of the Gambling Act 2005, gambling is gaming (s.6), betting (s.9) or participating in a lottery (ss.14 and 15). Gaming is playing a game of chance for a prize. Betting is making or accepting a bet on the likelihood of anything occurring or not occurring. We do not

---

[56] See 8-023 above.
[57] *Lucena v Craufurd* 127 E.R. 630; (1806) 2 Bos. & P.N.R. 269.
[58] *Lucena v Craufurd* (1806) 2 Bos. & P.N.R. 269 at 321.
[59] *Lucena v Craufurd* (1806) 2 Bos. & P.N.R. 269 at 323.

THE LEGAL CONSEQUENCES OF FINANCIAL REINSURANCE 617

recognise either of these definitions as encompassing insurance or reinsurance. Furthermore, it is an offence to provide facilities or premises for gambling unless licensed. We recognise that the courts' mindset is to enforce contracts between commercial entities even if the broad brush of such an approach sweeps aside some niceties[60] but even so, we see no encouragement in this Gambling Act 2005 to insurers or their customers to insure or reinsure where there is no insurable interest.[61] It does not permit such insurance or reinsurance. It may be said that without proof of loss one recovers nothing, and therefore the requirement for insurable interest is otiose, but as *Feasey v Sun Life* demonstrates, if the interest is "valued" at the outset that will not be the case. The damage from Tonners should not be forgotten.

We do not consider that *Toomey v Eagle Star*[62] is inconsistent with the requirement for insurable interest and an agreement to indemnify for loss, despite its anomalous nature. It may be recalled that the Toomey syndicate (re)insured with Eagle Star "all claims, returns, reinsurance premiums and other outgoings" in respect of the 1965 and prior underwriting accounts. Whilst we consider that it is on the borderline of what may legitimately be characterised as (re)insurance, which explains the uncertainty over whether it is properly described as insurance or reinsurance, the contract reinsured only payments directly or indirectly arising out of underwriting and was collectable only as such losses arose. If no losses had arisen (albeit, to borrow inaccurately from Lord Eldon, there was a racing certainty that they would), the reinsurer would have retained the premium. But "insurance" of an expectation does not fail because there is no transfer of risk, no possibility of the reinsurer losing on the transaction. It fails because the reinsured is seeking protection in relation to a speculation or expectation: that he will acquire an asset or that his assets at any particular time will hold or increase their value.[63]

We have then to consider what are the perils, the occurrence of which will result in loss, which the cedant seeks protection from in relation to his balance sheet? If the "reinsurer" is required to pay whenever the "cedant" thinks his solvency margin is insufficient, that is not a peril. His "loss" may not be from claims on policies he has underwritten—his bank may have become insolvent, his assets may have been held in a currency which is devalued, for example. Both of these examples are, individually, risks which could be insured against, but that is not what an insurance company is doing when it protects its balance sheet by effectively having a call option on funds that it has set aside. We consider that it is possible to insure against loss of assets on a balance sheet by reference to perils, but it is not done by a process of moving funds offshore under an investment management contract which gives the "beneficiary" of the funds the right to call on them as required.

8-030

If it is right that the contracts within this wider definition of financial reinsurance (save for those which we consider are genuine catastrophe reinsurances against liability arising from real perils) also fail to qualify as (re)insurance because they lack the necessary ingredient of an interest recognised as insurable, then the consequences referred to above with the narrow definition apply here also.

---

[60] *Feasey v Sun Life* [2003] Lloyd's Rep. I.R. 637.
[61] The Law Commission is still considering whether to propose statutory reform of the law of insurable interest. At the time of writing it appears that this element of the insurance law reforms will not be pursued with legislation, although a draft Insurable Interest Bill was published in 2018. See *https://www.lawcom.gov.uk/project/insurance-contract-law-insurable-interest/#insurable-interest-consultation.*
[62] *Toomey v Eagle Star* [1994] 1 Lloyd's Rep. 516, and see Ch.1, 1-044 above.
[63] An expectation or speculation no different in kind from a wager that his horse will win a race.

United Kingdom: The Financial Services and Markets Act 2000

Long-term business

8-031   Long-term insurance business is listed in Sch.1 Pt II of the Regulated Activities Order of the Financial Services and Markets Act 2000 ("FSMA")[64]. Some of the classes there described are distinctly "financial" in nature—long-term investment contracts or pension fund management, for example. Despite the appearance as investment, rather than insurance in nature, they are insurance contracts.[65] If the contract is one of insurance, then the duty of utmost good faith applies and the person taking the insurance must have an insurable interest.[66] There is some fortuity involved—for example, a guaranteed sum on early death under a life assurance contract. The payment under an investment policy is measured by the terms of the policy, not the "loss", when the time for payment comes. The payment under a life policy should be for no more than the value of the interest—seemingly a valuation at the time the policy is taken out—but the courts seem unwilling at the present day to apply that provision with any vigour.[67] All of these insurances, since they are classified as insurance by the FSMA, can be reinsured.

Reinsurance loans

8-032   Reinsurance of life contracts has a money flow that is different from the money flow in reinsurance of general business. In general business, for insurance and reinsurance a premium (generally small in comparison to the limit of exposure of the reinsurer), is paid at the outset and a large amount may be paid in the event of loss. In life business the insurer knows that he will pay either on the uncertain event of death or on maturing of the investment, and has to put capital aside to cover that exposure, whilst premium comes in gradually over the years. The life insurer may also have a hefty outlay in commission before he receives premium to cover it. The life insurer can fund his requirements by "reinsuring", where the reinsurer advances funds at the outset of the reinsurance contract and the reinsured pays premium when the funds received from policyholders and from investment income, have swollen to permit the reinsured to do so. We consider this to be legitimate as reinsurance. The risk is transferred to the reinsurer for a premium, albeit there is high predictability[68] and albeit the premium is paid to the reinsurer at the end of the insurance period rather than the beginning.

---

[64] Financial Services and Markets Act 2000 (Regulated Activities) Order 2001 (SI 2001/544) ("RAO").
[65] Save that in respect of General Business (Pt 1 of Sch.1 to the RAO) described at para 15.2 and Long-Term Business (Pt II of Sch.1 to the RAO) described at paras VI and VII; they are not insurance contracts if conducted by banks. For pension fund management it is difficult to see how concepts of insurable interest or uberrima fides could be relevant. Historically the only reason that managing pension funds was included as a class of insurance business is that immediately before the UK introduced the EU legislation to restrict the business of insurance companies to "insurance" (1982), insurance companies were managing pension funds. To enable them to continue to manage pension funds, managing pension funds had to be classified as insurance. These are therefore insurance contracts by statute although not under common law.
[66] Life Assurance Act 1774 s.1 and *Carter v Boehm* 97 E.R. 1162 (1766) 3 Burr 1905. The Insurance Act 2015 modifies the duty of utmost good faith to remove the insurer's ability to avoid the contract where the duty has not been observed by the other party.
[67] *Feasey v Sun Life* [2002] Lloyd's Rep. I.R. 807; [2003] Lloyd's Rep. I.R. 637.
[68] But "high predictability" may still not be so predictable after all. AIDS threw a factor into life expectancy forecasts which not all insurers foresaw, and SARS could have done the same.

Investment

The reference to long-term business as, in many instances, primarily investment and management of funds, brings us to consider an essential element in an insurer's or reinsurer's business—he has large cash and asset reserves. Andrew Tobias called insurance companies *"The Invisible Bankers"*,[69] because insurance companies had such large funds to invest. He said:

8-033

> "The analogy to banking is an important one. In both cases the product is really only money. Banks—and insurance companies—are 'financial intermediaries'. They collect deposits from people and businesses with extra cash and lend it to people and businesses (and governments) that need to borrow some."

Insurance and reinsurance companies are cash, or in any event asset, rich. Because of the time delay between receipt of premium and payment of claims, even unsuccessful companies generally have substantial assets when they pass into liquidation or administration; they become insolvent because, despite their assets, the estimation of liabilities which will arise in the future indicates that the assets will run out before claims do. It is this ability to see that far in the future as to whether the company will have insufficient funds that cause companies to look at the kind of financial reinsurance described in 8-012 and 8-014 above.

It is the large pool of assets held by insurers and reinsurers that have proved attractive to Warren Buffet and the Berkshire group of reinsurers amongst others, Buffet having famously referred to insurance and reinsurance companies as cash floats. This asset pool has also driven recent deals whereby insurers and reinsurers are linking up with specialised asset managers or hedge funds usually through Bermudan arrangements such as the Watford Re deal between Arch and Highbridge. Arch group provided Arch Underwriters to underwrite for Watford Re. Highbridge are the investment managers for Watford Re. Watford Re is capitalised by third parties. Investors seemingly have their funds (in Watford Re) invested by a hedge fund manager with the additional risk/potential for profit from the fact that the capital is also supporting the underwriting done for Watford Re by Arch.

The business of insurance: INSPRU 1.5.13 and Solvency II

INSPRU 1.5.13R, which now only applies to firms outside the scope of Solvency II, and the PRA Rulebook: Solvency II Firms: Conditions Governing Business, 9.1 provide that: "A firm other than a pure reinsurer must not carry on any commercial business other than insurance business *and activities directly arising from that business*" (emphasis added).[70] That rule and PRA Rulebook: Solvency II firms: conditions Governing Business 9.2 apply to reinsurers who also do direct business. INSPRU 1.5.13A[R] applies to *pure reinsurers* and limits them to "the business of reinsurance and *related operations*" (emphasis added). This is in line with Solvency II.[71] The equivalent provision in the Insurance Companies Act 1982, before it was repealed, was s.16(1):

8-034

> "An insurance company shall not carry on any *activities* in the United Kingdom or

---

[69] (Washington Square Press, 1982).
[70] INSPRU previously applied to all insurers and reinsurers but since the implementation of Solvency II in the UK its application has been limited to firms outside the scope of Solvency II. The regulation of these non-Solvency II firms is also supplemented by the PRA Rulebook: Non-Solvency II Firms. Firms within the scope of Solvency II are regulated by the PRA Rulebook: Solvency II Firms.
[71] Solvency II Directive art.18(1)(b); and see Ch.15, 15-038 below.

elsewhere otherwise those *in connection with or for the purposes of its insurance business.*" [Emphasis added]

The origin of s.16(1) of the ICA 1982 is art.8 of the 1973 EC Non-Life Directive which provides that an insurance undertaking must, "limit its business activities to the business of insurance and operations directly arising therefrom *to the exclusion of all other commercial business*" (emphasis added). As was explained in the first edition, there was an indication from the Court of Appeal in *Fuji France v Aetna Life Insurance Ltd*[72] that if a statute said that a company "shall not" do something, it was illegal to do it and thus it would be illegal for an insurance company to carry on an activity which was not in connection with or for, its insurance business.[73] The courts established[74] that to conduct insurance business without authorisation was illegal and the transaction void. But, of course, the law was changed in the Financial Services Act 1986 s.132 and remains changed in the FSMA 2000.[75]

One might have expected therefore in the FSMA that the draftsman would have been even more faithful to the EC Directive and said that the insurance undertaking should "limit its activities" but the FSMA rules simply used "must not" instead of "shall not" (as appeared in the ICA 1982). Section 138E of the FSMA states that breach of a rule (here, INSPRU 1.5.13[R] or PRA Rulebook Solvency II Firms Conditions Governing Business 9.1) does not render any transaction void or unenforceable; nor does it constitute a crime. That said, it is a rule which the Prudential Regulation Authority (PRA) and the Financial Conduct Authority (FCA) are very conscious of, being a requirement of an EU directive, and it is actively policed. Insurers also take this seriously and many have set up service companies within their groups for the provision of intra-group services, for example, the provision of IT services or even underwriting services by an insurance company could well have breached this provision as not being in connection with or for its insurance business. We consider that the requirement that the insurance company "carry on a commercial business" before it oversteps the mark (rather than "carry on any activity") makes it less likely that a company will breach INSPRU 1.5.13[R] in any event. One can argue that to carry on a commercial business requires considerably more permanence and for the activity to be carried out by way of business, than to merely carry on an activity.

Investment: An "operation directly arising" from insurance or "related" to reinsurance?

8-035   Whilst it is pleasing for insurers and reinsurers to know that should they step beyond the confines of the regulatory regime and engage in a commercial business for which they are not authorised, they will not be committing a criminal offence, they are still anxious to stay within the law. Even if what they do is not void or unenforceable, it is likely to attract the unwelcome scrutiny of the PRA and FCA if it strays beyond the scope of what is permitted for non-Solvency II firms under INSPRU 1.5.13R and the PRA Rulebook: Non-Solvency II Firms: Insurance

---

[72] *Fuji France Inc v Aetna Life Insurance Ltd* [1997] Ch. 173; [1996] 3 W.L.R. 871; *Edwards v Slater & Gordon UK Ltd.*
[73] The rule in relation to s.16(1) would have been the same, therefore, as the rule in relation to s.2 of the ICA 1982—which required that a company shall not conduct insurance business unless authorised.
[74] *Phoenix General Insurance Co of Greece SA v Halvanon Insurance Co Ltd* [1988] Q.B. 216; [1987] 2 W.L.R. 512.
[75] See Ch.15 below. The contract is not illegal, and in most circumstances can be enforced.

Company—Internal Contagion Risk, 2.1. and for Solvency II firms in PRA Rulebook's Solvency II Firms. What of the insurer and reinsurer undertaking investments? There is no doubt that the investment of funds directly arises out of the insurance business—indeed in long-term business, it may be the business itself and is related to the reinsurance business. The prudent investment by the (re)insurance company of funds received as premiums assists it in being able to meet claims which arise concerning the policies it has issued. There is no section in the FSMA 2000 (or in any earlier statute) which states "An insurance company may make investments" but there is no doubt that it is an activity which "directly arises" from the business of insurance and reinsurance and is "related" to reinsurance.

However, it is less clear how far an insurance company can go in the investment of its assets. Investing in loans is permissible since they are included in the standard formula in the Delegated Regulation. For Non-Solvency II firms, they are included in the list of admissible assets in the PRA Rulebook.[76] An insurance company can purchase bonds, debt securities, interests in funds making loans and granting mortgages. It is less clear that an insurance company could grant loans itself to any significant degree before being regarded as undertaking a commercial activity which was not directly arising from its insurance business.

Article 132 of Solvency II has replaced the above admissible assets requirements with the 'prudent person principle' for Solvency II firms. The prudent person principle is used to govern investment decisions and asset allocation. According to the PRA Supervisory Statement SS4/13, the new regime is largely consistent with its previous expectations about insurers and reinsurers being expected to exercise prudence in relation to the acquisition and holding of assets to ensure that such assets are appropriate to the nature and duration of the liabilities they are backing. This has been transposed into the PRA Rulebook under which firms must only "invest in assets and instruments the risks of which it can properly identify, measure, monitor, manage, control and report and appropriately take into account in the assessment of its overall solvency needs under Conditions Governing Business 3.8(2)(a)" and all of the assets must be "invested in such a manner as to ensure the security, quality, liquidity and profitability of the portfolio of assets of the firm as a whole and be localised such as to ensure their availability". See PRA Rulebook Solvency II Firms, Investments, Prudent Person Principle, General Principles. The PRA have also reiterated the need for insurers to properly understand the assets in which they invest especially where such assets are "alternative assets" or otherwise structured or complex.[77]

The valuation of investments: Derivatives

Every insurer whose head office is in the UK or whose business in the UK is restricted to reinsurance[78] must maintain assets equal to their MCR and SCR under the Solvency II requirements as incorporated in the PRA Rulebook. Smaller firms not subject to Solvency II must maintain a margin of solvency under the rules the Non-Solvency II Part of the PRA's Rulebook. The rules maintain the previous

8-036

---

[76] PRA Rulebook Non-Solvency II Firms, Insurance Company-Capital Resources: Admissible Assets.
[77] For instance, the PRA's Supervisory Statement SS3/17 "Solvency II: Illiquid unrated assets" April 2020 sets out the PRA's expectations in relation to firms investing in illiquid, unrated assets within their Solvency II matching adjustment portfolios. In this statement, the PRA emphasises the importance of compliance with the Prudent Person Principle and the need for insurers to properly understand the assets they invest in.
[78] For why reinsurance companies with head offices elsewhere are nonetheless regulated by the FSA for solvency purposes—see Ch.15 below.

prudential requirements that were originally inherited from the GENPRU and INSPRU Sourcebooks as contained in the *FSA Handbook*.[79] To determine whether the appropriate margin exists, the assets of the Non-Solvency II insurance company must be valued under the rules in PRA Rulebook which set out a list of so-called admissible assets and rules on how they should be valued for regulatory purposes. The PRA Rulebook then sets out counterparty and asset limits to be applied when assessing the amount and value of assets available to meet technical provisions and capital requirements. Whilst insurance companies are not expressly prohibited from any particular type of investment, they are likely to want to invest (a) where they can get full value credit for solvency purposes and (b) where the investments do not attract adverse comments from the regulator. For derivatives, only an "approved derivative contract" has a value for solvency purposes.[80]

Can an insurer then trade in derivative contracts other than those which are "approved" provided that he accepts that they will have no value for solvency? We now come back to a word which we considered above concerning the question of whether an interest is of the nature of an insurable interest, "speculation", but in a different context. Insurance companies' legislation does not list investments that can be made (from which one might deduce that all others cannot be made); the restraint on the insurance and reinsurance company is that speculative investments will draw little capital credit and may be unauthorised. With derivatives, for example, part of qualifying as an approved derivative is that the derivative can only be used for efficient portfolio management or reduction of investment risk[81] which is aimed at preventing speculative investment.

If an insurance company must carry on only insurance business and activities directly arising from that, and if the "wrong sort of investments" or indeed investments in excess of limits, such as unauthorised collective investment schemes, have no value for solvency purposes, can investing in them be regarded as carrying on an activity directly arising from the insurance business?

In any event, Solvency II has swept away the concept of admissible assets and asset and counterparty limits for insurers and reinsurers subject to Solvency II and replaced the concepts with the "prudent investor" principle (as set out above in 8-034) and capital charges for the risks inherent in such assets. Investment in derivatives under Solvency II must still be limited to investment for reduction of risk or to facilitate efficient portfolio management[82] and although the concept of "approved derivative" is no longer used, (it does survive as "permitted derivative" for Solvency II firms concerning linked long-term business where the policyholder bears the investment risk), conditions for investment in derivatives are more general but still refer to keeping such investments to prudent levels and being appropriately diversified."Only one type of investment, essentially securitisations, is prohibited for investment under Solvency II—unless certain conditions are fulfilled. Whilst it is clear that this prohibition stems from the regulators' view of the inherently risky nature of securitisations following the role of certain types of securitisations in the credit crisis, the regulators could have prohibited other investments

---

[79] The basic requirement is contained in GENPRU2.1.13R(1) of the *PRA Handbook* which requires that an insurer must maintain at all times capital resources equal to or in excess of its capital resources requirement ("CRR"). There are extensive rules, principally in INSPRU, detailing how insurers are expected to manage this requirement in practice.
[80] INSPRU 3.2.5.
[81] INSPRU 3.2.6.R–INSPRU 3.2.7.R (Effective Portfolio Management), INSPRU 3.2.8.R–3.2.13.G (Reduction of investment risk).
[82] PRA Rulebook Solvency II Firms, Investment, Prudent Person Principle: Additional Requirements where the Investment Risk is Not Borne by the Policyholder.

directly should they take the view that investment in these would not be an appropriate activity for insurers. The effect of Solvency II on investments and reinsurance more generally is discussed further in 8-037 and 8-038 below.

In *Hazell v Hammersmith & Fulham Borough Council*,[83] banks received a jolt when they discovered that interest rate swap agreements entered into by the Council fell outside the statutory powers of the Council and were illegal and void. It was argued that the contracts were permissible by the statute because they were "conducive or incidental to" (the words of the statute) the permitted power of borrowing. This argument failed. The House of Lords found that the swaps were speculative. There is not a great difference between "conducive or incidental to"[84] and "directly arising from".[85] In our view there is a risk that despite the difficulties that may exist for a court in determining what transaction is an investment and what is speculation,[86] the courts would accept the burden of determining whether a transaction was speculation and could well determine if it was a speculation, that it fell outside PRA Rulebook altogether on the basis that it was not regarded as a genuine "investment" made by the insurer and therefore not directly arising from its insurance business, or not for efficient portfolio management or a reduction of investment risk[87] and therefore not a permitted derivative under PRA Rulebook (and for Non-Solvency II firms therefore not an admissible asset).

8-037

Insurance and investment

It is frequently a concern of financial institutions that certain swaps, credit default swaps, may be reviewed by a court and found to be insurance contracts in disguise.[88] They fear that if such a conclusion is reached, first they may not be authorised to engage in such transactions, and secondly, that duties of utmost good faith, positive duties of disclosure, may be imported into a contract which was concluded based on "caveat emptor". The reason for the concern is that a sum is paid by the party buying the credit protection and, on the occurrence of a credit event, the obligation to pay by the counter-party is triggered. Institutions employ two ways of ensuring the transactions do not cause them problems by being treated as insurance. First, since the requirement for the "insured" to have an insurable interest in the subject matter of the risk is regarded as an essential of an insurance contract,[89] it is expressly stated in the credit default swap that the "protected" party is not required to have an interest in the "reference entities" to which the credit event is connected. Secondly, it is expressly stated that duties of utmost good faith are not owed by the parties to the contract.

8-038

---

[83] *Hazell v Hammersmith & Fulham BC* [1992] 2 A.C. 1; [1991] 2 W.L.R. 372.
[84] *Hazell v Hammersmith & Fulham BC* [1992] 2 A.C. 1.
[85] This formulation is contained in INSPRU1.5.13R, and PRA Rulebook, Non-Solvency II firms: 2.1, Insurance Company—Internal Contagion Risk.
[86] A similar difficulty perhaps to that faced by Lord Eldon in *Lucena v Craufurd* (1806) 2 Bos. & P.N.R. 269 (above) in finding the middle ground between a certainty and a speculation.
[87] Or not a within any reasonable meaning of "prudent investment".
[88] The fear was heightened in 2010, it has been the practice of parties to such contracts to expressly state that no insurable interest is required to exist in the beneficiary of the contract, thus expressly demonstrating that the contract is not one of insurance—for which insurable interest is a requirement. The Law Commission and the Scottish Law Commission discussed the question of whether insurable interest should remain a requirement for an insurance contract. If that were to have occurred, it would have been more difficult to make clear that these swaps were not insurance, but it appears that the concept will be retained. See LMCQ August 2010, p.386: "The Legal Nature of Credit Default Swaps". The Law Commission listened, and the proposal was withdrawn.
[89] Marine Insurance Act 1906 ss.4 and 5 (although the consequence of having no insurable interest arguably makes the contract void rather than it not being an insurance contract).

As the FSMA is now structured, the consequence of a finding that a credit swap was an insurance contract is less severe than it would have been in the days of the Insurance Companies Act 1982. All financial institutions, including therefore banks and insurance companies, are now regulated under the same statute and the same regulators and the consequences for a regulated institution acting beyond what it is authorised for are less severe than the consequence of an unregulated institution conducting such activities.[90] However, where the institution concerned is not a regulated financial institution, the risks are still severe in that it would potentially be carrying out insurance regulated activities against the general prohibition in s.19 FSMA without an authorisation.

8-039 In March 2012 the European Union published Regulation (EU) No.236/2012[91] "on short selling and certain aspects of credit default swaps". The purpose of the Regulation is set out in the recitals. Recital (2) states that its purpose is to "ensure the proper functioning of the internal market and to improve the conditions of its functioning in particular with regard to the financial markets, and to ensure a high level of consumer and investor protection." The EU considered that short selling of sovereign debt harmed effect on the stability of sovereign debt markets and, subject to various exemptions, wished to ensure that only persons with a legitimate interest to protect could short sell such debt (arts 13 and 14). This is described in Recital 21 as "Sovereign credit default swaps should be based on the insurable interest principle whilst recognise that there can be interests in a sovereign issuer other than bond ownership." A question may arise whether, in such swaps, the fact that the law requires that there be an interest to protect in selling short (and one is not, therefore, speculating but protecting an interest), the swaps thus become insurance. This Regulation is a market control mechanism—the restrictions can be lifted in certain circumstances by a competent authority—but that does not of itself mean that the contract, by the introduction of the "insurable interest principle" is not insurance. The answer in our view is illustrated in 8-049 below—the default swap is an established financial instrument and when entered into between two parties neither of whom are insurers, there is no reason to re-characterise it as insurance. The fact that the legal relationship, the financial instrument, comes within the definition of insurance and would be so classified if the provider of protection was an insurance company, does not mean that between a non-insurance financial institution and an investor/lender the relationship and the document is not a credit default swap. The Regulation proceeds on the basis that it is.

The Bermuda Insurance Act 1978

8-040 **Statutory definition of "insurance business"—need for insurable interest/risk transfer?** Section 1 of the 1978 Act provides as follows:

"'[I]nsurance business' means the business of effecting and carrying out contracts—
(a) protecting persons against loss or liability to loss in respect of risks to which such persons may be exposed; or
(b) to pay a sum of money or render money's worth upon the happening of an event,
and includes re-insurance business." [Emphasis added]

---

[90] Compare FSMA 2000 s.20—the consequences of a regulated person carrying on an unauthorised regulated activity (no crime) and FSMA 2000 s.23—the consequences of contravening the general prohibition of carrying on regulated activities whilst unauthorised (a crime).

[91] Regulation (EU) No 236/2012 forms part of retained EU law and therefore continues to apply in the United Kingdom as amended by regulations made under the European Union (Withdrawal) Act 2018.

The Bermudian statutory definition of "insurance business" is an inclusive not an exclusive definition. As we noted above, the FSMA includes contracts to manage the investments of pension funds, within the definition of insurance business. The FSMA makes no attempt at a complete definition and, as we shall see,[92] does not expressly refer to reinsurance. The Bermudian parliamentary draftsman has boldly drawn the legal boundaries of the universe of insurance and reinsurance. We understand that, following consultations with representatives of Bermuda's reinsurance industry, the boundaries were deliberately drawn widely. Under the 1978 Act, two (and only two) types of contract are regarded as (re)insurance: (1) contracts "protecting persons against loss or liability to loss in respect of risks to which such persons may be exposed"; and (2) contracts "to pay a sum of money or render money's worth upon the happening of an event".

It will be noticed that the definition of the type (2) contract does not require the (re)insured to have an insurable interest of any kind,[93] nor does it require the transfer of any risk to the (re)insurer. On its face, the definition of type (2) includes tonner and rollover contracts. Indeed any wager can be described as a contract "to pay a sum of money ... upon the happening of an event".[94] Gambling is strictly controlled in Bermuda, and it is inconceivable that the Bermuda Monetary Authority ("BMA") would register a casino as a Class 3 (or any other Class of) insurer.[95] It is clear, however, that a company can lawfully be incorporated in Bermuda and licensed for registration as an insurer by the Bermuda Monetary Authority to enter into contracts of financial reinsurance in the sense of the narrow definition discussed above.[96]

Designated investment contracts The 1978 Act was amended by the addition of s.57A,[97] which provides that the BMA may direct contracts which fall within the following statutory definition[98] to be "designated investment contracts":

8-041

"[A]ny contract (including but not limited to any option contract, futures contract, swap contract, derivative contract, contract for differences or security) the purpose of which is to secure a profit or avoid a loss—

---

[92] See Ch.15 below.
[93] "It is sufficient to say that there is nothing in the common law of England which prohibits insurance, even if no interest exists ... there is no general prohibition in law": *Williams v Baltic Insurance Assoc of London* [1924] 2 K.B. 282 at 288 per Roche J; (1924) 19 Ll. L. Rep. 126. *Lucena v Craufurd*, discussed at 8-020 above, appears to have slipped his mind. Common law did require the insured to have an interest.
[94] *Carlill v Carbolic Smoke Ball Co* [1892] 2 Q.B. 484 at 490–491 per Hawkins J: "[A] wagering contract is one by which two persons, professing to hold opposite views touching the issue of a future uncertain event, mutually agree that, dependent upon the determination of that event, one shall win from the other, and the other shall pay over or hand over to him, a sum of money or other stake ...". Cited with approval by Leggatt LJ in *City Index v Leslie* [1992] Q.B. 98; [1991] B.C.L.C. 643.
[95] The Casino Gaming Act 2014 was passed be to permit casinos to operate on the Island. We are relieved to note that gambling in Bermuda has not been licensed under the existing insurance legislation.
[96] The question has yet to be considered by the Bermuda courts.
[97] The explanatory memorandum to the Insurance Amendment Bill 1998 stated that one of the objects of the new provision is to, "counter any argument that such a contract is unenforceable as an insurance contract without an insurable interest".
[98] Section 57A(1), which also defines "contract" to include, "investment or security, any reference to 'parties' in relation to an investment or security shall be taken to be a reference to its issuers and investors ...". Bermuda Insurance Act 1978 s.57A(6) empowers the Minister, after consulting the Insurance Advisory Committee, to amend the definition of "designated investment contract" by order, "so as to cover future developments in the insurance derivative market" (as the bill's explanatory memorandum states).

(i) by reference to fluctuations in the value or price of property of any description, or in an index, or other factor, specified for that purpose in the contract, or
(ii) based on the happening of a particular event specified for that purpose in the contract ..."

To obtain a direction the contract and such other documents as the BMA may require must be submitted to him together with a fee of US$1,000.[99] The effect of such a direction, which may be retroactive, and may be made subject to conditions or varied,[100] is that:

"Being a party to a designated investment contract shall not constitute carrying on insurance business, and a designated investment contract shall not constitute a contract of insurance, for any purpose."[101]

It is further provided, "for the avoidance of doubt", that "a designated investment contract shall not constitute a bet for the purposes of the Betting Act 1975".[102]

8-042 **Private Act companies** The distinction between insurance and non-insurance is blurred further in the case of certain Bermuda companies which are incorporated by Private Act. For example, the Private Act for Arrow Re[103] provides that the company may enter into a "Risk Contract" which is defined to mean either an "Event-Linked Financial Instrument" or a "Policy".[104] The definitions of these two species of "Risk Contract" are remarkably similar.

8-043 "Event-Linked Financial Instrument" is defined to mean:

"... any contract to pay or not pay a sum of money or render or not render money's worth upon the happening of an event, irrespective of whether or not the payee suffers a loss or becomes liable to loss, directly or indirectly, as a result of the happening of that event provided such contract is expressed to be designated as an Event-Linked Financial Investment in accordance with subsection 4(1) and shall not include a Policy."[105]

"Policy" is defined to mean:

"... any contract specifying conditions under which a party to such contract will pay or not pay a sum of money or render or not render money's worth upon the happening of an event, irrespective of whether or not the payee suffers a loss or becomes liable to loss, directly or indirectly, as a result of the happening of that event provided such contract is expressed to be designated as a Policy in accordance with subsection 4(1) and shall not include an Event-Linked Financial Investment."[106]

8-044 Section 4(1) of the Private Act provides as follows:

"By an express term thereof, each Risk Contract shall state that it is designated as either an Event-Linked Financial Instrument or a Policy and such express term shall not be amended

---

[99] Bermuda Insurance Act 1978 s.57A(2).
[100] Bermuda Insurance Act 1978 s.57A(3).
[101] Bermuda Insurance Act 1978 s.57A(4). "This provision clarifies that persons who are not registered insurers may enter such contracts, and counters any argument that such a contract is unenforceable as an insurance contract" (according to the bill's explanatory memorandum—we have noted above that the statutory definition of insurance contracts in Bermuda does not refer to insurable interest).
[102] Bermuda Insurance Act 1978 s.57A(5).
[103] Arrow Reinsurance Company, Limited Act 1997.
[104] Arrow Reinsurance Company, Limited Act 1997 s.2(1)(s).
[105] Arrow Reinsurance Company, Limited Act 1997 s.2(1)(f).
[106] Arrow Reinsurance Company, Limited Act 1997 s.2(1)(p).

so as to change the designation of such Risk Contract. By an express term thereof, each Event-Linked Financial Instrument shall state that it is not subject to the Insurance Act and that it is not a contract of insurance or reinsurance and shall be so treated for the purposes of any statutory provision or any law. By an express term thereof, each Policy shall state that it is a contract of insurance or reinsurance (as the case may be) and shall be so treated for the purposes of the Insurance Act and the other laws of Bermuda notwithstanding any statutory provision or any law to the contrary."

We are reminded again of Humpty Dumpty and of that elusive creature the Snark.[107] The effect of s.4(1) and similar provisions in other Private Acts is that a contract which otherwise has all the features of a credit derivative can be transformed into a contract of insurance provided the company adds an express term saying it is insurance. The common law concept of insurance—including the requirement of an insurable interest—is overridden by the words "notwithstanding any statutory provision or any law to the contrary". Having entered into a derivative transaction which it deems to be insurance the company can then reinsure its liabilities.

However, we would note that the broader legislative context1978 Act has changed and the statutory draftsman has in recent times struck a blow for orthodoxy by the introduction into the 1978 Act of a prohibition against the conduct of non-insurance business by an insurer of any class.[108] The only permitted exception to this is where the non-insurance business carried on by the insurer is "ancillary to the insurance business carried on by the insurer".[109] It remains to be seen what impact this will have on the licensing of prospective Private Act insurers designed to achieve the transformation described in the preceding paragraphs.

---

[107] "They sought it with thimbles, they sought it with care;
They sought it with forks and hope;
They threatened its life with a railway share;
They charmed it with smiles and soap.
But the Barrister, weary of proving in vain
That the Beaver's lace-making was wrong,
Fell asleep, and in dreams saw the creature quite plain
That his fancy had dwelt on so long.
He dreamed that he stood in a shadowy Court,
Where the Snark, with a glass in its eye,
Dressed in gown, bands, and wig, was defending a pig
On a charge of deserting its sty.
The Witnesses proved, without error or flaw,
That the sty was deserted when found:
And the Judge kept explaining the state of the law
In a soft under-current of sound.
The indictment had never been clearly expressed,
And it seemed that the Snark had begun,
And had spoken three hours, before anyone guessed
What the pig was supposed to have done." —Lewis Carroll, *"The Hunting of The Snark"*.

[108] Section 19(1) Insurance Act 1978.
[109] Section 19(2) Insurance Act 1978.

3. ALTERNATIVE RISK TRANSFER

A short history of ART

8-045 We have seen that reinsurance transactions can be traced back to Genoa in the fourteenth century.[110] Alternative Risk Transfer ("ART") was probably invented by the great commercial rivals of the Genoese, the Venetians, in the fifteenth century. Alfred Steinherr[111] describes the following transaction which a certain merchant of Venice was contemplating on 4 April 1470:

"Geramolo Foscati puts on his velvet cap as he is leaving la Chiesa SS Giovani e Paolo. A mass had been celebrated this morning to solicit the Almighty's protection for the safe journey and return of the convoy of 238 galleys and canon ships. The ships will leave Venice today, now that the storms of the last few days have subsided, to sail to the Eastern Mediterranean and—if the Lord does not decide otherwise—return in about two months' time charged with Chinese silk, indigo, salt and oriental spices.

Geramolo looks worried as he eyes the early morning Venetian mist. Not many ships have returned safely recently, falling prey to the Turks or Arab pirates in the Aegean Sea or, as had happened on several occasions, along the Dalmatian coast. Like his uncle, Francesco Foscati, who was the predecessor of the present Doge, Cristofero Moreo, he also has political ambitions. However, to maintain his chances of election to the Signoria, he must stop the accumulation of losses that have hit him recently, he still enjoys considerable wealth, but what the electoral college is looking for in the future leaders of this most successful, rich, admired and feared republic, is not only wealth, but also wisdom, prudence and sustained success.

Geramolo took a 10 per cent participation in the costs of the allotted space for silk in the expedition, in return for an agreed number of silk bales. He had taken similar shares on previous occasions he thinks as he crosses the Piazza San Marco, but he never financed a ship all by himself. For the same amount of ducats, he could take a 10 per cent share in 10 expeditions and thus hope to that at least some of the galleys would return.

When a ship returns, the profits often turn out to be fabulous. It is not just the gain that motivated Geramolo, but the admiration and, even more, the envy that is bestowed on successful merchants.

Because so few ships had returned recently after Venice's Captain-General Nicol Canal lost Negropont to Mehmet II, the price of silk now stands at 95 ducats per bale. If the convoy does not return overloaded with bales of silk, the price is bound to rise further, possibly as high as 120 ducats. If the galleys do return, the price is likely to fall. Geramolo discussed the matter with other silk traders on the Rialto last Friday and the general opinion was that, immediately upon return, the price could fall as low as 70 ducats, still a good price compared to last year. Not selling his remaining stock immediately would preserve the chance of selling later at a higher price—if the difficulty of bringing ships back persists, which is not certain as the arsenal is now re-equipping ships with more powerful canons to strengthen their defence, and Pope Paul II, a Venetian and friend of his uncle, is desperately trying to shore up support. The Pope has already declared a plenary indulgence for all those who took arms against the Turks, or financed a substitute for four months. Alas, with the exception of the old rival Genoa, which has lost the colony of Galata and her trading ports around the Black Sea to Mehmet II, Europe still refuses to lift a finger to help. In addition, interest rates are quite stiff due to the ever-increasing needs of the republic to build new ships which resulted last year in a forced loan of 20,000 ducats.

Geramolo's major customer is Piero Barchi, a Florentine merchant in Lucca who has recently expressed his dissatisfaction with the discontinued supplies, which disrupted

---

[110] See Ch.2 above.
[111] Alfred Steinherr, *Derivatives: The Wild Beast of Finance* (Wiley, 1998).

production at his officina, and the unpredictable prices of silk, making it difficult to negotiate prices in advance with his customers.

He has discussed with Barchi a new sort of contract which he has already negotiated twice in the past. Barchi is willing to pay 6 ducats if he, Geramolo Foscati, delivered the silk bales to him at 50 ducats per bale, should the galleys arrive safely. In case of non-arrival, Geramolo would keep the 6 ducats and have no further obligations towards Barchi.

Barchi was expecting a reply today and Geramolo is having difficulties making up his mind. Were he more optimistic concerning the convoy's return, he would certainly not sign the contract. If the Lord did not wish to hear his prayers this morning, he would be happy to sign—as he had been with his two previous contracts, where the ships had not returned. Geramolo feels that there is, in fact, less than one chance in three that the convoy will return. In case of return, if the price really falls to 70 ducats, then he would be giving away 20 ducats by agreeing today to sell to Barchi at 50 ducats. But there is, at best, only one chance in three that the convoy will return, whilst Barchi's 6 ducats are certain. Of course, if the price did not fall to 70 ducats he would regret the contract. On the other hand, if the price fell below 70 ducats, which he feels is quite possible, he would have proved his wisdom. Being a prudent man and considering that his participation in the convoy's costs amounted to 12 ducats per bale, he decides to send a messenger to Lucca to mark his agreement with Barchi's proposition.

After he has sent off his trusted servant, Giovanni, to Lucca, he ponders over why Barchi has offered this sort of contract. If Barchi held the same beliefs as he, Geramolo, then his gain would not be very large, as he had only one chance in three of realizing a gain of 20 ducats at a certain cost of 6 ducats, on which, in addition, he lost interest as he had to pay straight away. Surely, then Barchi must expect the price to fall less drastically than generally thought. Or he has some information that suggests that risks in the Aegean have subsided.

Leaning back in the leather armchair he acquired last year from a reputed craftsman in Milan, and sipping a glass of expensive Marsala, he suddenly has an idea. At the Fondaco dei Tedeschi there are merchants offering silk bales for delivery in one or two months at a fixed price. For delivery in two months' time he heard yesterday a Flemish dealer quote a price of 103 ducats. If he bought at that price and the convoy did not return, he would make a profit possibly as high as 17 ducats, as most merchants expect the price to increase to 120 ducats per bale. If the convoy did return and the price fell to 70 ducats, he would lose 33 ducats per bale, but what if the price were to fall below 70 ducats?

Geramolo retires to the oratorio of his palazzo to seek the Lord's advice and to find peace for his fatigued mind and wavering soul. Upon leaving he has decided not the pursue the matter with the Flemish merchant."

Geramolo Foscati was using futures and options contracts in exactly the same way as any modern trader in commodities—as a hedge against price movements—the point about such derivative contracts is that they can be traded even if one has no interest in holding the underlying commodity. In principle, insurance derivatives are no different. However English insurance law had the concept of "insurable interest". In the eighteenth century gambling was widespread in the London coffee houses. One could "insure" the life of a total stranger, until statute prohibited such transactions. We have already noted above that reinsurance contracts were made illegal by the Marine Insurance Act 1745 and that, subject to very limited exceptions, remained illegal in England until 1864.[112]

8-046

The genesis of "modern ART" is to be found at Lloyd's, where "rollovers", "tonners" and "time and distance policies" (discussed above) were developed to meet the commercial needs of Lloyd's underwriters. These transactions were the precursors of the "finite risk" or financial reinsurance contracts of today. Views as to what

---

[112] See Ch.2 above where we quoted the words of Mr Justice Park, who justified the prohibition of reinsurance in prose worthy of Edward Gibbon.

kinds of transactions are commercially and morally acceptable change over time. Statute defines the boundary between what is legally acceptable as an "investment contract" and what is an unlawful speculation. As we shall see, the form of the transaction governs its legal substance. The eighteenth and nineteenth century players were "underwriters" because they signed a slip. The twentieth and twenty-first century players are "investors" because they provide equity for "special purpose vehicles" incorporated in a tax-neutral jurisdiction.

Banks and the reinsurance market

8-047   Banks and other financial institutions already play a significant role in the reinsurance market, as shareholders, sometimes owners; as providers of letters of credit, managers of funds and currencies, and purchasers of insurance. Financial institutions played a major part in the recapitalisation of Lloyd's through "corporate capital". They are, we believe, expanding their role in insurance and reinsurance.

There is a myriad of ways other than reinsurance that an insurance or reinsurance company can protect itself from exposures that imperil its financial stability, from restricting its writing to low limits on highly predictable short-tail business to increasing its capital as it increases its exposure. It is in increasing its capital that banks can play a significant role. There are three drawbacks to a company increasing its capital only if and when its exposures develop to a point where its capital base is stretched. First, it may be considered imprudent, perhaps even unlawful, to risk such exposures without the capital support already in place (and regulators may think so too and seek to halt the company's business before it has the opportunity to correct the position). Secondly, if the company has no choice but to find additional capital support, it will be in a weak bargaining position and the terms are likely to be onerous. Thirdly, if the company is weak when it seeks capital support, capital providers willing to take the risk may be few.

On the other hand, if a reinsurer may be exposed to catastrophe loss levels very occasionally and it always has a capital base that could support such catastrophe losses were they to occur, there is the possibility that for many years—or if the company is fortunate, forever—it has "idle capital" and its returns will be spread more thinly over the capital that is provided. This may result in capital being withdrawn because the returns are inadequate. How is the provider of high-level catastrophe cover to cope with this dilemma, and why is the question relevant to a work on reinsurance law? The answer to the latter question is that the structures within which parties can lawfully achieve their objectives is a matter for the law and lawyers.

For an answer to the first question, we return, for the last time, to speculation. Whilst we consider that reinsurers cannot insure a speculation, or risk their assets speculatively, providers of capital can speculate. There are potentially a vast number of "man-made" catastrophes, such as Piper Alpha, the *Exxon Valdez* and the more recent Deepwater Horizon; and a significant number of natural catastrophes—some highly destructive earthquakes in Haiti and Chile, and a volcanic eruption in Iceland which caused the closure of the skies over Europe to air traffic for several days, some "very active" hurricane years. Capital providers who do not wish to have long-term equity in catastrophe reinsurers may yet be prepared to speculate, or guess, or take a punt, that "there won't be another *Exxon Valdez* this year", or "no hurricane this year is going to cause more than US$1 billion of damage". It would be possible for catastrophe cover to be provided for an underwriting year supported by a discrete capital injection by these speculators (or punters), who, if they guessed right, would earn a high rate of return and then recover a return of capital at the end of the insuring period, and if they guessed wrong, lose their capital.[113] Banks and financial institutions would be the most natural parties to make such arrangements and find the capital providers. Like the underwriters in the coffee houses of London before even Lloyd's was formed, the capital providers would put a specified portion of their assets at risk on a "single venture" for a limited period, but instead of it being whether the voyage of a three master from Genoa to Sluys would be completed without mishap, it would be whether a hurricane would cause, say, more than US$500 million in damage in Florida in a given 12-month period; and the transaction would be financed by a bond issue made by a "special purpose vehicle" incorporated in a tax-benign jurisdiction. Other permutations are possible. The investor could put interest alone at stake on the severity of catastrophes, with the capital always returnable (subject to the company remaining solvent). The reinsurer could pay a "premium" to a capital provider to enable the reinsurer to require the provider to purchase an equity stake in the specified circumstances— the reinsurer would effectively have an equity put option.

The three hurricanes that occurred in 2005, Katrina, Rita and Wilma—spurred creative thinking in the search for new capital to replace that paid away in claims and support the anticipated increases in catastrophe premium rates. New CATs in Bermuda are old hat in market terms but something slightly different is the attempt by existing companies whose capital has been eroded by catastrophe, to have an alliance with the new capital. Thus rights issues, new parental capital, letters of credit have appeared to maintain ratings and "side-cars" developed. Side-cars are reinsurance vehicles in which the company requiring capital has an interest and which provide capital by taking a quota share reinsurance of some of the reinsured's account. It seems to us that the original idea of capital being made available for a short period while rates are high (immediately after a large catastrophe that costs the reinsurance market dear), so that the investors can make good profits and then leave the market, is not working. Once established the new insurers start looking for more ways of improving the return on equity—buying working assets, or buying back their capital. They are still operating as the premium rates decline and then another catastrophe comes along, and they are then one of the number of catastrophe insurers who are submerged or who join the search for new capital. For the present this kind of insurance operation, the small dedicated CAT company seems to be still favoured but we would not be surprised if more of them considered seriously the option of quitting when they get ahead, rather than staying for the long haul. They may quit by selling to a larger concern rather than winding up; that may make more money for their shareholders.

8-048

In 2014 there was a large influx of new capital into the market—including funds investing in reinsurance structures since reinsurance returns are uncorrelated with many other investment types—and significant interest in the Watford Re type structures mentioned earlier—a recent form of capital structure marrying the investment performance of hedge fund managers with reinsurance underwriting expertise. The reinsurer benefits from an improved return on its capital and the hedge fund or other investment manager has access to a large pool of capital to invest. The influx of capital into reinsurance structures also highlighted the potential for alternative risk transfer ("ART") solutions to manage emerging risks. Cat bonds, for example, play a crucial role in transferring natural catastrophe risks like hur-

---

[113] This idea of "fair weather" catastrophe reinsurers may be exemplified by the after effects of the destruction of the twin towers in New York. Some catastrophe companies were mortally wounded. Other new ones appeared rapidly with fresh capital to take advantage of harder rates. It remains to be seen whether they will be long term in the market.

ricanes and earthquakes from insurers to investors and are further considered in 8-051. In the realm of cyber risk, where the insurance market is still evolving, ART solutions are gaining traction. Other perils are also being transferred through Cat bond structures, such as terrorism risk[114] and cyber cat bonds, transferring cyber events like data breaches or ransomware attacks. Other ART solutions like parametric insurance and cyber captives are also being explored. While challenges exist in defining and measuring cyber risks given limited data availability, ART could bridge the protection gap for uninsured or underinsured cyber risks.

Longevity and mortality reinsurance and transformers

8-049   Another way in which we have seen banks playing an increasing role in insurance and reinsurance, is in so-called "transformer structures" which have also been used somewhat similarly in insurance linked securities. These structures often involve a bank "originating" or facilitating a series of transactions insuring or reinsuring risks (e.g. longevity risks of pension funds or insurers in respect of their annuity portfolio) on one hand through (often an offshore) insurer or reinsurer, SPV or protected cell entity subsidiary of the bank which then parcels off sections of that risk via reinsurance or retrocession to other reinsurers or to other banks via derivative contracts. In this way, risks are said to be transformed from one type of product (reinsurance) to another (derivatives). These transactions often involve several parties as banks will provide a loan into the structure and sometimes cover credit risk but rarely wish to take on any insurance risk—the longevity and mortality risk will be covered by a reinsurer in the structure. Integral to these structures working is to ensure a genuine transfer of risk (for the reasons discussed above) and to consider the transaction as a whole not focusing only on certain legs of the transaction. A particular difficulty when considering such transactions is the increasing use of so-called "index-linked" insurance or reinsurance where the premium and claims payable are linked to the performance of a particular index (e.g. the UK population longevity index) rather than the underlying longevity experience of the insured or cedant. In such circumstances, demonstrating an insurable interest is more problematic and careful consideration of the substance of the transaction is required to ensure (for the reasons discussed above) the transaction retains its characteristics as insurance, reinsurance or derivative as relevant in each case.

The Bulk Purchase Annuity ("BPA") market in the UK has experienced significant growth due to pension schemes seeking risk reduction and improved funding positions driven by rising UK interest rates. BPA providers have widely used longevity reinsurance to transfer longevity risks arising from BPA transactions to reinsurers and new forms of longevity reinsurance structures are being used. Amongst them are Funded Reinsurance ("Funded Re") arrangements to transfer both the longevity and asset risk associated with the BPA issuance (as described further below). Other structures used include asset reinsurance where the main goal of the cedant is to transfer the asset risk (although careful structuring will be required to ensure the contract is characterised as reinsurance) often entering into separate longevity reinsurance transactions to transfer the bulk of the longevity risk. Furthermore, flow reinsurance arrangements involve the reinsurer committing to provide longevity reinsurance if specific criteria in the underlying BPA insurance

---

[114] The Baltic PCC issuance sponsored by the UK terrorism risk reinsurer Pool Re transferred terrorism risk into the capital markets.

are met. This arrangement leverages offshore captive structures to provide longevity reinsurance.

In Funded Re (sometimes referred to as asset-intensive or asset-backed reinsurance), the relevant pension scheme assets are transferred to the reinsurer by the cedant as premium. In many cases, the reinsurance arrangement is essential to the ability of the cedant to enter into the BPA transaction in the first place due to the capital relief it provides and framework or umbrella arrangements are often put in place between cedants and reinsurers.

Importantly for the reinsurer, Funded Re usually involves a large single premium payable upfront rather than the periodic premium payments under a conventional longevity reinsurance, giving the reinsurer a significant pool of assets to invest. That is particularly attractive for reinsurers associated with large alternative asset managers. Reinsurers active in this market are often based offshore in Bermuda, and in the US. This structure means that the cedant also gets access to a broad range of assets including structured or illiquid assets which it may not otherwise have had access to.

Given the rapid growth of Funded Re in the BPA market, the PRA conducted a thematic review in 2022-23. The PRA acknowledged both the risk management benefits of Funded Re and potential vulnerabilities in the market, especially with the anticipation of large "jumbo" BPA deals in the coming decade. Key observations from the PRA include the drivers of growth, limitations faced by UK insurers, and the risk mitigation potential of Funded Re, allowing insurers to balance underwriting and credit risk, access diversification, and reduce capital requirements under Solvency II.

To address these observations, the PRA proposed a framework outlined in a consultation paper (CP24/23). The framework establishes expectations and guidelines for managing Funded Re risks, particularly in the context of BPAs. It includes a risk management framework with elements such as counterparty limits, special investment limits, recapture metrics, documented collateral policies, and recapture plans.

The PRA aims to implement these expectations in Q2 2024, with the consultation period open until 16 February 2024. Throughout this period, the PRA will monitor market practices and may consider additional measures based on sector-wide vulnerabilities identified. Cedants must demonstrate compliance to assure the PRA of their capability to manage the unique risks associated with Funded Re arrangements effectively. The PRA is not alone in its caution over the use of asset intensive reinsurance, alternative assets and cross border reinsurance, with other international regulators similarly considering such structures with caution. Whilst the need for insurers to have an appropriate understanding and risk framework in place for Funded Reinsurance as with all other reinsurance structures is clear, we would hope that only reinsurers are able to demonstrate that they have the right framework in place and the regulators understand such structures the ability for the member to evolve and come up with innovative structures is not curtailed. Reference is made to Ch.15 s.3 which contains an extensive summary of the Bermuda developments in this space.

Reinsurance futures and derivatives

Options trading platforms that trade insurance risk make no investigation into whether buyers or sellers of such options have an insurable interest in the effects of the relevant catastrophes and therefore, as a matter of English law, we expect these transactions, when entered into by reinsurance companies, to be considered

8-050

634 FINANCIAL REINSURANCE & ALTERNATIVE RISK TRANSFER

as investments in the same way as derivative contracts and with the same consequences if they were speculative.

In Bermuda, having regard to the definition of (re)insurance business under the 1978 Act,[115] there appears to be no difficulty in a reinsurer entering into such contracts. As we have noted above, the 1978 Act was amended and s.57A provides that any contract which the BMA has directed as a "designated investment contract" is not a contract of insurance and parties to such a contract are not carrying on insurance business. The Bermuda Commodities Exchange was incorporated by Private Act in 1996. The BCE began trading catastrophe insurance risk in November 1997. However, it did not prosper; trading was suspended in 1999 and the BCE went into liquidation in 2001.

Insurance linked securities

8-051   Insurance Linked Securities ("ILS") are an alternative form of risk mitigation for insurance and reinsurance firms. In contrast to conventional cover arranged with a reinsurance company, they offer insurance and reinsurance firms a means of transferring risk to the capital markets. ILS has helped to expand the capacity of the reinsurance market and it has also provided protection buyers with cover which is generally less exposed to counterparty default. For investors, ILS deals have offered attractive returns, and because ILS performance is considered to be uncorrelated with the economic cycle, they have provided helpful diversification for investment portfolios. The use of ILS has grown very significantly in recent years and is now an established part of the global reinsurance market. ILS or alternative reinsurance capital is now a sizeable part of overall reinsurance capital with several jurisdictions having established or considering the establishment of a legislative framework for a local ILS market (including the UK as described below, Singapore and Hong Kong).

ILS are financial instruments sold to investors, where the value of the security is linked to an insurable loss event. They are typically used by insurers and reinsurers as an alternative form of risk mitigation. In contrast to conventional cover arranged with a reinsurer, ILS offer insurers and reinsurers a way to transfer risks on their balance sheets to capital market participants, such as pension funds, hedge funds or other sophisticated and qualified investors.

An ILS deal typically involves an insurer (the "cedant") transferring specified risks to a special purpose vehicle, an insurance special purpose vehicle ("ISPV"). The terms of this arrangement are governed by contracts for risk transfer which under the UK regime can be in the form of a reinsurance contract or alternative risk transfer. Reinsurance contacts are often on an indemnity basis but can also take the form of a hybrid indemnity contact (akin to an IhW with an indemnity element) where claims are payable provided at least some loss is suffered although the amount of claim can be based on a representative index. The ISPV issues securities to investors to raise sufficient capital to cover the insurance risk it has taken on. At the end of the contract period investors are paid a return for putting their capital at risk, which is linked to the sponsor's income and profits from the underlying insurance business. For investors, ILS deals offer attractive returns and, because their performance not uncorrelated with markets they provide helpful diversification for investment portfolios. The rights of investors are always subordinated to the rights of the cedant under the contract for risk transfer.

---

[115] See above.

The development of the global ILS market has so far been dominated by two types of deal: the catastrophe bond (or "CAT bond") and collateralised reinsurance, although other innovative terms of ILS transactions are increasingly being used. The development and continuing vitality of the ILS market in Bermuda including development of special purpose insurers and most recently collateralized insurers is discussed in detail at Ch.15.

Catastrophe bonds

It was the CAT bond that established ILS as a significant technique for risk transfer in the 1990s. The bonds are used to raise capital to cover loss associated with natural catastrophe, such as extreme weather conditions, earthquakes or other non-natural catastrophic perils. Following Hurricane Andrew in 1992, demand for property catastrophe cover from US insurers rose significantly and the use of CAT bonds increased dramatically to provide much needed additional reinsurance capacity.

8-052

The robust performance of the CAT bond market during the 2008 financial crisis raised the profile of the bonds as an asset class whose risk profile is not correlated with financial markets. As there is no link between the occurrence of a catastrophic event and the global financial markets, CAT bonds can be used to diversify risk in investment portfolios.

CAT bonds are flexible in that they can be issued by the "insured"—that is, they can replace insurance at the ground level, or by insurers or by reinsurers. These would involve what are called "transformers", generally an SPV that can provide insurance or reinsurance to the client and issue bonds to investors. The money from the purchasers of the bonds, and the premium from the insured or cedant, is invested (if a fixed rate of return is required a rate swap can be hooked on). If the (re)insurance is not claimed on, the bonds are not called and the rate of return is very good. The investors may prefer that the trigger for payment by the SPV be by reference to an index or a catastrophe event, or parametric cover, where modelling can give an indication of the risk being accepted. However, that leaves basis risk with the "(re)insured" and payment based pure parametric cover may not be characterised as insurance. The technology being developed for the models and indices are however becoming increasingly sophisticated, such that basis risk should be minimized. Indemnity triggers of loss to the bond, based on the actual loss of the reinsured are therefore likely to be more easily received by regulators. Hybrid dual trigger structures that utilize both an indemnity trigger as well as a parametric trigger are also frequently used, allowing for insurance based transfer with the benefit of the parametric technology.

Collateralised reinsurance

Collateralised reinsurance transactions are similar in form to conventional reinsurance arrangements and deals tend to be smaller in scale when compared to CAT bonds but are distinct from CAT bonds in that a tradable instrument is not created to facilitate the risk-transfer process. Rather than raising capital by public offering, collateralised reinsurance deals are privately placed with a small number of investors, often specialist ILS investors or ILS investment funds. The alternative to relying on counterparty ratings is a collateralised structure that addresses not only the ability to pay but also willingness to pay. A trust account is created at the beginning of the contract term and funded with an amount equal to the contract limit less

8-053

certain deductions. The insured thus receives readily accessible funds in the event of a loss and assets are released under pre-determined terms if there is no loss.

Typically, collateralised reinsurance is identical to traditional reinsurance except for the practice of the investor providing collateral for its full potential claim obligation under the contract in question.

Collateralised reinsurance has allowed unrated entities such as hedge funds and pension funds to assume insurance market risks without the burden of achieving an explicit claims paying rating from a leading rating agency. The practice has also resulted in a broader range of risks being transferred to the capital markets than through CAT bonds alone due to characteristics of various insurance risks that do not lend themselves well to the securitisation process.

UK Insurance Linked Securities framework

8-054 In December 2017, the Risk Transformation Regulations 2017[116] and the Risk Transformation (Tax) Regulations 2017[117] came into force and implemented a regulatory, supervisory and tax framework for ILS in the UK. The aim of the Regulations was to make London an international centre for ILS.

The UK's ILS regime is based on the Solvency II Directive and directly applicable legislation made under it (the "SII framework"). The SII framework recognises the ILS cover provided by Special Purpose Vehicles ("SPVs") as a risk mitigation technique available to insurance and reinsurance firms. SPVs (as defined in art.13(36) of the SII Directive) must be authorised under the SII Directive and the SII framework. Details of the authorisation and supervision requirements are set out in arts 318–327 of the SII Commission Delegated Regulation (EU) No.2015/35 and the SII Commission Implementing Regulation (EU) No.215/462, both of which have been "onshored" in the UK.

The UK ILS regime also created a new form of multipurpose ILS vehicle called protected cell companies ("PCC"). PCCs are established as a company with limited liability but comprising of a "core" and "cells" that are segregated from each other. The assets and liabilities of each cell are treated as those of that cell only, such that each cell can be established to enter into a separate ILS transaction, allowing for repeat transactions for a sponsor. The core of a PCC is responsible for the management and administration of the company, including the establishment and maintenance of the cells. The core may also enter into contracts and hold assets on behalf of the cells. The cells, on the other hand, are used to enter into ILS transactions and hold the assets and liabilities associated with those transactions. Each cell is managed by the core, but the assets and liabilities of the cell are ring-fenced from those of the core and other cells.

The relationship between the cells of a PCC is one of legal segregation. This means that the assets and liabilities of one cell are not available to meet the liabilities of another cell. Each cell operates independently, with its own assets, liabilities, and ILS transactions. The management of the cells is carried out by the core, which acts on behalf of the cells and is responsible for ensuring that the cells operate in accordance with the UK's ILS regime and the PCC's own governance framework. Segregation is also achieved through contractual segregation with counterparties agreeing contractually to limits of their rights (and obligations) to the relevant cell. Whilst English courts have not tested the statutory segregation, case

---

[116] Risk Transformation Regulations 2017 (SI 2017/1271).
[117] Risk Transformation (Tax) Regulations 2017 (SI 2017/1212).

law in Bermuda and other offshore jurisdictions lend credence to the enforceability of the segregation between cells (and the core). The recognition of statutory segregation by foreign courts has also not been tested, although the industry is awaiting a potential judgement on the question in Delaware in relation to the Vesttoo case[118] involving a Bermudian segregated account vehicle over an allegation of fraudulent letters of credit having been used to support some segregated cells. Although there are various affected and unaffected cells, in that litigation so far, no affected cell has made a claim against the assets in other cells.

Insurance SPVs or ("ISPVs") authorised in the UK are subject to dual supervision by the PRA and the Financial Conduct Authority ("FCA") in common with other insurance/reinsurance entities in the UK (see Ch.15 below). The PRA is the lead regulator for all dual-regulated entities under Solvency II. Applicants for an ISPV must therefore make a single application to the PRA. The PRA will in consultation with the FCA assess the application against the SII requirements, with meetings arranged with sponsors to discuss applications as appropriate. The FCA is responsible for the registration of a new ISPV or protected cell company once authorized.

Provided certain conditions are met, the Risk Transformation (Tax) Regulations 2017 specify that ISPVs will not be liable for corporation tax on profits relating to the ISPV's insurance risk transformation activities. In addition, no withholding taxes should apply to interest payments made to investors with insurance risk transformation investments.

The registration of the first UK ILS vehicle took place in January 2018 and several ILS transactions have since been completed in the UK, including Pool Re's first ILS issuance in relation to terrorism risk and the establishment of an ILS platform London Bridge Risk PCC Limited, sponsored by Lloyd's of London. The establishment of its second Lloyd's insurance ILS platform, London Bridge Risk 2 PCC Limited, took place in August 2022 and marks a significant expansion from Lloyd's first ILS platform. The second platform benefits from a streamlined authorization process based on a set of mandatory terms for new cells (and hence transactions) bringing the benefits of a PCC structure to life. It aims to attract new capital to the market potentially opening the market to substantial third-party capital and demonstrates PRA and FCA support for more innovative use of the UK ILS Regulations.

Despite facing competition from established ILS regimes like Bermuda and newer regimes like Singapore and Hong Kong, the UK ILS regime should have the potential to play a real role as an ILS marketplace. However, a 2022 letter from Lord Hollick, Chair of the House of Lords Industry and Regulators Committee to John Glen MP, Secretary to the Treasury, highlighted concerns about the regulation of the UK's commercial insurance and reinsurance sector. The Committee's inquiry found that the "one-size-fits-all" approach burdened London Market firms with sophisticated clients, requiring them to comply with unnecessary consumer protection requirements designed for the retail sector. Industry testimony attributed this to two factors: overly general application of rules across the sector and a lack of regulatory clarity on their scope. They further claim that this lack of proportionality hinders the development of new insurance forms, like ILS in the UK. Delays in regulatory processes were also seen as a contributing factor, while other jurisdictions like Singapore and Bermuda are perceived to offer faster-track methods and a more welcoming regulatory environment.

---

[118] Case 23-11160-MFW, Delaware Bankruptcy Court.

Since the UK's exit from the EU, there have also been questions as to whether EU cedants can utilize the UK ILS regime. Solvency II allows for risk transferred to special purpose vehicles regulated outside the EU to be taken into account where that special purpose vehicle meets the Solvency II requirements. The concept of "equivalence" under Solvency II for ILS is therefore based on whether or not the special purpose vehicle meets the Solvency II requirements rather than the separate equivalence decisions (see Chapter 15). Therefore, whilst Bermuda has been granted equivalence as a jurisdiction, Solvency II would allow risk transfer to Bermudan ILS vehicles to be taken into account only if that vehicle meets the Solvency II requirements for ILS. Whilst the EU has yet to decide on equivalence for the UK post Brexit, transfers of risk by EU cedants to UK ILS vehicles (which are required to meet the Solvency II requirements in order to be authorized), should meet the requirements under Solvency II.

UK ILS "green channel"

8-055   In response to UK industry calls for increased flexibility and a faster application process, the PRA also launched a "green channel" in December 2022 to streamline applications for certain ILS ISPVs.

Recognising the hurdles or market perception of hurdles in the UK regime in respect of protected application processes hurdles, the PRA created the green channel specifically for standard, short-tail, general insurance structures. This fast-track option features a two-week pre-application stage and a targeted four-to-six-week decision timeline, offering firms greater certainty and speed. The PRA intends to continue its engagement with market participants to ensure the UK's ILS regime is as accessible as possible, which in time could result in more ILS activity being seen in the UK.

Securitisation

8-056   In considering the role of banks, we should refer briefly to securitisation. Securitisation is essentially capital raising by wholesale debt/income stream factoring, turning an income stream into capital with the assignee of the debt taking security over the underlying assets. An insurer who determines that over a given period he will receive a certain amount in premium may sell the right to receive this premium to investors in exchange for immediate payment of a capital sum—at a sufficient discount to make it attractive to the investor. It has happened with mortgage receivables, lease receivables, credit card receivables and even premium receivables. There is no theoretical obstacle to it happening with an insurer's receivables from its reinsurers, but the income stream from these is less predictable both in amount and in timing, and both of these need to be relatively certain for a securitisation to work easily. Time will tell whether these obstacles are overcome. Thus, securitisation is again an area in which banks play an essential role, both in putting the structure in place and in finding the investors willing to purchase the income stream. In 1998 National Provident Institution securitised its anticipated future profit from managing life insurance funds, thus releasing capital, and Barclays Life entered into a similar arrangement in 2003, although both of these arrangements were subsequently unwound.

Securitisation as an asset class have suffered since the credit crisis, due to the role in the crisis of mortgage-backed securities built on the back of sub-prime US mortgages. A panoply of regulation has descended on securitisations including the securitisation regulations and the market has consequently been muted. Nevertheless, there are signs that the market is now re-emerging, and we may consequently see more based on insurance and particularly VIF securitisations.

Banks as insurers/reinsurers and UK Regulation

As we have noted above, the general principle is that one needs to be authorised under the FSMA to carry on insurance business in the UK. The FSMA is the statute under which all insurers, Lloyd's and banks are authorised. But they are not all authorised to conduct any and all activities for which one may be authorised under the statute. PRA Rulebook: Solvency II Firms: Conditions Governing Business, 9 state that an insurer can only conduct insurance business and "activities directly arising" therefrom. Therefore, no entities should be authorised under the FSMA to conduct insurance business part-time. The business must be all insurance or none. But the definition of insurer in the *FCA Handbook Glossary*, is "a firm[119] with permission under the Act to effect or carry out contracts of insurance, (other than) an ISPV" (see Insurance Linked Securities framework above). However, as one goes further, one discovers that the regime in fact permits a bank to engage in certain contracts equivalent to contracts of insurance without them being insurance.

8-057

It works in this way: s.19 of the FSMA provides a general prohibition that no person may carry on a regulated activity in the UK unless authorised or exempt. As to what are regulated activities, s.22 directs one to Sch.2. Within Sch.2 appears (unsurprisingly) "contracts of insurance".[120]

Under the old regime, the Insurance Companies Act 1982 ("ICA 1982") s.2(1) required that one be authorised before one could carry on insurance business. Section 3 required that authorisation be obtained for each one of the 18 classes of general business and IX classes of life business that one wished to offer.[121] Section 2(4), however, allowed classes 14 to 18 of general business to be conducted as part of banking business without ICA 1982 authorisation. Section 95 of the ICA 1982 set out four activities which it expressly declared to be included in the concept of "insurance business". These corresponded to class 15(B) (bonds) and classes V (tontines), VI (capital redemption), VII (pension fund management) and I and III (annuities on human life). However, in respect of bonds (15(B)) and capital redemption and fund management business, there was a qualification they were not included in "insurance business" if done by someone carrying on a banking business. As is clear from this and also from the definition of "contract of insurance" in s.95 of the ICA 1982, the ICA 1982 distinguished between carrying on business as an insurer and entering into a contract of insurance. It appears that the Department of Trade thought that banks provided bonds and managed funds with sufficient regularity that even if the banks did not require authorisation, they might still be thought to carry on insurance business. Section 95 ensured that was not the case.

The current regime, firstly under the umbrella of the FSA and now under the PRA, is different and more complicated.

8-058

The kind of transactions with which we are here concerned are the two which the ICA 1982 declared were not insurance business if done as banking:

---

[119] Defined as an authorised person.
[120] FSMA 2000 Sch.2 para.20.
[121] This is not pedantry on our part. Life business is, even today, given a Roman numeral classification and general business an Arabic.

(i) fidelity bonds, performance bonds, administration bonds, bail bonds or similar contracts of guarantee; and
(ii) capital redemption contracts and pension fund management contracts.

Article 3(1) of the FSMA Regulated Activities Order[122] is the closest equivalent to s.95 of the ICA 1982 but instead of it being a definition of "insurance business" (as with the ICA 1982), it is a definition of "contract of insurance". Article 3(1) provides that the two types of transaction (i) and (ii) mentioned above are only contracts of insurance if, inter alia, not carried on by a bank. Bonds and fund management are defined in such a way as not to be contracts of insurance when engaged in by a bank. The Regulated Activities Order states:

> "'Contract of insurance' ... includes
> (a) fidelity bonds etc. where these are
> (i) effected or carried out by a person not carrying on a banking business ...
> (b) capital redemption contracts etc. where these are effected or carried out by a person who
> (i) does not carry on a banking business ..."

Schedule 1 of the Order is the equivalent of Sch.1 of the ICA 1982—containing the classes of business. But with the definition of bonds (15.2 in the new regime, 15.B in the old), capital redemption contracts (VI again) and pension fund management (VII again) the Schedule to the Regulated Activities Order defines these transactions in such a way that if they are entered into by a bank, they are not insurance. (Under the ICA 1982 they were contracts of insurance when entered into by banks.)

8-059 Where does this leave us? The provision which excluded banks from being regulated as insurers appeared first in the 1982 Insurance Companies Act. It allowed banks to engage in classes 14 to 18 of general insurance business without being authorised as insurers. With little alteration these clauses now appear in Sch.1 Pt I of the FSMA Regulated Activities Order. They were and are:

(14) Credit Insurance against loss arising from insolvency and failure to pay debts when due.
(15) Suretyship—insurance against loss from calls on guarantees or bonds.
(16) Miscellaneous—business interruption, unforeseen expense.
(17) Legal expenses insurance.
(18) Assistance—assistance to people in difficulties whilst travelling or otherwise.

These used to pass under the generic description of pecuniary loss insurance.

The ICA 1982 allowed banks to do any of these activities—as contracts of insurance—without authorisation as an insurer. Transitional provisions[123] allowed banks to continue what they were able to do before the FSMA for so long as those transitional provisions remained in force.

Under the FSMA, the primary reason for the exemption of banks from the authorisation requirement of the ICA 1982—the regulator of insurance companies

---

[122] Financial Services and Markets Act 2000 (Regulated Activities) Order 2001 (SI 2001/544).
[123] Financial Services and Markets Act 2000 (Transitional Provisions) (Authorised Persons etc.) Order 2001 (SI 2001/2636) art.11 and Financial Services and Markets Act 2000 (Miscellaneous Provisions) Order 2001 (SI 2001/3650) art.6.

did not want to find that he had also regulated banks—has gone. The same regulator regulates both.[124]

8-060 When what was s.2(4) of the ICA 1982 first appeared, the business of insurance was regulated by the Department of Trade and Industry ("DTI") and the business of banking was regulated by the Bank of England. The DTI recognised that banks were engaging in activities that could be characterised, or re-characterised, as insurance falling within one of classes 14 to 18. The DTI did not wish to find itself regulating the activities of banks or making such activities on the part of banks unauthorised activities. Hence s.2(4) of the ICA. Now that the regulator is the same for insurance companies and banks—the PRA and FCA, there is no concern of dual, overlapping or even conflicting regulation. In the first edition we said that it was clear that banks engaging in the classes 14 to 18 activities were entering into insurance contracts; they simply did not require authorisation under the ICA to do so. Now, it is clear from the definitions of "contract of insurance" in the current regime that the intent is to ensure that when banks issue bonds or manage funds, they are not entering into contracts of insurance, but those transactions are contracts of insurance when entered into by insurers. Questions that used to arise therefore as to where "premiums" paid to banks in such circumstances were subject to insurance premium tax, no longer arise.

The net result, therefore, is that banks entering into contracts in General Business class (15.2) or Long-Term Business classes VI and VII are not concluding contracts of insurance for which they are excused authorisation as insurers, but banking contracts.

This leaves us with general business, classes 14, 15.1, 16, 17 and 18 for which previously banks were excused authorisation. We believe the position to be this: If a bank wishes to engage in contracts within these classes: (i) it must be authorised to do so, but they will be contracts of insurance and questions of utmost good faith and other incidents of insurance contracts will arise and the bank would likely have to meet the same capital requirements as insurers are required to meet; or (ii) it must find some regulated activity outside of insurance which encompasses these matters for which it can be authorised. We have not located such other regulated activities for which authorisation might be sought but they could be introduced in the future. Even if a bank did obtain authorisation for such activities, it would not be governed by the prudential rules applicable to insurers. We suspect that in reality banks either do not engage in such contracts (e.g. tontines) or, achieve the same effect as the contract of insurance but through a banking mechanism.

8-061 For example, if a person carrying on banking business wishes to relieve someone of the consequences of a debtor not repaying, the bank can advance money on the security of the debt obligations and sans recours otherwise; if a bank wishes to protect a person against having to pay a guarantee, it can issue a back to back guarantee. There is no need for a bank to effect its purpose by mimicking the insurance form.

The authorisation that a bank may obtain, the activities in which it may engage with the appropriate authorisations, clearly do not allow banks to diversify into reinsurance as a business. Bancassurance has become a popular word to mean activities such as a bank acting as an insurance intermediary, or banks offering risk

---

[124] The UK Government has changed the role of the FSA as a single regulatory authority for all financial institutions following the financial crisis through the Financial Services Act 2012. However, the prudential regulation of banks and insurers is still conducted by the same body under the new regime, the new Prudential Regulation Authority ("PRA") part of the Bank of England.

642 FINANCIAL REINSURANCE & ALTERNATIVE RISK TRANSFER

management techniques to compete with insurance, but it does not mean banks operating as insurers or reinsurers.

Financial crisis

8-062   Whilst insurance companies suffered in the so-called "credit crunch",[125] there was no systemic weakness. The woes that befell AIG occurred because of its detour into financial products, not because of its insurance operations.[126] Insurers and reinsurers suffered of course: some of their investments were in the financial institutions whose share price collapsed; some insured the non-performing loans; some insured the financial institutions that were alleged to be liable for the financial meltdown, or their directors and officers. But traditionally insurers and reinsurers do not cover "derivative" or "synthetic" risk. When *Wasa v Lexington* reached the House of Lords in 2009,[127] everyone knew that it concerned insurance of physical damage to property granted 22 years earlier. When *Equitas v R&Q Reinsurance Co (UK) Ltd*[128] reached the High Court in 2009, everyone knew it was about the sinking of the *Exxon Valdez* in 1989 and the damage to aircraft on the Iraqi invasion of Kuwait in 1990, some 19 to 20 years earlier. In each instance the claimant was claiming because it had suffered a loss in consequence. That fact, that not being about derivative or synthetic products, is an important difference from the financial market and the reason why the two markets fared differently in the crisis. The insurance and reinsurance industry has consistently been working hard to remind the regulator of this key difference between the banking and insurance industries and it is another factor that practitioners of reinsurance, particularly financial reinsurance, should keep in mind. We have seen increasing use of transformer and other structures in the market, but whilst these may be moving away from "traditional" reinsurance cover, they are still in relation to a real risk and are not synthetic or gaming type arrangements. Nevertheless, the UK regulators response to the "credit crunch" in recent years, for insurers as well as banks, has been to switch dramatically from a principles-based "light touch" approach to, as Martin Wheatley the Chief Executive of the FCA described in 2012, a shoot first, ask questions later approach. Mr Wheatley subsequently apologised for his remark in 2015 alongside the criticism of the regulator's approach, and what appears to be political will for change if not back to the "light touch" approach, certainly a less aggressive one. For example, the FCA has been embarking on an initiative to foster innovation in financial services. An initiative clearly at odds with the shoot first ask questions later approach and HM Treasury has followed suit with a consultation that occurred in 2016.[129]

We may of course see further changes in this direction as the effects of Brexit evolve. In the UK, HM Treasury and the PRA have already started the process to implement "Solvency UK" which is a modified Solvency II regime designed to better support the unique features of the UK insurance sector. The move towards Solvency UK signals the UK's departure from EU rules and was done without waiting for a confirmation of Solvency II equivalence. We refer to Ch.15 for further details on post-Brexit regulatory developments.

---

[125] 2008/09.
[126] See e.g. International Association of the Study of Insurance Economics, *"Insurance and Resolution in Light of the Systemic Risk Debate"* (2012), p.7.
[127] *Wasa International Insurance Co Ltd v Lexington Insurance Co* [2009] UKHL 40; [2010] 1 A.C. 180.
[128] *Equitas Ltd v R&Q Reinsurance Co (UK) Ltd* [2009] EWHC 2787 (Comm); [2009] 2 C.L.C. 706.
[129] HM Treasury, *Consultation Paper on draft innovation for financial services*, 22 April 2016.

8-063 A trend seen for a while in the market since the financial crisis has been insurers and other private investors moving into some of the areas previously occupied by banks. With banks being capital constrained and their lending activities curtailed, the so-called "shadow banking" market has been developing. Whilst insurers have been active through investing in bonds, and various types of debt funds, they cannot carry on the commercial activity of lending directly, being constrained by how far INSPRU 1.5.13[R] and PRA Rulebook: Solvency II Firms: Conditions Governing Business, 9 will permit them to go (see 8-033 above); distinguishing between investment of assets and carrying on the commercial activity of lending. However, reinsurers can lend to insurers under financial reinsurance transactions through advancing commission payments and we have seen an increase in VIF-type structures following the credit crisis (see 8-024 above).

We have also seen insurers facilitating certain types of trade transactions by substituting for bank guarantees and letters of credit through the issue of surety bonds (Class 15, suretyship) and credit insurance—contracts more like banking products than traditional contracts of insurance.

The future of financial reinsurance and Alternative Risk Transfer

8-064 As we remarked at the start of the chapter, financial reinsurance and alternative risk transfer regardless of the terminology used, is ultimately a form of reinsurance the main purpose of which is to be a tool of capital management. In that sense, the future growth of financial reinsurance and alternative risk transfer must surely be rosy. This is because the demand for tools of capital management is likely to increase in the future given that increasing need for insurance protection alongside increasing capital requirements. The world we live in seems to have an ever-growing need for insurance protection, from risks such as climate related catastrophe events, longevity risks and new emerging and growing risks such as cyber risk. At the same time, the continued and changing capital requirements on insurers means that the demand for capital management tools will grow. This means that the market is likely to do what it has always excelled at, which is to innovate and develop more and new structures and forms of managing capital requirements, including using financial reinsurance and alternative risk transfer.

As we have seen, this innovation can result in financial reinsurance structures become more and more complex made even more acute when coupled with the complexity of new and emerging risks such as cyber. The importance, therefore, is to ensure that regardless of the terminology used, that insurers and reinsurers fully understand the nature of the structure they are adopting (for example, the legal, actuarial, regulatory and accounting characterisation of the contract) and the actual risks that are being transferred, assumed and retained as a result.

PART III REINSURANCE INTERMEDIARIES AND THE LAW OF AGENCY

CHAPTER 9

The Legal Nature and Duties of Intermediaries

TABLE OF CONTENTS

1.	Outline of the Law of Agency	9-001
2.	The Broker/Intermediary as Agent of the Reinsured	9-013
3.	The Imputation/Attribution of Knowledge	9-037
4.	Legal Duties of Intermediaries	9-057
5.	Regulation of Intermediaries	9-089

"Brokers have come up in the world ... The root of the word "broke" means a spit or a spike, and broke was originally to broach. A broker was a tapster, a fellow who retailed wine from the barrel, and so by extension it came to mean any retail trader, generally with a contemptuous connotation. 'A Houndsditch man', explains a character in a Ben Johnson play, written around 1600, 'one of the devil's near kinsmen, a broker'. In Elizabethan times it had already come to be used for a pawnbroker and for the tribe of rogues called fripperers, who trained boy pickpockets to add to their stock of silk scarves and pocket handkerchiefs; it also meant a pimp or bawd. In the 18th century, sensitive brokers preferred to be known by the euphemism 'office keepers'."—Godfrey Hodgson[1]

"The role of an insurance broker is notoriously anomalous for its inherent scope for engendering conflict of interest in the otherwise relatively tidy legal world of agency. In its simplest form, the negotiation of insurance, the broker acts as agent for the insured but normally receives his remuneration from the insurer in the form of commission; he may, in certain circumstances act for both. Where there is reinsurance of the insured risk, the same broker may act on behalf of the insured in placing the insurance and on behalf of the insurer in placing the reinsurance."—Auld LJ[2]

Many of the conflicts of interest we identified relate to the structure of intermediaries' businesses and their sources of revenue. In particular, firms or groups with business models incorporating both broking (acting as agents of the customer) and insurer agent (including MGA) operations were more exposed to conflicts of interest because of the multiple roles they fulfil in the distribution chain and because they often act as agent for both customer and insurer in relation to the same transaction ...".[3]

---

[1] G. Hodgson, *Lloyd's of London—a Reputation at Risk*, 2nd edn (Penguin, 1986), p.121.
[2] *HIH Casualty & General Insurance Ltd v JLT Risk Solutions Ltd (formerly Lloyd Thompson Ltd)* [2007] EWCA Civ 710; [2007] Lloyd's Rep I.R. 717 at 730, [60].
[3] Financial Conduct Authority, *Commercial Insurance intermediaries—Conflicts of Interest and Intermediary Remuneration* (TR14/9; May 2014). The FCA stated that, inter alia, it was "taking the following actions" (if expectation may properly be described as action)-

"We expect all general insurance intermediaries to reflect on how they manage the conflicts of interest arising within their business model in the context of our findings and concerns set out in our review, and to make any necessary changes required to ensure that they are complying with the existing regulatory requirements in this area."

1. OUTLINE OF THE LAW OF AGENCY

The concept of agency and the scope of the agent's authority

Introduction

9-001   As we consider in Ch.10[4] the persons involved in the obtaining of insurance fall into three groups:

(1) the policyholder/insured/reinsured at one end of the line;
(2) the insurer/reinsurer at the other end of the line; and
(3) the intermediary—everyone between (i) and (ii), from the "producing broker" with whom the policyholder communicates, to the MGU, managing general underwriter, who underwrites the risk on behalf of the insurer.

We look at the brokers, the parties who are agents of the insured or reinsured, in this chapter, and at the agents of the insurer or reinsurer, in Ch.10. These intermediaries, and indeed insurance companies when they market direct to customers, are governed by the provisions of the 2016 Insurance Distribution Directive ("IDD") of the European Union ("EU"). The UK adopted it as domestic legislation on 31 January 2021.[5]

We have tried to accommodate the practices of insurance/reinsurance brokers within the otherwise relatively tidy legal world of agency. We began this chapter in the first edition with the observation that "it may be that insurance brokers are not yet settled in the name" and that is still the case. Until 2016 the indications were that the word "intermediary" would coexist alongside the word "broker" and have a wider meaning (including, for example, underwriting agents) but the IDD uses another expression, "distributor". "Insurance distribution" is advising on, proposing or carrying on other work preparatory to the conclusion of contracts of insurance or assisting in the administration and performance of such contracts. An "insurance distributor" may be "any insurance intermediary, ancillary insurance intermediary or insurance undertaking".[6] Given that the term thus includes insurers, the term "insurance intermediary" has to be retained but the definition is framed entirely in the negative: someone who, for remuneration, does insurance distribution, but who is *not* either an insurance or reinsurance undertaking or an ancillary insurance intermediary.[7] But the market is slow to change. All the descriptions referred to in the first edition are still in use: broker, consultant, intermediary, adviser. We continue to regard the name "intermediary" as an apt name for the person who performs the function of "broker" in reinsurance transactions, both because he has a larger function than merely effecting a contract between a reinsured and reinsurer[8] and because not infrequently he is the instigator of the transaction, the one who drives it. A simple example of this is the reinsurance

---

The FCA Handbook: Insurance Conduct of Business Sourcebook, ICOBS 8.3.3(1) is titled "Conflicts of Interest": Insurance Intermediaries are required to take all reasonable steps to identify conflicts of interest, and maintain and operate effective organisational and administrative arrangements to prevent conflicts of interest from constituting or giving rise to a material risk of damage to their clients.

[4] See Ch.10, 10-002 to 10-003 below.
[5] The FCA Consultation Paper 23/19 notes that the Treasury proposes to repeal the insurance distribution legislation and wishes the regulations to be contained in the FCA Handbook. The FCA consultation on that closed in October 2023.
[6] Article 2.1(8).
[7] Article 2.1(3). There is also a definition of "reinsurance distribution": Article 2.1(2), see 9-013 below.
[8] See below.

intermediary who, believing that any reinsurer he approaches to accept a quota share of a risk will not agree without excess of loss protection, has the excess of loss reinsurance ready when he approaches the proposed quota share reinsurer.[9] We still think it likely that "intermediary" may become the accepted name for reinsurance brokers and likely other brokers also, though it may take many decades.[10] The emergence of electronic (re)insurance selling platforms with 'chatbots' and other robotic process automation functions may give rise to yet further terminology, but for now "insurance distribution" is expressly extended to "the provision of information concerning one or more insurance contracts in accordance with criteria selected by customers through a website or other media and the compilation of an insurance product ranking list, including price and product comparison, or a discount on the price of an insurance contract, when the customer is able to directly or indirectly conclude an insurance contract using a website or other media" at insurance level.[11]

This chapter considers the role of an agent generally; the role of the reinsurance broker/intermediary, particularly in the placing of risks with reinsurers; and the duties of the reinsurance broker/intermediary, both to his client and to third parties. The general principles of tort, contract, agency, equity and insolvency law all impinge upon the activities of reinsurance intermediaries. What follows is an attempt to draw some elements of legal order and principle from the practices of the reinsurance market and the courts' pronouncements on them. The starting point is an outline of the law of agency, which is fundamental to an understanding of the legal nature and duties of brokers. It will be readily apparent, as the discussion proceeds, that market practice and legal theory do not always coincide.

Insurance agency

Agency is, in law, a relationship under which one party—known as the agent—is empowered by another party—known as the principal—to enter into transactions, typically the making of contracts, on behalf of the principal with third parties in such a manner that the agent is, generally, although not always, not a party to the legal relationship thereby created. An insurance intermediary is defined in the Financial Conduct Authority Handbook Glossary as:

9-002

"a *firm* carrying on *insurance distribution activity* other than an insurer."

And we should add to that the following definition (of both insurance distribution activity and insurance mediation activity) also from the FCA Handbook Glossary:

"any of the following regulated activities carried on in relation to a contract of insurance or rights to or interests in a life policy:

(a) dealing in investments as agent (article 21);

---

[9] As in *General Accident Fire & Life Assurance Corp Ltd v Tanter (The Zephyr)* [1985] 2 Lloyd's Rep. 529 (see Ch.3 above). And see *Burgess v Lejonvarn* [2017] EWCA Civ 254; [2017] B.L.R. 277. An architect doing work for friends for free still owed a duty of care in tort. The final hearing (probably) in this *Lejonvarn v Burgess* was reported in [2020] EWCA Civ 114; [2020] 4 W.L.R. 43. Ms Lejonvarn was awarded indemnity costs, which nonetheless will probably not cover all her incurred costs. For lawyers, the ongoing principle confirmed was that when providing services voluntarily, negligence liability may arise from what one does (though not in this case on the facts) but not from what one does not do.

[10] Insurance broker client accounts are still called IBAs (insurance broker accounts) in the market, even though for the regulator they are CASS (client assets) and, for brokers who are not tied brokers are called either NSTAs (non-statutory trust accounts) or STAs (statutory trust accounts).

[11] IDD, Art.2.1.(1).

(b) arranging (bringing about) deals in investments (article 25(1));
(c) making arrangements with a view to transactions in investments (article 25(2));
(d) assisting in the administration and performance of a contract of insurance (article 39A);
(e) advising on investments (except P2 agreements) (article 53(1) to 1(d));
(f) agreeing to carry on a regulated activity in (a) to (e) (article 64)."

Which demonstrates how wide is the EU view of what constitutes insurance mediation.

Basic agency principles

9-003   In every transaction involving an agent, there exist three distinct legal relationships, namely:

(1) the relationship between principal and agent;
(2) the relationship between principal and third party;
(3) the relationship between agent and third party.

We shall first discuss (2) and (3) and consider the extent to which a principal may be liable to a third party in respect of transactions entered into by the agent.

Actual v ostensible authority

9-004   In law, the agent may have two kinds of authority to bind his principal: actual authority (which may be express or implied) or apparent authority, also known as ostensible authority. Apparent authority in this sense is always unintentionally given; if it is intentionally given, it becomes actual authority. The nature of, and distinction between, the two kinds of authority was explained by Diplock LJ (as he then was) in *Freeman & Lockyer v Buckhurst Park Properties (Mangal) Ltd*[12] as follows:

> "An 'actual' authority is the legal relationship between principal and agent created by a consensual agreement to which they alone are parties. Its scope is to be ascertained by applying ordinary principles of construction of contracts, including any proper implications from the express words used, the usages of the trade, or the course of business between the parties. To this agreement the [third party] is a stranger; he may be totally ignorant of the existence of any authority on the part of the agent. Nevertheless, if the agent does enter into a contract pursuant to the 'actual' authority, it does create contractual rights and liabilities between the principal and the [third party].[13]
> An 'apparent' or 'ostensible' authority, on the other hand, is a legal relationship between the principal and the [third party] created by a representation, made by the principal to the [third party], intended to be and in fact acted upon by the [third party], that the agent has authority to enter on behalf of the principal into a contract of a kind within the scope of the 'apparent' authority, so as to render the principal liable to perform any obligations imposed upon him by such a contract. To the relationship so created the agent is a stranger.

---

[12] *Freeman & Lockyer v Buckhurst Park Properties (Mangal) Ltd* [1964] 2 Q.B. 480. In *Gregor Homes Ltd v Emlick* 2012 S.L.T. (Sh Ct) 5; [2011] G.W.D. 8-193, Sheriff Holligan stressed that ostensible authority "was not a matter of the principal seeking to exercise a positive right but of the law seeking to prevent the principal from disowning his agent", citing *Freeman Lockyer* to illustrate the point. In *Sino Channel Asia Ltd v Dana Shipping and Trading Pte Singapore* [2017] EWCA Civ 1703; [2018] Bus. L.R. 532; the Court of Appeal said that it would be a rare occurrence for an agent to have implied authority to accept service of proceedings (in this case, an arbitration notice) on behalf of his principal, but this was such a rare occurrence and the agent *did* have implied authority (and ostensible authority).
[13] *Freeman & Lockyer v Buckhurst Park* [1964] 2 Q.B. 480 at 502–503.

He need not be (although he generally is) aware of the existence of the representation but he must not purport to make the agreement as principal himself. The representation, when acted upon by the [third party] by entering into a contract with the agent, operates as an estoppel, preventing the principal from asserting that he is not bound by the contract. It is irrelevant whether the agent had actual authority to enter into the contract ... The representation which creates 'apparent' authority may take a variety of forms of which the commonest is representation by conduct, that is, by permitting the agent to act in some way in the conduct of the principal's business with other persons. By so doing the principal represents to anyone who becomes aware that the agent is so acting that the agent has authority to enter on behalf of the principal into contracts with other persons of the kind which an agent so acting in the conduct of his principal's business has usually 'actual' authority to enter into."

It should be noted that whilst Lord Diplock says that the representation (that the agent has authority) has to be "intended" by the principal to be acted upon by the third party, the test of intention is objective. Subjectively such a representation may be the last thing the principal intends. In *Armagas Ltd v Mundogas SA, The "Ocean Frost"*,[14] Lord Keith further explained the nature of apparent/ostensible authority as follows:

"Ostensible authority comes about where the principal, by words or conduct, has represented that the agent has the requisite actual authority, and the party dealing with the agent has entered into a contract with him in reliance on that representation. The principal in these circumstances is estopped from denying that actual authority existed. In the commonly encountered case, the ostensible authority is general in character, arising when the principal has placed the agent in a position which in the outside world is generally regarded as carrying actual authority to enter into transactions of the kind in question. Ostensible general authority may also arise where the agent has had a course of dealing with a particular contractor and the principal has acquiesced in this course of dealing and honoured transactions arising out of it. Ostensible general authority can, however, never arise where the contractor knows that the agent's authority is limited so as to exclude entering into transactions of the type in question, and so cannot have relied on any contrary representation by the principal: *Russo-Chinese Bank v Li Yau Sam* [1910] A.C. 174."[15]

In *Acute Property Developments Ltd v Apostolou*,[16] the decision, from Nicholas Strauss QC, illustrates that the third party must rely on the representation to succeed:

"I find that [the third party] did not in fact rely on [the agent's] authority to act on behalf of Acute [the alleged principal], but on the implicit trust he had in [the agent], arising from his own close personal relationship with him. Apparent authority is a form of estoppel, and reliance is an essential element of it. In any event, I do not consider that [the agent] had apparent authority to direct Dr. Savouri to pay what he owed to Mrs. [agent] …"

This could be a useful line of argument in insurance and reinsurance situations. An underwriter is more likely to know well, and place reliance on, the broker whom he sees frequently than on the broker's client, whom he may never have met.

---

[14] *Armagas Ltd v Mundogas SA (The Ocean Frost)* [1986] A.C. 717; [1986] 2 Lloyd's Rep. 109. Followed *Kelly v Fraser* [2012] UKPC 25; [2013] 1 A.C. 450. Followed *Frederick v Positive Solutions (Financial Services) Ltd* [2018] EWCA Civ 431; *Winter v Hockley Mint Ltd* [2018] EWCA Civ 2480; [2019] 1 W.L.R. 1617. The fact that the object of the agent is to benefit the principal does not mean the agent has ostensible authority. *Stavrinides v Bank of Cyprus Public Co Ltd* [2019] EWHC 1328 (Ch)—where a letter written by a relationship manager of a bank cancelling debts of a customer was held to be a forgery. The manager had no actual or apparent authority from the bank to act in that way. *Winter v Hockley Mint* [2018] EWCA 2480.
[15] *The "Ocean Frost"* [1986] 2 Lloyd's Rep. 109 at 112–113.
[16] [2013] EWHC 200 (Ch); [2013] Bus. L.R. D22.

9-005 Thus, the principal is bound both by acts of the agent which are within the scope of the agent's actual authority and by acts which, although outside the scope of the agent's actual authority, are within the scope of the agent's apparent authority; indeed it may only be the appearance of authority which makes it appropriate to refer to the "agent" as an agent—he may have no actual authority at all. In the latter case (apparent authority), the third party must have no knowledge of the scope of the agent's (more limited) actual authority. Where the agent is known to have no general authority to enter into transactions of a certain type, it is unlikely that a court will find the agent to have ostensible authority to enter into a particular transaction:

> "It is possible to envisage circumstances which might give rise to a case of ostensible specific authority to enter into a particular transaction, but such cases must be very rare and unusual. Ex hypothesi the contractor knows that the agent has no general authority to enter into the transaction ..."[17]

The scope of an *underwriting agent's* actual authority to underwrite on behalf of an insurer or reinsurer will usually be expressly defined by a written underwriting agency agreement.[18] For the *broker* and his client, the insured or the reinsured, TOBAs, terms of business agreements, are entered into. A broker may also enter into TOBAs with other brokers and with underwriters. For example, a producing broker may persuade his client to sign a TOBA with him. The broker may then want a TOBA with the placing broker which matches the client TOBA, but the producing broker may proffer his own TOBA, which does not match. TOBAs with the underwriters may prove equally difficult to negotiate, because of competing standard forms proffered by the two parties. The London market seeks to avoid problems with mis-matched TOBAs by having standard wordings.

Liability of agent to third party: Breach of Warranty of authority

9-006 When an agent makes a contract with a third party, he may do so in one of two capacities. First, he may do so solely as agent, and not intend to incur any liability towards the third party himself, merely wishing to create a contractual relationship between his principal and the third party. In such a case, the agent may nevertheless be liable to the third party. If he misrepresents the extent of his authority to the third party, as a result of which there is no contractual relationship between the principal and the third party, the latter may, in such circumstances, sue the agent for breach of warranty of authority.[19] Further, if the broker makes misrepresentations himself, or allies himself to the misrepresentations made by his principal, he may incur personal liability for negligent misstatement even where he has effected a contract between the principal and the third party.[20] Secondly, the agent may wear two hats and enter into a contractual relationship with a third party both (qua agent) on behalf of his principal and (qua principal) on behalf of himself. The agent may wear both hats out of choice,[21] or he may have intended to wear only his

---

[17] *The "Ocean Frost"* [1986] 2 Lloyd's Rep. 109 at 113 per Lord Keith.
[18] See Ch.10, below.
[19] See e.g. *Sedgwick Tomenson Inc v PT Reasuransi Uman Indonesia* [1990] 2 Lloyd's Rep. 334, and Ch.10 below and see *Navig8 Inc v South Vigour Shipping Inc* [2015] EWHC 32 (Comm); [2015] 1 Lloyd's Rep. 436: A manager (agent) purported to enter into charterparties on behalf of the registered owners of vessels but he had no authority to do so. The owners were not bound to the contracts but the manager was liable in damages for breach of warranty of authority.
[20] See *Walton Insurance Ltd v Deutsche Ruck (UK) Reinsurance Co Ltd* (1991) Mealey's Lit. Rep. [Reinsurance] Vol.1, No.19.
[21] See e.g. *New Zealand Shipping Co Ltd v AM Satterthwaite & Co Ltd (The Eurymedon)* [1975] A.C.

agent's hat but find himself liable as principal as well.[22] It is therefore important to establish which hat the agent is wearing. The following test, stated in *Halsbury's Laws of England*,[23] has received judicial approval:

"Prima facie a party is personally liable on a contract if he puts his unqualified signature to it. In order, therefore, to exonerate the agent from liability, the contract must show, when construed as a whole, that he contracted as agent only, and did not undertake any personal liability. It is not sufficient that he should have described himself in the contract as an agent, for the contract in the surrounding circumstances may indicate that he is liable. If he states in the contract, or indicates by an addition to his signature, that he is contracting as agent only on behalf of a principal, he is not liable, unless the rest of the contract clearly involves his personal liability, or unless he is shown to be the real principal."[24]

The undisclosed principal

Where an agent acts for an "undisclosed principal", he is entering into a contract in his own name intending the contract to be for the benefit of his principal but not informing the third party of the existence of his principal. In those circumstances the agent is acting as both principal and agent. The third party has a right of election, a right to make a contractual claim against either the agent or the undisclosed principal. But, if he sues the agent, then assuming he knew of the existence of the principal at the time of making his claim, he cannot subsequently sue the principal, because he has exercised his right of "election". The principal may make a claim against the third party, even though the third party was unaware of the principal's existence at the time he contracted with the agent, provided the following conditions are fulfilled[25]:

9-007

(1) the identity of the party with which he enters into contractual relations is not of fundamental importance to the third party;
(2) the relationship of principal and agent existed at the time the contract was made;
(3) the terms of the contract between agent and third party are not inconsistent with the agency agreement between agent and principal.

In some reinsurance treaties there are change of control clauses that allow a party to terminate reinsurance if there is a change of control of the other party, which indicates that the identity of the other party is important in the arrangement, such that (1) above would not be complied with. It is difficult to think of situations where the duty of "fair presentation" under the Insurance Act 2015 ("IA 2015") would not require disclosure of the true party to the reinsurance contract. The insurer would be told who the proposed insured was, and that party would be named on the insurance policy, the contract, as the insured contracting party. If the insurer was given a false name as the proposed insured, it is easy to see that that would be an unfair presentation. If a third party asserted that the named insured on a policy was an agent for him as undisclosed principal, that assertion would effectively be an admission that the name of the proposed insured was incorrect when given to the insurer.

154; [1974] 2 W.L.R. 865; *Transcontinental Underwriting Agency v Grand Union Insurance Co* [1987] 2 Lloyd's Rep. 409; [1987] 2 F.T.L.R. 35; and Ch.11 below.
[22] See e.g. *IGI v Kirkland Timms* Unreported, 5 December 1985, QBD, Comm. Ct; and Ch.11 below.
[23] *Halsbury's Laws of England*, 5th edn (2017) Vol.1, para.158.
[24] *Bridges & Salmon Ltd v Owner of The Swan (The Swan)* [1968] 1 Lloyd's Rep. 5 at 13 per Brandon J (as he then was); (1968) 118 N.L.J. 182; cited in *The Sun Happiness* [1984] 1 Lloyd's Rep. 381 at 383 per Lloyd J (as he then was).
[25] *Asty Maritime Co Ltd v Rocco Guiseppe & Figli SNC (The Astyanax)* [1985] 2 Lloyd's Rep. 109 at 113 per Kerr LJ.

The identity of the insured is frequently argued to be relevant to the 'moral hazard' that proposed insurer is concerned about.

Ratification by principal

9-008 It is always open to one person to ratify any act of another which was purportedly done on his behalf or was outside the scope of the actual or ostensible authority of an agent. The relevant principles were summarised by Waller J in *Suncorp Insurance and Finance v Milano Assicurazioni SpA* as follows:

"(i)   Where an act is done (as it was here) by a person in the name of another and that person does not have authority, then the person in whose name it was done may ratify by adopting the transaction (see Bowstead 15th ed. pp. 51 and 52).

(ii)   Where an act is done ... by a person in the name of another and that person does not have authority, then the person in whose name it was done may ratify by adopting the transaction (see Bowstead (15th ed.), pp.51 and 52

In order that a person may be held to have ratified an act done without his authority, it is necessary that at the time of the ratification, he should have full knowledge of all the material circumstances in which the act was done, unless he intended to ratify and take the risk whatever the circumstances may have been.

(iii) Ratification may be express or implied, and will be implied whenever the conduct of the person in whose name a transaction has been entered into is such as to show that he adopts the transaction in whole or in part; mere acquiescence or inactivity may be sufficient (see Bowstead, art.17, p.66) ...

(iv) A principal may wish to ratify a transaction for commercial reasons so as to preserve his commercial reputation. It is in such circumstances that it seems to me that it should be possible for the principal to ratify as against the third party but not to waive any breach of duty as against the agent ... However, it is right to recognise that ratification is normally presumed to include relieving the agent from personal liability to his principal ...[26]

(v)   Ratification can also be by a duly authorized agent ... that agent must be duly authorized either expressly or by virtue of being held out as having such authority (see Bowstead, p.69).

(vi) The adoption of part of a transaction operates as a ratification of the whole (see Bowstead, pp.66 and 69, art.17(4))."[27]

For the "principal" to be able to ratify the acts of the agent, the agent has to have purported to have acted on the principal's behalf. Thus, ratification is not possible where the "principal" remains undisclosed, and the "agent" (in fact acting without authority) appears himself to be the principal. So, if a principal is undisclosed, he can only be liable for actions of the agent where the agent has actual authority; logically a principal cannot be undisclosed if he has made representations to the third party to the effect that the agent has authority. In such circumstances, the agent has either actual or, at the least, ostensible authority. The principal cannot ratify the acts of the agent if the identity of the one contracting party (in this case the agent) is of importance to the other contracting party.

One should keep in mind the distinction between ratification by a principal, and

---

[26] See *Great Atlantic Insurance Co v Home Insurance Co* [1981] 2 Lloyd's Rep. 219; and see *National Insurance & Guarantee Corp v Imperio Reinsurance Co (UK) Ltd* [1999] Lloyd's Rep I.R. 249; see also Ch.10 below. In *Motortrak Ltd v FCA Australia PTY Ltd* [2018] EWHC 1464 (Comm), the court found that the contract had been affirmed but nonetheless the principal was entitled to damages for bribery.

[27] *Suncorp Insurance and Finance v Milano Assicurazioni SpA* [1993] 2 Lloyd's Rep. 225 at 234–235.

assignment, and, indeed, novation. A principal is entitled to unilaterally ratify if the contract was entered into on his behalf. He is entitled then to enforce the contract and is liable to perform the obligations under it. If one contracting party assigns, it is a unilateral act, and he can assign only benefits of the contract; he remains responsible to perform the obligations under it. Where novation is agreed, it involves the voluntary consent of all three parties, the original two contracting parties and the new party. In this instance, as with ratification, rights and obligations will vest in the new party and the assignor will fall away completely.

Duties of an agent

The following general duties are imposed upon an agent by the law of agency[28]: **9-009**

(1) To perform all his principal's lawful instructions personally and in a timely fashion.
(2) To exercise reasonable skill and care in the performance of his principal's instructions.
(3) To act at all times in the best interests of his principal and to avoid conflicts of interest and to disclose to his principal fully any circumstances which may give rise to the appearance of a conflict.
(4) To make full disclosure to his principal of his personal interest in any transaction and account to his principal for any monies he may have received from third parties, for example by way of commission, in respect of business transacted on behalf of his principal.
(5) To account to his principal fully for all monies he may have received on his principal's behalf. An agent would not, without more, hold money on trust for his principal. The relationship with regard to funds would be one of creditor and debtor. However, since 2005, when brokers became regulated by the Financial Services Authority (now the FCA), the broker holds funds either as agent for the insurer (usually only where he is tied) or in statutory or non-statutory trusts.[29]

The IDD 2016, expressly imposes on brokers a duty to act in the best interest of the customer (see art.17(1)). Article 19 of the IDD, headed "conflicts of interest and transparency" requires member states to legislate to prevent brokers and their employees being remunerated in such a way that they may be incentivised to offer a customer one product when a different product would better suit the customer's needs.

The agency relationship is in many respects fiduciary in nature. The duties to avoid conflicts of interest, to disclose any personal financial interest in a transaction and to account for secret profits/commissions are fiduciary duties. In *Henderson v Merrett Syndicates Ltd*, Lord Browne-Wilkinson said:

"The phrase, 'fiduciary duties', is a dangerous one, giving rise to a mistaken assumption that all fiduciaries owe the same duties in all circumstances. That is not the case. Although, so far as I am aware, every fiduciary is under a duty not to make a profit from his position (unless such profit is authorised), the fiduciary duties owed, for example, by an express trustee are not the same as those owed by an agent.

Moreover, and more relevantly, the extent and nature of the fiduciary duties owed in

---

[28] See generally, *Bowstead & Reynolds on Agency*, 23rd edn (Sweet & Maxwell, 2023), Ch.6; and *Syndicate 1242 at Lloyd's v Morgan Read & Sharman Ltd* [2002] C.L.C. 41; [2003] Lloyd's Rep. I.R. 412 at 414, the four golden rules for using an agent.
[29] See Ch.11, 11-002 below.

any particular case fall to be determined by reference to any underlying contractual relationship between the parties. Thus, in the case of an agent employed under a contract, the scope of his fiduciary duties is determined by the terms of the underlying contract. Although an agent is, in the absence of contractual provision, in breach of his fiduciary duties if he acts for another who is in competition with his principal, if the contract under which he is acting authorises him so to do, the normal fiduciary duties are modified accordingly: see *Kelly v Cooper* [1993] A.C. 205 and the cases there cited. The existence of a contract does not exclude co-existence of concurrent fiduciary duties (indeed, the contract may well be their source); but the contract can and does modify the extent and nature of the general duty that would otherwise arise."[30]

Kelly v Cooper[31] and the reinsurance broker's contractual duties to his principal are discussed in detail below. Subject to some peculiarities of market practice,[32] reinsurance brokers are subject to the general duties enumerated above. Any monies received by an agent in breach of his fiduciary duty will be held by the agent upon constructive trust for the principal.[33] In *FRH European Ventures LLP v Cedar Capital Partners LLC*[34] the Supreme Court said that whilst earlier case law had been inconsistent, it would state the law clearly: a principal has a proprietary interest in a bribe paid to his agent and he can recover it. However, as Lord Browne-Wilkinson pointed out in the passage cited above, the fiduciary duties owed by an agent are not the same as those owed by a trustee.

Unjust enrichment; compound interest

9-010   In *Equitas Ltd v Walsham Bros*[35] Equitas, the successor to various Lloyd's syndicates for which Walsham Bros had arranged reinsurance, claimed in 2012 that Walsham Bros owed them money from years prior to 1996. Walsham Bros paid some of the money claimed, but not all. Equitas claimed for the balance and for compound interest on both the paid and the unpaid balances.

The hearing was on preliminary issues; the sums claimed were, for argument, deemed due. There was a finding that the brokers had a duty to collect and pay on to clients (principals) money due to such clients and it was a continuing duty. The court found that the broker owed duties in contract, tort and restitution and the Lloyd's syndicates could claim interest as damages for breach of the duty to pay

---

[30] *Henderson v Merrett Syndicates Ltd (No.1)* [1995] 2 A.C. 145; [1994] 3 W.L.R. 761 at 206. Applied by *Equitas Ltd v Walsham Bros & Co Ltd* [2013] EWHC 3264 (Comm); [2014] Lloyd's Rep. I.R. 39. For a review of a mix of fiduciary and non-fiduciary duties of a claims handling agent to an insurer, see *John Youngs Insurance Services Ltd v Aviva Insurance Service UK Ltd* [2011] EWHC 1515 (TCC) at Ch.10, 10-016 below.
[31] *Kelly v Cooper* [1993] A.C. 205; [1992] 3 W.L.R. 936, a decision of the Privy Council concerning estate agents in Bermuda. Followed *Harlequin Property (SVG) Ltd v Wilkins Kennedy (A Firm)* [2016] EWHC 3188 (TCC); [2017] 4 W.L.R. 30. *John Youngs Insurance Services Ltd v Aviva Insurance Service UK Ltd* [2011] EWHC 1515 (TCC). In *D&D Wines International Ltd (In Liquidation), Re* [2016] UKSC 47; [2016] 1 W.L.R. 3179 the Supreme Court decided that an agent's authority to collect payment for wines sold on behalf of its principal ceased on termination of the agency relationship.
[32] Such as the payment of brokerage or commission.
[33] See *Attorney General for Hong Kong v Reid* [1994] 1 A.C. 324, a decision of the Privy Council, overruling *Lister & Co v Stubbs* (1890) 45 Ch. D. 1. The principal has a proprietary as well as a personal remedy where an agent receives a benefit from a third party in breach of his duty to his principal. In *Crown Prosecution Service v Aquila Advisory Ltd* [2019] EWCA Civ 588; [2019] Lloyd's Rep. F.C. 358, a company was entitled to recover from two directors secrets profits they had made from unlawful activity.
[34] *FHR European Ventures LLP v Cedar Capital Partners LLC* [2014] UKSC 45.
[35] *Equitas Ltd v Walsham Bros & Co Ltd* [2013] EWHC 3264.

in a timely fashion. The court also determined that the Lloyd's syndicates were entitled to compound interest.

A cloud of reality drifted over Lime Street in 2021, after a hearing in January and a commendably speedy judgment in March, with *Equitas Limited v Sande Investments Limited, Senator Insurance Services Limited*,[36] and many others. In its role as successor to Lloyd's syndicates [so, as in *Equitas v Walsham Bros*] Equitas sought to obtain from the defendants, monies alleged to have been collected by the defendants as reinsurance recoveries owed to syndicates. The claims failed on all four counts: contract, tort, fiduciary duty and restitution. Why? Because the facts were very different from the Walsham Bros case. The facts are complex and layered, but drive the result. The defendants contracted to relieve a number of Lloyd's brokers of the job of making reinsurance recoveries for two syndicates, Pateman and Cotesworth (the Biddencare Agreement). The defendants were not Lloyd's brokers and were not subject to the Lloyd's brokers bye-law [as the brokers in *Walsham Bros* were] and had no direct contractual relationship with the syndicates [as *Walsham Bros* did]. There was no duty in tort-one should avoid constructing a duty in tort to overcome the limitations of contract. Neither the Biddencare Agreement, nor the fact of making collections, resulted in a fiduciary duty to remit sums onwards for the syndicates, and there was no unjust enrichment vis a vis the syndicates. The learned judge found that the duty to account for monies received on behalf of another was a continuing duty but any such duty terminated in 2009 at the time of an agreement with Equitas. The arguments of Equitas that its claims survived a clear limitation period failed.

The finding that the obvious party vis a vis whom an intermediary is unjustly enriched is the payor rather than the intended payee may impact future cases that are, on their facts, more akin to the *Walsham Bros* case.

The finding here that the basic relationship of reinsured-broker-reinsurer had been overlaid by commercial contracts that were distinct from "insurance" relationships can be found also in *Wurttembergische AG v Home Insurance Company* Württembergische AG v Home Insurance Company[37] at [para.5-085] above.

Sub-agents

The agent must perform his duties personally and is not allowed to delegate them to another without his principal's consent. In a market where the use of more than one intermediary to effect a transaction is common, such consent may easily be implied. Where delegation to a sub-agent occurs, the general rule is that the sub-agent is the agent of the agent who engages him, and that there is no privity of contract between the sub-agent and the principal.[38] In *Calico Printers' Association v Barclays Bank Ltd*, Wright J (as he then was) said:

9-011

---

[36] *Equitas Ltd v Sande Investments Ltd* [2021] EWHC 631 (Comm); [2021] Lloyd's Rep. I.R. 553.
[37] *Wurttembergische AG Versicherungs Beteiligungsgesellschaft v Home Insurance Co (No.1)* [1997] L.R.L.R. 86; [1996] 5 Re. L.R. 192 and *Wurttembergische AG Versicherungs Beteiligungsgesellschaft v Home Insurance Co (No.2)* [1999] Lloyd's Rep. I.R. 397. See also Ch.10, 10-038 below.
[38] See *Schwensen v Ellinger Heath, Western & Co* (1949-50) 83 Ll. L. Rep. 79 at 81 per Devlin J, and below. "There are good commercial reasons for such a rule. It emphasises the importance of the contractual chain. It is natural for each agent in the chain to give credit to the party known to him, rather than to someone perhaps unknown. It reflects an agent's desire to keep his client to himself. It reflects the professional or semi-professional relationships of agents and sub-agents." *Prentis Donegan & Partners Ltd v Leeds & Leeds Co Inc* [1998] 2 Lloyd's Rep. 326 at 334 per Rix J (and see below); [1998] C.L.C. 1132. In *Heath Lambert Ltd v Sociedad de Corretaje de Seguros* [2003] EWHC 2269 (Comm); [2003] 1 Lloyd's Rep. 495, Deputy Judge Jonathan Hirst QC affirmed the general rule that where there was a producing broker (with whom the reinsured had direct contact)

"The agent does not as a rule escape liability to the principal merely because employment of the sub-agent is contemplated. To create privity it must be established not only that the principal contemplated that a sub-agent would perform part of the contract, but also that the principal authorized the agent to create privity of contract between the principal and the sub-agent, which is a very different matter requiring precise proof."[39]

Two important consequences flow from the lack of privity between the sub-agent and the principal. First, that the original agent is liable to the principal for any breach of duty on the part of the sub-agent, even if the appointment of the sub-agent had been expressly authorised:

"[I]t is trite law that for the purpose of accountability in respect of the receipt of money, receipt by a sub-agent is the same as receipt by the agent hThe governing provisions, pending the FCA regulating the matter in itsimself."[40]

Thus, where an underwriting agent, with the consent of his principal, delegates underwriting to a sub-agent, the agent is strictly liable to the principal in the event that the sub-agent performs his duties negligently.[41]

Secondly, the principal will, in general, have no cause of action against the sub-agent for breach of duty. However, there are circumstances in which a sub-agent may, notwithstanding the lack of privity of contract, be liable to the principal:

(1) Where the sub-agent acknowledges that he is holding monies on behalf of or to the account of the principal, an action for monies had and received may lie.[42]

(2) A sub-agent may, if he has undertaken or assumed responsibility towards the principal, be held to owe a duty of care in tort to the principal, applying the *Hedley Byrne* principle.[43] This was exemplified in the insurance context in *Henderson v Merrett* where a managing agent was held to owe a duty of care both to his own, direct, Names and to the indirect Names, those on the syndicate through other members' agents. Lord Goff emphasised that *Henderson* was an unusual case, concerned with the unique structure of Lloyd's, and the agency relationships between Names' managing agents, and members' agents. He said[44] that it "cannot therefore be inferred from the present case that other sub-agents will be held directly liable to the

---

and a placing broker, who the producing broker engaged to attend on reinsurers, there was no privity of contract between the principal (the reinsured) and the placing broker and that it was the producing broker who was liable to the placing broker for the premium, but he allowed that in exceptional cases there could be privity between the reinsured and the placing broker, though that may not be exclusive. Which we understand to mean that there may at the same time be privity between the producing broker and the placing broker and between the reinsured and the placing broker. The question of the sub-agent's liability to the principal in *negligence* is another issue. See below.

[39] *Calico Printers' Assoc v Barclays Bank Ltd* (1930) 36 Com. Cas. 71 at 78; 38 Ll. L. Rep. 105.
[40] *Balsamo v Medici* [1984] 1 W.L.R. 951 at 957 per Walton J; (1984) 81 L.S.G. 2700; see also *Trading & General Investment Corp SA v Gault Armstrong & Kemble Ltd (The Okeanis)* [1986] 1 Lloyd's Rep. 195 at 201 per Bingham J.
[41] *Henderson v Merrett Syndicates Ltd* [1995] 2 A.C. 145.
[42] See *IGI Insurance Co v Kirkland Timms Ltd* Unreported 5 December 1985, QBD, Comm. Ct; and Ch.11 below.
[43] *Hedley Byrne & Co Ltd v Heller & Partners Ltd* [1964] A.C. 465; [1963] 3 W.L.R. 101. See *Henderson v Merrett Syndicates Ltd* [1995] 2 A.C. 145 and discussed below in Ch.10. The Hedley Byrne principle was applied in *Chudley v Clydesdale Bank Plc (t/a Yorkshire Bank)* [2017] EWHC 2177 (Comm) (but there was not a sufficiently close relationship to found a duty).
[44] *Henderson v Merrett Syndicates Ltd* [1995] 2 A.C. 145 at 195H.

agent's principal in tort".[45] In *BP Plc v Aon Ltd (No.2)*[46] BP instructed Aon Texas to place insurance and Aon Texas engaged Aon London for that purpose. The court found that Aon London owed a duty of care to BP. There had been a close relationship and repeated direct contact between the principal (BP) and sub-agent (Aon London) sufficient to demonstrate the assumption of such a duty by Aon London.

(3) There is some support for the argument that a sub-agent may owe a fiduciary duty to the principal. In *Powell & Thomas v Evan Jones & Co*[47] (a decision reversed on other points by *FRH v Cedar Capital*, discussed at 9-009 above) the court said obiter that a sub-agent could be in a fiduciary relationship to the principal even if there was no privity with the principal. In *Henderson v Merrett Syndicates Ltd*,[48] Lord Goff,[49] having concluded that the sub-agents owed a duty of care in tort, did not think it necessary to consider whether an equivalent fiduciary duty was imposed[50] and said that *Powell & Thomas v Evans Jones* was a decision on its particular facts, which did not affect the general proposition that there was no privity of contract between a principal and a sub-agent.[51] In a concurring speech, Lord Browne-Wilkinson said[52] that the alternative claim put forward on the basis of a breach of fiduciary duty:

> "... although understandable, was misconceived. The liability of a fiduciary for the negligent transaction of his duties is not a separate head of liability but the paradigm of the general duty to act with care imposed by law on those who take it upon themselves to act for or advise others."

We do not think there is sufficient authority, or reason, to assert that there is a direct fiduciary duty between a sub-agent and the principal, although on the right facts, there could be.

When there is a producing broker in one country where the governing law renders him liable to his client (also in that country) only if he himself has been negligent, and a placing broker in another country who is alone negligent, the reinsured (the client who instructs the producing broker) may be in a difficulty. He may have no claim against either broker, the producing broker because was not himself negligent, or the placing broker (sub-agent) because the sub-agent has no direct duty to the principal (reinsured). If the producing broker were to sue the placing broker for negligence, because the placing broker had breached his duty of care to the producing broker, the placing broker may argue that there was no loss to recover, because

9-012

---

[45] But not every misstatement or misrepresentation that is made within the context of a relationship involving a duty to exercise care and skill, even if it induces the receiver of the statement to act, has legal consequences for the maker of the representation. *Springwell Navigation Corp v JP Morgan Chase Bank (formerly Chase Manhattan Bank)* [2010] EWCA Civ 1221; [2010] 2 C.L.C. 705 provides an illustration. It was alleged that an employee of the defendant had said to a potential investor that loan notes linked to Russian bonds were a conservative and liquid investment. The court found that even if that had been said, the representations made by the employee would not amount to actionable misrepresentations because they were expressions of opinion without any implied representation by the representor that he had objectively reasonable grounds for them.
[46] *BP Plc v Aon Ltd (No.2)* [2006] EWHC 424 (Comm); [2006] 1 C.L.C. 881; and see also *Involnert Management Inc v Aprilgrange Ltd* [2015] EWHC 2225 (Comm); [2015] 2 Lloyd's Rep. 289.
[47] *Powell & Thomas v Evan Jones & Co* [1905] 1 K.B. 11.
[48] *Henderson v Merrett Syndicates Ltd* [1995] 2 A.C. 145.
[49] With whom Lords Keith, Mustill and Nolan agreed.
[50] *Henderson v Merrett Syndicates Ltd* [1995] 2 A.C. 145 at 197.
[51] *Henderson v Merrett Syndicates Ltd* [1995] 2 A.C. 145 at 202–203.
[52] *Henderson v Merrett Syndicates Ltd* [1995] 2 A.C. 145 at 205.

the producing broker was not liable to his principal, but there is authority that the agent can recover for a loss suffered by his principal (see 9-023 and 9-024 below).

2. THE BROKER/INTERMEDIARY AS AGENT OF THE REINSURED

Agent or intermediary?

9-013 Whilst insurance and reinsurance companies have been required to have some form of authorisation to conduct business in England for over 50 years,[53] insurance *brokers* effectively remained unregulated until 2005. The Insurance Brokers (Registration) Act of 1977 required registration of any intermediary using the word "broker" but registration was not required if some other word, for example, "consultancy", was used and the Act could therefore easily be side-stepped. Only in 2005, and following the EU's Insurance Mediation Directive ("IMD") did brokers, however they described themselves, require to be registered with the FSA.[54] The governing provisions, pending the FCA regulating the matter in its Handbook—see 9-001 above— are:[55]

"(1) "insurance distribution" means the activities of advising on, proposing, or carrying out other work preparatory to the conclusion of contracts of insurance, of concluding such contracts, or of assisting in the administration and performance of such contracts, in particular in the event of a claim, including the provision of information concerning one or more insurance contracts in accordance with criteria selected by customers through a website or other media and the compilation of an insurance product ranking list, including price and product comparison, or a discount on the price of an insurance contract, when the customer is able to directly or indirectly conclude an insurance contract using a website or other media;

(2) "reinsurance distribution" means the activities of advising on, proposing, or carrying out other work preparatory to the conclusion of contracts of reinsurance, of concluding such contracts, or of assisting in the administration and performance of such contracts, in particular in the event of a claim, including when carried out by a reinsurance undertaking without the intervention of a reinsurance intermediary;""

Thus, if a reinsurer performs activities seen to be those of an intermediary, and there is no intermediary, those activities performed by the reinsurer will be considered insurance distribution. As is explained in 9-001 above, a reinsurance *intermediary* is a distributor who is not a reinsurer (IDD art.2.1(5)).

The Agent of whom?

9-014 English law has traditionally viewed the broker as the agent of the insured or reinsured. However, brokers perform several distinct functions, and not all those functions are carried out as agent of the (re)insured. The starting point is where, acting on the instructions of the client (the reinsured), the broker places reinsurance

---

[53] See Ch.15 below.
[54] Financial Services Authority. The successor authority (since 2012) with responsibility for insurance intermediaries is the Financial Conduct Authority ("FCA").
[55] Article 2.1(1) and (2), and see the FCA Glossary.

cover with reinsurers.⁵⁶ Subsequently, the broker may act as a conduit through which premiums are transmitted in one direction and claims in the other.⁵⁷ Additionally, the broker may act as underwriting agent and commit the principal (in this instance, the reinsurer) to risks by the device of a binding authority or "binder" as it is called.⁵⁸ Market practice is that the function of negotiating his commission or brokerage takes place between the broker and the third party, the reinsurer, not between the broker and his principal, the reinsured, and questions can then arise as to which party is legally responsible to pay the commission and at what point does that liability arise. These issues on commission are discussed in Ch.11.⁵⁹ For some of the time, the broker may act as *principal*, for example where a broker thinks that a potential reinsurer for his client, the reinsured, will likely not agree to reinsure without some retrocession protection, the broker may go looking for it of his own volition (see 9-020 below).

It is apparent from a brief consideration of their functions that brokers not infrequently act in more than one capacity that is to say as the agent of more than one party. It is uncontroversial that when the broker places cover he acts as the agent of the reinsured⁶⁰ but the market's view of the broker's role and duties after the contract of reinsurance is concluded, may at times diverge from some aspects of the general law of agency. There are essentially two reasons for this. First, the law of agency is not to be found in any English uniform commercial code and has to be distilled from case-law, where the practices of the (re)insurance market have been acknowledged. Secondly, more recently the legal relationship between a broker and each of the other parties—the client reinsured, the reinsurer, and perhaps another intermediary such as a placing broker or underwriting agent—is, in the London market, spelled out in separate TOBAs (terms of business agreements) with each other party, in which agreements the broker may have certain duties to the counterparties and, naturally, market practice will inform those agreements.

A former Chairman of Lloyd's once remarked: **9-015**

"I don't think underwriters ever understood the law of agency. Not because they were stupid but because it never came across their desks."⁶¹

The events which led the Chairman to appreciate this gap in their knowledge, discussed in the book referenced in fn.61, forced a change in behaviour in the London market. Agency law is better understood, and TOBAs have made duties and rights of parties clearer and more certain.

The practice of Lloyd's brokers acting as agents for the underwriter in appointing loss adjusters to investigate a claim on behalf of the underwriter, without the insured's knowledge or consent, even though the broker was agent of the insured in presenting the claim, received judicial disapproval in two decisions.⁶² In these cases, the courts insisted upon rigorous adherence to the principle, expressed in

---

⁵⁶ The remainder of this chapter is principally a discussion of the role of the broker as the agent of the reinsured.
⁵⁷ The accounting function of brokers is discussed in Ch.11 below.
⁵⁸ Binding authorities, underwriting agents and pools form the subject matter: see further Ch.10 below.
⁵⁹ See Ch.11, 11-013 below.
⁶⁰ See below.
⁶¹ David Coleridge, quoted by Adam Raphael in *Ultimate Risk*, (Bantam Press, 1994), p.97. The truth is that it came across their desks all the time but they were blind to it.
⁶² See *North & South Trust Co v Berkeley* [1971] 1 W.L.R. 470; [1970] 2 Lloyd's Rep. 467; *Anglo-African Merchants Ltd v Bayley* [1970] 1 Q.B. 311; [1969] 2 W.L.R. 686; and *Secretary of State for Justice v Topland Group Plc* [2011] EWHC 983 (QB) discussed below.

Bowstead,[63] that an agent:

> "... may not act for both parties to a transaction unless he ensures that he fully discloses all the material facts to both parties and obtains their informed consent to his so acting ... any custom to the contrary will not be upheld."

Lloyd's together with the brokers have resolved this conflict by allowing the broker to continue appointing the adjuster on behalf of the underwriter, but requiring that if the broker receives the adjuster's report, he provides a copy to his client as well as to the underwriter.[64] Brokers no longer appoint the adjuster or have the insured agree to the broker performing this function in the TOBA with the client.

9-016 In the reinsurance context[65] where all parties to the transaction are professionals operating in the same market, cases of dual agency are not uncommon. Thus, in *IGI Insurance Co Ltd v Kirkland Timms Ltd*,[66] Hirst J (as he then was) accepted counsel's contention that a broker administering premiums and claims as between underwriters and brokers holding binders, was an intermediary with agency obligations to both parties "in the equivalent position to brokers under a treaty of reinsurance in which the role of the intermediary is well known". In *The "Okeanis"*,[67] Bingham J (as he then was) accepted the idea of a dual agency, but concluded that it was unlikely to have been intended by the parties.

However, the overriding principle of fully informed consent by both principals in a case of dual agency still applies.[68] If a broker places business with an underwriter, the underwriter is the "third party" with whom the broker makes a contract for his principal; if the broker is then instructed by the underwriter to obtain reinsurance for him, the underwriter becomes the broker's principal for that assignment. It is doubtful if any disclosure of this appointment as reinsurance broker to the original principal is required—there is no conflict in the two functions.[69]

---

[63] Bowstead and Reynolds on Agency, 23rd edn (2023).
[64] See below.
[65] *North & South Trust Co v Berkeley* [1971] 1 W.L.R. 470; and *Anglo-African Merchants Ltd v Bayley* [1970] 1 Q.B. 311 concerned direct insurance.
[66] *IGI Insurance Co Ltd v Kirkland Timms Ltd*, (Unreported) 5 December 1985, QBD, Comm. Ct; and see Ch.11 below.
[67] *The "Okeanis"* [1986] 1 Lloyd's Rep. 195; and below.
[68] See *Bott v SCRAP* Bermuda Civ. App. No.5, 1986, below.
[69] For another, somewhat curious, example of dual agency see, *Kingscroft Insurance Co Ltd v Nissan Fire & Marine Insurance Co Ltd (No.2)* [1999] C.L.C. 1875; [1999] Lloyd's Rep. I.R. 603 per Moore-Bick J: "Mr Platford drafted two slips in which he recorded Nissan's agreement to subscribe to the treaties. He scratched them both on 30th January, adding the notation 'NCAD'. By that time he had agreed, at Mr Kuroki's request, to close Nissan's participation in the second layer treaty through the NMUA which meant, as he himself accepted, *that in relation to that treaty he was acting in a dual capacity as broker for Weavers and as underwriting agent for Nissan* ... by asking Mr Platford to close the business under the NMUA Nissan authorised SWG to handle it in the same way as any other business written under that agreement, including following the established practice of giving immediate notice of cancellation under continuous treaties by marking the slip 'NCAD'. In the rather unusual circumstances of the case I would accept [counsel's] submission that Mr Platford as Nissan's agent was able to give notice of cancellation to himself as placing broker for Weavers under the principle applied in *Gale v Lewis* (1846) 9 Q.B.D. 730" (emphasis added). But one should bear in mind *Aneco Reinsurance Underwriting Ltd (In Liquidation) v Johnson & Higgins Ltd* [2001] UKHL 51; [2002] Lloyd's Rep. I.R. 157 where the broker placed reinsurance with Aneco on behalf of a Lloyd's syndicate and then placed reinsurance on behalf of Aneco. When the reinsurance protecting Aneco failed by the fault of the broker, the broker became liable to Aneco not only for the losses which would have been covered by the reinsurance protection of Aneco which failed but for all the losses which Aneco incurred by writing the reinsurance of the Lloyd's syndicate. The court found that the broker had undertaken a general duty to advise Aneco in relation to its entire participation in the risk, notwithstanding that to owe a duty to Aneco to advise on writing the reinsurance of the

In *Kelly v Cooper*,[70] a case concerning an estate agent in Bermuda acting for two vendors of adjoining properties, the Privy Council accepted that in a market where it was customary for an agent to act for more than one principal, the agent may of necessity find himself in a position where his duties of confidentiality to one are in conflict with his duties of disclosure to the other. In that case Mr Ross Perot[71] was looking to buy two adjoining properties. The estate agent knew this, but the two vendors did not. One vendor claimed damages from the estate agent for breach of duty in failing to inform him of the intention of the owner of the other property to sell to the same buyer. It was held that an estate agent was entitled to keep confidential information he acquired about the intentions of the other vendor which, if it had been disclosed to the neighbouring vendor, might have enabled him to obtain a higher price.

The trial judge,[72] whose decision was ultimately reversed by the Privy Council, had relied upon *North & South Trust Co v Berkeley*[73] as authority for the proposition that an agent for principal A, who has chosen to act for another principal B on whose behalf he acquires information, cannot be forced to divulge such information to principal A, but can be held liable in damages to principal A for breach of duty. In the Privy Council, the latter finding was not upheld. Lord Browne-Wilkinson stated two fundamental propositions:

"[F]irst, agency is a contract made between principal and agent; second, like every other contract, the rights and duties of the principal and agent are dependent upon the terms of the contract between them, whether express or implied. It is not possible to say that all agents owe the same duties to their principals: it is always necessary to have regard to the express or implied terms of the contract."[74]

Lord Browne-Wilkinson said that where an agent is in a "*general* agency business" certain terms, which would be inappropriate in the case of a *sole* agency, have to be implied into the general agency contract of necessity:

"In the case of estate agents, it is their business to act for numerous principals: where properties are of a similar description, there will be a conflict of interest between the principals each of whom will be concerned to attract potential purchasers to their property rather than that of another. Yet despite this conflict of interest, estate agents must be free to act for several competing principals otherwise they will be unable to perform their function. Yet it is normally said that it is a breach of an agent's duty to act for competing principals. In the course of acting for each of their principals, estate agents will acquire information confidential to that principal. It cannot be sensibly suggested that an estate agent is contractually bound to disclose to any one of his principals information which is confidential to another of his principals. The position as to confidentiality is even clearer in the case of stockbrokers who cannot be contractually bound to disclose to their private clients inside information disclosed to the brokers in confidence by a company for which they also act. Accordingly in such cases there must be an implied term of the contract with such an agent that he is entitled to act for other principals selling competing properties and to keep confidential the information obtained from each of his principals."[75]

Lord Browne-Wilkinson said that *North & South Trust Co v Berkeley* "raised a

---

syndicate was to act in conflict with the duty to represent the syndicate's interests. Another striking example of a person acting as agent of both parties is where the underwriter of a Lloyd's syndicate reinsures to close one year into the following year.

[70] *Kelly v Cooper* [1993] A.C. 205.
[71] Described in the Law Report as "an American".
[72] Hull J, as he then was (subsequently Chief Justice of Swaziland).
[73] *North & South Trust Co v Berkeley* [1971] 1 W.L.R. 470.
[74] *Kelly v Cooper* [1993] A.C. 205 at 213H–214A.
[75] *Kelly v Cooper* [1993] A.C. 205 at 214C–E.

quite different problem".[76] He approved the decision of Donaldson J (as he then was) and distinguished the case from the facts of *Kelly v Cooper* saying, "... there was nothing in the circumstances [of the North & South Trust case] to justify the implication of any term in the agency between the assured and the brokers that the brokers should be free to act for the opposing party, the insurers".[77] In approving *North & South Trust Co v Berkeley*, Lord Browne-Wilkinson confirmed that *Kelly v Cooper* has not affected the general law of agency, as it applies to reinsurance brokers, and in particular their duty to avoid conflicts of interest—which we discuss further below.

9-018 *Kelvin Jack v Imageview*[78] illustrates how an agent may suffer if he tries to be an agent of two principals without the necessary informed consent to his acting so. Imageview, the agent, acted for Mr Jack in negotiating a contract for him to play soccer for Dundee United and were to be remunerated by a commission of 10 per cent of his salary. Unknown to Mr Jack, the agent also acted for Dundee United in obtaining a work permit for Mr Jack and received a cash payment of £3,000. When, 12 months later, Mr Jack discovered that his agent had worked also for the football club, he recovered the commission he had paid and the £3,000. Jacobs LJ was almost evangelical:

> "An agent's own personal interest comes entirely second to the interest of his client. If you undertake to act for a man, you must act 100% body and soul for him. You must act as if you were him. You must not allow your own interest to get in the way without telling him."

In *Secretary of State v Topland*[79] the defendant agent (of a tenant) claimed that an introductory fee he received from a landowner was in accordance with the custom of the real estate market and it was not the practice that the agent in the defendant's position should disclose such fee to his existing client, the tenant. The claimant tenant cited *North & South Trust Company v Berkeley* for the proposition that any such alleged custom would have to be notorious, certain and reasonable, and the alleged custom was not. In *Conway v Prince Eze*[80] an "acquisition agent" received a fee from the sellers and the buyers refused to complete alleging a bribe had been paid. The court found that the "acquisition agent" was independent and not the agent of seller or buyer and thus the buyer had no grounds for refusing to complete the purchase.

---

[76] *Kelly v Cooper* [1993] A.C. 205 at 215H.
[77] *Kelly v Cooper* [1993] A.C. 205 at 216A–B.
[78] *Imageview Management Ltd v Jack* [2009] EWCA Civ 63; [2009] Bus. L.R. 1034.
[79] *Secretary of State for Justice v Topland Group Plc* [2011] EWHC 983 (QB). In *FHR European Ventures LLP v Cedar Capital Partners LLC* [2014] UKSC 45 the secret commission recovered by the principal was £10 million. This was the amount that the agent of the purchasers of a hotel received, without the knowledge of the purchasers, from the vendors. In *Fiona Trust & Holding Corp v Privalov* [2010] EWHC 3199 (Comm); (2011) 108(3) L.S.G. 17; *Fiona Trust & Holding Corp v Privalov* [2011] EWHC 715 (Comm) (additional reasons) the agent and the third party were liable to the principal for sums paid by the agent to the third party in breach of the agent's fiduciary duty.
[80] [2018] EWHC 29 (Ch).

Placing cover

The general rule

It is a well-established principle of English insurance law that when a broker negotiates and places cover, he acts as the agent of the insured/reinsured.[81] In *Deeny v Gooda Walker Ltd (No.3)*, Gatehouse J said:

9-019

> "It is ... a rule of long standing and universal application that an insurance broker is the agent of the principal who employs him to carry out a specific piece of business, namely, the placing of a contract of insurance on the terms required. He is always the agent of the insured to obtain cover from an insurer; he is the agent of an insurer to obtain reinsurance cover from a reinsurer. Of course there are situations where the broker may also act for the insurer/reinsurer for specific purposes. The most obvious example is the high street broker who is not only the agent of the lay client to obtain, e.g. motor insurance but is also the agent of the insurer authorized to grant interim insurance—usually evidenced by the issue of a cover note (e.g. *Stockton v Mason* [1978] 2 Lloyd's Rep. 430)."[82]

Where a person holds a binding authority for an insurer and the broker acts as an intermediary between him and the reinsurer, the broker is the agent of the former.[83] The broker may also, at the same time as he places reinsurance cover for the reinsured, place retrocession cover on behalf of the reinsurer in respect of the same risk. The practice was considered by Hobhouse J (as he then was) in *The "Zephyr"*[84] and *Trinity Insurance Co Ltd v Singapore Aviation & General Insurance*.[85] In the latter case, Hobhouse J said:

> "This is quite a common combination of activities because brokers when seeking to obtain reinsurance from reinsurers quite often, in order to make that approach more marketable and more attractive, at the same time and technically on their own account (not on account of [the reinsured]) invite the reinsurer to take part in a further reinsurance scheme which has been organised by the broker. So the broker, then, in that respect would be acting as the agent of the reinsurer, although in respect of proposing the quota share treaty, he is acting on behalf of and is the agent of the reinsured."[86]

The above passage was cited with approval in *SAIL v Farex*,[87] where the Court of Appeal held that a broker placing both reinsurance and retrocession cover in respect of the same risk, acts as agent for the reinsurer (i.e. the reinsured vis à vis the retrocessionaire) with respect to the placement of the retrocession cover. Hoffmann LJ (as he then was) described the contractual arrangements in *SAIL v Farex* as follows:

9-020

> "In 1988 the plaintiff ('SAIL') as agent of companies in the AIG insurance group engaged

---

[81] See *Empress Assurance Co Ltd v Bowring* (1905) 11 Com. Cas. 107; *Glasgow Assurance Corp v Symondson & Co* (1911) 16 Com. Cas. 109; *Rozanes v Bowen* (1928) 32 Ll. L. Rep. 98; *American Airlines Inc v Hope* [1974] 2 Lloyd's Rep. 301; *The "Zephyr"* [1985] 2 Lloyd's Rep. 529.
[82] *Deeny v Walker* [1996] L.R.L.R. 276 at 282.
[83] *Pryke v Gibbs Hartley Cooper Ltd* [1991] 1 Lloyd's Rep. 602; and Ch.10 below.
[84] *General Accident Fire & Life Assurance Corp Ltd v Tanter (The Zephyr)* [1984] 1 W.L.R. 100; [1984] 1 Lloyd's Rep. 58, and Ch.3 above, see also [1985] 2 Lloyd's Rep. 529 at 532 per Mustill LJ.
[85] *Trinity Insurance Co Ltd v Singapore Aviation & General Insurance* Unreported 17 December 1991; (1993) 2 Re LR 111.
[86] *Trinity Insurance Co Ltd v Singapore Aviation & General Insurance* Unreported 17 December 1991; (1993) 2 Re LR 111 at 115.
[87] *Societe Anonyme d'Intermediaries Luxembourgeois (SAIL) v Farex Gie* [1995] L.R.L.R. 116 at 123; [1994] C.L.C. 1094.

the London brokers Heath Fielding to arrange a facultative reinsurance facility. Heath Fielding approached St Paul Fire and Marine Insurance Company ('St Paul') which declined. But Mr Kearney, the manager of St Paul's international facultative department, agreed in principle to share in retrocession cover if another reputable reinsurer could be found. Heath Fielding then approached Farex with a package proposal. Farex and other companies in its group was to provide a reinsurance facility for the AIG companies and at the same time Heath Fielding was to arrange retrocession cover with, among others, St Paul. Farex accepted the package and on Nov. 17, 1988 signed what has been called a 'lineslip'. This set out the terms upon which Farex would reinsure such risks as companies in the AIG group declared and it accepted during the period from Nov. 14, 1988 to Oct. 2, 1989; a period which has been called 'the first year'. The slip contained a pencilled condition 'subject to reinsurance and security' which, in accordance with the custom of the market, Heath Fielding deleted when St Paul and the other retrocessionaires agreed to provide cover. In the first year 205 declarations were made and accepted. Farex signed a second lineslip on Oct. 6, 1989 to continue the facility from Oct. 2, 1989 to Jan. 15, 1991 ('the second year'). In this period there were 257 accepted declarations."[88]

The different capacities in which the broker may find himself acting, when placing cover, were analysed by Evans J (as he then was) in some detail:

"It is a commonplace situation in insurance and reinsurance business, and not just at Lloyd's, for a broker who has undertaken to obtain insurance or reinsurance cover for an original client also to place reinsurance or retrocession cover on behalf of the insurer or reinsurer who accepts the original business ... The legal analysis of this situation is not without its difficulties, but the starting point for the analysis is clear. The broker acts as agent for the original insured or reinsured when placing the insurance (reinsurance), and as agent for the insurer (reinsurer) when placing the reinsurance (retrocession) when those contracts are eventually made ...

The broker may find himself acting in the dual role because when he approaches the prospective reinsurer he finds that the reinsurance will be acceptable provided that suitable retrocession arrangements can be made. If he then approaches a prospective retrocessionaire, he does so as the reinsurers' agent and has indicated his acceptance of the reinsurers' instructions to act on their behalf.

The broker may know, however, before he approaches the reinsurer that some form of retrocession will be required. He therefore anticipates the reinsurers' request and his first approach is to a prospective retrocessionaire. He does so in the interests of his original clients, because it is their instructions to obtain reinsurance cover which cause him to take the initiative in negotiating the prospective reinsurers' retrocession requirements. But this does not mean that he approaches the retrocessionaires as agent for his original clients.... He does so as agent for the proposed reinsurers if he has received their instructions, or on his own behalf, as in *The "Zephyr"*, if he has not.

The next stage is to consider in what capacity the broker acts when he approaches the proposed reinsurer and offers both the reinsurance cover sought by his clients, the insurers, and the prospect of retrocession cover which he has already obtained as a firm commitment or as an 'indication' from a potential retrocessionaire. This in essence is what happened here. The reality is more complex: a sophisticated 'package' of proposed reinsurance and retrocession in different layers is offered, planned by the brokers largely on their own initiative and with the benefit of their considerable expertise ...

The legal position however in my judgment is clear. The broker offers the reinsurance on behalf of the insurers, his original clients, but he offers to act as agent for the reinsurer in placing the retrocession cover, if the reinsurers so require. In so doing, the broker makes that offer as principal and on his own behalf. If the terms of a proposed retrocession have already been agreed, the broker may also communicate those terms to the reinsurer as agent for the retrocessionaire, but that further possibility is not relevant here. The law is

---

[88] *SAIL v Farex* [1995] L.R.L.R. 116 at 148.

clear that the broker does not offer to negotiate a retrocession contract as agent for his original clients."[89]

Evans J then cited the following passage from *The "Zephyr"*:

"The shipowners were in no way parties to or interested in any reinsurance contract or contracts ... being a broker is not quite as straightforward as might be supposed and ... a broker's operations in the market, although originating from instructions received from an external client, the shipowners, may involve the broker in undertaking transactions or assuming obligations in the market which are not the concern of the original client."[90]

Evans J noted "that the initiative may have come from the broker himself who solicits the instructions which he receives from the original client. Some transactions, particularly more sophisticated ones, may be 'broker-led'".[91] However, in the view of Evans J, that did not alter the legal analysis in any material respect. This is plainly correct as a matter of agency law. It is not unusual for agents, in a variety of commercial contexts, to procure business actively as opposed to being the passive recipients of their principal's instructions. We do not expect the general rule to change as result of electronic placements,[92] although the role of brokers may diminish, or change to include responsibility for adding data and documents to the platform and for checking on behalf of their client information that has been added by others in relation to the transaction in question. As we discuss below there may be situations where the broker, although the agent of the reinsured, assumes by reason of his conduct, a duty of care to the reinsurer which arises under the law of tort.

Fronting and the broker's role

This difference which Evans J draws in *SAIL v Farex* between the broker acting "in the interests of one party but nonetheless as agent of" another is important in seeking to analyse the functions of a broker in fronting situations. As agent of a cedant, the broker will approach a reinsurer (R2). Let us suppose that either the reinsurer is not authorised to underwrite in the country in question, or he is not acceptable security to the cedant, but he remains keen to reinsure. He asks the broker to find him a front and the broker does so, (R1). We can suppose also that the risk was misrepresented to R2 but that R1 waived all information about the risks being ceded and asked only about the creditworthiness of R2 and his overrider, on which points he was satisfied. (R1 takes the view that since R2 is the company that wants the reinsurance business, he, R1, only carries a security/credit risk). Let us suppose that subsequently R2 discovers that the risk was misrepresented to him and becomes unwilling to pay the heavy losses originating from the cedant.

9-021

If R2 seeks to dispute the reinsurance contract with R1, R1, the fronting company, may say that he was approached by the broker, acting as agent of R2, to front for R2 and no misrepresentation was made to R2 on his, R1's, behalf, as R2 well knew. On that basis, R1, the fronting company, will say that he is not responsible as principal for the misrepresentation made to R2. The cedant will no doubt happily agree with the position adopted by R1 because R1 has no grounds

---

[89] *SAIL v Farex* [1995] L.R.L.R. 116 at 122–123.
[90] *The "Zephyr"* [1984] 1 Lloyd's Rep. 58 at 67 per Hobhouse J. See 9-086 to 9-088 below for consideration of where the broker negotiates a cut-through clause and may owe a duty to the original insured when doing so.
[91] *SAIL v Farex* [1995] L.R.L.R. 116 at 123.
[92] See Ch.3, 3-004 and 3-005.

to dispute his liability to the cedant, and will be happy to continue paying as long as R2 is liable to him. Is R2, the reinsurer first approached, limited to a claim in damages against the cedant and/or his broker in respect of the misrepresentation? If so, what does R2 do if he complains that the unfair presentation was by way of a non-disclosure, rather than a misrepresentation? Suppose that R1, the front, pays and seeks indemnity from R2, his reinsurer, but the cedant is insolvent, so that if R2 is obliged to pay, he will have, in reality, no opportunity to recover damages from the cedant for any misrepresentation?

9-022   It is quite possible that the courts would be very robust about this. If we look back to the situation where the cedant passes on information from his insured, but does not expressly disclaim responsibility for it, we see that he nonetheless is responsible, and the court says there is no hardship to the insurer because if the reinsurer has a remedy because the information was wrong, so also has the insurer.[93] If we look at *The "Zephyr"* we see the reinsured being responsible for representations he did not know had been made, because when the all risks insurer agrees to underwrite a risk provided total loss only reinsurance is obtained, he adopts the representations used by the broker to obtain the total loss cover when he adopts the total loss cover. If we look at *SAIL v Farex*, we see the court saying that the broker was the *agent of the reinsured* in obtaining reinsurance for the reinsured, even though the obtaining of that reinsurance for the reinsurer resulted in the reinsurer being willing to reinsure the original client of the broker. Thus. it is quite possible for the court to find that a front, R1, would understand what his responsibilities to R2 were, as a matter of law and practice, and would know that he would have a reinsurer, R2, to whom he would be responsible. If he is found to have waived knowledge of matters material to the risk, relying on his reinsurance security, R1 is nonetheless as responsible to R2, as if the misrepresentations were made by R1. But how does the front cope with the argument that he himself cannot dispute liability based on the misrepresentations or non-disclosures because none were made to him? In the same manner, we suggest, as the follower is entitled to avoid a cover granted where the leader is induced to lead a slip by a misrepresentation which is not repeated to the following insurer. The broker who approaches the fronting company, R1, has, in our view, a dual purpose: he may be looking for a front for R2, but on behalf of his principal, the cedant, he is clearly looking for a reinsurer (R1) acceptable to the cedant to front for the reinsurer first approached (R2). It is consistent with authority for the court to find that the broker is implicitly saying to the fronting company, R1, "I have made a fair presentation to R2, the person who will be your reinsurer" and if that is untrue, R1 has a remedy against the cedant.

In this way the standard relationships and obligation flows are preserved and the fronting company and the reinsurer of the fronting company are not prejudiced. The broker remains the agent of the party ceding the risk. When the broker goes off to find a fronting company for the first approached reinsurer, he may well be agent of that reinsurer, with an obligation to use reasonable efforts to find a fronting company. The broker may make representations in that capacity which involve the reinsurer in some liability to the fronting company, but when the fronting company, R1, agrees to act as reinsurer of the cedant and as reinsured of the retrocessionaire, R2, he adopts the presentation which persuaded R2 to act as retrocessionaire, and receives a representation from the broker that R2 received a fair presentation, on the same basis.

---

[93] *Highlands Insurance Co v Continental Insurance Co* [1987] 1 Lloyd's Rep. 109.

Payment of premium and collection of claims

General principles

The accounting functions of brokers are discussed in Ch.11.[94] Two general propositions may be stated regarding the broker's position as agent for the reinsured with respect to the payment of premium and collection of claims. First, that as a general rule[95] the broker, as an agent, is not liable personally for the payment of premium. Secondly, that the broker has implied actual authority to collect claims from the reinsurer on behalf of his principal, and accordingly payment of a claim in cash[96] by the reinsurer to the broker discharges the reinsurer's liability to the reinsured.

9-023

The broker's title to sue

Save in the case of an action on a marine policy, the broker is not entitled to sue the reinsurer in his own name in respect of claims that are due under the reinsurance contract.[97] Even so, there is case law that may be used to argue the opposite.

9-024

The decision of the Privy Council in *Provincial Insurance Co of Canada v Leduc* is cited as authority for the following proposition stated by Sir Barnes Peacock: "It is clear that an agent who insures for another with his authority may sue in his own name."[98] In this, *Leduc*, case the respondent, who was the party seeking insurance, was part owner of the vessel and had been authorised to get insurance for the other half on behalf of the co-owner. It also appears[99] that the co-owner owed money to the respondent and had assigned his right to recover the proceeds of the policy to him. The case[100] was principally concerned with whether the insurer had accepted a notice of abandonment and was thereby estopped from raising a defence of breach of warranty. Sir Barnes Peacock's dictum[101] cannot be viewed as an authoritative statement of English law relating to non-marine brokers.

In *Lloyd's v Harper*,[102] the Committee of Lloyd's sought to enforce a guarantee against the executors of the guarantor who had given a guarantee in his son's favour when the son had become an underwriting member of Lloyd's. The defendants took the point that Lloyd's itself[103] had suffered no loss when the son had defaulted on his obligations as an underwriter. Lush LJ said:

9-025

> "I consider it to be an established rule of law that where a contract is made with A, for the benefit of B, A can sue on the contract for the benefit of B, and recover all that B could have recovered if the contract had been made with B himself. The books afford innumerable instances of the application of this doctrine. *Lloyd's policies from the time Lloyd's was established, have been always made in the name of the insurance broker on printed forms. The broker insures for the benefit of all whom it may concern, and the broker can bring*

---

[94] See Ch.11 below.
[95] The exceptions are considered in Ch.11 below.
[96] See Ch.11 below.
[97] See however, to the contrary with regard to underwriting/managing agents ("MGAs"): *Transcontinental Underwriting Agency v Grand Union Insurance Co Ltd* [1987] 2 Lloyd's Rep. 409 per Hirst J; and Ch.10 below.
[98] *Provincial Insurance Co of Canada v Leduc* (1873-4) L.R. 6 P.C. 224 at 244.
[99] *Provincial Insurance Co of Canada v Leduc* (1873-4) L.R. 6 P.C. 224 at 243.
[100] Which was an appeal from the Court of Queen's Bench for the Province of Quebec, and related to a marine policy subject to the Quebec Civil Code.
[101] Cited with approval by Hirst J in *Transcontinental v Grand Union* [1987] 2 Lloyd's Rep. 409 at 414.
[102] *Lloyd's v Harper* (1880) 16 Ch. D. 290.
[103] By then a body corporate under the Lloyd's Act 1871.

an action, and is the person to sue and recover according to the interests of the parties. It is true that the person who employed him has a right, if he pleases, to take action himself and sue upon the contract made by the broker for him, for he is a principal party to the contract. If the subject-matter of the policy is sold with the benefit of the policy, the purchaser cannot sue, because he was not a party to the contract, but the assured, the assignor, may in this case sue upon the policy for the benefit of the person to whom he assigned it. That is the doctrine which runs through the whole of our law."[104] [Emphasis added]

The emphasised passage is undoubtedly an accurate statement of the practice at Lloyd's in the latter half of the nineteenth century—when it was almost exclusively a marine insurance market. The position of the broker who effects a marine policy is now governed by s.53 of the Marine Insurance Act 1906 (MIA 1906).[105] Where the broker is liable as principal for the premium, it makes sense for him to have title to sue under the policy in his own name, although the broker holds the proceeds for his principal.

The dictum of Lush LJ in *Lloyd's v Harper* above was approved by the House of Lords in *Woodar Investment Development Ltd v Wimpey Construction UK Ltd*,[106] in terms which appear to suggest that their Lordships considered the principle stated in *Lloyd's v Harper* to be of general application in any fiduciary relationship, where the agent sues to enforce the principal's contractual rights. However, the House of Lords were not concerned in *Woodar v Wimpey* with the reinsurance broker's title to sue. *Lloyd's v Harper* was only cited in passing, in order to disapprove of certain propositions which Lord Denning MR had derived from Lush LJ's dicta, in the Court of Appeal.

There is, therefore, no direct authority which establishes the broker's title to sue in the context of non-marine insurance/reinsurance. In *CT Bowring Reinsurance Ltd v Baxter*[107] the brokers successfully sued in their own name for return of premium under a facultative marine reinsurance policy. No point as to their title to sue was taken, but that was a case to which s.53 of the MIA 1906 arguably applied. In *SAIL v Farex*,[108] SAIL was an in-house broker for the AIG companies. It was a plaintiff, but so, it appears, were the AIG companies. No point on title to sue was raised. The question of title to sue is of particular importance where the broker has funded claims out of his own money.[109]

Bermuda: Insurance Act 1978 s.29

9-026   In Bermuda, s.29 of the Insurance Act 1978 provides as follows:

"In relation to any contract of insurance to which an insurer is a party and in respect of which an insurance broker, agent, salesman, innovative intermediary, or insurance

---

[104] *Lloyd's v Harper* (1880) 16 Ch.D. 290 at 321—a passage also cited by Hirst J in *Transcontinental v Grand Union* [1987] 2 Lloyd's Rep. 409 at 414.
[105] The MIA 1906 together with market agreements applying to Lloyd's and the IUA (International Underwriting Association), are discussed in Ch.11 below. The Law Commission, in its current work on Insurance Contract Law considers s.53 to be no longer necessary. We expect that at an opportune time the Commission will introduce a bill into Parliament for reform.
[106] *Woodar Investment Development Ltd v Wimpey Construction UK Ltd* [1980] 1 W.L.R. 277; (1980) 124 S.J. 184.
[107] *CT Bowring Reinsurance Ltd v Baxter (M Vatan and M Ceyhan)* [1987] 2 Lloyd's Rep. 416; [1987] 1 F.T.L.R. 7.
[108] *SAIL v Farex* [1995] L.R.L.R. 116; and see below.
[109] See *Merrett v Capitol Indemnity Corp* [1991] 1 Lloyd's Rep. 169; [1991] C.L.Y. 2181 [Mentioned by *Stonegate Pub Co Ltd v MS Amlin Corporate Member Ltd*] (see Ch.11, 11-057 below) where it appears to have been assumed that the broker had no title to sue under the reinsurance contract.

marketplace provider having apparent authority to act for the insurer in that respect in fact receives a premium under the contract—

    a.   the broker, agent, salesman, innovative intermediary, or insurance marketplace provider shall be deemed to be the agent of the insurer; and
    b.   the insurer shall be deemed to have received the premium,

notwithstanding anything to the contrary in the contract."

An "insurance broker" is defined[110] as "a person who arranges or places insurance business with insurers on behalf of prospective or existing policy-holders", and "insurance business ... includes re-insurance business". We submit that s.29 does no more than what it says,[111] namely that the broker is the agent of the insurer/reinsurer for the purpose of receipt of premium, if the broker is held out as having authority to receive premium on behalf of the insurer/reinsurer. The section appears to be aimed at insurance agents and salesmen, of whom there are a significant number in Bermuda, who are not employees of the domestic insurance companies and who are remunerated on a commission basis. The policyholder is protected in the event that the salesman fails to pass on the premium to the insurance company. Section 29 does not otherwise affect the general rule of common law that the broker is the agent of the insured/reinsured. Compare s.54 of the Marine Insurance Act 1906 ("MIA 1906"), which provides as follows:

> "Where a marine policy effected on behalf of the assured by a broker acknowledges the receipt of the premium, such acknowledgment is, in the absence of fraud, conclusive as between the insurer and the assured, but not as between the insurer and the broker."

Neither, we suggest is the acknowledgement conclusive between the broker and the insured.

The general rule is that at common law, payment of the premium by the reinsured to the broker does not discharge the reinsured's liability to the reinsurer. Where the broker is personally liable for the premium to the reinsurer and where the broker has already settled, "in account" or otherwise, with the reinsurer, payment of premium by the reinsured (to his broker) will not affect the reinsurer—he already has his money—unless perhaps there is a "brokers' cancellation clause".[112]

Brokers' cancellation clause

This clause, which is frequently written in the slip or the policy at the request of the broker, provides that if premium is not paid to the broker by his client, the broker may give notice of cancellation to the insurer/reinsurer. One can understand the broker insisting upon such a clause where he is placing marine business and the broker is personally liable for the premium and where he has paid the premium to the reinsurer on behalf of the reinsured client before receiving the premium from the client. There are nonetheless some points of law to consider. The brokers' cancellation clause is an agreement between the underwriter and the (re)insured for the benefit of the broker, a third party. Absent such a broker's cancellation clause, a question would arise as to whether the broker had ostensible (if he did not have actual) authority to cancel the contract and ask for a return of premium. The answer

---

[110] Bermuda Insurance Act 1978 s.1(1).
[111] Or indeed what the common law would say where someone had apparent authority.
[112] See *Con-Stan Industries v Norwich Winterthur* (1986) 64 A.L.R. 481; and 9-026 below.

is that he does not. In *Xenos v Wickham*[113] the argument that the broker had such authority was described as "clearly not sustainable". Either the broker must be expressly given authority to cancel the reinsurance if the reinsured does not pay premium, or, if the broker is not given direct authority, the reinsured must agree expressly with the reinsurer that the reinsurance is to be cancelled where the broker gives notice under the cancellation clause.

Could the (re)insured, having agreed to a brokers' cancellation clause, unilaterally, or by agreement with the reinsurer, terminate it (to the disadvantage of the broker)? To do so would be a breach of a duty owed to the broker as a third party to the contract between the reinsured and the reinsurer, which would give the broker a claim in damages under the Contracts (Rights of Third Parties Act) 1999 but the more important question for the broker is whether such termination without his consent would be effective. The answer depends firstly on whether, even where the cancellation clause is written as an agreement by the reinsured to be bound by the broker's notice, rather than an authority to the broker to give notice, the cancellation clause would be construed as the reinsured giving the broker authority to cancel as his agent, and secondly on whether, if such authority *is* given, the authority conferred upon the broker to cancel the contract is irrevocable: is it a "power coupled with an interest"? The answer is unclear.[114] On the first point, we doubt the court would make fine distinctions; it would construe the broker's cancellation clause as an authority to the broker no matter how worded. On the second point, an authority is not irrevocable merely because the agent would be prejudiced if it was revoked, but it is irrevocable if given for the purpose of securing an interest of the agent, for as long as that interest subsists. On balance, we consider that the authority given to the broker to cancel (re)insurance in order to protect himself, that is to restrict his direct liability for premium to time on risk, is a power coupled with an interest. Assume that the (re)insured is unable to indemnify the broker for premium paid on his behalf. If the (re)insured was able to revoke the broker's authority to cancel, and he did revoke the authority, the broker would suffer a loss unless he was able to assert that his authority to cancel was irrevocable and was able to enforce the broker's cancellation clause (despite the purported revocation of authority). The broker could only protect himself if either an irrevocable authority to cancel was inferred from the authority to include the cancellation clause in the reinsurance contract, or, the obligation of the reinsured contained in the cancellation clause could be specifically enforced. For the latter, the (re)insurer would have had to have entered into the agreement with the (re)insured (permitting the broker to cancel) as trustee for the broker, so that he, or the broker through him, could enforce it, or the broker would have to claim specific performance of the third-party obligation. Such a complex legal relationship is unnecessary if the broker's authority is regarded as irrevocable. In Ch.11 we consider whether the reinsured is trustee of the broker for the reinsurer's promise to pay commission to the broker. It would be a novel solution to the issue of lack of privity of contract for a court to hold that where a contract is made between two parties A (the (re)insured) and B (the (reinsurer) for the benefit of C (the broker), either one of A and B may be trustee for C, depending on which of A and B fails to perform the contract for C's benefit, but if that were a solution, it would likely have been used frequently before the Contracts (Rights of Third Parties) Act 1999.

---

[113] *Xenos v Wickham* (1867) L.R. 2 H.L. 296.
[114] *Bowstead & Reynolds on Agency*, 23rd edn (Sweet & Maxwell, 2023), art.123.

One can envisage circumstances where the reinsured was in liquidation, the broker having already advanced the premium to the reinsurer. If the reinsurance contract terminated automatically on the liquidation of the reinsured,[115] the broker would not then be able to exercise the cancellation right. If there was no automatic termination of the reinsurance contract, the reinsured might seek to withdraw the broker's authority to cancel and then ask the reinsurer for the premium to be returned directly to him. If the authority of the broker were coupled with an interest, the purported withdrawal of authority would be ineffective. The brokers' cancellation clauses should provide not only for the broker to have the right to cancel if premium is not paid to him, but also expressly for any premium paid by the broker to be repaid to him. Clearly a broker who has the right to terminate the reinsurance but not to call for a direct repayment of premium to him is only part way to protecting himself.

The next point which arises is what would occur if the (re)insurer, having agreed the "brokers' cancellation clause" then refuses to accept the cancellation by the broker, perhaps with the support of the (re)insured. In such a case, the (re)insurer would be faced with two possible arguments. Either there is a direct contract between the (re)insurer and the broker to be inferred from the negotiation for, and agreement to, the cancellation clause, or possibly the (re)insured is to be regarded as the trustee for the broker of the (re)insurer's promise, and the broker can, as beneficiary, require the (re)insured to enforce the promise. The broker would claim in damages the return premium which he would be entitled to if the clause had operated. Whilst under MIA 1906 s.53(1), premium is normally returnable to the insured, we consider that the effect of the cancellation clause would be that it had been "otherwise agreed", a provision which, in the better drafted cancellation clauses, (see the paragraph immediately above) is expressly stated.

9-028

Under s.1 of the Contracts (Rights of Third Parties) Act 1999, ("the 1999 Act") a third party can enforce a term of a contract which purports to confer a benefit on him. The right to cancel under the brokers' cancellation clause is a benefit, and the broker could enforce his right to cancel as against the reinsurer by this means. Further, as indicated above, pursuant to s.2 of the 1999 Act, it would not be open to the reinsured and the reinsurer to agree between themselves to strike the clause from their contract to the detriment of the broker. If the promisor (the reinsurer for these purposes) is aware that the third party (the broker for these purposes) has relied or will rely on the clause, it is fixed in the third party's favour. We suggest the reinsurer can be in no doubt what the brokers' cancellation clause is for. In *Nisshin Shipping Co Ltd v Cleaves & Co Ltd*,[116] Colman J held that brokers were entitled under the 1999 Act to enforce their right to commission provided for under a charterparty to which they were not parties—the parties of course being the owner and charterer.

The last point to note in connection with the "brokers' cancellation clause" concerns the duty of the broker, as agent, to act in the best interests of his client, the (re)insured. The brokers' cancellation clause is self-evidently not for the benefit of the (re)insured. The relationship of agency is contractual, and the parties may, by agreement, permit the agent to act in a way which varies from the general duties of an agent.[117] However, we suggest that it is incumbent upon the broker to

---

[115] As to which, see Ch.17, 17-009 below.
[116] *Nisshin Shipping Co Ltd v Cleaves & Co Ltd* [2003] EWHC 2602 (Comm). Applied *Cavanagh v Secretary of State for Work and Pensions* [2016] EWHC 1136 (QB); [2016] I.C.R. 826..
[117] See *Kelly v Cooper* [1993] A.C. 205 and above. And see the discussion in *Secretary of State v Topland* [2011] EWHC 983 (QB).

ensure that he explains to the (re)insured the effect of the clause, and that he gives his client ample warning of his intention to rely on the clause and cancel the (re)insurance contract, so as to give his client time either to pay the premiums or to make other arrangements. A failure by the broker to act reasonably in the exercise of his power to cancel the cover may result in him being liable for breach of his duty even though he was acting within the scope of his authority.[118]

The broker's commission

Market practice

The custom and practice of the reinsurance market is that the amount of the broker's remuneration is generally agreed, not with his principal—the reinsured—but with the reinsurer. The broker negotiates the premium with the reinsurer and agrees what percentage of the premium will constitute his commission or, as it is otherwise called, brokerage. In *Pryke v Gibbs Hartley Cooper Ltd*, Waller J (as he then was) said:

> "[T]he plaintiffs ... suggest that brokerage is paid by underwriters for the service of administering the contract. I do not think that is right. I think that the traditional view is that brokerage is promised and paid by the insurer for the introduction of business. The coverholder or insured is content for the broker to receive that brokerage because it constitutes remuneration for the services he has performed and is performing for the coverholder. It does not follow that because the underwriters pay brokerage that the broker is undertaking to perform any obligation in favour of the underwriter."[119]

The accepted view seems to be that Waller J is saying there is no contract between the broker and the underwriter. The above passage is equally capable of the construction that there is a contract between them but the consideration given by the broker is not the administering of the contract but the introduction of the business.[120] It is not future consideration, but present. The facts that the amount of commission that an agent earns is agreed with him by a third party, or that the accounts between the broker agent and that third party (the insurer/reinsurer/retrocessionaire) show the commission debited to the insurer/reinsurer/retrocessionaire do not, of necessity, mean that the broker is the agent of the insurer or that the commission is in law paid by the insurer. This is explored in Ch.11, 11-014 below. In *Carvill America Inc v Camperdown UK Ltd*[121] a case concerning permission to serve proceedings outside the jurisdiction (see Ch.13, 13-041 below) in which reference was made to this chapter, HH Judge Havelock-Allan QC said, "that there is a serious question to be tried as to whether there exists a custom, in the relevant reinsurance market that the reinsurer agrees to pay brokerage to the broker where a broker introduces the business, and as to whether the agreement between the broker and the reinsurer is legally enforceable, even where the gross premium has not been paid to the reinsurer." In *Absalom v TCRU Ltd (formerly*

---

[118] See further in Ch.11 below: *Pacific & General Insurance Co v Hazell* [1997] L.R.L.R. 65; [1997] B.C.C. 400.
[119] *Pryke v Gibbs Hartley Cooper Ltd* [1991] 1 Lloyd's Rep. 602 at 614.
[120] See *McNeil v Law Union & Rock Insurance Co Ltd* (1925) 23 Ll. L. Rep. 314 and below—the broker sued the insurer successfully for damages for commission he should have earned; *Velos Group Ltd v Harbour Insurance Services Ltd* [1997] 2 Lloyd's Rep. 461 at 463—the broker earns the entirety of his commission when the risk is successfully placed.
[121] [2005] EWCA Civ 645; [2005] 2 Lloyd's Rep. 457.

Monument Insurance Brokers),[122] the broker claimed brokerage from his client and from the reinsurers. The dispute settled before the court had the opportunity to explore the issues in depth. There is an obvious potential conflict of interest in that a broker's duty to his principal is to find the cheapest gross premium (consistent with finding a solvent and reputable reinsurer), even though his own brokerage is likely to be less, whereas a broker may receive more commission where the reinsured pays a higher premium. As a matter of general agency law a payment made by a third party to an agent will be regarded as a bribe or secret commission for which the agent will have to account to his principal.[123] However, the practice of an agent receiving his payment from a third party is perfectly lawful provided the principal is aware of it and gives his informed consent. In the reinsurance market, where all parties are professional and well aware of the practice, it will no doubt be inferred as necessary that the reinsured is "informed" and that consent is given.[124] The position would, we consider, be different if the reinsured was personally paying the broker for his services on a fixed price basis. In those circumstances, the consent of the reinsured to the broker also earning brokerage by agreement with the reinsurer, would be required. The issues of who is liable for commission, and who may sue or be sued for it, are discussed in Ch.11, 11-013 to 11-014 below.

In order for the broker to be entitled to his commission:

"... he has got to show that he was an efficient cause of the transaction coming about. It is not enough to show that he was the introducer of the two parties because that is merely a causa sine qua non and may not be the efficient cause."[125]

This is a basic principle of agency law but disputes as to whether the broker is the efficient cause of the insurance or reinsurance contract being concluded are rare. A potential insured may approach two or more insurance brokers asking what the premium might be for a particular risk and the brokers will sound out their contacts in the insurance market as to what the price might be. The brokers are in competition. But once the proposed insured decides which broker's quote to accept, that broker will tell the market that he has "an order" and at that point most insurers will decline to offer a line to (agree to insure that particular risk with) any other broker. Brokers vie to win business/instructions, but not to place the risk itself.

Overriding commission

Overriding commissions are different from broker commissions in that they are paid to the reinsured by the reinsurer, as the price of participating in the business

9-029

---

[122] *Absalom v TCRU Ltd (formerly Monument Insurance Brokers Ltd)* [2005] EWCA Civ 1586; [2006] 2 Lloyd's Rep. 129.
[123] See *Taylor v Walker* [1958] 1 Lloyd's Rep. 490; *Anangel Atlas Compania Naviera SA v Ishikawajima-Harima Heavy Industries Co (No.1)* [1990] 1 Lloyd's Rep. 167; *Arab Monetary Fund v Hashim*[1993] 1 Lloyd's Rep. 543.
[124] Compare *Kelly v Cooper* [1993] A.C. 205; *Bott v SCRAP Bermuda Civ. App. No. 5,* 1986, below. And see the discussion in *Secretary of State for Justice v Topland Group Plc* [2011] EWHC 983 (QB).
[125] *McNeil v Law Union & Rock Insurance Co Ltd* (1925) 23 Ll.L.R. 314 at 316 per Branson J the plaintiff broker had informed the defendant insurer that, because of lower rates being offered by competitors, the insured would not renew the policy unless the premium was reduced. The insurer sent one of its employees to deal directly with the insured, and agreed to accept a lower premium. The insurer achieved this by reducing the premium by the amount of the broker's commission which they then did not pay to the broker. The plaintiff broker succeeded in his claim.

and/or as a contribution to the expenses of the reinsured in managing the business and dealing with claims.

In *Kingscroft Insurance Co Ltd v Nissan Fire & Marine Insurance Co Ltd*, Moore-Bick J summarised the evidence of market practice with respect to the payment of "overriders"/"overriding commission" as follows:

> "Under quota share treaties the reinsured cedes a share of the risks and a corresponding share of the original premium. It is usual, however, for the reinsurer to allow the reinsured to retain a small percentage of the premium which he is ceding as a form of commission. This is known as 'over-riding commission' or 'overrider'. In commercial terms the payment of an overrider is justified on the grounds that the reinsured is providing the reinsurer with business from which he will benefit and will incur costs in acquiring and administering it. However, it is well recognised that the payment of an overrider is a matter of commercial negotiation and its size will depend entirely on the negotiating strengths of the parties. It is not fixed by reference to the actual acquisition and administration costs of the reinsured, nor does the reinsurer have any interest in the use to which it is put. Indeed, it is important to bear in mind, as Mr Outhwaite emphasised, that although it is described as a commission, no money passes from the reinsurer to the reinsured at all; the parties merely agree that the reinsured is to account for (in the case of a 5% overrider) 95% of the relevant proportion of the original premium instead of 100%. The overrider remains part of the premium in the hands of the reinsured for him to use as he thinks fit and no reinsurer would expect the money represented by the overrider to be used in any particular way. It follows that merely by obtaining the reinsurer's agreement to an overrider the reinsured incurs no obligation to the reinsurer in respect of the use to which it is put."[126]

If the broker/underwriting agent negotiates an overrider then he must account to his principal for it. However, failure by the broker/underwriting agent to pass on the overrider to the reinsured has been held in *Kingscroft v Nissan* not to provide the reinsurer with a reason for non-payment of claims. Reinsurers have failed to persuade the courts that if a reinsured engages a broker who withholds from his principal money due to his principal, and the reinsurer is not told of this practice, that constitutes a non-disclosure which renders the presentation to him unfair.

Disclosure of commission to the principal, the reinsured

9-030   The very question "Does a broker have to disclose his commission?" reminds us immediately that the principal/agent relationship in insurance is non-standard. In ordinary circumstances the question of whether an agent has to disclose his commission to his principal would make no sense because the commission would be agreed with, and paid by, the principal. One might rationally expect that if the principal, the reinsured, agrees to the broker being remunerated by commission but allows the reinsurer to set the amount by agreeing the percentage of the premium he quotes that the broker may retain, the broker must advise the principal what that amount is. The law is not so simple. The regulator in England has declared itself in favour of such disclosure and has also raised a related concern, the broker earning from multiple sources in the course of a risk being underwritten. This concern arises from a dual role that may be played by the broker—insurance broker for the client on the one hand, insurance underwriter for the insurer on the other. Brokers have always held "binding authorities"[127] allowing them to accept insurance risk on the insurer's behalf according to pre-agreed terms and rules, but brokers have for

---

[126] *Kingscroft Insurance Co Ltd v Nissan Fire & Marine Insurance Co Ltd* [1999] Lloyd's Rep. I.R. 603 at 633.
[127] See Ch.10, 10-002 below.

some time been looking to occupy all the space between the risk capital provider, the insurer, at one end of the chain and the risk originator, the policyholder, at the other end, particularly the underwriting agent space. This expands the area of potential conflict and increases the opportunities for the broker to profit from the transaction. ICOBS[128] 4.4.2 from the FCA requires an insurance intermediary in a non-consumer insurance to disclose all forms of remuneration from any arrangements it may have. This includes arrangements for sharing profits, and for payment relating to the volume of sales. 4.4.3 requires that fees for anything other than acting as insurance intermediary must be disclosed, and requires disclosure when requested of any commission earned by the broker or an associated company. The regulator in England considers that the amount that the broking group, in its different roles, takes from the premium is poorly explained to the policyholder and conflicts of interest may easily exist and also considers that disclosure of earnings under ICOBS does not absolve the broker from further disclosure relating to conflicts. For the FCA, SYSC, a horribly unsuccessful abbreviation for Senior Management Systems and Controls, and PRIN, Principles for business, require disclosure to the client of the full effect of the broker's conflicts on the service being provided.[129] It was at one time thought that the new Directive, the IDD, would require disclosure of all earning to be provided even if not requested but there seems to have been some withdrawing from that. The IDD art.19(1) requires communication of "the nature of the remuneration" where it could easily have said 'amount'.

Disclosure of commission on slips and cover notes is a common, but not universal, practice.[130] The law does not require it. In *Bott v SCRAP*,[131] Collett J appeared to accept the evidence of an expert witness that "brokerage commission would not customarily be disclosed to the reinsured".[132]

---

[128] *Insurance Conduct of Business Sourcebook*.
[129] The current Principles for Business and Senior Management Systems and Controls were issued in August 2024. They are 88 and 614 pages long respectively. There are 12 Principles of Business, no doubt to ensure that they can never be referred to as the ten commandments. They are:
   1. A firm must conduct its business with integrity.
   2. A firm must conduct its business with due skill, care diligence and diligence.
   3. A firm must take reasonable care to organise and control its affairs responsibly and effectively, with adequate risk management systems.
   4. A firm must maintain adequate financial resources.
   5. A firm must observe proper standards of market conduct.
   6. A firm must pay due regard to the interests of its customers and treat them fairly.
   7. A firm must pay due regard to the information needs of its clients and communicate information to them in a way which is clear, fair and not misleading.
   8. A firm must manage conflicts of interest fairly, both between itself and its customers and between a customer and another client.
   9. A firm must take reasonable care to ensure the suitability of its advice and discretionary decisions for any customer who is entitled to rely upon its judgment.
   10. A firm must arrange adequate protection for clients' assets when it is responsible for them.
   11. A firm must deal with its regulators in an open and cooperative way, and must disclose to the FCA anything relating to the firm of which that regulator would reasonably expect notice.
   12. A firm must act to deliver good outcomes for retail customers.
[130] More common on slips than cover-notes. But the client, the insured/reinsured is unlikely to ever see the slip. What he sees is the policy that is drafted from the slip and the commission will not ordinarily be declared in the policy wording.
[131] *Bott v SCRAP Bermuda Civ. Jur.* 1982 No. 334, discussed below.
[132] Although in that case the amount of commission was disclosed.

The London and International Insurance Brokers' Association ("LIIBA") and the British Insurance Brokers' Association,[133] suggest a standard term in their TOBAs with clients reminding clients of the right to ask the broker to tell him the exact amount of commissions earned. Indications are that such a provision does not go far enough for the FCA but the IDD has rather stalled any further advance in this area of disclosure.[134]

9-031 An unusual attack on the way commission is received by a broker was considered in *Hobbins v Royal Skandia Life Assurance Ltd*[135] Mr Hobbins sought to set aside insurance he had entered into on the basis that whilst the fact that the broker would be remunerated had been disclosed to him, the amount had not and that was unlawful under the Hong Kong Bribery Ordinance. The court found that the commission was neither a secret profit nor a bribe. Nonetheless the case itself has impacted Lloyd's sufficiently for them to recommend in a Market Bulletin that in Hong Kong the amount of the commission be disclosed.

As a matter of law, the reinsured has always been entitled to ask the broker what the commission is, and indeed it would be a breach of the broker's fiduciary duty to the reinsured if he failed to disclose it on request. However, it would appear, again as a matter of law, that the broker is not obliged to volunteer the information where he is not asked *provided that it is within the limits of established market practice*. In *Great Western Insurance Co of New York v Cunliffe*, Mellish LJ said:

> "If a person employs another, who he knows carries on a large business to do certain work for him, as his agent with other persons, and does not choose to ask him what his charge will be, and in fact knows that he is to be remunerated, not by him, but by the other persons—which is very common in mercantile business—and does not choose to take the trouble of inquiring what the amount is, *he must allow the ordinary amount which agents are in the habit of charging*."[136] [Emphasis added]

It follows that if the amounts which the broker is receiving are not "the ordinary amount which agents are in the habit of charging", the broker has a positive duty of disclosure, but the expression is rather vague and really leaves the broker with the ability to expand the law by introducing new habits. It seems that if brokers act quickly enough they can make a charge "something they are in the habit of charging" simply by repeatedly charging it. Such a situation does not make it easy for an insured or reinsured to argue that there is a positive duty of disclosure of amounts of commission on any given set of facts.

It is easy to dismiss the broker's unwillingness to have mandatory rules of disclosure of the amounts of commission as simple self-interest but preparing such disclosure adds cost and may not be straightforward where there are layers of brokers, and the producing broker has to disclose details of commissions paid to

---

[133] (Which now has a London Market Regional Committee, following the formation of the LIIBA from the earlier LMBC.)
[134] In *Medsted Associates Ltd v Canaccord Genuity Wealth (International) Ltd* [2017] EWHC 1815 (Comm); [2018] 1 W.L.R. 314 Teare J enforced what may be described as the more orthodox rules of disclosure in a non-insurance context. A company introduced clients to an investment institution and received a share of commission paid by the clients. It disclosed *that* it was paid but not *how much* it was paid. The failure to disclose how much constituted a breach of fiduciary duty. The decision was, however, reversed on appeal. The duty of disclosure by the agent was satisfied by disclosing the fact of commission being earned: [2019] EWCA Civ 83. The assessment of damages in the Medsted dispute is reported at [2020] EWHC 2952 (Comm).
[135] *Hobbins v Royal Skandia Life Assurance Ltd* [2012] HKCFI 10.
[136] *Great Western Insurance Co v Cunliffe* (1873-4) L.R. 9 Ch. App. 525 at 540.

brokers down the chain; and it seems that the push for such disclosure is coming from the regulator rather than from policyholders.

Net equivalent and grossing up

We have seen slips with wording such as "Premium: 100", "Commission 25 or N/E [Net Equivalent]". The reinsurer is saying to the broker, in effect, "I want 75; provided I receive 75, I do not mind what the commission is". In our view, this puts the broker in a position where inevitably he will be in breach of duty to his principal, the reinsured, unless either he takes 25 (or less), or he negotiates his commission with his principal. Whilst it is settled law[137] that the broker can retain the "ordinary amount" of commission, without disclosing the amount to his reinsured, if he has agreed it with the reinsurer, it cannot be said that the rate of commission has been agreed with the reinsurer if the reinsurer tells the broker he can charge the reinsured whatever the broker wants the reinsured to pay, provided the reinsurer receives a specified sum.

9-032

In *E. Green & Son Ltd v G. Tughan & Co*,[138] the defendant brokers had advised their client that the premiums payable were at a "net" rate, when in fact the brokers paid to the insurers the gross premium less 5 per cent commission, less a further 10 per cent discount and, in the case of two policies, a "special rebate" of 25 per cent. Pickford J found that the brokers had acted dishonestly, and the plaintiff insured was entitled to recover from the brokers the entirety of the commission which they had received.[139]

We are aware that some brokers may have "grossed up" premiums even where the slip does not contain a "net equivalent" provision. The gross premium (including commission) in fact agreed between the broker and the (re)insurer is less than the premium which the broker advises his client is payable. The broker keeps the difference. A Lloyd's market circular from 1995[140] stated that:

> "Such a practice, without the informed consent of the proposed policy holder, is wholly unacceptable. Furthermore, any action which may have the consequence of misleading the proposed policy holder as to the premium payable may result in disciplinary action being taken against a broker."

In our view, such a practice is more than "unacceptable"; it is dishonest. In April 2015 it was reported in the insurance press that a dispute between two companies in the same broking group involved allegations of dishonesty by grossing up.

Contingent Commissions—Volume Commissions—Market Services Agreements

Contingent commissions are commissions paid to the broker by the reinsurer depending, in most instances, on the volume of premium produced to the underwriter over an agreed period, usually 12 months. They achieved notoriety at the same time as some obviously unsavoury practices such as bid rigging.[141]

9-033

---

[137] *Great Western v Cunliffe* (1873-4) L.R. 9 Ch. App. 525.
[138] *E. Green & Son Ltd v G. Tughan & Co* (1913) 30 T.L.R. 64.
[139] As to which, see 9-009 above, is held on trust.
[140] Dated 1 May 1995.
[141] Where a broker would be clear about which underwriter was going to get the business but would ask other underwriters to offer less favourable terms so that the broker could tell his client he had obtained the best deal.

These contingent commission agreements have morphed into MSAs, market service agreements, where the broker is paid by the reinsurer for providing the reinsurer with generic market information—though the amount paid is frequently calibrated against the premium delivered by the broker.

In the last millennium the fact of this additional remuneration was not disclosed to clients whose premiums helped to generate it because brokers thought that since the remuneration was earned on a compilation of all premiums paid to the (re)insurer, and/or was for services rendered to the (re)insurer, brokers owed no duty to their principals to disclose it. We expect that now these MSAs are referenced in broker TOBAs with clients, but probably by a paragraph that discloses: "We may receive ... payments under MSAs]", so that in any particular placement, the client may be unaware whether there is be a payment under an MSA affected by the placement, or in what amount. Lloyd's has issued a warning to consider carefully these placement structures and their compliance with the Bribery Act 2010. Lloyd's called on Lloyd's underwriters to require confirmation from brokers that they had considered the Bribery Act 2010 and were satisfied that there were no breaches in relation to their proposed schemes.[142]

9-034 In the past few years some brokers have agreed to offer identified reinsurers an agreed percentage on every risk they are asked to find reinsurance for. Such an arrangement could be beneficial to the broker's clients as a class, giving them certainty of reinsurance being available, but it may be with any single, given, placement, that the particular client would be best served elsewhere in the market. Perhaps, in such a circumstance, the broker reserves to himself the freedom to go elsewhere with the business, so that he can always do what the law requires—the best for his client.

M&D premium, Re-instatement premium, and brokerage

9-035 In reinsurance contracts the premium payable to the reinsurer may be an agreed percentage of the premium received by the reinsured, but subject to a minimum and deposit ("M&D") premium of an agreed amount. On some slips the brokerage is expressly limited to a percentage of the M&D premium, so that thereafter all premium is paid to, and retained by, the reinsurer without deduction. It is our understanding that absent such a provision the broker and the reinsurer would both expect commission to be payable on all premium passing.

Reinstatement occurs where the limit of indemnity on an insurance or reinsurance or any section of it) has been exhausted. The (re)insurer may "reinstate" the limit of indemnity for the future at the same limit or a different (usually lower) limit. There may be one or more, or even unlimited, reinstatements. A premium may be charged—should be charged—at the previous rate or a different (usually higher) rate, for this/these reinstatements. A question arises, in relation to reinstatement premium, whether the default position is that the broker is entitled to commission on reinstatement premium and this right must be excluded if he is not to have it, or whether the default position is that there is no entitlement to commission on reinstatement premium and the right must be expressed in the slip. We believe that the default position is that the broker is entitled to his commission on *all* the premium contracted to be paid on the slip and consistent with practice of expressly limiting commission to a percentage of minimum and deposit, if that is what is desired to be achieved, the broker would receive commission on reinstatement

---

[142] *www.lloyds.com/market-resources/regulatory/economic-trade-and-financial-sanctions.*

premium unless a provision to the contrary appeared on the slip. We reach this conclusion because, terse as it is, the statement on the slip "brokerage X%" is clearly a statement of what percentage of the premium shall be for the broker. If there is no wording limiting the meaning of "premium", the brokerage should be on all premium passing.

Premium on a subscription slip

In Ch.3, 3-037 above we consider the EU's view on any attempt by brokers and underwriters to align the premium rates that the customer pays to the underwriters on a subscription slip. It is considered anti-competitive to try to achieve a situation where the customer pays the highest rate to all underwriters. That would also be a breach of duty by the broker to the customer. We have not heard of this occurring. Indeed, our understanding is that brokers are keen that each reinsurer does not know the deal struck with the others, so that he can push for a cheaper rate. Brokers may indeed be policing the requirement for competition, to leave an underwriter less able to consult.

9-036

3. THE IMPUTATION/ATTRIBUTION OF KNOWLEDGE

Introduction

The issues considered in this section are the circumstances in which the knowledge of the agent is treated in law as the knowledge of the principal. If information comes to an agent, and it is not passed on to the principal, in what circumstances does the law proceed on the basis that the principal nonetheless does have that information? The courts have struggled with this issue for over one hundred years and have re-mapped the landscape in the past 25 years.

9-037

The primary context in which this issue arises is in the presentation of the risk by the broker to the underwriter on behalf of his client, the (re)insured: when that presentation is made and there is knowledge held by the agent which is not held by the proposed (re)insured, the principal, in what circumstances is the principal treated as knowing what the agent knows? Does the agent have an independent duty to tell the proposed (re)insurer what he knows?

But the issue of how and when knowledge arcs between the agent and the principal can arise at any point in the life of a policy, even if the consequences of treating that knowledge as passing when in fact it does not, may not have such serious consequences at other points as it does on presentation of the risk. For example, in processing a claim, an agent may give information to an underwriter which the principal knows is false, but the principal does not know that such information has been given, and the insurer may seek to deny the claim for that reason.

The basis of the common law on this unknown knowledge, can be found in two cases from the end of the nineteenth century, *Blackburn Low & Co v Vigors*[143] and *Re Hampshire Land (No.2)*,[144] the first an insurance case, the second, not. The principles set out by Lord Halsbury in *Blackburn v Vigors* were codified in the MIA 1906 ss.18 and 19. Section 18 requires that the proposed (re)insured disclose information which *in the ordinary course of business ought to be known by him* and

---

[143] (1887) 12 App Cas. 531.
[144] [1896] 2 Ch. 743.

s.19 imposes a duty on the broker himself to disclose what *in the ordinary course of business ought to have been known by him or communicated to him*. Because the MIA 1906 is a codification of common law, the case-law carries through and we deal with them together. The common law cases are also persuasive authority in Bermuda where, as we have previously mentioned, (in Ch.6), the MIA 1906 does not apply.

With regard to *presentation of the risk to the insurer*, the law about when knowledge in one head which is not in the other is treated as being in the other head is now contained in the IA 2015. The statute has ploughed the field and re-sown the law, and Ch.6 sets this out. The changes may be more in approach than in outcome but our expectation is that judges will try to use cases on the old law only to show differences between the old and the new, rather than as precedent. But in all situations other than presentation of the risk, the common law is just the law—though the common law has changed in recent years also, as we shall see.

The common law: Blackburn Low v Vigors

9-038   The general rule of agency law is that any knowledge acquired by an agent, whose business it is to receive information during the course of a transaction effected on behalf of his principal, is deemed to be known by the principal. The deemed knowledge of the principal is limited by the scope of the agent's authority, and in the case of an agent appointed for the purpose of effecting a specific transaction, is generally confined to knowledge concerning the particular transaction which the agent is effecting. These propositions were established by the House of Lords in *Blackburn Low & Co v Vigors*.[145] The plaintiffs instructed their Glasgow brokers to obtain reinsurance in respect of an overdue ship. The Glasgow broker obtained, through London agents, a policy ("the first policy"). A fact which was material to the risk (the ship was lost) became known to the Glasgow broker at the time the first policy was placed, but was not communicated by the Glasgow broker to the plaintiffs, or to the London agents or to the underwriter of the first policy. The following day the plaintiffs instructed a different broker, a London broker (directly), to obtain further reinsurance and the defendant Lloyd's underwriter issued a policy ("the second policy") reinsuring the ship on a "lost or not lost" basis. At the time the second policy was issued, the London broker and the plaintiffs were unaware that the ship was lost and therefore, of course, did not tell the underwriter of the second policy. The defendant underwriter (of the second policy) purported to avoid the second policy on the basis that the plaintiffs had imputed to them knowledge of the loss because it was known to the Glasgow broker, and they had failed to disclose it. The House of Lords held that the action on the second policy succeeded and the underwriter's defence failed. Lord Halsbury LC said:

> "A broker is employed to effect a particular insurance. While so employed he receives material information—he does not effect the insurance and he does not communicate the information. How is it possible to suggest that the assured could rely upon the communication to the principal of every piece of information acquired by any agent through whom the assured has unsuccessfully endeavoured to procure an insurance? ...
>
> *When a person is the agent to know, his knowledge does bind the principal.* But in this case I think the agency of the broker had ceased before the policy sued upon was effected. The principal himself and the broker through whom the policy sued on was effected, were both admitted to be unacquainted with any material fact which was not disclosed. I can-

---

[145] *Blackburn Low & Co v Vigors* (1887) 12 App. Cas. 531.

not but think that the somewhat vague use of the word 'agent' leads to confusion. *Some agents so far represent the principal that in all respects their acts and intentions and their knowledge may truly be said to be the acts, intentions, and knowledge of the principal. Other agents may have so limited and narrow an authority both in fact and in common understanding of their form of employment that it would be quite inaccurate to say that such an agent's knowledge or intentions are the knowledge or intentions of his principal; and whether his acts are the acts of his principal depends upon the specific authority he has received.*"[146] [Emphasis added]

Lord Macnaghten said:

"It has frequently been said by eminent judges that the doctrine of constructive notice ought not to be extended ... There is nothing unreasonable in imputing to a shipowner who effects an insurance on his vessel all the information with regard to his own property which the agent to whom the management of that property is committed possessed at the time and might in the ordinary course of things have communicated to his employer. In such a case it may be said without impropriety that the knowledge of the agent is the knowledge of the principal. But the case is different when the agent whose knowledge it is sought to impute to the principal is not the agent to whom the principal looks for information but an agent employed for the special purpose of effecting the insurance. It is quite true that the insurance would be vitiated by concealment on the part of such an agent just as it would be by concealment on the part of the principal. But that is not because the knowledge of the agent is to be imputed to the principal but because *the agent of the assured is bound as the principal is bound to communicate to the underwriters all material facts within his knowledge. Concealment of those facts is a breach of duty on his part to those with whom his principal has placed him in communication ...*"[147] [Emphasis added]

Lord Macnaghten noted that it had been asserted that the Glasgow broker was under a duty to communicate to the plaintiffs the knowledge which he acquired while employed as their agent. Lord Macnaghten held that no such duty existed.[148] The Glasgow broker was under a legal duty to disclose to the underwriter of the first policy facts material to the risk[149]—he may also have been under a moral obligation to disclose the information to his principal—but, Lord Macnaghten concluded:

"I apprehend that it is not the function of a Court of Justice to enforce or give effect to moral obligations which do not carry with them legal or equitable rights. Whatever may be thought of [the Glasgow broker's] conduct from a moral point of view, it would, in my opinion, be a dangerous extension of the doctrine of constructive notice to hold that persons who are themselves absolutely innocent of any concealment or misrepresentation, and who have not wilfully shut their eyes or closed their ears to any means of information, are to be affected with the knowledge of matters which other persons may be morally though not legally bound to communicate to them."[150]

---

[146] *Blackburn Low v Vigors* (1887) 12 App. Cas. 531 at 537–538. Compare s.18 of the MIA 1906 (repealed by the Insurance Act 2015).

[147] *Blackburn Low v Vigors* (1887) 12 App. Cas. 531 at 542–543. Compare s.19 of the MIA 1906 below (repealed by the IA 2015).

[148] At the present time, the obligation of an agent to impart to his principal information he obtains relating to his principal's business would be regarded as a legal, rather than a moral, obligation but if the agent was only an agent to insure, to bring his principal into a contractual relationship with the third party, as was the case in *Blackburn v Vigors*, the duty to the principal would have been satisfied by telling the third party, the insurer, of the loss. Under the IA 2015 the position would be different, see below.

[149] See *Blackburn Low & Co v Haslam* (1888) 21 Q.B.D. 144 and below.

[150] *Blackburn Low v Vigors* (1887) 12 App. Cas. 531 at 543. The fact that A has a legal duty to inform B of something is no reason in itself to deem B as having knowledge of that information vis-à-vis

The distinction between a moral obligation to communicate information, and a legal duty to do so, lay at the heart of the *Gemstones* case,[151] where the House of Lords reaffirmed the principles enunciated over 100 years earlier in *Blackburn Low v Vigors*.

In *Blackburn Low v Haslam*,[152] the plaintiffs sued on the first reinsurance policy which had been effected by the London agents of the Glasgow broker. At trial a jury had found that the underwriter was entitled to avoid the policy. There was a clear non-disclosure by the Glasgow broker of information material to the risk and the principal would have been advantaged by that if the policy had stood as valid. The Divisional Court refused to set aside the verdict of the jury. Baron Pollock said:

> "[T]his judgment in no way conflicts with the decision in *Blackburn Low & Co v Vigors*. Although the opinion was expressed in that case that it was not the duty of the agents to communicate to their principals the information which they had received, we take that opinion as applying to the particular facts before the House, which shewed that before the negotiation for the policy sued upon had commenced, all connection of the plaintiff with his former brokers had ceased, and we cannot suppose it would be intended to apply to the facts proved in the present case, which shewed that so far from the connection between the principals and their agents ceasing, the brokers used the name of the principals to continue the negotiations, and the principals adopted the act and themselves continued and carried out what their brokers had commenced."[153]

9-039 *Simner v New India Assurance Co Ltd*[154] also involved use of two brokers, and important facts not being known by one of them. The plaintiffs (a Lloyd's Syndicate) wrote a following line on business written under a binding authority given to a broker ("the first broker"). The first broker failed to disclose to the plaintiffs the loss statistics which were known to him. The plaintiffs instructed another broker ("the second broker") to place stop-loss reinsurance, which he did—with the defendants. Neither the plaintiffs nor the second broker had any actual knowledge of the loss statistics known to the first broker. The defendant reinsurer argued that the knowledge of the first broker should be imputed to the plaintiffs, and therefore there was non-disclosure.

The deputy judge, Anthony Diamond QC, said that according to the authorities there were three situations where facts within the knowledge of the agent of the insured/reinsured were deemed to be within the knowledge of his principal:

(1) "[T]here is a class of agent on whom an assured relies for information concerning the subject matter of the proposed insurance. S.18... provides that the assured is deemed to know circumstances which such agents ought to have communicated to the assured in ordinary course of business."[155]

(2) "[I]t can be said that the assured will be deemed to know circumstances within the knowledge of his agent .....where the agent can be regarded as

---

C if in fact A has failed in his duty to inform B. Imputation of knowledge is only reasonable in circumstances where C knows of A's duty to B and is justified in expecting A to comply with it.

[151] *Banque Financiere de la Cite SA (formerly Banque Keyser Ullmann SA) v Westgate Insurance Co (formerly Hodge General & Mercantile Co Ltd)* [1991] 2 A.C. 249; [1990] 3 W.L.R. 364; and Ch.6 above.
[152] *Blackburn Low & Co v Haslam* (1888) 21 Q.B.D. 144.
[153] *Blackburn Low & Co v Haslam* (1888) 21 Q.B.D. 144 at 153.
[154] *Simner v New India Assurance Co Ltd* [1995] L.R.L.R. 240.
[155] *Simner v New India* [1995] L.R.L.R. 240 at 254; *Fitzherbert v Mather* (1785) 1 Term. Rep. 12; *Gladstone v King* 105 E.R. 13; (1813) 1 M. & S. 35; *Proudfoot v Montefiore* (1866-7) L.R. 2 Q.B. 511 at 521 per Lord Cockburn CJ; *Blackburn Low v Vigors* (1887) 12 App. Cas. 531 at 536–537 per Lord Halsbury LC, 539–541 per Lord Watson.

being in such a predominant position in relation to the assured that his knowledge can be regarded as the knowledge of the assured."[156]
(3) "[W]here the agent has effected the relevant insurance."[157]

Judge Diamond QC found there was no evidence that the plaintiff syndicate or the second broker who had effected the (re)insurance had actual knowledge of the level of losses, nor any evidence that the latter had any suspicions and had deliberately shut his eyes to the truth. The deputy judge rejected the submission that the losses should have been communicated to the plaintiffs in the ordinary course of business. The first broker administering the binder was only required, by its express terms, to report losses to the leading underwriter. The leading underwriter was under no duty to provide information to other, following, participants on the binder. The deputy judge also rejected the submission that, notwithstanding the claims reporting provisions of the binder, as the plaintiffs had delegated the management of their business in respect of the binder to the first broker, they were fixed with the knowledge of the first broker. He concluded that the authority conferred on the first broker by the binder was very limited, as defined by the terms of the binder[158] and, applying Lord Halsbury LC's test in *Blackburn Low v Vigors*, the actions, intentions and knowledge of the first broker could not properly be said to be those of the plaintiffs, the Lloyd's syndicate. Accordingly, he held that the knowledge of the first broker, even though he acted as the plaintiffs' agent in connection with the administration of the binder, could not be imputed to the plaintiffs. The detailed analysis of the duties of each agent shows how carefully the facts must be examined in considering what knowledge of an agent is attributed to a principal. The outcome would probably be the same if the IA 2015 applied. The first broker was not responsible for the reinsured's (the Lloyd's syndicate's) reinsurance (with New India) and thus under s.4(3) of the IA 2015, that broker's knowledge would not be that of the reinsured.

9-040

It follows from the position of the broker as the agent of the reinsured that communication of a material fact by the reinsured to the broker does not constitute, as a general rule, communication of the fact to the reinsurer.[159] Where, however, the broker acts, in the same transaction, as the agent of the reinsured and of the reinsurer (which he can only properly do if both principals give their fully informed consent to the broker acting in two capacities, for example as placing broker and underwriting agent[160]) then it would appear that any knowledge material to the risk which he acquires not directly from either principal[161] may be acquired in his capacity as agent for both principals, because having the information is relevant to each principal. But it will depend on the extent of his duties as an agent and as *Simner v New India* illustrates, the duties to each may not be the same.

---

[156] *Simner v New India* [1995] L.R.L.R 240 at 255. *Blackburn Low v Vigors* (1887) 12 App. Cas. 531 at 537–538 per Lord Halsbury LC.
[157] *Simner v New India* [1995] L.R.L.R 240 at 255; *Blackburn Low v Vigors* (1887) 12 App. Cas. 531 at 539 per Lord Halsbury LC at 542 per Lord Macnaghten; *Blackburn Low v Haslam* (1888) 21 Q.B.D. 144.
[158] See further Ch.10 below.
[159] See *Roberts v Plaisted* [1989] 2 Lloyd's Rep. 341, where the Court of Appeal criticised the effect of the rule upon the lay policyholder, who may believe that the broker has passed on everything he has been told to the underwriter, but did not cast any doubt upon the rule's general application.
[160] Compare *Bott v SCRAP Bermuda Civ. App. No.5* 1996, below.
[161] If knowledge is acquired directly from a principal it may be confidential to that principal—even if the agent has a duty to that principal to then pass it on to a third party.

The common law: Re Hampshire Land, Fraud of agents

9-041   In *Re Hampshire Land Company*[162] is not a case concerning fraud. Vaughan Williams J, the judge in that case, said that he did not know if the relevant officer, Mr Wills, was guilty of fraud. A company ("Hampshire") borrowed money in breach of its articles from the Portsea Building Society ("Portsea"). Both Hampshire and Portsea went into liquidation. The Liquidator of Hampshire argued that the Liquidator of Portsea could not prove for repayment of the loan in the liquidation of Hampshire, because Mr Wills was secretary of both companies and therefore, since he knew, as secretary of Hampshire, that the borrowing was in breach of Hampshire's Articles, he also had that knowledge as secretary of Portsea. Vaughan Williams J asked:

"… was it within the scope of the duty of the officer [of Hampshire] to give notice to [Portsea] of the information he had got … was it within the scope of his duty as the officer [of Portsea] to receive such notice? It seems to me that that is not at all the case here."[163]

It was accepted, but not argued, that *if* Wills had committed a fraud on Hampshire, the personal knowledge of Wills would not have been the knowledge of Portsea of the facts constituting that fraud:

"… because common sense at once leads one to the conclusion that it would be impossible to infer that the duty, either of giving or receiving notice, will be fulfilled when the common agent is himself guilty of fraud."[164]

If one were to substitute "incompetent" for "guilty of fraud", the statement of Vaughan Williams J would be equally true. The important question is not whether the agent will do his duty to his principals, but what are the consequences for third parties of his failure to do so? It is plain that in the circumstances of the case Vaughan Williams J concluded that Wills, as an officer of Hampshire, had no duty to communicate to Portsea the breach of the articles by Hampshire and no duty as an officer of Portsea to receive such a communication. Portsea was therefore not deemed to have the knowledge of Wills. It is also plain that the dictum of the learned judge was concerned with a "s.18" MIA 1906 situation, where the principal is deemed to know what the "agent" knows, and not a "s.19" MIA 1906 situation, the independent duty of disclosure by an agent.[165]

9-042   From this case, *Hampshire Land*, is derived a general proposition regarding imputation of knowledge of an agent: where an agent, in defrauding a third party, acts in pursuance of the agency but in fraudulent breach of his fiduciary duty to his principal, his fraud will not automatically be imputed to his principal (the so-called "*Hampshire Land* rule").

We say "automatically" because the words of Lord Halsbury in *Blackburn Low*

---

[162] *Re Hampshire Land (No.2)* [1896] 2 Ch. 743.
[163] *Hampshire Land* [1896] 2 Ch. 743 at 749.
[164] *Hampshire Land* [1896] 2 Ch. 743 at 748 per Vaughan Williams J. And if a common agent is being fraudulent, he would be defrauding both parties. At which point Hampshire Land might have earned a windfall by asserting ex turpi causa non oritur actio against Portsea when Portsea sought to recover the loan. See generally *Pitts v Hunt* [1991] 1 Q.B. 24; [1990] 3 W.L.R. 542; and *Stone & Rolls Ltd (In Liquidation) v Moore Stephens (A Firm)* [2009] UKHL 39; [2009] 1 A.C. 1391.
[165] In the IA 2015 s.4, the insured "knows or ought to know" what is known by those "responsible for the insured's insurance", but not if the information was acquired by the agent through a relationship with an unconnected principal. If Mr Wills had been a broker and the IA 2015 applied, his knowledge as agent of Hampshire would not have been the knowledge of Portsea, because his job with Hampshire was an unconnected business relationship.

v Vigors must not be overlooked:

> "[S]ome agents so far represent the principal that *in all respects* their acts and intentions and their *knowledge* may truly be said to be the acts, intentions, and knowledge of the principal."[166] [Emphasis added]

In *Belmont Finance Corp Ltd v Williams Furniture Ltd*, Buckley J said: 9-043

> "[I]t is a well-recognised exception from the general rule that a principal is affected by notice received by his agent that, if the agent is acting in fraud of his principal and the matter of which he has notice is relevant to the fraud, that knowledge is not to be imputed to the principal."[167]

A group of alleged conspirators including three directors of the plaintiff company asserted that the plaintiff could not claim damages for conspiracy because the knowledge of the three directors was the knowledge of the plaintiff and therefore the plaintiff as "co-conspirator" could not claim damages. The Court of Appeal found that the plaintiff was the victim, not a conspirator.

In *Jetivia v Bilta*[168] (see 9-054 below) Lord Sumption declared *Belmont Finance v Williams* to be the start of the modern law. It is certainly an early case that is consistent with the way later cases like *Stone & Rolls v Moore Stephens*[169] and *Jetivia v Bilta* have declared the common law has always been.

In *Stone & Rolls Ltd (in liquidation) v Moore Stephens*, Lord Philips said:

> "The important point to note is that *Hampshire Land* [1896] 2 Ch 743 is an exception to the normal rules for the attribution of an agent's *knowledge* to his principal. It is not a rule about attribution of conduct. Hampshire Land applies where an agent has knowledge which his principal does not in fact share but which under normal principles of attribution would be deemed to be the knowledge of the principal. The effect of *Hampshire Land* is that knowledge of the agent will not be attributed to the principal when the knowledge relates to the agent's own breach of duty to his principal. The rationale for Hampshire Land has been said to be that it is contrary to common sense and justice to attribute to a principal knowledge of something that his agent would be anxious to conceal from him."[170]

In *SAIL v Farex*,[171] London brokers acted for both the reinsured (SAIL)—in relation to placing the reinsurance with Farex—and for the reinsurer (Farex)—in relation to placing the retrocession cover. It was alleged by the reinsurer, Farex, that the brokers knew that the retrocession cover obtained for Farex was invalid, and that the knowledge of this allegedly material fact was imputed to the reinsured, SAIL, and thus should have been disclosed to the reinsurer, and since it was not, Farex was not liable to SAIL. The Court of Appeal[172] held: (1) that the alleged invalidity of the retrocession cover was not material to the risk being assumed under   9-044

---

[166] *Blackburn Low v Vigors* (1887) 12 App. Cas. 531 at 537–538. We revisit this dictum below, where we discuss *Stone & Rolls v Moore Stephens* [2009] 1 A.C. 1391 (Banks were defrauded by the one man who was the beneficial owner and sole directing mind of a one-man company. The banks put the company into liquidation and sued the auditors for damages for not discovering the fraud. The defendant successfully pleaded ex turpi causa non oritur actio.)
[167] *Belmont Finance Corp Ltd v Williams Furniture Ltd* [1979] 1 Ch. 250 at 261–262.
[168] [2013] EWCA Civ 968; [2014] Ch. 52.
[169] [2009] 1 A.C. 1391.
[170] *Stone & Rolls Ltd v Moore Stephens* [2009] 1 A.C. 1391 at 1458B–D.
[171] *SAIL v Farex* [1995] L.R.L.R. 116.
[172] Dillon, Hoffmann and Saville, LJJ.

the reinsurance contract between SAIL and Farex[173]; (2) in any event, the knowledge of the broker in his capacity *as agent for the reinsurer* (Farex) could not be imputed to the reinsured[174] unless SAIL had given express instructions or authority to the broker to arrange retrocession for the reinsurer or that SAIL had held out the broker as having any such instruction.

Dillon LJ said that even on the basis that the broker had defrauded the retrocessionaire, that fraud would have been also a fraud on SAIL and on Farex, and:

> "Therefore, on the well-known principles in *Re Hampshire Land Co* [1896] 2 Ch. 743 there is no question of imputing to SAIL knowledge of a fraud on the part of Heath Fielding [the broker]. Those principles have been many times applied by the Courts, not least, in an insurance context …"[175]

In our view, Dillon LJ's conclusion was correct on the basis of the rule in *Re Hampshire Land* but not for the reason that he gives. The broker was a "common agent". The information was acquired either as agent of Farex alone, or as agent of both SAIL and Farex. If the broker received the information as agent of Farex alone, there was no duty as agent of SAIL to pass it to Farex. If the broker acquired the information as agent of both, SAIL was under no duty to pass to Farex what Farex already knew—through the same agent.[176]

9-045 The impact of the *Hampshire Land* principle was further considered by the Court of Appeal, in *PCW Syndicates v PCW Reinsurers*.[177] Waller J, as judge arbitrator, had been asked to decide as a preliminary issue of law, on the basis of certain assumed facts, whether the reinsurers of the PCW Syndicates were entitled to avoid the reinsurance contracts. It was assumed, for the purposes of the preliminary issue, that the underwriting agents of the PCW Syndicates were guilty of dishonest conduct (unknown to the PCW Syndicates) which should have been disclosed to reinsurers as going to the moral hazard. It is important to note that the underwriting agents of the syndicates were held not to be "agents to insure" for the purposes of s.19 of the MIA 1906 (which would have imposed on them a statutory duty of disclosure).

Waller J held that there was no obligation on the part of the underwriting agents to disclose to reinsurers their dishonest conduct which amounted to a fraud on the PCW Syndicates, because the knowledge of the dishonest conduct was not acquired as agent of the reinsured Syndicates. The Court of Appeal[178] affirmed his award. It was agreed by all parties that ss.18 and 19 of the MIA 1906 codified the rules of the common law applicable to all classes of insurance and reinsurance.[179]

---

[173] Dillon LJ dissenting: see Ch.6 above.
[174] Unanimously.
[175] *SAIL v Farex* [1995] L.R.L.R. 116 at 143.
[176] If similar facts arise in relation to a transaction to which the IA 2015 applies, the outcome might be different. Under s.4(3) the reinsured knows what is known by an agent to insure unless, s.4(4), the information is confidential to a third party and acquired whilst in a business relationship with that third party who is not connected with the insurance. In such circumstances, if the knowledge of Mr Kearney's lack of authority (to commit St Paul to the retrocession) was not held by Heath Fielding confidentially for another principal, which it appears it was not, SAIL would "know" what Heath Fielding knew. Further s.4(5)(b) provides that the confidential knowledge exception does not apply where the person with the relevant knowledge is connected with the (insurance) contract that the reinsurance covers.
[177] *PCW Syndicates v PCW Reinsurers* [1996] 1 Lloyd's Rep. 241.
[178] Staughton, Rose and Saville LJJ.
[179] The IA 2015 might at first blush be thought to produce a different result here also, because although it was found that the management of PCW Syndicates were not agents to insure, they might well be "part of the insured's senior management" within cl.4(3)(a)—depending on whether the members

The common law: Re Hampshire Land, Incompetence of agents

Staughton LJ noted in the *PCW Syndicates* case that the duty of disclosure under the MIA 1906 s.18 (and thus under the common law, which the statute codified) deals with what, in the ordinary course of business, *ought to be known* by the insured/reinsured—not what was actually known by him—but he said:

9-046

"I do not think that it leads to the conclusion that the assured is deemed to know of his agent's dishonesty, because in the ordinary course of business the agent ought to reveal it to him. Rather one has to consider what an honest *and competent* agent would communicate to the assured in the ordinary course of business ... The honest and competent agent would not have any dishonesty to reveal."[180] [our emphasis]

Of course, the *competent* agent would not have any negligence to reveal because he would not have been negligent. Taken to its logical conclusion, the whole burden of the reinsured engaging a dishonest or an incompetent agent would fall on the reinsurer if the consequence of the reinsured not being deemed to know what his agent cannot be expected to reveal to him was that his rights were unimpaired by the dishonesty or incompetence.

Staughton LJ said that the same result as that set out above followed if one applied the *Hampshire Land* principle to s.19 of the MIA 1906, which enacted Lord Macnaghten's view in *Blackburn Low v Vigors*, as to what was the position at common law. For Staughton LJ whether it was ss.18 or 19 of the MIA 1906 that was being considered, it was absurd to suppose that the agent will would disclose his dishonesty, whether to his principal or to the proposed reinsurer.

It is a logical, and fair, deduction from a rule that the knowledge of a fraudulent, or an incompetent, agent is not to be attributed to his principal (because it cannot be expected that the agent will tell the principal), that only the knowledge of a competent agent will be attributed to the principal. But since the agent is, by definition in this instance, competent, he will have told the principal anyway, so that imputed knowledge would not be necessary.

9-047

The common law: extension of the Hampshire Land rule

In *Group Josi v Walbrook Insurance Co Ltd*[181] reinsurance of insurance companies whose underwriting agent was Weavers was placed with Group Josi. Group Josi asserted that the reinsurance had been placed by three Weavers employees who committed fraud on their principals, the insurance companies. The Court of Appeal said that the knowledge of their own fraud by the employees did not give rise to a non-disclosure by reason of the *Hampshire Land* principle, or an extension of it. Group Josi was bound and could not prevent draw down on letters of credit providing security for claims payments.

9-048

Kingscroft v Nissan[182] was a further action involving the Weavers stamp companies, this time as plaintiffs, against certain of their reinsurers. Kingscroft was a Weavers stamp company, Nissan a reinsurer.

---

of the syndicates and the managing agents were treated as one—and thus their knowledge would become the knowledge of the members/Names. There is an argument that such an outcome is fairer. But the rule in Hampshire Land would then save the members/Names, the reinsureds, and that rule is preserved by s.6(2) of the IA 2015: knowledge of an agent's fraud is not to be imputed to the principal.

[180] *PCW Syndicates* [1996] 1 Lloyd's Rep. 241 at 254.
[181] [1996] 1 W.L.R. 1152; [1996] 5 Re. LR 91.
[182] *Kingscroft Insurance Co Ltd v Nissan Fire & Marine Insurance Co Ltd (No.1) Lloyd's List*, May 16, 1996, Comm. Ct, Colman J (the Court of Appeal decision is reported at [1999] Lloyd's Rep. I.R. 371).

The defendants sought to "sanitise" their pleadings, by deleting all references to fraudulent diversion of commissions and alleging merely an intention that the 5 per cent "overriding commission" that was being charged to Nissan by Kingscroft, was not going to be paid to, or retained by, Kingscroft. This intention was said to be a material fact, which ought to have been disclosed. Nissan hoped that by pleading neither fraud nor incompetence, but simply failure to act, they could escape the reach of the rule in Hampshire Land.

Having reviewed the authorities discussed above, Colman J concluded that, as a matter of principle, there should be no difference between the principles governing a principal's deemed knowledge of his agent's knowledge under s.18 of the MIA 1906, and the principles which are applicable outside the scope of the section. He said that, in either case, the test was:

"(1) whether the information in question is of a kind which it is the agent's duty to acquire for his principal, and
(2) whether having regard to the particular information in question, *it can be inferred that the agent* will have performed the duty by communicating it to his principal."

Colman J said that in cases where the agent is committing a fraud on his principal, and where disclosure of the information would reveal the fraud, *it cannot be inferred that the duty of transmission to the principal will be performed*. A third party was therefore not entitled to treat knowledge of the fact in question as the knowledge of the principal. The learned judge recognised the incongruity between fraudulent and non-fraudulent failure to disclose. He went on to say the following:

"I therefore conclude that ... the circuit of transmission of information from the agent or common officer to the assured can be broken *even in cases where the agent or common officer is not fraudulent*. It may be broken in all those cases where, because of the nature of the information in question, it cannot be inferred that he will reveal it to his principal in the ordinary course of business." [Emphasis added]

9-049   It might be thought that where the principals are wholly passive (e.g. Lloyd's syndicate member and the Weavers stamp companies), taking no part in the insurance business and leaving everything to their underwriting agents (PCW Ltd, HS Weavers), the acts, intentions and knowledge of the underwriting agents would be the acts, intentions and knowledge of the principals. This argument appears to have failed in limine in the above cases because the court found that the acts, intentions and knowledge of the directors of these underwriting agent companies were not even the knowledge of the companies of which they were directors. Quaere what the outcome would have been if PCW and HS Weavers had been partnerships, or if the alter ego principle had applied?

It would have been possible in these cases of dishonesty, incompetence, failure to inform, by agents involved in the (re)insurance arrangements in question who were not 'agents to insure', for the judges to say that the risks that were being (re)insured were not affected by the dishonesty, incompetence, failure to act, of the relevant agent. It may be that with the retraction of the rule in *Hampshire Land* to a more limited sphere, the cases above will be explained that way in the future.

The common law: retraction of the Hampshire Land rule-Stone & Rolls v Moore Stephens

Lord Halsbury's view in *Blackburn v Vigors* that the knowledge of some agents is, as a matter of law, always to be attributed to their principal,[183] was shared by the majority of the House of Lords in *Stone & Rolls Ltd v Moore Stephens*.[184] In that case it was held that the fraud of Mr Stojevic was the fraud of Stone & Rolls Ltd, the company which he controlled, and therefore, applying the principle of ex turpi causa non oritur actio, Stone & Rolls, now suing through its liquidator, could not rely its own fraud to seek recovery from Moore Stephens for allegedly negligent auditing. Mr Stojevic, the beneficial owner and sole directing mind of the company used the company to defraud banks of some £94 million and the liquidator of the company sought to recover damages from the auditors, in order to compensate the banks. The claim was struck out. Applying *Hampshire Land*, Stone & Rolls was not the victim of the fraud but the perpetrator of it and the principle of ex turpi causa non oritur actio applied.[185] The majority of the House of Lords endorsed, what was described in the speeches as the "sole actor exception" to the principle in *Hampshire Land*.

9-050

Lord Mance made the case for treating the company as a separate person from Mr Stojevic.[186] He said of *Hampshire Land*:

"It prevents a company being treated as a party to a fraud committed by its officers 'on' or 'against' the company, at least in the context of claims by the company for redress for offences committed *against* the company."[187] [Original emphasis] ... [T]here is no difficulty about characterising the whole scheme as one of fraud on the company. The company was a mere tool or conduit and left it at the end with a large deficit in complete disregard of Mr Stojevic's duty to respect its separate identity and property."[188]

The majority of the House of Lords, along with the Court of Appeal, decided the case on the basis of "common sense". Lord Philips cited with approval the following passage from Mummery LJ in the Court of Appeal:

"Does common sense matter? Yes. It is contrary to all common sense to uphold a claim that would confer direct or indirect benefits on the corporate vehicle, which was used to commit the fraud and was not the victim of it, and the fraudulent driver of the fraudulent vehicle."[189]

---

[183] See 9-038 above.
[184] *Stone & Rolls v Moore Stephens* [2009] UKHL 39; [2009] 1 A.C. 1391.
[185] For discussions by the majority of Hampshire Land, see: *Stone & Rolls v Moore Stephens* [2009] 1 A.C. 1391 at 1458B–1459D per Lord Philips; at 1475F–1476F per Lord Scott; at 1483B–1486B per Lord Walker; at 1504A–G per Lord Brown. *Greener Solutions Ltd v Revenue & Customs Commissioners* [2012] UKUT 18 (TCC); [2012] S.T.C. 1056 reviews the Hampshire Land principle and the *Stone & Rolls* decision in some depth. The tax payer, GSL, sought repayment of VAT input tax. The Revenue argued that the claim was tainted by the fraud of M who was the tax payer's agent. GSL denied any knowledge of the fraud. Warren J held that nonetheless the knowledge of M was the knowledge of GSL, and *Hampshire Land (No.2)* did not apply. The fraud was plainly a fraud on the Revenue and not a fraud on the principal.
[186] *Stone & Rolls v Moore Stephens* [2009] 1 A.C. 1391 at 1505H–1537.
[187] *Stone & Rolls v Moore Stephens* [2009] 1 A.C. 1391 at 1514H.
[188] *Stone & Rolls v Moore Stephens* [2009] 1 A.C. 1391 at 1515E–F.
[189] *Stone & Rolls v Moore Stephens* [2009] 1 A.C. 1391 at 1448C.

Stone & Rolls v Moore Stephens was distinguished at first instance in *Goldtrail Travel Ltd (in Liquidation) v Aydin*[190] on a basis that suggests it was rather not followed than distinguished; It was said that whether the conduct of a director created a personal liability on the part of the company depended on the context in which the issue arose: as between the company and the defrauded third party, the company was not to be treated as the victim of the wrongdoing but as one of the perpetrators. However, where the company itself sought compensation for a breach of fiduciary duty owed to it by the delinquent director, as between it and the director, the company was the victim and the director could not defeat that claim by attributing his own wrongful conduct to the company. The principle seems to be that where a company suffers loss arising from a director's dishonesty and the actions of a third party, and seeks to recover the loss from a third party, if the defendant to the company's claim was complicit in the director's dishonest activity, the company has a claim because it does not lie in the mouth of a dishonest person to plead ex turpi causa non oritur actio, but if the defendant simply did not discover the director's activity when it would have done so had it properly performed its duties, the plea of ex turpi causa is open to it.

9-051 In *Safeway Stores Ltd v Twigger*[191] a company could not recover from the relevant directors (those responsible), fines it had to pay for breaches of the Competition Act 1998 because the company was directly liable under the statute, not vicariously liable, and on the principle of ex turpi causa non oritur actio it could not recover for penalties that the company itself had incurred:

> "Once it is appreciated that the claimant companies are (personally and not vicariously) liable to pay the penalties exigible under the 1998 Act, those companies cannot invoke the Hampshire Land principle to say that they were not 'truly' liable. The principle gives them no defence to the OFT's claim for the penalties; they are personally liable to pay those penalties and it would be inconsistent with that liability for them to be able to recover those penalties in the civil courts from the defendants. The statutory scheme has attributed responsibility to the claimant companies and the *Hampshire Land* exception to the ordinary rule of attribution can have no import on the application of the ex turpi maxim" (Longmore LJ at [29]).

In our view the *Safeway Stores* case is an exceptional case based on statutory construction.[192] A more common circumstance is illustrated by *Barclay Pharmaceuticals Ltd v Waypharm LP*.[193] Here the court accepted that a controller and effective owner of a company had used the corporate machinery of the various companies to damage the claimant and it was a persuasive proposition that an agreement causing injury by unlawful means was an actionable conspiracy notwithstanding that the parties to the agreement might be a natural person and a company under his control. If there was fraud in the placing of risks, we would expect the broking company and the individual broker committing the fraud both to be guilty of fraud.

9-052 Lord Walker, one of the Lords in the *Stone & Rolls* case, sat in the Hong Kong Court of Final Appeal in the case of *Moulin Global Eyecare Trading Ltd v The Commissioner of Inland Revenue*[194] and gave the lead judgment. The company inflated its profits and paid tax on those 'profits'. Had the company produced ac-

---

[190] *Goldtrail Travel Ltd (in Liquidation) v Aydin* [2014] EWHC 1587 (Ch); [2015] 1 B.C.L.C. 89.
[191] [2010] EWCA Civ 1472; [2011] Bus. L.R. 1629 per Longmore LJ at [29].
[192] And in our view the decision is wrong in any event. Why should an employer not recover damages for breach of duty from an employee when the employee renders the employer liable for loss? What difference whether the employee makes the employer personally liable or vicariously liable?
[193] [2012] EWHC 306 (Comm); (2012) 109(26) L.S.G. 19.
[194] *Moulin Global Eyecare Trading Ltd v The Commissioner of Inland Revenue* [2014] HKCFA 22.

curate financial statements, the tax would not have been due. The company's liquidator said that the inaccurate financials were prepared by fraudulent directors (by then, ex directors). The Court found the acts of the directors to be the acts of the company. Lord Walker analysed all of the case-law reviewed above, and more. In [106] of his judgment he states 10 propositions deriving from the authorities:

(1) questions of attribution are sensitive to the factual situation in which they arise (and the language and purpose of any relevant statutory provisions);
(2) the "directing mind and will" concept is fading and should probably disappear as a general concept;
(3) in some cases *acts* of a director/employee may be attributed to their corporate employer, but not their state of mind;
(4) the rationale of the fraud exception is to stop directors using their own knowledge of their wrongdoing to escape a claim by their company;
(5) the rationale in (4) can apply even if there is attribution;
(6) but the fraud exception cannot be employed by the company when what is in issue is the company's liability to a third party;
(7) the distinction between primary and secondary victims of fraud is less useful than the distinction between (4) and (6);
(8) in cases involving insurance the terms of the policy are likely to be decisive of the outcome of a dispute;
(9) the fraud exception is not a defence for an auditor when a company claims against him for failing to detect internal fraud, with the exception of the Stone & Rolls one man company situation; and
(10) criminal law cases are of little assistance in civil cases on attribution.

Lord Walker disapproved of his own statement in the *Stone & Rolls* case that the fraud exception was one of general application. He said that it was limited to "redress" cases, (where the principal was trying to recover from the fraudulent agent) and did not apply to "liability" cases where a third party was affected by the agent's fraud and the principal was trying to dissociate himself from it. In our view, Lord Walker was more restating the rules rather than reciting them and propositions (4) and (6) as set as Lord Walker states are aspirational and not a summation of the law as it had developed to that point.

The common law: further retraction, Jetivia v Bilta[195]

The law was acknowledged to be in a state of flux by the Supreme Court in *Jetivia SA v Bilta*. Bilta had been set up to commit VAT fraud. Bilta in liquidation issued proceedings against its owners and directors and against Jetivia, alleging conspiracy with the directors. Jetivia, the appellant, sought to have the proceedings stayed on the grounds of ex turpi causa non oritur actio, because the company itself had committed the VAT fraud. The Supreme Court unanimously upheld the Court of Appeal decision rejecting the requested stay and allowing the proceedings to continue. Lord Neuberger said[196]:

9-053

> "Where a company has been the victim of wrong-doing by its directors, or of which its directors had notice, then the wrong-doing, or knowledge, of the directors cannot be attributed to the company as a defence to a claim brought against the directors by the company's liquidator, in the name of the company and/or on behalf of its creditors, for the loss suffered by the company as a result of the wrong-doing, even where the direc-

---

[195] [2015] UKSC 23; [2016] A.C. 1.
[196] [2015] UKSC 23 at [7].

tors were the only directors and shareholders of the company, and even though the wrongdoing or knowledge of the directors may be attributed to the company in many other types of proceedings."

Plainly this case was different from the *Stone & Rolls* case because *Jetivia v Bilta* was not the case of the company seeking to pursue a third party which was not responsible for the fraud, (as was the case in *Stone & Rolls*) but the company pursuing the parties alleged to be responsible. Their Lordships in *Jetivia v Bilta* questioned whether they were right in *Stone & Rolls*, and it would not be surprising if, after reconsideration, the Supreme Court declared the law to be more in line with what Lord Walker thinks it should be[197] but there is no direct conflict between the two cases. The shift that *Jetivia* evidences—from the fraud exception being a wide-ranging rule excusing the principal for the sins of his agent inflicted on a third party, to the fraud exception only preventing the sinful agent from denying liability to provide redress to his principal because his sins are the sins of his principal—is seismic. Not because the latter rule is new—as *Belmont Finance*[198] demonstrates, it is not—but because the wide rule has been reined in.

This means that whether in presenting a risk or in any other circumstances where an insurer or reinsurer employs an agent, the likelihood of the principal being able to fend off the third party because the acts of the agent were directed at him, the principal, as well as the third party, is much diminished.

In *Singularis v Daiwa Capital*[199] the sole shareholder (one of a number of directors) paid money from a (as it was found) Quistclose[200] trust account to the accounts of other group companies for his personal benefit. The Court of Appeal found (as had the judge) that the company was not a one-man company, the bank had been negligent in allowing the payments without making inquiry, and the liquidators of the company were entitled to recover damages for negligence from the bank—with a 25 per cent discount for contributory negligence. *Jetivia v Bilta* was applied in *Howmet Ltd v Economy Devices Ltd*[201] and in *Faichney v Vantis HR Ltd*[202] the context of whether knowledge of individuals should be attributed to a company. This suggests that Jetivia may become a core case, not only in the context of when it is appropriate to deploy "the rule in *Hampshire Land*" but also in the context of when it is appropriate to attribute knowledge of individuals to the company.

Miles J, and Judge Johathan Richards imposed a little savvy reality on the principle contained in *Jetivia* in the appeal in the case of *Sandham v Revenue and*

---

[197] It is plain that s.6(2) of the IA 2015 was drafted by persons who did not believe that the law was, at that time, as set out by Lord Walker. In the context of whether a principal, a reinsured, knows something known by an agent, s.6(2) preserves a rule "*according to which knowledge of a fraud perpetrated by an individual ... is not attributed to the (re)insured*". The persons drafting the IA 2015 plainly thought that in the circumstances of the fraud exception the (re)insured would not have knowledge and thus would not be failing to disclose *to a third party* what was hidden from him by the *Hampshire Land* exclusion. If the view of Lord Walker moves from aspirational to accepted, s.6(2) will become irrelevant to the question of what is a fair presentation. The question remains open whether the s.6(2) proviso will be interpreted as applying only to fraud of an agent or also to other situations where it could not be expected that the agent would inform his principal of something.
[198] [1979] 1 Ch. 250.
[199] *Singularis Holdings Ltd (in Official Liquidation) v Daiwa Capital Markets Europe Ltd* [2018] EWCA Civ 84.
[200] *Barclays Bank Ltd v Quistclose Investments Ltd* [1968] Ch. 540; [1968] 2 W.L.R. 478.
[201] [2016] EWCA Civ 847; [2016] B.L.R. 555.
[202] [2018] EWHC 565 (Ch); [2018] Lloyd's Rep. F.C. 345.

Customs Commissioners.²⁰³ One should first know the case of *Kittel v Belgium*²⁰⁴ where Kittel, the receiver of a company that had claimed input tax recovery, was refused such recovery because the company should have known the transaction was part of a carousel tax fraud. In *Sandham* it was argued that the fraud had been conducted by an agent and was unknown to the taxpayer, and could not be attributed. The judges referred to both *Blackburn v Vigors* (9-039 above) and to *Jetivia*. The judges said that the fact that the agent had clearly breached duties owed to the appellants when acting on their behalf did not of itself prevent his knowledge being attributed to them. The agent had acted outside the scope of his authority, but had still bound the principal when entering into the transactions, and the principal had acknowledged that by claiming the associated credit for input tax. There was an inherent contradiction in the principal's position. On one hand, the principal asserted that the agent bound them into the transactions for the purposes of substantiating their claim for input tax credit, but on the other, when applying the *Kittel* principle, the principal sought to distance himself from the fraud. The fact that the agent acted contrary to his express instructions did not prevent his knowledge of fraud from being attributed to the principal. There is an equitable principle *qui approbat non reprobat*. which means one cannot accept and reject the same thing, and the judges deployed it here, though without referencing it.

The Insurance Act 2015

What the (re)insured and (re)insurer 'know' on presentation of a risk

Under s.4(3) of the IA 2015, the reinsured statutorily knows what the reinsured's senior management knows, and what the *agent responsible for the reinsurance* knows and, by reference to s.4(4), only confidential information that the agent has acquired through a business relationship with a third party is excluded from such knowledge. It is apparent that s.19 of the MIA 1906 is not carried over to the IA 2015. The duty of disclosure is now only that of the reinsured. The agent's knowledge is not "deemed" to be the principal's or "imputed" to the principal. It is the principal's knowledge subject to the confidentiality exception in s.4(4). It is no longer the agent's duty to disclose (a duty of disclosure limited to material information acquired in the process of placing the particular risk); it is the *reassured*'s duty and a duty to disclose all relevant information from wherever acquired unless it is held by an agent and confidential to a third party. It may be safer for an insured or reinsured to have each individual risk it wishes covered placed by a different broker, in order to avoid a build of knowledge of the reinsured in a broker and thus increasing the risk of some of it being material and overlooked in placing just one of those risks. Since the duty of disclosure of what the agent knows is now the insured's duty, we suggest that the agent has a duty to inform his principal of what he learns regarding the risk (see 9-038 above).

9-054

What the reinsured and relevant individuals "ought to know"

There is also knowledge which the IA 2015 says that an individual "ought to know". He ought to know what would *reasonably* be revealed by a *reasonable* search of information available to the reinsured whether held by the reinsured or held by others and whether by making inquiries *or by other means* (see s.4(6) and

9-055

---

²⁰³ *Sandham (t/a Premier Metal Leeds) v Revenue and Customs Commissioners* [2020] UKUT 193 (TCC); [2020] S.T.C. 1682.
²⁰⁴ *Kittel v Belgium* (C-439/04) EU:C:2006:446; [2008] S.T.C. 1537.

(7)). What constitutes a reasonable search is not set out in the statute. An intranet search? An intranet *and* an internet search? In large organisations the practice at renewal is for an email to be sent to everyone, or everyone with risk management functions, asking for information about potential claims. Might an insurer now argue that such a practice is not a reasonable search?

9-056   Section 6(2) of the IA 2015 was intended to capture the *Hampshire Land* rule. It preserves the rule that "knowledge of a fraud perpetrated by and individual on either the insured or the insurer is not to be attributed to the insured or the insurer" where the fraud is on individuals who are responsible for the insurance (s.4(2)(b) and (3) (insured) and s.5(1) (insurer)). This provision was in place before the Supreme Court decision in *Jetivia v Bilta* narrowed the application of the rule to the relationship between the principal and the agent, not the principal and the third party. The consequence is that s.6(2) was probably old law before the IA 2015 became law (12 August 2016).

4. LEGAL DUTIES OF INTERMEDIARIES

Utmost good faith and the broker/intermediary

9-057   As we have already seen, the duty of utmost good faith under the MIA 1906[205] extended to the broker who, as the agent of the reinsured, was himself under a duty to disclose to the reinsurer any facts material to the risk which may have been known to him but which may have not necessarily been known to the principal.[206] Failure to disclose a material fact on the part of the broker did not expose him to any liability for damages to the underwriter:

> "... for non-disclosure is not a breach of a contract giving rise to a claim for damages, but a ground for avoiding a contract."[207]

However, where the underwriter was entitled under the MIA 1906 to avoid the contract by reason of the broker's non-disclosure, the broker might be liable to his principal, the reinsured, if he has acted negligently.[208]

Similarly a broker could be liable to his principal under Insurance Act 2015 if he has knowledge which is statutorily the (re)insured's knowledge under s.4(3) but which the broker has failed to communicate to the (re)insured and therefore which remains undisclosed.

As a matter of general agency law, the broker is only required to follow his principal's lawful instructions. What is the position if the broker knows or suspects that his principal is not acting in good faith, for example what is the broker to do if he has reason to believe the reinsured is making a fraudulent claim? The broker's dilemma—where he suspects but cannot prove that his principal is guilty of fraud—is illustrated by the "Savonita" claim. On 26 November 1974, M.V. "Savonita" left the port of Savona in Italy with a cargo of cars owned by FIAT,

---

[205] A duty that does exist under the IA 2015. That knowledge which under s.19 of the MIA 1906 is the knowledge of the broker is under s.4(3) of the IA 2015, the knowledge of the (re)insured. The law of the MIA 1906 will in future only apply to contracts already subject to it and to new contracts if the parties contract to be bound by it rather than the IA 2015.
[206] MIA 1906 s.19; *Blackburn Low v Vigors* (1887) 12 App. Cas. 531. The personal duty of the broker to the reinsurer will cease to exist under the IA 2015 from August 2016.
[207] *Glasgow Assurance Co v Symondson* (1911) 16 Com. Cas. 109 at 121 per Scrutton J; see further, the *Gemstones* case [1991] 2 A.C. 249; and Ch.6 above.
[208] See below.

which were insured by SIAT (FIAT's captive insurer) and reinsured by SIAT into the Lloyd's market. A fire occurred on board the ship, which was put out, and the vessel returned to Savona where 301 cars, allegedly seriously damaged by the fire and/or the fire fighters, were off-loaded. These cars were sold by FIAT on an "as is where is" basis to Dotoli, a Naples car dealer, for some 15 per cent of their original value. FIAT claimed from SIAT in respect of the difference between the declared value of the cars and proceeds of sale to Dotoli, and SIAT presented a claim to its reinsurers through its brokers, Pearson Webb Springbett (London) Ltd ("PWS"). The Chairman of PWS, Mr Pearson, received information from a variety of sources in Italy, that a large number of the 301 cars had in fact already been sold by Dotoli at a considerable profit.

The leading London reinsuring underwriter, Hill, was dissatisfied with the information he had received from SIAT and notwithstanding a "follow the settlements" clause instructed LUCRO[209] to appoint loss adjusters to investigate the matter further. Mr Robert Bishop[210] went to Italy. Meanwhile Mr Pearson did not press the claim on behalf of his client against the reinsurers. Bishop ultimately reported that, on the evidence he had obtained, the claim was fraudulent. Mr Pearson took advice from leading counsel, John Matthew QC, in July 1976. Mr Matthew concluded, having reviewed Mr Bishop's various reports, that although fraud could not necessarily be proved with the degree of certainty which criminal courts required and that a good deal of Mr Bishop's information had been obtained in a form which would not be admissible in evidence as it was hearsay, nevertheless:

> "... we have no doubt that such enquiries as have been made to date disclose such positive indications of fraud that full professional enquiry by any prosecuting authority (such as the Fraud Squad) would very probably produce the evidence necessary to sustain a provable charge of fraud ..."

Meanwhile, SIAT had effectively sacked PWS as their brokers and appointed Willis Faber & Dumas Ltd ("WFD") for the purpose of collection of the "Savonita" claim. It appears that WFD's own enquiry concluded that there was no evidence of fraud. Furthermore, Hill was advised by his solicitors that, because of the "follow the settlements" clause,[211] it was unlikely that any defence to a claim on the policy could successfully be maintained. WFD pressed other underwriters on the slip for payment, and ultimately in February 1978 a settlement of US$543,000 out of a total claim of US$600,000 was agreed by all reinsurers and collected by WFD.

9-058

The Committee of Lloyd's held an internal enquiry into the "Savonita" claim, which reported in December 1978. The report criticised Mr Pearson's conduct relating to his client SIAT, and accused Mr Pearson of acting improperly to further his own personal interests. It stated:

> "In the Board's view there is a continuing duty of disclosure on a Broker in the presentation and negotiation of a claim. In the event of a Broker becoming aware of circumstances which give rise to suspicions of fraud, that duty requires him to report his suspicions both to his client and to the underwriters. Thereafter he should pursue the claim against the underwriters, or inform his client that he is not prepared to continue to act and withdraw.
>
> In this case PWS quite correctly informed reinsurance underwriters of their suspicions, but not their client. Instead of taking one of the above two courses, they forbore from purs-

---

[209] Lloyd's Underwriting Claims and Recoveries Office.
[210] A former police officer and experienced investigator—who sent investigators to Monrovia in the *Insurance Co of Africa v Scor (UK) Reinsurance Co Ltd* [1985] 1 Lloyd's Rep. 312; see also Ch.5 above.
[211] See Ch.5 above.

ing the matter and, indeed, actively mounted investigations for the purpose of persuading reinsurance underwriters that the claim was fraudulent. The Board considers that the overriding reason for this action appeared to be the personal aim of Mr Pearson to use the incident primarily to discredit ... the management of SIAT. The Board deeply regrets that a client should be effectively deserted by his Lloyd's broker without explanation."

The report dealt in a somewhat cursory and dismissive way both with the allegations of fraud made by Mr Bishop, and with the opinion of John Matthew QC. The report exonerated WFD of the accusation of bringing improper pressure to bear on reinsuring underwriters to pay the claim, confining itself to the cryptic observation that on one occasion the conduct of WFD representatives was "robust beyond the normally acceptable standards of broking conduct". Mr Pearson issued his reply in which he claimed that the report had criticised him unfairly and maintained that his actions throughout had been based on the advice received from leading counsel. Press comment at the time was almost universally in favour of the stand that Mr Pearson had taken.[212] It should be noted that the Italian authorities' own criminal investigation led eventually, in 1984, to a dismissal by the examining magistrate of all charges against the various accused.

Avoiding of conflicts of interest

English law and London market practice

9-059 As we have already seen the broker, as agent of the reinsured, owes a duty of loyalty to his principal which requires him to avoid conflicts of interest. We have also noted that the practice, which was common at Lloyd's, for the broker to act as the agent of the underwriter for the purpose of investigating claims, has been judicially disapproved of. In *Anglo-African Merchants Ltd v Bayley*,[213] a claim was made under a theft policy and underwriters alleged non-disclosure on the part of the insured. During the investigation of the claim the insured's brokers had made their files available to the underwriters and their solicitors, but when asked by the insured's solicitors for the same facility, they refused. Megaw J considered this behaviour to be wholly unjustifiable. The practice was again criticised in *North & South Trust Co v Berkeley*,[214] where underwriters, having rejected a claim, instructed brokers (the insured's brokers) to appoint assessors to investigate it. Donaldson J (as he then was) did not accept that brokers were capable of resolving the conflicts of interest that flowed from acting in a dual capacity. He said:

> "I yield to no one in my admiration for the skill and honesty of the insurance brokers and other men of business of the City of London, but neither skill nor honesty can reconcile the irreconcilable."[215]

North & South Trust Co v Berkeley was approved by the Privy Council in *Kelly v Cooper*.[216] Although cases of dual agency are, in principle permissible, the informed consent of both principals is required. There must be full disclosure of the facts; it is not sufficient for the principal to be put on inquiry that the agent has a potential conflict of interest.

The FCA Insurance Conduct of Business Rules 8.3.3. requires a firm to manage

---

[212] See Godfrey Hodgson, *Lloyd's of London—a Reputation at Risk*, 2nd edn (Penguin, 1986).
[213] *Anglo-African Merchants Ltd v Bayley* [1970] 1 Q.B. 311.
[214] *North & South Trust Co v Berkeley* [1971] 1 W.L.R. 470.
[215] *North & South Trust Co v Berkeley* [1971] 1 W.L.R. 470 at 483.
[216] *Kelly v Cooper* [1993] A.C. 205; and see above.

conflicts of interest fairly. SYSC 10 also requires an insurance intermediary to take all reasonable steps to identify conflicts of interest, and maintain and operate effective organisational and administrative arrangements to prevent conflicts of interest from constituting or giving rise to a material risk of damage to its clients, and if a firm acts for a customer in arranging a policy, it is likely to be the customer's agent (and that of any other policyholders). If the firm intends to be the insurance undertaking's agent in relation to claims, it needs to consider the risk of becoming unable to act without breaching its duty to either the insurance undertaking or the customer making the claim. It should also inform the customer of its intention.

The provisions of the Insurance Distribution Directive ("IDD") which are now English Law also contain rules on managing conflicts of interest by the intermediary. Article 17.1 contains the basic principle that the distributor must always act honestly, fairly and professionally in accordance with the best interests of the customers. Article 17.3 expressly states that financial, or performance, incentives to push one product rather than another would breach that rule. Article 18 requires the distributor to provide the customer with basic information, including in particular its identity, whether it is providing advice and whether it works for the insurance company recommended to the client. Article 19 is headed "Conflicts of Interest and Transparency" The Article requires the customer to be given information on any investment or other stake in the relevant insurance undertaking, any obligation to direct business that way, the nature of remuneration received – whether fee or commission or any other kind or combination, and where the remuneration is paid by the customer, the amount or way of calculating the amount.

Bermuda law and market practice

In *Bott & Associates Ltd v Southern California Recyclers & Processors Assurance Ltd*[217] the plaintiff acted as the manager and reinsurance broker for the defendant captive insurance company. The plaintiff also acted as an underwriting agent for a reinsurer, Kansa, which reinsured the captive. It was held that, although a number of complaints made by the captive against the plaintiff were ill-founded, the captive was entitled to summarily terminate the plaintiff's management agreement because the plaintiff had failed to give full disclosure of its financial interest as the underwriting agent for Kansa. Collett J having considered evidence of market practice as to the payment of commissions for brokers and underwriting agents, said:

9-060

> "There can in my judgment be no basis for an objection to arrangements of this kind in a situation where the underwriting agent of the reinsurer and the broker, agent of the reinsured, are separate personalities who deal at arms' length. If, however, these functions are to be simultaneously performed by one and the same individual or company, as is the case where 'in-house' reinsurance is placed by the manager of a captive such as [the defendant], that exercise can lawfully be carried out only in accordance with the general principle already stated which requires the fullest disclosure by the agent to his principal of the nature of the interest which he has in the transaction by reason of his role as underwriter as well as an informed consent to that arrangement given by his principal, the reinsured. [The plaintiff's expert] agreed that non-disclosure in these circumstances would be improper because of the doubts that might subsequently arise in the mind of the reinsured as to whether he had not been given reinsurance at the price he might have expected to get, and he conceded that a full disclosure would not cause hardship to managers involved in the practice. This appears to be no more than common sense ... It is indeed

---

[217] *Bott & Assocs Ltd v Southern California Recyclers & Processors Assurance Ltd*, Supreme Court of Bermuda Civil Jurisdiction 1982: No.334 Court of Appeal for Bermuda Civil Appeal No.5 of 1986.

self-evident that, as [the plaintiff's expert] conceded in evidence, an element of bargaining enters into the placement of reinsurance cover of this nature. The interests of the reinsured are to obtain the most extensive cover at the cheapest available rate in the market whereas those of the potential reinsurers are at the very least, to see that the reinsured does not make a windfall profit at their expense by passing on an undue proportion of its risks. Virtually by definition an agent in the situation in which the plaintiff placed itself has personal interests which are liable to come into conflict with the fiduciary duty which it owes towards its principal, in this case the defendant."[218]

The Court of Appeal for Bermuda upheld the decision of Collett J Counsel for Bott argued on appeal that:

"Bermuda is a small place. Captive insurance companies have to have local companies managing their affairs. A practice has grown up whereby such managing companies act both as brokers for the reinsured and underwriters for the reinsurers. Americans who come here must accept this local practice."

This submission was rejected by the Court of Appeal, which held that the established principles of agency law applied to the Bermuda reinsurance market. The President, Sir Alastair Blair-Kerr, referred to Collett J's conclusion "... that the Court would do grave disservice to the reputation of Bermuda if it were to dilute the principle involved, a principle insisted upon by Courts of Equity for over 150 years ..." and said: "I agree. In future let there be *full* disclosure and *informed* consent by both principals" (original emphasis).

The Bermuda Monetary Authority's "Insurance Brokers and Insurance Agents Code of Conduct" provides:

"The Insurance Broker or Insurance Agent must have documented policies and procedures for dealing with conflicts of interest and where possible avoid them. Where a conflict arises, the Insurance Broker or Insurance Agent shall disclose it to the client and decline to act if the conflict cannot be satisfactorily mitigated."[219]

Duty of care to the reinsured

Basic contractual duty—placing cover

9-061 The broker's basic duty of care arises out of the contract of agency between the broker and his client/principal, the reinsured. It is well-established in law that a term is implied which requires the broker to exercise reasonable skill and care in the performance of his various functions on behalf of the reinsured. In professional advice cases (which would include broker's advice), the scope of the duty of care assumed by a professional adviser is governed by the purpose of the duty, judged on an objective basis by reference to the reason why the advice is being given. One looks to see what risk the duty was supposed to guard against and then looks to see whether the loss suffered represented the fruition of that risk.[220] The broker's primary function is the placing of cover. In *Eagle Star Insurance Co Ltd v National Westminster Finance Australia Ltd*, the Privy Council defined the scope of the brokers' duty in placing cover, as follows:

---

[218] *Bott v Southern California Recyclers,* Supreme Court of Bermuda 1982: No.334.
[219] The BMA Insurance Brokers and Insurance Agents Code of Conduct (February 2019) para.35. The regulation of brokers and insurance managers in Bermuda is discussed further below (see 9-094–9-095 below). Insurance managers have similar conflicts of interests regulations.
[220] *Manchester Building Society v Grant Thornton UK LLP* [2021] UKSC 20 at [13]–[17] per Hodge DPSC and Sales JSC.

"Their duty was to use all reasonable care and skill in seeking to obtain the cover in London which had been sought by their principals, and if for any reason, notwithstanding that they had used that reasonable care and skill, their efforts failed, it was then their further duty to report their failure, and, if necessary, to seek further instructions. But they did not undertake that cover would be procured."[221]

Exceptionally, the broker may undertake to place reinsurance cover in any event. This possibility was considered in *The "Zephyr"* where Hobhouse J (as he then was) said:

"[I]f [the broker] says he has reinsurance when he has not or if he says he will get it when he knows he cannot, he will be in breach of his obligations to his client ..."[222]

However, if it is possible to place cover on the terms required by the client, then the broker is strictly liable to perform his client's instructions. In *Dickson & Co v Devitt*,[223] the broker had been instructed to insure cargo to be shipped on the "Suwa Maru and/or steamers". As a result of a clerical error the words "and/or steamers" were omitted from the slip and there was no coverage when the cargo was lost aboard a different vessel. Atkin J (as he then was) held that the broker was liable both for failure to exercise reasonable skill and care, and for failure to carry out his principal's specific instructions.

The broker, when placing reinsurance cover, will frequently be instructed to ensure that the reinsurance covers the same risk as the original insurance—although this is not always the case.[224] If he is instructed to arrange this 'back-to-back' coverage and fails to do so, he will almost certainly be liable either on the basis of a failure to comply strictly with his instructions, or for negligence. In *Icarom Plc v Peek Puckle (International) Ltd*,[225] Webster J held, on the facts, that the brokers had been instructed to place facultative reinsurance cover *after* a total loss had occurred and accordingly, they were not liable for failing to carry out their instructions because no loss resulted from the failure. A fortiori the broker is unlikely to have any defence in a case where he fails to obtain any effective reinsurance cover because he fails to present the risk fairly. Thus, in *British Citizens Assurance Co v L. Woodland & Co*,[226] where the brokers in arranging reinsurance for a ship, which they knew to be a sailing vessel, failed to so describe the ship in the reinsurance contract and the reinsurers declined to pay, Bailhache J held that the brokers were liable and that, following the decision of Atkin J in *Dickson & Co v Devitt*, it was not open to the brokers to say that the reinsured should have discovered the mistake from the documents sent by the brokers to the reinsurers.[227]

9-062

In *Youell v Bland Welch & Co Ltd (No.2)*,[228] the *Superhulls* case,[229] where the reinsurance obtained was for a shorter period than the cover provided by the reinsured, Phillips J (as he then was) held that the brokers were in breach of duty in: (1) failing to give the reinsured accurate information as to the reinsurance cover available; (2) failing to draft the contract wording with proper skill and care; (3) failing to inform the insurers that the reinsurance cover obtained did not comply with

---

[221] *Eagle Star Insurance Co Ltd v National Westminster Finance Australia Ltd* (1985) 58 A.L.R. 165 at 174; and see *Callendar v Oerlichs* (1838) 5 Bing. N.C. 58.
[222] *The "Zephyr"* [1984] 1 Lloyd's Rep. 58 at 81.
[223] *Dickson & Co v Devitt* (1916) 86 L.J.K.B. 315.
[224] See Ch.4 above.
[225] *Icarom (formerly Insurance Corp of Ireland) v Peek Puckle International* [1992] 2 Lloyd's Rep. 600.
[226] *British Citizens Assurance Co v L Woodland & Co* (1921) 8 Ll. L. Rep. 89.
[227] See further 9-078 below.
[228] *Youell v Bland Welch & Co Ltd (No.2)* [1990] 2 Lloyd's Rep. 431.
[229] For the facts, see Ch.4 above.

the cover ordered; and (4) failing to take steps to procure extensions of cover when the 48-month period expired. He said that the duties which had been broken were not absolute duties:

> "When a Lloyd's broker accepts instructions from a client he implicitly undertakes to exercise reasonable skill and care in relation to his client's interests in accordance with the practice at Lloyd's. That general duty will normally require the broker to perform a number of different activities on behalf of the client, but the performance of those activities constitutes no more than the discharge of the duty to exercise reasonable skill and care. Failure to perform one of the activities will normally constitute a breach of that duty of care, not a breach of absolute obligation. The breaches of duty for which I have held the brokers liable in the present case all represented breaches of the general duty owed by the brokers to exercise reasonable skill and care, not breaches of absolute obligations."[230]

Continuing duty —advising client on matters affecting coverage

HIH Casualty and General Insurance Ltd v JLT Risk Solutions[231] concerned the film finance litigation we have referred to previously.[232] Having found that their reinsurers were entitled to deny coverage for breach of warranty, the direct insurers, HIH, sued their brokers for negligently[233] failing to inform them of the contents of risk management reports which, if HIH or the brokers had bothered to read them, would have indicated serious coverage issues arising as a result of a reduction of the number of films being produced. The Court of Appeal upheld the decision of Langley J[234] that the brokers, who had created the film finance insurance programme, had undertaken a duty of care to advise HIH of any facts materially affecting coverage, and that they were in breach of their duty, but on the evidence HIH had failed to prove the breach caused any loss-the court thought that HIH would not have studied the reports or acted on them even if they had received them.[235]

While the case is undoubtedly a decision on its particular facts, one can discern from what Auld LJ (who gave the leading judgment in the Court of Appeal) said a general proposition that where brokers are the prime movers behind a complex insurance programme they do owe their client(s) a continuing duty to advise on all matters which are material to coverage that come to the brokers' attention. Acting as a post box is not good enough, especially in a case where the brokers had a potential of conflict interest having placed both the insurance and the reinsurance for the insurer. The film finance litigation is a classic example of a case where TOBAs defining the scope of the brokers' duties to the original insured and the insurer/reinsured would have been sensible. If brokers undertake a monitoring function with respect to the operation of an insurance/reinsurance programme, they should spell out what their duties are and agree upon appropriate compensation with their client(s) for fulfilling those duties. Two decisions regarding the duties of

---

[230] *Youell v Bland* [1990] 2 Lloyd's Rep. 431 at 458.
[231] *HIH Casualty and General Insurance Ltd v JLT Risk Solutions* [2007] EWCA Civ 710; [2007] Lloyd's Rep I.R. 717.
[232] See Ch.6, 6-072 above.
[233] The allegations of fraud against the brokers were abandoned at trial.
[234] *HIH Casualty & General Insurance Ltd v JLT Risk Solutions Ltd (formerly Lloyd Thompson Ltd)* [2006] EWHC 485 (Comm); [2006] 1 C.L.C. 499; [2007] EWCA Civ 710; [2008] Bus. L.R. 180 (on appeal).
[235] In *Capital Home Loans Ltd v Hewitt & Gilpin Solicitors Ltd* [2016] NICA 45; [2017] P.N.L.R. 12 the court found that a firm of solicitors had negligently failed to advise lenders of the nature of the transaction, but the lenders had failed to prove loss because they had not shown they would have acted differently had they the correct information.

brokers to advise primary insureds in the course of the insuring period should also be noted, with the caveat that in the context of reinsurance, contributory negligence may come into play if the client is also negligent.

In *Ground Gilbey Ltd v Jardine Lloyd Thompson UK Ltd*[236] the defendants, JLT, took over responsibility for the claimant's insurance of Camden Market in north London. They recommended a change of insurers and that was agreed by their clients. The new insurers stipulated, among other requirements, that portable heaters had to be removed from the market. JLT brought their clients' attention to all the new requirements except this one. There were further communications from insurers on this subject including requirements for risk improvement, which JLT passed on but did not explain and did not seek assurances about from the clients. Blair J said:

9-063

> "After the risk has been placed, the continuing duty is exemplified by *HIH Casualty & General Insurance Ltd v JLT Risk Solutions Ltd* in which Longmore LJ stated that, 'an insurance broker who, after placing the risk, becomes aware of information which has a material and potentially deleterious effect on the insurance cover which he has placed is under an obligation to act in his client's best interest by drawing it to the attention of his client and obtain his instructions in relation to it' ([2007] EWCA Civ. 710 at [116])."

In *Nicholas G Jones v Environcom Ltd*,[237] the insured was unable to recover for loss by fire because of inadequate disclosure, and the insured argued that the broker failed to advise properly on the insured's disclosure obligations. The court accepted that the broker had been negligent but, as with *HIH v JLT* did not award damages: it found that had the truth been known, the insured would have been uninsurable. Steel J summarised the scope of a broker's duty when broking cover, as set out in the FSA (now FCA) Insurance Conduct of Business Handbook. The broker is required to:

9-064

(a) advise his client of the duty to disclose all material circumstances;
(b) explain the consequences of failing to do so;
(c) indicate the sort of matters which ought to be disclosed as being material (or at least arguably material). The client needs to be advised to err on the side of caution so as to disclose anything that might impinge on the judgment of a competent underwriter in assessing the risk and be helped to unearth such matters; and
(d) take reasonable care to elicit matters which ought to be disclosed but which the client might not think it necessary to mention.

Steel J was clear that it was not sufficient for a broker to rely upon written standard form explanations and warnings annexed to proposals or policy documents; the broker should take reasonable steps to ensure that the proposed policy is suitable for his client's needs. It was common ground that where a change in risk manager meant that a new person was responsible for obtaining appropriate coverage within the client organisation, the broker must ensure that the new risk manager is aware of the relevant history of the placement.

In *Standard Life v Oak Dedicated and AON*,[238] Tomlinson J identified a duty upon brokers to ensure that the cover obtained was unequivocal and did not give rise to

9-065

---

[236] *Ground Gilbey Ltd v Jardine Lloyd Thompson UK Ltd* [2011] EWHC 124 (Comm); [2012] Lloyd's Rep. I.R. 12.
[237] *Jones v Environcom Ltd* [2010] EWHC 759 (Comm); [2010] Lloyd's Rep. I.R. 676.
[238] *Standard Life Assurance Ltd v Oak Dedicated* [2008] EWHC 222 (Comm); [2008] 1 C.L.C. 59. Followed *Spire Healthcare Ltd v Royal & Sun Alliance Insurance Plc* [2018] EWCA Civ 317; [2018] 1 C.L.C. 327.

disputes between the client policyholder and underwriters. The Court summarised the following principles in relation to a policy wording which was unclear as to whether it permitted the aggregation of thousands of relatively small endowment mis-selling claims above a policy deductible of several million pounds. Holding that any one "claim and/or claimant" was not sufficiently clear language to aggregate the subject claims, Tomlinson J held that the duties (the first two of which were agreed by the broker) were:

(1) to identify and advise the client about the type and scope of cover which the client needs and, in doing so, to match as precisely as possible the risk exposures which have been identified within the client's business with the coverage available.
(2) Having identified what cover the client needs, to arrange insurance cover which clearly meets those requirements.[239]
(3) If the cover which is needed by the client is not available, to take care to ensure that the precise nature of what is and is not covered is made entirely clear to the client.
(4) In relation to the preparation of the policy, the broker to be careful to ensure that the policy language clearly encompasses the needs of the client.
(5) to ensure that on renewal the cover arranged clearly meets the client's needs in the most appropriate manner.

9-066 *Dunlop Haywards (DHL) Ltd v Barbon Insurance Group*[240] considered the duties of a producing broker and a placing broker. The claimant sought damages from its (producing) broker ("HPC") for failing to obtain professional indemnity cover as wide as was requested. HPC had engaged a placing broker. Hamblen J found that the brokers were liable (though there was a high percentage of contributory negligence on the part of HPC in the claim against the placing broker). The judge identified the same duties as applying between the client and his broker and between the broker and the placing broker:

"(1) to exercise reasonable care and skill in the fulfilment of its instructions and the performance of its professional obligations.
(2) carefully to review the terms of any quotations or indications received.
(3) to explain the terms of the proposed insurance.
(4) to use reasonable skill and care to draw up a policy ... that accurately reflected the terms of the agreement with underwriters and which was clear and unambiguous ..."

Hamblen J went on to say that there was a positive duty to seek clarification where instructions appeared:

---

[239] "Coverage is only clear in so far as it leaves no room for significant debate. The coverage will be unclear, and the broker in breach of duty, if the form thereof exposes the client insured to an unnecessary risk of litigation. Of course the risk of litigation can never be wholly avoided and the broker is not in breach of duty in consequence alone of insurers putting forward a spurious construction of the cover. The present however is not a case in which it is necessary to explore the nature of the duty at its limits. The cover placed in this case was on no showing clear. It left room for significant debate": *Standard Life v Oak Dedicated* [2008] EWHC 222 (Comm) at [102] per Tomlinson J.
[240] *Dunlop Haywards (DHL) Ltd (formerly Dunlop Heywood Lorenz Ltd) (In Liquidation) v Barbon Insurance Group Ltd (formerly Erinaceous Insurance Services Ltd (formerly Hanover Park Commercial Ltd))* [2009] EWHC 2900 (Comm); [2010] Lloyd's Rep. I.R. 149; *Ocean Finance & Mortgages Ltd v Oval Insurance Broking Ltd* [2016] EWHC 160 (Comm); [2016] Lloyd's Rep. I.R. 319; *Eurokey Recycling Ltd v Giles Insurance Brokers Ltd* [2014] EWHC 2989 (Comm); [2014] 2 C.L.C. 401.

(1) unclear, ambiguous or inconsistent with other information;
(2) illogical or absurd;
(3) potentially disadvantageous or detrimental to the client;
(4) to have changed to the client's detriment;
(5) to not meet the client's requirements.

The learned judge emphasised that a placing broker should obtain clear authority before agreeing a restriction on, or change in, cover.

In *ABN Amro Bank N.V. v Royal & Sun Alliance Insurance plc*,[241] the court commented obiter on the broker's duty to procure cover "that clearly and indisputably met the Bank's [the insured's] requirements, and thereby not to expose the Bank to an unnecessary risk of litigation" which has been recognised in the case law[242] and was not in itself in dispute as amongst the parties. Jacobs J said, that in a contractual claim against the broker, the insured does not need to prove reliance on the broker's advice if there has been a breach of a contractual duty of care:

"893. In the light of the existence of the admitted duty of the broker to arrange cover which "clearly and indisputably" meets the client's requirements, and does not expose the client to an unnecessary risk of litigation, I do not accept that issues of reliance provide any defence to the Bank's claim that Edge [the broker] acted in breach of its duties. Issues of reliance are potentially important where a party makes a claim in tort based upon the *Hedley Byrne v Heller* principles to which Edge referred. But I am here concerned with admitted contractual duties in the context of a contractual relationship under which Edge were well paid. I do not see how alleged lack of reliance by the Bank could provide Edge with a defence to an allegation that it acted in breach of its contractual duties."[243]

Thus, even where a re/insured receives legal advice on the scope and effect of a particular clause, this does not provide the broker with a defence to its breach of any contractual duty of care to procure the cover required by the re/insured. On the facts of *ABN Amro Bank N.V.* that duty required the broker to discuss with its client – the Bank – the effect of the 'Premium Transaction Clause' (TPC), but the broker failed in its duty to the Bank to do so even on the premise that the TPC did in fact provide the cover that was sought.[244] However, brokers do not have a "duty to nanny":

"938. I do not consider that these conclusions result from the imposition of an unprincipled "duty to nanny". There is nothing in my reasoning or conclusions which is intended to suggest that brokers generally owe duties to their clients to explain particular clauses, including unusual clauses, to underwriters. Ultimately, the question is what was required on the facts of the present case in order to fulfil the duties which Edge rightly admitted: ie obtaining the cover that was sought, and procuring cover that clearly and indisputably met the Bank's requirements, and so did not expose it to an unnecessary risk of litigation. That question may, and does on the facts of the present case, require brokers – in order

---

[241] *ABN Amro Bank NV v Royal & Sun Alliance Insurance Plc* [2021] EWHC 442 (Comm) at [871] per Jacobs J; appealed on different grounds: *ABN AMRO Bank NV v Royal and Sun Alliance Insurance Plc* [2021] EWCA Civ 1789; [2022] 1 W.L.R. 1773.

[242] *FNCB Ltd (formerly First National Commercial Bank Plc) v Barnet Devanney (Harrow) Ltd (formerly Barnet Devanny & Co Ltd)* [1999] Lloyd's Rep. I.R. 459; [1999] Lloyd's Rep. P.N. 908; *Talbot Underwriting Ltd v Nausch Hogan & Murray Inc (The Jacson 5)* [2005] EWHC 2359 (Comm); [2005] 2 C.L.C. 868 (Cooke J); *Standard Life Assurance Ltd v Oak Dedicated Ltd* [2008] EWHC 222 (Comm) (Tomlinson J).

[243] Ibid. [893].

[244] Ibid. [928]-[935].

to protect the position of their clients – to give information to underwriters, or to discuss the implications of that information …"[245]

Scope of duty/measure of damages: Aneco v Johnson & Higgins

9-067
The measure of damages for the broker's failure to place effective reinsurance cover was considered in *Aneco Reinsurance Underwriting Ltd v Johnson & Higgins Ltd*.[246] The defendant broker (J & H) had placed retrocession contracts on behalf of the plaintiff (Aneco) which the Court held had been validly avoided by the retrocessionaires on the grounds of material non-disclosure by the broker.[247] The broker was held liable for breach of its duty to exercise reasonable skill and care in the placing of the cover. Aneco contended that it was entitled to recover all losses incurred under the underlying treaties because it had entered into those treaties in reliance upon the advice of the brokers that excess of loss retrocession cover was available and had been placed on the terms advised. Cresswell J found, on the evidence, that alternative security would probably have been available at a broadly similar price if there had been a fair presentation of the risk. On the basis of this finding of fact he held that the correct measure of damage was the extent to which Aneco was unable to recover under the excess of loss retrocession contracts. Cresswell J said, that, as a matter of general principle where an agent had failed to effect or renew a valid contract of (re)insurance the correct measure of loss was the amount necessary to place the principal in same position as if the (re)insurance contract had been made or renewed as instructed.[248] He referred to the speech of Lord Hoffmann in *Banque Bruxelles SA v Eagle Star Insurance Co Plc*[249] and concluded as follows:

> "For what kind of loss is Aneco entitled to compensation? What kind of consequences are attributable to that which made the act wrongful? There is no allegation of fraud in the present case … J & H did not assume a duty to advise Aneco as to whether to enter the marine market in 1989 and in particular as to whether to subscribe to three units of the Bullen treaty. J & H are responsible for Aneco's losses measured by reference to the extent to which Aneco are unable to recover under the excess of loss reinsurance … but Aneco suffered consequences well beyond this measure of loss … Aneco suffered extremely heavy losses because of Hurricane Hugo, *Exxon Valdez* and Phillips Petroleum. These additional consequences were not attributable to any wrongful act on the part of J & H. J & H are not responsible for these additional consequences."[250]

The Court of Appeal (by a majority) reversed Cresswell J on the measure of damages.[251] The Court of Appeal found that the brokers had a duty to advise and should have advised Aneco not to enter into the underlying Bullen treaty (out of

---

[245] Ibid., [938].
[246] *Aneco Reinsurance Underwriting Ltd (In Liquidation) v Johnson & Higgins Ltd* [1998] 1 Lloyd's Rep. 565.
[247] See Ch.6 above.
[248] Citing *MacGillivray and Parkington on Insurance Law*, 8th edn (Sweet & Maxwell, 1989), para.387 (see now 13th edn (2017), para.38-037) now in its 15th edition.
[249] *Banque Bruxelles Lambert SA v Eagle Star Insurance Co Ltd* [1995] Q.B. 375; [1995] 2 W.L.R. 607 at 211A, 214D; sub nom. *South Australia Asset Management v York Montague*. Followed *Manchester Building Society v Grant Thornton* [2018] EWHC 963 (Comm)—negligent advice of auditors concerning hedging did not make them liable for losses on unwinding swaps—those losses were a result of "market forces". Followed in *AssetCo Plc v Grant Thornton UK LLP* [2020] EWCA Civ 1151; [2021] Bus. L.R. 142.
[250] *Aneco v Johnson & Higgins* [1998] 1 Lloyd's Rep. 565 at 602.
[251] *Aneco v Johnson & Higgins* [2000] Lloyd's Rep. I.R. 12; [2002] 1 Lloyd's Rep. 157 (Evans and Ward LJJ, Aldous LJ dissenting).

which flowed the losses which, because of the misrepresentation by the brokers to Aneco's reinsurers, Aneco was unable to pass on even to the extent they were reinsured). The Court of Appeal therefore found the brokers liable for all of Aneco's losses, not simply those which ought to have been recoverable from reinsurers.

The House of Lords[252] upheld the decision of the Court of Appeal. Lord Steyn said:

> "The central issue in this case is not one of high legal principle but an evaluative one involving matters of fact and degree ... The broad question is whether London reinsurance brokers, who were in breach of duty to a Bermudian reinsurance company, are liable only for the reinsurance cover which the company lost (US $11m.), or for the total losses which the company suffered on the transaction (US $35m.). This in turn depends on an assessment whether on the facts of the case it is governed by the "scope of the duty" principle applied by the House in *Banque Bruxelles Lambert SA v Eagle Star Insurance Co Ltd* [1997] A.C. 191, known as *South Australia Asset Management Corporation v York Montague Ltd, ("SAAMCO")* or whether the brokers had undertaken or assumed a duty to advise the company as to what course of action they should take ...
>
> The starting point of the enquiry is not in doubt. If the brokers had carefully performed their duty to report on the availability of reinsurance they would inevitably have reported to Aneco that reinsurance cover was not available in the market. In that event, Aneco would not have entered into the Bullen treaty. The issue is simply: Did the brokers undertake a duty to advise Aneco as to what course of action they should undertake? The argument on behalf of the brokers was that they only undertook a duty to exercise reasonable care to obtain the reinsurance ordered and to report the result of their endeavours. Lord Justice Evans, who has vast experience of the way in which reinsurance business is transacted, gave the answer to this argument. He observed that it would be 'highly artificial to derive from the evidence any suggestion that Mr. Forster was not advising Mr. Crawley what course to take': at para.78. There was ample material to support this conclusion ... the arguments of Counsel for the brokers, are in my view based on an artificial and unrealistic distinction between reporting on the availability of reinsurance in the market and reporting on the assessment of the market on the risks inherent in the Bullen treaty. These are two sides of the same thing: they are inextricably intertwined. If the brokers had advised Aneco of the non-availability of reinsurance cover in the market, that would inevitably have revealed to Aneco the current market assessment of the risk. There was no other credible reason for reinsurance being unavailable. On the evidence Lord Justice Evans was correct to conclude that the brokers' breach of duty was their negligent advice 'with regard to the availability of reinsurance (retrocession) and therefore on the current market assessment of the risk'. In my view the conclusion of Lord Justice Evans is supported by the commercial realities and inherent probabilities in the relationship between broker and reinsured revealed by the documentary and oral evidence."[253]

There was a further issue as to the extent of J & H's liability for any sums that Aneco was liable to repay to retrocessionaires who had made payments under contracts which were subsequently avoided. Aneco was insolvent and in liquidation in Bermuda. Aneco's liquidators had agreed that any sums which had been paid to Aneco post-liquidation under contracts which were validly avoided would be repaid in full. However, with respect to payments made pre-liquidation, the liquidators took the position that the retrocessionaires would have to prove in the liquidation and receive a dividend.[254] J & H argued that they were exposed to potential claims from retrocessionaires for the difference between what they had paid to Aneco and what they recovered. J & H submitted that either: (i) they were only li-

---

[252] *Aneco v Johnson v Higgins* [2001] Lloyd's Rep. I.R. 91; [2002] 1 Lloyd's Rep. 157 at 180.
[253] *Aneco v Johnson & Higgins* [2002] 1 Lloyd's Rep. 157 at 182, 186.
[254] As Cresswell J noted, it was arguable that sums paid pre-liquidation were recoverable in full as monies paid under a mistake of fact: *Aneco v Johnson & Higgins* [1998] 1 Lloyd's Rep. 565 at 602.

able to Aneco for the net sums which Aneco repaid to the retrocessionaires; or (ii) if they were liable to Aneco for the full amount of the sums paid by the retrocessionaires, then the damages were held on trust for the retrocessionaires and Aneco had to repay the retrocessionaires in full. Cresswell J rejected both these submissions.[255]

ABN Amro Bank N.V. v Royal & Sun Alliance Insurance plc

In *ABN Amro Bank N.V. v Royal & Sun Alliance Insurance plc*,[256] the court considered a number of issues relevant to the quantum of damages payable by a broker who failed in its duty to advise the scope of cover, and in particular the effect of the "Transaction Premium Clause" (TPC), and not to expose the client to an unnecessary risk of litigation. See paragraph 9-068 above.

How are chances and counter-factual scenarios quantified? In *ABN Amro Bank N.V.* one of the arguments run by the broker was that, had the appropriate advice on the TOC been given, the Bank would have requested an extension to cover the credit risk of certain counter-parties, but such a request would have been met either by insurers declining such extended cover, or with the imposition of additional and detrimental terms by the insurers limiting their exposure (such as a higher retention, a higher premium rate and possibly specific exclusions). The broker argued that the chance of obtaining satisfactory cover should therefore be discounted but this argument was rejected by the court on the facts:

> "1014. Having considered the evidence as a whole, I have ultimately concluded that it is not appropriate to make any discount from the amounts claimed by the Bank to reflect the possibility that underwriters would have imposed the terms which were proposed by Mr. Hedley. There are two reasons for this conclusion.
>
> 1015. First, I considered that the chances of the Bank obtaining cover, without Mr. Hedley's restrictions, were very strong. It may be that some underwriters would have taken Mr. Hedley's more circumspect approach, although there were certainly respects (for example, the late appearance of the "quality checks" argument) in which (as it seemed to me) the benefit of hindsight had an impact on Mr. Hedley's evidence. In my view, however, it is overwhelmingly likely that a substantial and sufficient number of underwriters would not have imposed the terms proposed by Mr. Hedley. I have already described important features of that market in reaching the conclusion that the cover would have been available, in particular: the soft market conditions in 2015 and early 2016 with underwriters seeking good business; the large number of underwriting players; the attraction of the Bank as an insured; the apparently good financial position of Transmar, which was a substantial and well-established trader. All of these various factors would have meant that the chances of underwriters requiring or insisting on Mr. Hedley's proposed terms were relatively small. It is also important in my view that the Bank has been able to call (in Mr. Hayter) a very experienced and competent credit risk underwriter, who was clearly of the genuine view that he personally would have written this risk and that many others would do so. This reinforces my conclusion that the chances of obtaining the relevant cover were very strong.
>
> 1016. Secondly, an unusual feature of the present case is that the evaluation of the Bank's chance does not simply depend upon the chance of obtaining an insurance policy with satisfactory terms. That is because if special terms were imposed, in particular terms which had the effect of excluding certain transactions from cover, the Bank would still be able to protect itself. It could in those circumstances have

---

[255] *Aneco v Johnson & Higgins* [1998] 1 Lloyd's Rep. 565 at 602–603. The point is moot on the basis of the judgments of the Court of Appeal and House of Lords.

[256] *ABN Amro Bank NV v Royal & Sun Alliance Insurance Plc* [2021] EWHC 442 (Comm) at [871] per Jacobs J. [2021] EWCA Civ 1789.

unwound uncovered transactions or declined to enter into new transactions which would not be covered. In her opening submissions, Ms. Sabben-Clare submitted that Mr. Hedley's points on applicable restrictions are "sterile" even if they are correct. This was because if the Bank had been advised of limitations on or terms of cover, it would have closed out or not entered non-complying transactions. Thus, whether through insurance or alternative action, the Bank would have avoided the losses that it actually suffered. That case was supported by Mr. Stroink's evidence. I did not consider that Edge had any, or at least any effective, answer to this point.

1017. If therefore the Bank's claim against all underwriters had failed (and thus, as I have concluded, Edge would have been liable to the Bank for the shares of all underwriters, and not just Ark and Advent), then I would have concluded that damages should be assessed on the basis of the full 90% that would have been covered, or the loss avoided, if the Bank had either taken out insurance cover or responded to the consequences of such cover being unavailable or restricted."

However, the court said that there would have been a deduction for the amount by which the premium would have increased.[257]

In the Court of Appeal, the finding that the TPC gave coverage for financial, non-physical, loss was upheld; the wording of the TPC was clear. The Court of Appeal also agreed that the non-avoidance clause (NAC, a clause which provided that the underwriters would not avoid the policy for misrepresentation other than fraudulent misrepresentation, or reject a claim for non-fraudulent misrepresentation) meant that the two underwriters who had received the representations that the policy was "as expiry" when in fact it was different because the expiry wording did not contain a TPC or NAC, could not avoid for misrepresentation. Ironically the two underwriters could not avoid on the grounds of a representation that the NAC (and the TPC) clauses were not in the contract because the NAC *was in fact* in the contract and prohibited it. The Judge then rescued the two underwriters. He said that even, so the insured was estopped by convention [by that representation that the TPC was not in the contract when it was] from relying on the TPC clause to say that financial loss was covered. People who pull themselves up by their boot-straps are supposed to fall over. The Court of Appeal un-rescued the underwriters. The TPC representation to the underwriters was not fraudulent, therefore the NAC applied, therefore the underwriters could not rely on the TPC representation.

Can the re/insured claim damages from the broker in respect of irrecoverable litigation costs incurred in relation to its dispute with the re/insurer? In *ABN Amro Bank N.V.*, the Bank had succeeded in its primary case against insurers (that the TPC had the effect of widening the cover to credit risk the construction issue) and that the insurers' had no non-disclosure defence) but had incurred irrecoverable litigation costs which it sought to recover from their broker on the basis that the broker had been under a duty not to expose them to unnecessary litigation. The broker argued that one would need to distinguish between costs incurred in relation to the various issues in the case as not all of these issues had arisen as result of the broker's breach of duty. The judge preferred not to decide on this point in the trial of the substantive issues but indicated that he would consider the irrecoverable costs in the round (and not on a separated-out basis):

> "1026. I consider it preferable to reserve those issues for further determination, should they arise. For present purposes, it suffices to say that I was not persuaded by Ms. Healy's argument that Edge's liability is limited to any irrecoverable costs of the construction argument, or that deductions should be made because the underwriters have advanced various unsuccessful arguments.

---

[257] Ibid. [1014]-[1017], and [1021].

710　THE LEGAL NATURE AND DUTIES OF INTERMEDIARIES

1027. At present, it seems to me that the need for the present litigation, and the costs which the Bank has incurred, are a foreseeable consequence of the breaches by Edge discussed above. The construction argument was the point which RSA first took when the claim was declined, and it remained at the heart of their defence. At a comparatively late stage, it was supplemented by the other defences which I have rejected (avoidance, due diligence and sue and labour), but the construction argument remained a central point. When an insured, in consequence of a broker's breach has to litigate on a central issue as to the construction of the policy, it is far from unusual for other possible defences to be added into the mix, including defences (such as rectification and estoppel in the present case) which are closely related to the construction issue. It is therefore not at all clear why Edge should not pay for all consequences of the Bank having become embroiled in litigation, even though the underwriters' defences were ultimately not confined to issues of construction but where those issues remained of prime importance.

1028. Even if there were to be some deduction, it is not clear how this could or would be quantified, for example whether it would involve an apportionment of any irrecoverable costs or whether it would be necessary for Edge to show more clearly the extent to which particular irrecoverable costs were said to be referable to issues other than the construction issue."[258]

Defences—waiver, estoppel, ratification and contributory negligence

9-068　In the *Superhulls* case, the brokers contended that the reinsureds were at fault in not noticing that the reinsurance contract (which the brokers had provided them with on three occasions) was not back-to-back with the original insurance contract. The brokers also contended that the failure of the reinsured to raise questions at the time they were provided with a copy of the contract, gave rise to an estoppel. The reinsureds relied on *Dickson & Co v Devitt*[259] and *General Accident Fire & Life Assurance Corporation v J.H. Minet & Co Ltd*[260] as authorities for the proposition that a reinsured was entitled to rely upon its broker and was under no obligation to examine the wording of the reinsurance contract. In *Dickson v Devitt*, Atkin J said:

"In my opinion, when a broker is employed to effect an insurance, especially when the broker employed is a person of repute and experience, the client is entitled to rely upon the broker carrying out his instructions, and is not bound to examine the documents drawn up in performance of those instructions and see whether his instructions have, in fact, been carried out by the broker. In many cases the principal would not understand the matter, and would not know whether the document did in fact carry out his instructions. Business could not be carried on if, when a person has been employed to use care and skill with regard to a matter, the employer is bound to use his own care and skill to see whether the person employed has done what he was employed to do."[261]

In *General Accident v Minet* the defendant brokers had failed to arrange the reinsurance cover which the plaintiff reinsured had instructed them to place. The brokers argued that they had delivered a cover note to the plaintiffs, which clearly showed the terms of the reinsurance contract and which the plaintiffs had accepted without question and there could be no failure to advise. Atkinson J and the Court of Appeal[262] rejected this argument. Goddard LJ said:

"To succeed on this point the defendants must show that there was a ratification of their

---

[258] Ibid., [1026]-[1028].
[259] *Dickson v Devitt* (1916) 86 L.J.K.B. 315, and referred to above.
[260] *General Accident Fire & Life Assurance Corp Ltd v JH Minet & Co Ltd* (1942) 74 Ll. L. Rep. 1.
[261] *Dickson v Devitt* (1916) 86 L.J.K.B. 315 at 317–318.
[262] Mackinnon, Goddard and Du Parcq LJJ.

action; a ratification, that is, of their having effected a reinsurance different from that which their instructions required. The evidence entirely fails to prove this. Apart from the question whether the plaintiffs were under any duty to read the cover note, I am satisfied that the defendants have not proved that the plaintiffs understood that it did not represent the protection they desired and always desired."[263]

Of course, this was before the Law Reform (Contributory Negligence) Act 1945, and the court therefore had to find that the broker was negligent or that the actions of the reinsured effectively took over from the broker's negligence as the cause of loss; it was not possible to apportion liability at common law.[264]

In *Superhulls*, Phillips J held that the reinsureds had not made any unequivocal representation that they were aware that the reinsurance contract was not back-to-back with the original insurance contract, and that as the brokers were themselves unaware that there was any difference between the two contracts, they had not altered their position in reliance upon any such representation even had it been made. As to contributory negligence, Phillips J said:

9-069

"*Dickson v Devitt* and *General Accident v Minet* were cases decided on their own facts and do not lay down some inflexible rule of law as to what a broker's client can properly be expected to do in the exercise of reasonable care to protect his own interests. In the present case those clients were Lloyd's agents. The personnel involved were marine underwriters of great experience. They admitted that they should have read carefully the terms of the cover on the three separate occasions when they received it."[265]

Phillips J held that the reinsureds were 20 per cent to blame for failing to take adequate care to protect their own interests. The decisions in *Dickson v Devitt* and *General Accident v Minet* may have been differently decided after the enactment of the Law Reform (Contributory Negligence) Act 1945, which permitted an apportionment of liability.[266] Apportionment of blame is necessarily a somewhat arbitrary exercise in judicial discretion.[267] In a case where the broker has failed to carry out the reinsured's instructions, it is difficult to see how the reinsured could ever be held 100 per cent to blame unless the broker's failure became known to him and he did nothing to correct it at a time when such correction was possible. Neither is it inevitable that a reinsured will be held contributorily negligent for failing to check on its broker.[268]

In *Vesta v Butcher*[269] Hobhouse J held that the brokers had negligently failed to act upon a request from the reinsured regarding an exclusion clause. The judge, and the appellate courts, held that the claim under the reinsurance contract was covered, so that the brokers' breach of duty had caused no damage. However, in anticipation of an appeal by the reinsurers, Hobhouse J found that the relative degree of blameworthiness was three-quarters as to the reinsured and one-quarter as to the

9-070

---

[263] *General Accident v J H Minet* (1942) 74 Ll. L. Rep. 1 at 9.
[264] Save in collision actions in the Admiralty Court.
[265] *Superhulls* [1990] 2 Lloyd's Rep. 431 at 460.
[266] See *Forsikringsaktieselskapet Vesta v Butcher* [1986] 2 Lloyd's Rep. 179 at 195–198 per Hobhouse J for an analysis of the applicability of the 1945 Act to cases involving breach of a contractual duty of care.
[267] For an interesting case involving apportionment of liability between two brokers, see *Tudor Jones v Crowley Colosso Ltd* [1996] 2 Lloyd's Rep. 619.
[268] See e.g. *Grace v Leslie & Godwin Financial Services Ltd* [1995] L.R.L.R. 472; [1995] C.L.C. 801 and see below.
[269] *Vesta v Butcher* [1986] 2 Lloyd's Rep. 179, QBD Comm. Ct; [1989] A.C. 852 (for the facts, see Ch.4 above).

brokers. The Court of Appeal upheld his decision.[270] The point was not argued before the House of Lords.

In *Pryke v Gibbs Hartley Cooper Ltd*[271] the brokers' plea of contributory negligence failed on the facts.

In *National Insurance and Guarantee Corp Plc v Imperio Reinsurance Co (UK) Ltd and Russell Tudor-Price Co Ltd*[272] the brokers (the second defendants) raised defences of waiver, estoppel and ratification in addition to pleading contributory negligence on the part of their client, the plaintiff reinsured. Colman J held that a client has not waived his rights against his broker merely because the client has expressed the mistaken opinion that the policy wording satisfied his instructions. He said that for a waiver to occur, the waiving party must not only know the fact on which his right to elect is founded but also that he has a right to elect. He held that there could be no waiver or estoppel in the absence of an unequivocal representation by a party that he will not rely upon or will abandon his right. He further held that ratification by the principal (the reinsured) of a reinsurance contract (which did not provide him with the cover he had instructed his agent to obtain) had the effect that the contract was binding as between the principal and the third party (the reinsurer), but did not deprive the principal of any rights he may have had against his agent (the broker). Colman J concluded that a cursory inspection of the relevant endorsement would have disclosed that it was defective and there was therefore a higher degree of blameworthiness on the part of the reinsured than had been the case in *Youell v Bland Welch*.[273] He held that the reinsured was 30 per cent to blame.[274]

Duty of care in tort—continuing duty

9-071   It is well-established, at least in English law, that reinsurance brokers may be subject to concurrent liability in tort as well as in contract.[275] Thus, brokers may owe a duty of care in tort to their former client following the termination of their contractual engagement to place cover. In *Cherry Ltd v Allied Insurance Brokers Ltd*,[276] the defendant brokers, shortly after the termination of their contractual appointment, led the plaintiffs to believe that insurers would not cancel their original insurance policy against consequential loss and it would remain in effect for another four months, and advised the plaintiffs that they should cancel their new policy. Two days later the original insurers had a change of heart and the original policy was cancelled, and the defendants failed to notify the plaintiffs of the cancellation. As a result, the plaintiffs were uninsured against consequential loss following a fire which subsequently occurred. Cantley J held, applying the principle in *Hedley*

---

[270] "His ratio 75:25 surprised me somewhat but I do not think that there is sufficient material to justify this court in interfering with his assessment": *Vesta v Butcher* [1989] A.C. 852 at 879 per Sir Roger Ormrod.
[271] *Pryke v Gibbs Hartley Cooper Ltd* [1991] 1 Lloyd's Rep. 602, and discussed below.
[272] *National Insurance and Guarantee Corp Plc v Imperio Reinsurance Co (UK) Ltd* [1999] Lloyd's Rep I.R. 249 and *Russell Tudor-Price Co Ltd* [1998] 3 I.R.L.N. 2.
[273] *Youell v Bland Welch* [1990] 2 Lloyd's Rep. 431 above, broker 20% to blame.
[274] Compare *Vesta v Butcher* [1986] 2 Lloyd's Rep. 179, above, broker 75% to blame.
[275] See *British Citizens Assurance Co v L. Woolland & Co.* (1921) 8 Ll. L. Rep. 89; *Strong v S Allison & Co Ltd* (1926) 25 Ll. L. Rep. 504; *Osman v J Ralph Moss Ltd* [1970] 1 Lloyd's Rep. 313 *Cherry Ltd v Allied Insurance Brokers Ltd* [1978] 1 Lloyd's Rep. 274; *Vesta v Butcher* [1986] 2 Lloyd's Rep. 179; [1989] A.C. 852 at 860 & 879; *MacMillan v A.W. Knott Becker Scott Ltd*[1990] 1 Lloyd's Rep. 98; *Youell v Bland* [1990] 2 Lloyd's Rep. 431; *Punjab National Bank v De Boinville* [1992] 1 W.L.R. 1138; [1992] 1 Lloyd's Rep. 7; *Henderson v Merrett Syndicates Ltd* [1995] 2 A.C. 145; *Johnston v Leslie & Godwin Financial Services Ltd* [1995] L.R.L.R. 472.
[276] *Cherry Ltd v Allied Insurance Brokers Ltd* [1978] 1 Lloyd's Rep. 274.

Byrne & Co Ltd v Heller & Partners Ltd,[277] that the brokers had undertaken a duty of care to the plaintiffs with regard to the advice they gave and were liable for breach of that duty.

In *Equitas v Walsham Bros*, discussed in 9-010 above, the court found that the broker had a continuing duty to account to his counterparty for monies collected for that counterparty.

In the *Superhulls* case, following a review of the authorities referred to above, Phillips J was satisfied that concurrent remedies in contract and tort were available. He said:

9-072

> "The *Tai Hing*[278] and *Skandia [Gemstones]*[279] cases may well mark the start of a reaction by the English Courts against finding parallel duties of care in contract and tort but it is not yet open to a Court of first instance to disregard the principle of concurrent liabilities held by Lord Justice O'Connor [in *Vesta v Butcher*] to be 'clearly established'."[280]

In *Superhulls* the brokers were, initially, placing direct insurance cover with the plaintiffs on behalf of the original insured. The plaintiffs were unwilling to accept the risk without adequate reinsurance. The brokers undertook to place such reinsurance, thus becoming the plaintiffs' agents for that purpose.[281] The first breach of duty which the plaintiffs complained of—failure to give the plaintiffs accurate information about the availability of reinsurance cover—occurred before the cover was placed. Phillips J said:

> "A broker who seeks to persuade an insurer to write a line of original insurance by informing him that specific reinsurance cover is available is, in my judgment, in a relationship with the insurer which gives rise to a duty of care in tort—see *The "Zephyr"*[282] at 538, per Lord Justice Mustill. In the present case the information about the *Superhulls* cover is likely to have been given to most of the insurers before they instructed the brokers to act on their behalf in obtaining cover—i.e. before there was contractual nexus between them. The duty to exercise reasonable care in relation to the information provided was thus, initially, a duty in tort alone and in no way dependent upon a contractual relationship."[283]

In *Gemstones*, Slade LJ said in the Court of Appeal that:

9-073

> "Lord Scarman's opinion contains a valuable warning as to the consequences of an ever expanding field of tort. It should be no part of the general function of the law of tort to fill in contractual gaps."[284]

But, in *Henderson v Merrett Syndicates Ltd*, the House of Lords emphatically rejected the proposition that the existence of a contract of agency precluded concurrent duties in tort being imposed, and expressly approved the Superhulls decision.[285] Lord Goff disapproved Lord Scarman's dictum in the *Tai Hing* case, saying that he had succumbed to "the temptation of elegance", although he added:

> "... it is however right to stress ... that the issue in the *Tai Hing* case was whether a tor-

---

[277] *Hedley Byrne & Co Ltd v Heller & Partners Ltd* [1964] A.C. 465.
[278] *Tai Hing Cotton Mill Ltd v Liu Chong Hing Bank Ltd (No.1)* [1986] A.C. 80; [1985] 2 Lloyd's Rep. 313.
[279] *GemstonesBanque Financiere de la Cite v Skandia Insurance Co Ltd* [1991] 2 A.C. 249 ().
[280] *Superhulls* [1990] 2 Lloyd's Rep. 431 at 459.
[281] See above.
[282] *The "Zephyr"* [1985] 2 Lloyd's Rep. 529.
[283] *Superhulls* [1990] 2 Lloyd's Rep. 431 at 460.
[284] *Gemstones* [1988] 2 Lloyd's Rep. 513 at 563.
[285] *Henderson v Merrett* [1995] 2 A.C. 145 at 182 per Lord Goff. Discussed in Ch.12 below.

tious duty of care could be established which was more extensive than that which was provided for under the relevant contract."[286]

9-074 The position in Bermuda is less clear. The Court of Appeal for Bermuda held in *White v Conyers, Dill & Pearman*[287]—following the decision of the Privy Council in *Tai Hing Ltd v Liu Chong Hing Bank*,[288] to which Phillips J referred—that solicitors (who are called attorneys in Bermuda) are not subject to concurrent duties in contract and tort to their clients, and that their liability is purely contractual. In *Patton and Cook v The Bank of Bermuda Limited*[289] Kawaley J (as he then was) cited Lord Scarman's dictum in *Tai Hing* with apparent approval saying: "Outside the sort of context considered by the House of Lords in *Henderson v Merrett Syndicates Ltd* ... the utility of seeking to rely upon a concurrent tortious duty of care owed between the parties to a contract will normally be doubtful."[290] However, in *Madeiros v Island Construction Services*[291] Kawaley CJ concluded that, "*White v Conyers Dill & Pearman* was not binding authority for the proposition that where a contractual relationship exists, no concurrent tortious claim may be pursued."[292] In the learned Judge's view the observation by the Court of Appeal for Bermuda that, "so far as Bermuda was concerned the point had been settled by the Privy Counsel in *Tai Hing*" was merely an obiter dictum. He also pointed out that in *Tai Hing* the Privy Council were addressing an issue which the parties agreed was subject to English law, and that the decision of the House of Lords in *Henderson v Merrett* "clearly establishes the current English law position that a contractual relationship is no bar to concurrent tortious liability the scope of which is not inconsistent with the terms of the contract"[293] Kawaley CJ decided to follow the persuasive authority of the House of Lords as well as a more recent decision of the Privy Council on Bahamian law which followed *Henderson v Merrett*, and which he regarded as binding on him.[294] The concurrent liability point was not considered in the only Bermuda authority concerned with the duties of reinsurance intermediaries.[295] The existence of concurrent duties (in contract and tort) on a broker has also been doubted in Australia.[296]

Continuing duty—collection of claims and preservation of documents

9-075 In *Grace v Leslie & Godwin Financial Services Ltd*,[297] the plaintiffs (Lloyd's Syndicate 964) had reinsured certain liabilities of the Sturge Syndicate. In 1956 the defendants had acted as the plaintiffs' brokers in placing retrocession cover. In 1984 the plaintiffs wanted to make claims under the retrocession contracts. The defendants were unable to locate any documents from which the names of the retroces-

---

[286] *Henderson v Merrett* [1995] 2 A.C. 145 at 186.
[287] *White v Conyers, Dill & Pearman* Bermuda Civ. App. No.31 of 1993.
[288] *Tai Hing* [1985] 2 Lloyd's Rep. 313.
[289] [2011] Bda. LR 34.
[290] [2011] Bda. LR 34 at [24].
[291] [2016] Bda. LR 130.
[292] [2016] Bda. LR 130 at [18].
[293] [2015] Bda LR 130 at [21].
[294] *FFSB Ltd (formerly Fortis Fund Services (Bahamas) Ltd) v Seward and Kissell LLP* [2007] UKPC 16.
[295] *Bott v Scrap* Bermuda Civ App No.5 of 1986. See 9-062 above.
[296] *Claude R Ogden & Co v Reliance Fire Sprinkler Co Pty* [1975] 1 Lloyd's Rep. 52 at 7374 per MacFarlan J.
[297] *Grace v Leslie & Godwin Financial Services Ltd* [1995] L.R.L.R. 472, sub nom. *Johnston v Leslie & Godwin*—the plaintiff named on the writ, Mr Brian S. Grace, died before the trial began and a new representative plaintiff was substituted at the beginning of the trial.

sionaires could be ascertained—the cover notes which were available simply described the retrocessionaires as "companies", "London Companies", "Lloyd's Underwriters & Companies" or "Lloyd's and Companies". There were no records of the terms of any of the retrocession contracts. The plaintiffs claimed that the defendant brokers were in breach of duties owed to them in both contract and tort by failing to keep adequate records, and accordingly were liable in the amount which the plaintiffs claimed they would have recovered from the retrocessionaires had they been able to identify them.

Clarke J held that it is the duty of Lloyd's brokers to collect claims when called upon to do so by their clients and that they were required to exercise reasonable skill and care in so doing. He said:

"In my judgment the evidence shows that it is and was the universal practice of Lloyd's brokers to collect claims when called upon to do so. The broker is paid a commission when he places a risk on behalf of his principal with an underwriter. That commission is ordinarily assessed on the premium. In consideration of the insured (or reinsured as the case might be) agreeing to pay the broker's commission, the broker agrees inter alia to collect the claims. In the non-marine market brokers have never been paid additional commission for collecting claims in the absence of a special arrangement ... Occasionally an insured or reinsured who wants to instruct a new broker for new business might ask that broker to collect claims on his behalf arising out of existing business and that broker might agree to do so. However, the fact that that occurs from time to time does not in my judgment affect the duty of the placing broker. His duty is to exercise all reasonable care and skill on behalf of the insured or reinsured. In my judgment, in the light of the practice in the market, that duty includes the duty to exercise all reasonable care and skill in collecting claims when asked to do so. I would if necessary hold that the obligation is implied into the contract between the insured or reinsured and the broker by custom ... It is not however necessary to go so far. It is sufficient to say that if the officious bystander with knowledge of the market were asked whether a broker owed such a duty he would say of course. In these circumstances I hold that one of the incidents of the duty of a broker which is owed to his principal is the duty to take all reasonable care and skill to collect claims when asked to do so."[298]

Lloyd's brokers were therefore under a continuing duty to retain relevant information about the reinsurance security for such time as a reasonable broker would regard a claim as possible. Where a broker is holding documents that are the property of the reinsured (e.g. slips) he has a duty to take care of them and must not destroy them without first having obtained the permission of their principal. In order to be in a position to collect claims when called upon to do so, the brokers should have exercised reasonable skill and care to ascertain the names of retrocessionaires.

Clarke J concluded that by failing to retain sufficient records from which to identify the retrocessionaires, the brokers were in breach of their contractual duty to the plaintiffs. He was satisfied that, on the balance of probabilities, 43 per cent of the retrocessionaires would have paid claims if the brokers had been able to find them, and awarded damages accordingly. He rejected the brokers' argument that the plaintiffs had been contributorily negligent by failing to ask the brokers for the names of the retrocessionaires at the time the retrocession cover was placed and to retain that information. Clarke J found that in the 1950s, when the retrocession cover had been obtained, it was not unreasonable for underwriters in the position of the plaintiffs to rely upon their broker to maintain sufficient information.

We consider the imposition of a duty upon brokers to keep a record of the plac-

9-076

---

[298] *Grace v Leslie & Godwin* [1995] L.R.L.R. 472 at 477.

ing and the security the risk is placed with to be fair. It can be said to be part of the broker's duties inherent in placing the risk and earning the commission. The broker can free himself of the burden of maintaining records by providing all the information to his client and warning the client that he will no longer keep records of his own. The approach of Clarke J, so far as it relates to processing claims, is questionable on a number of grounds. The reinsured does not agree the commission, the reinsurer does. The broker has no control over the reinsured's business, no idea how many claims may be generated (perhaps, because of the less than competent underwriting of the reinsured, they may be numerous), no clear idea how complex or difficult the claims may be to recover. He will only have a rough idea of how long the claims may take to come through. The idea that commission paid by the reinsurer, and fully earned, at the time of placement/over the course of the policy period, is consideration from the reinsured for the broker to collect all claims thereafter arising on the reinsurance contract, is difficult to accept—especially if it was treaty business. If the claims were to mount to such a level that the broker was forced to engage an extra claims man, it might absorb his entire commission. If the broker were earning a collecting commission on claims—because it was marine business or because it was expressly agreed—we doubt this would be sufficient for him to succeed in an argument that the reinsured was contractually bound to use his services to process claims. We consider the "fac./oblig." nature of the obligation as set out by Clarke J to be very onerous on the broker, even if the "custom" is limited to Lloyd's where, in days past, the (re)insured has no direct access to the underwriter. We are not persuaded by the "market practice" argument. Almost always it will be in the commercial interest of the broker to process claims in order to keep the business and goodwill of his client, but we consider[299] that commission is earned fully for placing the business and the almost universal practice of brokers processing claims on risks which they have placed should not be elevated to a legal obligation.

If Clarke J is correct, other issues are raised. Does it affect the broker's method of accounting for his commission? If the broker is wound up, will the client claim in the liquidation for the cost of engaging another broker or agent to collect claims? Is a broker, by placing a risk, effectively undertaking to remain in business until all claims on the reinsurance placed have expired? The answer from Clarke J appears to be yes. For so long as this decision remains good law, brokers would be well advised to make it clear to their clients—in their TOBAs—that in placing the risk they undertake no duty to process claims. It is the only way of avoiding a burden on the broker which is difficult to cost and which may potentially be of many years' duration.

We note that in applying Threshold Condition 2.4 the FCA considers that a broking company does not have sufficient resources to conduct its business if it does not have sufficient capital to meet the cost of all anticipated claims handling activity on the business it handles. We do not think this is based on a view of the law; we think it is based on the fact that in the absence of an obligation on the client to meet such cost in the TOBA with the client, the FCA expects that the broker will meet such cost. It may be that the expectation of the client, the insured or reinsured, is at such a level that the FCA considers that the broker would not be treating the customer fairly if it failed to meet those expectations.

9-077   In *Goshawk Dedicated Ltd v Tyser & Co*[300] Lloyd's syndicates sued the insured's brokers to gain access to documents and records. The brokers had handed over cop-

---

[299] See Ch.11 below.
[300] *Goshawk Dedicated Ltd v Tyser & Co Ltd* [2006] EWCA Civ 54; [2007] Lloyd's Rep. I.R. 224.

ies of all documents related to clients whose consent had been obtained but withheld the remainder, where no client response had been forthcoming. The Court of Appeal found that the TOBA, which had been in place since 2001, between the syndicates and the broker, gave the syndicates a direct contractual right to access the documents. Rix LJ then turned to the pre-TOBA period. The Court of Appeal held, reversing the judge at first instance,[301] that there was an implied term in a contract of insurance that, in any event where the insurers were at Lloyd's, insurers (syndicates ay Lloyd's) could examine documents that had previously been shown to them (but of which they did not keep copies) and all accounting records as were necessary for the operation of the contract. Furthermore, there was a direct contract between the brokers and the syndicates for the brokers to produce the documents because "business necessity" required it. That seems to us wrong. If the insurer has a contract *with his insured* granting him access to documents in the broker's hands, it is hard to see the *necessity* of the broker having an independent obligation. The point is likely to be academic. As we point out above[302] TOBAs now govern nearly all relationships in the market and document retention and accessibility will be enhanced by electronic storage solutions, including the Lloyd's Blueprint Two Document Repository.[303] Nonetheless, given the length of time it can take for reinsurance contracts to run off, brokers must remain mindful of the obligations they have incurred in the past.

In *Equitas Ltd v Horace Holman*,[304] Equitas brought proceedings seeking damages on the basis that Horace Holman, as brokers on various outwards contracts of reinsurance that were in run-off, were in breach of duty and were obliged to deliver up documents relating to the placement and the subsequent administration of certain outwards contracts. It was agreed amongst the parties that Horace Holman owed the syndicates which Equitas reinsured the following duties:

9-078

(1) to take reasonable care to maintain proper and adequate records;
(2) to preserve and be constantly ready with correct accounts of all its dealings and transactions; and
(3) to provide their records to the principal as far as they relate to transactions effected as the principal's agent.

In addition, Smith J found that Horace Holman was obliged to provide copies of the documents including those created for the broker's own internal purposes insofar as they record transactions that carried out as the agent of their principal. As the composite accounts (for various reinsureds) had not been presented by the broker in sufficient detail, no account had been adjusted between the parties.

Duty in selection of market—adequacy of reinsurance security

This is how, according to Gibb,[305] the broker went about selecting his insurance market at the beginning of the eighteenth century:

9-079

"Some underwriters attended at the Exchange, but the market was not concentrated there, and a broker with a risk to place had to run round the City seeking out merchants, bankers, and shipowners who were known to have the habit of playing a hand in the game. It would be too much perhaps to say that these men were professionals in their own trade

---

[301] Christopher Clarke J in *Goshawk v Tyser* [2005] Lloyd's Rep. I.R. 379; [2005] Lloyd's Rep. I.R. 379.
[302] See 9-005 above.
[303] See Ch.3, 3-031.
[304] *Equitas Ltd v Horace Holman & Co Ltd* [2007] EWHC 903 (Comm); [2007] Lloyd's Rep. I.R. 567.
[305] Gibb, *Lloyd's of London: A Study in Individualism* (Corporation of Lloyd's, 1972), pp.20–22.

and amateurs in underwriting; but for most of them insurance was a secondary interest to which they gave such time as they could spare from the management of their own business. When they underwrote (and this is very important), they usually were not acting as partners in a firm, but risking their private fortunes in such a way that there was no partnership control, no common liability, no check on what was written or who wrote it. It was a free-for-all trade and, so long as the office-keeper was willing to accept a man's security, there was no bar to the most unsuitable person committing himself to any extent on any risk. The one binding controlling element must have been the office-keeper's judgment; and his duty to his client was not only to get a risk completed at the best rate, but to make sure that it was placed with reliable men whose means would satisfy the claims when they arose. If his integrity and good sense failed, then the assured must suffer and the good name of the London market suffer with him ... To appreciate the dangers inherent in that market of two hundred and fifty years ago, you have only to picture an office-keeper with a difficult risk to place struggling with it for a week, hawking it round the City at the Royal Exchange, in Cornhill, in Lombard Street, in Crooked Lane, and in every other street, lane, or alley, from which an underwriter might with luck be flushed. At the end of the week he has almost got the risk finished, but there is still another £200 to do; and he has no idea where to look for an underwriter to accept it.

That is a situation which every broker finds himself at one time or another in his career, and it is a very tantalising one even today. But for the old office-keeper it had special temptations, which must sometimes have been very difficult to resist. He has exhausted his sound market and shown his risk to every available man of good credit. But somewhere in the City there are other men who might be willing to write it, though (as he suspects) they have no funds. They are men of straw. If he puts one of them on the policy, the client in Amsterdam or Bristol will make no complaint, for the names mean nothing to the client and unless there is a claim he will never know that a goat is lurking among the sheep. If there should be a claim there might be trouble, but is it not better to run that risk rather than refuse the order? The tempted man yields. There is no claim. All is well. But next time the tempter goes a step further. What, after all, is the difference between a man of straw and a man who does not exist? Why pay a premium to John Smith, who (as you well know) could not pay a claim, when you could complete the policy with a purely fictitious name of Henry Robinson? It will make no difference to the client and you can keep the premium on £200 for yourself.

And that is just what happened at least once in the early 1700's. An insurance was going round on a vessel called the Vansittart, and the man who was placing it (being short of £200) inserted one or more false names. The forgeries were not detected at the time and never would have been detected if the vessel had not been a loss. But she was a loss. The claim was sent to London and the fraud was discovered."

Such a blatant fraud is unlikely to occur in the London market today,[306] but the problem of finding adequate security remains much as it was in 1717. The broker does not guarantee the solvency of the reinsurer but he does have a duty to exercise reasonable skill and care in the selection of reinsurance security, subject to the terms of his client's instructions. The following propositions are consistent with

First, the broker is under a duty to exercise reasonable skill and care to ascertain whether a particular reinsurer constitutes reasonable security.[307] The placing of a risk with a reinsurer who a reasonably diligent broker would have known, or should have known, was financially unsound is, we submit, prima facie a breach of the broker's duty of care to the reinsured. The mere fact that a company is authorised

---

[306] The following news item, which appeared in *"Insurance & Reinsurance Solvency Report"* (Issue 298, 26 June 1997): "Insurance broker John Manning was jailed for 30 months on 23rd June 1997 in London for allowing vessels to sail without adequate insurance cover ... One of the vessels he procured cover for was the Nassia which was involved in a fearful collision in the Bosphorus. The slip included forged stamps and the dregs of the fringe insurance market." In consumer insurance 'ghost brokers' try to sell 'policies' with fictional insurance companies.

[307] See *Hurrell v Bullard* 176 E.R. 200; (1863) 3 F. & F. 445.

under the FSMA 2000 is not a guarantee of long-term solvency. Equally, there is no rule of English law that a broker automatically exposes himself to liability if he places business with a reinsurer not authorised in the UK, and that reinsurer subsequently fails. Market practice will probably serve as a guide to a court called upon to decide what constitutes due diligence.

The larger brokers at least have security committees who meet on a regular basis to review the long-term solvency of reinsurers with whom they do business. Such committees rely upon a variety of sources, including commercial rating agencies, market newsletters and the ubiquitous intelligence gathering network of the reinsurance broking community (London market grapevine). The objective criteria of solvency assessment are discussed below.[308] If the broker forms the view that a prospective reinsurer is financially problematic, the broker should seek his client's express instructions, and obtain some form of disclaimer before placing business with that reinsurer on the client's behalf. We suggest providing clients with the names of prospective reinsurers and no more, and asking the clients to confirm their acceptability as security, is probably insufficient to shift the burden of solvency assessment entirely onto the client, although the broker is less at risk where he is acting for a *re* insured because insurance companies may be expected to know more about other underwriters and often have security analysts themselves. A fortiori, in a case where a broker has specific concerns regarding solvency derived from information which the client does not possess, in accordance with general agency principles the broker is under a duty to disclose such information to his client. It is theoretically open to the broker to word a disclaimer in the cover note so as to avoid any liability in the event of a failure of reinsurance security,[309] but we suspect that any brokers who did so would rapidly lose clients.

Once the broker has placed the risk with the reinsurer, the broker may remain under a continuing duty to monitor the reinsurer's solvency. This is likely to depend on the nature of the relationship between the broker and his client. In *Beck Helicopters Ltd v Edward Lumley & Sons*,[310] brokers were held liable to their client for breach of contract throughout a number of years by placing insurance with a company of doubtful solvency. It is a heavy burden if a broker has to continue to monitor the solvency of every (re)insurer on every policy he obtains for every client and then write to every client with a particular (re)insurer on his policy if that (re)insurer runs into financial difficulties. Whether the broker would be liable to any particular client probably depends on whether he has accepted the responsibility to keep him informed. Frequently, as in the *Beck Helicopters* case, the broker will be renewing reinsurance annually for his client and will, if necessary, be reviewing the security on his client's cover on an annual basis. *Grace v Leslie & Godwin*[311] illustrates how the broker's duties may continue long after the making of the reinsurance contract. Where the broker knows, or should have known, that a reinsurer is in financial difficulty, the broker may be liable for failing to report such matters as have come to the broker's knowledge, thereby depriving the client of the opportunity of obtaining effective reinsurance elsewhere before a loss occurs.[312]

Reinsureds who have security committees, or at least are in the business, may also be expected to monitor the solvency of their reinsurers. If a reinsured were to claim against his broker for failure to warn of the financial problems of a reinsurer,

---

[308] See Ch.15 below.
[309] See *Hedley Byrne v Heller* [1964] A.C. 465.
[310] *Beck Helicopters Ltd v Edward Lumley & Sons* (1990) 6 A.N.Z. Insurance Cases 60-995.
[311] *Grace v Leslie & Godwin* [1995] L.R.L.R. 472.
[312] See *Eagle Star v National Westminster* (1985) 58 A.L.R. 165, and cited above.

the broker would be bound to assert that he was contributorily negligent. No reinsured is, or in any event should be, a neophyte.[313]

9-080 In *Osman v J. Ralph Moss Ltd*, the brokers were held liable for negligence in circumstances summarised by Sachs LJ as follows:

> "[O]n the defendants' recommendation the Plaintiff took out a motor policy with Belvedere Motor Policies Limited, a company whose shaky financial foundation was held by the learned Judge to have been well known in insurance circles at that time. For that policy the plaintiff paid a premium of £18 17s 6d, which was to provide cover for the year that followed. Within the next 10 weeks the policies issued by the company became quite worthless [the company was wound up], but the defendants not only failed during that period to inform the plaintiff of this fact but actually wrote to him in misleading terms ... As a result, the plaintiff became and remains uninsured. Upon becoming involved in an accident he became liable to a third party in damages and in addition he was fined for driving without any insurance policy. The learned County Court Judge ... rightly found the defendants to be negligent ..."[314]

The facts of *Osman* were unusual. The broker's conduct was described by the Court of Appeal as "crass negligence" and "disgraceful". The County Court judge had limited the plaintiff's damages to the premium paid (£18 17s 6d). The Court of Appeal allowed the plaintiff to recover a further £206 19s 9d, the sum awarded in damages to the third party, the £25 fine imposed by magistrates for the strict liability offence of driving without insurance and half the legal costs of the plaintiff's plea in mitigation. Here the broker had clearly accepted a responsibility to his client by writing to him about the financial position of Belvedere.

9-081 The standard form of professional indemnity insurance for insurance intermediaries available in the London market, excludes liability "in respect of any claim made against them ... arising out of ... the insolvency of any Insurance Company". The extent of this exclusion was considered by the Court of Session in *Bell v Lothiansure Ltd*.[315] The case arose out of the collapse of Signal Life, an insurance company incorporated in Gibraltar, which had no assets whatsoever to meet any claims made by unsecured creditors. Certain policy holders brought an action in Scotland against the insurance brokers, who were themselves in liquidation. The issue was whether the policy holders had a claim under the Third Parties (Rights Against Insurers) Act 1930 against the brokers' E&O insurers in respect of the alleged negligence of the brokers in recommending investment in a bond promoted by Signal Life, notwithstanding the exclusion clause.

Lord Cameron held that the expression "arising from" was capable of bearing one of two meanings: a narrow meaning, "arising under"; or a wider meaning, "connected with". He decided to adopt the narrower construction which he said:

> "... gives the provision a fair and sensible application in the context of a commercial document which should be construed in accordance with sound commercial principle and good business sense".

He went on to say that "... the phrase falls to be construed in terms of causation". The issue, therefore, was whether or not the policy holders' loss had been caused by the insolvency of Signal Life or by the negligence of the brokers. Lord Cameron concluded that the cause of the loss was the negligence of the brokers and accordingly the exclusion clause did not apply. Legal arguments about causation neces-

---

[313] It will be recalled that in Ch.1 we quoted an "alternative" definition of reinsurance: "insurance between consenting adults".
[314] *Osman v J Ralph Moss Ltd* [1970] 1 Lloyd's Rep. 313 at 314–315.
[315] *Bell v Lothiansure Ltd* 1993 S.L.T. 421.

sarily take on a somewhat metaphysical character.[316] The learned judge's reasoning in this case is no exception. While the learned judge accepted that:

> "... insolvency was undoubtedly a causa sine qua non of the pursuer's full loss. That does not however necessarily make it the proximate cause of the pursuers' loss."

He concluded that the decision of each policy holder to invest "was founded upon two matters". First, the issuing of the offer by Signal Life transmitted through the agency of the brokers, and, secondly, the recommendation by the brokers to take up that offer. Lord Cameron said:

> "I am satisfied that each pursuer was only induced to invest monies in Signal Life by reason of the negligence of the first defender's [the brokers] in respect that it being reasonably foreseeable by the first defenders that any payment for the Series Two Bond would be lost, it was their duty not to advise the pursuers to invest money in that bond and further to advise them not to put their money into the bond ... in my opinion, the condition of practical insolvency which existed at earliest on 9 August 1982 when the action by HKTJ was raised in England, does not have the significance in determining causation as counsel for the second defender sought to place upon it. No doubt it was on that date that HKTJ effectively brought Signal Life's business operations to a halt and exposed the fraudulent dealings that had been continuing up until that time by way of misappropriation of funds and the like. However that condition of insolvency of Signal Life was no more than a manifestation and the inevitable culmination of the fraudulent acts which had signified the conduct of its business by its officers throughout its dealings with the public and others from the start of its business in October 1981. Thus insolvency as a legal state of indebtedness did not, in my opinion, cause the pursuers' loss. It was merely the means whereby the extent of the pursuers' loss came to be quantified."

It should be noted that the policyholders had no claim under the Policyholders Protection Act 1975[317] and given the insolvency of the brokers their claim against the E&O insurers was their only prospect of making any recovery of the money they had lost in the Signal Life collapse.

General duty to advise

Where the broker is instructed by a professional reinsured to place cover, his instructions may be specific as to the type of cover his principal requires. However, the principal may rely upon the broker to advise him on the suitability of the reinsurance cover that has been offered,[318] and as we have seen[319] the broker is himself under a duty to read the reinsurance contract and draw to the principal's attention the fact that it may not provide the cover that he was instructed to place. A broker who holds himself out as specialising in placing reinsurance or a particular type of reinsurance may be expected to have the requisite degree of specialised knowledge of the market in which he operates. This will include knowledge of general insurance and reinsurance practice. It is clear that every broker must be aware of the duty of utmost good faith and fair presentation. It is doubtful whether a broker needs to tell a reinsured, who *ex hypothesi* is in the insurance business, but as we have seen[320] materiality is a question of fact, and the reasonable broker must be taken to know what constitutes a fair presentation to the prudent reinsurance underwriter and the

9-082

---

[316] See Ch.5 above.
[317] See Ch.15 below.
[318] *Dickson v Devitt* (1916) 86 L.J.K.B. 315; and above.
[319] *Superhulls* [1990] 2 Lloyd's Rep. 431; and above.
[320] See Ch.6 above.

particular underwriters he approaches. A broker is not expected to have the knowledge of a lawyer, nor is he expected to give legal advice on the meaning or effect of a contract. However, there may be circumstances where the broker is under a duty to seek legal advice or advise his client to do so, for example where it should be apparent to the reasonable broker that a contract was potentially illegal.[321]

In *Sarginson Brothers v Keith Moulton & Co Ltd*[322] the plaintiffs asked the defendant brokers whether it was possible to insure their stock of timber against war risks under the Commodity Insurances Scheme, which was contained in the War Risks Insurance Act 1939 and various statutory instruments. The brokers incorrectly advised the plaintiffs that it was not possible to do so. The brokers had consulted one insurance company, which had told them, incorrectly, that the timber did not come within the Scheme. The timber was destroyed as a result of enemy action. The brokers were held liable for negligence. Hallett J held that they had not taken "the steps which a reasonably prudent person would clearly have deemed necessary before that answer could be given with reasonable safety". He said that the appropriate standard of care where the broker is concerned with legal questions was the following:

> "In my view, if people occupying a professional position take it upon themselves to give advice upon a matter directly connected with their own profession, then they are responsible for seeing that they are equipped with a reasonable degree of skill and a reasonable stock of information so as to render it reasonably safe for them to give that particular piece of advice. One has a great deal of sympathy, I suppose, with every professional man nowadays, at the way in which his operations are affected by a mass of emergency legislation, emergency regulations and emergency rules and orders. They pour out in an unceasing flow, and I can well understand that it is most difficult for those concerned to keep up to date with them. I can well understand that there is always a danger of their being caught out by something. I do not for one moment say they are bound to be acquainted with everything. I think it is open to them always to say: 'Well, this is a difficult matter; I shall have to look this up; I shall have to make inquiries.' They can say, if they like: 'This is a matter for a solicitor, not for me'; and if they went to a solicitor he very likely would say: 'You had better consult Counsel.' No one is under an obligation to give advice on those difficult matters. If they are going to give advice, they can always qualify their advice and make it plain that it is a matter which is doubtful or upon which further investigation is desirable; but if they do take it upon themselves to express a definite and final opinion, knowing, as they must have known in this case, that their clients would act upon that, then I do think they are responsible if they give that information without having taken reasonable care to furnish themselves with such information, of whatever kind it be, as will render it reasonably safe, in the view of a reasonable prudent man, to express that opinion."[323]

Duty to the reinsurer and third parties

Duty to reinsurer

9-083   As we have seen, the general rule is that the broker is the agent of the reinsured and owes no duty, whether in contract or tort, to the reinsurer.[324] To this general rule there are several exceptions:

---

[321] See *Bates v Robert Barrow Ltd* [1995] 1 Lloyd's Rep. 680 at 690–691 per Gatehouse J; [1995] C.L.C. 207; and Ch.10 below.
[322] *Sarginson Brothers v Keith Moulton & Co Ltd* (1942) 73 Ll. L. Rep. 104.
[323] *Sarginson v Keith Moulton* (1942) 73 Ll. L. Rep. 104 at 107.
[324] *Glasgow Insurance Co Ltd v William Symondson & Co* (1911) 16 Com. Cas. 109 at 110 per Scrutton J: "When one finds a broker paid commission by an underwriter and preparing documents for

(1) Where the broker holds a binding authority he owes a duty of care to the insurer/reinsurer whose agent he is in respect of the binder.[325]
(2) Where the broker places retrocession cover in respect of a risk for which he has also placed reinsurance, he acts with respect to the placement of the retrocession cover as the agent of the reinsurer, not as the agent of the reinsured[326] and accordingly the broker owes the reinsurer duties in contract arising from the relationship of agency that exists in such a case.
(3) The broker may also, prior to being instructed by a reinsurer to place the retrocession cover, in circumstances where he can reasonably anticipate such instructions, be under a duty of care in tort to the reinsurer with respect to statements he makes regarding the availability of retrocession cover.[327]
(4) Even in circumstances where the broker is not and does not anticipate becoming the agent of the reinsurer, the broker may, by his conduct, undertake a duty of care towards the reinsurer with respect to the statements he makes, for example where the broker gives the reinsurer a signing indication which he knows the reinsurer will reasonably rely upon.[328]
(5) The broker who knowingly or recklessly makes false statements to the reinsurer, intending them to be relied upon, may be liable in tort for deceit. Similarly, a broker who makes negligent misstatements may be liable in tort.[329]
(6) Following the making of the reinsurance contract, the broker may in certain circumstances undertake a duty of care to the reinsurer through acting as an intermediary.[330]

The general proposition that a broker owes no duty to any party other than his principal was affirmed in *Deeny v Wrightson*.[331] Lloyd's Names, who had successfully sued the managing agent of the syndicate for negligent underwriting,[332] sought to recover the balance of their losses from the brokers who had placed business with the syndicate. The Names alleged that the brokers owed them a duty of care, and that the broker's activities were an "effective cause" of their underwriting loss. It was held: first, that the loss was caused by the underwriter; and secondly, that the broker's duty was to the principals on behalf of whom he placed the business—the broker owed no duty to the Names on the syndicate.[333]

Duty to third parties

A broker may, depending on the circumstances, owe a duty of care to an intended and identified assignee of an insurance/reinsurance policy. In *Punjab National Bank*

9-084

---

an underwriter, one is tempted to treat him as the underwriter's agent, and owing a legal duty to the underwriter. But ... this conclusion would generally be erroneous, and the broker personally under ordinary circumstances owes no duty to the underwriter in respect of erroneous but honest statements made by him."

[325] *Woolcott v Excess Insurance Co Ltd and Mils, Smith Anderson & Game Ltd (No.1)* [1979] 1 Lloyd's Rep. 231; and see further in Ch.10 below.
[326] *SAIL v Farex* [1995] L.R.L.R. 116; and above.
[327] *Youell v Bland* [1990] 2 Lloyd's Rep. 431; and above.
[328] *The "Zephyr"* [1984] 1 Lloyd's Rep. 58; [1985] 2 Lloyd's Rep. 529, and see Ch.3 above; see also *Pryke v Gibbs Hartley Cooper Ltd* [1991] 1 Lloyd's Rep. 602 at 616 per Waller J.
[329] See *Walton Insurance v Deutsche Ruck* (1991) Mealey's Lit. Rep. [Reinsurance], Vol.1, No.19. above.
[330] See *Pryke v Gibbs Hartley Cooper Ltd* [1991] 1 Lloyd's Rep. 602 (and discussed in Ch.10 below).
[331] *Deeny v Wrightson* Unreported 5 December 1995, QBD, Comm. Ct.
[332] See *Deeny v Walker* [1996] L.R.L.R. 183; and Ch.10 below.
[333] See further in Ch.10 below.

v De Boinville[334] four policies had been placed on behalf of the plaintiff bank/its customer relating to shipments of gas oil to Sudan. The policies, which were in respect of political and exchange control risks, were placed by the first and second defendants, Messrs De Boinville and Deere, who were employed by three different brokers during the period in question. De Boinville and Deere were originally employed by the third defendants, F.E. Wright (UK) Ltd ("Wrights"). They subsequently moved to another firm of Lloyd's brokers and then were again employed briefly by Wrights. Finally, they were employed by the fourth defendants, Fielding Juggins Money & Stewart Ltd ("Fieldings"). Two policies were taken out in connection with the first shipment and two policies in connection with the second. The slips which resulted in the issue of the four policies were for the first two policies exclusively Wrights slips, and for the third and fourth policies ultimately Fieldings slips. Wrights and Fieldings had each issued cover notes to the plaintiffs.

The underwriters purported to avoid liability by reason of misrepresentation and non-disclosure. Among the issues which arose, was whether Fieldings owed any duty to the plaintiff in respect of the knowledge which De Boinville and Deere possessed on joining Fieldings. The original insured, the customer of the plaintiff, had assigned its interest in the second two policies to the plaintiff soon after Wrights had placed the cover. Fieldings knew, through De Boinville and Deere, that the plaintiff was financially at risk in the transaction covered by the policies and that it would be taking an assignment of the policies.

Staughton LJ, having considered the authorities relating to recovery in tort for economic loss, concluded as follows:

"I consider that the Judge was justified in finding that Mr Deere knew of the impending assignment. From the time when he became employed by Fieldings, his knowledge should be attributed to them, and they too must be taken to have known of it.

In those circumstances, it seems to me a justifiable increment to hold that an insurance broker owes a duty of care to the specific person who he knows is to become an assignee of the policy, at all events if (as in this case) that person actively participates in giving instructions for the insurance to the broker's knowledge. In such a case there is a rather greater degree of proximity than that which existed between the solicitor and the beneficiary under the will in *Ross v Caunters* [1980] Ch. 297, for the beneficiary may have known nothing of the will or the solicitor and would not have derived any benefit from it if it had later been revoked. I hold that Fieldings owed a non-contractual duty of care to the bank."[335]

However, as Staughton LJ observed:

"... to hold that a substantial creditor of an insurance broker's client is necessarily owed a duty of care in tort might well be more than a justifiable increment."[336]

9-085 The House of Lords has strictly limited the class of persons to whom a duty to take care to avoid causing economic loss is owed.[337] *Punjab National Bank v De Boinville* was approved by the House of Lords in *Henderson v Merrett Syndicates Ltd*.[338] We suggest that in the case of brokers, the duty of care is limited to such persons as the broker knows to have a direct interest in the policy. Thus, a broker

---

[334] *Punjab National Bank v De Boinville* [1992] 1 Lloyd's Rep. 7.
[335] *Punjab National Bank v De Boinville* [1992] 1 Lloyd's Rep. 7 at 36 (with whom Mann and Dillon LJJ agreed).
[336] *Punjab National Bank v De Boinville* [1992] 1 Lloyd's Rep. 7 at 36.
[337] See the decisions in *Caparo* and *Murphy*, referred to above.
[338] *Henderson v Merrett* [1995] 2 A.C. 145 at 182 per Lord Goff; See also *European International*

owes no duty to creditors of the reinsured to ensure that he places effective reinsurance cover, even though it is plainly foreseeable that such creditors will suffer loss if the reinsured is unable to meet its obligations to them.

This view is supported by *MacMillan v AW Knott Becker Scott Ltd*,[339] where an action was brought by former clients of an insolvent broker against the brokers who had placed that broker's errors and omissions insurance. The errors and omissions underwriters had declined coverage. Evans J (as he then was) determined as a preliminary issue whether the insolvent broker's errors and omissions broker owed a duty of care to the insolvent broker's clients. He held that the loss was foreseeable and that there was sufficient proximity[340] but that it would not be just and reasonable to impose a duty in tort. Evans J followed the approach of Lord Griffiths in *Smith v Eric S. Bush*[341] and concluded that the defendants could not be said to have "voluntarily assumed responsibility" to the plaintiffs. He said:

> "Insurance brokers, I am sure, would accept professional instructions on the basis that their liability for financial or economic loss arising from negligence in the performance of those instructions was restricted to their clients. If asked about possible insolvency of the clients, they would assume that their liability was towards the liquidator and towards no-one else. They would not regard themselves as effectively guaranteeing that third party claimants, even those whose claims were intended to be covered by the liability insurance, would not suffer some eventual loss should liquidation intervene. Nor would they expect to receive separate and independent claims from each of the claimants as well as from the liquidator.
> There being no compelling reasons why direct recovery should be permitted, that contractual expectation in my view is justified."[342]

In *MacMillan*'s case, if the errors and omissions broker had not been negligent towards his broker client, the third parties would, upon the liquidation of the broker, potentially have had a direct cause of action against the errors and omissions underwriters under the Third Parties (Rights Against Insurers) Act 1930—subject to first establishing liability against the insolvent broker.[343] The 1930 Act was intended to provide creditors of an insolvent person who had third party liability insurance with a direct claim against the insurers—as opposed to a claim in the insolvency along with other creditors.[344] In view of the policy behind the 1930 Act there does not seem to be any reason, from the point of view of insolvency law, for the liquidator and not the third party having a cause of action against the negligent E&O brokers, where there is no recovery from errors and omissions underwriters

---

Reinsurance Co Ltd v Curzon Insurance Ltd [2003] EWCA Civ 1074; [2003] Lloyd's Rep. I.R. 793, where the Court of Appeal held that Pt 20 proceedings had been properly brought against various brokers and sub-brokers on the basis of an arguable case of assumption of responsibility. See also *Commodity Solution Services Ltd v First Scottish Searching Services Ltd* 2018 S.L.T. (Sh Ct) 117; 2018 G.W.D. 11-143, a finding that a searching company owed a duty to inhibitors on the property register for pure economic loss.

[339] *MacMillan v AW Knott Becker Scott Ltd* [1990] 1 Lloyd's Rep. 98.

[340] It should be noted that *MacMillan*'s case was decided after *Caparo* but before *Murphy*, which overruled *Anns v Merton LBC* [1978] A.C. 728; [1977] 2 W.L.R. 1024.

[341] *Smith v Eric S Bush (A Firm)* [1990] 1 A.C. 831 at 862D; [1989] 2 W.L.R. 790.

[342] *MacMillan v AW Knott Becker Scott* [1991] 1 Lloyd's Rep. 98 at 110–111.

[343] See *Bradley v Eagle Star Insurance Co Ltd* [1989] A.C. 957; [1989] 2 W.L.R. 568. See now the Third Party (Rights against Insurers). The 1930 Act is repealed.

[344] See *Post Office v Norwich Union Fire Insurance Society Ltd* [1967] 2 Q.B. 363 at 373; [1967] 2 W.L.R. 709 per Lord Denning MR; *Harrington Motor Co Ltd Ex p. Chaplin, Re* [1928] Ch. 105; (1927-28) 29 Ll. L. Rep. 102. The Third Party (Rights Against Insurers) Act 2010, in force 1 August 2016, applies where an insured party incurs liability to another after 1 August 2015, and the party with the liability goes insolvent. The claimant can now proceed against the insurer of the insured party without first having to establish liability on the part of the insured party.

because of the E&O broker's negligence, but at the time the brokers were engaged, they acted only for the client, the insured, and neither owed, nor accepted, a duty to any other party. The plaintiffs were at best only prospective statutory assignees of the rights under the errors and omissions policy—their interest in the policy was indirect and more remote than that of the bank in the *Punjab National Bank* case.[345]

9-086   The finding in the *Punjab National Bank* case that the broker can owe duties to a known intended assignee of an insurance contract raises a potentially significant issue in the context of reinsurance. It not infrequently happens, where a risk is placed with a small insurer of limited security and reinsured back to back facultatively with reinsurers of some substantial security, that the original insured wishes to have direct access to the reinsurers. This he may do by taking an assignment of the reinsurance contract or by a "cut-through" arrangement where the reinsurers agree to pay claims directly to the original insured.[346] The broker is bound to be aware of a cut-through arrangement because he will have to negotiate it with the reinsurers. He may well be aware of any assignment, since he is likely to be given the responsibility of giving notice of it to the reinsurers. In such circumstances, following the principle in the *Punjab National Bank* case, the broker of the reinsurance (who in such situations may well also be the broker of the insurance) may find that he has accepted a duty to the original insured and, if the reinsurance fails through his fault, a liability in damages for negligence.[347]

Sub-brokers

9-087   The use of sub-brokers is a common practice in the reinsurance market. The existence of a chain of intermediaries is a common source of problems, as both information and money seldom flow smoothly once more than one intermediary is interposed between the reinsurer and the reinsured. The starting point in any legal analysis is to ask whose agent a particular intermediary is. Two general propositions derived from the law of agency may be stated. First, that a broker is not allowed to delegate his functions to a sub-broker without the consent of his principal. Such consent may be implied where by reason of market practice the reinsured knows or is deemed to know that a sub-broker is to be engaged. Secondly:

> "A sub-agent is, answerable to the agent who appoints him; he has no contractual relationship and no privity of contract with the principal. He reports to the agent and looks for his remuneration to the agent."[348]

Thus, where he is expressly appointed as a sub-broker, the sub-broker is gener-

---

[345] In *Steel v NRAM Ltd (formerly NRAM Plc)* [2018] UKSC 13; [2018] 1 W.L.R. 1190, the Supreme Court said that a borrower's solicitor had not assumed a duty of care to a lender where information provided was wrong; the lender should have realised that, and the solicitor would not have expected the lender to rely on what she said. In *Thomas v Triodos Bank NV* [2017] EWHC 314 (QB); [2018] 1 B.C.L.C. 530, a bank was held to have assumed a duty of care (it breached) when it answered poorly a request to explain the impact of a fixed rate borrowing.
[346] See further in Ch.15 below.
[347] See *Henderson v Merrett* [1994] 2 A.C. 145.
[348] *Schwensen v Ellinger, Heath, Western & Co* (1950) 83 Ll. L. Rep. 79 at 81 per Devlin J. See also *Prentis Donegan & Partners Ltd v Leeds & Leeds Inc* [1998] 2 Lloyd's Rep. 326 (and Ch.11 below), where Rix J held that there was no reason for departing from the general rule in the case of a US producing broker and a Lloyd's placing broker. There was no privity of contract between the placing broker and the producing broker's client. But see *BP Plc v Aon Ltd (No. 2)* [2006] EWHC 424 (Comm) a case where the general rule did not apply: see 9-011 above.

ally the agent of the original broker, and the original broker is strictly liable to his principal for the acts and omissions of the sub-broker.[349]

The problem is that in real life the position of intermediaries is seldom clearly expressed, and the parties may be confused as to the nature of their legal relationship.[350] In *Trading & General Investment Co v Gault Armstrong & Kemble Ltd, The "Okeanis"*, Bingham J (as he then was) was called upon to decide whether Italian intermediaries (Italrias) were the agents of the defendant brokers (GAK) or the agents of Italian underwriters. Having found that the evidence as to their position was "not entirely satisfactory", he concluded as follows:

"It does ... seem clear that GAK throughout regarded Italrias as agents for a number of Italian underwriters and not as agents instructed on their own behalf. The signing of the slip and the payment of premiums direct to underwriters are consistent with that relationship ... It is certainly true that GAK pressed Italrias to obtain payment from underwriters, but I do not regard this as in any way inconsistent with their acting as agents for the underwriters."[351]

He said that, if he were wrong, then "the most probable alternative explanation is that Italrias were in some respects acting as sub-agents of GAK and in others as agents of underwriters".[352] In the event that Italrias were the sub-agents of GAK for the purposes of collection of the claim, the question was whether they were authorised to accept payment other than in cash.[353] Bingham J concluded that they were not. He said:

"The parties were agreed that if a sub-agent authorized to collect a payment due to the principal from a third party does collect such payment, then the agent is accountable to the principal for it. The agent is answerable to the principal for any default of the sub-agent ... On the principles already considered, the same result would follow if the sub-agent had chosen, instead of receiving cash, to extend credit to the third party or if the sub-agent had settled in account with the third party."[354]

In *Schwensen v Ellinger, Heath, Western & Co*,[355] the plaintiff, who was based in Copenhagen, had acted as the reinsurance broker for the American Reserve Company and handled its European business. In 1940, in anticipation of the German invasion of Denmark, the plaintiff asked the defendant London brokers to "handle the company's correspondence, accounts, etc., on my behalf" pursuant to a "letter of authorisation" from the plaintiff. Devlin J (as he then was) held that the word "authorisation" in the context of the letter was ambiguous, and that the letter did not create a legal relationship of sub-agency. He said, "... having regard to the fact that the plaintiff had himself no power to appoint a sub-agent or to authorize anyone to act for the American Reserve as regards reinsurance", the plaintiff's probable intention was that he would "temporarily ... drop out of the picture altogether"

9-088

---

[349] See *Mackersy v Ramsays* 8 E.R. 628 (1843) 9 Cl. & F. 818; *The "Okeanis"* [1986] 1 Lloyd's Rep. 195 at 201.
[350] *WT Lamb & Sons v Goring Brick Co Ltd* [1932] 1 K.B. 710 at 717 per Scrutton LJ: "... in certain trades the word, 'agent', is often used without any reference to the law of principal and agent."
[351] *The "Okeanis"* [1986] 1 Lloyd's Rep. 195 at 199.
[352] *The "Okeanis"* [1986] 1 Lloyd's Rep. 195 at 199. Compare *IGI v Kirkland Timms* unreported, 5 December 1985, QBD, Comm. Ct [not on WLUK], where a dual agency was held to exist—Ch.11 below; *Velos Group Ltd v Harbour Insurance Services Ltd* [1997] 2 Lloyd's Rep. 461 where Judge Hallgarten QC found that the placing brokers were the agents of the insured shipowners, and not the sub-agents of the producing brokers.
[353] See further in Ch.11 below.
[354] *The "Okeanis"* [1986] 1 Lloyd's Rep. 195 at 201.
[355] *Schwensen v Ellinger, Heath, Western & Co* (1949-50) 83 Ll. L. Rep. 79.

and "the whole essence of what he must have wanted to do would be to create a contract nexus between Messrs Ellinger, Heath, Western & Co and the American Reserve Company". Devlin J relied, in particular, on the fact that the plaintiff's letter did not provide for any remuneration. He said that "... of course ... if the document were otherwise effective, the law would not hesitate to draw the implication that a reasonable remuneration was intended"[356] but he considered that the absence of any specific mention of remuneration:

> "... suggests very strongly to me that what he had in mind was not a sub-agency at all, but that he was simply contemplating that the defendants should, as it were step into his shoes for the time being and thus would automatically claim the remuneration which American Reserve would otherwise have paid to the plaintiff."[357]

The problem the plaintiff faced was that once the war was over he was unable to step back into the shoes which he had previously been wearing. Devlin J considered the plaintiff to be a victim of the misfortune of war and without legal recourse against the defendants, who had not, in the learned judge's view, "acted in any way otherwise than commercially honourable".[358]

Section 9-011 above looks at *BP Plc v AON Ltd (No.2)*,[359] where Aon London, a sub-broker of Aon Texas, was nonetheless directly liable to the principal, BP because they dealt directly with each other in the placement. On the question of liability to pay the sub-broker see Ch.11, 11-015 below.

5. REGULATION OF INTERMEDIARIES

United Kingdom

Introduction

9-089   Insurance Brokers have been regulated by the FCA (previously the FSA), since 14 January 2005.[360] The timing of this coincided with the EU Insurance Mediation Directive (the Insurance Distribution Directive) referred to above—the end of the year 2002. The brokers are governed by the provisions of English law equivalent to the IDD. which is mentioned in 9-001 above. The Directive applies to insurance and reinsurance mediation.

The Insurance Distribution Directive and Regulation

9-090   The IDD lays down rules concerning the taking-up and pursuit of the activities of insurance and reinsurance in the EU. The Directive lays down rules for the taking up and pursuit of the activities of insurance distribution. "Distribution" includes intermediation (broking). The regulation of brokers is considered in Ch.15, on Regulation.

---

[356] *Schwensen* (1949-50) 83 Ll. L. Rep. 79 at 81, 82.
[357] *Schwensen* (1949-50) 83 Ll. L. Rep. 79 at 82.
[358] *Schwensen* (1949-50) 83 Ll. L. Rep. 79 at 84.
[359] [2006] EWHC 424 (Comm); [2006] 1 C.L.C. 881.
[360] See Ch.15 below.

Lloyd's brokers

9-091 Lloyd's brokers are currently subject to the Lloyd's Intermediaries Byelaw.[361] Ordinarily no person may broke insurance business at Lloyd's unless registered as a broker under the Byelaw but Lloyd's clearly has the power under para.55 of the Byelaw to allow a broker to continue to broke to the Lloyd's market even if removed from the register. No applicant shall be registered as a broker unless the Franchise Board is satisfied that it is suitable to be a Lloyd's broker. Lloyd's actively encourages overseas intermediaries to apply for registration. Whilst all regulation of intermediaries falls to the FCA, we anticipate that registration with Lloyd's will remain and Lloyd's will retain some control over access to the market and want to ensure that those with such access understand and are able to properly use, the unique features of that market. The Lloyd's guide to becoming a Lloyd's registered broker states inter alia that –

> "You will gain efficient access to the world's largest specialist insurance market. – You will have access to the Lloyd's brand, gaining a competitive advantage from the strongest brand in insurance".

Bermuda

9-092 Section 9(1) of the Bermuda Insurance Act 1978 provides that no person shall act "in or from within" Bermuda[362] as an insurance manager, broker, agent or salesman unless registered for the purpose by the Bermuda Monetary Authority ("BMA").

Contravention of s.9(1) is a criminal offence. We have already referred[363] to the definition of insurance broker under the Insurance Act 1978. An "insurance agent" is defined as:

> "... a person who with the authority of an insurer acts on its behalf in relation to any or all of the following matters, that is to say, the initiation and receipt of proposals, the issue of policies and the collection of premiums, being proposals, policies and premiums relating to insurance business;"[364]

An "insurance salesman" is defined as:

> "... a person who otherwise than as an employee solicits applications for, or negotiates, insurance business on behalf of an insurer or an insurance broker or agent."[365]

As we have seen,[366] insurance business is defined to include reinsurance business. An "insurance manager" is defined as:

> "... a person who, not being an employee of any insurer, holds himself out as a manager in relation to one or more insurers, whether or not the functions performed by him as such go beyond the keeping of insurance business accounts and records."[367]

A captive insurance company incorporated in Bermuda will typically have no employees, and the day-to-day administration of its business will be conducted by

---

[361] 2 April 2007. The Lloyd's Brokers Code of Conduct referred to in the 1st edition has been repealed.
[362] The test of doing business "in or from within Bermuda" is discussed in Ch.15 below.
[363] Above.
[364] Bermuda Insurance Act 1978 s.1(1).
[365] Bermuda Insurance Act 1978 s.1(1).
[366] Above.
[367] Bermuda Insurance Act 1978 s.1.

a management company. As *Bott v SCRAP*[368] illustrates it is not unusual in Bermuda for the roles of captive manager, broker and underwriting agent to be performed by the same company.

9-093 The BMA[369] has a wide discretion in the granting or refusing of registration under s.10. It is required to have regard to whether the person appears to the BMA to satisfy the "minimum criteria" including to be a fit and proper person, in particular as to whether the person has knowledge of the insurance business adequate to enable him to act in the capacity in which he has applied for registration[370]; and is further required to "act as he thinks fit in the public interest" and to refuse to grant registration "if of opinion that it is not in the public interest that registration should be granted".[371] The BMA may register a person as an insurance manager, broker, agent or salesman subject to such conditions as he may see fit to impose. The BMA scrutinises applications and satisfies itself as to the experience and good reputation of the applicant, and as to the adequacy of their professional indemnity cover.,[372]

Section 13(2) of the Insurance Act 1978 provides that a person's registration shall remain in force until it is cancelled. The BMA may cancel registration of a manger, broker, agent or salesman at that person's request[373] or upon one of the following grounds:

"(i) that false, misleading or inaccurate information has been supplied by him or on his behalf for the purposes of any provision of [the Insurance Act 1978] or the regulations;

(ii) that two years have elapsed since his registration, and he has not commenced to carry on business;

(iii) that he has ceased to carry on business;

(iv) that he has persistently failed to pay fees due under section 14;

(v) that he has not complied with a condition attached to his registration or with a requirement made of him under [the Insurance Act 1978] or the regulations;

(vi) that he has been convicted of an offence against a provision of [the Insurance Act 1978] or the regulations;

(vii) that he has been convicted by a court (whether in Bermuda or elsewhere) of an offence involving fraud or dishonesty;

(viii) that, in the opinion of the Authority, he has not been carrying on business in accordance with sound insurance principles;

(ix) that any of the minimum criteria is not or has not been fulfilled, or may not be or may not have been fulfilled, in respect of any such persons."[374]

Provision was previously made for an appeal, to the Supreme Court of Bermuda, against an order under s.42. In 2001 this was amended to provide for appeals to a newly formed Insurance Act Appeals Tribunal. In 2021 the BMA announced an intention to abolish the Appeal Tribunal and replace this with renewed appeals to the Supreme Court. Those amendments have not yet come into place.

9-094 The BMA introduced in February 2019 an Insurance Brokers and Insurance Agents Code of Conduct ("Code"). This is the first time that the BMA has introduced a codified set of principles for an important and hitherto very lightly

---

[368] Supreme Court of Bermuda, Civil Jurisdiction 1982, No.334, Court of Appeal for Bermuda, Civil Appeal No.5 of 1986, and discussed above.
[369] The Insurance Act 1978 was amended in 2001 to, inter alia, transfer responsibility for regulation of the insurance industry from the Minister of Finance to the Bermuda Monetary Authority ("BMA").
[370] Bermuda Insurance Act 1978 s.11.
[371] Bermuda Insurance Act 1978 s.12.
[372] See further in Ch.15 below.
[373] Bermuda Insurance Act 1978 s.42(1)(a).
[374] Bermuda Insurance Act 1978 s.42(1)(b).

regulated sector of the market. The Code came into effect immediately when published and the established deadline for compliance was 1 January 2020. The Code requires that insurance brokers and insurance agents conduct business in a sound and prudent fashion and in assessing whether an insurance broker or agent is assessing its business in a sound and prudent fashion, the BMA will have regard for the application of provisions of the Code taking into account its nature, scale, complexity and the BMA's prudential objectives. The Code has also been developed taking into account the international standards as set out by the International Association of Insurance Supervisors.

As noted above, the BMA will apply the Code on a basis of principle of proportionality. It is not proposed to discuss the Code in exhaustive detail but it requires that controllers of insurance brokers or agents to be fit and proper. It also requires that brokers and agents have appropriate standards of corporate governance, that they conduct business in a prudent manner, that they have adequate accounting and record systems and that they observe high standards of integrity and fair dealing in the conduct of their business and make appropriate disclosures as well as maintaining policies and procedures to deal with conflicts of interest and appropriate complaint handling processes.

Most interestingly, the Code requires that insurance brokers and agents must not bring the reputation of Bermuda into disrepute. Quite how that will be evaluated is another matter but the BMA has emphasised that it would view any failure of this obligation with the upmost gravity. In particular, the Code notes that the board of the insurance broker or agent should develop and implement documented policies, procedures and controls for the mitigation of reputational risk, money laundering and terrorist financing risks inter alia. It is however an extraordinarily broad principle and clearly not easy to evaluate.

CHAPTER 10

Binding Authorities, Underwriting Agents and Pools

TABLE OF CONTENTS

1. Underwriting Agents and Binding Authorities 10-001
2. Pools and Fronting 10-030
3. Agency Issues at Lloyd's 10-040

"The use of managing general agents (MGAs) by insurance companies to write business on their behalf is an industry practice that can be exceedingly dangerous. In the worst cases, an insurance company hands over responsibility for its business to the MGA, granting the agent power to underwrite business, obligate the company, handle claims, and even arrange for reinsuring the business written by the MGA in the company's name. Such a complete delegation of authority would be dangerous by itself, but the problem is compounded by the fact that MGA's are compensated by commission on the amount of business they write." —*Failed Promises: Insurance Company Insolvencies*[1]

1. UNDERWRITING AGENTS AND BINDING AUTHORITIES

Introduction[2]

The warning note sounded in the heading to this chapter is as relevant now as it was 30 years ago. It is still industry standard that an underwriting agent is compensated for his work by commission on the premium income that he puts on the books, not (or, at least, not primarily or exclusively) on the profit he earns for his principal, or the quality of his underwriting. Thirty ago the push for reward by commission on premium written came from the Managing General Agent ("MGA"), but that may no longer be the case. The wish to remunerate on premium produced may come from the insurer/reinsurer: it is a simple formula that allows

10-001

---

[1] US Government Printing Office, Washington November 1990; familiarly known as the "Dingell Report".
[2] For clarification, in 10-001 immediately below, "MGA" means Managing General Agent, "FCA" stands for Financial Conduct Authority, "Solvency II" refers to the European Commission Directive 2009/138/EC, and "Pillar 2" is the governance and risk management systems of the insurer Solvency 2 is UK law, but is amended by the Solvency 2 and Insurance (Amendment etc.)(EU Exit) Regulations 2019 (SI 2019/407) Exiting the European Union Financial Services [Amendments pending: Revoked by the Financial Services and Markets Act 2023 c.29 Sch.1(2) para.1 (date to be appointed)], which transfer to the Treasury and the PRA powers to make Regulations and technical standards that, when the UK was within the European Union, were exercised by the European Parliament and the Council, and make consequential amendments.

Binders and MGAs

10-002 There is an important distinction between a broker holding a binding authority or a delegated underwriting authority ("DUA") and an MGA having an underwriting authority. In the first case the insurer/reinsurer has the underwriting expertise and defines strictly the terms on which the broker can bind business. In the second case the insurer/reinsurer will likely not have the expertise—which is why he engages an MGA—and more underwriting discretion is left with the MGA that has the underwriting expertise. Insurers and reinsurers do not always act as if they have that distinction in mind. Even where MGAs, confident of their underwriting skills, may be willing to reduce their commission on premium in exchange for higher profit commissions, the insurer or reinsurer may not embrace the idea. For the risk carrier, in simple terms, the MGA is an intermediary and he is therefore compensated by commission on premium because that is the way things are done. Nonetheless, we believe that the constraints on the independent underwriting agent in England have tightened over the last two decades. Intermediaries are now supervised by the FCA, the Financial Conduct Authority[3]; insurers and reinsurers are more alert to monitor and audit the performance of the underwriting agent and terminate the relationship if it is not beneficial; Solvency II, and particularly Pillars 1 and 2, makes it costly, in capital terms, for insurers to hand their pens to underwriting agents who are not well capitalised and who do not have the highest standards of underwriting and who are not regularly audited and monitored, because it increases risk and increased risk requires increased capital. MGAs who wish to retain business will struggle if they do not have a consistent track record of success and are not able to provide quality and timely information to the principal.[4]

Legal nature of underwriting/managing agents

Authorisation

10-003 Acting as a binder holder or an MGA for reinsurance business is "reinsurance distribution" within the terms of the EU Insurance Distribution Directive ("IDD").[5] Reinsurance distribution is defined as:

> "... the activities of proposing or carrying out other work preparatory to the conclusion of contracts reinsurance, of concluding such contracts, or assisting in the administration and performance of such contracts in particular in the event of a claim including when car-

---

[3] See Ch.15 below.
[4] In *Conway v Prince Eze* [2018] EWHC 29 (Ch), the Judges said that an acquisition agent in a property transaction, who received remuneration from seller and buyer was not the agent of either and thus the payment by the seller was not a bribe. There has been no suggestion at any time that in insurance transactions the broker or the MGA is a middleman. He is always, and definitely, the agent of one or the other. See also *Medsted Associates Ltd v Canaccord Genuity Wealth (International) Ltd* [2019] EWCA Civ 83.
[5] EU/97/2016; the Insurance Distribution (Regulated Activities and Miscellaneous Amendments) Order 2018 (SI 2018/546) which made this law in the UK is now repealed by the Financial Services and Markets Act 2023 c.29 Sch.1(2) para.1. The intention is that all the regulations on insurance distribution are contained within the FCA Handbook.

ried out by a reinsurance undertaking without the intervention of a reinsurance intermediary."[6]

A reinsurance intermediary is defined only negatively:

"any natural or legal person other than a reinsurance undertaking or its employees who, for remuneration, pursues the activity of reinsurance distribution."

For an insurance intermediary, as well as excluding the reinsurance undertaking the definition also excludes ancillary insurance intermediaries (who play no part in reinsurance distribution).
Similarly, the Lloyd's Intermediaries byelaw of 2007 covers all Lloyd's intermediaries from intermediaries who have delegated underwriting authority through cover holders and binder holders to brokers. The effect of the byelaw so far as it affects MGAs is that each MGA (called a coverholder in Lloyd's) must be specifically approved by Lloyd's.[7] Each sub-coverholder must similarly be approved. Lloyd's Code of Practice for Delegated Underwriting, 2017 which could, with benefit, be adopted by those outside the Lloyd's market also, covers everything from approval through due diligence, to management and monitoring, in what is now a ninety-eight page manual. Such standards need to be imposed and policed to ensure that the insurer is in control of the premium and claims that are being processed in its name.
A point which arises from the definition of "coverholder" in the Code—"a company or partnership authorised ... to enter into a contract or contracts of insurance ..." is that a party to whom the ability to conclude contracts of reinsurance that bind the principal is delegated, may itself be another insurer or reinsurer, rather than an intermediary. We look at this aspect in Pools and Fronting at 10-030 below but for the most part this chapter is concerned with delegation of underwriting authority to intermediaries.
All Coverholders must be approved by Lloyd's in accordance with the Intermediaries Byelaw (No.3 of 2007) ("Approved Coverholders"). Approved Coverholders that are wholly owned subsidiaries of a Managing Agent or its holding company may also be classified as a Service Company Coverholder.

Underwriting agency agreements—authority of agent

The underwriting agent who "holds the pen" on behalf of a reinsurer, or a pool of reinsurers, will almost certainly have entered into some form of written agreement with his principals which, inter alia, defines the scope of the agent's authority. The underwriting agency agreement will typically set out the classes of business which the agent is authorised to accept and the limits by reference to premium income and/or size of risk to which he can expose the reinsurer, and in the present climate, the underwriting standards to which he must adhere. The underwriting agency agreement will also provide for accounting by the agent to the principal in respect of premium and claims.[8]

10-004

---

[6] In respect of the latter, we have noted that some insurers will allow an MGA to underwrite for them, but will handle claims themselves, or delegate claims handling to another third party, which, as this definition discloses, would still be a reinsurance intermediary.
[7] Code of Practice—Delegated Authority, Lloyd's September 2017. There are some 3,000 MGA coverholders in Lloyd's and more than three times as many binder holders holding DUAs.
[8] For an analysis of the accounting provisions of an underwriting agency agreement, see *Kingscroft*

Unless a third party has actual notice of the scope of the agent's binding authority, then in accordance with normal agency principles,[9] the reinsurer will be bound by any contract within the scope of the agent's ostensible authority.[10] The extent of ostensible authority in the context of reinsurance pools is discussed below. A third party dealing with an underwriting agent is not bound to inquire as to the scope of the agent's authority, although it may be prudent to do so. It is part of a broker's general duty of care to make reasonable inquiries with a principal to confirm the truth of what the agent represents about the scope of his authority.[11] As we have seen,[12] it is not the broker's concern if the underwriting agent is wielding his principal's pen rashly and accepting risks on terms which a prudent underwriter would not accept—the broker is entitled to take commercial advantage of an underwriting agent he considers to be offering overgenerous terms—but if the extent of the agent's deviation from any rational underwriting behaviour is such that the broker ought to conclude that the agent cannot possibly have authority to behave in that way, a court may not hold the principal, the reinsurer, liable. If the agent's principal, the reinsurer, can show that the broker has actively participated in a breach of fiduciary duty by the underwriting agent, he escapes liability on the contract. In *Sphere Drake Insurance Ltd v Euro International Underwriting Ltd*[13] Thomas J found exactly that, a complicity by the brokers, Stirling Cooke Brown, with the MGA (EIU). The cedant was not a party to the proceedings, but it is hardly a guess that the judge thought that the reinsurer (Sphere Drake) would have been entitled to avoid the reinsurance contract on the grounds of the fraud of the cedant's agent.[14]

10-005   Two cases involving R&V Versicherung AG illustrate the above principles. In *R&V Versicherung AG v Risk Insurance & Reinsurance Solutions SA*[15] the defendant was a broker and underwriting agent. The 273 paragraphs of the judgment are concerned with analysis of the facts to see if they supported the claim that the defendants in the person of a Mr Chalhoub had conspired with an underwriter in R&V, Mr Gebauer, for R&V to give underwriting authorities to Risk Solutions that

---

Insurance Co Ltd v H S Weavers (Underwriting) Agencies Ltd [1993] 1 Lloyd's Rep. 187. See Ch.11, 11-011 below.
[9] Discussed in Ch.9 above.
[10] See e.g. *Great Atlantic Insurance Co v Home Insurance Co* [1981] 2 Lloyd's Rep. 219. *Razcom CI v Barry Callebaut Sourcing AG* [2010] EWHC 2598 (QB) is a simple illustration of the obvious point that if one party knows that an agent has in fact no actual authority to do something, there can be no question of ostensible authority—ostensible authority is the appearance of actual authority. A told B expressly not to make payment to A's agent C, but B made payment to C. That did not constitute payment to A.
[11] *Suncorp Insurance and Finance v Milano Assicurazioni SpA* [1993] 2 Lloyd's Rep. 225; *London Oil and Gas Ltd (In Liquidation), Re* [2022] EWHC 1672 (Ch); [2023] 1 B.C.L.C. 382 (the person dealing with the agent knew of the agent's lack of authority); *Wyatt v Crate* [2012] CSOH 197; 2013 S.C.L.R. 323.
[12] *Marc Rich & Co AG v Portman* [1997] 1 Lloyd's Rep. 225.
[13] *Sphere Drake Insurance Ltd v Euro International Underwriting Ltd (Part I)* [2003] EWHC 1636 (Comm); [2003] Lloyd's Rep. I.R. 525.
[14] In *Novoship (UK) Ltd v Mikhaylyuk* [2012] EWHC 3586 (Comm), a principal (the employer) recovered damages from third parties when they bribed the agent (the employee) in relation to charters of the principal's vessels. The agent plainly did not have authority to accept bribes. *Novoship* was followed in *Glenn v Watson* [2018] EWHC 2016 (Ch). And in *Motortrak v FCA Australia PTY Ltd* [2018] EWHC 1464 (Comm), the Principal was entitled to damages for bribery even where he had affirmed the agreement entered into consequent on the bribery. The standard of proof for dishonest assistance and bribery is the civil standard: *FM Capital Partners Ltd v Marino* [2018] EWHC 1768 (Comm).
[15] *R&V Versicherung AG v Risk Insurance & Reinsurance Solutions SA* [2005] EWHC 2586 (Comm). The dispute went to the court on eight occasions in all.

were detrimental to R&V. The essence of the case against Mr Gebauer and Mr Chalhoub, and therefore against all the defendants, was that they were parties to a conspiracy to defraud R&V by enabling Risk Solutions to take an additional 40 per cent of the gross premiums written in the first year under the London binders. The means by which that was to be achieved are said to have been the two addenda which were intended to provide a sufficient pretext for the deductions from gross premium) should some justification be required by R&V's accountants. The judge found, on ample evidence, that there was indeed a conspiracy. It was obvious to the defendants that what Mr Gebauer was doing was something for which he had no authority from his company.

ING Re (UK) Ltd v R & V Versicherung AG[16] concerned the efforts of one of the insurers, whom Risk Solutions has purported to reinsure with R&V, to hold R&V to that contract. Having discovered the facts found in the case in the paragraph above, R&V notified ING that it did not consider the reinsurance valid. ING alleged that Risk Solutions had ostensible authority to bind R&V. The court found no evidence that R&V had clothed Risk Solutions with authority. In particular a Memorandum of authority which ING saw was clearly not the full authority and the full authority showed that Risk Solutions were not authorised to write a quota share treaty. Further, ING knew that within R&V, documents giving an agent authority to accept business on behalf of the company required two signatures and only Mr Gebauer had signed the document in question. R&V were not liable to ING on the quota share reinsurance.

As we have also seen,[17] the broker's duty to select a market for his client's risks is not confined to placing cover at the lowest premium available; he must consider the quality of the security, the ability, and willingness, to pay claims. A reckless underwriting agent, writing indiscriminately in order to maximise the premium flow and hence his commission, will, if his activities go unchecked for long enough, almost inevitably cause the financial ruin of his principal. Accordingly, we have suggested[18] that a broker considers carefully whether his client's long-term interests are served by placing reinsurance with an underwriting agent who readily accepts poor risks. A report of a Committee of the United States House of Representatives[19] identified the cause of three major insolvencies in the 1980s[20] as being the delegation of underwriting authority to what are known in the United States as Managing General Agents or "MGAs". The report states:

10-006

"Mission had two subsidiaries ... that acted as MGAs on behalf of Mission and its reinsurance pool members. Integrity and Transit used a nationwide system of independent MGAs to write direct business and arrange reinsurance on their behalf. Under-pricing and minimal or poor underwriting by their MGAs were leading contributors to the failure of all three companies.

Mission, Integrity and Transit were 'fronts' used by their MGAs to write business that was intended to be passed almost 100 per cent to reinsurers ... insurance policies can only be legally written in the name of licensed insurance companies, ... At least one MGA even created his own private offshore reinsurance companies to capture the bulk of the

---

[16] *ING Re (UK) Ltd v R&V Versicherung AG* [2006] EWHC 1544 (Comm); [2007] 1 B.C.L.C. 108. Applied *London & Quadrant Housing Trust v Stokes* [2022] EWHC 1120 (QB). Employees of a landlord had ostensible authority to grant tenancies.
[17] See Ch.9, 9-081 above.
[18] See Ch.9, 9-062 above.
[19] *Failed Promises: Insurance Company Insolvencies* (Washington: US Government Printing Office, 1990).
[20] Transit Casualty, Mission and Integrity.

premiums on the business he wrote for Transit, in addition to receiving commissions for originating and reinsuring the same business.

Insurance companies that basically rent their name in a fronting agreement earn a fee, but they risk financial disaster if the reinsurers arranged by the MGAs refuse, or are unable, to pay their share of claims. In that situation, the fronting insurance company with its name on the policies is required to pay 100 per cent of the claims. That is exactly what happened to Mission, Integrity and Transit, and that was the immediate cause of their insolvencies."[21]

Acceptance of risks—agent or principal?

10-007 The underwriting agent will typically bind risks by means of a stamp bearing the name of the agency and the names of the principals for which it acts, indicating the respective proportions of the risk that each principal accepts.[22] In such a case, in accordance with the principles of agency law discussed above,[23] the agent is making the contract solely as agent, and it is the reinsurers, as principals, who are liable under the contracts which the agent makes.

However, as *Transcontinental Underwriting Agency SRL v Grand Union Insurance Co Ltd*[24] illustrates, an underwriting agent *may* render himself liable as a principal on contracts of reinsurance. Hirst J (as he then was) held that the managing agent of a retrocession pool, which had entered into a standard form of retrocession agreement in its own name and without any qualification on the face of the agreement describing itself as "Retrocedant", was entitled to sue and be sued as a principal. The judge reversed the ruling of the two arbitrators[25] on a preliminary point that the managing agent was not the proper party to bring a claim. The arbitrators had given the following reasons:

"The fundamental point on which our award is predicated is that: just as a reinsurance agreement is one under which a reinsurer insures a liability of an insurer under policies issued by the latter, a retrocession agreement is a form of insurance contract under which a reinsurer (called the Retrocessionaire) insures the liability of another insurer (called a Retrocedant) in respect of reinsurance the latter has entered into but also that the parties to the agreement, by definition, must be entities carrying on reinsurance business, in the sense of being risk takers. That is to say assume primary liability by way of reinsurance of the reinsurance or insurance liabilities of others."[26]

The arbitrators also considered that, given the inherent nature of the agreement, there was sufficient qualification of Transcontinental's capacity in the very fact that the words "Underwriting Agency" were used in their name "… imply[ing] that the Retrocession Agreements were entered into by the Claimant as an agent on behalf

---

[21] Failed Promises (see fn.1 above), p.11.
[22] *Group Josi Re Co SA v Walbrook Insurance Co Ltd* [1996] 1 W.L.R. 1152; [1996] 1 Lloyd's Rep. 345; per Staughton LJ: "They have been called 'the Stamp Companies' because they had authorised … H.S. Weavers (Underwriting) Agencies Ltd. to conduct insurance business on their behalf, and that was apparently done by using a stamp of rubber or similar material with all their names on it."
[23] See Ch.9, 9-001 and 9-004 above.
[24] *Transcontinental Underwriting Agency SRL v Grand Union Insurance Co Ltd* [1987] 2 Lloyd's Rep. 409; [1987] 2 F.T.L.R. 35. In *Winton v Rosenthal* [2013] EWHC 502 (Ch) there were three parties discussing a property development but at one point W entered into an agreement with R which required R to complete a development. When he failed to do so, W was entitled to enforce and R's involvement in the negotiations did not excuse him from those obligations. A clear contractual relationship between two of a number of people in negotiations can emerge from those negotiations even while they continue.
[25] John Butler and Charles Grey.
[26] *Transcontinental v Grand Union* [1987] 2 Lloyd's Rep. 409 at 411.

of the principals who were Reinsurers". Hirst J, however, applied the general principle of agency law that an agent may be personally liable on a contract made on behalf of his principal if he does not indicate that he is contracting solely as agent.[27] He held that there was nothing special about the nature of the contract of insurance, reinsurance or retrocession which precluded the agent from becoming a party. The members of the pool, as unnamed principals, additionally had the right to sue or be sued.

Hirst J added that even where the underwriting agent makes clear that he is placing retrocession cover as an agent only, he is entitled to sue in his own name on behalf of his principals and holds the proceeds of such a claim as a fiduciary on their behalf. Hirst J considered the well-established rule of marine insurance law that a broker is entitled to bring an action on the policy in his own name[28] was of general application, and that "there seems no logical reason for drawing some special distinction in this context between marine and non-marine insurance". However, as we note below,[29] under the Marine Insurance Act 1906 s.53, the marine broker is personally liable to the underwriter for the premium and it follows logically that he should be entitled to sue on the policy, and under the old form of marine policy the broker was the first named insured.[30] Hirst J's view may not apply outside of that circumstance. 10-008

Although an underwriting agent administering a large reinsurance pool may find it convenient to sue retrocessionaires in his own name rather than in the names of the members of the pool, there are potential difficulties. First, in a case where, unlike *Transcontinental*, the agent plainly contracts only as an agent, the objection to his capacity to sue (although possibly unmeritorious) may well be taken, and the agent should, out of an abundance of caution, take an assignment of its principals' rights to recover from retrocessionaires if he intends to take that route. Secondly, the agent who, like Transcontinental, holds himself out as a principal will find himself liable as a principal both for premium under the retrocession contracts which he places, and for claims under reinsurance contracts which he accepts.[31] Thirdly, the members of the pool may not all agree with each other and may want to adopt different positions.

Captive managers

A "captive" insurance company is a wholly owned subsidiary of a non-insurance business that insures some or all of the risks of its parent or parent group. Sometimes it does so by reinsuring an insurance company that has provided the direct insurance; sometimes it does it by providing the direct insurance and reinsuring into the reinsurance market. A typical captive insurance company has no employees of its own. The business of such a captive is conducted by a management company. There will usually be a written management agreement between the 10-009

---

[27] See *Halsbury's Laws of England*, Agency (LexisNexis, 2022), para.157. In *Gammie v Abbey Legal Protection* [2012] Lloyd's Rep. I.R. 322; (2012) G.W.D. 4-72 Sheriff Court Grampian Highland and Islands, the Sheriff had no difficulty in dismissing out of hand the claim of an insured that the coverholder who issued the insurance certificate was an insurer alongside Brit Insurance: "the Defenders are simply agents for Brit who are clearly disclosed principals".
[28] See *Arnould on the Law of Marine Insurance and Average*, 16th edn (Stevens, 1981), para.167 for the law of that time.
[29] See Ch.11, 11-005 below.
[30] See further in Ch.9, 9-025 above.
[31] Compare *IGI Insurance Co Ltd v Kirkland Timms Ltd* Unreported, 5 December 1985, QBD, Comm Ct.

captive and the management company which provides for the maintaining of records and provision of accounts, the conduct of underwriting on behalf of the captive, the placing of reinsurance and the collection of claims from reinsurers. A captive management agreement will therefore have many features in common with an underwriting agency agreement. It may, on its face, confer very wide underwriting authority on the manager, and specific guidelines or limitations will thereafter be imposed by the board of the captive. Unless the management agreement expressly provides for a delegation of underwriting authority on the manager, he must obtain his principal's consent if he wishes to appoint a sub-agent to do the underwriting. The captive manager may engage the risk management function of the parent to provide services to the subsidiary.

A company whose business is to act as captive manager may have underwriting authority on behalf of a number of captives, and may have specific authority to accept risks on behalf of a pool of captives.[32] As *Bott v SCRAP* illustrates[33] the captive manager is an agent with fiduciary duties to the captive, and where he wears a number of hats he must be careful to avoid conflicts of interest and to make appropriate disclosure to his principals. The captive manager should also bear in mind who, in law, are his principals. The manager is in law the agent of the captive. Whilst in practice, the manager may regard his client as the captive's parent company and whilst he frequently reports to a risk manager, who is a salaried employee of the parent, the manager's fiduciary duty is owed to the captive. The manager's duties to the captive may require him to decline risks which the parent wants him to accept, or resist claims which the parent wishes to be paid. The board and the parent/shareholder may ratify underwriting guidelines and rates for the captive which a prudent underwriter would regard as unacceptable. In such a case, the manager should take care that his professional advice is clearly documented, for a captive which embarks upon such a course may have a short life because it will find difficult to purchase reinsurance, without which the captive will be limited in the amount of business it can accept.

The difficulty in finding reinsurance would stem from the duty to make a fair presentation of the risks that the reinsurers are being asked to assume and if the captive has taken underwriting decisions which are, objectively, unwise, risks then written will not be attractive to reinsurers. The captive must act with good faith and in a prudent and business-like manner towards its reinsurers in settling claims from its parent.[34] *Insurance Corporation of Ireland v Strombus*[35] illustrates the criticism that the captive may be subject to. Perhaps not wishing to give reinsurers an argument that it should have resisted a claim by its parent, Kaiser Aluminium, the captive company, Strombus, declined a claim, and was sued in California by the parent. Strombus proposed to join its reinsurers in London to the California proceedings. Reinsurers sought an injunction in England to prevent Strombus joining its London market reinsurers to the California proceedings. The injunction was refused. It was alleged (unsuccessfully) that the California proceedings were collusive and London reinsurers did not favour the proposition that joining the proceedings would ensure no alleged collusion could occur.

---

[32] See Pt 2 below.
[33] *Bott & Assocs v Southern California Recyclers & Processors Assurance Ltd (SCRAP) Bermuda Civ. App. No.5*, 1986. See Ch.9, 9-061 above.
[34] See further in Ch.5.
[35] *Insurance Corp of Ireland v Strombus International Insurance Co Ltd* [1985] 2 Lloyd's Rep. 138.

It appears from *Kelly v Cooper*[36] that where a captive manager is in the general business of captive management, so that any prospective client coming to him knows that he manages other captives, a term will be implied into the contract of agency that the manager is entitled to keep the affairs of each captive client confidential from others. But we submit that *Kelly v Cooper* does not otherwise affect the principles of disclosure laid down in *Bott v SCRAP*.[37]

Knowledge of underwriting agents

Section 3(1) of the IA 2015[38] provides that the insured must make a fair presentation of risk *to the insurer*. Section 5 is titled "Knowledge of insurer", and states that an insurer only knows something if it is known by one or more individuals who participate on behalf of the insurer in the decision whether to take the risk and if so on what terms (*whether the individual does so as the insurer's employee or agent, as an employee of the insured's agent or in any other capacity*). Section 22(4) states that unless the contrary appears, references in Pts 2 to 5 of the Act to something being done by or in relation to the insurer or insured include its being done by or in relation to that person's agent. It seems to us clear that where the insurer delegates underwriting to a broker, or MGA, or MGU, that person is the insurer for the purposes of presentation of the risk and of "knowledge".

10-010

In *Simner v New India Assurance Co Ltd*[39] a broker had underwritten business for a syndicate at Lloyd's, under a binding authority. The binder holder's knowledge of the business underwritten in that way was more extensive than that of the syndicate. The syndicate reinsured its exposure and the reinsurer maintained that the more extensive knowledge of the binder holder (who was not the broker of the reinsurance) should be attributed to the syndicate when it made its disclosure to obtain the reinsurance Judge Diamond QC held that the broker's knowledge was not imputed to his principal. He said:

"… this is not in my judgment a case where Anthony Kidd [the Binder holder] so far represented the syndicate that Anthony Kidd's actions, intentions and knowledge can properly be said to be that of the syndicate, see per Lord Halsbury in *Blackburn Low v Vigors*[40]. Anthony Kidd had only a specific and limited authority to act on behalf of the syndicate. No general underwriting discretion had been delegated to them. The terms on which Anthony Kidd could write business so as to bind the syndicate, including the risks insured, the limits of liability and the rate of premium were all fixed by the binder. That contract also set out procedures for the receipt, adjustment and payment of claims, for submission of bordereaux by Robert Bishop to Anthony Kidd and for periodic collection of claims from the underwriters. In view of the limited nature of the agency I cannot conclude that Anthony Kidd was in such a 'predominant position'… in relation to the

---

[36] *Kelly v Cooper* [1993] A.C. 205; [1992] 3 W.L.R. 936; *John Youngs Insurance Services Ltd v Aviva Insurance Service UK Ltd* [2011] EWHC 1515 (TCC). In *Harlequin Property (SVG) Ltd v Wilkins Kennedy (a firm)* [2016] EWHC 3188 (TCC); [2017] 4 W.L.R. 30, an accountant put himself in a position of conflict by accepting instructions from both of two opposing parties, but the court held that even so, he did not have to breach a duty of confidentiality to one by disclosing confidential information to the other.
[37] *Bott & Assocs v Southern California Recyclers & Processors Assurance Ltd (SCRAP)* Bermuda Civ. App. No.5, 1986. See Ch.9, 9-061 above.
[38] See generally on the IA 2015 the discussion in Ch.6 above.
[39] *Simner v New India Assurance Co Ltd* [1995] L.R.L.R. 240, and see Ch.9, 9-047 above.
[40] *Blackburn Low & Co v Vigors* (1887) 12 App. Cas. 531 HL. Applied by *Sandham (t/a Premier Metal Leeds) v Revenue and Customs Commissioners* [2020] UKUT 193 (TCC); [2020] S.T.C. 1682. See Ch.9; and see Ch.9, 9-039 above.

syndicate that the knowledge of Anthony Kidd can, without more, be imputed to the syndicate."[41]

The same facts might produce the same result even under the IA 2015. The broker holding the binder was not part of the syndicate's senior management, plainly, and he was not the agent to obtain the syndicate's reinsurance. But query whether he was "responsible for the insured's insurance" (IA 2015 s.4(3)(b)). Literally one might answer "yes" at least in relation to the binder business. But then one has to recognise that one is considering the *re* -insurance and one has to transpose "insured" to reinsured", and the binder holder was not responsible for the syndicate's reinsurance. The reinsurer knew that the business was binder business. Were the case to be heard under the IA 2015 regime, the court might find that the reinsurer had sufficient information to put a prudent reinsurer on notice that it needed to make further inquiries—for example about what losses had been notified to, or were known to, the binder holder—and failed to make such inquiries.

Termination of agency—run-off

10-011 It is necessary to distinguish two situations: first, where the agent has ceased to underwrite for the principal but, with the principal's agreement, continues to administer the run-off of the business; and secondly, where the principal terminates the agent's underwriting authority and does not wish him to administer the run-off. In the first situation, the relationship of principal and agent continues, and the agent is therefore under a continuing duty to act with skill and care. The second situation may give rise to difficulty where the business relationship has deteriorated between the parties, for example where the agent has been dismissed for unprofitable underwriting. The second situation may also arise where the underwriting agent has been administering the run-off with the principal's agreement,[42] but the principal terminates that agreement because[43] he is dissatisfied with the agent's conduct.

The first question to arise in such a circumstance is whether the principal *can* terminate the relationship. The answer should be found in the written agreement between the parties. The carefully drawn coverholder agreement will be clear about who can terminate the arrangement, and when, and on what grounds, and go on to deal with who should manage the run off, and then go further to deal with who "owns" the business written and the right to continue the relationships with the clients or producing brokers who bring the business to the coverholder. Suppose that the principal purports to terminate the relationship wrongfully. The agent has a claim in damages for sure, but can he insist that he continue with the run off? Can he assert that the purported termination is ineffective, because in breach of the agreement, and carry on? Arguably the contract is sufficiently personal in nature, at least in the sense of requiring mutual trust, that not permitting termination, even in breach of contract would not be appropriate.

10-012 Two cases, decided quite close to each other, and involving the same coverholder, take different perspectives in looking at these issues.

---

[41] *Simner v New India* [1995] L.R.L.R. 240 at 257.
[42] See *Yasuda Fire & Marine Insurance Co of Europe Ltd v Orion Marine Insurance Underwriting Agency Ltd* [1995] Q.B. 174; [1995] 2 W.L.R. 49, discussed 10-013 below. Also see: *Mulsanne Insurance Co Ltd v Marshmallow Financial Services Ltd* [2022] EWHC 276 (Ch).
[43] As in the *Yasuda Fire* case. And see *John Youngs Insurance Services Ltd v Aviva Insurance Service UK Ltd* [2011] EWHC 1515 (TCC); *Riaz v Ashwood Solicitors* LLP [2018] 3 WLUK 627.

In *Europ Assistance v Temple Legal Protection Ltd*[44] the claim was by Europ Assistance for an interim order to stop Temple conducting the run off of after the event ("ATE") insurance written by Temple for Europ under what was called a Binding Authority Agreement. The binder gave Temple all the authority of a managing general agent ("MGA"). Temple could even delegate underwriting authority. The agreements with the sub coverholders were between Temple as principal and the counterparty, not Temple as agent of Europ Assistance and the sub-agents. Since the application was for only an interim order, the judge's decision was not necessarily the final one, but he ordered that the status quo be preserved pending trial—the status quo being that Temple conducted the run off.[45] Europ Assistance, having lost confidence in Temple, had revoked Temple's authority to conduct the run off. Temple asserted that the authority was irrevocable. Langley J said that "the 'business' was Temple's business" and said that preventing Temple performing the run off would damage that business.

In *Temple Legal Protection Ltd v QBE (Europe) Ltd*[46] QBE (the successor to Europ Assistance in the case above) terminated Temple's authority to underwrite. A Temple underwriter had joined QBE and Temple were planning to stop providing business to QBE and divert it to another company. An arbitrator determined that QBE was entitled to terminate the authority of Temple to perform the run-off and was entitled to take the run-off back into QBE notwithstanding that the normal procedure in the market was for the coverholder to do the run off. Temple appealed to the High Court arguing (as it had against Europ Assistance) that QBE taking back the run off put Temple in breach of contracts with third parties who had bought ATE cover from it. QBE argued the personal nature of the relationship:

> "A principal who loses trust and confidence in his agent is, absent specific provision in the contract, normally entitled to bring the agency relationship, a fiduciary relationship, to an end."

QBE also argued that on the terms of the Binder[47] there was no provision giving Temple the right to do the run off. Beatson J said that Langley J's earlier decision was on an interlocutory application. Beatson J did not think that Langley J's decision that Temple had entered into the sub-coverholder agreements as principal had been established before him. He concluded:

> "[N]either the contractual matrix, nor the commercial context, nor the indications from the general law of agency suffice to establish an entitlement in Temple to conduct the run-off. The Binder does not confer such entitlement."

Specifically, the learned judge found that Temple did not have an "authority coupled with an interest" such as to make the authority given irrevocable.[48] Beatson J did not approve the arbitrator's approach—though he did agree with the finding—

---

[44] *Europ Assistance Insurance Ltd v Temple Legal Protection Ltd* [2007] EWHC 1785 (Comm); [2008] Lloyd's Rep. I.R. 216.

[45] It does not appear that the case ever went to trial. As is not uncommon where there are applications for interim injunctions, if they are not obtained, the trial occurs too late for an injunction to be of benefit.

[46] *Temple Legal Protection Ltd v QBE Insurance (Europe) Ltd* [2008] EWHC 843 (Comm); [2008] Lloyd's Rep. I.R. 643.

[47] The facts outlined in the QBE case make it clear that the binders in the two *Temple* cases were not on the same terms.

[48] Rejecting Temple's argument that the factual scenario was similar to *Society of Lloyd's v Leighs* [1997] C.L.C. 759.

that the matter could be determined by reference to common law principles (although the same result was arrived at in so doing). He came to his decision by careful analysis of the Binding Authority, the (sub) coverholder agreements and the certificates of insurance.

Parties in the future will no doubt learn from both these *Temple* cases and seek to ensure that the provisions concerning run-off and entitlement to conduct it, and ownership of the business are considerably clearer.

Does the former principal have the right to inspect the former agent's records or demand their delivery up?

10-013
In *Yasuda Fire & Marine Insurance Company of Europe Ltd v Orion Marine Insurance Underwriting Agency Ltd*,[49] the plaintiff, Yasuda, had participated in reinsurance pools which the defendants, Orion, had managed. Yasuda terminated Orion's underwriting authority, but agreed that Orion should continue to manage the run-off of the pool business. The relevant agreements expressly provided that Yasuda and its authorised representative were entitled to inspect Orion's records relating to the pool business.[50] Yasuda carried out an inspection of Orion's records over a period of 10 months, which involved a review of 16,000 risks files and the making of over 77,000 copies. Yasuda's representatives asked Orion for access to data on computer tapes/discs and Orion refused. Yasuda terminated Orion's authority to act for them, inter alia, on grounds that, without authority, Orion had sub-delegated the underwriting function to third parties; that they had exceeded their underwriting authority; that their claims handling had been defective; and that they had acted in a conflict of interest situation. Orion denied that they had been in breach of their obligations to Yasuda, and treated Yasuda's notice of termination as a repudiatory breach of the agency agreement which Orion accepted.

> "The termination of the agreements had the consequence, whichever party was in breach, that the plaintiff now had to manage the run-off and the defendants were not under any duty to do so."[51]

Yasuda brought an action to compel Orion to provide copies of the records, including the computer records, which would enable Yasuda to administer the run-off. Colman J explained the difficulty Yasuda faced, if it could not obtain these records, as follows:

> "Many of the risks involved are complex long-tail business, covering both primary risks and reinsurance, as well as LMX and U.S. casualty business, involving continuing claims and complex issues of fact and law. For the purposes of managing the run-off it is of considerable advantage to have quick access to policy, premium, claims and other financial information as well as details of reinsurance protection effected by the defendants. The reason why the computer material is required is to gain speedy access to relevant information from different sources which, if it had to be reacquired from hard copy each time it was needed, would represent an extremely burdensome operation. However, the computer material may not in all cases provide sufficient information and some hard copy docu-

---

[49] *Yasuda Fire & Marine Insurance Co of Europe Ltd v Orion Marine Insurance Underwriting Agency Ltd* [1995] Q.B. 174; [1995] 2 W.L.R. 49; *John Youngs Insurance Services Ltd v Aviva Insurance Services UK* [2011] EWHC 1515 (TCC).
[50] See Ch.5, 5-151 above for the terms of the inspection clause.
[51] *Yasuda v Orion* [1995] Q.B. 174 at 182A per Colman J.

ments are also required to effect a proper run-off. These documents are those relating to obviously active claims and reinsurance."[52]

Orion argued that because the agency agreements had been terminated for repudiatory breach, they were no longer under any obligation to perform any part of the agreement, in particular to allow inspection under the inspection clause[53] and even if Orion had been in repudiatory breach, Yasuda were not in law entitled to specific performance of the obligations in the inspection clause because those obligations had ceased upon termination of the agency agreement. Orion argued that Yasuda's only remedy was in damages. Yasuda argued that because Orion had been Yasuda's agents, they had a fiduciary relationship which included a duty to account for all transactions which Orion had conducted on Yasuda's behalf. The obligation to account included the obligation to produce all books and records relating to those transactions, and that duty to account continued notwithstanding the termination of the agency agreement.

10-014

Colman J accepted Yasuda's argument. He said:

"There can be no doubt that there existed a relationship of agency between the plaintiff, as principal, and the defendants as agents. Initially the scope of the defendants' authority extended to underwriting new business and binding the plaintiff to contracts of insurance and reinsurance, but from the end of 1991 the scope of that authority was confined to running off those contracts already entered into on the plaintiffs' behalf. For that purpose the defendants would have to settle such claims as might be presented; to make claims on reinsurers, to receive outstanding premiums, to make returns of premiums and to administer those funds necessary to satisfy claims settlements and account to the plaintiff for such surplus as might be done. At any given time before the completion of these functions, the defendants would be in possession of a body of information essential for the conclusion of the run-off of each contract. If at that point of time the defendants were to cease to administer the run-off and it became necessary for that function to be performed by the plaintiff, access to the information as to the contracts of insurance and reinsurance binding on the plaintiff then in the defendants' possession would be essential, not only to ascertain what sums, if any, were due as between the plaintiff and the defendants but also what the outstanding rights and liabilities were as between the plaintiff and those whom it had insured and reinsured and those by whom the plaintiff itself was reinsured ... Because the agent's duty to provide records of transactions to the principal is founded on the entitlement of the principal to the records of what has been done in his name, termination of the agent's authority to enter into further transactions should have no bearing on the continuance of the duty to provide pre-existing records pertaining to the period when the transactions were authorised. Accordingly, in the absence of express agreement to the contrary, the agent's duty to provide to his principal the records of transactions effected pursuant to the agency must subsist notwithstanding termination of the agent's authority. That, as I have held, is a duty that is imposed by law in consequence of the existence of the agency relationship and is not founded on the existence of a contract of agency."[54]

The *Yasuda* case was cited in *Equitas Ltd v Horace Holman & Co Ltd*.[55] Equitas was claiming monies it said were due on accounts that the defendant had with Lloyd's syndicates from whom Equitas had an assignment. The defendants:

---

[52] *Yasuda v Orion* [1995] Q.B. 174 at 182D–E.
[53] See *Photo Production Ltd v Securicor Transport Ltd* [1980] A.C. 827 at 849–850 per Lord Diplock; [1980] 2 W.L.R. 283. Cited and followed in *Mott Macdonald Ltd v Trant Engineering Ltd* [2021] EWHC 754 (TCC); [2021] B.L.R. 440.
[54] *Yasuda v Orion* [1995] Q.B. 174 at 184G–185H.
[55] *Equitas Ltd v Horace Holman & Co Ltd* [2007] EWHC 903 (Comm); [2007] Lloyd's Rep. I.R. 567

> "... argued, citing *Chantrey Martin v Martin*, [1953] 2 QB 286, that they are not obliged to disclose or provide copies of documents created for their own purpose including their IBA ledgers, cash books and nominal ledgers. I cannot accept this. Horace Holman are obliged to provide copies of such documents in so far as they record transactions that Horace Holman carried out as the agent of Equitas or the syndicates whose rights were transferred to Equitas."[56]

The judge also looked at the argument of the defendant that it had already accounted to Equitas and the proceedings were inappropriate:

> "Generally, of course, it is a defence to an action for an account that the accounting party has already given the account which has been adjusted and that the balance has been struck and paid: see *Snell's Equity* (31st Ed) para 18-26. However, in this case no account was adjusted between the parties and no balance was struck. It is not sufficient that the accounting party simply state to the other party an amount acknowledged to be due (or in this case to state that no amount was due)."[57]

10-015 *Home Insurance v M. E. Rutty Underwriting Agency Ltd*[58] was another case involving a pool. Mance J held that as a matter of construction of the underwriting agency agreement, the books and records created by the agent belonged jointly to the pool members. Following termination of the agent's authority, the pool members—who were now responsible for the run-off of their respective participations—were jointly entitled to the possession of the agency records and the court had jurisdiction to appoint a receiver[59] to take custody of the records.

Cases about delegated authority are fact specific and turn, as Beatson J said in the *Temple Legal Protection* case above, on the wording of the agency agreements. Sir Anthon Mann said in *Mulsanne v Marshmallow*:[60]

> "As a general rule, an agent must account to his/her principal for benefits which came to his notice as a result of his fiduciary position - see e.g. *FHR European Ventures LLP v Cedar Capital Partners LLC* [2015] AC 250. However, care must be taken in applying that statement. As appears from a number of paragraphs of the judgment of Lord Neuberger in that case, the principle applies, first, where the benefit is obtained in breach of fiduciary duty. As will appear, the other activities which have led to this part of the case were not done in breach of fiduciary duty. Furthermore, consent will inevitably be a defence to such a claim, and that has to be fed into the factual considerations which arise when these principles come to be applied."

The first defendant had acted as agent for the claimant in writing motor business but had later decided to set up an insurance company and write on its own account. The TOBA was therefore terminated.

---

and see *Equitas Ltd v Walsham Bros & Co Ltd* [2013] EWHC 3264 (Comm); [2014] Lloyd's Rep. I.R. 398. And now see *Equitas Ltd v Sande Investments* [2021] EWHC 631 (Comm); [2021] Lloyd's Rep. I.R. 553; In *Specialty Magnetics Ltd v Agilent Technologies LDA UK Ltd* [2020] EWHC 2193 (Comm), the Walsham Bros case was used to illustrate that whether a representation was one for all or continuing was a question of fact in each case.

[56] *Equitas v Holman* [2007] EWHC 903 (Comm) at [28] per Andrew Smith J.

[57] *Equitas v Holman* [2007] EWHC 903 (Comm) at [91].

[58] *Home Insurance Co v ME Rutty Underwriting Agency Ltd* [1996] L.R.L.R. 415; see also *Wurttembergische AG Versicherungs Beteiligungsgesellschaft v Home Insurance Co (No.1)* [1997] L.R.L.R. 86; [1996] 5 Re. L.R. 192, and below; and *Hiscox Underwriting Ltd v Dickson Manchester & Co Ltd* [2004] EWHC 479 (Comm); [2004] 2 Lloyd's Rep. 438 [Mentioned by *Mulsanne Insurance Co Ltd v Marshmallow Financial Services Ltd*].

[59] Pursuant to s.37 of the Supreme Court Act 1981. Renamed the Senior Courts Act 1981 by the Constitutional Reform Act 2005 (amended on 22 April 2014 by the Crime and Courts Act 2013).

[60] *Mulsanne Insurance Co Ltd v Marshmallow Financial Services Ltd* [2022] EWHC 276 (Ch).

The claimant alleged that D1 was in breach of various post-termination obligations, deriving from the TOBA or the law of agency, to provide information which the claimant said it needed to enable it to take over the administration of its policies effectively and in particular to be in a proper position to offer renewals to policyholders when their policies expired. It also alleged that parts of the ratings engine used by the defendants in their new business contained the claimant's confidential information, and that in setting up their new business the defendants had used confidential elements as a "springboard" to advance their preparations, even though those elements did not remain in the final version. The judge found for the defendant. There was some minor incidental use of the claimant's rating methods, but not sufficient to allow the claimant to terminate that ground, or to give the claimant any claim in damages.

In the Supreme Court decision *FHR European Ventures LLP v Cedar Capital Partners LLC*,[61] one of the issues was whether a fiduciary could hold unlawfully received commission (from another party) on trust for its principal—the Supreme Court said "yes". See Ch.9, 9-009.

10-016 Does the former agent have any continuing duties to his former principal other than to make records available? For example, does he have a duty to pass on notices of claims or other information which he may receive from third parties who may be unaware that he no longer has authority to act on behalf of the principal? He may be liable for breach of warranty of authority if he actively misrepresents his position to the third party, and, of course, he will also be liable if he acts fraudulently towards his former principal, for example, by receiving money to which he knows he is not entitled, but once the former principal has obtained the records necessary to administer the run-off, is the former agent still under some continuing duty to account for transactions he once effected? We suggest that if the information is of a kind which, in the ordinary course of business, the agent would have communicated to the principal as part of his accounting function, a duty to pass on the information exists. We say this because there could be significant difficulties for the market if that were not the case, and as *Goshawk Dedicated Ltd v Tyser & Co Ltd*[62] has demonstrated, that seems to be enough for the judges to find an obligation implied from necessity. One can also envisage situations where the former agent may come into possession of information which it is not necessary for the former principal to know but which would be commercially valuable for his former principal to know—we can see no basis for imposing a continuing duty in such a case.[63]

10-017 *Hiscox v Dickson*[64] concerned the court's powers under the Arbitration Act 1996 to make orders in a current arbitration dispute. The dispute was between Hiscox, a

---

[61] [2014] UKSC 45; [2015] A.C. 250.
[62] *Goshawk Dedicated Ltd v Tyser & Co Ltd* [2006] EWCA Civ 54; [2007] Lloyd's Rep. I.R. 224.
[63] Compare *Banque Financiere de la Cite SA (formerly Banque Keyser Ullmann SA) v Westgate Insurance Co (formerly Hodge General & Mercantile Co Ltd) (the Gemstones case)* [1991] 2 A.C. 249; [1990] 3 W.L.R. 364, applied *Gabriel v Little* [2017] UKSC 21; [2018] A.C. 599. In *Manchester Building Society v Grant Thornton* [2021] UKSC 20; [2022] A.C. 783, which the Supreme Court tell us should be read with their decision in *Khan v Meadows* [2021] UKSC 21, lower courts had accepted arguments that the loss suffered by the building society did not flow from the negligent advice of the defendant. The Supreme Court found that it did. Grant Thornton advised that the society could use 'hedge accounting'. When the society learnt that it could not, it broke the swaps. The lower courts said that the loss arose from breaking the swaps and the higher court said that breaking the swaps was a direct consequence of the bad advise to enter into them. There was a fifty per cent negligence on the part of the society and see Ch.6, 6-045 above. Applied *Armstead v Royal and Sun Alliance Insurance Co Ltd* [2022] EWCA Civ 497; [2022] R.T.R. 23 (appeal outstanding).
[64] *Hiscox v Dickson* [2004] EWHC 479 (Comm).

Lloyd's insurer, and Dickson Manchester, a coverholder writing professional indemnity insurance for Hiscox. The coverholder was bought by an American insurer, HCC, and planned to move the business being underwritten to its parent. Hiscox gave notice of termination of the agency and sought an order for inspection and copying of records pursuant to clear rights it had under the Binding Authority Agreement when the coverholder refused to allow inspection. The court granted the order pursuant to s.44 of the 1996 Act. Cooke J said:

> "Insofar as risks were written under the binding authority agreement to original insureds, whether through producing brokers or not (and whatever mechanism was employed in relation to the underwriting operation) the papers relating to such risks written under the binding authority agreement were part of the agency business conducted by DM for Hiscox. In accordance with the ordinary rules of agency, quite apart from the express terms of clause 15 of the binding authority agreement, these documents belonged to Hiscox as the principal and Hiscox were entitled to inspect them and photocopy them. The business is indubitably that of Hiscox and the identity of the "producing" brokers, as revealed in DM's correspondence with them when DM were acting as agents for Hiscox, is something that Hiscox is entitled to know."[65]

The judge found that Hiscox wished to offer renewal to its policyholders and that DM were determined to prevent that if they could, on the basis that Hiscox had agreed not to compete. The judge said:

> "It is clear on any view of the matter that the business previously written under the binder is Hiscox's business and that DM were only agents. Once that agency terminated DM were free to act as brokers, placing business with Hiscox, or indeed with other insurers, but Hiscox would not be acting in competition at all ... Once the binding authority was terminated, what objection could DM legitimately have against Hiscox contacting its own assureds directly or through their brokers?"[66]

It seems that MGAs in England have not only failed to persuade the insurers that they are anything other than a broker with a binder—see 10-001, above—but, perhaps with the exception of *Mulsanne*, have failed to persuade the courts also. Perhaps they need to start using different language in their agreements than "binding authority".

Accounting between principal and agent

10-018   It is not unexpected, but it should be noted by both parties, that "conclusive evidence" clauses will be upheld in the relationship of insurer and MGA. In *Axa Sun Life Services Plc v Campbell Martin Ltd*[67] a clause (in favour of Axa) read:

Any decision that we make on your entitlement to commission ... or upon any calculation by us of Commission due or repayable ... shall, save for manifest error, be final and conclusive and binding on you."

Stanley Burnton L.J. said:

> "Again, there was no dispute before us as to the contractual effect ... Such clauses have long been used: see *Society of Lloyd's v Fraser and ors* (unreported, Court of Appeal 31 July 1998); see too *IIG Capital v Van der Merwe* [2008] EWCA Civ 542. Clause 1.6 takes effect in accordance with its terms."

---

[65] *Hiscox v Dickson* [2004] EWHC 479 (Comm) at [10].
[66] *Hiscox v Dickson* [2004] EWHC 479 (Comm) at [25].
[67] *Axa Sun Life Services Plc v Campbell Martin Ltd* [2011] EWCA Civ 133; [2012] Bus. L.R. 203 [Mentioned by *Euler Hermes SA (NV) v Mackays Stores Group Ltd*].

When, in 2011, a judge calls on an unreported decision from 1998 as evidence of common use, one may wonder whether the usage is quite as common as believed. MGA and MGU agreements can be complicated, involving substantial accounts of a number of different items and we suggest that neither party should agree a conclusive evidence clause as to amounts owed.

Fiduciary duty on termination of the agency

We recall by way of prelude the principle re-stated in 1998 in *Bristol & West Building Society v Mothew (t/a Stapley & Co)*,[68] that a person who is an agent of another is not a fiduciary except in relation to specific fiduciary tasks. *John Youngs Insurance Services Ltd v Aviva Insurance Service UK Ltd*[69] concerns an agency relationship within the insurance market. Youngs provided claims handling services to Aviva. Eventually Aviva offered Youngs terms for the continuation of the relationship that Youngs were unwilling to accept and a termination agreement was negotiated and concluded. But there was a falling out when Aviva thought it had been overcharged. The report is of a trial of preliminary issues. Ramsey J decided that Youngs' duty to consider whether a claim was valid was a fiduciary duty but the associated actions of surveys, deciding what work needed to be done, and doing the work, were not fiduciary duties. Being an equitable duty, in principle the fiduciary duty survived the termination of the agency contract (but the act which gave rise to the duty was no longer to be performed by Youngs, so in fact it had little impact: see [120] of the judgment). Looking at the key indicia of fiduciary duty, adopted in this case from Mothew, a relationship of trust and confidence and loyalty, in our view the duty of underwriting for the good of the insurer or reinsurer is as fiduciary in nature as the duty (found here to be fiduciary) of determining whether a claim was valid.

10-019

On the question of which prevailed, the original agreement or the termination agreement, essentially the judge found, as one would expect, that the termination agreement set out the continuing obligations of the parties to each other and if they were more restrictive than those existing in the contract itself, that was no doubt intentional.

Open covers and binders

Open covers distinguished from binders

There is a fundamental distinction between an "open cover" and a "binding authority" or "binder". The "open cover" is a device by which an insurer stipulates in advance that he is willing to accept certain risks on certain terms.

10-020

Such an open cover to accept reinsurance may be a facultative obligatory treaty, or "fac/oblig", where individual risks are ceded at the discretion of the cedant or, it may operate to accept every risk which the cedant accepts which is within the terms of the cover. Individual contracts of reinsurance are made when a risk is

---

[68] *Bristol & West Building Society v Mothew (t/a Stapley & Co)* [1998] Ch.1; [1997] 2 W.L.R. 436. Applied in *LIV Bridging Finance Ltd v EAD Solicitors LLP (In Administration)* [2020] EWHC 1590 (Ch); [2020] P.N.L.R. 24.

[69] *John Youngs Insurance Services Ltd v Aviva Insurance Service UK Ltd* [2011] EWHC 1515 (TCC). Youngs was followed in *Riaz v Ashwood Solicitors LLP* [2018] EWHC B5 (Costs). In *Marathon Asset management LLP v Seddon* [2017] EWHC 300 (Comm); [2017] 2 C.L.C. 182, employees took confidential information with them on leaving the company. It was a breach of an implied fiduciary duty but since the information had not been used, no damages were awarded.

declared by the reinsured/his agent to the reinsurer.[70] In the case of such a contractual arrangement, the reinsurer does not delegate underwriting authority to an agent; he exercises his own underwriting judgment at the time he defines the terms on which risks may be placed under the cover. There is no agency relationship between the reinsured who cedes risks pursuant to a standing offer under an open cover and the reinsurer who accepts those risks. The relationship is a contractual one, governed by the principle of utmost good faith, but it is not a fiduciary relationship. The duty of good faith on a reinsured under such a facultative treaty or cover was stated by Hobhouse J in *Phoenix General Insurance Co of Greece v Halvanon*[71] as being "to conduct the business involved in the cession prudently, reasonably, carefully and in accordance with the ordinary practice of the market". If he were doing other than conducting business in accordance with market practice, he would have to tell the reinsurer of that in making his "fair presentation" when asking for the open cover. The broker who acts as intermediary between the reinsurer giving the open cover and the reinsured will, in accordance with the general rule, be the agent of the reinsured.[72]

A binder, however, is a delegation of underwriting authority, and the broker or other intermediary who is given the binder will be the agent of the reinsurer who gives it to him when he is accepting risks under the binder, and the binder holder is subject to the fiduciary duties of an agent. Confusion may arise because, as we shall see, a binder is sometimes called a "cover" and the intermediary who is given the binder is called the "cover holder". It is therefore important to keep the distinction between binders and open covers clearly in mind, and to remember who is the agent of whom.[73]

10-021 In *Glasgow Assurance Corp v Symondson & Co*, Scrutton J (as he then was) explained the commercial rationale behind open covers. His description of the operation of the London reinsurance market in 1911 has dated surprisingly little:

> "In the insurance market large quantities of risks are pressed on well-known underwriters of high standing, whether companies or Lloyd's men. They have more risk in a particular interest than they wish to take, and they desire to reinsure part of their lines. On the other hand, original lines of insurance will not be placed with new companies, or foreign companies who are not well known, and if they are to get business they must accept reinsurances of the lines of the popular underwriters. They compete eagerly for these, and are ready not only to accept less premium than the original underwriter can get, but also to make agreements with him to reinsure part of all his risks at a lower premium, leaving the selection of risks to him. This dealing is based on confidence in him; he might abuse it, but he rarely does; and this explains many open covers which at first sight seem odd and business-like."[74]

Scrutton J continued as follows:

---

[70] See *Citadel Insurance Co v Atlantic Union Insurance Co SA* [1982] 2 Lloyd's Rep. 543 at 547–548 per Kerr LJ; [1982] Com. L.R. 213; see also *Mander v Commercial Union Assurance Co Plc* [1998] Lloyd's Rep. I.R. 93. and *San Evans Maritime Inc v Aigaion Insurance Co SA* [2014] EWHC 163 (Comm); [2014] 2 Lloyd's Rep. 265.
[71] *Phoenix General Insurance Co of Greece v Halvanon* [1985] 2 Lloyd's Rep. 599; [1985] Fin. L.R. 368, and Ch.7, 7-008 above.
[72] See *Glasgow Assurance Corp v Symondson & Co* (1911) 16 Com. Cas. 109 below.
[73] See *Sedgwick Tomenson Inc v PT Reasuransi Umen Indonesia* [1990] 2 Lloyd's Rep. 334, and discussed below. which involved the holder of a binder giving an open cover to a broker, *IGI v Kirkland Timms* Unreported, 5 December 1985, QBD, Comm Ct, where one broker acted as an intermediary between insurers granting a binder and another broker to whom the binder had been granted: see Ch. 11, 11-060 below.
[74] *Glasgow Assurance Corp v Symondson & Co* (1911) 16 Com. Cas. 109 at 111.

"It is very usual in insurance circles for an underwriter before he accepts a risk to find out if he can reinsure it, before he accepts it; and this security is sometimes obtained by open covers, binding an underwriter to accept reinsurances of all risks of a certain class at a certain premium."[75]

The defendants in *Glasgow Assurance Co v Symondson* were a firm of Lloyd's brokers. The firm had four partners, who were all members of the Symondson family, and were also underwriting members of Lloyd's:

"Messrs Symondson desired both as underwriters and as brokers to provide a certain reinsurance for risks they underwrote, and as brokers to provide a certain market for risks they were instructed to place."[76]

In 1908 the defendants qua brokers placed a series of open covers with new and foreign companies, including one with the plaintiffs. Scrutton J summarised the contractual arrangements as follows:

"The document purported to be an agreement by the plaintiffs to reinsure all risks offered them by the defendants against certain named perils, generally 'f.p.a. unless', at a premium of 60 per cent of the original all-risk rate. Claims for losses were to be paid on the certificate of the 'reassured'. The premiums due to the plaintiffs, as to 90 per cent, were to be banked in the defendants' name as security for claims. The remaining 10 per cent was to be paid to the plaintiffs. The agreement was stated to be made between the plaintiffs and 'Messrs William Symondson and Co and/or as agents for other parties'."[77]

The plaintiffs were a recently-formed company, which intended primarily to deal in accident, fire and other forms of non-marine insurance. The plaintiffs' chairman was apparently familiar with the shipping business. However, Poole, their general manager:

"... knew nothing about marine insurance ... he understood very little of the meaning of the treaty or agreement he signed, but had confidence in Messrs Symondson."[78]

A number of large risks were ceded to the defendants. The arrangements were terminated in May or June 1909. From March 1909 to June 1910 claims kept coming in, and were paid by the defendants out of the 90 per cent of premiums retained. But, as Scrutton J observed,[79] 1908 and 1909 were bad years in marine insurance, "rates were cut low by competition and losses were heavy". In May–June 1910 the 90 per cent of premiums were exhausted, and the defendants asked the plaintiffs for cheques to pay the continuing losses. "Mr Poole apparently had not suspected that marine underwriters ever made losses. When asked to pay he became suspicious ..."[80] When the defendants threatened to sue for non-payment of claims, the plaintiffs commenced proceedings for avoidance on the grounds of fraud.

Scrutton J considered three grounds upon which the plaintiffs sought to rescind the open cover and avoid all the reinsurance contracts written thereunder. Firstly, he examined the negotiations between the plaintiffs and defendants which led up to the signing of the cover, and concluded that there had been no fraudulent misrepresentation. Secondly, he rejected the allegations of material non-disclosure:

---

[75] *Glasgow Assurance Corp v Symondson & Co* (1911) 16 Com. Cas. 109 at 112.
[76] *Glasgow Assurance Corp v Symondson* (1911) 16 Com. Cas. 109 at 112 per Scrutton J.
[77] *Glasgow Assurance Corp v Symondson* (1911) 16 Com. Cas. 109 at 112–113.
[78] *Glasgow Assurance Corp v Symondson* (1911) 16 Com. Cas. 109 at 113.
[79] *Glasgow Assurance Corp v Symondson* (1911) 16 Com. Cas. 109 at 113.
[80] *Glasgow Assurance Corp v Symondson* (1911) 16 Com. Cas. 109 at 113.

the fact that many London brokers have partners who are also underwriting members of Lloyd's was common knowledge in the marine insurance market. Scrutton J concluded that the failure of the brokers to disclose that they were, as underwriters, personally making a profit from ceding risks to the defendant for 60 per cent of the premium which they were receiving was not material to the risk:

> "The material facts are as to the subject matter, the ship, and the perils to which the ship is exposed; knowing these facts the underwriter must form his own judgment of the premium and other people's judgment is immaterial."

As to the third ground, Scrutton J said:

> "Lastly, the plaintiffs alleged that under the treaty the defendants were agents for them to select risks, and that as agents they had violated the fundamental principle of agency that an agent must not make a profit out of his agency, whether as principal or otherwise, without full disclosure to his principal. I have no desire to weaken this principle at all; it is of vital importance to commerce, and should be strictly observed as well at Lloyd's as elsewhere. As an instance, a broker employed to place an insurance cannot himself underwrite part of the risk unless he makes full disclosure to the principal who employs him.[81] But this is not, in my opinion, such a case. The broker insures with the underwriter by the terms of the policy and treaty either as principal or as agent for another principal, and owes no duty of agency to the underwriter. It is true the underwriter must have confidence in the broker to make such a treaty as this; but so he must have in every open cover where he reinsures part of risks of which he knows nothing except that they are written by someone else. No one has ever suggested in the latter case that the assured owes any duty of agency or selection to the underwriter, though without confidence such a contract will not be renewed ... I may add that the plaintiffs put forward in the dark and by guess work a series of allegations that reasonable care and skill had not been used in selection and improper closings had been made. After a prolonged investigation by their accountants, they were unable to find any case to support these reckless assertions, which ought never to have been made."[82]

As to the duty of selection, Scrutton J.'s remarks must be read in the light of the words of Hobhouse J in *Phoenix v Halvanon*.[83] There is an "anti-dumping" principle by which the cover holder/reinsured must abide in "fac/oblig" reinsurance. As noted above, he must act prudently, reasonably and carefully.

Cover holders and underwriting agents

10-022 As we have seen[84] the English court appears to see any distinction between a binding authority and an underwriting managing agency agreement as one of market terminology and usage, rather than of legal substance. A binder may be a shorter and less formal document that an underwriting agency agreement but the essential legal effect of the two documents is the same—they confer authority upon the agent to bind the principal to risks. As we have also seen[85] a binder may confer only

---

[81] cf. *Bott v SCRAP Bermuda* Civ. Jur. 1982 No 334, Ch.9, 9-061 above.
[82] *Glasgow Assurance Corp v Symondson* (1911) 16 Com. Cas. 109 at 121–122. In *Crane v Hannover Ruckversicherungs AG* [2008] EWHC 3165 (Comm); [2010] Lloyd's Rep. I.R. 93, *Glasgow Assurance v Symondson* was cited as support for the agreed legal proposition that: "The reassured is not obliged to do the reinsurer's job for him; that is to say, the reassured is not obliged to offer the reinsurer his own opinion on matters equally known to the reinsurer and which the reinsurer is in as good a position as the reinsured to assess for himself" (Annexe 1, para.20).
[83] *Phoenix v Halvanon* [1985] 2 Lloyd's Rep. 599, and Ch.7, 7-008 above.
[84] See 10-001 above.
[85] *Simner v New India* [1995] L.R.L.R. 240, see 10-010 above.

limited authority upon its holder—so that his knowledge, other than that held as agent for his principal, is not attributed to his principal. Frequently the principal will have an extensive insurance/reinsurance business which he administers himself, and gives a binder for a specific class of business in a market where he cannot conveniently administer the business directly, as, for example, Syndicate 1104 in *Simner v New India*.[86] The holder of the binding authority, also known as the "cover holder", is the agent of the insurer/reinsurer who gives him the binder,[87] and is subject to the fiduciary and other duties of an agent. In *Julien Praet et Cie, S/A v H. G. Poland Ltd* a Belgian intermediary, which held a binder from a Lloyd's syndicate in respect of motor policies, purported to terminate the policies and advised the policy holders that they would be insured by a different underwriter. Pearson J (as he then was) said:

"[T]he insurance business involved in these policies was profitable to the underwriters, and the termination of them was contrary to the interests of the underwriters and contrary to the wishes which the underwriters would have been likely to express if consulted. How, then, could the Praet Company, as cover-holders, have implied authority to act in that way? They were using their ostensible authority as agents for the purpose of gaining an advantage to themselves at the expense of their principals. It can be said picturesquely that they were feathering their own new nest by stripping all the feathers from the old nest, and the old nest had been partly constructed by the principals and partly belonged to them."[88]

Pearson J held that the intermediary was in breach both of contract and:

"... of the implied general obligation of an agent to act in good faith towards his principal and not to misuse his ostensible authority for the purpose of gaining an advantage for himself at the expense of the principals."

The underwriters were entitled to damages. English case law sees no legal distinction between an intermediary describing himself as a "cover holder" as opposed to an "underwriting agent" in terms of duties to the principal.

Abuse of binding authorities—liabilities of principal and agent

We have already referred to the possibility of reckless underwriting by agents concerned with maximising their commission. Another form of abuse is the granting of insurance cover outside the scope of the binding authority. *Sedgwick Tomenson*[89] illustrates the application of the well-established agency principles we have discussed.[90] The first plaintiffs were brokers who held open covers in respect of marine risks issued to them by the second defendants in the name of the first defendants who had given them a binding authority. The second to 70th plaintiffs were the parties insured in respect of vessels declared under the open cover. It was

10-023

---

[86] Note also the practice of Lloyd's syndicates giving binders or motor insurance business to provincial or foreign agents—*Poland v Julien Praet et Cie SA* [1960] 1 Lloyd's Rep. 420 at 428 per Pearson J: "The typical motorist is an impatient person in the sense that, having bought a car, he wishes to take delivery and drive off in it at once, and he would not be willing to wait for the traditional steps to be taken at Lloyd's before he could obtain cover."
[87] See *Brice v JH Wackerbarth (Australasia) Pty Ltd* [1974] 2 Lloyd's Rep. 274 at 275 per Lord Denning MR.
[88] [1960] 1 Lloyd's Rep. 420 at 441. Similar to the sentiments of Beatson J in *Temple Protection v QBE* [2008] EWHC 843 (Comm).
[89] *Sedgwick Tomenson* [1990] 2 Lloyd's Rep. 334.
[90] See Ch.9 above.

not disputed that the first plaintiffs were the agents of the second to 70th plaintiffs, or that the second defendants were the agents of the first defendants. What was in issue was the scope of the authority granted by the first defendants to the second defendants. The plaintiffs made alternative claims. They alleged that either the first defendants were liable to them as parties to the insurance contracts made by the second defendants on their behalf and with actual authority from them, or, if the second defendants were acting outside their authority, then the second defendants were liable in damages for breach of warranty of authority. Evans J (as he then was) held, on the facts, that some of the risks declared were within the scope of the actual authority given by the first defendants to the second defendants, and some were not. He apportioned liability between the first and second defendants accordingly.

The question of ostensible authority did not arise in *Sedgwick Tomenson*. As we have seen, the principal will be bound by a contract within the scope of the agent's ostensible authority. The ostensible authority given by a principal to an insurance/reinsurance cover holder is likely to be small in compass—for example the cover holder is unlikely to have ostensible authority to write a class of business his principal is generally known not to write or is not authorised to write.[91]

Bowstead and Reynolds on Agency[92] refers to two types of ostensible authority: authority by estoppel where the agent has in fact no authority but is allowed by the principal to appear as if he has, and authority where the agent has some authority but is allowed by the principal to appear to have greater authority than he in fact possesses. Bowstead and Reynolds calls only the latter apparent authority, but the principles are the same in both cases. What is quite clear in both situations; is that it must be the principal who by words or conduct towards the third party makes it appear that the agent has authority which he does not in fact possess:

> "A principal may hold out an agent as having authority, not only by his representation, but also by his conduct, or even by his silence and acquiescence."[93]

If all that the reinsurer does is give the agent written authority to write risks within certain defined limits, he makes no representation by words or conduct to a third party as to the extent of the agent's authority. An agent cannot clothe himself with ostensible authority. A third party who is told by an agent that the agent has a certain authority can assume this to be so and take the risk that the agent does not have authority (that is, rely on being able to sue the agent for breach of warranty of authority if it should turn out to be otherwise),[94] or examine the authority, in which case he will know what it actually is, or consult the principal. There will be no ostensible authority on which the third party can rely when only the agent speaks.[95] The real danger arises if the principal allows the agent to use his name or

---

[91] E.g. financial guarantee business is generally forbidden at Lloyd's. See *Pryke v Gibbs Hartley Cooper Ltd* [1991] 1 Lloyd's Rep. 602; compare *Armagas Ltd v Mundogas SA (The Ocean Frost)* [1986] A.C. 717; [1986] 2 Lloyd's Rep. 109 at 114 per Lord Keith. In *WM Morrison Supermarkets Plc v Various Claimants* [2020] UKSC 12; [2020] A.C. 989, an employer was not vicariously liable for the actions of a disgruntled employee who wrongfully stole, and made publicly available, details of employees. The action was completely outside the scope of his employment.
[92] *Bowstead and Reynolds on Agency*, 23rd edn (Sweet & Maxwell, 2023), art.1-014.
[93] *Eagle Star Insurance Co Ltd v Spratt* [1971] 2 Lloyd's Rep. 116 at 127 per Lord Denning MR.
[94] In *P&P Property Ltd v Owen White & Catlin LLP* [2018] EWCA Civ 1082; [2019] Ch. 273, a first instance judge said that a solicitor was not liable for breach of warranty of authority (from the true owner of property to sell it on his behalf) when he unknowingly accepted instructions from a fraudster. The Court of Appeal reversed that decision: there was a breach of warranty of authority.
[95] See *Sedgwick Tomenson* [1990] 2 Lloyd's Rep. 334, and above; *Great Atlantic v Home* [1981] 2 Lloyd's Rep. 219, and discussed below, which involved the holder of a binder giving an open cover

logo, or if he learns of excesses of authority and does nothing to rein in his agent.[96] A principal has therefore to remain vigilant that his agent does not purport to exceed his actual authority. If a court is faced with an "innocent" third party and a lax principal, it may not be slow to find apparent authority. But there is also the situation discussed in Ch.9, 9-072 above, and *National Insurance and Guarantee Corp Plc v Imperio Reinsurance Co (UK) Ltd and Russell Tudor-Price Co Ltd*:[97] Colman J recognised that if a principal instructed a broker to achieve one outcome, and the broker, without authority, achieved another, the principal could ratify the unauthorised transaction and still assert breach of duty in respect of the transaction not arranged.

A principal may incur a loss or suffer damage as result of committed to a contract with a third party by an agent acting with ostensible, but no actual, authority. Can the principal claim damages from the agent for damages for breach of the actual authority given to the agent? The cases suggest that he cannot. In *Great Atlantic v Home*, Lloyd J (as he then was) said that:

10-024

> "... no case has been found in which a principal has succeeded in an action against his agent for exceeding his actual authority, when he has acted within his ostensible authority. The reason is not far to seek. Ostensible authority is based on holding out by the principal. If the principal has held out his agent as having a certain authority, it hardly lies in his mouth to blame the agent for acting in breach of a secret limitation placed on that authority."[98]

In *Great Atlantic v Home*, Lloyd J found that the agent's ostensible authority and actual authority were co-extensive, so that the issue of whether an agent behaving excess of actual authority but within ostensible authority could be liable in breach of duty to his principal did not arise on the facts. In *Suncorp Insurance and Finance v Milano Assicurazioni SpA*, Waller J suggested that "it should be possible for the principal to ratify as against the third party but not to waive any breach of duty as against the agent".[99] In *Great Atlantic v Home*, Lloyd J said:

> "Where an agent purporting to act on behalf of his principal in making a contract with the third party acts without authority, or in excess of his authority, and the principal subsequently ratifies the contract, then it has hitherto been accepted as trite law (i) that the contract is binding as between the principal and the third party, and (ii) that the agent is exonerated."[100]

These citations, however, address a slightly different point—ratification. The principal ratifies an act of his agent where the agent has no authority at all—the principal adopts the act as his. Where the principal is in any event bound to the third party because the agent acts within his apparent or ostensible authority, ratification is unnecessary; the principal is already bound. Thus the so-called ratification is actually, retrospective authorisation of the agent. *Bowstead and Reynolds*[101] supports Waller J's argument that where the agent has no authority but the principal

---

to a broker; *IGI v Kirkland Timms* Unreported, 5 December 1985, QBD, Comm Ct, where one broker acted as an intermediary between insurers granting a binder and another broker to whom the binder had been granted.

[96] See *Suncorp Insurance and Finance v Milano Assicurazioni SpA* [1993] 2 Lloyd's Rep. 225.
[97] *National Insurance & Guarantee Corp Plc v Imperio Reinsurance Co (UK) Ltd* [1999] Lloyd's Rep. I.R. 249.
[98] *Great Atlantic v Home* [1981] 2 Lloyd's Rep. 219 at 227.
[99] *Suncorp v Milano* [1993] 2 Lloyd's Rep. 225 at 235, and see Ch.9 above.
[100] *Suncorp v Milano* [1993] 2 Lloyd's Rep. 225 at 226.
[101] *Bowstead and Reynolds*, 23rd edn (Sweet & Maxwell, 2023), art.20, para.2-095.

ratifies for commercial reasons, he may yet claim damages from the agent for breach of duty. In our view, this is flawed logic. If the principal is not bound by the so-called agent's act because it is outside any authority and then chooses to adopt it, the consequences are only the result of his, the principal's, action, and not the consequence of any "breach of duty" by the agent. Quaere what breach of duty there can be since the "agent's" act is wholly without authority.

As a practical matter, a prudent insurer/reinsurer wishing to protect himself against an agent exceeding his authority should make the scope of the agent's actual authority widely known by sending out a market circular. Any subsequent change to the agent's authority, in particular any termination, should be advertised as widely as possible.

Abuse of binding authorities—personal liability of individuals in the coverholder

10-025 In *Markel International Insurance Co v Surety Guarantee Consultants Ltd*[102] Markel and another insurer gave authority by way of a binding authority and an underwriting management agreement respectively, to Surety Guarantee to issue surety bonds up to clearly stated financial limits. Surety Guarantee issued bonds in excess of the limits and covered up the fact by sending false bordereaux to the insurers and rerouting to themselves the extra premium generated by the overwriting. Three individuals named in the binding authority and the underwriting agreement were held to have fiduciary duties personally to the insurers and to have acted in breach of those duties. Four individuals were found to be fraudulent. That of course also results in personal liability. We discussed above[103] *R & V Versicherung AG v Risk Solutions*,[104] where the underwriting agent conspired with a senior underwriter of the claimant to damage the claimant.

Abuse of binding authorities—liability of regulators

10-026 The Sasse case in the late 1970s represented a turning point in the regulatory history of Lloyd's. The activities which it exposed led to the passing of the Lloyd's Act 1982 and the present regulatory structure.[105] Although the scale of losses at Lloyd's in the 1990s and the consequent litigation makes the misfortune of the Names on Sasse Syndicate 762 look moderate by comparison, it is worthy of note that the Sasse case was the first occasion on which a group of Names brought an action against their agents, and against Lloyd's itself. The facts are also instructive both as to the ways in which binding authorities may be abused, and as an illustration of the shortcomings of regulation at that time.[106]

The troubles of Syndicate 762 began in 1975 when its active underwriter, F.H. "Tim" Sasse, issued a general binding authority for fire and other property risks, through a Lloyd's broker, to a Florida firm called Transworld Underwriters. At the

---

[102] *Markel International Insurance Co Ltd v Surety Guarantee Consultants Ltd* [2008] EWHC 1135 (Comm); [2009] Lloyd's Rep. I.R. 77.
[103] See 10-005 above.
[104] *R & V v Risk Solutions* [2005] EWHC 2586 (Comm).
[105] See Ch.15, 15-024 below. Much of the Lloyd's Act 1982 is still in force but it was modified a little by The Legislative Reform (Lloyd's) Order 2008. An unofficial consolidated version of the Act, and all the other Lloyd's Acts, are available on the Lloyd's website.
[106] At the end of the 1970s Lloyd's took the stance that it provided a location in which underwriters and brokers could conduct business. The Corporation of Lloyd's merely owned the coffee house. Thirty years later it had a Franchise Board [now the Council] which takes great trouble to protect and enhance the quality of the business transacted and the standing of Lloyd's as a brand internationally.

time in question it was the practice at Lloyd's for the cover holder to be approved by a tribunal set up for the purpose by the Lloyd's Underwriter's Non-Marine Association. Transworld's application for approval was turned down and Sasse subsequently changed the cover holder to Den-Har Underwriters (named after Dennis Harrison, one of the officers of Transworld). The "Den-Har binder" was never "tribunalised" by Lloyd's either.

The binder was abused by a number of rogues, including one Jack Goepfert.[107] The premium income limits set by the binder were drastically exceeded, the position being disguised by the effecting of reinsurance with the IRB (a Brazilian state-owned reinsurance company) and large amounts of purported brokerage were siphoned off before any premium reached the Sasse Syndicate. Furthermore, the binder, which was supposed to be confined to fire and property insurance in the State of Florida,[108] was in fact used to insure slum property in the South Bronx area of New York and other poor risks. By the middle of 1976, a large number of Lloyd's policies had purportedly been issued in the name of Syndicate 762 covering Goepfert's "special book of business". Mr Sasse first learned that something was amiss when he discovered the extent to which the premium income limit had been exceeded. Sasse gave notice of termination of the Den-Har binder on 31 July 1976, although he agreed to accept the business already quoted up to the end of August of that year.

Through 1978, the Committee of Lloyd's attempted to address the problem. A preliminary investigation revealed potentially large losses, but it was thought at the time that a substantial sum would be recovered from the IRB on the reinsurance. The syndicate had not accepted the business written on its behalf under the Den-Har binder, but the Committee ordered that the business be accepted and processed through the Lloyd's Policy Signing Office.

Underwriting members of the Sasse syndicate (the syndicate) argued that they were not bound by any of the policies purportedly issued under the binders and Lloyd's was responsible because Lloyd's had ordered acceptance of the business. The syndicate sought damages for negligence both against the underwriting agents and against Lloyd's itself. In big picture terms, the syndicate argued that Lloyd's was responsible for regulating and managing the business conducted in Lloyd's and Lloyd's argued that they let space in their building and "served coffee".

The litigation was ultimately settled in July of 1980. It was agreed that the syndicate should bear a loss of £6.25 million in respect of the 1976 year of account and that Lloyd's should accept the remaining losses for that year and the entirety of losses accruing for 1977 (this was then calculated as amounting to some £16 million). The issues of whether the syndicate was in law bound to the US risks and whether Lloyd's was liable were not put to the test in the courts.[109] In the longer term, Lloyd's has clearly taken on the role that the syndicate argued it always had, but s.14 of the Lloyd's Act 1982 provides:

"(3) Subject to subsections (1), (4) and (5) of this section, the Society shall not be liable for damages whether for negligence or other tort, breach of duty or otherwise, in respect of any exercise of or omission to exercise any power, duty or function conferred or imposed by Lloyd's Acts 1871 to 1982 or any byelaw or regulation made thereunder—

---

[107] Who eventually received a 10-year prison sentence from a Federal Court.
[108] Where, incidentally, neither Transworld nor Den-Har had been authorised to do insurance business.
[109] G. Hodgson, *Lloyd's of London: A Reputation at Risk*, 2nd edn (Penguin Books, 1984), p.280: "it is not hard to guess that Lloyd's were in danger of losing ..."

(a) in so far as the underwriting business of any member of the Society or the costs of his membership or the business of any person as a Lloyd's broker or underwriting agent may be affected; or

(b) in so far as relates to the admission or non-admission to, or the continuance of, or the suspension or exclusion from, membership of the Society; or

(c) in so far as relates to the grant, continuance, suspension, withdrawal or refusal of permission to carry on business at Lloyd's as a Lloyd's broker or an underwriting agent or in any capacity connected therewith; or

(d) in so far as relates to the exercise of, or omission to exercise, disciplinary functions, powers and duties; or

(e) in so far as relates to the exercise of, or omission to exercise, any powers, functions or duties under byelaws made pursuant to paragraphs (21), (22), (23), (24) and (25) of Schedule 2 to this Act; unless the act or omission complained of—

(i) was done or omitted to be done in bad faith; or

(ii) was that of an employee of the Society and occurred in the course of the employee carrying out routine or clerical duties, that is to say duties which do not involve the exercise of any discretion.

(4) Nothing in this section shall affect any liability of the Society in respect of the death of or personal injury to any person, and for the purposes of this section the expression 'personal injury' means bodily injury, any disease and any impairment of a person's physical or mental condition.

(5) Nothing in this section shall exempt the Society from liability for libel or slander.

(6) For the purposes of this section 'the Society' means the Society itself and also any of its officers and employees and any person or persons in or to whom (whether individually or collectively) any powers or functions are vested or delegated by or pursuant to Lloyd's Acts 1871 to 1982."

Abuse of binding authorities—liability of intermediaries

10-027 In *Pryke v Gibbs Hartley Cooper Ltd*,[110] the defendant brokers ("GHC") acted as intermediaries in connection with the administration of business written under binding authorities originally granted in the 1960s by the plaintiffs, Lloyd's syndicates and the Excess Insurance Co Ltd ("Excess") and following market, to Atlas Underwriters Ltd ("Atlas") in the United States. In 1983 it came to the attention of both the leading Lloyd's Underwriter, Crow, and to Excess, that Atlas may have exceeded its authority by issuing a financial guarantee policy ("the policy") to Landbank Equity Corporation ("Landbank"). Financial guarantee business was prohibited at Lloyd's[111] and was not written by Excess. Atlas was requested to cancel the policy and GHC were asked by the plaintiffs to investigate the position. Atlas advised GHC that the policy had been changed by endorsement to one which was within the scope of the authority, that it had been cancelled with effect from 31 October 1983, and that there was no real risk of any claims under the policy. These statements, as GHC discovered, were all false. However, in 1983 Excess and Crow took no further action with regard to the policy, and the following market were not informed of the existence of the policy. In 1985 Landbank became insolvent and substantial claims were made under the policy. An action was brought in the United States against, inter alios, the Lloyd's syndicates and Excess. That action was compromised, and the plaintiffs sought to recover the amount of the settlement and their legal costs from the defendants.

---

[110] *Pryke v Gibbs Hartley Cooper Ltd* [1991] 1 Lloyd's Rep. 602.
[111] And, subject to exceptions, still is.

The plaintiffs advanced three alternative cases of breach of duty against the defendants:

(1) a broad case in contract, under which it was alleged that there was a contract between GHC and the plaintiffs, whereby GHC agreed to administer the binding authority and to act as placing broker in consideration for brokerage of 5 per cent, and that there were implied terms of the contract requiring GHC to:
  (a) administer the binding authority with reasonable skill and care;
  (b) communicate to underwriters all information received from Atlas which the plaintiffs would reasonably require;
  (c) disclose to the plaintiffs upon renewal of the binding authority all material information regarding it which they knew or ought to have known;
(2) a broad case in tort, under which it was alleged that GHC owed the plaintiffs duties in similar terms to the alleged implied terms of the contract;
(3) a narrow case in tort under which it was alleged that GHC:

> "voluntarily undertook the responsibility of investigating the facts concerning Policy No.52282 and reporting thereon to Mr Crow and Excess in circumstances in which the defendants knew or ought to have known that the plaintiffs were likely to rely upon what they were told by GHC. Accordingly GHC owed a duty to the underwriters in investigating the matter and in reporting thereon."[112]

Waller J rejected both the broad case in contract and the broad case in tort. He said that:

> "It has now been recognised for many years that brokers are agents for the insured. In this area there is no material distinction between an insured and a cover holder."[113]

Indeed, all counsel, and the expert witnesses, agreed that GHC were acting as agents for Atlas throughout the negotiations of the binding authorities, during the currency of the binding authorities and when re-negotiating the binding authorities. There was clearly no express contract. It was necessary to establish the existence of a contract before any terms could be implied into it. It was argued that such a contract was to be implied as a matter of custom at Lloyd's. Waller J said that the broker did not make a contract with the insurer/reinsurer to perform services when he took commission.[114] The commission was the broker's customary reward for introducing the business. The fact that brokers carried on many functions for the benefit of underwriters did not mean that they were under a contractual obligation to do so. He said that the plaintiffs were attempting, by means of expert evidence as to what happened in the market, to reverse the authorities which established that there was no contract of agency between underwriters and brokers.[115]

Waller J went on to say that if there was no implied contract, then it was impossible to imply similar obligations in tort: "What I have already emphasised is that

---

[112] *Pryke v Gibbs Hartley Cooper Ltd* [1991] 1 Lloyd's Rep. 602 at 614 per Waller J.
[113] *Pryke v Gibbs Hartley Cooper Ltd* [1991] 1 Lloyd's Rep. 602 at 614.
[114] See Ch.9, 9-029 above.
[115] *Empress Assurance Co Ltd v Bowring* (1906) 11 Com. Cas. 107; *Glasgow Assurance Co v Symondson* (1911) 16 Com. Cas. 109.

the obligations contended for carry within them an implied promise to perform certain acts. As I see it, such implied promises are either contractual or nothing."[116]

Waller J said that the question of whether an obligation is owed or broken in tort "must depend on the particular circumstances of the particular acts under scrutiny". He considered the leading cases in the House of Lords at the time[117] and concluded that GHC voluntarily undertook a responsibility to the plaintiffs. He said:

> "As I see it, albeit it may have been in accordance with the normal role of a broker at Lloyd's to say that they would investigate the position, GHC were under no duty in law at all to any underwriters to carry out an investigation and report if they did not wish to do so. Having chosen to do so, the extent of the investigation required gives rise to no difficulty in this particular case, because what those investigations actually revealed ... was, that what had been done by Atlas was to issue a policy in flagrant breach of the binding authority, and further revealed that what Atlas was saying was misleading ... *It seems to me that, in relation to Mr Crow [the Lloyd's syndicate] and Excess, this is a case where both proximity and foreseeability are established to the required standards, and it furthermore seems to me just and reasonable that there should be imposed on GHC a duty to take care.*(our emphasis)"[118]

However, Waller J found that because Excess had a copy of the policy, whereas the Lloyd's syndicate did not, and because Excess was not prohibited from writing financial guarantee business, they had not relied to their detriment on GHC. Waller J absolved the syndicate of any contributory negligence and further held that it was just and reasonable to extend the duty of care which GHC owed to Crow to the following market:

> "it was clearly foreseeable by GHC that any failure to report fully to Mr Crow would be likely to have a direct effect detrimental to the following market."[119]

10-028 Pryke's case appears to be a decision very much on its particular facts.[120] The judge's conclusion that, in the particular circumstances, GHC assumed a responsibility and therefore owed a duty of care to the Lloyd's syndicate is consistent with the approach of the House of Lords in *Henderson v Merrett*.[121][123] The existence of a duty of care to the following market is based on foreseeability arising from the knowledge of a broker in the position of GHC as to how the market operates. In *Henderson v Merrett*[122] Where a person voluntarily assumes responsibility so that the *Hedley Byrne* principle applies, no problem arises from the fact that pure economic loss is caused. It would certainly have been a peculiar result if GHC had been held to have assumed responsibility to the leading underwriter only. If GHC had informed the leading underwriter of the facts relating to the policy and he had, for whatever reason, failed to act upon that information and in particular failed to

---

[116] *Pryke v Gibbs Hartley Cooper Ltd* [1991] 1 Lloyd's Rep. 602 at 615, citing *General Accident Fire & Life Assurance Corp Ltd v Tanter (The Zephyr)* [1985] 2 Lloyd's Rep. 529 at 538 per Mustill LJ.
[117] *Hedley Byrne & Co Ltd v Heller & Partners Ltd* [1964] A.C. 465; [1963] 3 W.L.R. 101; *Smith v Eric S Bush (A Firm)* [1990] 1 A.C. 831; [1989] 2 W.L.R. 790; *Caparo Industries Plc v Dickman* [1990] 2 A.C. 605; [1990] 2 W.L.R. 358.
[118] *Pryke v Gibbs Hartley Cooper Ltd* [1991] 1 Lloyd's Rep. 602 at 618.
[119] *Pryke v Gibbs Hartley Cooper Ltd* [1991] 1 Lloyd's Rep. 602 at 619.
[120] Compare *IGI v Kirkland Timms* Unreported, 5 December 1985, QBD, Comm Ct, and Ch.11 below—where the broker was held to be the agent of both the holder of the binder and the underwriters.
[121] [1995] 2 A.C. 145; [1994] 3 W.L.R. 761.
[122] *Henderson v Merrett* [1995] 2 A.C. 145. See Ch.3. In *Taberna Europe CDO II Plc v Selskabet af* [2016] EWCA Civ 1262, "investor presentation" on a website was an assumption of liability on the Caparo tests but a disclaimer was reasonable and effective within the terms of s.3 of the Unfair Contract Terms Act 1977.

advise the following market, would the leading underwriter have been liable to the other syndicates? The report is silent as to what, if any, duties the leading underwriter undertook on signing the slip. As a general proposition the leading underwriter, simply by virtue of his position as the leader, does not assume a responsibility to the following market, and does not owe them any duty of care when he makes the original underwriting decision[123]. If he subsequently, qua leader, deals with problems arising on the contract, knowing that the broker or cover holder is coming only to him and not the following market, is he assuming a duty of care to that market?

Binders and the duty of utmost good faith

In *Pryke v Gibbs Hartley Cooper Ltd*, Waller J said:

10-029

"In my view, binding authorities are clearly not insurance contracts, nor are they contracts uberrimae fidei strictly so called. Thus the obligation to disclose all material facts either at the negotiation or re-negotiation stage, does not in my view strictly arise. But, it is important to stress that negotiations of certain types of contract albeit not strictly uberrimae fidei, do give rise to something close to an obligation of disclosure."[124]

Waller J gave, as an example, contracts of surety.[125] He said that where a broker, acting as the agent of a cover holder, is seeking to persuade the underwriter to grant a binding authority, he would normally describe the cover holder. A failure to disclose "any unexpected features of the would-be cover holder" could amount to a representation for which the broker could be personally liable if he made it fraudulently or negligently following the principles in *Hedley Byrne v Heller*.[126] He concluded:

"Thus the practice in the market (about which evidence was adduced) for brokers to disclose material facts in relation to cover holders, would seem to me to be one that almost certainly would follow naturally and properly from the way in which negotiations take place; and furthermore, brokers might themselves be personally liable in damages for any failure in that regard. But so far as this particular case is concerned, for the plaintiffs to establish the types of misrepresentation postulated, there would have to be evidence in relation to what actually happened on the re-negotiations as a starting point for any potential claim and that evidence was not called."[127]

The extent to which a duty of disclosure exists in relation to contracts which are not contracts of insurance/reinsurance was further considered by Rix J in *GMA v Storebrand and Kansa*.[128] The obiter dicta of Waller J above were relied upon by counsel for Kansa:

"[A]s evidence for what he described as the beginnings of an approach under which the duty of disclosure attached by law to the negotiation of a contract uberrimae fidei which might be applied to contracts closely analogous to contracts of insurance."[129]

Rix J said:

---

[123] See Ch.3, Pt 3.
[124] *Pryke v Gibbs Hartley Cooper Ltd* [1991] 1 Lloyd's Rep. 602 at 616.
[125] Citing *Lee v Jones* 144 E.R. 194; (1864) 17 C.B. (N.S.) 482 at 503–504; *North Shore Ventures Ltd v Anstead Holdings Inc* [2011] EWCA Civ 230; [2012] Ch. 31.
[126] *Hedley Byrne v Heller* [1964] A.C. 465. See Ch.3.
[127] *Pryke v Gibbs Hartley Cooper Ltd* [1991] 1 Lloyd's Rep. 602 at 616.
[128] Sub nom *L'Alsacienne Premiere Societe Alsacienne et Lorraine D'Assurance etc v Unistorebrand International Insurance AS* [1995] L.R.L.R. 333.
[129] *GMA v Storebrand and Kansa* [1995] L.R.L.R. 333 at 349.

"I do not think that that is so. In *Lee v Jones* (1864) 17 C.B. (N.S.) 482 at 503–504, Mr Justice Blackburn was not, I think, saying that particular kinds of contract attract, by analogy, the legal incidents of a contract uberrimae fidei, but rather that particular representations in particular factual contexts, might involve an implied representation that there is nothing unusual in the transaction which has not been disclosed. This, therefore, is not a case of non-disclosure properly so-called, but rather misrepresentation in the form of partial non-disclosure … Similarly … Mr Justice Waller contemplates a negotiation in which a broker is seeking to persuade an underwriter to grant a binding authority to a cover-holder and describes the cover-holder, but omits to mention unexpected features of the cover-holder which in the circumstances he ought to have mentioned. This is the same factual situation as Mr Justice Blackburn was envisaging … I remind myself that in *Bell v Lever Brothers Ltd* [1932] A.C. 161 Lord Atkin at 227 and Lord Thankerton at 231–232 in effect said that the types of contract which can be characterised as giving rise in law to an obligation of good faith are closed."[130]

In *Times Travel (UK) Ltd v Pakistan International Airline Corp*,[131] the Supreme Court said that English law did not recognise a general principle of good faith at the point of contracting since the law generally accepted that the pursuit of commercial self-interest was justified in commercial bargaining.

2. POOLS AND FRONTING

The authority of the underwriting agent and fronting

10-030   Fronting is the name given to where Company A wishes to write a particular risk as a direct insurer, but cannot. In those circumstances an unrelated "front" company may write the risk and cede it entirely to Company A for a fronting fee or commission. In *Sedgwick Tomenson*, Evans J (as he then was) said:

> "The meaning of 'fronting' is clear. When one insurer is willing to take a risk but either is unable to do so, not being licensed to do business in the territory in question, or is not acceptable to the assured, for part or all of the risk, either for commercial (security) reasons or perhaps on political grounds, then another insurer may be able to 'front' for him, by underwriting the insurance in full and then reinsuring part or all of the risk with him. There may be standing arrangements to this effect when a number of insurers belong to a group or pool and for whatever reason the insurance is accepted by one or more insurers but the risk is shared by them with others under built-in reinsurance agreements."[132]

As the dates of the caselaw recited below indicates, pools were more prevalent in the last century than the current. With reinsurers being under greater regulatory scrutiny with regard to practices and capital, being a member of a pool, limited ability to affect underwriting decisions and the potential to have to pick up additional liability of another pool member is insolvent may be problematic. Reinsurance pools may exist for a number of reasons.[133] Presently they are to be found to cover very high value exposures, such as terrorism and natural catastrophes, and may have government support. A Pool member has little ability to affect underwriting decisions and generally is obliged to take on a portion of the liabilities of other pool

---

[130] *GMA v Storebrand and Kansa* [1995] L.R.L.R. 333 at 349.
[131] [2021] UKSC 40; [2023] A.C. 101 at [3] and [26] per Lord Hodge (DPSC).
[132] *Sedgwick Tomenson* [1990] 2 Lloyd's Rep. 334 at 341.
[133] A European Commission study on Co (Re) insurance pools and the subscription market, July 2014, found such pools broadly beneficial to customers. Inter alia, it allowed insurers who would otherwise be too small to offer certain risks, to participate in providing such (re)insurance.

members who go insolvent. Because of these factors, regulators will likely require the Pool member to have additional internal controls and additional capital. This additional cost makes Pool membership unattractive. Santayana tells us that those who forget the past are doomed to repeat it, and practices of the market fall out of favour and then return. We deem it safer therefore to retain the discussion of the law, even though, it may not exercise reinsurers and lawyers greatly for a decade or so.

In the last century, pools provided additional capacity, frequently at lower rates than other markets, and they were a convenient means by which companies new to international reinsurance business might participate in the market. Sometimes they were put together by brokers or underwriting agents who then had a "captive" market with which they could place business—which resulted in a clear conflict inasmuch as they would owe duties to their clients to obtain insurance on the best terms with the best insurer but would have an incentive to use the pool they have put together, which may neither offer the best terms nor be the best insurer. Brokers' security committees are naturally reluctant to place business with new companies—hence the need for the new company to find an established company for fronting. The underwriters acting as fronts are, of course, exposed financially in the event they cannot collect from other members of the pool.[134] Evans J continued:

"The usual form of remuneration for the fronting insurer is an 'overriding commission' of, say, 1 per cent. No one doubts that the named insurer is liable in full to the assured, in accordance with his contract and regardless of the reinsurance arrangements, though in the normal course he would recover an indemnity depending on the terms agreed with the reinsurer."[135]

It was not unusual "in the normal course" for the fronting reinsurer to have serious difficulty in collecting from other pool members who were reinsuring him, and a one per cent overriding commission could prove inadequate compensation for the additional risk he assumed. It is probably correct, as Evans J said, that the existence of a fronting arrangement makes no difference to the liability of the fronting company to the original insured/reinsured. However, in *Eagle Star Insurance Co Ltd v Yuval Insurance Co Ltd*, where the Court of Appeal refused to grant summary judgment against a fronting company, Lord Denning MR said:

"It seems to me there are several triable issues. First the 'fronting arrangement'. Although Eagle Star did not know of it themselves, their brokers, Pearson, Webb, Springbett, did know, or may be deemed to have known, that there was a fronting arrangement. They knew that Yuval were only getting a small commission of 1 per cent; and that the real principals (who were to take the premiums) were Bastion Ltd, a company with which Mr Delbourgo was clearly concerned, as were the brokers themselves. It is open to question whether Eagle Star can sue Yuval as principals on this treaty of reinsurance when to the knowledge of their agents, Yuval were only front men for Bastion. Bastion are now in compulsory liquidation. So if Yuval are liable, they will have to pay the whole of the £69,000, in return for which they have only received the tiny commission."[136]

Lord Denning appears to have considered the particular fronting arrangements in that case (at least arguably) a sham:

"The Yuval company were the front people giving their name to the transaction, vis-à-

---

[134] See Failed Promises, cited at the beginning of this chapter.
[135] *Sedgwick Tomenson* [1990] 2 Lloyd's Rep. 334 at 341.
[136] *Eagle Star Insurance Co Ltd v Yuval Insurance Co Ltd* [1978] 1 Lloyd's Rep. 357 at 360.

vis Eagle Star. Yuval were legally the reinsurers. But the real principals to the reinsurance were a company called Bastion Ltd. It was run by Mr Delbourgo. It was a company of little substance ... As between Bastion and Yuval, Bastion was the company truly responsible."

He described Mr Delbourgo as "... one of those smart young men who get a lot of business in a short time but leave a lot of troubles behind them".

Eagle Star v Yuval is no authority for a general proposition that the court may ignore the contractual form of fronting arrangements. As Lord Denning himself recognised, Yuval were legally the reinsurers under the treaty. It should be noted that the treaty contained an arbitration clause, and that the principal issue, which the Court of Appeal left for the arbitrators, was whether there had been material non-disclosure on the part of Eagle Star.

Where the underwriting agency agreement does not contain an express provision authorising the agent to accept fronting, it appears that such authority will not be implied.[137] In a situation where the reinsurer terminates the agent's actual authority to front, the question arises whether the agent retains ostensible authority to do so. The question of authority to front was considered in *Suncorp v Milano*.[138] The underwriting agent, without either express or implied authority, used Milano, a member of a pool, as a front for other pool members and thereby increased Milano's share of the risk from 20 per cent to 32.5 per cent. Waller J held that the evidence of London market practice did not establish that it was usual for an underwriting agent to have authority to use one or more pool members as a front, and that it was not the universal practice of brokers to assume that all such agents had such an authority. Some brokers had in fact asked for copies of the agent's written authority. However, Waller J found that Milano, having become aware of the fact that their agent had exceeded his authority, took no steps within a reasonable time to bring that fact to the notice of third parties. He concluded that:

> "Milano did adopt and intended to adopt the Suncorp contracts, at least to some extent. It thus seems to me on the basis that it is not possible to ratify in part, they have thus ratified the Suncorp contracts."[139]

10-031 In *Companhia de Seguros Imperio v Heath (REBX) Ltd*[140] the defendant brokers ("Heath") held four binding authorities on behalf of a pool of reinsurers including the plaintiff ("Imperio"). Between 1976 and 1979 over 1,000 policies were issued in the name of the pool. Imperio agreed to take a line of between 4 per cent and 5 per cent on any one risk. Article 15 of the first of the four binding authorities provided as follows:

> "FRONTING AGREEMENT
> It is understood and agreed that in the event of any Company/ies hereto being unable to appear on any document issued by [Heath] or being precluded therefrom for any reason whatsoever, the remaining Companies hereto agree to assume their increased proportion of liability hereunder subject to [Heath] arranging 100% reinsurance of such increased liability with those Companies who are not appearing on the document."

Heath used Imperio as a front on 117 occasions (in only 53 cases had Imperio been sent a policy or cover note disclosing that they were being used as a front).

---

[137] See *Sedgwick Tomenson* [1990] 2 Lloyd's Rep. 334; *Suncorp v Milano* [1993] 2 Lloyd's Rep. 225.
[138] *Suncorp v Milano* [1993] 2 Lloyd's Rep. 225.
[139] *Suncorp v Milano* [1993] 2 Lloyd's Rep. 225 at 241.
[140] *Companhia de Seguros Imperio v Heath (REBX) Ltd (formerly CE Health & Co (America) Ltd* [1999] C.L.C. 997; [1999] Lloyd's Rep. I.R. 571.

Imperio claimed damages for breach of contract, the tort of negligence and breach of fiduciary duty against Heath[141] arising out of the operation of the binding authority and the misuse of fronting. Langley J observed that:

> "[N]o explanation consistent with the terms of Article 15 had ever been offered, and certainly *no basis on which to single out Imperio* had ever been suggested, either by Heaths or [their solicitors]. Whether the decision to use, and choice of, Imperio as a front was made by an underwriter or by a back room boy seems to me to be of no significance. Anyone at Heaths responsible for the decision should have been aware of the terms of Article 15."

[Original emphasis]

However, the action was dismissed on the grounds that it was time-barred.

Time-bar was just one of issues in *R&Q Insurance (Malta) Ltd Continental Insurance Co*[142] The claimant companies had liabilities for asbestos related claims in respect of policies from the early 1980s and sought recovery from the defendant asserting Continental was 100 per cent liable because although it was in a reinsurance Pool and had a 20 per cent line, it was the fronting company and accepted 100 per cent up front. Despite there being no slips or cover-notes, the Judge was satisfied on best evidence principles that the reinsurance existed and that it was with a Pool of which Continental was the front. Continental was therefore one hundred per cent liable, and its defence of time-bar failed because it had acknowledged liability within the limitation period. There's no new law in the judgment but the judgment is a renewed warning that old contracts may still contain liabilities.

10-032

The legal liability of pool members

In *Kingscroft Insurance Co Ltd v Nissan Fire & Marine Insurance Co Ltd*, Moore-Bick J (as he then was) described the nature and development of underwriting pools, as follows:

10-033

> "In the early 1970s underwriting pools were a well-recognised feature of the insurance market, both in London and elsewhere. Their principal characteristic lay in the acceptance and administration of business by a pool manager on behalf of a group of insurers all of whom participated in the business in agreed shares and who acted as a single underwriting unit. The precise manner in which the pool was constituted varied depending on factors such as the place where it operated, the nature of the business which it accepted and the identity of its members. In each case one or more of the members acted as stamp companies accepting liability to the insured on inwards business under contracts negotiated by the pool manager. In some cases all the members of the pool acted as stamp companies, each accepting its agreed proportion of the risk. It was common, however, for pools to include members which were not able, or did not wish, to act as stamp companies and who therefore participated by reinsuring one or more of the stamp companies. The terms 'agency' and 'pool' were both used in the London market during that period, but not in any well-defined sense. Some people appear to have used the term 'agency' to describe an arrangement under which an underwriting agent, such as Weavers, acted on behalf of a group of insurers all of whom participated as stamp companies, and the term 'pool' to describe a similar kind of arrangement which included non-stamp companies, but these were not terms of art. Anyone familiar with the London market at that time would have known that business accepted by a body describing itself as a 'pool' or 'agency' would be underwritten by one or more identified stamp companies but would be

---

[141] "To use [counsel's] colourful phrase, the claims pleaded by Imperio for breach of fiduciary duty are in reality claims for breach of contract or tort with an added epithet. The remedy sought in each case is damages": per Langley J.

[142] *R&Q Insurance (Malta) Ltd v Continental Insurance Co* [2017] EWHC 3666 (Comm).

administered on behalf of a group of companies which provided the underwriting capacity, some of whom might participate only as reinsurers of the stamp companies."[143]

A pool is not a legal entity, nor is it a partnership.[144] The individual members are severally liable for their respective proportions of the risk, just as the underwriters putting down a line on a slip are severally liable. However, the underwriting agent's stamp, which binds the pool members, may not identify their names, or the respective proportions for which they agree to be bound. Subject to the possibility of the underwriting agent contracting as a principal,[145] the correct analysis is that the pool members are liable as unnamed principals for their respective proportions—provided of course, the contract is within the scope of the agent's authority—and, as we have seen, in the absence of an express authority to front the agent has no implied or ostensible authority to make a contract on behalf of one pool member only. It is possible that the agent places his stamp on the slip in such a manner that it is not even evident that he does so as agent, in which case the principal(s) will not simply be unnamed but also undisclosed. The difference is that if the principal is undisclosed, the agent is always personally liable on the contract; if the principal is unnamed, the agent may not be personally liable.[146]

Where a fronting arrangement exists,[147] then only the fronting reinsurer is liable to the reinsured, and there is no privity of contract between the reinsured and the other members of the pool. The fronting company will be reinsured by the pool members and that liability will again be several. However, there can be arrangements where pool members reinsuring the fronting company severally agree that in the event of default by some of them the others will be additionally liable. The complex contractual arrangements governing the ACC Pool contained such a provision, called a "cross-liability clause".

Where fronting occurs, the underwriting agent will be acting in two capacities: first, as the agent for the fronting company in accepting the risk and then reinsuring it with the rest of the pool; secondly, and as the agent of the other pool members on whose behalf he agrees to reinsure the fronting company. The underwriting agent may then also arrange a further retrocession on behalf of the pool members. In accordance with the principles we have already discussed[148] there is no difficulty, provided there is a full disclosure to all pool members of the different hats the underwriting agent wears and of the various commissions he may receive at different stages of the transaction. Problems have arisen where pool members have not been given a sufficiently clear explanation as to how the pool operates. Their expectation is that they will receive income from the pool. Like Mr Poole of the Glasgow Assurance Company,[149] they may be unpleasantly surprised to discover that, long after the income stream has ceased, they are required to pay losses.

---

[143] *Kingscroft Insurance Co Ltd v Nissan Fire & Marine Insurance Co Ltd* [1999] Lloyd's Rep. I.R. 603.
[144] See *Tyser v Shipowners' Syndicate (Reassured)* [1896] 1 Q.B. 135, *General Insurance Co Ltd of Trieste v Miller* (1896) 2 Com. Cas. 379. Per Lord Esher at p.381: "Did they [the members of a pool] underwrite as partners? ... In my opinion they did not underwrite as partners. They were separate underwriters as in the case of a Lloyd's policy."
[145] See *Transcontinental v Grand Union* [1987] 2 Lloyd's Rep. 409.
[146] In *Playboy Club London Ltd v Banco Nazionale del Lavore SpA* [2018] UKSC 43; [2018] 1 W.L.R. 4041, a bank gave a reference to an agent with an undisclosed principal. The undisclosed principal was unable to sue for damages for the negligent misrepresentation. Where, for Hedley Byrne type facts, liability depended on a voluntary assumption of responsibility to the representee, it was impossible for the bank to assume liability to a principal it was completely unaware of.
[147] *Suncorp v Milano* [1993] 2 Lloyd's Rep. 225, indicates that it is incumbent upon the broker to confirm the authority of the underwriting agent before making the contract.
[148] See *Bott v SCRAP*, Ch.9, 9-061 and 9-062 above.
[149] See 10-021 above.

Where the underwriting agent acts for both reinsured and reinsurer in an intra-pool reinsurance, questions of material non-disclosure may nevertheless arise.[150] The external retrocession arrangements for pool members may also give rise to difficulty. The underwriting agent will typically place retrocession cover for the pool as a whole, but as a matter of law there will be separate contracts between each pool member and each retrocessionaire. It is possible[151] that the underwriting agent may have title to sue, but as a general rule the proper plaintiffs are the individual pool members. In *Pan Atlantic Insurance Co Ltd and Republic Insurance Co Ltd v Pine Top Insurance Co Ltd*,[152] the plaintiffs had entered into two excess of loss reinsurance contracts with the defendants. The "reinsured" under the two contracts was described as follows:

"Pan Atlantic Group Reinsurance Syndicate Members and Contract issuing company(ies) as underwritten for by Pan Atlantic Group Inc. its subsidiaries and affiliates and/or quota share reinsurers." [1980 contract]

Pan Atlantic Reinsurance Group and its quota share participants as underwritten for by Pan Atlantic Group Inc. its subsidiaries and affiliates through Republic Insurance Company, Texas and Pan Atlantic Reinsurance Company ... Ltd and any other contract-issuing company) as contract-issuing companies for the Group." [1981 contract]"

Hirst J held that the plaintiffs were entitled to sue in a representative capacity on behalf of all members of the syndicate/pool.[153]

Illegality and pools

Reinsurance pools set up in the 1970s and 1980s were a frequent source of disputes concerning reinsurance contracts, which were alleged to be illegal and void because the pool members were conducting insurance business in the UK without the necessary authorisation from the DTI (now the FCA or the PRA).[154]

10-034

The H.S. Weavers pool adopted the following the contractual arrangements:

"The passing of the Insurance Companies Act 1974 led to a review of the pool's structure. Some members were not authorised to carry on insurance business in the United Kingdom but wanted to continue their participation in the pool. The solution to the problem which Weavers adopted was to stop accepting business for those companies under their existing agency agreements and to arrange for each of them, and new members in a like position, to enter into a whole account quota share reinsurance treaty with one or more of the stamp companies which it executed at its principal place of business in its country of incorporation. By that means the company continued to participate as a reinsurer in all the business written by the pool just as before, but the underwriting decision was made and the commitment to accept the risks was undertaken once and for all where and when the treaty was signed. At the beginning of 1976, therefore, the Weavers pool comprised two classes of members: stamp companies, and whole account quota share reinsurers, known for convenience as 'WAQS reinsurers'. However, since the WAQS reinsurers continued

---

[150] See the discussion of the *Hampshire Land* principle in Ch.9 above.
[151] See *Transcontinental v Grand Union* [1987] 2 Lloyd's Rep. 409.
[152] *Pan Atlantic Insurance Co Ltd and Republic Insurance Co Ltd v Pine Top Insurance Co Ltd* [1988] 2 Lloyd's Rep. 505.
[153] For the position where some of the pool members are insolvent, see *North Atlantic Insurance Co Ltd v Nationwide General Insurance Co Ltd* [2003] EWHC 449 (Comm); [2003] 2 C.L.C. 731.
[154] Financial Conduct Authority; Prudential Regulation Authority. See Ch.6 of the 1st edn of this work for a full discussion of the case law.

to participate in each risk as before, the administration of the pool, including the method of accounting for premiums and claims, continued as before."[155]

One of the issues which arose in *Kingscroft v Nissan*, was whether the whole account quota share reinsurers of the Weavers pool could be described as "Companies underwritten by Weavers" as that expression was used in certain treaties between the claimant stamp companies and the defendant reinsurer (Nissan). Moore-Bick J construed the words against the relevant commercial background and with the assistance of expert evidence. He said:

"Following the passage of the 1974 Act Weavers took steps, as I have already described, to ensure that it did not continue to accept risks in London on behalf of its non-stamp companies. The only purpose of the whole account quota share treaties was to enable non-stamp companies to remain members of the pool by accepting risks by way of reinsurance under a single contract executed abroad. Mr Williams said that a similar arrangement was adopted by the Sphere Drake pool, and I suspect that many others did much the same. An agency relationship continued to exist between Weavers and each WAQS reinsurer, however, in order to enable Weavers to administer the pool's affairs on behalf of all the members in the same way as before. Accordingly, apart from the fact that risks were accepted under a single reinsurance treaty rather than on an individual basis, nothing changed. It is perhaps not surprising, therefore, that Weavers continued to think of itself in commercial terms as underwriting on behalf of the WAQS reinsurers as well as the stamp companies, although Weavers' own view of the position is not part of the background which it is permissible to take into account for the purposes of construing the contract, any more than is the manner in which it expressed itself in, for example, correspondence with the Department of Trade.[156] It does, however, highlight the fact that although the introduction of whole account quota share treaties brought about a change in the formal structure of the pool, it was not a change which was commercially significant as far as third parties who dealt with the pool as a single underwriting entity were concerned. From a business point of view, therefore, I can see no reason why it should matter to a reinsurer such as Nissan whether the non-stamp companies reinsured the stamp companies under whole account quota share treaties or under individual reinsurances written through the agency of Weavers."

Nissan contended the reference in the preamble to each of the treaties to "companies underwritten for by Weavers" must refer only to the stamp companies for whom alone Weavers accepted risks. Furthermore, it was argued that the language used in the treaties was clear and unambiguous, and that therefore it was not right for the court to resort to the background in order to give the words a meaning other than their natural meaning. Moore-Bick J disagreed, and concluded as follows:

"I do not think that the language of these treaties is so clear as to be capable of bearing only one possible meaning. Strictly speaking, of course, Weavers did not underwrite on behalf of the WAQS reinsurers; that was the whole point of the quota share treaties. But it does not follow that when commercial men use the expression 'underwrite for' they are necessarily restricting themselves to that narrow meaning. It all depends on the context. I do not find it at all surprising that in correspondence with the Department of Trade Weavers used the expression in its strict sense. Weavers correctly understood the Department to be interested in the identity of the companies on whose behalf it wrote contracts of insurance by which they incurred liability to third parties. It was therefore appropriate to do so. However, it quickly became clear from the evidence of many of the witnesses that

---

[155] *Kingscroft v Nissan* [1999] Lloyd's Rep. I.R. 603 per Moore-Bick J at p.610.
[156] In 2009, under the leadership of Lord Mandelson, this became known as the Department for Business Innovation and Skills ("BIS"). Now called the Department for Business and Trade.

in a commercial context the expression is used in a much broader sense. The clearest evidence of that came from Mr Williams who at one point described a quota share treaty as one means of 'handing over the pen' to the ceding company (an expression often used in relation to binding authorities) and who said in terms that he would regard the cedant as underwriting for the reinsurer. Dr Luhrsen likewise understood that the word 'underwrite' was often used in this broad sense. That was entirely borne out by the evidence given during the trial and it is interesting to note that one can find in the documents specific examples of quota share reinsurers being described as 'underwritten for' by Weavers. It is also interesting to note that in *Pan Atlantic Insurance Co Ltd v Pine Top Insurance Co Ltd* [1989] 1 Lloyd's Rep. 568 the members of the pool were described in the relevant reinsurance treaty as 'underwritten for' by the pool manager 'through' the stamp companies. That simply provides another example of the way such expressions are used in the market."

Brokers may be deemed to know—following the extensive litigation over illegal reinsurance—that certain transactions are potentially illegal. If the broker deliberately shuts his eyes to obvious illegality, his principal may be fixed with that knowledge.[157] In *Bates v Barrow Ltd* Gatehouse J held[158] that no "reasonably well-informed and competent" broker in Barrow's position would have failed to realise that the scheme contravened the Financial Services Act 1986. "He would have taken legal advice as to what that might entail." However, Gatehouse J concluded that "considering the real world and the ethos of the insurance market at that period, and discounting the wisdom of hindsight",[159] the prospect of a reputable reinsurer taking the point would not have occurred to the brokers. Accordingly, in the event that he was wrong regarding the retroactivity of s.132 of the Financial Services Act 1986, he held that the loss that flowed as a result of breach of the Financial Services and Markets Act was too remote to be recovered in an action for negligence against the broker. Illegality by reason of lack of authorisation to underwrite is no longer an issue following the FSMA 2000.[160] Lack of authorisation to write the particular class of business in question, even lack of authorisation under the FSMA at all, does not render an insurance/reinsurance contract null and void.[161]

Insolvency and pools

The ACC Pool—a case study

The ACC Pool provides a case study in the legal problems that may arise when one or more members of a pool become insolvent. As it demonstrates, the inter-relationships of fronts, pool members, and reinsurers can be so complex and dense that only a Scheme of Arrangement, that can cut through those complexities, can produced an ordered resolution.

10-035

The ACC Pool comprised four companies incorporated in Bermuda: Centaur International Insurance Co Ltd ("Centaur"), The Concord Reinsurance Co Ltd ("Concord"), Marbarch Insurance Co Ltd ("Marbarch") and Shasta Reinsurance Co Ltd ("Shasta"). The Pool operated from 1974 until 1982, and during that period about 1,500 reinsureds ceded risks to the Pool members, under a total of approximately 17,000 reinsurance contracts.

The reinsurance contracts were not written with all the pool members jointly but

---

[157] See *Blackburn Low v Vigors* (1887) 12 App. Cas. 531, and Ch.9 above.
[158] *Bates v Robert Barrow Ltd* [1995] 1 Lloyd's Rep. 680 at 690–691; [1995] C.L.C. 207.
[159] *Bates v Barrow Ltd* [1995] 1 Lloyd's Rep. 680 at 690–691.
[160] See Ch.15, 15-017 and 15-018 below.
[161] FSMA 2000 s.28 (amended on 1 April 2013 by the Financial Services Act 2012).

were fronted by a particular member. The brokers placing business with the pool would select which pool member could front which contract. Thus, the particular fronting company, Centaur, Concord, Marbarch or Shasta as the case may be, was liable to the reinsured in question. The fronting company was then reinsured by the pool members. Retrocession cover for the pool members was placed with a large group of retrocessionaires, known collectively as the St George's Treaty Group. The particular retrocessionaires changed from year-to-year and amounted to over 300 companies spread throughout the world. The position was further complicated by the fact that, on occasion, the St George's Treaty Group would front for the pool.

In 1984 Centaur, Concord, Marbarch and Shasta were all unable to meet their liabilities. A scheme of arrangement was put into effect to run-off the business of the pool as efficiently as possible. The following extract from the scheme document summarises the legal effect of the contractual arrangements between the pool members and the St George's Treaty Group, and in particular the "cross-liability clause" to which we have referred above:

"St George's and the Pool ...

(1) St George's constitutes a group of co-insurers (as on a Lloyd's slip or policy); its members vary from Underwriting Year to Underwriting Year. Where transactions were expressed to be entered into with 'St George's' (as in the case of the Pool Agency Agreement and of many treaties fronted by St George's thereunder) the effect is likely nonetheless to be that any other party to such transactions must be taken to have agreed to look to whomever were the members of St George's in the relevant Year for whatever were their respective proportionate interests, whether or not it knew their individual identities or interests.

(2) The relationships between individual members of St George's and Concord are governed by the individual General Retrocession Agreements between them. Members of St George's thereby became retrocessionaires of Concord (to the extent prescribed by their individual General Retrocession Agreements) in respect of treaties written in Concord's name (including the liability of Concord to other Pool members under the Pool Agency Agreement). Members of St George's were also retrocedants to Concord (to the extent of Concord's retention under the General Retrocession Agreements) in respect of treaties written in St George's name (including the liability of St George's to other Pool members under the Pool Agency Agreement).

(3) When a Pool member other than St George's or Concord fronted a treaty, St George's (meaning the members of St George's for their respective interests) were liable, jointly and severally with Concord, as the quota share reinsurers of that other Pool member to the extent of the quota share of 'Concord and/or St George's' for the relevant Underwriting Year. As between members of St George's and Concord the individual General Retrocession Agreements governed the position.

(4) When Concord fronted a treaty, the other Pool members (excluding St George's) were its quota share reinsurers to the extent of their respective participations for that Underwriting Year. Concord retroceded to St George's, pursuant to the General Retrocession Agreements, the 'Concord and/or St George's' quota share less its retention.

(5) When St George's fronted a treaty, the other pool members (excluding Concord) were its quota share reinsurers to the extent of their respective participations for that year. St George's retroceded to Concord, pursuant to the General Retrocession Agreements, the equivalent of Concord's retention.

(6) The foregoing accords with the history of the development of the Pool and the apparent intention of the Pool Agency Agreement but not with the accounting procedures of the Manager. As required under the Pool Agency Agreement, the Manager submitted quarterly statements to Pool members (other than St George's), but the statements submitted by the Manager to St George's on behalf

of Concord under the General Retrocession Agreements were submitted half yearly. This discrepancy may in part be explained by the fact that the members of St George's were originally solely retrocessionaires of Concord and also the practical inconvenience for a small agency to account in respect of a large number of companies around the world on a quarterly basis.

(7) Concord and (when, in later years, the General Retrocession Agreements were altered in this respect) the Manager had the actual authority to bind St George's to the Pool Agency Agreement and reinsurance/retrocession treaties within the business and monetary limitations of the General Retrocession Agreements, with effect from 1st January, 1975. Neither the Manager nor the Brokers Committee is aware of any breach of such limitations.

(8) The phrase 'The Concord Reinsurance Company Limited and/or St George's Treaty Group' when used in the Pool Agency Agreement and elsewhere imposes a joint and several liability as between Concord of the one part and the members of St George's (for their respective interests) of the other part.

(9) The enforcement by cedants of claims against St George's under St George's fronted treaties would face practical difficulties. Virtually all inwards treaties to the Pool were subject to the law of, and in case of dispute to arbitration in, the cedant's country. Since each member of St George's is, as explained above, only responsible for its own proportionate interests (subject to the 'cross liability clause' considered below), a cedant would have to pursue individual claims against the numerous members of St George's. In cases of dispute, a cedant would probably have, first, to pursue numerous individual arbitration proceedings to awards in its own country (or in the case of a claim by another Pool member in Bermuda) and, then, to seek to enforce such awards in the countries of origin of the members of St George's (or any other countries with jurisdiction over such members and where they had attachable assets).

(10) The *'cross liability clause'* in the General Retrocession Agreements is valid and effective, according to its terms, both as regards Concord (under the General Retrocession Agreements themselves) and probably also as regards other Pool members (where they fronted under the Pool Agency Agreement) and outside cedants (where St George's was the front). The cross liability clause, when it applies, in effect redefines as regards outsiders the extent of the proportionate interests of the members of St George's. The major practical problem presented is that the interest of any St George's member unable to meet its obligations is merely spread proportionately over all other St George's members. Over a period of time the effect of this clause could also be progressive; as further members of St George's became unable to pay, their interests (including their share of the interests of any members previously becoming unable to pay) would be further spread and so on until, in theory at least, a sufficient core of solvent members was found to meet all obligations. Another problem is when any member should be regarded as 'unable for any reason to meet its obligations'. Inability in this context is a question of fact. It could clearly cover insolvency (whether or not evidenced by liquidation) as well as exchange control restrictions precluding payment. It would not cover mere refusal, reluctance or failure to pay. When seeking to invoke the 'cross liability clause' against other members, a cedant to St George's or a Scheme Company (in respect of quota share claims) would therefore have to overcome not only the procedural obstacles referred to in (9) but also to establish such inability."

The ACC Pool Scheme of Arrangement, which bound all reinsureds who were creditors of the insolvent pool members, simplified the run-off by, inter alia, suspending the complicated claims and cross-claims between Centaur, Concord, Marbarch and Shasta, and providing for assignment of certain debts due from the

772 BINDING AUTHORITIES, UNDERWRITING AGENTS AND POOLS

St George's Treaty Group.[162] The scheme managers were then left with the task of making recoveries from the multitude of retrocessionaires making up the St George's Treaty Group. Schemes of arrangement for insolvent reinsurance companies are the subject of Ch.18.

Agreements to assume liabilities

10-036   One obvious solution to insolvency is to find a solvent entity to assume the liabilities of an insolvent one. There may be good commercial reasons, for example preservation of goodwill and long-term business relationships, or the offer of further premium, why another reinsurer might be willing to enter into a novation agreement. As the facts of Orion saga[163] illustrate, ad hoc run-off arrangements and "gentleman's' agreements" are no substitute for a formal written agreement which leaves no room for doubt that the parties intended to enter into a legally binding contract.

The Orion Pools operated from 1953/54 to 1966/67. The plaintiffs, Orion, acted both as a fronting company and an underwriting agent for two companies: Sphere Insurance Co Ltd ("Sphere") and Drake Insurance Co Ltd ("Drake"). In 1965, Sphere was in financial difficulties and had to be rescued. The question arose as to who should be responsible for its continuing liabilities. There were prolonged negotiations in the late 1960s and early 1970s and a complex series of agreements. Ultimately, a meeting was held on 23 April 1975, and a memorandum was produced which recorded the understanding of the parties. The issue before the courts—which involved three trials in the Commercial Court and two hearings in the Court of Appeal—was whether the meeting resulted in a legally binding agreement between the parties which finally disposed of all liabilities under the pool agreements.

In the 1980s, substantial claims arose relating to asbestos for which Orion, as the fronting company, had been liable, and which Sphere and Drake had reinsured under the pool agreements. These two companies themselves retroceded their exposure to Basler, a Swiss reinsurer. In 1982, under a scheme of arrangement, Drake transferred all its liabilities and obligations to Sphere, which changed its name to Sphere Drake Insurance Plc ("Sphere Drake"). In 1986, Orion issued a writ against Sphere Drake claiming moneys due under the original reinsurance contracts. Orion argued that the understanding reached at the meeting was a "goodwill agreement" only and not legally binding; as a result the pool agreements were still effective and thus Orion was owed further sums. Sphere Drake argued that there was a legally binding agreement which relieved them of liability, or alternatively, that the conduct of the parties after 1975 gave rise to an estoppel by convention.

Hirst J found that very near the outset of the 23 April 1975 meeting, Orion's representative, a Mr Sage, had stipulated that the agreement was a goodwill agreement and not a legal contract, and that others present at the meeting accepted and assented to this stipulation.

---

[162] The run-off was concluded and Centaur, Concord, Marbarch and Shasta finally wound up in 1996.
[163] *Orion Insurance Co Plc v Sphere Drake Insurance Plc* [1990] 1 Lloyd's Rep. 465; [1992] 1 Lloyd's Rep. 239, CA; *Sphere Drake Insurance Plc v Basler Versichergunsgesellschaft* [1998] Lloyd's Rep. I.R. 35; *Odyssey Re (London) Ltd (formerly Sphere Drake Insurance Plc) v OIC Run Off Ltd (formerly Orion Insurance Co Plc)* [2001] Lloyd's Rep. I.R. 1; (2000) 97(13) L.S.G. 42.

Hirst J further held that the plea of estoppel by convention failed, as the parties were not under a common assumption that the agreement was legally binding. The majority of the Court of Appeal[164] refused to interfere with Hirst J's finding of fact.

In subsequent proceedings brought by Sphere Drake against its reinsurers,[165] Moore-Bick J found that Mr Sage had perjured himself. He concluded that a legally binding agreement to assume Sphere Drake's liabilities had been entered into by Orion and that, accordingly, Sphere Drake's reinsurers were no longer liable. Sphere Drake's attempt to have the judgment in the original proceedings against Orion set aside failed at first instance but succeeded in the Court of Appeal.[166]

In *GMA v Storebrand and Kansa*[167] an agreement to assume liabilities arising from the run-off of certain pool business was challenged on the grounds of material misrepresentation/non-disclosure. Forksikrings Aktieselskapet Dovre ("Dovre"), a Norwegian Company not authorised by the DTI to conduct insurance business in the UK, had participated in 1977 and 1978 in a pool for which Accolade Underwriting Agency Ltd ("Accolade") were the underwriting agents. In November 1978, Dovre ceased underwriting and entered into a form of voluntary liquidation in Norway. Dovre's liabilities arising out of the Accolade pool business were originally assumed by Storebrand. Storebrand subsequently entered into an agreement with Dovre, Accolade and Kansa, under which Kansa assumed all Dovre's liabilities arising under the pool and agreed to indemnify Storebrand in respect of any liabilities that it had previously assumed. Kansa became the party to which Accolade accounted, and Kansa was credited with the premiums which Dovre had earned.

10-037

The plaintiffs claimed as assignees of four contracts of reinsurance which had been written by Accolade on behalf of Dovre, alleging that either Storebrand or Kansa were liable. Storebrand and Kansa each served on the other a notice under RSC Ord.16 r.8, requiring the determination of questions of liability between them under the four contracts of reinsurance.

Phillips J (as he then was) held as follows:

(1) The agreement operated as a substitution of Kansa for Dovre in the agency agreement, which was not the same as a novation involving the cedants/reinsureds of Dovre. There was no direct liability as between Kansa and the reinsureds arising out of the agreement.
(2) The indemnity which Kansa gave to Storebrand was an indemnity against both (a) Storebrand's liability to Accolade under the agency agreement, and (b) Storebrand's liability, if any, to cedants/reinsureds of Dovre.
(3) However, the fact that Kansa had agreed to indemnify Storebrand in respect of liabilities which arose under reinsurance contracts did not make the indemnity a contract of reinsurance[168] and therefore it was not subject to the principle of uberrima fides or some analogous obligation of disclosure.
(4) Accordingly, the plea of avoidance for material non-disclosure failed, and the allegation of material misrepresentation also failed, on the facts.
(5) The reinsurance contracts written by Accolade on behalf of Dovre were il-

---

[164] Stuart-Smith LJ dissenting, *Orion Insurance Co Plc v Sphere Drake Insurance Plc* [1992] 1 Lloyd's Rep. 239 CA.
[165] *Sphere Drake Insurance plc v Basler Versichergunsgesellschaft* [1998] Lloyd's Rep. I.R. 35.
[166] *Odyssey Re Ltd v OIC Run-Off Ltd* [2001] Lloyd's Rep. I.R. 1.
[167] *L'Alsacienne Première Société Alsacienne et Lorraine D'Assurances Contre L'Incendie Les Accidents et Les Risques Divers v Unistorebrand International Insurance AS and Kansa Reinsurance Co Ltd* [1995] L.R.L.R. 333.
[168] See Ch.1, 1-050 above.

legal, but the illegality did not affect the indemnity, as the performance of Kansa's obligations under the indemnity did not constitute carrying on insurance business in the UK.[169]

10-038 A pool run-off agreement, similar in some respects to that in *GMA v Storebrand and Kansa*, was considered in *Württembergische AG v Home Insurance Co*.[170] The plaintiff was a member of pool managed by ME Rutty Underwriting Agencies Ltd between 1964 and 1967. It was held, as a matter of construction, that the defendant had agreed to replace the plaintiff, to relieve the plaintiff of all liability for run-off costs and claims as from 1 January 1977. One of them pool members then became insolvent. The effect of the insolvency was that the proportionate share of the plaintiffs' liability under the original pool agreements was increased, and the plaintiffs argued that the defendants were liable to indemnify them in respect of that increased liability under the 1977 agreement. The Court of Appeal[171] held, affirming the decision of the judge, that the 1977 agreement covered only losses arising out of risks written by ME Rutty between 1964 and 1967. Liability for the share of a pool member who could not pay would not arise out of the risks written by ME Rutty but arose by reason of the original agreements made by and between the members of the pool.

Recovery from pool reinsurers and net accounting

10-039 The reinsurance arrangements for the Rutty pool were considered further in *North Atlantic v Nationwide*.[172] The ME Rutty agency's authority to act on behalf of pool members had been terminated in 1996 and 1997 and the agency was dissolved in 2000. There was a dispute between the solvent and the insolvent pool members as to how reinsurance recoveries, which the agency had previously made on behalf of the pool, should be accounted for. The pool operated with one or more companies acting as fronts, which the other pool members automatically reinsured for their proportionate shares ("internal reinsurance"). The agency then placed reinsurance on behalf of the pool ("external reinsurance"), acting as agent for unidentified principals, and accounted for reinsurance recoveries net in quarterly accounts sent to each of the pool members. The insolvent pool members contended that they were entitled to pursue reinsurers in their own right for their proportionate share of external reinsurance. The solvent pool members argued that the fronting companies were the reinsureds, under the external reinsurances and that accordingly where a sum was due from one or more insolvent pool members to a solvent fronting company in respect of an internal reinsurance, the fronting company was entitled to collect from the reinsurers of the pool and the insolvent companies were only entitled to receive the net sum, if any, that was shown due in quarterly accounting. Cooke J said:

"As was accepted in argument, a reinsurance of a Pool, whether using the Pan Atlantic form of wording[173] or not, is akin to the reinsurance cover obtained for a named Reinsured 'and/or its Quota Share Reinsurers' ... It is said by all sides that the wording of the reinsurance does not fit aptly the other parties' contentions. Thus the reinsurances are expressed

---

[169] It should be noted that this decision pre-dates *Bates v Barrow* [1995] 1 Lloyd's Rep. 680; and *Group Josi v Walbrook* [1996] 1 Lloyd's Rep 345.
[170] *Württembergische AG v Home Insurance Co* [1997] L.R.L.R. 86.
[171] Butler-Sloss, Aldous, Brooke LJJ, Unreported, 9 March 1999.
[172] *North Atlantic v Nationwide* [2003] EWHC 449 (Comm). The decision was affirmed on appeal: [2004] EWCA Civ 423; [2004] Lloyd's Rep. I.R. 466.
[173] See *Pan Atlantic v Pine Top* [1988] 2 Lloyd's Rep. 505.

to cover the subject matter of the inwards reinsurance written by the fronting company which, say the solvent companies, is inappropriate if this is intended to reinsure the internal quota share reinsurances of the fronter by the Pool members in respect of the fronter's excess of loss business. That however is a difficulty more apparent than real ... since the true subject matter of the cover is the excess of loss business, just as if the reinsured was expressed to 'X and/or its Quota Share Reinsurers' in respect of such excess of loss covers. A greater difficulty presents itself for the fronting companies' arguments, because none of the limits, aggregates or retentions relate to the fronting companies' position but plainly relate to the Pool, when taken as a whole. To reinsure the fronting company or companies alone could not be seen as reinsurance 'for common account' nor 'reinsurance for joint agency account'. Once this conclusion is reached ... the only business like construction of such wording which does justice to the parties' intentions and which is known to law, is a composite reinsurance cover of the Pool members individual several liabilities, reinsured in combination, by reference to the overall figures when treating the Pool as a common account, whether with regard to premium, retention, aggregation, limits or surplus cession."[174]

Cooke J held that the external reinsurances had the following effect:

"[I]t is clear from the background evidence that these reinsurances were indeed concluded 'for the common account' of the Pool members. They were for their common interest and benefit but this could only work for the several individual interests or individual benefit of each. All were intended to benefit in accordance with the Agency Agreement made between each one and the Rutty Agency ... It may be that, as the fronting companies are 100% liable on the inwards business, they would be treated as having sufficient title to sue on the external reinsurances for 100% of the reinsurance cover. In the ordinary way, if the Rutty Agency was in place, the Rutty Agency would, in accordance with the Agency Agreement, take the necessary action to commence litigation in the name of one or more or all of the Pool members. Any title to sue would be entirely technical in such circumstances. If however, the fronting company or fronting companies were named as claimants in proceedings, because of their 100% interest, prior to internal Quota Share Reinsurances, they might be able to recover the totality but could only hold the proceeds in the manner set out by Hirst J. [in *Pan Atlantic v Pine Top*] as fiduciaries/trustees, because they put themselves in the position where they were claiming for the several interests of the other Pool members, as would be the case of 'X' when suing on a reinsurance, which named 'X and/or its Quota Share Reinsurers' as the reinsured. On a proper analysis of the Pool reinsurance covers, the reinsurers owe contractual obligations to each of the Pool members for their respective several interests which, in the case of the non-fronting companies means their liability to the fronter and, in respect of the fronting company, means the balance of the inward risk which has not been ceded to the other Pool members."[175]

He further held that the net accounting arrangements were not enforceable against the insolvent reinsurers.[176]

3. AGENCY ISSUES AT LLOYD'S

Lloyd's managing agents

Duty of care—concurrent duties in contract and tort

Some syndicates at Lloyd's have a single corporate member and a *managing* agent. Other syndicates will have a managing agent but comprise a number of

10-040

---

[174] *North Atlantic v Nationwide* [2003] EWHC 449 (Comm) at [35]–[36].
[175] *North Atlantic v Nationwide* [2003] EWHC 449 (Comm) at [38], [40].
[176] This aspect of the decision is discussed in Ch.11, 11-074 below.

members, which may include a number of entities. These entities will have *members'* agents who represent them in choosing syndicates and overseeing the investments.

In *Henderson v Merrett*,[177] the House of Lords held that the managing agent of a syndicate owed a duty of care in tort to members for whom they also acted as members' agent and also those members who other members' agents had brought to the syndicate. Lord Goff said the governing principles relating to the imposition of a duty in tort were those stated in *Hedley Byrne v Heller* by Lord Morris[178] and Lord Devlin,[179] namely whether one party had assumed or undertaken a responsibility towards the other. He said that the concept of "assumption of responsibility", although it had been criticised as being "unlikely to be a helpful or realistic test in most cases",[180] was applicable to "cases such as the present". In Lord Goff's view, that principle was not confined to cases of negligent misstatement, but applied generally in a situation "equivalent to contract". It followed that:

"... once a case is identified as falling within the *Hedley Byrne* principle, there should be no need to embark upon any further inquiry whether it is 'fair, just and reasonable' to impose liability for economic loss ..."[181]

Lord Goff agreed with Saville J and the Court of Appeal[182] that the relationship between the Name and a managing agent "appears to provide a classic example of the type of relationship to which the principle in *Hedley Byrne* applies",[183] and concluded as follows:

"In so saying, I put on one side the question of the impact, if any, upon the relationship of the contractual context in which it is set. But that apart, there is in my opinion plainly an assumption of responsibility in the relevant sense by the managing agents towards the Names in their syndicates. The managing agents have accepted the Names as members of a syndicate under their management. They obviously hold themselves out as possessing a special expertise to advise the Names on the suitability of risks to be underwritten; and on the circumstances in which, and the extent to which, reinsurance should be taken out and claims should be settled. The Names, as the managing agents well knew, placed implicit reliance on that expertise, in that they gave authority to the managing agents to bind them to contracts of insurance and reinsurance and to the settlement of claims. I can see no escape from the conclusions that, in these circumstances, prima facie a duty of care is owed in tort by the managing agents to such Names."[184]

Lord Goff then considered two arguments against the imposition of a duty of care. First, the submission that because the relevant agency agreements conferred an "absolute discretion" upon the underwriting agent, it followed from "an unbroken line of authority" that the exercise of the power conferred upon the agent by the Name could not be challenged unless (a) the exercise of the power was in bad faith, or (b) (arguably) the exercise of the power is totally unreasonable, and any duty to exercise due skill or care, whether contractual or extra-contractual, was

---

[177] *Henderson v Merrett* [1995] 2 A.C. 145. A seminal case. In *Brewer v Iqbal* [2019] EWHC 182 (Ch); [2019] B.C.C. 746, it is the case cited for the proposition that the core of a fiduciary duty is single-minded loyalty.
[178] *Hedley Byrne v Heller* [1964] A.C. 465 at 502–503.
[179] *Hedley Byrne v Heller* [1964] A.C. 465 at 528–529, 531–532.
[180] See *Smith v Eric S. Bush (a firm)* [1990] 1 A.C. 831 at 864–865 per Lord Griffiths; *Caparo Industries Plc v Dickman* [1990] 2 A.C. 605 per Lord Roskill.
[181] *Henderson v Merrett* [1995] 2 A.C. 145 at 181.
[182] Sir Thomas Bingham M.R. and Hoffmann and Henry LJJ.
[183] *Henderson v Merrett* [1995] 2 A.C. 145 at 181.
[184] *Henderson v Merrett* [1995] 2 A.C. 145 at 182.

thereby excluded. Lord Goff rejected this submission and adopted the following passage from the judgment of Saville J:

> "As I have said in other cases, Lloyd's could not exist as an insurance and reinsurance market unless the business is conducted by professionals who must be given the widest possible powers to act on behalf of the Name. Thus the underwriting agency agreement makes absolutely clear that the Name must leave it exclusively to the underwriting agents actually to run the business. The standard of behaviour to be expected of the underwriting agents in carrying out this task is an entirely different matter. The underwriting agency agreement contains no express provisions in this regard, but I do not find this in the least surprising, since it seems to me literally to go without saying that the underwriting agents must act with reasonable care and skill in exercising their authority and carrying on the underwriting business on behalf of the Name. The very fact that the agents are given the widest possible authority to act on behalf of the Name, together with the fact that the Name's potential liability for the actions of the agents is unlimited and the further fact that the agents receive remuneration for exercising their professional skills on behalf of the Name, seem to me to point irresistibly to the conclusion that in such a relationship the law does (as a matter of common sense it should) impose a duty of reasonable care and skill upon the underwriting agents of the kind alleged by the Name, which could only be modified or excluded by clear agreement between the parties. I can find nothing in the underwriting agency agreement which indicates that this duty (the ordinary one owed by any professional person) is in any way modified or excluded in the present cases, nor to my mind is there anything of relevance in this context in the sub-agency agreement."

Secondly, Lord Goff considered the contractual context, and concluded that English law should recognise the existence of a concurrent liability in tort and contract. In so doing, he approved the decision of Oliver J (as he then was) in *Midland Bank Trust Co Ltd v Hett Stubbs & Kemp*[185] and the following passage from decision of the Supreme Court of Canada in *Central Trust Co v Rafuse*:

> "A concurrent or alternative liability in tort will not be admitted if its effect would be to permit the plaintiff to circumvent or escape a contractual exclusion or limitation of liability for the act or omission that would constitute the tort. Subject to this qualification, where concurrent liability in tort on contract exists the plaintiff has the right to assert the cause of action that appears to be the most advantageous to him in respect of any particular legal consequence."[186]

Lord Goff concluded[187] that a duty of care was owed in tort on the *Hedley Byrne* principle by the managing agents both to syndicate members for whom the managing agents acted also as member' agent and to members of the syndicate who became members indirectly, through other members' agents. As regards the first, the duty of care in tort was co-extensive with the contractual duty under the relevant agency agreement. As regards the second, Lord Goff did not consider that the imposition of a duty in tort was inconsistent with the contractual duty owed by the managing agents to the members' agents under the relevant sub-agency agreements. He added the following caveat:

> "I strongly suspect that the situation which arises in the present case is most unusual; and that in many cases in which a contractual chain comparable to that in the present case is constructed it may well prove to be inconsistent with an assumption of responsibility which has the effect of, so to speak, short circuiting the contractual structure so put in place

---

[185] *Midland Bank Trust Co Ltd v Hett Stubbs & Kemp* [1979] Ch. 384; [1978] 3 W.L.R. 167.
[186] *Central Trust Co v Rafuse* (1986) 31 D.L.R. (4th) 481 at 522 per LeDain J.
[187] *Henderson v Merrett* [1995] 2 A.C. 145 at 194–196.

Standard of care—the reasonable underwriter

10-041 Underwriting is not a science. The very essence of underwriting is the taking of risks. While every underwriter hopes to make a profit, every underwriter also knows that from time to time disastrous losses will occur and will affect the whole market.[189] Reinsurance underwriting in particular may be concerned with long-term profitability, over several underwriting cycles. A particular underwriting decision is not negligent simply because, with the benefit of hindsight, it would be better not to have written it. The principle of res ipsa loquitur would be difficult to apply:

> "[A]ny successful claim against the agent in negligence would, as in any other case, have to show a failure to show the standard of skill and care reasonably to be expected of such an agent at the time and with the knowledge that he had or should have had. His judgment could not be impugned simply because events showed it to be wrong."[190]

Underwriting is also, in part, a subjective process, and individual underwriters have divergent views on the acceptability of a particular risk and the adequacy of premium for that risk. This was particularly so at Lloyd's in the late 1980s, a time when over four hundred syndicates were in existence with different underwriting philosophies. Yet, at the same time underwriting is not a form of gambling[191] for it is the objective of the underwriter to control his exposure, by rejecting some risks altogether and by limiting his exposure to the risks which he does accept, whether by contractual exclusions and limitations or by means of reinsurance. It is therefore open to a court to find, having heard expert evidence, that certain practices, or a particular underwriting decision, do not conform to an objective standard of reasonable skill and care.

10-042 In *Deeny v Gooda Walker*,[192] Phillips J (as he then was) considered two propositions. First, that the standard of care to be exercised by any member of a profession or calling is the degree of skill or care ordinarily exercised by reasonably competent members of that profession or calling. This proposition, he said, "does not remove from the judge the determination of the standard of skill and care that ought properly to be demonstrated". Phillips J approved the following passage from *Jackson & Powell on Professional Negligence*:

> "It is for the Court to decide what is meant by 'reasonably competent' members of the profession. They may or may not be equated with practitioners of average competence ... Suppose a profession collectively adopts extremely lax standards in some aspects of its

---

[188] *Henderson v Merrett* [1995] 2 A.C. 145 at 195. A seminal case. In *Brewer v Iqbal* [2019] EWHC 182 (Ch) it is the case cited for the proposition that the core of a fiduciary duty is single-minded loyalty.
[189] See e.g. *Glasgow Assurance Co v Symondson* (1911) 16 Com. Cas. 109.
[190] *The Lloyd's Litigation: Merrett, Gooda Walker, and Feltrim Cases* [1994] 2 Lloyd's Rep. 468 HL at 474 per Sir Thomas Bingham MR; see also, the dicta of Cresswell J in *Henderson v Merrett*, cited below.
[191] Although the LMX spiral cases may suggest that in the view of some Lloyd's underwriters it was simply a matter of luck.
[192] *Deeney v Gooda Walker Ltd* [1996] L.R.L.R. 183; [1994] C.L.C. 1224.

work. The Court does not regard itself as bound by those standards and will not acquit practitioners of negligence simply because they have complied with those standards ..."[193]

The second proposition, which Phillips J considered was that the existence of a common practice over an extended period of time by persons habitually engaged in a particular business is strong evidence of what constitutes the exercise of reasonable skill and care. He said:

"[T]he particular business with which this action is concerned is the business of underwriting. More particularly, this action is concerned with one area of underwriting, excess of loss reinsurance. At the heart of the action lies one aspect of excess of loss underwriting, the writing of spiral business. That was a business that developed rapidly in the period of eight years or so that led up to the events with which this action is concerned. Only a relatively small proportion of Lloyd's underwriters specialised in writing spiral business. The London market no longer writes spiral business—at least on the scale and in the manner which developed in the last decade. In those circumstances, I do not consider that one can automatically regard the practices of those who wrote spiral business as constituting strong evidence of what constituted the exercise of reasonable skill and care. It is necessary to approach this case with the possibility in mind that, for many involved, a significant involvement in spiral business may not have been compatible with competent underwriting."

The above passages from the judgment of Phillips J were cited with approval by Cresswell J in *Henderson v Merrett*.[194] Cresswell J also emphasised that the hindsight test should not be applied when judging underwriting decisions. He said:

"The standards prevailing at the time of the alleged acts or omissions provide the relevant yardstick. The defendants are not to be judged by the wisdom of hindsight. Knowledge of an event which happened later should not be applied when judging alleged acts or omissions which took place before that event ... Further, it is necessary to bear constantly in mind that in those situations which call for the exercise of judgment, the fact that in retrospect the choice actually made can be shown to have turned out badly is not in itself proof of negligence. The duty of care is not a warranty of a perfect result. The law does not impose liability for damage resulting from what in the result turn out to have been errors of judgment unless the error was such as no reasonably well-informed and competent member of the relevant profession could have made."[195]

In *Brown v KMR Services Ltd*, Gatehouse J said:

"Serious catastrophes had occurred in the past, particularly Hurricane Betsy in 1965 and Hurricane Alicia in 1983, the first event ever to cause an insured loss of US$1 bn, but their effects had been reasonably well contained within the Lloyd's market. What no one anticipated was the size and frequency of the various disasters that occurred between 1987 and 1990 beginning with the North Europe and United Kingdom windstorm of October 1987, followed by the Piper Alpha rig disaster in July 1988, the Exxon Valdez oil spill, Hurricane Hugo, and the San Francisco earthquake in 1989, to name but some. Losses soared to US$3.4 bn, US$4.5 bn, and ultimately to US$10 bn."[196]

To these catastrophes were added the long-tail liability claims arising out of asbestosis, pollution, and other health hazards in the United States, which grew substantially in the 1980s (so-called "APH" claims). The extent to which losses on

10-043

---

[193] *Jackson & Powell on Professional Negligence*, 3rd edn (Sweet & Maxwell, 1992), p.39 (the Book is now in its now in 8th edition 2018 and called Professional Liability).
[194] *Henderson v Merrett Syndicates Ltd (No.2)* [1997] L.R.L.R. 265 at 281; [1996] 5 Re. L.R. 279.
[195] *Henderson v Merrett* [1997] L.R.L.R. 265 at 281.
[196] *Brown v KMR Services Ltd (formerly HG Poland (Agencies) Ltd)* [1995] 2 Lloyd's Rep. 513 at 515.

such an unprecedent scale are the result of negligent underwriting has been investigated in a series of cases:

(1) *Deeny v Gooda Walker Ltd* (4 October 1994, QBD, Commercial Court, Phillips J);[197]
(2) *Arbuthnott v Feltrim Underwriting Agencies Ltd* (10 March 1995, QBD, Commercial Court, Phillips J)[198];
(3) *Henderson v Merrett Syndicates Ltd (31 October 1995* 21 February 1996, QBD, Commercial Court, Cresswell J)[199];
(4) *Berriman v Rose Thomson Young (Underwriting) Ltd* (17 January 1996, QBD, Commercial Court, Morison J)[200];
(5) *Wynniat-Husey v R. J Bromley (Underwriting Agencies) Plc* (16 April 1996, QBD, Commercial Court, Langley J).[201]

The LMX spiral

10-044 *Deeny v Gooda Walker Ltd*,[202] arose out of the LMX (London Market eXcess of loss) spiral. The plaintiffs were members of four Lloyd's syndicates who had suffered total losses of USD630 million. Phillips J described the nature of the spiral as follows:

"Many syndicates which wrote XL[Excess of Loss] cover took out XL cover themselves. Those who reinsured them were thus writing XL on XL. They, in their turn, frequently took out their own XL cover. There thus developed among the syndicates and companies which wrote LMX business a smaller group that was largely responsible for creating a complex intertwining network of mutual reinsurance, which has been described as the spiral. When a catastrophe led to claims being made by primary insurers on their excess of loss covers, this started a process whereby syndicates passed on their liabilities, in excess of their own retentions, under their own excess of loss covers from one to the next, rather like a multiple game of pass the parcel. Those left holding the liability parcels were those who first exhausted their layers of excess of loss reinsurance protection ... The effect of the spiral was ... significantly to reduce the comfort that could properly be derived from being exposed only to what appeared to be a very high layer of loss. Another effect was to transfer from the insurers to the brokers a very substantial part of the overall premiums in respect of a risk, for on each excess of loss reinsurance, brokerage fell to be paid at a rate of 10 per cent of the premium."[203]

Phillips J said that it was a:

"... fundamental principle of excess of loss underwriting that the underwriter should formulate and follow a plan as to the amount of exposure his syndicate would run."

It was not necessary that such a plan be written down, "but that a plan should exist and be followed". While he did not accept the view of the plaintiffs' expert[204] that participating in LMX business was negligent per se, Phillips J concluded that only an underwriter who properly understood the nature of the business, and kept track of his exposures, both horizontal and vertical, and purchased sufficient reinsur-

---

[197] *Deeny v Gooda Walker* [1996] L.R.L.R. 183.
[198] *Arbuthnott v Feltrim Underwriting Agencies Ltd (In Liquidation)* [1995] C.L.C. 1550.
[199] *Henderson v Merrett* [1997] L.R.L.R. 265.
[200] *Berriman v Rose Thomson Young (Underwriting) Ltd* [1996] L.R.L.R 426; [1996] C.L.C. 1283.
[201] *Wynniatt-Husey v RJ Bromley (Underwriting Agencies) Plc* [1996] L.R.L.R. 310.
[202] *Deeny v Gooda Walker Ltd* [1996] L.R.L.R. 183.
[203] *Deeny v Gooda Walker Ltd* [1996] L.R.L.R. 183 at 190.
[204] Mr Von Eicken.

ance was acting with due skill and care. He held that all three active underwriters had been negligent in failing to monitor adequately the risk to which they were exposing the Names, to purchase adequate reinsurance, and to advise the Names of the full extent of their exposure in the event of a catastrophic loss. He said:

"The approach of each of them to excess of loss underwriting was one that may well be appropriate in other fields of business—reliance on the past experience when estimating risk. Past experience has to be treated with particular caution in the field of catastrophe excess of loss insurance, for the size and the incidence of catastrophes do not conform to a pattern. The growth of the LMX market in the 1980s and, in particular, the growth of spiral business, raised special problems in relation to the assessment of risk, exposure and rating, that call for special consideration. Some gave it that consideration. The Gooda Walker underwriters did not."[205]

Arbuthnott v Feltrim[206] was another action arising out of the LMX spiral, which was also tried before Phillips J He applied the principles stated in the *Gooda Walker* case and held, that although the Feltrim underwriters had understood the gearing effect on losses of the LMX spiral, they had been negligent in failing to calculate adequately the true extent of the syndicate's exposure to the losses. He considered that an excess of loss underwriter should be aware of his aggregate exposure to a single loss event, and that it was therefore necessary for the underwriter to know how many of the contracts which he had written were exposed to the risk of a claim, should a particular loss event occur. The *Gooda Walker* and Feltrim cases were followed by Morison J in *Berriman v Rose Thomson Young (Underwriting) Ltd*[207] and by Langley J in *Wynniatt-Husey v R. J. Bromley (Underwriting Agencies) Plc.*[208] In both cases LMX underwriters were again held to have been negligent in failing to adequately calculate the syndicate's exposure and in failing to purchase adequate reinsurance.

10-045

The sting in the tail

In *Henderson v Merrett* the plaintiffs had participated in Lloyd's Syndicate 418/417 for various years between 1979 and 1985. The 1985 year of account remained open, and the 1993 syndicate accounts showed a substantial loss. The plaintiffs alleged that the active underwriter, Mr Stephen Merrett, had been negligent in writing eleven run-off contracts[209] between 1979 and 1982, which had resulted in a concentration of large losses in their syndicate arising out of asbestosis and pollution. Claims were made against the managing agents of the syndicate, who were vicariously liable for the underwriting of Mr Merrett and of the deputy-underwriter, Mr Emney (who had "scratched" the relevant slips), the members' agents who had placed members on the syndicate, and the syndicate's auditors Ernst & Whinney.

10-046

Cresswell J held that Mr Emney had been negligent in respect of writing seven out of the eleven run-off contracts. Mr Emney did not give evidence. Mr Merrett, who did give evidence, described the run-off contracts as "an attempt, which in hindsight was severely misplaced, to provide a service to other syndicates on a basis that would be distinctly profitable to our names." Cresswell J applied the follow-

---

[205] *Deeny v Gooda Walker Ltd* [1996] L.R.L.R. 183 at 223.
[206] Reported at *Arbuthnott v Feltrim* [1995] 2 A.C. 145 on the preliminary issue.
[207] *Berriman v Rose Thomson* [1996] L.R.L.R. 426.
[208] *Wynniat-Husey v Bromley* [1996] L.R.L.R. 310.
[209] Contract reinsuring other syndicates for all losses to arise in the future on risks written in earlier years.

ing principles relating to the prudent underwriting of run-off contracts, which Mr Merrett had himself accepted:

> "Mr Merrett accepted that in order to write a run-off contract a view had to be taken as to the ultimate outcome of the cedant's account ... Mr Merrett further accepted ... that it was of vital importance that either the cedant's IBNR should be known or the basis on which the IBNR was created should be known ... This information was necessary so that an assessment could be formed as to where the claims might end up. Without such adequate information to form a view as to where the account was likely to end up, or its equivalent, in another form, a run-off contract would not be competently or prudently written."[210]

Cresswell J found that information relating to the underwriting of the run-off contract had, initially, been concealed from the auditors. However, he also found that by the time the syndicate accounts were prepared in 1982, the auditors should have been aware of the existence of the run-off contracts and the potentially unquantifiable losses to which the syndicate was thereby exposed. Cresswell J held that the auditors were negligent in failing to investigate and comment upon the losses, and were liable for the wrongful closure of the 1982, 1983 and 1984 years of account.[211]

Damages

10-047   In *Deeny v Gooda Walker Ltd*, the plaintiffs argued that because the underwriting was entirely negligent, they were entitled to recover, by way of damages, all losses sustained in the years in question. Phillips J agreed that the members' losses were "a consequence of an incompetent disregard of important principles of excess of loss underwriting", but this did not mean that the plaintiffs' were entitled to an indemnity in respect of all their losses. Phillips J held that "... the plaintiffs should recover by way of damages such sums as will put them in the same position as if this exposure had been protected by reinsurance". The catastrophic losses which had occurred were wholly unexpected "whether that expectation is statistical or the expectation of a reasonably competent underwriter". Damages were therefore assessed by reference to what the plaintiffs would have lost if adequate vertical reinsurance cover had been in place.

Phillips J further held that the Names' personal stop-loss policies were irrelevant to the assessment of damages, and that damages were to be paid gross, as taxable receipts of their underwriting business.[212] This aspect of the decision was subject to an appeal and was affirmed by the House of Lords.[213]

Phillips J applied the above principles in *Arbuthnott v Feltrim* where he held that damages should be assessed so as to put the members of the syndicate in the position they would have been in if reinsurance protection sufficient to restrict their net exposure to a probable maximum loss of 100 per cent of stamp had been in place.[214]

10-048   The principles relating to calculation of damages were further considered by Cresswell J in *Henderson v Merrett*, who adopted a formula which took into consideration when each Name joined the syndicate, and their individual proportion of stamp capacity from year-to-year.

---

[210] *Henderson v Merrett* [1997] L.R.L.R. 265 at 321.
[211] This aspect of the decision is discussed in Ch.16, 16-031 below.
[212] See the Finance Act 1993 s.171(2).
[213] *Deeny v Gooda Walker Ltd* [1996] 1 W.L.R. 426; [1996] L.R.L.R. 109 per Lords Hoffmann, Goff, Browne-Wilkinson, Nicholls and Mustill.
[214] See also *Berriman* [1996] L.R.L.R. 426.

In *Henderson v Merrett*, Cresswell J also considered the question of contribution and indemnity as between the various defendants (the managing agents, the members' agents and the auditors). He held as follows:

(1) the auditors were not entitled to a contribution from the members' agents;
(2) the members' agents were entitled to be indemnified by the auditors (it had previously been conceded that the members' agents were also entitled to be indemnified by the managing agents);
(3) as between the managing agents and the auditors, the apportionment of liability was 80 per cent and 20 per cent respectively.

Lloyd's members' agents

Duty of care

In *Henderson v Merrett*,[215] the House of Lords held that, on the true construction of the relevant agency and sub-agency agreements, there was no privity of contract between an 'indirect' member of a syndicate and a managing agent with whom a members' agent of that indirect member had entered into a sub-agency agreement, authorising the managing agent to underwrite on behalf of the member. It followed that, in accordance with general agency principles, the members' agent was liable to the member for any failure on the part of the managing agent to exercise reasonable skill and care in relation to underwriting. The submission that members' agents' duties were limited to exercising reasonable skill and care only in relation to those activities and functions which members' agents by custom and practice actually perform for the Names personally, was rejected.

10-049

One of the functions which members' agents perform for Names is advising them on the selection of syndicates in which they participate. The performance of individual syndicates at Lloyd's has varied greatly:

"[S]ome may make a loss even in good years for the market as a whole and, similarly, even in disaster years some syndicates may still make profits."[216]

The nature and extent of a members' agents' duty with regard to selection of syndicates was considered in two test cases arising out of the LMX spiral, which were tried together: *Brown v KMR Services Ltd; Sword-Daniels v Pitel*.[217]
Gatehouse J set out the relevant duties of members' agents, as follows:

10-050

"It is to the Agent that the Name [member] turns for his introduction to Lloyd's and then for advice on all his subsequent underwriting matters, and he pays for the Agent's services by a fee and a percentage of his underwriting profits. There was no issue between the parties as to the Agent's duties. Those relevant to these actions are, in summary:

(a) to advise the Name which syndicates to join and in what amounts,
(b) to keep him informed at all times of material factors which may affect his underwriting,
(c) to provide him with a balanced portfolio and appropriate spread of risk, a balanced spread of business on syndicates throughout the main markets at Lloyd's,
(d) to monitor the syndicates on which it places the Name, and to make recommendations as to whether the Name should increase his share on a syndicate, join a new syndicate, reduce his share, or withdraw,

---

[215] *Henderson v Merrett* [1995] 2 A.C. 145.
[216] *Brown v KMR Services Ltd* [1994] 4 All E.R. 385 at 389 per Gatehouse J; [1994] C.L.C. 492.
[217] *Brown v KMR Services Ltd; Sword-Daniels v Pitel* [1995] 2 Lloyd's Rep. 513, Comm Ct, Gatehouse J; CA, Stuart-Smith, Peter Gibson and Hobhouse LJJ.

(e) to keep regularly in touch with the syndicates to which the Name belongs, and
(f) to advise and discuss with the Name the prospects and past results of syndicates on which he could be placed."[218]

The above statement of duties was cited with approval by Hobhouse LJ in the Court of Appeal.[219] Hobhouse LJ added:

"The relevant duties of the members' agent are stated in the express or implicit provisions of the contract between the member and the agent. They are to the same effect: 'to advise the Name which syndicates to join and in what amounts'. This is a duty which has to be performed each year when the decisions have to be made for the following underwriting year. The advice therefore must cover both the selection of the syndicates and the amount of premium to be allocated to each. In selecting the syndicates regard must be had to the classes of business in which the member wishes to become involved, to the quality of the individual syndicates, what business they write and to the sectors of the market to be covered. The agent must make recommendations which are of the appropriate quality both having regard to the individual syndicates and the composition of the portfolio as a whole. Linked with this must be advice as to the amount of the allocation that the member should make to each syndicate. This must have regard to the same considerations—the character and quality of the syndicate and the need to obtain an appropriate spread and maintain a proper balance."[220]

Breach of duty

10-051 In the *Sword-Daniels* case, the plaintiff syndicate member was a dentist of limited means: he had assets of £200,000 when he began underwriting—he had sustained losses of £500,000—his annual income was £35,000. Mr Sword-Daniels was "a nervous investor ... with very slender assets ... he wanted a safety-first approach".[221] However, the defendant members' agent had ignored the plaintiff's instructions that he should only be placed on low-risk syndicates, and seven of the fourteen syndicates in which he participated wrote LMX business. Gatehouse J found that:

"... on the expert evidence of both parties, Mr Sword-Daniels should have been warned of the dangers inherent in his portfolio but was not ... I conclude that no competent Members' Agent would have failed to do so at the relevant time."

Gatehouse J held that the plaintiff's case in negligence was "unanswerable".

In the *Brown* case, the plaintiff Name was a "sophisticated investor"[222] who made his own investment decisions and had followed, since 1985, a strategy of aggressive underwriting based on profitability. Nevertheless, Gatehouse J found that the defendant members' agent had failed to warn the plaintiff of the dangers of the high risk syndicates which he had joined, and that the plaintiff was entitled to expect such advice. Accordingly, the defendants were held to be in breach of duty.

10-052 The *Sword-Daniels* case was not challenged on appeal. In the *Brown* case, the Court of Appeal upheld the judge's decision that the members' agents were under a duty to advise the plaintiff regarding the composition of his underwriting portfolio,

---

[218] *Brown v KMR Services Ltd; Sword-Daniels v Pitel* [1995] 2 Lloyd's Rep. 513 at 515–516.
[219] *Brown v KMR Services Ltd; Sword-Daniels v Pitel* [1995] 2 Lloyd's Rep. 513 at 529.
[220] *Brown v KMR Services Ltd; Sword-Daniels v Pitel* [1995] 2 Lloyd's Rep. 513 at 550.
[221] *Brown v KMR Services Ltd; Sword-Daniels v Pitel* [1995] 2 Lloyd's Rep. 513 at 516 per Gatehouse J.
[222] *Brown v KMR Services Ltd; Sword-Daniels v Pitel* [1995] 2 Lloyd's Rep. 513 at 528 per Gatehouse J.

even though he was a sophisticated investor. Hobhouse LJ said that the plaintiff should have been advised of the following:

"(1) which syndicates were to be regarded as high-risk syndicates, (2) what was the nature of the risk that was involved in allocating premium to such syndicates, (3) the degree to which the risks on such syndicates overlapped, (4) the proportion of his total allocation which it was prudent to allocate to such syndicates, and (5) having regard to the foregoing, the appropriate and prudent allocation to make to each such syndicate."[223]"

Hobhouse LJ said that Gatehouse J had approached the question of whether the defendants had discharged their duty towards Mr Brown by concentrating solely on whether they had given him a sufficient warning as to the risks of the syndicates in which he participated. Hobhouse LJ said that:

"... the judge should have expressly referred to the full range of duty as I have summarised it and to the evidence which had been given concerning the proportion of a member's portfolio that it was prudent to allocate to high-risk syndicates."

Hobhouse LJ concluded that such "warnings" as were given about high-risk syndicates were inadequate, because even an intelligent and experienced investor like Mr Brown did not appreciate the gearing or "funnelling" effect of the LMX spiral, which meant that by participating in more syndicates writing LMX business, Mr Brown was actually increasing his exposure to risk in the event of a major catastrophe rather than spreading it.

Damages

In the *Sword-Daniels* case, Gatehouse J awarded the plaintiff a complete indemnity in respect of all losses which had incurred, and would incur in the future, arising out of his participation in the high-risk syndicates. Such losses were held to be the direct and foreseeable consequence of the defendants' breach of duty. In the *Brown* case, Gatehouse J concluded that, even if the defendants had properly advised the plaintiff, he would still have had some participation in the LMX syndicates, which the judge found to be 30 per cent of his actual participation, and assessed damages accordingly.

As we have noted above, there was no appeal in *Sword-Daniels*. But in *Brown*, both parties challenged the judge's assessment of damages. The defendant members' agents argued that, as the judge had found, the extent of the losses suffered between 1987 and 1990 by the market was unprecedented, and the plaintiff's losses were therefore unforeseeable. The Court of Appeal upheld the decision of the judge that "losses of the type that occurred were undoubtedly foreseeable and foreseen, even though their scale was not. That was sufficient".[224]

The Court of Appeal upheld the plaintiff's cross-appeal against the judge's finding that the plaintiff would have allocated as much as 30 per cent of his premium income limit to the high-risk syndicates. They held that the figure of 22 per cent (the percentage of total underwriting capacity at Lloyd's allocated to such syndicates) was more probable. By a majority,[225] the Court of Appeal also reversed the decision of the judge to allow the defendants to set-off profits made in previous years against the losses that had occurred in 1988, 1989 and 1990. Hobhouse LJ held that

10-053

---

[223] *Brown v KMR Services Ltd; Sword-Daniels v Pitel* [1995] 2 Lloyd's Rep. 513 at 551 (with whom Peter Gibson LJ agreed).
[224] *Brown v KMR Services* [1995] 2 Lloyd's Rep. 513 at 542 per Stuart-Smith LJ.
[225] Hobhouse and Peter Gibson LJJ; Stuart-Smith LJ dissenting.

there had been three distinct breaches of contract for each year of losses, which constituted three distinct causes of action. The plaintiff was entitled to choose which causes of action to pursue, and profits made in earlier years were irrelevant. However, the Court of Appeal upheld the decision of the judge to exclude syndicate expenses from the award of damages, on the basis that the plaintiff would have incurred similar expenses, in any event, by allocating his premium income limit to other syndicates if he had not participated in the high-risk syndicates.

Lloyd's brokers

10-054   We have already discussed the duties of brokers.[226] In *Deeny v Walker*,[227] the successful plaintiffs claimed damages against, inter alia, the brokers who had placed certain time and distance policies on behalf of the syndicates of which the plaintiffs were members. The plaintiffs' case was that the time and distance policies were part of a fraudulent scheme designed by the syndicates' active underwriter to conceal their true financial position and to cause the syndicate members to believe the syndicates were profitable, thereby encouraging them to continue to participate in writing LMX business. The claim was struck out first on the basis that the acts complained of were not the cause of the losses—they were the result of negligent underwriting. Secondly, Gatehouse J found that, on the facts as pleaded, the brokers concerned had not breached any duty owed to the syndicates, whether in tort or in contract.

Modern Lloyd's

10-055   We mentioned in 10-030 above that those who cannot remember the past are doomed to repeat it. As we point out above,[228] *Henderson v Merrett* is a seminal case on duties of agents and sub-agents in contract and in tort. Whilst the very much tighter controls on underwriting in Lloyd's, the dominance of corporate capital and corporate member syndicates and the continuing reduction in the number of individual members—and, of course the awareness of the effect of spirals—makes any repetition of the Names litigation improbable, new relationships of agency and sub-agency are being formed. Notably, syndicates at Lloyd's may receive business from companies in the group who operate outside Lloyd's, indeed outside the UK, who may themselves engage sub-agents. Lloyd's has become what it is today by learning from its past. Every company in a chain of underwriting authority that is moving from one party to another, whether through binders or covers, or MGAs, Pools, managing agents, members agents or even General Underwriting Agreement authorities[229] needs carefully to bear in mind the legal relationships that may be created, in contract and in tort, in the course of those transfers. The Lloyd's members cases make it clear that when an investor, naive or sophisticated, engages an agent, financial advisor or members' agent to invest for him, the investor is accepting the risks inherent in any investment and *not* the risk of the agent lacking the skill and care he ought to have, not the risk of the agent failing to comply with his instructions.

---

[226] See Ch.9 above.
[227] *Deeny v Gooda Walker* [1996] L.R.L.R. 276.
[228] See 10-048 above.
[229] See Ch.3, 3-067 above.

CHAPTER 11

Reinsurance Intermediaries' (Brokers') Accounts—Theory, Practice and Law

TABLE OF CONTENTS

1. Theoretical Perspective 11-001
2. Market Practice 11-037
3. Legal Problems of Funding and Set-Off 11-056

"In cases concerned with insurance, where accounts are rendered and paid through the medium of brokers and/or underwriting agents ... delays in payment are not infrequent ..."—Potter J[1]

1. THEORETICAL PERSPECTIVE

Introduction

We have previously considered the difficulties in defining a reinsurance broker concisely.[2] In any such description, the accounting functions of brokers are frequently not mentioned. However, the accounting functions of brokers are a very important part of the day-to-day operation of the reinsurance market. In treaty reinsurance the broker may be involved for 10, sometimes 20, or more, years in a continuous process of receiving payment of premium and claims and passing them on.[3]

Many of the legal problems of brokers arise from the complexity of the accounting tasks involved, and the fact that, allied with the strong natural desire of mankind not to part with money, claims begin to overhaul premiums along chains of intermediaries, sometimes seemingly never reaching an end.[4]

The broker's functions may be expressly defined by an "intermediary clause" in a treaty between a reinsured and reinsurer—to which the broker is not a party—requiring the submission of periodic accounts and cessions and the giving of notice of claims to the broker. Traditionally, the broker has been expected by the parties

11-001

---

[1] *Fenton Insurance Co Ltd v Gothaer Versicherungsbank VVAG* [1991] 1 Lloyd's Rep. 172 at 180.
[2] See Ch.9, 9-001 and 9-002 and Ch.10, 10-002 above. We shall use the word "broker" in this chapter because it is still more common than "intermediary".
[3] See e.g. *Baker v Black Sea & Baltic General Insurance Co Ltd* [1996] L.R.L.R. 353; [1996] 5 Re. L.R. 202 where the treaty incepted in 1957 and terminated in 1968, and the brokers were continuing to render quarterly accounts in 1993; *Grace v Leslie & Godwin Services Ltd* [1995] L.R.L.R. 472; [1995] C.L.C. 801 where the brokers were held to be at fault for failing to keep records 30 years after the reinsurance cover had been placed, and *Equitas Ltd v Walsham Bros & Co Ltd* [2013] EWHC 3264 (Comm); [2014] Lloyd's Rep. I.R. 398.
[4] See e.g. *Fenton Insurance Co v Gothaer Versicherungsbank VVaG* [1991] 1 Lloyd's Rep. 172, discussed below.

to the reinsurance transaction to perform these administrative tasks gratis, or in any event, in consideration only for the brokerage which he has received out of the premium passing, and without additional remuneration.[5] But, as we have seen,[6] the broker makes no contract *with the reinsurer* to administer the reinsurance contract simply by placing it. It must be arguable, however, that if he negotiates and concludes a contract between the two parties where he is expressly named as intermediary in an intermediary clause, he has entered into a "collateral" contract with both parties to perform the functions allocated to him in the intermediary clause.[7]

The difficulty of accommodating the multifaceted tasks of the reinsurance intermediary into the traditional framework of agency law has been noted by the courts.[8] The question "whose agent is the broker?" acquires particular significance when the broker is holding sums of money (representing premium or claims) which one or more parties assert they are entitled to receive. Three separate elements of the broker's accounting function must be considered, namely: premiums, commission/brokerage and claims. The strict legal analysis which follows applies the principles of the law of agency. It will then be compared with the reality of reinsurance market practice.

Premium

General principles

11-002 As a general rule, reinsurance brokers in the London and Bermuda markets are not personally liable for the payment of premium to an underwriting agent or reinsurer and when they receive premium as broker they do not hold premium received as trustee—for either the client or the insurer. However, in the UK, the way brokers hold client monies is dealt with by CASS,[9] the FCA's Client Assets rules. These rules do provide for brokers to hold premiums on statutory and non-statutory trusts. Whilst a broker has a choice of holding monies as agent of the relevant insurance undertaking or on a statutory trust or on a non-statutory client money trust, in reality most brokers will wish to hold money on non-statutory trust.

11-003 **(1) Broker not liable for premium.** There is no longer any custom of Lloyd's that a broker is liable for the premium to a Lloyd's underwriter[10] and so only s.53(1)

---

[5] *Grace v Leslie & Godwin* [1995] L.R.L.R. 472 at 477 per Clarke J: "In the non-marine market brokers have never been paid additional commission for collecting claims in the absence of a special arrangement. One witness gave an example of a special arrangement being made in one case, but he added that he was surprised that the broker's principals agreed to it." Recently brokers have set up "claims advocacy units". If a claim is rejected by the insurer the broker will suggest to the client that the matter be passed to the claims advocacy unit, and the client will pay for work done by that unit.
[6] *Pryke v Gibbs Hartley Cooper Ltd* [1991] 1 Lloyd's Rep. 602; and Ch.9 above.
[7] The Contracts (Rights of Third Parties) Act 1999 s.1(1) which gives a third party a right to enforce a contractual term if it provides that he may or if it confers a benefit is unlikely to be relevant because the reinsurance contracts do not generally give the broker the right to enforce them, and the functions of the broker are rather duties than rights. And see 11-013 below as to the position in the United States.
[8] See generally Ch.9 above.
[9] FCA Handbook, Client Assets Sourcebook (CASS) Ch.5.
[10] *Pacific & General Insurance Co v Hazell* [1997] L.R.L.R. 65; [1997] B.C.C. 400. See *Wilson v Avec Audio-Visual Equipment* [1974] 1 Lloyd's Rep. 81: broker apparently acting under a mistaken belief that he was personally responsible for premiums; and compare the decision of the High Court of

of the Marine Insurance Act 1906 ("MIA 1906") imposes direct responsibility for the premium on the broker in England, but only for marine risks and only if not "otherwise agreed".[11] Most TOBAs[12] do provide otherwise.[13]

The basis for the custom at Lloyd's of the broker's direct liability for premium[14] was said to be that:

> "By the course of dealing, the broker has an account with the underwriter; in that account the broker gives the underwriter credit for the premium when the policy is effected, and he, as agent of both the assured and the underwriter, is considered as having paid the premium to the underwriter, and the latter as having lent it to the broker again, and so becoming his creditor. The broker is then considered as having paid the premium for the assured."[15]

The custom dates from a time when Lloyd's was exclusively a marine market and appears also to have extended to the marine company market.[16] It should also be borne in mind that in the old SG (ship and goods) Marine Policy form the broker was named as the first insured.

The position in the non-marine market at Lloyd's was considered in *Pacific & General v Hazell*,[17] where Moore-Bick J found that there was no legally binding custom at Lloyd's imposing an independent legal obligation on Lloyd's brokers to pay premium to non-marine underwriters.

In Bermuda, s.29 of the Bermuda Insurance Act 1978[18] deems the broker, in certain circumstances, to be the agent of the insurer/reinsurer for the receipt of premium—but that does not mean the broker is liable to account to the insurer/reinsurer for premium if, in fact, he never receives it.[19]

In *J.A. Chapman & Co Ltd (In Liquidation) v Kadriga Denizcilik ve Ticaret AS*[20] the Court of Appeal held that, where s.53(1) applied to a marine policy, the broker's client was required to pay the premium to a broker who was in liquidation. The Court of Appeal concluded that clear words were required to exclude s.53(1) and that the existence of a payment of premium warranty (which entitled the underwriters to cancel for non-payment of premium), having regard to other provisions of the policy, did not mean that s.53(1) was excluded by implication.

11-004

In *Heath Lambert v Sociedad de Corretaje de Seguros*[21] it was accepted that s.53(1) applied to the contract. The issue was when the broker's cause of action

---

Australia in *Con-Stan Industries of Australia Pty Ltd v Norwich Winterthur Insurance (Australia) Ltd* (1986) 64 A.L.R. 481.

[11] "Unless otherwise agreed, where a marine policy is effected on behalf of the assured by a broker, the broker is directly responsible to the insurer for the premium, and the insurer is directly responsible to the assured for the amount which may be payable in respect of losses, or in respect of returnable premium."

[12] Terms of Business Agreements.

[13] And the Law Commission has recommended the removal of s.53(1) of the MIA 1906: Consultation Paper Post Contract Duties 2011: Summary of responses 2013.

[14] *Edgar, Assignees of Carden, a Bankrupt v Fowler* 102 E.R. 582, (1803) 3 East 222; *Edgar v Bumstead* (1808) 1 Camp. 410.

[15] *Power, Assignees of Fulton v Butcher and JD Capet* 109 E.R. 472; (1829) 10 B. & C. 329 at 347 per Parke J.

[16] See *Universo Insurance Co of Milan v Merchants Marine Insurance Co Ltd* [1897] 2 Q.B. 93.

[17] *Pacific & General Insurance Co v Hazell* [1997] L.R.L.R. 65. The facts are discussed below.

[18] Discussed Ch.9 above.

[19] And compare MIA 1906 s.54, also referred to in Ch.9 above.

[20] *JA Chapman & Co Ltd (In Liquidation) v Kadirga Denizcilik ve Ticaret AS* [1998] C.L.C. 860; [1998] Lloyd's Rep. I.R. 377 CA (Waller, Chadwick LJJ and Sir Brian Neill).

[21] *Heath Lambert v Sociedad de Corretaje de Seguros* [2004] EWCA Civ 792; [2004] 1 W.L.R. 2820.

against his client for the premium, accrued. The slip provided: "Warranted premium payable on cash basis to London Underwriters within 90 days of attachment." Having considered the authorities and *Arnould on Marine Insurance*, Clarke LJ said:

> "On that footing the broker's cause of action for payment of the premium is not for an indemnity in respect of the premium actually paid, in which case its cause of action would presumably accrue on payment, but for an indemnity in respect of premium deemed to have been paid. It follows that its cause of action accrues when the broker is deemed to have paid the premium. The only date on which the broker can be deemed to have paid the premium is the date on which the premium was due as between the broker and reinsurer, which depends on the terms of the policy."[22]

11-005 It is unclear whether s.53 of the MIA 1906 applies to marine *re* insurance. It has been suggested that it applies to facultative but not treaty marine reinsurance.[23] *Prentiss Donegan v Leeds*[24] illustrates the operation of s.53 at the level of direct insurance. The plaintiffs were Lloyd's brokers who, on the instructions of the defendant US brokers, had placed marine policies at Lloyd's and had paid the premium (in four instalments) to the underwriters. The plaintiffs had sent a debit note for the premium (less the US broker's 12 per cent commission) to the defendants. The plaintiffs received the first two instalments of premium, but the remainder of the premium was not paid because of a dispute between the defendants and their clients. It was held that there was no privity of contract between the plaintiffs and the defendants' clients and that the plaintiffs were entitled to summary judgment against the defendants for the last two instalments of premium, they having the obligation to pay it to underwriters under s.53 of the MIA 1906.

In *Grand Union Insurance Co Ltd v Evans-Lombe Ashton & Co Ltd*[25] the Court of Appeal[26] gave the defendant brokers unconditional leave to defend an action brought by the plaintiff reinsurers for premium due on twelve contracts of facultative marine reinsurance. The brokers alleged that they were entitled to:

> "... rely on what they say is the universal practice in the reinsurance market which has been engrafted on the custom enshrined in section 53. That practice is known as net accounting."

The Court of Appeal held that the custom, if proved at trial, could amount to an implied agreement that s.53 should not apply.

11-006 The broker may render himself directly responsible for premium by acknowledgment or agreement. In *IGI Insurance Co Ltd v Kirkland Timms Ltd*[27] a broker sent out statements of account to an insurer which (as it was found) acknowledged that he was personally liable for premium. The terms of the reinsurance treaty may also render the intermediary liable as principal.[28] In *Vehicle & General Insurance Co Ltd*

---

[22] *Arnould on Marine Insurance*, 16th edn (Sweet & Maxwell, 1981), paras 170–172 (now in 20th edn, 2021) Law of Marine Insurance and Average.
[23] See Ch.7, 7-001 above.
[24] *Prentis Donegan & Partners Ltd v Leeds & Leeds Co Inc* [1998] 2 Lloyd's Rep. 326; [1998] C.L.C. 1132. Applied by *Sotheby's v Mark Weiss Ltd* [2020] EWCA Civ 1570.
[25] *Grand Union Insurance Co Ltd v Evans-Lombe Ashton & Co Ltd* Unreported, 13 July 1989; [1989] 7 WLUK 189.
[26] Lloyd LJ and Sir Denys Buckley.
[27] *IGI Insurance Co Ltd v Kirkland Timms Ltd* Unreported, 5 December 1985, QBD, Comm Ct, and see below.
[28] See *Transcontinental Underwriting Agency v Grand Union Insurance Co Ltd* [1987] 2 Lloyd's Rep. 409, and discussed Ch.10 above.

v *Elmbridge Insurance*,[29] the broker had expressly agreed to hold premium "as an Agent of the [insurer] ... and on account for and in trust [for the insurer]". The clear and unequivocal terms of the agreement were held to override the general rule that even when a broker receives moneys as premium from his principal, his duty continues to be to hold them for the account of his principal, not to the reinsurer— albeit the broker is authorised and instructed to pay the premium to the reinsurer. If the broker agrees to hold premium as agent of the reinsurer without the consent of his principal, the reinsured, he could find himself liable twice over—to return the premium to his principal if he demands it, and to pay it to the reinsurer in accordance with his agreement.

Only the relative irrelevance of s.53 keeps it in force. When Parliament has nothing better to do, it will probably be repealed.

(2) Broker as a trustee. An agent is liable to account to his principal for money had and received to the use of his principal. However, even though the money has been paid over to the broker for a specific purpose, and even supposing that it were kept in a separate bank account from moneys received from other clients of the broker (a very unusual state of affairs) that money is not necessarily impressed with a trust—the intention to create a trust is something which may be inferred from the particular circumstances,[30] or be evident from the way it is held subject to the CASS requirements, but the fact of being an agent is not, of itself, such a circumstance.

11-007

As stated above, a broker may hold client monies as agent for the insurance undertaking, on a statutory trust or on a non-statutory client money trust. Only a tied agent is likely to opt to hold money as agent of the insurance undertaking. The Statutory trust is insufficiently flexible for brokers: the money for *all* clients can be kept in a common fund—into which claims monies as well as premium will be paid, but it does not permit withdrawal from the fund on behalf of a client unless the fund has specifically received into the fund the amount sought to be paid out. The *non-statutory trust*, which is permitted for firms "with adequate systems and controls" may "make advances of credit to the firm's clients" from the fund. That is effectively using monies from or for one client for the benefit of another, which pure trusts would not permit. Both of these trusts (statutory and non-statutory) that are creatures of CASS[31] are, we believe, given a specific statutory identity at least in

---

[29] *Vehicle & General Insurance Co Ltd v Elmbridge Insurance* [1973] 1 Lloyd's Rep. 325.
[30] See *Barclays Bank Ltd v Quistclose Investments Ltd* [1970] A.C. 567; [1968] 3 W.L.R. 1097. Followed *Brookman Home Ltd (In Liquidation)* [2021] EWHC 2610 (Ch); [2022] B.C.C. 122. In *Stones v Financial Conduct Authority* [2019] EWHC 3345 (Ch); [2020] 1 P. & C.R. DG16, the relationship of debtor and creditor did not transform to one of trustee and beneficiary simply because money was moved to a separate account. In *Ali v Dinc* [2020] EWHC 3055 (Ch); [2021] 2 P. & C.R. 19, the court found that A "Quistclose trust" existed where the claimant transferred property to a new owner on the basis that the asset was only to be used for a specific purpose. The duty which bound the borrower was not contractual, but fiduciary. There was no need for the claimant to intend to create a trust. The intended limitations on the borrower's power to use the funds had to be certain, but would be deemed sufficiently certain so long as the court could say that a given application of the money did or did not fall within its terms. It was not enough that the parties simply contemplated that the transferred assets would be used for a specific purpose: a mutual understanding was required. It was important that the transferor of the property intended the type of arrangement which would give rise to a Quistclose trust, but there was no need for the claimant to understand that it had any proprietary consequences. However, it was crucial that the recipient understood that their use of the property was specifically restricted. *Multi Guarantee Co Ltd (No.3), Re* [1987] B.C.L.C. 257.
[31] The Client Assets Sourcebook rules issued by the Financial Conduct Authority: FCA Handbook, Client Assets Sourcebook (CASS); Ch.5 applies to insurance intermediaries.

part to ensure that to the extent they may not accord with the classic definition of "trust" no argument can be made that they are not trusts.

All of the obligations of the broker to the client should be spelled out in a Terms of Business Agreement ("TOBA") with the client. That TOBA will also spell out specifically what is to happen to any interest or other income on the monies in the trust and generally these earnings will remain with the broker—another difference from the pure trust fund. In one important respect however, the trusts are similar. The client trust funds must be kept entirely separate from the broker's own funds and the broker can never withdraw monies from the trust fund for himself—for example for brokerage earned on premium—unless the monies are in fact in the account. The trust deed under which the client monies are held must impose on the broker trustee all the obligations that CASS imposes on him. Brokers may have to hold statutory and non-statutory accounts if they have some clients who, aware of the differences, insist on statutory trusts for their funds.

Miles Smith is a Lloyd's broker. It was acting as reinsurance broker to a Lloyd's consortium of syndicates, collecting premium for the consortium. Miles Smith then passed that responsibility to a run-off company SMP. SMP collected premium and became insolvent, the collected premium having left its account in unknown circumstances. Fearing it might be pursued for the missing funds, Miles Smith persuaded Master Clark that it had an arguable case that it had a proprietary interest in the premium pursuant to the terms of the run-off agreement between Miles Smith and SMP and he could therefore issue a Norwich Pharmacol Order against the Bank, Barclays, to find the money. We do not question the outcome, and in fairness the Master only decided that the case for a proprietary interest by Miles Smith was arguable but whether the liability of SMP was in trust rather than debt is questionable.[32]

Lloyd's brokers

11-008 Lloyd's Brokers are governed by the Intermediaries Byelaw of 2 April 2007 as amended in 2008, 2009, 2012 and 2014. The registration of persons as Lloyd's brokers is under the control of the Broker Relationship Management team in London and Lloyd's Insurance Company S.A, where applicable.[33] The process of becoming a registered Lloyd's broker has three main steps:

1. Lloyd's Process: Providing evidence that you have the appropriate regulatory authorisations, and meet the other criteria set by Lloyd's. Sign-off is from the Broker Relationship Management team in London and Lloyd's Insurance Company S.A, where applicable.
2. Xchanging Process: Setting up with Xchanging in order for premium and claims settlements to be processed.
3. Market Process: Obtaining commitment from managing agents that they will accept business from you under a Terms of Business Agreement with them.[34]

Lloyd's registration is not the same as regulation and supervision. The Lloyd's registration process is concerned with ascertaining that the broker meets the

---

[32] *Miles Smith Broking Ltd v Barclays Bank Plc* [2017] EWHC 3338 (Ch). Miles Smith brought the action because the Consortium made it plain that it was going to hold them responsible for the lost premium.
[33] Lloyd's, Becoming a registered Lloyd's broker. A guide for applicants (November 2020).
[34] Ibid., p.3.

registration requirements which include the broker's relevant regulatory approval (for UK brokers–FCA authorization), the broker's ability and willingness to enter into Terms of Business Agreements with Lloyd's managing agents, and that the broker has in place suitable procedures – such as segregated client money accounts - to ensure insurance monies are properly safeguarded (including premium, return premium and claims money). In addition the broker must have professional indemnity insurance that meets the specified limits of liability depending on the size of the annual net retained brokerage.

All brokers of insurance business

The rules contained within the EU Insurance Distribution Directive have become FCA Handbook regulations but, as retained EU law, will be under review as to their continued suitability for the UK insurance market.[35] Chapter IV art.10(6) of the IDD requires:

11-009

> "Member States shall take all necessary measures to protect customers against the inability of the insurance, reinsurance or ancillary insurance intermediary, to transfer the premium to the insurance undertaking or to transfer the amount of claim or return premium to the insured. Such measures shall take any one or more of the following forms:
>
> (a) provisions laid down by law or contract whereby monies paid by the customer to the intermediary are treated as having been paid to the undertaking, whereas monies paid by the undertaking to the intermediary are not treated as having been paid to the customer until the customer actually receives them;
> (b) a requirement for the intermediary to have financial capacity amounting, on a permanent basis, to 4% of the sum of annual premiums received, subject to a minimum of 18 750;
> (c) a requirement that customers' monies be transferred via strictly segregated customer accounts and that those accounts not be used to reimburse other creditors in the event of bankruptcy;
> (d) a requirement that a guarantee fund be set up."

As we have seen above in discussing the broker as Trustee and the Client Asset Sourcebook, the financial regulators have opted for (a) or (c). Since most brokers are not tied brokers, it is (c) that is most often applicable.

Brokers of reinsurance business

The CASS Rules apply to brokers of all business, including reinsurance.

11-010

In reinsurance we consider that payment of premium by the broker to the reinsurer by set-off in account is payment so as to discharge the obligation to pay premium, if accepted by the reinsurer or if payment in account has been accepted as the manner of payment by a course of dealing. The reinsured may also, by agreement, be able to pay premium "in account". In *Compagnia Tirrena Di Assicurazioni SpA v Grand Union Insurance Co Ltd* Waller J held that where the slip provided for "premium and claims to be settled in account", the reinsured was "entitled to pay the premium by rendering an account showing claims in excess of premium".[36]

---

[35] See Ch. 9, 9-001 and Ch.15.
[36] *Compania Tirana Di Assicurazioni SpA v Grand Union Insurance Co Ltd* [1991] 2 Lloyd's Rep. 143 at 147.

Underwriting agents

11-011   The CASS rules do not apply to underwriting agents. Rule 5.1.1(2)(d) states that CASS does not apply to a "managing agent when acting as such". An underwriting agency agreement will typically contain a clause providing that the underwriting agent is authorised to utilise reserves held and monies received in payment of premiums to settle losses.

It will be a question of construction whether a particular clause in an agency agreement authorises an underwriting agent to perform, on behalf of his clients, the kind of net accounting which, as we shall see shortly, is commonplace among reinsurance brokers.

Absent an express provision in the underwriting agency agreement which creates a trust, an underwriting agent holds premium and claims moneys as a debtor of his principal. In *Kingscroft Insurance Co Ltd v H.S. Weavers (Underwriting) Agencies Ltd*, Harman J said:

> "In my judgment this agreement constitutes a perfectly normal agency relationship. The agent—Weavers—is entitled to carry on the principal's insurance and reinsurance business, to receive all premiums due to the principal in that business; to pay out all monies due from the principal as a result of carrying on that business and pay expenses incurred on behalf of the principal in carrying on the business ... [Counsel's] basic submission was that an agent appointed to run a principal's business was primarily a debtor of his principal and not a trustee for his principal. I entirely agree that no 'Trust' relationship is constituted by a normal principal and agent relationship, nor in my judgment is a trust relationship created by this particular agency agreement. The agent is a commercial agent, it is entitled to collect the principal's money into one account of its own, it is entitled to mix its own monies and the principal's monies with other principal's monies in one account. The agent can dispose of monies in its account as it thinks fit and is not bound, as a trustee would be, to invest the monies on its principal's behalf ..."[37]

Delinking

11-012   Delinking is the severing of the contract documentation from the money movement. The Market Reform Group describes it in their 2016 Glossary for processing in this way[38]:

> "Separation of the premium technical account and financial transaction, facilitating earlier query resolution and allocation of a signing number and date, faster cash flow, and timely policy signing ..."

Whilst delinking has been in use since the implementation in 1999 of the International Process Compliance Reforms 1998, it has achieved greater prominence since contract certainty.[39] Contract certainty requires the broker to have the contract documentation completed by the inception of the risk, but the money flow may well be slower. If the broker is debited automatically for the premium on submission of the contract documentation, he will be out of pocket until he receives that premium from his client. By delinking the money flow from the contract completion, the broker can submit the premium documentation, to Xchanging after he has received the premium from the policyholder. Delinking is achieved by the simple process of marking the premium advice note and other contract documents

---

[37] *Kingscroft Insurance Co v HS Weavers (Underwriting) Agencies* [1993] 1 Lloyd's Rep. 187 at 191.
[38] See also the *Delinking User Guide* 2010.
[39] See Ch.3 above.

with the legend "Delinked". The Market Reform Group has made delinking mandatory for some areas, such as direct insurance, facultative reinsurance and to excess of loss reinsurance. "Linking" is not an issue in proportional treaty reinsurance. Delinking ensures less funding of premium by the broker,[40] and fewer occasions on which financial entries have to be reversed because the money never catches up with the accounting.

Duty to pay commission/brokerage

As we have seen[41] it is a curious practice of the insurance market—and one which does not fit easily with the law of agency—that the broker being compensated on a commission basis does not seek his remuneration from, or negotiate the amount of it with, the reinsured, his principal, but from and with a third party, the reinsurer.[42] The broker deducts his commission from the premium that he receives from the reinsured, and pays the net premium to the reinsurer. But the manner of *accounting* for commission on reinsurance treaties is that the commission is agreed with, and drawn from, the reinsurer, not the reinsured. In the accounts of the broker, 100 per cent of the premium is debited to the reinsured, and 100 per cent credited to the reinsurer, and the broker's commission is then debited to the reinsurer's account.

11-013

The fact of the way the broker's commission is agreed and paid clearly led to the proposition that not only does the underwriter agree the amount of the broker's commission and not only is he debited for it in account, having been credited with all of the premium, but he is also the party legally liable to pay it. That is a proposition that would have been explored in *Absalom v TCRU Ltd*[43] had the matter gone to trial. There the broker was suing his principal, the insurer/reinsured, *and* the reinsurer for commission of which he said he had been deprived. In *Carvill v Camperdown*,[44] the defendant reinsured, a US reinsurance company, sought to set aside proceedings against it for commission that its broker, Carvill, claimed, on the basis that it had been agreed that commission should be payable by the reinsurers as was customary in the industry. The court would not set aside the proceedings, which indicates that the law is not clearly and finally settled on who is legally liable to pay commission, reinsured or reinsurer. The question of whether the broker had a claim against his principal for commission that had been diverted to a successor was not to be decided summarily but should go to trial.[45]

In a related case in the United States, in Connecticut, *XL Specialty v Carvill America*,[46] the broker won damages in the sum of the diverted commission for interference by its principal, XL, in its, the broker's, contracts with the reinsurers. The Judge said that the slips were a contract between the broker and the reinsurers. We do not think an English Judge would take that view, although he might find that the slip evidenced the agreement between the broker and the reinsurer as to the rate of commission, on what it should be calculated, and when it should be received by the broker and *possibly* further that the reinsurer had the legal obligation to pay it.

Thus, whilst cases have gone close to looking at the respective legal obligations

11-014

---

40 See below, 11-056.
41 See Ch.9 above.
42 See also P.T. O'Neill, "Insurance Brokers and Their Commission" [1978] J.B.L. 339.
43 *Absalom v TCRU Ltd (formerly Monument Insurance Brokers Ltd)* [2005] EWHC 1090 (Comm); [2005] 2 Lloyd's Rep. 735. See below.
44 *Carvill America Inc v Camperdown UK Ltd* [2005] EWCA Civ 645; [2005] 2 Lloyd's Rep..
45 The trial did not take place. Possibly because of the US decision in *XL Specialty v Carvill America*.
46 *XL Specialty Insurance Co v Carvill America Inc* 2007 Connecticut Superior Court X04 CV 04 4000148 S.

of the parties, as opposed to the practice and the accounting trails, none has yet done so. If the reinsurer, the party granting the reinsurance, were liable for commission, the question immediately arises—in what circumstances? Is the reinsurer liable if the reinsured does not pay the premium? Is the reinsurer liable for premium for the entire period even if the reinsured cancels the cover part way through? Most importantly, is the reinsurer, who has, according to the accounting trail, received 100 per cent of the premium, liable to repay 100 per cent of the premium, or just the sum discounted by the commission, if the policy is cancelled or avoided, ab initio at any point?[47] No doubt these questions are resolved by appropriately drafted clauses in TOBAs[48] now, but absent a TOBA, is there to be implied into the agreement between the reinsurer and the broker—if you place the business with me, I will give you X per cent—a term "but if I ever return premium for any reason, you must reimburse me the commission to the same extent"? If the reinsurer's only legal liability is to pay the broker commission from cash received—which in any event has already been deducted—there hardly needs to be a legal liability. And it means, as the *XL v Carvill* case illustrates, that in most circumstances where *commission* is not paid, it will be because *premium* has not been paid and the broker's remedy will be against his principal, if not for the commission itself, then for damages for unlawfully (that is, in breach of an express or implied obligation) preventing the broker from earning it.

Duty to pay sub-broker

11-015   *Crema v Cenkos Securities Plc*[49] concerned a fee agreed to be paid to a sub-broker. GPV wanted to raise capital and appointed Cenkos its agent to raise that capital. Cenkos appointed Crema as sub-agent. Cenkos agreed to pay Crema 70 per cent of the commission payable by its principal, GPV, on introductions made by Crema. Crema made introductions and all the capital was raised but GPV went insolvent and Cenkos received no commission. The Court of Appeal criticised both parties for failing to properly articulate in their pleadings what they claimed were the terms of the contract between the broker and the sub-broker and when they asserted it had been concluded. The Court of Appeal also faulted the judge who listed the issues to be tried and the judge who tried them for failing to insist that the parties adopted this approach. This was of prime importance in the minds of the Court of Appeal because there was no custom of the market which clearly stated what was to happen absent agreement to the contrary, albeit that:

> "... the judge accepted that when a broker and a sub-broker are involved in raising finance for a client on a commission basis then there is a general market practice or understanding in the City of London that a sub-broker is not paid until the broker receives payment from the client."

Aikens LJ said (at [55]):

> "... the contract between Cenkos and Mr Crema is not to be interpreted to mean that it is implicit that Mr Crema is only entitled to his sub–commission once Cenkos has been paid by GPV."

---

[47] See 11-018 below.
[48] Terms of Business Agreements.
[49] *Crema v Cenkos Securities Plc* [2010] EWCA Civ 1444; [2011] 1 W.L.R. 2066.

Aikens LJ (at [52]) reached that conclusion by finding that there was no express agreement that payment of Crema was dependent on payment to Cenkos by GPV and so:

> "First, the default position is that there is no implication and there has to be some good reason why the contract must mean something more than what has been stated. Second, the two contracts for commission [GPV—Cenkos and Cenkos—Crema] are, on the face of it, entirely independent, in the way that any other principal and broker and broker and sub-broker would be. One asks, rhetorically, if the broker is not paid by the principal, but the sub-broker has performed his contract and the money paid over to the client, then why should the sub-broker not be able to enforce his independent contract and let the losses lie where they fall, at the feet of the broker?"

Aikens LJ pointed out that if there was to be an implied term that the sub-broker was only to be paid if the broker received the money, there would need to be other implied terms too—that the broker would take steps to recover the brokerage for example—and that argued against an implied term.

The situation would be different if there was no written or oral agreement at all between the broker and the sub-broker, and the agreement had to be constructed from the fact that the broker had engaged a sub-broker. Assume that the court accepted that "there is a general [insurance] market practice" that the sub-broker is only paid if and to the extent that premium actually flows—would that be part of the agreement if there was no written or oral agreement different from it? Our sense is that it would be (albeit that other terms would have to be implied, such as that the broker had a duty to make reasonable efforts to get in such brokerage as was due) if the brokerage was on a percentage of premium basis. But if the commission was to be a flat fee, our sense is that the broker would have a liability once the sub-broker had completed the task set him. The sense arises from the fact that commission is on, and deducted from, premium/payment that flows, whilst the fixed fee is plainly not.

We see no material difference between the way the judges in the court of appeal approached the *Crema v Cenkos* case, and the way that we would expect judges to approach a case involving a sub-broker seeking to recover commission on a facultative reinsurance placement. Terms of Business Agreements between broker and sub-broker need to cover in detail the payment to the sub-broker. The position of the broker in treaty business is less exposed we believe—see 11-020 below.

What is commission/brokerage paid for?

What remedies the broker may have against his principal depends in part on the question of what services does the broker provide for the earning of his premium? This question is related to the question of who is legally obliged to pay the brokerage. The argument that the reinsurer is legally liable for commission (however restricted the circumstances of that liability) is based on the proposition that there is a contract pursuant to which the broker gives the reinsurer business and the reinsurer gives the broker commission. But the broker has a legal duty to his client to place the reinsurance and pursuant to his duty to the client, has to place the reinsurance with the best reinsurer available willing to provide the required coverage. Whilst in simple contract law performance of an existing contractual duty owed to A can be consideration for a promise given by B, it raises the question of whether that is the reality of the relationships. According to *Grace v Leslie &*

11-016

Godwin[50] the broker also has a duty owed to the reinsured to retain documentation for as long as it may be required, and a duty to process the client's claims. Whilst not directly challenging those alleged duties, the brokers in *Carvill America v Camperdown* nonetheless argued that the brokerage was fully earned on placing the reinsurance[51] which would mean that any "duties" performed after placement were provided gratis. We know of no broker who does not treat the commission as fully earned over the insurance period in which the premium is paid and we consider that commission is earned for the placement of the risk and accounted in the books of the broker on an accrual basis.[52] Since the amount of work that may be required on claims is an unknown and for what period it may be necessary is also unknown, the accounts of brokers would be impossible to manage if brokerage was partly earned gradually over the period in which claims were processed. We discuss the legal consequences on brokerage of premium not being paid below at 11-018 to 11-022.

However, the Financial Conduct Authority considers that the broker has a legal duty to service an account that he has brought into existence by bringing the reinsured and the reinsurer together, all the way to completion, all the way to payment of the last claim. Since the brokerage was all deemed earned during the policy period, it follows, for the Regulator, that there is no money set aside by the broker to service the balance of the broker's duties—presenting any claims still to be processed and getting them paid. Pursuant therefore to Threshold Condition (COND) 2.4.1A (March 2018) the Regulator requires the broker to demonstrate that he has the resources to perform this service set aside to complete it should he cease to do business. Thus, a broker with obligations to continue to service accounts he has placed, will have to demonstrate to the Regulator that he has the funds to do that. Effectively he will have to set aside funds that he has earned as commission. Commission may not be *earned* for servicing an account, but it may have to be *used* for that purpose. TOBAs could make clear that the broker has no such continuing obligation, and we have noted in fn.5 above that some brokers have established "advocacy units" where clients pay to have disputed claimed pursued by the broker.

Termination of agency and commission

11-017 In *XL Specialty v Carvill America* the US Judge found that Carvill was entitled to what he described as "post termination commission" where the broker had placed treaty reinsurance on behalf of XL, and XL swapped Carvill as brokers for Benfield part way through the period of cover. Whether the broker is entitled to post termination commission depends on the contractual language and the court's view of when the commission is deemed earned. Premium is paid, and thus commission deducted, on treaty business, periodically over the period that the treaty is in force. It is on this kind of reinsurance that the question of post termination commission will arise. If commission is deemed earned on placement, whenever paid, then the reinsured, the principal, starts off at a disadvantage, because he is effectively locked in with the broker. The decision of the US Court that placing the risk entitles the broker to

---

[50] *Grace v Leslie & Godwin* [1995] L.R.L.R. 472 referred to in *Equitas Ltd v Walsham Bros & Co Ltd* [2013] EWHC 3264; and see also *Goshawk Dedicated Ltd v Tyser & Co Ltd* [2006] EWCA Civ 54; [2006] 1 Lloyd's Rep. 566.
[51] A proposition that has repercussions if the contract is terminated for any reason. See 11-013 above.
[52] Just as an insurer will consider premium as being "earned" over the course of the insuring period, for accounting purposes, so the broker will consider brokerage/commission "earned" in the same way. If the insurance is then curtailed for any reason, there is no requirement to reverse income because it has not yet been deemed "earned" on the books. But the FCA, Financial Conduct Authority has produced Threshold Condition 2.4. See below.

all of the premium generated under the cover is the most orthodox: the reinsured must continue with that broker to service the treaty or continue to pay commission to that broker and also engage another, for a fee or gratis, to service the treaty. The new broker may well be willing to service the treaty gratis until renewal, to win the right to commission at that renewal.

In *Beattie, Child & Co Ltd v Globe & Rutger's Fire Insurance Co*,[53] the plaintiff brokers had been appointed, in December 1919, as the defendants' underwriting agents, writing fire reinsurance business. The agency was terminated in August 1923. The plaintiffs claimed to be entitled to commission in respect of premium paid under treaties which they had written and which were in force at the date they ceased to act as the defendants' agents. Article 3 of the relevant agency agreement provided as follows:

11-018

> "The remuneration of the underwriter shall be 4 per cent commission on the gross premiums, less return premiums received by the company from the ceding company on facultative reinsurance ... Further the underwriter shall receive a profit commission of 7 and one half per cent on the net profits of the company in respect of all facultative business calculated as provided under Art.8 of the controlling agreement ..."

It was apparently accepted by both parties that the phrase "premiums received" was ambiguous and was capable of meaning "premiums payable" whether received or not. (No more surprising than the conclusion reached in *Charter Re v Fagan*[54] that "actually paid" does not mean actually paid.) Mackinnon J (as he then was) said that prima facie any provision for remuneration of an agent or employee was to be construed as being a provision for his remuneration during the period when he was employed and no longer. He referred to the accounting provisions of the "controlling agreement" between the parties which stated that the "agent shall receive and collect all premiums payable" and that "... all money thus received on behalf of the company shall after deduction by the agent of the emoluments hereinafter provided be paid once a month by the agent into the company's account", and said:

> "I think that lends support to the proposition that that which the agent is to receive as his remuneration is a commission on the premiums received or receivable by the agent during the period of his employment."[55]

The learned judge further relied on the provisions for calculating profit commission contained in art.8 of the "controlling agreement" which operated as follows: on the debit side of the account appeared (1) the amount of premiums received, less returns and cancellations, (2) the premium reserve from the preceding year, (3) the loss reserve from the preceding year; on the credit side of the account appeared (1) the amount of commission, (2) the losses paid, (3) the reserve for losses outstanding, (4) the reserve of 40 per cent for unexpired risks. Mackinnon J said:

> "Now on the contention of the plaintiffs every single facultative reinsurance and every single treaty for reinsurance would for the purpose of the calculation of the underwriter's percentage under both limbs of Art.3 have to be kept as a separate account altogether. That is obvious, because after Aug. 31, 1923, any particular facultative reinsurance might expire at all sorts of different dates and any particular treaty of reinsurance might remain current until all sorts of varying dates; and therefore in order to ascertain what are the

---

[53] *Beattie, Child & Co Ltd v Globe & Rutger's Fire Insurance Co (No.1)* (1924) 20 Ll. L. Rep. 335.
[54] *Charter Reinsurance Co Ltd (In Liquidation) v Fagan* [1997] A.C. 313; [1996] 2 W.L.R. 726; and see Ch.5 above.
[55] *Beattie, Child v Globe & Rutger's* (1924) 20 Ll. L. Rep. 335 at 338.

premiums payable under any particular facultative or treaty reinsurance made before Aug. 31, 1923, and current after it, you have to keep a separate account of every single transaction, because they all end at different dates; and in the ordinary course of business new reinsurances of both kinds will be made by the company and will be starting at all sorts of different dates after Aug. 31. It is impossible, therefore, on plaintiffs' construction, either as regards commission on premiums or share of profits on the business, to calculate them by setting out these items otherwise than by a separate calculation in regard to each particular contract, whether a particular contract by way of facultative reinsurance or by way of treaty reinsurance. I do not think that is the sort of thing that this provision in Art.8 seems to contemplate. If you take the other view, viz., the defendants' view that this provision about commission on premiums and the share of profit commission on the business applies to the premiums payable during the period on contracts made during the period of employment, you can ascertain the resulting remuneration to the agent in both respects upon one set of accounts of the whole business up to August 31, 1923."[56]

11-019 In *ARB International Ltd v Baillie*[57] the question of post termination commission arose in a different context. Mr Baillie had been the managing director of the claimant broker. In that time a customer had requested that its business be transferred to a new broker. Mr Baillie had agreed that as from the agreed date all commission on accounts processed and all run off responsibility should pass to the new broker. ARB asserted that it was entitled to continuing commission on the transferred contracts and Mr Baillie had given up that right in breach of duty. The judge said that it was common ground that on excess of loss and facultative business commission was earned on placement but on quota share and binders and declaration based reinsurance policies brokerage was only earned as premium passed. "The binding authority, quota share treaty or declaration-based policy does not on its own bind the risk in question so as to earn premium" (Robin Knowles QC, Deputy Judge at [18]). *XL Specialty v Carvill America*, discussed at 11-013, 11-014 above, was considered. The judge found that the managing director was not in breach of duty in acting as he did. This decision suggests that English law *may* differ from US law on the question of entitlement to commission on unprocessed premium at the time of a change of broker on treaty business. It will need another dispute between the reinsured and his broker to know, and such a dispute may not occur so long as TOBAs deal unambiguously with the point.

Insolvency and the broker's commission

11-020 In the event of the insolvency of the reinsured, there is likely to be no further premium paid out of which the broker can receive commission; and in the event of the insolvency of the reinsurer, the broker may find himself in the position of having to repay to his principal, the reinsured, the premium which he has not at that time paid to the reinsurer,[58] and the reinsured will then seek to set off 100 per cent of any premium owed against claims payable by the reinsurer. In that circumstance, and on the basis that the reinsurer is the party legally obligated to pay commission to the broker, the broker would be obliged to prove in the liquidation of the reinsurer for any commission outstanding.[59] The broker is less likely than the reinsured to be

---

[56] *Beattie, Child v Globe & Rutger's* (1924) 20 Ll. L.Rep. 335.
[57] *ARB International Ltd v Baillie* [2013] EWHC 2060 (Comm); [2013] 2 C.L.C. 255.
[58] Unless the broker has taken the position that he is agent of the reinsurer. An agency relationship leaves the broker a debtor to the client for the premium he still holds, and a trust account arrangement leaves the money in the account being held for the client.
[59] He will have deducted brokerage from premium that has passed but he cannot do so for premium not yet paid.

in a position where he owes a debt to the reinsurer which he can set off against a debt which the reinsurer owes to him.

In the Australian case of *Re Colin Williams (Insurance) Pty Ltd (In Liquidation) and The Companies Act*,[60] both the broker ("Colin Williams") and the insurer ("Country Traders") (with whom the broker placed insurance on behalf of its client policyholders) were in liquidation:

> "The method of accounting practised between Colin Williams and Country Traders was that, in respect of proposals coming through the broker or, in the case of renewals, instructed by the brokers, the insurance company would debit the broker's account with the amount of premium, credit that account with the appropriate commission, and accept the risk regardless of whether Colin Williams subsequently paid the premium or not.[61] The actual amount shown as owing by Colin Williams was, therefore, the amount of premium less commission. Very few, if any, policies were ever cancelled by Country Traders. In cases where policy holders advised Colin Williams of their wish to cancel policies or reduce their cover ... the practice was for Colin Williams to advise the insurance company, which would credit Colin Williams' account with any refunds or rebates of premium, and debit that account with a rateable proportion of the commissions."[62]

The insurer cancelled all policies on or about 19 March 1971, at which date the account with the broker showed a balance in favour of the insurer in respect of unpaid premiums. The insurer went into liquidation on 15 June 1971. The insurer's liquidator proposed to credit the broker with the return premiums due under the cancelled policies (less rebates of commission) which would set-off the broker's debt to the company. The broker then went into liquidation. Both liquidators sought directions, and the Supreme Court of New South Wales held: (1) the liquidator of the broker was not entitled to prove in the winding up of the insurer for returns of premium, as these were payable to the policyholders; (2) the liquidator of the insurer was entitled to prove in the winding up of the broker for the return commissions payable by the broker in consequence of the terminating of the policies; (3) there would be no set-off against the return premium payable by the insurer to policyholders of either (a) the premium which the account showed as due from the broker to the insurer; or (b) the return commissions due from the broker to the insurer.[63]

Helsham J said in *Re Colin Williams* that the question of return commissions was "a matter solely between broker and insurer" and concluded as follows:

> "The practice relating to return commissions has been clearly established and is not unreasonable ... I hold that a usage has been established which enables an insurer, upon cancellation of a policy in respect of which commission of a broker has been paid or is payable or allowable, to claim the return of a proportionate part of the commission and to debit the broker's account with that amount."[64]

Re Colin Williams was followed by the Supreme Court of Victoria in *Re Palmdale Insurance Ltd*.[65] In *Re Palmdale Insurance (No.2)*,[66] it was further held by the Supreme Court of Victoria that the liquidator of an insolvent insurer was

---

[60] *Re Colin Williams (Insurance) Pty Ltd (In Liq.) and The Companies Act* [1975] 1 N.S.W.L.R. 130.
[61] The practice which "Delinking" was introduced to the London market to cure. See 11-011 above.
[62] *Re Colin Williams* [1975] 1 N.S.W.L.R. 130 at 133 per Helsham J.
[63] As regards set-off, see further below; and compare *Vehicle & General v Elmbridge* [1973] 1 Lloyd's Rep. 325.
[64] *Re Colin Williams* [1975] N.S.W.L.R. 130 at 139–140.
[65] *Re Palmdale Insurance Ltd* [1982] V.R. 921.
[66] *Re Palmdale Insurance Ltd (No.2)* [1983] 2 V.R. 430.

entitled to sue the policy holders for the unpaid gross premium, and that the broker had to prove in the winding up for his commission. Gobbo J said:

> "It is one thing to say that it is notorious that brokers are paid commission by the underwriter and also that they hold this back out of premiums provided to them by the insured. It is quite another to find that the insured intended to confer such benefit on the broker and was aware of the commission arrangements ... In many cases, the client would not even know whether the broker was solely a broker or was also an agent operating pursuant to a particular agreement with his underwriter.[67] In that event, the notion of the client being a party to a trust whereby part of the premium was to be held in trust would be especially tortuous and difficult to apply. It would surely be a 'cumbrous fiction'. In the absence of any adequate evidence of intention on the part of the policy holders that the portion of premium equivalent to commission was to be held on trust for the broker the argument must fail."[68]

However, in the cases where the broker is personally liable for the premium, for example under s.53 of the MIA 1906, we submit set-off of premiums payable against commissions due is permissible as mutual debts exist.

Cancelled/avoided policies and return of premium

11-021
- In treaty reinsurance where there is a (minimum and) deposit premium paid, the amount of premium will fluctuate through the period of the treaty as business is added, or premiums are adjusted, or business is taken off risk. In the ordinary course therefore, the broker can expect his commission to fluctuate accordingly, sometimes giving, sometimes receiving credits in his account with the reinsurer (and in any event, he may receive little in the way of commission if his client places little under the treaty). The broker can be said to have accepted to be remunerated in this fashion by placing a contract of this kind.
- In other situations, the premium for a risk will be fixed at the point of concluding the contract of insurance/reinsurance. The contract may contain provision for one or other of the parties to cancel the contract before its natural expiry and may contain express provision with respect to return of premium in the event of cancellation. The contract may state that premium should be returned pro rata for the period when the insurer/reinsurer is not on risk or be returned pro rata only if no claims have been made at the time of termination.
- It seems to be very common for insurers to permit policy holders to cancel contracts and then receive return of pro rata premium even if the policy does not expressly allow for it. Whilst this is not a universal market practice[69] it is sufficiently common for some insurers to state expressly in the policy that it is non-cancellable.
- Sometimes a reinsurer avoids a policy for innocent non-disclosure or misrepresentation in circumstances where the broker is in no way at fault and the reinsured alone is responsible for the matter giving rise to avoidance, and the "premium" is returned by the reinsurer.[70]

In the above situations, the question arises whether the broker is required to reimburse the reinsurer for the portion of his commission relating to the returned

---

[67] In our view—see Ch.9, 9-016 above—the client ought to know, and give his informed consent, if the broker is also the agent of the insurer.
[68] *Re Palmdale Insurance Ltd (No.2)* [1983] 2 V.R. 430 at 437–438.
[69] See *General ReInsurance Corp v Forsakringsaktiebolaget Fennia Patria* [1983] Q.B. 856; [1983] 2 Lloyd's Rep. 287, and Ch.3 above.
[70] Let us suppose, for this discussion, that this is his remedy under the IA 2015.

premium. In the case of avoidance by the reinsurer, an additional question may arise as to whether he has indeed effectively avoided the contract if he returns, not 100 per cent of the premium, but the net amount retained by him—that is excluding the commission which the broker has received. Additionally, there is a question of whether the broker has any recourse against his client for damages for denying the broker the opportunity to earn commission.

In considering answers to these questions, the starting point is s.53(1) of the MIA 1906,[71] which, after stating that the broker is directly responsible to the insurer for premium adds, "and the insurer is directly responsible to the assured for the amount which may be payable ... in respect of returnable premium". Return premium is treated in the same way as claims a sum due from the (re)insurer to the (re)insured.

11-022

On one view, the broker has done what was requested of him when he has placed the risk, and has thus fully earned his reward, the commission. It would be unusual if, when the contract incepted, the reinsurer required a commitment from the broker to return commission in the event that the policy was cancelled or avoided. When the policy is cancelled or avoided, it occurs without the broker's involvement, provided that he is not exercising a broker's cancellation clause or is not himself responsible for the failure of his client to make a fair presentation. Statute lays down that the insurer must return the premium, not the net premium. In *Re Colin Williams*,[72] however, it appears to have been accepted that if a policy is cancelled, the broker should return his commission pro rata. We suspect that, as with *Provincial Insurance Co v Crowder*,[73] market men would say that they knew of no case where a broker had not returned the commission, but equally knew of no case where the broker had taken the position that he was entitled to keep it. In our view, it is far from unarguable that in facultative business a broker, having fully performed his duty of putting the reinsured and reinsurer into a contractual relationship in accordance with his instructions and his duty, is entitled to keep his commission in full even if there is a later cancellation or avoidance, or early termination, provided that this does not occur as a result of fault on the part of the broker.[74] It is a complex issue. Premium is accounted by the insurer as being "earned" day by day during the period of the reinsurance. Commission is almost always agreed as a percentage of premium rather than a fixed amount. An early termination of the policy period by agreement between the reinsured and the reinsurer, or by either party exercising a right of termination provided for in the reinsurance contract are commercial decisions that have nothing to do with trying to deprive the broker of his rights. Whether the broker loses commission in such circumstances depends, first on whether the commission *is* fully earned on the risk being placed, or whether it is earned over

---

[71] A provision which applies only to marine business. See *Pacific & General Co Ltd v Hazell* [1997] L.R.L.R. 65. The Law Commission has said that s.53(1) needs reform. See 11-006 above.
[72] *Re Colin Williams* [1975] 1 N.S.W.L.R. 130, and above.
[73] *Provincial Insurance Co Ltd v Crowder* (1927) 27 Ll. L. Rep. 28, and below.
[74] See *Velos Group Ltd v Harbour Insurance Services Ltd* [1997] 2 Lloyd's Rep. 461 at 463 per Hallgarten J: "Prima facie, the broker earns the entirety of his commission when the risk is successfully placed, just as prima facie, the underwriter is entitled to his premium at this point ... I see nothing to suggest that if, by agreement between underwriters and the assured, payments of premium cease by reason of cancellation, that should in any way affect or reduce the brokers rights." *Re Colin Williams* [1975] 1 N.S.W.L.R 130 was not cited. Compare *Eagle Star Life Assurance Co Ltd v Griggs & Miles* [1998] 1 Lloyd's Rep. 256 (CA, Kennedy and Morritt LJJ and Sir Brian Neill) where there was a written agreement, subject to the rules of LAUTRO between the brokers and the insurer, providing for the payment of commission. It was held that upon cancellation of the policy the right to commission disappeared.

the life of the policy[75] and second, whether saying that the commission is fully earned on placement is a statement that the broker has done all he is required to do to earn his commission in full, but whether he ever receives it in full is still dependent on whether there is any return of premium.

Bowstead states:

"The principal will only be liable for preventing the agent from earning his remuneration when the implication of a promise that he will not do so is necessary to give business efficacy to the contract, or otherwise to effect the intention of the parties."[76]

The broker's case on facultative business is that the policy coming to an end before the end of the period for which it was contracted is not a circumstance where the principal, the reinsured, is depriving him of commission because he has already earned it, and thus Bowstead's principle does not come into play: the position on treaty business seems even clearer, even if clearer to the disadvantage of the broker: when a broker places treaty business, then unless there is a minimum premium to be paid as a deposit, he knows there is the prospect of not earning any commission because the reinsured may not write any business that goes under the treaty. Given the potential for disagreement between reinsured and broker, it is appropriate for the parties to the reinsurance contract and the broker to allocate the "loss" of any commission where the policy does not run its course in their TOBAs.

The IA 2015 Sch.1 para.6 provides that one possible remedy for a qualifying breach of the duty of fair presentation is for the insurer to reduce proportionately the amount to be paid on any claim where he can demonstrate he would have charged a higher premium.[77] There is no provision for the (re)insurer charging additional premium instead of reducing pro rata the payment of a claim, and no provision for the (re)insured to opt to pay such additional premium as the (re)insurer can show he would have charged. No issue will therefore arise of the broker claiming further commission on extra premium or having to return commission on repaid premium.

Broker suing for his commission

11-023   *Pryke v Gibbs Hartley Cooper*,[78] is authority for the proposition that is no contract between the broker and the reinsurer. If there is no contract between the broker and the reinsurer, but the reinsurer is responsible for paying the broker his commission, how is the broker to enforce that duty?

In *Les Affreteurs Reunis SA v Leopold Walford (London) Ltd*,[79] the ship broker chartered a ship on behalf of his clients, the charterers, which entitled him to commission. Hire payments did not pass through his hands (it is not normal for them to do so) and he was therefore not able to retain his commission out of them. The House of Lords held it to be established law that the contract which provided for payment of the broker's commission was made between the charterer and the ship owner, and that the charterer *as trustee for the broker* could enforce the agree-

---

[75] Despite not being accounted that way in the broker's books. He accounts for it, deems it "earned" over the policy period, not over the period of the policy and the period in which claims arise.
[76] *Bowstead & Reynolds on Agency*, 21st edn (Sweet & Maxwell, 2018), art.58, para.7-033 p.330.
[77] See Ch.6, 6-097 above.
[78] *Pryke v Gibbs Hartley Cooper* [1991] 1 Lloyd's Rep. 602; and Ch.9 above.
[79] *Les Affreteurs SA v Leopold Walford (London) Ltd* [1919] A.C. 801; see also *White v Turnbull Martin & Co* (1898) 3 Com. Cas.183; *Atlas Shipping Agency (UK) Ltd v Suisse-Atlantique Societe d'Armement Maritime SA (The Gulf Grain and The El Amaan)* [1995] 2 Lloyd's Rep. 188; [1995] C.L.C. 633.

ment to pay that commission. Although he had no direct claim against the ship owner, the broker sued the ship owner and did not join the charterer to the proceedings:

> "... but the parties ... by an interlocutory and very sensible arrangement ... agreed that the matter ... be dealt with as if the charterers were co-plaintiffs."[80]

On the hypothesis that the reinsurer is legally liable to pay commission it appears that a reinsurance broker seeking to recover his commission from the reinsurer would have either to enlist the assistance of his client, the reinsured, or come to a similar "sensible arrangement" with the reinsurer. The issue in *Les Afreteurs Reunis v Walford* was whether the broker was entitled to his commission in circumstances where the ship was requisitioned by the French Government and could not be used by the charterers. The owner pleaded a custom that commission was payable only in respect of hire earned under the charterparty. The House of Lords found for the broker on the basis that the terms of the charterparty were inconsistent with the alleged custom. The relevant clause provided as follows:

> "A commission of three per cent on the estimated gross amount of hire is due to Leopold Walford (London), Ltd, on signing this charter (ship lost or not lost)."

This is not so different to "Commission X per cent" which appears on a slip except that slips do not say "on signing this reinsurance".

If there is no contract between the broker and the reinsurer for his commission[81] and if the reinsured is not a trustee for the broker in respect of the commission, is the broker to be left in a limbo of having no legal means of recovering his commission? We suggest not for two reasons:

- Despite the decision in *Pryke v GBH*, (that there is no contract between the broker and the (re)insurer), if the reality of the legal relationships is that the reinsurer is legally liable to pay the commission, we favour the simple argument that the reinsurer does agree with the broker to pay commission, but in exchange for the broker placing the business (rather than in exchange for the broker administering the contract).[82] Albeit that the broker has a duty to his client to place the reinsurance with the most suitable reinsurer, which, logically, is the chosen reinsurer, a contractual duty to one party can serve as consideration for the promise of another.
- Additionally, if there *is* provision in the reinsurance contract for payment of brokerage, for example if it is a slip contract or if the broker has charge of the wording and is thoughtful, the broker should be able to enforce that

---

[80] *Les Affreteurs Reunis v Walford* [1919] A.C. 801 per Lord Birkenhead LC.
[81] See *Pryke v Gibbs Hartley Cooper* [1991] 1 Lloyd's Rep. 602, above.
[82] See 11-013 above: *White v Turnbull Martin & Co* (1898) 3 Com. Cas. 183 at 187; *Velos Group Ltd v Harbour Insurance Services Ltd* [1997] 2 Lloyd's Rep. 461 at 463. The last decade has seen some movement towards emphasising the traditional agency view of the insurance relationship—that the insured is the party with the legal liability albeit that it is ordinarily extinguished by a payment by the insurer.

provision for his benefit under the Contracts (Rights of Third Parties) Act 1999. Such wording is more common in treaty business than facultative.

Broker deprived of opportunity to earn commission

11-024 In *Moundreas v Navimpex*[83] the defendants agreed to pay the plaintiffs commission for arranging ship building contracts but then, in breach of the shipbuilding contracts, did not build the ships, with the consequence that the stages in the shipbuilding process at which commission payments were to be made, did not arrive. Saville J (as he then was) found that the shipbrokers were not entitled to commission but were entitled to damages in an equivalent amount for breach of an implied term in the agency agreement that the shipbuilders would not break the shipbuilding contract with the effect of depriving the agent of commission.

In *Moundreas v Navimpex* it is clear that the principal (the shipbuilder) was the person liable to pay the commission to the plaintiff agent. The current received wisdom is that in reinsurance, the third party, the reinsurer, is liable to pay the commission but the principal is the cedant. If the cedant fails in the duty of fair presentation, so that the reinsurer is entitled to avoid,[84] whilst that is not a breach of contract, it is a breach of duty to the reinsurer. On the reasoning of *Moundreas*, the broker could claim damages from his principal for any brokerage lost by such a breach of duty by his principal. But can the reinsurer who has rightfully terminated a (re)insurance contract and repaid the (re)insured 100 per cent of premium, recover the commission from the broker? Is there an implied term in the agreement (let us assume) of the reinsurer to pay the commission to the broker for the introduction of the business that the commission is only payable if the contract so arranged is not terminated?

11-025 Suppose that it is the reinsurer and not the reinsured who acts in breach of contract? He refuses to accept any premium from cedant or pay any claims. Does the broker have a claim in damages for loss of commission against the reinsurer? (So that he can sue whichever of the parties to the reinsurance to be contract is responsible for his not receiving his commission.) We believe that these questions do not have clear answers because of the practice for brokers to return brokerage if the contract is avoided or terminated, to accept as a fact of life that premium may not flow as anticipated for any number of reasons and they will not earn the brokerage they hoped, without looking to what their legal position might be. Looking at the possible scenarios from the basis of legal principle, we consider that, consistent with *Moundreas*, on the basis that the broker has, (i) a contract with his client to place reinsurance for him and, (ii), if he can persuade the court, a contract with the reinsurer to be remunerated for introducing business to him, the broker should be entitled to damages from whichever of the cedant or the reinsurer acts in breach of the reinsurance contract[85] and causes the broker to be deprived of commission he would otherwise have earned. We see *breach* of contract (or of the duty of fair presentation) as the key to the right however. We do not think that an agreement between the parties not to proceed with the reinsurance would give the broker such a right. We take *French v Leeston Shipping*[86] as clear authority that a party does not have to put himself out to ensure that the broker continues to earn his commission. There a chartering broker found a charterer for an 18-month charter. The owner, his principal, sold the ship before the end of the charter. The court held that the broker's

---

[83] *Moundreas & Co SA v Navimpex Centrala Navala* [1985] 2 Lloyd's Rep. 515.
[84] Not the only remedy available under the IA 2015.
[85] In which we include the statutory duty of the (re)insured to make a fair presentation.
[86] *L French & Co Ltd v Leeston Shipping Co Ltd* [1922] 1 A.C. 451; (1922) 10 Ll. L. Rep. 448.

right to commission on charter-hire ceased at that point because at that point the owner did not receive any further hire.

The question of the respective liabilities of reinsured and reinsurer for brokerage and for damages if brokerage is not paid was skirted around in a preliminary issue heard by Aikens J. In *Absalom v Monument*[87] Absalom, for Syndicate 957 at Lloyd's, sought to recover from its broker, Monument, claims monies which Monument had collected on behalf of the syndicate. Monument's response was that it was entitled to brokerage, or damages for not receiving brokerage, from the syndicate both on contracts where the syndicate was the reinsurer and on contracts where the syndicate was the reinsured. Aikens J accepted that:

11-026

> "In the normal course of things, Monument would claim brokerage on outward contracts of reinsurance from the subscribing reinsurers *from whom the brokerage is due*."[88] [Emphasis added]

Monument's claim from the syndicate as principal, as reinsured, asserted an implied term in the contract of agency that the syndicate would not withhold or delay payment of the premium from which the brokerage was to be drawn, or prevent premium being payable by commuting with reinsurers. This issue was left hanging. Aikens J pointed out[89] that Monument would have to prove the implied term, breach of it, and loss consequent on the breach. The preliminary issues that *were* determined probably do not have lasting value and the first came about because of some adventurous pleading by Monument. Without going to the exact words, there was provision for brokerage on the minimum and deposit premium. Monument claimed brokerage on the amount of the deposit and again on the amount of the minimum.[90] The learned judge held that brokerage "followed premium" and was payable just the once. On the other hand, there was a, now seemingly dangerous, wording in one contract that brokerage should be a percentage of "the *Reinsured's* net premium income written".[91] but the premium to the reinsurer was capped. The learned judge held that on the basis of *this* wording there was no reason to say that the brokerage was due only on the capped amount of premium. The general principle of brokerage following premium passing on the reinsurance contract was overridden in this instance. These findings on the preliminary issues were affirmed on appeal.[92] The questions of more long-term interest—whether the principal, reinsured, or the third party, reinsurer, is liable, if anyone is, when premium does not flow, or is truncated, and on what basis, were not decided. Monument sued a phalanx of reinsurance companies for brokerage on inwards and outwards business but the cases did not reach the courts and so these points were not aired.

---

[87] *Absalom v TCRU Ltd (formerly known as Monument Insurance Brokers Ltd)* [2005] EWHC 1090 (Comm).
[88] *Absalom v Monument* [2005] EWHC 1090 (Comm) at [5].
[89] *Absalom v Monument* [2005] EWHC 1090 (Comm) at [7].
[90] For the nostalgic, conveyancing solicitors used to charge a percentage fee on the price of the house *and* the amount of the mortgage, thus getting a fee based on near twice the value of the property.
[91] *Absalom v Monument* [2005] EWHC 1090 (Comm) at [54]. There is left hanging how the reinsurer could be liable for commission to be calculated on premium he does not receive and the amount of which he would be unaware. It did not arise here because the broker's claim against the reinsured was for damages for being deprived of the opportunity to earn commission.
[92] *Absalom v TCRU Ltd (formerly Monument Insurance Brokers Ltd)* [2005] EWCA Civ 1586; [2006] 2 Lloyd's Rep. 129.

Set-Off

11-027 If the reinsured is a trustee of the broker in respect of his commission,[93] questions of set-off arise. Set-off in a liquidation is available only between parties in the same right.[94] Thus a reinsured, as reinsured, even if he were a trustee for the broker, could not claim against the reinsurer to set-off commission due to the broker against premium due from him to the reinsurer, because the commission would be due to the reinsured in a different capacity, namely as trustee.

Where s.53 of the MIA 1906 did not apply, we would expect the liquidator of a reinsurer who was still owed premium after the insolvency of the reinsurer to require the reinsured to pay the 100 per cent premium directly to him and bypass the broker. If the premium was paid via the broker, he would seek to set-off commission due to him against the premium which is in his hands.[95] If the premium goes direct to the liquidator of the reinsurer, the broker would have to prove in the liquidation of the reinsurer for his commission (of course on the premise that the reinsurer is legally liable to pay it).

If there is an intermediary clause in the reinsurance treaty pursuant to which the reinsured and reinsurer agree to account through the broker, neither party can *unilaterally* change the terms. If the reinsured ignores a reinsurer's request to pay the premium direct, and pays the premium to a broker who deducts his commission before paying the balance to the reinsurer, can the reinsurer proceed against the reinsured who has complied with the terms of the contract? The reinsurer may assert that the intermediary clause, so far as it relates to paying premium, is a clause exclusively in his favour and therefore he can, unilaterally, waive it. In our view, however, the intermediary clause is clearly intended to be for the benefit of both parties. It therefore depends whether the liquidation has terminated the reinsurance contract, and such termination makes the intermediary clause inapplicable.

The reinsured may wish to accommodate the liquidator of the reinsurer who will, in due course, be adjudicating the reinsured's claims. If the reinsured complies with the reinsurer's request and pays 100 per cent of premium to the reinsurer, ignoring an intermediary clause and bypassing the broker, the broker is faced with the difficulty that he is not a party to the contract which contains the intermediary clause. The broker may assert a breach of duty by the reinsured, either as trustee of the broker's commission or as principal under the contract of agency. In the absence of an express clause it would be argued that in the agency contract a term was to be implied that the principal would not ignore the "agreed" method of ensuring that his agent was paid, on the basis either of a course of dealing or of market custom. Query whether an intermediary clause would be enforceable by the broker under the Contracts (rights of Third Parties) legislation. If the clause provides only for the passing of information from reinsured to reinsurer, probably not: that clause imposes duties on the broker rather than gives him a benefit. A clause requiring all payments between the parties to pass through the broker's hands, does however, benefit the broker.

Where there is no intermediary clause and the reinsured pays the premium to the broker who deducts his commission before passing the balance on to the reinsurer in liquidation, the liquidator of the reinsurer may sue the reinsured for the difference or may simply deduct it from the reinsured's dividend in the liquidation. The

---

[93] One has to bear in mind the words of Gobbo J in *Re Palmdale* [1982] V.R. 921, and above, that this would be a "cumbrous fiction".
[94] The "mutuality rule"—discussed below.
[95] Quaere whether such a set-off is permissible under the mutuality rule in situations where the broker is not personally liable for the premium—see below.

reinsured would then have to assert an agreement with the reinsurer, again on the basis of a course of dealing or market custom, that premium be paid via the broker. The present state of the law is, in our view, so uncertain that the wisest step to take for a reinsured faced with conflicting demands from a liquidator and a broker would be to pay the commission element of the premium into court and interplead.

Terms of Business Agreements

Now that TOBAs are standard in the London market, where the broker seeks to have terms of business with his clients, and with the brokers and the underwriters with whom he deals, which are consistent with each other, it is possible for him to make express provision for payment of commission, and how it is to be paid, and for what services, for the circumstances if any in which it might be returned and for which party has the ultimate legal liability if it is not paid. The primary reason why this would not be automatically adopted across the board is that brokers do not often face such problems—as the case law demonstrates—and they are not high on their risk map. Aggressive attempts to achieve a high degree of certainty in such matters may both fail and alienate parties whose goodwill has a greater importance than clarity in liability for commission where the parties cannot talk their way to a solution.

11-028

Fixed fees

The practice of "fixed fee" broking where the broker receives an agreed fixed fee for obtaining insurance or reinsurance for his client is becoming more common particularly in certain sections of the London market. Here the more traditional understanding of the law of agency applies. The broker receives his fee from his client, the reinsured, and receives nothing from the reinsurer, who charges only the premium he wishes to retain and not the premium he wishes to retain plus the commission he must pass to the broker. In circumstances where a fixed fee is paid, the argument seems even stronger for saying that if the reinsured and/or reinsurer then cancels the policy for any reason other than the fault of the broker, the broker should be entitled to sue for or retain his fee, which he has fully earned by completing his assigned task of obtaining reinsurance.

11-029

The broker's lien

Section 53(2) of the MIA 1906 provides that the broker has, as against his client, the assured, "a lien upon the policy for the amount of the premium and his charges in respect of effecting the policy" and, unless he knows or has reason to believe that the person with whom he is dealing is only an agent, the broker also has a lien upon the policy "in respect of any balance on any insurance account". This provision immediately follows s.53(1) which, it will be recalled, renders the broker directly responsible to the insurer for the premium, a provision of the MIA 1906 which only relates to marine business. A number of questions arise:

11-030

(1) Does the non-marine broker have a lien on the policy if he has advanced the premium to the (re)insurer and has not been paid by the (re)insured?
(2) How does the lien on the policy assist the broker?
(3) Does the lien on the policy extend to a lien on any claims monies due under the policy?

The answer to question (1) appears, as a matter of principle, to be yes. *Bowstead*

& *Reynolds on Agency*[96] states a general proposition of common law concerning liens in much the same form as s.53(2) of the MIA 1906. The common law (or possessory) lien:

> "... entitles a person who has done work for another to detain goods in his possession belonging to that other until the charges for the work have been paid."[97]

Thus, any broker who is entitled to be indemnified by his client, the (re)insured, for any authorised expenditure on the client's behalf (e.g. the payment of premium) can retain the policy until the indemnity is given.[98]

This leads to question (2): what practical use is the broker's right to detain the policy? The answer, in the present day, is very little, unless the lien extends to the right to receive claims moneys due under the policy. The rule of common law codified in s.53(2) dates from a time when it was commonplace for the insurer to require production of the original policy before he would pay a claim (in the same way as a ship owner would require production of a bill of lading before parting with cargo). It is no longer commonplace to require production of the original policy. In a reinsurance treaty, where there is a flow of claims on a regular basis, production of the original policy to each reinsurer of a risk, on each occasion that a claim or claims bordereaux is presented, would be a pointless exercise.

11-031 The critical question therefore is question (3): can the broker assert a right to the claims moneys? Suppose that a broker is owed money by his client and claims arise on the policy, which the broker holds. The (re)insured may wish to receive the entirety of the claims moneys—the (re)insured may be in liquidation. If claims money does come into the hands of the broker, that money is a debt which he owes to his client. By definition, he cannot assert a lien over a debt. A lien is a form of possessory security over "things" (goods, documents, etc.); it is doubtful whether a lien can be asserted over a chose in action, and a debtor cannot create a security interest over a debt which he owes to his creditor.[99] The broker's right, if any, to keep a part of the money once it is in his hands is a right of set-off[100] not a right of lien. In *Eide UK Ltd v Lowndes Lambert Group Ltd*[101] the Court of Appeal held that, as a matter of statutory construction, s.53(2) of the MIA 1906 did not give brokers a lien over the proceeds of the policy.[102] However, Phillips LJ observed that:

> "... a number of authorities indicate that a broker who has a lien over the policy has a

---

[96] *Bowstead & Reynolds on Agency*, 23rd edn (Sweet & Maxwell, 2023), art.65, para.7-074.
[97] Goode, *Commercial Law*, 2nd edn (Penguin, 1995), p.668 (now in its 6th edn 2020 as Goode and McKendrick on *Commercial Law*).
[98] *Bowstead & Reynolds on Agency*, 23st edn (Sweet & Maxwell, 2023), art.65, para.7-074.
[99] See *Charge Card Services (No.2) Ltd, Re* [1987] Ch. 150; [1986] 3 W.L.R. 697; R. Goode, *Legal Problems of Credit and Security*, 6th edn (Sweet & Maxwell, 2017 with Louise Gullifer). In Bermuda, s.2 of the Charge and Security (Special Provisions) Act 1990 provides as follows: "Any charge purportedly created, or any security purportedly given, by a creditor in favour of a debtor over a debt due or to become due to that creditor from that debtor, for the purpose of securing any obligation of that creditor to that debtor, shall be valid and enforceable by that debtor to the same extent as if the charge had been created or security given, as the case may be, over that debt in favour of a person other than the debtor."
[100] See below. L Gulliver, Goode on Legal Problems of Credit and Security (6th ed. Sweet & Maxwell, 2018).
[101] *Eide UK Ltd v Lowndes Lambert Group Ltd* [1999] Q.B. 199; [1998] 1 Lloyd's Rep. 389 CA (Phillips, Waller and Chadwick LJJ). The decision of the Commercial Court (Toulson J) is also reported.
[102] "... I do not find it acceptable to suppose that the draftsman of the 1906 Act intended, by the simple phrase 'lien on the policy' to do more than describe an equally simple and well-established type of security, namely the right to retain possession of physical property until a debt has been discharged ... It does not seem to me ... that the phrase 'lien on the policy' can properly be treated as shorthand to embrace both a physical possessory lien and a right to annex or set off the proceeds collected under

commensurate right to retain claims proceeds collected under the policy insofar as necessary to satisfy the debt secured by the lien."[103]

Following a careful analysis of the authorities, Phillips LJ concluded as follows:

"The importance of the lien on the policy is, this, that it enables the broker to maintain a set-off in respect of a receipt of claims proceeds notwithstanding that he has acquired knowledge of the existence of a previously undisclosed assured prior to the receipt, provided that he had no such knowledge when the lien on the policy arose ... I consider that the Judge erred in failing to recognize that a broker who has a lien over a policy of marine insurance is normally entitled, when he collects under the policy, to apply the proceeds collected in discharge of the debt that was protected by the lien. The precise basis of this right does not appear clearly from the authorities, but one can well understand that it should have become established as a matter of mercantile usage, for it is a normal adjunct of the lien on the policy. It was a normal part of the duty of a broker who remained in possession of the policy to collect the insurance proceeds and that duty would have been anomalous indeed if the act of collecting under the policy had destroyed the security afforded by the lien."[104]

However, on the particular facts of the case, Phillips LJ held that the broker's claim failed.[105]

Eide UK v Lowndes Lambert was a case of co-insurance. The two plaintiffs were, respectively, the owners and mortgagees of a ship. The defendant brokers had placed two hull and machinery policies in respect of the ship on the instructions of the ship's demise charterers, Colne Standby (who were not parties to the action). The charterparty provided that insurance be placed in the joint names of the owners and the charterers. The owners assigned their interest in the policies to the mortgagees, who were named as loss payees by endorsements to the policies. It was common ground that Colne Standby, the owners and the mortgagees were co-insureds under the policies and that each had an insurable interest in the ship.

11-032

The ship's engines were damaged while she was under charter to Colne Standby and a claim was made under the policies for the costs of the repairs. The brokers received payment from the underwriters but refused to pass the money on to the mortgagees (who had advanced the money for the repairs to the owners). The brokers purported to exercise a lien over the claims moneys on the basis that Colne Standby owed them a much larger sum under a running account. Colne Standby was in liquidation.

Phillips LJ held that s.53(2) of the MIA 1906 did not, as a matter of statutory construction, apply to cases of co-insurance[106]; and, that, as a general principle of agency law, no one can create a lien beyond his own interest.[107] He concluded that the brokers:

"... derived no right to retain the proceeds collected on behalf of the bank under [the] poli-

---

the policy in discharge of a debt owed to the holder of the policy": *Eide v Lowndes Lambert* [1998] 1 Lloyd's Rep. 389 at 397 per Phillips LJ.
[103] *Eide v Lowndes Lambert* [1998] 1 Lloyd's Rep. 389 at 397 per Phillips LJ.
[104] *Eide v Lowndes Lambert* [1998] 1 Lloyd's Rep. 389 at 399–400.
[105] The headnote incorrectly states ([1998] 1 Lloyd's Rep. 389 at 390 col.2) that the appeal was allowed. It was dismissed.
[106] "'Where he has dealt with the person who employs him as a principal' is not appropriate language to describe dealings between a broker and an employer who places insurance both on his own behalf and on behalf of other interests. The latter part of the sub-section suggests to me that the draftsman was ... addressing only the simple position of one employer and one assured": *Eide v Lowndes Lambert* [1998] 1 Lloyd's Rep. 389 at 401 per Phillips LJ.
[107] Citing what is now *Bowstead & Reynolds on Agency*, 23st (Sweet & Maxwell, 2023), art.7, para.7-087, p.363.

cies in diminution of the debts owed to them in respect of other insurance business placed by Colne Standby."[108]

11-033 Judge Mackie QC, sitting as a High Court Judge was resolutely in favour of the broker's lien in deciding *Heath Lambert v Sociedad de Corretaje de Seguros and Banesco Seguros SA*.[109] Heaths, the London broker, had paid premium on a facultative reinsurance behalf of the reinsured, Banesco. The insured suffered a loss that was claimed from the insurers, Banesco, who passed it up to reinsurers. Heaths claimed a lien on the proceeds. Judge Mackie held that Heaths had a lien on the proceeds of claim. Banesco sought to argue that the indemnity for the premium should come from the local broker, whom Heaths had already sued, whilst the proceeds of the claim was due to it. Judge Mackie cited *Fisher v Smith*[110] and declared that the lien was good against all parties. He claimed to follow *Eide v Lowndes Lambert*, but he seems to have gone further. It is clearly of value to the placing broker that his lien will survive attempts to show that the party from whom the indemnity for premium paid may be due is different from the party to whom a claims payment is due.

Claims

11-034 When a broker receives payment of a claim, the general rule is that in the absence of any authority (whether express or implied) from his principal, the reinsured, the broker's duty is to receive payment of the claim in cash. The broker is not entitled to receive payment in account. The existence of this long-standing rule of the law of agency, which dates back to 1830,[111] may well surprise and dismay brokers. Lord Tenderden C J said:

> "An authority given by a principal to his agent to receive money cannot be construed with an authority not to receive money, but to allow the debtor to write off so much as may be due from the agent to him. If that were allowed, it would enable the agent to collude with the debtor to defraud the principal."[112]

In *Stewart v Aberdein*,[113] it was held on the facts that the insured had agreed to accept payment in account. The plaintiffs were merchants in Liverpool who had for several years dealt in account with their brokers and knew of the custom between brokers and underwriters. The general rule was, however, affirmed by the Court of Exchequer Chamber in *Sweeting v Pearce*.[114] In *Matveieff v Crossfield*,[115] Kennedy J considered himself bound by *Sweeting v Pearce*, and held that the insured was not bound by a custom of which he had no knowledge. It was further held in *McCowin Lumber & Export Co Inc v Pacific Marine Insurance Co Ltd*,[116] and

---

[108] *Eide v Lowndes Lambert* [1998] 1 Lloyd's Rep. 389 at 402.
[109] *Heath Lambert v Sociedad de Corretaje de Seguros* [2006] EWHC 1345 (Comm); [2006] 2 Lloyd's Rep. 551.
[110] *Fisher v Smith* (1878) 4 App Cas 1 (HL).
[111] See *Bartlett v Pentland* 109 E.R. 632; (1830) 10 B. & C. 760; *Scott v Irving* 109 E.R. 912; (1830) 1 B. &Ad. 605. Both cases arose out of the bankruptcy of a Lloyd's broker named Mitchell.
[112] *Bartlett v Pentland* (1830) 10 B. & C. 760 at 769.
[113] *Stewart v Aberdein* 150 E.R. 1406; (1838) 4 M. & W. 211.
[114] *Sweeting v Pearce* 142 E.R. 210; (1861) 9 C.B.N.S. 534.
[115] *Matveieff v Crossfield* (1903) 8 Com. Cas.120.
[116] *Mcgowin Lumber & Export Co Inc v Pacific Marine Insurance Co Ltd* (1922) 38 T.L.R. 901; (1922) 12 Ll. L Rep. 496.

Provincial Insurance Co Ltd v Crowder,[117] that there was no custom or usage in existence, in either the marine or non-marine markets, permitting a broker to depart from the general rule. The continued applicability of this rule was confirmed in *The "Admiral C"*,[118] and *The "Okeanis"*.[119]

In *McCowin Lumber & Export Co Inc. v Pacific Marine Insurance Co Ltd*, a marine policy provided:

"This policy being issued in England all losses and claims hereon are to be recoverable only according to the custom and usage of Lloyd's …"[120]

The plaintiffs were a Canadian company, with a branch in London. The defendant insurers alleged that they had settled the plaintiff's claim in account with his brokers. Rowlatt J, gave judgment for the plaintiffs, saying that:

"[T]he usage is one which in itself operates only between underwriter and broker, and it does not by its own operation affect the rights of the assured at all. If the assured knows of it, he is held to authorise settlement in this way, and the argument of the defendant is that by this clause he authorises it without knowledge."

In *Provincial Insurance Co Ltd v Crowder*,[121] the plaintiff company sued a Lloyd's underwriter for sums due under a motor reinsurance treaty. The underwriter's defence was that he had settled in account with the plaintiff's broker, according to the custom and usage of Lloyd's. The broker was insolvent. Branson J heard evidence from Lloyd's underwriters:

"… that it was customary for brokers and underwriters to carry the premium on the one hand and the losses on the other, into a running account, which went on from month to month and was settled at the end of each quarter by the payment of such balance as then might appear to be owing from the underwriter to the broker to the underwriter."

11-035

It was said that this was regarded by the underwriter and brokers to be a complete and binding settlement, and that the broker would then settle with his client, so that the broker and not the underwriter owed the money to the insured/reinsured.

Branson J asked the witnesses[122] whether they had ever known of a single case prior to this one in which the underwriter had taken the position with respect to an insured/reinsured: "I have settled in account with your broker, and though he has not paid you I am free"; the witnesses were not aware of such a case.[123] He said that the question which he had to decide was:

"… whether I am going to hold that a custom has been established so universal and so certain, as a custom of this kind must be, as to make it a part of the contract between any person insuring through a broker at Lloyd's and his underwriter so that the contract should be that the assured insures through the broker with the underwriter upon the terms that the underwriter, if a loss occurs, may settle with the broker in account and discharge himself from liability to the assured by setting off against his liability a pre-existing debt

---

[117] *Provincial Insurance Co Ltd v Crowder* (1927) 27 Ll. L. Rep. 28.
[118] *Stolos Compania SA v Ajax Insurance Co (The Admiral C)* [1981] 1 Lloyd's Rep. 9; [1980] Com. L.R. 4.
[119] *Trading & General Investment Corp SA v Gault Armstrong & Kemble Ltd (The Okeanis)* [1986] 1 Lloyd's Rep. 195.
[120] *Mcgowin Lumber v Pacific Marine* (1922) 38 T.L.R. 901.
[121] *Provincial Insurance Co Ltd v Crowder* (1927) 27 Ll. L. Rep. 28.
[122] One of whom had been an underwriter for 30 years.
[123] The *Mcgowin Lumber case* (1922) 38 T.L.R. 901, does not appear to have been cited.

or a subsequent debt arising in the currency of the current account from the broker to himself, which may be upon the business of another client altogether."[124]

Branson J concluded that, on the evidence, no such custom had been established. He said that even if there were such a custom, on the facts, there had not been a valid settlement in account with respect to the claims in issue, as:

"... balances are allowed to go over from quarter to quarter, and there is never a time in the history of these accounts until the very end, after the brokers had ceased to function ... when there was a balance struck and settled."

He concluded as follows:

"All sorts of difficulties and dangers which a three-monthly settlement by actual payment of the balance would avoid, may arise and flourish under such a system as that which was being carried on here. I cannot avoid the feeling that this state of affairs is not the state of affairs which one would expect to find going on between Lloyd's underwriters and a Lloyd's broker."

11-036 In *Stolos Compania SA v Ajax Insurance Co Ltd, The "Admiral C"*,[125] the policy provided for claims "to be collected" by the broker. Sir David Cairns said that he could see no possible reason why the word "collected" should be given any other than its natural and ordinary meaning of "collected in cash". He held that the words were incapable of meaning "brought into account between brokers and insurers in the manner customary in the market".[126]

If the parties actually agree to set-off as a method of payment then, once it is recorded in the accounts, that constitutes an actual payment and is as good as cash.[127] In *IGI Insurance Co Ltd v Kirkland Timms Ltd*,[128] the fact that accounts had been agreed with balancing entries between Kirkland Timms and the holder of the binding authority, was held by Hirst J to constitute payment of the premium to Kirkland Timms. However, in *Trading General Investment Co v Gault, Armstrong & Kemble Ltd, The "Okeanis"*,[129] Bingham J held that although an account had been sent to a broker by an insurer's agent and "agreed", on the facts the broker never agreed to accept the credit rather than the cash and never agreed to accept the agent as the debtor, rather than the insurers. Bingham J reaffirmed the rule that the broker has no authority to accept payment "in account" without the reinsured's consent. But, even where the parties agree to net-accounting, the broker's principal may subsequently withdraw the broker's authority to accept payment "in account".[130] Any such "agreement" will need to be examined with care. Is it an agreement to allow payment in the account relating to the particular reinsurance contract, or relating to the business between the reinsured, the broker and that reinsurer, or an agreement that the broker can accept payment in account across the entirety of his dealings with the reinsurer as to the state of which the reinsured will be wholly unaware? It is not necessarily the case that the reinsured is worse off by

---

[124] *Provincial Insurance Co Ltd v Crowder* (1927) 27 Ll. L. Rep. 28 at 30.
[125] *The "Admiral C"* [1981] 1 Lloyd's Rep. 9.
[126] See further below, and compare *Grand Union v Evans-Lombe Ashton* [1989] 7 WLUK 189; Unreported, 13 July 1989.
[127] See *Trinidad Lake Asphalt Operating Co Ltd v Commissioners of Income Tax for Trinidad and Tobago* [1945] A.C. 1.
[128] *IGI Insurance v Kirkland Timms* Unreported, 5 December 1985, QBD, Comm Ct, and below [not on WLUK].
[129] *The "Okeanis"* [1986] 1 Lloyd's Rep. 195.
[130] See *AA Mutual Insurance Co Ltd v Bradstock, Blunt & Crawley* [1996] L.R.L.R 161; and below.

the broker accepting payment in account. A reinsured whose large, very solvent, broker has accepted payment in account from a fringe reinsurer may be better off with the broker as his creditor than the fringe reinsurer.

Two developments since the last of these cases cited above may mean that the rules laid down by them will not be examined in further case-law. The developments are the universal use of TOBAs in the market, and the CASS Rules produced by the Regulator. The first should specify what constitutes payment and what does not; the second requires that brokers hold client funds in separate client trust accounts.

2. MARKET PRACTICE

General course of business in London

Broker's duties on receiving claims and return premiums for his principal

Unremarkably the duty of the agent on receiving funds for his principal is to account to his principal for such sums in the manner agreed in the TOBA, and absent any such agreement, then in cash (see *"The Okeanis"* at 11-036 above).

11-037

Equitas v Walsham Bros was heard in 2013 but concerned accounting between agent and principal going as far back as the 1980s. It concerned duties of a broker of reinsurance contracts. Judgment was given by Mr Justice Males on a number of issues of principle. *Walsham Bros* were the biggest brokers of excess of loss reinsurance in Lloyd's in the 1980s. Equitas is the successor to Lloyd's syndicates writing non-life business for 1992 and prior years for which Walsham Bros acted as brokers. We remind ourselves that in excess of loss reinsurance the reinsured and reinsurer are parties underwriting insurance and/or reinsurance, and that within Lloyd's both will be Lloyd's syndicates.

Males J noted that it was accepted within Lloyd's at all relevant times that brokers were agents of their clients ([42]) but when he states the duties of the broker he gives four ([47]):

(i) to collect reasonably promptly from the Reinsured and pay reasonably promptly to the Reinsurers all premiums, net of any applicable brokerage (and claims refunds);

(ii) to notify Reinsurers reasonably promptly of any potential claims advised by the Reinsured and to notify the Reinsured reasonably promptly of any questions raised by the Reinsurers;

(iii) to collect from Reinsurers reasonably promptly all valid claims (and return of premium) and pay them reasonably promptly to the Reinsured[131];

(iv) to administer the reinsurance contract in a professional and business-like manner, including maintenance and preservation of proper and adequate records and providing the relevant records, or copies thereof to the Reinsured and/or the Reinsurers if requested.

Whilst it is possible to say that all these duties are owed to the Reinsured, the client, the way they are expressed and their content suggests that the learned Judge considered that they are owed also to the Reinsurer.

Some key findings in relation to the duty of reinsurance brokers are:

---

[131] *Equitas v Walsham Bros* [2013] EWHC 3264. At [102] Males J suggests that "reasonably promptly" is one to two months. The end of that period was the date of the accrual of a cause of action: [141].

- The broker's duty to remit funds is an absolute duty, not a duty to exercise due diligence. But there was also a duty to exercise reasonable care and skill under the Supply of Goods and Services Act 1982 ([49], [51]).
- The broker must keep adequate accounting records so that he knows what he has to pay ([52]) citing *Equitas v Horace Holman*.[132]
- There is a concurrent duty [to the contractual duty] in negligence ([57]) citing *Henderson v Merrett*.[133]
- The broker's duty to remit funds is a continuing obligation ([71]). This is a crucial finding because it meant that Walsham Bros remained liable for failings way back to the 1980s. (The judge acknowledged that because of his finding of negligence ss.14A and 14B of the Limitation Act 1980[134] became relevant but he was not required at this hearing to consider them.)

Males J also considered the impact of R&R (reconstruction and renewal of Lloyd's) and what is called in the judgment "the DAC letter" that brokers were required to sign and a Broker Transfer Agreement. They do not impact the rules set out here.

Equitas did not wish to recover mere simple interest for all the years it was out of pocket on sums that should have been remitted to the syndicates it represented. It also wished to recover interest on sums that Walsham had remitted a while earlier, after a reconciliation exercise had been done. It sought compound interest as damages and compensation for unjust enrichment. Relying diligently on *Sempra Metals Ltd v IRC*[135] Males J allowed Equitas a claim in unjust enrichment, and since Equitas was claiming a "conventional" interest rate, the proof of the *actual* loss that Equitas had suffered could also be done by conventional means ([118], [123]).[136]

Brokers' net accounting

11-038   Let us examine what happens in the day-to-day conduct of a reinsurance broker's accounts. What follows is a simplified, and perhaps idealised, overview of how we believe the London market operates. Premium is paid through Xchanging. For claims on facultative business, the broker will present a claim to the reinsurer on behalf of the reinsured. On treaty business, the broker, if he is the treaty intermediary, will present bordereaux of claims periodically. Unless it is a special settlement[137] (in which case the broker will receive payment from the reinsurer in the immediate future) a claim will eventually appear on an account in relation to that contract or treaty as a credit item to the broker on the opposite side of debit items to the broker, for example, in respect of premiums. This will be one of many accounts between the broker and that particular reinsurer; some of them may indeed be accounts where the reinsurer is a reinsured. The next stage in this process is for

---

[132] *Equitas Ltd v Horace Holman Co Ltd* [2007] EWHC 903 (Comm); [2007] Lloyd's Rep. I.R. 567.
[133] *Henderson v Merrett Syndicate Limits (No.1)* [1995] 2 A.C. 145; [1994] 3 W.L.R. 761.
[134] Concerning extension of time when the cause of action is not known of when it accrues.
[135] *Sempra Metals Ltd (formerly Metallgesellschaft Ltd) v Inland Revenue Commissioners* [2007] UKHL 34; [2008] 1 A.C. 561.
[136] In *Equitas Ltd v Sande Investments* [2021] EWHC 631 (Comm); [2021] Lloyd's Rep. I.R. 553, Equitas sought recovery from companies in the Sande group on the same arguments deployed in the case against Walsham Brothers, and failed. The Judge, Ms. Mucahy QC, noted material fact differences between the two cases, particularly that the Sande companies were not the brokers of the original risks, but run-off agents, and thus subject to different obligations. One finding of law may receive further judicial consideration at the right time: the finding that to the extent it might be said that the Sande companies were enriched, it was at the expense of the paying companies, not the companies wishing to be paid.
[137] Immediate settlement in the agreed manner in any event.

all the accounts to be taken together. They will show a credit either to the broker or to the reinsurer and only this amount may be paid by one to the other in cash. If, that is, any cash is ever paid over at all;[138] it may only be that the balance left over after the net accounting is the first item carried over to the next period's consolidated accounts.[139] The reinsured may have a similar consolidated account with the broker. Although the broker's acceptance of payment from the reinsurer by way of a consolidated account may well not have been authorised by the reinsured, if the broker by a similar process of crediting the account, credits his reinsured with the claims money and the reinsured accepts the account, and the balancing entry is paid, then all items on the account are extinguished in the manner of the *Trinidad Lake Asphalt*[140] case. Any lack of authority there might be on the part of the broker to receive payment in account from the reinsurer then ceases to matter. But it will matter if the reinsurer or the broker should at any time become insolvent.

At the present time Xchanging provides premium and claims services to the entire London Market, Lloyd's and the non-Lloyd's markets, and balances are paid based on the outcome of that process. Enhanced digital processing of payments and centralised accounting under Lloyd's Blueprint Two promises to make payment flows faster, more secure and transparent.[141]

In *Grand Union v Evans-Lombe Ashton*[142] the defendant brokers set up the practice of net accounting as a defence to a claim for premium under s.53 of the Marine Insurance Act 1906.[143] They argued that they were not required to pay premium due to the plaintiff reinsurers because claim balances were outstanding. This was alleged to be so even though the brokers were liable as principals for the premium, but were not personally liable for, or entitled to, the claims. On an application for summary judgment, the judge found their defence "shadowy" and granted leave to defend on condition that the brokers provided security in the sum of £20,000. The Court of Appeal[144] were satisfied that the defence was not shadowy. Lloyd LJ said:

11-039

> "If at the trial the practice is indeed shown to be universal, it may afford the basis for the proof of custom ... But obviously the existence of such a universal practice could only be established at a trial."

However, in *The "Admiral C"*,[145] a different division of the Court of Appeal[146] refused leave to defend in a case where, following the insolvency of the broker, the insurer sought to set-off claims due to the insured against premiums for which the broker was personally liable to the insurer. Sir David Cairns said:

> "The custom, as alleged in the affidavit, is that as between the insurance brokers and policy holders all dealings were on an 'in-account' basis; that is to say, subject to set-off ... The custom in question is one which has been held in certain decided cases to exist in relation to Lloyd's underwriters. It was sworn on behalf of the defendants ... that that custom applies to the marine insurance market generally. It was not contended that the custom in

---

[138] See the citation from Branson J in 11-033 above.
[139] See *Provincial Insurance v Crowder* (1927) 27 Ll. L. Rep. 28, and above.
[140] *Trinidad Lake Asphalt v Commissioners of Income Tax* [1945] A.C. 1.
[141] See: Lloyd's Blueprint Two (*https://www.lloyds.com/about-lloyds/blueprint-two*) and also see Ch.3.
[142] *Grand Union v Evans-Lombe Ashton* Unreported, 13 July 1989.
[143] See above—the case pre-dates the market agreements which are discussed below.
[144] Lloyd LJ and Sir Denys Buckley.
[145] *The "Admiral C"* [1981] 1 Lloyd's Rep. 9.
[146] Stephenson, Dunn LJJ Sir David Cairns.

respect of insurers other than Lloyd's underwriters goes any further than that which applies to Lloyd's, and in respect of Lloyd's it has been held that it operates only when the assured assents to it and when the broker is instructed to settle the claim."

The two decisions may be reconciled on the basis that, arguably, there exists a custom at Lloyd's, and in the London market generally, with respect to brokers' net accounting which binds the broker and the underwriter, but not the broker's principal, the insured/reinsured, unless the latter has consented to it. At the present time, with the universal use of TOBAs, disputes of this nature should not arise.

11-040 In *AA Mutual Insurance Co Ltd v Bradstock, Blunt & Crawley*,[147] both the plaintiff insurers and the defendant brokers accepted the existence of a general practice of net accounting in the London market, and the plaintiffs had, in the past, permitted the defendants to pay only the balances of sums recovered from reinsurers of business which the plaintiffs' former underwriting agent had written, after deducting claims payable to third parties. However, following the insolvency of the underwriting agent, the plaintiffs instructed the defendants to pay all sums recovered from reinsurers without deduction. The defendants refused to do so. Hobhouse J (as he then was) held that the plaintiffs were entitled to summary judgment. He said:

> "The position is that the defendants are the agents of the plaintiffs. The defendants hold money which is the property of the plaintiffs and the defendants are only entitled to make deductions from that money if they are authorised by the plaintiffs to make those deductions. Under the course of dealing as it previously existed, the defendants did have that authority. The plaintiffs have withdrawn that authority. The defendants do not now have the authority to pay the sums which they seek to deduct to third parties ... it is put on the basis that the plaintiffs owe the third parties those sums, and therefore the defendants are entitled to deduct them so that the defendants, contrary to the wishes of the plaintiffs, may pay the third parties direct rather than the plaintiffs themselves settling with the third parties. That proposition is a proposition which is fundamentally contrary to the law of agency. No agent is entitled to make unauthorised payments or enter into unauthorised transactions. Furthermore, he is only entitled to make deductions from the money of the principal which he has in his hands in accordance with the authority which he has received from that principal."[148]

Hobhouse J said that there were two qualifications "which might affect this stark position". The first was said to be if there existed a right of set-off in the hands of the third party. The second was the situation where the agent was under some personal liability to the third party, for example in respect of premium, as occurred in *Grand Union v Evans-Lombe, Ashton*.[149]

Central accounting systems and insolvency

11-041 A single broker's net accounting is not the end of the story, because the London market operates central accounting. Xchanging is the single premium and claims processing centre for all the London market. A broker accounts periodically on a global basis to all members of the body in respect of all his clients who have business with those members. He presents statements of all premiums to those members and all claims due from those members to the central accounting body and pays in or receives back a balancing sum in respect of all of those items. The arrangement is designed positively to enable brokers to use premiums received from some clients, and which is due to members of the central accounting body, to pay claims

---

[147] *AA Mutual Insurance Co Ltd v Bradstock, Blunt & Crawley* [1996] L.R.L.R. 161.
[148] *AA Mutual v Bradstock, Blunt & Crawley* [1996] L.R.L.R. 161 at 163.
[149] *Grand Union v Evans-Lombe Ashton* Unreported, 13 July 1989, and above.

of other clients due from members of the central accounting body. It will be recalled that non-statutory trust accounts allow for the same to occur.[150]

As a practical matter, provided all parties involved remain solvent while these net accounting transactions are performed, it makes no difference that the arrangements are not specifically authorised by the broker's client, the reinsured. The client gets the money due to him in a manner acceptable to him. However, suppose the client was to insist that the broker receives payment of claims in cash[151] and that the broker holds them as a trustee.[152] In those circumstances, a broker would have to arrange for every payment under that particular contract or treaty to be by way of special cash settlement. Suppose that after a broker has completed a periodic settling of accounts with a central accounting body, he then becomes insolvent before settling with his client, the reinsured. Is it open to the reinsured to claim directly against the reinsurer on the grounds that his broker only had actual authority to receive payment in cash, therefore payment in account through the central accounting body has not discharged the reinsurer's liability to the reinsured? If the TOBA does not provide the answer, the answer depends on whether the broker has ostensible authority to accept payment in account. This is open to argument. A reinsured which is a London market company or Lloyd's syndicate may be regarded as having impliedly consented to payment through the central accounting system, although as we have seen there is no decision in which a court has accepted the existence of a binding custom to that effect. If the reinsured is also a member of the same accounting system, he may have expressly consented to payment in account through the system. Will foreign companies that have no presence in London and, a fortiori, are not members of the system and may be unaware how the market operates, be said to have given ostensible authority or be bound by a market custom? In *Bartlett v Pentland*, Lord Tenterden said:

> "As to the supposed usage at Lloyd's; the usage in a particular place, or of a particular class of persons, cannot be binding on other persons, unless those other persons are acquainted with that usage."[153]

Similar problems could arise if the reinsured himself went into liquidation. The liquidator of the reinsured would find that reinsurers asserted that they had paid in account with the broker. If the broker is solvent, and if there are no claims being made upon the reinsured by other clients of the broker, which the broker seeks to set-off (see below), the liquidator of the reinsured may be satisfied with receiving payment from the broker. If, however, the broker has claims on the reinsured which he would wish to set-off, whilst the reinsurer does not have such a right of set-off, the liquidator of the reinsured would want to leave the broker in the position where he was obliged to prove in the liquidation of the reinsured, while the reinsured's liquidator sought to recover the full amount of the claim from the reinsurer, who had no right of set-off. If the receipt by the broker of payment in account is not authorised, the liquidator of the reinsured has that option.

11-042

In the event that the reinsurer who is a member of the central accounting body

---

[150] See 11-007 above.
[151] See *AA Mutual v Bradstock, Blunt & Crawley* [1996] L.R.L.R. 161, and above.
[152] See further, below. This would require the broker to have this money in a statutory trust account; see 11-006 above.
[153] *Bartlett v Pentland* (1830) 10 B. & C. 760. Cited by Branson J in *Provincial Insurance Co Ltd v Crowder* (1927) 24 Ll. L. Rep. 28 at 30; see also *Matveieff v Crossfield* (1903) 9 Com. Cas.120; *Mcgowin Lumber v Pacific Marine* (1922) 38 T.L.R. 901, discussed above; and the contrary view of the High Court of Australia in *Con-Stan Industries v Norwich Winterthur* (1986) 64 A.L.R. 481 at 486.

becomes insolvent after settlement in account with the broker, the reinsured would obviously be best placed by ratifying the broker's actions in receiving payment in account. He would then be able to recover 100 per cent of his claims from the broker.

Finally, a situation may arise where the payments through the central accounting body have not been "closed out" by actual payments of the balancing item by the accounting body before the broker goes into liquidation. In such a case, would the accounting body be able to complete the transaction and close out? Would the central accounting body have the right to reverse that balance? Would each of the broker's clients be entitled to their individual rights against the members of the central accounting body? It appears that the answer is "yes".[154] If the use of a central accounting system by the broker was unauthorised, then the reinsurer would not be bound by those central accounting transactions in any event. But, even if it were authorised, if the balancing payment had not been made, the liquidator of the reinsured company would be able to withdraw authority to complete the uncompleted balancing transactions within the system.

Questions of how money in the system should be dealt with if any one or more of the parties to a transaction becomes insolvent should be dealt with by agreement within the TOBAs—and the agreement with the reinsured and with the reinsurer should dovetail, so that the broker can comply with both without breaching the other. But the agreement with the reassured and the agreement with the reinsurer are likely to be negotiated at different times, and the broker must be particularly diligent.

Insolvency of the broker's client: Payment of premium

11-043   In *Pacific & General v Hazell*,[155] the plaintiffs instructed their brokers to place four excess of loss reinsurance contracts. The brokers carried out their clients' instructions in the summer of 1984. They placed the risks with Lloyd's syndicates and London companies. After the slips had been signed, the brokers submitted Premium Advice Notes ("PANs") to Lloyd's Policy Signing Office ("LPSO") and Policy Signing and Accounts ("PSAC").[156]

Shortly after the brokers had lodged PANs a winding-up petition was presented against the plaintiffs and a provisional liquidator was appointed. Six weeks after the appointment of the provisional liquidator, the automatic operation of the LPSO and PSAC systems resulted in the brokers' accounts being debited with the first instalment of premium due under the reinsurance contracts, with a corresponding credit appearing in the reinsurers' accounts. The brokers became concerned about the prospect of having to pay further instalments of premium which the provisional liquidator made clear he was not prepared to pay. Having informed the provisional liquidator that the contracts were likely to be cancelled if the premium was not paid, the brokers advised the leading reinsurers of the situation. As a result of the brokers' action most, but not all, of the reinsurers gave notice of cancellation ab initio, and

---

[154] See *British Eagle International Air Lines Ltd v Compagnie Nationale Air France* [1975] 1 W.L.R. 758; [1975] 2 Lloyd's Rep. 43. *British Eagle* was applied by *Mayhew v King* [2011] EWCA Civ 328; [2011] Bus. L.R. 1327. A broker agreed to pay its client what the client's insurer would have paid had the broker obtained effective insurance for the client, all payment obligations to cease if the client went into administration. On the client going into administration the broker ceased payment, but the court required him to continue because the agreement to cease payment violated the anti-deprivation principle of insolvency law.
[155] *Pacific & General v Hazell* [1997] L.R.L.R. 65.
[156] Both precursors of Xchanging.

agreed to return of the initial instalment of premium by reverse entries being made in the accounts.[157] The liquidator of the plaintiffs advised the reinsurers that he regarded the reinsurance contracts as still being in force.

Moore-Bick J held[158] as follows:

(1) The appointment of a provisional liquidator automatically revoked the authority of agents appointed to act on behalf of the company by, or under, the authority of the directors.
(2) There was nothing in the ordinary relationship between the broker and his client, nor anything special in the nature of the relationship in this particular case, which required the broker's authority to be irrevocable.
(3) There was no custom in the non-marine market at Lloyd's that the broker was directly liable to the underwriter for the premium either once the slip was signed or when a PAN was submitted to the LPSO.
(4) The payment of the first instalment of premium six weeks after the appointment of the liquidator was therefore made by the broker without his client's authority and could not effectively discharge the liability to the underwriter, unless it was subsequently ratified by the client. In the present case, it was not ratified and accordingly, the broker and underwriter were entitled to reverse the payment.
(5) The conduct of the liquidator in refusing to pay instalments of premium when they fell due amounted to a repudiation of the reinsurance contracts, which had been effectively communicated to the underwriters and which entitled them to treat the contracts as discharged, and they did not so treat them.
(6) The brokers had not breached their duties to their clients and had acted reasonably to protect their own interests.

We have difficulty with any proposition that the first instalment of premium was not paid (whether with or without authority) on behalf of the client. However, in this case the judge found that the premium had passed in account from the broker to the underwriters after the client had terminated the broker's authority. He said:

"I accept that under normal circumstances a broker does have authority to settle premium on behalf of his client, even if he uses his own funds to do so, and I accept that it would be improper for a broker who had voluntarily funded a payment of premium on behalf of a client to attempt to persuade underwriters to refund it and cancel the contract if he subsequently discovered that he might have difficulty in recovering his money. However ... this was very far from being a normal case, in particular because *before any settlement had been made* the client revoked the broker's authority to pay premium on its behalf and made it clear that it would not consider itself liable to reimburse the broker if he paid." [Emphasis added]

In our view having instructed the placing of the risk and knowing, as the learned judge found, the rules of the market that would result in the broker being debited for premium, the client was bound either to indemnify the agent or to instruct the agent to cancel the contract. The liquidator plainly did not instruct cancellation. The brokers had agreed to give their client credit for the payment of premium and had accepted the credit risk. Prima facie, therefore, the first instalment of premium was paid on behalf of the reinsured either because the instruction to place the risks

11-044

---

[157] *Pacific & General v Hazell* [1997] L.R.L.R. 65 per Moore-Bick J: "Mr Hazell [the Lloyd's leading underwriter] candidly accepted that he had agreed to return the premium and cancel the contract out of sympathy with the broker who in his view had been placed in an unfair position by his client."
[158] The liquidator's appeal was withdrawn following the start of the hearing before the Court of Appeal.

necessarily carried with it authority to pay the premium or because the brokers voluntarily did so. What intervened was the automatic termination of the authority of the broker. The deduction of premium from the account of the broker was therefore an error, not a payment by an agent with the authority of his principal. The learned judge having found that the brokers were not personally liable for the premium, the underwriters were entitled to terminate the contract as from the date of repudiation. No custom existed in the non-marine market which imposed a legal obligation directly upon the broker to pay the premium. It appears that the liquidator's case had been put on the basis that there was general custom in the London non-marine market, as there is of the marine market,[159] but this was abandoned "when it became clear that there was no evidence before the court capable of supporting it …".[160] It was then argued, unsuccessfully, that the existence of such a custom was to be inferred from the rules under which the central accounting systems operate.

The question of whether a repudiatory breach had occurred turns on whether the broker was under a legal obligation to pay further instalments of premium notwithstanding the insolvency of his client. If the broker had, vis-à-vis his client, assumed the credit risk and, vis-à-vis the underwriter, had been directly responsible for the premium, then it would certainly have been open for a liquidator to take the position that the broker should have continued paying the premium and prove for it in the liquidation. The findings that insolvency terminated the agency relationship and that the broker has not accepted a personal liability to the underwriters saved the broker from that fate.

The consequences of Pacific & General v Hazell

11-045   After *Pacific & General v Hazell*, market agreements were put in place in relation to broking of marine business to the effect that provided the broker did not knowingly place business for clients likely to default, and provided he warned the underwriter as soon as he was aware of the possibility of default and made every effort to collect the premium for the underwriter, he should not be personally liable for the premium. For all who were parties to the agreement, this was an agreement in substitution for the MIA 1906 s.53 rule. The market agreement expired in 2001 and individual TOBAs were entered into We have described above[161] the process of delinking that has made it considerably less likely that issues like those in *Pacific & General v Hazell* will occur again. The Law Commission considers that s.53 can be repealed without detriment but for now it is law.

The broker and claims moneys: Debtor or trustee?

11-046   We have seen that at common law the broker is only a debtor for premiums. If he has a personal and direct liability, he is a debtor to the reinsurer. If he has received premium moneys from his client, the reinsured, and is instructed not to pay premium to the reinsurer, he is a debtor to his client for the return of the premium. Under the CASS rules these monies will be held on the statutory trust imposed by those rules. With regard to claims, once the broker collects a claim[162] with the express, implied or ostensible authority of his principal, the reinsurer is discharged. The broker is then indebted to his client, the reinsured, for those claims moneys.

---

[159] See above.
[160] *Pacific & General v Hazell* [1997] L.R.L.R. 65 per Moore-Bick J.
[161] See 11-012, above.
[162] In cash—unless any other manner of collection is authorised.

At common law the broker does not hold them on trust, but the monies will be held in the statutory trust. The reinsured can of course instruct the broker to collect claim proceeds in cash and hold them on trust. This has two advantages from the reinsured's point of view. First, if the broker becomes insolvent before paying over the claim, the reinsured will be able to look to that entirely separate fund for his money, or be able to trace it. Secondly, if there are a number of reinsurers, the moneys may be received by the broker at different times over a period, and he may retain them until the full amount is collected. If he were a trustee, he would be liable to account to the reinsured for the interest earned. Brokers do not therefore like being instructed to collect claims as trustee. Whatever interest is earned on claims moneys[163] is regarded by the broker as his compensation (and little enough) for collecting the claim. "Broking" a claim requires different professional skills (even if the same interpersonal skills) from those necessary for broking a risk. We can see every justification for a broker receiving remuneration for performing this task (although if Clarke J is right[164] the broker's placing commission is his recompense for this task also). If a claim meets resistance, some brokers will offer to transfer it to their claims advocacy unit, which will charge for making a recovery.

If the broker is instructed to collect claims moneys as trustee, it has a consequential impact on his ability to set-off claims moneys he has collected which are due to the reinsured/client against sums due from the reinsured/client in respect of premium he has paid on behalf of his client in respect of which he seeks an indemnity, because the broker has two separate legal capacities, trustee and creditor. He would have to counterclaim and, if necessary, seek a stay of execution of any claim awarded to his client until his claim for an indemnity in respect of premium was resolved.

Payment documentation

If a broker provides an "advice note" to its client, it is important that these advice notes say only what the broker means, and do not result in him acquiring a liability, which he would not otherwise have—to pay money which he has not in fact collected.[165] For example, if a broker wishes to advise reinsurers that premium in a specified amount is payable to the reinsurer (though not yet collected) he should make clear on the note: (1) that he has not received it; (2) that he does not hold himself out, as principal, as being indebted for it to the reinsurer; and (3) that the "advice" is only an intimation that the broker's principal, the reinsured, says that the premium is payable.[166] Unless he is personally liable for the premium, the broker should check to ensure that the premium payable does not appear in the reinsurer's accounts with him as a debt due from him to the reinsurer before he has credited the reinsurer with that amount. Similarly, if a broker wishes to advise a reinsured that a claim in a liquidated amount has been presented to, or agreed by, reinsurers, but not yet paid, he should make it clear in the advice to the reinsured that he has not received the cash and is not personally responsible to pay. The broker may sometimes wish to fund claims payments in order to maintain the good will of his

11-047

---

[163] The days of brokers retaining claims moneys for as long as possible are, we believe, over.
[164] See *Grace v Leslie & Godwin* [1995] L.R.L.R. 472, and Ch.9 above.
[165] See *IGI v Kirkland Timms* Unreported, 5 December 1985, QBD, Comm Ct, and below.
[166] Compare *Pacific & General Insurance Co Ltd v Hazell* [1997] L.R.L.R. 65; [1997] B.C.C. 400, above, where the broker was required by the rules governing LPSO and PSAC to submit PANs which did render him liable to pay the first instalment of premium.

client.[167] If the broker funds payments voluntarily, he should agree beforehand with his client which of them is to bear the credit risk in the event that the claim cannot be collected from the reinsurer.

In *The "Okeanis"*,[168] the broker accounted to the insured for amounts due from the insurer, which had purportedly been credited to the broker "in account" but stated that these were "subject to encashment by underwriters". Bingham J held that the addition to these words made it sufficiently clear that the broker was not holding himself out as liable to the insured for the claim amount.

11-048 If it becomes necessary to prove that premiums or claims have in fact been paid, the evidential problems may be substantial—where a complex net accounting system has been operating for several years individual payments may be difficult to trace, and as the *Fenton Insurance* case illustrates the principals may even be unaware of the existence of the treaty which underlies the payments. In *Fenton Insurance Co Ltd v Gothaer Versicherungsbank VVAG*,[169] the plaintiffs ("Fenton") as reinsured, entered into a marine quota share treaty, with the defendants ("Gothaer") as reinsurers. Fenton's underwriting agents, Marlow Underwriting Agency Ltd ("Marlow"), were a party to the treaty, and described as underwriters. The relevant accounting provisions of the treaty were as follows:

> "7. Separate Underwriting Accounts shall be maintained for each underwriting period commencing on the first day of January and ending on the thirty-first day of December and all receipts and outgoings including the Underwriters' remuneration and the reinsureds' overriding commission shall be posted to an appropriate such (sic) underwriting account as the Underwriters at their discretion may decide.
> ...
> 10. The Underwriters shall be required to maintain separate records, books of accounts and the like on behalf of the Reinsurer and in particular the Underwriters shall be permitted to maintain all funds relating to this agreement in a separate banking account or accounts in the name of FENTON B Account.
> 11. The Underwriters shall not be required to submit Bordereaux to the Reinsurer but all books and records of the Underwriters relating to insurances and reinsurances covered by this Agreement shall be available for inspection by ... the Reinsurer in the Underwriters' London offices ... the Underwriters will supply or cause to be supplied to the Reinsurer quarterly statements of premiums and claims and shall supply the Reinsurer with any further information which the Reinsurer may reasonably request. The Underwriters shall not be prejudiced in any way by any omission clerical error, accident or oversight.
> 12. Quarterly Accounts on balance of account basis ..."

11-049 The accounting paper trail went from Marlow to "RTJ"[170] and then to "KW", German brokers who were the agents of Gothaer, and who had signed the treaty on Gothaer's behalf.[171] Gothaer alleged that from the time the treaty was signed in 1976 until they received a letter before action from Fenton's solicitors in 1985 claiming balances said to be due, no accounts, statements of premiums or claims, closings or indeed any communications regarding the treaty had ever been sent either to Gothaer or to their brokers, KW. Potter J (as he then was) summarised the accounting between the two intermediaries as follows:

> "For reasons which it is not necessary to recount, in 1976 a close relationship existed and

---

[167] See below.
[168] *The "Okeanis"* [1986] 1 Lloyd's Rep. 195.
[169] *Fenton Insurance v Gothaer* [1991] 1 Lloyd's Rep. 172.
[170] Described by the judge as "the brokers to the treaty", although their name does not appear in any of the clauses quoted in the judgment.
[171] Apparently without their principal's knowledge—although no point on lack of authority was taken.

substantial business passed between RTJ and KW. RTJ had access to, inter alia, a substantial amount of direct marine business from Germany through KW, which a Mr Ray Broad, the marine underwriter at Marlow, was keen to place with Fenton, reinsuring it automatically on a quota share basis to German and American reinsurers, namely Bowes & Co. of New York, and Gothaer. In order to identify the business written through this account and to distinguish it from other business done between the parties, the account was to be entitled 'Fenton B' and business under it was to be written to a separate Fenton B stamp, which was allocated a different code from other Fenton business, namely code 044. This enabled all Fenton B entries to be traced through the system simply and quarterly treaty statements to be prepared from the overall figures by Marlow. Such treaty statements were produced and dispatched to RTJ in the ordinary course of business for settlement in the usual way, in conjunction with numerous items in the accounts between Marlow and RTJ. In their general course of business, payments were made by RTJ against periodic accounts sent by Marlow, which covered all business and were compiled from Marlow's own ledgers which included an individual ledger account for RTJ. RTJ also sent debit and credit notes to Marlow which would be checked against Marlow's balances within their ledgers.

If such notes were sent in respect of the Fenton B account (and they may well not have been), it appears that such checking was less than foolproof, because it is apparent that between 1977 and 1980, it failed to detect an error of accounting on the Fenton B account, which was being made within RTJ, to which I will refer shortly ...

As a result of the absence of full records within RTJ, and because the matter was not pursued within Marlow for the purposes of evidence before me, it is not possible for me to say whether and if so to what extent balances between claims and premiums on the Fenton B account were ever physically paid over between Marlow and RTJ during the whole period 1977 to 1982. There was no set procedure for settling such balances, which were simply incorporated into the overall statement of accounts between the two companies.

Within RTJ, the Fenton B treaty was processed in accordance with RTJ's normal procedures. Since it was a 'no bordereaux' treaty, the only documents which RTJ worked from for onward despatch to KW were the quarterly treaty statements received from Marlow. From that information, treaty statements were prepared by RTJ on standard 'Witherby' forms, to be sent to Bowes & Co. and KW. In the case of the Fenton B account, separate closings had to be prepared for Bowes & Co. and KW, because different proportions and different brokerages had been agreed with each of those companies in respect of the different treaty shares for which they were responsible. The proportions to be applied, so as to divide the balances shown on the Marlow statements, were inscribed on the inside cover of the relevant RTJ file."[172]

There was no documentary evidence that any statements had in fact been sent by RTJ and received by KW. Potter J accepted the evidence of an employee of RTJ who, although:

11-050

"[He] did not recall posting KW's quarterly statements as a matter of individual recollection, he was quite confident that he would have done so, since he recalled dealing with the business of KW and, in particular, the existence of, and the necessity to account in relation to the Fenton B account."

Potter J then dealt with the accounting error that had occurred, which had been spotted by a Mr Matthews at Marlow in 1980, who had prepared corrected accounts.

Potter J found that corrected accounts were not sent to KW in 1980, and that following the departure of Mr Matthews the same accounting error was repeated by his successors until it was "rediscovered" early in 1982. The judge was satisfied that corrected treaty statements for the 1977, 1978 and 1979 years of account were sent

---

[172] *Fenton Insurance v Gothaer* [1991] 1 Lloyd's Rep. 172 at 175–176.

to KW. He also found that closing statements were sent to all reinsurers and brokers at the end of 1983, and that although the letters were not sent by recorded delivery "there is no reason to doubt the efficiency of the English or German postal systems on this particular occasion". He therefore found, as a fact, that KW did receive treaty accounts, but was not satisfied, on the evidence, that any balances had ever been paid. Nevertheless, Potter J rejected Gothaer's contentions that the treaty had been "abandoned", or that failure to pay any premium balances due in the early years, constituted a repudiation of the treaty.[173]

Electronic marketplaces and digitalized processes

11-051   The adoption by brokers of electronic networks (Xchanging) for communications, including the processing of premiums and claims payments, poses novel legal problems which the courts will have to address in due course. We outline some of the issues which may arise.

Authorisation and regulation

11-052   Where a broker or an insurer/reinsurer in the UK directly accesses a market in another country, for example Bermuda, he may require authorisation under the local law to do so. Intermediaries and reinsurers outside the UK will also be communicating directly, through the network, with brokers, insurers and reinsurers in the UK. The inevitable question that arises is whether in doing so they are conducting insurance business in the UK and ought to be authorised under the FSMA.[174] This requires a consideration of where the contract is made and where it is performed.

The making of the contract

11-053   Traditionally, reinsurance contracts have been made in the London market by the broker and the underwriter meeting face-to-face, and the underwriter "scratching" a slip.[175] Where the underwriter communicates his acceptance by electronic means, the "posting rule"[176] will not apply and he will be deemed to have made the contract in the place where the acceptance is received.[177] This has two obvious consequences. First, from the point of view of English law, contracts previously made in London because London is where the underwriter signed the slip, would be made where the electronic acceptance was received if an underwriter communicated his acceptance electronically—thus abroad if the offer came from abroad. In that circumstance, the contract formed may no longer be regarded as either governed by English law or subject to the jurisdiction of the English courts.[178] Secondly, underwriters sitting at a computer screen, possibly thousands of miles away from London, who communicate their acceptance electronically to an electronic slip "offered" on the network by a London broker, may find themselves deemed to be doing business in the UK. We understand from market sources that re/insurers and brokers who wish to use an electronic placement platform at Lloyd's are required to sign an "interchange agreement" which sets out what constitutes the offer, and

---

[173] See Ch.3 above.
[174] See Ch.15 below.
[175] See Ch.3 above.
[176] That a postal acceptance is effective on postage—see *Adams v Lindsell* (1818) 1 B. & Ald. 681.
[177] See *Brinkibon v Stahag Stahl und Stahlwarenhandels GmbH* [1983] 2 A.C. 34; [1982] 2 W.L.R. 264.
[178] See Ch.12 below.

what constitutes the acceptance, when using the platform.[179] The Market Reform Contract v3 (on the basis of which the Lloyd's Blueprint Two system builds the contractual document evidencing the reinsurance contract) makes the default choices for governing law and jurisdiction English law and the English courts respectively.[180]

Premium and claims

Xchanging provides an electronic central accounting system for processing premium and claims. The same considerations that apply to sending pieces of paper apply equally to the giving of electronic "advice" by the broker in respect of receipts and payments as to sending pieces of paper. We have discussed above some of the problems that can arise where an insolvency occurs and a central accounting body is involved. An electronic system also raises interesting problems on the conflict of laws: where is the money when the music stops, and which law governs set-off rights? Consider, for example, an American insurance company which goes into receivership with hundreds of thousands of dollars "trapped" in the network.[181]

11-054

The Bermuda Market

Unlike London there is no system of central accounting in respect of brokers' accounts in Bermuda. As described above,[182] the majority of broking activity on the island is direct insurance broking where the Bermuda broker is acting mainly as the placing broker and has no responsibility for claims administration. There is however a small but growing group of specialist reinsurance brokers on the island. The Bermuda Brokers Association has recently recognised their existence by renaming itself as the Bermuda Insurance and Reinsurance Brokers Association. The practices adopted by Bermuda reinsurance brokers with regard to accounting for premium and claims on treaty business will generally follow the practices of the global organisation of which the Bermuda brokers are a part.

11-055

3. LEGAL PROBLEMS OF FUNDING AND SET-OFF

The perils of funding

The nature of funding

As we have seen, reinsurance brokers sometimes pay claims directly to their clients before they have recovered them from the reinsurers. In an ideal world 100 per cent of the reinsurers on a particular risk will pay the claims promptly and in full. In the real world there are a number of reasons why the broker may experience difficulty in collecting from reinsurers. A broker may, through mistake or pressure of work, leave a portion of the risk unplaced, yet he may have informed his

11-056

---

[179] See Ch.3, 3-005.
[180] See: Lloyd's Blueprint Two (*https://www.lloyds.com/about-lloyds/blueprint-two*). London Market Group Market Reform Contract v 3
(*https://lmg.london/document/2023-03-29-mrc-om-guidance-v3-0/*), and also see Ch.3.
[181] Compare *Libyan Arab Foreign Bank v Bankers Trust Co* [1988] 1 Lloyd's Rep. 259; [1989] 3 W.L.R. 314; *Libyan Arab Foreign Bank v Manufacturers Hanover Trust Co (No.1)* [1988] 2 Lloyd's Rep. 494.
[182] See Ch.3 above.

client that the risk was fully placed. A broker may, without the authority of his client, delegate the placing of a portion of the risk to another broker, and the reinsurer thus acquired may fail to meet its liabilities. A broker may, because of the nature of the risk or the nature of his client, be forced out to the fringes of the reinsurance market in order to obtain the required cover. At some time during the life of the contract, a part of the fringe may cease to respond to claims. Finally, highly reputable reinsurers may refuse to pay on bona fide grounds, such as an unfair presentation of the risk, or that the claim is excluded under the reinsurance contract. Each of these situations is not merely embarrassing to the broker; it may well result in him being legally liable to his client. The broker may therefore seek to retain his client's good will by funding the claim while he pursues his collection efforts.

Where the broker operates a net accounting system, as described above, no cash may in fact move, but a broker may "fund" a payment by crediting the reinsured's account without being in a position to debit a corresponding reinsurer's account, which as we shall see[183] renders the broker personally liable to pay even if the claim is not paid by the reinsurer. Sometimes, the broker actually pays the claim in cash. In such a case, where the reinsured has in fact been paid but the reinsurer has not paid, can the reinsured or the broker recover the money from the reinsurer?

11-057 In *Merrett v Capitol Indemnity Corp* the practice of funding was described, in an award of market arbitrators, as follows:

"When L&G [the brokers] funded losses to Merrett no condition was attached to those payments. At that time it was not uncommon for brokers to fund losses and often that was done without any condition. Normally, however, a broker would approach underwriters [i.e. Merrett, the reinsured] for repayment fairly promptly, within a year at most, if he was unable to collect from reinsurers. More commonly it was the practice in Lloyd's and in the London Market generally, that such 'fundings' were often, as they are today, made 'Subject to Collection' or to a similar condition making it clear that the funding was in the nature of a loan subject to repayment if the broker failed to collect from reinsurers. No such condition was made in this case."[184]

The plaintiff reinsured (a Lloyd's Syndicate) had received the sum of US$45,000 from its brokers. The arbitrators found that the payment had been made to retain the plaintiff's goodwill and that it was "an unconditional out and out payment" of part of the plaintiff's claim against the defendant reinsurers, for which the brokers expected to be reimbursed by the reinsurers. The arbitrators concluded that "it must follow that the syndicate cannot be indemnified twice as it has no liability to refund or repay L&G". Steyn J (as he then was) held that the arbitrators were wrong in law and remitted the award to the arbitrators for reconsideration. He said:

"The payment by the brokers was a gift, albeit a gift made for commercial rather than purely disinterested purposes. The contracts of reinsurance are contracts of indemnity. The question is, therefore, whether the payment diminishes the loss. Not every gift to an assured by a broker diminishes his loss. It is a question of fact in each case whether a gift has or has not been paid in diminution of the loss, and if it is established that the payment was intended solely for the benefit of the assured, it has not been paid in diminution of the loss. In that event it must be disregarded in assessing the assured's recoverable loss."[185]

11-058 Counsel for the reinsurer submitted that the question whether the loss is

---

[183] *IGI v Kirkland Timms* Unreported, 5 December 1985, QBD, Comm Ct.
[184] *Merrett v Capitol Indemnity Corp* [1991] 1 Lloyd's Rep. 169 at 170.
[185] *Merrett v Capitol Indemnity Corp* [1991] 1 Lloyd's Rep. 169 at 171. The principle in *Merrett v Capitol* was applied in *Pegasus Management Holdings SCA v Ernst & Young* [2012] EWHC 738

diminished by the payment, depends on the motive behind the payment. If the gift was made for commercial reasons, as opposed to pure benevolence, then it diminished the loss. Steyn J rejected this argument[186] and said that it followed inexorably from the arbitrator's findings of fact that the payment was intended solely for the benefit of the reinsured.

It seems possible, following *Banque Bruxelles Lambert v John D. Wood*,[187] that a similar case today might be decided on the basis that the payment by the broker to the reinsured was *res inter alios acta*. In that case a valuer was sued for negligence and asserted that the plaintiff should not recover from him a loss in respect of which he had been indemnified under a mortgage indemnity policy with Eagle Star. Aside from the question of subrogation, Phillips J found[188] that the payment by Eagle Star was res inter alios acta and should not be taken into account in considering how much the valuer should pay. The courts are ill-disposed to finding that where a loss has been suffered as a result of the breach of duty by one party, that party can escape under the cloak of a transfer of the right to claim. In *Linden Gardens Trust Ltd v Lenesta Sludge Disposals Ltd*,[189] the House of Lords allowed the former owner of a building, who had contracted with the defendant for asbestos to be removed, to recover full damages despite his lack of a proprietary interest when the breach occurred. In *Pegasus v Ernst & Young*[190] the court allowed a company, to which a claim against the defendants for poor tax advice was assigned, to recover the loss that the assignor had suffered and refused to apply the "remorseless logic" that the defendant argued for.

The broker's rights against the reinsured

Where the broker funds a claim payment "subject to collection" from the reinsurer or otherwise makes clear that he is making a loan to the reinsured, there will presumably be implied terms to the effect that (a) the broker is entitled to repayment out of any recovery made from the reinsurer, and (b) that in the event that no recovery is made within a reasonable time from the reinsurer (the arbitrators in *Merrett v Capitol* appear to have considered up to 12 months a reasonable time, in accordance with market practice), then the money advanced to the reinsurer must be repaid to the broker. Where the funding is a gift, then by definition the reinsurer is under no legal obligation to pay the money back if the broker cannot recover from the reinsurer. *Merrett v Capitol* suggests that, unless the broker expressly states otherwise, a funded payment is presumed to be a gift. We suggest that it is also inconsistent with the nature of a gift that the reinsured is under any duty to pursue recoveries from reinsurer for the benefit of their broker. The fact that reinsureds usually do so, and usually account to the brokers for the proceeds, does not of itself establish the existence of a legal obligation to do so. In *Merrett v Capitol*, counsel for the reinsured gave assurances to both the arbitrators and the court that his clients would repay the brokers if they recovered from the reinsurer. Steyn J said it was therefore unnecessary to consider whether such a recovery would be impressed with a constructive trust in favour of the brokers. The point may someday have to be decided, possibly in a case where the reinsured has become insolvent. If forced to

11-059

(Ch); [2012] 2 B.C.L.C. 734. Mentioned by *SRB Civil Engineering UK Ltd v Ramboll UK Ltd* [2022] CSOH 93; 2023 S.L.T. 423.
[186] *Merrett v Capitol* [1991] 1 Lloyd's Rep. 169: "Common sense does not commend this approach."
[187] *Banque Bruxelles Lambert SA v Eagle Star Insurance Co Ltd* [1995] Q.B. 375; [1995] 2 W.L.R. 607].
[188] *Banque Bruxelles Lambert v Eagle Star* [1995] 2 All E.R. 769 at 804.
[189] *Linden Gardens Trust Ltd v Lenesta Sludge Disposals Ltd* [1994] 1 A.C. 85; [1993] 3 W.L.R. 408.
[190] *Pegasus Management Holdings SCA v Ernst & Young* [2012] EWHC 738 (Ch).

it, we have no doubt that a broker who advanced a sought recovery would argue either that he was entitled to be subrogated to the reinsured's rights and/or that there was an implied covenant to assign such rights.

We have some difficulty with the concept of the broker funding claims moneys to the client/reinsured being a "gift" even in the context of the perceived commercial benefit to the broker in keeping his client happy. In *Re Cleadon Trust Ltd*, the Court of Appeal adopted a passage from the judgment of Romer LJ in *Bannatyne v D&C MacIver*,[191] where it was stated:

> "Where money is borrowed on behalf of a principal by an agent, ... though it turns out that his act has not been authorised, or ratified, or adopted by the principal, then although the principal cannot be sued in law, yet in equity, to the extent to which the money borrowed has in fact been applied in paying legal debts and obligations of the principal, the lender is entitled to stand in the same position as if the money had originally been borrowed by the principal."[192]

We can see no difference in principle where the agent does not borrow the money but merely advances it to his principal. Also, if an ultra vires loan is made to a company, the lender can stand in the shoes of creditors whose debts are discharged with the loan.[193] In our view, a broker who satisfies the debt of a reinsurer to his client, the reinsured, should be subrogated to the reinsured's rights against the reinsurer. The law of restitution is designed to provide remedies where one party receives a windfall at the expense of another in the context where it would be otherwise unjust.

The broker as risk bearer: IGI v Kirkland Timms

11-060 Funding may have disastrous effects on the broker's cash flow. In *IGI Insurance Co Ltd v Kirkland Timms Ltd; Constitution Insurance Company of Canada v Kirkland Timms*[194] the plaintiffs were insurers suing for premium alleged to be due to them from one or other of two intermediaries: Kirkland Timms Ltd ("KT") and PMWM Van Eijck (Assurantie) Aganturen BV ("Van E"). In 1981 the plaintiffs had given binding authorities to Van E, who were brokers in Rotterdam, to write fire, jewellers' block and catering risks in the Benelux countries. KT were London brokers, who acted as intermediaries in the administration of the business written under the binding authority. It is necessary to understand the accounting system employed by KT and, as the case is unreported, we set out the judge's summary of the facts at some length. Hirst J (as he then was) described first the system of accounting that operated as between KT and Van E, as follows:

> "1. Each month Van E submitted a premium bordereau and a claims bordereau for each separate section of the business under the binder, showing premiums and claims respectively for that section for that month.
> 2. Van E submitted quarterly accounts containing the results of all transactions occurring during the relevant quarter on all Van E business done through KT, thus relating not only to transactions shown on the bordereau under the 1981 cover, but also to transactions on all other insurance, including facultative insurance, with other insurers in which Van E were involved with KT as the brokers. Each quarterly account reflected total premiums received and total claims booked during the period,

---

[191] *Bannatyne v D&C MacIver* [1906] 1 K.B. 103 at 109.
[192] *Cleadon Trust Ltd, Re* [1939] Ch. 286 at 302.
[193] See *Chitty on Contracts*, 31st edn (Sweet & Maxwell, 2012), para.29-180; *Cork and Youghal Railway Co, Re* (1868-69) L.R. 4 Ch. App. 748.
[194] *IGI Insurance v Kirkland Timms* Unreported, 5 December 1985, QBD, Comm Ct.

LEGAL PROBLEMS OF FUNDING AND SET-OFF

many of the latter, of course, relating to claims prior to 1981 under earlier covers, and also to claims on facultative transactions effected both in 1981 and in earlier years. In conclusion, each account struck a balance between Van E and KT, and each balance was carried forward as the opening item into the next quarter's account."

"The system of accounting for the various underwriters' accounts within KT's internal records was as follows: A ledger account was kept for each underwriter, incorporating all insurances for which KT were brokers, thus including both Van E business and other business with which Van E were in no way concerned, segregating, however, accounts in different currencies. These accounts recorded details both of premiums and claims, crediting the former and debiting the latter. So far as KT's external accounting to the underwriters, including the plaintiffs, is concerned, KT submitted each month to each underwriter, including the plaintiffs, a premium advice note for each separate section on the Van E binder with the relevant Van E bordereau attached, showing gross premium, deduction of 30% commission and net premium (i.e. 70%) together with the Guilder/Sterling rate of exchange.

In the case of Constitution statements of account were submitted by Constitution, or one of their associated companies on their behalf, monthly to KT starting in April 1981, totalling the premium due to Constitution including both that due under the 1981 cover and also that due on other insurances, not very numerous in number, and seeking payment of the total premium due. No payment was, however, made by KT to Constitution.

IGI's billing to KT seems to have been less systematic, but in July 1981 KT submitted to IGI photocopies of their ledger entries for September 1980 to early June 1981 and subsequently paid the amount due, which included premiums on the Van E 1981 binder account.

The trouble started in September/October 1981 when Van E were told by KT that the latter could not find the money to pay large claims on some covers in relation to earlier years in which the plaintiffs were not involved, because KT were having trouble making collections from those other underwriters. As a result, KT were suffering from an acute cash-flow problem and, in consequence, the underwriters on the 1981 cover were not paid, or at least were not paid in full, the premiums due to them and so were declining to honour claims on the 1981 cover. There were recriminations between KT and Van E as to who was responsible for the failure to pay the premiums to the underwriters on the 1981 cover. Eventually Van E approached the plaintiff underwriters direct, claiming immediate and direct payment of any claims due under the 1981 cover in order to satisfy their clients' demand for payment. The underwriters, including the plaintiffs, replied that they had not been paid their premiums and at first refused to take any action save on an offset basis. However, by early 1982 the plaintiff underwriters relented to the extent of dealing direct with Van E's assureds and settling any due claims direct with those assureds. Meanwhile, of course, a large number of those assureds were transferring to other insurers and therefore there were problems about refund of premiums."

Hirst J then described KT's internal accounts and the "premium advice notes" which KT sent to the plaintiff. He said: **11-061**

"KT's internal accounts in relation to each plaintiff combined together all business with that individual underwriter, including the Van E business, in one single composite account. Each item on this internal account was identified by reference numbers and shorthand or coding descriptions, so that, for example, each separate Van E section commission per quarter was separately listed and readily identifiable ...

This internal account recorded, in effect, each premium notified on the premium advice notes in the credit column of the account and all relevant claims, return premiums, etc., in the debit column of the account.

The premium advice notes themselves were rendered by KT in respect of each separate Van E section monthly to each underwriter showing gross premium on that individual account, the 30% total commission and the net 70% premium with the relevant Van E bordereau attached. Again I need only take on example which is typical of them all, which is the KT premium advice note to Constitution dated 17th June 1981 for Van E's April catering cover … Its printed heading is 'Premium Advice Note' and then on the right 'Date: 17 June 1981', then various references. 'Account: Van Eijck. Underwriting Year: 1981. Interest'—and all these are in boxes—'April Catering Cover, 1981 bordereau. Currency: Dutch Florins. Lines hereon total 100%. Perils: Catering cover. Sum insured: Various. 100% gross premium 96,000 Florins. Commission: 30%. Rate of Exchange: 5.34. 100% net premium: 67,000' … Then at the bottom: 'Information details. Copy bordereau attached' and attached is the Van Eijck bordereau for the April 1981 catering. Of course, this bordereau had already been submitted to KT and had contained the 25% commission deduction, which was Van E's commission, but, as I have already pointed out, the premium advice note also deducted KT's 5% commission, thus reaching the total commission, as shown on the premium advice note, of 30% …

So far as payment or demand therefor is concerned, it is necessary to separate the positions of the two plaintiffs. Constitution systematically demanded payment of premiums, … A number of these accounts have a stamp on them at the bottom 'Your cheque in settlement will be appreciated'.

As I have said, the IGI payment demands were not so systematic, but there is in the files a letter dated the 2nd July 1981 from KT to IGI … which says: 'Further to your call earlier this week, we have pleasure in enclosing following statements' and then three statements are included of which the bulk comprise photocopies of KT's internal file account in the name of IGI. That internal file includes, as I have already indicated, both Van E 1981 cover premiums, Van E 1981 cover claims, and earlier claims under earlier covers because, of course, IGI had been in the 1979 and 1980 cover, and also other miscellaneous facultative items: some of these latter do not involve Van E. That covers the period roughly September 1980 to June 1981, and a final balancing figure appears of 69,000 which is one of the three items referred to in the letter. All three items were balanced and it is clear that the balance was in due course paid by Kirkland Timms to IGI. It is the balance of unpaid premiums, so far as IGI are concerned, and the total premium, so far as Constitution is concerned, that are claimed by the respective plaintiffs in this case."

11-062 Finally, Hirst J referred to the evidence of a Chartered Accountant, who was the Finance Director of one of the plaintiffs, saying:

"[He] gave evidence that the mode of accounting between KT and the underwriters was in accordance with normal procedure. He also said that although there was no express statement in the premium advice note that premium had actually been paid, he took the premium advice note as notifying the underwriters that such premium was now due to the underwriters having been processed through KT's books and having been made subject to the 5% deduction for KT's brokerage commission."

Both Van E and KT were held to be liable. Van E were in breach of their contractual duties under the binder to submit separate quarterly accounts to the plaintiffs[195] but, significantly, not of any duty to account to the insurers for premium.[196] Hirst J held that KT were liable to the plaintiffs on two bases. First, as agents of the plaintiffs. Secondly, on the basis of the accounts which they rendered to the plaintiffs.

It was common ground that KT were the agents of Van E, inter alia, with respect to the obtaining of the binding authority. Hirst J accepted the submission of counsel for the plaintiffs that they were also the agents of the insurers "in the equivalent position to brokers under a treaty of reinsurance in which the role of the intermediary is well known", and that there was "a very strong commercial convenience in having an intermediary who is responsible to both sides to handle the very important

---

[195] A harsh decision bearing in mind that Van E only presented accounts to KT and the insurers never seemed to expect otherwise.
[196] The issue of what damage flowed from their breach was left over for separate consideration.

administrative work".[197] He considered it "significant that Mr Kirkland himself [one of KT's principals] saw KT's role as that of intermediary" and referred to a statement made by him that "KT were unable to pass on premiums to insurers in the current year" as an admission that KT were agents for the collection of premiums. He concluded:

> "This evidence combined with the manifest commercial good sense of such an arrangement, satisfies me that KT were indeed intermediaries, i.e. agents for both the underwriters and for Van E, and that in the former capacity they were, inter alia, agents for the receipt and collection of premiums."

Hirst J said that the form of KT's internal accounts showed clearly that the premium was credited to KT and the form of KT's external accounts, in particular the "premium advice notes which clearly show KT was at the very least holding the premium for the use of the underwriters, demonstrates that there is a good claim for money had and received on this basis also". Hirst J further relied, on the "premium advice notes" which KT had sent to the plaintiffs and held that even if they were not the plaintiffs' agents, they were nevertheless liable on the basis of an account stated. He referred to *Griffin v Wetheby*, where Blackburn J said:

11-063

> "Ever since the case of *Walker v Rostron*,[198] it has been considered as settled that where a person transfers to a creditor on account of a debt whether due or not a fund actually existing or accruing in the hands of a third person and notifies the transfer to the holder of the fund, although there is no legal obligation on the holder to pay the amount of the debt to the transferee, yet the holder of the fund may and if he does promise to pay to the transferee then that which was merely an equitable right becomes a legal right in the transferee founded on the promise and the money becomes a fund received or to be received for and payable to the transferee and an action for money had and received for the use of the transferee lies at his suit against the holder."[199]

Hirst J rejected the submission of counsel for KT, that for there to be a fund there must be an identifiable payment of actual cash, saying:

> "In the commercial world of 1985 a deemed payment on an account stated is, in my judgment, quite sufficient to constitute the necessary fund for the principle of *Griffin v Wetheby* to apply."

Thus, whilst "settlement in account" is not something which the courts will readily accept as being authorised by a principal, it is clear from *IGI v Kirkland Timms* that a course of dealing over a period may make it clear that the principal has accepted it, and indeed that, at least so far as he has accepted accounts from the intermediary, the principal may look only to the intermediary for the amounts appearing due on these accounts and not the cover holder or policy holder whom might otherwise be liable for the premium. Many parties active in the insurance and reinsurance market would say that Hirst J was correct in his understanding of how business is done, and in his conclusions of law.

---

[197] Compare *Pryke v Gibbs Hartley Cooper Ltd* [1991] 1 Lloyd's Rep. 602; *Re Great Western Insurance Co SA* Unreported, July 1996 CA [not on WLUK].
[198] *Walker v Rostron* 152 E.R. 174; (1842) 9 M. & W. 411.
[199] *Griffin v Wetheby* (1868) 3 L.R. Q.B. 753 at 758 [not on WLUK].

Set-off where all parties involved are solvent

Set-off distinguished from counterclaim

11-064 Set-off is a game played in the world of commerce, usually by two players,[200] although in reinsurance it frequently happens that at least one intermediary is involved. The rules of the game differ depending on whether or not all the parties are solvent. Where A is sued in a claim for debt or damages by B, and A has a cross-claim for a sum of money against B, A's cross-claim may be categorised as either a counterclaim or a set-off. A counterclaim is a separate action, which may be heard at the same time as the principal claim. A set-off is, in law, a defence to the claim itself, which diminishes or extinguishes the amount alleged to be owed. Where the parties are solvent, it generally does not matter whether the cross-claim that is being asserted is a set-off or counterclaim except as regards the costs of the action.[201] Where the parties are solvent, one may distinguish three kinds of set-off: legal (common law) set-off, equitable set-off, and a specific right of set-off which may be provided for expressly in a contract or which may arise by implication as a result of market custom or usage or a course of dealing between the parties (contractual set-off). The court also possesses an inherent jurisdiction to allow set-off of judgments and orders for costs in different actions.[202]

Legal set-off

11-065 Legal set-off[203] requires only that the counter-claim be for a sum which is certain; it need have no connection with the liquidated sum demanded by the plaintiff or the transaction which gave rise to the plaintiff's claim. It is straightforward common sense. The "netting" operates at the point of judgment.[204] In *Axel Johnson Petroleum AB v MA Mineral Group AG*, Leggatt LJ put it succinctly:

> "For set-off to be available at law, the claim or cross-claim must be mutual, but they need not be connected. They need not be debts strictly so called, but may sound in damages. The question is, in the language of Tindal C.J. in *Markby v Inglis* (1837) 4 Bing. N.C. 58 at 71 'whether the demand is capable of being liquidated or ascertained with precision at the time of pleading' ... As Lord Ellenborough said in *Crawford v Hisling* (1802) 4 Esq. 209 'To make the sum admissible as a set-off the sum must be settled in monies numbered ...'"[205]

---

[200] If one of the players is American he may describe it as "offset" and if any of the parties are more familiar with banking terminology, they may describe it as "netting". For a careful analysis of the law of set-off see the judgment of Leggatt QC sitting as a judge of the Chancery Division in *Fearns (t/a Autopaint International) v Anglo-Dutch Paint & Chemical Co Ltd* [2010] EWHC 2366 (Ch); [2011] 1 W.L.R. 366.

[201] See *Hanak v Green* [1958] 2 Q.B. 9; [1958] 2 W.L.R. 755, or where there is an issue of time-bar see: *Federal Commerce & Navigation Co Ltd v Molena Alpha Inc (The Nanfri)* [1978] Q.B. 927; [1978] 2 Lloyd's Rep. 132 at 137 per Lord Denning MR]: a set-off or defence is not liable to be defeated by lapse of time; but a counterclaim or cross-claim is liable to be defeated).

[202] See *Reid v Cupper* [1915] 2 K.B. 147; [*National Company for Co-operative Insurance v St Paul Reinsurance Co Ltd* [1998] 4 WLUK 589; Unreported, 21 April 1998, Comm Ct, Thomas J.

[203] That is to say, common law set-off. Originally from eighteenth century statutes but now in procedural rules.

[204] Civil Procedure Rules r.16.6.

[205] *Axel Johnson Petroleum AB v MA Mineral Group AG* [1992] 1 W.L.R. 270 at 272; (1991) 135 S.J.L.B. 60.

It appears that a claim may be liquidated and thus capable of set-off at common law even though the fact of liability, as well as the quantity of the claim is disputed.[206]

Equitable set-off

"In making the distinction between set-off and cross-claim, the courts of common law had their own special rules ... But the courts of equity, as was their wont, came in to mitigate the technicalities of the common law. They allowed deductions—by way of equitable set-off—whenever there were good equitable grounds for directly impeaching the demand which the creditor is seeking to enforce...."[207]

11-066

The right of equitable set-off[208] is in one sense wider than at common law, and in one sense narrower. Equitable set-off is wider in allowing unliquidated claims to be set-off, narrower in only allowing set-off arising out of the same "transaction". The question which a court must ask itself in each case is: "What should we do to ensure fair dealing between the parties?"[209] In *The "Nanfri"*, Lord Denning MR formulated the following test:

"[I]t is not every cross-claim which can be deducted. It is only cross-claims that arise out of the same transaction or are closely connected with it. And it is only cross-claims which go directly to impeach the plaintiff's demands, that is, so closely connected with his demands that it would be manifestly unjust to allow him to enforce payment without taking into account the cross-claim."[210]

In *Dole Dried Fruit and Nut Co v Trustin Kerwood Ltd*, Lloyd LJ (as he then was) referred to Lord Denning's formulation and said:

"The claim and cross-claim must arise out of the same contract or transaction, and must also be so inseparably connected that the one ought not to be enforced without taking account of the other ... That is as far as one can go in defining the test."[211]

The law concerning the difference between legal set-off and equitable set-off has been said by the judiciary to be in need of reform, but whilst the law of set-off in insolvency has been updated, the remainder of the law has not been. We suggest that is because the law works quite well and somewhere is wisdom that is leaving quite well alone.

Set-off and reinsurance transactions

In the context of reinsurance transactions, two points should immediately be noted regarding set-off. First, the requirement that the claim and counter-claim should arise out of "the same contract or transaction" for equitable set-off means

11-067

---

[206] See the conflicting views of Leggatt LJ in *Axel Johnson Patterson AB v MA Mineral Group AG* [1992] 1 W.L.R. 270 and the Court of Appeal (Hirst and Hoffmann LJJ) in *Aectra Refining & Marketing Inc v Exmar NV (The New Vanguard and The Pacifica)* [1994] 1 W.L.R. 1634; [1995] 1 Lloyd's Rep. 191 [Mentioned by *RQP v ZYX*]. In *GTE Reinsurance Co Ltd v Belvedere Underwriting Agents Ltd*, Supreme Court of Bermuda Civ. Jur. 1997 No.403 (6 March 1988), Ground J preferred the view of the Court of Appeal in the *Aectra Refining* case.
[207] *Federal Commerce & Navigation Co Ltd v Molena Alpha Inc (The "Nanfri")* [1978] 2 Lloyd's Rep. 132 at 140 per Lord Denning MR.
[208] Also described as "transaction set-off": see Wood, *English and International Set-Off*.
[209] *The "Nanfri"* [1978] 2 Lloyd's Rep. 132 at 140 per Lord Denning MR—a not untypical "Denning" question which perhaps poses a question wider than case law suggests is correct.
[210] *The "Nanfri"* [1978] 2 Lloyd's Rep. 132 at 140.
[211] *Dole Dried Fruit and Nut Co v Trustin Kerwood Ltd* [1990] 2 Lloyd's Rep. 309 at 311.

that the practice of net accounting, which we have discussed, is a wider kind of set-off than the law permits for equitable set-off, because it generally involves unrelated contracts of insurance and reinsurance all being netted off in one global account. The second point is that only liquidated amounts may be the subject of common law set-off and the fact that insurance and reinsurance claims are categorised[212] as claims for unliquidated damages means that the opportunity for legal set-off may be quite limited. At common law the respective claims and counter-claims must be quantified. In equity there must be an existing claim in the same transaction and the reinsured cannot set-off contingent claims, claims which may arise in the future. The position may well however be different where the reinsurer is insolvent.[213] All claims for set-off in insurance and reinsurance transactions are complicated by the fact that there is an intermediary, the broker, involved. The following set-off situations may arise between the principals (the reinsured and reinsurer) in a reinsurance transaction.

(1) As we have seen,[214] unless the reinsurer expressly provides that payment of premium by a date certain is a condition precedent to liability, the reinsurer merely has a right to sue the reinsured for his premium; he cannot deny liability on the contract for non-payment of premium. The reinsured is entitled to set-off premium due under the reinsurance contract against agreed claims which are due under that contract.[215]

(2) The reinsured may himself be a reinsurer of his reinsurer under other contracts of reinsurance or retrocession. For example, a reinsured to find himself an excess of loss retrocessionaire of a quota share treaty under which he has ceded risks. However, the same transaction, in the context of reinsurance, may be wider than contracts which relate to the same risk. For example, companies may often reinsure one another on the basis of reciprocity, and such arrangements may be longstanding. Treaties may make express provision for set-off in such a case.[216]

11-068 Cessions made under a treaty which is renewed over a period of years prima facie constitute one transaction. However, the parties may be estopped from asserting set-off, for example by agreeing an account in respect of a particular year. If they subsequently seek to re-open the account, they have a counter claim only. In *River Thames Insurance Co Ltd v Al Ahleia Insurance Co Ltd*,[217] the defendants, who were the quota share reinsurers of the plaintiffs had, through their agents, agreed the accounts submitted under that particular treaty. The treaty provided that accounts were payable six months from the date on which they were agreed. The treaty also provided for closing the first-year account by a portfolio transfer into the second year, at the end of the third year of the first year's accounts. The defendants argued that on subsequent investigation, notwithstanding the agreement of the accounts, they had discovered that certain claims had been allocated to the incorrect year of account, and they were entitled to equitable set-off. The Court of Appeal[218] did not agree and held that the plaintiffs were entitled to summary judgment in respect of the agreed account. Lord Denning MR said:

---

[212] See Ch.5 above.
[213] See below.
[214] See Ch.5 above.
[215] Unless the business is marine, in which case the premium is not due from the reinsured but from the broker. MIA 1906 s.53(1).
[216] An example of a clause of this kind is given below.
[217] *River Thames Insurance Co Ltd v Al Ahleia Insurance Co Ltd, SAK* [1973] 1 Lloyd's Rep. 2.
[218] Lord Denning MR, Megaw LJ and Brabin J.

"Once this underwriting account is confirmed and agreed, it falls into the same class as bills of exchange and certificates in building contracts. The sum must be paid, leaving any adjustment to be dealt with thereafter. In building contracts, the amount certified must be paid, so that the contractor is able to get on with his work and pay his men. In a reinsurance treaty, the sum is to be paid so that the reinsured can pay out their losses and be reimbursed the appropriate quota. If errors or omissions are discovered thereafter, the proper adjustment should be made by agreement, or, if there is no agreement, the matter should go to arbitration in accordance with the arbitration clause ... But that is all for a later stage. At this time it seems plain that the reinsurers must pay according to the confirmation of accounts initialled by their own agents..."

Set-off and brokers

In reinsurance transactions, a broker, in his personal capacity, will only have a right of set-off either against his principal, the reinsured, or against the reinsurer in a limited number of circumstances. The following situations may arise:

11-069

(1) Where the broker has paid the premium pursuant to his personal liability under s.53(1) of the MIA 1906, he may sue his principal for it, and is entitled to set-off the premium due to him from his principal against any claims he collects. This would be common law set-off—both claims are for a sum certain.

(2) In the converse case, where the reinsurer claims premium due from the broker under s.53(1) of the MIA 1906, the broker has no right of set-off against claims which may be owed by the reinsurers to the broker's principals. If any set-off is permissible in such a case, it can only be by agreement, which may include an agreement implied by custom.[219]

(3) As we have seen, the broker receives his commission out of the premium paid to the reinsurer. If that premium is not paid, and the broker presents a claim, the reinsurer will almost certainly set-off the premium, net of the broker's commission, against the amount of the claim. Strictly, if that were so, this money in the hands of the broker is all claims money for his client and he has no claim for commission against his client. On that basis he should pay the entire monies to his client. One suspects that the records of the reinsurer and the broker would reflect the true position: the money received by the broker from the reinsurer (the claim net of the premium minus the commission) is, in the amount of commission, a payment to the broker and in the amount of the claim, less 100 per cent of the premium, a payment to the broker for his client, the reinsured. No question of set-off would arise.

(4) Where the broker has funded a claim, it is necessary to distinguish between the case of a gift and the case of a loan. Where the funding of the claim by the broker is in the nature of a loan there is no difficulty in the broker setting-off the debt from his client against any recovery he makes for his client from the reinsurer—it would be common law set-off of two debts. A similar situation applies where the broker has placed a treaty in one year, and renewed it the next year. Where the broker makes a recovery under a reinsurance contract with a different reinsurer, there are two cross-claims in debt, the broker's for repayment of the loan, and the reinsured's for paying over the claims moneys which the broker has collected, and common law set-off should therefore be possible. Where the funded payment is a gift,

---

[219] See *Grand Union v Evans-Lombe Ashton* Unreported, 13 June 1989, and above.

there can be no basis for any kind of set-off without the principal's express consent, since ex hypothesi the broker can assert no cross-claim against his principal. When you give, nobody owes you anything. That this would be the uncommercial consequence means that a judge would take a lot of persuading that it was the intention – and agreement-of both parties.

(5) Where the broker is directly liable for premium to the reinsurer and the reinsurer owes him commission, the liability for premium and the right of the broker to commission are personal to him and set-off is permissible. Where the broker is paying premium as agent for the reinsured (the broker not being directly liable) there is greater doubt whether he can set-off commission due. First, because the premium is not a debt from the broker; and secondly even if it were, the premium would be due from him as agent, the commission due to him as principal. On another view, they are both simply debts, due either way, in his capacity as an agent.

Contractual set-off

11-070 The parties to a reinsurance contract may provide for a much wider form of net accounting than is allowed under the general law by way of legal or equitable set-off. Consider, for example, the following clause:

> "The Company or the Reinsurer shall have, and may exercise at any time, the right to offset any balance or balances whether on account of premiums or on account of losses or otherwise, due from one party to the other under the terms of this Agreement, or under any reinsurance or relevant agreement heretofore or hereafter entered into between the Reinsurer and the Company, whether acting as assuming reinsurer or ceding company."

This is a very wide clause. The use of the word "offset" betrays its American origin. What the draftsman intended by a "relevant agreement" other than another reinsurance contract is unclear. However, the requirement that a balance is "due" appears to preclude the set-off of contingent liabilities. The parties may also impliedly agree to net accounting by a course of dealing, for example by accepting accounts stated in which setting-off has occurred. In *Siqueira v Noronha*, Lord Atkin, giving the advice of the Judicial Committee of the Privy Council, said:

> "[T]here are two forms of account stated. An account stated may only take the form of a mere acknowledgment of a debt ... there is another form of account stated which is a very usual form as between merchants in business in which the account stated is an account which contains entries on both sides, and in which the parties who have stated the account between them have agreed that the items on one side should be set against the items upon the other side and the balance only should be paid; the items on the smaller side are set-off and deemed to be paid by the items on the larger side, and there is a good promise for good consideration to pay the balance arising from the fact that the items have been so set-off and paid in the way described."[220]

However, agreement to net accounting is essential.[221] An agreement may be implied from a market custom allowing net accounting, but as we have seen (above) the existence of such a custom is doubtful, and in any event does not appear to bind a party who is unaware of the existence of the custom and who has therefore not agreed to any form of net accounting which is wider than the rights of legal or equitable set-off which exist.

---

[220] *Siqueira v Noronha* [1934] A.C. 332 at 337; [1934] 2 W.W.R. 117.
[221] *The "Okeanis"* [1986] 1 Lloyd's Rep. 195 at 200 per Bingham J.

Set-off and insolvency

Insolvency Rules

Rule 14.25 of the Insolvency Rules 2016 provides as follows: **11-071**

"**14.25.—Winding up: mutual dealings and set-off**

(1) This rule applies in a winding up where, before the company goes into liquidation, there have been mutual dealings between the company and a creditor of the company proving or claiming to prove for a debt in the liquidation.

(2) An account must be taken of what is due from the company and the creditor to each other in respect of their mutual dealings and the sums due from the one must be set off against the sums due from the other.

(3) If there is a balance owed to the creditor then only that balance is provable in the winding up.

(4) If there is a balance owed to the company then that must be paid to the liquidator as part of the assets.

(5) However if all or part of the balance owed to the company results from a contingent or prospective debt owed by the creditor then the balance (or that part of it which results from the contingent or prospective debt) must be paid in full (without being discounted under r.14.44) if and when that debt becomes due and payable.

(6) In this rule—

'obligation' means an obligation however arising, whether by virtue of an agreement, rule of law or otherwise; and

'mutual dealings' means mutual credits, mutual debts or other mutual dealings between the company and a creditor proving or claiming to prove for a debt in the winding up but does not include any of the following—

    (a) a debt arising out of an obligation incurred at a time when the creditor had notice that—
        (i) a decision had been sought from creditors on the nomination of a liquidator under s.100, or
        (ii) a petition for the winding up of the company was pending;
    (b) a debt arising out of an obligation where—
        (i) the liquidation was immediately preceded by an administration, and
        (ii) at the time the obligation was incurred the creditor had notice that an application for an administration order was pending or a person had delivered notice of intention to appoint an administrator; and
    (c) a debt arising out of an obligation incurred during an administration which immediately preceded the liquidation;
    (d) a debt which has been acquired by a creditor by assignment or otherwise, under an agreement between the creditor and another party where that agreement was entered into—
        (i) after the company went into liquidation,
        (ii) at a time when the creditor had notice that a decision had been sought from creditors under s.100 on the nomination of a liquidator,
        (iii) at a time when the creditor had notice that a winding-up petition was pending,
        (iv) where the winding up was immediately preceded by an administration at a time when the creditor had notice that an application for an administration order was pending or a person had delivered notice of intention to appoint an administrator, or
        (v) during an administration which immediately preceded the winding up.

(7) A sum must be treated as being due to or from the company for the purposes of para.(2) whether—
- (a) it is payable at present or in the future;
- (b) the obligation by virtue of which it is payable is certain or contingent; or
- (c) its amount is fixed or liquidated, or is capable of being ascertained by fixed rules or as a matter of opinion.

(8) For the purposes of this rule—
- (a) rule 14.14 applies to an obligation which, by reason of its being subject to a contingency or for any other reason, does not bear a certain value;
- (b) rules 14.21 to 14.23 apply to sums due to the company which—
  - (i) are payable in a currency other than sterling,
  - (ii) are of a periodical nature, or
  - (iii) bear interest; and
- (c) rule 14.44 applies to a sum due to or from the company which is payable in the future."

Rule 14.44 requires that debts payable at a future time are discounted according to a formula.

This Rule allows set-off on a wider basis than at common law or in equity; there is no requirement that the debt owed by the company in liquidation or the debt owed by the creditor, arise out of the same transaction or that they have to be liquidated sums. The Rule applies to the winding up of any company in England, irrespective of where that company may have been incorporated: See *Re BCCI SA (In Liquidation) (No.11)*.[222] It is a mandatory provision, which will override any market custom or contractual set-off arrangements: See *British Eagle v Air France*.[223] But the Rules do not prevent one creditor agreeing that any debt due to him shall rank behind other debts in a liquidation, so as to deprive himself of the right to set-off mutual debts: *BCCI v MS Fashions*.[224] The essential ingredient, which must be present to permit set-off, is that there must have been mutual credits, mutual debts or other mutual dealings: the "Mutuality Rule" (see 11-074 below).

11-072 The Rules permit the set-off of contingent liabilities provided that these are capable of valuation. In *Re Charge Card Services Ltd*,[225] the seller A, sold debts to a factor, B. A agreed to repurchase outstanding receivables from B, in the event that B gave notice to A terminating the factoring agreement, for example on A's liquidation. B owed A the price of certain receivables purchased under the factoring agreement. A went into liquidation and B served notice of termination under the factoring agreement. Millett J (as he then was) held that B was entitled, under the then relevant rules,[226] to set-off A's liability to repurchase the receivables, which had been contingent at the date of liquidation, against the purchase price due to A. Millett J disapproved dicta in *Carreras Rothmans Ltd v Freeman Matthews Treasure Ltd*[227] that contingent liabilities could not be set-off against liquidated amounts. He said:

---

[222] *Bank of Credit and Commerce International SA (In Liquidation) (No.11), Re* [1997] Ch. 213; [1997] 1 B.C.L.C. 80 [Mentioned by *John Doyle Construction Ltd (In Liquidation) v Erith Contractors Ltd*].
[223] *British Eagle v Air France* [1975] 2 All E.R. 390.
[224] *MS Fashions Ltd v Bank of Credit and Commerce International SA (In Liquidation)* [1993] Ch. 425; [1993] 3 W.L.R. 220.
[225] *Re Charge Card Services* [1986] 3 All E.R. 289.
[226] Bankruptcy Act 1914 s.31; and below.
[227] *Carreras Rothmans Ltd v Freeman Matthews Treasure Ltd (In Liquidation)* [1985] Ch. 207; [1984] 3 W.L.R. 1016 at 230 per Peter Gibson J; [1984] 3 W.L.R. 1016 [Mentioned by *HCS (North East) Ltd v Tahir; Sova Capital Ltd, Re*].

"... there is abundant Court of Appeal authority, that contingent liabilities of all kinds, including liability for breaches occurring on or after the receiving order of contracts entered into before that date, are debts provable in the bankruptcy, and that in general all provable debts resulting from mutual dealings are capable of set-off."[228]

Millett J concluded[229] that it would be unjust to disallow set-off merely because a debt was contingent at the date a winding-up order was made. See also: *Re National Benefit Assurance Co Ltd*[230]; *Re City Life Assurance Co Ltd*.[231] Allowing contingent debts to be brought into the account in respect of mutual dealings would have a significant impact on the liquidation of a reinsurer or reinsured if claims which may arise under a policy, but have not yet arisen, can be included (effectively the IBNR).

Bankruptcy Act 1914 s.31

Section 31 of the Bankruptcy Act 1914 states as follows: 11-073

"Where there have been mutual credits, mutual debts or other mutual dealings, between a debtor against whom a receiving order shall be made under this Act and any other person proving or claiming to prove a debt under the receiving order, an account shall be taken of what is due from one party to the other in respect of their mutual dealings, and the sum due from the one party shall be set off against any sum due from the other party, and the balance of the account, and no more, shall be claimed or paid on either side respectively; but a person shall not be entitled under this section to claim the benefit of any set-off against the property of the debtor in any case where he had, at the time of giving credit to the debtor, notice of an act committed by the debtor and available against him."

This section and its statutory predecessors[232] are the subject of a large body of decided case law[233] which remains of relevance today, for two reasons. First, prior to the enactment of the Insolvency Act 1986, English Companies legislation applied the set-off provisions of s.31 to companies in liquidation. Secondly, in Bermuda the statutory equivalent of s.31[234] applies by virtue of s.235 of the Companies Act 1981 to companies being wound up by the Supreme Court of Bermuda. It is therefore necessary to consider the extent to which r.4.90 differs, if at all, from s.31.

Although the language has been somewhat modernised, it is apparent that the essential concept of "mutual credits, mutual debts or other mutual dealings" remains unchanged.

The mutuality rule and (Re)insurance

As we have seen, set-off is permitted against an insolvent party where there have 11-074 been mutual credits, mutual debts, or mutual dealings. Mutuality means that the claim and cross-claim must have arisen between the same parties and in respect of the same right. A broker will generally not be able to exercise a right of set-off

---

[228] *Re Charge Card Services* [1986] 3 All E.R. 289 at 311.
[229] *Re Charge Card Services* [1986] 3 All E.R. 289 at 319.
[230] *National Benefit Assurance Co Ltd, Re (No.1)* [1924] 2 Ch. 339.
[231] *City Life Assurance Co Ltd, Re* [1926] Ch. 191; and below.
[232] Bankruptcy Act 1883 s.38; Bankruptcy Act 1869 s.39.
[233] See *Williams & Muir Hunter on Bankruptcy*, 19th edn (Stevens, 1979); Derham, *Set-Off*, 4th edn (Oxford University Press, 2010); Wood, *English and International Set-Off*, 1st edn (Sweet & Maxwell, 1989).
[234] Bankruptcy Act 1989 s.37.

against either the reinsured or the reinsurer, as the required mutuality of obligations will not exist. Consider the following situations:

(1) The broker is not a party to the contract of reinsurance between the reinsured and the reinsurer. He cannot set-off claims due from an insolvent reinsurer to client A against moneys owed by client B to the same reinsurer, even though prior to insolvency the reinsurer had acquiesced in such net accounting because there is no mutuality.
(2) Where the broker is personally liable for premium (see above) he may be required by the liquidator of the insolvent reinsurer to pay the premium in full while his client, the reinsured, proves in the liquidation for any claim. There is again no mutuality as between the broker and the insolvent reinsurer, and therefore no right of set-off[235] even though market custom may have permitted set-off prior to insolvency.[236]
(3) Where the broker is owed commission, he should be able to set-off the amount of his commission against any premium for which he may be personally liable under the contract in question subject to the difficulty discussed above of finding a legal basis for his asserting his claim. Otherwise, unless the broker can establish that the reinsured (his client) has agreed to pay his commission, he will have to claim for it in the liquidation of the reinsurer.[237]

We have already noted that the statutory mutuality rule overrides contractual arrangements for net accounting and referred[238] to the problems insolvency poses for central accounting bodies. *British Eagle International Airlines Ltd v Compagnie Nationale Air France*,[239] concerned a central clearance system for payments between airline companies. One company went into liquidation and was therefore unable to pay the net sum due into the system. The House of Lords held that each airline had a claim on, or debt due to, the insolvent company that stood by itself and could not make use of any netting-off within the system which had not been completed, and therefore "paid", prior to the insolvency. Allowing the central system to continue to operate for the insolvent airline was held to be contrary to the principle enshrined in insolvency legislation requiring that assets of a company in liquidation be distributed pari passu so far as unsecured creditors are concerned.

The *British Eagle* case was applied by Cooke J in *North Atlantic Insurance Co Ltd v Nationwide General Insurance Co Ltd*. He said:

"Under the Agency Agreements, in a similar way to the IATA scheme, the Pool members contractually agreed to forgo their several rights to pursue external reinsurers, replacing such rights with net accounting rights between themselves and the Rutty Agency. It was accepted by all except Nationwide that the clauses in the Agency Agreement which provided for trusts and charges to arise on insolvency did fall foul of the principle [in the *British Eagle* case]. In addition however, I find that the whole scheme intrinsic to the Agency Agreements offends against the principle once an insolvency occurs, so that, if the Rutty Agency had remained as Pool managers when a Pool member went into liquidation, the Pool arrangements would not have prevented the insolvent Pool member 'break-

---

[235] Compare *Wilson, Assignees of Fletcher v Creighton* 99 E.R. 576; (1782) 3 Doug. K.B. 132; and below.
[236] See *Grand Union v Evans-Lombe Ashton* Unreported, 13 June 1989; and above.
[237] See *Re Palmdale Insurance (No.2)* [1983] 2 V.R. 430]; and above.
[238] See above.
[239] *British Eagle v Compagnie Nationale Air France* [1975] 2 All E.R. 390.

ing rank' and suing those who owed it money as reinsurers, whether external or internal Pool reinsurers, with set off limited only to what it owed those individual reinsurers."[240]

Set-off as between a reinsured and an insolvent reinsurer will generally arise in one of two situations. First, where the reinsured has not yet paid the premium at the date of the liquidation, he will generally be entitled to set-off premium against both claims which are due and owing at that date, and against contingent claims and against a claim for return premium. For example, a loss may appear after the date of the liquidation, and be quantified and admitted to proof.[241] Alternatively, where the contingent liabilities of the reinsurer are capable of being estimated by the liquidator,[242] the reinsured may assert a right of set-off in the event that he is sued by the liquidator for unpaid premium.

11-075

The second situation is where the reinsured is himself a reinsurer of his own reinsurer. We have already discussed reciprocal reinsurance arrangements in the context of solvent set-off. It is possible that they may qualify as mutual dealings, in which case either the solvent or the insolvent party may seek to assert a set-off, which may involve the estimation of contingent liabilities. It is not uncommon for both the reinsured and reinsurer to be insolvent, and set-off between them may be extremely complex.[243]

Illustrations from decided cases

Wilson v Creighton[244]: a broker was personally liable to the underwriter for premium on a policy. The underwriter became bankrupt. The broker was sued by the underwriter's assignee for premium. Held: the broker was not entitled to set-off claims and return premiums due from the underwriter; the obligations were not mutual.

11-076

Elgood v Harris[245]: a Lloyd's underwriter became bankrupt and the broker paid losses to his principals. The broker was sued by the assignee of the underwriter's trustee in bankruptcy for salvage recoveries made in respect of losses that had been settled "in account" before the bankruptcy. Held: the broker was not entitled to set-off such salvages against losses occurring after the bankruptcy; no mutuality.

Vehicle & General Insurance Co. Ltd v Elmbridge Insurance[246]: the broker expressly agreed to hold premium received upon trust for the insurer. The insurer become insolvent, and the liquidator sued for the premium. Held: the broker was not entitled to set-off this liability for the premium held on trust against a claim for premium which they had returned pro rata to clients who had cancelled their policies.

Re Colin Williams (Insurance) Pty Ltd (In Liquidation) and the Companies Act[247]: the insurer and the broker were both in liquidation. Held: the insurer was not entitled to set-off return premiums which were due from the insurer to the insured under cancelled policies against premium which the broker owed personally to the insurer.

---

[240] *North Atlantic Insurance Co Ltd v Nationwide General Insurance Co Ltd* [2003] EWHC 449 (Comm); [2003] 2 C.L.C. 731 at [67].
[241] See *Northern Counties of England Fire Insurance Co, Re* (1881) 17 Ch. D. 337; and Ch.17 below.
[242] See Ch.9 above.
[243] See e.g. the ACC Pool, Ch.10, 10-041 above.
[244] *Wilson v Creighton* (1782) 3 Doug. K.B. 132.
[245] *Elgood v Harris* [1896] 2 Q.B. 491.
[246] *Vehicle & General v Elmbridge* [1973] 1 Lloyd's Rep. 325.
[247] *Re Colin Williams* (1975) 1 N.S.W.L.R. 130.

Sovereign Life Assurance Co v Dodd[248]: the insured took out two endowment policies with the insurer, and subsequently borrowed money from the insurer on the security of the policies. A petition was presented to wind up the insurer. The insured continued to pay the premium. A winding-up order was made two years after the presentation of the petition. The liquidator sued on the loan. Held: the insured was entitled to set-off his claim under the policies, which had matured after the date of the petition but before the making of the winding-up order.

Re National Benefit Assurance Co Ltd[249]: the insured took out a life policy and borrowed money from the insurer on the policy. The insurer was wound-up, and the policy valued under the Assurance Companies Act 1909. Held: the insured was entitled to set-off the debt due to the insurer against the value of his policy.

Re City Life Assurance Co Ltd Grandfield's Case[250]: the insured took out an endowment policy and borrowed money from the insurer on security of the policy. At the date of the winding-up, one premium remained to be paid. The last premium was paid by the insured and the policy matured. Held: the insured was entitled to set-off the value of the policy against his debt to the insurer.

Re City Equitable Fire Insurance Co (No.2)[251]: premium was deposited in a reserve fund held by the reinsurer as security for the due performance of the reinsurer's obligations under the contract. The reinsured's claims under that contract had been satisfied, but claims were due under other reinsurance contracts. The reinsurer was wound-up. Held: the reinsured was not entitled to set-off the claims due under other contracts against the premium reserve fund; no mutuality.[252]

---

[248] *Sovereign Life Assurance Co (In Liquidation) v Dodd* [1892] 2 Q.B. 573.
[249] *Re National Benefit Assurance Co Ltd* [1924] 2 Ch. 339.
[250] *City Life Assurance Co Ltd, Re* [1926] 1 Ch. D. 191.
[251] *City Equitable Fire Insurance Co Ltd, Re* [1930] 2 Ch. 293.
[252] Sed quaere; see Ch.17 below.

PART IV REINSURANCE DISPUTES AND THE CONFLICT OF LAWS

CHAPTER 12

Choice of Law in Reinsurance Transactions

TABLE OF CONTENTS
1. The Law Governing Reinsurance Agreements 12-001
2. Reinsurance Intermediaries and the Conflict of Laws 12-035

"Whereas ... The proper functioning of the internal market creates a need, in order to improve the predictability of the outcome of litigation, certainty as to the law applicable and the free movement of judgments, for the conflict-of-law rules in the Member States to designate the same national law irrespective of the country of the court in which an action is brought.—Preamble to Regulation (EC) No.593/2008 of 17 June 2008 on the law applicable to contractual obligations ('Rome I')"

1. THE LAW GOVERNING REINSURANCE AGREEMENTS

Introduction

Overview—the concept of proper law

Reinsurance transactions frequently give rise to problems of choice of law. In this chapter we consider only the question of what is the "proper law" of the reinsurance contract which the parties have concluded; that is the "substantive" law, the law which at the time the contract was concluded governed and continues to govern thereafter the question of whether the contract was lawfully concluded, its construction and the obligations assumed by the parties pursuant to it. The law "chosen" may be:

12-001

(i) expressly chosen by the parties, or
(ii) "impliedly" chosen by the parties.

An express choice of governing law will be by a provision in the contract declaring what the governing law is to be.

An implied choice is likely to be no choice at all. If the parties do not expressly choose a governing law, the court will decide what the governing law is and may decide that it was chosen by the parties by implication. As we know from human experience, sometimes the parties just forget to address their minds to the question, and it is impossible to say that they have impliedly chosen a law. As the House of Lords (Supreme Court) admitted in *Wasa v Lexington*,[1] sometimes the process of working out what law does govern, is so convoluted that a court is prepared to

---

[1] *Wasa International Insurance Co Ltd v Lexington Insurance Co* [2009] UKHL 40; [2010] 1 A.C. 180.

acknowledge that the parties really did not choose it, so much as leave it to fate. Most commonly the law applicable is then determined by a "real connection" test.

We should note early that the law always complicates every process and thus is able to divide "choice of law" into three parts: (1) the law governing the contract; (2) the law governing disputes under the contract; and (3) the law governing the process for resolving disputes under the contract.

We should note further that this is a consideration of the governing law of contracts and the chapter does not consider the governing law of torts, or other non-contractual obligations.

Lord Diplock explained the concept of "proper law" as follows:

> "When parties enter into an agreement which they intend to give rise to legally enforceable rights and liabilities, they must *ex necessitate* contemplate that there will be some system of law by reference to which their mutual rights and liabilities will be determined, i.e. the substantive or 'proper' law of their agreement ... by 'proper law' in this context is meant the system of law which governs the interpretation and the validity of the contract and mode of performance and the consequences of breaches of the contract."[2]

Thus, this chapter is concerned with the first of the three parts referred to above and, for the most part, the second also, since the choice of law is almost invariably a choice for both. But this chapter does not deal with the question of which jurisdiction any dispute may be resolved in[3] or the forum for the resolution of disputes.[4] Neither does this chapter consider the law which governs what remedies may be available to a successful party to a dispute. Whilst the obligations of the parties are determined by the proper law of the contract, the remedies for breach are determined by the law of the jurisdiction in which the dispute is resolved.[5] Nor does this chapter consider one aspect of the lawful conclusion of the contract, capacity: a contract may be unlawful or unenforceable because one or other party to it lacks capacity to enter into it. Finally, this chapter does not consider questions of enforcement in one jurisdiction of a judgment or arbitration award obtained in another jurisdiction.[6]

12-002 Thus, important as it is, the question of what is the proper law of a contract of reinsurance is only one question in the progress of a party travelling from the point of asserting that the other is in breach of contract to obtaining satisfaction for the loss or damage he claims to have suffered in consequence. It can be a long journey beset by any number of sloughs of despond.[7] It is worthwhile at the outset suggesting some practical measures to be adopted before entering into the contract of reinsurance, in terms of governing law, jurisdiction, remedies and enforcement:

(1) Think about it.
(2) Bear in mind that if there are a number of reinsurance slips, they may be signed in different jurisdictions.
(3) If the business being reinsured is at all long-tail, bear in mind that breaches of contract may occur, and remedies be sought many years, perhaps decades, into the future.
(4) If the reinsurers are in different jurisdictions, the reinsured may not wish to pursue them in all these jurisdictions to obtain any remedies.

---

[2] *Compagnie Tunisienne de Navigation SA v Compagnie d'Armement Maritime SA* [1971] A.C. 572; [1970] 3 W.L.R. 389 at 603.
[3] See Ch.13 below.
[4] Courts or arbitral tribunal: see Ch.14 below.
[5] The question of limitation of actions, for example, is discussed in Ch.13 below.
[6] See Chs 13 and 14 respectively below.
[7] See J. Bunyan, *Pilgrim's Progress* (Penguin Books Ltd, 1987), p.57.

(5) Check the capacity of the parties to the contract to conclude it, by reference to the jurisdiction of their incorporation.
(6) State a governing law clearly; ensure that it is sufficiently widely drafted that it will govern the construction of the contract and the resolution of any disputes arising pursuant to or in relation to it including the consequences of its nullity (to avoid a court finding that the chosen law governs only the construction or only disputes arising directly out of breaches of the contract terms—never underestimate the ability of lawyers to draw fine distinctions in words chosen or of the courts to then adopt them).
(7) Choose a proper law which has a developed, and therefore (at least in principle) more certain, law of insurance and reinsurance, and which, if it has a direction, leans in favour of you as reinsured or reinsurer as the case may be.
(8) Choose one or more jurisdictions for any disputes to be heard in and the manner of their resolution (by a court or arbitral tribunal) bearing in mind the proper law chosen, the development of the law of reinsurance in the jurisdiction, the remedies available and the question of enforcement of any award or judgment. It will rarely be appropriate to adopt a jurisdiction in which a dispute is to be heard which is different from the chosen proper law of the contract, but it should at least be a jurisdiction where obligations similar to those of the jurisdiction of the proper law are recognised, the remedies are similar and there are no problems of enforcement.
(9) If you choose arbitration and there are a number of reinsurers, consider whether they should not all be bound by an arbitration award against one (the leader) or at least provide that all reinsurers constitute one party and are represented by only one advocate—a reinsured does not wish either to arbitrate separately against each reinsurer or to face a bank of lawyers arguing separately for each reinsurer. If you chose a "neutral" jurisdiction for the arbitration, bear in mind that the procedural law (and therefore the remedies) will be governed by the "seat" chosen unless you provide otherwise.
(10) Leave nothing to chance other than the unforeseeable changes in the law which may occur between entering into the contract and seeking remedies and the mystical ability of any lawyer to read the plainest language in any number of ways.
(11) If at all feasible to do so (contracts of reinsurance being reinsured may themselves be subject to any number of proper laws, dispute resolution forms and jurisdictions), consider the impact of the law governing the underlying contract(s) of insurance on the choice of law for the reinsurance.
(12) Consider mandatory rules that may apply if a contract is concluded in or governed by a particular law, for example regulatory requirements or tax.
(13) If intermediaries are involved, consider who they are and where they are and the law which may apply to them, for example whose agent they may be deemed to be by reference to the law of their operation. In England, premium paid to the broker is not deemed to be paid to the reinsurer; in other countries the rule is the reverse.

In 2004 two Lloyd's Market Bulletins were issued which set out the Franchise Board's requirements with respect to London Market Principles slip standards relating to choice of law and jurisdiction.⁸ One, under the heading "Terminology", helpfully points out the following:

> "'Choice of law' (often referred to as governing law) addresses the question of which territory's law will be applied in interpreting the contract and determining any dispute relating to it. It does not necessarily follow that the choice of law will be the same as the choice of jurisdiction.'

12-003   Lord Diplock further explained in *Amin Rasheed Shipping v Kuwait Insurance Co* why, as a matter of legal principle, it is necessary for the court to identify the proper law. He said:

> "The reason for this is plain; the purpose of entering into a contract being to create legal rights and obligations between the parties to it, interpretation of the contract involves determining what are the legal rights and obligations to which the words used in it give rise. This is not possible except by reference to the system of law by which the legal consequences that follow from the use of those words is to be ascertained ... contracts are incapable of existing in a legal vacuum. They are mere pieces of paper devoid of all legal effect unless they were made by reference to some system of private law which defines obligations assumed by the parties to the contract by their use of particular forms of words and prescribes the remedies enforceable in a court of justice for failure to perform any of those obligations."⁹

There are, generally speaking, two practical reasons why parties may get into a dispute about the proper law. The first is that stated by Lord Diplock above: because a particular governing law may give one party a defence not available under some other law. The second is that the proper law of the contract may be relevant to the question of which country's courts have jurisdiction to hear any dispute—although in *Amin Rasheed* the House of Lords found that the proper law of a policy issued by a Kuwaiti insurance company was English, but England was not the appropriate jurisdiction. English law has traditionally resisted the notion that the interpretation of contracts can be divorced from a particular system of national law, and be subject to internationally recognised general principles of law or *lex mercatoria*. We do not propose to enter into the doctrinal debate—which is the subject of considerable scholarly literature¹⁰—but merely note that, in the case of disputes arising under reinsurance contracts, the principles of lex mercatoria are likely to be too general to be of much help in deciding practical problems. For example, it may be argued that *uberrima fides* is a generally recognised principle of law which is applicable to all insurance and reinsurance contracts, but whether

---

⁸ The Market was reminded of these Bulletins by a Lloyd's letter dated 25 March 2016. See: *Catlin Syndicate Ltd v Adams Land & Cattle* [2007] Lloyd's Rep I.R. 96 at 99, discussed in Ch.13, 13-052 below. See also *Faraday Reinsurance Co Ltd v Howden North America Inc* [2012] EWCA Civ 980; [2012] 2 C.L.C. 956.

⁹ *Amin Rasheed Shipping Corp v Kuwait Insurance Co (The "Al Wahab")* [1984] A.C. 50 at 60, 65. In *Innovia Films Ltd v Frito-Lay North America Inc* [2012] EWHC 790 (Pat) Arnold J said of Amin Rasheed: "The House of Lords made it clear in *Amin Rasheed v Kuwait Insurance Co* [1984] AC 50 that, in exercising its discretion, it is not normally appropriate for the court to compare the quality of justice obtainable in a foreign forum which adopts a different procedural system (such as that of the civil law) with that obtainable in a similar case conducted in an English court. As Lord Wilberforce said at 72D, 'It is not appropriate ... to embark upon a comparison of the procedures, or methods, or reputation or standing of the courts of one country as compared with those of another'."

¹⁰ See the publications cited in *Dicey & Morris on the Conflict of Laws*, 12th edn (Sweet & Maxwell, 1993), p.583, fn.60, especially Sir Michael Mustill (1988) 4 *Arbitration International* 86, and A.F. Lowenfeld (1990) 2 *Arbitration International* 133. See *Dicey, Morris & Collins*, 15th edn at 16-048/9. Lex mercatoria is more at home in arbitrations.

that is valid in English law following the demotion of the principle to the (arguable) status of being a law without a remedy[11] is arguable. With respect to the nature and extent of the duty of disclosure, the views of national courts differ, as they do in relation to such questions as where the contract is made and whose agent is a particular intermediary. English law has also regarded the proper law as something to be determined by reference to facts existing and arrangements made at the time the contract was made.[12]

It should also be noted that even where the contract is governed by a foreign law, the English court will assume that the foreign law is the same as English law, unless it is proved to be otherwise. The question of the proper law is one for the parties to raise and, where it is alleged that the proper law is other than English, to prove as an issue of fact, in general, by means of expert evidence.[13]

Choice of law rules

There are four sets of legal rules which are applicable to contractual disputes before the English courts:

12-004

(1) Common law rules—applicable generally to all contracts concluded before 1 April 1991, the date of entry into force of the 1980 Rome Convention on the law applicable to contractual obligations ("the Rome Convention"), and those contracts (other than insurance contracts) concluded after 1 April 1991, which are outside the scope of the Rome Convention or, in the case of contracts (other than insurance contracts) concluded after 17 December 2009, outside the scope of the Rome I Regulation.
(2) Rome Convention rules—applicable to contracts within the scope of the Rome Convention (which includes reinsurance contracts but not insurance contracts) concluded on or after 1 April 1991 and before 17 December 2009.
(3) Special rules applicable to insurance contracts, concluded before 17 December 2009, which are subject to the second general insurance directive (Second Council Directive 88/357/EEC of 22 June 1988).[14]
(4) Rome I Regulation rules applicable to all contracts within the scope of the Rome I Regulation (which includes both insurance and reinsurance contracts) concluded after 17 December 2009 but before the end of the Brexit transition period on 23:00 (GMT) on 31 December 2020 (See 12-016 and 12-017 below).
(5) The Law Applicable to Contractual Obligations and Non-Contractual Obligations (Amendment etc.) (EU Exit) Regulations 2019, which produced a UK version of the Rome I Regulation for contracts made after 23:00 (GMT) on 31 December 2020 and, from the same date, produced a UK version of the Rome Convention for the purposes of UK law (see 12.017 below).

As we have seen, claims may be made under reinsurance contracts many years after the policy period, and the common law rules may still be relevant to losses

---

[11] See Ch.6, 6-1 above.
[12] See A. Briggs, "The Validity of 'Floating' Choice of Law and Jurisdiction Clauses" [1986] L.M.C.L.Q. 508. *Enka Insaat Ve Sanayi v OOO Insurance Co Chubb* [2020] EWCA Civ 574 at [103] in the context of an arbitration agreement.
[13] *Brownlie v FS Cairo (Nile Plaza) LLC* [2021] UKSC 45; [2022] A.C. 995.
[14] The rules were originally set out in Pt I of Sch. 3A to the Insurance Companies Act 1982, which has been repealed and replaced by The Financial Services and Markets Act 2000 (Law Applicable to Contracts of Insurance) Regulations 2001 (SI 2001/2635) (as amended) made under the Financial Services and Markets Act 2000 s.424(3).

arising contracts. They will also continue to apply to those common law jurisdictions which are unaffected by legislative consequences of the UK's former membership of the EU, one of which is Bermuda. We shall therefore discuss the common law rules first, before considering the effect of the Rome I Regulation, and its Brexit successor, The Law Applicable to Contractual Obligations and Non-Contractual Obligations (Amendment etc.) (EU Exit) Regulations 2019. The choice of law rules that apply to reinsurance contracts under the Rome I Regulation are similar (although not identical) to the rules under the Rome Convention. A discussion of the choice of law rules applicable to *in*surance [rather than *rein*surance] contracts is, thankfully, outside the scope of this work.[15]

The common law

General principles

12-005   At common law the proper law of the contract is to be determined by the application of the following general principles:

(1) If the parties expressly choose a particular law as the proper law, effect will generally be given to that choice.
(2) If no intention is expressed, it may be inferred from the circumstances, in which case effect is given to the choice which the parties are found to have intended.
(3) If the express or implied intention cannot be established, then the court will determine the system of law with which the transaction has its closest and most real connection, and that will be applied as the proper law of the contract.[16] In *Enka Insaat Ve Sanayi AS v OOO Insurance Company Chubb*, Lord Hamblen and Lord Leggatt JSCs said that:

> "[d]etermining whether the parties have agreed on a choice of law to govern their contract is in every case a question of interpretation. It is also important to keep in mind that whether a choice is described as express or implied is not a distinction on which any legal consequence turns. An implied choice is still a choice which is just as effective as a choice made expressly."[17]

---

[15] See generally *Dicey, Morris & Collins on the Conflict of Laws*, 16th edn (Sweet & Maxwell, 2022), Ch.33; *Credit Lyonnais v New Hampshire Insurance Co Ltd* [1997] 2 Lloyd's Rep. 1; *American Motorists Insurance Co (AMICO) v Cellstar Corp* [2003] EWCA Civ 206; [2003] 2 C.L.C. 599; *Faraday Reinsurance Co Ltd v Howden North America* [2012] EWCA Civ 980; *Golden Ocean Group Ltd v Salgaocar Mining Industries Pvt Ltd* [2011] EWHC 56; *Gard Marine and Energy Ltd v Tunnicliffe* [2010] EWCA Civ 1052; [2011] 1 W.L.R. 2575. The Rome I Regulation is covered in the 16th edn of *Dicey, Morris & Collins* (2022), Ch.33.

[16] See generally *Dicey & Morris on the Conflict of Laws*, 12th edn (Sweet & Maxwell, 1993), r.180; *Amin Rasheed v Kuwait Insurance* [1984] A.C. 50, and below. Please note, the 12th edition of Dicey & Morris remains the most relevant edition for practitioners in those jurisdictions, such as Bermuda, where the common law rules of choice of law continue to apply. See also J.W. Wolonіecki, "Conflict of Laws in Bermuda" in Ian R.C. Kawaley (ed.), *Offshore Commercial Law in Bermuda*, Ch.21. See also generally: *Enka Insaat Ve Sanayi AS v OOO Insurance Company Chubb* [2020] UKSC 38; [2020] 1 W.L.R. 4117: "This exercise is different in nature from the attempt to identify a choice (whether express or implied) as it involves the application of a rule of law and not a process of contractual interpretation" [118] (applied in the context of an arbitration agreement).

[17] Lord Hamblen and Lord Leggatt JSCs in *Enka Insaat Ve Sanayi AS v OOO Insurance Company Chubb* [2020] UKSC 38 at [35].

Express choice

In *Vita Food Products Inc v Unus Shipping Co Ltd*, Lord Wright cited with approval a dictum of Lord Atkin[18] to the effect that the parties' express intention was "conclusive", and said:

12-006

> "[W]here there is an express statement by the parties of their intention to select the law of the contract, it is difficult to see what qualifications are possible, *provided the intention expressed is bona fide and legal, and provided there is no reason for avoiding the choice on the ground of public policy.*"[19] [Emphasis added]

It is doubtful whether Lord Wright intended to lay down a general requirement that a party's choice of law must be bona fide. There is no reported English case in which the parties' choice has been disregarded by a court on this ground. Indeed, in the *Vita Food* case, the Privy Council upheld the principle of party autonomy, enabling the parties to a bill of lading by their express choice of English law as the law governing the contract of carriage, to enforce the contract even if it had failed to comply with a provision of the Newfoundland statute. Certain UK statutes (such as the Unfair Contract Terms Act 1977 and the Carriage of Goods by Sea Act 1971) do have an overriding effect in respect of particular transactions, and restrict the parties' freedom of choice of law in the transactions in question. However, there are no statutes in either the UK or Bermuda which restrict the parties' freedom to choose whatever law they wish to govern a reinsurance contract. It is also difficult to conceive, in the context of reinsurance, of a court setting aside the parties' choice of law on public policy grounds.[20]

Implied choice

In the absence of an express choice, the parties' intention to choose a particular law may be inferred. For example, they may employ a standard form of contract with a London or Bermuda arbitration clause. The choice of London as the place of arbitration and/or the use of an arbitral institution located in London has been regarded by the English courts as a pointer in favour of English law as the governing law of the contract,[21] but it is not necessarily decisive.[22] The current position under English and Bermuda law with respect to arbitration clauses and the application of choice of law rules by arbitrators is discussed in Ch.14 below. Further, as

12-007

---

[18] *R v International Trustee for the Protection of Bondholders AG* [1937] A.C. 500 at 529.
[19] *Vita Food Products Inc v Unus Shipping Co Ltd* [1939] A.C. 277 at 290.
[20] But see *In the matter of Chorley Co Ltd (In Liquidation)* [1994] Bda L.R. 28; [1994] 3 Re.L.R. 187n, Supreme Court of Bermuda, and Ch.15 below. In Bermuda the only statutory provision which overrides the parties' choice of governing law appears to be s.11(2) of the Segregated Accounts Companies Act 2000 (see Ch.16, 16-049 below).
[21] See *Hamlyn v Talisker Distillery* [1894] A.C. 202 (discussed by the Supreme Court in *Enka Insaat Ve Sanayi AS v OOO Insurance Company Chubb* [2020] UKSC 38 at [98], [210]); *Maritime Insurance Co Ltd v Assecuranz-Union Von 1865* (1935) 52 Ll. Rep. 16.
[22] See *Cie Tunisienne v Cie D'Armement* [1971] A.C. 572; *Enka Insaat Ve Sanayi AS v OOO Insurance Company Chubb* [2020] UKSC 38 at [111]ff. In *Enka* the Supreme Court noted that in the half century since *Tunisienne*, international arbitration has undergone major evolution and exponential growth. *"The primary reason for selecting London as a place of arbitration is no longer the international character of London as a commercial centre but its attractiveness specifically as a forum in which to arbitrate international disputes…There can in these circumstances be no general implication that a choice of London (or any other major arbitration centre) as the seat of arbitration demonstrates an intention that the parties' contractual obligations will be governed by the law of that place. This is equally so whether the question of implied choice is governed by article 3 of the [Regulation]…or…the common law…"* [113].

discussed at paras 14-004 and 14-124, the Arbitration Bill 2023, which is currently progressing through the UK Parliament, proposes to establish a new statutory rule on the governing law of an arbitration agreement (to replace the English common law rule established in *Enka Insaat ve Sanayi AS v OOO Insurance Company Chubb*).[23]

In *Amin Rasheed v Kuwait Insurance*[24] the plaintiffs were a Liberian company with a place of business in Dubai. They insured a vessel with the defendants, a Kuwaiti company. The plaintiffs sought leave to serve English proceedings on the defendants in Kuwait, pursuant to RSC Ord.11, r.1(1)(f),[25] which required them to establish that the policy was governed by English law. The plaintiffs had instructed London brokers through the London office of a subsidiary company. The policy was issued in Kuwait. It was in the Lloyd's SG form, with slight modifications, and included the institute war and strikes clauses. Premium was paid by the plaintiffs to the brokers in London. The policy provided for claims to be paid in Kuwait, but they were in practice settled in sterling in London by setting off accounts which the brokers maintained with both parties. At the time the policy was written, there was no law of marine insurance in Kuwait.

Judicial opinion was divided in the lower courts, both on the question of proper law and the question of leave to serve out. Both Bingham J[26] and Robert Goff LJ[27] held that the proper law of the contract was Kuwait law. However, the majority of the Court of Appeal[28] held that the contract was governed by English law. Bingham J had held, in the alternative, that even if the contract was governed by English law, it was not an appropriate case, as a matter of discretion, for leave to serve out. May LJ, although he agreed with the Master of the Rolls that the contract was governed by English law, disagreed with him, and agreed with Bingham J, on the question of discretion. Robert Goff LJ expressed no view on the question of discretion.

The House of Lords unanimously held that English law was the proper law but, that as a matter of discretion, leave to serve proceedings out of the jurisdiction should not be given.[29] Lord Diplock said that the provisions of the contract:

"... taken as a whole ... *by necessary implication* point ineluctably to the conclusion that the intention of the parties was that their mutual rights and obligations under it should be determined in accordance with the English law of marine insurance.[30] [Emphasis added]"

In Lord Diplock's view, the necessary implication arose from the use of an English standard form, which could not be interpreted except by reference to English case law.

12-008 In *Faraday Reinsurance Co Ltd v Howden North America Inc*[31] an English insurer obtained permission to serve its insured overseas in the United States on the

---

[23] *Enka Insaat Ve Sanayi AS v OOO Insurance Company Chubb* [2020] UKSC 38; [2020] 1 W.L.R. 4117.
[24] *Amin Rasheed v Kuwait Insurance* [1984] A.C. 50.
[25] Now Civil Procedure Rules, r.6.36, Practice Direction 6B, paragraph 3.1(6)(c).
[26] *Amin Rasheed v Kuwait Insurance* [1982] 1 Lloyd's Rep. 638.
[27] *Amin Rasheed v Kuwait Insurance* [1983] 1 Lloyd's Rep. 235.
[28] Sir John Donaldson MR and May LJ.
[29] This aspect of the decision is referred to in Ch.13 below.
[30] *Amin Rasheed v Kuwait Insurance* [1984] A.C. 50 at 62D (with whom Lords Roskill, Brandon and Brightman agreed). Lord Wilberforce reached the same result on the basis that English law was the system of law with which the contract had the closest and most real connection (as noted by Lord Hamblen and Lord Leggatt JSCs in *Enka Insaat Ve Sanayi AS v OOO Insurance Company Chubb* [2020] UKSC 38 at [37]).
[31] *Faraday Reinsurance Co Ltd v Howden North America Inc* [2011] EWHC 2837 (Comm) (first instance); [2012] EWCA Civ 980 CA.

basis that the excess insurance in question was governed by English law. There were three such excess layers, two of which were governed by English law and the third had no express choice of law. As to the third layer, Beatson J found an implied choice of English law. He relied on clear references to English law in the body of the document and did not rely on the other two excess covers. The Court of Appeal agreed: the English proceedings served a useful purpose. It would help the court in Pennsylvania to know what English law was. Query whether the Pennsylvania court saw it in that light. In *FR Lurssen Werft GmbH & Co KG v Halle*,[32] the court found that a commission agreement was so closely related to two other contracts that were governed by English law that the implication must be that the third contract was also governed by English law. Same destination; different route.

In *Lawlor v Sandvik Mining and Construction Mobile Crushers and Screens Ltd*[33] Judge Mackie QC made an important point in relation to the Rome Convention—that being able to work out what governing law the parties *would have chosen had they made a choice* is no basis for saying that the parties had made an implied choice. The matter in issue was whether an implied choice of law had been made in a commercial agency agreement. Judge Mackie QC said:

12-009

"I accept that if the parties had made a choice it would have been of English law. I accept the evidence of Mr Douglas that in general terms [the principal] would seek to have its contracts governed by English law. Experience and common sense indicate that most English companies appointing agents would seek to do the same. Mr Randolph skilfully presents arguments and evidence, including that arising after the agency was entered into, to show that if there had been a choice it would have been of English law. But none of this points to a choice being made. Given the casual and informal circumstances in which the agency took effect it is very unlikely that choice of law was considered, let alone discussed. The court is concerned not with common law perceptions of implied choice but with the Rome Convention. Article 3(1) requires that the choice of the parties be *"demonstrated with reasonable certainty by the terms of the contract or the circumstances of the case."* [Emphasis added]

The Court of Appeal agreed:

"34. Was the judge right to conclude that the claimant had not established an implied choice of English law as a matter of reasonable certainty? In my judgment he was. The evidence about the making of the agency agreement was vague. At the time when it was made the claimant was living in Spain and Spain was to be the centre of his activities. On the sparse material before the judge, I do not see that the claimant established with reasonable certainty that it went without saying that the contract was intended to be governed by English law. The judge was right in holding that it was not enough to establish that if a choice of law had been made, it would in all probability have been English law. The judge accepted that such a choice would have been in accordance with the defendant's general wish for its contracts to be governed by English law, but the claimant had to show that the nature and circumstances of the agency contract demonstrated an implied choice of English law, and the judge rightly recognised that there was a distinction between those matters."[34]

The report on the Convention by Professor Mario Giuliano and Professor Paul

---

[32] *FR Lurssen Werft GmbH & Co KG v Halle* [2010] EWCA Civ 587; [2011] 1 Lloyd's Rep. 265.
[33] *Lawlor v Sandvik Mining and Construction Mobile Crushers and Screens Ltd* [2012] EWHC 1188; [2012] 2 Lloyd's Rep. 25 QB.
[34] [2013] EWCA Civ 365; [2013] 2 Lloyd's Rep. 98 per Toulson LJ (with whom Leveson and Lloyd LLJ agreed).

Lagarde,[35] before giving some examples, refers to implied choice in the context of "the possibility that the court may, in the light of all the facts, find that the parties have made a real choice of law although this is not expressly stated in the contract". The judge found that the contract had its most real connection with Spain. Thus, it may be that when one is considering parties subject to the Rome Convention (or Regulation), the question of whether an "implied choice" has been made is a different question from whether a choice has been made where parties are not bound to those rules.[36]

Imputed choice

12-010   In the *Amin Rasheed* case, Lord Wilberforce reached the same conclusion as the rest of the House of Lords, but said that he could:

"... find no basis for inferring, as between the parties to this contract, an intention that the contract should be governed either by English law or by the law of Kuwait."[37]

The use of an English policy form was not, by itself, conclusive:

"[W]hat has to be done is to look carefully at all those factors normally regarded as relevant when the proper law is being searched for, including of course the nature of the policy itself, and to form a judgment as to the system of law with which that policy in the circumstances has the closest and most real connection."[38]

Lord Wilberforce set out the various connecting factors as follows[39]:

"... the majority of the ingredients said to connect the policy with English law are irrelevant or lacking in weight—these include payment of premiums in sterling in London and the use of J.H. Minet & Co. Ltd, London brokers. The significant factors remain: (1) the use of this form of policy expressed in the English language and requiring interpretation according to English rules and practice; (2) the nationality of the parties, the defendants being incorporated and carrying on business in Kuwait and the plaintiffs being Liberian and resident in Dubai (i.e. neither in England nor in Kuwait); (3) the use of English sterling as the money of account; (4) the issue of the policy in Kuwait—this I regard as of little weight; (5) provision in [sic] claims to be paid in Kuwait. This, too, is of minor consequence in view of the practice, established at the time of contracting, of settling claims in London."[40]

He reached the conclusion, albeit "with no great confidence", that the use of a policy form that was "so essentially English" and the incorporation of the institute clauses pointed towards English law.

---

[35] Giuliano and Lagarde, *Report on the Convention on the law applicable to contractual obligations* OJ [1980] C282/1.
[36] Endorsed by *GDE LLC (formerly Anglia Autoflow North America LLC) v Anglia Autoflow Ltd* [2020] EWHC 105 (Comm); [2020] 1 W.L.R. 2381 at [105] (implied choice in context of Articles 3 & 4 of the Rome Convention).
[37] *Amin Rasheed v Kuwait Insurance* [1984] A.C. 50 at 69C.
[38] *Amin Rasheed v Kuwait Insurance* [1984] A.C. 50 at 71D per Lord Wilberforce.
[39] *Amin Rasheed v Kuwait Insurance* [1984] A.C. 50 at 71E–71G.
[40] *Amin Rasheed v Kuwait Insurance* [1984] A.C. 50 at 70C–71D.

Application to reinsurance

In *Royal Exchange Assurance Corporation v Sjoforsakrings Aktiebolaget Vega*[41] the Court of Appeal held that a reinsurance contract between an English reinsured and a Swedish reinsurer was governed by English law, and was invalid because it contravened s.93(3) of the Stamp Act 1891.[42] Cozens-Hardy LJ said:

12-011

> "The policy was executed in Sweden, but the place where the contract was made is not conclusive to shew that the law of that place applies. The place of payment was to be in England, but that again is not conclusive. We have to gather the intention of the parties as to what law is to apply from the terms of the document and the circumstances under which it was executed. The policy is in the form of a Lloyd's policy. It is a policy of reinsurance adopting with the necessary modifications the terms of the original policy, which was English, and its contains [a] clause with regard to the defendants' being bound by the jurisdiction and decision of the English Law Courts ... It seems to me clear from the language of the document and the circumstances that the parties intended that their rights under the contract should be governed by English law as administered by an English Court."[43]

The other members of the Court of Appeal likewise considered that the use of an English form together with an English jurisdiction clause gave rise to a conclusive inference that English law was to govern. Similarly, in *Maritime Insurance Co Ltd v Assecuranz-Union Von 1865*, where the reinsurance contract between an English reinsured and a German reinsurer had been made in Germany, Goddard J (as he then was) regarded the place where the contract was formally concluded as of little importance, and held that an arbitration clause, which provided that the "seat of the arbitration shall be in London", was a "conclusive provision" by which the parties "mean ... that this contract should be subject to a London arbitration and conducted according to the law prevailing in London".[44] The reinsurance contract was held to be invalid as it contravened the Stamp Act 1891.

In *Norske Atlas Insurance Co Ltd v London General Insurance Co Ltd*,[45] the reinsurance contract provided for an arbitration to be held in Norway. Mackinnon J (as he then was) held that the parties had intended the contract to be governed by Norwegian law and was valid under its proper law. He had no hesitation in enforcing the award of Norwegian arbitrators, which the plaintiff reinsured had obtained against the reinsurers, who had declined to take part in the arbitration proceedings.[46]

12-012

Forsikringsaktieselskapet Vesta v Butcher[47] has already been discussed above.[48] The underlying insurance contract, which was between two Norwegian parties and related to a fish farm in Norway, was clearly governed by Norwegian law. The reinsurance contract, which was a standard form of Lloyd's slip, was held to be governed by English law. It will be recalled that the House of Lords did not regard the case as posing any difficulty as regards conflict of laws. Their decision was

12-013

---

[41] *Royal Exchange Assurance Corp v Sjoforsakrings Aktiebolaget Vega* [1902] 2 K.B. 384, CA, Lord Collins MR, Mathew and Cozens-Hardy LJJ.
[42] The statute was repealed by the Finance Act 1959. See Ch.7, 7-001 above.
[43] *Royal Exchange v Sjoforsakrings* [1902] 2 K. B. 384 at 396.
[44] *Maritime Insurance Co Ltd v Assecuranz-Union Von 1865* (1935) 52 Ll.L.Rep.16 at 20. The English courts are unlikely still to view a London seat as "conclusive" following the decision of the Supreme Court in *Enka Insaat Ve Sanayi AS v OOO Insurance Company Chubb* [2020] UKSC 38.
[45] *Norske Atlas Insurance Co Ltd v London General Insurance Co Ltd* (1927) 28 Ll. L.Rep. 104.
[46] The enforcement of foreign arbitration awards is discussed in Ch.14 below.
[47] *Forsikringsaktieselskapet Vesta v Butcher* [1986] 2 Lloyd's Rep. 179 (QBD, Comm Ct), [1988] 1 Lloyd's Rep. 19 (CA), [1989] A.C. 852 (HL); applied in *Stonebridge Underwriting Ltd v Ontario Municipal Insurance Exchange* [2010] EWHC 2279 (Comm); [2010] 2 C.L.C. 349.
[48] See Ch.4 above.

founded on the proposition that, whatever differences there may have been between Norwegian law and English law with regard to the consequences of breach of warranty, the reinsurance coverage was intended to be back to back with the insurance coverage. In the Court of Appeal, Sir Roger Ormrod said[49] that there was a general principle, which was one of common sense, that inter-related contracts should, prima facie, be governed by the same law. However, he accepted that it was simply not possible in *Vesta v Butcher* for the reinsurance contract to be governed by Norwegian law.

In *Wasa v Lexington*[50] the House of Lords decided on the facts that no part of the reinsurance contract could be regarded as governed by anything other than the law of the reinsurance contract as a whole, distinguishing *Vesta v Butcher*.

We have emphasised above[51] that the reinsurance contract is a separate and independent contract from the underlying insurance contract. It is also clear that not every reinsurance contract is intended to be back to back with the underlying insurance contract, and as Lord Mustill has pointed out,[52] it is wrong to approach the construction of reinsurance contracts by assuming at the outset that reinsurance coverage is back to back with insurance coverage. There will be many transactions in which the natural, and as a matter of principle correct, approach is to apply the test of closest and most real connection to the insurance and reinsurance contracts separately, which seems to us, as a matter of principle, to be the correct approach. The result will be that the insurance and reinsurance contracts are governed by different proper laws.[53]

In a reinsurance transaction where the parties are domiciled in different countries, the form of wording and, where an intermediary plays a significant role in the formation and subsequent administration of the contract, the place where the

---

[49] *Vesta v Butcher* [1989] A.C. 852 at 876.
[50] [2009] UKHL 40.
[51] See Ch.1 and Ch.5, 5-002 above.
[52] See *AXA Reinsurance (UK) Ltd v Field* [1996] 1 Lloyd's Rep. 26, and Ch.5 above.
[53] *Vesta v Butcher* was followed in *Groupama Navigation et Transports v Catatumbo CA Seguros* [2000] 2 Lloyd's Rep. 350; [2001] 1 Lloyd's Rep I.R. 141, and in *Stonebridge Underwriting Ltd v Ontarco Municipal Insurance Exchange* [2010] EWHC 2279 (Comm), and distinguished in *CGU International Insurance Plc v AstraZeneca Insurance Co Ltd* [2005] EWHC 2755 (Comm) where the Commercial Court applying English choice of law rules, held that the original policy was governed by English law. The reinsurance contract expressly provided that it was governed by English law. The reinsured had settled a claim before any proceedings had been commenced. It was anticipated that such proceedings would be brought in Iowa and that the Iowa Court would hold that the policy was governed by Iowa law. Cresswell J allowed an appeal against the interim award of arbitrators who had held, as a preliminary issue, that the scope of reinsurance coverage was to be determined by Iowa law and had purported to follow *Vesta v Butcher*. See Ch.5, 5-040 above. See also the discussion of the choice of law issues by the House of Lords in *Wasa International Insurance Co v Lexington Insurance Co* [2009] UKHL 40. In *Durham v BAI (Run Off) Ltd* [2012] UKSC 14; [2012] 1 W.L.R. 867 in the Supreme Court Lord Mance was dealing with the issue of holding employers' liability insurers liable where their insureds had been found liable for negligent exposure of employees to risk. Lord Mance said at [69]: "Where two contracts are linked, the law will try to read them consistently with each other. This is so with language in a bill of lading, incorporated from a charterparty: *The Njegos* [1936] P 90. A similar approach applies to language in a reinsurance incorporated from the insurance: *Forsikringsaktieselskapet Vesta v Butcher* [1989] AC 852 and *Groupama Navigation et Transports v Catatumbo CA Seguros* [2000] 2 Lloyd's Rep. 350, even though there is no guarantee that a reinsurance will in every possible circumstance that may develop pick up every liability that may be held to exist under an insurance: see *Wasa International Insurance Co Ltd v Lexington Insurance Co* [2009] UKHL 40; [2010] 1 AC 180. The intention under the present insurances must be taken to have been that they would respond to whatever liability the insured employers might be held to incur within the scope of the risks insured and within the period in respect of which they were insured."; followed *Mostyn House Estate Management Co Ltd v Youde* [2021] EWHC 3786 (Ch) at [70](iii)).

intermediary administers the contract are likely to be the most significant connecting factors, absent more direct pointers such as a jurisdiction clause (assuming, of course, there is no express choice of law).

In *Citadel Insurance Co v Atlantic Union Insurance Co SA*,[54] the parties to the reinsurance contract were Canadian (the reinsured) and certain Greek (the reinsurers) companies. The plaintiff reinsured engaged brokers ("International Excess") in New York to place a hull open cover. The New York brokers engaged London brokers ("Austen"), who placed the cover with the defendant reinsurers. On the balance of probability, the reinsurance slip was signed in London. The Court of Appeal[55] held that the plaintiffs were entitled to leave to serve the defendants out of the jurisdiction pursuant to RSC Ord.11 r.1(1)[56] on the basis that the contract was made in England[57] and governed by English law. Kerr LJ said:

12-014

"[I]t seems to me that there is no candidate other than London and English law as the centres of gravity with which this business had its closest connection. International Excess could have stipulated for the law of New York, but they did not do so. Like the defendants, they wished to operate on the London reinsurance market and left the governing law open. The whole of the business, both from the point of view of the defendants as reinsurers and of the reinsured plaintiffs, was run by Austen in London. All the documents are here, and it is only by an examination of these documents that it is possible to determine the rights and wrongs of the disputes."[58]

The judge, Bingham J (as he then was), had concluded that there was:

"... no connection with the English system of law other than the mechanics of the transaction ... England merely provided a convenient facility for an international transaction."

Kerr LJ, having quoted this passage, concluded as follows:

"But what he calls the 'mechanics' were in fact the substance of the whole business; and London is in fact the only place where these transactions between the plaintiffs and the defendants can be said to be localized. There is no other candidate."[59]

In *Overseas Union Insurance Ltd v Incorporated General Insurance Ltd*,[60] the seven plaintiffs (two Singapore companies, three Finnish companies, an Icelandic company and a Cayman Islands company) claimed moneys due under five reinsurance contracts made with the defendant, a South African company. The plaintiffs were all members of the Accolade Pool and were not authorised to conduct insurance business in the UK under the relevant legislation (at the time, the Insurance Companies Act 1974). The plaintiffs' affidavit evidence was that the plaintiffs accepted inwards reinsurance through Accolade Underwriting Agency in Guernsey, and that outward reinsurance protection for business written by the pool was placed with, inter alia, the defendant by Accolade Underwriting Managers, a London company.

12-015

In a dispute about whether the plaintiffs should have been given permission to serve the defendants out of the jurisdiction, the Court of Appeal held that the reinsurance contract between the plaintiffs and the defendant was impliedly

---

[54] *Citadel Insurance Co v Atlantic Union Insurance Co SA* [1982] 2 Lloyd's Rep. 543.
[55] Lord Denning MR, Oliver and Kerr LJJ.
[56] Now Civil Procedure Rules, r.6.36, Practice Direction 6B, paragraph 3.1(6)(a) & (c).
[57] As to which, see below.
[58] *Citadel v Atlantic Union* [1982] 2 Lloyd's Rep. 543 at 548–549.
[59] *Citadel v Atlantic Union* [1982] 2 Lloyd's Rep. 543 at 549.
[60] *Overseas Union Insurance v Incorporated General Insurance* [1992] 1 Lloyd's Rep. 439.

governed by English law. Parker LJ said:

> "The only possible alternatives are English law and South African law. The sole connection with South African law is that the defendants are a South African company and accepted the reinsurance contracts in South Africa ... The fact that both parties sought to comply with English law in my view indicates clearly that their intention was that English law should govern. Why else should they seek so assiduously to comply with it? There is nothing else which points to South African law ... everything took place in London, save only those few things which took place in South Africa and Guernsey in order, successfully or otherwise, to avoid a breach of the 1974 Act and its successors."[61]

The Rome I Regulation

Historical introduction: The 1980 Rome Convention—overview of the Rome I Regulation

12-016   The 1980 Rome Convention on the law applicable to contractual obligations ("the Convention")[62] and related instruments,[63] to which legal effect was given in the UK by the Contracts (Applicable Law) Act 1990 ("the 1990 Act"), was in force from 1 April 1991 until 17 December 1999, when it was replaced by Council Regulation No.593/2008 of 17 June 2008 ("the Regulation") on the law applicable to contractual obligations.[64]

The Convention and Regulation apply to determine the "applicable law" (essentially the same concept as the "proper law" discussed above) to all contracts, subject a number of important exceptions. The Convention and Regulation do not apply, for example, to disputes involving the creation and legal capacity of companies, bills of exchange and other negotiable instruments, certain aspects of agency,[65] arbitration agreements and agreements on the choice of court (jurisdiction clauses).

Most importantly, the Convention *did not* apply to "contracts of insurance which cover risks situated in the territories of the Member States of the European Economic Community"[66] but *did* apply to contracts of reinsurance.[67] The Regulation, however, (art.7) covers insurance contracts but applies a special set of rules to them. But the Regulation expressly states that these special rules do *not* apply to *re*insurance contracts (art.7(1)), and thus reinsurance contracts are subject the general choice of law rules under the Regulation, as they are subject to the general rules of the Convention. The basic general choice of law rules (arts 3 and 4(2)) applicable to reinsurance contracts are similar under the Convention and the Regulation. Our discussion below is focused on the Regulation (we refer readers to the second edition of this work for a discussion of the Convention rules).

---

[61] *Overseas Union Insurance v Incorporated General Insurance* [1992] 1 Lloyd's Rep. 439 at 443–444.
[62] Sch.1 to the Contracts (Applicable Law) Act 1990 ("the 1990 Act").
[63] The Luxembourg Convention on the accession of Greece to the Rome Convention: 1990 Act Sch.2; the Brussels Protocol on the interpretation of the Convention by the European Court of Justice: 1990 Act Sch.3. Sch.2 and Sch.3 of the 1990 Act have been repealed with effect from 23:00 (GMT) on 31 December 2020 by The Law Applicable to Contractual Obligations and Non-Contractual Obligations (Amendment etc.) (EU Exit) Regulations 2019 (SI 2019/834) Pt.2 reg.3(10).
[64] See The Financial Services and Markets Act 2000 (Law Applicable to Contracts of Insurance) Regulations 2009 (SI 2009/3075) (as amended by The Law Applicable to Contractual Obligations and Non-Contractual Obligations (Amendment etc.) (EU Exit) Regulations 2019 (SI 2019/834) Pt.3 reg.7) (to be repealed pursuant to the Financial Services and Markets Act 2023 Sch.1 Pt 2).
[65] 1980 Rome Convention art.1(2), see below.
[66] 1980 Rome Convention art.1(3), which are subject to separate choice of law rules laid down in two EU directives.
[67] 1980 Rome Convention art.1(4).

The English courts are required to apply the Regulation even where neither party to a contract is domiciled or incorporated in a Contracting State, and the Regulation rules also apply to choice of law issues within the UK. As noted above, neither the Convention nor the Regulation apply in Bermuda, and they are not retrospective.[68]

The basic choice of law rules are similar to the common law rules discussed above.[69] First, subject to certain limitations, the parties may choose, either expressly or by implication, the law which applies to the contract.[70] Secondly if the parties do not choose the applicable law, there is an ultimate fall-back rule that the contract is governed by "the law of the country with which it is most closely connected".[71] However, the detailed rules laid down by the Regulation for determining the applicable law, in the absence of choice, differ somewhat from the common law. The application of the Regulation rules appears likely, in many cases, to lead to the same result as the common law, but as we shall see this may not necessarily be so in the case of reinsurance contracts. In the discussion which follows, we shall be considering the specific application of the Regulation to reinsurance.[72] In addition, there are special rules relating to consumer contracts[73] and individual employment contracts.[74] It should also be noted that the Regulation contains rules relating to the scope of the applicable law, validity, capacity and public policy which, in some respects, differ from the common law.

The Rome Convention and Regulation post Brexit

Whilst the UK has ceased to be a "Contracting State" to the Rome Convention as a result of its departure from the EU on 31 January 2020, legislation introduced by the UK Government to facilitate and address the effects of the UK's exit from the EU has ensured that, for the most part, the rules of the Rome Convention continue to apply post Brexit to contracts entered into between 1 April 1991 and 16 December 2009.

12-017

As the Rome Convention had already been enacted in the UK by domestic legislation by the 1990 Act, it constitutes "EU-derived domestic legislation"[75]. As such, it continued to apply to the UK during the transition period (which ended at 23:00 (GMT) on 31 December 2020), and has continued to have effect after the end of the transition period in an amended form as part of UK domestic law.

The amendments introduced by The Law Applicable to Contractual Obligations and Non-Contractual Obligations (Amendment etc) (EU Exit) Regulations 2019 Pt.2 reg.3[76] amended the text of the Rome Convention as set out in Schedule 1 of the 1990 Act to produce a UK version of the Rome Convention for the purposes of UK law.

---

[68] 1980 Rome Convention art.17. In the UK Rome Convention, art.17 was repealed on 31 December 2020 by The Law Applicable to Contractual Obligations and Non-Contractual Obligations (Amendment etc.) (EU Exit) Regulations 2019 (SI 2019/834) Pt.2 reg.3(9)(f).
[69] As noted by the Supreme Court in *Enka Insaat Ve Sanayi AS v OOO Insurance Company Chubb* [2020] UKSC 38 at [159] although the Supreme Court observed that it would be a mistake to interpret the Regulation through the prism of the common law.
[70] 1980 Rome Convention art.3.
[71] 1980 Rome Convention art.4.
[72] For a detailed account of the Convention see *Dicey & Morris on the Conflict of Laws*, 15th edn (Sweet & Maxwell, 2010). Richard Plender, *The Rome Convention on the Choice of Laws for Contracts* (Sweet & Maxwell, 1991).
[73] 1980 Rome Convention art.5.
[74] 1980 Rome Convention art.6.
[75] European Union (Withdrawal) Act 2018 s.1B(7) (inserted by the European Union (Withdrawal Agreement) Act 2020 s.2).
[76] As amended by the Jurisdiction, Judgments and Applicable Law (Amendment) (EU Exit) Regula-

As with the Rome Convention, the UK has kept, as part of UK domestic law, a UK version of the Regulation which contains the substantive rules of the Regulation.[77] Following the UK's exit from the EU on 31 January 2020, the Regulation continued to have direct effect in the UK until the end of the transition period[78]. Therefore the Regulation continues to apply to English contracts made on or after 17 December 2009 but before 23:00 (GMT) on 31 December 2020. The UK version of Rome I will apply to any English contracts concluded after this date. References in the text to the "Regulation" should, therefore, be read as references to the UK version of Rome I as appropriate.

Going forward the English courts will interpret the UK version of the Rome Convention and the UK version the Regulation in accordance with their own rules of construction subject to two qualifications. First, CJEU decisions made before the end of the transition period (viz. 23:00 (GMT) on 31 December 2020) continue to apply to English contracts covered by the Regulation as EU retained case law,[79] save to the extent they are departed from by either the Supreme Court or Court of Appeal using their powers under the European Union (Withdrawal) Act 2018 s.6(4).[80] Secondly, the English courts may (but are not bound to) have regard to CJEU decisions made after the end of the transition period.[81]

Express/implied choice (art.3)

12-018 Article 3(1) of the Regulation provides as follows:

> "A contract shall be governed by the law chosen by the parties. The choice must be express or demonstrated with reasonable certainty by the terms of the contract or the circumstances of the case. By their choice the parties can select the law applicable to the whole or a part only of the contract."

Parties thus have freedom to choose the law governing the contract. Their choice may be expressed or implied. The Giuliano and Lagarde Report,[82] gives some indication of how an implied choice may be "demonstrated with reasonable certainty by the terms of the contract or the circumstances of the case". It is stated:

> "For example, the contract may be in a standard form which is known to be governed by a particular system of law even though there is no express statement to this effect, such as a Lloyd's policy of marine insurance.[83] In other cases, a previous course of dealing between the parties under contracts containing an express choice of law may leave the court in no doubt that the contract in question is to be governed by the law previously chosen where the choice of law of course has been omitted in circumstances which do not indicate a deliberate change of policy by the parties. In some cases, the choice of a particular forum may show in no uncertain manner that the parties intend the contract to

---

tions 2020 reg.6(4) and the European Union (Withdrawal Agreement) Act 2020 s.39(1) and Sch.5 para.1(1).

[77] The Law Applicable to Contractual Obligations and Non-Contractual Obligations (Amendment etc.) (EU Exit) Regulations 2019 Pt 4 reg.10.
[78] EU Withdrawal Agreement Art.66(a).
[79] The Law Applicable to Contractual Obligations and Non-Contractual Obligations (Amendment etc.) (EU Exit) Regulations 2019 (SI 2019/834) Pt 2 reg.3(4)(b) and the European Union (Withdrawal) Act 2018 s.6(3). The term "retained EU case law" is defined in the European Union (Withdrawal) Act 2018 s.6(7).
[80] Which provides that the Supreme Court and Court of Appeal are not bound by EU retained case law.
[81] The Law Applicable to Contractual Obligations and Non-Contractual Obligations (Amendment etc.) (EU Exit) Regulations 2019 Pt 2 reg.3(4)(b), European Union (Withdrawal) Act 2018 s.6(2).
[82] [1980] O.J. C282. Hereafter the report will be abbreviated as "G & L".
[83] Compare *Amin Rasheed v Kuwait Insurance* [1984] A.C. 50, and above.

be governed by the law of that forum, but this must always be subject to the other terms of the contract and all the circumstances of the case ... Other matters that may impel the court to the conclusion that a real choice of law has been made might include an express choice of law in related transactions between the same parties, or the choice of a place where disputes are to be settled by arbitration in circumstances indicating the arbitrator should apply the law of that place."[84]

The above paragraph was considered by Mance J (as he then was) in *Egon Oldendorff v Liberia Corporation (No.1)*,[85] where he held a contract between a German company and a Japanese company to charter two vessels, which provided for "arbitration in London" was impliedly governed by English law. G & L go on to emphasise that art.3(1):

"... does not permit the court to infer a choice of law that the parties might have made where they had no clear intention of making a choice. Such a situation is governed by Article 4."[86]

In *AIG Europe SA (formerly AIG Europe Ltd) v John Wood Group Plc*,[87] the Court of Appeal considered a clause contained in the Risk Details section of various excess insurance policies made in the form of the "Market Reform Contract", entitled the "Primary Policy Jurisdiction Clause" ("PPJC") which provided that any dispute under the applicable excess policy was *"subject to the same law and the same jurisdiction in the primary policy"*. The Court held that because the primary policy did not contain any law or jurisdiction clause, the PPJC, had nothing to bite on and was of no effect. There was, accordingly, no conflict between the PPJC clause and English law and jurisdiction clauses which were contained in the printed standard terms which also formed part of the excess policies (and thus no need to determine which of those clauses should prevail).[88] The express law and jurisdiction clauses in the printed terms applied.

The notion of severability imported by the last sentence of art.3(1) is apparently intended to underline the parties' freedom to pick and choose different applicable laws. The circumstances in which a court would find that they impliedly intend such a result remain obscure.

Article 3(2) permits the parties to vary the applicable law at any time. G & L states that the choice of the applicable law can be made "either at the time the contract is concluded or at an earlier or later date".[89]

12-019

---

[84] G & L, p.17.
[85] *Egon Oldendorff v Liberia Corp (No.1)* [1995] 2 Lloyd's Rep. 64. Applied *Seniority Shipping Corp SA v City Seed Crushing Industries Ltd* [2019] EWHC 3541 (Comm); [2021] 1 Lloyd's Rep 168; *Ulusoy Denizilik A.S. v Cofco Global Harvest (Zhangjiagang) Trading Co. Ltd* [2020] EWHC 3645 (Comm); [2021] 1 Lloyd's Rep. 177; and approved in *Ebury Partners Belgium SA/NV v Technical Touch BV* [2022] EWHC 2927 (Comm); [2023] 1 Lloyd's Rep. 575 (in each case in the context of art.10 of the Regulation (art.8(2) of the Brussels Convention)). See also: *Egon Oldendorff v Libera Corpn (No 2)* [1996] 1 Lloyd's Rep 380 (Rome Convention art.3), *Enka Insaat Ve Sanayi AS v OOO Insurance Company Chubb* [2020] UKSC 38 at [114].
[86] G & L, p.17.
[87] *AIG Europe SA (formerly AIG Europe Ltd) v John Wood Group Plc* [2022] EWCA Civ 781; [2022] Lloyd's Rep I.R. 561.
[88] *AIG Europe SA (formerly AIG Europe Ltd) v John Wood Group Plc* [2022] EWCA Civ 781 at [51]–[52] per Males LJ.
[89] G & L, p.17.

However, the parties' freedom to choose the applicable law under the Regulation is subject to the limitations imposed by art.9 (Overriding mandatory provisions)[90] and art.21 (Public policy of the forum).[91]

Applicable law in the absence of choice (art.4)

12-020 **Specific rules** Article 4(1) of the Regulation sets out eight specific choice of law rules (subparas (a)–(h)) which apply to particular types of contracts.[92] Some of these are reasonably straightforward.[93] Thus:

> "... a contract for the sale of goods shall be governed by the law of the country where the seller has his habitual residence ..." (art.4(1) subpara.(a))

and:

> "a contract for the provision of services shall be governed by the law of the country where the service provider has his habitual residence" (art.4(1) sub para.(b)).

One assumes the latter provision will apply to a reinsurance intermediary's terms of business, in the event they do not specify a governing law (see the discussion of intermediaries below). One further assumes that a reinsurance contract is not to be regarded as a "contract for the provision of services" within the meaning of this sub paragraph, although given the G & L commentary on the Convention (to which we refer below) it is not certain that the European Court would agree. In our view, none of the specific rules in art.4(1) apply to reinsurance contracts, and we are left with the general default rule in art.4(2).

12-021 **General default rule** Article 4(2) states that:

> "Where the contract is not covered by paragraph 1 ... the contract shall be governed by the law of the country where the party required to effect the characteristic performance of the contract has his habitual residence."

Thus, it is necessary to identify the "characteristic performance" of a contract and

---

[90] Article 9 of the Regulations provides: 1. Overriding mandatory provisions are provisions the respect for which is regarded as crucial by a country for safeguarding its public interests, such as its political, social or economic organisation, to such an extent that they are applicable to any situation falling within their scope, irrespective of the law otherwise applicable to the contract under this Regulation. 2. Nothing in this Regulation shall restrict the application of the overriding mandatory provisions of the law of the forum. 3. Effect may be given to the overriding mandatory provisions of the law of the country where the obligations arising out of the contract have to be or have been performed, in so far as those overriding mandatory provisions render the performance of the contract unlawful. In considering whether to give effect to those provisions, regard shall be had to their nature and purpose and to the consequences of their application or non-application.
[91] Article 21 of the Regulation provides: "The application of a provision of the law of any country specified by this Regulation may be refused only if such application is manifestly incompatible with the public policy (ordre public) of the forum."
[92] Most of these special rules are new to the Regulation. The Convention included only a couple of presumptions—making special provision for contracts relating to immovable property (art.4(3)) and contracts for the carriage of goods (art.4(4))—see further, the second edition of this work.
[93] We need not concern ourselves with attempting to fathom the baffling language of subpara.(h): "[A] contract concluded within a multilateral system which brings together or facilitates the bringing together of multiple third-party buying and selling interests in financial instruments, as defined by Article 4(1), point (17) of Directive 2004/39/EC, in accordance with non-discretionary rules and governed by a single law, shall be governed by that law." Sub-para (h) has been amended in UK Rome I to refer to "...financial instruments, as defined in Part 1 of Schedule 2 to the Financial Services and Markets Act 2000 (Regulated Activities) Order 2001, in accordance...."

then locate the place of habitual residence of the party who may be termed the "characteristic performer".[94]

Overriding proviso Article 4(3) of the Regulation provides as follows:

12-022

"Where it is clear from all the circumstances of the case that the contract is manifestly more closely connected with a country other than that indicated in paragraphs 1 or 2, the law of the other country shall apply."

Recital (20) of the Regulation provides that for the purposes of applying art.4(3), one factor to be taken into account is "whether the contract in question has a very close relationship with another contract or contracts". In the reinsurance context such contracts may include other contracts made between the same parties, underlying contracts of insurance, or other contracts of reinsurance covering the same risk.

This overriding proviso (as it was worded under art.4(5) of the Convention) was applied by Mance J (as he then was) in *Bank of Baroda v Vysya Bank Ltd*,[95] where two out of three contracts arising under a letter of credit were governed by English law applying the general presumption, but the third contract would, applying the same general presumption, be governed by Indian law. Mance J regarded this as "wholly anomalous" and held that English law also applied to the third contract.

In *British Arab Commercial Bank Plc v Bank of Communications*[96] the English court was asked to decide the governing law of a counter guarantee given in respect of a Performance Bond governed by Syrian law. Blair J said that applying art.4(2) of the Rome Convention English law would be the governing law but applying art.4(5) it was clear that the contract was most closely connected with Syria and therefore Syrian law was[97] the governing law.

In *Banco Santander v Companhia dc Carris de Ferro de Lisboa SA* Portuguese transport companies claimed that their interest rate swap contracts with the English arm of Santander (who backed them out to the Portuguese parent company) were not so overwhelmingly "Portuguese" that the choice of English Law should be ignored in favour of Portuguese law. They were "international" and the "overriding" principle should not easily override a "fundamental" feature of the Conven-

---

[94] *Pablo Star Ltd v Emirates Integrated Telecommunications Co PJSC (t/a Du)* [2009] EWCA Civ 1044 illustrates governing law being determined by the place of characteristic performance. A brave man, Mr Hayden Price, a director of the claimant, took on EITC, a large London firm of solicitors, and a barrister, and succeeded in the Court of Appeal. The claimant was so limited in its funds that it restricted its claim to £50,000 in order to proceed in the county court, and met opposition on governing law and jurisdiction. The Court of Appeal found that the performance that characterised the contract was to be by the claimant and the claimant was in England. Waller LJ, with the express support of Ward J said: "It is worrying indeed that a respectable company such as EITC faced with a claim for under £50,000, which they must appreciate has some merit even if not certain of success, should spend many thousands of pounds seeking to argue about where such a dispute should be resolved. It is as I have already said ironic that they should do so relying on terms which include a term that sensible negotiation should precede the incurring of expenditure. I am not saying that they should necessarily have just accepted England, but surely it would have made sense either to compromise swiftly as their own terms envisaged or, if that failed, suggest an arbitral tribunal or mediation in a neutral place." See also: *Filatona Trading Ltd v Navigator Equities Ltd* [2019] EWHC 173 (Comm) ("characteristic performer" resident in England). The court also noted that the presumption in art.4(2) should not be displaced lightly (following *Samcrete Egypt Engineers & Contractors v Land Rover Exports Ltd* [2001] EWCA Civ 2019; [2002] C.L.C. 533).

[95] *Bank of Baroda v Vysya Bank Ltd* [1994] 2 Lloyd's Rep. 87.

[96] *British Arab Commercial Bank Plc v Bank of Communications* [2011] EWHC 281 (Comm); [2011] 1 Lloyd's Rep. 664.

[97] *Banco Santander v Companhia dc Carris de Ferro de Lisboa SA* [2016] EWCA Civ 1267; [2017] 1 W.L.R. 1323.

tion (these contracts were governed by the Convention)—freedom of choice of the parties. The result was, naturally, that the English court had jurisdiction.

In *Enka Insaat Ve Sanayi AS v OOO Insurance Company Chubb*[98] the majority of the Supreme Court found that whilst the "habitual residence" of the contractor providing services under a standard form FIDIC construction contract was Turkey (art.4(1)(b)), it was clear from all the circumstances of the case that the main body of the construction contract was manifestly more connected with Russia than with any other country and therefore Russian law was the governing law (art.4(3)).

12-023 **Fall-back rule** Article 4(4) of the Regulation provides as follows:

> "Where the law applicable cannot be determined pursuant to paragraphs 1 or 2, the contract shall be governed by the country with which it is most closely connected."

Habitual residence

12-024 Article 19 of the Regulation sets out the following rules for determining the place of "habitual residence":

> "(1) For the purposes of this Regulation, the habitual residence of companies and other bodies, corporate or unincorporated, shall be the place of central administration.
>
> The habitual residence of a natural person acting in the course of his business activity shall be his principal place of business.
> (2) Where the contract is concluded in the course of the operations of a branch, agency or any other establishment, or if, under the contract, performance is the responsibility of such a branch, agency or establishment, the place where the branch agency or any other establishment is located shall be treated as the place of habitual residence.
> (3) For the purposes of determining the habitual residence, the relevant point in time shall be the time of the conclusion of the contract."

Characteristic performance

12-025 The concept of "characteristic performance" has been criticised by a number of commentators on the Convention.[99] G & L asserts that:

> "... the law appropriate to the characteristic performance defines the connecting factor of the contract from the inside, and not from the outside by elements unrelated to the essence of the obligation such as the nationality of the contracting parties or the place where the contract was concluded ... The concept of characteristic performance essentially links the contract to the social and economic environment of which it will form a part."[100]

G & L give the following guidance (our comments are in square brackets):

> "Identifying the characteristic performance of a contract obviously presents no difficulty in the case of unilateral contracts. [The very concept of a unilateral contract presents a difficulty since a contract is necessarily a minimum of two people—one suspects something

---

[98] *Enka Insaat Ve Sanayi AS v OOO Insurance Company Chubb* [2020] UKSC 38 at [161]. Lord Burrows and Lord Sales JSC (dissenting) agreed that Russian law was the proper law of the construction contract but applying art.3(1) that this choice had been "clearly demonstrated by the terms of the contract or the circumstances of the case" [205]. Separately, the majority of the Supreme Court found that the arbitration agreement between the parties was governed by English law–see further Chapter 14 below.

[99] See R.L. Purves, "Article 4 of the Rome Convention and the law applicable to international contracts of insurance and reinsurance" [1997] I.J.I.L. 138, and the references there cited.

[100] G & L, p.20.

has been lost in the translation]. By contrast, in bilateral (reciprocal) contracts whereby the parties undertake mutual reciprocal performance, the counter-performance by one of the parties in a modern economy usually takes the form of money. This is not, of course, characteristic performance of the contract. It is the performance for which the payment is due, i.e. depending on the type of contract, the delivery of goods, the granting of the right to make use of an item of property, the provision of a service, transport, insurance, banking operations, security etc. which usually constitutes the centre of gravity and the socio-economic function of the contractual transaction.

As for the geographical location of the characteristic performance, it is quite natural that the country in which the party liable for the performance is habitually resident or has his central administration (if a body corporate or unincorporate) or his place of business, according to whether the performance in question is in the course of his trade or profession or not, should prevail over the country of performance where, of course, the latter is a country other than that of habitual residence, central administration or the place of business. In the solution adopted by the Group the position is that only the place of habitual residence or of the essential administration or of the place of business of the party providing the essential performance is decisive in locating the contract.

Thus, for example, in a banking contract the law of the country of the banking establishment with which the transaction is made will normally govern the contract. [Quaere if the 'banking contract' is between two 'banking establishments'? If the transaction is an advance of money on day one by A and quarterly repayments over the next two years by B?] It is usually the case in a commercial contract of sale that the law of the vendor's place of business will govern the contract. To take another example, in an agency contract concluded in France between a Belgian commercial agent and a French company, the characteristic performance being that of the agent, the contract will be governed in Belgian law if the agent has his place of business in Belgium."[101]

The above discussion must be understood in the context of Convention rules which did not contain a specific provision relating to contracts "for the provision of services" (subpara.(b) of art.4(1) of the Regulation). It is conceivable that the European Court would conclude that banking and reinsurance contracts are, as a matter of EU law, to be regarded as contracts for the provision of financial services.

Application to reinsurance

It is not obvious that the payment of money is less "characteristic" of a contract than the provision of goods or services but it is also somewhat artificial to characterise the performance of a contract of reinsurance as the provision of services by the reinsurer. On payment, the reinsured pays money as premium and the reinsurer may pay money as claims. Neither is obviously more characteristic of the contract than the other. "Services" in the performance of the reinsurance contract may be performed by intermediaries who are not parties to the reinsurance contract.[102] Can a willingness, for the duration of the policy period, to compensate for a loss within the terms of the reinsurance contract be described as the provision of a service? Even if no claims are made, the reinsured has the reinsurer's capital at risk so as to allow him to write the underlying business and assist him in satisfying the relevant regulatory authorities as to his ability to meet claims. In our view the G & L analysis does not deal with the case of any financial transactions which are merely reciprocal promises to pay money.[103]

However, and notwithstanding our views regarding the conceptual difficulties of

12-026

---

[101] G & L, pp.20–21.
[102] See Chs 9 and 11 above.
[103] See Robert L. Purves, (see fn.85 above), who rightly (in our view) criticises the "conceptual weakness" of characteristic performance generally, and in particular its application to contracts of

"characteristic performance", in *Dornoch Ltd v Mauritius Union Assurance Co Ltd*,[104] Tuckey LJ endorsed the approach of the Judge[105] who held, in the context of a forum shopping contest, that under art.4 of the Convention:

> "... there was a good arguable case that the contract [of reinsurance] was most closely connected to England because the characteristic performance of a reinsurance contract was payment in the event of a claim and that would be performed [in England]."[106]

It follows that, for all the philosophical difficulties to which the Regulation gives rise, it is likely that in most cases involving the London market the Regulation will result in the same choice of governing law—namely English law—being applied by English courts which they would have applied under the common law choice of law rules. Parties will arrive at the same destination, albeit by following a more convoluted and confusing European route.

Whilst the most important element of a reinsurance contract for both parties is the prompt payment of sums due, there may be many other rights and obligations. The reinsurer may have a right of inspection of records; it is a characteristic of the contract of reinsurance. Is the provision of access to records a "service" provided by the reinsured? Are the obligations under claims reporting or control provisions to be regarded as services? The inclusion of a specific rule in the Regulation (art.4(1), sub para.(b)) relating to contracts for the provision of services has failed to resolve the conceptual difficulty.

12-027   An illustration of the uncertainty to which the application of the Regulation to

---

insurance/reinsurance. However, the conceptual weakness of the Convention did not appear to trouble Morison J in *Tonicstar Ltd (t/a Lloyds Syndicate 1861) v American Home Assurance Co* [2004] EWHC 1234 (Comm); [2005] Lloyd's Rep. I.R. 32, who stated without elaborating further (para.36): "Here the performance of the contract which is characteristic is by the reinsurer." Since the Lloyd's syndicate in that case was seeking to avoid the contract for misrepresentation and/or non-disclosure, it was strictly speaking a case of characteristic non-performance by the reinsurer.

[104] *Dornoch Ltd v Mauritius Union Assurance Co Ltd* [2006] EWCA Civ 389; [2006] 2 Lloyd's Rep 475 (which is discussed further below, 12-030 and 12-031). In *Stonebridge Underwriting Ltd v Ontario Municipal Insurance Exchange* [2010] EWHC 2279 (Comm), the judge said that both parties pretty much agreed on the effect of applying the Rome Convention. Inter alia applying *Dornoch v Mauritius Union* [2006] EWCA Civ 389 Clarke J found that English law applied. He said immediately before finding for the English insurer: "I have not ignored the fact that the Reinsurance Contract relates to municipal insurance in Ontario effected by a corporation domiciled in Ontario. I do not regard this as a circumstance which is of any significance by itself. A great deal of London reinsurance relates to risks in all four quarters of the habitable globe, and sometimes outside it, in relation to which disputes are often most appropriately litigated in London. There is nothing sufficiently special in the circumstance that the reassured is a Canadian mutual (to use English terminology) to mandate Canadian jurisdiction. Nor does the existence of an Agent in Ontario for Lloyd's Underwriters mean that Ontario is the most appropriate forum" (at [56]). We ask whether it would have been any less logical for him to say: "I have not ignored the fact that the reinsurance was placed in London by a London broker with a London reinsurer but given the dominant position of the London market, that will often be the case. This is a facultative reinsurance. The concept of 'performance of the obligation that is characteristic of the contract' is not easy in reinsurance. Looking at the 'circumstances as a whole' (art.4(5)), it is apparent that the contract is most closely connected with Ontario where the entirety of the subject matter that the reinsurer is reinsuring is located." Such an approach is certainly a lot closer to the sentiment of Lord Mance in the passage from *Durham v BAI (Run Off) Ltd* in fn.47 above, and of Blair J in *British Arab Commercial Bank Plc v Bank of Communications* in 12-021 above and more aligned with the thought process of Mackie J in *Lawlor v Sandvik* in 12-009 above. It is our perception that the litany of connections with English law—which are used to persuade the judge to accept jurisdiction in England—is a litany prepared for the jurisdiction application rather than in the mind of the insurer at the time of entering into the insurance or reinsurance as a reason for not settling on a governing law.

[105] Aikens J (as he then was).

[106] *Dornoch v Mauritius Union Assurance* [2006] EWCA Civ 389 at 41; [2006] 2 Lloyd's Rep 475 at 482–483 per Tuckey LJ.

reinsurance contracts gives rise is provided by the facts of *Citadel v Atlantic Insurance*[107] from 1982: Canadian reinsured; New York producing broker; London placing broker; Greek reinsurer; reinsurance slips signed in London. Reversing the first instance judge, the Court of Appeal found that reinsurance contracts were concluded in London on each occasion that a declaration of a risk was made to a London broker; that the breaches of the reinsurance (failure to pay) took place *in London;* that the contractual obligations were governed by *English law;* that the only convenient place for dispute resolution was *London.*

We analyse the facts of Citadel process by reference to the Rome regulation:

- *Step 1: does article 3 apply?* Have the parties expressly or impliedly chosen an applicable law with reasonable certainty? Clearly there was no express choice. The parties' intentions appear to be equivocal.
- *Step 2(a): does articles 4(1) subpara.(b) apply?* If (contrary to the views we have expressed above) a reinsurance contract is one for the "provisions of services" then, presumably, the reinsurer was to be regarded as the "service provider". Thus, the reinsurance contract would have been governed by Greek law.
- *Step 2(b): apply article 4(2)* If reinsurance is not a contract for the "provision of services", then, applying the default rule, the applicable law was that of the place of business of the "characteristic performer". Following G & L, this means the reinsurer, and the reinsurance contract was again, prima facie, governed by Greek law.
- *Step 3: can the overriding proviso be applied?* Do the "circumstances as a whole" show that the contract is more closely connected with another country. An English court may follow the reasoning of the Court of Appeal in the *Citadel Insurance* case and hold that the role of the London broker is of such importance that it shifts the economic centre of gravity of the contract to England.[108] It is far from clear that the European Court of Justice would take the same view. We refer to the extract from the preamble to the Regulation quoted at the outset of this chapter.

Consider a more complex transaction. A Swedish insurer instructs London brokers to place both quota share and excess loss reinsurance cover. The brokers place the quota share cover on two slips, one subscribed exclusively at Lloyd's, the other led by a German company authorised to write in London, with European and London market companies following. The two quota share slips are identical, providing "same terms and conditions as original", save that the company slip provides for arbitration in Stockholm under ICC Rules, whereas the Lloyd's slip simply provides "arbitration clause". The excess of loss cover is placed in two layers. The first layer is written by Swiss, French and American companies. The second layer is placed with companies in Bermuda and Japan. There are no jurisdiction or arbitration clauses in the excess of loss slips. It is arguable that, applying the Regulation rules, save for the Lloyd's QS slip, none of the contracts is governed by English law. The Swedish arbitration clause arguably makes it "reasonably clear" that the company market intended the QS slip to be governed by Swedish law. The XL slips evidence several contracts of reinsurance with reinsurers in different countries, with the result that, applying the general presumption and assuming that the reinsurer is the "characteristic performer", the reinsurance contracts are governed respectively by Swiss, French, American, Bermudian and Japanese law,

12-028

---

[107] *Citadel v Atlantic Insurance* [1982] 2 Lloyd's Rep. 543, and above.
[108] Compare *Bank of Baroda v Vysya Bank Ltd* [1994] 2 Lloyd's Rep. 87, and above.

12-029   *Gan Insurance Co Ltd v Tai Ping Insurance Co Ltd (No.1)*[109] was the first case in which the English courts had to consider the application of the Convention to reinsurance contracts. The defendants were Taiwanese insurance companies who had issued an erection all risks ("EAR") policy insuring property in Taiwan. The defendants entered into a contract of facultative reinsurance with the plaintiff reinsurers in London. The reinsurance contract was contained in a slip which provided: "FORM: Slip Policy NMA 1779 *following original*—original wording as agreed Leading Underwriter only". [Emphasis added] The original EAR policy wording was in Chinese and (by cl.22) expressly provided that the Taiwanese Insurance Law was to apply. The defendants settled a claim brought by the original insured. The plaintiffs obtained leave to serve out of the jurisdiction ex parte under RSC Ord.11 r.1(1)(d)(i), (ii), (iii) in actions seeking declarations that they were not liable by reason of the defendants' breach of the claims co-operation clause in the reinsurance contract, alternatively that the plaintiffs were entitled to avoid for material misrepresentation by the defendants. The defendants applied to set aside the leave to serve out, inter alia, on the grounds that the English court had no jurisdiction because the reinsurance contracts were not governed by English law, but by Taiwanese law.[110]

Cresswell J held, applying art.3 of the Convention, that the parties had impliedly chosen English law with reasonable certainty. He relied on the fact that the reinsurance contracts were placed in London on the London market and included standard London market clauses in the slips. He considered that the words in the slips "as original" and "subject in all respects to the same clauses and conditions as original" were intended to ensure only that the risks undertaken by reinsurers were identical to those undertaken by the insurers, and did not evidence an intention to adopt Taiwanese law as the governing law of the reinsurance contract. Cresswell J added that, if he was wrong, then applying art.4, reinsurance contracts were governed by English law as the law of the country with which they were most closely connected.

> "It is to be presumed that the reinsurance contracts are most closely connected with England where the principal places of business of both plaintiffs in the first action and the principal places of business of four or five out of seven plaintiffs in the second action are situated: see Art.4(2) ... It does not appear from the circumstances as a whole that the contracts were more closely connected with Taiwan (art.4(5))."[111]

12-030   On appeal, counsel for Tai Ping argued that, because Tai Ping were seeking "back to back" cover, following *Vesta v Butcher*,[112] the presumption must be that the reinsurance contract was on identical terms to those of the EAR policy. Counsel ac-

---

[109] *Gan Insurance Co Ltd v Tai Ping Insurance Co Ltd (No.1)* [1999] Lloyd's Rep. I.R. 229 (Cresswell J); aff'd by CA (Beldam, Brooke, Mummery LJJ); [1999] Lloyd's Rep. I.R. 472.
[110] It appears that under the Taiwanese Insurance Law the (re)insurer cannot avoid the contract for misrepresentation unless it had submitted written enquiries which had been untruthfully answered and then only if the fact misrepresented relates to the peril in question.
[111] Per Cresswell J. In this passage the learned judge, by relying on the general presumption in art.4(2), implicitly accepts the submission made by counsel for the plaintiff that, "the performance which is characteristic of a reinsurance contract is the provision of insurance cover by the reinsurer" (see G & L p.20, and Plender, *The European Contracts Convention* (Sweet & Maxwell, 1999), pp.110–111). The Court of Appeal approved Cresswell J's analysis generally, but, did not comment on this passage in the Giuliano-Lagarde report.
[112] *Vesta v Butcher* [1989] A.C. 852.

cepted that in *Vesta v Butcher*, the House of Lords had stopped short of holding that English law was not the proper law of the contract,[113] but argued that cl.22 was a term of the EAR policy which defined the nature of the risk and which precluded the reinsurer from avoiding for misrepresentation. Beldam LJ said:

"[This] argument involves a departure from the usual course of business on the London reinsurance market which could only be justified if the terms of the reinsurance policy unequivocally pointed to an intention that the proper law should be Taiwanese law ... I do not think it is possible to infer from the terms of the slip that the parties to the reinsurance intended to incorporate all the terms of the EAR policy.

In my view where a contract of reinsurance is made in London between London underwriters and brokers their agreement is based on the well-known duty of disclosure and the right of an insurer to avoid a policy for misrepresentation. Cl.22 of the EAR contract would introduce a term of Taiwanese law in conflict with this basis. On principle, in the absence of express agreement, I would hold that it cannot reasonably be imputed to the parties that they intended cl.22 to apply. At the most, scope for the words 'as original' and 'in the original policy wording' could be given by its application to the provisions of the EAR policy which defined the extent of the risk insured.

I am fortified in this view by the many decisions which have limited similar phrases in reinsurance policies. So, in *Hong Kong Borneo Services Co. Ltd and Ors v Pilcher*[114] in construing the words 'as per primary insurance' in an excess of loss insurance policy, Evans L.J., then Evans J., held that they were intended to identify the scope of the excess cover with that of the underlying club cover. In *Municipal Mutual v Sea Insurance* [1996] L.R.L.R. 265 Waller L.J., then Waller J., construed the words 'Conditions as underlying ...' as not necessarily meaning that one must write into the terms of the reinsurance all the underlying terms adapting them to the reinsurance. In *Pine Top v Unione Italiano*[115] Gatehouse J. said:

'The only sensible intention I can attribute to the parties is that they were concerned to make sure that the risk undertaken by reinsurers was identical as to period, geographical limits and nature of the risk with the risk undertaken by the primary insurer.[116]'

I would therefore reject [counsel's] submission that the express terms of the reinsurance policy included a clause making Taiwanese law the proper law of the contract. In my opinion the judge was correct to hold that there was an implied choice of English law 'demonstrated with reasonable certainty by the terms of the contract or the circumstances of the case as required by Article 3'. The judge pointed to the reference to 'slip policy NMA 1779', 'full reinsurance clause NMA 416', 'claims co-operation clause NMA 464, NMA 1685' and the claims co-operation clause itself as demonstrating a choice of clauses commonly found in contracts of reinsurance placed on the London market. Moreover, the procedure adopted was to place the business in London using London brokers who presented the risk to reinsurers in the conventional way in concluding a contract of reinsurance governed by English law. In my view the judge was also right to hold that, in the absence of express choice, the applicable law was English law.[117]"

We agree that, as a general proposition, where a broker in the London market 12-031

---

[113] It will be recalled that in *Vesta v Butcher* the original policy did not contain an express choice of law clause (although it was clearly impliedly governed by Norwegian law). The House of Lords held that, as a matter of construction, the reinsurance contract was back to back with the insurance contract. Therefore, the insurer/reinsured was entitled to be indemnified because he was liable to the insured under the insurance contract, notwithstanding a breach of warranty which would have entitled the insurer/reinsured to deny liability under English law (but did not do so under Norwegian law).

[114] *Hong Kong Borneo Services Co Ltd v Pilcher* [1992] 2 Lloyd's Rep 593.

[115] *Municipal Mutual Insurance Ltd v Sea Insurance Co Ltd* [1996] L.R.L.R. 265.

[116] *Pine Top Insurance Co v Unione Italiana Anglo Saxon Reinsurance Co* [1987] 1 Lloyd's Rep 476 at 480.

[117] *Gan Insurance v Tai Ping* [1999] Lloyd's Rep. I.R. 472 at 480–481.

presents an underwriter with a reinsurance slip in a standard London market form, then it is reasonable for a court to infer, in the absence of express choice, that the intention of both the parties (the broker as agent for the reinsured and the underwriter/reinsurer) is that English law governs the contract of reinsurance.[118] Such an inference is fiction because in reality neither the broker nor the underwriter have applied their minds to the question. If they had done so, then they would have included an express choice of law clause and either a jurisdiction or an arbitration clause.[119] However, if the subject matter of the reinsurance contract is identical with the subject matter of the insurance contract, then a respectable argument may be made (especially in the case of facultative reinsurance where the parties intend "back to back" coverage) that where the original insurance contract contains an express choice of law clause, and the reinsurance contract is expressed to be upon the same terms as the original, then the reinsurance contract also contains an express choice of law clause. The parties have expressed a choice of law by reference to a clause in another document but they have nonetheless chosen a law other than English law. All of the authorities to which Beldam LJ referred[120] are founded upon a common-sense approach to contractual construction which starts from the premise that not every clause in an original contract of insurance is suitable for inclusion in a reinsurance contract (the stock replacement clause in *Vesta v Butcher* is a classic example of such a clause). A choice of law clause in the direct insurance is plainly capable of incorporation into a reinsurance contract. It is not obvious why London market underwriters and their counterparties could not have intended to incorporate a choice of law clause when they have expressly agreed to follow the form of an underlying insurance contract which contains such a clause. Quaere whether *Gan Insurance v Tai Ping* would have been decided differently if the original insurance contract had contained an express choice of law.

12-032 The question of incorporation by reference of a choice of law clause from an insurance contract into a reinsurance contract was revisited by the Court of Appeal in *Dornoch v Mauritius Union Assurance*,[121] which we first looked at in 12-025 above. The underlying original policies of insurance written by the first defendant (MUA) covered the second defendant, The Mauritius Commercial Bank (MCB), and were expressly subject to Mauritius law and jurisdiction. Primary reinsurance was written by a market led by Munich Re. The primary reinsurance covered most, but not all, of the risks covered. It was expressed to be on "J(a) form plus Wordings as agreed Original Wording based on ..." and included "Mauritius Jurisdiction Clause." The excess reinsurance was written in the London market, with Lloyd's syndicates as leaders, under a slip policy which provided:

---

[118] The decision of Morison J in *Tonicstar Ltd v American Home Assurance Co* [2005] Lloyd's Rep. I.R. 32 (at [36]) is plainly correct on this point. See also *Tryg Baltica International (UK) Ltd v Boston Compania de Seguros* [2004] EWHC 1186 (comm); [2005] Lloyd's Rep. I.R. 40 at [8]; *Gard Marine & Energy v Tunnicliffe* [2010] Lloyd's Rep I.R 62 at [31]. The decision of Hamblen J was upheld by the Court of Appeal: *Gard Marine & Energy Ltd v Glacier Reinsurance AG* [2010] EWCA Civ 1052. Followed: *Generali Italia SpA v Pelagic Fisheries Corp* [2020] EWHC 1186 (Comm); [2020] Lloyd's Rep. I.R. 466.

[119] A reviewer of the 1st edition of this work suggested that the list of 13 points we make at 12-002 (starting with "think about it") should be pinned up in every underwriter's office. It is, however, evident from cases such as *Tonicstar Ltd v American Home Assurance Co* [2005] Lloyd's Rep. I.R. 32, and *Munchener Ruckversicherungs-Gesellschaft AG (t/a Munich Reinsurance Co) v Commonwealth Insurance Co* [2005] EWHC 914 (Comm); [2005] Lloyd's Rep. I.R. 99 that this suggestion has not been followed.

[120] Which we discuss in Ch.4 above.

[121] *Dornoch v Mauritius Union Assurance* [2006] EWCA Civ 389; [2006] 2 Lloyd's Rep. 475 (see Ch.4, 4-013 above).

"Conditions: To follow all terms and conditions of the primary policy together with riders and amendments thereto covering the identical subject matter and risk ..."

The slip policy also contained a provision which stated, "Jurisdiction Clause", without more. The Court of Appeal considered the applicable law of the reinsurance policy in the context of an application by MUA and MCB to stay the declaratory proceedings commenced by reinsurers in the English Court. Thus, the question was whether the claimants had established a "good arguable case" that the excess reinsurance policy was governed by English law, one of the grounds for the exercise of jurisdiction by the English Court under what was then CPR Pt 6.20(5).[122] It was assumed that the primary reinsurance policy was subject to Mauritius law and jurisdiction. Tuckey LJ summarised the approach of Aikens J (as the then was) to the application of the Rome Convention as follows:

"The judge decided that he could not say that either party had demonstrated with reasonable certainty by the terms of the contract or circumstances of the case what the proper law was. There was therefore a stalemate so far as article 3 was concerned. However, under article 4 he decided there was a good arguable case that the contract was most closely connected to England because the characteristic performance of a reinsurance contract was payment in the event of a claim and that would be performed here."[123]

On appeal, MUA and MCB argued that Aikens J had been wrong to find a stalemate under art.3, and that he could and should have expressed a provisional view that the proper law was Mauritius law because the choice of law clause in the primary insurance was incorporated into the reinsurance. It was argued that choice of law clauses are more easily transportable than jurisdiction clauses because there is a general presumption that contracts which follow one another are subject to the same law. It was also argued that because the judge did not reach a decision under art.3 it was not open to him to consider art.4. The Court of Appeal rejected these arguments. Tuckey LJ said:

12-033

"The argument for incorporation by reference went both ways: the general presumption relied on by MUA and MCB, as against the fact that the reinsurance was broked on the basis of a Lloyd's proposal form by English brokers and written on London market terms it would be 'surprising and improbable' that the contract was governed by anything other than English law. In those circumstances I do not think the judge's decision that there was stalemate can be faulted. If he could not determine the matter by reference to article 3, I do not see how he had any other option but to go to article 4. Applying this article, he obviously reached the right conclusion."[124]

In a facultative reinsurance contract, where general words of incorporation by reference are used, we see no good reason why, as a matter of principle, the choice of law clause in the insurance contract should not be transported, especially in a case where the intention of the parties was that there be back to back cover. In *Dornoch v Mauritius Union* there was a good argument that the excess reinsurance and the primary reinsurance were not back to back, as Tuckey LJ pointed out:

"In this case I accept that the contracts are closely connected. But they are not a complete match. The reinsurance followed the primary reinsurance in the sense that it provided an

---

[122] Now Civil Procedure Rules, r.6.36, Practice Direction 6B, paragraph 3.1(6)(c). See Ch.13, 13-033 below.
[123] *Dornoch v Mauritius Union Assurance* [2006] EWCA Civ 389 at [41]; [2006] 2 Lloyd's Rep. 475 at 482–483.
[124] *Dornoch v Mauritius Union Assurance* [2006] EWCA Civ 389 at [43]; [2006] 2 Lloyd's Rep. 475 at 483.

extra layer of cover above that provided by the primary. But the primary cover did not cover all the risks covered by the underlying primary insurance and the reinsurance only covered premises and transit risks. Moreover, the primary reinsurance does not contain the 72-hour infidelity extension clause contained in the reinsurance."

It is clear from *Dornoch v Mauritius Union Assurance* that, unless the slip contains an express foreign choice of law clause or an express foreign jurisdiction clause (which by implication points to a choice of foreign applicable law[125]) the English courts will find that a reinsurance contract placed in the London market, by London brokers and using standard form London market wordings is governed by English law. In those circumstances the express choice of a foreign law in the primary insurance will be insufficient to clearly demonstrate a choice of foreign law in the reinsurance contract under art.3 and will be of insufficient weight under art.4(3) (read with Recital (20)) to demonstrate that the reinsurance contract is manifestly more closely connected with a law other than English law.

The Rome II Regulation

12-034   Regulation (EC) 864/2007 of 11 July 2007 on the Law Applicable to Non-Contractual Obligations ("the Rome II Regulation"), which came into effect on 11 January 2009, is likely to have little, if any, impact on reinsurance disputes which are contractual in nature. However, the duty to make a fair presentation of a risk is not an implied term of the contract but a sui generis legal obligation arising under English statue.[126] A claim for a remedy for breach of such duty, including for avoidance of a reinsurance contract is also statutory and appears to be caught by the choice of law rule contained in art.12(1) ("*Culpa in contrahendo*") of the Rome II Regulation:

"The law applicable to a non-contractual obligation arising out of dealings prior to the conclusion of a contract, regardless of whether contract was actually concluded or not, shall be the law that applies to the contract or that would have been applicable to it had it been entered into."

Following the UK's exit from the EU, as it has with the Rome Convention and the Regulation, the UK has kept as part of UK domestic law, a version of the Rome II Regulation which contains the substantive rules of the Rome II Regulation but in a modified form[127]. Having left the EU on 31 January 2020, the Rome II Regulation continued to have direct effect in the UK until the end of the transition period[128]. Therefore the Rome II Regulation (in the form then in effect) continues to apply to events giving rise to damage, where such events occurred before 23:00 (GMT) on 31 December 2020. The UK will apply UK version of Rome II to events occurring after this date. References in the text to the "Rome II Regulation" should, therefore, be read as references to UK version of Rome II as appropriate. CJEU decisions made before 23:00 (GMT) on 31 December 2020 continue to apply to events covered by the Rome II Regulation as EU retained law[129] save to the extent

---

[125] As was assumed to be the case in relation to the primary reinsurance.
[126] See Ch.6 above.
[127] The Private International (Miscellaneous Provisions) Act 1995 (as amended by Pt.2 reg.4 and Pt.4 reg.11 of The Law Applicable to Contractual Obligations and Non-Contractual Obligations (Amendment etc.) (EU Exit) Regulations 2019 (SI 2019/834) (as amended by the Jurisdiction Judgments and Applicable Law (Amendment) (EU Exit) Regulations 2020 (SI 2020/1574) reg.6(5))).
[128] EU Withdrawal Agreement Art.66(b).
[129] The Law Applicable to Contractual Obligations and Non-Contractual Obligations (Amendment etc.)

they are departed from by either the Supreme Court or Court of Appeal using their powers under the European Union (Withdrawal) Act 2018 s.6(4)).[130]

2. REINSURANCE INTERMEDIARIES AND THE CONFLICT OF LAWS

The making of the contract

12-035

The question of where a contract is made may be a connecting factor of little relevance for determining the proper law.[131] However, it may be important as a ground for conferring jurisdiction[132] and for regulatory purposes.[133] The proper or applicable law of the contract governs the question of where a contract is deemed to have been concluded.

As we have seen,[134] under English law the reinsurer is bound at the time at which he signifies his acceptance to the terms proposed by the reinsured. In the London market this will usually be evidenced by the reinsurer scratching a slip offered to him by the broker acting as the agent of the reinsured. The contract is made at the place where the acceptance is communicated to the reinsured/his agent.

In *Citadel v Atlantic Insurance*,[135] which we looked at first in 12-026 above, the Court of Appeal considered the contractual effect of declarations made under an open cover. Kerr LJ said:

"The open cover under which the defendants accepted liability as reinsurers was a standing offer whereby they agreed to accept liability for any declarations made to Austen [the brokers] in London within the terms of the cover. There was no other way in which such declarations could be made so as to become binding. The initialling of the original slip, which established the open cover, did not at that stage constitute any contract between the plaintiffs and the defendants. However, whenever any declaration was made thereunder on behalf of the plaintiffs to Austen in London ... a contractually binding obligation was created between the plaintiffs and the defendants. This obligation arose in London on receipt by Austen of every such declaration ... Accordingly, the contracts which gave rise to the alleged liabilities of the defendants were made in London; alternatively—and perhaps more accurately—they were made by the defendants by or through the agency of Austen in London. It follows that in my judgment the plaintiffs clearly bring themselves within O.11 on this ground."[136]

The question whether a contract is made at a particular place by or through an agent may also be relevant for jurisdictional purposes. This in turn raises the question of whose agent a particular intermediary is, the answer to which depends upon the law governing the contract of agency, and which we discuss below.

---

[130] (EU Exit) Regulations 2019 (SI 2019/834) Pt 2 reg.3(4)(b) and the European Union (Withdrawal) Act 2018 s.6(3). The term "retained EU case law" is defined in the European Union (Withdrawal) Act 2018 s.6(7).
[130] Which provides that the Supreme Court and Court of Appeal are not bound by EU retained case law.
[131] See the *Amin Rasheed* case [1984] A.C. 50, above.
[132] See the *Citadel Insurance* case [1982] 2 Lloyd's Rep. 543, above.
[133] See Ch.11 above, and Ch.15 below.
[134] See Ch.3 above.
[135] *Citadel v Atlantic Insurance* [1982] 2 Lloyd's Rep. 543 (the facts are set out above).
[136] *Citadel v Atlantic Insurance* [1982] 2 Lloyd's Rep. 543 at 547–548 (with whom Lord Denning MR and Oliver LJ agreed).

The law governing the agency relationship

Common law

12-036 As we have seen,[137] the relationship of agency is contractual, and it is now usual for there to be a written contract: the TOBA,[138] between the broker and his client. Where a London broker is employed and contracts are placed in the London market, the connection with English law is obvious. Indeed, there does not appear to be any reported case involving a London broker where it was argued that the agency relationship was not governed by English law.

Underwriting agency agreements have typically been in writing, and this was so even at the time when brokers in London did have written terms of business. In *Atlantic Underwriting Agencies Ltd and David Gale (Underwriting) Ltd v Compania Di Assicurazione Di Milano SpA*,[139] the first plaintiff, Atlantic, a company incorporated in the British Virgin Islands and managed partly in Luxembourg and partly in Jersey, purportedly entered into a written agreement with the defendant Italian reinsurers, Milano, to act as Milano's underwriting agents. Article XII of the agreement provided as follows:

> "The scope of this Agreement shall be world-wide ... Any disputes arising out of or in connection with this agreement shall be finally settled under the Rules of Conciliation and Arbitration of the International Chamber of Commerce in Geneva ..."

The second plaintiff, Gale, an English company, had agreed to act as Atlantic's sub-agents. The plaintiffs argued, for the purpose of founding jurisdiction under RSC Ord.11 r.1(1), inter alia, that the underwriting agency agreement was governed by English law. They relied on the fact that the contract was in English, had been drafted by English lawyers and contained many English legal terms. It was also said that the business to be written under the agreement was to emanate predominantly from the London market. The defendants argued for Italian law, which was the place where they negotiated and signed the agreement.

Lloyd J (as he then was) said that he had originally thought the connecting factors were very evenly balanced.[140] However, he concluded that the balance came down in favour of Italian law. Alternatively, if he were wrong, he considered that the law of the Canton of Geneva was the next logical choice (although none of the parties had suggested that it applied) by reason of the arbitration clause. Accordingly, he refused the plaintiffs leave to serve English proceedings on the defendant in Italy.

The Regulation

12-037 Article 1(2)(g) of the Regulation excludes:

> "The question whether an agent is able to bind a principal or an organ to bind a company or body corporate or unincorporate to a third party."

---

[137] See Ch.9 above.
[138] Terms of Business Agreement.
[139] *Atlantic Underwriting Agencies Ltd and David Gale (Underwriting) Ltd v Compania di Assicurazione di Milano* [1979] 2 Lloyd's Rep. 240.
[140] *Atlantic v Milano* [1979] 2 Lloyd's Rep. 240: "so much so that I wondered whether it was permissible in affairs of this kind to declare a dead heat."

However, it is reasonably clear that the Regulation does apply to contractual relationship between a principal and his agent.[141]

It is interesting to consider the application of the Regulation rules to the facts of *Atlantic v Milano*. The first question is whether the arbitration clause would result under art.3 in the implied choice of the law of the Canton of Geneva. Lloyd J said:

> "[A]lthough the law of the place where the arbitration is to take place is no longer conclusive, it is still a very strong factor particularly in contracts between the nationals of different states. Why should the parties have chosen arbitration under the ICC Rules in Geneva rather than, say, in Paris, unless they intended Swiss law to apply to the substance as well as to the procedure, especially as procedure is to some extent governed by the ICC Rules themselves?"[142]

In our submission, the choice of Geneva as the place of arbitration is equivocal as regards choice of the law governing the contract. Where parties have not expressly chosen the applicable law, the ICC Rules leave the question to the arbitrators, and the choice of a particular place as the seat of an ICC arbitration (which will govern the procedural law of the arbitration) is unlikely to be regarded by international commercial arbitrators as an implied choice of the substantive law of the seat.[143] In any event, Lloyd J himself regarded the law of Geneva as a runner up to Italian law.

Assuming that art.3 does not apply, the next step is to apply art.4(1). One can say with some degree of certainty that the underwriting agency agreement is a contract "for the provision of services" (art.4(1), subpara.(b)) and that the agent is the "service provider". If Milano had contracted directly with Gale, who were apparently to perform the underwriting services in London, the application of English law would follow under art.4(1) subpara.(b). But in this case, the performance by the agent, Atlantic, consisted of the delegation of underwriting authority to Gale. This was achieved by means of a sub-agency agreement between Atlantic and Gale, signed in Luxembourg, which was one of two jurisdictions (Jersey being the other) where Atlantic (a BVI company) did business. Does this mean that Luxembourg law would be applied? This would seem to be a case for applying art.4(4), i.e. one falls back to the position of asking with which country is the contract most closely connected? (essentially the same choice of law rule that applies at common law) which leaves one with the choice between English law and Italian law, a choice which is far from easy on the facts of the case.

12-038

---

[141] A similar exclusion is to be found in the Convention (art.1(2)(f)), G & L (at p.13) emphasises that this exclusion is confined to the relationship between the principal and the third party and that the Convention does apply to the relationship between the principal and the agent, or to that between the agent and the third party.
[142] *Atlantic v Milano* [1979] 2 Lloyd's Rep. 240 at 245.
[143] See *Enka Insaat Ve Sanayi AS v OOO Insurance Co Chubb* [2020] UKSC 38 and Ch.14 below.

CHAPTER 13

Reinsurance Litigation

TABLE OF CONTENTS

1.	Introduction	13-001
2.	Jurisdiction and Enforcement of Foreign Judgments	13-008
2A.	Jurisdiction	13-013
2B.	Enforcement	13-077
3.	Miscellaneous Procedural Issues	13-087
4.	Limitation of Actions	13-113

"Previously we were disposed to think too much of our own legal system. It was so superior to all others that, if a plaintiff managed to serve a defendant whilst he was in this country, we nearly always let him continue with it ... In so laying down the law, we were going back in mind to the days which Lord Reid described[1] as 'the good old days ... when inhabitants of this island felt an innate superiority over those unfortunate enough to belong to other races'. Those good old days have gone. Our entry into the Common Market has brought many changes. One of them is the recognition that the legal systems of other countries have their merits too; and we must learn to live with them."—Lord Denning MR[2]

1. INTRODUCTION

Overview

The growth of reinsurance disputes

A glance at the law reports from the late nineties reveals the Commercial Court hearing an ever increasing number of reinsurance cases. On many occasions underwriters at Lloyd's refused to follow settlements made by other Lloyd's syndicates which they reinsure. Underwriting agents and brokers have been accused of incompetence and dishonesty. Judges were critical of how the market operated, and their judgments exposed the inadequacy of contractual wordings. We refer to the 1890s. The "Commercial Cases" reports for the period from the foundation of the Commercial Court in 1895 until the outbreak of the First World War will dispel any notion that reinsurance litigation is a phenomenon that first occurred in the last three decades of the twentieth century. It is worthy of note that in 2009 the House of Lords sang its judicial swan song (before being replaced by the Supreme Court) in a reinsurance case.[3] Lord Donaldson MR once remarked "that litigation

13-001

---

[1] *Owners of the Atlantic Star v Owners of the Bona Spes, The "Atlantic Star"* [1974] A.C. 436 at 453.
[2] *MacShannon v Rockware Glass Ltd* [1977] 2 All E.R. 449 at 451–452.
[3] *Wasa International Insurance Co v Lexington Insurance Co* [2009] UKHL 40; [2010] 1 A.C. 180: see Ch.4, 4-001 to 4-002 and Ch.5, 5-031.

is not a war or even a game. It is designed to do real justice between opposing parties ...".[4] From a judicial perspective this may be so, but practising litigation lawyers, quite properly, regard their function as being to advance the commercial interests of their clients within the limits permitted by the law and by the ethics of their profession. Moreover, pragmatic Commercial Court judges understand that clients are occasionally disinclined to play the game (*pace* Lord Donaldson) by the rules. As Kawaley J (as he then was) has observed:

> "Litigation is both an art and a science and, in modern multi-jurisdictional high-stakes commercial litigation, it is not always possible for legal advisers to weigh nicely what is required when litigation strategy throws up conflicts between duties to clients and duties owed to the Court, especially in communications across cultural boundaries, points of subtlety can easily get lost in translation ... The present legal contest, after all, is not a mediaeval jousting contest where honour trumps all. It is more akin to a professional football match between rival teams with a history of previous grudge matches, with each side fielding players not averse to committing the occasional professional foul. The referee of such a match is required to have a sense of proportionality, waving an occasional yellow or red card, perhaps, but saving the ultimate sanction of effectively awarding the match to one side by default only for the most grave circumstances."[5]

Strategic issues

13-002 This work is principally concerned with substantive questions of reinsurance law, but a large part of the practice of reinsurance law is concerned with questions of procedure, investigating issues of fact and advising clients on the practical aspects of reinsurance disputes. Among the questions which frequently arise are the following:

(1) Are there any alternatives to litigation?
(2) In what jurisdiction should the litigation be commenced?
(3) How is the case to be proved?
(4) How is the ultimate objective to be achieved?

We address the alternatives to litigation in the next chapter. In this chapter we discuss the particular procedural issues to which reinsurance disputes give rise. We have already remarked on the transnational nature of reinsurance transactions. Many reinsurance disputes give rise to arguments over where to sue, and we therefore begin our discussion of reinsurance litigation with a summary of the jurisdictional rules applicable in England and Bermuda.

England: The Civil Procedure Rules

Overview of the CPR/Commercial Court practice

13-003 The Civil Procedure Rules ("CPR") are a procedural code for civil litigation introduced in the last year of the last century.[6] The "overriding objective" of the

---

[4] *Davies v Eli Lilly & Co* [1987] 1 W.L.R. 428 at 431H.
[5] *OAO "CT-Mobile" v IPOC International Growth Fund Ltd* [2006] Bda 24 L.R. 69 at [90].
[6] Since then we have had the "Jackson" reforms in 2013 which make it easier for litigation to be funded and amend the rules for "Pt 36" (settlement) offers. Studies such as that of Nottingham Business School in 2009 suggest that the Woolf changes did not make litigation in the English High Court cheaper or quicker.

INTRODUCTION

CPR is said to be "enabling the court to deal with cases justly and at proportionate cost".[7] The court is required:

> "to seek to give effect to the overriding objective when it (a) exercises any power given to it by the Rules; or (b) interprets any rule."

Moreover, "the parties are required to help the court to further the overriding objective".[8] The essential features of the regime are the extensive powers of "case management" given to the court[9] and the allocation of cases to one of three "tracks": small claims track,[10] fast track[11] and multi-track.[12] All cases in the Commercial Court are automatically allocated to the multi-track.[13] The CPR for commercial cases should be read in conjunction with the contents of the Commercial Court Guide (incorporating the Admiralty Court Guide).[14] The latest edition of the Guide together with the daily case listings, judgments, forms and lead-in times for trials and applications can be found on the pages of HM Courts and Tribunal Service on www.gov.uk.

Most insurance and reinsurance litigation in England will be heard by the Commercial Court whose specialist Judges have experience of the legal and practical operation of the insurance and reinsurance markets.[15]

Case management

CPR r.1.4 provides that: 13-004

> "(1) The court must further the overriding objective by actively managing cases.
> (2) Active case management includes:
>   (a) encouraging the parties to co-operate with each other in the conduct of the proceedings;
>   (b) identifying the issues at an early stage;
>   (c) deciding promptly which issues need full investigation and trial and accordingly disposing summarily of the others;
>   (d) deciding the order in which issues are to be resolved;
>   (e) encouraging the parties to use an alternative dispute resolution procedure if the court considers that appropriate and facilitating the use of such procedure;
>   (f) helping the parties to settle the whole or part of the case;
>   (g) fixing timetables or otherwise controlling the progress of the case;
>   (h) considering whether the likely benefits of taking a particular step justify the cost of taking it;
>   (i) dealing with as many aspects of the case as it can on the same occasion;
>   (j) dealing with the case without the parties needing to attend at court;
>   (k) making use of technology; and

---

[7] Civil Procedure Rules ("CPR") r.1.1(1). See the definition of "dealing with cases justly and at proportionate cost" in CPR r.1.1.(2).
[8] CPR r.1.3.
[9] CPR Pts 3, 26.
[10] CPR Pt 27.
[11] CPR Pt 28.
[12] CPR Pt 29.
[13] See Admiralty and Commercial Courts Guide, D1.2.
[14] Currently the 11th edition of the Commercial Court Guide, 2022.
[15] The Court now recognises that legal practitioners operating in the field "experience of insurance or reinsurance", encompassing both its legal and practical aspects: *Allianz Insurance Plc v Tonicstar Ltd* [2018] EWCA Civ 434; [2018] Bus. L.R. 2347. See, generally: Coleman, Lyon & Hopkins, *The Practice and Procedure of the Commercial Court*, 6th edn (Informa, 2008).

(l) giving directions to ensure that the trial of a case proceeds quickly and efficiently."

Alternative dispute resolution

13-005 It will be noted that one of the aspects of active case management by the court is that of "encouraging the parties to use an alternative dispute resolution procedure". "ADR", now referred to in the Commercial Court Guide as "NDR" (negotiated dispute resolution), which we discuss in the next chapter, is very much in vogue and strongly encouraged by the judges of the Commercial Court.[16] In *Halsey v Milton Keynes General NHS Trust*,[17] the Court of Appeal concluded that the court has no jurisdiction to compel the parties to mediate.[18] Subsequent cases have called for a reconsideration of *Halsey*.[19] In *Churchill v Merthyr Tydfil CBC*,[20] the Court of Appeal took the opportunity to reconsider its approach: navigating the precedent rules, the Court of Appeal said that the *Halsey* decision on the mediation point was not binding since it was about cost sanctions for not taking ADR steps, not whether to order parties to participate in mediation. The question of whether the court had power to mandate ADR was neither part of the best or preferred justification for, nor a necessary step in reaching, those conclusions. Accordingly, the Court of Appeal in *Churchill* was not restrained by precedent to stay extant proceedings and order the parties to engage in a non-court-based dispute resolution process. Sir Geoffrey Voss MR said:

"[59] ... Experience has shown that it is extremely beneficial for the parties to disputes to be able to settle their differences cheaply and quickly. Even with initially unwilling parties, mediation can often be successful. Mediation, early neutral evaluation and other means of non-court-based dispute resolution are, in general terms, cheaper and quicker than court-based solutions. Whether the court should order or facilitate any particular method of non-court-based dispute resolution in a particular case is a matter of the court's discretion, to which many factors will be relevant."

Voss MR considered as relevant to the exercise of the court's discretion the following factors:

"[61] ... (i) the form of ADR being considered, (ii) whether the parties were legally advised or represented, (iii) whether ADR was likely to be effective or appropriate without such advice or representation, (iv) whether it was made clear to the parties that, if they did not settle, they were free to pursue their claim or defence, (v) the urgency of the case and the reasonableness of the delay caused by ADR, (vi) whether that delay would vitiate the claim or give rise to or exacerbate any limitation issue, (vii) the costs of ADR, both in absolute terms, and relative to the parties' resources and the value of the claim, (viii) whether there was any realistic prospect of the claim being resolved through ADR, (ix) whether there was a significant imbalance in the parties' levels of resource, bargaining power, or sophistication, (x) the reasons given by a party for not wishing to mediate: for example, if there had already been a recent unsuccessful attempt at ADR, and (xi) the

---

[16] The applicability of NDR is usually discussed at the Case Management Conference before a Commercial Court Judge. See ss. D and G of the latest Commercial Court Guide.
[17] [2004] EWCA Civ 576; [2004] 1 W.L.R. 3002.
[18] Followed in *Mills and Reeve Trust Corp Ltd v Martin* [2023] EWHC 654 (Ch). However, in *Lomax v Lomax* [2019] EWCA Civ 1467; [2019] 1 W.L.R. 6527, the Court of Appeal held that Early Neutral Evaluation (ENE) could be ordered under CPR 3.1(2)(m) without a party's consent.
[19] E.g. *Reid v Buckinghamshire Healthcare NHS Trust* [2015] EWHC B21 (Costs).
[20] *Churchill v Merthyr Tydfil CBC* [2023] EWCA Civ 1416; [2024] Costs L.R. 249.

reasonableness and proportionality of the sanction, in the event that a party declined ADR in the face of an order of the Court.",

however, he noted that other factors too may be relevant depending on all the circumstances.[21] It would be undesirable to provide a checklist or a score sheet for judges to operate. In any event:

> "[65] ... [t]he court should only stay proceedings for, or order, the parties to engage in a non-court-based dispute resolution process provided that the order made does not impair the very essence of the claimant's right to proceed to a judicial hearing, and is proportionate to achieving the legitimate aim of settling the dispute fairly, quickly and at reasonable cost."

In any event the use of Commercial Court style "NDR Orders" (which require the parties to take such serious steps as they may be advised to resolve the matters using ADR procedure) are permissible and strongly encouraged. Further, in *Dunnett v Railtrack Plc*.[22] Brooke LJ said, in the Court of Appeal, that if parties "turn down out of hand" the possibility of ADR when it is suggested by the court, they may have to face "uncomfortable costs consequences". In *Halsey*, the Court of Appeal noted that a decision to deprive a successful party of any of its costs (on the grounds that it refused to agree to mediate) is an exception to the usual rule that costs follow the event. Accordingly, the burden to justify a costs sanction lies with the unsuccessful party. Dyson LJ identified the following "factors which may be relevant to the question whether a party has unreasonably refused ADR will include (but are not limited to) the following: (a) the nature of the dispute;[23] (b) the merits of the case; (c) the extent to which other settlement methods have been attempted; (d) whether the costs of the ADR would be disproportionately high; (e) whether any delay in setting up and attending the ADR would have been prejudicial; and (f) whether the ADR had a reasonable prospect of success".[24]

Overview of the Bermuda RSC

The Rules of the Supreme Court of Bermuda 1985 are, for the most part, derived from the rules in force in England in 1979. Amendments were introduced in January 2006 to update a handful of the most important rules taking into account both the rules that were in force in England in 1999 and certain provisions in the CPR. Further, relatively minor amendments were made in 2013 (O. 18, monitoring orders against banks, and the addition of certain forms); 2014 (O. 20, production orders); 2017 (O. 115A, confiscation in criminal proceedings); and 2018 (0. 11, service out of the jurisdiction; and 0. 15(12A), derivative actions). The commentaries in the 1979 edition and the 1999 edition of the English Supreme Court Practice ("the White Book") before the introduction of the CPR and the cases cited therein on equivalently worded English rules are regarded as persuasive.

13-006

---

[21] *Churchill v Merthyr Tydfil CBC* [2023] EWCA Civ 1416 at [61] and [66].
[22] *Dunnett v Railtrack Plc* [2002] EWCA Civ 303; [2002] 2 All E.R. 850.
[23] It may not be unreasonable to refuse to mediate if the parties require the court to determine issues of law or construction, set a binding precedent or give injunctive or other relief.
[24] *Halsey v Milton Keynes General NHS Trust* [2004] EWCA Civ 576; [2004] 1 W.L.R. 3002 at [16].

Principal differences between English and Bermuda practice

13-007 Bermudian practitioners continue to enjoy a pleasantly archaic regime where claimants, who are still called plaintiffs, do not have to state that the facts in their pleadings are true, and defendants have to enter an appearance. Moreover, plaintiffs have to work out whether to commence proceedings by writ, originating summons or originating motion, and writs are valid for 12 months from the date of issue, documents are discovered rather than disclosed, leave (rather than permission) is still sought (though rarely craved) and applications without notice are still made ex parte. As we discuss below, the Bermudian rules on jurisdiction and enforcement of foreign judgments are unaffected by European legislation.

As noted above, the overall structure of the Bermudian RSC derives from the English 1979 rules. However, a number of significant amendments were introduced on 1 January 2006 by The Rules of the Supreme Court Amendment Rules 2005.[25] In summary the most important new provisions are as follows:

(1) A new Ord.1 r.1A provides that "the Rules shall have the overriding objective of enabling the court to deal with cases justly ..." and adopts the definitions of dealing with cases justly and case management provisions of the CPR.

(2) A new Ord.72 creates a Commercial Court as part of the Supreme Court of Bermuda. The judges of the Commercial Court, who shall be such of the judges of the Supreme Court as the Chief Justice may from time to time designate to be Commercial Judges, will hear commercial actions as defined.[26]

(3) Order 11 has been amended. The new jurisdictional provisions essentially follow the version of Ord.11 in the 1999 English Rules.[27]

(4) A new Ord.38 r.2A (derived from the 1999 English Rules) providing for exchange of witness statements has been adopted.

(5) Order 62 has been amended replacing "party and party" costs with taxation on the "standard basis", allowing the successful party to recover "a reasonable amount in respect of all costs reasonably incurred ..."

(6) Order 73 has been amended to provide for applications under the Arbitration Act 1986 and the Bermuda International Conciliation and Arbitration Act 1993 respectively.

Bermuda legislation can be found on: *https://www.bermudalaws.bm*, and the Supreme Court of Bermuda maintains a website which contains recent judgments: *https://www.gov.bm/court-judgments*.[28]

---

[25] BR 55/2005.

[26] The definition of "commercial action" is derived from the CPR, covering any claim arising out of the transaction of trade and commerce and includes any claim relating to: (a) a business document or contract; (b) the export or import of goods; (c) the carriage of goods by land, sea, air or pipeline; (d) the exploitation of oil and gas reserves or other natural resources; (e) insurance and reinsurance; (f) banking and financial services; (g) the operation of markets and exchanges; (h) the purchase and sale of commodities; (i) the construction of ships; (j) business agency; and (k) arbitration. In addition, any application under the Companies Act is automatically assigned to the Commercial Court.

[27] See 13-057–13-060 below. One provision of the amended Ord.11 has been taken from Pt 6 of the CPR.

[28] A subscription service for Bermuda law reports is available at *http://www.justis.vlex.com*.

2. JURISDICTION AND ENFORCEMENT OF FOREIGN JUDGMENTS

Introduction and overview

Introduction

Adrian Briggs and Peter Rees have observed that: "Litigators live, in the language of the Chinese curse, in interesting times."[29] Professor Briggs strikes a nostalgic note in the opening paragraphs of his very helpful work, *Civil Jurisdiction and Judgments*, as follows:

13-008

> "Not so long ago a statement of the rules, that defined and regulated the jurisdiction of an English court could be made and explained in a very small number of pages. If the defendant was in England and was served with the writ, the fact of service founded the jurisdiction of the court; and if the court had jurisdiction, it would exercise it. If the defendant was not in England, making service upon him would depend on first obtaining leave, the process for doing (or subsequently defending) was a little more involved; but by and large a single set of rules applied to all defendants alike, and in all actions in personam.
>
> It now seems hard to believe that it really was that simple.[30] Today by contrast, the law on civil jurisdiction and the enforcement of judgments has many, and much more complicated sets of jurisdictional rules ... The engine of change has been irresistible pressure from the institutions of Europe. In the field of civil and commercial matters, great leaps or lurches have taken us towards common rules to determine the jurisdiction of courts and the effect of judgments from Member States of the European Union."[31]

As a result of the United Kingdom ceasing to be a member of the EU on 31 January 2020, the rules on jurisdiction and enforcement in relation to Member States of the EU have, for the immediate future, become more complicated. However, over time, these rules should become simpler as the transitional arrangements put in place to deal with the UK's departure cease to be relevant.

Overview of English jurisdictional rules

There are presently two categories of rules relating to the jurisdiction of the English court in commercial disputes about the payment of money:

13-009

- First, a Council Regulation[32] providing for a uniform system of jurisdiction and enforcement of judgments in the Member States of the EU.[33] These rules apply to the UK and EU Member States in respect of proceedings

---

[29] A. Briggs and P. Rees, *Civil Jurisdiction and Judgments*, 3rd edn (Lloyd's of London Press, 2002), Appendix. The 6th edition (informa law, 2015), of which Professor Briggs is the sole author, opens with the following statement: "Few things complicate the law as much as a project which has the aim of simplifying it." A new 7th edition was published on 27 April 2021.
[30] As we shall see, it still is relatively simple in *Bermuda*.
[31] A. Briggs *Civil Jurisdiction and Judgments*, 6th edn (informa, 2015), p.1.
[32] (EC) 44/2001, recast in Regulation (EU) No.1215/2012.
[33] There is also an international convention, the 2007 Convention on Jurisdiction and the Recognition and Enforcement of Judgments in Civil and Commercial Matters (the "Lugano Convention"), which provides for a uniform system across these areas as between EU Member States and three of the Member States of the European Free Trade Association (Iceland, Norway and Switzerland). Denmark, although an EU Member State, is a contracting party to the Convention in its own right as it has an "opt-out" for matters of justice under relevant EU treaties. The Lugano Convention ceased to apply to and in the UK as from 23:00 (GMT) ON 31 December 2020 but UK courts will

instituted before 23:00 (GMT) on 31 December 2020, and will continue to apply to EU Member States after this date[34].

- Secondly, the rules applicable in non-Regulation cases, which are to be found in CPR 6.33, 6.36 and Practice Direction 6B (formerly RSC Ord.11). These rules apply, most importantly, where the proposed defendant is domiciled in the United States or in Bermuda.

Proceedings instituted on or after 1 January 2021 which would previously have been within the scope of the Regulation are now covered by the rules in CPR 6.33, 6.36 and Practice Direction 6B.

For proceedings covered by the Regulation, where a defendant is domiciled[35] in a Member State of the EU or the UK, he must prima facie be sued in the court of the state where he is domiciled unless some specific provision of the Regulation confers jurisdiction upon some other court. The specific Regulation grounds of jurisdiction are examined below. In addition, regardless of the domicile of the parties, if there is a valid jurisdiction agreement pursuant to which jurisdiction is conferred upon the English court or a court of a Member State, that court has exclusive jurisdiction under the Regulation.[36]

For cases outside the Regulation, where the defendant is domiciled outside the UK, prima facie the English court has jurisdiction to entertain an action in personam if, either:

(1) Proceedings have been served upon the defendant while he is present in England/Wales; or
(2) The English court is the designated court under an exclusive choice of court agreement governed by the 2005 Hague Convention[37]; or
(3) The contract contains an English jurisdiction clause[38]; or
(4) Permission has been given by the court to serve proceedings outside England/Wales upon that defendant, pursuant to CPR 6.36 and PD6B.

Overview of Bermuda jurisdictional rules

13-010 None of the European Conventions or the EU Regulation apply to Bermuda. To found jurisdiction, it is necessary either to serve process on a defendant within the jurisdiction, or to obtain leave to serve on a defendant outside the jurisdiction, pursuant to the Bermudian version of RSC Ord.11. In addition, Bermudian law provides that jurisdiction may be available against a foreign company doing business through an agent or branch in Bermuda under the External Companies (Jurisdiction in Actions) Act 1885.[39]

Overview of English rules on enforcement of foreign judgments

13-011 There are presently five categories of rules concerning the enforcement of foreign judgments relating to the payment of money in the English courts:

(1) Regulation rules (in general applicable only where a judgment within the

---

continue to apply its provisions to a limited degree in respect of relevant proceedings commenced prior to that point.
[34] For proceedings instituted after 31 December 2020, the UK will be treated as a "third country" by EU Member States for the purposes of the Regulation.
[35] We consider the meaning of "domicile" below.
[36] See art.25.
[37] CPR 6.33(2B)(a).
[38] CPR 6.33(2B)(b).
[39] See 13-062 below.

scope of the recast Regulation on Jurisdiction and Judgments 2012 has been given in a contracting state).

(2) Statutory rules under the Hague Convention on Choice of Court Agreements 2005. See the Civil Jurisdiction and Judgments (Hague Convention on Choice of Court Agreements 2005) Regulations 2015 (SI 2015/1644)[40].

(3) Administration of Justice Act 1920 ("the 1920 Act") / CPR Pt 74 Rules applicable to judgments of courts in those states and territories to which the 1920 Act applies (most Commonwealth countries).

(4) Foreign Judgments (Reciprocal Enforcement) Act 1933 ("the 1933 Act") Rules/ CPR Pt 74 Rules applicable to judgments in those few remaining states and territories to which the 1933 Act still applies.

(5) Common law rules applicable to judgments of courts in the rest of the world, most importantly the United States, and to matters outside the scope of the Regulation or the European Conventions.

Overview of Bermuda rules on enforcement of foreign judgments

In Bermuda two categories of rules apply in relation to the enforcement of foreign money judgments:

13-012

(1) Statutory rules under the Judgments (Reciprocal Enforcement) Act 1958 (derived from the English 1920 Act and the English 1933 Act), which applies to judgments of courts in the UK and certain Commonwealth countries and territories.

(2) Common law rules applicable to judgments of courts in the rest of the world, most importantly the United States.

2A. JURISDICTION

England: Jurisdiction under the Regulation/Conventions

The European Conventions and the Council Regulation

In January 2015, a recast Regulation took effect in all Member States of the EU.[41] The recast Regulation:

13-013

(1) states the rules relating to jurisdiction agreements, which include jurisdiction agreements made between parties where neither party is domiciled in the EU;

(2) states the lis pendens rules (provisions prohibiting a court in one jurisdiction hearing proceedings whilst the courts of another jurisdiction are seised of those proceedings) but eases them where there is an exclusive jurisdiction agreement which has been violated;

(3) states, and strengthens, the rules favouring arbitration agreements over court proceedings in breach of them, and

---

[40] See also: Private International Law (Implementation of Agreements) Act 2020.
[41] Denmark had not adopted the earlier Regulation of 2001 as it has an "opt-out" for matters of justice under relevant EU treaties. However, it agreed to apply the 2001 Regulation with effect from 1 July 2007 following an agreement with the EU in 2005 (the "2005 EU/Denmark Agreement") and has subsequently agreed to apply the recast Regulation.

(4) provides for, and simplifies, the enforcement of Member State judgment by abolishing *exequatur* (the requirement for a declaration of enforceability).

A similar set of rules exist in the Lugano Convention[42] between EU Member States and EFTA countries.[43]

What follows is a summary of the jurisdictional rules under the Regulation as they affect insurance and reinsurance contracts in particular.[44]

The Regulation does not extend to the Channel Islands, the Isle of Man or the remaining dependent territories of the UK, including (as we have already noted above) Bermuda[45]. For the sake of simplicity we shall refer below generally to the Regulation and will not speak again of the Conventions save where the context requires it.[46] When we refer to articles by number we shall (unless otherwise stated) be referring to the articles of the Regulation.[47]

Following the UK's exit from the EU at 23:00 (GMT) on 31 January 2020, the Regulation ceased to apply to the UK.[48] However, under the transitional arrangements agreed between the EU and the UK, the Regulation continues to apply to legal proceedings[49] involving the UK as well as other EU Member States instituted before the end of the transition period at 23:00 (GMT) on 31 December 2020.[50]

After this date, where an English court is already seised of proceedings covered by the Regulation and proceedings between the same parties, involving the same cause of action are subsequently commenced in the courts of one of the remaining EU Member States, the English court may decline jurisdiction "if, and only if, it considered that it would be unjust not to do so"[51].

Decisions of the CJEU regarding the Regulation made before the end of the transition period continue to be binding on the English courts (i.e. with respect to proceedings commenced before the end of the transition period covered by the

---

[42] See the Civil Jurisdiction and Judgments Regulations 2009 (SI 2009/3131).

[43] The state parties to the Lugano Convention which are not members of the EU are Iceland, Norway and Switzerland. In light of its justice "opt-out" from relevant EU treaties, Denmark is a contracting party to the Lugano Convention in its own right. The principal difference between the two European Conventions is that under the Brussels Convention the parties have conferred jurisdiction on the European Court of Justice to determine any disputes which may be referred from national courts, which is not the case under the Lugano Convention.

[44] For a more detailed discussion, see generally: *Dicey, Morris & Collins on the Conflict of Laws*, 16th edn, Vol.I especially Chs 11 and 12.

[45] The Conventions replaced by the Regulation did not either.

[46] For example, when we are referring to court decisions considering provisions of the Conventions, and in those cases where the provisions of the Regulation differ substantially from those of the Conventions (an important instance of which is Regulation art.5(1) relating to contracts).

[47] There has been some change in the numbering of articles in the recast Regulation from those in the original Regulation and in the Brussels Convention. When we cite decisions relating to equivalent provisions in the Brussels Convention we will, where necessary, refer to both the article numbers.

[48] Revoked by the Civil Jurisdiction and Judgments (Amendment) (EU Exit) Regulations 2019 (SI 2019/479) reg.89.

[49] Including related legal proceedings pursuant to Arts 29, 30 and 31 of the Regulation.

[50] Withdrawal Agreement Art.67(1)(a); Civil Jurisdiction and Judgments (Amendment) (EU) Exit Regulations 2019 (SI 2019/479) reg.93A (inserted by the Civil, Criminal and Family Justice (Amendment) (EU Exit) Regulations 2020 (SI 2020/1493) reg.5(4)); "instituted" is not defined in the Withdrawal Agreement; however, we expect the English courts to regard English proceedings as having been "instituted" on the date when the claim form was issued and dated by the court (CPR 7.2); see: *AXIS Corporate Capital UK II Ltd v ABSA Group Ltd* [2021] EWHC 861 (Comm) (proceedings issued by reinsurers on 30 December 2020).

[51] Civil Jurisdiction and Judgments (Amendment) (EU Exit) Regulations 2019 (SI 2019/479) reg.93(2) (as amended by the Civil, Criminal and Family Justice (Amendment) (EU Exit) Regulations 2020 (SI 2020/1493) reg.5(2)(h)).

Regulation) as EU retained case law.[52] However, this requirement is not binding on the Supreme Court or Court of Appeal.[53]

The remaining EU Member States continue to be bound by the Regulation post Brexit, treating the UK as a third party state for the purposes of Article 34.

As the UK acceded to the Lugano Convention through its membership of the EU, it ceased to be a signatory to the Lugano Convention when its membership of the EU ceased on 31 January 2020. However, as EU law, it continued to apply in and to the UK during the transition period.[54] Unlike the Regulation, the Withdrawal Agreement is silent as to whether the Lugano Convention should have any transitional effects after the end of the transition period.[55] Whilst the UK and Norway have agreed that the Lugano Convention should continue to apply to proceedings instituted before the end of the transition period,[56] a similar agreement has not been reached between the UK and Switzerland or Iceland. Therefore, whilst the UK continues to apply the Lugano Convention unilaterally to relevant proceedings instituted before the end of the transition period,[57] there is no obligation on either the Swiss or Icelandic courts to do the same.

For the position after 31 December 2020, see 13-038 below.

The basic rule under the Regulation and the general exceptions

The general rule is that any person who is domiciled in a particular contracting state shall be sued in the courts of that state.[58] This rule is subject to exceptions namely:

13-014

---

[52] Withdrawal Agreement Art.4(4); European Union (Withdrawal) Act 2018 s.6(3). The English courts are only required to "have regard" to (not follow) CJEU decisions made after the end of the transition period European Union (Withdrawal) Act 2018 s.6(2).

[53] European Union (Withdrawal) Act 2018 s.6(4) (as amended by the European Union (Withdrawal Agreement) Act 2020.

[54] Withdrawal Agreement Art.127(1); the UK also continued to have the benefit of the 2005 EU/Denmark Agreement until the end of the transition period (Civil Jurisdiction and Judgments (Amendment) (EU Exit) Regulations 2019 (SI 2019/479) reg.82 (as amended by Civil, Criminal and Family Justice (Amendment) (EU Exit) Regulations 2020 (SI 2020/1493) reg.5(2)(f))), and therefore Denmark should also apply the transitional arrangements which are in place between the EU and the UK for proceedings covered by the Regulation.

[55] As a matter of UK law, any rights available in UK domestic law derived from either the Brussels Convention or the Lugano Convention ceased at 23:00 (GMT) on 31 December 2020 (SI 2019/479) reg.82 (Civil Jurisdiction and Judgments (Amendment) (EU Exit) Regulations 2019 (as amended by the Civil, Criminal and Family Justice (Amendment) (EU Exit) Regulations 2020 (SI 2020/1493) reg.5(2)(f))).

[56] See Reciprocal Enforcement of Foreign Judgments (Norway) (Amendment) (England and Wales and Northern Ireland) Order 2020.

[57] Civil Jurisdiction and Judgments (Amendment) (EU Exit) Regulations 2019 (SI 2019/479) reg.92 (as amended by the Civil, Criminal and Family Justice (Amendment) (EU Exit) Regulations 2020 (SI 2020/1493) reg. 5).

[58] Regulation art.4; in *Vedanta Resources Plc v Lungowe* [2019] UKSC 20; [2020] A.C. 1045, the Supreme Court held (following *Owusu v Jackson (t/a Villa Holidays Bal Inn Villas)* (C-281/02); EU:C:2005:120; [2005] Q.B. 801) that art.4 entitled a defendant to be sued in their domicile, without that jurisdiction being challenged on grounds of forum conveniens; further the express exceptions to this rule should be narrowly construed. In *Municipio de Mariana v BHP Group (UK) Ltd (formerly BHP Group Plc)* [2022] EWCA Civ 951; [2022] 1 W.L.R. 4691, the Court of Appeal, following *Owusu v Jackson* and explaining *Vedanta*, held that the judge had been judge had been wrong to rely on forum non conveniens factors as part of his analysis on abuse of process. He had stated that in cases in which the risk of irreconcilable judgments was just one of a number of factors relevant to the exercise of the abuse jurisdiction, it should not be ignored. However, the risk of inconsistent judgments was a matter to be largely confined to jurisdictional challenge under the Regulation (where it applied, here to D1) or to forum non conveniens principles (where it did not, here to D2): at [179], [197]–[206].

(1) Where a person, although domiciled in one contracting state, may be sued in the courts of some other contracting state because the subject matter of the action comes within one of a number of specified cases—
(a) special jurisdiction[59];
(b) jurisdiction in matters relating to insurance[60];
(c) jurisdiction over consumer contracts;[61] and
(d) jurisdiction over individual contracts of employment.[62]
(2) Where by reason of the subject matter of the action, it is specifically provided that the courts of a particular contracting state have exclusive jurisdiction, irrespective of the domicile of the parties.[63]
(3) Where the parties have agreed to confer exclusive jurisdiction upon the courts of a particular state.[64]
(4) Where the defendant submits to the jurisdiction of the court.[65]

The above jurisdictional rules *must* be followed wherever the subject matter of the action is within the scope of the Regulation and the proposed defendant is domiciled in a contracting state or where the parties have given jurisdiction to an EU state court by agreement even if neither is domiciled in any EU country. However, where the domicile of the defendant or the jurisdiction agreement does not compel the application of the Regulation, the English court will exercise jurisdiction over him in accordance with the general rules under CPR PD6B.[66]

The scope of the Regulation—arbitration clauses

13-015   Article 1 provides that the Regulation applies generally to "civil and commercial matters". However, a number of matters, including insolvency proceedings and "arbitration", are specifically excluded.[67] The 12th Recital of the Regulation says:

"This Regulation should not apply to arbitration. Nothing in this Regulation should prevent the courts of a Member State, when seised of an action in a matter in respect of which the parties have entered into an arbitration agreement, from referring the parties to arbitration, from staying or dismissing the proceedings, or from examining whether the arbitration agreement is null and void, inoperative or incapable of being performed, in accordance with their national law.[68]

A ruling given by a court of a Member State as to whether or not an arbitration agreement is null and void, inoperative or incapable of being performed should not be subject to the rules of recognition and enforcement laid down in this Regulation, regardless of whether the court decided on this as a principal issue or as an incidental question.

On the other hand, where a court of a Member State, exercising jurisdiction under this Regulation or under national law, has determined that an arbitration agreement is null and void, inoperative or incapable of being performed, this should not preclude that court's judgment on the substance of the matter from being recognised or, as the case may be, enforced in accordance with this Regulation. This should be without prejudice to the competence of the courts of the Member States to decide on the recognition and enforce-

---

[59] Regulation s.2 arts 7–9.
[60] Regulation s.3 arts 10–16.
[61] Regulation s.4 arts 17–19.
[62] Regulation s.5 arts 20–23.
[63] Regulation s.6 art.24.
[64] Regulation s.7 art.25.
[65] Regulation s.7 art.26.
[66] Regulation art.4(2).
[67] Regulation arts 1.1 and 1.2(d)).
[68] See further at 13-017 and Ch.14, 14-042 below.

ment of arbitral awards in accordance with the Convention on the Recognition and Enforcement of Foreign Arbitral Awards, done at New York on 10 June 1958 ('the 1958 New York Convention'), which takes precedence over this Regulation.

This Regulation should not apply to any action or ancillary proceedings relating to, in particular, the establishment of an arbitral tribunal, the powers of arbitrators, the conduct of an arbitration procedure or any other aspects of such a procedure, nor to any action or judgment concerning the annulment, review, appeal, recognition or enforcement of an arbitral award."

It is curious that so much of what the persons drafting wanted to say about arbitration and the Regulation is in the Recitals, but it seems improbable that any EU court decision would not be in line with the twelfth recital.

In *Marc Rich & Co v Societa Italiana Impianti PA (The "Atlantic Emperor")*.[69] The parties entered into a contract for the sale of crude oil by exchange of telexes. A telex from the plaintiffs to the Italian defendants which contained proposed additional terms, including an English choice of law and arbitration clause received no reply. The Italian defendants subsequently commenced proceedings in Italy, claiming a declaration that they were not liable to the plaintiffs. Meanwhile, the plaintiffs commenced arbitration proceedings in London and applied to the English courts for the appointment of an arbitrator. The defendants applied to stay the English proceedings on the grounds that the dispute was within the scope of the Convention and the plaintiffs were therefore required to sue the defendants in Italy under art.2 (now art.4(1)). Hirst J held that the "arbitration" exception in art.1.1 (now art.1.2(d)) was to be given a wide meaning and that the Convention did not apply. The Court of Appeal referred the question to the European Court of Justice, which held[70] that the question whether the arbitration exception applied depended on the subject matter of the dispute. Where the subject matter was the appointment of an arbitrator, the exception applied, regardless of whether the Court also considered other preliminary issues such as the validity of the arbitration agreement. Accordingly, the English court had jurisdiction despite the Italian defendants having sought to thwart the plaintiffs by commencing proceedings in Italy in breach of the arbitration agreement.

Aes Ust-Kamenogorsk Hydropower Plant LLP v Ust-kamenogorsk Hydropower Plant JSC[71] involved a Kazakhstan company (and thus not covered by the Regulation or the Conventions it replaced). The Supreme Court[72] agreed with the Court of Appeal that such an injunction, to restrain foreign court proceedings in support of an arbitration clause, could be ordered even if, when applied for, no arbitration had then been commenced.

However, as appears clearly from *Youell v La Reunion Airienne*[73] the English court will not decline jurisdiction simply because there is an arbitration elsewhere if the matter before the court *is not in relation to that arbitration*. The Court of Appeal found that English insurers were entitled to *declarations* from the English court that they were not liable on a claim. It did not matter that the defendant pursued the

---

[69] *Marc Rich & Co AG v Societa Italiana Impianti pA (The Atlantic Emperor) (No.1)* [1989] 1 Lloyd's Rep. 548; [1991] I.L.Pr. 562 at 554.
[70] *Marc Rich & Co AG v Societa Italiana Impianti SpA* (C-190/89) EU:C:1991:319; [1991] E.C.R. I-3855 at 3901.
[71] *Aes Ust-Kamenogorsk Hydropower Plant LLP v Ust-Kamenogorsk Hydropower Plant JSC* [2011] EWCA Civ 647; [2012] 1 W.L.R. 1889.
[72] *Aes Ust-Kamenogorsk Hydropower Plant LLP v Ust-Kamenogorsk Hydropower Plant JSC* [2013] UKSC 35; [2013] 1.W.L.R. 1889; followed *XL Insurance Co SE v Little* [2019] EWHC 1284 (Comm).
[73] *Youell v La Reunion Airienne* [2009] EWCA Civ 175.

claim in question in arbitration in France. That is a rather narrow view of what is "arbitration", but resistance is the way of the English courts when they are presented with an argument that they should not hear a matter brought before them. See further 13-017 below.

13-016   *The "Heidberg"*[74] considered the question whether the arbitration clause excluded the substance of the dispute from the Regulation as well as the agreement to arbitrate. Judge Diamond QC held that the judgment of a French court that an arbitration clause was not incorporated in a bill of lading was within the Convention and therefore would be recognised by the English court.[75] He said it was "beyond doubt" that the judgment of a court of a contracting state on the substance of a dispute, even if given in breach of a valid arbitration agreement, was within the scope of the Convention.[76] Recital 12 (third paragraph) confirms that, where a court of a Member State, has determined that an arbitration agreement is invalid, this does not preclude that court's judgment on the substance of the matter from being recognized and/or enforced under the Regulation. However, this is expressed to be "without prejudice" to the competence of the courts of the Member States to decide on the recognition and enforcement of arbitral awards in accordance with the New York Convention,[77] which is said to take precedent over the Regulation.

13-017   In *West Tankers Inc v RAS Riunione Adriatica di Sicurta SpA (The "Front Comor)* West Tankers owned a vessel which collided with a jetty in the port of Syracuse, causing damage. The Italian insurers of the charterer of the vessel paid for the damage, and then brought a delictual claim against the owners in the Tribunale di Siracusa, exercising their rights of subrogation under the Italian Civil Code. Despite art.27 of the Regulation—that where proceedings involving the same cause of action and the same parties are started in the courts of different Member States, the second shall stay proceedings until the jurisdiction of the first is established and decline jurisdiction when it is—the vessel owners brought proceedings in the English court for an injunction to stay the Italian proceedings arguing that the Italian insurers, being subrogated to the charterers, were bound to arbitrate in London in accordance with the charterparty. On being requested to stay the English proceedings, Colman J declined to do so. Colman J held that the delictual claim which had been transferred to the insurers by subrogation was subject to the London arbitration clause in the charterparty.[78] He further granted an injunction restraining the insurers from pursuing proceedings in Italy, and referred the case directly to the House of Lords, who referred the following question to the European Court:

> "Is it consistent with EC Regulation 44/2001 for a court of a Member State to make an order to restrain a person from commencing or continuing proceedings in another Member State on the ground that such proceedings are in breach of an arbitration agreement?"

---

[74] *Partenreederei M/S Heidberg v Grosvenor Grain & Feed Co Ltd (The Heidberg) (No.2)* [1994] 2 Lloyd's Rep. 287.
[75] See below.
[76] See also *Qingdao Ocean Shipping Co v Grace Shipping (The "Xing Su Hai")* [1995] 2 Lloyd's Rep. 15; *Philip Alexander Securities & Futures Ltd v Bamberger* [1996] C.L.C. 1757.
[77] Convention on the Recognition and Enforcement of Foreign Arbitral Awards, done at New York on 10 June 1958.
[78] This analysis was applied by the Court of Appeal in *Airbus SAS v Generali Italia SpA* [2019] EWCA Civ 805; [2019] Bus. L.R. 2997 in the context of an exclusive jurisdiction agreement under art.25.

The European Court (Grand Chamber) held[79] that, as a matter of comity, the question of whether the Italian Court lacked jurisdiction, by reason of the arbitration clause, was exclusively a question for the Italian court to determine. It was therefore incompatible with the Regulation for the English court to grant an anti-suit injunction.[80] In practice, this decision condoned abusive litigation tactics, like the "Italian torpedo", by allowing a party to an arbitration agreement to bring substantive proceedings in a court of a Member State likely to find the arbitration agreement invalid or likely to take a long time to make an order to uphold the validity of the arbitration agreement. The recast Regulation has not mitigated the effect of *West Tankers*.[81]

(1) According to Recital 12 (para.1), the courts of a Member State, when seised of an action in a matter in respect of which the parties have entered into an arbitration agreement, can refer the parties to arbitration, or stay proceedings, or examine the validity of an arbitration agreement, in accordance with their national law. This is so regardless of whether or not that court is in the same Member State as the seat of the arbitration. Thus, one party to the arbitration might ask a court of a Member State to determine whether an arbitration agreement is valid, whilst the other party can refer the matter to arbitration in accordance with the agreement.

(2) Recital 12 (para.2) provides that a ruling given by a court of a Member State as to the validity of an arbitration agreement is not subject to the Regulation's recognition and enforcement regime, regardless of whether the court decided on this as a principal issue or as an incidental question. Thus, when it comes to enforcement, a court in which enforcement is sought (e.g. in a court of the seat of arbitration) is not bound by a decision by the court of another Member State that the arbitration agreement was not valid.

(3) If a Member State court (the "enforcement court") is asked a) by one party to the arbitration agreement to enforce the resulting substantive judgment of the court of another Member State which is based on a determination that the arbitration agreement was invalid, and b) by the other party to the arbitration agreement to enforce any award resulting from the arbitration,

---

[79] *Allianz SpA (Formerly Riunione Adriatica di Sicurta SpA) v West Tankers Inc* (C-185/07) [2009] 1 AC 1138.

[80] We discuss the implications of the *West Tankers* case in Ch.14 below. The *"Front Comor"* story thereafter developed in this way: The shipowners obtained an arbitration award in England that they had no liability to cargo owners or their insurers and sought to have this negative award registered as a judgment. The insurers resisted but shipowners were successful at first instance and the Court of Appeal: *West Tankers Inc v Allianz SpA (The Front Comor)* [2012] EWCA Civ 27; [2012] Bus. L.R. 1701. Shipowners asked the arbitrators to award damages for breach of the duty to arbitrate pursuant to the arbitration agreement and an indemnity against any judgment against them in the Italian proceedings. The arbitrators declined. The court allowed the appeal: [2012] EWHC 854 (Comm). The arbitrators thought that because the shipowners' injunction in England against cargo/their insurers continuing proceedings in Italy had been discharged it would be wrong for them to award damages against the Italian defendants for continuing the Italian proceedings. Flaux J held that since arbitration was outside the Regulation, the arbitrators did not have to apply the Regulation: they could therefore award damages and an indemnity. Tell an English court what it *cannot* do and it will show you soon enough what it *can* do.

[81] See below: Ch.14, 14-040 and 14-042.

the enforcement court must give precedence to the arbitration award because the New York Convention is stated to take precedence over the Regulation.[82]

13-018 In *Youell v La Reunion Aerienne*[83] a French insurer and an English insurer (Youell) were co-insurers on policy issued to a French company subject to French law. The French company paid a claim on Youell's behalf (but without Youell's consent) and commenced arbitration in France against Youell pursuant to an arbitration clause in the policy - by which the French company alleged Youell was bound. Youell commenced proceedings in the English court for a declaration he had no contractual liability to the French company, pursuant to what is now art.7(1) of the Regulation. Article 29 of the Regulation[84] does not apply to where other arbitration proceedings have commenced, only where other court proceedings exist, so the English court was first seised. The English court, at first instance and on appeal, determined that, following *Boss Group v Boss France*,[85] the English proceedings were not about "arbitration".[86]

13-019 In *London Steam-Ship Owners' Mutual Insurance Association Ltd v Spain*,[87] the Court of Appeal held that the proceedings for appointment of an arbitrator against Spain undoubtedly fell within the "arbitration" exception in art.1(2)(d) of the Regulation. The Court of Appeal held that the test whether a claim fell within the arbitration exception was "whether a principal focus of the proceedings is arbitration, the essential subject matter of the claim concerns arbitration, or the relief sought can be said to be ancillary to the arbitration process, these being alternative ways of expressing the same idea" (at [74]).

In *Soleymani v Nifty Gateway LLC*,[88] the Court of Appeal held that the authorities established that art.1(2)(d) came first in the hierarchy of the Regulation and was used to determine whether the jurisdictional rules in the Regulation would apply to a claim. If the arbitration exception applied, the claim was not covered by the Regulation. The Court of Appeal approved and clarified the third formulation of the test expressed in *London Steam-Ship Owners' Mutual Insurance Association Ltd v Spain*, concluding that the exception would apply if a principal focus of the claim was arbitration; if its essential subject matter concerned arbitration; or if the relief sought was integral, rather than ancillary, to the arbitration process. Thus, a claim which sought to have an arbitration agreement declared invalid or inapplicable fell within the scope art.1(2)(d) and was excluded from the scope of the Regulation. The position was the same in relation to consumer rights.

The concept of "domicile"

13-020 Article 62 of the Regulation provides

---

[82] See Recital 12 (para.3).
[83] *Youell v La Reunion Aerienne* [2009] EWCA Civ 175.
[84] Requiring a court not first seised of a matter to cede jurisdiction to the court first seised.
[85] *Boss Group Ltd v Boss France SA* [1997] 1 W.L.R. 351.
[86] As Collins LJ (as he then was) pointed out (*Youell v La Reunion Aerienne* [2009] EWCA Civ 175 at [23]) the first and obvious option for La Reunion was to apply for a stay under s.9 of the Arbitration Act 1996 (see Ch.14 below). He goes on to say this was not done due to "tactical problems" the nature of which is unexplained.
[87] *London Steam-Ship Owners' Mutual Insurance Association Ltd v Spain* [2021] EWCA Civ 1589 [2022] 1 W.L.R. 3434 CA; applying *Marc Rich & Co AG v Societa Italiana Impianti SpA* (C-190/89) [1992] 1 Lloyd's Rep. 342; [1991] E.C.R. I-3855 at 3901.
[88] *Soleymani v Nifty Gateway LLC* [2022] EWCA Civ 1297; [2022] 2 Lloyd's Rep. 570 CA; following among decisions, *Marc Rich & Co AG v Societa Italiana Impianti SpA* (C-190/89) [1992] 1 Lloyd's Rep. 342; [1991] E.C.R. I- 3855 at 3901; and *London Steam-Ship Owners' Mutual Insurance Association Ltd v Spain* [2021] EWCA Civ 1589, [2022] 1 W.L.R. 3434 CA.

"**1.** In order to determine whether a party is domiciled in the Member State whose courts are seised of a matter, the court shall apply its internal law.

2. If a party is not domiciled in the Member State whose courts are seised of the matter, then, in order to determine whether the party is domiciled in another Member State, the court shall apply the law of that Member State."

Paragraph 9 of Sch.1 to the 2001 Civil Jurisdiction and Judgments Order[89] sets out the rules for determining whether an individual is domiciled in part of the UK. Art.63(1) provides that a corporation is domiciled at the place where it has its: (a) statutory seat; or (b) central administration; or (c) principal place of business. Article 63(2) of the Regulation states:

"For the purposes of the United Kingdom ... "statutory seat" means the registered office or, where there is no such office anywhere, the place of incorporation or, where there is no such place anywhere, the place under the law of which the formation took place."

This exercise of establishing what is the corporate domicile must be carried out in every case. If it appears that the defendant is domiciled in a contracting state, then prima facie he must be sued there unless the plaintiff can establish some specific Regulation ground for jurisdiction. It is to these specific grounds that we now turn our attention:

- the special jurisdictional rules which apply to insurance contracts.
- reinsurance, which is not subject to the special rules which apply to insurance contracts.
- the Regulation rules concerning lis alibi pendens.

The special rules for "insurance contracts"

Section 3 of the Regulation (arts 10–16) is a self-contained and exclusive code governing insurance.[90] *These rules do not apply to reinsurance*[91]—but they are important for reinsurance practitioners to know. The European Court has said that the purpose of Section 3 is:

13-021

"to protect the insured who is most frequently faced with a predetermined contract the clauses of which are no longer negotiable and who is in a weaker economic position."[92]

---

[89] Revoked on 31 December 2020 by the Civil Jurisdiction and Judgments (Amendment) (EU Exit) Regulations 2019 (SI 2019/479) Pt.3 reg.75(5); see the Civil Jurisdiction and Judgments Act 1982 s.41 (as amended by the Civil Jurisdiction and Judgments (Amendment) (EU Exit) Regulations 2019 (SI 2019/479) Pt.2 reg. 39 for the rules determining whether an individual is domiciled in the UK.

[90] *Jordan Grand Prix Ltd v Baltic Insurance Group* [1999] 2 A.C. 127; [1999] Lloyd's Rep. I.R. 93 at 95 per Lord Slynn. The scope of section 3 was considered by the Supreme Court in *Aspen Underwriting Limited v Credit Europe Bank NV* [2020] UKSC 11; [2021] A.C. 493, the facts of which are discussed below (13-029); followed in *The London Steam-Ship Owners' Mutual Insurance Association Limited v Spain* [2021] EWCA Civ 1589; [2022] 1 W.L.R. 3434 CA; and see *Flowers v Centro Medico & Berkley Espana (t/a Hospital Clinica Benidorm)* [2021] EWHC 2437 (QB); [2021] I.L.Pr. 37.

[91] See 13-026 below.

[92] *Gerling Konzern Speziale Kreditversicherungs-AG v Amministrazione del Tesoreo dello Stato* (201/82) [1983] E.C.R. 2503 at 2515, cited with approval by Lord Slynn in *Jordan Grand Prix Ltd v Baltic Insurance Group* [1999] Lloyd's Rep. I.R. 93. Both cases concerned the substantially equivalent provisions of Section 3 of the Brussels Convention (arts 7–12). In the Court of Appeal in *Jordan Grand Prix Ltd v Baltic Insurance Group* ([1998] Lloyd's Rep. I.R. 180 at 185) Staughton LJ observed: "I am not much impressed, in this particular context, by the argument that insurers are powerful and insured persons are weak. No doubt that is true in domestic life. We all know only too well that the insurers of our private affairs are much more powerful than we are. But whether this

In *Aspen Underwriting Ltd v Credit Europe Bank NV*,[93] the Supreme Court held that the lack of economic imbalance between a policyholder and an insurer did not prevent the policyholder having the benefit of art.14[94] of the Regulation. Lord Hodge JSC observed that in applying the "weaker party" criterion to applications to extend the scope of Section 3 beyond those expressly covered by the section,[95] the CJEU had not called into question whether those expressly referred to in section 3 should not be entitled to such protection by reason of their economic power.[96]

The cumulative effect of arts 10–16 of the Regulation is to provide the policyholder in particular with considerable scope for forum shopping.

Actions against insurer/insured domiciled/not domiciled in a contracting state

Action against insurer domiciled in a contracting state.

13-022 The following courts have jurisdiction:

(1) the courts of the state of the insurer's domicile[97];
(2) the courts of the place of the insurer's branch, agency or other establishment in the case of a dispute arising out of the operations of the branch, etc.[98];
(3) the courts of the place where the policyholder is domiciled[99];
(4) in the case of co-insurer, the courts of the state in which proceedings are brought against the leading insurer[100];
(5) in respect of liability insurance and insurance of immovable property, the courts of the place where the harmful event occurred[101] which will be at the option of the plaintiff are (a) the place where the damage occurred or (b) the place giving rise to the damage;[102]
(6) in third party claims by the insured, in the case of liability insurance, the courts of the place where the insured has been sued, if the law of that place permits it[103];
(7) in the case of a counterclaim against the insurer, any court in which it has brought an action arising from the same contract or facts[104];

Lithuanian company is more powerful than the people who run the Formula 1 racing team does not seem to me self-evident. However, I suppose one is not entitled to look at the individual circumstances of the case but only at the general impression which people have as to the relative power of the parties."

[93] *Aspen Underwriting Ltd v Credit Europe Bank NV* [2020] UKSC 11; [2021] A.C. 493; followed *The London Steam- Ship Owners' Mutual Insurance Association Limited v Spain* [2021] EWCA Civ 1589; [2022] 1 W.L.R. 3434 CA.
[94] Art.14: "...an insurer may bring proceedings only in the courts of the Member State in which the defendant is domiciled, irrespective of whether he is the policyholder, the insured or a beneficiary."
[95] I.e. policyholders, insureds and beneficiaries.
[96] *Aspen Underwriting Ltd v Credit Europe Bank NV* [2020] UKSC 11; [2021] A.C. 493 at [56].
[97] Regulation art.11(1)(a).
[98] Regulation art.11(2).
[99] Regulation art.11(1)(b).
[100] Regulation art.11(1)(c).
[101] Regulation art.12.
[102] Following the "Rhine Water" case: *Handelskwekerij GJ Bier BV v Mines de Potasse d'Alsace SA* [1977] 1 C.M.L.R. 284. See also *Henderson v Jaouen* [2002] EWCA Civ 75.
[103] Regulation art.13(1).
[104] Regulation arts 14(2), 8(3). Article 14 (art.11 of the Brussels Convention) is not limited to an insurer who is domiciled in a contracting state. See *Jordan Grand Prix Ltd v Baltic Insurance Group* [1998]

(8) the court on which exclusive jurisdiction has been conferred in favour of the policyholder by agreement.[105]

In *S & W Berisford Plc v New Hampshire Insurance Co*,[106] Hobhouse J held that an insurance company incorporated in the State of New Hampshire (USA) was deemed to be domiciled in England pursuant to art.8 of the Brussels Convention (now art.11(2) of the Regulation), by virtue of having a "branch agency or other establishment" in England.

Action against insurer not domiciled in a contracting state.

In actions against an insurer not domiciled in a contracting state, the courts of any contracting state which has jurisdiction under its own law may exercise that jurisdiction,[107] unless the insurer has "a branch or agency or other establishment" in a contracting state and the dispute arises out of its operations, in which case the action must be brought in the state of the branch, etc.[108]

13-023

Action against insured (policyholder) domiciled in a contracting state.

The following courts have jurisdiction in actions *against a policyholder* or insured domiciled in a contracting state:

(1) the courts of his domicile[109];
(2) in the case of a counterclaim against him, the courts of the place where the action is brought by him[110];
(3) the courts of the place where a direct action has been brought against the insurer[111];
(4) the courts of the place on which exclusive jurisdiction has been conferred by agreement:
    (a) if the agreement was entered into after the dispute arose[112]; or
    (b) if the policyholder and insurer are both domiciled or habitually resident in that state[113]; or
    (c) if the dispute relates to risks specified in art.16.[114]

13-024

In *BT v Seguros Catalana Occidente* (C-708/20),[115] the CJEU interpreted art. 13(3) of the Regulation as follows: in the event of a direct action brought by an injured person against the insurer, the court of the Member State in which that person was domiciled could not also assume jurisdiction, on the basis of art.13(3),

---

Lloyd's Rep. I.R. 180 CA (Staughton, Otton and Robert Walker LJJ); aff'd HL (Lords Slynn, Lloyd, Steyn, Hoffmann and Millett); [1999] Lloyd's Rep. I.R. 93. A Pt 20 claim (third party proceedings) is not a counterclaim for this purpose: *Dollfus Mieg & Compagnie v CDW International* [2004] I.L.Pr. 12.
[105] Regulation art.15.
[106] *S&W Berisford Plc v New Hampshire Insurance Co* [1990] 1 Lloyd's Rep. 454. And see *Catalyst Investment Group Ltd v Lewinsohn* [2009] EWHC 1964; [2010] Ch. 218.
[107] Regulation art.6(1).
[108] Regulation art.11(2) which deems the insurer to be domiciled in the state of the branch.
[109] Regulation art.14(1).
[110] Regulation art.14(2).
[111] Regulation art.14(2).
[112] Regulation art.15(1).
[113] Regulation art.15(3).
[114] Regulation arts 15(5), 16. Article 16 includes "large risks" as defined in Solvency II Directive 2009/138/EC.
[115] *BT v Seguros Catalana Occidente* (C-708/20) EU:C:2021:986; [2022] 1 W.L.R. 1887.

to rule on a claim for compensation brought against the insured, who was domiciled in another Member State and who had not been challenged by the insurer.

Action against insured (policyholder) not domiciled in a contracting state.

13-025 In actions against a policyholder or insured not domiciled in a contracting state the courts of any contracting state which has jurisdiction under its own law may exercise that jurisdiction[116] and so may the court of any contracting state to which the parties have agreed to submit, have jurisdiction.[117]

The practical consequence of the above provisions is that a UK insurer can only effectively confer exclusive jurisdiction on the courts of a part of the UK by a jurisdiction clause in the original contract of insurance in the following cases:

(1) where the policyholder is domiciled in the UK at the time the insurance contract is entered into;
(2) where the policyholder is not domiciled in any of the contracting states at the time the insurance contract is entered into; or
(3) where the insurance relates to one of the risks set out in arts 15(5) and 16, including "large risks".[118]

Reinsurance Disputes: The general rules on Jurisdiction

13-026 In *Universal General Insurance Co v Groupe Josi Reinsurance Co SA*,[119] the European Court held that the special provisions relating to insurance contracts did not apply to reinsurance. Thus, for reinsurance, in addition to the general rule that a defendant must be sued in the courts of the member State where he is domiciled, the special jurisdiction rules in s.2, in particular those relating to contract in art.7, will be relevant.

Contract

13-027 The agreement between a reinsured and a reinsurer being a contract, art.7(1) of the Regulation is relevant.

Article 7(1)[120] provides that a person domiciled in a Member State, may be sued in the courts of another Member State:

"(a) in matters relating to a contract, in the courts for the place of the performance of the obligation in question;
(b) for the purpose of this provision and unless otherwise agreed, the place of performance of the obligation in question shall be:
— In the case of the sale of goods, the place in a Member State where, under the contract, the goods were delivered or should have been delivered,
— In the case of the provision of services, the place in a Member State where, under the contract, the services were provided or should have been provided,
(c) if subparagraph (b) does not apply then subparagraph (a) applies…"

---

[116] Regulation arts 10, 6(1).
[117] Regulation art.15(4).
[118] See *Charman v WOC Offshore BV* [1993] 2 Lloyd's Rep. 551.
[119] *Universal General Insurance Co v Groupe Josi Reinsurance Co SA (C-412/98)* [2000] E.C.R. I-5925.
[120] The wording differs from the corresponding provision in the Brussels Convention. The material part of art.5(1) in the Convention simply stated, "In matters relating to a contract, in the courts for the place of performance of the obligation in question …" See D. Cohen, "Applicability of Article 5(1) of the Brussels Convention to Reinsurance Disputes" [1998] Int. I.L.R. 206.

It is doubtful whether subpara.(b) applies, for it is not natural (as a matter of English law) to speak of a reinsurance contract as "the provision of services" by the reinsurer.[121] One is left with subpara.(a) and faced with the task of identifying, first the "obligation in question" and second, the place of performance of "the obligation in question".

The obligations of the reinsurer are likely to be the provision of cover from inception to termination of cover, which is a concept difficult to locate geographically, and the payment of claims. In reinsurance transactions, where payment of claims is frequently effected through intermediaries,[122] it is not clear whether the commercial expectation of the parties as to where claims will be paid amounts to a contractual obligation to pay claims in that place.[123] In *Gard Marine & Energy Ltd v Tunnicliffe*[124] the English court took jurisdiction over a dispute between a Bermuda reinsured and a Swiss reinsurer pursuant to art.6 of the Lugano Convention (Gard's claim against the Respondent was closely connected with another claim that could properly be pursued in the English court). There was an argument that the Court could take jurisdiction under art.5 of the Convention on the basis that the reinsurer's obligation, the one that the proceedings were about, was the obligation to pay, and it was the common intention of the parties payment should be made to the broker in London.[125] It was argued, to the contrary, that under English law the general rule was that the place of performance is where the creditor resides, which in the case of *Gard* was Bermuda.[126] Hamblen J concluded that Gard had not established a good arguable case that the English court had jurisdiction under art.5(1). He said:

> "[I]t is necessary to establish an obligation to pay claims to the brokers in London. A practice of doing so is not enough."

The decision was upheld by the Court of Appeal.[127]

There is no definition of "contract" in the Regulation but it has been defined by the CJEU as "an identifiable obligation that has been freely assumed by one party to another".[128] The jurisdiction under art.7(1) of the Regulation may be exercised even though the existence of the contract is disputed.[129] In *Trade Indemnity Plc v Forsakringsaktiebolaget Njord (In Liquidation)*,[130] Rix J held that proceedings by London market reinsurers against a Norwegian reinsured for a declaration that they were entitled to avoid the contract by reason of misrepresentation was a matter relat-

13-028

---

[121] We make a similar point, in the context of the 1980 Rome Convention, in Ch.12, 12-019 above.
[122] See Ch.11 above.
[123] Compare *Stolos Compania SA v Ajax Insurance Co Ltd* [1981] 1 Lloyd's Rep. 9; *Citadel Insurance Co v Atlantic Union Insurance Co SA* [1982] 2 Lloyd's Rep. 543; *Cantieri Navali Riuniti SpA v Omne Justitia NV (The "Stolt Marmaro")* [1985] 2 Lloyd's Rep. 428.
[124] *Gard Marine & Energy Ltd v Tunnicliffe* [2010] EWCA Civ 1052; [2011] Bus. L.R. 839.
[125] *Gard Marine v Tunnicliffe* [2009] EWHC 2388 (Comm); [2010] Lloyd's Rep I.R. 62 at [38]. Gard relied on paras 11-24 and 11-25 of the second edition of this work as authority for the proposition that "London market practice in respect of risks is for brokers to pay premiums and collect claims (and engage in net accounting)."
[126] *Gard Marine v Tunnicliffe* [2009] EWHC 2388 (Comm); [2010] Lloyd's Rep I.R. 62 at [37].
[127] *Gard Marine and Energy Ltd v Tunnicliffe* [2010] EWCA Civ 1052; [2011] Bus. L.R. 839.
[128] *Jakob Handte & Co GmbH v Traitements Mecano-chemiques des Surfaces SA (TMCS)* (C-26/91) [1992] ECR I-3967.
[129] See *Effer SpA v Kantner* [1982] E.C.R. 825; *Kleinwort Benson Ltd v Glasgow City Council (No. 2)* [1999] 1 A.C. 153; [1997] 3 W.L.R. 923; *Boss Group Ltd v Boss France SA* [1997] 1 W.L.R. 351. Applied in *Equitas Ltd v Wave City Shipping Co Ltd* [2005] EWHC 923 (Comm); [2006] Lloyd's Rep. I.R. 577.
[130] *Trade Indemnity Plc v Forsakringsaktiebolaget Njord (In Liquidation)* [1995] 1 All E.R. 796.

ing to a contract. It will be recalled[131] that the duty of utmost good faith arises as a matter of law and is not an implied term of the contract. It was argued that the relevant obligation, to make a fair presentation of the risk, was to be performed in England. However, Rix J concluded that the purpose of art.7(1) was to confer jurisdiction upon the courts of the place where the contract was to be performed, not on the place where the contract was made. Accordingly, he held that the pre-contractual duty to make a fair presentation did not constitute the "obligation in question". However, this decision was not followed by Mance J in *Agnew v Lansforsakringsbolagens AB*,[132] who held that the duty to make a fair presentation of the risk was capable of constituting the obligation in question.

The Court of Appeal affirmed[133] the decision of Mance J. The question of whether the reinsurer could avoid for misrepresentation or non-disclosure only arose within the context of deciding whether or not the reinsurer was bound by a contract.

The House of Lords dismissed the Swedish defendant's appeal.[134] Section 3 of the Lugano Convention (concerning jurisdiction on *insurance*) did not apply to *reinsurance* and the proceedings did not fall under what is now the Regulation, art.7(2) (then art.5(3)) as matters relating to tort, delict, or quasi delict. England was the place of the performance of the relevant obligation, that of making a fair presentation. It was argued for the Swedish reinsured that the House of Lords had ruled in the case of *Kleinwort Benson Ltd v Glasgow City Council (No.2)*[135] that for a claim to fall within what is now art.7(1) it must be based on a contract; that it must be in respect of a contractual obligation. The majority of the Lords in the *Agnew* case saw no conflict between their decision and that in the *Kleinwort Benson* case: in the latter case the contract was void; in the former case the contract was merely voidable. That was a critical distinction.

13-029 In *Kleinwort Benson v Glasgow City Council (No. 2)*,[136] the issue before the House of Lords was whether a restitutionary claim to recover moneys under a void contract fell within art.7(1)[137] of the intra-UK jurisdictional rules set out in Sch.4 to the Civil Jurisdiction and Judgments Act 1982. The House of Lords held by a majority of three to two that it did not. Lord Goff said that "... there must be serious doubt whether, as a general rule, a court can have jurisdiction under Article 5(1) [now 7(1)] to rule on the validity of a contract." The two Scottish law lords, who formed the majority with Lord Goff, agreed that on the facts of the case, the English courts did not have jurisdiction on the question of validity where the issue was whether a contract was void and that the plaintiffs would have to sue the defendants in Scotland. Plainly, if the ratio of the *Kleinwort Benson* case is that if it is pleaded that the contract is a nullity ab initio then art.7 does not apply, then a pleading that a reinsurance contract is voidable and the reinsurer is entitled to avoid, could still fall within art.7(1).[138] In *Fonderie Officine Meccaniche Tacconi SpA v Heinrich Wagner Sinto Maschinenfabrik GmbH*[139] the European Union Court of

---

[131] See Ch.6, 6-003 above.
[132] *Agnew v Lansforsakringsbolagens AB* [1996] L.R.L.R. 392.
[133] *Agnew* [1997] L.R.L.R. 671, Evans, Hobhouse and Schiemann LJJ.
[134] Agnew [2000] Lloyd's Law Reports I&R 317.
[135] *Kleinwort Benson Ltd v Glasgow City Council (No.2)* [1999] 1 A.C. 153.
[136] *Kleinwort Benson v Glasgow City Council (No.2)* [1999] 1 A.C. 153.
[137] Article 5(1) as it then was.
[138] In *Youell v La Reunion Aerienne* [2009] EWCA Civ 175 Youell founded the English court's jurisdiction under art.7(1) by pleading that there was no contract with La Reunion, as La Reunion asserted in an arbitration in France.
[139] *Fonderie Officine Meccaniche Tacconi SpA v Heinrich Wagner Sinto Maschinenfabrik GmbH (C-334/00)* (17 September 2002).

Justice held that a duty to act in good faith was not a duty assumed under the contract but imposed by law, and therefore liability for breach, could not be contractual. Without disputing the fact that that is the law, the reasoning is wrong; the obligation was assumed under the contract.

It should be noted that in Fonderie, no contract was concluded. The CJEU said:

"…in circumstances such as those of the main proceedings, characterised by the absence of obligations freely assumed by one party towards another on the occasion of negotiations with a view to the formation of a contract and by a possible breach of rules of law, in particular the rule which requires the parties to act in good faith in such negotiations, an action founded on the pre-contractual liability of the defendant is a matter relating to tort, delict or quasi-delict within the meaning of Article 5(3) of the Brussels Convention."[140]

In *Aspen Underwriting Limited v Credit Europe Bank N.V.*[141], the Supreme Court found that insurers seeking to recover an insurance payment from a mortgagee bank, a named loss payee under the policy (following discovery of fraud) was a matter relating to insurance under section 3 of the Regulation. Lord Hodge JSC said:

59. In my view under the test laid down in *CILFIT Srl v Ministero della Sanita (Case 283/81)* [1982] ECR 3415, para 21, it is acte clair that a person which is correctly categorised as a policyholder, insured or beneficiary is entitled to the protection of section 3 of the Regulation, whatever its economic power relative to the insurer. It is not necessary to refer a question to the CJEU on this issue.
60. The Bank as the named loss payee under the Policy is the "beneficiary" of the Policy. It is entitled to benefit from the protections of section 3, including the requirement under article 14 that it must be sued in the courts of the member state of its domicile. It follows that the Insurers cannot assert jurisdiction under article 7(2) of the Regulation in respect of the claims for misrepresentation. Further, issue 4, the question whether claims in unjust enrichment fall within article 7(2) does not arise.
61. As a result, the Insurers fail in their appeal and the Bank succeeds in its appeal because the courts of England and Wales have no jurisdiction in respect of the Insurers' claims against the Bank.

What should reinsurers in England do when resisting claims by a reinsured domiciled in a contracting state on the basis of a failure to provide a fair presentation? Fonderie suggests that the reinsurers would have to proceed in the court of the place where the reinsurer is contractually obliged to pay the claim, which may or may not be London. However, the decision in Agnew can live side by side with Fonderie because in Fonderie no contract was entered into, and because for insurance contracts, the duty of disclosure ties the representation duty closer to the contract than in a non-insurance contract. Thus where a reinsured is domiciled in a contracting state, and placed the risk through a London broker, it will be open to reinsurers to ensure that the dispute is heard in England provided they start proceedings in England for a declaration alleging misrepresentation/non-disclosure before

13-030

---

[140] *Fonderie Officine Meccaniche Tacconi SpA v Heinrich Wagner Sinto Maschienenfabrik GmbH (C-334/00)*(17 September 2002) at [27].
[141] *Aspen Underwriting Ltd v Credit Europe Bank NV* [2020] UKSC 11; [2021] A.C. 493; Kleinwort Benson was considered in the context of insurers' claim for restitution under art.7(2) in the Court of Appeal: [2018] EWCA Civ 2590.

the reinsured starts proceedings in the court of his country seeking payment of the claim.[142]

In the first reinsurance case to come before the Commercial Court under art.7(1) of the Regulation, *Prifti v Musini Sociedad Anonima De Seguros Y Reaseguros*,[143] Andrew Smith J held, following *Agnew*,[144] that reinsurers had made out a good arguable case that the English court had jurisdiction over a Spanish reinsured in relation to a claim to avoid a contract of reinsurance made in London.

13-031 In *Fisher v Unione Italiana De Riassicurazione SpA*[145] the "obligation in question" was a warranty of retention in a retrocession contract between a Lloyd's syndicate (the plaintiff retrocessionaire) and an Italian reinsurer/retrocedant (the defendant), thus a warranty by the cedant. The cedant's claim arose under a life policy issued to an Italian banker[146] and the reinsurer declined to pay arguing breach of warranty of retention. The plaintiff commenced proceedings before the English courts for a negative declaration that it was not under any liability on the grounds that the reinsurer had failed to retain for their own account any part of the risk giving rise to liability. Colman J held that the place of performance of the obligation in question for the purposes of art.5(1) of the Convention (now art.7(1) of the Regulation), viz. to retain risk, was Italy. Accordingly, the Lloyd's syndicate's claim could not be brought in England under art.7(1) of the Regulation. The general rule under art.4 requiring the defendant to be sued in the courts of his domicile applied and the English court had no jurisdiction. The syndicate had argued that the obligation in question was the obligation of the plaintiffs to pay under the retrocession contract, contending:

> "The issue as to whether the effect of the wording of the slip or of the cover note is to provide the plaintiff with a defence does not involve the consideration of either of those terms as the obligation in question.
> In substance, the plaintiff was simply asking the court to determine how much, if anything, on the proper construction of the contract he was liable to pay."[147]

Colman J rejected this argument. He summarised the effect of the decisions of the European Court as follows:

> "The 'obligation in question' has the following essential characteristics:
>
> (i) it is a promissory term of, or at least a duty closely connected with, the contract, such as the duty to disclose all material facts in a reinsurance contract;
> (ii) there is a dispute relating to its performance;
> (iii) the plaintiff has formulated his claim for relief in the proceedings on the grounds of the performance or non-performance of that obligation.
>
> The place of performance of that obligation must be shown to be the country in which the proceedings sought to be sustained have been started. *It follows that, where one party*

---

[142] See art.27, below and *Youell v La Reunion Aerienne* [2009] EWCA Civ 175.
[143] *Prifti v Musini Sociedad Anonima de Seguros y Reaseguros* [2003] EWHC 2796 (Admin); [2004] 1 C.L.C 517.
[144] The judgment is concerned mostly with the reinsured's (unsuccessful) argument that a Spanish jurisdiction clause in the underlying insurance contract was incorporated by reference in the reinsurance slip and questions of lis pendens in the Spanish courts. There is very little analysis of art.5(1).
[145] *Fisher v Unione Italiana De Riassicurazione SpA* [1999] Lloyd's Rep. I.R. 215.
[146] "When on 18 June 1982 the body of Roberto Calvi, President of Banco Ambrosiano, was found hanging from Blackfriars Bridge, few even of those least favourably disposed towards the legal profession would have suggested that fifteen years later that event would cause the Commercial Court to have to investigate the proper construction and application of Article 5(1) of the Brussels Convention 1968": per Colman J.
[147] Per Colman J.

claims a negative declaration that he is not bound to perform a contract on a basis which he formulates by reference to a particular obligation in the contract and that obligation is in dispute, that will be the obligation in question and it will be to the courts of the country where that obligation falls to be performed that Article 5(1) jurisdiction will be accorded.

The process of identification of the obligation in question thus depends crucially on the way in which the plaintiff has formulated his claim for relief. Where he advances a claim for a negative declaration which he formulates on the basis of non-performance of a term of the contract by the other party, it can safely be said that it is that term which is the obligation in question for the purposes of Article 5(1) (now 7(1))."[148] [Emphasis added]

Branch or agency

Article 7(5) of the Regulation confers jurisdiction:

13-032

"... as regards a dispute arising out of the operations of a branch, agency or other establishment, in the courts for the place in which the branch, agency or other establishment is situated."

The interpretation by the European Court of Justice of "branch, agency or other establishment" and the meaning of "operations"[149] are fairly narrow. Nonetheless art.7(5) may confer jurisdiction on the English court in a reinsurance dispute with a European company that maintains a London branch office. It appears that a foreign reinsured who uses a London broker to place a risk is not operating an agency within the meaning of art.7(5).[150]

Co-defendants, counterclaims, third parties

By art.8(1) of the Regulation, jurisdiction is conferred in a case "where [the defendant] is one of a number of defendants, in the courts of the place where one of them is domiciled". Article 8(1) is wider than art.11(1)(c), the provision particular to insurance—there co-insurers can only be brought into the action against the leader, but narrower in that it (art.8(1)) requires that "the claims are so closely connected that it is expedient to hear and determine them together to avoid the risk of irreconcilable judgments resulting from separate proceedings" which imports an element of discretion on the part of the court. In order to rely on art.8(1) by commencing proceedings against an English domiciled or "anchor" defendant, the claimant must have a sustainable claim against the anchor defendant.[151] If the claim against the anchor defendant satisfies this merits test, it does not matter that the claimant's sole object in issuing proceedings against the anchor defendant is that that the claimant can sue a foreign defendant in the same proceedings.[152]

13-033

---

[148] *Martin Peters Bauunternehmung GmbH v Zuid Nederlandse Aannemers Vereniging* [1983] E.C.R. 987; *A de Bloos SPRL v SCA Bouyer SA (C-14/76)* [1976] E.C.R. 1497; *Custom Made Commercial Ltd v Stawa Metalbau GmbH* [1994] E.C.R. I-2913.

[149] *Etablissements Somafer SA v Saar-Ferngas AG* [1979] 1 C.M.L.R. 490; *AB flyLAL-Lithuanian Airlines v Starptautiska Lidosta "Riga" VAS (C-27/17)* EU:C:2018:533; [2019] 1 W.L.R. 669; applied *Kwok v UBS AG (London Branch)* [2022] EWHC 245 (Comm); [2022] 2 All E.R. (Comm) 448; *Kwok Ho Wan v UBS AG (London Branch)* [2023] EWCA Civ 222; [2023] 1 W.L.R. 1984 CA.

[150] See *New Hampshire Insurance Co v Strabag Bau AG* [1990] 2 Lloyd's Rep. 61 at 68–69 per Potter J.

[151] *Senior Taxi Aereo Executive LTDA v Agusta Westland SpA* [2020] EWHC 1348 (Comm); [2021] Q.B. 164.

[152] *JSC Commercial Bank Privatbank v Kolomoisky* [2019] EWCA Civ 1708; [2020] Ch. 783; followed *Terre Neuve Sarl v Yewdale Ltd* [2020] EWHC 772 (Comm).

Article 8(2) confers jurisdiction in the case of third-party actions upon the court which has jurisdiction in respect of the original action, "unless these were instituted solely with the object of removing him from the jurisdiction of the court which would be competent in his case".

Article 8(3) confers jurisdiction in the case of a counter-claim arising from the same contract or facts on which the original claim was based, in the court in which the original claim is pending.

Tort

13-034 Article 7(2) confers jurisdiction "in matters relating to tort, delict or quasi-delict, in the courts for the place where the harmful event occurred or may occur". The plaintiff has an option to sue either:

(1) in the place where the wrongful act occurred (or may occur); or
(2) in the place where the damage was done (or may be done).[153]

In the *"Rhine Water"* case, the defendants discharged chemicals into the Rhine in Alsace. Damage was done to plaintiffs' nurseries in the Netherlands. It was held that the defendants could be sued in either the Dutch or the French courts.

In *Minster Investments Ltd v Hyundai Precision & Industry Co Ltd*,[154] Steyn J (as he then was) held, in the context of a claim for negligent misstatement, that the wrongful act occurred where the statement was relied upon. In the case of a negligent misstatement that forms part of a presentation of a risk, an action for damages in tort may lie, and it is open to the reinsurer to argue that the wrongful act occurred at the place where the representation was received by the reinsurer.[155]

Where, for example, a reinsurance broker domiciled in Germany is sued in the tort of negligence by his client, an English insurer, for failing to arrange effective reinsurance cover, has the economic loss suffered by the English insurer conferred jurisdiction upon the English court by reason of there being "economic damage" in England? The suggestion that economic damage should automatically be deemed to have occurred at the plaintiff's place of business has been disapproved by Advocate General Warner in *State of the Netherlands v Ruffer*.[156] The damage could occur where the event causing the damage occurred or where the damage is felt.[157]

---

[153] See *Handelskwekerij G.J. Bier BV v Mines de Potasse d'Alsace* [1977] 1 C.M.L.R. 284, the *"Rhine Water"* case. "Damage" for these purposes has been construed restrictively by the CJEU to mean the direct and immediate damage, i.e. the place where physical damage is done or the recoverable economic loss is actually suffered by the direct victim, as opposed to indirect damage, see e.g. *Dumez France SA v Hessische Landesbank* (220/88) EU:C:1990:8; [1990] E.C.R.I-49; *Marinari v Lloyds Bank Plc* (C-364/93) [1996] Q.B. 217; [1996] 2 W.L.R. 159; *Kronhofer v Maier* (C168/02) EU:C:2004:364; [2004] 2 All E.R. (Comm) 759.

[154] *Minster Investments Ltd v Hyundai Precision & Industry Co Ltd* [1988] 2 Lloyd's Rep. 621.

[155] Minster was not followed by Rix J in *Domicrest Ltd v Swiss Bank Corp* [1999] Q.B. 548 where he held that in the case of negligent misstatement, the place where the harmful event giving rise to the damage took place was, by analogy with the tort of defamation, the place where the misstatement originated rather than where it was received; however, he recognised that where the damage itself occurs (the alternative option for jurisdiction under art.7(2)) "is quite likely to be where the misstatement is heard and relied on."; the English courts have adopted a similar approach to fraudulent or reckless misstatement, see: *Bellmare Holdings Ltd v Wells* [2019] EWHC 2193 (Ch); [2020] I.L.Pr. 39.

[156] *State of the Netherlands v Ruffer (814/79)* [1981] 3 C.M.L.R. 293.

[157] *Kolassa v Barclays Bank Plc (C-375/13)* [2015] CJEU (28 January 2015); see also: *Tibor-Trans Fuvarozo es Kereskedelmi Kft v DAF Trucks NV (C-451/18)* [2020] 1 W.L.R. 1477; *Verein fur Konsumenteninformation v Volkswagen AG (C-343/19)* [2021] 1 W.L.R. 40; *Gtflix Tv v DR (C-251/20)* [2022] I.L.Pr.10.

In *Société Commercial de Réassurance v ERAS International Ltd*,[158] where the acts of an underwriting agent exposed a pool manager to claims in the English courts, the Court of Appeal held that damage was suffered in England "in a real sense".

Jurisdiction clauses

Article 25(1) enables parties to agree in writing[159] upon a choice of forum and expressly allows for non-exclusive jurisdiction agreements.[160] Article 25(1) (art.23 at the time of the case) was applied in *Equitas Ltd v Allstate Insurance Company*.[161] Equitas sued Allstate for declaratory relief relying upon an exclusive English jurisdiction clause in a commutation agreement. Beatson J held, following *Owusu v Jackson*,[162] that art.23 (now art.25) was mandatory and he had no discretion, at common law to stay the proceedings.[163] While he accepted that he possessed a residual jurisdiction, exercising the court's case management powers, to stay proceedings for a limited time, the judge declined to do so on the facts of the case. *Coys of Kensington Automobiles Ltd v Pugliese*[164] concerned an auction in Monaco. Ms Pugliese completed and signed a form to enable her to bid by telephone at the auction for a Bentley motor vehicle. On the form were the words "All bids shall be treated as offers made within the 'Conditions of business' and 'Important Notice' in the catalogue". Ms Pugliese did not have a catalogue and the claimant made no effort to provide her with one. The conditions of business provided for the English court to have exclusive jurisdiction over disputes. The court held Ms Pugliese bound by this provision.[165] Article 25(1) of the Regulation (then art.23(1)) had been complied with because by signing the form Ms Pugliese had agreed in writing to the courts of England having jurisdiction. Reinsurance contracts quite often incorporate the terms of other documents that may contain jurisdiction clauses— for example some standard form terms. Article 25 does not expressly require signature as evidence of consent to these incorporated terms but it is nonetheless an easy way of establishing the consent that art.25 requires. Reinsurers may think it prudent to put aside the practice of only the reinsurer signing, stamping, the reinsurance wording and to insist on signature from the reinsured also—particularly

13-035

---

[158] *Société Commercial de Réassurance v ERAS International Ltd* [1992] 1 Lloyd's Rep. 570, and see above.
[159] "Writing" is defined, in art.23(2), to include "any communication by electronic means which provides a durable record of the agreement".
[160] *Perform Content Services Ltd v Ness Global Services Ltd* [2021] EWCA Civ 981; [2021] 1 W.L.R. 4146 the corresponding provision under the Brussels and Lugano Conventions, art.17, on its face appeared to permit only exclusive jurisdiction agreements (although it is doubtful whether it had that effect, see *Kurz v Stella Musical Veranstaltungs GmbH* [1992] Ch. 196 where Hoffmann J found a non-exclusive jurisdiction clause valid).
[161] *Equitas Ltd v Allstate Insurance Co* [2008] EWHC 1671 (Comm); [2009] Lloyd's Rep I.R. 227; applied *Premier Cruises Ltd v DLA Piper Rus Ltd* [2021] EWHC 151 (Comm); [2021] 1 Lloyd's Rep. 511.
[162] *Owusu v Jackson (t/a Villa Holidays Bal Inn Villas)* (C-281/02) [2005] 1 Lloyd's Rep. 452.
[163] But that does not mean that an anti-suit injunction will always be granted to order cessation of proceedings elsewhere. In *Royal Bank of Scotland Plc v Highland Financial Partners LP* [2012] EWHC 1278 (Comm); [2012] 2 C.L.C. 109 "improper conduct" by the claimant (a sham auction of security for a loan) was said by the Court to be a sufficiently strong reason to refuse an anti-suit injunction.
[164] *Coys of Kensington Automobiles Ltd v Pugliese* [2011] EWHC 655 (QB).
[165] *Bols Distilleries BV (t/a Bols Royal Distilleries) v Superior Yacht Services Ltd* [2007] 1 W.L.R. 12 applied; see also: *Idemia France SAS v Decatur Europe Ltd* [2019] EWHC 946 (Comm); *Airbus SAS v Generali Italia SpA* [2019] EWCA Civ 805; *Public Institution for Social Security v Al Rajaan* [2020] EWHC 2979 (Comm); *Terre Neuve Sarl v Yewdale Ltd* [2021] EWHC 772 (Comm).

if it is a question of demonstrating the consent of the reinsured to wording that is brought in by reference.[166]

In *Airbus SAS v Generali Italia SpA*[167] after an aircraft sustained damage on landing in Italy, the airline's insurers brought proceedings against the aircraft's manufacturer, Airbus, in Italy. Airbus asked the English court to declare that it had jurisdiction over the insurers' claims, relying on an exclusive English jurisdiction clause in the agreement between Airbus and the insured airline (art.25). Insurers argued that their proceedings in Italy did not breach the exclusive English jurisdiction clause as their claims against Airbus were non-contractual and therefore outside the scope of the jurisdiction clause. The Court of Appeal disagreed. In granting a declaration that the English court had jurisdiction, the Court of Appeal held that insurers exercising rights of subrogation to make a non-contractual claim were bound by an English jurisdiction clause to the same extent as the insured would have been. If the commencement and pursuit of proceedings in breach of a jurisdiction clause by the insured would be a breach of contract, the commencement of such proceedings by insurers would be a breach of an equivalent equitable obligation which the English court would protect including by a declaration.[168]

Lis alibi pendens and forum non conveniens

13-036   Provided one has worked carefully through the various rules under the Regulation and come to the conclusion that there is a provision conferring jurisdiction upon the English court in a dispute, then the procedure for resolving conflicts of jurisdiction with other courts is relatively straightforward. A claimant in a Regulation case who wishes to sue in England a defendant who is domiciled in a Member State need only endorse upon his claim form a statement to the effect that the English court has jurisdiction to hear the case by virtue of the Regulation. The claim form may then be served out of the jurisdiction without permission.[169] Of course, it is open to a defendant to apply to the English court to set aside the proceedings on the grounds that it does not have jurisdiction by virtue of the Regulation. Moreover, if the defendant does not acknowledge service and the plaintiff seeks to enter a default judgment, at that stage he would have to satisfy the English court that it did indeed have jurisdiction under the Regulation.

Under the Regulation, it is possible, and in many cases highly likely, that the courts of more than one contracting state have jurisdiction in respect of a particular

---

[166] See also *AIG Europe SA (formerly AIG Europe Ltd) v John Wood Group Plc* [2022] EWCA Civ 781; [2022] Lloyd's Rep. I.R. 561, discussed at 12-019.
[167] *Airbus SAS v Generali Italia SpA* [2019] EWCA Civ 805.
[168] *Airbus SAS v Generali Italia SpA* [2019] EWCA Civ 805; [2019] Bus. L.R. 2997 and [96]; followed in *Argos Pereira Espana SL v Athenian Marine Ltd* [2021] EWHC 554 (Comm); [2021] Bus. L.R. 866, holding, at [19] that equitable damages were an available remedy for the breach by cargo insurers of an equitable duty to arbitrate.
[169] CPR r.6.33; amended with effect from 23:00 (GMT) on 31 December 2020 ("IP completion day") to omit reference to the Regulation (Civil Procedure Rules 1998 (Amendment) (EU Exit) Regulations reg.4(16); Civil, Criminal and Family Justice (Amendment) (EU Exit) Regulations 2020 reg.9(2)(b)); there is, however, a savings provision for claim forms issued before IP completion day: "Where a claim to which rule 6.33(2) [the Regulation] applies issued before IP completion day but the claim form has not been served by IP completion day, rules 6.33 and 6.35 apply on and after IP completion day in relation to service of the claim form and to the period for responding to the claim as if the changes made by these Regulations had not been made." (Civil Procedure Rules 1998 (Amendment) (EU Exit) Regulations 2019 (SI 2019/521) reg.18(3A)); CPR 6.33(2B)(b) and (c) now provides that a claim may be served out of the jurisdiction without permission where "(b) a contract contains a term to the effect that the court shall have jurisdiction to determine that claim; or (c) the claim is in respect of a contract falling within sub-paragraph (b)"; see 13-038 below.

dispute. The basic rule, under art.29, is that the court which is first seised of the matter has jurisdiction to the exclusion of all others. An action for a declaration to avoid a policy on the grounds of material misrepresentation/non-disclosure and an action for payment of a claim under the policy involves the same cause of action within the meaning of art.29.[170]

The predecessor to art.29 (previously art.27) was interpreted strictly and was rigidly applied. In *Gasser v MISAT*,[171] the CJEU held that the lis pendens provisions in art.27 (now art.29) took priority over art.23 (now art.24: jurisdiction based on a jurisdiction agreement). Thus, a court second seised was obliged to stay proceedings under art.27 (now art.29) until the court first seised had determined whether it had jurisdiction to hear the case even if proceedings were brought in the court first seised in breach of a jurisdiction agreement between the parties. In practice, the ruling in *Gasser* gave the green light to a litigation tactic known as the "Italian torpedo" where, in breach of a jurisdiction agreement, a potential defendant/ judgment debtor starts proceedings in a Member State with a slow-moving legal process (such as Italy or Greece) thereby preventing the other party from commencing proceedings in the chosen (correct) court, and causing delay. This problem has been recognised and addressed in the recast Regulation: Recital 22 recognises, in order to enhance the effectiveness of exclusive choice-of-court agreements and to avoid abusive litigation tactics, it is necessary to provide for an exception to the general lis pendens rule. Article 27, which is now art.29, has been amended accordingly, to make it subject to art.31(2) which provides that:

"… where a court of a Member State on which an agreement as referred to in Article 25 confers exclusive jurisdiction is seised, any court of another Member State shall stay the proceedings until such time as the court seised on the basis of the agreement declares that it has no jurisdiction under the agreement."

The combined effect of art.29 and art.31(2) is that the court chosen by the parties in an exclusive jurisdiction agreement can hear a case without having to wait for any court first seised to stay its proceedings.[172] It should be noted that art.31(2) creates an exception to the lis pendens rule in art.29 in relation to "exclusive" jurisdiction agreements and therefore, although it does apply to the "exclusive" part of a hybrid or asymmetric jurisdiction clause, made in favour of one party, it probably does not apply to the "non-exclusive" part.[173]

Article 30 provides that:

---

[170] See *Overseas Union Insurance Ltd v New Hampshire Insurance Co* [1992] 1 Lloyd's Rep. 218.
[171] *Erich Gasser GmbH v MISAT Srl* [2003] E.C.R I-14693.
[172] See: *Generali Italia SpA v Pelagic Fisheries Corp* [2020] EWHC 1228 (Comm); [2020] 1 W.L.R. 4211 in which the English court determined that it could consider whether it had exclusive jurisdiction under art.25 in respect of insurers' claims that they were not liable to the insured under hull and machinery and increased value policies despite the insured having already started proceedings against some of the insurers in Italy; "…in circumstances in which the Italian court has stayed its proceedings to allow the English court to determine if it has exclusive jurisdiction, it would be particularly surprising if the English court was then bound to stay its proceedings pending a decision on jurisdiction by the Italian court. This approach, in which the dispute might become caught in the self-perpetuating politeness of an Alphonse and Gaston cartoon, is not consistent with enhancing "the effectiveness of exclusive choice-of-court agreements " and avoiding "abusive litigation tactics" which Article 31(2) is intended to achieve…" at [70]. Foxton J then went on to find that the English court did have exclusive jurisdiction, the express English jurisdiction term in the policy Conditions prevailing over the Italian jurisdiction clause in the standard policy terms.
[173] In *Etihad Airways PJSC v Prof. Dr. Lucas Flother* [2020] EWCA Civ 1707 the Court of Appeal held that Art.31(2) does apply to an exclusive jurisdiction agreement in an asymmetric jurisdiction clause. It noted that courts in Spain and Greece as well as the Berlin appeal court had also held that Art.31(2) applied to such clauses. The Supreme Court refused permission to appeal on 15 February 2022. See

"[W]here *related* actions [as opposed to actions on the same cause of action between the same parties—art.29] are brought in the courts of different Member States, any court other than the court first seised *may* [contrast 'shall' in art.29], while the actions are pending at first instance, stay its proceedings."

In contrast to art.29 (which generally requires a mandatory stay in the case of actions on the same cause of action between the same parties in favour of the court first seised) the court which is not first seised has a discretion whether or not to stay a related action. Article 30 goes on to define related actions as being those which:

"... are so closely connected that it is expedient to hear and determine them together to avoid the risk of irreconcilable judgments resulting from separate proceedings."[174]

Thus, actions brought upon a series of policies with different reinsurers, reinsuring the same risk and following the policy wording of the leading underwriters having a common plaintiff and brought in two or more jurisdictions, would presumably be related actions within the meaning of art.30. Where the actions are the same, not merely related, art.29 provides that any court other than that first seised shall decline jurisdiction.

13-037   The English court can easily be persuaded that the causes of action in the English proceedings and in the foreign proceedings are not the same and thus there is no mandatory requirement to stay the English proceedings, though second in time. *Lloyd's Underwriters v Sinco SA*[175] is an example. Sinco's action in Greece was, by the applicable rules, first in time and thus it sought to stay that part of the second in time proceedings, begun in England by the underwriters, which was identical to the Greek proceedings, pursuant to art.29 (then art.27) of the Regulation. The English court refused to look at individual claims being advanced and looked only at the two proceedings in the round. The English proceedings were in contract, the Greek in delict and breach of statutory duty. Thus *both* cases could proceed. There is a lesson for reinsureds here. If a reinsured wishes to proceed in his chosen Member State against an English reinsurer for claims not paid, he might also assert a claim for a declaration that the reinsurance contract is valid and binding and that he has done nothing to justify any argument that there was an unfair presentation, or that there was a breach of warranty, alongside his claim for money. Otherwise he may find the English reinsurer issuing proceedings in England to assert an unfair presentation, or declare the contract at an end by breach of warranty, and have the English courts agree that art.29 is inapplicable as the claims of each party are different. Persuading an English court to release jurisdiction remains a difficult task. *Masri v Consolidated Contractors International Co SAL*[176] considered arts 29 and 30 (which were then arts 27 and 28). The English court found that proceedings in England alleging unlawful conspiracy were not "the same cause of action" as proceedings already in train in Greece (alleging personal liability on

---

also: *Perella Weinberg Partners UK LLP v Codere SA* [2016] EWHC 1182 (Comm); *Commerzbank AG v Liquimar Tankers Management Inc* [2017] EWHC 161 (Comm).

[174] See generally, *Owners of Cargo Lately Laden on Board the Tatry v Owners of the Maciej Rataj* [1992] 2 Lloyd's Rep. 552 CA; [1994] E.C.R. I-5439, 5475-5476, CJEU; see also: *Easy Rent a Car Ltd v Easygroup Ltd* [2019] EWCA Civ 477; [2019] 1 W.L.R. 4630; *Office Depot International BV v Holdham SA* [2019] EWHC 2115 (Ch); *JSC Commercial Bank Privatbank v Kolomoisky* [2019] EWCA Civ 1708; *EuroEco Fuels (Poland) Ltd v Szczecin* [2019] EWCA Civ 1932; [2019] 4 W.L.R. 156; *SCOR SE v Barclays Bank Plc* [2020] EWHC 133 (Comm); [2020] 1 C.L.C. 193; *Municipio de Mariana v BHP Group (UK) Ltd (formerly BHP Group Plc)* [2022] EWCA Civ 951; [2022] 1 W.L.R. 4691.

[175] *Lloyd's Underwriters v Sinco SA* [2008] EWHC 1842 (Comm).

[176] *Masri v Consolidated Contractors International Co SAL* [2011] EWHC 1780 (Comm).

individuals pursued in England for conspiracy) but they were sufficiently related that there was the possibility of irreconcilable judgments and the proper course was to stay the English proceedings under art.30.

In *Owusu v Jackson*[177] the European Court of Justice held, on reference from the Court of Appeal, that art.2 of the Convention (now art.4 Regulation) precluded the English court from declining jurisdiction on the ground that a Court of a non-Contracting State would be a more appropriate forum for the trial of the action even if the jurisdiction of no other Contracting State was in issue and even if the proceedings had no connecting factors to any other Contracting State. A display of legal imperialism on the part of the European Court, in the finest tradition of English courts until well into the second half of the last century, and which the European Court has continued to manifest in its decisions in *Turner v Grovit*[178] and the *West Tankers* case.[179]

In *Ferrexpo AG v Gilson Investments Ltd*,[180] Andrew Smith J had said: "At first instance the English courts have decided that Owusu v Jackson does not prevent them from enforcing exclusive jurisdiction clauses and have stayed proceedings brought in the English courts in breach of them: *Konkola Copper Mines v Coromin*, [2005] EWHC 898 (Comm) and *Winnetka Trading Corp v Julius Baer International Ltd* [2008] EWHC 3146 (Ch)."

However, in *Gulf International Bank BSC v Aldwood*,[181] John Kimbell QC held that the analysis in *Ferrexpo AG* did not apply under the Regulation, and that the English court had no discretion to grant a discretionary stay against a defendant domiciled in the EU on the basis of a jurisdiction agreement in favour of a third State. Jurisdiction under art.4 of the Regulation was mandatory.[182]

Similarly, in *Koninklijke Philips NV v Xiaomi Inc*,[183] it was held that the English court is not entitled to exercise case management powers inconsistently with the Regulation. An application for a case management stay was declined including because it would have been inconsistent with: (i) art.4(1) of the Regulation, under which the Court has jurisdiction over Xiaomi UK, which cannot be declined on forum conveniens grounds; and/or (ii) arts 29 and 30 of the Regulation, pursuant to which the English court had priority to the French court, it being for the French court, having been subsequently seised, to determine whether to decline jurisdiction or stay its proceedings on account of the prior proceedings in the English court; the English court having no such power under the Regulation.

England: Jurisdiction post-Brexit

The UK wanted to accede to the Lugano Convention as an independent contracting state once it had ceased to be a contracting party as result of ceasing to be an EU Member State. However, despite having submitted an application to accede to the Lugano Convention in April 2020, and its application having the support of Iceland, Norway and Switzerland, its application remains pending and is unlikely

13-038

---

[177] *Owusu v Jackson (C-281/02)* [2005] Q.B. 801. Followed in *Vedanta Resources Plc v Lungowe* [2019] UKSC 20, *Municipio de Mariana v BHP Group (UK) Ltd (formerly BHP Group Plc)* [2022] EWCA Civ 951; [2022] 1 W.L.R. 4691.
[178] *Turner v Grovit* (C-159/02) [2004] 1 Lloyd's Rep. 216. Discussed at 13-067 below.
[179] *Allianz SpA (formerly Riunione Adriatica di Sicurta SpA) v West Tankers Inc (C-185/07)* [2009] 1 A.C. 1138.
[180] *Ferrexpo AG v Gilson Investments Ltd* [2012] EWHC 721 (Comm); [2012] 1 Lloyd's Rep. 588.
[181] *Gulf International Bank BSC v Aldwood* [2019] EWHC 1666 (QB); [2020] 1 All E.R. (Comm) 334.
[182] See also *BB Energy (Gulf) DMCC v Al Amoudi* [2018] EWHC 2595 (Comm) at [23].
[183] *Koninklijke Philips NV v Xiaomi Inc* [2021] EWHC 2170 (Pat) at [92]–[97], applying *MAD Atelier International BV v Manes* [2020] EWHC 1014 (Comm); [2020] Q.B. 971 at [82].

to succeed in the foreseeable future as a result of the current opposition by the EU[184] (whose consent as a signatory to the Lugano Convention will be required for the UK's application to be succeed)[185]. Therefore, at the present time, English jurisdiction issues will be governed by the 2005 Hague Convention[186] (as applicable) and the common law[187].

The 2005 Hague Convention

13-039 The 2005 Hague Convention requires contracting states to uphold exclusive jurisdiction clauses nominating the courts of a contracting state, and to enforce any resulting judgment. Prior to 1 January 2021, the parties to the 2005 Hague Convention were the EU Member States[188], Mexico, Montenegro and Singapore. Although the 2005 Hague Convention has been effective in the UK since 1 October 2015[189], it does not apply in practice between EU Member States, and did not apply as between EU Member States and the UK during the Brexit transition period[190].

In order to continue as a contracting party to the Convention after Brexit, the UK applied to accede to the Convention in September 2020 and became a party to it in its own right with effect from 1 January 2021. Whilst for the purposes of Art.16 (entry into force), the UK courts treat the Convention as having uninterrupted legal effect in the UK since 1 October 2015[191], and apply the provisions of the Convention accordingly to relevant exclusive choice of court agreements, this is not the view of the EU Commission. It considers the UK only to have been a contracting party to the Convention since 1 January 2021 and that as a result its provisions should only apply to English exclusive choice of court agreements entered into on or after this date. Whether the domestic courts of EU member states will take a similar line when considering the validity and enforceability of any pre-Brexit English exclusive choice of court agreements not caught by the transitional arrangements for the Regulation[192] is not yet clear. Therefore the recognition of such clauses by the EU Member Courts, is for the present time uncertain.

The 2005 Hague Convention applies "in international cases to exclusive choice

---

[184] The UK's application is still to be considered by the European Parliament and the Council of the EU. However, the European Commission has recommended that the EU should not consent to the UK's application. This is based on the nature of the Lugano Convention as a flanking measure for the EU's economic relations with the EFTA/EEA countries; as such (it says) it is not the appropriate general framework for judicial co-operation wth third party states (which the UK now is), the EU's policy being to further such co-operation through the framework of the multilateral Hague Conventions (Commission Communication to the European Parliament and the Council: Assessment on the UK's application to accede to the 2007 Lugano Convention (4 May 2021)).
[185] The consent of Denmark (as a signatory in its own right) will also be required.
[186] The Convention on Choice of Court Agreements concluded on 30th June 2005 at The Hague.
[187] See 13-039ff below.
[188] Excluding Denmark as a result of its justice "opt-out" from relevant EU treaties; however, Denmark acceded to the 2005 Hague Convention in its own right on 30 May 2018, and the Convention entered into force for Denmark with effect from 1 September 2018.
[189] Civil Jurisdiction and Judgments (Hague Convention on Choice of Court Agreements 2005) Regulations 2015 (SI 2015/1644).
[190] Art.26 gives precedence to existing international instruments to which a contracting state is a party (such as the Regulation (which continued to apply to the UK during the transition period)) if applying the Convention would be inconsistent with the obligations of the contracting state under that existing international instrument.
[191] Private International Law (Implementation of Agreements) Act 2020 Sch.5 Pt.2 para.7; see also: Civil and Jurisdiction and Judgments Act 1982 s.3D.
[192] Because proceedings had not been instituted prior to the end of the transition period – see Withdrawal Agreement Art.67(1)(a).

of court agreements concluded in civil or commercial matters."[193] An exclusive choice of court agreement is defined as agreement "concluded by two or more parties that meets the requirements of paragraph (c) and designates, for the purpose of deciding disputes which have arisen or may arise in connection with a particular legal relationship, the courts of one Contracting State...to the exclusion of the jurisdiction of any other courts."[194] Such agreements will be deemed exclusive "unless the parties have expressly provided otherwise."[195]

The requirements set out in Art.3(c) are that the agreement is concluded or documented in writing or "by any other means of communication which renders information accessible so as to be usable for subsequent reference." Art.3(d) states that the choice of court agreement is to be treated as independent from the contract containing it.

Art.5(1) provides that the courts of a Contracting State "designated in an exclusive choice of court agreement *shall* have jurisdiction to decide a dispute to which the agreement applies, unless the agreement is null and void under the laws of that State" [emphasis added]. Even if the designated court considers that the dispute should be decided in the courts of another State, it is not permitted to decline jurisdiction[196].

Art.6 sets out a number of exceptions[197] to the general principle that proceedings before a non-designated court must be suspended or dismissed in favour of the designated court. Not all civil and commercial matters are covered by the Convention. It does not cover consumer, employment or personal injury disputes nor does it cover disputes relating to insolvency or the carriage of passengers and goods[198]. However, proceedings will not be excluded from the scope of the Convention if the excluded matter is only incidental to and not the object of those proceedings[199]. This proviso does not apply to arbitration and related proceedings which are expressly excluded from the scope of the Convention[200].

The Convention also deals with the enforcement of judgments made by the courts designated in exclusive choice of court agreements covered by the Convention[201].

Application to insurance/reinsurance

The 2005 Hague Convention covers exclusive choice of court agreements in insurance and reinsurance contracts even where the underlying risk (re)insured is

13-040

---

[193] Art.1(1).
[194] Art.3(a).
[195] Art.3(b). In *Etihad Airways PJSC v Prof. Dr. Lucas Flother* [2020] EWCA Civ 1707 the Court of Appeal expressed dicta at [85] that the 2005 Hague Convention should probably be interpreted as not applying to asymmetric jurisdiction clauses. The Court took support for this view from the comments of Professors. Trevor Hartley and Masato Dogauchi in the Explanatory Report to the Convention as well as the fact that a proposed amendment to the wording of the Convention by the Swiss delegate to include express reference to asymmetric clauses within the definition in Art.3 was debated and withdrawn.
[196] Art.5(2).
[197] The agreement is null and void under the law of the State of the designated court (Art.6(a)), lack of capacity to conclude the agreement (Art.6(b)), giving effect to the agreement would lead to manifest injustice or would be manifestly contrary to the public policy of the state of the court seised (Art.6(c)), for exceptional reasons beyond the control of the parties, the agreement cannot reasonably be performed (Art.6(d)) or the designated court has decided not to hear the case (Art.6(e)).
[198] Art.2.
[199] Art.2(3).
[200] Art.2(4).
[201] See further 13-081 below.

excluded from the scope of the Convention by Art.2[202]. However, the UK has used the power given to Contracting States by Art.21[203] to declare that it will not apply the Convention to insurance contracts except as set out in the Declaration[204]. This specifies that for the purposes of the UK the insurance contracts covered by the Convention are:

(1) reinsurance contracts
(2) where the choice of court agreement is entered into after the dispute has arisen
(3) where the insurer and policyholder are both domiciled or habitually resident[205] in the same Contracting State when the contract is concluded and the choice of court agreement designates the courts of that State, even if the harmful event occurred abroad, provided the choice of court agreement is not contrary to the law of that State
(4) insurance of certain specified "large" risks[206].

Thus where a reinsurance treaty provides for the Mexican[207] courts to have exclusive jurisdiction, an English court must stay any proceedings brought in England in breach of the exclusive choice of court agreement. A judgment of the Mexican court will be enforceable in England by registration[208].

England: Jurisdiction in cases outside the Regulation/Conventions

Service of proceedings out of the jurisdiction/CPR Pt 6—Practice Direction 6B

13-041 In cases where the Regulation/Conventions (including the 2005 Hague Convention[209]) do not apply or the contract does not contain an English jurisdiction clause[210]

---

[202] Art.17(1).
[203] Where a Contracting State has a "strong interest" in not applying the Convention to a specific matter, it can declare that it will not apply the Convention to that matter. If it does so, the declaration is to be "no broader than necessary" and the specific matter excluded is to be clearly and precisely defined. The effect of such a declaration is that the Convention will not apply to that matter in the Contracting State making the declaration nor in other Contracting States where an exclusive choice of court agreement designates the courts of the Contracting State making the declaration.
[204] 28 September 2020; the Declaration mirrors the declaration made by the EU on 11 June 2015; Denmark has made a similar declaration. The UK has indicated that it may in the future reassess the need to maintain the Declaration in light of experience of applying the Convention.
[205] An entity or person other than a natural person is considered to be resident in the State where (a) it has its statutory seat, (b) under whose law it was formed or incorporated, (c) where it has its central administration or (d) where it has its principal place of business (Art.4(2)).
[206] Ships, aircraft, railway rolling stock, goods/baggage in transit (other than passengers' baggage), credit or surety risk relating to an industrial or commercial activity or insured's whose business exceeds two or more of (i) balance sheet total of EUR 6,2m (ii) net turnover of EUR 12,8m or (iii) an average number of 250 employees during the financial year.
[207] Or courts of another Contracting State.
[208] See 13-081 below.
[209] See CPR 6.33(2B)(a).
[210] Prior to 31 December 2020, the court's permission was not required for claims subject to English jurisdiction clauses within the Regulation (CPR 6.33(2)(b)(v)). This provision ceased to apply as a result of Brexit. As the removal of CPR 6.33(2)(b)(v) would mean certain claimants having to seek the permission of the court to serve proceedings where they previously had not, a new provision, CPR 6.33(2B)(b) was introduced with effect from 6 April 2021, applicable to all English jurisdiction clauses, whether previously covered by the Regulation or not. As a result of this amendment, para.3.1(6)(d) of Practice Direction 6B became redundant and is now omitted although the case law relating to it remain relevant to CPR 6.33(2B)(b): as both parties and the Court accepted in *Pantheon International Advisors Ltd v Co-Diagnostics Inc* [2023] EWHC 1984 (KB).

or the English courts do not otherwise have power to determine the claim[211], permission to serve a claim form on a defendant outside the jurisdiction must be obtained from the Court pursuant to CPR r.6.36 and PD6B (service out of the jurisdiction). We set out the provisions of the Practice Direction that are likely to be relevant in the case of reinsurance disputes. Some of the cases concerned with the corresponding provisions of Ord.11 (of the old Rules of the Supreme Court) are still of relevance to the Practice Direction.

Contract. Subparagraphs (6), (7) and (8) of para.3.1 of the Practice Direction confer jurisdiction on the English court in the following cases: **13-042**

"(6)   a claim is made in respect of a contract where the contract—
  (a)   was made within the jurisdiction;
  (b)   was made by or through an agent trading or residing within the jurisdiction;
  (c)   is governed by English law; or
  (d)   contains a term to the effect that the court shall have jurisdiction to determine any claim in respect of the contract[212].
(7)   a claim is made in respect of a breach of contract committed within the jurisdiction.
(8)   a claim is made for a declaration that no contract exists where, if the contract was found to exist, it would comply with the conditions set out in paragraph (6)."[213]

Tort. Subparagraph 9 of para.3.1 of the Practice Direction confers jurisdiction on the English court in the following cases: **13-043**

"(9)   a claim is made in tort where—
  (a)   damage was sustained within the jurisdiction; or
  (b)   the damage sustained resulted from an act committed within the jurisdiction."

In *Four Seasons Hotel v Brownlie*[214] the Supreme Court held that there was no claim against an English holding company where a death (of one) and serious injuries (of another) occurred whilst on an excursion from an hotel in Egypt owned by a subsidiary of the holding company. But the court took the opportunity to consider the meaning of "damage" in CPR PD6B para.3.1(9) (per Lady Hale, with whom Lords Wilson and Clarke agreed). The framers of the CPR were likely to have had the ordinary and natural meaning of the word "damage" in mind when formulating CPR PD6B para.3.1(9). "Damage" referred to the actionable harm caused by the alleged wrongful act and not merely the initial damage which completes the cause of action, and it included all the detriment (physical, financial and social) which the claimant had suffered as a result of the defendant's tortious conduct. As to the consequences of giving "damage" a wide meaning, the discretion available to the court should be robust enough to prevent claimants from choos-

---

[211] Even though the defendant is outside the jurisdiction and the facts giving rise to the claim did not occur within the jurisdiction (CPR 6.33(3)) (derived from RSC Ord. 11 r.1(2)(b)). See further: *Re Harrods (Buenos Aires) Ltd* [1992] Ch. 72, *Banca Carige SpA Cassa di Risparmio di Genova e Imperia v Re Banco Nacional de Cuba* [2001] 1 W.L.R. 2039; [2001] 2 Lloyd's Rep. 147; *Fern Computing Consultancy Ltd v Integraph Cadworx & Analysis Solutions Inc* [2014] EWHC 2908 (Ch).
[212] Now omitted, replaced by CPR 6.33(2B)(b); see above.
[213] A new provision, which reverses the effect of the decision in *Finnish Marine Insurance Co Ltd v Protective National Insurance Co* [1989] 2 Lloyd's Rep. 99 (discussed below).
[214] *Four Seasons Holdings Inc v Brownlie* [2017] UKSC 80; [2018] 1 W.L.R. 192.

ing where to bring a claim. The court would look for a substantial reason to allow a claim against a foreign defendant to be brought in the UK courts.[215]

13-044 **Necessary/proper party.** Sub-paragraphs (3) and (4) of para.3.1 of the Practice Direction confer jurisdiction on the English court in the following cases:

> "(3) a claim is made against someone on whom the claim form has been or will be served and—
> (a) there is between the claimant and that person a real issue which it is reasonable for the court to try; and
> (b) the claimant wishes to serve the claim form on another person who is a necessary or proper party to that claim.
> (4) a claim is an additional claim under Pt 20 and the person served is a necessary or proper party to the claim or additional claim."

In *Carvill America Inc v Camperdown UK Ltd*[216] the first claimants, Carvill America, were US brokers who had placed reinsurance through London sub-brokers, Carvill UK, with various reinsurers in the London and European markets (the first to thirteenth defendants) on behalf of XL Specialty Insurance Co Ltd ("XL"), an American reinsured, which had been joined as fourteenth defendant and permission to serve the claim form outside the jurisdiction was granted under CPR r.6.20(3). The substantive issues in the action were: (i) whether the brokerage was earned on placement or only earned when the premium in question was due and payable or was paid; and (ii) whether the reinsurer or the reinsured was liable to the broker for the amount of brokerage. The first issue arose because XL terminated Carvill's appointment mid-way through a period of cover. The second issue arose because XL withheld an amount equivalent to brokerage from its premium payments to reinsurers from the date of termination of Carvill's appointment. XL applied to set aside service on the basis of four arguments: (1) the claim against XL raised no serious issue to be tried; (2) XL was not a necessary or proper party to the claim against the European reinsurers; (3) England was not the proper forum for the resolution of any claim against XL in respect of the European brokerage; (4) the claim against XL for the European brokerage should be determined alongside the claim Carvill America had brought against XL in Connecticut for the US brokerage. HH Judge Havelock-Allen QC held as follows: (1) Carvill's claim raised series issues to be tried[217]; (2) XL was, under CPR Pt 6.20(3) (now CPR PD6B, para.3.1(3)(b)), a proper party to the English proceedings; (3) England was, under CPR r.6.21(2A) (now CPR r.6.37(3)), the most convenient forum for the hearing of the action; (4) as a matter of discretion the case was a proper one for permission to serve out of the jurisdiction.

The Court applied the following test in relation to CPR r.6.20(3) (now CPR PD6B, para.3.1(3)(b)):

> "XL is a proper party to the action if it would have been appropriate, had XL been able to be served within the jurisdiction, to join XL as a defendant to the action under CPR Part 19.2(2)(a). That was the approach taken under the earliest forerunner of Part 6.20(3) in Order 11 (see *Massey v. Haynes* (1888) 21 QBD 330) and ... it remains the position today

---

[215] The same approach was adopted in *Brownlie v FS Cairo (Nile Plaza) LLC* [2021] UKSC 45; [2022] A.C. 995. The Supreme Court held that the meaning of damage in para.3.1(9) was wider than under the Brussels Convention / Regulation regime and applied to indirect damage suffered in England as a result of a tort committed abroad: see 13-034 above.
[216] *Carvill America Inc v Camperdown UK Ltd* [2004] EWHC 2221 (Comm); [2005] Lloyd's Rep. I.R. 55, aff'd [2005] EWCA Civ 645.
[217] This aspect of the decision is discussed above, see Ch.9, 9-029.

(see Potter LJ in *Petroleo Brasiliero SA v. Mellitus Shipping Inc, The Baltic Frame* [2001] 2 Lloyd's Rep 203 at 212, paragraph 33). It is appropriate to join a party when the liability of several persons (whether cumulative or alternative) depends on investigation. That is unquestionably the position here, even if it is possible that the alternative claims against the reinsurers and the reinsured could both fail. It is immaterial to my mind that the alternative claims do not arise under one and the same transaction. There is the common thread to the claims in the custom and practice of the market which, on Carvill's case, plays a central role in each."[218]

Judicial discretion/forum non conveniens The principles on which the English courts give permission to serve a claim form out of the jurisdiction are set out in two decisions of the House of Lords: *Seaconsar Far East Ltd v Bank Markazi Jomhouri Islam Iran*[219] and *Spiliada Maritime Corp v Cansulex Ltd, The "Spiliada"*.[220] Although these cases were decided under the Ord.11 regime the following principles continue to apply to applications for permission under CPR r.6.36:

13-045

(1) Jurisdictional grounds (*Seaconsar*)
   The applicant must show a good arguable case that his claim comes within one of the subparagraphs of para. 3.1 of CPR PD6B.[221]
(2) The merits (*Seaconsar*)
   The applicant must show a serious issue to be tried in respect of each cause of action in respect of which he asks for permission.
(3) Discretion/forum non conveniens (*The "Spiliada"*)
   (i) where the claimant has commenced proceedings as of right by serving the defendant in England/Wales, the court has a discretion to stay the action and, applying the doctrine of forum non conveniens, will do so if the defendant satisfies the court that some other forum is more appropriate;
   (ii) where the claimant can only commence proceedings by applying for permission to serve the defendant outside England/Wales, the court has a discretion and will only give permission under r.6.36 if the plaintiff satisfies the court that England is the most appropriate forum to try the action;
   (iii) the overriding principle in determining the appropriate forum is that

---

[218] The quotation is from the first instance judgment: [42]. There was no appeal on this point. See also, in relation to the necessary or proper party gateway: *Gunn v Diaz* [2017] EWHC 157 (QB); [2017] 1 Lloyd's Rep. 165; *Vedanta Resources Plc v Lungowe* [2019] UKSC 20; [2020] A.C. 1045.

[219] *Seaconsar (Far East) Ltd v Bank Markazi Jomhouri Islam Iran* [1994] 1 A.C. 438.

[220] *Spiliada Maritime Corp v Cansulex Ltd, The "Spiliada"* [1987] A.C. 460. For a more recent pronouncement by the Supreme Court on the application of the "Spiliada" principles, see *VTB Capital Plc v Nutritek International Corp* [2013] UKSC 5; [2013] 2 A.C. 337; see further: *Vedanta Resources Plc v Lungowe* [2019] UKSC 20; [2020] A.C. 1045; *ED&F Man Capital Markets Ltd v Straits (Singapore) Pte Ltd* [2019] EWCA Civ 2073; [2020] 2 Lloyd's Rep. 14; *Unwired Planet International Ltd v Huawei Technologies (UK) Co Ltd* [2020] UKSC 37; [2021] 1 All E.R. 1141.

[221] Guidance on how to apply the test for a "good arguable case" was given by the Court of Appeal in *Kaefer Aislamientos SA de CV v AMS Drilling Mexico SA de CV* [2019] EWCA Civ 10; [2019] 1 W.L.R. 3514. Under the three limb test: (i) the claimant has to have a plausible evidential basis for the relevant jurisdictional gateway to apply, meaning they need to demonstrate that they have the better argument; (ii) if there is an issue of fact or some other reason for doubting whether the jurisdictional gateway applies, the court must take a view on the material available if it can reliably do so, meaning the court should use judicial common sense and pragmatism in considering the issue; (iii) but the nature of the issue and the limitation of the material available at the interlocutory stage may be such that no reliable assessment can be made, in which case there is a good arguable case for the application of the gateway if there is a plausible (albeit contested) evidential basis for it; followed *Idemia France SAS v Decatur Europe Ltd* [2019] EWHC 946 (Comm), *Pantheon International Advisors Ltd v Co-Diagnostics Inc* [2023] EWHC 1984 (KB).

regard must be had to the interests of all the parties and the ends of justice.[222]

Two points should be noted. First, although a claimant applying for permission under r.6.36 to serve proceedings out of jurisdiction should satisfy the court that England is the appropriate forum, on an application without notice, the Commercial Court judge merely considers the claimant's witness statement (no argument is heard). Accordingly, where a defendant applies to have service set aside or the action stayed, the judge who considers that application is exercising a fresh discretion and is not in any way bound by the decision of the judge who had originally granted leave. Secondly, there is an important difference between a r.6.36 case, where the claimant requires permission to serve a defendant outside England, and the case where the claimant serves a defendant in England who then applies for a stay. In a r.6.36 case, the burden is on the claimant to show: (a) that his claim is within r.6.36; and (b) that England is the most appropriate forum, whereas, where the defendant has been served in England, the burden is on the defendant to show that some other court is the more appropriate forum. Where proceedings are brought against defendants within and without the jurisdiction, the case had to be considered in the round and the question to be asked was, which jurisdiction was the natural or most appropriate forum for the trial.[223]

13-046 **Application of The "Spiliada" in reinsurance disputes** In *Islamic Arab Insurance Co v Saudi Egyptian American Reinsurance Co*,[224] the plaintiffs were a corporation registered in the United Arab Emirates, carrying on insurance/reinsurance business there and in Saudi Arabia. In the course of their direct insurance business in the UAE and Saudi Arabia, the plaintiffs concluded contracts governed by and in accordance with the principles of Islamic law. However, in effecting reinsurance of their primary risks, the plaintiffs placed their business on or through the London market with ordinary commercial reinsurers. The defendants were a Panamanian company, with a registered office in Ohio, who entered into reinsurance treaties with the plaintiffs as a result of somewhat convoluted telex negotiations conducted via London brokers. The plaintiffs issued a writ in London claiming sums denominated in Saudi Riyals and obtained leave to serve the defendants out of the jurisdiction ex parte from Bingham J (as he then was). The plaintiffs relied on three grounds under RSC Ord.11:

(1) that the contract was made within the jurisdiction, within the meaning of r.1(1)(d)(i)[225];
(2) that the contract was governed by implication by English law within the meaning of r.1(1)(d)(iii)[226];

---

[222] In *Shenzhen Senior Technology Material Co Ltd v Celgard LLC* [2020] EWCA Civ 1293; [2021] F.S.R. 1, the Court of Appeal held (following the Supreme Court in *Unwired Planet International Ltd v Huawei Technologies (UK) Co Ltd* [2020] UKSC 37; [2021] 1 All E.R. 1141) that in determining whether England was the appropriate forum, the court had to have regard to the totality of the dispute, including where necessary the defendant's answer to the claim, and not just restrict its analysis to the claim and relief sought by the claimant.
[223] *E.I. Du Pont de Nemours & Co v Agnew* [1987] 2 Lloyd's Rep. 585 (per Bingham LJ at 593, see 13-045 below) applied in *Travelers Casualty v Sun Life* [2004] Lloyd's Rep I.R. 846.
[224] *Islamic Arab Insurance Co v Saudi Egyptian American Reinsurance Co* [1987] 1 Lloyd's Rep. 315.
[225] See now subpara.(6)(a) of para.3.1 of PD6B.
[226] See now subpara.(6)(c) of para.3.1 of PD6B.

(3) that a breach was committed within the jurisdiction, within the meaning of r.1(1)(e).[227]

At the inter partes hearing Steyn J (as he then was) granted a conditional stay of the action. He was not satisfied, on the evidence before him that the plaintiffs had made out an arguable case that their claim came within any of the three grounds of Ord.11 upon which they relied. The apparent weakness of their case influenced him in the exercise of his discretion; in any event, he felt that the dispute was essentially connected more closely with Saudi Arabia than with London and was not satisfied that there was any evidence that the plaintiffs would not obtain justice before the Saudi courts. The Court of Appeal held that on the evidence the plaintiffs had a good arguable case that the contract of reinsurance was concluded in England and that it was governed by English law. As to the question of judicial discretion, since the decision of the House of Lords in *The "Spiliada"* had come after Steyn J's judgment, the Court of Appeal considered that it was free to exercise its own discretion in the light of the principles restated by the House of Lords. Parker LJ considered that as between England and Saudi Arabia, the former was clearly "the forum in which the case can suitably be tried for the interests of all parties and for the ends of justice. It has a specialist court and specialist lawyers, which it is common ground Saudi Arabia has not".[228]

13-047

In *Du Pont v Agnew*,[229] the plaintiffs had product liability insurance, which was placed in two layers, a first excess layer of US$15 million, excess of US$5 million and a second excess layer of US$35 million excess, of US$20 million. The first excess layer was made up of five policies, the first being a Lloyd's policy and the remaining policies being with English and European companies and being expressed to follow the leading Lloyd's policy. The second layer comprised 11 policies, the first of which was another Lloyd's policy which was expressed to be subject to the same conditions as the leading Lloyd's policy. In the second layer, the following market consisted of various insurance companies including a number in the United States. The plaintiffs had been involved in proceedings in Illinois in an action brought by a Mr George Chelos for injuries sustained as a result of using a drug manufactured by a wholly-owned subsidiary of the plaintiff company. An award of damages (including punitive damages) of some US$26 million had been made against the plaintiffs who brought an action in England for a declaration against their various insurers that they were entitled to be indemnified in respect of the Illinois award. The Lloyd's underwriters and English companies were served with proceedings in England and leave was obtained ex parte to serve the other defendants out of the jurisdiction on the grounds that all the policies were governed by implication by English law[230] and that all the defendants were necessary and proper parties to an action which had already been commenced against persons duly served within the jurisdiction.[231] All the defendants, save one which was in liquidation, applied to stay the English proceedings. Steyn J (as he then was) dismissed the defendants' applications before *The "Spiliada"* decision, and the matter came before the Court of Appeal after the House of Lords had given *The "Spiliada"* judgment. Bingham LJ (as he then was) explained the plaintiffs' reasons for seeking a declaratory judgment in England as follows:

13-048

---

[227] See now subpara.(7) of para.3.1 of PD6B.
[228] Bingham LJ who had originally given leave to serve out was by then in the Court of Appeal. He agreed with Parker LJ.
[229] *Du Pont v Agnew* [1987] 2 Lloyd's Rep. 585.
[230] RSC Ord.11 r.1(1)(d)(iii); see now subpara.(6)(c) of para.3.1 of PD6B.
[231] RSC Ord.11 r.1(1)(c); see now subpara.(3) of para.3.1 of PD6B.

"The situation is, at first sight somewhat surprising. It not infrequently happens that English companies who have suffered large awards in tort against them in the United States seek to sue their London-based underwriters in the United States, no doubt hoping that the same generous spirit which animated the claim against them might inform their claim to indemnity. The underwriters, fearing such a result, prefer to be sued here. But in this case, the rules are reversed. It is the underwriters who seek determination of their liability in Illinois and the assureds who wish the issue to be resolved here. The reason for this reversal is no secret. Public policy in Illinois precludes, or may preclude, indemnification of an assured against an award of punitive damages based on his personal (as opposed to vicarious) liability. For this purpose, a corporation is, it would appear, regarded as personally rather than vicariously liable for the acts of its senior management. Since punitive damages are awarded to punish a defendant for grossly reprehensible conduct, it is said to be contrary to the public policy of Illinois that he should escape his punishment, where the fault is personal to him, by obtaining indemnity from his insurers. Thus, the insurers have an obvious incentive to seek trial in Illinois, where they will try to establish a high degree of personal fault on the part of their assured. [The plaintiffs] seek trial in England because, as they hope, English public policy imposes no insuperable obstacle to their recovery of full indemnity."[232]

13-049 Steyn J had refused to stay the proceedings, applying the principles in earlier, pre-*Spiliada* cases. In considering whether a stay should be granted against the first three defendants (who had all been sued by virtue of their residence in England), the learned judge had concluded that a stay would deprive the plaintiffs of a substantial and legitimate juridical advantage, namely the opportunity to pursue their claim in a forum where the insurers' defence based on public policy might be much less strong than in Illinois. He did not think it necessary to consider whether Illinois was a more natural and appropriate forum than England. In refusing to stay proceedings against the foreign insurers, the learned judge held that the court had a jurisdiction to order service out since the relevant policies were all governed by English law and exercised his discretion to refuse a stay, primarily on the basis that it was undesirable to have multiple actions in two jurisdictions. The Court of Appeal concluded that *The "Spiliada"* decision had materially restated the principles upon which judicial discretion should be based. Bingham LJ said:

"[T]he correct approach to this problem in principle is to compare the relative appropriateness of the English with the competing foreign forum for a just trial of the action in question. It is less important than it was once thought to be whether a stay will deprive the plaintiff of a legitimate personal or juridical advantage. This aspect is to be considered as part of a more general judgment on which is the appropriate forum in the interests of all the parties and in the interest of justice."[233]

Bingham LJ considered that Steyn J had given undue weight to the plaintiffs' juridical advantage in suing in England. Also, while it was generally undesirable to have multiplicity of proceedings, this was merely one consideration to be weighed as part of an overall assessment and could not necessarily lead to a stay or setting side of English proceedings.[234] Bingham LJ agreed with Steyn J that all the policies of insurance were arguably governed by English law on the basis that the foreign companies were following the London market. In weighing up the factors to determine whether England or Illinois was the appropriate forum, Bingham

---

[232] *Du Pont v Agnew* [1987] 2 Lloyd's Rep. 585 at 587.
[233] *Du Pont v Agnew* [1987] 2 Lloyd's Rep. 585 at 588.
[234] For recent consideration generally of multiplicity of proceedings as a factor see: *Vedanta Resources Plc v Lungowe* [2019] UKSC 20; [2020] A.C. 1045; *ED&F Man Capital Markets Ltd v Straits (Singapore) Pte Ltd* [2019] EWCA Civ 2073; [2020] 2 Lloyd's Rep. 14; *PJSC National Bank Trust v Mints* [2021] EWHC 692 (Comm).

LJ made the following points:

> "First, in a case such as this where some defendants have been served within and some without the jurisdiction the court must, in my judgment, view the case in the round. It would not be correct to review the position of the English defendants independently and treat that decision as concluding the position of the foreign defendants. Or vice versa. Relative appropriateness and the requirements of justice should be assessed taking account of the case as a whole and not giving preponderant weight to the position of either group of defendants. Second, I do not regard this as a case in which the dates of beginning proceedings are significant. As it happens, the English proceedings began first and the Illinois action a month later. It might have been the other way round. I do not think the outcome of these appeals should be affected by what is little more than an accident of timing. Third, I should emphasise perhaps unnecessarily, that the standing and integrity of the Illinois Court are beyond all doubt or reproach. We could not fail to accord the highest respect to a Court whose most famous practitioner (unlike any of own) stands in effigy on a plinth in Parliament Square."[235]

Bingham LJ considered the factors connecting the case with Illinois were: the fact that the original injury had occurred there and that the trial took place there; the fact that proceedings raising the same issues and in which all the parties were represented had already been commenced there; and the fact that the Illinois Courts could apply English law if and so far as it was necessary. He considered, however, that the mere fact that the accident occurred in Illinois was of little significance, as was the fact that the plaintiffs did substantial business there. The policy cover was worldwide and the accident could have occurred anywhere. None of the insurers was incorporated in Illinois. None of the policies was broked there. The policies were all governed by English law. Bingham LJ considered that the extent to which an assured was covered under an English policy of insurance was primarily a matter for English law, and then concluded:

> "In the Illinois action attention would, I think, necessarily be directed to ascertaining not what cover the policies according to their proper law afford, but what cover the law of Illinois permits. In the interests of justice to all parties, this should not in my judgment be so. It may not be as relevant, but is at best a subsidiary question. The primary question, as I regard it, is the effect of this contract as a matter of English public policy, and that is a question which I do not think any foreign Judge could conscientiously resolve with any confidence that he was reaching a correct answer."[236]

Thus, the Court of Appeal reached the same conclusions as the judge. We discuss the next round in the litigation[237] below at 13-065.

13-050 In *Excess Insurance Co Ltd v Astra Insurance and Reinsurance Co*[238] the plaintiffs were reinsured under several excess of loss contracts by a Romanian company, Administratia Assigurallar de Stat ("Adas"). The plaintiffs sought to sue the defendants, Astra, on the basis that they were the statutory successor to the liabilities of Adas pursuant to a Romanian Government Decree. However, the writ and the points of claim simply asserted that the reinsurance contracts were between

---

[235] *Du Pont v Agnew* [1987] 2 Lloyd's Rep. 585 at 593; Abraham Lincoln.
[236] *Du Pont v Agnew* [1987] 2 Lloyd's Rep. 585 at 595.
[237] *Du Pont v Agnew (No.2)* [1988] 2 Lloyd's Rep. 240. In *Cherney v Deripaska* [2009] EWCA Civ 849; [2009] C.P. Rep. 48, the court held that Russia was the natural forum for disputes between the parties to be resolved but since the claimant risked, assassination and prosecution on trumped up charges in Russia, the action should continue in England. Leave to serve out of the jurisdiction should be granted; applied *Mousavi-Khalkali v Abrishamchi* [2020] EWCA Civ 1493; [2020] Costs L.R. 2065; followed *Nimer v United Al Saqer Group LLC* [2021] EWHC 50 (QB).
[238] *Excess Insurance Co Ltd v Astra Insurance and Reinsurance Co* [1995] L.R.L.R. 464.

the plaintiffs and Astra. The true nature of the plaintiffs' claim appeared from an affidavit filed in support of the application for leave to serve out of the jurisdiction. The Court of Appeal upheld the decision of Potter J,[239] who had set aside service of the writ on the basis that it failed properly to state the essential ingredients of the plaintiffs' cause of action against the defendants.

Potter J went on to consider the question of forum non conveniens and held that England was the appropriate forum for the dispute. He said:

> "The overall centre of gravity of the case as a reinsurance dispute under treaties broked in London and governed by English law, with English arbitration clauses is England. That seems to me so, whether or not the initial question to be tried in the proceedings will be whether or not there was any liability on Astra by reason of succession under the terms of the decree, which will of course largely turn upon questions of Romanian law."[240]

The Court of Appeal found no basis for interfering with the learned judge's discretion.[241] In cases outside the Regulation and the 2005 Hague Convention, where English courts continue to have a discretion as to whether to hear a reinsurance dispute, the trend of decisions on *forum non conveniens* continues to favour the London market as the centre of gravity for reinsurance transactions where the slip is scratched in London and the contract governed by English Law.[242]

13-051   In *Zephyrus Capital Avation Partners 1D Ltd v Fedelis Underwriting Ltd*,[243] the defendant reinsurers applied to stay proceedings in the English courts on the ground that Russian exclusive jurisdiction clauses in the reinsurance contracts meant that the English court did not have jurisdiction to consider claims concerning the termination of leases of aircraft after Russia's invasion of Ukraine. The claimants primarily comprised the owners and lessors of aircraft and/or aircraft engines which were leased to Russian airlines under leases governed by English, Californian or New York law. The airlines insured the aircraft with Russian insurance companies

---

[239] *Excess Insurance Co Ltd v Astra Insurance and Reinsurance Co* [1995] L.R.L.R. 464.
[240] *Excess Insurance Co Ltd v Astra Insurance and Reinsurance Co* [1995] L.R.L.R. 464 at 471.
[241] *Excess Insurance v Astra Insurance* [1996] L.R.L.R. 380. Presumably both Potter J and the Court of Appeal addressed the *forum non conveniens* issue on the assumption that the plaintiffs might issue fresh proceedings in which their claim was properly pleaded.
[242] See *Markel International Insurance Co Ltd v La Republica Compania Argentina de Seguros SA* [2004] EWHC 1826 (Comm); [2005] Lloyd's Rep. I.R. 90; *Tryg Baltica International (UK) Ltd v Boston Compania De Seguros SA* [2004] EWHC 1186 (Comm); [2005] Lloyd's Rep. I.R. 40, discussed 13-043 below; *Dornoch Ltd v Mauritius Union Assurance Co Ltd* [2005] EWHC 1887 (Comm), aff'd [2006] EWCA Civ 389; [2006] 2 Lloyd's Rep 475. See also *Muenchener Rueckversicherungs Gesellschaft v Commonwealth Insurance Co* [2005] Lloyd's Rep. I.R. 99, where Morison J accepted the views expressed in the witness statement of a Mr Marangos that: "English jurisdiction and in particular the Commercial Court, is the natural forum for a dispute of this kind, which involves the construction and application of a contract made in the jurisdiction which is subject to English law. The 'centre of gravity' for the retrocession contract is England despite the fact that the subject-matter of the risk is world-wide and the loss was in Mexico." Cases continue this path with regularity. In *Stonebridge Underwriting Ltd v Ontario Municipal Insurance Exchange* [2010] EWHC 2279 (Comm); [2010] 2 C.L.C. 349 the court tag teamed the finding that the reinsurance was governed by English law with a finding that the governing law was important in determining what was the proper jurisdiction, to then give jurisdiction to the English court. In *Royal & Sun Alliance Insurance Plc v Rolls-Royce Plc* [2010] EWHC 1869 (Comm); [2010] 2 C.L.C. 84 Rolls Royce had begun proceedings against its insurers in Florida—it was there primarily that the Rolls Royce companies had been sued in relation to poor performing engines. Their insurers nonetheless began English proceedings thereafter and Rolls Royce tried to have them stayed on Spiliada principles. Blair J recited the familiar litany of: English parties to the insurance contract, express choice of English law, and English brokers, and refused the application by Rolls Royce.
[243] *Zephyrus Capital Avation Partners 1D Ltd v Fedelis Underwriting Ltd* [2024] EWHC 734 (Comm); [2024] 4 W.L.R. 47, also known as Russian Aircraft Operator Policy Claims (Jurisdiction Applications), Re.

in respect of hull all risks and war risks. The insurers reinsured most of their risk with various London and international market reinsurers, including the defendants and Russian reinsurers, on the same terms as the underlying insurance and containing a cut-through clause (CTC).[244] Following the invasion of Ukraine, the claimants issued default and termination notices, relying on various grounds including the imposition of sanctions on Russia, material adverse change, and failure to maintain insurance/reinsurance. The aircraft were not returned. The claimants brought claims against the defendant reinsurers relying on CTCs in the reinsurance policies in respect of the loss of the aircraft.

For the defendant reinsurers' applications to stay proceedings, the claimants accepted that the defendant reinsurers had good arguable cases that the insurance and reinsurance policies contained valid Russian law and exclusive jurisdiction agreements. Nevertheless, the court refused to grant a stay. Henshaw J followed the test established by the House of Lords in *Donohue v Armco Inc* that a stay would be granted to give effect to jurisdiction clauses unless the counterparty to the clause could point to strong reasons not to do so.[245] Having reviewed the case law, Henshaw J noted that the following propositions were relevant to whether the prospect of an unfair trial in the court chosen in an exclusive jurisdiction clause was a strong reason to decline a stay of English proceedings:

1. The court was not bound to grant a stay but had a discretion to do so.
2. There was no absolute rule governing the exercise of the discretion, but it would ordinarily be exercised by granting a stay unless the claimant could show strong reasons for suing in England.
3. What constituted a strong reason depended on the facts and circumstances of the particular case.
4. The burden of showing strong reason was on the claimant.
5. Strong reasons were not shown merely by establishing factors that would make England the appropriate forum on a forum non conveniens.
6. Foreseeable factors of (mere) convenience should not be regarded as strong reasons to decline a stay.
7. Regard could properly be had to whether the claimant would be prejudiced by having to sue in the foreign court because a fair trial was unlikely for political, racial, religious or other reasons.
8. Some judicial statements suggested that even a matter pertaining to the interests of justice might not amount to a "strong reason" if it was foreseeable and could be regarded as encompassed within the parties' bargain in agreeing to the jurisdiction clause. However, most cases treated the interests of justice differently in that regard from factors of mere convenience.[246]

It would generally be necessary to show that the weight and cogency of the evidence indicated that it was likely that the agreed forum would not provide a fair trial. Proof on the balance of probabilities was unnecessary as it implied a finding of fact which probably required oral evidence and discovery which was not the usual process when a court was deciding whether to decline to grant a stay to give effect to a jurisdiction clause. The fact that an exclusive jurisdiction clause was not specifically negotiated had no freestanding significance for a court considering whether a party was bound by the clause or whether to grant a stay, provided the

---

[244] See discussion of the cut-through clause aspects in Ch.15, 15-124.
[245] *Donohue v Armco Inc* [2001] UKHL 64; [2002] 1 Lloyd's Rep. 425.
[246] *Zephyrus Capital Aviation Partners 1D Ltd v Fedelis Underwriting Ltd* [2024] EWHC 734 (Comm) at [106], [110]–[156].

party had a choice whether to contract on the terms that included the clause. However, it was relevant when considering whether it was foreseeable that the agreed forum would provide an unfair trial.[247]

On the evidence, the judge concluded that the claimants were unlikely to receive a fair trial in Russia primarily on the grounds that the claims entailed substantial exposure of the Russian State via the involvement of the Russian National Reinsurance Company, the claimants were from states which Russia categorised as unfriendly foreign states, and Russian courts would be unlikely to be able to determine issues that touched upon political issues objectively.[248] The judge said that claimants' case for not granting the stay was "not undermined to any significant degree" by the defendants' arguments that it was foreseeable that a fair trial in Russia was unlikely because the problems with the Russian legal system and the State influence over it pre-dated the insurance and reinsurances contracts.[249] Even after taking account of the importance of comity between the courts of different nations and the importance attached by the English courts to giving effect to exclusive jurisdiction clauses, the unlikelihood of the claimants receiving a fair trial was a strong reason for declining to stay the proceedings.[250] A further factor for declining a stay was the inevitability of increased multiplicity of proceedings leading to a far greater risk of inconsistent findings on fundamental issues were the claims to proceed in Russia, as well as adding an element of personal risk to individuals who would ordinarily attend trial.[251]

13-052 Forum shopping and (negative) declarations In *The "Volvox Hollandia"*, Kerr LJ said:

> "Claims for declarations, and in particular negative declarations, must be viewed with great caution in all situations involving possible conflicts of jurisdictions, since they obviously lend themselves to improper attempts at forum shopping."[252]

In *New Hampshire Insurance Co v Philips Electronics North America Corp*[253] the Court of Appeal approved the following four principles set out by Rix J (as he then was) in the context of proceedings commenced before the English court for a negative declaration against a defendant served abroad:

> "1. There is power to grant a negative declaration in an appropriate case, the fundamental test being whether it would be useful.
> 2. However, careful scrutiny will be exercised not only to test the utility, or the futility, of a negative declaration in England, but also to ensure that inappropriate forum shopping is not allowed, let alone encouraged.

---

[247] *Zephyrus Capital Avation Partners 1D Ltd v Fedelis Underwriting Ltd* [2024] EWHC 734 (Comm) at [157]–[163].
[248] *Zephyrus Capital Avation Partners 1D Ltd v Fedelis Underwriting Ltd* [2024] EWHC 734 (Comm) at [292]–[293], [323], [346], [357], [368]–[370], [378], [382]–[383], [441], [444], [447] and [472].
[249] *Zephyrus Capital Avation Partners 1D Ltd v Fedelis Underwriting Ltd* [2024] EWHC 734 (Comm) at [460] and [473].
[250] *Zephyrus Capital Avation Partners 1D Ltd v Fedelis Underwriting Ltd* [2024] EWHC 734 (Comm) at [474].
[251] *Zephyrus Capital Avation Partners 1D Ltd v Fedelis Underwriting Ltd* [2024] EWHC 734 (Comm) at [557].
[252] *Saipem SpA v Dredging VO2 BV (The "Volvox Hollandia") (No.1)* [1988] 2 Lloyd's Rep. 361 at 371. However, "subject to the exercise of appropriate circumspection, there should be no reluctance to their being granted when it is useful to do so": *Messier Dowty Ltd v Sabena SA* [2000] 1 W.L.R. 2040; [2000] 1 Lloyd's Rep. 428 CA per Lord Woolf M.R. at [42].
[253] *New Hampshire Insurance Co Ltd v Philips Electronics North America Corp* [1999] Lloyd's Rep. I.R. 58; see further re the principles governing the granting of negative declaratory relief generally, *BNP Paribas SA v Trattamento Rifiuti Metropolitani SpA* [2020] EWHC 2436 (Comm) at [78].

3. A negative declaration will not be appropriate where it is premature or hypothetical, viz. where no claim has been made or threatened against the plaintiff.
4. The existence of imminent or a fortiori current foreign proceedings is always a highly relevant consideration, not only for the purpose of testing the utility of the English claim, but also so as to have in mind the need to avoid the twin dangers of forum shopping and the vice of concurrent proceedings."

Rix J decided that issues of fact would be better tried in Illinois and England was the appropriate forum for resolution of disputes on construction of the policies, and the Court of Appeal declined to interfere.

Actions for declaratory relief and, in particular, negative declaratory relief[254] are not uncommon in insurance/reinsurance litigation. See 13-093 below.

"Forum shopping" is a pejorative term sometimes employed by judges and academic commentators. It is arguable that the jurisdictional rules under European Conventions/Regulation appear calculated to positively encourage forum shopping whilst seeking to prevent forum non conveniens applications. Applying to the court for a stay of proceedings, or to set aside service of proceedings outside the jurisdiction, is one way for a party to prevent or bring to a halt inappropriate forum shopping. For example, in *Limit (No.3) Ltd v PDV Insurance Co Ltd*,[255] the Court of Appeal upheld the decision of the judge[256] to set aside service of proceedings for declaratory relief against the captive insurer of the Venezuelan state-owned oil company where the only connection between the retrocession contract and England was that it was governed by English law.

13-053

> "The assertions made by Limit of the dangers of incompetent or politically biased decisions if the matters were to be tried in Venezuela required much stronger evidential support than Limit put before [the Judge]."[257]

The facts of the *Limit* case may be contrasted with *Markel International Insurance Co Ltd v La Republica Compania Argentina de Seguros*[258] and *Tryg Baltica*

---

[254] E.g. a declaration that the (re)insurer is entitled to avoid the policy—if, indeed, that is properly described as a negative declaration: see Zamir and Woolf, *The Declaratory Judgment*, 3rd edn (Sweet & Maxwell, 1993), para.4.150 (now in its 4th edn, 2011).
[255] *Limit (No.3) Ltd v PDV Insurance Co Ltd* [2005] EWCA Civ 383; [2005] Lloyd's Rep. I.R. 552.
[256] Moore-Bick J.
[257] *Limit (No.3) Ltd v PDV Insurance Co Ltd* [2005] EWCA Civ 383; [2005] Lloyd's Rep. I.R. 552 at [66] per Auld LJ. The claimants had relied on expert evidence from a Venezuelan lawyer that the local courts lacked experience and were likely be biased in favour of a state-owned party. They also referred to a 2003 IBA Human Rights Institute Report which suggested that the Venezuelan Government was undermining the position of some judges and that some judicial decisions were seen as politically motivated. The defendants had filed expert evidence that the Supreme Court of Venezuela had considerable experience of insurance and reinsurance cases and the Court of Appeal appear to have accepted the argument of counsel that the IBA Human Rights Institute Report's "criticisms of political interference in Venezuelan courts was not directed to commercial cases before the Supreme Court, the judges of which were permanent appointees". In *Cherney v Deripaska* [2009] EWCA Civ 849, the court held that Russia was the natural forum for disputes between the parties to be resolved, but, since the claimant risked, assassination and prosecution on trumped up charges in Russia, the action should continue in England. Leave to serve out of the jurisdiction should be granted; cf: *Mousavi-Khalkali v Abrishamchi* [2020] EWCA Civ 1493 in which the Court of Appeal upheld the judge's decision to set aside the order granting permission to serve the claim form on the defendant in Iran, as well as freezing order on the defendant's assets worldwide. The judge held that Iran was the natural forum for the dispute and that there was no real risk that the claimant (who had dual British/Iranian nationality) would not obtain substantial justice in Iran.
[258] *Markel International Insurance Co Ltd v La Republica Compania Argentina de Seguros* [2005] Lloyd's Rep. I.R. 90.

International v Boston Compania de Seguros.[259] In *Markel v La Republica* London market companies sought a declaration against an Argentinian reinsured that they were entitled to avoid a reinsurance contract on the grounds of material misrepresentation. David Steel J said:

> "The starting point is that the English court will often be the natural forum for the trial of an action concerning misrepresentation and non-disclosure in the negotiation and placement of a reinsurance with London underwriters ..."[260]

He was satisfied that the claimants had established that the centre of gravity of the reinsurance dispute was firmly placed in England and refused the application to stay the proceedings and set aside service. Similarly, in *Tryg Baltica v Boston* where London market reinsurers sought declarations as to the meaning and effect of reinsurance contracts which the court found were governed by English law, that was a factor which weighed more heavily in favour of England as the appropriate forum over Argentina where several of the potential witnesses were located. Cooke J said:

> "Where points of construction of English law are involved, particularly those which involve reinsurance with conditions precedent, 'full reinsurance' clauses and 'follow the settlements' clauses, the natural expectation of the parties must be for the English courts to resolve such matters."

Another way to control inappropriate forum shopping is to commence proceedings in the forum which one considers ought to exercise jurisdiction over the parties to the dispute and seek an injunction (sometimes referred to as an "anti-suit injunction") restraining the objectionable proceedings elsewhere.[261]

13-054 **Jurisdiction clauses—US service of suit clauses** The parties may confer exclusive jurisdiction on the English court by agreement. Article 25 of the Regulation, which applies regardless of domicile (so, even if neither party is domiciled in a member state), provides that the court of the Member State chosen shall have exclusive jurisdiction unless the parties have agreed otherwise. If the art.25 agreement (relating to a civil or commercial matter) gives (expressly or by not saying otherwise) give England exclusive jurisdiction the defendant can be served abroad without first asking permission from the court (see CPR r.6.33(2)).[262]

The same applies even if the art.25 agreement is not for exclusive jurisdiction provided that in fact no proceedings are on foot elsewhere. In cases where art.25 of Regulation does not apply, the English court has a discretion to override the parties' contractual agreement to choose England as an exclusive forum for the resolution of disputes.[263]

In *Dubai Islamic Bank v PSI Energy Holding Co BSC*[264] there was an exclusive jurisdiction clause in favour of England. The Bank began proceedings in Bahrain fearing dissipation of assets, and then brought proceedings in London. When the defendant sought to have the London proceedings set aside, the court held that the

---

[259] *Tryg Baltica International v Boston Compania de Seguros* [2005] Lloyd's Rep. I.R. 40.
[260] *Markel v La Republica* [2005] Lloyd's Rep. I.R. 90 at [29], citing *Cordoba Shipping Co v National State Bank, Elizabeth, New Jersey (The Albaforth)* [1984] 2 Lloyd's Rep. 91; and *Agnew v Lansaforakringsbolagens AB* [2001] 1 A.C. 223.
[261] See the discussion 13-067 below.
[262] Replaced by CPR 6.33(2B)(b) following Brexit – see above.
[263] See: *Donohue v ARMCO Inc.* [2001] UKHL 64; [2002] 1 Lloyd's Rep. 425.
[264] *Dubai Islamic Bank v PSI Energy Holding Co BSC* [2011] EWHC 1019 (Comm); [2011] 1 C.L.C. 595; applied *Melford Capital Partners (Holdings) LLP v Wingfield Digby* [2021] EWHC 872 (Ch).

commencement of proceedings in Bahrain was not an unequivocal election by the Bank not to be bound by the jurisdiction clause.

It is of course possible for agreements to contain non-exclusive jurisdiction clauses, where one party—usually the insured/reinsured—has the option to sue the other party in one or more courts. The problem with non-exclusive jurisdiction clauses is that, by their very definition, the parties have not selected one unique forum and the question of *forum conveniens* remains at large.

In relation to Lloyd's US business, the relevant US service of suit clause is Form CL355A (specifying the agent for service of suit for US policies as Lloyd's America) and Form CL355B (leaving the service of process agent blank). **13-055**

> "It is agreed that in the event of the failure of the Underwriters severally subscribing this insurance (the Underwriters) to pay any amount claimed to be due hereunder, the Underwriters, at the request of the Assured, will submit to the jurisdiction of a court of competent jurisdiction within the United States of America.
>
> Notwithstanding any provision elsewhere in this insurance relating to jurisdiction, it is agreed that the Underwriters have the right to commence an action in any court of competent jurisdiction in the United States of America, and nothing in this clause constitutes or should be understood to constitute a waiver of the Underwriters' rights to remove an action to a United States Federal District Court or to seek remand therefrom or to seek a transfer of any suit to any other court of competent jurisdiction as permitted by the laws of the United States of America or any state therein. ..."[265]

In *Excess Insurance v Allendale*, the Court of Appeal held that a service of suit clause of this kind was a non-exclusive jurisdiction clause. Hobhouse LJ (as he then was) pointed out that:

> "If it was intended by this provision to provide for exclusive jurisdiction there would be nothing simpler than to say so. Many fewer words would have required to achieve that effect."[266]

He said:

> "This clause ... is a clause which gives certain procedural rights to the assured and gives certain balancing procedural rights to the underwriter. None of those rights is exclusive of any other procedural rights which either party many be able to exercise. It is always open to the assured to sue the underwriter in the underwriter's own country, or any other country, where he can find the underwriter or, within the procedural rules of that country he can properly serve the underwriter. The function of the first part of the clause is to give rights to the assured which enable him, if he so chooses, to serve the underwriter with process in a United States' court of the assured's choice."[267]

Excess Insurance v Allendale Mutual was applied in *Catlin Syndicate v Adams Land & Catlin Co*.[268] The slip contained a form NMA 2072 wording and thus a US service of suit clause was incorporated by reference. There was also a clause in slip, under the heading "Choice of law and jurisdiction" which provided for "UK law and jurisdiction". The claimant underwriters commenced proceedings in England for negative declaratory relief, obtained leave to serve out of the jurisdiction under CPR r.6.36 and were granted a without notice anti-suit injunction against the defendant assured. Subsequently the assured's US attorneys requested the **13-056**

---

[265] Extract from CL355 – full wording available from Lloyd's at
https://www.lmalloyds.com/LMA/News/LMA_bulletins/LMA_Bulletins/LMA19-033-AC.aspx.
[266] *Excess Insurance Co Ltd v Allendale Mutual Insurance Co* [2001] Lloyd's Rep I.R. 524 at 529.
[267] *Excess Insurance Co Ltd v Allendale Mutual Insurance Co* [2001] Lloyd's Rep I.R. 524 at 529.
[268] *Catlin Syndicate v Adams Land and Cattle Co* [2007] Lloyd's Rep I.R. 96.

underwriters to submit to the jurisdiction of a court in Nebraska, and proceedings were commenced in Nebraska. At the hearing before Cooke J it was common ground that the anti-suit injunction should not have been granted. Cooke J discharged the injunction and stayed the English proceedings. He held that the insurance contract was governed by English law, and that therefore the English court did have jurisdiction to give leave to serve out the underwriters' declaratory proceedings. He resolved the conflict between the English jurisdiction clause and the US service of suit clause as follows:

> "The position so far as jurisdiction is, therefore, this: the appropriateness of both the English forum and the United States forum have been accepted by both parties for the hearing of disputes between them. *It is not right to say that one clause trumps the other*, but the fact remains that, with a general agreement to English jurisdiction, the parties agreed that the assured had a specific right of election for a United States court, which has been exercised in the circumstances which have occurred. That is a matter to which insurers freely agreed and that choice, freely given by the insurers to the insured, must be given fully weight, notwithstanding the submission that the clause in the slip reflected or represented the parties' agreement as the preferred or dominant jurisdiction."[269] [Emphasis added]

Thus while the US service of suit clause did not automatically trump the English jurisdiction clause, Cooke J said that the former took precedence over the latter in the context of *forum non conveniens*.[270] He was unpersuaded by the submission that a Nebraska court would be likely to hold that the policy was issued in Nebraska and therefore the English choice of law clause was invalid. He also noted that there were a series of connecting factors with Nebraska, where the property and insured risk were located, the surplus lines broker (who also acted as claims administrator) operated, and where proceedings against the primary US insurer on the risk, Hertford, were to be heard. He said:

> "[I]n the context of *forum conveniens*, the question is concluded by the agreement to the forum on the election of the insured, together with the various connecting factors which make it plain that it is a better place to determine all of those matters in issue, notwithstanding this court's clear view that the insurance is governed by English law."[271]

Bermuda: Jurisdiction

Service of proceedings/RSC 1985 Order 11

13-057 To serve a writ on a defendant outside Bermuda, leave to serve notice of the writ must be obtained from the Bermuda court pursuant to RSC Ord.11. The Bermuda Courts follow the principles set out by the House of Lords in *Seaconsar Far East*

---

[269] *Catlin Syndicate v Adams Land and Cattle Co* [2006] EWHC 2065 (Comm); [2007] Lloyd's Rep I.R. 96 at 103, [39]. As Lady Bracknell might have said, to enter into a contract with one non-exclusive jurisdiction clause may be regarded as a misfortune, to enter into a contract with two such clauses—one in favour of England and one in favour of the United States—looks like carelessness. For the interaction of a US service of suit clause with a London arbitration clause, see *ACE Capital Ltd v CMS Energy Corp* [2008] EWHC 1843 (Comm); [2009] Lloyd's Rep. I.R. 414; applied *Melford Capital Partners (Holdings) LLP v Wingfield Digby* [2021] EWHC 872 (Ch) (discussed in Ch.14, 14-010 below).

[270] *Catlin Syndicate v Adams Land and Cattle Co* [2006] EWHC 2065 (Comm); [2007] Lloyd's Rep I.R. 96 at 103, [40].

[271] *Catlin Syndicate v Adams Land and Cattle Co* [2006] EWHC 2065 (Comm); [2007] Lloyd's Rep I.R. 96 at 104, [47].

Ltd v Bank Markazi Jomhouri Islam Iran[272] and *Spiliada Maritime Corp v Cansulex Ltd, The "Spiliada"*.[273] The principles on granting leave to serve were restated by Lord Collins in the Privy Council in *Altimo Holdings and Investment Ltd v Kyrgyz Mobil Tel Ltd*.[274] which is binding authority in Bermuda. We summarise those provisions that are likely to be relevant in the case of reinsurance disputes.

Contract. RSC Ord.11 r.1(1)(d) (as amended on 1 January 2006) confers jurisdiction on the Bermuda court in cases where: the claim is brought to enforce rescind, dissolve, annul or otherwise affect a contract, or to recover damages or obtain other relief in respect of the breach of a contract being (in either case) a contract which:

13-058

(i) was made within the jurisdiction; or
(ii) was made by or through an agent trading or residing within the jurisdiction on behalf of a principal trading or residing out of the jurisdiction; or
(iii) the contract is by its terms, or by implication, governed by the law of Bermuda; or
(iv) contains a term to the effect that the Court shall have jurisdiction to hear and determine any action in respect of the contract.

Applications for leave serve out are most frequently brought before the Bermuda Commercial Court under subpara.(iv) of r.1(1)(d). In *Mutual Holdings (Bermuda) Ltd v American Patriot Agency Inc. and Hendricks*.[275] the plaintiff relied on a Bermuda jurisdiction clause in a shareholder agreement and claimed a contractual indemnity from the defendants. The first defendant argued that the contractual indemnity, if it was payable at all, was due under a contract to which the plaintiff was not a party and therefore had suffered no loss. It was further argued that the contract had been amended, so as to substitute the second and third defendants as parties, who had agreed to assume all the liabilities of the first defendant. Storr AJ declined to set aside service, saying these were matters to be determined at trial, but he stayed the proceedings on the grounds of *forum non conveniens*.

A claim to avoid a reinsurance contract for material misrepresentation is within the above rule.[276] However, in *Finnish Marine Insurance Co Ltd v Protective National Insurance Co*[277] it was held that a claim for a declaration that no contract of reinsurance had ever existed between the plaintiffs and the defendants was not within the scope of the rule. The plaintiffs, a Finnish company, were the successors in title to another Finnish company which had an underwriting agency agreement with Accolade Underwriting Agency of Guernsey. For reasons familiar to the Courts,[278] Accolade, wrote lines in London 'subject to confirmation' by Accolade in Guernsey.[279] London brokers acting on behalf of the defendants, a Nebraska insurance company, placed two reinsurance contracts with Accolade who, purport-

---

[272] *Seaconsar v Markazi* [1994] 1 A.C. 438; see *Utilicorp United Inc v Renfro* [1994] Bda L.R. 79; Civil Jurisdiction 1994, No.226, 19 August 1994.
[273] *The "Spiliada"* [1987] A.C. 460; see *Arabian American Insurance Co (Bahrain) EC v Al Amana Insurance Reinsurance Co Ltd* [1994] Bda L.R. 27; Civil Jurisdiction 1993, No.38, 4 January 1994 (discussed below). The various Bermudian authorities on forum conveniens were comprehensively reviewed by Hellman J in *Athene Holding Ltd v Siddiqui* [2018] SC (Bda) 52 Civ (28 June 2018).
[274] *Altimo Holdings and Investment Ltd v Kyrgyz Mobil Tel Ltd*. [2011] UKPC 7; [2012] 1 WLR 1804, [71]; see *Athene Holding Ltd v Siddiqui* [2018] SC (Bda) 52 Civ (28 June 2018).
[275] *Mutual Holdings (Bermuda) Ltd v. American Patriot Agency Inc. and Hendricks* [2004] Bda LR 11.
[276] See *Insurance Corp of Ireland v Strombus International Insurance Co Ltd* [1985] 2 Lloyd's Rep. 138 at 142.
[277] *Finnish Marine Insurance Co Ltd v Protective National Insurance Co* [1989] 2 Lloyd's Rep. 99.
[278] See Ch.15, 15-024 below.
[279] *Finnish Marine v Protective National* [1989] 2 Lloyd's Rep. 99 at 100 per Adrian Hamilton QC, deputy judge.

ing to act on behalf of the plaintiffs' predecessor company, signed two slips in London "subject to confirmation". The plaintiffs alleged that Accolade had written the lines in question without either actual or ostensible authority from their predecessor company. The deputy judge said that there was:

> "... clearly a recognised distinction between the case where there has been a contract, which has later been discharged by an accepted repudiation, frustration or rescission, and a 'contract' which has never been entered into at all."[280]

He rejected the argument that a claim which "affected" a contract between a plaintiff and a third party was within the scope of the rule. In his view there had to be a contract between the plaintiff and the defendant for the rule to apply.

13-059 The *Finnish Marine* case was considered by the Supreme Court of Bermuda in *ACE Bermuda Insurance Ltd v Pedersen*.[281] Kawaley J held that, what was then Ord.11 r.1(1)(f) (now Ord.11 r.1(1)(d)), applied to an action brought to enforce an arbitration agreement governed by Bermudian law notwithstanding the fact that the claimant in the arbitration was seeking a declaration that the insurance policy was void:

> "[I]t is well settled that an arbitration agreement contained in an impugned contract can be enforced unless there are clear grounds for suggesting that the arbitration agreement itself does not exist. So this point does not strictly arise on the present facts. But even if this point did fall for consideration here, I would not be inclined to follow the *Finnish Marine* case, which in my view construes the English counterpart of our rule in an overly and incorrectly restrictive manner."

Ord.11 r.1 has now been amended. Ord.11 r.1(o), which came into force on 1 January 2006, was derived from CPR r.6.20(7) and specifically addresses the *Finnish Marine* situation. This provision confers jurisdiction on the Supreme Court of Bermuda where:

> "... the claim is brought for a declaration that no contract exists where, if the contract was found to exist, it would comply with the conditions set out in paragraph (1)(d) of this rule."

Cases relating to the questions of where a contract of reinsurance was made (subpara.(i) of the rule) and the law governing the contract (subpara.(iii) of the rule) have been discussed above.[282]

13-060 In *Union International Insurance Co Ltd v Jubilee Insurance Ltd*,[283] it was held that subpara.(ii) of the rule applies only where the principal of the agent in question is the defendant, and not where the principal is the plaintiff. The plaintiffs, a Bermudian company, employed London brokers to place a quota share retrocession treaty with various retrocessionaires, including the defendants, who were a Kenyan company. The treaty provided for "Disputes involving interpretation of this Agreement or performance ..." to be submitted to arbitration in Bermuda, and further provided that "Disputes and actions for payment of admitted balances shall be submitted to a Court of competent jurisdiction ...". It was not contended that the contract was governed by English law and the point was not considered by the

---

[280] *Finnish Marine v Protective National* [1989] 2 Lloyd's Rep. 99 at 102, citing *Heyman v Darwins Ltd* [1942] A.C. 356 at 366, 384 per Lord Simon and Lord Wright.
[281] *ACE Bermuda Insurance Ltd v Pedersen*, Supreme Court of Bermuda [2005] Bda L.R. 44.
[282] See Ch.12 above. See also *Citadel Insurance v Atlantic Union* [1982] 2 Lloyd's Rep. 543; *Overseas Union Insurance Ltd v Incorporated General Insurance Ltd* [1992] 1 Lloyd's Rep. 439.
[283] *Union International Insurance Co Ltd v Jubilee Insurance Co Ltd* [1991] 2 Lloyd's Rep. 89.

judge.[284] The only ground under Ord.11 upon which jurisdiction was said to be founded was that the contract had been made through an agent residing in England. Phillips J (as he then was) approved the following explanation of the policy underlying subpara.(ii) of the rule:

> "[I]t was considered that if foreigners chose to carry on business here by means of agents it would only be right and proper to serve them although they were out of the jurisdiction. In order to carry out that principle, it was thought necessary to include cases in which a foreigner who carried on his business abroad had an agent in this country whose duty it was to obtain orders, although he had no authority to accept them."[285]

It was for this reason that the words "by or through" had been inserted. Phillips J concluded as follows:

> "As [counsel] for the defendants pointed out this justification for the exercise of jurisdiction only applies where the foreign principal is the defendant whom the plaintiff seeks to serve. It is hard to see any justification for giving a foreign plaintiff the right to invoke English jurisdiction over a foreign defendant simply because the plaintiff has made use of an English agent when negotiating his contract with the defendant—indeed such a basis of jurisdiction appears not merely irrational but indefensible in circumstances where no similar right to invoke English jurisdiction is afforded to the plaintiff who trades or resides within the jurisdiction and who concludes a contract, whether directly or through an agent, with a foreign defendant."[286]

Phillips J added that, assuming he were wrong, even if the case came within subpara.(ii) of the rule as a matter of construction, he would nevertheless have refused leave as a matter of discretion.

In addition, the Bermuda court has jurisdiction in any case where:

> "the contract contains a term to the effect that the Court shall have jurisdiction to hear and determine any action in respect of the contract"[287];

and

> "if the action begun by writ is brought against a defendant in respect of a breach committed within the jurisdiction, and irrespective of the fact, if such be the case, that the breach was preceded or accompanied by a breach committed out of the jurisdiction that rendered impossible the performance of so much of the contract as ought to have been performed within the jurisdiction."[288]

Tort. RSC Ord.11 r.1(1)(f) (as amended 1 January 2006) confers jurisdiction on the Bermuda court in any case where "the claim is founded on a tort and the damage was sustained, or resulted from an act committed within the jurisdiction". 13-061

Necessary and proper parties. RSC Ord.11 r.1(1)(c) (as amended on 1 January 2006) confers jurisdiction on the Bermuda court in any case where: 13-062

> "the claim is brought against a person duly served within or out of the jurisdiction and a person out of the jurisdiction is a necessary or proper party thereto".

It will be seen that the rule is in two parts. First, the plaintiff has to establish that

---

[284] Compare *Citadel Insurance v Atlantic Union* [1982] 2 Lloyd's Rep. 543.
[285] *National Mortgage and Agency Co of New Zealand Ltd v Gosselin* (1922) 38 T.L.R. 832 at 834 per Atkin LJ.
[286] *Union International v Jubilee* [1991] 2 Lloyd's Rep. 89 at 91.
[287] RSC Ord.11 r.2.
[288] RSC Ord.11 r.1(1)(g).

a person has been "duly served within *or without* the jurisdiction". The previous version of the rule (Ord.11 r.1(1)(j)) only applied where a person had been "duly served within the jurisdiction". In *International Risk Management v Elwood*[289] it was held, following old English authority,[290] that it was necessary for the writ to have in fact been served on a defendant in Bermuda first before leave to serve could be granted on this ground. According to subsequent English authority the court may, exercising great care and caution, validate leave retrospectively if the one defendant is served after leave has been given to serve the other under this sub-rule.[291]

Secondly, the plaintiff must show that the defendant is a "necessary or proper party" to the action. The scope of Ord.11 r.1(1)(c) was considered by the Court of Appeal in *Société Commerciale de Réassurance v ERAS International Ltd* ("The ERAS EIL actions"),[292] a complex multi-party dispute. The ERAS EIL actions were concerned, in part, with the application of RSC Ord.16 relating to third-party proceedings.[293] It was held that a defendant could obtain leave to serve a third party notice under Ord.16 r.1(1)(c) where the defendant to be served with the third-party notice was a necessary or proper party to the action brought by the plaintiff. Mustill LJ (as he then was) said, with regard to exercise of the court's discretion:

> "[T]he factors which make the party served a necessary or proper party within para.(c), will also weigh heavily in favour of granting leave to make the foreigner a party, although they will not be conclusive."[294]

We consider the question of necessary and proper parties to litigation further below.

13-063 **Enforcement of judgments/arbitral awards.** RSC Ord.11 r.1(1)(m) (which was newly introduced by amendment on 1 January 2006) confers jurisdiction on the Bermuda court in cases where: "the claim is brought to enforce any judgment or arbitral award". Prior to the amendment, if the foreign judgment was of a Court to which the Judgments (Reciprocal Enforcement) 1958 Act applied[295] then enforcement could be effected against assets of the foreign defendant/judgment debtor in Bermuda by ex parte registration of the judgment. However, where it was sought to enforce a judgment at common law by suing on the judgment it was necessary to obtain leave to serve proceedings on the foreign defendant outside the jurisdiction and the presence of assets within the jurisdiction did not provide a ground for so doing. The position in relation to arbitration awards was, until recently, unclear. RSC Ord.73 r.7(1) provided that leave to serve an originating summons out of the jurisdiction to enforce an award could be granted provided the arbitration had been held within the jurisdiction. In *New Skies Satellite BV v FG Hemisphere Associates LLC*[296] the Court of Appeal for Bermuda held that an ICC arbitration award made in Paris was enforceable by means of an ex parte application by virtue of s.40(1) of the Bermuda International Conciliation and Arbitration Act 1993 (which gives effect to the New York Convention) against the assets of the foreign party in

---

[289] See 13-062 below.
[290] *Yorkshire Tannery and Boot Manufactory Ltd v Eglinton Chemical Co Ltd* (1884) 54 LJ.
[291] *Kuwait Oil Tanker Co SAK v Al Bader* [1997] 1 W.L.R. 1410.
[292] *Société Commerciale de Réassurance v ERAS International Ltd* [1992] 1 Lloyd's Rep. 570.
[293] See below.
[294] *ERAS* [1992] 1 Lloyd's Rep. 570 at 591. See also *AK Investment CJSC v Kyrgyz Mobil Tel Ltd* [2011] UKPC 7, in which the Privy Council considered the "necessary and proper party" rule under the version of Ord.11 in force in the Isle of Man.
[295] See 13-079 below.
[296] Civ. App. No.18 of 2005, 1 December 2005.

Bermuda without the need to obtain leave to serve proceedings out of the jurisdiction for which no procedural mechanism existed under either Ord.73 or Ord.11 as they then stood.[297]

Application of The "Spiliada" in Bermuda

The *"Spiliada"* principles were considered and applied by the Supreme Court of Bermuda in *Arabian American Insurance Company (Bahrain) EC v Al Amana Insurance Reinsurance Co Ltd*.[298] The plaintiff ("AAICo"), a company incorporated in Bahrain, was alleged to be a retrocessionaire of the defendant ("Al Amana") a captive insurance company incorporated in Bermuda. Al Amana's parent ("Alghanim") was a Kuwaiti company, which had suffered considerable losses to its property following the Iraqi invasion. Alghanim was insured by a fronting company licensed to do business in Kuwait, "Arabia", which was in turn reinsured by Al Amana. Alghanim brought proceedings in Kuwait against both Arabia and Al Amana. Al Amana in turn commenced third party proceedings against its retrocessionaires, including AAICo.[299] AAICo commenced proceedings in the Supreme Court of Bermuda against Al Amana, and served a writ upon Al Amana at its registered office in Bermuda claiming a negative declaration (see below) that there was no retrocession contract in existence for the relevant year, alternatively if there was such a contract, AAICo was not liable for the losses in question.

13-064

Ground J refused Al Amana's application to stay the Bermuda proceedings. He held that Al Amana had failed to discharge the burden of establishing, in Lord Goff's words, the existence of "some other available forum, having competent jurisdiction". He observed that:

> "The point is not particularly stressed by Lord Goff, but was made quite clear in the judgment of Da Costa JA in the leading Bermudian case on the subject, *National Iranian Oil Company v Ashland Overseas Trading Limited*, Civ App. No.15 of 1987, 20th July, 1988."

In *NIOC v Ashland*, where an action was brought by a foreign plaintiff against a company incorporated in Bermuda in respect of matters occurring outside Bermuda, the Bermuda Court of Appeal overturned the stay which had been granted at first instance on the basis that neither of the other two proposed courts possessed competent jurisdiction. Ground J relied on the following passage from the judgment of Da Costa JA:

13-065

> "Competent in this context means a jurisdiction which has personal jurisdiction over the defendant and subject-matter jurisdiction (if that be relevant) over the subject matter of the action, and in which there are no procedural or technical bars to the prosecution of the action. It is obvious that the question of competency is crucial to the stay application. In *Spiliada* [1987] A.C. 460 at 474, Lord Goff referred to and approved the classic statement of Lord Kinnear in *Sim v Robinow* (1892) 19 R. 665 as expressing the principle now applicable in both England and Scotland. The principle is in these terms:
>
>> 'The plea can never be sustained unless the court is satisfied that there is some *other* tribunal, having competent jurisdiction in which the case may be tried more suitably for the interests of the parties and the ends of justice'. [Emphasis added]
>
> It appears therefore that availability of a competent jurisdiction is a sine qua non for the application of the doctrine."

---

[297] As the Acting President, Sir Anthony Evans, pointed out: "If the Appellant's submissions are correct, it is a legal black hole."
[298] *Arabian American v Al Amana* [1994] Bda L.R. 27; Civil Jurisdiction 1993, No.38, 4 January 1994.
[299] For the Bermuda proceedings relating to other retrocessionaires, see *Skandia v Al Amana* [1994] Bda L.R. 30; [1995] 4 Re. L.R. 63, and Ch.14, 14-054 below.

Ground J was not satisfied, on the evidence, that the Kuwaiti Court had jurisdiction over AAICo as a matter of Kuwaiti law. But, in any event, he considered that "for these purposes jurisdiction has to be established in accordance with international law, which has regard only to domicile or residence, or, of course, a voluntary submission". In the alternative, Ground J concluded that it had not been shown that Kuwait was clearly or distinctly a more appropriate forum than Bermuda. Lord Goff had referred to a situation where:

"... the connection of the defendant with the English forum is a fragile one (for example, if he is served with proceedings during a short visit to this country), it should be all the easier for him to prove that there is another clearly more appropriate forum for the trial overseas."[300]

Ground J said:

"The defendant is put in a difficult position by this. Clearly its day to day connection with Bermuda is slight—it does not in fact operate here, and it maintains no offices or operational personnel here. On the other hand it has chosen incorporation in Bermuda for its own purposes and is subject to the requirements of Bermuda's Companies and Insurance Acts, including a requirement to maintain certain accounting records and a quorum of directors within the jurisdiction.[301] I think that in such a case, although the company's connection with Bermuda is minimal, it is real and not to be regarded as fragile or easily displaced: indeed Bermuda is the place where it has chosen to have its seat and is, therefore, by necessary implication the place to whose jurisdiction it has chosen to be subject. I think that cogent grounds would be needed to supplant that choice."

Ground J referred to Kerr LJ's judgment in The "Volvox Hollandia" regarding "negative" declarations as a correct statement of principle,[302] nonetheless he concluded that in a case where the action for a declaration was brought by writ served upon a defendant within the jurisdiction, and there were no grounds for a stay applying The "Spiliada" principles, there was nothing objectionable in the fact that the action was for a negative declaration. The learned judge relied on *Booker v Bell*[303] and *Charman v WOC Offshore BV*.[304]

The External Companies (Jurisdiction in Actions) Act 1885

13-066 In Bermuda, in addition to the Ord.11 grounds discussed above, jurisdiction may be obtained over a foreign company under s.1(1) of the External Companies (Jurisdiction in Actions) Act 1885, which provides as follows:

"Companies and corporate bodies incorporated out of Bermuda, for banking, insurance or other trading purposes, and doing business in Bermuda by agents or branches, may be sued in the Supreme Court for any cause of action legal or equitable, arising in whole or in part in Bermuda, by the name whereby they are, or purport to be, associated or incorporated, or under which they carry on business in Bermuda."

Section 1(2) provides that service of process on any agent or manager of the

---

[300] *The "Spiliada"* [1987] A.C. 460 at 477.
[301] The latter requirement has now been changed: see Companies Amendment Act 1996. In Bermuda s.15 of the Amendment Act 1996 which amends s.130 of the Companies Act 1987. Mentioned in *Deutsche Bank AG v Highland Crusader Offshore Partners LP* [2009] EWCA Civ 725; [2010] 1 W.L.R. 1023.
[302] *The "Volvox Hollandia"* [1988] 2 Lloyd's Rep. 361 at 371 (cited above).
[303] *Booker v Bell* [1989] 1 Lloyd's Rep. 516.
[304] *Charman v WOK Offshore BV* [1993] 2 Lloyd's Rep. 551.

company in Bermuda "shall be deemed good and sufficient service on the company". No leave is necessary, although the court:

> "may make such orders with respect to pleading and practice as the court may deem necessary for securing the defendant company against surprise or undue haste in prosecuting the suit or other proceeding." [305] (s.1(3))

In *International Risk Management v Elwood*[306] Ground J held that the parent company of a captive insurance company incorporated in Bermuda was not "doing business in Bermuda" by an agent or branch within the meaning of s.1 of the 1885 Act.

Injunctions restraining foreign proceedings ("anti-suit" injunctions)

The effect of the Regulation on anti-suit injunctions

In *Turner v Grovit*[307] the European Court held (following a reference by the House of Lords) that under the Brussels Convention (which then applied) the English courts were precluded from granting an injunction that prohibits a party to proceedings pending in England from commencing or continuing legal proceedings before a court of another Contracting State, even where that party was acting in bad faith with a view to frustrating existing proceedings in another state. Thus, it is clear that by virtue of the Regulation, English courts lost their power to restrain a defendant over whom they possess in personam jurisdiction from commencing vexatious and/or unconscionable proceedings in any of the Member States of the EU. English judges were admonished by the European Court, and needed to keep in mind that the pan-European system for the exercise of jurisdiction and enforcement of judgments:

13-067

> "... is necessarily based on the trust which the Contracting States accord to one another's legal systems and judicial institutions."[308]

However, as a result of the Regulation ceasing to apply in the UK following Brexit, the English courts have regained this power with effect from 23:00 (GMT) on 31 December 2020[309]. For example, in *Ebury Partners Belgium SA/NV v Technical Touch BV*,[310] the court granted an anti-suit injunction to restrain the pursuit of proceedings in the courts of an EU Member State (Belgium) where those proceedings were said to have been brought in breach of an English court jurisdiction agreement. Jacobs J held that prior to Brexit, it would not have been possible for anti-suit relief to be granted in a case such as the present where the claimant sought

---

[305] This is similar to Pt XXIII of the English Companies Act 1985, referred to above.
[306] *International Risk Management v Elwood* [1993] Bda L.R. 48 (discussed 13-070 below).
[307] *Turner v Grovit* (C-159/02) [2004] 1 Lloyd's Rep. 216, 27 April 2004.
[308] *Turner v Grovit* [2004] 1 Lloyd's Rep. 216 at [27]. Unlike Lord Denning (from whom we quoted at the head of this chapter), we do not believe that the European Court was being intentionally ironic.
[309] *Pescatore v Valentino* [2021] EWHC 1953 (Ch); [2021] W.T.L.R. 917 at [48]; *Ebury Partners Belgium SA/NV v Technical Touch BV* [2022] EWHC 2927 (Comm); [2023] 1 Lloyd's Rep. 575 at [21]; *QBE Europe SA/NV v Generali Espana de Seguros Y Reaseguros* [2022] EWHC 2062 (Comm); [2022] 2 Lloyd's Rep. 481. Save with respect to proceedings to which the Regulation continues to apply – see 13-013 above; the English courts will also still be obliged to adhere to the provisions of the 2005 Hague Convention where it applies to exclusive choice of court agreements – see 13-037 above.
[310] *Ebury Partners Belgium SA/NV v Technical Touch BV* [2022] EWHC 2927 (Comm); [2023] 1 Lloyd's Rep. 575 at [21] applying *QBE Europe SA/NV v Generali Espana de Seguros Y Reaseguros* [2022] EWHC 2062 (Comm); [2022] 2 Lloyd's Rep. 481. See also 13-067 and 13-068 below.

to enjoin proceedings in the court of an EU Member State. However, such relief was now potentially available.

English courts have continued to have the power to grant injunctions to restrain proceedings in the United States[311] (a forum much favoured by vexatious litigants[312]) and (prior to Brexit) elsewhere outside the EU.[313] The cases discussed below therefore remain of relevance in England, and also in Bermuda.

General principles relating to anti-suit injunctions

13-068 In *South Carolina Insurance Co v Assurantie Maatshappij "de Zeven Provincien" NV*,[314] the House of Lords permitted a party to obtain pre-trial discovery in the United States for use in English proceedings. However, the court said that there was power to restrain a party from proceeding in a foreign court where his conduct was "unconscionable". Lord Brandon said:

> "It is difficult, and would probably be unwise, to seek to define the expression 'unconscionable conduct' in anything like an exhaustive manner. In my opinion, however, it includes, at any rate, conduct which is oppressive or vexatious or which interferes with the due process of the Court."

However, in *Magnier (t/a Coolmore Castlehyde & Associated Stud Farms) v Road Transport & General Insurance Co Ltd*,[315] Leggatt J (as he then was) granted an injunction restraining the defendant insurance brokers from taking depositions in the United States from certain third parties.

An instance of what the court considered to be interference with due process appeared in *Benfield Holdings Ltd v Elliott Richardson*.[316] The English court continued an injunction against further depositions in the United States because further depositions would interfere with the preparation for the trial in England.

In *Société Nationale Industrielle Aerospatiale v Lee Kui Jak*,[317] a decision of the Privy Council, Lord Goff restated the principles governing injunctions restraining foreign proceedings[318]:

(1) The jurisdiction is only to be exercised when the "ends of justice" require it.

---

[311] See e.g. *C v D* [2007] EWCA Civ 1282; [2008] Bus. L.R. 843, discussed in Ch.14.

[312] "As a moth is drawn to the light, so is a litigant drawn to the United States": *Smith Kline & French Laboratories Ltd v Block* [1983] 1 W.L.R. 730 at 733 per Lord Denning MR.

[313] See *Sulamerica Cia de Seguros SA v Enesa Engenharia SA* [2012] EWCA Civ 638; [2013] 1 W.L.R. 102 (discussed below).

[314] *South Carolina Insurance Co v Assurantie Maatshappij "de Zeven Provincien" NV* [1987] A.C. 24; followed *Sabbagh v Khoury* [2019] EWCA Civ 1219; [2020] Bus. L.R. 724 (anti-arbitration injunction).

[315] *Magnier (t/a Coolmoor Castlehyde & Associated Stud Farms) v Road Transport & General Insurance Co Ltd* Unreported 21 June 1989.

[316] *Benfield Holdings Ltd v Elliott Richardson* [2007] EWHC 171 (QB).

[317] *Société Nationale Industrielle Aerospatiale v Lee Kui Jak* [1987] A.C. 871.

[318] *Lee Kui Jak* [1987] A.C. 871 at 892–895; see also *Re Maxwell Communications Corporation Plc (No.2), Barclays Bank Plc v Homan* [1992] B.C.C. 757 at 773 per Glidewell LJ; Lord Goff's speech in *Airbus Industrie GIE v Patel* [1999] 1 A.C. 119; *Donohue v ARMCO Inc.* [2001] UKHL 64; [2002] 1 Lloyd's Rep. 425; *Sabbagh v Khoury* [2019] EWCA Civ 1219; [2020] Bus. L.R. 724; *Clearlake Shipping Pte Ltd v Xiang Da Marine Pte Ltd* [2019] EWHC 2284 (Comm); *IPCom GmbH & Co KG v Lenovo Technology (United Kingdom) Ltd* [2019] EWHC 3030 (Pat) [2020] F.S.R. 20; *Times Trading Corp v National Bank of Fujairah (Dubai Branch)* [2020] EWHC 1078 (Comm); [2020] Bus. L.R. 1752; *Specialised Vessel Services Ltd v Mop Marine Nigeria Ltd* [2021] EWHC 333 (Comm); *Maersk AS v Mercuria Energy Trading SA* [2021] EWHC 2856 (Comm); [2022] 2 Lloyd's Rep. 95.

(2) Where the court decides to grant an injunction restraining proceedings in a foreign court, its order is directed not against the foreign court but against the parties so proceeding or threatening to proceed.
(3) An injunction will only be issued restraining a party who is amenable to the jurisdiction of the court, against whom an injunction will be an effective remedy.
(4) Since such an order indirectly affects the foreign court, the jurisdiction must be exercised with caution.
(5) As a general principle, an injunction will be granted to restrain foreign proceedings which are vexatious or oppressive. However—
   (a) there is no presumption that a multiplicity of proceedings is vexatious;
   (b) proceedings are not vexatious merely because they are brought in an inconvenient place.
(6) An injunction will not be granted merely because the English court is satisfied, applying the *Spiliada* principles, that the English court is the appropriate forum.

Where foreign proceedings are brought in breach of an arbitration agreement or exclusive jurisdiction clause, the English court will ordinarily exercise its discretion to grant an anti-suit injunction, unless the defendant can show strong reasons that the relief should not be granted.[319] The English Courts have held that the same principles also apply to "quasi-contractual" cases (in which the anti-suit injunction defendant, although not a party to the contract, seeks to enforce the terms of the contract containing the exclusive jurisdiction or arbitration agreement).[320]

In order to obtain an anti-suit injunction in a non-contractual case, the claimant must generally show that proceeding before the foreign court is or would be vexatious and oppressive. In general, it is necessary to show that: (a) England is clearly the more appropriate forum; and (b) justice requires that the claimant in the foreign court should be restrained from proceeding there.[321]

Although an application for an anti-suit injunction should be made promptly, a delay in making the application is not necessarily fatal to its success. In *Daiichi Chuo Kisen Kaisha v Chubb Seguros Brasil SA*[322], the claimant time charterer delayed obtaining an anti-suit injunction against a Brazilian insurer until the insurer had breached an undertaking it had given the time charterer not to pursue its claims other than in arbitration in London. In the circumstances, the court considered this delay to be reasonable and granted an injunction restraining the insurer from pursuing its claims against the time charterer in the Brazilian courts.

---

[319] *Times Trading Corp v National Bank of Fujairah (Dubai Branch)* [2020] EWHC 1078 (Comm); [2020] 2 Lloyd's Rep. 317 at [38], *AIG Europe SA (formerly AIG Europe Ltd) v John Wood Group Plc* [2021] EWHC 2567 (Comm); [2022] Lloyd's Rep. I.R. 485 at [58]; [2023] EWCA Civ 781; [2022] Lloyd's Rep. I.R. 561; *QBE Europe SA/NV v Generali Espana De Seguros Y Reaseguros* [2022] EWHC 2062; [2023] Lloyd's Rep. I.R. 192.
[320] *QBE Europe SA/NV v Generali Espana De Seguros Y Reaseguros* [2022] EWHC 2062; [2023] Lloyd's Rep. I.R. 192, see also *The Jay Bola* [1997] 2 Lloyd's Rep. 279; [1997] C.L.C. 993 at 286 per Hobhouse LJ (assignee).
[321] *Deutsche Bank AG v Highland Crusader Offshore Partners LP* [2009] EWCA Civ 725; [2010] 1 W.L.R. 1023 at [50].
[322] *Daiichi Chuo Kisen Kaisha v Chubb Seguros Brasil SA* [2020] EWHC 1223 (Comm); [2020] 2 Lloyd's Rep. 137; see also: *Ecobank Transnational Inc v Tanoh* [2015] EWCA Civ 1309; [2016] 1 W.L.R. 2231; *Specialised Vessel Services Ltd v Mop Marine Nigeria Ltd* [2021] EWHC 333 (Comm); *Africa Finance Corp v Aiteo Eastern E&P Co Ltd* [2022] EWHC 768 (Comm); [2022] 1 C.L.C. 877.

In *Enka Insaat Ve Sanayi AS v OOO Insurance Company Chubb*[323], the Supreme Court confirmed that in determining whether to grant an anti-suit injunction in support of an arbitration agreement with an English seat, it made no difference whether the arbitration agreement was governed by English or a foreign law[324]. By choosing an English seat, the parties had submitted themselves to the supervisory and supporting jurisdiction of the English court over that arbitration. This jurisdiction included the power to grant anti-suit injunctive relief where necessary. In such a case forum conveniens considerations were irrelevant.

Application of anti-suit injunction principles to insurance/reinsurance disputes

13-069 In *Du Pont v Agnew (No.2)*,[325] having previously held that England and not the United States was the appropriate forum for litigation concerning an insurance policy governed by English law,[326] the Court of Appeal refused to grant either (1) an injunction restraining the defendants to the English action from proceeding in the United States, or (2) an injunction restraining the defendants from relying upon any declaratory judgment they might obtain in the United States in the English action. Dillon LJ said:

> "In the present case, the only reason urged on us for granting injunction (1) is essentially that the English Court has decided that the English forum is the forum conveniens for resolving this dispute and so the English Court should restrain the Illinois proceedings as non conveniens. But that would be to do precisely what Lord Goff said is not right ... It is inherent that if both sets of proceedings continue, one will come to judgment before the other, whether as the result of an 'ugly rush' or not. Injunction (2) is designed to neutralise the judgment in Illinois if that should turn out to be the first delivered. But if it is not vexatious or oppressive for the insurers to continue the Illinois proceedings, I find it hard to see why it would be vexatious or oppressive for them to make such use in England as English law permits of whatever judgment they may obtain in Illinois."[327]

In the ERAS EIL actions,[328] there were parallel proceedings in England and Illinois concerning the liabilities of various insurers, reinsurers, brokers and managing agents arising out of a scheme for providing pollution insurance.[329] Various United States fronting insurers issued policies to insureds in the United States, and the fronting companies were reinsured (usually as to 100 per cent) by a pool of reinsurers. SCOR was a leading participant in the pool and involved in the English proceedings as a defendant and third party. SCOR sought an injunction against various plaintiffs in the English action (who were involved in the Illinois action as defendants and/or counterclaimants) restraining them from pursuing claims against SCOR in Illinois. SCOR argued that under the European Conventions,[330] it had a right to be sued only in France where it was domiciled and that the Illinois proceedings were an invasion of that right, which the English court should protect by grant-

---

[323] *Enka Insaat Ve Sanayi AS v OOO Insurance Co Chubb* [2020] UKSC 38; [2020] 1 W.L.R. 4117; discussed further in Ch.14 below.
[324] "In both cases the enquiry is whether there has been a breach of the arbitration agreement and whether it is just and convenient to restrain that breach by the grant of an anti-suit injunction." Lord Hamblen JSC and Lord Leggatt JSC at [170].
[325] *Du Pont v Agnew (No.2)* [1988] 2 Lloyd's Rep. 240.
[326] *Du Pont v Agnew (No.1)* [1987] 2 Lloyd's Rep. 585; and see above.
[327] *Du Pont v Agnew (No.2)* [1988] 2 Lloyd's Rep. 240 at 244. Followed in *Vitol Bahrain EC v NASDEC General Trading* [2013] EWHC 3359 (Comm).
[328] *ERAS* [1995] 1 Lloyd's Rep. 64.
[329] EIL: "Environmental Impairment Liability".
[330] Discussed in Pt 2A above.

ing an injunction. In the alternative, SCOR argued that the Illinois proceedings were vexatious and oppressive; in particular they objected to the claims against them for fraud and for triple damages under the Racketeer Influenced and Corrupt Organisations Act ("RICO").

Potter J (as he then was) held as follows:

(1) Following the decision of the Court of Appeal in *Re Harrods (Buenos Aires) Ltd*,[331] it appeared that the European Conventions only regulated conflicts of jurisdiction as between courts of contracting states and therefore:

"... commencement of suit in a jurisdiction other than that laid down by the Convention [was not] the invasion of a 'right' of the defendant in the traditional sense accorded to that term as a foundation for the grant of injunctive relief."

(2) The Illinois proceedings were not vexatious or oppressive. The documentary evidence supported a plea of fraud:

"So far as RICO is concerned ... the plea in the Illinois action has so far survived scrutiny or challenge in the U.S. Court and I do not consider it open to me to go behind that."[332]

In *Commercial Union Assurance Co Plc v Simat Helliesen & Eichner Inc*[333] there were parallel proceedings in England and Oregon. It appeared that the Oregon proceedings would only be pursued if the insurers succeeded in obtaining a declaration in the English proceedings that they were not liable under contracts of insurance governed by English law. It was held that pursuit of the Oregon proceedings for the purpose of challenging a decision of the English court would be oppressive and vexatious and an injunction was granted.

In *Ust-Kamenogorsk Hydropower Plant JSC v AES Ust-Kamenogorsk Hydropower Plant LLP*[334] the Supreme Court approved the granting of an injunction against proceedings in Kazakhstan in respect of an agreement governed by Kazakh law where the agreement provided for arbitration of disputes in England under ICC Rules.

13-070

In *Axa Corporate Solutions Assurance SA v Weir Services Australia Pty Ltd*,[335] there was a local policy for the Australian company and then a global policy excess of the local policy. The global policy insurers sought an injunction against the Australian company pursuing a claim under the Australian policy in the Australian courts. The court decided on familiar grounds (policy issued in England and governed by English law) that disputes on the global policy should be heard in England but refused to grant an anti-suit injunction in respect of the Australian proceedings because there was no English jurisdiction clause and it could not be shown that the Australian proceedings were vexatious or oppressive. The Court stayed the English proceedings pending the outcome of the proceedings in Australia.

---

[331] *Re Harrods (Buenos Aires) Ltd* [1992] Ch. 72, a decision which the European Court in *Owusu v Jackson* said was wrong.
[332] *ERAS* [1995] 1 Lloyd's Rep. 64 at 83. See also *Insurance Corporation of Ireland v Strombus International Insurance Co* [1985] 2 Lloyd's Rep. 138, and Ch.5 above; *ED&F Man (Sugars) Ltd v Yani Harryanto (No.2)* [1991] 1 Lloyd's Rep. 429.
[333] *Commercial Union Assurance Co Plc v Simat Helliesen & Eichner Inc* [2001] Lloyd's Rep. I.R. 172.
[334] *Ust-Kamenogorsk Hydropower Plant JSC v AES Ust-Kamenogorsk Hydropower Plant LLP* [2013] UKSC 35; [2013] 1 W.L.R. 1899; followed *XL Insurance Co SE v Little* [2019] EWHC 1284 (Comm) (LCIA arbitration clause).
[335] *Axa Corporate Solutions Assurance SA v Weir Services Australia Pty Ltd* [2016] EWHC 904 (Comm); [2016] Lloyd's Rep. I.R. 578.

In *Catlin Syndicate Ltd v Amec Foster Wheeler USA Corp*[336] the insured, in breach of an English jurisdiction clause in a first excess policy, issued proceedings against its first excess insurers in New Jersey, seeking recovery of defence costs which it had incurred in defending litigation in the US. The English court granted an anti-suit injunction restraining the New Jersey proceedings, finding that there were no strong reasons not to uphold the parties' contractual bargain.

13-071
In *AXIS Corporate Capital UK II Ltd v ABSA Group Ltd*[337] the reinsured brought proceedings in South Africa against its primary and excess reinsurers. Whereas the primary layer was subject to "worldwide" jurisdiction, the excess layers contained an exclusive English jurisdiction clause. The court granted an anti-suit injunction to restrain the South African excess layer proceedings as being in breach of the exclusive English jurisdiction clause but declined to grant an injunction in respect of the primary layer proceedings on the basis that the primary layer did not contain an exclusive jurisdiction clause and England was not clearly the more appropriate forum for a claim under the primary layer nor was it necessary in the interests of justice to stop the primary layer proceedings in South Africa[338].

In *Axis Corporate Capital UK II Ltd v ABSA Group Ltd*,[339] the Court dismissed a subsequent application by the insured for a case management stay of the excess layer proceedings pursuant to CPR 3.1(2)(f)[340] (pending the resolution of the dispute on the primary layers in South Africa). The English court had mandatory jurisdiction over the excess layer contracts pursuant to art.25(1) of the Regulation. The Court held that the attempt to seek a case management stay was not about case management at all, but rather about jurisdiction. It was a forum non conveniens application by another name and could not be granted because to do so would be contrary to the mandatory nature of art.25 jurisdiction and inconsistent with the jurisdiction regime under the Regulation.

In *AON UK Ltd v Lamia Corp Srl*,[341] the proceedings arose out of an aeroplane crash in Colombia in November 2016 in which 71 persons died. The aeroplane was operated by a Bolivian company, LaMia, which was insured by a Bolivian insurer, Bisa. The insurance policy was 100% facultatively reinsured by London underwriters. The reinsurance policy was placed by Bisa through its local Aon broker and Aon UK Ltd in London. Various individual defendants (survivors and personal representatives of the deceased) sought to bring claims against Bisa, AON and reinsurers in Florida. AON and reinsurers commenced proceedings in England claiming negative declarations and obtained interim anti-suit injunctions against the defendants.

The court continued the anti-suit injunction restraining the pursuit of Florida proceedings against AON because any breach of duty was subject to a terms of busi-

---

[336] *Catlin Syndicate Ltd v Amec Foster Wheeler USA Corp* [2020] EWHC 2530 (Comm); [2021] 2 C.L.C. 15.

[337] *AXIS Corporate Capital UK II Ltd v ABSA Group Ltd* [2021] EWHC 861 (Comm); [2021] Lloyd's Rep. I.R. 267.

[338] "The fact that there will be two sets of proceedings is a consequence of the fact that the parties entered into contracts with different terms. The parties can reasonably expect the Court to enforce the terms which they agree, but they should not expect the Court to try to fashion for them an objectively better agreement. Granting the injunction enforces the contractual promise made." (Nicholas Vineall QC at [96]).

[339] [2022] EWHC 1870 (Comm).

[340] For case management stays see e.g. *Reichhold Norway ASA v Goldman Sachs International* [1999] 1 All E.R. (Comm.) 40; [1999] C.L.C. 486; *MAD Atelier International BV v Manes* [2020] EWHC 1014 (Comm); [2020] Q.B. 971 at [82]; *Athena Capital Fund SICAV-FIS SCA v Secretariat of State for the Holy See* [2022] EWCA Civ 1051; [2022] 1 W.L.R. 4570; and *Koninklijke Philips NV v Xiaomi Inc* [2021] EWHC 2170 (Pat) at [92]–[97], discussed at 13-037 above.

[341] [2022] EWHC 3323 (Comm); [2023] Lloyd's Rep. I.R. 527.

ness agreement (TOBA) made between AON and LaMia, which provided for English law and exclusive jurisdiction. Although the individual defendants were not party to the TOBA, their claims, on the basis of the Florida law evidence, were not "free-standing" claims arising from a duty owed directly to the individuals, but were derived from Aon's obligations to LaMia, and accordingly subject to the terms of the TOBA. The principles governing "quasi-contractual" injunctions therefore applied. There were no strong reasons for not granting an injunction (a four-month delay by AON in seeking injunctive relief was unjustified but excusable).

However, the injunction in favour of reinsurers was discharged because it had not been shown that England was the appropriate forum for a claim against them under Florida law of a bad faith failure to defend its insured or that that claim was vexatious or oppressive. Further, the reinsurers did not act promptly in seeking injunctive relief and, if it had been necessary for the Court to consider it, this would have been a very material factor weighing against relief.

In *AIG Europe SA (formerly AIG Europe Ltd) v John Wood Group Plc*,[342] discussed in Ch.12, at 12-019, the Court of Appeal upheld Jacobs J's decision granting an anti-suit injunction restraining the insured from pursuing proceedings in Alberta, Canada under various policies of excess liability insurance in the form the Market Reform Contract ("MRC"), on the ground that there was a high degree of probability that the excess policies provided, in the standard printed terms, for the exclusive jurisdiction of the English courts. A clause in the Risk Details section providing that the excess policies would have the same law and jurisdiction as the primary policy was ineffective because the primary policy did not have an express law and jurisdiction clause. There was accordingly no conflict, and it was not therefore necessary to resolve which jurisdiction clause should prevail.

Misapplication of anti-suit injunction principles to insurance/reinsurance disputes

In *General Star International Indemnity Ltd v Stirling Cooke Brown Reinsurance Brokers Ltd*,[343] Langley J, having expressed "unqualified respect" for the judge in New York who was hearing another case on related facts and had great familiarity with the issues, nonetheless granted an anti-anti-suit injunction to restrain proceedings brought in New York by the English defendant brokers, "SCB", for an anti-suit injunction against the English claimants, "Genstar". The English proceedings had been commenced first by the claimants. Instead of applying to the English court for a stay, SCB had commenced proceedings in New York and made an application to the New York Court for an injunction restraining the claimants from continuing with the English proceedings. Langley J said:

13-072

"The conclusion that England is the natural forum is not as a matter of law sufficient of itself for this court to grant an anti-suit injunction. That requires the extra ingredient that I must be satisfied that the complaint in New York is vexatious and oppressive or unconscionable ... But in my judgment further pursuit of the New York Complaint would indeed be vexatious and oppressive. It was an attempt by SCB to hi-jack the hearing of forum issues in New York rather than England despite the logical and normal course, if thought to be sustainable, of arguing the matter in these courts in these proceedings which were of course begun first. To permit the two sets of proceedings to continue would, I think, plainly be oppressive, On the basis of my decision it would involve SCB, an English

---

[342] [2022] EWCA Civ 781; [2022] Lloyd's Rep. I.R. 561.
[343] *General Star International Indemnity Ltd v Stirling Cooke Brown Reinsurance Brokers Ltd* [2003] EWHC 3 (Comm); [2003] I.L.Pr.19.

company subject to the jurisdiction of this court, not only pursuing parallel proceedings in an inappropriate forum but also seeking to restrain another English company from pursuing its claim in what I have held to be the natural forum. That SCB should not be permitted to do."

As Langley J acknowledged, the mere fact that a party is pursuing proceedings before a foreign court which the English court regards as the inappropriate forum does not of itself make those foreign proceedings vexatious or oppressive. Quaere whether, having regard to principles of comity, the English court's injunction should not have been limited to restraining the brokers from pursuing their application for an anti-suit injunction in New York and have left it for the New York court to decide whether or not it should stay the proceedings before it in deference to the English Court? Indeed, Langley J himself observed:

"It requires exceptional circumstances to grant such an injunction and there is always the alternative of leaving the New York court to decide for itself with such benefit as it might derive from my decision."

He did not do so, for the following reason:

"[N]ot only is it ... open to serious question whether the New York court even has claimed or would claim jurisdiction over Genstar but I would, with due diffidence and respect, expect the New York court to have the same distaste for parallel proceedings as this court and indeed to acknowledge this court's decision that the claim is properly brought and will be pursued here."

If comity is to be taken seriously, that is surely a question which should have been left for the New York court to decide.

13-073 A similar approach, jealously protective of the jurisdiction of the English court, was adopted by Morison J in *Tonicstar Ltd v American Home Assurance Co.*[344] He held that England was the natural forum for litigation relating to a reinsurance contract placed at Lloyd's and which, in the absence of a choice of law clause, he considered was by implication governed by English law. The contract contained an arbitration clause which did not specify a seat. The claimant reinsurers disputed the applicability of the arbitration clause and had commenced proceedings in the English court seeking to avoid the contract on the grounds of misrepresentation and non-disclosure. The defendant reinsured commenced proceedings in New York to compel arbitration there pursuant to the Federal Arbitration Act. Morison J took the view that in so doing the defendant had behaved oppressively. The learned judge said:

"AHA have tried to hijack the decision presently before this court, namely, where its seat should be. The Syndicate is a stranger to the Federal Arbitration Act. It has neither expressly or by implication agreed that the Act should determine the matters in issue. Even if, as Mr Railton QC asserts, the New York court will give full effect to English law, when construing the arbitration clause, the terms of the Act itself, and the evidence before me as to how the Act operates, suggests at least that in the absence of an express choice of seat, under the Act, the seat will be the Southern District of New York.... Mr. Railton QC said that there was nothing inherently oppressive in there being two sets of concurrent proceedings. This stemmed from a natural desire for parties to want to have their cases decided by the courts with which they are familiar. That may be so, but an unruly rush to have cases decided by one court rather than the other is not conducive to the doing of

---

[344] *Tonicstar Ltd (t/a Lloyds Syndicate 1861) v American Home Assurance Co* [2004] EWHC 1234 (Comm); [2005] Lloyd's Rep. I.R. 32.

justice between the parties. The logical and normal course is for the natural forum to decide for itself whether it should take jurisdiction over a dispute or whether the disputes fall within the arbitration clause ... It is inappropriate that the court in New York should be asked to do this court's job for it in relation to a contract governed by English law."[345]

It is difficult to understand why proceedings in New York to enforce an agreement to arbitrate which makes no provision for the seat of the arbitration can fairly be described as *oppressive*.[346] The fact that a New York court might conclude that, under the Federal Arbitration Act, the seat of the arbitration was New York is not a sufficient reason for denying an American reinsured access to the courts of his own country. If Lloyd's underwriters wish to avoid being sued in the United States, they can do so by including an arbitration clause which expressly provides for arbitration in London. Where an arbitration clause does not specify a seat, it cannot be oppressive to take proceedings in another jurisdiction for enforcement of the agreement to arbitrate. The foreign court should be allowed to do its job in accordance with its rules of private international law.

Morison J also expressly licenced the secret rush to the court, despite the new CPR requiring a letter before action before issuing proceedings. He said:

"Whilst I can see grounds for criticising the Syndicate's decision to start the proceedings without a letter before action, I do not think that would justify refusal of relief to which they are otherwise entitled. I imagine that the reason for their action was the fear that any letter before action would provoke a pre-emptive strike by AHA to start their action in the New York Court first: to beat the Syndicate to the punch. The failure to make full disclosure in their application to the Court for permission to serve the arbitration claim form out of the jurisdiction was not venal ..."[347]

Morison J claims to have followed principles laid down by Rix LJ in *Glencore International v Exeter Shipping*, where Rix LJ said:

13-074

"The following conditions are necessary. First, the threatened conduct must be 'unconscionable'. It is only such conduct which founds the right, legal or equitable but here equitable for the protection of which an injunction can be granted. What is unconscionable cannot and should not be defined exhaustively, but it includes conduct which is 'oppressive or vexatious or which interferes with the due process of the court' ... The underlying principle is one of justice in support of the 'ends of justice' ... It is analogous to 'abuse of process'; it is related to matters which should affect a person's conscience ... Secondly, to reflect the interests of comity and in recognition of the possibility that an injunction, although directed against the Defendant personally, may be regarded as an (albeit indirect) interference in the foreign proceedings, an injunction must be necessary to protect the applicant's legitimate interest in English proceedings; he must be a party to litigation in this country at which the unconscionable conduct of the party to be restrained is directed, and so there must be a clear need to protect English proceedings ... It follows that the natural forum for the litigation must be in England, but this, while a necessary, is not a sufficient reason."[348]

---

[345] *Tonicstar Ltd (t/a Lloyds Syndicate 1861) v American Home Assurance Co* [2004] EWHC 1234 (Comm); [2005] Lloyd's Rep. I.R. 32 at [13].
[346] Compare *Starr Excess Liability Insurance Co Ltd v General Reinsurance Corp* [2007] Bda L.R. 34, discussed in Ch.14.
[347] *Tonicstar Ltd (t/a Lloyds Syndicate 1861) v American Home Assurance Co* [2004] EWHC 1234 (Comm); [2005] Lloyd's Rep I.R. 32 at [17].
[348] *Glencore International AG v Metro Trading International Inc* [2002] EWCA Civ 528; [2002] C.L.C. 1090 at [42].

13-075 In *Sulamerica CIA Nacional de Seguros v Enesa Engenharia SA*[349] both parties were Brazilian and the subject-matter was a hydroelectric plant in Brazil. Brazilian law governed the contract and the Brazilian courts had exclusive jurisdiction. But there was a clause providing for arbitration in London, England. The insured commenced proceedings in Brazil and obtained an injunction against the insurer commencing arbitration in London. The English court granted the insurer an injunction preventing the insured from continuing the Brazilian proceedings. The English court held that despite the law of the contract being Brazilian, the law of the arbitration was that of the seat of the arbitration, which was London. Therefore, it should grant the injunction in aid of the arbitration. The anti-suit injunction was first granted, it appears, on an application without notice (ex parte) by the insurer but was thereafter continued. Cooke J said:

> "I cannot see that comity requires this court to refrain from continuing an injunction which was in existence before the Brazilian court made its decision, which must be treated by this court as incorrect as a matter of English law and English conflicts of law principles, if I am right in this judgment."

The Court of Appeal upheld the injunction. But the fact that both parties were Brazilian and the subject matter Brazilian and the governing law Brazilian and the chosen jurisdiction Brazilian might have suggested this was not a case to be exercising discretion to grant that remedy.

Anti-suit injunctions in Bermuda

13-076 The first reported decision in Bermuda concerning "anti-suit injunctions" is *International Risk Management Group Ltd v Elwood Insurance Ltd*.[350] Elwood, a Bermudian captive insurance company, issued a policy to its American parent, Hoechst Celanese Corporation ("Hoechst") which covered, inter alia, a chemical plant in Pampa, Texas. Elwood was 98 per cent reinsured by another Bermudian company, Hopewell International Insurance Ltd ("Hopewell"), and Hopewell was in turn reinsured by a pool of retrocessionaires led by Swiss Re. Both Elwood and Hopewell were managed in Bermuda by International Risk Management (Bermuda) Limited ("IRMBL"). An explosion occurred at the chemical plant on 14 November 1987 and the claim was ultimately settled (subject to a reservation of rights by Hoechst against Elwood in respect of what were described as "extra-contractual liabilities") on 7 December 1992 for US$507,670,945 (as against an original claim of US$588,252,000). Hoechst had commenced litigation in Texas prior to the settlement. Shortly after the settlement, the Texas proceedings were resurrected in an amended form against, inter alios, Elwood, IRMBL and IRMBL's parent company ("IRMG"). The nature of the Texas proceedings was described by Ground J (as he then was) as follows:

> "The claim against [IRMBL/IRMG] is not made under the insurance contract, for that claim has been settled. Instead it is a claim for damages in respect of alleged defalcations in the management of the adjustment process by [IRMBL/IRMG]. Hoechst say, in

---

[349] *Sulamerica CIA Nacional de Seguros v Enesa Engenharia SA* [2012] EWHC 42 (Comm); [2012] 1 Lloyd's Rep. 275, affirmed by the Court of Appeal [2012] EWCA Civ 638; [2012] 1 Lloyd's Rep. 671; applied *Enka Insaat Ve Sanayi AS v OOO Insurance Co Chubb* [2020] UKSC 38; [2020] 1 W.L.R. 4117; see further Ch.14 below.

[350] *International Risk Management v Elwood* [1993] Bda L.R. 48; Supreme Court of Bermuda, Civil Jurisdiction 1993, Nos 103 & 245, 29 September 29; see also *Muhl v Ardra Insurance Co Ltd* [1997] 6 Re. L.R. 206 (below), in which the Bermuda court considered the consequences of a breach of an anti-suit injunction by a party seeking to enforce a foreign judgment.

the Texas proceedings, that they did not recover substantial portions of their loss 'due to the actions of Defendants as described herein'. The actions complained of may be summarised as an unnecessarily obdurate attitude in the adjustment process, and the unfair portrayal of Hoechst to the reinsurers and the insurance market generally as unreasonable and overreaching. This alleged behaviour is said to be due to conflicts of interest arising out of the fact of IRMBL's management of both Elwood and Hopewell, and the participation of Swiss Re, IRMBL's ultimate parent, in the Hopewell pool. The eventual settlement agreement is described in the Texas claim as being 'far in excess of the artificially low valuations propounded by the adjusters, yet far less than Hoechst Celanese's actual loss'. The various causes of action said to arise from this include defamation, breach of duty of good faith and fair dealing, violations of the Texas insurance code, and interference with contract. Hoechst claim damages of not less than $100,000,000 on several of these heads, with punitive and double damages in certain cases. They make no bones about the fact that their claims are to recover damages flowing from the Pampa loss but not recovered under the settlement agreement."

Ground J held that there was no jurisdiction over Hoechst in Bermuda, and discharged an injunction granted ex parte restraining Hoechst from pursuing the Texas proceedings against IRMBL/IRMG. However, IRMBL/IRMG were entitled to an injunction restraining Elwood from commencing third party proceedings against IRMBL/IRMG in Texas.

He said that:

"... IRMBL's dealings were with Elwood, and were conducted in Bermuda. In so far as they dealt at all with Hoechst, it would have been on behalf of Elwood, and any duty they owed would have been to Elwood."

Ground J concluded as follows:

"Applying Neill L.J.'s approach,[351] I consider that it would be prima facie unconscionable for Elwood to seek to bring these Bermuda entities before the Courts in Texas for matters passing between them solely in Bermuda. I am not going to express any further view on the conduct of the Hoechst defendants in bringing the Texas action, as they have taken their stand, and won, upon the question of jurisdiction. Suffice it to say, however, that I do not mean to allow them their costs of these applications."

In *Santel Ltd v IPOC International Growth Fund Ltd*[352] Kawaley J (as he then was) refused to grant an anti-suit injunction against the defendant, a Bermuda company, restraining it from bringing RICO proceedings against the plaintiffs in New York. But the Supreme Court of Bermuda has granted injunctions to restrain foreign proceedings brought in breach of arbitration agreements.[353]

2B. ENFORCEMENT

England: Enforcement in Regulation/Convention cases

Chapter III of the Regulation deals with the recognition and enforcement of judgments. The provisions set out in Chapter III are comparatively simple. A judgment of any court in a Member State *provided it is within the scope of the Regula-*

13-077

---

[351] *Midland Bank v Laker Airways Ltd* [1986] Q.B. 689 at 714H–715A.
[352] *Santel Ltd v IPOC International Growth Fund Ltd* [2006] Bda LR 95.
[353] See the cases referred to in Ch.14, 14-056.

tion[354] must be recognised and enforced in other Member States, regardless of the domicile of the parties.[355] Under no circumstances may the judgment be reviewed as to its substance. The only grounds upon which recognition/enforcement of a judgment may be refused are the following (art.45.1):

(a) public policy (*ordre public*);
(b) lack of notice of proceedings;
(c) irreconcilability of judgment with a judgment of the court of the state in which enforcement is sought or of a non-contracting state;
(d) lack of jurisdiction on the part of the court in which the judgment was given, but only if the case falls within certain sections of Chapter II of the Regulation:
  (i) s.3 (insurance); s.4 (consumer contracts); s.5 (employment contracts);
  (ii) s.6 (exclusive jurisdiction).

An application for a declaration of enforceability is no longer required and it is now sufficient to provide the court of a Member State where enforcement is sought with a copy of the judgment and a standard form enforcement certificate (see arts 39 and 42 and CPR r.74.4A)[356]. Moreover, art.54 of the Regulation provides that, if a Member State judgment contains a measure or an order which is not known in the law of the Member State addressed, that measure should, to the extent possible, be adapted to a measure or an order known in the law of that Member State which has equivalent effects attached to it and which pursues similar aims and interests.

Practice Direction 74B of 5 January 2015[357], supplementing Pt 74, s.V, provides for how judgments are certified in England and Wales and for enforcement of EEOs ("European Enforcement Orders"). We note para.1.1 that states that "a claim that does not meet the requirements of the EEO Regulation, or which the judgment creditor does not wish to enforce using the EEO Regulation, may be enforceable using another method of enforcement."

As we noted above[358], the Regulation ceased to apply to the UK following its exit from the EU at 23:00 (GMT) on 31 January 2020[359]. However, under the transitional arrangements agreed between the EU and the UK, the Regulation continues to apply to the enforcement in the UK and EU Member States of judgments given in proceedings covered by the Regulation instituted[360] before 23:00 (GMT) on 31 December 2020 (the end of the transition period)[361]. Therefore, the English rules

---

[354] See *The "Heidberg"* [1994] 2 Lloyd's Rep. 287, above.
[355] Regulation arts 36 and 39. This requirement that a court in one jurisdiction in the EU should recognise a judgment in another jurisdiction explains why the shipowner in the *Front Comor* case was so keen to have his arbitration award entered as a judgment in England. He could take it to Italy and require the Italian court to recognise it, notwithstanding the ongoing Italian proceedings.
[356] CPR r.74.4A has been preserved in respect of judgments covered by the transitional and savings provisions relating to the Regulation following Brexit.
[357] Preserved in respect of EEOs covered by the transitional and savings provisions relating to Regulation (EC) No 805/2004 following Brexit; see Withdrawal Agreement Art.67(2)(d).
[358] See 13-013.
[359] Revoked by the Civil Jurisdiction and Judgments (Amendment) (EU Exit) Regulations 2019 (SI 2019/479) reg.89.
[360] "Instituted" is not defined; however, we expect the English courts to regard English proceedings as having been "instituted" on the date when the claim form was issued and dated by the court (CPR 7.2).
[361] Withdrawal Agreement Art.67(2)(a); the Withdrawal Agreement has direct effect in the remaining EU Member States (Art.4); Civil Jurisdiction and Judgments (Amendment) (EU Exit) Regulations

in place prior to the end of the transition period for the enforcement of EU judgments in the UK will continue to apply to such judgments[362].

As we also noted above, the UK ceased to be bound by the Lugano Convention at the end of the transition period[363] and the Withdrawal Agreement is silent as to whether the Lugano Convention should have any transitional effects after the end of the transition period. However, the UK and Norway have agreed to apply the Lugano Convention to judgments given in proceedings instituted in their respective courts prior to the end of the transition period[364]. A similar agreement does not exist between the UK and Iceland or Switzerland. Therefore, the Icelandic and Swiss courts are not bound after 31 December 2020 to recognise and enforce English judgments in accordance with the Lugano Convention[365]. Despite the lack of an agreement with Iceland and Switzerland, the UK has decided unilaterally to recognise and enforce in the UK in accordance with the Lugano Convention judgments of the Icelandic and Swiss courts in proceedings commenced in those courts prior to the end of the transition period[366].

Going forward, where the above arrangements do not apply, and until such time as either the UK accedes to the Lugano Convention or reaches agreement with the EU[367], Iceland and/or Switzerland, the recognition and enforcement of judgments between the UK and EU Member States, Iceland and Switzerland will be governed by:

(1) The 2005 Hague Convention (where applicable, to judgments in relation to exclusive choice of court agreements)[368]
(2) Common law (for the recognition and enforcement of EU, Icelandic and Swiss judgments in the UK)
(3) Local law (for the recognition and enforcement of English judgments in EU Member States, Iceland and Switzerland).

Enforcement in cases outside the Regulation/Conventions

Common law

There should come a time after 31 December 2020 when the law of recognition and enforcement contains no heading that includes the expression "outside the Regulation/Conventions", and this part of this chapter is *the entire* law on recognition and enforcement.

At common law an English court will enforce the judgment of a foreign court in

13-078

2019 (SI 2019/479) reg.92 (as amended by the Civil, Criminal and Family Justice (Amendment) (EU Exit) Regulations 2020 (SI 2020/1493) reg.5(2)(g)) and reg.93A.
[362] Civil Procedure Rules 1998 (Amendment) (EU Exit) Regulations 2019 (SI 2019/479) reg.26 (as amended by the Civil, Criminal and Family Justice (Amendment) (EU Exit) Regulations 2020 (SI 2020/1493) reg.9(2)(i)).
[363] Withdrawal Agreement Art.127(1).
[364] Reciprocal Enforcement of Foreign Judgments (Norway) (Amendment) (England and Wales and Northern Ireland) Order 2020; for judgments in proceedings instituted after 31 December 2020, the 1961 Convention (as amended) between the UK and Norway will apply; under the agreement with Norway, proceedings are instituted on the date the document instituting the proceedings (the original proceedings in the case of an appeal) is lodged with the court.
[365] Even where the English proceedings were commenced prior to the end of the transition period.
[366] Civil Jurisdiction and Judgments (Amendment) (EU Exit) Regulations 2019 (SI 2019/479) reg.92 (as amended by the Civil, Criminal and Family Justice (Amendment) (EU Exit) Regulations 2020 (SI 2020/1493) reg.5); also applicable to judgments of the Norwegian courts albeit the same is achieved as a result of the UK's separate mutual agreement with Norway (see above).
[367] Or with EU Member States individually.
[368] See 13-081 below.

a claim in personam provided that the following conditions are satisfied:

(1) the foreign judgment is for a debt or definite sum of money, which is not for taxes or in respect of fine or other penalty;
(2) the foreign judgment is "final and conclusive" on the merits (a judgment may be "final and conclusive" even though it is subject to appeal and an appeal is pending before a foreign court); and
(3) the foreign court had jurisdiction over the judgment debtor in accordance with the English rules of private international law, that is to say in one of the following four cases—
  (a) if the judgment debtor was, at the time the proceedings were instituted, present in the foreign country;
  (b) if the judgment debtor was the plaintiff or counterclaimed in the proceedings in the foreign court;
  (c) if the judgment debtor was the defendant and submitted to the jurisdiction of the foreign court by voluntarily appearing in the proceedings and contesting them on the merits;
  (d) if the judgment debtor was the defendant and, before the commencement of the proceedings agreed, in respect of the subject matter of the proceedings, to submit to the jurisdiction of the foreign court;
(4) the foreign judgment was not—
  (a) procured by fraud;
  (b) given in breach of natural justice[369]; or
  (c) otherwise contrary to English public policy.[370]

Provided these conditions are satisfied, the English court will not review the foreign judgment on the merits.[371] The plaintiff is entitled to enforce the foreign judgment by action for summary judgment under CPR Pt 24.

In *Korea National Insurance Corporation v Allianz Global*,[372] the claimants, KNIC (the North Korean state-owned insurance company) sought to enforce a judgment of the North Korean Court ("the NK judgment") against the defendant reinsurers arising out of a claim relating to an alleged helicopter crash in North Korea. The reinsurers' defences were: (i) the NK judgment was procured by a fraud instigated or approved by the state of North Korea including its "Dear Leader"; (ii) to enforce the NK judgment would be contrary to public policy as the courts of North Korea were not independent from the entity, i.e. the state, which had procured the fraud. The case is reported on an interlocutory appeal that took place during the course of the trial, in which the trial judge's rulings on the justiciability of the fraud defence under the "act of state" doctrine[373] were successfully challenged. The proceedings

---

[369] See *Agbara v Shell Petroleum Development Co of Nigeria Ltd* [2019] EWHC 3340 (QB) (Nigerian judgment not enforceable in the UK as obtained in breach of natural justice).

[370] See generally *Dicey Morris & Collins on the Conflict of Laws*, 16th edn (Sweet & Maxwell, 2022), Vol.1, Pt 3, Ch.14, s.2; see also *Muhl v Ardra* [1997] 6 Re. L.R. 206 below; *GFH Capital Ltd v Haigh* [2020] EWHC 1269 (Comm) (enforcement of DIFC court judgment); *Public Joint Stock Company ("Rosgosstrakh") v Starr Syndicate Limited* [2020] EWHC 1557 (Comm) (application to enforce Russian judgments in England against reinsurers); *Lenkor Energy Trading DMCC v Puri* [2021] EWCA Civ 770; [2022] 2 Lloyd's Rep. 542 (enforcement of Dubai court judgment on a dishonoured cheque despite the illegality of a related contract).

[371] See *Godard v Gray* (1870-71) L.R. 6 Q.B. 139.

[372] *Korea National Insurance Corporation v Allianz Global* [2008] EWCA Civ 1355; [2009] Lloyd's Rep. I.R. 480. See also [2007] EWCA Civ 1066; [2007] 2 C.L.C. 748, for an earlier excursion to the Court of Appeal in the same proceedings.

[373] See *Buttes Gas & Oil Co v Hammer (No 3)* [1982] A.C. 888.

were ultimately compromised and the fraud allegations, which received widespread publicity at the time, were never proven.

It is important to note that the fact that a foreign court regards itself, under its own rules of private international law, as having jurisdiction over the defendant/judgment debtor is irrelevant to the question of recognition/enforcement of the foreign judgment in England. For example, in *Buchanan v Rucker*,[374] the plaintiff brought an action in England on a judgment given by a court in Tobago. The defendant had never been to Tobago and had not submitted to the jurisdiction of its court. There had been substituted service of the proceedings, apparently valid under the law of Tobago, effected by nailing a copy of the writ to the court house door. It was held that the judgment was unenforceable in England. Lord Ellenborough said:

"Can the island of Tobago pass a law to bind the rights of the whole world? Would the world submit to such an assumed jurisdiction?"[375]

An English reinsurer or broker who receives notice of foreign proceedings in a case where the Regulation/Conventions do not apply, and who is not present in and has not previously agreed to submit to the jurisdiction of the foreign court, and is not minded to submit to the foreign court's jurisdiction and contest the proceedings on the merits, has two options. He may simply ignore the foreign proceedings on the basis that the judgment would not be enforced against him in England, or he may seek to appear before the foreign court for the limited purpose of contesting its jurisdiction under its rules of private international law. Neither option is without difficulty. Before electing to ignore the foreign proceedings, the possibility that a foreign judgment given in default of appearance may be enforceable against assets of the judgment debtor in the foreign country or in the courts of a third country must be considered. For example, if a reinsurer is sued to judgment in Texas (where he does not appear and offers no resistance), although he may have no tangible assets there, he may find that premium due to him from other reinsureds or claims due from retrocessionaires elsewhere in the United States has been attached by way of enforcement of the Texas judgment. Other countries where the judgment debtor has assets may recognise an American default judgment in circumstances where the English court would not. For example, the Canadian courts have departed from English common law rules, first, in recognising the judgments of one province in another, then in extending the new test (whether the foreign court had a real and substantial connection with the claim) to recognise the judgment of a Florida court entered in default of appearance.[376] It should also be borne in mind that the question of whether the foreign court has jurisdiction under the English rules of private international law, may well involve "a nice examination of all the facts, and inferences must be drawn from a number of facts adjusted together and contrasted".[377]

13-079

There may be very little time to make a considered decision as to whether or not to appear before the foreign court. In *International Risk Management v Elwood*,[378] the Bermudian plaintiffs were served by substituted service on the Secretary of State

---

[374] *Buchanan v Rucker* 103 E.R. 546; (1808) 9 East. 192.
[375] *Buchanan v Rucker* 103 E.R. 546; (1808) 9 East. 192 at 194.
[376] See *Beals v Saldanha* [2003] S.C.R. 416 (Canada).
[377] *Compagnie General Transatlatique v Thomas Law & Co (The "Bourgogne")* [1899] P.1 at 18 per Collins LJ, cited with approval by the Court of Appeal in *Adams v Cape Industries Plc* [1990] Ch. 433 at 531C, and below.
[378] *International Risk Management v Elwood* [1993] Bda L.R. 48; Supreme Court of Bermuda Civil Jurisdiction 1993, Nos 103 and 245, 29 September 1993.

for Texas, a process valid under Texas law.[379] The time for entering an appearance ran from the date upon which service was effected on the Secretary of State, not the date on which the foreign defendant received actual notice of the proceedings. The Secretary of State forwarded the Texas complaint to the Bermudian plaintiffs at their registered office in Bermuda, by ordinary United States mail, with the result that they had less than a week in which to decide on their response. The Bermudian plaintiffs obtained an ex parte injuction from the Supreme Court of Bermuda on the day time expired for entering an appearance in Texas, restraining the plaintiffs in Texas proceedings from entering a default judgment in Texas on the basis that the Texas proceedings were unconscionable.

13-080 In *Adams v Cape Industries Plc*, the Court of Appeal reviewed the authorities on presence and residence of corporations, and stated the following general principles:

"(1) The English courts will be likely to treat a trading corporation incorporated under the law of one country ('an overseas corporation') as present within the jurisdiction of the courts of another country only if either (i) it has established and maintained at its own expense (whether as owner or lessee) a fixed place of business of its own in the other country and for more than a minimal period of time has carried on its own business at or from such premises by its servants or agents (a 'branch office' case), or (ii) a representative of the overseas corporation has for more than a minimal period of time been carrying on the overseas corporation's business in the other country at or from some fixed place of business.

(2) In either of these two cases presence can only be established if it can fairly be said that the overseas corporation's business (whether or not together with the representative's own business) has been transacted at or from the fixed place of business. In the first case, this condition is likely to present few problems. In the second, the question whether the representative has been carrying on the overseas corporation's business or has been doing no more than carry on his own business will necessitate an investigation of the functions which he has been performing and all aspects of the relationship between him and the overseas corporation.

(3) In particular, but without prejudice to the generality of the foregoing, the following questions are likely to be relevant on such investigation: (a) whether or not the fixed place of business from which the representative operates was originally acquired for the purpose of enabling him to act on behalf of the overseas corporation; (b) whether the overseas corporation has directly reimbursed him for (i) the cost of his accommodation at the fixed place of business; (ii) the cost of his staff; (c) what other contributions, if any, the overseas corporation makes to the financing of the business carried on by the representative; (d) whether the representative is remunerated by reference to transactions, e.g. by commission, or by fixed regular payments or in some other way; (e) what degree of control the overseas corporation exercise over the running of the business conducted by the representative; (f) whether the representative reserves (i) part of his accommodation, (ii) part of his staff for conducting business related to the overseas corporation; (g) whether the representative displays the overseas corporation's name at his premises or on his stationery, and if so, whether he does so in such a way as to indicate that he is a representative of the overseas corporation; (h) what business, if any, the representative transacts as principal exclusively on his own behalf; (i) whether the representative makes contracts with customers or other third parties in the name of the overseas corporation, or otherwise in such manner as to bind it; (j) if so, whether the representative requires specific authority in advance before binding the overseas corporation to contractual obligations.

---

[379] Compare *Buchanan v Rucker* above.

This list of questions is not exhaustive, and the answer to none of them is necessarily conclusive ..."[380]

A party may elect to appear to contest the jurisdiction of the foreign court. He may succeed, but if he does not he then faces the same dilemma, namely whether or not to contest the proceedings on the merits. Section 33 of the Civil Jurisdiction and Judgments Act 1982 permits a party to appear in a foreign court solely for the purpose of contesting jurisdiction and provides that he will not be regarded as having submitted in the event that he loses and subsequently withdraws from the foreign proceedings. Section 33 reverses the effect of the much-criticised decision of the Court of Appeal in *Henry v Geoprosco International*.[381]

Judgments and Administration of Justice Act 1920/Foreign Judgments (Reciprocal Enforcement) Act 1933/ Hague Convention on Choice of Court Agreements 2005/Hague Convention on the Recognition and Enforcement of Foreign Judgments in Civil or Commercial Matters 2019

13-081 Money judgments of the courts of countries or territories to which either the 1920 Act or the 1933 Act apply may be enforced by registering the judgment pursuant to CPR Pt 74, provided that the judgment was final and conclusive and the foreign court had jurisdiction over the judgment debtor in accordance with the requirements of the relevant Act, which are similar to the prerequisites of recognition at common law.[382]

As we noted above[383], the 2005 Hague Convention provides for the recognition and enforcement of judgments resulting from the operation of exclusive choice of court agreements to which the Convention applies. Art.8 provides that a judgment given by a court of a Contracting State designated in an exclusive choice of court agreement shall be recognised and enforced in other Contracting States. The enforcing court cannot review the merits of the judgment nor can it review the findings of fact made by the originating court[384] (Art.8(2)). However, the judgment can only be recognised and enforced if it has effect and is enforceable in the originating State (Art.8(3)). Recognition or enforcement may be postponed or refused if the judgment is subject to appeal or the time period for appealing has not yet expired (Art.8(4)). The grounds on which the enforcing court can refuse to recognise or enforce the judgment are limited (Art.9)[385]. Recognition or enforcement may also be refused if the judgment includes an award of punitive or exemplary damages

---

[380] *Adams v Cape Industries Plc* [1990] Ch. 433; at [49] the court raised but was not required to decide the question whether the defendant's detention in a local prison amounted to his voluntary presence in the jurisdiction of the DIFC court at 530C–531B per Slade, Mustill and Ralph Gibson LJJ; in *GFH Capital Ltd v Haigh* [2020] EWHC 1269 (Comm).

[381] *Henry v Geoprosco International Ltd* [1976] Q.B. 726; see *Pan Ocean Co Ltd v China-Base Group Co Ltd (formerly China-Base Ningbo Foreign Trade Co Ltd)* [2019] EWHC 982 (Comm); [2019] 2 Lloyd's Rep. 335. For the position in Bermuda, see below.

[382] See generally *Dicey & Morris on the Conflict of Laws*, 16th edn (Sweet & Maxwell, 2022), Vol.1, Pt 3, Ch.14, s.2; see also: *Agbara v Shell Petroleum Development Co of Nigeria Ltd* [2019] EWHC 3340 (QB) (Enforcement of a Nigerian judgment under AJA 1920 set aside as not "just and convenient" to enforce due to serious breach of natural justice in Nigerian proceedings); *Strategic Technologies Pte Ltd v Procurement Bureau of the Republic of China Ministry of National Defence* [2020] EWCA Civ 1604; [2021] Q.B. 999 (AJA 1920 did not extend to permit enforcement of a Cayman Islands judgment based on an underlying Singapore judgment on the merits).

[383] See generally 13-040 on the scope and application of the 2005 Hague Convention to insurance and reinsurance contracts.

[384] Unless it is a default judgment.

[385] They include lack of capacity, fraud, contrary to the public policy of the enforcing state or inconsistency with another judgment by the enforcing court between the same parties.

13-082 In November 2023, the UK Government published the outcome of a consultation on whether the UK should join the Hague Convention of 2019 on the Recognition and Enforcement of Foreign Judgments in Civil and Commercial Matters (the "2019 Hague Convention"). The UK Government has confirmed that it will join the 2019 Hague Convention as soon as practicable, and that the 2019 Hague Convention will enter into force for the UK 12 months after the UK deposits its instrument of ratification.

The EU and Ukraine have ratified the 2019 Hague Convention (the EU acceded to the 2019 Hague Convention in August 2022) and several other countries including the United States and Israel have signed the 2019 Hague Convention and intend to ratify it in the near future. Once the UK ratifies the 2019 Hague Convention, it will provide a set of common rules for the recognition and enforcement of civil and commercial judgments between the UK and the other current and future contracting parties, including importantly the EU.

The UK Government has made clear that joining the 2019 Hague Convention does not prevent the UK from joining the Lugano Convention in future, nor does it change existing domestic law, on which parties may continue to rely for the recognition and enforcement of judgments not covered by the 2019 Hague Convention. The 2019 Hague Convention also includes provisions which would allow the UK to decline to apply the terms of the Convention with another State party should it be considered to be contrary to UK policy.

(Art.11). The procedure for recognising and enforcing the judgment is determined by the local law of the enforcing court, which is required to act expeditiously (Art.14)[386].

Bermuda: Enforcement of judgments

Common law

13-083 The principles of English private international law governing the recognition and enforcement of foreign judgments at common law have been followed and applied by the Bermuda courts.[387] In *Muhl v Ardra Insurance Co Ltd*.[388] Ground J referred to the principles set out in Dicey & Morris[389] and cited his earlier decision in *Ellefsen v Ellefsen*,[390] in which he had summarised the position at common law as follows:

> "A final judgment in personam given by a court of a foreign country with jurisdiction to give it may be enforced by an action for the amount due under it if it is for a debt or a definite sum of money (not being a sum payable in respect of taxes or in respect of a fine or other penalty). The only grounds for resisting the enforcement of such a judgment at common law are: (1) want of jurisdiction in the foreign court, according to the view of

---

[386] See CPR 74.3 to 74.10 and Practice Direction 74A for recognition and enforcement in the English courts.

[387] See *Langer v Transport & Earthmoving*, Bermuda Civil Appeal 1982, No. 26, 11 April 1983; *Christensen v Holderness School*, Bermuda Civil Appeal 1981, No.20, 15 April 1982—in both cases, which concerned American judgments, unconditional leave to defend summary judgment proceedings was granted on the basis that the American court did not have jurisdiction over the judgment debtor from the point of view of Bermudian rules of private international law; *Ellefsen v Ellefsen*, Civil Jurisdiction 1993, No.202, 22 October 1993, where a judgment of the Superior Court of New Hampshire making a lump sum award in divorce proceedings was enforced by summary judgment.

[388] Civil Jurisdiction 1995, No.484, 16 May 1997; [1997] Bda L.R. 36; *Muhl v Ardra* [1997] 6 Re. L.R. 206.

[389] Citing the 11th edn, pp.420–421.

[390] Civil Jurisdiction 1993, No.202, 22 October 1993.

English law; (2) that the foreign judgment was obtained by fraud; (3) that its enforcement would be contrary to public policy; and (4) that the proceedings in which the judgment was obtained were contrary to Natural Justice (or the English idea of 'substantial justice', as it was put in the leading case). Unless the judgment can be impeached on one of those four grounds, the court asked to enforce it will not conduct a rehearing of the foreign judgment or look behind it in any way."

In *Muhl v Ardra*, the defendant/judgment debtor successfully argued that a judgment of the New York State court should not be enforced in Bermuda for two reasons. First, because the plaintiff was in contempt of orders of the Bermuda court, it would be contrary to Bermudian public policy to enforce the New York judgment. Secondly, because the New York proceedings "were contrary to Natural Justice as that expression is understood in England and Bermuda".[391]

The defendant, Ardra, a Bermudian reinsurer, had entered into three reinsurance treaties with the reinsured, Nassau Insurance Company, Nassau. Two of the treaties provided for arbitration in New York, the third provided for arbitration in Bermuda. Nassau was placed into liquidation in New York, and its liquidator successfully argued in the New York proceedings that, as a matter of New York insolvency law, the arbitration clauses in the treaties were not binding upon him and that he was entitled to sue Ardra in the New York State Court in respect of sums allegedly due under the treaties. Meanwhile, Ardra had obtained an ex parte injunction from the Bermuda Court restraining Nassau's liquidator from suing Ardra in New York in respect of claims due under the treaty which contained the Bermuda arbitration clause. Nassau's liquidator responded by commencing contempt proceedings against Ardra in New York for an alleged breach of the order of the New York court placing Nassau into liquidation, which prohibited the institution or continuation of proceedings against Nassau.

Following the decision of the New York Court of Appeals that Nassau's liquidator was not bound by the arbitration clause, the New York proceedings continued. Nassau's liquidator obtained an order from the New York court pursuant to s.1213 of the New York Insurance Law that Ardra be required to post security in the amount of US$10,351,877.38, failing which Ardra's answer to the liquidator's complaint would be struck out. Ardra failed to post the security, the answer was struck out, and Nassau's liquidator obtained judgment in default in respect of Ardra's liability under the reinsurance treaties. Damages were subsequently assessed at US$16,351,398.11. Following an unsuccessful appeal by Ardra to the New York Court of Appeals,[392] Nassau's liquidator sought to enforce the New York judgment against Ardra in Bermuda by bringing an action on the judgment.

Ground J held that it was contrary to Bermudian public policy to permit a judgment to be enforced which had been obtained following a wilful decision to disregard the Bermuda court's injunction. He said:

"It may have been based on the perception that this was a New York matter which did not concern Bermuda, but if that was so then the plaintiff must live with the consequences. At the end of the day it comes back to the rule of law and to the question of upholding the respect and authority of the Courts. I find it quite extraordinary that the New York Liquidator can choose to disregard a Bermuda Court Order when it suits him, and then expect the assistance of the same Court when he belatedly realises he needs it. I would, therefore, on this ground alone have refused to enforce the judgment upon which the plaintiff sues."

---

[391] Civil Jurisdiction 1995, No.484, 16 May 1997; [1997] Bda L.R. 36; *Muhl v Ardra* [1997] 6 Re. L.R. 206 per Ground J.

[392] Which rejected Ardra's argument that it had been denied its right to due process under the United States constitution.

Ground J further held that the New York proceedings leading to the default judgment were contrary to the English/Bermudian idea of substantial justice. He found the New York courts' refusal to consider Ardra's ability to pay the amount of security to be objectionable, and was satisfied that Ardra was in fact unable to pay the amount of security. Ground J said:

> "The question is whether, looked at in the round, the judgment was obtained in a way which accords with the English idea of substantial justice. It is not a question of whether the legislation is unfair or objectionable, but whether the conduct of the particular case was, on its particular facts, contrary to Natural Justice. If it was, I do not think that it matters whether the procedure is derived from statute, case law or the whim of the presiding judge—if it is unfair, the English and Bermudian Courts will not enforce any judgment obtained as a result of it ... In my judgment, it is contrary to substantial or Natural Justice to require a defendant to put up a security as a condition of defending which it cannot meet. I think that this is a common law principle of general application which can be discussed in the case law governing the united range of circumstances in which a defendant under our system can be required to post security. I have principally considered cases under Order 14, under which a defendant against whom summary judgment is refused may nevertheless, if his defence is 'shadowy', be required to bring into court some or all of the sum claimed. Even in such a case, where there is a judicial determination that his defence is slim, the principle is that a defendant should not be required to bring in more than he can in fact manage."[393]

13-085 Ground J's decision in *Muhl v Ardra* is, in our view, a careful and correct application of well-established common law principles regarding enforceability of foreign judgments. We believe that, were similar facts to arise again, an English court would reach the same conclusion.

Section 33 of the Civil Jurisdiction and Judgments 1982 Act does not apply to Bermuda, but in *AAICo v Al Amana*,[394] Ground J said (obiter) that *Henry v Geoprosco*[395] would not be followed in Bermuda.

The Judgments (Reciprocal Enforcement) Act 1958

13-086 The Judgments (Reciprocal Enforcement) Act 1958, which is derived, in part, from the English 1920 Act, and, in part, from the English 1933 Act, provides for enforcement by registering a foreign judgment, to which the Act applies, in the Supreme Court of Bermuda.[396] The 1958 Act applies to judgments of courts in the UK and of the following countries or territories said to be part of His Majesty's Dominions: Australia, the Bahamas, Barbados, British Guiana, Gibraltar, Grenada, Hong Kong, Leeward Islands, St Vincent, Jamaica, Nigeria, Dominica and St Lucia.[397] Whilst Hong Kong is on the list, given the handover to China, Hong Kong no longer qualifies as one of His Majesty's Dominions and as such judgment from

---

[393] Citing *MV Yorke Motors v Edwards* [1982] 1 W.L.R. 444; (1982) 126 S.J. 245.
[394] See above, Supreme Court of Bermuda, Civil Jurisdiction 1993, No.38.
[395] *Henry v Geoprosco* [1976] Q.B. 726 (see above).
[396] "The 1958 Bermuda Act is generally regarded as giving effect in Bermuda law to the 1920 UK Act ... however, [counsel] (appearing for the judgment creditor) helpfully drew the Court's attention to the fact that in some respects the 1958 Act is not based on 1920 Act alone, as might be expected, but includes some provisions derived from the 1933 Act as well. This highlights the need to have careful regard to the actual provisions of the Bermuda statute and not to apply UK case law based on a similar statutory regime in a footloose and fancy free way": *Munib Masri v Consolidated Contractors International Company SAL* [2009] Bda L.R. 12 at [19] per Kawaley J.
[397] Judgments Extension Order 1956; Judgments (Reciprocal Enforcement) (Australia) Order 1998. At the time the 1956 Order was made most of the territories listed were dependencies of the UK. The territory formerly known as British Guiana is now an independent state called Guyana. The 1956

there could no longer be registered under the 1958 Act but could be enforced only under the common law. Similarly, Barbados which remains on the list, became a republic in 2021. Given that the King is no longer head of state, it is most likely that the common law will now apply and not the aforesaid statutory provisions. The effect of registration is that the foreign judgment is of the same force and effect as a judgment of the Supreme Court of Bermuda entered at the date of registration, and such steps may be taken to enforce it as if it were such a judgment.[398] Section 6 of the 1958 Act prohibits the bringing of proceedings to enforce a judgment to which the 1958 Act other than proceedings under the 1958 Act.[399]

The leading case on the 1958 Act is *Consolidated Contractors International Company SAL v Masri*[400] in which various objections were, unsuccessfully, raised by the judgment debtor (CCIC), a Lebanese company, to the registration in Bermuda of judgments of the English High Court (Gloster J). The application to set aside registration was dismissed by the Bermuda Commercial Court (Kawaley J), "in a full and careful judgment".[401] In the Court of Appeal for Bermuda Evans JA, at the outset, described CCIC's case as an "unmeritorious appeal".[402] A further appeal to the Privy Council was struck out as an abuse of process.[403] The principal ground on which registration was resisted was that the English judgments were "obtained by fraud" within the meaning of s.4(1) of the 1958 Act. As Lord Mance explained:

> "The allegation of fraud was of an unusual nature. It related not to any aspect of the substantive judgments issued by Gloster J on liability or quantum. Rather it related to the basis upon which the English High Court came to assume the claim against CCIC."[404]

Lord Mance said that the Privy Council would, "assume without deciding that a fraud leading to the wrongful acceptance by a court of jurisdiction is capable in principle of being relevant fraud under s.4(1)".[405] Because CCIC's "fraud" claim failed on the facts the question of legal principle was not decided. CCIC's position before the Privy Council was further undermined by the fact that, by the time its appeal was heard by the Judicial Committee, CCIC had been held by the English High Court to be in contempt of various orders of the English courts. The Privy Council endorsed the finding made by Kawaley J that CCIC's application to challenge registration in Bermuda was:

> "demonstrably part of a wider litigation strategy by the Applicant in various parts of the

---

Order does not define "Leeward Islands" but these are believed to include: the British Virgin Islands, Anguilla, Saint Kitts, Nevis, Antigua and Barbuda. It has been suggested that "Jamaica" should be interpreted to include the Cayman Islands, as this jurisdiction was a dependency of Jamaica at the time the 1956 Order was made. See Ian R.C. Kawaley et al (ed.), *Cross-Border Judicial Cooperation in Offshore Litigation: The British Offshore Word* (Wildy Simmonds & Hill, 2009), p.138.

[398] Section 3 of the 1958 Act; see *Berliner Bank AG v Karageorgis*, Civil Jurisdiction 1997, No.86, 23 May 1997; [1997] Bda L.R. 37; [1997/98] 1 O.F.L.R. 145.

[399] See *Young v GNI Fund Management (Bermuda) Ltd* [2001] Bda L.R. 70.

[400] [2009] Bda L.R. 12 (aff'd [2010] Bda L.R. 21; [2011] UKPC 29).

[401] *Consolidated Contractors International Company SAL v Masri* [2011] UKPC 29 at [3] per Lord Mance.

[402] *Munib Masri v Consolidated Contractors International Company SAL* [2009] Bda L.R. 61 at [1]. For separate proceedings brought by an intervening third party following the appointment of an equitable receiver in Bermuda to collect moneys allegedly due to a Bermuda company from the judgment debtor, see *Consolidated Contractors International Company SAL v Masri, Teyseer Contracting WLL (Intervenor)* [2010] Bda L.R. 21, aff'd [2011] Bda L.R. 16.

[403] See *Consolidated Contractors International Company SAL v Masri* [2011] UKPC 29.

[404] *Consolidated Contractors International Company SAL v Masri* [2011] UKPC 29 at [2].

[405] *Consolidated Contractors International Company SAL v Masri* [2011] UKPC 29 at [2].

3. MISCELLANEOUS PROCEDURAL ISSUES

Parties

England: CPR Pt 20

13-087   CPR Pt 20 deals with multiple parties, that is, counterclaims and other additional claims. A "Pt 20 claim" includes, counterclaims against parties other than the claimant, "a claim by a defendant against any person (whether or not already a party) for contribution or indemnity *or some other remedy* ..." (emphasis added).[407] The glossary to the CPR describes "contribution" as "a right of someone to recover from a third person all or part of the amount which he himself is liable to pay"; and "indemnity" as "a right of someone to recover from a third party the whole amount which he himself is liable to pay".[408] In an appropriate case, it is arguable that an insurer sued by an insured may bring a Pt 20 claim against its reinsurer (even in a case where the insurer has not reinsured 100 per cent of its liability). In *Konkola Copper Mines Plc v Coromin Ltd*,[409] the Court refused to stay a Pt 20 Claim brought by a Bermudian insurer (Coromin) against its reinsurers, in which it claimed indemnity from reinsurers (whether they were directly liable as insurers of the insured or liable as reinsurers of local insurers) on the grounds that reinsurers had not shown that the Pt 20 Claim was subject to an exclusive Zambian jurisdiction clause. The Court held it was desirable to join the reinsurance brokers and have all issues between the insured, the insurer, the reinsurers and brokers decided by the English court. It does not appear to have been suggested that the Pt 20 Claim was inappropriate.[410] The court has a discretion to order whether a Pt 20 claim should be separate from the main claim.[411]

---

[406] *Consolidated Contractors International Company SAL v Masri, Teyseer Contracting WLL (Intervenor)* [2010] Bda L.R. 21 at [79], cited with approval by Lord Mance in [2011] UKPC 29 at [3].
[407] CPR r.20.2(1)(b).
[408] The glossary is intended to be, "a guide to the meaning of certain legal expressions as used in [the] Rules, but it does not give the expressions any meaning in the Rules which they do not otherwise have in the law".
[409] *Konkola Copper Mines Plc v Coromin Ltd* [2005] EWHC 898 (Comm); [2005] 2 Lloyd's Rep. 555.
[410] C.f. the pe-CPR case *Nelson v Empress Assurance Corp* [1905] 2 K.B. 281, deciding that a reinsurer should not be joined by an insurer to a claim by the policyholder on the insurer. See below. Further, the way in which any Pt 20 relief is framed may be important. In *Federal-Mogul Asbestos Personal Injury Trust v Federal-Mogul Ltd (formerly T&N Plc)* [2014] EWHC 2002 (Comm); [2014] Lloyd's Rep. I.R. 671, Eder J held that a claimant trust was not entitled to declarations concerning the obligations of a primary insurer or reinsurers in respect of their handling of asbestos-related personal injury claims made by the insured. Eder J stated that a non-party to a contract generally has no locus, save in exceptional circumstances, to obtain a declaration as to the rights of other parties to that contract (viz. contracts of insurance or reinsurance), at least where there is no dispute between the contracting parties as to their rights and obligations; cited: *AXA SA v Genworth Financial International Holdings Inc* [2018] EWHC 2898 (Comm) (the Court struck out a number of Pt 20 claims as an abuse of the declaratory form of relief, on the grounds that the Pt 20 claimant had no legitimate interest in the legal relationship between the Pt 20 defendants).
[411] CPR r.20.9(2): "The matters to which the court may have regard include—(a) the connection between the Pt 20 claim and the claim made by the claimant against the defendant; (b) whether the Pt 20 claimant is seeking substantially the same remedy which some other party is claiming from him; and

MISCELLANEOUS PROCEDURAL ISSUES

European International Reinsurance Co Ltd v Curzon Insurance Ltd[412] is an example of the kind of reinsurance case in which third party proceedings were typically brought and which is now within the scope of Pt 20. The claimant sought to avoid a reinsurance contract for non-disclosure and the defendant brought Pt 20 proceedings against various brokers and sub-brokers that it alleged owed it a duty of care. The Court of Appeal held that the defendant had an arguable claim against each of the proposed Pt 20 defendants.

Bermuda: Third-party proceedings, RSC Ord.16

Order 16 r.1(1) provides that: **13-088**

"Where in any action a defendant who has given notice of intention to defend—(a) claims against a person not already a party to the action any contribution or indemnity ..."

the defendant may issue a third party notice, and thereby join the person against whom the indemnity is claimed as party to the action. A (re)insurance contract is a contract of indemnity. However, earlier provisions equivalent to Ord.16 r.1(1)(a) have been construed so as to prevent the joinder of insurers and reinsurers as third parties.[413] In *Clover Clayton & Co Ltd v Hessler & Co*[414] ship repairers brought an action against managers of a steamer for the cost of repairs. The managers served a third-party notice on the owners of the steamer. The owners applied for leave to serve a fourth-party notice on the underwriters alleging that they were entitled to an indemnity from them for the whole amount of the claim in the action. Scrutton LJ said:

"The third party procedure is limited to claims for indemnity or contribution,[415] and there is, I believe, no reported case, and I have never heard of a case, in which persons have been joined as third parties merely because they have underwritten a policy insuring the defendant against the loss which gives occasion for the plaintiff's claim. There are two reported cases which go to show that underwriters cannot be so joined[416] ... In each case the ground of the decision was that the insurance was against loss which the assured may incur through loss of or damage to the subject matter of the insurance, and that was a different thing from indemnifying him against any claims by other people against him. Upon the same principle the original underwriter cannot be joined."[417]

It appears to follow from Scrutton LJ's reasoning that a liability policy (such as a professional negligence policy, or a motor insurance policy)[418] would be a contract of indemnity within the scope of Ord.16 r.1(1)(a). For example, in *Walker & Knight*

(c) whether the Pt 20 claimant wants the court to decide any question connected with the subject matter of the proceedings—(i) not only between existing parties but also between existing parties and a person not already a party; or (ii) against an existing party not only in a capacity in which he is already a party but also in some further capacity."

[412] *European International Reinsurance Co Ltd v Curzon Insurance Ltd* [2003] EWCA Civ 1074; [2003] Lloyd's Rep. I.R. 793.

[413] Before 1929 third-party procedure was only available where there was a claim for a contribution or indemnity paras (1)(b) and (c) of Ord.16 r.1 (see below) provide for joinder of third parties in other cases. The commentary to *The Supreme Court Practice 1997*, Vol.1, para.16/1/12 observes that, "Most of the cases decided before 1929 would *now fall within the ambit of the present rules*" and refers to *Re Burford* [1932] 2 Ch. 122 discussed below.

[414] *Clover Clayton & Co Ltd v Hessler & Co* [1925] 1 K.B. 1.

[415] As noted above, this was the position until 1929.

[416] *Johnston v Salvage Assn* (1888) 19 Q.B.D. 458; *Nelson v Empress Assurance Corp* [1905] 2 K.B. 281, and see below.

[417] *Clover Clayton & Co Ltd v Hessler & Co* [1925] 1 K.B. 1 at 8, concurring with Bankes LJ.

[418] Third-party proceedings against insurers are not generally used in road accident cases because the

v Donne Mileham & Haddock[419] the defendant solicitors were sued for professional negligence, and their insurers denied liability. The defendant solicitors joined Sun Alliance (who insured them up to £100,000) as a third party. Sun Alliance settled and dropped out of the action. The defendant solicitors then sought leave to join their excess insurers (who insured them for £250,000 in excess of £100,000) as second and third parties. Leave was given even though the trial of the action had commenced.

13-089 In *Re Burford*[420] Lord Hanworth MR referred somewhat critically to *Clover Clayton v Hessler*, which he said established that:

> "... the narrow rule regulating third party proceedings did not allow a separate claim under a policy of insurance to be made, even though the same facts would have to be examined over again to establish the liability of the underwriters."

He considered the then newly extended third-party provisions, equivalent to the present Bermuda RSC 1985 Ord.16. r.1(1)(b) and (c), and concluded:

> "... that where the same facts have to be conned over[421] in order to ascertain the liability and to give some relief to one or other of the parties, in such a case the rule now provides that it is unnecessary to have separate actions and separate proceedings, but that a third party notice may be served."[422]

If the learned Master of the Rolls was suggesting that *Clover Clayton v Hessler* would necessarily be decided differently under the present rules, we respectfully beg to differ. The claim by the owners against the underwriters was not for "any relief or remedy relating to the subject matter of the action"[423]; nor did it call for "any question or issue relating to the original subject matter of the action to be determined"[424] as between the owners and the underwriters.

There is relatively little case law on the question whether a reinsured being sued by the original insured may join the reinsurer as a third party. The early cases[425] suggest that reinsurers may not be joined as third parties. In *Nelson v Empress Assurance Corp Ltd*,[426] the Court of Appeal[427] held that the rules relating to third-party procedure did not apply to enable a defendant insurer/reinsured to join its reinsurer as a third party to an action on the original policy of reinsurance. Mathew LJ said that it was exceedingly difficult to treat the reinsurance policy as a mere policy of indemnity, and the original insurance policy and the reinsurance policy were independent contracts. He considered that it would be inconvenient to make the reinsurer a third party. *Nelson v Empress Assurance* was considered by the Court

---

plaintiff/victim has a better right to claim against the insurers than the defendant/insured by virtue of ss.151 and 152 of the Road Traffic Act 1988 as amended. There was a practice of not allowing insurers to be joined in a case where the trial was before a jury: *Gowar v Hales* [1928] 1 K.B. 191; *Jones v Birch Bros Ltd* [1933] 2 K.B. 597. This practice does not apply where the trial is by judge alone: *Harman v Crilly* [1943] K.B. 168.

[419] *Walker & Knight v Donne Mileham & Haddock, The Times, 9 November 1976* [1976] 1 WLUK 687.
[420] *Re Burford* [1932] 2 Ch. 122 at 138.
[421] Studied carefully; not the present day meaning of "conned".
[422] *Re Burford* [1932] 2 Ch. 122 at 138.
[423] RSC Ord.16 r.1(1)(b).
[424] RSC Ord.16 r.1(1)(c).
[425] Predating the 1929 extension of the rules governing third-party procedure.
[426] *Nelson v Empress Assurance Corp* (1905) 10 Com. Cas. 237, which appears to be a fuller version than [1905] 2 K.B. 281—see Ch.5 above.
[427] Mathew and Cozens-Hardy LJJ.

of Appeal in *British Dominions General Insurance Co Ltd v Duder*,[428] a case concerning the reinsurance of two underlying hull and machinery insurance policies. It was held that the contract of reinsurance was a contract of indemnity, but that it was a contract wholly independent of the original contract of insurance and so not within the third-party rules relating to indemnity as decided in *Nelson v Empress Assurance*.

In *Hayter v Nelson*[429] the defendant Lloyd's underwriters (the Nelson Syndicate) applied for summary judgment against their retrocessionaire, Home Insurance Co, which had been joined as a third party on the basis that they were required to indemnify the Nelson Syndicate under a retrocession treaty in respect of sums which Nelson's Syndicate was required to pay under an arbitration award and subsequent judgment of the court. The third party successfully applied to stay the proceedings under s.1 of the Arbitration Act 1975. The issue of whether, absent an arbitration clause, the third party should have been joined did not arise. In *International Commercial Bank Plc v Insurance Corporation of Ireland Plc*,[430] the Irish Courts upheld service out of the jurisdiction, under the Irish version of Ord.11, of a third party notice by a reinsured on its reinsurer. The defendant/reinsured had been sued by the plaintiff/insured in the Irish courts. Meanwhile, the third party/reinsurer had commenced proceedings in the English courts, seeking declaratory relief, against both the reinsured and the original insured.[431] Giving the judgment of the Irish Supreme Court, Chief Justice Finlay said:

"[N]otwithstanding the existence of proceedings in the High Court in England in which the third party claims a negative declaration against the defendant of its right to avoid responsibility on the reinsurance policy and in which the defendant has served a third party notice arising from that claim on the plaintiff, that the third party is classically within the definition of a necessary or proper party to the action in this jurisdiction."[432]

The issue before the Irish courts was whether they should decline to exercise jurisdiction over the third party/reinsurer because of the proceedings brought by the reinsurer in the English courts. *Nelson v Empress Assurance* does not appear to have been cited.

The question whether reinsurers can be joined as third parties under Ord.16 r.1(1) brings us back to the question of what is the subject matter of a reinsurance contract. If the subject matter of the reinsurance contract is the same as that of the original insurance contract then, notwithstanding *Nelson v Empress Assurance*,[433] there is a good argument to be made that the issue of whether the reinsurer is required to pay the reinsured is one "relating to or connected with the original subject matter of the action"[434] and should be determined in the same proceedings. It will be recalled[435] that if there is no "follow the settlements" and the reinsurer is not a party to the proceedings between the original insured and the insurer/reinsured, the reinsurer is not bound by the result of those proceedings. Where there is a "follow the settlements" clause joining the reinsurer is arguably unnecessary. We suggest

13-090

---

[428] *British Dominions General Insurance Co Ltd v Duder* [1915] 2 K.B. 394.
[429] *Hayter v Nelson* [1990] 2 Lloyd's Rep. 265; and see Ch.5 above.
[430] *International Commercial Bank Plc v Insurance Corporation of Ireland Plc* [1989] I.L.R.M. 788.
[431] *Meadows Indemnity Co Ltd v Insurance Corporation of Ireland and International Commercial Bank* [1989] 2 Lloyd's Rep. 298, and discussed below.
[432] *International Commercial Bank Plc v Insurance Corporation of Ireland Plc* [1989] I.L.R.M. 788 at 800.
[433] *Nelson v Empress Assurance* [1905] 2 K.B. 281, see above.
[434] RSC Ord.16 r.1(1)(c).
[435] See Ch.5 above.

the proper course is probably not to approach the question of whether the reinsurer should be joined, philosophically. If the insurer and the reinsurer are both arguing that the facts mean that the loss falls outside the coverage and the reinsurer has told the insurer that he will not be bound by the outcome of the proceedings against the insurer, there are common facts to be explored and it would be against reason for the two claims on the insurer and on the reinsurer—not to be heard together. If the reinsurer argues something arising from the reinsurance, that the insurer does not argue against the insured, joining the reinsurer to the action may benefit the insurer but it inconveniences the insured and the reinsurer.

Proceedings involving Lloyd's underwriters

13-091 As we have seen,[436] a Lloyd's syndicate may be comprised of a number of members. Except where it is comprised of a single corporate member,[437] the syndicate is not a legal entity or a partnership. It might be inconvenient to name each member of a syndicate as a party in proceedings. The usual practice is to name the active underwriter—if he is a member of the syndicate—and recite that he appears on behalf of all other members of the syndicate for the year of account in question. A representative defendant can only be appointed where all the defendants have the same interest.[438] Where several syndicates have subscribed to a slip, it may be thought convenient to sue only the leading underwriter as a representative defendant. However, this has the consequence that the court cannot order disclosure of documents in the possession custody or power of those syndicates which are not parties to the action.

Subrogation and assignment

13-092 The principal procedural difference between subrogation and assignment is that in the case of subrogation the (re)insurer brings the proceedings in the name of the (re)insured. He is asserting the rights of the (re)insured against a third party, and if the (re)insured ceases to exist the action cannot continue.[439]

A (re)insurer subrogated to the rights of the (re)insured, who conducts proceedings in the name of the (re)insured must give discovery if the (re)insured is a nominal plaintiff. However, if the (re)insured remains a substantial party to the action, only the (re)insured is obliged to give discovery. In *James Nelson & Sons Ltd*

---

[436] See Ch.2, 2-011 to 2-016 above.
[437] Within Lloyd's it seems that even where a syndicate has only a single corporate member, still the syndicate is a different "entity" from the corporate member, but since the syndicate is not a legal person, that distinction would not appear relevant to legal proceedings.
[438] In the Lloyd's Names litigation, the plaintiff Names were all parties to the proceedings; see CPR 19.6; *Royal and Sun Alliance Insurance Plc v Textainer Group Holdings Ltd* [2021] EWHC 2102 (Comm); [2021] 1 W.L.R. 4683 (insurer acting as representative for primary and excess layer insurers). In *Aercap Ireland Ltd v AIG Europe SA* [2023] EWHC 96 (Comm); [2023] 1 W.L.R. 2448, in a representative action against insurers the Court granted the application of one of the insurers to leave the representative structure and be joined as a separate defendant in order to conduct its own defence under CPR 19.2 and 19.6. Butcher J held that the essential purpose of representative proceedings was to include, not to exclude, and was not to shut out someone who was ready and willing to appear to represent his own interests at his risk as to costs. Where a party had a direct and significant financial interest in the litigation then, exceptional circumstances apart, if that party wished to conduct his own defence at his own risk as to costs he should ordinarily be allowed to be joined to the proceedings and not be represented against his will.
[439] *Smith (Plant Hire) Ltd v Mainwaring (T/A Inshore)* [1986] 2 Lloyd's Rep. 244.

v Nelson Line Ltd,[440] the plaintiff cargo owners sued the defendant ship owners. The plaintiffs were insured for 75 per cent of the loss. After the plaintiffs had commenced proceedings, their insurers indemnified them as to 75 per cent. The plaintiffs remained interested in 25 per cent, but the insurers' solicitors took over the conduct of the action. The Court of Appeal held that the defendants were not entitled to discovery of a surveyor's report prepared for, and held by, the insurers. It was said that the result would have been different if the plaintiffs had received a 100 per cent indemnity for the loss.

Declaratory actions and locus standi

A reinsurer seeking to avoid liability may, in order to found jurisdiction in his preferred forum, commence proceedings against the reinsured. In such proceedings the reinsurer, as claimant, will seek a declaration that he is not liable under the reinsurance contract. The reinsurer may wish to argue one or both of the following: (1) there is no liability under the reinsurance contract because (a) the loss is not covered under reinsurance contract, or (b) the reinsurer is entitled to deny coverage under the reinsurance contract; (2) there is no liability under the original insurance contract, and therefore no liability under the reinsurance contract, because (a) the loss is not covered under the reinsurance contract, or (b) the insurer/reinsured is entitled to deny liability under the original insurance contract on non-coverage grounds. In principle, and subject to the existence and wording of any "follow the settlements" clause in the reinsurance contract,[441] it is open to the reinsurer to seek, as against the reinsured, a declaration that there is no liability under the original insurance contract and therefore no liability under their reinsurance contract. However, it is not possible for the reinsurer to join the original insured as a party to such a declaratory action and to have the court decide in proceedings to which the reinsurer, the reinsured and the original insured are all parties, whether there is any liability under the original insurance contract. It was so held by the Court of Appeal in *Meadows Indemnity v The Insurance Corporation of Ireland*.[442]

13-093

In *Meadows v ICI*, the plaintiffs ("Meadows") reinsured the first defendant (ICI), who insured the second defendant (ICB) under a credit guarantee policy. ICB sued ICI on the policy in the Irish courts in respect of a claim for CHF11.5 million. ICI brought third party proceedings against Meadows in the Irish courts.[443] Meadows brought an action in the English courts claiming declarations against both ICI and ICB that ICI was entitled to avoid the policy with ICB. Hirst J (as he then was) held[444] that the interests of Meadows were vitally affected by the outcome of the dispute between ICI and ICB under the policy, and that Meadows had locus standi to seek a declaration against ICI and ICB as to the validity of the policy.

The Court of Appeal[445] struck out Meadows' claim for a declaration against ICB, applying the principles laid down by the House of Lords in *Gouriet v Union of Post Office Workers*.[446] Neill LJ said that (as stated by Lord Diplock in *Gouriet*) the jurisdiction of the court to grant a declaration is limited to:

---

[440] *James Nelson & Sons Ltd v Nelson Line Ltd* [1906] 2 K.B. 217.
[441] See Ch.5 above.
[442] *Meadows v ICI* [1989] 2 Lloyd's Rep. 298. See also *DG Finance Ltd v Scott* [1999] Lloyd's Rep. I.R. 387.
[443] The Irish proceedings, reported at [1989] I.L.R.M. 788, are discussed above.
[444] *Meadows v ICI* [1989] 1 Lloyd's Rep. 181.
[445] May, Neill and Nourse LJJ.
[446] *Gouriet v Union of Post Office Workers* [1978] A.C. 435.

"... declaring contested legal rights, subsisting or future, of the parties represented in the litigation before it and not those of anyone else."[447]

May LJ stated:

"Once one takes the view that the principles referred to in the speeches in Gouriet's case do not apply only in the public law context, then ... it becomes clear ... that Meadows had no locus standi to claim the declarations which they seek against ICB. These two parties have no rights or obligations against or to each other; they are not in a contractual relationship. Although there is of course a connection between the contract of insurance on the one hand and of reinsurance on the other, Meadows' rights are in no way involved in the existing dispute between ICI and ICB. Whether ICI has to pay ICB depends upon the terms and circumstances of the insurance contract between them and, if relevant, any non-disclosure or misrepresentation that occurred between them. In so far as Meadows is concerned, any liability on their part will depend upon the contract of reinsurance and the factual situation which existed between [Meadows and ICI] when this was entered into ... the position of Meadows is in no way threatened because ICI are vigorously defending ICB's claim in the Irish proceedings ... Meadows' interest are not 'vitally affected' within the meaning that one must give to that phrase on the authorities."[448]

May LJ concluded by saying that he accepted:

"... the general submission ... that a person not a party to a contract has no locus, save perhaps in exceptional circumstances, to obtain a declaration in respect of the rights of other parties to the contract."[449]

In *Merrill Lynch v Commune di Verona*[450] the defendant sought to rely on *Gouriet* to resist declarations sought by Merrill Lynch in relation to swaps that the parties had entered into. Verona said that there had been no failure to pay and no breach of the contracts and the bank should not be allowed to proceed. The court took the view that there was sufficient evidence that Verona was planning a pre-emptive strike in Italy, contrary to the agreed jurisdiction requirements, and allowed the declaratory proceedings issued by the bank to continue.

13-094 In *Guide Dogs for the Blind Association v Box*[451] charities sought recovery from a firm of solicitors of funds bequeathed to them which had been stolen by one of the firm's partners. The firm's insurer was joined on the basis that the firm was insolvent and the insurer could be pursued under the Third Parties (Rights against Insurers) Act 1930. The charities sought a declaration that the insurer was not entitled to aggregate claims against the firm[452]. The Judge said that the 1930 Act did not give the charities a right to claim a declaration where the firm's liability to the charities was yet to be established[453]; however, he found that the court did have an inherent power to make a declaration on the aggregation issue which he

---

[447] *Gouriet v Union of Post Office Workers* [1978] A.C. 435 at 501 per Lord Diplock.
[448] *Meadows v ICI* [1989] 2 Lloyd's Rep. 298 at 309.
[449] *Meadows v ICI* [1989] 2 Lloyd's Rep. 298 at 309.
[450] *Merrill Lynch v Commune di Verona* [2012] EWHC 1407 (Comm).
[451] *Guide Dogs for the Blind Association v Box* [2020] EWHC 1948 (Ch); [2021] Lloyd's Rep. I.R. 51.
[452] The charities' claim was one of a number of similar claims made against the firm, and the insurer's position was that the cover was now exhausted. It was agreed by the parties that the claim was governed by the 1930 Act as opposed to the Third Parties (Rights against Insurers) Act 2010.
[453] Expressly not required under s.1(3) of the Third Parties (Rights against Insurers) Act 2010.

subsequently did in favour of the charities[454]. In deciding he could make the declaration, the Judge said that the law had moved on from Gouriet[455]. He said:

> "It seems clear that the jurisdiction [on seeking a declaration] has developed somewhat since [the Gouriet case]. In *Rolls-Royce plc v Unite the Union* [2009] EWCA Civ 387 at paragraph 86 Aikens LJ set out a summary of the principles that he considered were to be derived from earlier cases. He stated thus: (1) The power of the court to grant declaratory relief is discretionary. (2) There must in general be a real and present dispute between the parties before the court as to the existence or extent of a legal rights between them. However, the claimant does not need to have a present cause of action against the defendant. (3) Each party must in general be affected by the court's determination of the issues concerning the legal right in question. (4) The fact that the claimant is not a party to the relevant contract in respect of which a declaration is sought is not fatal to an application for a declaration provided that it is directly affected by the issue. (5) The court will be prepared to give declaratory relief in respect of a "friendly action" or where there is an "academic question" if all parties so wish even on "private law" cases. This may particularly be so if it is a "test case", or it may affect a significant number of other cases, and it is in the public interest to decide the issue concerned. (6) However, the court must be satisfied that all sides of the argument will be fully and properly put. It must therefore ensure that all those affected either before it will have the arguments put before the court. (7) In all cases assuming that other tests are satisfied the court must ask: is this the most effective way of resolving the issues raised? In answering that question it must consider the other options of resolving this issue."[456]

In the *Rolls-Royce* case[457], Rolls had made an agreement with Unite about how employees should be 'scored' when redundancy was considered. Rolls was then advised that a certain aspect of it might offend employment law and sought a declaration on the matter, with the Union as defendant. Plainly, the rights of non-parties, employees, were affected. The court nonetheless heard the application. Lord Justice Wall said:

13-095

> "54. My reasons, however, for entertaining this appeal are firstly, that we are being asked to construe a Statutory Instrument deriving from the European Directive on Age Discrimination. In my judgment, the construction and interpretation of material emanating from parliament is both a matter of public importance, and one of this court's proper functions.
>
> 55. Secondly, although these are private as opposed to public law proceedings, and although there is no immediate lis between the parties, the point is not academic, and if not resolved by this court will lead to a dispute between the company and the union, who do not agree on it. In this respect, the case seems to me to be analogous with Kay[458].
>
> 56. Thirdly, the point is one of some importance, and is likely to affect a large number of people both employed by the company and beyond. Fourthly, the propriety of proceeding has been considered by two judges of the High Court, Bean J and Sir Thomas Morison. The former deemed the Part 8 procedure appropriate: the latter determined the issues before him. There has been no appeal against or challenge to Bean J's decision.
>
> 57. Finally, and I accept that this is a pragmatic point, we are being asked (by both parties) to hear the appeal, and it has been fully argued both before the judge and before us. Both we and counsel have invested a substantial amount of time in it.

---

[454] [2020] EWHC 2809 (Ch); [2021] Lloyd's Rep. I.R. 51; upheld (with the related claims) by the Court of Appeal in *Baines v Dixon Coles & Gill (A firm)* [2021] EWCA Civ 1211; [2021] 2 C.L.C. 621.

[455] *Gouriet v Union of Post Office Workers* [1978] A.C. 435.

[456] *Guide Dogs for the Blind Association v Box* [2020] EWHC 1948 (Ch); [2021] Lloyd's Rep. I.R. 51 at [86].

[457] *Rolls-Royce Plc v Unite the Union* [2009] EWCA Civ 387; [2010] 1 W.L.R. 318.

[458] [2008] HL 69; described by Sedley LJ in the Divisional Court as a "friendly action" [2006] EWHC 1536 (Admin).

58. In general terms, therefore, I have come to the conclusion that it would be unduly purist for this court to decline to adjudicate on a point which has been brought before us by means of a procedure which has been deemed by the parties and by the court below to be appropriate. It seems to me further that the thrust of modern authority favours engagement rather than abstention. In the alternative, I would be prepared to hold that the facts of this case are such as to bring it within the rare category of cases identified by the Master of the Rolls in *Gawler v Raettig*[459].

59. All that said, however, I remain anxious about the fact that we are being asked to decide an issue which is likely to affect a large number of people who will have had no say in our decision. It is plain that the company is going to make a substantial number of people redundant. Many of those – perhaps a majority – will not have many years of service. If such people are made redundant, they may well seek redress from an [Employment Tribunal] on the basis that their dismissials were unfair. It is furthermore likely in these circumstances that the company will seek to rely on our decision before the [Employment Tribunal], and that claimants will, accordingly, be directly affected by our decision.

60. In these circumstances, I have reached the clear conclusion, speaking for myself, that I should approach the questions posed to us on a narrow basis; and, again speaking for myself, I would like to make it clear that nothing in this judgment should be read as inhibiting any potential claimants before the [Employment Tribunal] from raising the issue that the redundancy process was unfair, or that they have been unfairly dismissed. Although any order or declaration we make – subject to any further appeal – will determine the meaning of the Directive and the lawfulness or otheriswe of the collective agreement between the company and the union, I am clear that redundant employees should be entitled to raise both arguments before [Employment Tribunals]."

In our view, whilst the law on declaratory judgments has moved on since *Meadows*[460], as Lord Justice Wall said in the *Rolls-Royce* case, with new formulations which are significant generally, the later cases and the updated formulations of the jurisprudence would not result in a different decision in *Meadows*. In the *Guide Dogs for the Blind/Baines* cases[461], all relevant parties were properly before the court. In the *Rolls-Royce* case, there was a public law point, the construction of the statute, and both parties before the court wanted the matter resolved for the benefit of the employees, the parties not before the court. In our view, the statement of May LJ in *Meadows* is still valid in the context of insurance and reinsurance contracts. It would need exceptional circumstances, where two parties to a contract were in dispute in the courts of one country, for a person who was not a party to the contract to seek a declaration as to the rights of the two contracting parties in another court in another country.

Summary judgment

England: CPR Pt 24

13-096   Reinsurance disputes are generally concerned with the (non)payment of money. The purpose of the summary judgment procedure (Pt 24 of the CPR in England RSC Ord.14 in Bermuda) is enable a claimant/plaintiff, who is owed money by a defendant, to get paid quickly in cases where there is no defence. CPR r.24.3 provides that, "the court may give summary judgment against a claimant or defendant on the whole of a claim or on an issue" if:

---

[459] *Gawler v Raettig* [2007] EWCA Civ 1560.
[460] *Meadows v ICI* [1989] 2 Lloyd's Rep. 298.
[461] *Guide Dogs for the Blind Association v Box* [2020] EWHC 1948 (Ch); [2021] Lloyd's Rep. I.R. 51; *Baines v Dixon Coles & Gill (A firm)* [2021] EWCA Civ 1211; [2021] 2 C.L.C. 621.

"(a) it considers thatthe party has no real prospect of succeeding on the claim, defence or issue; and
(b) there is no other compelling reason why the case or issue should be disposed of at trial."

In *Assicurazioni Generali Spa v CGU International Insurance Plc*,[462] the Deputy Judge (Mr Gavin Kealey QC) summarised the effect of Pt 24 as follows:

"In the light of the guidance given by *Swain v Hillman* [2001] 1 All ER 91 (CA)[463] and *Three Rivers DC v Bank of England* [2001] 2 All ER 513,[464] an application under Part 24 should be approached as follows:

i. art 24 confers on the court an exceptional power since the ordinary principle, which is established to meet the ends of justice, is that disputes are to be resolved at trial on the evidence and after completion of disclosure.
ii. Part 24 is to be applied in the interests of all concerned to dispose of cases or issues that are not fit for trial at all.
iii. The test whether a case or issue is fit for determination on an application for summary judgment is whether there is a real prospect of the claim or defence, as the case may be, succeeding in circumstances where 'real' is to be equated with 'realistic' and contrasted with 'fanciful'."

In *English & American Insurance Co Ltd v Axa*[465] the reinsured, because it was insolvent, did not participate in a London market settlement of Dow's breast implant claims and the reinsured was therefore pursued separately after the settlement. The reinsured called upon its reinsurer, Axa. Axa asserted that its offer to settle the reinsured's claim at the amount the reinsured would have paid had it participated in the London market settlement had been without prejudice. Expressly following Mr Kealey QC in *Assicurazioni v CGU*, Gloster J gave the reinsured the summary judgment it sought. There was a follow the settlements *and* follow the fortunes provision in the reinsurance. Gloster J found that the reinsured had taken all proper business-like steps to reach a settlement with Dow and there was no real dispute that at least the sum claimed was owed by Axa. Axa's letters setting out its willingness to pay were not without prejudice but statements on the record of its position. She did not however order payment of the IBNR element of the settlement, accepting that there was an issue to be tried about that. In *Korean National Insurance Corp v Allianz Global*[466] KNIC obtained summary judgment against London reinsurers for liabilities incurred by a North Korean airline that KNIC insured, following a helicopter crashing into a warehouse. This despite reinsurers alleging fraud—the fraud in this instance was alleged to be that the reinsured had concluded a settlement and then ignored it.

13-097

In *Public Joint Stock Company ("Rosgosstrakh") v Starry Syndicate Ltd*[467] the court refused, on an application for summary judgment, to recognise and enforce[468] against reinsurers three judgments of the Russian courts. The court found that the claimant had not established that reinsurers' defences of lack of jurisdiction and bias

13-098

---

[462] *Assicurazione Generali SpA v CGU International Insurance Plc* [2003] Lloyd's Rep. I.R. 725.
[463] The Court of Appeal gave judgment in 1999; see *The Times*, 4 November 1999.
[464] *Three Rivers DC v Bank of England (No 3)* [2001] UKHL 16; [2003] 2 A.C. 1.
[465] *English & American Insurance Co Ltd v Axa Re SA* [2006] EWHC 3323 (Comm); [2007] 1 C.L.C 1.
[466] *Korean National Insurance Corp v Allianz Global* [2007] EWCA Civ 1066.
[467] *Public Joint Stock Company ("Rosgosstrakh") v Starry Syndicate Ltd* [2020] EWHC 1557 (Comm); see also: *GFH Capital Ltd v Haigh* [2020] EWHC 1269 (Comm).
[468] For enforcement of foreign judgments see 13-077 above.

had no real prospect of success. In reaching this conclusion, the court noted the factors identified by Cockerill J in *Daniels v Lloyds Bank Plc*[469] which it considered were equally relevant to consideration of the summary judgment application in the present case:

> "[49] The test in question is that of "no real prospect of success". The relevant principles are well known and have been considered inter alia in *TFL Management Services v Lloyds TSB Bank* [2014] 1 WLR 2006 and *EasyAir Ltd (trading as Openair) v Opal Telecom Ltd* [2009] EWHC 339 (Ch). I do not attempt any generalised summary of the principles to be drawn from the various cases but note in particular the following factors:
>
> (i) The burden of proof is on the applicant for summary judgment;
> (ii) The court must consider whether the claimant has a 'realistic' as opposed to a 'fanciful' prospect of success: *Swain v Hillman* [2001] 1 All ER 91;
> (iii) The criterion 'real' within CPR 24.2(a) is not one of probability, it is the absence of reality: Lord Hobhouse in *Three Rivers DC v Bank of England (No.3)* [2001] 2 All E.R. 513 [2003] 2 A.C. 1 at paragraph 158;
> (iv) At the same time, a 'realistic' claim is one that carries some degree of conviction. This means a claim that is more than merely arguable: *ED&F Man Liquid Products v Patel* [2003] EWCA Civ 472 at [8];
> (v) The court must be astute to avoid the perils of a mini-trial but is not precluded from analysing the statements made by the party resisting the application for summary judgment and weighing them against contemporaneous documents (ibid);
> (vi) However disputed facts must generally be assumed in the [respondent's] favour: *James-Bowen v Commissioner of Police for the Metropolis* [2015] EWHC 1249 per Jay J at paragraph 3;
> (vii) An application for summary judgment is not appropriate to resolve a compelx question of law and fact, the determination of which necessitates a trial of the issue having regard to all the evidence: *Apovdedo NV v Collins* [2008] EWHC 775 (Ch);
> (viii) If there is a short point of law or construction and, the court is satisfied that it has before it all the evidence necessary for the proper determination of the question and that the parties have had an adequate opportunity to address it in argument, it should grasp the nettle and decide it: *ICI Chemicals & Polymers Ltd v TTE Training Ltd* [2007] EWCA Civ 725;
> (ix) However, in reaching its conclusion the court must take into account not only the evidence actually placed before it on the application for summary judgment, but also the evidence that can reasonably be expected to be available at trial. The court should hesitate about making a final decision without a trial, even where there is no obvious conflict of fact at the time of the application, where reasonable grounds exist for believing that a fuller investigation into the facts of the case would add to or alter the evidence available to a trial judge and so affect the outcome of the case: *Royal Brompton Hospital NHS Trust v Hammond (No 5)* [2001] EWCA Civ 550, *Doncaster Pharmaceuticals Group Ltd v Bolton Pharmaceuticals Co 100 Ltd* [2007] FSR 63[470];
> (x) The same point applies to an extent to difficult questions of law, particularly those in developing areas which tend to be better decided against actual rather than assumed facts: TFL at [27].[471]"

---

[469] *Daniels v Lloyds Bank Plc* [2018] EWHC 660 (Comm); [2018] I.R.L.R. 813.
[470] See also: *Mishcon de Reya LLP v RJI (Middle East) Ltd* [2020] EWHC 1670 (QB) (court not limited to considering matters put in issue in defence); *Aqua Leisure International Ltd v Benchmark Leisure Ltd* [2020] EWHC 3511 (TCC); [2021] B.L.R. 150.
[471] *Public Joint Stock Company ("Rosgosstrakh") v Starry Syndicate Ltd* [2020] EWHC 1557 (Comm) at [41].

In *Abaidildinov v Amin*[472] the court was asked to consider whether summary judgment could be granted on a claim for declaratory relief[473]. It held that summary judgment could be given if it could be shown that the defendant had no real prospect of establishing a successful defence to the claim since leaving the decision on whether the court should then exercise its discretion to make the declaration to a full trial was unlikely to be in accordance with the court's overriding objective[474].

Bermuda: RSC Ord.14

It has been said that:

13-099

"… Order 14 is for clear cases, that is, cases in which there is no serious material factual dispute and, if a legal issue, then no more than a crisp legal question as well decided summarily or otherwise."[475]

Order 14 r.1(1) provides as follows:

"Where in an action to which this rule applies a statement of claim has been served on a defendant and that defendant has entered an appearance in the action, the plaintiff may, on the ground that that defendant has no defence to a claim included in the writ, or to a particular part of such a claim, or has no defence to such a claim or part except as to the amount of damages claimed, apply to the Court for judgment against the defendant."

Typically, a plaintiff will issue a summons under Ord.14 before a defence has been served. The defendant will then file affidavit evidence (which may exhibit a draft defence) seeking to raise triable issues of fact or law.[476] The court may grant a defendant unconditional leave to defend or impose a condition (typically the payment of all or part of the plaintiff's claim into court).[477]

Defences to Summary Judgment applications

In reinsurance disputes two situations frequently arise on the hearing of a summary judgment application. First, the defendant may assert that there is a "dispute or difference" between the parties which should be referred to arbitration pursuant to an arbitration clause in the reinsurance contract.[478] Secondly, the defendant, if he is a reinsurer, may complain that the plaintiff reinsured has refused to allow him to inspect the reinsured's books. The defendant/reinsurer may say:

13-100

"… the reinsured has made a demand on me to pay £X, unless I am allowed to inspect the reinsured's books, I am not in a position to say how much, if anything, is properly due under the contract."

---

[472] *Abaidildinov v Amin* [2020] EWHC 2192 (Ch); [2020] 1 W.L.R. 5120.
[473] See 13-093 above.
[474] To deal with cases justly and at proportionate cost: CPR 1.1.
[475] *Crown House Engineering v Amec Projects* (1990) 6 Const. L.J. 141 at 154 per Bingham LJ.
[476] The plaintiff is entitled to judgment unless the defendant can satisfy the court "… that there is an issue or question in dispute which ought to be tried or that there ought for some other reason to be a trial of that claim …": Ord.14 r.3(1).
[477] See Ord.14 r.4 and the notes at para.14/3–4/8 of *The Supreme Court Practice 1997*, Vol. 1.
[478] See Ch.14 below and the cases there discussed.

13-101   The typical response of the reinsured is that the reinsurer is merely seeking to delay payment. We have referred to the cases concerning inspection of records above,[479] and noted some inconsistency in judicial approaches to the problem.

In *SAIL v Farex*, where the reinsurance contracts contained no express provision giving the reinsurers the right to inspect, Hoffmann LJ (as he then was) had little sympathy for the reinsurers, and denying leave to defend, said that he was:

> "... not deterred from reaching this conclusion by the thought that it means that whether or not a reinsurer can find the material to raise a prima facie case of non-disclosure in respect of a particular risk may depend on the accident of his access to information ..."[480]

He continued:

> "If the need to find better evidence causes difficulties for reinsurers, they are at liberty to stipulate for greater access to information. But I think that the requirements of certainty and the expeditious enforcement of payments in the insurance market requires that courts should not too readily grant leave to defend on the basis of speculative allegations."[481]

However, in *Baker v Black Sea and Baltic General Insurance Co Ltd*, Potter J (as he then was) said that the question of inspection:

> "... was plainly an issue of importance at the Order 14 stage in relation to whether or not leave to defend should be given. If it were not so, an insured could, in a case of this kind, simply hide behind a policy of non-disclosure and non-cooperation while seeking summary judgment in a matter on which ... the court requires to be positively satisfied that summary judgment is appropriate."[482]

In *Pacific & General Insurance Co Ltd (In Liquidation) v Baltica Insurance Co (UK) Ltd*,[483] Rix J adjourned an application for summary judgment to permit a limited inspection to take place. That was a case where the complaint of non-notification and the demand for inspection went back some 18 months before the hearing and for over a year before the commencement of the action. Rix J said that "the circumstances in which the claim to inspect comes forward" was a "relevant consideration", in the exercise of judicial discretion with regard to an application for summary judgment under Ord.14. He concluded:

> "If a reinsurer passes by his rights of inspection until the very last moment when he is under the lash of a claim for summary judgment pursuant to a follow the settlements clause, the Court will be reluctant to refuse summary judgment simply upon the basis that if inspection belatedly takes place something may turn up in a Micawber-like way. Where, however, there have been timely requests for inspection, the matter may well be different ... it seems to me that a court should be cautious about giving summary judgment before an inspection which has been long claimed has been allowed to take place."[484]

---

[479] See Ch.5, 5-151 to 5-154 above.
[480] *Societe Anonyme d'Intermediaries Luxembourgeois (SAIL) v Farex Gie* [1995] L.R.L.R. 116; [1994] C.L.C. 1094 at 152.
[481] *Societe Anonyme d'Intermediaries Luxembourgeois (SAIL) v Farex Gie* [1995] L.R.L.R. 116; compare the same judge's earlier views in *Re A Company* [1992] 1 Re. L.R. 288, and Ch.17 below.
[482] *Baker v Black Sea and Baltic General Insurance Co Ltd* [1995] L.R.L.R. 261 at 284.
[483] *Pacific & General Insurance Co Ltd (In Liquidation) v Baltica Insurance Co (UK) Ltd* [1996] L.R.L.R. 8.
[484] *Pacific & General Insurance Co Ltd (In Liquidation) v Baltica Insurance Co (UK) Ltd* [1996] L.R.L.R. 8 at 11.

In *Aetna Reinsurance Co (UK) Ltd v Central Reinsurance Corp Ltd*, Longmore J[485] (as he then was) made similar observations to Rix J—again in a case where complaints had been made by the reinsurer before the action commenced—and also refused summary judgment. The position may be different where there is an arbitration clause: the reinsurer may be able to argue that a "dispute" or "difference" exists arising out of the reinsured's refusal to permit inspection, which should be referred to arbitration.[486] In *Trinity Insurance Co Ltd v Overseas Union Insurance Ltd*,[487] summary judgment was granted, despite an arbitration clause, the reinsurer having had the opportunity to inspect records.

The reinsurer who believes, or who has reasonable grounds for suspecting, that the inspection may disclose grounds upon which the contract can be avoided, should take care to reserve his rights prior to requesting inspection, for by insisting upon the right to inspect, the reinsurer may be taken to have affirmed the contract.[488] The reinsurer should also assert his rights to inspect records at an early stage, as was done in the *Pacific & General* case, to avoid any inference that the reinsurer is seeking to delay payment of a legitimate claim.

Disclosure/discovery

England: Disclosure, CPR Pt 31

Pt 31 of the CPR provides for disclosure and inspection of documents. Unless the court directs otherwise, "standard disclosure" will be ordered.[489] Rule 31.6 requires a party to disclose only:

"(a)   the documents on which he relies; and

---

[485] *Aetna Reinsurance Co (UK) Ltd v Central Reinsurance Corp Ltd* [1996] L.R.L.R. 165 at 166.
[486] Compare *Walton Insurance Ltd v Agrichem Ltd*, Bermuda Civ. App. No.6 of 1987, 25 July 1988; *Hayter v Nelson* [1990] 2 Lloyd's Rep. 265, discussed in Ch.14 below.
[487] *Trinity Insurance Co Ltd v Overseas Union Insurance Ltd* [1996] L.R.L.R. 156.
[488] *Iron Trades Mutual Insurance Co Ltd v Compania De Seguros Imperio* [1991] 1 Re. L.R. 213, and see Ch.6, 6-102ff above.
[489] Standard disclosure is not the default order in the Commercial Court (where most reinsurance disputes are heard) (The Commercial Court Guide, 11th edn 2022 (revised July 2023) dn. Para.E2.1). Following the introduction of a pilot scheme in 2019, aimed at keeping the amount and cost of disclosure within reasonable and proportionate limits, CPR PD 57AD came into effect on 1 October 2022 and made the pilot scheme permanent for cases in the Business & Property Courts, which include most cases before the Commercial Court, excluding the Admiralty Court and proceedings within the Shorter Trials Scheme or the Flexible Trials Scheme. Features of CPR 57AD include: (1) more prescriptive steps regarding parties and their legal representatives' disclosure duties; (2) provision with statements of case of Initial Disclosure comprising the key documents upon which the party has relied or that are necessary to enable the other parties to understand the case they have to meet; (3) before the case management conference, the parties are required to seek to agree a short "List of Issues for Disclosure" and whether there should be Extended Disclosure under one of five "models" in relation to each issue. The five models of Extended Disclosure are:
   Model A: Each party only disclose documents of which they are aware which are adverse to their case;
   Model B: As Model A plus disclosure of key documents on which each party relies or which are necessary to understand their case;
   Model C: As Model B plus the parties can make requests to the other party for disclosure of specific documents or narrow categories of documents;
   Model D: Search based disclosure, effectively, standard disclosure;
   Model E: Wide search based disclosure, effectively, peruvian Guano disclosure.
The parties' agreement or non-agreement as to the issues and models of Extended Disclosure is recorded in the "Disclosure Review Document" which is reviewed and approved by the court at the case management conference.

(b) the documents which—
  (i) adversely affect his own case;
  (ii) adversely affect another party's case; or
  (iii) support another party's case; and
(c) the documents which he is required to disclose by a relevant practice direction."

The scope of "standard disclosure" is therefore narrower than the *Peruvian Guano* test of discoverability under RSC Ord.24.[490] In the first edition we recalled that in *Marc Rich v Portman* Longmore J said that it:

> "... would ... be an unfortunate consequence of the House of Lords' decision in *Pan Atlantic v Pine Top* if cases of this kind were to be saturated with inquiries about a plethora of risks written by the actual underwriter on occasions other than the time when the relevant risk was itself written."

Yet, if it is alleged that a particular underwriter's decision would not have been influenced by a fact alleged to be material, it may be essential to examine how that particular underwriter dealt with similar submissions in the past. We therefore believe that a party faced with a defence of non-disclosure of a material fact, or an unfair presentation is, as a matter of principle, entitled to disclosure of documents relating to how the particular underwriter treated similar submissions. The failure to make a fair presentation is a "qualifying breach" (s.8 of the Insurance Act 2015). For what remedy is available, one turns to Sch.1 and disclosure will have to be given of documents relevant to what the insurer would have done if he had known what he did not know.

Even in cases governed by CPR 31 (e.g. where the more restrictive regime in CPR PD 57AD does not apply), the court may dispense with or limit standard disclosure.[491]

Where standard disclosure has been ordered a party is required to make a reasonable search for documents.[492] This appears to be less onerous than the obligations imposed upon parties and their legal advisers under RSC Ord.24.[493]

Bermuda: Discovery, RSC Ord.24

13-104   Discovery, as that term is used in Bermudian civil litigation,[494] strictly speaking means the process whereby one party to litigation is required to disclose to another party the existence of documents which relate to matters in issue between them. In practice "discovery" is often used loosely to include both discovery and inspection. The procedure is governed by RSC Ord.24.[495] Order 24 r.2(1) provides for automatic discovery within 14 days after close of pleadings[496] by the parties exchanging lists of documents in their "possession, custody or power relating to any matter in question between them in the action". The expression "relating to" is frequently, and inaccurately, paraphrased as "relevant". The test is wider than direct

---

[490] See below.
[491] CPR r.31.5(1)(b).
[492] CPR r.31.7(1).
[493] CPR r.31.7(2): "The factors relevant in deciding the reasonableness of a search include the following—(a) the number of documents involved; (b) the nature and complexity of the proceedings; (c) the ease and expense of retrieval of any particular document; and (d) the significance of any document which is likely to be located during the search."
[494] In the United States discovery means both the production of documents and the taking of depositions.
[495] See generally P. Matthews and H.M. Malek, *Disclosure*, 5th edn (Sweet & Maxwell, 2016); C. Hollander, *Documentary Evidence*, 13th edn (Sweet & Maxwell, 2018).
[496] In practice almost invariably extended by agreement of the parties.

relevance to issues in the pleadings, and covers the following categories of documents:

(1) which are direct evidence of facts in issue, or which are to be used at trial;
(2) which contain information which may enable one's opponent to advance his own case, or damage one's own case; or
(3) which "may fairly lead him to a train of inquiry which may have either of those consequences".[497]

South British Insurance Co Ltd v Mediterranean Insurance & Reinsurance Co[498] provides an example of the potentially wide scope of discovery in reinsurance disputes. The dispute arose out of a marine reinsurance contract evidenced by a slip. The defendant reinsurers contended that the parties intended to reinsure the risk of total loss only on full conditions of business, and that this intention was to be inferred from the premium that was charged.[499] The judge[500] had refused to order the reinsurers to give discovery of similar slips which they had written, saying:

"What the [reinsurers] have really been asked to give is material which would be useful in the cross-examination of their witnesses, particularly their expert, and that is not the object of discovery."

The Court of Appeal,[501] however, ordered that the reinsurers give discovery of the following documents:

"(a) any Bordereaux or other documents whereby vessels insured on original terms other than 'full conditions' have been declared to the First Defendants under any Total Loss Only marine insurance cover written by the First Defendants between 1st January 1981 and 31st December 1982, together with the underwriting slips or other documents containing or evidencing the contracts under which such declarations were made; (b) any correspondence, internal memoranda or other documents evidencing or relating to the negotiation of any such open covers."

Specific Disclosure/Discovery

Although wide-ranging discovery or disclosure may be appropriate in some cases, as a general rule discovery may not be used as a "fishing expedition". The court has the power to limit the automatic discovery where "... it is of opinion that discovery is not necessary either for disposing fairly of the action or for saving costs".[502] Where an application is made for an order for the production of specific documents, the court will only make an order where it "... is of opinion that the order is necessary either for disposing fairly of the matter or saving costs".[503] In *Ventouris v Mountain* Parker LJ said:

"[D]iscovery and inspection or production of documents are two quite separate matters,

13-105

---

[497] *Compagnie Financière et Commerciale du Pacifique v The Peruvian Guano Co* (1882) 11 Q.B.D. 55 at 62–63 per Brett LJ. But see *Wallace Smith Trust Co Ltd (in liquidation) v Deloitte Haskins & Sells (a firm)* [1996] 4 All E.R. 403 at 412e–h per Neil LJ: "I anticipate ... that these principles and the present practice may have to be re-examined in the near future. The scope of discovery in a complex action imposes obligations with regard to the examination and identification of documents which are often extremely expensive properly to fulfil."
[498] *South British Insurance Co v Mediterranean Insurance & Reinsurance Co* [1988] 2 Lloyd's Rep. 247.
[499] Originally 32.5% of ONP, subsequently raised to 35%.
[500] Bingham J (as he then was).
[501] Neil and Balcombe LJJ.
[502] RSC Ord.24 r.2(5).
[503] RSC Ord.24 r.2(5).

discovery being dealt with in rr. 1 to 8 of Ord. 24 and inspection in rr. 9 to 14. This is of importance because orders for discovery are made subject to r. 13. In the former case, the burden is upon the objecting party to satisfy the Court that discovery is not necessary for the purposes specified, whereas in the latter the burden is on the applying party to satisfy the Court that production is necessary for the purposes specified. This of course applies to non-privileged documents, since privileged documents cannot be ordered to be inspected or produced."[504] [Original emphasis]

In *Dolling-Baker v Merrett*[505] the plaintiff Lloyd's underwriter (suing on behalf of Syndicate 544) was claiming under an excess of loss reinsurance contract written by the Merrett Syndicates (417 and 421). Merrett sought to avoid on the grounds of material non-disclosure. The placing brokers were also being sued. The plaintiff sought an order for specific discovery under RSC Ord.24 r.7, of documents relating to an arbitration involving the Merrett Syndicates. The arbitration concerned a similar reinsurance contract written by Merrett and placed by the same brokers, and the Merrett Syndicates had unsuccessfully argued that the contract should be avoided. The Court of Appeal[506] held that production of the documents relating to the arbitration was not necessary for the fair disposal of the action.

Privilege and common interest

13-106 Documents which are privileged are immune from inspection, although their existence must be disclosed in the list of documents, and privilege claimed for them. There are two broad categories of privilege:

(1) *Legal Advice Privilege:* all communications between legal adviser and his client, whether directly or through an agent, made for the purpose of giving or receiving legal advice, irrespective of whether litigation exists or is contemplated, are privileged.[507] Legal advisers include both foreign[508] and "in house" lawyers.[509] As a general proposition, "the mere fact that a person speaking is a solicitor and the person to whom he speaks is a client affords no protection"; the test is whether "within a very wide and general ambit of interpretation"[510] the communication was for the purpose of giving legal advice.[511] *R. (on the application of Jet2.com Ltd) v Civil Aviation Author-*

---

[504] *Ventouris v Mountain (The Italia Express) (No.1)* [1991] 3 All E.R. 472 at 486d–e. See also *Taylor v Anderton* [1995] 2 All E.R. 420 at 443e; *O Company v M. Company* [1996] 2 Lloyd's Rep. 347 at 351; *Wallace Smith Trust v Deloitte Haskins & Sells* [1996] 4 All E.R. 403 at 412e–h.
[505] *Dolling-Baker v Merrett* [1991] 2 All E.R. 890.
[506] Fox, Parker and Ralph Gibson LJJ.
[507] *Anderson v Bank of British Columbia* (1876) 2 Ch. D. 644; *Wheeler v Le Marchant* (1881) L.R. 17 Ch. D. 675.
[508] *Duncan (Deceased), Re* [1968] 2 All E.R. 395; *PJSC Tatneft v Bogolyubov* [2020] EWHC 2437 (Comm); [2021] 1 W.L.R. 403.
[509] *Alfred Crompton Amusement Machines Ltd v Customs and Excise Commissioners (No.2)* [1974] A.C. 405; *R. (on the application of Jet2.com Ltd) v Civil Aviation Authority* [2020] EWCA Civ 35; [2020] Q.B. 1027 at [44]; *PJSC Tatneft v Bogolyubov* [2020] EWHC 2437 (Comm) (foreign "in-house" lawyers).
[510] *Minter v Priest* [1930] A.C. 558 at 568 per Lord Buckmaster.
[511] See generally *Balabel v Air India* [1988] Ch. 317; *Three Rivers DC v Bank of England* [2004] UKHL 48; [2005] 1 A.C. 610; *Addlesee v Dentons Europe LLP* [2019] EWCA Civ 1600; [2020] Ch. 243; *R. (on the application of Jet2.com Ltd) v Civil Aviation Authority* [2020] EWCA Civ 35; [2020] Q.B. 1027; *Sports Direct International plc v Financial Reporting Council* [2020] EWCA Civ 177; [2021] Ch. 458; *PJSC Tatneft v Bogolyubov* [2020] EWHC 2437 (Comm).

ity[512] has now confirmed that the dominant purpose test, previously only applicable to litigation privilege (see below) is also applicable to legal advice privilege.

(2) *Litigation Privilege:* a document which is brought into existence either before or after litigation commences will be privileged, provided that the dominant purpose of either the author of the document or of the person under whose direction, whether particularly or generally, it was brought into existence was that the document should be used (a) to conduct, or (b) aid in the conduct, or (c) obtain legal advice in relation to the conduct of litigation which was pending or which was contemplated by the person who produced or caused to be produced the document.[513]

Once a privileged document of either category (1) or (2) comes into existence it will remain privileged in the hands of the party originally entitled to the privilege, or his successor in title.[514] The rule is "once privileged always privileged".[515] Such a document will also be privileged in the hands of a party, or his legal adviser, who has a common interest in the litigation with the party who was originally entitled to claim privilege.[516]

The scope of common interest privilege was considered in *Bank of Nova Scotia v Hellenic Mutual War Risks Association (Bermuda) Ltd (No.2) (The "Good Luck")*[517] Saville J (as he then was) said:

'Common interest' legal professional privilege was discussed by the Court of Appeal in *Buttes Gas Oil Co v Hammer (No.3)* [1981] Q.B. 223. In that case disclosure was sought from Buttes of certain documents or copy documents in the possession of Buttes that had come into existence or been obtained for the purposes of the Ruler of Sharjah; and not for the purpose of Buttes themselves seeking or obtaining legal advice or prosecuting the litigation in which they (but not the Ruler) were involved. Brightman L.J. stated as a proposition of law that if two parties with a common interest and a common solicitor exchange information for the dominant purpose of informing each other of the facts or the issues, or the advice received, or obtaining legal advice in respect of contemplated or pending litigation, the documents or copies containing that information are privileged from production in the hands of each. Donaldson L.J. (as he then was) preferred to express no general proposition, though it would appear that he did not regard the existence of a common solicitor as a necessary pre-condition to the existence of common interest privilege.

---

[512] *R. (on the application of Jet2.com Ltd) v Civil Aviation Authority* [2020] EWCA Civ 35; [2020] Q.B. 1027 at [94].

[513] *Grant v Downs* (1976) 135 C.L.R. 674; *Waugh v British Railways Board* [1980] A.C. 521; *WH Holding LLP v E20 Stadium Ltd* [2018] EWCA Civ 2652 (settlement of litigation); *Skymist Holdings Ltd v Grandlane Developments Ltd* [2019] EWHC 1834 (Comm); *Victorygame Ltd v Ahuja Investments Ltd* [2021] EWCA Civ 993; *State of Qatar v Banque Havilland SA* [2021] EWHC 2172 (Comm) (report prepared at start of an internal investigation not covered by litigation privilege); *Northumbria Healthcare NHS Foundation Trust v Lendlease Construction (Europe) Ltd* [2022] EWHC 1266 (TCC).

[514] In *Travelers Insurance Co Ltd v Armstrong* [2021] EWCA Civ 978; [2021] Lloyd's Rep. I.R. 454, an insurer was unable to prevent the assignee of the insured's professional negligence claims against its solicitors (jointly retained by the insured and the insurer to defend the underlying claims against the insured) from having access to the solicitors' file as the assignee was the insured's successor in title and entitled to see any documents covered by the joint retainer privilege.

[515] *Calcraft v Guest* [1898] 1 Q.B. 759; *The "Aegis Blaze"* [1986] 1 Lloyd's Rep. 203; *Addlesee v Dentons Europe LLP* [2019] EWCA Civ 1600 (privilege remains even where company entitled to assert privilege has been dissolved).

[516] See: *Travelers Insurance Co Ltd v Armstrong* [2021] EWCA Civ 978; [2021] Lloyd's Rep. I.R. 454 for discussion on joint retainer privilege.

[517] *Bank of Nova Scotia v Hellenic Mutual War Risk Association (Bermuda) Ltd (No.2) (The "Good Luck")* [1992] 2 Lloyd's Rep. 540.

Lord Denning M.R. expressed the principle as one applying to parties who have the self-same interest and exchange information and advice relating to that interest.

In the present case, the parties concerned (the plaintiff bank and the owners of 'The Good Luck') did not share a common solicitor. In my view, however, that in itself is not a bar to a claim of common interest privilege: indeed, the examples given by Lord Denning M.R. and Donaldson L.J. are of cases where no common solicitor or lawyer was employed. *What to my mind is required, however, is an identity of interest so close that the parties concerned could (had they chosen to do so) have used the same solicitor or other lawyer.* It seems to me that such a limitation provides not only a relatively simple rule which lawyers can apply when seeking to discharge their duty regarding discovery, but also reflects what seems to me to be implicit in the judgments of the Court of Appeal, particularly that of Lord Denning.' [Emphasis added]

13-107 Two situations commonly arise where reinsurers may seek to assert common interest privilege. First, where reinsurers participating on the same slip share information in the course of investigating or defending a claim. As we have noted above,[518] there may or may not be a leading underwriter clause, but even if there is not such a clause and the reinsurers do not all agree to appoint the same lawyers, there is plainly a common interest among the reinsurers. Secondly, where a reinsurer exercises his rights under a claims co-operation or control clause,[519] if he takes over the handling the claim, there exists an obvious common interest between the reinsurer and the reinsured. The position is perhaps less clear in a case where the reinsurer does not appoint lawyers to handle the claim but merely asks for information, and in particular asks to see the legal advice given to the reinsured. But in *Svenska Handelsbanken v Sun Alliance and London Insurance Plc*, Rix J took a broad view of the scope of common interest privilege as between reinsurer and reinsured. He said:

"It seems to me that insurers and reinsurers may well be regarded as parties having a common interest. It is true that in this case, so far as I am aware, policies were never brought into existence and the reinsurance contracts appear to rest upon slips. There is no evidence that there are any particular contractual provisions, as often arise in reinsurance, such as follow the settlement clauses, or any particular terms as to the way in which litigation is to be conducted, or as to the provision of documentation ... Nevertheless, it does seem to me that there is a very close community of interest between an insurer and a reinsurer in general. No particular contractual provision is relied upon by [Sun Alliance's solicitor], rather she says that Sun Alliance felt obliged to communicate the relevant advice to their reinsurers."[520]

Rix J concluded:

"*Where, there is, either under legal compulsion or in practical terms, a need for legal advice to be shared confidentially with parties with a community of interest*, then the law should not be astute to find distinctions between, for instance in this case, a reinsurer and his reinsured on the one hand and an assured and his legal liability insurer on the other."[521] [Emphasis added]

This formulation is somewhat broader than Saville J's common solicitor test. It meets the practical needs of the reinsurance market. However, reinsurers who reinsure risks in the United States should be aware that American courts may take a different view of confidential communications between reinsured and reinsurer,

---

[518] See Ch.3, 3-059 above.
[519] See Ch.5, 5-43 to 5-048 above.
[520] *Svenska Handelsbanken v Sun Alliance and London Insurance Plc* [1995] 2 Lloyd's Rep. 84 at 87.
[521] *Svenska Handelsbanken v Sun Alliance and London Insurance Plc* [1995] 2 Lloyd's Rep. 84 at 87.

MISCELLANEOUS PROCEDURAL ISSUES 973

and appropriate American legal advice should be taken to ensure that legal advice given to a reinsured who is in litigation in the United States remains privileged in the hands of his reinsurer.

Evidence

England: The Civil Evidence Act 1995

The Civil Evidence Act 1995 ("the 1995 Act") and Rules of Court made under the 1995 Act govern the giving of evidence in civil cases tried before the English courts.[522] The "hearsay rule" has been abolished in civil proceedings. A written witness statement is generally admissible as evidence, provided notice is given to the other side, and it is not necessary to call the witness. The court is required to estimate the weight to be given to hearsay evidence. The rules on admissibility of documentary evidence have been considerably simplified. Analysis of the 1995 Act is outside the scope of this work.[523]

13-108

In *Ventouris v Mountain (No.2)*.[524] The defendant Lloyd's underwriters alleged that the plaintiff shipowner had conspired to blow up the vessel. The Court of Appeal[525] upheld the ruling of the trial judge[526] that tape recorded statements which had been recorded without the speaker's knowledge were not admissible under the provisions of the Civil Evidence Act 1968, unless proved in accordance with s.2(3) by direct oral evidence of the person who made the statement or by someone who heard them being made. As a result of this ruling, the defendants were obliged to withdraw their allegations of conspiracy. Under the 1995 Act the tape recorded statements would be admissible.

Bermuda: The Evidence Act 1905

The Bermudian Evidence Act 1905 has been amended to include the provisions of the English Civil Evidence Act 1968. However, Bermuda has yet to adopt the English Evidence Act 1995, and the hearsay rule continues to apply in civil proceedings in Bermuda.[527] The extent to which this rule is strictly enforced varies.[528]

13-109

Interest

England

The basic rule of common law is that damages are not awarded for late payment of money.[529] The Insurance Act 2015 s.13A implies into all contracts of insurance (and thus also reinsurance) an obligation on the (re)insurer to pay a claim

13-110

---

[522] In Bermuda, the Evidence Act 1905, as amended, adopts the English Civil Evidence Act 1968, which preceded the Civil Evidence Act 1995.
[523] See, generally C. Hollander, *Documentary Evidence*, 14th edn (Sweet & Maxwell, 2021).
[524] *Ventouris v Mountain (No.2)* [1992] 3 All E.R. 414.
[525] Lord Donaldson MR, Balcombe and Staughton LJJ.
[526] Hirst J (as he then was).
[527] See: *In the matter of Kingboard Copper Foil Holdings Ltd* [2015] SC Comm (Bda) 76 at [45]–[50] (10 November 2015).
[528] *Knight v Warren* [2010] Bda LR 27.
[529] See *London Chatham and Dover Railway Co v South Eastern Railway Co* [1893] A.C. 429; *President of India v La Pintada Compania Navigacion SA (the La Pintada)* [1985] A.C. 104; [1984] 3 W.L.R. 10. The rule was criticised in *Sempra Metals Ltd v Inland Revenue Commissioners* [2007] UKHL 34; [2008] 1 A.C. 561. In *Sempra Metals* the House of Lords allowed a taxpayer to recover compound interest on a restitutionary claim in respect of sums paid to the Revenue in Advance

within a reasonable time. If this term is breached the insured may claim damages for that breach as well as interest for late payment. Since the payment is made within the terms of the insurance contract, any sum thus paid might well be covered by the terms of the reinsurance contract, such that the liability for such a payment may fall on the reinsurer.

A reinsurance contract may expressly provide that interest shall be charged, at a specified rate, in the event that the sum due is not paid within, say, 30 days of rendering an account. Although reinsurance treaties frequently provided for quarterly accounting, such express provisions for the charging of interest have not been common. As we have noted above[530] in our discussion of reinsurance brokers' accounts, it may take a considerable time for money to flow down a chain of intermediaries.

In the absence of an express contractual provision, under English law the reinsured is, at present, only entitled to claim interest under s.35A of the Senior Courts Act 1981[531] if he issues a claim form. The court has a general discretion, but will normally award pre-judgment interest on any contractual debt. The purpose of awarding interest is to compensate the claimant fairly for being deprived of money that they should have had.[532]

13-111 In the past, the practice of the Commercial Court was to award pre-Judgment interest at base rate plus 1 per cent. However, this is not an inflexible rule of practice, it "amounts to a presumption which can be displaced if its application would be substantially unfair to either party".[533] The Courts have recognised that base rate plus 1% might be appropriate where dealing with large public companies or financial institutions but that small businesses and individuals should be awarded a higher rate of interest to reflect a more realistic assessment of the rate that parties in their position would have been able to borrow.[534] The Law Commission's proposals to give the insured a remedy for late payments of insurance claims were not incorporated into the Insurance Act 2015 when it was originally passed, but were added by amending legislation.[535]

In *Baker v Black Sea*,[536] a reinsurance case, the Court of Appeal[537] upheld the award of interest by the trial judge[538] of base rate plus 2 per cent. Otton LJ said:

"I am satisfied that the general approach of the Judge was correct. He started with the overriding principle that interest should be awarded to compensate the plaintiff for having been kept out of his money. He acknowledged that the plaintiff had not in fact borrowed in the amount or over the period at the rate to which the witness had deposed. He was correct,

---

Corporation Tax which, the European Court of Justice subsequently held, had been levied contrary to European law. *Sempra Metals* was followed in the reinsurance context in *Equitas Ltd v Walsham Brothers & Co Ltd* [2013] EWHC 3264 (comm); [2014] Lloyd's Rep. I.R. 398. See Ch.9, 9-010 above.

[530] See Ch.11 above.
[531] Formerly the Supreme Court Act 1981, renamed by the Constitutional Reform Act 2005 s.59.
[532] *Kuwait Airways Corporation v Kuwait Insurance Co SAK (No 3)* [2000] 1 Lloyd's Rep IR 678.
[533] *Baker v Black Sea & Baltic General Insurance Co Ltd* [1996] L.R.L.R. 353 at 365 per Otton LJ; *Kitcatt v MMS UK Holdings Ltd* [2017] EWHC 786 (Comm); [2017] 2 B.C.L.C. 352.
[534] See e.g. *Jaura v Ahmed* [2002] EWCA Civ 210 CA (3% above base); *Attrill v Dresdner Kleinwort Ltd* [2012] EWHC 1468 (QB) (5% over Barclays base); *Kitcatt v MMS UK Holdings Ltd* [2017] EWHC 786 (Comm) (2% above base); *Palladian Partners LP v Argentina* [2023] EWHC 711 (Comm) (2% above base); *Henderson and Jones Ltd v Ross* [2023] EWHC 1585 (Ch); [2023] Costs L.R. 947 (the appropriate pre-judgment interest rate for defendants 1 and 2 was 4% per year, for defendant 5 was 2.5% per year and for defendant 6 was 3% per year).
[535] See Ch.5, 5-145 to 147 above.
[536] *Baker v Black Sea & Baltic General Insurance Co Ltd* [1996] L.R.L.R. 353.
[537] Staughton, Millett and Otton LJJ.
[538] Cresswell J.

in my view, in holding that it was not essential to do so. The plaintiff adduced evidence of the rate at which a person with his general attributes (but ignoring his particular position) could have borrowed money over the period ... In my view, the basic principle or practice in the Commercial Court should be to award interest at base rate plus 1 per cent. The Judge's decision in this case did not abrogate or undermine the basic principle. There was evidence upon which the Judge could properly award interest at 2 per cent. The uplift to 2 per cent was not in any sense contrary to principle, immoderate or unreasonable in the circumstances. He neither erred in principle nor in the exercise of his discretion."[539]

Bermuda

In Bermuda, s.4 of the Interest and Credit Charges (Regulation) Act 1975 ("the 1975 Act") provides that where no provision is made in a contract with regard to interest a party may charge interest at the statutory rate[540] on any account that has been unpaid for more than six months. The Bermuda Court has a discretion, under s.10 of the 1975 Act to award pre-judgment interest. It is the usual practice in Bermuda to award pre-judgment interests in personal injury cases. However, in the case of a contractual claim, the Bermuda Court will not normally award pre-judgment interest where the contract makes no provision for the payment of interest.[541] Interest will run, at the statutory rate, from the date of the judgment pursuant to s.9 of the 1975 Act.

13-112

4. LIMITATION OF ACTIONS

England: Introduction and summary of the Limitation Act 1980

Basic concepts—overview of legislation

In England the principal legislation is the Limitation Act 1980 ("the 1980 Act"), as amended, notably by the Latent Damage Act 1986, and the Foreign Limitation Periods Act 1984 ("the 1984 Act"). We shall summarise the provisions that are likely to be of importance in reinsurance disputes.[542]

13-113

The basic principle of statutory limitation is that a plaintiff must start his action within a particular period running from the date of the accrual of his cause of action. The scheme of the 1980 Act is to list a variety of causes of action and to provide for a time-limit in respect of each cause of action. The date upon which the cause of action accrues is left to be determined at common law. Part II of the 1980 Act provides for extension or exclusion of the prescribed limitation period in cases of disability, acknowledgment and part payment, fraud, concealment and mistake. Provision is made for the court to have a discretion in respect of time limits in the case of certain causes of actions, most importantly personal injury actions, but generally speaking, in the context of reinsurance disputes, the statutory time-limits are absolute.

It follows that three questions arise in every limitation problem:

---

[539] *Baker v Black Sea & Baltic General Insurance Co Ltd* [1996] L.R.L.R. 353 at 365.
[540] Presently 7%.
[541] See *Jupiter Asset Management v The Asset Management Group* [2005] Bda L.R. 1; followed, *Tensor Endowment Ltd v New Stream Capital Fund Ltd* [2010] SC (Bda) 31 Com (17 June 2010).
[542] See generally A. McGee, *Limitation Periods*, 9th edn (Sweet & Maxwell, 2022).

(1) What is the cause of action in question?[543]
(2) At what date did that cause of action accrue?
(3) Is there any relevant provision which extends or excludes the relevant limitation period?

Contract

13-114   Section 5 of the 1980 Act provides:

"An action founded on simple contract shall not be brought after the expiration of 6 years from the date on which the cause of action accrued."

The phrase "simple contract" is not defined, it is presumably intended to distinguish contracts under seal which are "specialities" and are subject to a 12-year limitation period under s.8.[544] Actions "founded on a simple contract" include actions for money had and received,[545] and actions on foreign judgments at common law.[546]

It is well settled that a cause of action in contract accrues on the date that a breach occurs.[547] There is no need for any damage to have in fact occurred, since the plaintiff has a complete cause of action which entitles to him to a declaration and to nominal damages if damage is not proved or not pleaded. The question of when the cause of action accrues under a contract of reinsurance is discussed below (13-115 and 13-124).

Problems can arise where the breach of contract consists of a failure to act. Thus, in *Midland Bank v Hett Stubbs & Kemp*,[548] the breach complained of was the negligence of a solicitor in failing to register an option to purchase land. Oliver J (as he then was) held that the breach occurred when the contract "ceased to be effectively capable of performance", i.e. time ran in favour of the solicitor when it was too late to register the option. We have noted above[549] that a reinsured may sue his broker in either contract or tort. Where the broker negligently fails to place adequate or valid reinsurance cover the cause of action for breach of contract accrues at the date the ineffective cover is placed.[550]

Similarly, in *Axa Insurance v Akther & Darby Solicitors*,[551] the Solicitors were supposed to offer the Axa legal expenses insurance only to parties with better than 50 per cent prospects of success. Axa's argument was that the Solicitors had failed to do that. The court agreed with the Solicitors that any breach of duty occurred at the time of issuing the insurance on Axa's behalf, not at the time Axa suffered loss. Hence many of Axa's claims were time-barred.

Additional time limit for actions for damages for late payment of insurance claims

13-115   Section 5A of the 1980 Act provides as follows:

---

[543] See generally *Letang v Cooper* [1965] 1 Q.B. 232.
[544] See *Aiken v Stewart Wrightson Members Agency Ltd* [1995] 1 W.L.R. 1281; [1995] 2 Lloyd's Rep. 618; *Deutsche Trustee Co Ltd v Bangkok Land (Cayman Islands) Ltd* [2019] EWHC 657 (Comm).
[545] *Re Diplock* [1948] Ch. 465.
[546] *Berliner Industriebank AG v Jost* [1971] 2 Q.B. 463.
[547] 1980 Act s.6 makes special provision for contracts of loan.
[548] *Midland Bank Co Ltd v Hett Stubbs & Kemp* [1979] Ch. 384.
[549] See Ch.9 above.
[550] See *Iron Trade Mutual Insurance Co Ltd v JK Buckenham Ltd* [1990] 1 All E.R. 808, and below.
[551] *Axa insurance v Akther & Darby Solicitors* [2009] EWHC 635 (Comm); [2009] P.N.L.R. 2.

"(1) An action in respect of breach of the term implied into a contract of insurance by section 13A of the Insurance Act 2015 (late payment of claims) may not be brought after the expiration of one year from the date on which the insurer has paid all the sums referred to in subsection (1) of that section.

(2) Any payment which extinguishes an insurer's liability to pay a sum referred to in section 13A of the Insurance Act 2015 is to be treated for the purposes of this section as payment of that sum."

Tort

Section 2 of the 1980 Act provides for a basic time-limit in actions founded on tort: **13-116**

"An action founded on tort shall not be brought after the expiration of six years from the date on which the cause of action accrued."

There then follow a number of special time limits for specific torts which are unlikely to be of relevance in reinsurance disputes.

The general rule is that at common law a cause of action in tort accrues at the date when damage first occurs, in cases of personal injury[552] or physical damage to property[553] and not when the damage is first discovered. The operation of this rule is complex in the area of economic loss. In *Forster v Outred & Co*,[554] Mrs Forster mortgaged her house in 1973 to secure the debts of her son's business. When that business failed in 1977, the mortgagee foreclosed on the mortgage and Mrs Forster lost her house. In 1980 she issued a writ claiming damages for negligence against her solicitors, Outred & Co, alleging that they should have advised her against entering into the mortgage. The Court of Appeal had to decide whether the action was time-barred. The question was whether the cause of action accrued in 1973 (when she entered into the mortgage) or only in 1977 (when the mortgagee foreclosed). The Court of Appeal held that the cause of action accrued in 1973, although the only "damage" Mrs Forster then suffered was the contingent liability to be deprived in her house in the event of her son failing to make payments on the mortgage. Similarly in *D.W. Moore & Co Ltd v Ferrier*,[555] the plaintiffs had employed X under a service contract drafted by their solicitors. The contract should have contained a clause restricting X's right to compete with the plaintiffs on his departure from the company, but the relevant clause was expressed to apply only if X ceased to be a member of the company. When he left the company's employment, but did not sell his shares, the plaintiffs found themselves unable to restrain him from competing. The Court of Appeal held that the cause of action against the solicitors arose when the contract was executed not when the third party intimated his intention to leave. These decisions should be contrasted with the Court of Appeal's approach in *UBAF Ltd v European American Banking Corp*.[556] It was held that the cause of action arising out of negligently inducing the plaintiff to enter into loan contracts, on which the borrowers eventually defaulted, did not necessarily arise (although the point did not fall to be finally decided before the Court of Appeal) on the making of the loans, but might have arisen at some later date when the worsening financial position of the borrower caused the loans to be worth less than their face value.

The above decisions were considered by Kenneth Rokison QC sitting as a deputy **13-117**

---

[552] *Cartledge v E Jopling & Sons Ltd* [1963] A.C. 758.
[553] *Pirelli General Cable Works Ltd v Oscar Faber & Partners* [1983] 2 A.C. 1.
[554] *Forster v Outred & Co* [1982] 2 All E.R. 753.
[555] *D.W. Moore & Co Ltd v Ferrier* [1988] 1 All E.R. 400.
[556] *UBAF Ltd v European American Banking Corporation* [1984] Q.B. 713.

High Court judge, in *Iron Trade Mutual Insurance Co Ltd v JK Buckenham Ltd*.[557] The plaintiff insurers claimed damages for negligence against the defendant brokers. The plaintiffs alleged that the brokers had been responsible for non-disclosures and misrepresentations (failure to make a fair presentation in modern language) to reinsurers in the course of placing reinsurance cover on the plaintiffs' behalf. The plaintiffs argued that they suffered damage, and hence their cause of action in tort arose on the date upon which the reinsurers purported to avoid the contract. The learned deputy judge held that the plaintiffs suffered actual damage at the point in time when the voidable contracts were made. Similarly, in *Axa Insurance v Akther & Darby Solicitors*,[558] the defendant solicitors were supposed to offer the Axa legal expenses insurance only to parties with better than 50 per cent prospects of success. Axa's argument was that the solicitors had failed to do that. The court agreed with the solicitors that any breach of duty occurred at the time of issuing the insurance on Axa's behalf, not at the time Axa suffered loss. Hence many of Axa's claims were time-barred.

Trusts/equity

13-118   Trustees are subject to three basic rules:

(1) Time does not run in respect of any fraud or fraudulent breach of trust to which the trustee was a party or was privy;
(2) Time does not run in an action to recover from the trustee trust property or the proceeds thereof in the possession of the trustee or previously received by the trustee and converted to his use; and
(3) In the case of any other action to recover trust property or in respect of a breach of trust, the limitation period is six years from the date upon which the right of action accrued.[559]

Section 36(1) of the 1980 Act provides that the time limits under ss.2, 4A, 5, 7, 8, 9 and 24 of that Act shall not apply to any claim for specific performance of a contract or for an injunction or other equitable relief. The right of a Court of Equity to apply the statutory period by analogy is preserved (although the scope for so doing is limited). Section 36(2) provides that nothing in the 1980 Act shall affect any equitable jurisdiction to refuse relief on the ground of acquiescence or otherwise (i.e. the equitable doctrine of laches).

When does time run under a contract of indemnity?

Introduction

13-119   Absent any wording in an insurance policy to the contrary, the obligation of the insurer to indemnify the insured in respect of a claim arises the moment that the insured event occurs and loss is suffered. Unless the policy requires the giving of notice, and gives the insurer time to pay, the insured can, in theory, commence

---

[557] *Iron Trade Mutual v Buckenham* [1990] 1 All E.R. 808. Approved by the Court of Appeal in *Knapp v Ecclesiastical Insurance Group and Smith* [1998] Lloyd's Rep. I.R. 390.
[558] *Axa Insurance (formerly Winterthorn Swiss Insurance Co) v Akther & Darby Solicitors* [2009] EWHC 635 (Comm); upheld on appeal [2009] EWCA Civ 1166; followed *Elliott v Hattens Solicitors* [2021] EWCA Civ 720; [2021] P.N.L.R 25; followed *URS Corp Ltd v BDW Trading Ltd* [2023] EWCA Civ 772; [2023] P.N.L.R. 28. See also: *Holt v Holley and Steer Solicitors* [2020] EWCA Civ 851; [2020] 1 W.L.R. 4638; *Sciortino v Beaumont* [2021] EWCA Civ 786; [2021] Ch. 365.
[559] Limitation Act 1980 s.21.

proceedings against his insurer, without the latter even knowing that a claim has arisen. There is no need for the insured to plead a wrongful refusal to pay:

> "Once loss is suffered ... the indemnifier is in breach of contract for having failed to hold the indemnified person harmless against the relevant loss."[560]

In practice, the insured does not commence action before giving the insurer time to pay because: (1) the policy, almost invariably, requires that the insured give notice of a claim, and, even if this is not a condition precedent to liability of the insurer, it would probably be sufficient to throw the costs burden of the action on the insured if the insurer admitted liability immediately on being sued; and (2) the insured may take some time to determine the quantum of his claim, and will ask the insurer to pay it before commencing proceedings. It is clear, however, that in principle the insured's claim and his right to sue the insurer arises upon the occurrence of the insured event and loss, and before the amount of the claim has been ascertained.[561] This approach has not been changed by the Insurance Act 2015 ("IA 2015").

In the case of a reinsurance contract, in the absence of specific wording there are, in principle, two possibilities as to the point in time when the insurer/reinsured can require the reinsurer to pay:

(1) at the point in time when the original event that gives rise to liability on the part of the insurer/reinsured to the original insured occurs ("the simultaneous view"); or
(2) at the point in time when both the quantum and the fact of liability on the part of the insurer/reinsured to the original insured have been ascertained ("the non-simultaneous view").

Authorities supporting the non-simultaneous view

North Atlantic v Bishopsgate[562] suggests that a reinsurer's liability to the reinsured arises, and thus the cause of action accrues for limitation purposes, at the point in time when the amount of the liability of the reinsurer is ascertained, which in fact is the time when reinsured's liability to the original insured is definitively ascertained. Thus, the time when the reinsurer's obligation arises is later than the time when the reinsured's obligation arises and, as will appear below, varies depending on whether the reinsured contests the liability to pay or the amount of the claim on his underlying policy. In *Hong Kong Borneo Services Co Ltd v Pilcher*, Evans J (as he then was) said:

13-120

> "It has been held that as a matter of general principle no cause of action arises under the reinsurance contract until the reinsured's liability to the original insured has been established: *Daugava v Henderson* (1934) 49 Ll.L. Rep. 252. At first instance (1934) 48 Ll.L. Rep. 54, Mr Justice Roche held that this was also the effect of a 'follow the settlement' clause, although Lord Justice Scrutton reserved this question (p. 253). But it is not

---

[560] *Ventoris v Mountain (The "Italia Express") (No.3)* [1992] 2 Lloyd's Rep. 281 at 292 per Hirst J (as he then was). A New Zealand Judge comments: "It cannot be that an insurer is *in breach* of contract simply because it does not pay 'on the spot', based on an event which causes the insured loss for which indemnity is available under the policy. It also does not follow that just because insurance claims are not *typically* paid on the same day as the loss *that interest should not be paid from the date of that loss*" [Emphasis added]. Paragraph [79] of *Lee v IAG New Zealand Ltd* [2017] NZHC 2626; [2018] Lloyd's Law Rep. I.R. 345.
[561] See below.
[562] *North Atlantic Insurance Co Ltd v Bishopsgate Insurance Ltd* [1998] 1 Lloyd's Rep. 459.

necessary that the claim has to be paid, for otherwise the reinsurers would never be liable to an insolvent reinsured: *In Re Eddystone Marine Insurance Co* [1892] 2 Ch. 423."[563]

Likewise, in *Charter Re v Fagan* Mance J (as he then was) said:

"The nature of excess of loss reinsurance is that there is a trigger to liability in the form of an excess point. However, this does not mean that disbursement or satisfaction of original claims is either more likely or more appropriate as a condition precedent to liability. Under a proportional agreement in *Re Eddystone* form reinsurers' liability arises in respect of ascertained liability on the part of the reinsured in respect of business ceded: see *Daugava v Henderson* ... under a proportional agreement in modern form, it arises in respect of the reinsured's commitment to pay, ascertained by his settlement with the original insured. Under excess of loss reinsurances such as the present reinsurers' liability again arises in respect of the commitment to pay ascertained by settlement, but it is necessary to apply the excess point."[564]

In *Baker v Black Sea* Potter J said:

"A contract of reinsurance being a contract of indemnity for the losses of the reinsured, the reinsurer's liability to indemnify the reinsured arises on the date on which the reinsured sustained a loss. In final submissions, it was common ground between the parties that the date on which the reinsured sustained a loss is the date on which his liability to his underlying assured is ascertained whether by agreement, arbitration award or judgment. The amount then ascertained to be due from the reinsured is the measure of the reinsurer's obligation of indemnity."[565]

13-121 In *Halvanon Insurance Ltd v Companhia De Seguros Do Estado De Sao Paolo*, Steyn LJ (as he then was) said:

"The cause of action arises when the underlying liability is ascertained by agreement, by award or by judgment."[566]

In *North Atlantic v Bishopsgate*[567] Walker J decided two preliminary issues, relating to limitation, in the context of an aggregate excess of loss reinsurance contract which provided for a variable excess point. The plaintiff reinsureds wrote policies covering liabilities arising out of the cancellation of sporting and musical events and other contingency policies. The defendant reinsurers agreed to reinsure the plaintiffs on an excess of loss basis, "£2.5 million U.N.L. in the aggregate", and subject to a "variable excess clause" which provided that the aggregate excess point would be increased in proportion to the amount by which the net premium income of the reinsureds exceeded £3.5 million. The following questions arose:

(1) Whether the date for determining when the aggregate excess point had been reached was:
   (a) the date of settlement of each underlying claim (by action, arbitration or agreement); or
   (b) the date upon which the claims were in fact paid?
(2) Whether the reinsured's cause of action against the reinsurer arose: (a) once losses in excess of the original excess point (£2.5 million) had been settled or paid by the reinsured, or, if the net premium had exceeded £3.5 million;

---

[563] *Hong Kong Borneo Services Co v Pilcher* [1992] 2 Lloyd's Rep. 593 at 597.
[564] *Charter Reinsurance Co Ltd (In Liquidation) v Fagan* [1997] A.C. 313 at 341–342.
[565] *Baker v Black Sea & Baltic General Insurance Co Ltd* [1995] L.R.L.R. 261 at 286.
[566] *Halvanon Insurance Ltd v Companhia De Seguros Do Estado De Sao Paolo* [1995] L.R.L.R. 303 at 306.
[567] *North Atlantic v Bishopsgate* [1998] 1 Lloyd's Rep. 459.

or (b) once the amount by which the excess point was required to be increased was ascertainable and losses in excess of the new excess point had been settled or paid by the reinsured?

The relevant U.N.L. clause contained the following proviso:

"Provided always that nothing in this clause shall be construed to mean that losses under this reinsurance are not recoverable until the reinsured's net loss has been ascertained."

Walker J held as follows:

(1) The reinsurer was liable once the reinsured's liability had been ascertained. Payment of the underlying loss by the reinsured was not necessary. The point in time at which the aggregate excess point was reached was therefore to be determined by reference to the date of ascertainment of the reinsured's liability to the original insureds not the date upon which loss had in fact been paid.
(2) The reinsured's submission that no cause of action arose until any increase in the variable excess point had become ascertainable was rejected. The reinsurer was liable at the point in time when the reinsured had made settlements amounting to £2.5 million.

Daugava v Henderson[568] is also supportive of the non-simultaneous view. In *Daugava v Henderson*, the point in time at which liability arose was relevant for currency conversion purposes. A Latvian insurance company had issued a fire policy in respect of buildings in Riga, which it reinsured with Lloyd's underwriters. Scrutton LJ said:

13-122

"The English Courts have given judgment against the reinsurer ordering him to indemnify the insurer against a sum which has been ascertained by agreement or settlement between assured and insurer embodied in a judgment of the Latvian Courts, of course expressed in Lats, the Latvian currency. Is that sum to be turned into sterling at the [rate of] exchange at the date of the fire, or at the [rate of] exchange at the date of the settlement of the insurer's liability? ... I am of opinion that the latter date fixes the rate of exchange to be applied. *I do not understand how the reinsurer can be liable to pay an amount till it has been fixed between insurer and assured.* It is then that the insurer pays and the reinsurer is bound to indemnify him. If the rate of exchange is fixed at a date before the insurer's liability to pay is quantified and unsatisfied, the insurer may, as in the present case, recover more than an indemnity, which is contrary to all principles of insurance indemnity."[569] [Emphasis added]

The timing of when the claim against the reinsurer crystallizes was explored in the two reported decisions in *Teal v Berkley*.[570] In both decisions the court held that the timing was dictated by the facts, not the wishes of the reinsured, but, as the second report shows, the facts need detailed analysis. See Ch.5, 5-070 where the two cases are discussed.

In *Wasa v Lexington*[571] the House of Lords put beyond argument the proposition that reinsurance covers the original subject-matter and is not liability insurance of the reinsured. We do not consider that this affects the validity or good sense

---

[568] *Versicherungs und Transport A/G Daugava v Henderson* (1934) 49 Ll.L.Rep. 252. Applied *JD Wetherspoon Plc v Van De Berg & Co Ltd* [2007] EWHC 1044 (Ch); [2007] P.N.L.R 28.
[569] *Versicherungs und Transport A/G Daugava v Henderson* (1934) 49 Ll.L.Rep. 252 at 253.
[570] *Teal Assurance Co Ltd v W R Berkley Insurance (Europe) Ltd* [2013] UKSC 57; [2015] EWHC 1000.
[571] *Wasa v Lexington* [2009] UKHL 40; [2010] 1. A.C. 180.

of the non-simultaneous view in terms of when the reinsured's cause of action arises. The House of Lords gave no indication that it did.

Authorities supporting the simultaneous view

13-123 The emphasised sentence in the passage from *Daugava v Henderson*, above, is clearly not one that can apply exactly as between insurer and insured, because the process of proving the insured's claim requires that there first be a liability. Perhaps Scrutton LJ would have expressed equal lack of understanding as to how the insurer can be liable before he ever becomes aware of the claim and of how much is being claimed. But it appears that in the above passage, in the context of when the reinsurer's liability arises, Scrutton LJ was concerned with the proper application of principle of indemnity, rather that the question of when a cause of action against the reinsurer arose. It appears open to argument that the reinsurer's liability to the reinsured arises at the same time as the original insured event which gives rise to the loss. As explained above, a claim under a contract of insurance is a claim for damages. A claim for unliquidated damages arises:

> "... at the time the events occur which give rise to the liability to pay to the plaintiff compensation *in an amount to be subsequently ascertained.*"[572] [Emphasis added]

The generally accepted view is that the claim under a contract of insurance is a claim for unliquidated damages.[573] This was accepted, in a reinsurance case, *Phoenix Co of Greece v Halvanon Insurance Co Ltd*, by Hobhouse J, who said:

> "[A]n action by an assured under a policy is an action for unliquidated damages and the cause of action accrues as soon as the loss to be indemnified occurs (*Chandris v Argo Insurance Co. Ltd* [1963] 2 Lloyd's Rep. 65). What the plaintiff is enforcing is not the primary obligation of performance but the secondary obligation to pay damages in the absence of performance."[574]

If an insurer can be sued as soon as the insured event occurs, then his liability in respect of that insured event, which he has reinsured, arguably arises and may be capable of founding a claim on the reinsurer at that point in time, without waiting for either the fact or quantum of liability to be ascertained.

In *Charter Re v Fagan*, as we have seen, the issue was whether payment of a claim by the reinsured was a condition precedent to the liability of the reinsurer. The House of Lords held, on the wording of the particular excess of loss contracts, that it was not. Lord Mustill said:

> "[U]nder this form of words, although perhaps not under all forms, the policy covers not, as might be thought the suffering of loss by the reinsured in the shape of a claim against him under the inward policies, *but the occurrence of a casualty suffered by the subject matter insured through the operation of an insured peril.* It follows that in principle the liability the reinsurer is wholly unaffected by whether the reinsured has satisfied the claim under the inward insurance ..."[575] [Emphasis added]

Lord Mustill took the view that, under the form of wording in issue, the occur-

---

[572] *Castle Insurance Co Ltd v Hong Kong Islands Shipping Co Ltd* [1984] A.C. 226 per Lord Diplock—a case concerning general average; see also *Sveriges Angfartygs Assurans Forening (The Swedish Club) v Connect Shipping Inc* [2019] UKSC 29; [2019] Bus. L.R. 1584.
[573] See *Chandris v Argo Insurance Ltd* [1963] 2 Lloyd's Rep. 65—approved in the *Castle Insurance* case; *Bosma v Larsen* [1966] 1 Lloyd's Rep. 22.
[574] *Phoenix Co of Greece v Halvanon Insurance Co Ltd* [1985] 2 Lloyd's Rep. 599 at 609.
[575] *Charter Reinsurance Co Ltd (In Liquidation) v Fagan* [1997] A.C. 313 at 381.

rence of a casualty, triggers simultaneously the liability of both the insurer/reinsured and the reinsurer. Lord Hoffmann also believed that contracts of reinsurance do not reinsure the liability of the reinsured to the original insured but (re)insure the subject matter of the original insurance.[576] It follows that there is a good argument that the reinsured's cause of action accrues, at the same time as that of the original insured, namely when the subject matter of the original insurance (assuming that this can be identified) suffers a casualty.

The timing issue was not fully argued either in *Baker v Black Sea*[577] or in *Halvanon Ltd v Companhia De Seguros*.[578] In the latter case, it appears that the writ was issued more than six years after liability had been ascertained, so that the question whether time ran from any earlier date did not fall to be decided.

The (re)insurer denying liability

It is not uncommon, when a reinsurer is notified of a potential claim, for him to deny liability on the claim before the liability of the reinsured and the amount of that liability is established, or for the claim to prompt the reinsurer to investigate the circumstances of the placing of the reinsurance and then assert that there was an unfair presentation at the time of the contract. Logically, if the cause of action of the reinsured to recover from the reinsurers arises at the time of the loss under the direct insurance (simultaneous view), the cause of action will already have arisen before the reinsurer denies liability, and if the cause of action arises only when the liability and the amount of it is established (non-simultaneous), it is difficult to see how any earlier denial by the reinsurer of liability on the claim or the policy can advance that cause of action of the reinsured to an earlier date. The causes of action that do arise on the early denial of liability for the claim or on the policy are for declarations as to coverage or as to the validity of the policy. In *Lefevre v White*,[579] Popplewell J considered whether an anticipatory breach, a denial – before a claim could actually be made under a policy-of liability under that policy, if accepted by the insured as repudiatory, could be the date on which the cause of action arose, and from which the limitation period ran. He did not decide the point because he found that the repudiation had not been accepted but he appears to have thought that if the repudiatory breach had been accepted, time for limitation purposes would have run from that date. The learned judge nonetheless found the claim to be time-barred on the orthodox ground that the writ was issued against the insurer more than six years after liability and quantum had been ascertained by judgment against the insured.

13-124

Treaty reinsurance

Treaty reinsurance generally provides for periodic accounting between the parties. Limitation issues can therefore arise both for the reinsurer—as to when his right to sue for premium expires, and for the reinsured—as to when his right to sue for claims, or the balance on the account, expires. The starting point must be that the paying party is required to pay within the time provided for in the contract following the submission of accounts or within a reasonable time of such submission and thereafter time will begin to run. Two situations require further consideration:

13-125

---

[576] *Charter Reinsurance Co Ltd (In Liquidation) v Fagan* [1997] A.C. 313 at 392, "the subject matter ... is the same as that of the primary insurance": see also Hobhouse LJ in *Toomey v Eagle Star Insurance Co Ltd (No.1)* [1994] 1 Lloyd's Rep. 516.
[577] *Baker v Black Sea & Baltic General Insurance Co Ltd* [1995] L.R.L.R. 261.
[578] *Halvanon v Companhia De Seguros* [1995] L.R.L.R. 303.
[579] *Lefevre v White* [1990] 1 Lloyd's Rep. 569.

(1) What occurs if the party required to submit accounts submits them late, perhaps years late? Can he take the benefit of his own dilatoriness and say that the six-year limitation period nonetheless only runs from the date of submission—on the assumption the accounts show a balance due him?
(2) What occurs if later accounts are submitted and accepted, and they incorporate the earlier accounts, or the balance of earlier accounts?

Late submission of accounts

13-126 On each date provided for in the treaty, the reinsured has the right and duty to submit accounts and the reinsurer the right to receive them, and a concomitant cause of action to compel. It follows, we suggest, that six years after the date such account should have been submitted, the cause of action, to require the reinsured to account or to require the reinsurer to accept and respond to an account, would be time-barred and the right to any monies which would have been shown to be due, either way, on that account would be lost. If the account is submitted before the end of that six-year period, then it appears that a separate cause of action arises for the balance due on that account and a further six-year period of limitation begins. Nonetheless, there has been a breach of contract on the late submission of the account, and assuming (as is generally the case) the balance is in favour of the reinsured, the reinsurer will be able to set off, or counterclaim for, such damage as he has suffered by the late submission. He will have difficulty, we suggest, in showing damage. If the account had been submitted exactly on time, the reinsured could still have sued for the balance at the date when he does submit the account (within the six years from the contracted for date). If the reinsurer delays payment and is sued almost six years later, some 11 years after the account should have been submitted, he has little cause of complaint: the last five to six years of the period arise from his failure to pay on the submission of the account.

Later accounts taking up earlier accounts

13-127 *Laycock v Pickles* provided a definition of an "account stated":

> "[T]he account includes items on both sides and the parties have agreed that there shall be a set off and only the balance payable."[580]

The agreed balance on such an account forms the basis of a new cause of action and the six-year limitation period runs from the date it is struck. However, the balance must be agreed and there must be items on both sides.[581] In *Home & Colonial Insurance Co Ltd, Re*,[582] the reinsured had forwarded to the reinsurer quarterly accounts pursuant to a quota share treaty, and requested the reinsurer confirm the accounts and remit a cheque for the amount due. The reinsurer acknowledged the statements, but did not expressly confirm the accounts. However, the reinsurer did enter the amount shown in the reinsured's accounts as due into its books. Maugham J held that this did not amount to an account stated because the acknowledgment was not communicated to the reinsured. The reinsurer was wound up. There followed correspondence between the liquidators and the reinsured's solicitors which it was held did amount to an account stated. Thus, if a reinsured submits an account to a reinsurer containing credits for premium and debits for claims and if the

---

[580] *Laycock v Pickles* 122 E.R. 546; (1863) 4 B. & S. 397 at 506.
[581] See *Siqueira v Noronha* [1934] A.C. 332.
[582] *Home & Colonial Insurance Co Ltd, Re* [1930] 1 Ch. 102.

reinsurer accepts the balance as correct, there will be a cause of action for that balance even if in arriving at it "time-barred" claims have been included. Now, if the treaty provides that accounts shall be deemed accepted if no queries are raised on them within a specified period after submission to the reinsurer, a reinsurer who does not remain alert may find not only that he has lost his right to challenge the account, but also that he is bound to pay "time-barred" claims. Contracts of sale of goods internationally frequently provide for certificates of quality to be conclusive and binding on both parties and such "certificate final" clauses are upheld.[583] Of course the quality certificate is issued by an independent third party; any provision in a reinsurance contract that the accounts rendered by the reinsured should be final and binding if after, say, 30 days the reinsurer raised no objection would not have the safeguard of a third party consideration, but as Scrutton LJ said in *Gurney v Grimmer*,[584] "it is not so usual that A will agree to pay B an amount fixed by B, but it is a perfectly possible business transaction". However, even the plainest "accounts final" provision would not relieve the reinsured of his duty to act in good faith. Our view is that the courts would not readily uphold "accounts final" provision and we do not advocate the use of them. We consider that circumstances will be rare or non-existent where a reinsured is able to prove to a court's satisfaction that a reinsurer has accepted and agreed an account by failure to respond within a time provided for in the contract. We consider that the courts will look for some positive act of agreement.[585] If they find it, the reinsurers will be liable for the balance as from the date of that agreement and time will run from that date.

Practical consequences

The limitation issue is of great importance to reinsurers. For example, environmental liability claims arise following a demand made by the EPA in the United States upon an insured to clean up a site.[586] The insured proceeds to sue his insurers for a declaration that they are obliged to indemnify him (sometimes it is the insurers who commence proceedings against the insured for a negative declaration—so called "DJs").[587] The insurers then notify their reinsurers, and after legal proceedings lasting many years to determine whether the insured is liable (and if so whether any, and if so which, insurers are liable), the insurers may then call upon reinsurers to pay. The reinsurers may then seek to recover from retrocessionaires. The limitation issues between reinsureds, reinsurers and retrocessionaires posed by such "long-tail" claims have yet to be addressed by the English courts.

13-128

The limitation issues between the insurer/reinsured and the insured have also, perhaps, not been fully addressed. If a policy is an "occurrence" policy, where the right to bring a claim arises as soon as the damage or liability occurs (and policies written in the 1960s and 1970s were commonly of this nature), one may ask why it is that claims now arising under such policies can be pursued at all. The starting point, as a matter of English law, is that if the damage/liability occurred in, say, 1970 and the insured's right to bring a claim for unliquidated damages arose at that time, the cause of action would be time-barred by 1977.

It has to be acknowledged, however, that the "non-simultaneous view"—a cause of action on a reinsurer does not exist until the claim is proved and the amount ascertained—is practical and sensible. If one starts from the proposition that the

---

[583] *Alfred C. Toepfer v Continental Grain Co* [1974] 1 Lloyd's Rep. 11.
[584] *Gurney v Grimmer* (1932) 44 Ll.L.Rep. 189 at 192.
[585] See *English & American Insurance C. Ltd v Axa Re SA* [2006] EWHC 3323 (Comm).
[586] See *Wasa v Lexington* [2009] UKHL 40; [2010] 1. A.C. 180.
[587] Referred to above.

reinsurer is willing to pay at the first moment that he knows how much he has to pay, the "non-simultaneous view" as to when the reinsured's cause of action arises is sound.

13-129 One benefit of the "non-simultaneous view" is that the courts will not be required to distinguish aggregate excess of loss contracts from other kinds of reinsurance contracts. In an aggregate excess of loss contract the liability of the reinsurer is not engaged until losses exceed a certain amount in total.[588] It would be difficult, if the simultaneous view were to be adopted, to know which underlying loss triggered the aggregate excess reinsurance because one would not know at what amount each individual claim would eventually be determined. On the other hand, if a reinsured can unilaterally "fix" the point in time when an aggregate excess point is passed, by agreeing claims, and his aggregate excess coverage is for a particular period, he may rush claims through to settlement before expiry of his reinsurance in order to be able to aggregate them and pass on the losses to his reinsurer.

Time limits and the CPR/RSC

Issue, service and renewal of claim forms/writs

13-130 The general rule is that the issue of a claim form/writ interrupts the limitation period and that provided a writ is issued before a limitation period expires, the claim form/writ may be served (presuming it is still valid under the CPR / RSC) after the limitation period has expired. The following points should be noted:

(1) CPR r.7.5 provides that:
   (a) the general rule is that the claim form must be served within four months after the date of issue;
   (b) where the claim form is to be served out of the jurisdiction it must be served within six months after the date of issue.
(2) A claimant may apply to the court, under CPR r.7.6, for an order extending the period within which the claim form may be served. However, the court may make such an order only if:
   (a) the court has been unable to serve the claim form; or
   (b) the claimant has taken all reasonable steps to serve the claim form but has been unable to do so; and
   (c) in either case, the claimant has acted promptly in making the application.
(3) Under CPR r.7.7 where a claim form has been issued against a defendant, but has not yet been served on him, the defendant may serve a notice on the claimant requiring him to serve the claim form or discontinue the claim within a period specified in the notice (which must be at least 14 days after the service of the notice).
(4) In Bermuda writs are valid for 12 months from the date of issue.[589] The principles upon which the Bermuda court will be prepared to extend the validity of a writ were reviewed by the House of Lords in *Kleinwort Benson Ltd v Barbrak Ltd, The Myrto (No.3)*.[590] In essence any extension will only be granted where there is a good reason for so doing. As a general proposition, courts are extremely reluctant to grant an extension once the limitation period has expired. However, the House of Lords in *The Myrto (No.3)*

---

[588] See *North Atlantic v Bishopsgate* [1998] 1 Lloyd's Rep. 459.
[589] RSC Ord.6 r.8.
[590] *Kleinwort Benson Ltd v Barbrak Ltd, The Myrto (No.3)* [1987] A.C. 597.

made clear that in exceptional cases, for example where it had proved difficult or impossible to serve a defendant, in particular where the defendant was deliberately evading service, an extension might be granted.

Amendment—new claims/new parties

Amendment of the statement of case after the limitation period has expired is subject to s.35 of the Limitation Act 1980 and CPR r.17.4.

Section 35 (as amended) provides, in terms, that any claim involving the addition/substitution of a new cause of action/new party shall be deemed to be a separate action and to have been commenced at the date of the original action, and that except as provided for by s.33 or by Rules of Court no new claim, other than an original set-off or counterclaim, may be made in the course of any action after the expiry of any time-limit under the 1980 Act.[591]

Under CPR r.17.4 The court may allow an amendment after the expiry of the relevant limitation period:

(a) whose effect will be to add or substitute a new claim, but only if the new claim arises out of the same facts or substantially the same facts as a claim in respect of which the party applying for permission has already claimed a remedy in the proceedings;
(b) to correct a mistake as to the name of a party, but only where the mistake was genuine and not one which would cause reasonable doubt as to the identity of the party in question;
(c) to alter the capacity in which a party claims if the new capacity is one which that party had when the proceedings started or has since acquired.

In Bermuda, the court may give leave to amend the writ/pleadings after the limitation period under RSC Ord.20 r.5 which is in broadly similar terms to CPR r.17.4.

Pleading limitation as a defence

Limitation is a defence which must be pleaded specifically; the court will not of its own motion take the point that the claimant's claim is out of time. In most cases, therefore, a defendant will raise the defence in his pleadings and either seek to have it determined as a preliminary issue or argue limitation at trial. There is a surprising degree of confusion to be found in the authorities as to precisely upon whom the burden of proving a limitation defence lies. While it is sometimes said that all that is necessary is for a defendant to raise the plea in his defence and that thereafter the burden is on the claimant to show that his action is not time-barred, it is more likely, in accordance with general principle, that where a successful plea of limitation depends upon some fact the burden of proving the fact lies upon the party who positively alleges it.

Extension and exclusion of limitation periods

Acknowledgments and part payments

Rules regarding acknowledgments/part payments are to be found in ss.29-31 of the Limitation Act 1980. In particular, the following provisions of s.29, with regard to debts should be noted:

13-131

13-132

13-133

---

[591] Limitation Act 1980 s.35(3). The new version of s.35 came into force on 22 April 2014.

"(5) Subject to sub-section (6) below, where any right of action has accrued to recover—
   (a) any debt or other liquidated pecuniary claim; or
   (b) any claim to the personal estate of a deceased person or to any share or interest in any such estate;
and the person liable or accountable for the claim acknowledges the claim or makes any payment in respect of it the right shall be treated as having accrued on and not before the date of the acknowledgment or payment.
(6) A payment of a part of the rent or interest due at any time shall not extend the period for claiming the remainder then due, but any payment of interest shall be treated as payment in respect of the principal debt.
(7) Subject to sub-section (6) above, a current period of limitation may be repeatedly extended under this section by further acknowledgments or payments, but a right of action, once barred by this Act shall not be revived by any subsequent acknowledgment or payment."

The 1980 Act does not define what amounts to an acknowledgment,[592] but s.30 lays down the following formal provisions as to acknowledgments and part payments:

"(1) To be effective for the purposes of section 29 of this Act, an acknowledgment must be in writing and signed by the person making it.
(2) For the purposes of section 29, any acknowledgment or payment—
   (a) May be made by the Agent of the person by whom it is required to be made under that section; and
   (b) Shall be made to the person, or to an Agent of the person, whose title or claim is being acknowledged or, as the case may be, in respect of whose claim the payment is being made.

Section 31 provides for the effect of an acknowledgment or part payment on persons other than the maker or recipient."

Fraud, concealment and mistake

13-134 Section 32(1) provides that where, either:

(a) the action is based upon the fraud of the defendant;
(b) any fact relevant to the plaintiff's right of action has been deliberately concealed from him by the defendant; or
(c) the action is for relief from the consequences of a mistake;

then the period of limitation shall not begin to run until the plaintiff has discovered the fraud, concealment or mistake (as the case may be) or could with reasonable diligence have discovered it. It is further provided that references to the defendant include references to the defendant's agent and to any person to whom the defendant claims and his agent. By s.32(2), deliberate commission of a breach of duty in circumstances in which it is unlikely to be discovered for some time amounts to deliberate concealment of the facts involved in that breach of duty.

Section 32(1)(b) was considered by the House of Lords in *Sheldon v RHM Outhwaite (Underwriting Agencies) Ltd*.[593] Their Lordships[594] held that the effect of a deliberate concealment by a defendant of facts relevant to the existence of the

---

[592] In *Heath Lambert Ltd v Sociedad de Corretaje de Seguros* [2003] EWHC 2269 (Comm); [2004] 1 Lloyd's Rep. 49 consistent statements by a defendant that it did not owe the liability but that someone else did were held not to amount to an acknowledgement. The decision of Mr Jonathan Hirst QC was affirmed on appeal: [2004] EWCA Civ 792; [2004] Lloyd's Rep. I.R. 905.
[593] *Sheldon v RHM Outhwaite (Underwriting Agencies) Ltd* [1996] A.C. 102; followed *RG Securities*

plaintiff's cause of action was to postpone the running of time until the concealment was, or should have been, discovered.

In *Companhia de Seguros Imperio v Heath (REBX) Ltd*[595] the judge found that the essential facts relevant to the plaintiff's cause of action against the defendant broker (which were alleged to have been fraudulently concealed) were known to the plaintiff's former solicitors. Time was not extended under s.32 and the action was dismissed as being time-barred.

Limitation and the right to a remedy for unfair presentation

The right to challenge liability on a contract for failure to make a fair presentation is a right that arises at law and does not depend upon an implied term of the contract.[596] But the remedy is a statutory remedy provided for in s.8 of the IA 2015, and thus presumably subject to a six-year time-bar by virtue of s.9 of the Limitation Act 1980.

13-135

In previous editions we noted that the right to avoid a reinsurance contract ab initio is a right that arises at common law and does not depend upon an implied term of the contract, and that the right to avoid does not appear to be subject to a statutory limitation period. This remains the position the position under the law of Bermuda. If the reinsurer is seeking a remedy of avoidance, then as a practical matter, once he knows of the facts which may entitle him to a remedy of avoidance, he is subject to the doctrines of affirmation, waiver and estoppel.[597]

Foreign limitation periods

The general rule: Applying the foreign period

The effect of the Foreign Limitation Periods Act 1984 (the "1984 Act") is to make all foreign limitation periods substantive, and to provide that foreign law will govern the following issues:

13-136

(1) What is the period of limitation for this particular cause of action?
(2) When did the cause of action arise and when did time begin to run?
(3) If, prima facie, the period of limitation has expired could the foreign court apply any statutory provisions or discretion which allow for the interruption, suspension, extension of time in which it did not arise from a party's absence from the jurisdiction at a particular time?

The general rule is stated in s.1(1) of the 1984 Act as follows:

"Where in any action or proceedings in a Court in England and Wales the law of any other country falls (in accordance with the rules of private international law applicable by any such Court) to be taken into account in the determination of any matter ... the law of that

---

(No. 2) Ltd v Allianz Global Corporate and Specialty CE [2020] EWHC 1646 (TCC); and see *Libyan Investment Authority v Credit Suisse International* [2021] EWHC 2684 (Comm).

[594] Lords Keith, Browne-Wilkinson, Mustill and Nicholls; Lord Lloyd dissenting.
[595] *Companhia de Seguros Imperio v Heath (REBX) Ltd* [1999] Lloyd's Rep. I.R. 571; aff'd [2001] Lloyd's Rep. I.R. 109, CA. The facts are discussed in Ch.10, 10-031 above.
[596] IA 2015, s.3(1): "Before a contract of insurance is entered into, the insured must make to the insurer a fair presentation of the risk." Although for the Brussels Regulation it is a right arising from contract: see 13-028 above.
[597] Discussed in Ch.6, 6-102 to 6-110 above.

other country relating to limitation shall apply in respect of that matter for the purposes of the action or proceedings ..."[598]

Note that the English court is required to, in effect, put itself in the shoes of the foreign court. First under s.1(4), any discretion exercisable by a foreign court in respect of its limitation period shall "so far as practicable be exercised in the same manner by an English Court". Secondly, s.4(1) makes provision for the application of the foreign law in relation to an extension or a reduction or the interruption of the limitation period.

The exceptions: Disapplying the foreign period

13-137 The 1984 Act provides for the four cases in which the relevant rule of English law will be applied rather than the foreign law:

(1) On grounds of public policy.[599]
(2) For the determination of whether and when proceedings have in fact been commenced.[600]
(3) Claims for equitable relief.[601]

Section 2(1) simply states that s.1 shall not apply to the extent that its application would conflict with public policy. This is elaborated by s.2(2) which provides that the application of s.1:

"... shall conflict with public policy to the extent that its application would cause undue hardship to a person who is, or who might be made, a party to the action or proceedings."

The English courts have disapplied foreign limitation periods which they considered were unreasonably short and thereby gave rise to undue hardship.[602]

Quaere whether a foreign period which was substantially longer than the English period is capable of giving rise to undue hardship. The only reported reinsurance case in which the 1984 Act has been applied is *Assitalia-le Assicurazioni SpA v Overseas Union Insurance Ltd*,[603] in which Waller J considered expert evidence of German law and concluded that the general statutory prescription period of 30 years, under s.195 of the German Civil Code, was applicable to the reinsurance contracts in question.

Foreign judgments based on limitation

13-138 Section 3 of the 1984 Act provides:

"Where a court in any country outside England and Wales has determined any matter wholly or partly by reference of the law of that or any other country (including England and Wales) relating to limitation, then, for the purposes of the law relating to the effect to be given in England and Wales to that determination, that court shall, to the extent that it has so determined the matter, be deemed to have determined on the merits."

This provision will clearly only apply if the English court is otherwise required

---

[598] Section 1(1) of the 1984 Act is subject to ss.1ZA (overseas armed forces actions) and 1B (ADR in domestic and cross-border consumer disputes) as well as s.1(2) (where both English and foreign law apply to the matter concerned).
[599] Foreign Limitation Periods Act 1984 ("1984 Act") s.2(1) and (2).
[600] 1984 Act s.1(3).
[601] 1984 Act s.4(3).
[602] See *Hellenic Steel Co v Svolamar Shipping Co Ltd, The "Komninos S"* [1991] 1 Lloyd's Rep. 370.
[603] *Assitalia-le Assicurazioni SpA v Overseas Union Insurance Ltd* [1995] 1 L.R.L.R. 76.

to recognise the foreign judgment, on the basis that it regards the foreign court as having jurisdiction over the matter in question between the parties.

Bermuda: The Limitation Act 1984

In Bermuda the Limitation Act 1984 adopts, in large measure, the provisions of both the English 1980 Act (but not the amendments brought in by the Latent Damage Act 1986) and the English 1984 Act. There are some minor differences, for example contracts under seal are subject to a 20-year limitation period.[604]

13-139

---

[604] Limitation Act 1984 s.10.

CHAPTER 14

Reinsurance Arbitration

TABLE OF CONTENTS

1. Outline of English Arbitration Law and Practice 14-001
2. Outline of Bermuda Arbitration Law and the UNCITRAL
   Model Law 14-044
3. Special Problems Relating to Reinsurance Arbitration 14-072
4. Arbitration and the Conflict of Laws 14-119

"When I was young, a sandwich-man wearing a top-hat used to parade outside these Courts with his boards back and front proclaiming 'Arbitrate, don't litigate!' It was very good advice so long as arbitrations were conducted speedily, as many still are in the City of London. But it is not so good when arbitrations drag on forever."—Lord Denning MR.[1]

1. OUTLINE OF ENGLISH ARBITRATION LAW AND PRACTICE

Overview of English legislation

Historical introduction

Arbitration is a form of private dispute resolution in which the parties refer the dispute to a third party or third parties for a binding decision. Arbitration clauses are commonplace in reinsurance contracts, a fact which, having regard to the number of reinsurance disputes, makes a discussion of the arbitral process with particular reference to reinsurance appropriate in a work on reinsurance law. In this chapter, we seek to summarise the arbitration law of England and Bermuda.[2] We conclude with a discussion of the specific legal problems to which the arbitration of reinsurance disputes gives rise and consider briefly other methods of "alternative dispute resolution" ("ADR").

Prior to the enactment of the Arbitration Act 1996, English arbitration legislation consisted principally of the Arbitration Acts 1950, 1975 and 1979. The Arbitration Act 1950, which repealed and replaced the Arbitration Act 1889, defined the powers of arbitrators and the relationship between arbitrations and the court. The court had extensive powers to intervene in the conduct of pending arbitrations and to set aside awards. The Arbitration Act 1975 gave effect in English law to the provisions of the 1958 New York Convention on the Recognition and Enforce-

14-001

---

[1] *Bremer Vulkan Schiffbau und Maschinenfabrik v South India Shipping Corp Ltd* [1980] 2 W.L.R. 905; [1980] 1 Lloyd's Rep. 255 at 270.
[2] We refer the reader at various points to more detailed discussions in specialist arbitration texts.

ment of Foreign Arbitral Awards.³ The "case stated" procedure in the 1950 Act which allowed wide-ranging rights of appeal to the court on points of law⁴ was removed by the Arbitration Act 1979, which sought to limit the scope for appeals from arbitration awards.

Historically, English judges have been suspicious of arbitrators,⁵ especially of "commercial men" who might depart from the intellectual purity of the common law in order to arrive at what they regarded as a "fair" result on the facts of a particular case. In *Czarnikow v Roth, Schmidt & Co*, the Court of Appeal held that an arbitration clause which empowered the arbitrators to depart from strict rules of law and purported to oust the jurisdiction of the court to review any award was contrary to public policy. Bankes LJ said:

> "To release real and effective control over commercial arbitrations is to allow the arbitrator, or the Arbitration Tribunal, to be a law unto himself, or themselves, to give him or them a free hand to decide according to law or not according to law as he or they think fit, in other words, to be outside the law. At present no individual or association is, so far as I am aware, outside the law except a trade union. To put such associations as the Refined Sugar Association in a similar position would in my opinion be against public policy. Unlimited power does not conduce to reasonableness of view or conduct."⁶

Scrutton LJ added:

> "In my view to allow English citizens to agree to exclude this safeguard for the administration of law is contrary to public policy. There must be no Alsatia⁷ in England where the King's writ does not run."⁸

14-002 Arbitration clauses which purport to empower the tribunal to depart from strict rules of law are not uncommon in reinsurance contracts, and we discuss the legal effect of such clauses below. In 1978, in *Eagle Star Insurance Co Ltd v Yuval Insurance Co Ltd*,⁹ Lord Denning MR may have had the above dicta in mind when he described a change in attitude on the part of the courts towards arbitration. He said:

> "At one time the Courts used to be very jealous of arbitrations. They used to find all sorts of reasons for interfering with arbitrators and their awards. But the approach to arbitration has changed in modern days. The Courts welcome arbitrations in commercial disputes. They encourage references to arbitration by commercial men in the City of London. They do not lightly interfere with their awards."¹⁰

---

3 Discussed below.
4 The old law is summarised in an Appendix to Mustill & Boyd, *Commercial Arbitration*, 1st edn (Butterworths, 1982).
5 See the remarks of Lord Denning MR in *Eagle Star Insurance Co Ltd v Yuval Insurance Co* [1978] 1 Lloyd's Rep. 357, below. Cited in *London Steamship Owners' Mutual Insurance Association Ltd v Spain* [2020] EWHC 1582 (Comm) ; [2020] 1 W.L.R. 4943, a case relating to a sinking in 2002, disputes relating to which had already been in the English Courts. See *London Steam-ship Owners' Mutual Insurance Association Ltd v Spain* [2015] EWCA Civ 333; [2015] 2 Lloyd's Rep. 33.
6 *Czarnikow v Roth, Schmidt & Co* [1922] 2 K.B. 478 at 484.
7 The *Oxford Companion to Law* (Oxford University Press, 1980) contains the following entry: "*Alsatia*–The colloquial name (which first appears in Shadwell's plays at the time of Charles II) for recognised areas of sanctuary for criminals, survivals of the medieval sanctuaries, which lasted until the end of the 17th Century in London. The one which gave its name to all the others was Alsatia, or Whitefriars, between Fleet Street and the Thames ...".
8 *Czarnikow v Roth, Schmidt & Co* [1922] 2 K.B. 478 at 488.
9 *Eagle Star Insurance Co Ltd v Yuval Insurance Co Ltd* [1978] 1 Lloyd's Rep. 357 (the facts are discussed below).
10 *Eagle Star v Insurance Co Ltd v Yuval Insurance Co* [1978] 1 Lloyd's Rep.357 at 360.

OUTLINE OF ENGLISH ARBITRATION LAW AND PRACTICE

In 1985, the United Nations Commission on International Trade Law ("UNCITRAL") adopted a Model Law on International Commercial Arbitration.[11] The Departmental Advisory Committee on Arbitration Law, under the chairmanship of Mustill LJ (as he then was) reported in 1989[12] and advised against the adoption of the UNCITRAL Model Law in England.[13] Instead, the report proposed:

> "... an intermediate solution, in the shape of a new Act with a subject-matter so selected as to make the essentials of at least the existing statutory arbitration law tolerably accessible, without calling for a lengthy period of planning and drafting, or prolonged parliamentary debate ..."[14]

In fact, the production of a new Act, the Arbitration Act 1996, took seven years, a period of "elephantine gestation"[15] and involved several draft bills and consultative papers. The final version of the Arbitration Bill is the subject of a detailed commentary in the *Report of the Departmental Advisory Committee on Arbitration Law*, under the chairmanship of Saville LJ (as he then was) dated February 1996.[16]

The Arbitration Act 1996

The Arbitration Act 1996 received the Royal Assent on 17 June 1996[17] and, save for ss.85–87, came into force on 31 January 1997.[18] It applies to all arbitrations commenced and "arbitration applications"[19] after the date of its entry into force, even though the arbitration agreement was made prior to its entry into force.[20] The 1996 Act consolidates parts of the pre-existing legislation and codifies certain principles established by case law; it also adopts certain provisions of the UNCITRAL Model Law. In the words of Lord Mustill and Stewart Boyd QC: "The Act has ... given English Arbitration law an entirely new face, a new policy and new foundations."[21]

14-003

The 1996 Act is divided into four parts as follows:

---

[11] Amended 2006, Resolution 61/33. Revised also on 6 December 2010, and reissued. Discussed below.
[12] The DAC Report. See below.
[13] It has, as we shall see, been adopted in Bermuda. It has been adopted in 88 states and 121 jurisdictions in total: UNCITRAL web page on "Status". An amended version of the UNCITRAL Model Law was approved by the UN General Assembly in December 2006; however, Bermuda still uses the original 1985 version.
[14] DAC Report at p.108.
[15] Per Lord Steyn, "Freshfields Lecture" (1994) 1 *Arbitration International* 1.
[16] Hereafter referred to as the "DAC Report". A *Report on the workings of the Arbitration Act 1996 (the 1996 Act)* was published in 2006 for the Commercial Court Users Committee and other bodies. The committee producing the Report was chaired by Bruce Harris and the membership comprised mainly practitioners. The conclusion of the Report was that no changes to the Arbitration Act 1996 were necessary or desirable. However, on 6 September 2023 the Law Commission published its review of the Arbitration Act 1996: Final Report, and has recommended some changes to the legislation, which are briefly summarised at 14-005 below.
[17] Hereafter referred to as the "1996 Act" and in Pt 1 all references to sections are to the 1996 Act unless otherwise stated.
[18] Arbitration Act 1996 (Commencement No.1) Order 1996 (SI 1996/3146 (C.96)). At the present date ss.85–87, dealing with domestic arbitrations and limiting the ability to seek the court's assistance seem destined for repeal without ever coming into force.
[19] As defined in Sch.2 to SI 1996/3146.
[20] Arbitration Act 1996 s.84; Commencement No.1 Order 1996 (SI 1996/3146) Sch.2.
[21] *Commercial Arbitration: 2001 Companion Volume to the Second Edition* (preface), cited by Lord Steyn in *Lesotho Highlands Development Authority v Impregilo SpA* [2005] UKHL 43; [2006] 1 A.C. 221, 230F (a case on what constitutes a "serious irregularity").

(1) Pt I[22] entitled "Arbitration pursuant to an Arbitration Agreement", constitutes the bulk of the Act's provisions and codifies English arbitration law.
(2) Pt II[23] entitled "Other Provisions Relating to Arbitration", contains specific provisions relating to domestic arbitration agreements, consumer arbitration agreements, small claims arbitration in the County Court, the appointment of judges as arbitrators and statutory arbitrations.
(3) Pt III[24] entitled "Recognition and Enforcement of Certain Foreign Awards", provides for enforcement of awards under the Geneva and New York Conventions.[25]
(4) Pt IV[26] entitled "General Provisions", contains miscellaneous provisions, including the allocation of business as between different courts and consequential amendments and repeals.

Section 1 of the 1996 Act, unusually for an English statute, sets out general principles upon which Pt 1 of the Act is said to be founded,[27] as follows:

"(a) the object of arbitration is to obtain the fair resolution of disputes by an impartial tribunal without unnecessary delay or expense;
(b) the parties should be free to agree how their disputes are resolved, subject only to such safeguards as are necessary in the public interest;
(c) in matters governed by this Part the court should not intervene except as provided by this Part."

14-004 Section 1 of the 1996 Act directs the court to construe the Act in accordance with the above principles. Schedule 1 sets out the mandatory provisions which the parties are not permitted to depart from by agreement.[28] With the exception of these few mandatory provisions (the most important of which we discuss below), the parties are free to make whatever arrangements they wish to govern the conduct of an arbitration. The scheme of Pt 1 of the 1996 Act is to set out in a logical order various non-mandatory provisions[29] which will apply in default of any agreement by the parties. The various sections repeatedly use the phrases "unless otherwise agreed by the parties" or "the parties are free to agree".

The 1996 Act applies where the law applicable to the agreement is English (or Northern Irish) law, or where the seat of the arbitration is England and Wales (or Northern Ireland).[30] Where the parties have not designated the seat of the arbitration or conferred the power to so designate on the arbitral tribunal or some arbitral

---

[22] Arbitration Act 1996 ss.1–84.
[23] Arbitration Act 1996 ss.85–98.
[24] Arbitration Act 1996 ss.99–104.
[25] See further, below.
[26] Arbitration Act 1996 ss.105–110.
[27] See DAC Report, paras 18–22.
[28] Arbitration Act 1996 s.4(1).
[29] Which follow that of the UNCITRAL Model Law.
[30] Arbitration Act 1996 s.2. And the courts of the seat of the arbitration have jurisdiction in any proceedings arising out of an award. See: *C v D* [2007] EWCA Civ 1282; [2008] Bus. L.R. 843 (discussed further 14-041 below) *C v D* was cited in *Sulamerica Cia Nacional de Seguros SA v Enesa Engenharia SA* [2012] EWCA Civ 638; [2013] 1 W.L.R. 102. See Ch.13, 13-069 above. See also *Abuja International Hotels Ltd v Meridien SAS* [2012] EWHC 87 (Comm); [2012] 1 Lloyd's Rep. 461; *Arsanovia Ltd v Cruz City 1 Mauritius Holdings* [2012] EWHC 3702 (Comm); [2013] 1 Lloyd's Rep. 235. In *Enka Insaat ve Sanayi AS v OOO Insurance Co Chubb* [2020] EWCA Civ 574; [2020] 2 Lloyd's Rep. 389 an insurance policy with no governing law was entered into by a Turkish insured and a Russian insurer, and provided for arbitration in England. The Court of Appeal decided that was sufficient to grant the insured an anti-suit injunction to prevent proceedings in Russia. An arbitration agreement contains an independent negative promise not to commence proceedings anywhere

institution, the seat will be determined by the court "having regard to the parties' agreement and all the relevant circumstances".[31]

The Arbitration Bill 2023

[On 21 November 2023 a new Arbitration Bill was introduced into the House of Lords, to give effect to recommendations of the Law Commission of England and Wales to amend the Arbitration Act 1996.[32]

The Arbitration Bill is currently progressing through Parliament. The Arbitration Bill aims to modernise arbitration law and includes the following substantial initiatives:

- a new rule on the governing law of an arbitration agreement (to replace the common law rule established in *Enka Insaat ve Sanayi AS v OOO Insurance Company Chubb*);[33]
- codification of an arbitrator's duty of disclosure;
- strengthening of arbitrator immunity around resignation and applications for removal;
- introduction of a power for arbitrators to dispose summarily of issues which have no real prospect of success;
- a revised framework for challenges under s.67 of the Arbitration Act 1996 (where the challenge alleges that the arbitral tribunal lacked jurisdiction); and
- clarification of court powers in support of arbitral proceedings, and in support of emergency arbitrators.

The Arbitration Bill also contains the following minor changes to the Arbitration Act 1996:

- making appeals available from an application to stay legal proceedings;
- simplifying preliminary applications to court on questions of jurisdiction and points of law;
- clarifying time limits for challenging awards; and
- repealing unused provisions on domestic arbitration agreements.

We shall refer, as necessary, to the proposed legislative changes contained in the Arbitration Bill in the applicable sections of this Chapter below. The Arbitration Bill's progress has now been stopped by the forthcoming UK general election and will need to be reintroduced before the new parliament.

14-005

---

in the world: aff'd by the Supreme Court *Enka Insaat Ve Sanayi AS v OOO Insurance Company Chubb* [2020] UKSC 38; [2020] 1 W.L.R. 4117 at [174]–[184] (discussed further at 14-007 and 14-121 below), followed *Deutsche Bank AG v RusChemAlliance LLC* [2023] EWCA Civ 1144; [2023] Bus. L.R. 1660. In *Abuja*, Hamblen J found that the procedural law of the arbitration was English even though the law of the agreement containing the arbitration clause was Nigerian. In *Arsanovia* Andrew-Smith J found that the law of the agreement containing the agreement to arbitrate was Indian and the curial law was English (England was the seat of the arbitration). He then found the parties had chosen Indian law to be the law of the arbitration. They had agreed not to seek interim relief in the Indian courts, an agreement that would have been unnecessary unless Indian law was the law governing the Arbitration.

[31] Arbitration Act 1996 s.3.
[32] *https://lawcom.gov.uk/project/review-of-the-arbitration-act-1996/*.
[33] [2020] UKSC 38; [2020] 1 W.L.R. 4117. See 14-008 below.

The arbitration agreement

Agreement in writing

14-006 Section 6(1) of the 1996 Act defines "arbitration agreement" as "an agreement to submit to arbitration present or future disputes (whether they are contractual or not)". Section 5(1) provides that Pt 1 applies only where the arbitration agreement is in writing. Section 5(2), (3) and (4) provides for an extended definition of "writing".[34] Thus, an agreement is in writing for the purposes of the 1996 Act, if:

(1) the agreement is made in writing (whether or not it is signed by the parties) and an agreement is deemed to have been made in writing where the parties have agreed, otherwise than in writing, by reference to terms which are in writing;

(2) the agreement is made by exchange of communications in writing;

(3) the agreement is evidenced in writing, and an agreement is deemed to be evidenced in writing if an agreement made otherwise than in writing is recorded by one of the parties or by a third party, with the authority of the parties to the agreement; or

(4) where an agreement otherwise than in writing is alleged by one party in written submissions in arbitral or legal and the other party does not deny the existence of the agreement.

Section 6(2) provides as follows:

"The reference in an agreement to a written form of arbitration clause or to a document containing an arbitration clause constitutes an arbitration agreement if the reference is such as to make that clause part of the agreement."

Although the above is similar to the concluding sentence of art.7(6) of the Model Law, the liberal approach to incorporation by reference which art.7 contemplates[35] has not been imported into English law. Instead, the English courts follow pre-existing authority in deciding whether a general reference in a reinsurance slip to underlying wording which contains an arbitration clause is sufficient to make that clause part of the reinsurance contract.[36]

Separability of arbitration agreement

14-007 Section 7 of the 1996 Act provides as follows:

"Unless otherwise agreed by the parties, an arbitration agreement which forms or was intended to form part of another agreement (whether or not in writing) shall not be regarded as invalid, non-existent or ineffective because that other agreement is invalid or did not come into existence or has become ineffective, and it shall for that purpose be treated as a distinct agreement."

The above provision codifies (and possibly extends) the principle of separability of the arbitration agreement[37] which had been developed by the English courts.[38] The "orthodox view in English law" was said to be:

---

[34] Compare art.7 of the Model Law, below, and see DAC Report, paras 31-40.
[35] See *Skandia International Insurance Co Ltd v Al Amana Insurance and Reinsurance Co Ltd* [1995] 4 Re. L.R. 63, and discussed below, and DAC Report, para.42.
[36] See Ch.4, 4-011–4-013 above and the cases there cited.
[37] Compare art.16(1) of the Model Law, below, which according to Bermudian authority is merely procedural.

"that if the contract in which the arbitration clause is contained is void ab initio, and therefore nothing, so also must be the arbitration clause in the contract. That is the proposition that nothing can come of nothing; ex nihilo nihil fit. It has also been called in this case the argument of logic."[39]

In *Harbour Assurance v Kansa*, the plaintiff retrocessionaires sought a declaration that retrocession contracts were void, because the underlying reinsurance contracts written by the defendants were illegal and void as the defendants had not been authorised to conduct insurance business in the UK under the Insurance Companies Acts.[40] The plaintiffs argued that the alleged illegality also rendered the arbitration clause in the retrocession contracts void, and that the arbitrator had no jurisdiction to rule on the illegality issue. The judge[41] "[t]o his evident regret"[42] considered, himself constrained by authority to conclude that the principle of separability did not apply where the initial invalidity of the contract containing the clause was alleged. The Court of Appeal[43] disagreed and unanimously held as follows:

(1) "An arbitration clause, in ordinary terms–that is to say, without special words to ensure survival—is usually, and has been held to be, a self-contained contract collateral to the containing contract."[44]

(2) "... [T]he initial illegality of the contract is capable of being referred to arbitration, provided that it does not impeach the arbitration clause itself ..."[45]

(3) "... [T]he illegality pleaded by the plaintiffs does not affect the validity of the arbitration clause. This leaves the question of whether as a matter of construction the clause is wide enough to cover the illegality issue ... In my judgment, the words 'all disputes or differences arising out of this agreement' apply without difficulty to a dispute over whether the agreement, which was admittedly concluded, gave rise to any enforceable obligations."[46]

The plaintiffs' argument was dismissed as "false logic".[47] Alice in Wonderland, it may be recalled, was puzzled by the continuing presence of the Cheshire cat's smile after the cat itself had vanished. To extend the reasoning of the Court of Ap-

---

[38] See *Heyman v Darwins Ltd* [1942] A.C. 356; *Harbour Assurance Ltd v Kansa Ltd* [1993] Q.B. 701; DAC Report, para.43.
[39] *Harbour Assurance Co (UK) Ltd v Kansa General international Insurance Co Ltd* [1993] Q.B. 701; [1993] 3 W.L.R. 42 per Ralph Gibson LJ.
[40] See Ch.15 below.
[41] Steyn J (as he then was).
[42] *Harbour Assurance v Kansa* [1993] Q.B. 701 at 709 per Ralph Gibson LJ.
[43] Ralph Gibson, Leggatt and Hoffmann LJJ.
[44] *Harbour Assurance v Kansa* [1993] Q.B. 701 at 711 per Ralph Gibson LJ.
[45] *Harbour Assurance v Kansa* [1993] Q.B. 701 at 715 per Leggatt LJ.
[46] *Harbour Assurance v Kansa* [1993] Q.B. 701 at 726 per Hoffmann LJ.
[47] *Harbour Assurance v Kansa* [1993] Q.B. 701 at 722 per Hoffmann LJ. See also Colman J in *Westacre Investments Inc v Jugoimport-SDPR Holdings Co Ltd* [1999] Q.B. 740; [1998] 3 W.L.R. 770. Held: the public policy in upholding foreign arbitration awards took precedence over the policy of discouraging international commercial corruption. That seems an odd decision to be left to a judge. The true principle is that the court enforces foreign awards unless it is contrary to public policy, see: s.103(3) of the 1996 Act. In *Malicorp Ltd v Egypt* [2015] EWHC 361 (Comm); [2015] 1 Lloyd's Rep. 423 a tribunal awarded damages to the claimant on a basis that had not been argued. The Cairo court of appeal had set aside the award. Walker J in the English High Court said that he had the power to allow enforcement of the award but he did not do so. He agreed that Egypt had had no opportunity to argue the point on which the tribunal had made its decision. See *Alexander Brothers Ltd (Hong Kong SAR) v Alstom Transport SA* [2020] EWHC 1584 (Comm); [2020] Bus. L.R. 2197.

14-008 In *Fiona Trust v Privalov*[48] Fiona Trust sought a declaration from the court that it had validly rescinded charterparties that it alleged had been entered into a result of bribery of its representatives. The Court of Appeal and the House of Lords stayed the proceedings in favour of arbitration. Whether the agreement was to arbitrate disputes "arising under" or "arising out of" the contract—the effect of s.7 of the 1996 Act was the same—any dispute about the making of the contract goes to arbitration. Lord Hoffmann[49] said:

> "In the present case, it is alleged that the main agreement was in uncommercial terms which, together with other surrounding circumstances, give rise to the inference that an agent acting for the owners was bribed to consent to it. But that does not show that he was bribed to enter into the arbitration agreement. It would have been remarkable for him to enter into any charter without an arbitration agreement, whatever its other terms had been. Mr Butcher QC, who appeared for the owners, said that but for the bribery, the owners would not have entered into any charter with the charterers and therefore would not have entered into an arbitration agreement. But that is in my opinion exactly the kind of argument which section 7 was intended to prevent. It amounts to saying that because the main agreement and the arbitration agreement were bound up with each other, the invalidity of the main agreement should result in the invalidity of the arbitration agreement. The one should fall with the other because they would never have been separately concluded. But section 7 in my opinion means that they must be treated as having been separately concluded and the arbitration agreement can be invalidated only on a ground which relates to the arbitration agreement and is not merely a consequence of the invalidity of the main agreement."[50]

Likewise, in *El Nasharty v Sainsbury*[51], following the *Fiona Trust* case, Tomlinson J granted an application for a stay of proceedings in favour of arbitration under s.9 of the 1996 Act even though the claimant alleged he had entered into the main contract under duress, and such the arbitration agreement should not be binding. The facts relied upon by the claimant did not impeach the arbitration agreement itself and therefore were insufficient. In any event, the allegation was hopeless on the facts and had been waived. A different result was arrived at in *Albon v Naza Motor Trading*.[52] In that case the claimant alleged that the agreement containing the arbitration clause was a forgery. Lightman J ordered a trial before the English court on the validity of the arbitration agreement, holding that until it had been determined that there was a concluded arbitration agreement, the court could not order a stay under s.9.

---

[48] Report on appeal to the House of Lords sub nom. *Premium Nafta Products v Fili Shipping Co Ltd* [2007] UKHL 40; [2008] 1 Lloyd's Rep. 254. The *Fiona Trust* dispute returned to the courts a further five times between 2010 and 2015. In the 2015 judgment, *Fiona Trust & Holding Corp v Privalov* [2015] EWHC 527 (Comm) the Judge declared that the court has inherent power to clarify the meaning of earlier orders to assist with an arbitration. The court set out what claims the claimant could and could not pursue following a court action in 2009 against certain former employees. The 2007 UKHL decision was followed in *Stellar Shipping Co LLC v Hudson Shipping Lines* [2010] EWHC 2985 (Comm); [2012] 1 C.L.C. 476 and *Interprods Ltd v De La Rue International Ltd* [2014] EWHC 68 (Comm); [2014] 1 Lloyd's Rep. 540. The 2007 decision was followed in *Sierra Leone v SL Mining Ltd* [2021] EWHC 286 (Comm); [2021] Bus. L.R. 704 and *Macquarie Global Infrastructure Funds 2 Sarl (In Liquidation) v Rodino Gonzalez* [2020] EWHC 2123 (Comm).
[49] Who had been a member of the Court of Appeal which decided *Harbour Assurance v Kansa*.
[50] *Fiona Trust v Privalov* [2007] UKHL 40; [2007] 4 All E.R. 951 at [19].
[51] *El Nasharty v J Sainsbury Plc* [2007] EWHC 2618 (Comm); [2008] 1 Lloyd's Rep. 360.
[52] *Albon (t/a Na Carriage Co) v Naza Motor Trading Sdn Bhd* [2007] EWHC 665 (Ch); [2007] 2 Lloyd's Rep. 1; aff'd [2008] 1 Lloyd's Rep. 1 (CA).

In *Enka Insaat Ve Sanayi AS v OOOO Insurance Company Chubb*[53] the principle of separability was key to the question of whether an English court could issue an anti-suit injunction to order the Chubb to cease pursuing proceedings in Russia. The Court of Appeal said that the law of the arbitration would ordinarily be the same as the law of the seat (England) and therefore English law applied and an anti-suit injunction could be issued. The Supreme Court found (as the Court of Appeal did not) that whilst separate from the contract itself, the law governing the arbitration agreement would generally be the same as the law governing the contract unless the parties agreed something different. However, since the overriding intent of the parties must be that their agreement to arbitrate must be upheld, and since this would be better guaranteed if English law governed the arbitration, the law of the seat, English law, governed. This is a very strong example of separability of the arbitration agreement from the contract to which it relates.

However, there are limits to the separability principle. In *DHL Project and Chartering Ltd v Gemini Ocean Shipping Co Ltd*[54] the Court of Appeal considered a dispute as to whether an arbitrator had substantive jurisdiction to determine a dispute arising from negotiations for a voyage charterparty if the charterparty was made "subject" to a condition which was never lifted. The recap provided for London arbitration. The Court of Appeal held that arbitrator did not have jurisdiction to consider whether the effect of the "subject" was that no binding charterparty was agreed. The first instance judge, Jacobs J, held that by reason of the subject, no binding contract was concluded. Males LJ, delivering the only reasoned judgment for the Court of Appeal acknowledged the importance of the separability principle and that it had been given statutory recognition by s.7 of the 1996 Act. However, he held that the separability principle had no application when the issue between disputing parties was as to whether a legally binding arbitration agreement had been reached between them, as opposed to when such an agreement had been reached but the contract in which it was contained had been rendered void or voidable. Males LJ concluded that s.7 applied where the main contract was invalid, non-existent or ineffective but, as s.6 made clear, there still had to be an "arbitration agreement" which was legally binding and satisfied the principles of contract formation. If there was no binding arbitration agreement, there was nothing to which the separability principle could apply.

Males LJ also rejected the submission that the Court of Appeal's approach was antithetical to the "one stop" dispute resolution presumption in contractual interpretation advocated in *Fiona Trust v Privalov* and subsequent cases. That presumption concerned the interpretation of dispute resolution clauses, not issues of contract formation. There was no issue as to the construction of the arbitration clause. Males LJ said "One-stop shopping is all very well, but if the parties have

---

[53] [2020] UKSC 38; [2020] 1 W.L.R. 4117; followed *Kabab-Ji SAL (Lebanon) v Kout Food Group (Kuwait)* [2021] UKSC 48; [2022] 1 Lloyd's Rep. 24; *Maersk AS v Mercuria Energy Trading SA* [2021] EWHC 2856 (Comm); [2022] 2 Lloyd's Rep. 95; *Deutsche Bank AG v RusChemAlliance LLC* [2023] EWCA Civ 1144; *G v R* [2023] EWHC 2365 (Comm).

[54] *DHL Project and Chartering Ltd v Gemini Ocean Shipping Co Ltd* [2022] EWCA Civ 1555; [2023] 1 Lloyd's Rep. 245. Permission to appeal to the Supreme Court was refused on 13 April 2023 as not raising an arguable point of law. Prior to the Court of Appeal's judgment being delivered, Jacobs J, the first instance judge in *DHL Project and Chartering Ltd v Gemini Ocean Shipping Co Ltd* handed down judgment in *E-Star Shipping and Trading Co Ltd v Delta Corp Shipping Ltd* [2022] EWHC 3165 (Comm); [2023] 1 Lloyd's Rep. 595 at [43]–[44], reiterated his view that where a contract was made subject to a condition applicable to all of its provisions, including the arbitration clause (in that case signature by the parties), if no fulfilled there was no binding arbitration agreement between the parties.

not entered into an arbitration agreement, the shop is not open for business in the first place".

Enforcing Agreement to arbitrate—stay of legal proceedings

14-009 Section 9 of the Arbitration Act 1996 provides that where a party to an arbitration agreement against whom legal proceedings are brought, in respect of a matter[55] which under the arbitration agreement is to be referred to arbitration, applies to the court for a stay of those proceedings:

> "... the court shall grant a stay unless satisfied that the arbitration agreement is null and void, inoperative, or incapable of being performed."[56]

Thus, for example, in *Sun Life Assurance Co of Canada v CX Reinsurance Co Ltd*[57] where it was held that no treaty wording had in fact been agreed and hence there was no binding agreement to arbitrate, a stay was refused.[58] In *Astra SA Insurance and Reinsurance Co v Yasuda Fire and Marine Insurance Co of Europe Ltd*[59] it was held that a Romanian decree which transferred the assets and liabilities of ADAS to Astra did not render the arbitration clause in the reinsurance contracts ineffective.[60]

The application may be made notwithstanding that the matter is to be referred

---

[55] To give rise to a mandatory stay, the court must first identify the matter in respect of which the legal proceedings were brought, and then ascertain whether it fell within the scope of the arbitration agreement. The matter has to be a substantial issue that is legally relevant to the claim or a defence, and it has to be arbitrable as a discrete dispute. It has to be more than merely peripheral or tangential to the subject matter of the legal proceedings. The matter need not encompass the whole dispute between the parties: *Lombard North Central Plc v GATX Corp* [2012] EWHC 1067 (Comm); [2012] 2 All E.R. (Comm) 1119; *FamilyMart China Holding Co Ltd v Ting Chuan (Cayman Islands) Holding Corp* [2023] UKPC 33; [2024] Bus. L.R. 190; *Mozambique v Privinvest Shipbuilding SAL (Holding)* [2023] UKSC 32; [2023] Bus. L.R. 1359.
[56] Arbitration Act 1996 s.9(4).
[57] *Sun Life Assurance Co of Canada v CX Reinsurance Co Ltd (formerly CNA Reinsurance Co Ltd)* [2003] EWCA Civ 283; [2004] Lloyd's Rep. I.R. 58.
[58] In *Albon (t/a NA Carriage Co) v Naza Motor Trading Sdn Bhd* [2007] EWHC 665 (Ch); [2007] 2 Lloyd's Rep. 1, (referred to above) it as held there was no power to grant a stay under ss.9(1) and 9(4) unless it was established there was a concluded arbitration agreement. Lightman J held that the power of a court to stay under s.9(4) assumed that an arbitration agreement had been concluded and was concerned with the situation where issues arose whether that concluded agreement was devoid of legal effect.
[59] *Astra SA Insurance and Reinsurance Co v Yasuda Fire and Marine Insurance Co of Europe Ltd* [1999] C.L.C. 950. And see *Astra SA Insurance and Reinsurance Co v Sphere Drake Insurance Ltd (formerly Sphere Drake Insurance Plc, Sphere Insurance Plc and Odyssey Re (London) Ltd)* [2000] 2 Lloyd's Rep. 550. In *Lombard North Central Plc v GATX Corp* [2012] EWHC 1067 (Comm); [2012] 2 All E.R. (Comm) 1119, proceedings were stayed under s.9 of the 1996 Act so that an arbitration panel could decide on its jurisdiction, not the court. In *Premier Cruises Ltd v DLA Piper Rus Ltd* [2021] EWHC 151 (Comm); [2021] 1 Lloyd's Rep. 511 Judge David Edwards QC held that an arbitration agreement between a law firm and a client was not retrospective – because nothing suggested that it was – and that an English court could not stay proceedings against an English domiciled defendant on forum non conveniens grounds where it had jurisdiction pursuant to the Brussels Regulation.
[60] See also, the puzzling case of *Youell v La Reunion Aerienne* [2009] EWCA Civ 175 discussed above (Ch.13) where no application for a stay under s.9 of the 1996 Act was made. In *Excalibur Ventures LLC v Texas Keystone Inc* [2011] EWHC 1624 (Comm); [2011] 2 Lloyd's Rep. 289 the claimant started proceedings against the defendant in England and also arbitration proceedings in the ICC in New York and then sought a stay of the English proceedings. The defendants argued that the English court was the appropriate forum to decide if it had agreed to arbitrate. The English court agreed. It issued an anti-suit injunction against the claimant continuing the arbitration proceedings in New York. This power was under the Senior Courts Act 1981 s.37 however, not s.9 of the 1996 Act.

to arbitration only after the exhaustion of other dispute resolution procedures.[61] However, the application must be made after the party seeking the stay has taken the appropriate procedural step to acknowledge the legal proceedings, but before he has taken any step in those proceedings to answer the substantive claim. In *Eagle Star v Yuval*, the Court of Appeal held that the defendant reinsurer, who had applied to strike out a statement of claim endorsed on the writ which was described as "vague in the extreme and completely inaccurate"[62] had not taken a step in the proceedings within the meaning of the legislation then in force.[63] Lord Denning MR said that a "step in the proceedings" must be one which impliedly affirms the correctness of the proceedings and the willingness of the defendant to go along with a determination by the courts of law instead of arbitration.[64] He said an application to strike out "was not an affirmation of the correctness of the proceedings. Quite the contrary. It was a disaffirmation of them".

Section 9 is identical in this regard to art.8 of the Model Law and the 1958 New York Convention. Legislation prior to the 1996 Act[65] did not require a stay of proceedings where "there is in fact no dispute between the parties …". In a case where there is said to be no dispute and therefore nothing to refer to arbitration the reinsured may seek summary judgment.[66]

Section 9(5) provides that where the court refuses to stay the legal proceedings, any provision that an award is a condition precedent to the bringing of legal proceedings[67] is of no effect.

Clause 13 of the Arbitration Bill 2023 proposes the insertion of a new s.9(6) to the 1996 Act to provide "The leave of the court is required for any appeal from a decision of the court under this section". This will expressly confirm that an appeal is available from the decision of a court on a stay application (as had been assumed).

Excalibur Ventures LLC v Texas Keystone Inc[68] involved competing applications for stays. E claimed to have been excluded from an oil venture in Kurdistan. E started court proceedings in England and arbitration proceedings in New York. One of the defendants sought an order restraining E from continuing the arbitration proceedings and E sought an order staying the court proceedings until the arbitrators had decided on their jurisdiction, (which jurisdiction was disputed). Gloster J said:

---

[61] Arbitration Act 1996 s.9(2); see *Channel Tunnel Group Ltd v Balfour Beatty Construction Ltd* [1993] A.C. 334; [1993] 2 W.L.R. 262.
[62] *Eagle Star v Yuval* [1978] 1 Lloyd's Rep. 357 at 361 per Lord Denning MR, Goff and Shaw LJJ.
[63] *Eagle Star v Yuval* [1978] 1 Lloyd's Rep. 357 at 363 per Goff LJ. In *Nokia Corp v HTC Corp* [2012] EWHC 3199 a stay for arbitration to take place was refused when it was sought *after* a case management conference and a consent Order. The consent Order was an unequivocal step in the action.
[64] Followed: *Capital Trust Investments Ltd v Radio Design TJ AB* [2002] EWCA Civ 135; [2002] 2 All E.R. 159 CA; confirming there are three requirements: the applicant's conduct had to demonstrate an election to abandon his right to a stay; the act had to have the effect of invoking the court's jurisdiction; and an act which would otherwise be regarded as a step in the proceedings would not be treated as such if the applicant had specifically stated that he intended to seek a stay; applied *Fairpark Estates Ltd v Heals Property Developments Ltd* [2022] EWHC 496 (Ch); [2022] 1 W.L.R. 3931 at [23].
[65] Arbitration Act 1950 s.4; Arbitration Act 1975 s.1.
[66] See below.
[67] Known as a "*Scott v Avery*" clause: see *Scott v Avery* 10 E.R. 1121; (1856) 5 H.L. Cas. 811. In *Marasca Comercio de Cereais Ltd v Bunge International Commerce Ltd.* [2021] EWHC 359 (Comm) the court said that a *Scott v Avery* clause in a GAFTA contract did not grant the claimant the ability to go to the English court for a different answer when its claim had been dismissed by the arbitral tribunal, or to revert to the court when its arbitral claim was time barred.
[68] *Excalibur Ventures LLC v Texas Keystone Inc* [2011] EWHC 1624 (Comm). Applied in *A.K. Bakri & Sons Ltd. v Bakri* [2017] SC(Bda) 40 Com (26 May 2017).

"It is clear that the English courts have jurisdiction under s37 of the Senior Courts Act 1981 to grant injunctions restraining arbitrations where the seat of the arbitration is in a foreign jurisdiction, although it is a power that is only exercised in exceptional circumstances and with caution: see, for example, *Black Clawson International Ltd v Papierwerke Waldhof-Aschaffenberg AG* [1981] 2 Lloyds Rep. 446, 458; *Cetelem SA v Roust Holdings Ltd* [2005] 2 Lloyd's Rep 494 per Clarke LJ at [74]; *Weissfisch v Julius* [2006] 1 Lloyd's Rep 716 per Lord Phillips CJ at [33(v)]; *Elektrim SA v Vivendi Universal (No 2)* [2007] 2 Lloyd's Rep 8 at [51]; *Albon v Naza Motor Trading Sdn Bhd (No 4)* [2007] 2 Lloyd's Rep 420; affirmed [2008] 1 Lloyd's Rep 1; *Claxton Engineering Services v TXM* [2011] EWHC 345. An English court will be particularly slow to restrain arbitration proceedings where there is an agreement for the arbitration to have its seat in a foreign jurisdiction and the parties have 'unquestionably agreed' to the foreign arbitration clause: see *Weissfisch v Julius* (supra) at paragraph 33. That is because, given the priority to be accorded to the parties' choice of arbitration, and the limited nature of the court's powers to intervene under the provisions of the Arbitration Act 1996 ('the Act'), the court should not simply apply the same approach as for the grant of the normal anti–suit injunction: see *Elektrim SA v Vivendi Universal SA (No 2)* (supra) per Aikens J."

The judge found that it was clear that the English court was the appropriate tribunal to decide whether the arbitrators had jurisdiction. That made it appropriate to stay the New York arbitration proceedings because their continuance would be oppressive.

Gloster J also refused the claimant's request to stay the English proceedings. She said:

"In circumstances where a claimant is applying to stay proceedings voluntarily brought by it, it needs to show that there are 'special', 'rare' or 'exceptional' circumstances to justify a stay. As Neuberger J (as he then was) observed in *Ledra Fisheries Ltd v Turner* [2003] EWHC 1049 at paragraph 12: '... it appears to me that, where a claimant has brought a claim against the same defendants for essentially the same relief arising out of the same facts in two jurisdictions, then, absent special circumstances, it would be wrong for the court to grant a stay of one set of proceedings at the instigation of the claimant, the very person who has brought both sets of proceedings'."

In *Joint Stock Asset Management Co Ingosstrakh-Investments v BNP Paribas SA*[69] the court permitted an anti-suit injunction against a third party (i.e. one not a party in the arbitration) in support of the arbitration. A bank brought arbitration proceedings against a guarantor in accordance with the terms of the guarantee and a party related to the guarantor commenced proceedings in Russia seeking to thwart the arbitration. The English court ordered the related party to cease the Russian proceedings. Conversely, in *Citigroup Global Markets Ltd v Amatra Leveraged Feeder Holdings Ltd*[70] the English court restrained Citicorp from continuing legal proceedings against four defendants in England because they were an unwarranted interference with an arbitration brought in New York against an affiliate of Citicorp which had arranged the unsuccessful investments that the defendants complained of.

---

[69] *Joint Stock Asset Management Co Ingosstrakh-Investments v BNP Paribas SA* [2012] EWCA Civ 644; [2012] 1 Lloyd's Rep. 649.
[70] *Citigroup Global Markets Ltd v Amatra Leveraged Feeder Holdings Ltd* [2012] EWHC 1331 (Comm); [2012] 2 C.L.C. 279.

In *Claxton Engineering Services Ltd v TXM Olaj-Es Gazkutato Kft*[71] the court halted arbitration proceedings in another country in favour of English court proceedings. The judge issued an anti-suit injunction ordering the defendant to cease arbitration proceedings in Hungary which had been commenced in breach of a contract terms giving exclusive jurisdiction over disputes to the English court.

In *Minister of Finance Inc v International Petroleum Investment*[72] the Court of Appeal reversed a first instance judge who had stayed Court proceedings under sections 67 and 68 of the Arbitration Act (enforcement of an Award) to allow further arbitration proceedings to take place. The Court of Appeal said that the second proceedings were vexatious and the successful party in the concluded arbitration was entitled to enforce its award.

In *Tyson International Co Ltd v Partner Reinsurance Europe SE*[73] the court had to consider the relationship of two contractual documents agreed between TICL as insured and Partner Re as insurer. The first, concluded on 30 June 2021, was based on the Market Reform Contract used in the London market and contained an English law and jurisdiction clause (the "MRC"). The second, concluded on 8 July 2021, was based on the Market Uniform Reinsurance Agreement used in the US market and provided for New York law and arbitration (the "MURA"). Partner Re issued an application under s.9 of the Arbitration Act 1996 for a stay of the English proceedings on the grounds that they had been brought in breach of the arbitration agreement in the MURA. TICL issued an application for a permanent injunction to restrain Partner Re from pursuing the arbitration in New York. The court granted a stay and dismissed the injunction application. The Court accepted Partner Re's submission that the parties had, by concluding the MURA, agreed to replace the English jurisdiction clause in the MRC with the arbitration agreement in the later agreement.

In a related case, *Tyson International Co Ltd v GIC Re, India, Corporate Member Ltd*,[74] involving a different reinsurer on the same risk, and a very similar placement involving the agreement of a MRC (with English law and jurisdiction) followed several days later by a MURA (with New York law and arbitration), TICL succeeded in maintaining an interim ASI, obtained ex parte, until the conclusion of a jurisdiction / s.9 Arbitration Act application because the court formed the interim conclusion that the parties intended that the English law and jurisdiction clause in the MRC would take precedence over the MURA, by reason of what the court considered to be a hierarchy clause in the MURA (which was not present in *TICL v Partner Re*). The Court of Appeal upheld the judge's decision to stay the English action pursuant to s.9,[75] noting that although the MRC contract was a valid contract of reinsurance providing for English law and the exclusive jurisdiction of the

---

[71] *Claxton Engineering Services Ltd v TXM Olaj-Es Gazkutato Kft* [2011] EWHC 345 (Comm); [2011] 1 Lloyd's Rep. 510; In *Sabbagh v Khoury* [2019] EWCA Civ 1219; [2020] Bus. L.R. 724, an arbitration was commenced in Lebanon in relation to matters that were arbitrable (the shares claim) and matters that were not (the assets claim). The English court, seized of the assets claim, issued an antisuit injunction against proceeding with the assets claim in arbitration in Lebanon. There was no requirement to show that the English court was the natural forum because an arbitration could not be an appropriate forum where the parties had not agreed to arbitrate.
[72] [2019] EWCA Civ 2080; [2020] Bus. L.R. 45.
[73] *Tyson International Co Ltd v Partner Reinsurance Europe SE* [2023] EWHC 3243 (Comm) before Mr Houseman KC. Also see discussion in Ch.3, 3-054.
[74] *Tyson International Co Ltd v GIC Re, India, Corporate Member Ltd* [2024] EWHC 236 (Comm) before Mr Hancock KC. This case was heard shortly before *TICL v Partner Re*, but judgment was delivered after the judgment in *TICL v Partner Re* was handed down (which judgment was brought to the attention of the Judge). Also see discussion in Ch.3, 3-054.
[75] [2024] EWCA Civ 363.

English courts, it was superseded by the MURA which provided for New York law and arbitration. Accordingly, the appellant reinsured's application for an injunction to restrain the New York arbitration did not arise.[76] However, the Court of Appeal said that it would not endorse the judge's obiter conclusion on the delay issue (the reinsured had taken six months to issue the anti-arbitration injunction) because it failed to take into account the unacceptable consequences of allowing both the English action and the New York arbitration to proceed, including a duplication of trouble and expense, a race to judgment and a real risk of conflicting decisions of dubious enforceability. If the point had arisen, the instant court would have granted the injunction sought.[77]

Arbitration proceedings and winding up

14-010 We refer to two cases to illustrate the court's approach to seeking to wind up a company for non-payment of debts when there is an arbitration agreement between the petitioner and the alleged debtor. In *Rusant Ltd v Traxys Far East Ltd*[78] a lender issued a statutory demand for sums said to be due under a loan and the borrower sought an injunction under s.9 of the 1996 Act against the lender issuing a winding up petition saying that the question of whether the debt was owed was subject to arbitration. The court agreed.[79] In *Salford Estates (No.2) Ltd v Altomart Ltd*[80] disputes over payments under a lease had been referred to arbitration and an award was made in favour of the lessor. The lessor issued a winding up petition and the lessee sought a stay on the basis of the arbitration clause in the lease and failed. In this instance the court did not have to decide on whether the debt was due because the arbitrators had done that. The court went on to say however, that if a petition was issued in respect of debts some of which were to be arbitrated and others not, the petition should go ahead and the debts that otherwise would have gone to arbitration would have to be proved in the winding up in the normal way.

Inconsistency between Arbitration agreements and US service of suit clauses / Jurisdiction agreements

14-011 We have already discussed above[81] US service of suit clauses in the context of English court proceedings. In *Ace Capital Ltd v CMS Energy Corp*[82] the court had to consider the effect of a US service of suit clause in an insurance policy, expressly governed by English law, which provided for "arbitration at the London Court of International arbitration …". Christopher Clarke J construed the two, apparently conflicting, clauses consistently with US authorities, which read the two clauses in a manner which sought to remove any inconsistency between them. The service of suit clause did not trump the arbitration clause but rather, its purpose was to confer

---

[76] *Tyson International Co Ltd v Partner Reinsurance Europe SE* [2024] EWCA Civ 363 at [64] and [65].
[77] *Tyson International Co Ltd v Partner Reinsurance Europe SE* [2024] EWCA Civ 363 at [66]–[69].
[78] *Rusant Ltd v Traxys Far East Ltd* [2013] EWHC 4083 (Comm).
[79] See also *Philpott v Lycee Francais Charles de Gaulle School* [2015] EWHC 1065 (Ch); [2015] B.L.R. 495. Liquidators argued that a dispute over a final account was for the court. The court stayed the proceedings for arbitration as provided in the agreement between the parties. The decision was followed in *Bresco Electrical Services Ltd (In Liquidation) v Michael J Lonsdale (Electrical) Ltd.* [2019] EWCA Civ 27; [2019] Bus. L.R. 3051.
[80] *Salford Estates (No.2) Ltd v Altomart Ltd* [2014] EWCA Civ 1575. Applied in *Telnic Ltd, Re* [2020] EWHC 2075 (Ch); [2021] 2 All E.R. (Comm) 328. .
[81] See Ch.13, 13-050 above.
[82] *Ace Capital Ltd v CMS Energy Corp* [2008] EWHC 1843 (Comm); [2009] Lloyd's Rep. I.R. 414.

jurisdiction on US courts to facilitate the parties' agreement to arbitrate by declaring the arbitrable nature of the dispute, to compel arbitration, to declare the validity of the award and to enforce an award. The service of suit clause also conferred jurisdiction on US Courts in the event both parties agreed to dispense with arbitration. Accordingly, Christopher Clarke J held that the proceedings commenced by the insured in Michigan were in breach of the agreement to arbitrate, and he granted a permanent. anti-suit injunction. The learned judge noted that there was a strong policy on both sides of the Atlantic in favour of arbitration. We may add that, as will be seen from the Bermudian authorities we discuss later in this chapter, there is an equally strong policy in favour of arbitration in mid-Atlantic. We have no doubt that *Ace Capital Ltd v CMS Energy Corp* would be followed in Bermuda.

In *British American Insurance (Kenya) Ltd v Matelec SAL*[83] there was no way of reconciling a Kenyan jurisdiction clause and an arbitration clause. The court found that the arbitration clause should trump the jurisdiction clause and granted an injunction against Kenyan proceedings.[84]

Vexatious behaviour

Nomihold Securities Inc v Mobile Telesystems Finance SA[85] set out the principles of the court's preparedness to intervene to prevent vexatious behaviour and ensure the efficacy of the arbitration process. On this occasion the court was asked to stay, not court proceedings, but what were alleged to be fresh spoiler arbitrations by the defendant. The parties entered into two agreements, both of which provided for arbitration. Nomihold pursued arbitration under one of the agreements and obtained an award, which it sought to register as a judgment. The defendant then started further arbitrations under both the agreements. Nomihold sought to persuade the court that these were spoiling tactics, to frustrate the concluded arbitration and its consequences and that res judicata principles were relevant. Nomihold sought injunctions. Andrew Smith J said:

14-012

> "27. It is not disputed that the court has jurisdiction under section 37 [of the 1981 Senior Courts Act] to grant what have been called 'anti–arbitration injunctions', that is to say to make an order that a person do not commence or do not pursue an arbitral reference. If authority still be needed for that, I refer to *Claxton Engineering Services Ltd v TXM Olaj-Es Gazkutato KFT* [2011] EWHC 34 (Comm) at para 28. It is equally well established that, if it is just and convenient to do so, the court may exercise its jurisdiction under section 37 to make an anti–arbitration injunction on either or both of two bases: i) That the arbitral proceedings are an infringement of a legal or equitable right of a party, or threaten breach of such a right. ii) If the proceedings are or threaten to be vexatious, oppressive

---

[83] *British American Insurance (Kenya) Ltd v Matelec SAL* [2013] EWHC 3278 (Comm).
[84] In *Monde Petroleum SA v Westernzagros* [2015] EWHC 67 (Comm); [2015] 1 Lloyd's Rep. 330 the court favoured a jurisdiction clause in a settlement agreement over an arbitration clause in the agreement out of which the settled dispute, had arisen. As one would expect. Further, examples of cases considering whether or not competing arbitration and jurisdiction clauses can be reconciled see: *Paul Smith Ltd v H&S International Holding Inc* [1991] 2 Lloyd's Rep. 127; *Adactive Media Inc v Ingrouille* [2021] EWCA Civ 313; [2022] 1 Lloyd's Rep. 235 at [40]–[44]; *Melford Capital Partners (Holdings) LLP v Wingfield Digby* [2021] EWHC 872 (Ch); *Surrey CC v Suez Recycling and Recovery Surrey Ltd* [2021] EWHC 2015 (TCC); [2021] B.L.R. 625 at [77]; *Tyson International Co Ltd v Partner Reinsurance Europe SE* [2023] EWHC 3243 (Comm); *Tyson International Co Ltd v GIC Re, India, Corporate Member Ltd* [2024] EWHC 236 (Comm).
[85] *Nomihold Securities Inc v Mobile Telesystems Finance SA* [2012] EWHC 130 (Comm); [2012] Bus. L.R. 1289. Applied by *Minister of Finance Inc v International Petroleum Investment* [2019] EWHC 1151 (Comm); [2019] Bus. L.R. 1827.

or unconscionable. (This formulation reflects the judgment of Aikens J in *Elektrim SA v Vivendi Universal SA*, [2007] EWHC 571 (Comm) at para 56). It is possible to regard the right not to be subjected to vexatious, oppressive or unconscionable litigation or arbitral proceedings itself as an equitable right, as Hobhouse J did in *Cie Europeene de Cereals SA v Tradax Export SA* [1986] 2 Ll L R 301 at p.304.

...

45. However, in my judgment that is not enough to establish that the legal proceedings brought by Nomihold are in respect of matters 'to be referred' to arbitration within the meaning of section 9 of the 1996 Act. This expression connotes that the parties agreed that the matters must be referred to arbitration. The objective of section 9 is to ensure that the parties' arbitration agreement is observed and enforced, and a party to an arbitration agreement is entitled to a stay to this end. However, by making the arbitration agreements, Nomihold and MTSF also agreed to the supervisory jurisdiction of the English court. So long as its application seeks relief in accordance with that part of the agreements, Nomihold cannot be said to be acting in breach of the arbitration agreements.

...

50. I have said, it is Nomihold's case that the New Arbitrations are part of what it calls MTSF's 'enforcement war' to avoid the enforcement of the Award, and to challenge it in ways not contemplated by either the arbitration agreements or the 1996 Act; and that they are collateral attacks on the Award (such as described by Toulson LJ). It submits that, if this is so, the challenge to the New Arbitrations falls within the purview of the court's supervisory jurisdiction to protect the Award and to support its enforcement. I agree with that submission, and so, in my judgment, to the extent that the adjudication of Nomihold's application involves determining the re–arbitration complaints, the court is not precluded by the arbitration agreements from determining them for that purpose. They are not matters 'to be referred to arbitration', notwithstanding they in themselves are matters properly to be determined in a reference when raised in another context."

Having determined that he had the power to intervene, the Judge declined to do so. He was not satisfied that the new arbitrations were simply spoilers. In *Injazat v Najafi*[86] however, and applying the principles set out by Andrew Smith J in *Nomihold*, an injunction was granted under s.37 of the 1981 Act to prevent later arbitration proceedings.

Arbitrators—appointment, powers and judicial intervention

Appointment and removal

14-013 The parties are free to agree on the number of arbitrators,[87] on whether there is to be an umpire or chairman, and on the procedure for their appointment.[88] If there is no agreement on the number of arbitrators, the arbitral tribunal shall consist of a sole arbitrator.[89] There are provisions governing the appointment of arbitrators in cases where there is no agreed procedure[90] and where one of the parties refuses to

---

[86] *Injazat Technology Capital Ltd v Najafi* [2012] EWHC 4171 (Comm).
[87] Arbitration Act 1996 s.15(1).
[88] Arbitration Act 1996 s.15(1).
[89] Arbitration Act 1996 s.15(3).
[90] Arbitration Act 1996 s.16.

appoint an arbitrator.⁹¹ The court has the power to appoint arbitrators in a case where the agreed appointment procedure has failed.⁹²

The parties may jointly agree to revoke the authority of an arbitrator⁹³ and one party may apply to the court to remove an arbitrator on any of the following grounds:

"(a) that circumstances exist that give rise to justifiable doubts as to his impartiality;
(b) that he does not possess the qualifications required by the arbitration agreement;
(c) that he is physically or mentally incapable of conducting the proceedings or there are justifiable doubts as to his capacity to do so;
(d) that he has refused or failed—
　(i) properly to conduct the proceedings; or
　(ii) to use all reasonable dispatch in conducting the proceedings or making an award, and that substantial injustice has been or will be caused to the applicant."⁹⁴

The above may be contrasted with the somewhat narrower grounds for challenge to an arbitrator under the Model Law.⁹⁵ The failure of an arbitrator "to properly conduct the proceedings" appears to give a party wider scope for attacking an arbitrator than under the Model Law. The DAC Report⁹⁶ expresses the hope that the courts will not allow this provision "to be abused by those intent on disrupting the arbitral process". Section 23 of the Arbitration Act 1950 used the term "misconduct", which is the subject of a considerable body of case law.⁹⁷

Duty of Disclosure by Arbitrators

As the law currently stands, in contrast to art.12(1) of the Model Law,⁹⁸ there is no statutory duty of disclosure imposed upon arbitrators under the 1996 Act, "but many institutional rules governing arbitration include provisions requiring disclosure to be made of facts or circumstances which may give rise to justifiable doubts as to an arbitrator's impartiality."⁹⁹ That duty of disclosure is however a common law duty in English law: *Halliburton v Chubb*.¹⁰⁰

However, cl.2 of Arbitration Bill 2023 proposes to codify the duty of disclosure articulated in *Halliburton v Chubb*, by inserting a new s.23A to the Arbitration Act which will impose a continuing duty of disclosure duty on an individual ap-

14-014

---

⁹¹ Arbitration Act 1996 s.17.
⁹² Arbitration Act 1996 s.18. See *Itochu Corp v MK Blumenthal GmbH & Co KG* [2012] EWCA Civ 996; [2012] 2 Lloyd's Rep. 437.
⁹³ Arbitration Act 1996 s.23.
⁹⁴ Arbitration Act 1996 s.24(1).
⁹⁵ Model Law art.12: lack of impartiality or independence; art.14: failure or impossibility to act. As stated above, the grounds for challenging an arbitrator under the Model Law are narrower than the multiplicity of grounds available for a challenge under s.24 of the 1996 Act. However, in *Laker Airways Inc v FLS Aerospace Ltd* [1999] 2 Lloyd's Rep. 45 (discussed below) Rix J observed that s.24(a) was narrower than art.12 of the Model Law (see below) and that the DAC had deliberately not followed the wording of the Model Law rejecting lack of independence as a separate ground for challenging an arbitrator.
⁹⁶ DAC Report, para.105.
⁹⁷ See Mustill and Boyd, *Commercial Arbitration*, 2nd edn (Butterworths, 1989), pp.550-553, where it is stated that, "Little would be gained by attempting a complete definition of the behaviour which constitutes misconduct". A new edition is due in October 2021.
⁹⁸ Article 12(1) requires an arbitrator to disclose "any circumstances likely to give rise to justifiable doubts as to his impartiality or independence …".
⁹⁹ *Halliburton v Chubb* [2020] UKSC 48; [2021] A.C. 1083; [2018] EWCA Civ 817, [55].
¹⁰⁰ [2020] UKSC 48; [2021] A.C. 1083.

proached for appointment as an arbitrator (to the person appointing him/her) and on an individual appointed as arbitrator to disclose (to the parties) of any "relevant circumstances" of which the individual is or ought reasonable to be aware. The phrase "relevant circumstances" will be defined as "circumstances that might reasonably give rise to justifiable doubts as to the individual's impartiality in relation to the proceedings, or potential proceedings, concerned".

It seems to be acknowledged that multiple appointments by the same party, or multiple appointments involving some of the same parties or facts as the appointment in question, may justifiably give concern about impartiality, and the Supreme Court said that in such a situation a duty of disclosure existed. But what disclosure has to be made depends on the circumstances at the time the duty arises. At the same time as the Supreme Court stated that there was such a duty of disclosure, it added that an arbitrator also has a duty of confidentiality to the parties in other arbitrations he is appointed for, and the duty of disclosure (of other appointments) is not overridden by the duty of confidentiality. The fact that disclosure is inadequate is not, of itself, evidence of partiality, however. Effectively the duty of disclosure is dependent on consent from parties to other arbitrations which might be said to affect impartiality. If they perceive a benefit in the arbitrator having multiple roles, they may not consent. They do not have to take the view of a fair-minded impartial observer. Another complication is that an arbitrator may already be appointed by party A before he makes disclosure to party B, at which point, and as was the case in Halliburton, if B objects, and A holds firm, B has got to challenge the appointment, knowing how difficult such a challenge is, or give way, despite concerns.

The Court of Appeal also found that there was a duty of disclosure. It was noted that "under the common law, judges should disclose facts which would or might provide the basis for a reasonable apprehension of lack of impartiality."[101] and they[102] held that the same principle applies to arbitral tribunals.

> "In summary, we consider the present position under English law to be that disclosure should be given of facts and circumstances known to the arbitrator which, in the language of section 24 of the Act, would or might give rise to justifiable doubts as to his impartiality. Under English law this means facts or circumstances which would or might lead the fair-minded and informed observer, having considered the facts, to conclude that there was a real possibility that the arbitrator was biased."[103]

The common law (and proposed new statutory) test for what must be disclosed ("circumstances which would, *or might,* give rise to an arbitrator's impartiality") is therefore wider than the statutory test for disqualification of an arbitrator ("circumstances exist that give rise to justifiable doubts as to his impartiality"). The Court of Appeal emphasised that the common law test for disclosure was to be applied *objectively*, looking at the matter from the point of view of a hypothetical "fair-minded and informed observer", as opposed to the "eyes of the parties", which is the test under the IBA Guidelines and the ICC Rules.[104] Similarly, the LCIA Rules require disclosure of "circumstances currently known to the candidate which are likely to give rise in the mind of any party to any justifiable doubts as to his or her impartiality or independence."[105]

---

[101] [2018] EWCA Civ 817, [56].
[102] Sir Geoffrey Voss V-C, Simon and Hamblen LJJ.
[103] [2018] EWCA Civ 817, [71].
[104] See [2018] EWCA Civ 817, [67].
[105] Article 5.4 (emphasis added), quoted above.

The Supreme Court dismissed Halliburton's appeal. The court concluded that a reasonable observer would not consider that there was a risk to impartiality. The area of disclosure of other appointments was unclear at the relevant time and the arbitrator in question had not disclosed two later appointments because it had not occurred to him at the time. The court considered the arbitrator to have remained impartial throughout.

What are the consequences of a failure to disclose on the part of the arbitrator? The Court of Appeal emphasised that two distinct questions arise when an allegation of non-disclosure is made. First, the court had to consider whether the disclosure ought to have been made. Second, if the court finds that there ought to have been disclosure, it must then consider the significance of that non-disclosure in the context of an application to remove an arbitrator. The Court of Appeal stated, as a general proposition, that, "[n]on disclosure is ... a factor to be taken into account in considering the issue of apparent bias. An inappropriate response to the suggestion that there should be or should have been disclosure may further colour the thinking of the observer and may fortify or even lead to an overall conclusion of apparent bias ..."[106] However, the Court of Appeal immediately went on to say, "[n]on-disclosure of a fact or circumstance which should have been disclosed, but does not in fact give rise to justifiable doubts as to the arbitrator's impartiality, cannot, however, in and of itself justify an inference of apparent bias. Something more is required ..."[107]

The Supreme Court made similar findings:

"I am satisfied that Popplewell J and the Court of Appeal were correct to hold that the fair-minded and informed observer, looking at the facts and circumstances which would be known to him or her at the date of the hearing in January 2017, would not conclude that there was a real possibility of bias or, in the words of section 24(1)(a) of the 1996 Act, that circumstances existed that gave rise to justifiable doubts about Mr Rokison's impartiality. The appeal therefore fails."

The facts of *Halliburton v Chubb* are discussed below. Although the Court of Appeal and the Supreme Court disagreed with the judge,[108] who had held the matters in question did not have to be disclosed, they nonetheless concluded that the matters which should have been disclosed did not give rise to apparent bias and rejected the application to remove the arbitrator. The Court of Appeal did not expressly endorse the IBA Guidelines,[109] which the judge had observed "may provide some assistance to the Court on what may constitute an unacceptable conflict of interest and what may require disclosure."[110] However, "in so far as the IBA Guidelines reflect international commercial arbitration practice, it is to be noted that the present case may be said to fall within the IBA Guideline Orange List 3.1.5, which calls for disclosure where an arbitrator serves in an arbitration on a related issue involving one of the parties."[111]

---

[106] [2018] EWCA Civ 817, [75].
[107] [2018] EWCA Civ 817, [76].
[108] Popplewell J, [2017] EWHC 317 (Comm).
[109] The International Bar Association Guidelines on Conflicts of Interest in International Arbitration (2004 edition). The were revised most recently in 2024 (*https://www.ibanet.org/resources*).
[110] [2017] EWHC 317 (Comm), [16].
[111] *Halliburton v Chubb* [2020] UKSC 48; [2021] A.C. 1083; [2018] EWCA Civ 817, [88].

14-015 **Common law test of "apparent bias"** In *AT&T Corp v Saudi Cable Co*[112] the Court of Appeal held that the test to be applied in determining whether "circumstances exist that give rise to justifiable doubts" as to an arbitrator's impartiality is the same test that applies in cases where an application is made to disqualify a judge, namely "a real danger of bias" In *R. v Gough* Lord Goff formulated the following test:

> "I prefer to state the test in terms of real danger rather than real likelihood, to ensure that the court is thinking in terms of possibility rather than probability of bias. Accordingly, having ascertained the relevant circumstances, the court should ask itself whether, having regard to those circumstances, there was a real danger of bias on the part of the relevant member of the tribunal in question, in the sense that he might unfairly regard (or have unfairly regarded) with favour, or disfavour, the case of a party to the issue under consideration by him …"[113]

In *A v B*[114] the sole arbitrator, a Queen's Counsel, had been instructed by the law firm representing one of the parties to represent another client of the law firm. Those instructing him were different lawyers from those appearing before him in the Arbitration. The arbitrator did not disclose this fact immediately because it did not come to his mind, but it did whilst he was preparing his award because during that time he was actually in court representing the law firm's other client. The other party argued that there was "unconscious bias". Flaux J (as he then was) found that there was no bias or appearance of bias, unconscious or otherwise. He said:

> "21. The applicable legal principles are not seriously in dispute. Under section 24(1)(a) of the Act, an arbitrator is to be removed if there are 'justifiable doubts as to his impartiality'. Section 33 requires an arbitrator to act 'impartially' and failure to comply with that duty constitutes a 'serious irregularity' under section 68. The LCIA Arbitration Rules are to similar effect, requiring that arbitrators: 'be and remain at all times impartial and independent of the parties' and that there may be a challenge (as occurred here) 'if circumstances exist that give rise to justifiable doubts as to his impartiality or independence'.
>
> 22. The Court of Appeal in *Locabail (UK) v Bayfield Properties* [2000] QB 451 held that the common law test for apparent bias is reflected in section 24 of the Arbitration Act. As to the common law test, that is as formulated by Lord Goff of Chieveley in *R v Gough* [1993] AC 646 at 670, but with the minor adjustment of that test suggested by Lord Hope of Craighead in *Porter v Magill* [2002] 2 AC 357 at [103]: 'I respectfully suggest that your Lordships should now approve the modest adjustment of the test in *R v Gough* set out in that paragraph. It expresses in clear and simple language a test which is in harmony with the objective test which the Strasbourg court applies when it is considering whether the circumstances give rise to a reasonable apprehension of bias. It removes any possible conflict with the test which is now applied in most Commonwealth countries and in Scotland. I would however delete from it the reference to 'a real danger'. Those words no longer serve a useful purpose here, and they are not used in the jurisprudence of the Strasbourg court. The question is whether the fair–minded and informed observer, having considered the facts, would conclude that there was a real possibility that the tribunal was biased."

---

[112] *AT&T Corp v Saudi Cable Co* [2000] 2 Lloyd's Rep. 127.
[113] *R. v Gough (Robert)* [1993] A.C. 646; [1993] 2 W.L.R. 883 at 670. Followed in *B v J* [2020] EWHC 1373 (Ch); [2021] 1 All E.R. (Comm) 465; See also *R. v Bow Street Metropolitan Stipendiary Magistrate Ex p. Pinochet Ugarte (No.2)* [2000] 1 A.C. 119; [1999] 2 W.L.R. 272; *Laker Airways Inc v FLS Aerospace Ltd* [1999] 2 Lloyd's Rep. 45.
[114] *A v B* [2011] EWHC 2345 (Comm); [2011] 2 Lloyd's Rep. 591.

Lord Goff's principle has been slightly adjusted. Real danger becomes a real possibility. But the party seeking removal of an arbitrator still has a hard task.

In *R. (on the application of Kaur) v Institute of Legal Executives Appeal Tribunal*[115] the Court of Appeal found that the vice–president of the defendant Institute, because of her interest in its policy and disciplinary regulation could not sit on its disciplinary tribunals or on appeal from them. Objectively the impartial observer would consider that there was a real possibility of bias. The doctrine of automatic disqualification and the doctrine of apparent bias led to the same result. In *Sierra Fishing Co v Farran*[116] the Judge agreed the removal of an arbitrator who had a financial interest in the solicitors' firm representing one of the parties which was his father's law firm. In *Taylor v Lawrence*[117] a judge disclosed to the defendant that the solicitors to the claimant held his will. It was not disclosed that the solicitors had instructions, at that time, to prepare a codicil for the judge or that he attended the offices of the solicitors the evening before giving judgment against the defendant. The Court of Appeal asked whether fair-minded and informed observer would consider there was a real danger of bias. In our view it should not be overlooked that justice should be *seen to be done* and the most important party that should be evident to is the losing party.

Eurocom Ltd v Siemens Plc[118] is a case about appointment of adjudicators but the principle in it is capable of transfer. A claimant apparently advised a third-party appointing body that certain persons should not be appointed adjudicator because conflicted when that was not the case. Enforcement of the Award was refused on the ground of natural justice. It is our experience that parties sometimes have preferences for who should arbitrate their disputes based on soft criteria that are hard to define. This case warns that if a proposed arbitrator is rejected for soft reasons, it is better to admit to not liking him or her than scrabbling for a remote, unrealistic, conflict.

In *Financial Conduct Authority v Avacade Ltd*.[119] A Judge recused himself where he was a member of a firm that had been instructed by the Authority in another matter.[120]

A trial judge was not barred from taking a full hearing because he had decided against the defendant in an application for an interim injunction. As the judge said, the interim hearing was on limited evidence: *Surrey Heath BC v Robb*[121].

Practical difficulties of applying the "apparent bias" test (1): Halliburton v Chubb The test for apparent bias was further considered by the Court of Appeal and the Supreme Court in *Halliburton v Chubb*.[122] Mr Rokison, (called M in the

14-016

---

[115] *R. (on the application of Kaur) v Institute of Legal Executives Appeal Tribunal* [2011] EWCA Civ 1168.
[116] *Sierra Fishing Co v Farran* [2015] EWHC 140 (Comm).
[117] *Taylor v Lawrence* [2001] EWCA Civ 119.
[118] *Eurocom Ltd v Siemens Plc* [2014] EWHC 3710 (TCC). The case was considered in *PBS Energy AS v Bester Generacion UK* [2020] EWCA Civ 404; [2020] Bus. L.R. 1626. Fraud was a proper ground for refusing enforcement of an adjudication if there was evidence of it and it could not have been raised in the adjudication.
[119] [2020] EWHC 3941 (Ch).
[120] See also for other applications for judges to be recused for apparent bias: *G v G (Decision on Recusal)* [2021] EWHC 3600 (Fam); [2022] 2 F.C.R. 115; *Ryan v HSBC UK Bank Plc* [2023] EWHC 90 (Ch).
[121] [2020] EWHC 1952 (QB).
[122] *Halliburton v Chubb* [2020] UKSC 48; [2021] A.C. 1083; [2018] EWCA Civ 817; reported at first instance as *H v L* [2017] EWHC 317 (Comm).

case) a highly respected international arbitrator",[123] had been appointed by the High Court as the chairman of an arbitral tribunal in a Bermuda form arbitration with a London seat. The dispute concerned insurance coverage for Halliburton's liabilities arising out of the Deepwater Horizon disaster. M had disclosed to the High Court that he had previously sat in a number of arbitrations in which Chubb (formerly known as ACE) was a party, including appointments on behalf of Chubb/ACE; and that he was currently appointed as arbitrator in two arbitrations in which Chubb was a party, neither of which related to the Deepwater Horizon. About six months after his appointment as chairman by the High Court, M was appointed by Chubb as an arbitrator in a second insurance coverage arbitration, arising out of Deepwater Horizon, in which Transocean, an affiliated company of Halliburton, was party. He subsequently accepted a third appointment on behalf of another insurer in an arbitration involving Transocean which was also an insurance coverage dispute arising out of Deepwater Horizon. M did not disclose these two subsequent appointments to Halliburton, who learned of them about eighteen months into the reference, at which point Halliburton's counsel wrote to M and raised an objection to his continuing to sit as chairman. M maintained that the subsequent appointments did not affect his impartiality or independence, and denied that he was under any obligation to disclose them; although, he accepted that, with the benefit of hindsight, it would have been prudent to do so. M offered to resign, provided Chubb consented to his resignation.[124] Chubb declined to so, and Halliburton applied to the Court to remove M on the grounds of apparent bias.

The Court of Appeal formulated the question as follows: "whether, at the time of the hearing to remove, the non-disclosure taken together with any other relevant factors would have led the fair-minded and informed observer, having considered the facts, to conclude that there was in fact a real possibility of bias."[125] The Court of Appeal continued:

> "In answering this question we would in particular take the following factors into account from the perspective of the fair-minded and informed observer: (1) the non-disclosed circumstance does not in itself justify an inference of apparent bias; (2) disclosure ought to have been made, but the omission was accidental rather than deliberate; (3) the very limited degree of overlap means that this is not a case where overlapping issues should give rise to any significant concerns; (4) the fair-minded and informed observer would not consider that mere oversight in such circumstances would give rise to justifiable doubts as to impartiality; and (5) there is no substance in Halliburton's criti-

---

[123] [2017] EWHC 317 (Comm) at [9] per Popplewell J.
[124] M's letter to the parties (quoted by the Court of Appeal: [2018] EWCA Civ 817 at [19]) stated, in part, as follows: "Mr Payton wishes me to remain as chairman and for the hearing to go ahead. But if I were to decline Mr Brisic's invitation to resign, I have little doubt that an application would be made to the court to remove me which may well take some time to resolve ... were the decision left to me in accordance with my own self-interests, I would resign. I have no wish to continue to serve as chairman in a tribunal in a case in which one of the parties, through its legal team, has expressed serious doubts as to my impartiality. Furthermore, as you may know, I plan to retire later this year and would not wish that my long career as an international commercial arbitrator which has spanned over three decades should end with my being the subject of a debate in the Commercial Court as to whether I have behaved improperly. However, as I have already indicated, I have duties to both parties: by accepting the Court's appointment as chairman, I undertook to continue to serve in that capacity until I had completed the task, unless prevented by circumstances beyond my control and I would, I think, be in breach of those duties were I simply to resign in the face of strong opposition from one party."
[125] [2018] EWCA Civ 817 at [95].

cisms of M's conduct after the non-disclosure was challenged or in the other heads of complaint raised by them."[126]

The Court of Appeal agreed with the judge that there was no such possibility. The Supreme Court denied Halliburton's appeal. It appears from the Supreme Court's judgment that any future consideration of impartiality will take account of the fact that an arbitrator should be aware of the Halliburton case, and the approach to an arbitrator's duty of disclosure, and that the detail in the facts of each case is important. The Supreme Court noted that disputes in the two later appointments would be, and were, decided at a preliminary issue stage, and so, according to the Court, the arbitrator would have limited access to facts and evidence that would not be available to his co-arbitrators in the Halliburton matter. This suggests that a different conclusion might be reached if an arbitrator was appointed by Party A in three full arbitrations with Parties B, C and D, arising from the same facts, but with different witnesses.

Multiple appointments: Halliburton v Chubb, Guidant v Swiss Re In *Halliburton v Chubb* the Supreme Court and the Court of Appeal addressed the question whether, and to what extent, an arbitrator may accept appointments in multiple references concerning the same or overlapping subject matter with only one common party without thereby giving rise to an appearance of bias. The LCIA, ICC, CIArb, LMAA and GAFTA all made representations to the Supreme Court, and the court recognized that there was not one rule about when multiple appointments were acceptable. It depended on the relevant arbitration body and the circumstances. The possibility of multiple appointments is a situation which arises, typically, in Bermuda form arbitrations. The Court of Appeal cited, with approval, the following passage from a leading work on the Bermuda form: 14-017

> "14.32   *Commencing a Bermuda Form Arbitration* The decision in *Locabail*, and the foregoing discussion, is also relevant in the fairly common situation where a loss, whether from boom or batch, gives rise to a number of arbitrations against different insurers who have subscribed to the same programme. A number of arbitrations may be commenced at around the same time, and the same arbitrator may be appointed at the outset in respect of all these arbitrations. Another possibility is that there are successive arbitrations, for example because the policyholder wishes to see the outcome of an arbitration on the first layer before embarking on further proceedings. A policyholder, who has been successful before one tribunal, may then be tempted to appoint one of its members (not necessarily its original appointee, but possibly the chairman or even the insurer's original appointee) as arbitrator in a subsequent arbitration. Similarly, if insurer A has been successful in the first arbitration, insurer B may in practice learn of this success and the identity of the arbitrators who have upheld insurer A's arguments. It follows from *Locabail and AMEC Capital Projects Ltd v Whitefriars City Estates Ltd* [2005] 1 All ER 723 that an objection to the appointment of a member of a previous panel would not be sustained simply on the basis that the arbitrator had previously decided a particular issue in favour of one or other party. It equally follows that an arbitrator can properly be appointed at the outset in respect of a number of layers of coverage, even though he may then decide the dispute under one layer before hearing the case on another layer."[127]

The Court of Appeal considered and approved the decision of Leggatt J (as he

---

[126] [2018] EWCA Civ 817 at [96].
[127] Richard Jacobs, Lorelie Masters and Paul Stanley, *Liability Insurance in International Arbitration*, 2nd edn (2011) at 14.32), cited [2018] EWCA Civ 817 at [52]. The 3rd edn was published in 2021.

then was) in *Guidant LLC v Swiss Re International SE*.[128] In that case, which was also an insurance coverage dispute under the Bermuda form, three separate arbitrations had been commenced by the policyholder, Guidant, against Markel, and two Swiss Re entities respectively. Guidant had appointed the same arbitrator in all three references; each of the three insurers had appointed a different arbitrator. The two party-appointed arbitrators in the Markel arbitration had agreed upon a third arbitrator. Guidant applied to have the same third arbitrator appointed in the two Swiss Re arbitrations. The Court of Appeal agreed with Leggatt J (as he then was) that, "the appointment of a common arbitrator does not justify an inference of apparent bias. The fact that the same person has been appointed by Guidant as its arbitrator in the Markel arbitration is not, therefore, a ground on which an application could be made to seek to disqualify him from acting in the Swiss Re arbitrations."[129] However, Leggatt J declined to appoint the same third arbitrator in the Swiss Re arbitrations:

> "If the same person were to be appointed, there would be a legitimate concern that that person would be influenced in deciding the Swiss Re arbitrations by arguments and evidence in the Markel arbitration ... Swiss Re is not a party to the Markel arbitration and will have no opportunity to be heard in that arbitration or to influence its outcome. Indeed, without a waiver of confidentiality, they will not be privy to the evidence adduced or the submissions made in the Markel arbitration. If the Markel arbitration were to be heard first, the members of the tribunal in that arbitration would form views, without any input or opportunity for input from Swiss Re, from which they may afterwards be slow to resile."[130]

The Court of Appeal noted that Leggatt J drew a distinction between the concern which Swiss Re "were entitled to feel" and concern which would justify an inference of apparent bias.[131] However, if Swiss Re had a legitimate concern about the appointment of the same individual as third arbitrator and chairman in all three arbitrations, then it was surely also legitimate for Halliburton to feel the same concern about the position M. If M had been appointed as an arbitrator in the other two Deepwater Horizon arbitrations *before* the application to the High Court was made to appoint him in the arbitration against Halliburton, then, following the approach of Leggatt J in *Guidant v Swiss Re*, M ought not to have been appointed by the Court as chairman, even though there was no apparent bias. The problem is not one of partiality or impartiality. It is about basic fairness. The hearing is not fair because one arbitrator is receiving information from the other two Deepwater Horizon arbitrations which the other two arbitrators in *Halliburton v. Chubb* do not have; indeed, he is under a duty to keep whatever learns in the other arbitrations confidential from his co-arbitrators in the third arbitration. However, he cannot put out of his mind what he knows from the other two arbitrations and may decide the matter on the basis of facts and arguments which are not before the tribunal in the third arbitration.

14-018 **Criticism of Halliburton v Chubb** Paul Stanley KC has described the Court of Appeal decision in *Halliburton v Chubb* as "confused, and likely to satisfy

---

[128] *Guidant LLC v Swiss Re International SE* [2016] EWHC 1201 (Comm); [2016] 1 C.L.C. 767.
[129] [2016] EWHC 1201 at [10] per Leggatt J; cited by the Court of Appeal [2018] EWCA Civ 817 at [45]. There was no application to disqualify Guidant's party-appointed arbitrator. *Guidant v Swiss Re* was concerned with the appointment of a third arbitrator.
[130] [2016] EWHC 1201 at [19] per Leggatt J; cited by the Court of Appeal [2018] EWCA Civ 817 at [44].
[131] [2018] EWCA Civ 817 at [46].

nobody".[132] In our view *Halliburton v Chubb* is a classic example of the maxim that "hard cases make bad law". We share the very high regard of Popplewell J, the Court of Appeal, and the Supreme Court for M,[133] and agree that on a narrow application of the objective test of a hypothetical "impartial and informed observer", there was no case of apparent bias as a matter of English law. We also think that the concerns expressed by Halliburton's US counsel regarding the appearance of impartiality of M were legitimate and not fanciful. It would, in our view, have been preferable to have held that where, in exceptional circumstances, legitimate concerns have arisen by reason of an arbitrator having accepted additional and undisclosed appointments in related arbitrations and after the arbitrator himself has expressed a willingness to resign provided both parties agreed, it was appropriate to appoint a new chairman of the Halliburton tribunal. We think that, as a matter of principle, the chairman of an international arbitral tribunal, ought to be held to a higher standard of impartiality than a party-appointed arbitrator.[134] If, as Leggatt J held in *Guidant v Swiss Re*, the Court should not appoint a chairman, notwithstanding the absence of apparent bias, where one party has good reason to question his impartiality, the Court should also be prepared to remove a chairman if circumstances arise after his appointment which might reasonably give concern to one party about impartiality. Moreover, the Court should have had regard to the fact that Mr Rokison had been Chubb's preferred candidate for chairman, and that Chubb had refused to consent to his offer to resign. As Mr Stanley observes:

"An English lawyer, even one who does not know who M was, may accept assurances that he is a person known to have the highest integrity. A corporation in Texas may be less sanguine. To be told that an English judge has appointed the preferred candidate of one's adversary, who has soon afterwards secretly added a further reference relating to the same matter, might invite scepticism. It was one of the purposes of the Arbitration Act 1996 to reassure those unfamiliar with English ways that London is an arbitration centre that can be trusted. One might think that it is important to be sensitive to appearances, and to bear in mind that arbitration users may come from backgrounds where, as in some US domestic arbitration, the line between party-appointed arbitrator and advocate is often difficult to see. In bias cases the common law itself has never allowed confidence, no matter how strong and widespread, in the individual integrity of a decision-maker to count for much. Nobody would doubt the integrity of Lord Hoffmann,[135] or Sir Peter Cresswell.[136] But part

---

[132] Case Note: "*Halliburton Company v Chubb Bermuda Insurance Ltd*" p.2 Lady Arden referred to Mr Stanley's article in her judgment in the Supreme Court (*http://essexcourt.com/publication/halliburton-v-chubb-2018-ewca-civ-817/* [Accessed 2 January 2021]).

[133] We suspect that the majority of our readers will either know who M is, or, will have correctly guessed his identity from the information in the judgments which we have quoted.

[134] Mr Stanley quotes Jan Paulsson (*The Idea of Arbitration*, p.155), "citing a case note by [a] distinguished French jurist ... who wrote of 'degrees of impartiality', contrasting the 'sufficient' neutrality of the party-appointee with need for presiding arbitrators to be 'particularly neutral'!" Although Mr Stanley may find the notion of degrees of impartiality troubling, hence his exclamation mark, in our view the remarks which Jan Paulsson quotes reflect commercial reality in many cases. Mr Stanley goes on to quote a further observation by Jan Paulsson (*The Idea of Arbitration*, p.160): "Many persons serving as arbitrator seem to have no compunction about quietly assisting 'their party'; they apparently view the modern international consensus that all arbitrators own a duty to maintain an equal distance to both sides as little more than pretty words." Perhaps there is something to be said for the American system, where party-appointed arbitrators are expected to be advocates for their side, and only the chairman, who is referred to as "the neutral", is supposed to be impartial.

[135] See: *R. v Bow Street Metropolitan Stipendiary Magistrate Ex p. Pinochet Ugarte (No.2)* [2000] 1 A.C. 119.

[136] See: *Almazeedi v Penner* [2018] UKPC 3; discussed below.

of the function of rules guaranteeing impartiality is to reassure outsiders. That matters all the more in arbitration."[137]

The Court of Appeal also addressed the issue of multiple appointments of the same arbitrator by one party in unrelated arbitrations. Counsel for Chubb had conceded, "that 10 appointments for one party might objectively give rise to justifiable doubts as to the impartiality of the arbitrator."[138] This was not the case in relation to M, who had, in any event, disclosed his previous appointments as a party-appointed arbitrator on behalf of Chubb/ACE. The problem of "frequent flyers"—to use Mr Stanley's term—is that the same individuals tend to be appointed, repeatedly, in Bermuda form arbitrations on behalf of insurers, by a handful of law firms.[139] The practice of perpetuating a small pool of arbitrators in the London market, in particular in the narrow field of Bermuda form arbitrations, was not discussed by the Court of Appeal in *Halliburton v Chubb*. However, it was expressly approved by Popplewell J at first instance, for whom it was not merely to be tolerated as a common practice that is, perhaps, inevitable in a specialised market, but was said to be "desirable".[140] At a time when international arbitral institutions and leading law firms are seeking to promote diversity in arbitral appointments,[141] some international observers of the English arbitral scene, may well find the learned judge's approach undesirable. Moreover, while English judges take an Olympian view of what *they* consider to be objective and fair, as Mr Stanley points out:

> "From a US vantage point, lawyers and brokers, facing what they see as an un-level playing field, will increasingly advise policyholders to avoid, where possible, insurance policies which require binding arbitration generally, and London arbitration in particular. The lack of transparency, a perception of complacency in the world of London arbitration, and weak policing of disclosure, all risk undermining the confidence that the Arbitration Act 1996 was intended to instil."

14-019 **Practical difficulties of applying the "apparent bias" test (2): Almazeedi v Pen-**

---

[137] Case Note: "*Halliburton Company v Chubb Bermuda Insurance Ltd*" p. 18 (http://essexcourt.com/publication/halliburton-v-chubb-2018-ewca-civ-817/ [Accessed 2 January 2021]) Mr Stanley is one to the co-authors of *Liability Insurance in International Arbitration* (which as we have noted above was cited by the Court of Appeal). Mr Stanley's critique of the present state of the law on disclosure and disqualification of arbitrators is written from the perspective of an advocate who represents policyholders in Bermuda form disputes. Nonetheless, in the view of the authors (one of whom has experience as both counsel and as a party-appointed arbitrator on behalf of policyholders *and* insurers in Bermuda form arbitrations) some of the points he makes regarding lack of transparency in the arbitral process, and the perception "outsiders" have of London arbitrations are fair and reasonable.

[138] *Halliburton* [2018] EWCA Civ 871 at [90].

[139] In the case of policyholders in Bermuda form arbitrations, party-appointed arbitrators are typically selected from among US lawyers whose practice involves acting exclusively for policyholders, or from a small number of English KCs, who do not regard insurance policies as ingenious linguistic puzzles which an insured must solve in order to obtain coverage.

[140] [2017] EWHC 317 (Comm) at [22]. For another example of multiple appointments in an area where there was said to be a small pool of available arbitrators in the London insurance market with the requisite experience, namely disputes relating to long tail liability claims, going back to the 1970s, see: *Pakistan Reinsurance Co Ltd v Equitas Ltd* [2018] EWHC 3136 (QB), the facts of which are discussed below. It is interesting to note that the International Cotton Association introduced the so-called "3 and 8 rule" in 2014, which prohibited arbitrators from accepting more than 3 appointments in one year from the same party or a related party, and further prohibited them from having more than 8 active first tier cases at any given time. The rule was held by the Commercial Court not to be unlawful under the doctrine of+ restraint of trade, see: *Aldcroft v International Cotton Association Ltd* [2017] EWHC 642 (Comm); [2018] Q.B. 725.

[141] See www.arbitrationpledge.com.

nerl Pakistan Reinsurance Company Limited v Equitas Limited In *Almazeedi v Penner*,[142] the Judicial Committee of the Privy Council found itself, "in the invidious position of having to decide whether the fair-minded and informed observer, would see a real possibility that the judgment in the Cayman court of an experienced judge near the end of his career would be influenced, albeit sub-consciously, by his concurrent appointment to a Qatari court which was at the outset still awaiting its completion by swearing in."[143] The judge in question, Sir Peter Cresswell, sitting in the Financial Services Division of the Grand Court of the Cayman Islands, had determined certain applications in winding-up proceedings which were challenged by Mr Almazeedi. The judge had failed to disclose the fact of his appointment to the Civil and Commercial Court of the Qatar Financial Centre ("QICDRC"). The gravamen of Mr Almazeedi's complaint was that the Qatari Minister of Finance, a Mr Al-Emadi, who effectively controlled the appointment of judges of the QICDRC, and who was involved in a bitter commercial dispute with Mr. Almazeedi, was in a position to influence Sir Peter Cresswell. The majority of the Judicial Committee[144] held as follows:

"33. The key to the resolution of this appeal is not simply that the proceedings in which the judge sat concerned issues arising between investors belonging or close to the Qatari state and the appellant. It is, in the Board's view, that the disputes involved in such proceedings concerned two personalities, Mr Al-Emadi and Mr Kamal [Mr Al-Emadi's father-in-law] who were so closely connected with each other as to make it readily appear unrealistic to distinguish their respective attitudes; that the disputes in which the appellant was engaged up to the date of the winding-up order took place against a background of personal threats, one of which ... associated the appellant's resistance to the winding-up order with a challenge to the state of Qatar itself; and that first Mr Kamal and then from 26 June 2013 Mr Al-Emadi, was closely concerned, to an extent which remains opaque, in at least some aspects of the arrangements by or under which the judge was in the process of becoming a new part-time judge of the relatively new Qatar Civil and Commercial Court.

34. In the result, the Board, with some reluctance, has come to the conclusion that the Court of Appeal was right to regard it as inappropriate for the judge to sit without disclosure of his position in Qatar as regards the period after 26 June 2013 and that this represented a flaw in his apparent independence, but has also come to the conclusion that that the Court of Appeal was wrong to treat the prior period differently. The judge not only ought to have disclosed his involvement with Qatar before determining the winding-up petition. In the Board's view, and at least in the absence of any such disclosure, a fair-minded and informed observer would regard him as unsuitable to hear the proceedings from at least 25 January 2012 on. The fact of disclosure can itself serve as the sign of transparency which dispels concern, and may mean that no objection is even raised. An alternative to disclosure might have been to ask the Chief Justice to deploy another member of the Grand Court, to which there would, so far as appears, have been no obstacle."[145]

We find the decision of the majority in *Almazeedi* surprising, and their application of the test of apparent bias seems to us inconsistent with the approach of the Court of Appeal in *Halliburton v Chubb*.[146] We respectfully suggest that the better view was expressed by Lord Sumption in his dissenting opinion:

---

[142] *Almazeedi v Penner* [2018] UKPC 3.
[143] *Almazeedi v Penner* [2018] UKPC 3 at [32].
[144] Lords Mance, Hughes, Wilson and Lloyd-Jones, Lord Sumption dissenting.
[145] *Almazeedi v Penner* [2018] UKPC 3.
[146] The decision of the Privy Council in *Almazeedi v Penner* was handed down after the Court of Appeal had heard oral argument in *Halliburton v Chubb*, and the parties were given the opportunity to

"The common law rightly imposes high standards of independence on judges at every level. The present dispute, however, is not about the legal test, but about its application to the facts, and for my part I would have held that the test was not satisfied. In the ordinary course, I would not have thought it right to dissent on such a question. But applications based on apparent bias are open to abuse, and the particular problem which arises in this case is not uncommon. Retired judges from Commonwealth jurisdictions commonly sit on an occasional basis in other Commonwealth jurisdictions and in tribunals of international civil jurisdiction. The law is exacting in this area, but it is also realistic. The notional fair-minded and informed observer whose presumed reaction is the benchmark for apparent bias, has only to be satisfied that there is a real risk of bias. But where he reaches this conclusion, he does so with care, after ensuring that he has informed himself of all the relevant facts. He is not satisfied with a look-sniff impression. He is not credulous or naïve. But neither is he hyper-suspicious or apt to envisage the worst possible outcome. The many decisions in this field are generally characterised by robust common sense ... Sir Peter Cresswell is not alleged to have done anything which could raise doubts about his independence. The case against him rests entirely on the notion that he might be influenced, possibly unconsciously, by the hypothetical possibility of action being taken against him in Qatar as a result of any decision in the Cayman Islands which was contrary to the Qatari Government's interests. Hypothetical possibilities may of course found a case of apparent bias, but since there are few limits to the possibilities that can be hypothetically envisaged, there must be some substance to them. There is no suggestion that Mr Al-Emadi was in a position to influence the assignment of work to judges within the QICDRC. Instead, the suggestion is that the notional fair-minded and informed observer would anticipate a real risk of bias because Sir Peter Cresswell might be influenced by the thought that if he made decisions adverse to the interests of the influential persons in Qatar, in particular Mr Al-Emadi, his appointment might not be renewed after his first five-year term or his terms of service might be adversely affected by a decision of the Council of Ministers on the proposal of Mr Al-Emadi. That really is all that it amounts to. In my opinion, this suggestion lies at the outer extreme of implausibility. I am prepared to assume that Mr Almazeedi, who appears to be possessed by a sense of persecution, takes it seriously. But the notional fair-minded and informed observer would not regard it as amounting even to a serious working hypothesis."[147]

Halliburton v Chubb in the Court of Appeal was applied, and *Almazeedi v Palmer* distinguished on its facts, in *Pakistan Reinsurance Co Ltd v Equitas Ltd*.[148] The Applicant ("PRC") was the respondent in an arbitration commenced by Equitas, who had appointed "C" ("a well-known and highly experienced commercial arbitrator ... [who had] spent all his life working in the insurance industry from 1970"). PRC delayed responding to the notice of arbitration, served in April 2016, for over nine months; Equitas relied upon the default provision in the arbitration clause and sought to appoint C as sole arbitrator. C accepted his appointment as sole arbitrator in March 2017, stating: "I have no disclosures of any conflicts of interest to make concerning this matter." In May 2017 PRC formally accepted C's appointment, who responded on the same day making two disclosures "for the sake of good order": first, that he had been appointed by Equitas in nine further arbitrations in 2016, at the same as he was appointed in the present reference, all of which involved small sums and which had not progressed; second, that he had been asked by Equitas to act as an expert witness in an arbitration, in unrelated matter, to be heard in the United States. In 2018 PRC applied to disqualify C on the grounds of apparent bias: first, on the basis of his failure to disclose, at the time of his appointment

---

make further written submissions. The Court of Appeal noted that "the decision in *Almazeedi* supports the importance of disclosure" [2018] EWCA Civ 817 at [65], but did not comment on the majority's application of the "fair minded observer" test on the facts of that case.

[147] *Almazeedi v Penner* [2018] UKPC 3 at [36], [43].
[148] [2018] EWHC 3136 (QB).

OUTLINE OF ENGLISH ARBITRATION LAW AND PRACTICE

in April 2016 his prior appointment *by PRC* in eight arbitrations against parties other than Equitas but allegedly involving the same or similar long tail liabilities; second, his allegedly late disclosure of his appointment as an expert witness by Equitas and that prior to making the disclosure he had earned some $20,000. His Honour Judge Waksman QC, sitting as a Deputy High Court Judge, dismissed PRC's application on the basis that facts did not give rise to a real risk of bias in the eyes of a fair-minded observer, and that PRC had brought their challenge too late.

Summary The current state of English law relating to disclosure and disqualification of arbitrators may be summarised as follows.[149]   14-020

(1) Section 33 of the 1996 Act requires the tribunal to act fairly and impartially between the parties. It is *presumed* that all arbitrators, including party-appointed arbitrators, will be strictly impartial in compliance with their statutory duties. The presumption is said to be the objective conclusion which any fair-minded and informed observer would reach having read s.33 (see *H v L*[150]). Moreover, the presumption of impartiality is not easily rebutted. At the risk of stating the obvious, it appears that the more eminent the reputation of the arbitrator being challenged the less likely it is that a challenge founded on "apparent bias" will succeed.[151]

(2) At common law an arbitrator is under a duty to disclose circumstances known to him which "would or *might*" lead a fair-minded and informed observer to conclude there is a real possibility that the arbitrator is biased: *Halliburton v Chubb*.[152] The category of circumstances which should be disclosed at common law is therefore broader than those which entitle a party to disqualify an arbitrator pursuant to s.24 of the 1996 Act.

(3) This common law test will become codified in statute upon the entry into law of the Arbitration Bill 2023 by a new s.23A to be inserted into the 1996 Act. The proposed statutory duty of disclosure will be a mandatory provision which the parties may not agree to dispense with.

(4) An arbitrator may be removed under s.24 of the 1996 Act if, and only if, there are "justifiable doubts as to his impartiality". *Locabail (UK) Ltd v Bayfield Properties Ltd*,[153] *A v B*,[154] *Sierra Fishing Co v Farran*.[155] There does not appear to be separate legal basis upon which an arbitrator can be removed for lack of "independence" if it does not amount to "justifiable doubts as to his impartiality". Moreover, it appears that the court's power to remove an arbitrator may only be exercised under s.24; the court has no power to effectively remove an arbitrator by setting aside an award in whole or in part under section 68 for "serious irregularity" and requiring a fresh determination before a new tribunal. See *RJ & L Ltd v HB*[156] per Andrew Baker J (obiter) at [20].

(5) The test to be applied is the same as the common law test of apparent bias:

---

[149] This summary is derived, in part, from the first instance judgment of Popplewell J in *Halliburton v Chubb*, *H v L* [2017] EWHC 317 (Comm) at [16].
[150] [2017] EWHC 317 (Comm) at [16].
[151] See *Pakistan Reinsurance Company Limited Ltd v Equitas Limited* [2018] EWHC 3136 (QB) at [53] citing *Russell on Arbitration*.
[152] *Halliburton* [2018] EWCA Civ 817 at [70].
[153] *Locabail (UK) Ltd v Bayfield Properties Ltd* [2000] Q.B. 451 at [17].
[154] *A v B* [2011] EWHC 2345 (Comm); [2011] 2 Lloyd's Rep. 591 at [22].
[155] *Sierra Fishing Co v Farran* [2015] EWHC 140 at [51].
[156] *RJ v HB* [2018] EWHC 2833 (Comm); [2019] Bus. L.R. 175.

would a fair-minded and informed observer, having considered the facts, would conclude that there was a real possibility of bias.[157]

(6) The fair-minded observer is gender neutral, is not unduly sensitive or suspicious, reserves judgment on every point until he or she has fully understood both sides of the argument, is not complacent and is aware that judges and other tribunals have their weaknesses. The "informed" observer is informed on all matters which are relevant to put the matter into its overall social, political or geographical context. These include the local legal framework, including the law and practice governing the arbitral process and the practices of those involved as parties, lawyers and arbitrators.[158]

(7) The test is an objective one. The fair-minded observer is not to be confused with the person who has brought the complaint, and the test ensures that there is a measure of detachment. The litigant lacks the objectivity which is the hallmark of the fair-minded observer. He is far from dispassionate. Litigation is a stressful and expensive business and most litigants are likely to oppose anything which they perceive might imperil their prospects of success, even if, when viewed objectively, their perception is not well-founded.[159]

(8) One aspect of the objective test is that it is not dependent on the characteristics of the parties, for example their nationality: see *A v B* per Flaux J at [23]–[24]. The test is the same whether or not foreign nationals are involved, and the test is not informed by the actual or stereotypical attitudes towards the arbitral process which may be held by a party who is, or is managed by, foreign nationals: *H v L*.[160]

(9) As a matter of principle, an arbitrator can accept appointments in more than one reference with the same or overlapping subject-matter without giving rise to the appearance of bias.[161] An arbitrator may be trusted to decide a case solely on the evidence or other material before him in the reference in question. Objectively this is not affected by the fact that there is a common party.[162] However, a significant number of appointments of one arbitrator by the same party may allow an inference of apparent bias to be drawn.[163] What constitutes a "significant number" has yet to be judicially determined; it was conceded by counsel in *Halliburton v Chubb* that 10 appointments on behalf of the same party was sufficient for there to be a reasonable inference of apparent bias.

(10) Inadvertent non-disclosure by an arbitrator of a circumstance which should have been disclosed, but does not as a matter of English law give rise to justifiable doubts as to the arbitrator's impartiality, cannot, in and of itself justify an inference of apparent bias. Something more is required—see, for

---

[157] *Porter v Magill* [2001] UKHL 67; [2002] 2 AC 357 per Lord Hope at [51]; *R v Gough* [1993] AC 646 per Lord Goff at 670.

[158] See *Helow v Advocate General for Scotland* [2008] UKHL 62; [2008] 1 W.L.R. 2416 at [1]–[3]; *A v B* [2011] EWHC 2345 (Comm) at [28]–[29]. *H v L* [2017] EWHC 317 (Comm) at [16]. See also: *Almazeedi v Penner* [2018] UKPC 3 per Lord Sumption (dissenting) at [36].

[159] See *Helow v Home Secretary* per Lord Hope [2008] 1 W.L.R. 2416 at [2]; *Harb v HRH Prince Abdul Aziz Bin Fahd Bin Abdul Aziz* [2016] EWCA Civ 556 per Lord Dyson MR at [69]; *H v L* [2017] EWHC 317 (Comm) at [16].

[160] [2017] EWHC 317 (Comm) at [16].

[161] *Guidant LLC v Swiss Re International* [2016] EWHC 1201 (Comm); *Halliburton v Chubb* [2018] EWCA Civ 817.

[162] *Halliburton v Chubb* [2018] EWCA Civ 817 at [51].

[163] *Halliburton v Chubb* [2018] EWCA Civ 817 at [90].

example Lord Mance in *Helow v Secretary of State for the Home Department*[164] and *Halliburton v Chubb*.[165]

(11) All factors which are said to give rise to the possibility of apparent bias are considered, not merely individually, but cumulatively.[166]

(12) Non-disclosure is therefore a factor to be taken into account in considering the issue of apparent bias. Non-disclosure of a circumstance which "might" give rise to justifiable doubts may tip the balance, effectively deepening the objective observer's doubts to the point that something that would normally be taken as just the right side of the line is regarded as just the wrong side: to fortify or even lead to an overall conclusion of apparent bias.[167]

(13) The International Bar Association Guidelines on Conflicts of Interest in International Arbitration 2014 edition ("IBA Guidelines"), which reflect best practice in international arbitration, may provide some assistance to the Court with respect to what may constitute an unacceptable conflict of interests and what matters may require disclosure. However, they are not legal principles, and if there is no apparent bias applying the English law test, whether there has been compliance with the IBA Guidelines is irrelevant.

(14) The Supreme Court's decision in *Halliburton*, having emphasised the importance of examining the facts of each case, will not, of itself, stem the cases in which issues may arise. But we anticipate that the airing of the issues, and the finding that arbitrators have a legal duty of disclosure, has made all arbitrators, certainly arbitrators of English arbitrations, highly conscious of the duty of disclosure *before* appointment. For that reason, we anticipate that the number of occasions on which cases challenge already appointed arbitrators will diminish. Whilst the court may ultimately find that a fair-minded impartial observer would not consider that there is no risk of the arbitrator under the spotlight being other than impartial, the time between the challenge and the result must be uncomfortable for the individual.

Immunity of Arbitrators - the Arbitration Bill 2023

Section 29 of the 1996 Act provides that an arbitrator is not liable for anything done in the discharge of their functions unless they acted in bad faith. Clauses 3 and 4 of the Arbitration Bill propose to extend the scope of arbitrator immunity, up to a limit, as follows.

Clause 3 provides (by amending ss.24 and 29(1) of the 1996 Act) that an arbitrator will not be liable for the costs of an application to court under s.24 for their removal, unless the arbitrator has acted in bad faith. This aligns with the general immunity already provided by s.29. This reverses case law which held that an arbitrator could be liable for those costs.

14-021

---

[164] *Helow v Advocate General for Scotland* [2008] UKHL 62; [2008] 1 W.L.R. 2416 at [58].
[165] *Halliburton* [2020] UKSC 48.
[166] See *Cofely Limited v Bingham* [2016] EWHC 240 (Comm) at [115]. *H v L* [2017] EWHC 317 (Comm) at [16].
[167] See, e.g., *Paice v Harding (t/a MJ Harding Contractors)* [2015] EWHC 661 (TCC); [2015] B.L.R. 345; and *Cofely Ltd v Bingham* [2016] EWHC 240 (Comm); *Halliburton v Chubb* [2018] EWCA Civ 817 at [75].

Qualifications

14-022 In *Pan Atlantic Group Inc v Hassneh Insurance Co of Israel Ltd*,[168] the arbitration clause provided that: "... The arbitrators ... shall be disinterested executive officials of insurance or reinsurance companies ..." One of the parties had appointed Mr John Butler as arbitrator. At the time of his appointment, Mr Butler was legal officer of Mercantile & General. Four months before the date fixed for the arbitration hearing, Mr Butler retired and became a consultant with a firm of solicitors. The other party applied to the court for order that Mr Butler was disqualified from acting as an arbitrator under the terms of the clause. The Court of Appeal[169] held that Mr Butler was not disqualified.

Leggatt LJ approved the following statement of principle in Mustill and Boyd:

"Where the appointed arbitrator does not possess the required qualifications, his appointment is nugatory and any award which he may make is void. By their agreement to arbitrate, the parties contracted to honour an award made by a duly qualified arbitrator; but they promised nothing with regard to the award of anyone else. Unlike the position where the complaint is of incapacity or bias, the Court has no discretion to uphold an appointment or award where the arbitrator lacks the qualifications stipulated in the contract. Subject to waiver, it has no choice but to treat the proceedings and the award as void."[170]

Leggatt LJ said that the object of the clause was to ensure that arbitrators, at the time of their appointment, possessed the necessary experience "... that is ensured by the requirement that they should still be serving employees at the time of appointment". It did not mean that they lost their experience once they retired. His Lordship pointed out that, those who were in a position to take appointments as arbitrators, would normally be senior employees:

"It would be ridiculous if, on accepting appointment, an arbitrator were impliedly expected to accept an obligation to remain employed, assuming it was a matter within his own choice, so long as the arbitration might subsist."[171]

In *Tonicstar Ltd v Allianz Insurance Plc*,[172] Teare J followed *Company X v Company Y*, an unreported decision of Morison J,[173] in relation to cl.15.5 of the JECL Excess Loss clauses which provided that arbitrators were to be persons with not less than 10 years' "experience of insurance or reinsurance". He held that a QC with considerable experience as a lawyer in insurance and reinsurance disputes was not qualified to act as an arbitrator under cl.15.5; and, accordingly, removed the arbitrator appointed by the respondents. Morison J had construed cl.15.5 as expressing an intention of the parties to have a tribunal composed of persons who had experience of the business of insurance and reinsurance. Teare J's decision was

---

[168] *Pan Atlantic Group Inc v Hassneh Insurance Co of Israel Ltd* [1992] 2 Lloyd's Rep. 120.
[169] Sir Donald Nicholls V-C, Leggatt and Russell LJJ.
[170] Mustill and Boyd, *Commercial Arbitration*, 2nd edn (Butterworths, 1989), p.249. A 3rd edn is planned for 2025.
[171] *Pan Atlantic v Hassneh* [1992] 2 Lloyd's Rep. 120 at 126.
[172] *Tonicstar Ltd v Allianz Insurance Plc (formerly Cornhill Insurance Plc)* [2017] EWHC 2753 (Comm); [2018] 1 Lloyd's Rep. 229.
[173] *Company X v Company Y* Unreported, 17 July 2000.

reversed on appeal and *Company X v Company Y* overruled.[174] Leggatt LJ[175] said, "the fact ... that *Company X v Company Y* has stood for 17 years should not, in my opinion, dissuade this court from holding that it was wrongly decided ... I am sceptical whether many parties who have incorporated the JELC Clauses into their contracts since *Company X v Company Y* have been aware of the decision and have contracted on the understanding that, unless agreed otherwise, the choice of arbitrators would be limited to people within the industry. Moreover, in so far as any did, I find it hard to see that such parties can be said to have suffered any significant detriment if the range of persons eligible for appointment turns out to be wider than they expected and includes an experienced QC."[176] Leggatt LJ concluded by observing that, although did not affect the proper interpretation of the contract between the parties, the JELC Clauses had been revised with effect from 1 January 2018 to make explicit what, according to his interpretation, was the effect of the previous wording.[177]

Chairman and Umpire

Sections 20 and 21 of the 1996 Act deal with the offices of chairman and umpire respectively, and s.22 provides for decision making where there is no chairman or umpire. The 1996 Act leaves the parties free to define the role of the third arbitrator, to the extent that they do not do so, the following default provisions apply:

14-023

(1) Where there are three arbitrators, and no chairman or umpire, all decisions, orders and awards shall be made by all or a majority of the arbitrators.[178]
(2) Where there is a chairman, decisions, orders and awards shall be made by all or a majority of the arbitrators (including the chairman),[179] but where there is neither unanimity nor a majority the view of the chairman shall prevail.[180]
(3) Where there is an umpire, he shall attend the proceedings and be supplied with the same documents and other materials as are supplied to the other arbitrators,[181] but decisions, orders and awards shall be made by the other arbitrators unless and until they cannot agree on a matter in the arbitration, in which case they shall forthwith give written notice to the parties and the umpire, whereupon the umpire shall replace them as the tribunal with power to make decisions, orders and awards as if he were sole arbitrator.

---

[174] *Allianz Insurance Plc v Tonicstar Ltd* [2018] EWCA Civ 434; [2018] 1 Lloyd's Rep. 389. In *Equitix ESI CHP (Sheff) Ltd v Veolia Energy and Utility Services* [2019] EWHC 593 (TCC); 183 Con. L.R. 129 Jefford J held that an "expert in the field of biomass energy plants" did not have to have technical experience in the field to fulfil the criteria. "In the field" indicated a wider category than simply technical qualifications.
[175] Sir George Leggatt, who is the son of Sir Andrew Leggatt (the Leggatt LJ in *Pan Atlantic v Hassneh*).
[176] *Allianz Insurance Plc v Tonicstar Ltd* [2018] EWCA Civ 434; [2018] 1 Lloyd's Rep. 389at [22], [26].
[177] JECL stands for Joint Excess of Loss Committee; Clause 27.4 of the revised JELC Clauses now states: "The Arbitrators shall be persons (including those who have retired) with not less than 10 years' experience of insurance or reinsurance within the industry or as lawyers or other professional advisors serving the industry."
[178] Arbitration Act 1996 s.22.
[179] Arbitration Act 1996 s.20(3).
[180] Arbitration Act 1996 s.20(4).
[181] Arbitration Act 1996 s.21(3).

Commencement of arbitration proceedings

14-024 Sections 12–14 of the 1996 Act deal with commencement of proceedings. Section 12 gives the court the right to extend the time to commence arbitration proceedings.[182] Section 13 provides that the Limitation Acts apply to arbitral proceedings as they do to legal proceedings. Section 14 provides for when arbitral proceedings are considered to have commenced. First, or course, because arbitration is a consensual dispute resolution mechanism, the parties can agree when proceedings are regarded as commenced. If there is no such agreement the rules are: If an arbitrator already exists, notice to the other party requiring it to submit to arbitration is the start date. If the parties are to appoint the arbitrator(s), the start date is when notice is served on the other party requiring it to appoint, or agree the appointment of, an arbitrator. Where the arbitrator is to be appointed by a third party, when the request is made to the third party to make the appointment is the relevant date. In *Easybiz Investments v Sinograin*[183] the court said that the provisions should not be interpreted in a strict or technical way. It only required that the notice identify the dispute and make clear it was being referred to arbitration. This case may have some significance for reinsurance where there are a number of reinsurers on a risk. In *Easybiz* there were 10 bills of lading, each with an arbitration clause. When the cargo owner gave one notice of one arbitrator in respect of claims on all the bills, the shipowner argued it was ineffective. The court did not agree. We expect that if a reinsured under a composite reinsurance policy gives one notice of arbitration appointing one arbitrator to all the reinsurers, that would be sufficient to have commenced arbitration against all of them.[184]

Powers of arbitral tribunal

14-025 The 1996 Act confers a variety of powers on the arbitral tribunal (unless otherwise agreed by the parties) including the power: to rule on its own jurisdiction[185]; to appoint experts or assessors[186]; to order a claimant to provide security for costs[187]; to make orders for the inspection, preservation, etc., of property[188]; to take evidence on oath[189]; to make provisional awards, including ordering the making of interim payment on account of the costs of the arbitration[190]; to award simple or

---

[182] There is considerable case-law on this topic. See 14-027 below and Mustill and Boyd, Ch.16.
[183] *Easybiz Investments v Sinograin ("The Biz")* [2010] EWHC 2565 (Comm); [2011] 1 Lloyd's Rep. 688; applied *A v B* [2017] EWHC 3417 (Comm); [2018] Bus. L.R. 778 at [22]; *MG Scaffolding Oxford v Palmloch Ltd* [2019] EWHC 1787 (TCC); 185 Con. L.R. 210; *LLC Agronefteprodukt v Ameropa AG* [2021] EWHC 3474 (Comm); [2022] 1 Lloyd's Rep. 388.
[184] Where an agent has authority to accept notice of arbitration, then notice on the agent is sufficient. See: *Sino Channel Asia Ltd v Dana Shipping and Trading Pte Singapore* [2017] EWCA Civ 1703; [2018] Bus. L.R. 532. Where, under the contract, service is required at a particular address and the respondent is no longer resident at that address, it appears that taking the notice to that address and then coming away with it is not good service. See: *Zayo Group International Ltd v Ainger* [2017] EWHC 2542 (Comm).
[185] Arbitration Act 1996 s.30; and see below.
[186] Arbitration Act 1996 s.37.
[187] Arbitration Act 1996 s.38(3)—subject to the limitation that the powers shall not be exercised on the ground that the claimant is (a) an individual ordinarily resident outside the UK, or (b) a corporation or association incorporated or formed under the law of a country outside the UK, or whose central management and control is exercised outside the UK.
[188] Arbitration Act 1996 s.38(4).
[189] Arbitration Act 1996 s.38(5).
[190] Arbitration Act 1996 s.39.

compound interest at such rates which it considers just[191]; to order a party to do or refrain from doing anything, to order specific performance of a contract[192] and to order the rectification of a deed or other document.[193]

Section 41 confers various default powers on the tribunal (which may be excluded by agreement of the parties). Where there has been inordinate and inexcusable delay on the part of the claimant in pursuing his claim, the tribunal may make an award dismissing the claim, provided it is satisfied that the delay: (a) gives rise, or is likely to give rise, to a substantial risk that it is not possible to have a fair resolution of the issues in that claim; or (b) has caused, or is likely to cause, serious prejudice to the respondent.[194] The tribunal may continue proceedings in the absence of a party[195] and may impose time limits.[196] If a claimant fails to comply with a peremptory order for the provision of security for costs, the tribunal may make a peremptory order dismissing the claim.[197] If a party fails to comply with any other kind of peremptory order, the tribunal may do any of the following:

"(a) direct that the party in default shall not be entitled to rely upon any allegation or material which was the subject matter of the order;
(b) draw such adverse inferences from the act of non-compliance as the circumstances justify;
(c) proceed to an award on the basis of such materials as have been properly provided to it;
(d) make such order as it thinks fit as to the payment of costs of the arbitration incurred in consequence of the non-compliance."[198]

The Arbitration Bill 2023 proposes to grant arbitral tribunals the following additional powers (i) by cl.6 (amending s.61 of the 1996 Act) if it is concluded that the tribunal has no substantive jurisdiction to resolve a dispute, the tribunal can award the costs of the arbitration proceedings up until that point; (ii) by cl.7 (inserting a new s.39A into the 1996 Act) arbitrators can make an award on a summary basis, by way of an expedited procedure, to dispose of an issue where an arbitrating party has no real prospect of succeeding on that issue; and (iii) by cl.8 (inserting a new s.41A and amending ss.41, 42 and 44 of the 1996 Act)an appointment of emergency arbitrators with peremptory powers can be made.

Judicial intervention during the course of the reference

The court may exercise the following powers, unless otherwise agreed by the parties, to assist the conduct of the arbitral proceedings: order the enforcement of peremptory orders made by the tribunal[199]; order the taking of evidence, the preservation of evidence and the granting of an interim injunction or the appointment of a receiver[200]; order the determination of a preliminary point of law[201]; and

14-026

---

[191] Arbitration Act 1996 s.49(3).
[192] Other than a contract relating to land.
[193] Arbitration Act 1996 s.48.
[194] Arbitration Act 1996 s.41(3).
[195] Arbitration Act 1996 s.41(4).
[196] Arbitration Act 1996 s.41(5).
[197] Arbitration Act 1996 s.41(6).
[198] Arbitration Act 1996 s.41(7).
[199] Arbitration Act 1996 s.42.
[200] Arbitration Act 1996 s.44. See *Viking Insurance Co v Rossdale* [2002] 1 Lloyd's Rep. 219. In *A v C* [2020] EWCA 409 the Court of Appeal found that under section 44 the court had power to order evidence to be taken from a party who was not a party to the arbitration. In *Doosan Babcock Ltd v Commercializadora de Equipos y Materiales Mabe Lda (formerly Mabe Chile Lda)* [2013] EWHC

extend the time for making an award.[202] In *Patley Wood Farm LLP v Brake*[203] Sir William Blackburne said that the court's powers under s.44 were less restricted than under s.42 but court should adopt a non-interventionist approach.

The following powers of the court may not be excluded by agreement of the parties:

(1) s.12 (power to extend agreed time limits);
(2) s.24 (power to remove arbitrator—discussed above);
(3) s.32 (determination of preliminary point of jurisdiction); and
(4) s.43 (securing the attendance of witnesses).

Extension of time-limits

14-027 Section 12 of the 1996 Act provides that where the arbitration agreement provides that a claim shall be barred unless the claimant commences arbitral proceedings within a time fixed by the agreement, the court may extend the time, but only after the party seeking the extension has exhausted any available arbitral process for obtaining an extension of time. However, the court shall only order an extension if it is satisfied:

"(a) that the circumstances are such as were outside the reasonable contemplation of the parties when they agreed the provision in question, and that it would be just to extend the time, or

(b) that the conduct of one party makes it unjust to hold the other party to the strict terms of the provision in question."[204]

Leave is required to appeal from a decision of the High Court under this section.[205] The above proviso is not contained in the pre-existing legislation[206] which simply gave the court a general discretion to extent contractually agreed time-limits. The manner in which the court had exercised its discretion under s.27 had been the subject of criticism.[207] In *Comdel Commodities Ltd v Siporex Trade SA (No.2)*,[208] which concerned an arbitration relating to a commodity dispute, the question arose whether under the rules of the particular commodity association one party was out of time to begin an arbitration. Under the association's arbitration rules, if a claimant was out of time, he could apply to the arbitral tribunal, who had a discretion to extend time. The claimant duly applied to the tribunal, and all three arbitrators held that the claimant was out of time and, in their discretion, refused to extend time. The arbitration rules gave a right to appeal, to a board of appeal, of five arbitrators. The claimant duly appealed to the board of appeal. The five appeal arbitrators, in their discretion, all refused to extend time. Undeterred, the claimant applied to the Commercial Court to extend time. The claimant lost again. The judge[209] refused to extend time. The claimant did not give up. He had a fourth go in the Court of Appeal, and won. Even though eight arbitrators and an experienced

---

3010 (TCC); [2014] 1 Lloyd's Rep. 464, the court granted an injunction under s.44(3) restraining a beneficiary from making a demand under a performance bond where the bond was only still in place because of a wrongful act by the beneficiary.

[201] Arbitration Act 1996 s.45—subject to the agreement of both parties or the consent of the tribunal.
[202] Arbitration Act 1996 s.50.
[203] *Patley Wood Farm LLP v Brake* [2014] EWHC 4499 (Ch).
[204] Arbitration Act 1996 s.12(3).
[205] Arbitration Act 1996 s.12(6).
[206] Arbitration Act 1950 s.27.
[207] See DAC Report, paras 62-75.
[208] *Comdel Commodities Ltd v Siporex Trade SA (No.2)* [1991] 1 A.C. 148.
[209] Steyn J (as he then was).

commercial judge had all exercised their discretion against the claimant, the Court of Appeal knew better. Feeling, perhaps, that this particular round had gone far enough, the Court of Appeal refused the respondent leave to appeal to the House of Lords. But the respondent was now in no mood for giving up. He petitioned the House of Lords for leave to appeal and was granted it. The House of Lords upheld the Court of Appeal.

Challenging jurisdiction of the arbitral tribunal – ss.32 and 67 of the 1996 Act

As we have seen, s.30 empowers the tribunal (unless otherwise agreed by the parties) to rule on its own jurisdiction.[210] The objection must be raised at the outset of the proceedings.[211] The tribunal may rule on an objection to its jurisdiction, or in any award on the merits. Under s.32, a preliminary point of jurisdiction may be determined by the court, instead of the arbitral tribunal, but only if:

14-028

"(a) it is made with the agreement in writing of all the other parties to the proceedings, or
(b) it is made with the permission of the tribunal and the court is satisfied—
 (i) that the determination of the question is likely to produce substantial savings in costs,
 (ii) that the application was made without delay, and
 (iii) that there is good reason why the matter should be decided by the court."[212]

The DAC Report states: "It is anticipated that the Courts will take care to prevent this exceptional provision from becoming the normal route for challenging jurisdiction."[213] Leave to appeal from a decision of the High Court under s.32 is required and such leave is not to be given unless:

"… the court considers that the question involves a point of law which is one of general importance or is one which for some other special reason should be considered by the Court of Appeal."[214]

It should be noted that once the tribunal has made an award as to its jurisdiction, it is open to any party to challenge that award by applying to the court under s.67.[215] Leave to appeal is required from any decision of the court.[216]

Pursuant to cl.5 of the Arbitration Bill 2023, s.32 will be amended to provide "An application under this section must not be considered to the extent that it is in respect of a question on which the tribunal has already ruled". This proposed amendment makes clear that the s.32 procedure may only be invoked if the tribunal has not ruled on its jurisdiction. If the tribunal has already ruled, then any challenge must be brought under s.67.

Clause 11 of the Arbitration Bill 2023 also proposes a change to the procedure for the determination of s.67 appeals on jurisdiction. Under the current law[217] s.67 challenges before the court proceed by way of full rehearing even if the tribunal's

---

[210] See DAC Report, paras 137–139.
[211] Arbitration Act 1996 s.31(1); compare art.16 of the Model Law, below; and see DAC Report, paras 140–146.
[212] Arbitration Act 1996 s.32(2).
[213] DAC Report, para.147.
[214] Arbitration Act 1996 s.32(6).
[215] Arbitration Act 1996 s.67.
[216] Compare art.16(3) of the Model Law, where there is a single right of appeal only against a determination of the arbitral tribunal that it has jurisdiction—see below.
[217] *Dallah Real Estate & Tourism Holding Co v Pakistan* [2010] UKSC 46; [2011] 1 A.C. 763.

jurisdiction has been fully debated before the tribunal. The Arbitration Bill proposes to change that procedure. Specifically, it will amend s.67 to confer power for rules of court to provide that where an application is made under s.67, by a party who took part in the arbitration proceedings, that relates to an objection on which the tribunal has already ruled, then there will generally be no full rehearing before the court. Rather, rules of court will be able to provide that there should be no new grounds of objection, and no new evidence, before the court, unless it was not reasonably possible to put these before the tribunal; and evidence should not be reheard by the court, unless necessary in the interests of justice.

Practice and procedure

General duty of the tribunal

14-029   Section 33(1) provides that the tribunal shall:

"(a)   act fairly and impartially as between the parties, giving each party a reasonable opportunity of putting his case and dealing with that of his opponent, and

(b)   adopt procedures suitable to the circumstances of the particular case, avoiding unnecessary delay or expense, so as to provide a fair means for the resolution of the matters falling to be determined."

Section 32(2) requires the tribunal to comply with the above general duty in conducting the arbitral proceedings, in its decisions on matters of procedure and evidence and in the exercise of all other powers conferred on it. In response to the suggestion that the generality of s.33 may be problematic, the DAC Report states:

"The advantage of arbitration is that it offers a dispute resolution system which can be tailored to the particular dispute to an extent which litigation finds it difficult to do. Thus, depending on the nature of the dispute, there will be numerous ways in which the arbitration can be conducted. It is quite impossible to list all the possible variants and to set out what may or may not be done. Indeed, any attempt to do so would defeat one of the main purposes of the Bill, which is to encourage arbitral tribunals not slavishly to follow Court or other set procedures. It follows that the only limits can be those set out in the present clause. It is to be hoped that the Courts will take a dim view of those who try to attack awards because of suggested breaches of this clause which have no real substance. At the same time, it can hardly be suggested that awards should not be open to attack when the tribunal has not acted in accordance with the principles stated."[218]

The DAC Report discusses at some length[219] the relationship between the overriding principle of party autonomy and the mandatory duty upon the arbitrators imposed by s.33.

Procedural and evidential matters

14-030   The parties are free to agree upon whatever form of procedure they wish (subject to the mandatory provisions of the 1996 Act). We shall discuss below certain ready-made procedural rules which parties can agree upon in advance. Failing such agreement, all procedural and evidential matters are within the discretion of the tribunal (subject to the general duty to act fairly and impartially), these include the following:

"(a)   when and where any part of the proceedings is to be held;

---

[218] DAC Report, para.151.
[219] DAC Report, paras 154–163.

OUTLINE OF ENGLISH ARBITRATION LAW AND PRACTICE 1031

(b) the language or languages to be used in the proceedings and whether translations of any relevant documents are to be supplied;

(c) whether any and if so what form of written statements of claim and defence are to be used, when these should be supplied and the extent to which such statements can be later amended;

(d) whether any and if so which documents or classes of documents should be disclosed between and produced by the parties and at what stage;

(e) whether any and if so what questions should be put to and answered by the respective parties and when and in what form this should be done;

(f) whether to apply strict rules of evidence (or any other rules) as to the admissibility, relevance or weight of any material (oral, written or other) sought to be tendered on any matters of fact or opinion, and the time, manner and form in which such material should be exchanged and presented;

(g) whether and to what extent the tribunal should itself take the initiative in ascertaining the facts and the law;

(h) whether and to what extent there should be oral or written evidence or submissions."[220]

The tribunal has a general power to make procedural directions in relation to the above matters, to fix time for compliance with its directions, and to extend the time so fixed.[221]

The arbitration award and issue estoppel

Making the award

Section 52 provides that the parties are free to agree upon the form of an award and, to the extent they have not done so, the award must be in writing and signed by all the arbitrators (or all arbitrators assenting to the award); contain the reasons for the award unless it is an agreed award or the parties have agreed to dispense with reasons, state the seat of the arbitration and the date when it was made. Where the seat of the arbitration is England, the award is deemed to be made in England, regardless of where it was signed, dispatched or delivered to any of the parties.[222] The arbitral tribunal may decide what is to be taken as the date on which the award is made and, in the absence of any decision, the date is deemed to be the date upon which the arbitrator[223] signs the award.

14-031

The arbitral tribunal may refuse to deliver an award to the parties, until the fees and expenses of the arbitrators are paid.[224] The parties may apply to the court for an order requiring the tribunal to deliver an award upon such terms as to payment of fees as the court may direct.[225]

Correction of an award

The parties are free to agree on the powers of the tribunal to correct an award or to make an additional award.[226] To the extent that there is no agreement, the tribunal has the power to:

14-032

---

[220] Arbitration Act 1996 s.34(2).
[221] Arbitration Act 1996 s.34(3).
[222] Arbitration Act 1996 s.53; thus the problems posed by *Hiscox v Outhwaite* [1992] 1 A.C. 562 (discussed below) will not again arise.
[223] Or if there is more than one arbitrator, the last of them.
[224] Arbitration Act 1996 s.56(1)—a provision which the parties cannot exclude by agreement.
[225] Arbitration Act 1996 s.56(2).
[226] Arbitration Act 1996 s.57(1).

"(a) correct an award so as to remove any clerical mistake or error arising from an accidental slip or omission or clarify or remove any ambiguity in the award, or

(b) make an additional award in respect of any claim (including a claim for interest or costs) which was presented to the tribunal but not dealt with in the award."[227]

The tribunal may exercise the above powers on the application of a party (which must be made within 28 days of the date of the award) or on its own initiative. Any additional award must be made within 56 days of the date of the original award.[228]

Issue estoppel/collateral estoppel

14-033   In *Lincoln National Life Insurance Co v Sun Life Assurance Co of Canada*[229] the Court of Appeal considered the extent which an arbitral award in an arbitration between A and B could be relied upon by or against B in a subsequent arbitration between B and C. It was held that the principles of res judicata and issue estoppel applied between parties to the original proceedings or their privies. There was nothing to give an arbitral award evidential value in establishing facts needing to be proved in separate proceedings against a stranger to the original proceedings. Dicta in a first instance decision[230] which suggested that where the extent of a party B's contractual obligations had already been determined in an arbitration with party A, the award could be relied upon by party C in a subsequent arbitration with party B were disapproved. The Court of Appeal doubted whether, under the Arbitration Act 1996, arbitrators could prevent party B on the grounds of "abuse of process" from running an argument against party C which he had already lost in an arbitration with party A.

14-034   But note *Arts & Antiques Ltd v Richards*.[231] An award in an arbitration between a policyholder and an insurer found that the insurer was not liable because the insured failed to comply with a condition precedent which the insured had argued was not part of the policy terms. The insured brought proceedings against the broker and the insurer again arguing that the condition precedent was not part of the policy, and the defendants sought to strike out the claim. The proceedings against the insurer were dismissed. The claim against the broker on the basis the condition precedent was not part of the policy was dismissed—it was a collateral attack on the finding in the arbitration and in any event bound to fail. But the proceedings against the broker based on negligence in not advising the insured on the impact of the condition precedent were allowed to continue. If the broker had sought to rely on findings in the arbitration between the insured and the insurer to say that he was not negligent, the principles set out by the Court of Appeal in the *Lincoln National* case would, in our view, have come into play to prevent that.

---

[227] Arbitration Act 1996 s.57(3).
[228] Arbitration Act 1996 s.57(6).
[229] *Lincoln National Life Insurance Co v Sun Life Assurance Co of Canada* [2004] EWCA Civ 1660; [2005] 1 Lloyd's Rep. 606; applied *Vale SA v Steinmetz* [2021] EWCA Civ 1087; [2021] 2 Lloyd's Rep. 601; followed *MSC Mediterranean Shipping Co SA v Stolt Tank Containers BV* [2022] EWHC 835 (Admlty); [2022] 2 Lloyd's Rep. 341.
[230] *Lincoln National Life Insurance Co v Sun Life Assurance Co of Canada* [2004] EWHC 343 (Comm); [2004] 1 Lloyd's Rep. 737.
[231] *Arts & Antiques Ltd v Richards* [2013] EWHC 3361 (Comm); [2014] Lloyd's Rep. I.R. 219.

Review by the court

Overview

There are three provisions in the 1996 Act under which a party may challenge an award in court: **14-035**

(1) s.67: lack of substantive jurisdiction[232];
(2) s.68: serious irregularity; and
(3) s.69: appeal on point of law.

The Arbitration Bill 2023 proposes, by cl.12, to amend s.70 to clarify that the time limit of 28 days for challenging an award under these routes begins to run after any arbitral appeal or application under s.57.

Serious irregularity

Section 68 of the 1996 Act does not permit a challenge to an award on the ground that the tribunal arrived at a wrong conclusion as a matter of law or fact.[233] Thus, the existence of a dissenting opinion on a point of fact or law, by one of the arbitrators is irrelevant to an application under s.68.[234] A "serious irregularity" affecting the tribunal, the proceedings or the award, is defined as one which the court considers "has caused or will cause *substantial injustice* to the applicant"[235] and which falls into one or more of the following categories: **14-036**

"(a) failure by the tribunal to comply with section 33 (general duty of fairness);
(b) the tribunal exceeding its powers (otherwise than by exceeding its substantive jurisdiction: see section 67);
(c) failure by the tribunal to conduct the proceedings in accordance with the procedure agreed by the parties;
(d) failure by the tribunal to deal with all the issues that were put to it;
(e) any arbitral institution or person vested by the parties with powers in relation to the proceedings or the award exceeding its powers;
(f) uncertainty or ambiguity as to the effect of the award;
(g) the award being obtained by fraud or the way in which it was procured being contrary to public policy;
(h) failure to comply with the requirements as to the form of the award; or
(i) any irregularity in the conduct of the proceedings or in the award which is admitted by the tribunal or by any arbitral or other institution or person vested by the parties with powers in relation to the proceedings or the award."

In *Double K Oil v Neste Oil*[236] the losing party to an arbitration sought to set aside

---

[232] Discussed above.
[233] See *Lesotho Highlands Development Authority v Impreglio SpA* [2005] UKHL 43; [2006] 1 A.C. 221 at [31] per Lord Steyn. In the *Lesotho* case the judge (Morison J) had held that the arbitrators had exceeded their powers within the meaning of s.68(2)(b) by expressing the award in currencies other than those stipulated in the contract and by awarding interest in circumstances not permitted under Lesotho law. His decision was upheld by the Court of Appeal ([2003] EWCA Civ 1159; [2003] 2 Lloyd's Rep. 497), but reversed by the House of Lords.
[234] *F Ltd v M Ltd* [2009] EWHC 275 (TCC); [2009] 1 Lloyd's Rep. 537.
[235] Arbitration Act 1996 s.68(2).
[236] *Double K Oil Products 1996 Ltd v Neste Oil Oyj* [2009] EWHC 3380 (Comm); [2010] 1 Lloyd's Rep. 141. The *Double K* case was followed in *Chantiers de L'Atlantique SA v Gaztransport & Technigaz SAS* [2011] EWHC 3383 (Comm). Chantiers sought to have an arbitration award set aside for fraud because the defendant had deliberately given misleading evidence to the arbitrators. The court refused to set aside the award because it would not have affected the award even if it was

the award of three very experienced international commercial arbitrators[237] for "serious irregularity" under s.68 on the following grounds:

(i) s.68(2)(g)—the award had been procured by fraud (it was said that false evidence had been put before the tribunal);
(ii) s.68(2)(a)—the tribunal had failed to act fairly:
 (a) it had failed to make an order compelling the attendance of two witnesses; and
 (b) it had failed to draw adverse inferences from the non-attendance of witnesses;
(iii) s.68(2)(d)—the tribunal had failed to deal with all the issues that were before it.

Blair J upheld the award. He summarised the principles applicable to a challenge under s.68(2)(g) as follows:

"In accordance with the high threshold applicable to section 68 ... (*Lesotho Highlands Development Authority v Impregilo SpA* [2006] 1 AC 221 at page 235H, Lord Steyn), it is not enough in an application under section 68(2)(g) to show that one party inadvertently misled the other, however carelessly (*Cuflet Chartering v Carousel Shipping Co Ltd (The Marie H)* [2001] 1 Lloyd's Rep. 707, Moore-Bick J, at para 12). It will normally be necessary to satisfy the court that some form of reprehensible or unconscionable conduct has contributed in a substantial way to the obtaining of the award. A challenge to an award cannot, therefore, be made on the grounds of an innocent failure to give proper disclosure (*Profilati Italia Srl v PaineWebber Inc* [2001] 1 Lloyd's Rep. 715, Moore-Bick J at paras 17 and 22), or the innocent production of false evidence (*Elektrim SA v Vivendi Universal SA (No 2)* [2007] 1 Lloyd's Rep. 693, Aikens J at paras 80 and 81). Where, as in the present case, the allegation is fraud in the production of evidence, the onus is on the applicant to make good the allegation by cogent evidence (*Cuflet* at para 12, *Elektrim* at para 81). The applicant must show that the new evidence relied upon to demonstrate the fraud was not available at the time of the arbitration and would have had an important influence on the result (*Westacre Investments Inc v Jugoimport-SDPR Holding Co Ltd* [1999] 2 Lloyd's Rep. 65 at pages 76 and 77, Waller LJ, applied by Cooke J in *Thyssen Canada Ltd v Mariana Maritime SA (The Mariana)* [2005] 1 Lloyd's Rep 640 at paras 60 to 66 and in *DDT Trucks of North America Ltd v DDT Holdings Ltd* [2007] 2 Lloyd's Rep. 213 at paras 22 and 23). The latter point (important influence on the result) takes effect within the statutory requirement that the irregularity has caused or will cause substantial injustice to the applicant (*Thyssen* at para 65)."

The following cases are some recent examples of s.68 challenges:

- In *Lorand Shipping Ltd v Davof Trading (Africa) BV*[238] the court remitted an award to the arbitrators on one point. They had decided it without having heard any argument on it from either party, without being requested to

---

proved. See also the statement of the relevant principles in *RAV Bahamas Ltd v Therapy Beach Club Inc* [2021] UKPC 8; [2021] A.C. 907 at [30]–[37], noting that "substantial injustice" imposed a high threshold and that the focus was on due process, not the correctness of the decision, although some irregularities may be so serious that substantial justice is "inherently likely" to result. Substantial injustice will occur where it is established that, but for the irregularity, the outcome of the arbitration might well have been different. That was a decision on s.90 of the Bahamas Arbitration Act 2009, which was modelled on and materially identical to s.68 of the English Arbitration Act 1996, and was cited with approval by Knowles J in *Nigeria v Process and Industrial Developments Ltd* [2023] EWHC 2638 (Comm) at [500].

[237] Richard Southwell QC, Neil Kaplan QC and Michael Collins QC.
[238] *Lorand Shipping Ltd v Davof Trading (Africa) BV* [2014] EWHC 3521 (Comm); [2015] 1 Lloyd's Rep. 67. See also *Transition Feeds LLP (formerly Advanced Liquid Feeds LLP) v Itochu Europe Plc* [2013] EWHC 3629 (Comm); [2013] 2 C.L.C. 920.

by either party and without any word to either party, and it had caused injustice.
- In *Secretary of State for the Home Office v Raytheon Systems Ltd*[239] the court said that s.68(2)(d) had been breached and the whole award was set aside and a new tribunal ordered. The judge found that the arbitrators had failed, in their award, to address issues of fault and responsibility attributable to the defendant.[240]
- In *National Iranian Oil Co v Crescent Petroleum Co*[241] the allegations of serious irregularity consisted of: (i) failure on the part of the majority of the tribunal to allow the dissenting arbitrator an opportunity to participate in the arbitration; (ii) failure to control leading counsel for the successful party who, it was alleged, was so rude that the appearance of justice was lost and the tribunal was inhibited. The judge rejected both complaints. The dissenting arbitrator had made plain his fundamental disagreement with the majority, withdrew from their deliberations and wrote a separate dissenting award. The respondents' counsel did robustly defend his clients' interests and was often rude; but, however strongly he may have expressed himself, this did not prevent the tribunal from doing its duty.
- In *RJ & L Ltd v HB*[242] the sole arbitrator was, "a very senior English QC, well known and highly regarded in the world of international investment arbitration"[243] who had been appointed by the ICC in an investment dispute between two wealthy individuals. The judge upheld in part the complaint of "serious irregularity" and set aside parts of the award, which was remitted to the arbitrator for a fresh determination. The essence of the RJ's and L Ltd's complaint was that the arbitrator's award had granted HB relief he had never sought and which was significantly to different to anything which any of the parties had contended for, without notice to the parties that he was considering doing so, thereby depriving RJ and L Ltd of the opportunity to address him. However, the judge concluded that: "There is no serious case for HB (or the Arbitrator) to answer as to whether the fresh determination now required should go to a new arbitrator."[244]
- *Nigeria v Process and Industrial Developments Ltd*[245] concerned a contract (GSPA) between Nigeria and a company (P&ID) for the construction of gas processing facilities in Nigeria. Three awards were issued against Nigeria including for damages running to the billions of dollars. Knowles J set aside the awards under s.68(2)(g) because they were procured by fraud and contrary to public policy in that: (i) P&ID had knowingly relied on evidence in the arbitration that concealed the fact that bribes had been paid to a Nigerian official (GT) to assist in procuring entry into the GSPA; (ii) throughout the arbitration proceedings, P&ID had continued to pay bribes or make other corrupt payments to GT to suppress the fact of the initial

---

[239] *Secretary of State for the Home Department v Raytheon Systems Ltd* [2015] EWHC 311 (TCC); [2015] Bus. L.R. 626.
[240] An appeal was brought but the matter was subsequently compromised.
[241] *National Iranian Oil Co v Crescent Petroleum Co International Ltd* [2016] EWHC 1900 (Comm).
[242] *RJ v HB* [2018] EWHC 2833 (Comm).
[243] *RJ v HB* [2018] EWHC 2833 (Comm) at [1].
[244] *RJ v HB* [2018] EWHC 2833 (Comm) at [18], per Andrew Baker J. As we have noted above (14-019), the judge expressed the view at [20] (obiter), that the he had no power to effectively remove the arbitrator under s.68; he could only do so under s.24, but there had been no application under s.24.
[245] *Nigeria v Process and Industrial Developments Ltd* [2023] EWHC 2638 (Comm).

bribery; and (iii) in the arbitration, P&ID and its counsel had been provided with and knowingly used Nigeria's privileged internal legal documents. If those matters had come before the tribunal the outcome would have been different. Accordingly, there was serious irregularity causing Nigeria substantial injustice. Knowles J also held that Nigeria had not lost the right to object to the awards under s.73 because it could not with reasonable diligence have discovered the grounds for the objection, namely bribery or corrupt payments, false evidence in connection with them, and what happened with Nigeria's internal legal documents.

14-037 A challenge to an award on the grounds that the tribunal failed to decide the dispute in accordance with the law chosen by the parties, contrary to s.46 of the 1996 Act can only be brought (if at all) under s.68(2)(b). For such a challenge to have any prospect of success, a conscious disregard by the tribunal of the chosen law was a necessary, but not a sufficient requirement.[246]

If there is shown to be a "serious irregularity", the court has the power to[247]:

(1) remit the award to the tribunal in whole or in part, for reconsideration[248];
(2) set the award aside in whole or in part; or
(3) declare the award to be of no effect, in whole or in part.[249]

In *Y v S*[250] the successful party in an LCIA award (London Court of International Arbitration) asked the court to order security for the entirely of the awarded sum before the losing party could challenge the award under s.68 of the 1996 Act. Mr Justice Eder doubted whether CPR r.62.18(9) gave the court power to make such an Order.

Appeal on a point of law

14-038 An appeal on a point of law under s.69 may only be brought with either the consent of the parties or the leave of the court. Leave to appeal will only be given if the court is satisfied:

"(a) that the determination of the question will substantially affect the rights of one or more of the parties,
(b) that the question was one which the tribunal was asked to determine,
(c) that, on the basis of the findings of fact in the award—
　(i) the decision of the tribunal is obviously wrong, or
　(ii) the question is one of general public importance and the decision of the tribunal is at least open to serious doubt, and
(d) that, despite the agreement of the parties to resolve the matter by arbitration, it is just and proper in all the circumstances for the court to determine the question."[251]

Any appeal from a decision of the court under s.69 to grant or refuse leave to appeal, itself requires leave. The court has the power under s.69 to:

(1) confirm the award;
(2) vary the award;

---

[246] *B v A (Arbitration: Chosen Law)* [2010] EWHC 1626 (Comm); [2010] 2 Lloyd's Rep. 681.
[247] Arbitration Act 1996 s.68(3).
[248] For an example of a case where the quantum of an award was remitted for reconsideration by the arbitrators, see *F Ltd v M Ltd* [2009] 1 Lloyd's Rep. 537.
[249] See *Insurance Company v Lloyd's Syndicate* [1995] 1 Lloyd's Rep. 272 where a successful arbitration against a leader was no evidence of liability of followers on a slip.
[250] *Y v S* [2015] EWHC 612 (Comm); [2015] 1 Lloyd's Rep. 703.
[251] Arbitration Act 1996 s.69(3).

(3) remit the award to the tribunal, in whole or in part, for reconsideration in the light of the court's determination; or
(4) set aside the award in whole or in part.

Sections 68 and 69 codify the pre-existing law.[252] Section 69 is a statutory formulation of the so-called "Nema guidelines" governing leave to appeal under s.1 of the Arbitration Act 1979.[253] The following passage from a decision of Bingham J (as he then was) under the 1950 Act is still cited by judges today:

"... as a matter of general approach the courts strive to uphold arbitration awards. They do not approach them with a meticulous legal eye endeavouring to pick holes, inconsistencies and faults in awards and with the objective of upsetting or frustrating the process of arbitration ... The approach is to read an arbitration award in a reasonable and commercial way expecting, as is usually the case, that there will be no substantial fault that can be found with it."[254]

The Court of Appeal set out guidelines for the application of s.69 and for appeals to the Court of Appeal, in *CMA CGM SA v Beteiligungs*.[255] The criteria are now statutory. The reason for the appeal had to be obvious at a summary level. For the Court of Appeal the question was whether the judge had applied the right principles.

In *Guangzhou Dockyards Co Ltd (formerly Guangzhou CSSC-OCEANLINE-GSW Marine Engineering Co Ltd) v ENE Aegiali I*[256] the court pronounced that the parties could not confer jurisdiction on the court by agreement. Guangzhou sought to appeal on a question of fact, the parties having agreed in their arbitration agreement that either could appeal an award. Blair J stated obiter that the right of appeal was only statutory. It was obiter because he found that the arbitration agreement did not allow for an appeal on the facts.

In *HMV UK Ltd v Propinvest Friar LP*[257] the Court of Appeal confirmed that the error of law (which had to be as serious as an "intellectual aberration") had to be apparent on the face of the award, that applications for leave to appeal should normally be dealt with on paper, and that appeals to the Court of Appeal should be exceptional.

The parties may agree to exclude an appeal on a point of law[258] and such an agreement will be inferred where the parties agree that no reasons shall be given for an award. However, it appears that the use of the words "*final, conclusive and binding*" in an arbitration agreement does not give rise to an agreement to exclude

---

[252] See generally Mustill and Boyd, *Commercial Arbitration*, (Butterworths, 2nd edn, 1989), pp.546–570, 583–637;Redfern & Hunter, *Law and Practice of International Commercial Arbitration* (OUP, 7th edn, 2023) [10.71]–[10.72].
[253] See *Pioneer Shipping Ltd v B.T.P. Tioxide Ltd, The "Nema"* [1982] A.C. 724. See *HMV UK Ltd v Propinvest Friar LP* [2011] EWCA Civ 1708; [2012] 1 Lloyd's Rep. 416. The court said that to succeed under s.69(3)(c)(i) the decision of the arbitrator(s) had to be obviously wrong, a major intellectual aberration. Section 69 had been enacted in accordance with *The Nema*.
[254] *Zermalt Holdings SA v Nu-Life Upholstery Repairs Ltd* [1985] 2 E.G.L.R. 14. *Zermalt* was cited in *Fidelity Management SA v Myriad International Holdings BV* [2005] EWHC 1193; [2005] 2 Lloyd's Rep. 508, 509; *IRB Brasil Resseguros SA v CX Reinsurance Co Ltd* [2010] EWHC 974 (Comm); [2010] Lloyd's Rep. I.R. 560.
[255] *CMA CGM SA v Beteiligungs KG MS Northern Pioneer Schiffahrtsgesellschaft mbH & Co* [2002] EWCA Civ 1878; [2003] 1 W.L.R. 1015.
[256] *Guangzhou Dockyards Co Ltd (formerly Guangzhou CSSC-OCEANLINE-GSW Marine Engineering Co Ltd) v ENE Aegiali I* [2010] EWHC 2826 (Comm); [2011] 1 Lloyd's Rep. 30.
[257] *HMV UK Ltd v Propinvest Friar LP* [2011] EWCA Civ 1708.
[258] Arbitration Act 1996 s.69(1).

an appeal on a point of law.²⁵⁹ The powers of the court under s.68 may not be excluded by agreement. As we shall see,²⁶⁰ the powers of the English court to set aside arbitration awards are more extensive than that of the Bermuda court under the Model Law.

In *Unipolsai Assicurazioni SpA v Covea Insurance Plc*,²⁶¹ conjoined s.69 appeals in relation to claims of Covid-19 losses under excess of loss reinsurance contracts, Foxton J endorsed the parties' agreement that the applicable principles on a s.69 application were as follows (citations omitted):

i. As s.69(1) makes clear, the issue of law must be one "arising out of an award made in the proceedings".

ii. Where a tribunal's experience assists it in determining a question of law, "the court will accord some deference to the tribunal's decision".

iii. Where the arbitral tribunal's decision is one of mixed fact and law, the court cannot interfere unless it is shown that the arbitral tribunal either erred in law or reached a conclusion on the facts which no reasonable person, applying the relevant law, could have reached. It is not enough that the court would or might not itself have reached the same conclusion. In short, it must be shown that the conclusion reached by the arbitral tribunal is "necessarily inconsistent" with the correct application of the relevant legal principle.

iv. Provided the substance of the point of law remains the same as that for which permission to appeal has been granted (or consented to), the court will permit minor refinements to the formulation of the issue at the hearing which involve no prejudice to the respondent.

v. The only admissible documents on the appeal are documents which are referred to in the award and which the court needs to read to determine the issue of law arising out of the award.

vi. A respondent to an appeal under s.69 of the 1996 Act can seek to uphold the award on grounds not expressed in the award only where those grounds are based on a point or points of law.

Application to reinsurance: CGU v AstraZeneca

14-039 Prior to the *AstraZeneca* decision²⁶² it was considered by practitioners in the London reinsurance market to be almost impossible to appeal, pursuant to s.69 of the Arbitration Act 1996, an arbitration award on a point of law. So far as we aware, since *AstraZeneca* in which the Commercial Court has given leave to appeal from an arbitral award in a reinsurance arbitration on only one occasion and in that case the Judge ultimately upheld the arbitrators' award.²⁶³ The facts in *AstraZeneca* were unusual²⁶⁴ and the reinsurers' cause on appeal was plainly assisted by the very strong dissenting award of Kenneth Rokison QC. The majority of the tribunal (an American lawyer and a London underwriter) had concluded that the words "damages on account of ... Property Damage" were to be construed under Iowa law,

---

²⁵⁹ See *Shell Egypt West Manzala GmbH v Dana Gas Egypt Ltd* [2010] 1 Lloyd's Rep. 109. Arbitration Appeal No 4 of 2020.
²⁶⁰ Below.
²⁶¹ *Unipolsai Assicurazioni SpA v Covea Insurance Plc; Markel International Insurance Co Ltd v General Reinsurance AG* [2024] EWHC 253 (Comm); [2024] Bus. L.R. 664 at [5] per Foxton J.
²⁶² *CGU International Insurance v AstraZeneca Insurance Co* [2006] Lloyd's Rep. I.R. 409.
²⁶³ *IRB Brasil Resseguros SA v CX Reinsurance Co Ltd* [2010] EWHC 974 (Comm); [2010] Lloyd's Rep. I.R. 560-see Ch.5, 5-038 above.
²⁶⁴ See Ch.5, 5-114 above.

notwithstanding: (i) the fact that AZICL had conceded that the insurance policy (which had no choice of law clause) was, applying English conflict of laws rules, governed by English law; and, (ii) the reinsurance contract had no "follow the settlements" clause, but instead used the nebulous words "follow the fortunes". Creswell J gave leave to appeal on two questions of law:

"1. By reference to which substantive law is AZICL's liability to Garst to be determined.
2. By reference to which substantive law is the reinsurers' liability to AZICL under the reinsurance contract to be determined."

Cresswell J allowed the reinsurers' appeal and refused AZICL permission to appeal to the Court of Appeal. Rix LJ said:

"AZICL's complaint to this court is that the judge's decision refusing leave to appeal was so misguided or incomprehensible as to amount to no decision at all; or to be arbitrary and perverse, to the extent of being unfair and thus in breach of article 6 of the Convention."[265]

The Court of Appeal held that, although it had a residual discretion to review and set aside a decision obtained unfairly, it had no jurisdiction to hear an appeal under s.69(8) of the Arbitration Act 1996.

In *Kazakhstan v Istil Group*[266] the restrictions on appeal were held not to breach the European Convention on Human Rights 1950.

Security for costs and for sums due under the Award

Section 70(7) gives the court power to require security to be posted if an award is to be challenged in the court and the court also has power to order security for the costs of defending a challenge. In *Konkola Copper Mines PLC v U&M Mining Zambia Ltd*[267] the court ordered security for the costs of the defendant but would not order security for the award itself. The court would only order security for the award itself if the process of challenge would reduce the prospects of being able, later, to enforce the award[268] and that was not the case here.

14-040

Anti-suit injunctions and English arbitrations

Proceedings in breach of agreement to arbitrate in EU Member State—effect of the Regulation

We made reference (in Ch.13) above to the decision of the European Court in the *West Tankers* case,[269] in which it held that it was incompatible with the Regulation for an English court to grant an injunction restraining a party from commencing or continuing proceedings in the court of another Member State which, in the view of the English court, were in breach of an agreement to arbitrate in England. In the House of Lords (which referred the case to the European Court) Lord Hoffmann had observed:

14-041

---

[265] *CGU v AstraZeneca* [2007] 1 Lloyd's Rep. 142 at 149, [32]. A Queen's Counsel praying in aid the Human Rights Act and the European Convention on behalf of a captive insurance company.
[266] *Kazakhstan v Istil Group Inc* [2007] EWCA Civ 471.
[267] *Konkola Copper Mines Plc v U&M Mining Zambia Ltd* [2014] EWHC 2146 (Comm); [2014] 2 Lloyd's Rep. 507—a dispute which, despite being subject to arbitration, reached the court four times in 2014.
[268] See *X v Y* [2013] EWHC 1104 (Comm); [2013] 2 Lloyd's Rep. 230.
[269] *Allianz SpA (formerly RAS Riunione Adriatica di Sicurta SpA) v West Tankers Inc* (C-185/07) EU:C:2009:69; [2009] 1 A.C. 1138.

"[T]he European Community is engaged not only with regulating commerce between Member States but also in competing with the rest of the world. If the Member States of the European Community are unable to offer a seat of arbitration capable of making an order restraining parties from acting in breach of the arbitration agreement, there is no shortage of other states which will. For example, New York, Bermuda and Singapore are also leading centres of arbitration and each of them exercises the jurisdiction which is challenged in this appeal. There seems to me no doctrinal necessity or practical advantage which requires the European Community handicap itself by denying its courts the right to exercise the same jurisdiction."[270]

The *West Tankers* does not seem to have had an effect on London as an arbitration centre; nonetheless we express our respectful agreement with Lord Hoffmann as to the advantages of Bermuda as a seat of arbitration.

In *Youell v La Reunion Aerienne*[271] the defendant started an arbitration in France against the claimant. The English court nonetheless allowed later proceedings for a declaration of non-liability by the claimant to continue in England.

In *London Steamship v Spain*[272] the court held that Spain and France, in exercising rights under direct action legislation in Spain (allowing a third party to claim directly against the tortfeasor's insurer) had nonetheless to pursue those rights in arbitration, as provided for in the insurance contract on which they relied.[273]

Recast Brussels Regulation

14-042 As we noted above (Ch.13) the new version of the Regulation contains the following statement at para.12(1) of its Preamble:

"This Regulation should not apply to arbitration. Nothing in this Regulation should prevent the courts of a Member State, when seized of action in matter in respect of which the parties have entered into an arbitration agreement, from referring the parties to arbitration, from staying or dismissing the proceedings, or from examining whether the arbitration agreement is null and void, inoperative or incapable of being performed, in accordance with their national law."

It appears from the European Court's recent decision in *Gazprom*[274] that para.12(1) has not affected *West Tankers*. Gazprom, a Russian gas producer entered into an agreement with LDAB, a Lithuanian gas distributor. A dispute arose between LDAB and one of its shareholders, the Ministry of Energy of Lithuania; the Ministry brought an action in the Lithuanian courts. Gazprom and the Ministry were both shareholders in LDAB and were parties to a shareholders' agreement that contained an arbitration clause providing for arbitration in Stockholm. Gazprom claimed that the action in the Lithuanian courts breached the arbitration clause and

---

[270] *West Tankers Inc v RAS Riunione Adriatica di Sicurta SpA* [2007] UKHL 4 at [21]. Followed by *Enka Insaat Ve Sanayi v OOO Insurance Chubb* [2020] EWCA Civ 574 where the Court of Appeal reversed the first instance judge and granted an anti-suit injunction. The disadvantaged party has another remedy: it can claim damages in the English arbitration for the other party commencing proceedings in the foreign jurisdiction: *West Tankers v Allianz* [2012] EWCA Civ 854; *Starlight Shipping Co v Allianz Marine & Aviation Versicherungs AG* [2014] EWCA Civ 1010.
[271] *Youell v La Reunion Aerienne* [2009] EWCA Civ 175.
[272] *London Steam Ship Owners Mutual Insurance Association Ltd v Spain* [2015] EWCA Civ 333.
[273] Furthermore, the Court held that by seeking to enforce rights under the Insurance and pursuing proceedings under ss.67 and 72 of the 1996 Act, Spain and France had agreed to the arbitration and could not exercise state immunity from enforcement of the arbitration award. On this and other aspects regarding enforcement of award and service of enforcement proceedings, see [2020] EWHC 142 and 1582 and 1920.
[274] "*Gazprom*" *OAO C-536/13* [2015] 1 W.L.R. 4937 (15 May 2015).

commenced and arbitration in which it applied to the arbitral tribunal for an order that Ministry should withdraw its claims. The tribunal granted the application in part. Gazprom then brought an action before the Lithuanian courts to recognise and enforce the arbitral award. The Ministry argued that the arbitral award constituted an anti-suit injunction and its recognition would be contrary to the Regulation. The Lithuanian court referred the following two questions to the European Court of Justice ("ECJ"):

(1) Where an arbitral tribunal issues an anti-suit injunction, does the court of an EU member state have the right to refuse to recognise the award because it restricts the court's right to determine whether it has jurisdiction to hear the case under the rules on jurisdiction in the Brussels Regulation (44/2001/EC)?
(2) Can a national court, seeking to safeguard the primacy of EU law and the full effectiveness of the Brussels Regulation, refuse to recognise an award if that award restricts the right of the national court to decide on its own jurisdiction and powers in a case which falls within the scope of the Brussels Regulation?

The ECJ (Grand Chamber) held that the Regulation must be interpreted as not precluding a court of a Member State from recognising and enforcing, or from refusing to recognise and enforce, an arbitral award prohibiting a party from bringing certain claims before a court of that Member State, since that regulation does not govern the recognition and enforcement, in a Member State, of an arbitral award issued by an arbitral tribunal in another Member State. The court distinguished between the enforcement by national courts of arbitral awards, which was governed by the New York Convention and was outside the scope of the Regulation, and the enforcement of an agreement to arbitrate. The court reaffirmed that a court of a member state granting an anti-suit injunction to enforce an agreement to arbitrate:

> "runs counter to the trust which the Member States accord to one another's legal systems and judicial institutions and is liable to bar an applicant who considers that an arbitration agreement is void, inoperative or incapable of being performed from access to the court before which he nevertheless brought proceedings (see, to this effect, judgment in *Allianz and Generali Assicurazioni Generali*, C 185/07, EU:C:2009:69, paragraphs 30 and 31)."[275]

Nori Holdings Ltd v PJSC Bank Otrkritie[276] concerned a dispute between a Russian bank and three companies, two of which were incorporated in Cyprus (a member state of the EU) and one in the BVI. Each of the three companies had pledged shares to the bank as security for certain loans under agreements which contained London ("LCIA") arbitration clauses. The bank commenced litigation in Russia and Cyprus alleging that the pledge agreements had been procured by fraud. The three pledgors commenced a London arbitration and sought an injunction against the bank restraining the proceedings in Russia and Cyprus. Males J granted an injunction restraining the Russian proceedings, but declined to so in respect of the Cypriot proceedings on the basis of *West Tankers* and *Gazprom* concluding that the Recast Brussels Regulation had not changed the position.

---

[275] "*Gazprom*" *OAO* C-536/13 at [34].
[276] *Nori Holding Ltd v Public Joint-Stock Co Bank Otkritie Financial Corp* [2018] EWHC 1343 (Comm); [2019] Bus. L.R. 146. Followed by *Riverrock Securities Ltd v International Bank of St Petersburg (Joint Stock Co)* [2020] EWHC 2483 (Comm); [2020] 2 Lloyd's Rep. 591.

In *Charles Taylor Adjusting Ltd v Starlight Shipping Co* (C-590/21),[277] the ECJ held that a "quasi" anti-suit injunction, imposing financial penalties for the pursuit of proceedings before an EU court, was inconsistent with the Recast Brussels Regulations just as was an explicit anti-suit injunction.

Post-Brexit

However, as a result of the Regulation ceasing to apply in the UK following Brexit, the English courts have now regained the power to grant anti-suit injunctions in cases involving the breach of an arbitration agreement in an EU-member statute, as at 23:00 (GMT) on 31 December 2020.[278]

Proceedings in breach of agreement to arbitrate in non-EU Member State

14-043 The *West Tankers* prohibition on the granting of anti-suit injunctions does not apply were the foreign proceedings in breach of the agreement to arbitrate in England are in the court of a State which is not a member of the EU, and thus not within the scope of the Regulation. Thus, in *C v D*[279] the Court of Appeal upheld a permanent injunction restraining the losing party (the insurer) in a Bermuda Form arbitration held in London from seeking to challenge the award in proceeding commenced in New York, under the US Federal Arbitration Act, on the ground of "manifest disregard" of New York law.[280] In *AES Ust-Kamenogorsk Hydropower Plant JSC v AES Kamenogorsk Hydropower Plant LLP*[281] the Supreme Court declared the courts had power under the Senior Courts Act 1981 s.37, to support an arbitration agreement by granting an anti-suit injunction ordering the defendant not to bring proceedings in a non-EU country.[282] See also *Tyson International Co Ltd v Partner Reinsurance Europe SE*[283] and *Tyson International Company Ltd v GIC Re, India, Corporate Member Ltd*,[284] discussed at 14-009 above.

---

[277] EU:C:2023:633; [2023] 4 W.L.R. 68.
[278] See *Ebury Partners Belgium SA/NV v Technical Touch BV* [2022] EWHC 2927 (Comm); [2023] 1 Lloyd's Rep. 575 at [21]; and *QBE Europe SA/NV v Generali Espana de Seguros y Reaseguros* [2022] EWHC 2062 (Comm); [2022] 2 Lloyd's Rep. 481.
[279] *C v D* [2007] EWCA Civ 1282. See also: *Steamship Mutual Underwriting Association (Bermuda) Ltd v Sulpicio Lines Inc* [2008] EWHC 914 (Comm); [2008] 2 Lloyd's Rep. 269, where a permanent anti-suit injunction was granted against a member of a P&I Club restraining it from suing in the Philippines in breach of a London arbitration clause the Club's rules; *ACE Capital Ltd v CMS Energy Corp* [2009] Lloyd's Rep I.R. 414 and *Enka Insaat Ve Sanayi AS v OOO Insurance Co Chubb* [2020] EWCA Civ 574.
[280] And see *Sulamerica v Enesa* [2012] EWCA Civ 638 and the commentary in Ch.13, 13-064 above.
[281] *AES Ust-Kamenogorsk Hydropower Plant JSC v AES Kamenogorsk Hydropower Plant LLP* [2013] UKSC 35. Followed by *Enka Insaat Ve Sanayi AS v OOOO Insurance Chubb* [2020] EWCA Civ 574; *VTB Commodities Trading DAC v JSC Antipinsky Refinery* [2019] EWHC 3292 (Comm); [2020] 1 Lloyd's Rep. 332; *XL Insurance co SE v Little* [2019] EWHC 1284 (Comm).
[282] See also: *ADM Asia-Pacific Trading PTE Ltd v PT Budi Semesta Satria* [2016] EWHC 1427 (Comm), where the Commercial Court (Phillips J) declined to grant an anti-suit injunction to restrain Indonesian proceedings begun in breach of a London arbitration clause. The party applying for the injunction had delayed for over a year, and had taken part in the foreign proceedings causing the other party to incur costs.
[283] *Tyson International Co Ltd v Partner Reinsurance Europe SE* [2023] EWHC 3243 (Comm).
[284] *Tyson International Co td v GIC Re, India, Corporate Member Ltd* [2024] EWHC 236 (Comm) before Mr Hancock KC. This case was heard shortly before *TICL v Partner Re*, but judgment was delivered after the judgment in *TICL v Partner Re* was handed down (which judgment was brought to the attention of the Judge).

2. OUTLINE OF BERMUDA ARBITRATION LAW AND THE UNCITRAL MODEL LAW

Overview of Bermudian legislation

Historical introduction

Bermuda's first arbitration statute, the Arbitration Act 1924, was derived from the English Arbitration Act 1889. The 1924 Act was to remain in force for over 60 years, and was considered adequate for the needs of domestic Bermudian arbitrations (principally rent review arbitrations and construction disputes) in which arbitrators would decide questions of fact and technical issues, leaving an aggrieved party free to argue points of law before the courts.

14-044

The Arbitration (Foreign Awards) Act 1976, derived from the English Arbitration Act 1975, was passed to give effect in Bermuda to the 1958 New York Convention.[285] In *Belvedere Insurance Company Ltd v C.S.C. Assurance Ltd*,[286] the court granted a stay of court proceedings pursuant to s.2 of the 1976 Act.[287] Sir James Astwood, the Chief Justice of Bermuda (as he then was), cited with approval the dicta of Lord Denning MR in *Eagle Star Insurance Co Ltd v Yuval Insurance Co Ltd*,[288] which the Chief Justice said "express the modern day approach of the Courts to arbitration". He continued:

> "It is my understanding that this Court shall not seek technical objections and frivolous means of avoiding the arbitration agreement, but should, if at all possible, encourage parties to give effect to the arbitration agreement."

The growth of international business in Bermuda, and in particular the development of Bermuda's captive insurance industry in the 1970s and 1980s[289] gave rise to a need for the enactment of a "modern" arbitration statute. The Arbitration Act 1986 ("the 1986 Act") was passed at the initiative of the then President of the Court of Appeal for Bermuda, Sir Denys Roberts, and was largely copied from the then Hong Kong Arbitration Ordinance.[290] Hong Kong adopted the UNCITRAL Model Law on International Commercial Arbitration ("the Model Law") in 1989. Bermuda was not far behind. The Bermuda International Conciliation and Arbitration Act 1993 ("the 1993 Act"), which enacts the Model Law in Bermuda, received the assent of the Governor on 29 June 1993.[291]

Which Act applies?

There presently exist two separate legal regimes for arbitration in Bermuda. The 1986 Act remains in force (as amended by the 1993 Act) and applies to arbitra-

14-045

---

[285] See below.
[286] *Belvedere Insurance Company Ltd v C.S.C. Assurance Ltd* Supreme Court of Bermuda, Civil Jurisdiction 1982, No.6, 23 March 1982.
[287] The facts are discussed below.
[288] *Eagle Star Insurance Co Ltd v Yuval Insurance Co Ltd* [1978] 1 Lloyd's Rep. 357 at 360–361, and see above.
[289] See Ch.2 above.
[290] Which in turn was largely derived from the English Arbitration Acts 1950–1979.
[291] As we have noted above a new version of the Model Law was promulgated by the United Nations in December 2006. At the time of writing there are no plans to amend the 1993 Act in order to adopt the 2006 Model Law in Bermuda.

tions "within Bermuda"[292] which are not within the scope of art.1 of the Model Law (effectively domestic arbitrations), and to any arbitration subject to the procedural (curial) law of Bermuda where the parties have agreed that the Model Law shall not apply. The 1993 Act/Model Law applies to any "international commercial arbitration"[293] held in Bermuda,[294] unless the parties otherwise agree in writing, in which case the 1986 applies.[295]

In the first edition we expressed the view that the 1986 Act applied to arbitrations held in Bermuda (provided the 1993 Act did not apply). In *Professional Services Insurance Co Ltd v Gerling Konzern Versicherungs Aktiengesellschaft*.[296] Kawaley J thought it "very strongly arguable" that the 1986 Act applied to international arbitrations (where the arbitration clause expressly or by implication excluded the 1993 Act) whose curial law was Bermudian law and/or whose legal seat was Bermuda, even though Bermuda had not been chosen as the place of arbitration. In *PSICL v Gerling* the general conditions attached to various reinsurance certificates provided for Bermuda law as the governing law of the contract and contained an arbitration clause which incorporated the commercial arbitration rules of the American Arbitration Association ("AAA") and stated that "the arbitration proceeding shall take place in a location mutually agreeable to the parties".[297] The arbitration clause contained a submission to the jurisdiction of the Bermuda Courts "for the purpose of implementing" the arbitration agreement ("including entering judgment upon any award of the arbitration panel") and further provided that the right of appeal under s.29 of the 1986 Act was excluded. The learned judge rejected the following "elaborate argument" of counsel:

> "Firstly, the agreements did admittedly contain a submission to the jurisdiction of the Bermuda Court, and an implicit agreement that the Arbitration Act 1986 should apply. However, that Act only now applied to non-international arbitrations taking place in Bermuda. The arbitration agreements were international commercial arbitrations within the UNCITRAL Model Law, which was incorporated into Bermuda domestic law by the Bermuda International Conciliation and Arbitration Act 1993. It was theoretically possible for the parties to contract out of the 1993 Act and into the 1996 Act, but the Model Law only applied at all where the place of arbitration was Bermuda. As the AAA had yet to decide the locale of the present arbitration, as a matter of logical statutory construction the 1986 Act could not apply."

Kawaley J said:

> "It seems to me to be most probable that Bermudian law, like English law, does not recognize the notion of 'arbitral procedures floating in the transnational firmament, unconnected with any municipal system of law' (*Naviera Amazonica Peruana SA v Compania Internacional de Seguros del Peru* [1988] 1 Lloyd's Rep. 116, at 119)."

We have seen arbitration clauses still in use in the Bermuda market, more than

---

[292] Pt III of the Arbitration Act 1986 is captioned "Arbitration Within Bermuda".

[293] As defined by art.1 of the Model Law; see below.

[294] See art.1(2) of the Model Law. In *Kessler v Hill* [2005] Bda L.R. 55, the Court of Appeal for Bermuda held, disapproving Canadian authority to the contrary, that an arbitration between landlord and tenant (both of whom were ordinarily resident outside Bermuda) relating to an option to purchase residential property was not "commercial" within the meaning of art.1(2) and therefore subject to the 1986 Act.

[295] Bermuda International Conciliation and Arbitration Act 1993 ("the 1993 Act") s.29; and see below.

[296] *Professional Services Insurance Co Ltd v Gerling Konzern Versicherungs Aktiengesellschaft* [2003] Bda L.R. 55; Supreme Court of Bermuda, Civil Jurisdiction 2003 No.436, 4 December 2003.

[297] The AAA Rules confer power on the AAA to determine the "locale" of an arbitration in the absence of agreement.

twenty years after the adoption of the Model Law, which use standard language that was drafted before the passing of the 1993 Act and which provide as follows:

> "Any dispute arising under or relating to this policy, or the breach thereof, shall be finally and fully determined in Hamilton, Bermuda, under the provisions of the Bermuda Arbitration Act 1986, as amended and supplemented, by an Arbitration Board composed of three arbitrators ... Each party shall bear the cost of its own arbitrator. The remaining cost of the arbitration shall be borne equally by the parties to such arbitration."

A policyholder who agrees to a contract containing such a clause is entitled to assume that he has agreed with his insurer or reinsurer that in the event of a dispute which results in arbitration the "American rule" as to costs will apply, and each party will bear their own costs regardless of who wins or loses. However, under s.26 of the 1986 Act such an agreement as to costs is unenforceable unless it is made *after* the dispute that is the subject of the arbitration has arisen. In contrast, under the Model Law which gives the parties a high degree of autonomy, any agreement as to costs contained in an arbitration clause is fully enforceable. We do not know whether underwriters persist in using such clauses out of ignorance of their likely legal effect, or whether they are consciously engaged in a questionable business practice. In our view the only commercial sensible way to read such a clause, in order to give full effect to the bargain the parties made, is to construe the words "Bermuda Arbitration Act 1986, *as amended and supplemented* ..." as a reference to the 1993 Act. Until the Bermuda Courts have ruled on this question, anyone advising a party commencing an arbitration in Bermuda under such a clause should, for the avoidance of doubt, specifically address how costs are to be dealt with in a separate agreement made at the time the tribunal is appointed.

We shall summarise the provisions of the 1986 Act and the 1993 Act in turn, and then consider the Model Law.[298]

The Arbitration Act 1986

As we have noted above, the 1986 Act is derived from Hong Kong legislation which, in turn, is derived from the English legislation pre-dating the Arbitration Act 1996. The 1986 Act may be conveniently summarised by reference to the following table of derivations, from which it will be apparent how closely the Hong Kong legislation has been followed.

14-046

Bermuda Arbitration Act 1986 Section No.	Subject-Matter	Hong Kong Arbitration Ordinance (Cap.341) Section No.	England Arbitration Act Year, Section No.
2	Interpretation–definition of "arbitration agreement"	2	
3	Appointment of conciliator	2A	
4	Authority of arbitrators and umpires to be irrevocable	3	1950, 1
5	Death of a party	4	1950, 2

---

[298] See also J.W. Woloniecki, "The UNCITRAL Model Law and the arbitration of reinsurance disputes in Bermuda" [1997] I.J.I.L. 90; N.K. Hargun and J.P. Elkinson, "Bermuda National Report in ICCA" in *International Handbook on Commercial Arbitration* (Kluwer, 1997), Vol.I.

Bermuda Arbitration Act 1986 Section No.	Subject-Matter	Hong Kong Arbitration Ordinance (Cap.341) Section No.	England Arbitration Act Year, Section No.
6	Bankruptcy	5	1950, 3
7	Staying court proceedings where there is submission	6	1950, 4(1)
8	Staying court proceedings where party proves arbitration agreement	6A	1950, 4(2)
9	Consolidation of arbitrations	6B	
10	Reference of interpleader issues to arbitration	7	1950, 5
11	When reference is to a single arbitrator	8	1950, 6
12	Power of parties in certain cases to supply vacancy	9	1950, 7
13	Umpires	10	1950, 8
14	Majority award of three arbitrators	11	1950, 9
15	Power of court in certain cases to appoint an arbitrator or umpire	12	1950, 12
16	Reference to official referee	13	1950, 11
17	Power of judges to take arbitrations	13A	[Administration of Justice Act] 1970, 4
18	Proper law of contract		
19	Procedural law		
20	Conduct of proceedings, witnesses, etc.	14	1950, 12
21	Time for making award	15	1950, 13
22	Interim awards	16	1950, 14
23	Specific performance	17	1950, 15
24	Awards to be final	18	1950, 16
25	Power to correct slips	19	1950, 17
26	Costs	20	1950, 18
27	Taxation of arbitrator's or umpire's fees	21	1950, 19
28	Interest on awards	22	1950, 20
29	Judicial review of arbitration awards	23	1979, 1
30	Determination of preliminary point of law by court	23A	1979, 2
31	Exclusion agreements affecting rights under ss.29 and 30	23B	1979, 3

Bermuda Arbitration Act 1986 Section No.	Subject-Matter	Hong Kong Arbitration Ordinance (Cap.341) Section No.	England Arbitration Act Year, Section No.
32	Interlocutory orders	23C	1979, 5
33	Power to remit award	24	1950, 22
34	Removal of arbitrator and setting aside of award	25	1950, 23
35	Power of court to give relief where arbitrator is not impartial or the dispute involves question of fraud	26	1950, 24
36	Power of court where arbitrator is removed or authority of arbitrator is revoked	27	1950, 25
37	Enforcement of award	28	1950, 26
38	Power of court to extend time for commencing arbitration proceedings	29	1950, 27
39	Delay in prosecuting claims	29A	1950, 13A
40	Terms as to costs	30	1950, 28
41	Commencement of arbitration	31	1950, 29
42	Crown to be bound	32	1950, 30
43	Application of Pt III to statutory arbitrations	33	1950, 31

As in Hong Kong (but not in England), the Supreme Court of Bermuda has the power, under s.9 of the 1986 Act, to order consolidation of arbitrations,[299] and a power (which was only conferred on the English High Court by subsequent amendment of the 1950 Act by the introduction of s.13A, with effect from 1 January 1992)[300] to order the termination of arbitrations on the grounds of inordinate and inexcusable delay on the part of the claimant.

14-047

The provisions relating to judicial review of awards are slightly modified from those in the English Arbitration Act 1979. An appeal "on any question of law arising out of an arbitration agreement" lies to the Court of Appeal.[301] Such an appeal may only be brought with the consent of the parties, or the leave of the Supreme Court.[302] The Supreme Court has the power to order arbitrators to give reasons for an award (s.29(5)). It would appear that, under the Court of Appeal Act 1964, the

---

[299] Unlike the Hong Kong Arbitration Ordinance, however, s.9 of the 1986 Act requires there to be "two or more arbitration proceedings in respect of identical parties". Quaere whether several reinsurers subscribing to the same slip are "identical parties" within the meaning of s.9 if they take a common position and wish to have a single consolidated arbitration against the reinsured. For a discussion of s.6B of the Hong Kong Arbitration Ordinance, see Kaplan, Spruce and Cheng, *Hong Kong Arbitration Cases and Materials* (Butterworths, 1991), pp.909-1004.

[300] But with retrospective effect for arbitrations which had been commenced in England before that date: see *L'Office Cherifien des Phospates Unitramp SA v Yamashita-Shinnihon Steamship Co Ltd The "Boucraa"* [1994] 1 Lloyd's Rep. 251.

[301] 1986 Act s.29(2).
[302] 1986 Act s.29(3).

Court of Appeal has the jurisdiction to hear an appeal from a refusal to give leave to appeal. Curiously, no provision has been made for appeals under the Arbitration Act 1986 in either the Rules of the Supreme Court of Bermuda 1985 or the Rules of the Court of Appeal for Bermuda.

The 1986 Act does not lay down any principles governing the grant of leave, save that s.29(4) provides that the Supreme Court:

> "... shall not grant leave ... unless it considers that, having regard to all the circumstances, the determination of the question of law concerned could substantially affect the rights of one or more of the parties to the arbitration agreement ..."

This is identical to s.1(4) of the English Arbitration Act 1979, and dicta in the Court of Appeal for Bermuda in *BAS-Serco v The Government of Bermuda*[303] indicate that the principles enunciated by the House of Lords in The *"Nema"*[304] should be followed by the Bermuda courts. In the *BAS* case Bell JA noted that under the 1986 Act in Bermuda leave to appeal was sought from the Supreme Court and the substantive appeal is heard by the Court of Appeal. The Chief Justice having granted leave and there being no power challenge granting of leave on appeal, it was held that test to be applied in arguing the substantive appeal is the same as that to be applied when considering the grant of leave. Bell JA said:

> "... I am firmly of the view that in considering the merits of an appeal in this Court, when leave has been granted by the Supreme Court, the same question must be considered; was the arbitrator 'obviously wrong' in the construction of the clause before him. This question can be put in different forms; can it be shown that the arbitrator misdirected himself in law or had reached a decision which no reasonable arbitrator could have reached? But on any basis, the threshold is a high one."[305]

14-048 Section 31 of the 1986 Act permits parties to enter into exclusion agreements, restricting the right to appeal. However, in the case of a "domestic arbitration agreement"[306] an exclusion agreement entered into before the commencement of the arbitration is ineffective. An arbitration agreement to which one of the parties is a company incorporated outside Bermuda, or is an exempt company under the Bermuda Companies Act 1981, is non-domestic. Thus an agreement between two insurance/reinsurance companies incorporated in Bermuda will be non-domestic for the purposes of the 1986 Act.[307]

Two provisions in the 1986 Act which do not have any equivalent in either the Hong Kong or the English legislation are s.18 (proper law of the contract) and s.19 (procedural law). These are discussed below.

The Bermuda International Conciliation and Arbitration Act 1993

14-049 The 1993 Act is in five parts and has three schedules. Part I[308] sets out definitions. Part II[309] provides for conciliation in accordance with the UNCITRAL Concilia-

---
[303] *BAS-Serco v The Government of Bermuda Civ. App. No.4 of 2018* (5 June 2018).
[304] *Pioneer Shipping Ltd v BTP Tioxide Ltd (The "Nema") (No.2)* [1982] A.C. 724; and see above.
[305] Civ. App. No.4 of 2018 (5 June 2018), [13].
[306] As defined by s.31(8).
[307] Although as we shall see an arbitration agreement between two exempt companies may not be regarded as international for the purposes of the 1993 Act/Model Law.
[308] 1993 Act ss.1-2.
[309] 1993 Act ss.3-20.

tion Rules, the text of which is contained in Sch.1. Part III[310] implements the Model Law, the text of which is contained in Sch.2. Part IV[311] re-enacts the provisions of the 1986 Act implementing the 1958 New York Convention, the text of which is contained in Sch.3. Part V[312] contains certain miscellaneous provisions, which include the giving of power to the court, subject to the constitution, to hear proceedings relating to international arbitrations in camera[313] and to restrict the reporting of proceedings held in open court.[314]

Section 23 of the 1993 Act provides that, subject to Pt III, "the Model Law has the force of law of Bermuda", and that in the Model Law "State" means Bermuda and any foreign country; "this State" means Bermuda. Section 24 authorises for the purposes of interpreting the Model Law reference to its *travaux préparatoires*.[315] Section 25 provides for the limited instances in which applications may be made to the Supreme Court, and in one case the Court of Appeal, pursuant to the Model Law.[316]

Section 26 provides that orders made by arbitrators requiring a party to take interim measures of protection or provide security are enforceable as if they were arbitration awards. Section 27 provides[317] that for the purposes of arts 34(2)(b)(ii) and 36(1)(b)(ii) of the Model Law[318]:

"... an award is in conflict with the public policy of Bermuda if the making of the award was induced or affected by fraud or corruption."

Section 28 provides that where a foreign award is enforceable under Pt IV of the 1993 Act[319] then it is the provisions of Pt IV which apply, and not Ch.VIII of the Model Law.

Section 29 allows parties to "opt out" of the Model Law.[320] The following procedural provisions should be noted: failure of an arbitrator to participate in proceedings[321]; interest[322]; costs[323]; conduct of proceedings, witnesses, etc.[324]

Section 33 provides for immunity from service of civil process upon any arbitrator, party, party representative or assistant, witness or expert relating to a dispute in respect of an arbitration under the 1993 Act/Model Law, and who are present in Bermuda for the purpose of arranging for or participating in an arbitration under the 1993 Act/Model Law. Section 34 confers a further immunity upon arbitrators, as follows:

"An arbitrator is not liable for any act or omission in the capacity of arbitrator in connection with any arbitration conducted under this Act except that he may be liable for the consequences of conscious and deliberate wrongdoing."

Section 37 provides that a party has a right to be represented by whomsoever he

---

[310] "International Arbitration": 1993 Act ss.21-39.
[311] 1993 Act ss.40-45.
[312] 1993 Act ss.46-52.
[313] 1993 Act s.46.
[314] 1993 Act s.47.
[315] These papers and other materials (including case law) available at https://uncitral.un.org/en/texts/arbitration/modellaw/commercial_arbitration.
[316] See further below.
[317] "[F]or removing doubts".
[318] Which provide that an award may not be enforced if it conflicts with public policy—see below.
[319] I.e. the 1958 New York Convention: see below.
[320] See below.
[321] 1993 Act s.30; and see below.
[322] 1993 Act s.31.
[323] 1993 Act s.32.
[324] 1993 Act s.35; and see below.

wishes in an arbitration held in Bermuda under the 1993 Act/Model Law, and that counsel participating in such an arbitration:

> "shall not thereby be taken to have breached any law regulating admission to, or the practice of, the profession of the law within Bermuda."

It should also be noted that the Government of Bermuda has waived all work permit requirements in relation to any person participating in an international arbitration in Bermuda.

Outline of the UNCITRAL Model Law on International Commercial Arbitration

Introduction

14-051 The Model Law was adopted by the United Nations Commission on International Trade Law ("UNCITRAL") on 21 June 1985, and an amended version was adopted by UNCITRAL in 2006.[325] It was drafted by a "working group" of representatives from over 40 states. The aim was to produce a uniform law governing arbitral procedure designed specifically for international commercial arbitration.[326] A significant feature of the Model Law is the emphasis on party autonomy and restriction of interference by the courts of the place of arbitration to an absolute minimum. The Model Law is not a treaty and states are free to adopt it with or without modifications, or not to adopt it at all. Bermuda has not amended the 1993 Act to reflect the 2006 amendments; the original 1985 version of the Model Law applies.

As we have seen, the English Arbitration Act 1996 has adopted some provisions of the Model Law, but the English courts' powers of judicial review remain more extensive than under the Model Law. The Model Law has been adopted, by 80 states in a total of 111 jurisdictions. In addition to Bermuda, the common law jurisdictions which have adopted the Model Law include: Australia, British Virgin Islands, Canada, Hong Kong, India, Ireland, Jamaica, New Zealand, Nigeria and Singapore. According to the UNCITRAL website the Model Law has also been adopted by the following states of the USA: California, Connecticut, Florida, Georgia, Illinois, Louisiana and Texas.[327]

Application of the Model Law

14-052 Article 1(1) provides that the Model Law applies to "international commercial arbitration". An arbitrator is defined by art.1(3) as "international" if:

> "(a) the parties to an arbitration agreement have, at the time of conclusion of that agreement, their places of business in different states; *or*
> (b) one of the following places is situated outside the state in which the parties have their places of business—
>   (i) the place of arbitration if determined in, or pursuant to, the arbitration agreement;

---

[325] Bermuda has not amended the 1993 Act to reflect the 2006 amendments. The original 1985 version of the Model Law applies.
[326] See generally Howard M. Holtzmann, Joseph E. Neuhaus, Edda Kristjansdottir, Thomas W. Walsh, *Guide to the UNCITRAL Model Law on International Commercial Arbitration: Legislative History and Commentary* (Vols 1 and 2) (Kluwer, 2015).
[327] See: *https://uncitral.un.org/en/texts/arbitration/modellaw/commercial_arbitration/status*.

(ii) any place where a substantial part of the obligations of the commercial relationships to be performed or the place with which the subject-matter of the dispute is most closely connected; or
(c) the parties have expressly agreed that the subject-matter of the arbitration agreement relates to more than one country." [Emphasis added]

A footnote to art.1 states that the term "commercial":

"... should be given a wide interpretation so as to cover matters arising from all relationships of a commercial nature, whether contractual or not",."

and goes on to give a number of examples, including insurance.

By virtue of the transitional provisions of the 1993 Act,[328] the Model Law will apply to any international commercial arbitration, whether the arbitration agreement was made before or after the date of entry into force of the 1993 Act, provided that the arbitration is commenced (within the meaning of art.21) after the date of entry into force of the 1993 Act. As we have noted above, parties may "opt out" of the Model Law. Section 29 of the 1993 Act provides as follows:

"Where the parties to an arbitration agreement have, whether in the agreement or in any other document in writing, agreed that any dispute that has arisen or may arise between them is not to be settled in accordance with the Model Law, the Model Law does not apply in relation to the settlement of that dispute and in such a case unless otherwise agreed in writing by the parties the Arbitration Act 1986 shall apply."

The practical consequences of this for arbitration clauses in reinsurance contracts which provide for the arbitration to be held in Bermuda appear to be as follows:

14-053

(1) Where both parties have their place of business in Bermuda, the arbitration is not international under art.1(3)(a) and will be subject to the 1986 Act, unless either art.1(3)(b) or art.1(3)(c) apply.
(2) Article 1(3)(c) in effect permits parties to "opt in" to the Model Law by expressly agreeing that the subject-matter of the arbitration agreement relates to more than one country. In the case of any reinsurance contract involving two Bermudian companies, this will frequently be the case, and the operation of art.1(3)(c) is unlikely to give rise to difficulty.
(3) Where both the reinsurer and the reinsured have their place of business in Bermuda, it is unlikely that "a substantial part of the obligations of the commercial relationship" is going to be performed outside Bermuda, for the purposes of the first part of art.1(3)(b)(ii). However, the "place with which the subject matter of the dispute is most closely connected" may be outside Bermuda, and the application of the second part of art.1(3)(b)(ii) is a source of potential uncertainty and difficulty.

Consider the following example.[329] Captive (a Bermuda company) reinsures Fronting Company (a United States company). Captive is reinsured by Retrocessionaire (a Bermuda company). The retrocession contract provides for arbitration in Bermuda. An arbitration is held between Captive and Retrocessionaire and an award made in favour of Captive. Retrocessionaire applies to the Court of Appeal for leave to appeal under the 1986 Act. Captive contends that there is no right of appeal because the Model Law applies. Captive's argument is as follows. The subject matter of the retrocession contract was the package of risks originally

---

[328] 1993 Act s.38.
[329] Compare *Hiscox v Outhwaite* [1992] 1 A.C. 562; and see below.

insured by Fronting Company in the United States and ceded to Captive. The subject matter of the dispute is as to the nature of those risks and whether they were fully disclosed to Retrocessionaire. The subject matter of the dispute is therefore more closely connected with the United States than with Bermuda. Retrocessionaire argues that the subject matter of the dispute is whether Captive's broker made a fair presentation of the risk to the underwriter in Bermuda. The issue is of one of Bermuda law, and the witnesses of fact are resident in Bermuda. Captive replies that whether the presentation was fair or misleading depends upon the nature of the risks, not where the presentation took place. Fronting Company was writing workers' compensation insurance in the United States, and Captive's broker had placed an excess of loss cover with Retrocessionaire. The alleged non-disclosures related to the loss history of the original insured, the documents relating to which all originated in the United States, and to various matters relating to United States workers' compensation law, of which Retrocessionaire said it should have been informed and which was the subject of expert evidence from American lawyers.

The seat of the arbitration

14-054 Arbitration clauses in reinsurance contracts between one party which has a place of business in Bermuda and one which has not will be subject to the Model Law if the arbitration is held in Bermuda, even though the contract may have been made before the enactment of the 1993 Act. It is always open to the parties to opt out of the Model Law by subsequent agreement, even after a dispute has arisen.

Where the arbitration clause does not specify that the arbitration is to be held in Bermuda, any arbitral tribunal will have to determine where the seat of the arbitration is to be. An arbitral tribunal must apply the procedural law of a particular country (the *lex arbitri* or "curial law") to determine any preliminary questions which may arise, for example, as to its jurisdiction or as to the place of arbitration. If the arbitral tribunal meets in a country where the Model Law is the lex arbitri, art.20(1) provides that "the place of the arbitration shall be determined by the arbitral tribunal having regard to the circumstances of the case, including the convenience of the parties". Article 20(2) empowers the tribunal to meet at any place it considers appropriate for consultation among its members, for hearing witnesses, experts or parties, or for the inspection of goods, other property or documents.

Where parties have agreed in the contract to hold the arbitration in a particular place, that place will generally be the "seat" of the arbitration and the procedural law of the seat will be the curial law of the arbitration.[330] *Star Excess Liability Insurance Co Ltd v General Reinsurance Corp*[331] is an illustration of this general proposition. The reinsurance contract was expressly governed by New York law. Clause A of the arbitration clause dealt with the appointment of arbitrators, and contained a mechanism for appointment by the Supreme Court of New York. Clause B stated: "The arbitration proceeding shall take place in Hamilton, Bermuda." The

---

[330] See *Naviera Amazonica Peruana SA v Compania Internacional De Seguros Del Peru* [1988] 1 Lloyd's Rep. 116; *Channel Tunnel Group Ltd v Balfour Beatty Construction Ltd* [1993] A.C. 334. NB. Arbitrations held in London under the Bermuda Form have their seat in England, and "... a choice of seat for the arbitration must be a choice of forum for remedies seeking to attack the award": Per Longmore LJ *C v D* [2007] EWCA Civ 1282. However, this must now be reconsidered in light of the decision in *Enka Insaat VE Sanayi AS v OOO Insurance Company Chubb* [2020] UKSC 38 where the Supreme Court held that a choice of the seat of arbitration could not by itself be construed as an implied choice of the law applicable to the arbitration agreement. See further *Roger Shashoua v Mukesh Sharma* [2009] EWHC 957 (Comm), discussed below.

[331] *Star Excess Liability Insurance Co Ltd v General Reinsurance Corp* [2007] Bda L.R. 34.

Bermuda Commercial Court held that the seat of arbitration was Bermuda, and that the arbitration was subject to Bermudian procedural law (the 1993 Act/Model Law) and not the US Federal Arbitration Act. Bell J found[332] that default provision for appointing arbitrators was a purely administrative provision, and said:

> "In the circumstances, there is no part of the arbitration agreement which operates to counter the 'very strong pointer' that the parties' agreement on Bermuda as the place of arbitration implicitly indicates their agreement that the procedural law of Bermuda should apply to the arbitration."[333]

However, where no place of arbitration has been specified in the contract, the fact that parties subsequently agree to holding a hearing at a particular place does not necessarily make that place the seat of the arbitration.[334]

The arbitration agreement

Article 7 provides as follows:

14-055

> "(1) 'Arbitration agreement' is an agreement by the parties to submit to arbitration all or certain disputes which have arisen or which may arise between them in respect of a defined legal relationship, whether contractual or not. An arbitration agreement may be in the form of an arbitration clause in a contract or in the form of a separate agreement.
> (2) The arbitration agreement shall be in writing. An agreement is in writing if it is contained in a document signed by the parties or in an exchange of letters, telex, telegrams or other means of telecommunication which provide a record of the agreement, or in an exchange of statements of claim and defence in which the existence of an agreement is alleged by one party and not denied by another. *The reference in a contract to a document containing an arbitration clause constitutes an arbitration agreement provided that the contract is in writing and the reference is such as to make that clause part of the contract.*" [Emphasis added]

As we have seen,[335] it is not uncommon for the reinsurance contract to attempt to incorporate by reference all of the terms and conditions of the underlying contract. Where the underlying contract contains an arbitration clause, English courts have held that in the absence of an express intention to incorporate an arbitration clause in the reinsurance contract, general words of incorporation will not, as a matter of construction, suffice.[336] The *travaux préparatoires* of the Model Law, however, indicate that the emphasised words of art.7(2) do not require an express reference to the arbitration clause and that general words of incorporation will suffice.

Enforcing the Arbitration Agreement, I: Anti-suit injunctions

In the *Al Amana* case,[337] Meerabux J held that the plaintiff reinsurers had made out a prima facie case that an arbitration clause had been incorporated by reference into the reinsurance contract. The defendant reinsured, a Bermuda company,

14-056

---

[332] Applying *Union of India v McDonnell Douglas* [1993] 2 Lloyd's Rep 48, at 50 per Saville J.
[333] *Star Excess Liability v General Reinsurance* [2007] Bda L.R. 34 at [22].
[334] See *Bay Hotel & Resort Ltd v Cavalier Construction Co Ltd* [2001] UKPC 34 (Privy Council: 16 July 2001).
[335] See Ch.4 above.
[336] See *Pine Top Insurance Co Ltd v Unione Italiana Anglo Saxon Reinsurance Co Ltd* [1987] 1 Lloyd's Rep. 476; *Excess Insurance Co Ltd v Mander*[1995] L.R.L.R. 385; and Ch.4 above.
[337] *Skandia International Insurance Co v Al Amana Insurance and Reinsurance Co Ltd* [1994] Bda L.R. 30; [1995] 4 Re. L.R. 63, Supreme Court of Bermuda.

was a captive wholly-owned by a Kuwaiti company. The parent had brought proceedings against the fronting company and the captive in the Kuwaiti courts. The captive in turn brought third party proceedings against the reinsurers. Meerabux J granted an injunction restraining the third-party proceedings, pending determination by the arbitrator, in accordance with art.16,[338] of the captive's objection that the arbitrator had no jurisdiction because there was no arbitration clause in the reinsurance contract. Following the decision of Meerabux J, the arbitrator ruled that the arbitration clause had been incorporated by reference and that he did therefore have jurisdiction. The parties compromised the jurisdictional dispute before an appeal against the arbitrator's award was heard.

In *ACE Bermuda Insurance Ltd v Pederson*,[339] Kawaley J granted an anti-suit injunction in relation to proceedings brought by a US bankruptcy trustee in Arizona in breach of a Bermuda arbitration clause. The Supreme Court of Bermuda held that it had jurisdiction under what was RSC Ord.11 r.1(1)(f) (now r.1(1)(d) to enforce an arbitration agreement governed by Bermuda law, notwithstanding the fact that the insurance policy was void. Kawaley J declined to follow *Finnish Marine Insurance Co Ltd v Protective National Insurance Co*.[340]

In *ACE Bermuda Insurance Ltd v Continental Casualty Company*,[341] Bell J maintained an anti-suit injunction, originally granted ex parte, to restrain proceedings brought by the defendant, Continental, against, inter alios, ACE, in the Minnesota Courts. ACE, Continental, and 60 other insurers (joined as defendants in the Minnesota proceedings) had issued excess liability policies to 3M. Continental sought a declaratory judgment binding all insurers as to the scope of coverage provided to 3M in respect of certain product liability claims. ACE argued that the Minnesota proceedings were unconscionable since they would decide in a final and binding manner the issues between ACE and 3M in breach of an arbitration clause in the ACE policy. Continental's submission that, in order to found jurisdiction under RSC Ord.11 r.1(d)(iii) there had to be a contract or contractual nexus between the plaintiff and the defendant, was rejected. Bell J said:

> "[T]he Court has granted anti-suit injunctions to restrain a party from pursuing foreign court proceedings in breach of an arbitration agreement for many years. In my judgment the Court has jurisdiction whether or not the party pursuing the foreign proceedings is itself a party to the arbitration agreement. It is breach of the arbitration clause calling for arbitration in Bermuda that the Court has jurisdiction to restrain. Continental's suit in Minnesota is calculated to breach such an arbitration clause, and the Bermuda Court thus exercises jurisdiction."[342]

---

[338] See further, below.
[339] *ACE Bermuda Insurance Ltd v Pederson* [2005] Bda L.R. 44.
[340] *Finnish Marine Insurance Co Ltd v Protective National Insurance Co* [1989] 2 Lloyd's Rep. 99 (see Ch.13, 13-048 as explained in Ch.13, the Finnish Marine situation is now addressed by Ord.11 r.1(1)(o)).
[341] *ACE Bermuda Insurance Ltd v Continental Casualty Company* [2007] Bda L.R. 38. See also: *Ironshore Insurance Ltd et al v M.F. Global Assigned Assets LLP* [2017] SC (Bda) 6 Com (23 December 2016); *Ironshore Insurance Ltd et al v MF Global Assigned Assets LLP* [2017] SC (Bda) 7 Com (24 January 2017).
[342] *ACE Bermuda v Continental Casualty* [2007] Bda L.R. 38 at [29]. Quaere whether this reasoning is correct? Where C is not a party to the agreement to arbitrate between A and B, how can C breach an agreement that it is not bound by? The result may be justified on the basis that C's conduct amounts to an unconscionable (tortious?) interference with A's contractual rights, but it is surely not a breach of contract by C.

In *Star Excess v Gen Re*,[343] the Bermuda Commercial Court granted an anti-suit injunction restraining proceedings commenced in New York, purporting to compel arbitration under the US Federal Arbitration Act, in relation to an arbitration agreement that was governed by the law of Bermuda.[344] The Bermuda courts have also been prepared to enforce an agreement to arbitrate outside Bermuda, entered into by a Bermuda company, by granting an injunction to restrain proceedings the Bermuda company had commenced in Russia, in breach of agreements to arbitrate in Sweden and Switzerland. It was held that principles of international comity were not violated by requiring a Bermuda company—over which the Bermuda courts possessed in personam jurisdiction—to honour its agreement to arbitrate, even though the seat of arbitration was outside Bermuda.[345]

Enforcing the Arbitration Agreement II: Stay of legal proceedings

Article 8 provides that where an action is brought in a matter which is the subject of an arbitration agreement, the court "shall ... refer the parties to arbitration *unless it finds that the agreement is null and void, inoperative or incapable of being performed*" (emphasis added). However, the reference to arbitration will only be made "if a party so requests", and provided he so requests "not later than when submitting his first statement on the substance of the dispute". The proviso expressed in the concluding words of art.8 is derived from art.II(3) of the 1958 New York Convention, to which, as we noted above, legal effect was originally given in Bermuda by the Arbitration (Foreign Awards) Act 1976.

14-057

In *Belvedere v C.S.C.*,[346] the parties were both insurance/reinsurance companies incorporated in Bermuda. The reinsurance contract provided for arbitration in California. The plaintiff reinsurers brought an action against the defendant reinsured, seeking a declaration that they were entitled to avoid the contract by reason of material misrepresentation of the part of the defendant reinsured. The plaintiffs' contention that by reason of the alleged misrepresentation the contract was void ab initio, and therefore the arbitration clause was null and void, was rejected by the court. The Chief Justice, Sir James Astwood, held that the question of the validity of the contract was one for the arbitrators to determine, and ordered a stay of the proceedings. The result in *Belvedere v C.S.C.* would have been the same under the Model Law.

Article 8 was applied and a stay granted by the Supreme Court of Bermuda in *Raydon Underwriting Management Co Ltd v North American Fidelity & Guarantee*.[347] A stay under art.8 was refused by the Bermuda Commercial Court in *Discover Reinsurance Co v P.E.G. Reinsurance Co Ltd*.[348] The case had unusual facts.[349] Given the unusual procedural history of the case, the court declined to exercise its discretion to entertain an application under art.8.[350] Kawaley J said:

"A party who wishes to enforce an arbitration clause cannot ... be treated as making a seri-

---

[343] *Star Excess Liability v General Reinsurance* [2007] Bda L.R. 34, discussed above.
[344] *C v D* [2007] EWCA Civ 1282.
[345] See *OAO "CT-Mobile" v IPOC International Growth Fund Ltd; LV Finance Group Ltd v IPOC International Growth Fund Ltd* [2006] Bda L.R. 69, affirmed [2007] Bda L.R. 43.
[346] *Belvedere v C.S.C.* Supreme Court of Bermuda, Civil Jurisdiction 1982, No.6, 23 March 1982.
[347] *Raydon Underwriting Management Co Ltd v North American Fidelity & Guarantee* [1994] Bda L.R. 65. See also *Canevale Management Ltd v Pearman* [2001] Bda L.R. 20; *Lenihan v LSF Consolidated Golf Holdings* [2007] Bda L.R. 49.
[348] *Discover Reinsurance Co v P.E.G. Reinsurance Co Ltd* [2007] Bda L.R. 20.
[349] Discussed in Ch.17, 17-018 below.
[350] It should be emphasised that the discretion which the court exercised was one it possessed under its case management powers. Since no application had filed under art.8—and the application for a stay

ous application under the 1993 Act when it (a) does not file a formal application, and (b) represents to the Court that it will only pursue the arbitration if the court dismisses the entire Court proceedings, without regard to whether or not certain aspects of the Court proceedings are in no way in breach of the arbitration agreement."[351]

Separability of arbitration agreement/challenges to jurisdiction of arbitrators

14-058 The apparent logical difficulty that arises when the validity of an arbitration clause, and hence the jurisdiction of the arbitrators, is challenged, on the basis that the contract of which the clause forms part has been terminated, or is void ab initio, has been discussed above. The doctrine of separability of arbitration clauses was accepted by the Court of Appeal for Bermuda in the *Joc Oil case*[352] several years before the enactment of the Model Law and before the English courts had wholeheartedly embraced separability.[353]

Article 16(1) states as follows:

"The arbitral tribunal may rule on its own jurisdiction, including any objections with respect to the existence or validity of the arbitration agreement. *For that purpose*, an arbitration clause which forms part of a contract *shall be treated as an agreement independent of the other terms of the contract*. A decision by the arbitral tribunal that the contract is null and void shall not entail *ipso jure* the invalidity of the arbitration clause." [Emphasis added]

14-059 In *Christian Mutual Life Insurance Co v ACE Bermuda Insurance Ltd*[354] the Supreme Court of Bermuda rejected the submission that art.16(1) creates a doctrine of "absolute indestructibility" of arbitration clauses, concluding that the effect of the emphasised words is merely procedural, empowering the arbitral tribunal to rule on its own jurisdiction, so that scope of the principle of separability is a matter for the common law of Bermuda.[355] Meerabux J reasoned as follows:

"1. The principle of separability exists under Bermuda law. (See Article 16(1)).
2. The Model Law recognises the principle of 'separability' or 'severability' or 'autonomy' of the arbitration clause. (See art.16(1).)
3. The doctrine of separability is linked or is directly connected with the competence of the arbitral tribunal to rule on its own jurisdiction. (See Art.16(1), Schwebel J comments, mentioned supra, and Redfern and Hunter, mentioned supra).
4. The words 'For that purpose' in the second sentence of Art.16(1) are linked and refer to the arbitral tribunal's exercise of its discretionary power to rule on its own jurisdiction and [the inclusion of the words] 'For that purpose' in an arbitration

---

was made informally in course of submissions—the court was entitled to refuse to hear the application. The court has no discretion to refuse an application which has properly brought under art.8. If a formal stay application had been filed in *Discover v PEG Re*, it would have been open to the court to find that the arbitration agreement was "incapable of being performed" by reason of the applicant's own conduct, namely its failure to its party-appointed arbitrator.

[351] *Discover v PEG Re* [2007] Bda L.R. 20 at [44]. For another case, with unusual facts, where a stay was refused see: *A.K. Bakri & Sons Ltd. v Bakri* [2017] SC(Bda) 40 Com (26 May 2017).
[352] *Sojuzneffetexfort v Joc Oil Ltd*, [1989] Bda L.R. 11; Bermuda Civil Appeal No.18 of 1987, 7 July 1989, and see below.
[353] *Joc Oil* was cited with approval by Hoffmann LJ in *Harbour Assurance Ltd v Kansa Ltd* [1993] Q.B. 701. The principle of separability recognised as a matter English common law in *Harbour Assurance v Kansa* has been held to apply to domestic arbitrations in Bermuda under the 1986 Act. See *Minister of Works and Engineering v Village Hotels of Bermuda Ltd* [1996] Bda L.R. 11; Civ. App. No.22 of 1995, 23 April 1996 (Court of Appeal for Bermuda) aff'g [1995] Bda L.R. 63; Civ. Jur. 1995 No.143, 13 September 1995.
[354] *Christian Mutual Life Insurance Co v ACE Bermuda Insurance Ltd* [2002] Bda L.R. 1; Civ Jur. 2001 No.187, 23 January 2002.
[355] Contrast s.7 of the Arbitration Act 1996 (above).

clause, which forms part of a contract 'Shall be treated' [as if] it is simply legal fiction which treats an arbitration clause, embedded in a contract, as a separate agreement ... (See Art.16(1)).
5. The words 'For that purpose' appearing in Art.16(1) should not be read and construed as meaning 'in all cases'.
6. Article 16 should not be read in isolation of other Articles of the Model Law. It should be read and construed with Arts 8 and 34(2)(a)(i).
7. A limited principle of separability is recognized in our law where there is a non-existent contract. (See *Joc Oil* case).
8. It is stated by all writers that the doctrine of separability does not in any event apply to a non-existent contract. (See *Joc Oil* case).
9. The doctrine of autonomy is outside that doctrine because it entails the non-existence of the arbitration clause itself for the reason that if no contract ever came into existence either. (See *Joc Oil* case).
10. The precise meaning of 'separability' has not been defined in Art.16 nor in the discussions leading to its adoption. (See *Skandia International Insurance* case and comment by Aaron Broches, mentioned supra.)"

Meerabux J agreed with the submission of counsel for the plaintiffs, in an application under art.16 challenging the preliminary ruling of an arbitral tribunal that it had jurisdiction, that:

"... where the matter comes before the Court, the Court must consider first whether the contract in which the arbitration clause is embedded is valid or invalid and in determining such in the present case may very well involve a trial before considering the validity or invalidity of the arbitration clause."

He directed that there be a trial to determine whether the alleged legal non-existence of the relevant contracts rendered the arbitration clauses invalid.

Article 16(2) provides that a party is not precluded from raising a plea that the tribunal has no jurisdiction by reason of the fact that he has appointed or participated in the appointment of an arbitrator, but the plea must be raised not later than the submission of the statement of defence. Article 16(3) provides that the arbitral tribunal may rule on such a plea either as a preliminary question or in an award on the merits. Article 16(3) concludes as follows:

14-060

"If the arbitral tribunal rules as a preliminary question that it has jurisdiction, any party may request, within thirty days after having received notice of that ruling, the Court specified in Article 6 to decide the matter, which decision shall be subject to no appeal; while such a request is pending, the arbitral tribunal may continue the arbitral proceedings and make an award."

Section 25(a) of the 1993 Act provides that an application under art.16(3) is to be made to the Supreme Court of Bermuda and that there is no right of appeal from a decision of the court.[356] It should be noted that, under art.16(3), a party is only given a right to challenge a decision of the arbitral tribunal that it has jurisdiction. If the tribunal holds that it has no jurisdiction, the arbitration proceedings are over and if the losing party wishes to pursue his substantive claims, he must begin new proceedings before a court of competent jurisdiction.

---

[356] But see *Christian Mutual Life v ACE Bermuda* Civ App.2001 No.18/2002 No.6, [2002] Bda L.R. 56; 6 December 2002 (Court of Appeal for Bermuda), discussed below.

Article 16(3) was considered in the *Al Amana* case.[357] Meerabux J followed the decision of the Supreme Court of Hong Kong[358] in *Fung Sang Trading Ltd v Kai Sui Sea Products and Food Co Ltd*[359] and declined to rule on the question of whether an arbitration clause had been validly incorporated in the reinsurance contract, holding that this was a matter for the arbitral tribunal to decide first.

14-061 In *Professional Services Insurance Co Ltd v Gerling Konzern Versicherungs Aktiengesellschaft*[360] the plaintiffs obtained an ex parte injunction restraining the defendants from proceeding with an arbitration commenced under the rules of the American Arbitration Association ("AAA") on the ground that the arbitration demand did not comply with the rules and any arbitration tribunal purportedly appointed would have no jurisdiction.[361] The Model Law did not apply (as the arbitration was not being held in Bermuda and the arbitration clause made reference to excluding appeals under the 1986 Act). The Supreme Court of Bermuda applied the principle of party autonomy and reached the same result as it would have done had art.16(3) applied, namely that any jurisdictional challenge was (in the first instance) a matter for the tribunal in accordance with the AAA rules. Kawaley J said:

"... if the AAA rules permit the arbitrators to finally determine jurisdictional issues and the arbitrators purport to do so within the rules, in my view the Bermuda Court should not revisit the issue save on good grounds. For instance, if ... the arbitrators misdirect themselves as to their jurisdiction and act outside of the contractually defined authority conferred on them, such jurisdictional rulings can be invalidated at the enforcement stage, and probably before."

The learned judge concluded that the injunction should be discharged:

"At this juncture, it seems to me clear that the Plaintiff would suffer no irreparable prejudice if it availed itself of simple options which seem likely to enable it to resolve its well-founded concerns ... It can request a fresh Administrative Conference or consent to the constitution of a single panel on a without prejudice basis. This Court cannot assume that the AAA and any future panel, approached civilly and sensibly, will deal with the Plaintiff's now clearly documented concerns in an irrational manner which would be inconsistent with Bermuda law ... While the Defendants may not be entirely 'without sin' in creating the circumstances which gave rise to this injunction, they are on the merits of this particular application 'more sinned against than sinning'. The effect of the injunction, carefully analyzed, is to interfere with the parties' arbitration agreement, not to maintain the status quo to enable it to be enforced."

Powers of Supreme Court and Court of Appeal, Bermuda

14-062 Apart from a challenge to an arbitral tribunal's jurisdiction under art.16(3), s.25(a) of the 1993 Act permits an application to be made to the Supreme Court of Bermuda in the following cases (which are discussed further below): appointment of an arbitrator in default of the appointment procedure under the arbitration

---

[357] For the facts, see above.
[358] Kaplan J.
[359] *Fung Sang Trading Ltd v Kai Sui Sea Products and Food Co Ltd* [1992] 1 H.K.L.R. 40.
[360] *Professional Services v Gerling* [2003] Bda L.R. 55: Supreme Court of Bermuda, Civil Jurisdiction 2003 No.436, 4 December 2003.
[361] "The defendants for obscure tactical reasons which Mr. Woloniecki suggested I should not attempt to decipher, studiously avoided even hinting at any merits argument they might seek to advance in opposition to the Plaintiff's legal position. In correspondence they have made the bare assertion that the Demand served was 'valid'. Outside of the combat zone of that civilized modern form of warfare known as commercial litigation and arbitration, the obtuse positions taken by both sides on this issue are, indeed, difficult to comprehend": per Kawaley J.

clause[362]; challenge to the appointment of an arbitrator[363]; and failure or impossibility of an arbitrator to act.[364] There is, again, no right of appeal from a decision of the Supreme Court of Bermuda in respect of any of these matters.

The judicial review of arbitration awards (which under s.25(b) of the 1993 Act are within the exclusive jurisdiction of the Court of Appeal for Bermuda) is discussed below.

In *Christian Mutual v ACE*[365] having ruled, as preliminary question, that it had jurisdiction the arbitral tribunal proceeded to render an interim award against the respondents in the arbitration (Christian Mutual and two other companies). The respondents made an application to the Supreme Court of Bermuda under art.16(3) to challenge the ruling on jurisdiction. The respondents also made an application to the Court of Appeal for Bermuda under art.34 to challenge the interim award. After the Supreme Court had ordered that there be a trial to determine the issues raised by the respondents in their jurisdictional challenge,[366] the claimants in the arbitration (ACE) applied to the Supreme Court to stay the art.16(3) proceedings on the grounds that the Court of Appeal was now seized of the matter in proceedings under art.34. Meerabux J declined to stay the Supreme Court proceedings.[367] The learned judge held as follows:

"It is clear as a pikestaff that section 25(1) of the 1993 Act specifies that the Supreme Court [is] to perform functions for the purpose of Article 16(3) of the Model Law and that the Court of Appeal is to perform functions for the purposes of Article 34(2) of the Model [Law].

The Supreme Court and only the Supreme Court has jurisdiction in relation to requests under Article 16(3) of the Model Law challenging the preliminary ruling that the arbitral tribunal has jurisdiction. The Court of Appeal and only the Court of Appeal has jurisdiction under Article 34 of the Model Law in relation to applications to set aside an arbitral award. Hence Article 16(3) and Article 34 of the Model law confer separate and distinct jurisdictions upon the Supreme Court and the Court of Appeal respectively.

The Applicants have elected to proceed with their application to the Supreme Court, a right which they have, challenging the preliminary ruling of the arbitral tribunal that it has jurisdiction which application is before the Supreme Court and is part heard ... Article 16(3) of the Model Law provides that the decision of the Supreme Court shall be subject to no appeal." [Emphasis added]

His decision was reversed by the Court of Appeal.[368] The basis upon which the Court of Appeal exercised jurisdiction over the Supreme Court proceedings is unclear.[369] Having set out the relevant provisions of the Model Law, Zacca JA (as he then was) stated:

"We now have two pending applications, one in the Supreme Court and one in the Court of Appeal. In the application under Article 34 to set aside the award, the issue of jurisdiction may also be raised and considered. Where a ruling by the arbitral tribunal that it has jurisdiction is included in an award on the merits, the validity of the ruling as to jurisdiction can be considered in an application for setting aside the award.

---

[362] Act 1993 arts 11(3) and (4).
[363] Act 1993 art.12.
[364] Act 1993 art.14.
[365] [2002] Bda L.R. 1.
[366] *Christian Mutual Life v ACE Bermuda* Civ Jur. [2002] Bda L.R. 1; 2001 No.187, 23 January 2002, discussed above.
[367] *Christian Mutual Life v ACE Bermuda* Civ Jur. [2002] Bda L.R. 27; 2001 No.187, 30 April 2002.
[368] *Christian Mutual Life v ACE Bermuda* [2002] Bda L.R. 56; Civ App.2001 No.18,/2002 No.6, 6 December 2002.
[369] Leave to appeal to the Privy Council was refused.

This is not a situation which should be encouraged. However now that the issue is before this Court, we are of the view that it would be more appropriate for this Court to hear the application for setting aside and in so doing consider whether the tribunal had jurisdiction to hear the dispute."

We consider that Meerabux J's analysis of the legislation is plainly correct.[370] The legislature conferred separate functions on the Supreme Court (under art.16(3) and other provisions of the Model Law) and the Court of Appeal (under art.34) for a reason. In the context of the Bermudian legal system, it is obvious that the reason why the Supreme Court (and only the Supreme Court) exercises powers under art.16(3) (and arts 11(3), 11(4), 13(3) and 14) of the Model Law is because the Supreme Court is a more quickly accessible forum than the Court of Appeal (which does not sit in permanent session). To facilitate international commercial arbitrations, challenges to the jurisdiction of an arbitral tribunal and other interlocutory matters which call for court intervention (such as appointment and removal of arbitrators) need to be addressed quickly. For this reason, also, no appeal lies from a decision of the Supreme Court. It appears to us to undermine the whole scheme of the legislation if, notwithstanding the plain words of s.25(1)(a) that there is no right of appeal from a decision of the Supreme Court under art.16(3), the Court of Appeal is nonetheless able to trump the Supreme Court in a case where an interim award had been made before the Supreme Court has determined a jurisdictional challenge under Art.16(3).

The only other situations in which parties to an arbitration held in Bermuda under the Model Law may have recourse to the courts is when they seek the assistance of the court to grant an interim measure of protection,[371] or to make orders compelling the examination of witnesses and the preservation and production of evidence.[372]

The conduct of the arbitral proceedings

14-063 The scheme of the Model Law is to give the parties freedom of choice with regard to the procedure to be followed and to lay down some minimal general rules in default of agreement by the parties.[373]

Appointment of Arbitrators

14-064 Articles 10 and 11 provide that the parties are free to determine the number of arbitrators and to agree upon the procedure for their appointment. In the event that there is no agreement, then art.10(2) provides that there shall be three arbitrators. Article 11(3)(a) provides a procedure in default of agreement for appointment of three arbitrators; one is to be appointed by each of the parties, and the third is to be appointed by the two party-appointed arbitrators. Provision is made in art.11(3), 11(4) and s.25(a) of the 1993 Act for the appointment of arbitrators of the Supreme Court of Bermuda in the event that the appointment procedure agreed upon by the parties fails to operate. There is no appeal from a decision of the Supreme Court

---

[370] It is worthy of note that Mr Vincent Meerabux was Parliamentary Counsel involved in the drafting of the 1993 Act.
[371] Model Law art.9—an illustration of which is the injunction restraining the Kuwaiti proceedings granted in the *Al Amana* case.
[372] See 1993 Act s.35, below.
[373] The 1996 Act has followed the approach of the Model Law in this regard.

of Bermuda making an appointment under art.11(3) or 11(4).[374] Article 11(5) provides the following guidance as to how the court should exercise its discretion:

> "The Court ... in appointing an arbitrator, shall have due regard to any qualifications required of the arbitrator by the agreement of the parties and to such considerations as are likely to secure the appointment of an independent and impartial arbitrator and, in the case of a sole or third arbitrator, shall take into account as well the advisability of appointing an arbitrator of a nationality other than those of the parties."

A common form for arbitration clause in use in reinsurance contracts provides for the appointment of one arbitrator by each of the parties, and then for the appointment of a third arbitrator or umpire by the two party-appointed arbitrators. Such clauses may contain provision for recourse to an appointing authority in the event that one of the parties refuses to appoint an arbitrator when called upon to do so by the other party or the two party-appointed arbitrators cannot agree upon a third, but where no such provision is made, or where the appointing authority itself fails to act, art.11(3) and 11(4) ensure that the arbitration clause is not defective.

It is also common for arbitration clauses to require arbitrators to be present or former officers of insurance or reinsurance companies, and, if the clause has been drafted in the London market, Lloyd's underwriters. It appears from art.11(5) that although the court is required "to have due regard" to the qualifications imposed by the arbitration clause, nevertheless the court may in its discretion appoint someone who it considers, in all the circumstances of the case, to be a suitable and independent arbitrator who does not come within the strict terms of the clause.[375] For example, some arbitration clauses require the arbitrators to be presently employed or "active" as reinsurance underwriters. In some cases, it may be extremely difficult to find an active underwriter willing to accept an appointment as arbitrator because of the nature of the dispute or the identity of the parties. There may be cases where, the parties having appointed two arbitrators from the reinsurance industry, one with a commercial perspective that may be thought to incline him to favour the view of reinsureds and another with a commercial perspective that may be thought to incline him to favour the view of reinsurers, these two gentlemen have failed to agree upon a third arbitrator. The parties may each present the court with a list of names of arbitrators drawn from the ranks of reinsureds and reinsurers respectively. The court may feel that the overriding purpose of art.11(5) is to provide for an independent and impartial third arbitrator, and that a lawyer with experience in reinsurance may be a more suitable candidate.[376] As we have already noted, the appointment of an arbitrator by the court cannot be the subject of any

14-065

---

[374] Model Law art.11(5); 1993 Act s.25(a).
[375] This is not possible under English law, see *Pan Atlantic Group Inc v Hassneh Insurance Co of Israel Ltd* [1992] 2 Lloyd's Rep. 120 at 124 per Leggatt LJ, and see above.
[376] In two cases decided under s.15 of the 1986 Act the Supreme Court of Bermuda appointed a lawyer as third arbitrator. In neither case did the arbitration clause provide that the arbitrator was to have a particular qualification. In *Belvedere Underwriting Agency Ltd v GTE Reinsurance Co Ltd*, Supreme Court of Bermuda, Civil Jurisdiction 1998 No.151 (7 July 1998) the Chief Justice of Bermuda was provided with a list of candidates who were either reinsurance accountants (proposed by the Claimant) or "eminent jurists" (proposed by the Respondent). The parties had previously agreed upon the appointment of a judge of the Supreme Court of Bermuda as third arbitrator but he subsequently became unavailable. The parties were unable to agree upon a replacement. L.A. Ward CJ said: "The issue before me is ... whether, in the circumstances of this dispute, the third arbitrator should be a person learned in the law and knowledgeable in the resolution of disputes which would engage the mind of a Commercial Court judge or silk, or whether the person should have technical expertise in the area of reinsurance accounting. On which discipline should the greater emphasis be placed? ... I have perused the Points of Claim and of Defence and I have concluded that there are legal points of principle to be decided before the arithmetic is addressed and the original decision of the parties

appeal. However, we suggest that it is not advisable for an arbitrator to be appointed by the court who is not qualified within the strict terms of the clause, unless the parties both consent to waive the qualifying requirement. This is because it may be open to an aggrieved party to set aside any award under the Model Law[377] in Bermuda or to resist enforcement of the award under the 1958 New York Convention in another country[378] on the grounds that the composition of the arbitral tribunal was not in accordance with the agreement of the parties.

In *Montpelier Reinsurance Ltd v Manufacturers Property & Casualty Ltd*[379] the reinsurance contracts provided for arbitration in Bermuda and Bermudian substantive, as well as procedural law, applied. The arbitration clauses provided that, in the event the two party-appointed arbitrators could not agree on the choice of third arbitrator they would either (a) agree to submit the choice to the ARIAS US umpire selection process, or (b) follow a mechanism which involved the exchange of lists of names, the striking off of names and the drawing of lots. The claimant reinsured, Montpelier, had appointed a leading London market arbitrator. The Respondent reinsurer, Manufacturers Property and Casualty Limited ("MPCL"), had appointed an American arbitrator. The American arbitrator put forward the names of three Americans. The London market arbitrator put forward the names of three English QCs, and considered that none of the Americans were suitably qualified; he therefore refused to participate in a lot-drawing procedure.

14-066 The Bermuda Court Commercial Court granted Montpelier the relief sought under art.11(4) and appointed an English QC as third arbitrator. Kawaley J held that art.11(4)(b) of the Model Law ought to be given a broad and purposive construction rather than a narrow and technical one. In his view the nature of the inability to "reach an agreement" was either irrelevant or subsidiary to the dominant practical concern that the appointment mechanism provided for by the contract has clearly broken down. Having regard to the *travaux préparatoires* of the Model Law, he noted that the role of the Court under art.11(4) is to "avoid any deadlock or undue delay in the appointment process." He further held that the scheme of the Model Law as a whole, which emphasises the autonomy of the arbitral process and limits court intervention to a minimum, was entirely consistent with the conclusion that the Courts are not entitled under art.11(4) to directly or indirectly compel the contractually agreed appointing authorities (whether the parties themselves or two arbitrators) to make the appointment when they have failed to do so. Kawaley J said:

> "It seems to me that these questions require the Court to descend from the judicial ivory tower, and have some regard to the perspective of the respective combatants in the trenches of litigious warfare where modern case management pleas for cooperation and common sense are often stifled by more deep-seated adversarial instincts. It is also neces-

---

to have a judge as the Third Arbitrator was the correct one. I therefore appoint the Rt Hon. Sir Christopher Staughton as the new Third Arbitrator." In *Manley Management Inc v Everest Capital Ltd* [1998] Bda L.R. 79; Supreme Court of Bermuda, Civil Jurisdiction 1998 No.378 (5 February 1999), Mitchell J said: "Section 15 gives me no guidance as to how to decide between competing nominations ... My task is simply to look at the alternative nominations and then choose the person whom I regard as being most appropriate." Mitchell J appointed a senior member of the Bermuda bar (proposed by the Respondent) in preference to an accountant (proposed by the Claimant).

[377] Model Law art.34(2)(iii).
[378] Model Law art.V(1)(d).
[379] *Montpelier Reinsurance Ltd v Manufacturers Property & Casualty Ltd* [2008] Bda L.R. 24.

sary to analyse how the arbitral process was supposed to work in both practical and legal terms from the perspective of the party-appointed arbitrators as well."[380]

In *Princess Cruise Lines v Matthews*[381] it was held that art.11(5) of the Model Law does not require the Court to appoint a third arbitrator from a neutral country unless the parties agree otherwise. Kawaley J said:

"Article 11(5) provides no guidance as to how the Court should resolve a dispute in circumstances where the parties have not agreed specific qualifications. It was common ground that the Court was entitled to consider the nature of the dispute the tribunal was required to resolve and to select appropriately qualified arbitrators."

He referred to *Manley Management Inc v Everest Capital*[382]—a decision under the 1986 Act—which the judge accepted was authority for the proposition that, in an arbitration governed by Bermudian procedural law, it was "important that the arbitrator be familiar with Bermudian procedure." Having regard to the facts of the particular dispute, Kawaley J found as follows: (1) experience of US law was not an essential requirement for the third arbitrator; (2) experience of Bermuda law was likely to be more relevant requirement as the assessment of damages under Bermuda law was likely to be more important than determination of liability under US law; and (3) the case was cost-sensitive to both parties. It was therefore desirable to appoint an arbitrator who was resident in Bermuda. He appointed a retired judge of the Supreme Court of Bermuda as third arbitrator.

S v T[383] considered whether a sitting Chief Justice could be appointed as the third arbitrator in a Bermuda arbitration. The parties sought an order from the court appointing a third arbitrator after unsuccessful attempts to agree on one between themselves. Referring to the Arbitration Act 1986, Hellman J found:

"In my judgment, interpreted both literally and purposively, 'judge' in sections 17(1) and 17(2) includes the Chief Justice. It would be surprising if it did not, given that as the most senior judge of the Commercial Court the Chief Justice is the judge most likely to be offered an arbitral appointment."

Counsel for the plaintiff questioned the appointment of the Chief on the ground that it might raise additional legal complexities, in the event of an appeal where a Puisne Judge might have to sit in judgment over him. However, as the terms of the policy excluded any right of appeal against any arbitration award, Hellman J found there was limited scope for this situation to arise.

Challenge to arbitrators

Article 12(1)[1] provides that:

14-067

"When a person is approached in connection with his possible appointment as arbitrator, he shall disclose any circumstances likely to give rise to justifiable doubts as to his impartiality or independence."

The obligation to disclose continues throughout the course of the arbitral proceedings.[384]

---

[380] *Montpelier v MPCL* [2008] Bda L.R. 24 at [18].
[381] *Princess Cruise Lines v Matthews* [2011] SC (BDA) 51 Civ (4 November 2011).
[382] *Manley Management Inc v Everest Capital* [1992] Bda L.R. 22 (Mitchell J).
[383] *S v T* [2017] Bda LR 138.
[384] Model Law art.12(1)[2].

Article 12(2) provides as follows:

"An arbitrator may be challenged only if circumstances exist that give rise to his impartiality or independence, or he does not possess qualifications agreed to by the parties. A party may challenge an arbitrator appointed by him, or in whose appointment he has participated, only for reasons of which he becomes aware after the appointment has been made."

The challenge procedure is set out in art.12(3). The parties are free to agree upon a procedure. In the absence of an agreed procedure the challenge must be made to the arbitral tribunal within 15 days of the challenging party becoming aware of the grounds for challenge. If the challenge is not successful the challenging party may apply to the Supreme Court of Bermuda within 30 days of the decision rejecting the challenge. The decision of the Supreme Court of Bermuda is not subject to appeal.

There is no Bermudian authority as yet on art.12. We believe that in the event of a challenge to an arbitrator appointed under the 1993 Act the Bermuda Courts are likely to apply the modified *R v Gough* test adopted by Flaux J (as he then was) in *A v B* and by the Court of Appeal in *Halliburton v Chubb*. We refer to the summary of English law set out above (in 14-019) and the authorities cited, which are persuasive in Bermuda. *Almazeedi v Penner*, being a decision of the Privy Council, is binding in Bermuda. As Lord Sumption noted in his dissent, the legal principles regarding the test of "apparent bias" were not controversial. The difficulty lay in the application of the test to the facts. Whilst we consider that the majority gave too much weight to Mr Almazeedi's fears in that particular case, it is to be hoped that Bermuda Courts will be more sensitive to the legitimate concerns of non-Bermudian parties than the English Courts were in *Halliburton v Chubb*.

In a case challenging an arbitrator under the 1986 Act.[385] the Supreme Court of Bermuda applied the test in *R v Gough*.[386] In *Raydon Underwriting Management Co Ltd v Stockholm Re (Bermuda) Ltd (In Liquidation)*[387] an application was made to disqualify the arbitrator appointed by the joint liquidators of Stockholm Re on the grounds of apparent bias. The arbitrator was (admittedly) a friend of and (allegedly) had close business connections with a senior officer of a company, which the liquidators had appointed to administer the run off of Stockholm Re ("the managers"). Raydon complained that the relationship might affect the arbitrator's view of the merits of the case and the he might not be independent or impartial. The affidavit evidence established the following facts: (1) neither the joint liquidators nor Stockholm Re had any business relationship with the arbitrator; (2) the joint liquidators had no personal relationship with the arbitrator; (3) the managers had ceased to provide services to Stockholm Re in the first quarter of 1996, although an associated company was employed as a consultant by the joint liquidators ('the consultant'); (4) the consultant provided services in connection with the arbitration and its remuneration (which was on an hourly basis) did not depend upon the outcome of the arbitration; (5) the officer of the managers who was a friend of the arbitrator had not played any significant role in the provision of services by the consultant. The learned acting judge (Mr Geoffrey Bell QC) held that these facts did not give rise to a real danger of bias on the part of the arbitrator.

14-068 The arbitral tribunal is required by art.18 to treat the parties "with equality" and

---

[385] Section 35 of the 1986 Act gives the court the power to revoke an arbitrator's appointment on the ground that "he is not or may not be impartial".
[386] *R v Gough* [1993] A.C. 646 (see above).
[387] *Raydon Underwriting Management Co Ltd v Stockholm Re (Bermuda) Ltd (In Liquidation)* [1998] Bda L.R. 73; Supreme Court of Bermuda, Civil Jurisdiction 1998, No.231, 14 December 1998.

to give each party a full opportunity to present his case. The parties are free, subject to provisions of the Model Law, to agree upon the procedure to be followed.[388] Failing such agreement art.19(2) provides that:

> "... the arbitral tribunal may, subject to the provisions of this law, conduct the arbitration in such manner as it considers appropriate. The power conferred upon the arbitral tribunal includes the power to determine the admissibility, relevance, materiality and weight of any evidence".

Section 35(2) of the 1993 Act further provides as follows:

> "Subject to Section 10[389] an arbitral tribunal may receive any evidence that the tribunal considers relevant and, unless the parties have otherwise agreed, shall not be bound by rules of evidence applicable in Bermuda."

We discuss below some standard form procedural rules which parties may agree to adopt. In the absence of agreement, the mandatory provisions of the Model Law, which limited the discretion of the arbitrators under art.19(2), are minimal. Article 20 makes the following provisions regarding the place of arbitration:

> "(1) The parties are free to agree on the place of arbitration. Failing such agreement, the place of arbitration shall be determined by the arbitral tribunal having regard to the circumstances of the case, including the convenience of the parties.
> (2) Notwithstanding the provisions of paragraph (1) of this article, the arbitral tribunal may, unless otherwise agreed by the parties, meet at any place it considers appropriate for consultation among its members, for hearing witnesses, experts or the parties, or for inspection of goods, other property or documents."

14-069

Article 23 contemplates that the parties will exchange written pleadings within a time period fixed by the arbitral tribunal. This includes documents which they consider to be relevant. Article 24(1) gives the arbitral tribunal discretion, subject to the contrary agreement of the parties, to decide whether to hold oral hearings for the presentation of evidence for oral argument. Article 24(3) provides that any statement, document or other information which one party supplies to the arbitral tribunal must be communicated to the other party.

Article 25 makes provision for default by the parties. A failure by the claimant to communicate his statement of claim within the time specified by the arbitral tribunal results in the termination of the proceedings. However, where the respondent fails to communicate his statement of defence, the proceedings continue in his absence, and his failure is not treated as an admission of the claimants' allegations. The arbitral tribunal may proceed with a hearing if any party fails to appear or to produce documentary evidence.

Article 26 makes provision for the appointment of an expert by the arbitral tribunal. In a case where the arbitral tribunal appoints an expert, his report must be communicated to the parties[390] and a party is entitled to have a hearing at which the expert is cross-examined and the party may present its own expert witnesses.[391]

The arbitral tribunal, or a party with the approval of the arbitral tribunal, may request the court to assist in taking evidence.[392] Any party may issue writs of subpoena *ad testificandum* or subpoena *duces tecum* to compel witnesses present

---

[388] Model Law art.19(1).
[389] Which provides for non-disclosure of statements made in the course of conciliation proceedings.
[390] Model Law art.24(3).
[391] Model Law art.26(2).
[392] Model Law art.27.

1066　　REINSURANCE ARBITRATION

in Bermuda to attend at an arbitration hearing and produce documents.[393] The Supreme Court of Bermuda has the same power[394] to make orders for the examination on oath of any witness before an officer of the court or any other person, and the issue of a commission or request for the examination of a witness out of the jurisdiction, as it does in relation to proceedings in court.

The arbitration award and review by the court

14-070 Article 29 provides that where there is more than one arbitrator, unless otherwise agreed by the parties, any decision of the arbitral tribunal may be made by a majority. If the parties settle the dispute, the arbitral tribunal may, at the request of the parties, make an award in the terms of the settlement.[395]

Article 31 makes the following provisions regarding the form and contents of the award:

> "(1) The award shall be made in writing and shall be signed by the arbitrator or arbitrators. In arbitral proceedings with more than one arbitrator, the signatures of the majority of all members of the arbitral tribunal shall suffice, provided that the reason for any omitted signature is stated.
>
> (2) The award shall state the reasons upon which it is based unless the parties have agreed that no reasons are to be given or the award is an award on agreed terms under Article 30.
>
> (3) The award shall state its date and the place of arbitration as determined in accordance with Article 20(1). The award shall be deemed to have been made at that place.
>
> (4) After the award is made, a copy signed by the arbitrators in accordance with paragraph (1) of this article shall be delivered to each party."

Once the final award is made, the arbitral proceedings terminate, and so does the mandate of the arbitral tribunal, subject to art.33[396] and art.34(4).[397]

Article 34 sets out the grounds upon which an arbitral award may be set aside. The application to set aside must be made within three months of the date upon which the party making the application received the award; or, if a request had been made under art.33, within three months of the date on which that request was disposed of by the arbitral tribunal.[398] The application is made to the Court of Appeal for Bermuda, from whose decision there is no appeal.[399]

14-071 The only grounds upon which an award may be set aside by the Court of Appeal under the Model Law are as follows[400]:

(1) A party to the arbitration agreement was under some incapacity.[401]
(2) The arbitration agreement was not valid:
　　(a) under the law to which the parties have subjected it; or

---

[393] 1993 Act s.35(3). See *Nicholas Mark Cooke v Comp Indemnity Reinsurance Co Ltd* [2001] Bda L.R. 15; Civ. App. No.23 of 2001, 30 November 2001, where the Court of Appeal for Bermuda held that there was no jurisdiction to order production of documents or compel the attendance of a witness before the Registrar of the Supreme Court.
[394] 1993 Act s.35(5).
[395] Model Law art.30.
[396] Which provides for correcting of any errors in computation, clerical or typographical errors.
[397] See below.
[398] Model Law art.34(3).
[399] 1993 Act s.25(b).
[400] Model Law art.34(2).
[401] Model Law art.34(2)(a)(i).

(b) failing any indication in the arbitration agreement as to which law is to apply to it, under the law of Bermuda.[402]
(3) The party making the application was not given proper notice of the appointment of an arbitrator or of the arbitral proceedings or was otherwise unable to present his case.[403]
(4) The award deals with a dispute not contemplated by or not falling within the terms of the submission to arbitration, or contains decisions on matters beyond the scope of the submission to arbitration, provided that, if the decisions on matters submitted to arbitration can be separated from those not so submitted, only that part of the award which contains decisions on matters not submitted to arbitration may be sent aside.[404]
(5) The composition of the arbitration tribunal or the arbitral procedure was not in accordance with the agreement of the parties, unless such agreement was in conflict with a provision of the Model Law from which the parties cannot derogate, or, failing such agreement, was not in accordance with the Model Law.[405]
(6) The subject-matter of the dispute is not capable of settlement by arbitration under the law of Bermuda.[406]
(7) The award is in conflict with the public policy of Bermuda.[407]

Section 27 of the 1993 Act declares "for removing doubts" that for the purposes of art.34(2)(b)(ii)[408]:

> "an award is in conflict with the public policy of Bermuda if the making of the award was induced or affected by fraud or corruption."

In previous editions we have expressed the view that fraud apart, the circumstances in which an arbitration award offends the Bermudian judicial conscience will surely be rare.[409] The Court of Appeal for Bermuda has confirmed our view in *Sampoerna Strategic Holdings Ltd v Huawei Tech Investments Co Ltd & Huawei International Pte Ltd*.[410] a case in which a challenge to a Singaporean award on public policy grounds was rejected. Evans JA said that, "a heavy burden that lies upon a party seeking to set aside or prevent enforcement of an arbitral award on the ground of breach of natural justice". He approved dicta stating that it was necessary to demonstrate that upholding an award would "shock the conscience" or "be clearly injurious to the public good" or "violate the forum's most basic notions of morality and justice".

Article 34(4) confers a discretion upon the court, when it is asked to set aside an award, to suspend the proceedings:

> "in order to give the arbitral tribunal an opportunity to resume the arbitral proceedings or to take such other action as in the arbitral tribunal's opinion will eliminate the grounds for setting aside."

---

[402] Model Law art.34(2)(a)(i).
[403] Model Law art.34(2)(ii).
[404] Model Law art.34(2)(a)(iii).
[405] Model Law art.34(2)(a)(iv).
[406] Model Law art.34(2)(b)(i).
[407] Model Law art.34(2)(b)(ii).
[408] And Model Law art.36(1)(b)(ii).
[409] But see *Re Chorley* [1994] Bda L.R. 28; [1994] 3 Re. L.R. 187n, see Ch.15 below.
[410] *Sampoerna Strategic Holdings Ltd v Huawei Tech Investments Co. Ltd. & Huawei International Pte. Ltd* [2014] CA (Bda) 2 Civ.

3. SPECIAL PROBLEMS RELATING TO REINSURANCE ARBITRATION

Suitability of arbitration as a means of resolving reinsurance disputes

Introduction

14-072 As we noted above, arbitration clauses are common in reinsurance contracts. Such clauses frequently provide for three arbitrators (one arbitrator appointed by each of the parties) or two arbitrators and an umpire.[411]

The parties may give little (if any) thought at the time they enter into the reinsurance contract to whether arbitration is a suitable form of dispute resolution or to whether the particular form of arbitration clause meets their needs. An arbitration clause in the "traditional" form mentioned above may be inserted into a wording by the broker, where none appeared in the slip, without any discussion between the parties. As we have seen[412] selecting the forum for resolving a dispute may have an important, and possibly decisive, bearing on its outcome. If parties wish to select arbitration, they should be aware that they have a choice as to both the substantive and the procedural law that is to be followed. In Bermuda the parties have a choice between the Model Law (which reduces judicial interference in the arbitral process to an absolute minimum) or a system based on the English Arbitration Acts 1950–1979. In England the parties can agree to exclude the right to appeal on points of law. But first they should ask themselves the following question: why arbitrate and not litigate? The response may be "it is the customary way of resolving disputes in the reinsurance market", and further reflection may result in statements of opinion to the effect that arbitration is relatively quick and cheap compared with litigation, and that the dispute can be resolved in private among market men without recourse to the courts. We shall examine critically each of these propositions, and then go on to consider further the relative advantages and disadvantages of arbitration and litigation in the context of reinsurance disputes.

14-073 **Speed v delay** Sometimes, where both parties are willing and the arbitrators are available, arbitrations even in complex cases can be quick. It is not unheard of for a substantial commercial arbitration involving a hearing of three to four weeks to be completed and an award made within 12 months of the appointment of arbitrators, but we believe this to be an exception rather than the rule. In many cases it will be in the interests of either the claimant or, more often, the respondent to delay the proceedings for as long as possible. Both the Arbitration Act 1996 and the UNCITRAL Model Law give arbitrators ample powers to deal with delay; whether arbitrators choose to exercise those powers is another matter.[413]

14-074 **Cheapness v expense** "Documents only" arbitrations where lawyers are not entitled to make oral submissions, and live witnesses are not cross-examined, can be relatively inexpensive. However, additional costs which would not be incurred in litigation, such as arbitrators' fees and the hiring of premises, will inevitably arise.

---

[411] For the significance the distinction, see the discussion of the Arbitration Act 1996 s.21 (discussed above).

[412] See Ch.13 above.

[413] See generally A. Van Den Berg (ed.), *Preventing Delay and Disruption of Arbitration* (ICCA Congress Series No.5, 1990); D. Rhidian Thomas, *Default Powers of Arbitrators* (Lloyd's of London Press, 1996); Redfern & Hunter, *Law and Practice of International Commercial Arbitration* (OUP, 7th edn, 2023), 5.45].

In many reinsurance disputes, the combined fees of three arbitrators may be large in proportion to the amount at stake. It has frequently been said that an English Commercial Court judge is remarkably good value (particularly if a litigant does not pay UK taxes). In any complex dispute where lawyers are involved, their fees are unlikely to be significantly lower where the matter is arbitrated as opposed to litigated.

Privacy v publicity Arbitration proceedings are indeed confidential. This confidentiality may, however, rapidly evaporate if, as has been known to happen in the London market, the award "leaks", or where there is an appeal which is heard in open court.[414] In the recent case of *Manchester City Football Club Ltd v Football Association Premier League Ltd and Others*,[415] the English Court of Appeal upheld a decision of the judge to publish her judgment dismissing an appeal against an arbitration, and an application to set aside the award for serious irregularity and to remove the arbitrators for apparent bias. The Court of Appeal said that the publication of the judgment, whilst disclosing the existence of the dispute and the arbitration, would not lead to disclosure of significant confidential information given that it was already public knowledge that an investigation had been instigated. There was a legitimate public interest in publishing a judgment dealing with the manner in which disputes between the Football Association and clubs were resolved, and dealing with apparent bias; and there was no obvious prejudice to the Manchester City Football Club, given what was already in the public domain. Confidentiality may prove a positive disadvantage, as the facts of *Insurance Co v Lloyd's Syndicate*[416] illustrate.

14-075

Finality v uncertainty The UNCITRAL Model Law is designed to produce finality of awards and reduce judicial interference to a minimum. Under the (English) Arbitration Act 1996, the parties may agree to exclude the right to appeal on a point of law under s.69. The right to challenge an award under s.68 on the grounds of "serious procedural irregularity" may not be excluded. It is still possible to have recourse to the court against procedural decisions of the arbitrators[417] and the possibility of two further levels of appeals[418] exists. Where parties do require finality, they should take care to exclude appeals on a point of law, or make the seat of their arbitration a jurisdiction (such as Bermuda) which has adopted the UNCITRAL Model Law.

14-076

Potential advantages of arbitration

The following factors may give arbitration a distinct advantage over litigation.

14-077

Technical expertise The parties may prefer to have a particular dispute resolved by a person with the necessary technical knowledge, for example an underwriter or an actuary, rather than a lawyer. Even if the dispute raises questions of law, the

14-078

---

[414] In Bermuda the 1993 Act contains provisions to protect the confidentiality of court proceedings.
[415] [2021] EWCA Civ 1110; [2021] 1 W.L.R. 5513. Followed in *Radisson Hotels ApS Danmark v Hayat Otel Isletmeciligi Turizm Yatirim Ve Ticaret Anonim Sirketi* [2023] EWHC 1223 (Comm) in which the court rejected an application to anonymise the identities of the parties and witnesses in an arbitration challenge under s.68. The court held that the proposed anonymisation made the judgment difficult for a reader to follow, and it was in the public interest that judgments should be accessible and readily understood.
[416] *Insurance Co v Lloyd's Syndicate* [1995] 1 Lloyd's Rep. 272 (discussed below).
[417] See s.12 of the Arbitration Act 1996.
[418] See *Comdel v Siporex* [1991] 1 A.C. 148, above.

parties may nonetheless prefer market men to decide them. In the case of arbitration clauses providing for three arbitrators, two of whom are to be appointed by the parties, there may be a perceived advantage in appointing one's "own arbitrator" and an expectation that he will support one's position. But it should be remembered that under both English and Bermudian law party-appointed arbitrators are required to be impartial, and may not act as advocates for the party who appoints them.

14-079 **Procedural flexibility** Parties to arbitrations are free to make up their own procedure with or without the assistance of an arbitrator. They can agree to exclude oral argument and live witnesses. They can limit or exclude documentary discovery. In the interests of speed, they can agree to dispense with reasons for an award.

14-080 **Substantive flexibility** Arbitration clauses may free the arbitrator from legal technicalities or strict rules of construction. They may seek to go further and confer upon the arbitrator the power to decide in accordance with "Equity", etc.[419] There is a perception that market arbitrators will, regardless of what the arbitration clause says, decide questions in accordance with what they regard to be "fair" or "market practice".

14-081 **Enforceability of award** The widespread adherence of countries to the 1958 New York Convention on the Recognition and Enforcement of Foreign Arbitral Awards[420] means that in countries outside Western Europe an arbitration award may well be more readily enforceable against a party than the judgment of an English court would be.

Potential advantages of litigation

14-082 Conversely, litigation may have an advantage over arbitration by reason of the following.

14-083 **Summary judgment** The summary judgment procedure available under CPR Pt 24 (RSC Ord.14, in Bermuda) where there is no triable issue of fact or law and the reinsurer is seeking to delay payment is a definite advantage to the reinsured.[421] Where there is an arbitration clause, a defendant may be able to assert that there is a "dispute" or "difference" which is referable to arbitration and thereby defeat summary judgment.[422]

14-084 **Joinder of parties/consolidation of proceedings** A fundamental weakness of arbitration is that, as the jurisdiction of arbitrators is conferred by the parties to a particular contract, there is no procedure in England for compulsory joinder of additional parties to the dispute not bound by the arbitration clause.[423] Reinsurance disputes frequently involve more than two parties. A reinsured may wish to proceed against several reinsurers. The following market will not be bound by an arbitra-

---

[419] See below.
[420] See below.
[421] See Ch.13 above.
[422] See below.
[423] In Bermuda, as we have noted above s.9 of the Arbitration Act 1986 does confer power on the court to order consolidation of arbitrations—but that requires the existence of an arbitration clause in contracts between "identical parties" whom it sought to join. This provision does not apply to arbitrations governed by the 1993 Act/Model Law.

tion award against the leader if there is no "leading underwriter clause".[424] Where the reinsurer raises material non-disclosure as a defence, the reinsured may wish to join the broker on the basis that if the defence succeeds, the broker is liable to the reinsured.[425] Under the London Court of International Arbitration rules a party can be joined if he consents and so does one of the parties. Consolidation cannot be compelled either no matter that it is obvious sense. Section 35 of the Arbitration Act 1996 provides for consolidation of arbitration proceedings by agreement, but there is no law in place that compels it. And that is not that surprising. Arbitration is a consensual process; it would be counter instinctive to order that a party A having agreed to arbitrate with B should then be compelled to arbitrate with C as well, or to order that his dispute with B should be heard in the same forum as C's dispute with D.

The potential disadvantage of arbitration may become particularly apparent to an insured or a reinsured on a subscription policy which is composite. Albeit that the arbitration agreement is separable and a judge at least has a shot of saying that it is a single agreement to which all (re)insurers are party and thus if there is a dispute there should be one arbitration with all reinsurers on one side, the greater likelihood is that there are as many arbitration agreements as there are (re)insurers (see 14-083 below).

Procedural certainty Fixed procedural rules and a definite timetable may be considered preferable to rules which give arbitrators a very broad discretion. For example, arbitrators, although empowered to do so, may not as a matter of course order as extensive documentary disclosure as might be available under standard disclosure pursuant to CPR Pt 31[426] and may not insist on rigorous compliance with disclosure orders. The current approach of the Commercial Court to efficient "case management" requires judges to be more interventionist in moving matters to trial.

14-085

Substantive certainty There may be cases where one party may wish the strict rules of law to be applied. For example, a reinsurer may have a "technical" defence of non-disclosure which is unlikely to be received sympathetically by market arbitrators. The availability of an appeal, as of right, may be something which a party does not wish to give up.

14-086

Enforceability of judgments Where a party has assets in one of the member states of the EU, or in Switzerland or Iceland (which are parties to the Lugano Convention)[427] the judgment of an English court will be readily enforceable and[428] there are also a number of bilateral conventions providing for reciprocal enforcement of judgments between the UK and Commonwealth countries.

14-087

Allocation of costs A tribunal has no power to order one party to an arbitration, to pay the costs of an arbitration to which it is not a party, even where those arbitrations are being heard concurrently and involve a chain of contracts on back-to-back terms. Rather, it is necessary for a party to one arbitration agreement to

14-088

---

[424] See *Insurance Company v Lloyd's Syndicate* [1995] 1 Lloyd's Rep. 272, and above.
[425] See e.g. *Hassneh Insurance Co of Israel v Steuart J. Mew* [1993] 2 Lloyd's Rep. 243, and above. See also *Aneco Reinsurance Underwriting Ltd v Johnson & Higgins Ltd* [1998] 1 Lloyd's Rep. 565 at 567 per Cresswell J: "It is highly desirable in the interests of justice (and of avoiding unnecessary cost and delay) that whenever practicable claims over against brokers be heard at the same time and by the same tribunal that determines whether underwriters have validly avoided."
[426] See Ch.13 above.
[427] See Ch.13 above.
[428] Again, as noted above, Ch.13.

establish that its contractual counterparty is in breach of contract and has caused it to incur costs in the related arbitration (which are not too remote).[429] That is not an easy task. In contrast, where all relevant parties are before the court in a multi-party dispute involving multiple contracts, the court has a general discretion to allocate costs as it considers to be fair and appropriate as between the parties.

Confidentiality and reinsurance arbitration

England

14-089   In *Dolling-Baker v Merrett*,[430] the Court of Appeal held that an implied obligation of confidentiality existed in relation to documents produced in the course of a (reinsurance) arbitration. That case was followed and applied by the Court of Appeal in *Ali Shipping Corp v Shipyard Trogir*,[431] where an injunction was granted restraining disclosure of the award in one arbitration to arbitrators in another arbitration. In *Ali Shipping*, Potter LJ said that English law has recognised the following exceptions to the broad rule of confidentiality:

> "(i) consent, that is, where disclosure is made with the express or implied consent of the party who originally produced the material; (ii) order of the court, an obvious example of which is an order for disclosure of documents generated by an arbitration for the purposes of a later court action; (iii) leave of the court. It is the practical scope of this exception, that is, the grounds on which such leave will be granted, which gives rise to difficulty. However, on the analogy of the implied obligation of secrecy between banker and customer, leave will be given in respect of (iv) disclosure when, and to the extent to which, it is reasonably necessary for the protection of the legitimate interests of an arbitrating party. In this context, that means reasonably necessary for the establishment or protection of an arbitrating party's legal rights vis-à-vis a third party in order to found a cause of action against that third party or to defend a claim, or counterclaim, brought by the third party: see *Hassneh Insurance Co of Israel v Mew* [1993] 2 Lloyd's Rep. 243 ... Although to date this exception has been held applicable only to disclosure of an award, it is clear, and indeed the parties do not dispute, that the principle covers also pleadings, written submissions, and the proofs of witnesses as well as transcripts and notes of the evidence given in the arbitration: see *Dolling-Baker v Merrett* [1990] 1 W.L.R. 1205 ... I do not think it is helpful or desirable to seek to confine the exception more narrowly than one of 'reasonable necessity.'"[432]

Doubt was cast on the correctness of the implied term analysis in obiter dicta in a Privy Council decision, *AEGIS v European Re*,[433] Lord Hobhouse, having referred to the judgment of Potter LJ in the *Ali Shipping* case said:

> "Their Lordships have reservations about the desirability or merit of adopting this approach. It runs the risk of failing to distinguish between different types of confidentiality which attach to different types of document or to documents which have been obtained in different ways and elides privacy and confidentiality. Commercial arbitrations are essentially private proceedings and unlike litigation in public courts do not place anything

---

[429] *Maritime Transport Overseas GmbH Unitramp SA (The Antaios)* [1981] 2 Lloyd's Rep. 284; [1981] Com. L.R. 160; *Vrinera Marine Co Ltd v. Eastern Rich Operations Inc (The Vakis T)* [2004] 2 Lloyd's Rep. 465.
[430] *Dolling-Baker v Merrett* [1990] 1 W.L.R. 1205.
[431] *Ali Shipping Corp v Shipyard Trogir* [1999] 1 W.L.R. 314. Followed by *Chartered Institute of Arbitrators v B* [2019] EWHC 460 (Comm) and *Ajayi v Ebury Partners* [2020] EWHC 166 (Comm).
[432] *Ali Shipping Corp v Shipyard Trogir* [1999] 1 W.L.R. 314 at 326–327.
[433] *Associated Electric & Gas Insurance Services Ltd v European Reinsurance Co of Zurich* [2003] 1 W.L.R. 1041, an appeal from the Court of Appeal for Bermuda which we discuss below.

in the public domain. This may mean that the implied restrictions on the use of material obtained in arbitration proceedings may have a greater impact than those applying in litigation. But when it comes to the award, the same logic cannot be applied. An award may have to be referred to for accounting purposes or for the purpose of legal proceedings (as Aegis referred to it for the purposes of the present injunction proceedings) or for the purposes of enforcing the rights which the award confers (as European Re seek to do in the Rowe arbitration). Generalisations and the formulation of detailed implied terms are not appropriate."

Nonetheless, for the time being *Dolling-Baker v Merrett* and *Ali Shipping* represent English authority at the level of the Court of Appeal and (unless they are overruled by the Supreme Court) are binding on the Commercial Court.[434]

The relatively limited scope of the exceptions to the implied term imposing a duty of confidentiality in reinsurance arbitrations is illustrated by two decisions of Colman J In *Hassneh Insurance Co of Israel v Stuart J. Mew*,[435] Colman J had held: (1) an arbitration agreement contained an implied term which imposed on both parties a duty to keep confidential from third parties the award, the reasons and all other documentary materials relating to the arbitration; (2) there was an exception to the duty of confidentiality—the award and reasons might be disclosed if it was reasonably necessary for one party to disclose them in order to establish that party's legal rights against a third party, either to found a defence or as the basis for a cause of action. Colman J allowed a reinsured to disclose to his brokers an arbitration award and reasons. The reinsurer had successfully avoided various reinsurance contracts placed by the brokers on the grounds of material non-disclosure. The reinsured wished to pursue a claim against the brokers. However, following *Dolling-Baker v Merrett*,[436] he did not allow the reinsured to disclose documents which had been produced during the arbitration (pleadings, witness statements, documents disclosed by the reinsurer, transcripts).

14-090

In *Insurance Co v Lloyd's Syndicate*,[437] there was no "leading underwriter clause". The following market were not bound by the settlements of the leader and the arbitration award was not binding upon them. Colman J found that there was no market custom that would automatically entitle the reinsured to disclose an arbitration award to the following market without the consent of the leading underwriter. It was accepted by counsel for the leader that disclosure of the award (which had found that certain risks were within the scope of the reinsurance cover) would be helpful to the reinsured, as it might persuade the followers to accept that the claims were covered. Colman J held that the scope of the qualification of the duty of confidentiality was to be implied as a matter of business efficacy. The test was whether:

"... it is sufficiently necessary to disclose an arbitration award in order to enforce or protect the legal rights of a party to an arbitration agreement only if the right in question cannot be enforced or protected unless the award and reasons are disclosed to a stranger

---

[434] See *Michael Wilson & Partners Ltd v Emmott* [2008] EWCA Civ 184; [2008] 2 All E.R. (Comm) 193; *Halliburton v Chubb* [2020] UKSC 48; *CDE v NOP* [2021] EWCA Civ 1908; [2022] 4 W.L.R. 6. The *Michael Wilson* case is considered at 14-091 below. The dispute had a new court life in 2018 ([2018] EWCA Civ 51; [2018] 1 Lloyd's Rep. 299) on anti-suit injunctions, and in 2019 ([2019] EWCA Civ 219; [2019] 4 W.L.R. 53) on freezing orders.
[435] *Hassneh Insurance Co of Israel v Stuart J. Mew* [1993] 2 Lloyd's Rep. 243.
[436] *Dolling-Baker v Merrett* [1990] 1 W.L.R. 1205.
[437] *Insurance Co v Lloyd's Syndicate* [1995] 1 Lloyd's Rep. 272.

to the arbitration agreement. The making of the award must therefore be a necessary element in the establishment of the party's legal right against the stranger".[438]

Applying the above test, disclosure of the award was not "necessary" to enable the reinsured to pursue its claim against the following market. Colman J did not consider any justification for a wider exception to operate in the reinsurance market. He said that the leading reinsurer might have good commercial reasons for wishing to prevent disclosure—as was the case here, where part of the award concerned disputes with the reinsured which did not arise with the following market. He concluded that, as a matter of general principle, the leading underwriter was entitled to an injunction preventing disclosure without the need to prove that any damage would result if the award was shown to the following market.[439]

14-091 ARIAS UK conducted a survey of its members regarding the confidentiality of London market arbitrations in 2017. There was no support for relaxing the confidentiality of the arbitral process itself. It continues to be the wish of the market that arbitration hearings are held in private. However, divergent views were expressed regarding the confidentiality of awards, the use that could be made of them, and the desirability of publishing awards addressing issues of market significance in an anonymised form. The Committee decided not to amend the ARIAS UK arbitration rules and proposed a model confidentiality clause, set out below, that parties were free to adopt or amend on a contract by contract basis:

"*ARIAS (UK) Confidentiality Clause*

1. In the event of arbitration between the reinsured and a reinsurer subscribing to this contract, the parties agree that any hearing and all documents created for the arbitration - including but not limited to pleadings, correspondence, orders, witness statements, expert reports and written submissions - and all documents disclosed by one party to the other in the arbitration process (hereafter "arbitration materials") shall remain confidential.
2. The parties further agree that any Award and Reasons (hereafter "the decision") shall be confidential to the parties save that either party may disclose the decision including any arbitration materials reproduced therein (a) to such of its own reinsurers or retrocessionaires as may be financially affected by the decision (b) to any other reinsurer subscribing to this contact or to any other contract forming part of the same reinsurance programme (c) in furtherance of a claim against any third party or (d) where legally obliged to do so, to its auditors, regulators or capital providers. Any Award disclosed hereunder will be first anonymised as to the other party(ies) and the names of its or their witnesses and legal advisers.
3. The parties further agree that either party may not later than 56 days after the publication of the decision apply to the Tribunal for permission to publish the decision anonymised as to the parties, the names of witnesses and of legal advisers. The party applying will provide the Tribunal and the other party with the proposed anonymised decision. If the other party objects to publication, or proposes only a summary be published, that party will within 28 days state its objections and provide a copy of its proposed summary, if any.
4. In the event that the parties cannot agree on publication or on the form thereof, the Tribunal will fix a hearing following which it will only grant permission to publish an anonymised decision (or a summary in such terms as it, in its sole discretion, deems appropriate) if it concludes that there is a market interest in the issues, wordings or clauses resolved by or considered in the decision in light either of a lack of

---

[438] *Insurance Co v Lloyd's Syndicate* [1995] 1 Lloyd's Rep. 272 at 276.
[439] In *Avonwick Holdings Ltd v Webinvest Ltd* [2014] EWHC 3434 the court found that the dispute between B and C was so linked to an earlier dispute between A and B which had gone to arbitration and been settled that disclosure of the documents relating to the earlier settlement was required.

binding judicial authority thereon, or of the existence of previous, current, or likely future disputes thereon.

5. The Tribunal may in its sole discretion decide to include or exclude the names of the Tribunal from publication. The decisions of the Tribunal under this clause will be final and nothing herein will detract from the power of the High Court to allow publication of the decision on other grounds."

Bermuda

In *AEGIS v European Re*[440] the plaintiff obtained an injunction from the Supreme Court of Bermuda restraining the defendant from disclosing an arbitral award in a previous arbitration ("the Boyd arbitration") between the same parties under the same reinsurance contract to an arbitral tribunal appointed in a second arbitration ("the Rowe arbitration"). The plaintiff argued first, that the award in the Boyd arbitration was confidential and second, that the principle of issue estoppel did not apply to arbitrations under the Model Law. The second argument was emphatically rejected by the Privy Council. Their lordships held that the award in the Boyd arbitration did give rise to an issue estoppel and its disclosure in the Rowe arbitration was necessary to enforce the defendants' legal rights as established in the award. They concluded that disclosure of the prior award was not prohibited by the terms of the confidentiality agreement which the parties had entered into in the Boyd arbitration.

14-092

Lord Hobhouse, referred to the very detailed provisions of the confidentiality agreement and said:

"The clear impression is that the confidentiality agreement is, as a whole, intended to be exhaustive. Aegis rightly point out that it grants no permission to communicate anything or provide any documents relating to the Boyd arbitration to the arbitrators in any other arbitration. Indeed, para.30 expressly provides that 'the arbitration result will not be disclosed at any time to any individual or entity, in whole or in part, which is not a party to the arbitration'. These are powerful arguments but they have to be evaluated having regard to the surrounding circumstances in which this confidentiality agreement was made and the basic principles and purpose of arbitration."

The relevant circumstances, according to Lord Hobhouse, were that AEGIS provided liability insurance to its members who were likely to receive third party claims. Accordingly, there was a need to preserve confidentiality and privilege.

"But the otherwise legitimate use of an earlier award in a later, also private, arbitration between the same two parties would not raise the mischief against which the confidentiality agreement is directed."

A further and more fundamental factor was that: "The essential purpose of arbitration is to determine disputes between the parties to the arbitration." Lord Hobhouse said:

"It will be appreciated that, if the prohibition in the first paragraph of the confidentiality agreement that any disclosure of the arbitration result to any individual or entity was to be given an unrestricted construction, it would mean that any award would be unenforceable. The result of the arbitration is embodied in the award or awards of the arbitrator. If the winner is precluded from referring to the award, he cannot enforce it whether as a declaration of his rights or as a monetary award. This would be fundamentally inconsistent with and frustrate the purpose of the arbitration."

---

[440] *AEGIS v European Re* [2003] 1 W.L.R. 1041.

14-093 Lord Hobhouse went on to distinguish *Ali Shipping* (on the facts of that case there was no issue estoppel as the parties in the first arbitration were not the same) and, in the dictum cited above, expressed doubts as to whether the implied term analysis adopted by the English Court of Appeal was correct. Having stated at the outset that the, "appeal concerns the scope of the principle of privacy in commercial arbitration", it is somewhat regrettable that a Privy Council Board comprised of eminent commercial lawyers did not take the opportunity the case presented to analyse in detail the juridical basis and scope of the obligation of confidentiality.[441] A textbook on arbitration law has expressed the view that Lord Hobhouse's dicta in *AEGIS v European Re* "leaves the question of how an obligation of confidentiality is imposed under English law in a state of flux".[442] The learned authors state that:

> "It should no longer be presumed that arbitration proceedings will be confidential ... If parties wish for the arbitration to be confidential then they should include an express confidentiality agreement within the arbitration agreement."[443]

However, the Supreme Court of Bermuda[444] has rejected the suggestion that in questioning the juridical basis for the duty of confidentiality, Lord Hobhouse intended to cast doubt on the *existence* of a duty of confidentiality in Bermudian arbitrations. In *ABC Insurance Company v XYZ Insurance Company*, Bell J regarded himself as bound by the decision of the Court of Appeal for Bermuda in *AEGIS v European Re*, which the Privy Council had approved, and which had previously been the subject of a confidentiality order and therefore not publicly available. The Court of Appeal had followed Potter LJ's decision in *Ali Shipping* as being a correct statement of the common law of Bermuda. Thus, there is no doubt that arbitrations held in Bermuda are both private and confidential.

In *ACE Bermuda Insurance Ltd v Ford Motor Company*,[445] the Bermuda Commercial Court engaged in a balancing exercise between the competing principles of "open justice" and the confidentiality of arbitral proceedings. The plaintiff had applied for an anti-suit injunction and wanted the substantive hearing of its summons to be held in camera. Hellman J ordered that only that part of the hearing at which confidential material would be referred to was to be held in camera, noting that: "The Plaintiff submits that it would be more convenient to hold the entire hearing in camera, but mere convenience cannot justify a departure from the principle of open justice."[446] He refused the plaintiff's application to seal the court file on the grounds it was unnecessary to do so to preserve confidentiality since the affidavit containing the confidential material would not be available to the public.[447]

Limits of confidentiality—the developing law

14-094 The English and Privy Council authorities discussed above were reviewed by the Court of Appeal in *Michael Wilson & Partners Ltd v Emmott*. Lawrence Collins LJ (as he then was) said that:

---

[441] In addition to Lord Hobhouse, Lords Bingham, Hoffmann and Millett, and Sir Christopher Staughton, heard the appeal.
[442] Andrew Tweedale & Keren Tweedale, *Arbitration of Commercial Disputes: International and English Law and Practice* (Oxford University Press, 2005), para.11.3. But, see now, *Emmott v Michael Wilson & Partners Ltd* [2008] EWCA Civ 184, discussed immediately below.
[443] Tweedale and Tweedale (2005), para.11.48.
[444] Reported sub nom: *ABC Insurance Co v XYZ Insurance Co* [2006] Bda L.R. 8.
[445] *ACE Bermuda Insurance Ltd v Ford Motor Company* [2016] Bda LR 1.
[446] *ACE Bermuda Insurance Ltd v Ford Motor Company* [2016] Bda LR 1 at [42].
[447] The Practice Direction on Access to Court Records in Civil Cases (Circular No.23 of 2015) does not apply to cases filed prior to 1 December 2015. The Practice Direction permits some additional inspection of the court file, including of writs and originating process; it does not extend to affidavits.

"[C]ase law over the last 20 years has established that there is an obligation, implied by law and arising out of the nature of arbitration, on both parties not to disclose or use for any other purpose any documents prepared for and used in arbitration, or disclosed or produced in the course of arbitration, or transcripts or notes of the evidence in the arbitration or the award, and not to disclose in any other way what evidence has been given by any witness in the arbitration. The obligation is not limited to commercially confidential information in the traditional sense."[448]

Lawrence Collins LJ noted that the obligation of confidentiality was, "in reality a substantive rule of arbitration law reached through the device of an implied term."[449] He noted that this approach has led to difficulties of formulation and reliance (perhaps, over-reliance) on the principles of banking confidentiality formulated by the Court of Appeal in *Tournier v National Provincial and Union Bank of England*.[450] Lawrence Collins LJ went on to observe that:

"... the content of the obligation of confidentiality may depend on the context in which it arises and on the nature of the information or documents at issue. The limits of that obligation are still in a process of development."[451]

Lawrence Collins LJ stated[452] that, on the authorities as they now stand, the principal cases in which disclosure will be permissible are the following:

(1) where there is consent, express or implied;
(2) where there is an order, or leave of the court (but that does not mean that the court has a general discretion to lift the obligation of confidentiality);
(3) where it is reasonably necessary for the protection of the legitimate interests of the arbitrating party;
(4) where the interests of justice require disclosure, and also (perhaps)[453] where the public interest requires disclosure.

Michael Wilson v Emmott is an example of the incremental development of the law relating to the limits of confidentiality in English arbitrations. The Court of Appeal upheld the order of Flaux J allowing disclosure of documents (certain pleadings and a skeleton argument) produced in the course of an English arbitration, for purpose of using them in foreign litigation brought by one of the parties to the arbitration against a third party. The justification for so doing was said to be that there was a risk of the foreign court being misled, and it was therefore in the interests of justice to allow disclosure.

The case turned on its own somewhat unusual facts.[454] But, if, as a general proposition it is unjust for a party to take a position in proceedings or in another arbitration that is inconsistent with a position it has taken in a previous arbitration, then it is equally unjust for that party to take a position that is inconsistent with the findings of the tribunal in their award in that previous arbitration, and we can look forward to numerous applications to the courts for permission to disclose in the future.

---

[448] *Michael Wilson & Partners Ltd v Emmott* [2008] EWCA Civ 184 at [105].
[449] *Michael Wilson & Partners Ltd v Emmott* [2008] EWCA Civ 184 at [106].
[450] *Tournier v National Provincial and Union Bank of England* [1924] 1 K.B. 461.
[451] *Michael Wilson & Partners Ltd v Emmott* [2008] EWCA Civ 184 at [107].
[452] *Michael Wilson & Partners Ltd v Emmott* [2008] EWCA Civ 184 at [107]. See also Thomas LJ at [129].
[453] Thomas LJ, whom we cite immediately below, was unequivocal on the point.
[454] A bitter, multi-jurisdictional dispute between two English solicitors over the provision of legal services in Kazakhstan. See generally the judgment of Lawrence Collins LJ and the cases he cites at [2008] EWCA Civ 184, [5]. The parties have been back to the court five times since 2008, up to 2013, on different issues.

The Court of Appeal has also, potentially, opened the floodgates to applications for disclosure of arbitral awards made "in the public interest". Thomas LJ (with whose judgment Carnwarth LJ generally agreed) said, "it is clear that when the public interest requires it, there is no obligation to keep a matter private".[455] We note the learned judge's fascinating discussion[456] of the competing policy interests for and against public disclosure of arbitral awards relating to standard form policy wordings used in the insurance/reinsurance market, and await future developments with interest.

In *CDE v NOP*,[457] the Court of Appeal had to consider whether an award, in which allegations of fraud had been made, should be made public pending the determination by the commercial court of a summary judgment application as to whether the award was binding on the defendants (the "Privity Application"). Males LJ, giving judgment for the Court of Appeal, stated that the appeal was *"concerned with the tension between open justice and arbitral confidentiality"*. The Court of Appeal held that the appeal had to be determined under CPR 39.2, which required hearings to be in public unless one of the exceptions stated therein applied and it was necessary to sit in private to secure the proper administration of justice. CPR 62.10 provided that CPR 39.2 does not apply to the hearing of an arbitration claim, as described in CPR 62.2, but those these are claims which the court may need to hear when exercising its supervisory jurisdiction over arbitrations conducted in England and Wales. Neither the present action nor the Privity Application fell within the definition of "arbitration claim". Although CPR 62.10 provided some legislative recognition to the concept of arbitral confidentiality, in other respects, the question of arbitral confidentiality was deliberately left to the common law when the 1996 Act was passed. The Judge was correct that the Case Management Conference be held in private: the CPR 39.2 requirements were satisfied. The parties had agreed an express obligation of confidence by art.30.1 of the LCIA Rules and a CMC was likely to involve matters of public interest or to require public scrutiny and, in an exceptional case falling within CPR 39.2(3), a court may more readily conclude that a hearing in private will secure the proper administration of justice. However, different considerations applied to the Privity Application at which the Court would be asked to resolve the dispute on the merits. Further, if the Privity Application were heard in public, there will be no question of any breach of art.30.1 of the LCIA Rules, since that rule entitles a party to put the award in evidence before a state court in order to protect or pursue a legal right. The Court of Appeal ruled that the defendants must make an application under CPR 39.2 if it wished the Privity Application to be heard in public.

The issue of confidentiality in relation to an expert arose in *A Lloyd's syndicate v X*.[458] An expert had given expert evidence on the interlocking clause in an arbitration two years previously and was scheduled to be called by a reinsurer of the syndicate to give evidence on another clause in a second arbitration. The court confirmed that the expert could not use material that was confidential to the syndicate, but his expert opinion was not confidential.

---

[455] *Emmott v Michael Wilson* [2008] EWCA Civ 184 at [130].
[456] *Emmott v Michael Wilson* [2008] EWCA Civ 184 at [131].
[457] *CDE v NOP* [2021] EWCA Civ 1908; [2022] 4 W.L.R. 6.
[458] *A Lloyd's syndicate v X* [2011] EWHC 2487 (Comm); [2012] 1 Lloyd's Rep. 123; considered *Sweeney v Voluntary Health Insurance Board of Ireland* [2021] IESC 58; [2022] P.N.L.R. 2 (Sup. Ct. Ireland).

The interests of justice

In *Gray Construction Ltd v Harley Haddow LLP*[459] the defendant consultants asked to see documents in the arbitration (to which they were not a party) that the claimant asserted had been necessary because of the defendant's negligence. The court ordered disclosure of the documents. Whilst arbitration proceedings were private and confidential a balance had to be struck between that right and the administration of justice. The defendants needed to see the documents to defend themselves. In *Avonwick Holdings Ltd v Webinvest Ltd*[460] X lend money to Y who lent to Z. Y pursued Z in arbitration and the matter settled. X then pursued Y in court for his debt. *Michael Wilson v Emmott* (above) followed.

In *Nigeria v Process and Industrial Developments Ltd*,[461] a case involving state arbitration in which the awards had been procured by fraud[462] Knowles J raised important questions for the arbitral community about whether arbitral confidentiality was appropriate in significant State arbitrations. Knowles J observed that the confidentiality of arbitrations ensured that there was no public or press scrutiny of the arbitration, and what was (or was not) happening in it. By contrast, openness in courts not only "helps keep judges up to the mark" but it allows scrutiny of the whole process, including what lawyers and other professionals are doing, and "(where a state is involved) what the state is doing to address a dispute on behalf of its people". Without public visibility or greater scrutiny by arbitrators, Knowles J questioned the suitability of arbitration for cases where what is at stake is public money amounting to a material percentage of a state's GDP or budget. Whether these observations lead to developments in the rules of confidentiality applicable to private arbitrations, particularly when fraud is involved, remains to be seen.

14-095

Reinsurance "disputes" and summary judgment

"Disputes" and "differences": English law prior to the 1996 Act

Section 1 of the Arbitration Act 1975 (and in Bermuda, s.8 of the Arbitration Act 1986) requires the court to stay proceedings:

> "… unless satisfied that the agreement is null and void, inoperative or incapable of being performed *or that there is not in fact any dispute between the parties with regard to the matter agreed to be referred* …"[463] [Emphasis added]

Arbitration clauses typically require there to be a "dispute" or "difference" between the parties. In *Hayter v Nelson and Home Insurance Co*,[464] Saville J (as he then was) assumed for the purpose of the application before him that the two words bear the same meaning.[465] Reinsureds not infrequently assert that there is, in fact, no dispute and that the reinsurer is refusing to pay claims without any justification. If an arbitration is commenced, the reinsured may assert that this is a

14-096

---

[459] *Gray Construction Ltd v Harley Haddow LLP* [2002] CSOH 92.
[460] *Avonwick Holdings Ltd v Webinvest Ltd* [2014] EWHC 3434 (Ch).
[461] *Nigeria v Process and Industrial Developments Ltd* [2023] EWHC 2638 (Comm) at [589]–[591].
[462] The facts are discussed in 14-036 above.
[463] The emphasised words do not appear in either s.9 of the Arbitration Act 1996 or Articles of the Model Law. The significance of the omission is discussed below.
[464] *Hayter v Nelson and Home Insurance Co* [1990] 2 Lloyd's Rep. 265.
[465] *F & G Sykes (Wessex) Ltd v Fine Fare Ltd* [1967] 1 Lloyd's Rep. 53 was cited as authority for the proposition that "difference" was wider than "dispute".

delaying tactic, and seek to obtain summary judgment under CPR Pt 24 (formerly RSC Ord.14).[466]

In *Hayter v Nelson* the defendant reinsurers (Nelson's Syndicate) brought third-party proceedings against their retrocessionaires (Home), seeking summary judgment against them on the basis that the reinsurers had been held liable to indemnify their reinsured under an arbitration award and by a judgment of the court. The retrocession contract contained a "follow the fortunes" clause[467] and a clause which required, "Any differences arising out of this Agreement, which cannot be settled amicably ..." to be referred to arbitration. The retrocessionaires applied for a stay of the third-party proceedings under s.1 of the Arbitration Act 1975.[468]

The reinsurers argued that where a claim was indisputable, that it simply could not be resisted on either the facts or the law, then it cannot form the subject of a "dispute" or "difference" within the meaning of an arbitration clause. Saville J said:

"If this is so, then it must follow that a claimant cannot refer an indisputable claim to arbitration under such a clause; and that an arbitrator purporting to make an award in favour of a claimant advancing an indisputable claim would have no jurisdiction to do so. It must further follow that a claim to which there is an indisputably good defence cannot be validly referred to arbitration since, on the same reasoning, there would again be no issue or difference referable to arbitration. To my mind such propositions have only to be stated to be rejected—as indeed they were rejected by Mr Justice Kerr (as he then was) in *The 'M Eregli'* [1981] 2 Lloyd's Rep. 169, in terms approved by Lords Justice Templeman and Fox in *Ellerine v Klinger* [1982] 1 W.L.R. 1375. As Lord Justice Templeman put it (at 1388):

'There is a dispute until the defendant admits that the sum is due and payable.[469]'"

Saville J concluded as follows:

"In my judgment in this context neither the word 'disputes' nor the word 'differences' is confined to cases where it cannot then and there be determined whether one party or the other is in the right. Two men have an argument over who won the University Boat Race in a particular year. In ordinary language they have a dispute over whether it was Oxford or Cambridge. The fact that it can be easily and immediately demonstrated beyond any doubt that the one is right and the other is wrong does not and cannot mean that that dispute did not in fact exist. Because one man can be said to be indisputably right and the other indisputably wrong does not, in my view, entail that there was therefore never any dispute between them."[470]

Hayter v Nelson was approved by the House of Lords in *Channel Tunnel Group v Balfour Beatty Construction*.[471] In *Trinity Insurance Co Ltd v Overseas Union Insurance Co Ltd*,[472] Longmore J, applying the *Hayter v Nelson* test, found there was, in fact, no dispute as to part of the plaintiff's claims. The learned judge gave summary judgment for the undisputed part and referred the remainder to arbitration. In *Hume v AA Mutual Insurance Co Ltd*, Clarke J said that, following *Hayter v Nelson* and the *Channel Tunnel* case, the correct approach was as follows:

"[A] stay must be granted unless it can be readily and immediately demonstrated by the

---

[466] See Ch.13 above.
[467] See Ch.5 above.
[468] See now s.9 of the Arbitration Act 1996.
[469] *Hayter v Nelson* [1990] 2 Lloyd's Rep. 265 at 268.
[470] *Hayter v Nelson* [1990] 2 Lloyd's Rep. 265 at 268.
[471] *Channel Tunnel Group v Balfour Beatty Construction* [1993] A.C. 334.
[472] *Trinity Insurance Co Ltd v Overseas Union Insurance Co Ltd* [1996] L.R.L.R. 156.

plaintiff that the defendant has no good grounds for disputing the claim, provided that it is understood that it is permissible for the plaintiff to carry out an analysis of the evidence in some detail in order to show that it can readily be demonstrated that the defendant has no arguable defence and that the claim is not therefore disputable."[473]

He concluded, on the facts, that there was a "difference" within the meaning of the arbitration clause, and that the defendants had an arguable defence of material non-disclosure.

The Arbitration Act 1996 s.9

Clarke J heard the first reported application for a stay under s.9 of the 1996 Act.[474] He said that Parliament had not intended, by the removal of the concluding words of s.1 of the 1975 Act,[475] to change the law. Accordingly, he applied the test in *Hayter v Nelson* as he had previously understood it to be in *Hume v AA Mutual*, and concluded that there was a dispute which should be referred to arbitration. The majority of the Court of Appeal[476] affirmed his decision. Henry LJ said that:

14-097

"[T]he intention of the 1996 Act was to exclude the Order 14 jurisdiction based on an investigation of what was in fact disputable ..."[477]

Swinton Thomas LJ agreed with Henry LJ that the appeal should be dismissed. He referred to para.55 of the DAC Report, which stated as follows:

"The Arbitration Act 1975, contained a further ground for refusing a stay, namely, where the Court was satisfied that 'there was not in fact any dispute between the parties with regard to the matter agreed to be referred.

These words do not appear in the New York Convention and in our view are confusing and unnecessary for the reasons given in *Hayter v Nelson* ...".

Swinton Thomas LJ, having noted that Clarke J had found the above paragraph less than clear, inferred from the fact that Saville LJ (who had decided *Hayter v Nelson*) had been the Chairman of the DAC, "that the intent was to incorporate the ratio decidendi of that case into Section 9". Swinton Thomas LJ considered that the effect of *Hayter v Nelson* was that:

"[T]here is a dispute once money is claimed unless and until the Defendants admit that the sum is due and payable ... if a party has refused to pay a sum which is claimed or has denied that it is owing then in the ordinary use of the English language there is a dispute between the parties."[478]

In *Lombard North Central Plc v GATX Corp*[479] an agreement concerning running of trains contained an arbitration clause. Lombard disputed the extent of it and brought court proceedings. The court granted GATX a stay under s.9 and under its inherent jurisdiction. Andrew Smith J said:

"15. It seems to me that, if the parties have agreed to refer a matter to arbitration, a party who so wishes should be entitled to have the agreement upheld and to have the

---

[473] *Hume v AA Mutual Insurance Co Ltd* [1996] L.R.L.R. 19 at 27.
[474] *Halki Shipping Corporation v Sopex Oils Ltd, The "Halki"* [1998] 1 Lloyd's Rep. 49.
[475] "... that there is not in fact any dispute between the parties" (see above).
[476] Henry and Swinton Thomas LJJ, Hirst LJ dissenting: *The "Halki"* [1998] 2 All E.R. 23.
[477] *The "Halki"* [1998] 2 All E.R. 23 at 45h. Applied in *Helice Leasing SAS v PT Guardia* [2021] EWHC 99.
[478] *The "Halki"* [1998] 2 All E.R. 23 at 56d-e.
[479] *Lombard North Central Plc v GATX Corp* [2012] EWHC 1067.

court stay the proceedings for that purpose (at least unless he could have no real or proper purpose for so wishing—a possible qualification that would not apply in this case). This is a principle underlying the 1996 Act: see section 1(b). I therefore do not consider that proceedings are 'in respect of' a referred matter only when they are mainly or principally to resolve a dispute about a referred matter. This view is, I think, at least consistent with the decision of the Court of Appeal in *Fulham Football Club (1987) Ltd v Richards and anor*, [2011] EWCA Civ 855, where the Court of Appeal considered that a question whether proceedings under section 994 of the Companies Act 2006 asserting unfair prejudice should be stayed depended upon whether the arbitration agreement was inoperative under section 9(4) rather than upon whether the proceedings were covered by section 9(1). Although Patten LJ said (at para 36) that, 'Section 9(1) is concerned only to identify the existence of an arbitration agreement which in terms covers the matters in dispute as the preconditions (sic) for the making of the stay application', the section refers to a matter in dispute, not to the matters in dispute. Whatever Patten LJ's reason for departing from the statutory language, I do not understand him to mean that it is a precondition to a stay application that all the matters in dispute be referred matters.'"

The judge appreciated that this might lead to disputes in two forums but that was preferable to letting court proceedings go ahead where arbitration had been agreed:

"18. I add that it would be inconsistent with the principles governing the 1996 Act for the court to assess whether the applicant has an arguable case on any referred matter: it is concerned only whether there is a referred matter, in this case whether there is a 'dispute' of the kind specified in clause 9.4(x), and not concerned with the merits or arguability of the parties' contentions with regard to it.
19. The basis for GATX's argument for a stay under section 9 is that, as is not disputed, by agreeing to the Rules, the parties agreed that the jurisdiction of any arbitral tribunal should be determined by that tribunal and not by the court (or other judicial authority)."

The Supreme Court has recently confirmed that in considering whether to grant a stay under s.9 of the AA 1996, the court must go through a two-stage process to: (i) identify the "matter" or "matters" in respect of which the legal proceedings are brought; and (ii) ascertain whether those matters fall within the arbitration agreement on its proper construction, and thus whether they are in breach of it.[480] The "matter" need not encompass the whole of the dispute between the parties. The search was for substantial issues, namely issues that were legally relevant to a claim or a defence, or foreseeable defence, in the legal proceedings, and were susceptible to be determined by an arbitrator as a discrete dispute, rather than peripheral issues. The determination of "matters" was not a mechanistic exercise but involved judicial evaluation of the substance and relevance of the "matter" and the application of common sense. The approach taken by the Supreme Court in that case was endorsed by the Privy Council in a decision handed down on the same day.[481] The Supreme Court and the Privy Council observed that the test to be applied was consistent with international jurisprudence.

---

[480] *Mozambique v Privinvest Shipbuilding SAL (Holding)* [2023] UKSC 32; [2023] Bus. L.R. 1359.
[481] *FamilyMart China Holding Co Ltd v Ting Chuan (Cayman Islands) Holding Corp* [2023] UKPC 33.

Bermudian authorities

14-098 *Hayter v Nelson* was followed by the Supreme Court of Bermuda in the *Al Amana* case[482] and in *Raydon Underwriting v North American Fidelity*.[483] In the latter case, Meerabux J refused to grant summary judgment and referred the matter to arbitration pursuant to art.8 of the Model Law. He preferred *Hayter v Nelson* to an earlier decision of the Supreme Court of Bermuda, *Crum & Forster Insurance Co (Bermuda) Ltd v Covent Insurance Co*[484] in which the judge had relied on *Ellis Mechanical Services Ltd v Wates Construction Ltd*.[485]

The Court of Appeal for Bermuda in *Walton Insurance Ltd v Agrichem Ltd*[486] refused to stay an action under s.8 of the Arbitration Act 1986 on the grounds that, there was "not in fact any dispute between the parties ...". The reinsured was granted summary judgment against the reinsurer for claims said to be due. The reinsurer argued that it was entitled to set-off profit commission previously paid under the treaty in respect of which it had been overcharged. The profit commission was calculated by reference to a formula which depended on the loss reserves set by the reinsurer. The reinsurer, following a very limited inspection which the reinsured had permitted of its records, had reason to suspect that loss reserves had been incorrectly set. The reinsurer wanted to conduct a full audit and to refer the issue of under-reserving to arbitration. Henry JA said that the affidavit evidence disclosed the "possibility of under-reserving" but that it did not in his view constitute a "difference of opinion". The learned judge concluded:

> "Such differences of opinion might conceivably arise following an audit, but on the other hand, an audit might disclose that there had been no under-reserving. In these circumstances, in my view, it cannot be said that a dispute exists."

Walton v Agrichem may be compared, on its facts, with *Trinity v Overseas Union*.[487]

Disputes and the right to inspect records

14-099 As we have seen,[488] courts have not been consistent in their approach to inspection clauses. In *Trinity v Overseas Union*[489] counsel for the reinsurer argued, as had been argued in *Walton v Agrichem*, that:

> "the only reason why there is no dispute is because he has not had access to the plaintiffs' records and if he did have access to the plaintiffs' records, as he is contractually entitled to, he would be able to show that there is a dispute or at any rate might arguably be able to do so ...."

Longmore J distinguished *Re A Company (No.8725 of 1991 and No.8727 of*

---

[482] *Al Amana* [1995] 4 Re. L.R. 63, and see above.
[483] *Raydon Underwriting v North American Fidelity* [1994] Bda L.R. 65; Civil Jurisdiction 1994, No.108, 4 August 1994.
[484] *Crum & Forster Insurance Co (Bermuda) Ltd v Covent Insurance Co* [1991] Bda L.R. 80; Civil Jurisdiction 1991, No.59, 10 July 1991.
[485] *Ellis Mechanical Services Ltd v Wates Construction Ltd* [1978] 1 Lloyd's Rep. 33 (which was disapproved by Saville J in *Hayter v Nelson*).
[486] *Walton Insurance Ltd v Agrichem Ltd* [1988] Bda L.R. 15; Bermuda Civil Appeal No.6 of 1987, 25 July 1988.
[487] *Trinity v Overseas Union* [1996] L.R.L.R. 156.
[488] See Ch.13 above.
[489] *Trinity v Overseas Union* [1996] L.R.L.R. 156.

1991)[490] on the basis that in *Re A Company* inspection had been actually refused, whereas in the case before him: "It has not been refused. It has been merely inconvenient to arrange it before the hearing of this case." Longmore J said that there would be much to be said for the reinsurer's argument, "[i]f this were a case where there had been a *timely* request for inspection"[491] (emphasis added).

Standard arbitration agreements and procedural rules

Ad hoc v institutional arbitration

14-100 Assuming that a choice has been made in favour of arbitration, as a means of dispute resolution, the parties face the choice of drafting an ad hoc arbitration clause (which provides, in as much detail as the parties wish, for the procedure to be followed) or adopting the procedural rules of a particular arbitral institution, such as the London Court of International Arbitration ("LCIA") or the International Chamber of Commerce ("ICC"). We discuss below arbitration rules drawn up by ARIAS (UK).

As we have seen, to the extent the parties fail to agree upon any procedural rules, both the 1996 Act and the Model Law fill in the gaps and confer wide discretionary powers on the arbitral tribunal.

At a bare minimum, any arbitration clause should provide for the following:

(1) the number of arbitrators;
(2) the mechanism for their appointment and any qualifications they are required to have;
(3) the place of the arbitration and the language of the proceedings;
(4) the procedural law that is to govern the proceedings; and
(5) the substantive law that is to be applied to the dispute.

The ARIAS (UK) Arbitration Rules

14-101 ARIAS is the AIDA Reinsurance and Insurance Arbitration Society,[492] AIDA has some 50 national chapters and there are ARIAS non-profit corporations in France, the UK and the United States. ARIAS is prepared to act as an appointing body. ARIAS (UK) has drawn up two sets of arbitration rules designed for worldwide use in any insurance or reinsurance dispute: the *ARIAS Arbitration Rules* (3rd edn) 2014 and the ARIAS Fast Track Arbitration Rules (UK) Rules, 2013. We consider first the standard rules, under the following headings:

(1) Commencement of Arbitration Proceedings;
(2) Appointment of the Arbitral Tribunal;
(3) Arbitral Procedure and Powers of the Tribunal;
(4) Jurisdiction of the Arbitral Tribunal;
(5) The Arbitration Award.

---

[490] *Re A Company (No. 8725 of 1991 and No. 8727 of 1991)* [1992] B.C.L.C. 633 and discussed in Ch.17 below.
[491] *Trinity v Overseas Union* [1996] L.R.L.R. 156 at 160.
[492] "AIDA" is the International Insurance Law Association: "Association Internationale de Droit des Assurances".

PROBLEMS RELATING TO REINSURANCE ARBITRATION

(1) Commencement of arbitration proceedings The party wishing to commence an arbitration (the claimant) must send to the other party (the respondent) a written notice of arbitration.[493] This must contain the following particulars[494]:

14-102

(1) the full name and correspondence address of the claimant and name of the contact person or reference to which all communications are to be addressed (including telephone and fax numbers, if available);
(2) if appropriate, the full text of the arbitration clause under which the arbitration clause is commenced together with identification of the contractual document or documents in which the arbitration clause is contained (under which the arbitration arises, if different) specifying the period and type of insurance or reinsurance cover provided;
(3) a brief outline of the nature of the dispute referred to arbitration and specifying the type of relief sought;
(4) if the reference is to a sole arbitrator, the name and address (together with telephone and fax numbers, if available) of the person or persons the claimant considers would be an appropriate arbitrator;
(5) if the reference calls for party-appointed arbitrators, the name and address (together with telephone and fax numbers, if available) of the arbitrator appointed by the claimant.

The arbitration is deemed to have been commenced on the date the respondent receives the notice of arbitration.[495]

The respondent is required, within 14 days of receipt of the notice of arbitration to send a response.[496] This must contain the following particulars[497]:

(1) if the reference is to a sole arbitrator: agreement to or counter-proposals concerning the appointment of a sole arbitrator including the name and address of any proposed arbitrator, together with telephone and fax numbers, if available);
(2) (if the reference is to a three-person tribunal with party-appointed arbitrators: the name and address of the arbitrator appointed by the respondent (together with telephone and fax numbers, if available);
(3) a brief statement of the nature of any counterclaims to be referred to the arbitration.

If the respondent fails to send a response, he is not precluded from denying the claim or asserting any counterclaim at a later stage.[498]

(2) Appointment of the arbitral tribunal The parties are free to agree on the number and qualification of the arbitrators.[499] If there is no agreement as to number, the tribunal will comprise three arbitrators, one appointed by each of the parties and the third appointed by the two party-appointed arbitrators.[500] If there is no agreement as to the qualification of arbitrators, they shall be persons (including those who have retired) with no less than ten years' experience of insurance or reinsurance

14-103

---

[493] ARIAS (UK) Rules r.4.1.
[494] ARIAS (UK) Rules r.4.1.1-4.1.5.
[495] ARIAS (UK) Rules r.4.2, or as determined by the Tribunal under r.16.1.1.
[496] ARIAS (UK) Rules r.5.1.
[497] ARIAS (UK) Rules r.5.1.1-5.1.3.
[498] ARIAS (UK) Rules r.5.2.
[499] ARIAS (UK) Rules r.6.1.
[500] ARIAS (UK) Rules r.6.2.

within the industry or as lawyers or other professional advisers serving the industry.[501] Where the arbitration agreement provides for:

(1) A sole arbitrator, if the parties have not agreed on one within 28 days, then upon the application of either party, ARIAS will appoint the arbitrator.[502]
(2) Party-appointed arbitrators, if the respondent fails to appoint an arbitrator within 14 days of the delivery of the Notice of Arbitration, then upon the application of the claimant, ARIAS will appoint an arbitrator for the respondent[503] (but the respondent may make its appointment at any time before ARIAS does so).
(3) A three person tribunal and two party-appointed arbitrators are to appoint a third, they shall do so as soon as practicable (and in any event within 28 days) after the appointment of the two,[504] and may consult with their appointors concerning the identity of the third[505]; if they are unable to agree after 28 days, then upon the application of either party, ARIAS will appoint the third.[506] Unless the parties agree otherwise, the third member of the tribunal is a third arbitrator, not an Umpire.[507] Rule 6.10 deals with the function of an Umpire at a hearing where the law of the arbitration is English.

If, after appointment, any arbitrator or Umpire dies, is unable to act, or is removed from the reference, ARIAS will, in default of re-appointment within 14 days, upon the request of either party or the remaining member of the arbitral tribunal appoint a substitute arbitrator.[508] The rules then say "At any time prior to the appointment by ARIAS under this Rule the Party or Parties in default of the remaining members of the Tribunal may make the appointment." We understand that to mean that (similarly to Rule 6.5) even if ARIAS has been asked to fill the vacancy, the remaining members of the tribunal may fill the vacancy if they do so before ARIAS. And also, if it is a party appointed arbitrator who has gone the party who appointed him and if it is a third arbitrator who has gone, both the parties, may fill the vacancy if they do so before ARIAS.

Rule 8 deals with ARIAS making the requested appointment and allows it to charge.

Rule 9 provides that there must be no private communication between parties and arbitrators. Any communication either way much be copied to the other party and all other arbitrators.

14-104 **(3) Arbitral procedure** The parties are free under the ARIAS (UK) Arbitration Rules to agree upon any procedure for the conduct of the arbitration. In default of agreement, the arbitral tribunal has "the widest discretion permitted under the law governing the arbitral procedure" to make orders and give directions.[509]

The note to r.10 states: "It is not possible to lay down specific time-scales or

---

[501] ARIAS (UK) Rules r.6.3.
[502] ARIAS (UK) Rules r.6.4.
[503] ARIAS (UK) Rules r.6.5.
[504] ARIAS (UK) Rules r.6.6.
[505] ARIAS (UK) Rules r.6.7.
[506] ARIAS (UK) Rules r.6.8.
[507] ARIAS (UK) Rules r.6.9. (A note in the Rules says that the difference between a third arbitrator and an Umpire is relevant where the seat of the arbitration is England.)
[508] ARIAS (UK) Rules r.6.12.
[509] ARIAS (UK) Rules r.10.1. We note that in *Travelers Insurance Co Ltd v Countrywide Surveyors Ltd* [2010] EWHC 2455 (TCC); [2011] Lloyd's Rep. I.R. 213 and *Mi-Space (UK) Ltd v Lend Lease Construction (EMEA) Ltd* [2013] EWHC 2001 (TCC) the courts refused to order pre-action

PROBLEMS RELATING TO REINSURANCE ARBITRATION 1087

procedure to be followed as requirements will differ from case to case."[510] The Rule does however provide that the Tribunal should act fairly and impartially and avoid unnecessary delay and expense. Finally, unless the parties agree otherwise the Chairman of the Tribunal may act alone for procedural rulings.

Unless the parties agree otherwise, the seat of the arbitration shall be London.[511] Any award issued by the Tribunal, irrespective of where it is signed or delivered, is deemed issued at the seat of the arbitration.[512]

The parties may agree that the tribunal make their award on the basis of documents alone,[513] but in the absence of any such agreement both parties have the right to be heard before the tribunal[514] and to be represented by lawyers.[515] Both parties are entitled, under the control of the tribunal, to question any witness who appears at the hearing.[516] All meetings and hearings are private and confidential to the parties.[517]

The Rules distinguish between Powers and Jurisdiction. We look at jurisdiction in 14-093 below.

Rule 14 gives the tribunal a fiche of additional[518] powers relating to: disclosure and inspection of documents, confidentiality undertakings, written statements of issues and facts, interrogatories, appointment of a legal advisor to the tribunal, the language of the arbitration, ordering concurrent hearings of related disputes between the same parties, limiting recoverable costs.

Rule 15 states the powers that the Tribunal does NOT (the Rules use capitals) have: "additional" equitable powers; power to order security "save in the case of an award enforcing a contractual obligation"; power to award punitive, exemplary or multiple damages; power to change the agreed contractual terms (beyond, see r.16.4, rectification). We understand the power to order security to be a power to do so where that is the contractual remedy that a party seeks and the Tribunal finds he is entitled to it. We understand that the "additional" equitable powers that the Tribunal does NOT have (unless conferred in writing by the parties or by these Rules) are those that practitioners in England believe are sometimes exercised by arbitrators in the USA—finding a space between an award solely on the basis of the facts and the law, and an award on that basis but shaded by a more nebulous sense of fairness.[519] As to what the Rules provide, see r.17.1.3, discussed at 14-106 below

(4) **Jurisdiction of the arbitral tribunal** The ARIAS Arbitration Rules r.16 confer the following jurisdiction on the tribunal: 14-105

(1) to declare the date on which the arbitration commenced (and see 14-099 above);
(2) to rule on its own jurisdiction, including objections to the arbitration clause or separate Arbitration Agreement (and any objection to the jurisdiction

---

disclosure under the Civil Procedure Rules where the parties had agreed to arbitrate their disputes. It was contrary to public policy for the court to intervene in matters that were for the arbitrators to decide.
[510] The 1st edition of the *ARIAS Arbitration Rules* had set out recommended directions to be adopted unless either party justified their amendment.
[511] ARIAS (UK) Rules r.11.1.
[512] ARIAS (UK) Rules r.11.2. The seat of the arbitration must be stated in the Award: r.17.2.
[513] ARIAS (UK) Rules r.12.3.
[514] ARIAS (UK) Rules r.12.4.
[515] ARIAS (UK) Rules r.12.2.
[516] ARIAS (UK) Rules r.13.2.
[517] ARIAS (UK) Rules r.12.5.
[518] Additional to the powers in rr.10, 12 and 13.
[519] See 14-109 below.

must be raised within 28 days of the commencement of the arbitration or are "waived and absolutely barred";
- (3) to determine the applicable law (absent a specific agreement between the parties);
- (4) to order rectification of any contract solely in order to correct mistakes which the tribunal determines were made by both parties in expressing their true intentions when drawing up the contract;
- (5) to declare contracts null and void;
- (6) to rule on the validity or enforceability of any part, or all, of the agreement between the parties;
- (7) to proceed without the presence of one of the parties at any meeting or hearing if satisfied that notice has been given to the other party;
- (8) to proceed to a hearing where there is persistent failure or refusal to comply with the Tribunal's orders;
- (9) to make an award of Costs of the Arbitration (a defined term, see r.2.8, which includes the Tribunal's costs and the party costs);
- (10) to award simple, compound or lump sum interest as provided in r.17.5.

14-106 **(5) Arbitration award** Rule 17 deals with the Award. The Award must be in accordance with the applicable law, as agreed or as found, and, if the parties agree "in accordance with such other considerations as may be agreed or determined by the Tribunal". In r.15.1 it is stated that the tribunal does not have "additional equitable powers" unless given by the parties or the Rules. This provision of rr.17 to 17.3—the recognition of the "honourable engagement" clause, seems to be what is being referred to (see 14-095 below). The award must be in writing, in the language of the arbitration, and unless otherwise agreed must state reasons.[520] The award is valid if signed by a sole arbitrator, or in the case of tribunal of three, by any two arbitrators.[521] Where the parties settle a case, the tribunal may, at their request, make a consent award.[522] Within 28 days of the publication of the award, the tribunal on its own initiative or on the application of either party may correct an award "so as to remove any clerical mistake or error arising from an accidental slip or omission of clarify or remove any ambiguity in the award"[523]; or make an additional award "in respect of any matter (including interest or costs) which was presented to the tribunal but omitted from the award".[524]

14-107 **(6) Confidentiality** We have noted above (in 14-088) the ARIAS Confidentiality Clause which parties have the option to adopt. The provision for the publication of anonymised awards, subject to the direction of the tribunal, is a welcome development.

"Honourable engagement" clauses and the power of arbitrators to depart from law

14-108 "Honourable engagement" or "equity clauses" are not uncommon in reinsurance contracts. Such clauses raise a number of questions[525]:

---

[520] ARIAS (UK) Rules r.17.2.
[521] ARIAS (UK) Rules r.17.3.
[522] ARIAS (UK) Rules r.17.10.
[523] ARIAS (UK) Rules r.17.11.1.
[524] ARIAS (UK) Rules r.17.11.2.
[525] See S. Boyd QC, "'Arbitrator not to be bound by the Law' Clauses" (1990) 2 *Arbitration*

(1) does the clause show that the parties did not intend to create legally enforceable obligations?
(2) is the clause sufficiently certain to give rise to legally enforceable obligations?
(3) is the clause contrary to public policy?

The first question was considered in *Home Insurance Co v Administratia Asigurarilor De Stat*.[526] The relevant part of the arbitration clause provided as follows:

> "The award of the Arbitrators or the Umpire ... shall be final and binding upon all parties without appeal. *This treaty shall be interpreted as an honourable engagement rather than as a legal obligation* and the award shall be made with a view to effecting the general purpose of this treaty rather than in accordance with a literal interpretation of its language ..." [Emphasis added]

The defendant reinsurers, relying upon the emphasised words, argued that the agreement was binding in honour only and not in law. Parker J (as he then was) said:

> "It would be surprising if insurers who desire to protect themselves by reinsurance were content to do so by way of an arrangement whereby if reinsurers decided that the cost of complying with their apparent obligations did not appeal to them, insurers were left with no recourse other than to state that reinsurers were dishonourable."[527]

He concluded that the clause did create a legally binding agreement to arbitrate and to abide by an award, and if and in so far as the arbitration clause went further than the law permits,[528] it could be struck out in whole or in part without affecting the validity of the reinsurance treaty.

The second question (is the clause "certain"?) has not so far arisen in the context of reinsurance contracts. It may, for example, arise where the arbitrators are directed to apply the "usages and customs" of the reinsurance market as opposed to rules of law.

In *Orion Compania Espanola de Seguros v Belfort Maatschappij Voor Algemene Verzekgringeen*[529] Megaw J said that a clause which required arbitrators to decide "... according to an equitable rather than a strictly legal interpretation of the terms of the relevant contract ..." was invalid and should be given no effect. However, in *Eagle Star v Yuval*, Lord Denning MR said:

> "I must say that I cannot see anything in public policy to make this clause void. On the contrary, the clause seems to me to be entirely reasonable. It does not oust the jurisdiction of the Courts. It only ousts technicalities and strict constructions. That is what equity did in the old days. And it is what arbitrators may properly do today under such a clause as this."[530]

Section 46(1)(b) of the Arbitration Act 1996 empowers the arbitral tribunal to decide the dispute in "accordance with such other considerations ..." as the parties may agree. The DAC Report states:

14-109

International 122; *Deutsche Schachtbau v S.I.T. Co* [1990] 1 A.C. 295 at 315-316 per Sir John Donaldson MR.
[526] *Home Insurance Co v Administratia Asigurarilor De Stat* [1983] 2 Lloyd's Rep. 674.
[527] *Home Insurance Co v Administratia Asigurarilor De Stat* [1983] 2 Lloyd's Rep. 674 at 676.
[528] See below.
[529] *Orion Compania Espanola de Seguros v Belfort Maatschappij Voor Algemene Verzekgringeen* [1962] 2 Lloyd's Rep. 257.
[530] *Eagle Star v Yuval* [1978] 1 Lloyd's Rep. 357 at 362.

> "Sub-section (1)(b) recognises that the parties may agree that their dispute is not to be decided in accordance with a recognised system of law but under what in this country are often called 'equity clauses', or arbitration '*ex aequo et bono*', or 'amiable composition' i.e. general considerations of justice and fairness, etc. It will be noted that we have avoided using this description in the Bill ... There appears to be no good reason to prevent parties from agreeing to equity clauses. However, it is to be noted that in agreeing that a dispute shall be resolved in this way, the parties are in effect excluding any right to appeal to the Court (there being no 'question of law' to appeal)."[531]

14-110 We noted at the beginning of this chapter the remarks of the Court of Appeal in *Czarnikow v Roth, Schmidt & Co*,[532] and it may be supposed that Bankes and Scrutton LJ J would have dissented strongly, had they been in a position to be consulted by the DAC. In *Home & Overseas Insurance v Mentor Insurance (UK) Ltd*, the Court of Appeal upheld the validity of an "honourable engagement" clause, but Parker LJ said:

> "I have no hesitation in accepting ... that a clause which purported to free arbitrators to decide without reference to law and according, for example, to their own notions of what would be fair would not be a valid arbitration clause."[533]

This, we submit, correctly reflects legal orthodoxy prior to the enactment of the 1996 Act. A leading authority on English arbitration law[534] has said of Parker LJ's obiter dictum:

> "[I]t is not clear exactly what kind of clause the Lord Justice had in mind. If he was thinking of a clause which authorised the arbitrator to decide on the basis of some personal preference or whim or caprice I see no reason to question his observation: such a decision would not be based on any attempt to decide the dispute in accordance with principle. But if he had in mind a clause authorising a decision in accordance with fairness and good conscience alone, I should feel more doubtful. Arbitrators conscientiously proceeding on such principles would no doubt from time to time arrive at results which would not be justified by the application of English law. They would nevertheless be proceeding on the basis of some principle other than their own preferences or prejudices. Moreover, most equity clauses stop short of permitting the arbitrator to decide altogether without regard to the law. What they envisage is that the arbitrator will bring his knowledge of the law with him into the arbitration room, but will temper it with humanity and commercial common sense."

14-111 We have noted[535] that commercial men called upon to interpret reinsurance contracts as arbitrators will frequently do so in such a way as to produce a result which accords with what they consider to be commercial common sense regardless of any rules of law, and regardless of what the arbitration clause may say. It may sometimes be the case that in so doing they are motivated by considerations of "fairness" or "good conscience". But notions of "fairness", once they are divorced from legal principle, are inevitably subjective and may amount to little more than the arbitrator's "personal preferences or prejudices" euphemistically described as "equity". The caution of the ARIAS Rules as expressed in r.15.1 is therefore appropriate. Parties should consider the consequences very carefully before they agree to empower an arbitrator to depart from the law. If, as is clear was

---

[531] DAC Report, para.223. Thus the ARIAS Rules r.17.1.3 mirrors this "other considerations" expression.
[532] *Czarnikow v Roth Schmidt & Co* [1922] 2 K.B. 478.
[533] *Home & Overseas Insurance v Mentor Insurance (UK) Ltd* [1989] 1 Lloyd's Rep. 473 at 485.
[534] S. Boyd QC (1990) 2 *Arbitration International* 122 above.
[535] See Ch.4 above.

the intent, such clauses are now permitted under the 1996 Act, then according to the DAC Report no appeal from such a decision is possible, by definition.

In *American Centennial v INSCO Ltd*, an appeal under the Arbitration Act 1979, the arbitration clause provided in its material part, as follows:

14-112

> "The arbitrators ... shall interpret this reinsurance as an honourable engagement and they shall make their award with a view to effecting the general purpose of this reinsurance in a reasonable manner, rather than in accordance with a literal interpretation of the language, the true intention of the parties being that the Reinsurer shall follow the fortunes of the Reinsured ..."

Moore-Bick J noted that the clause was "specifically directed to giving priority to the general purpose of the agreement over the literal construction of the wording". He said that the clause made plain:

> "... the parties intend the document to be construed in a way which gives effect to the business realities rather than to the literal meaning of the words used where these conflict", but even in the absence of such a clause, this reflected the modern approach of the court to the construction of commercial documents.[536]

However, he also noted that counsel for the respondent did not go so far as to suggest that the clause "entitled the arbitrators to put any construction on the contract which they thought reasonable, whether the words used would fairly bear the meaning which they wished to give them or not". He concluded as follows:

> "In my view the correct approach is to give the contract its natural meaning, giving full effect the principle set out in [the arbitration clause], and although I accept that it would not be right lightly to reject the conclusions of the arbitrators on matters of construction, I regard myself as entitled and bound to do so if it is clear that the words used will not fairly bear the meaning they have given to them."[537]

It has often been the case that reinsurance arbitrators have sought to "split the difference" or, as it is sometimes said, "cut the baby".[538] Such a result may be commercially satisfactory, particularly if it had been achieved by express agreement of the parties following mediation or some other form of ADR. But it cannot, in our view, be legally justified or regarded as ethically proper for arbitrators bound to apply rules of English or Bermudian law in a case where, for example, the claimant is either entitled to 100 per cent of his claim, or the respondent is entitled to avoid the policy ab initio, to award the claimant 50 per cent.

The ARIAS Fast Track Arbitration rules 2013, called AFTAR, do indeed provide for faster arbitrations if the parties agree these rules. There is only one arbitrator (rr.4 to 7) and the whole process is intended to be completed within four and a half months (r.9). The speedy process is begun by the arbitrator convening a preliminary meeting within 7 days of his appointment and it can be by phone. There is a presumption that the arbitration will proceed on documents and with written submissions. ARIAS has information that one insurer has inserted AFTA provisions in his contracts, but ARIAS takes the view that AFTAR is likely to be agreed only after a dispute has arisen and the parties appreciate that it is a kind of dispute that is suited to the fast-track procedure. If there is a dispute over identified obliga-

14-113

---

[536] *American Centennial v INSCO Ltd* [1996] L.R.L.R. 407 at 410-411, citing Parker LJ in *Home & Overseas v Mentor* [1989] 1 Lloyd's Rep. 473 at 485-486. See Ch.7, 7-023 above.
[537] *American Centennial v INSCO Ltd* [1996] L.R.L.R. 407 at 411.
[538] The latter phrase incidentally betrays a complete misunderstanding of the point of the biblical story concerning the judgment of Solomon.

Mediation and other forms of alternative dispute resolution

ADR

14-114   Sir Thomas Bingham MR (as he then was), writing in the forward to Brown and Marriott, *ADR Principles and Practice*, said:

> "The alternatives to conventional litigation take a number of forms. They range from arbitration (which may, but need not be little more than an undress form of litigation) to negotiation, mediation, conciliation, mini-trials and expert determination, which are all in their different ways quite unlike it. Unless the warring parties are willing, or may be persuaded, to consider the possibility of compromise, none of these may avail. But if they can be induced to reach an amicable settlement, the saving of money and time and anguish may be incalculable."[539]

Brown and Marriott distinguish adjudication[540] from three basic categories of alternative dispute resolution procedures: negotiation, mediation and "hybrid processes". As Sir Thomas Bingham reminds us,[541] it would be a mistake to "treat ADR as a game which only lawyers can play". ADR nevertheless enjoys a certain vogue among the legal profession, some of whom have embraced it enthusiastically in response to clients increasingly dissatisfied with conventional litigation or arbitration. In the United States, many states require mediation by a court-appointed mediator or mediation panel before a matter can go to trial. Although such mediations are non-binding,[542] a costs penalty may be imposed on a party who refuses to accept the mediator's proposals and subsequently does not do better at trial. In England, parties are now invited by judges to consider ADR.[543] In Bermuda there is a statutory exhortation to conciliate.[544]

We shall briefly discuss two ADR techniques, namely mediation and expert determination, and consider how they may usefully be applied to reinsurance disputes.

Mediation/conciliation

14-115   A mediator, unlike an arbitrator, has no power to make binding decisions. His role is to act as a neutral intermediary between the parties to facilitate a negotiated settlement. The terms "conciliation" and "mediation" are frequently used interchangeably. Part II of the 1993 Act provides for conciliation in Bermuda. Section 5 of the 1993 Act provides that the parties to an international arbitration agreement may appoint or permit an arbitral tribunal or some third party to act as a conciliator:

> "... who shall assist the parties in an independent and impartial manner in their attempt to reach an amicable settlement of their dispute."

---

[539] Brown and Marriott, *ADR Principles and Practice*, 1st edn (Sweet & Maxwell, 1993). The book is now in its 4th edn (2018)..
[540] Inter alia litigation, arbitration and "expert determination": see below.
[541] Brown and Marriott, *ADR Principles and Practice* (1993).
[542] See below.
[543] *Practice Statement (ADR) (No.2)* [1996] 1 W.L.R. 1024.
[544] 1993 Act s.3: "Parties to an international arbitration agreement are hereby encouraged to resolve any disputes between them through conciliation."

Section 6 of the 1993 Act provides as follows:

"The conciliator shall be guided by principles of objectivity, fairness and justice giving consideration to, among other things, the rights and obligations of the parties, the usages of the trade concerned and the circumstances surrounding the dispute including any previous business practices between the parties."

The parties may agree to adopt the UNCITRAL Conciliation Rules.[545]

When a dispute arises between the parties to a reinsurance contract, the broker frequently attempts to act as an intermediary to resolve the dispute and, all too frequently, fails to achieve an amicable settlement. Sometimes a less than amicable settlement is achieved by the broker applying commercial pressure on the reinsurer to pay a claim which the reinsurer believes that he has grounds for resisting. It is instructive to consider this informal dispute resolution mechanism, which operates every day in the reinsurance market, with mediation. The broker is rarely objective (he may well be partly or wholly responsible for the problem that has arisen in the first place) and is clearly not impartial (he remains the agent of his client, the reinsured). The reinsurer agrees to pay all or part of a disputed claim, not because he is persuaded that it is fair or just but because he believes the broker will provide him with profitable business in the future and is therefore prepared to accommodate the broker's client on this occasion.

Parties agreeing to arbitration clauses sometimes do not appreciate the distinction between arbitration and mediation. Their expectation may be that the umpire will act as mediator between two opposing positions advanced by party-appointed arbitrators as advocates. Mediation, unlike arbitration, is non-binding unless and until the parties agree to accept the mediator's proposals for settlement. It is possible to provide in a reinsurance contract for mediation followed by binding arbitration in the event that mediation does not produce a settlement.

14-116

In Bermuda, s.10 of the 1993 Act provides that:

"... unless otherwise agreed by the parties, it shall be an implied term of the agreement to conciliate that the parties undertake not to rely on or introduce as evidence in any arbitral or judicial proceedings in any jurisdiction ..."

any of the following:

"(a) views expressed or suggestions made by any party in respect of possible settlement of the disputes;
(b) admissions made by any part in the course of the conciliation proceedings;
(c) proposals made by the conciliator;
(d) the fact that the other party had indicated willingness to accept all, or part of a proposal for settlement made by the other party, or by the conciliator."

There are two essential prerequisites to a successful mediation. First, the parties must be willing at the outset to accept a compromise, and secondly they must select a mediator with the necessary skill to help them achieve a compromise which they have been unable to achieve by direct negotiation. We have already discussed why, in our view, brokers are seldom suited to the task. There are a growing number of professional mediators, and a proliferation of commercial organisations providing ADR services. The mediator must not only be impartial and command the respect of the parties but, in the case of a reinsurance dispute, he must also understand the practice of the market.

The Courts in England encourage parties to try to resolve their dispute by way

14-117

---

[545] 1993 Act Sch.1.

of mediation or other negotiated dispute resolution or "NDR" (previously referred to as alternative dispute resolution or "ADR") in the course of the court proceedings: see s.G of the Commercial Court Guide (11th edn). Parties unwilling to mediate may be penalised in costs. Further, if a contract provides that the parties will spend a stated period of time trying to settle their dispute by mediation, or other NDR, before going to court or arbitration, the court will enforce that agreement: *Emirates Trading Agency LLC v Primer Mineral Export Pte Ltd*.[546]

However, the failure of a party to comply with a term of an arbitration agreement to seek to mediate a settlement of their dispute before referring it to arbitration did not result in the arbitral tribunal not having jurisdiction to hear the dispute, sufficient to found an application under s.67.[547]

Expert determination

14-118   The use of "experts" to provide a binding determination of a particular question is commonplace in many commercial transactions. For example, a quantity surveyor may be asked to evaluate the work done under a building contract, an accountant may be asked to place a fair value on shares in a company which are not traded on the open market. The process is distinguishable from an arbitration in that the expert is not required to act judicially, he does not conduct hearings and investigates the facts himself. He does not produce an "award" which is subject to judicial review under arbitration legislation. The parties have agreed to be and are bound by the price which the expert determines. However, the expert may be liable for negligence.[548]

Disputed reinsurance claims may lend themselves to binding expert determination. For example, where the quantum of a factually complex claim is in issue, it is perfectly possible for all parties (the original insured, the insurer, the reinsurers) to be bound by the determination of an independent loss adjuster. Where the accuracy of accounts rendered under a reinsurance treaty are in issue, there is no reason why the parties cannot agree to be bound by the result of an audit conducted by an independent third party.

4. ARBITRATION AND THE CONFLICT OF LAWS

Choice of law

Introduction

14-119   A distinction must be drawn at the outset between the law governing the arbitral proceedings (the procedural/curial law of the arbitration, or "*lex arbitri*") and the law governing the substantive dispute (the proper/applicable law of the contract, or

---

[546] *Emirates Trading Agency LLC v Prime Mineral Export Pte Ltd* [2014] EWHC 2104 (but on the facts, that period of time had passed). The Courts have recognised that a binding dispute resolution procedure, viz. a *Scott v Avery* clause need not be expressed as a condition precedent to be given effect to so long as it is a mandatory obligation that was sufficiently clear and certain by reference to objective criteria: *Kajima Construction Europe (UK) Ltd v Children's Ark Partnership Ltd* [2022] EWHC 1595 (TCC); affirmed [2023] EWCA Civ 292.

[547] *NWA v FSY* [2021] EWHC 2666 (Comm); [2022] 1 Lloyd's Rep. 629 (disapproving *Emirates Trading Agency* on this point, and applying *Sierra Leone v SL Mining Ltd* [2021] EWHC 286 (Comm); [2022] 2 Lloyd's Rep. 458).

[548] See *Sutcliffe v Thackrah* [1974] A.C. 727; *Arenson v Casson Beckman Rutley & Co* [1977] A.C. 405.

"lex causae"). Additionally, there is the law governing the arbitration agreement itself. The procedural law of the arbitration is determined by its seat[549] and this will provide for choice of law rules to be applied by the tribunal in the event that the parties have not expressly chosen the proper applicable law of the contract. In Ch.12, we discussed the choice of law rules which are applied by courts in England and Bermuda. We now consider the position of arbitrators in England under the 1996 Act and in Bermuda under the 1986 Act and 1993 Act/Model Law respectively. We again emphasise the desirability of parties expressly choosing the law which is to govern the reinsurance contract. It is not sufficient to provide for the arbitration to be held in a particular place that will only determine the procedural law.[550]

England: The Arbitration Act 1996

14-120 Rule 46(1)(a) of the 1996 Act provides that the arbitral tribunal shall decide the dispute: "… in accordance with the law chosen by the parties as applicable to the substance of the dispute." This is slightly different from art.28(1) of the Model Law which provides:

'The arbitral tribunal shall decide the dispute in accordance with such rules of law as are chosen by the parties as applicable to the substance of the dispute.'[551]

Whilst r.16.13 of the ARIAS UK Rules states:

"The Tribunal shall have jurisdiction: … in absence of specific agreement between the Parties to determine the applicable law."

The distinction between "the law" and "such rules of law" reflects the doctrinal position of English law[552] that contracts are necessarily governed by a particular system of national law. However, s.46(1)(b) goes on to provide that, if the parties so agree, the arbitral tribunal shall decide the dispute "in accordance with such other considerations as are agreed by them or determined by the tribunal". This provision appears to validate "honourable engagement" or "equity" clauses of the kind discussed above.[553]

Section 46(3) provides that where the parties have not chosen the applicable law:

"… the tribunal shall apply the law determined by the conflict of laws rules which it considers applicable."[554]

The DAC Report states that:

"[T]he tribunal must decide what conflicts of laws rules are applicable, and use those rules in order to determine the applicable law. It cannot simply make up rules for this purpose."[555]

---

[549] *Dicey, Morris & Collins on the Conflict of Laws*, 16th edn (Sweet & Maxwell, 2022), Rule 65(2), Ch.16R-001. Unless there is agreement to the contrary—*Shagang South-Asia (HK) Trading Co Ltd v Daewoo Logistics* [2015] EWHC 194 (Comm); [2015] 1 Lloyd's Rep. 504.
[550] See the discussion, below (14-120) of the law of the contract, the law of the arbitration, and the curial law.
[551] See below.
[552] See Ch.12 above.
[553] See DAC Report, para.223 and 14-095 above.
[554] In terms identical to art.28(2) of the Model Law.
[555] DAC Report, para.225.

But the DAC eschewed laying down principles and decided to adopt the Model Law wording.[556]

Bermuda: The Model Law

14-121   Article 28 of the Model Law applies to international commercial arbitrations governed by the 1993 Act. It appears from the *travaux préparatoires*[557] that during the course of drafting art.28:

> "... there was a divergence of opinion and lengthy discussion ... as to the precise scope of both the parties' power to agree on, and the arbitral tribunal's power to choose, the applicable rules governing the substance of the dispute."[558]

Article 28(1) provides that the arbitral tribunal:

> "... shall decide the dispute in accordance with such rules of law as are chosen by the parties as applicable to the substance of the dispute ..."[559]

Holtzmann and Neuhaus state:

> "What ... does the phrase 'the rules of law' mean? What rules may the parties choose to govern the substance of their dispute? The Commission Report is reasonably clear that the parties may choose the national law of any State and that they may choose the national law of different States to govern various aspects of their relationship ... Similarly, they can probably agree to have a given national law apply but exclude the provisions on a specific topic ... On the other hand ... the working group decided at an early stage that the term did not extend to 'general legal principles' or law developed in arbitration awards."[560]

Holtzmann and Neuhaus point out[561] that the rationale for placing any limits on the parties' choice is that rules chosen should be reasonably ascertainable by the arbitral tribunal. We have noted above[562] that the so-called *lex mercatoria* is unlikely to provide a sufficient answer to the legal problems of reinsurance. Where the "rules of parties fail to agree upon the law" to be applied, or fail to do so with sufficient certainty. Article 28(2) then provides that "the arbitral tribunal shall apply the law determined by the conflict of law rules which it considers applicable".[563] Holtzmann & Neuhaus note[564] that a proposal that the arbitral tribunal should be directed simply to "apply the rules of law it considers appropriate" was rejected. The professed aim of art.28(2) is said to be to "... provide greater predictability and certainty and ... help to ensure that the arbitral tribunal gave reasons for its choice of law".[565]

Article 28(3) provides that the arbitral tribunal shall decide "*ex aequo et bono* or as amiable compositeur" only if the parties have expressly authorised it to do so. Article 28(4) provides that the arbitral tribunal shall in all cases:

---

[556] Discussed below.
[557] See Holtzmann and Neuhaus, *A Guide to the UNCITRAL Model Law on International Commercial Arbitration* (1995), pp.764-807. Now Howard M. Holtzmann, Joseph E. Neuhaus, Edda Kristjansdottir, Thomas W. Walsh, *Guide to the UNCITRAL Model Law on International Commercial Arbitration: Legislative History and Commentary* (Vols 1 and 2) (Kluwer, 2015).
[558] Holtzmann and Neuhaus (1995), p.765.
[559] Compare s.46(1)(a) of the 1996 Act; see above.
[560] Holtzmann and Neuhaus (1995), pp.767-768.
[561] Holtzmann and Neuhaus (1995), pp.767-768.
[562] See Ch.12 above.
[563] As noted above, s.46(3) of the 1996 Act is in identical terms.
[564] Holtzmann and Neuhaus (1995), p.469.
[565] Holtzmann and Neuhaus (1995), p.770.

"... decide in accordance with the terms of the contract and shall take into account the usages of trade applicable to the transaction."

Bermuda: The Arbitration Act 1986

Where the parties have opted out of the Model Law or the Model Law does not apply,[566] s.18 of the 1986 Act applies. Section 18 provides that if the arbitration is held in Bermuda, then Bermuda law will be applied as the law governing the contract, unless the parties have agreed otherwise, or the parties have left it to the arbitrator to determine the proper law.[567]

The law of the contract, the law of the arbitration, and the curial law

It is reasonable to expect that the law of the arbitration agreement will be the same as the law of the contract unless the parties have expressly agreed otherwise, but it seems that an agreement to a different law to govern the arbitration agreement may, in unusual cases, be inferred.[568] In *Shashoua v Sharma*[569] a shareholder agreement was governed by Indian law. The arbitration clause said that the arbitration should be in London, in English, in accordance with ICC Rules, and that each party should bear their own costs. There were disputes as to: (i) whether English law or Indian law was the law of the arbitration agreement; (ii) where the seat of the arbitration was; and (iii) what the curial (procedural) law was. Cooke J approached the issues first by looking to where the seat of the arbitration was.[570] Having acknowledged that the venue of the arbitration is not necessarily also the seat, he said:

"The claimants submitted that in the ordinary way, however, if the arbitration agreement provided for a venue, that would constitute the seat. If a venue was named but there was to be a different juridical seat, it would be expected that the seat would also be specifically named ... I consider that there is great force in this."[571]

Cooke J then concluded (on this point):

"In my judgment, in an arbitration clause which provides for arbitration to be conducted in accordance with the Rules of the ICC in Paris (a supranational body of rules), a provision that the venue of the arbitration shall be London, United Kingdom, does amount to the designation of a judicial seat."[572]

There was later a little flag waving and a conclusion:

14-122

14-123

---

[566] Because the arbitration is not "international" within the meaning of art.1.
[567] Quaere whether it is not open to arbitrators under a Model Law arbitration held in Bermuda simply to apply pursuant to their discretion under art.28(2), s.18 of the 1986 Act, on the basis that it is the "applicable" choice of law rule. Were arbitrators to take such a course their decision to apply Bermuda law could hardly be said to be contrary to public policy would not otherwise be subject to judicial review.
[568] For an illuminating discussion of the conflict of laws problems to which international arbitration gives rise, see Lord Mustill's 1996 Goff Lecture: "Too Many Laws" (1997) 63(4) *Journal of the Chartered Institute of Arbitrators*.
[569] *Roger Shashoua v Mukesh Sharma* [2009] EWHC 957 (Comm). And see *Enka Insaat Ve Sanayi AS v OOOO Insurance Company Chubb* [2020] UKSC 38; [2020] 1 W.L.R. 4117.
[570] See generally, on the concept of seat, *Naviera Amazonica Peruana SA v Compania Internacional De Seguros Del Peru* [1988] 1 Lloyd's Rep. 116; *Channel Tunnel Group Ltd v Balfour Beatty Construction Ltd* [1993] A.C. 334. See also above (14-041), the cases relating to seat of arbitrations in Bermuda under the Model law.
[571] *Shashoua v Sharma* [2009] EWHC 957 (Comm) at [26].
[572] *Shashoua v Sharma* [2009] EWHC 857 (Comm) at [27].

"'London arbitration' is a well known phenomenon which is often chosen by foreign nationals with a different law, such as the law of New York, governing the substantive rights of the parties. This is because of the legislative framework and supervisory powers of the courts here which many parties are keen to adopt. Where therefore there is an express designation of the arbitration venue as London and no designation of any alternative place as the seat, combined with a supranational body of rules governing the arbitration and no other significant contrary indicia, the inexorable conclusion is, to my mind, that London is the juridical seat and English law is the curial law."[573]

14-124 We can be confident that the judge therefore found that English law was the law of the arbitration agreement. Whilst the law of the arbitration agreement, the venue, the seat, and the curial law, are all different concepts, it is clear that occasions when the laws governing are different will be rare and, essentially, would have to be clearly expressed. The laws governing the agreement and the procedure are likely to dictated by the law of the seat, which itself is likely to be the law of the venue. Where reinsurance contracts frequently contain arbitration agreements, and may be between multiple parties in more than one jurisdiction, it is better not to leave these matters to chance. *Shashoua v Sharma* had been to court, in England and India, including appeals, in excess of 14 times by the time of this hearing before Cooke J.

The curial law is important on the question of which courts have jurisdiction over the arbitration itself. In *Noble Assurance Co v Gerling-Konzern General Insurance Co*[574] and *C v D*[575] the court held that where England was the seat and English law the curial law, proceedings in, in the first case, Vermont, and in the second case, New York, in relation to the award, should be restrained by injunction despite both contracts being governed by the laws of New York.[576]

In *Enka Insaat Ve Sanayi AS v OOOO Insurance Company Chubb*[577] the Supreme Court affirmed the decision of the Court of Appeal that whilst a contract was governed by Russian law, because the contract was most closely connected with Russia, the arbitration agreement within it was governed by the law of the seat, English law. The court accepted that absent other indications an arbitration agreement would be governed by the law of the contract to which it belonged, but a different approach could be taken if applying the same law as the contract might make the arbitration ineffective, and thus English law governed the arbitration [Paragraph 170]. Having reached that conclusion, the court then allowed an anti-suit injunction preventing the Russian insurer continuing Russian proceedings by way of subrogation, in opposition to the arbitration. It has been suggested that this Supreme Court helpfully clarifies the law, but it does not seem to us that it does. It seems that where the arbitration has no agreed governing law, the English court will look at the law governing the contract itself, and see if it will assist the arbitration process, and if it is concerned that it may not, it will effectively look at the law of the seat because under that law the arbitration will be more securely advanced, and that is plainly what parties who have agreed to arbitrate, would want.

Clause 1 of the Arbitration Bill 2023 proposes to override the holding in *Enka Insaat v Chubb* by inserting a new s.6A into the 1996 Act, subs.(1) of which will provide that the law governing the arbitration agreement will be the law expressly

---

[573] *Shashoua v Sharma* [2009] EWHC 857 (Comm) at [34].
[574] *Noble Assurance Co v Gerling-Konzern General Insurance Co* [2007] EWHC 253 (Comm).
[575] *C v D* [2007] EWCA Civ 1282 (discussed above 14-041).
[576] And see *Sulamerica Cia Nacional de Seguros SA v Enesa Engenharia SA* [2012] EWCA Civ 638—Ch.13, 13-067 above—where the law governing the contract was Brazilian but, since the arbitration was held in London, the law of the arbitration was found by the English court to be English.
[577] [2020] UKSC 38; [2020] 1 W.L.R. 4117 at [170].

chosen by the parties, otherwise it will be the law of the seat. By inserted s.6A(2), any law chosen to govern the main contract does not count as an express choice of law to govern the agreement to arbitrate. The Arbitration Bill therefore provides a new default rule that aligns the seat of the arbitration with the law governing the arbitration agreement. Thus, where an arbitration is seated in England and Wales, then by default the agreement to arbitrate will be governed by the law of England and Wales. This is unless the parties expressly agree a different law to govern the arbitration agreement. This is a welcome change, in our view, which more closely aligns with the expectations of participants engaged in international arbitration.

Enforcement of foreign awards—general principles

Introduction and overview

Foreign arbitral awards are enforceable: 14-125

(1) in both England and Bermuda at common law[578];
(2) in both England and Bermuda under the 1958 New York Convention on Recognition and Enforcement of Foreign Arbitral Awards[579];
(3) in England, in any case where the award is not within the scope of the 1958 New York Convention but is within the scope of the 1927 Geneva Convention on the Execution of Foreign Arbitral Awards, under Pt II of the Arbitration Act 1950[580];
(4) in Bermuda, in any case where the award is not within the scope of the 1958 New York Convention but is made in an international commercial arbitration[581] it is enforceable, irrespective of the country in which it was made, under Ch.VIII[582] of the Model Law.

We summarise below the operation of the 1958 New York Convention[583] and then consider the position at common law.

The 1958 New York Convention

The 1958 New York Convention has legal effect in both England[584] and Bermuda.[585] A "New York Convention award" is defined[586] as an "award made, in pursuance of an arbitration agreement, in the territory of a state (other than the UK) which is a party to the New York Convention".[587] It is enforceable, with the leave of the court, in the same manner as a judgment or order of the court. 14-126

An award is deemed to have been "made" under s.53 of the 1996 Act at the seat

---

[578] See *Dicey, Morris & Collins on the Conflict of Laws*, 16th edn (Sweet & Maxwell, 2022), at 16-086ff; *Norske Atlas Insurance Co Ltd v London General Insurance Co Ltd* (1927) 28 Ll. L. R. 104, and below.
[579] "The 1958 New York Convention": see below.
[580] *Dicey, Morris & Collins on the Conflict of Laws*, 16th edn (Sweet & Maxwell, 2022), at 16-087.
[581] As defined by art.1 of the Model Law.
[582] Articles 35 and 36 of the Model Law. Recent case law on enforcement of foreign awards in Bermuda is discussed below.
[583] For a more detailed discussion see A.J. van den Berg, *The New York Convention of 1958* (Kluwer, 1981).
[584] Under Pt III of the 1996 Act (England).
[585] Under Pt IV of the 1993 Act (Bermuda).
[586] 1996 Act s.100(1).
[587] 1993 Act s.2 contains a similar definition of "convention award" in respect of awards made in a state or territory other than Bermuda.

of the arbitration.[588] That provision was necessitated to negative a finding in *Hiscox v Outhwaite*. In *Hiscox v Outhwaite*,[589] a reinsurance contract between two Lloyd's syndicates was governed by English law and provided for arbitration in London. The arbitration took place in London before a sole arbitrator. The arbitrator signed the award in Paris. When the losing party sought leave to appeal,[590] the winning party argued that the award was a "Convention award" because it had been made in France, a contracting state of the 1958 New York Convention. It was therefore enforceable under the Convention pursuant to the Arbitration Act 1975 and was not open to judicial review under the Arbitration Act 1979. The House of Lords held that the award was "made" in France, on the basis that a document was made when it was perfected, and an arbitration award was perfected when it was signed. However, the House of Lords construed the 1975 Act so as to enable the English court to adjourn the enforcement proceedings pending a decision of the court "under the law of which" the award had been made[591] as to the validity of the award.

A party seeking to enforce a New York Convention award must produce a duly authenticated original award or duly certified copy and the original arbitration agreement (or a duly certified copy of it). If the original award and or agreement are in a foreign language a certified official translation must be produced.[592]

14-127   Enforcement of a New York Convention award shall not be refused except where a party proves one of the following cases[593]:

"(a)   that a party to the arbitration agreement was (under the law applicable to him) under some incapacity; or
(b)   that the arbitration agreement was not valid under the law to which the parties subjected it or, failing any indication thereon, under the law of the country where the award was made;
(c)   that he was not given proper notice of the appointment of the arbitrator or of the arbitration proceedings or was otherwise unable to present his case;
(d)   ... that the award deals with a difference not contemplated by or not falling within the terms of the submission to arbitration or contains decisions on matters beyond the scope of the submission to arbitration;
(e)   that the composition of the arbitral tribunal or the arbitral procedure was not in accordance with the agreement of the parties of, failing such agreement, with the law of the country in which the arbitration took place;
(f)   that the award has not yet become binding on the parties, or has been set aside or suspended by a competent authority of the country in which, or under the law of which, it was made."

Enforcement may also be refused:

"... if the award is in respect of a matter which is not capable of settlement by arbitration, or if it would be contrary to public policy to enforce the award."[594]

In *Malicorp Ltd v Egypt*[595] an Award from Egypt was not enforced; an order permitting enforcement was set aside. It had already been set aside by the Cairo Court of Appeal and the tribunal had awarded damages to the claimant on a basis

---

[588] Compare art.31(3) of the Model Law.
[589] *Hiscox v Outhwaite* [1992] 1 A.C. 562.
[590] Under s.1 of the Arbitration Act 1979.
[591] Which of course was the English court because the procedural law of the arbitration was English law.
[592] 1996 Act s.102; 1993 Act s.41.
[593] 1996 Act s.103; 1993 Act s.42.
[594] 1996 Act (England) s.102(3); 1993 Act (Bermuda) s.42(3).
[595] *Malicorp Ltd v Egypt* [2015] EWHC 361 (Comm).

he had never contended for. In *Kanoria v Guinness*[596] the court refused to enforce an arbitration award because the respondent had never been informed of the case he was required to meet. But, as we have seen, the court is slow to resist enforcement of foreign awards. In *Honeywell International M E Ltd v Meydan Group*[597] the court allowed enforcement of an award despite allegations that the contract on which it was based had been procured by bribery. Likewise, in *RBRG Trading (UK) Ltd v Sinocore International Co Ltd*,[598] an award made in China was enforced even through there had a been an attempted fraud on the part of the seller, because the tribunal had found that the buyer's breach of contract which had caused the loss, had occurred before the seller's presentation of forged bills of lading. The Court of Appeal held that the degree of connection between the seller's fraud in presenting forged bills of lading and its claim for enforcement of the award was not sufficient to engage public policy, or, if it was engaged, was not sufficient to justify refusal of enforcement on public policy grounds.

In *Cat.SA v Priosma Ltd*,[599] Priosma Ltd. sought to set aside or stay an ex parte order to enforce a New York Convention award obtained by Cat. SA. Cat.SA is a member of the Covea Group, a group of French insurance and reinsurance companies, and had entered into a brokerage agreement with Mark Terrey, who was the executive vice president of Kitson Brokerage Services. The agreement contained an arbitration clause along with express provisions that it would be governed by French law. Mark Terrey later left Kitson and set up his own company, Priosma, prompting Cat. SA to give notice to Kitson and agree that Priosma would take over Kitson's responsibilities and brokerage services.

A dispute later arose as to the terms of the brokerage agreement, resulting in CAT initiating arbitration proceedings against Priosma. Pursuant to the arbitration clause, the proceedings were commenced in France, however Priosma fully contested the proceedings on the grounds that the arbitration clause in the Kitson Agreement was not binding upon Priosma and therefore the tribunal had no jurisdiction over Priosma. The arbitration tribunal rejected Priosma's arguments, leading to Priosma appealing the award to the Paris Court of Appeal. Upon their dismissal of the case, Priosma issued an appeal to the French Cour de Cassation, which was pending when this case was decided.

As Priosma's grounds for resisting enforcement of the award were the same they had pursued before the Paris Court of Appeal, CAT. SA argued that their dismissal constituted *issue estoppel*, thus barring Priosma from opening the same issue in the Bermuda proceedings. Hargun CJ cited *DSV Silo und Verwaltungsgesellschaft mbH v Owners of the Sennar (The Sennar) (No.2)*,[600] as confirming that an English court would treat the decision of a foreign court on the existence of an arbitration agreement as issue estoppel and not allow the issue to be reopened. Hargun CJ went on to state:

"For purposes of enforcing a foreign judgment in this Court (constituting either res judicata or issue estoppel), it is an essential condition that the foreign court exercises

---

[596] *Kanoria v Guinness* [2006] EWCA Civ 222.
[597] *Honeywell International Middle East Ltd v Meydan Group LLC* [2014] EWHC 1344; [2014] 2 Lloyd's Rep. 133.
[598] *RBRG Trading (UK) Ltd v Sinocore International Co Ltd* [2018] EWCA Civ 838; [2018] 2 Lloyd's Rep. 133; see also *Hurstanger Ltd v Wilson* [2007] EWCA Civ 299; [2007] 1 W.L.R. 2351; *National Iranian Oil Co v Crescent Petroleum Co International Ltd* [2016] EWHC 510 (Comm); [2016] 2 Lloyd's Rep. 146 at [43]–[45], [49] per Burton J; and *Alexander Brothers Ltd v Alstom Transport* [2020] EWHC 1524 (Comm); [2021] 1 Lloyd's Rep. 79 at [159]–[164] per Cockerill J.
[599] *Cat.SA v Priosma Ltd* [2019] SC Bda 56 Com.
[600] *The Sennar (No.2)* [1985] 1 W.L.R. 490.

jurisdiction over the defendant in the international sense. The Bermuda Court would recognise a foreign court to be a court of competent jurisdiction over the defendant if the defendant was present or submitted to the jurisdiction of that foreign court."

By challenging the arbitration award in the French Courts, Priosma was found to have voluntarily submitted to their jurisdiction. Hargun CJ explained:

"... whilst the arbitration tribunal had made an Award adverse to the commercial interests of Priosma, there was no legal necessity requiring Priosma to commence proceedings challenging the Award in the French courts, the supervisory courts of the seat of the arbitration. Neither the New York Convention nor the 1993 Act imposes any obligation on a party resisting the enforcement of an award to apply to set aside the Award in the courts of the seat of arbitration. Priosma could have challenged the Award in the Bermuda courts, the enforcing jurisdiction, on the basis that Priosma was not a party to the arbitration agreement."

He went on to say:

"In the circumstances the conclusion I have come to is that the decision of Priosma to challenge the Award in the Paris Court of Appeal amounts to voluntary submission to the jurisdiction of that court and as a consequence the Paris Court of Appeal was a court of competent jurisdiction. It follows therefore that any judgment given by that Court is capable of constituting issue estoppel in any subsequent proceedings to enforce the Award in another jurisdiction."

Common law

14-128 At common law an arbitration award, like a foreign judgment,[601] is enforced by an action on the award. In *Norske Atlas Insurance Co Ltd v London General Insurance Co Ltd*, MacKinnon J summarised the conditions for enforcement of a foreign award, at common law, as follows:

"The plaintiffs here are suing on the award. In order to sue on an award, it is, I think, necessary for the plaintiffs to prove, first that there was a submission; secondly, that the arbitration was conducted in pursuance of the submission; and, thirdly, that the award is a valid award, made pursuant to the provisions of the submission, and valid according to the lex fori of the place where the arbitration was carried out and the award was made."[602]

In *Norkse Atlas v London General*, a Norwegian arbitration award was enforced against the defendant reinsurers, an English company. The reinsurers had refused to take part in the arbitration and, in accordance with the arbitration clause, an arbitrator had been appointed on their behalf by a Norwegian judge. The reinsurers argued that the reinsurance contract (which had been signed in Norway) was void under English law for lack of stamping.[603] It was held that the plaintiffs were entitled to judgment on the award. The contract was held to be governed by Norwegian law[604] and the award was valid under Norwegian law.

---

[601] See Ch.13 above.
[602] *Norske Atlas v London General* (1927) 28 Ll.L.Rep. 104 at 106-107.
[603] *Norske Atlas v London General* (1927) 28 Ll.L.Rep. 104 at 106 per Mackinnon J: "A company, perhaps, is incapable of blushing, but that is the defence which is pleaded by the defendant company."
[604] See Ch.12 above.

In *Bankers and Shippers Insurance Co of New York v Liverpool Marine and General Insurance Co Ltd*,[605] the reinsurance contract provided for arbitration in New York. The plaintiff reinsured (a New York company) had appointed an arbitrator and, when the defendant reinsurers (an English company) refused to appoint an arbitrator, the plaintiff appointed a second arbitrator in accordance with the terms of the arbitration clause. The two arbitrators then appointed an umpire, and an arbitration was held in New York in which the defendant took no part. According to a New York statute, as interpreted by a decision of the New York Court of Appeals, it was necessary to obtain an order from a New York judge to allow an arbitration to proceed when one party withdraws from the proceedings. The procedure had not been followed. The House of Lords held that the arbitration award was therefore a nullity under New York law and refused to enforce it.

14-129 The cases discussed above pre-date the 1958 New York Convention. Having regard to the number of states which are now parties to it, proceedings at common law are likely to be comparatively rare. There is no reported case in Bermuda concerned with enforcement of a foreign award at common law. For such a case to arise, given that awards in any international commercial arbitration which do not fall within the 1958 New York Convention are nevertheless enforceable in Bermuda under the parallel provisions of the Model Law,[606] one has to postulate facts, as follows: Ruritania is not a party to the 1958 New York Convention. A Ruritanian policy holder obtains an arbitration award against a Ruritanian insurer. The arbitration is held and the award made in Ruritania. The insurance policy is governed by Ruritanian law and covers property in Ruritania. The insurer is reinsured by a Bermuda company and the policyholder seeks to enforce the Ruritanian award in Bermuda by garnishing the insurer's right to recover under the reinsurance contract.[607]

Enforcement of foreign awards in Bermuda

Jurisdiction of the Bermuda Court in relation to arbitrations whose seat is outside Bermuda

14-130 As explained in Ch.13, the Rules of the Supreme Court of Bermuda 1985 are, for the most part, derived from the rules that were in force in England in 1979. However, certain amendments came into force on 1 January 2006 to update a handful of the most important rules, including a new RSC Ord.11. RSC Ord.11 r.(1)(m) confers jurisdiction on the Bermuda Court in cases where "the claim is brought to enforce any judgment *or arbitral award*" (emphasis added). Thus, where any party has assets in Bermuda a writ may be served outside the jurisdiction against that party. Moreover, since the plaintiff has a substantive cause of action in respect of which the Bermuda Court has, by virtue of Ord.11 r.(1)(m) in personam jurisdiction, a freezing order (still known in Bermuda as a Mareva injunction) may be obtained pending the conclusion of the enforcement proceedings.[608]

---

[605] *Bankers and Shippers Insurance Co of New York v Liverpool Marine and General Insurance Co Ltd* (1926) 24 Ll. L. Rep. 85.
[606] See above.
[607] Compare *Sea Insurance Co v Rossia Insurance Co of Petrograd (Employers' Liability Assurance Corporation, Garnishees)* (1924) 20 Ll.L.Rep. 308; *Deutsche Schachtbau v S.I.T. Co* [1990] 1 A.C. 295.
[608] The rule in *The Siskina*, which has been followed by the Privy Council, remains good law in Bermuda. See *New Skies Satellite BV v FG Hemisphere Associates LLC* [2005] Bda LR 59. Quaere whether, in the light of the *New Skies* decision (which dealt with the jurisdictional position in

Recognition and enforcement of foreign arbitral awards

14-131 The New York Convention was originally given legal effect in Bermuda by virtue of the Bermuda Arbitration (Foreign Awards) Act 1976 (derived from the UK Arbitration Act 1975). The first case to be litigated in the Bermuda Courts concerning the enforceability of a foreign arbitral award was *Soujuznefteexport v Joc Oil Ltd*.[609] The enforcement of arbitral awards made in states which are parties to the New York Convention ("Convention awards") is now governed by s.40 of the 1993 Act, which provides as follows:

> "(1) A Convention award shall, subject to this Part, be enforceable in Bermuda either by action or may by leave of the Court, be enforced in the same manner as a judgment or order to the same effect and, where leave is so given, judgment may be entered in terms of the award.
> (2) Any Convention award which would be enforceable under this Part, shall be treated as binding for all purposes on the persons as between whom it was made, and may accordingly be relied on by any of those persons by way of defence, set off, or otherwise in any legal proceedings in Bermuda and any reference to enforcing a Convention award shall be construed as including references to relying on such an award."

In *LV Finance Group Ltd v IPOC International Growth Fund Ltd*[610] the Bermuda Commercial Court held that two arbitral awards of a Zurich Tribunal, which declared an option contract to be illegal and hence unenforceable as a matter of English law (its governing law), would be recognised *and enforced* in Bermuda pursuant to the New York Convention. Kawaley J said:

> "The New York Convention clearly envisages that recognition and enforcement go together, rather than being mutually exclusive concepts, and the wording of Article III speaks of the award being 'relied upon' [a] reference to both recognition and enforcement. In the only Court of Appeal for Bermuda decision on enforcement proceedings under the Act (where a wholly different procedural question arose), *New Skies Satellite BV v FG Hemisphere Associates LLC* [2005] Bda LR 59, Acting President Sir Anthony Evans recently observed:
>
>> 'The scheme enacted in Bermuda by the 1993 Act is clearly different from the English equivalent. But we can approach the construction of section 40(1) of the Act on the basis that it was intended to give effect to the same international obligation to provide a summary procedure for enforcement of foreign Convention awards, as an alternative to the right to enforce the award by an action in personam. Indeed, in case of ambiguity the Act should be interpreted in a manner which gives effect to the relevant treaty obligations, rather than contradicts them.'
>
> In my view these observations, albeit made in the context of considering whether Order 11 of this Court's rules applied to a section 40(1) application, apply with equal force to the question under present consideration. Does section 40(1) apply to Convention awards generally, or does it exclude declaratory awards? In my view there is no compelling reason for construing section 40(1) as only permitting the enforcement of non-declaratory awards … there is nothing in the Convention itself which suggests a *carte blanche* exclusion of declaratory awards from the ambit of the Conventions' application."

Bermuda prior to the amendments to RSC Ord.11), it is necessary to serve proceedings out of the jurisdiction in order to enforce an award made in a state which is party to the 1958 New York Convention on Recognition and Enforcement of Foreign Arbitral Awards ("the New York Convention").

[609] *Soujuznefteexport v Joc Oil Ltd* [1989] Bda L.R. 11. A case concerning the principle of separability of arbitration clauses. *Joc Oil* was cited with approval by Hoffmann LJ in *Harbour Assurance v Kansa* [1993] Q.B. 701.

[610] *LV Finance Group Ltd v IPOC International Growth Fund Ltd* [2006] Bda L.R. 67.

Thus, to give an example based on the facts of *LV Finance v IPOC* (which was not a reinsurance case), if reinsurer A (a Swiss company) obtains an award, in Switzerland, against reinsured B (a Bermuda company) declaring a reinsurance treaty void for material misrepresentation/non-disclosure, a Bermuda court will enforce that declaratory award by granting an anti-suit injunction preventing the Bermuda company from seeking to bring court proceedings in any country seeking to collect money said to be due under the treaty.

PART V REINSURANCE REGULATION AND INSOLVENCY

CHAPTER 15

Solvency, Regulation, and Protection of the Reinsured's Security

TABLE OF CONTENTS

1. Regulation in the United Kingdom and Bermuda 15-001
2. Regulation of Reinsurers in the United Kingdom 15-023
3. The Regulation of Insurance Companies in Bermuda 15-076
   Cyber Risk – The Insurance Sector Cyber Risk Management Code of Conduct, Cyber Events and BMA Cyber Underwriting Report and management of climate change risk 15-116
4. Letters of Credit and Other Forms of Security 15-120
5. Assessment of Reinsurer Solvency and Pre-emptive Action . 15-132

"The Anglo-Bengalee Disinterested Loan and Life Assurance Company started into existence one morning, not an Infant Institution, but a Grown-up Company running along at a great pace, and doing business right and left; with a 'branch' in a first floor over a tailor's at the West-end of the town, and main offices in a new street in the City, comprising the upper part of a spacious house resplendent in stucco and plate-glass, with wire blinds in all the windows, and 'Anglo-Bengalee' worked into the pattern of every one of them. On the door-post was painted again in large letters, 'Offices of the Anglo-Bengalee Disinterested Loan and Life Assurance Company', and on the door was a large brass plate with the same inscription; always kept very bright, as courting inquiry; staring the City out of countenance after office hours on working days, and all day long on Sundays; and looking bolder than the Bank. Within, the offices were newly plastered, newly painted, newly papered, newly countered, newly floor-clothed, newly tabled, newly chaired, newly fitted-up in every way, with goods that were substantial and expensive, and designed (like the company) to last. Business! Look at the green ledgers with red backs, like strong cricket-balls beaten flat; the court-guides, directories, day-books, almanacs, letter-boxes, weighing-machines for letters, rows of fire-buckets for dashing out a conflagration in its first spark, and saving the immense wealth in notes and bonds belonging to the company; look at the iron safes, the clock, the office seal—in its capacious self, security for anything. Solidity! Look at the massive blocks of marble in the chimney-pieces and the gorgeous parapet on the top of the house!"—Charles Dickens[1]

---

[1] *Martin Chuzzlewit* (Mandarin 1991), p.481.

1. REGULATION IN THE UNITED KINGDOM AND BERMUDA

Introduction and overview

The purpose of regulation

15-001 Regulation is state control. The primary purpose of that control has traditionally been to protect the consumer[2] but there is another important purpose of such control—economic stability which has become increasingly apparent since the occurrence of the "Global Financial Crisis of 2007–2009".[3] The collapse of insurance companies, banks or other financial institutions is not conducive to the well-being of the economy and so governments put in place regulation to ensure that financial institutions have more than just an image of solidity.

"Pure reinsurers"[4] do not deal with the consumer directly and their less direct link to the consumer leads to the view that they do not need to be regulated to the same degree as insurers. Pure reinsurers' dealings are only with other companies in the insurance business which are themselves not neophytes and are already subject to regulatory control. An insurer wishing to place risks with a reinsurer ought to have the expertise to be able to understand the reinsurer's accounts and ask the right questions, so that it places the risk with reliable reinsurers. If the insurer is concerned about security, it can ask for a letter of credit or other form of collateral to protect

---

[2] *Re North & South Insurance Corp Ltd* (1933) 47 Ll. L. Rep. 356 at 357–358 per Maugham J: "The solvency or insolvency of an insurance company has to be ascertained… by, among other things, a most careful scrutiny of the funds which have been set aside out of premium income for the purpose of meeting claims. Inasmuch as the claims come in every case after the premiums have been secured, there is always a risk that an insurance company may be offering what look like very advantageous terms to the public, obtain a very large premium income which, as a result of the practical working of the company proves to be an insufficient income for the purpose of meeting claims."

[3] In the UK, the Financial Services and Markets Act 2000 ("FSMA 2000") sets out four objectives for the regulation of financial services: maintaining confidence in the financial system, promoting public understanding of the financial system, securing the appropriate degree of protection for consumers and the reduction of financial crime: ss.2(2) and 3–6 of FSMA 2000 (s.4 was repealed and s.5 amended by the Financial Services Act 2010). The legislation was further updated by the Financial Services Act 2012, which also split the responsibility for financial services regulation in the UK between the Financial Conduct Authority ("FCA") and the Prudential Regulation Authority ("PRA") and so repealed ss.1–18 of FSMA 2000, which had previously created the Financial Services Authority ("FSA"). Whilst the broad objective remains as before, each of the two bodies are allocated more specific objectives. In summary, the FCA's objectives are to ensure markets function well, to protect consumers, to protect and enhance the integrity of the UK financial system and to promote effective competition in the interests of consumers (ss.1B–1E of FSMA 2000 (as amended)). The PRA has two main objectives: to promote the safety and soundness of PRA-authorised persons (known as the general objective—s.2B of FSMA 2000 (as amended)) and, specifically in relation to insurers, to contribute to the securing of an appropriate degree of protection for policyholders (s.2C of FSMA 2000). The recent Financial Services and Markets Act 2023 ("FSMA 2023") also added a further secondary objective for both regulators, which is to promote the international competitiveness of the UK economy, and its growth in the medium to long term. However, as suggested by the "secondary" moniker of this objective, it does not create an absolute obligation and the regulators are only required to act in accordance with it "so far as reasonably possible" and "subject to aligning with relevant international standards".

[4] The expression "pure reinsurer" refers to the nature of the business a reinsurer conducts rather than to its moral standing; a pure reinsurer is defined in Glossary that forms part of the rulebooks of both the FCA and PRA as an insurer whose insurance business is restricted to reinsurance. Thus, a pure reinsurer can be contrasted with an insurance company which underwrites both direct and reinsurance business as well as an insurance company which does not underwrite any reinsurance.

the benefit of its bargain with the reinsurer.[5] It can also spread the risk among a number of reinsurers. This then gives rise to the question as to whether the insurer needs the comfort of its reinsurer counterparty being regulated in a particular jurisdiction.

Notwithstanding this point, there is a logical case for some form of regulatory control over reinsurers. Events such as the US tobacco companies' litigation, the aftermath of the terrorist attacks on US targets of 11 September 2001 and major natural disasters such as windstorms and earthquakes constantly remind us that the capacity and willingness of reinsurers to absorb major losses have important economic and public policy consequences. Indirectly, consumer protection is also an issue as the security that reinsurers provide is likely to be important to the financial well-being of insurers who do deal directly with the consumer. The relative health of the insurance industry during the Global Financial Crisis of 2007–2009 compared with banks would have been very different if there had been failings of reinsurers and those failings could be attributed to an absence of effective regulation of the reinsurance industry.

15-002

In view of these different considerations, it is perhaps not surprising that there is not one consistent approach to the regulation of reinsurance which has developed on a world-wide basis. There are countries (such as Bermuda, the UK and, since the mid-2000s, the European Union ("EU")) which directly regulate reinsurers, usually on a similar basis to the local regulation of direct insurers. Other countries either apply only minimal regulation or dispense with the regulation of reinsurers altogether. In some jurisdictions there is effectively indirect supervision of reinsurers through the national regulator's powers to review the reinsurance programmes of direct insurers.

Before the adoption of Directive 2005/68/EC on reinsurance (the "Reinsurance Directive")[6] this diversity of approaches was also evident within the EU despite there being a consistent approach to the regulation of direct insurance among EU states at the time. Following the adoption of the Reinsurance Directive all reinsurers within the EU did need to be regulated.[7] The approach to bring all EU reinsurers within the scope of regulation evolved with the long-awaited implementation of Directive 2009/138/EC (the "Solvency II Directive")[8] which came into force on 1 January 2016. The Solvency II Directive was a directive of "maximum harmonisation" requiring a common regime to be implemented across the whole of the EU based on economic risk-based capital requirements,[9] an approach which is applied to reinsurers as well as direct insurers.

15-003

---

[5] See 15-120 below.
[6] The Reinsurance Directive was replaced entirely when the Solvency II Directive finally came into effect on 1 January 2016. The historical references to the Reinsurance Directive in this section remain valid and it is necessary for the purposes of this work to continue to make reference to it in places, not least in order to provide the relevant context.
[7] Prior to the implementation of the Reinsurance Directive, certain EU States such as the UK, Denmark, Finland and Portugal regulated reinsurers in almost the same way as insurers, while in certain other EU States such as Belgium, Greece and Ireland reinsurers were exempt from regulation.
[8] The relevant directive setting out the requirements of Solvency II is the original directive (2009/138/EC) as amended by the Omnibus II directive (2014/51/EU). This updated the original text to reflect the resolution of the matters which had been causing the delay to its implementation, including the treatment of long term guarantees for life firms and the treatment of sovereign bonds as investments, although the lack of preparedness in many jurisdictions is also cited informally as a practical reason for the delay. For convenience in this work the relevant EU directive framework is collectively referred to as the "Solvency II Directive".
[9] See the Explanatory Memorandum set out in Commission Delegated Regulation 2015/35 of 10 October 2014 supplementing Directive 2009/138/EC of the European Parliament and of the Council

15-004 Due to this requirement for maximum harmonisation, in the years following the implementation of the Solvency II Directive by EU member states (including the UK),[10] it was generally possible to use the concepts of the EU and UK broadly interchangeably when setting out the principles of regulation applicable to reinsurers. Although the practical experience invariably varied to some extent between member states based on the approach, resources and experience of the relevant regulators, as well as the foibles of the individuals concerned and their political masters, the underlying rules which are being applied were all derived from a common basis.

However, despite the trend as regulation has developed in mature economies for convergence, financial services regulation in the UK more broadly, and reinsurance regulation more specifically, is for the first time in many years in the process of diverging from its EU origins. On 23 June 2016, when faced with the simple question "Should the United Kingdom remain a member of the European Union or leave the European Union?" a majority of 51.9 per cent of those who voted did so to leave the European Union creating what is still one of the most commonly-used words in the UK, "Brexit". The outcome of the Brexit vote resulted in significant turmoil to UK politics in the years that followed, as the then-Prime Minister David Cameron resigned immediately, and successive Conservative Prime Ministers attempted to negotiate (with varying degrees of success) a UK-EU Withdrawal Agreement and Political Declaration with the EU (the "Withdrawal Deal") that was capable of being passed through the UK parliament.

15-005 Britain officially left the EU shortly after the eventual Withdrawal Deal was ratified by the European Parliament at the end of January 2020. The parties then experienced a 'transition period' for the remainder of 2020, in which Britain continued to adhere to EU rules whilst a forward-looking Trade Agreement was negotiated.

After eight months of negotiations (which were hindered by the chaos of the COVID-19 pandemic), the EU-UK Trade and Cooperation Agreement (the "TCA") was agreed on 24 December 2020, just a week before the expiry of the transition period. However, whilst the TCA prevented the occurrence of a cliff edge Brexit at 11pm (UK time) on 31 December 2020, it contained few substantive provisions on financial services regulation.[11] Similarly, the 'Joint Declaration on Financial

---

on the taking-up and pursuit of the business of Insurance and Reinsurance ("Solvency II") Text with EEA relevance (the "Delegated Act").

[10] Although the Solvency II Directive refers throughout to Member States of the EU, due to the operation of the European Economic Area Agreement it also applies in the same way to the members of the European Economic Area ("EEA") which are not members of the EU, namely Norway, Iceland and Liechtenstein. These states are required to adopt the provisions of the relevant directives into their own national law, but once this has occurred the country will effectively fall within the definition of "Member State" for relevant regulatory purposes.

[11] Although the TCA spans more than 2,500 pages in the Official Journal of the European Union (L 149/262), Section 5 'Financial Services' merely comprises a sparsely populated 9 pages with a limited number of provisions (Articles 182 to 189 (inclusive)). There are no provisions specifically relating to reinsurance and retrocession, which are, instead, contained within the catch-all definition of 'financial services'. Under this Section, both parties commit to "[M]ake their best endeavours to ensure that internationally agreed standards in the financial services sector for regulation and supervision ... are implemented and applied in their territory. Such internationally agreed standards are, inter alia, those adopted by ... the International Association of Insurance Supervisors, in particular its "Insurance Core Principles" (Article 186 'International Standards'). Further, each Party is obligated to "[P]ermit a financial service supplier of the other Party established in its territory to supply any new financial service that it would permit its own financial service suppliers to supply in accordance with its law in like situations" (Article 187 'Financial services new to the territory of a Party'). However, each Party retains the ability to "[D]etermine the institutional and legal form

Services Regulatory Cooperation Between the European Union and the United Kingdom'[12] (the "Declaration"), which was published alongside the TCA, merely referenced a vague intention to "[E]stablish structured regulatory cooperation on financial services, with the aim of establishing a durable and stable relationship" between the UK and EU as "autonomous jurisdictions". This framework for cooperation would be captured in a 'Memorandum of Understanding' ("MoU") that would be agreed between the Parties by March 2021.[13]

The scant array of provisions currently governing the EU-UK relationship in respect of financial services practically amount to little more than a no deal Brexit for the UK reinsurance industry, notwithstanding its strategic importance for both sides. All rights enjoyed by both EEA and UK reinsurers have now ceased[14] and the UK has become a "third country" from EEA jurisdictions (and vice versa) for the purposes of Solvency II and other relevant EU legislation. For corporate groups comprising multiple reinsurers with licenses in both the UK and another EU member state, this may not have been catastrophic due to their ability to rebalance their business between the two legal entities with relative ease. However, the regulatory impact of Brexit on reinsurers who were not already in this fortunate position has been significant, and in some cases has required material corporate reorganisations to retain access to both the UK and EEA reinsurance markets.[15]

The UK has taken various steps aimed at mitigating the impact of Brexit for EEA reinsurers who previously had 'passporting' rights to perform reinsurance busi-

15-006

---

through which the service may be supplied and require authorisation for the supply of the service". These provisions are also subject to a 'prudential carve-out', in which either Party is able to adopt or maintain its own prudential measures aimed at protecting investors, depositors, policy-holders or other persons to whom duty is owed a duty by a financial service supplier, or to ensure the integrity or stability of a Party's financial system (Article 184 'Prudential carve-out').

[12] The Declaration can be accessed on the UK government website, see https://assets.publishing.service.gov.uk/government/uploads/system/uploads/attachment_data/file/948105/EU-UK_Declarations_24.12.2020.pdf.

[13] The UK and the EU concluded technical negotiations on the MoU in March 2021. However, it was not adopted by either side until 27 June 2023, with the delay being caused by a combination of the COVID-19 pandemic and political disagreement over key issues such as the Northern Ireland Protocol. Despite the lengthy wait to be adopted, the MoU is not a particularly long document, and its tangible benefits could ultimately prove to be limited. The MoU does not introduce any new regulation, and instead establishes the "Joint EU-UK Financial Regulatory Forum" (the "Forum"). The Forum will meet semi-annually and is intended to *"serve as a platform to facilitate structured regulatory cooperation in the area of financial services"* with the general (and slightly nebulous) operational objectives to (amongst others): (a) improve transparency; (b) reduce uncertainty; (c) identify potential cross-border implementation issues, including concerns linked to potential regulatory arbitrage by firms; and (d) as appropriate, *"consider working towards"* compatibility between each other's standards. The MoU does not proactively require the parties to agree upon shared regulatory standards, and instead explicitly provides that *"the Forum will not restrict the ability of either the EU or the UK to implement regulatory, supervisory or other legal measures that either considers appropriate"*. Further, the MoU will only provide for *"transparency and appropriate dialogue"* in respect of equivalence decisions. The Forum may, nevertheless, represent the beginning of a rapprochement between the two sides after several tense years, and could be a useful setting to discuss macro-economic issues.

[14] However, please see the paragraph below regarding the UK's equivalence determinations relating to the insurance sector.

[15] In many cases achieving this dual structure required (re)insurance groups to create new legal entities in one of the jurisdictions in the EEA in order to continue to carry on business there and vice-versa in the UK. This doubling-up of entities also required the doubling-up of some of the capital requirements applicable to reinsurer groups and, in many cases, was accompanied by way of portfolio transfers of in-force reinsurance business to divide liabilities between the UK and EEA entities. The one-off and on-going costs of these processes across the UK and EU markets is by no means insignificant.

ness in the UK. On 9 November 2020, the UK published a set of equivalence decisions, which includes the EU's solvency regime that applies to reinsurance undertakings.[16] However, the EU has not yet reciprocated by determining that the UK's prudential regime for reinsurance is equivalent to its own. The EU has not yet provided any indication that it will make any such determination in the near future, and the likelihood of any such determination may depend upon the EU's view on the extent to which the UK and EU prudential regimes diverge over time.

15-007 Since Brexit, HM Treasury has reviewed how the UK insurance industry could be more vibrant, innovative and better tailored to the UK market.

The UK has commenced its implementation of a "Future Regulatory Framework"; an ambitious project to build upon the existing financial services architecture under FSMA 2000 to make the UK's financial services sector more vibrant, innovative and globally competitive. The legislative framework for this new regime is set out in the Financial Services and Markets Act 2023 ("FSMA 2023"), which received Royal Assent on 29 June 2023.

15-008 The headline (and most political) regulatory development introduced by FSMA 2023 is contained in Ch.1, which establishes a framework for the revocation of retained EU law[17] relating to financial services and enables HM Treasury to replace it with new legislation designed specifically for UK markets. FSMA 2023 did not revoke all retained EU law from its inception. Instead, each piece of relevant retained EU law remains in a "transitional period", which will last until it is repealed and replaced with new UK-specific law. The previous-Conservative Government committed to undertaking an extensive programme of effecting the necessary changes to secondary legislation as part of its "Edinburgh Reforms" announced on 9 December 2023;[18] a process which is likely to take several years to implement in full.[19] Since the Labour government came to power following the general election on 4 July 2024, a degree of uncertainty has arisen in relation to the future of this particular legislative process. At the time of writing, it is still too early to determine whether the new Labour administration will continue with the same approach to

---

[16] This equivalence determination is contained in direction 2 of the Solvency 2 Regulation Equivalence Directions 2020, which was made by HM Treasury in the exercise of its powers conferred by regulation 2(1) of, and paragraph 12 of Schedule 1 to, the Equivalence Determinations for Financial Services and Miscellaneous Provisions (Amendment etc) (EU Exit) Regulations 2019 and laid before parliament pursuant to regulation 2(3) of the same Regulations.

[17] Retained EU law includes both: (1) existing UK legislation that implemented EU directives, such as Solvency II; and (2) directly effective EU regulations. Please see para.15-011 for more information. This term is becoming increasingly outdated, as EU-derived UK legislation has begun to diverge from its European origins. The correct term is now 'assimilated law', which was introduced when the Retained EU Law (Revocation and Reform) Act 2023 received on 29 June 2023. Unlike with retained EU law, assimilated law is not interpreted in line with EU principles of interpretation, which the Act removed from the UK legislative framework with effect from 1 January 2024, reflecting one of the key tenets of Brexit that was removal of the jurisdiction of the European Court of Justice over the UK. This chapter nonetheless continues to use the term 'retained EU law', as this was how EU derived insurance regulation was defined when the UK 'on-shored' EU law following Brexit.

[18] More information about the UK Government's "Edinburgh Reforms" can be found here: *https://www.gov.uk/government/collections/financial-services-the-edinburgh-reforms#:~:text=On%209%20December%2C%20the%20Chancellor,in%20the%20financial%20services%20sector.&text=At%20the%20Autumn%20Statement%2C%20the,UK's%20five%20key%20growth%20sectors.*

[19] In July 2023, HM Treasury followed up on its initial announcement of the regulatory changes set out in the Edinburgh Reforms with its "Mansion House Speech". As part of this speech, HM Treasury proposed a timetable for repealing and replacing the first tranches of retained EU law, which can be accessed here: *https://assets.publishing.service.gov.uk/media/64a816f1a32f13000cf068c5/Building_a_Smarter_Financial_Services_Regulatory_Framework_for_the_UK_Plan_for_delivery.pdf.*

amending the current body of financial services legislation, or indeed whether regulatory reform features at all on its list of current political priorities. Whether or not the administration wishes to portray a reforming outlook in relation to financial services legislation, the necessity to continue to manage the fallout of Brexit will continue to drive at least some level of change.

A number of other provisions within FSMA 2023 could impact the regulation and business practices of reinsurers, including:

- *Regulatory powers:* FSMA 2023 covers a range of regulatory powers relating to different aspects of finance services, such as the oversight of unregulated "critical third parties" to which reinsurers may outsource services,[20] and the establishment of regulatory sandboxes allowing financial market infrastructure firms to explore new technologies.[21]
- *Insurer insolvency:* Part 5 of FSMA 2023 applies exclusively to (re)insurers in financial difficulties and amends the existing insolvency arrangements for (re)insurers in Pt 24 of the Financial Services and Markets Act ("FSMA 2000"), expanding on the protections available to a (re)insurer and its policyholders undergoing insolvency or write-down procedures.
- *Accountability:* With the expanded powers of the PRA and the FCA come provisions that ensure the regulators' accountability, such as a new regulatory objective for the FCA and PRA to facilitate growth and the international competitiveness of the UK economy,[22] a requirement that the PRA and the FCA take into account the UK's net zero and environmental targets when discharging their respective functions,[23] and a supervening power of the UK Government to request that the PRA and FCA make rules in relation to a specified activity or a specified description of person.[24]

The UK has also undertaken its own review of Solvency II (with the new domestic prudential regime now being re-branded as 'Solvency UK'), and is in the process of implementing its changes alongside the wider Edinburgh Reforms. Between October 2020 to July 2022,[25] HM Treasury consulted with UK insurance industry stakeholders on a number of proposed amendments to Solvency II rules that were designed to improve the UK insurance regulatory regime. This consultation process resulted in HM Treasury publishing the two draft Statutory Instruments "The Insurance and Reinsurance Undertakings (Prudential Requirements) Regulations" ("Risk Margin Regulations") and "The Insurance and Reinsurance Undertakings (Prudential Requirements) No. 2" ("Prudential Requirements Regulations") in June 2023.[26] Final versions of these Statutory Instruments were laid before

15-009

---

[20] FSMA 2023 s.18.
[21] FSMA 2023 s.13.
[22] FSMA 2023 s.25.
[23] FSMA 2023 s.27.
[24] FSMA 2023 s.30.
[25] HM Treasury's first publication "Solvency II Review: Call for Evidence", published on 19 October 2020, can be accessed here: *https://assets.publishing.service.gov.uk/media/ 5f89c6b48fa8f56add45a101/Solvency_II_Call_for_Evidence.pdf*. This publication was followed by HM Treasury's Consultation Paper "Solvency II Review: Consultation" published on 28 April 2022, which can be accessed here: *https://assets.publishing.service.gov.uk/media/ 62697a6ce90e0746c5113428/20220328_Review_of_Solvency_II_Consultation.pdf*. This consultation closed on 21 July 2022, following which HM Treasury published its proposed approach in "Review of Solvency II: Consultation Response" on 17 November 2022.
[26] These draft Statutory Instruments can be accessed here: *https://www.gov.uk/government/publications/ draft-insurance-and-reinsurance-undertakings-prudential-requirements-regulations*.

Parliament on 8 December 2023. The Risk Margin Regulations[27] came into force on 31 December 2023, and made the following changes:

- *Recalculation of the Risk Margin:* The key change brought about by the Risk Margin Regulations is the long-awaited amendment to the risk margin. The risk margin forms part of a reinsurer's technical provisions,[28] and represents an additional sum equivalent to the amount that a third-party carrier would be expected to demand in order to take over and meet a transferring reinsurer's obligations over their lifetime (e.g. if the reinsurer was required to transfer its reinsurance business if it became distressed). HM Treasury has recognised the UK insurance industry's view that the risk margin has historically been too high, and too volatile on reinsurers' balance sheets due to its sensitivity to interest rate changes, and has therefore addressed these issues.[29]
- *Other changes:* The Risk Margin Regulations also make a small number of changes to Solvency II rules, such as removing the requirement for reinsurers to make certain reports to the PRA, and altering the conditions under which PRA must revoke a reinsurer's application to apply a transitional deduction to its technical provisions.

The Prudential Requirements Regulations[30] broadly came into force on 30 June 2024. The sole exception is art.7, which grants the PRA powers to make rules relating to the matching adjustment (described below), which came into force on 1 April 2024. The Prudential Requirements Regulations introduce the following requirements:

- *PRA Publication of Technical Information:* The PRA is required to publish on its website quarterly fundamental spreads for the purposes of calculating the matching adjustment,[31] as well as any other quarterly publications that it considers appropriate to reinsurers' calculations of their SCR and technical provisions.[32]
- *Matching Adjustment Rules:* The Prudential Regulations Requirements set out the rules by which the PRA must approve a reinsurer's application to apply a matching adjustment to its best estimate of liabilities, subject to the reinsurer's satisfaction of certain prescribed conditions.[33] The Prudential Regulations Requirements also set out how the matching adjustment and the

---

[27] A finalised version of the Risk Margin Regulations (re-named "The Insurance and Reinsurance Undertakings (Prudential Requirements) (Risk Margin) Regulations 2023") can be accessed here: *https://www.legislation.gov.uk/uksi/2023/1346/made*.

[28] Please see para.15-049 for more information on a reinsurer's obligation to hold sufficient technical provisions.

[29] Article 2(2)(b) of the Risk Margin Regulations reset the risk tapering factor at 0.9 for long-term life insurance obligations, and 1.0 for general insurance obligations, and reduce the "cost-of-capital" from 6%–4%.

[30] A finalised version of the Prudential Requirements Regulations (re-named "The Insurance and Reinsurance Undertakings (Prudential Requirements) Regulations 2023") can be accessed here: *https://www.legislation.gov.uk/uksi/2023/1347/regulation/1/made*.

[31] With the permission of the PRA, a reinsurer can apply a "matching adjustment" to its best estimate of liabilities, which allows for recognition upfront as capital a part of the income it expects to earn on its assets in the future, but only as long as it can show that the cashflows it expects to receive from those assets closely match the payments it has undertaken to make to its policyholders (hence "matching" adjustment). The matching adjustment excludes a "fundamental spread" reflecting the risks retained by the reinsurer which depends, inter alia, on the credit rating of the matching asset.

[32] Article 3 of the Prudential Requirements Regulations.

[33] Article 4 of the Prudential Requirements Regulations.

- *PRA Matching Adjustment Powers:* The PRA is granted the power to broaden matching adjustment eligibility criteria, to replace the requirement that all eligible assets must have fixed cashflows with a more flexible requirement that they have highly predictable cashflows, and to introduce a "notched allowances" approach to the fundamental spread by giving scaled allowances to matching assets with different credit ratings.[35]

The PRA consulted on these rules in its Consultation Paper CP 19/23 "Review of Solvency II – Reform of the Matching Adjustment"[36] and has subsequently introduced a range of rules in a new "Matching Adjustments" part of the PRA Rulebook that both increase the flexibility of matching adjustment requirements and make the regulatory treatment of the matching adjustment (including the matching adjustment application process) more proportionate. However, as a regulatory quid pro quo, reinsurers are now subject to new regulatory safeguards, such as the requirement for senior managers to make formal attestations to the PRA relating to the appropriateness of the matching adjustment benefit being claimed, the submission of certain data to the PRA relating to matching adjustment benefits and the requirement on firms to demonstrate that they have made prudent investments in matching adjustment assets.

15-010

The PRA also consulted on certain proposals for Solvency UK reforms where HM Treasury has not chosen to legislate directly,[37] and has decided to adopt the following measures, which will come into force on 31 December 2024:

- a new, streamlined set of rules for internal models to calculate their capital requirements, and a move away from the prescriptive requirements that must be met under the current framework. Rather than having to reject internal models that have residual limitations, the PRA will be able to approve such applications, and address defects by imposing capital add-ons to correct material deviations between the solvency capital requirements calculated using the internal model and the standard formula, and / or imposing model use requirements;
- greater flexibility for insurance groups in the calculation of group solvency requirements;
- the removal of certain capital requirements for branches of international reinsurers operating in the UK: given a branch cannot fail independently of its legal entity as a whole, the PRA considers that branch capital requirements are not effective tools to support the safety and soundness of branches operating in the UK;

---

[34] Articles 5 and 6 of the Prudential Requirements Regulations.
[35] Article 7 of the Prudential Requirements Regulation.
[36] This consultation paper can be accessed here: *https://www.bankofengland.co.uk/prudential-regulation/publication/2023/september/review-of-solvency-ii-reform-of-the-matching-adjustment*. The PRA's subsequent Policy Statement PS 10/24, dated 6 June 2024, which sets out the near-final version of these rules can be found here: *https://www.bankofengland.co.uk/prudential-regulation/publication/2024/june/review-of-solvency-ii-reform-of-the-matching-adjustment-policy-statement*.
[37] The PRA's first Consultation Paper CP12/23 entitled "Review of Solvency II: Adapting to the UK insurance market" dated June 2023 can be accessed here: *https://www.bankofengland.co.uk/prudential-regulation/publication/2023/june/review-of-solvency-ii-adapting-to-the-uk-insurance-market*. The near final versions of these rules are contained in the PRA's Policy Statement PS 2/24 dated 28 February 2024, which can be accessed here: *https://www.bankofengland.co.uk/prudential-regulation/publication/2024/february/review-of-solvency-ii-adapting-to-the-uk-insurance-market-policy-statement*.

- the streamlining and removal of reporting requirements that the PRA considers are not needed for the UK insurance sector;
- a new "mobilisation" regime, with the following proposals: the PRA would offer new reinsurers the option of using a set period of extra time to build up systems and resources while operating with business restrictions and proportionate regulatory requirements; and
- an increase to the size thresholds at which small reinsurers are required to enter the Solvency UK regime, to increase proportionality for smaller or newer insurance firms.

The PRA considers that the proposals will benefit UK-authorised insurers and international insurers with branches in the UK by lowering their regulatory burden. Overall, the proposals are designed to facilitate entry of new insurers and branches, expansion by existing insurers, competition, and the international competitiveness and growth of the UK insurance sector whilst maintaining "high levels of prudential standards". The PRA has stated that with its proposals it remains "committed to the principles underlying the existing Solvency II regime".

The EU has also undertaken its own review of Solvency II, which has focused on similar areas for potential regulatory reform.

International regulation

15-011 Whilst some countries expressly require that domestic risks be insured exclusively with domestic insurers,[38] the process of reinsurance or retrocession usually carries the risk across the country's borders. Indeed, the object of reinsurance being to spread risk, spreading the risk outside the country may be necessary. Despite the inherently international nature of the business of reinsurance, there is at present (at least outside the EU) no international regulation of reinsurers. Subject to treaty obligations, each country determines what requirements must be satisfied before a company may conduct reinsurance business within its jurisdiction. Reinsurers can be of the stature of Munich Re or Swiss Re, or alternatively companies with impressive (and misleading) names from the mythical state of Melchizadeck and providing equally mythical security.[39] Reinsurers permitted to carry on reinsurance business in one country will not necessarily be recognised by another country or may be subject to additional requirements imposed by the host country only on foreign reinsurers, such as depositing or pledging assets locally.

The trend for increasing consistency of reinsurance supervision that began with the Reinsurance Directive is likely to continue in future, principally as a result of the entrenchment of the Solvency II Directive as a recognized standard and the desire of certain regulators to achieve "equivalence" status (in some cases successful), but also through bi-lateral recognition between the EU and other jurisdictions

---

[38] Not countries within the EU, though, as to impose such a requirement would be contrary to a number of directives. Neither does the UK have such a rule since its approach to the regulation of insurance and reinsurance is based around activities undertaken in the country rather than how domestic risks are insured, save for compulsory classes of direct insurance such as motor and employer liability. An example of such a domestic requirement applying to reinsurance would be the traditional situation in Brazil, where prior to 15 April 2008 IRB Brazil Re was the only authorised reinsurance entity in the country. This market has more recently been opened up, including pursuant to regulations passed in December 2017 (Brazilian Regulation No.353/2017) which allow an increased proportion of risk to be ceded to non-Brazilian reinsurers, although there is still a requirement to cede a minimum level of risk to local reinsurers.

[39] Charles Dickens' Anglo-Bengalee Disinterested Loan and Life Assurance Company is a fictional example of an insurance scam. As readers of reinsurance market newsletters will be aware, truth, in the case of reinsurance fraud as elsewhere, is frequently stranger than fiction.

though the Committee of European Insurance and Occupational Pensions Supervisors ("CEIOPS").[40]

CEIOPS had entered into a memorandum of understanding in relation to mutual recognition with the Swiss Financial Markets Supervisory Authority. This was replaced by Solvency II which specifies implementing measures to be adopted to assess where a non-EU country wishes to obtain equivalence status whether the solvency regime applicable to the reinsurance undertakings headquartered outside the EU is equivalent to the solvency regime.[41] The general benchmarks identified by EIOPA in making this assessment were adequate policyholder and beneficiaries protection and financial stability and fair and stable markets.[42] As part of this process, the Bermuda Monetary Authority introduced new rules that make its regulatory regime for reinsurers more consistent with the requirements of Solvency II, so as to enable it to obtain "equivalence" status.[43]

The possibility of developing international regulation for reinsurers has also been examined by international groups such as the International Association of Insurance Supervisors ("IAIS"), whose members include insurance regulators from over 200[44] countries, including Bermuda and the UK (which is a charter member of the IAIS). In addition to the foundational set of "Insurance Core Principles" maintained by the IAIS, which make reference to cooperation and coordination between insurance supervisors, the IAIS formed a Reinsurance Mutual Recognition Subgroup to facilitate the development of a framework for an efficient and effective international supervisory system for reinsurers. A guidance paper in relation to the Reinsurance Mutual Recognition Subgroup was issued in October 2008.[45] The purpose of this system was to allow supervisory bodies to recognise the quality of the supervision exercised by one another and thereby alleviate or remove unnecessary supervisory requirements for reinsurers.

15-012

However, despite the existence of the guidance paper, for a significant period there was limited discernible progress in developing a common structure in the

---

[40] CEIOPS existed in the form of a consultative committee that was established under EC decision 2004/6/EC, but was replaced in January 2011 by the European Insurance and Occupational Pensions Authority (known as "EIOPA") under EU Regulation No.1094/2010 as part of the creation of the new European financial supervision framework.

[41] Solvency II Directive art.172.

[42] Originally in CEIOPS *Consultation Paper No 78—Criteria for assessing equivalence of reinsurance supervisory regimes* (January 2010), this is now contained in art.172 of the Solvency II Directive. Given the foregoing discussion in relation to the potential position of UK reinsurers post-Brexit, it remains to be seen whether these benchmarks are intended to be objective criteria (which UK reinsurers would readily be expected to meet) or if there are other, more subjective, facets to obtaining equivalence that are not set out in EIOPA's publications.

[43] The final position on equivalence by the time the Solvency II Directive was implemented was different to that set out in EIOPA's earlier advice. The position was updated by Commission Delegated Decisions (EU) of 26 November 2015 2016/309 (in relation to Bermuda) and 2016/310 (in relation to Japan). The overall effect of these EC decisions is that both Switzerland and Bermuda were considered to be fully equivalent for Solvency II purposes with effect from 1 January 2016. In the case of Bermuda, this only applies to commercial reinsurers as the Bermuda regime for regulating captive insurers and special purpose insurers was not considered to be equivalent. Japan was granted temporary equivalence in respect of reinsurance and provisional equivalence for group solvency purposes. This temporary equivalence lasts for five years and may be extended for an additional year, although it should be noted that Japan did not aspire to achieve full equivalence in the same way as Switzerland and Bermuda. Elsewhere, the US, Australia, Brazil, Canada and Mexico have been granted provisional equivalence for group solvency purposes only for a period of 10 years from 1 January 2016. After that time, the EC will re-assess each of these regimes once again and decide whether to grant full equivalence, extend the temporary equivalence or, potentially, to determine that a jurisdiction is no longer considered to be equivalent.

[44] Per the website of the International Association of Insurance Supervisors (*www.iaisweb.org*).

[45] IAIS *Guidance Paper 3.5 on the Mutual Recognition of Reinsurance Supervision* (October 2008).

context of the IAIS. This situation changed in November 2019, when the IAIS adopted a comprehensive set of reforms that were intended to create a more formal means of mutually recognizing the regulation of international insurance and reinsurance groups. These reforms included: (i) ComFrame, a comprehensive and outcomes-focused framework that provides minimum requirements for the effective group-wide supervision of Internationally Active Insurance Groups ("IAIGs");[46] (ii) a new version of the Insurance Capital Standard (ICS Version 2.0), which aims to provide a globally comparable risk-based measure of capital adequacy of IAIGs and provides for a five year period for monitoring IAIGs on a confidential basis starting from 1 January 2020;[47] and (iii) a Holistic Framework for Systemic Risk; a framework for assessing and mitigating systemic risk in the insurance sector.[48]

Nevertheless, notwithstanding these recent developments in the IAIS, international regulators are still more likely to be focused on the potential benefits of attaining "equivalence" status from the EU for their reinsurance industries as referred to above.[49]

Regulation in the EEA

15-013 In the EU,[50] there is a single market in direct insurance based on the principles of home state regulation, the harmonisation of certain prudential requirements and the mutual recognition of insurance licences issued by a home state, as set out in the EC Insurance Directives.[51] Pursuant to agreement among signatories to the EEA Treaty,[52] the single market in direct insurance extends to EEA members that are not part of the EU, namely Iceland, Norway and Liechtenstein; these countries have adopted national provisions that reflect the provisions of the EC Insurance Direc-

---

[46] Information on ComFrame is publicly available from the IAIS website here:
https://www.iaisweb.org/page/supervisory-material/insurance-core-principles-and-comframe.
[47] Information relating to ICS Version 2.0 can be found here:
https://www.iaisweb.org/activities-topics/standard-setting/insurance-capital-standard/.
[48] Information relating to the Holistic Framework can be found here:
https://www.iaisweb.org/activities-topics/financial-stability/holistic-framework/.
[49] In June 2014 a "Wikileaks" release revealed apparent details of draft of proposals to be put forward through a "Trade in Service Agreement", apparently a proposal for an international agreement between 23 parties (including the EU and USA) to liberalise certain services between participating states. This included reference to financial services and, specifically, to insurance and reinsurance. Further releases were made in June 2015 and May 2016. Given the nature of the disclosures made, it is not clear how serious the prospect of such an agreement being developed is, so there does not appear to be any realistic prospect of the liberalisation of international reinsurance through this route in the near term either. One possible exception to this might be if, post-Brexit, the UK successfully manages to place itself at the centre of a non-EU free movement promoting free trade and services, although any such agreement is unlikely to extend to the EU in those circumstances.
[50] Since 1 February 2021, the EU comprises Austria, Belgium, Bulgaria, Croatia, Cyprus, Czech Republic, Denmark, Estonia, Finland, France, Germany, Greece, Hungary, Ireland, Italy, Latvia, Lithuania, Luxembourg, Malta, The Netherlands, Poland, Portugal, Romania, Slovakia, Slovenia, Spain and Sweden.
[51] First Non-Life Insurance Directive (73/239/EC); Second Non-Life Insurance Directive (88/857/EC); Third Non-Life Insurance Directive (92/49/EC); Consolidated Life Insurance Directive (2002/83/EC). These were all replaced by the Solvency II Directive with effect from 1 January 2016 which consolidated, rather than changed, the framework of the EC Insurance Directives in respect of matters directly relating to the solvency capital requirements of insurers and reinsurers.
[52] The EEA was established on 1 January 1994 following the agreement on the European Economic Area of 2 May 1992 between the EU countries plus Norway, Iceland and Liechtenstein. Switzerland was also a signatory to the agreement, but it was not ratified following a referendum and thus Switzerland did not become part of the EEA; instead it has bi-lateral agreements with the EU in relation to insurance regulatory issues, including the memorandum of understanding referred to above.

tives (including, most recently, Solvency II). Until relatively recently there had not been a concerted effort to establish a similar EU single market in reinsurance. As early as 1964, the European Community (then the European Economic Community) adopted a directive which required the abolition of restrictions on the freedom of establishment and the freedom to provide services of reinsurance and retrocession both in respect of pure reinsurers and "mixed undertakings" which dealt in both direct insurance and reinsurance.[53] As a result of this directive, Member States were no longer permitted to require reinsurers established in another EEA state to fulfil additional conditions or to obtain special authorisation not required of a domestic reinsurer. That directive did not, however, harmonise the rules governing reinsurers nor provide for the mutual recognition of national licences. Member States were left to adopt their own approach to the regulation of reinsurance.

In 2001, work started on a project to establish a single market in reinsurance in the EU. This led to the fast track adoption in October 2005 of the Reinsurance Directive[54] which set out a framework for such a single market. Each Member State was required to implement the Reinsurance Directive by 9 December 2007.[55] Like the EC Insurance Directives, the aim of the Reinsurance Directive was to facilitate cross-border business and to promote competition in a regulated market within the EU based on the following principles: (1) greater harmonisation of regulation among Member States, including through prescribed authorisation and capital requirements and the abolition of any national rules requiring foreign reinsurers to pledge assets to cover outstanding claims provisions; (2) the jurisdiction of the home Member State for the prudential regulation (broadly authorisation and capital requirements) of reinsurers having their head office in that state; (3) the mutual recognition by Member States of the status of reinsurers authorised by the regulators in other home Member States, which will enable a reinsurer based in one Member State to exercise cross-border "passporting" rights within the EU by establishing a branch or providing cross-border services in another Member State (the host Member State); and (4) the jurisdiction of the host Member State over the regulation of conduct of business carried on in that state by reinsurers based in other Member States, subject to certain limits imposed to avoid a differential treatment between local and passporting reinsurers.

Following the implementation of the Reinsurance Directive, the single market in reinsurance extended also to the EEA members that are not part of the EU. This structure has been replaced in full by the Solvency II Directive with effect from 1 January 2016.[56]

Regulation in the United Kingdom

The satirical account which we set out in the next two paragraphs originally appeared in the second edition. One question we consider in each new edition of this work is whether it is time to retire this section, but we conclude consistently that

15-014

---

[53] Reinsurance and Retrocession Directive (64/225/EC).
[54] Reinsurance Directive (2005/68/EC).
[55] Some EU Member States were slow to implement the Reinsurance Directive and some did not do so until well after the required deadline. The European Commission made formal requests to Belgium, France, Greece, Latvia and Romania to do so on 5 June 2008 and the directive was not actually implemented in Belgium until the passing of the "Law Relating to Reinsurance" dated 16 February 2009.
[56] See 15-008 and 15-056 below for more details on Solvency II. The title of the Solvency II Directive refers to it being a directive "on the taking-up and pursuit of the business of Insurance and Reinsurance", which demonstrates the clear intention for it to apply to both direct insurers and reinsurers.

this unflattering characterisation of the rules governing the regulation of insurance companies in the UK remains valid. This is despite some valiant attempts of the former Financial Services Authority ("FSA") to simplify the rules and regulations.[57] The replacement regulatory bodies have also over time made an effort to update and, where possible, simplify the rules within their own domains, but to describe the success of this process as being "mixed" would considered to be charitable.[58] Indeed, the analogy is even more applicable with the presence of the dual regulatory structure of the PRA and FCA, and a very common topic of conversation between UK insurers and reinsurers remains a comparison of their experiences of how cumbersome and bureaucratic the UK regulatory process continues to be.

Our updated imagination of the discovery of the labyrinth follows:

Shortly before Plutarch began to write about Theseus and the labyrinth, which was before the word "labyrinth" had been invented, Plutarch was transported forward in time to the year 2000. He arrived in England in the time preceding the implementation of FSMA 2000. It was a short, unrewarding, visit in which he learned only about the manner in which insurance companies were regulated in England. He returned to his own time convinced that the word he needed to describe the maze of different passages and dead ends which Theseus had to traverse in search of the Minotaur should be called an "inscoreg" the snappy word that he understood was used in the trendier parts of the Bank of England for "insurance company regulation". But friends persuaded him that as only he had been privileged to see the future, the allusion would be lost on his contemporary readers. Thus, he invented the word "labyrinth" and thus it is that the complexities of insurance company regulation before FSMA 2000 came to be described as *labyrinthine*.

Had Plutarch travelled a further 24 years, to 2024, and sought to discover how insurance companies were regulated in England after the flood of orders, rules and guidelines made pursuant to FSMA 2000, the need to interact with two separate regulatory bodies and the need to follow EU rules that no longer technically apply, fortune may have smiled on Plutarch and he may never have worked it out. Had he done so and returned to his own time to try to mirror in his work the style of the regulatory regime in 2024, he would have written one work only, a mix of his entire output which had to be pieced together from documents as formal as state decrees and as informal as correspondence with friends.

---

[57] To provide an example of the scale of the challenge simplification presences, the FSA announced a project in 2005 to simplify its Handbook and remove unnecessary rules. This did result in some changes being made to certain of the rulebooks that applied to the insurance industry, such as the dismantling of one of the relevant volumes and amending the format of the regulatory returns that insurers are required to submit to the regulator. Even the most charitable industry participants would describe these changes as marginal given the complexity that remained. The rulebooks were then dissected and adopted by the new regulators following the abolition of the FSA in 2013, a process which cannot by any means be said to have simplified the structure of the rules and has not resulted in any material reduction in volume.

[58] For convenience the FCA and PRA handbooks of rules and guidance are in places referred to in this chapter collectively as the "Handbook". Since the separation of the FSA's former powers each of the two successor regulators have, over time, been developing its own approach to updating the applicable rules, although as noted above it is fair to say that this has not amounted to any wholesale re-write of the rules (certainly not one which might be described as a material simplification). The PRA commenced a project to re-write its sections of the Handbook that will only apply to PRA-authorised firms (which would include reinsurers), which is now described as a "Rulebook" (presumably to differentiate it from the FCA's *Handbook*) and so care should be taken to refer to the correct terminology when referencing the PRA's rules specifically. Whilst the PRA has attempted to simplify the rules that it inherited from the FSA in order to create a clear and concise Rulebook, it remains to be seen whether we will ever be close to the utopia of simplicity, and UK reinsurers likely have to deal with a larger volume of rules than is the case in most other jurisdictions.

15-015 Brexit triggered a major upheaval of the UK financial services architecture, as the UK began to prepare for regulatory independence from the EU. "Retained EU law" including both: (1) existing UK legislation that implemented EU directives, such as Solvency II;[59] and (2) directly effective EU regulations, such as the Delegated Act,[60] was 'onshored' as part of a wave of domestic UK statutes implemented with effect from 11pm on 31 December 2020.[61] This legislation also made the following substantive changes to UK financial services regulation: (i) transferring certain key functions previously carried out by EIOPA and the European Commission to the PRA, the Bank of England's Prudential Regulation Committee and HM Treasury;[62] (ii) transferring the power to make Binding Technical Standards from EIOPA to the PRA; and (iii) subjecting EEA groups with UK subsidiaries to PRA group supervision.

However, the UK may achieve greater regulatory simplicity in the future, as FSMA 2023 provides HM Treasury with a new statutory mechanism for revoking retained EU law and replacing it with regulation that is specifically tailored for the UK insurance industry.[63]

Whilst the UK Parliament and HM Treasury will retain responsibility for producing primary and secondary legislation respectively under the new regime, the FCA and the PRA will each take direct responsibility for setting many of the direct regulatory requirements that are currently enshrined in retained EU law pursuant to their respective rule-making powers under FSMA 2000.[64] The expectation is that this arrangement will make UK financial services regulation more agile, as the UK regulators will be able to make and update regulation in a responsive way to take account of changing market conditions, emerging risks and new innovation opportunities. HM Treasury also intends that the new UK financial services regulatory regime will result in a decrease in the current number of regulatory rules, and greater emphasis upon the exercise of regulatory judgement by the UK regulators. Whether this will be sufficient to convince us to remove our references to the labyrinth in this context remains a question for the next edition of this work.

15-016 In the UK, reinsurance, among other financial services, is regulated by a major statutory framework. Between 1 December 2001 and 1 April 2013, the regulator for reinsurers as well as insurers, banks, building societies and investment firms was the FSA, which acted under powers and a framework first established by FSMA 2000. The regulatory regime under FSMA 2000 consolidated a former fragmented

---

[59] A number of the rules contained in Solvency II were implemented into UK legislation by the Solvency 2 Regulations 2015. These amendments are contained in The Solvency 2 and Insurance (Amendment, etc.) (EU Exit) Regulations 2019.
[60] Commission Delegated Regulation (EU) No.2015/35.
[61] This process of "onshoring" was effected by the European Union (Withdrawal) Act 2018 (as amended by the European Union (Withdrawal Agreement) Act 2020). This Act retained directly effective legislation, such as the Delegated Act, into domestic UK legislation and conferred powers on Government ministers to make changes to EU-derived legislation so that it continued to operate effectively after the UK's withdrawal from the EU. Further, pursuant to The Financial Regulators' Powers (Technical Standards etc.) (Amendment etc.) (EU Exit) Regulations (SI 2018/1115), HM Treasury delegated powers to the FCA and the PRA to make amendments to their existing rules, as well as "onshored" Binding Technical Standards, that were relevant to their remits by way of EU Exit Instruments. The PRA subsequently published various EU Exit Instruments, including the PRA Rulebook (EU Exit) Instrument 2020, which contained changes that are required to be made to the Rulebook as a result of Brexit.
[62] For example, UK equivalence determinations are now made by HM Treasury and are listed on the PRA's website.
[63] Please see 15-008 for more information about the mechanism for repealing and replacing retained EU law contained in FSMA 2023.
[64] These rule-making powers are contained in Ch.1, Pt 9A of FSMA 2000.

system which involved a different regulator for each financial services sector and regulatory provisions set out in various statutes, regulations and rules made by self-regulatory organisations.[65]

The UK regulatory structure following the implementation of FSMA 2000 brought major changes to financial services regulation in the UK, including an emphasis for the first time on risk-based regulation, a trend that has continued into the new dual regulatory structure and also features as a key factor in Solvency UK.[66] The increased powers of enforcement and intervention given to the regulators apply equally to regulated reinsurers as to direct insurers. More broadly, the UK's approach to the regulation of reinsurers otherwise remains the same as prior to the implementation of the Reinsurance Directive: In terms of a prudential regulation reinsurers are generally subject to the same rules as insurers carrying on direct business, though sometimes less onerous requirements apply to pure reinsurers.[67]

15-017   The FSA had a relatively short life as the UK's national financial services regulator. Following the Global Financial Crisis of 2007–2009, the Conservative/Liberal Democrat coalition government elected in May 2010 pledged to abolish the FSA and transfer its powers to the Bank of England, which the government perceived to be a more robust institution to stand up to the challenges presented by a large financial institutions industry.[68] In fact the Bank of England does not directly regulate the activities of insurers, or indeed any other participants in the UK financial services sector, as this role is performed by the PRA, a subsidiary of the Bank with its own premises and management structure.[69] The PRA is responsible for "prudential" regulation—essentially the task of ensuring that reinsurers have sufficient funds to meet their obligations and remain solvent.

The other key aspect of regulation relates to the conduct of business—how insurers and reinsurers interact with their customers to ensure that they act appropriately and fairly. This is now the domain of the FCA, an organisation which is separate from the PRA in terms of structure, management, premises, staff and accountability. Given the client base of reinsurers are necessarily insurers who themselves are regulated, the question arises as to why the FCA has any relevance at all to regulating the conduct of reinsurers; presumably a regulated, well-run

---

[65] FSMA 2000 replaced previous legislation which governed different types of financial services, including the Insurance Companies Act 1982 which governed insurers and reinsurers, the Banking Act 1986 which governed banks and the Building Societies Acts 1986–97 which governed building societies. The FSA, formerly the Securities and Investments Board (one of many regulators), first took over the role of supervising banks from the Bank of England in June 1998 and in December 2001 consolidated its position as single financial services regulator by taking over the former roles of HM Treasury's Insurance Directorate (the former insurance and reinsurance regulator), the Building Societies Commission, the Friendly Societies Commission and three self-regulatory organisations—the Securities and Futures Authority, the Personal Investment Authority and the Investment Management Regulatory Organisation (the two latter organisations having had regulatory responsibilities in relation to investment business, including long term insurance).

[66] As part of this process the regulator carries out risk assessments of firms and classifies them as high, medium or low impact firms in terms of impact and probability of the risks posed by the firm and its activities to the regulatory objectives. Supervision is then tailored to the firm's risk rating and a differential in the amount of solvency capital required may result.

[67] This observation about the historical development of the approach to financial supervision remains valid, but as noted in 15-004, the Reinsurance Directive has indeed now been replaced by the Solvency II Directive.

[68] The creation of the new system was announced by the Chancellor of the Exchequer, George Osborne, at his annual Mansion House speech in June 2010. He described the FSA as "a narrow regulator, almost entirely focussed on rules-based regulation" and suggested that "only independent central banks have the broad macroeconomic understanding, the authority and the knowledge required to make the kind of macro-prudential judgments that are required now and in the future".

[69] Although the staff are employees of the Bank of England who are assigned to the PRA.

insurer should be able to check and control these risks itself? Whilst it is certainly true that the FCA is of less relevance to reinsurers as a regulator than the PRA, reinsurers are still subject to supervision by the FCA and need to operate in compliance with the requirements of both regulators.

Reinsurers are subject to provisions in FSMA 2000 and various orders and regulations made under that Act as well as rules and guidance. These rules were initially drafted by the FSA and set out in modules or sourcebooks of its Handbook and have been subject to frequent amendments since they were initially drafted. Following the division of the responsibility for regulation between the PRA and FCA, the FSA's *Handbook of Rules and Guidance* was also divided, and the relevant parts were adopted by the successor organisations as applicable to their respective areas of focus without any other significant amendment at that point. The regulatory approach includes a focus on judgement-led regulation, especially as regards to prudential supervision, and therefore reinsurers have increasingly needed to focus on considering the wider implications of their decisions rather than whether they are complying with a literal interpretation of a rule.

15-018

The rules that currently apply to reinsurers in respect of capital requirements are set out in the PRA Rulebook. The insurance rules are divided between rules applying to Solvency UK firms and rules applying to non-Solvency UK firms, the former being those applicable to most reinsurers, as only small reinsurers which meet specific criteria (including having a gross annual premium income of less than 5m) are exempt from the Solvency UK regime.[70]

Solvency II

The framework of European directives upon which the UK financial supervision system is based for reinsurers was radically overhauled by the eventual implementation of the Solvency II project. Solvency II implemented an EU-wide approach to determining an insurer's or reinsurer's capital requirement for solvency purposes, which looks not only at financial criteria in relation to underwriting and claims but also at risk-management standards and factoring the operation and effectiveness of these into the capital requirement.

15-019

The Solvency II project was initiated by the European Commission in 2000 to investigate the need for changes to the existing solvency regime for direct insurers. It follows a similar exercise in the banking sector following the Basel Committee on Banking Supervision's adoption of the New Basel Capital Accord ("Basel II") on 31 December 2006, and is regarded as heralding a fundamental change to the way that insurers are regulated in the EU. Karel Van Hulle, the former head of Insurance and Pensions at the European Commission who is credited as being the architect of the regime, described the project as "the biggest project in insurance regulation in the last 30 years".[71] The key principle underlying Solvency II is that the capital requirement of a (re)insurer will no longer be set a "one size fits all" model, where the amount of capital is reached by applying a purely formulaic calculation based on the size of premium written or earned by the reinsurer or the classes of business it writes. Instead, the capital requirement is determined by reference to a sophisticated actuarial model on a bespoke basis, which is intended to reflect the internal and external risks faced by the reinsurer and the way that business is run.

---

[70] These rules are set out in a distinct section of the PRA Rulebook at *https://www.prarulebook.co.uk/rulebook/Content/Sector/211133/09-01-2024*. With effect from 31 December 2024, the Solvency UK thresholds will be: (i) gross written premium income of £25 million; and (ii) firm and group technical provisions of £50 million.
[71] At a speech to the Insurance Institute of London on 17 March 2010.

15-020 Whilst this is a simple concept to describe at a high level, as soon as you look beneath the surface it becomes apparent that this is actually a description of quite a complex regime. This explains the length of time that it took for the project to come to fruition. The original target implementation date for the directive was 31 October 2012.[72] This turned out to be an aspirational target as the Solvency II project suffered so many further revisions and delays, that at times some commentators questioned whether the new regime would ever make it into force. The Solvency II Directive ultimately came into force from 1 January 2016, although it was not until reinsurers were required to implement the Level 2 and work with the Level 3 guidance in the first reporting periods following the implementation date, that they were able to assess the full impact of the new regime on their businesses.[73] In the UK, even prior to Brexit the PRA transposed the Solvency II Directive and the Delegated Act into its Rulebook, which had the effect of the relevant rules being duplicated in two separate places: the Rulebook and the Delegated Act itself.[74]

Solvency II was intended to be a "directive of maximum harmonization", meaning that all regulators across the EU are supposed to conduct the prudential regulation on a consistent basis. This should in theory prevent any regulator from "gold-plating" the rules in its own jurisdiction. Whilst Solvency II does go a long way to levelling the playing field in this regard (particularly considering the disparate rules that applied in EU states before its implementation), there remains scepticism as to how such a complex set of requirements can be applied consistently across such a variety of markets, jurisdictions and regulators.[75] This is particularly the case given the disparity of resources and expertise that are available to the regulators in dif-

---

[72] The actual implementation of the Solvency II Directive has not affected the validity of the discussion contained in this paragraph and the scope for regulatory arbitrage remains.

[73] The implementation of the directive is based on an approach recommended by a "Committee of Wise Men" chaired by Baron Alexandre Lamfalussy, which comprised a four-level procedure aimed at speeding up the EU legislative process. It divided the legislation into high-level framework provisions and implementing measures and makes provision for legislation to be modified as required to keep pace with market and supervisory developments. Under the Lamfalussy arrangements, the European Commission first proposes framework legislation and which is adopted under a "co-decision" procedure involving the European Council and the European Parliament, this being the Level 1 text. This is then supplemented at Level 2 by more detailed implementation measures, adopted by the Commission and endorsed by a qualified majority of Member States, which is prepared by the European Commission on the basis of advice provided by representatives of national supervisory authorities, acting through the "Level 3" committees (CEBS, CEIOPS and CESR). In finalising their advice, the Level 3 committees consult extensively with providers and users of financial services. The Level 3 committees also aim to foster supervisory convergence and best practice, principally through the creation of (non-legally binding) guidance. Finally, at Level 4, the Commission ensures that Member States are complying with applicable legislation and it pursues enforcement action where required.

[74] As above, both Solvency II and the Delegated Act have been "onshored" into the UK domestic legislative regime following the expiry of the Brexit transition period at 11pm on 31 December 2020. The rules contained in the Delegated Act are therefore now part of UK law until they are repealed and replaced by HM Treasury under FSMA 2023.

[75] The reinsurance market was cynical about whether the UK would be able to resist the temptation to supplement the Solvency II regime with an overlay of its own additional requirements, a process referred to as "gold plating". Paul Fisher, the PRA's Deputy Head and Executive Director of Insurance Supervision, stated in a speech on 22 January 2015, that the PRA recognises and respects "that Solvency II is a maximum-harmonising Directive with a key objective of promoting supervisory co-operation. The PRA is committed to upholding this valued objective and will implement the Directive as intended. The PRA can't and won't gold plate." Despite these protestations, there is anecdotal evidence among that the PRA does take a different practical approach when interpreting Solvency II compared with other EU regulators.

ferent EU states.[76] Despite what might be seen as a worthy intention of creating a solvency regime which attempts to combine the goals of maximum harmonisation with a risk-based sensitivity, it cannot be said that it has been welcomed universally within the insurance and reinsurance industry.[77]

Proposed reforms to Solvency II

As well as receiving attention in the UK as part of the post-Brexit project, modifications to certain rules contained in Solvency II have been considered by EU legislative institutions for several years. The European Commission's review of Solvency II commenced in 2019, and culminated in a package of proposed reforms in September 2021.[78] These proposed reforms were wide-ranging and reflected lofty ambitions, with a focus on amending the Directive in three main ways: (i) creating a more proportionate regulatory framework by increasing the thresholds triggering compliance with Solvency II; (ii) requiring (re)insurers to consider their exposures to climate risks and the long-term impact of climate change on their respective businesses; and (iii) strengthening cross-border supervision by increasing the obligations of national supervisory authorities to exchange information between them. The European Commission also sought to strengthen certain areas of regulation, for example by proposing that (re)insurers should address parts of their Solvency and Financial Condition Reports[79] to policyholders, and consider macro-economic risks when preparing their Own Risk and Solvency Assessments ("ORSA").[80]

A number of the European Commission's other proposed reforms overlapped with changes to the UK's regime. In particular, the the European Commission also regarded the reforms of Solvency II as an opportunity to boost its economy through facilitating (re)insurers' investment in infrastructure, and was in favour of releasing some of the capital that (re)insurers are required to hold under current prudential requirements. Accordingly, proposed changes to both the current risk margin and

15-021

---

[76] An example of the possible divergences in approach in implementing the rules under Solvency II can be seen from the contingency planning that a number of UK insurance groups undertook in relation to Brexit. If it were the case that all remaining EU member states have regulators which apply the same rules under Solvency II in precisely the same way, then it would follow that any one of the remaining EEA states would be a potential location for UK (re)insurance groups to establish an additional operation. In practice there has been more of a clustering in particular jurisdictions, and that suggests that there are different perceptions about how the rules will be interpreted by the regulators in different jurisdictions

[77] Sean McGovern, the General Counsel of Lloyd's of London at the time described Solvency II to an industry event in February 2015 as "something of a monster", pointing out that the new regime stood at 3,250 pages of rules and legislation to replace the existing directive requirement of 200 pages. That speech was given before some of the relevant draft UK statutory instruments were laid before Parliament on 6 March 2015. It appears he was also noting similarities with the works of Plutarch.

[78] The European Commission's package of proposed reforms can be found here: *https://finance.ec.europa.eu/publications/insurance-rules-review-encouraging-solid-and-reliable-insurers-invest-europes-recovery_en*.

[79] Under Solvency II Directive art.51, EU member states must require (re)insurers to publish, on an annual basis, Solvency and Condition Reports. These reports must contain certain prescribed information relating to the performance of, and the risks faced by, the (re)insurer, including a description of the (re)insurers governance arrangements, levels of own funds and technical provisions, capital management and the key risks that the (re)insurer faces.

[80] Under Solvency II Directive art.45, EU member states must require (re)insurers to continually perform own risk and solvency assessments as part of their risk management frameworks, and report their findings to national supervisory authorities. As part of these assessments, (re)insurers will consider both the solvency positions and whether the assumptions underlying their SCR (as described in 15-057) remain accurate.

matching adjustment formulations form part of the European Commission's proposed package of reforms.

Following the publication of these proposals, both the European Council[81] and the European Parliament[82] published their own proposed amendments and a provisional agreement on the revised text, which reflected a number of the European Commission's proposals, was reached in December 2023.[83] The European Parliament and the European Council are now in the process of formally adopting the finalised version of the revised text, which is expected to be implemented into the domestic legislation of EU Member States in 2025.

Regulation in Bermuda

15-022 The domestic insurance market in Bermuda is small, consisting of a relatively small number of locally owned insurance groups and a handful of foreign companies which are permitted to do business through Bermudian agents. The Bermuda Insurance Act 1978 and its related regulations, although it applies to local insurance companies, was introduced with the specific object of regulating Bermuda's growing captive insurance industry and over time has been evolved to reflect the presence of a sophisticated reinsurance market in addition to Bermuda's core captive insurance and reinsurance sector and also to cater for the development of a very significant long term insurance industry in Bermuda. Bermuda is concerned to maintain the highest possible international reputation in the global insurance and reinsurance market and was a founder member of the International Association of Insurance Supervisors. The core of the Bermuda regulatory approach is "risk-based".

As we have seen,[84] under the Bermudian legislation insurance business is defined and expressly includes reinsurance and as we will see, the Bermuda legislative paradigm continues to recognise that a pure captive company which is (re)insuring the risks of its parent and affiliated companies is a very different beast in comparison with a large property catastrophe reinsurer.[85] Furthermore, the advent of Solvency II equivalence has seen Bermuda evolve a different regulatory approach for its commercial insurers in both the general and long-term space. This will be discussed later in this chapter.

---

[81] The European Council published its agreed position on reforms to the Solvency II Directive in June 2022. This publication can be found here: *https://www.consilium.europa.eu/en/press/press-releases/2022/06/17/solvency-ii-council-agrees-its-position-on-updated-rules-for-insurance-companies/*.

[82] The European Parliament published was the last of the three bodies to publish its proposed reforms on the Solvency II Directive (July 2023). This publication can be found here: https://www.europarl.europa.eu/doceo/document/A-9-2023-0256_EN.html#_section2.

[83] The EU announcement can be found here: *https://www.consilium.europa.eu/en/press/press-releases/2023/12/14/solvency-ii-and-irrd-council-and-parliament-agree-on-new-rules-for-the-insurance-sector/*

[84] See Ch.8 above.

[85] See 15-080 below.

2. REGULATION OF REINSURERS IN THE UNITED KINGDOM

Historical perspective

Direct insurance was never unlawful in the UK. Reinsurance was unlawful for 119 years between 1745 and 1864.[86] In 1745, the Insurance on Ships Act s.4 made "re-assurance" unlawful:

> "... unless the assurer be insolvent, become bankrupt or die; in either of which cases such assurer ... may make reassurances in the amount of the sum before by him assured."

It is probable that this statute forbade reinsurance of any nature, whether or not the insurance was of ships. Bullen J, in *Andree v Fletcher*, said " ... for no person can re-assure in this country, except in one of the three instances mentioned in the Act".[87] The intention seems to have been to prevent gambling on the difference in premiums.[88] One of the counsel in *Andree v Fletcher* remarked on the strange anomaly of reassurance being of infinite benefit and yet illegal in England whilst allowed in all other commercial countries in Europe. The exceptions are difficult to understand.

It appears that the assurer could only obtain the reassurance, where permitted, at the time of the insolvency, bankruptcy or death. If the assurer was insolvent or bankrupt, it might be difficult to find the money to pay premium for the reinsurance even if using the insolvent assurer's money to purchase reassurance at that point in time was permissible under insolvency law. If there was a claim on the reassurance, the money would go to the reassured (or if insolvent, his estate) for distribution to all his creditors rather than to the original assured. The personal representative of the assurer might find the ability to reassure helpful in settling the estate of the assurer, but since he would remain liable if the reassurance failed and would have to remain in place to claim on the reassurance if there was a claim, the estate could not be wound up anyway. The prohibition against reinsurance was abolished in the Stamp Act 1864: "... it shall be lawful to make Reassurance ...", and the 1745 statute was repealed in 1867.

In *Re Cavalier Insurance Co Ltd*, Knox J observed that:

> "... the legislative requirements for authorisation of insurance companies ... in one form or another go back to the Life Assurance Companies Act 1870, and the reasons for parliamentary intervention were spectacular failures by insurance companies, an event which has unfortunately continued to occur from time to time down to modern times."[89]

The requirement that a company be authorised by the Department of Trade (now authorisation is by the PRA, with regulation by both the PRA and FCA) in respect of the particular classes of business which it wished to write was first introduced into the 1967 Companies Act. Prior to that, there had been requirements for deposit of money with the Paymaster-General as a precondition to writing business and for minimum capitalisation.[90] It had been held in 1925, in *Forsikringsaktieselskabet*

15-023

---

[86] See Ch.2 above.
[87] *Andree v Fletcher* (1787) 2 Term. Rep. 161 at 163; see also (1789) 3 Term. Rep. 266.
[88] *Delver v Barnes* (1807) 1 Taunt. 48 at 51 per Chief Justice Mansfield.
[89] *Re Cavalier Insurance Co Ltd* [1989] 2 Lloyd's Rep. 430.
[90] £50,000 in 1958: Insurance Companies Act 1958 s.2(1) (all now repealed).

National (of Copenhagen) v Attorney General,[91] that at least where there was a facultative treaty of reinsurance, where the insurer was being (re)insured against the original fire losses, the reinsurer had to put up security if he wished to write the business. It was bound by the "regulations" (actually statute) affecting insurance companies.

Application of insurance company legislation to reinsurers

15-024 In the UK there is very little difference between the regulation of a reinsurer and the regulation of a direct insurer. The reason for this is that UK legislation has rarely distinguished between insurance and reinsurance business. FSMA 2000 and the regulations made thereunder, like the previous insurance and reinsurance companies statute (the Insurance Companies Act 1982 ("ICA 1982")), assumed that insurance includes reinsurance, and this is indicative of the approach of the UK legislature to reinsurance. Initially the ICA 1982 (like the ICA 1981 and ICA 1974) neither defined "insurance business" nor referred expressly to reinsurance. It was only in 1994, by amendments made through statutory instrument,[92] that the law began to make particular provision for reinsurance. None of FSMA 2000, the Handbook[93] or the ICA 1982 expressly defines "insurance business" to include reinsurance. The rules confirm that insurance business includes reinsurance obliquely, by indicating that a pure reinsurer "must not carry on any business other than the business of reinsurance and related operations"[94] and by specifying the manner in which certain other rules applicable to insurance apply in the case of reinsurance. An example of this can be seen in s.105(3) of FSMA 2000, which refers to the whole or part of the [insurance] business that "consists solely of the effecting or carrying out of contracts of reinsurance". The Handbook specifies that reinsurance "includes retrocession" but does not otherwise define "reinsurance".[95]

15-025 The UK regulatory framework rests on the division of all "insurance business" into long-term business and general business, each of which is subdivided into classes of business, and it is not immediately clear how reinsurance fits into this scheme of classification. An insurer must obtain authorisation in respect of each particular class of business which is carried on in the UK. The classes of insurance business, listed in Sch.1 to the Regulated Activities Order,[96] are presumably intended to be exhaustive. These classes reflect the classes of direct insurance busi-

---

[91] *Forsikringsaktieselskabet National (of Copenhagen) v Attorney General* [1925] A.C. 639; (1925) 22 Ll. L. Rep. 4.
[92] Insurance Companies Regulations 1994 (SI 1994/1516); Insurance Companies (Third Insurance Directive) Regulations 1994 (SI 1994/1696); Insurance Companies (Accounts and Statements) (Amendment) Regulations 1994 (SI 1994/1515); Insurance Companies (Accounts and Statements) Regulations 1996 (SI 1996/943), as amended.
[93] This comment applies to both the PRA and FCA elements.
[94] SII Firms—Conditions Governing Business 9.2—Restriction of Business.
[95] See the definition in the Glossary forming part of the *FCA Handbook*; the same definition applies to the PRA Rulebook.
[96] The Financial Services and Markets Act 2000 (Regulated Activities) Order 2001 (SI 2001/544), as amended (the "Regulated Activities Order"). The classes of general insurance business are: 1. accident, 2. sickness, 3. land vehicles, 4. railway rolling stock, 5. aircraft, 6. ships, 7. goods in transit, 8. fire and natural forces, 9. damage to property, 10. motor vehicle liability, 11. aircraft liability, 12. liability of ships, 13. general liability, 14. credit, 15. suretyship, 16. miscellaneous financial loss, 17. legal expenses and 18. assistance. The classes of long term insurance business are: I. life and annuity, II. marriage and birth, III. linked long term, IV. permanent health, V. tontines, VI. capital redemption contracts, VII. pension fund management, VIII. collective insurance and IX. social insurance.

ness set out in the EC Insurance Directives.[97] No specific provision exists for reinsurance as its own class of business. This may be because the draftsman assumed that reinsurance business belongs to the same class of general or long-term business as the original insurance which it reinsures. This assumption is reasonable in the case of facultative reinsurance. However, it is far from clear how a non-proportional reinsurance contract, or an excess of loss retrocession treaty, fits into the regulatory scheme. The only possible category into which an excess of loss treaty can plausibly be fitted is arguably para.16(c) of Sch.1:

> "Miscellaneous financial loss ... (c) risks neither falling within paragraph (a) [interruption of business] or (b) [unforeseen expense] above nor being of a kind such that carrying on the business of effecting and carrying out contracts of insurance against them constitutes the carrying on of insurance business of some other class."

The question of whether the insurance companies legislation applied to reinsurance was brought before the courts and finally answered, in the affirmative, in *D.R. Insurance Co v Seguros America Banamex*.[98] As the deputy judge, Mr Adrian Hamilton QC pointed out that, since the decision of the House of Lords in *Attorney General v Forsikringsaktieselskabet National (of Copenhagen)*,[99] reinsurance has been treated as being within the Insurance Companies Acts. It was argued that if the ICA 1982 was applicable to reinsurance, then it could only apply to reinsurance where the subject matter was the same as the subject matter of the original insurance. Mr Hamilton QC said:

15-026

> "I cannot accept this distinction. *Reinsurance and retrocession indemnifies the original insurer or retrocedant against his liability in respect of the original risk, whether it is direct facultative reinsurance of the original subject matter, or reinsurance of a basket of original risks.* The new classifications based on the EEC Directive—
>
> > '... accord badly with insurance law and practice in this country and—as many in the market would no doubt say—even with common sense ... "ours not to reason why" ... [per Lord Justice Kerr in the *Phoenix* case].'
>
> The classifications may be difficult to fit reinsurance in the United Kingdom, but I see no absurdity in classifying these types of reinsurance as 'general liability business' or as 'miscellaneous financial loss business'."[100] [Emphasis added]

In *Re N.R.G. Victory Reinsurance Ltd*,[101] Lindsay J held that reinsurance business was "insurance business" within the meaning of the ICA 1982 and that long-term reinsurance business accordingly constituted "long-term business" within the ICA 1982.

The Reinsurance Directive adopted a classification of reinsurance business as "general" or "long-term" reinsurance business for authorisation purposes, without expressly requiring any further subdivision of general and long-term reinsurance into the classes of general and insurance business found in the EC Insurance Directives.[102] The Reinsurance Directive did, however, refer to certain classes of direct insurance for the purpose of determining applicable solvency margin requirements for reinsurers. By way of example, specific provisions are included in the

---

[97] And subsequently adopted by Solvency II, as set respectively in Annex I and Annex II of the Solvency II Directive.
[98] *D.R. Insurance Co. v Seguros America Banamex* [1993] 1 Lloyd's Rep. 120.
[99] *Attorney General v Forsikringsaktieselskabet National (of Copenhagen)* [1925] A.C. 619, and see above.
[100] *D.R. Insurance v Banamex* [1993] 1 Lloyd's Rep. 120 at 129.
[101] *Re N.R.G. Victory Reinsurance Ltd* [1995] 1 W.L.R. 239.
[102] The references in this Chapter to the Reinsurance Directive should now be regarded as historical,

15-027 Reinsurance Directive in relation to undertakings conducting reinsurance business in respect of credit insurance to set up specific equalisation reserves.[103]

While the Reinsurance Directive was applicable to finite reinsurance, the directive was not prescriptive on how Member States should regulate it. Member States could have chosen to do nothing at all or they may opt to adopt measures such as mandatory contract conditions or rules on solvency, investments, accounting and/or internal procedures in relation to finite reinsurance. In the UK the PRA applied a disclosure-based regime whereby insurers and reinsurers were required to disclose the existence of finite reinsurance arrangements, and to provide relevant information, in their annual financial returns.

The Reinsurance Directive also provided that home Member State regulators had the power to limit the reduction of insurers' solvency margin based on outwards reinsurance where there is no, or a limited, risk transfer under the reinsurance contracts.

The Reinsurance Directive included a definition of finite reinsurance as:

> "reinsurance under which the explicit maximum loss potential, expressed as the maximum economic risk transferred, arising both from a significant underwriting risk and timing risk transfer, exceeds the premium over the lifetime of the contract by a limited but significant amount, together with at least one of the following two features: (1) explicit and material consideration of the time value of money; and (2) contractual provisions to moderate the balance of economic experience between the parties over time to achieve the target risk transfer."[104]

15-028 The PRA did not adopt a definition of finite insurance by reference to particular characteristic terms and conditions, but instead followed a principles-based approach to identifying reinsurances of this nature. The risk-based approach was continued under Solvency II, which requires that:

> "Member States shall ensure that insurance and reinsurance undertakings which conclude finite reinsurance contracts or pursue finite reinsurance activities are able to properly identify, measure, monitor, manage, control and report the risks arising from those contracts or activities."[105]

For these purposes finite reinsurance means:

> "reinsurance under which the explicit maximum loss potential, expressed as the maximum economic risk transferred, arising both from a significant underwriting risk and timing risk transfer, exceeds the premium over the lifetime of the contract by a limited but significant amount, together with at least one of the following features:(a) explicit and material consideration of the time value of money; and (b) contractual provisions to moderate the balance of economic experience between the parties over time to achieve the target risk transfer."[106]

SPVs, ISPVs and PCCs

15-029 The Reinsurance Directive enabled the use of special purpose vehicles ("SPVs") that carry on insurance or reinsurance activities, provided that they were authorised

---

although these sections were originally written in contemplation of the implementation of the Solvency II Directive and remain valid observations.
[103] Reinsurance Directive art.22. The distinction is retained in the Solvency II Directive, with Annex I setting out classes of non-life insurance and Annex II setting out the classes of life insurance.
[104] Reinsurance Directive art.2(1)(q).
[105] Solvency II Directive art.210.
[106] Solvency II Directive art.210(3).

by their home Member State.[107] Moreover the home Member States were required to adopt rules in relation to SPVs on the scope of authorisation, mandatory contract conditions, fit and proper criteria for managers, shareholders and other controllers, internal controls, information requirements and solvency and to set conditions for the use of amounts outstanding from an SPV as admissible assets to cover technical provisions.[108]

Prior to the Reinsurance Directive, SPVs carrying on insurance or reinsurance business within the UK were effectively already subject to UK authorisation and solvency requirements as the UK approach was to regulate all reinsurance business. As part of the UK's implementation of the Reinsurance Directive new rules were implemented to allow for the authorisation and regulation of "insurance special purpose vehicles" or ISPVs.

An ISPV was defined as an undertaking, other than an insurance undertaking or reinsurance undertaking which has received official authorisation in accordance with art.6 of the First Non-Life Directive, art.4 of the Consolidated Life Directive or art.3 of the Reinsurance Directive: (a) which assumes risks from such insurance undertakings or reinsurance undertakings; and (b) which fully funds its exposures to such risks through the proceeds of a debt issuance or some other financing mechanism where the repayment rights of the providers of such debt or other financing mechanism are subordinated to the undertaking's reinsurance obligations.

The perceived advantage of using an ISPV are, broadly, that there is a reduced requirement for application for authorisation as there is a greater emphasis on self-certification and senior management responsibility compared with those for insurance companies, an approach which the PRA referred to as a "fit-for-purpose" authorisation. The consumer protection role is fulfilled by the supervision of the ceding insurer and the process also required the ISPV to obtain a specific waiver from the PRA.

15-030

These potential advantages to using an ISPV did not, however, result in them being widely adopted in practice.[109] This is not the end of the story in relation to this type of reinsurance vehicle. Having observed that certain jurisdictions, notably Bermuda, had developed significant markets using ISPV technology, in 2015 the UK's Chancellor of the Exchequer, George Osborne, decided that the UK needed its own SPV regime that provided a more compelling proposition for reinsurers.[110] Of particular concern was the failure of the UK market to provide an attractive platform that facilitates insurance linked securities ("ILS") transactions.[111]

15-031

A working party was formed from the reinsurance industry and a consultation

---

[107] These provisions have been replicated in Solvency II Directive and these rules are set out in art.211ff.
[108] Reinsurance Directive arts 46 and 34(5).
[109] While the PRA does not list specifically the number of authorised ISPVs, this can be deduced from the number of waivers it has given in relation to the specific rules that are necessary for an ISPV to function effectively; only a handful of such waivers were given before the Reinsurance Directive was replaced by the Solvency II regime.
[110] https://www.gov.uk/government/speeches/chancellor-george-osbornes-budget-2015-speech.
[111] The concept of Insurance Linked Securities refers to a structure whereby investors purchase a financial instrument (usually debt in nature) that provides a return in exchange for the invested funds being used to provide insurance capital. One example of this might be a "catastrophe bond", which would allow the capital to be used to pay reinsurance losses in the event of a specified loss event (thereby the investors would lose their principal investment) but in the absence of such an event occurring they would benefit from an investment return. This type of investment can be attractive because it is regarded as being "non-correlated" as the return is dependent upon the occurrence of an unforeseen insurance event rather than the performance of other economic measures. Depending on one's point of view, this form of capital can be considered to be competitive or complementary

paper proposing the creation of a new form of ISPV regime was issued in March 2016. This led to draft regulations being published in November 2016 which, after further input from industry consultation, were finally issued as The Risk Transformation Regulations 2017 (the "PCC Regulations")[112] and The Risk Transformation (Tax) Regulations 2017 (the "Tax Regulations").[113]

These included, for the first time in the UK, the ability to use a protected cell company ("PCC") as a corporate structure as well as advantageous tax requirements. The relative speed at which the new regime was introduced compared with other legislation[114] is indicative of high level support the initiative had within the UK government at the time.

15-032 The regime enables the authorisation of the PCC, which operates as a reinsurer, to be fast-tracked by the FCA and PRA[115] and is subject to a lighter touch regulatory regime compared with a conventional reinsurer.[116] This is subject to the provisos that the vehicles are only used for the limited purposes of providing reinsurance and their liabilities are fully funded. A PCC is a company limited by shares that comprises a "core" and individual "cells". Although the cells do not have a corporate personality, the assets and liabilities of each cell are ring-fenced by operation of law from those of the core and the other cells. New cells can be created easily (a process that does not require additional regulatory consents, merely a post-event notification), which enables the PCC to enter into multiple collateralised reinsurance transactions where a transaction entered into by one cell will not affect the financial position of the others. To make the structure attractive compared with the equivalent structure offered in other jurisdictions, the PCC is exempt from corporation taxes. One of the perceived advantages of the UK structure compared with the offerings of jurisdictions such as Bermuda is that UK PCCs are still regulated by a regime that was originally based upon Solvency II, although given it is typically a requirement for such entities to be fully collateralised the additional benefits of this are quite limited in practice.

Despite the structure being available in the market for more than five years PCCs have not become widely used reinsurance vehicles in the UK,[117] given the existing regimes such as Bermuda and, to an extent, Guernsey, already provide a service

---

to more traditional reinsurance capital, although the safest description is probably to say that they have agreed to co-exist.

[112] (SI 2017/1212).
[113] (SI 2017/1271).
[114] An example of a slower process would be the updating of the Companies Act 1985 to become the Companies Act 2006, which utilised many hours of parliamentary time and was brought into force in phases over a three-year period. By contrast, the regime creating PCCs was introduced by statutory instrument with limited opportunity for parliamentary scrutiny.
[115] Unusually for UK bodies corporate, the establishment of a PCC is effected by registration with the FCA rather than at Companies House, as would be the case with a limited company or a limited liability partnership.
[116] It is not possible for this work to provide a comprehensive description of all of the requirements applicable to PCCs, but in addition to the need for the business to be restricted to reinsurance and for the liabilities to be fully funded, the PCC needs to have at least one director and the director(s) will be under a requirement to act fairly as between the shareholders of the PCC and act in accordance with any enforceable arrangements made between the cells of the PCC (see reg.83 of the PCC Regulations).
[117] The number of individual UK structures using this regime can still be counted on one's fingers. However, as a high-profile example of the use of this structure in the UK which has had a wider market impact is that Lloyd's has sponsored the creation of a PCC, London Bridge Risk PCC Ltd. ("London Bridge 1"), to act as a transformer vehicle that links institutional investors to insurance providers at Lloyd's. This entity was approved by UK regulators in January 2021. A second Lloyd's-sponsored PCC, London Bridge 2 PCC Ltd, which has a broadened range of capabilities than London Bridge 1, was granted regulatory approval on 3 August 2022.

REGULATION OF REINSURERS IN THE UNITED KINGDOM 1135

which both reinsurers and securities investors appear to be comfortable with. Given the fact that the Tax Regulations provide a level playing field in this area, the choice of the UK as a place to establish a PCC over other jurisdictions is most likely to be influenced by how efficiently the UK regulators operate in practice and how timely they respond to applications for these vehicles.

Requirement for authorisation

Introduction

The general prohibition in s.19 of FSMA 2000, which states that no person may carry on a "regulated activity" in the UK unless it is an authorised person or an exempt person, applies to reinsurance business. Carrying on reinsurance business involves carrying on regulated activities. Listed in the Regulated Activities Order, they include the activities of "effecting a contract of insurance as principal" and "carrying out a contract of insurance as principal".[118] "Contract of insurance" includes a reinsurance contract.[119] Any person intending to carry on reinsurance business in the UK must therefore be an "authorised person" unless it falls within a category of specified exempt persons. To be considered an "authorised person", a reinsurer will require permission from the PRA under Pt 4A of FSMA 2000 in respect of each category of reinsurance business that it intends to carry on in the UK. Following implementation of the Reinsurance Directive, reinsurers having their head office in another Member State could historically rely on passporting rights to carry on reinsurance business in the UK, although UK reinsurers have now lost such passporting rights as a result of Brexit.

15-033

Consequences of carrying out unauthorised reinsurance business

Carrying on unauthorised reinsurance business in the UK in contravention of the general prohibition of s.19 of FSMA 2000 is a criminal offence.[120] It is also a criminal offence for an unauthorised person to behave or to hold himself out in a manner which suggests that he is authorised to carry on reinsurance business in the UK (or that he is exempt from the authorisation requirement).[121] If the person guilty of the offence is a body corporate, any director, member of the committee of management, chief executive, manager, secretary, members (if the members manage its affairs) or any similar officer (or any person purporting to act in such a capacity) will also be guilty of a criminal offence if the offence is committed with their consent or connivance or attributable to any neglect on their part.[122] The same applies to individuals who are controllers of the unauthorised person, who may also be guilty of an offence.[123] It is a defence for the accused to show that he took all reasonable precautions and exercised all due diligence to avoid committing the offence.[124]

15-034

The fact that a reinsurance contract was made by an unauthorised person in contravention of the general prohibition does not, however, render the contract null

---

[118] Financial Services and Markets Act 2000 (Regulated Activities) Order 2001(SI 2001/544) art.10, as amended.
[119] "Contract of insurance" is defined in art.3 of the Regulated Activities Order by reference to the classes of insurance business, which implicitly include reinsurance business: see 15-011 above.
[120] FSMA 2000 s.23.
[121] FSMA 2000 s.24.
[122] FSMA 2000 s.400.
[123] FSMA 2000 s.400.
[124] FSMA 2000 ss.23(2) and 24(2).

and void.[125] Such a contract will be unenforceable at the option of the cedant. If it exercises this option and unless a court otherwise determines, the cedant will be entitled to recover money or other property transferred by it under the reinsurance contract and compensation for any loss incurred as a result of having parted with it. The amount of the compensation payable may be agreed by the parties or, on the application of any party, may be determined by the court. The court may allow the contract to be enforced or the money or property paid to be retained, if it considers it just and equitable in the circumstances.[126]

15-035 If a reinsurance contract is made by a reinsurer that is an authorised person (or an exempt person) in the UK but it is entered into as a result of something said or done by a third party carrying on unauthorised regulated activities in contravention of the general prohibition, the contract will not be null and void but it will be unenforceable at the option of the cedant; the cedant may then be entitled to recover money or other property transferred, as described in 15-034 above.[127] To avoid this situation, reinsurers should ensure that any intermediaries that they deal with in the UK are properly authorised (or exempt from the authorisation requirement).

15-036 If a reinsurer is an authorised person but does not hold the correct Pt 4A permissions, the consequences are not as harsh as in the situation where the reinsurer is not an authorised person. A situation where the Pt 4A permission is insufficient could occur if an authorised reinsurer's Pt 4A permission did not include the activities of effecting and carrying out contracts of insurance/reinsurance or if the Pt 4A referred to reinsurance but in relation to the wrong category of reinsurance contracts (for example, if the Pt 4A permission of a reinsurer that carries on long-term reinsurance business were to refer only to general reinsurance contracts). An authorised reinsurer that carries on any regulated activity, or purports to do so, without the correct Pt 4A permissions will not be guilty of an offence and the contravention does not make any transaction entered into void or unenforceable. It also does not automatically give rise to a right of action for breach of statutory duty.[128] However the reinsurer will be in contravention of the requirements imposed on it under FSMA 2000 and consequently it could be subject to disciplinary action or sanctions if the PRA and/or FCA were to decide to exercise any of their powers of enforcement. Moreover, depending on the type of regulated activity being carried out, the contravention could be actionable (based on a breach of statutory duty) at the suit of any person who suffered a loss as a result. This potential for an action for damages based on breach of statutory duty occurs if the relevant PRA or FCA rules prescribe that the breach in question gives rise to such a right of action.[129]

Carrying on reinsurance business in the United Kingdom

15-037 As we have seen, as a general rule a reinsurer will require PRA and FCA authorisation to carry on reinsurance business in the UK. What constitutes carry-

---

[125] FSMA 2000 s.26. For a discussion of the case law on illegal reinsurance contracts and s.132 of the Financial Services Act 1986—which is now only of historical interest—see Ch.6 of the 1st edition of this work.
[126] FSMA 2000 ss.26, 28.
[127] FSMA 2000 s.27(1A).
[128] FSMA 2000 ss.20, 28.
[129] FSMA 2000 Pt 9A. The general rule-making powers of the PRA and FCA are set out in this part of FSMA 2000 although the individual rules will set out whether, if breached, they give rise to a right of action for damages. For example, the rules which are aimed at providing protection at a more macro level, such as the financial resource requirements for insurers, would not give rise to an action for damages; however, a breach of the rules which impact more directly on the rights of customers may result in an action for damages based on breach of statutory duty.

ing on reinsurance business in the UK? There is no statutory definition of "[re]insurance business" in FSMA 2000 nor in the statutory instruments adopted under FSMA 2000. Similarly, there was no such definition in the ICA 1982 and its predecessor statutes. FSMA 2000, like the ICA 1982 before it, refers to the regulated activities of "effecting" and "carrying out" of contracts of (re)insurance of any one or more specified classes by way of a business in the UK. The meaning of "effecting" and "carrying out" has not always been clear and the question has been considered by the courts. It is also not always clear is whether the activities of a foreign insurer in the UK are sufficient to constitute a "business" carried on in the UK. These questions are examined below.

Effecting and carrying out contracts of insurance

The Regulated Activities Order includes the "effecting [of] contracts of insurance as principal" and "carrying out contracts of insurance as principal" as two separate regulated activities.[130] "Effecting" is generally understood to mean the activity of contract-making, including the (re)insurer's undertaking to accept the risk by the signing of slips and the issuing of policies of insurance. "Carrying out" refers to the performance of the contract, including the payment of claims by the (re)insurer.

15-038

The courts have indicated that "effecting" reinsurance contracts includes not only the conclusion of the contract but also certain activities leading up to that event. In *Stewart v Oriental Fire & Marine Insurance Co Ltd*,[131] Leggatt J concluded in obiter that:

"[T]he 'effecting' of a contract of insurance seems to me to involve more than merely making the contract. There may also be involved (as here) the offering of insurance services and the negotiation of the terms of the contract."

While most subsequent cases refer to activities such as making underwriting decisions and concluding insurance contracts as examples of "effecting", in one case, *R v Wilson*,[132] the Court of Appeal went further and held that "effecting" includes the process of negotiation prior to execution of the contract beginning with an invitation to treat. In its judgment the Court of Appeal also suggests that the mere solicitation of insurance business may amount to "effecting". The appellant in *R. v Wilson* had been found guilty by the Crown Court of carrying on unauthorised insurance business after having held himself out as selling credit insurance on behalf of a fictional insurance company and receiving premium payments from at least two individuals. The appellant had placed an advertisement in a trade journal, claimed he was a director of the insurance company and had distributed a brochure and other documents purported to be issued by the insurance company. The ingenious argument put forth on behalf of the appellant was that, since the insurance company that he had made up did not in fact exist, an insurance contract had never been entered into or "effected" and he could not therefore be guilty of the offence of carrying on unauthorised insurance business. Evans LJ rejected this argument by concluding:

---

[130] The same position applied under the ICA 1982. Although that Act referred to each class of insurance business as the "effecting and carrying out" of contracts of insurance of the relevant type, the courts established that this phrase was to read disjunctively, so that either effecting contracts of insurance (without carrying them out), or carrying them out without effecting, can constitute carrying on (re)insurance business. See: *Stewart v Oriental Fire & Marine Insurance Co* [1985] Q.B. 988; *Bedford Insurance Co Ltd v Instituto de Resseguros Do Brasil* [1984] 1 Lloyd's Rep. 210.
[131] *Stewart v Oriental Fire & Marine* [1985] Q.B. 988.
[132] *R. v Wilson* [1997] 1 All E.R. 119.

"Any contract of insurance must be preceded by negotiations, if only the formal steps of offer and acceptance, and the reference to 'making' an unauthorised contract can scarcely have been intended to exclude these necessary preliminary steps from the process of 'carrying on insurance business' ... We would hold simply that 'effecting' includes the processes of negotiation which begins not later than the issue of what the law regards as an invitation to treat. A person who seeks insurance business on the basis of a document such as the brochure issued ... in the present case and who holds himself out as having authority both to make insurance contracts and to receive premiums on behalf of an insurer does 'carry on [an] insurance business in our judgment for the purposes of [section 2 of the ICA 1982]'. We would also hold, if necessary, that the statutory definitions are not exclusive and that 'carrying on [an] insurance business' clearly does include soliciting such business, as the appellant did in the present case."

15-039 The case did involve fraud and the immediate consequences of the court's wide interpretation of "effecting contracts of insurance" were undoubtedly justified in the circumstances. However, the judgment as it stands requires any reinsurer proposing to undertake any marketing, solicitation or negotiation activity in the UK to carefully consider whether it would be carrying on a regulated activity in the UK. In *R. v Wilson* the Court of Appeal referred to the activities of seeking insurance business and solicitation "as the appellant did in the present case" and it may be possible to distinguish the case on the facts. For example, where the party undertaking the marketing activities or solicitation does not have, and does not purport to have, any binding authority, its general marketing or market research activities should not be included within the scope of "effecting" contracts of insurance.

In *Re Whiteley Insurance Consultants*,[133] a firm of insurance intermediaries purported to issue travel insurance contracts on behalf of insurers which either did not exist or did not give the intermediary any authority to issue such policies. This activity took place during a period between 2001 and April 2005 and the case was complicated by the fact that the UK regulatory regime applicable to insurance intermediation changed on 14 January 2005,[134] following which the firm had to be (and was) authorised as an insurance intermediary. The judge held that in either case the firm was carrying on insurance as principal and as such was liable to policyholders. The analysis differed between the two periods, however, as the policies which were issued after the firm became authorised as an intermediary were not held to be void on the basis that, while the firm was then in a contravention of FSA rules, it was no longer in a breach of the prohibition in FSMA 2000.

The courts have also considered in various cases what constitutes a contract of insurance for the purpose of the test in the Regulated Activities Order.[135] This question is answered with less difficulty in the context of reinsurance as the starting point would be the existence of a contract of insurance that has been underwritten by an authorized insurer.

---

[133] *Re Whiteley Insurance Consultants (a firm)* [2008] EWHC 1782 (Ch).

[134] The sale of insurance and reinsurance policies and the role of intermediaries is now governed by UK legislation and FCA rules implemented into the UK's domestic insurance regulatory regime to reflect the EU Insurance Distribution Directive that came into force in 2018. Although this is primarily intended to bolster the protection for consumer insurance products, it is something that reinsurers need to consider the impact of (even if only indirectly due to changes in the products and procedures of their cedants). See Ch. 9.

[135] See, for example, *Digital Satellite Warranty Cover Ltd v Financial Services Authority* [2013] UKSC 7; [2013] 1 W.L.R. 605, which considered whether a commitment to provide a repair and replace equipment under the guise of a services contract constituted a contract of insurance.

REGULATION OF REINSURERS IN THE UNITED KINGDOM

By way of a business

The general prohibition in s.19 of FSMA 2000 applies only to regulated activities being carried on by way of a business.[136] The case law establishes that some frequency is required for there to be a business. In *Bedford Insurance Co Ltd v Instituto de Resseguros do Brasil*,[137] Parker J (as he then was) suggested that the phrase "carrying on" implies a continuing activity. In *Scher v Policyholders Protection Board*,[138] Lord Goff derived the following test:

15-040

> "[I]solated non-recurrent activities within a particular jurisdiction may well not constitute the carrying on of a business at the particular place where they occur. What is required is some continuity or regularity of provision within the jurisdiction of activities which are an integral part of the way in which the insurer conducts its affairs."

FSMA 2000 provides power for the UK Treasury to change the meaning of the business element by including or excluding certain items, a power that has been exercised in various statutory instruments.[139] Further guidance on the interpretation of these provisions is given in the Handbook confirms this position (PERG 2.3.3G), which states:

> "Whether or not an activity is carried on by way of business is ultimately a question of judgement that takes account of several factors (none of which is likely to be conclusive). These include the degree of continuity, the existence of a commercial element, the scale of the activity and the proportion which the activity bears to other activities carried on by the same person but which are not regulated. The nature of the particular regulated activity that is carried on will also be relevant to the factual analysis."

In the United Kingdom

Even if it is clear that a reinsurer is effecting and carrying out contracts of reinsurance as a business, where the reinsurer is a foreign company carrying on only some reinsurance activities in the UK, the determination of whether it is carrying on a reinsurance business in the UK may not always be straightforward. The courts have examined the position of a foreign (re)insurer carrying on activities through an agent or broker located in the UK.

15-041

The cases establish that the fact that the underwriting decisions are being made by the (re)insurer outside the UK does not necessarily mean that the reinsurer is not carrying on reinsurance business in the UK. If sufficient other (re)insurance activities are carried out in the UK, it may be that the foreign reinsurer is carrying on reinsurance business in the UK. In *Stewart v Oriental Fire & Marine*,[140] it was argued (unsuccessfully) that for insurance business to be "carried on" in the UK, it was a necessary condition that the relevant effective decisions had been taken in the UK. In *Stewart* the defendant reinsurers had given a binding authority to a Liechtenstein corporation (SRT). SRT exercised its power to appoint a sub-agent

---

[136] FSMA 2000 s.22.
[137] *Bedford Insurance Co Ltd v Instituto de Resseguros do Brasil* [1984] 1 Lloyd's Rep. 210 or [1985] Q.B. 966; [1994] 3 All E.R. 766.
[138] *Scher v Policyholders Protection Board* [1994] 2 A.C. 57 at 101–102.
[139] The Financial Services and Markets Act 2000 (Carrying on Regulated Activities by Way of Business) Order 2001 (SI 2001/1177), the Financial Services and Markets Act 2000 (Regulated Activities) (Amendment) (No.2) Order 2003 (SI 2003/1476) and the Financial Services and Markets Act 2000 (Carrying on Regulated Activities by Way of Business) (Amendment) Order 2005 (SI 2005/922).
[140] *Stewart v Oriental Fire & Marine* [1984] 2 Lloyd's Rep. 109.

in London. Slips were stamped in London "subject to confirmation by each company". A copy of the slip was then sent to SRT for their underwriting decision. If the risk was accepted, a letter would be sent by the London sub-agent to their insured's brokers stating that "the acceptance has been confirmed by our principals". Leggatt J (as he then was) held that although the final decision on whether or not to accept the risk was taken outside the UK and thus the contracts were made outside the UK, they were performed inside the UK:

> "[S]ince most of the [reinsurer's] insurance business took place in Great Britain, including the issue of policies of insurance, the receipt of premiums and the payment out of claims, the business was within the scope of the Act; authorisation was required but not obtained and the reinsurance contract was made in the course of carrying out such business."

15-042 In *D.R. Insurance v Banamex*, Mr Hamilton QC appears to have adopted as the test whether the business was carried on substantially in the UK. The case concerned a reinsurance pool or syndicate operated by brokers, Stetzel Thomson (ST). The plaintiffs were the assignees of Elkhorn, an American company that was in liquidation. The defendants were Mexican and Portuguese companies. None of the parties was authorised to carry on insurance business in the UK. Elkhorn fronted for the defendants and other syndicate members. ST employed underwriters in London who would stamp the slip "reserved for Stetzel Thomson [Non-Marine] Syndicate through Stetzel Thomson & Co Ltd". ST would send a provisional bordereau to each syndicate member with information on each of the risks that had been "reserved" for them by the ST underwriters. The syndicate members would then indicate their acceptance by signing and returning the ST forms of confirmation of participation. There was no evidence that any syndicate member ever rejected a risk that had been "reserved" for it, or that it exercised any independent underwriting judgment. When ST had received confirmations from all syndicate members, ST would send to the brokers a pink copy of the provisional bordereau, as confirmation that the risks had been accepted. Mr Hamilton QC said:

> "I conclude that the syndicate members were not bound by their line until ST gave confirmation of it, by sending the pink copy of the provisional bordereaux to the broker. Accordingly—(i) the decision to confirm the line was taken by each syndicate member concerned, at their place of operation outside the United Kingdom; (ii) that decision was based on ST's underwriting judgment, exercised in London; (iii) the confirmation was communicated to the broker on behalf of the syndicate members by ST in London ... I do not consider that it is essential to the process of carrying on insurance business in Great Britain that the actual and final decision to effect the relevant insurances (or reinsurances) should be taken in Great Britain. The extent of ST's activities on behalf of the syndicate members was, in my judgment, so extensive and important, as to constitute the carrying on of insurance business by ST in London, on behalf of each syndicate member. If the test is as submitted by Mr Mance [counsel for the plaintiffs] whether the business was carried on substantially in Great Britain, I find that test to be clearly satisfied."[141]

15-043 Similarly, in *Re Great Western Assurance Co SA*,[142] the Court of Appeal considered whether the activities in question carried on in the UK amounted to insurance business carried on in the UK with sufficient frequency and regularity. The case concerned two UK brokers that were carrying on the following types of activities in the UK for two offshore insurers: (1) deciding what risks to refer to the offshore insurers; (2) advising on premium rates and making recommendations to

---

[141] *D.R. Insurance v Banamex* [1993] 1 Lloyd's Rep. 120 at 125–126.
[142] *Re a Company (No.007816 of 1994)* [1997] 2 B.C.L.C. 685.

the insurers as to the acceptance of particular risks; (3) receiving notifications of claims and instructing loss adjusters; and (4) settling claims below a specified amount. The Court of Appeal held that the offshore insurers were carrying on unauthorised insurance business in the UK.[143] Lord Woolf considered each of the four activities to be "capable of being evidence" that the offshore insurers were carrying on insurance business in the UK and concluded that "collectively [these activities] amount to overwhelming evidence that [the offshore companies] were carrying on insurance business in the UK".

The courts have thus established that the fact that certain activities are being carried out by a broker in the UK does not mean that the foreign reinsurer is not carrying on (re)insurance business through the broker. What appears to be relevant in such cases is the extent to which the broker may exercise binding authority on behalf of the reinsurer and can be considered to be an extension of the (re)insurer in the UK. In *Re Great Western* Lord Woolf MR said that the judge[144] had been wrong in:

"... excluding from consideration activities merely because they were performed by brokers ... they were just as much the activities of the offshore companies as if those companies had carried them out directly through their own employees."

The Handbook also contains some guidance on the link between activities and the UK (in PERG2.4).

15-044

However, there are some apparent uncertainties as to the regulatory consequences of carrying on only certain reinsurance activities in the UK. One may posit a situation where a foreign reinsurer signs, outside of the UK, a line slip where the leader, who may subsequently accept risks on behalf of the line slip, is within the UK. Is the foreign reinsurer conducting reinsurance business in the UK because of the leader's "activities on behalf of" the line slip? Suppose that the leader also has claims settling power which binds the line slip; is the foreign reinsurer paying claims as part of a reinsurance business in the UK? Our view is that in this instance what occurs is not sufficient to be said to be "carrying on business" but it may depend on the frequency with which it occurs.

15-045

There may be similar uncertainty in relation to the electronic placing of risks in the UK. The normal rules applicable to contracts concluded by other means should determine where the contract is concluded and where decisions on underwriting and claims are made but matters may be more complicated in particular where part of the underwriting or claims handling processes is automated. In such circumstances, a determining factor may be the location of the entity that has control over the electronic functions which automate the process.

Winding-up petitions

The question of what it means to carry on insurance business in the UK has also been examined by the courts in the context of petitions by the regulator to wind up companies which it considered were carrying on insurance business unlawfully. In *Re Great Western*,[145] the Secretary of State presented eight "public interest"

15-046

---

[143] Lord Woolf MR, Hobhouse and Morritt LJJ.
[144] Jonathan Parker J, whose decision is reported at [1995] 2 B.C.L.C. 539; sub nom. *Re a Company (No.007816 of 1994)*. The Court of Appeal reached the same ultimate conclusion as the judge, albeit on different grounds.
[145] *Re Great Western Assurance Co SA* [1997] 2 B.C.L.C. 685.

winding-up petitions under s.124A of the Insolvency Act 1986.[146] The two UK brokers involved were not wound up because they conducted the legitimate business of broking and were not themselves carrying on insurance business. The overseas companies were not wound up because the business in the UK was only part of an otherwise legitimate business. In *Re a Company (No.007923 of 1994) (No.2)*,[147] which concerned a public interest petition against two UK companies who acted as agents for a consortium of unauthorised insurers and reinsurers, Knox J found that both companies "have engaged in illegal activities on a substantial scale ... virtually no attempt was made to find out whether what was done was or was not lawful", and concluded:

> "It is, of course, the responsibility of those who conduct businesses to ensure that their activities are lawful. Had there been no other relevant features, those considerations would have led me to make winding-up orders since it is in the public interest that unlawful activities are made to cease and are discouraged."[148]

He declined to make a winding-up order for two reasons. First, because "the business, questions of authorisation apart, was perfectly legitimate and above board".[149] The companies were providing cover for commercial property risks which were difficult to place in the UK market, the underwriting was done carefully, and claims were paid promptly in accordance with the advice of reputable loss adjusters. According to the learned judge, "... this was not, on the evidence, cut price insurance likely to lead to the sort of insurance debacle which has caused scandal in the past".[150] Secondly, he accepted the evidence of three directors that they all honestly believed that they were acting lawfully "and that others of considerable experience in the same line of business took the same view".[151] Finally, he was influenced by the fact that the companies had, since the presentation of the winding-up petition, placed all renewal business with authorised insurers.

15-047 In *Re Sentinel Securities Plc*,[152] Sentinel guaranteed the guarantees of suppliers and installers of improvements to domestic dwellings. Sentinel's guarantee was to be triggered, it appeared, if the supplier or installer ceased to trade through financial failure. The court examined the well-known cases on what constitutes insurance[153] and declared that the guarantee of guarantees was in essence the provision of an indemnity on the occurrence of an uncertain future event, for which a premium was paid, and therefore was insurance.[154] Sentinel Securities Plc was wound up.[155]

A winding-up order was granted on a different basis in *Re Equity & Provident*

---

[146] See Ch.17 below.
[147] *Re A Company (No.007923 of 1994) (No.2)* [1995] 1 B.C.L.C. 594.
[148] *Re A Company* [1995] 1 B.C.L.C. 594 at 611.
[149] *Re A Company* [1995] 1 B.C.L.C. 594 at 611.
[150] *Re A Company* [1995] 1 B.C.L.C. 594 at 611.
[151] *Re A Company* [1995] 1 B.C.L.C. 594 at 611. It is perhaps surprising, in the light of the *Stewart*, *Bedford* and *Phoenix* cases, for the learned judge to have declared "it is high time that it was widely recognised in insurance circles that the authorisation requirements of the ICA do not automatically become inapplicable if the insurer is an offshore entity and that what is critical is where the insurance business is carried on".
[152] *Re Sentinel Securities Plc* [1996] 1 W.L.R. 316.
[153] *DTI v St Christopher Motorists Assn Ltd* [1974] 1 W.L.R. 99: *Prudential Insurance Co v IRC* [1904] 2 K.B. 658; *Seaton v Heath* [1899] 1 Q.B. 782, aff'd sub nom. *Seaton v Burnard* [1900] A.C. 135.
[154] See also *Associated British Ports v Ferryways NV* [2009] EWCA Civ 189.
[155] One term of Sentinel's "guarantee" provided that the guarantee continued "for so long as the [supplier/installer] is a fully paid up subscriber to the [Sentinel] guarantee protection plan". Sentinel's guarantee was supposed to respond to the financial failure of the supplier. One assumes that the supplier's financial failure would mean that he would cease to be a "fully paid up subscriber" to Sentinel. Sentinel would then be released from its guarantee. It seems that the trigger of the guarantee was

Ltd.[156] The Secretary of State's initial winding-up petition was on the basis that the company was carrying on unauthorised insurance business but (because it was found that the insurer's contracts were warranties, not insurance) the court granted a winding-up order on the basis of the company's improper business practice. In this case, the company was the subject of an investigation by DTI and its sole director, a Mr Ghassemian, had refused to co-operate with that investigation. Patten J said that:

> "Mr Ghassemian's conduct of the company's affairs [was] wholly unacceptable ... he struck me as both devious and dishonest and in short willing to say or do anything to fend off the legitimate inquiries of the regulatory authorities."[157]

Patten J concluded that a winding-up order was appropriate to mark the court's disapproval of the way in which the business of the company had been conducted.

Application for authorisation

15-048

The requirements for authorisation, as well as financial resources and internal systems and controls requirements, for reinsurers in the UK can be found in the standard works on insurance. We provide here an outline and refer to those matters that are peculiar to reinsurers. As we have seen, being an authorised person in the UK means having the appropriate Pt 4A permission to carry on the relevant regulated activities, either with full permission or as an ISPV. Guidance in the Handbook confirms that the Pt 4A permission may be limited to reinsurance business only. The PRA will take the lead in any application for a new reinsurer and will not grant new Pt 4A permission to carry on both general and long-term insurance business except in the case of a pure reinsurer.[158] Applications for authorisation will involve the PRA's review of a detailed business plan, details of proposed controllers of the reinsurer and proposed material contracts and arrangements, including the proposed retrocession programme. Part 4A permission will only be granted if the regulators are satisfied that the reinsurer satisfies the Threshold Conditions[159] in relation to the regulated activities it intends to carry out. These include being a fit and proper person to conduct the proposed reinsurance business, having adequate financial resources and not having close links with another person which are likely to prevent the effective supervision by the PRA and FCA. For a UK reinsurer, it is also a Threshold Condition that it be a body corporate (unless it is a member of Lloyd's) with both its head office and registered office in the UK. In addition to the requisite Pt 4A permissions, the reinsurer must obtain PRA and/or FCA's approval in respect of any persons that will be carrying on "controlled functions". Controlled functions are specified by the FCA and the PRA in the Handbook and Rulebook respectively[160] and currently include, among others, its directors, the chief execu-

---

likely at the same time to trigger Sentinel's release from it. If the scheme had been manifestly for the benefit of the customer, would the court have been so concerned to find that the guarantee was insurance?

[156] *Re Equity & Provident Ltd* [2002] 2 B.C.L.C. 78.
[157] *Re Equity & Provident Ltd* [2002] 2 B.C.L.C. 78 at 101.
[158] The PRA confirms this policy in its Supervisory Statement 8/15 "Solvency II: composites" at para.2.2. This Supervisory Statement is available here: *https://www.bankofengland.co.uk/-/media/boe/files/prudential-regulation/supervisory-statement/2015/ss815.pdf*.
[159] FSMA 2000 s.55B.
[160] Controlled functions performed by and on behalf of reinsurers are now classified as senior management functions (this being the more accurate term to use), which are more specifically described in rules made by the FCA or the PRA (section 59 FSMA). A function is a senior management func-

tive, the chairman, the chief compliance officer and the chief actuary.[161] In the aftermath of the Global Financial Crisis of 2007–2009 the requirements of this regime were extended. One effect of these changes is that persons employed by an unregulated parent undertaking or holding company, whose decisions or actions are regularly taken into account by the governing body of a regulated firm would also fall within the regime. The practical effect of this is that the regime is likely to extend to certain individuals employed by the reinsurer's group outside the UK, which would in turn mean that such individuals would be brought within the scope of the UK's regulatory powers and would need to obtain the prior consent of the PRA and/or the FCA before performing a role in relation to the UK reinsurer. It is now very common for candidates for controlled functions—particularly senior managers and non-executive directives to be subject to searching interviews with the PRA or FCA (and in some instances both) before being approved to hold the position.

The authorisation and Pt 4A permission requirement applies both to pure reinsurers and to insurers carrying both direct insurance and reinsurance business. A UK reinsurer that carries on both direct and reinsurance business will require Pt 4A permission to effect and carry out contracts of insurance which is not restricted to reinsurance business, and which covers the relevant classes of insurance and reinsurance business that it intends to carry on.

Overseas reinsurers in the United Kingdom

15-049 Reinsurers that have their head office in a country outside the UK will require PRA and FCA authorisation, including the relevant Pt 4A permissions, before they can carry on reinsurance business in the UK, whether through a branch or by establishing a subsidiary in the UK.

Where the reinsurer applies to establish a branch, the regulators will consider whether the applicant will satisfy the Threshold Conditions by assessing not only the circumstances of the branch but also taking into account other factors, such as the extent to which the applicant is regulated in its home state. The PRA will liaise with the home state regulator to take into account information on the adequacy of the applicant's resources, its suitability and the adequacy of its internal systems and

---

tion "in relation to the carrying on of a regulated activity by an authorised person, if (a) the function will require the person performing it to be responsible for managing one or more aspects of the authorised person's affairs, so far as relating to the activity, and (b) those aspects involve, or might involve, a risk of serious consequences- (i) for the authorized person, or (ii) for business or other interests in the United Kingdom".

[161] The UK has created the Senior Managers & Certification Regime ("SM&CR") regime, which applies to a range of regulated firms including banks, building societies, credit-unions, investment firms, and insurers and reinsurers to meet Solvency II requirements relating to the fitness and priority of certain key individuals that applied to the UK prior to Brexit. Applicants should note that, as part of the Threshold Condition for an application and authorisation for a reinsurer in the United Kingdom, there will be significant regulatory scrutiny of the fitness and propriety of their senior management (which would include the chief executive and other executive directors). Furthermore, as part of the process these individuals should expect to be held accountable for the reinsurer in the event of future regulatory issues. In addition, individuals who fall outside the roles of referred to above whose roles involve, or might involve, a risk of significant harm to the regulated firm or any of its customers are required to go through a vetting process by the reinsurer, which must be evidenced. The use of the expression "risk of significant harm" is interesting both in the context of what a director or employee of a reinsurer would expect to be doing in their role and as being indicative of the origins of the new approach. The SM&CR has therefore imposed additional administrative burdens on reinsurers, including a requirement to certify annually whether a relevant function holder is still considered to be deemed to be fit and proper to perform their role.

controls. The PRA's and/or the FCA's approval of persons carrying on controlled functions will also be required.

Whereas UK applicants will also be subject to the Threshold Conditions, certain additional conditions will apply to overseas reinsurers.[162] The legal status of the overseas reinsurer must be that of a body corporate entitled to effect and carry out contracts of (re)insurance under the laws of its home country. Furthermore, an overseas reinsurer must appoint an authorised UK representative who will be resident in the UK and have authority to bind the reinsurer in its relations with third parties and to represent it in its relations with the UK regulators and the courts in the UK. In addition, it must appoint a senior manager who is approved by the PRA to perform the Head of Third Country Branch function, which carries responsibility for the overseas reinsurer's UK business. The overseas reinsurer may also need to appoint other senior managers if their roles focus on UK business being carried on from the UK branch. The PRA and/or the FCA will assess whether the persons appointed for these roles are fit and proper. If there is a change to the person appointed to a particular senior manager position, the overseas reinsurer must notify the regulators within 7 business days.[163]

15-050

However, as noted at 15-010 above, the PRA is due to implement new rules with effect from 31 December 2024 that significantly reduce the requirements for capital to be held by UK branches. From this date, UK branches will no longer be required to calculate, or hold UK assets against, branch SCR.[164] UK branches will, instead, by required to localize a significantly reduced amount of assets in the UK, and can more generally hold fewer assets against their UK insurance risks. The PRA will instead rely upon whether the whole entity complies with its other rules relating to the regulation of branches (as set out above) and whether the entity globally holds sufficient financial resources to meet its reinsurance liabilities.

15-051

The PRA's rationale for this approach is that existing branch capital requirements only provide limited protection for UK cedants if the overseas reinsurer enters into insolvency. Notwithstanding the localisation of branch assets in the UK, any insolvency proceedings are likely to be conducted overseas and an overseas liquidator may not necessarily make these assets available to UK cedants. Branch assets that are localised in the UK could therefore be used to satisfy the overseas reinsurer's other liabilities elsewhere. The PRA also sees competitive benefits in reducing the regulatory burden on overseas entrants into the UK reinsurance market, and these rule proposals have been met with a positive response by the UK insurance industry.[165] However, it remains to be seen whether the removal of this regulatory burden is sufficient to coax offshore reinsurers operating outside of the UK to establish in the jurisdiction and to submit to direct PRA supervision.

---

[162] Financial Services and Markets Act 2000 (Variation of Threshold Conditions) Order 2001 (SI 2001/2507) art.3.

[163] SII Firms—Insurance—Senior Managers Regime—Applications and Notifications in the PRA Rulebook.

[164] The PRA consulted on these rule changes as part of its Consultation Paper CP12/23 "Review of Solvency II: Adapting to the UK insurance market". The near final versions of these rules are contained in the PRA's Policy Statement PS 2/24 dated 28 February 2024, which can be accessed here: *https://www.bankofengland.co.uk/prudential-regulation/publication/2024/february/review-of-solvency-ii-adapting-to-the-uk-insurance-market-policy-statement*.

[165] HM Treasury also consulted on this change in its consultation process commencing on 28 April 2022. HM Treasury published as part of its response to the consultation in November 2022 that *"The majority of respondents strongly supported the proposal to remove branch capital requirements. Many suggested that this reform would make the UK more attractive to new business, boosting and bolstering the country's reputation as a global insurance hub"*. HM Treasury's publication "Review of Solvency II: Consultation – Response" is available here: *https://assets.publishing.service.gov.uk/media/6375529fe90e072852140498/Consultation_Response_-_Review_of_Solvency_II_.pdf*.

15-052 Overseas reinsurers generally do not have the right to passport into the UK.[166] However, the UK prudential regime does provide for mutual recognition of supervisory rules and practices by allowing other jurisdictions to be awarded "equivalence". Any "equivalence" determinations made by the EU prior to the expiry of the Brexit transition period have been adopted by the UK as part of its legislative "onshoring" process.[167]

15-053 There are certain notable exceptions to the position described in the paragraphs above, as reinsurers established in Switzerland and Gibraltar benefit from specific regulatory arrangements that enable them to directly access the UK insurance market without being required to either establish a branch in the UK, or obtain authorisation from the PRA.

On 21 December 2023, the UK and Switzerland entered into the "Berne Financial Services Agreement" (the "Berne Agreement");[168] a unique mutual recognition agreement[169] that sets out the framework for increased regulatory cooperation between the parties, and which will provide UK and Swiss financial services firms (including reinsurers) with seamless cross-border market access. The Berne Agreement works on the basis of the parties' mutual "recognition"[170] of the other's reinsurance regulatory regime, and each party will "defer" to the supervision that the other party's domestic regulators impose on their own locally-authorised reinsurers. Accordingly, once the Berne Agreement is ratified under each party's domestic legislative process, UK and Swiss reinsurers will be able to rely on their own domestic licences to underwrite reinsurance business in the other jurisdiction without requiring local authorisation.

The Berne Agreement enables Swiss reinsurers to underwrite UK reinsurance business in respect of all types of underlying insurance risk. However, Swiss reinsurers are only afforded UK market access in respect of ceding UK insurers meeting a minimum size threshold, and they must ensure that their ceding insurers satisfy at least two out of the following three requirements: (i) turnover in excess of £36 million; (ii) a balance sheet total in excess of £18 million; and (iii) in excess of 250 employees.

15-054 Special arrangements also apply in relation to Gibraltar, as the UK and Gibraltar have maintained a temporary mutual passporting regime, which will remain in place until 31 December 2024.[171] The UK and Gibraltar intend to replace this temporary passporting arrangement with the Gibraltar Authorisation Regime ("GAR"), a new permanent legislative framework that provides financial services market access between the two jurisdictions. Under the GAR, HM Treasury will have the power to specify which UK regulated activities authorized Gibraltarian firms (including reinsurers) can perform in the UK without being required to obtain separate PRA permission. HM Treasury's power is subject to various safeguards and, in determining which UK regulated activities can be subject to the GAR, it will need to ensure

---

[166] An exception is in respect of Gibraltar, as described below.

[167] The EU's equivalence determinations have been carried over into UK legislation as a result of the European Union (Withdrawal) Act 2018 and The Equivalence Determinations for Financial Services and Miscellaneous Provisions (Amendment etc) (EU Exit) Regulations 2019.

[168] The Berne Agreement can be accessed here: *https://assets.publishing.service.gov.uk/media/658172b7fc07f3000d8d444d/UK-Switzerland_FS_MRA.pdf*.

[169] Pursuant to art.24 of FSMA 2023, HM Treasury is able to enter into international "mutual recognition agreements" with foreign jurisdictions, pursuant to which each party recognises that the law and practice of the other is, in respect of the subject-matter of the agreement, equivalent to its own law and practice.

[170] Articles 8 and 9 of the Berne Agreement, as described in Annex 4—Sectoral Annex Insurance.

[171] The temporary passporting regime between the UK and Gibraltar may also continue beyond this date, until such time the GAR is operationalized.

that there is no corresponding detriment to the soundness, stability and resilience of the UK financial system, or to customer protection. Gibraltarian firms' continued market access to UK financial services markets will also depend upon whether there is sufficient regulatory alignment between the laws and practices of the UK and Gibraltar, and cooperation between its regulators.

The GAR, which was introduced in the UK Financial Services Act 2021, is not yet operational and will need to be implemented via secondary legislation. This legislative framework is currently under development,[172] and it is expected to be put in place during 2024.

United Kingdom reinsurers outside the United Kingdom

A reinsurer having its registered office or head office in the UK which intends to carry on reinsurance business in other countries will need to comply with any local authorisation, financial resources and conduct of business requirements, subject to the terms of any treaty that may be in place between the UK and the other country. If the reinsurer has its registered office or head office in the UK, in most situations it will require UK authorisation even if its intention is to carry on reinsurance business solely in another country. As we have seen, if the reinsurer carries on any regulated activities in the UK as part of a business, it requires UK authorisation. Moreover, even if the reinsurer does not carry on any regulated activities in the UK, it may fall within UK jurisdiction pursuant to s.418 of FSMA 2000. Section 418 extends the UK regulators' jurisdiction to any activities of a reinsurer in other countries that would otherwise be regulated activities in the UK if the reinsurer has its registered office or (if it has no registered office) its head office in the UK and the day-to-day management of such activities is the responsibility of the registered office or head office or another establishment maintained in the UK.[173]

Article 174 of the Solvency II Directive requires that a Member State shall not apply provisions to branches of non-EU reinsurers carrying on reinsurance activities in its territory which would result in a more favourable treatment than that accorded to reinsurers which have their head office in that Member State.[174] Member States will now be required to consider this provision as part of their treatment of UK reinsurers who wish to perform reinsurance business in their jurisdictions.[175]

15-055

Financial regulation

Pursuant to Solvency II rules (or 'Solvency UK' as the UK's domestic regime is now called), reinsurers in the UK are subject to the financial requirements set out in the SII Firms part of the PRA Rulebook that are also applicable to direct insurers, with some specific provisions being applicable only to reinsurers. In general terms, the financial requirements consist of requirements to maintain a minimum

15-056

---

[172] As confirmed by the "Regulatory Initiatives Grid" dated 2023, which can be accessed here: *https://www.fca.org.uk/publication/corporate/regulatory-initiatives-grid-nov-2023.pdf*.
[173] The same applies if the reinsurer does not have its head office in the UK but the regulated activities are carried out of an establishment maintained by it in the UK.
[174] A provision first found in the Reinsurance Directive.
[175] On 13 July 2020, the European Commission published a 'Notice to Stakeholders' (replacing a previous notice dated 8 February 2018), in which it reiterated that article 174 Solvency II should be applied in respect of UK insurers and reinsurers. According to the European Commission, the conditions for UK reinsurers performing EU reinsurance business, *"cannot be more favourable than those applying to reinsurance undertakings from the EU, but they may be less favourable and may well differ between EU Member States: for example, Member States are free to require the pledging of assets or the establishment of a branch by the UK reinsurance undertakings."*

capital requirement and adequate technical provisions to cover liabilities under the reinsurer's inward reinsurance business, with rules for the calculation of the solvency margin and technical provisions and for the admissibility and valuation of the assets and liabilities relevant to such calculations.[176]

15-057 Solvency II is a risk-based regime and, as noted in 15-008 above, has been developed on a model similar to Basel II with three "pillars": "Pillar 1" requires a risk-based calculation of capital, based on a market consistent calculation of insurance liabilities and a valuation of assets based on the concept of a "prudent person"; "Pillar 2" relates to internal governance and supervision by external regulators; and "Pillar 3" relates to transparency and disclosure of compliance with the regime. It may also be said that covering the three pillars is a "roof", being the overarching notion of group supervision.

The insurance liabilities calculated for the purposes of Pillar 1 are referred to as technical provisions, which broadly should correspond to the amount a reinsurance undertaking would have to pay if it transferred its contractual rights and obligations immediately to another undertaking.[177] This needs to be supported with capital, which is referred to as a reinsurer's "own funds" and is divided into three tiers to reflect the prospective loss absorbency to support the commitments to policyholders and includes share capital, accumulated profits and subordinated debt. The amount of the capital requirement for an individual insurer or reinsurer is referred to as its Solvency Capital Requirement ("SCR")[178] and this is calculated by reference to an actuarial model that is intended to reflect the risks that a particular reinsurer is exposed to. The model applied will either be a "standard formula"[179] which includes specified inputs such as underwriting risk, market risk, credit risk and operational risk or a full or partial "internal model".[180] In either case the results of the model will be calibrated to deliver a 99.5 per cent confidence level of a result over a one year period or, to put this another way, an event is likely to happen only once in 200 years that would cause the SCR to be breached. Experience to date suggests that most insurers are likely to have a lower capital requirement if using an internal model as it will better reflect their own underwriting profile and risk management environment.

Whereas the SCR provides a reinsurer's target regulatory capital, there is also a requirement to calculate a minimum capital requirement ("MCR"),[181] which is calibrated to a lower threshold of an 85 per cent confidence level of a result over a

---

[176] For example, assets held by a reinsurer (except in relation to linked business) must be of appropriate safety, yield and marketability, with investments being appropriately diversified and adequately spread and without excessive reliance being placed on any one investment.

[177] Solvency II also requires these be consistent with the valuation of assets and other liabilities, market consistent and in line with international developments in accounting and supervision—see paras 54 and 55 of the preamble to the Solvency II Directive.

[178] The pre-Solvency II regime required UK reinsurers to maintain a solvency margin requirement in excess of the requirements of the Reinsurance Directive. The test was therefore the higher of the minimum solvency margin prescribed in the EC Insurance Directives and a more risk-sensitive measurement of capital adequacy called the Enhanced Capital Requirement ("ECR"). For general (re)insurance, the ECR was calculated by applying prescribed risk-weighting factors to prescribed categories of assets, technical reserves and categories of business (including categories of specific types of facultative or treaty reinsurance business) carried on by the (re)insurer. For life (re)insurance, there was a "twin peaks" calculation for the ECR. In relation to any with profits business, the reinsurer must calculate realistic reserves and risk capital margin required (the "realistic peak") and compare this to the surplus required under the EC Insurance Directive.

[179] Section 4, subss.1 and 2 of the Solvency II Directive.

[180] Section 4, subs.3 of the Solvency II Directive. UK reinsurers must obtain formal PRA approval prior to calculating their SCR using an internal model.

[181] Section 5 of the Solvency II Directive.

one year period and cannot be lower than 25 per cent (or greater than 45 per cent) of the SCR. The key difference between the two standards is that failing to hold sufficient capital to cover the MCR is likely to require more immediate, direct and drastic regulatory intervention, whereas a failure to meet the SCR is likely to result in a requirement to plan how the capital position can be managed to restore compliance.[182]

15-058 Solvency II takes a "prudent person" approach to investment and admissibility of asset rules (as the Reinsurance Directive did), which itself marked a departure from the previous prescriptive requirements that applied to direct insurers (and in the UK to reinsurers as well) regarding the admissibility of their investments. Under these provisions reinsurers are subject only to the general rule that their technical provisions must be covered by assets "in such a way as to secure sufficient liquidity, security, quality, profitability and matching of its investments".[183]

15-059 Whilst in the lead up to the implementation to Solvency II reinsurers were inevitably focussed on assessing their position in relation to the SCR and MCR tests under Pillar 1 (as they were required to comply with these obligations from implementation), in the period since 1 January 2016 they have also had to consider the requirements of Pillars 2 and 3. Whilst consideration of the relevant rules could occupy several volumes, each being longer than the entire length of this publication, and so is outside the immediate scope of our interest, it is worth highlighting one or two key points that have become significant factors for reinsurers in this area following the implementation of Solvency II.

For example, as part of the Pillar 2 requirement reinsurers will be required to have documented:

"an effective system of governance which provides for sound and prudent management of the business. That system shall at least include an adequate transparent organisational structure with a clear allocation and appropriate segregation of responsibilities and an effective system for ensuring the transmission of information. ... The system of governance shall be subject to regular internal review."[184]

In addition, as part of its risk-management system every insurance undertaking and reinsurance undertaking shall conduct its ORSAs.[185] Further, where a firm has an internal model in place it is required to demonstrate that the internal model is widely used in and plays an important role in its system of governance. Just on the basis of these requirements it can be concluded that reinsurers will be expected to be managing their businesses differently, with the senior management being expected focus on the effectiveness of systems and controls and even the implications on a complex actuarial model that follow from a particular management decision. One likely result of this development would seem to be further increases in the importance of qualified actuaries in the management of reinsurers, a spectre effectively being driven by the evolution of regulation.

Pillar 3 has also created additional challenges and requirements for reinsurers. It is now a requirement for reinsurers to produce an annual Solvency and Financial Condition Report ("SFCR") at the end of each financial year, and these first started to appear in 2017. The SFCR is a public report (which is required to be published

---

[182] Another way this distinction might be expressed is that the SCR represents a "soft" floor whereas the MCR represents a "hard" floor.
[183] Solvency II Directive art.132, which refers to Member States ensuring that insurance and reinsurance undertakings invest in assets which it can properly identify, measure, monitor, manage, control and report (previously para.23 of the Preamble to the Reinsurance Directive).
[184] Solvency II Directive art.41.
[185] Solvency II Directive art.45.

on a reinsurer's website) that is separate to the obligation to produce financial statements. It is required to provide information on matters such as the company's own risk and solvency assessment, information on bases, methods and assumptions for valuations and information on the sources of its regulatory capital.

Internal systems and controls

15-060 High-level rules and guidance on the internal systems and controls to be established and maintained are set out in the Senior Management Arrangements, Systems and Controls sourcebook ("SYSC") of the *FCA Handbook*. Reinsurers are also subject to the additional rules on systems and controls and to more detailed guidance on prudential, credit, market, liquidity, operational and insurance risk. Among other requirements, insurers and reinsurers are required to identify, assess, monitor and control the risks that affect their business. The rules and guidance emphasise the need for formal risk management procedures and use of stress testing and scenario analysis, where appropriate, to measure risk. A firm's assessment of its risks will affect its financial resource requirements and, as explained above, is a key factor in the Pillar 2 requirements of Solvency II.

Under Solvency II credit risk, including exposures in relation to outwards reinsurance and retrocession will be taken into account in the solvency modelling process.

Restriction of business to reinsurance

15-061 UK reinsurers which conduct both direct and reinsurance business are subject to restrictions limiting their commercial activities to their insurance and reinsurance business. The rule applicable to insurers generally is that they must "not carry on any commercial business in the UK or elsewhere other than [re]insurance business and activities arising directly from that business".[186] A contract written by a reinsurer in contravention of this rule would not, however, be void and unenforceable.[187]

The PRA restriction reflects the wording in the EC Insurance Directives (and since transposed into Solvency II); applicable to direct insurers, where the requirement is that any insurance undertaking "limit its objects to the business of insurance and operations arising directly therefrom, to the exclusion of all other commercial business".[188]

The rule in 9.1 of the Conditions Governing Business chapter in the PRA Rulebook does not apply to a pure UK reinsurer, which is instead subject to a restriction which has a similar intent but is worded as "A pure reinsurer must not carry on any business other than the business of reinsurance and related operations".[189] This wording reflects the formulation of the restriction in Solvency II.

The Insurance Committee of the European Commission described this formulation of the restriction as permitting pure reinsurers to carry on activities such as the provision of statistical or actuarial advice and risk analysis to its clients.[190]

---

[186] Solvency II Firms—Conditions Governing Business—Restriction of Business 9.1.
[187] FSMA 2000 Pt 9A, following ss.138–164 of the Financial Services Act 2012.
[188] Article 8 of EC Directive 73/739/EEC.
[189] SII Firms—Conditions Governing Business—Restriction of Business 9.2.
[190] Stakeholder Consultation document, 17 September 2003.

Conduct of business regulation

As a general rule, the conduct of business rules applicable to financial services firms in the UK do not apply to reinsurance. This result, which recognises that clients of reinsurers do not require consumer protection, is achieved either by specifically exempting reinsurers from the application of a conduct of business rule or by applying a rule only in relation to dealings with "individual" clients or "customers". Customers, as defined in the Handbook, do not include cedants of reinsurance contracts for the purposes of the Principles for Businesses in the *FCA Handbook*. For the purposes of the Conduct of Business sourcebook customers do include cedants of long-term reinsurance contracts but, as explained in 15-038 below, very few conduct of business rules apply even in relation to long-term reinsurance business.[191]

15-062

Like direct insurers, reinsurers are subject to most of the Principles for Businesses set out in the Principles for Business module of the *FCA Handbook*.[192] A reinsurer will therefore have a duty to conduct its business with integrity (Principle 1) and due skill, care and diligence (Principle 2), to observe proper standards of market conduct (Principle 5), to pay due regard to the information needs of its clients and to communicate information to them in a way which is clear, fair and not misleading (Principle 7), to arrange adequate protection for client's assets when it is responsible for them (Principle 10) and to deal with its regulators in an open and cooperative way, including the obligation to disclose to the appropriately anything relating to the firm of which the FCA would reasonably expect notice (Principle 11).

While the FCA does not necessarily regulate the conduct of reinsurance business by exercising its powers in the event of a contravention of a Principle in the same way as it would in relation to direct insurance business, there have been examples where a contravention of the principles for business by a reinsurer have led to regulatory intervention. For example, in 2006 the FSA fined a reinsurer £1.225 million for arranging two improper reinsurance transactions based on a breach of Principle 2 by not conducting its business with due skill, care and diligence and Principle 3 by not organising and controlling its affairs responsibly and effectively.

The rules in the FCA's Conduct of Business sourcebook ("COBS") and Insurance: Conduct of Business sourcebook ("ICOBS") have a very limited application to reinsurers.

15-063

COBS does not apply to non-investment insurance contracts at all[193] as, since the development of the more specific conduct of business requirements relating to insurance, the relevant provisions are contained in ICOBS. Again, this has only limited application in the context of a reinsurance contract.

---

[191] The relevant provisions that refer to the definition of customer are contained in the *FCA's Handbook*, which includes a reasonably complex definition including references to "ICOBS" which does not apply in the context of activities relating to a reinsurance contract. The extent of the application of the conduct of business rules can be found in the COBS 3.6, which essentially classifies all insurers as "eligible counterparties" and thus outside the scope of the definition of customer or policyholder for the purposes of the FCA's conduct of business rules.

[192] Certain Principles for Businesses apply only to dealings with "customers" and will not apply in respect of reinsurance business. They include the duty to pay due regard to the interests of customers and treat them fairly (Principle 6), to manage conflicts of interest involving a customer (Principle 8), to take reasonable care to ensure the suitability of its advice and discretionary decisions for any customer who is entitled to rely on its judgment (Principle 9) and act to deliver good outcomes for retail customers (Principle 12). Further, it should be noted that the PRA has eight Fundamental Rules, all of which apply to reinsurers.

[193] COBS 1.1.1.

The rules adopted under FSMA 2000 do not provide for the regulation of the content of reinsurance contracts. This accords with Solvency II, which prohibits Member States from adopting provisions that require prior approval or systemic notification to the regulator of general and special policy conditions, scales of premiums, forms or other printed documents intended to be used by the reinsurer.

Self-regulation of Lloyd's

15-064   Lloyd's used to be, to a large extent, a self-regulating market. The Society of Lloyd's had overall responsibility for the regulation of participants in the market, including members, syndicates and Lloyd's agents. The Lloyd's Act 1982, a private Act of Parliament, established the Council of Lloyd's as the governing body of the Society of Lloyd's with the power to make Byelaws, Regulations and Codes of Practice in relation to all aspects of the Lloyd's market, including standards for the admission of new members to the Society and market conduct, and to pursue breaches of its requirements. The general provisions of the Insurance Companies Act 1982 did not apply to Lloyd's.[194]

Since 1 December 2001, the Lloyd's market has been within the ambit of the FSA's regulatory jurisdiction, something continued by the PRA and FCA. The PRA imposes its prudential and conduct of business requirements largely through the Society, by adopting the rules and guidance applicable to the Society[195] and through combined arrangements with the Society for co-operation on supervision and enforcement. Under this system the PRA does not directly regulate members of the Society and the Society continues to impose its own requirements on the market. However, the Society's requirements are expected to be sufficient to enable the Society to comply with the requirements imposed on it by the PRA in relation to the market as a whole. The PRA supervises the effectiveness of the functions performed by the Society[196] and, more importantly, it has the power to review its approach to the regulation of the Lloyd's market at any time.

The PRA continues not to regulate members directly, even though it is those members who ultimately bear the underwriting liability.

15-065   Several participants in the Lloyd's market require PRA and/or FCA authorisation or are deemed to be authorised persons. The Society itself is an authorised firm pursuant to s.315 of FSMA 2000, with permission to arrange deals in Lloyd's re/insurance contracts and participation in Lloyd's syndicates. It is not itself permitted to underwrite re/insurance contracts. The members of the Society continue to be exempt from the authorisation requirement but the PRA has the power to direct that any specific member(s) or that the members of the Society taken together will require authorisation or to impose requirements directly on such members.[197] Managing agents require both PRA and FCA authorisation and members agents,

---

[194] ICA 1982 s.15(4). The ICA 1982 did contain a few provisions specific to Lloyd's. It required Lloyd's underwriters to maintain a premium trust fund and to produce annually audited accounts (s.83) and special provision was made for the maintenance of solvency margins by Lloyd's taken as a whole (s.84 and the Insurance (Lloyd's) Regulations 1983). Names who ceased active underwriting and who remained liable under open contracts of insurance/reinsurance could be subject to regulation under Pt II of the ICA 1982 if they failed to comply with certain requirements Insurance (Lloyd's) Regulations 1996.

[195] The rules applicable to Lloyd's are now incorporated into the Solvency II firms rules under the heading "Lloyd's".

[196] For example, Solvency II firms Lloyd's includes a requirement for Lloyd's to provide the PRA with any new proposed form of its standard trust deeds and for it to make appropriate byelaws governing conduct in the capacity transfer market.

[197] Now contained in s.40 of the Financial Services Act 2012.

Lloyd's advisers and Lloyd's brokers all require FCA authorisation. The role of the regulators also includes the approval of certain persons performing controlled functions within each authorised firm in the Lloyd's market, which may involve approval from some or all of Lloyd's the PRA and FCA.

The Society has overall responsibility for the management of the risks at member, syndicate or market level to which funds at Lloyd's, central assets and the general reputation of Lloyd's are exposed. The PRA sees the Society's role in this respect as analogous to that of any other authorised firm's responsibility to establish and maintain adequate internal risk management systems. Since the adoption of the rules on 1 January 2005 the Society continues to monitor risks and controls arising in the market; for example, it is required to monitor and manage aggregations of risk resulting from inter-syndicate reinsurance or the concentration of exposure to a single event at member level. In relation to managing agents, the Society will be required to ensure that the internal policies of managing agents for their management of key prudential risks are consistent with its rules. The detailed rules and guidance in the Solvency UK firms part of the PRA Rulebook on systems and controls relating to specified risks apply directly to the Society at market and member level and directly to managing agents at syndicate level.

In relation to financial resources, the Society adopts a whole market internal model for the purposes of Solvency UK (which it refers to as the "LIM"). It does this by effectively requiring an aggregation of the modelling of individual syndicates by managing agents.[198] Members are also required to contribute to central assets and to put funds in place to support the business that they underwrite. The Society sets the amount and form of funds required. The PRA imposes capital requirements on the Society in relation to the Lloyd's market as a whole, based on Solvency II modelling.

The PRA's requirements for Lloyd's regarding the admissibility and valuation of assets and liabilities are in line with those that are applicable to other general insurers. However, there are special rules for Lloyd's in relation to matters such as the admissibility for Lloyd's of certain assets that are not admissible for other insurers[199] (for example Letters of Credit) and reinsurance to close. Since 1 January 2005, the regulator has adopted a definition of "approved reinsurance to close" which for the purposes of the Handbook is more restrictive than under the Lloyd's byelaws. This definition excludes reinsurance between parties other than Lloyd's members, and balance transfers between syndicate years of syndicates having only one member. An approved reinsurance to close must treat the reinsured contract as if the reinsuring member and not the reinsured member had the original contract of insurance, and any payment received as consideration for the reinsurance must be treated as a Lloyd's member contribution not as a premium.

15-066

Lloyd's has retained certain features related to reinsurance that are unique to the market; they are briefly described in this paragraph. The first is reinsurance to close. Reinsurance to close is defined in the Definitions Byelaw (No.7 of 2005) as an agreement under which members of a syndicate for a year of account agree with members of a reinsuring syndicate—which must be a later year syndicate but need not be a later year of the same syndicate—that the reinsuring syndicate will accept all liabilities of the reinsured members, known or unknown, in exchange for a

---

[198] It follows from this that Lloyd's was required in the period prior to the implementation of Solvency II to develop a market-wide model which operated effectively based on the inputs from a large number of individual agencies.

[199] This is permitted by the Third General Insurance Directive (92/49/EC) art.21.

premium and an assignment of all rights and any other insurance company which may be designated by the Council of Lloyd's.[200]

Another example is para.39A of the Underwriting Byelaw (No.2 of 2003), which obliges managing agents to have regard to the best interests of the members of any syndicates that they manage when effecting syndicate reinsurance cover. Managing agents must only pay reinsurance premiums charged to a syndicate out of funds held, controlled or managed by the syndicate's members, and any reinsurance recoveries under syndicate reinsurance must be effected only for the syndicate's benefit.

ESG Requirements

15-067 UK reinsurers are increasingly required to develop environmental, social and governmental ("ESG") strategies as part of conducting their regulated business, as inclusivity and environmental awareness have grown in importance as societal issues. The requirement for reinsurers to embed ESG policies and procedures into their operations is not just reputational, as both the PRA and Lloyd's have recently introduced a number of mandatory ESG-related rules into UK insurance regulation.

In particular, the PRA has been aware for a number of years of the potential impact of climate change-related risks on the solvency of reinsurers,[201] and has identified the following key risks to the financial stability of the insurance industry:

(i) physical risks—these risks relate to the negative impact on reinsurers' balance sheets caused by more frequent occurrences of global natural disasters, which trigger reinsurance payouts;

(ii) transition risks—this category represents the risks to reinsurers caused by the impact of the global transition to a lower carbon economy. This transition takes the form of an asset-side risk, as reinsurers will need to continu-

---

[200] One such designated insurer was Equitas Reinsurance Limited "Equitas", which was established by Lloyd's as part of a project undertaken by Lloyd's in 1996 known as "Reconstruction and Renewal". As part of this project Equitas reinsured the non-life liabilities of Lloyd's syndicates for the 1992 and prior underwriting years as a reinsurance to close. Subsequently, the business of Equitas was acquired by National Indemnity Company, a member of the Berkshire Hathaway group of companies. This was initially structured as a whole account reinsurance of Equitas by National Indemnity, but these liabilities were subsequently transferred to a new subsidiary of National Indemnity under a statutory novation scheme under Pt VII of FSMA 2000 which was approved by the High Court on 25 June 2009. The effect of this statutory transfer was to achieve true finality of liability for the original underwriting members, which has a different legal effect than a reinsurance to close, even though a reinsurance to close is intended to give the same practical effect.

[201] The PRA's first publication on the topic was its Climate Change Adaptation Report ("CCAR") "The impact of climate change on the UK insurance sector" dated September 2015, in which the PRA acknowledged that part of its statutory objectives as a prudential regulator is to understand the impact of climate change on the financial health of insurers. The PRA therefore sought to establish an analytical framework to ensure that the industry understands the ways in which the insurance industry could be impacted by climate change-related risks. This CCAR can be found here: *https://www.bankofengland.co.uk/prudential-regulation/publication/2015/the-impact-of-climate-change-on-the-uk-insurance-sector*. The PRA also produced a second CCAR on 28 October 2021, entitled "Climate change-related financial risk management and the role of capital requirements", in which it set out its findings for how firms have responded to its 2019 Supervisory Statement. The PRA reported that senior executives and boards at firms have increasingly recognised that climate change was more about than about "Corporate Social Responsibility", and the importance of a strategic response to combatting the impact of climate change on their businesses. However, the PRA also noted that firms' responses to these regulatory expectations were mixed, and a number of firms had more work to do to effectively monitor and mitigate the impact of climate change-related financial risks. This CCAR can be found here: *https://www.bankofengland.co.uk/prudential-regulation/publication/2021/october/climate-change-adaptation-report-2021*.

ously assess the value of their investments in carbon-intensive assets, such as shares in oil and gas companies, or companies who specialize in metals and mining, construction and industrial production. Similarly, the insurance industry may experience fewer opportunities to underwrite familiar and historically profitable risks from carbon-intensive sectors. Reinsurers who currently have carbon asset heavy underwriting portfolios should therefore have in place robust transition plans that set out their overall strategy for their transition to a lower-carbon economy, including actions such as reducing their greenhouse gas emissions; and

(iii) liability risks—reinsurers may suffer loss due to a greater number of third-party liability claims against policyholders (such as large industrial corporations) who are regarded by third-party litigants as being legally responsible for climate change-related losses.

The PRA is cognizant that climate change-related financial risks contain certain distinctive elements that could be particularly challenging for reinsurers to monitor and guard against. For example, the financial risks from physical and transition risk factors can simultaneously relate to multiple lines of businesses, sectors and geographies, which could be correlated and irreversible. These risks could also be non-linear, and grow exponentially more significant following the occurrence of certain "tipping points". Additionally, these risks could crystallise outside of many reinsurers' current planning horizons, and yield uncertain outcomes.

Accordingly, in 2019, the PRA became the first financial regulator globally to publish its regulatory expectations for the insurance industry in managing the prudential risks caused by climate change.[202] The PRA's expectations are wide-ranging and require reinsurers to embed a strategic approach to addressing climate change-related financial risks in their systems and controls.[203] Key requirements include:

15-068

- Governance—reinsurers are expected to ensure that their boards have the requisite expertise to understand and assess how climate change-related financial risks affect their business, and must be able to address and oversee these risks within the firm's overall business strategy and appetite. Boards are expected to create clear roles and responsibilities for managing climate change-related financial risks, with specific responsibility delegated to senior managers and board committees.
- Risk management—reinsurers must address financial risks arising from climate change through their existing risk management frameworks. In

---

[202] These regulatory expectations are set out in the PRA's Supervisory Statement SS3/19 "Enhancing banks" and insurers' approaches to managing the financial risks from climate change' dated April 2019. This Supervisory Statement can be found here: *https://www.bankofengland.co.uk/prudential-regulation/publication/2019/enhancing-banks-and-insurers-approaches-to-managing-the-financial-risks-from-climate-change-ss*.

[203] The PRA has issued two "Dear CEO" letters relating to these expectations. The first letter was sent in July 2020, and informed firms that they must fully embed their approaches to managing climate change-related financial risks by the end of 2021. This letter also provided firms with more specific guidance on what steps they are required to take to ensure that climate-financial risks are properly managed within their organisations. This letter is available here: *https://www.bankofengland.co.uk/-/media/boe/files/prudential-regulation/letter/2020/managing-the-financial-risks-from-climate-change.pdf*. The PRA published its second "Dear CEO letter" in October 2022, in which the PRA noted that banks and insurers have generally taken concrete and positive steps to implement their expectations. However, the PRA also noted that the levels of embedding safeguards against climate change-related financial risks vary and further progress is needed by all firms. This letter can be found here: *https://www.bankofengland.co.uk/prudential-regulation/letter/2022/october/managing-climate-related-financial-risks*.

particular, reinsurers must measure the impact of climate change-related exposures using stress and scenario testing under a range of shorter—and longer—time horizons.[204] Reinsurers must also act to mitigate any risks to their solvency position that are identified from this scenario testing exercise. For example, reinsurers will need to ensure that their assets are sufficiently diversified to avoid an excessive accumulation of climate change-related risks in the same investment portfolio.[205] Risks identified as part of this risk management framework should be included in board reports, and used to update risk management policies.

- Disclosure—reinsurers must disclose information on material climate change-related risks as part of their existing Solvency UK requirements, including as part of ORSAs[206] and public SFCRs.

15-069 Due to the complicated nature of monitoring climate change-related financial risks, the Bank of England has accepted that reinsurers are still likely be developing effective ways of identifying and mitigating exposures to their respective businesses. The Bank of England has identified that the insurance industry may not be fully capturing climate change-related risks due to both "capability gaps" (the difficulty experienced by reinsurers in identifying and measuring climate risks due to a lack of available data that is sufficiently accurate, or limitations in modelling techniques) and "regime gaps" (challenges for regulators in capturing climate risks in existing capital frameworks due to deficiencies in the design or use of methodologies to measure climate change-related risks). The Bank of England has therefore encouraged reinsurers to address these capability issues in the short—to medium—term, for example by considering whether to hold additional capital against climate change-related financial risks whilst techniques for effectively monitoring them are still developing. The UK regulators will also continue to work on identifying and addressing existing regime gaps.[207]

15-070 By contrast, the PRA has not introduced any regulatory requirements specifically relating to the risks that reinsurers underwrite—in other words, the PRA has stopped short of using its regulatory powers as a method of effectively directing or requiring the observance of specific ESG policies or metrics. Notwithstanding this, the PRA acknowledges that reinsurers play a role in assisting with the global transition to cleaner forms of energy. Sam Woods, CEO of the PRA, said in a speech in 2022, *"the financial sector cannot run ahead of the real economy: we need real change to make the economy more efficient and expand the provision of renew-*

---

[204] These scenarios could include a rise in global temperatures consistent with, or in excess of 2°C, and scenarios where the transition to a low-carbon economy occurs in either an orderly or a non-orderly manner.

[205] Reinsurers must include climate change-related financial risks as part of complying with the Solvency II "prudent person principle", which applies to the nature of the investments that they hold against insurance risks.

[206] Similar requirements are likely to be required in future amendments to EU regulation. For example, in September 2021, the European Commission proposed that, as part of its package of reforms to Solvency II, where insurance and reinsurance undertakings have material exposure to climate change-related financial risks, they must carry out, within appropriate intervals and as part of their ORSAs, analyses of the impact of long-term climate change risk scenarios on their business. This proposal has been included in the finalized package of proposals agreed by the EU legislative bodies and is currently being adopted by the European Parliament and European Counsel. It is expected that these new rules will be transposed into the domestic legislation of EU Member States in 2025.

[207] For more information on the Bank of England's latest findings, please see its publication "Bank of England report on climate change-related risks and the regulatory capital frameworks" dated 13 March 2023, which is available here: *https://www.bankofengland.co.uk/prudential-regulation/publication/2023/report-on-climatechange-related-risks-and-the-regulatory-capital-frameworks*.

able energy. While that process takes place, banks and insurers need to provide finance to more carbon-intensive sectors of the economy, precisely to allow them to invest in the transition."[208]

Initiatives to cease underwriting carbon-intensive projects have instead originated from voluntary initiatives commenced by stakeholders in the insurance industry. Notably, the Net-Zero Insurance Alliance ("NZIA"), which was convened by the UN Environment Programme, was launched in 2021, and set out the foundational concept and frameworks to support its members in working towards decarbonizing their insurance and reinsurance portfolios.[209] Each participating insurer in the NZIA agreed to transition all operational and attributable greenhouse gas emissions from its insurance and reinsurance portfolios to net-zero emissions by 2050, in order to contribute to the implementation of the COP21 Paris Agreement. Whilst a number of participating insurers subsequently departed the NZIA due to political pressure in the US, their original support for the initiative nonetheless demonstrated that there is clear support in the fight against climate change from some of the industry's largest stakeholders.

15-071 Lloyd's has also been ambitious in embedding an ESG strategy into its governance framework, and has made a range of ESG commitments in recent years that will materially impact its operations in both the short—and longer—term. Most immediately, Lloyd's intends to achieve net zero carbon emissions at its landmark building by 2025,[210] a project requiring it to incur material refurbishment costs. Similarly, Lloyd's is transitioning its own Central Fund investments to net zero by 2050 and has encouraged managing agents to aim to derive 2% of all annual premium income from innovative and sustainable products.[211] Lloyd's also supports new projects that seek to solve climate change-related issues, and has worked with a number of providers of environmentally-focused insurance offerings in the Lloyd's Lab, its dedicated innovation hub.[212]

15-072 Environment-related concerns may also provide new investment opportunities for reinsurers in the future. In particular, as part of the UK's overhaul of Solvency II rules, the PRA is enabling a wider range of assets to potentially be included in matching adjustment portfolios with effect from 31 December 2024, which could enable reinsurers to invest more of their resources in long-term sustainable infrastructure.[213] The EU legislative bodies also intend to harness reinsurers' investment in green infrastructure as part of their discrete Solvency II review to assist their

---

[208] Sam Woods' speech' Climate capital—speech by Sam Woods' from 24 May 2022 is available here: *https://www.bankofengland.co.uk/speech/2022/may/sam-woods-speech-on-the-results-of-the-climate-bes-exercise-on-financial-risks-from-climate-change*.
[209] The NZIA website is available here: *https://www.unepfi.org/net-zero-insurance/*.
[210] Lloyd's environmental policy is available here: *https://www.lloyds.com/about-lloyds/our-impact-on-society/environment*.
[211] As stated here: *https://assets.lloyds.com/media/4065197b-6f6a-4f1c-b8d5-130856484f4a/2020%20Lloyds%20Energy%20and%20Carbon%20Report.pdf*.
[212] In 2021, the dedicated theme for the Lloyd's Lab was climate change and decarbonisation. Lloyd's pro-actively sought insurance offerings that could help the Lloyd's market: (i) offer insurance products to transfer decarbonisation risks; (ii) respond to the increasing threat of climate events; and (iii) understandd the changing nature of climate risks. These companies include Carbon Chain, a start-up that helps insurers better understand the carbon footprints of the companies they insure. Similarly, Lloyd's Lab has worked with Tesselo, a company that produces satellite imagery to assist with monitoring natural resources and reducing climate risk.
[213] The PRA has consulted in its Consultation Paper CP19/23 "Review of Solvency II: Reform of the Matching Adjustment" on whether to enable firms to include a limited proportion of assets in their matching adjustment portfolios to have "highly predictable" cash flows rather than "fixed" cash flows. The PRA's Policy Statement containing these near final rules can be accessed here: *https://*

fulfilment of the "European Green Deal", pursuant to which the EU will become carbon neutral by 2050.[214]

15-073 Additionally, the insurance industry is taking steps to achieve improved gender equality and diversity. Reinsurers are already under an existing obligation to establish a policy to promote board diversity,[215] and the PRA has closed a consultation process regarding a new supervisory statement that contains holistic expectations on firms' approaches to diversity and inclusion ("D&I"). As part of this consultation, the PRA has proposed that firms will need to publish their D&I strategies on their websites, and set targets to address identified underrepresentation within their organisations.[216] If this supervisory statement is implemented, board involvement in firms' adherence to their D&I obligations would be mandated, and Senior Managers within firms would have individual accountability to ensure that firms implement their D&I strategy. Firms would also be required to report D&I-related statistics to the FCA and the PRA so that they can prepare industry-wide benchmarking reports.

15-074 Lloyds also takes D&I seriously, and publishes an annual "Culture Dashboard", in which it sets out D&I market figures against its key targets, including one third of all new hires coming from diverse backgrounds and 35% of all leadership roles being filled by women.[217] The latest figures for 2023 demonstrate continued progress in D&I figures, although there is still room for further improvement.[218]

Large reinsurers, and holding companies of publicly-listed reinsurance groups, are also required to make certain ESG-related disclosures as part of publishing their annual financial accounts under UK and EU companies law.

15-075 In the UK, certain listed UK companies must include information in their annual strategic reports on the impact of the company's business on the environment, including making specific disclosures relating to the annual quantity of CO_2 emissions resulting from their business activities and any measures that they have undertaken to increase energy efficiency.[219] The "Listing Rules" Chapter in the FCA Handbook also requires UK-listed companies to make various climate change-related disclosures on a "comply or explain" basis as part of their annual financial reports, which reflect recommendations made by the Task Force on Climate-related Financial Disclosures ("TCFD").[220] These recommended disclosures cover a range of areas, including: (i) how the company's governance arrangements are set

---

www.bankofengland.co.uk/prudential-regulation/publication/2024/june/review-of-solvency-ii-reform-of-the-matching-adjustment-policy-statement.

[214] More information on the European Green Deal can be found here: https://commission.europa.eu/strategy-and-policy/priorities-2019-2024/european-green-deal_en.

[215] Conditions Governing Business r.2.8 in the PRA Rulebook.

[216] The PRA's proposals can be found in CP18/23 "Diversity and inclusion in PRA-regulated firms" published in September 2023, which is available at: https://www.bankofengland.co.uk/prudential-regulation/publication/2023/september/diversity-and-inclusion-in-pra-regulated-firms.

[217] Lloyd's 2023 Culture Dashboard is available at: https://assets.lloyds.com/media/5392ff4d-199b-467d-be9b-a51c2f4ee732/Lloyds-Culture-Dashboard-2023.pdf.

[218] For example, in the 2023 figures, 88% of all Lloyd's entities set culture as an agenda item. However, only 32% of all leadership positions are filled by women (and only 22% of board roles), below Lloyd's target of 35%. Similarly, ethnic minority representation across the market had increased over the course of the year, although the overall level of representation was still only 11%.

[219] Section 414C of the Companies Act 2006 and Sch.15, para.7 of The Large and Medium-sized Companies and Groups (Accounts and Reports) Regulations 2008, as amended by The Companies (Directors' Report) and Limited Liability Partnerships (Energy and Carbon Report) Regulations 2018.

[220] The TCFD was a group of industry experts from various organisations, including banks, insurance companies and asset managers that was created by the UK Financial Stability Board in 2015 to improve and increase reporting of climate-related financial information. The group provided the Financial Stability Board with recommendations on the types of climate-related information that

up to manage climate change-related risks; (ii) the actual and potential impacts of climate change-related risks on the company's business, strategy and financial planning; (iii) how the company identifies, assesses and manages climate change-related risks; and (iv) the metrics and targets that the company uses to assess and manage climate change-related risks and opportunities.[221] Similarly, under the UK Corporate Governance Code, premium-listed companies must demonstrate how their governance arrangements contribute to their long-term sustainable success and achieve wider objectives for their members.

Under the Energy Savings Opportunity Scheme, every four years, large UK companies[222] must assess their total energy consumption and identify where energy savings can be made. Large and publicly-listed EU reinsurers are also required to publish information on sustainability matters in their management reports.[223]

Sustainability-related disclosure requirements are also contained within international accounting standards. For example, reinsurers that use the International Financial Reporting Standards ("IFRS") as part of their accounting processes must disclose information about sustainability- and climate-related risks and opportunities that could reasonably be expected to materially affect their cash flows over the short, medium—and long-term.[224]

3. THE REGULATION OF INSURANCE COMPANIES IN BERMUDA

Introduction and overview

We wrote in the Second Edition that '"Facilitative but responsible" regulation is the golden thread interweaving the fabric of the Bermuda insurance market'. That description of the Bermuda regulatory approach remains as apt in 2024 as it was in 2004 although we have witnessed a seismic shift in the regulatory framework since we described the position in 2004. Most significantly, Bermuda has obtained full Solvency II equivalence under the EU Solvency II Directive and recognition from the National Association of Insurance Commissioners ("NAIC") as a qualified jurisdiction and a covered jurisdiction, meaning licenced Bermuda insurers do not need to post collateral. As part of that evolutionary process, Bermuda has developed a bifurcated regulatory approach dividing the world of insurers into cap-

15-076

---

companies should disclose to support investors, lenders and insurance underwriters between 2015 and 2023. The TCFD was disbanded in 2023, having determined that it had fulfilled its remit. The TCFD's website is available here: *https://www.fsb-tcfd.org/*.

[221] The TCFD's recommendations are contained in its 2017 publication "Final Report: Recommendations of the Task Force on Climate-related Financial Disclosures", which can be accessed here: *https://assets.bbhub.io/company/sites/60/2021/10/FINAL-2017-TCFD-Report.pdf*.

[222] The Energy Savings Opportunity Scheme is currently in its third phase, and companies must have complied with the scheme by 5 June 2024 if, on 31 December 2022, they either: (i) employed more than 250 people; or (ii) had an annual turnover in excess of £44 million, and a balance sheet total in excess of £38 million.

[223] Directive 2013/34/EU as amended by Directive 2022/2464/EU.

[224] IFRS rules relating to sustainability disclosures are contained in IFRS S1 General Requirements for Disclosure of Sustainability-related Financial Information, available here: *https://www.ifrs.org/issued-standards/ifrs-sustainability-standards-navigator/ifrs-s1-general-requirements.html/content/dam/ifrs/publications/html-standards-issb/english/2023/issued/issbs1/*. IFRS rules relating to climate-related disclosures are contained in IFRS S2 Climate-related Disclosures, available here: *https://www.ifrs.org/issued-standards/ifrs-sustainability-standards-navigator/ifrs-s2-climate-related-disclosures.html/content/dam/ifrs/publications/html-standards-issb/english/2023/issued/issbs2/*.

tive insurers and commercial third-party insurers. We have also seen the increasing sophistication of the regulation of the long-term sector away from the "one size fits all" model of 2004 in favour of a sophisticated multi-class system of classification that likewise differentiates between captive and commercial long-term insurers and within the commercial insurance market the growth of a very significant long term market which has necessitated the development of a very calibrated and bespoke regulatory model for long term insurers quite distinct from the model for property and casualty and other general insurers. It is in the evolution of different models for the captive market and the commercial market that we see the essential pragmatic ingenuity of the market and the legislator to cater for the different constituencies of the marketplace so that they can co-exist and thrive in their differences whilst all remaining under the careful oversight of the Bermuda Monetary Authority ("BMA").

15-077 The BMA is the sole regulator of all the component parts of the Bermuda financial services industry and is wholly independent of the Bermuda government. The BMA has broad regulatory powers aimed at setting prudential standards and has all the tools a fit for purpose regulator needs to regulate a world class insurance and reinsurance market of the calibre of Bermuda. These include the power to supervise, regulate and inspect insurance companies and to seek statements of compliance from such companies. The BMA may impose civil penalties for breach of statutory requirements and publicly censure delinquent insurers and issue prohibition orders and monetary fines. As noted later, the BMA has not hesitated from deploying these powers when necessary as it has continued to expand its enforcement capabilities.

The Insurance Act 1978 and its related regulations ("Insurance Act") statutorily mandates[225] the BMA to exercise its powers to protect the interests of the clients and potential clients of the insurers it regulates. It also requires the BMA to keep under review the operation of the Insurance Act and developments in the field of insurance law and to publish an annual report on its activities.[226] The Insurance Act has been frequently amended since its original enactment but in each case, by amendment. It is therefore only necessary to refer in this discussion to the most recent current version of the Insurance Act and that is how this section proceeds.

Legislative change in Bermuda over recent years has continued to be influenced by the Solvency II Directive of the European Union. Bermuda, one of the original "first tier" candidate countries (along with Switzerland and Japan) to seek Solvency II equivalence, was granted full equivalence status in March 2016.[227] At the time of writing, Bermuda and Switzerland are the only non-EU countries that have been granted full equivalence under the Solvency II Directive whilst the United States of America, Australia, Brazil, Japan and Mexico have been granted provisional equivalence regarding group solvency calculations for ten years and Japan has received equivalence for reinsurance. Bermuda passed three tests to gain full third country equivalence—reinsurance, group solvency and group supervision. The effect of obtaining equivalence for the reinsurance test is that contracts concluded

---

[225] Section 2 of the Insurance Act.
[226] See 2017 BMA Annual Report published on 6 July 2018.
[227] Commission Delegated Decision (EU) 2016/309 of 26 November 2015 on the equivalence of the supervisory regime for insurance and reinsurance undertakings in force in Bermuda to the regime laid down in Directive 2009/138/EC of the European Parliament and of the Council and amending Commission Delegated Decision (EU) 2015/2290. The Delegated Act entered into force on 24 March 2016 and was applied retroactively to 1 January 2016.

with Bermuda reinsurers will be treated in the same way as those concluded with EU reinsurers.[228]

Equivalence applies to Bermuda's groups and commercial insurers and reinsurers but does not apply to captive insurers. Bermuda's non-commercial insurers (Classes 1, 2, 3A and 3B) may elect to opt in to Solvency II compliance by reclassifying into one of the commercial categories. Securing full equivalence in the commercial insurance sector represented a significant achievement for Bermuda made possible by the sterling work of the BMA amongst others and demonstrated the domicile's commitment to adhering to high international regulatory standards.

As part of the final consultation process for Solvency II equivalence with EIOPA, Bermuda made a number of regulatory changes to its framework for commercial insurers. These changes enhanced certain disclosure and transparency requirements, created more specific solvency and financial reporting models and augmented the existing group supervision and prudential rules.

During the course of 2023, the BMA published two important consultation papers heralding significant enhancements particularly targeted at the burgeoning long-term insurance industry that has seen exponential growth since the time of the last edition.[229] A report provided by the BMA in January 2024 noted that as of year-end 2022 Bermuda long term insurers had gross written premium of US $134 billion and net written premium of US $96.6 billion. They held gross assets of US $1,089.5 billion at year end 2022 against total liabilities of US$974.4 billion. The report attributed the reasons for such exponential growth over the last decade because of increasing demand for the supply of insurance products and solutions, driven by a variety of trends including profitability, economic, environmental, social and demographic trends.[230]

The Bermuda regulatory model

The Bermuda regulatory model has evolved to cater for one of the world's most sophisticated insurance marketplaces that itself is always evolving, most recently by the development of a regulatory sandbox and an innovation hub to facilitate growth in the InsurTech space. Additionally, Bermuda has continued to be at the centre of some of the largest global M&A activity in the insurance space including recently the acquisition of Argo by Brookfield and the acquisition of Validus by RenRe.

15-078

Scope of insurance regulation in Bermuda—some key principles

The cornerstone of the Bermuda insurance regulatory model is the Insurance Act. The Insurance Act applies to any person carrying on "insurance business" in or from

15-079

---

[228] Article 172 of Directive 2009/138/EC. The benefit of obtaining equivalence for the group solvency test is that the solvency calculation for a group that is subject to Solvency II requirements in the EU can take into account the own funds and the solvency capital requirement of a Bermuda insurer within the group: art.227 of Directive 2009/138/EC. For the group supervision test, the benefit of equivalence is that, where the group parent is in Bermuda, group supervision by the BMA will be relied on by EU Member States: art.260 of Directive 2009/138/EC.

[229] The first Consultation Paper (also known as "CP1") was released on 24 February 2023 and the second Consultation paper (also known as "CP2") was released on 28 July 2023. The BMA also published a stakeholder letter on 30 November 2023 providing feedback in response to stakeholder queries on CP2. The BMA published a paper entitled "Supervision and Regulation of PE Insurers in Bermuda" on 18 December 2023.

[230] Bermuda Long-term Insurance Market Analysis and Stress Testing Report published by the BMA in January 2024.

within Bermuda and provides for the registration of all insurers, insurance managers, brokers, agents and salespersons.

The Insurance Act provides the following extended definition[231] of "carrying on business in or from within Bermuda":

> "(a) any reference to carrying on business from within Bermuda includes reference to carrying on business outside Bermuda from a principal place of business within Bermuda;
> (b) unless the context otherwise requires, any reference to carrying on the business of effecting and carrying out contracts of any kind includes reference to carrying on one aspect, or some aspects, only of that business;
> (c) every company or body, being a company or body formed in Bermuda with power to carry on insurance business, shall, if carrying on insurance business anywhere, be deemed to be carrying on insurance business in or from within Bermuda for the purposes of section 3(1)."

The deeming provision in (c) is intended to prevent insurance companies treating Bermuda as a domicile of convenience or "name plate jurisdiction", and seeking to avoid regulation by the Bermudian authorities[232] on the basis that the operation of the company has no physical connection with Bermuda. It reflects the public policy concern with the international reputation of Bermuda

The definition of "insurance business"[233] was (quite intentionally) cast in very broad terms to cover the maximum scope for industry expansion and product development and is defined as follows:

> "[T]he business of effecting and carrying out contracts—(a) protecting persons against loss or liability to loss in respect of risks to which such persons may be exposed; or (b) to pay a sum of money or render money's worth upon the happening of an event, and includes reinsurance business."

There are two important points to note. Firstly, the legislation requires neither risk transfer nor the presence of an insurable interest (as a result of the express inclusion of limb (b))—that is an important difference from the UK. Secondly, the legislation applies and always has applied both to insurance and reinsurance companies and accordingly in this chapter references to insurers will be deemed to include references to reinsurers.

Effective as of 1 January, 2019, the Insurance Act was amended to prevent the entry into non-insurance business by both commercial and non-commercial insurers. However, all insurers will continue to be able to engage in non-insurance business where such business is ancillary to the insurance business carried on by the insurer.[234]

15-080 Conceptually, the regulatory scheme of the Insurance Act is similar to the approach in the UK and is founded upon a distinction between long-term business and general business. General business is defined as any business that is not long-term business, while long-term business includes life, annuity and pensions business and accident and health business where the underlying contracts are expressed to be in effect for a period of not less than five years. Both now have a similar risk-based approach starting with Class 1 general and Class A long-term captives that are subject to a lesser degree of oversight and regulation and graduating to Class 4 property and casualty reinsurers and Class E long-term reinsurers that are subject to the highest level of regulatory oversight.

---

[231] Section 3 of the Insurance Act.
[232] And quite possibly avoiding regulation anywhere else.
[233] Interpretation section, Pt I s.1 of the Insurance Act.
[234] S.19 of the Insurance Act.

An important difference between the UK and Bermuda is that Bermuda insurers may engage in "transformer" activities. The Insurance Act permits parties to enter into certain "designated investment contracts" (including derivative contracts and swaps) which are statutorily deemed not to constitute the carrying on of insurance business.

The registration principle and the multi-class licensing system

Any company carrying on insurance business in or from within Bermuda must be registered under the Insurance Act.[235]

15-081

In respect of companies carrying on *general business*, the Insurance Act stipulates that an insurer may be licensed in one of six classes ranging from Class 1 to Class 4 (Class 3 has also a Class 3A and a Class 3B).

In respect of companies carrying on *long-term business*, the Insurance Act stipulates that an insurer may be licensed in one of five classes ranging from Class A to Class E.

Bermuda still permits the licensing of composite insurers who may conduct both general and long-term business subject to the composite meeting all requisite standards of solvency and liquidity applicable to general and long-term insurers.

The six traditional classes of general business insurers are briefly summarised below:

15-082

Class 1 Class 1 insurers are single-parent or pure captives writing risks of the parent and its affiliates only.

Class 2 Class 2 insurers are multi-owner captives and captives writing up to 20 per cent unrelated business (the term "unrelated business" is defined in the Insurance Act to mean insurance business consisting of insuring risks of persons who are not shareholders in or affiliates of the insurer).

Class 3 Class 3 is a catch-all category where an insurer does not fit into any other class and also includes insurers whose percentage of unrelated business represents more than 20 per cent but less than 50 per cent of unrelated business (on a net premium written basis).

Class 3A The commercial insurer regime incepts at Class 3A and above. This Class includes those insurers whose percentage of unrelated business exceeds or is expected to exceed 50 per cent of net premium written and/or net loss and loss expense provisions, and where the unrelated business premium does not, or is not projected to, exceed US$50 million.

Class 3B Class 3B insurers include insurers whose percentage of unrelated business exceeds or is projected to exceed 50 per cent of net premium written and/or net loss and loss expense provisions and where the unrelated business premium does exceed or is projected to exceed US$50 million. Class 3B insurers are subject to restrictions on payment of dividends.

Class 4 Class 4 insurers comprise a special category of excess liability or property catastrophe (re)insurers with a minimum statutory capital and surplus of US$100 million.

---

[235] Part II of the Insurance Act s.3 and following (primarily s.4 that details classification system outlined at 15-007 above).

15-083 In respect of *long-term* insurers, there are five categories of long-term insurer licenses dependent on the business to be written as follows:

Class A   A Class A insurer is a single parent captive, or a pure captive, writing risks of the parent and its affiliates only.

Class B   Class B insurers comprise multi-owner captives and captives, writing up to 20 per cent unrelated business.

Class C   An insurer can be registered as a Class C insurer where it has total assets of less than $250 million and is not registerable as a Class A or Class B insurer.

Class D   An insurer can be registered as a Class D insurer where it has total assets of $250 million or more but less than $500 million and is not registerable as a Class A or Class B insurer.

Class E   An insurer can be registered as a Class E insurer where it has total assets exceeding $500 million and is not registerable as a Class A or Class B insurer.

15-084 Although the Insurance Act sets out certain "red lines" for each of the classes, it is important to note that the BMA has the statutory power to disregard these on a case by case basis and opt for a different class of licence if it so thinks fit after considering the nature of the intended relationship between the proposed insurer and its policyholders and the level of regulation it thinks appropriate.[236] The one exception to this is that the BMA has no discretion to register a Class 4 insurer unless the requirements summarized above for Class 4 insurers are met.[237] Interestingly, we have not legislatively mandated in the Insurance Act that the same approach be followed for Class E long-term insurers.

The classification rules summarized above have seen significant change over time in response to market evolution and developing international standards. In the general business sphere, there used to be a single Class 3 default category but over time it was understood that there were different types of Class 3 insurer and accordingly the Insurance Act was amended in 2008 to provide for a three-tiered Class (Class 3, Class 3A and Class 3B). Simply put, the Class 3 insurers are essentially regulated as captive insurers whereas Class 3A and Class 3B insurers are commercial insurers subject to enhanced regulation as we shall consider later. The long-term space has seen even greater change with the abolition of the original regulation which contemplated a single class only and the introduction of a five-tiered classification system again divided into those (Class A and B) regulated essentially as captive insurers and the remainder regulated as commercial insurers.

There are three further types of insurer. The first is the special purpose insurer ("SPI") which Bermuda introduced in 2008 and a further category of collateralized insurer which was introduced at the end of 2018. The second is the introduction in 2018 of the concept of an "innovative insurer" which can be licensed as an innovative general business insurer or an innovative long term insurer: see 15-054

SPI Structures

15-085 A SPI insurer is an insurer that carries on special purpose business defined as insurance business under which an insurer fully funds its liabilities to the persons insured through a debt issuance where the repayment rights of the providers of such

---

[236] Section 4A(2) of the Insurance Act.
[237] Section 4A(3) of the Insurance Act.

debt are subordinated to the rights of the person insured or some other financing mechanism approved by the BMA or through cash or time deposits.[238] The debt issuance or other financing will be equal to the company's maximum liability under the insurance contract and the notes issued will be limited recourse notes. The minimum paid-up share capital required is just $1.00 but the assets of the SPI must at all times exceed its liability. The SPI must maintain sufficient assets to meet its insurance obligations given the size, business mix, complexity and risk-profile of the SPI. The SPI will be restricted from entering into any other business agreements except those which are related to its special purpose.

In deciding whether or not to register an insurer as a SPI, the BMA should have regard to whether the insurer is insuring one or more risks or group of risks with one or more policyholders and the sophistication of the policyholders and of the parties to a debt issuance or other funding mechanism. Whilst SPIs are inherently special purpose, single transaction, insurance companies, it is possible to re-use the same vehicle with BMA approval.

The SPI category has proven to be a very popular innovation and has enabled Bermuda to become a key player in the Insurance Linked Securities ("ILS") space. The BMA has developed a streamlined application process for SPIs including a bespoke SPI application form which focuses on key questions designed to emphasise the fully funded nature of the process and to ensure that there will be only limited recourse to the assets of the SPI. The BMA expects that only sophisticated participants will engage in this type of insurance business. The BMA will also accept contingent assets such as reinsurance or letters of credit as acceptable methods to achieve full funding of the structure.

It is possible to register SPIs as segregated account companies under the segregated Accounts Companies Act 2000 (as amended) and consider use by multiple cedants/insureds and use of the Incorporated Segregated Accounts Act 2019 (as amended).

Changes to the Insurance Act[239] have categorized SPIs into unrestricted special purpose insurers and restricted special purpose insurers. Insurers carrying on "restricted special purpose business" may only conduct special purpose business with specific insureds approved by the BMA while insurers carrying on "unrestricted special purpose business" can conduct special purpose business with any insured. In addition, the Insurance Act has introduced[240] a new class of fully collateralised (re)insurer, a "Collateralised Insurer" that carries on special purpose business but is not a SPI. The intent of this new collateralised insurer class is to reflect the reality of more complex structures and deals and to utilise leverage and transact with a greater variety of cedant types, including unrated non-affiliated cedants.

In view of the fact that collateralised insurers have a higher risk profile than traditional SPIs, they are required to have permanent regulatory capital (the minimum paid up capital being US $120,000) and also to file annually a copy of its errors and omissions insurance policy and a stress test demonstrating how this insurance would respond to relevant operational risk. SPIs are subject to the head office requirements applicable to all Bermuda commercial (re) insurers.

The BMA issued a guidance note for SPIs on 1 July 2020 ("Guidance Notes") which outlines the approach of the BMA towards the licensing and ongoing supervision of SPIs. The BMA aims to process approval of a vetted, compliant and complete SPI application within one week. Of particular note is the desire by the

---

[238] See Interpretation section and s.4 of the Insurance Act.
[239] Effective as of 5 August 2019.
[240] Also effective as of 5 August 2019.

BMA in the Guidance Notes to give clarity to the term "fully collateralised"[241] and in that regard the Guidance Notes provide that an SPI must provide collateral to its insureds to cover the full aggregate limit(s) of contractual claims that may arise and have collateral provided on or before the effective date of the (re)insurance contract. There is an exception from this latter requirement to the extent there is a grace period which may not exceed 30 days after the execution date of the contract or the effective date of the contract. Outward reinsurance is not generally recognized as a form of funding to collateralise the aggregate limit (re)insured by an SPI under a (re)insurance contract.

The Guidance Notes also require the contractual documentation of an SPI to state to what extent the collateral supports the rollover of a subsequent collateralised contract and the corresponding effect of the aggregate limit of each of the contracts. The Guidance Notes also reflect the expectation of the BMA that the release of collateral by a cedant will reduce the aggregate limit of a contract commensurately and that on a full release of collateral by a cedant, the cedant will discharge the SPI of all liabilities arising from the contract.

Although the BMA is agnostic as to the use of collateral top-up provisions, the Guidance Notes indicate that the BMA will permit such provisions to manage the risk of loss of value of asset backing the collateral in a (re)insurance contract provided that the contract clarifies the provision is to specifically manage the impairment risk of the assets and the contract explains how the top-up provision is triggered.[242]

The BMA also sets out in the Guidance Notes the requirements around corporate governance, board composition and risk management and notes that it will apply a proportionate risk-based approach to the organization of an SPIs governance and board composition. The Guidance Notes also provide a comprehensive list of sufficiently fit and proper sophisticated participants eligible to become investors in an SPI.[243] SPIs are also expected to carry minimal investment risk with respect to the collateral in the collateral account and provide full disclosures of the investment guidelines governing the collateral to the cedant and its investors/debtholders.

If an SPI intends to make any material changes, it must obtain prior BMA approval in accordance with the requirements of the Insurance Act.[244] The Guidance Notes also confirm that restrictions as to reductions of capital[245] are not applicable to SPIs. However, SPIs are required to file a statutory financial return populated from the corresponding values in its Generally Accepted Accounting Principles financial statements.

The Insurance Regulatory Sandbox

15-086 The BMA published in April 2018 a consultation paper dealing with the introduction of an insurance regulatory sandbox ("sandbox")[246] and an Innovation Hub, both initially targeted at InsurTech companies. The sandbox will allow companies to test new technologies and offer innovative products, services and delivery mechanisms to a limited number of policyholders for a limited period of time. Having reviewed the application proposal, the BMA would determine the legislative and regulatory requirements that would be modified for the duration of the sandbox testing.

---

[241] See Part III of the Guidance Notes.
[242] See Part VI of the Guidance Notes.
[243] See Part VIII of the Guidance Notes.
[244] Section 30JA of the Insurance Act.
[245] Insurance Act, s.31C.
[246] *BMA Consultation Paper on Insurance Regulatory Sandbox* (April 2018).

Once approved, a sandbox company will be assigned a temporary sandbox licence commencing with a "I" to identify that the company is in the sandbox (for example, IGB identifies that a company is a general business insurer and ILT indicates it is a Long-Term insurer). Once the testing period is over and the company leaves the sandbox, the BMA will licence the fully-fledged insurer into the appropriate licensing Class depending on the type of business (general, long-term or SPI) and the nature of the insurance program.

Legislation was introduced effective 23 July 2018 introducing the "innovative insurer" divided into Class IGB (for general business) and Class ILT (for long-term business)[247]

The BMA has also established a working group (BMA insurance innovation working group or BMA IWG) that seeks to act as a platform for exchanging ideas and information. The Innovation hub may also be used by companies that will eventually apply for entry into the sandbox when the concept is sufficiently developed.

The licensing process in Bermuda

Having considered the different classes that Bermuda insurers can be licensed into, it is important to describe how such licenses can be obtained.

15-087

The process of establishing a Bermuda insurer requires the incorporation of a company under the Companies Act 1981 (as amended) ("Companies Act") and then its registration under the Insurance Act. Most insurance companies are "exempted companies" BMA Controller of Foreign Exchange approval is required to issue shares to the proposed shareholders following application—most often by the insurer's licensed corporate services provider on the approved CRP electronic filing system.

The application to licence an insurer is normally made by the insurer's attorneys and will typically comprise a covering letter typically prepared by the lawyers to the insurer, business plan, pro forma financials for a five-year period, completed governmental Form 1B covering various aspects of the insurance program including the type of and level of risk being ceded to the insurer and details of any reinsurance coverage being provided and if so its rating. Ideally, an actuarial evaluation backing up the financials should be provided and details of the ownership structure and information on the proposed directors provided to evidence that they are "fit and proper" to be directors/shareholders of an insurer. Details of the governance framework should be outlined and acceptance letters from the proposed service providers will also be attached to the application. The above elements are common to every application but as is to be expected, enhanced requirements apply to commercial insurance structures such as providing additional financial information produced in accordance with the applicable Bermuda Solvency Capital Requirement ("BSCR") model.

The BMA provides applicants with the opportunity to submit a draft application and will provide feedback ahead of the actual application being submitted. The application must be filed before close of business on the Monday of each week (or Tuesday before noon following a public holiday) to the BMA via e-mail to Authorisations_eApplications@bma.bm. The BMA will carefully scrutinise the application which will be formally considered at the weekly meeting of the Insurance Licensing Advisory Committee ("ILAC"), which operates as an advisory committee subject to the final decision by the CEO or his executive level designate.

---

[247] Sections 4EG and 4EH of the Insurance Act 1978.

1168   SOLVENCY, REGULATION, AND PROTECTION

Following that ILAC meeting, the BMA may either approve the application in principle, approve it subject to certain conditions being met, defer it pending production of additional information or reject it outright—the BMA will work diligently with an applicant to try to avoid that outcome but of course it must retain that ability in a case where it considers that the insurance program is not workable. Once an application has been so approved in principle, the licence will be registered upon organisation and capitalisation of the insurer, confirmation that all licensing conditions have been satisfied or accepted and submission of the signed Form 1B together with the appropriate licensing fee which varies depending on the class of the insurer. The date of the licence will be the date of that submission of the signed Form 1B.

Ongoing Regulatory requirements applicable to Bermuda Insurers

15-088   Once the insurer has been licensed, it is of course required to conduct its business in accordance with its business plan and licence and the requirements of the Insurance Act. The ongoing obligations that insurers are subject to are calibrated in accordance with the risk-based system and the core principle of proportionality so that commercial insurers are subject to higher regulation than captives. In addition, the advent of Solvency II equivalence for Bermuda has seen the adoption of additional requirements such as a "head office" requirement for commercial insurers licensed in Bermuda. These obligations are considered below.

Capital and Surplus Requirements

15-089   All Bermuda insurers are required to meet certain prescribed minimum capital, solvency margins and liquidity ratios, which vary depending on the class of insurer. These requirements must be satisfied at all times and a condition to that effect is routinely included in the licence of each Bermuda insurer as the first condition.[248]

In addition, all commercial insurers (starting at Class 3A and above) are required to satisfy an enhanced capital requirement ("ECR"). The concept of ECR is established by reference to either the appropriate Bermuda Solvency Capital Requirement Model ("BSCR") or a BMA approved Internal Capital Model ("ICM"). The BSCR model is a risk-based capital model which provides a method for determining an insurer's capital requirements (statutory capital and surplus) by taking into account the risk characteristics of different aspects of the insurer's business. The BSCR formulae establish capital requirements for eight categories of risk (fixed income investment risk, equity investment risk, interest rate/liquidity risk, premium risk, reserve risk, credit risk, catastrophe risk and operational risk). For each category, the capital requirement is determined by applying factors to assets, premium reserve, creditor, probable maximum loss and operation items, with greater underlying risk and lower factors for less risky items.

In essence, the Bermuda solvency regime is rooted in three pillars. Pillar One comprises quantitative requirements based on risk-based capital requirements, an

---

[248] The condition typically reads "The insurer shall, at all times in and during the course of each financial year it carries on insurance business, meet and maintain the relevant solvency margin(s), liquidity and other ratios applicable under Bermuda law." It used to be colloquially referred to as the 'Bala Condition" in honour of Bala Nadarajah, a legendary Bermuda lawyer who supervised the implementation of the Insurance Act. Bala noticed that the original legislation only required compliance with the Insurance Act at a particular snapshot in time. Being tactful and ingenious, he crafted this condition which meant the insurer had to be compliant at all times without needing to amend the legislation.

economic valuation framework of assets and liabilities, and criteria and limits for what constitutes eligible capital and surplus for regulatory purposes.

The BMA's capital requirements are calibrated to Tail Value-at-Risk at a 99% confidence level over the one-year horizon for all quantifiable material risks. Assets and liabilities are measured consistently according to the Economic Balance Sheet (EBS) framework—an economic valuation framework.

Eligible capital and surplus are determined by evaluating capital instruments under the following criteria: loss-absorbing capacity, subordination, maturity, permanency and absence of encumbrances and mandatory charges. Additionally, they are subject to a three tier system that sets limits in terms of the composition of such funds designed to ensure that policyholder obligations are covered by high-quality capital.[249] These are described in more detail later in this chapter.

Pillar Two of the BMA's regime prescribes requirements for risk management, governance and Insurers Own Risk and Solvency Assessment ("ORSA") which requires each insurer to assess the adequacy of its risk management systems as well as the current and prospective solvency positions under normal and severe stress scenarios.

Pillar Three reinforces the other pillars by providing the BMA with a significant volume of additional information from commercial insurers including GAAP financial statements, statutory financial statements and statutory declarations of compliance.

The BMA has produced BSCR Models for each of the commercial insurer classes, being Class 3A, Class 3B, Class 4, Class C, Class D and Class E insurers (all of which are available on the BMA website) and they continue to evolve following consultation with, and market trials within, the insurance industry. However, detailed analysis of the BSCR Models is beyond the scope (and competence) of this work given the significant actuarial and accounting components inherent in the model.

The BMA also is evolving its filing requirements to reflect the increasingly diverse nature of Bermuda insurers and has introduced a new filing requirement in the form of the Alternative Capital schedule (to be attached to the BSCR) which applies from 31 December 2017 year-end filings for all insurers with alternative capital structures (i.e. are financed by a mechanism other than shareholders' capital of the insurer). This will enable the BMA to maintain a prudent supervisory regime for this rapidly growing sector.

The BMA has confirmed that alternative capital is where insurers conduct business that is financed by a mechanism other than shareholders' capital of the insurance company. This may take various forms such as catastrophe (cat) bonds, industry loss warranties, sidecars, collateralized reinsurers, longevity and mortality bond swaps, hybrid securities such as preference shares, swaps and contingent capital such as letters of credit, amongst others. The filings are confidential, but the BMA may produce viable aggregate statistics for publication from the information provided in the filings.

The Insurance Act was amended in 2008 to permit the BMA to prescribe by Order prudential standards in relation to (a) enhanced capital requirements; and (b) capital and solvency returns, which must be complied with by registered insurers. This provided the primary legislation basis for the adoption of the Bermuda Solvency Capital Requirements ("BSCR"), applying in the first instance to Bermuda's Class 4 reinsurers but over time extending to Class 3A and Class 3B insurers and set to be expanded further. This has been extended to Class 3A and

15-090

---

[249] These are set out in the Insurance (Eligible Capital) Rules 2012 (as amended).

Class 3B commercial insurers. With the implementation of the economic balance sheet framework, the Insurance (Prudential Standards) (Class 4 and Class 3B Solvency Requirement) Amendment Rules 2015 and the Insurance (Prudential Standards) (Class 3A Solvency Requirement) Amendment Rules 2015 expanded existing prudential standards. These amendments to the solvency capital requirements require (re)insurers and insurance groups to reach regulatory capital and reporting thresholds on a statutory economic capital and surplus valuation basis.

General business insurers must satisfy the following minimum paid-up capital requirements by Class as follows:[250]

- Class 1—US$120,000
- Class 2—US$120,000
- Class 3—US$120,000
- Class 3A—US$120,000
- Class 3B—US$120,000
- Class 4—US$1 million
- Innovative insurer: US$120,000

and minimum solvency requirements by class as follows:

- Class 1—US$120,000
- Class 2—US$250,000
- Class 3—US$1 million
- Class 3A—US$1 million
- Class 3B—US$1 million
- Class 4—US$100 million

The amounts above are *minimum* requirements and may need to be increased. In the case of Class 1 and Class 2 captives, the minimum solvency margin ("MSM") must represent the greater of the above amounts, 20% of premiums up to the first $6 million and then 10% above that and 10% of loss and loss expense reserves. In the case of Class 3 insurers, the relevant metric is the above minimum amount, 20% up to the first $6 million and 15% above $6 million of net premium and 15% of loss reserves and loss expense reserves.

15-091 The position for commercial insurers is more complex and summarized in the table below:

Class 3A	Class 3B	Class 4
The greater of: (a) $1 million; or (b) 20% of the first $6 million of net premiums written; if in excess of $6 million, the figure is $1.2 million plus 15% of net premiums written in excess of $6 million; or	Same as Class 3A	The greater of: (a) $100 million; or (b) 50% of net premiums written (with a credit for reinsurance ceded not exceeding 25% of gross premiums); or (c) 15% of net discounted aggregate loss and loss expense provisions and

---

[250] See Pt II of the Insurance Act s.7. The BMA derives its ability to make rules prescribing prudential standards in relation to enhanced capital requirements, capital and solvency returns, insurance technical provisions, eligible capital, public disclosures and statutory financial returns from s.6A of the Insurance Act.

Class 3A	Class 3B	Class 4
(c) 15% of net discounted aggregated loss and loss expense provisions and other insurance reserves.		other insurance reserves; or (d) 25% of its enhanced capital requirement (see below) as reported at the end of the relevant year.

Commercial insurers are required to maintain available statutory capital and surplus at a level equal to or in excess of their ECR. As noted above, the ECR is established according to the BSCR model or a BMA-approved ICM. The BMA has also established a target capital model ("TCL") for each insurer subject to an ECR equal to 120 per cent of the ECR as an early warning solvency threshold.

Failure to meet the above requirements is a clear early warning sign of problems and accordingly certain notification requirements are built in.[251] Notice must be filed with the BMA within 14 days of an insurer becoming aware that it has failed to meet an MSM requirement. The insurer must set out the circumstances behind such breach and how it intends to remedy it. Similar provisions apply in relation to any failure to meet an ECR. In that scenario, an insurer must also within 45 days provide the BMA with unaudited interim statutory financial statements, an opinion from a loss reserve specialist in relation to its outstanding loss and reserve expenses, a general business solvency certificate in respect of such interim statutory financial statements and a capital and solvency return reflecting an ECR prepared using post failure data. Additionally, the insurer cannot pay any dividends until the failure is rectified.

The BMA has also introduced for each insurer subject to ECR a three-tiered capital adequacy system designed to assess the quality of capital resources that a company has to meet its capital requirements. There are three classes of capital ranging from Tier 1 which is the highest quality. Tiers 2 and 3 represent lesser quality capital. Certain specified percentages of the different tiers must be held to support the insurer's minimum solvency margin, ECR and TCL. In the case of Class 3B and Class 4 insurers, not less than 60 per cent of the insurer's ECR must comprise Tier 1 capital. For Class 3A and Class E insurers, the figure must be not less than 50 per cent.

Within each tier, a distinction is made between basic and ancillary capital. Furthermore, the BMA must expressly approve an off-balance sheet instrument as ancillary capital.

Finally, all Bermuda general insurers must also meet a liquidity test at all times that its relevant assets exceed at least 75 per cent of its relevant liabilities. This is not applicable to SPI and long-term insurers.

Long-term insurers are required to maintain the following minimum solvency margin (MSM) amounts:

- Class A—the greater of $120,000 or 0.5 per cent of assets
- Class B—the greater of $250,000 or 1 per cent of assets
- Class C—the greater of $500,000 or 1.5 per cent of assets
- Class D—the greater of $4,000,000 or 2 per cent of the first $250,000,000 of assets plus 1.5 per cent of assets above $250,000,000

---

[251] See s.31A and ss.31AA, 31AB, 31AC and 31AD of the Insurance Act 1978.

- Class E—the greater of $8,000,000 or 2 per cent of the first $500,000,000 of assets plus 1.5 per cent of assets above $500,000,000
- Class A insurers must maintain paid up share capital of $120,000 and Class B insurers at least $250,000. Class C, D and E insurers must maintain paid up share capital of at least $500,000

Class C, D and E insurers are required to determine two additional levels of regulatory capital. These are the ECR and TCL. As with general purpose insurers, the ECR is calculated either by reference to the BSCR model or an approved ICM. The TCL is set at 120 per cent of the ECR.

Commercial long-term insurers incepting at Class C and above are also subject to tiered capital rules and a floor requirement of 25% of ECR for all commercial life insurers.

As noted at 15-077, the BMA published two significant Consultation Papers CP 1 and CP2 in 2023 proposing significantly enhanced regulation of commercial insurers with particular focus on the commercial long-term industry. The proposed changes will bring Bermuda closer to the framework of Solvency II and whilst the overall approach remains principles-based in nature, there is a much stronger rules component than Bermuda has previously had. The key changes contemplated are: (i) certain enhancements to technical provisions; (ii) amendments to the computation of the BSCR; (iii) updates to the prudential rules and reporting to modify capital requirements; and (iv) revisions to the fees charged to long-term insurers. These changes are due to come into effect on 31 March, 2024. The changes were signposted by the BMA in a notice to stakeholders in early December 2022.[252]

Looking briefly at each of these, the proposed technical changes include a requirement that the risk margin calculation shall be on an unconsolidated basis. Most significantly, the BMA is proposing changes to its scenario based approach ("SBA") which long term insurers in Bermuda can apply to the BMA to adopt instead of the standard approach. The SBA provides a very bespoke and dynamic model. The proposed changes in CP2 bring the BSCR much closer to the matching adjustment approach in Solvency II. BMA approval will be required for all new SBAs and for material changes[253] to an existing SBA model. The BMA has also provided helpful specificity as to what is required to be set out in a SBA application. A significant change is the requirement that long-term insurers must assign a specific cost to lapsable products and provides a methodology to calculate the lapse cost ("LapC" as it is now defined). Insurers are also required to introduce a liquidity risk management programme. The BMA also emphasizes that insurers may only use or pledge assets for the purpose of meeting the policyholder liabilities for which the assets are assigned and accordingly insurers must ensure that assets backing SBA liabilities are only exposed to and used for payment of the liabilities being valued under the SBA. In addition, certain changes relating to unsellable assets are proposed, designed to ensure that these are not sold to meet cash shortfalls and that SBA projections ultimately conclude with no assets remaining in the portfolio. There are additional governance and internal control requirements and going forward it is expected that the chief internal auditor ("CIA") of the insurer will review the SBA model as part of assessing the effectiveness of the insurer's risk management program. The BMA has acknowledged that given that many metrics and triggers will have been locked into reinsurance treaties already entered into

---

[252] BMA Notice—Targeted enhancements to the Regulatory and Supervisory Regime—8 December 2023.
[253] This is a helpful change in CP2 from CP 1 which contemplated that BMA approval to the existing SBA model.

prior to these changes, it is appropriate that various aspects of existing portfolio liabilities be grandfathered until run-off. Finally, on the technical change front, the BMA proposes to allow insurers to use the Euro-denominated discount curve in its standard model without seeking BMA approval.

The second proposed set of changes deals with more general enhancements to the BSCR. These fall firstly into a requirement for increased sensitivity related to lapse and expense risks under the BSCR and secondly relating to changes to property and casualty catastrophe risk charges intended to better capture man-made risks. In relation to lapse risk, insurers will be required to meet a capital requirement equal to the change in value after applying a series of shocks. This would be the difference between the pre- shock best estimate liability ("BEL") and the post-shock BEL. The proposals also envisage that there should be a new, dedicated charge for expense risk and that the current category of long term "other insurance risk" will going forward be separated into lapse and expense risks. The BMA is proposing a ten-year transitional period for implementation of the new lapse and expenses risk charge. Outside of the long-term space, the BMA is proposing to amend the BSCR catastrophe risk model to include a dedicated man-made catastrophe risk submodule which will comprise catastrophe scenarios for: (i)terrorism; (ii) credit and surety; (iii)marine situations; and (iv) aviation, reflecting market developments.

Thirdly, the BMA has set out some amendments to the application process for obtaining amendments to the BSCR framework[254] with the aim of making s.6D framework more clearly defined, standardised and transparent.

The final proposal is to increase the fees it charges to long-term commercial insurers to enable the BMA to effectively resource its supervisory activities.

Following on from CP2, the BMA published a "Dear CEO" letter in September 2023[255] regarding the need for its prior approval process for all new long-term block reinsurance transactions. This notes that the scope and depth of the review will vary in line with the BMA's overarching risk-based and proportional supervisory framework. The BMA has provided a detailed list of information that the insurer may consider submitting to the BMA and amongst other things would include: (i) the strategic rationale of the acquisition; (ii) economics and key features of the transaction; (iii) information on fit to business, strategy (underwriting and investments), expertise and risk and capital management; (iv) agreements for reinsurance, collateral and investment management; (v) impact on solvency and stress testing; (vi) total assets requirements (technical provisions plus capital requirements) under both Bermuda and the cedant's regulatory basis; and (vii) governance and risk management, including asset liability management. The BMA also indicated that specific information with respect to the total asset breakdown should include: (a) capital requirements and the associated breakdown of the key drivers; (b)target solvency ratios; (c) excess capital and surplus; (d) best estimate liabilities and risk margin; and (e) explanation and reconciliation of the material differences between the total asset requirement of the cedant and the Bermuda insurer's total asset requirement at a granular level. The BMA recommends that insurers should engage with the BMA supervisory teams regarding transactions which are in advanced stages. Assuming proactive engagement and complete documentation, the BMA expects to reach a decision within 2—4 weeks.

---

[254] Section 6D of the Insurance Act.
[255] Letter of 29 September 2023 from the BMA to Chief Executive Officers of Life/RE/insurance Companies Regulated by the BMA captioned "Prior Approval of All New Long-Term Block Reinsurance Transactions".

A significant part of the growth in the long-term (life and annuity) market in Bermuda has been attributable to the participation by PE insurers in the space. Their participation has helped to narrow the global pension protection gap, but it also presents regulatory challenges that the BMA has addressed in a thoughtful paper published in December of last year.[256] The paper discusses the various regulatory tools that the BMA employs to manage these challenges. Firstly, in the licensing process itself, specific emphasis will be placed on areas such as conflicts of interest (special attention is placed on investment fees), the number and insurance and insurance and investment experience of independent non-executive directors) reinsurance and collateral arrangements, asset portfolio, capital management, liquidity management and total asset requirements. The second area is that of supervisory collaboration where the BMA highlights the need for effective, transparent and robust cooperation and information sharing including participation in supervisory colleges. The third tool the BMA utilises is an intensified supervisory engagement involving regular engagement of the BMA with the board and management. The BMA also conducts in-depth and intrusive onsite reviews covering areas such as investment strategy, liquidity and ALM, risk management, governance and solvency. Fourthly, the BMA is requiring PE insurers to produce recovery and/or resolution plans. Fifthly, the BMA has required further tailored asset reporting designed to provide the BMA with more detailed information and visibility of the risks posed by insurers' differentiated investment strategies, including risk concentration, sector exposure of asset classes and risk profile[257]. Sixthly, the BMA has available to it a broad range of regulatory powers including the power to impose higher levels of capital (e.g. 150% Enhanced Capital Requirement, prohibit dividends, request capital maintenance agreements and liquid contingent capital sources). They can also impose capital add-ons and reserve add-ons and impose restrictions on an insurer's licence. Finally, the BMA has continued to make significant regulatory enhancements already described in detail above.

It is difficult to assess the cumulative impact of the changes described in this paragraph. The Bermuda Association of Long Term Insurers and Reinsurers has welcomed the changes proposed by the BMA and the enhancements have been well received by other regulators. The changes are significant and herald the arrival at least in this space of a hybrid model retaining the principles-based approach that Bermuda has always had but injecting a greater degree of prescriptiveness. Looking into the crystal ball, we believe that we will start to see increasing consolidation within the long-term space in Bermuda as these changes take effect and there will be a continuing flight towards quality and perhaps an exodus of some of the smaller players for whom the changes are a step too far.

15-094   Bermuda also still permits the use of so-called "composite insurers" who write both general and life business albeit with separate licenses for general and life business. Such composites must separately meet the requirements for the different types of business they write The Insurance Act was amended in 2022 to enhance

---

[256] Supervision and Regulation of PE insurers in Bermuda.
[257] The BMA expects insurers to hold a material portion of their portfolio in standard high-grade fixed income investments and manage assets through appropriate risk-based capital charges, appropriate investment and ALM policies and by following the "prudent person principle" which requires companies to have a market risk framework including an investment strategy aligned with the strategic objectives, including the management of assets and liabilities.

the requirements relating to the maintenance of separate accounts for insurers carrying on long term and general business.[258]

Restrictions on dividends and return of capital

Any commercial insurer is prohibited in any financial year from paying dividends which would exceed 25 per cent of its total statutory capital and surplus unless at least seven days before payment of those dividends it files an affidavit with the BMA signed by at least two directors and the principal representative, which states that in their opinion, declaration of those dividends has not caused the (re)insurer to fail to meet its solvency margin and liquidity ratio.[259] In addition, a commercial insurer is required to apply to the BMA for approval before reducing its total statutory capital by 15 per cent or more.[260] The application must be made by affidavit signed by at least two directors and the principal representative, which states that in their opinion, the proposed reduction of capital will not cause the insurer to fail to meet its solvency margin and liquidity ratio and such other information as the BMA may require. In the case of non-commercial insurers, an application for approval must be made to the BMA before a reduction of 15 per cent or more of statutory capital is made. In *Belvedere Insurance Co Ltd (In liquidation) v Caliban Holdings Ltd*[261] the Court of Appeal for Bermuda held that "before" meant before and not after. In that case, a purported retroactive grant of approval was invalid and that part of the paid dividend exceeding the 15 per cent limit paid without prior approval was void.

15-095

Reporting requirements and regulation of key service providers

All Bermuda insurers must maintain continuing financial reporting requirements and certain prescribed minimum capital and surplus requirements, which vary by category and class of license as described below.[262] They must also now deliver an annual declaration of compliance to the BMA confirming whether or not they continue to meet the minimum criteria for registration, the requirements of the Insurance Code of Conduct and the minimum margin of solvency and applicable capital requirements in the Insurance Act.[263] The BMA shall impose a civil penalty in the event of non-compliance.

15-096

The Insurance Amendment Act 2008 introduced greater transparency into the financial reporting of Bermuda insurers and also significantly expanded the BMA's regulatory powers. Class 4 reinsurers must prepare and file with the BMA additional audited financial statements prepared in accordance with GAAP or IFRS (extended in 2010 to Class 3A and Class 3B insurers).[264] As of 1 January 2016, the economic balance sheet framework for statutory and prudential reporting requirements for commercial insurers was introduced in Bermuda through various legislative amendments and additions. Under this new framework, the reporting regime for commercial insurers was enhanced in line with international standards. There is a late filing fee the amount of which depends on the class of the insurer. The BMA

---

[258] Section 24(5)A and 5(B) Insurance Act requiring BMA approval for the transfer of assets from long term business fund and from general fund to long term business fund respectively.
[259] Section 31B of the Insurance Act.
[260] Section 31C of the Insurance Act.
[261] Civil Appeal No.15, 20 March 2001, [2001] Bda L.R. 2; rev'g 1999 Civil Jur. No.80, [2000] Bda L.R. 42.
[262] See Pt III of the Insurance Act.
[263] Section 15A of the Insurance Act.
[264] These changes were introduced in 2010 (for Class 3B insurers) and in 2011 (for Class 3A insurers).

can also appoint an inspector to investigate the affairs of the company. The 2008 Amendment Act also broadened the scope of the BMA's powers to make adjustments to an insurer's enhanced capital requirement and available statutory capital and surplus and in exercising its statutory powers of intervention.

The statutory financial statements of an insurer[265] must be audited annually by the approved auditor (in the case of general business insurers) or the approved life actuary (in the case of long-term insurers).

Class 1 insurers must file with the BMA within six months of the financial year end a statutory financial statement, a statutory financial return comprising an approved auditor's report on a statutory financial statement, the statutory financial statement and a declaration of compliance with the Insurance Act including solvency ratios. The reporting requirements are the same for Class 2 insurers save that every third year an opinion from a loss reserve specialist as to the adequacy of loss reserves must also be provided. Class 3, Class 3A and Class 3B insurers must provide identical information to that provided by Class 2 insurers save that the loss reserve specialist opinion must be provided annually and for Class 3A and Class 3B insurers the statutory financial statement must be filed within four months after the end of the financial year to which the statements relate. Class 4 insurers are subject to similar requirements as a Class 3, 3A and 3B insurer save that a schedule of ceded reinsurance must be prepared. Commercial insurers must also file a Capital and Solvency Return ("CSR") comprising inter alia, a[266] Capital and Solvency Return Declaration, completed BSCR schedules, Commercial Insurer Self-Assessment form ("CISSA") and a Financial Condition Report. In addition, every insurer which is a member of a group for which the BMA is the group supervisor prepare and file quarterly returns with the BMA in the months of May, August and November of each year.

In relation to long-term insurers, Class A and Class B insurers must file statutory financial statements and a statutory return within four months of the relevant financial year end together with a certificate from the company's approved life actuary. In the case of Class C, Class D and Class E reinsurers, the period is six months. These commercial long-term insurers must also file a CSR including the BSCR and appropriate schedules including a specific requirement for direct insurers of completing an Anti-Money laundering questionnaire. Class D and E insurers must prepare and file quarterly returns with the BMA in the months of May, August and November of each year.

In addition, a statutory financial return must be filed with the BMA at the same time as it files its statutory financial statements. The statutory financial return must be accompanied by an auditor's report, and must contain, in the case of an insurer carrying on general business, a solvency certificate signed by at least two directors of the insurer and by the insurer's principal representative in Bermuda.

Additional filing of GAAP financials for commercial insurers

15-097   Commercial insurers must also prepare additional financial statements in accordance with International Financial Reporting Standards or any generally accepted accounting principles recognised by the BMA (namely Bermudian, Canadian, US or UK GAAP).[267] In the case of commercial insurers, the additional financial state-

---

[265] Section 17 of the Insurance Act 8 sets out the requirements re maintenance and filing of statutory financial statements.
[266] There are some reporting differences between Class 3A and Classes 3B and 4 (which are identical).
[267] Section 17A of the Insurance Act.

ments together with the notes to such statement and the financial reports shall be published by the BMA in such manner as it considers appropriate. There are certain instances where the BMA may waive such publication, including where disclosure might create a competitive disadvantage and for insurers in run-off. The rationale behind the various reporting requirements considered above is that the availability of such information will serve as an early-warning system of any financial or operational difficulties that the insurer may face and enable the BMA to take such corrective action as may be necessary.

Key service providers, duties and BMA regulation

15-098 Whilst there is excellent regulatory oversight of the insurance industry, there is also a strong level of co-operation between industry and the regulators. This is exemplified by the requirement in the Insurance Act that each insurer must appoint and maintain a principal representative in Bermuda, who shall be a person approved by the BMA and will typically be a registered insurance manager or a person (resident in Bermuda) approved by the BMA as that insurer's principal representative.[268]

The principal representative is impressed with a statutory duty[269] to report to the BMA forthwith upon his reaching the view that there is a likelihood of the insurer he represents becoming insolvent, or its coming to his knowledge, or his having reason to believe, that any of certain events specified in the Insurance Act have occurred. These include the failure by an insurer to comply substantially with a condition imposed on the insurer by the BMA relating to a solvency margin or liquidity or other ratio. The principal representative must provide the BMA with a written report within 14 days of such notification. The placing of the burden upon the principal representative to report in cases where the insurer is in financial difficulties is another example of industry participation in the regulatory process. The BMA expects the industry to play an active role in regulation but again it must be emphasised that final responsibility rests (and must always rest) with the BMA.

15-099 In accordance with the Insurance Act, the BMA has published a number of guidance notes detailing roles, responsibilities and expectations in respect of key service providers including the insurer's principal representative, its insurance manager (frequently the insurance manager will also act as the principal representative but not necessarily), its loss reserve specialist, its approved auditor and approved actuary. The BMA has also published guidance notes setting out the concept that an insurer's principal representative, loss reserve specialist, its approved auditor and its approved auditor must meet certain "fit and proper" criteria. An early BMA Guidance Note, BMA Guidance Note Number 7[270] sets out the most important "fit and proper" criteria as being:

- competence and capability; and
- honesty, integrity and reputation.

In considering competence and capability, the BMA will consider at a minimum:

- whether the person possesses the relevant experience, skills, knowledge, qualifications, and training to undertake and fulfil their duties and responsibilities; and

---

[268] Section 8 of the Insurance Act.
[269] Section 8A of the Insurance Act.
[270] BMA Guidance Note No.7 published in March 2005.

- the diligence with which a person fulfils or is likely to fulfil those duties and responsibilities.

In considering honesty, integrity and reputation, the BMA will consider at a minimum:
- past criminal offences;
- adverse findings or any settlements in civil proceedings, particularly in connection with financial business, misconduct, or fraud; and
- previous investigations or disciplinary proceedings, by the BMA or other regulatory authorities.

It is important to note that the fit and proper assessment is both an initial test, undertaken during the application phase, but is also a continuing test—the above criteria must be satisfied at all times and the BMA has the statutory right to intervene if necessary. For example, the BMA has the power[271] to revoke an appointment of an approved auditor if it is satisfied that the auditor is no longer a fit and proper person to act as such. The BMA also has the power to appoint an auditor in certain circumstances and to set remuneration. The amendments introduced by the Insurance Amendment Act[272] also introduce a new "interest" test whereby if any auditor has (or acquires) an interest in a (re)insurer otherwise than as an insured, such auditor shall not (or shall cease to) be an approved auditor to the (re)insurer. Likewise, no officer or agent of an insurer may act as the (re)insurer's approved auditor.

15-100 As part of its continuing oversight over the insurance industry, the BMA implemented the Insurance Manager Code of Conduct ("IM Code") in 2016[273] which sets out the duties, requirements and compliance standards imposed on all insurance managers under the Insurance Act. The IM Code extends the 'fit and proper' criteria in the Insurance Act to every person who is (or is to be) a controller or officer of an insurance manager. It is also a condition under the IM Code that each insurance manager implements a documented corporate governance framework. The IM Code also sets out certain requirements for internal management controls, accounting, record keeping, reporting, outsourcing of functions, client due diligence, disclosure of information and requires that the fundamental risks to an insurance manager's business are identified and documented. In addition, insurance managers must ensure that filings and regulatory applications are submitted correctly and that policies are in place to comply with anti-money laundering and anti-terrorist financing laws and regulations. Failure to comply with the IM Code requirements will be taken into account in assessing whether the minimum criteria for registration has been satisfied, including the requirement to conduct insurance management business in a prudent manner. The IM Code expressly states that the BMA will take a proportionate approach to compliance and considers the nature, scale and complexity of an insurance manager's business in its assessment.

The Head Office Requirement and the Economic Substance Act 2018

15-101 Bermuda introduced in 2016 a requirement that all of its commercial insurers were required to maintain its head office in Bermuda.[274] There is also a requirement that the insurance business of the insurer must be directed and managed from

---

[271] Insurance Act s.16(4).
[272] Insurance Act s.16(6).
[273] BMA Insurance Manager Code of Conduct, April 2016.
[274] Section 8C of the Insurance Act.

Bermuda. In assessing whether such requirement has been met, the BMA must consider certain factors including where the underwriting, risk management and operational decision-making of the insurer occurs, whether the presence of senior executives who are responsible for the decision-making of the insurer are located in Bermuda and where board meetings of the insurer occurs. However, the proposed new legislation also permits the BMA to consider certain additional criteria. These include the location where management of the insurer meets to effect policy decisions of the insurer, the residence of the officers, insurance managers or employees of the insurer and the residence of one or more directors of the insurer in Bermuda. This latter requirement does not apply to captive insurers.

In response to pressure from the EU and in line with legislation introduced in other offshore centres, Bermuda introduced the Economic Substance Act 2018 and the Economic Substance Regulations 2018 (the "ESA") which came into effect on 31 December 2018. This applies to all Bermuda registered companies, including insurers. The ESA provides that all relevant entities engaged in relevant activities must maintain a substantial economic presence in Bermuda. A relevant activity is defined as 'banking, insurance, fund management, financing, headquarters, shipping, distribution and service centres, intellectual property and holding entities."

As insurance is a relevant activity, insurers must demonstrate it complies with the economic substance requirements. The requirements include: (i) it is managed and directed in Bermuda; (ii) core generating income activities ("CIGA") be undertaken in Bermuda; (iii) it maintains adequate physical presence in Bermuda; (iv) there are adequate full-time employees in Bermuda with suitable qualifications; and (v) there is adequate operating expenditure incurred in Bermuda.

The CIGA relating to insurers includes: (a) predicting and calculating risk; (b) insuring or reinsuring against risk; (c) providing client services; and (d) preparing regulatory reports. Insurance intermediaries will not be carrying on the relevant activity of insurance.[275]

An economic substance filing demonstrating that an insurer has satisfied the economic substance requirements in respect of any relevant financial period must be made by filing a declaration form with the Registrar of Companies in respect of that financial period.

Importantly, insurers that for example have taken the election under s.953(d) of the US Internal Revenue Code to be taxed as a US taxpayer are non-resident entities and therefore out of scope for economic substance purposes. Any such entity must make a claim that it is a non-resident entity, setting out the jurisdiction in which the non-resident entity claims to be resident for tax purposes and must provide sufficient evidence to support that claim. The Guidance Notes also clarify that an entity will not be deemed to be resident for tax purposes if that jurisdiction does not have a corporate tax regime and/or residency for tax purposes in such jurisdictions (such as BVI and Cayman) does not result in the entity being subject to the equivalent economic substance requirements in that jurisdiction.

Neither the head office requirement nor the ESA contemplated a world of COVID-19 and of course the emergence and virulent spread of this global pandemic meant that for most of 2020 and 2021 it was particularly challenging to hold physical meetings in Bermuda. Conscious of that reality, the BMA issued several notices[276] stating that in assessing compliance with the requirement to hold physical meetings in Bermuda, the BMA would take into account all circumstances,

---

[275] See Economic Substance Requirements for Bermuda, Guidance Notes, General Principles published by the Minister of Finance—Revised 30 January 2023.
[276] See BMA Notice—COVID-19 Updates—Board of Directors meetings.

including the inability of insurers to hold such meetings due to logistical and health difficulties resulting from COVID-19. The BMA also noted that, given the pandemic, it was particularly important that frequent board meetings be held to manage the immediate and long-term challenges arising as a result of COVID-19. Accordingly, the BMA approach was to require insurers to continue to conduct regular board meetings by telephone, video conference or other virtual means where it was not practical to meet physically.

Corporate Governance and the Insurance Code of Conduct

15-102 Bermuda requires that all insurance companies must have appropriate corporate governance processes in place and that a "one size fits all" model is not workable given the diversity that the Bermuda market encompasses. All insurers must implement such corporate governance, policies and processes as the BMA considers appropriate given the nature, size, complexity and risk profile of the insurer.

Ultimate responsibility to ensure that the insurer's corporate governance function is fit for purpose lies with the board of directors and it is they who must ensure that the insurer's corporate governance system is fit for purpose. The board will retain oversight responsibility as it creates and delegates committees covering key operational areas such as underwriting, claims and investments and key functions such as corporate governance, risk management, audit and compliance. Every insurer is required to develop appropriate governance mechanisms and ensure that suitable risk management processes, internal controls and audit functions are in place and there are sufficient compliance functions in place to monitor this.

15-103 The BMA has also provided through its Insurance Code of Conduct ("Code") provided a corporate governance framework applicable to all insurers but with its customary common sense recognized that the Code has to be applied on a basis of proportionality recognizing that what is required for "limited purpose insurers" (essentially captives) is quite different from the standards that commercial insurers need to meet.

The BMA's Insurance Code of Conduct came into force on 1 July 2011 and was revised in December 2014 and most recently in August 2022. It is based on international standards and builds upon and codifies the governance standards already established within the Bermuda insurance market. It establishes, subject to the principle of proportionality (e.g. Class 1 entities have simpler risk profiles than Class 4 entities), duties, requirements and standards, including the procedures and sound principles to be observed by firms in the areas of in the areas of corporate governance, risk management, governance mechanisms, outsourcing, market discipline and disclosure. The principles reflect Bermuda's adherence of international standards for example, the Code's requirement on management to "review and approval" of significant policies and procedures which were chosen to ensure consistency with international standards and is specifically in-line with requirements established by Solvency II and the International Association of Insurance Supervisors ("IAIS"). Failure to comply with provisions set out in the Code will be a factor taken into account by the Authority in determining whether an insurer is conducting its business in a sound and prudent manner. The BMA includes evaluation of an insurer's compliance with the Code as part of its supervision and on-site reviews of insurer. Insurers are required to submit a statutory declaration confirming that it complies with the Code as part of its annual statutory return. This has been expanded to cover compliance with all aspects of the

Insurance Act[277] including that insurers comply with, inter alia, the minimum criteria for registration which embodies the Code.

Other key points made in the Code are:

- The ultimate responsibility for sound and prudent management of the insurer rests with its board of directors. The board is responsible for setting appropriate strategies and policies, and for providing suitable prudential oversight of the insurer's risk management and internal controls framework, regardless of the extent to which associated activities and functions are delegated or outsourced. Supporting the board, the Code acknowledges and records that the chief and senior executives are also responsible for the prudent administration of the insurer. The code proceeds to set out what those responsibilities are.
- The insurer, its board, and chief and senior executives, should communicate with the Authority in an open and cooperative manner.
- Where the insurer employs an insurance manager, the board must ensure that the duties, responsibilities, and authorities of the insurance manager are clearly set out in a management agreement.
- The role of the approved principal representative is integral to the Bermuda insurance supervisory framework.
- The board and the chief and senior executives should, based on their judgment, adopt a sound risk management and internal controls framework with various components to that risk management strategy including underwriting philosophy to litigation risk.

The amended issued by the BMA in December 2014 reflected certain changes arising out of Bermuda's successful commitment to achieving Solvency II equivalence. Changes introduced in that iteration included inter alia requirements that: (i) the internal audit function is to be separate and independent from the other audit functions of the company; and (ii) insurers adopt and oversee the implementation of a remuneration policy and put in place systems and controls for timely and effective communication with the BMA.

The August 2022 Revised Insurance Code of Conduct ("Revised Code") introduced a number of important amendments including that:

- The insurer should include an adequate number of independent directors without executive responsibility.
- Board and executive fitness should be assessed no less than every three years.
- Insurers should demonstrate the economic impact of the risk mitigation techniques originating from the reinsurance contracts and maintain appropriate documentation.
- Insurers should add "sustainability risk" as a material risk that should be considered in the development of policies and risk management strategies for all material risks.
- Insurers should have a business continuity and disaster recovery plan and these should be tested regularly.
- Insurers should enhance the requirements for outsourcing to ensure due diligence and risk evaluation process is undertaken prior to entering into an outsourcing arrangement (including contingency planning).

As with previous iterations, the core principle is that the Revised Code is to be ap-

---

[277] Section 15A of the Insurance Act 1978 introduced effective 31 December 2015.

plied on a proportionate basis looking in particular at the nature, scale and complexity of a particular insurer. A clear illustration of this principle in operation is that the BMA has indicated that in the context of limited purpose insurers, an adequate number of independent directors could be none though that position could change for example in a situation where there is a change to the nature of the business undertaken by an insurer. The Revised Code also introduced conduct of business provisions in s.8 of the Revised Code. Section 8.1 applies to all insurers registered under the Insurance Act and provides that insurers shall conduct business with integrity, and shall have clear policies to manage or avoid conflicts of interest. Section 8.02 onwards of the Revised code provides detailed requirements for dealing with policyholders but these only apply to those individual insurance entities writing domestic retail business in Bermuda.

Regulatory Oversight by the BMA over the Bermuda insurance market

15-104   The BMA was established by statute pursuant to the Bermuda Monetary Authority Act 1969 and is the sole regulator of the financial services industry in Bermuda including the insurance industry.

The BMA is assisted by the Insurers' Advisory Committee which comprises persons appearing to the BMA to be knowledgeable about insurance business in Bermuda.[278]

As we will discuss below, the BMA has various statutory tools to ensure that it can quickly resolve any issues that come up in relation to licensed insurers. Those start at the moment of licensing and of course even before that by regulating who can be licensed. Accordingly, the Insurance Act incorporates the core principle that any person who is to be a controller or officer of a registered person under the Insurance Act must be "fit and proper" and includes a schedule setting out the minimum criteria for registration.[279] This enshrines certain principles that in determining whether a person is fit and proper, regard is to be given to his probity, to his competence and soundness of judgment for fulfilling the responsibilities of his position, to the diligence with which he is fulfilling those responsibilities and to whether the interests of clients are likely to be threatened by his holding that position. It also notes that the directors shall include such number of directors as appropriate having regard to the nature and scale of the insurer's operations.

15-105   The Insurance Act incorporates the concepts of a "controller" and shareholder controller and requires that any person planning to become a controller of an insurance company must give notice to the BMA. In the case of non-commercial insurers, they are required to submit a list of every person who has become, or ceased to be, a shareholder controller of the relevant insurer. In respect of commercial insurers, they must serve on the BMA a notice in writing of the fact that any person has become or ceased to be a controller of the insurer.[280]

In relation to changes of controllers and shareholder controllers, the BMA has an important role to play and indeed we continue to see significant transactions involving Bermuda insurers that are industry defining and garner worldwide attention requiring rigorous and thoughtful scrutiny by the BMA.

Importantly, the Insurance Act delineates separate processes for BMA approval/notification depending on whether the target is listed on a stock exchange or not.

---

[278] Section 2C of the Insurance Act.
[279] See also BMA Information Bulletin of 8 October 2009 setting out its criteria for assessment of fitness and propriety and requires insurers to establish processes to assess and document the fitness and propriety of board members, controllers and third party providers.
[280] Section 30J of the Insurance Act.

In practice, however, it may be prudent to seek prior BMA approval in either case. Section 30D of the Insurance Act requires that the BMA must be notified prior to any person becoming a 10 per cent, 20 per cent, 33 per cent or 50 per cent shareholder controller of an insurer. The BMA has up to 45 days to serve a notice of objection if it objects to such change of control. By contrast, s.30E of the Insurance Act requires that the BMA must be notified within 45 days of a person becoming a shareholder controller of a publicly listed insurer. However, as the BMA retains a residual discretion (under s.30F) of the Insurance Act to object to new or increased control, it would seem most prudent as a matter of transaction risk management to obtain prior BMA approval/no objection just as in the case of private insurers. The BMA will exercise such power if it is not satisfied that the new or increased controller is fit and proper, if the interests of clients or potential clients of the insurer are threatened or if the insurer will no longer meet minimum supervisory requirements.[281]

The BMA also has the power to impose restrictions on shareholders' agreements or to void share transfer agreements.

In practice, there is a meeting with the relevant teams at the BMA prior to submitting the required applications (there is no prescribed form for such applications in Bermuda unlike in certain other jurisdictions and it is a substance rather than form-driven process) to ascertain the key areas that the BMA wishes the application to cover. The substance-driven process and deep familiarity with the regulated entities it supervises means that the BMA is able to turn round these applications in a timely and responsive manner.

The BMA is also required to be notified in respect of certain "material changes"[282] in relation to registered insurers. These include the sale of an insurer, significant corporate transactions such as the amalgamation with or acquisition of another firm, schemes of arrangement, the outsourcing of all or a material part of an insurer's underwriting activity and expansion into a material new line of business. Where a Bermuda insurer is proposing to effect a material change, it shall notify the BMA of this in advance and can proceed if before the end of 30 days after such notification either the BMA has notified the company in writing it has no objection or a period of 30 days' elapses without the BMA issuing a notice of objection. Helpfully, the BMA has published a notice[283] setting out its view as to what amounts to material in the context of an expansion into a new line of business. Specifically, the BMA has clarified that an insurer's expansion into a new line of business would be considered a material change if: (a)the projected gross premium written exceeds 20%; or (b) allocation of capital to the new line of business exceeds 20% of the insurer's total statutory capital and surplus. In addition, notwithstanding the above, if the new line of business relates to risks other than the insurer's shareholders and affiliates and the insurer and the board of directors in its own assessment deems the new line of business to significantly alter the insurer's risk profile due to factors such as its size or lack of pre-existing expertise within the insurer's staff and senior management, the insurer in that event shall file a formal material change notification. The notification shall include a cover letter describing the proposed business to be written including, inter alia, a track changed copy showing the changes to the business plan, pro forma financial changes showing the projected impact of the new line of business, a copy of the proposed insurance policy and actuarial analysis to support the projected losses.

15-106

---

[281] Section 30H of the Insurance Act.
[282] See ss.30JA and 30JB of the Insurance Act.
[283] BMA Notice dated 31 August 2021 dealing with Material Change Notification under s.30JA(1) of the Insurance Act.

15-107 The BMA has broad powers of intervention under the Insurance Act[284] to take action in specified circumstances including where there is a significant risk of an insurer becoming insolvent, where an insurer is in breach of a condition (for example, in its licence), where the minimum criteria has not been fulfilled, where a person is a controller of an insurer and the BMA has served a notice of objection and where a registered insurer is in breach of the enhanced capital requirement applicable to it. The BMA can give various directions to the insurer including not to write any further insurance contracts, not to pay any dividends or distributions, not to enter into specified transactions and may require an insurer to remove a controller.

15-108 The BMA has a broad range of supervision, investigation and enforcement powers at its disposal. These include the ability to impose civil sanctions for breach of the requirements of the Insurance Act, make prohibition orders, order injunctive relief and publicly censure registered persons and in the final analysis it can revoke the licence of an insurer, appoint joint provisional liquidators or wind up an insurer. It is noteworthy that in 2016 the BMA announced an important change of policy in its 2016 Business Plan. Jeremy Cox, the then CEO of the BMA, said "Until now, the BMA has chosen to limit publicly disclosed details of enforcement actions to a fairly brief notification in its annual report. But from 2016 onwards, the BMA will publish details of any use of its enforcement powers. Such publicity will be in the form of a press release issued by the BMA following conclusion of any appeal or after expiry of an appeal period. The release will detail the nature of the enforcement action, the size of any penalty, the identity of the entity or person involved and the circumstances of the breach". An early and high-profile example of this change of policy was the imposition by the BMA of a $1,500,000 fine on Sun Life Financial Investments and the restriction by the BMA of its licence.[285] A more recent example is a $900,00 fine levied on Acadia Life Limited and $100,000 on Acadia Life international Limited.[286] It would be apparent from a quick review of the Enforcement Action link on the BMA website that the BMA has not hesitated to avail itself of the full panoply of regulatory tools available to it.[287]

The BMA has also published a consultation paper[288] detailing its intention to require certain commercial insurers[289] to have a recovery plan that should be developed and owned by the insurer and identify the insurer's own credible options to survive range of severe but plausible stressed scenarios. In addition, a recovery plan should be integrated within the insurer's overall Enterprise Risk Management programs.

The BMA aims to use its powers in a way that is transparent, responsive and proportionate to the issue. Nonetheless, the use of tools such as public censure demonstrates the continuing evolution of the regulatory environment in Bermuda.

---

[284] Section 32 of the Insurance Act.
[285] See BMA Press Release of Monday 27 February 2017: the BMA had revealed continuing systemic weaknesses in the company's internal AML/ATF controls that had not been remediated from earlier findings.
[286] See BMA Press Releases issued on 24 August 2023.
[287] For example, the BMA wound up Vesttoo Alpha P&C Ltd on 8 August 2023. This followed from the much reported alleged fraudulent collateral provided to certain Vesttoo cedants.
[288] BMA Consultation Paper—Proposed introduction of Recovery Planning Regime for the Insurance Sector.
[289] Insurers with three year rolling average of assets over US$10 billion, premiums over $5 billion or insurers under "close monitoring").

Group Supervision Rules

15-109 The Insurance Act contains rules providing for the supervision of insurance groups[290] and potentially widens the scope of regulations which group insurance companies may be subject to (see below).

The Insurance Act gives the BMA the statutory authority to act as group supervisor. Section 27B(3) sets out the matters the BMA are to take into account before reaching a decision on whether it is appropriate for it to be the group supervisor of a particular insurance group: (i) whether the insurance group is headed by a specified insurer; (ii) where the insurance group is not headed by a specified insurer, whether the insurance group is headed by a parent company which is incorporated in Bermuda; and (iii) where the insurance group is headed by a parent company which is not incorporated in Bermuda, whether the BMA is satisfied that the insurance group is directed and managed from Bermuda or the insurer in the insurance group with the largest balance sheet total is a specified insurer. The BMA is required to set up a register that will contain particulars of members of an insurance group of which it is the group supervisor.

The BMA is enabled to exclude from group supervision any company that is a member of an insurance group. The BMA may do so if it is satisfied that certain matters apply such as the company being situated in a country or territory where there are legal impediments to cooperation and exchange of information and where the financial operations of the company have a negligible impact on the insurance group operations. The BMA may withdraw as group supervisor of a particular group under certain circumstances such as if it is satisfied that another competent authority has agreed to be group supervisor for that group. The BMA must make such determination on the basis of matters such as whether it would be appropriate to do so having regard to the structure of the insurance group and the relative importance of the insurance group's insurance business in different countries or territories, or if it determines that there has been a material change in the structure or operations of the insurance group, or an absence of cooperation by other competent authorities. The BMA is required to notify the group of its intention and consider their representations before making a determination.

15-110 **Group supervisory powers** The BMA, when acting as group supervisor, has the following functions:

- coordination of the gathering and dissemination of relevant or essential information, including the dissemination of information which is of importance for the supervisory task of other competent authorities;
- supervisory review and assessment of the financial situation of insurance groups;
- assessment of compliance of insurance groups with the rules on solvency and risk concentration and intra-group transactions;
- assessment of the system of governance of insurance groups;
- planning and coordination of supervisory activities in cooperation with the competent authorities concerned;
- coordination of any enforcement action that may be taken against insurance groups or any of their members; and
- planning and coordinating, as required, meetings of colleges of supervisors, to be chaired by the BMA where it acts as group supervisor, to facilitate the exercise of the functions set out above.

---

[290] Part IVA of the Insurance Act 1978 ss.27A–27G.

15-111 The scope of the BMA's power has been extended to make orders in relation to prudential standards to include insurance reserves, and to extend to scope of the orders to cover designated insurers in relation to insurance groups. Therefore, prudential standards applying to registered insurers may contain requirements which take into account, in the case of a registered insurer that is a member of an insurance group, any activity of another member of the insurance group. The BMA now also has the power to exempt designated insurers in relation to insurance groups from prudential standards. The BMA's power to make adjustments to enhanced capital requirements and available statutory capital and surplus have also been extended to insurance reserves and to insurance groups. Such adjustments may require an increase in the amount of insurance reserves to the level of prudential standards. The BMA's powers to obtain information and reports have been extended to designated insurers in relation to group supervision. Part IVA also widens the scope of offenders under the Insurance Act to include offences in relation to non-compliance with the power to obtain information and reports and the power to require production of documents.

15-112 The BMA has also produced a document *Supervisory cooperation and information exchange*[291] which describes the BMA's approach to supervisory colleges where it acts as group-wide supervisor (GWS). When the BMA acts as a GWS, it establishes a Supervisory College. The document describes inter alia the steps to be followed by the BMA to establish a college, its functioning, members, levels of participation, meetings, information exchanges and decision making. In relation to the level of information sought by the BMA, the document asks each supervisor to provide information amongst other matters on major intra-group transactions, information on various risk areas, the results of risk assessments conducted by each supervisor, summaries of the findings of onsite investigations, significant organisational changes and changes in management or ownership or the establishment of a presence in another jurisdiction. The BMA Guidance Note on Supervisory Colleges also sets out in detail the approach that the BMA will take when conducting supervisory colleges. It notes that a "supervisory college is an important regulatory tool in achieving effective and efficient supervision of international groups and conglomerates".

15-113 For the purposes of group supervision, the BMA may make rules applying to designated insurers which take into account, in their case, any activity of the insurance group of which they are members or of other members of the insurance group. Such rules may make provision for: the assessment of the financial situation of the insurance group; the solvency position of the insurance group; intra-group transactions and risk concentration; the system of governance and risk management of the insurance group; and supervisory reporting and disclosures in respect of the insurance group. In such rules the BMA may make provision for the giving of such directions as appear to it to be desirable for safeguarding the interests of clients and potential clients of the insurance group in circumstances where it appears to the BMA that a designated insurer is in breach of a provision of the rules.

15-114 The Insurance (Group Supervision) Rules 2011 came into force effective 31 December 2011. This requires that every insurance group must prepare and submit annually group GAAP financial statements, a group statutory financial return and a group capital and solvency return. The board of the parent company of the group must establish solvency self-assessment procedures that must include all foreseeable material risks and must establish and effectively implement corporate governance procedures designed to support the overall group organisational strategy.

---

[291] See also the BMA's Guidance Note on Supervisory Colleges (June 2012).

Finally, the designated insurer must ensure that the group's assets exceed the group's liabilities by the aggregate minimum margin of solvency of each qualifying member and that available group capital and surplus is maintained at a level equal to or in excess of the group's ECR[292] which is established by reference to the BSCR model or an approved group internal capital model. Rules concerning Group Eligible Capital came into effect in 2013.

Consequences of carrying on unauthorised business We have seen throughout this chapter the deeply pragmatic yet ethical approach that characterises the Bermuda insurance model. This approach is once more exemplified in the case where an insurer enters into a transaction but such insurer is in breach of the requirements of the Insurance Act. In this scenario, the Insurance Act provides[293]: 15-115

> "No business transaction shall be void or voidable by reason only that at the relevant time any part of the transaction is in breach of any provision of this Act."

The consequence of an insurer or reinsurer conducting unauthorised business in or from within Bermuda is that a criminal offence is committed but that commercial certainty is preserved.

CYBER RISK – THE INSURANCE SECTOR CYBER RISK MANAGEMENT CODE OF CONDUCT, CYBER EVENTS AND BMA CYBER UNDERWRITING REPORT AND MANAGEMENT OF CLIMATE CHANGE RISK

Cyber Risk Code of Conduct

The BMA published its Insurance Sector Operational Cyber Risk Management Code ("Cyber Code") on 6 October 2020. The Cyber Code came into effect on 1 January 2021 and applies to all Bermuda (re)insurers, insurance managers and intermediaries ("Regulated Insurance Entities") and all such Regulated Insurance Entities are required to be in compliance with the Cyber Code by 31 December 2021. The Cyber Code establishes duties, requirements, standards, procedures and principles to be complied with in relation to operational cyber risk management of Regulated Entities. The Cyber Code should also be read in conjunction with the Insurance Code of Conduct, Insurance Manager Code of Conduct and the Insurance Brokers and Insurance Agents Code of Conduct, each of which require Regulated Insurance Entities to manage and appropriately mitigate information technology ("IT") systems and operations risk by establishing a system of effective internal reporting and operational controls of their IT infrastructure. Regulated Entities must implement their own technology risk programmes, and determine what their top risks are and decide the appropriate risk response. Regulated Insurance Entities must be able to establish that there is adequate board visibility and governance of cyber risk and must implement a cyber-risk policy, a vetting process and ensure cyber-risk awareness training is conducted at least once annually. 15-116

---

[292] There are separate eligible capital rules for groups set out in the Insurance (Group Supervision) Rules 2011.
[293] Section 46 of the Insurance Act 1978.

Insurance Act amendments for Cyber Events

15-117   The Insurance Act was amended effective 5 August 2020[294] to include enhanced regulatory reporting requirements relating to the reporting of cyber events and applies to all Regulated Insurance Entities. The new requirement is that a Regulated Insurance Entity must forthwith notify the BMA if it becomes aware of, or has reason to believe, that a cyber-reporting event has occurred involving the Regulated Insurance Entity. Furthermore, such entity must provide the BMA with a written report setting out all the details of the cyber reporting event within fourteen days of the notification to the BMA.[295]

The term "cyber reporting event"[296] is defined to include any act that results in the unauthorised access to, disruption, or misuse of the electronic systems or information stored on such systems of the Regulated Insurance Entity which (a) is likely to adversely impact policyholders or clients; (b) there is a likelihood that loss of its system availability will have an adverse impact on policyholders or clients; (c) there is a likelihood that the integrity of its information or data has been compromised; (d) there is a likelihood that there has been unauthorized access to its IT systems whereby such would have an adverse impact on policyholders or clients; or (e) an event has occurred for which notice is required to be provided to a regulatory body or government agency.

BMA Cyber Underwriting Report – Guidance for(Re)insurers re Cyber Risk

15-118   The BMA published its annual Cyber Underwriting Report ("Cyber Report") on 28 June 2023. The Cyber Report outlines key statistics, findings and general recommendations. Whilst the cyber line remains a relatively small part of the overall insurance offering in Bermuda (less than 3% of overall Bermuda gross written premium for 2021 and 2022), the BMA notes the continued increase in the cyber market's overall premium, claims and estimated exposure over the last five years.

In the report, the BMA reiterates certain expectations and recommendations for the purposes of the next filing: (i) if possible, insurers should clarify whether or not they offer cyber coverage, either by including clear exclusion language or by adding the necessary endorsements or sub-limits to their policies, and disclose their assessments and efforts in this area within their reports to the BMA; (ii) insurers are required to consider the impact on their portfolio, reflecting their own stress testing results and of the BMA's with the outcomes and management plans being disclosed in their reports to the BMA; and (iii) continued adherence to the Cyber Code.

Management of Climate Change for Commercial Insurers

15-119   The BMA has published guidance notes on the management of climate change for commercial insurers.[297] The BMA acknowledges that a fully-fledged climate risk management framework may not be embedded by insurers. Nevertheless, insurers will be expected to provide in their relevant year-end Own Risk and Solvency Assessment ("ORSA") incepting in their year-end 2022 ORSA, an assessment of their status regarding the implementation of an appropriate framework as well as an action plan that should indicate the appropriateness of policies procedures and other

---

[294] Section 30JE of the Insurance Act, introduced by the Insurance Amendment Act 2020.
[295] Section 30JEA(1) of the Insurance Act.
[296] Section 30JEA(4) of the Insurance Act.
[297] See BMA Guidance Notes—Management of climate change risk for commercial insurers.

relevant matters, such as governance by the insurer's board of directors and senior executives. In relation to the assessment, review and monitoring of such risks, the framework and measures are expected to be fully operational on or before year-end 2025. The BMA expects continuous advancements and aims to monitor the progress of this regime by insurers via offsite data analysis and on-site visits from 2023 onwards.

4. LETTERS OF CREDIT AND OTHER FORMS OF SECURITY

Letters of credit and guarantees

Letters of credit

It is not uncommon for a reinsurance contract to require the reinsurer to provide security for the future performance of his financial obligations by means of a letter of credit. The reinsurance contract will typically require the letter of credit to be irrevocable, and provide a formula for setting the amount of the letter of credit by reference to loss reserves. The letter of credit will provide for the terms upon which payment will be made by the bank, typically upon sight of a document signed by the reinsured stating that payment is due. It is important to note that the letter of credit creates a legal obligation to pay on the part of the issuing bank which is independent of the legal relationship between the reinsurer and the reinsured. The bank is not concerned with investigating whether the reinsurer has or has not performed his obligations under the reinsurance contract, or whether any sum of money is due under the reinsurance contract. The bank is only concerned with whether the preconditions of payment on the face of the letter of credit have been met; whether the reinsured has sent the correct piece of paper to the bank. The "autonomous nature" of letters of credit was described by May LJ as follows:

15-120

> "Letters of credit are an important commercial means of providing cash or security for those who in return provide goods or services ... Absent fraud by the seller presenting documents to the confirming bank seeking payment, the court will not restrain a bank from paying a letter of credit which is payable according to its terms, nor a beneficiary from seeking payment—see *Group Josi Re v Walbrook Insurance* [1996] 1 Lloyd's Rep 345 at 360–1. Nor, again absent fraud, will the court restrain a beneficiary from drawing on a letter of credit which is payable in accordance with its terms on the application of a buyer who is in dispute with the seller as to whether the underlying sale contract has been broken—see for these propositions the Deutsche Ruckversicherung case ... where Phillips J. considered the authorities.[298] This is the autonomous nature of letters of credit. By means of it, banks are protected and the cash nature of letters of credit is maintained."[299]

In *Deutsche Ruck AG v Walbrook Insurance Co Ltd* and *Group Josi Re v Walbrook Insurance Co Ltd*[300] Phillips J (as he then was) refused to grant injunctions restraining reinsureds from drawing down on letters of credit because the reinsurers had failed to prove that the reinsureds would be acting fraudulently in the knowledge that they had no right to payment under the letters of credit. The reinsurers were seeking to avoid various contracts alleging material non-

15-121

---

[298] *Group Josi Re Co SA v Walbrook Insurance Co Ltd* [1995] 1 Lloyd's Rep. 153 at 161–162.
[299] *Sirius International Insurance Co v FAI General Insurance Ltd* [2003] EWCA Civ 470; [2004] 1 All E.R. 308.
[300] *Group Josi Re v Walbrook* [1995] 1 Lloyd's Rep. 153.

disclosure and fraud on the part of the agents of the reinsureds, the Weavers Stamp companies.[301] Phillips J was not persuaded that the reinsurers' claims for avoidance were likely to succeed at trial. He also refused to grant an injunction restraining the reinsureds from disposing of the proceeds of the draw downs. He noted that the reinsurers were not alleging that the reinsureds would seek to put their assets beyond the reach of the reinsurers, to deny them their recovery in the event that their action for avoidance succeeded, which would have justified a Mareva injunction. He did not accept the reinsurers' argument that in the circumstances they were the beneficial owners of the proceeds of any draw down and that equity would impose a constructive trust in their favour. Phillips J said:

> "... the claim to relief ... would, if well founded, be available in every case where a plaintiff challenged the right of a beneficiary under a letter of credit to payment under the underlying transaction. Such relief would clot what has been described as the lifeblood of international commerce as surely as an injunction restraining drawing on the credit."[302]

Typically, a bank which opens a letter of credit will require cash collateral to be deposited by the reinsurer whose obligations are being secured. The complex collateral arrangements relating to the Weavers stamp companies were considered in *Ludgate Insurance Co Ltd v Citibank NA*.[303] The Court of Appeal held that there was no basis for interfering with the exercise of a discretionary power granted to Citibank relating to the operation of the plaintiff stamp company's account.[304]

15-122 In *Sirius International v FAI General* May LJ, having referred to the autonomy of letters of credit (in the passage cited above), said:

> "There is no authority extending this autonomy for the benefit of the beneficiary of a letter of credit so as to entitle him as against the seller to draw the letter of credit when he is expressly not entitled to do so."[305]

He then went on to say:

> "The present case is in more than one important respect a variant of the more typical. Here the relevant underlying agreement is, not the commercial transaction that the letter of credit was intended to support, as in the typical case the contract of sale or in the present case the retrocession treaties, but a related agreement regulating as between FAI and Sirius terms on which the letter of credit would be established. The terms included express contractual restrictions on the circumstances in which Sirius would be entitled to draw on the letter of credit. To that extent the letter of credit was less than the equivalent of cash and Sirius' security was correspondingly restricted. Although those restrictions were not terms of the letter of credit, and although the bank would have been obliged and entitled to honour a request to pay which fulfilled its terms, that does not mean that as between themselves and FAI, Sirius were entitled to draw on the letter of credit if the express conditions of this underlying agreement were not fulfilled. They were not so entitled."

---

[301] The facts of the Weavers saga are discussed in Chs 6 and 9.
[302] *Group Josi Re v Walbrook* [1995] 1 Lloyd's Rep. 153 at 167.
[303] *Ludgate Insurance Co Ltd v Citibank NA* [1998] Lloyd's Rep. I.R. 221 CA (Brooke, Mummery LJJ and Sir Patrick Russell).
[304] "It is very well established that the circumstances in which a court will interfere with the exercise by a party to a contract of a contractual discretion given to it by another party are extremely limited ... [The] cases show that provided the discretion is exercised honestly and in good faith for the purposes for which it was conferred, and provided also that it was a true exercise of discretion in the sense that it was not capricious or arbitrary or so outrageous in its defiance of reason that it can properly be categorised as perverse, the courts will not intervene": [1998] Lloyd's Rep. I.R. 221 at 239–240 per Brooke LJ.
[305] *Sirius International v FAI General* [2003] EWCA Civ 470; [2004] Lloyd's Rep. I.R. 47.

He concluded that, had the question arisen on the facts of the case,[306] he was "very strongly inclined to agree" with the judge[307] the court would have granted an injunction to restrain a draw by Sirius in breach of its agreement with FAI.

Guarantees and indemnities

It is less common to provide for a third party to guarantee the obligations of a reinsurer, but such arrangements are sometimes employed by direct insurers who are fronting for a captive. The fronting company may wish to fortify the parent's moral commitment to support the solvency of the captive by requiring a guarantee from the parent that it will pay in the event of the captive failing to do so. If such an arrangement is entered into, the parent is effectively self-insuring, and the question arises as to why it should bother with the expense of both maintaining a captive and paying overriding commission to a fronting company. The answer may, in part, be that the parent is prohibited by local law from overtly self-insuring; and, in part, that there are tax advantages to using a captive. A further difficulty with this kind of arrangement is that the indemnity which the parent gives to the fronting company may be regarded, in law, as a contract of insurance and hence requiring authorisation.[308]

15-123

The distinction between a guarantee and an indemnity guarantee or indemnity depends on upon the true construction of the actual words in which the promise is expressed.[309]

"Cut through" clauses, assignments and trusts

"Cut through" clauses/endorsements and privity

A "cut through" clause in a reinsurance contract may purport to confer upon the reinsured a right to claim directly from the reinsurer's retrocessionaire(s) in the event of the reinsurer's insolvency. Such a clause is something added, perhaps as an afterthought by the broker or perhaps in anticipation of insolvency, by way of endorsement. In the absence of privity of contract between the retrocessionaire and the reinsured, a "cut through" clause or endorsement will be ineffective, as a matter of Bermudian law which retains the strict common law doctrine of privity[310] unless it is to be construed as creating a trust under which the reinsurer is trustee of the payments received from the retrocessionaire. We do not consider it likely that,

15-124

---

[306] The letter of credit had been drawn by agreement and the proceeds placed in an escrow account. The Court of Appeal determined that Sirius was not entitled to the funds in the escrow account upon the construction of settlement agreement reached in arbitration proceedings. The House of Lords reversed the Court of Appeal on the question of construction: [2005] Lloyd's Rep. I.R. 294.
[307] Jacob J.
[308] See *Re Sentinel Securities Plc* [1996] 1 W.L.R. 316, above.
[309] For the distinction between guarantees and indemnities, see *Associated British Ports v Ferryways NV* [2009] EWCA Civ 189. The formal requirements remain in existence and differ, under English law, as between guarantees and indemnities. For example, The Statute of Frauds 1677 requires English law guarantees to be evidenced in writing. The requirements of the Statue of Frauds remain in effect in England, but appear not to apply in Bermuda because the Statute of Frauds post-dates 11 July 1612 (see: s.15 of the Supreme Court Act 1905; see 1-025 above).
[310] *Dunlop Pneumatic Tyre Company Ltd v Selfridge & Co Ltd* [1915] A.C. 847 at 853 per Lord Haldane LC: "In the law of England certain principles are fundamental. One is that only a person who is a party to a contract can sue on it. Our law knows nothing of a jus quaesitum tertio arising by way of contract. Such a right may be conferred by way of property; or, for example under a trust, but it cannot be conferred on a stranger to the contract as a right to enforce the contract in personam."

in the absence of express words creating a trust,[311] "a trust will be implied by a Bermuda court".[312]

In England the passage of the Contracts (Rights of Third Parties) Act 1999 ("the 1999 Act"), "following an admirable report of the Law Commission ... dealt a long overdue body blow to the doctrine of privity of contract".[313] Section 1(1) provides that:

"... a person who is not a party to a contract ('a third party') may in his own right enforce a term of the contract if—(a) the contract expressly provides that he may, or (b) subject to subsection (2), the term purports to confer a benefit on him."

Section 1(2) provides that:

"Subsection (1)(b) does not apply if on a proper construction of the contract it appears that the parties did not intend the term to be enforceable by the third party."

Thus a "cut through clause" in a retrocession contract providing that, in the event of the insolvency of the reinsurer, the retrocessionaire is to pay directly to the reinsured, appears to be enforceable under s.1 of the Act. In *Randgold Resources Ltd v Santam Ltd*, Christopher Hancock QC (sitting as Deputy High Court Judge considered claims by the insured against the reinsurer under a cut-through clause in a strike-out/summary judgment application, holding that the insured had a real prospect of success in relation to its claim for a declaration that it would be entitled to enforce a cut-through clause in the reinsurance contract against the reinsurer pursuant to the Contracts (Rights of Third Parties) Act 1999 s.1.[314] The cut-through clause purported to confer a benefit on the insured within s.1(1)(b) of the 1999 Act. The question had to be addressed at the time of the contract, the relevant factual matrix was that the insured might wish to make a bypass claim against the reinsurer and the parties intended to confer a benefit on the insured under the cut-through clause.[315] The parties to the reinsurance contract intended that the insured should be entitled to enforce the cut-through clause in the reinsurance contract within the meaning of s.1(2) of the 1999 Act. Section 1(4) of the 1999 Act recognised the possibility that the parties might intend that the third party should have the benefit of an obligation which was subject to qualifications or conditions (such as compliance with a claims control clause).[316]

However, it remains to be seen whether such clauses will be held to be effective against a liquidator of the reinsurer. In *British Eagle International Airlines Ltd v Compagnie Nationale Air France*[317] the House of Lords held that it was open to the courts to refuse to give effect to provisions of a contract which achieved a distribution of an insolvent's property which ran counter to the insolvency legislation.[318] Of course, the cut through clause re-directs payments, it does not bring them to an end. Another vulnerability of cut-through clauses is that they may put a reinsurer in breach of local regulations that prevent the reinsurer from doing direct business

---

[311] See further below.
[312] See *Les Affreteurs Reunis SA v Leopold Walford (London) Ltd* [1919] A.C. 801, considered by *Pan Oceanic Chartering Inc v UNIPEC UK Co Ltd*; and Ch.11 above.
[313] *Nisshin Shipping Co Ltd v Cleaves & Company Ltd* [2003] EWHC 2602 (Comm) per Colman J.
[314] *Randgold Resources Ltd v Santam Ltd* [2018] EWHC 2493 (Comm); [2019] Lloyd's Rep. I.R. 467.
[315] *Randgold Resources Ltd v Santam Ltd* [2018] EWHC 2493 (Comm) at [37].
[316] *Randgold Resources Ltd v Santam Ltd* [2018] EWHC 2493 (Comm) at [45].
[317] *British Eagle International Airlines Ltd v Compagnie Nationale Air France* [1975] 2 All E.R. 390.
[318] See *North Atlantic Insurance Co Ltd v Nationwide General Insurance Co Ltd* [2003] EWHC 449 (Comm) (discussed in Ch.10 above) and compare *McMahon v AGF* [1997] L.R.L.R. 159 (see Ch.16 below).

with the insured. It also needs to be understood that an insured seeking to enforce a right under a cut-through clause must do so on the terms of the reinsurance contract. In *Axis Corporate Capital UK II Ltd v ABSA Group Ltd*,[319] Calver J said that the insured seeking to claim under a cut-through clause is bound by the jurisdiction clause within the reinsurance contract.[320]

Cut-through clauses are common in aviation reinsurance and we understand that some cut-through clauses are currently being litigated in the aircraft sanction disputes arising from the Russia-Ukraine war. One of the arguments being run by some of the claimants is that the cut-through clause is a collateral contract between the insured lessor and the reinsurer under which the insured can claim directly, and which may have different jurisdiction and governing law provisions (English courts and English law) to the jurisdiction and governing law clauses of the reinsurance contract (Russian courts and Russian Law). Whilst this substantive issue was not decided on an application for a stay of proceedings in *Zephyrus Capital Aviation Partners 1D Ltd v Fedelis Underwriting Ltd*,[321] Henshaw J commented unfavourably on the 'collateral contract' analysis of cut-through clauses:

15-125

"555. In the light of my findings on other issues, I do not consider it necessary to seek to resolve this debate (and what follows should not be regarded as making any findings on it). Had it been necessary to do so, I would have been inclined to conclude that the Defendants [the reinsurers] had a good arguable case that Genesis and Shannon {two of the lessor insureds] were prima facie subject to the [exclusive jurisdiction clauses] even as regards their collateral contract claims. By analogy with The Jay Bola conditional benefit principle, it would strike me as counter-intuitive to think that Genesis and Shannon could be entitled to make claims which in substance amount to claims to entitlements arising by reason of the Reinsurance Policies (albeit not under those policies), yet could advance such claims without reference to the dispute resolution mechanisms contained in the Policies. Putting it another way, I would be inclined to think it unlikely that a collateral contract with the reinsurers could be inferred pursuant to which Genesis and Shannon would have an entitlement to payment of sums equal to those due under the reinsurances, but which did not include the law and jurisdiction provisions of the reinsurances. I would have thought that any such outcome could be arrived at only by agreement with the Defendants that expressly or by clear implication excluded the application of the dispute resolution provisions.

556. Moreover, in the broker's letters of undertaking, the thing which they promise to hold to the order of the lessors is (taking the language from a Genesis example) 'the reinsurance slips and the benefit of those reinsurances to your order in accordance with the loss payable provision referenced in the said Certificate of Reinsurance'. That seems to me hard to square with the notion that the reinsurers have nonetheless themselves impliedly contracted with the lessors in terms which include only some of the terms of the reinsurance policies."

We agree with the judge's view that the cut-through clause is not a collateral contract. It is a term of the reinsurance contract between the reinsured and the reinsurer benefitting the insured, who is a third party in relation the reinsurance contract. As noted above, the insured may be able to enforce in its own right the cut-through clause pursuant to the Contracts (Rights of Third Parties) Act 1999 s.1 if the reinsurance contract is governed by English law. In *Zephyrus Capital*, the

---

[319] *Axis Corporate Capital UK II Ltd v ABSA Group Ltd* [2021] EWHC 225 (Comm); [2021] Lloyd's Rep. I.R. 195.
[320] *Axis Corporate Capital UK II Ltd v ABSA Group Ltd* [2021] EWHC 225 (Comm) at [62]–[63].
[321] *Zephyrus Capital Aviation Partners 1D Ltd v Fedelis Underwriting Ltd* [2024] EWHC 734 (Comm); [2024] 4 W.L.R. 47 also known as *Russian Aircraft Operator Policy Claims (Jurisdiction Applications), Re*; and see Ch.13, 13-051.

reinsurance contracts are governed by Russian law and some of the evidence on Russian law suggest that cut-through clauses may not be enforceable under Russian law since the Russian Commercial Code does not envisage direct claims by the insured against the reinsurer.[322]

15-126 The Contracts (Rights of Third Parties Act) 2016 came into force in Bermuda on 28 March 2016 and applies to any contract which, on or after the commencement date, includes terms which comply with s.4 (see s.3(1)). Section 4(1) provides that, "a third party may in its own right enforce a term of a contract if—(a) the third party is expressly identified in the contract—(i) by name; or (ii) as a member of a class; or (iii) as answering a particular description, but the third party need not be in existence when the contract is entered into; and (b) the contract expressly provides in writing that the third party may enforce such term of the contract." Section 9 sets out a list of particular types of contract which are excluded. Thus third party rights may not be enforced in respect of bills of exchange, promissory notes or other negotiable instruments, employment contracts, a company's memorandum of association or bye-laws, letters of credit, or contracts for the carriage of goods by sea, road or air. Insurance and reinsurance contracts are not excluded and therefore it appears that cut-through clauses which comply with s.4 are enforceable under Bermuda law subject to the question raised above as to whether such a clause is valid if a reinsurer is in liquidation.

15-127 We have referred above[323] to the Bermudian case of *Kansa v Herald and Northwestern* in which the court was prepared to accept that a slip signed by Kansa's agent which provided that the reinsured was "Herald and/or Northwestern" evidenced separate contracts under which either the fronting company, Northwestern, or Herald (the captive which was reinsuring Northwestern 100 per cent) could claim against Kansa. It was common ground between Herald and Northwestern that Northwestern was entitled to claim directly from Kansa. The court was not faced with competing claims between the liquidator of the reinsurer and the reinsured.

Where privity of contract exists between reinsured and retrocessionaire, a provision that the retrocessionaire pay directly to the reinsured in the event of the reinsurer's insolvency may possibly be open to challenge by a liquidator, especially if the arrangement was entered into at a time when the reinsurer was known to be in financial difficulties.[324] In the event of insolvency of the reinsurer, a retrocessionaire should be aware of the possibility that if he pays claims directly to the original insurer/reinsured, he may remain liable to the reinsurer.

Assignment by way of security

15-128 In the absence of an express contractual provision prohibiting assignment,[325] it is open to a reinsurer to assign his rights to receive payment under a contract of retrocession. By s.136 of the Law of Property Act 1925,[326] an "... absolute assignment by writing under the hand of the assignor (not purporting to be by way of charge only) of any debt or other legal thing in action ..." is effective where notice of the assignment is given to the debtor.

---

[322] *Zephyrus Capital Aviation Partners 1D Ltd v Fedelis Underwriting Ltd* [2024] EWHC 734 (Comm) at [181].
[323] See Ch.4 above.
[324] See further in Ch.16 below and particularly *McMahon v AGF* [1997] L.R.L.R. 159.
[325] Such a provision in a building contract has been held by the House of Lords not to be contrary to public policy: *Linden Gardens Trust Ltd v Lenesta Sludge Disposals Ltd* [1994] 1 A.C. 85. Followed by *First Abu Dhabi Bank PJSC v BP Oil CA* [2016] EWHC (Comm) 2892.
[326] In Bermuda, the equivalent provision is s.19(d) of the Supreme Court Act 1905.

LETTERS OF CREDIT AND OTHER FORMS OF SECURITY 1195

In the absence of notice an assignment may nonetheless be effective in equity.[327] The assignee can be in no better position than the assignor at the time of the assignment. Thus, the right to avoid would be available to the retrocessionaire, as would rights of set-off up to the time of receiving notice of the assignment. An assignment made after a loss has occurred will be effective subject to two additional caveats. First, where the reinsurer/assignor has settled a claim, the assignee/reinsured will have the benefit of any "follow the settlements" clause in the retrocession contract, but in the absence of such a provision, will have to prove that the claim was covered under the reinsurance contract.[328] Secondly, any assignment made at a time when the reinsurer was in financial difficulties may be subject to challenge by the reinsurer's liquidator.[329] Such specific assignments of the right of recovery after a loss has occurred necessarily require the co-operation of the reinsurer—he is the assignor. The reinsured may wish to have a general assignment, by way of security, written into the reinsurance contract. Such a general assignment, if it were expressly acknowledged in the retrocession contract, might perhaps be employed as an alternative to a "cut through" clause and avoid the problem of lack of privity to which we referred above. There are two points to bear in mind. First, it is open to doubt whether a valid assignment of rights which are purely contingent at the date of the assignment operates to transfer them automatically when they materialise.[330] Secondly, if and to the extent that the assignment were valid as a security interest, it would, under English and Bermudian companies legislation,[331] have to be registered as a charge over the assets of the reinsurer to be effective in the event of the reinsurer's insolvency.

Trust arrangements

In principle, it is possible for a reinsurer to declare an express trust over its prospective retrocession recoveries and to provide that the reinsured is to be the beneficiary of the trust. However, such a trust arrangement may give rise to practical difficulties. First, the effect of a trust is that the reinsurer will not be able to treat the retrocession recoveries as his own assets, which may adversely impact his solvency margin. Secondly, unless as a matter of day-to-day administration, separate accounts are maintained by the reinsurer and payments received from retrocessionaires which are trust assets are segregated from other payments, in the event of insolvency a liquidator of the reinsurer may argue either that any purported trust arrangement was a sham or that it is impossible to trace the trust assets which have become commingled with the unsecured assets of the company.

15-129

Netting provisions

One can envisage various contractual provisions, the object of which is to protect one party to a reinsurance contract in the event of failure to perform, whether by

15-130

---

[327] See *Snell's Equity*, 33rd edn (Sweet & Maxwell, 2015), p.39, citing *Donaldson v Donaldson* (1854) Kay 711; *Gorringe v Irwell India Rubber and Gutta Percha Works* (1887) 34 Ch. D. 128.
[328] See Ch.5 above.
[329] See Ch.16 below.
[330] "At common law such assignments were void, for no one could assign what he had not got. But in equity, any such assignment made for valuable consideration has always been treated as a contract to assign": *Snell's Equity*, 33rd edn (Sweet & Maxwell, 2015), p.44, citing *Warmstrey v Tanfield* (1628) Rep. Ch. 29; *Horwood v Millar's Timber & Trading Co Ltd* [1917] 1 K.B. 305 at 315.
[331] UK: Companies Act 2006 ss.860(1) (repealed 6 April 2013), 861(5) (repealed 6 April 2013), 870(1) (repealed), 874(1)–(3) (repealed). All repealed by the Companies Act 2006 (Amendment of Part 25) Regulations 2013 (SI 2013/600). Bermuda: Companies Act 1981 s.55.

reason of the insolvency of the other party, or otherwise.[332] It is possible to draft a clause, based on closing out and netting provisions which are common in other financial markets, suitable for use in reinsurance contracts. In effect, a netting provision would allow automatic commutation at the option of one party in certain circumstances. There would be three essential elements in such a clause.

First, a termination provision, which gave the innocent party the option to termination upon the occurrence of a defined event of default.[333] Events of default may be defined broadly so as to cover not merely the commencement of formal insolvency proceedings, but also, for example delay in payment of moneys due, threatened regulatory action, ceasing to underwrite any new business, or changes in control/majority ownership.

Secondly, a close-out provision which liquidates the obligations of either party, which remain unliquidated. Translated into the context of reinsurance, such a provision would contain a mechanism for valuing the obligations of the reinsurer, including IBNR.

15-131 The third, and final, element would be the netting provision, which allows the closed-out or liquidated obligations of each party to be set-off.[334] The net sum due from the reinsurer to the reinsured could then be paid by drawing down on a letter of credit, which had been arranged, pursuant to the contract, in contemplation of such a netting provision being applied.

Such netting provisions are plainly of benefit to reinsureds in the event of the prospective insolvency of the reinsurer, but they may also be advantageous to the reinsurer faced with an insolvent reinsured. We have seen how, as a result of judicial interpretation of the UNL clause,[335] the reinsurer may be required to pay the reinsured's liquidator 100 per cent in respect of a claim on which the liquidator pays 50 per cent or even 10 per cent to the particular reinsured. A reinsurer may prefer to make a bargain with his reinsured that, in the event of the latter's insolvency, the former has the option to discharge his obligations by making a payment under the netting provision. Quaere whether such netting provisions would be held contrary to public policy on the basis of the *British Eagle* principle.[336] In any event, at present, most reinsurance contracts do not make adequate provision for either the insolvency of the parties or the eventuality, which may arise although both parties are solvent, that one party wishes to terminate the contract. We address these problems in the remaining section of this chapter and the concluding three chapters.

5. ASSESSMENT OF REINSURER SOLVENCY AND PRE-EMPTIVE ACTION

Practical aspects of solvency assessment

15-132 Insurers are in the business of assuming and managing risk. The insurer who believes that by purchasing reinsurance he has transferred part of the risk he has assumed is wrong. He has merely substituted the original risk which he underwrote

---

[332] See H. Detlef Luhrsen, "Protection Against Counterparty Risk in Reinsurance Transactions" [1996] 1 Int. I.L.R. 13.
[333] Loan documentation drafted by banks typically contains elaborate definition of events of default.
[334] Or "netted off" in banking terminology, see Ch.11 above.
[335] *Charter Re v Fagan* [1997] A.C. 313: see Ch.7 on this case; and Chs 5 and 7 above.
[336] See *British Eagle v Air France* [1975] 2 All E.R. 390 (followed by *Katz v Oldham*), Ch.11 above; *North Atlantic v Nationwide* [2003] EWHC 449 (Comm) (Ch.10 above).

for the credit risk of his reinsurer failing to meet his obligations. We believe that a (re)insurer should apply the same criteria as regards moral hazard when it comes to selecting his reinsurer as he does to selecting the risks which he underwrites. We have suggested above[337] that the prudent reinsurer will always ask himself the question, why is this reinsurance being placed? The prudent reinsured should, equally, always ask himself, why is this reinsurance being accepted? We have also made the point above[338] that reinsureds and their brokers who find reinsurers prepared to accept large quantities of unprofitable business should not be surprised if those reinsurers ultimately fail to meet their obligations. In our experience, bad underwriting is a more common cause of reinsurance insolvency than fraud, and a good deal easier to detect at the time the reinsurance is being placed. But reinsureds should also be aware that the prudent underwriter with whom they are doing business today may not be at his desk tomorrow, and that monitoring the financial condition of their reinsurer throughout the life of the contract is wise.

We refer the reader to standard works on financial analysis,[339] which discuss the technical criteria by which a reinsurance company's solvency may be judged. The three basic elements to be examined critically in any financial statements are adequacy of reserves, maintenance of solvency margins and valuation of assets. The reinsured may elect to rely on rating agencies[340] or his broker[341] to do the job for him.

Prospective insolvency of the reinsurer: The reinsured's options

The reinsured who has reason to believe that his reinsurer is in financial difficulty has three basic options. First, to enter into a commutation and take whatever he can get from the reinsurer before a liquidator is appointed. The "take the money and run" option poses a number of problems for the reinsured. It is not unusual for reinsurers in run-off to come knocking at the doors of their reinsureds with commutation proposals.[342] It is obviously to the advantage of the reinsured to appear to be on the brink of insolvency in order to obtain the lowest possible price for the commutation. The reinsurer will rarely have sufficient information to assess whether the price is a fair one. The commutation may involve the reinsurer entering into a back-to-back commutation with his retrocessionaire, or assigning the right to recover from the retrocessionaire to the reinsured. As we have noted above,[343] a liquidator may subsequently seek to set aside the entire transaction.

15-133

The second option is for the reinsured to seek to obtain security, or additional security, for the performance of the reinsurer's obligations. This depends upon the willingness and ability of the reinsurer to provide security, whether by way of letter of credit or otherwise. Again, any security created in circumstances where insolvency is being contemplated is likely to be subject to critical review by a liquidator.

The third option is for the reinsured to initiate, or persuade his reinsurer to initi-

---

[337] See Chs 1 and 5 above.
[338] See Ch.9 above.
[339] Bannister, *Practical Security Analysis*, 2nd edn (Lloyd's of London Press, 1996); Kiln, *Reinsurance in Practice*, 4th edn (Witherby & Co Ltd, 2001), pp.383-418.
[340] Such as A.M. Best and Standard and Poor.
[341] The extent of the broker's duty to assess the solvency of reinsurers with whom he places business is considered in Ch.9 above.
[342] See Ch.16 below.
[343] Also discussed further in Ch.16 below.

ate, formal insolvency proceedings by presenting a winding-up petition[344] and seeking the appointment of provisional liquidators, or to seek the appointment of administrators with a view to promoting a scheme of arrangement.[345]

---

[344] See Ch.17 below.
[345] See Ch.18 below.

CHAPTER 16

Reinsurance Run-Offs and the Prospect of Insolvency

TABLE OF CONTENTS
1. Some Legal Problems of Reinsurance Run-Off 16-001
2. Liability of Directors, Officers and Advisors 16-024
3. Liability of Shareholders/Members 16-041

"We feel the machine slipping from our hands; As if someone else were steering; If we see light at the end of the tunnel; It's the light of the oncoming train."—Robert Lowell[1]

1. SOME LEGAL PROBLEMS OF REINSURANCE RUN-OFF

Introduction

In the context of reinsurance, the expression "run-off" may refer to any of the following: 16-001

(1) A particular contract or contracts, the period of which has expired, but in respect of which claims are being made or may be made. The contract or contracts are said to be "open" or "running-off".
(2) A group of old contracts which constitute a "book of business", which is said to be "in run-off" because claims are being made or may be made; thus, the account is still active.
(3) The entire business of a reinsurance company which has stopped underwriting new business, in which case the company as a whole is frequently spoken of as "being in run-off".

It is run-off in the last two senses (but primarily the last sense) which is the subject of this chapter.

The number of reinsurers on both sides of the Atlantic who have ceased underwriting altogether is significant. When underwriting ceases, there is no opportunity to use current premium income, or better, profits on current business being written, to meet liabilities on past contracts. In some cases, either the reinsurer will have sufficient reserves to meet future claims without difficulty, or the reinsurer's shareholders may be prepared to provide additional capital to meet its obligations even though, generally speaking, they are under no legal obligation to do so.[2] In other cases the ability of the reinsurer to continue paying claims will be in doubt.

It has been the common experience of reinsureds that reinsurers in run-off pay   16-002

---
[1] "Since 1939".
[2] See further 16-041 below.

claims more slowly and dispute claims more readily than reinsurers who are continuing to underwrite. Another common experience is that an announcement that a reinsurer is going into run-off is not infrequently followed by an announcement, some months later, it has entered into an insolvency proceeding.

The prospect of a reinsurer in run-off becoming insolvent gives rise to a number of legal issues. Both the reinsurer and the reinsured may wish to enter into commutations. We discuss in this chapter the extent to which commutations are liable to be set aside in the event of the insolvency of the reinsurer. As the run-off proceeds, the reinsurer will be paying its creditors out of a diminishing pool of assets. Some creditors who are in a position to present claims at an early stage of the run-off may have been paid in full; other creditors may have entered into commutations, the effect of which is that payments are made to them in respect of anticipated future claims which have not arisen and may not arise. Later creditors may suffer. Their position and that of those already paid is considered here.

Should the run-off develop into an insolvency, the actions of the directors and professional advisers during the period of run-off (and perhaps even before then) will be the subject of scrutiny, and questions as to their personal liability may arise. These questions of personal liability of directors and advisers are also considered in this chapter. Finally, the liability of members or shareholders of a company is considered and two forms of corporate structure available under Bermuda law (mutual companies and segregated account companies) are examined. Investigation of the efficacy of commutation arrangements and of the conduct of officers and advisers of a company in the period leading up to insolvency frequently only arise if the insolvency occurs. Nonetheless, the time period under consideration is one prior to insolvency and that is the reason for dealing with these matters together in this chapter, before dealing with liquidation in the next chapter.

Commutations and the duty of utmost good faith

16-003   Under a commutation agreement, the reinsured will typically agree to release the reinsurer from all past, present and future liability under the reinsurance contract in consideration for a cash payment. Negotiations to terminate the contract may well be far more extensive than the negotiation, if any, which took place at the time the contract was made. In agreeing to terminate a (re)insurance contract, however, the parties are not subject to the duty of utmost good faith,[3] and neither party is required to disclose to the other material information. Two factors are likely to be material, in the sense of affecting the amount which the reinsurer is prepared to pay, and the reinsured is prepared to accept, to terminate the contract: first, the likelihood of future losses; and secondly, the ability of the reinsurer to meet future losses.

A commutation between a reinsurer and his reinsured may well involve the reinsurer's retrocessionaire. We have discussed above[4] commutations in the context of "follow the settlements" clauses and the problem of allocation. The only practical solution to the legal difficulties which a reinsurer who commutes inwards

---

[3] Neither party is engaged in arranging reinsurance or performing obligations under a contract of reinsurance. However, the duty of good faith remains in the presentation of claims which have arisen and ordinary duties in respect of misrepresentation are still applicable. We have seen (Ch.6 above), that as a matter of general contract law if either party misrepresents a fact which induces the other party to enter into a contract, the innocent party will be entitled to rescind the contract or obtain damages in lieu of rescission. The misrepresentation must be as to fact, not opinion or belief. Quaere whether, if a treaty expressly provided for commutation after a specified number of years, the obligations would then be uberrimae fidei, because expressly part of the contract of reinsurance.

[4] See Ch.5, 5-068 and 5-069 above.

reinsurance will face in collecting under outwards reinsurance is to involve his outwards reinsurers in the commutation discussions and persuade his outwards reinsurers to pay an appropriate amount to be released from liability to reflect the release which he has negotiated under the inwards contracts. But we have come across situations where a company will seek to commute with its reinsurers first and then commute more cheaply with its reinsureds, leaving the company with cash in hand for other expenditure.

Avoidance of transactions

Historical perspective

Prior to the enactment of the 1986 insolvency legislation in the form of the Insolvency Act 1986 (IA 1986),[5] there were two principal statutory provisions which rendered transactions by a company potentially voidable on its liquidation. First, s.615 of the Companies Act 1985 (derived from s.320 of the Companies Act 1948 and subsequently repealed by IA 1986) which imported the definition of "fraudulent preference" from s.44 of the Bankruptcy Act 1914. Secondly, s.172 of the Law of Property Act 1925 (now repealed), which rendered voidable "fraudulent conveyances". In neither case was it necessary to prove "fraud" in the strict sense. The Insolvency Act 1986 was passed following the recommendations of the *Report of the Review Committee on Insolvency Law and Practice*.[6] As we note below, Bermuda presently retains the old law of "fraudulent preference".

16-004

Transactions at an undervalue and preferences

Relevant time. Where a reinsurer goes into liquidation or administration, its officeholder[7] may apply to the court to set aside transactions entered into by the company prior to the liquidation or administration on the basis that they are "transactions at an undervalue"[8] or "preferences".[9] In either case the transaction must have been entered into by the company at the "relevant time"[10] which is defined to mean:

16-005

(1) In the case of a transaction at an undervalue or a preference which is given to a "connected person", at any time in the period of two years ending in the "onset of insolvency".
(2) In the case of a preference which is not given to a "connected person", at any time in the period of six months ending with the "onset of insolvency".
(3) In the case of either a preference or a transaction at an undervalue (a) at a time between the making of an administration application in respect of the company and the making of an administration order on that application, and (b) at a time between the filing with the court of a copy of notice of inten-

---

[5] See also Insolvency (England and Wales) Rules 2016 (SI 2016/1024).
[6] "The Cork Report", (HMSO, June 1982), Cmnd.8558. The principal recommendations of the Cork Report were enacted by the Insolvency Act 1985, which was replaced (before it ever came into force) by the IA 1986, which consolidated the Insolvency Act 1985 with those parts of the Companies Act 1985 (itself a consolidating Act) which related to the winding up of companies.
[7] The IA 1986 uses the expression "office-holder" to refer to both liquidators and administrators. See for example s.232. As we shall see (in Ch.17 below) the administration provisions have now been extended to (re)insurance companies.
[8] IA 1986 s.238.
[9] IA 1986 s.239.
[10] IA 1986 s.240(1).

tion to appoint an administrator under paras 14 or 22 of Sch.B1 to the IA 1986 and the making of an appointment under those paragraphs.

Thus the "relevant time" is a period of either two years or six months, counting backwards from the "onset of insolvency", which means, in relation to (re)insurance companies, the date of commencement of the winding-up or administration, as applicable.[11] However, to qualify as being the "relevant time", it is also necessary to show[12] that at the time of the transaction at an undervalue or preference, either the company was unable to pay its debts within the meaning of s.123 of the IA 1986,[13] or the company became unable to pay its debts within the meaning of s.123 in consequence of the transaction or preference. These preconditions are presumed to be satisfied in the case of any transaction at an undervalue with a "connected person".[14]

A person is "connected"[15] with a company if: (1) he is a director or shadow director[16] of the company (or an associate of such a director/shadow director); or (2) he is an "associate"[17] of the company. A company is an "associate" of another company:

"(a) If the same person has control of both, or a person has control of one and persons who are his associates, or he and persons who are his associates have control of the other, or
(b) If a group of two or more persons has control of each company, and the groups either consist of the same persons or could be regarded as consisting of the same persons by treating (in one or more cases) a member of either group as replaced by a person of whom he is an associate."[18]

16-006 **Transactions at an undervalue.** A company enters into a "transaction at an undervalue" with a person where either:

"(a) The company makes a gift to that person or otherwise enters into a transaction with that person on terms that provide for the company to receive no consideration, or
(b) The company enters into a transaction with that person for a consideration the value of which, in money or money's worth, is significantly less than the value, in money or money's worth, of the consideration provided by the company."[19]

Where the company has entered into a transaction at an undervalue, the court, upon the application of the relevant officeholder "... shall ... make such order as it thinks fit for restoring the position to what it would have been if the company had not entered into that transaction".[20]

But, this is subject to the proviso[21] that the court: "shall not make an order ... in respect of a transaction at an undervalue" if it is satisfied:

"(a) that the company which entered into the transaction did so in good faith and for the purpose of carrying on its business, and

---

[11] IA 1986 s.240(3).
[12] IA 1986 s.240(2).
[13] See Ch.17 below.
[14] IA 1986 s.240(2).
[15] IA 1986 s.249.
[16] IA 1986 s.251.
[17] As defined by the IA 1986 s.435. The definition of "associate" was amended by the Civil Partnership Act 2004 to include "civil partners" together with husbands and wives.
[18] IA 1986 s.435(6).
[19] IA 1986 s.238(4).
[20] IA 1986 s.238(3).
[21] IA 1986 s.238(5).

(b) that at the time it did so there were reasonable grounds for believing that the transaction would benefit ... the company."

In *Re MC Bacon Ltd*, Millett J (as he then was) considered the definition of transaction at an undervalue in s.238(4) of the IA 1986. He said: **16-007**

"To come within that paragraph the transaction must be (i) entered into by the company; (ii) for a consideration, (iii) the value of which, measured in money or money's worth; (iv) is significantly less than the value; (v) also measured in money or money's worth; (vi) of the consideration provided by the company. Both values must be measurable in money or money's worth and both must be considered from the company's point of view."[22]

He held that the granting by the company of a debenture to the bank was not a transaction at an undervalue. The mere creation of a security over a company's assets does not reduce them, or diminish their value. Similarly, in *Mundy v Brown*[23] payments made to a third party were not transactions at an undervalue because a Quistclose trust had been created and the funds remained the property of the transferor.

In *Phillips v Brewin Dolphin Bell Lawrie Ltd*,[24] Lord Scott said of s.238(4):

"The subsection does not stipulate by what person or persons the consideration is to be provided. It simply directs attention to the consideration for which the company has entered into the transaction. The identification of this 'consideration' is in my opinion, a question of fact. It may also involve an issue of law, for example, as to the construction of some document. But if a company agrees to sell an asset to A on terms that B agrees to enter into some collateral agreement with the company, the consideration for the asset will, in my opinion, be the combination of the consideration, if any, expressed in the agreement with A and the value of the agreement with B."

Preferences. A company gives a "preference" to a person if: **16-008**

"(a) That person is one of the company's creditors or a surety or guarantor for any of the company's debts or other liabilities, and
(b) The company does anything or suffers anything to be done which (in either case) has the effect of putting that person into a position which, in the event of the company going into insolvent liquidation, will be better than the position he would have been in if that thing had not been done."[25]

Where the company has given a preference, then upon the application of the relevant officeholder, the court "... shall ... make such order as it thinks fit for restoring the position to what it would have been if the company had not given that

---

[22] *MC Bacon Ltd (No.1), Re* [1990] B.C.C. 78; [1990] B.C.L.C. 324 at 340g: "a useful breakdown of the statutory requirements". See also *Phillips (Liquidator of AJ Bekhor & Co) v Brewin Dolphin Bell Lawrie Ltd (formerly Brewin Dolphin & Co Ltd)* [2001] UKHL 2; [2001] 1 W.L.R. 143 and *Biscoe v Milner* [2021] EWHC 763 (Ch); [2022] 1 B.C.L.C. 368, in particular [261]. In Briscoe v Milner, at [262] it was also argued by the defendants that for a claim in wrongful trading to succeed, it must be shown that the loss complained of would not have been suffered had the respondent complied with their duties (relying on *Lexi Holdings Plc (In Administration) v Luqman* [2008] EWHC 1639 (Ch); [2008] 2 B.C.L.C. 725). The court agreed with the position of the appellants, namely that Lexi Holdings was not a claim under s.214 of IA86 (rather claim for breach of duty) and therefore was not relevant and did not establish that there is a causation requirement with respect to wrongful trading of the kind alleged.
[23] *Mundy v Brown* [2011] EWHC 377 (Ch); [2011] B.P.I.R. 1056.
[24] *Phillips v Brewin Dolphin Bell Lawrie Ltd* [2001] UKHL 2; [2001] 1 W.L.R. 143.
[25] IA 1986 s.239(4).

preference".[26] But this is subject to the proviso that the court shall not make an order unless it has been shown that the company, in giving the preference, was influenced by a desire to put the person receiving the preference in a better position than he would have been in, but for the preference, in the event of insolvency.[27] In the case of a preference given to a "connected person" there is a rebuttable presumption that the company was influenced by the desire to put him in a better position.

Application to reinsurance

16-009 A reinsurance company in run-off which subsequently goes into liquidation or administration will typically have entered into three types of transactions which may be subject to scrutiny by the officeholder. First, the payment of claims under reinsurance contracts to reinsureds (creditors). Secondly, payments received, and liabilities discharged, pursuant to commutations with reinsureds (creditors) and reinsurers (debtors). Thirdly, the granting of security of some kind to a reinsured (creditor).[28]

The starting point, when considering whether a particular transaction is liable to be set aside, is to ask whether it was entered into at the "relevant time" within the meaning of s.240 (see above) of the IA 1986.[29]

An officeholder will only be able to attack claims payments, as preferences, if they were made to reinsureds in the six months preceding the commencement of the liquidation or administration, and the company was unable to pay its debts at the time of the payment or became unable to pay its debts as a consequence of such preference. Unless the reinsured receiving the payment is a "connected person",[30] the relevant officeholder bears the burden of proving that the company was "influenced by a desire" to bring about a preference. It is not necessary to show either that the company had a dishonest intention, or that its dominant intention was to prefer one creditor over another. Cases relating to "fraudulent preferences" under the previous legislation[31] are no longer relevant.[32] Indeed, as was made clear in the first reported case concerned with s.239,[33] it is not enough to show any kind of intention. Section 239(5) of the IA 1986 requires there to be "a desire to produce ... the effect mentioned in subs.(4)(b)". Millett J said:

> "Intention is objective, desire is subjective. A man can choose the lesser of two evils without desiring either ... A man is not to be taken as desiring all the necessary consequences of his actions ... It will still be possible to provide assistance to a company in financial difficulties provided that the company is actuated only by proper commercial considerations. *Under the new regime a transaction will not be set aside as a voidable preference unless the company positively wished to improve the creditor's position in the event of its own insolvent liquidation.*"[34] [Emphasis added]

---

[26] IA 1986 s.239(3).
[27] IA 1986 s.239(5).
[28] See Ch.15, Pt 2 above.
[29] See 16-005 above.
[30] See 16-005 above.
[31] Bankruptcy Act 1914 s.44; Companies Act 1985 s.615.
[32] *Re MC Bacon Ltd* [1990] B.C.L.C. 324 at 335, where Millett J (as he then was) "emphatically protest[ed] against citation of cases decided under the old law".
[33] *Re MC Bacon Ltd* [1990] B.C.L.C. 324.
[34] *Re MC Bacon Ltd* [1990] B.C.L.C. 324 at 335–337.

New Cap Re

16-010 The facts of *New Cap Reinsurance Corp Ltd (In Liquidation) v Grant*[35] are set out in the judgment of Lloyd LJ in the Court of Appeal:

> "2. New Cap is an Australian reinsurance company. The Defendants are the members of a Lloyd's syndicate, in respect of each of two successive years of account. The syndicate placed reinsurance with New Cap. New Cap paid sums to the syndicate by way of commutation of its liabilities. Soon afterwards New Cap went into liquidation. The liquidator brought proceedings in New South Wales to set aside and recover the payments made to the syndicate as being a preference, on the basis that New Cap had been insolvent when they were made. The syndicate did not accept service of the proceedings, they had not submitted to the jurisdiction of the New South Wales court by agreement, and they did not take part in the proceedings, although they made points which seemed to them relevant in correspondence with the liquidator's solicitors, and they had taken part in the liquidation by, for example, submitting proofs of debt. The court allowed the proceedings to continue against the syndicate on the basis of an order for substituted service. It first decided the issue of insolvency, which was relevant to claims against other parties as well as to those against the syndicate. Then, having held that New Cap was insolvent at the relevant time, it decided the issue of preference, not by default but on evidence adduced by the liquidator. Having decided that point against the syndicate, Mr Justice Barrett made the order which is at the centre of this appeal.
>
> 3. By his order dated September 11, 2009 (which I will call the New South Wales order), the court declared that the two payments were voidable transactions under the relevant legislation. It then ordered the relevant syndicate members to pay two sums to New Cap, with interest."

One assumes that the Lloyd's syndicates considered their prospects in the Australian courts poor and took a decision to keep their armoury to defend themselves when attacked on home soil. The attack came. Lloyd LJ again:

> "4. By the letter [of request from the Australian court seeking the assistance of the English court] the court requested the English court to exercise its jurisdiction under section 426 of the Insolvency Act 1986, to act in aid of and assist the New South Wales court. It asked for that assistance primarily by ordering that the syndicate should pay to New Cap the sums of money ordered respectively by the relevant part of the New South Wales order. Alternatively, it asked that the liquidator be allowed to bring proceedings in the English court to set aside the payments as preferences, those proceedings to be determined according to Australian law. Alternatively, the English court was asked to give such other relief as it might consider just."

The syndicates contended that s.426 of IA 1986 should not be used for enforcement of judgments and that if the New Cap Re liquidator used other means of enforcement (the Foreign Judgments (Reciprocal Enforcement) Act 1933 or the Foreign Judgments (Australia) Order 1994 or the common law), the syndicate would have defences. Lloyd LJ, with whom the other two judges agreed, said:

> "83. To summarise, therefore, I find the position to be as follows. i) The 1933 Act does apply to judgments under which a sum of money is payable made in insolvency proceedings by a recognised court, subject to the terms of the order by which the court is recognised. ii) The 1994 Order recognised the relevant Australian courts in terms such that any judgment of such a court which falls within the definition

---

[35] *New Cap Reinsurance Corp Ltd (In Liquidation) v Grant* [2011] EWCA Civ 971; [2012] Ch. 538; *Virgin Atlantic Airways Ltd v Premium Aircraft Interiors UK Ltd* [2013] UKSC 46; [2014] A.C. 160.

in section 11(1) of the 1933 Act is a judgment to which Part I of the Act applies. The use of the phrase 'civil or commercial matter' in the Order does not limit the class so as to exclude money judgments issued in insolvency proceedings. iii) If the New South Wales order had been registered, or were to be registered, it could not now be set aside under section 4(1)(a)(ii) because of the effect of the Court of Appeal's decision in Rubin... iv) Section 426 of the Insolvency Act 1986 can also be used to seek assistance with a view to the enforcement of a money judgment issued in foreign insolvency proceedings. That is not excluded by section 6 of the 1933 Act. v) The judge's exercise of his discretion under section 426 was not at fault, and the position in that respect is not altered by my conclusion as to the application of the 1933 Act. vi) Because the judgment is registrable under the 1933 Act, section 6 of that Act would prevent the liquidator from enforcing it by bringing an action on it at common law. vii) It is unnecessary to consider or decide whether the court's common law power to assist a foreign liquidator is exercisable where the statutory power is available. viii) It is also unnecessary to consider the effect of the declaration in paragraph 1 of the New South Wales order taken together with section 8 of the 1933 Act. ix) I would uphold the judge's order as made under section 426.'"

"Rubin" refers to *Rubin v Eurofinance SA*.[36] As with the *New Cap Re* case, the defendants did not contest proceedings against them in a foreign jurisdiction (this time in New York) brought by the Receivers of a trust. The Court of Appeal determined that although the judgments had the indicia of judgments in personam they were judgments in, and for the purposes of, the collective enforcement regime of the bankruptcy proceedings and were therefore governed by the sui generis private international law rules relating to bankruptcy and were not subject to the ordinary private international law rule preventing enforcement of judgments because the defendants were not subject to the jurisdiction of the foreign court. The fact that the defendants had not submitted to the foreign court and not participated in the proceedings did not prevent enforcement. The court drew on *HIH Casualty & General Insurance Ltd, Re*[37] (where the House of Lords had permitted transfer of a company in liquidation's assets to Australia, pursuant to s.426, even though the order of priority of payment of debts in Australia was different from England).[38]

The Supreme Court delivered judgment in appeals from the Court of Appeal in both the *New Cap Re* case and the *Rubin* case. The *Rubin* decision was overturned: to enforce a foreign in personam judgment against a defendant in England the claimant had to show that the defendant was present in the foreign country when those foreign proceedings began or that the defendant had participated voluntarily in the proceedings or that the defendant had agreed to the foreign jurisdiction (what the Supreme Court called the "the Dicey rule") and in Rubin's case none of these was established. There was no special rule for insolvency which dis-applied the Dicey rule. The *New Cap Re* decision was upheld but only on the basis of a finding of fact that the defendant had in that case voluntarily submitted to the jurisdiction of the Australian court. *Cambridge Gas v Creditors of Navigator Holdings Plc*[39] was wrongly decided.

---

[36] *Rubin v Eurofinance SA* [2010] EWCA Civ 895; [2011] Ch. 133; *Rubin v Eurofinance SA* [2012] UKSC 46; [2013] 1 A.C. 236.
[37] *HIH Casualty & General Insurance Ltd, Re* [2008] UKHL 21; [2008] 1 W.L.R. 852.
[38] In *Integrated Medical Solutions Ltd, Re* [2012] B.C.C. 215 the English Court applied the principle in *New Cap Re* and refused the Revenue a winding up Order because it considered itself bound by the Insolvency Act 1986 s.426 to accede to the written request from an Irish judge who was already seized of the matter.
[39] *Cambridge Gas Transport Corp v Official Committee of Unsecured Creditors of Navigator Holdings Plc* [2006] UKPC 26; [2007] 1 A.C. 508.

16-011 A reinsurer may not wish to pay a particular creditor but may be faced with no choice.[40] Reinsurance companies in run-off rarely "positively desire" to pay anybody. We believe that, save in the case of payments to "connected persons",[41] or where there is some other readily apparent motive,[42] it will be difficult for a liquidator to prove a "desire" to prefer.[43]

Reinsurance companies in run-off are also unlikely to make outright gifts. From time to time reinsurers may make what are described as "ex gratia" payments but, as we have seen,[44] such a payment will only be ex gratia in the strict sense if there is in fact no liability under the contract. More often such a payment will be made in circumstances where the reinsurer is in doubt as to his liability; the description "ex gratia" in that context really means "without admission of liability".

Where a reinsurer enters into an (inwards) commutation with his reinsured, the reinsurer will, generally speaking, "desire" to reduce his liability and to substitute an uncertain future liability by a certain present one. It is the reinsured who, anticipating the possibility of the reinsurer's insolvency, will "desire" to put himself in a better position than other creditors by seeking an immediate cash payment which he believes will be better than any possible dividend in a liquidation. For the purposes of s.239 of the IA 1986 the reinsured's desire to be preferred does not make the commutation a preference, for it is only the desire of the company which gives the preference that is relevant.[45] For this reason, inwards commutations, unless they are entered into with "connected persons",[46] are unlikely to be set aside as preferences.

16-012 The only circumstances in which we can foresee an inwards commutation being set aside as a transaction at an undervalue, is if it forms part of a transaction in which the reinsurer enters into an (outwards) commutation with his retrocessionaire(s). Such back-to-back commutations are likely to be entered into by the reinsurer for perfectly proper business reasons. The reinsurer will seek to persuade his retrocessionaire(s) that, for the payment of a modest sum, the retrocessionaire(s) will be released from an uncertain, but potentially large, future liability, and the reinsurer will pass on the monies received from the retrocessionaire(s) to his reinsured in consideration for a release from liability under the (inwards) reinsurance contract. If a liquidator of the reinsurer is subsequently appointed, they may view the transaction rather differently. The liquidator will want to maximise recoveries from all retrocessionaires so as to have as much money as possible to distribute to all reinsureds (and other creditors) on a pari passu basis. From the liquidator's perspective the transaction we have described is objectionable for two reasons. First, under the inwards commutation, one reinsured has been paid ahead of other creditors. Secondly, the effect of the outward commutation is to diminish the total assets available for distribution to the creditors.[47]

---

[40] Although it should be noted that IA 1986 s.239(7) states: "The fact that something has been done in pursuance of the order of a court does not, without more, prevent the doing or suffering of the thing from constituting the giving of a preference."
[41] Where, as we have seen (16-005 above), the burden of proof is reversed.
[42] For example, the payee has a commercial relationship with another company connected with the reinsurer's directors/shareholders.
[43] There do not appear to be any reported cases.
[44] See Ch.5, 5-061–5-062 above.
[45] IA 1986 s.239(5).
[46] See 16-005 above.
[47] Following *Charter Reinsurance Co Ltd (In Liquidation) v Fagan* [1997] A.C. 313; [1996] 2 W.L.R. 726; *Charter Re v Fagan* was referred to in *Amlin Corporate Member Ltd v Oriental Assurance Corp* [2014] EWCA Civ 1135; [2014] 2 Lloyd's Rep. 561; *Teal Assurance Co Ltd v WR Berkley Insur-*

16-013 In *McMahon v AGF Holdings (UK) Ltd*[48] the plaintiffs were the liquidators of the National Employees Mutual General Insurance Assoc Ltd (NEMGIA); NEMGIA had carried on business in the UK and overseas, writing property, motor and liability insurance. Its UK business had two components: "direct business", where policyholders dealt directly with NEMGIA; and "broked business", where policyholders dealt with NEMGIA through brokers. NEMGIA had a branch in Australia, the operations of which, as Lightman J described, were disastrous:

> "The business conducted in Australia prior to 1985 was enormous relative to the size of NEMGIA and proved heavily loss making. In 1985, NEMGIA ceased accepting new business in Australia, and (effectively) its only business thereafter that date was the run-off of pre-1985 business ('the Australian run-off'). Since this business had a long tail, the liability for claims was not only substantial, but likely to extend over a prolonged period. The cost of the Australian run-off was a constant drain on NEMGIA's resources: funds had to be transferred to Australia at a substantial rate. As a result of the liabilities of the Australian run-off, by 31 December 1988 NEMGIA was (on an asset basis) insolvent and it continued to be such until its liquidation. The date when the directors of NEMGIA first learnt of such insolvency is in issue."[49]

In 1989, NEMGIA had a "pressing need for further capital"[50] and entered into the transaction involving the sale of the entirety of its broked business. The defendants (AGF) bought the entire share capital of a dormant subsidiary of NEMGIA, NEM Insurance Co Ltd (NEMIC), "which was to be the vehicle for AGF's purchase"[51] of the broked business. Lightman J summarised the business sale agreement (the BSA) which NEMGIA entered into with NEMIC on 11 December 1989, as follows:

> "(1) NEMIC was to purchase the goodwill of the broked business (including the right to solicit renewals from existing policy holders) for some £45.7m and the assets of the broked business at a valuation (which produced a figure of some £15m);
>
> (2) NEMIC agreed (a) (in consideration of a premium to be calculated as therein provided) by reinsurance to indemnify NEMGIA against the liabilities under all NEMGIA's broked business policies, and likewise (b) (in consideration of a premium) by reinsurance to indemnify NEMGIA against the liabilities under 50% of NEMGIA's direct business policies. The reinsurance was to be effected by four reinsurance contracts ('the reinsurance contracts'). The premium in the event was £128,554,000;
>
> (3) NEMGIA and NEMIC agreed that after completion they should use their reasonable endeavours to obtain a novation or assignment in favour of NEMIC of certain existing reinsurances ('the third-party reinsurances') 'to the extent that they related to the business ceded';
>
> (4) NEMGIA agreed to sell to AGF the entire issued share capital of its service company NEM Business Services Limited ('NEMBS') for a sum equal to its net asset value and the parties agreed that they and NEMBS should enter into a service management agency agreement ('the agency agreement') under which NEMBS

---

ance (Europe) Ltd [2013] UKSC 57; [2013] Bus. L.R. 1091; see Ch.5, 5-088 to 5-090 and Ch. 7, 7-025 above. Liquidators of an insolvent reinsurer may in the case of similarly worded contracts collect the full amount of the retrocessionaire's liability under the outwards contract, before discharging any of the liability under the inwards contract.

[48] *McMahon v AGF Holdings (UK) Ltd* [1997] L.R.L.R. 159; [1997] 2 B.C.L.C. 191.
[49] *McMahon v AGF Holdings (UK) Ltd* [1997] L.R.L.R. 159 at 161.
[50] *McMahon v AGF Holdings (UK) Ltd* [1997] L.R.L.R. 159 at 161 per Lightman J.
[51] *McMahon v AGF Holdings (UK) Ltd* [1997] L.R.L.R. 159 at 161 per Lightman J.

should provide certain agency and management services to NEMGIA, but be left free at the same time to provide services for NEMIC."⁵²

Completion took place on 9 March 1990. The board of NEMGIA knew of its insolvency at some date prior to completion (whether they knew of NEMGIA's insolvency at the date the BSA was entered into was in dispute). Whether AGF knew of NEMGIA's insolvency prior to completion was also in dispute,

16-014

> "... but most certainly they knew of it very shortly afterwards, and the most anxious consideration followed as to how to protect NEMIC from the risks to which it was exposed in the event of NEMGIA's liquidation".⁵³

The subsistence of the goodwill of NEMGIA's broked business, which NEMIC had acquired, depended upon prompt payments being made to policyholders. The arrangement following completion of the BSA was that NEMBS, acting as agent for NEMGIA, would negotiate and agree claims with policyholders. NEMIC would then pay the policyholders direct. Lightman J observed:

> "This arrangement would however not survive the liquidation of NEMGIA. The authority of NEMBS to act as agent for NEMGIA would cease; and where claims were made by policy holders on and accepted by NEMGIA, the liquidator could (and in all likelihood would) require NEMIC to pay in full all sums due under the reinsurance agreements only to NEMGIA, and these monies would fall into the pool of assets available for the whole body of creditors (including the Australian policy holders). Accordingly, the U.K. broked business policy holders would only receive from NEMGIA a dividend and then only belatedly in the eventual distribution by the liquidators to creditors. If this course was followed, the likelihood of renewals by these (and indeed other) policy holders of NEMIC would be adversely affected."⁵⁴

NEMGIA ceased trading on 26 April 1990. NEMIC's solicitors devised a direct payment arrangement (DPA) on 4 May 1990. NEMGIA terminated the authority of NEMBS to negotiate, agree and pay claims on behalf of NEMGIA. However, NEMIC made arrangements to pay direct the claims of the UK broked business policy holders, and each cheque was accompanied by an endorsement which was intended to operate as an assignment of the policyholder's right against NEMGIA to NEMIC. The object of the DPA was to prevent any policyholders making a claim against NEMGIA, which would give rise to a claim by NEMGIA, under the reinsurance contracts, against NEMIC.

A petition for the winding-up of NEMGIA was presented and provisional liquidators were appointed on 29 May 1990. A winding-up order was made on 3 October 1990. NEMGIA's liquidators commenced two sets of proceedings. In the first ("the Companies Court application"), the liquidators sought declarations, inter alia, that NEMGIA's entry into the BSA, certain loan transactions related to the completion of the BSA, the novation agreements entered into pursuant to the BSA,⁵⁵ the setting up of the DPA and payments made pursuant to the DPA all constituted preferences within s.239 of the IA 1986. In respect of the DPA, the liquidators claimed £290 million which they alleged NEMIC had paid direct to UK policyholders (but credit was allowed for the dividend to which NEMIC would become entitled to, if it proved as a creditor of NEGMIA in its liquidation). In the second proceedings

---

⁵² *McMahon v AGF Holdings (UK) Ltd* [1997] L.R.L.R. 159 at 161 per Lightman J.
⁵³ *McMahon v AGF Holdings* [1997] L.R.L.R. 159 at 162 per Lightman J.
⁵⁴ *McMahon v AGF* [1997] L.R.L.R. 159 at 162 per Lightman J.
⁵⁵ In the alternative it was alleged that the novation agreements were transactions at an undervalue within s.238 of the IA 1986.

("the Chancery action") NEMGIA sought the same £290 million as damages against AGF, NEMIC and NEMBS for alleged breaches of the agency agreement and the reinsurance agreements, and damages in tort (for wrongful interference with contract and conspiracy) in setting up and implementing the DPA. The damages claim was intended as a "fall back"[56] in the event that the claim for the £290 million as relief for a preference in the Companies Court application failed.

16-015 Lightman J held, as a preliminary issue, that the damages claim in the Chancery action failed because NEMGIA (as opposed to its creditors other than the relevant UK policy holders) had not suffered any recoverable loss or damage. Lightman J said:

> "The entitlement on the part of NEMGIA to the receipt of the reinsurance proceeds is entirely balanced by the immediate liability to the U.K. policyholders and both must be netted-off one against the other ... I do not think that the withholding from the liquidators of the ability to apply the reinsurance proceeds ... constitutes ... a loss to NEMGIA. The relevant question is: what loss did NEMGIA suffer—i.e. in money terms is NEMGIA worse off? The statutory scheme for distribution of the assets of NEMGIA in the liquidation and the manner and consequences of performance of their duties by the liquidators are irrelevant, and this is so even though the consequences of the DPA in this regard were in the forefront of the mind of NEMIC in devising and implementing the DPA."[57]

The Companies Court application was compromised following the delivery of Lightman J's decision on the preliminary issue, and he was not required to decide whether the payments under the DPA constituted preferences.

We consider the result of these proceedings to be consistent with principle. An insured, as a potential creditor of the insurer, owes no duty to his insurer to claim on the policy. Furthermore, the reinsured has no right to seek payment from his reinsurer unless he has an ascertained liability to his insured, which he does not have if no claim is made on him.[58]

Compare this to the case of *Re Fastfit Station Ltd (In Liquidation); Bonney v Barker*[59]. Fastfit Station Ltd (Fastfit) carried out a car repair and tyre fitting business. A notice of intention to appoint administrators to Fastfit was filed on 2 April 2014 and it went into administration on 15 April. Fastfit's business was sold as a "prepack" to another company incorporated in the immediately preceding month with a very similar name — Fastfit Station MK Ltd (Fastfit MK). Fastfit MK's sole shareholder, Barker, was a director both the company and Fastfit MK's.

Between 1 and 15 April 2024, circa £110,000 due from customers to Fastfit was instead paid to Fastfit MK. Fastfit subsequently went into liquidation and the liquidators brought a claim against Barker and Fastfit MK for repayment of the £110,000 on the ground that such payments were transactions at an undervalue. The liquidators also claimed that Barker was in breach of the duties he owed to Fastfit as a director of that company. Barker and Fastfit MK argued, amongst other things, that c£87,000 of the £110,000 was used to make payments which discharged certain of Fastfit's obligations.

The court found that, whilst Fastfit had incidentally benefited from the payments that Fastfit MK had made, it was not possible to read those payments as part of the consideration received by Fastfit because the decision to make those payments was entirely within the gift of Fastfit MK. Fastfit could not subvert the insolvency regime by causing monies to be paid to Fastfit MK which then had a free

---

[56] *McMahon v AGF* [1997] L.R.L.R. 159 at 163 per Lightman J.
[57] *McMahon v AGF* [1997] L.R.L.R. 159 at 165–166.
[58] See Ch.5, 5-079 et seq.
[59] [2023] EWHC 496 (Ch); [2023] 2 B.C.L.C. 157; [2023] All ER (D) 38 (Mar).

hand as to which creditors of the insolvent company were then paid. Although certain liabilities of Fastfit were discharged by the payments out of Fastfit MK's account and, to the extent of such payments, Fastfit was no worse off, the effect of the April payments was nonetheless to subvert the insolvency regime and the pari passu principle. The key difference between this case and the NEMGIA case is that the debts owed to Fastfit were liabilities which its debtors were obliged to pay. In turn, Fastfit's creditors were entitled to share in those assets in accordance with the insolvency regime. In NEMGIA, the policyholders, as creditors of NEMGIA, did not have an obligation to claim against NEMGIA and accordingly were entitled to pursue their claims against NEMGIA's reinsurer, rather than against NEMGIA directly.

In addition, Fastfit was not entitled to rely on the good faith and reasonable grounds defence in s.238(5) of the 1986 Act, because the April payments were not made for the benefit of Fastfit but to benefit Fastfit MK when it acquired the business. The creditors to be paid were of advantage to Fastfit MK to enable it to carry on its business.

Transactions defrauding creditors

Section 423 of the IA 1986 provides that a court may set aside a "transaction at an undervalue"[60] if the court is satisfied that the person entering into the transaction did so for the purpose: **16-016**

"(a) Of putting assets beyond the reach of a person who is making, or may at some time make, a claim against him, or
(b) Of otherwise prejudicing the interests of such a person in relation to the claim which he is making or may make."[61]

It should be noted that, unlike ss.238 and 239, there are no time-limits, nor is there any requirement that the company be insolvent at the time of, or be rendered insolvent by, the transaction. Indeed, although s.423 appears in the IA 1986, there is no requirement for there to be any insolvency proceedings, and it appears that any application may be made under s.423 by any "victim" of the transaction.[62]

In *Normid Housing Assoc Ltd v Ralphs*[63] the plaintiffs brought a claim in negligence for £5.7 million against the defendants, a firm of architects. The defendants were intending to enter into a settlement of their claim under their professional indemnity insurance for £250,000 plus the legal costs of the action to date. The plaintiffs sought an injunction restraining the defendants from entering into the settlement with their insurers (Generali). The Court of Appeal[64] refused to grant an injunction restraining the defendants from entering into the settlement. Slade LJ accepted that it was clearly arguable that if the defendant architects were to accept the sum of £250,000 from Generali in full and final settlement of all their claims, they would be giving up their rights under the policies for a consideration substantially below their true value.[65] The Court of Appeal proceeded on this assumption, favourable to the plaintiffs. Nonetheless they held that the defendants would not be **16-017**

---

[60] As defined by IA 1986 s.423(1).
[61] IA 1986 s.423(3).
[62] As defined by IA 1986 s.423(5).
[63] *Normid Housing Assoc Ltd v Ralphs & Mansell (Third Party Rights: Mareva Injunction)* [1989] 1 Lloyd's Rep. 265; 21 Con. L.R. 98.
[64] Slade, Croom-Johnson and Lloyd LJJ.
[65] *Normid v Ralphs* [1989] 1 Lloyd's Rep. 265 at 272.

infringing any legal or equitable right of the plaintiffs[66] by entering into the proposed settlement; nor did the transaction amount to dissipation of assets outside the ordinary course of business so as to justify a Mareva (freezing) injunction.

Counsel for Generali[67] put forward a "most ingenious" argument[68] that if the proposed settlement is entered into for the purpose of putting assets beyond the plaintiffs' reach, then it was open to the plaintiffs, as "victims" of the transaction, to make an application under s.423 of the IA 1986 to set it aside. But if the proposed settlement was not entered into for the purpose of putting assets beyond the plaintiffs' reach so that it was not open to attack under s.423, the application for a Mareva injunction must fail.

The Court of Appeal did not decide the question whether a settlement between an insured and his insurer could, as a matter of principle, be set aside under s.423.[69] In our view, there may be circumstances in which reinsureds could plausibly argue that they were the victims of a commutation between the reinsurer and his retrocessionaires. Suppose that a reinsurer in run-off is about to commute all or substantially all of his retrocession contracts, which could seriously and adversely affect a reinsured who anticipated that he would have claims in future years which would impact on the retrocessions about to be commuted. Reinsureds faced with such a situation might well wish to prevent the commutation taking place. They have two possibilities. First, they could seek an ex parte injunction on the basis that in the circumstances the commutation was a dissipation of assets outside the ordinary course of business. Secondly, they could present an administration or winding-up petition and apply, ex parte, for the appointment of an administrator or provisional liquidator,[70] on the basis that the conduct of the reinsurer demonstrates that he is unable to pay his debts, and that the reinsurer's assets are at risk.[71]

The *New Cap Re* case considered at 16-010 above is a case where a commutation was attacked by the liquidator of an Australian company because it was favourable to the parties entering into the commutation but disadvantageous to the body of creditors generally.

The anti-deprivation principle

16-018 The anti-deprivation principle invalidates contracts that provide that a person's property shall remain his until bankruptcy whereupon ownership passes to a third party. It is a principle of the English common law. *Belmont Park Investments Pty Ltd v BNY Corporate Trustee Services Ltd*[72] put the principle back in the spotlight and restated it for modern commercial conditions. Simply put, if the contract term shifting ownership on bankruptcy is an attempt to evade insolvency legislation it may be struck down, but if the term is there for good commercial reasons and

---

[66] Under the Third Parties (Rights Against Insurers) Act 1930 which was repealed on 1 August 2016, and replaced by the Third Parties (Rights Against Insurers) Act 2010). But see *Morris v Murjani* [1996] 1 W.L.R. 848; [1996] B.P.I.R. 458.
[67] Anthony Colman QC (as he then was).
[68] *Normid v Ralphs* [1989] 1 Lloyd's Rep. 265 at 277 per Slade LJ.
[69] *Normid v Ralphs* [1989] 1 Lloyd's Rep. 265 at 277 per Slade LJ: "The argument is, as I say, extremely ingenious. So far as I am concerned it is novel. But I say no more about it ... The appeal ... should be allowed on conventional lines."
[70] See Ch.17 below.
[71] The *New Cap Re* case considered 16-010 above is a case where a commutation was attacked by the liquidator of an Australian company because favourable to the parties entering into the commutation but disadvantageous to the body of creditors generally.
[72] *Belmont Park Investments Pty Ltd v BNY Corporate Trustee Services Ltd* [2011] UKSC 38; [2012] 1 A.C. 383.

agreed in good faith, it will not be struck down. The principle arose in an insurance context in *Folgate London Market Ltd v Chaucer Insurance Plc*.[73] A policyholder had to make periodic payments in respect of personal injury liability but failed to recover from its insurer because of an exclusion in the policy. The policyholder held the broker responsible for that. The broker agreed to indemnify the policyholder for the payments it made, such payments to cease if the policyholder went into administration. It was held that such provision infringed the anti-deprivation principle and was void. Perhaps if there had been a dispute as to the liability of the broker that had been compromised on the basis that the broker would pay but only so long as the policyholder was in business, there would have been a good commercial reason. In a reinsurance context, it seems likely that a provision in a reinsurance policy providing that the liability of the reinsurer should cease on insolvency of the reinsured as distinct from the contract of reinsurance terminating at that point could flounder on the anti-deprivation principle.

Bermudian legislation

Bermuda has not adopted the English 1986 insolvency legislation.[74] The provisions of the Bermuda Companies Act 1981 relating to fraudulent preference[75] are derived from the previous English legislation.[76] The former Bermudian provision for setting aside fraudulent conveyances, s.37 of the Conveyancing Act 1983, was derived from s.172 of the Law of Property Act 1925, which, as we have seen, was the statutory predecessor of s.423 of the IA 1986 and was the statutory successor to the Statutes of Elizabeth. In the Court of Appeal for Bermuda, Kempster JA said of s.37 of the Conveyancing Act 1983:

16-019

> "As was said by Lord Mansfield about the Statutes 13 Eliz. I Ch. 5 and 27 Eliz. I Ch. 4 section 37 of the 1983 Act 'cannot receive too liberal a construction or be too much extended in the suppression of fraud' *Cadogan v Kennett* (1776) 2 Cowp. 433 [should be 432] at 434."[77]

Section 37 of the Conveyancing Act 1983 was repealed by the Conveyancing Amendment Act 1994 and replaced with new provisions, ss.36A-36G, which are derived from Bahamian legislation.[78] The new provision applies to any proceedings to set aside a transaction commenced after 13 January 1995.[79] In order to set aside a "disposition of property",[80] the applicant must establish that:

(1) the applicant is an "eligible creditor";
(2) the "disposition of property" was made with the "requisite intention";

---

[73] *Folgate London Market Ltd (formerly Towergate Stafford Knight Co Ltd) v Chaucer Insurance Plc* [2011] EWCA Civ 328; [2011] Bus. L.R. 1327.
[74] See Ch.18, 18-060 below for the current state of insolvency law reform in Bermuda.
[75] IA 1986 ss.237, 238; Bankruptcy Act 1989 s.47.
[76] See 16-004 above.
[77] *BF&M Ltd v The Bermuda Fire & Marine Insurance Co Ltd (in liquidation)* [1995] Bda L.R. 29; Civil Appeals Nos 28 & 29 of 1995, 8 March 1996.
[78] The Fraudulent Dispositions Act 1991. It appears from the Report of the Law Reform Sub Committee on s.37 of the Conveyancing Act 1983 that the new provisions were intended to make "asset protection trusts" less open to attack by creditors. The Report concluded that "... section 37 is a very harsh provision ... we believe that the law should be so stated as to strike a reasonable balance between the interests of creditors and those of settlors".
[79] Conveyancing Act 1983 s.36B.
[80] Both "disposition" and "property" receive a very wide definition under s.36A.

(3) the disposition was at "an undervalue".

Proceedings must be commenced within six years of the date of the disposition,[81] the "material date".

16-020 "Eligible creditor" is defined to mean a person to whom:

"(a) On, or within two years after, the material date the transferor owed an obligation and on the date of the action or proceeding to set aside the relevant disposition that obligation remains unsatisfied;

(b) On the material date the transferor owed a contingent liability and since that date the contingency giving rise to the obligation has occurred and on the date of the action or proceeding to set aside the relevant disposition that obligation remains unsatisfied; or

(c) On the date of the action or proceeding to set aside the relevant disposition, the transferor owes an obligation in consequence of a claim, made by that person against the transferor arising from a cause of action which accrued prior to, or within two years after, the material date."[82]

"Requisite intention" is defined to mean:

"... an intention of a transferor to make a disposition the dominant purpose of which is to put the property which is the subject of that disposition beyond the reach of a person or a class of persons who is making, or may at some time make, a claim against him."[83]

"Undervalue" in relation to a disposition of property is defined to mean:

"... a disposition in respect of which—

(a) no consideration is given; or
(b) the value of the consideration given is, in money or money's worth, significantly less than the value, in money or money's worth, of the property."[84]

Changing domicile

The EMLICO saga

16-021 Section 132C of the Bermuda Companies Act 1981 permits a company originally incorporated outside of Bermuda to be "continued" in Bermuda as an exempted company under the 1981 Act.[85] In effect, the company is born again as a creature of Bermuda law. To achieve this, the company must obtain the consent of the Minister of Finance and satisfy him that it "has obtained all necessary authorizations required under the laws of the country in which it was incorporated to enable it to make the application". The company must also provide the Minister with financial statements prepared for a period ending within 12 months of the date of application.

The Electric Mutual Liability Insurance Company ("EMLICO") was incorporated in Massachusetts in 1927 as a wholly-owned subsidiary of the General Electric Company. In 1995 EMLICO went into run-off and underwent a restructuring which resulted in its parent, General Electric, appearing to be its only creditor and

---

[81] Conveyancing Act 1983 ss.36C(3), 36A.
[82] Conveyancing Act 1983 s.36A.
[83] Conveyancing Act 1983 s.36A.
[84] Conveyancing Act 1983 s.36A.
[85] This provision came into effect in 1992, and is believed to have been passed to facilitate movement of companies from Hong Kong. But, whatever its purpose, one may suppose that the Bermudian legislature did not contemplate Bermuda becoming an elephants' graveyard for insurance companies in poor financial circumstances.

policyholder. For reasons which became the subject of intense controversy, EMLICO decided to move to Bermuda. EMLICO's annual statement for the year ended 31 December 1994 showed a surplus of US$254.59 million. In May 1995, EMLICO provided the Massachusetts Insurance Division with a quarterly statement, for the quarter ended 31 March 1995, which showed a surplus of US$269.9 million. The consents of the Commissioner of Insurance for the State of Massachusetts and of the Bermudian Minister of Finance were both obtained, and EMLICO was "continued" as a Bermuda company with effect from 1 July 1995.

On 20 October 1995, EMLICO presented a petition to the Supreme Court of Bermuda, seeking to be wound up on the grounds that it was insolvent. EMLICO's accounts for 30 September 1995 showed liabilities exceeding assets by US$407 million. The dramatic change in EMLICO's financial position, within six weeks of moving to Bermuda, was attributed to the re-evaluation by actuaries of the adequacy of the company's reserves for long-tail environmental liabilities.

This turn of events provoked an outcry from EMLICO's reinsurers who alleged that EMLICO had procured its transfer by deliberate misrepresentations as to its financial condition to the regulatory authorities in both Massachusetts and Bermuda. Proceedings for judicial review were commenced by certain of EMLICO's reinsurers in both Massachusetts and Bermuda, seeking to set aside the transfer of the company. The reinsurers also opposed the making of a winding-up order by the Supreme Court of Bermuda. One of EMLICO's reinsurers, Kemper Re, asserted that a liquidation in Bermuda was prejudicial to their interests, for reasons which Ground J summarised as follows:

"That assertion turns upon various distinctions between the procedures available in the two jurisdictions. In Bermuda, liquidators can agree the value of contingent claims with creditors, so that future claims against an insolvent insurer can be actuarially determined. This, Kemper Re allege, will accelerate the claims which will then be passed on to the reinsurers, of which they are one. In Massachusetts, on the other hand, there is a 'cut off' date established by the court supervising the insolvency proceedings, after which claims by creditors of the insolvent insurer are barred outright. There are other aspects of the difference between the two procedures of which Kemper Re complain, including the greater degree of control which a creditor may exercise in liquidation proceedings in Bermuda, the fear being that GE, as the principal creditor will in effect run the liquidation to the detriment of reinsurers including Kemper Re."

Ground J ordered EMLICO to be wound up,[86] but, on the ex parte application of Kemper Re, granted leave to pursue judicial review proceedings in Bermuda under the Administration of Justice (Prerogative Writs) Act 1978. Following an inter partes hearing, Wade J set aside the leave which Kemper had obtained ex parte.[87]

Was EMLICO guilty of forum shopping by deception? The Bermudian Registrar of Companies and the Assistant Financial Secretary both filed affidavits in the judicial review proceedings. EMLICO's counsel contended that, from the affidavit evidence, it was clear that the Registrar of Companies and the Minister of Finance "were fully aware of the potential for EMLICO's insolvency". Wade J found there to be "a good arguable case on the fraud allegations", but appears to have concluded that if there was a fraud it was not a fraud practiced on the Bermudian regulators and, in the exercise of her discretion, set aside leave for judicial review. She held that Kemper Re had an adequate alternative remedy,

16-022

---

[86] *In the Matter of Electric Mutual Liability Insurance Co Ltd, Companies (winding-up)* No.436: 1995 [1996] Bda L.R. 62; Supreme Court of Bermuda, 26 July 1996, and see Ch.17 below.
[87] [1996] Bda L.R. 71; *In the Matter of an application by Kemper Reinsurance Company for Judicial Review*, Supreme Court of Bermuda, 17 December 1996.

namely arbitration under the relevant reinsurance contracts. She noted that three days before commencing the judicial review proceedings Kemper Re had made arbitration demands, asserting that EMLICO's actions in moving to Bermuda was a fraud on Kemper Re, a breach of contract and a breach of EMLICO's duty of utmost good faith which entitled Kemper Re to rescind all its reinsurance contracts with EMLICO.[88] The Court of Appeal for Bermuda[89] dismissed Kemper Re's appeal on the basis that they had no jurisdiction under the relevant legislation to hear an appeal from a decision of the Supreme Court either refusing to grant leave or setting aside leave previously granted to commence judicial review proceedings.[90]

Moving the administration of the run-off

16-023   It may not be necessary for a company in run-off to change the domicile of its incorporation to give rise to controversy. A decision to transfer the administration of the run-off to another jurisdiction and move the books and records of the company from the jurisdiction where it is incorporated may give rise to concern on the part of regulators and creditors. The presentation, in 1985, by the Bermudian Registrar of Companies of a petition for the winding up of Mentor Insurance Ltd was, in part, prompted by the decision of Mentor's parent company to move the administration of the run-off to Louisiana. In an unreported case in Bermuda, the Supreme Court granted a Mareva injunction (a freezing order) on the ex parte application of a reinsured seeking to enforce an arbitration award against a Bermudian reinsurer which had announced that it was closing its office in Bermuda and moving the administration of its run-off to London. In another unreported case[91] involving a Bermudian reinsurer, the English High Court granted a Mareva injunction in circumstances where the reinsurer's office in Bermuda had been closed, all of its directors resident in Bermuda had resigned, and the affairs of the company appeared to be under the sole control of its Chief Executive Officer[92] who was sending faxes on the company letterhead from a private address in England.

---

[88] But, as Ground J pointed out in the winding-up proceedings, a contractual debtor has no vested interest in where his creditor is to be liquidated. Assuming Kemper Re's fraud allegations were proved to be true, it is far from clear how that constitutes a breach of contract or a breach of the duty of utmost good faith, certainly as matter of Bermudian/English law.

[89] Sir James Astwood P, Huggins and Zacca JJA.

[90] Leave to appeal to the Privy Council on the jurisdiction point was granted. However, the Bermuda litigation challenging the validity of the redomestication of EMLICO was ultimately compromised and the Bermuda courts were not called upon to consider the implications of the decision of the Supreme Judicial Court of Suffolk County, Massachusetts (Abrams, Lynch, Greaney and Ireland JJ), who on 5 January 1998 held that under the relevant legislation the Massachusetts Commissioner of Insurance had no power to authorise the transfer of a Massachusetts insurer to a foreign country, and that accordingly, as a matter of Massachusetts law, EMLICO remained a Massachusetts company. Applications relating to the conduct of the EMLICO liquidation continue to come before the Bermuda courts. In its judgment of 23 March 2006 (*OneBeacon America Insurance Co v Peter C.B. Mitchell as Joint Liquidators of Electric Mutual Liability Insurance Co* [2006] Bda L.R. 41 at [5]) the Court of Appeal for Bermuda said: "The case is bedevilled by its long history of bitterly and expensively contested court and arbitration proceedings." See also: *Re Electric Mutual Liability Insurance Co* [2007] Bda L.R. 5, which found the case back, again, before Ground CJ (as he had become).

[91] *APAL v ANECO* Unreported, 1991.

[92] One Mark Hardy, who was a defendant in the *Focus* litigation discussed below.

2. LIABILITY OF DIRECTORS, OFFICERS AND ADVISORS

Common law duties of directors

The classic statement of directors' duties at common law is to be found in the judgment of Romer J (as he then was) in *Re City Equitable Fire Insurance Ltd*.[93] Romer J said:

16-024

(1) "A director need not exhibit in the performance of his duties a greater degree of skill than may reasonably be expected from a person of his knowledge and experience. A director of a life insurance company for instance, does not guarantee that he has the skill of an actuary or a physician."
(2) "A director is not bound to give his continuous attention to the affairs of his company. His duties are of an intermittent nature to be performed at periodical board meetings and at meetings of any committee of the board upon which he happens to be placed."
(3) "In respect of all duties that having regard to the exigencies of business, and the articles of association may be left to some other official, a director is, in the absence of grounds for suspicion, justified in trusting that official to perform such duties honestly."[94]

City Equitable wrote fire and marine reinsurance. Between 1916 and 1921, "there was a steady and most remarkable increase in the premium income of the company, due principally to the fact that it had been able to secure a large part of the business of the Munich Reinsurance Company, which, before the outbreak of war, had done most of the reinsurance business in the country".[95] City Equitable was wound up on 16 February 1922, and was found to have a deficiency of over £1.2 million. "This deplorable state of affairs was in no way due to the company's trading operations as a reinsurance company."[96] It was the result of fraudulent activities of its chairman, one Bevan.[97]

The Official Receiver, as liquidator of City Equitable, applied by misfeasance summons[98] for an order against the other directors and the auditors seeking to make them liable for negligence in respect of losses occasioned by investments and loans, and of payment of dividends out of capital. Romer J found that (with the exception of Bevan) all the directors, and the company's auditor, had acted honestly throughout. He held that some of the directors had been negligent, but that the provisions of art.150 of the company's articles of association exonerated both the directors and the auditors[99] from all liability.

16-025

The operative part of art.150 provided that the directors, auditors, secretary and other officers were not answerable for the acts of others or for any loss, misfortune

---

[93] *City Equitable Fire Insurance Co Ltd, Re* [1925] Ch. 407. See also *Kuwait Asia Bank EC v National Mutual Life Nominees Ltd* [1991] 1 A.C. 187 at 221–222 per Lord Lowry.
[94] *City Equitable Fire Insurance Co Ltd, Re* [1925] Ch. 407 at 428–429.
[95] *City Equitable Fire Insurance Co Ltd, Re* [1925] Ch. 407 at 424–425 per Romer J.
[96] *City Equitable Fire Insurance Co Ltd, Re* [1925] Ch. 407 at 424 per Romer J.
[97] *City Equitable Fire Insurance Co Ltd, Re* [1925] Ch. 407 at 445 per Romer J: "… one of the greatest authorities on finance in the City of London. In reputation and in credit he stood second to none. His advice on questions of investment was largely sought and readily followed. Later events have indeed proved him to be a rogue."
[98] Under s.215 of the Companies (Consolidation) Act 1908: "That section creates no new offence, and … it gives no new rights, but only provides a summary and efficient remedy in respect of rights which apart from that section might have been vindicated either at law or in equity." *Bentinck v Fenn* (1887) 12 App. Cas. 652 at 669 per Lord MacNaghten. The current provision is s.212 of the IA 1986.
[99] The position of the auditors in England and Bermuda, respectively, is discussed below.

or damage which the company suffered "unless the same shall happen by or through their own wilful neglect or default respectively". Romer J held that where an act or omission is a breach of duty, it constitutes "wilful negligence" where the person concerned "knows that he is committing, and intends to commit, a breach of his duty, or is recklessly careless in the sense of not caring whether his act or omission is or is not a breach of duty".[100]

Articles of the kind used in the *City Equitable* case have been rendered void by UK companies legislation since 1929.[101] However, as we shall see below, such exculpatory bye-laws (Bermudian equivalent of articles) are common in Bermuda and lawful under the Bermuda Companies Act 1981.

Statutory codification of directors' duties

16-026 One of the most significant changes made by the UK Companies Act 2006 ("CA 2006") was to introduce, into English company law, a statutory code of directors' duties (CA 2006 ss.170-177). The following general duties of directors of English companies are enumerated in the new code (all references are to sections of CA 2006):

(1) Duty to act in accordance with the company's constitution and only exercise powers for the purposes for which they are conferred (s.171).
(2) Duty to promote the success of the company (s.172).
(3) Duty to exercise independent judgment (s.173).
(4) Duty to exercise reasonable care, skill and diligence (s.174).
(5) Duty to avoid conflicts of interest (s.175).
(6) Duty not to accept benefits from third parties (s.176).
(7) Duty to declare interest in proposed transaction or arrangement (s.177).

Section 170 makes it clear that these duties apply to shadow directors also to the extent that they are capable of applying (s.170(5)).

Section 178 of CA 2006 (captioned "Civil consequences of breach of general duties") provides as follows:

"(1) The consequences of breach (or threatened breach) of sections 171 to 177 are the same as would apply if the corresponding common law rule or equitable principle applied.
(2) The duties in those sections (with the exception of section 174 (duty to exercise reasonable care, skill and diligence) are, accordingly, enforceable in the same way as any other fiduciary duty owed to a company by its directors."

As one commentary on the CA 2006 observed: "Whether the statutory code is actually intelligible to many directors is a matter on which opinions may well vary …"[102]

The duty to promote the success of the company (as set out in s.172 of the Companies Act) was been the subject of detailed judicial scrutiny by the Supreme Court in 2022 in the case of *BTI 2014 LLC v Sequana SA*.[103] Subsection (3) of that section explains that the duty has effect subject to any enactment or rule of law

---

[100] *Re City Equitable Fire Insurance Ltd* [1925] Ch. 407 at 434. This was expressly approved by the Court Appeal at 523 per Warrington LJ, at 529 per Sargant LJ.
[101] The current provision is s.232 of the CA 2006. However, s.233 of the CA 2006 does expressly permit a company to purchase insurance for the benefit of its directors and officers. Section 532 of the CA 2006 contains a provision rendering void articles of association which protect auditors from liability.
[102] A. Alcock, J. Birds, and S. Gale *Companies Act 2006: The New Law* (Bristol: Jordans, 2007), p.142.
[103] [2022] UKSC 25; [2022] 3 W.L.R. 709.

requiring directors, in certain circumstances, to consider or act in the interests of creditors. In that case, the directors of a company, Arjo Wiggins Appleton Ltd (A Ltd), had approved the payment of a dividend of £135million to its parent company, Sequana, 10 years prior to it entering into an insolvent administration. At the time of the payment of the dividend, it was lawful, although A Ltd did have certain contingent liabilities for environmental clean-up costs, which "gave rise to a real risk, although not a probability, that it might become insolvent at an uncertain but not imminent date in the future."

A Ltd brought a claim against its directors and Sequana as its parent and constructive trustee, alleging that the dividend had been paid in breach of s.172(3). The judge dismissed the claim on the ground that A Ltd's risk of insolvency at the time the dividend was paid had not been such as to trigger the duty under s.172(3). That decision was affirmed by the Court of Appeal.

On A Ltd's appeal to the Supreme Court, the defendants contended, inter alia, that there was no rule of law of the kind described in s.172(3). However, the Supreme Court determined that, whilst there was no free-standing creditor duty, but there was a rule, which was recognised or at least preserved by s.172(3), that in certain circumstances when a company was financially distressed, the directors fiduciary duty to the company to act in its interests was modified to include a duty to act in the interests of creditors as a whole. The rationale for this was a shift in the economic interests in the company and the shift occurred when the company was insolvent, bordering on insolvency or it was probable that the company would enter into an insolvent liquidation or administration, or the directors knew or ought to have known that insolvency was imminent or it was probable the company would enter into an insolvent liquidation or administration. When the duty arose directors were required to take into account and give appropriate weight to the interests of the company's creditors, and to balance them against shareholders interests where they might conflict, or not materially to harm creditors interests; that where an insolvent liquidation or administration was inevitable, the shareholders ceased to retain any valuable interests in the company, with the consequence that the creditors interests became paramount; that although the dividend paid by A Ltd had been lawful, that did not of itself prevent its payment amounting to a breach of the modified duty; but that at the time of the payment of the dividend, A Ltd had not been actually or imminently insolvent; and that, accordingly, in the present case the modified duty was not engaged.

Further statutory duties and remedies

Fraudulent trading

Section 213 of the IA 1986 provides as follows: 16-027

"If in the course of the winding up of a company it appears that any business of the company has been carried on with intent to defraud creditors of the company or for any fraudulent purpose ... The Court, on the application of the liquidator may declare that any persons who are knowingly parties to the carrying on of the business in the manner above-mentioned are to be liable to make such contributions (if any) to the company's assets as the Court thinks proper."

The courts have required strict standards of pleading and proof in relation to allegations of fraudulent trading.[104] To establish that a person is guilty of fraudulent trading, the applicant must prove:

(1) that any business of the company has been carried out to defraud creditors or with a fraudulent purpose; and
(2) that the person was knowingly a party to the carrying on of the business in such manner;

A person does not need to be a director (de jure or otherwise) to be guilty of fraudulent trading in order to prove fraudulent trading under s.213 of the Act, but the applicants must show actual dishonesty.[105] Where a person is guilty of fraudulent trading, they are liable to contribute to the company's assets and such contribution should reflect the loss which has been caused to creditors by the carrying on of the business. Contribution does not include a punitive element.[106]

Section 213 differs from its statutory predecessors[107] in two respects. First, only a liquidator may apply for relief. Secondly, any sums ordered to be paid under s.213 are paid to the liquidator for the benefit of the general body of creditors.[108]

Wrongful trading

16-028 Section 214(1) of the IA 1986 provides that the court may, on the application of the liquidator, declare that any director/shadow director of the company is "to make such contribution ... to the company's assets as the court thinks proper". The following conditions must be satisfied before the court makes a declaration under s.214(1) against any person:

(1) at some time before the commencement of the winding-up of the company, that person knew or ought to have concluded that there was no reasonable prospect that the company would avoid going into insolvent liquidation [or entering into insolvent administration], and
(2) Once the point described in Section 214(2)(b) of IA 1986 has been reached, and the director/shadow director in question has the requisite actual or deemed knowledge, then in order to avoid liability, the court must be satisfied that he:

> "... took every step with a view to minimising the potential loss to the company's creditors as ([on the assumption that he had knowledge of the matter mentioned in subsection (2)(b)]) ought to have taken."[109]

16-029 In *Re Produce Marketing Consortium (No.2)*, Knox J said:

"[T]he jurisdiction under Section 214 is primarily compensatory rather than penal. Prima facie the appropriate amount that a director is declared to be liable to contribute is the

---

[104] See *Augustus Barnett & Son Ltd, Re* (1986) 2 B.C.C. 98904; [1986] P.C.C. 167.
[105] See *Biscoe v Milner* [2021] EWHC 763 (Ch) at [235]. See also *Pantiles Investments Ltd (In Liquidation), Re* [2019] EWHC 1298 (Ch); [2019] B.C.C. 1003 and *Patrick and Lyon Ltd, Re* [1933] Ch. 786.
[106] *Bernasconi v Morphitis* [2003] EWCA Civ 289; [2003] Ch. 552 at [53].
[107] Companies Act 1985 s.630; Companies Act 1948 s.332.
[108] Previously a creditor could apply, and the court could order a payment to be made directly to such a creditor: see *Cyona Distributors Ltd, Re* [1967] Ch. 889; [1967] 2 W.L.R. 369. In *Weavering Capital (UK) Ltd (In Liquidation) v Peterson* [2012] EWHC 1480 (Ch); [2012] Lloyd's Rep. F.C. 561, the liquidator succeeded against the chief executive and managing director for loss caused by his fraud in relation to swap agreements.
[109] IA 1986 s.214(3).

amount by which, the company's assets can be discerned to have been depleted by the director's conduct which caused the discretion under sub-section (1) to arise. But Parliament has indeed chosen very wide words of discretion and it would be undesirable to seek to spell out limits on that discretion ..."[110]

In the case of a (re)insurance company the directors will, in most cases, be relying upon the advice of accountants and actuaries as to the financial condition of the company. Directors who ignore an actuarial report indicating prospective insolvency do so at their peril.

In *Re Bright Future Software Ltd/Manolete Partners Plc v Ellis*,[111] the company provided training and employment in software development for young people in deprived areas. The company was in part funded by the government's Regional Grant Fund ("RGF") as well as an investment in shares and a loan from Ellis (a shareholder and non-executive director of the company). Ellis provided both shareholder funding in the amount of £100,000 and a loan of £325,000 up to May 2013. The company made three payments to Ellis in 2015 totalling £188,769, and slipped into a creditors' voluntary liquidation in May 2016. A litigation funder brought claims against Ellis for various matters, including wrongful trading. The court concluded that the fact that a company was insolvent, did not mean that a director, even one with knowledge of that fact, was liable for wrongful trading if the company failed to survive. In that case, the court determined that the defendant had been entitled to rely on the monitoring that had been carried out by the independent accountants engaged to prepare a due diligence report on the RGF funding and by the RGF itself, neither of which had expressed a concern about the inevitability of insolvency at the relevant time.

Once there is objective evidence that the company may be insolvent, the directors are well advised to take "every step" to minimise the loss to creditors. Ceasing to write new business may well not be sufficient. If the company continues to pay claims while in run-off, there remains the risk that the company will have insufficient assets to pay long-tail creditors. To avoid an insolvent liquidation or an insolvent administration, which would trigger potential liability under s.214, directors may consider it prudent to cease both underwriting and paying claims, and to cause the company to present an administration petition for the appointment of administrators (or winding-up petition for the appointment of liquidators and /or provisional liquidators), perhaps with a view to promoting a scheme of arrangement outside liquidation.[112]

In *Roberts v Frohlich*[113] Norris J found directors of a property development company liable for wrongful trading for acting in breach of fiduciary duty in continuing with a development when only "wilfully blind optimism" drove them to continue. He said:

> "111.   ... With their actual skill and experience as property developers, and employing the general analytical and assessment abilities to be expected of directors participating in financial oversight and project management of a new build development, they ought to have concluded that there was no reasonable prospect

---

[110] *Produce Marketing Consortium (in Liquidation), Re (No.2)* (1989) 5 B.C.C. 569; [1989] B.C.L.C. 520 at 553e–f. Followed by *Roberts v Frohlich* [2011] EWHC 257 (Ch); [2012] B.C.C. 407.
[111] [2020] EWHC 1674 (Ch).
[112] See Ch.18 below.
[113] *Roberts v Frohlich* [2011] EWHC 257 (Ch). See also *Bright Future Software Ltd, Re* [2020] EWHC 1674 (Ch); [2021] 2 B.C.L.C. 536. In that case, Richard Spearman QC (sitting as a deputy judge in the Chancery Division) stated of the director " ... Mr Ellis' approach cannot be stigmatised, for example, as wilfully blind optimism or as being based on reckless belief. On the contrary, it was founded on rational expectations of what the future might hold."

of avoiding entering insolvency liquidation. Their continuation with the development after (say) 14 September 2004 constitutes wrongful trading.

112. What drove Mr Frohlich and Mr Spanner at this stage was wilfully blind optimism; the reckless belief that, provided they did not enquire too deeply into the figures, provided ODL did not let on to FCL that there was no funding and did not let on to HBoS that there was no fixed price contract, then something might turn up (if only because FCL and HBoS could be sucked into the development to such a degree that, in order to salvage something, they would crack under pressure and would 'share the pain'). But the hope that 'something might turn up' was on any objective view groundless and forlorn. Insolvent liquidation was all but inevitable.

113. I therefore find and hold that as from 14 September 2004 ODL was trading wrongfully, using credit extended to it by suppliers to trade when (but for their wilful blindness) they ought to have concluded that there was no realistic prospect of ODL avoiding insolvent liquidation."

We would expect a judge to take a similar approach to the question of wrongful trading in an insurance or reinsurance company—with their skill and experience as insurance men, employing the general analytical and assessment abilities expected of directors of an insurance company, ought the directors to have concluded that there was no reasonable prospect of avoiding insolvent liquidation? We appreciate that a director of an insurance company has to look further ahead than a director of a property company, and the court may therefore take longer to conclude that the director was being wilfully blind, but correspondingly, the director is likely to have sophisticated modelling tools and underwriting results that he should consider. The "something might turn up" approach is not acceptable. Sometimes the inevitable does happen.

Shadow directors

16-030   Section 251 of the IA 1986 defines a "shadow director" as "a person in accordance with whose directions or instructions the directors of the company are accustomed to act". However, a person is not a shadow director where the directors act on advice given by him in a professional capacity.

Individuals employed by underwriting agents and managers, on whose advice boards of directors rely, may seek to avoid personal liability for wrongful trading as "shadow directors" on the basis that the directors acted on advice which they gave "in a professional capacity".[114] The concept of shadow director should be distinguished from a "de facto director", that is to say, a person who assumes to act as a director and is held out as such by the company.[115]

---

[114] The risk of being found to be a shadow director is highlighted by *Mckillen v Misland (Cyprus) Investments Ltd* [2012] EWHC 521 (Ch)—the person found to be a shadow director does not have to have an influence over the entire affairs of the company; involvement in a narrow range of decisions could be sufficient. See also *Standish v Royal Bank of Scotland Plc* [2019] EWHC 3116 (Ch); [2020] 1 B.C.L.C. 826.

[115] *Hydrodan (Corby) Ltd (In Liquidation), Re* [1994] B.C.C. 161; [1994] 2 B.C.L.C. 180. See *Bishopsgate Contracting Solutions Ltd v O'Sullivan* [2021] EWHC 2103 (QB) for a further discussion as to what constitutes a de facto director. See also *Aston Risk Management Ltd v Jones* [2023] EWHC 1380 (Ch); *McKillen v Misland (Cyprus) Investments Ltd* [2012] EWHC 521 (Ch) and *Media-Saturn Holding GmbH v Toshiba Information Systems UK Ltd* [2019] EWHC 1095 (Ch); [2019] 5 C.M.L.R. 7.

Auditors and actuaries

Auditors: The duty of care

The primary duties of auditors are contractual and are owed to the company which they audit. The courts have restricted the scope of an auditor's duty of care in tort. Auditors do not generally owe a duty of care to shareholders of a company in relation to decisions as to future investment in the company, or to prospective investors of a company who subsequently became shareholders.[116] In the absence of any circumstances giving rise to a voluntary assumption of responsibility on the *Hedley Byrne* principle,[117] auditors do not therefore owe any duty of care to reinsureds who may rely upon the audited accounts of a reinsurer in deciding whether to place contracts of reinsurance.[118] In *Henderson v Merrett* the defendant auditors of a Lloyd's syndicate accepted that they owed a duty of care in tort to the Names who participated in the reinsurance to close of the syndicate whose accounts the auditors were auditing. The duty was:

16-031

"... to act with such reasonable care and skill as was to be expected of a Lloyd's panel/recognised auditor in carrying out the work necessary to give, and in giving, the true and fair opinion"[119]

on the syndicate's accounts.

Auditors: The standard of care

In *Henderson v Merrett* Cresswell J, having considered the authorities relating to the standard of care required of professionals,[120] set out, inter alia, the following propositions:

16-032

"2 ... the standard of care required was that of reasonably competent Lloyd's panel/recognised auditors ...
3. The standards prevailing at the time of the alleged acts or omissions provide the relevant yardstick. The defendants are not to be judged by the wisdom of hindsight ...
4. Further, it is necessary to bear constantly in mind that in those situations which call for the exercise of judgment, the fact that in retrospect the choice actually made can be shown to have turned out badly is not in itself proof of negligence. The duty of care is not a warranty of a perfect result ..."[121]

Cresswell J went on to set out 12 propositions regarding the role of the auditor in relation to a syndicate's reinsurance to close, including the following:

---

[116] *Caparo Industries Plc v Dickman* [1990] 2 A.C. 605; [1990] 2 W.L.R. 358. See *Arrowhead Capital Finance Ltd (In Liquidation) v KPMG LLP* [2012] EWHC 1801 (Comm); [2012] S.T.C. 2503, where *Caparo v Dickman* [1990] 2 A.C. 605 was applied and *Barclays Bank Plc v Grant Thornton UK LLP* [2015] EWHC 320 (Comm); [2015] 2 B.C.L.C. 537.
[117] *Hedley Byrne & Co Ltd v Heller & Partners Ltd* [1964] A.C. 465; [1963] 3 W.L.R. 101; *Barclays Bank Plc v Grant Thornton UK LLP* [2015] EWHC 320 (Comm); *Henderson v Merrett Syndicates Ltd* [1995] 2 A.C. 145; [1994] 3 W.L.R. 761. Applied by *Equitas Ltd v Walsham Bros & Co Ltd* [2013] EWHC 3264 (Comm); *Robinson v PE Jones Contractors Ltd CA* [2011] EWCA Civ 9.
[118] Cited with approval by Kawaley J in *Benjamin v KPMG Bermuda and KPMG Barbados* [2007] Bda L.R. 22 at [38].
[119] *Henderson v Merrett Syndicates Ltd (No.2)* [1997] L.R.L.R. 265 at 279; [1996] 5 Re. L.R. 279.
[120] *Bolam v Friern Hospital Management Committee* [1957] 1 W.L.R. 582; (1957) 101 S.J. 357; *Saif Ali v Sydney Mitchell & Co* [1980] A.C. 198; *Maynard v West Midlands RHA* [1984] 1 W.L.R. 634; *Deeny v Gooda Walker Ltd* [1984] 1 W.L.R. 426; [1996] L.R.L.R. 109.
[121] *Henderson v Merrett* [1997] L.R.L.R. 265 at 281–282.

"7. The auditor would need to be satisfied that the premium for the reinsurance to close a year of account was equitable as between the names on that account and those on the accepting year of account. The determination of the premium for the reinsurance to close involved the exercise of significant professional judgment and drew on the full experience of the underwriter ...

9. The reinsurance to close a year of account was normally the area of greatest audit difficulty because it was derived with the benefit of a substantial degree of underwriting judgment. In common with all accounting estimates, it was one of a range of possible outcomes and the audit approach should recognize that the objective was to ensure that the reinsurance to close was within a zone of reasonableness rather than an arithmetically accurate figure ..."[122]

16-033 Cresswell J found that reasonably competent auditors would have disclaimed an audit opinion in respect of reinsurance to close on the grounds of fundamental uncertainty. Not infrequently the question will arise as to whether the auditor should have accepted at face value the information which the company's officers and employees gave him. In *Henderson v Merrett* the auditors were not shown accurate or complete information regarding losses. In the *City Equitable* case the auditors failed to uncover a fraud on the part of the Chairman. In that case the court applied two classic dicta from nineteenth century cases. In *Re London and General Bank (No.2)*, Lindley LJ said:

"An auditor ... is not bound to do more than exercise reasonable care and skill in making inquiries and investigations. He is not an insurer; he does not guarantee that the books do correctly show the true position of the company's affairs; he does not even guarantee that his balance-sheet is accurate according to the books of the company. If he did, he would be responsible for error on his part, even if he were himself deceived without any want of reasonable care on his part, say, by the fraudulent concealment of a book from him. His obligation is not so onerous as this. Such I take to be the duty of the auditor: he must be honest—i.e., he must not certify what he does not believe to be true, and he must take reasonable care and skill before he believes that what he certifies is true. What is reasonable care in any particular case must depend upon the circumstances of that case. Where there is nothing to excite suspicion very little inquiry will be reasonably sufficient, and in practice I believe businessmen select a few cases at haphazard, see that they are right, and assume that others like them are correct also. Where suspicion is aroused more care is obviously necessary; but, still an auditor is not bound to exercise more than reasonable care and skill, even in a case of suspicion, and he is perfectly justified in acting on the opinion of an expert where special knowledge is required."[123]

In *Re Kingston Cotton Mill Co (No.2)*, Lopes LJ said:

"It is the duty of an auditor to bring to bear on the work he has to perform that skill, care and caution which a reasonably competent, careful and cautious auditor would use. What is reasonable skill, care and caution must depend on the particular circumstances of each case. *An auditor is not bound to be a detective, or, as was said, to approach his work with suspicion or with a foregone conclusion that there is something wrong. He is a watchdog, but not a bloodhound* ... He is justified in believing tried servants of the company in whom confidence is placed by the company. He is entitled to assume that they are honest and to rely upon their presentations, provided he takes reasonable care. If there is anything calculated to excite suspicion he should probe it to the bottom; but in the absence of anything of that kind he is only bound to be reasonably cautious and careful."[124] [Emphasis added]

---

[122] *Henderson v Merrett* [1997] L.R.L.R. 265 at 315.
[123] *London and General Bank (No.2), Re* [1895] 2 Ch. 673 at 683.
[124] *Kingston Cotton Mill Co (No.2, Re)* [1896] 2 Ch. 279 at 288–289.

Actuaries

Actuaries are in a similar position to auditors. Their duty is owed in contract, and the scope of that duty will typically be expressly defined by an engagement letter. When Bingham LJ (as he then was) remarked that "the law does not require of a professional man that he be a paragon, combining the qualities of polymath and prophet",[125] he was not specifically referring to actuaries. But, the standard of care is that imposed on any other professional, namely that of the reasonably competent member of his profession.

16-034

In *Nederlandse Reassurance Group Holding BV v Bacon & Woodrow and Ernst & Young*[126] the plaintiffs purchased certain reinsurance companies for £255 million, and had obtained advice from the defendant actuaries and accountants. The plaintiffs alleged that they had paid a price in excess of the true value of the companies and that the defendants had negligently failed to advise them that the reinsurance companies might suffer large losses arising out of the LMX spiral.[127] The plaintiffs further alleged that the defendant actuaries had adopted a defective methodology in relation to assessing the adequacy of the reinsurance companies' retrocessional protection.

Colman J held that to the extent that the defendants had warranted that they possessed a specialist skill, they were required to exercise the standard of care reasonably to be expected from persons with such a specialist skill. The standard of care also had to be measured by reference to the purpose for which the plaintiffs wanted the advice, and a higher standard of care was required in circumstances where advice was being given on the purchase of a company, as opposed to advising the company on its annual accounts. Colman J found that the defendant auditors had not been negligent, save in one minor respect. He concluded that the plaintiffs would have purchased the reinsurance companies at the same price in any event; accordingly, they had suffered no loss as a result of the actuaries' negligence.

Underwriting agents and managers

We have discussed the duty and standard of care of underwriting agents in general, and Lloyd's managing agents in particular, above.[128] Two points should be noted in relation to reinsurance run-off and prospective insolvency. First, as we have already noted,[129] an underwriting agent who is paid commission out of premium income has a vested interest in writing as much business as possible. Although "cash flow" underwriting is not confined to situations where reinsurers give their pen away, it is quite often the case that reinsurers who employ agents find that the prudent course would have been to stop underwriting some time before the termination of the agent's authority in fact occurs. Issues will arise as to the agent's liability not only for his negligent underwriting, but also for his failure to advise his principal to cease underwriting with the result that the negligent underwriting continues and causes further losses.

16-035

---

[125] *Eckersley v Binnie* (1988) 18 Con. L.R. 1 at 79; [1955-95] P.N.L.R. 348.
[126] *Nederlandse Reassurance Group Holding BV v Bacon & Woodrow (No.3)* [1997] L.R.L.R. 678.
[127] See Ch.10, 10-044 to 10-048 above.
[128] See Ch.10, Pt 3 above.
[129] *Nederlandse Reassurance v Bacon & Woodrow* [1997] L.R.L.R. 678.

Liability of directors and officers in Bermuda

Liability of directors before 24 June 1996

16-036 In Bermuda, the legal duties of care of directors and officers are set out in s.97 of the Companies Act 1981. Section 97(1) and (2) provide as follows:

> **"Duty of Care of officers**
>
> 97.(1) Every officer of a company in exercising his powers and discharging his duties shall—
> (a) act honestly and in good faith with a view to the best interests of the company; and
> (b) exercise the care, diligence and skill that a reasonably prudent person would exercise in comparable circumstances
>
> (2) Every officer of a company shall comply with this Act, the regulations and the byelaws of the Company."

"Officer", as defined by s.2 of the Companies Act 1981, "includes director and secretary".

Prior to the enactment of the Companies Amendment Act 1996,[130] s.98 of the Companies Act 1981 permitted Bermuda companies to adopt articles of association (or "bylaws" as they are known in Bermuda) of the form used in the *City Equitable* case.[131] Thus it was possible under Bermuda law for a company, by contract, to excuse directors and officers from liability save in cases of wilful default, wilful neglect, fraud or dishonesty. Such bylaws are commonly adopted by companies incorporated in Bermuda, including insurance/reinsurance companies. The Court of Appeal for Bermuda has adopted Romer J's definition of "wilful negligence",[132] and has required a high standard of pleading particulars of wilful default or neglect.[133]

In *Focus Insurance Co Ltd (In Liquidation) v Hardy*[134] the joint liquidators of Focus, a reinsurance company incorporated in Bermuda, bought an action against its former President and Chief Executive officer, Mark Hardy (D1) alleging misfeasance and misappropriation of the company's assets. Two other former directors (D2 and D3) were also sued. The essence of the allegations against D2 and D3 was that they were guilty of wilful neglect and default in failing to supervise the activities of D1. The Supreme Court of Bermuda granted a worldwide Mareva injunction and asset discovery order against D1. As a result of the Mareva proceedings, further defendants were joined: D4 to D8 (companies allegedly controlled by D1, and which had been used to conceal assets) and D9 (D1's wife). The Chief Justice of Bermuda, Sir James Astwood, refused the applications of the various defendants to strike out the statement of claim.

16-037 On appeal, the Court of Appeal for Bermuda[135] struck out the statement of claim against the two directors, D2 and D3, holding as follows:

---

[130] Which came into force on 24 June 1996.
[131] *Re City Equitable Fire Insurance Ltd* [1925] Ch. 407; and above.
[132] *Re City Equitable Fire Assurance Ltd* [1925] Ch. 407 at 437; and see above.
[133] *Intercontinental Natural Resources Ltd v Dill* Bermuda Civ. App. No.14 of 1981, 5 July 1982.
[134] *Focus Insurance Co Ltd (In Liquidation) v Hardy* [1992] Bda L.R. 25; Bermuda Civ. App. No.15 of 1992, 25 November 1992.
[135] Sir Denys Roberts P, Justices of Appeal da Costa and Henry. The joint liquidators' appeal to the Privy Council against the decision striking out the statement of claim as against D2 and D3 was compromised. The cross-appeal of D1 (Mr Hardy) was dismissed by the Privy Council (unreported)

(1) The legal duties imposed upon directors by s.97(1) and (2) of the Companies Act 1981 are subject to the provisions of s.98. Section 98 permitted byelaws of Bermuda companies which relieve directors from liability in cases of "mere negligence" and "mere default". "By-laws which seek to exempt directors from liability for wilful negligence, wilful default, fraud or dishonesty can be of no effect."

(2) "Wilful" negligence and "wilful default" denoted conduct which "is more serious in nature then mere negligence and mere default ..." but, "... is not, and so falls short of, fraud or dishonesty".

(3) Directors are not obliged personally to take every decision relating to the management of a company but are entitled to entrust some tasks to others.[136]

(4) A director is not liable for failing to supervise the activities of any other director or officer.[137]

(5) The decision of the Court of Appeal for Bermuda in *Intercontinental Natural Resources Ltd v Dill*[138] established that in pleading a case of wilful default or neglect under Bermuda law,[139] the following principles apply:

   (a) The burden of proof lies on the plaintiff, who must prove wilful default or neglect by reference to factual allegations in the pleading which must be sufficiently particularised.

   (b) There is a distinction between primary facts and conclusory facts. A statement of claim which mainly alleges conclusory facts will be struck out as vexatious and disclosing no reasonable cause of action.[140]

   (c) Accordingly, where the bye-laws of a company relieved its directors of liability for negligence, a pleading which merely alleged the conclusory fact that directors D2 and D3 were guilty of wilful neglect and default, and that they "knew or ought to have known" that D1 was acting improperly and failed to supervise his activities, was insufficient to disclose any cause of action against D2 and D3 and would be struck out.

In *The Bermuda Fire & Marine Insurance Co Ltd (In Liquidation) v BF&M Ltd*,[141] Ground J, dismissing a strike out application, held that the statement of claim of the plaintiff liquidators did disclose a cause of action against five former directors of a Bermuda insurance/reinsurance company in insolvent liquidation. The defendant directors were members of the company's finance committee, and had approved a reorganisation of the company which involved the distribution of a substantial part of the company's assets to its shareholders. Provisional liquidators were appointed some two years after the reorganisation occurred.[142]

---

13 July 1995. For later English proceedings against Mr Hardy, see *Focus Insurance Co Ltd, Re* [1996] B.C.C. 659; [1997] 1 B.C.L.C. 219; and Ch.17 below.

[136] Following *Re City Equitable Fire Insurance Co Ltd* [1925] Ch. 407 at 426 per Romer J.

[137] Following *Dovey v Cory* [1901] A.C. 477.

[138] Intercontinental Natural Resources Ltd v Dill Bermuda Civ. App. No.14 of 1981, 5 July 1982.

[139] Rules of the Supreme Court of Bermuda 1985 Ord.18.

[140] Compare *Re Augustus Barnett & Son Ltd* [1986] B.C.L.C. 170, a decision of Hoffmann J (as he then was), who as Mr Leonard Hoffmann QC appeared as counsel for certain of the defendant directors in the *Intercontinental* case (fn.142 above).

[141] *The Bermuda Fire & Marine Insurance Co Ltd (In Liquidation) v BF&M Ltd*. Supreme Court of Bermuda, Civil Jurisdiction 1995 Nos 7, 8 and 393, 24 July 1996.

[142] The action was compromised during the course of the trial.

Liability of directors after 24 June 1996

16-038 As we noted above, s.98(2) of the Companies Act 1981 was amended by the Companies Amendment Act 1996, and now provides as follows:

> "Any provision whether contained within bye-laws of a company or in any contract or arrangement between the company and any officer, or any person employed by the company as auditor, exempting such officer or person from, or indemnifying him against any liability which by virtue of any rule of law would otherwise attach to him in respect of any fraud or dishonesty of which he may be guilty in relation to the company shall be void."

Thus, it is now open to a company incorporated in Bermuda to enter into a contract excusing its directors, officers and auditors from all liability (including the liability which previously existed in cases of wilful default and wilful neglect), save in cases of fraud or dishonesty. The amendment appears to allow directors of Bermuda companies to be lazy, incompetent and stupid. But they must not be dishonest.[143] It is important to note that in the absence of a provision in the byelaws, or other contractual arrangement between a director and a Bermuda company limiting the director's liability, he will be subject to the general duties set out in s.97 of the Companies Act 1981.[144] Having regard to the difficulty, one might say virtual impossibility, of succeeding in an action against a director of a Bermuda company in the Bermuda courts, we expect that most potential plaintiffs will try to bring actions in the United States whenever possible. Provided that the US courts apply Bermuda substantive law to the issue of director liability, and are properly informed by expert evidence as to the substance of Bermuda law, plaintiffs are likely to be disappointed.[145]

Peiris v Daniels is the first case in which a Bermuda Court has found the directors of Bermuda company to have breached their duty of skill and care to the company under s.97(1). Hellman J said that while s.97(1) did not expressly provide that a breach will give rise to a cause of action, this was implicit in s.98A.[146] The plaintiff had been employed by a company, now in liquidation, of which the defendants had been directors. He had been injured at work and had sued the company under the Workmen's Compensation Act 1965 and recovered damages and costs amounting to approximately $160,000. Under the 1965 Act the company was required to have insurance cover in place, but the policy had expired at the time of the accident. The judge was satisfied that this was an inadvertent but nonetheless serious breach of statutory duty. The company was unable to satisfy the judgment debt and presented a petition for its winding-up. The plaintiff issued proceedings in the winding up pursuant to s.247 of the Companies Act 1981 for misfeasance against the directors.[147] Helman J held:

> "The failure of the Defendants ... to ensure continuity of workers' insurance cover when

---

[143] Quaere where the Bermuda courts will draw the dividing line between "mere" wilful default/neglect and fraud. Can a director who knowingly breaches his duties, for example, be deliberately shutting his eyes to the fraudulent acts of another director be said to be acting honestly (even if he receives no benefit from the wrongdoing of his fellow director)?

[144] As we noted above, byelaws in the *City Equitable* form were common practice in Bermuda prior to passing of the Companies Amendment Act 1996. It is also common for bylaws to indemnify to directors and officers, subject to a provision that "the indemnity ... shall not extend to any matter which would render it void pursuant to the Companies Acts" (see the *Mutual Re* case, below).

[145] See, e.g. *O'Connell v Arthur Andersen LLP (In re AlphaStar Ins Group Ltd)* 383 B.R. 231 (Bankr. S.D.N.Y. 2008).

[146] *Peiris v Daniels* [2015] SC (Bda) 13 Civ (4 March 2015) at [21].

[147] See Ch.17 below.

they were under a statutory duty to do so is a paradigmatic case of a collective failure by the directors of a company to carry out their duties with reasonable care and skill. They have not tendered any evidence to suggest otherwise, e.g. to show that they had done everything they reasonably could to ensure there was no break in the insurance cover. I am therefore satisfied that each of the Defendants breached the duty to perform his duties with reasonable care and skill which he owed to the Company."[148]

However, the plaintiff's claim for damages failed. Hellman J held that the defendants were entitled to rely upon the indemnity in art.124 of the company's bye-laws which extended to all acts and omissions that which did not amount to fraud or dishonesty. The learned judge found that the loss arose from the defendants' inadvertence.[149] He concluded as follows:

"Article 124 does not purport to exonerate the company's directors from liability but rather to indemnify them in respect of it. However, the legal consequences would be the same in either case. A company has no cause of action against a director in respect of a matter in which the company has agreed to indemnify him."[150]

The plaintiff's argument that the bye-law indemnity did not apply to a claim by creditor brought under s.247(1) because loss had been suffered by the creditor and not by the company was rejected. A misfeasance action was a summary procedure for bringing an action which the company could have brought had it not been wound up. The section gave a creditor locus standi to bring an action in the liquidation but not confer on that creditor the right to bring an action which the company itself could not bring.[151]

Liability of auditors in Bermuda

Officers and auditors

In *Mutual Reinsurance Co Ltd v Peat Marwick Mitchell & Co*[152] the English Court of Appeal[153] held that, as a matter of Bermuda law,[154] the auditors of a Bermudian reinsurance company were officers of the company, and had entered into a contract with the company upon the terms of its bye-laws.[155]

16-039

---

[148] *Peiris v Daniels* [2015] SC (Bda) 13 Civ (4 March 2015) at [33].
[149] Somewhat confusingly, Hellman J said that this did not amount to "wilful default or neglect" and cited Caymanian authority (*In the matter of Bristol Fund Limited* [2008] CILR 317 Grand Ct at [75]) rather than simply stating that inadvertence, i.e. mere negligence, could not as a matter of Bermuda law constitute "fraud or dishonesty"; see *Peiris v Daniels* [2015] SC (Bda) 13 Civ (4 March 2015) at [43]. Prior to being to be appointed to the bench in Bermuda, Stephen Hellman practised at the bar of the Cayman Islands. It is possible that his lordship may not have appreciated the difference between the two jurisdictions in relation to the scope of indemnification of directors permissible under corporate bye-laws. The leading authority on "wilful default" under Caymanian law is the recent decision of the Court of Appeal for the Cayman Islands in *Weavering Macro Fixed Income Fund Ltd (In liquidation) v Peterson* (12 February 2015).
[150] *Peiris v Daniels* [2015] SC (Bda) 13 Civ (4 March 2015) [45], applying *Viscount of Royal Court of Jersey v Shelton* [1986] 1 W.L.R. 985 per Lord Brightman at 991E–F (Privy Council).
[151] *Peiris v Daniels* [2015] SC (Bda) 13 Civ (4 March 2015) [50] See further Ch.17 below.
[152] *Mutual Reinsurance Co Ltd v Peat Marwick Mitchell & Co* [1997] 1 Lloyd's Rep. 253; [1996] B.C.C. 1010.
[153] Leggatt, Hobhouse and Thorpe LJJ.
[154] The parties had agreed to submit the dispute to the English Commercial Court. The Court of Appeal were concerned with a preliminary issue, governed by Bermuda law.
[155] The relevant bylaw, under the heading "INDEMNITY", provided: "Subject to the proviso below, every director, officer of the company and member of a committee constituted under Bylaw 90 shall

Statutory limitation of auditors' liability

16-040 The Companies Amendment Act 1996 made special provision for the liability of auditors and officers[156] by the addition of s.98B. The special provisions apply:

> "... where an auditor or an officer is found liable to any person for damages arising out of the performance of any function as such auditor or officer as contemplated by this Act."[157]

Then if, and only if, the auditor or officer is proved to have been "knowingly engaged in fraud or dishonesty", he may be held liable jointly and severally.[158] In the absence of proof of fraud or dishonesty, the extent of the auditor's or officer's liability is to be determined in accordance with the following provisions:

> "(a) The Court shall determine the percentage of responsibility of the plaintiff, of each of the defendants, and of each of the other persons alleged by the parties to have caused or contributed to the loss of the plaintiff. In considering the percentages of responsibility, the Court shall consider both the nature of the conduct of each person and nature and extent of the causal relationship between the conduct and the loss claimed by the plaintiff;
>
> (b) The liability of the auditor or officer, as the case may be, shall be equal to the total loss suffered by the plaintiff multiplied by the auditor's or officer's, as the case may be, percentage of responsibility as determined under paragraph (a) hereof."[159]

Section 98B of the Companies Act 1981 should be read in conjunction with s.90(3A) of the Companies Act 1981, which was also introduced by the Companies Amendment Act 1996. Section 90(3A) provides as follows:

> "(3A) No action shall lie against an auditor in the performance of any function as an auditor contemplated by this Act except in the instance of—
>
> (a) the company who engaged the auditor to perform such function; or
>
> (b) any other person expressly authorised by the auditor to rely on his work."

Section 90(3A) was considered in *Benjamin v KPMG Bermuda and KPMG Barbados*.[160] The plaintiff was the liquidator of two insolvent Ohio insurance companies which had been reinsured by three companies ("the reinsurers") incorporated in Barbados. The plaintiff sued the auditors of the reinsurers, KPMG Barbados, and KPMG Bermuda (who had provided KPMG Barbados with substantial assistance in their audit work), alleging that the Ohio insurance companies had entered into contracts of reinsurance with the reinsurers relying upon accounts which the defendants had negligently audited. The Bermuda Com-

---

be indemnified out of the funds of the company against all civil liabilities loss damage or expense (including but not limited to liabilities under contract, tort and statute or any applicable foreign law or regulation and all reasonable legal and other costs and expenses properly payable) incurred or suffered by him as such director, officer or committee member and the indemnity contained in this Bylaw shall extend to any person acting as a director, officer or committee member in the reasonable belief that he has been so appointed or elected notwithstanding any defect in such appointment or election PROVIDED ALWAYS that the indemnity contained in this Bylaw shall not extend to any matter which would render it void pursuant to the Companies Act."

[156] As we have noted above, the interpretation section of the Companies Act 1981 (s.2(1)) provides that "unless the context otherwise requires", "officer", "includes director and secretary". Quaere whether s.98B applies to directors.

[157] Companies Act 1981 s.98B(1).

[158] Companies Act 1981 s.98B(2).

[159] Companies Act 1981 s.98B(2).

[160] *Benjamin v KPMG Bermuda and KPMG Barbados* [2007] Bda L.R. 22.

mercial Court struck out the statement of claim as disclosing no cause of action as a matter of the common law of Barbados.[161] Kawaley J noted that if KPMG Bermuda had been sued in relation to audit work undertaken for a Bermuda company, s.90(3A) of the Companies Act 1981 would have applied and KPMG Bermuda would have had a statutory defence to the plaintiff's claim.

3. LIABILITY OF SHAREHOLDERS/MEMBERS

Limited liability companies

16-041 It is a fundamental principle of company law that in the case of a company limited by shares, the extent of a shareholder's liability is the amount of the share capital which he has contributed (or, if the shares have not been fully paid up, agreed to contribute).[162] There are a number of ways in which shareholders of a (re)insurance company may render themselves liable for the company's debts. First, a shareholder may expressly undertake to a creditor to pay the debts of the company. As we have seen,[163] it is not unusual for the parent of a captive (re)insurer to give a guarantee to a fronting company. Secondly, a shareholder may expressly agree to contribute additional capital. A shareholder may expressly or impliedly make representations to the board of directors, or even to creditors, which fall short of a legally binding agreement to pay the company's debts, but which reasonably lead the directors or creditors to believe that the shareholder will nonetheless support the company. It appears that, provided the shareholder is acting in good faith at the time he makes the representation, it is open to him to withdraw at a later stage without rendering himself liable for fraudulent trading.[164] Thirdly, a shareholder who exercises day-to-day control over the board may find himself held to be a shadow director and exposed to liability for wrongful trading.

Mutual companies under Bermuda law

16-042 Part XII of the Companies Act 1981 makes special provision for a type of company, known as a "mutual company", which is not limited by shares and "which

---

[161] Which the court assumed (in the absence of evidence to the contrary) was the same as the common law of Bermuda. In concluding that no duty of care was owed by auditors to a reinsured of the company which they audited, the court approved a statement to that effect in 16-028 of the second edition of this work. See 16-031 above.
[162] In *Chandler v Cape Plc* [2012] EWCA Civ 525; [2012] 1 W.L.R. 3111, the parent company of a wholly owned subsidiary that had gone into liquidation was liable to the claimant employee of the subsidiary for asbestos related diseases. It was fair and just and reasonable for the duty to the employee of the subsidiary to exist, following *Caparo v Dickman* [1990] 2 A.C. 605. Asbestos related diseases have caused the courts to re-evaluate questions of liability—see the discussion of *Durham v BAI (Run Off) Ltd* [2012] UKSC 14; [2012] 1 W.L.R. 867.
[163] See Ch.15 above.
[164] See *Re Augustus Barnett & Son Ltd* [1986] B.C.L.C. 170, where a statement of claim alleging fraudulent trading on the part of a parent company was struck out. *Kempe and Arnold v Ocean Drilling and Exploration Co* Supreme Court of Bermuda, Civil Jurisdiction 1989, No.376, was an action by the joint liquidators of Mentor Insurance Ltd alleging, inter alia, fraudulent trading on the part of Mentor's parent company and others. The action was compromised before trial. The Supreme Court of Bermuda summarily dismissed an application to strike out the fraudulent trading claim brought by one of the defendants (8 April 1991, Sir James Astwood CJ).

is authorized to engage in or carry on as a principal object insurance or reinsurance business of all kinds on the mutual principle".[165] A mutual company is:

> "deemed to engage in or carry on insurance or reinsurance business on the mutual principal where the members thereof who are exposed to some contingency associate themselves together by contributing by way of premiums on the basis that if the contemplated contingency befalls any member he shall receive a compensatory payment."[166]

In a series of tax cases, the House of Lords has held that, as a matter of English law, a mutual company is doing business "on the mutual principle" if it enters into insurance transactions solely and exclusively with its members.[167] The issue has yet to be considered by the Bermuda courts.[168]

Section 153(1) of the Companies Act 1981 requires a mutual company to "create and maintain a reserve fund" in an amount approved by the Minister of Finance. The reserve fund is "treated in all respects as share capital".[169] Section 154(1) provides that in the event of a mutual company being wound up:

> "... the liability of a member of such a company ... shall be limited to the premiums or any unpaid premiums or undischarged portion thereof due to the company on the date of the commencement of the winding up from such member."

Section 154(2) defines "premiums" to mean:

> "... the premiums, including retrospective premium adjustments or calls payable for insurance issued or effected by a mutual company to, for or on behalf of each member of the company and any capital contribution or other such assessment that is due under the byelaws or any other contractual obligation with a member of the company."

In the case of a typical mutual company, such as a P & I club,[170] the company, doing business "on the mutual principle" in the sense referred to above, issues policies of insurance to its members and collects premiums from them. The bylaws of such a company will provide that its board of directors may require members to pay retrospectively adjusted premiums or "calls". Thus, provided the members remain willing and able to meet their obligations to the company, a mutual company should always remain solvent. However, two Bermudian mutual companies[171] have gone into insolvent liquidation in circumstances where their members denied that they

---

[165] Companies Act 1981 s.152(1).
[166] Companies Act 1981 s.152(2).
[167] See *New York Life Insurance Co v Styles* (1889) 14 App. Cas. 381; *Jones (Inspector of Taxes) v South West Lancashire Coal Owners' Assoc* [1927] A.C. 827; (1927) 28 Ll. L. Rep. 259. *Municipal Mutual Insurance Ltd v Hills (Inspector of Taxes)* (1932) 42 Ll. L. Rep. 173; (1932) 48 T.L.R. 301; *Inland Revenue Commissioners v Ayrshire Employers Mutual Insurance Assoc Ltd* (1946) 79 Ll. L. Rep. 307; 1946 S.C. (H.L.) 1.
[168] The English tax cases were approved by the Privy Council (whose decisions are binding authority in Bermuda) in *English and Scottish Joint Co-operative Wholesale Society Ltd v Assam Agricultural Income Tax Commissioner* [1948] A.C. 405; [1948] T.R. 309.
[169] Companies Act 1981 s.153(2).
[170] Mutual insurance associations of shipowners date back to the nineteenth century. A number of P & I clubs were incorporated in Bermuda in the 1960s and 1970s by private Act of the Bermudian Legislature. The private Acts are in similar form, from which the provisions of Pt XII of the Companies Act 1981 derive.
[171] *Susan Gallinger, Arizona Director of Insurance as Receiver of Great Global Assurance Co v North Star Hospital Mutual Assurance Ltd* 64 F. 3d 422 (8th Cir. 1995); *N.F.L. Insurance Ltd (In Liquidation), by David E.W. Lines and Peter C.B. Mitchell, Joint Liquidators v B & B Holdings Inc* 874 F. Supp. 606 (S.D.N.Y., 1995).

were under any legal obligation to pay any additional premiums. In one instance, a P & I club[172] went into insolvent liquidation as a result of the failure of its members to pay the club, which had given numerous guarantees to secure the release from arrest of vessels owned by members.

North Star Hospital Mutual Assurance Ltd ("NSHMA") was incorporated in Bermuda in 1978 by private Act as a mutual company. NSHMA was set up to provide medical malpractice and general liability insurance to its members, who were some 290 private hospitals and nursing homes in the United States. NSHMA did not issue insurance policies directly to its members. Insurance policies were issued by fronting companies authorised to conduct insurance business in the United States. NSHMA reinsured the fronting companies. The original byelaws of NSHMA provided that each member's "base premium" could be increased by up to 100 per cent, depending upon the loss experience of that member. In 1981 the members of NSHMA purported to amend its bylaws to delete the "experience modifier" provisions. NSHMA went into creditors' voluntary liquidation in Bermuda, and one of the fronting companies (which was itself in receivership) brought proceedings in the federal courts of Minnesota against NSHMA and NSHMA's members to recover over US$15 million.[173] The US Court of Appeals for the Eighth Circuit held by a majority that the complaint did not disclose a cause of action for lifting the corporate veil as a matter of Minnesota law.[174] Although the Minnesota courts had before them affidavit evidence of Bermuda law, they did not appear to consider Bermuda law relevant to the issues before them.[175]

16-043

NFL Insurance Ltd ("NFLIL") was incorporated in Bermuda as a mutual company under Pt XII of the Companies Act 1981. NFLIL's members were American football teams. Like NSHMA, NFLIL did not issue insurance policies to its members. Fronting companies, which were reinsured by NFLIL, issued workers' compensation policies to the member teams. The byelaws of NFLIL did not make express provision for retrospective premium adjustments. It was alleged by the member teams that NFLIL was set up as a "non-assessable mutual". NFLIL was compulsorily wound up in Bermuda, owing some US$20 million to the fronting companies under the reinsurance contracts. The joint liquidators brought an action against the member teams in the Federal District Court of the Southern District of New York.[176] District Judge Leisure, purporting to apply Bermuda law,[177] held that the members of NFLIL were not liable for the company's debts.[178]

In our view,[179] it is doubtful whether a "non-assessable mutual" is a creature known to Bermuda company law. The question is yet to be considered by a Bermuda court although we doubt whether such a structure would ever be accept-

---

[172] Oceanus Mutual Underwriting Association (Bermuda) Ltd.
[173] *Susan Gallinger, Arizona Director of Insurance as Receiver of Great Global Assurance Co v North Star Hospital Mutual Assurance Ltd* 64 F. 3d 422 (8th Cir. 1995).
[174] 29 August 1995, Circuit Judges Bowman, Sheppard Arnold; Senior Circuit Judge Heaney, dissenting.
[175] "It is true that Mr Woloniecki stated in his affidavit that, in his opinion, the NSHMA members' failure to contribute additional money to NSHMA violated Bermuda law. As the District Court pointed out, however, the receiver for GGA has not shown that Bermuda law should apply to this case (or, we note, that Mr Woloniecki's assertions about the effect of Bermuda law are accurate)": per Sheppard Arnold CJ.
[176] *N.F.L. Insurance Ltd (In Liquidation), by David E.W. Lines and Peter C.B. Mitchell, Joint Liquidators v B & B Holdings Inc* 874 F. Supp. 606 (S.D.N.Y., 1995).
[177] The judge had before him conflicting affidavit evidence as to Bermuda law from two English QCs (one of whom is now a judge of the Court of Appeal).
[178] The joint liquidators' action and proceedings brought against the member teams by one of the fronting companies were ultimately compromised.
[179] *Pace* Judges Sheppard Arnold and Leisure.

able to the Bermuda Monetary Authority as a structure that would be suitable for licensing under the Insurance Act 1978. To avoid the difficulties exposed by the NSHMA and NFLIL cases and to pass regulatory muster, we suggest that the appropriate form of incorporation for an association captive in which the liability of members is to be limited is that of a company limited by shares or a rent-a-captive structure using a segregated accounts company or an incorporated segregated accounts company (discussed in the next section).

Segregated account companies under Bermuda law

Introduction: "Rent-a-captive" arrangements/segregated account structures and cellular model 2.0, incorporated segregated accounts

16-044 A rent-a-captive arrangement is a structure in which a sponsor (which will normally be an insurance captive manager) will set up a captive insurance company and 'rent' the capital, licence and capacity of the captive to programme participants. This is a particularly attractive structure for smaller companies for whom the cost of establishing a standalone captive would otherwise be prohibitive. In the context of these structures, participants may agree contractually to keep separate the gains and losses of each programme separate from the others. However, such arrangements would not of themselves be sufficient to override the claims of third party creditors. In order to achieve such a separation, it is necessary legally to segregate each participant's programme from the programmes of other participants so that the assets of one programme participant are legally segregated from the liabilities of other programme participants.

The Segregated Accounts Companies Act 2000—overview

16-045 In August 2000, Bermuda enacted the Segregated Accounts Companies Act 2000 ("SAC Act") establishing by public legislation a registration system for a segregated accounts company to operate segregated accounts the assets of which are statutorily insulated or "fire-walled" from the liabilities of other segregated accounts or from the SAC's general account.

Prior to the enactment of the SAC Act, Bermuda had permitted separate account or protected cell companies to be established by way of Private Act of the Bermuda Parliament and over 100 such Private Act companies were opening separate accounts at the time of the introduction of the public legislation.[180] Although it is still possible to take the Private Act route, most market participants avail of the SAC Act and the advent of public segregated accounts legislation has facilitated greater use of this structure.

---

[180] It may be that certain existing Private Act companies will decide to register under the SAC Act but there is no requirement under the SAC Act that they do so. In each case, the decision as to whether or not such Private Act companies should register must be looked at on its particular merits and in the light of the particular arrangements (including contractual arrangements) of the Private Act company. The SAC Act envisages that if a Private Act company registers under the SAC Act, both the Private Act itself and the SAC Act will continue to apply but the SAC Act will have priority if there is any "inconsistency".

LIABILITY OF SHAREHOLDERS/MEMBERS

A test case on the SAC Act

Bermuda's SAC legislation has been stress-tested by the Commercial Court. In **16-046** *BNY AIS Nominees Ltd v New Stream Capital Fund Ltd*[181] (hereafter referred to as the *Gottex* case), Kawaley J said:

"The [SAC] Act creates a unique offshore legal construct under which: (a) account owners, if they are characterised as shareholders, are issued shares of a designated class; and (b) the segregated account company conducts its business on behalf of its investors by reference to the relevant class of shares through transactions linked to the relevant segregated accounts or cells. The legalities of the segregated account company corporate structure have seemingly never been tested by any Court before ..."[182]

His lordship went on to say:

"In liquidity and solvency crises, it becomes more commercially significant than ever for those managing segregated account companies to deliver on SACA's primary promise: that the fortunes of account owners will stand or fall with the fortunes of their segregated account and account owners will not unwittingly have their potential recoveries subjected to the vagaries of risks which they have not elected to assume ..."[183]

His lordship quoted s.18(10) of the SAC Act (which we refer to below) and continued (original footnote in text of judgment):

"So, it is possible for an account owner to contract out of (a) a beneficial interest[184] in the assets of a segregated account, or (b) the right to share in the profits or losses of the account in such proportions as may be specified in the Bye-laws. Absent such an express agreement, account owners are entitled to expect that subject to satisfying the claims of creditors of the account, they are beneficially interested in all of the assets in the account. The legal connection between the account owner and the assets of the segregated account is therefore ordinarily far closer than the nexus between a shareholder and the assets of an ordinary company. Under the famous principle in *Salomon v Salomon* [1897] AC 22, a shareholder has no beneficial interests in the assets of a limited company. There is no suggestion that section 18(10) of SACA has been contracted out of by the Plaintiffs in this case."[185]

New Stream Capital Fund Ltd ("the Bermuda Fund"), the defendant in the *Got-* **16-047** *tex* case, was a hedge fund incorporated in Bermuda and registered under the SAC Act as a segregated accounts company. The second to sixth plaintiffs were funds ("the Gottex AB Funds"), incorporated in Cayman and BVI, which had invested in certain segregated accounts of the Bermuda Fund. Following the global financial crisis, the Bermuda Fund's managers sought to obtain the agreement of all investors in the Bermuda Fund, as well as investors in other funds incorporated in Cayman and the United States, to an informal out of court restructuring plan ("the Plan"). The Gottex AB Funds did not consent to the Plan. The plaintiffs sought declarations that the Plan was unlawful and contrary to the SAC Act, and also sought the appointment of a receiver in respect of two segregated accounts of the

---

[181] *BNY AIS Nominees v New Stream Capital Fund Ltd* [2009] S.C. (Bda) 178 Civ and 374 Civ (27 May 2010).
[182] *Gottex* [2009] S.C. (Bda) 178 Civ and 374 Civ (27 May 2010) at [4].
[183] *Gottex* [2009] S.C. (Bda) 178 Civ and 374 Civ (27 May 2010) at [148].
[184] The term "beneficial" is used in the Act in a sui generis sense as the account owner acquires no interest in any specific property unless such interest is conferred by the governing instrument or contract: s.18(10), (12).
[185] *Gottex* [2009] S.C. (Bda) 178 Civ and 374 Civ (27 May 2010) at [149].

defendant (the "C" and "I" accounts) of which, certain of the Gottex AB Funds, were 100 per cent owners. Kawaley J held as follows with respect to the Plan:

> "In the present case the Loan and Security Agreement linked to the Plaintiffs' segregated accounts was purportedly modified by the Defendant without account owner consent as part of a wider restructuring which made assets linked to those accounts available to meet the claims of persons who had no pre-existing rights to the relevant assets. This was in breach of provisions of the Segregated Accounts Company Act incorporated into the Defendant's Bye-laws which neither the Act nor the Bye-laws authorised the directors to contract out of in the manner which occurred without the Plaintiffs' consent."[186]

Kawaley J said:

> "[T]he broad powers of the directors to deal with the assets of a segregated account, under section 11(2)(d)(iii) [of the SAC Act], must explicitly be carried out *'for the benefit of the segregated account only'* ... the Credit Crunch ... brought the various of elements of segregation into sharper focus and diminished rather than increased the ability of the directors to deal with the assets of the various segregated accounts in the same way as they might in the context of ordinary business operations."[187]

The court's approach to the appointment of a receiver is discussed below.

Subsequent decisions of the Bermuda Court have upheld the principles of the SAC Act. In *Ivanishvili v Credit Suisse Life (Bermuda) Ltd*[188] (hereafter the *Ivanishvili* case) Hargun CJ observed that the general concept of a segregated accounts company is as follows:

> "In general, the concept of a segregated accounts company is that the company, as a separate legal entity, may create segregated accounts such that the assets and liabilities of each segregated account are separate from the assets and liabilities of each other segregated account (and from the general assets and liabilities of the company). A segregated accounts company comprises (i) a general account containing assets and liabilities which are separate from the assets and liabilities of other segregated accounts; and (ii) the segregated accounts. A fundamental feature of a segregated accounts company is that assets linked to the segregated account may only be used to discharge liabilities which are linked to that segregated account. This fundamental feature is reinforced by a number of provisions set out in the SAC Act."

Nature of segregated accounts

16-048   A core concept of the Bermuda public legislation is that the establishment of a segregated account does not, unlike the more recently concept of an incorporated segregated account which we shall later consider, create a separate legal person from the segregated accounts company.[189] The segregated accounts company (also sometimes referred to as the core or general account) itself is, of course, a separate legal entity from its shareholders. Although the SAC Act makes it clear that a segregated account is not a separate legal entity, the legislation confers some of the attributes of separate corporate personality on a segregated account. So, the SAC Act provides that the segregated accounts company may sue and be sued in respect

---

[186] *Gottex* [2009] S.C. (Bda) 178 Civ and 374 Civ (27 May 2010) at [204].
[187] *Gottex* [2009] S.C. (Bda) 178 Civ and 374 Civ (27 May 2010) at [157].
[188] *Ivanishvili* [2022] S.C. (Bda) 56 Civ (25 July 2022) at [24].
[189] SAC Act s.17(1). Legislation permitting Incorporated Cell Companies was introduced in Jersey in February 2006. The Cayman Islands introduced the Portfolio Insurance Company (PIC) in April 2013. Bermuda introduced the Incorporated Segregated Accounts Act in 2019.

LIABILITY OF SHAREHOLDERS/MEMBERS

of a particular segregated account[190] and expressly permits the property of a segregated account to be subject to order of the court as if it were a separate legal person.[191] In addition, the legislation expressly provides that transactions between the company in respect of one party and a third party shall have legal effect as if entered into between the segregated accounts company itself and a third party.

Key provisions—definitions

The following provisions of s.11 of the SAC Act are of fundamental importance: **16-049**

(i)   Section 11(1):

"*The rights, interests and obligations of account owners in a segregated account shall be evidenced in a governing instrument* and the rights, interests and obligations of counterparties shall be evidenced in the form of contracts." [Emphasis added]

(ii)   Section 11(2):

"*The governing instrument in relation to any segregated account shall be deemed to be governed by the laws of Bermuda* and the parties thereto shall be deemed to submit to the jurisdiction of the courts of Bermuda ..."

(iii)   Section 11(5):

"For the avoidance of doubt, it is hereby declared that any provision of a contract or governing instrument relating to the segregation of assets or liabilities of a segregated account shall be governed by and construed in accordance with this Act, and the parties may not contract otherwise in such regard."

The following statutory definitions (SAC Act s.2(1)) are also of fundamental importance:

(i)   "*governing instrument*":

"... one or more written agreements, instruments, bye-laws, prospectuses, resolutions of directors, registers or other documents (including electronic records), setting out the rights, obligations and interests of *account owners* in respect of a *segregated account*."

(ii)   "*account owner*":

"in relation to a *segregated account* means any person who is:
(a)   the registered holder of shares which are: (i) issued by the segregated accounts company, and (ii) linked to that segregated account;
(b)   expressly identified in the governing instrument linked to a segregated account as being an account owner for the purposes of this Act or in respect of that segregated account; or
(c)   expressly designated in the records of the segregated accounts company as being an account owner in respect of that segregated account; and the interests of an account owner in any of the foregoing capacities in relation to any segregated accounts are referred to in this Act as 'account holdings'."

(iii)   "*segregated account*":

---

[190] SAC Act s.18(7).
[191] SAC Act s.18(8).

"... *a separate and distinct account* (comprising or including entries recording data, assets, rights, contribution, liabilities and obligations *linked* to such account) of a segregated accounts company *pertaining to an identified or identifiable pool of assets and liabilities* of such segregated accounts company *which are segregated or distinguished* from other assets and liabilities of the segregated accounts company for the purposes of this Act."

(iv) "*linked*":

"... referable by means of:
(a) an instrument in writing including a governing instrument or contract;
(b) an entry or other notation made in respect of a transaction in the records of a segregated accounts company; or
(c) an unwritten but conclusive indication, which identifies an asset, right, contribution or obligation as belonging or pertaining to a segregated account."

The *Gottex* case provides helpful guidance on the meaning of "asset linked to any segregated account". Kawaley J rejected the suggestion that "*asset*" should be given a narrow, common law, definition, "as inconsistent with the manifest policy of the Act". He noted that, "an asset is linked to a segregated account if it is not just identified as '*belonging to*' a segregated account but also as '*pertaining to*' it"[192] (original emphasis).

He concluded that the security interests under certain Loan and Security Agreements executed by the defendant were an essential element of the obligation repay under those Loan and Security Agreements and "the Loan Notes constituted assets linked to the Plaintiffs' segregated accounts which were required to be kept as a separate fund in accordance with the requirements of SACA".[193]

In *In the matter of Northstar Financial Services (Bermuda) Ltd*,[194] (hereafter referred to as the *Northstar* case), a comprehensive review of the SAC Act provisions relating to the method of achieving segregation was undertaken by Hargun CJ.

Northstar Financial Services (Bermuda) Ltd ("Northstar") was incorporated in Bermuda in 1998 by Private Act and registered as a long term business insurer. It wrote business under three Private Acts, including on a segregated accounts basis, before registering as a segregated accounts company under the SAC Act in 2008. Omnia Ltd ("Omnia") was a long term business insurer which was incorporated by Private Act and registered as a long term business insurer in 2000. It operated under two Private Acts and was never registered under the SAC Act, but purported to establish segregated accounts under the two Private Acts. Both companies were acquired by companies ultimately owned by Greg Lindberg. Following the acquisitions, a significant proportion of the liquid fixed income securities and investment grade assets owned by Northstar and Omnia were replaced with illiquid debt instruments and equity issued by entities affiliated with Mr Lindberg, which adversely impacted their solvency. The companies were subsequently put into liquidation on the petition of the Bermuda Monetary Authority on the ground, among others, that they were insolvent.

Northstar and Omnia each offered a number of different policies of insurance and other investment products ("Products") which were either variable investment plans or fixed investment plans. The issues that the court was asked to determine in the

---

[192] *Gottex* [2009] S.C. (Bda) 178 Civ and 374 Civ (27 May 2010) at [134].
[193] *Gottex* [2009] S.C. (Bda) 178 Civ and 374 Civ (27 May 2010) at [145].
[194] *In the matter of Northstar Financial Services (Bermuda) Ltd* [2023] SC (Bda) 57 Civ.

Northstar case were as follows:[195]

> "(a) To what extent, if any, have Northstar and Omnia established segregated or separate accounts in respect of investments made in it or policies issued by it ('the Segregated Accounts')?
> (b) To what extent, if any, are the assets of Northstar and Omnia to be held exclusively for the benefit of any such Segregated Accounts?
> (c) To what extent, if any, do claimants in respect of any Segregated Accounts have claims against the general assets of Northstar and Omnia?"

Issue 1 In relation to the first issue, Hargun CJ confirmed that this was primarily a matter of record-keeping. Regarding the evidence required to establish that a segregated account had been created for a particular policy, Hargun CJ stated:[196]

> "a segregated account can and should be treated as having been established in respect of a particular Policy (or Policies) where, (a) the relevant contractual materials for the Product in question evince an intention that there should be a segregated account and, (b) particular assets (being assets of a kind that the relevant Policy provides may be segregated) are connected in the company's records to the particular Policy (or Policies). Commingling of funds does not preclude the operation of segregation."

Hargun CJ accepted that the focus is on the maintenance of records rather than the segregation of funds. He stated:[197]

> "59. First whilst the SAC Act defines "segregated account" as meaning *'a separate and distinct account'* that separate and distinct account is evidenced by *'entries recording data, assets, rights, contributions, liabilities and obligations linked to such account.'* The definition of 'segregated account' makes clear that what is required are accounting entries which record matters pertaining to an account. The requirement for such record-keeping is that it should establish the necessary *'linkage'* between the item and the account."

> "60. Second, the Court accepts that whereas segregation of funds in trusts law is often critical (it is likely to be a breach of trust to commingle trust funds), the SAC Act for the most part imposes a statutory regime which excludes principles of trusts law."

> "61. Third, under section 12(1) of the SAC Act, a segregated accounts company may apportion an asset or liability among two or more segregated accounts and the general account. This would appear to be incompatible with the notion that the maintenance of distinct funds is required for effective segregation. Section 12(2), however, reinforces the requirement for clear record-keeping: *'Where a segregated accounts company has apportioned an asset or liability pursuant to subsection (1), the extent to which the asset or liability is linked to each segregated account shall be clearly indicated in the contract or governing instrument effecting the apportionment.'*"

> "62. Finally, the Court accepts the submission that one of the main objects of the SAC Act is to allow a company to ring-fence assets without the expense or complications of a trust structure (see: Bickley, Bermuda, British Virgin Islands and Cayman Islands Company law (2nd ed) at 15-001 to 15-002). That object is likely to be defeated by strict adherence to trusts law principles." [Emphasis in the original]

Hargun CJ emphasized throughout his judgment the need for clear and sufficient record-keeping in order to establish that a segregated account has been created and to identify what assets are linked to the segregated account. He reiterated

---

[195] *Northstar* [2023] SC (Bda) 57 Civ (28 July 2023) at [1].
[196] *Northstar* [2023] SC (Bda) 57 Civ (28 July 2023) at [58].
[197] *Northstar* [2023] SC (Bda) 57 Civ (28 July 2023) at [59].

[at para.132] that:

> "The maintenance of separate funds is not required for the establishment of a separate account by their terms or by the applicable legislation. As a result, whether a segregated account has been established depends on whether the records maintained by the Companies satisfy the relevant legislative requirements."

He held that questions as to the existence and consequences of segregation under the SAC Act are matters of statutory construction, contractual interpretation and analysis of the company's record-keeping and do not depend on the application of principles of trusts law, save for the two exceptions in s.18(16) (see para.16-052).

Issue 2 Regarding Issue 2, to what extent, if any, were the assets of Northstar and Omnia to be held exclusively for the benefit of any segregated accounts which they had established, Hargun CJ found that in analyzing whether there has been effective segregation of assets under any product that ostensibly provided for segregation, there were two key matters that needed to be considered:

> "First, it is necessary to consider the terms of the Policies in the context of the applicable segregation statute in order to assess whether the assets in question fall within the scope of the segregation provisions; i.e. to check that the assets are of the kind which were intended to be capable of being segregated for the benefit of the Policyholder. "Secondly, it is necessary for there to have been adequate arrangements in respect of record-keeping so that it is possible to link or connect the relevant assets to the relevant account."[198]

For example, one of the products providing for the segregation of assets was the variable investment option, through which policyholders were offered a choice between a range of mutual fund assets to invest their funds in, resulting in a variable return based on the performance of the underlying mutual fund investments. The wording of the policies for this option made it clear that the underlying assets representing the policyholder's investments would be protected by a segregated account.

The contracts for the variable investments option demonstrated a direct correlation between the investor's decision to buy/sell a particular fund and the company's actions. The investments were applied to purchase "Accumulation Units", which were both a measure of the value of the variable assets acquired and could be used to identify the particular variable assets that had been acquired. Therefore, even though each individual account referred only to the Accumulation Units rather than the actual variable assets, the company's records enabled a straightforward identification of which units corresponded to which account, making those assets capable of effective allocation to a segregated account.[199]

This was in contrast with the fixed investment option, where there were no arrangements pursuant to which the underlying investments could be connected to the particular policies under which the original funds had been invested. The court found that the absence of records meant that effective segregation of assets for the benefit of the fixed policyholders was not possible.[200]

Issue 3 Hargun CJ considered the extent to which the claimants in respect of any segregated account had claims against the general account of each of Northstar and Omnia. The issue was whether policyholders who entered into fixed or variable

---

[198] *Northstar* [2023] SC (Bda) 57 Civ (28 July 2023) at [148].
[199] *Northstar* [2023] SC (Bda) 57 Civ (28 July 2023) at [171].
[200] *Northstar* [2023] SC (Bda) 57 Civ (28 July 2023) at [173].

investments on terms that provided for segregated accounts were entitled, as of right, to claim against the general account. In relation to the fixed investments, the segregated account was not operated properly and the arrangements for segregation were defective.

Hargun CJ held that a segregated account exists in respect of a policy as soon as the policy is entered into and the funds are committed, provided that the funds are connected in the company's accounts and records to the policy.[201] He was satisfied that it is not essential for all the elements of the definition of segregated account to be present at any given time and that the mere fact that assets are not linked or cease to be linked to the segregated account does not result in the account ceasing to be a segregated account.[202] The fact that a segregated account lost all of its assets, whether in trading losses, due to the wrongful acts of a third party or failure of the company to properly segregate by keeping proper records of the relevant assets, or otherwise, would not cause it to cease to be recognized as a segregated account. Accordingly, he rejected the submission that the fact that the investments made with the assets of the policyholders holding fixed investments were never properly linked to the relevant segregated accounts necessarily meant that the those segregated accounts never existed, or that those policyholders could seek direct recovery from the general account.[203]

Hargun CJ also confirmed that even if the policyholders with fixed investments were not entitled as of right to claim against the general assets, that does not necessarily meant that they could not pursue a claim against the general account by other means—for example, they may have a cause of action against the company for breach of duty to implement the effective segregated structure, or may have a tracing claim in relation to assets commingled with the assets of another segregated account or the general account, pursuant to s.18(16)(a) of the SAC Act.[204]

Further key provisions—the "firewall" concept

Keeping the above-mentioned provisions in mind, one must then consider s.17 ("nature of segregated accounts, application of assets and liabilities") and s.18 ("rights and obligations with respect to segregated accounts"). These sections define the legal parameters of "segregated accounts" and establish the core concept that the assets of one segregated account are only available to meet the liabilities of that particular segregated account and not the liabilities of any other segregated account or of the general account. This "firewall" concept is set out at s.17(2) (set out below) and is reinforced by s.18(1) and s.18(10) (also set out below). It will be recalled that Kawaley J placed particular emphasis on the importance of s.18(10).

16-050

The following provisions should be noted:

(i) Section 17(2):

> "Notwithstanding any enactment or rule of law to the contrary, but subject to this Act, any liability linked to a segregated account *shall be a liability only of that account and not the liability of any other account and the rights of creditors in respect of such liabilities shall be the rights only in respect of the relevant account and not of any other account*, and, for the avoidance of doubt, any asset which is linked by a segregated accounts company to a segregated account—
> (a) shall be held by the segregated accounts company as a *separate fund*

---

[201] *Northstar* [2023] SC (Bda) 57 Civ (28 July 2023) at [226].
[202] *Northstar* [2023] SC (Bda) 57 Civ (28 July 2023) at [232].
[203] *Northstar* [2023] SC (Bda) 57 Civ (28 July 2023) at [234].
[204] *Northstar* [2023] SC (Bda) 57 Civ (28 July 2023) at [224].

which is—(i) not part of the general account and shall be held exclusively for the benefit of the account owners of the segregated account and any counterparty to a transaction linked to that segregated account, and (ii) available only to meet liabilities to the account owners and creditors of that segregated account; and

(b) *shall not be available or used to meet liabilities to, and shall be absolutely and for all purposes protected from, the general shareholders and from the creditors of the company, who are not creditors with claims linked to segregated accounts.*" [Emphasis added]

(ii) Section 17(8):

"A segregated accounts company may, *with the consent in writing of all account owners of, or counterparties who are creditors* with claims linked to, a given segregated account, transfer to the general account or another segregated account an asset from the segregated account to which it is linked, if the segregated account to which such assets is linked, taking into account the proposed transfer, remains solvent, and, *in the event a transfer is made to the general account in breach of the subsection*, on an application by an affected party, *the court may declare that the transfer is void*, without prejudice to the rights of bona fide purchasers for value without notice." [Emphasis added]

(iii) Section 17B(1)(a):

"There shall be implied (except in so far as the same is expressly excluded in writing) in every contract and governing instrument entered into by a segregated accounts company the following terms ... (a) that no party shall seek, whether in any proceedings or by any other means whatsoever or wheresoever, to establish any interest in or recourse against any asset linked to any segregated account to satisfy a claim or liability not linked to that segregated account." [Emphasis added]

(iv) Section 18(1):

"Notwithstanding any enactment or rule of law to the contrary, any asset of a segregated accounts company which is linked to a particular segregated account is deemed to be owned by the company as a separate fund which does not form part of the general account." [Emphasis added]

(v) Section 18(10):

"*Except to the extent it may be agreed otherwise by virtue of the governing instrument or contract*, as the case may be, an account owner of a segregated account and any counterparty who is a creditor in respect of a transaction linked to that segregated account shall have an undivided beneficial interest in the assets linked to a segregated account, and, *after satisfying in full the claims of creditors of the segregated account, account owners shall share in the profits and losses of the segregated account* in such proportions of the residual undivided beneficial interest in the segregated account owned by the account owner as may be specified in any governing instrument relating to such segregated account."[205] [Emphasis added]

Limited recourse liability

The firewall concept described above is statutorily reinforced by the statement at s.17(5) of the SAC Act that, unless the relevant affected parties agree otherwise, where a liability of a segregated accounts company to a person arises from a transaction or matter relating to, or is otherwise imposed in respect of, a particular segregated account, that liability shall:

16-051

"...

(c) extend only to, and that person shall, in respect of that liability, be entitled to have recourse only to, the assets linked to that particular segregated account;
(d) *not extend to*, and that person shall not, in respect of that liability, be entitled to have recourse to, *the assets linked to any other segregated account*; and
(e) not extend to, and that person shall not, in respect of that liability, be entitled to have recourse to, the general account." [Emphasis added]

Therefore, the general underlying principle behind the public legislation in Bermuda is that of limited recourse liability. However, the SAC Act envisages that, provided all account owners of the segregated account or all counterparties with claims to a particular segregated account agree in writing, it is possible for assets to be transferred from a particular segregated account to meet the liabilities of the segregated account company's general account or of another segregated account.[206] However, such a transfer may only be made if the solvency of the particular segregated account will not be impaired following the transfer.[207] To the extent that there is any failure to comply with the procedural safeguards of the legislation in connection with a transfer of assets, any affected party may apply to court for a declaration that the purported transfer is void.

In the *Ivanishvili* case,[208] judgment had been awarded against the defendant, CS Life, (a Bermuda company registered under the SAC Act) for, among other things, damages for breach of contractual and fiduciary duties. Following the judgment, the court had to consider whether, as a matter of construction of s.17(5) of the SAC Act, CS Life was correct in its contention that the judgment against CS Life could only be enforced against the assets of the segregated accounts of CS Life in which the plaintiffs had invested (the "Segregated Policy Accounts"). Hargun CJ stated that:

"In the Court's judgment, section 17(5) is not dealing with the circumstances in which liability can be affixed against a segregated account. That issue is dealt with elsewhere in the Act and is principally dealt with in sections 17(2) and (2A). Section 17(5) is dealing with a separate issue, namely, assuming liability can be affixed against a segregated account, to what extent that liability can be enforced against the assets of the particular segregated account; the assets of other segregated accounts of the company; and the general account of the segregated account company. Section 17(5) provides that once liability is affixed against a segregated account, that liability (i) can be enforced against the assets of that segregated account; (ii) cannot be enforced against the assets of other

---

[205] A provision cited and relied upon by Kawaley J in the *Gottex* case: [2009] S.C. (Bda) 178 Civ and 374 Civ (27 May 2010) at [148]–[149].
[206] SAC Act s.17(8).
[207] SAC Act s.17(8).
[208] *Ivanishvili* [2022] SC Bda 56 Civ (25 July 2022), upheld on appeal *Credit Suisse Life (Bermuda) Limited v Bidzina Ivanishvili et al* [2023] CA (Bda) 13 Civ.

segregated accounts of the company; and (iii) unless the parties otherwise agree in writing cannot be enforced against the general account of the segregated accounts company."[209]

However, he held (among other things) that, as a result of the judgment, the Plaintiffs were not creditors of the Segregated Policy Accounts, they were creditors of CS Life and were not creditors with claims linked to the Segregated Policy Accounts. By virtue of s. 17(2A)(a) and (b) the liability arising under the Judgment was a liability arising or imposed otherwise than in respect of a particular segregated account which could only be satisfied from the general account of CS Life.

The provision in s.17(5)(e) was further considered in the *Northstar* case, with Hargun CJ confirming:

"… section 17(5)(e) of the SAC Act makes it clear that unless otherwise expressly agreed in writing by the affected parties, a liability of a segregated accounts company to a person arising from a transaction or matter relating to a particular segregated account shall not "extend to, and that person shall not in respect of that liability, be entitled to have recourse to, the general account."[210]

There was an example of such an agreement in writing in the *Northstar* case. One of the policies in question expressly provided for the general assets of the company to be made available if the assets in the segregated account were not sufficient to meet the interest rate guarantees and obligations of the company. On analyzing the terms of the policy, Hargun CJ determined that the policyholder did have access to the general account of the company in those circumstances.

The nature of an account owner's interest in a segregated account

16-052 The statutory scheme clearly appears to give the account owner some kind of sui generis proprietary interest in the assets that are linked to a segregated account.[211] In summary, the effect of the above-quoted provisions is as follows:

(1) Any asset "linked" to a segregated account must be held in a "*separate fund*" (s.17(2) and s.18(1)).
(2) The "*separate fund*" is "available only to meet liabilities to the account owners and creditors of that segregated account …" (s.17(2)(a)(ii)).
(3) The "account owner" has:
   (i) a "beneficial interest" in the segregated account (i.e. the assets which are in the "separate fund") (s.18(11);
   (ii) that "beneficial interest" is deemed to be "personal property", notwithstanding the nature of the property in the segregated account (s.18(11));
   (iii) However, the "account holder" has "no interest in specific segregated account property" *unless* otherwise agreed by virtue of the governing instrument or contract (s.18(12)).
(4) The rules of trusts law are excluded, *but* remedies of (a) tracing in law or equity and (b) under the doctrine of constructive trusts are available (s.18(16)).

---

[209] *Ivanishvili* [2022] SC Bda 56 Civ (25 July 2022) at [37].
[210] *Northstar* [2023] SC (Bda) 57 Civ (28 July 2023) at [193].
[211] See the observations of Kawaley J above.

Limitation of creditor enforcement rights

16-053 To further reinforce the various concepts referred to previously, the SAC Act implies a term into every contract and governing instrument entered into by a segregated account company that no party shall seek to have additional recourse to a particular segregated account in respect of liabilities not attributable to that particular segregated account.[212] In addition, to the extent that any party succeeds in imposing such additional recourse liability, that party shall be liable to the segregated account of the company to pay a sum equal to the benefit so obtained as a result.[213] Furthermore, the legislation also implies a trust in favour of the segregated account company on any party who recovers an amount in breach of these provisions.[214]

Order of priority on insolvency

16-054 The SAC Act stipulates[215] that it is possible for the parties to prescribe a particular order of priority by the terms of the governing instrument and any terms related to that segregated account. However, unless the parties expressly provide otherwise, the SAC Act prescribes a default order of priority in an insolvency situation as follows: first, creditors rank first and equally among themselves; secondly, account owners rank second and equally among themselves. However, this default order is itself subject to any claims of secured and preferential creditors in respect of the particular segregated account.

Receivership of SAC companies—"just and equitable"

16-055 Part IV of the SAC Act contains detailed provisions dealing with receivership and winding up. We shall first discuss receivership, which is unique statutory remedy the SAC Act gives to disgruntled account owners, before turning to winding up.

Section 19(1) provides that the court *may* make a receivership order in respect of a segregated account, *if it is satisfied*, that:

(a) *either:*
    (i) the particular segregated account is not solvent, or
    (ii) the general account is not solvent, or
    (iii) a liquidation has been commenced in relation to the company, or
    (iv) "*for other reasons it appears to the court just and equitable that a receiver should be appointed …*" [emphasis added]
and,
(b) "the making of a receivership order would achieve the purposes set out in subsection (3) …"

16-056 Section 19(3) sheds further light as to nature of "segregated accounts", providing as follows:

"A receivership order shall direct that the business and assets linked to a segregated account shall be managed by a receiver specified in the order for the purposes of—
    (a) the orderly management, sale, rehabilitation, run-off or termination of the business of, or attributable to, the segregated account; or

---

[212] SAC Act s.17B(1)(a).
[213] SAC Act s.17(B)(1)(b).
[214] SAC Act s.17(B)(1)(c).
[215] SAC Act s.17(7), set out in 16-057 below.

(b) the distribution of the assets linked to the segregated account to those entitled thereto."

Section 19(3)(b) confirms that it was the intention of the SAC Act to confer upon the account owner some kind of proprietary interest (described as a "beneficial interest" in s.18(11)) in the assets, comprising the "separate fund", *linked* to a segregated account.[216] This proprietary interest is enforceable via the statutory receivership mechanism. It is important to note that receivership is not confined to situations of insolvency. Investors have a statutory right to "the distribution of the assets linked to the segregated account", provided the court is satisfied that it is *just and equitable* to appoint a receiver.

Section 19 has been considered twice by the Bermuda Commercial Court in two separate actions brought against the same defendant: *UBS Fund Services (Cayman) Ltd and Tensor Endowment Fund Ltd v New Stream Capital Fund Ltd*[217] (hereafter referred "the *Tensor* case"), and the *Gottex* case[218] referred to above. In the *Tensor* case, the second plaintiff ("Tensor") owned a 20 per cent stake in one of the segregated accounts (the "K" account) of the defendant Bermuda Fund. Tensor applied for the appointment of a receiver, under s.19(1) of the SAC Act on the sole ground that the K account was insolvent. Kawaley J found that Tensor had failed to prove insolvency and its application therefore failed. The legality of the Plan (which was the heart of the *Gottex* case) was not directly in issue in the *Tensor* case. In the *Gottex* case the Court approached the statutory test for appointing a receiver from a fresh perspective.[219] Kawaley J accepted the plaintiffs' submission that "just and equitable" in the context of s.19(1) of the SAC Act, was different to the "just and equitable" winding up of companies under the Companies Act 1981, and that, "no need arises to establish want of probity".[220] Kawaley J said:

"[I]t makes no sense to view the Plaintiffs' application under the just and equitable ground through the lens of a disgruntled minority shareholder or as one quasi-partner in a quasi-partnership.... The cases relied upon by the Defendant[221] clearly do not apply. They are based on the premise that the petitioning shareholder has been unable to pass a resolution for the company's winding-up. Here, all of the beneficial owners of the relevant accounts (*who by statute have a beneficial interest in the assets of the account*) seek the appointment of a receiver and it is difficult to see who else has better standing to determine where justice and equity lies. The submissions advanced by the Defendant's counsel about the usual hedge fund or mutual fund context have no meaningful application in the

---

[216] See the emphasised passage from Kawaley J's judgment in the *Gottex* case cited below: [2009] S.C. (Bda) 178 and 374 Civ (27 May 2010) at [189].
[217] *UBS Fund Services (Cayman) Ltd and Tensor Endowment Fund Ltd v New Stream Capital Fund Ltd* [2009] S.C. (Bda) 63 Civ (18 December 2009).
[218] *Gottex* [2009] S.C. (Bda) 178 Civ and 374 Civ (27 May 2010).
[219] As Kawaley J observed in [2009] S.C. (Bda) 178 Civ and 374 Civ (27 May 2010) at [185]: "Having had the benefit of Mr. Woloniecki's full-blooded assault on the legality of the Plan, it is necessary to revisit some of the conclusions on the receivership scheme I reached in the *Tensor* case."
[220] *Gottex* [2009] S.C. (Bda) 178 Civ and 374 Civ (27 May 2010) at [183] per Kawaley J. The learned judge went on to say (at [183]): "However, if I were required to find want of probity as an element of the just and equitable ground for appointing a receiver, I would find that this element has been made out. Firstly, it is implicit in a finding that the Defendant has entered transactions which are unlawful that some impropriety has occurred. However, this implied misconduct was accompanied by a 'don't ask, don't tell' approach to Bermuda law advice, in circumstances where it is difficult to imagine that an appropriately experienced Bermudian lawyer would have opined that the Plan could be implemented without infringing SACA without shareholder consent."
[221] Cases relating to petitions by minority shareholders seeking to wind up a company on the "just and equitable" ground.

receivership context in relation to a segregated account. The Plaintiffs are not seeking and have not right to seek to wind-up the entire company."[222] [Emphasis added]

The learned judge concluded, with respect to "just and equitable", as follows:

"In summary, it is difficult to discern what standing the Defendant's directors or the Managers have to assert a better judgment as to where justice or equity lies with respect to the distribution of the assets linked to the Plaintiffs' account, particularly in circumstances where the right to redeem has not been suspended. In the case of a company defending a minority shareholder's petition, the directors' opposition to the petition is legitimized by their representation of the majority shareholder constituency. In the present case, the Defendant has no such constituency and is, in effect, seeking to serve as a self-appointed guardian of the Plaintiffs' commercial rights, proclaiming Robespierre-like: '*Je suis le peuple moi-meme*!'"[223]

Kawaley J went on to consider whether the statutory purposes of a receivership (set out in s.19(3)) would be achieved, and concluded, on the evidence, that they would. A receiver was appointed over the Bermuda Fund's C and I segregated accounts.

Winding-up of SAC companies and application of assets

The SAC Act provides that a segregated account company shall be wound up in exactly the same way as any other company and in determining whether the segregated account company is solvent for this purpose, the assets and liabilities linked to individual segregated accounts are *not* to be taken into account. For this purpose, only the assets and liabilities of the general account are to be taken into consideration—this must follow from the fact that assets linked to a segregated account are not available to pay general account creditors.

Section 25(1) of the SAC Act provides as follows:

"Notwithstanding any statutory provision or rule of law to the contrary, in the winding up of a segregated accounts company the liquidator shall deal with the assets and liabilities which are linked only in accordance with this [SAC] Act and accordingly the liquidator shall ensure that the assets linked to one segregated account are not applied to the liabilities linked to any other segregated account or to the general account, unless an asset or liability is linked to more than one segregated account, in which case the liquidator shall deal the asset or liability in accordance with the terms of any governing instrument or contract."

Section 25(2) gives the liquidator power, subject to the approval of the court, to apportion his remuneration among each segregated account and the general account, "in such amounts as would best reflect the duties performed by the liquidator ...". Section 25(3) enables to liquidator, or any person affected by the decision of the liquidator, to apply to the court for directions in relation to the liquidator's remuneration.

Some general guidance on the winding-up of SAC companies was provided by Kawaley J in *Re CAI Master Allocation Fund Ltd*[224] The BMA, exercising its regulatory powers under the Investment Funds Act 2006, had petitioned to wind up two funds which had been incorporated under the SAC Act and joint provisional

16-057

---

[222] *Gottex* [2009] S.C. (Bda) 178 Civ and 374 Civ (27 May 2010) at [189].
[223] *Gottex* [2009] S.C. (Bda) 178 Civ and 374 Civ (27 May 2010) at [191].
[224] *Re CAI Master Allocation Fund Ltd* [2011] SC (Bda) 45 Comm.

liquidators (JPLs) had been appointed. The JPLs applied to the court for directions, pursuant to s.176(3) of the Companies Act 1981, in circumstances where there was "an absence of clear precedents and a detailed statutory code for the liquidation of segregated accounts" (at [4] per Kawaley J). The starting point is subs.17(7) of the SAC Act, which provides as follows:

> "(7) In the event that a segregated account has insufficient assets to pay all of its obligations in full, the order and priority of the rights in relation to assets linked to a segregated account shall (without prejudice to the rights of any parties holding valid security interests against assets linked to that segregated account and any valid preferential claims in respect of that segregated account) be determined by the terms of the governing instrument and any contracts pertaining to that account, any ambiguity in respect of the order and priority of property rights shall be resolved as follows:
> (a) the claims of creditors shall rank ahead of the claims of account holder;
> (b) the claims of creditors inter se shall rank pari passu; and
> (c) the claims of account holders inter se shall rank pari passu."

Section 17(7) applies whether or not liquidators have been appointed in respect of a segregated account. The governing distribution principle for winding-up the business of an insolvent segregated account is the same rule which applies upon corporate insolvency under s.225 of the Companies Act 1981. Where liquidators have been appointed, and the SAC Act company is being wound-up, s.24(1) of the SAC Act also applies. This provides:

> "**24.**(1) Subject to this section, a segregated accounts company shall be wound up in accordance with the provisions of this Act, the Companies Act 1981, and any other Act which applies to the winding up of a company, save that in the event of any conflict, the provisions of this Act shall prevail."

Having considered the above-quoted provisions of the SAC Act, Kawaley J said:

> "So, the Companies Act winding-up regime appears to apply, save that (principally) each segregated account must be wound-up on an individual basis. The liquidators will, until a coherent body of practice evolves, be free to decide to what extent (if at all) the general winding-up regime should be followed in relation to each insolvent segregated account. But the starting assumption will generally be that the umbrella principles which inform the modus operandi of a traditional winding-up will apply in the Segregated Account Companies Act context. Accordingly, in the present case, the JPLs have quite logically carried out preliminary investigations, identified important problematic issues, and sought general guidance from the Court which appointed them as to how to handle the investors' claims. They will no doubt in early course move on to the process of adjudication of claims, following a procedure which is efficient and consistent with the sui generis nature of most claims; which are in one sense 'shareholder' claims, but in another sense creditor claims."[225]

Counsel for the JPLs had submitted to the court that a question arose as to whether, if the funds had been used as vehicles of fraud, the separate legal status of the segregated accounts might be pierced so that the liability for liquidation costs incurred in respect of any one account might fall across the entire range of accounts. Kawaley J said that there was nothing in the material before the court:

> "that would support even an arguable case for veil-piercing in the special legal context of a segregated account company .... it seems to me that the separate status of segregated

---

[225] *Re CAI Master Allocation Fund Ltd* [2011] SC (Bda) 45 Comm at [13].

accounts in companies registered under the 2000 Act is sacrosanct, particularly in the event of insolvency."²²⁶

The learned judge referred to s.25(1) of the SAC Act, and added:

"Any attempt to get behind what is not merely a corporate veil but a statutory 'Iron Curtain' separating the various accounts would, it seems to me, have to be justified by reference to the provisions of the Act itself. The sort of provision which might in appropriate factual circumstances be deployed towards this end would include section 18(16) of the Act ... The scheme of the Act is inconsistent with departing from the segregated account scheme in the absence of investor agreement or compelling equitable grounds for so doing."²²⁷

In the second edition we referred to, "the confident expectation of the offshore legal community is that the segregated accounts company concept will be judicially endorsed". The *Gottex* decision was a welcome affirmation that Bermuda's public legislation on segregated accounts companies means what it says—even in the context of a hedge fund where the corporate structure was somewhat different to that one might expect in the rent-a-captive context. We also wrote that:

16-058

"... the ultimate test of the segregated account or protected cell concept is whether the order of application [of assets on a winding up] will be judicially upheld when a case is finally litigated, be it in Bermuda or in one of the other offshore jurisdictions with protected cell legislation."

We had no doubt, in the light of *Gottex*, that it would be upheld by a Bermuda Court,²²⁸ and the decision in the *Northstar* case has confirmed this. The real question, which remains to be answered, is what a court in the United States would make of a Bermudian segregated accounts company in liquidation.²²⁹ In practice, we suspect that a difficulty that may arise is the situation where a segregated accounts company does not adhere to the strict requirements of the legislation that the assets, liabilities etc. of each segregated account are kept separate from the assets and

---

²²⁶ *Re CAI Master Allocation Fund Ltd* [2011] SC (Bda) 45 Comm at [16].
²²⁷ *Re CAI Master Allocation Fund Ltd* [2011] SC (Bda) 45 Comm at [17]–[19].
²²⁸ As Kawaley J pointed out in *Gottex* [2009] S.C. (Bda) 178 Civ and 374 Civ (27 May 2010) at [94]: "In an insolvency situation, the Act envisages that the assets of each segregated account will be applied in accordance with whatever contractual arrangements are linked to relevant accounts."
²²⁹ We note that a decision of the US Court of Appeals, *In re Refco Inc* (2nd Cir., 5 October 2007), relating to a Cayman Islands segregated portfolio company ("SPC") has given rise to concern in offshore jurisdictions. The Court rejected an appeal by investors in certain of the segregated accounts (who were challenging a settlement which the SPC had entered into, and which had been approved by the Bankruptcy Judge) on the grounds that the investors were not a "party in interest" within the meaning of §1109(b) of the Bankruptcy Code. The court expressly stated that it did not need to decide any issue of Cayman Islands law to dispose of the appeal, and was prepared to *assume* that the propositions of Cayman Islands law which the parties had agreed were correct. The court observed (in a footnote): "According to the parties, the SPC structure permits a company to segregate the assets and liabilities it holds on behalf of a particular investor from the assets and liabilities it holds on behalf of other investors, and from the general assets of the company itself. While an SPC is a legal entity, the individual cells within it are not." The industry is awaiting a potential judgment on the question of the recognition of statutory segregation in Delaware in relation to the *Vesttoo* case (Case 23-11160-MFW, Delaware Bankruptcy Court) involving a Bermudian segregated account vehicle over an allegation of fraudulent letters of credit having been used to support some segregated accounts. Although there are various affected and unaffected segregated accounts, in that litigation so far, no affected segregated account has made a claim against the assets in other segregated accounts.

liabilities etc of other segregated accounts[230] and that "commingling" occurs. Any such commingling would be contrary to the requirement of the SAC Act that a segregated account company maintain records clearly showing the assets and liabilities limited to each segregated account. However, the SAC Act contains an express provision permitting the remedy of tracing in law and equity where "the assets or the proceeds of the assets of any segregated account where such assets or proceeds have been commingled with the assets of any other segregated account or the general account".[231] To that extent, therefore, it may be said that the legislation contemplates that such commingling may occur in practice and provides a remedy.

Incorporated segregated accounts companies

16-059   The question posed in the preceding paragraph as to how foreign courts (particularly, US bankruptcy courts) would view a SAC Act structure has been a question that framed the discussion over several years as to whether Bermuda should follow other jurisdictions in adding an incorporated cell product option. With the introduction of the Incorporated Segregated Accounts Companies Act 2019 ("ISAC Act") providing for registration as an incorporated segregated accounts company ("ISAC"), the Bermuda legislature has answered that question and ushered in a second generation of cellular structures. The key difference between the ISAC and the SAC is that an individual incorporated segregated account ("ISA") is incorporated as a separate legal entity with separate legal personality[232]. Each ISA is a company within the meaning of the Companies Act 1981 with separate and distinct constitutional documents (including a memorandum of association and bye-laws[233]) and able to enter into binding commercial agreements. An ISAC will be required to appoint a board of directors for each ISA though both ISAC and individual ISAs may share common directors.

The ISAC structure is essentially a hybrid of the existing SAC structure and the conventional company with limited liability. Assets and liabilities of the ISAC and each ISA are required to be kept separate from each ISA[234]. Assets of an ISA shall constitute a separate fund which is not part of the general account of the ISAC or the assets of any other ISA and shall be held exclusively for the benefit of an account owners of the relevant ISA and any counterparty to a transaction associated with the ISA.[235] As with the SAC Act, the assets of an ISA shall only be available to meet liabilities of the account owners and creditors of that ISA[236] and shall not be available to be used to meet liabilities of and shall be absolutely and for all purposes protected from, the members of the ISAC who are not creditors with claims related to that ISA.[237] As with the SAC Act, the ISA permits "account owners"[238] to participate in an ISA either by being the registered holder of shares, rights or interests in the ISA or by being expressly designated in the records of the ISA as being an account owner in respect of the ISA.

As in the case of SAC structures, an ISAC must inform persons they are deal-

---

[230] SAC Act s.16.
[231] SAC Act s.18(16).
[232] ISAC Act s.9(1).
[233] ISAC Act s.8(2)(b).
[234] ISAC Act s.18(1)(b).
[235] ISAC Act s.18(4)(a)(i).
[236] ISAC Act s.18(4)(a)(ii).
[237] ISAC Act s.18(4)(b).
[238] ISAC Act s.2.

ing with an ISA and include the letters "ISAC" in its name[239] and must appoint an incorporated segregated account representative charged with certain statutory responsibilities including ensuring that the ISAC and ISAs comply with all appropriate statutory requirements and directions including compliance with all applicable capital and solvency requirements.[240]

The ISAC Act sets out the process for registration as an ISAC[241] and the types of business that are suitable for licensing as an ISAC including companies that are engaged in insurance business. The application for registration is made to the Registrar of Companies in Bermuda. In the case of an ISAC or ISA that plans to conduct insurance business, the ISAC or ISA must be registered as an insurer by the Bermuda Monetary Authority ("BMA"). Helpfully, the BMA has published Guidance Notes ("Guidance Notes") for ISAC structures[242] that maps out the BMA's approach towards licensing of ISACs and ISAs. The Guidance Notes stress that in licensing an ISAC and individual ISAs, the BMA will take a holistic view and apply a consolidated risk based approach, ascertaining interdependence as well as possible contagion risks.[243] The Guidance Notes also make clear that each ISAC and ISA conducting insurance business will be licensed according to the existing insurance licence classes under the Insurance Act 1978 (as discussed in Chapter 15). The licensing process for an ISAC intending to conduct insurance business will mirror the licensing process for a stand-alone entity except that the ISAC' application will include the plans regarding the underlying ISAs so that the BMA can assess the entire structure. To the extent that an ISAC needs to add ISAs to conduct insurance business beyond that originally applied for, the ISAC will likely need to make a further application for the BMA to review and approve. In addition, existing insurers registered as SACs who wish to convert to the ISAC structure, must establish an ISAC, apply to have that licensed as an insurer and then transfer any existing business using appropriate legal and regulatory processes.

An interesting nuance with ISACs is that any account owner can apply to the Bermuda Courts alleging oppressive or prejudicial conduct under section 111 of the Companies Act 1981.[244] Another interesting addition in the ISAC Act which permits a director of an ISAC or an ISA to apply to the Bermuda Courts for directions as to how a director should or might act in any of the affairs of the ISAC or any ISA and upon such a direction the Court may make any such order it thinks fit.[245] Importantly, the ISAC Act reinforces the general principle of commercial certainty found also in the SAC Act that no transaction or interest in any ISA shall be void or voidable by reason that at the relevant time, the ISAC fails to comply with any provision of the ISAC Act.

As with SAC structures, it is possible to wind up individual ISAs without winding up other ISAs or the ISAC itself[246]– an ISA cannot exist outside an ISAC. However, the ISAC Act stipulates that the underlying ISAC shall not be dissolved

---

[239] ISAC Act s21.
[240] ISAC Act s.22.
[241] ISAC Act s.3 and s.4. Section 3(1)(a) of the ISAC Act provides that companies engaged in insurance business may apply to be licensed as an ISAC.
[242] Bermuda Monetary Authority Guidance Notes for Incorporated Segregated Accounts Company Structures (insurance and hybrid structures) December 2020.
[243] Guidance Notes, paragraph 18.
[244] ISAC Act s.60. In the case of a SAC, this remedy would only be available to a shareholder account owner.
[245] ISAC Act s.59.
[246] ISAC Act s 54 sets out the process for the winding up of individual ISAs.

until the position of each individual ISA has been resolved.[247] The ISAC Act also directs the liquidator of an ISAC to deal with the assets and liabilities of each ISA in accordance with the ISAC Act and ensure that the assets of one incorporated segregated account are not applied to the liabilities of any other incorporated segregated account or to the general account.[248] This statutory direction supplements the protection provided by the separate corporate personality of a limited liability company and arguably provides enhanced protection precisely in a winding-up scenario[249]. Whilst we have not seen and do not envisage a mass migration of SAC structures to ISACs, the BMA has already licensed a number of ISACs and ISAs in both the general insurance and long-term insurance space, particularly in the commercial categories. Going forward, we envisage increasing use of and interest in ISAC structures.

Protected Cell Companies under UK Law

16-060   As part of the UK's insurance linked securities regime which came into force in December 2017, a new type of corporate entity, the protected cell company, was created to serve as a multi-arrangement special purpose vehicle for the sole purpose of carrying out insurance risk transformation activities. We discuss the UK's insurance linked securities regime and insurance risk transformation activities in more detail in Chapter 8. The concept of a protected cell company ("PCC") was a novel corporate structure to the UK regime, as it is a single corporate entity comprising of a "core" that administers the PCC as a whole, with separate "cells" created after the PCC has been registered and authorised, each of which are used to assume risks from undertakings and issue investments to investors to fund that risk (i.e. insurance risk transformation). The regime creates through statute, a protected or segregated cell structure that operates in a similar way to Bermudan segregated cell companies.

The UK's Risk Transformation Regulations 2017 ("2017 Regulations") creates the statutory regime for PCCs. In a similar way to the Bermudian regime, the core and each cell of a PCC do not have distinct legal personality from the PCC, but the assets and liabilities of the core and each cell are segregated from each other pursuant to the 2017 Regulations. This segregation of assets and liabilities are set out in the 2017 Regulations themselves as we discuss further below, and also pursuant to the PCC's constitutional documents (the basic requirements of which (including principles of segregation) are also governed by the 2017 Regulations).

Similar to the Bermudian "firewall concept", the 2017 Regulations expressly set out the segregated nature of each cell within a PCC and include provisions that assets held by one part of a PCC cannot be used to discharge liabilities or obligations of, or claims brought in respect of another cell, and liabilities and obligations incurred on behalf of one cell are to be discharged solely out of the assets held by the PCC on behalf of that cell.[250] There is express prohibition on setting off or netting off claims as between cells and the disapplication of insolvency legislation that would otherwise enable such setting off or netting off.[251] Any application of assets in contravention of this is under the Regulations, void as a matter of law. The

---

[247] ISAC Act s.53.
[248] ISAC Act s.50.
[249] The separate corporate personality of an ISAC would negate the argument advanced by the 2nd Circuit in In Re Refco, Inc. discussed in footnote [220].
[250] Regulation 48.
[251] Regulation 50.

2017 Regulations also govern contractual arrangements of PCCs, including requiring PCCs to set out clearly and unambiguously in contracts into which it enters, whether it is doing so on behalf of the core or a cell and if the contract relates to more than one cell, it must clearly state the rights and obligations of the PCC relate to each part. It also requires the segregation to be contractually reinforced. Firstly, by requiring the inclusion of a statement in the contract that a liability incurred by the PCC on behalf of the core or cell is to be discharged solely out of assets held by the PCC on behalf of the relevant part. Secondly, by including implied terms into the contracts that (a) the person [i.e. the contractual counterparty] may only assert its right in respect of part A [i.e. the relevant part of the PCC in respect of which the PCC has entered into the contract]; (b) the person waives any right that person may have to make a claim which (i) arises under the law of a country or territory other than the United Kingdom; and (ii) entitles the person to assert that right in respect of any part of the protected cell company other than part A; (c) if the person obtains property from the protected cell company by asserting that right in respect of a part of the protected cell company other than part A, then the person (i) will transfer the property to the protected cell company to hold on behalf of that other part without delay; and (ii) holds the property on trust for the benefit of that other part until the transfer takes effect.

The 2017 Regulations also allow for the insolvency of cells and the core to be initiated separately from the PCC itself and without affecting the rest of the PCC (i.e. as relevant, the core or the other cells, maintaining the principle of segregation of cells), court sanctioned transfer schemes for cells to another PCC or other persons and for the dissolution of cells and the PCC as a whole.

Unlike in Bermuda, the PCC structure has not yet had to be tested by the courts. However, there is no reason to believe that the segregated cell structure would not stand up in the courts given the statutory foundations of the regime, the provisions that will have been set out in the PCCs' constitutional documents and the contractual provisions that will have been both expressly set out and implied under the 2017 Regulations. In addition, in practice, investors and counterparties to PCCs will be given appropriate information and disclosures about the nature of the PCC and the cells with which they are transacting, for example through information memorandum. ILS counterparties are also, most often already familiar with the concept of segregated cells having seen them used frequently in Bermuda, Guernsey and elsewhere.

Pursuant to the Financial Services and Markets Act 2023 (FSMA 2023), the 2017 Regulations are to be revoked on a date to be appointed.[252] FSMA 2023 revokes retained EU law relating to financial services and enables HM Treasury and the financial services regulators to replace it with legislation designed specifically for UK markets As explained earlier in Ch.15, FSMA 2023 did not revoke all retained EU law from its inception. Instead, each piece of relevant retained EU law is currently in a "transitional period", which will last until it is repealed and replaced with new UK-specific law.

---

[252] Financial Services and Markets Act 2023 s.1(1), Sch.1 Pt 2.

CHAPTER 17

Insolvency Procedures I: Overview, Winding-Up and International Recognition

TABLE OF CONTENTS

1. Introduction 17-001
2. Winding-up Petitions 17-011
3. Some Legal Problems of Reinsurance Liquidations 17-029
4. International Recognition and Judicial Co-Operation 17-064

"Mr Goldbury

'You merely file a Winding-Up Petition,
and start another company at once!
Though a Rothschild you may be
in your own capacity,
As a Company you've come to utter sorrow—
But the Liquidators say
"Never mind—you needn't pay"
So you start another Company tomorrow!'"

"King

'Well, at first sight it strikes us as dishonest,
But if it's good enough for virtuous England—
The first commercial country in the world—
It's good enough for us.—W.S. Gilbert[1]'"

1. INTRODUCTION

Overview of insolvency procedures

Problems unique to insolvent insurance/reinsurance companies

The major problem with (re)insurance liquidations is that they are often a slow process of winding down rather than a process of winding-up. The principal difficulty which exists when it comes to the liquidation of an insurance or a reinsurance company is the same difficulty which gave rise to the need for insurance in

17-001

---

[1] "Utopia, Limited", *W.S. Gilbert Complete Operas* (Dorset Press, 1932), p.622. W.S. Gilbert practised briefly and unsuccessfully at the bar before embarking on a theatrical career. Mr Gilbert's dictum was cited with approval by Mr Gabriel Moss QC (sitting as a Deputy High Court Judge) in *Official Receiver v Zwirn* [2002] B.C.C. 760.

the first place—future uncertainty. This is particularly so where the company has insured on a "losses occurring" basis, or reinsured a company that has insured such losses. When a company is liquidated, people who may at some future date have claims on the company in liquidation have something of value which may be valued and claimed for. A policyholder has an occurrence policy issued many years before the commencement of winding-up: when does one know for certain that no further claims will arise from what happened during that policy period? A policyholder had a claims made policy a few years before the commencement of winding-up and gave a notice of circumstances which might give rise to claims: how long before one is certain that no claim, or further claim, will in fact arise? What value does one put on these possibilities? For a number of reasons liquidators are reluctant to estimate a value; they prefer to wait and see what happens in fact. The consequence is that "winding-up" is what does not result from a court Order or resolution of creditors or shareholders. The company certainly winds down, but often it enters a half-life where claims are received and entered in the books, and recoveries are made from reinsurers as and when justified. However, the time is never right for the final rites because there may be another claim out there.[2] Hence the waning of numbers of liquidations of (re)insurance companies in favour of schemes of arrangement.

One of the primary concerns of the liquidator (or scheme administrator) is that the major assets of the company are likely to be monies claimable from reinsurers/retrocessionaires, but those moneys are in a safe which the right combination must be used to unlock. Changing the obligations of the company to its creditor policyholders in the course of the liquidation may impede, or wholly deny, access to the monies of the reinsurers/retrocessionaires.

Applicability of the Insolvency Act 1986 to insurance/reinsurance companies— the Financial Services and Markets Act 2000

17-002   The general law of insolvency, as principally set out in the Insolvency Act 1986 ("IA 1986") and the Insolvency (England and Wales) Rules 2016 ("IR 2016"), applies to insurance/reinsurance companies in the United Kingdom, albeit subject to other primary and secondary legislation with supplements or amends those principal provisions. Examples of legislation that supplement or amend the IA 1986 or the IR 2016 include:

(1) Pt XXIV of the Financial Services and Markets Act 2000 ("FSMA 2000"): this includes provisions covering such matters as the rights of the Prudential Regulation Authority (the "PRA") and the Financial Conduct Authority (the "FCA"), as the regulating authorities relevant to (re)insurance companies, to initiate, and be involved in, insolvency proceedings relating to insurance companies;

(2) The Insurers (Winding Up) Rules 2001:[3] these rules supplement the IR 2016 in relation to the winding up of insurers in England and Wales, in particular with respect to the valuation of claims;

---

[2] See the observations of Mr Roger Kaye QC in *Company (No.0013734 of 1991), Re* [1992] 2 Lloyd's Rep. 415; [1993] B.C.L.C. 59 at 418.

[3] Insurers (Winding Up) Rules 2001 (SI 2001/3635). It is untidy to have Insurers winding up rules (2001) for England, the Insurers Reorganisation and Winding up Regulations 2004 (SI 2004/353) (and its subsequent successor following its repeal by the Financial Services and Markets Act 2023 Sch.1(2) para.) and the Insolvency (England and Wales) Rules 2016 (SI 2016/1024), but they all do different things.

(3) The Insurers (Reorganisation and Winding-Up) Regulations 2004 ("IRWUR 2004") which, post Brexit, focused on amending the creditor priorities that would otherwise apply in a winding up of an insurance and reinsurance companies (except those which conduct only reinsurance business) in England and Wales. The IRWUR 2004 provides for direct insurance claims to have priority in a winding-up over the claims of other unsecured creditors (including reinsurance claims). At the time of its introduction, this represented a fundamental (and radical) change to the principle of pari passu distribution which previously applied under English insolvency law;[4]

(4) Financial Services and Markets Act 2000 (Administration Orders Relating to Insurers) Order 2010,[5] ("the 2010 Order") pursuant to which insurance companies are permitted to enter into administration proceedings.

Appointment of provisional liquidators and schemes of arrangement

We discuss in Ch.18 (below) the use of scheme of arrangement (and potentially restructuring plans) (respectively, a "scheme" or "restructuring plan") under Pts 26 and 26A of the Companies Act 2006 as an alternative to winding-up. As a result of the exclusion of insurance/reinsurance companies from the administration procedure prior to 31 May 2002, a practice developed of presenting a winding-up petition; having a provisional liquidator appointed, and then having the winding-up petition adjourned pending the implementation of a scheme. In *Re English & American Insurance Co Ltd*, Harman J said of the appointment of provisional liquidators:

17-003

"That is all part of the developing practice of the court of using a petition by the company for its own winding-up as the basis for the appointment of provisional liquidators. That practice has been developed to mitigate the difficulties caused by the fact that administration procedures are not available in respect of insurance companies ... It seems to me a useful practice and I do not wish in any way to cast doubt or discredit upon it. It is a good system particularly ... where there is a hope that in the future there will be a scheme of arrangement under Section 425 of the Companies Act 1985."[6]

Although schemes of arrangement for insolvent reinsurance companies were fashionable at time we wrote the first edition of this book, they are not a recent invention.[7] Nor is there anything novel about the procedure of adjourning a winding-up petition in order to enable a scheme to be considered. In *Re North & South Insurance Corp Ltd* Maugham J said:

"I think I can say, without fear of contradiction either here or elsewhere, that the Court for a long time past has been most reluctant to make orders for winding-up a company on the ground of insolvency, where there is established a chance either of a reasonable scheme of arrangement or of some steps being taken which would enable the company to carry on business without causing grave injustice or hardship to creditors. In this case I should be very glad to follow the usual practice of the Court and to grant an adjourn-

---

[4] IRWUR 2004 Pt IV. The IRWUR 2004 has been repealed by the Financial Services and Markets Act 2023, s.1, albeit at a date to be specified.

[5] Financial Services and Markets Act 2000 (Administration Orders Relating to Insurers) Order 2010 (SI 2010/3023); The successor to the Financial Services and Markets Act 2000 (Administration Orders Relating to Insurers) Order 2002 (SI 2002/1242), which became effective on 31 May 2002.

[6] *English & American Insurance Co Ltd, Re* [1994] 1 B.C.L.C. 649 at 650.

[7] The earliest reported example appears to be *London County Commercial Reinsurance Office Ltd, Re* (1925) 23 Ll. L. Rep. 206, to which we refer in Ch.18. The number of such schemes has dwindled in recent years. The insolvent scheme for Highlands UK is the last of which we are aware.

ment for a month, if I had not come to the conclusion that in all the circumstances of the case the prospects of an adjournment being fruitful are small and the risk of injustice or injury to various members of the public is substantial and may be very serious."[8]

In the second edition we predicted that the availability of the administration procedure for insurance/reinsurance companies may well render the former practice of appointing provisional liquidators with a view to putting forward a scheme of arrangement obsolete in England and, in the future, reinsurers in financial difficulties would be more likely to appoint an administrator for the same purpose. Our prediction appears to have been correct.[9] We also suggested that, given the availability of the administration procedure, the English courts will no longer permit the appointment of joint provisional liquidators for the purpose of promoting schemes of arrangement for (re)insurance companies.[10] We consider the administration procedure further in Chapter 18 below.

Write down of contracts

17-004   A further alternative to winding up, available in the case of insurance/reinsurance companies, is an order under s.377A of the FSMA 2000 for the write down of contracts.[11]

Insolvency procedures in Bermuda

17-005   Section 34 of the Bermudian Insurance Act 1978 provides as follows:

"The Court may order the winding-up, in accordance with the Companies Act 1981, of an insurer, being a company which may be wound up under that Act, and that Act shall apply accordingly ..."

Throughout this chapter, and elsewhere in this work, we shall, for the sake of brevity, clarity and convenience, refer to the Bermudian Companies Act 1981 as "BCA 1981"—although its title is simply "Companies Act 1981".

The following points of comparison with the UK legislation should be noted:

(1) Section 34 of the Insurance Act 1978 goes on to provide that the BCA 1981 applies "subject to the modification that the insurer may be ordered to be wound up on the petition of ten or more policyholders owning policies of an aggregate value of not less than $50,000".[12]

(2) The provisions for winding up companies in the BCA 1981 are derived from the UK Companies Act 1948. There is no administration procedure in the

---

[8] *North & South Insurance Corp Ltd, Re* (1933) 47 Ll. L. Rep. 356 at 357.
[9] See Ch.18 below. As we note in Ch.18, a number of insurance companies in the UK have found themselves in financial difficulties and gone into administration. There have been no insolvencies of UK reinsurers and the schemes of arrangement for reinsurers since the second edition have been for solvent companies in run-off, which did not require the appointment of either administrators or provisional liquidators.
[10] No such applications have been made in respect of UK insurance/reinsurance companies. Ancillary liquidation proceedings were commenced, and provisional liquidators appointed in relation to the UK branch of the Home Insurance Company, which was an insurer domiciled in and regulated in New Hampshire and therefore could not be the subject of an administration order.
[11] See Ch.18 below.
[12] Compare s.53 of the ICA 1982, now repealed.

Bermudian legislation. Schemes of arrangement are provided for under s.99 of the BCA 1981.[13]

(3) Amendments to the Insurance Act 1978 and the BCA 1981 came into force on 1 January 2019, providing for the payment of "insurance debts" (as defined)[14] as a priority to all other debts of an insolvent insurance company. The definition of "insurance debts" includes reinsurance as well as insurance (in contrast to the position in England).[15]

(4) Section 36(1) of the Insurance Act 1978 provides that an insurer which carries on long-term business cannot be wound up voluntarily.

(5) Section 39 of the Insurance Act 1978 makes provision for the reduction of contracts.[16]

(6) There is no equivalent in Bermuda to the ICWUR 1985 or the IWUR 2001. Section 40(1) of the Insurance Act 1978 empowers the Minister of Finance to make rules:

"... for determining the amount of liabilities of an insurer to policyholders of any class or description for the purpose of proof in a winding-up ..."

However, no such rules have been made. The general provisions of the Companies Winding-Up Rules 1982 (derived from the UK Companies Winding-Up Rules 1949) apply to the winding-up of insurance/reinsurance companies in Bermuda.[17]

There is no formal restructuring process such as administration under Bermudian law. The practice in England described in 17-003 of presenting a winding-up petition; having a provisional liquidator appointed, and then having the winding-up petition adjourned pending the implementation of a restructuring is also used in Bermuda, both for insurance companies and others.[18] This use of the provisional liquidation process was first established for the purpose of facilitating a restructuring of a Bermudian company under chapter 11 of the US Bankruptcy Code (see 17-078 below). Now, in addition to its use to facilitate foreign restructurings, it is also used in relation to purely Bermuda based restructurings.

---

[13] The provision is equivalent to ss.895 and 899 of the UK Companies Act 2006 (CA 2006), formerly s.425 of the UK Companies Act 1985, see Ch.18 below.

[14] "Insurance debt" is defined in s.36(11) of the Insurance Act 1978 to mean "a debt to which an insurer is, or may become liable, pursuant to an insurance contract, excluding debts owed to an insurer under an insurance contract where the insurer is the person insured." "Insurance contract" means, "any contract of insurance, capital redemption contract or a contract that has been recorded as insurance business in the financial statements of the insurer pursuant to the Insurance Accounts 1980 or the Insurance Account Rules 2016 as applicable."

[15] "Insurance debt" means a debt to which a UK insurer is, or may become liable, pursuant to a contract of insurance, to a policyholder or to any person who has a direct right of action against that insurer, and includes any premium paid in connection with a contract of insurance (whether or not that contract was concluded) which the insurer is liable to refund: IRWUR 2004. The IRWUR 2004 has been repealed by the Financial Services and Markets Act 2023 Sch.1(2) para.1, albeit at a date to be specified. Also see 17-061.

[16] The provision is equivalent to s.377 of the FSMA 2000, previously s.58 of the ICA 1982, see Ch.18 below.

[17] The Companies (Winding-Up Rules) 1982 were amended in 2020, but no rules relating to the winding-up of insurance/reinsurance companies were included in that amendment, nor are any currently proposed..

[18] See further at para.17-078 regarding use of the provisional liquidation process for the purpose of facilitating a restructuring of a Bermudian company in cross border restructurings.

Summary of liquidation practice and procedure

Modes of winding-up

17-006   Under both the IA 1986[19] and the BCA 1981[20] there are two alternative modes of winding-up procedure: compulsory liquidation, under which the court makes a winding-up order and appoints a liquidator following the presentation of a winding-up petition[21]; and voluntary liquidation, where the shareholders of the company at a general meeting summoned for the purpose, pass a resolution that it be wound up and nominate a liquidator. Voluntary liquidations may be of two kinds: members' voluntary liquidations and creditors' voluntary liquidations. A members' voluntary liquidation occurs when a "directors" statutory declaration of solvency is made pursuant to s.89 of the IA 1986[22]; otherwise, where no such declaration of solvency is made, the company is in creditors' voluntary liquidation.[23]

Liquidators and liquidation committee: Appointment and powers

17-007   In a members' voluntary winding up, the company in general meeting is required to appoint one or more liquidators for the purpose of the company's winding up. On the appointment of a liquidator all the powers of the directors cease, except so far as the company in general meeting or the liquidator sanctions their continuance.[24]

In a creditors' voluntary winding up, the company may nominate a person to be liquidator at the company meeting at which the resolution for voluntary winding up is passed. However, the company's creditors may also nominate a person to be liquidator. The liquidator will be the person nominated by the creditors or, where no person has been nominated by the creditors, the person nominated by the company. Where there are different nominations, any director, member or creditor of the company may, within 7 days after the date on which the nomination was made by the creditors, apply to the court for an order either that the person nominated as liquidator by the company shall be liquidator instead of or jointly with the person nominated by the creditors, or appointing some other person to be liquidator.[25]

In a compulsory liquidation the court may appoint a liquidator provisionally following the presentation of a winding up petition but before the making of a winding-up order.[26] Upon the making of a winding-up order, the official receiver becomes liquidator by virtue of his office, until another person is appointed.[27] It should be noted that where the winding up order is being made immediately after the cessation of an administration or where there is a supervisor in respect of a voluntary arrangement in place, the court may instead order that the former administrator, or the supervisor, shall be appointed as the liquidator.[28] The official receiver may seek nominations from the company's creditors and contributories for the purpose of choosing another person to be the liquidator. The creditors and the

---

[19] IA 1986 s.73.
[20] BCA 1981 s.157.
[21] Winding-up petitions are discussed below.
[22] The equivalent provision in Bermuda is BCA 1981 s.206, derived from CA 1948 s.283.
[23] IA 1986 s.90; BCA 1981 s.206(4).
[24] IA 1986 s.91; BCA 1981 s.208(2).
[25] IA 1986 s.100; BCA 1981 s.217.
[26] IA 1986 s.135; BCA 1981 s.170(2).
[27] IA 1984 ss.136(1); The Bermuda provision is BCA 1981 s.171.
[28] IA 1984 ss.136(1), 140.

contributories may in accordance with the rules nominate a person to be liquidator.[29] The liquidator will be the person nominated by the creditors or, where no person has been so nominated, the person (if any) nominated by the contributories. Where different persons are so nominated, any contributory or creditor may, within 7 days after the date on which the nomination was made by the creditors, apply to the court for an order either appointing the contributories nominated liquidator as liquidator instead of, or jointly with, the person nominated by the creditors or appointing some other person to be liquidator instead of the person nominated by the creditors.[30]

In England any person who is an "office holder" under the insolvency legislation (which includes a liquidator) must be a licensed insolvency practitioner.[31] There is no comparable rule in Bermuda, although as a matter of practice, chartered accountants who are partners in major accounting firms, and have experience in liquidations, are usually appointed as liquidators by the court. In the case of any substantial liquidation of a (re)insurance company in Bermuda, where two or more joint liquidators are appointed, it was common practice at the time of the first edition of this work for one of the liquidators to be a partner in the UK practice of the accounting firm, who would therefore be an insolvency practitioner qualified under the IA 1986. This may still occur, but it is also usual to have joint liquidators appointed in Bermuda, both of whom are members of a Bermudian accounting firm. The current generation of Bermudian Liquidators have, generally, trained in the UK and have UK insolvency practitioner licenses. The Bermuda Companies (Winding Up) Rules 1985 now require that a sole liquidator or at least one of joint liquidators in a compulsory liquidation be resident in Bermuda.

The scheme of both the English and Bermudian insolvency legislation is to confer powers upon the liquidator, some of which he may exercise in their own discretion and some which require the consent of either the liquidation committee[32] or the court. In Bermuda, it is common practice for liquidators to seek specific sanction from the court for the exercise of their statutory powers, even when there is no express requirement to do so under the BCA 1981.

17-008

Effect of winding-up on insurance/reinsurance contracts and proof of claims

Where a (re)insurance company goes into liquidation, all general business contracts under which the company is the insurer/reinsurer come to an end at the liquidation date.[33] However, with long-term contracts s.376 of the FSMA 2000 imposes upon the liquidator of a company carrying on long-term business, the obligation to carry on the long-term business with a view to it being transferred as a going concern. However, this is only the case under s.376, "unless the court orders otherwise". Presumably the court will order otherwise if it proves impossible for the liquidator to find a buyer for the long-term business and a liquidation under which the policies are valued is therefore the only option.

Do reinsurance contracts under which the company in liquidation is the reinsured come to end on liquidation? They may do so by reason of the wording in the

17-009

---

[29] IA 1986 s.136(4), (5).
[30] IA 1986 s.139; the process in Bermuda for appointing a liquidator in place of the provisional liquidator is in BCA 1981 ss 171, 181.
[31] IA 1986 ss.390 and 390A.
[32] In the UK, a liquidation committee is appointed in accordance with the IA 1986, s101 and the IR 2016, r.17; in Bermuda, the liquidation committee, which is called the committee of inspection is appointed in accordance with BCA 1981 s.181.
[33] See r.6 of, and Sch.1 to, the Insurers (Winding Up) Rules 2001 (IWUR 2001), which we consider are capable of no other construction despite some infelicity of wording in Sch.1 para.3(2)(a)(i) ("had the policy terminated on the liquidation date").

contracts but it is not clear whether they do so as a matter of law. As a matter of logic, if the underlying insurance/reinsurance contracts terminate on winding-up, it seems that no further risk can be ceded to the company's reinsurers, but that does not rule out claims arising from events occurring before the date of the winding-up order.

17-010 The general procedure with respect to policyholders' claims under general business policies in the case of an insolvent (re)insurer being wound up in England is as follows.[34]

(1) Where a claim has fallen due for payment, or a liability has been notified to the insurer, before the liquidation date, a proof of debt must be filed by the policyholder for his claim to be admitted.

(2) Except for claims falling within (1), a policyholder is admitted as a creditor, without being required to submit a proof of debt, for the 'value' of his policy, which will be calculated in accordance with one or more of the provisions set in Sch.1 to the IWUR 2001. Essentially obligations to pay claims after the liquidation date are substituted by obligations to pay a "value" of the policy which will no longer respond in accordance with its terms.

(3) Where a contingent claim becomes ascertained during the course of the winding-up, according to *Re Northern Counties of England Insurance Co*[35] the ascertained amount may be admitted to proof by the liquidator in substitution for the amount previously assessed by him as the value of the policy. In *Northern Counties*, Sir George Jessell MR held that the holder of a fire policy was entitled to claim for any loss he had suffered as a result of a fire which had occurred after the date of the winding-up order, but within the period covered by the policy. He relied upon:

"... the law in bankruptcy ... that any liability contingent at the date of the adjudication which ripens into a debt during the bankruptcy is provable ..."[36]

and the construction of the Companies Act 1862 and the winding-up rules made under that Act. It should be noted that at the time there were no special rules governing the winding up of insurance companies and the valuation of contingent claims under insurance contracts.[37] In *Transit Casualty v PPB*, Hoffmann J (as he then was) held that the principle in Northern Counties, namely "... an estimate (with the benefit of hindsight) of the value of the policyholder's contingent rights as they existed at the date of winding-up",[38] remains good law in England, as a result of the ICWUR 1985.[39]

We can see no reason why, as a matter of principle, claims events which have occurred after the winding-up order should not be had regard to when the liquidator is trying to value a policy, and if something happens that

---

[34] In Bermuda, as noted above, the Companies (Winding-Up) Rules 1982 (derived from the UK Companies (Winding-Up) Rules 1949) apply to the winding-up of (re)insurance companies in Bermuda, and there are no special provisions regarding the claims process for (re)insurance companies.

[35] *Northern Counties of England Insurance Co, Re* (1880) 17 Ch. D. 337.

[36] *Northern Counties* (1880) 17 Ch. D. 337 at 340, citing the Bankruptcy Act 1869 s.31.

[37] For a historical analysis of subsequent legislation, see *Transit Casualty Co (In Receivership) v Policyholders Protection Board* [1992] 2 Lloyd's Rep. 358 (Note) at 359–360.

[38] *Transit Casualty v The Policyholders Protection Board* [1992] 2 Lloyd's Rep. 358 at 361.

[39] In Bermuda, where there is no equivalent to the ICWUR 1985 or IWUR 2001 and the old law of bankruptcy applies to the valuation of contingent claims (see below), Northern Counties would probably be followed.

would have been a claim, had liquidation not occurred, the "hindsight principle" continues to apply to these contingent claims under the IWUR 2001.[40]

(4) Where the policy is for a fixed period and has not expired at the liquidation date, the claim will be for a pro rata return of premium in respect of the unexpired portion of the policy, (plus any claims falling within Sch.1 para.2(1)(a) and (b)). Thus, it appears that under the IWUR 2001 *Northern Counties* would not apply to fixed period policies still current at the liquidation date and the policyholder would only be entitled to a pro rata return of premium.[41]

2. WINDING-UP PETITIONS

Jurisdiction to wind-up companies

The English High Court

The High Court has jurisdiction to wind up any company registered in England and Wales.[42]

17-011

EEA Insurers and reinsurance companies

Following the UK's withdrawal as a Member State of the European Union, the limitations on the UK Courts in exercising winding-up jurisdiction over an EEA insurer or any branch of an EEA insurer under the Insurers and Reorganisation and Winding Up Regulations 2004[43] and more generally under the Recast EUIR[44] have been substantially revoked.

17-012

Other foreign companies

In a series of decisions[45] the English Courts defined the scope of the statutory jurisdiction to wind up an unregistered foreign company.[46] The relevant criteria were

17-013

---

[40] See IWUR 2001 Sch.1 para.2 and below. *Law Car and General Insurance Corp (No.2), Re* [1913] 2 Ch. 103 decided to the contrary, but is distinguishable on the basis that it was concerned with the construction of differently worded valuation rules. See also *Wight v Eckhardt Marine GmbH* [2003] UKPC 37 at [29]–[32]; [2004] 1 A.C. 147 at 156–157 per Lord Hoffmann.

[41] See *Continental Assurance Co of London Plc (In Liquidation) (No.3), Re* [2000] B.C.C. 65; [1999] 1 B.C.L.C. 751 (see 17-048 below).

[42] IA 1986 s.117(1). Note that the county court has concurrent jurisdiction to wind up companies whose share capital does not exceed a certain threshold (see IA 1986 117(2)).

[43] The provisions containing the relevant limitations were contained in the Insurers and Reorganisation and Winding Up Regulations 2004 (SI 2004/353) reg.4, which regulation was revoked by the Credit Institutions and Insurance Undertakings Reorganisation and Winding Up (Amendment)(EU Exit) Regulations 2019/38). The Insurers and Reorganisation and Winding Up Regulations 2004 have subsequently been revoked in full (albeit on a date to be commenced).

[44] Regulation (EU) 2015/848 of the European Parliament and of the Council of 20 May 2015 on insolvency proceedings (recast), art.3, as previously incorporated into UK law by the IA 1986 s.117(7) (repealed by Insolvency (Amendment) (EU Exit) Regulations 2019 (SI 2019/146).

[45] *Compania Merabello San Nicolas SA, Re* [1973] Ch. 75; [1972] 3 W.L.R. 471; *Eloc Electro-Optiek and Communicatie BV, Re* [1982] Ch. 43; [1981] 3 W.L.R. 176; *Company (No.000359 of 1987), Re* [1988] Ch. 210; [1987] 3 W.L.R. 339 ("also known less enigmatically, as *International Westminster Bank v Okeanos Maritime Corp* [1988] Ch. 210; [1987] B.C.L.C. 450": *Stocznia Gdanska SA v Latreefers Inc* [2000] C.P.L.R. 65; [2001] 2 B.C.L.C. 116 at 137 per Morritt LJ). In

summarised by Knox J in *Re Real Estate Development Co*,[47] cited with approval by the Court of Appeal in *Stocznia Gdanska v Latreefers (No.2)*,[48] as follows:

(1) There must be a sufficient connection with England and Wales which may, but does not necessarily have to, consist of assets within the jurisdiction.
(2) There must be a reasonable possibility, if a winding-up order is made, of benefit to those applying for the winding-up order.
(3) One or more persons interested in the distribution of assets of the company must be persons over whom the court can exercise a jurisdiction.

The test of "sufficient connection" is a wide one and, as we have noted above, is not limited to the presence of assets in England.[49] It has been said that:

"[T]he courts of this country should hesitate very long before subjecting foreign companies with no assets here to the winding-up procedures of this country."[50]

Typically, the ground for exercising jurisdiction will be that the foreign company has reinsurance or retrocessional recoveries in England. In an unreported case,[51] the Companies Court made an ex parte order appointing a provisional liquidator in respect of a Bermudian reinsurer, which was not carrying on business in England, upon the petition of an English reinsured. The Bermudian reinsurer had assets, namely monies due from English retrocessionaires, which were subject to the jurisdiction of the English court. The Companies Court has also made winding-up orders in respect of Russian insurance companies whose assets in Russia had been confiscated by the Soviet Government. Romer J remarked: "The object in getting winding-up orders is to recover money due to these companies from reinsurance companies ..."[52] Applying the doctrine of forum non conveniens, the English court has declined to exercise winding-up jurisdiction, even in a case where the company is incorporated in England, on the ground that some other forum was more appropriate, although it is now clear that this was incompatible with the Brussels Regulation on Jurisdiction and Enforcement of Judgments.[53] But the mere fact that a

---

Buccament Bay Ltd, Re; Re Harlequin (SVG) Ltd [2014] EWHC 4776 (Ch); [2015] 1 B.C.L.C. 646, the High Court declined to wind up two companies incorporated in Saint Vincent and the Grenadines. The Court held that even if it were the case that the companies' centres of main interest were in England the same discretionary factors applied under IA 1986 s.221 and no winding-up order should be made. In *Granton Commercial Industrial Properties Ltd v Kingston Park House Ltd* [2022] CSIH 59, 2023 S.C. 82 , the court concluded that it had jurisdiction to make a winding-up order under s.221 of IA 1986 in respect of a private limited company incorporated and registered in Jersey. Again, it was a discretionary judgment. In that case, there was a sufficient connection with Scotland-the only material assets were in Scotland. In addition, the requirements that there be some benefit to creditors and that there be jurisdiction over parties interested in the distribution of assets was satisfied.

[46] See IA 1986 s.221 and its predecessor CA 1985 s.666.
[47] *Real Estate Development Co, Re* [1991] B.C.L.C. 210 at 217. Applied in *In the Matter of (1) Buccament Bay Ltd (2) Harlequin Property (SVG) Ltd* [2014] EWHC 4776 (Ch).
[48] *Stocznia Gdanska v Latreefers (No.2)* [2001] 2 B.C.L.C. 116 at 137.
[49] See *Re Eloc Electro-Optieck and Communicatie BV* [1982] Ch. 43.
[50] *Banco Nacional de Cuba v Cosmos Trading Corp* [2000] B.C.C. 910; [2000] 1 B.C.L.C. 813 at 819 per Sir Richard Scott VC.
[51] *In the Matter of Chesapeake Insurance Co Ltd (No.006367 of 1991)* [1991] Bda L.R. 42; Bermuda Civ. App. No.7 of 1991, 28 November 1991.
[52] *Re Russian Lloyd, Re Moscow Fire Insurance Co* (1926) 25 Ll. L. Rep. 277.
[53] See *Harrods (Buenos Aires) Ltd, Re* [1992] Ch. 72; [1991] 3 W.L.R. 397, overruled by *Owusu v Jackson (t/a Villa Holidays Bal Inn Villas)* (C-281/02) EU:C:2005:120; [2005] 1 Lloyd's Rep. 452 discussed in Ch.13 above. From 1 January 2021 (following Brexit and the application of Civil Jurisdiction and Judgments (Amendments) (EU Exit) Regulations 2019 r.89, the Brussels Regula-

foreign court has made a winding-up order, or has refused to make a winding-up order, does not prevent the English court from exercising jurisdiction.

The Supreme Court of Bermuda

Section 161 of the BCA 1981[54] sets out the grounds upon which the Supreme Court of Bermuda may order a company to be wound up.[55] Unlike the English legislation from which it was derived, the BCA 1981 makes no express distinction between winding-up companies registered in Bermuda and winding-up companies registered elsewhere.[56] Section 4(1) of the BCA 1981 provides that the Act shall apply to: 17-014

"(a) all companies registered under it or registered before 1 July 1983 under the Companies (Incorporation by Registration) Act 1970;
(b) all companies limited by shares incorporated by Act in Bermuda prior to or after 1 July 1983 …
(c) all mutual companies incorporated prior to 1 July 1983 to which Part XII applies; and
(d) *any overseas company so far as any provision of this Act requires it to apply.*"
[Emphasis added]

It is clear that the Supreme Court of Bermuda may exercise winding-up jurisdiction over all companies incorporated in Bermuda and over any overseas company which has a permit to carry business in Bermuda under s.134 of the BCA 1981.[57] Previously we noted the uncertainty as to jurisdiction of the Supreme Court of Bermuda to wind up foreign companies with no office in Bermuda, and discussed the evolving case law. It is now clear following the decision of the Privy Council in *Pricewaterhouse Coopers v Saad Investments Co Ltd*[58] that the Supreme Court of Bermuda has no jurisdiction to wind up a company that is neither incorporated in Bermuda nor has any office or branch in Bermuda, under either the BCA 1981

---

tion on the Jurisdiction and Enforcement of Judgments (1215/2012) no longer applies to proceedings commenced in the UK on or after that date.

[54] Derived from the Companies Act 1948 s.222, the equivalent provision is IA 1986 s.122 (as amended by the Corporate Insolvency and Governance Act 2020).
[55] For a discussion of BCA 1981 s.161, see *Re Kingate Management Ltd* [2012] Bda LR 14. In that case the directors of the company had resigned, it had ceased doing business and its members had presented a winding-up petition. JPLs were appointed but no winding up order made. The JPLs subsequently applied to the court for a winding-up order and their standing to do so was challenged. Kawaley CJ concluded that since it was undisputed that grounds for winding-up the company existed the Court could make a winding-up order of its own motion.
[56] CA 1948 s.399(1), which does not have an equivalent in BCA 1981, provided as follows: "Subject to the provisions of this Part of this Act, any unregistered company may be wound up under this Act, and all the provisions of this Act with respect to winding up shall apply to an unregistered company …".
[57] The Confederation Life Insurance Company ("Confederation Life"), which was incorporated in Canada, was licensed to operate a branch in Bermuda. In 1994 Confederation Life was ordered to be wound up by the Ontario court upon the petition of the Canadian Superintendent of Insurance. Following the Ontario winding-up order, the Bermudian Registrar of Companies presented a winding-up petition in the Supreme Court of Bermuda, and an order appointing the Registrar as interim provisional liquidator in respect of the assets and liabilities of the Bermuda branch was granted. The jurisdiction of the Bermuda court to make a winding-up order in respect of the Bermuda branch was not contested by the Canadian liquidator, and did not arise for consideration by the court. The Bermudian Registrar of Companies agreed to turn over the assets Confederation Life under his control in Bermuda to the Canadian liquidator, discharge the appointment of the provisional liquidator and discontinue the Bermudian winding-up proceedings.
[58] *Pricewaterhouse Coopers v Saad Investments Co Ltd* [2014] UKPC 35; [2014] 1 W.L.R. 4482.

or the External Companies (Jurisdiction in Actions) Act 1885 ("the 1885 Act").[59] A proposal to amend the BCA 1981 to confer a statutory jurisdiction on the Supreme Court of Bermuda to wind up any unregistered company which has a sufficient connection with Bermuda, similar to that exercised by the English High Court, has been made to the Law Reform Commission.[60]

The position in schemes of arrangement is rather different. Companies will change their debt arrangements specifically to be able to apply to the English Court to engage in a scheme. See *Re Codere Finance UK Ltd*[61] and Ch.18 below.

Presentation of the petition

The grounds for winding-up: Inability to pay debts

17-015 The grounds upon which a company may be wound up by the court are set out in s.122 of the IA 1986.[62] The ground which is typically relied upon when a petition is presented to wind up an insurance/reinsurance company is that "the company is unable to pay its debts". In England and Wales, a company is deemed to be unable to pay its debts if any of the following are established:

(1) A creditor (by assignment or otherwise) to whom the company is indebted in a sum exceeding £750 then due has served on the company, by leaving at the company's registered office, a written demand (in the prescribed form) requiring the company to pay the sum so due and the company has for three weeks thereafter neglected to pay the sum or to secure or compound for it to the reasonable satisfaction of the creditor.[63]

(2) Execution or other process issued on a judgment, decree or order of any court in favour of a creditor of the company is returned unsatisfied in whole or in part.[64]

(3) It is proved to the satisfaction of the court that the company is unable to pay its debts as they fall due.[65]

(4) If it is proved to the satisfaction of the court that the value of the company's assets is less than the amount of its liabilities, taking into account its contingent and prospective liabilities.[66]

The failure of a company to pay an undisputed debt on demand entitles a creditor to present a winding-up petition, even though the company may otherwise ap-

---

[59] The decision of the Supreme Court of Bermuda in *Re Kingate Global Fund Ltd (In Liquidation)* [2010] Bda LR 57 (referred to in the supplement of the third edition) holding that jurisdiction to wind up a foreign company could be derived from the 1885 Act is no longer good law.
[60] In 2024, by the Restructuring and Insolvency Specialists Association Bermuda.
[61] [2015] EWHC 3778 (Ch).
[62] In Bermuda, the equivalent provision is BCA 1981 s.161, derived from s.222 of the UK Companies Act 1948 (hereinafter "CA 1948").
[63] IA 1986 s.123(1)(a); BCA 1981 s.162(a) (in Bermuda the debt must exceed $500, and there is no prescribed form, the statute provides that the creditor serves "a demand under his hand") BCA 1981 s.62 (and s.62A) governs the procedure for service at the registered office in Bermuda and was considered in *Abu Dhabi Commercial Bank PJSC v Algosaibi Trading Services Ltd* [2014] Bda LR 85).
[64] IA 1986 s.123(1)(b); BCA 1981 s.162(b).
[65] IA 1986 s.123(1)(e); BCA 1981 s.162(c), which goes on to provide (cf. IA 1986 s.123(2)) "in determining whether a company is unable to pay its debts the court shall take into account the contingent and prospective liabilities of the company". In Bermuda, see also, Insurance Act 1978 s.33.
[66] IA 1986 s.123(2).

pear to be solvent.⁶⁷ Where the debt is undisputed, the company has the burden of proving that a winding-up petition is nonetheless an abuse of process; and the fact that a winding-up order would give the petitioner some collateral advantage in other litigation against the company will not generally amount to an abuse of process.⁶⁸

However, where the debt is disputed bona fide on substantial grounds,⁶⁹ the court will generally not try the dispute on the hearing of a winding-up petition,⁷⁰ and the winding-up petition is liable to be struck out as an abuse of the process. Where there is a bona fide dispute, the court may grant an injunction restraining either the presentation or the advertisement of the petition.⁷¹ An example of such a case is *Re A Company (No.008725 of 1991 and No.008727 of 1991)*.⁷² Three Lloyd's syndicates presented a petition to wind up a reinsurance company which they alleged owed £59,911.25 under a reinsurance treaty. Quarterly accounts had been presented to the company which it had not paid. The company asked to inspect the reinsured's records in accordance with the provisions of the treaty. The syndicates refused, saying that no inspection would be allowed until payment was received. The syndicates argued that the company had put forward no grounds whatsoever on which it could dispute the debt. All the company could say was that "it hopes that some such grounds may emerge from its inspection and this is not good enough".⁷³ It was further alleged that, having regard to its contingent and prospective liabilities, the company was "actuarially insolvent, if not actually unable to pay its debts as they fall due, and this casts doubts upon its bona fides".⁷⁴

Hoffmann J (as he then was) said:

17-016

"I accept that in the ordinary case, it is not enough for the company to say that an investigation yet to be undertaken may produce some grounds upon which the debt can be disputed. But the terms of the reinsurance treaty make this a far from ordinary case. The reinsured can in the first instance make a claim based on nothing but its own assertion that it has suffered a loss within the terms of the treaty. No more particulars need be

---

⁶⁷ *Mann v Goldstein* [1968] 1 W.L.R. 1091; [1968] 2 All E.R. 769 at 773 per Ungoed-Thomas J; applied by Harman J in *Cornhill Insurance Plc v Improvement Services Ltd* [1986] 1 W.L.R. 114; (1986) 2 B.C.C. 98942.
⁶⁸ *Ebbvale Ltd v Hosking* [2013] UKPC 1; [2013] 2 B.C.L.C. 204.
⁶⁹ See *Re Tweeds Garages* [1962] Ch. 406; [1962] 2 W.L.R. 38; *Mann v Goldstein* [1968] 1 W.L.R. 1091; (1968) 112 S.J. 439; *Taylor's Industrial Flooring Ltd v M&H Plant Hire (Manchester)* [1990] B.C.C. 44; [1990] B.C.L.C. 216; *Synergy Agri Holdings Ltd v Agform Ltd* [2020] EWHC 343 (Ch).
⁷⁰ But see *Re UOC Corp (No.1) (also known as Alipour v Ary)* [1997] 1 W.L.R. 534; [1997] 1 B.C.L.C. 557. The Court of Appeal (McCowan, Peter Gibson, Hutchison LJJ) pointed out that the rule that a creditor's petition based on a disputed debt will normally be dismissed was a rule of practice of the Companies Court and not an inflexible rule of law. Peter Gibson LJ said that a creditor's petition, "will not be dismissed if the petitioning creditor has a good arguable case that he is a creditor and the effect of dismissal would be to deprive the petitioner of a remedy or otherwise injustice would result or for some other sufficient reason the petition should proceed." The existence of such a discretion had been recognised by the Privy Council in *Brinds Ltd v Offshore Oil NL* (1986) 2 B.C.C. 98 at 916.
⁷¹ See *Bryanston Finance Ltd v De Vries* [1976] Ch. 63; [1976] 2 W.L.R. 41. In *Re a Company (No.EC 31586)* [2010] Bda LR 77, Kawaley J (as he then was) varied an ex parte order restraining advertisement of a winding-up petition to allow interested investors to be provided with copies of the petition. In *Travelodge Hotels Ltd v Prime Aesthetics Ltd* [2020] EWHC 12 (Ch) an injunction restraining the presentation of a winding up petition was granted on the basis that(1) the company was likely to benefit from new, imminent legislation, designed to assist certain companies during the Covid-19 pandemic and (2) the petition was an abuse of process as there was likely to be a nil return on the winding up and a turnaround proposal (which would be jeopardised by the winding up) was likely to produce a better return for creditors. Furthermore there was no evidence to suggest that the company was undertaking transactions at an undervalue.
⁷² *Re A Company (No.008725 of 1991 and No.008727 of 1991)* [1992] B.C.L.C. 633.
⁷³ *Re A Company* [1992] B.C.L.C. 633 at 634h.
⁷⁴ *Re A Company* [1992] B.C.L.C. 633 at 634h.

given and none have. But for the protection of the reinsurer, it has a contractual right to inspect the syndicates' books and papers. It is only by exercising that right that the reinsurer can satisfy itself that the claim is properly due."[75]

Hoffmann J, concluded as follows:

"If there was evidence that the proposed inspection was excessive in scope or otherwise in bad faith, I would take a different view. All that is said, however, is that it is an attempt to postpone payment because the company is insolvent. That does not, however, cast doubt upon the good faith of the exercise of the contractual right in August 1990. Even an insolvent company is entitled to exercise its contractual rights and to be treated fairly in accordance with the terms of treaty ... the creditor is not, in my view, entitled in breach of contract to deny the debtor access to the only material which would show whether or not the debt is owing and then claim that he has no material upon which to contradict the base assertion that it is due."[76]

Disputed debts in Bermuda

17-017 A similar approach was adopted by the majority of the Court of Appeal for Bermuda in *In the Matter of Chesapeake Insurance Co Ltd*.[77] Georges JA said:

"It was urged on behalf of [the petitioner] that the Company had never in the course of negotiations indicated that liability as such was being disputed. Since it had adopted that position only after the action had been filed in Philadelphia this raised a clear implication that it was not bona fide and had been made tactically to ensure delay of the inevitable payment which would have been made. While the Company did not, in the course of the negotiations explicitly deny liability, there was no explicit admission either. This is not an unusual situation. The negotiations proceeded on the basis that if a satisfactory figure could be agreed, the dispute would be settled without explicit resolution of the issue of liability. Payments are not infrequently made without admission of liability. No clear implication of lack of bona fides can be drawn from the fact that the denial of liability came at the stage which it did. The crucial factor is the nature of the defence raised and an evaluation of its likely success ... against such a background where there is a right to reasonable inspection of books, once there is refusal to make records available, a dispute as to quantum of any sum claimed by [the petitioner] becomes a dispute as to liability. Without such an inspection there can be no assurance that the implied terms of the contract have been honoured."

There was a dispute on the evidence before the Supreme Court as to the solvency of the company. The Court of Appeal refused an application to adduce further evidence as to the financial condition of the company, including evidence of winding-up proceedings commenced in England by another creditor of the company, and the fact that the English Companies Court had appointed an interim provisional liquidator. The Court of Appeal did not consider the evidence of insolvency relevant to the issue of whether the petitioner's debt was the subject of a bona fide dispute. Georges JA concluded the judgment of the majority as follows:

"The overriding principle is that a winding-up petition is not a legitimate means of seeking to enforce payment of a debt which is bona fide disputed by the company against whom the petition is filed. There are cases in which it is clear that dispute is limited strictly

---

[75] *Re A Company* [1992] B.C.L.C. 633 at 634i.
[76] *Re A Company* [1992] B.C.L.C. 633 at 635f-h.
[77] *Chesapeake Insurance* [1991] Bda L.R. 42; Bermuda Civ. App. No.7 of 1991, 28 November 1991 (Sir Denys Roberts P, Georges JA; Huggins JA dissenting).

to quantum. In such cases the petition will be allowed to proceed but there must usually be clear evidence of insolvency or of admission of indebtedness."[78]

In the second edition we noted that, the general rule of striking out a winding up petition where the debt was disputed had been departed from by the Supreme Court of Bermuda in one case, in which it was ordered that the existence or otherwise of the debt be litigated within the winding up proceedings.[79] We observed that, "since there is no separate Companies Court in Bermuda there is no particular reason why the Supreme Court of Bermuda should follow the English practice, although hitherto it has done so". In *IPC Mutual Holdings Ltd v Friedbergh*,[80] the Court of Appeal for Bermuda reaffirmed the "*rule of practice*" that a petition based upon a debt which is disputed bona fide on substantial grounds will ordinarily be struck out, although the court will often determine whether or not a substantive dispute exists.

Since 1 January 2006, winding up proceedings have been assigned to the Bermuda Commercial Court.[81] Two decisions of Bermudian Commercial Judges suggest that a more flexible approach to "disputes" is now being taken. In *Discover Reinsurance Co v P.E.G. Reinsurance Co Ltd*, Kawaley J was satisfied, on affidavit evidence:

17-018

"... that the Respondent has raised no substantial dispute about the Petitioner's status as a creditor and that the Petitioner has a good arguable case that it is currently a creditor in an amount of approximately $1 million".[82]

His lordship went on to say:

"If I had been required to find that a substantial dispute did exist, I would in any event have exercised my discretion to allow the Petition to proceed ..."[83]

Discover Re v PEG Re had unusual facts. There was good evidence that the company (PEG Re) was insolvent, and that it had been insolvent at the time it had paid a substantial dividend to its shareholder, a Delaware company. Kawaley J had appointed joint provisional liquidators ("JPLs"), on an ex parte application by the petitioner (Discover Re), in order for them to commence proceedings in the name of the company in Delaware to recover the dividend payment—a cause of action which was about to become time-barred—meanwhile the company was disputing its debt to the petitioner in US arbitration proceedings in which there had been an interim ruling that, subject to quantification and the determination of the company's counterclaim, the petitioner was owed a substantial debt. The company's counterclaim—made under a Connecticut consumer protection statute—appeared extremely tenuous, and the company had delayed any determination of its counterclaim in the arbitration through the means of failing to pay its appointed arbitrator. Against this background, Kawaley J would have refused to strike out the

---

[78] Citing *Welsh Brick Industries Ltd, Re* [1946] 2 All E.R. 197; *Re Tweeds Garages* [1962] Ch. 406. In the latter case, Plowman J said: "There is no dispute that they are creditors. Moreover, it would seem to me to quite unjust to refuse a winding-up order to a petitioner who is admittedly owed moneys which have not been paid merely because there was a dispute as to the precise amount owing."

[79] *In the Matter of Caliban Holdings Ltd, Belvedere Insurance Co Ltd (In Liquidation) v Caliban Holdings Ltd*, Supreme Court of Bermuda, Companies (Winding-Up) No.80 of 1999 26 March 1999 (unreported)—*Re UOC Corp* [1997] 1 B.C.L.C. 557 was followed.

[80] *IPC Mutual Holdings Ltd v Friedberg* [2004] Bda L.R. 27.

[81] Under the newly introduced RSC Ord.72, all applications under BCA 1981 are automatically designated as commercial actions. See Ch.17 above.

[82] *Discover Reinsurance Co v P.E.G. Reinsurance Co Ltd* [2007] Bda L.R. 20 at [41].

[83] *Discover Reinsurance Co v PEG Reinsurance Co Ltd* [2007] Bda L.R. 20 at [42].

petition, even if he had found there was some substance in the counterclaim, because:

> "(a) it would be unjust to deprive a substantial contingent creditor of the potential benefit of the cause of action preserved by the JPLs, and (b) any substantial dispute could be resolved either (i) with cross-examination, if necessary, on a contested hearing of the Petition or (ii) in the arbitration proceedings, pending the conclusion of which the present proceedings could be either adjourned or stayed."[84]

The procedural history of the *Gottex v Stewardship* case[85] was, if anything, even more remarkable. In May 2008 the petitioners (the Gottex Funds) had commenced proceedings against the company, as plaintiffs in a writ action, claiming they were owed approximately $103 million by the company (Stewardship) as a result of having served redemption requests in respect of their Class A shares in the company. A defence had been filed by Stewardship in July 2008. The parties had joined issue on the pleadings as to whether Stewardship was required, under its bye-laws, to satisfy the Gottex Funds' redemption request in cash or whether certain participation Notes which it had delivered to the Gottex Funds in lieu of cash constituted satisfactory payment in kind. The writ action proceeded to go to sleep for a few months (during which one may infer negotiations took place between the parties). Then, in October 2008, the Gottex Funds filed a winding up petition against Stewardship. The reason for this change in litigation strategy was the discovery, in early October 2008, that a massive fraud had been perpetrated by a certain Mr Petters with respect to companies in the US in which Stewardship had invested 70 per cent of its assets. On Stewardship's application to strike out the petition as an abuse of process, and a cross-application by the Gottex Funds to appoint JPLs, Bell J held: (i) that there was no substantial ground upon which the petitioners' standing as creditors could be disputed; (ii) having regard to the evidence of Stewardship's likely insolvency, there was a good prima facie case that a winding up order would be made; (iii) it was an appropriate case for the appointment of interim JPLs pending the hearing of the petition.[86]

17-019 A discussion of the merits of the learned judge's findings on the issue of whether the participation Notes were redeemable in kind, and other technical matters relating to hedge fund law and practice which arose in this case (which has become a leading authority on the rights of a so-called "redemption creditor" of a hedge fund) are beyond the scope of this work. What is worthy of note, however, is the robust approach of the court to determining the question of whether there was an arguable dispute. Bell J said:

> "I do not regard the Company's position as being arguable; there is, in my view, no question of the Participation Notes representing an effective redemption in kind. I do, therefore, hold that the debt in respect of the redemptions of the investments in the Gottex Funds is not one which can properly be said to be disputed on substantial grounds, and I so find."[87]

We conclude from *Discover Re v PEG Re* and *Gottex v Stewardship* that, the stronger the evidence of the company's insolvency, and the more pungent the odour of impropriety coming from the company's management, the more likely Com-

---

[84] *Discover Reinsurance Co v PEG Reinsurance Co Ltd* [2007] Bda L.R. 20 at [42].
[85] *BNY AIS Nominees Ltd v Stewardship Credit Arbitrage Fund Ltd* [2008] Bda L.R. 67. The petitioners were the same hedge funds which were the successful plaintiffs in the *Gottex v Newstream* case discussed in Ch.16 above.
[86] Following Bell J's decision, Stewardship's directors chose not to mount any further resistance to the petition, and a winding up order was subsequently made.
[87] *BNY AIS v Stewardship* [2008] Bda L.R. 67 at [57].

mercial Judges in Bermuda are to raise the bar for a company seeking to argue that there is a "substantial dispute" as to the existence of the petitioning creditor's debt.[88]

Disputes as to quantum only

Where it is admitted that the company is liable under a reinsurance contract, so that the locus standi of the petitioner as a creditor[89] is not in dispute, but only the quantum of the petitioner's debt is disputed, then, in principle, the petitioner is entitled to have the company wound up—if he can prove that the company is unable to pay its debts. This is subject to two caveats. First, as appears from the *Re A Company* and *Chesapeake* cases, a dispute as to quantum ("I do not know how much I owe you until I am allowed to inspect your records") may sometimes be regarded as a dispute as to liability ("if I inspect your records it may turn out that I owe you nothing"). Secondly, where the precise amount owed is in dispute it will not be open to the reinsured to establish the reinsurer's inability to pay debts by reason of the reinsurer's having "neglected to pay" a sum demanded pursuant to s.123(1)(a) of the IA 1986.[90] The reinsured/petitioner will have to provide some alternative evidence to satisfy the court that the reinsurer is unable to pay its debts, for example by showing that the reinsurer's liabilities (including its contingent and prospective liabilities) exceed its assets.

17-020

Proving inability of an insurer to pay debts in Bermuda

In Bermuda, s.33(1) of the Insurance Act 1978 provides:

17-021

"An insurer ... carrying on general business shall be deemed for the purposes of section 161 of the Companies Act 1981 (winding-up of company by the Court) to be unable to pay its debts if at any time the value of its assets does not exceed the amount of its liabilities and the provisions of this Act as to winding-up shall have effect accordingly."

Section 33(2) goes on to provide that "in computing the amount of liabilities of an insurer, all contingent and prospective liabilities shall be taken into account but not liabilities in respect of share capital". If a (re)insurer fails to comply with the regulations made under s.33(5) of the Insurance Act 1978, then in any proceedings for its winding-up order under s.33, the insurer is deemed, until the contrary is proved, not to have assets exceeding its liabilities.

Locus standi of petitioner: Creditors/contingent creditors

Section 124(1) of the IA 1986 provides as follows:

17-022

"... an application to the Court for the winding-up of a company shall be by petition presented either by the company, or the directors, or by any creditor or creditors (*including any contingent or prospective creditor or creditors*, contributory or contributories ..." [Emphasis added]

Any person with an undisputed claim for unliquidated damages for more than a

---

[88] For an example of a case in which the debt was found to be disputed on bona fide and substantial grounds, see: *Alpha Prime Fund Ltd v Primeo Fund Ltd* [2011] Bda LR 51. The principles upon which the Bermuda Court will exercise its discretion to stay a winding-up petition were considered by Kawaley CJ in *Re LAEP Investments Ltd* [2014] Bda LR 35 and *Re Agrenco Limited* [2014] Bda LR 94; and by Hargun CJ In the Matter of Titan Petrochemicals Group Limited Supreme Court of Bermuda, Companies (Winding-Up) 2019: No. 283 11 August 2021.
[89] See further 17-021 below.
[90] *A Company, Re* [1984] B.C.L.C. 322.

nominal amount is a prospective creditor within s.124(1).[91] A policyholder of an insurance/reinsurance company will, generally speaking, be a contingent creditor.

Directors' petitions in Bermuda: "The Emmadart point"

17-023   Section 163(1) of the BCA 1981 is similarly worded to s.124(1) of the IA 1986, save that there is no reference to the directors presenting a petition. It was previously thought that, absent a specific provision in the byelaws conferring power on the board of directors to present a petition, a resolution of the company's shareholders at a general meeting was necessary, which was formerly the position in England, following *Re Emmadart Ltd*.[92] The so-called "Emmardart point" was a vexing one for Bermudian practitioners when called upon to advise the directors of a company that was insolvent or about to become insolvent and where the interests of creditors required a rapid appointment of provisional liquidators. It was not infrequently the case that the approval of shareholders to presentation of a winding-up petition could not be obtained sufficiently quickly or at all. This difficulty was removed by the decision of the Supreme Court of Bermuda in *In the Matter of First Virginia Reinsurance Ltd*[93] in which the court declined to follow Emmadart and preferred the reasoning of the Supreme Court of New South Wales in *Re Inkerman Grazing Pty Ltd*[94] and subsequent Australian decisions. Kawaley J said:

> "If it be right that directors in carrying out their general management duties are required, after the onset of insolvency, to have primary regard to the welfare of the company's creditors, why should their powers be construed as excluding the right to take what may be the most important steps towards achieving that goal, absent shareholder approval? ... Does the duty to act in the 'best interests of the company' not mean, in the insolvency context, the 'best interests of the creditors'? If the interests of the creditors dictate that a winding-up petition should be filed and shareholders (who may wish to improperly extract funds from the company or recklessly incur further credit in the vain hope that a recovery may be achieved) consider this course is undesirable, does the Act intend that the company drift, in limbo, until an informed creditor or an enlightened shareholder presents a third party petition? This construction of the Act is both illogical and absurd. If the interests of the insolvent company are synonymous with the interests of creditors, the wishes of shareholders become all but irrelevant and it should not be legally possible for shareholders to approve action contrary to the company's (and its creditors') interests. On this fundamental ground of principle, shareholder approval cannot be required for a bona fide decision by directors of a company which appears to be insolvent to present a petition for its winding-up in the name of the company."

Policyholder's petitions in Bermuda: Insurance Act 1978 s.34

17-024   In England special provision for policyholders' petitions was formerly made by s.53 of the ICA 1982, now repealed. However, as we have noted above, in Bermuda s.34 of the Insurance Act 1978, which is derived from the former English legislation, applies to policyholders' petitions. In the *Chesapeake* case[95] the Court of Appeal for Bermuda, having held that there was a bona fide dispute on substantial grounds as to whether the petitioner was a creditor, went on to hold that the petitioner was not entitled to present a petition as a policyholder/contingent creditor.

---

[91] *Dollar Land Holdings Plc, Re* [1993] B.C.C. 823; [1994] 1 B.C.L.C. 404.
[92] *Emmadart Ltd, Re* [1979] Ch. 540; [1979] 2 W.L.R. 868.
[93] *In the Matter of First Virginia Reinsurance Ltd* [2003] Bda L.R. 47; Supreme Court of Bermuda, Companies (Winding-Up) No.411 of 2003, 23 October 2003.
[94] *Re Inkerman Grazing Pty Ltd* [1972] A.C.L.R. 102.
[95] *Chesapeake* [1991] Bda L.R. 42; Bermuda Civ. App. No.7 of 1991, 28 November 1991 and above.

WINDING-UP PETITIONS

The Court of Appeal held that the effect of s.34 of the Insurance Act 1978 was to restrict the scope of s.163 of the BCA 1981. Georges JA said:

> "The relationship between an insured and an insurer from the conclusion of the contract of insurance must necessarily be that of contingent creditor and contingent debtor. As a contingent creditor every policy holder would be entitled, in circumstances in which it appeared that the insurer company was insolvent, to present a petition for the winding-up of the Company under section 163 of the Companies Act."

Georges JA adopted the reasoning of Neville J in *Re British Equitable Bond and Mortgage Corporation Ltd*[96] and concluded that the words "subject to the modification" in s.34 had the effect that:

> "... where the contingent creditor bases a petition on a debt which arises under a policy of insurance ... the petition can only be filed by ten or more policyholders owning policies of an aggregate value of not less than $50,000."

The same point arose in another case which was argued before the Court of Appeal at the same time as *Chesapeake*, the case of *In the Matter of Aneco Reinsurance*.[97] In that case, shortly after the petitioner had entered into a contract of reinsurance with the company, the petitioner had reason to believe that the company was insolvent. The company pressed the petitioner for payment of the premium. The petitioner refused to pay the premium, and presented a petition as a contingent creditor.[98] It was held that, notwithstanding evidence of the company's insolvency,[99] the petitioner had no locus standi, as a single policyholder, to present a petition.

In the *Chesapeake* case, Georges JA traced the origins of s.34 of the Insurance Act 1978. He said:

17-025

> "The legislative history indicates that the section [BCA 1981, Section 163(1)] should not be applied where the petitioner claims as a creditor in respect of a debt arising under a policy of insurance. The original Companies Act in England (1862) did not allow the presentation of a petition for winding up by a contingent creditor. The Life Assurance Companies Act of 1870, section 21 provided that the Court might order the winding-up of an assurance company in accordance with the Companies Act 1862 on the application of ten or more policy holders, see Neville J: *In Re British Equitable Bond and Mortgage Corporation Ltd* [1910] 1 Ch. 574 at 578. Later section 28 of the Companies Act 1907 entitled contingent and prospective creditors generally to file petitions for winding-up based on contingent or prospective debts. Section 36 of the Insurance Act clearly has its genesis in the Life Assurance Companies Act 1870 of Great Britain and was intended to deal only with policyholders filing as contingent creditors since policyholders who are creditors would have been entitled to like petitions under the Companies Act of 1862 (Great Britain)."

The result in both the *Chesapeake* and the *Aneco* cases is difficult to justify.[100] Why should a contingent creditor who is a policyholder of an insolvent reinsur-

---

[96] *British Equitable Bond and Mortgage Corp Ltd, Re* [1910] 1 Ch. 574.
[97] In the *Matter of Aneco Reinsurance (Underwriting) Ltd* [1991] Bda L.R. 41; 1991 Civil Appeal No.18.
[98] The petitioner's admitted object in so doing was to seek to set-off against the liquidator of the company the premium due against the value of its contingent claim.
[99] The company was eventually wound up on the petition of the Registrar of Companies.
[100] Our criticisms of the Court of Appeal for Bermuda in this paragraph (17-024 above) of the second edition were cited with approval by Kawaley J in *Discover Re v PEG Re* [2006] Bda L.R. 88 at [36]. Since the learned judge had appeared as counsel for the unsuccessful policyholder/petitioner in the *Chesapeake* case, we are not surprised that he agrees with us. His brother Commercial Judge, Bell

ance company be treated differently, as regards the right to present a winding-up petition, from other contingent or prospective creditors (for example, the landlord from whom the company leases its premises)? Georges JA sought to distinguish between policyholders who are creditors and those who are contingent creditors as follows:

> "It can also be said that a policyholder whose petition is based on a debt arising under the policy is not filing in the capacity of a policyholder as such. Such a petitioner is filing as a creditor and it should not matter whether the debt arose under a policy or under a contract for the sale of goods or services. In the normal course of events insurance companies would have far more contingent creditors then other commercial concerns and would need some protection from over anxious potential petitioners. No such protection is needed as regards creditors."

Whilst we accept the need for circumspection because some policyholders' claims may be more contingent than others, we suggest, with respect, that it is those policyholders who are contingent creditors of an insolvent reinsurer (whose claims are going to arise in the future) who are in the greatest need of the protection which a winding-up petition affords them. A reinsurer in run-off may have sufficient cash to pay the claims of creditors who have debts presently due, and yet on the basis of an actuarial estimate of his contingent liabilities will not be in a position to pay his contingent creditors in full when their claims fall due for payment. Creditors who are paid have no interest in petitioning to wind up the company.[101] As Bermuda law presently stands a contingent creditor must either find nine other creditors to join in a petition or, if that is not possible, seek to persuade the Bermuda Monetary Authority to present a petition.[102]

Hearing of the petition

Powers of the court

17-026   Section 125 of the IA 1986 provides as follows:

> "On hearing of a winding-up petition the Court may dismiss it, or adjourn the hearing conditionally or unconditionally or make an interim order or any other order that it thinks fit, but the Court shall not refuse to make a winding-up order on the ground only that the company's assets have been mortgaged to an amount equal to or in excess of those assets or that the company has no assets."[103]

The section confers a wide discretion upon the court. It was the practice in England (prior to the administration procedure becoming available to insolvent (re)insurance companies), for such an insolvent company to present a winding up petition, seek the appointment of a provisional liquidator on the basis of that wind-

---

J (now a Justice of Appeal of the Court of Appeal of Bermuda), who as Mr Geoffrey Bell QC was counsel for the unsuccessful policyholder/petitioner in the *Aneco* case, has not yet had an opportunity to comment judicially on the point.

[101] See the remarks of Maugham J in *North & South Corp Ltd, Re* (1933) 47 Ll. L. Rep. 356 at 357 and below.

[102] See, however, *Discover Re v PEG Re* [2006] Bda L.R. 88 at [38]–[39], where Kawaley J said that the restrictions imposed on the rights of policyholders to petition under s.34 were procedural rather than substantive, and suggested (obiter) that a petitioner could seek relief under s.15 of the Bermuda Constitution and obtain "a declaration that the restrictions (i.e. the ten policyholders requirement) in section 34, as applied to the petitioner, should be disapplied because they contravene his constitutional right of access to the court under section 698) of the Constitution".

[103] BCA 1981 s.164(1), which is derived from CA 1948 s.225, is in identical terms.

ing up petition and then seek the adjournment of the petition pending the implementation of a scheme of arrangement under, what is now, Part 26 of the Companies Act 2006. In that scenario, such adjournments could last over a considerable period of time. In case of the "KWELM",[104] The companies provisional liquidators were "very active" in office for nearly three years and "... a variety of litigation [was] both brought against the companies, with the leave of the Court and brought by the companies under the control of the provisional liquidators".[105] A scheme of arrangement under CA 1985 s.425 was ultimately sanctioned by the court, the various winding-up petitions were dismissed and the appointment of the provisional liquidators discharged. In Re Kingscroft Insurance Co Ltd,[106] Harman J held that the effect of dismissing the winding-up petitions was to deprive the court of jurisdiction to continue an order previously made under s.236 of the IA 1986 for the production of books of account and other documents.

Where winding-up proceedings involving an insolvent insurance/reinsurance company are contested, generally speaking, the contest is between the company (and possibly its shareholders) on the one hand and creditors on the other. Where the company is insolvent and there is no reasonable prospect of a scheme of arrangement, in order to protect the interests of creditors, the normal course is to make a winding-up order.[107] Maugham J, refusing an application for an adjournment by an insolvent motor insurance company, said:

> "People who have risks which have matured will get payment in full, but meanwhile you have outstanding claims and unexpired risks. If there is a winding-up to-day everybody gets what they are entitled to in a winding-up."[108]

Abuse of process

In the *EMLICO* case[109] the Supreme Court of Bermuda was faced with an unusual situation. The company was undoubtedly insolvent. Both the company and its only policyholder and creditor wanted a winding-up order to be made. The winding-up petition was opposed by the company's reinsurers. Ground J (as he then was) had to determine as a preliminary question whether reinsurers of an insolvent reinsured had any locus standi to appear at the hearing of the winding-up petition. He said:

17-027

> "As I understand the law, the position is that only a creditor or a contributory is entitled to appear on the petition. However, the Court has a discretion to permit other parties whose interest might be affected by the winding-up to appear and be heard. The debtor per se has no right to be heard because he is answerable for his debt. The liquidation of his creditor has no effect on his liability and he cannot complain if it makes the enforcement of that liability effective where it otherwise might not have been."[110]

However, Ground J concluded that the heart of the reinsurers' complaints was

---

[104] Kingscroft Insurance Company, Walbrook Insurance Company, El Paso Insurance Company, Lime Street Insurance Company (formerly Louisville IC), Mutual Reinsurance Company. All declared insolvent in 1992/3. All subsidiaries of London United Investments, all carrying on business through HS Weavers (Underwriting) Agencies Ltd and CR Driver & Co Ltd.
[105] *Kingscroft Insurance Co Ltd, Re* [1994] B.C.C. 343; [1994] 1 B.C.L.C. 80 at 81 per Harman J.
[106] *Kingscroft Insurance Co Ltd, Re* [1994] 1 B.C.L.C. 80.
[107] *Re North & South Insurance Corp Ltd* (1933) 47 Ll. L. Rep. 356.
[108] *Re North & South Insurance Corp Ltd* (1933) 47 Ll. L. Rep. 356 at 357, and see his comments cited above.
[109] *In the Matter of Electric Mutual Insurance Co Ltd, Supreme Court of Bermuda, Companies (Winding-Up) No.436 of 1995 26 July 1996 (EMLICO)*. The facts are discussed in Ch.16, 16-021 above.
[110] Ruling dated 15 April 1996.

abuse of the process and, since the allegations which they made,[111] "if true, would amount to serious matters warranting the attention of this Court", one of EMLICO's reinsurers, Kemper Re, should, as a matter of discretion, be heard.

At the hearing of the petition, Ground J accepted that on the affidavit evidence before the court, Kemper Re had demonstrated a serious issue of fact to be tried. However, he refused to try the allegations of fraudulent misrepresentation as part of the winding-up proceedings, and further refused to adjourn the winding-up proceedings pending a hearing of Kemper Re's application for judicial review.[112] Ground J made a winding-up order on the basis that EMLICO was admittedly insolvent and that, even if Kemper Re established the truth of the fraud allegations, the winding-up proceedings were not, in themselves, an abuse of process. It was clear from English authorities[113] that abuse of process is the use of legal machinery for a collateral or ulterior purpose. Ground J said:

> "There is nothing in the evidence here to suggest any collateral or ulterior purpose. Indeed, it is Kemper's case that the petition is intended to achieve a liquidation under the framework established by statute in Bermuda: that is the proper purpose of a winding-up petition. Of course, petitions may be abusive when they are used to bring pressure to bear upon a company, for instance to extort the settlement of a disputed debt, but that is not the case here. The purpose of this petition is the wholly proper one of achieving the compulsory winding-up of an insolvent company."[114]

Public interest petitions

17-028 The Secretary of State has a general power under s.124A of the IA 1986 to petition for the winding up of any company on the just and equitable ground where it appears to him "that it is expedient in the public interest that a company should be wound up".[115] A specific power to petition for the winding-up of an insurance/reinsurance company is also given to the regulators under s.367 of the FSMA 2000. On such a petition, the court may make a winding-up order if: (a) the body is unable to pay its debts within the meaning of ss.123 or 221 of the IA 1986; (b) the court is of the opinion that it is just and equitable that it should be wound up; or (c) in the case of an insurance undertaking or reinsurance undertaking, the PRA has cancelled the body's Pt 4A permission.[116]

In Bermuda, under s.35(1) of the Insurance Act 1978, the Bermuda Monetary Authority ("BMA") may present a petition for the winding-up of an insurance/reinsurance company on any of the following grounds:

(1) the company is unable to pay its debts within the meaning of ss.161 and 162 of the Companies Act 1981; or

---

[111] That EMLICO had procured its transfer from Massachusetts to Bermuda by fraudulent misrepresentation to the regulatory authorities in both jurisdictions, see further in Ch.16, 16-021 and 16-022 above.

[112] As to which, see Ch.16, 16-021 above.

[113] *Goldsmith v Sperrings Ltd* [1977] 1 W.L.R. 478; (1977) 121 S.J. 304; *Grainger v Hill* 132 E.R. 769; (1838) 4 Bing. N.C. 212.

[114] *EMLICO* - in the *Supreme Court of Bermuda, Companies (Winding-Up) No.436 of 1995*, 26 July 1996.

[115] For examples of the exercise of this power in relation to companies carrying on, and aiding and abetting the carrying on of, unauthorised insurance business, see *Company (No.007923 of 1994), Re* [1995] 1 W.L.R. 953; [1995] 1 B.C.L.C. 440, and the cases discussed in Ch.15, 15-034–15-045 above. See also *Equity & Provident Ltd, Re* [2002] EWHC 186 (Ch); [2002] 2 B.C.L.C. 78. It appears that a power to wind up in the public interest was first conferred on the Board of Trade by the Assurance Companies (Winding-Up) Act 1933: see *Re North & South* (1933) 47 Ll. L. Rep. 356.

[116] FSMA 2000 s.367(3).

(2) the company has failed to satisfy an obligation to which was subject by virtue of the Insurance Act 1978; or
(3) the company has failed to satisfy its obligations relating to the preparation of accounts or filing of statutory financial statements under ss.15 and 17 of the Insurance Act 1978, and the BMA is unable to ascertain its financial position.

In addition, under s.35(3), if appears to the BMA that it is expedient in the public interest that an insurance/reinsurance company be wound up, the BMA may present a winding-up petition on the just and equitable ground. In *The Bermuda Monetary Authority v The South of England Protection and Indemnity Association (Bermuda) Ltd*, the BMA petitioned to wind up a P&I Club on the grounds that it "was hopelessly insolvent... had a history of regulatory delinquency and should be wound up on public interest grounds".[117] Making a winding-up order, Kawaley J (as he then was) said:

"Insurance and reinsurance form the centre-piece of Bermuda's offshore industry which generates over 80% of the country's foreign exchange earnings. The integrity of Bermuda's insurance regulatory system is as important to Bermuda's national interest as are dykes to the coastal areas of the Netherlands. It is a notorious fact that the Bermuda regulatory model is more collaborative than adversarial and that the BMA is quicker to resort to the velvet glove rather than a mailed fist in responding to regulatory challenges. The history of the Company's dealings with the manifestly patient BMA makes good this point."[118]

3. SOME LEGAL PROBLEMS OF REINSURANCE LIQUIDATIONS

Security and set-off

We have noted above[119] that a reinsured may, not infrequently, require a reinsurer to provide security for the performance of its obligations under the reinsurance contract, by way of a letter of credit. Upon the reinsurer becoming insolvent, the reinsured may seek to draw down the letter of credit. If the proceeds of the letter of credit are used to pay claims which have fallen due for payment at the date of the winding-up order, or which subsequently fall due for payment, under the reinsurance contracts to which the letter of credit relates, it is clear that the reinsured is entitled to the benefit of the letter of credit.

17-029

In *Cleaver v Delta American Reinsurance Co*[120] Delta, a US reinsurer, entered into a retrocession agreement (governed by New York law) with Transnational, a Cayman Islands company. Delta was placed in liquidation in Kentucky and its liquidator brought proceedings in New York against Transnational and other retrocessionaires claiming sums due under various contracts. Transnational was required under New York law to provide security in the amount of Delta's paid losses, which it did by arranging for Barclays Bank to issue a letter of credit. Barclays in turn took a charge over Transnational's credit balances as security for

---

[117] *The Bermuda Monetary Authority v The South of England Protection and Indemnity Assn (Bermuda) Ltd* [2011] Bda LR 69 at [2] per Kawaley J.
[118] *The Bermuda Monetary Authority* [2011] Bda LR 69 at [19].
[119] See Ch.15, Pt 2 above.
[120] *Cleaver v Delta American Reinsurance Co (In Liquidation)* [2001] UKPC 6; [2002] Lloyd's Rep. I.R. 167.

the letter of credit. As Delta's paid losses increased Transnational was required to provide additional security. Transnational went into liquidation in the Cayman Islands and the liquidators declined to provide security. Delta thereafter obtained judgment in default against Transnational in New York for $988,680. Delta drew down on the letter of credit (which was in the sum of the $735,393) and sought to prove in the liquidation of Transnational for the balance of the New York default judgment. The liquidators of Transnational contended that before receiving any dividend Delta should be required to bring into hotchpot[121] the proceeds of the letter of credit. The Grand Court of the Cayman Islands (Smellie J) held that Delta should be required to bring the $735,393 into hotchpot. However, the Court of Appeal of the Cayman Islands reversed his decision on this point.

The liquidators' appeal to the Privy Council failed. It was held that the hotchpot rule did not apply because the assets represented by the letter of credit were not part of the estate of Transnational in liquidation. Lord Scott said:

> "The three cases to which reference has been made[122] demonstrate that the hotchpot requirement applies only to assets that, under English law, are regarded as forming part of the estate in liquidation. This is the reason why a secured creditor, who has obtained his security before the commencement of the liquidation, is entitled to realise his security, apply the proceeds towards discharging his debt, and prove in the liquidation for any balance still owing (see rule 4.88 of the Insolvency Rules 1986[123]). He is not required to bring into hotchpot the proceeds of his security. The asset constituting the security never formed part of the liquidation estate. The equity of redemption would, theoretically, have been an asset of the estate but, in a case where the secured debt exceeded the value of the security, would be worthless ... In the present case ... counsel for the liquidators, described rule 4.88 of the Insolvency Rules 1986, under which a secured creditor may realise his security and prove for the balance of the debt owing to him, as an exception to the hotchpot rule. It is nothing of the sort. Rule 4.88 is entirely consistent with the hotchpot rule. In realising his security and applying the proceeds towards discharge of his debt, a secured creditor is not setting up an adverse title against the title of the insolvent company. The insolvent company has no title to the security. Nor does the liquidator."[124]

17-030 It is less clear whether the reinsured may use the proceeds of a letter of credit to satisfy liabilities under the reinsurance contract where the liabilities are purely contingent.[125] We have already considered the rules of set-off in the case of both solvent and insolvent situations.[126]

In *Re City Equitable Fire Insurance Co Ltd (No.2)*[127] a treaty provided that the reinsured was entitled to retain a 40 per cent share of all premiums due to the reinsurer as a deposit to secure the due performance of the reinsurer's obligations, paying the reinsurer interest at the rate of three-and-a-half per cent per annum on the unused element of the deposit. The reinsurer went into liquidation, and the reinsurer's liquidator claimed the balance remaining of the deposit and accrued

---

[121] Under the hotchpot rule a creditor who submits a claim in an English insolvency proceedings and who has already received assets which belong to the insolvent estate must account to the common fund, or "bring into hotchpot", the assets he has previously received, before he receives a distribution.

[122] See *Selkrig v Davis* (1814) 2 Rose 291; *Douglas Ex p. Wilson, Re* (1871-72) L.R. 7 Ch. App. 490; *Banco de Portugal v Waddell* (1880) 5 App. Cas. 161.

[123] The Insolvency Rules 1986 were revoked by the Insolvency (England and Wales) Rules 2016 (SI 2016/1024). The equivalent rule is now r.14.19.

[124] *Cleaver v Delta American Re* [2001] UKPC 6; [2002] Lloyd's Rep. I.R. 167 at [26]–[27].

[125] See *Charge Card Services Ltd (No.2), Re* [1987] Ch. 150; [1986] 3 W.L.R. 697; *Carreras Rothmans Ltd v Freeman Mathews Treasure Ltd (In Liquidation)* [1985] Ch. 207; [1984] 3 W.L.R. 1016, and Ch.11, 11-072 above.

[126] See Ch.11, 11-064 to 11-076 above.

[127] *City Equitable Fire Insurance Co Ltd, Re* [1930] 2 Ch. 293.

SOME LEGAL PROBLEMS OF REINSURANCE LIQUIDATIONS 1279

interest (approximately £8,000) after all sums due under the treaty had been paid. The reinsured asserted a right of set-off in respect of sums due from the reinsurer under other contracts of reinsurance. The Court of Appeal[128] held as follows:

(1) That there was a right of set-off in respect of interest on the deposit, which was a debt due from the reinsured to the reinsurer and which could therefore be set off against debts due from the reinsurer to the reinsured under reinsurance contracts, which were mutual debts, within s.31 of the Bankruptcy Act 1914.[129]
(2) The deposit itself was money handed over for a specific purpose (i.e. that contract) and could not be set-off generally, because there was no mutuality.

It is, at first sight, not obvious why the reinsurance transaction which gives rise to the deposit and other reinsurance transactions between the parties were not "mutual dealings" as that term was used under the Bankruptcy Act 1914. It has been suggested that the *City Equitable (No.2)* case is correctly decided on the basis that the reinsurer retained a proprietary interest in the deposit.[130]

Valuation of claims and collection from reinsurers

Introduction and overview

The essential task facing the liquidator of any insolvent company is twofold: to establish the company's liabilities and to realise its assets so as to make a distribution to creditors. We refer at the beginning of this chapter to the unique problems which insolvent (re)insurance companies face. The general statutory framework for winding up companies was not drafted with (re)insurers in mind. Mr Roger Kaye QC, sitting as a deputy High Court judge, described the practical difficulties which confronted the liquidators of a Bermudian reinsurer, Cambridge Re, as follows:

17-031

"They were faced with the problem of what to do about settling the large number of contingent insurance claims that might be made against [Cambridge Re]. If the amount of such claims could be established, consequential claims by [Cambridge Re] against reinsurer retrocessionaires might also be established. The importance of this in the context of the insolvency of a reinsurance and reinsured company (such as [Cambridge Re]) is at once obvious. In the ordinary way, and in simplistic terms, the task of the liquidators of an insolvent company is first to get in the assets and then, secondly, deal with claims against the insolvent company paying the proven debts pari passu in the manner prescribed and permitted by law out of the realized assets. In the case of the reinsurance and reinsured company[131] (i.e. [Cambridge Re]) the reverse is the case. Unless and until the potential or contingent claims on insurance policies with [Cambridge Re] have been settled the liquidators would not know how much had, in turn, to be claimed from the reinsurers or retrocessionaires ... Establishment of such claims against [Cambridge Re] at any early stage would have the added advantage that it might permit the liquidators to pay an interim dividend out of assets actually realized."[132]

Thus, the insolvency of a (re)insurer poses two fundamental problems for a liquidator. First, how to value the claims of contingent creditors/policyholders.

---

[128] Lord Hanworth M.R. Lawrence and Romer LJJ.
[129] The current set-off provision is in Insolvency Rules 2016 r.14.25 for winding-up and r.14.24 for administration.
[130] P.R. Wood, *English and International Set-Off*, 1st edn (Sweet & Maxwell, 1989), p.202.
[131] A "reinsurance and reinsured company" is in our understanding a company that does inwards and outwards business.
[132] *In Re A Company (No.0013734 of 1991)* [1992] 2 Lloyd's Rep. 415 at 418.

Secondly, how to recover the maximum amount from reinsurers. These two problems are connected. At the root of the difficulty is the nature of the reinsurer's obligation under the reinsurance contract to pay his reinsured.

To recover from their reinsurer, the reinsured must first establish that a liability to pay an ascertained amount under the underlying insurance/reinsurance contract exists. The effect of the decision in *Charter Re v Fagan*,[133] which we have discussed at some length above,[134] is that as a matter of construction of the UNL (ultimate net loss) clause which is presently in common use in the London market, it is sufficient for the liquidator of an insolvent reinsured to establish a liability to pay under the underlying contract, and he does not need to establish that he has satisfied that liability. We have also discussed[135] some of the difficulties to which *Charter Re v Fagan* gives rise, and noted that forms of contractual wording may be devised which have the effect of making the discharge of the liability by the reinsured under the underlying contract a condition precedent to any liability on the part of the reinsurer.[136] In *McMahon v AGF Holdings (UK) Ltd*,[137] the liquidator of an insolvent reinsured sought to prevent the reinsurer making payment direct to the original insureds, the intent and the consequence of such direct payment being that the insureds would not then claim from the reinsured who would be unable then to claim from the reinsurer—because the insureds did not claim on him. The liquidator of the reinsured wanted the insureds to make claims upon the insurer/reinsured so that he could claim upon the reinsurer and then not pay the money to the particular insureds but use it as part of the assets available for distribution to creditors generally. Remarkably, the reinsured's liquidator accused the reinsurer of an interference with contract and conspiracy for ensuring that the insureds received from the reinsurer what they were entitled to from the reinsured. The liquidator's claim for damages failed.[138]

17-032 There is a further difficulty. In the ordinary course, an insured will make a claim upon his insurer if and when the contingency insured against occurs. Either the insurer will agree to pay the claim or, if there is a dispute which cannot be resolved by agreement, the insurer's liability to pay under the underlying contract will be determined by a court or an arbitration tribunal. Once the insurer has agreed to pay or been held liable to pay a claim, he will turn to his reinsurer and ask him to pay. In either case the liability of the insurer/reinsured under the underlying contract has been established. However, where the liquidator of an insolvent reinsured estimates the contingent liability of the reinsured under the underlying contract, and then turns to the reinsurer asking him to pay, the reinsurer may seek to argue that he is not liable under the reinsurance contract because there has been no determination of liability in respect of an identifiable claim or loss covered under the underlying contract.[139] There is merely the possibility of a future claim or loss, and it is that possibility to which the liquidator has given a value.

---

[133] *Charter Reinsurance Co Ltd (In Liquidation) v Fagan* [1997] A.C. 313; [1996] 2 W.L.R. 726. See Chs 16 and 5.
[134] See Ch.5 and Ch.7, 7-025 to 7-027 above.
[135] See Ch.5 and Ch.7 above.
[136] Although, as we note below, the response of the London market has been to adopt a standard form of insolvency claim, G86, which has precisely the opposite effect.
[137] *McMahon v AGF Holdings (UK) Ltd* [1997] L.R.L.R. 159; [1997] 2 B.C.L.C. 191, and Ch.16 above.
[138] See Ch.16, 16-013 to 16-015 above.
[139] See *In Re A Company (No.0013734 of 1991)* [1992] 2 Lloyd's Rep. 415, and below. And compare *IRB Brasil Resseguros SA v CX Reinsurance Co Ltd* [2010] EWHC 974 (Comm); [2010] Lloyd's Rep. I.R. 560; *Equitas Ltd v R&Q Reinsurance Co (UK) Ltd* [2009] EWHC 2787 (Comm); [2009] 2 C.L.C. 706 [see Ch.5] (discussed in Ch.5, 5-038 and 5-039 above) cases in which actuarial methods were used to value *known* claims.

In *Cleaver v Delta Re*[140] the Privy Council, on appeal from the Cayman Islands, had to consider a quota share reinsurance contract governed by New York law where the reinsured was in liquidation and the insolvency clause in the contract provided that on insolvency the reinsurer would pay "on the basis of the liability of the [reinsured] without diminution because of the insolvency …". The Privy Council held that this required that the reinsurer's obligation fell to be assessed by reference to the liability of the reinsured, not actual payments by the reinsured. The reinsured could thus recover for IBNR: "[T]he figure given for IBNR claims represents an estimate of an actual liability." "The events justifying the claims will have happened." The liability "will have accrued".[141] Quaere how this Privy Council construction of an insolvency clause in a quota share contract governed by New York law translates into English law, but the principle—that the facts giving rise to the loss have already occurred, the loss has already been incurred, the reinsurance reinsures losses—is transposable.

We have discussed above[142] the same point where it arises in relation to commutations that are not settlements of identifiable claims, and recommended that a reinsured/reinsurer in run-off should seek to enter into back-to-back commutations of inwards and outwards reinsurance contracts. Such a course depends upon the agreement of reinsurers to vary their strict contractual rights.

One may envisage an ideal statutory regime for the winding-up of (re)insurance companies under which a liquidator could first put a just estimate of value on the contingent liabilities of the insolvent company and then proceed to recover from reinsurers on the basis of a "just estimate" of their liabilities. It appears that schemes of arrangement, which provide for the run-off of the insolvent company's liabilities, collection from reinsurers and periodic interim distributions to creditors,[143] have been preferred over liquidations at least in part because of the difficulties as regards collection from reinsurers which the estimation of contingent claims poses. A statutory scheme which dealt with claims out of an insolvent (re)insurance company, as well as claims into such a company, would enable a winding up to be accomplished rather more quickly and simply than appears possible under the present law.[144]

17-033

Valuation of "general" policies under the Insurers (Winding-Up) Rules 2001

The Insurers (Winding-Up) Rules 2001 ("IWUR 2001"),[145] made under s.411 of the Insolvency Act 1986 and s.379 of the FSMA 2000, came into force on 1 December 2001 and repealed and replaced the Insurance Companies (Winding-Up) Rules 1985[146] ("ICWUR 1985").

17-034

In the first edition we noted that the regulatory scheme of the ICA 1982 made no great distinction between insurance and reinsurance. Neither did the ICWUR 1985, which only distinguished between "long-term" and "general business" policies. The same conceptual approach is carried through into FSMA 2000 and the IWUR 2001. Thus, it appears that r.6 of the IWUR 2001 ("valuation of general business policies") applies to both insurance and reinsurance contracts. Rule 6 of, and

---

[140] *Cleaver v Delta American Re* [2002] Lloyd's Rep. I.R. 167.
[141] *Cleaver v Delta American Re* [2002] Lloyd's Rep. I.R. 167 at 174–176.
[142] See Ch.16, 16-003 above.
[143] e.g. the KWELM scheme.
[144] Subject to the problem, to which we refer below, of ensuring recognition and enforcement of such legislation in foreign countries.
[145] Insurers (Winding-Up) Rules 2001 (SI 2001/3635).
[146] Insurers (Winding-Up) Rules 1985 (SI 1985/95).

Sch.1 to, the IWUR 2001 provide for valuation rules in relation to general business policies. Rule 6 provides as follows:

> "Except in relation to amounts which have *fallen due for payment* before the liquidation date and liabilities referred to in paragraph 2(1)(b) of Schedule 1,[147] the holder of a general business policy shall be admitted as a creditor in relation to his policy without proof for *an amount equal to the value of the policy* and for this purpose the value of policy shall be determined in accordance with Schedule 1." [Emphasis added]

Schedule 1 lays down three different rules for valuing policies. The rule in para.1, which "... applies in relation to periodic payments under a general business policy which *fall due for payment* after the liquidation date where the event *giving rise to the liability* to make the payments occurs before the liquidation date"[148] (emphasis added), is as follows:

> "The value to be attributed to such periodic payments shall be determined on such actuarial principles and assumptions in regard to all relevant factors as the court shall direct."[149]

17-035 The rule in para.2, which "... applies in relation to *liabilities under* a general business policy *which arise from events which occurred before* the liquidation date but which have not—(a) fallen due for payment before the liquidation date; or (b) been notified to the company before the liquidation date"[150] (emphasis added) is as follows:

> "The value to be attributed to such *liabilities* shall be determined on such actuarial principles in regard to all relevant factors as the court shall direct." [Emphasis added]

The rule in para.3, which "applies in relation to liabilities under a general business policy not dealt with by paras 1 or 2", is as follows:

> "The value to be attributed to those liabilities shall—
> (a) if the terms of the policy provide for a repayment of premium upon the early termination of the policy or the policy is expressed to run from one definite date to another or the policy may be terminated by any of the parties with effect from a definite date, be the greater of the following two amounts:
>   (i) the amount (if any) which under the terms of the policy would have been repayable on early termination of the policy had the policy terminated on the liquidation date, and
>   (ii) where the policy is expressed to run from one definite date to another or may be terminated by any of the parties with effect from a definite date, such proportion of the last premium paid as is proportionate to the unexposed portion of the period in respect of which that premium was paid, and
> (b) in any other case, be a just *estimate of that value*."

17-036 The construction of the ICWUR 1985 had been considered by the courts in three

---

[147] Paragraph 2(1)(b) of Sch.1 of IWUR 2001 provides as follows: "... liabilities under a general business policy which arise from events which occurred before the liquidation date but which have *not* ... been notified to the company before the liquidation date" (emphasis added). The cross-reference only makes sense if the word "not" is omitted in the context of r.6.
[148] IWUR 2001 Sch.1 para.1(1).
[149] IWUR 2001 Sch.1 para.1(2).
[150] IWUR 2001 Sch.1 para.2(1).

cases: *Transit Casualty Co v Policyholders Protection Board*[151]; *Ackman and Scher v Policyholders Protection Board*[152] and *Hughes v Hogg Insurance Brokers Ltd, Re Continental Assurance Company of London Plc (In Liquidation)*.[153] We will discuss these decisions in the context of the IWUR 2001 and having regard for the differences in wording between the IWUR 2001 and the ICWUR 1985. All of these cases are of some vintage, but are still the law, which indicates, as is the case, that very few insurance companies enter winding up and litigation on these points is rare.

The starting point in the analysis is the judgment of Hoffmann J (as he then was) in *Transit Casualty v PPB*,[154] which was cited with approval by Chadwick LJ in *Re Hawk Insurance Co Ltd*.[155] Chadwick LJ pointed out that:

"[T]he special rules for valuation which apply to claims under insurance policies ... supplement the position under the general law; they do not abrogate that position."

The valuation rules have to be understood against the historical background, which Hoffmann J explained as follows:

"Until 1870 insurance business in the U.K. was entirely unregulated and the claims of policyholders in a bankruptcy or liquidation of the insurer fell to be valued in accordance with the general law. This allowed proof in respect of all contingent debts and provided for a 'just estimate' to be made of the value of such debts or claims as did not bear a certain value. The contingent debt was valued at the date of the winding up order, but subsequent events were taken into account for the purpose of retrospective adjustment of its value. These principles laid down in Victorian statutes and case law are today reflected in r.4.86 of the Insolvency Rules 1986 ...

Special rules for the valuation of claims under insurance policies were first introduced by the Life Assurance Companies Act, 1872, one of a short series of statutes passed in the wake of the spectacular collapse on Sept. 17, 1869 of the Albert Life Assurance Co..."

Hoffmann J noted that the liquidation of the Albert Life Assurance Co was so complicated that after two years no end appeared to be in sight and the costs were threatening to absorb a substantial part of the remaining fund. The difference of view between Vice-Chancellor James and Lord Romilly, Master of the Rolls, (in the courts) and Lord Cairns (sitting as statutory arbitrator appointed under The Albert Life Assurance Company Arbitration Act 1871) as to the basis on which a life policy should be valued, led to the enactment of the 1872 Act. Hoffmann J continued:

"The relevance of this history is to show that from the very beginning of its intervention in questions of valuation Parliament has been concerned to strike a balance between precise justice to each claimant and the expense and delay which this might involve."

Statutory rules for valuing non-life policies were introduced by the Assurance Companies Act 1909. Section 17 of the Act drew a distinction between "the value of a policy" and "the value of a liability under ... a policy". Hoffmann J said:

17-037

---

[151] *Transit Casualty v PPB* [1992] 2 Lloyd's Rep. 358, Companies Court, Hoffmann J (as he then was).
[152] *Scher v Policyholders Protection Board (No.1); Ackman v Policyholders Protection Board (No.1)* [1993] 2 W.L.R. 479; [1992] 2 Lloyd's Rep. 321 CA per Lord Donaldson MR, Russell and Leggatt LJJ; [1993] 3 W.L.R. 357; [1993] 2 Lloyd's Rep. 533 HL per Lords Templeman, Griffiths, Ackner, Goff and Mustill.
[153] *Hughes v Hogg Insurance Brokers Ltd, Re The Continental Assurance Co of London Plc (In Liquidation)* [1999] 1 B.C.L.C. 751.
[154] *Transit Casualty v PPB* [1992] 2 Lloyd's Rep. 358.
[155] *Hawk Insurance Co Ltd, Re* [2001] EWCA Civ 241; [2001] 2 B.C.L.C. 480.

"This language is intended to distinguish between the value of the cover afforded by the unexpired part of the policy at the date of the winding up and the value of the indemnity in respect of events which had occurred before the winding up."[156]

Hoffmann J held, in relation to the valuation of general business policies under the ICWUR 1985, inter alia, as follows:

(1) Claims which have fallen due for payment before the date of the winding-up do not have to be "valued" under ICWUR 1985; the policyholder submits a proof under (what was then) the IR 1986 for the amount of the claim.

(2) All other liabilities, contingent liabilities, instalment payments due for payment after liquidation date, IBNR, return of premium for unexpired policy periods, are all given a value in order to value the policy for the purpose of the policyholder's claim in liquidation for which a proof of debt does not have to be submitted. These liabilities are calculated under r.6 of and Sch.1 to the ICWUR 1985, which provide "a complete and exhaustive code" for the valuation of admissible claims in liquidation under general business policies.

17-038 In relation to the IWUR 2001 Hoffmann J's two basic propositions need to be restated as follows:

(1) Claims which have fallen due for payment before the liquidation date or have been notified to the (re)insurer before the liquidation date do not have to be valued under the IWUR 2001; the policyholder submits a proof under the IR 2016.

(2) All other liabilities, contingent liabilities, such as IBNR, are all given a value in order to value the policy for the purpose of the policyholder's claim in the liquidation, for which a proof of debt does not have to be submitted. These liabilities are calculated under r.6 of, and Sch.1 to, the IWUR 2001, which provide a complete and exhaustive code for the valuation of claims in liquidation under general business policies.

We understand the object of the exercise to be this: claims already submitted as claims are proved for in full. For the rest, the contingent claims are valued for the purpose of arriving at a value for the policy and one arrives at that value by totalling up all the individual valuations made relevant to the circumstances of the individual policyholder. Thus the holder of an expired policy may have his claim in the liquidation valued under r.6 and under para.2(1)(b) of the Schedule, and the holder of a current policy may have his claim in the liquidation valued only under para.3 of the Schedule, for example.

In *Re Whiteley Insurance Consultants* Richards J had no trouble applying the principles expounded by Hoffman J to the IWUR 2001.[157] *Re Whiteley* concerned the winding up of an insurance intermediary that had issued "policies" as if it was an insurer. Richards J found that Whiteley *was* an insurer, the policies *were* policies for the purposes of the winding up rules and thus the insurance winding up rules applied.

We now turn to consider the following questions:

(1) What type of liquidations do the IWUR 2001 apply to?
(2) When has: (a) an "amount ... fallen due for payment" within IWUR 2001

---

[156] *Transit Casualty v PPB* [1992] 2 Lloyd's Rep. 358 at 360.
[157] *Whiteley Insurance Consultants (A Firm), Re* [2008] EWHC 1782 (Ch); [2009] Bus. L.R. 418 at [45]–[56].

r.6; (b) and a "liability ... fallen due for payment" within IWUR 2001 Sch.1 paras 1(1) and 2(1)(a)?
(3) What kinds of liabilities are within IWUR 2001 Sch.1 para.2(1)?
(4) What kind of liabilities are likely to fall to be given a just estimate of value under IWUR 2001 Sch.1 para.3(2)(b)?
(5) When is a policy "expressed to run from one definite date to another" within IWUR 2001 Sch.1 para.3(2)(a)?

What type of liquidations do the IWUR 2001 apply to? In *Re The Continental Assurance Company of London Plc (In Liquidation)*[158] Carnwarth J held that the ICWUR 1985 applied to voluntary as well as compulsory winding-up of insurance companies. He noted that the references to "winding-up order" in ICWUR 1985 posed difficulties. However, he accepted the suggestion of counsel[159] that, in the case of a voluntary liquidation, the reference in ICWUR 1985 to the date of the winding-up order should be read as a reference to the resolution which constitutes the commencement of the winding-up. The draftsman of the IWUR 2001 has made it clear that they apply to both compulsory and voluntary winding up by providing the following definition of "liquidation date":

17-039

"[T]he date of the winding-up order or the date on which a resolution for the winding-up of the company is passed by the members of the company (or the policyholders in the case of a mutual insurance company) and, if both a winding-up order and winding-up resolution have been made, the earlier date."[160]

When has an "amount/liability ... fallen due for payment"? This may or may not be clear from the policy wording. It will be recalled that in *Charter Re v Fagan*[161] the House of Lords were not prepared to hold that the UNL clause had the effect of making nothing due from the reinsurer until the reinsured had actually paid the claim. In *Ackman v PPB*[162] Lord Donaldson MR said that due for payment is not the same as due and payable. As a matter of principle, one may distinguish three types of "general" policies to which the IWUR 2001 may apply:

17-040

(1) "losses occurring" insurance policies covering, generally, loss and damage occurring during the policy period;
(2) "claims made" insurance policies covering, generally, third-party liability where the claim is made during the policy period; and
(3) reinsurance policies.

Where there is a direct insurance contract covering loss or damage, the cause of action against the insurer arises (absent particular wording in the policy) at the time of the insured loss being sustained. It is not required that any demand for payment has been made or that the amount is then quantifiable.[163] If the cause of action has accrued it is difficult to see how the amount cannot have fallen due for payment. It is an action for damages.

In ordinary circumstances (subject to anything in the wording) a third-party liability policy responds to a claim on the insured. If that is right and a claim is made on the insured, then it is arguable, on the principle in the "damage" situation discussed above, that the claim on the policy has, at that time, fallen due for

---

[158] *Continental Assurance* [1999] 1 B.C.L.C. 751.
[159] Mr Gabriel Moss QC.
[160] IWUR 2001 r.2(1).
[161] *Charter Re v Fagan* [1997] A.C. 313.
[162] *Ackman v PPB* [1992] 2 Lloyd's Rep. 321.
[163] *Chandris v Argo Insurance Co Ltd* [1963] 2 Lloyd's Rep. 65; (1963) 107 S.J. 575.

payment. However, the House of Lords in *Bradley v Eagle Star*[164] held that the insurer's liability under a third-party liability policy does not arise until the existence and amount of the liability of the insured to the third party has been established (likely to be considerably later than the date of the claim on the insured).

17-041 Absent specific wording in the reinsurance contract, there are two candidates for when an amount falls due for payment under a reinsurance contract:

(1) the same time as it falls due under the underlying insurance contract (the simultaneous view); and
(2) when the reinsured's liability is ascertained (the non-simultaneous view).

The second, (2), is correct. The law is that a reinsurer's liability to pay commences only when the liability is ascertained. The position in the case of the reinsurer is therefore, in this respect, similar to that of the insurer in claims made policies.

It is necessary to consider what the Court of Appeal struggled with in *Ackman v PPB*.[165] The liabilities of the Policyholders Protection Board (which compensated policyholders where the insurance company was insolvent) were limited to the liabilities of the company in liquidation under the terms of any policy[166] to which the Policyholders Protection Act 1975 applied.[167] Under Sch.1 to the ICWUR 1985 there were two valuation rules for general business policies. The rule in para.1, which, like para.1 of Sch.1 to the IWUR 2001, provided for an actuarial valuation of periodic payments "which *fall due for payment* after the date of the winding-up order where the event *giving rise to the liability* to make the payments occurs before the date of the winding-up order"[168] (emphasis added) and the rule in para.2, which applied "in relation to *liabilities under* a general business policy not dealt with by paragraph 1"[169] (emphasis added) and provided for valuation of those liabilities in terms virtually identical to para.3 of Sch.1 to the IWUR 2001. If a liability was classified as not "fallen due for payment" under the ICWUR 1985, it would be classified as "contingent". If it was contingent, the liability (which goes into the computation of the value of the policy, an amount equal to which is recoverable in the liquidation) is estimated. Was this estimated liability to be regarded as a liability "under the terms of the policy"—in which case the Policyholders Protection Board responded—or a liability arising only under the ICWUR 1985?

Lord Donaldson MR concluded that a contingent liability consequent on an event prior to the winding-up capable (whether alone or with other events) of giving rise to a liability, was a liability "under the terms of the policy".

Leggatt LJ concluded that a just estimate of value of liabilities under para.2(2)(b) of Sch.1 to the ICWUR 1985, for liabilities unascertained at the date of the

---

[164] *Bradley v Eagle Star Insurance Co Ltd* [1989] A.C. 957; [1989] 1 Lloyd's Rep. 465. Followed in *Durham v BAI (Run Off) Ltd* [2012] UKSC 14; [2012] 1 W.L.R. 867 and *Teal Assurance Co Ltd v WR Berkley Insurance (Europe) Ltd* [2011] EWCA Civ 1570; [2012] Lloyd's Rep. I.R. 315.
[165] *Ackman v PPB* [1992] 2 Lloyd's Rep. 321.
[166] Section 8(2) provided that "... it shall be the duty of the Board to secure that a sum equal to ninety per cent of the amount of any liability of a company in liquidation towards a private policyholder under the terms of any policy to which this section applies which was a UK policy at the beginning of the liquidation is paid to policyholder as soon reasonably practicable after the beginning of the liquidation."
[167] The sole question before the House of Lords was whether the 1975 Act applied to the policies in question. The ICWUR 1985 were not discussed. The 1975 Act has now been repealed and the PPB replaced with the Financial Services Compensation Scheme under the FSMA 2000 (see in particular the PRA Handbook, Policyholder Protection).
[168] IWUR 2001 Sch.1 para.1(1).
[169] ICWUR 1985 Sch.1 para.2(1).

winding-up order but arising out of relevant events which occurred before that date, does relate to liabilities under the terms of any policy. The effect of this would be that if a claim really did arise after the commencement of winding-up (which was therefore contingent at the date of the winding-up order), but out of facts existing prior to winding-up it would be "payable under the terms of the policy" and thus the responsibility of the PPB.

In another part of his judgment, Lord Donaldson MR distinguished between three types of claims: 17-042

(1) Claims which have fallen due for payment but have not been paid (overdue claims).
(2) Claims which have become due, because all the ingredients of a valid claim exist, but the claims are not payable until after the date of liquidation (mature claims).
(3) Claims based upon insured events which have occurred but which have yet to mature by reason of future events (presumably not all the ingredients of a valid claim are present) (contingent claims).

Leggatt LJ confirmed, that if nothing has occurred prior to liquidation on which a "claim" could be based, then no "claim" can subsequently arise.[170] Even if the policy is current at the time of the liquidation, it expires then, though (as we discuss further below) the policyholder may well be entitled to a return of premium under para.3(2)(a) of Sch.1 to the IWUR 2001.

Paragraph 1(1) of the first Schedule to the IWUR 2001 deals with periodic payments under a general business policy. This states that where the event giving rise to a liability to make the payments occurred before the liquidation date, but periodic payments then fall due for payment after the date of the winding-up order, the periodic payments shall be valued on an actuarial basis. This paragraph therefore draws a distinction between the time of an "event giving rise to liability", and the time when a payment "falls due for payment", and is consistent with the analysis of the Court of Appeal in *Ackman v PPB*.

In other respects, Sch.1 para.1 is rather curious. Suppose that, before the date of the winding-up, an event occurs which gives rise to the liability to make a single payment under one policy and at the same time an event (perhaps the same event) occurs which gives rise to a liability to make periodic payments under another policy. Suppose that in the first case the single payment falls due for payment after the liquidation date and in the second case the first payment of the periodic payments falls due after the liquidation date. It appears that the first liability is not given an actuarial value under Sch.1 para.1, whilst the second is.

In *Ackman v PPB*, the Master of the Rolls stated that mature claims (all the ingredients of a valid claim are present but the liability has not fallen due for payment), contingent claims and claims for an unexpired period (briefly, return of premium) all fall to be valued in the company's liquidation in accordance with Sch.1 to the ICWUR 1985. In the first edition we remarked that: 17-043

"Whilst there may be few cases where all the ingredients of a valid claim are present and it has not fallen due for payment, it does appear that the Court of Appeal in *Ackman v PPB* has been generous in its interpretation of what are liabilities under the terms of any policy (for the purposes of the Policyholders Protection Act 1975), but restrictive in its interpretation of when a liability has fallen due for payment under r.6 of the ICWUR 1985. Because Lord Donaldson M.R. accepts that even 'mature' claims are not 'fallen due for payment', most 'claims' will not be paid as such (i.e. as claims)."

---

[170] But see *Northern Counties of England Fire Insurance Co, Re* (1880) 17 Ch. D. 337 (above), which was not cited in *Ackman v PPB* [1992] 2 Lloyd's Rep. 321.

As we have already noted, the Policyholders Protection Act 1975 has been repealed. The Master of the Rolls' distinction between claims which have "fallen due for payment" and "mature claims" is likely to have less significance under r.6 of the IWUR 2001. It is likely that "mature claims" will have been notified to the (re)insurer before the liquidation date and will therefore be treated in the same way as claims which have "fallen due for payment", i.e. the policyholder will simply file a proof in the liquidation rather than having his claim valued under Sch.1.

17-044 **What kind of liabilities are likely to fall under para. 2?** The easy answer to this question is, all liabilities which have not fallen due for payment or been notified before the liquidation date and which arise from events that occurred before the liquidation date. We have already noted above that para.2 applies to IBNR. These could be liabilities under expired policies (likely to be occurrence based policies but Lord Donaldson MR envisages that there may be liabilities also under claims made policies); or liabilities under policies where a notice of circumstances has been given after the liquidation date but claims have not yet been made; or claims arising in a discovery period in respect of events during the period of the policy. Many claims where the insurance company in liquidation is a reinsurer, particularly excess of loss reinsurance claims, may not have "fallen due for payment".

How are all these liabilities to be dealt with? It appears from r.6 of the IWUR 2001 that the policyholder is entitled as of right (since he does not have to submit a proof, except in relation to amounts which have fallen due for payment before the liquidation date and liabilities referred to in paragraph 2(1)(b) of Schedule 1) to be a creditor in the liquidation for an amount of money which is equal to the value of the policy. The value of that policy is to be assessed in accordance with Sch.1. It is to be noted immediately that the policyholder is entitled to a single sum of money representing the value of the policy. But what the policyholder receives, and is entitled to receive, under the IWUR 2001 is a sum of money representing the value of his policy so determined. For the purposes of this valuation, all of the policies being considered are "expired". They will have expired prior to the winding-up or at the date of winding-up. Any "claim" subsequently made which cannot be categorised as having fallen due for payment prior to the date of winding-up is not payable per se. It may be used, and is likely to be used, as a factor in determining the value of liabilities which then go into the equation to determine the value of the policy.

As we have already discussed, the insolvency legislation does not address the question of what can be claimed by a reinsured in liquidation from his reinsurers. This will therefore depend on the wording of the particular reinsurance contract. How does one treat liabilities which would otherwise have fallen due for payment after the date of the winding-up order had the reinsured not become insolvent, but which are nonetheless "liabilities" which are likely to be taken into account in assessing the "value of the policy" for the purpose of the policyholder claiming in the liquidation of the insolvent reinsured? The key question is whether, as a matter of construction of the reinsurance contract, these "liabilities" can be claimed under a reinsurance policy against a reinsurer? Logically, the answer appears to be no, for two reasons:

(1) The starting point is to consider what the reinsurer is (re)insuring under the reinsurance contract, namely the liability of the reinsured to meet claims under an underlying contract of insurance/reinsurance. The reinsurer is not (re)insuring the value of the policy. If, on liquidation, the value of the policy is calculated not, or not only, by reference to claims but also by putting a

value on IBNR, the reinsurance contract wording is most unlikely to encompass this.[171]

(2) The value of the policy is assessed as at the liquidation date. If it includes "claims" and envisaged "claims" in the future, and they are all brought back to the date of the winding-up as a "value", a reinsurer, particularly an excess of loss reinsurer, might be prejudiced.[172]

17-045 Nonetheless, the court may consider that reinsurers should not have a windfall if their reinsured happened to go into insolvent liquidation. In *Charter Re v Fagan*[173] the House of Lords adopted a construction of the words "actually paid" which maximised the possibility of reinsurers having to pay. In *Ackman v PPB*,[174] in interpreting the Policyholders Protection Act 1975 and determining the liabilities which the Board was required to meet, both the Court of Appeal and the House of Lords adopted an interpretation which maximised the benefits to the policyholders. It is therefore worth considering whether result-orientated legal reasoning may be employed to defeat the arguments set out above.

Some reinsurance contracts provide that the reinsurer should pay "on the basis of the liability of the reinsured without diminution because of insolvency", a form of words drafted (before *Charter Re v Fagan*) with the evident purpose of defeating any argument that the reinsured had not "actually paid" a claim. Perhaps a court would fix on the words "without diminution because of insolvency" and hold that the reinsurer was required to pay when the liability of the reinsured has been valued in a winding-up. It is arguable that the words "on the basis of" require one to assume the liability of the insured. It is equally arguable that the question of paying "without diminution" does not arise unless there is a liability.

In reinsurance contracts, where this wording does not exist, the problem for an insolvent insurer/reinsured is that whilst valuations may have been enough to entitle a policyholder to claim from the PPB,[175] they are arguably not payable as liabilities to policyholders by the company in liquidation. They simply go into the equation for valuing the policy. Insofar as there is any authority on whether the "value" of a policy, translated into claims plus IBNR, is recoverable by the reinsured from reinsurers where the reinsured is in liquidation, *In Re a Company*[176] suggests that it is not.

17-046 Following *Charter Re v Fagan*, a new standard form of insolvency clause, "G86", was recommended by LIRMA[177] and Lloyd's for use in the London market. Paragraph 1 of G86 provides that notwithstanding any requirement in the reinsurance contract:

"... that the Reinsured shall actually make payment in discharge of its liability to its policyholder before becoming entitled to payment from the Reinsurer:

(a) the Reinsurer shall be liable to pay the Reinsured even though the Reinsured is unable actually to pay, or discharge its liability to its policyholder ..."

Paragraph 1 then goes on to state the following proviso:

---

[171] Compare *Hiscox v Outhwaite (No.3)* [1991] 2 Lloyd's Rep. 524, and Ch.5 above.
[172] Which appears to be why EMLICO's reinsurers took exception to its move to and subsequent liquidation in Bermuda.
[173] *Charter Re v Fagan* [1997] A.C. 313.
[174] *Ackman v PPB* [1992] 2 Lloyd's Rep. 321 CA; [1993] 2 Lloyd's Rep. 533 HL.
[175] Policyholders Protection Act 1975 s.8 (repealed since 1 December 2001) and see above.
[176] *Re A Company (No.0013734 of 1991)* [1992] 2 Lloyd's Rep. 415.
[177] The London International Insurance and Reinsurance Market Association, now merged into the International Underwriting Association of London (IUA). See now IUA cl.09–008 (G86).

"(b) nothing in this clause shall operate to accelerate the date for payment by the Reinsurer of any sum which may be payable to the Reinsured, *which sum shall only become payable as and when the Reinsured would have discharged, by actual payments, its liability for its current net loss* but for it being the subject of an insolvency event." [Emphasis added]

The emphasised words, when read in conjunction with the UNL clause, make it difficult to argue that the reinsurer is liable to pay in the event of an estimate of the value of contingent liability made by a liquidator of the reinsured. Paragraph 2 of cl.G86 provides as follows:

"The existence, quantum, valuation and date for payment of any sum which the Reinsurer is liable to pay the Reinsured under this Agreement shall be those and only those for which the Reinsurer would be liable to the Reinsured if the liability of the Reinsured to its policyholders had been determined without reference to any term in any composition or scheme of arrangement or any similar such arrangement, entered into between the Reinsured and all or any part of its policyholders, *unless and until the Reinsurer serves written notice to the contrary on the Reinsured in relation to any composition or scheme of arrangement*." [Emphasis added]

The final, emphasised, part of para.2 appears to contemplate that a reinsurer may, by serving written notice upon the reinsured, agree to accept liability pursuant to a scheme of arrangement which provides for the insolvent reinsured's liability to its creditors to be estimated. Schemes of arrangement of this kind, known as "cut-off" or valuation schemes, are discussed below.[178] It is plain from para.2 that absent such a notice the reinsurer is not contractually liable to pay in circumstances where there has been an estimate of the reinsured's liability under the underlying contract.

17-047 In *Cleaver v Delta American Reinsurance Co (In Liquidation)*[179] the Privy Council considered the effect of an insolvency clause in a retrocession contract governed by New York law. The retrocessionaire, Transnational, was in liquidation in the Cayman Islands. The reinsured, Delta Re, was in liquidation in Kentucky. The relevant clause provided as follows:

"[R]einsurance shall be payable directly to [Delta Re] or its liquidator ... on the basis of the liability of [Delta Re] without diminution because of the insolvency of [Delta Re] or because the liquidator ... of [Delta Re] has failed to pay all or a portion of any claim."

The Grand Court of the Cayman Islands (Smellie J) concluded from the expert evidence that:

"[T]he effect of this provision ... in New York, is a matter of settled law ... its effect is to convert the contract of insurance from one of indemnity into one of liability, i.e. one in which the reinsurer no longer simply indemnifies against actual claims paid but agrees to meet its prorated share of all liabilities of its reinsured. Thus the reinsurer is obliged to pay to the reinsured based on the liability of the reinsured, not based on whether the reinsured has actually paid out on those liabilities."[180]

The Grand Court rejected the argument of Transnational's liquidators that because Delta Re's liquidation plan made no provision for the payment of IBNR to its creditors: "it would be an affront to the follow the fortunes principle and to the requirement of fair dealing implied in the contract, to require Transnational to

---

[178] See Ch.18 below.
[179] *Cleaver v Delta American Reinsurance Co (In Liquidation)* [2001] UKPC 6; [2002] Lloyd's Rep. I.R. 167. See 17-028 above.
[180] *Mealey's Litigation Report: Reinsurance*, Vol.8, No.21, 11 March 1998.

pay IBNR provisions to Delta Re". The decision of the Grand Court on this point was affirmed by the Court of Appeal of the Cayman Islands and by the Privy Council. Lord Scott said:

> "Their Lordships agree that, once Delta Re had become insolvent, the Insolvency provision became the contractual provision governing the obligations of Transnational to Delta Re and that the liability of Transnational to Delta Re fell to be assessed by reference to the liability of Delta Re to its insured rather than to the actual payments made by Delta Re to its insured. Accordingly, in their Lordships' view, the terms of the plan,[181] which postpone, perhaps indefinitely, the time when Delta Re will have to make any payment in respect of the claims that were IBNR on 31st December 1995, do not reduce Transnational's contractual liability to Delta Re ... For the same reason, the more general contention that Delta Re is not entitled to prove in respect of a liability that is based on IBNR claims cannot be accepted. The figure given for IBNR claims represents an estimate of an actual liability. The insured events justifying claims will have happened. Transnational's liability to pay the appropriate proportion of the sums payable by Delta Re under the relevant policies will have accrued. Transnational's liability is contingent only on the specific claims being notified to Delta Re and verified. Both Smellie J. and the Court of Appeal accepted Delta Re's contention that Delta Re, being in insolvent liquidation, was entitled to claim, and prove in Transnational's liquidation for, an amount equal to the provision it had made in its accounts in respect of IBNR. Their Lordships agree that the objections of principle put forward by Transnational for opposing this conclusion fail."[182]

What kind of liabilities are likely to fall under para. 3? The short, and obvious, answer is that para.3 of Sch.1 to the IWUR 2001 applies only to unexpired policies. As we have already stated above, we believe that the effect of para.3 of Sch.1 is that unexpired general business policies terminate on the liquidation date and the policyholder is entitled to claim in the liquidation for the proportion of premium relating to the unexpired period (and will presumably go out and buy new cover). We also think it obvious that if an event has occurred prior to the liquidation date, which gives rise to a liability, the policyholder will also be entitled (depending on whether that liability has fallen due for payment or been notified) to either prove for his claim under r.6 or have the expired portion of the policy valued under para.2. In other words, paras 2 and 3 of Sch.1 to the IWUR 2001 are not mutually exclusive and liabilities may arise under the same policy which fall to be valued under both paragraphs. Support for this view is to be found in the decision of Hoffmann J in *Transit Casualty v PPB*, who held that:

17-048

> "There is ... no reason why a liability to be valued under [paragraph] 2(b) [of Schedule 1 to the ICWUR 1985] should not arise under the same policy as a liability to which paragraph 2(a) does apply."[183]

When is a policy "expressed to run from one definite date to another"? In

17-049

---

[181] "The plan is, in effect, a cut-off scheme. It provided for 31st December 1995 to be a cut-off date for fixing the liquidated claims that, initially, were to rank for a dividend out of Delta Re's assets. Claims that, on the cut-off date, were IBNR would, obviously, not qualify for the initial dividend. And, under clause IV.F.5 of the plan, claims that did not become liquidated claims until after the cut-off date would not receive any dividend until the pre-cut-off date liquidated claims had been met in full. So, as Transnational's liquidators points out, Delta Re is not proposing, at present at least, to make any payment in respect of the IBNR liability on the basis of which its proof of debt has been submitted": *Cleaver v Delta American Reinsurance Co (In Liquidation)* [2001] UKPC 6 at [44] per Lord Scott.
[182] *Cleaver v Delta American Reinsurance Co (In Liquidation)* [2001] UKPC 6 at [47]–[48].
[183] *Transit Casualty v PPB* [1992] 2 Lloyd's Rep. 358.

Hughes v Hogg Insurance Brokers Ltd, Re The Continental Assurance Company of London Plc (In Liquidation)[184] there were two issues: first, whether the ICWUR 1985 applied to a voluntary liquidation; secondly, assuming that r.6 of the ICWUR 1985 applied to the valuation of the relevant policies, whether para.2(2)(a) or para.2(2)(b) of Sch.1 applied.[185] Continental wrote prize indemnity insurance and reinsurance and promotional contingency insurance. The liquidators sought directions as to the valuation of nine policies issued by the company. Eight of the policies indemnified football clubs against the additional expense associated with success in the 1991/92 football season. Claims were made under each of the policies after the company went into creditors' voluntary liquidation in March 1992. The ninth policy indemnified a retailer against the additional expenditure incurred as a result of a retail promotion being more successful than anticipated. The liquidators had valued and admitted claims under the nine policies on the basis of "a just estimate" of value pursuant to para.2(2)(b) of Sch.1 to the ICWUR 1985 and, "in view of the well-established principle that hindsight may be taken into account in making such a valuation"[186] had admitted the claims in full. Continental's reinsurers contended that the policies should be valued on a "return of premium" basis under para.2(2)(a) of Sch.1 (which would have the effect of relieving the reinsurers of any liability to pay claims).

Carnwarth J said:

"[W]hat matters is the period for which the cover is expressed to run, since it is the period of cover which will be relevant in deciding what proportion of the premium is to be restored."

He held that the football policies were not "expressed to run from one definite date to another" within para.2(2)(a) since, as a matter of construction (supported by expert evidence of market practice), the period of cover was expressed to run for the duration of the relevant event (respectively the English, Italian and Swiss football seasons). However, the retail promotion insurance did run for a definite period. The period of the promotion was defined as being between 1 October 1991 and 31 August 1992 "both days inclusive". The promotion insurance was therefore within para.2(2)(a). Counsel had argued that application of para.2(2)(a) was inappropriate, relying upon a dictum in *Transit Casualty v PPB* where Hoffmann J had said:

"The cases in which paragraph (2)(a) is inapplicable to the valuation of a liability are not confined to those in which terms of the relevant policy do not include any of the features mentioned in that paragraph. It might not apply simply because the method of valuation it prescribes is so inappropriate to the liability in question that it cannot be supposed to have been intended to apply."[187]

17-050 Carnwarth J said that this was a statement which had to be read in context. Hoffmann J had gone on to say that it was:

"... inconceivable that para.2(2)(a) was intended to apply to expired policies ... it [is] hard to imagine that the rule would solemnly require the ascertainment of the greater of two figures when it was perfectly clear that in each case the answer was bound to be zero."[188]

Carnwarth J concluded as follows:

---

[184] *Re Continental Assurance* [1999] 1 B.C.L.C. 751.
[185] The relevant provision is now para.3 of Sch.1 to the IWUR 2001.
[186] per Carnwarth J.
[187] *Transit Casualty v PPB* [1992] 2 Lloyd's Rep. 358 at 363–364.
[188] *Transit Casualty v PPB* [1992] 2 Lloyd's Rep. 358 at 364.

"[Hoffmann J's dictum] cannot ... be used to found any general proposition that the Court (or still less the liquidators) can simply disapply paragraph (a) on the grounds that it is 'inappropriate'. Impossibility might be another matter, but the evidence does not show that it is impossible to do the exercise envisaged by paragraph (a) in the [promotion insurance] case. It is simply a mathematical calculation. From a commercial point of view, as the evidence suggests, it may be anomalous to apportion the premium since the risk relates to the whole period, and the premium cannot be treated as 'earned' until the outcome is known. In that sense it is quite different from a normal form of household insurance contract, where the premium can be treated as earned day by day in respect of the cover provided for that day (even though the degree of risk may fluctuate depending on such matters as seasonal weather). However, as I have already concluded, the test under the 1985 Rules is not commercial appropriateness, but how the matter is expressed in the policy."

In *Re Continental Assurance* the winding-up had commenced while the company was still on risk (the various football seasons and the promotion were in progress). Hoffmann J must surely be right that Sch.1 para.2(2)(a) of the ICWUR 1985 did not apply to expired policies. As we have seen, Sch.1 para.3 of the IWUR 2001 clearly applies only to policies that have not expired at the liquidation date. We consider Carnwarth J's reasoning to be equally applicable to the construction of para.3. Accordingly, as we have noted above, on the facts of *Northern Counties*, if the policy is expressed to run from one definite date to another (which a fire policy almost certainly would be) a policyholder would only be entitled to a return of premium for the unexpired period. Following *Re Continental Assurance* there does not appear to be any basis for a liquidator to disapply para.3(2)(a) and apply instead para.3(2)(b) in the case of an unexpired policy if an event giving rise to liability occurs after the liquidation date.

Valuation of long-term policies under the Insurers (Winding-Up) Rules 2001

As a general rule, companies conducting long-term business do not go into liquidation. Where a company carrying on long-term business is being wound up, the liquidator must, unless otherwise directed by the court, carry on the long-term business with a view to the long-term business being transferred.[189] Despite the fact that it is unlikely that the long-term business of an insurance company will ever be wound up, many of the IWUR 2001 rules apply to long-term business (rr.7 and 8 are the principal ones) and Schs 2 to 5 provide for the valuation of life policies.

17-051

We do not propose to discuss these provisions for two reasons. First, it seems to us that they can only be applicable to valuing the policies of individuals who take out the life policies and should not therefore impact on the method of valuation of claims under reinsurance policies. Secondly, as we discuss in Ch.15, even reinsurance of life policies may be regarded as general business, either general liability or miscellaneous financial loss,[190] both for the purposes of authorisation and for the purposes of proving in the liquidation of a reinsurer of life business, despite the indications in the FSMA 2000 that the legislature sees things differently.

Valuation of a reinsured's claim on a reinsurer in liquidation

The regulator will not grant permission for a company to carry on both long-term and general business, unless: (1) the applicant's business will be restricted to

17-052

---

[189] FSMA 2000 s.376.
[190] *DR Insurance Co v Seguros America Banamex* [1993] 1 Lloyd's Rep. 120 at 129 per Adrian Hamilton QC, deputy judge.

reinsurance; or (2) the applicant's general business will be restricted to accident or sickness (or both).[191] We can deduce from this that the legislature views reinsurance of long-term business as long-term business also, at least for the purposes of authorisation. Further, as is noted above, a company's general business and long-term business are wound up separately just as, during the company's active life, the assets of each are kept separate. INSPRU 1.5.17(3) G states:

> "It is the policy of the appropriate regulator not to grant or vary permission if that would allow a newly established firm, or an existing firm engaging solely in general insurance business or solely in long-term business, to engage in both general insurance business and long-term insurance business. This does not apply where a firm's permission to carry on long-term insurance business is or is to be restricted to reinsurance. It also does not apply where a firm's permission to carry on general insurance business is or is to be restricted to effecting or carrying out accident or sickness contracts of insurance."

Consistent with the philosophy of the FSMA 2000 which we have also noted,[192] there are no separate rules for what a reinsured can prove for in the liquidation of a reinsurer or for the valuation of his claims. If, as appears to us, it is correct, that the rules for valuation of general business policies and long-term policies are written on the premise that the only policies envisaged by the rules are the original policies, and therefore applicable if the insurer rather than reinsurer was in liquidation, how does one value the claims of the reinsured in the liquidation of the reinsurer, particularly where the reinsured business is classified as "long-term"? Either the IWUR 2001 provides no assistance (unless perhaps the reinsurance is facultative and one simply applies the winding-up rules relating to the original policies de novo, ignoring, for valuation purposes, that it is reinsurance), and one is driven back to general principles, or, one applies r.6 of, and Sch.1 to, the IWUR 2001, the provisions for proving and valuing general business claims, which, though written for direct business, appear capable of being used for any reinsurance policies also, life or general business. Our view is that the court is likely to adopt the latter approach for reinsurance of both general and life business.

Rule 6 of the IWUR 2001 provides, in effect, that claims which have "fallen due for payment" or liabilities that have been notified before the liquidation date are provable individually and in the amount of the claim. The case law culminating in *Charter Re v Fagan*[193] clarified that a claim has not "fallen due for payment" by a reinsurer until the liability and the amount of that liability has been assessed (although the reinsured may not have paid the underlying claim). Thus, on the liquidation of the reinsurer, there may be claims which can immediately be brought by the underlying policyholder against the insurer—because the event giving rise to the claim has occurred—but which cannot immediately be brought against the reinsurer—because the liability of the reinsured and amount of it has not been

---

[191] INSPRU1.5.17G (3) notes that it is the regulator's policy, not to grant or vary permission if that would allow a newly established firm, or an existing firm engaging solely in general insurance business or solely in long-term insurance business, to engage in both general insurance business and long-term insurance business. This does not apply where a firm's permission to carry on long-term insurance business is or is to be restricted to reinsurance. It also does not apply where a firm's permission to carry on general insurance business is or is to be restricted to effecting or carrying out accident or sickness contracts of insurance. Such restriction were originally made in compliance with EU directives on insurances (see art.18(2) of the Consolidated Life Directive which has subsequently been repealed and replaced by Article 73 of Directive 2009/138/EC of the European Parliament and of the Council of 25 November 2009 on the taking-up and pursuit of the business of Insurance and Reinsurance (Solvency II) (recast).
[192] See Ch.15 above.
[193] *Charter Re v Fagan* [1997] A.C. 313.

ascertained. If both reinsured and reinsurer are in liquidation, claims on the reinsured could be, in the terminology of Lord Donaldson MR,[194] "overdue" or "mature" claims and on the reinsurer be merely "contingent".

In our view, whether the underlying business is general or long-term, when a reinsurer goes into liquidation, the reinsured will prove for claims which have matured—the liability and amount of his liability to the policyholder has been established—or the liability has been notified before the liquidation date (paid and outstandings)—and for the rest (IBNR) will have all contingent claims which are taken into account in establishing the "value of the policy" for which one proves under the IWUR 2001 Sch.1 para.2(2). Curiously, where it is the reinsurer who is in liquidation, rather than the reinsured, the route to holding the reinsurer liable for contingent claims of the reinsured seems clearer.[195]

17-053

Actuarial valuation of claims under Bermuda law

We referred above to Mr Roger Kaye QC's account of the liquidation of Cambridge Re in Bermuda. The learned deputy judge continued on from the passage quoted above, as follows:

17-054

"The choice thus facing the liquidators in dealing with the contingent claims or those which were uncertain in value was twofold.

First they could wait until [Cambridge Re's] portfolio ran off, dealing with the claims as and when they actually arose. The inevitable consequence of this course of action was that no interim dividend could be paid or at least not without making large retentions to meet potential future claims. It might also result in difficulties in recovery of sums due from reinsurers or retrocessionaires for no collection or claim could be made by [Cambridge Re] until the resulting net balance between [Cambridge Re] and the retrocessionaire was struck. All this might lead to a lengthy and protracted liquidation lasting many years.

The alternative was to establish some machinery using proper and approved methods of actuarial valuation, for valuing or settling the contingent claims and claims of uncertain value, in advance, as at May 17, 1983."[196]

The learned deputy judge noted that "the liquidators resolved on the second course", and applied to the Supreme Court of Bermuda for directions in the winding-up, under s.176(3) of the BCA 1981.[197] The court directed that all creditors (both insurance and non-insurance) and the "insurance debtors" (i.e. reinsurers) of Cambridge Re should be circularised with the liquidator's proposals for an actuarial valuation of contingent claims, which they envisaged being approved by the court and binding upon all creditors and debtors. The liquidators sent further circular letters enclosing further information and professional calculations of contingent claims based on the proposed actuarial valuation. Following responses to the circular letters, revised calculations were made by the liquidators, and further directions were sought. No creditor or debtor was prepared to challenge the liquidators and final directions were given by the Supreme Court of Bermuda, ex parte, on 7 December 1988 ("the Cambridge Re Order").

As we have noted above, there is no equivalent to the ICWUR 1985 or IWUR 2001 in Bermuda. The jurisdiction to value contingent claims is to be found in

---

[194] *Ackman v PPB* [1992] 2 Lloyd's Rep. 321.
[195] But if the reinsured is also in liquidation then the amount he can recover from his reinsurer in liquidation may depend on how the claims under the policies he (the reinsured) has issued, are valued.
[196] The date of the winding-up order.
[197] Derived from CA 1948 s.246(3), and in identical terms to IA 1986 s.168(3).

ss.234 and 235 of the BCA 1981[198] which incorporate by reference the applicable rules of bankruptcy law. The relevant provision in force at the date of the Cambridge Re Order, s.29 of the Bankruptcy Act 1876,[199] provided in its material part, as follows:

> "(3) *An estimate shall be made ...* at the discretion of the trustee *of the value of any debt* or liability provable as aforesaid which by reason of its being subject to any contingency or contingencies or for any other reason does not bear a certain value
> ...
> (5) *The expression 'liability'* includes any compensation for work or labour done, any obligation or possibility of an obligation to pay money or money's worth on the breach of any express or implied covenant, contract, agreement or undertaking, whether such breach does or does not occur or is not likely to occur or capable of occurring before the close of the bankruptcy, and generally also *includes any express or implied engagement* or undertaking to pay, or *capable of resulting in the payment of money* or money's worth whether such payment is as respects an amount fixed or unliquidated, for as respects time present or future; *or is certain or dependent on any one contingency, or on two or more contingencies; or is, as to of valuation, capable of being ascertained by fixed rules,* or is assessable only by a jury or as a matter of opinion."[200] [Emphasis added]

17-055 The Cambridge Re Order[201] approved a method of actuarial valuation which had been specifically devised by the liquidators' consulting actuary having regard to the nature of Cambridge Re's contingent liabilities. The liabilities were to be valued as at the date of the winding-up order. Events occurring after that date were considered, but subject to a "cut-off date" after which actual loss developments would not be taken into account in the calculations. Provision was made for appeal to the court from the valuation of claims.

The Cambridge Re Order purported to bind both creditors (reinsureds) and debtors (reinsurers). Cambridge Re's liquidators were aware of the legal difficulties which might arise in collecting from those reinsurers who were not subject to the jurisdiction of the Supreme Court of Bermuda. Nonetheless, they considered it to be in the interests of Cambridge Re's creditors to expedite the winding-up (by valuing contingent claims). The liquidators took a pragmatic view as to the likely attitude of reinsurers, as their Bermuda counsel, writing shortly before the making of the Cambridge Re Order, observed:

> "The ... liquidators are strongly of the view that Cambridge's reinsurance debtors fall into two camps (1) those who will seek to avoid their obligations, in any event, because they can't or don't want to pay ('the bad debtors') and (2) responsible debtor companies, that value their reputations in the international insurance and reinsurance markets, and will honour their obligations to Cambridge, if the Bermuda Supreme Court approves the initiative and a more efficient and expeditious liquidation of Cambridge is achieved ('the responsible debtors') ... It is better, for Cambridge's creditors ... to ascertain who the bad debtors are sooner rather than later. The assets of Cambridge currently in the liquidators' custody and Cambridge's assets (i.e. uncollected sums) currently in the custody of

---

[198] Derived from ss.316 and 317 of the CA 1948.
[199] Derived from s.31 of the English Bankruptcy Act 1869. The current Bermudian bankruptcy legislation, the Bankruptcy Act 1989, is derived from the English Bankruptcy Act 1914.
[200] For our historical analysis of the admissibility of contingent debts in English bankruptcy law, see the speeches in *Hardy v Fothergill* (1888) 13 App. Cas. 351 at 355–357 per Lord Halsbury, 358–362 per Earl of Selbourne, 363–366 per Lord Fitzgerald. The present general rule with respect to estimating the value of contingent debts in a liquidation is r.4.86 of the IR 1986 (SI 1986/1925).
[201] For a detailed account of its provisions, see *In Re A Company (No.0013734 of 1991)* [1992] 2 Lloyd's Rep. 415 at 420–422.

retrocessionaires should be quantified, collected and paid out in interim and final dividends to Cambridge's creditors as soon as possible."[202]

In *Re A Company (No.0013734 of 1991)*[203] concerned an attempt by Cambridge Re's liquidators to collect from a reinsurer in England sums alleged to be due under two excess of loss reinsurance contracts. The contracts contained a standard form of UNL clause and a "Notice of Loss Clause" (art.15) which provided as follows:

17-056

> "All loss settlements made by the reinsured, including compromise settlements, shall be unconditionally binding upon reinsurers provided such settlements are within the conditions of the original policies and/or contracts and within the terms of this reinsurance, and amounts falling to the share of the reinsurers shall be payable by them upon reasonable evidence of the amount paid being given by the reinsured."

In addition, the "Reinsurance Clause" in each of the contracts provided as follows:

> "This reinsurance shall be deemed to be subject to the same terms, clauses and conditions as the original policies and/or contracts as far as they may be applicable hereto and shall pay as may be paid thereon, but subject nevertheless to the terms and conditions of this reinsurance."

Cambridge Re presented a petition to wind up the reinsurer on the grounds of inability to pay debts, evidenced by the reinsurer's failure to pay on demand the sums of US$43,119.92 (representing certain claims made against Cambridge which had been paid or settled) and US$87,498.21 (calculated on the basis of an actuarial valuation of Cambridge Re's contingent liabilities under the underlying contracts). The reinsurer contended that the petition should be struck out as an abuse of process. The deputy judge identified three key issues[204]:

> "(1) Whether it is a precondition of liability of the company that the petitioner should actually have paid the assureds ... ('the construction issue')[205]
> (2) Whether the valuation of the contingent underlying liabilities in accordance with the Bermuda Order is a 'loss settlement' or 'compromise settlement' for the purpose of art. 15 ... ('the valuation issue').
> (3) Whether [Cambridge Re] has provided 'reasonable evidence' of the claims including whether or not [Cambridge Re] has given credit for the cross-claims or set-offs claimed by the company for the purposes of art. 15 ... (the 'reasonable evidence issue')."

As the deputy judge pointed out,[206] he was "only concerned as to whether they give rise to a bona fide dispute on substantial grounds sufficient to show that no part of the petition debt can clearly and indisputably form the basis for a winding-up petition". It was unnecessary for him to resolve all three issues, unless he was to find in favour of Cambridge Re and conclude "that they afford the [defendant] company no really rational prospect of success or that the argument of [Cambridge Re] cannot be seriously questioned".[207] Not surprisingly, he held that the petition

17-057

---

[202] J. Milligan-Whyte, "Liquidation of Insolvent Reinsurers—The Actuarial Estimation of Contingent Liabilities—A Bermuda Initiative" in *Law and Practice of International Reinsurance Collections and Insolvency* (ABA, June 1988), p.371.
[203] *Re A Company (No. 0013734 of 1991)* [1992] 2 Lloyd's Rep. 415.
[204] *Re A Company* [1992] 2 Lloyd's Rep. 415 at 424.
[205] The case pre-dates *Charter Re v Fagan*.
[206] *Re A Company* [1992] 2 Lloyd's Rep. 415 at 423.
[207] *Re A Company* [1992] 2 Lloyd's Rep. 415 at 423.

should be struck out. With respect to the "valuation issue" the deputy judge said[208]:

> "It seems to me that there is a serious and complex argument of construction as to whether in the particular circumstances of the case, the valuation pursuant to the Bermuda Order would be a 'loss settlement' as suggested ... the reference in art. 15 to 'loss settlements' seems at first blush to presuppose that an actual loss has arisen and been settled by agreement between the assured and the insurer and not to relate to an actuarial valuation of contingent claims or claims of uncertain value, still less in the context of an order permitting a valuation which was principally made and, is expressed to be made binding for all the purposes of the liquidation only and which fixed the liabilities of [Cambridge Re] primarily with a view to dividend and timing of proofs. On the other hand, I have considerable sympathy with the liquidators. Their argument has the undoubted merit of good common sense and is in keeping with the views of Mr Justice Stirling and Mr Justice Hirst which I have cited above."[209]

He concluded that the hearing of an interlocutory application to strike out a winding-up petition was not the appropriate forum for resolving an important question of law affecting the insurance and reinsurance market as a whole. The judgment gives no indication as to how the Deputy Judge would have approached the issue if art.15 had not been in the reinsurance contract.

Priority of distribution

The Insurers (Reorganisation and Winding-Up) Regulations 2004

17-058 The Insurers (Reorganisation and Winding-Up) Regulations 2004 ("IRWUR 2004"),[210] amongst other things:

> "...provide for the special order of priority for insurance debts created by the [Insurers Winding Up Directive][211] to apply to UK insurers and for the carrying through of the consequences of this in insolvency law."[212]

17-059 Regulation 21 of IRWUR 2004 (as amended) applies the following order of priority for the payment of debts in the winding up of a UK insurer (whether it be a long-term insurer, a general insurer or a composite insurer):

> "(2) Subject to paragraph (3), the debts of the insurer must be paid in the following order of priority—
> (a) preferential debts;
> (b) insurance debts;
> (c) all other debts.
> (3) Preferential debts rank equally among themselves after the expenses of the winding up and must be paid in full, unless the assets are insufficient to meet them, in which case they abate in equal proportions.
> (4) Insurance debts rank equally among themselves and must be paid in full, unless the assets available after the payment of preferential debts are insufficient to meet them, in which case they abate in equal proportions.

---

[208] *Re A Company* [1992] 2 Lloyd's Rep. 415 at 427.
[209] *Eddystone Marine Insurance Co Ex p. Western Insurance Co, Re* [1892] 2 Ch. 423; *Home & Overseas Insurance Co Ltd v Mentor Insurance Co (UK)* [1990] 1 W.L.R. 153; [1989] 1 Lloyd's Rep. 473.
[210] Insurers (Reorganisation and Winding-Up) Regulations 2004 (SI 2004/353), as amended from time to time. The Regulations has been repealed by the Financial Services and Markets Act 2023 Sch.1(2) para.1, albeit at a date to be specified.
[211] Directive of the Parliament and the Council on the reorganisation and winding up of insurance undertakings (2001/17/EC) for all UK insurers except Lloyd's.
[212] See the Explanatory Note to the Insurers (Reorganisation and Winding-Up) Regulations 2004 (SI 2004/353).

(5) Subject to paragraph (6), so far as the assets of the insurer available for the payment of unsecured creditors are insufficient to meet the preferential debts, those debts (and only those debts) have priority over the claims of holders of debentures secured by, or holders of, any floating charge created by the insurer, and must be paid accordingly out of any property comprised or subject to that charge.

(6) The order of priority specified in paragraph (2)(a) and (b) applies for the purposes of any payment made in accordance with paragraph (3).

(7) Section 176A of the 1986 Act[213] ... has effect with regard to an insurer so that insurance debts must be paid out of the prescribed part in priority to all other unsecured debts."

Implications for reinsureds and other unsecured creditors of UK insurers

Reinsureds who have contracts of reinsurance with UK insurers need to assess their credit risk. If there are insufficient assets to pay the direct policyholders, the effect of reg.21 of the IRWUR 2004 is that reinsurance creditors will get nothing. An existing reinsurance creditor of a UK insurer could seek to improve his position in two ways: first, the taking of new or additional security; secondly, restructuring the cover as insurance. The first depends upon the willingness and ability of the insurer to provide security and may not survive an attack by a liquidator. The second may not be legally possible. The IRWUR 2004 are likely to enhance the attractiveness (from a security standpoint) of pure reinsurers—in Bermuda and elsewhere—over any London market company that writes both reinsurance and direct insurance.

17-060

We can envisage situations where the assets available for distribution to policyholders are substantially diminished as a consequence of the regulation. Suppose an insurance company (let us call it "Compic") has a book of direct insurance and also a book of assumed reinsurance which it retrocedes. Any recoveries from retrocessionaires will form a significant asset of Compic. Suppose that Compic becomes insolvent. There may easily be situations where, if a reinsured of Compic makes a claim in Compic's liquidation, 100 per cent of the moneys recovered by Compic from the retrocessionaires would be distributed to the direct policyholders of Compic. Why should the reinsured bother, in that circumstance, to make a claim on his reinsurer, Compic, purely so that Compic's liquidator can claim from retrocessionaires and increase the dividend to direct policyholders? The reinsured would do better going direct to the retrocessionaire and agreeing with the retrocessionaire not to claim on Compic in exchange for a payment direct from the retrocessionaire.[214] Another pragmatic solution would be a compromise between the direct policyholders and the reinsureds in which the former allow the latter to receive 50 per cent of the proceeds recovered from retrocessionaires in order to give them an incentive to make claims.[215] Effect to such a compromise—varying the statutory provisions governing priorities in a liquidation—may presumably be given by means of a scheme of arrangement or restructuring plan under Pts 26 and 26A of the Companies Act 2006, provided that separate class meetings of direct policyholders and reinsureds are held and approve the scheme by the requisite majorities.[216]

---

[213] Section 176A of the IA 1986 is the provision which deals with the setting aside of a prescribed part from floating charge security to pay unsecured debts in certain insolvency proceedings.

[214] See *McMahon v AGF* [1997] L.R.L.R. 159, discussed in Ch.16, 16-013 above.

[215] Compare *Home Insurance Co, Re* [2005] EWHC 2485 (Ch); [2006] B.C.C. 164—discussed in Ch.18 below.

[216] See, generally, Ch.18 below.

Assets of the company

17-061 If assets held by the company are not assets of the company, because, for example, they are held in trust, then they will not be available for distribution. *Re ACAL Underwriting Ltd*,[217] illustrates this. Two major shareholders of a corporate capital company in Lloyd's agreed to remit funds to Lloyd's and proposed to do so by paying money into the account of the Lloyd's managing agent of the corporate member so that it could be transferred on to Lloyd's. After the money had been placed in the managing agent's account and before it had been remitted to Lloyd's the corporate member announced itself insolvent. Vos J had to decide whether the funds remitted by the shareholders formed part of the assets of the corporate member. He declared that they did not. There was no intention that the member and the agent should be other than a post box. The moneys were held on a purpose trust; they should be returned to the shareholders.

Interpretation of S.36(A) of the Bermuda Insurance Act 1978

17-062 Prior to 2018, the priority of distribution of assets in the insolvency of an (re)insurance company was the same as for any other company, with unsecured (re)insurance liabilities ranking equally with other non-preferential unsecured debts. In 2018, IA 1978 was amended to give priority to (re)insurance debts over other non-preferential unsecured debts with the insertion of s.36(A), which provides:

"(1) This section applies in the case of a winding up under the Companies Act 1981 of—

    (a) an insurer which was carrying on or entitled to carry on only long-term business;

    (b) an insurer which was carrying on or was entitled to carry on only general business;

    (c) a s.24(6) composite insurer; or

    (d) a composite insurer, where the long-term business of the composite insurer has been or is to be transferred as a going concern to another long-term insurer in accordance with s.37.

(2) Subject to subs.(3) and to rules made by virtue of s.40, and subject to the prior payment of Employment Act preferential debts and Companies Act preferential debts, the insurance debts of the insurer must be paid in priority to all other debts of the insurer.

(3) The insurance debts of an insurer shall rank equally among themselves and be paid in full unless the assets of the insurer are insufficient to meet them, in which case they abate in equal proportions."

17-063 Whilst it was clear during the consultation on this amendment that it was intended to give priority both to insurance and reinsurance debts, the applicability of this section to reinsurance contracts and debts was challenged in *In the Matter of PB Life and Annuity Co.,, Ltd*,[218] (hereafter referred to as *PBLA*). PB Life & Annuity Co., Ltd. (PBLA) was a Bermuda incorporated long term (re)insurer that had been placed into provisional liquidation after the presentation of a winding up petition by the BMA. PBLA was the reinsurer of a sole cedant, Universal Life Insurance Company (ULICO). ULICO applied to the court seeking a declaration that its reinsurance agreement with PBLA was an "insurance contract", and that the debt owed to ULICO pursuant to that

---

[217] *Glenrinnes Farms Ltd v ACAL Underwriting Ltd* [2012] EWHC 4336 (Ch), Vos J ex tempore 31 July 2012.
[218] *PB Life and Annuity Company, Ltd* BM 2023 SC 2.

agreement was an "insurance debt", pursuant to ss.36(11) and 36(A) respectively of the IA 1978. ULICO's application was opposed in part by four North Carolina domiciled insurance companies (NC Companies) which also claimed to be creditors of PBLA. The JPLs of PBLA took a neutral position on ULICO's application and the BMA supported it. The court had to determine three issues:

1. Whether the reinsurance agreement between ULICO and PBLA was an "insurance contract") pursuant to ss.36 and 36A of IA 78.
2. Whether a debt owed to ULICO under the reinsurance agreement was an "insurance debt" pursuant to ss.36 and 36A of IA 78;
3. Whether in a winding up of PBLA, an "insurance debt" owed to ULIOCO would be paid in priority to all debts of PBLA save for "preferential debts".

S.36(11) IA 78 defines "insurance contract" as:

> "any contract of insurance, capital redemption contract or a contract that has been recorded as insurance business in the financial statements of the insurer pursuant to the Insurance Accounts 1980 or the Insurance Account Rules 2016, as applicable;"

As previously stated in this text, insurance business is defined in s.1(1) of the IA as explicitly including reinsurance. On this basis, Hargun CJ found that the terms "insurance contract" and "insurance business" are defined expansively and both include reinsurance. Accordingly, his conclusion on Issue 1 was that the reinsurance agreement between ULICO and PBLA was an insurance contract.

Section 36(11) provides that "insurance debt" means a debt to which an insurer ("[A]") is or may become liable pursuant to an insurance contract, excluding debts owed to an insurer ("[B]")under an insurance contract where the insurer ("[C]") is the person insured.

Of the three references to "insurer" in the definition, the parties agreed that [A] referred to the insolvent insurer, and that [B] referred to the insurer claiming as a creditor in the winding up of [A]. However, different arguments were made as to whether [C] was a reference back to [B], the creditor claiming in the winding up of [A] or [A] the insolvent insurer itself. In view of the different possible interpretations of who [C] could be, Hargun CJ considered that the meaning of "insurance debt" in s.36(11) was ambiguous or obscure. Accordingly, the Court had to decide which interpretation represented the legislative intention. In the circumstances, Hargun CJ was satisfied, based on the decision in *Pepper v Hart*,[219] or alternatively the decision in The *Presidential Insurance Co Ltd v Resha St. Hill*,[220] that it was permissible for the court to look at Parliamentary material to see if members of the legislature were advised by the Minister of Finance as to the result which was intended to be achieved by the statutory provision.

Hargun CJ was presented with comments made by the Minister of Finance to the House of Assembly on the second reading of the Insurance Amendment (No.2) Act 2018 (which in turn reflected sentiments expressed by the BMA in its Consultation Paper on Policyholder Protection, June 2017), including the following:

> "Mr Speaker, the Bill will protect the policyholders by giving higher priority in the winding up of an insurer. The persons impacted would be all policyholders and would include insurance and reinsurance contracts for both domestic and overseas policyholders. Both retail and commercial insurance coverages are included. To be clear, this means all insurance policyholders."

Based upon to the statements made by the Minister of Finance, and by the Leader

---

[219] *Pepper (Inspector of Taxes) v Hart* [1993] A.C. 593; [1992] 3 W.L.R. 1032.
[220] *Presidential Insurance Co Ltd v Resha St. Hill* [2012] UKPC 33.

of the Opposition, Hargun CJ found that it was clear that the proposed amending legislation was intended to provide priority protection to all policyholders, both domestic and overseas and to apply to both insurance and reinsurance contracts. Therefore, it was held that the debt owed to ULICO under the reinsurance agreement was an "insurance debt".

Further, on Issue 2, the court held it is the policyholders of the insolvent insurer to whom the protection is to be afforded; and the priority is not intended to apply to a person simply because they have a claim under an insurance contract. Therefore, the court accepted that the reference to [C] in the definition of insurance debt is a reference back to [A] the insolvent insurer, in its capacity as a policyholder and not as issuer. Therefore, where [B] is a reinsurer claiming for unpaid premiums in the insolvency of [A], that claim would be excluded from the priority.

As a result, on Issue 3 the court decided in favour of ULICO that in a winding up of PBLA, an "insurance debt" owed to ULICO would be paid in priority to all other debts of PBLA save for "preferential debts" (as defined in s.36(11) of the IA 78).

4. INTERNATIONAL RECOGNITION AND JUDICIAL CO-OPERATION

Introduction and overview

17-064 Previously, in the absence of any generally applicable international convention, the English courts worked out solutions on a case-by-case basis to the problems posed by insolvent (re)insurance companies which may have been doing business in several jurisdictions and been simultaneously subject to different regulatory regimes. A central question is whether there should be one winding-up, possibly by the court of the country in which the (re)insurer is incorporated, which other courts will recognise and assist, or whether in circumstances where the local law provides protection for local policyholders (e.g. by requiring a (re)insurer to deposit security for its obligations) the local creditors should be entitled to have the benefit of assets available locally, possibly to the exclusion of foreign creditors. An exhaustive discussion of the legal problems of cross-border insolvency is beyond the scope of the present work and readers are referred to specialist texts.[221]

There presently exist, under English law, two[222] separate regimes providing for mutual recognition and judicial co-operation in insolvency matters opened now:

---

[221] See R. Sheldon QC, *Cross-Border Insolvency*, 4th edn (Bloomsbury Professional, 2012); P.R. Wood, *Principles of International Insolvency*, 3rd edn (Sweet & Maxwell, 2019); I.F. Fletcher, *The Law of Insolvency*, 5th edn (Sweet & Maxwell, 2017), pp.943-1062; I.F. Fletcher, *Insolvency in Private International Law*, 2nd edn (Oxford University Press 2007); Lightman and Moss, *The Law of Administrators and Receivers of Companies*, 6th edn (Sweet & Maxwell, 2017); G. Moss, I.F. Fletcher and S. Issacs, *The EC Regulation on Insolvency Proceedings: A Commentary and Annotated Guide*, 3rd edn (Oxford University Press 2016); I.R.C. Kawaley, A.J. Bolton and R.J. Mayor (eds), *Cross-Border Judicial Co-operation in Offshore Litigation: The British Offshore World* 2nd edn (Wildy, Simmonds & Hill, 2016).

[222] Theoretically, assuming Lewison J's decision in *Stanford International Bank Ltd (In Receivorship), Re* [2009] EWHC 1441 (Ch); [2009] B.P.I.R. 1157 (which is discussed further below) is correct, there exists a third category of cases where recognition is not available under the 2006 Regulations (because the party seeking recognition is not within the definition of "foreign representative") where some form of recognition and/or assistance may be available at common law. Such cases will be rare and, ex hypothesi, will not involve insolvency proceedings relating to reinsurers.

(i) Under s.426 of the IA 1986 (a provision which is of particular importance for the purposes of this work, as it applies to requests for assistance from Bermudian courts).
(ii) Under the Cross-Border Insolvency Regulations 2006 which give legal effect in England to the UNCITRAL Model law on Cross-Border Insolvency (hereafter, in this chapter, "the Model Law"[223]).

We shall discuss each of these regimes in turn, below. Bermuda has yet to enact an equivalent provision to s.426. We conclude this chapter with a discussion of judicial co-operation in cross-border insolvencies by Bermudian courts exercising their powers under common law.

In previous editions we made reference to decisions of US Bankruptcy courts granting recognition to orders of both English and Bermuda courts made in respect liquidations and schemes under s. 304 of the United States Bankruptcy Code.[224] Section 304 has been repealed and replaced by Ch.15 of the Bankruptcy Code, which gives effect, in the United States, to the Model Law. A discussion of the operation of United States bankruptcy law in general, and Ch.15 in particular, is beyond the scope of this work.

17-065

Judicial co-operation in England I: The s.426 regime

Overview—Insolvency Act 1986 s.426

Section 426(4) provides:

17-066

"The courts having jurisdiction in relation to insolvency law in any part of the United Kingdom shall assist the Courts having the corresponding jurisdiction in any other part of the United Kingdom or any relevant country or territory."

A court in another part of the UK or "any relevant country or territory"[225] may request the English court's assistance and such a request authorises the English court to apply, in relation to any matters specified in the request, the insolvency law which is applicable by either court in relation to comparable matters falling within its jurisdiction.[226] Although s.426(4) uses mandatory words ("shall assist"), it appears from the final sentence of s.426(5) that the English court has a discretion as to the form of assistance given under s.426(4) and that "In exercising its discretion ... a court shall have regard in particular to the rules of private international law".[227]

In *Re Dallhold Estates (UK) Plc Ltd*[228] Chadwick J made an administration order under (what was then) s.8 of the IA 1986 in respect of a Western Australian

---

[223] Not to be confused with the UNCITRAL Model Law on International Commercial Arbitration, which applies in Bermuda (but not in England) by virtue of the Bermuda International Conciliation and Arbitration Act 1993. See Ch.14 above.
[224] See further in Ch.18, 18-010 below.
[225] IA 1986 s.426(11) defines "relevant country or territory" as the Channel Islands (Jersey and Guernsey) and Isle of Man, plus any country or territory so designated by statutory instrument. The following are currently designated: Anguilla, Australia, the Bahamas, Bermuda, Botswana, Canada, Cayman Islands, Falkland Islands, Gibraltar, Hong Kong, Republic of Ireland, Montserrat, New Zealand, St. Helena, Turks and Caicos Islands, Tuvalu and the (British) Virgin Islands (SI 1986/2123); Malaysia and South Africa (SI 1996/253); Brunei (SI 1998/2766).
[226] IA 1986 s.426(5).
[227] *Bank of Credit and Commerce International SA (In Liquidation) (No.9), Re* [1994] 1 W.L.R. 708; [1994] 2 B.C.L.C. 664 at 657 per Rattee J four categories of "the rules of private international law" are likely to be relevant: (1) rules relating to jurisdiction; (2) rules relating to title to property; (3) choice of law rules; (4) rules of public policy. See further J.W. Woloniecki (1986) 35 I.C.L.Q. 644.
[228] *Dallhold Estates (UK) Plc Ltd, Re* [1992] B.C.C. 394; [1992] B.C.L.C. 621. See also, *Tambrook*

company which was in liquidation by order of the Federal Court of Australia. He held that a request under s.426 gave him jurisdiction to do so, although s.8 appeared by virtue of the general definition of "company",[229] not to extend to overseas companies.[230]

In *Re Integrated Medical Solutions Ltd*,[231] Registrar Baister said in the Companies Court that a request under s.426 was in effect mandatory unless there was strong reason to refuse it. It is however clear from *Rubin v Eurofinance SA* and *New Cap Reinsurance Corp (in Liquidation) v Grant*[232] that there are limits to how far an English court can go in enforcing default judgments made by a foreign insolvency court. In *Re Phoenix Kapitaldienst GmbH*[233] Proudman J declared that an English court had an inherent jurisdiction to recognise and assist an administrator appointed in a foreign country even if the country did not fall within the Insolvency Act 1986 s.426.[234]

Letters of request under s.426 from Bermudian courts

17-067 A number of orders have been made under s.426, pursuant to letters of request issued by the Supreme Court of Bermuda, in relation to insolvent Bermudian reinsurance companies. In two instances the English court has declined to assist the Bermuda court.

In *Re Focus Insurance Co Ltd*[235] the liquidators of Focus had brought proceedings in Bermuda against inter alia, a director of the company, a Mr Hardy, for damages for breach of fiduciary duty.[236] Mr Hardy failed to comply with the discovery orders ancillary to a Mareva (freezing) injunction which the Bermuda Court had granted. As a result of his failure to comply with its orders, the Bermuda court struck out Mr Hardy's amended defence to the action, and judgment was entered for Focus, on the basis of the allegations in the statement of claim, in the sum of US$19,714,142.29 plus interest. The Privy Council dismissed Mr Hardy's appeal.[237] The liquidators petitioned in England, where Mr Hardy was resident, for a bankruptcy order. This was granted by the English court and a trustee in bankruptcy was appointed. The duty of the trustee, under the IA 1986, was to collect Mr Hardy's assets and distribute them to his creditors. The judgment debt of approximately US$20 million owed by Mr Hardy to Focus represented 99.9 per cent of the total amount of his debts.

The Focus liquidators obtained from the Bermuda court a letter of request which asked that the English court make the same orders for discovery and disclosure of information against Mr Hardy as the Bermuda court had previously made, and which Mr Hardy had failed to comply with. The Focus liquidators made an application to the English court under s.426.

Jersey Ltd, Re [2013] EWCA Civ 576; [2014] Ch. 252 where a request from the Royal Court of Jersey to appoint administrators in England over a Jersey company was granted.
[229] IA 1986 s.251, applying Companies Act 1985 s.735 (see now: s.1 of the CA 2006 for definition of company).
[230] See IA 1896 Sch.B1 para.111 for the current definition of a company for administration purposes.
[231] *Integrated Medical Solutions Ltd, Re* [2012] B.C.C. 215.
[232] *New Cap Reinsurance Corp Ltd (In Liquidation) v Grant* [2012] UKSC 46; [2013] 1 A.C. 236.
[233] *Phoenix Kapitaldienst GmbH, Re* [2012] EWHC 62 (Ch); [2013] Ch. 61.
[234] Quaere whether this is correct in the light of *Pricewaterhouse Coopers v Saad Investments Co Ltd* [2014] UKPC 36.
[235] *Focus Insurance Co Ltd, Re* [1996] B.C.C. 659; [1997] 1 B.C.L.C. 219.
[236] *Focus Insurance Co Ltd (In Liquidation) v Hardy* [1992] Bda L.R. 25, and Ch.16 above.
[237] *Hardy v Focus Insurance Co Ltd* [1995] 7 WLUK 203.

The Vice-Chancellor was persuaded by Mr Hardy[238] that: 17-068

"[T]here is an inconsistency between, on the one hand, the joint liquidators obtaining a bankruptcy order in this country, under which they became a creditor in the bankruptcy and a trustee in bankruptcy becomes responsible for the administration of the bankrupt's affairs and for the collection and realisation of his assets, and issuing the originating application pursuant to the letter of request for the purpose of obtaining Mr Hardy's assets in order to satisfy Focus's debt."[239]

The Vice-Chancellor concluded that this inconsistency was a good reason why he should not make the order. He also considered that there would be an element of oppression if he were to require Mr Hardy to provide information and documents to the Focus liquidators which the trustee in bankruptcy could require be provided to him.[240]

Hughes v Hannover Ruckversicherungs-Aktiengesellschaft[241] arose out of the liquidation in Bermuda of the Electric Mutual Liability Insurance Co Ltd ("EMLICO"). The defendant ("Hannover Re") was one of EMLICO's reinsurers. The reinsurance treaties contained an arbitration clause governed by Massachusetts law.[242] The liquidators of EMLICO obtained a letter of request from the Bermuda court and applied to an English court under s.426 for an injunction restricting Hannover Re from commencing or continuing any actions or proceedings against EMLICO "within the jurisdiction of the High Court of Justice in England and any and all jurisdictions". Knox J refused to grant an injunction. This decision was upheld by the Court of Appeal.[243] Morritt LJ, giving the judgment of the Court Appeal, reviewed at some length the authorities relating to s.426 and its statutory predecessors, which he said established five propositions:

(1) In all of the earlier cases concerning the question of the court's assistance to courts in other jurisdictions, the court's authority was based on its general equitable jurisdiction. None of the earlier cases or statutory provisions suggested that the court's jurisdiction was limited in any way by the provisions of the Bankruptcy Act which was in force at the relevant time.

(2) In all of the earlier cases, issues between the trustee in bankruptcy and third parties were determined by due process of law. The trustee in bankruptcy was subject to the jurisdiction of the English courts in relation to all matters concerning the assets of the bankruptcy which were in England.

(3) It was not Parliament's intention, in enacting s.426, to restrict the jurisdiction of the English courts to give assistance to the courts in any other part of the UK or any relevant country or territory.

(4) In all of the cases decided on the basis of s.426, the court was exercising, in each case, its jurisdiction arising out of the IA 1986, or ancillary powers derived from that jurisdiction.

---

[238] *Re Focus* [1997] 1 B.C.L.C. 219 at 228 per Richard Scott VC: "I would wish to say that he has seemed to me to be an articulate and if I may say so without appearing patronising, an intelligent litigant in person and I do not think that in the event he has suffered by not having had legal representation." Mr Hardy has been less successful as a litigant in person before the Bermuda Courts. See *Re Aneco Reinsurance Underwriting Co Ltd, Hardy v Mitchell (liquidator)* [2002] Bda L.R. 15.
[239] *Re Focus* [1997] 1 B.C.L.C. 219 at 229i–230a per Sir Richard Scott VC.
[240] *Re Focus* [1997] 1 B.C.L.C. 219 at 230 per Richard Scott VC: "It would seem to me oppressive that that should happen twice. The proper forum for the information and documents to be sought and supplied seems to me to be the English bankruptcy."
[241] *Hughes v Hannover Ruckversicherungs AG* [1997] B.C.C. 921; [1997] 1 B.C.L.C. 497.
[242] EMLICO was originally incorporated in Massachusetts and shortly before going into liquidation moved to Bermuda. See 17-026 above.
[243] Roche, Morritt and Thorpe LJJ.

(5) In all of the cases in which assistance had been sought from the English court (except two which were not concerned with s.426), it was recognised that the court requesting assistance was not entitled to such assistance as of right, but that the English court had a discretion to decide whether such assistance should be given (although great weight would be given to the request) and on what terms.[244]

17-069 It was accepted that under the insolvency law of both Bermuda and England the courts had the power to grant injunctions to restrain proceedings being commenced against a company which was being wound up.[245] It was also accepted that the English court may in appropriate circumstances grant an injunction restraining a person from commencing proceedings anywhere in the world. The question was whether there were good reasons for not acceding to the request in this case. Morritt LJ noted that, since EMLICO's liquidators had obtained the letter of request, a number of circumstances had changed. Hannover Re had originally sought to challenge the entire basis of the liquidation of EMLICO. Hannover Re's claim that EMLICO should be "redomesticated" back to Massachusetts had been abandoned, and the only relief sought in the arbitration was avoidance of the reinsurance treaties. The liquidators had also originally sought to restrain another of EMLICO's reinsurers, Kemper Re, from commencing proceedings against EMLICO. The Bermuda courts had rejected Kemper Re's attempts to prevent the winding-up of EMLICO in Bermuda and to seek judicial review of the Ministry of Finance's decision permitting EMLICO to be "continued" under the BCA 1981.[246] The Bermuda court had held that insofar as Kemper Re had grounds to complain about EMLICO's transfer to Bermuda, appropriate relief was to be sought in the arbitration under the reinsurance treaties.[247]

Morritt LJ considered that EMLICO's liquidators faced "three formidable obstacles" in relation to the grant of injunction. First, if EMLICO was being wound up in England, the English court would not grant an injunction to restrain an arbitration held in Massachusetts in accordance with reinsurance treaties governed by Massachusetts law. There was a procedure available under s.304 of United States Bankruptcy Court Act,[248] under which the liquidators could seek an injunction from the United States Federal Bankruptcy Court. Secondly, as EMLICO was not being wound up in England and the matters in dispute between Hannover Re and the liquidator had no connection with England, the United States Federal Bankruptcy Court was the more appropriate forum to decide where there should be an arbitration. Thirdly, in view of the change in circumstances, the weight to be attached to the letter of request from the Supreme Court of Bermuda was reduced. He concluded that the liquidators had failed to overcome these obstacles and that no injunction should be granted.[249]

---

[244] It had been thought, prior to the decision in *Hughes v Hannover Re*, that a distinction existed between the giving of assistance (which was mandatory) and the mode of assistance (which was discretionary).
[245] BCA 1981 s.167(4); IA 1986 s.130(2).
[246] See Ch.16 16-021 to 16-023 above.
[247] See Ch.16 above.
[248] Now repealed and replaced with Chapter 15 of the United States Bankruptcy Code.
[249] The House of Lords gave leave to appeal, but the underlying dispute was compromised.

Turnover of insurance company assets under s.426—the HIH case

The *HIH* case,[250] which arose out of the liquidation in Australia of a group of Australian insurance companies with assets in England, raised an important point of principle with respect to the conduct of cross-border insolvencies: where a foreign company is in liquidation both in its country of incorporation and in England, and there are material differences in the basis of distribution of assets among unsecured creditors under the laws of the two countries, does the English court have the power to direct the English liquidator to turn over assets in England to the foreign liquidator for distribution in accordance with the law of that country? David Richards J concluded that the substantive rules for distribution under the English statutory scheme were mandatory and that the court had no power to make an order which had the effect of dis-applying them.[251] The law of Australia was to the effect that assets in Australia had to be used exclusively to benefit Australian creditors. David Richards J declined to order the English liquidator to play the traditional role of an ancillary liquidation—that is, collecting the assets and remitting them to the Australian liquidator—and required that the assets in England be distributed in accordance with English insolvency law. His decision was upheld by the Court of Appeal,[252] but reversed by the House of Lords.[253] The House of Lords was unanimous that a turnover order should be made under s.426 notwithstanding the difference in treatment which English creditors would receive in the Australian liquidation compared with Australian creditors. However, their lordships expressed somewhat different reasons for reaching that conclusion.[254]

17-070

Judicial co-operation in England III: The Cross-Border Insolvency Regulations 2006

Scope

The Cross-Border Insolvency Regulations 2006[255] (the 2006 Regulations), which came into force on 6 April 2006, enact the Model Law in the form attached as Schedule 1 to those regulations. Article 1(1)(a) of the Model Law provides that the Model Law applies, "where assistance is sought in Great Britain[256] by a foreign court or a foreign representative in connection with a foreign proceeding".[257] Article 1(2) sets out numerous exclusions, of which the following are of relevance to insurance/reinsurance:

17-071

"(j)   a person who has permission under or by virtue of Parts 4 or 19 of the Financial Services and Markets Act 2000 to effect or carry out contracts of insurance;
(k)   an EEA insurer within the meaning of regulation 2 of the Insurers (Reorganisation and Winding Up) Regulations 2004 (interpretation);[258]
(l)   a person (other than one included in paragraph 2(j)) pursuing the activity of

---

[250] *HIH Casualty and General Insurance Ltd, Re* [2008] UKHL 21; [2008] 1 W.L.R. 852.
[251] *HIH Casualty and General Insurance Ltd, Re* [2005] EWHC 2125 (Ch).
[252] *HIH Casualty & General Insurance Ltd, Re* [2006] EWCA Civ 732; [2007] Bus. L.R. 250.
[253] *HIH Casualty and General Insurance Ltd, Re* [2008] UKHL 21; [2008] 1 W.L.R. 852.
[254] For an analysis of the *HIH* decision, see: G. Moss, "'Modified universalism' and the quest for the golden thread" (2008) 21 *Insolvency Intelligence* 145-152.
[255] Cross-Border Insolvency Regulations 2006 (SI 2006/1030).
[256] I.e. England (including Wales) and Scotland. Regulations extending the Model Law to Northern Ireland came into force on 12 April 2007: Cross-Border Insolvency Regulations (Northern Ireland) 2007 (SRNI 2007/115).
[257] Definitions of "foreign proceeding" and "foreign representative" are set out below.
[258] Regulation 2 of the Insurers Reorganisation and Winding Up Regulations 2004 (SI 2004/353) has

reinsurance who has received authorisation for that activity from a competent authority within the EEA State ..."[259]

The Model Law does not apply to any of the above cases. It will, however, apply to the liquidator of a US domiciled reinsurer in liquidation, which is not authorised to write reinsurance business in the UK/EEA, who requires assistance from the English court.

Example of application

17-072 The operation of the 2006 Regulations may be illustrated by reference to the first case in which the English courts have considered them: *Re Stanford International Bank (In Receivership)*.[260] Lewison J observed that the application before him was:

"... part of the fall out of the collapse of Sir Allen Stanford's business empire. Underlying the collapse is the allegation that for some considerable time Sir Allen and his associates have been engaged in a giant and fraudulent Ponzi scheme as a result of which many investors world-wide have been defrauded."

Lewison J summarised the key provisions of the 2006 Regulations as follows:

"The 2006 Regulations give effect to the UNCITRAL Model Law [on cross-border insolvency] within Great Britain in the form set out in Schedule 1 to the 2006 Regulations. The law applies where assistance is sought in Great Britain by a foreign representative in connection with a foreign proceeding: Art 11(a). Both the expressions 'foreign proceeding' and 'foreign representative' are defined expressions. A 'foreign proceeding' may be either a 'foreign main proceeding' or 'foreign non-main proceeding'."

The relevant provisions of the 2006 Regulations are as follows:

"'foreign main proceeding" means a foreign proceeding taking place in the State where the debtor has the centre of main interests. (Art. 2 (g))

"foreign non-main proceeding" means a foreign proceeding, other than a foreign main proceeding, taking place in a State where the debtor has an establishment within the meaning of sub-paragraph (e) of Article 2(Art 2(h));

"foreign proceeding" means a collective judicial or administrative proceeding in a foreign State, including an interim proceeding, pursuant to a law relating to insolvency in which proceeding the assets and affairs of the debtor are subject to control or supervision by a foreign court, for the purpose of reorganisation or liquidation. (Art.2(i))

"foreign representative" means a person or body, including one appointed on an interim basis, authorised in a foreign proceeding to administer the reorganisation or liquidation of the debtor's assets or affairs or to act as a representative of the foreign proceeding. (Art.2(j))

In the absence of proof to the contrary, the debtor's registered office, or habitual residence in the case of an individual, is presumed to be the centre of the debtor's main interests. (Art.16. 3)...

Under Article 17(1), unless a 'foreign proceeding' is contrary to the public policy of the English courts, it must be recognised by the English court if:

---

been revoked pursuant to [2019/38]. Prior to such revocation, regulation 2 provided as follows: "EEA insurer" means an insurance undertaking, other than a UK insurer, pursuing the activity of direct insurance (within the meaning of the Solvency 2 Directive) which has received authorisation under Article 14 or Article 162 of the Solvency 2 Directive from its home state regulator.

[259] For these purposes, an EEA State means a State which is a contracting party to the agreement on the European Economic Area signed at Oporto on 2 May 1992, see Schedule 1, Article 1, paragraph 3(b).

[260] *Re Stanford International Bank (In Receivership)* [2009] EWHC 1441 (Ch).

(i) the proceedings are 'foreign proceedings';
(ii) the representative is a 'foreign representative';
(iii) certain formal requirements have been complied with (certain formal documents provided and statements about other extant foreign proceedings made in supporting documents); and
(iv) the application has been made to the Chancery Division of the High Court.

Where these conditions are satisfied, the court must recognise the proceeding either as a foreign main proceeding or as a foreign non-main proceeding …'

Stanford International Bank (SIB) had its registered office in Antigua. It was not in dispute that for the purposes of the 2006 Regulation there was a presumption that its COMI was Antigua. The Financial Services Regulatory Commission of Antigua and Barbuda ("FSRC") had petitioned the High Court of Antigua and Barbuda for the winding up of SIB. The Antiguan court had made a winding up order and appointed liquidators ("the Antiguan Liquidators") of SIB. Meanwhile, the United States Securities and Exchange Commission had filed a complaint against SIB with the US District Court for the Northern District of Texas, which court had appointed a receiver over SIB ("the US Receiver"). The application before Lewison J was a contest between the Antiguan Liquidators and the US Receiver for recognition in the English Court. The following issues were considered:

(i) *Whether the proceedings commenced by the SEC were a 'foreign proceeding'.* Lewison J held that the US receivership was not a form of "insolvency proceeding". The US Receiver's application for recognition under the 2006 Regulations therefore failed at the first hurdle.
(ii) *Whether the Antiguan liquidation was a foreign proceeding.* Lewison J held that it plainly was. This was not contested by counsel for the US Receiver.
(iii) *Whether the presumption that Antigua was the COMI of SIB could be rebutted.* The evidence upon which the US Receiver relied to rebut the presumption was to effect that, if one looked "behind the scenes" at how SIB was in fact run, all the decisions were taken by Sir Allen and his associates in the United States, where the alleged fraud had been perpetrated. Lewison J held that the presumption could only be rebutted by factors which were objective and were ascertainable by third parties in the ordinary course of business. He held that the US Receiver had failed to meet the burden of rebutting the presumption.
(iv) *Whether the court possessed a residual power under common law to recognise the US Receiver* Counsel for the Antiguan Liquidators submitted that the 2006 Regulations contained a complete code which left no room for the application of common law. This submission was rejected by Lewison J. He pointed out that a wide variety of corporations were expressly excluded from the application of the 2006 Regulations. The common law must, necessarily, continue to apply to such excluded corporations and said that:

> "it must surely also continue to exist as regards entities that fail to satisfy the definition of 'foreign representative'. In my judgment the Regulations supplement the common law; they do not extinguish it."

However, he concluded that the US Receiver would not be recognised at common law because there was not a sufficient connection, on the facts, between SIB and the United States.

In the Matter of Agrikor DD[261] involved an application for recognition, pursuant to the 2006 Regulations, of an administration in Croatia of a group of companies whose holding company was in England. Recognition was accorded; *Stanford* was followed. The fact that priorities under Croatian law were different to priorities under English Insolvency law was no ground to refuse recognition.

The limits of judicial co-operation—enforcement of default judgments made in foreign insolvency proceedings and the rules of private international law

17-073   In two appeals heard at the same time, *Rubin v Eurofinance SA* and *New Cap Reinsurance Corporation (in Liquidation) v Grant*,[262] the Supreme Court considered the extent to which an English court was required under, respectively, the 2006 Regulations and s.426 of IA 86, to enforce a judgment which a foreign insolvency court has made in default of appearance by the judgment debtor. The cases illustrate the tension that exists between the principle of universalism in relation to recognition of foreign insolvency proceedings and the traditional rules of private international law relating to enforcement of foreign judgments.

The Court of Appeal in *Rubin v Eurofinance SA*[263] had enforced a judgment of the Bankruptcy Court of the Southern District of New York setting aside certain transactions as fraudulent conveyances and ordering the judgment debtor to pay US$10 million. The judgment debtor had taken no part in the bankruptcy proceedings and, applying the orthodox rules of English (and Bermudian) private international law, the New York bankruptcy court had no jurisdiction over the judgment debtor. Lord Collins (who is the senior editor of *Dicey, Morris and Collins on the Conflict of Laws*) affirmed the primacy of the so-called "Dicey rule" and said that this prevailed over any common law principle of universalism. Lord Collins criticised the decision of Lord Hoffmann in *Cambridge Gas Transport Corpn v Official Committee of Unsecured Creditors of Navigator Holdings Plc*[264] in which the Privy Council had held that the provisions of a plan of reorganisation pursuant to Ch.11 of the US Bankruptcy Code were binding on a Manx company even though the company had taken no part in the bankruptcy proceedings and was not subject the jurisdiction of the bankruptcy court as matter of common law.

In *New Cap Re v Grant* a default judgment of the New South Wales Supreme Court for approximately US$8 million in respect of preference had been enforced by the English courts under the provisions of the 1933 Act and under s.426 of the IA 1986.[265] The appeal was dismissed on the basis that the appellants, who were members a Lloyd's syndicate, had submitted to the jurisdiction of the Australian Court because they had filed a proof of debt in the Australian bankruptcy, participated in creditors' meetings and voted on from the insolvency proceeding without the burden of complying with the orders made in that proceeding.

In *Singularis v Pricewaterhousecoopers*[266] the Privy Council, on appeal from Bermuda, declined to exercise a "common law" power to assist foreign insolvency proceedings. The Cayman court had ordered the defendant to produce documents belonging to the plaintiff but did not have power to order the defendant to produce

---

[261] *Agrokor DD, Re* [2017] EWHC 2791 (Ch); [2018] Bus. L.R. 64.
[262] *New Cap Reinsurance Corp (In Liquidation) v Grant* [2012] UKSC 46.
[263] *Rubin v Eurofinance SA* [2010] EWCA Civ 895; [2011] Ch. 133 (applied in Luc A. Despins (as foreign representative of Ho Wan Kwok) *Ho Wan Kwok, Re* [2023] EWHC 74 (Ch); [2023] B.P.I.R. 664).
[264] *Cambridge Gas Transport Corp v Official Committee of Unsecured Creditors of Navigator Holdings Plc* [2006] UKPC 26; [2007] 1 A.C. 508.
[265] *New Cap Reinsurance Corp Ltd (In Liquidation) v Grant* [2011] EWCA Civ 971; [2012] Ch. 538.
[266] *Singularis v Pricewaterhousecoopers* [2014] UKPC 36.

its own documents. The Privy Council acknowledged that the Bermuda court had the power to make such an Order in relation to a Bermuda insolvency but that did not make it appropriate to make such an Order under common law powers for the Cayman proceedings.

Judicial co-operation in England; The EU

Following a referendum that took place on 23 June 2016, the UK ceased to be a Member State of the EU on 31 January 2020 at 11.pm., leading to a significant change in the UK's legislative landscape.[267]

17-074

In the (re)insurance insolvency context, the key pieces of EU and EU derived legislation were as follows:

(i) Regulation (EU) 2015/848 of the European Parliament and of the Council of 20 May 2015 on insolvency proceedings (recast) (the "Recast EUIR"). This regulation came into force on 26 June 2017 and recast the previous iteration of the regulation, namely the Council Regulation (EC) No 1346/2000 (the "Original EUIR"). The Original EUIR continues to apply to in respect of relevant companies whose insolvency proceedings were opened before 26 June 2017;

(ii) Directive 2009/138/EC of the European Parliament and of the Council of 25 November 2009 on the taking-up and pursuit of the business of Insurance and Reinsurance (Solvency II) (recast) ("Solvency II"). Solvency II recast a number of EU directives including Directive 2001/17/EC of the European Parliament and of the Council of 19 March 2001 on the reorganisation and winding-up of insurance undertakings (the "Insurers Winding Up Directive"); and

(iii) the Insurers (Reorganisation and Winding-Up) Regulations 2004 ("IRWUR 2004") (which revoked and replaced the Insurers (Reorganisation and Winding Up) Regulations 2003).[268] The IRWUR 2004 was the means by which the Insurer Winding Up Directive (and latterly, the relevant parts of Solvency II) were given effect in the UK.

The arrangements for the withdrawal of the United Kingdom from the European Union (and from the European Atomic Energy Community) are set out in the Withdrawal Agreement[269] (the "Withdrawal Agreement"). The European Union (Withdrawal Agreement) Act 2020 implements, and makes certain provision in connection with, the Withdrawal Agreement in the UK.

The Withdrawal Agreement includes a concept of a transition period which started on the date of the Withdrawal Agreement and ended on 31 December 2020. During the transition period, EU law continued to be applicable to and in the United Kingdom. However, as noted in the explanatory notes to the Financial Services and Markets Act 2023:

> "This approach provided stability and continuity in the immediate period after EU exit, but it was never intended to provide the optimal, long-term approach for UK regulation of financial services. It has led to a complicated patchwork of regulatory requirements across domestic primary and secondary legislation, retained EU law, and regulator rulebooks. And it means that the regulators are restricted in how they can pursue their statutory objectives through their rules, as they are not able to make changes to rules that are set out directly in retained EU law, except in very limited cases."

---

[267] Section 20(1) of the European Union (Withdrawal) Act 2018.
[268] Insurers Reorganisation and Winding Up Regulations 2003 (SI 2003/1102).
[269] (2019/C 384 I/01).

The explanatory notes go on to explain:

> "The government's overall policy objective is to establish a comprehensive FSMA model for financial services regulation. That means applying the FSMA model to areas currently covered by retained EU law, so that the government and Parliament establish the framework and objectives for the regulators, and the regulators design the detailed rules that apply to firms."

The Recast EUIR

17-075 The Recast EUIR is directly applicable to EU Members States (except Denmark) without the need for implementing legislation and applies in respect of public collective proceedings, including interim proceedings, which are based on insolvency laws. The specific proceedings to which the Recast EUIR relates are wide and set out in Annex A to the Regulations.

The Recast EU Insolvency Regulation provides for the mutual recognition and co-operation in insolvency proceedings commenced in Member States under the jurisdictional rules of the Recast EUIR (which confer primary jurisdiction of the Member State where a debtor has its "centre of main interests" or "COMI").[270] The scheme of the Recast EUIR contemplates one set of insolvency proceedings in the court of the debtor's COMI, which are given universal recognition in all the courts of EU Member States, subject to the possibility of secondary proceedings being commenced, in accordance with the Recast EUIR, in the courts of a state other than the COMI of the debtor. Thus, art.21(1) provides that a liquidator appointed by a court which has jurisdiction under art.3(1):

> "... may exercise all the powers conferred on him by the law of the State of opening of proceedings in another Member State, as long as no other insolvency proceedings have been opened there nor any preservation measure has been taken there further to a request for opening of insolvency proceedings in that State."

In theory therefore, liquidators of a company appointed by, for example, a French court should receive assistance under the Recast EUIR everywhere where the Recast EUIR applies in the EU.

Whilst the Recast EUIR does not apply to insurance undertakings (which are instead the subject of Solvency II as further described below), it does apply to "pure reinsurers".

Pursuant to Article 67(3) of the Withdrawal Agreement, the Recast EUIR, continues to apply to insolvency proceedings (and actions which derives directly from the insolvency proceedings and is closely linked with them, such as avoidance) provided that the main proceedings were opened before the end of the transition period. After 30 December 2020, the Recast EUIR continues to apply in the UK,[271] albeit subject to the amendments set out in the Insolvency (Amendment) (EU Exit) Regulations 2019[272] and the amendments made to those regulations by the

---

[270] The court before which a debtor wished to open insolvency proceedings was required to, of its own motion, examine whether or not it was the COMI.
[271] Pursuant to the Retained EU Law (Revocation and Reform) Act 2023, certain retained EU law has been revoked, as listed in Sch.1 to that Act (Pt 1 listing subordinate legislation and Pt 2 listing direct EU legislation). The Recast EUIR is not listed in that Schedule and is currently listed as retained EU law at *https://www.gov.uk/government/publications/retained-eu-law-dashboard*.
[272] Insolvency (Amendment) (EU Exit) Regulations 2019 (SI 2019/146).

Insolvency (Amendment) (EU Exit) (No. 2) Regulations 2019[273] and by the Insolvency (Amendment) (EU Exit) Regulations 2020.[274]

Pursuant to those amendments, the UK Courts have jurisdiction to open relevant insolvency proceedings where the proceedings are opened for the purposes of rescue, adjustment of debt, reorganisation or liquidation and—

(a) the centre of the debtor's main interests is in the United Kingdom; or
(b) the centre of the debtor's main interests is in a Member State and there is an establishment in the United Kingdom.

The relevant insolvency proceedings are

(a) winding up by or subject to the supervision of the court;
(b) creditors' voluntary winding up with confirmation by the court;
(c) administration, including appointments made by filing prescribed documents with the court;
(d) voluntary arrangements under insolvency legislation; and
(e) bankruptcy or sequestration.

Solvency II

17-076 Solvency II, as a Directive of the European Parliament and Council does not have direct effect in EU Member States, but instead was required to be given effect in Member States by implementing legislation. Solvency II is the successor to Insurers Winding Up Directive and that directive was given effect pursuant to the Insurers Reorganisation and Winding Up Regulations 2003,[275] which was shortly thereafter revoked and replaced by the Insurers (Reorganisation and Winding Up) Regulations 2004 (which is further discussed below).[276]

Insurers (Reorganisation and Winding-Up) Regulations 2004

17-077 The principle purpose of the IRWUR 2004 was to give effect to the terms of the Insurers Winding Up Directive and, latterly, the equivalent provisions contained in Solvency II relating to the mutual recognition of insolvency proceedings across EU Member States and the order of creditor ranking against an insurer in its insolvency. Accordingly, the IRWUR 2004 prohibited the commencement of certain UK insolvency procedures in respect of an EEA insurer after 20 April 2003 and gave effect in the United Kingdom to EEA insolvency proceedings in relation to any branch of an EEA insurer, any property or other assets of that insurer and any debt or liability of that insurer as if such proceedings were part of the general law of insolvency of the United Kingdom. Furthermore, the competent officers of the relevant EEA insurers, and their agents, were entitled, subject to certain restrictions, to exercise in the United Kingdom, in relation to the EEA insurer in the EEA insolvency measure, any function which they were entitled to exercise in the relevant EEA State.

Pursuant to the Credit Institutions and Insurance Undertakings Reorganisation and Winding Up (Amendment) (EU Exit) Regulations 2019,[277] Part 2, each of the above provisions have been revoked. However, the provisions regarding priority

---

[273] Insolvency (Amendment) (EU Exit) (No.2) Regulations 2019 (SI 2019/1459).
[274] Insolvency (Amendment) (EU Exit) Regulations 2020 (SI 2020/647).
[275] Insurers Reorganisation and Winding Up Regulations 2003 (SI 2003/1102).
[276] Insurers (Reorganisation and Winding Up) Regulations 2004 (SI 2004/353).
[277] Credit Institutions and Insurance Undertakings Reorganisation and Winding Up (Amendment) (EU Exit) Regulations 2019 (SI 2019/38).

were retained as described above at 17-058. Now, following the implementation of the Financial Services and Markets Act 2023, the remainder of the IRWUR 2024 have been repealed, although the date for the effectiveness of that repeal is, as at the time of writing, to be confirmed. Accordingly, those provisions currently remain in effect.

Judicial co-operation in Bermuda

Issuing letters of request by the Bermuda court

17-078   In *New Cap Reinsurance Corp (Bermuda) Ltd v Dorinco Reinsurance Co*[278] the Bermudian liquidators of New Cap Re made an ex parte application to the Supreme Court of Bermuda for a letter of request to be issued asking the English High Court for an order under s.426 recognising their appointment and asking that the English court apply either English insolvency law with respect to the avoidance of transactions at an undervalue or preferences (ss.238 and 239 of the IA 1986) or Bermudian insolvency law (s.237 of the BCA 1981).[279] The liquidators' application had been made in the context of litigation pending before the English court between Dorinco and New Cap Re with respect to which of them was entitled to receive payment under a certain reinsurance contract. A confidential report was put before the court which included a draft witness statement of one of the liquidators. The draft witness statement explained that it was desirable with a view to achieving the best possible realisation of the assets of New Cap Re on behalf of unsecured creditors to amend its defence in the English proceedings to plead ss.238 and 239. The draft witness statement also stated that if the letter of request was granted, New Cap Re would give notice to Dorinco of an application to amend the defence in the English proceedings. Dorinco applied to the Supreme Court of Bermuda to set aside the letter of request.

Storr AJ said:

"[I]n asking the court, in an ex parte application, to exercise its inherent jurisdiction to seek the assistance of a foreign court, an applicant has the clearest possible duty to ensure that all material facts are before the judge who is being asked to make the order and to sign the letter of request."

The learned acting judge found that the court should have been and had not been informed "… of the reason for and the effect of asking the English court to apply sections 238 and 239 of the English Insolvency Act". He discharged the ex parte order and set aside the letter of request. The Court of Appeal for Bermuda held that the liquidators "had provided all material required" on their ex parte application, reversed the decision of the acting judge, and restored the letter of request.[280] Worrell JA said that such matters as: (a) what the nature and effect of the relief sought by the application would be if granted; (b) what the effect on Dorinco would be; and (c) what Dorinco's position was with respect to the matters raised and why the liquidators were making the application at that time:

---

[278] *New Cap Reinsurance Corp (Bermuda) Ltd v Dorinco Reinsurance Co* [2003] Bda L.R. 43; reversing [2002] Bda L.R. 62.
[279] See Ch.16, 16-010 above.
[280] Leave to appeal to the Privy Council was refused.

"... are matters which properly concern the court in England to which the letter of request is presented and NCRB and Dorinco will have an opportunity to advance their arguments on NCRB's application to that court to perfect the letter of request."

Judicial co-operation at common law in Bermuda

There is no equivalent to s.426 in the BCA 1981.[281] However, it is now well established that in an appropriate case the Bermuda Court would assist a foreign court in a cross-border insolvency on the basis of well-established common law principles. An example of such assistance occurred in the Confederation Life case, which we refer to above, where an order was made turning over the assets of the Bermuda branch of a Canadian company to its Canadian liquidator.

It is common practice for Bermuda companies filing under Ch.11 in the United States bankruptcy court with parallel reorganisation proceedings occurring in Bermuda. The Bermuda proceedings typically involve the presentation of a winding-up petition by the company, the appointment of provisional liquidators (under an order which limits their powers to oversight of the management of the company whose board remains in day-to-day control of the company's affairs as a "debtor in possession" under US bankruptcy law), the adjournment of the winding-up petition, and (where appropriate) the promulgation by the provisional liquidators of a scheme of arrangement under s.99 of the BCA 1981[282] to give effect in Bermuda to the Ch.11 plan of reorganisation. Alternatively, the Ch.11 plan may be recognized by the Bermuda Court without the need for a parallel scheme. In the ICO case,[283] Ward CJ made the following statement of principle regarding the Bermuda court's approach to co-operation with other jurisdictions in cross-border insolvencies:

17-079

"I do not accept that because the company is a Bermuda registered company therefore the Bermuda Court should claim primacy in the winding-up proceedings and deny the provisional liquidators the opportunity of implementing a US Chapter 11 reorganisation ... The aim of the proceedings is to enable the company to re-finance in the sum of $1.2 billion or to re-organise so as to continue in operation. Under such circumstances the Court should co-operate with Courts in other jurisdictions which have the same aim in relation to the affairs of the company. It is not a question of surrendering jurisdiction so much as harmonisation of effort ... I am satisfied that proceedings in many jurisdictions relating to the same subject matter may properly be conducted at the same time where there is a connecting factor. *Barclays Bank plc v Homan and others* [1993] BCLC 680."

The precedent for judicial co-operation with US bankruptcy courts set by the then Chief Justice of Bermuda in the *ICO* case has been followed by the judges of the Bermuda Commercial Court, who have adopted an internationalist approach.[284] However, there are, necessarily, limits to such co-operation. Thus, in *ACE Bermuda*

---

[281] Although there is a provision for assistance in cases of bankruptcy. See Bankruptcy Act 1989 s.144. As discussed in Ch.18 below, a new proposal to enact an equivalent to s.426 appears to be stalled has been put forward in 2024 by the Restructuring and Insolvency Specialists Association Bermuda and is being considered by the Law Reform Commission.
[282] See Ch.18 below.
[283] *In the Matter of ICO Global Communications (Holdings) Ltd*, Supreme Court of Bermuda [1999] Bda L.R. 69.
[284] See I.R.C. Kawaley, A.J. Bolton and R.J. Mayor (eds), *Cross-Border Judicial Co-operation in Offshore Litigation: The British Offshore World* (Wildy, Simmonds & Hill, 2009), pp.215–240 and the cases cited there, in particular: *In the Matter of Dickson Group Holdings Ltd (in Hong Kong liquidation)* [2008] Bda L.R. 34 where a company incorporated in Bermuda and subject, simultaneously to a provisional liquidation in the Hong Kong court and a Ch.11 proceedings in the US. There was no ancillary provisional liquidation in Bermuda, nonetheless Kawaley J held he had jurisdic-

Insurance Ltd v Pedersen,[285] the Supreme Court of Bermuda granted an injunction to restrain US proceedings brought by a policy holder that was in Chapter 11 proceedings in the Arizona Bankruptcy Court, enforcing the agreement to arbitrate in Bermuda under the insurance policy. Kawaley J held that there was no basis under Bermuda law to give extra-territorial effect to the automatic stay with the commencement of Ch.11 proceedings imposed as a matter of United States federal bankruptcy law.

The scope of the Bermuda court's common law power to assist foreign insolvencies was considered by the Privy Council in *Singularis Holdings Ltd v Pricewaterhouse Coopers*,[286] an appeal from the Court of Appeal for Bermuda which was heard at the same time as *Pricewaterhouse Coopers v Saad Investments Co Ltd*.[287] Singularis was incorporated in the Cayman Islands and a winding up order had been against it by the Grand Court of the Cayman which had appointed liquidators. The Caymanian liquidators sought assistance from the Supreme Court of Bermuda to obtain documents in the possession of the company's auditors. Kawaley CJ made an order recognising the Caymanian liquidators in Bermuda.[288] He also ordered, on the basis of what he considered to be "common law power" that the auditors produce documents the production of which could have been ordered pursuant to s.195 of the 1981 Act if the company had been wound up in Bermuda. The scope of the documents which could be ordered to be produced under s.195 was much wider than under the corresponding position in Caymanian law. The Court of Appeal set aside the production order on the grounds that there was no jurisdiction to wind up a Caymanian company under Bermuda law and therefore s.195 could not be applied, and that it was inappropriate to make an order at common law in support of the Cayman liquidation which could not have been made by the Cayman court. The majority of the Board (Lord Sumption, Lord Collins and Lord Clarke) held that a common law power of assistance does exist, but that such a power was subject to limitations and it was not appropriate to make a production order on the facts of the case. Lord Mance and Lord Neuberger were in favour of dismissing appeal on the basis that no such power existed.

---

tion to order the convening of a meeting of creditors under s.99 of the BCA 1981 to propose a scheme of arrangement parallel to a scheme proposed in the Hong Kong liquidation proceedings. *Quaere* whether this is correct following the *Singularis* case. Moreover, Kawaley J's decision in *Re Kingate Global Fund Ltd (in liquidation)* [2011] Bda LR 2 to assist BVI liquidators at common law, in which the court relied on Cambridge Gas, must now be read subject to *Singularis*. In *Re Energy XXI Ltd* [2016] SC (Bda) 79 Com, the jurisdiction of the Bermuda Court to recognise a Chapter 11 plan of reorganisation in respect of a Bermuda company (which was in parallel provisional liquidation proceedings in Bermuda) without the need for a formal scheme of arrangement in Bermuda, was confirmed by the Supreme Court of Bermuda (Kawaley CJ). *Re Energy XXI* was followed in *Re Z-Obee Holdings Ltd* [2017] SC (Bda) 16 Com (21 February 2017 and *In the Matter Seadrill Ltd* [2018] Bda LR 39 SC (Bda) 30 Com (5 April 2018).

[285] *ACE Bermuda Insurance Ltd v Pedersen* [2005] Bda L.R. 44.
[286] *Singularis Holdings Limited v Pricewaterhouse Coopers* [2014] UKPC 36. In *Re Energy XXI Ltd* [2016] SC (Bda) 79 Com, the jurisdiction of the Bermuda Court to recognize a Chapter 11 plan of reorganisation in respect of a Bermuda company (which is in parallel provisional liquidation proceedings in Bermuda), without the need for a scheme of arrangement in Bermuda, was confirmed by the Bermuda Court.
[287] *Pricewaterhouse Coopers v Saad Investments Co Ltd* [2014] UKPC 35 (discussed above).
[288] In so doing he was following his earlier precedent in *Re Founding Partners Global Fund Ltd* [2011] Bda LR 22 in which Caymanian liquidators were recognized at common law as having all the powers they would have under BCA 1981 if there had been an ancillary winding up in Bermuda. In the third edition we noted the view of insolvency practitioners in Bermuda that the court did not have jurisdiction to make a "Founding Partners Order". That view is clearly shared by the Privy Council, although there was a division of opinion among their lordships as to precisely how far the court's common law powers to assist may be stretched.

The effect of *Singularis* is to reduce the scope of what was believed, on the basis of Lord Hoffmann's decision in *Cambridge Gas Transport Corp v Official Committee of Unsecured Creditors of Navigator Holdings Plc*,[289] to be a very broad common law power to assist foreign liquidators. Cambridge Gas, which had been the subject of criticism by the Supreme Court in *Rubin v Eurofinance SA*,[290] was subjected to a withering analysis by Lord Collins in *Singularis*. The present state of the common law is clearly unsatisfactory from the point of view insolvency practitioners trying to collect information and find assets in the offshore world. A proposal has been put forward to amend the BCA 81 to introduce a provision for international co-operation and judicial assistance for foreign insolvency officeholders, in addition to the proposal to confer a statutory jurisdiction on the Supreme Court of Bermuda to wind up any unregistered company which has a sufficient connection with Bermuda).[291]

It also remains to be seen whether *Singularis* is followed in common law jurisdictions which are not bound by the Privy Council. In *Re Gulf Pacific Shipping Ltd*[292] the High Court of Singapore recognised the appointment of provisional liquidators of a company incorporated in Hong Kong that was in creditors' voluntary liquidation. Aedit Abdullah JC declined to follow Lord Sumption's obiter dicta in *Singularis* that the common law power to assist liquidators did not extend to voluntary liquidations and noted that: "there are no doubt, other aspects of the decision in *Singularis* which may require fuller argument and consideration as and when the occasion presents itself."[293]

17-080

In the Matter of Celestial Nutrifoods Ltd (In Liquidation)[294] concerned a company incorporated in Bermuda and listed on the Singapore Stock Exchange which had been wound up by the High Court of Singapore. Kawaley CJ had made an order on 31 January 2011 recognising the Singaporean provisional liquidator and providing for a stay of proceedings against the company in Bermuda ("the Recognition Order"). The provisional liquidator commenced litigation against various directors of the company in the Singapore. Two directors of the company, who were resident in Singapore, applied to lift the stay in order to bring proceedings against the company in the Bermuda court for indemnification under the bye-laws. Kawaley CJ accepted the submission from counsel for the applicants that:

> "the stay contained in the Recognition Order was in terms granted on a legal basis which had since been discredited: *Singularis Holdings Ltd v PricewaterhouseCoopers* [2015] A.C. 1675. The Judicial Committee clearly decided in that case that statutory provisions could not be applied in circumstances in which they did not actually apply by way of common law assistance, even if the operation of the relevant statutory powers could potentially have been triggered by the commencement of an appropriate statutory proceeding in the local court."[295]

Nonetheless, as counsel for the applicants conceded, the Bermuda court possessed an inherent jurisdiction to stay proceedings. Kawaley CJ quoted the following statement of principle which had been approved by the English Court of Appeal:

---

[289] *Cambridge Gas Transport Corp v Official Committee of Unsecured Creditors of Navigator Holdings Plc* [2006] UKPC 26; [2007] 1 A.C. 508.
[290] *Rubin v Eurofinance SA* [2012] UKSC 46 (also see 17-006 above).
[291] Proposals to the Law Reform Commission submitted by the Restructuring and Insolvency Specialists Association Bermuda in 2024.
[292] *Re Gulf Pacific Shipping Ltd* [2016] SGHC 287.
[293] *Re Gulf Pacific Shipping Ltd* [2016] SGHC 287 at [12].
[294] In the Supreme Court of Bermuda (Companies Winding-up) 2011 No.23, 1 February 2017.
[295] In the Supreme Court of Bermuda (Companies Winding-up) 2011 No.23, 1 February 2017 at [11].

"Subject only to statutory restrictions, the jurisdiction to stay proceedings is unfettered and depends only on the exercise of the court's discretion in the interests of justice." Lord Bingham, LCJ) in *Reichold Norway Asa and Reichold Chemicals Inc-v-Goldman Sachs International (a Firm)* [1999] EWCA Civ 70628 (at p.7). Kawaley CJ said: "The test for lifting the 'liquidation stay', most broadly yet pithily expressed, requires regard to be had to *"what is right and fair in all the circumstances."*[296] He said that: "the legal proceedings [the applicants] wished to bring would undermine the purpose of the Recognition Order by impeding the efforts of the Singapore Court to liquidate the Company rather than assisting the efforts of the foreign insolvency court,"[297] and refused to lift the stay on the grounds that the applicant directors had waited too long before invoking the jurisdiction of the Bermuda court, they had not challenged the jurisdiction of the Singapore court and were contesting the liquidator's action on the merits having pleaded the byelaw indemnification provision as part of their respective defences.

---

[296] In the Supreme Court of Bermuda (Companies Winding-up) 2011 No.23, 1 February 2017 at [20].
[297] *In the Supreme Court of Bermuda (Companies Winding-up) 2011 No.23*, 1 February 2017 at [21].

CHAPTER 18

Insolvency Procedures II: Administration, Schemes of Arrangement, Restructuring Plans; Write-down Orders and Transfers of Business

TABLE OF CONTENTS

1. Introduction 18-001
2. Types of Scheme 18-059
3. Proposals for Reform 18-076

"The best laid schemes o' mice an' men Gang aft a-gley"—Robert Burns[1]

1. INTRODUCTION

Administration procedure for insurance/reinsurance companies

Overview

English lawyers who would profess no knowledge of the laws of the United States are nonetheless likely to be familiar with "Chapter 11", a law which they understand throws a protective cordon around a company about to be torn to pieces by its creditors so that the company can, if possible, survive, and the claims of creditors be settled in an orderly fashion, even if at less than 100 per cent. The Administration procedure (originally set out in Part II of the Insolvency Act 1986 ("IA 1986"),[2] but now set out in Sch.B1 of that Act)[3] was designed to be a path by which a similar law was brought into England. The nature of administration has been described as follows:

18-001

> "[A]dministration is intended to be only an interim and temporary regime. There is to be a breathing space while the company, under new management in the person of the administrator, seeks to achieve one or more of the purposes set out in section 8(3). There is a moratorium on the enforcement of debts and rights, proprietary and otherwise, against the company, so as to give the administrator time to formulate proposals and lay them

---

[1] "To a Mouse on turning her up in her nest with the plough, November, 1785" in Robertson (ed.), *The Poetical Works of Robert Burns* (Oxford University Press, 1896), p.109.
[2] Strictly speaking, it was the Insolvency Act 1985, which implemented the recommendations of the Cork Committee, but the legislation was never brought into force, and was replaced by the IA 1986.
[3] Enterprise Act 2002 s.248.

before the creditors, and then implement any proposals approved by the creditors. In some cases winding-up will follow, in others it will not."[4]

The administration process was not made immediately available to insurance and reinsurance companies in 1986 but was introduced for them by a statutory instrument made under FSMA 2000.[5] Before 2000, the ad hoc adaption of the provisions for schemes of arrangement (now to be found in Pt 26 of the Companies Act 2006—formerly s.425 of the Companies Act 1985) to suit the particular needs of insurance/reinsurance companies and their creditors had been so widely and successfully used, we predicted in the second edition that the use of such schemes of arrangement would continue even after administration became available to insurance companies. Administration has replaced the appointment of provisional liquidators as the channel to a Pt 26 scheme, that is all.[6] Realistically, for (re)insurance companies, once they cease business there is no way back. A Treasury consultation paper points out:

> "Schedule B1 to the Insolvency Act 1986 provides for an administrator to have one of three objectives, which includes rescuing a company as a going concern or achieving a better result for creditors than an immediate winding up. While it is possible to arrange a transfer of assets or parts of the business in liquidation, it is more likely to involve the realising of the company's assets, distributing the proceeds to creditors and then dissolving the company as a legal entity."[7]

Schemes are designed to produce the best return possible to creditors of an insurance company who, because of the company's financial condition, are unlikely to be paid in full.[8]

Administration procedure for insurance/reinsurance companies

18-002 Administration is an insolvency procedure principally set out in Part II/Sch. B1 of the Insolvency Act 1986.

The principal objective of the administration procedure is to secure the survival of the whole, or part of, the undertaking of a company as a going concern. However, when initially introduced in the IA 1986, the administration procedure was not available to insurance companies. However, the Financial Services and Markets Act

---

[4] *Re Atlantic Computer Systems Plc* [1992] Ch.505 at 528 per Nicholls LJ. The purposes of an administration are now set out in the IA 1986 Sch.B1 para.3.

[5] Financial Services and Markets Act 2000 (Administration Orders Relating to Insurers) Order 2002 (SI 2002/1242), subsequently replaced by the Financial Services and Markets Act 2000 (Administration Orders Relating to Insurers) Order 2010 (2010/3023).

[6] A number of UK insurance companies have gone into administration since the procedure became available. Examples include Folksam UK, AA Mutual International UK, Highlands Insurance Company UK and Stronghold Insurance Company Limited. All four are now in schemes, AA Mutual in 2006, Highlands in 2011, Folksam in 2013 and Stronghold in 2021. In the case of The Home Insurance Company, which was domiciled in New Hampshire, there was no jurisdiction to appoint an administrator and provisional liquidators were appointed in respect of the business of its UK branch. The Irish insurance regulator put Quinn Insurance into administration in 2010 in the hope that it could manage its way out of trouble.

[7] HM Treasury, *Strengthening the Administration Regime for Insurers: A Consultation* (March 2010), para.1.10.

[8] Sometimes (as we shall see) schemes may be used where a reinsurance company has stopped underwriting and remains in existence only to pay claims within remaining assets. The company may believe that it will be able to pay claims in full, but wishes to give some structure to its dealings with policyholders.

2000 (Administration Orders Relating to Insurers) Order 2002[9] introduced the procedure for insurance companies from 31 May 2002. That order was subsequently revoked and replaced by the Financial Services and Markets Act 2000 (Administration Orders Relating to Insurers) Order 2010,[10] ("the 2010 Order") which remains in effect.

The 2010 Order applies Part II of the IA 1986 (Administration) to insurers (which includes reinsurers),[11] subject to the modifications specified in the schedule to the 2010 Order. Some of the key differences are set out below.

With respect to the commencement of an administration for an insurance company it should be noted that:

(1) an insurance company may only enter into an administration proceeding by way of application to, and by order of, the Court,[12] whereas other companies are able to enter into administration proceedings using two out-of-court routes (namely, by appointment of an administrator by a qualifying floating charge holder or by the company or its directors)[13]; and

(2) the Prudential Regulation Authority ("PRA") and Financial Conduct Authority ("FCA") are each entitled to apply for the appointment of an administrator in relation to an insurer, as well as to receive the notifications that go to creditors[14]:

With respect to the purpose of the administration, in general, the administrator must perform his functions with the objective of—

(a) rescuing the company as a going concern, or
(b) achieving a better result for the company's creditors as a whole than would be likely if the company were wound up (without first being in administration), or
(c) realising property in order to make a distribution to one or more secured or preferential creditors.[15]

However, where the company in administration is an insurer that carries out long-term insurance, the administrator must carry on the insurer's long term insurance business with a view to that business being transferred as a going concern. In carrying on the long-term insurance business, the administrator may agree to the variation of contracts of insurance in existence when the administration order is made but must not effect any new contracts of insurance without the approval of the PRA and, if the insurer is not a PRA-authorised person, the FCA. The administrator is also able to apply to the court for the appointment of a special manager if satisfied that it would be in the interests of the creditors in respect of liabilities attributable to contracts of long-term insurance effected by the company.

An administrator is required to provide proposals for achieving the purpose of the administration and send those proposals to the registrar of companies, creditors and members. In respect of an insurance company, the proposals must also be sent to the FCA, PRA and Financial Services Compensation Scheme ("FSCS"). The

---

[9] SI 2002/1242 (now revoked).
[10] SI 2010/3023.
[11] As defined in the Financial Services and Markets Act 2000 (Insolvency) (Definition of "Insurer") Order 2001 (SI 2001/2634) art.2.
[12] Financial Services and Markets Act 2000 (Administration Orders Relating to Insurers) Order 2010/3023 r.2(1).
[13] See paras 14 and 22 of Sch.B1 of the IA 1986.
[14] FSMA 2000 s.359.
[15] IA 1986 Sch.B1 para.3(1).

decision of the creditors as to whether to approve the proposals must be reported to the Court, the registrar of companies, the FCA, PRA and the FSCS.

In a 'normal' administration, the appointment of an administrator will cease to have effect at the end of one year (albeit it can be extended by up to one year with the consent of creditors or can be extended for a period of time ordered by the Court prior to the expiry to the initial term). With an insurance company, the administration will automatically end after 30 months, rather than one year.

The general powers of the administrator are set out in Sch.1 of the IA 1986. As supplemented by the 2010 Order in respect of an insurer, those powers include the power to make—

(1) any payments due to a creditor; or
(2) any payments on account of any sum which may be due to a creditor.

Any such payment to a creditor must not exceed, in aggregate, the amount which the administrator reasonably considers that the creditor would be entitled to receive on a distribution of the insurer's assets in a winding-up.

The 2010 Order adds a requirement that the administrator of the insurance company provide to the scheme manager of the FSCS any assistance which that manager considers necessary. This is to assist the scheme manager to provide compensation to policyholders and to secure continuity of cover for long-term policyholders.

Costs of administration and the handling of claims

18-003   *Freakley v Centre Reinsurance International Co.*[16] did not concern the administration of an insurer/reinsurer but rather of an insured. T&N Ltd (an asbestos manufacturer) was the subject of Ch.11 proceedings in the US, and an administration order in the UK. T&N was insured by Curzon under a liability policy which provided that after the occurrence of an "insolvency event" (defined to include administration) the insurer had the right to handle all claims once a defined limit had been reached. Curzon was reinsured by, inter alios, Centre Re under reinsurance contracts with a claims control clause which gave the reinsurer the right to control all claims and transferred to the reinsurer the powers of the reinsured to handle claims under the original policy. The courts below[17] had held that claims control clauses in the insurance and reinsurance contracts were valid and effective. The sole question before the House of Lords was whether the costs incurred by the reinsurers in handling claims were an expense of the administration, under what was then s.19(4) or (5) of the IA 1986, and would be paid in priority to creditors' claims. The House of Lords held that, as a matter of statutory construction the reinsurers were not handling claims on behalf of the administrator and therefore s.19(4) did not apply, nor would the court authorise the administrator to make payments to the reinsurers under s.19(5). Lord Hoffmann said:

"The insurers want to handle the claims to ensure that the ultimate net loss, if it exceeds the retained limit, will do so by as little as possible. If the ultimate net loss does exceed the retained limit, they will recover any current expenditure by set-off against their li-

---

[16] *Centre Reinsurance International Co v Curzon Insurance Ltd* [2006] UKHL 45; [2007] Lloyd's Rep. I.R. 32. In *Portsmouth City Football Club Ltd (In Liquidation), Re; MK Airlines Ltd* [2013] EWCA Civ 916; [2013] Bus. L.R. 1152 solicitors claimed costs of opposing a liquidation of the company as costs of the administration and failed.
[17] Blackburne J, *Centre Reinsurance Co v Curzon Insurance Ltd* [2004] EWHC 200 (Ch); [2004] Lloyd's Rep. I.R. 622; Court of Appeal, *Centre Reinsurance International Co v Freakley* [2005] EWCA Civ 115; [2005] Lloyd's Rep. I.R. 303.

ability to indemnify T&N. But they want both to handle the claims and to bring themselves within section 19(5) to ensure that they do not have to wait to exercise a right of set-off or take the risk that the claims will not exceed the retained limit and no set-off will be possible. These are sensible business of objectives for the insurers but they have little to do with the purposes of the administration."[18]

Schemes of Arrangement and Restructuring Plans under Pts 26 and 26A of the Companies Act 2006

Outline of statutory provisions in respect of Part 26

Part 26 of the CA 2006 provides the statutory mechanism whereby a company may propose a "compromise or arrangement" which becomes binding upon the company and the affected creditors once it is approved by the requisite majority of creditors and sanctioned by the court.[19] The arrangement must be approved by a majority in number representing 75 per cent in value of the creditors (or, where there is more than one class of creditors,[20] of each class of creditors) present and voting in person or by proxy at a meeting of each class of creditors summoned by the court for the purpose.[21]

18-004

The legislation does not provide for any particular form of scheme of arrangement. The contents of the scheme are a matter for the company and its creditors to agree. The court has jurisdiction to sanction a scheme of arrangement which contains provision for future amendment either of the scheme itself or of agreements and other documents made pursuant to the scheme.[22] We discuss below the provisions which are typically to be found in schemes of arrangement involving reinsurance companies.

The CA 2006 s.897 requires there to be an explanatory statement accompanying the notice of the meeting (or meetings) when they are sent to creditors. The explanatory statement must explain in plain English the effect of the scheme and "give all the information reasonably necessary to enable the recipients to determine how to vote".[23] The courts have placed particular emphasis on the full and ac-

---

[18] *Freakley v Centre, Re* [2007] Lloyd's Rep. I.R. 32 at 36, [18]. Curzon was the captive insurer of T&N. The interests of the reinsurers and those of Curzon and T&N were different. The reinsurers were probably not the party that the administrator would have chosen to handle claims had he had the contractual freedom.
[19] CA 2006 Pt 26 replaced what was previous Pt XIII of the Companies Act 1985 (ss.425 to 427A).
[20] The concept of "classes" of creditor in the reinsurance context is discussed in 18-011 to 18-021 below.
[21] CA 2006 s.899.
[22] *Cape Plc, Re* [2006] EWHC 1316 (Ch) at [72]; [2007] Bus. L.R. 109—a scheme between a company and its members.
[23] *Dorman Long & Co Ltd, Re* [1934] Ch. 635 per Maugham J; approved *Old Silkstone Collieries Ltd, Re* [1954] Ch. 169 CA; [1954] 2 W.L.R. 77. See also *Sunbird Business Services Ltd* [2020] EWHC 2493 (Ch); [2020] Bus. L.R. 2371 where sanction of the scheme was refused on the basis that the information provided by the company to the scheme creditors was inaccurate, incomplete and, in certain respects misleading. Also see *Sunbird Business Services Ltd, Re* [2020] EWHC 3459 (Ch); [2021] Bus. L.R. 401where a scheme in near identical terms as the original failed scheme was proposed to creditors. Notwithstanding that there were continued defects in the scheme document, Snowden J was satisfied that they were not of a magnitude that would have deflected any of the scheme creditors who voted in favour of the scheme from their chosen course. Accordingly, it was appropriate for him to sanction the scheme and give effect to the wishes of the significant majority of scheme creditors. See also *All Scheme Ltd, Re* [2021] EWHC 1401 (Ch) where the proposed scheme of arrangement failed following opposition from the Financial Conduct Authority, in part because they claimed that the explanatory statement had contained an insufficient explanation of vari-

curate disclosure of material information in the explanatory statement,[24] and any change in circumstances arising after the posting of the explanatory statement which is likely to affect a person's decision on how to vote must be disclosed at or before the meeting.[25]

Outline of statutory provisions in respect of Part 26A (and the differences with Part 26)

18-005   Pt 26A of the CA 2006[26] provides the statutory mechanism (referred to as a restructuring plan in order to distinguish it from a Pt 26 scheme of arrangement) whereby a company may propose a compromise or arrangement which becomes binding upon the company and the creditors subject to it (once it is approved by the requisite majority of at least one class of creditors[27] and sanctioned by the court) even where one or more classes subject to the restructuring plan do not approve the scheme by the requisite majority (i.e. it is a cross class cram down procedure).[28]

The procedure applicable to a Pt 26A restructuring plan is similar to that of a Pt 26 scheme. As explained in *Strategic Value Capital Solutions Master Fund LP v AGPS Bondco Plc*[29] (a restructuring plan in respect of the Adler group) the first Court of Appeal case to consider a Pt 26A restructuring plan:

"5. Both procedures also involve a three-stage process consisting of, (i) a convening hearing at which the court considers (among other things) the appropriate composition of the classes of creditors that are to be invited to meetings to vote on the proposed scheme or plan and to receive a statement explaining its effect; (ii) the holding of those class meetings; and (iii) a sanction hearing at which the court has a discretion whether to sanction the scheme or plan"

There are however, a number of key differences in the statutory provisions of Pts 26 and 26A. Turning again to the *Adler* case:

"7. First, a company that wishes to propose a restructuring plan under Part 26A must satisfy two threshold conditions in section 901A which restrict the use of Part 26A plans to companies which have encountered or are likely to encounter financial difficulties affecting their ability to carry on business as a going concern. There is no

---

ous matters, including the true alternatives to the proposed scheme (see 18-021 below). See also *Premier Oil Plc v Fund III Investment 1 (Cayman) Ltd* [2020] CSOH 39; 2020 G.W.D. 15-216.

[24] *Jessel Trust Ltd, Re* [1985] B.C.L.C. 119. Compare *Pearl Assurance (Unit Linked Pensions) Ltd, Re* [2006] EWHC 2291 (Ch); (2006) 103(38) L.S.G. 33 as discussed further below (18-033 below), in which a business transfer proposal under Pt VII of FSMA permitted the variation of rights of investors in unit linked funds. This had not been made apparent to the creditors—or indeed to the independent expert and the then regulator, the FSA. The court approved the Pt VII scheme but without this additional power. If the scheme administrators wanted the extra power they would have to return to court. In *Prudential Annuities Ltd, Re* [2014] EWHC 4770 (Ch), the judge pointed out that a number of statutes and regulations—s.111(2) of the FSMA 2000; the Financial Services and Markets Act 2000 (Control of Business Transfers) (Requirements on Applicants) Regulations 2001 (SI 2001/3625); the Financial Services and Markets Act 2000 (Reinsurance Directive) Regulations 2007 (SI 2007/3255) (now repealed); and the Financial Services and Markets Act 2000 (Control of Business Transfers) (Requirements on Applicants) (Amendment) Regulations 2008 (SI 2008/1467)—had to be satisfied and then the court had to exercise its discretion. It did so in this case where the scheme was complex and technical because regulators and the independent expert were in favour.

[25] *Minster Assets Plc, Re* (1985) 1 B.C.C. 99299; [1985] P.C.C. 105; *MB Group Plc, Re* (1989) 5 B.C.C. 684; [1989] B.C.L.C. 672.

[26] CA 1986 s. 901.

[27] A Pt 26A CA 1986 arrangement can also be implemented between a company and its members.

[28] CA 2006 Pt 26A was introduced pursuant to the Corporate Insolvency and Governance Act 2020 s.7 and Sch.9 with effect from 26 June 2020.

[29] [2024] EWCA Civ 24; [2024] Bus. L.R. 745.

INTRODUCTION

such requirement in Part 26, which can also be used by solvent companies to promote schemes of arrangement to implement takeovers and other changes to their capital structures.

8. Secondly, unlike Part 26, under which all members or creditors whose rights against the company are to be affected by a scheme of arrangement must be summoned to a meeting or class meeting to vote upon the scheme, section 901C(4) in Part 26A gives the court power to exclude any class of plan creditors or members from being summoned to a meeting if the court is satisfied that none of the creditors or members in that class has a genuine economic interest in the company.

9. Thirdly, the court may sanction a restructuring plan under section 901F(1) in Part 26A if it is approved by 75% in value of those present and voting (either in person or by proxy) at the class meeting or meetings. Unlike schemes of arrangement under section 899(1) in Part 26, there is no additional requirement to obtain a majority in number of those present and voting at each class meeting.

10. Fourthly, and most significantly for present purposes, a scheme of arrangement under Part 26 can only be sanctioned by the court if each of the classes of creditors or members have voted in favour of the scheme by the required majorities at their respective class meetings. That gives any class a potential right of veto over the scheme. By virtue of section 901G in Part 26A, however, the court's discretion to sanction a restructuring plan under section 901F may be exercisable notwithstanding that the plan has not received the requisite approval of one or more classes of creditors or members".

Where the compromise or arrangement is not agreed by the requisite majority of one or more classes of creditor, the fact that the dissenting class has not agreed the compromise or arrangement does not prevent the court from sanctioning it if two conditions are met. The first condition "Condition A" is that the court is satisfied that, if the compromise or arrangement were to be sanctioned, none of the members of the dissenting class would be any worse off than they would be in the event of the relevant alternative. The relevant alternative is whatever the court considers would be most likely to occur if the compromise or arrangement were not implemented. The second condition, "Condition B", is that the compromise or arrangement has been agreed by the requisite majority of a class of creditors who would receive a payment, or have a genuine economic interest in the company, in the event of the relevant alternative.

Jurisdiction of the English court

The English court has jurisdiction under Pts 26 and 26A to sanction a scheme of arrangement or restructuring plan in respect of, "any company liable to be wound up under the Insolvency Act 1986 ...".[30] Thus, the English court has jurisdiction to sanction a scheme or restructuring plan under Pts 26 and 26A of the CA 2006 in relation to:

(i) any reinsurance company with a registered office in England and Wales; and

(ii) any reinsurance company in respect of which there is "sufficient connection" with England for the English Court to make a winding up order under s.221 of the IA 1986, provided that certain other criteria are met.[31]

With respect to Pt 26 schemes, there is no requirement that the company be

18-006

---

[30] CA 2006 ss.895(2) and 901A(4).
[31] See Ch.17, 17-011 above. See also *Van Gansewinkel Groep BV, Re* [2015] EWHC 2151 (Ch); [2015] Bus. L.R. 1046.

insolvent or possibly heading for insolvency in order for s.899 of the CA 2006 to apply. As the Lord President put it, in *Scottish Lion v Goodrich Corp*:

> "[W]e can see no basis ... for the view that 'creditor democracy' operates only where failure to agree would ruin it for all."[32]

We discuss below (18-052) the sanctioning of so-called "solvent schemes".

However, with respect to Pt 26A restructuring plans, as mentioned above, it is a condition that the company has encountered, or is likely to encounter, financial difficulties that are affecting, or will or may affect, its ability to carry on business as a going concern.

The jurisdiction of the English court to sanction schemes of arrangement in respect of companies incorporated outside the UK was examined in *Re Sovereign Marine & General Insurance Co Ltd*[33] a case involving one insolvent and 16 solvent companies which had participated in a pool (the facts of the case are discussed in more detail in 18-020 below).

Summary of the procedure

18-007 Schemes of arrangement or restructuring plans may be put into effect as an alternative to liquidation or, within liquidation, before or after a winding-up order has been made. We have already referred[34] to a practice which developed in relation to reinsurance companies at a time before the administration procedure was available. The former English practice was that the company presented a petition for its winding-up, and provisional liquidators were appointed prior to the hearing of the petition. The petition was adjourned, and no winding-up order was made. The provisional liquidators and their advisers proceeded to prepare a scheme document. Typically, this was done in consultation with an informal committee of the largest creditors, whose approval for the scheme would be necessary. The winding-up petition was typically dismissed once the scheme had been sanctioned by the court, although occasionally it would remain in place in circumstances where the provisional liquidators wished to retain the powers accorded to provisional liquidators by virtue of the IA 1986. In England, administration has now become the first step in effecting of a scheme of arrangement for many insurance/reinsurance companies, the administration moratorium providing the company with the breathing space it requires in order to propose the scheme of arrangement.

In *Re Hawk Insurance Co Ltd*,[35] Chadwick LJ summarised the procedure for putting schemes of arrangement into effect under the CA 1985, now set out in Pt 26 of the CA 2006 as follows:

> "There are ... three stages in the process ... First, there must be an application to the court ... for an order that a meeting or meetings be summoned. It is at that stage that a decision needs to be taken as to whether or not to summon more than one meeting; and, if so,

---

[32] *Scottish Lion v Goodrich Corp Ltd, Petitioner* [2010] CSIH 6; 2010 S.C. 349. See also *Scottish Lion Insurance Co Ltd v Goodrich Corp* [2011] CSIH 18; 2011 S.C. 534; *Scottish Lion Insurance Co Ltd, Petitioner* [2012] CSOH 5; 2012 G.W.D. 13-245.

[33] *Sovereign Marine & General Insurance Co Ltd, Re* [2006] EWHC 1335 (Ch); [2006] B.C.C. 774. Applied in *Metrovacesa SA, Re* [2011] EWHC 1014 (Ch) a Spanish company (the loan, the lenders on which were crucial to restructuring, was subject to English Law). A lot of reinsurance companies not incorporated in England are likely to have substantial creditors and debtors in the London market. And see *Hibu Group Ltd, Re* [2016] EWHC 1921 (Ch), where a single meeting of creditors of two companies in two schemes was approved by the court, expressly following *Sovereign Marine*.

[34] See Ch.17, 17-003 and 18-001 above.

[35] *Hawk Insurance Co Ltd, Re* [2001] EWCA Civ 241; [2001] 2 B.C.L.C. 480 at [11]–[13], [17].

who should be summoned to which meeting. Second, the scheme proposals are put to the meeting or meetings held in accordance with the order that has been made; and are approved (or not) by the requisite majority ... of those present and voting in person or by proxy. Third, if approved at the meeting or meetings, there must be a further application to the court ... to obtain the court's sanction to the compromise or arrangement.

It can be seen that each of those stages serves a distinct purpose. At the first stage the court directs how the meeting or meetings are to be summoned. It is concerned, at that stage, to ensure that those who are to be affected by the compromise or arrangement proposed have a proper opportunity of being present (in person or by proxy) at the meeting or meetings at which the proposals are to be considered and voted upon. The second stage ensures that the proposals are acceptable to [the requisite majority] of those who take the opportunity of being present (in person or by proxy) at the meeting or meetings. At the third stage the court is concerned (i) to ensure that the meeting or meetings have been summoned and held in accordance with its previous order, (ii) to ensure that the proposals have been approved by the requisite majority of those present at the meeting or meetings and (iii) to ensure that the views and interests of those who have not approved the proposals at the meeting or meetings (either because they were not present or, being present, did not vote in favour of the proposals) receive impartial consideration."

Chadwick LJ continued: 18-008

"The decision whether to summon more than one meeting—and, if so, who should be summoned to which meeting—has to be made at the first stage ... If the correct decision is not made at the first stage, the court may find, at the third stage, that it is without jurisdiction. The reason is that the court's jurisdiction ... is limited to sanctioning a compromise or arrangement between the company and its creditors or any class of creditors (as the case may be) which has been approved by the requisite majority at a meeting of the creditors or that class of creditors (as the case may be). So, if what has been put forward at the first stage as a single compromise between the company and all its members, or all of a single class of members, is seen by the court, at the third stage, to be (on a true analysis) a number of linked compromises or arrangements with creditors whose rights put them in several and distinct classes, the court will find that the condition which gives rise to its power to sanction is absent; none of the linked compromises or arrangements will have been approved by the requisite majority at a relevant meeting because there have been no meetings of the distinct classes."

The Practice Statement (Companies: Schemes of Arrangement under Part 26 and Part 26A of the Companies Act 2006)

Following the comments of the Court of Appeal in *Re Hawk* a practice statement was issued by the Vice-Chancellor (Sir Andrew Morritt) on 15 April 2002,[36] laying down the practice to be followed in future when applications are made to court to summon meetings of creditors to consider a proposed scheme of arrangement: 18-009

"... to avoid if possible, the waste of costs and court time illustrated in *Re Hawk Insurance Co Ltd*[37] [and] to enable issues concerning the composition of classes of creditor and the summoning of meetings to be identified and if appropriate resolved early in the proceedings."

The 2002 practice statement was replaced in June 2020. The updated practice statement sets out the practice to be followed in respect of both Part 26 schemes of arrangement and 26A restructuring plan applications.

---

[36] *Practice Statement (Ch D: Schemes of Arrangement with Creditors)* [2002] 1 W.L.R. 1345; [2002] B.C.C. 355.
[37] *Hawk, Re* [2001] EWCA Civ 241; [2001] 2 B.C.L.C. 480; discussed below.

The practice statement sets out, amongst other things, the following key points:

"(i) It is the responsibility of the applicant to determine whether more than one meeting of creditors is required by a scheme and if so to ensure that those meetings are properly constituted

(ii) It is the responsibility of the applicant, to draw to the court's attention at the hearing seeking permission to convene meetings of the creditors ("the convening hearing") the following matters:

   (a) any issues which may arise as to the constitution of the meetings of the creditors or which otherwise affect the conduct of those meetings;

   (b) any issues as to the existence of the court's jurisdiction to sanction the scheme;

   (c) (in relation to a Part 26A scheme) any issues relevant to the conditions to be satisfied; and

   (d) any other issue not going to the merits or fairness of the scheme, but which might lead the court to refuse to sanction the scheme.

(iii) Where an application is made in respect of a scheme which gives rise to any of the issues identified above, unless there are good reasons for not doing so, the applicant should, prior to the convening hearing, notify the persons affected by the scheme of, amongst other things, the following matters:

   (a) that the scheme is being promoted;

   (b) the purpose which the scheme is designed to achieve and its effect;

   (c) the meetings of creditors that be required and their composition; and

the other matters that are to be addressed at the convening hearing.

(iv) Such notice must be given in sufficient time to enable affected creditors to consider what is proposed, to take appropriate advice and to attend the convening hearing. What is adequate notice will depend on all the circumstances.

(v) While creditors are able to raise objections based on an issue identified at the convening hearing at the sanction hearing, the court will expect them to show good reason why they did not raise the issue at the earlier stage.

(vi) In considering whether or not to make an order convening meetings of creditors (a "meetings order") the court will consider the requisite number of meetings and the appropriate composition of those meetings. The meetings order may include an order giving anyone affected a limited time in which to apply to vary or discharge that order.

(vii) Explanatory statements should be in a form and style appropriate to the circumstances of the case, and should be as concise as the circumstances admit. In addition to complying with the provisions of section 897 or section 901D (as the case may be) of the 2006 Act, the commercial impact of the scheme must be explained and creditors must be provided with such information as is reasonably necessary to enable them to make an informed decision as to whether or not the scheme is in their interests, and on how to vote on the scheme.

(viii) The court will consider the adequacy of the explanatory statement at the convening hearing but it will remain open to any person affected by the scheme to raise issues as to its adequacy at the sanction hearing."

International recognition

18-010 Once it is effective, as a matter of English law, a scheme or restructuring plan binds all affected creditors, wherever they may be resident. The English courts will compel compliance with the scheme (if necessary by injunction) where they can assert jurisdiction over the creditor in question.[38] The only practical means by which a scheme or restructuring plan sanctioned by the English court can be made effective in a foreign country is to have it sanctioned by the foreign court, insofar as such a procedure exists under the foreign law. Several schemes in relation to English and

---

[38] e.g. where the creditor is resident in England, or where the creditor commits a breach of the scheme in England.

Bermudian reinsurance companies have been given effect by the United States Bankruptcy Court pursuant to s.304 of the Federal Bankruptcy Code. As we noted in Ch.17, 17-064 above, s.304 has now been replaced by Ch.15 of the United States Bankruptcy Code.

Courts of other countries may not give effect to schemes or restructuring plans. In 2012 the German Federal Court of Justice refused to recognise a scheme in relation to the German branch of Equitable Life on the grounds it conflicted with Regulation (EU) No.44/2001 on Jurisdiction and Enforcement of Judgments. Notwithstanding, the English court sanctioned a scheme of arrangement of a German company in *Re Rodenstock GMBH*. Briggs J acknowledged that Regulation (EU) No.44/2001 and the Insolvency Regulation (EU) No.1346/2000 affected the court's jurisdiction in winding up (at [35]) but said that he did have power to sanction the scheme.[39] He referred expressly to the judgment of the German Federal Court but was not deterred by it.

In relation to Bermudian reinsurance companies, a practice has developed of implementing parallel schemes in Bermuda and England which are sanctioned by the Bermuda court under the Companies Act 1981 s.99 and the English court under what is now Pt 26 of the CA 2006 respectively. A similar procedure has been adopted in relation to reinsurance companies incorporated in Singapore. Parallel schemes have been sanctioned by the Singaporean and English courts.[40]

Classes of creditors—overview

Part 26 and 26A of the CA 2006, provides no guidance as to what constitutes a "class" of creditors. How is it to be determined whether separate class meetings are required? In *Re Hawk*,[41] Chadwick LJ said that, he:

"... would have regarded it as self-evident, in the absence of authority, that the relevant question at the outset is: between whom is it proposed that a compromise or arrangement is to be made? Are the rights of those who are to be affected by the scheme proposed such that the scheme can be seen as a single arrangement; or ought the scheme to be regarded, on a true analysis, as a number of linked arrangements? The question may be easy to state; but, as the cases show, it is not always easy to answer. Nor can it be said that, hitherto, the courts have posed the question in quite those terms."

Chadwick LJ cited the following well-known statement of Bowen LJ[42]:

"The word 'class' is vague, and to find out what is meant by it we must look at the scope of the section, which is a section enabling the Court to order a meeting of a class of creditors to be called. It seems plain that we must give such a meaning to the term 'class' as will prevent the section being so worked as to result in confiscation and injustice, and it must be confined to those persons whose rights are not so dissimilar as to make it impossible for them to consult together with a view to their common interest."

18-011

---

[39] Now recast (the Recast Insolvency Regulation (EU) No.2015/848). See Ch.17 above regarding the impact of Brexit on both such regulations.
[40] See *RMCA, Re* [1994] B.C.C. 378.
[41] *Hawk* [2001] EWCA Civ 241; [2001] 2 B.C.L.C. 480 at [23]. See *Royal London Mutual Insurance Society Ltd, Re* [2022] EWHC 1673 (Ch); [2023] 2 B.C.L.C. 260 for a recent consideration of class constitution in an insurance context.
[42] *Sovereign Life Assurance Co (in Liquidation) v Dodd* [1892] 2 Q.B. 573 at 583. Bowen LJ's dicta in *Dodd* are the foundation of the jurisprudence on classes, but the case was not in fact about classes within a scheme. The scheme in *Sovereign Life v Dodd* was for policyholders whose policies had not matured. The objecting policyholders had matured policies and should never have been in the scheme at all. The principles in *Sovereign Life v Dodd* were followed in *Mann Group Plc* [2012] EWHC 4089 (Ch).

Chadwick LJ noted that Bowen LJ's test had been consistently applied by English and Commonwealth courts, and said (at [31]):

> "That it is the test to be applied in determining which creditors fall into the same class must, now, I think be regarded as settled law."

18-012 In the recent Court of Appeal decision of *Strategic Value Capital Solutions Master Fund LP v AGPS Bondco Plc*,[43] in the absence of opposition in respect of the basis for constituting classes for voting, the court proceeded on the basis that the same underlying concepts of class composition developed in relation to schemes of arrangement should also apply to restructuring plans under Pt 26A.

The practice of scheme draftsmen, before there was any authority on the question, in relation to reserving schemes on the KWELM model[44] was to seek as far as possible to achieve equality of treatment for long tail and short-tail creditors, so that it would be strongly arguable that all (re)insurance creditors constituted a single class if the point was ever raised. In "cut-off"/estimation schemes there is an obvious tension between the position of creditors with accrued claims and those with IBNR. It remains the objective of scheme draftsmen to ensure, with particular regard to Pt 26 schemes (different considerations may apply with respect to Pt 26A restructuring plans) that there are as few classes as possible of scheme creditor. A discussion of authorities on the application of the *Sovereign Life v Dodd* test to insurance/reinsurance schemes follows. It will be apparent that the question of classes requires a careful analysis of the facts relating to the particular book of business and the different categories of claim, the type of scheme (whether it is a "run-off"/reserving scheme or a "cut-off/estimation one) and judicial consideration of complex actuarial evidence. The cases show that the objectives of scheme draftsmen have not always been achieved.

Application of Sovereign Life v Dodd to reinsurance I: Osiris, Anglo American and Hawk

18-013 In *Re Osiris Insurance Ltd*,[45] Neuberger J, having considered Bowen LJ's test in *Sovereign Life v Dodd*, said:

> "Applying those observations to the present case, while it is true that those who were summoned to attend the meeting might be said to have been in different 'classes' in the sense that they had different types of insurance, it does not seem to me that, bearing in mind the nature of the proposed scheme, their interests could be said to be different, let alone positively to conflict with each other, as was held to be the case in Sovereign Life. Whatever the nature of the policies which they held with the company, all actual or potential scheme creditors had policies which had expired some time ago, and were all 'claims made' policies or 'short tail' policies. Accordingly, claims under any of the policies issued by the company should, by the time of the meeting, at least in the absence of very unusual circumstances, have been the subject-matter of notification to the company. The nature of the proposals embodied in the scheme apply equally to all former policyholders, to all scheme creditors. Furthermore, as [counsel] pointed out, *once one starts dividing up former policyholders into different classes, it is not immediately obvious where one stops*: one could argue that policyholders are in different classes not merely if their policies are of different types, if they were insured over different periods, or even through different brokers; even within a particular type of policy in a given year, there may

---

[43] [2024] EWCA Civ 24.
[44] See below 18-069–18-071 which describes different types of Schemes.
[45] *Osiris Insurance Ltd, Re* [1999] 1 B.C.L.C. 182.

be other differences which could similarly be invoked to justify sub-dividing into yet further classes."[46] [Emphasis added]

In *Re Anglo American Insurance Ltd*, Neuberger J (as he then was) considered a reserving scheme on the KWELM model and concluded that short tail and long tail creditors constituted a single class. He described the essential features of the scheme:

18-014

"The scheme is an asset reserving scheme, which means that, when setting the payment percentage, the scheme administrators would take into account the expected future recoveries from reinsurance and investment income, in addition to cash assets. In so doing, the scheme administrators would have to balance the interests of scheme creditors whose claims are expected to crystallise early in the scheme, and those whose claims are expected to take longer to crystallise, the short-term and long-term creditors, in other words. Short-term creditors would be likely to prefer the payment percentage to be set as high as possible. Long-term creditors would be concerned that, if the payment percentage were set too high too soon, there would be a risk that if there were more claims or fewer assets of the company than expected, the scheme administrators would be unable to maintain the level of payment percentage and therefore they would receive less than the short-term creditors. Difficulties inevitably could arise in reaching such a balance as a result of inherent uncertainties in estimating the company's long-term liabilities. The scheme, therefore, would require sufficient assets to be retained by the scheme administrators to enable an equal percentage of claims to be paid as they are established in the future."[47]

Neuberger J concluded as follows:

"It could be said that the long-term and short-term creditors fall into different classes. It seems to me the last example represents an excellent illustration of how the terms of the scheme can influence the issue of whether two groups may be in the same class or not. If the terms of the scheme had involved dividing up the assets into two ring-fenced parts, one for long-term creditors and the other for short-term creditors, then it would obviously be well arguable that each constitutes a separate group. However, given that aspect is to be dealt with as I have described, it seems to me that there will be no sufficient conflict between the two groups of creditors for them to constitute separate classes."[48]

A different, and less pragmatic view, of classes was taken by Arden J (as she then was) at first instance in *Re Hawk*.[49] The Hawk scheme distinguished between three categories of admitted claim: "admitted claim for unsettled paid claims"; "admitted claim for outstanding losses"; and "admitted claim for IBNR". Claims for IBNR, where not agreed, were subject to valuation by the scheme adjudicator. The different categories of admitted claim were weighted differently for the purposes of dividends. The explanatory statement to the scheme justified the rationale for this as follows:

18-015

"Dividends payable to Scheme Creditors whose claims arise from insurance or reinsur-

---

[46] See also *Re Petition of the Board of Directors of Hopewell International Insurance Ltd, as Scheme Administrators of Hopewell International Insurance Ltd*, 238 B.R. 25 (1999) US Bankruptcy Ct S.D.N.Y. Upon an application to give effect to a Bermudian scheme in the United States, pursuant to s.304 of the Bankruptcy Code, an American policyholder argued that the scheme was not binding upon it because, inter alia, the scheme creditors had not been correctly classified. Having heard conflicting expert evidence from two English QCs on the effect of the *Sovereign Life* case, Brozman CJ concluded that the proper time and place for such an objection to have been made was at the hearing before the Supreme Court of Bermuda to sanction the scheme.
[47] *Anglo American Insurance Co Ltd, Re* [2001] 1 B.C.L.C. 755 at 761.
[48] *Anglo American Insurance Co Ltd, Re* [2001] 1 B.C.L.C. 755 at 764.
[49] *Hawk, Re* [2001] EWCA Civ 241; [2001] 2 B.C.L.C. 480.

ance contracts will be calculated by reference to 100% of the proportion of their Admitted Claim which relates to Unsettled Paid Claims, 75% of the proportion of their Admitted Claim which relates to Outstanding Losses, and 50% of their Admitted Claim which relates to IBNR. This basis recognises the fact that, in this case, where no detailed actuarial methodology has been created for calculating the value to be attributed to Outstanding Losses and IBNR, the value placed on these under the Scheme is likely to be less accurate than would be otherwise be the case. In calculating the dividend to be paid to Scheme Creditors whose claims arise from insurance and reinsurance contracts, therefore, more emphasis will be placed on the proportion of such a Scheme Creditor's Admitted Claim which represents actual quantified losses which the Scheme Creditor has paid; slightly less emphasis will be placed on the proportion which represents losses which have been reported to the Scheme Creditor, but which have not been, and may never be paid by him; and still less emphasis will be placed on the proportion which represents the estimate of losses which have not been, and may never be, reported to the Scheme Creditor. This system also recognises the time value of money and represents a degree of discounting for future losses."

Arden J concluded that, applying Bowen LJ's test, creditors fell into (two) different classes because they were being treated differently for distribution purposes. As the creditors had voted on the scheme in one class, Arden J held that she had no jurisdiction to sanction the scheme—even though it had received the unanimous approval of all creditors who voted—as there should have been two separate class meetings. Her decision was reversed by the Court of Appeal.[50]

Chadwick LJ having discussed, at some length, the decision of the Court of Appeal in *Sovereign Life Assurance Co v Dodd*[51] said that it was:

"essential to have regard to the fact that the scheme is proposed as an alternative to a winding-up. There is no doubt that the company is insolvent. It has presented a petition for winding-up and the court has appointed provisional liquidators. The right approach in those circumstances, as it seems to me, is to consider the position on the basis that the relevant rights are those which creditors would have in a winding-up."[52]

He referred to the general provisions in the then Insolvency Rules 1986 ("IR 1986")[53] for valuation of creditors' claims in a winding up, and noted that r.4.86(1) required the liquidators to "estimate the value of any debt which, by reason of its being subject to any contingency or for any other reason, does not bear a certain value".[54] Chadwick LJ then said:

"It follows that (but for any special rules applicable to the valuation of claims under insurance policies) the rights of non-insurance creditors, insurance creditors with unsettled paid claims, insurance creditors with outstanding losses and insurance creditors with IBNR losses are the same in this respect: that in the context of a winding up of the company they will all be entitled to submit claims in the winding up and to have those claims admitted or rejected. The difference between the position of non-insurance creditors and insurance creditors with unsettled paid claims (on the one hand) and insurance creditors with outstanding losses or IBNR losses (on the other hand) is that, in the case of the latter, their claims are in respect of debts which by reason their "being subject to any contingency or for any other reason" do not bear a certain value and so must be the subject of an estimate. But that does not lead to the conclusion that the rights of, say, non-insurance creditors and insurance creditors with IBNR losses are different. *They have the same rights in a wind-*

---

[50] *Hawk, Re* [2001] EWCA Civ 241; [2001] 2 B.C.L.C. 480.
[51] *Sovereign Life v Dodd* [1892] 2 Q.B. 573.
[52] *Hawk, Re* [2001] EWCA Civ 241; [2001] 2 B.C.L.C. 480 at [42].
[53] Now revoked. Replaced by the Insolvency (England and Wales) Rules 2016 (2016/1024).
[54] Since 6 April 2017, Insolvency (England and Wales) Rules 2016 (2016/1024) r.14.14(1).

ing up. It is simply that, in order to give effect to the rights of the creditors with IBNR losses, it is necessary to estimate their value."⁵⁵ [Emphasis added]

Chadwick LJ referred to the special valuation rules for insurance/reinsurance contracts that were then in force, the ICWUR 1985,⁵⁶ and the judgment of Hoffmann J (as he then was) in Transit Casualty v PPB.⁵⁷ He noted that the effect of the ICWUR 1985 was that claims under occurrence policies where the liability had not fallen due for payment were to be treated in the same way as the general law under r.4.86 of the IR 1986, namely that there be a just estimate of their value. Chadwick LJ then referred to the additional evidence relating to the nature of the company's liabilities which the Court of Appeal had permitted to be adduced on appeal and concluded as follows:

18-016

"It is now clear (in so far as it was not clear when the matter was before the judge) that the provisions for weighting in relation to dividends do not reflect any difference in the rights of scheme creditors. On a true understanding of the position, those provisions reflect the need to make a just estimate of those claims—that is to say, claims in respect of outstanding losses and IBNR claims which have elements of contingency and futurity— which are not of certain amount. It would have been possible to achieve the same result by introducing the differential (or discounting) at the valuation stage; so that the value at which the debt was agreed would reflect, in the case of claims in respect of outstanding losses and IBNR losses, those elements of contingency and futurity. It would then be seen, more clearly, that the scheme provided on a crude or "rough and ready" basis—or, as its proponents would put it, on a "simplified and inexpensive" basis—for the admission of claims only after a "just estimate" had been made.

Seen in that light, it becomes clear not only that the provisions of the scheme do not reflect any difference in the rights which are to be released or varied, but also that the new rights given in place of the pre-existing rights do not fall into distinct classes. Applying Lord Justice Bowen's test from the Sovereign Life case, neither the rights released or varied, nor the new rights given under the scheme, are so dissimilar as to make it impossible for the persons entitled to those rights to consult together with a view to their common interest. The common interest, in the present case, is in achieving a relatively simple, inexpensive and expeditious winding up of the company's affairs outside a formal liquidation. It is a striking feature of this case that the creditors have, in fact, found it possible to consult together with a view to that common interest: there have been no dissentient voices."⁵⁸

Application of Sovereign Life v Dodd to reinsurance II: Case law post-Hawk up to BAIC

Re Hawk was approved by Lord Millett (sitting as a non-permanent judge of the Hong Kong Court of Final Appeal) in *Re UDL Argos Engineering & Heavy Industries*.⁵⁹ Lord Millett reviewed the principles governing the constitution of class meetings generally and, observing the consistency in the line of authority, stated as follows:

18-017

"The principle upon which the classes of creditors or members are to be constituted is that

---

⁵⁵ *Hawk, Re* [2001] EWCA Civ 241; [2001] 2 B.C.L.C. 480 at [44]. Notwithstanding the apparent disinclination of proponents of schemes, and the courts, to recognise more than one class of creditors, the effect of the IRWUR 2004 (which is discussed in Ch.17, 17-035 above) is to put insurance creditors in a priority position vis-a-vis non-insurance creditors and, therefore, in a separate class.
⁵⁶ Insurance Companies (Winding Up) Rules 1985 (SI 1985/95) (now revoked).
⁵⁷ *Transit Casualty Co (In Receivership) v Policyholders Protection Board* [1992] 2 Lloyd's Rep. 358 (Note).
⁵⁸ *Hawk, Re* [2001] EWCA Civ 241; [2001] 2 B.C.L.C. 480 at [50]–[52].
⁵⁹ *UDL Argos Engineering & Heavy Industries, Re* [2001] 4 H.K. CFAR 358.

they should depend upon the similarity or dissimilarity of their rights against the company and the way in which those rights are affected by the Scheme, and not upon the similarity or dissimilarity of their private interests arising from matters extraneous to such rights."

Thus, where a scheme is proposed with different classes of creditors, the proper analysis is that there are in fact a series of linked arrangements between the company and each of the separate classes of creditor.[60] In the first instance it is up to the company propounding the scheme to determine the classes of creditors to whom it proposes a scheme.[61] One can envisage a situation in which a UK insurer, subject to the priority rules under the IRWUR 2004,[62] may have sufficient assets to pay its insurance creditors in full but not its reinsurance creditors. In such a case, a scheme could be put into effect which applied only to the reinsurance (and other unsecured) creditors. In *Re RMCA Reinsurance Ltd*[63] a particular preferential creditor under Singapore law[64] was found to constitute a class of one. Morritt J held that there was jurisdiction to order a "meeting" under s.425 (now the CA 2006 s.899), "... even though there is only one person capable of falling within the class so that there cannot be more than one person present at the meeting".[65] *Re Hawk* was considered and applied in *Re Equitable Life Assurance Society*.[66] As a consequence of the decision of the House of Lords in *Equitable Life Assurance Society v Hyman*[67] holding that Equitable Life could not ring fence its liabilities to those policyholders who had exercised an option to take an annuity at a guaranteed rate (GAR policyholders) a scheme of arrangement was proposed. Three separate meetings of creditors were held: (i) GAR policyholders; (ii) non-GAR policyholders; and (iii) non-GAR policyholders voting in respect of potential mis-selling claims. Having referred to Bowen LJ's test in *Sovereign Life* and Chadwick LJ's judgment in *Hawk*, and noting that:

"[O]ver-zealous subdivision may, by giving small groups a right of veto, defeat the basic approach of the legislation, which is to enable large groups of people to achieve a compromise or effect an arrangement ..."[68]

Lloyd J said:

"The judgment of the Court of Appeal in *Hawk* contains some valuable guidance about the circumstances in which creditors must, or may not, be divided into different classes. Chadwick L.J. put it in one way which I find helpful by way of illustration, namely whether the rights of those who are to be affected by the scheme proposed are such that it can be seen as a single arrangement or that it ought to be regarded as a number of linked arrangements. Clearly the present scheme is a series of linked arrangements as regards the three classes which have been identified. But the question is whether, at any rate within the third class, there are such differences of position that it ought to be regarded as a series of linked arrangements with each of two or more different classes within the overall body of non-GAR policy-holders. The Court of Appeal also said that the question of classes can only be answered in the context of analysing both the rights which are to be released or varied under the scheme and also the new rights which the scheme gives, by way of

---

[60] *Hawk, Re* [2001] 2 B.C.L.C. 480 at [26] per Chadwick LJ.
[61] *Sea Assets Ltd v Garuda Indonesia* [2001] 6 WLUK 583 (referred to by Briggs J in *Rodenstock GmbH, Re* [2011] EWHC 1104 (Ch) at [26]; [2011] Bus. L.R. 1245).
[62] See Ch.17, 17-057 above.
[63] *RMCA, Re* [1994] B.C.C. 378.
[64] The Inland Revenue Authority of Singapore.
[65] *RMCA, Re* [1994] B.C.C. 378 at 379H.
[66] *Equitable Life Assurance Society (No.2), Re* [2002] EWHC 140 (Ch); [2002] 2 B.C.L.C. 510.
[67] *Equitable Life Assurance Society v Hyman* [2002] 1 A.C. 408; [2001] Lloyd's Rep. I.R. 99.
[68] *Equitable Life, Re* [2002] EWHC 140 (Ch); [2002] 2 B.C.L.C. 510 at [45].

compromise or arrangement, compared with those rights which are to be released or varied. Moreover, different legal rights at the first stage of analysis do not automatically mean separate classes, and likewise different outcomes at the second stage do not automatically require separate classes."[69]

Lloyd J held that the classes had been correctly identified. He rejected the suggestion that any of the following groups of non-GAR policyholders formed separate classes: with profits annuitants; "late joiners" (those who took out policies after 1997); international policyholders generally and/or holders of policies issued in Greece; holders of with profits life assurance products; group policies.

Re British Aviation Insurance Co Ltd[70] (the *BAIC* scheme) was the first case to come before the Companies Court in which a solvent scheme has been opposed by a group of creditors. The company, which was in run off, wrote mainly aviation direct business or facultative reinsurance. The principal liabilities affected by the scheme were claims and potential claims by policy holders in the United States under product liability and general liability insurance policies in respect of asbestos and pollution. The company's total net assets in respect of all its business, including scheme business were £100 million, which was just under double its estimated liabilities for scheme business. A single class meeting was held and 61 per cent of creditors by number representing 85 per cent of claims by value voted in favour of the scheme. Lewison J held that he had no jurisdiction to sanction the scheme on the grounds that there should have been separate class meetings for policy holders with accrued claims and policyholders with IBNR claims. Lewison J also said that while he appreciated "that the court must be slow to differ from the statutory majority of creditors who have voted in favour of the scheme", if he had jurisdiction to sanction the scheme he would have not done so. Lewison J referred to the test of classes adopted by the Court of Appeal in *Re Hawk* and said:

18-018

"In my judgment the starting point is to identify the appropriate comparator. This is critical to deciding whether all policyholders form a single class. In *Hawk* the appropriate comparator was an insolvent liquidation... On that basis, the rights to which policyholders with IBNR claims would be entitled are the right to have their claims valued; and the right to a dividend based on the value of the claim. Those with accrued claims would be entitled to the same dividend. The same may well be true in a solvent liquidation although ... there is no compulsion on a liquidator to make an early distribution. But this is not, in my judgment, a case in which a realistic alternative to the scheme is a voluntary (solvent) liquidation. The only realistic alternative to the scheme, as things stand, is a continuing solvent run-off. In my judgment that is the appropriate comparator."[71]

The learned judge went on to consider the respective rights of the three categories of the policyholders, which had been identified (policyholders with unsettled paid claims, policyholders with outstanding losses and policyholders with IBNR claims) under a solvent run-off and under the scheme. He said (at [89], [90]):

"In a solvent run-off, policyholders with unsettled paid claims will be entitled to have their claims paid in full. They will have exactly the same right under the scheme. The risk against which they insured has materialised and the extent of the liability has been quantified; and all they have to do is collect the insurance proceeds. They incur no further risk. So the scheme does not disadvantage them in any way. For them the so-called compromise is not much of a compromise if it is a compromise at all. Policyholders with outstanding losses are in a slightly different position. There is no need to estimate the probability of a

---

[69] *Equitable Life, Re* [2002] EWHC 140 (Ch); [2002] 2 B.C.L.C. 510 at [47]–[48].
[70] *British Aviation Insurance Co Ltd, Re* [2005] EWHC 1621 (Ch); [2006] B.C.C. 14.
[71] *British Aviation Insurance Co Ltd, Re* [2005] EWHC 1621 (Ch) at [88].

claim arising; that is already known. Their right in a solvent run-off is to wait until the quantum of the claim had been determined; and then to claim indemnity from the insurers. Under the scheme they will have to accept an estimate of that quantum instead but they will not have to accept any estimate of the likelihood of a claim being made at all. This removes one of the greatest of the uncertainties from the process of estimation. There is some risk that an estimate will prove to be inaccurate; but it is a small one.

So far as policyholders with IBNR claims are concerned, their right in a solvent run-off is to wait and see whether a claim materialises, and if it does, to have a full indemnity against the claim. They have already paid their premiums for the insurance cover, so they are at risk of no further expenditure in relation to a valid claim. Under the scheme they will receive cash up front. It may be an amount that is greater than or smaller than the liabilities that eventually materialise, but it will not be the same. The risk of inadequate resources to meet such liabilities is retransferred from the insurers to them. So the scheme may well disadvantage them."

Lewison J did not:

"... consider that the fact (if it is a fact) that policyholders may have both accrued claims and IBNR claims is of any great moment ... The fact that a creditor may fall into more than one class does not, in my judgment, mean that separate classes are inappropriate."[72]

He said:

"In my judgment in the particular circumstances of a solvent scheme, where an [insolvent liquidation] is not a realistic alternative, those with accrued claims and those with IBNR claims have interests which are sufficiently different as not to make it possible for them sensibly to consult together 'in their common interest'. In truth they do not have a common interest at all."[73]

Application of Sovereign Life v Dodd to reinsurance III: Case law post BAIC— NRG Victory, Re Sovereign Marine (WFUM Scheme)

18-019 BAIC was distinguished in two decisions of Scottish and English Courts respectively.[74] In the English case[75] Evans-Lombe J said that Lewison J was not laying down a hard and fast rule that in all solvent schemes accrued and IBNR claims had to be separate classes. BAIC was also distinguished in *Re NRG Victory Reinsurance Ltd*,[76] NRG, which had been in run-off since 1993, proposed a solvent scheme of arrangement. Ninety-nine per cent of claims arose in respect of reinsurance of marine, aviation, non-marine, asbestos and other health hazard risks. The company sought a direction that it was entitled to convene one meeting of creditors, treating accrued claims and IBNR claims as a single class. In correspondence a direct insurer had raised the question of classes. However, no creditors appeared at the directions hearing. Lindsay J said that the test of classes stated in the *Sovereign Life v Dodd* remained "the important touchstone" and that BAIC did not represent any change in principle.[77] He observed that where no creditor had appeared to oppose the convening of a single meeting or had indicated that they would vote against the scheme, there was generally no compelling reason not to allow the scheme to proceed to a single meeting:

---

[72] *British Aviation Insurance, Re* [2005] EWHC 1621 (Ch) at [91].
[73] *British Aviation Insurance, Re* [2005] EWHC 1621 (Ch) at [92].
[74] The Scottish case (Unreported, Lord Clarke, 1 September 2005) related to the Mercantile & General scheme.
[75] *Scottish Eagle, Re* [2005] EWHC 2683 (Ch).
[76] *NRG Victory Reinsurance Ltd, Re* [2006] EWHC 679 (Ch).
[77] *NRG Victory Reinsurance Ltd, Re* [2006] EWHC 679 (Ch) at [14].

"To require a split into two or more meetings not only might, in such circumstances, introduce further delays and expense to no practical avail but might lead to small pockets of creditors—small either in number or in value—having a veto which a more global regard to fairness would not have given them."[78]

Lindsay J did not regard *BAIC* as authority for the proposition that in all cases where there are both "accrued" and "IBNR" claims they invariably have to vote in separate classes. Whether separate classes for them are truly necessary will depend on a long list of variables. He said that in the case of insurance companies, among many variables, the following matters were potentially relevant: the types of business covered and the proportion between these types of business; whether the business conducted was direct insurance or reinsurance and in what proportions; in what parts of the world were the claimants to be found; their solvency margins; how recently they stopped writing new business; the various times, class by class of business, at which point they stopped; how long, accordingly, have they been in run-off and what has been their experience. The learned judge emphasised that, whether the *Sovereign Life v Dodd* test had been satisfied, must in part depend upon the evidence given in a particular case. He relied upon the evidence of an experienced non-life actuary who deposed that the methodology by which claims under the NRG scheme were to be valued had been designed to provide a consistent approach to the valuation of all claims under the scheme. The evidence was that it was not reasonable to distinguish between notified IBNR claims on the basis that the latter were more difficult to value and that any notion that there is a fundamentally greater uncertainty in estimating liability in IBNR claims than for notified claims was incorrect as a general proposition.

In *Re Sovereign Marine & General Insurance Co Ltd*[79] Warren J made an order convening a meeting of creditors to consider a scheme ("the WFUM Scheme") for 16 companies which had underwritten insurance and reinsurance business in pooling arrangements originally managed by Willis Faber (Underwriting Management) Ltd ("WFUM"). The hearing was in May 2006; the WFUM pools had been in run off since 1991. Sovereign Marine was already the subject of a run-off scheme. The scheme administrators of the original Sovereign Marine scheme wanted to amend the scheme to transform it into a cut-off scheme with provision to estimate and deal with all of Sovereign Marine's liabilities. Similar cut-off/estimation schemes were proposed for the other 15 companies in the WFUM pool, which were solvent. All 16 applicants proposed to convene a single meeting of scheme creditors. There was no opposition in relation to Sovereign Marine's application to convene a single meeting, but 13 creditors of the solvent creditors opposed the holding of a single class meeting. The opposing creditors objected on two grounds: (1) lack of jurisdiction on the part of the English court to sanction a scheme in relation to certain of the solvent companies; (2) there were at least two classes of creditors under the proposed schemes, possibly more.

18-020

Having concluded that he had jurisdiction, Warren J proceeded to consider the question of classes. He rejected the submission of counsel for the objecting creditors that Lewison J in *BAIC* was laying down a general rule that:

"[W]henever there is a solvent scheme where the comparator is a solvent run-off, it is never possible for those with accrued claims and those with IBNR claims to consult together in their common interest with the result that there must always be separate class meetings."

---

[78] *NRG Victory Reinsurance Ltd, Re* [2006] EWHC 679 (Ch) at [16].
[79] *Sovereign Marine & General, Re* [2006] EWHC 1335 (Ch). Cited with approval by Bell J in *Harrington International Insurance Ltd, Re* [2008] Bda L.R. 64 at [18]: discussed below at 18-026.

He gave two examples to illustrate why, in his view, this was so:

(a) A case where all policyholders have similar policies and have an almost identical mix of the three types of claim that existed in the WFUM pool run-off—i.e. Unpaid Agreed Claims, Outstanding Claims and IBNR. In such a case the rights of each policyholder were very similar, although not identical. There would be no reason why all policyholders should not consult together, in their common interest.[80]

(b) A case where the scheme company is exclusively a reinsurer. In such a case all its creditors are reinsureds, i.e. insurance/reinsurance companies (at [113]):

"... well able to assess risk (that is their business after all) and willing to take a view on the extent of their exposure across their own business which is subject to the reinsurance with the scheme company. IBNR claims for such reinsurers do not present the same kind of uncertainties as for a direct insured whose business is nothing to do with insurance."

In such cases there was no a priori reason why policyholders/reinsureds should not meet together.[81]

Warren J emphasised that *BAIC* was a decision on its particular facts and the expert evidence before the court on uncertainties regarding the estimation and valuation of various categories of claims arising in the run-off the particular business. He noted that the expert evidence before him went far beyond that in *BAIC*. He further noted that, as in *BAIC*, none of the experts had been cross-examined and that, "there is nothing which any of the experts say which I can say is definitely wrong". He proceeded, like Lewison J had in *BAIC*, on the basis that each of them has expressed a reasonable and tenable view. However, he highlighted one aspect of the expert evidence which was common ground among all the experts (at [141]):

"... in the normal course, the uncertainties in estimating IBNR claims exceed and are materially different from those arising in the valuation of other claims including Outstanding Claims."

Warren J concluded that the evidence established the following significant points:

"[T]here is a huge range of uncertainty in estimation and valuation of claims. It is reasonably clear that Unpaid Agreed Claims are, if not completely, then very nearly completely certain. There is very considerable certainty in the estimation and valuation of the most certain of the Outstanding Claims; and there is a large uncertainly in the least certain of

---

[80] Logically this must be so. It would be pointless for the court to order that a company hold two or three separate class meetings at which exactly the same policyholders voted. It is virtually inconceivable, given the judge's initial assumption that all policyholders had a similar mix of claims, that the same policyholder would vote for the scheme in one class meeting and against it at another one.

[81] The length of this work, and in particular the growing length of the chapters on insolvency procedures, suggests that insurers/reinsurers are less well able to assess risk in the real world than Chancery judges may believe. We also fail to understand the learned judge's observation about there being a difference in kind between the uncertainty faced by a direct insured and a reinsured. In the case of a manufacturer of products who purchases a liability insurance policy, either from a captive or from a professional insurer which in turn reinsures the risk, as a matter of actuarial science the uncertainty with respect to IBNR is mathematically identical whether one is looking at claims under the policy of insurance or claims under the reinsurance. We do, however, see force in the pragmatic argument that reinsureds—as consenting adults—should all be able to reach a view on a scheme relating to the same book of business in one scheme meeting.

IBNR claims. Normally, Outstanding Claims will be more certain than IBNR claims, but there can be cases where that is not so."[82]

Warren J said:

"If relative uncertainty is to be the touchstone of separate classes, and if the uncertainty in all claims (both Outstanding Claims and IBNR claims, and perhaps even including Unpaid Agreed Claims) forms a continuum, then there is some force in the argument that there should be only class."[83]

However, Warren J considered that:

"[A]n Outstanding claim gives the Scheme Creditor a different right from an IBNR claim (which is not to say that the former is necessarily more uncertain than the latter, but it is different). A fortiori, an Unpaid Agreed Claim gives different rights from an IBNR claim ... it also seems to me that the rights of a Scheme Creditor in respect of an Outstanding Claim (and more so in respect of an Unpaid Agreed Claim or other claim which does not require estimation) at the certain end of the range of uncertainty are so different from those of a Scheme Creditor in respect of an IBNR claims at the uncertain end of the range that it is impossible for them to consult together (in respect of those divergent rights) for the purposes of voting on the Scheme (just as it was impossible for the different classes of Claimant to consult together in *BAIC*)."[84]

Warren J concluded that two separate classes should be constituted for scheme meetings relating to the solvent companies in the WFUM pool to enable creditors to vote:

(i) in relation to their Unpaid Agreed Claims, other claims not requiring estimation, Unpaid Additional Claims and Outstanding Claims; and
(ii) in relation to their IBNR claims.

He rejected arguments that reinsureds and foreign creditors should be in separate classes.[85]

In *Stronghold Insurance Co Ltd, Re*,[86] the company proposed a cut-off scheme **18-021** of arrangement for the purposes of bringing its solvent run-off of 33 years to a close. Whilst the company was solvent on an accounting basis, it had been failing to meet its minimum capital requirements as imposed by Directive 2009/138/EC (Solvency II). One of the questions before the Court was whether a single class of creditors comprising creditors with notified outstanding claims and IBNR claims, as well as direct insurance and reinsurance creditors, could be convened to vote upon the scheme. One of the company's reinsurance creditors opposed the proposal that the reinsurance creditors should vote together with the direct creditors given that, in an insolvency, direct insurance creditors would rank in priority to reinsurance creditors under the Insurers (Reorganisation and Winding Up) Regulations 2004. However, where the appropriate comparator was a continued solvent run-off, the prima facie assumption on the basis of cases such as BAIC, was that IBNR creditors should vote in a separate class.

The difficulty for the company and the Court in the Stronghold case was that it

---

[82] *Sovereign Marine & General, Re* [2006] EWHC 1335 (Ch) at [170].
[83] *Sovereign Marine & General, Re* [2006] EWHC 1335 (Ch) at [171].
[84] *Sovereign Marine & General, Re* [2006] EWHC 1335 (Ch) at [172]–[173].
[85] For the subsequent, singular, history of the WFUM Scheme, see *Sovereign Marine & General Insurance Co Ltd, Re* [2007] EWHC 1331 (Ch); *Sovereign Marine & General Insurance Co Ltd v Opposing Creditors* [2007] EWHC 1781 (Ch).
[86] [2018] EWHC 2909 (Ch); [2019] 2 B.C.L.C. 11.

was not clear what the alternative to the scheme would be. Whilst the company was solvent, its continued inability to meet its capital requirements rendered it vulnerable to regulatory intervention of an unspecified nature or a supervening insolvency. However, the regulator had declined to state if it would take action, and if so, what action it might take.

In that case, Hildyard J concluded as follows:

> "I have not found this issue easy. This is a case nearing the cusp, despite my overall feeling that it is inherently difficult to avoid separate classes for IBNR policyholders unless the comparator is liquidation. There are, in my view, special factors which separate this case from other cut-off and estimation schemes. These include, in particular ...
>   (1) the possibility of future insolvency or regulatory action compelling liquidation, which makes difficult any absolute or binary choice of comparator;
>   (2) the unusual age of the run-off (in excess of 33 years), which as a matter of logic tends to reduce the likelihood of sudden occurrences which have not emerged over the preceding period, and enhances the data available for the estimation process, and possibly its reliability;
>   (3) an apparently carefully constructed estimation process, and the instruction of an apparently eminently qualified expert analyst, which is calculated to and may result in a reduction of the usual risks of under-estimation of IBNR claims;
>   (4) the profile of the policyholders, which may suggest that such are the cross-holdings and the advantages of the Scheme to anyone with a predominant interest in early payment of notified outstanding claims, most if not all concerned may in reality and in the special circumstances be able to consult together with a view to their common interest; and
>   (5) claims are constantly moving from IBNR to become accrued or notified outstanding claims, [which] suggests that 'placing particular liabilities in one category or another would be artificial'."

Hildyard J determined that notwithstanding the continued breach of capital requirements, solvent run-off was the most likely comparator to the scheme for the company. Whilst he considered allowing the scheme to proceed with a single meeting at Stronghold's own risk, as was the case of Re NRG Victory Reinsurance, he concluded that the irreducible inherent uncertainties in the estimation of IBNR claims, where solvent run-off was the comparator, meant that there should be a separate class for those creditors even having regard to the matters above.

The discretion of the court

18-022 Remarkably the statute confers discretion upon the court by the use of a single word, "may". Section 899 of the CA 2006 (in respect of Pt 26) and section 901F (in respect of Pt 26A) states that if the appropriate majority vote in favour of the compromise or arrangement ("scheme" in insurance terminology) put to them, "the court *may* on an application under this section, sanction the compromise or arrangement" (emphasis added). The criteria upon which the court should sanction a scheme are all judge-made. The sanction of the court is not a formality.[87] The court has a discretion at the sanctioning stage and may refuse to sanction a scheme even though the requisite statutory majorities have voted in favour. In a recent consideration of the matters to be considered at sanction, Trower J explained as follows:

> "(My task on the application for sanction is to consider the four matters summarised by Morgan J in *Re TDG plc* [2008] EWHC 2334 (Ch) ... The four matters are: first, that the

---

[87] *Kempe v Ambassador Insurance Co (In Liquidation)* [1998] 1 W.L.R. 271 at 276 per Lord Hoffmann PC; [1998] B.C.C. 311.

court must be satisfied that the provisions of the statute have been complied with; secondly, that the class of shareholders was fairly represented and that the statutory majority acted bona fide and did not coerce the minority; thirdly, that an intelligent and honest person and member of the class concerned and acting in respect of his own interests, might reasonably approve the scheme; and, fourthly, that there is no blot on the scheme."[88]

In *Re Osiris Insurance Ltd*,[89] Neuberger J (as he then was) considered the principles to be applied by the Court when hearing an application to sanction a scheme of arrangement to which there are no objections, and all creditors who had attended the scheme meetings had voted in favour of the scheme. He said:

"In this case, there is nothing to suggest that those attending and voting at the Meeting (either in person or by proxy) were not representative of the Scheme Creditors as a whole. There is nothing to suggest that anyone voting at the Meeting was doing so for some ulterior motive or was otherwise promoting interests adverse to those of other Scheme Creditors. There is nothing to suggest that unfair pressure was put upon, or any inappropriate inducements were given to, any Scheme Creditors or potential Scheme Creditors who would otherwise have been adverse to the Scheme. It is true that the numbers of those who voted was pretty small compared to the number of those entitled to vote, but that is by no means unusual in the context of votes at Meetings called pursuant to s.425. In any event, that does not call into question the fact that not a single Scheme Creditor thought it right to vote against the Scheme. Furthermore, if one looks at the value of the Scheme Claims held by those who voted, they did represent a substantial proportion of those entitled to vote. *The fact that the Court can, indeed should, take comfort from these facts does not mean that the Court can or should therefore operate simply as a rubber stamp to approve the Scheme*, as is clear from the passages I have quoted from [Buckley[90]] and from *Re English, Scottish and Australian Chartered Bank* [1893] 3 Ch 385. In effect, *I must ask myself whether the Scheme was such that an intelligent and honest man, in the position of one of the Scheme Creditors or potential Scheme Creditors could not reasonably have approved it or whether it contains some other 'blot'*."[91] [Emphasis added]"

Neuberger J sanctioned the scheme subject to the giving of undertakings to cover certain possible lacunae in its drafting which he had identified. This practice (which has apparently grown up in the Companies Court) was criticised by Chadwick LJ in *Re Hawk* in the following terms:

"I am conscious that the jurisdiction conferred on the court is limited to sanctioning the scheme that has been approved by the creditors. The court should be cautious before rewriting a scheme to accord with its own notions of proper draftsmanship. If the change is merely cosmetic, it is unnecessary; if it is more than cosmetic, then the scheme as sanctioned is not the scheme that has been approved by the meeting of creditors."[92]

There are nevertheless examples of schemes being amended after the creditors' meetings, using amendment powers drafted into the scheme. For example, in *Apcoa Parking Holdings GmbH, Re* and other companies,[93] Hildyard J noted that he was not minded to sanction a scheme which contained within it, amongst other things, an obligation on lenders under a guarantee facility to participate in a new guarantee facility for a longer period of time. The Judge permitted the proposed scheme to be amended so as to remove the mandatory obligation to participate in the new

---

[88] *Aon Plc, Re* [2020] EWHC 1003 (Ch) at [7]; *UDL Argos Engineering & Heavy Industries, Re* [2001] 4 HKCFAR 358.
[89] *Osiris Insurance Ltd, Re* [1999] 1 B.C.L.C. 182.
[90] *Buckley on the Companies Acts*, 14th edn (Butterworths, 1982), Vol.1, p.474.
[91] *Osiris Insurance Ltd, Re* [1999] 1 B.C.L.C. 182 at 189–190.
[92] *Hawk, Re* [2001] EWCA Civ 241; [2001] 2 B.C.L.C. 480 at [52].
[93] [2014] EWHC 3849 (Ch); [2015] Bus. L.R. 374.

guarantee facility but allowing creditors to choose to elect to so participate instead. Assurances were given that the proposed scheme would still work as intended nothwithstanding this amendment.[94]

Discretion and solvent schemes

18-023 In the *BAIC* case (see 18-014 above) Lewison J refused to sanction the scheme because he found the classes had not been correctly identified. He went on to say that, even if he was wrong about classes, he would have refused to sanction the scheme as a matter of discretion for the following reasons:

(1) The votes allowed to be cast at the scheme meeting did not fairly represent the creditors (and in particular the direct insureds) with substantial IBNR claims.
(2) The Estimation Methodology did not provide a clear basis for treating all creditors alike, and resulted in uncertainty.
(3) The Company's power to revert to run-off was not circumscribed.
(4) The supposed benefits of the scheme were largely benefits to the Company and its shareholders; or were brought into existence by the exigencies of the scheme itself.

The learned judge concluded as follows (at [143]):

"In the end though, the most powerful consideration is that it seems to me to be unfair to require the manufacturers who have bought insurance policies designed to cast the risk of exposure to asbestos claims on insurers to have that risk compulsorily retransferred to them. The company is in the risk business; and they are not. This is not a case of an insolvent company to which quite different considerations apply. On the evidence presented to me the company is able to meet its liabilities under such policies as and when they fall due. The purpose of the scheme is to allow surplus funds to be returned to shareholders in preference to satisfying the legitimate claims of creditors. No matter how usable and reasonable an estimate may be, the very fact that it is an estimate is likely to make it an inaccurate forecast of the actual liabilities of policyholders. If individual policyholders wish to compound the company's contingent liabilities to them, and to accept payment in full of an estimate of their claims, there is nothing to stop them doing so. But to compel dissentients to do so would, in the words of Bowen LJ, require them to do that which it is unreasonable to require them to do."

Following the passage of the Human Rights Act 1998, an additional factor which English Courts are now required to consider when exercising their discretion to sanction a scheme is whether any of its provisions infringe the European Convention on Human Rights.[95] In two cases, *Re Hawk*[96] and *Re Pan Atlantic Insurance Co Ltd*,[97] it has been held that provisions for the valuation of claims by an independent Scheme Adjudicator (whose decisions are not subject to appeal) did not infringe the right of access to the courts protected under art.6 of the European Convention. In *Re Pan Atlantic* Lloyd J said:

---

[94] See also *In the matter of Aon Plc* and *In the matter of the Companies Act 2006* [2020] EWHC 1003 (Ch).
[95] The position is, at least in theory, the same in Bermuda. The Bermuda Constitution adopts the relevant provisions of the European Convention. Although it has not, so far as we aware, hitherto been the practice of Bermudian judges to question the constitutional propriety of schemes of arrangement nor of counsel on what are, typically, ex parte applications to sanction schemes to raise the point.
[96] See *Hawk, Re* [2001] 2 B.C.L.C. 480 at 504–505 per Arden J.
[97] *Pan Atlantic Insurance Co Ltd, Re* [2003] EWHC 1969 (Ch); [2003] B.C.C. 847.

"It seems to me that Mr Moss is right to say that the right of access to the courts is not entirely limited. It is not excluded altogether, because although there is the independent adjudicator procedure, as I have said, under clause 1.4.6 that is final and binding, but only insofar as the law allows. That, as I said, brings in the body of law that has already been developed in relation to the limitations on such a clause in relation to an expert determination in a private contract. That seems to me to be an entirely legitimate approach. It does not restrict the access left to the individual creditor so much that the very essence of the right is impaired. Equally, it seems to me, that the limitation pursues a legitimate aim, and pursues it with a reasonable relationship, with proportionality between the means employed and the aim sought to be achieved. In that, the adoption of the independent adjudicator procedure is highly desirable, and, as it seems to me, entirely proportional in the interests of avoiding having to spend an unnecessary, and unreasonable, and certainly disproportionate amount of the limited resources available for creditors on the expenses of determining the amount of creditors' claims. It is also to be remembered that in an insolvent liquidation the general law restricts the right of access of creditors to the courts, for good reason, by requiring permission before proceedings can be brought against the company."[98]

In *Re Equitable Life Assurance Society*[99] at all three meetings the policyholders had voted overwhelmingly in favour of the scheme (less than 3 per cent by number and 2 per cent by value voted against). Lloyd J said that this was a powerful starting point in favour of sanctioning the scheme. He rejected the criticism (in a report by an economist) that inadequate information had been provided to policyholders in the scheme document and concluded that neither the ruling of the House of Lords in *Equitable Life Assurance Society v Hyman*[100] nor the scheme itself contravened art.1 of the European Convention. Lloyd J referred to a decision of the European Commission of Human Rights, *Bramelid and Malmström*,[101] and said:

"The legislation complained of there was not quite like s 425 but it was somewhat similar to s 429 [now CA 2006 ss.979, 980] of the Companies Act 1985. The Commission said that this type of rule, essential in a liberal society, cannot in principle be considered contrary to art 1 of the First Protocol, provided that the law does not create such inequality that one person could be arbitrarily and unjustly deprived of property in favour of another. It seems to me plain that, given the terms of s 425 and the case law that has been established concerning its application, there is no possible argument for saying that the approval of a scheme under s 425 so as to bind dissentients among the relevant classes, breaches the rights afforded by art 1 of the First Protocol ... I have already quoted Brightman J as to what is meant by compromise and arrangement, and the essential need for some quid pro quo. The objectors may feel that it is inadequate, and indeed some said so to me, on both sides of the GAR/non-GAR divide, but the Scheme does both in law and in fact involve the exchange of rights and thus consideration. No arrangement capable of being approved under s 425 could, in my view, amount to a confiscation such that art 1 would be infringed."[102]

Discretion to sanction restructuring plans: cross-class cram down

Following the Court of Appeal decision in *Strategic Value Capital Solutions Master Fund LP v AGPS Bondco Plc*,[103] it clear that the court will apply different considerations in determining whether to exercise its discretion to sanction a Pt 26A

18-024

---

[98] *Pan Atlantic Insurance Co Ltd, Re* [2003] EWHC 1969 (Ch) at [32].
[99] *Equitable Life Assurance Society, Re* [2002] EWHC 140 (Ch); [2002] 2 B.C.L.C. 510.
[100] *Equitable Life Assurance Society v Hyman* [2002] 1 A.C. 408; [2001] Lloyd's Rep. I.R. 99.
[101] *Bramelid v Sweden* (8588/79 (1983) 5 E.H.R.R. 249; (1983) 5 E.H.R.R. CD278.
[102] *Equitable Life Assurance Society, Re* [2002] EWHC 140 (Ch); [2002] 2 B.C.L.C. 510 at [86].
[103] [2024] EWCA Civ 24.

restructuring plan where that plan has not been approved by one or more classes (and which, therefore, may be subject to the cram down procedure set out in s.901G) to those considerations that would otherwise apply in considering whether to sanction a Pt 26 scheme. That is because, when imposing a Pt 26 scheme on a dissenting minority of creditors within a class, the court has the comfort of knowing that it is clear that the requisite majority of that class (whose rights, by definition, are not sufficiently dissimilar) has already voted in favour of it. Provided that the court is satisfied that there is some rationality in the decision of the class—i.e. the scheme is one that an intelligent and honest man, in the position of the creditors in the class could reasonably approve and the majority is acting bona fide in the interests of the class, the court can draw comfort from the vote of that class. The same rationale does not apply in respect of restructuring plans.

Instead, the court considered what have come to be known as the "vertical comparison" and the "horizontal comparison". The vertical comparison is a comparison of the position of a class of creditors in the restructuring proposal with the position of that same class in the relevant alternative to the restructuring proposal. The horizontal comparison compares the position of the class in question with the position of other classes if the restructuring goes ahead. In the court's judgment, the exercise of a judicial discretion to alter the rights of a dissenting class for the perceived benefit of the assenting classes necessarily required it to inquire as to how the value preserved or generated by the restructuring plan, over and above the relevant alternative, was to be allocated between the different creditor groups. In that case the court determined that the judge at first instance was wrong to sanction the plan in question because it plan departed, without good reason or justification, from the principle of pari passu distribution that would have otherwise applied in the relevant alternative to the plan.

Schemes—the Regulators

18-025 The statutory process for obtaining the sanction of the court for a scheme has been overlaid by what we believe to be accepted practices for insurance and reinsurance company schemes. It became usual to obtain confirmation from the (re)insurance company's regulators (the Prudential Regulatory Authority and the Financial Conduct Authority) that they do not object) to the Scheme and to give evidence of that confirmation to the court.[104]

The PRA

18-026 In discharging its general functions, the PRA must advance its general objective, namely promoting the safety and soundness of PRA-authorised persons. FSMA 2000 also explains how that objective is to be advanced, for example by—

(i) seeking to ensure that the business of PRA-authorised persons is carried in a way which avoids any adverse effect on the stability of the UK financial system,

(ii) seeking to minimise the adverse effect that the failure of a PRA-authorised

---

[104] The PRA's and FCA's consent is not a statutory requirement to the sanctioning of a scheme or restructuring plan under Pt 26 or Pt 26A of the CA 2006. Nor does FSMA expressly require a company proposing a scheme to seek regulatory approval. Nonetheless, we believe that a court would, in exercising its discretion, take into account the absence of that approval.

person could be expected to have on the stability of the UK financial system[105]

In a (re)insurance context, the PRA has an additional objective, namely contributing to securing of an appropriate degree of protection for those who are or may become policyholders.[106]

Finally, in addition to the general objective and insurance objective, the PRA also has a secondary objective which is to act, so far as is reasonably possible, in a way that facilitates effective competition in the markets for services provided by the firms it regulates when they carry on regulated activities.

The PRA issued a Supervisory Statement in April 2014 entitled The Prudential Regulation Authority's (PRA's) approach to schemes of arrangement proposed by PRA-authorised insurers under Pt 26 of the Companies Act 2006 (SS3/14). In that Supervisory Statement, the PRA set out its approach to schemes of arrangement proposed by PRA-authorised insurers.

The PRA noted in the Supervisory Statement that it has an interest in the use of schemes by insurers because of its statutory objectives. It explained that, in some circumstances, the use of schemes by insurance companies may be compatible with its statutory objectives - a scheme by an insolvent insurer being one potential example. The Supervisory Statement goes on to explain that whilst it is for the court to determine whether or not to sanction a scheme, the PRA will review all schemes proposed by insurance firms to assess the risks to its statutory objectives. Having assessed a scheme proposal, the PRA will consider in each case whether it should inform the court of its view of a scheme and if so, what form that communication should take.

The FCA

In discharging its general functions, the FCA must act in a way which—

18-027

(i) is compatible with its strategic objective (i.e. ensuring that the relevant markets function well), and
(ii) advances one or more of its operational objectives, being:
    (a) the consumer protection objective (i.e. securing an appropriate degree of protection for consumers);
    (b) the integrity objective (i.e. protecting and enhancing the integrity of the UK financial system);
    (c) the competition objective (i.e. promoting effective competition in the interests of consumers).[107]

It is clear that the Courts do expect to receive a view from a regulator in respect of a proposed Scheme. In *Re Stronghold Insurance Co Ltd*,[108] Hildyard J noted

"A more detailed explanation from the Regulators as to what they would intend to do might well have altered my approach: as I made clear during the hearing, I consider it regrettable and surprising that, notwithstanding their concerns and responsibilities in relation to Solvency II, they should both offer no more than an entirely unelaborated confirmation of non-objection to the proposal ... It is not, of course, for me to dictate to the Regulators how to discharge their difficult and onerous responsibilities: but if [the scheme] was in truth their preferred solution, and in any event if they have an alternative under

---

[105] FSMA 2000 s.2B.
[106] FSMA 2000 s.2C.
[107] FSMA 2000 ss.1A to 1E.
[108] [2018] EWHC 2909 (Ch).

consideration, both the Company and this court could greatly have benefitted from a more considered and elaborate report."

In *Re ALL Scheme Ltd*[109] the company that applied for the sanction of a Pt 26 Scheme was part of the Amigo group of companies. The main operator was Amigo Loans Ltd, a provider of guarantor loans, offering credit to those who were unable to borrow from mainstream lenders. A number of customer complaints had arisen against Amigo, in particular, for unaffordable or unsustainable lending. Affected customers were entitled to seek redress for such complaints but the number of such complaints had resulted in Amigo suffering significant accounting losses. It had recorded a statutory loss of £86.8 million for the nine-month period to 31 December 2020, compared to a £45.9 million profit for the same period the previous year. The COVID-19 pandemic had also affected the business and finances of the group.

The purpose of the Scheme was, in broad terms, to provide a mechanism, including a bar date, for the determination of the claims of affected customers and to set up a fund to be used to pay part of their claims (the estimate being approximately 10p in the pound). In return for the right to claim in the fund, the affected creditors would release their claims against the group.

The company's regulator, the FCA, objected to the scheme (even though there had been no objections from scheme's creditors who had, in fact, supported the scheme at rate of over 95% in number and by value). The FCA argued that the creditors were financially unsophisticated, and accordingly unlikely to know anything about corporate insolvency restructuring. It continued that they had lacked the benefit of legal or financial advice; there had been no steering committee and no negotiation on the scheme. The FCA also submitted that the turnout had been very low (approximately 9%), so that the court could not be satisfied that the class was adequately represented. As to the information provided to Scheme creditors, the FCA submitted that the Explanatory Statement had been inadequate in that it presented the alternatives as starkly binary and suggested that, if creditors rejected the Scheme, they would get nothing at all. They argued that this was not a fair presentation of the realistic alternatives to the rejection of the Scheme. Nor, in the FCA's submission had there been an adequate explanation to enable creditors to understand the allocation of losses as between creditors who would be paid in full and shareholders.

Discretion -the view of the Regulator in respect of Solvent schemes

18-028 In its 2014 Supervisory Statement, with respect to solvent schemes, the PRA explained that:

> "... the use by insurance firms of schemes of arrangement may not be compatible with [the PRA's] statutory objectives. For example, where a firm proposes the use of a scheme when the firm meets its regulatory capital requirements and expects to be able to continue to meet all legitimate claims as they fall due. Such a firm may be more likely to want to exit from a particular portfolio of business for commercial reasons. This may not be compatible with the PRA's statutory objectives—in particular, the insurance objective—given the way in which such schemes may compromise policyholder cover in situations where the firm could otherwise pay claims in full as they fall due."

Based on that supervisory statement, it appeared that the PRA would be less likely to support the implementation of a solvent scheme of arrangement and, in the absence of regulator support, the court is much less likely to sanction a scheme,

---

[109] [2021] EWHC 1401 (Ch).

even in the presence of overwhelming creditor support.[110] That said, in January 2024, the PRA issued a consultation proposal entitled "Solvent exit planning for insurers".[111] The consultation proposals describe:

(a) new rules and expectations that firms must prepare for a solvent exit as part of their business as usual activities and that firms must document those preparations in a Solvent Exit Analysis or SEA; and
(b) new expectations, which would apply only if solvent exit became a reasonable prospect for a firm, on how firms should: (a) prepare a detailed Solvent Exit Execution Plan or SEEP, and (b) monitor and manage a solvent exit.

The proposals go on to state that they aim to increase the likelihood that insurers can execute a solvent exit successfully. The options for a solvent exit recognised by the PRA include a solvent scheme of arrangement or restructuring plan (as well as a sale or partial sale, a whole or partial transfer of business under Pt VII of the FSMA 2000). The PRA considers that solvent exit is likely to be more efficient, more cost effective and less disruptive to policyholders compared to insolvency.

Schemes of arrangement in Bermuda under s.99 of the Companies Act 1981

Overview

18-029
Section 99 of the Bermuda Companies Act 1981 ("BCA 1981") is derived from s.206 of the UK Companies Act 1948 and in equivalent terms to CA 1985 s.425 (now CA 2006 s.899). BCA 1981 s.100 is derived from CA 1948 s.207 and in equivalent terms to CA 1985 s.426 (now CA 2006 s.897). As will be seen from the cases discussed below English case law on sanctioning schemes and the definition of "classes" of creditors has been followed in Bermuda. On 8 October 2007 the Chief Justice of Bermuda and the Commercial Judges issued a Practice Direction captioned "Guidelines Applicable to Schemes of Arrangement under s.99 of the Companies Act 1981"[112] which essentially adopts the Practice Statement of the English Vice-Chancellor referred to above.[113]

Sanctioning schemes in Bermuda—discretion

18-030
Re APP China Group Ltd[114] was, as the judge noted, possibly the first occasion on which the Bermuda Court had considered an opposed application to sanction a scheme of arrangement. Kawaley J (as he then was) sanctioned a scheme which had received the requisite majority of votes in favour (94.1 per cent in number and 89.1 per cent in value) over the objections of a minority of dissenting creditors. There was a single class of unsecured creditors who under the scheme were to receive shares in the company (which was the holding company for the APP China Group of companies). Kawaley J summarised the position of the objecting bondholders as follows:

"The main complaints made by the Objectors may be distilled into one: the scheme was approved not by the Company's creditors voting bona fide in the interests of their creditor group, but by creditors motivated by the desire to advance the interests of the Control-

---

[110] See *Re All Scheme Ltd* [2021] EWHC 1401 (Ch) as an example of the court refusing to sanction of a scheme that had been heavily supported by creditors, but objected to by the FCA.
[111] CP2/24.
[112] Bda S.C. Circular No.18 of 2007.
[113] See 18-009 above.
[114] *APP China Group Ltd, Re* [2003] Bda L.R. 50.

ling Shareholders in retaining control of the Company and achieving the benefit of being released from the guarantee obligations of APP. However this assertion is not made as a matter of positive fact, but on the basis of suspicion and belief."

Kawaley J reviewed the English authorities, which he regarded as highly persuasive, and said:

> "The whole object of section 99 schemes is to allow a significant majority of creditors or members of a company (or a particular class thereof) to vary not only their own pre-existing rights with a company, but the rights of all similar positioned persons as well ... They are assumed to be the best judges of what their commercial best interests are; accordingly, assuming the scheme was not promoted for fraudulent purposes and those who vote are adequately informed and not materially misled, if the majority in number representing 75% in value support the scheme, it is not for the court to 'second-guess' them and tell them what their best interests are.
> The Court's role then on the hearing of a sanction petition (and indeed in summoning the scheme meeting(s)), is more akin to a football referee, than a football player. It is not for a referee in a match where a goal is validly scored to disallow the goal because, if he had been the goalkeeper, he would have prevented the goal from being scored, or because he supports the team against which the goal was scored.[115] Equally, it is not for the Court to decline to sanction a scheme because it would have found it unpalatable as a scheme creditor and would have voted against. If the statutory requirements have been met and the guiding principles set out the case law have been adhered to, it is not open to the Court to decline to sanction a scheme on what may be called 'merits' grounds."[116]

The learned judge said that it was common ground, following the English authorities, that three requirements had to be satisfied: (a) the class must have been fairly represented[117]; (b) the provisions of the statute must have been complied with; (c) the arrangement must have been such as a man of business could reasonably approve.[118]

Kawaley J considered that the point raised by the objectors was, on its face, plainly arguable:

> "If it could be established that a significant number of creditors were not voting in the interests of creditors but really to advance shareholder interests, this would constitute grounds for declining to sanction the scheme."

He said that the press speculation that shareholders had been buying votes in order to advance their interests provided grounds for suspicion, and observed that:

> "the bare denial of these allegations, combined with the Company's use of confidentiality obligations as a basis for not disclosing the identities of the beneficial noteholders, was not the most impressive of responses."

However, he was not satisfied, on the evidence, that mere suspicion was a sufficient basis to delay the sanctioning application (which would have the possible consequence of derailing the scheme) while the matter was investigated further.

Some three and a half years after he sanctioned the APP Scheme, Kawaley J found, following the trial of fresh proceedings commenced by the objecting bondholders, that their "suspicions" had a basis in fact, and that his sanctioning

---

[115] It is our understanding that his lordship is a supporter of Manchester United FC.
[116] Kawaley J cited, with approval, his dicta in *Re APP China* in *Re Dominion Petroleum Ltd* [2012] Bda LR 8, [4] (discussed below).
[117] *Wedgwood Coal and Iron Co, Re* (1877) 6 Ch. D. 627 at 637.
[118] *English Scottish and Australian Chartered Bank, Re* [1893] 3 Ch. 385 at 409.

order had been procured by a fraud on the court. In *Fidelity Advisor Series VIII v APP China Group Ltd*,[119] Kawaley J concluded as follows (original emphasis):

"The Plaintiffs' secondary and alternative fraud claim was that the Widjaja Affirmation was equally false, because the Affirmant and the Company knew that 150 Taiwanese Noteholders, who constituted nearly 90% in number and 19% in value of all creditors who voted at the meeting to consider the Scheme, were managers employed by APP Indonesian operating subsidiaries, and were accordingly known to be *'affiliated to or otherwise connected with'* the APP Controlling Shareholders. This claim was proved, to the high standard the law requires for proof of allegations of fraud. The Court was invited by the Company at the Scheme sanction hearing to positively rely on the truth of the crucial averments in the Widjaja Affirmation and to reject as mere suspicions the Objectors' complaints that the Scheme should not be sanctioned because, inter alia, the APP Controlling Shareholders had not honestly disclosed the voting power they would exercise as shareholders of the restructured Company. The proven fraud was clearly material to the Court's decision to sanction the Scheme, even though it was not demonstrated that Scheme would never have been approved."

However, Kawaley J declined to set aside his November 2003 order sanctioning the APP Scheme. He was persuaded by the defendant's argument:

"... that seeking to unwind a scheme of arrangement more than three years after it had been implemented would lead to unimaginable legal complexities and will likely cause prejudice to a wide array of third parties ..."

His lordship added:

"It is clear that, even if the offending votes were not counted, the Scheme would still have been approved. But, the real damage caused by the fraud is that those creditors who did approve the Scheme acted on a false basis, and very arguably might not have approved the Scheme if given another chance to vote with the knowledge that they had initially been deceived."

The bondholders had to be content with having been proved right and an award of indemnity costs in their favour.[120]

In *Re Highland Crusader Fund II, Ltd*[121] the Scheme had been approved by 97 per cent in number and 99 per cent in value of both classes of Scheme Creditors. Kawaley J allowed a third party objector, which alleged it had an interest in assets to be distributed under the Scheme, to be heard. He rejected the objection and sanctioned the Scheme, saying:

"... the dominant rule for dealing with applications under section 99(2) of the Companies Act 1981 is that the relevant stakeholders are ordinarily the best judges as to where their best commercial interests lie: *Re APP China Ltd.* [2003] Bda LR 50. Even where a sanction order has been obtained by fraudulent non-disclosure, this Court will not subsequently set the sanction aside where the objectors are unable to suggest any more commercially credible bargain than the scheme creditors have approved: *Fidelity Advisors Series VIII et al v APP China Group Ltd* [2007] Bda LR 35."

18-031

---

[119] *Fidelity Advisor Series VIII v APP China Group Ltd* [2007] Bda L.R. 35.
[120] While the plaintiffs' legal costs were in excess of US$1 million, and the defendant undoubtedly had to pay a legal bill of a similar order of magnitude, Mr Widjaja (who avoided having to testify in court in Bermuda and, instead, gave evidence on deposition in Singapore) and his brothers who were the beneficial owners of the APP Group, may well have felt this was a price worth paying to achieve their commercial objective.
[121] *Highland Crusader Fund II Ltd, Re* [2011] Bda L.R. 49.

Classes of creditors and shareholders in Bermuda

18-032 In *Re Harrington International Insurance Ltd*[122] Bell J considered recent English decisions (*Hawk, BAIC, NRG Victory* and the *WFUM Scheme* case) on the definition of creditor classes in the context of a solvent scheme for a Bermuda reinsurance company (Harrington). He concluded, on the evidence, that a single class meeting of reinsurance creditors was appropriate.

Re Dominion Petroleum Ltd concerned a scheme which had been approved by over 90 per cent in both number and value of the company's shareholders. The scheme involved the cancellation of the existing shares in return for shares in the purchaser of the company. The former deputy chief executive of the company, who had brought proceedings in the English High Court for unfair dismissal which were ultimately settled, objected to the scheme on various grounds. The objections were all rejected by Kawaley J, including the argument that certain shareholders of the company, who were also noteholders, had distinctive financial interests and should have been allowed to vote as a separate class. Kawaley J said that:

> "[I]t was clearly settled law that the need for separate classes 'is to be determined by dissimilarity of [share] rights not dissimilarity of interests': per Nazareth J (as he then was), In re Industrial Equity (Pacific) Ltd [1991] 2 HKLR 614 at 624; Re BTR plc [2000] 1 BCLC 740 [Mentioned by All Scheme Ltd; Sunbird Business Services 2860 and 2493; Organic Milk Suppliers Co Operative]; at 747–748."[123]

18-033 *Re Markel CATCo Reinsurance Fund Ltd*[124] related to schemes proposed by two companies ("Scheme Companies") within the Markel CATCo sub-group of the Markel Corporation group of companies. Certain beneficial owners of shares in the Scheme Companies ("investors") had asserted or threatened claims alleging liability for losses arising as a result of a large number of catastrophic events in 2017 and 2018 which led to the companies being placed in run-off. These included proceedings in the US against one of the Scheme Companies and the CEO of Markel Catco Investment Management Ltd, the manager of the Scheme Companies, in which it was alleged that by fraudulent or negligent misrepresentation he had induced investors to invest in the Scheme Companies. The claims were strenuously denied. Claims against the CEO gave rise to indemnification claims in relation to defence costs and any settlements and adverse judgments, against the manager which in turn would have indemnification claims against the Scheme Companies. There was a potential for further investors to bring similar claims which could deplete or exhaust the assets of the Scheme Companies; and as a result, the directors of the Scheme Companies considered that no further distributions should be made to investors until the possibility of future investor claims had been resolved. In order to resolve the uncertainty around further investor litigation, ensure that all investors were treated alike (with none gaining an unfair advantage through litigation); and to facilitate the expeditious return of funds to investors, Markel Corporation made a buy-out transaction available to investors in the Scheme Companies. The buy-out transaction was implemented by a scheme of arrangement proposed by each of the Scheme Companies whereby investors received an early return of all or substantially all of their remaining capital invested in the Private Fund and Public Fund, as well as being entitled to any future upside on their investments. In exchange, investors provided a release of any potential claims against the Companies and related entities and individuals.

---

[122] *Harrington International Insurance Ltd, Re* [2008] Bda L.R. 64.
[123] *Dominion Petroleum Ltd, Re* [2012] Bda LR 8 at [5].
[124] *Re Markel CATCo Reinsurance Fund Ltd* [2022] SC (Bda) 12 (Com).

INTRODUCTION

The schemes that were proposed were innovative, in that, although the issue the buy-out transaction was intended to resolve was the return of capital to investors in the Scheme Companies, the schemes compromised the claims of those investors in their capacity as creditors having contingent or potential claims, arising from the 2017 and 2018 losses.

Prior to the convening hearing, certain investors challenged various aspects of the scheme in respect of which the court heard full argument at the convening hearing, the objections were subsequently withdrawn prior to the delivery of the court's judgment. The key objections raised were:

The Scheme Creditors were not properly regarded as creditors of the Scheme Companies.

18-034

The Scheme Companies submitted that, following the decision of Kawaley CJ in *Re Titan Petrochemicals Group Limited*,[125] the approach to interpretation of the meaning of creditor should follow that of the jurisdictions with provisions deriving from the same legal roots, like England, Hong Kong and Singapore. The court accepted the Scheme Companies' submissions that the Scheme Creditors were creditors for the purposes of s.99 of the Bermuda Companies Act 1981 based upon various English decisions;[126] including that, among other things, it is well established that the fact that a creditor's claim is contingent, disputed and/or has not yet been asserted does not prevent a creditor from being bound by a scheme of arrangement and the fact that the Scheme Companies do not consider that any investor claims would be likely to succeed does not prevent them from being contingent claims in accordance with *Re Lehman Brothers International (Europe) (In Administration)*[127] and *Re Noble Group Ltd*.[128]

Third Party Releases

The opposing investors had argued that the releases in the schemes went beyond what can be done under Pt VII of the Companies Act 1981. Counsel for the Scheme Companies submitted that it was well established that third-party releases that are necessary to avoid "ricochet" claims against the scheme company are within the scheme jurisdiction; and that the release of claims that could not give rise to ricochet claims because they are excluded from indemnities (such as claims for fraud or dishonesty, willful default and / or negligence) was a necessary element of the buy-out transaction since the funding would not be provided unless these releases were granted. Mussenden J was satisfied that:

18-035

(a) The releases were necessary to give effect to the scheme by avoiding "ricochet" claims[129] and because the buy-out transaction was not available in the absence of the release of claims not covered by indemnities could undermine the buy-out transaction;

---

[125] *Re Titan Petrochemicals Group Ltd* [2014] Bda LR 90.
[126] *Re Midland Coal Coke & Iron Co* [1895] 1 Ch. 267; *Re T&N Ltd* [2005] EWHC 2870 (Ch); [2006] 1 W.L.R. 1728; *Re Lehman Brothers International (Europe) (In Administration)* [2009] EWCA Civ 1161; [2010] Bus. L.R. 489; *Re Card Protection Plan Ltd* [2013] EWHC 3288 (Ch); *Re AI Scheme Ltd* [2015] EWHC 1233 (Ch); *Re Noble Group Ltd* [2019] B.C.C. 349.
[127] *Re Lehman Brothers International (Europe) (In Administration)* [2009] EWCA Civ 1161.
[128] *Re Noble Group Ltd* [2019] B.C.C. 349.
[129] *Re Lehman Brothers International (Europe) (In Administration)* [2009] EWCA Civ 1161 at [65]; *Re APP China Group Ltd* [2003] Bda L.R. 50 at 12–13.

(b) The releases were necessary for the schemes to achieve their purposes;[130] and
(c) There was sufficient nexus between the relationship between the scheme creditors and the scheme companies on the one hand, and the release of scheme creditors' claims against all of the released parties on the other hand.[131]

Fees

18-036   Finally, the court held that two fees that were payable to certain Scheme Creditors only under the Scheme did not fracture the classes of scheme creditor. These were an early consent fee payable to those scheme creditors who executed an undertaking to support the proposed transaction by a certain date; and a work fee which was payable to a scheme creditors who were actively involved in negotiating the buy-out transaction.

The court was satisfied that the early consent fee did not fracture the classes as it was available to all creditors;[132] and because it was unlikely to exert a material influence on the relevant creditors' voting decisions.[133] The court was also satisfied that the work fee did not fracture the class composition as in earlier English cases where the relevance of work fees to class composition had been considered, and it was found that the work fee was not considered to fracture a class;[134] and payment of a work fee will not fracture a class where it is a commercial reward for the time and effort expended in assisting to formulate the restructuring;[135] which was the case here.

Schemes and the Winding-Up Rules

18-037   We refer below to *Kempe v Ambassador Insurance* in which the Privy Council held that a bar date for filing claims fixed under a scheme of arrangement cannot be extended by the discretionary powers of the court under the Winding Up Rules. The Ambassador case was distinguished by the Bermuda Commercial Court in *Re Walton Insurance Ltd (In Liquidation)* where a creditor had filed a voting form in support of the scheme, but never received a notice of the Claims Submission Date and therefore did not file a claim in time, because the liquidators had, by mistake, sent the notice to the wrong address. Having considered the provisions of the scheme, Kawaley J concluded (original emphasis):

"... where the Company believes somebody is a Scheme Creditor there is a mandatory obligation to contact that person by post. And ... the documents must be served at the '*last known address according to the Company's records*' ... The provisions of the Scheme

---

[130] *Pathfinder Strategic Credit LP v Empire Capital Resources Pte Ltd* [2019] SGCA 29.
[131] *Re Opes Prime Stockbroking Ltd* [2009] FCA 813 at [55].
[132] *Re Avangardco Investments Public Ltd* (24 September 2015); *Re Public Joint-Stock Co Commercial Bank Privatbank* [2015] EWHC 3186 (Ch) at [30]; *Re Syncreon Group BV* [2019] EWHC 2068 (Ch) at [26]; and *Re Hema UK I Ltd* [2020] EWHC 2219 (Ch) at [36]–[37].
[133] *Re Noble Group Ltd* [2019] B.C.C. 349 (convening judgment) at [150]–[151]; *Re Stripes US Holdings Inc* [2018] EWHC 2912 (Ch) at [17]–[21]; and *Re Lecta Paper UK Ltd* [2019] EWHC 3615 (Ch) at [17].
[134] *Re Noble Group Ltd* [2019] B.C.C. 349 at [132]; *Re NN2 Newco Ltd* [2019] EWHC 1917 (Ch) at [46]; *Re Codere Finance 2 (UK) Ltd* [2020] EWHC 2441 (Ch); [2021] 2 B.C.L.C. 396 at [93]–[100]; *Re KCA Deutag UK Finance Plc* [2020] EWHC 2779 (Ch) at [38]–[43]; *Re DTEK Energy BV* [2021] EWHC 1456 (Ch); [2022] 1 B.C.L.C. 247 at [28(ii)].
[135] *Re NN2 Newco Ltd* [2019] EWHC 1917 (Ch) at [46]; *Re KCA Deutag UK Finance Plc* [2020] EWHC 2779.

INTRODUCTION

which actually fix the Claim Submission Date in mandatory terms must be read in conjunction with those equally mandatory notification provisions. So that where the Company itself fails to give a creditor notice of the bar date, the Claim Submission Date is not effective for claims filing purposes as far as the non-notified creditor is concerned."[136]

Shareholder Schemes—hostile takeovers

In *Validus Holdings Ltd v IPC Holdings Ltd*[137] concerned a hostile takeover bid for a reinsurance company. The bidder, Validus, owned less than 1 per cent of the issued shares of the target company, IPC. Nonetheless, Validus attempted to convene a meeting of shareholders pursuant to s.99 of BCA 1981 to consider a "scheme", i.e. its offer for the target company which had been rejected by the company's board. Ground CJ considered *Re Savoy Hotel Ltd*,[138] the only case in which an attempt had been made to use the statutory mechanism for convening a scheme meeting in order to put a takeover offer to shareholders. He cited Nourse J's conclusion at 365:

18-038

> "In the result I conclude that the court has no jurisdiction to sanction an arrangement under section 206 which does not have the approval of the company either through the board or, if appropriate, by means of a simple majority of the members in general meeting."

Ground CJ held that the court did have jurisdiction to entertain the application but declined to summon a scheme meeting in the circumstances of this case as a matter of discretion. In addition, whilst he concluded that the scheme could be approved on behalf of the company by the members in general meeting, he considered "it remains an unprecedented course to embark upon a hostile bid by way of a scheme in the teeth of the board's opposition" and that:

> "....whatever the practical difficulties with a hostile scheme process, it seems to me that as a matter of principle I should not initiate it on the application of a bidder without some real and solid indication of independent shareholder support sufficient to show that it has some reasonable hope of success. As already noted, there is no evidence of that before me and it its absence the whole process is purely speculative."

Write down of contracts and transfer of business under the FSMA 2000[139]

Write down of contracts - FSMA 2000 s.377A

Section 377A of FSMA 2000 gives the court the power issue a write down order, being an order directing that the value of one or more of an insurer's liabilities is reduced on such terms as may be specified in the order. The section provides as follows:

18-039

> (2) The court may make a write-down order in relation to an insurer if it is satisfied that—
> (a) the insurer is, or is likely to become, unable to pay its debts (within the meaning given to that expression by s.123 of the Insolvency Act 1986 or art.103 of the Insolvency (Northern Ireland) Order 1989), and
> (b) making the order is reasonably likely to lead to a better outcome for

---

[136] *Walton Insurance Ltd (In Liquidation), Re* [2009] Bda L.R. 23 at [6]–[7].
[137] *Validus Holdings Ltd v IPC Holdings Ltd* [2009] Bda L.R. 30.
[138] *Savoy Hotel Ltd, Re* [1981] Ch. 351; [1981] 3 W.L.R. 441.
[139] Financial Services and Markets Act 2000, s.377A, inserted by the Financial Services and Markets Act 2023 and effective 29 August 2023.

the insurer's policyholders and other creditors (taken as a whole) than not making the order.

An application to the court for a write-down order in relation to an insurer may be made only by the Treasury; the PRA; the insurer; a shareholder of the insurer; a policyholder or other creditor (including a contingent or prospective creditor) of the insurer. An application under this provision cannot not be made without the written consent of the PRA and, once made, cannot be withdrawn without the permission of the court.

Certain liabilities may not be subject to a write down order under s.377A. The full list is set out in s.377B of FSMA 2000, but those liabilities include, in summary:

(a) Liabilities with an original maturity of less than seven days;
(b) amounts payable in respect of goods or services provided, on or after the write-down order is made;
(c) amounts payable in respect of the remuneration or expenses of the manager of the write-down order;
(d) an amount secured on property of any kind (except where the charge was a floating charge);
(e) an amount payable in respect of wages or salary;
(f) sums payable in respect of an occupational pension scheme, redundancy payments or contract or other instrument involving financial services.

At the time of writing, the authors are unaware of any court applications or orders having been made for a write down order under this new s.377A. However, s.377A replaces the former s.377 FSMA 2000 (Reducing the value of contracts instead of winding up), which itself replaced s.58 of the Insurance Companies Act 1982 (Reduction of contracts as alternative to winding up)[140] (which itself was derived from earlier legislation) and was previously employed as an alternative to liquidation.[141]

It is difficult to predict how much cases decided under the predecessors to s.377A will be applied in respect of applications made under s.377A. It had been held in relation to a statutory predecessor of s.377A and s.377 that the court will not order a reduction of existing contracts in order to permit a (re)insurer to write new business.[142] In *Re Capital Annuities Ltd*,[143] Slade J (as he then was) also held[144] that the expression "the amount of the contracts of the company" meant "the sum or sums payable under the contracts" and that "contracts" referred to contracts of insurance[145] only. Given that, under the current legislation, there is an express list of liabilities that may not be subject to a write down order, it would suggest that there may be greater scope for other liabilities to be subject to be included in a write down order.

Section 58 of the ICA 1982 did not extend to claims which had become payable by the company before the date of presentation of the petition and Slade J also held

---

[140] "In the case of an insurance company which has been proved to be unable to pay its debts, the court may, if it thinks fit, reduce the amount of the contracts of the company on such terms and subject to such conditions as the court thinks just, in place of making a winding up order"-Repealed on 1 December 2001.
[141] See *Capital Annuities Ltd, Re* [1979] 1 W.L.R. 170; (1978) 122 S.J. 315. *The equivalent provision in Bermuda is s.39 of the Insurance Act 1978.*
[142] *Nelson & Co, Re* [1905] 1 Ch. 551.
[143] *Capital Annuities Ltd, Re* [1979] 1 W.L.R. 170.
[144] Following *Fidelity Life Assurance Ltd* Unreported, 23 July 1976.
[145] Presumably this includes reinsurance (although the point was not considered by Slade J) in view of the fact that the ICA 1982 has been held to apply to the regulation of reinsurance (see Ch.15 above).

that the date at which the value of the contracts to be reduced is to be determined will as, a general rule, be the date of the petition and the reduction should be on the basis of equality as between all policyholders. However, under the current legislation, there is no requirement for a winding up petition to have been filed with respect to the (re)insurer (the (re)insurer must only be (or be likely to become) unable to pay its debts). Finally, although s.58 of the ICA 1982 did not require (and s.377A of FSMA 2000 does not require) there to be a meeting of policyholders to vote on a proposed reduction before the court makes an order under s.58, and practice in this regard has varied,[146] Slade J said that the court should be very cautious before making an order in circumstances where no meeting of policyholders had been held.[147]

As a matter of principle, we consider that the effect of an order reducing the insurance contracts of a company will be that the liability of the company's reinsurers will be correspondingly reduced. This could have a particularly beneficial effect for excess of loss reinsurers, as the liabilities of the insurer/reinsured are reduced, so they are less likely to pass the excess point which would permit a claim on the reinsurer. Because of the effect on reinsurances, an order under s.377A of FSMA 2000 may not be in the best interests of policyholders, and a scheme of arrangement designed to maximise reinsurance recoveries may be more appropriate.

Insurance Business Transfers: FSMA 2000 Pt VII

A Part VII insurance transfer is mandatory where the following conditions, as set out in s.105(1) and (2) FSMA are satisfied, namely, where there is a the transfer of business ans the transfer:

18-040

(i) involves the whole or part of the business carried on in the UK by an authorised person who has permission to effect or carry out contracts of insurance ("the transferor concerned") is to be transferred to another body ("the transferee")
(ii) results in the business transferred being carried on from an establishment of the transferee in the UK or Gibraltar; and
(iii) is not an excluded scheme.

The following are cases of excluded schemes (s.105(3)):

"CASE 1 Where the transferor concerned is a friendly society.
 CASE 3 Where:

(a) the transferor concerned is a UK authorised person;
(b) the business to be transferred under the scheme is carried on in one or more countries or territories (outside the United Kingdom) and does not include policies of insurance against risks arising in [the United Kingdom]; and
(c) the scheme has been approved by a court in a country or territory [outside the United Kingdom] or by the authority responsible for the supervision of that business in a country or territory in which it is carried on.

CASE 4 Where:

(a) the business to be transferred under the scheme is the whole of the business of the transferor concerned;

---

[146] Compare *Nelson & Co, Re* [1905] 1 Ch. 551; *Fidelity Life Assurance Ltd, Re* Unreported, 23 July 1976.
[147] No such meeting was held in that case because the learned judge was not satisfied that the company was unable to pay its debts, and no reduction order was made.

(b) all the policyholders are controllers of the firm or of firms within the same group as the firm which is the transferee; and
(c) all of the policyholders who will be affected by the transfer have consented to it."

CASE 5 Where:
(a) the business of the transferor concerned consists solely of the effecting or carrying out of contracts of reinsurance;
(b) the business to be transferred is the whole or part of that business;
(c) the scheme does not fall within Case 4;
(d) all of the policyholders who will be affected by the transfer have consented to it; and
(e) a certificate has been obtained under paragraph 2 of Schedule 12 in relation to the proposed transfer.""

However, s.105(4) provides that the parties to a scheme which falls within Case 3, 4 or 5 may apply to the court for an order sanctioning the scheme as if it were an insurance business transfer scheme, without having to go through the procedures imposed by ss.105 and 108.

18-041 The requirements for an insurance business transfer are contained in regulations made pursuant to s.108: the Financial Services and Markets Act (Control of Business Transfers) (Requirements on Applicants) Regulations 2001[148] (the Business Transfer Regulations) which provide for advertisement in appointed newspapers and the provision of information to anyone who requires it. In 2008 a statutory instrument was published amending the Business Transfer Regulations to make it clear that anyone applying to the court for an order transferring insurance business pursuant to s.107 of the FSMA 2000 must give notice of the application to any reinsurer whose contracts of reinsurance are proposed to be transferred.[149]

Extensive guidance on the UK regulators interpretation of Pt VII of the FSMA be found in respect of the FCA in guidance published on 15 February 2022 (FG22/1: The FCA's approach to the review of Pt VII insurance business transfers) and, in respect of the PRA, in the policy statement published on 12 January 2022 (Policy Statement 1/22—Insurance business transfers).

In the first application to be heard by the High Court under these provisions, Park J said:

> "Section 111 sets out the conditions which must be satisfied before the judge can sanction a scheme. Certain certificates must have been obtained... In addition, the section prescribes the more general condition that '*the court must consider that, in all the circumstances of the case, it is appropriate to sanction the scheme.*' ... Section 112 sets out what an order may do. Subsection (3) enacts that, where an order provides for the transfer of property or liabilities (as it almost invariably will), the property and liabilities are transferred and vest in the transferee as a result of the order. A point which is always significant is that the order can and usually does transfer liabilities, something which cannot normally be done simply by contract."[150] [Original emphasis]

---

[148] Financial Services and Markets Act (Control of Business Transfers) (Requirements on Applicants) Regulations 2001 (SI 2001/3625). Paragraph 3(6) provides for more particularity about what documents have to be supplied to the Regulator.
[149] The Financial Services and Markets Act 2000 (Control of Business Transfers) (Requirements on Applicants) (Amendment) Regulations 2008 (SI 2008/1467).
[150] *Wasa International (UK) Insurance Co Ltd v Wasa International Insurance Ltd (Sweden)* [2002] EWHC 2698 (Ch) at [15], [16]; [2003] 1 B.C.L.C. 668.

18-042 Park J observed that: "It is considered to be uncertain whether a reinsured can assign the benefit of a reinsurance contract at common law without the consent of the reinsurer." He held that the effect of an order under s.112 transferring of liabilities was that the benefit of reinsurance contracts was also transferred.

Following this decision s.112 was amended.[151] New subss.(2A) and (2C) were added to s.112, and new s.112A inserted. The Explanatory Note accompanying the amending Statutory Instrument states as follows:

"Subsections (2A) and (2B) [of s.112] make clear for the avoidance of doubt that the power of the court to make an order under section 112 is to be taken as always having included the power to transfer, for example, contracts which include provisions prohibiting their transfer or contracts in relation to which there is a query as to their transferability in the absence of consent of a counterparty or contracts where there is a contravention, liability or interference with a right or interest which arises as a result of the transfer ... The new section [s.112A]... makes clear, again for the avoidance of doubt, that the specified entitlements arising as a result of something done or likely to be done by or under Part 7 of the Act will only be enforceable after the order under section 112(1) has been made and only insofar as the court makes provision to that effect in that order. These circumstances might be relevant, for example, in relation to the transfer of reinsurance contracts, if such transfer were sanctioned by the court, which are connected to insurance contracts being transferred under an insurance business transfer scheme. Section 112A(1) could be relevant, for example, where a counterparty of a bank or insurer has a right to terminate an agreement with the bank or insurer which is exercisable as a result of the bank or insurer stating its intention to pursue a banking or insurance business transfer scheme."

These provisions may well be employed where there is a fear that the transferor company is weak financially, and is able to strengthen the position of its policyholders by passing them to a stronger company. The transferee may benefit by "buying" clients which it can continue to service and offer other products to, and the transferor may be paid for any transferred clients which will strengthen the security behind any policies not transferred. Alternatively, the transferor may dispose of the portfolio of policies at less than full value, to avoid the expense of administering them. In our view the provisions are a tool available to assist in resolving financial or administrative difficulties for insurance companies and protecting the interests of policyholders.

18-043 In *Re Friends Provident Linked Life Assurance Ltd*, the High Court refused to sanction a tax-saving scheme which purported to transfer the reinsurance of life policies back to the reinsured on the grounds that it was not a "transfer" within the meaning of Sch.2C to the ICA 1982 (the predecessor to Pt VII of the FSMA 2000):

"It would plainly be wrong for the court give its approval to a scheme under which what is in reality a cancellation of reinsurance policies is treated as a transfer of those policies. Indeed, if it did so, it could be said that any time that a reinsurer and a reinsured agree to cancel a reinsurance policy, or a series of reinsurance policies, or indeed any time that an insurer agrees with an insured to cancel an insurance policy or a series of insurance policies, this could not lawfully be done without the prior sanction of the court, because the proposed arrangement involved 'long term business [being] transferred' within para.1(1) of the Schedule."[152]

---

[151] Financial Services and Markets Act 2000 (Amendments to Part 7) Regulations 2008 (SI 2008/1468) in force 30 June 2008.

[152] *Friends Provident Linked Life Assurance Ltd, Re* [1999] 1 All E.R. Comm 28 at 34g–h per Neuberger J; [1999] 1 B.C.L.C. 192.

The Court of Appeal,[153] reversing his decision, held that the judge had fallen into error in failing to distinguish between the "business" which was the subject of the transfer to be effected by the scheme and the reinsurance contract which was the foundation of the business. Chadwick LJ concluded as follows (at 434–444):

> "Merger is distinct from surrender. The former occurs (if at all) by operation of law following A's assumption of B's liabilities; the latter occurs because A (having the right to enforce obligations against B) releases B from liability to satisfy those obligations. The distinction may be illustrated by an example. Suppose that A, who holds a policy issued by B, declares himself trustee of that policy for C in circumstances in which the trust is unknown to B. Thereafter, without obtaining the consent of C, A surrenders the policy to B. The policy will be discharged by the surrender. C's rights may be enforceable against the proceeds of the policy in A's hands or, perhaps, against A personally in respect of a breach of trust; but C will have no claim under the policy. If, on the other hand, B transfers his liability under the policy to A—so that A assumes the obligations of the insurer—there will be no merger. The policy will not be discharged by operation of law notwithstanding that the rights and liabilities under it will have become vested in the same person, A. That is because the benefit of the policy will not be held by A in his own right. A will remain liable to satisfy claims under the policy for the benefit of C ... I am satisfied that the judge was wrong to hold that the transfer of the policy of insurance to the insured gave rise to some conceptual difficulty because the transfer necessarily put an end to the policy. It is not the transfer itself which discharges the policy; rather, the policy is discharged by operation of law if, following the transfer, there is a merger of rights and liabilities in the same person in the same right. There is, in my view, a real distinction—as a matter of legal analysis—between a transfer of the insurer's liabilities and a surrender of the insured's rights. Further, there is a real distinction between a transfer of an insurer's long term insurance business and a transfer of his liabilities incurred in the course of that business—notwithstanding that a transfer of business may include a transfer of liabilities."

The Pt VII mechanism was also used by Equitas Ltd ("Equitas") in 2009:

> "... to bring finality—although some loose ends overseas remain—to a process which began with a reconstruction and renewal plan promoted and implemented by Lloyd's in the second half of 1996."[154]

The scheme in this case involved a transfer of the outstanding liabilities of the Lloyd's Names under the original insurance/reinsurance policies to which they had subscribed (and in respect of which they were reinsured by Equitas) to Equitas Insurance Ltd ("EIL"). The legal effect of this was:

> "... that EIL becomes the insurer or reinsurer of the transferring policies instead of Names under English law and the laws of other EEA States and of any other jurisdiction which recognises the transfer effected by the scheme, recovery from Names will no longer be possible under English law and under the laws of such other states and jurisdictions ..."[155]

Blackburne J, having satisfied himself that the jurisdictional requirements of s.111 had been satisfied and that the scheme was an insurance business transfer

---

[153] *Friends Provident Linked Life Assurance Ltd, Re* [1999] 2 All E.R. Comm 437; [2000] 2 B.C.L.C. 203 (Simon Brown, Chadwick LJJ, Rattee J).
[154] *Names at Lloyd's, Re* [2009] EWHC 1595 (Ch) at [3] per Blackburne J; [2010] Lloyd's Rep. I.R. 69. See *Insurance Co of the State of Pennsylvania v Equitas Insurance Ltd* [2013] EWHC 3713 (Comm); [2014] Lloyd's Rep. I.R. 195. For an account of the background to reconstruction and renewal at Lloyd's, see Ch.2 above.
[155] *Names at Lloyd's, Re* [2009] EWHC 1595 (Ch) at [10].

scheme, and having reviewed the independent actuary's report on the scheme, went on to consider the court's discretion under s.111(3). He said, citing with approval the approach of Evans-Lombe J in *Re Axa Equity and Law Life Assurance Society Plc*[156] (a case under the equivalent provision in previous legislation, the ICA 1982), that the following principles were to be applied:

"(1)   The ... Act confers an absolute discretion on the court whether or not to sanction a scheme but this is a discretion which must be exercised by giving due recognition to the commercial judgment entrusted by the company's constitution to its directors.

(2)   The court is concerned whether a policyholder, employee or other interested person or any group of them will be adversely affected by the scheme.

(3)   This is primarily a matter of actuarial judgment involving a comparison of the security and reasonable expectations of policyholders without the scheme with what would result if the scheme were implemented. For the purpose of this comparison the ... Act assigns an important role to the independent actuary to whose report the court will give close attention.

(4)   The regulator by reason of its regulatory powers can also be expected to have the necessary material and expertise to express an informed opinion on whether policyholders are likely to be adversely affected. Again the court will pay close attention to any views expressed by the regulator.

(5)   That individual policyholders or groups of policyholders may be adversely affected does not mean that the scheme has to be rejected by the court. The fundamental question is whether the scheme as a whole is fair as between the interests of the different classes of persons affected.

(6)   It is not the function of the court to produce what, in its view, is the best possible scheme. As between different schemes, all of which the court may deem fair, it is the company's directors' choice which to pursue.

(7)   Under the same principle the details of the scheme are not a matter for the court provided that the scheme as a whole is found to be fair. Thus the court will not amend the scheme because it thinks that individual provisions could be improved upon ..."

Blackburne J considered the objections to the scheme, which were of a technical nature concerning the effect of the scheme on reinsurance to close,[157] raised by two Names who appeared in person before him.[158] He rejected the objections as not going to the merits of the scheme and made an order sanctioning it.[159] It should be noted that, whilst the formulation above is frequently cited and applied, it has been stated that this is simply a convenient summary of principles derived from one case, and it should not be treated as if it were a statute.[160]

---

[156] *Axa Equity and Law Life Assurance Society Plc, Re* [2001] 2 B.C.L.C. 447 at [6]; (2001) 98(10) L.S.G. 43.

[157] See *Names at Lloyd's, Re* [2009] EWHC 1595 (Ch) at [33]–[38] and *Harris v Society of Lloyd's* [2008] EWHC 1433 (Comm); [2009] Lloyd's Rep I.R. 119.

[158] Christopher Stockwell (a prominent activist among the non-working Names), and Stephen Merrett (a former underwriter and Deputy-Chairman of Lloyd's).

[159] Blackburne J observed in *Names at Lloyd's, Re* [2009] EWHC 1595 (Ch) at [38]: "It seemed to me, as I listened to them, that Mr. Stockwell and Mr. Merrett wished to wage battles which have either long since been fought and lost or raise issues which, at best, should be directed at others and do not go to the merits of the scheme."

[160] *Prudential Assurance Co Ltd, Re and others* [2020] EWCA Civ 1626; [2021] Bus. L.R. 259.

Court of Appeal consideration of the Part VII Transfers

18-044 In *Re Prudential Assurance Co Ltd*,[161] the Court of Appeal, for the first time, considered the approach that the court should adopt in dealing with applications to sanction transfers of insurance business under Pt VII. The case was an appeal from the decision of Snowden J in the High Court in which he declined to sanction the Pt VII transfer of a large annuities book from the Prudential Assurance Company Limited (Prudential) to Rothesay Life Plc (Rothesay).

A number of the policyholders objected to the transfer, despite the independent expert's view that the transfer would not have a material adverse effect on policyholders and the PRA and FCA not objecting to the transfer. Snowden J refused to sanction the transfer for two main reasons. First, he accepted that in the event of a deterioration in PAC's financial position, it was likely that, for reputational reasons, its parent, Prudential plc, would financially support PAC, and have considerable resources to do so. Rothesay, on the other hand, did not have the same capital management policies nor the backing of a large well-resourced group that would have the same reputational imperative to support it. Second, Snowden J also considered that it was reasonable for policyholders reading the materials relating to the annuities that they had purchased (which materials indicated, for example, that policyholders were buying "a lifetime annuity with Prudential"), to make the assumption that if they gave their pension pot to PAC, PAC could not change that choice-it would be PAC and no other company that would be providing them with the annuity. The decision shocked the insurance industry at the time and led to speculation it could prohibit annuity transfers between insurers and make the transfer of any long-term business very challenging.

The Court of Appeal determined that the judge was wrong to consider whether there was a material disparity between the external non-contractual support potentially available for each of PAC and Rothesay, particularly once Solvency II metrics were satisfied. The financial support Snowden J referenced was non-binding and, therefore, none of the expert, the PRA, the court (and nor, presumably, the policyholder) could assume that such external support would be available in the future. On the question of reasonable expectations of the policyholders, the Court of Appeal found that such expectations did not include one of staying with the same provider. That approach would place an insuperable obstacle in the way of any transfer of annuities under Pt VII.

Before giving their judgment, their Lordships considered it helpful to set out what they had derived from the legislation and previous decisions on Pt VII. In summary, they explained that:

> "75 The judge hearing an application for the sanction of an insurance business transfer scheme under Part VII should first, we think, identify the nature of the business being transferred and the underlying circumstances giving rise to the scheme.
>
> 76 As we have already indicated, different considerations affect different types of business. For example, the court considering the transfer of a book of annuities in payment will be primarily concerned with the interests of the transferring policyholders, whereas a transfer of with-profits business may raise directly the question of fairness between the policyholders remaining with the transferor, the transferring policyholders, and the companies themselves and their shareholders. Transfers of some types of business may engage the interests of employees or other stakeholders in the transferor or transferee companies.
>
> 77 The circumstances giving rise to the scheme proposed will also affect the ap-

---

[161] [2020] EWCA Civ 1626.

proach of the court. For example, many schemes will reflect commercial transactions between transferor and transferee companies for the benefit of those companies. Other schemes will be occasioned by external events (such as the departure of the UK from the European Union) or the financial or other commercial circumstances of the transferor. Some may take the form of a rescue of the business retained or transferred.

78 The discretion of the court has frequently been said to be unfettered and genuine and not to be exercised by way of a rubber stamp... That is true but, as in the exercise of all discretions, the court must take into account and give proper weight to matters that ought to be considered, and ignore matters that ought not properly to be taken into account...

79 From our reading of the decided cases, we have detected a tendency on the part of those presenting these applications, in many cases accepted by the judges hearing them, to treat the judgments of Hoffmann J in London Life ... and Evans-Lombe J in Axa ... as if they were a comprehensive statement of the factors that should be applied by the court in all insurance business transfers... We consider that this misunderstands those judgments, which were addressed to the particular circumstances of those cases and to the types of business being transferred.... We very much doubt whether anything is to be gained by setting out and seeking to apply the factors listed in those cases... to transfer schemes involving every type of insurance business.

80 In a case such as the present, the paramount concern of the court will be to assess whether the transfer will have any material adverse effect on the receipt by the annuitants of their annuities, and on whether the transfer may have any such effect on payments that are or may become due to the other annuitants, policyholders and creditors of the transferor and transferee companies. The court will also be concerned to assess whether there may be any material adverse effect on the service standards provided to the transferring annuitants or policyholders. Whether any other factors require consideration will depend on the circumstances of the case.

81 The first duty of the court is carefully to scrutinise the reports of the independent expert and the Regulators, and the evidence of any person required to be heard under section 110 including those that allege that they would be adversely affected by the carrying out of the scheme. The court must understand the opinions presented and is entitled to ask questions about them as necessary. It will do so, in particular, with a view to identifying any errors, omissions, or instances of inadequate or defective reasoning.

82 In the absence of such defects, however, the court will always, in exercising its discretion, accord full weight to the opinions of the independent expert and the Regulators. That does not mean that the court can never depart from the recommendations of the expert or the non-objections of the Regulators, but it does mean that full weight must be accorded to them, so that a court would not depart from such recommendations and non objections without significant and appropriate reasons for doing so. This is particularly so in relation to the financial and actuarial assessments required as regards the security of financial benefits. Whilst the judges hearing Part VII applications have considerable experience of the actuarial and specialist issues reported on by both the expert and the Regulators, the court is not itself an expert and should not substitute its own expertise for that of the entities required or entitled by statute to proffer those opinions.

83 This approach to the exercise of the court's discretion applies to the crucial question of whether the proposed scheme will have any material adverse effect on policyholders, employees or other stakeholders. An adverse effect will only be material to the court's consideration if it is: (i) a possibility that cannot sensibly be ignored having regard to the nature and gravity of the feared harm in the particular case, (ii) a consequence of the scheme, and (iii) material in the sense that there is the prospect of real or significant, as opposed to fanciful or insignificant, risk to the position of the stakeholder concerned. In some cases, it may also be relevant for the court to consider whether there would be such material adverse effects in the event that the scheme was not sanctioned.

84 Even if the court finds that the proposed scheme will have a material adverse effect on some group or groups of policyholders, it may still sanction the scheme in the exercise of its discretion. For example, this might occur if the scheme is in the nature of a rescue of the business. If there are differential effects on the interests of different classes of person affected, the court will need to consider whether the proposed scheme as a whole is fair as between those interests.

85 The court should adopt the same approach to the exercise of its discretion (described at para 82 above) when making the more general comparison between the positions that would exist with or without the proposed scheme in respect of (a) the security of the policyholders' benefits, and (b) the standards of service and corporate governance that the policyholders can expect. In many cases, this comparison will entail the court's consideration of the contractual rights and reasonable expectations of policyholders, including the standards of service and governance that can be expected if the scheme is implemented.

86 Once the court has undertaken the evaluations we have mentioned, the court will decide whether or not to sanction the proposed scheme, if, under section 111(3) it is, in all the circumstances of the case, appropriate to do so. It cannot require the applicants to vary or alter the scheme, even though that may sometimes be the effect of the court expressing its concerns. The choices of both the scheme itself and its detailed terms are for the directors of the transferor and transferee concerned. The primary duty of those directors is, of course, to promote the success of their companies.'"

Exercise of discretion under Pt VII of FSMA

18-045 As we have seen, s.111 of the FSMA 2000 provides that the court must be satisfied that, "in all the circumstances of the case it is appropriate to sanction the scheme". It is not surprising that Evans-Lombe J should have asserted in *Re Axa Equity and Life Law Assurance Society* (above) that the statute conferred an "absolute discretion" on the court.[162] Nonetheless case law demonstrates that there are steps one can take to ensure the discretion is exercised one's favour. The principal step is obtaining the support of, or at least receiving no objection from, the regulator. In most instances there will also be a report from a policyholder advocate. In *Re Commercial Union Life Assurance Co Ltd*[163] there was a proposal for rationalisation following a merger involving the transferring of all of the business to one of the companies. The companies had engaged a policyholder advocate as the FSA required and the FSA had approved the proposed rationalisation. Norris J approved the transfers after careful consideration of the objections. He concluded the scheme was "not improper" and not unfair to policyholders. *Re Windsor Life Assurance Co Ltd*[164] was another example of business transfers to achieve operational and financial efficiencies. The transfers had the support of the FSA, the independent expert (who saw "no significant problems") and a supervisory board. Sir Andrew Morritt approved the transfers notwithstanding objections. *Re Equitable Life Assurance Society*[165] was another case in which it was held appropriate to transfer part of a business to another company, "where the objections of the policyholders did not warrant disregarding the views of the independent expert".[166]

---

[162] It must be something of a challenge to act judicially when one has absolute discretion.
[163] *Commercial Union Life Assurance Co Ltd, Re* [2009] EWHC 2521 (Ch).
[164] *Windsor Life Assurance Co Ltd, Re* [2007] EWHC 3429 (Ch).
[165] *Equitable Life Assurance Society, Re* [2007] EWHC 229 (Ch).
[166] See also *In The Matter of Phoenix Life Assurance Ltd, In the Matter of Standard Life Pension Funds Ltd, In the Matter of Standard Life Assurance Ltd, In the Matter of Phoenix Life Ltd v and In the Matter of the Financial Services* and Markets Act 2000 [2023] EWHC 2612 (Ch) where the

INTRODUCTION

In *Sompo Japan Insurance Inc v Transfercom Ltd*,[167] a transfer of insurance and reinsurance to an English company by a Japanese company was allowed even though it was apparent that the transfer might not be recognised in foreign jurisdictions. Transfercom was a special purpose vehicle set up by National Indemnity (part of the Berkshire Hathaway group) to receive the business. There was an independent expert, FSA support and only one objection.[168]

Re Pearl Assurance (Unit Linked Pensions) Ltd[169] is another case of transfers of business for economies of scale and cost. However, there was also a power to restructure unit-linked funds in certain circumstances. The court approved the transfer subject to that power not being exercised without further application to the court. Policyholders objected because it breached their contractual rights, the independent expert had not considered that aspect, and it had not been brought to

18-046

---

policyholders opposing the proposed business transfer raised a number of technical objections and criticisms of the independent expert report. There, Richards J clearly placed heavy reliance on the independent expert report and the position of the regulator. He noted that "Given the full weight that has to be given to the conclusion of the Independent Expert, I should not decide to refuse to sanction Scheme simply because Dr Buckner [an opposing claimant] expresses a disagreement, even a strong and cogent disagreement, with the views of the Independent Expert on a question of judgment or opinion. Professionals can disagree on such questions without one, or the other's reasoning being flawed or defective."

[167] *Sompo Japan Insurance Inc v Transfercom Ltd* [2007] EWHC 146 (Ch). Sompo applied for a transfer of further business to Transfercom in 2011 (*Sompo Japan Insurance Inc, Re* [2011] EWHC 260 (Ch)), Blair J said: "[4] Section 111 of, and Schedule 12 to, the FSMA require that, before sanctioning an insurance business transfer scheme, the court must be satisfied as to a number of jurisdictional and procedural requirements. Section 111(3) provides that: 'The court must consider that, in all the circumstances of the case it is appropriate to sanction the scheme.' The procedural requirements of the FSMA are such that, before a scheme comes before the court for sanction, it will have been subjected to detailed scrutiny both by an independent suitably qualified expert and by the FSA. Even in a case, such as the present, where both the expert and the FSA have reached conclusions favourable to sanction, and where there are either no objectors, or no objector has appeared to oppose sanction, the exercise of the court's discretion under section 111(3) nonetheless remains one of real importance, not to be exercised in any sense by way of rubber stamp. This is, in particular, because the effect of the court's sanction of an insurance business transfer scheme is to substitute for the transferor as the policyholders' chosen insurer (or, as here, re-insurer) a stranger to the contractual relationship which the policyholders have neither chosen nor consented to be substituted by novation ... [7] The requirement that the Scheme should operate fairly as between different classes of affected persons may not be met if, for example, its effect is materially to benefit one class at the expense of another. Generally, and in the present case, objections are commonly made by transferring policyholders that the commercial interests of the proponents of the scheme (here Sompo and Transfercom) are being unfairly advanced at the expense of the transferring policyholders by substituting a less well resourced insurer for the insurer of their choice. An objection of this type calls for close examination, both by the independent expert and by the court, of the question whether the security level for the transferred policies is likely to be reduced by the implementation of the Scheme. [8] The court has nonetheless recognised that such a reduction in the security level of transferred policies is not automatically and in every case unfair to the transferring policyholders, either viewed separately, or in the context of the realisation of some commercial objective of the proponents. The strict regulation of the conduct of insurance business in the UK, supervised by the FSA, requires specified levels of security to be maintained by insurers but, provided that those levels are not adversely impacted, an insurer is in principle at liberty (subject to any other constraints imposed by company law) to reduce its resources, for example by distribution to its shareholders, or by deployment in other business activities which may adversely impact upon its credit rating: see in particular *Norwich Union Linked Life Assurance Ltd, Re* [2004] EWHC 2802 (Ch) per Lindsay J at paragraphs 14–15." The acquisition of run-offs of books of insurance or reinsurance business has become an attractive business model in the London market. It is clear that the fact that the driver of the scheme is that the transferor and the transferee are taking advantage of that market, and the statutory opportunity—which may suggest that the well-being of policyholders is not the primary goal of the parties—will not deter the court from approving a transfer.

[168] See also *Alba Life, Re* [2006] EWHC 3507 (Ch).

[169] *Pearl Assurance (Unit Linked Pensions) Ltd, Re* [2006] EWHC 2291 (Ch).

the attention of the regulator. Notwithstanding the "absolute discretion" which the court has, it is difficult to persuade the court to approve a transfer that the independent expert and the FSA have not considered. However, as *Re Eagle Star Insurance Co Ltd*[170] illustrates, if one does have the support of the Regulator and the expert, "strong grounds" would be required to stop the transfer. So too, in the *Equitas* case,[171] where the objecting Names had to contend not merely with the approval of the Regulator and an independent expert, but also the Society of Lloyd's cheering on from the sidelines.[172]

18-047 In *Provident Insurance Plc v Financial Services Authority*[173] the court sanctioned a transfer from an overseas company, an insurer in Gibraltar, to an English insurance company (the companies were in the same group). The Gibraltar company did all its business in the UK under passporting rights. The third condition of s.105(2) The companies involved in the transfer sought relief from the requirement to notify some policyholders of the transfer application. Briggs J approved some waivers but additional to the uncontroversial ones, the companies did not wish to notify policyholders who had bought well-known brand name (like Marks & Spencer) policies through one particular broker. The FSA opposed the relaxation of the notice requirements in that regard. Paragraph 4 of the Transfer of Business Regulations allows the notice requirements to be waived "in such circumstances and subject to such conditions as the court considers appropriate". Briggs J said:

> "19. ... in light of the fact that they are capable of waiver, and bearing in mind the principle that notification of affected policyholders is important, the court has to balance a number of factors before deciding to grant a waiver. Those factors may be listed under the following broad and, to some extent, overlapping headings, namely: (i) impossibility or, conversely, possibility of contacting policyholders; (ii) the practicality of doing so; (iii) the utility both to the policyholder and the court of contacting them; (iv) the existence of other information channels through which notice of the transfer is made available; (v) proportionality; and (vi) collateral commercial interests. To these factors may be added: (vii) the object of the transfer; and (viii) the impact of the transfer on policyholders. The first six of the above factors were approved by Floyd J. in *Direct Line Insurance Plc* [2011] EWHC 1482 (Ch) at para. 4, and the last two of them were added by Norris J in *Aviva International Insurance Limited* [2011] EWHC 1901 (Ch)."

The judge considered the arguments of the companies and the FSA and continued:

> "36. ... There is undoubtedly force in some of the pragmatic considerations eloquently urged on me by Mr. Moore. I also have well in mind that, although the views of the FSA are entitled to great respect, they are in no sense binding on me. The decision is one for the court, and the court alone. That said, however, it seems to me that an appeal to the virtues of realism needs to be treated with some caution when what is proposed is that some 100,000 present and recent policyholders of Provident, and a smaller, but still substantial, number of policyholders of MMA should receive neither direct notification of the scheme, nor targeted advertisements designed to bring it to their attention. That is a very large constituency of

---

[170] *Eagle Star Insurance Co Ltd, Re* [2006] EWHC 1850 (Ch); [2007] 1 B.C.L.C. See also *In The Matter of Phoenix Life Assurance Ltd, In the Matter of Standard Life Pension Funds Limited, In the Matter of Standard Life Assurance Ltd, In the Matter of Phoenix Life Limited v and In the Matter of the Financial Services and Markets Act 2000* [2023] EWHC 2612 (Ch).
[171] *Names at Lloyd's, Re* [2009] EWHC 1595 (Ch), discussed above.
[172] Counsel for Lloyd's was not called upon to address the court. This is an example of a case where a policyholder advocate was not appointed.
[173] *Provident Insurance Plc v Financial Services Authority* [2012] EWHC 1860 (Ch).

policyholders to disenfranchise, so to speak, even if most of them—through no fault of their own—are probably unaware of the identity of their insurer, and even if the scheme appears to be a straightforward one which, on the available evidence, is likely to attract the approval of the court in due course. The court does have a paternal role to play in scrutinising the scheme with the assistance of the FSA, but that is, in my judgment, an additional safeguard for policyholders, and is no substitute for giving them the opportunity, if they so wish, of participating in the process themselves.

37. On balance, I agree with and accept the submissions of the FSA. I can understand the concerns expressed on behalf of the claimants and I do not wish to belittle them, but I think that they are outweighed by the need to protect the interests of policyholders as consumers, and I am fortified in that view by the opaque nature of the policy documentation. The suggestion that there is really no point in notifying the policyholders, or directing targeted advertisements to them, because they probably think that their policies are with the affinity partners whose branding is all over their documentation, is one that I find unappealing. In some contexts ignorance may be bliss, but not this one. If the result of notification or targeted advertising is that some puzzled policyholders seek clarification of the true position, that is a problem which it seems to me BLG and their affinity partners have, to a considerable extent, brought upon their own heads."

Applications for relaxation of the notice requirements are common. In *Re Combined Insurance Co of America*[174] the FSA applied to the court requesting that it direct the company to give notice to certain former policyholders but the court declined to do so. Morgan J did not think that the former policyholders would benefit. In *Direct Line Insurance Plc v Churchill Insurance Co. Ltd*[175] Floyd J gave dispensation from notifying eleven million policyholders on the basis that quarter page newspaper advertisements were placed to seek to draw to the attention of those policyholders a plan to merge three insurance companies into one.

In *Re Copenhagen Reinsurance Co. Ltd*,[176] Snowden J declared that FSMA s.112 was a broad provision giving the court extensive powers to facilitate the carrying out of the insurance business transfer scheme it was sanctioning. Under s.112(1)(d), the court could make whatever supplementary orders were necessary to ensure that the scheme was "fully" carried out. Under the scheme the company transferred all its assets to its parent. It asked for additional orders, (a) that it be dissolved without a winding up, and (b) that references to itself should be read as references to its parent in a guarantee provided by a third party (its previous parent) and in a trust for US policyholders. The court made the requested orders over the objections of the guarantor.[177]

Effect of Pt VII transfers

In *Standard Life Assurance v Oak Dedicated Ltd*[178] the court considered the effect of a Pt VII transfer of business from Standard Life Assurance Co ("SLAC") to Standard Life Assurance Ltd ("SLAL") which had occurred following the demutualisation of SLAC. Tomlinson J concluded that, as a matter of construc-

18-048

---

[174] *Combined Insurance Co of America, Re* [2012] EWHC 632 (Ch); [2012] Lloyd's Rep. I.R. 714.
[175] *Direct Line Insurance Plc v Churchill Insurance Co Ltd* [2011] EWHC 1667 (Ch).
[176] *Copenhagen Reinsurance Co (UK) Ltd, Re* [2016] EWHC 944 (Ch); [2016] Bus. L.R. 741.
[177] Further schemes transferring insurance and reinsurance business have been sanctioned in the following cases: *Colbourne Insurance Co, Re* [2017] EWHC 2134 (Ch); *Reliance Mutual Insurance Society Ltd, Re* [2018] EWHC 820 (Ch).
[178] *Standard Life Assurance Ltd v Oak Dedicated Ltd* [2008] EWHC 222 (Comm); [2008] Lloyd's Rep I.R. 552 at 583–585.

tion, the transfer orders made by the English and Scottish courts had the effect of transferring to SLAL the rights of SLAC under a professional liability insurance policy.[179]

Insurance Business Transfers – Bermuda – Insurance Act 1978 Section 25

18-049 Section 25 of the Insurance Act 1978 ("Insurance Act") provides that any scheme for the transfer of the whole or any part of the long-term business of a Bermuda regulated insurer (other than reinsurance business) to another insurer (which is not restricted to a Bermuda regulated insurer) shall be void unless the transfer is made in accordance with s.25 of the Insurance Act and is sanctioned by the Bermuda Supreme Court.

In accordance with s.25 of the Insurance Act, either the transferor or the transferee may apply to the court, by petition, for an order sanctioning the scheme. Section 25 of the Insurance Act requires that the court shall not entertain such a petition unless it is accompanied by a report on the scheme prepared by an approved actuary on the transfer and the court is satisfied that sufficient notice of the scheme has been served on each policy-holder affected and notice has been published in the Gazette in Bermuda. In addition, copies of the petition and report must be served on the Bermuda Monetary Authority (the "BMA"). The approved actuary does not have to be an independent actuary. They will usually be the transferor's approved actuary appointed in accordance with s.26 of the Insurance Act.

The BMA and any person who alleges he or she would be adversely affected by the carrying out of the scheme are entitled to be heard by the court. Accordingly, it is usual to seek the consent of the BMA to the transfer prior to presenting the petition. In deciding whether to give approval, the BMA will need to be satisfied that sufficient notice of the transfer has been provided to policyholders and that the protections provided to policyholders after the transfer are equivalent or superior to those in place prior to the transfer.

In *Re Amedex Insurance Company (Bermuda) Ltd ("Amedex")*[180] the Bermuda Court considered:

a) the role of the court when considering an application to sanction a scheme of transfer under s.25 of the Insurance Act;
b) whether s.25 applies to a scheme of transfer where the transferee is not a registered insurer under the Insurance Act; and
c) whether a scheme under s.25 may extinguish an existing guarantee given by a third party.

Amedex Insurance Company had been in runoff since 2008 and sought the sanction of the court to a scheme of transfer that provided for the transfer of its entire in-force business to AmFirst Life Insurance Company I.I., a company registered in Puerto Rico as an international stock insurer Segregated Asset Plan Company.

In considering the role of the court in s.25 applications, Hargun CJ cited the principles applied by Evans-Lombe J in *Re AXA Equity and Law Life Assurance*

---

[179] But in *PA(GI) Ltd v GICL 2013 Ltd* [2015] EWHC 1556 (Ch); [2016] Lloyd's Rep. I.R. 125, the court held that the Pt VII scheme in question did not transfer liability for mis-selling of payment protection insurance—the liability did not arise under the contracts of insurance that the claimant had sold.
[180] *Re Amedex Insurance Company (Bermuda) Ltd* [2022] Bda LR 64.

Society Plc[181] (a case under the equivalent provision in previous UK legislation, the ICA 1982), which in turn were gleaned from the decision of Hoffman J (as he then was) in *Re London Life Association Ltd* (21 February 1989, unreported).[182] Those principles are set out in paragraph para.18-033 above. The court held that the guidance given by Hoffman J and Evans-Lombe J applies equally to the exercise of the discretion of the Bermuda Court when considering whether to sanction a scheme of transfer under s.25 of the Insurance Act 1978.

18-050 On the issue of a foreign registered transferee, Hargun CJ acknowledged that s.25 of the Insurance Act does not state in express terms that the jurisdiction of the Bermuda Court extends to schemes of transfer where the transferee is not registered under the Insurance Act or the Companies Act 1981 and is domiciled in a foreign jurisdiction, subject to the supervision of an overseas regulatory authority. However, he considered that the terms of s.25 are capable of applying to an insurance entity not registered under the Act or present in this jurisdiction and confirmed that the Bermuda Court has jurisdiction to sanction a scheme of transfer under s.25 of the Act where the transferee is not registered under the Act or the Companies Act 1981 and is in fact registered in an overseas jurisdiction. In reaching this conclusion, he also took into account the fact that insurance/reinsurance business is global in nature and transactions relating to the transfer of insurance business take place across borders, and often between insurance entities which are registered in different jurisdictions. He considered that it would artificially limit the scope of s.25 of the Insurance Act if such schemes were limited to transfer the business where both the transferor and the transferee were registered as insurers under the Insurance Act.

18-051 On the issue of whether a s.25 scheme of transfer could extinguish an existing third party guarantee-one of the provisions in the Amedex scheme granted the release of Amedex's former parent company, Bupa Insurance Company (BIC), from any liability as guarantor of liabilities under Amedex's policies. The parent company of the transferee, AmFirst Life Insurance Company, had executed a deed of guarantee for the liabilities in question, therefore this release would not leave the relevant policyholders materially worse off.

Hargun CJ accepted that the court has jurisdiction under s.25 to specifically hold back and/or release a third party from liability as guarantor of liabilities of the transferor under transferring policies. He noted that the use of schemes of arrangement under s.99 of the Companies Act 1981 and similar statutory provisions to extinguish third party guarantees is well established. He cited, among other cases, the explanation of Patten LJ in *Re Lehman Brothers International (Europe) (In Administration)*[183] of the basis for this jurisdiction as follows:

"It seems to me entirely logical to regard the court's jurisdiction as extending to approving a scheme which varies or releases creditors' claims against the company on terms which require them to bring into account and release rights of action against third parties designed to recover the same loss. The release of such third-party claims is merely ancillary to the arrangement between the company and its own creditors."

Hargun CJ also held that:

"the benefit of the guarantee given by BIC in this case to the policyholder of the Petitioner is an asset of the policyholders and not an asset of the Petitioner. This position was

---

[181] *AXA Equity and Law Life Assurance Society Plc, Re* [2001] 2 B.C.L.C. 447 at [6]; (2001) 98(10) L.S.G. 43.
[182] The relevant part of which is set out in the judgment of Evans-Lombe J in *AXA Equity and Law Life Assurance Society Plc, Re* [2001] 2 B.C.L.C. 447 at 452.
[183] [2009] EWCA Civ 1161 at [63].

confirmed in the decision of Snowden J (as he then was) in *Re Copenhagen Reinsurance Co (UK) Ltd* [2016] Bus LR 741 at [39].[184] The Court has no jurisdiction under section 25 to order that the BIC Guarantee continues to apply to policies transferred under the Scheme of Transfer to the Transferee. Accordingly, there can be no objection in principle to a scheme of transfer expressly providing that the benefit of a third-party guarantee is not part of the assets of the transferor. Such a provision in the scheme of transfer merely states what is in fact the legal position."

Notice of the s.25 scheme of transfer may need to be given in a number of jurisdictions depending on the domicile of the policyholders. The requirements for service of notice of a scheme under s.25 of the Insurance Act are applied more strictly in Bermuda than the notice requirements for Pt VII transfers [referred to at para.18-036 above]. This is demonstrated by the decision in *Cica Life Ltd*.[185] In that case, Cica Life, an exempted company registered in Bermuda as a Class E insurer was proposing to transfer its entire in-force business to a company registered in Puerto Rico, and applied for approval of the transfer under s.25 of the Bermuda Insurance Act 1978. The Bermuda Monetary Authority did not object to the scheme on its merits. However, it did object to the transferor's proposal for notifying policyholders for whom the transferor did not have email addresses, which represented about 50% of the policyholders. The transferor's proposal did not use registered or trackable physical mail services for all "non-email policyholders". Instead, it comprised first-class mail service to those in jurisdictions with a local mail service with a high "scan rate" and a trackable service to policyholders in jurisdictions with a poor scan rate.

Counsel for the transferor submitted that the Bermuda Court could adopt the English court's approach to the notice requirements for Pt VII transfers, relying on decisions regarding these requirements including *Direct Line v Churchill*.[186] Hargun CJ found that the English regulations expressly allow the court to waive the service requirement for scheme documentation, which is materially different to the provisions set out in ss.25(3) and 51 of the Bermuda Insurance Act 1978; which require the court to be satisfied that sufficient notice has been served on each policyholder. The Bermuda Court has no discretion to waive these requirements.

Hargun CJ found that in order for the court to be satisfied in cases where service cannot be effected by email, it must be provided with evidence of service by registered mail or other recorded service, confirming that the scheme document has been delivered to the policyholder or to their last known address.

Recovery Plan Rules for Commercial (Re)insurers - Bermuda

18-052 Further to its ongoing prudential regulation of the commercial (re)insurance sector, the Bermuda Monetary Authority (the "BMA") published the Insurance (Prudential Standards) (Recovery Plan) Rules 2024 (the "Recovery Plan Rules") in April 2024, which will come into operation on 1 May 2025.

The Recovery Plan Rules aim to ensure that certain commercial (re)insurers and insurance groups prepare for a range of possible adverse situations ahead of any severe stress condition. Specifically, the purpose of a recovery plan is to assist (re)insurers in taking effective and thoughtful measures in a timely manner in a crisis without unnecessary pressure.

Although all classes of insurers should be aware of the Recovery Plan Rules, they

---

[184] See also para.18-047 above.
[185] *Cica Life Ltd* BM 2023 SC 54.
[186] *Direct Line Insurance Plc v Churchill Insurance Co Ltd* [2011] EWHC 1667 (Ch).

INTRODUCTION

apply only to commercial insurers, being Bermuda Class 3A, Class 3B, Class 4, Class C, Class D, or Class E insurers or insurance groups (each a "Commercial Insurer", collectively "Commercial Insurers"), and will not apply to non-commercial insurers (i.e. captives (Class 1, 2, 3, A and B) or limited purpose insurers). Further, the Recovery Plan Rules do not automatically apply to all Commercial Insurers, and the BMA will need to make a determination on whether a Commercial Insurer is required to prepare and submit a recovery plan to the BMA.

Application of the Recovery Planning Rules

In determining whether a recovery plan is required, the BMA will consider if the Commercial Insurer: 18-053

(a) carries on domestic business;
(b) has a three-year rolling average total assets of at least US$10 billion;
(c) has a three-year rolling average total gross written premiums of at least US$5 billion; and (d) is subject to enhanced supervisory monitoring by the BMA or any other relevant supervisory authority.

Scope and Requirement of a Recovery Plan

Consistent with its approach to prudential regulation generally, the Recovery Plan Rules are to be applied by the BMA on a proportional basis. Once the BMA has determined a Commercial Insurer is subject to the Recovery Plan Rules, in determining the scope and requirements of the recovery plan to be prepared by a Commercial Insurer, the BMA shall consider the Commercial Insurer's registration class, size or market share, external and internal inter-connectedness, complexity, business model and risk profile, substitutability and any cross-border activities.   18-054

A recovery plan is required to contain the following: 18-055

(a) an executive summary on how the Commercial Insurer will recover from severe stress scenarios;
(b) a description of the Commercial Insurer including its legal structure, business, key financial arrangements and business operations;
(c) a description of the criterion proposed to be utilised by the Commercial Insurer that will require the implementation of any aspect of the recovery plan;
(d) a description of the Commercial Insurer's governance policies and processes for recovery planning and implementation of the recovery plan or any updated recovery plan;
(e) confirmation of the various methods proposed to be utilised by the Commercial Insurer to enable it to recover from severe stress scenarios;
(f) the stress scenarios to be used by the Commercial Insurer in assessing the credibility and feasibility of its recovery plan and the timing such is to be performed; and
(g) The communication strategy to be utilised by the Commercial Insurer, to enable it to communicate with all relevant stakeholders before, during and after the recovery plan comes into effect.

Where the BMA requires a recovery plan, the Commercial Insurer will be required to review and update its recovery plan at least once every three years, or on a material change in the Commercial Insurer's financial position, strategy, business or risk profile, and to file such plan with the BMA within 30 days of the update.

The BMA may also require Commercial Insurers subject to the recovery plan

Other forms of corporate reorganisation

18-056 It is always open to a company in financial difficulties to agree informally with each of its creditors to vary their contractual rights. If the unanimous agreement of all the creditors can be obtained, such an arrangement will avoid the delay, complexity and expense associated with implementing a formal scheme. For example, it may be possible for a small number of creditors to agree between themselves and the company how the assets of the company, including collections made from reinsurers, are to be divided up. The greater the number of creditors, the less likely it is that they will reach a unanimous agreement and the more likely that one of their number will demand to be paid in full or present a winding-up petition.

There may be circumstances in which shareholders and others who have an interest in the survival of the company attempt to rescue the company by injecting new capital in order to enable the company to continue underwriting or to permit a solvent run-off.

One of the options available is to sell the company or merge it with another entity. Although attempts have been made to sell a number of insolvent reinsurance companies, relatively few have been successful. Generally speaking, once the need for rescue of any insolvent business arises, time is of the essence in making a successful sale. Where there is uncertainty surrounding the financial condition of any (re)insurance company a quick sale may be difficult. A prospective purchaser will wish to conduct a "due diligence" exercise, and, particularly, where the company has been writing long tail business, any actuarial opinion will take time to obtain and will almost certainly contain qualifications. The negotiation of warranties and indemnities, which are customary upon the sale of any company,[187] is also likely to be time-consuming and difficult.[188] In addition, the approval of the Regulator is required before there can be a change of control of a (re)insurance company subject to the FSMA 2000.[189]

18-057 We referred above to the possibility of an injection of new capital. This may involve a fresh issue of shares. It is possible that existing shareholders may be willing to provide cash funding for the continued payment of claims. There may be circumstances in which brokers (who may have been partly responsible for the financial problems of a company) are willing to contribute cash to a rescue.

Where no additional cash can be found to recapitalise a company, it may be possible to achieve the same result through a "debt to equity conversion". In essence, creditors agree that, as claims mature, a proportion of the proceeds of the cash settlement of claims will be used to subscribe for the recapitalisation instrument. From the creditors' point of view, such an arrangement may provide them with greater security and the prospect of a return on their investment if the company survives. For example, a creditor may agree his claim against the company at 100 per cent. He is paid 100 per cent, and is required to pay 40 per cent to subscribe for an equity

---

[187] For an example of a successful breach of warranty claim, see *Ken Randall Associates Ltd v MMI Companies Inc* [1997] L.R.L.R. 648; [1998] Lloyd's Rep. I.R. 243.
[188] Probably the best recent example of rescue through sale in the London market followed the collapse of the Confederation Life group of companies in Canada. The sale of the UK group of companies was announced by the liquidators less than one week after their appointment, but only because the purchaser had largely completed due diligence before the vendor's insolvency.
[189] FSMA 2000 ss.178–185 (as amended). Any change in beneficial ownership of a Bermuda company must be approved by the Bermuda Monetary Authority.

or quasi-equity instrument. The value of the instrument will then depend upon the residual value of the company. There are a range of instruments which creditors may agree to swap for part of their claims (e.g. convertible bonds or notes, preference shares or ordinary shares), the choice will depend upon the company's circumstances and upon the regulatory environment in which the creditors operate. For such a proposal to be effective, the company's ultimate liabilities must be accurately determined at the outset. If creditors agree to accept less than 100 per cent, and then find that the company is unable to meet its new obligations, there may be no alternative to a formal insolvency procedure. Quaere what the obligations of a reinsurer would be if an insurer/reinsured agreed a claim at 100 per cent, but only paid 60 per cent in cash and gave its own paper for the remaining 40 per cent. Under the UNL clause in normal form, would the reinsurer accept to pay based on a cash settlement of 100 per cent?

New reinsurance arrangements are likely to be an important element in a corporate reorganisation. Additional cash may be injected to enable the company to purchase a "time and distance" policy or some other form of financial reinsurance.[190] It may be possible to find a reinsurer willing to write a reinsurance contract covering 100 per cent of the liabilities of the company's run-off (including expenses). Such an arrangement has been used as the key to the restructuring at Lloyd's. To be effective, two things are necessary. First, the company must be in a position to pay sufficient premium to persuade the reinsurer to accept the risk. Secondly, the reinsurer must remain solvent. 18-058

Another important consideration in any corporate reorganisation is the extent to which it is possible to "ring fence" the company's old liabilities, so as to enable it to raise additional capital and continue to underwrite in the expectation that the new capital will not be required to meet the old liabilities. But where a company has a book of business in run-off that it wishes to isolate from the rest of its business, the problem is how to divide up the company's assets. It will be necessary to provide sufficient assets to meet the liabilities of the business in run-off and then create a new corporate structure, in which the assets and liabilities of the business in run-off constitute one corporate entity, and the assets and liabilities of the remainder of the business constitute another corporate entity.

2. TYPES OF SCHEME[191]

Introduction and overview

Advantages of schemes over liquidation

We have discussed in Ch.17 the legal difficulties which arise upon the liquidation of a (re)insurance company. The principal advantage to using a scheme as an alternative to liquidation is that a scheme may be specifically designed to meet the circumstances of the company, with the object of allowing for earlier payment of distributions to creditors than may be possible in a liquidation. In particular, the 18-059

---

[190] See Ch.8 above.
[191] In this section we focus on schemes of arrangement, on the basis that, historically, it is schemes of arrangement that have been implemented in respect of troubled insurance companies and, restructuring plans are a relatively new instrument that have yet to be employed with respect to an insurance company. However, a number of the issues that arise in respect of schemes of arrangement are also likely to be equally applicable with respect to restructuring plans.

problems to which the Insurers (Winding-Up) Rules 2001[192] ("IWUR") give rise[193] may be avoided, and the statutory rules on set-off and currency conversion may be varied to the advantage of creditors.[194]

Types of scheme and typical provisions

18-060 Leaving aside schemes designed with the object of rescuing financially troubled (re)insurance companies, historically, three basic types of scheme of arrangement have been developed to wind up the affairs of a (re)insurance company: "cut-off" schemes, "reserving" schemes and "hybrid" schemes (which combine elements of cut-off and reserving schemes). We discuss below each of these types of scheme, which differ as to their purpose, content and legal effect. The type chosen will depend to a large extent on the nature of the business written by the company, and the detailed provisions of any scheme will be drafted to fit the particular circumstances of the company. Nonetheless any scheme will contain provisions of some kind relating to the following matters.

Determination and payment of claims (including provisions relating to set-off and currency conversion)

18-061 These provisions will, generally speaking, be the most important in any scheme. Typically, provision will be made for how creditors' claims are to be calculated, and the scheme may provide for a method by which contingent claims can be valued. As we discuss below, once a claim has been valued, there are essentially two distinct methods by which creditors may be paid under a scheme: the reserving method or the cut-off method.

A scheme may vary the rules of set-off that would apply in the case of an insolvent liquidation.[195] We discuss below such provisions which are typically found in a reserving scheme.

A scheme may provide for payments to be made in the currency of claims, thus minimising creditors' exposure to fluctuations in exchange rates. Thus the scheme will preserve the creditors' rights under the contract in this regard. In a liquidation, all claims are converted into pounds sterling[196] at the rate of exchange prevailing at the date of the winding-up order, even though many claims may not be quantified and agreed for several years thereafter.

Provisions relating to scheme administrators.

18-062 The scheme will need to specify how it is to be administered and who will administer it. In the case of potentially solvent companies, the administration may remain in the hands of the board of directors or a management company. In the case of an insolvent company, the scheme will generally provide for an independent person to be nominated as scheme administrator. There are no statutory provisions defining the powers of scheme administrators,[197] which derive from the terms of the scheme itself. Depending upon the extent of their powers and obligations, scheme

---

[192] Insurers (Winding-Up) Rules 2001 (SI 2001/3635).
[193] See Ch.17, 17-057 above.
[194] See further 18-061 below.
[195] See Ch.17 above.
[196] See, e.g. *London County Commercial Reinsurance Office Ltd, Re* (1925) 23 Ll. L. Rep. 206, where there appears to have been a scheme of arrangement within liquidation, which did not make provision for payment in foreign currency.
[197] Unlike supervisors or nominees of voluntary arrangements under the IA 1986.

administrators may be officers of the company. The scheme will usually provide for an indemnity from the company to the scheme administrator as an expense of the scheme. There is no legal requirement that scheme administrators be licensed insolvency practitioners, although this will frequently be the case. Where provisional liquidators/administrators are appointed with a view to implementing a scheme, they will necessarily be licensed insolvency practitioners, and will typically be appointed as the scheme administrators.

Provisions relating to directors and shareholders.

The powers of the board of the company need to be considered. Where provisional liquidators/administrators are appointed, the powers of the board are suspended while the provisional liquidators/administrators remain in office. In a scheme outside liquidation the appointment of provisional liquidators/administrators will ultimately be discharged. If control is to be vested in an independent scheme administrator, the directors must not be able to interfere with the running of the scheme, and their powers of management need to be varied, and the company's articles of association altered accordingly. 18-063

Provisions relating to the creditors' committee.

There is no statutory requirement for a creditors' committee to be established under a scheme. It has become common practice for there to be such a committee established under a scheme implemented as an alternative to, or within, a formal insolvency procedure and, as we have noted above, for an informal committee to be established prior to the implementation of a scheme. The powers and functions of the committee will set in the provisions of the scheme. The committee may have power to require the scheme administrators to provide them with certain information on request, and also to approve their remuneration. The scheme may provide that the committee be consulted regarding the setting of the payment dividend and the basis of the reserving and claim valuation mechanisms. 18-064

It is an important practical consideration, when creditors are asked to approve a scheme, that they should be provided with sufficient information and be able to exercise some measure of control, so as to have confidence in the administration of the scheme. The composition of the creditors' committee is, again, a matter which depends upon the circumstances of the company. Historically, committees were comprised of creditors chosen by the promoters of the scheme on the basis that they represented the interests of creditors as a whole. A more democratic approach has been adopted by recent scheme draftsmen who have provided for an election process which takes place at the same time as the scheme itself is put to the vote.[198]

---

[198] E.g. in one case, nominations for membership of the committee were allowed at any time up to and including the date of the creditors' meeting. The nomination forms requested detailed information about the nominee. If the number of nominations, when taken together with the members of the informal creditors' committee who had agreed to serve on the committee, did not exceed a maximum number of members, such nominees, together with the members of the informal creditors' committee, would form the committee. If, however, the total number of nominees did not exceed the maximum number by more than two, the scheme administrators would be entitled to exercise their discretion to increase the membership of the committee by this number. Alternatively, if the number of nominees exceeded the maximum number by more than two, creditors had an opportunity to vote on the membership of the committee. Each creditor cast one vote, the value of which was the same as the value attributed to the creditor's vote at the creditors' meeting. In this particular case, the number of nominations received was known at the time of the creditors' meeting and therefore it

Provisions relating to meetings of creditors.

18-065 Schemes may provide for an annual meeting of creditors, at which they will be informed about the progress of the scheme. Although such provisions may be omitted where it is considered that convening such meetings annually would be unnecessarily expensive. Creditors may be given the power to vote at these meetings to remove and replace the scheme administrators, as well as members of the creditors' committee at either the annual meeting or at a creditors' meeting convened specially for those purposes.

Resolution of disputed claims.

18-066 It is possible to devise a method within a scheme for resolving disputed claims which may produce substantial cost savings, and which could not be achieved in a liquidation without a scheme of arrangement or special directions from the court. A solvent (re)insurance company may provide that disputes are resolved with its (re)insureds by litigation or arbitration. Frequently litigation will involve co-(re)insurers, with each bearing a proportionate share of the litigation costs. In the event that a (re)insurer becomes insolvent, continued participation in the litigation may well be disadvantageous to creditors because of the depletion of cash which would otherwise be available for distribution.

Where arbitration is the method for dispute resolution, the scheme may provide for a prescribed set of procedural rules and one substantive law, in a forum convenient to the scheme administrators.[199] Alternatively, the scheme may provide for the removal any right of appeal to the court and instead confer a power upon an independent scheme adjudicator to finally determine the value of disputed claims. In *Re Hawk*, Arden J concluded that there was no public policy or Human Rights Act objection to such provisions.[200] However, each scheme can incorporate the dispute resolution appropriate to the (re)insurance company's circumstances.

Schemes within liquidation

18-067 In Bermuda, both cut-off and reserving schemes within liquidation have been implemented.[201] In the first edition we noted that there had been some doubt as to whether a scheme implemented within liquidation may alter the statutory regime for the conduct of the liquidation. The position has been clarified somewhat by the decision in *Re Anglo American Insurance Ltd*,[202] which we discuss below. Notwithstanding these doubts, schemes implemented for insolvent (re)insurers have departed in certain material respects from the statutory regime. For example, the scheme implemented for the Bermuda Fire & Marine Insurance Co Ltd dispensed

---

was possible to inform creditors at the meeting that a vote would not be required. If a vote had been required, notice would have been given to all known creditors, together with a list of all nominees (including brief details about each nominee), and a postal ballot form.

[199] Such provisions were incorporated in the solvent scheme implemented for Hopewell International Insurance Ltd. See *Re Petition of the Board of Directors of Hopewell International Insurance Ltd, as Scheme Administrators of Hopewell International Insurance Ltd*, 238 B.R. 25 (1999) US Bankruptcy Ct S.D.N.Y.

[200] See *Hawk, Re* [2001] 2 B.C.L.C. 480 at 504–505. Arden J refused to sanction the scheme on other grounds, but her decision was reversed by the Court of Appeal (see above). See also *Pan Atlantic, Re* [2003] EWHC 1969 (Ch) (see 18-023 above).

[201] The Mentor Insurance Ltd (cut-off) and the Bermuda Fire & Marine Insurance Co Ltd (reserving) schemes.

[202] *Anglo American Insurance Ltd, Re* [2001] 1 B.C.L.C. 755.

with the proof of debt procedure and provided for claims to be payable in the currency of the contract.

The extent to which it is possible under a scheme within liquidation to vary the statutory regime was thrown into doubt in Bermuda following a decision of the Court of Appeal for Bermuda in relation to the Mentor scheme.[203] In a liquidation creditors may be required to submit proofs of claim to the liquidator, which he may either accept or reject. If he rejects them, the creditor concerned will have a fixed period in which to appeal against the decision. If the creditor appeals, his claim will then have to be litigated in the manner in which the court directs. Under the Mentor scheme, provision was made for an appeal to the court against the rejection of a creditor's claim in whole or in part. The creditor was required to file a summons on receiving a written statement from the liquidators giving their reasons for rejecting the claim. The scheme provided that, unless a summons was filed within 21 days, the creditor "shall ... have no further right to participate in the scheme to the extent of the rejection" and that the creditor had no rights of appeal to the court except as provided by the scheme.

> "Ambassador Insurance Co did not file a summons within 21 days of receipt of the liquidators' written reasons for rejecting the greater part of its claim. The explanation for such failure, with which Ground J. had every sympathy, he held immaterial."[204]

The Court of Appeal for Bermuda[205] held, reversing Ground J,[206] that the scheme could not remove the right of a creditor to apply to the court under the Companies Winding-Up Rules 1982 for an extension of time.

> "Even if, as [counsel] submits on behalf of the liquidators this was only a matter of contract, any clause purporting to preclude recourse to the Courts in case of errors of law would, pro tanto, be contrary to public policy and void."[207]

The Privy Council,[208] however, was "in full agreement with the careful judgment of Ground J".[209] and allowed the liquidators' appeal. Lord Hoffmann, who delivered the opinion of the Judicial Committee, said that the 21-day period prescribed in the scheme had not been "fixed by any order of the Court" and therefore could not be varied under either the Winding-Up Rules or the inherent jurisdiction of the court. He disapproved a decision of the Supreme Court of Western Australia[210] in which it had been said that the scheme "was an integral part of the court's order"[211] and that "... the rights [under the Scheme] are ... created by the order and the procedure whereby those rights are to be established or

---

[203] *Ambassador Insurance Co (in liquidation) v Kempe and Hamilton* [1996] Bda L.R. 1; Bermuda Civ. App. No.13 of 1995, 14 March 1996.
[204] *Ambassador Insurance v Kempe and Hamilton* [1996] Bda L.R. 1; Bermuda Civ. App. No.13 of 1995, 14 March 1996 per Kempster JA.
[205] Sir James Astwood, P. da Costa and Kempster JJA.
[206] Who had held the scheme to be binding as matter contract between Mentor and its creditors.
[207] *Ambassador Insurance v Kempe and Hamilton* Bermuda Civ. App. No.13 of 1995 14 March 1996 per Kempster JA.
[208] Lords Steyn, Hoffmann, Cooke, Saville and Gault J [1998] 1 W.L.R. 271, sub nom. *Kempe (as joint liquidators of Mentor Insurance Ltd) v Ambassador Insurance Co (in liquidation)*. The Ambassador case was distinguished in *Walton Insurance Ltd (In Liquidation), Re* [2009] Bda L.R. 23, discussed above.
[209] *Kempe v Ambassador Insurance* [1998] 1 W.L.R. 271 per Lord Hoffmann.
[210] *Caratti v Hillman* [1974] W.A.R. 92, which had not been cited in the Bermuda courts.
[211] *Caratti v Hillman* [1974] W.A.R. 92 at 94 per Jackson CJ.

ascertained is a procedure which is also created by the order".[212] Lord Hoffmann concluded as follows:

> "It is true that the sanction of the court is necessary for the Scheme to become binding and that it takes effect when the order expressing that sanction is delivered to the Registrar. But that is not enough to enable one to say that the court (rather than the liquidators who proposed the scheme or the creditors who agreed to it) has by its order made the scheme. It is rather like saying that because Royal Assent is required for an Act of Parliament, a statute is an expression of the Royal will. Under section 99 it is for the liquidators to propose the scheme, for the creditors by the necessary majority to agree to it and for the court to sanction it ... It is of course true that the sanction of the court is by no means a formality. Furthermore, in giving its sanction, the court has an inherent jurisdiction to correct any obvious mistakes in the document which sets out the scheme. But it cannot alter the substance of the scheme and impose upon the creditors an arrangement to which they did not agree. The question of whether the time limits in the scheme are fixed or flexible is in their Lordships' opinion one of substance ... If creditors felt that in providing fixed time limits the Scheme was creating traps into which the unwary might fall, the time to raise this question was when the Scheme was under consideration or by way of objection when the Court was asked to give its sanction."

Lord Hoffmann did not address the general question of the extent to which it is possible to vary the statutory liquidation regime. He said, "their Lordships express no view on whether there are provisions of the Rules which the scheme has not excluded".[213]

In *Re Anglo American Insurance Ltd*[214] one of the issues which Neuberger J was called upon to decide was whether the court had jurisdiction "... to impose a scheme, in effect, on a liquidator which is in any way different from the statutory scheme which applies on liquidation". The learned judge concluded:

> "In general, while ... the court should be very careful before making such an order, which would involve approving a scheme which differs in any way from the statutory scheme appropriate to liquidations in terms which would carry over and be binding on a subsequent liquidator, I do consider the court has jurisdiction to make such an order."

Neuberger J pointed out that a scheme of arrangement under s.425 Companies Act 1985 (the predecessor to Pt 26 of the Companies Act 2006) can be invoked to provide for a binding scheme, binding on the liquidator and the liquidation, after the company has gone into liquidation and liquidators had been appointed. He referred to various dicta to the effect that, under a scheme, creditors could agree to vary the statutory provisions for a pari passu distribution of assets that would otherwise apply in liquidation[215] and said that this view was supported by the reasoning of the Privy Council in *Kempe v Ambassador Insurance Co.* Neuberger J continued as follows:

> "[I]f s 425 can be invoked so as to bind the company, and therefore the liquidator and the creditors, after the company has gone into liquidation, it is hard to see any logic or sense in the court not being able to approve a scheme before the company has gone into liquidation so as to bind the company and the liquidator after the company has gone into liquidation. That is particularly true in a case such as this, where a petition to wind up the

---

[212] *Caratti v Hillman* [1974] W.A.R. 92 at 95 per Burt J.
[213] *Ambassador Insurance* [1998] 1 W.L.R. 271 at 275F.
[214] *Anglo American Insurance Ltd, Re* [2001] 1 B.C.L.C. 755.
[215] See *Trix, Re* [1970] 1 W.L.R. 1421 at 1423–1424 per Plowman J; (1970) 114 S.J. 768; *Bank of Credit and Commerce International SA (In Liquidation) (No.3), Re* [1992] B.C.C. 715; [1993] B.C.L.C. 1490 at 1507 per Nicholls VC, and 1509–1510 per Dillon LJ.

TYPES OF SCHEME

company has been presented because the company is insolvent, and indeed where the scheme is intended to bind all the creditors, those creditors have voted overwhelmingly to support the scheme, and subject to one point, the scheme proposals do not alter the substantive right of the secured or preferential creditors or the rules relating to set-off, and in particular r. 4.90 of the Insolvency Rules 1986, which would apply in liquidation."[216]

Cut-off schemes

Under a cut-off (or valuation) scheme, a mechanism is adopted to estimate the value of all of a company's liabilities (including contingent and unliquidated claims) as soon as possible. A number of mechanisms may be used, for example an agreed actuarial formula, or agreement on a case-by-case basis with some form of alternative dispute resolution mechanism implemented as an appeal procedure. Once the company's liabilities have been determined or "cut-off", a "once and for all" dividend may then be paid to creditors from the company's assets available for distribution.

18-068

Cut-off schemes have advantages and disadvantages. The principal advantage is that such a scheme will enable the company's liabilities to be determined relatively quickly so that one distribution of the assets may be made to creditors. On the other hand, whatever valuation method is adopted, it is likely that a creditor's contingent claim will be valued at a sum greater (or less) than would ultimately have been provable. Indeed, it is quite possible that some creditors may receive a payment because a value is put on IBNR, whereas, if the run-off had taken its full course, no claim may have matured and the "creditor" would never have received any payment. This is something which creditors with mature claims may be willing to accept, in return for an earlier distribution.[217]

The principal difficulty of any cut-off scheme will be the effect of the scheme on the ability of the scheme administrators to collect from the company's reinsurers. As in the case of valuation of claims in a liquidation,[218] it is open to reinsurers to argue that valuation of contingent liabilities under the underlying contracts of insurance/reinsurance do not constitute either "losses" or "settlements". Although, depending upon the valuation mechanism adopted, since the scheme operates by way of contract between the company and its creditors/(re)insureds, it may be easier to argue that a valuation pursuant to a scheme is a "settlement" than in the case of a valuation pursuant to the IWUR 2001.[219]

A cut-off scheme is likely to be most effective in circumstances where many of the company's creditors/(re)insureds are also reinsurers. The scheme may bind all creditors who are also reinsurers by providing a set-off mechanism which enables the estimated contingent liabilities of the company to the creditor to be set-off against what the creditor qua reinsurer would be required to pay under reinsurance contracts (on the basis that estimated liabilities are "settlements"). A cut-off

---

[216] *Anglo American Insurance Ltd, Re* [2001] 1 B.C.L.C. 755 at 767.
[217] Examples of cut-off schemes outside liquidation include the scheme for ICS Insurance Pty Ltd (Singapore) and the closing scheme for The Mediterranean Insurance & Reinsurance Co Ltd, Osiris Insurance Ltd, Charter Insurance Co Ltd, Hawk Insurance Co Ltd, City General, Dunedin Pool, ING Companies, Marlon, Hassneh and City General; and within liquidation, the schemes for Mentor Insurance Ltd, Stockholm Re (Bermuda) and St Helen's Insurance Co Ltd.
[218] See Ch.17, 17-051 to 17-056 above.
[219] The provisions of the post-*Charter Re v Fagan* insolvency clause, G86 are referred to in Ch.17, 17-045 and 17-046 above. But the question remains: a settlement of what? Only settlements of claims would ordinarily be recoverable under a reinsurance contract. A settlement of possible future liabilities under the original insurance contract, as a present payment for a claim free future is not a "settlement". It should be noted that clause G86 contemplates reinsurers of a company which goes into a scheme of arrangement agreeing to be bound by valuations made under the scheme.

scheme may also work where the company's reinsurers are sufficiently few in number and identifiable, so that they can be (1) contacted easily, and (2) persuaded to commute. This can be done either before the scheme is implemented, or after a conditional scheme (conditional on the commutation of reinsurances) is in place.[220]

Solvent cut-off schemes

18-069 "Cut-off" schemes have historically been regarded as a means of closing an insolvent (re)insurer's estate in short order. However, they may also be employed in relation to solvent companies. The same valuation mechanism applies, except that the (re)insurer pays valued claims in full, in other words there is a compulsory commutation of the entirety of its businesses. This type of scheme has become known as a "solvent scheme".

There are several reasons why a solvent (re)insurance company going into run-off may wish to implement a scheme. Most obviously, the shareholders of the company having taken the strategic decision to put it into run-off, may wish to accelerate the liability in order to extract the shareholders' surplus much sooner than would otherwise be possible. More mundanely, and, as we noted above,[221] once a (re)insurer goes into run-off, questions arise as to the ability of the (re)insurer to pay claims in the future. Creditors may wish to pursue claims aggressively with a view to getting paid as quickly as possible. Directors, officers and advisers may be concerned about their potential liability. The validity of commutations and claims payments may be open to attack following insolvency.[222] The possibility that insolvency may intervene, which will result in either a liquidation or a scheme in any event, makes the implementation of the scheme at the outset of the run-off a sensible course. The directors of the company or a professional management company will typically be given power to administer the scheme. Provision will be made for how the scheme is to operate in the event of insolvency. For example, in a solvent scheme implemented in Bermuda,[223] which provided a mechanism for cutting-off the company's liabilities after five years, the company agreed claims and made payments to creditors out of money collected from its retrocessionaires. A reserve was established in respect of amounts owed by the company, to the extent of its net retention and to the extent the company failed to collect from its retrocessionaires (for example, because of their insolvency), and interest accrued upon the balances due. At the end of the five-year run-off period, the company would either be in a position to pay all balances due in full with interest, or, if there were insufficient assets to achieve this, the remaining assets will be distributed pari passu to the creditors.

We have referred above[224] to the *BAIC* and *Sovereign Marine* cases, in which solvent schemes faced determined creditor opposition. The decision of the Inner

---

[220] The (re)insurer owes no duties to his (re)insured as to how he deals with his reinsurers/retrocessionaires, subject to the ordinary rules which apply to any insolvency.
[221] See Ch.16, 16-002 above.
[222] See Ch.16, 16-017 above.
[223] Such as the Hopewell International Insurance Ltd scheme, believed to be the first of its kind. See *Hopewell International Insurance Ltd, Hopewell International Insurance Ltd v Gold Medal Insurance Co, Supreme Court of Bermuda, Re* [2001] Bda L.R. 32; and, for a detailed account of the drafting history and principal provisions of the Hopewell Scheme, see *Petition of the Board of Directors of Hopewell International Insurance Ltd, as Scheme Administrators of Hopewell International Insurance Ltd, Re* 238 B.R. 25 (1999) US Bankruptcy Ct S.D.N.Y. Schemes on similar lines have since been implemented for HIR (England) and Scottish & Commonwealth Insurance Co Ltd (England and Bermuda). See also *Osiris Insurance Ltd, Re* [1999] 1 B.C.L.C. 182.
[224] See 18-019 and 18-020 above.

House of the Court of Session in *Scottish Lion*[225] confirms that the court undoubtedly possesses the jurisdiction under Pt 26 of the CA 2006 / s.99 of the BCA 1981 to sanction a solvent scheme, assuming the requisite statutory majorities have been obtained. The question at the sanctioning stage is one of discretion: in what circumstances is it fair to compel insureds/reinsureds with open contracts to enter into compulsory commutations?

The *Scottish Lion* decision, and the later case, *Re Phoenix & London Assurance Ltd*[226] were considered in *Re Royal London Mutual Insurance Society Ltd*.[227] Royal London wished to exchange the GAR (guaranteed annuity rights) of policyholders in an acquired company for an uplift in the value of the savings of the policyholders but the scheme proposed included an opt out clause for policyholders wishing to remain with GAR rights. Fewer than 50 per cent of the class expressed any view at all. The court accepted that when a company was solvent a creditor should not be forced to accept less than their contractual rights. Nonetheless the non-voters were bound to the scheme because:

(a) the company had tried to communicate with all policyholders;
(b) the company had made independent advice available to the policyholders;
(c) an independent actuary said that the value of the uplift was equal to the value of the GAR rights; and
(d) the FCA were represented and did not object.

Whilst schemes of arrangement are possible with respect to solvent (re)insurers, note the PRA's approach with respect to such schemes, as set out in its Supervisory Statement dated April 2014 (SS3/14).

Reserving schemes

The object of a reserving (or run-off) scheme is to run-off a company's business by agreeing claims and making collections from reinsurers in the normal way. A reserving scheme will provide a mechanism to enable interim payments to be made to creditors who have established their claims while reserves are maintained to protect those creditors with unliquidated and contingent claims, thereby striking a balance between the interests of short tail and long tail creditors. The scheme administrators will be responsible for fixing, at regular intervals, the dividend payment that may be made to creditors with established claims having regard to the assets of the company available for distribution and the need to ensure that creditors whose claims have not yet become established are able to receive the same dividend payment on their claims in the future.[228]

18-070

Claims will be established in the manner provided for in the scheme. Typically, there is no formal proof of debt procedure, so that claims are agreed (or, if necessary, litigated or arbitrated) in the normal way.[229] As other creditors establish claims during the life of the scheme, payment can be made to them out of these reserves. Once these reserves are established, the interests of long tail creditors can be

---

[225] See above.
[226] *Scottish Lion v Goodrich Corp* [2010] CSIH 6; *Phoenix & London Assurance Ltd, Re* [2009] EWHC 3502 (Ch).
[227] *Royal London Mutual Insurance Society Ltd, Re* [2018] EWHC 3803 (Ch).
[228] There are different methods by which this may be done: contrast the "cash reserving" provisions for the scheme for the KWELM companies, with the reserving provisions in the scheme for Andrew Weir Insurance Co Ltd, which allows future reinsurance recoveries in certain circumstances to be taken into account.
[229] Save where a stay of proceedings is incorporated, e.g. in the case of the scheme established for the KWELM companies (discussed above).

protected, for example by use of trusts or through "hotch pot" provisions varying the order of distribution in an eventual liquidation.[230]

Hybrid schemes

18-071 A "hybrid" scheme is essentially a reserving scheme with a discretion granted to the scheme administrators to institute a cut-off mechanism if they consider it to be in the best interests of creditors as a whole.[231] Although cut-off schemes may appear attractive to creditors (because they can end their relationship with an insolvent company and receive a dividend payment as soon as possible), as we have already seen, there may be difficulties with regard to valuation of contingent liabilities and collection from reinsurers. It is possible for the scheme to contain a wide power giving scheme administrators the discretion to implement a cut-off scheme at some unknown point in the future. The practical difficulty with such a proposal is that creditors will not know, at an early stage, when the cut-off is likely to occur and therefore will not know exactly what they are voting for. It is therefore desirable that any such provision be subject to later consideration by the creditors concerned.[232]

An interesting variation was the scheme implemented for Chester Street Insurance Holdings Ltd (formerly Iron Trades). This scheme was prompted by the fundamental uncertainty in Chester Street's reserves, stemming largely from the difficulty of predicting the number and quantum of future asbestos-related disease claims. The directors wished to ensure an orderly and equitable run-off of the company's business, in particular, the fair and efficient handling and payment of claims while the company was solvent and in the event that, in the future, the company became unable to pay its liabilities in full. It was, therefore, drafted to operate over those two distinct periods. In the initial scheme period (while the company was solvent), the company would continue to run off as before under management of the current directors with claims being paid in full. However, in the event that the directors considered that the company was insolvent at any point and there was no reasonable prospect of avoiding insolvent liquidation, the directors would circulate a notice to creditors of the company thereby triggering the end of the initial scheme period and the commencement of the reserving period during which the management of the company would pass to a scheme administrator (a licensed insolvency practitioner). Although claims would continue to be reported and adjusted as before, creditors would only receive a distribution of a dividend on their claims. The scheme was therefore designed to avoid the disruption that the appointment of insolvency officeholders might cause in claims handling and payment, were the company to become insolvent. Unfortunately, between the time of

---

[230] The scheme implemented for the KWELM companies is an example of a reserving scheme. Other reserving schemes were implemented for the ACC Pool Companies (Bermuda), the first scheme of The Mediterranean Insurance & Reinsurance Co Ltd, Trinity Insurance Co Ltd, Andrew Weir Insurance Co Ltd, Bryanston Insurance Co Ltd, English and American Insurance Co Ltd, Anglo American Insurance Co Ltd and The Bermuda Fire & Marine Insurance Co Ltd (Bermuda). See *Anglo American Insurance Ltd, Re* [2001] 1 B.C.L.C. 755. The English and American scheme was amended to allow reserving on an asset rather than cash basis.

[231] Examples of hybrid schemes include the schemes implemented for Andrew Weir Insurance Co Ltd, Bryanston Insurance Co Ltd, Scan Re Reinsurance Co Ltd Trinity Insurance Co Ltd and Paramount Insurance Co Ltd; and in Bermuda, the solvent scheme implemented for Hopewell International Insurance Ltd.

[232] The solvent scheme implemented for Hopewell International Insurance Ltd provided for automatic cut-off after a five-year run-off period, subject to the right of creditors to vote to extend the run-off period.

posting the scheme document and the meeting of creditors to approve the scheme, the company did become insolvent and provisional liquidators were appointed. However, the provisional liquidation was very brief as once the scheme was implemented, the reserving period was triggered.

The Highlands UK solvent scheme was an unusual example of a solvent scheme within an administration. The company was able to pay direct policyholders in full but not reinsureds. The scheme was also used to ensure that Highlands US—the company which had transferred its business to Highlands UK under s.51 of the ICA 1982 (now Pt VII of the FSMA 2000)—was free and clear of any liability for the policies. A dispute had arisen between the two Highlands entities over responsibility for the transferred business and Highlands UK was concerned that the s.51 transfer might not be recognised in the United States. The dispute was settled and a term of the settlement was that Highlands UK should implement a solvent scheme in respect of its direct policyholders under which the direct policyholders would not be able to make claims in respect of any of their policies against Highlands US. The scheme was recognised by a US Bankruptcy Court under Ch.15.

Legal issues in schemes

Schemes of arrangement for insurance companies have typically been designed to make contractual arrangements for payment to policyholders of the company. Leaving aside trade creditors (whose rights may be unaffected by the scheme), there are two other classes of insurance market interests who may be affected by the scheme but may form no part of it: brokers/intermediaries and reinsurers. In fact, brokers may be involved in the formation of the scheme, giving input on behalf of clients and may be small creditors of the company.

18-072

Their influence is often greater than the debt due to them. There may also be managers of various pools or underwriting stamps and issues will arise as to whether to continue to deal with the pool or stamp as a whole or to seek to deal with the individual components.

Brokers/intermediaries

The scheme administrators may believe that they are better to deal directly with the company's reinsurer and bypass the brokers who originally placed the reinsurance. If the broker is entitled to a collecting commission, whether by custom (we are not aware of any such custom in reinsurance)[233] or agreement, or if the broker is owed money by the company, they are going to object to the claims monies being collected by the scheme administrators direct, giving them no ability to deduct their commission or to set-off the claim moneys against money due to them from the reinsurer before passing on the balance to the company. Instead, they will be left to wait to be paid in accordance with the scheme, as an unsecured creditor. Likewise, if a reinstatement premium becomes payable because claims exceed a certain level, the company may seek to pay the premium direct to the reinsurer on a net of commission basis, leaving the broker without commission. In this instance, the reinsurer would be wise not to agree to any such proposal by the scheme company. The reinsurer is responsible for the commission payment to the broker, and will be out of pocket if he agrees to receive premium net of commission from the cedant company in a scheme. The broker may prefer to receive the premium 100 per cent from the cedant so that they can pay the reinsurer by way of set-off against

18-073

---

[233] See Ch.11, 11-013 above on collecting commission.

debts due to them from the reinsurer. This is not an option if the scheme administrator pays the premium direct to the reinsurer or sets off the reinstatement premium against claims monies due from the reinsurer to the scheme company.

Reinsurers

18-074 Reinsurers can expect that efforts will be made by their reinsured, the scheme company, to establish direct links for payment purposes, and some of the consequences of that have been referred to above in the context of brokers. A reinsurer who has been accustomed to meeting their liabilities to the cedant by offset with the broker may find that the cedant is no longer content with this. The reinsurer should check the reinsurance wording. If there is an intermediary clause, the reinsurer may be able to insist on the right to make payment under the reinsurance through the broker. Questions of the effect of the ultimate net loss clause could arise. Within even the most successful scheme for an insolvent company, the creditors will not receive 100 per cent of their claims. The reinsurer could therefore argue that since they are only liable to pay what is actually paid (even if they have to pay before it is actually paid), then at some point in time they are entitled to an account from the reinsured scheme company as to what was ultimately actually paid to the relevant insureds and a return of the surplus. If such an account is not sought by the reinsurer it will be because the market seems to be reluctant to press the point. It has to be said also that the courts would be likely to be unsympathetic to such an argument.[234]

An interesting example of the use of a scheme in order to maximise recovery from reinsurers for the benefit of the estate of an insolvent insurance company is the *Home* case.[235] The Home was an insolvent US insurer that was in liquidation in the State of New Hampshire. Ancillary winding-up proceedings had been commenced in England and provisional liquidators appointed, but no winding-up order was made. The Home wrote certain reinsurance business in the London market in which the "AFIA Claimants" were the reinsureds. That business had in turn been retroceded to the ACE Companies. In a liquidation in New Hampshire, which was not the case in England at that time, reinsurance creditors ranked behind insurance creditors. The AFIA Claimants were Class V creditors under the New Hampshire law and had submitted proofs in the New Hampshire liquidation but had not pursued their claims. As Mann J explained:

> "The state of assets and liabilities in the liquidation of Home Insurance is such that as things stand, as Class V creditors the AFIA Claimants will not make any recovery. It was therefore feared that they would not make properly formulated claims under their policies because they would have no incentive to do so. It would be costly and time consuming for them to make claims, and the only result would be recovery on the ACE Companies' reinsurance in which the AFIA Claimants would not participate (because of their subordination). If they made no claims that would mean that no claim could be made against ACE Companies in respect of the relevant reinsurance, and that asset would be lost to everyone."[236]

An arrangement was negotiated under which claims would be pursued by the AFIA Claimants so as to give rise to claims under the retrocession contracts with

---

[234] See Ch.7, 7-027 above.
[235] *Home Insurance Co, Re* [2005] EWHC 2485 (Ch); [2006] B.C.C. 164.
[236] *Home Insurance Co, Re* [2005] EWHC 2485 (Ch) at [4].

the ACE Companies.[237] The recoveries from the ACE Companies, after the deduction of certain expenses, would be split as to 50 per cent to the AFIA Claimants (sharing pari passu) and as to 50 per cent for the other ordinary creditors of Home Insurance. The terms of this arrangement were implemented by means of a scheme, a key provision of which was a clause requiring that scheme creditors give the New Hampshire liquidators and the provisional liquidators all reasonable assistance required by Home in connection with the scheme and with the recovery of scheme assets. Mann J observed:

> "In substance this seems to give the various liquidators the important power to compel the AFIA Claimants to follow through and provide them with relevant material with a view to being able to make onward claims against the ACE Companies."[238]

The only class of scheme creditors were the AFIA claimants. The scheme was approved unanimously by all creditors (with total claims in excess of US$482 million) present and voting at the scheme meeting and was sanctioned by the Companies Court.

Underwriting agents/pool managers

Whilst as a matter of strict law, any rights and obligations under the insurance or reinsurance arrangements with a pool or stamp are with the individual members of the group who are named on the contract as the contracting parties, the pool or stamp operates in practice as if the manager is responsible.[239] The scheme may be drawn so that this practical position is recognised and the court's approval may be sought to allowing set-off between the pool or stamp as a single entity and the scheme company and for the pool or stamp to be treated in law, for scheme purposes, as a single legal entity.[240] Schemes may also provide for Lloyd's syndicates to be treated as a single entity.

18-075

3. PROPOSALS FOR REFORM

Bermuda

In previous editions we reported on the progress made by the Insolvency Law Sub-Committee of what was formally known as the Bermuda International Business Association ("the BIBA Sub-Committee"), now the Bermuda Development Agency ("BDA"), which had been considering whether to adopt provisions of the IA 1986 in Bermudian legislation. In May 2005 the Sub-Committee sent proposals to an ad hoc Law Reform Committee ("the Committee") for some limited changes to the existing legislation. The most notable changes proposed are the addition of a public interest ground for winding-up and the introduction of a judicial assistance provision on the lines of s.426 of the IA 1986. It was proposed that the UK and the United States be the first countries designated under the new provision. In 2007 the Committee recommended to the Minister of Finance that these changes

18-076

---

[237] i.e. the converse of the arrangement that the liquidator found objectionable in *McMahon v AGF Holdings (UK) Ltd* [1997] L.R.L.R. 159; [1997] 2 B.C.L.C. 191, see Ch.16, 16-013 to 16-015 above.
[238] *Home Insurance Co, Re* [2005] EWHC 2485 (Ch) at [7](v).
[239] See *Transcontinental Underwriting Agency v Grand Union Insurance Co* [1987] 2 Lloyd's Rep. 409; [1987] 2 F.T.L.R. 35, and Ch.10 above, where legal recognition was given to this.
[240] Compare the scheme for the ACC pool companies (referred to in Ch.10, 10-035 above).

be adopted. None of the proposals of the Sub Committee have been adopted. In 2008 the Sub-Committee withdrew the recommendation for the introduction of the judicial assistance provision on the basis of a practice direction issued by the Chief Justice relating to cross border insolvencies and judicial co-operation which the Sub-Committee believed rendered the new provision unnecessary. However, in light of the decision in *Singularis* the issue of the need for statutory provision for judicial assistance in cross border insolvencies is again on the table.

18-077 The role of the Insolvency Law Subcommittee in proposing legislative changes to the insolvency regime has been taken over by the Restructuring and Insolvency Specialists Association of Bermuda ("RISA"). Various proposals to update the Companies (Winding-Up) Rules 1982 were submitted by RISA and implemented by the Chief Justice in 2020, and more amendments to these Rules are in the pipeline.

In 2024, RISA submitted a number of proposals to the Bermuda Law Reform Commission to amend the insolvency and scheme regimes in the Bermuda Companies Act 1981, as follows:

(a) The introduction of a new insolvency officeholder, the court appointed restructuring officer ("CARO"). A CARO would be appointed after presentation of a winding-up petition with powers limited in the appointment order consistent with those required for restructuring of the company. The appointment of a CARO would replace the practice of appointing provisional liquidators with "light touch" powers for the purposes of restructuring and this change will signify more clearly that the purpose of the proceedings is restructuring rather than liquidation.

(b) The extension of the Bermuda Court's winding-up jurisdiction to all overseas companies with a sufficient connection to Bermuda and not just permit companies or non-resident insurance undertakings. This amendment is necessary as a result of the decision of the Privy Council in *PricewaterhouseCoopers v Saad Investments Co Ltd*[241] which held that the Bermuda Court has no jurisdiction to wind up an overseas company that does not have any office or branch in Bermuda.

(c) The extension of the Bermuda Court's jurisdiction regarding schemes of arrangement to allow creditor schemes for permit companies and other overseas companies with a sufficient connection to Bermuda.

(d) The introduction of a traditional international cooperation provision along the lines of s.426 of the Insolvency Act 1986 as a result of the decision in *Singularis*.

(e) The extension to all liquidators of the power of the Official Receiver as liquidator of a company in a winding up by the court under s.199A of the Bermuda Companies Act, to apply for early dissolution of the company where it appears that the realisable assets of the company are insufficient to cover the expenses of the winding up and that the affairs of the company do not require further investigation.

(f) The amendment of the voting requirements for the approval of a scheme of arrangement by abolishing the numerosity (headcount) requirement and, in relation to creditor schemes only, to reduce the majority in value required for a scheme meeting to approve the scheme from three quarters to two-thirds.

Since 2021, the BMA has been working with key stakeholders in the amend-

---

[241] *PricewaterhouseCoopers v Saad Investments Co Ltd* [2014] UKPC 35; [2014] 1 W.L.R. 4482.

ment of its insurance regulatory framework in order to incorporate international standards regarding insurance recovery and resolution, such as the International Association of Insurance Supervisor's standards. In relation to recovery, Bermuda's framework has been updated with the BMA's adoption of the Insurance (Prudential Standards) (Recovery Plan) Rules 2024 referred to above at para.18-052. The BMA is now collaborating with RISA in relation to a proposal for an insurance resolution regime which meets these international standards.

UK- The Proposed Insurer Resolution Regime

On 26 January 2023, HM Treasury published a consultation paper for the introduction of a resolution regime in the UK for insurers—the "Insurer Resolution Regime" or "IRR". The paper set out the Government's detailed proposals for the management of a potential systemic failure within the insurance industry—namely a failure causing severe disruption or one which would otherwise rely on public funds. The proposals could be applied where, for example, there is a failure of: (i) one of the largest insurance firms in the market; (ii) multiple insurers concurrently; or (iii) insurers offering "niche" business lines where replacement or substitute cover cannot easily be obtained.

18-078

The Statutory Resolution Objectives

The IRR has five objectives, namely:

18-079

- to protect and enhance the stability of the financial system of the UK, including in particular by: (a) preventing contagion; and (b) protecting the ability of those who are or may become insurance policyholders to access critical functions. Critical functions are those activities, services or operations of an insurer, the discontinuation of which would be likely to disrupt services that are essential to the UK economy or disrupt the financial stability of the UK;
- to protect and enhance public confidence in the stability of the UK's financial system;
- to protect public funds, including by minimising reliance on extraordinary public financial support;
- to protect policyholders, including those covered by an insurance guarantee scheme; and
- to avoid interfering with property rights in contravention of the Human Rights Act 1998).

The Financial Stability Board (FSB), an international body that monitors and makes recommendations about the global financial system, sets out certain key attributes for resolution regimes. Throughout the consultation paper, it is clear that the Government has sought to ensure that the IRR will meet those "Key Attributes".

Scope and Resolution Conditions

The consultation provides that the IRR would apply to all UK-authorised insurers, subject to certain exclusions,[242] on the basis that any financial institution could be systemically significant or critical if it fails. However, given the statutory tests to be applied before resolution action can be taken, it is anticipated that, in practice,

18-080

---

[242] For example, smaller insurers and Lloyds.

only a few insurers would be subject to the IRR, with the majority of insurers instead being subject to the other, normal, insolvency procedures that otherwise apply in the event of failure. The IRR proposal sets out four conditions (the Resolution Conditions or RCs) that need to be considered and met (in order) for an insurer to be placed into resolution. These are:

- RC 1: the PRA assesses that an insurer is failing or likely to fail;
- RC 2: the Resolution Authority (RA) assesses that, having regard to timing and other relevant circumstances, it is not reasonably likely that action will be taken that will result in RC 1 ceasing to be met;
- RC 3: the RA assesses that the exercise of the stabilisation powers is necessary having regard to the public interest in the advancement of one or more of the statutory resolution objectives; and
- RC 4: the RA assesses that one or more of the statutory resolution objectives would not be met to the same extent if stabilisation powers were not deployed.

It is proposed that the Bank of England will be the dedicated Resolution Authority for the IRR given that it is the current resolution authority for UK banks, building societies and CCPs. It is noted that it has considerable experience in operating resolution frameworks and has contributed significantly to the international standards that the proposed IRR would implement.

Stabilisation Options

18-081 The proposed stabilisation options are the options that could be deployed by the Bank of England as RA in respect of a failing insurer once the Resolution Conditions have been satisfied. There are four Stabilisation Options set out in the consultation paper—(1) Transfer to a Private Sector Purchaser, (2) Bridge Institution, (3) Bail-In and (4) Temporary Public Ownership.

Transfer to a Private Sector Purchaser: A Transfer to a Private Sector Purchaser involves the RA implementing a full or partial transfer of the shares or the business (i.e. assets and liabilities) of a failing insurer to a willing third party private sector purchaser. The transfer would not require the consent of shareholders, policyholders and other creditors of the insurer and would take effect without involvement of the courts (unlike a transfer under Pt VII FSMA 2000). It would also not require the consent of other authorities, save that where there is "an implication" for public funds, the approval of the Treasury would be required. The proposed IRR would empower the Treasury to place certain restrictions around partial property transfers in resolution.

Bridge Institution: The RA would also be empowered to implement a transfer of a failing insurer's business or shares to a bridge institution or insurer) (authorised under FSMA) as a temporary measure. The purpose of such transfer would be to buy time for due diligence and valuation to take place. The lifespan of the bridge insurer would be restricted.

Bail-In: Bail-in is the process of reducing or converting all or parts of unsecured creditor claims into equity or other ownership instruments, albeit in a manner that respects the hierarchy of claims in liquidation. In the proposal, the bail-in would seek to ensure that the firm's losses are allocated to a firm's shareholders and subordinated debt holders before liabilities to other creditors are written down. However, the IRR would nevertheless permit policyholder liabilities to also be written down, albeit that FSCS protected policyholders would be topped up by the FSCS to the relevant statutory limits. The consultation paper notes that the bail-in option is more likely to be used as a tool to restore a level of capital coverage sufficient to enable the firm to continue a safe run-off (rather than used as a tool to enable the writing of new business).

Temporary Public Ownership: Taking a failing insurer into temporary public ownership is the final stabilisation option and is only to be used as a last resort for the purpose of maintaining financial stability where the other stabilisation options are not sufficient. The intention behind this stabilisation option is to eventually return the business to the private sector.

Additional tools

In addition to the four stabilisation options, the proposed regime includes the following tools which could be used in combination with the stabilisation options: 18-082

Balance Sheet Management Vehicle: A balance sheet management vehicle or BSMV is a vehicle that would be used to hold (or warehouse) assets, liabilities property or other rights of the insurer with a view to maximising their value through either an eventual sale or orderly wind down.

Insurer Administration Procedure: To ensure that the RA has the flexibility to exercise the proposed private sector purchaser and bridge insurer stabilisation options, while ensuring that the firm's critical functions can continue to operate effectively, a new objective would be added to, and take precedence over, the "normal" objectives that would otherwise apply in a typical administration. Typically, an administrator of a company must perform their functions with the objective of:

(a) rescuing the company as a going concern, or
(b) achieving a better result for the company's creditors as a whole than would be likely if the company were wound up (without first being in administration), or
(c) realising property in order to make a distribution to one or more secured or preferential creditors.

Additional obligations apply in respect of insurers, by reason of the Financial Services and Markets Act 2000 (Administration Orders Relating to Insurers) 2010, with particular regard to cooperation with the FSCS and the carrying out of long-term insurance. In the IRR, the new objective would be for the administrator to provide support to the bridge insurer or private sector purchaser by ensuring it is supplied with such services and facilities as the RA considers it requires to operate effectively.

No Creditor Worse Off Safeguard

The No Creditor Worse Off or NCWO safeguard is intended to ensure that creditors, at a minimum, receive what they would have received in a liquidation of the failing insurer. In the proposed IRR, this safeguard is achieved by ensuring that creditors have a right to compensation (one assumes for the amount needed to ensure that the creditor receives that minimum liquidation amount). The proposed regime would: 18-083

(a) allow the Treasury to appoint an independent valuer to determine the level of NCWO compensation required; and

(b) oblige the Treasury to make an order setting out the mechanism by which the level of any NCWO compensation could be calculated and paid.

Pre-Resolution Planning

18-084   The consultation notes that to satisfy the Key Attributes identified by the Financial Stability Board, the resolution framework must provide for (1) the RA to carry out regular "Resolvability Assessments"; and (2) ongoing Recovery and Resolution Planning (RRP) for, at a minimum, systemically important insurers.

Resolvability Assessments: A Resolvability Assessment is an evaluation of the feasibility and effectiveness of various resolution strategies with a view to understanding the potential barriers to the implementation of the stabilisation options. It is anticipated that there will be a requirement for the RA to undertake regular Resolvability Assessments (albeit noting that much of the content for the RA's Resolvability Assessments will be obtainable from existing or planned PRA work). The RA will be empowered to direct a firm to take action to remedy barriers to resolvability, and take enforcement action if the firm does not comply.

RRPs – Resolution Plans: The Resolution Plan would set out the proposed resolution strategy for a firm and an operational plan for its implementation. The Resolution Plan would be subject to regular updates by the RA – annually or more frequently where material changes take place to the firm's structure, strategy or business activity, or where there is a substantive change in economic conditions. The paper notes that the recovery element of RRPs already exists in the UK through the PRA's current or proposed future exit planning. Accordingly, the proposed IRR will only need to introduce RA-led Resolution Plans to fulfil the requirements of the Key Attributes. However, firms may need to carry out some additional work to support the creation of these Resolution Plans, since they would need to relate to the use of new powers provided by the IRR.

Ancillary Matters and Pre-Resolution Valuation

18-085   In order to support the implementation of the stabilisation options, the IRR will also provide for certain ancillary matters. The specific ancillary matters noted include:

- a restriction on the use of default or early termination provisions in the event of the exercise of the resolution powers;
- a "proportionate" restriction on policyholder surrender rights when a failing insurer enters resolution (which restriction would be time limited); and
- a restriction on the initiation of insolvency proceedings against the firm where a stabilisation option has been employed or a Resolution Condition is otherwise met, except with the consent of the RA.

The IRR also sets out a detailed list of the ancillary powers to be granted to both the RA and the Treasury.

Before exercising any of the stabilisation options, the RA will ensure that the assets and liabilities of the failing insurer are valued to ensure that any losses and costs which may arise during resolution are identified in advance of entry into resolution. This will in turn inform the RA's decisions about: (1) whether the RCs are met; (2) the stabilisation option(s) that should be deployed; and (3) how the stabilisation powers should be exercised, including decisions on how to assign losses.

An independent valuer will be appointed by the RA to conduct this valuation, save in cases of urgency, where the RA would be able to conduct a provisional valuation, with a full independent valuation to follow.

The Government response to the consultation (released in August 2023) noted that there was broad support for the introduction of the proposed IRR and the outlined framework. The timetable for introducing the legislation required to implement the IRR is not specified, the response just stating that this will be "when parliamentary time allows". However, it does indicate that Government and the Bank will therefore seek to work closely with industry as its legislative plans and timings develop, to support industry in making any required changes.

INDEX

This index has been prepared using Sweet & Maxwell's Legal Taxonomy. Main index entries conform to keywords provided by the Legal Taxonomy except where references to specific documents or non-standard terms (denoted by quotation marks) have been included. These keywords provide a means of identifying similar concepts in other Sweet & Maxwell publications and on-line services to which keywords from the Legal Taxonomy have been applied. Readers may find some minor differences between terms used in the text and those which appear in the index. Suggestions to *sweetandmaxwell.taxonomy@tr.com*.

Abandonment
marine reinsurance, 7-004—7-006
Accounting
see Intermediaries (accounts)
Acknowledgement
limitation periods, 13-133
Actual authority
intermediaries, 9-004—9-005
"Actually paid"
causes of action, 5-085
Actuaries
run-off, 16-034
Administration
costs, 18-003
generally, 18-001
handling of claims, 18-003
procedure, 18-002
Advice
intermediaries' duty to advise, 9-084
Affirmation
delay, 6-107
exercise of inconsistent rights, 6-106
generally, 6-102
knowledge of right to avoid, 6-103—6-104
timing, 6-107
unequivocal communication, 6-105
Agency
see also Intermediaries; Managing agents
actual authority, 9-004—9-005
agents' duties, 9-009
breach of warranty of authority, 9-006
compound interest on unpaid sums, 9-010
definition, 9-002
fraud or incompetence of agents, 6-043—6-045, 9-042—9-048
intermediary as agent of reinsured
generally, 9-013—9-018
placing cover, 9-019—9-022
introduction, 9-001
liability of agents to third parties, 9-006
ostensible authority, 9-004—9-005
ratification by principal, 9-008
sub-agents, 9-011—9-012
undisclosed principals, 9-007
unjust enrichment, 9-010
Aggregation
aggregate extension clauses, 5-140, 7-017—7-023

background, 5-112
Covid-19 cases, 5-129—5-131
direct insurance/reinsurance, 5-134—5-139
excess of loss reinsurance
aggregate extension clauses, 7-017—7-023
generally, 7-014—7-016
financial misselling, 5-119—5-121
hours clauses, 5-142
negligent acts and omissions, 5-114—5-118
Principles of Reinsurance Contract Law, 5-133
rules for determining aggregation issues, 5-132
sole judge clauses, 5-141
war and terrorism, 5-122—5-128
"Agreements binding in honour"
formation of contract, 3-025
Allocation
different layers, 5-109—5-111
different underwriting years
generally, 5-097—5-100
mesothelioma claims, 5-101—5-108
introduction, 5-096
Alternative dispute resolution
see also Arbitration (Bermuda); Arbitration (England)
conciliation, 14-115—14-117
expert determination, 14-118
generally, 13-005, 14-114
mediation, 14-115—14-117
"Alternative risk transfer"
banks' role in reinsurance market
generally, 8-047—8-048
longevity/mortality reinsurance, 8-049
"shadow banking", 8-063
transformer structures, 8-049
financial crisis, 8-062—8-063
future developments, 8-064
"green channel", 8-055
history, 8-045—8-046
insurance business, 8-057—8-061
insurance-linked securities
catastrophe bonds, 8-052
collateralised reinsurance, 8-053
generally, 8-051
UK ILS regime, 8-054
reinsurance futures and derivatives, 8-051
securitisation, 8-056

INDEX

Ambiguity
  interpretation of contracts, 4-078—4-080
Anti-deprivation principle
  run-off, 16-018
Anti-suit injunctions
  Bermuda
    generally, 13-076
    UNCITRAL Model Law, 14-056
  England
    application to reinsurance disputes, 13-069—13-071
    effect of EU Regulation, 13-067
    general principles, 13-068
    misapplication to reinsurance disputes, 13-072—13-075
    proceedings in breach of agreement to arbitrate in EU Member State, 14-041—14-042
    proceedings in breach of agreement to arbitrate in non-EU Member State, 14-043
  UNCITRAL Model Law, 14-056
Apparent authority
  intermediaries, 9-004—9-005
Appeals
  arbitration, 14-038—14-039
Applicable law
  see Choice of law
Apportionment
  different layers, 5-109—5-111
  different underwriting years
    generally, 5-097—5-100
    mesothelioma claims, 5-101—5-108
  introduction, 5-096
Arbitration (Bermuda)
  ad hoc vs institutional arbitration, 14-100
  advantages of arbitration over litigation
    enforceability of awards, 14-081
    introduction, 14-077
    procedural flexibility, 14-079
    substantive flexibility, 14-080
    technical expertise, 14-078
  advantages of litigation over arbitration
    allocation of costs, 14-088
    consolidation of proceedings, 14-084
    enforceability of judgments, 14-087
    introduction, 14-082
    joinder of parties, 14-084
    procedural certainty, 14-085
    substantive certainty, 14-086
    summary judgment, 14-083
  alternatives to arbitration
    alternative dispute resolution, 14-114
    conciliation, 14-115—14-117
    expert determination, 14-118
    mediation, 14-115—14-117
  anti-suit injunctions
    generally, 13-076
    UNCITRAL Model Law, 14-056
  applicable Act, 14-045
  applicable law
    generally, 14-121—14-122
    law of contract, law of arbitration and curial law, 14-123—14-124
  appointment of arbitrators, 14-064—14-066
  Arbitration Act 1986
    application, 14-045
    generally, 14-046—14-048
  arbitration agreements
    anti-suit injunctions, 14-056
    enforcement, 14-056—14-057
    generally, 14-055
    separability, 14-058—14-061
  ARIAS (UK) Rules
    appointment of arbitral tribunal, 14-103
    awards, 14-106
    commencement of arbitration proceedings, 14-102
    confidentiality, 14-107
    introduction, 14-101
    jurisdiction of arbitral tribunal, 14-105
    procedure, 14-104
  awards
    challenging awards in the courts, 14-071
    generally, 14-070
  challenges to arbitrators, 14-067—14-069
  challenges to jurisdiction, 14-058—14-061
  choice of law, 14-121—14-122
  conduct of proceedings, 14-063
  confidentiality
    generally, 14-091—14-093
    interests of justice, 14-095
    limitations, 14-094
  courts' powers, 14-062, 14-070—14-071
  curial law, 14-123—14-124
  departures from the law, 14-108—14-113
  "differences"/"disputes", 14-098
  enforcement of arbitration agreements
    anti-suit injunctions, 14-056
    stay of proceedings, 14-057
  enforcement of foreign awards, 14-125, 14-130—14-131
  history, 14-044
  honourable engagement clauses, 14-108—14-113
  inspection of records, 14-099
  International Conciliation and Arbitration Act 1993
    application, 14-045
    generally, 14-049—14-050
    UNCITRAL Model Law, 14-051—14-071
  introduction, 14-045
  law of contract/law of arbitration, 14-123—14-124
  procedure
    ad hoc vs institutional arbitration, 14-100
    ARIAS (UK) Arbitration Rules, 14-101—14-107
  seat of arbitration, 14-054
  separability of arbitration agreements, 14-007—14-008, 14-058—14-061
  setting aside awards, 14-071
  standard arbitration agreements
    ad hoc vs institutional arbitration, 14-100
    ARIAS (UK) Arbitration Rules,

14-101—14-107
statutory regimes
  Arbitration Act 1986, 14-046—14-048
  International Conciliation and Arbitration Act 1993, 14-049—14-050
  introduction, 14-045
stay of proceedings, 14-057
suitability of arbitration in reinsurance disputes
  cheapness/expense, 14-074
  finality/uncertainty, 14-076
  introduction, 14-072
  privacy/publicity, 14-075
  speed/delay, 14-073
summary judgment, 14-098
UNCITRAL Model Law
  anti-suit injunctions, 14-056
  appellate courts' powers, 14-062
  application, 14-052—14-053
  appointment of arbitrators, 14-064—14-066
  arbitration agreements, 14-055
  awards, 14-070—14-071
  challenges to arbitrators, 14-067—14-069
  challenges to awards in the courts, 14-070—14-071
  challenges to jurisdiction of arbitral tribunal, 14-058—14-061
  conduct of arbitral proceedings, 14-063
  introduction, 14-051
  overview, 14-002
  seat of arbitration, 14-054
  separability of arbitration agreements, 14-058—14-061
  stay of proceedings, 14-057

Arbitration clauses
generally, 4-011—4-013
jurisdiction, 13-015—13-019

Arbitration (England)
ad hoc vs institutional arbitration, 14-100
advantages of arbitration over litigation
  enforceability of awards, 14-081
  introduction, 14-077
  procedural flexibility, 14-079
  substantive flexibility, 14-080
  technical expertise, 14-078
advantages of litigation over arbitration
  allocation of costs, 14-088
  consolidation of proceedings, 14-084
  enforceability of judgments, 14-087
  introduction, 14-082
  joinder of parties, 14-084
  procedural certainty, 14-085
  substantive certainty, 14-086
  summary judgment, 14-083
alternatives to arbitration
  alternative dispute resolution, 14-114
  conciliation, 14-115—14-117
  expert determination, 14-118
  mediation, 14-115—14-117
anti-suit injunctions
  application to reinsurance disputes, 13-069—13-071
  effect of EU Regulation, 13-067

  general principles, 13-068
  misapplication to reinsurance disputes, 13-072—13-075
  proceedings in breach of agreement to arbitrate in EU Member State, 14-041—14-042
  proceedings in breach of agreement to arbitrate in non-EU Member State, 14-043
  UNCITRAL Model Law, 14-056
appeals on point of law, 14-038—14-039
applicable law
  generally, 14-119—14-120
  law of contract, law of arbitration and curial law, 14-123—14-124
arbitral tribunal
  challenges to jurisdiction, 14-028
  general duty, 14-029
  powers, 14-025
  procedure, 14-030
Arbitration Act 1996, 14-003—14-004
arbitration agreements
  definition, 14-006
  separability, 14-007—14-008
  stay of legal proceedings, 14-009
  UNCITRAL Model Law, 14-055
  US service of suit clauses, 14-011
  vexatious behaviour, 14-012
  winding-up, 14-010
  writing, 14-006
Arbitration Bill 2023, 14-005
arbitrators
  apparent bias, 14-014—14-020
  appointment, 14-013
  chairman, 14-023
  commencement of arbitration proceedings, 14-024
  disqualification, 14-014—14-020
  duty of disclosure, 14-014—14-020
  immunity, 14-021
  impartiality, 14-014—14-020
  multiple appointments, 14-017
  powers, 14-025
  qualifications, 14-022
  removal, 14-013
  umpire, 14-024
ARIAS (UK) Rules
  appointment of arbitral tribunal, 14-103
  awards, 14-106
  commencement of arbitration proceedings, 14-102
  confidentiality, 14-107
  introduction, 14-101
  jurisdiction of arbitral tribunal, 14-105
  procedure, 14-104
awards
  challenging awards in the courts, 14-035—14-043
  correction, 14-032
  generally, 14-031
  issue estoppel, 14-033—14-034
challenges to awards
  appeals on point of law, 14-038—14-039

INDEX

grounds for challenge, 14-035
security for costs and sums due under award, 14-040
serious irregularity, 14-036—14-037
challenges to jurisdiction, 14-028
choice of law, 14-119—14-120
commencement, 14-024
confidentiality
   ARIAS (UK) Rules, 14-107
   generally, 14-089—14-091
   interests of justice, 14-095
   limitations, 14-094
correction of awards, 14-032
curial law, 14-123—14-124
departures from the law, 14-108—14-113
"differences"/"disputes"
   Bermudan authorities, 14-098
   post-1996 Act law, 14-097
   pre-1996 Act law, 14-096
enforcement of foreign awards
   common law, 14-128—14-129
   introduction, 14-125
   New York Convention, 14-126—14-127
evidence, 14-030
extension of time limits, 14-027
general duty of tribunal, 14-029
history, 14-001—14-002
honourable engagement clauses, 14-108—14-113
immunity of arbitrators, 14-021
impartiality of tribunal, 14-014—14-020
inspection of records, 14-099
issue estoppel, 14-033—14-034
judicial intervention, 14-026
judicial review
   grounds for challenge, 14-035
   security for costs and sums due under award, 14-040
   serious irregularity, 14-026—14-037
law of contract/law of arbitration, 14-123—14-124
New York Convention, 14-126—14-127
powers of tribunal, 14-025
procedure
   ad hoc vs institutional arbitration, 14-100
   ARIAS (UK) Arbitration Rules, 14-101—14-107
   generally, 14-030
security for costs and sums due under award, 14-040
separability of arbitration agreements, 14-007—14-008, 14-058—14-061
serious irregularity, 14-036—14-037
service of suit clauses, 14-011
standard arbitration agreements
   ad hoc vs institutional arbitration, 14-100
   ARIAS (UK) Arbitration Rules, 14-101—14-107
stay of proceedings, 14-009
suitability of arbitration in reinsurance disputes
   cheapness/expense, 14-074
   finality/uncertainty, 14-076
   introduction, 14-072
   privacy/publicity, 14-075
   speed/delay, 14-073
summary judgment, 14-096—14-097
time limits, 14-027
UNCITRAL Model Law
   anti-suit injunctions, 14-056
   appellate courts' powers, 14-062
   application, 14-052—14-053
   appointment of arbitrators, 14-064—14-066
   arbitration agreements, 14-055
   awards, 14-070—14-071
   challenges to arbitrators, 14-067—14-069
   challenges to awards in the courts, 14-070—14-071
   challenges to jurisdiction of arbitral tribunal, 14-058—14-061
   conduct of arbitral proceedings, 14-063
   introduction, 14-051
   overview, 14-002
   seat of arbitration, 14-054
   separability of arbitration agreements, 14-058—14-061
   stay of proceedings, 14-057
US service of suit clauses, 14-011
vexatious behaviour, 14-012
winding-up, 14-010
ARIAS (UK) Arbitration Rules
see Arbitration (England)
Arrangements with creditors
see Schemes of arrangement
Assignment
assignment by way of security, 15-128
causes of action, 13-092
Auditors
Bermuda, 16-039—16-040
England
   duty of care, 16-031
   standard of care, 16-032—16-033
Authorisation
applications, 15-048
carrying on reinsurance business in the UK, 15-037—15-047
carrying on unauthorised business, 15-034—15-036
introduction, 15-033
overseas reinsurers in UK, 15-049—15-054
requirement, 15-033
UK reinsurers outside UK, 15-055
Authority
intermediaries, 9-004—9-005
managing agents
   fronting, 10-030—10-033
   generally, 10-004—10-006
Avoidance
commission where policy avoided, 11-021—11-022
generally, 6-084—6-086
limitation periods, 13-135
Avoidance of transactions
see Run-off

INDEX

Awards
see Arbitration (Bermuda); Arbitration (England)
Banks
generally, 8-047—8-048
longevity/mortality reinsurance, 8-049
"shadow banking", 8-063
transformer structures, 8-049
Bermuda
see also Arbitration (Bermuda); Jurisdiction (Bermuda); Litigation (Bermuda); Regulation (Bermuda)
Bermuda Form
  claims made policies, 5-094—5-095
  generally, 3-090
captives market
  development, 2-024—2-025
  financial reinsurers, 2-026
financial reinsurance
  designated investment contracts, 8-041
  insurance business, 8-040
  Private Act companies, 8-042—8-044
formation of contract
  Bermuda Form, 3-090
  contract certainty, 3-084
  intermediaries, 3-089
  issue of policy, 3-087
  not pure insurers, 3-088
  overview, 3-083
  tax neutrality, 3-089
  terms and conditions, 3-086
  underwriting submissions, 3-085
insolvency
  generally, 17-005
  insurance business transfers, 18-049—18-051
  priority of distribution, 17-062—17-063
  recovery plans, 18-052—18-055
intermediaries' accounts, 11-055
limitation periods, 13-139
recovery plans
  application of rules, 18-053
  generally, 18-052
  scope and requirements, 18-054—18-055
run-off
  auditors' liability, 16-039—16-040
  avoidance of transactions, 16-019—16-020
  directors' liability, 16-036—16-038
  preferences, 16-019—16-020
  shareholders' liability (mutual companies), 16-042—16-043
  shareholders' liability (segregated account companies), 16-044—16-058
  transactions at an undervalue, 16-019—16-020
  transactions defrauding creditors, 16-019—16-020
run-off (segregated account companies)
  creditor enforcement rights, 16-053
  definitions, 16-049
  "firewall" concept, 16-050
  incorporated SACs, 16-059
  introduction, 16-044

legislative framework, 16-045
limited recourse liability, 16-051
nature of owner's interest in segregated account, 16-052
nature of segregated accounts, 16-048
priority on insolvency, 16-054
protected cell structures, 16-044
receivership, 16-055—16-056
"rent-a-captive" arrangements, 16-044
test case on SAC Act, 16-046—16-047
winding-up, 16-057
schemes of arrangement
  classes of creditors, 18-032—18-036
  discretion of court, 18-030—18-031
  early consent fees, 18-036
  hostile takeovers, 18-038
  insurance business transfers, 18-049—18-051
  overview, 18-029
  recovery plans, 18-052—18-055
  reform proposals, 18-076—18-077
  third party releases, 18-035
  winding-up, 18-037
sources of law
  English law compared, 1-038—1-041
  generally, 1-036—1-037
"Best terms and conditions clauses"
generally, 3-037
Binding authorities
abuse
  liability of agent, 10-023—10-024
  liability of individuals in the coverholder, 10-025
  liability of intermediaries, 10-027—10-028
  liability of principal, 10-023—10-024
  liability of regulators, 10-026
cover holders, 10-022
formation of contract, 3-029—3-030
open covers distinguished, 10-020—10-021
utmost good faith, 10-029
Breach of contract
termination of contract, 3-049
Breach of warranty
affirmation
  delay, 6-107
  exercise of inconsistent rights, 6-106
  generally, 6-102
  knowledge of right to avoid, 6-103—6-104
  timing, 6-107
  unequivocal communication, 6-105
avoidance of policy, 6-084—6-086
Bermuda, 6-170
case law examples, 6-166
classification, 6-154
de minimis, 6-186
definition of "warranty", 6-154
effect of breach, 6-167—6-180
effect of clause on risks covered, 6-164—6-165
estoppel, 6-109—6-110
excuses for breach, 6-181—6-186
existing/continuing state of affairs, 6-160—6-161

full reinsurance clauses, 6-162—6-165
general contractual principles, 6-187
identification of promissory warranties,
  6-155—6-157
interpretation, 6-158—6-159
losses after remedy of breach, 6-176—6-179
losses before breach, 6-175
reinsurance issues, 6-188—6-190
remedies
  avoidance, 6-084—6-086
  inducement, 6-087—6-091
  qualifying breaches, 6-087—6-101
types of warranty, 6-160—6-166
waiver
  automatic discharge from liability,
    6-182—6-183
  express waiver of remedy, 6-185
  suspension from liability, 6-184

Brokerage
see Commission

Brokers
see Intermediaries; Intermediaries (accounts)

Brussels Convention
jurisdiction, 13-013

Business restructuring
financial difficulties, 18-056—18-058

Business transfer schemes
Bermuda, 18-049—18-051
England
  Court of Appeal consideration, 18-044
  effect of transfer, 18-048
  exercise of discretion, 18-045—18-047
  generally, 18-040—18-043

Cancellation
notice of cancellation at anniversary date
  (NCAD), 3-044
provisional notice of cancellation, 3-045

Cancellation clauses
intermediaries, 9-027—9-028

Capital
Bermuda, 15-089—15-094

Captive insurance companies
claims, 5-070—5-072
development, 2-024—2-025
financial reinsurers, 2-026
managing agents, 10-009

Case management
Bermuda, 13-007
England, 13-004

Catastrophe insurance
insurance-linked securities, 8-052

Causes of action
"actually paid" vs "shall in fact have paid",
  5-085
assignment, 13-092
introduction, 5-079
payment of settlement funds into escrow
  account, 5-087
payment of underlying loss by reinsured,
  5-080—5-084
simultaneous payments, 5-086

Choice of law
applicable law in absence of choice
  fall-back rule, 12-023
  general default rule, 12-021
  overriding proviso, 12-022
  specific rules, 12-020
arbitration
  Bermuda, 14-121—14-122
  England, 14-119—14-120
  law of contract, law of arbitration and curial
    law, 14-123—14-124
characteristic performance, 12-025
choice of law clauses, 4-016—4-030
common law
  application to reinsurance, 12-011—12-015
  express choice, 12-006
  general principles, 12-005
  implied choice, 12-007—12-009
  imputed choice, 12-010
  intermediaries, 12-036
  overview, 12-004
express choice
  common law, 12-006
  Rome I Regulation, 12-018—12-019
habitual residence, 12-024
implied choice
  common law, 12-007—12-009
  Rome I Regulation, 12-018—12-019
imputed choice, 12-010
intermediaries
  common law, 12-036
  formation of contract, 12-035
  Rome I Regulation, 12-035—12-038
introduction, 12-001—12-003
Rome Convention, 12-004, 12-016—12-017
Rome I Regulation
  applicable law in absence of choice,
    12-020—12-023
  application to reinsurance, 12-026—12-033
  characteristic performance, 12-025
  express choice, 12-018—12-019
  habitual residence, 12-024
  history, 12-016
  implied choice, 12-018—12-019
  intermediaries, 12-037—12-038
  introduction, 12-016
  overview, 12-004
  post-Brexit position, 12-017
Rome II Regulation, 12-034
rules, 12-004

Claims
see also Claims co-operation clauses; Follow the settlements clauses
aggregation of losses
  aggregate extension clauses, 5-140
  background, 5-112
  Covid-19 cases, 5-129—5-131
  direct insurance/reinsurance, 5-134—5-139
  financial misselling, 5-119—5-121
  hours clauses, 5-142
  negligent acts and omissions, 5-114—5-118
  Principles of Reinsurance Contract Law,
    5-133

INDEX

rules for determining aggregation issues, 5-132
sole judge clauses, 5-141
war and terrorism, 5-122—5-128
allocation of settlements
  different layers, 5-109—5-111
  different underwriting years, 5-097—5-108
  introduction, 5-096
captive insurance companies, 5-070—5-072
causes of action
  "actually paid" vs "shall in fact have paid", 5-085
  introduction, 5-079
  payment of settlement funds into escrow account, 5-087
  payment of underlying loss by reinsured, 5-080—5-084
  simultaneous payments, 5-086
"claims made" basis
  Bermuda Form, 5-094—5-095
  definition of "claim", 5-093
  generally, 5-092
  "occurrence first reported", 5-094—5-095
claims paid, 1-032
contribution, 5-164
coverage litigation
  declaratory judgment costs, 5-058—5-059
  declaratory judgments, 5-055
  defence costs, 5-056—5-057
  ineffective clauses, 5-060
definition of "claim", 5-093
ex gratia payments
  meaning of "ex gratia", 5-061—5-063
  mixed ex gratia and settlement payments, 5-064—5-067
exceptional contracts, 5-073—5-074
fraudulent claims
  consequences before IA 2015, 6-128
  consequences under IA 2015, 6-129—6-130
  deliberately procured or invented loss, 6-132
  exaggerated claims, 6-133
  fraudulent devices, 6-134—6-138
  generally, 5-077, 6-127
  what constitutes fraudulent claim, 6-131—6-138
incurred but not reported, 1-032
inspection of reinsured's records, 5-151—5-154
intermediaries' accounts
  claims money, 11-046
  electronic networks, 11-054
  generally, 11-034—11-036
late payment of claims
  application to reinsurance, 5-148
  IA 2015 s.13A, 5-145—5-147
  orthodox position, 5-144
mistake of law, 5-143
outstandings, 1-032
payment of premium, 5-149—5-150
process where no express provisions, 5-003
reinsurer's liability

  aggregation of losses, 5-112—5-142
  allocation of settlements, 5-096—5-111
  cause of action, 5-079—5-087
  introduction, 5-078
  late payment of claims, 5-144—5-148
  mistake of law, 5-143
  obligation to pay, 5-001—5-002
  temporal basis of reinsurance coverage, 5-088—5-095
reinsurer's obligation to pay, 5-001—5-002
reinsurer's rights against reinsured
  contribution, 5-164
  inspection of records, 5-151—5-154
  payment of premium, 5-149—5-150
  subrogation, 5-155—5-163
subrogation
  facultative reinsurance, 5-156—5-161
  generally, 5-155
  treaty reinsurance, 5-162
  voluntary payments and recoveries from third parties, 5-163
temporal basis of reinsurance coverage
  "claims made" underlying policy, 5-092—5-095
  fundamental concepts, 5-088
  "losses occurring during" basis, 5-089
  "risks attaching during" basis, 5-090
  "risks attaching during" outwards/"losses occurring during" inwards mismatch, 5-091
treaty reinsurance
  fraudulent claims, 5-077
  no "follow the settlements/fortunes" provision, 5-076
  overview, 5-075
  subrogation, 5-162
Claims co-operation clauses
allocation of settlements
  different layers, 5-109—5-111
  different underwriting years, 5-097—5-108
  introduction, 5-096
captive insurance companies, 5-070—5-072
challenging proven liability of reinsured, 5-051
claims handling and investigation, 5-046—5-048
common law, 5-043
commutation, 5-068—5-069
consultation with reinsurer, 4-108
coverage litigation
  declaratory judgment costs, 5-058—5-059
  declaratory judgments, 5-055
  defence costs, 5-056—5-057
  ineffective clauses, 5-060
ex gratia payments
  meaning of "ex gratia", 5-061—5-063
  mixed ex gratia and settlement payments, 5-064—5-067
exceptional contracts, 5-073—5-074
"follow the settlements" clauses, relationship with, 5-049—5-050
fraudulent claims, 5-077
generally, 6-205—6-209

INDEX

ineffective clauses, 5-060
notification obligations, 5-045
payment of legal costs, 4-106—4-107
reinsurer not to act unreasonably, 4-105
reinsurer's rights, 5-044
remedies for breach of obligations,
 5-052—5-054
treaty reinsurance
 fraudulent claims, 5-077
 no "follow the settlements/fortunes"
  provision, 5-076
 overview, 5-075
 subrogation, 5-162
Claims handling
 generally, 3-081—3-082
 reinsured's obligations, 5-046—5-048
"Claims incurred but not reported"
 generally, 1-032
Claims made policies
 claims
  Bermuda Form, 5-094—5-095
  definition of "claim", 5-093
  generally, 5-092
  "occurrence first reported", 5-094—5-095
 generally, 1-029—1-031
"Claims outstanding"
 generally, 1-032
"Claims paid"
 generally, 1-032
"Claims series clauses"
 excess of loss reinsurance, 7-024
Co-defendants
 jurisdiction, 13-033
Co-insurance
 co-insurance clauses, 4-010
Collateralisation
 insurance-linked securities, 8-053
Commission
 avoided policies, 11-021—11-022
 broker deprived of opportunity to earn
  commission, 11-024—11-026
 broker suing for commission, 11-023
 broker's lien, 11-030—11-033
 cancelled policies, 11-021—11-022
 contingent commission, 9-034—9-035
 disclosure, 9-031—9-032
 fixed fees, 11-029
 generally, 11-013—11-014
 grossing up, 9-033
 insolvency, 11-020
 market practice, 9-028
 market services agreements, 9-034—9-035
 minimum and deposit premiums, 9-036
 net equivalent, 9-033
 overriding commission, 9-030
 purpose, 11-016
 re-instatement premiums, 9-036
 return of premium on cancellation/avoidance,
  11-021—11-022
 set-off, 11-027
 sub-brokers, 11-015
 termination of agency, 11-017—11-019
 terms of business agreements, 11-028

volume commission, 9-034—9-035
Common interest legal privilege
 generally, 13-106—13-107
Commutation
 claims, 5-068—5-069
Company market
 see Markets
Compromise
 marine reinsurance, 7-005—7-006
Conciliation
 alternative dispute resolution,
  14-115—14-117
Conduct of business
 regulation, 15-062—15-063
Conflict of interest
 Bermuda, 9-061
 England, 9-060
Conflict of laws
 see Choice of law
Consideration
 generally, 3-021
Consultation
 claims co-operation clauses, 4-108
Contra proferentem
 interpretation of contracts, 4-070—4-073
Contract terms
 claims co-operation clauses, 6-205—6-209
 contracting out
  CIDRA 2012, 6-218
  generally, 6-214
  IA 2015, 6-215—6-217
 denial of access to records, 6-202—6-204
 description of underlying risk, 6-200—6-201
 examples of reinsurance clauses,
  6-200—6-213
 introduction, 6-191—6-193
 late notice of claims, 6-205—6-209
 premium provisions, 6-211—6-212
 PRICL remedies for breach of contract, 6-210
 terms not relevant to actual loss
  effect of s.11 on risk mitigation terms,
   6-197—6-199
  IA 2015 s.11, 6-194
  terms to which s.11 applies, 6-195—6-196
 waiver of breach of condition, 6-213
 warranties
  breach of warranty, 6-154—6-190
  definition, 6-154
  generally, 6-004
  identification, 6-155—6-157
  interpretation, 6-158—6-159
  waiver of breach, 6-182—6-184
Contracting out
 CIDRA 2012, 6-218
 generally, 6-214
 IA 2015, 6-215—6-217
Contracts of reinsurance
 see Formation of contract; Reinsurance contracts
Contribution
 excess of loss reinsurance, 7-028
 litigation, 13-087
 reinsurer's liability, 5-164

INDEX

Coronavirus
aggregation of losses, 5-129—5-131
Corporate governance
Bermuda, 15-102
England, 15-067—15-075
Corporate reorganisations
see Business restructuring
Costs
coverage litigation, 5-056—5-057
implied terms, 4-106—4-107
Counterclaims
jurisdiction, 13-033
Custom and usage
implied terms, 3-039, 4-111—4-115
"Cut through clauses"
generally, 15-124—15-127
Cut-off schemes of arrangement
see Schemes of arrangement
Declarations
jurisdiction, 13-052—13-053
procedure, 13-093—13-095
Declaratory judgments
declaratory judgment costs, 5-058—5-059
defence costs, 5-056—5-057
generally, 5-055
ineffective claims co-operation clauses, 5-060
Deletions
interpretation of contracts, 4-068—4-069
"Delinking"
intermediaries' accounts, 11-012
Derivatives
reinsurance derivatives, 8-050
Directors' liabilities
Bermuda, 16-036—16-038
common law duties, 16-024—16-025
fraudulent trading, 16-027
negligence, 16-025
shadow directors, 16-030
statutory codification of duties, 16-026
wrongful trading, 16-028—16-029
Disclosure
litigation, 13-103
Disclosure of information
see Non-disclosure
Discovery
Bermuda, 13-104—13-105
Dividends
Bermuda, 15-095
Domicile
generally, 13-020
insured domiciled in contracting state, 13-024
insured not domiciled in contracting state, 13-025
insurer domiciled in contracting state, 13-022
insurer not domiciled in contracting state, 13-023
policyholder domiciled in contracting state, 13-024
policyholder not domiciled in contracting state, 13-025
run-off, 16-021—16-022
special rules for insurance contracts, 13-021

"Drop-down"
excess of loss reinsurance, 7-028
Duty of care
intermediaries' duty to reinsured
adequacy of reinsurance security, 9-081—9-083
advising client on matters affecting coverage, 9-064—9-068
collection of claims, 9-077—9-080
continuing duty, 9-064—9-080
contributory negligence, 9-071
defences, 9-070—9-072
estoppel, 9-070—9-072
measure of damages, 9-069
placing cover, 9-062—9-063
preservation of documents, 9-077—9-080
scope, 9-069
selection of market, 9-081—9-083
waiver, 9-070—9-072
leading underwriters duty to following market, 3-060—3-062
Duty of fair presentation
affirmation
delay, 6-107
exercise of inconsistent rights, 6-106
generally, 6-102
knowledge of right to avoid, 6-103—6-104
timing, 6-107
unequivocal communication, 6-105
avoidance, 6-084—6-086
estoppel, 6-109—6-110
exceptions
circumstances already known or deemed/presumed to be known by insurer, 6-061—6-068
circumstances covered by warranty, 6-082
circumstances diminishing risk, 6-060
generally, 6-059
other exceptions, 6-083
waiver of disclosure requirement by insurer, 6-069—6-081
fair presentation
disclosure, 6-017—6-018
introduction, 6-016
manner of presentation, 6-019
misrepresentation, 6-020—6-026
history, 6-007—6-011
inducement
burden of proof, 6-089—6-091
generally, 6-050
introduction, 6-087
old law, 6-088
qualifying breaches, 6-099—6-100
knowledge of reinsured
actual knowledge, 6-053—6-055
confidential information exception, 6-055
deemed knowledge, 6-056—6-058
generally, 6-051—6-052
knowledge of reinsurer
actual knowledge, 6-066
deemed knowledge, 6-067
generally, 6-061
knowledge under s.5, 6-065

knowledge under s.18(3)(b), 6-062—6-064
presumed knowledge, 6-068
materiality
  agent's fraud or incompetence, 6-043—6-045
  burden of proof, 6-031
  circumstances, 6-028
  examples, 6-032—6-049
  influence on reinsurer's judgement, 6-030
  introduction, 6-027
  invalidity of retrocession cover, 6-042
  level of brokerage, 6-039
  loss experience, 6-033
  moral hazard, 6-043—6-049
  nature of risks ceded, 6-040—6-041
  opinion, expectation and belief, 6-034
  prudent reinsurer, 6-029
  reserving, 6-033
  retention of risk, 6-035—6-038
  suspicions and rumour, 6-046—6-049
misrepresentation
  continuing representations, 6-022—6-023
  materiality, 6-027—6-049
  non-disclosure distinguished, 6-021
  representations, 6-024—6-026
moral hazard
  agent's fraud or incompetence, 6-043—6-045
  suspicions and rumour, 6-046—6-049
person by whom duty owed, 6-012—6-014
person to whom duty owed, 6-015
qualifying breaches
  burden of proof, 6-089—6-091, 6-099—6-100
  deliberate qualifying breaches, 6-092—6-093, 6-095
  inducement, 6-087—6-088, 6-099—6-100
  introduction, 6-087
  non-deliberate/non-reckless qualifying breaches, 6-096—6-100
  old law on inducement, 6-088
  reckless qualifying breaches, 6-094—6-095
  variation of insurance, 6-101
remedies for breach of duty
  avoidance, 6-084—6-086
  inducement, 6-087—6-091
  qualifying breaches, 6-087—6-101
structure, 6-006
terminology, 6-006
waiver of disclosure requirement by insurer
  affirmation of contract, 6-108
  express waiver, 6-070—6-078
  generally, 6-069
  implied waiver based on questions asked, 6-079
  implied waiver based on summary presentation, 6-080—6-081
"Electronic claims processing"
  generally, 3-082
"Electronic placement"
  generally, 2-022—2-023, 3-003, 3-004, 3-005
Endorsement
  see Indorsement

Enforcement of foreign awards
see Foreign awards
Enforcement of foreign judgments
see Foreign judgments
Environmental social governance
  Bermuda, 15-102
  England, 15-067—15-075
"Errors and omissions clauses"
  generally, 4-010
Escrow
  payment of settlement funds, 5-087
Estoppel
  generally, 6-109—6-110
  intermediaries' duty of care, 9-070—9-072
  issue estoppel in arbitration, 14-033—14-034
Evidence
  arbitration, 14-030
  litigation
    Bermuda, 13-109
    England, 13-108
Ex gratia payments
  meaning of "ex gratia", 5-061—5-063
  mixed ex gratia and settlement payments, 5-064—5-067
"Exceptional contracts"
  claims, 5-073—5-074
Excess of loss reinsurance
  aggregate excess of loss reinsurance, 1-024
  aggregate extension clauses
    generally, 7-017—7-020
    liability and professional indemnity business, 7-021
    liability business only, 7-022—7-023
  aggregation, 7-014—7-016
  attachment point, 7-014—7-016
  claims series clauses, 7-024
  contribution, 7-028
  "drop-down", 7-028
  generally, 1-022, 7-010
  history, 7-013
  interlocking clauses, 7-030
  layers, 7-028
  stop loss contracts, 7-029
  time at which reinsurer bound to treaty risks, 7-011—7-012
  ultimate net loss clauses, 7-025—7-027
Expert determination
  alternative dispute resolution, 14-118
Expert evidence
  interpretation of contracts, 4-084—4-086
Expiry
  termination of contracts, 3-048
Facultative obligatory reinsurance
  generally, 1-021, 7-008
  implied terms, 4-099
  time at which reinsurer bound to treaty risks, 7-011—7-012
Facultative reinsurance
  generally, 1-017
Failure to disclose
  see Non-disclosure
Fair presentation of risk
  see Duty of fair presentation

INDEX

Financial products
misselling, 5-119—5-121
Financial reinsurance
see Finite risk reinsurance
Finite risk reinsurance
Bermuda Insurance Act 1978
designated investment contracts, 8-041
insurance business, 8-040
Private Act companies, 8-042—8-044
captive insurance companies, 2-026
characterisation of insurance contracts, 8-014
definition
financial institutions, 8-004
IFRS 17, 8-014
market understanding, 8-012—8-013
regulatory definition, 8-005—8-006
Solvency II definitions, 8-009—8-011
terminology, 8-003
transparency, 8-015
financial crisis, 8-062—8-063
financial institutions, 8-004
finite risks
industry loss warranties, 8-024
introduction, 8-021
prospective contracts, 8-023
retrospective contracts, 8-022
value-in-force policies, 8-025—8-026
future developments, 8-064
generally, 1-026
history
introduction, 8-016
rollovers, 8-017, 8-019
time and distance policies, 8-020
tonners, 8-018—8-019
IFRS 17, 8-014
industry loss warranties, 8-024
insurance business, 8-034
introduction, 8-001—8-002
investments
generally, 8-033
"operation directly arising" from insurance or "related" to reinsurance, 8-035
reinsurance business, 8-034
swaps treated as insurance contracts, 8-038—8-039
valuation, 8-036—8-037
legal consequences
narrow definition, 8-027
wider definition, 8-028—8-030
long-term business, 8-031
market understanding, 8-012—8-013
nature of reinsurer's obligations, 8-001—8-002
prospective contracts, 8-023
regulatory definition, 8-005—8-006
reinsurance loans, 8-032
retrospective contracts, 8-022
rollovers
generally, 8-017
object, 8-019
Solvency II
capital and reserves, 8-008
definitions, 8-009—8-011

overview, 8-007
reinsurance business, 8-034
swaps treated as insurance contracts, 8-038—8-039
terminology, 8-003
time and distance policies, 8-020
tonners
generally, 8-018
object, 8-019
transparency, 8-015
valuation of investments, 8-036—8-037
value-in-force policies, 8-025—8-026
Fixed fees
commission, 11-029
"Follow the fortunes" clauses
see Follow the settlements clauses
"Follow the leader clauses"
generally, 4-006
Follow the settlements clauses
bona fide and business-like settlements, 5-033
burden of proof
effect of "follow the settlements" clause, 5-037
generally, 5-034
judgment entered against reinsured, 5-040—5-042
qualified loss settlement clauses, 5-035—5-036
satisfying burden under Hill v M&G clauses, 5-038—5-039
claims co-operation clauses, relationship with, 5-049—5-050
ex gratia payments
meaning of "ex gratia", 5-061—5-063
mixed ex gratia and settlement payments, 5-064—5-067
"follow the fortunes", 5-008—5-009
Hill v Mercantile & General
Court of Appeal, 5-021
facts, 5-020
House of Lords, 5-022—5-026
loss settlement clauses, 5-010
history
"follow the fortunes", 5-008—5-009
implied clauses, 5-011—5-014
introduction, 5-004
"pay as may be paid thereon", 5-005—5-007
implied clauses, 4-104, 5-011—5-014
introduction, 5-001—5-002
"pay as may be paid thereon", 5-005—5-007
Scor
bona fide and business-like settlements, 5-033
Court of Appeal, 5-018—5-019
facts, 5-015—5-016
High Court, 5-017
within scope of reinsurance contract, 5-027—5-032
within scope of reinsurance contract, 5-027—5-032

INDEX

"Following market"
  claims handling schemes, 3-081—3-082
  duty of leading underwriter, 3-060—3-062
  followers acting independently of leader, 3-080
  representations to leader not repeated to followers, 3-063—3-065

Foreign awards
  Bermuda, 14-125, 14-130—14-131
  England
    common law, 14-128—14-129
    introduction, 14-125
    New York Convention, 14-126—14-127

Foreign judgments
  Bermuda
    common law, 13-083—13-085
    generally, 13-012
    statutory provisions, 13-086
  England
    cases outside EU Regulation, 13-078—13-082
    cases within EU Regulation, 13-077
    common law, 13-078—13-080
    generally, 13-011
    Hague Convention, 13-081—13-082
    statutory provisions, 13-081—13-082

Formation of contract
  Abrahams v Med Re, 3-023—3-024
  agreements binding in honour, 3-025
  Bermuda market practice
    Bermuda Form, 3-090
    contract certainty, 3-084
    intermediaries, 3-089
    issue of policy, 3-087
    not pure insurers, 3-088
    overview, 3-083
    tax neutrality, 3-089
    terms and conditions, 3-086
    underwriting submissions, 3-085
  best terms and conditions clauses, 3-037
  binding authorities, 3-029—3-030
  claims handling schemes, 3-081—3-082
  consideration, 3-021
  custom and usage, 3-039
  endorsements, 3-031
  following market
    claims handling schemes, 3-081—3-082
    duty of leading underwriter, 3-060—3-062
    followers acting independently of leader, 3-080
    representations to leader not repeated to followers, 3-063—3-065
  fraud, 3-027
  General Underwriters Agreement, 3-067
  "gentleman's agreements", 3-025
  honour, agreements binding in, 3-025
  implied terms, 3-039
  initialling of slip, 3-006—3-007
  intention to create legal relations
    Abrahams v Med Re, 3-023—3-024
    agreements binding in honour, 3-025
    fraud, 3-027
    generally, 3-022

    misrepresentation, 3-027
    mistake, 3-026
  issue of policy
    Bermuda, 3-087
    London, 3-004
  leading underwriters
    advantages of leading, 3-079
    authority to agree wording, 3-071—3-073
    claims, 3-075—3-078
    claims handling schemes, 3-081—3-082
    duty to following market, 3-060—3-062
    electronic claims processing, 3-082
    followers acting independently of leader, 3-080
    GUA provisions, 3-067
    Lloyd's Claims Scheme, 3-081
    overview, 3-059
    provisions on slip, 3-066—3-070
    reinsured and reinsurer, 3-074
    representations to leader not repeated to followers, 3-063—3-065
    Single Claims Agreement Party, 3-082
    specific clauses, 3-068—3-070
  line slips, 3-029—3-030
  London market practice
    general course of business, 3-001—3-002
    issue of policy, 3-004
    slips, 3-003
  misrepresentation, 3-027
  mistake, 3-026
  off slips, 3-029—3-030
  offer and acceptance
    initialling of slip, 3-006—3-007
    scratching of slip, 3-006
    signing down, 3-009—3-020
    slip oversubscribed, 3-010
    slip/risk not fully subscribed, 3-008
  open cover, 3-029—3-030
  oral agreements, 3-027
  PRICL terms, incorporation of, 3-040—3-043
  promised line, 3-051
  relationship between subsequent policy documents, 3-053—3-058
  "same terms and conditions as original", 3-038
  signing down
    generally, 3-009
    "Zephyr" case, 3-010—3-020
  slips
    following market, 3-070—3-082
    generally, 3-003
    initialling, 3-006—3-007
    leading underwriter, 3-059—3-082
    legal effect, 3-052
    line slips, 3-029—3-030
    not fully subscribed, 3-008
    off slips, 3-029—3-030
    oversubscribed, 3-010
    policy terms issued after slip, 3-058
    promised line, 3-051
    quotation slips, 3-050
    reinsurance preceding insurance, 3-055—3-057

INDEX

relationship with policy, 3-053—3-058
scratching, 3-006
signing down, 3-009—3-020
time of formation, 3-030
variation
  endorsements, 3-031
  later underwriters, 3-034—3-036
  quota share treaties, 3-032—3-033
writing, 3-027
"Zephyr" case
  facts, 3-010—3-012
  legal issues (Court of Appeal), 3-018—3-020
  legal issues (High Court), 3-013—3-017
Forum non conveniens
  cases outside EU Regulation, 13-045—13-053
  cases within EU Regulation, 13-036—13-037
Forum shopping
  generally, 13-052—13-053
Fraudulent claims
  consequences before IA 2015, 6-128
  consequences under IA 2015, 6-129—6-130
  deliberately procured or invented loss, 6-132
  exaggerated claims, 6-133
  fraudulent devices, 6-134—6-138
  generally, 5-077, 6-127
  intermediaries, 6-043—6-045, 9-042—9-046
  limitation periods, 13-134
  what constitutes fraudulent claim, 6-131—6-138
Fraudulent trading
  run-off, 16-027
"Fronting"
  intermediaries, 9-021—9-022
  pool reinsurance, 10-030—10-032
"Full reinsurance clause"
  generally, 7-007
Funding
  broker as risk bearer, 11-060—11-063
  broker's rights against reinsured, 11-059
  nature, 11-056—11-058
Futures
  reinsurance futures, 8-050
General Underwriters Agreement
  formation of contract, 3-067
"Gentleman's agreements"
  agreements binding in honour, 3-025
Good faith
  see also Utmost good faith
  implied terms, 4-096—4-098
Governing law
  see Choice of law
"Green channel"
  alternative risk transfer, 8-055
Guarantees
  security, 15-123
Hague Convention
  application to insurance/reinsurance, 13-040
  Brexit, 13-038
  generally, 13-039
Hampshire Land
  extension of principle, 9-049—9-050
  fraud of agents, 9-042—9-046

incompetence of agents, 9-047—9-048
retraction of principle, 9-051—9-053
Headings
  interpretation of contracts, 4-067
Held covered clauses
  utmost good faith, 6-142
History
  see Legal history
Honesty
  implied terms, 4-102
Honour, agreements binding in
  see Agreements binding in honour
"Honourable engagement clauses"
  arbitration, 14-108—14-113
"Hours clauses"
  aggregation of losses, 5-142
Hybrid schemes of arrangement
  see Schemes of arrangement
Illegality
  pool reinsurance, 10-034
Implied terms
  claims co-operation
    consultation with reinsurer, 4-108
    payment of legal costs, 4-106—4-107
    reinsurer not to act unreasonably, 4-105
  custom and usage, 3-039, 4-111—4-115
  duty of honesty, 4-102
  facultative obligatory reinsurance, 4-099
  "follow the settlements" clauses, 4-104, 5-011—5-014
  general principles, 4-093
  generally, 3-039
  good faith, 4-096—4-098
  jurisdiction, 4-109
  not writing against reinsurance, 4-100—4-101
  payment of legal costs, 4-106—4-107
  provision of documents and information, 4-103
  refund of premium on termination of contract, 4-110
  reinsurer bound by judgments against reinsured, 4-104
  terms implied by the courts, 4-094—4-110
Imputed knowledge
  common law, 9-039—9-054
  duty of fair presentation, 6-056—6-058, 9-055—9-057
  Hampshire Land principle
    extension, 9-049—9-050
    fraud of agents, 9-042—9-046
    incompetence of agents, 9-047—9-048
    retraction, 9-051—9-053
  introduction, 9-038
  statutory provisions, 9-055—9-057
Inability to pay debts
  see Winding-up
Incorporation by reference
  generally, 4-005
  IA 2015 default rules and opt-outs, 4-032
  Principles of Reinsurance Contract Law, 3-040—3-043
  subsequent amendments, 4-033—4-035
  unusual or onerous terms, 4-031

1404 INDEX

"Incurred but not reported"
  generally, 1-032
Indemnities
  security, 15-123
Indorsement
  "cut through" clauses, 15-124—15-127
  formation of contract, 3-031
"Industry loss warranties"
  finite risk reinsurance, 8-024
Injunctions to restrain proceedings
  see Anti-suit injunctions
Insolvency
  see also Run-off; Schemes of arrangement; Solvency; Winding-up
  administration
    costs, 18-003
    generally, 18-001
    handling of claims, 18-003
    procedure, 18-002
  application of statutory provisions to reinsurance, 17-002
  Bermuda
    generally, 17-005
    insurance business transfers, 18-049—18-051
    priority of distribution, 17-062—17-063
    recovery plans, 18-052—18-055
  commission, 11-020
  corporate reorganisations, 18-056—18-058
  insurance business transfers
    Bermuda, 18-049—18-051
    Court of Appeal consideration, 18-044
    effect, 18-048
    exercise of discretion, 18-045—18-047
    generally, 18-040—18-043
  insurer resolution regime (proposed)
    additional tools, 18-082
    ancillary matters, 18-085
    conditions, 18-080
    generally, 18-078
    "no creditor worse off" safeguard, 18-083
    pre-resolution planning, 18-084
    pre-resolution valuation, 18-085
    scope, 18-080
    stabilisation options, 18-081
    statutory resolution objectives, 18-079
  intermediaries' accounts
    commission/brokerage, 11-020
    payment of premium, 11-043—11-045
    set-off, 11-071—11-076
  overview of procedures, 17-001—17-005
  pool reinsurance
    agreements to assume liability, 10-036—10-038
    generally, 10-035
    net accounting, 10-039
    recovery from pool reinsurers, 10-039
  pre-emptive action where prospective insolvency, 15-133
  premiums, payment of, 11-043—11-045
  priority of distribution
    assets of the company, 17-061
    Bermuda, 17-062—17-063
    generally, 17-058—17-059
    implications, 17-060
  problems unique to reinsurance, 17-001
  recovery plans (Bermuda)
    application of rules, 18-053
    generally, 18-052
    scope and requirements, 18-054—18-055
  restructuring plans
    classes of creditors, 18-011—18-021
    cross-class cram down, 18-024
    discretion of court, 18-022, 18-024
    jurisdiction, 18-006
    Practice Statement, 18-009
    procedure, 18-007—18-009
    schemes of arrangement compared, 18-005
    statutory provisions, 18-005
  set-off
    Bankruptcy Act 1914, 11-073
    case law examples, 11-076
    Insolvency Rules, 11-071—11-072
    mutuality, 11-074—11-075
    schemes of arrangement, 18-061
    winding-up, 17-029—17-030
  solvency assessments, 15-132
  write down of contracts, 17-004, 18-039
Inspection
  reinsured's records, 5-151—5-154
Insurance business transfers
  see Business transfer schemes
Insurance contracts, relationship with
  see Reinsurance contracts
Insurance-linked securities
  catastrophe bonds, 8-052
  collateralised reinsurance, 8-053
  generally, 8-051, 16-060
  special purpose vehicles, 15-031
  UK ILS regime, 8-054
Insurer resolution regime
  see Insolvency
Intention
  interpretation of contracts, 4-065—4-066
Intention to create legal relations
  Abrahams v Med Re, 3-023—3-024
  agreements binding in honour, 3-025
  fraud, 3-027
  generally, 3-022
  misrepresentation, 3-027
  mistake, 3-026
Interest
  agency, 9-010
  litigation
    Bermuda, 13-112
    England, 13-110—13-111
Intermediaries
  see also Intermediaries (accounts)
  advice, 9-084
  agency
    actual authority, 9-004—9-005
    agents' duties, 9-009
    breach of warranty of authority, 9-006
    compound interest on unpaid sums, 9-010
    definition, 9-002
    fraud of agents, 9-042—9-046

INDEX

incompetence of agents, 9-047—9-048
intermediaries/agents compared,
   9-013—9-018
introduction, 9-001
liability of agents to third parties, 9-006
ostensible authority, 9-004—9-005
ratification by principal, 9-008
sub-agents, 9-011—9-012
undisclosed principals, 9-007
unjust enrichment, 9-010
agent of reinsured
   generally, 9-013—9-018
   placing cover, 9-019—9-022
cancellation clauses, 9-027—9-028
choice of law
   common law, 12-036
   formation of contract, 12-035
   Rome I Regulation, 12-037—12-038
commission
   contingent commission, 9-034—9-035
   disclosure, 9-031—9-032
   grossing up, 9-033
   market practice, 9-029
   market services agreements, 9-034—9-035
   minimum and deposit premiums, 9-036
   net equivalent, 9-033
   overriding commission, 9-030
   re-instatement premiums, 9-036
   volume commission, 9-034—9-035
conflicts of interest
   Bermuda, 9-061
   England, 9-060
duties
   conflicts of interest, 9-060—9-061
   duty of care to reinsured, 9-062—9-084
   general duty to advise, 9-084
   reinsurer, 9-085
   sub-brokers, 9-089—9-090
   third parties, 9-086—9-088
   utmost good faith, 9-058—9-059
duty of care to reinsured
   adequacy of reinsurance security,
      9-081—9-083
   advising client on matters affecting
      coverage, 9-064—9-068
   collection of claims, 9-077—9-080
   continuing duty, 9-064—9-080
   contributory negligence, 9-071
   defences, 9-070—9-072
   estoppel, 9-070—9-072
   measure of damages, 9-069
   placing cover, 9-062—9-063
   preservation of documents, 9-077—9-080
   scope, 9-069
   selection of market, 9-081—9-083
   waiver, 9-070—9-072
duty to advise, 9-084
duty to reinsurer, 9-085
duty to sub-brokers, 9-089—9-090
duty to third parties, 9-086—9-088
fraud, 9-042—9-046
fronting, 9-021—9-022
generally, 1-027—1-028

Hampshire Land principle
   extension, 9-049—9-050
   fraud of agents, 9-042—9-046
   incompetence of agents, 9-047—9-048
   retraction, 9-051—9-053
imputed knowledge
   common law, 9-039—9-054
   fair presentation of risk, 9-055—9-057
   fraud of agents, 9-042—9-046
   Hampshire Land principle, 9-042—9-053
   incompetence of agents, 9-047—9-048
   introduction, 9-038
   statutory provisions, 9-055—9-057
incompetence, 9-047—9-048
overriding commission, 9-030
placing cover
   duty of care to reinsured, 9-062—9-063
   fronting, 9-021—9-022
   general rule, 9-019—9-020
premiums
   Bermuda, 9-026
   broker's title to sue, 9-024—9-025
   cancellation clauses, 9-027—9-028
   general principles, 9-023
   subscription slips, 9-037
regulation (Bermuda), 9-094—9-096
regulation (England)
   Directive/Regulation, 9-092
   introduction, 9-091
   Lloyd's brokers, 9-093
schemes of arrangement, 18-073
sub-brokers, 9-089—9-090
third parties, duty to, 9-086—9-088
title to sue, 9-024—9-025
utmost good faith, 9-058—9-059
volume commission, 9-034—9-035
Intermediaries (accounts)
Bermuda, 11-055
central accounting, 11-041—11-042
claims
   electronic networks, 11-054
   generally, 11-034—11-036
claims money, 11-046
commission/brokerage
   avoided policies, 11-021—11-022
   broker deprived of opportunity to earn
      commission, 11-024—11-026
   broker suing for commission, 11-023
   broker's lien, 11-030—11-033
   cancelled policies, 11-021—11-022
   fixed fees, 11-029
   generally, 11-013—11-014
   insolvency, 11-020
   purpose, 11-016
   return of premium on
      cancellation/avoidance, 11-021—11-022
   set-off, 11-027
   sub-brokers, 11-015
   termination of agency, 11-017—11-019
   terms of business agreements, 11-028
delinking, 11-012
electronic marketplaces and digitalised
   processes

authorisation, 11-052
claims, 11-054
formation of contract, 11-053
introduction, 11-051
premiums, 11-054
regulation, 11-052
funding
  broker as risk bearer, 11-060—11-063
  broker's rights against reinsured, 11-059
  nature, 11-056—11-058
insolvency
  commission/brokerage, 11-020
  payment of premium, 11-043—11-045
  set-off, 11-071—11-076
introduction, 11-001
market practice
  Bermuda, 11-055
  broker as trustee of claims money, 11-046
  broker's duties on receiving claims, 11-037
  central accounting, 11-041—11-042
  claims money, 11-046
  electronic marketplaces and digitalised processes, 11-051—11-054
  insolvency of broker's client, 11-043—11-045
  net accounting, 11-038—11-040
  payment documentation, 11-047—11-050
net accounting, 11-038—11-040
payment documentation, 11-047—11-050
premiums
  broker as trustee, 11-007
  broker not liable, 11-003—11-006
  brokers of insurance business, 11-009
  brokers of reinsurance business, 11-010
  delinking, 11-012
  electronic networks, 11-054
  Lloyd's brokers, 11-008
  managing agents, 11-011
  return of premium on cancellation/avoidance, 11-021—11-022
set-off
  brokers, 11-069
  commission/brokerage, 11-027
  contractual set-off, 11-070
  counterclaim distinguished, 11-064
  equitable set-off, 11-066
  insolvency, 11-071—11-076
  legal set-off, 11-065
  reinsurance, 11-067—11-068
set-off (insolvency)
  Bankruptcy Act 1914, 11-073
  case law examples, 11-076
  Insolvency Rules, 11-071—11-072
  mutuality, 11-074—11-075
  schemes of arrangement, 18-061
  winding-up, 17-029—17-030
theoretical perspective
  claims, 11-034—11-036
  duty to pay commission, 11-013—11-033
  introduction, 11-001
  premiums, 11-002—11-012
International Underwriting Association
generally, 2-021

Interpretation
ambiguous meaning, 4-078—4-080
back-to-back coverage, 4-088—4-091
business common sense, 4-083
commercial context, 4-059—4-064
contextualism, 4-053—4-058
contra proferentem, 4-070—4-073
deleted words, 4-068—4-069
expert evidence, 4-084—4-086
film finance litigation, 4-060
general principles, 4-052—4-058
headings, 4-067
intention of parties, 4-065—4-066
literalism, 4-053—4-058
ordinary meaning, 4-074—4-076
parol evidence, 4-065—4-066
payment of underlying loss, 4-092
presumptions
  back-to-back coverage, 4-088—4-091
  payment of underlying loss, 4-092
"superhulls", 4-059
technical meaning, 4-077
unreasonable meaning, 4-081—4-082
warranties, 6-158—6-159
wording to be agreed, 4-087
Investments
generally, 8-033
"operation directly arising" from insurance or "related" to reinsurance, 8-035
reinsurance business, 8-034
swaps treated as insurance contracts, 8-038—8-039
valuation, 8-036—8-037
Issue estoppel
arbitration, 14-033—14-034
"Issue of policy"
Bermuda, 3-087
England, 3-004
Judicial review
arbitration awards, 14-035—14-037
Jurisdiction (Bermuda)
see also Jurisdiction (England)
anti-suit injunctions, 13-076
contract claims, 13-058—13-060
enforcement of foreign judgments
  common law, 13-083—13-085
  generally, 13-012
  statutory provisions, 13-086
External Companies (Jurisdiction in Actions) Act 1885, 13-066
necessary/proper party, 13-062
overview, 13-010
service out of jurisdiction
  contract claims, 13-058—13-060
  enforcement of judgments/arbitral awards, 13-063
  External Companies (Jurisdiction in Actions) Act 1885, 13-066
  generally, 13-057
  necessary/proper party, 13-062
  "Spiliada" principles, 13-064—13-065
  tort claims, 13-061

INDEX

Jurisdiction clauses
  EU Regulation, 13-035—13-037
  generally, 4-014—4-015
  implied terms, 4-109
  US service of suit clauses, 13-054—13-056
Jurisdiction (England)
  see also Jurisdiction (Bermuda)
  anti-suit injunctions
    application to reinsurance disputes, 13-069—13-071
    effect of EU Regulation, 13-067
    general principles, 13-068
    misapplication to reinsurance disputes, 13-072—13-075
  arbitration clauses, 13-015—13-019
  branch or agency, 13-032
  Brussels Convention, 13-013
  co-defendants, 13-033
  contract claims
    cases outside EU Regulation, 13-042
    cases within EU Regulation, 13-027—13-031
  counterclaims, 13-033
  declarations, 13-052—13-053
  domicile
    generally, 13-020
    insured domiciled in contracting state, 13-024
    insured not domiciled in contracting state, 13-025
    insurer domiciled in contracting state, 13-022
    insurer not domiciled in contracting state, 13-023
    policyholder domiciled in contracting state, 13-024
    policyholder not domiciled in contracting state, 13-025
    special rules for insurance contracts, 13-021
  enforcement of foreign judgments
    cases outside EU Regulation, 13-078—13-082
    cases within EU Regulation, 13-077
    common law, 13-078—13-080
    generally, 13-011
    Hague Convention, 13-081—13-082
    statutory provisions, 13-081—13-082
  EU Regulation
    arbitration clauses, 13-015—13-019
    basic rule, 13-014
    branch or agency, 13-032
    Brexit, 13-038—13-040
    co-defendants, 13-033
    contract claims, 13-027—13-031
    counterclaims, 13-033
    domicile, 13-020
    exceptions, 13-014
    forum non conveniens, 13-036—13-037
    insurance contracts, 13-021—13-025
    introduction, 13-013
    jurisdiction clauses, 13-035—13-037
    lis alibi pendens, 13-036—13-037
    overview, 13-009
    reinsurance disputes, 13-026
    scope, 13-015—13-019
    third parties, 13-033
    tort claims, 13-034
  forum non conveniens
    cases outside EU Regulation, 13-045—13-053
    cases within EU Regulation, 13-036—13-037
  forum shopping, 13-052—13-053
  Hague Convention
    application to insurance/reinsurance, 13-040
    Brexit, 13-038
    generally, 13-039
  insurance contracts rules
    insured domiciled in contracting state, 13-024
    insured not domiciled in contracting state, 13-025
    insurer domiciled in contracting state, 13-022
    insurer not domiciled in contracting state, 13-023
    policyholder domiciled in contracting state, 13-024
    policyholder not domiciled in contracting state, 13-025
    special rules for insurance contracts, 13-021
  introduction, 13-008
  judicial discretion, 13-045
  jurisdiction clauses
    EU Regulation, 13-035—13-037
    US service of suit clauses, 13-054—13-056
  lis alibi pendens
    cases outside EU Regulation, 13-045—13-053
    cases within EU Regulation, 13-036—13-037
  Lugano Convention, 13-013
  necessary party, 13-044
  negative declarations, 13-052—13-053
  overview, 13-009
  proper party, 13-044
  service of suit clauses, 13-054—13-056
  service out of jurisdiction
    contract claims, 13-042
    generally, 13-041
    necessary/proper party, 13-044
    permission, 13-045
    "Spiliada" principles, 13-046—13-051
    tort claims, 13-043
  third parties, 13-033
  tort claims
    cases outside EU Regulation, 13-045
    cases within EU Regulation, 13-034
  US service of suit clauses, 13-054—13-056
Knowledge
  intermediaries
    common law, 9-039—9-054
    fair presentation of risk, 9-055—9-057
    fraud of agents, 9-042—9-046
    Hampshire Land principle, 9-042—9-053

incompetence of agents, 9-047—9-048
introduction, 9-038
statutory provisions, 9-055—9-057
managing agents, 10-010
reinsured
  actual knowledge, 6-053—6-055
  confidential information exception, 6-055
  deemed knowledge, 6-056—6-058
  generally, 6-051—6-052
reinsurer
  actual knowledge, 6-066
  deemed knowledge, 6-067
  generally, 6-061
  knowledge under s.5, 6-065
  knowledge under s.18(3)(b), 6-062—6-064
  presumed knowledge, 6-068

Language
manipulation of language, 4-036—4-040

Late payments
generally, 5-144—5-148
limitation periods, 13-115

Leading underwriters
see Underwriters

Legal advice privilege
generally, 13-106—13-107

Legal costs
see Costs

Legal history
18th century marine underwriting, 2-004—2-005
19th century, 2-006—2-007
20th century, 2-008
definitions of reinsurance, 1-043—1-044
early development, 2-001—2-003
globalisation, 2-008—2-010
origins, 2-001—2-003

Letters of credit
generally, 15-120—15-122

Licensing
Bermuda, 15-081—15-084, 15-087

Liens
commission, 11-030—11-033

Limitation periods
acknowledgement, 13-133
addition of claims/parties, 13-131
amendment of claims, 13-131
basic concepts, 13-113
Bermuda, 13-139
breach of duty of fair presentation, 13-135
concealment, 13-134
contract claims
  generally, 13-114
  late payment of insurance claims, 13-115
equitable claims, 13-118
extension and exclusion
  acknowledgement, 13-133
  fraud, concealment and mistake, 13-134
  part payment, 13-133
foreign limitation periods
  application, 13-136
  disapplication, 13-137
  foreign judgments based on limitation, 13-138

fraud, 13-134
issue of proceedings, 13-130
late payment of insurance claims, 13-115
mistake, 13-134
overview, 13-113
part payment, 13-133
pleading limitation as a defence, 13-132
tort claims, 13-116—13-117
trust claims, 13-118
unfair presentation of risk, 13-135
when time starts to run
  denial of liability, 13-124
  introduction, 13-119
  late submission of accounts, 13-126
  later accounts taking earlier accounts, 13-127
  non-simultaneous view, 13-120—13-122
  practical consequences, 13-128—13-129
  simultaneous view, 13-123
  treaty reinsurance, 13-125

Line slips
see Slips

Liquidation
see Winding-up

Liquidity
Bermuda, 15-089—15-094

Lis alibi pendens
cases outside EU Regulation, 13-045—13-053
cases within EU Regulation, 13-036—13-037

Litigation (Bermuda)
see also Jurisdiction (Bermuda); Litigation (England)
advantages of arbitration over litigation
  enforceability of awards, 14-081
  introduction, 14-077
  procedural flexibility, 14-079
  substantive flexibility, 14-080
  technical expertise, 14-078
advantages of litigation over arbitration
  allocation of costs, 14-088
  consolidation of proceedings, 14-084
  enforceability of judgments, 14-087
  introduction, 14-082
  joinder of parties, 14-084
  procedural certainty, 14-085
  substantive certainty, 14-086
  summary judgment, 14-083
anti-suit injunctions, 13-076
court rules, 13-006—13-007
discovery, 13-104—13-105
enforcement of foreign judgments
  common law, 13-083—13-085
  generally, 13-012
  statutory provisions, 13-086
English law compared, 13-007
evidence, 13-109
interest, 13-112
limitation periods, 13-139
Rules of the Supreme Court, 13-006—13-007
summary judgment, 13-099
third party proceedings, 13-088—13-090

INDEX

Litigation (England)
see also Jurisdiction (Bermuda); Jurisdiction (England); Limitation periods; Litigation (Bermuda)
advantages of arbitration over litigation
  enforceability of awards, 14-081
  introduction, 14-077
  procedural flexibility, 14-079
  substantive flexibility, 14-080
  technical expertise, 14-078
advantages of litigation over arbitration
  allocation of costs, 14-088
  consolidation of proceedings, 14-084
  enforceability of judgments, 14-087
  introduction, 14-082
  joinder of parties, 14-084
  procedural certainty, 14-085
  substantive certainty, 14-086
  summary judgment, 14-083
alternative dispute resolution, 13-005
anti-suit injunctions
  application to reinsurance disputes, 13-069—13-071
  effect of EU Regulation, 13-067
  general principles, 13-068
  misapplication to reinsurance disputes, 13-072—13-075
assignment, 13-092
case management, 13-004
Civil Procedure Rules
  alternative dispute resolution, 13-005
  case management, 13-004
  disclosure, 13-103
  overview, 13-003
  parties, 13-087
  summary judgment, 13-096—13-098
Commercial Court practice, 13-003
common interest, 13-106—13-107
contribution claims, 13-087
court rules, 13-003—13-005
coverage litigation
  declaratory judgment costs, 5-058—5-059
  declaratory judgments, 5-055
  defence costs, 5-056—5-057
  ineffective clauses, 5-060
declaratory actions, 13-093—13-095
disclosure, 13-103
enforcement of foreign judgments
  cases outside EU Regulation, 13-078—13-082
  cases within EU Regulation, 13-077
  common law, 13-078—13-080
  generally, 13-011
  Hague Convention, 13-081—13-082
  statutory provisions, 13-081—13-082
evidence, 13-108
growth of reinsurance disputes, 13-001
indemnity claims, 13-087
interest, 13-110—13-111
introduction, 13-001—13-002
Lloyd's underwriters, 13-091
locus standi, 13-093—13-095
parties, 13-087

privilege, 13-106—13-107
strategic issues, 13-002
subrogation, 13-092
summary judgment
  defences to applications, 13-100—13-102
  generally, 13-096—13-098
  third party proceedings, 13-087

Litigation privilege
generally, 13-106—13-107

Lloyd's
active underwriters, 2-016
administrative machinery, 2-018—2-019
brokers
  generally, 2-017
  regulation, 9-093
Central Fund, 2-014
corporate members, 2-012
global reach, 2-013
Lloyd's Claims Scheme, 3-081
Lloyd's Policy Signing Office, 2-019
managing agents
  damages, 10-047—10-048
  duty of care, 10-040
  generally, 2-015
  LMX spiral, 10-044—10-045
  modern Lloyd's practice, 10-055
  "reasonable underwriter" test, 10-041—10-043
  standard of care, 10-041—10-043
members' agents
  breach of duty, 10-051—10-052
  damages, 10-053
  duty of care, 10-049—10-050
  generally, 2-015
  modern Lloyd's practice, 10-055
Names, 2-012
operation, 2-011—2-012
self-regulation, 15-064—15-066
syndicates, 2-015
Xchanging, 2-019

Loans
reinsurance loans, 8-032

Locus standi
litigation, 13-093—13-095

Losses occurring policies
aggregation of losses
  aggregate extension clauses, 5-140
  background, 5-112
  Covid-19 cases, 5-129—5-131
  direct insurance/reinsurance, 5-134—5-139
  financial misselling, 5-119—5-121
  hours clauses, 5-142
  negligent acts and omissions, 5-114—5-118
  Principles of Reinsurance Contract Law, 5-133
  rules for determining aggregation issues, 5-132
  sole judge clauses, 5-141
  war and terrorism, 5-122—5-128
generally, 1-029—1-031
temporal basis of reinsurance coverage
  "claims made" underlying policy, 5-092—5-095

fundamental concepts, 5-088
"losses occurring during" basis, 5-089
"risks attaching during" basis, 5-090
"risks attaching during" outwards/"losses occurring during" inwards mismatch, 5-091
Lugano Convention
jurisdiction, 13-013
Managing agents
abuse of binding authorities
liability of agent, 10-023—10-024
liability of individuals in the coverholder, 10-025
liability of intermediaries, 10-027—10-028
liability of principal, 10-023—10-024
liability of regulators, 10-026
acceptance of risks, 10-007—10-008
accounting on termination, 10-018
agency agreements, 10-004—10-006
apparent authority, 10-004—10-006
authorisation, 10-003
authority
fronting, 10-030—10-032
generally, 10-004—10-006
binders distinguished, 10-002
binding authorities
abuse, 10-023—10-028
cover holders, 10-022
open covers distinguished, 10-020—10-021
utmost good faith, 10-029
captive managers, 10-009
fronting, 10-030—10-032
introduction, 10-001
knowledge, 10-010
legal nature
acceptance of risks, 10-007—10-008
authorisation, 10-003
authority, 10-004—10-006
captive managers, 10-009
knowledge, 10-010
run-off, 10-011—10-017
termination of agency, 10-011—10-019
Lloyd's brokers, 10-054
Lloyd's managing agents
damages, 10-047—10-048
duty of care, 10-040
generally, 2-015
LMX spiral, 10-044—10-045
modern Lloyd's practice, 10-055
"reasonable underwriter" test, 10-041—10-043
standard of care, 10-041—10-043
Lloyd's members' agents
breach of duty, 10-051—10-052
damages, 10-053
duty of care, 10-049—10-050
generally, 2-015
modern Lloyd's practice, 10-055
open covers
binding authorities distinguished, 10-020—10-021
cover holders, 10-022
ostensible authority, 10-004—10-006

placing cover, 10-006
pools
fronting, 10-030—10-032
illegality, 10-034
insolvency of members, 10-035—10-039
liability of members, 10-033
run-off, 10-011—10-017, 16-035
schemes of arrangement, 18-075
selection of market, 10-006
termination of agency
accounting between principal and agent, 10-018
fiduciary duty, 10-019
run-off, 10-011—10-017
Marine insurance
abandonment, 7-004—7-006
compromise, 7-005—7-006
indemnity principle, 7-005—7-006
introduction, 7-001—7-002
Marine Insurance Act 1996, application of, 7-001
"pay as may be paid thereon", 7-002
perils of the sea, 7-003
proximate cause of loss, 7-003
"Market services agreements"
generally, 9-034—9-035
Markets
see also Lloyd's
Bermuda market practice
Bermuda Form, 3-090
contract certainty, 3-084
intermediaries, 3-089
issue of policy, 3-087
not pure insurers, 3-088
overview, 3-083
tax neutrality, 3-089
terms and conditions, 3-086
underwriting submissions, 3-085
company market
electronic placement, 2-022—2-023
International Underwriting Association, 2-021
introduction, 2-020
London market practice
general course of business, 3-001—3-002
issue of policy, 3-004
slips, 3-003
selection by intermediaries, 9-081—9-083
Materiality
agent's fraud or incompetence, 6-043—6-045
burden of proof, 6-031
circumstances, 6-028
examples, 6-032—6-049
influence on reinsurer's judgement, 6-030
introduction, 6-027
invalidity of retrocession cover, 6-042
level of brokerage, 6-039
loss experience, 6-033
moral hazard
agent's fraud or incompetence, 6-043—6-045
suspicions and rumour, 6-046—6-049
nature of risks ceded, 6-040—6-041

INDEX

opinion, expectation and belief, 6-034
prudent reinsurer, 6-029
reserving, 6-033
retention of risk
  effect of excess of loss reinsurance, 6-037—6-038
  generally, 6-035—6-036
suspicions and rumour, 6-046—6-049

Mediation
alternative dispute resolution, 14-115—14-117

Mesothelioma
allocation of settlements, 5-101—5-108
generally, 7-031

Misrepresentation
see also Duty of fair presentation
continuing representations, 6-022—6-023
materiality, 6-027—6-049
non-disclosure distinguished, 6-021
representations, 6-024—6-026

Misselling
aggregation of losses, 5-119—5-121

Mistake
claims, 5-143
formation of contract, 3-026
limitation periods, 13-134

Moral hazard
agent's fraud or incompetence, 6-043—6-045
suspicions and rumour, 6-046—6-049

"Mutual companies"
run-off (Bermuda), 16-042—16-043

Negligence
aggregation of losses, 5-114—5-118
directors, 16-025

Netting
generally, 15-130—15-131

New York Convention
enforcement of foreign arbitration awards, 14-126—14-127

Non-disclosure
affirmation
  delay, 6-107
  exercise of inconsistent rights, 6-106
  generally, 6-102
  knowledge of right to avoid, 6-103—6-104
  timing, 6-107
  unequivocal communication, 6-105
avoidance, 6-084—6-086
Bermuda, 6-111—6-112
duty of fair presentation
  exceptions, 6-059—6-083
  fair presentation of risk, 6-016—6-026
  history, 6-007—6-011
  inducement, 6-050
  knowledge of reinsured, 6-051—6-058
  materiality, 6-027—6-049
  person by whom duty owed, 6-012—6-014
  person to whom duty owed, 6-015
  remedies for breach of duty, 6-084—6-101
  structure, 6-006
  terminology, 6-006
estoppel, 6-109—6-110
exceptions to disclosure requirement
  circumstances already known or deemed/presumed to be known by insurer, 6-061—6-068
  circumstances covered by warranty, 6-082
  circumstances diminishing risk, 6-060
  generally, 6-059
  other exceptions, 6-083
  waiver of disclosure requirement by insurer, 6-069—6-081
fair presentation of risk
  disclosure, 6-017—6-018
  introduction, 6-016
  manner of presentation, 6-019
  misrepresentation, 6-020—6-026
history, 6-007—6-011
inducement
  burden of proof, 6-089—6-091
  generally, 6-050
  introduction, 6-087
  old law, 6-088
  qualifying breaches, 6-099—6-100
introduction, 6-001
knowledge of reinsured
  actual knowledge, 6-053—6-055
  confidential information exception, 6-055
  deemed knowledge, 6-056—6-058
  generally, 6-051—6-052
knowledge of reinsurer
  actual knowledge, 6-066
  deemed knowledge, 6-067
  generally, 6-061
  knowledge under s.5, 6-065
  knowledge under s.18(3)(b), 6-062—6-064
  presumed knowledge, 6-068
materiality
  agent's fraud or incompetence, 6-043—6-045
  burden of proof, 6-031
  circumstances, 6-028
  examples, 6-032—6-049
  influence on reinsurer's judgement, 6-030
  introduction, 6-027
  invalidity of retrocession cover, 6-042
  level of brokerage, 6-039
  loss experience, 6-033
  moral hazard, 6-043—6-049
  nature of risks ceded, 6-040—6-041
  opinion, expectation and belief, 6-034
  prudent reinsurer, 6-029
  reserving, 6-033
  retention of risk, 6-035—6-038
  suspicions and rumour, 6-046—6-049
misrepresentation
  continuing representations, 6-022—6-023
  materiality, 6-027—6-049
  non-disclosure distinguished, 6-021
  representations, 6-024—6-026
moral hazard
  agent's fraud or incompetence, 6-043—6-045
  suspicions and rumour, 6-046—6-049
reform process, 6-005
remedies

avoidance, 6-084—6-086
  inducement, 6-087—6-091
  qualifying breaches, 6-087—6-101
utmost good faith
  continuing duty (reinsured), 6-116—6-147
  continuing duty (reinsurer), 6-151—6-153
  fraudulent claims, 6-127—6-138
  historical context, 6-113—6-115
  Insurance Act 2015 s.14, 6-125—6-126
  introduction, 6-003
  juridical basis, 6-116—6-124
  reinsurer's duties, 6-148—6-153
utmost good faith (continuing duty)
  allocation or "spiking" of claims, 6-139
  change of risk or subject matter of insurance, 6-147
  "DC Merwestone", 6-123—6-124
  fraudulent claims, 6-127—6-138
  good faith implied terms, 6-145
  "held covered" clauses, 6-142
  information requests, 6-145
  Insurance Act 2015 s.14, 6-125—6-126
  insurer having right of cancellation, 6-143—6-144
  litigation, 6-146
  "Mercandian Continent", 6-119—6-122
  other breaches of duty, 6-140
  reinsurer's duty, 6-151—6-153
  renewals, 6-141
  "Star Sea", 6-116—6-118
  variations to the risk, 6-141
waiver of disclosure requirement
  affirmation of contract, 6-108
  express waiver, 6-070—6-078
  generally, 6-069
  implied waiver based on questions asked, 6-079
  implied waiver based on summary presentation, 6-080—6-081
"Non-proportional reinsurance"
  differences from underlying insurance, 4-046—4-050
  generally, 1-016
  relationship between different layers, 4-051
  relationship with proportional reinsurance, 4-041—4-045
Notice
  incorporation of original contract provisions, 4-007—4-008
Notification
  claims co-operation clauses, 5-045
Off slips
  see Slips
Offer and acceptance
  initialling of slip, 3-006—3-007
  scratching of slip, 3-006
  signing down, 3-009—3-020
  slip oversubscribed, 3-010
  slip/risk not fully subscribed, 3-008
Open cover
  binding authorities distinguished, 10-020—10-021
  cover holders, 10-022

formation of contract, 3-029—3-030
Oral contracts
  formation of contract, 3-027
Ordinary meaning
  interpretation of contracts, 4-074—4-076
Original insurance contracts, relationship with
  see Reinsurance contracts
Ostensible authority
  see Apparent authority
"Outstandings"
  generally, 1-032
Overriding commission
  see Commission
Parol evidence
  interpretation of contracts, 4-065—4-066
Part payments
  limitation periods, 13-133
"Pay as may be paid thereon"
  "follow the settlements" clauses, 5-005—5-007
  marine reinsurance, 7-002
Perils of the sea
  marine reinsurance, 7-003
Placing cover
  see Intermediaries
Pool reinsurance
  fronting, 10-030—10-032
  illegality, 10-034
  insolvency of pool members
    agreements to assume liability, 10-036—10-038
    generally, 10-035
    net accounting, 10-039
    recovery from pool reinsurers, 10-039
  liability of pool members, 10-033
Preferences
  application to reinsurance, 16-009—16-015
  Bermuda, 16-019—16-020
  definition, 16-008
  history, 16-004
  relevant time, 16-005
Premiums
  intermediaries
    Bermuda, 9-026
    broker's title to sue, 9-024—9-025
    cancellation clauses, 9-027—9-028
    general principles, 9-023
    premium on subscription slips, 9-037
  intermediaries' accounts
    broker as trustee, 11-007
    broker not liable, 11-003—11-006
    brokers of insurance business, 11-009
    brokers of reinsurance business, 11-010
    delinking, 11-012
    electronic networks, 11-054
    Lloyd's brokers, 11-008
    managing agents, 11-011
    return of premium on cancellation/avoidance, 11-021—11-022
  minimum and deposit premiums, 9-036
  premium review clauses, 3-046—3-047
  refund on termination of contract, 4-110

INDEX

re-instatement premiums, 9-036
reinsurer's rights against reinsured,
   5-149—5-150
termination for non-payment, 3-046—3-047
Presumptions
back-to-back coverage, 4-088—4-091
payment of underlying loss, 4-092
Principles of Reinsurance Contract Law
aggregation of losses, 5-133
definition of contract of reinsurance, 1-055
incorporation of terms, 3-040—3-043
sources of law, 1-042
Privilege
generally, 13-106—13-107
Privity of contract
"cut through" clauses, 15-124—15-127
"Promised line"
formation of contract, 3-051
Proper law
see Choice of law
"Proportional reinsurance"
full reinsurance clause, 7-007
generally, 1-015
relationship with non-proportional
   reinsurance, 4-041—4-045
time at which reinsurer bound to treaty risks,
   7-011—7-012
Proposal forms
generally, 4-009
Protected cell companies
generally, 8-054, 15-031—15-032, 16-060
Qualifying breaches
see Duty of fair presentation
"Quota share reinsurance"
generally, 1-019, 7-009
time at which reinsurer bound to treaty risks,
   7-011—7-012
variation, 3-032—3-033
Quotation slips
see Slips
Ratification
agency, 9-008
Recognition (foreign awards)
Bermuda, 14-125, 14-130—14-131
England
   common law, 14-128—14-129
   introduction, 14-125
   New York Convention, 14-126—14-127
Recognition of judgments
Bermuda
   common law, 13-083—13-085
   generally, 13-012
   statutory provisions, 13-086
England
   cases outside EU Regulation,
      13-078—13-082
   cases within EU Regulation, 13-077
   common law, 13-078—13-080
   generally, 13-011
   Hague Convention, 13-081—13-082
   statutory provisions, 13-081—13-082
Registration
Bermuda, 15-081

Regulation
see also Regulation (Bermuda); Regulation
   (England)
EEA, 15-013
international regulation, 15-011—15-012
overview, 15-001—15-022
purpose, 15-001—15-010
Solvency II
   generally, 15-019—15-020
   reform proposals, 15-021
Regulation (Bermuda)
Bermuda Monetary Authority,
   15-104—15-108
capital requirements, 15-089—15-094
carrying on business in or from within
   Bermuda, 15-079
carrying on unauthorised business, 15-115
classes of business, 15-081—15-084
climate change risk management, 15-119
Code of Conduct, 15-103
corporate governance, 15-102
cyber risks
   BMA Cyber Underwriting Report, 15-118
   Cyber Code, 15-116
   Insurance Act amendments, 15-117
dividend restrictions, 15-095
filing requirements
   additional filing of GAAP financials by
      commercial insurers, 15-097
   generally, 15-096
group supervision, 15-109—15-114
head office requirement, 15-101
history, 15-076—15-077
insurance business, 15-079
intermediaries, 9-094—9-096
introduction, 15-076—15-077
key service providers, 15-098—15-100
licensing process, 15-087
licensing system, 15-081—15-084
ongoing regulatory requirements, 15-088
overview, 15-022
registration, 15-081
regulatory model, 15-078
reporting requirements
   additional filing of GAAP financials by
      commercial insurers, 15-097
   generally, 15-096
return of capital, 15-095
sandbox, 15-086
scope of regulation, 15-079—15-080
special purpose insurers, 15-085
surplus requirements, 15-089—15-094
unauthorised business, 15-115
Regulation (England)
alternative risk transfer, 8-057—8-061
authorisation
   applications, 15-048
   carrying on reinsurance business in the UK,
      15-037—15-047
   carrying on unauthorised business,
      15-034—15-036
   introduction, 15-033
   overseas reinsurers in UK, 15-049—15-054

INDEX

requirement, 15-033
UK reinsurers outside UK, 15-055
Brexit, 15-004—15-006
carrying on reinsurance business in the UK
   by way of a business, 15-040
   effecting and carrying out contracts of insurance, 15-038—15-039
   in the UK, 15-041—15-045
   introduction, 15-037
   winding-up petitions, 15-046—15-047
conduct of business rules, 15-062—15-063
ESG requirements, 15-067—15-075
financial regulation, 15-056—15-059
financial reinsurance, 8-034
history, 15-023
insurance company legislation, application of, 15-024—15-028
insurance special purpose vehicles, 15-029—15-032
intermediaries
   Directive/Regulation, 9-092
   introduction, 9-091
   Lloyd's brokers, 9-093
internal systems and controls, 15-060
Lloyd's, 15-064—15-066
overseas reinsurers in UK, 15-049—15-054
overview, 15-014—15-018
protected cell companies, 15-031—15-032
purpose of regulation, 15-001—15-010
restriction of business to reinsurance, 15-061
solvency, 15-056—15-059
Solvency II
   generally, 15-019—15-020
   reform proposals, 15-021
special purpose vehicles, 15-029—15-032
swaps treated as insurance contracts, 8-038—8-039
UK reinsurers outside UK, 15-055
unauthorised business, 15-034—15-036
winding-up petitions, 15-046—15-047

Reinsurance
abuse, 1-007—1-011
basic concepts
   facultative reinsurance, 1-017
   non-proportional reinsurance, 1-016
   proportional reinsurance, 1-015
   reinsureds, reinsurers and retrocessionaires, 1-013—1-014
categorisation, 1-012, 1-025
claims made policies, 1-029—1-031
claims paid, outstanding and incurred but not reported, 1-032
definition
   anomalous contracts, 1-052
   definitional problems, 1-004—1-006
   FCA Handbook Glossary, 1-054
   generally, 1-002
   historical definitions, 1-043—1-044
   Lugano Convention definition of "insurance", 1-053
   modern definitions, 1-045—1-055
   Principles of Reinsurance Contract Law, 1-055

requirements of a contract of insurance, 1-003
Solvency II Directive, 1-054
substitution of reinsurer, 1-051
working hypothesis, 1-056—1-057
facultative reinsurance, 1-017
financial reinsurance, 1-026
fraud, 1-007—1-011
future trends, 2-027
history
   18th century marine underwriting, 2-004—2-005
   19th century, 2-006—2-007
   20th century, 2-008
   definitions of reinsurance, 1-042—1-043
   early development, 2-001—2-003
   globalisation, 2-008—2-010
   origins, 2-001—2-003
incurred but not reported, 1-032
intermediaries, 1-027—1-028
introduction, 1-001—1-003
losses occurring policies, 1-029—1-031
nature and purpose, 1-004—1-011
non-proportional reinsurance, 1-016
outstandings, 1-032
Principles of Reinsurance Contract Law
   definition of contract of reinsurance, 1-055
   sources of law, 1-042
proportional reinsurance, 1-015
reinsureds, reinsurers and retrocessionaires, 1-013—1-014
"risks attaching during" policies
   generally, 1-030
   "risks attaching during" basis, 5-090
   "risks attaching during" outwards/"losses occurring during" inwards mismatch, 5-091
sources of law (Bermuda)
   English law compared, 1-038—1-041
   generally, 1-036—1-037
   soft law, 1-042
sources of law (England)
   Bermuda law compared, 1-038—1-041
   generally, 1-035
   market practice and reinsurance arbitration, 1-034
   overview of legal system, 1-033
   soft law, 1-042
temporal basis of coverage
   "claims made" underlying policy, 5-092—5-095
   fundamental concepts, 5-088
   "losses occurring during" basis, 5-089
   "risks attaching during" basis, 5-090
   "risks attaching during" outwards/"losses occurring during" inwards mismatch, 5-091
terminology
   basic concepts, 1-013—1-017
   categorisation, 1-012
   financial reinsurance, 1-026
   reinsurance intermediaries, 1-027—1-028

INDEX

treaty reinsurance, 1-018—1-025
treaty reinsurance
  aggregate excess of loss reinsurance, 1-024
  excess of loss reinsurance, 1-022
  facultative obligatory reinsurance, 1-021
  generally, 1-018
  quota share reinsurance, 1-019
  stop loss reinsurance, 1-023
  summary of types and categories, 1-025
  surplus reinsurance, 1-020
Reinsurance contracts
see also Formation of contract
implied terms
  claims co-operation, 4-105—4-108
  consultation with reinsurer, 4-108
  custom and usage, 3-039, 4-111—4-115
  duty of honesty, 4-102
  facultative obligatory reinsurance, 4-099
  "follow the settlements" clauses, 4-104, 5-011—5-014
  general principles, 4-093
  generally, 3-039
  good faith, 4-096—4-098
  jurisdiction, 4-109
  not writing against reinsurance, 4-100—4-101
  payment of legal costs, 4-106—4-107
  provision of documents and information, 4-103
  refund of premium on termination of contract, 4-110
  reinsurer bound by judgments against reinsured, 4-104
  terms implied by the courts, 4-094—4-110
interpretation
  ambiguous meaning, 4-078—4-080
  back-to-back coverage, 4-088—4-091
  business common sense, 4-083
  commercial context, 4-059—4-064
  contextualism, 4-053—4-058
  contra proferentem, 4-070—4-073
  deleted words, 4-068—4-069
  expert evidence, 4-084—4-086
  film finance litigation, 4-060
  general principles, 4-052—4-058
  headings, 4-067
  intention of parties, 4-065—4-066
  literalism, 4-053—4-058
  ordinary meaning, 4-074—4-076
  parol evidence, 4-065—4-066
  payment of underlying loss, 4-092
  presumptions, 4-088—4-092
  "superhulls", 4-059
  technical meaning, 4-077
  unreasonable meaning, 4-081—4-082
  warranties, 6-154—6-155
  wording to be agreed, 4-087
non-proportional reinsurance
  differences from underlying insurance, 4-046—4-050
  relationship between different layers, 4-051
  relationship with proportional reinsurance, 4-041—4-045

original insurance contract, relationship with
  arbitration clauses, 4-011—4-013
  choice of law clauses, 4-016—4-030
  co-insurance clauses, 4-010
  contracting out of default regime, 4-032
  errors and omissions clauses, 4-010
  "follow the leader" clauses, 4-006
  implied terms, 4-093—4-115
  incorporation of terms, 4-005, 4-031—4-035
  introduction, 4-003—4-004
  jurisdiction clauses, 4-014—4-015
  language, 4-036—4-040
  notice provisions, 4-007—4-008
  prologue, 4-001—4-002
  proposal forms, 4-009
  "same terms and conditions as original", 4-003—4-004
  selection clauses, 4-015
  time limits, 4-007—4-008
  PRICL terms, incorporation of, 3-040—3-043
Reinsurance intermediaries
see Intermediaries
Reinsurance markets
see Markets
"Reinsureds"
generally, 1-013—1-014
"Reinsureds' obligations"
contract terms
  claims co-operation clauses, 6-205—6-209
  contracting out provisions, 6-214—6-218
  denial of access to records, 6-202—6-204
  description of underlying risk, 6-200—6-201
  examples of reinsurance clauses, 6-200—6-213
  introduction, 6-191—6-193
  late notice of claims, 6-205—6-209
  premium provisions, 6-211—6-212
  PRICL remedies for breach of contract, 6-210
  terms not relevant to actual loss, 6-194—6-199
  waiver of breach of condition, 6-213
contracting out
  CIDRA 2012, 6-218
  generally, 6-214
  IA 2015, 6-215—6-217
duty of fair presentation
  exceptions, 6-059—6-083
  fair presentation of risk, 6-016—6-026
  history, 6-007—6-011
  inducement, 6-050
  knowledge of reinsured, 6-051—6-058
  materiality, 6-027—6-049
  person by whom duty owed, 6-012—6-014
  person to whom duty owed, 6-015
  remedies for breach of duty, 6-084—6-101
  structure, 6-006
  terminology, 6-006
exceptions to duty of fair presentation
  circumstances already known or deemed/

INDEX

presumed to be known by insurer, 6-061—6-068
circumstances covered by warranty, 6-082
circumstances diminishing risk, 6-060
generally, 6-059
other exceptions, 6-083
waiver of disclosure requirement by insurer, 6-069—6-081
fair presentation of risk
  disclosure, 6-017—6-018
  introduction, 6-016
  manner of presentation, 6-019
  misrepresentation, 6-020—6-026
history, 6-007—6-011
inducement
  burden of proof, 6-089—6-091
  generally, 6-050
  introduction, 6-087
  old law, 6-088
  qualifying breaches, 6-099—6-100
introduction, 6-001
knowledge of reinsured
  actual knowledge, 6-053—6-055
  confidential information exception, 6-055
  deemed knowledge, 6-056—6-058
  generally, 6-051—6-052
knowledge of reinsurer
  actual knowledge, 6-066
  deemed knowledge, 6-067
  generally, 6-061
  knowledge under s.5, 6-065
  knowledge under s.18(3)(b), 6-062—6-064
  presumed knowledge, 6-068
legal landscape, 6-002
materiality
  agent's fraud or incompetence, 6-043—6-045
  burden of proof, 6-031
  circumstances, 6-028
  examples, 6-032—6-049
  influence on reinsurer's judgement, 6-030
  introduction, 6-027
  invalidity of retrocession cover, 6-042
  level of brokerage, 6-039
  loss experience, 6-033
  moral hazard, 6-043—6-049
  nature of risks ceded, 6-040—6-041
  opinion, expectation and belief, 6-034
  prudent reinsurer, 6-029
  reserving, 6-033
  retention of risk, 6-035—6-038
  suspicions and rumour, 6-046—6-049
misrepresentation
  continuing representations, 6-022—6-023
  materiality, 6-027—6-049
  non-disclosure distinguished, 6-021
  representations, 6-024—6-026
moral hazard
  agent's fraud or incompetence, 6-043—6-045
  suspicions and rumour, 6-046—6-049
reform, 6-005
remedies for breach

avoidance, 6-084—6-086
inducement, 6-087—6-091
qualifying breaches, 6-087—6-101
utmost good faith
  continuing duty (reinsured), 6-116—6-147
  continuing duty (reinsurer), 6-151—6-153
  fraudulent claims, 6-127—6-138
  historical context, 6-113—6-115
  Insurance Act 2015 s.14, 6-125—6-126
  introduction, 6-003
  juridical basis, 6-116—6-124
  reinsurer's duties, 6-148—6-153
utmost good faith (continuing duty)
  allocation or "spiking" of claims, 6-139
  change of risk or subject matter of insurance, 6-147
  "DC Merwestone", 6-123—6-124
  fraudulent claims, 6-127—6-138
  good faith implied terms, 6-145
  "held covered" clauses, 6-142
  information requests, 6-145
  Insurance Act 2015 s.14, 6-125—6-126
  insurer having right of cancellation, 6-143—6-144
  litigation, 6-146
  "Mercandian Continent", 6-119—6-122
  other breaches of duty, 6-140
  reinsurer's duty, 6-151—6-153
  renewals, 6-141
  "Star Sea", 6-116—6-118
  variations to the risk, 6-141
waiver of disclosure requirement
  affirmation of contract, 6-108
  express waiver, 6-070—6-078
  generally, 6-069
  implied waiver based on questions asked, 6-079
  implied waiver based on summary presentation, 6-080—6-081
warranties
  breach of warranty, 6-154—6-190
  definition, 6-154
  generally, 6-004
  identification, 6-155—6-157
  interpretation, 6-158—6-159
  waiver of breach, 6-182—6-184
"Reinsurers"
generally, 1-013—1-014
Remedies
avoidance, 6-084—6-086
inducement
  burden of proof, 6-089—6-091
  generally, 6-050
  introduction, 6-087
  old law, 6-088
  qualifying breaches, 6-099—6-100
qualifying breaches
  burden of proof, 6-089—6-091, 6-099—6-100
  deliberate qualifying breaches, 6-092—6-093, 6-095
  inducement, 6-087—6-088, 6-099—6-100
  introduction, 6-087

INDEX

non-deliberate/non-reckless qualifying
breaches, 6-096—6-100
old law on inducement, 6-088
reckless qualifying breaches, 6-094—6-095
variation of insurance, 6-101
Reorganisation
financial difficulties, 18-056—18-058
Reserving schemes of arrangement
see Schemes of arrangement
Restructuring plans
classes of creditors, 18-011—18-021
cross-class cram down, 18-024
discretion of court, 18-022, 18-024
jurisdiction, 18-006
Practice Statement, 18-009
procedure, 18-007—18-009
schemes of arrangement compared, 18-005
statutory provisions, 18-005
"Retrocessionaires"
generally, 1-013—1-014
"Risks attaching during policies"
generally, 1-030
temporal basis of reinsurance coverage
"claims made" underlying policy,
5-092—5-095
fundamental concepts, 5-088
"losses occurring during" basis, 5-089
"risks attaching during" basis, 5-090
"risks attaching during" outwards/"losses occurring during" inwards mismatch,
5-091
"Rollovers"
generally, 8-017
object, 8-019
Rome Convention
choice of law, 12-004, 12-016—12-017
Rome I Regulation
applicable law in absence of choice
fall-back rule, 12-023
general default rule, 12-021
overriding proviso, 12-022
specific rules, 12-020
application to reinsurance, 12-026—12-033
characteristic performance, 12-025
express choice, 12-018—12-019
habitual residence, 12-024
history, 12-016
implied choice, 12-018—12-019
intermediaries, 12-037—12-038
introduction, 12-016
overview, 12-004
post-Brexit position, 12-017
Rome II Regulation
choice of law, 12-034
Run-off
actuaries' liability, 16-034
anti-deprivation principle, 16-018
auditors' liability
Bermuda, 16-039—16-040
duty of care, 16-031
standard of care, 16-032—16-033
avoidance of transactions
anti-deprivation principle, 16-018

Bermuda, 16-019—16-020
history, 16-004
preferences, 16-005—16-015
transactions at an undervalue,
16-005—16-015
transactions defrauding creditors,
16-016—16-017
Bermuda
auditors' liability, 16-039—16-040
avoidance of transactions, 16-019—16-020
directors' liability, 16-036—16-038
preferences, 16-019—16-020
shareholders' liability (mutual companies),
16-042—16-043
shareholders' liability (segregated account companies), 16-044—16-058
transactions at an undervalue,
16-019—16-020
transactions defrauding creditors,
16-019—16-020
change of administration, 16-023
change of domicile, 16-021—16-022
commutation, 16-003
definition, 16-001
directors' liability
Bermuda, 16-036—16-038
common law duties, 16-024—16-025
fraudulent trading, 16-027
negligence, 16-025
shadow directors, 16-030
statutory codification of duties, 16-026
wrongful trading, 16-028—16-029
effect, 16-002
fraudulent trading, 16-027
introduction, 16-001—16-002
managing agents, 10-011—10-017, 16-035
mutual companies (Bermuda),
16-042—16-043
preferences
application to reinsurance, 16-009—16-015
Bermuda, 16-019—16-020
definition, 16-008
history, 16-004
relevant time, 16-005
protected cell companies (England), 16-060
reserving schemes, 18-060, 18-070
segregated account companies (Bermuda)
creditor enforcement rights, 16-053
definitions, 16-049
"firewall" concept, 16-050
incorporated SACs, 16-059
introduction, 16-044
legislative framework, 16-045
limited recourse liability, 16-051
nature of owner's interest in segregated
account, 16-052
nature of segregated accounts, 16-048
priority on insolvency, 16-054
protected cell structures, 16-044
receivership, 16-055—16-056
"rent-a-captive" arrangements, 16-044
test case on SAC Act, 16-046—16-047
winding-up, 16-057

shadow directors' liability, 16-030
shareholders' liability (Bermuda)
   mutual companies, 16-042—16-043
   segregated account companies, 16-044—16-058
shareholders' liability (England), 16-041
transactions at an undervalue
   application to reinsurance, 16-009—16-015
   Bermuda, 16-019—16-020
   definition, 16-006—16-007
   history, 16-004
   relevant time, 16-005
transactions defrauding creditors
   anti-deprivation principle, 16-018
   Bermuda, 16-019—16-020
   generally, 16-016—16-017
   history, 16-004
underwriting agents, 10-011—10-017, 16-035
utmost good faith, 16-003
wrongful trading, 16-028—16-029
"Same terms and conditions as original"
   formation of contract, 3-038
   generally, 4-003—4-004
Schemes of arrangement
   administrators, 18-062
   advantages over liquidation, 18-059
   alternatives
      insurance business transfers (Bermuda), 18-049—18-051
      insurance business transfers (England), 18-040—18-048
      recovery plans (Bermuda), 18-052—18-055
      write down of contracts, 18-039
   approval, 18-004
   Bermuda
      classes of creditors, 18-032—18-036
      discretion of court, 18-030—18-031
      early consent fees, 18-036
      hostile takeovers, 18-038
      insurance business transfers, 18-049—18-051
      overview, 18-029
      recovery plans, 18-052—18-055
      reform proposals, 18-076—18-077
      third party releases, 18-035
      winding-up, 18-037
   brokers, 18-073
   classes of creditors
      Bermuda, 18-032—18-036
      generally, 18-011—18-021
   corporate reorganisations, 18-056—18-058
   creditors' committee, 18-064
   creditors' meetings, 18-065
   currency conversion, 18-061
   cut-off schemes
      generally, 18-068
      solvent schemes, 18-069
      types of scheme, 18-060
   determination of claims, 18-061
   directors, 18-063
   discretion of court
      Bermuda, 18-030—18-031
      generally, 18-022

      solvent schemes, 18-023
   dispute resolution, 18-066
   Financial Conduct Authority, 18-027
   form, 18-004
   hybrid schemes, 18-060, 18-071
   insurance business transfers
      Bermuda, 18-049—18-051
      Court of Appeal consideration, 18-044
      effect, 18-048
      exercise of discretion, 18-045—18-047
      generally, 18-040—18-043
   intermediaries, 18-073
   international recognition, 18-010
   jurisdiction, 18-006
   legal issues
      brokers, 18-073
      generally, 18-072
      intermediaries, 18-073
      pool managers, 18-075
      reinsurers, 18-074
      underwriting agents, 18-075
   liquidation
      Bermuda, 18-067
      England, 17-003
   managing agents, 18-075
   payment of claims, 18-061
   pool managers, 18-075
   Practice Statement, 18-009
   procedure, 18-007—18-009
   provisions
      creditors' committee, 18-064
      creditors' meetings, 18-065
      currency conversion, 18-061
      determination of claims, 18-061
      directors, 18-063
      payment of claims, 18-061
      resolution of disputed claims, 18-066
      scheme administrators, 18-062
      set-off, 18-061
      shareholders, 18-063
   Prudential Regulation Authority, 18-026
   reform proposals
      Bermuda, 18-076—18-077
      England, 18-078—18-085
   regulators
      FCA, 18-027
      generally, 18-025
      PRA, 18-026
      solvent schemes, 18-028
   reinsurers, 18-074
   reserving schemes, 18-060, 18-070
   resolution of disputed claims, 18-066
   restructuring plans compared, 18-005
   scheme administrators, 18-062
   set-off, 18-061
   shareholders, 18-063
   solvent schemes
      cut-off schemes, 18-069
      discretion of court, 18-023
      regulators' view, 18-028
   statutory provisions, 18-004
   types, 18-060

INDEX

underwriting agents, 18-075
winding-up
  Bermuda, 18-067
  England, 17-003
write down of contracts, 18-039

Securitisation
alternative risk transfer, 8-056

Security
adequacy, 9-081—9-083
assignment by way of security, 15-128
"cut through" clauses, 15-124—15-127
duty of care by intermediary, 9-081—9-083
guarantees, 15-123
indemnities, 15-123
letters of credit, 15-120—15-122
need for security, 1-011
netting, 15-130—15-131
trust arrangements, 15-129
winding-up, 17-029—17-030

Security for costs
arbitration, 14-040

Segregated account companies
see Run-off

"Selection clauses"
generally, 4-015

Separability
arbitration agreements, 14-007—14-008, 14-058—14-061

Serious irregularity
arbitration, 14-036—14-037

Service of suit clauses
arbitration, 14-011
generally, 13-054—13-056

Service out of jurisdiction
Bermuda
  contract claims, 13-058—13-060
  enforcement of judgments/arbitral awards, 13-063
  External Companies (Jurisdiction in Actions) Act 1885, 13-066
  generally, 13-057
  necessary/proper party, 13-062
  "Spiliada" principles, 13-064—13-065
  tort claims, 13-061
England
  contract claims, 13-042
  generally, 13-041
  necessary/proper party, 13-044
  permission, 13-045
  "Spiliada" principles, 13-046—13-051
  tort claims, 13-043

Set-off
brokers, 11-069
commission/brokerage, 11-027
contractual set-off, 11-070
counterclaim distinguished, 11-064
equitable set-off, 11-066
insolvency
  Bankruptcy Act 1914, 11-073
  case law examples, 11-076
  Insolvency Rules, 11-071—11-072
  mutuality, 11-074—11-075
  schemes of arrangement, 18-061

winding-up, 17-029—17-030
legal set-off, 11-065
reinsurance, 11-067—11-068

Shadow directors
run-off, 16-030

"Shall in fact have paid"
causes of action, 5-085

Shareholders
run-off (Bermuda)
  mutual companies, 16-042—16-043
  segregated account companies, 16-044—16-058
run-off (England), 16-041
schemes of arrangement, 18-063

Signing down
see Slips

Single Claims Agreement Party
generally, 3-082

Slips
following market
  claims handling schemes, 3-081—3-082
  duty of leading underwriter, 3-060—3-062
  followers acting independently of leader, 3-080
  representations to leader not repeated to followers, 3-063—3-065
generally, 3-003
GUA provisions, 3-067
initialling, 3-006—3-007
leading underwriters
  advantages of leading, 3-079
  authority to agree wording, 3-071—3-073
  claims, 3-075—3-078
  claims handling schemes, 3-081—3-082
  duty to following market, 3-060—3-062
  electronic claims processing, 3-082
  followers acting independently of leader, 3-080
  GUA provisions, 3-067
  Lloyd's Claims Scheme, 3-081
  overview, 3-059
  provisions on slip, 3-066—3-070
  reinsured and reinsurer, 3-074
  representations to leader not repeated to followers, 3-063—3-065
  Single Claims Agreement Party, 3-082
  specific clauses, 3-068—3-070
legal effect, 3-052
line slips, 3-029—3-030
not fully subscribed, 3-008
off slips, 3-029—3-030
offer and acceptance
  initialling of slip, 3-006—3-007
  scratching of slip, 3-006
  signing down, 3-009—3-020
  slip oversubscribed, 3-010
  slip/risk not fully subscribed, 3-008
oversubscribed slips, 3-010
policy terms issued after slip, 3-058
promised line, 3-051
quotation slips, 3-050
reinsurance preceding insurance, 3-055—3-057

INDEX

relationship with policy
  generally, 3-053—3-054
  policy terms issued after slip, 3-058
  reinsurance preceding insurance, 3-055—3-057
scratching, 3-006
signing down
  generally, 3-009
  "Zephyr" case, 3-010—3-020
specific clauses, 3-068—3-070
"Sole judge clauses"
  aggregation of losses, 5-141
Solvency
  see also Insolvency; Solvency II
  assessment, 15-132
  England, 15-056—15-059
  pre-emptive action where prospective insolvency, 15-133
Solvency II
  financial reinsurance
    capital and reserves, 8-008
    definitions, 8-009—8-011
    overview, 8-007
    reinsurance business, 8-034
  generally, 15-008—15-020
  reform proposals, 15-021
Sources of law
  Bermuda
    English law compared, 1-038—1-041
    generally, 1-036—1-037
  England
    Bermuda law compared, 1-038—1-041
    generally, 1-035
    market practice and reinsurance arbitration, 1-034
    overview of legal system, 1-033
Special purpose vehicles
  Bermuda, 15-085
  England, 15-029—15-032
Stay of proceedings
  see also Anti-suit injunctions
  arbitration agreements, 14-009
  UNCITRAL Model Law, 14-057
Stop loss insurance
  generally, 1-023, 7-029
  interlocking clauses, 7-030
Sub-agents
  intermediaries, 9-011—9-012
Sub-brokers
  generally, 9-089—9-090
Subrogation
  facultative reinsurance, 5-156—5-161
  generally, 5-155
  procedure, 13-092
  treaty reinsurance, 5-162
  voluntary payments and recoveries from third parties, 5-163
Summary judgments
  arbitration
    Bermuda, 14-098
    England, 14-096—14-097
  Bermuda, 13-099
  England

defences to applications, 13-100—13-102
  generally, 13-096—13-098
"Superhulls"
  interpretation of contracts, 4-059
"Surplus reinsurance"
  generally, 1-020
Swap agreements
  swaps treated as insurance contracts, 8-038—8-039
"Technical meaning"
  interpretation of contracts, 4-077
Termination
  expiry, 3-048
  refund of premium, 4-110
  termination by agreement
    failure to pay premium, 3-046—3-047
    generally, 3-044
    notice of cancellation at anniversary date (NCAD), 3-044
    premium review clauses, 3-046—3-047
    provisional notice of cancellation, 3-045
  termination following breach, 3-049
Terrorism
  aggregation of losses, 5-122—5-128
Third party proceedings
  Bermuda, 13-088—13-090
  England, 13-087
"Time and distance policies"
  financial reinsurance, 8-020
Time limits
  incorporation of original contract provisions, 4-007—4-008
"To be agreed"
  interpretation of contracts, 4-087
"Tonners"
  generally, 8-018
  object, 8-019
Transactions at an undervalue
  application to reinsurance, 16-009—16-015
  Bermuda, 16-019—16-020
  definition, 16-006—16-007
  history, 16-004
  relevant time, 16-005
Transactions defrauding creditors
  anti-deprivation principle, 16-018
  Bermuda, 16-019—16-020
  generally, 16-016—16-017
  history, 16-004
Treaty reinsurance
  aggregate excess of loss reinsurance, 1-024
  claims
    fraudulent claims, 5-077
    no "follow the settlements/fortunes" provision, 5-076
    overview, 5-075
    subrogation, 5-162
  excess of loss reinsurance, 1-022
  facultative obligatory reinsurance, 1-021
  generally, 1-018
  quota share reinsurance, 1-019
  stop loss reinsurance, 1-023
  summary of types and categories, 1-025
  surplus reinsurance, 1-020

INDEX

Trusts
  broker as trustee of claims money, 11-046
  broker as trustee of premium, 11-007
  security, 15-129
"Ultimate net loss clauses"
  excess of loss reinsurance, 7-025—7-027
Unauthorised investment business
  Bermuda, 15-115
  England, 15-034—15-036
UNCITRAL Model Law on International Commercial Arbitration
  see also Arbitration (Bermuda); Arbitration (England)
  anti-suit injunctions, 14-056
  appellate courts' powers, 14-062
  application, 14-052—14-053
  appointment of arbitrators, 14-064—14-066
  arbitration agreements, 14-055
  awards, 14-070–14-071
  challenges to arbitrators, 14-067—14-069
  challenges to awards in the courts, 14-070—14-071
  challenges to jurisdiction of arbitral tribunal, 14-058—14-061
  conduct of arbitral proceedings, 14-063
  introduction, 14-051
  overview, 14-002
  seat of arbitration, 14-054
  separability of arbitration agreements, 14-058—14-061
  stay of proceedings, 14-057
Underwriters
  advantages of leading, 3-079
  authority to agree wording, 3-071—3-073
  claims, 3-075—3-078
  claims handling schemes, 3-081—3-082
  duty to following market, 3-060—3-062
  electronic claims processing, 3-082
  followers acting independently of leader, 3-080
  GUA provisions, 3-067
  Lloyd's Claims Scheme, 3-081
  overview, 3-059
  provisions on slip, 3-066—3-070
  reinsured and reinsurer, 3-074
  representations to leader not repeated to followers, 3-063—3-065
  Single Claims Agreement Party, 3-082
  specific clauses, 3-068—3-070
Underwriting agents
  see Managing agents
Undisclosed principals
  agency, 9-007
Unjust enrichment
  agency, 9-010
"Unreasonable meaning"
  interpretation of contracts, 4-081—4-082
Utmost good faith
  continuing duty (reinsured)
    allocation or "spiking" of claims, 6-139
    change of risk or subject matter of insurance, 6-147
    "DC Merwestone", 6-123—6-124

  fraudulent claims, 6-127—6-138
  good faith implied terms, 6-145
  "held covered" clauses, 6-142
  information requests, 6-145
  Insurance Act 2015 s.14, 6-125—6-126
  insurer having right of cancellation, 6-143—6-144
  litigation, 6-146
  "Mercandian Continent", 6-119—6-122
  other breaches of duty, 6-140
  renewals, 6-141
  "Star Sea", 6-116—6-118
  variations to the risk, 6-141
  continuing duty (reinsurer), 6-151—6-153
  fraudulent claims
    consequences before IA 2015, 6-128
    consequences under IA 2015, 6-129—6-130
    deliberately procured or invented loss, 6-132
    exaggerated claims, 6-133
    fraudulent devices, 6-134—6-138
    generally, 6-127
    what constitutes fraudulent claim, 6-131—6-138
  historical context, 6-113—6-115
  Insurance Act 2015 s.14, 6-125—6-126
  intermediaries, 9-058—9-059
  introduction, 6-003
  juridical basis
    "DC Merwestone", 6-123—6-124
    "Mercandian Continent", 6-119—6-122
    "Star Sea", 6-116—6-118
  reinsurer's duty
    continuing duty, 6-151—6-153
    pre-contractual duty, 6-148—6-150
"Value-in-force policies"
  finite risk reinsurance, 8-025—8-026
Variation
  endorsements, 3-031
  later underwriters, 3-034—3-036
  quota share treaties, 3-032—3-033
Vexatious proceedings
  arbitration, 14-012
Volume commission
  see Commission
Waiver
  breach of warranty
    automatic discharge from liability, 6-182—6-183
    express waiver of remedy, 6-185
    suspension from liability, 6-184
  disclosure requirement
    affirmation of contract, 6-108
    express waiver, 6-070—6-078
    generally, 6-069
    implied waiver based on questions asked, 6-079
    implied waiver based on summary presentation, 6-080—6-081
  intermediaries' duty of care, 9-070—9-072
War
  aggregation of losses, 5-122—5-128

Warranties
breach of warranty
  Bermuda, 6-170
  case law examples, 6-166
  classification, 6-154
  de minimis, 6-186
  definition of "warranty", 6-154
  effect of breach, 6-167—6-180
  effect of clause on risks covered, 6-164—6-165
  excuses for breach, 6-181—6-186
  existing/continuing state of affairs, 6-160—6-161
  full reinsurance clauses, 6-162—6-165
  general contractual principles, 6-187
  identification of promissory warranties, 6-155—6-157
  interpretation, 6-158—6-159
  losses after remedy of breach, 6-176—6-179
  losses before breach, 6-175
  reinsurance issues, 6-188—6-190
  waiver, 6-182—6-185
definition, 6-154
generally, 6-004
identification, 6-155—6-157
interpretation, 6-158—6-159
types, 6-160—6-166
waiver of breach
  automatic discharge from liability, 6-182—6-183
  express waiver of remedy, 6-185
  suspension from liability, 6-184

Winding-up
abuse of process, 17-027
application of statutory provisions to reinsurance, 17-002
appointment of liquidators, 17-007—17-008
arbitration, 14-010
Bermuda
  BMA winding-up petitions, 17-028
  directors' winding-up petitions, 17-023
  inability to pay debts, 17-017—17-019, 17-021
  judicial co-operation, 17-078—17-080
  jurisdiction to wind-up, 17-014
  overview, 17-005
  policyholders' winding-up petitions, 17-024—17-025
  valuation of claims, 17-054—17-057
compulsory liquidation, 17-006
creditors' winding-up petitions, 17-022
directors' winding-up petitions, 17-023
effect on reinsurance contracts, 17-009—17-010
grounds, 17-015
hearing of winding-up petitions
  abuse of process, 17-027
  court's powers, 17-026
  public interest petitions, 17-028
inability to pay debts
  disputed debts in Bermuda, 17-017—17-019

  disputes as to quantum only, 17-020
  generally, 17-015—17-016
  proof (Bermuda), 17-021
judicial co-operation
  Bermuda, 17-078—17-080
  Cross-Border Insolvency Regulations 2006, 17-071—17-072
  enforcement of default judgments, 17-073
  European Union, 17-074—17-077
  introduction, 17-064—17-065
  IRWUR 2004, 17-077
  letters of request from Bermuda courts, 17-067—17-069, 17-078
  Recast EU Insolvency Regulation, 17-074—17-075
  s.426 Insolvency Act 1986 regime, 17-065, 17-066—17-070
  schemes of arrangement, 18-010
  Solvency II, 17-076
  turnover of insurance company assets, 17-070
jurisdiction to wind-up
  Bermuda, 17-014
  EEA insurers, 17-012
  England, 17-011
  other foreign companies, 17-013
liquidation committee, 17-007—17-008
liquidators, 17-006, 17-007—17-008
locus standi of petitioner
  Bermuda Monetary Authority, 17-028
  creditors/contingent creditors, 17-022
  directors (Bermuda), 17-023
  policyholders (Bermuda), 17-024—17-025
  Secretary of State, 17-028
methods, 17-006
overview, 17-001—17-005
policyholders' winding-up petitions, 17-024—17-025
priority of distribution
  assets of the company, 17-061
  Bermuda, 17-062—17-063
  generally, 17-058—17-059
  implications, 17-060
problems unique to reinsurance, 17-001
proof of claims, 17-009—17-010
provisional liquidators, 17-003
public interest petitions, 17-027
regulation, 15-046—15-047
security, 17-029—17-030
set-off, 17-029—17-030
valuation of claims
  Bermuda, 17-054—17-057
  general policies, 17-034—17-050
  introduction, 17-031—17-033
  long-term policies, 17-051
  reinsured's claim on reinsurer, 17-052—17-053
valuation of claims (general policies)
  "fallen due for payment", 17-040—17-043
  generally, 17-034—17-038
  Insurers (Winding-Up) Rules 2001, 17-034—17-038

liabilities falling under IWUR para.2,
    17-044—17-047
liabilities falling under IWUR para.3,
    17-048
liquidations covered by IWUR, 17-039
policies "expressed to run from one definite
    date to another", 17-049—17-050
voluntary liquidation, 17-006
winding-up petitions
    hearings, 17-026—17-028
    jurisdiction, 17-011—17-014
    presentation, 17-015—17-025

public interest petitions, 17-028
types, 17-006
write down of contracts as alternative to
    liquidation, 17-004

"Wording to be agreed"
interpretation of contracts, 4-087

Write-down orders
generally, 17-004, 18-039

Writing
formation of contract, 3-027

Wrongful trading
run-off, 16-028—16-029

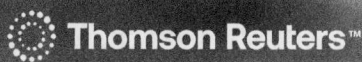

Also Available:

Professional Indemnity Insurance Law, 3rd Edition

Ian Enright; Robert Merkin

978-0-414-05621-3
December 2023
Hardback/ProView eBook

Professional Indemnity Insurance Law explains the extent to which professionals are covered for different liabilities. The third edition has been significantly updated with commentary on key cases affecting pre-contract matters including *WISE Underwriting Agency Ltd v Grupo Nacional Provincial SA*; *Berkshire Assets (West London) Ltd v AXA Insurance UK Plc*; and *Zurich Insurance Plc v Niramax Group Ltd*. It addresses the recent case of *ARC Capital Partners Ltd v Brit Syndicates Ltd* on the meaning of a "claim" in the context of third-party claims against the assured and there is discussion on the evolving law on fraudulent claims in light of the Supreme Court decision in *Versloot Dredging*.

Cyber Risks Insurance, 2nd Edition

Celso De Azevedo

978-0-414-10270-5
September 2022
Hardback/ProView eBook/Westlaw UK

Your definitive guide on the evolving law and practice of cyber insurance. Recent developments have seen this edition updated with new cyber exclusion clauses, commentary on the Supreme Court decisions in *Lloyd v Google LLC* and *WM Morrison Supermarkets Plc v Various Claimants* and an overview of post-Brexit GDPR. It also features the latest ICO guidance relating to regulatory action and examines recent US Appellate Court decisions concerning third-party liability and cyber-crime coverage.

ORDER TODAY... sweetandmaxwell.co.uk +44 (0)345 600 9355

Colinvaux & Merkin's Insurance Contract Law

Robert Merkin

978-0-421-79150-3
Looseleaf/ProView eBook/Westlaw UK

Colinvaux and Merkin's Insurance Contract Law provides you with a definitive examination of the law of insurance contracts. This three-volume commentary covers all forms of insurance and includes analysis of marine and non-marine risks. It addresses general principles of insurance law whilst also explaining specific issues such as loss, claims, conditions and warranties. This title is updated three times a year and is available in print, online on Westlaw UK and as an eBook on ProView.

ORDER TODAY... sweetandmaxwell.co.uk +44 (0)345 600 9355

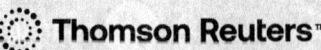

5 reasons to choose ProView eBooks

1. Always Have Your Publications On Hand
Never worry about an internet connection again. With ProView's offline access, your essential titles are always available, wherever your work takes you.

2. The Feel of a Real Book
ProView's book-like features, including page numbers and bookmarks, offer a seamless transition to digital without losing the touch of tradition.

3. Effortless Library Management
Access previous editions, transfer annotations to new releases, and automatically update your looseleaf materials—all in one place.

4. Tailor Your Reading Experience
With ProView, customize your reading with adjustable display settings, font sizes, and colour schemes. Read your way, effortlessly.

5. Find Information in a Flash
Cut through the clutter with ProView's advanced search. Pinpoint the information you need across your entire library with speed and precision.

Scan the QR code to find out more or contact us at proviewtrial@tr.com for a free trial

Sweet & Maxwell